BECK'SCHE TEXTAUSGABEN

Jayme/Hausmann

Internationales Privat- und Verfahrensrecht

Alphabetische Schnellübersicht

Internationales Privat- und Verfahrensrecht

Textausgabe

von

Dr. Dr. h. c. mult. Erik Jayme
em. o. Professor an der Universität Heidelberg

Dr. Rainer Hausmann
em. o. Professor an der Universität Konstanz

21., neubearbeitete und erweiterte Auflage

Stand: 1. Juli 2022

C.H.BECK

Redaktioneller Hinweis:

Paragraphenüberschriften in eckigen Klammern sind nichtamtlich. Sie sind ebenso wie die Fußnoten urheber- und wettbewerbsrechtlich geschützt.

Die Angaben zum Stand der Sammlung auf dem Titelblatt beziehen sich auf das Verkündungsdatum der maßgeblichen Gesetz-, Verordnungs- und Amtsblätter.

Verlag C. H. Beck
Wilhelmstraße 9, 80801 München

www.beck.de

ISBN 978 3 406 79431 5

Wilhelmstraße 9, 80801 München
Satz, Druck, Bindung und Umschlagsatz: Druckerei C. H. Beck Nördlingen
(Adresse wie Verlag)

CO_2 neutral
chbeck.de/nachhaltig

gedruckt auf säurefreiem, alterungsbeständigem Papier
(hergestellt aus chlorfrei gebleichtem Zellstoff)

Abkürzungsverzeichnis

(Zu den Abkürzungen für Staatsverträge, EG-Verordnungen und Gesetze vgl. die vorstehend abgedruckte Schnellübersicht)

Abk.	Abkommen
ABl. EG	Amtsblatt der Europäischen Gemeinschaften
ABl. EU	Amtsblatt der Europäischen Union
Abs.	Absatz
aF	alte Fassung
AHKABl.	Amtsblatt der Alliierten Hohen Kommission in Deutschland
Anm.	Anmerkung
Art.	Artikel
AS	Amtliche Sammlung
AusfG	Ausführungsgesetz
BAnz	Bundesanzeiger
Bek.	Bekanntmachung
ber. S.	bereinigte Sammlung
BGBl I bzw. II	Bundesgesetzblatt, Teil I bzw. II
CIEC	Commission Internationale de l'Etat Civil (Internationale Zivilstandskommission)
EG	Europäische Gemeinschaft
EU	Europäische Union
EWG	Europäische Wirtschaftsgemeinschaft
EWR	Europäischer Wirtschaftsraum
G	Gesetz
gem.	gemäß
idF	in der Fassung
IPR	Internationales Privatrecht
iS	im Sinne
IPRax	Praxis des internationalen Privat- und Verfahrensrechts
IZPR	Internationales Zivilprozessrecht
KRABl.	Amtsblatt des Kontrollrats in Deutschland
nF	neue Fassung
Nr.	Nummer
RabelsZ	Rabel's Zeitschrift für ausländisches und internationales Privatrecht
Rev. crit. d. i. p.	Revue critique de droit international prive
Rev. dr. uniforme	Revue de droit uniforme (Uniform Law Review)
RGBl. I bzw. II	Reichsgesetzblatt, Teil I bzw. II
S.	Seite
s.	siehe
SEV	Sammlung Europäischer Verträge, hrsg. vom Europarat, 2 Bde. 1998
StAZ	Standesamtszeitschrift
Übk.	Übereinkommen
UN	United Nations (Vereinte Nationen)
v.	vom, von
vgl.	vergleiche
VO	Verordnung
z. B.	zum Beispiel
ZustG	Zustimmungsgesetz

Wichtige Internetadressen

CIEC-Übereinkommen:	http://www.ciecl.org
EG/EU-Verordnungen und Richtlinien:	https://eur-lex.europa.eu
Europäisches Justizportal:	https://e-justice.europa.eu
Europarat-Übereinkommen:	https://www.coe.int/de/web/conventions
Haager Übereinkommen:	https://www.hcch.net/de/instruments/conventions
UN-Übereinkommen:	https://treaties.un.org
UNCITRAL-Übereinkommen:	https://www.uncitral.org
UNIDROIT-Übereinkommen:	https://www.unidroit.org

Inhaltsverzeichnis

1. Teil: Primäres Unionsrecht und Verträge der Europäischen Union

2. Teil: Internationales Privatrecht

A. Kodifikation

B. Personalstatut von Flüchtlingen und Staatenlosen

I. Multilaterale Staatsverträge

II. Innerstaatliches Recht

Inhalt

IV. Innerstaatliches Recht

1. Eheschließung

2. Ehewirkungen

E. Lebenspartnerschaftsrecht

F. Unterhaltsrecht

I. Multilaterale Staatsverträge

G. Kindschaftsrecht

I. Multilaterale Staatsverträge

1. Anerkennung von Vaterschaft und Mutterschaft

2. Minderjährigenschutz

II. EU-Recht

III. Innerstaatliches Recht

L. Wertpapierrecht

I. Multilaterale Staatsverträge

II. EU-Recht

III. Innerstaatliches Recht

M. Handels-, Gesellschafts- und Wirtschaftsrecht

I. Multilaterale Staatsverträge

II. EU-Recht

1. Markenrecht

2. Gesellschaftsrecht

III. Bilaterale Staatsverträge

3. Haftungsrecht

II. EU-Recht

1. Zivil- und Handelssachen

2. Unterhaltssachen

3. Ehesachen und elterliche Verantwortung

4. Arbeitssachen

5. Gewerblicher Rechtsschutz

III. Innerstaatliches Recht

Inhalt

IV. Innerstaatliches Recht

F. Schiedsgerichtsbarkeit und Mediation

I. Multilaterale Staatsverträge

II. EU-Recht

III. Bilaterale Staatsverträge

IV. Innerstaatliches Recht

G. Beglaubigung und Legalisation von Urkunden

I. Multilaterale Staatsverträge

II. EU-Recht

III. Bilaterale Staatsverträge

Register

A. Chronologisches Verzeichnis der Staatsverträge, EG/EU-Verordnungen/-Richtlinien und deutschen Gesetze

I. Abgedruckte Texte

II. Nicht abgedruckte Texte

Inhalt

Register

Einführung

I. Ziel der Textsammlung

1. Primäres Unionsrecht

Bereits mit Inkrafttreten des EG-Reformvertrages von Amsterdam am 1.5.1999 war das internationale Privat- und Verfahrensrecht als Teilbereich der justiziellen Zusammenarbeit in Zivilsachen von der dritten zur ersten Säule gewechselt. Daran hat auch der *Vertrag über die Arbeitsweise der Europäischen Union idF des Vertrages von Lissabon vom 13.12.2009* (*AEUV*, Nr. *0–2*) ausdrücklich festgehalten. Die Neuregelung in Art. 81 AEUV bildet daher die Grundlage für die weitere Vereinheitlichung des internationalen Privat- und Verfahrensrechts durch sekundäres Unionsrecht auf den Gebieten, die derzeit noch im autonomen Recht der Mitgliedstaaten geregelt sind.

In dieser Sammlung sind im 1. Teil unter dem Titel „Primäres Unionsrecht" die für das Internationale Privat- und Verfahrensrecht wichtigsten Vorschriften des *EU-Vertrages* (EUV, Nr. *0–1*) und des *AEUV* (Nr. *0–2*) abgedruckt. Hierzu gehören im *AEUV* außer der Kompetenzgrundlage in Art. 81 vor allem die Vorschriften im 2. und 3. Teil über die Nichtdiskriminierung wegen der Staatsangehörigkeit, die Unionsbürgerschaft und die Grundfreiheiten (Freizügigkeit, Warenverkehrs-, Dienstleistungs-, Niederlassungs- und Kapitalverkehrsfreiheit). Aufgenommen wurden ferner Vorschriften über das Vorabentscheidungsverfahren vor dem EuGH und über die Kompetenz der Europäischen Union zum Abschluss von Staatsverträgen. Verordnungen und Richtlinien der Europäischen Union auf den Gebieten des internationalen Privat- und Verfahrensrechts sind hingegen den einzelnen Sachgebieten der Textsammlung zugeordnet.

2. Internationales Privatrecht

Im Mittelpunkt des internationalen Privatrechts standen lange Zeit die nationalen Kodifikationen, in Deutschland das 2. Kapitel des *Einführungsgesetzes zum Bürgerlichen Gesetzbuch idF vom 21.9.1994* (EGBGB, Nr. *1*). Sie wurden allerdings schon seit der Mitte des 20. Jahrhunderts in zunehmendem Umfang durch Staatsverträge überlagert. Ein wichtiges Anliegen dieser Textsammlung war und bleibt es daher, durch eine übersichtliche, nach Sachgebieten geordnete Zusammenstellung das Auffinden der einschlägigen Konventionstexte zu ermöglichen, die von unterschiedlichen Organisationen (Haager Konferenz, Europarat, UNCITRAL, UNIDROIT, CIEC) ausgearbeitet werden und an verstreuten Stellen veröffentlicht sind, wenngleich der Zugang durch das Internet inzwischen erleichtert ist.

Einführung

Noch wesentlich stärker hat das autonome Kollisionsrechts freilich aufgrund des eingangs erwähnten Säulenwechsels und der damit begründeten Gesetzgebungskompetenz der Europäischen Union auf diesem Gebiet an Bedeutung verloren. Durch das Inkrafttreten der *EG-Verordnungen Nr. 864/2007 über das auf außervertragliche Schuldverhältnisse anzuwendende Recht vom 11.7.2007* (Rom II-VO, Nr. *101*) und *Nr. 593/2008 über das auf vertragliche Schuldverhältnisse anzuwendende Recht vom 17.6.2008* (Rom I-VO, Nr. *80*) wurde das Kollisionsrecht der Mitgliedstaaten auf dem gesamten Gebiet des Schuldrechts weitgehend verdrängt. Gleiches gilt inzwischen auf den Gebieten des Unterhaltsrechts aufgrund des von der Europäischen Union ratifizierten *Haager Protokolls über das auf Unterhaltspflichten anzuwendende Recht vom 23.11.2007* (HUP, Nr. *42*), des Ehescheidungsrechts aufgrund der *EU-Verordnung Nr. 1259/2010 zur Durchführung einer Verstärkten Zusammenarbeit im Bereich des auf die Ehescheidung und Trennung ohne Auflösung des Ehebandes anzuwendenden Rechts vom 20.12.2010* (Rom III-VO, Nr. *34*) und des Erbrechts aufgrund der *EU-Verordnung Nr. 650/2012 über die Zuständigkeit, das anzuwendende Recht, die Anerkennung und Vollstreckung von Entscheidungen und die Annahme und Vollstreckung öffentlicher Urkunden in Erbsachen sowie zur Einführung eines Europäischen Nachlasszeugnisses* vom 4.7. 2012 (EuErbVO, Nr. *61*). Schließlich hat der Rat am 24.6.2016 die *Verordnungen 2016/1103 und 2016/1104 zur Durchführung einer Verstärkten Zusammenarbeit von 18 Mitgliedstaaten im Bereich der Zuständigkeit, des anzuwendenden Rechts und der Anerkennung und Vollstreckung von Entscheidungen in Fragen des ehelichen Güterstands* (EuGüVO, Nr. *33*) *und der güterrechtlichen Wirkungen eingetragener Partnerschaften* (EuPartVO, Nr. *39*) verabschiedet, die seit dem 29.1.2019 gelten.

Die jüngste Entwicklung zeigt aber auch, dass es vor allem im internationalen Familien- und Erbrecht immer schwieriger wird, die erforderliche Einstimmigkeit für die Verabschiedung von Verordnungen zu erreichen und dass deshalb zunehmend auf das Instrument der Verstärkten Zusammenarbeit nach Art. 326 ff. AEUV zurückgegriffen werden muss – mit der zwangsläufigen Folge einer Zweispurigkeit des Kollisionsrechts innerhalb der Union. Dies gilt etwa auf dem Gebiet des auf die Ehescheidung und die Ehetrennung anzuwendenden Rechts seit der Verabschiedung der *Verordnung (EU) Nr. 1259/2010 vom 20.12.2010* (Rom III-VO, Nr. *34*) und auf dem Gebiet des internationalen Güterrechts von Ehegatten und eingetragenen Lebenspartnern nach den *EU-Verordnungen 2016/1103 und 2016/1104* vom 24.6.2016 (EuGüVO und EuPartVO, Nr. *33, 39*). Ungelöst ist noch immer die Frage, wie sich der Austritt des Vereinigten Königreichs aus der Europäischen Union am 31.1.2020 längerfristig auf die kollisionsrechtlichen Beziehungen zwischen den Mitgliedstaten der Union und dem Vereinigten Königreich auswirken wird. Art. 66 des *Brexit-Abkommens vom 24.1.2020 (0–3)* stellt lediglich klar, dass die *Verordnungen Rom I und Rom II* für vor dem 31.12.2020 geschlossene Verträge und eingetretene Schadensereignisse fortgelten.

3. Internationales Zivilprozessrecht

Weiter zugenommen hat auch die Bedeutung des Internationalen Zivilprozessrechts (IZPR). Für die Mitgliedstaaten stand lange Zeit das *EWG-Übk. über die gerichtliche Zuständigkeit und die Vollstreckung von Entscheidungen in Zivil- und Handelssachen vom 27.9.1968* (EuGVÜ) als staatsvertragliche Regelung im Mittelpunkt des Interesses. Es hat nicht nur eine europäische Zuständigkeitsordnung geschaffen, sondern durch die Auslegungskompetenz des Europäischen Gerichtshofs die allmähliche Herausbildung eines supranationalen Zivilprozessrechts begünstigt. Das Übereinkommen ist seit dem 1.3.2002 durch *die EG-Verordnung Nr. 44/2001 über die gerichtliche Zuständigkeit und die Anerkennung und Vollstreckung von Entscheidungen in Zivil- und Handelssachen vom 22.12.2000* (Brüssel I-VO) ersetzt worden. Diese Verordnung ist ihrerseits seit dem 10.1.2015 durch die gleichnamige *EU-Verordnung Nr. 1215/2012 vom 12.12.2012* (Brüssel Ia-VO; Nr. *160*) abgelöst worden.

Für die aus dem sachlichen Anwendungsbereich der Brüssel Ia-VO ausgeschlossenen Ehe- und Sorgerechtssachen galt seit dem 1.3.2005 die *EG-Verordnung Nr. 2201/2003 über die Zuständigkeit und die Anerkennung und Vollstreckung von Entscheidungen in Ehesachen und in Verfahren betreffend die elterliche Verantwortung vom 27.11.2003* (Brüssel IIa-VO). Diese wird mit Wirkung vom 1.8.2022 durch die *EU-Verordnung 2019/1111 über die Zuständigkeit, die Anerkennung und Vollstreckung von Entscheidungen in Ehesachen und in Verfahren betreffend die elterliche Verantwortung und über internationale Kindesentführungen vom 25.6.2019* (Brüssel IIb-VO, Nr. *162*) abgelöst. Auch das internationale Unterhaltsverfahrensrecht ist inzwischen durch die *EG-Verordnung Nr. 4/2009 über die Zuständigkeit, das anwendbare Recht, die Anerkennung und Vollstreckung von Entscheidungen und die Zusammenarbeit in Unterhaltssachen vom 18.12.2008* (EuUntVO, Nr. *161*) harmonisiert worden. Gleiches gilt für das internationale Erbverfahrensrecht seit Geltung der bereits genannten *EU-Verordnung Nr. 650/2012* vom 4.7.2012 (EuErbVO, Nr. *61*). Schließlich vereinheitlichen auch die *EU-Verordnungen 2016/1103 und 2016/1104 zum internationalen Güterrecht von Ehegatten und eingetragenen Lebenspartnern vom 24.6.2016* (EuGüVO und EuPartVO, Nr. *33, 39*) nicht nur das Kollisionsrecht, sondern auch die Regeln über die internationale Zuständigkeit und die Anerkennung, Vollstreckbarerklärung und Vollstreckung von Entscheidungen, öffentlichen Urkunden und gerichtlichen Vergleichen.

Ergänzt werden diese Rechtsakte durch die *EU-Verordnung 2020/1784 über die Zustellung gerichtlicher und außergerichtlicher Schriftstücke in Zivil- oder Handelssachen in den Mitgliedstaaten vom 25.11.2020* (EuZVO, Nr. *224*), und *die EU-Verordnung 2020/1783 über die Zusammenarbeit zwischen den Gerichten der Mitgliedstaaten auf dem Gebiet der Beweisaufnahme in Zivil- oder Handelssachen vom 25.11.2020* (EuBVO, Nr. *225*). Hinzu kommt die für die Abwicklung grenzüberschreitender Insolvenzverfahren in der Europäischen

Union zentrale *EU-Verordnung Nr. 848/2015 über Insolvenzverfahren vom 20.5.2015* (EuInsVO, Nr. *260*), die mit Wirkung vom 26.6.2017 an die Stelle der Vorläuferverordnung Nr. 1346/2000 getreten ist.

Eine neue Qualität hat der Harmonisierungsprozess auf dem Gebiet des europäischen Zivilverfahrensrechts durch die *EG-Verordnung Nr. 805/2004 zur Einführung eines europäischen Vollstreckungstitels für unbestrittene Forderungen vom 21.4.2004* (EuVTVO, Nr. *184*) erfahren, mit der nicht nur die Vollstreckung von Titeln aus den Mitgliedstaaten durch den Verzicht auf das bis dahin erforderliche Klauselerteilungsverfahren im Vollstreckungsstaat wesentlich beschleunigt und verbilligt wurde; vielmehr bringt diese Verordnung durch den Verzicht auf eine *ordre public*-Kontrolle auch das gewachsene Vertrauen in die Justiz der anderen Mitgliedstaaten zum Ausdruck. Das Exequaturverfahren ist im Verhältnis der durch das *Haager Protokoll über das auf Unterhaltspflichten anzuwendende Recht vom 23.11.2007* (HUP, Nr. *42*) gebundenen Mitgliedstaaten inzwischen auch in Unterhaltssachen durch die erwähnte *EG-Verordnung Nr. 4/2009* (EuUntVO, Nr. *161*) beseitigt worden. Gleiches gilt in Verfahren betreffend die elterliche Verantwortung nach der *EU-Verordnung 2019/1111 vom 25.6.2019* (Brüssel IIb-VO, Nr. *162*) nicht nur für die schon bisher privilegierten Umgangs- und Rückführungsentscheidungen, sondern auch für sonstige Entscheidungen im Eltern-Kind-Verhältnis. Die *EU-Verordnung Nr. 1215/2012 vom 12.12.2012* (Brüssel Ia-VO, Nr. *160*) verzichtet nunmehr auch in allgemeinen Zivil- und Handelssachen weitgehend auf das Erfordernis einer Vollstreckbarerklärung von mitgliedstaatlichen Urteilen. Gleiches gilt für die Vollstreckung von Schutzmaßnahmen im Rahmen der *EU-Verordnung Nr. 606/213 über die Anerkennung von Schutzmaßnahmen in Zivilsachen vom 12.6.2013* (EuSchutzMVO, Nr. *189*).

Über das internationale Zivilprozessrecht hinaus gehen die *EG-Verordnungen Nr. 1896/2006 zur Einführung eines Europäischen Mahnverfahrens vom 12.12.2006* (EuMVVO, Nr. *186*), *Nr. 861/2007 zur Einführung eines europäischen Verfahrens für geringfügige Forderungen vom 11.7.2007* (EuGFVO, Nr. *187*) und *Nr. 565/2014 zur Einführung eines Verfahrens für einen Europäischen Beschluss zur vorläufigen Kontenpfändung vom 15.5.2014* (EuBvKpfVO, Nr. *188*), die in ihrem Anwendungsbereich eigenständige Verfahren für Rechtsstreitigkeiten mit europäischen Bezügen schaffen, die neben die entsprechenden Verfahren im autonomen Zivilprozessrecht der Mitgliedstaaten treten.

Schließlich hat der europäische Gesetzgeber seit 2005 damit begonnen, die erste Generation von Verordnungen auf dem Gebiet des internationalen Zivilverfahrensrechts durch überarbeitete Neufassungen zu ersetzen. Dies betrifft nicht nur die bereits genannten EG-Verordnungen *Nr. 1206/2001 über die Zusammenarbeit zwischen den Gerichten der Mitgliedstaaten auf dem Gebiet der Beweisaufnahme in Zivil- oder Handelssachen vom 28.5.2001, Nr. 1393/2007 über die Zustellung gerichtlicher und außergerichtlicher Schriftstücke in Zivil- oder Handelssachen vom 13.11.2007,* die seit dem 22.1.2022 durch Neufassungen v. 25.11.2020 ersetzt worden sind. Vielmehr hat die EU inzwischen mit der *Verordnung Nr. 2015/2421 vom 16.12.2015* auch Verbesserungen der Verordnungen zum Europäischen Mahnverfahren und zum Verfahren für geringfügige Forderungen verabschiedet, die bereits eingearbeitet wurden. Ferner hat die *Verordnung (EU) Nr. 848/2015 über Insolvenzverfahren vom 20.5.2015* (EuInsVO, Nr. *260*) die *Insolvenzverordnung Nr. 1346/2000 vom 29.5.2000* mit Wirkung vom 26.6.2017 ersetzt. Auch die *EG-Verordnung Nr. 2201/2003 über die Zuständigkeit und die Anerkennung und Vollstreckung von Entscheidungen in Ehesachen und in Verfahren betreffend die elterliche Verantwortung vom 27.11.2003* (Brüssel IIa-VO) ist inzwischen überarbeitet worden. Die Neufassung dieser Verordnung vom 25.6.2019 (Brüssel IIb-VO, Nr. *162*), die vor allem den Schutz entführter Kinder im Verhältnis der Mitgliedstaaten zueinander verbessert, gilt in den Mitgliedstaaten (mit Ausnahme *Dänemarks*) ab dem 1.8.2022.

Mit der durch den Beitritt Kroatiens zum 1.7.2013 wirksam gewordenen Erweiterung der Europäischen Union auf 28 Mitgliedstaaten hat sich auch der räumliche Geltungsbereich und damit die praktische Bedeutung des europäischen Zivilverfahrensrechts erneut vergrößert. Während Irland und das Vereinigte Königreich bisher an den meisten EG/EU-Verordnungen auf dem Gebiet des internationalen Zivilprozessrechts teilgenommen haben, gelten diese wegen des dänischen Vorbehalts zu Art. 69 EGV aF im Verhältnis zu Dänemark nicht. Die damit verbundene Zweispurigkeit des europäischen Zivilverfahrensrechts erschwert die Rechtsanwendung und bedeutet einen Rückschritt in den Bemühungen um eine Vereinheitlichung des IZPR in der Europäischen Union. Diese ist daher bestrebt, den Inhalt wichtiger Verordnungen auf dem Gebiet des internationalen Verfahrensrechts zumindest in Form von Staatsverträgen auf die Beziehungen zu Dänemark zu erstrecken. Dies ist zwischenzeitlich auf dem Gebiet der internationalen Zuständigkeit und der Anerkennung und Vollstreckung von Entscheidungen in Zivil- und Handelssachen sowie auf dem Gebiet der Zustellung von gerichtlichen und außergerichtlichen Schriftstücken durch zwei am 19.10.2005 abgeschlossene Verträge gelungen. Diese gelten aufgrund entsprechender Erklärungen Dänemarks auch für die Neufassungen der Zustellungsverordnung und der Brüssel I-VO entsprechend.

Erhebliche Probleme wird auf dem Gebiet des internationalen Verfahrensrechts der Austritt des Vereinigten Königreichs aus der Europäischen Union am 31.1.2020 aufwerfen. Auch insoweit bietet sich als Ausweg der Abschuss von Staatsverträgen durch die Europäische Union an, die den erreichten Stand der Harmonisierung des IZPR, insbesondere die Freizügigkeit von zivilrechtlichen Entscheidungen im Verhältnis zum Vereinigten Königreich zumindest im Kern sichert. *Das Brexit-Abkommen vom 24.1.2020* (Nr. *0–3*) schaffte zumindest eine gewisse Rechtssicherheit für den Übergangszeitraum bis zum 31.12.2020. Außerdem gelten die *Haager Übk. über Gerichtsstandsvereinbarungen vom 30.6.2005* (HGÜ, Nr. *151*) *und über die internationale Geltendmachung von Unterhaltsansprüchen vom 23.11. 2007* (HUÜ 2007, Nr. *183*) im Verhältnis zum Vereinigten Königreich als souveränem Vertragsstaat weiter.

Das *Luganer Übk. vom 16.9.1988* hatte die Anwendbarkeit der Zuständigkeits- und Vollstreckungsordnung des EuGVÜ auf den Rechtsverkehr mit den Staaten der Europäischen Freihandelsassoziation (EFTA) ausgedehnt. Auch hier war es durch den Säulenwechsel schwieriger geworden, die Parallelität zur *EG-Verordnung Nr. 44/2001* zu wahren. Die wünschenswerte Anpassung an diese EG-Verordnung ist zwar durch das zwischen der EG, Dänemark, Island, Norwegen und der Schweiz abgeschlossene neue *Luganer Übk. über die gerichtliche Zuständigkeit und die Anerkennung und Vollstreckung von Entscheidungen in Zivil- und Handelssachen v. 30.10.2007* (LugÜ, Nr. *152*) erfolgt. Seit der Geltung der Brüssel Ia-Verordnung (Nr. *160*) kommt es freilich vor allem in Bezug auf die Vollstreckung von Zivilurteilen erneut zu deutlichen Abweichungen vom Luganer Übk.

Die Regelungen über die internationale Zuständigkeit und die Anerkennung und Vollstreckung von Entscheidungen ausländischer Gerichte in den deutschen Verfahrensordnungen (ZPO und FamFG, Nr. *170–171* und Nr. *192–193*) behalten ihre Bedeutung auf den Gebieten, die sachlich oder räumlich bisher vom staatsvertraglichen und europäischen Zivilprozessrecht nicht erfasst werden. Darüber hinaus ergänzt das autonome Zivilverfahrensrecht die Vorschriften der Staatsverträge und EG-Verordnungen (vgl. etwa das *Anerkennungs- und Vollstreckungsausführungsgesetz idF vom 30.11.2015* (AVAG, Nr. *152a, 191a*). Das *Internationale Familienrechtsverfahrensgesetz* vom 26.1.2005 (IntFamRVG, Nr. *162a*) hat die bisher in mehreren Gesetzen verstreuten Vorschriften zur Durchführung der *EG-Verordnung 2019/1111 vom 25.6.2019* (Brüssel IIb-VO, Nr. *162*) und des *Europäischen Sorgerechtsübk. vom 20.5.1980* (EuSorgeRÜ, Nr. *184*) zusammengefasst und mit Wirkung vom 1.1.2011 um Durchführungsvorschriften zum *Haager Kinderschutzübk.* vom 19.10.1996 (KSÜ, Nr. *53*) ergänzt. In gleicher Weise hat der deutsche Gesetzgeber auch die Ausführungsvorschriften zur *EG-Verordnung Nr. 4/2009* (EuUntVO, Nr. *161*) sowie zu mehreren Staatsverträgen auf dem Gebiet des internationalen Unterhaltsverfahrensrechts (Nr. *182, 183, 220*) im neuen *Auslandsunterhaltsgesetz vom 23.5.2011* (AUG, Nr. *161a*) gebündelt. Diesen Weg beschreitet der deutsche Gesetzgeber auch auf dem Gebiet der internationalen Erbrechtsverfahren mit dem primär der Ausführung der *EU-Erbrechtsverordnung Nr. 650/2012* (EuErbVO, Nr. *61*) gewidmeten *Internationalen Erbrechtsverfahrensgesetz vom 29.6.2015* (IntErbRVG, Nr. *61a*) und auf dem Gebiet der internationalen Güterrechtsverfahren mit dem der Ausführung der EU-Güterrechtsverordnungen dienenden *Internationalen Güterrechtsverfahrensgesetz vom 17.12.2018* (IntGüRVG, Nr. *33a*). Ferner wird der zunehmenden Europäisierung des Zivilprozessrechts dadurch Rechnung getragen, dass die Ausführungsbestimmungen zu den übrigen EU-Verordnungen und EU-Richtlinien auf diesem Gebiet in einem neuen 11. Buch der ZPO unter dem Titel „Justizielle Zusammenarbeit in der Europäischen Union" (Nr. *160a, 185a, 186a, 187a, 224a, 225a, 226a, 253a*) zusammengefasst worden sind.

Das autonome deutsche Verfahrensrecht auf dem Gebiet des Familienrechts und der freiwilligen Gerichtsbarkeit ist schließlich mit Wirkung vom 1.9.2009 durch das *Gesetz über das Verfahren in Familiensachen und in den Angelegenheiten der freiwilligen Gerichtsbarkeit* (FamFG) *vom 17.12.2008* grundlegend reformiert worden. Die Reform hat auch einschneidende Auswirkungen auf das internationale Verfahrensrecht auf den Gebieten des Ehe-, Kindschafts- und Lebenspartnerschaftsrechts sowie der freiwilligen Gerichtsbarkeit (Vormundschafts-, Adoptions-, und Betreuungssachen). Die Vorschriften sind unter Nr. *171* und Nr. *193* abgedruckt.

4. Staatsangehörigkeitsrecht

Als unverändert notwendige Ergänzung erscheint den Herausgebern die Berücksichtigung des Staatsangehörigkeitsrechts, insbesondere des deutschen *Staatsangehörigkeitsgesetzes vom 22.7.1913* (Nr. *275*). Nunmehr ist es möglich, dass ein in Deutschland geborenes Kind ausländischer Eltern auch dann die deutsche Staatsangehörigkeit erwirbt, wenn ein ausländischer Elternteil seit acht Jahren seinen gewöhnlichen Aufenthalt in der Bundesrepublik hat und eine Aufenthaltsberechtigung oder unbefristete Aufenthaltserlaubnis besitzt (vgl. § 4 Abs. 3 StAG). Mit Erreichen der Volljährigkeit muss sich das Kind dann für eine seiner Staatsangehörigkeiten entscheiden (§ 29 StAG). Damit ist das traditionelle *ius-sanguinis-Prinzip* aufgelockert. Gleichzeitig ergeben sich neue Probleme, so z.B. wegen der doppelten Staatsangehörigkeit bis zum Erreichen der Volljährigkeitsgrenze und einem dann möglicherweise folgenden Wechsel des Personalstatuts.

Zwar ist die Tendenz, das Staatsangehörigkeitsprinzip zugunsten einer Anknüpfung an den gewöhnlichen Aufenthalt der Betroffenen zurückzudrängen, sowohl in den neueren Staatsverträgen (zB im *Haager Übk. über den internationalen Schutz von Erwachsenen vom 13.1.2000* [ErwSÜ, Nr. *20*], im *Haager Unterhaltsprotokoll vom 23.11.2007* [HUP, Nr. *42*] oder im *Haager Kinderschutzübk. vom 19.10.1996* [KSÜ, Nr. *53*]), als auch in EU-Verordnungen (zB in Art. 5, 8 der *Rom III-Verordnung vom 20.12.2010* [Nr. *34*], in Art. 21 der *EU-Erbrechtsverordnung vom 4.7.2012* [Nr. *61*] und in Art. 26 Abs. 1 lit. a der *EU-Güterrechtsverordnung vom 24.6.2016* [Nr. *33*]) sowie im autonomen Kollisionsrecht (vgl. Art. 14 nF und Art. 19–22 Abs. 1 EGBGB, Nr. *1*) unverkennbar. Dennoch hat der deutsche Gesetzgeber in den bisher noch den Mitgliedstaaten vorbehaltenen Bereichen des internationalen Personen- und Familienrechts zumindest teilweise an der Staatsangehörigkeit als primärem Anknüpfungsmerkmal festgehalten (vgl. etwa Art. 7, 9, 10 Abs. 1, 13 Abs. 1, 24 Abs. 1 EGBGB, Nr. *1*). Dies hat sich allerdings in jüngster Zeit auf dem Gebiet der allgemeinen Ehewirkungen (Art. 14 Abs. 1 Nr. 1, 2 und Abs. 2 Nr. 1, 2 EGBGB nF) und des Adoptionsrechts (Art. 22 Abs. 1 EGBGB nF) geändert und wird ab dem 1.1.2023 auch für die Geschäftsfähigkeit (Art. 7 Abs. 2 EGBGB nF) und die Vormundschaft, Pflegschaft und Betreuung gelten

(Art. 24 EGBGB nF). Als subsidiäres Anknüpfungsmerkmal sieht allerdings sowohl der europäische wie der deutsche Gesetzgeber die Staatsangehörigkeit weiterhin häufig vor (vgl. Art. 5 Abs. 1 lit. c, Art. 8 lit. c der *Rom III-Verordnung vom 20.12.2010* [Nr. *33*], Art. 22 der *EU-Erbrechtsverordnung vom 4.7.2012* [Nr. *61*] und Art. 26 Abs. 1 lit b der *EU-Güterrechtsverordnung vom 24.6.2016* [Nr. *33*]; Art 14 Abs. 1 Nr. 3, und Abs. 2 Nr. 3 EGBGB nF). Den Vorschriften über den Erwerb und Verlust der deutschen Staatsangehörigkeit kommt daher – nicht zuletzt auch im Hinblick auf ihren Vorrang in Fällen der Mehrstaatigkeit nach autonomem Kollisionsrecht (vgl. Art. 5 Abs. 1 S. 2 EGBGB, Nr. *1*) – in der Praxis unvermindert erhebliche Bedeutung zu.

5. Juristische Ausbildung

Aufgrund der jüngsten Reformen der juristischen Ausbildung ist das IPR – zumindest in den Grundzügen – wieder in das Pflichtprogramm der meisten deutschen Universitäten aufgenommen worden. Darin kommt die gesteigerte Bedeutung zum Ausdruck, die das Fach in der Praxis erfahren hat. Es ist sehr zu begrüßen, dass auf diese Weise wieder jeder Jurist sich während seiner Ausbildung mit den Regeln zur Lösung eines Auslandsfalles vertraut machen muss. Darüber hinaus gehört die Vertiefung im internationalen Privat- und Verfahrensrecht – zumindest in Teilgebieten – zum Programm der meisten zivilrechtlichen Schwerpunktbereiche, die nach den neuen Prüfungsordnungen an den Universitäten eingerichtet worden sind. Voraussetzung hierfür ist aber die Zugänglichkeit der Texte. Die vorliegende Sammlung verwertet Erfahrungen aus der Lehre und zielt auf die Bedürfnisse, die sich im akademischen Unterricht ebenso wie in der Praxis ergeben. Hier zeigt sich, dass Prüfungsfälle auf den Gebieten des internationalen Privat- und Verfahrensrechts heute weniger denn je allein mit dem autonomen deutschen Recht (EGBGB; ZPO/FamFG) gelöst werden können. Denn nicht nur haben wichtige Staatsverträge auf dem Gebiet des IPR – wie die *Haager Übk. zum Schutz von Erwachsenen oder von Kindern* (ErwSÜ und KSÜ, Nr. *20, 53*) – weiterhin Vorrang vor dem autonomen Kollisionsrecht oder verdrängen es – wie das *Haager Unterhaltsprotokoll vom 23.11.2007* (HUP, Nr. *42*) – vollständig. Vielmehr werden inzwischen ganze Teilgebiete des IPR – wie das Recht der vertraglichen und außervertraglichen Schuldverhältnisse, das Ehescheidungsrecht, das Erbrecht sowie das Güterrecht von Ehegatten und eingetragenen Lebenspartnern – durch EU-Verordnungen geregelt. Schließlich wird auch das autonome IZPR – etwa auf den Gebieten der internationalen Gerichtszuständigkeit, der Anerkennung ausländischer Entscheidungen sowie der internationalen Rechtshilfe und Schiedsgerichtsbarkeit – in erheblichem Umfang durch Staatsverträge und EG-Recht überlagert.

II. Konzeption

Die in den Vorauflagen entwickelte Konzeption der Textsammlung ist in Lehre und Praxis auf Zustimmung gestoßen und wurde daher beibehalten.

Die Sammlung zerfällt demgemäß weiterhin in die drei Hauptteile IPR, IZPR und Staatsangehörigkeitsrecht. Vorangestellt bleibt aus den zuvor genannten Gründen ein weiterer Hauptteil mit den für das IPR und das IZPR wichtigen Vorschriften des primären Unionsrechts (Nr. *0–1/0–2*). Festgehalten wurde auch an der bewährten Untergliederung nach Sachgebieten; die Reihenfolge dieser Sachgebiete orientiert sich dabei im Bereich des Kollisionsrechts an der – vom BGB abweichenden – Regelung im ersten Kapitel des Einführungsgesetzes zum BGB. Die Nummerierung der Texte wurde seit der 10. Auflage in der Weise geändert, dass jeder Abschnitt mit einer neuen Dezimalstelle beginnt; auf diese Weise bleibt Raum für Textänderungen und -ergänzungen in künftigen Auflagen, ohne dass sich die Nummern der verbleibenden Texte ändern.

Die Textsammlung enthält nunmehr die vollständige oder auszugsweise Wiedergabe von **63 multilateralen und 11 bilateralen Staatsverträgen, 23 EG-/EU-Verordnungen, 15 EG-/EU-Richtlinien sowie von 52 deutschen Gesetzen** auf den Gebieten des internationalen Privat- und Verfahrensrechts sowie des Staatsangehörigkeitsrechts. Die meisten der abgedruckten Staatsverträge sind für die Bundesrepublik Deutschland in Kraft getreten. Darüber hinaus werden aber auch einige Konventionen berücksichtigt, die – wie etwa das *Haager Übk. über das auf Straßenverkehrsunfälle anwendbare Recht von 1971* (Nr. *100*) oder das *UNIDROIT-Übk. über gestohlene oder rechtswidrig ausgeführte Kulturgüter von 1995* (Nr. *112*) – nur zwischen ausländischen Staaten gelten, von diesen aber als *„loi uniforme"* auch im Verhältnis zu Nichtvertragsstaaten angewandt werden und deshalb bei der Prüfung einer etwaigen Rück- oder Weiterverweisung auch vom deutschen Richter zu beachten sind. Hinzu kommen Staatsverträge, die im Zusammenhang mit einem anderen Übk. Bedeutung erlangen, dem die Bundesrepublik Deutschland angehört (so etwa das *Haager Übk. über das auf internationale Kaufverträge anzuwendende Recht von 1955* (Nr. *76*) im Rahmen der Anwendung des *Wiener UN-Kaufrechts von 1980* (CISG, Nr. *77*). Schließlich werden auch wichtige Staatsverträge abgedruckt, die – wie zB das Haager Übk. über die Anerkennung und Vollstreckung ausländischer Entscheidungen in Zivil- und Handelssachen vom 2.7.2019 (Nr. *180*) – erst künftig in Kraft treten werden, weil sie die Diskussion schon heute maßgeblich beeinflussen.

Um den Umfang (und Preis) der Sammlung in einem vertretbaren Rahmen zu halten, haben wir uns bei der Auswahl der Texte wiederum weitgehend auf das internationale Privat- und Verfahrensrecht beschränkt. Nicht berücksichtigt werden konnten daher insbesondere die zahlreichen Staatsverträge auf dem Gebiet des materiellen Einheitsrechts. Eine Ausnahme wird nur für das *Wiener UN-Übk. betr. Verträge über den internationalen Warenverkauf vom 11.4.1980* (CISG, Nr. *77*) gemacht, das auf vielfältigen Wunsch der Benutzer der Textsammlung wieder vollständig – d. h. einschließlich der materiell-rechtlichen Vorschriften zum Vertragsschluss und zum Warenkauf (Art. 14–89) abgedruckt ist. Aus der *EG-Verordnung Nr. 2157/2001 über das*

Statut der Europäischen Gesellschaft (Nr. *132*), bei der Sach- und Kollisionsnormen so stark miteinander verzahnt sind, dass ein isolierter Abdruck der Verweisungsnormen den Verständniszusammenhang zerreißen würde, werden nur noch die grundlegenden Bestimmungen in Art. 1–14 abgedruckt.

Ebenfalls aus Raum- und Kostenersparnisgründen wurde ferner daran festgehalten, mehrseitige Staatsverträge nur in der – idR inoffiziellen – deutschen Übersetzung wiederzugeben und auf einen Abdruck der Schlussvorschriften weitgehend zu verzichten. Denn die dort regelmäßig getroffenen Bestimmungen über die Unterzeichnung, Ratifikation und Hinterlegung, das Inkrafttreten und die Geltungsdauer, die Kündigung und Revision, die Beilegung von Streitigkeiten etc. sind für die Anwendung eines geltenden Staatsvertrages in der Praxis zumeist ohne Belang. Schlussvorschriften über den räumlichen Anwendungsbereich (z.B. bei Mehrrechtsstaaten), das Verhältnis zu anderen Staatsverträgen und die zulässigen Vorbehalte wurden hingegen mit abgedruckt.

Nicht in die Sammlung aufgenommen wurden schließlich Staatsverträge und Gesetze auf einigen Sondergebieten des internationalen Privatrechts, die im akademischen Unterricht nur eine untergeordnete Rolle spielen, nämlich: Atomrecht, Seerecht und – mit Einschränkungen – Luftrecht.

Erneut erweitert wurden hingegen die in den Fußnoten gegebenen Erläuterungen zu den abgedruckten Staatsverträgen, EU-Rechtsakten und Gesetzen. Diese Anmerkungen enthalten – von wenigen Ausnahmen abgesehen – durchweg präzise Angaben über den Zeitpunkt des Inkrafttretens von Staatsverträgen und EU-Verordnungen für jeden einzelnen Mitgliedstaat, und zwar soweit möglich unter Hinweis auf die jeweilige Bekanntmachung im deutschen Bundesgesetzblatt oder im Amtsblatt der EU. Die diesbezüglichen Angaben befinden sich auf dem **Stand vom 1.7.2022;** sie sind seit der 13. Auflage von der chronologischen auf eine alphabetische Angabe der Vertrags-/Mitgliedsstaaten umgestellt worden, damit der Benutzer auf einen Blick feststellen kann, ob ein Staatsvertrag oder eine EU-Verordnung für ein bestimmtes Land in Kraft getreten sind. Darüber hinaus wird in den Erläuterungen ausführlich auf die von einzelnen Vertragsstaaten eingelegten Vorbehalte sowie auf kollidierende oder ergänzende (staatsvertragliche und autonome) Vorschriften verwiesen.

Schließlich enthalten die Anmerkungen Hinweise auf weitere – im Wortlaut nicht abgedruckte – 121 multilaterale und 48 bilaterale Staatsverträge bzw. Konventionsentwürfe auf den Gebieten des internationalen Privat- und Verfahrensrechts, des Staatsangehörigkeitsrechts sowie des internationalen Einheitsrechts unter Angabe der Fundstellen und des gegenwärtigen Ratifikations- bzw. Zeichnungsstandes.

Die nicht abgedruckten Staatsverträge werden ebenso wie sämtliche abgedruckten Texte durch chronologisch geordnete **Register** erschlossen. Diese Register, eine zusätzliche Länderübersicht, aus der sich auf einen Blick entnehmen lässt, ob ein Staatsvertrag oder eine EU-Verordnung im Verhältnis der Bundesrepublik Deutschland zu einem bestimmten ausländischen Staat gilt, sowie das gründlich überarbeitete Sachverzeichnis sollen die praktische Handhabung der Textsammlung erleichtern. Diesem Zweck dient es auch, dass die gängigen Abkürzungen für Staatsverträge und Gesetze in der Kopfzeile neben der jeweiligen Textnummer abgedruckt sind; über diese Kurzbezeichnungen lassen sich die Texte mit Hilfe der eingangs abgedruckten Schnellübersicht noch besser erschließen. Schließlich werden wiederum wichtige Internetadressen der auf den Gebieten des IPR und des IZPR tätigen Organisationen mitgeteilt. Sie ermöglichen das Auffinden der Texte von Staatsverträgen in den Originalsprachen sowie von EU-Rechtsakten in den Sprachen der übrigen Mitgliedstaaten; sie enthalten ferner laufend aktualisierte Informationen zum Ratifikationsstand.

III. Inhaltliche Neuerungen

Die 21. Auflage enthält vor allem die nachfolgenden Neuerungen:

Im **2. Teil (Internationales Privatrecht)** wurden im *EGBGB* (Nr. *1*) die zum 1.1.2023 in Kraft tretenden Neufassungen der Art. 7, 15, 17b Abs. 2 und 24 bereits in den Anmerkungen zu den noch geltenden Vorschriften abgedruckt.

Im Abschnitt I zum internationalen Vertragsrecht wurde der bisher unter Nr. *81* abgedruckte *Vorschlag für eine EU-Verordnung über ein Gemeinsames Europäisches Kaufrecht* aus der Sammlung entnommen, da mit einer Verabschiedung der Verordnung in dieser Form nicht mehr zu rechnen ist.

Unter Nr. *90* wurde die Kollisionsnorm in Art. 178 der *Richtlinie 2009/138/EG betreffend die Aufnahme und Ausübung der Versicherungs- und der Rückversicherungstätigkeit (Solvabilität II)* vom 25.11.2009 aufgenommen.

Unter Nr. *93* wurde aus der *Datenschutz-Grundverordnung (EU) 2016/679 vom 27.4.2016* die Vorschrift des Art. 3 zum räumlichen Anwendungsbereich dieser Verordnung aufgenommen, die Gegenstand einer intensiven wissenschaftlichen Diskussion ist.

Unter Nr. *97* waren die Neufassung der §§ 1 und 3 des Telemediengesetzes vom 26.2.2007 sowie der neue § 2a zur Bestimmung des europäischen Sitzlands des Diensteanbieters einzufügen.

Im **3. Teil (Internationales Verfahrensrecht)** war vor allem zu berücksichtigen, dass in Ehesachen und Verfahren der elterlichen Verantwortung die bisherige Brüssel IIa-VO mit Wirkung vom 1.8.2022 durch die Verordnung (EU) 2019/1111 des Rates über die Zuständigkeit, die Anerkennung und Vollstreckung von Entscheidungen in Ehesachen und in Verfahren betreffend die elterliche Verantwortung und über internationale Kindesentführungen vom 25.6.2019 (Brüssel IIb-VO) abgelöst wird. Aus diesem Grunde wurde die Brüssel IIa-VO aus der Sammlung genommen, auch wenn sie für vor dem 1.8.2022 eingeleitete gerichtliche Verfahren fortgilt. Die Brüssel IIb-VO ist nunmehr im Abschnitt B (Internationale Zuständigkeit) unter Nr. *162* abgedruckt. Ferner waren in den Text des *Internationalen Familienrechts-*

verfahrensgesetzes vom 26.1.2005 (Nr. *162a*) die zahlreichen Änderungen aus Anlass der Geltung der Brüssel IIb-Verordnung einzuarbeiten.

Außerdem wurde im Anschluss an das unter Nr. *164* abgedruckte Kapitel X der Unionsmarken-VO zur Zuständigkeit und zu Verfahren für Klagen, die Unionsmarken betreffen, auf vielfachen Wunsch die Parallelregelung in Titel IX der *Verordnung (EG) Nr. 6/2002 über das Gemeinschaftsgeschmacksmuster vom 12.12.2001* unter Nr. *165* eingefügt.

Schließlich wurde auch aus der *Datenschutz-Grundverordnung (EU) 2016/679 vom 27.4.2016* die Reglung zur internationalen Zuständigkeit in Art. 79 Abs. 2 abgedruckt (Nr. *166*).

Im Abschnitt C (Anerkennung und Vollstreckung ausländischer Entscheidungen) wurde das *Haager Übereinkommen über die Anerkennung und Vollstreckung ausländischer Entscheidungen in Zivil- und Handelssachen vom 2.7.2019* unter Nr. *180* neu aufgenommen. Das Übk. ist zwar noch nicht in Kraft getreten. Die EU-Kommission hat jedoch in dem Vorschlag für einen Beschluss des Rates vom 16.7.2021 (COM [2021] 388 final) den Beitritt der Europäischen Union zu diesem Übk. befürwortet, um die Anerkennung und Vollstreckung von mitgliedstaatlichen Entscheidungen in Drittstaaten zu verbessern. Daher ist mit einer baldigen Ratifikation des Übk. durch die EU zu rechnen.

Außerdem waren in diesem Abschnitt Änderungen im *Adoptionswirkungsgesetz vom 5.11.2001* (Nr. *194*) – insbesondere zu unbegleiteten Auslandsadoptionen – durch Gesetz vom 12.2.2021 zu berücksichtigen.

Im Abschnitt E (Rechtsschutz und Rechtshilfe) sind die Neufassungen der Verordnungen (EU) 2020/1783 und 1784 über die Zusammenarbeit zwischen den Mitgliedstaaten auf dem Gebiet der Beweisaufnahme und über die Zustellung gerichtlicher und außergerichtlicher Schriftstücke in Zivil- oder Handelssachen v. 25.11.2020 (EuBVO/EuZVO) unter Nr. *225* und *224* bereits abgedruckt. Gleiches gilt für die deutschen Ausführungsvorschriften zu diesen Verordnungen in der ZPO (Nr. *225a* und *224a*). Ferner haben sich durch das zuvor erwähnte Gesetz vom 12.2.2021 auch weitreichende Änderungen im *Adoptionsübereinkommens-Ausführungsgesetz vom 5.11.2001* (AdÜbAG, Nr. *223a*) und im völlig neu gefassten *Adoptionsvermittlungsgesetz vom 21.6.2021* (AdVermiG, Nr. *234*) ergeben.

Im Abschnitt G (Beglaubigung und Legalisation von Urkunden) wurden im Anschluss an die *Verordnung (EU) 2016/91 zur Förderung der Freizügigkeit von Bürgern durch die Vereinfachung der Anforderungen an die Vorlage bestimmter öffentlicher Urkunden innerhalb der Union vom 6.7.2016* (EuUrkVO, Nr. *253*) die deutschen Ausführungsvorschriften in §§ 1118–1120 ZPO (Nr. *253a*) eingefügt.

Im **4. Teil (Staatsangehörigkeitsrecht)** waren schließlich erneut vielfältige Änderungen des *Staatsangehörigkeitsgesetzes vom 22.7.2013* (Nr. *275*) zu berücksichtigen.

Heidelberg/Konstanz, im Juli 2022 E. J./R. H.

1. Teil: Primäres Unionsrecht und Verträge der Europäischen Union

0–1. Vertrag über die Europäische Union

Vom 7. Februar 1992 (BGBl. II, S. 1251)
idF des Vertrags von Lissabon vom 13. Dezember 2007[1, 2] (BGBl. 2008 II, S. 1038)

Titel I. Gemeinsame Bestimmungen

Art. 1. [Gründung der Europäischen Union; Grundlagen] Durch diesen Vertrag gründen die HOHEN VERTRAGSPARTEIEN untereinander eine EUROPÄISCHE UNION (im Folgenden „Union"), der die Mitgliedstaaten Zuständigkeiten zur Verwirklichung ihrer gemeinsamen Ziele übertragen.

Dieser Vertrag stellt eine neue Stufe bei der Verwirklichung einer immer engeren Union der Völker Europas dar, in der die Entscheidungen möglichst offen und möglichst bürgernah getroffen werden.

Grundlage der Union sind dieser Vertrag und der Vertrag über die Arbeitsweise der Europäischen Union (im Folgenden „Verträge"). Beide Verträge sind rechtlich gleichrangig. Die Union tritt an die Stelle der Europäischen Gemeinschaft, deren Rechtsnachfolgerin sie ist.

Art. 2–3. *(nicht abgedruckt)*

Art. 4. [Zuständigkeiten der Union] (1) Alle der Union nicht in den Verträgen übertragenen Zuständigkeiten verbleiben gemäß Artikel 5 bei den Mitgliedstaaten.

---

1 Der Vertrag von Lissabon zur Änderung des Vertrags über die Europäische Union und des Vertrags zur Gründung der Europäischen Gemeinschaft vom 13.12.2007 (ABl. 2007 C 306, S. 1; ber. ABl. 2008 C 111, S. 56 und ABl. 2009 C 290, S. 1) ist am 1.12.2009 für die *Bundesrepublik Deutschland* und die weiteren 26 EU-Mitgliedstaaten in Kraft getreten (Bek. v. 13.11.2009, BGBl. II, S. 1223). Für *Kroatien* gilt er seit dem 1.7.2013.

Die letzte konsolidierte Fassung des Vertrages ist veröffentlicht im ABl. 2012 C 236, S. 13.

2 Das Abkommen über den Austritt des *Vereinigten Königreichs* aus der Europäischen Union v. 24.1.2020 (ABl. C 384 I, S. 1 v. 12.11.2019) ist gemäß Bek. v. 25.2.2020 (BGBl. I, S. 316) zusammen mit dem Brexit-Übergangsgesetz v. 27.3.2019 (BGBl. I, S. 402) am 1.2.2020 in Kraft getreten. Nach dem Vierten Teil dieses Abkommens (abgedruckt unter Nr. *0–3*) und § 1 des Brexit-ÜG gilt das EU-Recht während des Übergangszeitraums bis zum 31.12.2020 grundsätzlich im *Vereinigten Königreich* fort. Dies gilt nicht nur für das primäre Unionsrecht (EUV, AEUV, Nr. *0–1* und *0–2*), sondern auch für die in dieser Sammlung abgedruckten EU-Verordnungen und EU-Richtlinien.

(2) Die Union achtet die Gleichheit der Mitgliedstaaten vor den Verträgen und ihre jeweilige nationale Identität, die in ihren grundlegenden politischen und verfassungsmäßigen Strukturen einschließlich der regionalen und lokalen Selbstverwaltung zum Ausdruck kommt. Sie achtet die grundlegenden Funktionen des Staates, insbesondere die Wahrung der territorialen Unversehrtheit, die Aufrechterhaltung der öffentlichen Ordnung und den Schutz der nationalen Sicherheit. Insbesondere die nationale Sicherheit fällt weiterhin in die alleinige Verantwortung der einzelnen Mitgliedstaaten.

(3) Nach dem Grundsatz der loyalen Zusammenarbeit achten und unterstützen sich die Union und die Mitgliedstaaten gegenseitig bei der Erfüllung der Aufgaben, die sich aus den Verträgen ergeben.

Die Mitgliedstaaten ergreifen alle geeigneten Maßnahmen allgemeiner oder besonderer Art zur Erfüllung der Verpflichtungen, die sich aus den Verträgen oder den Handlungen der Organe der Union ergeben.

Die Mitgliedstaaten unterstützen die Union bei der Erfüllung ihrer Aufgabe und unterlassen alle Maßnahmen, die die Verwirklichung der Ziele der Union gefährden könnten.

Art. 5. [Subsidiaritäts- und Verhältnismäßigkeitsgrundsatz] (1) Für die Abgrenzung der Zuständigkeiten der Union gilt der Grundsatz der begrenzten Einzelermächtigung. Für die Ausübung der Zuständigkeiten der Union gelten die Grundsätze der Subsidiarität und der Verhältnismäßigkeit.

(2) Nach dem Grundsatz der begrenzten Einzelermächtigung wird die Union nur innerhalb der Grenzen der Zuständigkeiten tätig, die die Mitgliedstaaten ihr in den Verträgen zur Verwirklichung der darin niedergelegten Ziele übertragen haben. Alle der Union nicht in den Verträgen übertragenen Zuständigkeiten verbleiben bei den Mitgliedstaaten.

(3) Nach dem Subsidiaritätsprinzip wird die Union in den Bereichen, die nicht in ihre ausschließliche Zuständigkeit fallen, nur tätig, sofern und soweit die Ziele der in Betracht gezogenen Maßnahmen von den Mitgliedstaaten weder auf zentraler noch auf regionaler oder lokaler Ebene ausreichend verwirklicht werden können, sondern vielmehr wegen ihres Umfangs oder ihrer Wirkungen auf Unionsebene besser zu verwirklichen sind.

Die Organe der Union wenden das Subsidiaritätsprinzip nach dem Protokoll über die Anwendung der Grundsätze der Subsidiarität und der Verhältnismäßigkeit[3] an. Die nationalen Parlamente achten auf die Einhaltung des Subsidiaritätsprinzips nach dem in jenem Protokoll vorgesehenen Verfahren.

(4) Nach dem Grundsatz der Verhältnismäßigkeit gehen die Maßnahmen der Union inhaltlich wie formal nicht über das zur Erreichung der Ziele der Verträge erforderliche Maß hinaus.

---

[3] ABl. 2008 C 115, S. 206.

Die Organe der Union wenden den Grundsatz der Verhältnismäßigkeit nach dem Protokoll über die Anwendung der Grundsätze der Subsidiarität und der Verhältnismäßigkeit[4] an.

Art. 6. [Grundrechte-Charta und EMRK] (1) Die Union erkennt die Rechte, Freiheiten und Grundsätze an, die in der Charta der Grundrechte der Europäischen Union vom 7. Dezember 2000 in der am 12. Dezember 2007 in Straßburg angepassten Fassung[5] niedergelegt sind; die Charta der Grundrechte und die Verträge sind rechtlich gleichrangig.

Durch die Bestimmungen der Charta werden die in den Verträgen festgelegten Zuständigkeiten der Union in keiner Weise erweitert.

Die in der Charta niedergelegten Rechte, Freiheiten und Grundsätze werden gemäß den allgemeinen Bestimmungen des Titels VII der Charta, der ihre Auslegung und Anwendung regelt, und unter gebührender Berücksichtigung der in der Charta angeführten Erläuterungen, in denen die Quellen dieser Bestimmungen angegeben sind, ausgelegt.

(2) Die Union tritt der Europäischen Konvention zum Schutz der Menschenrechte und Grundfreiheiten[6] bei. Dieser Beitritt ändert nicht die in den Verträgen festgelegten Zuständigkeiten der Union.

(3) Die Grundrechte, wie sie in der Europäischen Konvention zum Schutz der Menschenrechte und Grundfreiheiten gewährleistet sind und wie sie sich aus den gemeinsamen Verfassungsüberlieferungen der Mitgliedstaaten ergeben, sind als allgemeine Grundsätze Teil des Unionsrechts.

Art. 7–8. *(nicht abgedruckt)*

Titel II. Bestimmungen über die demokratischen Grundsätze

Art. 9. [Gleichheitsgrundsatz; Unionsbürgerschaft] Die Union achtet in ihrem gesamten Handeln den Grundsatz der Gleichheit ihrer Bürgerinnen und Bürger, denen ein gleiches Maß an Aufmerksamkeit seitens der Organe, Einrichtungen und sonstigen Stellen der Union zuteil wird. Unionsbürger ist, wer die Staatsangehörigkeit eines Mitgliedstaats besitzt. Die Unionsbürgerschaft tritt zur nationalen Staatsbürgerschaft hinzu, ersetzt sie aber nicht.

Art. 10–12. *(nicht abgedruckt)*

---

[4] ABl. 2008 C 115, S. 206.

[5] ABl. 2007 C 303, S. 1 = BGBl. 2008 II, S. 1166.

[6] EMR-Konvention idF der Bek. v. 17.5.2002 (BGBl. II, S. 1054), zuletzt geändert am 23.11.2004 (BGBl. II, S. 1722).

Titel III. Bestimmungen über die Organe

Art. 13–18. *(nicht abgedruckt)*

Art. 19. [Europäischer Gerichtshof] (1) Der Gerichtshof der Europäischen Union umfasst den Gerichtshof, das Gericht und Fachgerichte. Er sichert die Wahrung des Rechts bei der Auslegung und Anwendung der Verträge.

Die Mitgliedstaaten schaffen die erforderlichen Rechtsbehelfe, damit ein wirksamer Rechtsschutz in den vom Unionsrecht erfassten Bereichen gewährleistet ist.

(2) Der Gerichtshof besteht aus einem Richter je Mitgliedstaat. Er wird von Generalanwälten unterstützt.

Das Gericht besteht aus mindestens einem Richter je Mitgliedstaat.

Als Richter und Generalanwälte des Gerichtshofs und als Richter des Gerichts sind Persönlichkeiten auszuwählen, die jede Gewähr für Unabhängigkeit bieten und die Voraussetzungen der Artikel 253 und 254 des Vertrags über die Arbeitsweise der Europäischen Union erfüllen. Sie werden von den Regierungen der Mitgliedstaaten im gegenseitigen Einvernehmen für eine Amtszeit von sechs Jahren ernannt. Die Wiederernennung ausscheidender Richter und Generalanwälte ist zulässig.

(3) Der Gerichtshof der Europäischen Union entscheidet nach Maßgabe der Verträge

a) über Klagen eines Mitgliedstaats, eines Organs oder natürlicher oder juristischer Personen;
b) im Wege der Vorabentscheidung auf Antrag der einzelstaatlichen Gerichte über die Auslegung des Unionsrechts oder über die Gültigkeit der Handlungen der Organe;
c) in allen anderen in den Verträgen vorgesehenen Fällen.

Titel IV. Bestimmungen über eine Verstärkte Zusammenarbeit

Art. 20 [Verstärkte Zusammenarbeit] (1) Die Mitgliedstaaten, die untereinander eine Verstärkte Zusammenarbeit im Rahmen der nicht ausschließlichen Zuständigkeiten der Union begründen wollen, können, in den Grenzen und nach Maßgabe dieses Artikels und der Artikel 326 bis 334 des Vertrags über die Arbeitsweise der Europäischen Union, die Organe der Union in Anspruch nehmen und diese Zuständigkeiten unter Anwendung der einschlägigen Bestimmungen der Verträge ausüben.

Eine Verstärkte Zusammenarbeit ist darauf ausgerichtet, die Verwirklichung der Ziele der Union zu fördern, ihre Interessen zu schützen und ihren Integrationsprozess zu stärken. Sie steht allen Mitgliedstaaten nach

Artikel 328 des Vertrags über die Arbeitsweise der Europäischen Union jederzeit offen.

(2) Der Beschluss über die Ermächtigung zu einer Verstärkten Zusammenarbeit wird vom Rat als letztes Mittel erlassen, wenn dieser feststellt, dass die mit dieser Zusammenarbeit angestrebten Ziele von der Union in ihrer Gesamtheit nicht innerhalb eines vertretbaren Zeitraums verwirklicht werden können, und sofern an der Zusammenarbeit mindestens neun Mitgliedstaaten beteiligt sind. Der Rat beschließt nach dem in Artikel 329 des Vertrags über die Arbeitsweise der Europäischen Union vorgesehenen Verfahren.

(3) Alle Mitglieder des Rates können an dessen Beratungen teilnehmen, aber nur die Mitglieder des Rates, die die an der Verstärkten Zusammenarbeit beteiligten Mitgliedstaaten vertreten, nehmen an der Abstimmung teil. Die Abstimmungsmodalitäten sind in Artikel 330 des Vertrags über die Arbeitsweise der Europäischen Union vorgesehen.

(4) An die im Rahmen einer Verstärkten Zusammenarbeit erlassenen Rechtsakte sind nur die an dieser Zusammenarbeit beteiligten Mitgliedstaaten gebunden. Sie gelten nicht als Besitzstand, der von beitrittswilligen Staaten angenommen werden muss.

Titel V. Allgemeine Bestimmungen über das auswärtige Handeln der Union und besondere Bestimmungen über die gemeinsame Außen- und Sicherheitspolitik

Art. 21–46. *(nicht abgedruckt)*

Titel VI. Schlussbestimmungen

Art. 47. [Rechtspersönlichkeit der Union] Die Union besitzt Rechtspersönlichkeit.

Art. 48–49. *(nicht abgedruckt)*

Art. 50. [Austritt] (1) Jeder Mitgliedstaat kann im Einklang mit seinen verfassungsrechtlichen Vorschriften beschließen, aus der Union auszutreten.

(2) Ein Mitgliedstaat, der auszutreten beschließt, teilt dem Europäischen Rat seine Absicht mit. Auf der Grundlage der Leitlinien des Europäischen Rates handelt die Union mit diesem Staat ein Abkommen über die Einzelheiten des Austritts aus und schließt das Abkommen, wobei der Rahmen für die künftigen Beziehungen dieses Staates zur Union berücksichtigt wird. Das Abkommen wird nach Artikel 218 Absatz 3 des Vertrags über die Arbeitsweise der Europäischen Union ausgehandelt. Es wird vom Rat im Namen der Union geschlossen; der Rat beschließt mit qualifizierter Mehrheit nach Zustimmung des Europäischen Parlaments.

(3) Die Verträge finden auf den betroffenen Staat ab dem Tag des Inkrafttretens des Austrittsabkommens oder andernfalls zwei Jahre nach der in Absatz 2 genannten Mitteilung keine Anwendung mehr, es sei denn, der Europäische Rat beschließt im Einvernehmen mit dem betroffenen Mitgliedstaat einstimmig, diese Frist zu verlängern.

(4) Für die Zwecke der Absätze 2 und 3 nimmt das Mitglied des Europäischen Rates und des Rates, das den austretenden Mitgliedstaat vertritt, weder an den diesen Mitgliedstaat betreffenden Beratungen noch an der entsprechenden Beschlussfassung des Europäischen Rates oder des Rates teil.

Die qualifizierte Mehrheit bestimmt sich nach Artikel 238 Absatz 3 Buchstabe b des Vertrags über die Arbeitsweise der Europäischen Union.

(5) Ein Staat, der aus der Union ausgetreten ist und erneut Mitglied werden möchte, muss dies nach dem Verfahren des Artikels 49 beantragen.

Art. 51 *(nicht abgedruckt)*

Art. 52.[7] **[Geltungsbereich]** (1) Die Verträge gelten für das Königreich Belgien, die Republik Bulgarien, die Tschechische Republik, das Königreich Dänemark, die Bundesrepublik Deutschland, die Republik Estland, Irland, die Hellenische Republik, das Königreich Spanien, die Französische Republik, die Republik Kroatien, die Italienische Republik, die Republik Zypern, die Republik Lettland, die Republik Litauen, das Großherzogtum Luxemburg, die Republik Ungarn, die Republik Malta, das Königreich der Niederlande, die Republik Österreich, die Republik Polen, die Portugiesische Republik, Rumänien, die Republik Slowenien, die Slowakische Republik, die Republik Finnland, das Königreich Schweden und das Vereinigte Königreich Großbritannien und Nordirland.

(2) Der räumliche Geltungsbereich der Verträge wird in Artikel 355 des Vertrags über die Arbeitsweise der Europäischen Union im Einzelnen angegeben.

Art. 53–55. *(nicht abgedruckt)*

---

[7] Art. 52 Abs. 1 neu gefasst durch Akte v. 9.2.2011 (ABl. 2012 L 112, S. 21) mit Wirkung v. 1.7.2013.

0–2. Vertrag über die Arbeitsweise der Europäischen Union

Vom 25. März 1957[1, 2] (BGBl. II, S. 766)
idF des Vertrages von Lissabon vom 13. Dezember 2007[3, 4]
(ABl. 2008 C 115, S. 47; BGBl. 2008 II, S. 1038)

Erster Teil. Grundsätze

Art. 1. [Regelungsbereich] (1) Dieser Vertrag regelt die Arbeitsweise der Union und legt die Bereiche, die Abgrenzung und die Einzelheiten der Ausübung ihrer Zuständigkeiten fest.

(2) Dieser Vertrag und der Vertrag über die Europäische Union bilden die Verträge, auf die sich die Union gründet. Diese beiden Verträge, die rechtlich gleichrangig sind, werden als „die Verträge" bezeichnet.

---

[1] Der Vertrag ist für die *Bundesrepublik Deutschland* am 1.1.1958 im Verhältnis zu *Belgien, Frankreich, Italien, Luxemburg* und den *Niederlanden* in Kraft getreten (Bek. v. 27.12.1957, BGBl. 1958 II, S. 1).

[2] Siehe hierzu ferner den Brüsseler Vertrag über den Beitritt des *Königreichs Dänemark, Irlands, des Königreichs Norwegen und des Vereinigten Königreichs Großbritannien und Nordirland* zur EWG v. 22.1.1972 (BGBl. II, S. 1127), der – außer für *Norwegen* – im Verhältniszu den sechs Alt-EWG-Staaten am 1.1.1973 in Kraft getreten ist (Bek. v. 8.3.1973, BGBl. II, S. 175), den Athener Vertrag über den Beitritt der *Republik Griechenland* zur EWG v. 28.5.1979 (BGBl. 1980 II, S. 230), der am 1.4.1981 in Kraft getreten ist (Bek. v. 2.1.1981, BGBl. II, S. 15), den Lissaboner Vertrag über den Beitritt des *Königreichs Spanien* und der *Portugiesischen Republik* zur EWG v. 12.6.1985 (BGBl. II, S. 1251), der am 1.1.1986 in Kraft getreten ist (Bek. v. 15.1.1986, BGBl. II, S. 422), den Vertrag von Korfu über den Beitritt des *Königreichs Norwegen,* der *Republik Österreich, der Republik Finnland* und des *Königreichs Schweden* zur Europäischen Union v. 24.6.1994 (BGBl. II S. 2024), der – außer für *Norwegen* – am 1.1.1995 in Kraft getreten ist (Bek. v. 30.8.1996, BGBl. II, S. 1486), den Athener Vertrag über den Beitritt der *Tschechischen Republik, Estlands, Zyperns, Lettlands, Litauens, Ungarns, Maltas, Polens, Sloweniens* und der *Slowakei* zur Europäischen Union v. 16.4.2003 (BGBl. II, S. 1410), der am 1.5.2004 in Kraft getreten ist (Bek. v. 28.4.2004, BGBl. II, S. 1102), den Luxemburger Vertrag über den Beitritt *Bulgariens* und *Rumäniens* zur Europäischen Union v. 25.4.2005 (BGBl. 2006 II, S. 1148), der am 1.1.2007 in Kraft getreten ist (Bek. v. 26.1.2007, BGBl. II, S. 127), und den Brüsseler Vertrag über den Beitritt *Kroatiens* zur Europäischen Union v. 9.12.2011 (BGBl. 2013 II, S. 586), der am 1.7.2013 in Kraft getreten ist (Bek. v. 21.6.2013, BGBl. II, S. 680).

[3] Der Vertrag von Lissabon zur Änderung des Vertrags über die Europäische Union und des Vertrags zur Gründung der Europäischen Gemeinschaft v. 13.12.2007 (ABl. C 306, S. 1, ber. ABl. 2008 C 111, S. 56 und ABl. 2009 C 290, S. 1) ist am 1.12.2009 für die *Bundesrepublik Deutschland* und die weiteren 26 EU-Mitgliedstaaten in Kraft getreten (Bek. v. 13.11.2009, BGBl. II, S. 1223). Für *Kroatien* gilt er seit dem 1.7.2013. Die letzte konsolidierte Fassung des Vertrages ist veröffentlicht im ABl. 2008 C 236, S. 47. Zu früheren Änderungen des EG-Vertrags siehe insbesondere den Vertrag von Amsterdam v. 10.11.1997 (ABl. C 340, S. 1), der am 1.5.1999 in Kraft getreten ist (BGBl. 1998 II, S. 387) und den Vertrag von Nizza v. 26.2.2001 (ABl. C 80, S. 1), der am 1.2.2003 in Kraft getreten ist (Bek. v. 20.8.2003, BGBl. II, S. 1477).

[4] Zu den Folgen des Brexit vgl. die Anm. 2 zum EU-Vertrag (Nr. *0–1*) und den unter Nr. *0–3* abgedruckten Auszug aus dem Brexit-Abkommen v. 24.1.2020.

Titel I. Arten und Bereiche der Zuständigkeit der Union

Art. 2. [Arten von Zuständigkeiten] (1) Übertragen die Verträge der Union für einen bestimmten Bereich eine ausschließliche Zuständigkeit, so kann nur die Union gesetzgeberisch tätig werden und verbindliche Rechtsakte erlassen; die Mitgliedstaaten dürfen in einem solchen Fall nur tätig werden, wenn sie von der Union hierzu ermächtigt werden, oder um Rechtsakte der Union durchzuführen.

(2) Übertragen die Verträge der Union für einen bestimmten Bereich eine mit den Mitgliedstaaten geteilte Zuständigkeit, so können die Union und die Mitgliedstaaten in diesem Bereich gesetzgeberisch tätig werden und verbindliche Rechtsakte erlassen. Die Mitgliedstaaten nehmen ihre Zuständigkeit wahr, sofern und soweit die Union ihre Zuständigkeit nicht ausgeübt hat. Die Mitgliedstaaten nehmen ihre Zuständigkeit erneut wahr, sofern und soweit die Union entschieden hat, ihre Zuständigkeit nicht mehr auszuüben.

(3)–(4) *(nicht abgedruckt)*

(5) In bestimmten Bereichen ist die Union nach Maßgabe der Verträge dafür zuständig, Maßnahmen zur Unterstützung, Koordinierung oder Ergänzung der Maßnahmen der Mitgliedstaaten durchzuführen, ohne dass dadurch die Zuständigkeit der Union für diese Bereiche an die Stelle der Zuständigkeit der Mitgliedstaaten tritt.

Die verbindlichen Rechtsakte der Union, die aufgrund der diese Bereiche betreffenden Bestimmungen der Verträge erlassen werden, dürfen keine Harmonisierung der Rechtsvorschriften der Mitgliedstaaten beinhalten.

(6) Der Umfang der Zuständigkeiten der Union und die Einzelheiten ihrer Ausübung ergeben sich aus den Bestimmungen der Verträge zu den einzelnen Bereichen.

Art. 3. [Ausschließliche Zuständigkeiten] (1) Die Union hat ausschließliche Zuständigkeit in folgenden Bereichen:

a) *(nicht abgedruckt)*

b) Festlegung der für das Funktionieren des Binnenmarkts erforderlichen Wettbewerbsregeln,

c)–e) *(nicht abgedruckt)*

(2) Die Union hat ferner die ausschließliche Zuständigkeit für den Abschluss internationaler Übereinkünfte, wenn der Abschluss einer solchen Übereinkunft in einem Gesetzgebungsakt der Union vorgesehen ist, wenn er notwendig ist, damit sie ihre interne Zuständigkeit ausüben kann, oder soweit er gemeinsame Regeln beeinträchtigen oder deren Tragweite verändern könnte.

Art. 4. [Geteilte Zuständigkeiten] (1) Die Union teilt ihre Zuständigkeit mit den Mitgliedstaaten, wenn ihr die Verträge außerhalb der in den Artikeln 3 und 6 genannten Bereiche eine Zuständigkeit übertragen.

(2) Die von der Union mit den Mitgliedstaaten geteilte Zuständigkeit erstreckt sich auf die folgenden Hauptbereiche:

a) Binnenmarkt,

b)–e) *(nicht abgedruckt)*

f) Verbraucherschutz,

g)–i) *(nicht abgedruckt)*

j) Raum der Freiheit, der Sicherheit und des Rechts,

k) *(nicht abgedruckt)*

(3)–(4) *(nicht abgedruckt)*

Art. 5–6. *(nicht abgedruckt)*

Titel II. Allgemein geltende Bestimmungen

Art. 7–17. *(nicht abgedruckt)*

Zweiter Teil. Nichtdiskriminierung und Unionsbürgerschaft

Art. 18. [Diskriminierungsverbot] Unbeschadet besonderer Bestimmungen der Verträge ist in ihrem Anwendungsbereich jede Diskriminierung aus Gründen der Staatsangehörigkeit verboten.

Das Europäische Parlament und der Rat können gemäß dem ordentlichen Gesetzgebungsverfahren Regelungen für das Verbot solcher Diskriminierungen treffen.

Art. 19. *(nicht abgedruckt)*

Art. 20. [Unionsbürgerschaft] (1) Es wird eine Unionsbürgerschaft eingeführt. Unionsbürger ist, wer die Staatsangehörigkeit eines Mitgliedstaats besitzt. Die Unionsbürgerschaft tritt zur nationalen Staatsbürgerschaft hinzu, ersetzt sie aber nicht.

(2) Die Unionsbürgerinnen und Unionsbürger haben die in den Verträgen vorgesehenen Rechte und Pflichten. Sie haben unter anderem

a) das Recht, sich im Hoheitsgebiet der Mitgliedstaaten frei zu bewegen und aufzuhalten;

b)–d) *(nicht abgedruckt)*

(3) Diese Rechte werden unter Bedingungen und innerhalb der Grenzen ausgeübt, die in den Verträgen und durch die in Anwendung der Verträge erlassenen Maßnahmen festgelegt sind.

Art. 21. [Freizügigkeit] (1) Jeder Unionsbürger hat das Recht, sich im Hoheitsgebiet der Mitgliedstaaten vorbehaltlich der in den Verträgen und in den Durchführungsvorschriften vorgesehenen Beschränkungen und Bedingungen frei zu bewegen und aufzuhalten.

(2) Erscheint zur Erreichung dieses Ziels ein Tätigwerden der Union erforderlich und sehen die Verträge hierfür keine Befugnisse vor, so können das Europäische Parlament und der Rat gemäß dem ordentlichen Gesetzgebungsverfahren Vorschriften erlassen, mit denen die Ausübung der Rechte nach Absatz 1 erleichtert wird.

(3) *(nicht abgedruckt)*

Art. 22–25. *(nicht abgedruckt)*

Dritter Teil. Die internen Politiken und Maßnahmen der Union

Titel I. Der Binnenmarkt

Art. 26. [Verwirklichung des Binnenmarkts] (1) Die Union erlässt die erforderlichen Maßnahmen, um nach Maßgabe der einschlägigen Bestimmungen der Verträge den Binnenmarkt zu verwirklichen beziehungsweise dessen Funktionieren zu gewährleisten.

(2) Der Binnenmarkt umfasst einen Raum ohne Binnengrenzen, in dem der freie Verkehr von Waren, Personen, Dienstleistungen und Kapital gemäß den Bestimmungen der Verträge gewährleistet ist.

(3) Der Rat legt auf Vorschlag der Kommission die Leitlinien und Bedingungen fest, die erforderlich sind, um in allen betroffenen Sektoren einen ausgewogenen Fortschritt zu gewährleisten.

Art. 27. *(nicht abgedruckt)*

Titel II. Der freie Warenverkehr

Art. 28. [Zollunion] (1) Die Union umfasst eine Zollunion, die sich auf den gesamten Warenaustausch erstreckt; sie umfasst das Verbot, zwischen den Mitgliedstaaten Ein- und Ausfuhrzölle und Abgaben gleicher Wirkung zu erheben, sowie die Einführung eines Gemeinsamen Zolltarifs gegenüber dritten Ländern.

(2) Artikel 30 und Kapitel 3 dieses Titels gelten für die aus den Mitgliedstaaten stammenden Waren sowie für diejenigen Waren aus dritten Ländern, die sich in den Mitgliedstaaten im freien Verkehr befinden.

Art. 29. *(nicht abgedruckt)*

Kapitel 1. Die Zollunion

Art. 30. [Verbot von Ein- und Ausfuhrzöllen] Ein- und Ausfuhrzölle oder Abgaben gleicher Wirkung sind zwischen den Mitgliedstaaten verboten. Dieses Verbot gilt auch für Finanzzölle.

Art. 31–32. *(nicht abgedruckt)*

Kapitel 2. Die Zusammenarbeit im Zollwesen

Art. 33. *(nicht abgedruckt)*

Kapitel 3. Verbot von mengenmäßigen Beschränkungen zwischen den Mitgliedstaaten

Art. 34. [Verbot von Einfuhrbeschränkungen] Mengenmäßige Einfuhrbeschränkungen sowie alle Maßnahmen gleicher Wirkung sind zwischen den Mitgliedstaaten verboten.

Art. 35. [Verbot von Ausfuhrbeschränkungen] Mengenmäßige Ausfuhrbeschränkungen sowie alle Maßnahmen gleicher Wirkung sind zwischen den Mitgliedstaaten verboten.

Art. 36. [Ausnahmen] Die Bestimmungen der Artikel 34 und 35 stehen Einfuhr-, Ausfuhr- und Durchfuhrverboten oder -beschränkungen nicht entgegen, die aus Gründen der öffentlichen Sittlichkeit, Ordnung und Sicherheit, zum Schutze der Gesundheit und des Lebens von Menschen, Tieren oder Pflanzen, des nationalen Kulturguts von künstlerischem, geschichtlichem oder archäologischem Wert oder des gewerblichen und kommerziellen Eigentums gerechtfertigt sind. Diese Verbote oder Beschränkungen dürfen jedoch weder ein Mittel zur willkürlichen Diskriminierung noch eine verschleierte Beschränkung des Handels zwischen den Mitgliedstaaten darstellen.

Art. 37. *(nicht abgedruckt)*

Titel III. Die Landwirtschaft und die Fischerei

Art. 38–44. *(nicht abgedruckt)*

Titel IV. Die Freizügigkeit, der freie Dienstleistungs- und Kapitalverkehr

Kapitel 1. Die Arbeitskräfte

Art. 45. [Freizügigkeit der Arbeitnehmer] (1) Innerhalb der Union ist die Freizügigkeit der Arbeitnehmer gewährleistet.

(2) Sie umfasst die Abschaffung jeder auf der Staatsangehörigkeit beruhenden unterschiedlichen Behandlung der Arbeitnehmer der Mitgliedstaaten in Bezug auf Beschäftigung, Entlohnung und sonstige Arbeitsbedingungen.

(3) Sie gibt – vorbehaltlich der aus Gründen der öffentlichen Ordnung, Sicherheit und Gesundheit gerechtfertigten Beschränkungen – den Arbeitnehmern das Recht,

a) sich um tatsächlich angebotene Stellen zu bewerben;

b) sich zu diesem Zweck im Hoheitsgebiet der Mitgliedstaaten frei zu bewegen;

c) sich in einem Mitgliedstaat aufzuhalten, um dort nach den für die Arbeitnehmer dieses Staates geltenden Rechts- und Verwaltungsvorschriften eine Beschäftigung auszuüben;

d) nach Beendigung einer Beschäftigung im Hoheitsgebiet eines Mitgliedstaats unter Bedingungen zu verbleiben, welche die Kommission durch Verordnungen festlegt.

(4) Dieser Artikel findet keine Anwendung auf die Beschäftigung in der öffentlichen Verwaltung.

Art. 46–48. *(nicht abgedruckt)*

Kapitel 2. Das Niederlassungsrecht

Art. 49. [Niederlassungsfreiheit] Die Beschränkungen der freien Niederlassung von Staatsangehörigen eines Mitgliedstaats im Hoheitsgebiet eines anderen Mitgliedstaats sind nach Maßgabe der folgenden Bestimmungen verboten. Das Gleiche gilt für Beschränkungen der Gründung von Agenturen, Zweigniederlassungen oder Tochtergesellschaften durch Angehörige eines Mitgliedstaats, die im Hoheitsgebiet eines Mitgliedstaats ansässig sind.

Vorbehaltlich des Kapitels über den Kapitalverkehr umfasst die Niederlassungsfreiheit die Aufnahme und Ausübung selbstständiger Erwerbstätigkeiten sowie die Gründung und Leitung von Unternehmen, insbesondere von Gesellschaften im Sinne des Artikels 54 Absatz 2, nach den Bestimmungen des Aufnahmestaats für seine eigenen Angehörigen.

Art. 50–51. *(nicht abgedruckt)*

Art. 52. [Öffentliche Ordnung; Sicherheit; Gesundheit] (1) Dieses Kapitel und die aufgrund desselben getroffenen Maßnahmen beeinträchtigen nicht die Anwendbarkeit der Rechts- und Verwaltungsvorschriften, die eine Sonderregelung für Ausländer vorsehen und aus Gründen der öffentlichen Ordnung, Sicherheit oder Gesundheit gerechtfertigt sind.

(2) Das Europäische Parlament und der Rat erlassen gemäß dem ordentlichen Gesetzgebungsverfahren Richtlinien für die Koordinierung der genannten Vorschriften.

Art. 53. *(nicht abgedruckt)*

Art. 54. [Gleichstellung der Gesellschaften] Für die Anwendung dieses Kapitels stehen die nach den Rechtsvorschriften eines Mitgliedstaats gegründeten Gesellschaften, die ihren satzungsmäßigen Sitz, ihre Hauptverwaltung oder ihre Hauptniederlassung innerhalb der Union haben, den natürlichen Personen gleich, die Angehörige der Mitgliedstaaten sind.

Als Gesellschaften gelten die Gesellschaften des bürgerlichen Rechts und des Handelsrechts einschließlich der Genossenschaften und die sonstigen juristischen Personen des öffentlichen und privaten Rechts mit Ausnahme derjenigen, die keinen Erwerbszweck verfolgen.

Art. 55. [Diskriminierungsverbot bei Kapitalbeteiligungen] Unbeschadet der sonstigen Bestimmungen der Verträge stellen die Mitgliedstaaten die Staatsangehörigen der anderen Mitgliedstaaten hinsichtlich ihrer Beteiligung am Kapital von Gesellschaften im Sinne des Artikels 54 den eigenen Staatsangehörigen gleich.

Kapitel 3. Dienstleistungen

Art. 56. [Dienstleistungsfreiheit] Die Beschränkungen des freien Dienstleistungsverkehrs innerhalb der Union für Angehörige der Mitgliedstaaten, die in einem anderen Mitgliedstaat als demjenigen des Leistungsempfängers ansässig sind, sind nach Maßgabe der folgenden Bestimmungen verboten.

Das Europäische Parlament und der Rat können gemäß dem ordentlichen Gesetzgebungsverfahren beschließen, dass dieses Kapitel auch auf Erbringer von Dienstleistungen Anwendung findet, welche die Staatsangehörigkeit eines dritten Landes besitzen und innerhalb der Union ansässig sind.

Art. 57. [Dienstleistungen] Dienstleistungen im Sinne der Verträge sind Leistungen, die in der Regel gegen Entgelt erbracht werden, soweit sie nicht den Vorschriften über den freien Waren- und Kapitalverkehr und über die Freizügigkeit der Personen unterliegen.

Als Dienstleistungen gelten insbesondere:

a) gewerbliche Tätigkeiten,

b) kaufmännische Tätigkeiten,

c) handwerkliche Tätigkeiten,

d) freiberufliche Tätigkeiten.

Unbeschadet des Kapitels über die Niederlassungsfreiheit kann der Leistende zwecks Erbringung seiner Leistungen seine Tätigkeit vorübergehend in dem Mitgliedstaat ausüben, in dem die Leistung erbracht wird, und zwar unter den Voraussetzungen, welche dieser Mitgliedstaat für seine eigenen Angehörigen vorschreibt.

Art. 58–62. *(nicht abgedruckt)*

Kapitel 4. Der Kapital- und Zahlungsverkehr

Art. 63. [Verbot von Beschränkungen[(1) Im Rahmen der Bestimmungen dieses Kapitels sind alle Beschränkungen des Kapitalverkehrs zwischen den Mitgliedstaaten sowie zwischen den Mitgliedstaaten und dritten Ländern verboten.

(2) Im Rahmen der Bestimmungen dieses Kapitels sind alle Beschränkungen des Zahlungsverkehrs zwischen den Mitgliedstaaten sowie zwischen den Mitgliedstaaten und dritten Ländern verboten.

Art. 64–66. *(nicht abgedruckt)*

Titel V. Der Raum der Freiheit, der Sicherheit und des Rechts

Kapitel 1. Allgemeine Bestimmungen

Art. 67. [Grundsätze] (1) Die Union bildet einen Raum der Freiheit, der Sicherheit und des Rechts, in dem die Grundrechte und die verschiedenen Rechtsordnungen und -traditionen der Mitgliedstaaten geachtet werden.

(2)–(3) *(nicht abgedruckt)*

(4) Die Union erleichtert den Zugang zum Recht, insbesondere durch den Grundsatz der gegenseitigen Anerkennung gerichtlicher und außergerichtlicher Entscheidungen in Zivilsachen.

Art. 68–76. *(nicht abgedruckt)*

Kapitel 2. Politik im Bereich Grenzkontrollen, Asyl und Einwanderung

Art. 77–80. *(nicht abgedruckt)*

Kapitel 3. Justizielle Zusammenarbeit in Zivilsachen

Art. 81.[5] **[Justizielle Zusammenarbeit in Zivilsachen]** (1) Die Union entwickelt eine justizielle Zusammenarbeit in Zivilsachen mit grenzüber-

---

[5] Vgl. zu Art. 81 auch das Protokoll Nr. 21 zum Lissaboner Vertrag über die Position des *Vereinigten Königreichs* und *Irlands* hinsichtlich des Raums der Freiheit, der Sicherheit und des Rechts (ABl. 2008 C 115, S. 295), sowie das Protokoll Nr. 22 über die Position *Dänemarks* (ABl. 2008 C 115, S. 299). Vgl. auch die vorige Anm. 4.

schreitendem Bezug, die auf dem Grundsatz der gegenseitigen Anerkennung gerichtlicher und außergerichtlicher Entscheidungen beruht. Diese Zusammenarbeit kann den Erlass von Maßnahmen zur Angleichung der Rechtsvorschriften der Mitgliedstaaten umfassen.

(2) Für die Zwecke des Absatzes 1 erlassen das Europäische Parlament und der Rat, insbesondere wenn dies für das reibungslose Funktionieren des Binnenmarkts erforderlich ist, gemäß dem ordentlichen Gesetzgebungsverfahren Maßnahmen, die Folgendes sicherstellen sollen:

a) die gegenseitige Anerkennung und die Vollstreckung gerichtlicher und außergerichtlicher Entscheidungen zwischen den Mitgliedstaaten;
b) die grenzüberschreitende Zustellung gerichtlicher und außergerichtlicher Schriftstücke;
c) die Vereinbarkeit der in den Mitgliedstaaten geltenden Kollisionsnormen und Vorschriften zur Vermeidung von Kompetenzkonflikten;
d) die Zusammenarbeit bei der Erhebung von Beweismitteln;
e) einen effektiven Zugang zum Recht;
f) die Beseitigung von Hindernissen für die reibungslose Abwicklung von Zivilverfahren, erforderlichenfalls durch Förderung der Vereinbarkeit der in den Mitgliedstaaten geltenden zivilrechtlichen Verfahrensvorschriften;
g) die Entwicklung von alternativen Methoden für die Beilegung von Streitigkeiten;
h) die Förderung der Weiterbildung von Richtern und Justizbediensteten.

(3) Abweichend von Absatz 2 werden Maßnahmen zum Familienrecht mit grenzüberschreitendem Bezug vom Rat gemäß einem besonderen Gesetzgebungsverfahren festgelegt. Dieser beschließt einstimmig nach Anhörung des Europäischen Parlaments.

Der Rat kann auf Vorschlag der Kommission einen Beschluss erlassen, durch den die Aspekte des Familienrechts mit grenzüberschreitendem Bezug bestimmt werden, die Gegenstand von Rechtsakten sein können, die gemäß dem ordentlichen Gesetzgebungsverfahren erlassen werden. Der Rat beschließt einstimmig nach Anhörung des Europäischen Parlaments.

Der in Unterabsatz 2 genannte Vorschlag wird den nationalen Parlamenten übermittelt. Wird dieser Vorschlag innerhalb von sechs Monaten nach der Übermittlung von einem nationalen Parlament abgelehnt, so wird der Beschluss nicht erlassen. Wird der Vorschlag nicht abgelehnt, so kann der Rat den Beschluss erlassen.

Kapitel 4. Justizielle Zusammenarbeit in Strafsachen

Art. 82–86. *(nicht abgedruckt)*

Kapitel 5. Polizeiliche Zusammenarbeit

Art. 87–89. *(nicht abgedruckt)*

Titel VI. Der Verkehr

Art. 90–100. *(nicht abgedruckt)*

Titel VII. Gemeinsame Regeln betreffend Wettbewerb, Steuerfragen und Angleichung der Rechtsvorschriften

Kapitel 1.[6,7] *Wettbewerbsregeln*

Abschnitt 1. Vorschriften für Unternehmen

Art. 101. [Kartellverbot] (1) Mit dem Binnenmarkt unvereinbar und verboten sind alle Vereinbarungen zwischen Unternehmen, Beschlüsse von Unternehmensvereinigungen und aufeinander abgestimmte Verhaltensweisen, welche den Handel zwischen Mitgliedstaaten zu beeinträchtigen geeignet sind und eine Verhinderung, Einschränkung oder Verfälschung des Wettbewerbs innerhalb des Binnenmarkts bezwecken oder bewirken, insbesondere

a) die unmittelbare oder mittelbare Festsetzung der An- oder Verkaufspreise oder sonstiger Geschäftsbedingungen;
b) die Einschränkung oder Kontrolle der Erzeugung, des Absatzes der technischen Entwicklung oder der Investitionen;
c) die Aufteilung der Märkte oder Versorgungsquellen;
d) die Anwendung unterschiedlicher Bedingungen bei gleichwertigen Leistungen gegenüber Handelspartnern, wodurch diese im Wettbewerb benachteiligt werden;
e) die an den Abschluss von Verträgen geknüpfte Bedingung, dass die Vertragspartner zusätzliche Leistungen annehmen, die weder sachlich noch nach Handelsbrauch in Beziehung zum Vertragsgegenstand stehen.

(2) Die nach diesem Artikel verbotenen Vereinbarungen oder Beschlüsse sind nichtig.

(3) Die Bestimmungen des Absatzes 1 können für nicht anwendbar erklärt werden auf

– Vereinbarungen oder Gruppen von Vereinbarungen zwischen Unternehmen,
– Beschlüsse oder Gruppen von Beschlüssen von Unternehmensvereinigungen,
– aufeinander abgestimmte Verhaltensweisen oder Gruppen von solchen,

---

[6] Vgl. auch Art. 53 und 54 des Übk. von Porto über den Europäischen Wirtschaftsraum v. 2.5.1992 (BGBl. 1993 II, S. 267), die mit Art. 101, 102 AEUV wortgleich sind. Diese Vorschriften gelten auch für *Island, Norwegen* (seit 1.1.1994, BGBl. II, S. 515) und *Liechtenstein* (seit 1.5.1995, BGBl. II, S. 725).

[7] Zum Verhältnis der Art. 101, 102 AEUV zum deutschen Gesetz gegen Wettbewerbsbeschränkungen idF v. 26.6.2013 siehe § 22 GWB (Nr. *136*).

die unter angemessener Beteiligung der Verbraucher an dem entstehenden Gewinn zur Verbesserung der Warenerzeugung oder -verteilung oder zur Förderung des technischen oder wirtschaftlichen Fortschritts beitragen, ohne dass den beteiligten Unternehmen

a) Beschränkungen auferlegt werden, die für die Verwirklichung dieser Ziele nicht unerlässlich sind, oder

b) Möglichkeiten eröffnet werden, für einen wesentlichen Teil der betreffenden Waren den Wettbewerb auszuschalten.

Art. 102. [Missbrauch einer marktbeherrschenden Stellung] Mit dem Binnenmarkt unvereinbar und verboten ist die missbräuchliche Ausnutzung einer beherrschenden Stellung auf dem Binnenmarkt oder auf einem wesentlichen Teil desselben durch ein oder mehrere Unternehmen, soweit dies dazu führen kann, den Handel zwischen Mitgliedstaaten zu beeinträchtigen.

Dieser Missbrauch kann insbesondere in Folgendem bestehen:

a) der unmittelbaren oder mittelbaren Erzwingung von unangemessenen Einkaufs- oder Verkaufspreisen oder sonstigen Geschäftsbedingungen;

b) der Einschränkung der Erzeugung, des Absatzes oder der technischen Entwicklung zum Schaden der Verbraucher;

c) der Anwendung unterschiedlicher Bedingungen bei gleichwertigen Leistungen gegenüber Handelspartnern, wodurch diese im Wettbewerb benachteiligt werden;

d) der an den Abschluss von Verträgen geknüpften Bedingung, dass die Vertragspartner zusätzliche Leistungen annehmen, die weder sachlich noch nach Handelsbrauch in Beziehung zum Vertragsgegenstand stehen.

Art. 103–106. *(nicht abgedruckt)*

Abschnitt 2. Staatliche Beihilfen

Art. 107–109. *(nicht abgedruckt)*

Kapitel 2. Steuerliche Vorschriften

Art. 110–113. *(nicht abgedruckt)*

Kapitel 3. Angleichung der Rechtsvorschriften

Art. 114. [Rechtsangleichung im Binnenmarkt] (1) Soweit in den Verträgen nichts anderes bestimmt ist, gilt für die Verwirklichung der Ziele des Artikels 26 die nachstehende Regelung. Das Europäische Parlament und der Rat erlassen gemäß dem ordentlichen Gesetzgebungsverfahren und nach Anhörung des Wirtschafts- und Sozialausschusses die Maßnahmen zur Angleichung der Rechts- und Verwaltungsvorschriften der Mitgliedstaaten, welche die Errichtung und das Funktionieren des Binnenmarkts zum Gegenstand haben.

(2) Absatz 1 gilt nicht für die Bestimmungen über die Steuern, die Bestimmungen über die Freizügigkeit und die Bestimmungen über die Rechte und Interessen der Arbeitnehmer.

(3)–(10) *(nicht abgedruckt)*

Art. 115. [Nationales Recht mit unmittelbarer Auswirkung auf den Binnenmarkt; Rechtsangleichung] Unbeschadet des Artikels 114 erlässt der Rat gemäß einem besonderen Gesetzgebungsverfahren einstimmig und nach Anhörung des Europäischen Parlaments und des Wirtschafts- und Sozialausschusses Richtlinien für die Angleichung derjenigen Rechts- und Verwaltungsvorschriften der Mitgliedstaaten, die sich unmittelbar auf die Errichtung oder das Funktionieren des Binnenmarkts auswirken.

Art. 116–197. *(nicht abgedruckt)*

Vierter Teil. Die Assoziierung der Überseeischen Länder und Hoheitsgebiete

Art. 198–204. *(nicht abgedruckt)*

Fünfter Teil. Das auswärtige Handeln der Union

Art. 205–215. *(nicht abgedruckt)*

Titel V. Internationale Übereinkünfte

Art. 216. [Vertragsschlusskompetenz] (1) Die Union kann mit einem oder mehreren Drittländern oder einer oder mehreren internationalen Organisationen eine Übereinkunft schließen, wenn dies in den Verträgen vorgesehen ist oder wenn der Abschluss einer Übereinkunft im Rahmen der Politik der Union entweder zur Verwirklichung eines der in den Verträgen festgesetzten Ziele erforderlich oder in einem verbindlichen Rechtsakt der Union vorgesehen ist oder aber gemeinsame Vorschriften beeinträchtigen oder deren Anwendungsbereich ändern könnte.

(2) Die von der Union geschlossenen Übereinkünfte binden die Organe der Union und die Mitgliedstaaten.

Art. 217. [Assoziierungsabkommen] Die Union kann mit einem oder mehreren Drittländern oder einer oder mehrerer internationaler Organisationen Abkommen schließen, die eine Assoziierung mit gegenseitigen Rechten und Pflichten, gemeinsamem Vorgehen und besonderen Verfahren herstellen.

Art. 218. [Vertragsschlussverfahren; Gutachten des EuGH] (1) Unbeschadet der besonderen Bestimmungen des Artikels 207 werden Übereinkünfte zwischen der Union und Drittländern oder internationalen Organisationen nach dem im Folgenden beschriebenen Verfahren ausgehandelt und geschlossen.

(2) Der Rat erteilt eine Ermächtigung zur Aufnahme von Verhandlungen, legt Verhandlungsrichtlinien fest, genehmigt die Unterzeichnung und schließt die Übereinkünfte.

(3) Die Kommission oder, wenn sich die geplante Übereinkunft ausschließlich oder hauptsächlich auf die Gemeinsame Außen- und Sicherheitspolitik bezieht, der Hohe Vertreter der Union für Außen- und Sicherheitspolitik legt dem Rat Empfehlungen vor; dieser erlässt einen Beschluss über die Ermächtigung zur Aufnahme von Verhandlungen und über die Benennung, je nach dem Gegenstand der geplanten Übereinkunft, des Verhandlungsführers oder des Leiters des Verhandlungsteams der Union.

(4) Der Rat kann dem Verhandlungsführer Richtlinien erteilen und einen Sonderausschuss bestellen; die Verhandlungen sind im Benehmen mit diesem Ausschuss zu führen.

(5) Der Rat erlässt auf Vorschlag des Verhandlungsführers einen Beschluss, mit dem die Unterzeichnung der Übereinkunft und gegebenenfalls deren vorläufige Anwendung vor dem Inkrafttreten genehmigt werden.

(6) Der Rat erlässt auf Vorschlag des Verhandlungsführers einen Beschluss über den Abschluss der Übereinkunft.

Mit Ausnahme der Übereinkünfte, die ausschließlich die Gemeinsame Außen- und Sicherheitspolitik betreffen, erlässt der Rat den Beschluss über den Abschluss der Übereinkunft

a) nach Zustimmung des Europäischen Parlaments in folgenden Fällen:
   i) Assoziierungsabkommen;
   ii) Übereinkunft über den Beitritt der Union zur Europäischen Konvention zum Schutz der Menschenrechte und Grundfreiheiten;
   iii) Übereinkünfte, die durch die Einführung von Zusammenarbeitsverfahren einen besonderen institutionellen Rahmen schaffen;
   iv) Übereinkünfte mit erheblichen finanziellen Folgen für die Union;
   v) Übereinkünfte in Bereichen, für die entweder das ordentliche Gesetzgebungsverfahren oder, wenn die Zustimmung des Europäischen Parlaments erforderlich ist, das besondere Gesetzgebungsverfahren gilt.

   Das Europäische Parlament und der Rat können in dringenden Fällen eine Frist für die Zustimmung vereinbaren.

b) nach Anhörung des Europäischen Parlaments in den übrigen Fällen. Das Europäische Parlament gibt seine Stellungnahme innerhalb einer Frist ab, die der Rat entsprechend der Dringlichkeit festlegen kann. Ergeht innerhalb dieser Frist keine Stellungnahme, so kann der Rat einen Beschluss fassen.

(7) Abweichend von den Absätzen 5, 6 und 9 kann der Rat den Verhandlungsführer bei Abschluss einer Übereinkunft ermächtigen, im Namen der Union Änderungen der Übereinkunft zu billigen, wenn die Übereinkunft vorsieht, dass diese Änderungen im Wege eines vereinfachten Verfahrens oder durch ein durch die Übereinkunft eingesetztes Gremium anzunehmen sind. Der Rat kann diese Ermächtigung gegebenenfalls mit besonderen Bedingungen verbinden.

(8) Der Rat beschließt während des gesamten Verfahrens.

Er beschließt jedoch einstimmig, wenn die Übereinkunft einen Bereich betrifft, in dem für den Erlass eines Rechtsakts der Union Einstimmigkeit erforderlich ist, sowie bei Assoziierungsabkommen und Übereinkünften nach Artikel 212 mit beitrittswilligen Staaten. Auch über die Übereinkunft über den Beitritt der Union zur Europäischen Konvention zum Schutz der Menschenrechte und Grundfreiheiten beschließt der Rat einstimmig; der Beschluss zum Abschluss dieser Übereinkunft tritt in Kraft, nachdem die Mitgliedstaaten im Einklang mit ihren jeweiligen verfassungsrechtlichen Vorschriften zugestimmt haben.

(9) Der Rat erlässt auf Vorschlag der Kommission oder des Hohen Vertreters der Union für Außen- und Sicherheitspolitik einen Beschluss über die Aussetzung der Anwendung einer Übereinkunft und zur Festlegung der Standpunkte, die im Namen der Union in einem durch eine Übereinkunft eingesetzten Gremium zu vertreten sind, sofern dieses Gremium rechtswirksame Akte, mit Ausnahme von Rechtsakten zur Ergänzung oder Änderung des institutionellen Rahmens der betreffenden Übereinkunft, zu erlassen hat.

(10) Das Europäische Parlament wird in allen Phasen des Verfahrens unverzüglich und umfassend unterrichtet.

(11) Ein Mitgliedstaat, das Europäische Parlament, der Rat oder die Kommission können ein Gutachten des Gerichtshofs über die Vereinbarkeit einer geplanten Übereinkunft mit den Verträgen einholen. Ist das Gutachten des Gerichtshofs ablehnend, so kann die geplante Übereinkunft nur in Kraft treten, wenn sie oder die Verträge geändert werden.

Art. 219–222. *(nicht abgedruckt)*

Sechster Teil. Institutionelle Bestimmungen und Finanzvorschriften

Titel I. Vorschriften über die Organe

Kapitel I. Die Organe

Art. 223–250. *(nicht abgedruckt)*

Abschnitt 5. Der Gerichtshof der Europäischen Union

Art. 251–266. *(nicht abgedruckt)*

Art. 267[8, 9, 10] **[Vorabentscheidungsverfahren]** Der Gerichtshof der Europäischen Union entscheidet im Wege der Vorabentscheidung

a) über die Auslegung der Verträge,

b) über die Gültigkeit und die Auslegung der Handlungen der Organe, Einrichtungen oder sonstigen Stellen der Union.

---

[8] Zum Vorabentscheidungsverfahren nach Art. 267 bestimmt Art. 23 der Satzung des Gerichtshofs idF des Protokolls Nr. 3 v. 9.5.2008 (ABl. C 115, S. 210) folgendes:

Art. 23. *In den Fällen nach Artikel 267 AEUV obliegt es dem Gericht des Mitgliedstaats, das ein Verfahren aussetzt und den Gerichtshof anruft, diese Entscheidung dem Gerichtshof zu über-mitteln. Der Kanzler des Gerichtshofs stellt diese Entscheidung den beteiligten Parteien, den Mitgliedstaaten und der Kommission zu und außerdem den Organen, Einrichtungen oder sonstigen Stellen der Union, von denen die Handlung, deren Gültigkeit oder Auslegung streitig ist, ausgegangen ist.*

Binnen zwei Monaten nach dieser Zustellung können die Parteien, die Mitgliedstaaten, die Kommission und gegebenenfalls die Organe, Einrichtungen oder sonstigen Stellen der Union, von denen die Handlung, deren Gültigkeit oder Auslegung streitig ist, ausgegangen ist, beim Gerichtshof Schriftsätze einreichen oder schriftliche Erklärungen abgeben.

In den Fällen nach Artikel 267 AEUV stellt der Kanzler des Gerichtshofs die Entscheidung des Gerichts des Mitgliedstaats darüber hinaus den Vertragsstaaten des Abkommens über den Europäischen Wirtschaftsraum, die nicht Mitgliedstaaten sind, und der in jenem Abkommen genannten EFTA-Überwachungsbehörde zu, die binnen zwei Monaten nach der Zustellung beim Gerichtshof Schriftsätze einreichen oder schriftliche Erklärungen abgeben können, wenn einer der Anwendungsbereiche des Abkommens betroffen ist.

Sieht ein vom Rat mit einem oder mehreren Drittstaaten über einen bestimmten Bereich geschlossenes Abkommen vor, dass diese Staaten Schriftsätze einreichen oder schriftliche Erklärungen abgeben können, wenn ein Gericht eines Mitgliedstaats dem Gerichtshof eine in den Anwendungsbereich des Abkommens fallende Frage zur Vorabentscheidung vorgelegt hat, so wird die Entscheidung des Gerichts des Mitgliedstaats, die eine solche Frage enthält, auch den betreffenden Drittstaaten zugestellt, die binnen zwei Monaten nach der Zustellung beim Gerichtshof Schriftsätze einreichen oder schriftliche Erklärungen abgeben können.

[9] Einzelheiten zur Durchführung des Vorabentscheidungsverfahrens ergeben sich aus Art. 93–104 der Verfahrensordnung des Gerichtshofs v. 25.9.2012 (ABl. L 265, S. 1).

[10] Das Verfahren nach Art. 23 der Satzung erlaubt es dem Gerichtshof nicht, über die ihm vorgelegten Fragen mit der erforderlichen Schnelligkeit zu entscheiden. Die Satzung des Gerichtshofs idF des Protokolls Nr. 3 v. 9.5.2008 enthält daher in Art. 23a folgende Bestimmung:

Art. 23a. *In der Verfahrensordnung können ein beschleunigtes Verfahren und für Vorabentscheidungsersuchen zum Raum der Freiheit, der Sicherheit und des Rechts ein Eilverfahren vorgesehen werden.*

Diese Verfahren können vorsehen, dass für die Einreichung von Schriftsätzen oder schriftlichen Erklärungen eine kürzere Frist als die des Artikels 23 gilt und dass abweichend von Artikel 20 Absatz 4 keine Schlussanträge des Generalanwalts gestellt werden.

Das Eilverfahren kann außerdem eine Beschränkung der in Artikel 23 bezeichneten Parteien und sonstigen Beteiligten, die Schriftsätze einreichen oder schriftliche Erklärungen abgeben können, und in Fällen äußerster Dringlichkeit das Entfallen des schriftlichen Verfahrens vorsehen.

Die Verfahrensordnung des Gerichtshofs v. 25.9.2012 (ABl. L 265, S. 1) regelt daherfür dringliche Fälle in Art. 105–106 ein beschleunigtes Verfahren und in Art. 107–114 ein Eilvorabentscheidungsverfahren.

Wird eine derartige Frage einem Gericht eines Mitgliedstaats gestellt und hält dieses Gericht eine Entscheidung darüber zum Erlass seines Urteils für erforderlich, so kann es diese Frage dem Gerichtshof zur Entscheidung vorlegen.

Wird eine derartige Frage in einem schwebenden Verfahren bei einem einzelstaatlichen Gericht gestellt, dessen Entscheidungen selbst nicht mehr mit Rechtsmitteln des innerstaatlichen Rechts angefochten werden können, so ist dieses Gericht zur Anrufung des Gerichtshofs verpflichtet.

Wird eine derartige Frage in einem schwebenden Verfahren, das eine inhaftierte Person betrifft, bei einem einzelstaatlichen Gericht gestellt, so entscheidet der Gerichtshof innerhalb kürzester Zeit.

Art. 270–287. *(nicht abgedruckt)*

Kapitel 2. Rechtsakte der Union, Annahmeverfahren und sonstige Vorschriften

Abschnitt 1. Die Rechtsakte der Union

Art. 288. [Rechtsakte; Katalog] Für die Ausübung der Zuständigkeiten der Union nehmen die Organe Verordnungen, Richtlinien, Beschlüsse, Empfehlungen und Stellungnahmen an.

Die Verordnung hat allgemeine Geltung. Sie ist in allen ihren Teilen verbindlich und gilt unmittelbar in jedem Mitgliedstaat.

Die Richtlinie ist für jeden Mitgliedstaat, an den sie gerichtet wird, hinsichtlich des zu erreichenden Ziels verbindlich, überlässt jedoch den innerstaatlichen Stellen die Wahl der Form und der Mittel.

Beschlüsse sind in allen ihren Teilen verbindlich. Sind sie an bestimmte Adressaten gerichtet, so sind sie nur für diese verbindlich.

Die Empfehlungen und Stellungnahmen sind nicht verbindlich.

Art. 289–334. *(nicht abgedruckt)*

Siebter Teil. Allgemeine und Schlussbestimmungen

Art. 335–350. *(nicht abgedruckt)*

Art. 351. [Verhältnis zu früheren Verträgen der Mitgliedstaaten] Die Rechte und Pflichten aus Übereinkünften, die vor dem 1. Januar 1958 oder, im Falle später beigetretener Staaten, vor dem Zeitpunkt ihres Beitritts zwischen einem oder mehreren Mitgliedstaaten einerseits und einem oder mehreren dritten Ländern andererseits geschlossen wurden, werden durch die Verträge nicht berührt.

Soweit diese Übereinkünfte mit den Verträgen nicht vereinbar sind, wenden der oder die betreffenden Mitgliedstaaten alle geeigneten Mittel an, um die festgestellten Unvereinbarkeiten zu beheben. Erforderlichenfalls leisten die Mitgliedstaaten zu diesem Zweck einander Hilfe; sie nehmen gegebenenfalls eine gemeinsame Haltung ein.

Bei Anwendung der in Absatz 1 bezeichneten Übereinkünfte tragen die Mitgliedstaaten dem Umstand Rechnung, dass die in den Verträgen von jedem Mitgliedstaat gewährten Vorteile Bestandteil der Errichtung der Union sind und daher in untrennbarem Zusammenhang stehen mit der Schaffung gemeinsamer Organe, der Übertragung von Zuständigkeiten auf diese und der Gewährung der gleichen Vorteile durch alle anderen Mitgliedstaaten.

Art. 352–354. *(nicht abgedruckt)*

Art. 355. [Geltungsbereich der Verträge; Sonderfälle] Zusätzlich zu den Bestimmungen des Artikels 52 des Vertrags über die Europäische Union über den räumlichen Geltungsbereich der Verträge gelten folgende Bestimmungen:

(1) Die Verträge gelten nach Artikel 349 für Guadeloupe, Französisch-Guayana, Martinique, Réunion, Saint-Barthélemy, Saint-Martin, die Azoren, Madeira und die Kanarischen Inseln.

(2) Für die in Anhang II aufgeführten überseeischen Länder und Hoheitsgebiete gilt das besondere Assoziierungssystem, das im Vierten Teil festgelegt ist.

Die Verträge finden keine Anwendung auf die überseeischen Länder und Hoheitsgebiete, die besondere Beziehungen zum Vereinigten Königreich Großbritannien und Nordirland unterhalten und die in dem genannten Anhang nicht aufgeführt sind.

(3) Die Verträge finden auf die europäischen Hoheitsgebiete Anwendung, deren auswärtige Beziehungen ein Mitgliedstaat wahrnimmt.

(4) Die Verträge finden entsprechend den Bestimmungen des Protokolls Nr. 2 zur Akte über die Bedingungen des Beitritts der Republik Österreich, der Republik Finnland und des Königsreich Schweden auf die Ålandinseln Anwendung.

(5) Abweichend von Artikel 52 des Vertrags über die Europäische Union und von den Absätzen 1 bis 4 dieses Artikels gilt:

a) Die Verträge finden auf die Färöer keine Anwendung.

b) Die Verträge finden auf die Hoheitszonen des Vereinigten Königreichs auf Zypern, Akrotiri und Dhekelia, nur insoweit Anwendung, als dies erforderlich ist, um die Anwendung der Regelungen des Protokolls über die Hoheitszonen des Vereinigten Königreichs Großbritannien und Nordirland in Zypern, das der Akte über die Bedingungen des Beitritts der Tschechischen Republik, der Republik Estland, der Republik Zypern, der Republik Lettland, der Republik Litauen, der Republik Ungarn, der Republik Malta, der Republik Polen, der Republik Slowenien und der Slowakischen Republik zur Europäischen Union beigefügt ist, nach Maßgabe jenes Protokolls sicherzustellen.

c) Die Verträge finden auf die Kanalinseln und die Insel Man nur insoweit Anwendung, als dies erforderlich ist, um die Anwendung der Regelung sicherzustellen, die in dem am 22. Januar 1972 unterzeichneten Vertrag über den Beitritt neuer Mitgliedstaaten zur Europäischen Wirtschaftsgemeinschaft und zur Europäischen Atomgemeinschaft für diese Inseln vorgesehen ist.

(6) Der Europäische Rat kann auf Initiative des betroffenen Mitgliedstaats einen Beschluss zur Änderung des Status eines in den Absätzen 1 und 2 genannten dänischen, französischen oder niederländischen Landes oder Hoheitsgebiets gegenüber der Union erlassen. Der Europäische Rat beschließt einstimmig nach Anhörung der Kommission.

Art. 356–358. *(nicht abgedruckt)*

0–3. Abkommen über den Austritt des Vereinigten Königreichs Großbritannien und Nordirland aus der Europäischen Union und der Europäischen Atomgemeinschaft

Vom 24.1.2020[1] (ABl. L 29, S. 7)

(Auszug)

Teil I. Gemeinsame Bestimmungen

Art. 1 Ziel. Dieses Abkommen enthält die Regelungen für den Austritt des Vereinigten Königreichs Großbritannien und Nordirland („Vereinigtes Königreich") aus der Europäischen Union („Union") und der Europäischen Atomgemeinschaft („Euratom").

Art. 2. Begriffsbestimmungen. *(nicht abgedruckt)*

Art. 3. Räumlicher Geltungsbereich. (1) Sofern in diesem Abkommen oder in dem aufgrund dieses Abkommens anwendbaren Unionsrecht nichts anderes bestimmt ist, gelten Bezugnahmen in diesem Abkommen auf das Vereinigte Königreich oder sein Hoheitsgebiet als Bezugnahmen auf

a) das Vereinigte Königreich;

b) Gibraltar, soweit vor dem Tag des Inkrafttretens dieses Abkommens Unionsrecht auf Gibraltar anwendbar war;

c) die Kanalinseln und die Insel Man, soweit vor dem Tag des Inkrafttretens dieses Abkommens Unionsrecht auf sie anwendbar war;

d) die Hoheitszonen Akrotiri und Dhekelia auf Zypern, soweit dies erforderlich ist, um die Durchführung der Regelungen des Protokolls über die Hoheitszonen des Vereinigten Königreichs Großbritannien und Nordirland in Zypern, das der Akte über die Bedingungen des Beitritts der Tschechischen Republik, der Republik Estland, der Republik Zy-

---

[1] Das Abkommen ist nach dem Austritt des *Vereinigten Königreichs* aus der EU mit Wirkung vom 31.1.2020 am 1.2.2020 in Kraft getreten, ABl. 2020 L 29, S. 189 und BGBl. 2020 I, S. 316.

Vgl. auch das Gesetz für den Übergangszeitraum nach dem Austritt des Vereinigten Königreichs Großbritannien und Nordirland aus der Europäischen Union (Brexit-Übergangsgesetz – Brexit-ÜG) v. 27.3.2019 (BGBl. I, S. 402). Dieses Gesetz ist ebenfalls am 1.2.2020 in Kraft getreten und bestimmt in § 1:

§ 1. Übergangsregelung. Während des Übergangszeitraums gemäß dem Vierten Teil des Abkommens über den Austritt des Vereinigten Königreichs Großbritannien und Nordirland aus der Europäischen Union und der Europäischen Atomgemeinschaft (ABl. C 66 I vom 19.2.2019, S. 1) gilt im Bundesrecht vorbehaltlich der in § 2 genannten Ausnahmen das Vereinigte Königreich Großbritannien und Nordirland als Mitgliedstaat der Europäischen Union und der Europäischen Atomgemeinschaft.

pern, der Republik Lettland, der Republik Litauen, der Republik Ungarn, der Republik Malta, der Republik Polen, der Republik Slowenien und der Slowakischen Republik zur Europäischen Union beigefügt ist, sicherzustellen;

e) die Anhang II des AEUV aufgeführten überseeischen Länder und Hoheitsgebiete, die besondere Beziehungen zum Vereinigten Königreich unterhalten, wenn sich die Bestimmungen dieses Abkommens auf das besondere System für die Assoziierung der überseeischen Länder und Hoheitsgebiete mit der Union beziehen.

(2) Sofern in diesem Abkommen oder in dem aufgrund dieses Abkommens anwendbaren Unionsrecht nichts anderes bestimmt ist, sind Bezugnahmen in diesem Abkommen auf die Mitgliedstaaten oder ihr Hoheitsgebiet dahin gehend zu verstehen, dass sie sich auf die Hoheitsgebiete der Mitgliedstaaten beziehen, für die nach Artikel 355 AEUV die Verträge gelten.

Art. 4. Methoden und Grundsätze in Bezug auf die Wirkung, die Durchführung und die Anwendung dieses Abkommens. (1) Die Bestimmungen dieses Abkommens und die aufgrund dieses Abkommens anwendbaren Bestimmungen des Unionsrechts entfalten für das Vereinigte Königreich und im Vereinigten Königreich die gleichen Rechtswirkungen wie innerhalb der Union und ihrer Mitgliedstaaten.

Dementsprechend können juristische oder natürliche Personen sich insbesondere unmittelbar auf die Bestimmungen berufen, die in diesem Abkommen enthalten sind oder auf die dort verwiesen wird, welche die Voraussetzungen für eine unmittelbare Wirkung nach dem Unionsrecht erfüllen.

(2) Das Vereinigte Königreich gewährleistet durch innerstaatliche vorrangige Gesetzgebung die Einhaltung von Absatz 1, einschließlich in Bezug auf die Befugnisse, die erforderlich sind, damit seine Justiz- und Verwaltungsbehörden widersprüchliche oder unvereinbare innerstaatliche Vorschriften nicht anwenden.

(3) Die Bestimmungen dieses Abkommens, die auf Unionsrecht oder Begriffe oder Bestimmungen des Unionsrechts verweisen, werden im Einklang mit den Methoden und allgemeinen Grundsätzen des Unionsrechts aufgelegt und angewandt.

(4) Die Bestimmungen dieses Abkommens, die auf Unionsrecht oder darin enthaltene Begriffe oder Bestimmungen verweisen, werden in ihrer Umsetzung und Anwendung unter Einhaltung der vor dem Ende des Übergangszeitraums ergangenen einschlägigen Rechtsprechung des Gerichtshofs der Europäischen Union ausgelegt.

(5) In der Auslegung und Anwendung dieses Abkommens tragen die Justiz- und Verwaltungsbehörden des Vereinigten Königreichs der nach dem Ende des Übergangszeitraums ergangenen einschlägigen Rechtsprechung des Gerichtshofs der Europäischen Union gebührend Rechnung.

Art. 5–65. *(nicht abgedruckt)*

Titel VI. Laufende Justizielle Zusammenarbeit in Zivil- und Handelssachen

Art. 66. Auf vertragliche und außervertragliche Schuldverhältnisse anzuwendendes Recht. Im Vereinigten Königreich finden die folgenden Rechtsakte wie folgt Anwendung:

a) Die Verordnung (EG) Nr. 593/2008 des Europäischen Parlaments und des Rates[2] gilt für Verträge, die vor dem Ablauf der Übergangszeit abgeschlossen wurden;

b) Die Verordnung (EG) Nr. 864/2007 des Europäischen Parlaments und des Rates[3] gilt für schadensbegründende Ereignisse, die vor dem Ablauf der Übergangszeit eingetreten sind.

Art. 67. Zuständigkeit, Anerkennung und Vollstreckung gerichtlicher Entscheidungen sowie diesbezügliche Zusammenarbeit zwischen zentralen Behörden. (1) Im Vereinigten Königreich sowie in den Mitgliedstaaten in Fällen, die einen Bezug zum Vereinigten Königreich aufweisen, gelten für vor dem Ablauf der Übergangszeit eingeleitete gerichtliche Verfahren sowie für damit zusammenhängende Verfahren oder Klagen gemäß den Artikeln 29, 30 und 31 der Verordnung (EU) Nr. 1215/2012 des Europäischen Parlaments und des Rates[4] oder Artikel 19 der Verordnung (EG) Nr. 2201/2003[5] oder den Artikeln 12 und 13 der Verordnung (EG) Nr. 4/2009 des Rates[6] die folgenden Rechtsakte und Bestimmungen Anwendung:

a) die Zuständigkeitsbestimmungen der Verordnung (EU) Nr. 1215/2012;

---

[2] Verordnung (EG) Nr. 593/2008 des Europäischen Parlaments und des Rates v. 17. Juni 2008 über das auf vertragliche Schuldverhältnisse anzuwendende Recht („Rom I") (ABl. L 177 v. 4.7.2008, S. 6; abgedruckt unter Nr. *80*).

[3] Verordnung (EG) Nr. 864/2007 des Europäischen Parlaments und des Rates v. 11.7.2007 über das auf außervertragliche Schuldverhältnisse anzuwendende Recht („Rom II") (ABl. L 199 v. 31.7.2007, S. 40; abgedruckt unter Nr. *101*).

[4] Verordnung (EU) Nr. 1215/2012 des Europäischen Parlaments und des Rates v. 12.12.2012 über die gerichtliche Zuständigkeit und die Anerkennung und Vollstreckung von Entscheidungen in Zivil- und Handelssachen (ABl. L 351 v. 20.12.2012, S. 1; abgedruckt unter Nr. *160*).

[5] Verordnung (EG) Nr. 2201/2003 des Rates über die Zuständigkeit und die Anerkennung und Vollstreckung von Entscheidungen in Ehesachen und in Verfahren betreffend die elterliche Verantwortung und zur Aufhebung der Verordnung (EG) Nr. 1347/2003 v. 27.11.2003 (ABl. L 338 v. 23.12.2003, S. 1).

[6] Verordnung (EG) Nr. 4/2009 des Rates v. 18.12.2008 über die Zuständigkeit, das anwendbare Recht, die Anerkennung und Vollstreckung von Entscheidungen und die Zusammenarbeit in Unterhaltssachen (ABl. L 7 v. 10.1.2009, S. 1; abgedruckt unter Nr. *161*).

b) die Zuständigkeitsbestimmungen der Verordnung (EU) 2017/1001,[7] der Verordnung (EG) Nr. 6/2002,[8] der Verordnung (EG) Nr. 2100/94,[9] der Verordnung (EU) 2016/679 des Europäischen Parlaments und des Rates[10] und der Richtlinie 96/71/EG des Europäischen Parlaments und des Rates;[11]

c) die Zuständigkeitsbestimmungen der Verordnung (EU) Nr. 2201/2003;

d) die Zuständigkeitsbestimmungen der Verordnung (EU) Nr. 4/2009.

(2) Im Vereinigten Königreich sowie in den Mitgliedstaaten finden in Fällen, die einen Bezug zum Vereinigten Königreich aufweisen, die folgenden Rechtsakte oder Bestimmungen auf die Anerkennung und Vollstreckung von Urteilen, Entscheidungen, öffentlichen Urkunden, gerichtlichen Vergleichen und Gerichtsstandsvereinbarungen Anwendung:

a) Die Verordnung (EU) Nr. 1215/2012 findet Anwendung auf die Anerkennung und Vollstreckung von Urteilen, die in vor dem Ablauf des Übergangszeitraums eingeleiteten gerichtlichen Verfahren ergangen sind, sowie auf öffentliche Urkunden, die vor dem Ablauf des Übergangszeitraums förmlich errichtet oder eingetragen beziehungsweise gebilligt oder geschlossen worden sind;

b) die Bestimmungen der Verordnung (EU) Nr. 2201/2003 finden Anwendung auf die Anerkennung und Vollstreckung von Urteilen, die in vor dem Ablauf des Übergangszeitraums eingeleiteten gerichtlichen Verfahren ergangen sind, sowie auf öffentliche Urkunden, die vor dem Ablauf des Übergangszeitraums förmlich errichtet oder eingetragen beziehungsweise gebilligt oder geschlossen worden sind;

c) die Bestimmungen der Verordnung (EU) Nr. 4/2009 finden Anwendung auf die Anerkennung und Vollstreckung von Entscheidungen, die in vor dem Ablauf des Übergangszeitraums eingeleiteten gerichtlichen Verfahren ergangen sind, sowie auf vor dem Ablauf des Übergangszeitraums gebilligte oder geschlossene gerichtliche Vergleiche und ausgestellte öffentliche Urkunden;

---

[7] Verordnung (EU) 2017/1001 des Europäischen Parlaments und des Rates v. 14.6.2017 über die Unionsmarke (ABl. L 154 v. 16.6.2017, S. 1; auszugsweise abgedruckt unter Nr. *164*).

[8] Verordnung (EG) Nr. 6/2002 des Rates v. 12.12.2001 über das Gemeinschaftsgeschmacksmuster (ABl. L 3 v. 5.1.2002, S. 1; auszugsweise abgedruckt unter Nr. *165*).

[9] Verordnung (EG) Nr. 2100/94 des Rates v. 27.7.1994 über den gemeinschaftlichen Sortenschutz (ABl. L 227 v. 1.9.1994, S. 1).

[10] Verordnung (EU) 2016/679 des Europäischen Parlaments und des Rates v. 27.4.2016 zum Schutz natürlicher Personen bei der Verarbeitung personenbezogener Daten, zum freien Datenverkehr und zur Aufhebung der Richtlinie 95/46/EG (Datenschutz-Grundverordnung) (ABl. L 119 v. 4.5.2016, S. 1; auszugsweise abgedruckt unter Nr. *93*).

[11] Richtlinie 96/71/EG des Europäischen Parlaments und des Rates v. 16.12.1996 über die Entsendung von Arbeitnehmern im Rahmen der Erbringung von Dienstleistungen (ABl. L 18 v. 21.1.1997, S. 1; auszugsweise abgedruckt unter Nr. *89*).

d) die Verordnung (EG) Nr. 805/2004 des Europäischen Parlaments und des Rates[12] findet Anwendung auf Urteile, die in vor dem Ablauf der Übergangszeit eingeleiteten gerichtlichen Verfahren ergangen sind, sowie auf vor dem Ablauf der Übergangszeit gebilligte oder geschlossene gerichtliche Vergleiche und ausgestellte öffentliche Urkunden, sofern die Bestätigung als Europäischer Vollstreckungstitel vor dem Ablauf der Übergangszeit beantragt wurde.

(3) Im Vereinigten Königreich sowie in den Mitgliedstaaten finden in Fällen, die einen Bezug zum Vereinigten Königreich aufweisen, die nachstehenden Bestimmungen wie folgt Anwendung:

a) Kapitel IV der Verordnung (EG) Nr. 2201/2003 findet Anwendung auf Ersuchen und Anträge, die vor dem Ablauf des Übergangszeitraums bei der zentralen oder einer anderen zuständigen Behörde eingegangen sind;

b) Kapitel VII der Verordnung (EG) Nr. 4/2009 findet Anwendung auf die in Absatz 2 Buchstabe c dieses Artikels genannten Anerkennungs- oder Vollstreckungsanträge und für Ersuchen, die vor dem Ablauf der Übergangszeit bei der zentralen Behörde des ersuchten Staats eingegangen sind;

c) die Verordnung (EU) 2015/848 des Europäischen Parlaments und des Rates[13] findet Anwendung auf die in Artikel 6 Absatz 1 dieser Verordnung genannten Insolvenzverfahren und -klagen, sofern das Hauptverfahren vor dem Ablauf der Übergangszeit eingeleitet wurde;

d) die Verordnung (EG) Nr. 1896/2006 des Europäischen Parlaments und des Rates[14] findet Anwendung auf Europäische Zahlungsbefehle, die vor dem Ablauf der Übergangszeit beantragt wurden; wird das Verfahren nach Stellung eines solchen Antrags gemäß Artikel 17 Absatz 1 dieser Verordnung übergeleitet, so gilt das Verfahren als vor dem Ablauf der Übergangszeit eingeleitet;

e) die Verordnung (EG) Nr. 861/2007 des Europäischen Parlaments und des Rates[15] findet Anwendung auf Verfahren für geringfügige Forderungen, die vor dem Ablauf der Übergangszeit eingeleitet wurden;

f) die Verordnung (EG) Nr. 606/2013 des Europäischen Parlaments und des Rates[16] findet Anwendung auf Bescheinigungen, die vor dem Ablauf der Übergangszeit ausgestellt wurden.

---

[12] Verordnung (EG) Nr. 805/2004 des Europäischen Parlaments und des Rates v. 21.4.2004 zur Einführung eines europäischen Vollstreckungstitels für unbestrittene Forderungen (ABl. L 143 v. 30.4.2004, S. 15; abgedruckt unter Nr. *185*).

[13] Verordnung (EU) 2015/848 des Europäischen Parlaments und des Rates v. 20.5.2015 über Insolvenzverfahren (ABl. L 141 v. 5.6.2015, S. 19; abgedruckt unter Nr. *260*).

[14] Verordnung (EG) Nr. 1896/2006 des Europäischen Parlaments und des Rates v. 12.12.2006 zur Einführung eines Europäischen Mahnverfahrens (ABl. L 399 v. 30.12.2006, S. 1; abgedruckt unter Nr. *186*).

[15] Verordnung (EG) Nr. 861/2007 des Europäischen Parlaments und des Rates v. 11.7.2007 zur Einführung eines europäischen Verfahrens für geringfügige Forderungen (ABl. L 199 v. 31.7.2007, S. 1; abgedruckt unter Nr. *187*).

Art. 68. Laufende Verfahren der justiziellen Zusammenarbeit. Im Vereinigten Königreich sowie in den Mitgliedstaaten finden in Fällen, die einen Bezug zum Vereinigten Königreich aufweisen, die nachstehenden Rechtsakte wie folgt Anwendung:

a) Die Verordnung (EG) Nr. 1393/2007 des Europäischen Parlaments und des Rates[17] findet Anwendung auf gerichtliche und außergerichtliche Schriftstücke, die vor dem Ablauf der Übergangszeit zum Zwecke der Zustellung bei einer der folgenden Stellen eingegangen sind:
   i) einer Empfangsstelle;
   ii) einer Zentralstelle des Staates, in dem die Zustellung erfolgen soll; oder
   iii) diplomatischen oder konsularischen Vertretungen, Postdiensten oder Amtspersonen, Beamten oder sonstigen zuständigen Personen des Empfangsmitgliedstaats im Sinne der Artikel 13, 14 und 15 der genannten Verordnung;

b) Die Verordnung (EG) Nr. 1206/2001[18] findet Anwendung auf Ersuchen, die vor dem Ablauf der Übergangszeit bei einer der folgenden Stellen eingegangen sind:
   i) einem ersuchten Gericht;
   ii) einer Zentralstelle des Staates, in dem die Beweisaufnahme erfolgen soll; oder
   iii) einer Zentralstelle oder zuständigen Behörde im Sinne von Artikel 17 Absatz 1 der genannten Verordnung;

c) die Entscheidung 2001/470/EG des Rates[19] gilt für Ersuchen, die vor dem Ablauf der Übergangsfrist eingegangen sind; die ersuchende Kontaktstelle kann binnen 7 Tagen nach dem Ende des Übergangszeitraums eine Eingangsbestätigung verlangen, sofern sie Zweifel daran hat, ob das Ersuchen vor dem Ablauf des Übergangszeitraums eingegangen ist.

Art. 69. Sonstige anwendbare Bestimmungen. (1) Im Vereinigten Königreich sowie in den Mitgliedstaaten finden in Fällen, die einen Bezug

---

[16] Verordnung (EU) Nr. 606/2013 des Europäischen Parlaments und des Rates v. 12.6.2013 über die gegenseitige Anerkennung von Schutzmaßnahmen in Zivilsachen (ABl. L 181 v. 29.6.2013, S. 4; abgedruckt unter Nr. *189*).

[17] Verordnung (EG) Nr. 1393/2007 des Europäischen Parlaments und des Rates v. 13.11.2007 über die Zustellung gerichtlicher und außergerichtlicher Schriftstücke in Zivil- oder Handelssachen in den Mitgliedstaaten („Zustellung von Schriftstücken") und zur Aufhebung der Verordnung (EG) Nr. 1348/2000 des Rates (ABl. L 324 v. 10.12.2007, S. 79; abgedruckt unter Nr. *224*).

[18] Verordnung (EG) Nr. 1206/2001 des Rates v. 28.5.2001 über die Zusammenarbeit zwischen den Gerichten der Mitgliedstaaten auf dem Gebiet der Beweisaufnahme in Zivil- oder Handelssachen (ABl. L 174 v. 27.6.2001, S. 1; abgedruckt unter Nr. *225*).

[19] Entscheidung 2001/470/EG des Rates v. 28.5.2001 über die Einrichtung eines Europäischen justiziellen Netzes für Zivil- und Handelssachen (ABl. L 174 v. 27.6.2001, S. 25).

zum Vereinigten Königreich aufweisen, die nachstehenden Rechtsakte wie folgt Anwendung:

a) Die Richtlinie 2003/8/EG des Rates[20] findet Anwendung auf Anträge auf Prozesskostenhilfe, die vor dem Ablauf der Übergangsfrist bei der Empfangsbehörde eingegangen sind. Die ersuchende Kontaktstelle kann binnen 7 Tagen nach dem Ende des Übergangszeitraums eine Eingangsbestätigung verlangen, sofern sie Zweifel daran hat, ob das Ersuchen vor deren Ablauf eingegangen ist;

b) Die Richtlinie 2008/52/EG des Europäischen Parlaments und des Rates[21] findet Anwendung, wenn vor dem Ablauf des Übergangszeitraums

   i) die Parteien vereinbart haben, die Mediation zu nutzen, nachdem die Streitigkeit entstanden ist,

   ii) die Mediation von einem Gericht angeordnet wurde oder

   iii) ein Gericht die Parteien zur Nutzung einer Mediation aufgefordert hat;

c) die Richtlinie 2004/80/EG des Rates[22] findet Anwendung auf Anträge, die vor dem Ablauf des Übergangszeitraums bei der Entscheidungsbehörde eingegangen sind.

(2) Artikel 67 Absatz 1 Buchstabe a und Absatz 2 Buchstabe a dieses Abkommens finden auch auf diejenigen Bestimmungen der Verordnung (EU) Nr. 1215/2012 Anwendung, die aufgrund des Abkommens zwischen der Europäischen Gemeinschaft und dem Königreich Dänemark über die gerichtliche Zuständigkeit und die Anerkennung und Vollstreckung von Entscheidungen in Zivil- und Handelssachen[23] anwendbar sind.

(3) Artikel 68 Buchstabe a dieses Abkommens findet auch auf diejenigen Bestimmungen der Verordnung (EG) Nr. 1393/2007 Anwendung, die aufgrund des Abkommens zwischen der Europäischen Gemeinschaft und dem Königreich Dänemark über die gerichtliche Zuständigkeit und die Anerkennung und Vollstreckung von Entscheidungen in Zivil- und Handelssachen[24] anwendbar sind.

---

[20] Richtlinie 2003/8/EG des Rates v. 27.1.2003 zur Verbesserung des Zugangs zum Recht bei Streitsachen mit grenzüberschreitendem Bezug durch Festlegung gemeinsamer Mindestvorschriften für die Prozesskostenhilfe in derartigen Streitsachen (ABl. L 26 v. 31.1.2003, S. 41; abgedruckt unter Nr. *226*).

[21] Richtlinie 2008/52/EG des Europäischen Parlaments und des Rates v. 21.5.2008 über bestimmte Aspekte der Mediation in Zivil- und Handelssachen (ABl. L 136 v. 24.5.2008, S. 3; abgedruckt unter Nr. *243*).

[22] Richtlinie 2004/80/EG des Rates v. 29.4.2004 zur Entschädigung der Opfer von Straftaten (ABl. L 261 v. 6.8.2004, S. 15).

[23] Abkommen zwischen der Europäischen Gemeinschaft und dem Königreich Dänemark v. 19.10.2005 über die gerichtliche Zuständigkeit und die Anerkennung und Vollstreckung von Entscheidungen in Zivil- und Handelssachen (ABl. L 299 v. 16.11.2005, S. 62).

[24] Abkommen zwischen der Europäischen Gemeinschaft und dem Königreich Dänemark v. 19.10.2005 über die Zustellung gerichtlicher und außergerichtlicher Schriftstücke in Zivil- oder Handelssachen (ABl. L 300, v. 17.11.2005, S. 55).

Art. 70–125. *(nicht abgedruckt)*

Teil IV. Übergang

Art. 126. Übergangszeitraum. Es gibt einen Übergangs- oder Durchführungszeitraum, der am Tag des Inkrafttretens dieses Abkommens[25] beginnt und am 31. Dezember 2020 endet.

Art. 127. Anwendungsbereich für den Übergang. (1) Sofern in diesem Abkommen nichts anderes bestimmt ist, gilt das Unionsrecht während des Übergangszeitraums für das Vereinigte Königreich sowie im Vereinigten Königreich.

....

(3) Während des Übergangszeitraums entfaltet das nach Absatz 1 für das Vereinigte Königreich und im Vereinigten Königreich geltende Unionsrecht die gleichen Rechtswirkungen wie innerhalb der Union und ihrer Mitgliedstaaten und wird nach denselben Methoden und allgemeinen Grundsätzen auslegt und angewendet, die auch innerhalb der Union gelten.

---

[25] Vgl. Anm. 1.

2. Teil: Internationales Privatrecht

A. Kodifikation

1. Einführungsgesetz zum Bürgerlichen Gesetzbuch

idF vom 21. September 1994[1] (BGBl. I, S. 2494, ber. BGBl. 1997 I, S. 1061)

Erster Teil. Allgemeine Vorschriften

Zweites Kapitel. Internationales Privatrecht

Erster Abschnitt.[2] Allgemeine Vorschriften

Art. 3.[3] Anwendungsbereich; Verhältnis zu Regelungen der Europäischen Union und zu völkerrechtlichen Vereinbarungen. Soweit nicht

1. unmittelbar anwendbare Regelungen der Europäischen Union in ihrer jeweils geltenden Fassung, insbesondere
   a) die Verordnung (EG) Nr. 864/2007 des Europäischen Parlaments und des Rates vom 11. Juli 2007 über das auf außervertragliche Schuldverhältnisse anzuwendende Recht (Rom II),[4]
   b) die Verordnung (EG) Nr. 593/2008 des Europäischen Parlaments und des Rates vom 17. Juni 2008 über das auf vertragliche Schuldverhältnisse anzuwendende Recht (Rom I),[5]
   c) Artikel 15 der Verordnung (EG) Nr. 4/2009 des Rates vom 18. Dezember 2008 über die Zuständigkeit, das anwendbare Recht, die An-

---

[1] Neubekanntmachung des EGBGB v. 18.8.1896 (RGBl. S. 604) in der ab 1.10.1994 geltenden Fassung. Zu dem bis zum 31.8.1986 geltenden IPR vgl. Anm. 73 zu Art. 220 EGBGB.

[2] Überschrift zum 1. Abschnitt neu gefasst durch Gesetz v. 10.12.2008 (BGBl. I, S. 2401) mit Wirkung v. 11.1.2009.

[3] Art. 3 neu gefasst durch Gesetz v. 10.12.2008 (BGBl. I, S. 2401) mit Wirkung v. 11.1.2009. Art. 3 Nr. 1 lit. b eingefügt durch Gesetz v. 25.6.2009 (BGBl. I, S. 1574) mit Wirkung v. 17.12.2009; Art. 3 Nr. 1 lit. c eingefügt durch AUG v. 23.5.2011 (BGBl. I, S. 898) mit Wirkung v. 18.6.2011, Art. 3 Nr. 1 lit. d eingefügt durch Gesetz v. 23.1.2013 (BGBl. I, S. 101) mit Wirkung v. 29.1.2013. Nr. 1 Buchst. a, b und d geändert, Buchst. c neu gefasst durch Gesetz v. 8.7.2014 (BGBl. I, S. 890) mit Wirkung v. 16.7.2014; Nr. 1 Buchst. c und d geändert, Buchst. e angefügt durch Gesetz v. 29.6.2015 (BGBl. I, S. 1042) mit Wirkung v. 17.8.2015, Buchst. f und g angefügt durch Gesetz v. 17.12.2018 (BGBl. I, S. 2573) mit Wirkung v. 29.1.2019.

[4] Abgedruckt unter Nr. *101*.

[5] Abgedruckt unter Nr. *80*.

erkennung und Vollstreckung von Entscheidungen und die Zusammenarbeit in Unterhaltssachen[6] in Verbindung mit dem Haager Protokoll vom 23. November 2007 über das auf Unterhaltspflichten anzuwendende Recht,[7]

d) die Verordnung (EU) Nr. 1259/2010 des Rates vom 20. Dezember 2010 zur Durchführung einer Verstärkten Zusammenarbeit im Bereich des auf die Ehescheidung und Trennung ohne Auflösung des Ehebandes anzuwendenden Rechts,[8]

e) die Verordnung (EU) Nr. 650/2012 des Europäischen Parlaments und des Rates vom 4. Juli 2012 über die Zuständigkeit, das anzuwendende Recht, die Anerkennung und Vollstreckung von Entscheidungen und die Annahme und Vollstreckung öffentlicher Urkunden in Erbsachen sowie zur Einführung eines Europäischen Nachlasszeugnisses,[9]

f) die Verordnung (EU) 2016/1103 des Rates vom 24. Juni 2016 zur Durchführung einer Verstärkten Zusammenarbeit im Bereich der Zuständigkeit, des anzuwendenden Rechts und der Anerkennung und Vollstreckung von Entscheidungen in Fragen des ehelichen Güterstands[10] sowie

g) die Verordnung (EU) 2016/1104 des Rates vom 24. Juni 2016 zur Durchführung der Verstärkten Zusammenarbeit im Bereich der Zuständigkeit, des anzuwendenden Rechts und der Anerkennung und Vollstreckung von Entscheidungen in Fragen güterrechtlicher Wirkungen eingetragener Partnerschaften[11] oder

2. Regelungen in völkerrechtlichen Vereinbarungen, soweit sie unmittelbar anwendbares innerstaatliches Recht geworden sind,

maßgeblich sind, bestimmt sich das anzuwendende Recht bei Sachverhalten mit einer Verbindung zu einem ausländischen Staat nach den Vorschriften dieses Kapitels (Internationales Privatrecht).

Art. 3a.[12] ***Sachnormverweisung; Einzelstatut.*** *(1) Verweisungen auf Sachvorschriften beziehen sich auf die Rechtsnormen der maßgebenden Rechtsordnung unter Ausschluss derjenigen des Internationalen Privatrechts.*

(2) Soweit Verweisungen im Dritten Abschnitt das Vermögen einer Person dem Recht eines Staates unterstellen, beziehen sie sich nicht auf Gegenstände, die sich

---

[6] Abgedruckt unter Nr. *161.*

[7] Abgedruckt unter Nr. *42.*

[8] Abgedruckt unter Nr. *34.*

[9] Abgedruckt unter Nr. *61.*

[10] Abgedruckt unter Nr. *33.*

[11] Abgedruckt unter Nr. *39.*

[12] Art. 3a eingefügt durch Gesetz v. 10.12.2008 (BGBl. I, S. 2401) mit Wirkung v. 11.1.2009. Abs. 2 geändert durch Gesetz v. 29.6.2015 (BGBl. I, S. 1042) mit Wirkung v. 17.8.2015. Art. 3a aufgehoben durch Gesetz v. 17.12.2018 (BGBl. I, S. 2573) mit Wirkung v. 29.1.2019, vgl. aber Art. 4 Abs. 2 S. 1. Zur Fortgeltung der Vorschrift für vor dem 29.1.2019 geschlossene Ehen siehe aber Art. 229 § 47.

nicht in diesem Staat befinden und nach dem Recht des Staates, in dem sie sich befinden, besonderen Vorschriften unterliegen.

Art. 4.[13] **Verweisung.** (1) Wird auf das Recht eines anderen Staates verwiesen, so ist auch dessen Internationales Privatrecht anzuwenden, sofern dies nicht dem Sinn der Verweisung widerspricht. Verweist das Recht des anderen Staates auf deutsches Recht zurück, so sind die deutschen Sachvorschriften anzuwenden.

(2) Verweisungen auf Sachvorschriften beziehen sich auf die Rechtsnormen der maßgebenden Rechtsordnung unter Ausschluss derjenigen des Internationalen Privatrechts. Soweit die Parteien das Recht eines Staates wählen können, können sie nur auf die Sachvorschriften verweisen.

(3) Wird auf das Recht eines Staates mit mehreren Teilrechtsordnungen verwiesen, ohne die maßgebende zu bezeichnen, so bestimmt das Recht dieses Staates, welche Teilrechtsordnung anzuwenden ist. Fehlt eine solche Regelung, so ist die Teilrechtsordnung anzuwenden, mit welcher der Sachverhalt am engsten verbunden ist.

Art. 5.[14] **Personalstatut.** (1) Wird auf das Recht des Staates verwiesen, dem eine Person angehört, und gehört sie mehreren Staaten an, so ist das Recht desjenigen dieser Staaten anzuwenden, mit dem die Person am engsten verbunden ist, insbesondere durch ihren gewöhnlichen Aufenthalt oder durch den Verlauf ihres Lebens. Ist die Person auch Deutscher, so geht diese Rechtsstellung vor.

(2) Ist eine Person staatenlos oder kann ihre Staatsangehörigkeit nicht festgestellt werden, so ist das Recht des Staates anzuwenden, in dem sie ihren gewöhnlichen Aufenthalt oder, mangels eines solchen, ihren Aufenthalt hat.

(3) Wird auf das Recht des Staates verwiesen, in dem eine Person ihren Aufenthalt oder ihren gewöhnlichen Aufenthalt hat, und ändert eine nicht voll geschäftsfähige Person den Aufenthalt ohne den Willen des gesetzlichen Vertreters, so führt diese Änderung allein nicht zur Anwendung eines anderen Rechts.

Art. 6. Öffentliche Ordnung *(ordre public).* Eine Rechtsnorm eines anderen Staates ist nicht anzuwenden, wenn ihre Anwendung zu einem Ergebnis führt, das mit wesentlichen Grundsätzen des deutschen Rechts offensichtlich unvereinbar ist. Sie ist insbesondere nicht anzuwenden, wenn die Anwendung mit den Grundrechten unvereinbar ist.

---

[13] Überschrift neu gefasst, Abs. 2 Satz 1 eingefügt durch Gesetz v. 17.12.2018 (BGBl. I, S. 2573) mit Wirkung v. 29.1.2019.

[14] Vgl. dazu auch den Abschnitt B (Personalstatut von Flüchtlingen und Staatenlosen), Nr. *10–17*.

Zweiter Abschnitt.[15] Recht der natürlichen Personen und der Rechtsgeschäfte

Art. 7.[16] Rechtsfähigkeit und Geschäftsfähigkeit. (1) Die Rechtsfähigkeit und die Geschäftsfähigkeit einer Person unterliegen dem Recht des Staates, dem die Person angehört. Dies gilt auch, soweit die Geschäftsfähigkeit durch Eheschließung erweitert wird.

(2) Eine einmal erlangte Rechtsfähigkeit oder Geschäftsfähigkeit wird durch Erwerb oder Verlust der Rechtsstellung als Deutscher nicht beeinträchtigt.

Art. 8.[17] Gewillkürte Stellvertretung. (1) Auf die gewillkürte Stellvertretung ist das vom Vollmachtgeber vor der Ausübung der Vollmacht gewählte Recht anzuwenden, wenn die Rechtswahl dem Dritten und dem Bevollmächtigten bekannt ist. Der Vollmachtgeber, der Bevollmächtigte und der Dritte können das anzuwendende Recht jederzeit wählen. Die Wahl nach Satz 2 geht derjenigen nach Satz 1 vor.

(2) Ist keine Rechtswahl nach Absatz 1 getroffen worden und handelt der Bevollmächtigte in Ausübung seiner unternehmerischen Tätigkeit, so sind die Sachvorschriften des Staates anzuwenden, in dem der Bevollmächtigte im Zeitpunkt der Ausübung der Vollmacht seinen gewöhnlichen Aufenthalt hat, es sei denn, dieser Ort ist für den Dritten nicht erkennbar.

(3) Ist keine Rechtswahl nach Absatz 1 getroffen worden und handelt der Bevollmächtigte als Arbeitnehmer des Vollmachtgebers, so sind die Sachvorschriften des Staates anzuwenden, in dem der Vollmachtgeber im Zeitpunkt der Ausübung der Vollmacht seinen gewöhnlichen Aufenthalt hat, es sei denn, dieser Ort ist für den Dritten nicht erkennbar.

(4) Ist keine Rechtswahl nach Absatz 1 getroffen worden und handelt der Bevollmächtigte weder in Ausübung seiner unternehmerischen Tätigkeit noch als Arbeitnehmer des Vollmachtgebers, so sind im Falle einer auf Dauer angelegten Vollmacht die Sachvorschriften des Staates anzuwenden,

---

[15] Vgl. dazu auch den Abschnitt C (Personenrecht), Nr. *20–25*.

[16] Mit Wirkung v. 1.1.2023 an wird Art. 7 EGBGB durch Gesetz v. 4.5.2021 (BGBl. I, S. 882) wie folgt neu gefasst:

Art. 7. Rechts- und Geschäftsfähigkeit. *(1) Die Rechtsfähigkeit einer Person unterliegt dem Recht des Staates, dem die Person angehört. Die einmal erlangte Rechtsfähigkeit wird durch Erwerb oder Verlust einer Staatsangehörigkeit nicht beeinträchtigt.*

(2) Die Geschäftsfähigkeit einer Person unterliegt dem Recht des Staates, in dem die Person ihren gewöhnlichen Aufenthalt hat. Dies gilt auch, soweit die Geschäftsfähigkeit durch Eheschließung erweitert wird. Die einmal erlangte Geschäftsfähigkeit wird durch einen Wechsel des gewöhnlichen Aufenthalts nicht beeinträchtigt.

Nach Art. 229 § 54 Abs. 1 bleibt eine am 31.12.2022 bestehende Geschäftsfähigkeit auch danach bestehen.

[17] Art. 8 eingefügt durch Gesetz v. 11.6.2017 (BGBl. I, S. 1607) mit Wirkung v. 17.6.2017. Vgl. zum Übergangsrecht Art. 229 § 41.

in dem der Bevollmächtigte von der Vollmacht gewöhnlich Gebrauch macht, es sei denn, dieser Ort ist für den Dritten nicht erkennbar.

(5) Ergibt sich das anzuwendende Recht nicht aus den Absätzen 1 bis 4, so sind die Sachvorschriften des Staates anzuwenden, in dem der Bevollmächtigte von seiner Vollmacht im Einzelfall Gebrauch macht (Gebrauchsort). Mussten der Dritte und der Bevollmächtigte wissen, dass von der Vollmacht nur in einem bestimmten Staat Gebrauch gemacht werden sollte, so sind die Sachvorschriften dieses Staates anzuwenden. Ist der Gebrauchsort für den Dritten nicht erkennbar, so sind die Sachvorschriften des Staates anzuwenden, in dem der Vollmachtgeber im Zeitpunkt der Ausübung der Vollmacht seinen gewöhnlichen Aufenthalt hat.

(6) Auf die gewillkürte Stellvertretung bei Verfügungen über Grundstücke oder Rechte an Grundstücken ist das nach Artikel 43 Absatz 1 und Artikel 46 zu bestimmende Recht anzuwenden.

(7) Dieser Artikel findet keine Anwendung auf die gewillkürte Stellvertretung bei Börsengeschäften und Versteigerungen.

(8) Auf die Bestimmung des gewöhnlichen Aufenthalts im Sinne dieses Artikels ist Artikel 19 Absatz 1 und 2 erste Alternative der Verordnung (EG) Nr. 593/2008[18] mit der Maßgabe anzuwenden, dass an die Stelle des Vertragsschlusses die Ausübung der Vollmacht tritt. Artikel 19 Absatz 2 erste Alternative der Verordnung (EG) Nr. 593/2008 ist nicht anzuwenden, wenn der nach dieser Vorschrift maßgebende Ort für den Dritten nicht erkennbar ist.

Art. 9. Todeserklärung. Die Todeserklärung, die Feststellung des Todes und des Todeszeitpunkts sowie Lebens- und Todesvermutungen unterliegen dem Recht des Staates, dem der Verschollene in dem letzten Zeitpunkt angehörte, in dem er nach den vorhandenen Nachrichten noch gelebt hat. War der Verschollene in diesem Zeitpunkt Angehöriger eines fremden Staates, so kann er nach deutschem Recht für tot erklärt werden, wenn hierfür ein berechtigtes Interesse besteht.

Art. 10.[19] Name. (1) Der Name einer Person unterliegt dem Recht des Staates, dem die Person angehört.

(2) Ehegatten können bei oder nach der Eheschließung durch Erklärung gegenüber dem Standesamt ihren künftig zu führenden Namen wählen

1. nach dem Recht eines Staates, dem einer der Ehegatten angehört, ungeachtet des Artikels 5 Abs. 1, oder
2. nach deutschem Recht, wenn einer von ihnen seinen gewöhnlichen Aufenthalt im Inland hat.

---

[18] Abgedruckt unter Nr. *80*.

[19] Art. 10 Abs. 2 S. 3 geändert, Abs. 3 neu gefasst und Abs. 4 aufgehoben durch KindRG v. 16.12.1997 (BGBl. I, S. 2942). Die Neuregelung gilt mit Wirkung v. 1.7.1998. Vgl. zum Übergangsrecht Art. 224 § 3. Abs. 2 und 3 geändert durch PStRG v. 19.2.2007 (BGBl. I, S. 122) mit Wirkung v. 1.1.2009. Vgl. auch Art. 47 und 48.

Nach der Eheschließung abgegebene Erklärungen müssen öffentlich beglaubigt werden. Für die Auswirkungen der Wahl auf den Namen eines Kindes ist § 1617c des Bürgerlichen Gesetzbuchs sinngemäß anzuwenden.

(3) Der Inhaber der Sorge kann gegenüber dem Standesamt bestimmen, dass ein Kind den Familiennamen erhalten soll

1. nach dem Recht eines Staates, dem ein Elternteil angehört, ungeachtet des Artikels 5 Abs. 1,
2. nach deutschem Recht, wenn ein Elternteil seinen gewöhnlichen Aufenthalt im Inland hat, oder
3. nach dem Recht des Staates, dem ein den Namen Erteilender angehört.

Nach der Beurkundung der Geburt abgegebene Erklärungen müssen öffentlich beglaubigt werden.

Art. 11. [20] **Form von Rechtsgeschäften.** (1) Ein Rechtsgeschäft ist formgültig, wenn es die Formerfordernisse des Rechts, das auf das seinen Gegenstand bildende Rechtsverhältnis anzuwenden ist, oder des Rechts des Staates erfüllt, in dem es vorgenommen wird.

(2) Wird ein Vertrag zwischen Personen geschlossen, die sich in verschiedenen Staaten befinden, so ist er formgültig, wenn er die Formerfordernisse des Rechts, das auf das seinen Gegenstand bildende Rechtsverhältnis anzuwenden ist, oder des Rechts eines dieser Staaten erfüllt.

(3) Wird der Vertrag durch einen Vertreter geschlossen, so ist bei Anwendung der Absätze 1 und 2 der Staat maßgebend, in dem sich der Vertreter befindet.

(4) Ein Rechtsgeschäft, durch das ein Recht an einer Sache begründet oder über ein solches Recht verfügt wird, ist nur formgültig, wenn es die Formerfordernisse des Rechts erfüllt, das auf das seinen Gegenstand bildende Rechtsverhältnis anzuwenden ist.

Art. 12.[21] **Schutz des anderen Vertragsteils.** Wird ein Vertrag zwischen Personen geschlossen, die sich in demselben Staat befinden, so kann sich eine natürliche Person, die nach den Sachvorschriften des Rechts dieses Staates rechts-, geschäfts- und handlungsfähig wäre, nur dann auf ihre aus den Sachvorschriften des Rechts eines anderen Staates abgeleitete Rechts-, Geschäfts- und Handlungsunfähigkeit berufen, wenn der andere Vertragsteil bei Vertragsabschluss diese Rechts-, Geschäfts- und Handlungsunfähigkeit kannte oder kennen musste. Dies gilt nicht für familienrechtliche und erbrechtliche Rechtsgeschäfte sowie für Verfügungen über ein in einem anderen Staat belegenes Grundstück.

---

[20] Art. 11 Abs. 4 aufgehoben und bisherigen Abs. 5 in Abs. 4 geändert durch Gesetz v. 25.6.2009 (BGBl. I, S. 1574) mit Wirkung v. 17.12.2009. Vgl. zur Form von Schuldverträgen auch Art. 11 Rom I-VO v. 17.6.2008 (Nr. *80*) und zur Form von Warenkaufverträgen Art. 11, 12 CISG (Nr. *77*).

[21] Vgl. auch Art. 13 Rom I-VO v. 17.6.2008 (Nr. *80*).

Dritter Abschnitt.[22] Familienrecht

Art. 13.[23] Eheschließung. (1) Die Voraussetzungen der Eheschließung unterliegen für jeden Verlobten dem Recht des Staates, dem er angehört.

(2) Fehlt danach eine Voraussetzung, so ist insoweit deutsches Recht anzuwenden, wenn

1. ein Verlobter seinen gewöhnlichen Aufenthalt im Inland hat oder Deutscher ist,
2. die Verlobten die zumutbaren Schritte zur Erfüllung der Voraussetzung unternommen haben und
3. es mit der Eheschließungsfreiheit unvereinbar ist, die Eheschließung zu versagen; insbesondere steht die frühere Ehe eines Verlobten nicht entgegen, wenn ihr Bestand durch eine hier erlassene oder anerkannte Entscheidung beseitigt oder der Ehegatte des Verlobten für tot erklärt ist.

(3) Unterliegt die Ehemündigkeit eines Verlobten nach Absatz 1 ausländischem Recht, ist die Ehe nach deutschem Recht

1. unwirksam, wenn der Verlobte im Zeitpunkt der Eheschließung das 16. Lebensjahr nicht vollendet hatte, und
2. aufhebbar, wenn der Verlobte im Zeitpunkt der Eheschließung das 16., aber nicht das 18. Lebensjahr vollendet hatte.

(4) Eine Ehe kann im Inland nur in der hier vorgeschriebenen Form geschlossen werden. Eine Ehe zwischen Verlobten, von denen keiner Deutscher ist, kann jedoch vor einer von der Regierung des Staates, dem einer der Verlobten angehört, ordnungsgemäß ermächtigten Person in der nach dem Recht dieses Staates vorgeschriebenen Form geschlossen werden; eine beglaubigte Abschrift der Eintragung der so geschlossenen Ehe in das Standesregister, das von der dazu ordnungsgemäß ermächtigten Person geführt wird, erbringt vollen Beweis der Eheschließung.

Art. 14.[24] Allgemeine Ehewirkungen. (1) Soweit allgemeine Ehewirkungen nicht in den Anwendungsbereich der Verordnung (EU) 2016/1103

---

[22] Vgl. dazu auch die Abschnitte D (Eherecht), E (Lebenspartnerschaftsrecht), F (Unterhaltsrecht) und G (Kindschaftsrecht), Nr. *30–54*. Zum Übergangsrecht siehe auch Art. 220 Abs. 2.

[23] Art 13 Abs. 3 eingefügt und bisheriger Abs. 3 in Abs. 4 geändert durch Gesetz v. 17.7.2017 (BGBl. I, S. 2429) mit Wirkung v. 22.7.2017. Zum Übergangsrecht siehe Art. 229 § 44.

[24] Art. 14 neu gefasst durch Gesetz v. 17.12.2018 (BGBl. I, S. 2573) mit Wirkung v. 29.1.2019. Nach der Übergangsvorschrift in Art. 229 § 47 Abs. 1 bestimmen sich die allgemeinen Wirkungen der Ehe bis einschließlich 28. Januar 2019 nach Art. 14 in der bis zu diesem Tag geltenden Fassung. Diese Fassung ist ferner nach Art. 15 Abs. 1 aF maßgebend zur Bestimmung des auf das Ehegüterrecht anwendbaren Rechts in vor dem 29.1.2019 geschlossenen Ehen, wenn die Ehegatten ab diesem Zeitpunkt keine Rechtswahl nach

fallen, unterliegen sie dem von den Ehegatten gewählten Recht. Wählbar sind

1. das Recht des Staates, in dem beide Ehegatten im Zeitpunkt der Rechtswahl ihren gewöhnlichen Aufenthalt haben,
2. das Recht des Staates, in dem beide Ehegatten ihren gewöhnlichen Aufenthalt während der Ehe zuletzt hatten, wenn einer von ihnen im Zeitpunkt der Rechtswahl dort noch seinen gewöhnlichen Aufenthalt hat, oder
3. ungeachtet des Artikels 5 Absatz 1 das Recht des Staates, dem ein Ehegatte im Zeitpunkt der Rechtswahl angehört.

Die Rechtswahl muss notariell beurkundet werden. Wird sie nicht im Inland vorgenommen, so genügt es, wenn sie den Formerfordernissen für einen Ehevertrag nach dem gewählten Recht oder am Ort der Rechtswahl entspricht.

(2) Soweit die Ehegatten keine Rechtswahl getroffen haben, gilt

1. das Recht des Staates, in dem beide Ehegatten ihren gewöhnlichen Aufenthalt haben, sonst
2. das Recht des Staates, in dem beide Ehegatten ihren gewöhnlichen Aufenthalt während der Ehe zuletzt hatten, wenn einer von ihnen dort noch seinen gewöhnlichen Aufenthalt hat, sonst
3. das Recht des Staates, dem beide Ehegatten angehören, sonst
4. das Recht des Staates, mit dem die Ehegatten auf andere Weise gemeinsam am engsten verbunden sind.

Art. 22, 23 der Verordnung (EU) 2016/1103 v. 24.6.2016 (EuGüVO, Nr. *33*) getroffen haben. Die frühere Fassung lautete:

Art. 14. Allgemeine Ehewirkungen. *(1) Die allgemeinen Wirkungen der Ehe unterliegen*

1. *dem Recht des Staates, dem beide Ehegatten angehören oder während der Ehe zuletzt angehörten, wenn einer von ihnen diesem Staat noch angehört, sonst*
2. *dem Recht des Staates, in dem beide Ehegatten ihren gewöhnlichen Aufenthalt haben oder während der Ehe zuletzt hatten, wenn einer von ihnen dort noch seinen gewöhnlichen Aufenthalt hat,*
3. *hilfsweise dem Recht des Staates, mit dem die Ehegatten auf andere Weise gemeinsam am engsten verbunden sind.*

(2) Gehört ein Ehegatte mehreren Staaten an, so können die Ehegatten ungeachtet des Artikels 5 Abs. 1 das Recht eines dieser Staaten wählen, falls ihm auch der andere Ehegatte angehört.

(3) Ehegatten können das Recht des Staates wählen, dem ein Ehegatte angehört, wenn die Voraussetzungen des Absatzes 1 Nr. 1 nicht vorliegen und

1. *kein Ehegatte dem Staat angehört, in dem beide Ehegatten ihren gewöhnlichen Aufenthalt haben, oder*
2. *die Ehegatten ihren gewöhnlichen Aufenthalt nicht in demselben Staat haben.*

Die Wirkungen der Rechtswahl enden, wenn die Ehegatten eine gemeinsame Staatsangehörigkeit erlangen.

(4) Die Rechtswahl muss notariell beurkundet werden. Wird sie nicht im Inland vorgenommen, so genügt es, wenn sie den Formerfordernissen für einen Ehevertrag nach dem gewählten Recht oder am Ort der Rechtswahl entspricht.

Art. 15.[25, 26, 27] ***Güterstand.*** *(1) Die güterrechtlichen Wirkungen der Ehe unterliegen dem bei der Eheschließung für die allgemeinen Wirkungen der Ehe maßgebenden Recht.*

(2) Die Ehegatten können für die güterrechtlichen Wirkungen ihrer Ehe wählen

1. das Recht des Staates, dem einer von ihnen angehört,

2. das Recht des Staates, in dem einer von ihnen seinen gewöhnlichen Aufenthalt hat, oder

3. für unbewegliches Vermögen das Recht des Lageorts.

(3) Artikel 14 Abs. 4 gilt entsprechend.

(4) Die Vorschriften des Gesetzes über den ehelichen Güterstand von Vertriebenen und Flüchtlingen[28] *bleiben unberührt.*

Art. 16.[29] ***Schutz Dritter.*** *(1) Unterliegen die güterrechtlichen Wirkungen einer Ehe dem Recht eines anderen Staates und hat einer der Ehegatten seinen gewöhnlichen Aufenthalt im Inland oder betreibt er hier ein Gewerbe, so ist § 1412 des Bürgerlichen Gesetzbuchs entsprechend anzuwenden; der fremde gesetzliche Güterstand steht einem vertragsmäßigen gleich.*

(2) Auf im Inland vorgenommene Rechtsgeschäfte ist § 1357, auf hier befindliche bewegliche Sachen § 1362, auf ein hier betriebenes Erwerbsgeschäft sind die §§ 1431 und 1456 des Bürgerlichen Gesetzbuchs sinngemäß anzuwenden, soweit diese Vorschriften für gutgläubige Dritte günstiger sind als das fremde Recht.

Art. 17.[30] **Sonderregelungen zur Scheidung** (1) Soweit vermögensrechtliche Scheidungsfolgen nicht in den Anwendungsbereich der Verord-

---

[25] Art. 15 aufgehoben durch Gesetz v. 17.12.2018 (BGBl. I, S. 2573) mit Wirkung v. 29.1.2019. Haben die Ehegatten die Ehe vor dem 29.1.2019 geschlossen und ab diesem Zeitpunkt keine Rechtswahl nach Art. 22, 23 der Verordnung (EU) 2016/1103 v. 24.6.2016 (EuGüVO, Nr. *33*) getroffen, ist Art. 15 jedoch nach der Übergangsvorschrift in Art. 229 § 47 Abs. 2 Nr. 2 in seiner bis einschließlich 28.1.2019 geltenden Fassung weiter anzuwenden.

[26] Zum Übergangsrecht aus Anlass der IPR-Reform von 1986 siehe auch Art. 220 Abs. 3. Zur Regelung des internationalen Ehegüterrechts auf EU-Ebene siehe die Verordnung (EU) 2016/1103 v. 24.6.2016 (Nr. *33*).

[27] Mit Wirkung v. 1.1.2023 an wird Art. 15 EGBGB durch Gesetz v. 4.5.2021 (BGBl. I, S. 882) wie folgt neu gefasst:

Art. 15. Gegenseitige Vertretung von Ehegatten. *In Angelegenheiten der Gesundheitssorge, die im Inland wahrgenommen werden, ist § 1358 des Bürgerlichen Gesetzbuchs auch dann anzuwenden, wenn nach anderen Vorschriften insoweit ausländisches Recht anwendbar wäre.*

[28] Abgedruckt unter Nr. *37*.

[29] Art. 16 aufgehoben durch Gesetz v. 17.12.2018 (BGBl. I, S. 2573) mit Wirkung v. 29.1.2019. Für das Übergangsrecht gilt das zu Art. 15 Gesagte entsprechend. In ab dem 29.1.2019 geschlossenen Ehen gilt anstelle von Art. 16 EGBGB Art. 28 der Verordnung (EU) 2016/1103 v. 24.6.2016 (EuGüVO, Nr. *33*).

[30] Art. 17 Abs. 3 Sätze 1 und 2 geändert durch Gesetz v. 3.4.2009 (BGBl. I, S. 700) mit Wirkung v. 1.9.2009; Überschrift, Abs. 1 und 3 neu gefasst durch Gesetz v. 23.1.2013 (BGBl. I, S. 101) mit Wirkung v. 29.1.2013. Überschrift neu gefasst, Abs. 2 eingefügt, bis-

nung (EU) 2016/1103[31] oder der Verordnung (EG) Nr. 4/2009[32] fallen oder von anderen Vorschriften dieses Abschnitts erfasst sind, unterliegen sie dem nach der Verordnung (EU) Nr. 1259/2010[33] auf die Scheidung anzuwendenden Recht.

(2) Auf Scheidungen, die nicht in den Anwendungsbereich der Verordnung (EU) Nr. 1259/2010 fallen, finden die Vorschriften des Kapitels II dieser Verordnung mit folgenden Maßgaben entsprechende Anwendung:

1. Artikel 5 Absatz 1 Buchstabe d der Verordnung (EU) Nr. 1259/2010 ist nicht anzuwenden;
2. in Artikel 5 Absatz 2, Artikel 6 Absatz 2 und Artikel 8 Buchstabe a bis c der Verordnung (EU) Nr. 1259/2010 ist statt auf den Zeitpunkt der Anrufung des Gerichts auf den Zeitpunkt der Einleitung des Scheidungsverfahrens abzustellen;
3. abweichend von Artikel 5 Absatz 3 der Verordnung (EU) Nr. 1259/2010 können die Ehegatten die Rechtswahl auch noch im Laufe des Verfahrens in der durch Artikel 7 dieser Verordnung bestimmten Form vornehmen, wenn das gewählte Recht dies vorsieht;
4. im Fall des Artikels 8 Buchstabe d der Verordnung (EU) Nr. 1259/2010 ist statt des Rechts des angerufenen Gerichts das Recht desjenigen Staates anzuwenden, mit dem die Ehegatten im Zeitpunkt der Einleitung des Scheidungsverfahrens auf andere Weise gemeinsam am engsten verbunden sind und
5. statt der Artikel 10 und 12 der Verordnung (EU) Nr. 1259/2010 findet Artikel 6 Anwendung.

(3) Eine Ehe kann im Inland nur durch ein Gericht geschieden werden.

(4) Der Versorgungsausgleich unterliegt dem nach der Verordnung (EU) Nr. 1259/2010 auf die Scheidung anzuwendenden Recht; er ist nur durchzuführen, wenn danach deutsches Recht anzuwenden ist und ihn das Recht eines der Staaten kennt, denen die Ehegatten im Zeitpunkt des Eintritts der Rechtshängigkeit des Scheidungsantrags angehören. Im Übrigen ist der Versorgungsausgleich auf Antrag eines Ehegatten nach deutschem Recht durchzuführen, wenn einer der Ehegatten in der Ehezeit ein Anrecht bei einem inländischen Versorgungsträger erworben hat, soweit die Durchführung des Versorgungsausgleichs insbesondere im Hinblick auf die beiderseitigen wirtschaftlichen Verhältnisse während der gesamten Ehezeit der Billigkeit nicht widerspricht.

---

herige Abs. 2 und 3 werden Abs. 3 und 4 mit Wirkung v. 21.12.2018, Abs. 1 neu gefasst mit Wirkung v. 29.1.2019, jeweils durch Gesetz v. 17.12.2018 (BGBl. I, S. 2573).

[31] Abgedruckt unter Nr. *33*.

[32] Abgedruckt unter Nr. *161*.

[33] Abgedruckt unter Nr. *34*.

Art. 17a.[34] **Ehewohnung.** Betretungs-, Näherungs- und Kontaktverbote, die mit einer im Inland belegenen Ehewohnung zusammenhängen, unterliegen den deutschen Sachvorschriften.

Art. 17b.[35, 36, 37, 38, 39] **Eingetragene Lebenspartnerschaft und gleichgeschlechtliche Ehe.** (1) Die Begründung, die Auflösung und die nicht in den Anwendungsbereich der Verordnung (EU) 2016/1104[40] fallenden allgemeinen Wirkungen einer eingetragenen Lebensgemeinschaft unterliegen den Sachvorschriften des Register führenden Staates. Der Versorgungsausgleich unterliegt dem nach Satz 1 anzuwendenden Recht; er ist nur durchzuführen, wenn danach deutsches Recht anzuwenden ist und das Recht eines der Staaten, denen die Lebenspartner im Zeitpunkt der Rechtshängigkeit des Antrags auf Aufhebung der Lebenspartnerschaft angehören,

---

[34] Art. 17a eingefügt durch Gesetz v. 11.12.2001 (BGBl. I, S. 3513), neu gefasst durch Gesetz v. 6.7.2009 (BGBl. I, S. 1696) mit Wirkung v. 1.9.2009 und durch Gesetz v. 17.12.2018 (BGBl. I, S. 2573) mit Wirkung v. 29.1.2019. Haben die Ehegatten die Ehe vor dem 29.1.2019 geschlossen und ab diesem Zeitpunkt keine Rechtswahl nach der Verordnung (EU) 2016/1103 v. 24.6.2016 (EuGüVO, Nr. *33*) getroffen, ist Art. 17a je-doch nach der Übergangsvorschrift in Art. 229 § 47 Abs. 2 Nr. 2 in seiner bis einschließlich 28.1.2019 geltenden Fassung weiter anzuwenden. Diese lautet:

Art. 17a. Ehewohnung und Haushaltsgegenstände. *Die Nutzungsbefugnis für die im Inland belegene Ehewohnung und die im Inland befindlichen Haushaltsgegenstände sowie damit zusammenhängende Betretungs-, Näherungs- und Kontaktverbote unterliegen den deutschen Sachvorschriften.*

[35] Art. 17b eingefügt durch Art. 3 § 25 LPartG v. 16.2.2001 (BGBl. I, S. 266) und geändert durch Gesetz v. 11.12.2001 (BGBl. I, S. 3513) mit Wirkung v. 1.1.2002. Abs. 1 Sätze 3 und 4 angefügt durch Gesetz v. 13.12.2004 (BGBl. I, S. 3396) mit Wirkung v. 1.1.2005. Abs. 1 Sätze 3 und 4 geändert durch Gesetz v. 3.4.2009 (BGBl. I, S. 700) mit Wirkung v. 1.9.2009. Abs 1 Satz 2 geändert durch AUG v. 23.5.2011 (BGBl. I, S. 898) mit Wirkung v. 18.6.2011. Abs 1 Satz 4 neu gefasst durch Gesetz v. 23.1.2013 (BGBl. I, S. 101) mit Wirkung v. 29.1.2013. Abs. 1 Satz 2 aufgehoben durch Gesetz v. 29.6.2015 (BGBl. I, S. 1042) mit Wirkung v. 17.8.2015; Abs. 2 Satz 3 angefügt durch Gesetz v. 20.11.2015 (BGBl. I, S. 2010). Überschrift geändert, Abs. 4 neu gefasst durch Gesetz v. 20.7.2017 (BGBl. I, S. 2787) mit Wirkung v. 1.10.2017.

[36] Abs. 1 Satz 1 neu gefasst, Abs. 2 Sätze 2 und 3 aufgehoben, Abs. 4 Satz 2 angefügt durch Gesetz v. 17.12.2018 (BGBl. I, S. 2573) mit Wirkung v. 29.1.2019. Vgl. dazu die Übergangsvorschrift in Art. 229 § 47 Abs. 2 Nr. 2.

[37] Abs. 4 neu gefasst, Abs. 5 angefügt durch Gesetz v. 18.12.2018 (BGBl. I, S. 2639) mit Wirkung v. 22.12.2018; Abs. 5 Satz 1 geändert durch Gesetz v. 19.3.2020 mit Wirkung v. 31.3.2020 (BGBl. I, S. 541).Vgl. dazu die Übergangsvorschrift in Art. 229 § 48:

„Auf gleichgeschlechtliche Ehen und eingetragene Lebenspartnerschaften, die vor dem 1. Oktober 2017 im Ausland nach den Sachvorschriften des Register führenden Staates wirksam geschlossen oder begründet worden sind, findet Artikel 17b Abs. 4 in seiner bis einschließlich 30. September 2017 geltenden Fassung keine Anwendung."

[38] Zur Regelung des Güterrechts eingetragener Lebenspartner auf EU-Ebene siehe die Verordnung (EU) 2016/1104 v. 24.6.2016 (EuPartVO, Nr. *39*).

[39] Mit Wirkung v. 1.1.2023 an wird Art. 17b Abs. 2 durch Gesetz v. 4.5.2021 (BGBl. I, S. 882) wie folgt neu gefasst:

(2) Artikel 10 Absatz 2 sowie die Artikel 15 und 17a *gelten entsprechend.*

[40] Abgedruckt unter Nr. *39*.

einen Versorgungsausgleich zwischen Lebenspartnern kennt. Im Übrigen ist der Versorgungsausgleich auf Antrag eines Lebenspartners nach deutschem Recht durchzuführen, wenn einer der Lebenspartner während der Zeit der Lebenspartnerschaft ein Anrecht bei einem inländischen Versorgungsträger erworben hat, soweit die Durchführung des Versorgungsausgleichs insbesondere im Hinblick auf die beiderseitigen wirtschaftlichen Verhältnisse während der gesamten Zeit der Lebenspartnerschaft der Billigkeit nicht widerspricht.

(2) Artikel 10 Absatz 2 und Artikel 17a gelten entsprechend.

(3) Bestehen zwischen denselben Personen eingetragene Lebenspartnerschaften in verschiedenen Staaten, so ist die zuletzt begründete Lebenspartnerschaft vom Zeitpunkt ihrer Begründung an für die in Absatz 1 umschriebenen Wirkungen und Folgen maßgebend.

(4) Gehören die Ehegatten demselben Geschlecht an oder gehört zumindest ein Ehegatte weder dem weiblichen noch dem männlichen Geschlecht an, so gelten die Absätze 1 bis 3 mit der Maßgabe entsprechend, dass sich das auf die Ehescheidung und auf die Trennung ohne Auflösung des Ehebandes anzuwendende Recht nach der Verordnung (EU) Nr. 1259/2010 richtet. Die güterrechtlichen Wirkungen unterliegen dem nach der Verordnung (EU) 2016/1103 anzuwendenden Recht.

(5) Für die in Absatz 4 genannten Ehen gelten Artikel 13 Absatz 3, Artikel 17 Absatz 1 bis 3, Artikel 19 Absatz 1 Satz 3, Artikel 22 Absatz 3 Satz 1 sowie Artikel 46e entsprechend. Die Ehegatten können für die allgemeinen Ehewirkungen eine Rechtswahl gemäß Artikel 14 treffen.

Art. 18.[41] *(aufgehoben)*

Art. 19.[42, 43] **Abstammung.** (1) Die Abstammung eines Kindes unterliegt dem Recht des Staates, in dem das Kind seinen gewöhnlichen Aufenthalt hat. Sie kann im Verhältnis zu jedem Elternteil auch nach dem Recht des Staates bestimmt werden, dem dieser Elternteil angehört. Ist die Mutter verheiratet, so kann die Abstammung ferner nach dem Recht bestimmt werden, dem die allgemeinen Wirkungen ihrer Ehe bei der Geburt nach Artikel 14 Absatz 2 unterliegen; ist die Ehe vorher durch Tod aufgelöst worden, so ist der Zeitpunkt der Auflösung maßgebend.

(2) Sind die Eltern nicht miteinander verheiratet, so unterliegen Verpflichtungen des Vaters gegenüber der Mutter auf Grund der Schwangerschaft dem Recht des Staates, in dem die Mutter ihren gewöhnlichen Aufenthalt hat.

---

[41] Art. 18 aufgehoben durch AUG v. 23.5.2011 (BGBl. I, S. 898, Nr. *161a*) mit Wirkung v. 18.6.2011.

[42] Art. 19–21 neu gefasst durch KindRG v. 16.12.1997 (BGBl. I, S. 2942). Die Neuregelung gilt mit Wirkung v. 1.7.1998. Vgl. zum Übergangsrecht Art. 224 § 1 Abs. 1 und 2.

[43] Art. 19 Abs. 1 Satz 3 geändert durch Gesetz v. 17.12.2018 (BGBl. I S. 2573) mit Wirkung v. 29.1.2019. Vgl. dazu die Übergangsvorschrift in Art. 229 § 47 Abs. 2 Nr. 2.

Art. 20.[44] **Anfechtung der Abstammung.** Die Abstammung kann nach jedem Recht angefochten werden, aus dem sich ihre Voraussetzungen ergeben. Das Kind kann die Abstammung in jedem Fall nach dem Recht des Staates anfechten, in dem es seinen gewöhnlichen Aufenthalt hat.

Art. 21.[45] **Wirkungen des Eltern-Kind-Verhältnisses.** Das Rechtsverhältnis zwischen einem Kind und seinen Eltern unterliegt dem Recht des Staates, in dem das Kind seinen gewöhnlichen Aufenthalt hat.

Art. 22.[46] **Annahme als Kind.** (1) Die Annahme als Kind im Inland unterliegt dem deutschen Recht. Im Übrigen unterliegt sie dem Recht des Staates, in dem der Anzunehmende zum Zeitpunkt der Annahme seinen gewöhnlichen Aufenthalt hat.

(2) Die Folgen der Annahme in bezug auf das Verwandtschaftsverhältnis zwischen dem Kind und dem Annehmenden sowie den Personen, zu denen das Kind in einem familienrechtlichen Verhältnis steht, unterliegen dem nach Absatz 1 anzuwendenden Recht.

(3) In Ansehung der Rechtsnachfolge von Todes wegen nach dem Annehmenden, dessen Ehegatten, Lebenspartner oder Verwandten steht der Angenommene ungeachtet des nach den Absätzen 1 und 2 anzuwendenden Rechts einem nach den deutschen Sachvorschriften angenommenen Kind gleich, wenn der Erblasser dies in der Form einer Verfügung von Todes wegen angeordnet hat und die Rechtsnachfolge deutschem Recht unterliegt. Satz 1 gilt entsprechend, wenn die Annahme auf einer ausländischen Entscheidung beruht. Die Sätze 1 und 2 finden keine Anwendung, wenn der Angenommene im Zeitpunkt der Annahme das achtzehnte Lebensjahr vollendet hatte.

Art. 23.[47] **Zustimmung.** Die Erforderlichkeit und die Erteilung der Zustimmung des Kindes und einer Person, zu der das Kind in einem familienrechtlichen Verhältnis steht, zu einer Abstammungserklärung oder einer Namenserteilung unterliegen zusätzlich dem Recht des Staates, dem das

---

[44] Vgl. Anm. 40.

[45] Vgl. Anm. 40.

[46] Art. 22 Abs. 2 und 3 eingefügt durch Gesetz v. 5.11.2001 (BGBl. I, S. 2950) mit Wirkung v. 1.1.2002. Vgl. dazu auch das AdoptWirkG v. 5.11.2001 (Nr. *194*). Abs. 1 Satz 3 angefügt, Abs. 3 Satz 1 geändert durch Gesetz v. 20.6.2014 (BGBl. I, S. 786) mit Wirkung v. 27.6.2014. Art. 22 Abs. 1 Satz 2 geändert durch Gesetz v. 17.12.2018 (BGBl. I S. 2573) mit Wirkung v. 29.1.2019; Abs. 1 neu gefasst durch Gesetz v. 19.3.2020 mit Wirkung v. 31.3.2020 (BGBl. I, S. 504).

Vgl. dazu die Übergangsvorschriften in Art. 229 § 47 Abs. 2 Nr. 2 und § 52. Nach § 52 bleibt auf vor dem 31.3.2020 abgeschlossene Adoptionen das bisherige internationale Privatrecht anwendbar.

[47] Art. 23 S. 1 geändert durch KindRG v. 16.12.1997 (BGBl. I, S. 2942) mit Wirkung v. 1.7.1998; vgl. zum Übergangsrecht Art. 224. Satz 1 erneut geändert durch Gesetz v. 19.3.2020 (BGBl I, S. 541) mit Wirkung v. 31.3.2020.

Kind angehört. Soweit es zum Wohl des Kindes erforderlich ist, ist stattdessen das deutsche Recht anzuwenden.

Art. 24.[48] **Vormundschaft, Betreuung und Pflegschaft.** (1) Die Entstehung, die Änderung und das Ende der Vormundschaft, Betreuung und Pflegschaft sowie der Inhalt der gesetzlichen Vormundschaft und Pflegschaft unterliegen dem Recht des Staates, dem der Mündel, Betreute oder Pflegling angehört. Für einen Angehörigen eines fremden Staates, der seinen gewöhnlichen Aufenthalt oder, mangels eines solchen, seinen Aufenthalt im Inland hat, kann ein Betreuer nach deutschem Recht bestellt werden.

(2) Ist eine Pflegschaft erforderlich, weil nicht feststeht, wer an einer Angelegenheit beteiligt ist, oder weil ein Beteiligter sich in einem anderen Staat befindet, so ist das Recht anzuwenden, das für die Angelegenheit maßgebend ist.

(3) Vorläufige Maßregeln sowie der Inhalt der Betreuung und der angeordneten Vormundschaft und Pflegschaft unterliegen dem Recht des anordnenden Staates.

Vierter Abschnitt.[49] Erbrecht

Art. 25.[50] **Rechtsnachfolge von Todes wegen.** Soweit die Rechtsnachfolge von Todes wegen nicht in den Anwendungsbereich der Verordnung (EU) Nr. 650/2012[51] fällt, gelten die Vorschriften des Kapitels III dieser Verordnung entsprechend.

Art. 26.[52] **Form von Verfügungen von Todes wegen.** (1) In Ausführung des Artikels 3 des Haager Übereinkommens vom 5. Oktober 1961

---

[48] Mit Wirkung v. 1.1.2023 an wird Art. 24 durch Gesetz v. 4.5.2021 (BGBl. I, S. 882) wie folgt neu gefasst:

Art. 24. Vormundschaft, Betreuung und Pflegschaft. *(1) Die Entstehung, die Ausübung, die Änderung und das Ende eines Fürsorgeverhältnisses (Vormundschaft, Betreuung, Pflegschaft), das kraft Gesetzes oder durch Rechtsgeschäft begründet wird, unterliegen dem Recht des Staates, in dem der Fürsorgebedürftige seinen gewöhnlichen Aufenthalt hat.*

(2) Maßnahmen, die im Inland in Bezug auf ein Fürsorgeverhältnis angeordnet werden, und die Ausübung dieses Fürsorgeverhältnisses unterliegen deutschem Recht. 2Besteht mit dem Recht eines anderen Staates eine wesentlich engere Verbindung als mit dem deutschen Recht, so kann jenes Recht angewendet werden.

(3) Die Ausübung eines Fürsorgeverhältnisses aufgrund einer anzuerkennenden ausländischen Entscheidung richtet sich im Inland nach deutschem Recht.

Nach Art. 229 § 54 Abs. 6 bleibt auf vor dem 1.1.2023 abgeschlossene Vorgänge das bisherige internationale Privatrecht anwendbar.

[49] Vgl. dazu auch den Abschnitt H (Erbrecht), Nr. *60–65*.

[50] Art. 25 neu gefasst durch Gesetz v. 29.6.2015 (BGBl. I, S. 1042) mit Wirkung v. 17.8.2015.

[51] Abgedruckt unter Nr. *61*.

[52] Art. 26 neu gefasst durch Gesetz v. 29.6.2015 (BGBl. I, S. 1042) mit Wirkung v. 17.8.2015.

über das auf die Form letztwilliger Verfügungen anzuwendende Recht (BGBl. 1965 II S. 1144, 1145)[53] ist eine letztwillige Verfügung, auch wenn sie von mehreren Personen in derselben Urkunde errichtet wird oder durch sie eine frühere letztwillige Verfügung widerrufen wird, hinsichtlich ihrer Form gültig, wenn sie den Formerfordernissen des Rechts entspricht, das auf die Rechtsnachfolge von Todes wegen anzuwenden ist oder im Zeitpunkt der Verfügung anzuwenden wäre. Die weiteren Vorschriften des Haager Übereinkommens bleiben unberührt.

(2) Für die Form anderer Verfügungen von Todes wegen ist Artikel 27 der Verordnung (EU) Nr. 650/2012 maßgeblich.

Fünfter Abschnitt.[54, 55, 56] Außervertragliche Schuldverhältnisse

Art. 27–37.[57] *(aufgehoben)*

Art. 38. Ungerechtfertigte Bereicherung. (1) Bereicherungsansprüche wegen erbrachter Leistung unterliegen dem Recht, das auf das Rechtsverhältnis anzuwenden ist, auf das die Leistung bezogen ist.

(2) Ansprüche wegen Bereicherung durch Eingriff in ein geschütztes Interesse unterliegen dem Recht des Staates, in dem der Eingriff geschehen ist.

(3) In sonstigen Fällen unterliegen Ansprüche aus ungerechtfertigter Bereicherung dem Recht des Staates, in dem die Bereicherung eingetreten ist.

Art. 39. Geschäftsführung ohne Auftrag. (1) Gesetzliche Ansprüche aus der Besorgung eines fremden Geschäfts unterliegen dem Recht des Staates, in dem das Geschäft vorgenommen worden ist.

(2) Ansprüche aus der Tilgung einer fremden Verbindlichkeit unterliegen dem Recht, das auf die Verbindlichkeit anzuwenden ist.

Art. 40. Unerlaubte Handlung. (1) Ansprüche aus unerlaubter Handlung unterliegen dem Recht des Staates, in dem der Ersatzpflichtige gehan-

---

[53] Abgedruckt unter Nr. *60*.

[54] 5. Abschnitt neu gefasst durch Gesetz zum IPR für außervertragliche Schuldverhältnisse und Sachen v. 21.5.1999 (BGBl. I, S. 1026) mit Wirkung v. 1.6.1999.

[55] Der fünfte Abschnitt wird seit dem 11.1.2009 durch die EG-Verordnung Nr. 864/2007 über das auf außervertragliche Schuldverhältnisse anzuwendende Recht („Rom II") v. 11.7.2007 (Nr. *101*) weitgehend verdrängt. Er gilt nur noch für die Rechtsgebiete, auf die sich die Rom II-VO nach ihrem Art. 1 nicht erstreckt.

[56] Vgl. dazu auch den Abschnitt J (Außervertragliches Schuldrecht), Nr. *100–102*.

[57] Art. 27–37 aufgehoben durch Gesetz v. 25.6.2009 (BGBl. I, S. 1574) mit Wirkung v. 17.12.2009. Seither anzuwenden ist die EG-Verordnung Nr. 593/2008 über das auf vertragliche Schuldverhältnisse anzuwendende Recht („Rom I") v. 17.6.2008 (Nr. *80*). Vgl. auch den Abschnitt I (Vertragsrecht), Nr. *70–97*.

delt hat. Der Verletzte kann verlangen, dass anstelle dieses Rechts das Recht des Staates angewandt wird, in dem der Erfolg eingetreten ist. Das Bestimmungsrecht kann nur im ersten Rechtszug bis zum Ende des frühen ersten Termins oder dem Ende des schriftlichen Vorverfahrens ausgeübt werden.

(2) Hatten der Ersatzpflichtige und der Verletzte zur Zeit des Haftungsereignisses ihren gewöhnlichen Aufenthalt in demselben Staat, so ist das Recht dieses Staates anzuwenden. Handelt es sich um Gesellschaften, Vereine oder juristische Personen, so steht dem gewöhnlichen Aufenthalt der Ort gleich, an dem sich die Hauptverwaltung oder, wenn eine Niederlassung beteiligt ist, an dem sich diese befindet.

(3) Ansprüche, die dem Recht eines anderen Staates unterliegen, können nicht geltend gemacht werden, soweit sie

1. wesentlich weiter gehen als zur angemessenen Entschädigung des Verletzten erforderlich,
2. offensichtlich anderen Zwecken als einer angemessenen Entschädigung des Verletzten dienen oder
3. haftungsrechtlichen Regelungen eines für die Bundesrepublik Deutschland verbindlichen Übereinkommens widersprechen.

(4) Der Verletzte kann seinen Anspruch unmittelbar gegen einen Versicherer des Ersatzpflichtigen geltend machen, wenn das auf die unerlaubte Handlung anzuwendende Recht oder das Recht, dem der Versicherungsvertrag unterliegt, dies vorsieht.

Art. 41. Wesentlich engere Verbindung. (1) Besteht mit dem Recht eines Staates eine wesentlich engere Verbindung als mit dem Recht, das nach den Artikeln 38 bis 40 Abs. 2 maßgebend wäre, so ist jenes Recht anzuwenden.

(2) Eine wesentlich engere Verbindung kann sich insbesondere ergeben

1. aus einer besonderen rechtlichen oder tatsächlichen Beziehung zwischen den Beteiligten im Zusammenhang mit dem Schuldverhältnis oder
2. in den Fällen des Artikels 38 Abs. 2 und 3 und des Artikels 39 aus dem gewöhnlichen Aufenthalt der Beteiligten in demselben Staat im Zeitpunkt des rechtserheblichen Geschehens; Artikel 40 Abs. 2 Satz 2 gilt entsprechend.

Art. 42. Rechtswahl. Nach Eintritt des Ereignisses, durch das ein außervertragliches Schuldverhältnis entstanden ist, können die Parteien das Recht wählen, dem es unterliegen soll. Rechte Dritter bleiben unberührt.

Sechster Abschnitt.[58, 59] Sachenrecht

Art. 43. Rechte an einer Sache. (1) Rechte an einer Sache unterliegen dem Recht des Staates, in dem sich die Sache befindet.

(2) Gelangt eine Sache, an der Rechte begründet sind, in einen anderen Staat, so können diese Rechte nicht im Widerspruch zu der Rechtsordnung dieses Staates ausgeübt werden.

(3) Ist ein Recht an einer Sache, die in das Inland gelangt, nicht schon vorher erworben worden, so sind für einen solchen Erwerb im Inland Vorgänge in einem anderen Staat wie inländische zu berücksichtigen.

Art. 44.[60] Von Grundstücken ausgehende Einwirkungen. Für Ansprüche aus beeinträchtigenden Einwirkungen, die von einem Grundstück ausgehen, gelten die Vorschriften der Verordnung (EG) Nr. 864/2007 mit Ausnahme des Kapitels III entsprechend.

Art. 45. Transportmittel. (1) Rechte an Luft-, Wasser- und Schienenfahrzeugen unterliegen dem Recht des Herkunftsstaats. Das ist

1. bei Luftfahrzeugen der Staat ihrer Staatszugehörigkeit,
2. bei Wasserfahrzeugen der Staat der Registereintragung, sonst des Heimathafens oder des Heimatorts,
3. bei Schienenfahrzeugen der Staat der Zulassung.

(2) Die Entstehung gesetzlicher Sicherungsrechte an diesen Fahrzeugen unterliegt dem Recht, das auf die zu sichernde Forderung anzuwenden ist. Für die Rangfolge mehrerer Sicherungsrechte gilt Artikel 43 Abs. 1.

Art. 46.[61] Wesentlich engere Verbindung. Besteht mit dem Recht eines Staates eine wesentlich engere Verbindung als mit dem Recht, das nach den Artikeln 43 und 45 maßgebend wäre, so ist jenes Recht anzuwenden.

---

[58] 6. Abschnitt eingefügt durch Gesetz zum IPR für außervertragliche Schuldverhältnisse und Sachen v. 21.5.1999 (BGBl. I, S. 1026) mit Wirkung v. 1.6.1999.

[59] Vgl. dazu auch den Abschnitt K (Sachenrecht), Nr. *110–115*.

[60] Überschrift neu gefasst, Wortlaut geändert durch Gesetz v. 10.12.2008 (BGBl. I, S. 2401) mit Wirkung v. 11.1.2009.

[61] Art. 46 geändert durch Gesetz v. 10.12.2008 (BGBl. I, S. 2401) mit Wirkung v. 11.1.2009.

Siebter Abschnitt.[62] Besondere Vorschriften zur Durchführung von Regelungen der Europäischen Union

Erster Unterabschnitt.[63] *Durchführung der Verordnung (EG) Nr. 864/2007*[64]

Art. 46a.[65] **Umweltschädigungen.** Die geschädigte Person kann das ihr nach Artikel 7 der Verordnung (EG) Nr. 864/2007 zustehende Recht, ihren Anspruch auf das Recht des Staates zu stützen, in dem das schadensbegründende Ereignis eingetreten ist, nur im ersten Rechtszug bis zum Ende des frühen ersten Termins oder dem Ende des schriftlichen Vorverfahrens ausüben.

Zweiter Unterabschnitt.[66] *Umsetzung international-privatrechtlicher Regelungen im Verbraucherschutz*

Art. 46b.[67] **Verbraucherschutz für besondere Gebiete.** (1) Unterliegt ein Vertrag auf Grund einer Rechtswahl nicht dem Recht eines Mitgliedstaats der Europäischen Union oder eines anderen Vertragsstaats des Abkommens über den Europäischen Wirtschaftsraum, weist der Vertrag jedoch einen engen Zusammenhang mit dem Gebiet eines dieser Staaten auf, so sind die im Gebiet dieses Staates geltenden Bestimmungen zur Umsetzung der Verbraucherschutzrichtlinien gleichwohl anzuwenden.

(2) Ein enger Zusammenhang ist insbesondere anzunehmen, wenn der Unternehmer

1. in dem Mitgliedstaat der Europäischen Union oder einem anderen Vertragsstaat des Abkommens über den Europäischen Wirtschaftsraum, in

---

[62] 7. Abschnitt eingefügt durch Gesetz v. 10.12.2008 (BGBl. I, S. 2401) mit Wirkung v. 11.1.2009; Überschrift geändert durch Gesetz v. 23.1.2013 (BGBl. I, S. 101) mit Wirkung v. 20.1.2013; Überschrift neu gefasst durch Gesetz v. 17.7.2017 (BGBl I, S. 2394) mit Wirkung v. 1.7.2018.

[63] 1. Unterabschnitt eingefügt durch Gesetz v. 25.6.2009 (BGBl. I, S. 1574) mit Wirkung v. 17.12.2009.

[64] Abgedruckt unter Nr. *101.*

[65] Art. 46a eingefügt durch Gesetz v. 10.12.2008 (BGBl. I, S. 2401) mit Wirkung v. 11.1.2009; Überschrift geändert durch Gesetz v. 25.6.2009 (BGBl. I, S. 1574) mit Wirkung v. 17.12.2009.

[66] 2. Unterabschnitt eingefügt durch Gesetz v. 25.6.2009 (BGBl. I, S. 1574) mit Wirkung v. 17.12.2009; Überschrift neu gefasst durch Gesetz v. 17.7.2017 (BGBl. I, S. 2394) mit Wirkung v. 1.7.2018.

[67] Art. 46b geändert durch Gesetz v. 17.1.2011 (BGBl. I, S. 34) mit Wirkung v. 17.1.2011. Abs. 3 Nr. 2 aufgehoben, bisherige Nr. 3–5 werden Nr. 2–4 durch Gesetz v. 20.9.2013 (BGBl. I, S. 3642) mit Wirkung v. 13.6.2014; Abs. 3 Nr. 2 aufgehoben, bisherige Nr. 3 und 4 werden Nr. 2 und 3 durch Gesetz v. 25.6.2021 (BGBl. I, S. 2133) mit Wirkung v. 1.1.2022.

Zu den in Abs. 3 und 4 aufgeführten Richtlinien siehe Nr. *82, 85–87*. Zum Anwendungsbereich von Art. 46b siehe auch § 310 Abs. 3 Nr. 2 BGB (Nr. *94*).

dem der Verbraucher seinen gewöhnlichen Aufenthalt hat, eine berufliche oder gewerbliche Tätigkeit ausübt oder

2. eine solche Tätigkeit auf irgendeinem Wege auf diesen Mitgliedstaat der Europäischen Union oder einen anderen Vertragsstaat des Abkommens über den Europäischen Wirtschaftsraum oder auf mehrere Staaten, einschließlich dieses Staates, ausrichtet

und der Vertrag in den Bereich dieser Tätigkeit fällt.

(3) Verbraucherschutzrichtlinien im Sinne dieser Vorschrift sind in ihrer jeweils geltenden Fassung:

1. die Richtlinie 93/13/EWG des Rates vom 5. April 1993 über missbräuchliche Klauseln in Verbraucherverträgen (ABl. L 95 vom 21.4.1993, S. 29);
2. die Richtlinie 2002/65/EG des Europäischen Parlaments und des Rates vom 23. September 2002 über den Fernabsatz von Finanzdienstleistungen an Verbraucher und zur Änderung der Richtlinie 90/619/EWG des Rates und der Richtlinien 97/7/EG und 98/27/EG (ABl. L 271 vom 9.10.2002, S. 16);
3. die Richtlinie 2008/48/EG des Europäischen Parlaments und des Rates vom 23. April 2008 über Verbraucherkreditverträge und zur Aufhebung der Richtlinie 87/102/EWG des Rates (ABl. L 133 vom 22.5.2008, S. 66).

(4) Unterliegt ein Teilzeitnutzungsvertrag, ein Vertrag über ein langfristiges Urlaubsprodukt, ein Wiederverkaufsvertrag oder ein Tauschvertrag im Sinne von Artikel 2 Absatz 1 Buchstabe a bis d der Richtlinie 2008/122 EG des Europäischen Parlaments und des Rates vom 14. Januar 2009 über den Schutz der Verbraucher im Hinblick auf bestimmte Aspekte von Teilzeitnutzungsverträgen, Verträgen über langfristige Urlaubsprodukte sowie Wiederverkaufs- und Tauschverträgen (ABl. L 33 vom 3.2.2009, S. 10) nicht dem Recht eines Mitgliedstaats der Europäischen Union oder eines anderen Vertragsstaats des Abkommens über den Europäischen Wirtschaftsraum, so darf Verbrauchern der in Umsetzung dieser Richtlinie gewährte Schutz nicht vorenthalten werden, wenn

1. eine der betroffenen Immobilien im Hoheitsgebiet eines Mitgliedstaats der Europäischen Union oder eines anderen Vertragsstaats des Abkommens über den Europäischen Wirtschaftsraumbelegen ist oder
2. im Falle eines Vertrags, der sich nicht unmittelbar auf eine Immobilie bezieht, der Unternehmer eine gewerbliche oder berufliche Tätigkeit in einem Mitgliedstaat der Europäischen Union oder einem anderen Vertragsstaat des Abkommens über den Europäischen Wirtschaftsraum ausübt oder diese Tätigkeit auf irgendeine Weise auf einen solchen Staat ausrichtet und der Vertrag in den Bereich dieser Tätigkeit fällt.

Art. 46c.[68] **Pauschalreisen und verbundene Reiseleistungen.** (1) Hat der Reiseveranstalter im Zeitpunkt des Vertragsschlusses seine Niederlassung im Sinne des § 4 Absatz 3 der Gewerbeordnung weder in einem Mitgliedstaat der Europäischen Union noch in einem anderen Vertragsstaat des Abkommens über den Europäischen Wirtschaftsraum und

1. schließt der Reiseveranstalter in einem Mitgliedstaat der Europäischen Union oder einem anderen Vertragsstaat des Abkommens über den Europäischen Wirtschaftsraum Pauschalreiseverträge oder bietet er in einem dieser Staaten an, solche Verträge zu schließen, oder
2. richtet der Reiseveranstalter seine Tätigkeit im Sinne der Nummer 1 auf einen Mitgliedstaat der Europäischen Union oder einen anderen Vertragsstaat des Abkommens über den Europäischen Wirtschaftsraum aus,

so sind die sachrechtlichen Vorschriften anzuwenden, die der in Nummer 1 oder Nummer 2 genannte Staat zur Umsetzung des Artikels 17 der Richtlinie (EU) 2015/2302 des Europäischen Parlaments und des Rates vom 25. November 2015 über Pauschalreisen und verbundene Reiseleistungen, zur Änderung der Verordnung (EG) Nr. 2006/2004 und der Richtlinie 2011/83/EU des Europäischen Parlaments und des Rates sowie zur Aufhebung der Richtlinie 90/314/EWG des Rates (ABl. L 326 vom 11.12.2015, S. 1)[69] erlassen hat, sofern der Vertrag in den Bereich dieser Tätigkeit fällt.

(2) Hat der Vermittler verbundener Reiseleistungen im Zeitpunkt des Vertragsschlusses seine Niederlassung im Sinne des § 4 Absatz 3 der Gewerbeordnung weder in einem Mitgliedstaat der Europäischen Union noch einem anderen Vertragsstaat des Abkommens über den Europäischen Wirtschaftsraum und

1. vermittelt er verbundene Reiseleistungen in einem Mitgliedstaat der Europäischen Union oder einem anderen Vertragsstaat des Abkommens über den Europäischen Wirtschaftsraum oder bietet er sie dort zur Vermittlung an oder
2. richtet er seine Vermittlungstätigkeit auf einen Mitgliedstaat der Europäischen Union oder einen anderen Vertragsstaat des Abkommens über den Europäischen Wirtschaftsraum aus,

so sind die sachrechtlichen Vorschriften anzuwenden, die der in Nummer 1 oder Nummer 2 genannte Staat zur Umsetzung des Artikels 19 Absatz 1 in Verbindung mit Artikel 17 und des Artikels 19 Absatz 3 der Richtlinie (EU) 2015/2302 erlassen hat, sofern der Vertrag in den Bereich dieser Tätigkeit fällt.

(3) Hat der Vermittler verbundener Reiseleistungen in dem nach Artikel 251 § 1 maßgeblichen Zeitpunkt seine Niederlassung im Sinne des § 4

---

[68] Art. 46c eingefügt durch Gesetz v. 17.7.2017 (BGBl. I, S. 2394) mit Wirkung v. 1.7.2018.

[69] Auszugsweise abgedruckt unter Nr. *88*.

Absatz 3 der Gewerbeordnung weder in einem Mitgliedstaat der Europäischen Union noch in einem anderen Vertragsstaat des Abkommens über den Europäischen Wirtschaftsraum und richtet er seine Vermittlungstätigkeit auf einen Mitgliedstaat der Europäischen Union oder einen anderen Vertragsstaat des Abkommens über den Europäischen Wirtschaftsraum aus, so sind die sachrechtlichen Vorschriften anzuwenden, die der Staat, auf den die Vermittlungstätigkeit ausgerichtet ist, zur Umsetzung des Artikels 19 Absatz 2 und 3 der Richtlinie (EU) 2015/2302 erlassen hat, sofern der in Aussicht genommene Vertrag in den Bereich dieser Tätigkeit fällt.

Dritter Unterabschnitt.[70] *Durchführung der Verordnung (EG) Nr. 593/2008*

Art. 46d.[71] **Pflichtversicherungsverträge.** (1) Ein Versicherungsvertrag über Risiken, für die ein Mitgliedstaat der Europäischen Union oder ein anderer Vertragsstaat des Abkommens über den Europäischen Wirtschaftsraum eine Versicherungspflicht vorschreibt, unterliegt dem Recht dieses Staates, sofern dieser dessen Anwendung vorschreibt.

(2) Ein über eine Pflichtversicherung abgeschlossener Vertrag unterliegt deutschem Recht, wenn die gesetzliche Verpflichtung zu seinem Abschluss auf deutschem Recht beruht.

Vierter Unterabschnitt.[72] *Durchführung der Verordnung (EU) Nr. 1259/2010*[73]

Art. 46e.[74] **Rechtswahl.** (1) Eine Rechtswahlvereinbarung nach Artikel 5 der Verordnung (EU) Nr. 1259/2010 ist notariell zu beurkunden.

(2) Die Ehegatten können die Rechtswahl nach Absatz 1 auch noch im Laufe des gerichtlichen Verfahrens bis zum Schluss der letzten mündlichen Verhandlung vornehmen. § 127a des Bürgerlichen Gesetzbuchs gilt entsprechend.

---

[70] Überschrift zum 3. Unterabschnitt eingefügt durch Gesetz v. 17.7.2017 (BGBl. I, S. 2394) mit Wirkung v. 1.7.2018.

[71] Als Art. 46c eingefügt durch Gesetz v. 25.6.2009 (BGBl. I, S. 1574) mit Wirkung v. 17.12.2009; zu Art 46d geworden durch Gesetz v. 17.7.2017 (BGBl. I, S. 2394) mit Wirkung v. 1.7.2018.

[72] Früherer 3. Unterabschnitt eingefügt durch Gesetz v. 23.1.2013 (BGBl. I, S. 101) mit Wirkung v. 29.1.2013 und zum 4. Unterabschnitt geworden durch Gesetz v. 17.7.2017 (BGBl. I, S. 2394) mit Wirkung v. 1.7.2018.

[73] Die Verordnung (EU) Nr. 1259/2010 (Rom III-VO) ist abgedruckt unter Nr. *34*.

[74] Bisheriger Art. 46d wird Art. 46e durch Gesetz v. 17.7.2017 (BGBl. I, S. 2394) mit Wirkung v. 1.7.2018.

Drittes Kapitel. Angleichung; Wahl eines in einem anderen Mitgliedstaat der Europäischen Union erworbenen Namens

Art. 47.[75, 76] **Vor- und Familiennamen.** (1) Hat eine Person nach einem anwendbaren ausländischen Recht einen Namen erworben und richtet sich ihr Name fortan nach deutschem Recht, so kann sie durch Erklärung gegenüber dem Standesamt

1. aus dem Namen Vor- und Familiennamen bestimmen,
2. bei Fehlen von Vor- oder Familienname einen solchen Namen wählen,
3. Bestandteile des Namens ablegen, die das deutsche Recht nicht vorsieht,
4. die ursprüngliche Form eines nach dem Geschlecht oder dem Verwandtschaftsverhältnis abgewandelten Namens annehmen,
5. eine deutschsprachige Form ihres Vor- oder ihres Familiennamens annehmen; gibt es eine solche Form des Vornamens nicht, so kann sie neue Vornamen annehmen.

Ist der Name Ehename oder Lebenspartnerschaftsname, so kann die Erklärung während des Bestehens der Ehe oder Lebenspartnerschaft nur von beiden Ehegatten oder Lebenspartnern abgegeben werden.

(2) Absatz 1 gilt entsprechend für die Bildung eines Namens nach deutschem Recht, wenn dieser von einem Namen abgeleitet werden soll, der nach einem anwendbaren ausländischen Recht erworben worden ist.

(3) § 1617c des Bürgerlichen Gesetzbuchs gilt entsprechend.

(4) Die Erklärungen nach den Absätzen 1 und 2 müssen öffentlich beglaubigt oder beurkundet werden, wenn sie nicht bei der Eheschließung oder bei der Begründung der Lebenspartnerschaft gegenüber einem deutschen Standesamt abgegeben werden.

Art. 48.[77] **Wahl eines in einem anderen Mitgliedstaat der Europäischen Union erworbenen Namens.** Unterliegt der Name einer Person deutschem Recht, so kann sie durch Erklärung gegenüber dem Standesamt den während eines gewöhnlichen Aufenthalts in einem anderen Mitgliedstaat der Europäischen Union erworbenen und dort in ein Personenstandsregister eingetragenen Namen wählen, sofern dies nicht mit wesentlichen

---

[75] Art. 47 eingefügt durch das PStRG v. 19.2.2007 (BGBl. I, S. 122) mit Wirkung v. 24.5.2007, vgl. zum Inkrafttreten Art. 4 Abs. 1a des Gesetzes v. 16.5.2007 (BGBl. I, S. 748). Abs. 4 Satz 2, 3 und 4 aufgehoben durch Gesetz v. 16.5.2007 (BGBl. I, S. 748) mit Wirkung v. 1.1.2009; Abs. 1 Satz 2 und Abs. 4 neu gefasst durch Gesetz v. 7.5.2013 (BGBl. I, S. 1122) mit Wirkung v. 1.11.2013.

[76] Für Aussiedler deutscher Volkszugehörigkeit ermöglicht schon § 94 BVG idF v. 10.8.2007 (BGBl. I, S. 1902) eine Anpassung an die deutsche Namensgebung.

[77] Art. 48 neu gefasst durch Gesetz v. 23.1.2013 (BGBl. I, S. 101) mit Wirkung v. 29.1.2013.

Grundsätzen des deutschen Rechts offensichtlich unvereinbar ist. Die Namenswahl wirkt zurück auf den Zeitpunkt der Eintragung in das Personenstandsregister des anderen Mitgliedstaats, es sei denn, die Person erklärt ausdrücklich, dass die Namenswahl nur für die Zukunft wirken soll. Die Erklärung muss öffentlich beglaubigt oder beurkundet werden. Artikel 47 Absatz 1 und 3 gilt entsprechend.

Fünfter Teil. Übergangsrecht aus Anlass jüngerer Änderungen des Bürgerlichen Gesetzbuchs und dieses Einführungsgesetzes

Art. 220.[78, 79] **Übergangsvorschrift zum Gesetz vom 25. Juli 1986 zur Neuregelung des Internationalen Privatrechts.** (1) Auf vor dem 1. September 1986 abgeschlossene Vorgänge bleibt das bisherige Internationale Privatrecht anwendbar.

(2) Die Wirkungen familienrechtlicher Rechtsverhältnisse unterliegen von dem in Absatz 1 genannten Tag an den Vorschriften des Zweiten Kapitels des Ersten Teils.

(3) Die güterrechtlichen Wirkungen von Ehen, die nach dem 31. März 1953 und vor dem 9. April 1983 geschlossen worden sind, unterliegen bis zum 8. April 1983

1. dem Recht des Staates, dem beide Ehegatten bei der Eheschließung angehörten, sonst
2. dem Recht, dem die Ehegatten sich unterstellt haben oder von dessen Anwendung sie ausgegangen sind, insbesondere nach dem sie einen Ehevertrag geschlossen haben, hilfsweise
3. dem Recht des Staates, dem der Ehemann bei der Eheschließung angehörte.

Für die Zeit nach dem 8. April 1983 ist Artikel 15 in der bis einschließlich 28. Januar 2019 geltenden Fassung anzuwenden. Dabei tritt für Ehen, auf die vorher Satz 1 Nr. 3 anzuwenden war, an die Stelle des Zeitpunkts der Eheschließung der 9. April 1983. Soweit sich allein aus einem Wechsel des anzuwendenden Rechts zum Ablauf des 8. April 1983 Ansprüche wegen der Beendigung des früheren Güterstands ergeben würden, gelten sie bis zu dem in Absatz 1 genannten Tag als gestundet. Auf die güterrechtlichen Wirkungen von Ehen, die nach dem 8. April 1983 geschlossen worden sind, ist Artikel 15 in der bis einschließlich 28. Januar 2019 geltenden Fassung anzuwenden. Die güterrechtlichen Wirkungen von Ehen, die vor dem 1. April 1953 geschlossen worden sind, bleiben unberührt; die Ehegatten

---

[78] Art. 7–31 EGBGB idF v. 18.8.1896 (RGBl. S. 604) wurden durch IPR-G v. 25.7.1986 (BGBl. I, S. 1142) aufgehoben.

[79] Art. 220 Abs. 3 Sätze 2, 5 und 6 geändert durch Gesetz v. 17.12.2018 (BGBl. I, S. 2573) mit Wirkung v. 29.1.2019.

können jedoch eine Rechtswahl nach Artikel 15 Absatz 2 und 3 in der bis einschließlich 28. Januar 2019 geltenden Fassung treffen.

(4)–(5) *(weggefallen)*

Art. 221–228. *(nicht abgedruckt)*

Art. 229. Weitere Überleitungsvorschriften

§§ 1–46 *(nicht abgedruckt)*

§ 47.[80] **Übergangsvorschrift zum Gesetz zum Internationalen Güterrecht und zur Änderung von Vorschriften des Internationalen Privatrechts vom 17. Dezember 2018.** (1) Die allgemeinen Wirkungen der Ehe bestimmen sich bis einschließlich 28. Januar 2019 nach Artikel 14 in der bis zu diesem Tag geltenden Fassung.

(2) Haben die Ehegatten die Ehe vor dem 29. Januar 2019 geschlossen und ab diesem Zeitpunkt keine Rechtswahl nach der Verordnung (EU) 2016/1103 über das auf ihren Güterstand anzuwendende Recht getroffen, sind folgende Vorschriften jeweils in ihrer bis einschließlich 28. Januar 2019 geltenden Fassung weiter anzuwenden:

1. die Vorschriften des Gesetzes über den ehelichen Güterstand von Vertriebenen und Flüchtlingen;
2. die Artikel 3a, 15, 16, 17a sowie 17b Absatz 4.

(3) Haben die Lebenspartner ihre eingetragene Partnerschaft vor dem 29. Januar 2019 eintragen lassen und ab diesem Zeitpunkt keine Rechtswahl nach der Verordnung (EU) 2016/1104 über das auf die güterrechtlichen Wirkungen ihrer eingetragenen Partnerschaft anzuwendende Recht getroffen, ist Artikel 17b Absatz 1 Satz 1 sowie Absatz 2 Satz 2 und 3 in der bis einschließlich 28. Januar 2019 geltenden Fassung weiter anzuwenden.

(4) Fand die Geburt oder die Annahme als Kind vor dem 29. Januar 2019 statt, so sind Artikel 19 Absatz 1 Satz 3 und Artikel 22 Absatz 1 Satz 2 in ihrer bis einschließlich 28. Januar 2019 geltenden Fassung anwendbar.

§ 48.[81] **Überleitungsvorschrift zum Gesetz zur Umsetzung des Gesetzes zur Einführung des Rechts auf Eheschließung für Personen gleichen Geschlechts.** Auf gleichgeschlechtliche Ehen und eingetragene Lebenspartnerschaften, die vor dem 1. Oktober 2017 im Ausland nach

[80] Art. 229 § 47 angefügt durch Gesetz v. 17.12.2018 (BGBl. I, S. 2573) mit Wirkung v. 29.1.2019.

[81] Art. 229 § 48 angefügt. durch Gesetz v. 18.12.2018 (BGBl. I, S. 2639) mit Wirkung v. 22.12.2018. Art. 17b Abs. 4 in seiner bis zum 30.9.2017 geltenden Fassung lautete:

Art. 17b. *(4) Die Wirkungen einer im Ausland eingetragenen Lebenspartnerschaft gehen nicht weiter als nach den Vorschriften des Bürgerlichen Gesetzbuchs und des* Lebenspartnerschaftsgesetzes *vorgesehen.*

den Sachvorschriften des Register führenden Staates wirksam geschlossen oder begründet worden sind, findet Art. 17 Absatz 4 in seiner bis einschließlich 30. September 2017 geltenden Fassung keine Anwendung.

Sechster Teil. Inkrafttreten und Übergangsrecht aus Anlass der Einführung des Bürgerlichen Gesetzbuchs und dieses Einführungsgesetzes in dem in Artikel 3 des Einigungsvertrages genannten Gebiet

Art. 230.[82] **Inkrafttreten.** Das Bürgerliche Gesetzbuch und dieses Einführungsgesetz treten für das in Artikel 3 des Einigungsvertrages genannte Gebiet am Tage des Wirksamwerdens des Beitritts 40 nach Maßgabe der folgenden Übergangsvorschriften in Kraft.

Art. 231–235. *(nicht abgedruckt)*

Art. 236. Einführungsgesetz – Internationales Privatrecht

§ 1. Abgeschlossene Vorgänge. Auf vor dem Wirksamwerden des Beitritts[83] abgeschlossene Vorgänge bleibt das bisherige Internationale Privatrecht anwendbar.

§ 2. Wirkungen familienrechtlicher Rechtsverhältnisse. Die Wirkungen familienrechtlicher Rechtsverhältnisse unterliegen von dem Wirksamwerden des Beitritts an den Vorschriften des Zweiten Kapitels des Ersten Teils.

§ 3.[84] **Güterstand.** Die güterrechtlichen Wirkungen von Ehen, die vor dem Wirksamwerden des Beitritts geschlossen worden sind, unterliegen von diesem Tag an dem Artikel 15 in der bis einschließlich 28. Januar 2019 geltenden Fassung; dabei tritt an die Stelle des Zeitpunkts der Eheschließung der Tag des Wirksamwerdens des Beitritts. Soweit sich allein aus einem Wechsel des anzuwendenden Rechts nach Satz 1 Ansprüche wegen der Beendigung des früheren Güterstandes ergeben würden, gelten sie bis zum Ablauf von zwei Jahren nach Wirksamwerden des Beitritts als gestundet.

---

[82] Art. 230 neu gefasst durch BeistandschaftsG v. 4.12.1997 (BGBl. I, S. 2846) mit Wirkung v. 1.7.1998.

[83] Der Beitritt ist am 3.10.1990 wirksam geworden.

[84] Art. 236 § 3 Satz 1 geändert durch Gesetz v. 17.12.2018 (BGBl. I S. 2573) mit Wirkung v. 29.1.2019.

B. Personalstatut von Flüchtlingen und Staatenlosen

I. Multilaterale Staatsverträge

10. Genfer UN-Abkommen über die Rechtsstellung der Flüchtlinge

Vom 28. Juli 1951[1,2] (BGBl. 1953 II, S. 560)

(Übersetzung)[3]

Kapitel I. Allgemeine Bestimmungen

Art. 1. Definition des Begriffs „Flüchtling"

A.

Im Sinne dieses Abkommens findet der Ausdruck „Flüchtling" auf jede Person Anwendung:

1. die in Anwendung der Vereinbarungen vom 12. Mai 1926 und 30. Juni 1928 oder in Anwendung der Abkommen vom 28. Oktober 1933 und 10. Februar 1938 und des Protokolls vom 14. September 1939 oder in Anwendung der Verfassung der Internationalen Flüchtlingsorganisation als Flüchtling gilt.

   Die von der Internationalen Flüchtlingsorganisation während der Dauer ihrer Tätigkeit getroffenen Entscheidungen darüber, dass jemand nicht als Flüchtling im Sinne ihres Statuts anzusehen ist, stehen dem Umstand nicht entgegen, dass die Flüchtlingseigenschaft Personen zuerkannt wird, die die Voraussetzungen der Ziffer 2 dieses Artikels erfüllen;

2. die infolge von Ereignissen, die vor dem 1. Januar 1951 eingetreten sind, und aus der begründeten Furcht vor Verfolgung wegen ihrer Rasse, Religion, Nationalität, Zugehörigkeit zu einer bestimmten sozialen Gruppe oder wegen ihrer politischen Überzeugung sich außerhalb des Landes

---

[1] Das Übk. ist für die *Bundesrepublik Deutschland* am 22.4.1954 im Verhältnis zu *Australien, Belgien, Dänemark, Luxemburg und Norwegen* in Kraft getreten (Bek. v. 25.5.1954, BGBl. II, S. 619). Es gilt heute für ca. 145 weitere Staaten; siehe hierzu die Länderübersicht im Registerteil sowie den Fundstellennachweis B zum BGBl. 2021 II, S. 487. Innerstaatlich sind die Vorschriften des Übk. bereits am 24.12.1953 in Kraft getreten (Art. 2 des Gesetzes v. 1.9.1953, BGBl. II, S. 559).

[2] Siehe zu dem Übk. auch das Genfer Protokoll über die Rechtsstellung der Flüchtlinge v. 31.1.1967 (Nr. *11*).

[3] Authentisch sind gleichberechtigt der englische und der französische Text: https://treaties.un.org (Kap. V Nr. 2).

befindet, dessen Staatsangehörigkeit sie besitzt, und die den Schutz dieses Landes nicht in Anspruch nehmen kann oder wegen dieser Befürchtungen nicht in Anspruch nehmen will; oder die sich als staatenlos infolge solcher Ereignisse außerhalb des Landes befindet, in welchem sie ihren gewöhnlichen Aufenthalt hatte, und nicht dorthin zurückkehren kann oder wegen der erwähnten Befürchtungen nicht dorthin zurückkehren will.

Für den Fall, dass eine Person mehr als eine Staatsangehörigkeit hat, bezieht sich der Ausdruck „das Land, dessen Staatsangehörigkeit sie besitzt“, auf jedes der Länder, dessen Staatsangehörigkeit diese Person hat. Als des Schutzes des Landes, dessen Staatsangehörigkeit sie hat, beraubt, gilt nicht eine Person, die ohne einen stichhaltigen, auf eine begründete Befürchtung gestützten Grund den Schutz eines der Länder nicht in Anspruch genommen hat, deren Staatsangehörigkeit sie besitzt.

B.

1. Im Sinne dieses Abkommens können die im Artikel 1 Abschnitt A enthaltenen Worte „Ereignisse, die vor dem 1. Januar 1951 eingetreten sind“, in dem Sinne verstanden werden, dass es sich entweder um
   a) „Ereignisse, die vor dem 1. Januar 1951 in Europa eingetreten sind“ oder
   b) „Ereignisse, die vor dem 1. Januar 1951 in Europa oder anderswo eingetreten sind“,

   handelt. Jeder vertragschließende Staat wird zugleich mit der Unterzeichnung, der Ratifikation oder dem Beitritt eine Erklärung abgeben, welche Bedeutung er diesem Ausdruck vom Standpunkt der von ihm auf Grund dieses Abkommens übernommenen Verpflichtung zu geben beabsichtigt.[4]
2. Jeder vertragschließende Staat, der die Formulierung zu a) angenommen hat, kann jederzeit durch eine an den Generalsekretär der Vereinten Nationen gerichtete Notifikation seine Verpflichtungen durch Annahme der Formulierung b) erweitern.

C.

Eine Person, auf die die Bestimmungen des Absatzes A zutreffen, fällt nicht mehr unter dieses Abkommen,

1. wenn sie sich freiwillig erneut dem Schutz des Landes, dessen Staatsangehörigkeit sie besitzt, unterstellt; oder

---

[4] Zur Auslegung des Abschnitts A hat *Burundi* bisher keine Erklärung abgegeben. Eine Erklärung im Sinne von Abschnitt B Ziff. 1a) haben *Kongo, Madagaskar, Malta, Monaco* und die *Türkei* abgegeben. Die *Bundesrepublik Deutschland* und alle übrigen Vertragsstaaten des Übk. legen den Abschnitt A im Sinne von Abschnitt B Ziff. 1b), d. h. ohne geographische Beschränkung auf Europa, aus.

2. wenn sie nach dem Verlust ihrer Staatsangehörigkeit diese freiwillig wiedererlangt hat; oder
3. wenn sie eine neue Staatsangehörigkeit erworben hat und den Schutz des Landes, dessen Staatsangehörigkeit sie erworben hat, genießt; oder
4. wenn sie freiwillig in das Land, das sie aus Furcht vor Verfolgung verlassen hat oder außerhalb dessen sie sich befindet, zurückgekehrt ist und sich dort niedergelassen hat; oder
5. wenn sie nach Wegfall der Umstände, auf Grund deren sie als Flüchtling anerkannt worden ist, es nicht mehr ablehnen kann, den Schutz des Landes in Anspruch zu nehmen, dessen Staatsangehörigkeit sie besitzt. Hierbei wird jedoch unterstellt, dass die Bestimmung dieser Ziffer auf keinen Flüchtling im Sinne der Ziffer 1 des Abschnitts A dieses Artikels Anwendung findet, der sich auf zwingende, auf früheren Verfolgungen beruhende Gründe berufen kann, um die Inanspruchnahme des Schutzes des Landes abzulehnen, dessen Staatsangehörigkeit er besitzt;
6. wenn es sich um eine Person handelt, die keine Staatsangehörigkeit besitzt, falls sie nach Wegfall der Umstände, auf Grund deren sie als Flüchtling anerkannt worden ist, in der Lage ist, in das Land zurückzukehren, in dem sie ihren gewöhnlichen Wohnsitz hat. Dabei wird jedoch unterstellt, dass die Bestimmung dieser Ziffer auf keinen Flüchtling im Sinne der Ziffer 1 des Abschnitts A dieses Artikels Anwendung findet, der sich auf zwingende, auf früheren Verfolgungen beruhende Gründe berufen kann, um die Rückkehr in das Land abzulehnen, in dem er seinen gewöhnlichen Aufenthalt hatte.

D.

Dieses Abkommen findet keine Anwendung auf Personen, die zur Zeit den Schutz oder Beistand einer Organisation oder einer Institution der Vereinten Nationen, mit Ausnahme des Hohen Kommissars der Vereinten Nationen für Flüchtlinge, genießen.

Ist dieser Schutz oder diese Unterstützung aus irgendeinem Grunde weggefallen, ohne dass das Schicksal dieser Personen endgültig gemäß den hierauf bezüglichen Entschließungen der Generalversammlung der Vereinten Nationen geregelt worden ist, so fallen diese Personen ipso facto unter die Bestimmungen dieses Abkommens.

E.

Dieses Abkommen findet keine Anwendung auf eine Person, die von den zuständigen Behörden des Landes, in dem sie ihren Aufenthalt genommen hat, als eine Person anerkannt wird, welche die Rechte und Pflichten hat, die mit dem Besitz der Staatsangehörigkeit dieses Landes verknüpft sind.[5]

---

[5] Siehe dazu Art. 9 Abs. 2 Ziff. 5 FamRÄndG (Nr. *16*).

F.

Die Bestimmungen dieses Abkommens finden keine Anwendung auf Personen, in Bezug auf die aus schwerwiegenden Gründen die Annahme gerechtfertigt ist,

a) dass sie ein Verbrechen gegen den Frieden, ein Kriegsverbrechen oder ein Verbrechen gegen die Menschlichkeit im Sinne der internationalen Vertragswerke begangen haben, die ausgearbeitet worden sind, um Bestimmungen bezüglich dieser Verbrechen zu treffen;

b) dass sie ein schweres nichtpolitisches Verbrechen außerhalb des Aufnahmelandes begangen haben, bevor sie dort als Flüchtling aufgenommen wurden;

c) dass sie sich Handlungen zuschulden kommen ließen, die den Zielen und Grundsätzen der Vereinten Nationen zuwiderlaufen.

Art. 2–11. *(nicht abgedruckt)*

Kapitel II. Rechtsstellung

Art. 12.[6] **Personalstatut.** (1) Das Personalstatut jedes Flüchtlings bestimmt sich nach dem Recht des Landes seines Wohnsitzes oder, in Ermangelung eines Wohnsitzes, nach dem Recht seines Aufenthaltslandes.

(2) Die von einem Flüchtling vorher erworbenen und sich aus seinem Personalstatut[7] ergebenden Rechte, insbesondere die aus der Eheschließung, werden von jedem vertragschließenden Staat geachtet, gegebenenfalls vorbehaltlich der Formalitäten, die nach dem in diesem Staat geltenden Recht vorgesehen sind. Hierbei wird jedoch unterstellt, dass das betreffende Recht zu demjenigen gehört, das nach den Gesetzen dieses Staates anerkannt worden wäre, wenn die in Betracht kommende Person kein Flüchtling geworden wäre.

Art. 13–46.[8] *(nicht abgedruckt)*

---

[6] Einen Vorbehalt zu Art. 12 haben *Ägypten,* die *Bahamas, Botsuana, Finnland, Israel, Schweden* und *Spanien* erklärt. Die Vorschrift wird von diesen Staaten entweder überhaupt nicht oder nur mit Einschränkungen angewendet.

[7] Der authentische englische und französische Text gebraucht in Art. 12 Abs. 1 und 2 die Begriffe *„personal status"* bzw. *„statut personnel",* die in der amtlichen österreichischen (öst. BGBl. 1955 Nr. 55, S. 403) und Schweizer (AS 1955, S. 443) Übersetzung des Abk. zutreffend mit „personenrechtliche Stellung" übersetzt werden.

[8] Art. 16 ist abgedruckt unter Nr. *213.*

11. Genfer Protokoll über die Rechtsstellung der Flüchtlinge

Vom 31. Januar 1967[1] (BGBl. 1969 II, S. 1294)

(Übersetzung)[2]

Art. I. Allgemeine Bestimmung. (1) Die Vertragsstaaten dieses Protokolls verpflichten sich, die Artikel 2 bis 34 des Abkommens auf Flüchtlinge im Sinne der nachstehenden Begriffsbestimmung anzuwenden.

(2) Außer für die Anwendung des Absatzes 3 dieses Artikels bezeichnet der Ausdruck „Flüchtling" im Sinne dieses Protokolls jede unter die Begriffsbestimmung des Artikels 1 des Abkommens fallende Person, als seien die Worte „infolge von Ereignissen, die vor dem 1. Januar 1951 eingetreten sind, und …" sowie die Worte „… infolge solcher Ereignisse" in Artikel I, Abschnitt A, Absatz 2 nicht enthalten.

(3) Dieses Protokoll wird von seinen Vertragsstaaten ohne jede geographische Begrenzung angewendet; jedoch finden die bereits nach Artikel 1, Abschnitt B, Absatz 1, Buchstabe a) des Abkommens abgegebenen Erklärungen von Staaten, die schon Vertragsstaaten des Abkommens sind, auch auf Grund dieses Protokolls Anwendung, sofern nicht die Verpflichtungen des betreffenden Staates nach Artikel 1, Abschnitt B, Absatz 2 des Abkommens erweitert worden sind.[3]

Art. II–VII. *(nicht abgedruckt)*

---

[1] Das Protokoll ist für die *Bundesrepublik Deutschland* am 5.11.1969 in Kraft getreten (Bek. v. 14.4.1970, BGBl. II, S. 194). Es gilt im Verhältnis zu den Vertragsstaaten des Genfer UN-Abk. v. 28.7.1951 (Nr. *10*), mit Ausnahme von *Madagaskar* und *St. Kitts* und *Nevis*. Vertragsstaaten nur des Protokolls sind Kap *Verde, Venezuela* und die *Vereinigten Staaten*. Vgl. auch die Länderübersicht im Anhang.

[2] Authentisch sind gleichberechtigt der englische und der französische Text: https://treaties.un.org (Kap. V Nr. 5).

[3] Siehe hierzu die Anm. 4 zu Art. 1, Abschnitt B des Genfer UN-Abk. v. 28.7.1951 (Nr. *10*).

12. New Yorker UN-Übereinkommen über die Rechtsstellung der Staatenlosen

Vom 28. September 1954[1,2] (BGBl. 1976 II, S. 474)
(Übersetzung)[3]

Kapitel I. Allgemeine Bestimmungen

Art. 1. Definition des Begriffs „Staatenloser“. (1) Im Sinne dieses Übereinkommens ist ein „Staatenloser“ eine Person, die kein Staat auf Grund seines Rechtes als Staatsangehörigen ansieht.

(2) Dieses Übereinkommen findet keine Anwendung

i) auf Personen, denen gegenwärtig ein Organ oder eine Organisation der Vereinten Nationen, mit Ausnahme des Hohen Flüchtlingskommissars der Vereinten Nationen, Schutz oder Beistand gewährt, solange sie diesen Schutz oder Beistand genießen;

ii) auf Personen, denen die zuständigen Behörden des Landes, in dem sie ihren Aufenthalt genommen haben, die Rechte und Pflichten zuerkennen, die mit dem Besitz der Staatsangehörigkeit dieses Landes verknüpft sind;

iii) auf Personen, bei denen aus schwerwiegenden Gründen die Annahme gerechtfertigt ist,

a) dass sie ein Verbrechen gegen den Frieden, ein Kriegsverbrechen oder ein Verbrechen gegen die Menschlichkeit im Sinne der internationalen Übereinkünfte begangen haben, die abgefasst wurden, um Bestimmungen hinsichtlich derartiger Verbrechen zu treffen;

b) dass sie ein schweres nichtpolitisches Verbrechen außerhalb ihres Aufenthaltslands begangen haben, bevor sie dort Aufnahme fanden;

c) dass sie sich Handlungen zuschulden kommen ließen, die den Zielen und Grundsätzen der Vereinten Nationen zuwiderlaufen.

---

[1] Das Übk. ist für die *Bundesrepublik Deutschland* am 24.1.1977 im Verhältnis zu *Algerien, Argentinien, Australien, Barbados, Belgien, Botsuana, Dänemark, Ecuador, Fidschi, Finnland, Frankreich, Griechenland, Guinea, Irland, Israel, Italien, Jugoslawien (SFR), Korea (Republik), Lesotho, Liberia, Luxemburg, den Niederlanden, Norwegen, Sambia, Schweden, der Schweiz, Trinidad und Tobago, Tunesien, Uganda* und dem *Vereinigten Königreich* in Kraft getreten (Bek. v. 10.2.1977, BGBl. II, S. 235). Es gilt heute für ca. 90 weitere Vertragsstaaten; siehe hierzu die Länderübersicht im Registerteil sowie den Fundstellennachweis B zum BGBl. 2021 II, S. 515.

[2] Siehe hierzu auch das New Yorker UN-Übk. zur Verminderung der Staatenlosigkeit v. 30.8.1961 (Nr. *271*), sowie das Berner CIEC-Übk. zur Verringerung der Fälle von Staatenlosigkeit v. 13.9.1973 (Nr. *274*).

[3] Authentisch sind gleichberechtigt der englische, französische und spanische Text: https://treaties.un.org (Kap.V Nr. 3).

Art. 2–11. *(nicht abgedruckt)*

Kapitel II. Rechtsstellung

Art. 12.[4] **Personalstatut.** (1) Das Personalstatut eines Staatenlosen bestimmt sich nach den Gesetzen des Landes seines Wohnsitzes oder, wenn er keinen Wohnsitz hat, nach den Gesetzen seines Aufenthaltslandes.

(2) Die von einem Staatenlosen früher erworbenen, sich aus seinem Personalstatut[5] ergebenden Rechte, insbesondere die aus der Eheschließung, werden von jedem Vertragsstaat vorbehaltlich der nach seinen Gesetzen gegebenenfalls zu erfüllenden Förmlichkeiten geachtet; hierbei wird vorausgesetzt, dass es sich um ein Recht handelt, das nach den Gesetzen dieses Staates anerkannt worden wäre, wenn der Berechtigte nicht staatenlos geworden wäre.

Art. 13–42.[6] *(nicht abgedruckt)*

II. Innerstaatliches Recht[1]

13. Grundgesetz für die Bundesrepublik Deutschland

Vom 23. Mai 1949 (BGBl. I, S. 1)

Art. 116. [Deutsche Staatsangehörigkeit] (1) Deutscher im Sinne dieses Grundgesetzes ist vorbehaltlich anderweitiger gesetzlicher Regelung, wer die deutsche Staatsangehörigkeit besitzt oder als Flüchtling oder Vertriebener deutscher Volkszugehörigkeit[2] oder als dessen Ehegatte oder Abkömmling in dem Gebiete des Deutschen Reiches nach dem Stande vom 31. Dezember 1937 Aufnahme gefunden hat.

(2) Frühere deutsche Staatsangehörige, denen zwischen dem 30. Januar 1933 und dem 8. Mai 1945 die Staatsangehörigkeit aus politischen, rassischen oder religiösen Gründen entzogen worden ist, und ihre Abkömmlinge sind auf Antrag wieder einzubürgern. Sie gelten als nicht ausgebürgert,

---

[4] Einen Vorbehalt zu Art. 12 haben *Botsuana* und *Schweden* erklärt. Die Vorschrift bindet beide Staaten nicht.

[5] Der authentische englische und französische Text gebraucht in Art. 12 Abs. 1 und 2 die Begriffe *„personal status"* bzw. *„statut personnel"*, die in der amtlichen Schweizer Übersetzung (AS 1972, S. 2320) zutreffend mit „personenrechtliche Stellung" übersetzt werden.

[6] Art. 16 ist abgedruckt unter Nr. *214*.

[1] Das Gesetz über Maßnahmen für im Rahmen von humanitären Hilfsaktionen aufgenommene Flüchtlinge v. 22.7.1980 (BGBl. I S. 1057) ist durch Art. 15 III Nr. 2 ZuwanderungsG v. 30.7.2004 (BGBl. I, S. 1950) mit Wirkung v. 1.1.2005 außer Kraft getreten. Vgl. dazu § 23 AufenthaltsG idF v. 25.2.2008 (BGBl. I, S. 162).

[2] Wegen der Rechtsstellung von Volksdeutschen iSd Art. 116 Abs. 1 GG, welche die deutsche Staatsangehörigkeit nicht besitzen, vgl. Art. 9 Abs. 2 Nr. 5 FamRÄndG (Nr. *16*).

sofern sie nach dem 8. Mai 1945 ihren Wohnsitz in Deutschland genommen haben und nicht einen entgegengesetzten Willen zum Ausdruck gebracht haben.

14. AHK-Gesetz 23 über die Rechtsverhältnisse verschleppter Personen und Flüchtlinge

Vom 17. März 1950[1] (AHKABl. 140)

Erster Teil. Allgemeine Vorschriften

Art. 1. Soweit das Einführungsgesetz zum Bürgerlichen Gesetzbuch bestimmt, dass die Gesetze des Staates, dem eine Person angehört, maßgebend sind, werden die Rechtsverhältnisse einer verschleppten Person oder eines Flüchtlings nach dem Recht des Staates beurteilt, in welchem die Person oder der Flüchtling zu der maßgebenden Zeit den gewöhnlichen Aufenthalt hat oder gehabt hat, oder, falls ein gewöhnlicher Aufenthalt fehlt, nach dem Recht des Staates, in welchem die Person oder der Flüchtling sich zu der maßgebenden Zeit befindet oder befunden hat.

Art. 2. Artikel 1 findet keine Anwendung auf die in Artikel 24 und 25 des Einführungsgesetzes zum Bürgerlichen Gesetzbuch[2] geregelten Gegenstände.

Art. 3–9. *(nicht abgedruckt)*[3]

Dritter Teil. Schlussvorschriften

Art. 10. Im Sinne dieses Gesetzes bedeutet:

a) der Ausdruck „verschleppte Personen und Flüchtlinge" Personen, die nicht die deutsche Staatsangehörigkeit besitzen oder deren Staatsangehörigkeit nicht festgestellt werden kann, sofern sie ihren Aufenthalt im Gebiet der Bundesrepublik haben und eine amtliche Bescheinigung darüber besitzen, dass sie der Obhut der internationalen Organisation unterstehen, die von den Vereinten Nationen mit der Betreuung der verschleppten Personen und Flüchtlinge beauftragt ist;

b) der Ausdruck „Deutschland" die Länder Baden, Bayern, Bremen, Brandenburg, Hansestadt Hamburg, Hessen, Niedersachsen, Mecklenburg-Pommern, Nordrhein-Westfalen, Rheinland-Pfalz, Sachsen, Sachsen-

---

[1] IdF des ÄnderungsG v. 1.3.1951, AHKABl., S. 808.

[2] Anstelle der in Bezug genommenen Art. 24, 25 EGBGB gilt heute die Verordnung (EU) Nr. 650/2012, abgedruckt unter Nr. *61*.

[3] Wegen Art. 3 siehe Anm. 1 zu Nr. *170*.

Anhalt, Schleswig-Holstein, Thüringen, Württemberg-Baden, Württemberg-Hohenzollern und Groß-Berlin.

15. Gesetz über die Rechtsstellung heimatloser Ausländer im Bundesgebiet

Vom 25. April 1951 (BGBl. I, S. 269)

Kapitel I. Allgemeine Vorschriften

§ 1.[1] **[Heimatloser Ausländer; Begriff]** (1) Heimatloser Ausländer im Sinne dieses Gesetzes ist ein fremder Staatsangehöriger oder Staatenloser, der

a) nachweist, dass er der Obhut der Internationalen Organisation untersteht, die von den Vereinten Nationen mit der Betreuung verschleppter Personen und Flüchtlinge beauftragt ist, und

b) nicht Deutscher nach Artikel 116 des Grundgesetzes[2] ist und

c) am 30. Juni 1950 seinen Aufenthalt im Geltungsbereich des Grundgesetzes oder in Berlin (West) hatte oder die Rechtsstellung eines heimatlosen Ausländers auf Grund der Bestimmungen des § 2 Abs. 3 erwirbt.

(2) Wer seine Staatsangehörigkeit von einem heimatlosen Ausländer ableitet und am 1. Januar 1991 rechtmäßig seinen gewöhnlichen Aufenthalt im Geltungsbereich dieses Gesetzes hatte, steht einem heimatlosen Ausländer im Sinne des Gesetzes gleich.

§ 2. [Verlust der Rechtsstellung] (1) Ein heimatloser Ausländer verliert diese Rechtsstellung, wenn er nach dem 30. Juni 1950 eine neue Staatsangehörigkeit erwirbt oder seinen gewöhnlichen Aufenthalt außerhalb des Geltungsbereichs des Grundgesetzes oder von Berlin (West) nimmt.

(2) Hat ein heimatloser Ausländer seinen gewöhnlichen Aufenthalt außerhalb des Geltungsbereichs des Grundgesetzes oder von Berlin (West) genommen, so kann er innerhalb zweier Jahre seit dem Zeitpunkt seiner Ausreise aus dem Geltungsbereich des Grundgesetzes oder aus Berlin (West) seinen gewöhnlichen Aufenthalt in den Geltungsbereich des Grundgesetzes oder nach Berlin (West) zurückverlegen. Mit der Rückkehr erlangt er wieder die Rechtsstellung eines heimatlosen Ausländers.

(3) Ein fremder Staatsangehöriger oder Staatenloser, der die Bestimmungen des § 1 Abs. 1a und b erfüllt, nach dem 1. Juli 1948 seinen gewöhnlichen Aufenthalt im Geltungsbereich des Grundgesetzes oder in Berlin

---

[1] § 1 Abs. 2 aufgehoben, bisheriger Abs. 3 wird Abs. 2 und neu gefasst durch Gesetz v. 9.7.1990 (BGBl. I, S. 1354) mit Wirkung v. 1.1.1991; Abs. 2 geändert durch AufenthaltsG v. 31.7.2004 (BGBl. I, S. 1950) mit Wirkung v. 1.1.2005.

[2] Abgedruckt unter Nr. *13*.

(West) hatte und ihn danach außerhalb des Geltungsbereichs des Grundgesetzes oder von Berlin (West) verlegt hat, erlangt die Rechtsstellung eines heimatlosen Ausländers, wenn er innerhalb von 2 Jahren seit dem Zeitpunkt seiner Ausreise aus dem Geltungsbereich des Grundgesetzes oder aus Berlin (West) rechtmäßig seinen Wohnsitz oder dauernden Aufenthalt in den Geltungsbereich des Grundgesetzes oder nach Berlin (West) zurückverlegt.

§§ 3–7. *(nicht abgedruckt)*

Kapitel II. Bürgerliches Recht

§ 8. [Erworbene Rechte, Eheschließung] Hat ein heimatloser Ausländer vor Inkrafttreten dieses Gesetzes nach anderen als den deutschen Vorschriften Rechte erworben, so behält er diese, sofern die Gesetze des Ortes beobachtet sind, an dem das Rechtsgeschäft vorgenommen ist. Dies gilt insbesondere für eine vor Inkrafttreten dieses Gesetzes geschlossene Ehe.

§§ 9–25.[3] *(nicht abgedruckt)*

Kapitel VI. Schluss- und Übergangsvorschriften

§ 26. Dieses Gesetz findet keine Anwendung auf Personen, die in Umsiedlung begriffen sind und von der Internationalen Flüchtlings-Organisation (IRO) Fürsorge und Unterhalt erhalten.

16. Familienrechtsänderungsgesetz

Vom 11. August 1961 (BGBl. I, S. 1221)

Art. 9. Schlussvorschriften

I. ....

II. Übergangsvorschriften

1.–4. *(nicht abgedruckt)*

5. Soweit im deutschen bürgerlichen Recht oder im deutschen Verfahrensrecht die Staatsangehörigkeit einer Person maßgebend ist, stehen den deutschen Staatsangehörigen die Personen gleich, die, ohne die deutsche Staatsangehörigkeit zu besitzen, Deutsche im Sinne des Artikels 116 Abs. 1 des

---

[3] § 11 ist abgedruckt unter Nr. *232.*

Grundgesetzes[1] sind. Rechtskräftige gerichtliche Entscheidungen bleiben unberührt.

17. Asylgesetz

idF vom 2. September 2008 (BGBl. I, S. 1798)

Abschnitt 1.[1] Geltungsbereich

§ 1.[2] Geltungsbereich. (1) Dieses Gesetz gilt für Ausländer, die Folgendes beantragen:
1. Schutz vor politischer Verfolgung nach Artikel 16a Absatz 1 des Grundgesetzes oder
2. internationalen Schutz nach der Richtlinie 2011/95/EU des Europäischen Parlaments und des Rates vom 13. Dezember 2011 über Normen für die Anerkennung von Drittstaatsangehörigen oder Staatenlosen als Personen mit Anspruch auf internationalen Schutz, für einen einheitlichen Status für Flüchtlinge oder für Personen mit Anrecht auf subsidiären Schutz und für den Inhalt des zu gewährenden Schutzes (ABl. L 337 vom 20.12.2011, S. 9); der internationale Schutz im Sinne der Richtlinie 2011/95/EU umfasst den Schutz vor Verfolgung nach dem Abkommen vom 28. Juli 1951 über die Rechtsstellung der Flüchtlinge (BGBl. 1953 II, S. 559, 560)[3] und den subsidiären Schutz im Sinne der Richtlinie; der nach Maßgabe der Richtlinie 2004/83/EG des Rates vom 29. April 2004 über Mindestnormen für die Anerkennung und den Status von Drittstaatsangehörigen oder Staatenlosen als Flüchtlinge oder als Personen, die anderweitig internationalen Schutz benötigen, und über den Inhalt des zu gewährenden Schutzes (ABl. L 304 vom 30.9.2004, S. 12) gewährte internationale Schutz steht dem internationalen Schutz im Sinne der Richtlinie 2011/95/EU gleich; § 104 Absatz 9 des Aufenthaltsgesetzes bleibt unberührt.

(2) Dieses Gesetz gilt nicht für heimatlose Ausländer im Sinne des Gesetzes über die Rechtsstellung heimatloser Ausländer im Bundesgebiet in der im Bundesgesetzblatt Teil III, Gliederungsnummer 243-1, veröffentlichten bereinigten Fassung in der jeweils geltenden Fassung.[4]

---

[1] Abgedruckt unter Nr. *13*.

[1] Überschrift zum Abschnitt 1 geändert durch Gesetz v. 28.8.2013 (BGBl. I, S. 3474) mit Wirkung v. 1.12.2013.

[2] § 1 Abs. 1 neu gefasst durch Gesetz v. 28.8.2013 (BGBl. I, S. 3474) mit Wirkung v. 1.12.2013.

[3] Abgedruckt unter Nr. *10*.

[4] Auszugsweise abgedruckt unter Nr. *15*.

Abschnitt 2.[5] Schutzgewährung

Unterabschnitt 1.[6] *Asyl*

§ 2.[7] **Rechtsstellung Asylberechtigter.** (1) Asylberechtigte genießen im Bundesgebiet die Rechtsstellung nach dem Abkommen über die Rechtsstellung der Flüchtlinge.

(2) Unberührt bleiben die Vorschriften, die den Asylberechtigten eine günstigere Rechtsstellung einräumen.

(3) Ausländer, denen bis zum Wirksamwerden des Beitritts in dem in Artikel 3 des Einigungsvertrages genannten Gebiet Asyl gewährt worden ist, gelten als Asylberechtigte.

Unterabschnitt 2.[8] *Internationaler Schutz*

§ 3.[9] **Zuerkennung der Flüchtlingseigenschaft.** (1) Ein Ausländer ist Flüchtling im Sinne des Abkommens vom 28. Juli 1951 über die Rechtsstellung der Flüchtlinge (BGBl. 1953 II S. 559, 560), wenn er sich

1. aus begründeter Furcht vor Verfolgung wegen seiner Rasse, Religion, Nationalität, politischen Überzeugung oder Zugehörigkeit zu einer bestimmten sozialen Gruppe
2. außerhalb des Landes (Herkunftsland) befindet,
   a) dessen Staatsangehörigkeit er besitzt und dessen Schutz er nicht in Anspruch nehmen kann oder wegen dieser Furcht nicht in Anspruch nehmen will oder
   b) in dem er als Staatenloser seinen vorherigen gewöhnlichen Aufenthalt hatte und in das er nicht zurückkehren kann oder wegen dieser Furcht nicht zurückkehren will.

(2) Ein Ausländer ist nicht Flüchtling nach Absatz 1, wenn aus schwerwiegenden Gründen die Annahme gerechtfertigt ist, dass er

1. ein Verbrechen gegen den Frieden, ein Kriegsverbrechen oder ein Verbrechen gegen die Menschlichkeit begangen hat im Sinne der internationalen Vertragswerke, die ausgearbeitet worden sind, um Bestimmungen bezüglich dieser Verbrechen zu treffen,

---

[5] Überschrift zum 2. Abschnitt eingefügt durch Gesetz v. 28.8.2013 (BGBl. I, S. 3474) mit Wirkung v. 1.12.2013.

[6] Überschrift zum 1. Unterabschnitt eingefügt durch Gesetz v. 28.8.2013 (BGBl. I, S. 3474) mit Wirkung v. 1.12.2013.

[7] § 2 Abs. 1 geändert durch Gesetz v. 19.8.2007 (BGBl. I, S. 1970).

[8] 2. Unterabschnitt eingefügt durch Gesetz v. 28.8.2013 (BGBl. I, S. 3474) mit Wirkung v. 1.12.2013.

[9] § 3 Abs. 4 geändert durch Gesetz v. 11.3.2016 (BGBl. I, S. 394) mit Wirkung v. 17.3.2016.

2. vor seiner Aufnahme als Flüchtling eine schwere nichtpolitische Straftat außerhalb des Bundesgebiets begangen hat, insbesondere eine grausame Handlung, auch wenn mit ihr vorgeblich politische Ziele verfolgt wurden, oder
3. den Zielen und Grundsätzen der Vereinten Nationen zuwidergehandelt hat.

Satz 1 gilt auch für Ausländer, die andere zu den darin genannten Straftaten oder Handlungen angestiftet oder sich in sonstiger Weise daran beteiligt haben.

(3) Ein Ausländer ist auch nicht Flüchtling nach Absatz 1, wenn er den Schutz oder Beistand einer Organisation oder einer Einrichtung der Vereinten Nationen mit Ausnahme des Hohen Kommissars der Vereinten Nationen für Flüchtlinge nach Artikel 1 Abschnitt D des Abkommens über die Rechtsstellung der Flüchtlinge genießt. Wird ein solcher Schutz oder Beistand nicht länger gewährt, ohne dass die Lage des Betroffenen gemäß den einschlägigen Resolutionen der Generalversammlung der Vereinten Nationen endgültig geklärt worden ist, sind die Absätze 1 und 2 anwendbar.

(4) Einem Ausländer, der Flüchtling nach Absatz 1 ist, wird die Flüchtlingseigenschaft zuerkannt, es sei denn, er erfüllt die Voraussetzungen des § 60 Abs. 8 Satz 1 des Aufenthaltsgesetzes oder das Bundesamt hat nach § 60 Absatz 8 Satz 3 des Aufenthaltsgesetzes von der Anwendung des § 60 Absatz 1 des Aufenthaltsgesetzes abgesehen.

§§ 3a–4. *(nicht abgedruckt)*

Abschnitt 3.[10] Allgemeine Bestimmungen

§ 5. *(nicht abgedruckt)*

§ 6.[11] Verbindlichkeit asylrechtlicher Entscheidungen. Die Entscheidung über den Asylantrag ist in allen Angelegenheiten verbindlich, in denen die Anerkennung als Asylberechtigter oder die Zuerkennung des internationalen Schutzes im Sinne des § 1 Absatz 1 Nummer 2 rechtserheblich ist. Dies gilt nicht für das Auslieferungsverfahren sowie das Verfahren nach § 58a des Aufenthaltsgesetzes.

---

[10] Überschrift zum Abschnitt 3 eingefügt durch Gesetz v. 28.8.2013 (BGBl. I, S. 3474) mit Wirkung v. 1.12.2013.

[11] § 6 neu gefasst durch Gesetz v. 28.8.2013 (BGBl. I, S. 3474) mit Wirkung v. 1.12.2013.

C. Allgemeines Personenrecht

I. Multilaterale Staatsverträge[1]

20. Haager Übereinkommen über den internationalen Schutz von Erwachsenen

Vom 13. Januar 2000[2, 3] (BGBl. 2007 II, S. 323)

(Übersetzung)[4]

Kapitel I. Anwendungsbereich des Übereinkommens

Art. 1. [Sachlicher Anwendungsbereich; Ziele] (1) Dieses Übereinkommen ist bei internationalen Sachverhalten auf den Schutz von Erwach-

---

[1] Vgl. auf dem Gebiet des Personenrechts auch die folgenden Staatsverträge:

- Das Haager Abkommen über die Entmündigung und gleichartige Fürsorgemaßregeln v. 17.7.1905 (RGBl. 1912, S. 463) ist von der *Bundesrepublik Deutschland* am 21.1.1992 gekündigt worden. Es ist am 23.8.1992 außer Kraft getreten (BGBl. II, S. 272).
- Das Haager Übk. zur Regelung der Konflikte zwischen dem Heimatrecht und dem Domizilrecht v. 15.6.1955 ist nur von *Belgien* und den *Niederlanden* ratifiziert sowie von *Frankreich, Luxemburg* und *Spanien* gezeichnet worden; es ist nicht in Kraft getreten. Text (französisch): https://www.hcch.net/de/instruments/conventions (Nr. 6).
- Das Istanbuler CIEC-Übk. Nr. 3 über den internationalen Austausch von Auskünften in Personenstandsangelegenheiten v. 4.9.1958 (BGBl. 1961 II, S. 1055, 1071) ist für die *Bundesrepublik Deutschland* am 29.12.1961 im Verhältnis zu *Frankreich* und *Luxemburg* in Kraft getreten (Bek. v. 8.1.1962, BGBl II, S. 44). Es gilt heute ferner für *Belgien* (seit 8.3.1975, BGBl. II, S. 1415), *Italien* (seit 7.12.1968, BGBl. 1969 II, S. 108), die *Niederlande* (seit 27.4.1962, BGBl. II, S. 822), *Österreich* (seit 1.10.1965, BGBl. II, S. 1954), *Polen* (seit 14.3.2003, BGBl. II, S. 702)), *Portugal* (seit 14.11.1980, BGBl. II, S. 1482), *Spanien* (seit 14.7.1994, BGBl. 1995 II, S. 95) und die *Türkei* (seit 8.10.1962, BGBl. 1963 II, S. 172). Text (französisch): http://www.ciecl.org (Nr. 3).
- Vgl. zu diesem Übk. auch das Zusatzprotokoll von Patras v. 6.9.1989 (BGBl. 1994 II, S. 486), das für die *Bundesrepublik Deutschland* im Verhältnis zu *Belgien, Frankreich, Italien, der Niederlande,* Österreich und *Spanien* am 1.1.1995 in Kraft getreten ist (Bek. v. 15.11.1994, BGBl. II, S. 3828). Für *Belgien* gilt das Protokoll seit dem 1.9.1997 (BGBl. II, S. 1676). Text (französisch): http://www.ciecl.org (Nr. 23).
- Das neue CIEC-Übk. Nr. 26 von Neuchatel über den internationalen Austausch von Auskünften in Personenstandsangelegenheiten v. 12.9.1997 ist von der *Bundesrepublik Deutschland* zwar gezeichnet, aber bisher nicht ratifiziert worden. Es ist bisher nur für *Frankreich* und die *Türkei* am 1.12.2004 in Kraft getreten. Text (französisch): http://www.ciecl.org (Nr. 26).
- Das Münchener CIEC-Übk. Nr. 19 über das auf Namen und Vornamen anzuwendende Recht v. 5.9.1980 ist von der *Bundesrepublik Deutschland* zwar gezeichnet, aber bisher nicht ratifiziert worden. Es ist am 1.1.1990 für *Italien,* die *Niederlande* und *Spanien* in Kraft getreten; seit 1.10.1990 gilt es ferner für *Portugal.* Text (französisch): http://www.ciecl.org (Nr. 19). Nicht-amtliche deutsche Übersetzung: https://www.personenstandsrecht.de.

senen anzuwenden, die aufgrund einer Beeinträchtigung oder der Unzulänglichkeit ihrer persönlichen Fähigkeiten nicht in der Lage sind, ihre Interessen zu schützen.

(2) Sein Ziel ist es,

a) den Staat zu bestimmen, dessen Behörden zuständig sind, Maßnahmen zum Schutz der Person oder des Vermögens des Erwachsenen zu treffen;
b) das von diesen Behörden bei der Ausübung ihrer Zuständigkeit anzuwendende Recht zu bestimmen;
c) das auf die Vertretung des Erwachsenen anzuwendende Recht zu bestimmen;
d) die Anerkennung und Vollstreckung der Schutzmaßnahmen in allen Vertragsstaaten sicherzustellen;
e) die zur Verwirklichung der Ziele dieses Übereinkommens notwendige Zusammenarbeit zwischen den Behörden der Vertragsstaaten einzurichten.

Art. 2. [Persönlicher Anwendungsbereich] (1) Im Sinn dieses Übereinkommens ist ein Erwachsener eine Person, die das 18. Lebensjahr vollendet hat.

(2) Dieses Übereinkommen ist auch auf Maßnahmen anzuwenden, die hinsichtlich eines Erwachsenen zu einem Zeitpunkt getroffen worden sind, in dem er das 18. Lebensjahr noch nicht vollendet hatte.

• Das Pariser CIEC-Übk. Nr. 27 über die Ausstellung einer Lebensbescheinigung v. 10.9.1998 ist von der *Bundesrepublik Deutschland* zwar gezeichnet, aber bisher nicht ratifiziert worden. Es ist am 1.9.2004 für *Spanien* und die *Türkei* in Kraft getreten und gilt seit dem 1.12.2011 auch für die *Niederlande.* Text (französisch): http://www.ciecl.org (Nr. 27).

• Das Wiener CIEC-Übk. Nr. 29 über die Anerkennung von Entscheidungen über Geschlechtsumwandlungen v. 12.9.2000 ist von der *Bundesrepublik Deutschland* zwar gezeichnet, aber bisher nicht ratifiziert worden; es ist am 1.3.2011 für die *Niederlande* und *Spanien* in Kraft getreten. Text (französisch): http://www.ciecl.org (Nr. 29).

• Das CIEC-Übk. Nr. 31 von Antalya über die Anerkennung von Namen v. 16.9.2005 ist bisher nur von *Portugal* gezeichnet worden; es ist noch nicht in Kraft getreten. Text (französisch): http://www.ciecl.org (Nr. 31). Nicht-amtliche deutsche Übersetzung: https://www.personenstandsrecht.de.

[2] Das Übk. ist für die *Bundesrepublik Deutschland* am 1.1.2009 im Verhältnis zu *Frankreich* und dem *Vereinigten Königreich* in Kraft treten (Bek. v. 12.12.2008, BGBl. 2009 II, S. 39). Das *Vereinigte Königreich* hat hierzu erklärt, dass das Übk. nur für *Schottland* gilt (Bek. v. 12.12.2008, BGBl. 2009 II, S. 40).

Es gilt inzwischen ferner für *Belgien* (seit 1.1.2021, BGBl. 2020 II, S. 938), *Estland* (seit 1.11.2011) und *Finnland* (seit 1.3.2011, jeweils BGBl. II, S. 363), *Lettland* (seit 1.3.2018, BGBl. II, S. 108), *Monaco* (seit 1.7.2016, BGBl. II, S. 515), *Österreich* (seit 1.2.2014, BGBl. II, S. 180), *Portugal* (seit 1.7.2018, BGBl. II, S. 141), die *Schweiz* (seit 1.7.2009, BGBl. II, S. 1143), die *Tschechische Republik* (seit 1.8.2012, BGBl. II, S. 584) und *Zypern* (seit 1.11.2018, BGBl. II, S. 339).

[3] Siehe zu dem Übereinkommen auch das deutsche AusfG v. 17.5.2007 (Nr. *20a*).

[4] Authentisch sind gleichberechtigt der englische und der französische Text: https:/www.hcch.net/de/instruments/conventions (Nr. 35).

Art. 3. [Schutzmaßnahmen] Die Maßnahmen, auf die in Artikel 1 Bezug genommen wird, können insbesondere Folgendes umfassen:

a) die Entscheidung über die Handlungsunfähigkeit und die Einrichtung einer Schutzordnung;

b) die Unterstellung des Erwachsenen unter den Schutz eines Gerichts oder einer Verwaltungsbehörde;

c) die Vormundschaft, die Pflegschaft und entsprechende Einrichtungen;

d) die Bestimmung und den Aufgabenbereich jeder Person oder Stelle, die für die Person oder das Vermögen des Erwachsenen verantwortlich ist, den Erwachsenen vertritt oder ihm beisteht;

e) die Unterbringung des Erwachsenen in einer Einrichtung oder an einem anderen Ort, an dem Schutz gewährt werden kann;

f) die Verwaltung und Erhaltung des Vermögens des Erwachsenen oder die Verfügung darüber;

g) die Erlaubnis eines bestimmten Einschreitens zum Schutz der Person oder des Vermögens des Erwachsenen.

Art. 4. [Ausgeschlossene Bereiche] (1) Dieses Übereinkommen ist nicht anzuwenden

a) auf Unterhaltspflichten;

b) auf das Eingehen, die Ungültigerklärung und die Auflösung einer Ehe oder einer ähnlichen Beziehung sowie die Trennung;

c) auf den Güterstand einer Ehe oder vergleichbare Regelungen für ähnliche Beziehungen;

d) auf Trusts und Erbschaften;

e) auf die soziale Sicherheit;

f) auf öffentliche Maßnahmen allgemeiner Art in Angelegenheiten der Gesundheit;

g) auf Maßnahmen, die hinsichtlich einer Person infolge ihrer Straftaten ergriffen wurden;

h) auf Entscheidungen über Asylrecht und Einwanderung;

i) auf Maßnahmen, die allein auf die Wahrung der öffentlichen Sicherheit gerichtet sind.

(2) Absatz 1 berührt in den dort erwähnten Bereichen nicht die Berechtigung einer Person, als Vertreter des Erwachsenen zu handeln.

Kapitel II. Zuständigkeit

Art. 5. [Aufenthaltszuständigkeit] (1) Die Behörden, seien es Gerichte oder Verwaltungsbehörden, des Vertragsstaats, in dem der Erwachsene seinen gewöhnlichen Aufenthalt hat, sind zuständig, Maßnahmen zum Schutz der Person oder des Vermögens des Erwachsenen zu treffen.

(2) Bei einem Wechsel des gewöhnlichen Aufenthalts des Erwachsenen in einen anderen Vertragsstaat sind die Behörden des Staates des neuen gewöhnlichen Aufenthalts zuständig.

Art. 6. [Zuständigkeit für Flüchtlinge] (1) Über Erwachsene, die Flüchtlinge sind oder die infolge von Unruhen in ihrem Land in ein anderes Land gelangt sind, üben die Behörden des Vertragsstaats, in dessen Hoheitsgebiet sich die Erwachsenen demzufolge befinden, die in Artikel 5 Absatz 1 vorgesehene Zuständigkeit aus.

(2) Absatz 1 ist auch auf Erwachsene anzuwenden, deren gewöhnlicher Aufenthalt nicht festgestellt werden kann.

Art. 7. [Zuständigkeit der Heimatbehörden] (1) Die Behörden eines Vertragsstaats, dem der Erwachsene angehört, sind zuständig, Maßnahmen zum Schutz der Person oder des Vermögens des Erwachsenen zu treffen, wenn sie der Auffassung sind, dass sie besser in der Lage sind, das Wohl des Erwachsenen zu beurteilen, und nachdem sie die nach Artikel 5 oder Artikel 6 Absatz 2 zuständigen Behörden verständigt haben; dies gilt nicht für Erwachsene, die Flüchtlinge sind oder die infolge von Unruhen in dem Staat, dem sie angehören, in einen anderen Staat gelangt sind.

(2) Diese Zuständigkeit darf nicht ausgeübt werden, wenn die nach Artikel 5, Artikel 6 Absatz 2 oder Artikel 8 zuständigen Behörden die Behörden des Staates, dem der Erwachsene angehört, unterrichtet haben, dass sie die durch die Umstände gebotenen Maßnahmen getroffen oder entschieden haben, dass keine Maßnahmen zu treffen sind, oder ein Verfahren bei ihnen anhängig ist.

(3) Die Maßnahmen nach Absatz 1 treten außer Kraft, sobald die nach Artikel 5, Artikel 6 Absatz 2 oder Artikel 8 zuständigen Behörden die durch die Umstände gebotenen Maßnahmen getroffen oder entschieden haben, dass keine Maßnahmen zu treffen sind. Diese Behörden haben die Behörden, die in Übereinstimmung mit Absatz 1 Maßnahmen getroffen haben, entsprechend zu unterrichten.

Art. 8. [Ersuchen der Behörden eines anderen Vertragsstaates] (1) Die nach Artikel 5 oder 6 zuständigen Behörden eines Vertragsstaats können, wenn sie der Auffassung sind, dass es dem Wohl des Erwachsenen dient, von Amts wegen oder auf Antrag der Behörden eines anderen Vertragsstaats die Behörden eines der in Absatz 2 genannten Staaten ersuchen, Maßnahmen zum Schutz der Person oder des Vermögens des Erwachsenen zu treffen. Das Ersuchen kann sich auf den gesamten Schutz oder einen Teilbereich davon beziehen.

(2) Die Vertragsstaaten, deren Behörden nach Absatz 1 ersucht werden können, sind

a) ein Staat, dem der Erwachsene angehört;

b) der Staat, in dem der Erwachsene seinen vorherigen gewöhnlichen Aufenthalt hatte;

c) ein Staat, in dem sich Vermögen des Erwachsenen befindet;

d) der Staat, dessen Behörden schriftlich vom Erwachsenen gewählt worden sind, um Maßnahmen zu seinem Schutz zu treffen;

e) der Staat, in dem eine Person, die dem Erwachsenen nahesteht und bereit ist, seinen Schutz zu übernehmen, ihren gewöhnlichen Aufenthalt hat;

f) hinsichtlich des Schutzes der Person des Erwachsenen der Staat, in dessen Hoheitsgebiet sich der Erwachsene befindet.

(3) Nimmt die nach den Absätzen 1 und 2 bezeichnete Behörde die Zuständigkeit nicht an, so behalten die Behörden des nach Artikel 5 oder 6 zuständigen Vertragsstaats die Zuständigkeit.

Art. 9. [Zuständigkeit der Vermögensbelegenheit] Die Behörden eines Vertragsstaats, in dem sich Vermögen des Erwachsenen befindet, sind zuständig, Maßnahmen zum Schutz dieses Vermögens zu treffen, soweit sie mit den Maßnahmen vereinbar sind, die von den nach den Artikeln 5 bis 8 zuständigen Behörden getroffen wurden.

Art. 10. [Zuständigkeit für dringliche Schutzmaßnahmen] (1) In allen dringenden Fällen sind die Behörden jedes Vertragsstaats, in dessen Hoheitsgebiet sich der Erwachsene oder ihm gehörendes Vermögen befindet, zuständig, die erforderlichen Schutzmaßnahmen zu treffen.

(2) Maßnahmen nach Absatz 1, die in Bezug auf einen Erwachsenen mit gewöhnlichem Aufenthalt in einem Vertragsstaat getroffen wurden, treten außer Kraft, sobald die nach den Artikeln 5 bis 9 zuständigen Behörden die durch die Umstände gebotenen Maßnahmen getroffen haben.

(3) Maßnahmen nach Absatz 1, die in Bezug auf einen Erwachsenen mit gewöhnlichem Aufenthalt in einem Nichtvertragsstaat getroffen wurden, treten in jedem Vertragsstaat außer Kraft, sobald dort die durch die Umstände gebotenen und von den Behörden eines anderen Staates getroffenen Maßnahmen anerkannt werden.

(4) Die Behörden, die nach Absatz 1 Maßnahmen getroffen haben, haben nach Möglichkeit die Behörden des Vertragsstaats des gewöhnlichen Aufenthalts des Erwachsenen von den getroffenen Maßnahmen zu unterrichten.

Art. 11. [Zuständigkeit für vorläufige Schutzmaßahmen] (1) Ausnahmsweise sind die Behörden des Vertragsstaats, in dessen Hoheitsgebiet sich der Erwachsene befindet, nach Verständigung der nach Artikel 5 zuständigen Behörden zuständig, zum Schutz der Person des Erwachsenen auf das Hoheitsgebiet dieses Staates beschränkte Maßnahmen vorübergehender Art zu treffen, soweit sie mit den Maßnahmen vereinbar sind, die von den nach den Artikeln 5 bis 8 zuständigen Behörden bereits getroffen wurden.

(2) Maßnahmen nach Absatz 1, die in Bezug auf einen Erwachsenen mit gewöhnlichem Aufenthalt in einem Vertragsstaat getroffen wurden, treten außer Kraft, sobald die nach den Artikeln 5 bis 8 zuständigen Behörden eine Entscheidung über die Schutzmaßnahmen getroffen haben, die durch die Umstände geboten sein könnten.

Art. 12. [Fortgeltung von Maßnahmen] Selbst wenn durch eine Änderung der Umstände die Grundlage der Zuständigkeit wegfällt, bleiben vorbehaltlich des Artikels 7 Absatz 3 die nach den Artikeln 5 bis 9 getroffenen Maßnahmen innerhalb ihrer Reichweite so lange in Kraft, bis die nach diesem Übereinkommen zuständigen Behörden sie ändern, ersetzen oder aufheben.

Kapitel III. Anzuwendendes Recht

Art. 13. [Gleichlaufgrundsatz] (1) Bei der Ausübung ihrer Zuständigkeit nach Kapitel II wenden die Behörden der Vertragsstaaten ihr eigenes Recht an.

(2) Soweit es der Schutz der Person oder des Vermögens des Erwachsenen erfordert, können sie jedoch ausnahmsweise das Recht eines anderen Staates anwenden oder berücksichtigen, zu dem der Sachverhalt eine enge Verbindung hat.

Art. 14. [Durchführung von Maßnahmen in einem anderen Vertragsstaat] Wird eine in einem Vertragsstaat getroffene Maßnahme in einem anderen Vertragsstaat durchgeführt, so bestimmt das Recht dieses anderen Staates die Bedingungen, unter denen sie durchgeführt wird.

Art. 15. [Vorsorgevollmacht] (1) Das Bestehen, der Umfang, die Änderung und die Beendigung der von einem Erwachsenen entweder durch eine Vereinbarung oder ein einseitiges Rechtsgeschäft eingeräumten Vertretungsmacht, die ausgeübt werden soll, wenn dieser Erwachsene nicht in der Lage ist, seine Interessen zu schützen, werden vom Recht des Staates bestimmt, in dem der Erwachsene im Zeitpunkt der Vereinbarung oder des Rechtsgeschäfts seinen gewöhnlichen Aufenthalt hatte, es sei denn, eines der in Absatz 2 genannten Rechte wurde ausdrücklich schriftlich gewählt.

(2) Die Staaten, deren Recht gewählt werden kann, sind

a) ein Staat, dem der Erwachsene angehört;

b) der Staat eines früheren gewöhnlichen Aufenthalts des Erwachsenen;

c) ein Staat, in dem sich Vermögen des Erwachsenen befindet, hinsichtlich dieses Vermögens.

(3) Die Art und Weise der Ausübung einer solchen Vertretungsmacht wird vom Recht des Staates bestimmt, in dem sie ausgeübt wird.

Art. 16. [Aufhebung und Änderung der Vollmacht] Wird eine Vertretungsmacht nach Artikel 15 nicht in einer Weise ausgeübt, die den Schutz der Person oder des Vermögens des Erwachsenen ausreichend sicherstellt, so kann sie durch Maßnahmen einer nach diesem Übereinkommen zuständigen Behörde aufgehoben oder geändert werden. Bei der Aufhebung oder Änderung dieser Vertretungsmacht ist das nach Artikel 15 maßgebliche Recht so weit wie möglich zu berücksichtigen.

Art. 17. [Schutz des Rechtsverkehrs] (1) Die Gültigkeit eines Rechtsgeschäfts zwischen einem Dritten und einer anderen Person, die nach dem Recht des Staates, in dem das Rechtsgeschäft abgeschlossen wurde, als Vertreter des Erwachsenen zu handeln befugt wäre, kann nicht allein deswegen bestritten und der Dritte nicht nur deswegen verantwortlich gemacht werden, weil die andere Person nach dem in diesem Kapitel bestimmten Recht nicht als Vertreter des Erwachsenen zu handeln befugt war, es sei denn, der Dritte wusste oder hätte wissen müssen, dass sich diese Vertretungsmacht nach diesem Recht bestimmte.

(2) Absatz 1 ist nur anzuwenden, wenn das Rechtsgeschäft unter Anwesenden im Hoheitsgebiet desselben Staates geschlossen wurde.

Art. 18. [Allseitige Anwendung] Dieses Kapitel ist anzuwenden, selbst wenn das darin bestimmte Recht das eines Nichtvertragsstaats ist.

Art. 19. [Sachnormverweisungen] Der Begriff „Recht" im Sinn dieses Kapitels bedeutet das in einem Staat geltende Recht mit Ausnahme des Kollisionsrechts.

Art. 20. [Eingriffsnormen] Dieses Kapitel steht den Bestimmungen des Rechts des Staates, in dem der Erwachsene zu schützen ist, nicht entgegen, deren Anwendung unabhängig vom sonst maßgebenden Recht zwingend ist.

Art. 21. [*Ordre public*]. Die Anwendung des in diesem Kapitel bestimmten Rechts darf nur versagt werden, wenn sie der öffentlichen Ordnung *(ordre public)* offensichtlich widerspricht.

Kapitel IV. Anerkennung und Vollstreckung

Art. 22. [Anerkennung] (1) Die von den Behörden eines Vertragsstaats getroffenen Maßnahmen werden kraft Gesetzes in den anderen Vertragsstaaten anerkannt.

(2) Die Anerkennung kann jedoch versagt werden,

a) wenn die Maßnahme von einer Behörde getroffen wurde, die nicht aufgrund oder in Übereinstimmung mit Kapitel II zuständig war;

b) wenn die Maßnahme, außer in dringenden Fällen, im Rahmen eines Gerichts- oder Verwaltungsverfahrens getroffen wurde, ohne dass dem Erwachsenen die Möglichkeit eingeräumt worden war, gehört zu werden, und dadurch gegen wesentliche Verfahrensgrundsätze des ersuchten Staates verstoßen wurde;

c) wenn die Anerkennung der öffentlichen Ordnung *(ordre public)* des ersuchten Staates offensichtlich widerspricht, oder ihr eine Bestimmung des Rechts dieses Staates entgegensteht, die unabhängig vom sonst maßgebenden Recht zwingend ist;

d) wenn die Maßnahme mit einer später in einem Nichtvertragsstaat, der nach den Artikeln 5 bis 9 zuständig gewesen wäre, getroffenen Maßnahme unvereinbar ist, sofern die spätere Maßnahme die für ihre Anerkennung im ersuchten Staat erforderlichen Voraussetzungen erfüllt;

e) wenn das Verfahren nach Artikel 33 nicht eingehalten wurde.

Art. 23. [Gesonderte Feststellung der Anerkennung] Unbeschadet des Artikels 22 Absatz 1 kann jede betroffene Person bei den zuständigen Behörden eines Vertragsstaats beantragen, dass über die Anerkennung oder Nichtanerkennung einer in einem anderen Vertragsstaat getroffenen Maßnahme entschieden wird. Das Verfahren bestimmt sich nach dem Recht des ersuchten Staates.

Art. 24. [Bindung an Tatsachenfeststellungen] Die Behörde des ersuchten Staates ist an die Tatsachenfeststellungen gebunden, auf welche die Behörde des Staates, in dem die Maßnahme getroffen wurde, ihre Zuständigkeit gestützt hat.

Art. 25. [Verfahren der Vollstreckbarerklärung] (1) Erfordern die in einem Vertragsstaat getroffenen und dort vollstreckbaren Maßnahmen in einem anderen Vertragsstaat Vollstreckungshandlungen, so werden sie in diesem anderen Staat auf Antrag jeder betroffenen Partei nach dem im Recht dieses Staates vorgesehenen Verfahren für vollstreckbar erklärt oder zur Vollstreckung registriert.

(2) Jeder Vertragsstaat wendet auf die Vollstreckbarerklärung oder die Registrierung ein einfaches und schnelles Verfahren an.

(3) Die Vollstreckbarerklärung oder die Registrierung darf nur aus einem der in Artikel 22 Absatz 2 vorgesehenen Gründe versagt werden.

Art. 26. [Verbot der sachlichen Nachprüfung] Vorbehaltlich der für die Anwendung der vorstehenden Artikel erforderlichen Überprüfung darf die getroffene Maßnahme in der Sache selbst nicht nachgeprüft werden.

Art. 27. [Vollstreckung] Die in einem Vertragsstaat getroffenen und in einem anderen Vertragsstaat für vollstreckbar erklärten oder zur Vollstreckung registrierten Maßnahmen werden dort vollstreckt, als seien sie von den Behörden dieses anderen Staates getroffen worden. Die Vollstreckung richtet sich nach dem Recht des ersuchten Staates unter Beachtung der darin vorgesehenen Grenzen.

Kapitel V. Zusammenarbeit

Art. 28.[5] [Bestimmung der Zentralen Behörden] (1) Jeder Vertragsstaat bestimmt eine Zentrale Behörde, welche die ihr durch dieses Übereinkommen übertragenen Aufgaben wahrnimmt

(2) Einem Bundesstaat, einem Staat mit mehreren Rechtssystemen oder einem Staat, der aus autonomen Gebietseinheiten besteht, steht es frei, mehrere Zentrale Behörden zu bestimmen und deren räumliche und persönliche Zuständigkeit festzulegen. Macht ein Staat von dieser Möglichkeit Gebrauch, so bestimmt er die Zentrale Behörde, an welche Mitteilungen zur Übermittlung an die zuständige Zentrale Behörde in diesem Staat gerichtet werden können.

Art. 29. [Zusammenarbeit der Zentralen Behörden] (1) Die Zentralen Behörden arbeiten zusammen und fördern die Zusammenarbeit der zuständigen Behörden ihrer Staaten, um die Ziele dieses Übereinkommens zu verwirklichen.

(2) Im Zusammenhang mit der Anwendung dieses Übereinkommens treffen sie die geeigneten Maßnahmen, um Auskünfte über das Recht ihrer Staaten sowie die in ihren Staaten für den Schutz von Erwachsenen verfügbaren Dienste zu erteilen.

Art. 30. [Aufgaben der Zentralen Behörden] Die Zentrale Behörde eines Vertragsstaats trifft unmittelbar oder mithilfe staatlicher Behörden oder sonstiger Stellen alle geeigneten Vorkehrungen, um

a) auf jedem Weg die Mitteilungen zwischen den zuständigen Behörden bei Sachverhalten, auf die dieses Übereinkommen anzuwenden ist, zu erleichtern;
b) auf Ersuchen der zuständigen Behörde eines anderen Vertragsstaats bei der Ermittlung des Aufenthaltsorts des Erwachsenen Unterstützung zu leisten, wenn der Anschein besteht, dass sich der Erwachsene im Hoheitsgebiet des ersuchten Staates befindet und Schutz benötigt.

Art. 31. [Förderung einer gütlichen Einigung] Die zuständigen Behörden eines Vertragsstaats können unmittelbar oder durch andere Stellen

---

[5] Als Zentrale Behörde iSv. Art. 28 Abs. 1 hat die *Bundesrepublik Deutschland* das Bundesamt für Justiz bestimmt, vgl. § 1 ErwSÜAG (Nr. *20a*).

die Anwendung eines Vermittlungs- oder Schlichtungsverfahrens oder den Einsatz ähnlicher Mittel zur Erzielung gütlicher Einigungen zum Schutz der Person oder des Vermögens des Erwachsenen bei Sachverhalten anregen, auf die dieses Übereinkommen anzuwenden ist.

Art. 32. [Informationsersuchen] (1) Wird eine Schutzmaßnahme erwogen, so können die nach diesem Übereinkommen zuständigen Behörden, sofern die Lage des Erwachsenen dies erfordert, jede Behörde eines anderen Vertragsstaats, die über sachdienliche Informationen für den Schutz des Erwachsenen verfügt, ersuchen, sie ihnen mitzuteilen.

(2) Jeder Vertragsstaat kann erklären, dass Ersuchen nach Absatz 1 seinen Behörden nur über seine Zentrale Behörde zu übermitteln sind.[6]

(3) Die zuständigen Behörden eines Vertragsstaats können die Behörden eines anderen Vertragsstaats ersuchen, ihnen bei der Durchführung der nach diesem Übereinkommen getroffenen Schutzmaßnahmen Hilfe zu leisten.

Art. 33. [Unterbringung des Erwachsenen] (1) Erwägt die nach den Artikeln 5 bis 8 zuständige Behörde die Unterbringung des Erwachsenen in einer Einrichtung oder an einem anderen Ort, an dem Schutz gewährt werden kann, und soll er in einem anderen Vertragsstaat untergebracht werden, so zieht sie vorher die Zentrale Behörde oder eine andere zuständige Behörde dieses Staates zurate. Zu diesem Zweck übermittelt sie ihr einen Bericht über den Erwachsenen und die Gründe ihres Vorschlags zur Unterbringung.

(2) Die Entscheidung über die Unterbringung kann im ersuchenden Staat nicht getroffen werden, wenn sich die Zentrale Behörde oder eine andere zuständige Behörde des ersuchten Staates innerhalb einer angemessenen Frist dagegen ausspricht.

Art. 34. [Benachrichtigungspflicht bei schwerer Gefahr für den Erwachsenen] Ist der Erwachsene einer schweren Gefahr ausgesetzt, so benachrichtigen die zuständigen Behörden des Vertragsstaats, in dem Maßnahmen zum Schutz dieses Erwachsenen getroffen wurden oder in Betracht gezogen werden, sofern sie über den Wechsel des Aufenthaltsorts in einen anderen Staat oder die dortige Anwesenheit des Erwachsenen unterrichtet sind, die Behörden dieses Staates von der Gefahr und den getroffenen oder in Betracht gezogenen Maßnahmen.

Art. 35. [Das Wohl des Erwachsenen bedrohende Informationen] Eine Behörde darf nach diesem Kapitel weder um Informationen ersuchen noch solche erteilen, wenn dadurch nach ihrer Auffassung die Person oder das Vermögen des Erwachsenen in Gefahr geraten könnte oder die Freiheit

[6] Die Erklärung nach Art. 31 Abs. 2 haben *Belgien, Estland, Frankreich* und das *Vereinigte Königreich* für *Schottland* abgegeben.

oder das Leben eines Familienangehörigen des Erwachsenen ernsthaft bedroht würde.

Art. 36. [Kostentragung] (1) Unbeschadet der Möglichkeit, für die erbrachten Dienstleistungen angemessene Kosten zu verlangen, tragen die Zentralen Behörden und die anderen staatlichen Behörden der Vertragsstaaten die Kosten, die ihnen durch die Anwendung dieses Kapitels entstehen.

(2) Jeder Vertragsstaat kann mit einem oder mehreren anderen Vertragsstaaten Vereinbarungen über die Kostenaufteilung treffen.

Art. 37. [Zusatzvereinbarungen] Jeder Vertragsstaat kann mit einem oder mehreren anderen Vertragsstaaten Vereinbarungen treffen, um die Anwendung dieses Kapitels in ihren gegenseitigen Beziehungen zu erleichtern. Die Staaten, die solche Vereinbarungen getroffen haben, übermitteln dem Verwahrer dieses Übereinkommens eine Abschrift.

Kapitel VI. Allgemeine Bestimmungen

Art. 38. [Bescheinigung] (1) Die Behörden des Vertragsstaats, in dem eine Schutzmaßnahme getroffen oder eine Vertretungsmacht bestätigt wurde, können jedem, dem der Schutz der Person oder des Vermögens des Erwachsenen anvertraut wurde, auf dessen Antrag eine Bescheinigung über seine Berechtigung zum Handeln und die ihm übertragenen Befugnisse ausstellen.

(2) Bis zum Beweis des Gegenteils wird vermutet, dass die bescheinigte Berechtigung zum Handeln und die bescheinigten Befugnisse vom Ausstellungsdatum der Bescheinigung an bestehen.

(3) Jeder Vertragsstaat bestimmt die für die Ausstellung der Bescheinigung zuständigen Behörden.

Art. 39. [Datenschutz] Die nach diesem Übereinkommen gesammelten oder übermittelten personenbezogenen Daten dürfen nur für die Zwecke verwendet werden, zu denen sie gesammelt oder übermittelt wurden.

Art. 40. [Vertrauliche Behandlung] Behörden, denen Informationen übermittelt werden, stellen nach dem Recht ihres Staates deren vertrauliche Behandlung sicher.

Art. 41. [Befreiung von der Legalisation] Die nach diesem Übereinkommen übermittelten oder ausgestellten Schriftstücke sind von jeder Legalisation oder entsprechenden Förmlichkeit befreit.

Art. 42. [Bestimmung von Behörden] Jeder Vertragsstaat kann die Behörden bestimmen, an die Ersuchen nach den Artikeln 8 und 33 zu richten sind.

Art. 43. [Mitteilung der Behörden] (1) Die nach den Artikeln 28 und 42 bestimmten Behörden werden dem Ständigen Büro der Haager Konferenz für Internationales Privatrecht spätestens bei der Hinterlegung der Ratifikations-, Annahme-, Genehmigungs- oder Beitrittsurkunde mitgeteilt. Jede Änderung wird dem Ständigen Büro ebenfalls mitgeteilt.

(2) Die Erklärung nach Artikel 32 Absatz 2 wird gegenüber dem Verwahrer dieses Übereinkommens abgegeben.

Art. 44. [Innerstaatliche Rechtskollisionen] Ein Vertragsstaat, in dem verschiedene Rechtssysteme oder Gesamtheiten von Regeln für den Schutz der Person und des Vermögens des Erwachsenen gelten, muss die Regeln dieses Übereinkommens nicht auf Kollisionen anwenden, die allein zwischen den verschiedenen Rechtssystemen oder Gesamtheiten von Regeln bestehen.

Art. 45. [Maßgebliche Gebietseinheit eines Mehrrechtsstaates] Gelten in einem Staat in Bezug auf die in diesem Übereinkommen geregelten Angelegenheiten zwei oder mehr Rechtssysteme oder Gesamtheiten von Regeln in verschiedenen Gebietseinheiten, so ist jede Verweisung

a) auf den gewöhnlichen Aufenthalt in diesem Staat als Verweisung auf den gewöhnlichen Aufenthalt in einer Gebietseinheit zu verstehen;

b) auf die Anwesenheit des Erwachsenen in diesem Staat als Verweisung auf die Anwesenheit des Erwachsenen in einer Gebietseinheit zu verstehen;

c) auf die Belegenheit des Vermögens des Erwachsenen in diesem Staat als Verweisung auf die Belegenheit des Vermögens des Erwachsenen in einer Gebietseinheit zu verstehen;

d) auf den Staat, dem der Erwachsene angehört, als Verweisung auf die von dem Recht dieses Staates bestimmte Gebietseinheit oder, wenn solche Regeln fehlen, als Verweisung auf die Gebietseinheit zu verstehen, mit welcher der Erwachsene die engste Verbindung hat;

e) auf den Staat, dessen Behörden vom Erwachsenen gewählt worden sind, als Verweisung
   - auf die Gebietseinheit zu verstehen, wenn der Erwachsene die Behörden dieser Gebietseinheit gewählt hat;
   - auf die Gebietseinheit, mit welcher der Erwachsene die engste Verbindung hat, zu verstehen, wenn der Erwachsene die Behörden des Staates gewählt hat, ohne eine bestimmte Gebietseinheit innerhalb des Staates anzugeben;

f) auf das Recht eines Staates, mit dem der Sachverhalt eine enge Verbindung hat, als Verweisung auf das Recht der Gebietseinheit zu verstehen, mit welcher der Sachverhalt eine enge Verbindung hat;

g) auf das Recht, das Verfahren oder die Behörde des Staates, in dem eine Maßnahme getroffen wurde, als Verweisung auf das Recht, das Verfahren oder die Behörde der Gebietseinheit zu verstehen, in der diese Maßnahme getroffen wurde;

h) auf das Recht, das Verfahren oder die Behörde des ersuchten Staates als Verweisung auf das Recht, das Verfahren oder die Behörde der Gebietseinheit zu verstehen, in der die Anerkennung oder Vollstreckung geltend gemacht wird;

i) auf den Staat, in dem eine Schutzmaßnahme durchzuführen ist, als Verweisung auf die Gebietseinheit zu verstehen, in der die Maßnahme durchzuführen ist;

j) auf Stellen oder Behörden dieses Staates, die nicht Zentrale Behörden sind, als Verweisung auf die Stellen oder Behörden zu verstehen, die in der betreffenden Gebietseinheit handlungsbefugt sind.

Art. 46. [Territoriale Rechtsspaltung] Hat ein Staat zwei oder mehr Gebietseinheiten mit eigenen Rechtssystemen oder Gesamtheiten von Regeln für die in diesem Übereinkommen geregelten Angelegenheiten, so gilt zur Bestimmung des nach Kapitel III anzuwendenden Rechts Folgendes:

a) Sind in diesem Staat Regeln in Kraft, die das Recht einer bestimmten Gebietseinheit für anwendbar erklären, so ist das Recht dieser Einheit anzuwenden;

b) fehlen solche Regeln, so ist das Recht der in Artikel 45 bestimmten Gebietseinheit anzuwenden.

Art. 47. [Personale Rechtsspaltung] Hat ein Staat zwei oder mehr Rechtssysteme oder Gesamtheiten von Regeln, die auf verschiedene Personengruppen hinsichtlich der in diesem Übereinkommen geregelten Angelegenheiten anzuwenden sind, so gilt zur Bestimmung des nach Kapitel III anzuwendenden Rechts Folgendes:

a) Sind in diesem Staat Regeln in Kraft, die bestimmen, welches dieser Rechte anzuwenden ist, so ist dieses anzuwenden;

b) fehlen solche Regeln, so ist das Rechtssystem oder die Gesamtheit von Regeln anzuwenden, mit denen der Erwachsene die engste Verbindung hat.

Art. 48. [Ersetzung des Haager Entmündigungsabkommens] Im Verhältnis zwischen den Vertragsstaaten ersetzt dieses Übereinkommen das am 17. Juli 1905 in Den Haag unterzeichnete Abkommen über die Entmündigung und gleichartige Fürsorgemaßregeln.

Art. 49. [Verhältnis zu sonstigen Übereinkünften] (1) Dieses Übereinkommen lässt andere internationale Übereinkünfte unberührt, denen Vertragsstaaten als Vertragsparteien angehören und die Bestimmungen über die in diesem Übereinkommen geregelten Angelegenheiten enthalten, sofern die durch eine solche Übereinkunft gebundenen Staaten keine gegenteilige Erklärung abgeben.

(2) Dieses Übereinkommen lässt die Möglichkeit unberührt, dass ein oder mehrere Vertragsstaaten Vereinbarungen treffen, die in Bezug auf Erwachsene mit gewöhnlichem Aufenthalt in einem der Staaten, die Vertragsparteien solcher Vereinbarungen sind, Bestimmungen über in diesem Übereinkommen geregelte Angelegenheiten enthalten.

(3) Künftige Vereinbarungen eines oder mehrerer Vertragsstaaten über Angelegenheiten im Anwendungsbereich dieses Übereinkommens lassen im Verhältnis zwischen solchen Staaten und anderen Vertragsstaaten die Anwendung der Bestimmungen dieses Übereinkommens unberührt.

(4) Die Absätze 1 bis 3 gelten auch für Einheitsrecht, das auf besonderen Verbindungen insbesondere regionaler Art zwischen den betroffenen Staaten beruht.

Art. 50. [Zeitlicher Anwendungsbereich] (1) Dieses Übereinkommen ist nur auf Maßnahmen anzuwenden, die in einem Staat getroffen werden, nachdem das Übereinkommen für diesen Staat in Kraft getreten ist.

(2) Dieses Übereinkommen ist auf die Anerkennung und Vollstreckung von Maßnahmen anzuwenden, die getroffen wurden, nachdem es im Verhältnis zwischen dem Staat, in dem die Maßnahmen getroffen wurden, und dem ersuchten Staat in Kraft getreten ist.

(3) Dieses Übereinkommen ist ab dem Zeitpunkt seines Inkrafttretens in einem Vertragsstaat auf die Vertretungsmacht anzuwenden, die zuvor unter Bedingungen erteilt wurde, die denen des Artikels 15 entsprechen.

Art. 51. [Sprachliche Anforderungen für Mitteilungen an die Zentrale Behörde] (1) Mitteilungen an die Zentrale Behörde oder eine andere Behörde eines Vertragsstaats werden in der Originalsprache zugesandt; sie müssen von einer Übersetzung in die Amtssprache oder eine der Amtssprachen des anderen Staates oder, wenn eine solche Übersetzung nur schwer erhältlich ist, von einer Übersetzung ins Französische oder Englische begleitet sein.

(2) Ein Vertragsstaat kann jedoch einen Vorbehalt nach Artikel 56 anbringen und darin gegen die Verwendung des Französischen oder Englischen, jedoch nicht beider Sprachen, Einspruch erheben.[7]

Art. 52. [Prüfung der praktischen Durchführung des Übereinkommens] Der Generalsekretär der Haager Konferenz für Internationales Privatrecht beruft in regelmäßigen Abständen eine Spezialkommission zur Prüfung der praktischen Durchführung dieses Übereinkommens ein.

---

[7] Die *Bundesrepublik Deutschland* hat gemäß Art. 51 Abs. 2 der Verwendung der französischen Sprache widersprochen (Bek. v. 12.12.2008, BGBl. 2009 II, S. 39). Gleiches gilt für *Estland, Lettland, Österreich,* die *Tschechische Republik* und das *Vereinigte Königreich.*

Kapitel VII. Schlussbestimmungen

Art. 53–59. *(nicht abgedruckt)*

20a. Gesetz zur Ausführung des Haager Übereinkommens vom 13. Januar 2000 über den internationalen Schutz von Erwachsenen (Erwachsenenschutzübereinkommens-Ausführungsgesetz – ErwSÜAG)

Vom 17. März 2007[1] (BGBl. I, S. 314)

Abschnitt 1. Zentrale Behörde

§ 1. Bestimmung der Zentralen Behörde. Zentrale Behörde nach Artikel 28 des Haager Übereinkommens vom 13. Januar 2000 über den internationalen Schutz von Erwachsenen (BGBl. 2007 II S. 323 – Übereinkommen) ist das Bundesamt für Justiz.

§ 2. Übersetzungen bei eingehenden Ersuchen. (1) Die Zentrale Behörde kann es ablehnen, tätig zu werden, wenn eine Mitteilung aus einem anderen Vertragsstaat nicht in deutscher Sprache abgefasst oder von einer Übersetzung in die deutsche Sprache oder, falls eine solche Übersetzung nur schwer erhältlich ist, nicht von einer Übersetzung in die englische Sprache begleitet ist.

(2) Die Zentrale Behörde kann erforderliche Übersetzungen selbst in Auftrag geben.

§ 3. Übersetzungen bei ausgehenden Ersuchen. Beschafft ein Antragsteller erforderliche Übersetzungen für Anträge, die in einem anderen Vertragsstaat zu erledigen sind, nicht selbst, veranlasst die Zentrale Behörde die Übersetzungen.

§ 4. Maßnahmen der Zentralen Behörde. (1) Die Zentrale Behörde verkehrt unmittelbar mit allen zuständigen Stellen im In- und Ausland.

(2) Die Zentrale Behörde leitet Mitteilungen, die an die Zentrale Behörde oder eine andere Behörde in einem anderen Vertragsstaat gerichtet sind, dorthin weiter. Mitteilungen aus einem anderen Vertragsstaat leitet sie unverzüglich an die zuständige deutsche Stelle weiter und unterrichtet sie über bereits veranlasste Maßnahmen.

---

[1] Das Gesetz ist zusammen mit dem Haager Übk. über den internationalen Schutz von Erwachsenen v. 13.1.2000 (Nr. *20*) am 1.1.2009 in Kraft getreten.

(3) Die Zentrale Behörde trifft alle erforderlichen Maßnahmen einschließlich der Einschaltung von Polizeivollzugsbehörden, um den Aufenthaltsort des schutzbedürftigen Erwachsenen zu ermitteln, wenn dieser unbekannt ist und Anhaltspunkte dafür vorliegen, dass sich der Erwachsene im Inland befindet. Soweit zur Ermittlung des Aufenthaltsorts des Erwachsenen erforderlich, darf die Zentrale Behörde beim Kraftfahrt-Bundesamt Halterdaten nach § 33 Abs. 1 Satz 1 Nr. 2 des Straßenverkehrsgesetzes erheben. Unter den Voraussetzungen des Satzes 1 kann die Zentrale Behörde die Ausschreibung zur Aufenthaltsermittlung durch das Bundeskriminalamt und die Speicherung eines Suchvermerks im Zentralregister veranlassen. Soweit die Zentrale Behörde andere Stellen zur Aufenthaltsermittlung einschaltet, übermittelt sie ihnen die zur Durchführung der Maßnahmen erforderlichen personenbezogenen Daten; diese dürfen nur für den Zweck verwendet werden, für den sie übermittelt worden sind.

§ 5. Justizverwaltungsverfahren; Vergütung für Übersetzungen. Die Tätigkeit der Zentralen Behörde gilt als Justizverwaltungsverfahren. Die Höhe der Vergütung für die von der Zentralen Behörde veranlassten Übersetzungen richtet sich nach dem Justizvergütungs- und -entschädigungsgesetz.

Abschnitt 2. Gerichtliche Zuständigkeit und Zuständigkeitskonzentration

§ 6.[2] Sachliche und örtliche Zuständigkeit; Zuständigkeitskonzentration. (1) Das Betreuungsgericht, in dessen Bezirk ein Oberlandesgericht seinen Sitz hat, ist für den Bezirk dieses Oberlandesgerichts zuständig für

1. die Feststellung der Anerkennung oder Nichtanerkennung einer in einem anderen Vertragsstaat getroffenen Maßnahme nach Artikel 23 des Übereinkommens,
2. die Vollstreckbarerklärung einer in einem anderen Vertragsstaat getroffenen Maßnahme nach Artikel 25 des Übereinkommens sowie
3. das Konsultationsverfahren nach Artikel 33 des Übereinkommens.

Für den Bezirk des Kammergerichts ist das Amtsgericht Schöneberg in Berlin zuständig.

(2) Die Landesregierungen werden ermächtigt, die Zuständigkeit nach Absatz 1 durch Rechtsverordnung einem anderen Betreuungsgericht des Oberlandesgerichtsbezirks oder, wenn in einem Land mehrere Oberlandesgerichte errichtet sind, einem Betreuungsgericht für die Bezirke aller oder mehrerer Oberlandesgerichte zuzuweisen. Sie können die Ermächtigung auf die Landesjustizverwaltungen übertragen.

---

[2] § 6 Abs. 1 Satz 1, Abs. 2 Satz 1 und Abs. 3 Sätze 1–4 geändert durch FGG-ReformG v. 17.12.2008 (BGBl. I, S. 2586) mit Wirkung v. 1.9.2009.

(3) Örtlich zuständig für die Verfahren nach Absatz 1 Satz 1 Nr. 1 und 2 ist das Betreuungsgericht, in dessen Zuständigkeitsbereich der Betroffene bei Antragstellung seinen gewöhnlichen Aufenthalt hat. Hat der Betroffene im Inland keinen gewöhnlichen Aufenthalt oder ist ein solcher nicht feststellbar, ist das Betreuungsgericht zuständig, in dessen Zuständigkeitsbereich das Bedürfnis der Fürsorge hervortritt. Ergibt sich keine Zuständigkeit nach den Sätzen 1 und 2, ist das zuständige Betreuungsgericht im Bezirk des Kammergerichts örtlich zuständig. Im Fall des Absatzes 1 Satz 1 Nr. 3 ist das Betreuungsgericht örtlich zuständig, in dessen Zuständigkeitsbereich der Betroffene nach dem Vorschlag der ersuchenden Behörde untergebracht werden soll.

(4) Artikel 147 des Einführungsgesetzes zum Bürgerlichen Gesetzbuche gilt entsprechend.

§ 7.[3] Zuständigkeitskonzentration für andere Betreuungssachen.
(1) Das Betreuungsgericht, bei dem ein in § 6 Abs. 1 Satz 1 genanntes Verfahren anhängig ist, ist von diesem Zeitpunkt an für alle denselben Betroffenen betreffenden Betreuungssachen einschließlich der Verfügungen nach § 35 des Gesetzes über das Verfahren in Familiensachen und in den Angelegenheiten der freiwilligen Gerichtsbarkeit sowie Abschnitt 9 des Buches 1 des Gesetzes über das Verfahren in Familiensachen und in den Angelegenheiten der freiwilligen Gerichtsbarkeit zuständig. Die Wirkung des Satzes 1 tritt nicht ein, wenn der Antrag auf Anerkennungsfeststellung oder Vollstreckbarerklärung offensichtlich unzulässig ist. Sie entfällt, sobald das angegangene Gericht infolge einer unanfechtbaren Entscheidung unzuständig ist; Verfahren, für die dieses Gericht hiernach seine Zuständigkeit verliert, sind von Amts wegen an das zuständige Gericht abzugeben. Die Abgabeentscheidung ist unanfechtbar und für das für zuständig erklärte Gericht bindend.

(2) Ein anderes Betreuungsgericht, bei dem eine denselben Betroffenen betreffende Betreuungssache im ersten Rechtszug anhängig ist oder anhängig wird, hat dieses Verfahren von Amts wegen an das nach Absatz 1 Satz 1 zuständige Betreuungsgericht abzugeben. Die Abgabeentscheidung ist unanfechtbar.

(3) Das Betreuungsgericht, das für eine Sache nach Absatz 1 oder Absatz 2 zuständig ist, kann diese aus wichtigen Gründen an das nach den allgemeinen Vorschriften zuständige Betreuungsgericht abgeben oder zurückgeben, soweit dies nicht zu einer unverhältnismäßigen Verzögerung des Verfahrens führt. Als wichtiger Grund ist es in der Regel anzusehen, wenn die besondere Sachkunde des erstgenannten Gerichts für das Verfahren nicht oder nicht mehr benötigt wird. Die Entscheidung über die Abgabe ist unanfechtbar und für das für zuständig erklärte Gericht bindend.

---

[3] § 7 Abs. 1 Satz 1, Abs. 2 Satz 1, Abs. 3 Satz 1 geändert und Abs. 4 neu gefasst durch FGG-ReformG v. 17.12.2008 (BGBl. I, S. 2586) mit Wirkung v. 1.9.2009.

(4) § 273 des Gesetzes über das Verfahren in Familiensachen und in den Angelegenheiten der freiwilligen Gerichtsbarkeit bleibt unberührt.

(5) Artikel 147 des Einführungsgesetzes zum Bürgerlichen Gesetzbuche gilt entsprechend.

Abschnitt 3. Anerkennungsfeststellung, Vollstreckbarerklärung, Konsultationsverfahren und Bescheinigungen

§ 8.[4] Allgemeine Verfahrensvorschriften für die Anerkennungsfeststellung und Vollstreckbarerklärung. (1) Das Verfahren nach den Artikeln 23 und 25 des Übereinkommens richtet sich nach dem Buch 1 des Gesetzes über das Verfahren in Familiensachen und in den Angelegenheiten der freiwilligen Gerichtsbarkeit. Die §§ 275, 276, 297 Abs. 5, §§ 308, 309 und 311 des Gesetzes über das Verfahren in Familiensachen und in den Angelegenheiten der freiwilligen Gerichtsbarkeit sind entsprechend anzuwenden.

(2) Das Gericht hat den Betroffenen persönlich anzuhören, wenn die anzuerkennende oder für vollstreckbar zu erklärende Maßnahme eine im Inland vorzunehmende Maßnahme im Sinn des § 312 des Gesetzes über das Verfahren in Familiensachen und in den Angelegenheiten der freiwilligen Gerichtsbarkeit, eine Untersuchung des Gesundheitszustands, eine Heilbehandlung oder einen ärztlichen Eingriff im Sinn des § 1904 des Bürgerlichen Gesetzbuchs oder eine im Inland vorzunehmende Sterilisation beinhaltet. Im Übrigen soll das Gericht den Betroffenen persönlich anhören. § 278 Abs. 3 bis 5 des Gesetzes über das Verfahren in Familiensachen und in den Angelegenheiten der freiwilligen Gerichtsbarkeit gilt entsprechend.

(3) Das Gericht kann die im Inland zuständige Betreuungsbehörde anhören, wenn es der Betroffene verlangt oder wenn es der Sachaufklärung dient. Die Anhörung anderer Personen liegt im Ermessen des Gerichts.

(4) Der Beschluss des Gerichts ist zu begründen.

(5) Der Beschluss ist dem Betroffenen und, falls ein solcher bestellt ist, dem Betreuer oder einer Person mit vergleichbaren Aufgaben bekannt zu machen. Handelt es sich bei der anerkannten oder für vollstreckbar erklärten Maßnahme um eine Unterbringung im Inland, ist der Beschluss auch dem Leiter der Einrichtung bekannt zu machen, in welcher der Betroffene untergebracht werden soll. Die §§ 288 und 326 des Gesetzes über das Verfahren in Familiensachen und in den Angelegenheiten der freiwilligen Gerichtsbarkeit gelten entsprechend.

---

[4] § 8 Abs. 1 Satz 1, Abs. 2 Satz 1, Abs. 6 Satz 1 geändert und Abs. 1 Satz 2, Abs. 2 Satz 3, Abs. 5 Satz 3, Abs. 6 Satz 2 neu gefasst durch FGG-ReformG v. 17.12.2008 (BGBl. I, S. 2586) mit Wirkung v. 1.9.2009. Abs. 1 Satz 1 und Abs. 2 Satz 1 geändert durch Gesetz v. 18.2.2013 (BGBl. I, S. 266) mit Wirkung v. 26.2.2013.

(6) Der Beschluss unterliegt der Beschwerde. Die §§ 303 und 305 des Gesetzes über das Verfahren in Familiensachen und in den Angelegenheiten der freiwilligen Gerichtsbarkeit gelten entsprechend.

(7) Der Beschluss wird erst mit seiner Rechtskraft wirksam. Bei Gefahr im Verzug kann das Gericht die sofortige Wirksamkeit des Beschlusses anordnen.

§ 9. Bindungswirkung der Anerkennungsfeststellung. Die Feststellung nach Artikel 23 des Übereinkommens, dass die Voraussetzungen für die Anerkennung vorliegen oder nicht vorliegen, ist für Gerichte und Verwaltungsbehörden bindend.

§ 10. Vollstreckungsklausel. (1) Ein Titel aus einem anderen Vertragsstaat, der dort vollstreckbar ist und im Inland Vollstreckungshandlungen erfordert, wird dadurch nach Artikel 25 des Übereinkommens für vollstreckbar erklärt, dass er auf Antrag mit einer Vollstreckungsklausel versehen wird.

(2) § 20 Abs. 1 Satz 1 und 2 sowie § 23 des Internationalen Familienrechtsverfahrensgesetzes[5] gelten entsprechend.

§ 11.[6] Aufhebung oder Änderung von Entscheidungen über die Anerkennungsfeststellung oder Vollstreckbarerklärung. (1) Wird eine in einem anderen Vertragsstaat getroffene Maßnahme in diesem Staat aufgehoben oder abgeändert und kann die betroffene Person diese Tatsache nicht mehr in dem Verfahren nach § 6 Abs. 1 Nr. 1 oder Nr. 2 geltend machen, kann sie die Aufhebung oder Änderung der Entscheidung über die Anerkennungsfeststellung oder Vollstreckbarerklärung in einem besonderen Verfahren beantragen. Die §§ 8 und 9 gelten entsprechend.

(2) Für die Entscheidung über den Antrag ist das Betreuungsgericht ausschließlich zuständig, das im ersten Rechtszug über die Anerkennungsfeststellung oder Vollstreckbarerklärung entschieden hat.

§ 12.[7] Widerspruch im Konsultationsverfahren. (1) Das Gericht soll insbesondere dann nach Artikel 33 Abs. 2 des Übereinkommens einer Unterbringung im Inland widersprechen, wenn

1. die Durchführung der beabsichtigten Unterbringung dem Wohl des Betroffenen widerspricht, insbesondere weil er keine besondere Bindung zum Inland hat,

---

[5] Abgedruckt unter Nr. *162a*.

[6] § 11 Abs. 2 geändert durch FGG-ReformG v. 17.12.2008 (BGBl. I, S. 2586) mit Wirkung v. 1.9.2009.

[7] § 12 Abs. 6 geändert durch FGG-ReformG v. 17.12.2008 (BGBl. I, S. 2586) mit Wirkung v. 1.9.2009; Abs. 2 geändert durch Gesetz v. 18.2.2013 (BGBl. I, S. 266) mit Wirkung v. 26.2.2013; Abs. 2 erneut geändert durch Gesetz v. 17.7.2017 (BGBl. I, S. 2426) mit Wirkung v. 22.7.2017.

2. die ausländische Behörde kein Gutachten eines Sachverständigen vorlegt, aus dem sich die Notwendigkeit der beabsichtigten Unterbringung ergibt,
3. ein Grund für eine Versagung der Anerkennung nach Artikel 22 Abs. 2 des Übereinkommens erkennbar ist,
4. dem Betroffenen im ausländischen Verfahren kein rechtliches Gehör gewährt wurde,
5. einer erforderlichen Genehmigung der Ausländerbehörde Gründe entgegenstehen oder
6. die Übernahme der Kosten für die Unterbringung nicht geregelt ist.

(2) Im Fall einer Unterbringung, die mit Freiheitsentzug verbunden ist, oder einer Maßnahme im Sinn des § 1906 Abs. 4 oder § 1906a Abs. 1 oder 4 des Bürgerlichen Gesetzbuchs spricht sich das Gericht unbeschadet des Absatzes 1 nach Artikel 33 Abs. 2 des Übereinkommens gegen das Ersuchen aus, wenn

1. im ersuchenden Staat über die ersuchte Maßnahme kein Gericht entscheidet oder
2. bei Zugrundelegung des mitgeteilten Sachverhalts nach innerstaatlichem Recht die Anordnung der ersuchten Maßnahme nicht zulässig wäre.

(3) Das Gericht kann den Betroffenen persönlich anhören.

(4) Das Gericht kann einen Meinungsaustausch mit der ersuchenden Behörde aufnehmen und diese um ergänzende Informationen bitten.

(5) Der Widerspruch nach Artikel 33 Abs. 2 des Übereinkommens ist der ersuchenden Behörde unverzüglich bekannt zu machen. Die Entscheidung, von einem Widerspruch abzusehen, ist dem Betroffenen selbst und, falls ein solcher bestellt ist, dem Betreuer oder einer Person mit vergleichbaren Aufgaben sowie dem Leiter der Einrichtung bekannt zu machen, in welcher der Betroffene untergebracht werden soll. Der Beschluss ist unanfechtbar.

(6) Im Übrigen sind auf das Verfahren die §§ 316, 317 Abs. 1 Satz 1, Abs. 4, 5, §§ 318, 325 Abs. 1 und § 338 des Gesetzes über das Verfahren in Familiensachen und in den Angelegenheiten der freiwilligen Gerichtsbarkeit sowie § 8 Abs. 1 Satz 1, Abs. 3 und 4 entsprechend anzuwenden.

§ 13. Bescheinigungen über inländische Schutzmaßnahmen. (1) Die Bescheinigung über eine inländische Schutzmaßnahme nach Artikel 38 des Übereinkommens wird von dem Urkundsbeamten der Geschäftsstelle des Gerichts des ersten Rechtszugs und, wenn das Verfahren bei einem höheren Gericht anhängig ist, von dem Urkundsbeamten der Geschäftsstelle dieses Gerichts ausgestellt.

(2) § 319 der Zivilprozessordnung gilt entsprechend.

21. Istanbuler CIEC-Übereinkommen über die Änderung von Namen und Vornamen

Vom 4. September 1958[1] (BGBl. 1961 II, S. 1076)

(Übersetzung)[2]

Art. 1. [Sachlicher Geltungsbereich] Dieses Übereinkommen betrifft die Änderungen von Namen oder Vornamen, die von der zuständigen Behörde bewilligt werden, mit Ausnahme derjenigen, die sich aus Änderungen des Personenstandes oder aus der Berichtigung eines Irrtums ergeben.

Art. 2. [Internationale Zuständigkeit] Jeder Vertragsstaat verpflichtet sich, keine Änderungen von Namen oder Vornamen von Staatsangehörigen eines anderen Vertragsstaats zu bewilligen, es sei denn, dass diese Personen zugleich seine eigene Staatsangehörigkeit besitzen.

Art. 3. [Anerkennung ausländischer Namensänderungen] Ist in einem Vertragsstaat eine unanfechtbare Entscheidung ergangen, durch die eine Änderung des Namens oder von Vornamen eines eigenen Staatsangehörigen bewilligt wird, so ist die Entscheidung im Hoheitsgebiet jedes der Vertragsstaaten ohne weiteres rechtswirksam, soweit seine öffentliche Ordnung hierdurch nicht beeinträchtigt wird; eigenen Staatsangehörigen stehen solche Staatenlose und Flüchtlinge im Sinne des Genfer Abkommens vom 28.7.1951[3] gleich, die im Hoheitsgebiet des bewilligenden Staates ihren Wohnsitz oder bei Fehlen eines Wohnsitzes ihren Aufenthalt haben.

Diese Entscheidungen werden als Randvermerk in die Personenstandsbücher der von ihnen betroffenen Personen ohne weitere Förmlichkeit eingetragen.

Art. 4. [Nichtigerklärung und Widerruf von Namensänderungen] Artikel 3 gilt auch für Entscheidungen, durch welche die Änderung eines Namens oder von Vornamen für nichtig erklärt oder widerrufen wird.

Art. 5. [Vorbehalte für Mehrstaater] Abweichend von den Artikeln 3 und 4 kann jeder Vertragsstaat die Wirkungen, die in einem anderen Vertragsstaat ergangene Entscheidungen in seinem eigenen Hoheitsgebiet ha-

---

[1] Das Übk. ist für die *Bundesrepublik Deutschland* am 24.12.1961 im Verhältnis zu *Frankreich* in Kraft getreten (Bek. v. 8.1.1962, BGBl. II, S. 45).

Es gilt heute ferner im Verhältnis zu *Italien* (seit 7.12.1968, BGBl. 1969 II, S. 108), *Luxemburg* (seit 16.7.1982, BGBl. II, S. 797), den *Niederlanden* (seit 27.4.1962, BGBl. II, S. 822), *Österreich* (seit 1.10.1965, BGBl. II, S. 1954), *Portugal* (seit 4.7.1984, BGBl. II, S. 871), *Spanien* (seit 15.1.1977, BGBl. II, S. 104) und der *Türkei* (seit 8.10.1962, BGBl. 1963 II, S. 172).

[2] Authentisch ist allein der französische Text: http://www.ciecl.org (Nr. 4).

[3] Abgedruckt unter Nr. *10.*

ben, besonderen Bekanntgabebedingungen sowie einem Einspruchsrecht, dessen Einzelheiten er bestimmt, unterwerfen, sofern die Entscheidung Personen betrifft, die bei Eintritt der Unanfechtbarkeit zugleich seine eigene Staatsangehörigkeit besaßen.

Art. 6–11. *(nicht abgedruckt)*

II. Bilaterale Staatsverträge

22. Niederlassungsabkommen zwischen dem Deutschen Reich und dem Kaiserreich Persien

Vom 17. Februar 1929[1] (RGBl. 1930 II, S. 1006)

Art. 8. (1) Die Angehörigen jedes vertragschließenden Staates genießen im Gebiet des anderen Staates in allem, was den gerichtlichen und behördlichen Schutz ihrer Person und ihrer Güter angeht, die gleiche Behandlung wie die Inländer.

(2) Sie haben insbesondere freien und völlig unbehinderten Zutritt zu den Gerichten und können vor Gericht unter den gleichen Bedingungen wie die Inländer auftreten. Jedoch werden bis zum Abschluss eines besonderen Abkommens die Voraussetzungen für das Armenrecht und die Sicherheitsleistung für Prozesskosten durch die örtliche Gesetzgebung geregelt.

(3) In Bezug auf das Personen-, Familien- und Erbrecht bleiben die Angehörigen jedes der vertragschließenden Staaten im Gebiet des anderen Staates jedoch den Vorschriften ihrer heimischen Gesetze unterworfen. Die Anwendung dieser Gesetze kann von dem anderen vertragschließenden Staat nur ausnahmsweise und nur insoweit ausgeschlossen werden, als ein solcher Ausschluss allgemein gegenüber jedem anderen fremden Staat erfolgt.[2]

---

[1] Das Abk. ist am 11.1.1931 in Kraft getreten (Bek. v. 31.12.1930, RGBl. 1931 II, S. 9). Seine Weitergeltung ist nach dem 2. Weltkrieg mit Wirkung v. 4.11.1954 bestätigt worden (Bek. v. 15.8.1955, BGBl. II, S. 829).

[2] Eine zu dem Geltungsbereich dieses Artikels abgegebene Erklärung, die nach dem Schlussprotokoll (RGBl. 1930 II, S. 1012) „einen Teil des Abkommens selbst bildet", lautet:

„Die vertragschließenden Staaten sind sich darüber einig, dass das Personen-, Familien- und Erbrecht, das heißt das Personalstatut, die folgenden Angelegenheiten umfasst: Ehe, eheliches Güterrecht, Scheidung, Aufhebung der ehelichen Gemeinschaft, Mitgift, Vaterschaft, Abstammung, Annahme an Kindes statt, Geschäftsfähigkeit, Volljährigkeit, Vormundschaft und Pflegschaft, Entmündigung, testamentarische und gesetzliche Erbfolge, Nachlassabwicklungen und Erbauseinandersetzungen, ferner alle anderen Angelegenheiten des Familienrechts unter Einschluss aller den Personenstand betreffenden Fragen."

III. Innerstaatliches Recht

23. Personenstandsgesetz

Vom 19. Februar 2007 (BGBl. I, S. 122)

§ 36.[1] **Geburten und Sterbefälle im Ausland.** (1) Ist ein Deutscher im Ausland geboren oder gestorben, so kann der Personenstandsfall auf Antrag im Geburtenregister oder im Sterberegister beurkundet werden; für den Besitz der deutschen Staatsangehörigkeit ist der Zeitpunkt der Antragstellung maßgebend. Die §§ 3 bis 7, 9, 10, 21, 27, 31 und 32 gelten entsprechend. Gleiches gilt für Staatenlose, heimatlose Ausländer und ausländische Flüchtlinge im Sinne des Abkommens über die Rechtsstellung der Flüchtlinge[2] mit gewöhnlichem Aufenthalt im Inland. Antragsberechtigt sind

1. bei einer Geburt die Eltern des Kindes sowie das Kind, dessen Ehegatte, Lebenspartner oder Kinder,
2. bei einem Sterbefall die Eltern, die Kinder und der Ehegatte oder Lebenspartner des Verstorbenen, jede andere Person, die ein rechtliches Interesse an der Beurkundung geltend machen kann, sowie die deutsche Auslandsvertretung, in deren Zuständigkeitsbereich der Sterbefall eingetreten ist.

(2) Zuständig für die Beurkundung ist das Standesamt, in dessen Zuständigkeitsbereich die im Ausland geborene Person ihren Wohnsitz oder ihren gewöhnlichen Aufenthalt hat; hatte die verstorbene Person ihren letzten Wohnsitz oder gewöhnlichen Aufenthalt im Inland, so beurkundet das für diesen Ort zuständige Standesamt den Sterbefall. Ergibt sich danach keine Zuständigkeit, so beurkundet das Standesamt den Personenstandsfall, in dessen Zuständigkeitsbereich die antragstellende Person ihren Wohnsitz hat oder zuletzt hatte oder ihren gewöhnlichen Aufenthalt hat. Ergibt sich danach keine Zuständigkeit, so beurkundet das Standesamt I in Berlin den Personenstandsfall.

(3) Das Standesamt I in Berlin führt Verzeichnisse der nach Absatz 1 beurkundeten Personenstandsfälle.

24. Konsulargesetz

Vom 11. September 1974 (BGBl. I, S. 2317)

§ 8.[1] **Antrag auf Beurkundung der Geburt oder des Todes eines Deutschen.** Die Konsularbeamten sind befugt, Anträge auf Beurkundung

---

[1] § 36 PStG ist gem. Art. 5 Abs. 2 PStRG v. 19.2.2007 (BGBl. I, S. 122) am 1.1.2009 in Kraft getreten. Abs. 1 Satz 4 Nr. 2 neu gefasst, Abs. 2 Satz 2 geändert durch Gesetz v. 7.5.2013 (BGBl. I, S. 1122) mit Wirkung v. 1.11.2013; Abs. 2 neu gefasst durch Gesetz v. 17.7.2017 (BGBl. I, S. 2522) mit Wirkung v. 1.11.2017.

[2] Abgedruckt unter Nr. *10*.

[1] § 8 neu gefasst durch PStRG v. 19.2.2007 (BGBl. I, S. 122) mit Wirkung v. 1.1.2009.

der Geburt oder des Todes eines Deutschen entgegenzunehmen, wenn sich der Personenstandsfall im Ausland ereignet hat. Der Antrag ist mit den vorgelegten Unterlagen dem nach § 36 Abs. 2 des Personenstandsgesetzes[2] zuständigen Standesamt zu übersenden.

25. Transsexuellengesetz

Vom 10. September 1980 (BGBl. I, S. 1654)

Erster Abschnitt. Änderung der Vornamen

§ 1.[1] Voraussetzungen. (1) Die Vornamen einer Person sind auf ihren Antrag vom Gericht zu ändern, wenn

1. sie sich auf Grund ihrer transsexuellen Prägung nicht mehr dem in ihrem Geburtseintrag angegebenen Geschlecht, sondern dem anderen Geschlecht als zugehörig empfindet und seit mindestens drei Jahren unter dem Zwang steht, ihren Vorstellungen entsprechend zu leben,
2. mit hoher Wahrscheinlichkeit anzunehmen ist, dass sich ihr Zugehörigkeitsempfinden zum anderen Geschlecht nicht mehr ändern wird, und
3. sie
   a) Deutscher im Sinne des Grundgesetzes ist,
   b) als Staatenloser oder heimatloser Ausländer ihren gewöhnlichen Aufenthalt im Inland hat,
   c) als Asylberechtigter oder ausländischer Flüchtling ihren Wohnsitz im Inland hat oder
   d) als Ausländer, dessen Heimatrecht keine diesem Gesetz vergleichbare Regelung kennt,
      aa) ein unbefristetes Aufenthaltsrecht besitzt oder
      bb) eine verlängerbare Aufenthaltserlaubnis besitzt und sich dauerhaft rechtmäßig im Inland aufhält.

(2) Indem Antrag sind die Vornamen anzugeben, die der Antragsteller künftig führen will.

Zweiter Abschnitt. Feststellung der Geschlechtszugehörigkeit

§ 8. Voraussetzungen. (1) Auf Antrag einer Person, die sich auf Grund ihrer transsexuellen Prägung nicht mehr dem in ihrem Geburtseintrag angegebenen, sondern dem anderen Geschlecht als zugehörig empfindet und

---

[2] Abgedruckt unter Nr. *23*.

[1] § 1 Abs. 1 neu gefasst durch Gesetz v 20.7.2007 (BGBl. I, S. 1566) mit Wirkung v. 1.11.2007.

die seit mindestens drei Jahren unter dem Zwang steht, ihren Vorstellungen entsprechend zu leben, ist vom Gericht festzustellen, dass sie als dem anderen Geschlecht zugehörig anzusehen ist, wenn sie

1. *die Voraussetzungen des § 1 Abs. 1 Nr. 1 bis 3 erfüllt,*[2]
2. *(aufgehoben)*[3]
3. *dauernd fortpflanzungsunfähig ist*[4] *und*
4. *sich einem ihre äußeren Geschlechtsmerkmale verändernden operativen Eingriff unterzogen hat, durch den eine deutliche Annäherung an das Erscheinungsbild des anderen Geschlechts erreicht worden ist.*[5]

(2)…

---

[2] § 8 Abs. 1 Nr. 1 ist mit Art. 3 Abs. 1 GG insoweit unvereinbar und daher nichtig, als auch bei Erfüllung der übrigen gesetzlichen Voraussetzungen die gerichtliche Feststellung über die Änderung der ursprünglichen Geschlechtszugehörigkeit vor Vollendung des 25. Lebensjahres ausgeschlossen ist (BVerfG, Beschl. v. 16.3.1982, BGBl. I, S. 619).

[3] § 8 Abs. 1 Nr. 2 aufgehoben durch Gesetz v. 17.7.2009 (BGBl. I, S. 1978) mit Wirkung v. 23.7.2009.

[4] § 8 Abs. 1 Nr. 3 und 4 sind mit Art. 2 Abs. 1 und Abs. 2 iVm Art. 1 Abs. 1 des Grundgesetzes nicht vereinbar und bis zum Inkrafttreten einer gesetzlichen Neuregelung nicht anwendbar (BVerfG, Beschl. v. 11.1.2011, BGBl. I, S. 224).

[5] Vgl. Anm. 4.

D. Eherecht

1. Eheschließung[1]

30. Haager Abkommen zur Regelung des Geltungsbereichs der Gesetze auf dem Gebiete der Eheschließung

Vom 12. Juni 1902[1, 2] (RGBl. 1904, S. 221)

(Übersetzung)[3]

Art. 1. [Recht zur Eingehung der Ehe] Das Recht zur Eingehung der Ehe bestimmt sich in Ansehung eines jeden der Verlobten nach dem Gesetz des Staates, dem er angehört (Gesetz des Heimatstaats), soweit nicht eine Vorschrift dieses Gesetzes ausdrücklich auf ein anderes Gesetz verweist.

Art. 2. [Ehehindernisse] (1) Das Gesetz des Ortes der Eheschließung kann die Ehe von Ausländern untersagen, wenn sie verstoßen würde gegen seine Vorschriften über

1. die Grade der Verwandtschaft und Schwägerschaft, für die ein absolutes Eheverbot besteht;
2. das absolute Verbot der Eheschließung zwischen den des Ehebruchs Schuldigen, wenn auf Grund dieses Ehebruchs die Ehe eines von ihnen aufgelöst worden ist;

---

[1] Auf dem Gebiet der Vereinheitlichung des materiellen Eheschließungsrechts siehe auch das New Yorker UN-Übk. über die Erklärung des Ehewillens, das Heiratsmindestalter und die Registrierung von Eheschließungen v. 10.12.1962 (BGBl. 1969 II, S. 162). Das Übk. ist für die *Bundesrepublik Deutschland* am 7.10.1969 (Bek. v. 17.2.1970, BGBl. II, S. 110) und für die ehemalige *Deutsche Demokratische Republik* am 14.10.1974 (Bek. v. 3.10.1975, BGBl. II, S. 1493) in Kraft getreten. Übersicht über die 56 weiteren Vertragsstaaten am 31.12.2021 im Fundstellennachweis B zum BGBl. 2021 II, S. 651.

[1] Das Abk. ist für das *Deutsche Reich* am 31.7.1904 in Kraft getreten (Bek. v. 24.6.1904, RGBl. S. 249). Es galt bis zum 2. Weltkrieg im Verhältnis zu *Italien, Luxemburg,* den *Niederlanden, Polen, Rumänien, Schweden,* der *Schweiz* und *Ungarn.* Nach der Kündigung durch *Schweden* mit Wirkung v. 1.6.1959 (BGBl. II, S. 582), die *Schweiz* mit Wirkung v. 1.6.1974 (BGBl. 1973 II, S. 1028), die *Niederlande* mit Wirkung v. 1.6.1979 (BGBl. 1977 II, S. 448) und *Luxemburg* mit Wirkung v. 1.6.1989 (Bek. v. 23.12.1988, BGBl. 1989 II, S. 69) galt das Abk. zuletzt nur noch im Verhältnis zu *Italien* (Bek. v. 24.12.1954, BGBl. 1955 II, S. 1). Die ehemalige *Deutsche Demokratische Republik* hatte die Wiederanwendung des Abk. mit Wirkung v. 19.1.1958 erklärt (Bek. v. 25.6.1976, BGBl. II, S. 1349).

Die *Bundesrepublik Deutschland* hat das Übk. am 11.10.2017 mit Wirkung v. 1.6.2019 gekündigt (Bek. v. 23.11.2017, BGBl. II, S. 1508).

[2] Das neue Haager Übk. über die Eheschließung und die Anerkennung der Gültigkeit von Ehen v. 14.3.1978 ist am 1.5.1991 für *Australien, Luxemburg* und die *Niederlande* in Kraft getreten. Text (englisch) im AmJCompL 25 (1977) 399; inoffizielle deutsche Übersetzung in StAZ 1977, 202.

[3] Authentisch ist allein der französische Text.

3. das absolute Verbot der Eheschließung zwischen Personen, die wegen gemeinsamer Nachstellung nach dem Leben des Ehegatten eines von ihnen verurteilt worden sind.

(2) Ist die Ehe ungeachtet eines der vorstehend aufgeführten Verbote geschlossen, so kann sie nicht als nichtig behandelt werden, falls sie nach dem im Artikel 1 bezeichneten Gesetz gültig ist.

(3) Unbeschadet der Bestimmungen des Artikel 6 Abs. 1 dieses Abkommens ist kein Vertragsstaat verpflichtet, eine Ehe schließen zu lassen, die mit Rücksicht auf eine vormalige Ehe oder auf ein Hindernis religiöser Natur gegen seine Gesetze verstoßen würde. Die Verletzung eines derartigen Ehehindernisses kann jedoch die Nichtigkeit der Ehe in einem anderen Lande als in dem, wo die Ehe geschlossen wurde, nicht zur Folge haben.

Art. 3. [Ehehindernisse religiöser Natur] (1) Das Gesetz des Ortes der Eheschließung kann, ungeachtet der Verbote des im Artikel 1 bezeichneten Gesetzes, die Ehe von Ausländern gestatten, wenn diese Verbote ausschließlich auf Gründen religiöser Natur beruhen.

(2) Die anderen Staaten sind berechtigt, einer unter solchen Umständen geschlossenen Ehe die Anerkennung als einer gültigen Ehe zu versagen.

Art. 4. [Ehefähigkeitszeugnis] (1) Die Ausländer müssen zum Zwecke ihrer Eheschließung nachweisen, dass sie den Bedingungen genügen, die nach dem im Artikel 1 bezeichneten Gesetz erforderlich sind.

(2) Dieser Nachweis kann durch ein Zeugnis der diplomatischen oder konsularischen Vertreter des Staates, dem die Verlobten angehören, oder durch irgendein anderes Beweismittel geführt werden, je nachdem die Staatsverträge oder die Behörden des Landes, in welchem die Ehe geschlossen wird, den Nachweis als genügend anerkennen.

Art. 5. [Form der Eheschließung] (1) In Ansehung der Form ist die Ehe überall als gültig anzuerkennen, wenn die Eheschließung dem Gesetz des Landes, in welchem sie erfolgt ist, entspricht.

(2) Doch brauchen die Länder, deren Gesetzgebung eine religiöse Trauung vorschreibt, die von ihren Angehörigen unter Nichtbeachtung dieser Vorschrift im Ausland eingegangenen Ehen nicht als gültig anerkennen.

(3) Die Vorschriften des Gesetzes des Heimatstaats über das Aufgebot müssen beachtet werden; doch kann das Unterlassen dieses Aufgebots die Nichtigkeit der Ehe nur in dem Lande zur Folge haben, dessen Gesetz übertreten worden ist.

(4) Eine beglaubigte Abschrift der Eheschließungsurkunde ist den Behörden des Heimatlandes eines jeden der Ehegatten zu übersenden.

Art. 6. [Diplomatische und konsularische Ehe] (1) In Ansehung der Form ist die Ehe überall als gültig anzuerkennen, wenn sie vor einem diplomatischen oder konsularischen Vertreter gemäß seiner Gesetzgebung geschlossen wird, vorausgesetzt, dass keiner der Verlobten dem Staat, wo die Ehe geschlossen wird, angehört und dieser Staat der Eheschließung nicht widerspricht. Ein solcher Widerspruch kann nicht erhoben werden, wenn es sich um eine Ehe handelt, die mit Rücksicht auf eine vormalige Ehe oder ein Hindernis religiöser Natur gegen seine Gesetze verstoßen würde.

(2) Der Vorbehalt des Artikels 5 Abs. 2 findet auf die diplomatischen oder konsularischen Eheschließungen Anwendung.

Art. 7. [Nichtbeachtung der Ortsform] Eine Ehe, die in dem Land, in welchem sie geschlossen wurde, in Ansehung der Form nichtig ist, kann gleichwohl in den anderen Ländern als gültig anerkannt werden, wenn die durch das Gesetz des Heimatstaats eines jeden der Verlobten vorgeschriebene Form beobachtet worden ist.

Art. 8. [Anwendungsgebiet in persönlicher Beziehung] (1) Dieses Abkommen findet nur auf solche Ehen Anwendung, welche im Gebiet der Vertragsstaaten zwischen Personen geschlossen sind, von denen mindestens eine Angehöriger eines dieser Staaten ist.

(2) Kein Staat verpflichtet sich durch dieses Abkommen zur Anwendung eines Gesetzes, welches nicht dasjenige eines Vertragsstaats ist.

Art. 9–12. *(nicht abgedruckt)*

31. Pariser CIEC-Übereinkommen zur Erleichterung der Eheschließung im Ausland

Vom 10. September 1964[1, 2] (BGBl. 1969 II, S. 451)

(Übersetzung)[3]

Titel I[4]

Art. 1. [Befreiung von Ehehindernissen] Schließt der Angehörige eines Vertragsstaates im Hoheitsgebiet eines anderen Vertragsstaates die Ehe und hat er dort seinen gewöhnlichen Aufenthalt, so können ihm die zuständigen Behörden des Eheschließungsstaates Befreiung von den Ehehindernis-

[1] Das Übk. ist für die *Bundesrepublik Deutschland* am 25.7.1969 im Verhältnis zu den *Niederlanden* und zur *Türkei* in Kraft getreten (Bek. v. 22.9.1969, BGBl. II, S. 2054). Es gilt heute ferner im Verhältnis zu *Griechenland* (seit 21.2.1987, BGBl. II, S. 364) und *Spanien* (seit 15.1.1977, BGBl. II, S. 105).

[2] Vgl. auch das Münchener CIEC-Übk. Nr. 20 über die Ausstellung von Ehefähigkeitszeugnissen v. 5.9.1980 (Nr. *32*).

[3] Authentisch ist allein der französische Text: http://www.ciecl.org (Nr. 7).

[4] Beachte zur Geltung des I. Titels die Anm. zu Art. 9 des Übk.

sen erteilen, die in dem auf seine Person anzuwendenden Recht begründet sind, und zwar in den Fällen und unter den Voraussetzungen, die dieses Recht vorsieht.

Art. 2. [Zuständigkeit des Eheschließungsstaates] (1) Für die Erteilung von Befreiungen nach Artikel 1 sind diejenigen Behörden des Eheschließungsstaates zuständig, die nach dem innerstaatlichen Recht dieses Staates befugt sind, den eigenen Staatsangehörigen die gleichen Befreiungen zu erteilen.

(2) Ein Staat, dessen Recht für die eigenen Staatsangehörigen solche Befreiungen nicht vorsieht, kann seinen Behörden die Befugnis übertragen, den Angehörigen der anderen Vertragsstaaten solche Befreiungen gemäß Artikel 1 zu erteilen.

Art. 3. [Zuständigkeit der Heimatbehörden] Dieses Übereinkommen berührt nicht die Befugnis der Behörden des Staates, dem der Verlobte angehört, ihm Befreiung nach den Vorschriften dieses Staates zu erteilen.

Titel II

Art. 4. [Aufgebot] Das Aufgebot für eine Eheschließung, die im Hoheitsgebiet eines Vertragsstaates in der Form des Ortsrechts vorgenommen wird, beurteilt sich ausschließlich nach dem innerstaatlichen Recht dieses Staates.

Titel III

Art. 5. [Konsularische Eheschließung] (1) Schreibt das Recht eines Vertragsstaates die religiöse Eheschließung vor, so können in diesem Staat die diplomatischen oder konsularischen Vertreter der anderen Vertragsstaaten Eheschließungen vornehmen, wenn sie nach ihrem Heimatrecht hierzu ermächtigt sind, wenn wenigstens einer der Verlobten dem Staat angehört, der den diplomatischen oder konsularischen Vertreter entsandt hat, und wenn keiner der Verlobten die Staatsangehörigkeit des Eheschließungsstaates besitzt.

(2) Das Aufgebot beurteilt sich in diesen Fällen ausschließlich nach dem innerstaatlichen Recht des Staates, der den diplomatischen oder konsularischen Vertreter entsandt hat.

Titel IV

Art. 6. [Definition des Staatsangehörigen] Im Sinne dieses Übereinkommens umfasst der Begriff „Angehöriger eines Staates“ die Personen, welche die Staatsangehörigkeit dieses Staates besitzen, sowie diejenigen, deren Personalstatut durch das Recht dieses Staates bestimmt wird.

Art. 7–8. *(nicht abgedruckt)*

Art. 9. [Ausschluss von Teilen des Übereinkommens] (1) Jeder Vertragsstaat kann bei der Unterzeichnung, der in Art. 7 vorgesehenen Notifikation oder dem Beitritt erklären, dass er einen oder zwei der drei ersten Titel dieses Übereinkommens ausschließt.[5]

Art. 9 (2)–12. *(nicht abgedruckt)*

32. Münchener CIEC-Übereinkommen über die Ausstellung von Ehefähigkeitszeugnissen

Vom 5. September 1980[1] (BGBl. 1997 II, S. 1087)

(Übersetzung)[2]

Art. 1. Jeder Vertragsstaat verpflichtet sich, ein Ehefähigkeitszeugnis gemäß dem diesem Übereinkommen beigefügten Muster auszustellen, wenn einer seiner Angehörigen dies für seine Eheschließung im Ausland verlangt und er nach dem Recht des ausstellenden Staates die Voraussetzungen für diese Eheschließung erfüllt.

Art. 2. Für die Anwendung dieses Übereinkommens sind den Angehörigen eines Vertragsstaats die Flüchtlinge und Staatenlosen gleichgestellt, deren Personalstatut sich nach dem Recht dieses Staates bestimmt.

Art. 3–6. *(nicht abgedruckt)*

Art. 7. Die Zeugnisse sind zu datieren und mit der Unterschrift und dem Dienstsiegel der ausstellenden Behörde zu versehen. Ihre Gültigkeit ist auf die Dauer von sechs Monaten begrenzt, vom Tag der Ausstellung an gerechnet.

Art. 8.[3] (1) Bei der Unterzeichnung, der Ratifikation, der Annahme, der Genehmigung oder dem Beitritt geben die Vertragsstaaten die für die Ausstellung der Zeugnisse zuständigen Behörden an.

---

[5] Nach Art. 9 Abs. 1 haben die *Bundesrepublik Deutschland* und die *Niederlande* erklärt, dass sie den Titel I des Übk. ausschließen.

[1] Das Übk. ist für die *Bundesrepublik Deutschland* am 1.11.1997 im Verhältnis zu *Italien, Luxemburg,* den *Niederlanden, Österreich, Portugal,* der *Schweiz, Spanien* und der *Türkei* in Kraft getreten (Bek. v. 25.5.1999, BGBl. II, S. 486). Es gilt seit dem 1.7.2010 auch für die *Republik Moldau* (BGBl. II, S. 642) und seit dem 1.9.2014 auch für *Griechenland* (BGBl. 2015 II, S. 1596).

[2] Authentisch ist allein der französische Text: http://www.ciecl.org (Nr. 20).

[3] Die *Bundesrepublik Deutschland* hat bei der Hinterlegung der Beitrittsurkunde nachstehende Erklärung abgegeben:
„Zuständig für die Ausstellung von Ehefähigkeitszeugnissen ist, a) wenn der deutsche Verlobte in Deutschland Wohnsitz oder Aufenthalt hat, der für seinen Wohnsitz oder beim Fehlen eines Wohn-

(2) Jede spätere Änderung wird dem Schweizerischen Bundesrat notifiziert.

Art. 9. Jede Änderung des Zeugnisses durch einen Staat bedarf der Genehmigung durch die Internationale Kommission für das Zivilstandswesen.

Art. 10. Die Zeugnisse sind von der Legalisation oder jeder gleichwertigen Förmlichkeit im Hoheitsgebiet jedes durch dieses Übereinkommen gebundenen Staates befreit.

Art. 11–13. *(nicht abgedruckt)*

Art. 14. Vorbehalte zu diesem Übereinkommen sind nicht zulässig.

Art. 15.[4] (1) Jeder Staat kann bei der Unterzeichnung, der Ratifikation, der Annahme, der Genehmigung oder dem Beitritt oder jederzeit danach erklären, dass sich dieses Übereinkommen auf alle oder einzelne Hoheitsgebiete erstreckt, deren internationale Beziehungen er wahrnimmt.

Art. 15 (2)–17. *(nicht abgedruckt)*

2. Ehewirkungen[1, 2]

---

sitzes seinen Aufenthalt zuständige Standesbeamte; sind beide Verlobte Deutsche, so kann ein Standesbeamter ein gemeinsames Ehefähigkeitszeugnis für beide Verlobte ausstellen, auch wenn er nur für einen Verlobten zuständig ist;

b) wenn der deutsche Verlobte in Deutschland weder Wohnsitz noch Aufenthalt hat, der für den letzten gewöhnlichen Aufenthalt zuständige Standesbeamte;

c) wenn sich der deutsche Verlobte niemals oder nur vorübergehend in Deutschland aufgehalten hat, der Standesbeamte des Standesamts I in Berlin."

(BGBl. 1999 II, S. 486; vgl. dort auch die Erklärungen der übrigen Vertragsstaaten).

[4] Die *Niederlande* haben eine solche Erklärung für die *Niederländischen Antillen* und *Aruba* (seit 1.1.1986) abgegeben.

[1] Das Haager Abk. v. 17.7.1905 betreffend den Geltungsbereich der Gesetze in Ansehung der Wirkungen der Ehe auf die Rechte und Pflichten der Ehegatten in ihren persönlichen Beziehungen und auf das Vermögen der Ehegatten (RGBl. 1912, S. 453) ist für die *Bundesrepublik Deutschland* am 23.8.1987 außer Kraft getreten (BGBl. 1986 II, S. 505). Die güterrechtlichen Kollisionsnormen des Abk. gelten weiter für Ehen, die bis zu diesem Zeitpunkt geschlossen wurden. Art. 2 Abs. 1 des Abk. verstößt gem. Urteil des BGH v. 17.9.1986 – IV b ZR 52/85 – gegen das Gleichberechtigungsgebot des Art. 3 Abs. 2 GG.

[2] Das Haager Übk. über das auf Ehegüterstände anzuwendende Recht v. 14.3.1978 ist am 1.9.1992 für *Frankreich, Luxemburg* und die *Niederlande* in Kraft getreten. Text (englisch/französisch): https://www.hcch.net/de/instruments/conventions (Nr. 25). Es wird im Verhältnis dieser Staaten zueinander seit dem 29.1.2019 durch die Verordnung (EU) 2016/1103 (EuGüVO) v. 24.6.2016 (Nr. *33*) verdrängt.

und der gegenseitigen Anerkennung[9] an. Auf der Grundlage dieses Grünbuchs fand eine umfassende Konsultation zu den Problemen statt, die sich im europäischen Kontext bei der güterrechtlichen Auseinandersetzung für Paare stellen, sowie zu den rechtlichen Lösungsmöglichkeiten.

(7) Auf seiner Tagung vom 10./11. Dezember 2009 in Brüssel nahm der Rat ein neues mehrjähriges Programm mit dem Titel „Das Stockholmer Programm – Ein offenes und sicheres Europa im Dienste und zum Schutz der Bürger"[10] an. Darin hielt der Europäische Rat fest, dass der Grundsatz der gegenseitigen Anerkennung auf Bereiche ausgeweitet werden sollte, die bisher noch nicht erfasst sind, aber den Alltag der Bürger wesentlich prägen, z.B. das Ehegüterrecht, wobei gleichzeitig die Rechtssysteme einschließlich der öffentlichen Ordnung *(ordre public)* und die nationalen Traditionen der Mitgliedstaaten in diesem Bereich zu berücksichtigen sind.

(8) In ihrem „Bericht über die Unionsbürgerschaft 2010 – Weniger Hindernisse für die Ausübung von Unionsbürgerrechten"[11] vom 27. Oktober 2010 kündigte die Kommission die Vorlage eines Legislativvorschlags an, der Hindernisse für die Freizügigkeit und insbesondere die Schwierigkeiten überwinden soll, mit denen Paare bei der Verwaltung ihres Vermögens oder bei dessen Teilung konfrontiert sind.

(9) Am 16 März 2011 nahm die Kommission einen Vorschlag für eine Verordnung des Rates über die Zuständigkeit, das anzuwendende Recht, die Anerkennung und die Vollstreckung von Entscheidungen im Bereich des Ehegüterrechts[12] und einen Vorschlag für eine Verordnung des Rates über die Zuständigkeit, das anzuwendende Recht, die Anerkennung und die Vollstreckung von Entscheidungen im Bereich des Güterrechts eingetragener Partnerschaften[13] an.

(10) Auf seiner Tagung vom 3. Dezember 2015 stellte der Rat fest, dass in Bezug auf die beiden Verordnungsvorschläge zu den ehelichen Güterständen und den Güterständen eingetragener Partnerschaften keine Einstimmigkeit erzielt werden konnte und innerhalb eines vertretbaren Zeitraums die mit einer Zusammenarbeit in diesem Bereich angestrebten Ziele von der Union in ihrer Gesamtheit nicht verwirklicht werden können.

(11) Zwischen Dezember 2015 und Februar 2016 richteten Belgien, Bulgarien, die Tschechische Republik, Deutschland, Griechenland, Spanien, Frankreich, Kroatien, Italien, Luxemburg, Malta, die Niederlande, Österreich, Portugal, Slowenien, Finnland und Schweden Anträge an die Kommission, in denen sie ihren Wunsch bekundeten, untereinander eine Verstärkte Zusammenarbeit im Bereich der Güterstände internationaler Paare, insbesondere im Bereich der Zuständigkeit, des anzuwendenden Rechts,

---

[9] KOM (2006) 400.
[10] ABl. C 115 v. 4.5.2010, S. 1.
[11] KOM (2010) 603.
[12] KOM (2011) 126.
[13] KOM (2011) 127.

der Anerkennung und Vollstreckung von Entscheidungen in Fragen der ehelichen Güterstände und der Güterstände eingetragener Partnerschaften, begründen zu wollen, und die Kommission um Vorlage eines entsprechenden Vorschlags an den Rat baten. Zypern hat mit Schreiben an die Kommission im März 2016 seinen Wunsch zum Ausdruck gebracht, an dieser Verstärkten Zusammenarbeit teilzunehmen; Zypern hat diesen Wunsch später während der Arbeiten des Rates bestätigt.

(12) Am 9. Juni 2016 erließ der Rat den Beschluss (EU) 2016/954 über die Ermächtigung zu dieser Verstärkten Zusammenarbeit.[14]

(13) Gemäß Artikel 328 Absatz 1 AEUV steht eine Verstärkte Zusammenarbeit bei ihrer Begründung allen Mitgliedstaaten offen, sofern sie die in dem hierzu ermächtigenden Beschluss gegebenenfalls festgelegten Teilnahmevoraussetzungen erfüllen. Dies gilt auch zu jedem anderen Zeitpunkt, sofern sie neben den genannten Voraussetzungen auch die in diesem Rahmen bereits erlassenen Rechtsakte beachten. Die Kommission und die an einer Verstärkten Zusammenarbeit teilnehmenden Mitgliedstaaten sollten dafür sorgen, dass die Teilnahme möglichst vieler Mitgliedstaaten gefördert wird. Diese Verordnung sollte nur in den Mitgliedstaaten in allen ihren Teilen verbindlich sein und unmittelbar gelten, die kraft des Beschlusses (EU) 2016/954 oder kraft eines gemäß Artikel 331 Absatz 1 Unterabsatz 2 oder 3 AEUV erlassenen Beschlusses an der Verstärkten Zusammenarbeit im Bereich der Gerichtszuständigkeit, des anzuwendenden Rechts und der Anerkennung und Vollstreckung von Entscheidungen in Fragen der Güterstände internationaler Paare (eheliche Güterstände und Güterstände eingetragener Partnerschaften) teilnehmen.

(14) Diese Verordnung sollte gemäß Artikel 81 AEUV auf eheliche Güterstände mit grenzüberschreitendem Bezug Anwendung finden.

(15) Damit für verheiratete Paare Rechtssicherheit in Bezug auf ihr Vermögen und ein gewisses Maß an Vorhersehbarkeit in Bezug auf das anzuwendende Recht gegeben ist, sollten alle Regelungen, welche auf die ehelichen Güterstände anzuwenden sind, in einem einzigen Rechtsinstrument erfasst werden.

(16) Um diese Ziele zu erreichen, sollten in dieser Verordnung die Bestimmungen über die Gerichtszuständigkeit, das anzuwendende Recht, die Anerkennung – oder gegebenenfalls die Annahme –, die Vollstreckbarkeit und die Vollstreckung von Entscheidungen, öffentlichen Urkunden und gerichtlichen Vergleichen zusammengefasst werden.

(17) Der Begriff „Ehe", der sich nach dem nationalen Recht der Mitgliedstaaten bestimmt, wird in dieser Verordnung nicht definiert.

(18) Der Anwendungsbereich dieser Verordnung sollte sich auf alle zivilrechtlichen Aspekte der ehelichen Güterstände erstrecken und sowohl die Verwaltung des Vermögens der Ehegatten im Alltag betreffen als auch die

---

[14] Vgl. dazu den Vorschlag des Rates v. 2.3.2016, KOM (2016) 108 endg.

güterrechtliche Auseinandersetzung, insbesondere infolge der Trennung des Paares oder des Todes eines Ehegatten. Für die Zwecke dieser Verordnung sollte der Begriff „ehelicher Güterstand" autonom ausgelegt werden und er sollte nicht nur Regelungen umfassen, von denen die Ehegatten nicht abweichen dürfen, sondern auch fakultative Regelungen, die sie nach Maßgabe des anzuwendenden Rechts vereinbaren können, sowie die Auffangregelungen des anzuwendenden Rechts. Dieser Begriff schließt nicht nur vermögensrechtliche Regelungen ein, die bestimmte einzelstaatliche Rechtsordnungen speziell und ausschließlich für die Ehe vorsehen, sondern auch sämtliche vermögensrechtlichen Verhältnisse, die zwischen den Ehegatten und in ihren Beziehungen gegenüber Dritten direkt infolge der Ehe oder der Auflösung des Eheverhältnisses gelten.

(19) Aus Gründen der Klarheit sollte eine Reihe von Fragen, die als mit dem ehelichen Güterstand zusammenhängend betrachtet werden könnten, ausdrücklich vom Anwendungsbereich dieser Verordnung ausgenommen werden.

(20) Dementsprechend sollte diese Verordnung nicht für Fragen der allgemeinen Rechts-, Geschäfts- und Handlungsfähigkeit der Ehegatten gelten; dieser Ausschluss sollte sich jedoch nicht auf die spezifischen Befugnisse und Rechte eines oder beider Ehegatten – weder im Verhältnis untereinander noch gegenüber Dritten – im Zusammenhang mit dem Vermögen erstrecken, da diese Befugnisse und Rechte in den Anwendungsbereich der Verordnung fallen sollten.

(21) Diese Verordnung sollte nicht für andere Vorfragen wie das Bestehen, die Gültigkeit oder die Anerkennung einer Ehe gelten, die weiterhin dem nationalen Recht der Mitgliedstaaten, einschließlich ihrer Vorschriften des Internationalen Privatrechts, unterliegen.

(22) Die Unterhaltspflichten im Verhältnis der Ehegatten untereinander sind Gegenstand der Verordnung (EG) Nr. 4/2009 des Rates[15] und sollten daher vom Anwendungsbereich der vorliegenden Verordnung ausgenommen werden; das gilt auch für Fragen der Rechtsnachfolge nach dem Tod eines Ehegatten, da diese in der Verordnung (EU) Nr. 650/2012 des Europäischen Parlaments und des Rates[16] geregelt sind.

(23) Fragen im Zusammenhang mit der Berechtigung, Ansprüche gleich welcher Art auf Alters- oder Erwerbsunfähigkeitsrente, die während der Ehe erworben wurden und die während der Ehe zu keinem Renteneinkommen geführt haben, zwischen den Ehegatten zu übertragen oder anzupassen, sollten vom Anwendungsbereich dieser Verordnung ausgenommen werden, wobei die in den Mitgliedstaaten bestehenden spezifischen Systeme zu berücksichtigen sind. Allerdings sollte diese Ausnahme eng ausgelegt werden. Somit sollte diese Verordnung insbesondere die Frage der Kategorisierung von Rentenansprüchen, der während der Ehe an einen der Ehegat-

[15] EuUntVO, ABl. L 7 v. 10.1.2009, S. 1; abgedruckt unter Nr. *161*.

[16] EuErbVO, ABl. L 201 v. 27.7.2012, S. 107; abgedruckt unter Nr. *61*.

ten bereits ausgezahlten Beträge und des eventuell zu gewährenden Ausgleichs bei mit gemeinsamem Vermögen finanzierten Rentenversicherungen regeln.

(24) Diese Verordnung sollte die sich aus dem ehelichen Güterstand ergebende Begründung oder Übertragung eines Rechts an beweglichen oder unbeweglichen Vermögensgegenständen nach Maßgabe des auf den ehelichen Güterstand anzuwendenden Rechts ermöglichen. Sie sollte jedoch nicht die abschließende Anzahl *(Numerus clausus)* der dinglichen Rechte berühren, die das nationale Recht einiger Mitgliedstaaten kennt. Ein Mitgliedstaat sollte nicht verpflichtet sein, ein dingliches Recht an einer in diesem Mitgliedstaat belegenen Sache anzuerkennen, wenn sein Recht dieses dingliche Recht nicht kennt.

(25) Damit die Ehegatten jedoch die Rechte, die durch den ehelichen Güterstand begründet worden oder auf sie übergegangen sind, in einem anderen Mitgliedstaat ausüben können, sollte diese Verordnung die Anpassung eines unbekannten dinglichen Rechts an das in der Rechtsordnung dieses anderen Mitgliedstaats am ehesten vergleichbare Recht vorsehen. Bei dieser Anpassung sollten die mit dem besagten dinglichen Recht verfolgten Ziele und Interessen und die mit ihm verbundenen Wirkungen berücksichtigt werden. Für die Zwecke der Bestimmung des am ehesten vergleichbaren dinglichen Rechts können die Behörden oder zuständigen Personen des Staates, dessen Recht auf den ehelichen Güterstand Anwendung findet, kontaktiert werden, um weitere Auskünfte zu der Art und den Wirkungen des betreffenden Rechts einzuholen. In diesem Zusammenhang könnten die bestehenden Netze im Bereich der justiziellen Zusammenarbeit in Zivil- und Handelssachen sowie die anderen verfügbaren Mittel, die die Erkenntnis ausländischen Rechts erleichtern, genutzt werden.

(26) Die in dieser Verordnung ausdrücklich vorgesehene Anpassung unbekannter dinglicher Rechte sollte andere Formen der Anpassung im Zusammenhang mit der Anwendung dieser Verordnung nicht ausschließen.

(27) Die Voraussetzungen für die Eintragung von Rechten an beweglichen oder unbeweglichen Vermögensgegenständen in ein Register sollten vom Anwendungsbereich dieser Verordnung ausgenommen werden. Somit sollte das Recht des Mitgliedstaats, in dem das Register geführt wird (für unbewegliches Vermögen das Recht der belegenen Sache *(lex rei sitae)*), bestimmen, unter welchen gesetzlichen Voraussetzungen und wie die Eintragung vorzunehmen ist und welche Behörden wie etwa Grundbuchämter oder Notare dafür zuständig sind zu prüfen, dass alle Eintragungsvoraussetzungen erfüllt sind und die vorgelegten oder erstellten Unterlagen vollständig sind beziehungsweise die erforderlichen Angaben enthalten. Insbesondere können die Behörden prüfen, ob es sich bei dem Recht eines Ehegatten an dem Vermögensgegenstand, der in dem für die Eintragung vorgelegten Schriftstück erwähnt ist, um ein Recht handelt, das als solches in dem Register eingetragen ist oder nach dem Recht des Mitgliedstaats, in dem das Register geführt wird, anderweitig nachgewiesen wird. Um eine

doppelte Erstellung von Schriftstücken zu vermeiden, sollten die Eintragungsbehörden diejenigen von den zuständigen Behörden in einem anderen Mitgliedstaat erstellten Schriftstücke annehmen, deren Verkehr nach dieser Verordnung vorgesehen ist. Dies sollte die an der Eintragung beteiligten Behörden nicht daran hindern, von der Person, die die Eintragung beantragt, diejenigen zusätzlichen Angaben oder die Vorlage derjenigen zusätzlichen Schriftstücke zu verlangen, die nach dem Recht des Mitgliedstaats, in dem das Register geführt wird, erforderlich sind, wie beispielsweise Angaben oder Schriftstücke betreffend die Zahlung von Steuern. Die zuständige Behörde kann die Person, die die Eintragung beantragt, darauf hinweisen, wie die fehlenden Angaben oder Schriftstücke beigebracht werden können.

(28) Die Wirkungen der Eintragung eines Rechts in ein Register sollten ebenfalls vom Anwendungsbereich dieser Verordnung ausgenommen werden. Daher sollte das Recht des Mitgliedstaats, in dem das Register geführt wird, dafür maßgebend sein, ob beispielsweise die Eintragung deklaratorische oder konstitutive Wirkung hat. Wenn also zum Beispiel der Erwerb eines Rechts an einer unbeweglichen Sache nach dem Recht des Mitgliedstaats, in dem das Register geführt wird, die Eintragung in ein Register erfordert, damit die Wirkung *erga omnes* von Registern sichergestellt wird oder Rechtsgeschäfte geschützt werden, sollte der Zeitpunkt des Erwerbs dem Recht dieses Mitgliedstaats unterliegen.

(29) Diese Verordnung sollte den verschiedenen Systemen zur Regelung des ehelichen Güterstands Rechnung tragen, die in den Mitgliedstaaten angewandt werden. Für die Zwecke dieser Verordnung sollte der Begriff „Gericht" daher weit gefasst werden, so dass nicht nur Gerichte im engeren Sinne, die gerichtliche Funktionen ausüben, erfasst werden, sondern beispielsweise in einigen Mitgliedstaaten auch Notare, die in bestimmten Fragen des ehelichen Güterstands gerichtliche Funktionen ausüben, sowie Notare und Angehörige von Rechtsberufen, die in einigen Mitgliedstaaten bei der Regelung eines ehelichen Güterstands aufgrund einer Befugnisübertragung durch ein Gericht gerichtliche Funktionen ausüben. Alle Gerichte im Sinne dieser Verordnung sollten durch die in dieser Verordnung festgelegten Zuständigkeitsregeln gebunden sein. Der Begriff „Gericht" sollte hingegen nicht die nichtgerichtlichen Behörden eines Mitgliedstaats erfassen, die, wie in den meisten Mitgliedstaaten die Notariate, nach nationalem Recht befugt sind, sich mit Fragen des ehelichen Güterstands zu befassen, wenn sie, wie es in der Regel der Fall ist, keine gerichtlichen Funktionen ausüben.

(30) Diese Verordnung sollte es allen Notaren, die für Fragen des ehelichen Güterstands in den Mitgliedstaaten zuständig sind, ermöglichen, diese Zuständigkeit auszuüben. Ob die Notare in einem Mitgliedstaat durch die Zuständigkeitsregeln dieser Verordnung gebunden sind, sollte davon abhängen, ob sie unter den Begriff „Gericht" im Sinne dieser Verordnung fallen.

(31) Die in den Mitgliedstaaten von Notaren in Fragen des ehelichen Güterstands errichteten Urkunden sollten nach Maßgabe dieser Verordnung verkehren. Üben Notare gerichtliche Funktionen aus, so sollten sie durch die Zuständigkeitsregeln dieser Verordnung gebunden sein, und die von ihnen erlassenen Entscheidungen sollten nach den Bestimmungen dieser Verordnung über die Anerkennung, Vollstreckbarkeit und Vollstreckung von Entscheidungen verkehren. Üben Notare keine gerichtlichen Funktionen aus, so sollten sie nicht durch diese Zuständigkeitsregeln gebunden sein, und die von ihnen errichteten öffentlichen Urkunden sollten nach den Bestimmungen dieser Verordnung über öffentliche Urkunden verkehren.

(32) Um der zunehmenden Mobilität von Paaren während ihres Ehelebens Rechnung zu tragen und eine geordnete Rechtspflege zu erleichtern, sollten die Zuständigkeitsvorschriften in dieser Verordnung den Bürgern die Möglichkeit geben, miteinander zusammenhängende Verfahren vor den Gerichten desselben Mitgliedstaats verhandeln zu lassen. Hierzu sollte mit der Verordnung angestrebt werden, die Zuständigkeit für den ehelichen Güterstand in dem Mitgliedstaat zu bündeln, dessen Gerichte berufen sind, über die Rechtsnachfolge von Todes wegen nach einem Ehegatten gemäß der Verordnung (EU) Nr. 650/2012[17] oder die Ehescheidung, die Trennung ohne Auflösung des Ehebands oder die Ungültigerklärung einer Ehe gemäß der Verordnung (EG) Nr. 2201/2003 des Rates[18] zu befinden.

(33) In der vorliegenden Verordnung sollte vorgesehen werden, dass in den Fällen, in denen ein Verfahren über die Rechtsnachfolge von Todes wegen nach einem Ehegatten bei einem gemäß der Verordnung (EU) Nr. 650/2012 angerufenen Gericht eines Mitgliedstaats anhängig ist, die Gerichte dieses Mitgliedstaats auch für Entscheidungen über Fragen des ehelichen Güterstands zuständig sind, die mit dem Nachlass im Zusammenhang stehen.

(34) Ebenso sollten Fragen des ehelichen Güterstands, die sich im Zusammenhang mit einem Verfahren ergeben, das bei einem mit einer Ehescheidung, einer Trennung ohne Auflösung des Ehebands oder der Ungültigerklärung einer Ehe gemäß der Verordnung (EG) Nr. 2201/2003 befassten Gericht eines Mitgliedstaats anhängig ist, in die Zuständigkeit der Gerichte dieses Mitgliedstaats fallen, es sei denn, die Zuständigkeit für Entscheidungen betreffend Ehescheidung, Trennung ohne Auflösung des Ehebands oder Ungültigerklärung der Ehe darf nur auf spezielle Zuständigkeitsregeln gestützt werden. In solchen Fällen sollte eine Bündelung der Zuständigkeit der Zustimmung der Ehegatten bedürfen.

(35) Stehen Fragen des ehelichen Güterstands nicht im Zusammenhang mit einem bei einem Gericht eines Mitgliedstaats anhängigen Verfahren über die Rechtsnachfolge von Todes wegen nach einem Ehegatten oder

---

[17] EuErbVO, ABl. L 201 v. 27.7.2012, S. 107; abgedruckt unter Nr. *61*.

[18] Brüssel IIa-VO, ABl. L 338 v. 23.12.2003, S. 1; seit dem 1.8.2022 ersetzt durch die Brüssel IIb-VO v. 25.6.2029, abgedruckt unter Nr. *162*.

über Ehescheidung, Trennung ohne Auflösung des Ehebands oder Ungültigerklärung der Ehe, so sollte in dieser Verordnung eine Rangfolge der Anknüpfungspunkte vorgesehen werden, anhand deren die Zuständigkeit bestimmt wird, wobei erster Anknüpfungspunkt der gewöhnliche Aufenthalt der Ehegatten zum Zeitpunkt der Anrufung des Gerichts sein sollte. Diese Anknüpfungspunkte sollen die zunehmende Mobilität der Bürger widerspiegeln und eine wirkliche Verbindung zwischen den Ehegatten und dem Mitgliedstaat, in dem die Zuständigkeit ausgeübt wird, gewährleisten.

(36) Im Interesse einer größeren Rechtssicherheit, einer besseren Vorhersehbarkeit des anzuwendenden Rechts und einer größeren Entscheidungsfreiheit der Parteien sollte es diese Verordnung den Parteien unter bestimmten Voraussetzungen ermöglichen, eine Gerichtsstandsvereinbarung zugunsten der Gerichte des Mitgliedstaats, dessen Recht anzuwenden ist, oder der Gerichte des Mitgliedstaats, in dem die Ehe geschlossen wurde, zu schließen.

(37) Für die Zwecke dieser Verordnung und zur Erfassung aller möglichen Sachverhalte sollte der Mitgliedstaat der Eheschließung der Mitgliedstaat sein, vor dessen Behörden die Ehe geschlossen wurde.

(38) Die Gerichte eines Mitgliedstaats können feststellen, dass nach ihrem Internationalen Privatrecht die betreffende Ehe für die Zwecke eines Verfahrens betreffend den ehelichen Güterstand nicht anerkannt werden kann. In solchen Fällen kann es ausnahmsweise erforderlich sein, die durch diese Verordnung begründete Zuständigkeit abzulehnen. Die Gerichte sollten rasch handeln, und die betroffene Partei sollte die Möglichkeit haben, die Rechtssache in jedem anderen Mitgliedstaat, dessen gerichtliche Zuständigkeit aufgrund eines Anknüpfungspunkts begründet ist, anhängig zu machen, wobei es nicht auf die Rangfolge der Zuständigkeitskriterien ankommt und zugleich die Parteiautonomie zu wahren ist. Jedes nach einer Unzuständigkeitserklärung angerufene Gericht, das nicht ein Gericht des Mitgliedstaats ist, in dem die Ehe geschlossen wurde, darf sich unter denselben Bedingungen ebenfalls ausnahmsweise für unzuständig erklären. Eine Kombination der verschiedenen Zuständigkeitsregeln sollte jedoch gewährleisten, dass die Parteien jede Möglichkeit haben, ein Gericht eines Mitgliedstaats anzurufen, das sich zu dem Zweck, ihrem ehelichen Güterstand Wirkung zu verleihen, für zuständig erklärt.

(39) Diese Verordnung sollte die Parteien nicht daran hindern, den Rechtsstreit außergerichtlich, beispielsweise vor einem Notar, in einem Mitgliedstaat ihrer Wahl einvernehmlich zu regeln, wenn das nach dem Recht dieses Mitgliedstaats möglich ist. Das sollte auch dann der Fall sein, wenn das auf den ehelichen Güterstand anzuwendende Recht nicht das Recht dieses Mitgliedstaats ist.

(40) Um zu gewährleisten, dass die Gerichte aller Mitgliedstaaten ihre Zuständigkeit in Fragen des ehelichen Güterstands auf derselben Grundlage ausüben können, sollten die Gründe, aus denen diese subsidiäre Zuständig-

keit ausgeübt werden kann, in dieser Verordnung abschließend geregelt werden.

(41) Um insbesondere Fällen von Rechtsverweigerung begegnen zu können, sollte in dieser Verordnung auch eine Notzuständigkeit *(forum necessitatis)* vorgesehen werden, wonach ein Gericht eines Mitgliedstaats in besonderen Ausnahmefällen über einen ehelichen Güterstand entscheiden kann, der einen engen Bezug zu einem Drittstaat aufweist. Ein solcher Ausnahmefall könnte gegeben sein, wenn sich ein Verfahren in dem betreffenden Drittstaat als unmöglich erweist, beispielsweise wegen eines Bürgerkriegs, oder wenn von einem Ehegatten vernünftigerweise nicht erwartet werden kann, dass er ein Verfahren in diesem Staat einleitet oder führt. Die Zuständigkeit, die auf *forum necessitatis* gründet, sollte jedoch nur ausgeübt werden, wenn die Sache eine ausreichende Verbindung zu dem Mitgliedstaat des angerufenen Gerichts aufweist.

(42) Im Interesse einer geordneten Rechtspflege sollte vermieden werden, dass in den Mitgliedstaaten Entscheidungen ergehen, die miteinander unvereinbar sind. Hierzu sollte die Verordnung allgemeine Verfahrensvorschriften nach dem Vorbild anderer Rechtsinstrumente der Union im Bereich der justiziellen Zusammenarbeit in Zivilsachen vorsehen. Eine dieser Verfahrensvorschriften ist die Regel zur Rechtshängigkeit, die zum Tragen kommt, wenn dieselbe Güterrechtssache bei Gerichten in verschiedenen Mitgliedstaaten anhängig gemacht wird. Diese Regel bestimmt, welches Gericht sich weiterhin mit der Güterrechtssache zu befassen hat.

(43) Damit die Bürger die Vorteile des Binnenmarkts ohne Einbußen bei der Rechtssicherheit nutzen können, sollte diese Verordnung den Ehegatten im Voraus Klarheit über das in ihrem Fall anzuwendende Ehegüterrecht verschaffen. Es sollten daher harmonisierte Kollisionsnormen eingeführt werden, um einander widersprechende Ergebnisse zu vermeiden. Die allgemeine Kollisionsnorm sollte sicherstellen, dass der eheliche Güterstand einem im Voraus bestimmbaren Recht unterliegt, zu dem eine enge Verbindung besteht. Aus Gründen der Rechtssicherheit und um eine Aufspaltung des ehelichen Güterstands zu vermeiden, sollte das anzuwendende Recht den ehelichen Güterstand insgesamt, d. h. das gesamte zum Güterstand gehörende Vermögen, erfassen, unabhängig von der Art der Vermögenswerte und unabhängig davon, ob diese in einem anderen Mitgliedstaat oder in einem Drittstaat belegen sind.

(44) Das nach dieser Verordnung bestimmte Recht sollte auch dann Anwendung finden, wenn es nicht das Recht eines Mitgliedstaats ist.

(45) Um Ehegatten die Verwaltung ihres Vermögens zu erleichtern, sollte ihnen diese Verordnung erlauben, unter den Rechtsordnungen, zu denen sie aufgrund ihres gewöhnlichen Aufenthalts oder ihrer Staatsangehörigkeit eine enge Verbindung haben, unabhängig von der Art oder Belegenheit des Vermögens das auf ihren ehelichen Güterstand anzuwendende Recht zu wählen. Diese Wahl kann jederzeit vor der Ehe, zum Zeitpunkt der Eheschließung oder während der Ehe erfolgen.

(46) Im Interesse der Sicherheit des Rechtsverkehrs und um zu verhindern, dass sich das auf den ehelichen Güterstand anzuwendende Recht ändert, ohne dass die Ehegatten davon unterrichtet werden, sollte ein Wechsel des auf den ehelichen Güterstand anzuwendenden Rechts nur nach einem entsprechenden ausdrücklichen Antrag der Parteien möglich sein. Dieser von den Ehegatten beschlossene Wechsel sollte nicht rückwirkend gelten, es sei denn, sie haben das ausdrücklich vereinbart. Auf keinen Fall dürfen dadurch die Rechte Dritter verletzt werden.

(47) Es sollten Regeln zur materiellen Wirksamkeit und zur Formgültigkeit der Vereinbarung über die Rechtswahl festgelegt werden, die es den Ehegatten erleichtern, ihre Rechtswahl in voller Sachkenntnis zu treffen, und die gewährleisten, dass die einvernehmliche Rechtswahl der Ehegatten im Interesse der Rechtssicherheit sowie eines besseren Rechtsschutzes respektiert wird. Was die Formgültigkeit anbelangt, sollten bestimmte Schutzvorkehrungen getroffen werden, um sicherzustellen, dass sich die Ehegatten der Tragweite ihrer Rechtswahl bewusst sind. Die Vereinbarung über die Rechtswahl sollte zumindest der Schriftform bedürfen und von beiden Parteien mit Datum und Unterschrift versehen werden müssen. Sieht das Recht des Mitgliedstaats, in dem beide Ehegatten zum Zeitpunkt der Rechtswahl ihren gewöhnlichen Aufenthalt haben, zusätzliche Formvorschriften vor, so sollten diese eingehalten werden. Haben die Ehegatten zum Zeitpunkt der Rechtswahl ihren gewöhnlichen Aufenthalt in verschiedenen Mitgliedstaaten, in denen unterschiedliche Formvorschriften vorgesehen sind, so sollte es ausreichen, dass die Formvorschriften eines dieser Mitgliedstaaten eingehalten werden. Hat zum Zeitpunkt der Rechtswahl nur einer der Ehegatten seinen gewöhnlichen Aufenthalt in einem Mitgliedstaat, in dem zusätzliche Formvorschriften vorgesehen sind, so sollten diese Formvorschriften eingehalten werden.

(48) Eine Vereinbarung über den ehelichen Güterstand ist eine Art der Verfügung über das Vermögen, die in den Mitgliedstaaten nicht in gleichem Maße zulässig ist und anerkannt wird. Um die Anerkennung von auf der Grundlage einer Vereinbarung über den ehelichen Güterstand erworbenen Güterstandsrechten in den Mitgliedstaaten zu erleichtern, sollten Vorschriften über die Formgültigkeit von Vereinbarungen über den ehelichen Güterstand festgelegt werden. Die Vereinbarung sollte zumindest der Schriftform bedürfen und datiert und von beiden Ehegatten unterzeichnet werden. Die Vereinbarung sollte jedoch auch zusätzliche Anforderungen an die Formgültigkeit erfüllen, die in dem auf den ehelichen Güterstand anzuwendenden Recht, das nach dieser Verordnung bestimmt wurde, und in dem Recht des Mitgliedstaats, in dem die Ehegatten ihren gewöhnlichen Aufenthalt haben, vorgesehen sind. In dieser Verordnung sollte ferner festgelegt werden, nach welchem Recht sich die materielle Wirksamkeit einer solchen Vereinbarung richtet.

(49) Wird keine Rechtswahl getroffen, so sollte diese Verordnung im Interesse der Rechtssicherheit und Vorhersehbarkeit des anzuwendenden

Rechts unter Berücksichtigung der tatsächlichen Lebensumstände der Ehegatten die Einführung harmonisierter Kollisionsnormen vorsehen, die sich auf eine Rangfolge der Anknüpfungspunkte stützen, anhand deren sich das auf das gesamte Vermögen der Ehegatten anzuwendende Recht bestimmen lässt. So sollte der erste gemeinsame gewöhnliche Aufenthalt der Ehegatten kurz nach der Eheschließung erster Anknüpfungspunkt noch vor der gemeinsamen Staatsangehörigkeit der Ehegatten zum Zeitpunkt der Eheschließung sein. Ist keiner dieser Anknüpfungspunkte gegeben oder liegen Fälle vor, in denen bei Fehlen eines ersten gemeinsamen gewöhnlichen Aufenthalts die Ehegatten zum Zeitpunkt der Eheschließung jeweils eine doppelte gemeinsame Staatsangehörigkeit haben, sollte drittens an das Recht des Staates angeknüpft werden, zu dem die Ehegatten die engste Verbindung haben. Bei Anwendung des letztgenannten Kriteriums sollten alle Umstände berücksichtigt werden, und es sollte klargestellt werden, dass für diese Verbindung der Zeitpunkt der Eheschließung maßgebend ist.

(50) Wird in dieser Verordnung auf die Staatsangehörigkeit als Anknüpfungspunkt verwiesen, so handelt es sich bei der Frage nach der Behandlung einer Person mit mehrfacher Staatsangehörigkeit um eine Vorfrage, die nicht in den Anwendungsbereich dieser Verordnung fällt; sie sollte sich weiterhin nach nationalem Recht, einschließlich der anwendbaren Übereinkommen, richten, wobei die allgemeinen Grundsätze der Union uneingeschränkt einzuhalten sind. Diese Behandlung sollte keine Auswirkung auf die Gültigkeit einer Rechtswahl haben, die nach dieser Verordnung getroffen wurde.

(51) In Bezug auf die Bestimmung des auf den ehelichen Güterstand anzuwendenden Rechts sollte das Gericht eines Mitgliedstaats bei fehlender Rechtswahl und fehlender Vereinbarung über den ehelichen Güterstand auf Antrag eines Ehegatten in Ausnahmefällen – wenn die Ehegatten sich im Staat ihres gewöhnlichen Aufenthalts für einen langen Zeitraum niedergelassen haben – feststellen können, dass das Recht dieses Staates angewandt werden kann, sofern die Ehegatten auf dieses Recht vertraut haben. Auf keinen Fall dürfen dadurch die Rechte Dritter verletzt werden.

(52) Das zur Anwendung auf den ehelichen Güterstand berufene Recht sollte diesen Güterstand angefangen bei der Einteilung des Vermögens eines oder beider Ehegatten in verschiedene Kategorien während der Ehe und nach ihrer Auflösung bis hin zur Vermögensauseinandersetzung regeln. Es sollte auch die Wirkungen des ehelichen Güterstands auf ein Rechtsverhältnis zwischen einem Ehegatten und Dritten einschließen. Allerdings darf das auf den ehelichen Güterstand zur Regelung solcher Wirkungen anzuwendende Recht einem Dritten von einem Ehegatten nur dann entgegengehalten werden, wenn das Rechtsverhältnis zwischen diesem Ehegatten und dem Dritten zu einem Zeitpunkt entstanden ist, zu dem der Dritte Kenntnis von diesem Recht hatte oder hätte haben müssen.

(53) Aus Gründen des öffentlichen Interesses wie der Wahrung der politischen, sozialen oder wirtschaftlichen Ordnung eines Mitgliedstaats sollte

es gerechtfertigt sein, dass die Gerichte und andere zuständige Behörden der Mitgliedstaaten die Möglichkeit erhalten, in Ausnahmefällen auf der Grundlage von Eingriffsnormen Ausnahmeregelungen anzuwenden. Dementsprechend sollte der Begriff „Eingriffsnormen" Normen von zwingender Natur wie zum Beispiel die Normen zum Schutz der Familienwohnung umfassen. Diese Ausnahme von der Anwendung des auf den ehelichen Güterstand anzuwendenden Rechts ist jedoch eng auszulegen, damit sie der allgemeinen Zielsetzung dieser Verordnung nicht zuwiderläuft.

(54) Aus Gründen des öffentlichen Interesses sollte außerdem den Gerichten und anderen mit Fragen des ehelichen Güterstands befassten zuständigen Behörden in den Mitgliedstaaten in Ausnahmefällen die Möglichkeit gegeben werden, Bestimmungen eines ausländischen Rechts nicht zu berücksichtigen, wenn deren Anwendung in einem bestimmten Fall mit der öffentlichen Ordnung *(ordre public)* des betreffenden Mitgliedstaats offensichtlich unvereinbar wäre. Die Gerichte oder andere zuständige Behörden sollten allerdings nicht aus Gründen der öffentlichen Ordnung *(ordre public)* die Anwendung des Rechts eines anderen Mitgliedstaats ausschließen oder die Anerkennung – oder gegebenenfalls die Annahme – oder die Vollstreckung einer Entscheidung, einer öffentlichen Urkunde oder eines gerichtlichen Vergleichs aus einem anderen Mitgliedstaat versagen dürfen, wenn das gegen die Charta der Grundrechte der Europäischen Union (im Folgenden: „Charta"), insbesondere gegen Artikel 21 über den Grundsatz der Nichtdiskriminierung, verstoßen würde.

(55) Da es Staaten gibt, in denen die in dieser Verordnung behandelten Fragen durch zwei oder mehr Rechtssysteme oder Regelwerke geregelt werden, sollte festgelegt werden, inwieweit diese Verordnung in den verschiedenen Gebietseinheiten dieser Staaten Anwendung findet.

(56) Diese Verordnung sollte in Anbetracht ihrer allgemeinen Zielsetzung, nämlich der gegenseitigen Anerkennung der in den Mitgliedstaaten ergangenen Entscheidungen in Fragen des ehelichen Güterstands, Vorschriften für die Anerkennung, Vollstreckbarkeit und Vollstreckung von Entscheidungen nach dem Vorbild anderer Rechtsinstrumente der Union im Bereich der justiziellen Zusammenarbeit in Zivilsachen vorsehen.

(57) Um den verschiedenen Systemen zur Regelung von Fragen des ehelichen Güterstands in den Mitgliedstaaten Rechnung zu tragen, sollte diese Verordnung die Annahme und Vollstreckbarkeit den ehelichen Güterstand betreffender öffentlicher Urkunden in sämtlichen Mitgliedstaaten gewährleisten.

(58) Öffentliche Urkunden sollten in einem anderen Mitgliedstaat die gleiche formelle Beweiskraft wie im Ursprungsmitgliedstaat oder die damit am ehesten vergleichbare Wirkung entfalten. Die formelle Beweiskraft einer öffentlichen Urkunde in einem anderen Mitgliedstaat oder die damit am ehesten vergleichbare Wirkung sollte durch Bezugnahme auf Art und Umfang der formellen Beweiskraft der öffentlichen Urkunde im Ursprungsmitgliedstaat bestimmt werden. Somit richtet sich die formelle Be-

weiskraft einer öffentlichen Urkunde in einem anderen Mitgliedstaat nach dem Recht des Ursprungsmitgliedstaats.

(59) Die „Authentizität" einer öffentlichen Urkunde sollte ein autonomer Begriff sein, der Aspekte wie die Echtheit der Urkunde, die Formerfordernisse für die Urkunde, die Befugnisse der Behörde, die die Urkunde errichtet, und das Verfahren, nach dem die Urkunde errichtet wird, erfassen sollte. Der Begriff sollte ferner die von der betreffenden Behörde in der öffentlichen Urkunde beurkundeten Vorgänge erfassen, wie z. B. die Tatsache, dass die genannten Parteien an dem genannten Tag vor dieser Behörde erschienen sind und die genannten Erklärungen abgegeben haben. Eine Partei, die Einwände in Bezug auf die Authentizität einer öffentlichen Urkunde erheben möchte, sollte dies bei dem zuständigen Gericht im Ursprungsmitgliedstaat der öffentlichen Urkunde nach dem Recht dieses Mitgliedstaats tun.

(60) Die Formulierung „die in einer öffentlichen Urkunde beurkundeten Rechtsgeschäfte oder Rechtsverhältnisse" sollte als Bezugnahme auf den in der öffentlichen Urkunde niedergelegten materiellen Inhalt verstanden werden. Eine Partei, die Einwände in Bezug auf die in einer öffentlichen Urkunde beurkundeten Rechtsgeschäfte oder Rechtsverhältnisse erheben möchte, sollte dies bei den nach dieser Verordnung zuständigen Gerichten tun, die nach dem auf den ehelichen Güterstand anzuwendenden Recht über die Einwände entscheiden sollten.

(61) Wird eine Frage in Bezug auf die in einer öffentlichen Urkunde beurkundeten Rechtsgeschäfte oder Rechtsverhältnisse als Vorfrage in einem Verfahren bei einem Gericht eines Mitgliedstaats vorgebracht, so sollte dieses Gericht für die Entscheidung über diese Vorfrage zuständig sein.

(62) Eine öffentliche Urkunde, gegen die Einwände erhoben wurden, sollte in einem anderen Mitgliedstaat als dem Ursprungsmitgliedstaat keine formelle Beweiskraft entfalten, solange die Einwände anhängig sind. Betreffen die Einwände nur einen spezifischen Umstand mit Bezug auf die in einer öffentlichen Urkunde beurkundeten Rechtsgeschäfte oder Rechtsverhältnisse, so sollte die öffentliche Urkunde in Bezug auf den angefochtenen Umstand keine Beweiskraft in einem anderen Mitgliedstaat als dem Ursprungsmitgliedstaat entfalten, solange die Einwände anhängig sind. Eine öffentliche Urkunde, die aufgrund eines Einwands für ungültig erklärt wird, sollte keine Beweiskraft mehr entfalten.

(63) Wenn einer Behörde im Rahmen der Anwendung dieser Verordnung zwei nicht miteinander zu vereinbarende öffentliche Urkunden vorgelegt werden, sollte sie die Frage, welcher Urkunde gegebenenfalls Vorrang einzuräumen ist, unter Berücksichtigung der Umstände des jeweiligen Falls beurteilen. Geht aus diesen Umständen nicht eindeutig hervor, welche Urkunde gegebenenfalls Vorrang haben sollte, so sollte diese Frage von den nach dieser Verordnung zuständigen Gerichten oder, wenn die Frage als Vorfrage im Laufe eines Verfahrens vorgebracht wird, von dem mit diesem

Verfahren befassten Gericht geklärt werden. Im Falle einer Unvereinbarkeit zwischen einer öffentlichen Urkunde und einer Entscheidung sollten die Gründe für die Nichtanerkennung von Entscheidungen nach dieser Verordnung berücksichtigt werden.

(64) Die Anerkennung und Vollstreckung einer Entscheidung über den ehelichen Güterstand nach Maßgabe dieser Verordnung sollte in keiner Weise die Anerkennung der Ehe implizieren, die dem ehelichen Güterstand, der Anlass zu der Entscheidung gegeben hat, zugrunde liegt.

(65) Das Verhältnis zwischen dieser Verordnung und den bilateralen oder multilateralen Übereinkünften, denen die Mitgliedstaaten angehören, sollte bestimmt werden.

(66) Diese Verordnung sollte die Mitgliedstaaten, die Vertragsparteien des Übereinkommens vom 6. Februar 1931 zwischen Dänemark, Finnland, Island, Norwegen und Schweden mit Bestimmungen des Internationalen Privatrechts über Eheschließung, Adoption und Vormundschaft in der Fassung von 2006, des Übereinkommens vom 19. November 1934 zwischen Dänemark, Finnland, Island, Norwegen und Schweden mit Bestimmungen des Internationalen Privatrechts über Rechtsnachfolge von Todes wegen, Testamente und Nachlassverwaltung in der Fassung von 2012 und des Übereinkommens vom 11. Oktober 1977 zwischen Dänemark, Finnland, Island, Norwegen und Schweden über die Anerkennung und Vollstreckung von Entscheidungen in Zivilsachen sind, nicht daran hindern, weiterhin spezifische Bestimmungen jener Übereinkommen anzuwenden, soweit diese vereinfachte und zügigere Verfahren für die Anerkennung und Vollstreckung von Entscheidungen in Fragen des ehelichen Güterstands vorsehen.

(67) Um die Anwendung dieser Verordnung zu erleichtern, sollten die Mitgliedstaaten verpflichtet werden, über das mit der Entscheidung 2001/470/EG des Rates[19] eingerichtete Europäische Justizielle Netz für Zivil- und Handelssachen bestimmte Angaben über ihre den ehelichen Güterstand betreffenden Vorschriften und Verfahren zu machen. Damit sämtliche Informationen, die für die praktische Anwendung dieser Verordnung von Bedeutung sind, rechtzeitig im Amtsblatt der Europäischen Union veröffentlicht werden können, sollten die Mitgliedstaaten der Kommission auch diese Informationen vor dem Beginn der Anwendung der Verordnung mitteilen.

(68) Um die Anwendung dieser Verordnung zu erleichtern und um die Nutzung moderner Kommunikationstechnologien zu ermöglichen, sollten Standardformulare für die Bescheinigungen, die im Zusammenhang mit einem Antrag auf Vollstreckbarerklärung einer Entscheidung, einer öffentlichen Urkunde oder eines gerichtlichen Vergleichs vorzulegen sind, vorgeschrieben werden.

---

[19] ABl. L 174 v. 27.6.2001, S. 25.

(69) Die Berechnung der in dieser Verordnung vorgesehenen Fristen und Termine sollte nach Maßgabe der Verordnung (EWG, Euratom) Nr. 1182/71 des Rates[20] erfolgen.

(70) Um einheitliche Bedingungen für die Durchführung dieser Verordnung gewährleisten zu können, sollten der Kommission in Bezug auf die Erstellung und spätere Änderung der Bescheinigungen und Formblätter, welche die Vollstreckbarerklärung von Entscheidungen, gerichtlichen Vergleichen und öffentlichen Urkunden betreffen, Durchführungsbefugnisse übertragen werden. Diese Befugnisse sollten nach Maßgabe der Verordnung (EU) Nr. 182/2011 des Europäischen Parlaments und des Rates[21] ausgeübt werden.

(71) Für den Erlass von Durchführungsrechtsakten zur Erstellung und späteren Änderung der in dieser Verordnung vorgesehenen Bescheinigungen und Formulare sollte das Beratungsverfahren herangezogen werden.

(72) Die Ziele dieser Verordnung, nämlich die Freizügigkeit innerhalb der Union und die Möglichkeit für Ehegatten, ihre vermögensrechtlichen Beziehungen untereinander sowie gegenüber Dritten während ihres Ehelebens und zum Zeitpunkt der Auseinandersetzung ihres Vermögens zu regeln, sowie bessere Vorhersehbarkeit des anzuwendenden Rechts und eine größere Rechtssicherheit, können von den Mitgliedstaaten nicht ausreichend verwirklicht werden, und sind vielmehr wegen des Umfangs und der Wirkungen dieser Verordnung besser auf Unionsebene – gegebenenfalls im Wege einer Verstärkten Zusammenarbeit der Mitgliedstaaten – zu verwirklichen. Im Einklang mit dem in Artikel 5 des Vertrags über die Europäische Union niedergelegten Subsidiaritätsprinzip kann die Union tätig werden. Entsprechend dem in demselben Artikel genannten Grundsatz der Verhältnismäßigkeit geht diese Verordnung nicht über das für die Verwirklichung dieser Ziele erforderliche Maß hinaus.

(73) Diese Verordnung steht im Einklang mit den Grundrechten und Grundsätzen, die mit der Charta anerkannt wurden, namentlich die Artikel 7, 9, 17, 21 und 47, die das Recht auf Achtung des Privat- und Familienlebens, das nach nationalem Recht geschützte Recht, eine Ehe einzugehen und eine Familie zu gründen, das Eigentumsrecht, den Grundsatz der Nichtdiskriminierung sowie das Recht auf einen wirksamen Rechtsbehelf und ein faires Verfahren betreffen. Bei der Anwendung dieser Verordnung sollten die Gerichte und anderen zuständigen Behörden der Mitgliedstaaten diese Rechte und Grundsätze achten –

HAT FOLGENDE VERORDNUNG ERLASSEN:

---

[20] ABl. L 124 v. 8.6.1971, S. 1.
[21] ABl. L 55 v. 28.2.2011, S. 13.

Kapitel I. Anwendungsbereich und Begriffsbestimmungen

Art. 1.[22] **Anwendungsbereich.** (1) Diese Verordnung findet auf die ehelichen Güterstände Anwendung.

Sie gilt nicht für Steuer- und Zollsachen sowie verwaltungsrechtliche Angelegenheiten.

(2) Vom Anwendungsbereich dieser Verordnung ausgenommen sind

a) die Rechts-, Geschäfts- und Handlungsfähigkeit der Ehegatten[23];
b) das Bestehen, die Gültigkeit oder die Anerkennung einer Ehe[24];
c) die Unterhaltspflichten[25];
d) die Rechtsnachfolge nach dem Tod eines Ehegatten;
e) die soziale Sicherheit;
f) die Berechtigung, Ansprüche auf Alters- oder Erwerbsunfähigkeitsrente, die während der Ehe erworben wurden und die während der Ehe zu keinem Renteneinkommen geführt haben, im Falle der Ehescheidung, der Trennung ohne Auflösung des Ehebands oder der Ungültigerklärung der Ehe zwischen den Ehegatten zu übertragen oder anzupassen[26];
g) die Art der dinglichen Rechte an Vermögen[27] und
h) jede Eintragung von Rechten an beweglichen oder unbeweglichen Vermögensgegenständen in ein Register, einschließlich der gesetzlichen Voraussetzungen für eine solche Eintragung, sowie die Wirkungen der Eintragung oder der fehlenden Eintragung solcher Rechte in ein Register[28].

Art. 2.[29] **Zuständigkeit für Fragen des ehelichen Güterstands innerhalb der Mitgliedstaaten.** Diese Verordnung berührt nicht die Zuständigkeit der Behörden der Mitgliedstaaten für Fragen des ehelichen Güterstands.

Art. 3.[30] **Begriffsbestimmungen.** (1) Im Sinne dieser Verordnung bezeichnet der Ausdruck

a) „ehelicher Güterstand" sämtliche vermögensrechtlichen Regelungen, die zwischen den Ehegatten und in ihren Beziehungen zu Dritten aufgrund der Ehe oder der Auflösung der Ehe gelten;

---

[22] Vgl. Erwägungsgründe (14), (17)–(19).
[23] Vgl. Erwägungsgrund (20).
[24] Vgl. Erwägungsgrund (21).
[25] Vgl. Erwägungsgrund (22).
[26] Vgl. Erwägungsgrund (23).
[27] Vgl. Erwägungsgründe (24)–(26).
[28] Vgl. Erwägungsgründe (27)–(28).
[29] Zur örtlichen Zuständigkeit der nach Kap. II international zuständigen deutschen Gerichte siehe § 3 IntGüRVG v. 17.12.2018 (Nr. *33a*).
[30] Zu Art. 3 Abs. 2 vgl. die Erwägungsgründe (29)–(31).

b) „Vereinbarung über den ehelichen Güterstand" jede Vereinbarung zwischen Ehegatten oder künftigen Ehegatten, mit der sie ihren ehelichen Güterstand regeln;

c) „öffentliche Urkunde" ein den ehelichen Güterstand betreffendes Schriftstück, das als öffentliche Urkunde in einem Mitgliedstaat förmlich errichtet oder eingetragen worden ist und dessen Beweiskraft

   i) sich auf die Unterschrift und den Inhalt der öffentlichen Urkunde bezieht und

   ii) durch eine Behörde oder eine andere vom Ursprungsmitgliedstaat hierzu ermächtigte Stelle festgestellt worden ist;

d) „Entscheidung" jede von einem Gericht eines Mitgliedstaats in Bezug auf den ehelichen Güterstand erlassene Entscheidung ungeachtet ihrer Bezeichnung, einschließlich des Kostenfestsetzungsbeschlusses eines Gerichtsbediensteten;

e) „gerichtlicher Vergleich" einen von einem Gericht gebilligten oder vor einem Gericht im Laufe eines Verfahrens geschlossenen Vergleich über den ehelichen Güterstand;

f) „Ursprungsmitgliedstaat" den Mitgliedstaat, in dem die Entscheidung ergangen, die öffentliche Urkunde errichtet oder der gerichtliche Vergleich gebilligt oder geschlossen worden ist;

g) „Vollstreckungsmitgliedstaat" den Mitgliedstaat, in dem die Anerkennung und/oder Vollstreckung der Entscheidung, der öffentlichen Urkunde oder des gerichtlichen Vergleichs betrieben wird.

(2) Im Sinne dieser Verordnung bezeichnet der Ausdruck „Gericht" jedes Gericht und alle anderen Behörden und Angehörigen von Rechtsberufen mit Zuständigkeiten in Fragen des ehelichen Güterstands, die gerichtliche Funktionen ausüben oder in Ausübung einer Befugnisübertragung durch ein Gericht oder unter der Aufsicht eines Gerichts handeln, sofern diese anderen Behörden und Angehörigen von Rechtsberufen ihre Unparteilichkeit und das Recht der Parteien auf rechtliches Gehör gewährleisten und ihre Entscheidungen nach dem Recht des Mitgliedstaats, in dem sie tätig sind,

   i) vor einem Gericht angefochten oder von einem Gericht nachgeprüft werden können und

   ii) vergleichbare Rechtskraft und Rechtswirkung haben wie eine Entscheidung eines Gerichts in der gleichen Sache.

Die Mitgliedstaaten teilen der Kommission nach Artikel 64 die in Unterabsatz 1 genannten anderen Behörden und Angehörigen von Rechtsberufen mit.

Kapitel II.[31] Gerichtliche Zuständigkeit

Art. 4.[32] Zuständigkeit im Fall des Todes eines Ehegatten. Wird ein Gericht eines Mitgliedstaats im Zusammenhang mit der Rechtsnachfolge von Todes wegen eines Ehegatten nach der Verordnung (EU) Nr. 650/2012[33] angerufen, so sind die Gerichte dieses Staates auch für Entscheidungen über den ehelichen Güterstand in Verbindung mit diesem Nachlass zuständig.

Art. 5.[34] Zuständigkeit im Fall der Ehescheidung, Trennung ohne Auflösung des Ehebands oder Ungültigerklärung einer Ehe. (1) Wird ein Gericht eines Mitgliedstaats zur Entscheidung über eine auf Ehescheidung, Trennung ohne Auflösung des Ehebands oder Ungültigerklärung der Ehe nach der Verordnung (EG) Nr. 2201/2003[35] angerufen, so sind unbeschadet des Absatzes 2 die Gerichte dieses Staates auch für Fragen des ehelichen Güterstands in Verbindung mit diesem Antrag zuständig.

(2) Die Zuständigkeit für Fragen des ehelichen Güterstands nach Absatz 1 unterliegt der Vereinbarung der Ehegatten, wenn das Gericht, das mit dem Antrag auf Ehescheidung, Trennung ohne Auflösung des Ehebands oder Ungültigerklärung der Ehe angerufen wird,

a) das Gericht eines Mitgliedstaats ist, in dem der Antragsteller nach Artikel 3 Absatz 1 Buchstabe a fünfter Gedankenstrich der Verordnung (EG) Nr. 2201/2003[36] seinen gewöhnlichen Aufenthalt hat und sich dort seit mindestens einem Jahr unmittelbar vor der Antragstellung aufgehalten hat,
b) das Gericht eines Mitgliedstaats ist, dessen Staatsangehörigkeit der Antragsteller nach Artikel 3 Absatz 1 Buchstabe a sechster Gedankenstrich der Verordnung (EG) Nr. 2201/2003[37] besitzt und in dem der Antragsteller seinen gewöhnlichen Aufenthalt hat und sich dort seit mindestens sechs Monaten unmittelbar vor der Antragstellung aufgehalten hat,
c) nach Artikel 5 der Verordnung (EG) Nr. 2201/2003[38] in Fällen der Umwandlung einer Trennung ohne Auflösung des Ehebands in eine Ehescheidung angerufen wird oder
d) nach Artikel 7 der Verordnung (EG) Nr. 2201/2003[39] in Fällen angerufen wird, in denen ihm eine Restzuständigkeit zukommt.

---

[31] Vgl. Erwägungsgründe (15) und (32) sowie Anm. 29.

[32] Vgl. Erwägungsgrund (33).

[33] EuErbVO, Nr. *61*.

[34] Vgl. Erwägungsgrund (34).

[35] Brüssel IIa-VO; seit 1.8.2022 ersetzt durch die Verordnung (EU) 2019/111 (Brüssel IIb-VO, Nr. *162*).

[36] Jetzt Art. 3 Abs. 1 lit. v Brüssel IIb-VO.

[37] Jetzt Art. 3 Abs. 1 lit. vi Brüssel IIb-VO.

[38] Jetzt Art. 5 Brüssel IIb-VO.

[39] Jetzt Art. 6 Abs. 1 Brüssel IIb-VO.

(3) Wird eine Vereinbarung nach Absatz 2 des vorliegenden Artikels geschlossen, bevor das Gericht in Bezug auf den ehelichen Güterstand angerufen wird, so muss die Vereinbarung den Anforderungen des Artikels 7 Absatz 2 entsprechen.

Art. 6.[40] **Zuständigkeit in anderen Fällen.** In Fällen, in denen kein Gericht eines Mitgliedstaats nach den Artikeln 4 und 5 zuständig ist, oder in anderen als den in diesen Artikeln geregelten Fällen sind für Entscheidungen über Fragen des ehelichen Güterstands die Gerichte des Mitgliedstaats zuständig,

a) in dessen Hoheitsgebiet die Ehegatten zum Zeitpunkt der Anrufung des Gerichts ihren gewöhnlichen Aufenthalt haben oder anderenfalls

b) in dessen Hoheitsgebiet die Ehegatten zuletzt ihren gewöhnlichen Aufenthalt hatten, sofern einer von ihnen zum Zeitpunkt der Anrufung des Gerichts dort noch seinen gewöhnlichen Aufenthalt hat, oder anderenfalls

c) in dessen Hoheitsgebiet der Antragsgegner zum Zeitpunkt der Anrufung des Gerichts seinen gewöhnlichen Aufenthalt hat oder anderenfalls

d) dessen Staatsangehörigkeit beide Ehegatten zum Zeitpunkt der Anrufung des Gerichts besitzen.

Art. 7.[41] **Gerichtsstandsvereinbarung.** (1) In den Fällen des Artikels 6 können die Parteien vereinbaren, dass die Gerichte des Mitgliedstaats, dessen Recht nach Artikel 22 oder Artikel 26 Absatz 1 Buchstabe a oder b anzuwenden ist, oder die Gerichte des Mitgliedstaats, in dem die Ehe geschlossen wurde, für Entscheidungen über Fragen ihres ehelichen Güterstands ausschließlich zuständig sind.

(2) Die in Absatz 1 genannte Vereinbarung bedarf der Schriftform, ist zu datieren und von den Parteien zu unterzeichnen. Elektronische Übermittlungen, die eine dauerhafte Aufzeichnung der Vereinbarung ermöglichen, sind der Schriftform gleichgestellt.

Art. 8. Zuständigkeit aufgrund rügeloser Einlassung. (1) Sofern das Gericht eines Mitgliedstaats, dessen Recht nach Artikel 22 oder Artikel 26 Absatz 1 Buchstabe a oder b anzuwenden ist, nicht bereits nach anderen Vorschriften dieser Verordnung zuständig ist, wird es zuständig, wenn sich der Beklagte vor ihm auf das Verfahren einlässt. Dies gilt nicht, wenn der Beklagte sich einlässt, um den Mangel der Zuständigkeit geltend zu machen, oder in den Fällen des Artikels 4 oder des Artikels 5 Absatz 1.

(2) Bevor sich das Gericht nach Absatz 1 für zuständig erklärt, stellt es sicher, dass der Beklagte über sein Recht, die Unzuständigkeit des Gerichts

[40] Vgl. Erwägungsgrund (35).
[41] Vgl. Erwägungsgründe (36) und (37).

geltend zu machen, und über die Folgen der Einlassung oder Nichteinlassung auf das Verfahren belehrt wird.

Art. 9.[42] **Alternative Zuständigkeit.** (1) Wenn ein Gericht eines Mitgliedstaats, das nach Artikel 4, 6, 7 oder 8 zuständig ist, feststellt, dass nach seinem Internationalen Privatrecht die streitgegenständliche Ehe für die Zwecke eines Verfahrens über den ehelichen Güterstand nicht anerkannt wird, kann es sich ausnahmsweise für unzuständig erklären. Beschließt das Gericht, sich für unzuständig zu erklären, so tut es das unverzüglich.

(2) Erklärt sich ein Gericht, das nach Artikel 4 oder 6 zuständig ist, für unzuständig und vereinbaren die Parteien, die Zuständigkeit den Gerichten eines anderen Mitgliedstaats nach Artikel 7 zu übertragen, so sind die Gerichte dieses Mitgliedstaats für Entscheidungen über den ehelichen Güterstand zuständig.

In anderen Fällen sind für Entscheidungen über den ehelichen Güterstand die Gerichte eines anderen Mitgliedstaats nach Artikel 6 oder 8 oder die Gerichte des Mitgliedstaats zuständig, in dem die Ehe geschlossen wurde.

(3) Dieser Artikel findet keine Anwendung, wenn die Parteien eine Ehescheidung, eine Trennung ohne Auflösung des Ehebands oder eine Ungültigerklärung der Ehe erwirkt haben, die im Mitgliedstaat des angerufenen Gerichts anerkannt werden kann.

Art. 10.[43] **Subsidiäre Zuständigkeit.** Ist kein Gericht eines Mitgliedstaats nach den Artikeln 4 bis 8 zuständig oder haben sich alle Gerichte nach Artikel 9 für unzuständig erklärt und ist kein Gericht nach Artikel 9 Absatz 2 zuständig, so sind die Gerichte eines Mitgliedstaats zuständig, in dessen Hoheitsgebiet unbewegliches Vermögen eines oder beider Ehegatten belegen ist; in diesem Fall ist das angerufene Gericht nur für Entscheidungen über dieses unbewegliche Vermögen zuständig.

Art. 11.[44] **Notzuständigkeit *(forum necessitatis)*.** Ist kein Gericht eines Mitgliedstaats nach den Artikeln 4, 5, 6, 7, 8 oder 10 zuständig oder haben sich alle Gerichte nach Artikel 9 für unzuständig erklärt und ist kein Gericht nach Artikel 9 Absatz 2 und Artikel 10 zuständig, so können die Gerichte eines Mitgliedstaats ausnahmsweise über den ehelichen Güterstand entscheiden, wenn es nicht zumutbar ist oder es sich als unmöglich erweist, ein Verfahren in einem Drittstaat, zu dem die Sache einen engen Bezug aufweist, einzuleiten oder zu führen.

Die Sache muss einen ausreichenden Bezug zu dem Mitgliedstaat des angerufenen Gerichts aufweisen.

---

[42] Vgl. Erwägungsgrund (38).
[43] Vgl. Erwägungsgrund (40).
[44] Vgl. Erwägungsgrund (41).

Art. 12. Widerklagen. Das Gericht, bei dem ein Verfahren aufgrund der Artikel 4, 5, 6, 7, 8, des Artikels 9 Absatz 2, des Artikels 10 oder des Artikels 11 anhängig ist, ist auch für eine Widerklage zuständig, sofern diese in den Anwendungsbereich dieser Verordnung fällt.

Art. 13. Beschränkung des Verfahrens. (1) Umfasst der Nachlass des Erblassers, der unter die Verordnung (EU) Nr. 650/2012 fällt, Vermögenswerte, die in einem Drittstaat belegen sind, so kann das in der Güterrechtssache angerufene Gericht auf Antrag einer der Parteien beschließen, über einen oder mehrere dieser Vermögenswerte nicht zu befinden, wenn zu erwarten ist, dass seine Entscheidung über diese Vermögenswerte in dem betreffenden Drittstaat nicht anerkannt oder gegebenenfalls nicht für vollstreckbar erklärt wird.

(2) Absatz 1 berührt nicht das Recht der Parteien, den Gegenstand des Verfahrens nach dem Recht des Mitgliedstaats des angerufenen Gerichts zu beschränken.

Art. 14. Anrufung eines Gerichts. Für die Zwecke dieses Kapitels gilt ein Gericht als angerufen

a) zu dem Zeitpunkt, zu dem das verfahrenseinleitende Schriftstück oder ein gleichwertiges Schriftstück bei Gericht eingereicht worden ist, vorausgesetzt, der Antragsteller hat es in der Folge nicht versäumt, die ihm obliegenden Maßnahmen zu treffen, um die Zustellung des Schriftstücks an den Antragsgegner zu bewirken,

b) falls die Zustellung vor Einreichung des Schriftstücks bei Gericht zu bewirken ist, zu dem Zeitpunkt, zu dem die für die Zustellung verantwortliche Stelle das Schriftstück erhalten hat, vorausgesetzt, der Antragsteller hat es in der Folge nicht versäumt, die ihm obliegenden Maßnahmen zu treffen, um das Schriftstück bei Gericht einzureichen, oder,

c) falls das Gericht das Verfahren von Amts wegen einleitet, zu dem Zeitpunkt, zu dem der Beschluss über die Einleitung des Verfahrens vom Gericht gefasst oder, wenn ein solcher Beschluss nicht erforderlich ist, zu dem Zeitpunkt, zu dem die Sache beim Gericht eingetragen worden ist.

Art. 15. Prüfung der Zuständigkeit. Das Gericht eines Mitgliedstaats, das in einer Güterrechtssache angerufen wird, für die es nach dieser Verordnung nicht zuständig ist, erklärt sich von Amts wegen für unzuständig.

Art. 16. Prüfung der Zulässigkeit. (1) Lässt sich der Beklagte, der seinen gewöhnlichen Aufenthalt in einem anderen Staat als dem Mitgliedstaat hat, in dem die Klage erhoben wurde, auf das Verfahren nicht ein, so setzt das nach dieser Verordnung zuständige Gericht das Verfahren so lange aus, bis festgestellt ist, dass es dem Beklagten möglich war, das verfahrenseinleitende Schriftstück oder ein gleichwertiges Schriftstück so rechtzeitig zu empfangen, dass er sich verteidigen konnte oder dass alle hierzu erforderlichen Maßnahmen getroffen wurden.

(2) Anstelle des Absatzes 1 des vorliegenden Artikels findet Artikel 19 der Verordnung (EG) Nr. 1393/2007 des Europäischen Parlaments und des Rates[45] Anwendung, wenn das verfahrenseinleitende Schriftstück oder ein gleichwertiges Schriftstück nach der genannten Verordnung von einem Mitgliedstaat in einen anderen zu übermitteln war.

(3) Ist die Verordnung (EG) Nr. 1393/2007 nicht anwendbar, so gilt Artikel 15 des Haager Übereinkommens vom 15. November 1965 über die Zustellung gerichtlicher und außergerichtlicher Schriftstücke im Ausland in Zivil- und Handelssachen,[46] wenn das verfahrenseinleitende Schriftstück oder ein gleichwertiges Schriftstück nach Maßgabe dieses Übereinkommens ins Ausland zu übermitteln war.

Art. 17.[47] **Rechtshängigkeit.** (1) Werden bei Gerichten verschiedener Mitgliedstaaten Verfahren wegen desselben Anspruchs zwischen denselben Parteien anhängig gemacht, so setzt das später angerufene Gericht das Verfahren von Amts wegen aus, bis die Zuständigkeit des zuerst angerufenen Gerichts feststeht.

(2) In den in Absatz 1 genannten Fällen teilt das in der Rechtssache angerufene Gericht auf Antrag eines anderen angerufenen Gerichts diesem unverzüglich mit, wann es angerufen wurde.

(3) Sobald die Zuständigkeit des zuerst angerufenen Gerichts feststeht, erklärt sich das später angerufene Gericht zugunsten dieses Gerichts für unzuständig.

Art. 18. Im Zusammenhang stehende Verfahren. (1) Sind bei Gerichten verschiedener Mitgliedstaaten Verfahren, die im Zusammenhang stehen, anhängig, so kann jedes später angerufene Gericht das Verfahren aussetzen.

(2) Sind die in Absatz 1 genannten Verfahren in erster Instanz anhängig, so kann sich jedes später angerufene Gericht auf Antrag einer Partei auch für unzuständig erklären, wenn das zuerst angerufene Gericht für die betreffenden Verfahren zuständig ist und die Verbindung der Verfahren nach seinem Recht zulässig ist.

(3) Für die Zwecke dieses Artikels gelten Verfahren als im Zusammenhang stehend, wenn zwischen ihnen eine so enge Beziehung gegeben ist, dass eine gemeinsame Verhandlung und Entscheidung geboten erscheint, um zu vermeiden, dass in getrennten Verfahren widersprechende Entscheidungen ergehen.

---

[45] ABl. L 324 v. 10.12.2007, S. 79. Anstelle von Art. 19 der Verordnung (EG) Nr. 1393/2007 gilt seit dem 1.7.2022 Art. 22 der Verordnung 2020/1784, abgedruckt unter Nr. *224*.

[46] Abgedruckt unter Nr. *211*.

[47] Vgl. Erwägungsgrund (42).

Art. 19. Einstweilige Maßnahmen einschließlich Sicherungsmaßnahmen. Die im Recht eines Mitgliedstaats vorgesehenen einstweiligen Maßnahmen einschließlich Sicherungsmaßnahmen können bei den Gerichten dieses Staates auch dann beantragt werden, wenn für die Entscheidung in der Hauptsache nach dieser Verordnung die Gerichte eines anderen Mitgliedstaats zuständig sind.

Kapitel III.[48] Anzuwendendes Recht

Art. 20.[49] Universelle Anwendung. Das nach dieser Verordnung bezeichnete Recht ist auch dann anzuwenden, wenn es nicht das Recht eines Mitgliedstaats ist.

Art. 21.[50] Einheit des anzuwendenden Rechts. Das gesamte Vermögen der Ehegatten unterliegt ungeachtet seiner Belegenheit dem gemäß Artikel 22 oder 26 auf den ehelichen Güterstand anzuwendenden Recht.

Art. 22.[51] Rechtswahl. (1) Die Ehegatten oder künftigen Ehegatten können das auf ihren ehelichen Güterstand anzuwendende Recht durch Vereinbarung bestimmen oder ändern, sofern es sich dabei um das Recht eines der folgenden Staaten handelt:

a) das Recht des Staates, in dem die Ehegatten oder künftigen Ehegatten oder einer von ihnen zum Zeitpunkt der Rechtswahl ihren/seinen gewöhnlichen Aufenthalt haben/hat, oder

b) das Recht eines Staates, dessen Staatsangehörigkeit einer der Ehegatten oder künftigen Ehegatten zum Zeitpunkt der Rechtswahl besitzt.

(2) Sofern die Ehegatten nichts anderes vereinbaren, gilt eine während der Ehe vorgenommene Änderung des auf den ehelichen Güterstand anzuwendenden Rechts nur für die Zukunft.

(3) Eine rückwirkende Änderung des anzuwendenden Rechts nach Absatz 2 darf die Ansprüche Dritter, die sich aus diesem Recht ableiten, nicht beeinträchtigen.

Art. 23.[52] Formgültigkeit der Rechtswahlvereinbarung. (1) Eine Vereinbarung nach Artikel 22 bedarf der Schriftform, ist zu datieren und von beiden Ehegatten zu unterzeichnen. Elektronische Übermittlungen, die eine dauerhafte Aufzeichnung der Vereinbarung ermöglichen, sind der Schriftform gleichgestellt.

---

[48] Vgl. Erwägungsgrund (43) S. 1 und 2.
[49] Vgl. Erwägungsgrund (44).
[50] Vgl. Erwägungsgrund (43) S. 3.
[51] Vgl. Erwägungsgründe (45) und (46).
[52] Vgl. Erwägungsgrund (47).

(2) Sieht das Recht des Mitgliedstaats, in dem beide Ehegatten zum Zeitpunkt der Rechtswahl ihren gewöhnlichen Aufenthalt haben, zusätzliche Formvorschriften für Vereinbarungen über den ehelichen Güterstand vor, so sind diese Formvorschriften anzuwenden.

(3) Haben die Ehegatten zum Zeitpunkt der Rechtswahl ihren gewöhnlichen Aufenthalt in verschiedenen Mitgliedstaaten und sieht das Recht beider Staaten unterschiedliche Formvorschriften für Vereinbarungen über den ehelichen Güterstand vor, so ist die Vereinbarung formgültig, wenn sie den Vorschriften des Rechts eines dieser Mitgliedstaaten genügt.

(4) Hat zum Zeitpunkt der Rechtswahl nur einer der Ehegatten seinen gewöhnlichen Aufenthalt in einem Mitgliedstaat und sind in diesem Staat zusätzliche Formvorschriften für Vereinbarungen über den ehelichen Güterstand vorgesehen, so sind diese Formvorschriften anzuwenden.

Art. 24.[53] **Einigung und materielle Wirksamkeit.** (1) Das Zustandekommen und die Wirksamkeit einer Rechtswahlvereinbarung oder einer ihrer Bestimmungen bestimmen sich nach dem Recht, das nach Artikel 22 anzuwenden wäre, wenn die Vereinbarung oder die Bestimmung wirksam wäre.

(2) Ein Ehegatte kann sich jedoch für die Behauptung, er habe der Vereinbarung nicht zugestimmt, auf das Recht des Staates berufen, in dem er zum Zeitpunkt der Anrufung des Gerichts seinen gewöhnlichen Aufenthalt hat, wenn sich aus den Umständen ergibt, dass es nicht angemessen wäre, die Wirkung seines Verhaltens nach dem in Absatz 1 bezeichneten Recht zu bestimmen.

Art. 25.[54] **Formgültigkeit einer Vereinbarung über den ehelichen Güterstand.** (1) Die Vereinbarung über den ehelichen Güterstand bedarf der Schriftform, ist zu datieren und von beiden Ehegatten zu unterzeichnen. Elektronische Übermittlungen, die eine dauerhafte Aufzeichnung der Vereinbarung ermöglichen, sind der Schriftform gleichgestellt.

(2) Sieht das Recht des Mitgliedstaats, in dem beide Ehegatten zum Zeitpunkt der Vereinbarung ihren gewöhnlichen Aufenthalt haben, zusätzliche Formvorschriften für Vereinbarungen über den ehelichen Güterstand vor, so sind diese Formvorschriften anzuwenden.

Haben die Ehegatten zum Zeitpunkt der Vereinbarung ihren gewöhnlichen Aufenthalt in verschiedenen Mitgliedstaaten und sieht das Recht beider Staaten unterschiedliche Formvorschriften für Vereinbarungen über den ehelichen Güterstand vor, so ist die Vereinbarung formgültig, wenn sie den Vorschriften des Rechts eines dieser Mitgliedstaaten genügt.

Hat zum Zeitpunkt der Vereinbarung nur einer der Ehegatten seinen gewöhnlichen Aufenthalt in einem Mitgliedstaat und sind in diesem Staat

---

[53] Vgl. Erwägungsgrund (47).
[54] Vgl. Erwägungsgrund (48).

zusätzliche Formvorschriften für Vereinbarungen über den ehelichen Güterstand vorgesehen, so sind diese Formvorschriften anzuwenden.

(3) Sieht das auf den ehelichen Güterstand anzuwendende Recht zusätzliche Formvorschriften vor, so sind diese Formvorschriften anzuwenden.

Art. 26.[55] Mangels Rechtswahl der Parteien anzuwendendes Recht.
(1) Mangels einer Rechtswahlvereinbarung nach Artikel 22 unterliegt der eheliche Güterstand dem Recht des Staates,

a) in dem die Ehegatten nach der Eheschließung ihren ersten gemeinsamen gewöhnlichen Aufenthalt haben, oder anderenfalls

b) dessen Staatsangehörigkeit beide Ehegatten zum Zeitpunkt der Eheschließung besitzen, oder anderenfalls

c) mit dem die Ehegatten unter Berücksichtigung aller Umstände zum Zeitpunkt der Eheschließung gemeinsam am engsten verbunden sind.

(2) Besitzen die Ehegatten zum Zeitpunkt der Eheschließung mehr als eine gemeinsame Staatsangehörigkeit, findet nur Absatz 1 Buchstaben a und c Anwendung.

(3) Ausnahmsweise kann das Gericht, das für Fragen des ehelichen Güterstands zuständig ist, auf Antrag eines der Ehegatten entscheiden, dass das Recht eines anderen Staates als des Staates, dessen Recht nach Absatz 1 Buchstabe a anzuwenden ist, für den ehelichen Güterstand gilt, sofern der Antragsteller nachweist, dass

a) die Ehegatten ihren letzten gemeinsamen gewöhnlichen Aufenthalt in diesem anderen Staat über einen erheblich längeren Zeitraum als in dem in Absatz 1 Buchstabe a bezeichneten Staat hatten und

b) beide Ehegatten auf das Recht dieses anderen Staates bei der Regelung oder Planung ihrer vermögensrechtlichen Beziehungen vertraut hatten.

Das Recht dieses anderen Staates gilt ab dem Zeitpunkt der Eheschließung, es sei denn, ein Ehegatte ist damit nicht einverstanden. In diesem Fall gilt das Recht dieses anderen Staates ab Begründung des letzten gemeinsamen gewöhnlichen Aufenthalts in diesem anderen Staat.

Die Anwendung des Rechts des anderen Staates darf die Rechte Dritter, die sich auf das nach Absatz 1 Buchstabe a anzuwendende Recht gründen, nicht beeinträchtigen.

Dieser Absatz gilt nicht, wenn die Ehegatten vor der Begründung ihres letzten gemeinsamen gewöhnlichen Aufenthalts in diesem anderen Staat eine Vereinbarung über den ehelichen Güterstand getroffen haben.

Art. 27.[56] Reichweite des anzuwendenden Rechts. Das nach dieser Verordnung auf den ehelichen Güterstand anzuwendende Recht regelt unter anderem

---

[55] Vgl. Erwägungsgründe (49)–(51).

a) die Einteilung des Vermögens eines oder beider Ehegatten in verschiedene Kategorien während und nach der Ehe;

b) die Übertragung von Vermögen von einer Kategorie in die andere;

c) die Haftung des einen Ehegatten für die Verbindlichkeiten und Schulden des anderen;

d) die Befugnisse, Rechte und Pflichten eines oder beider Ehegatten in Bezug auf das Vermögen;

e) die Auflösung des ehelichen Güterstands und die Teilung, Aufteilung oder Abwicklung des Vermögens;

f) die Wirkungen des ehelichen Güterstands auf ein Rechtsverhältnis zwischen einem Ehegatten und Dritten und

g) die materielle Wirksamkeit einer Vereinbarung über den ehelichen Güterstand.

Art. 28.[57] **Wirkungen gegenüber Dritten.** (1) Ungeachtet des Artikels 27 Buchstabe f darf ein Ehegatte in einer Streitigkeit zwischen einem Dritten und einem oder beiden Ehegatten das für den ehelichen Güterstand maßgebende Recht dem Dritten nicht entgegenhalten, es sei denn, der Dritte hatte Kenntnis von diesem Recht oder hätte bei gebührender Sorgfalt davon Kenntnis haben müssen.

(2) Es wird davon ausgegangen, dass der Dritte diese Kenntnis von dem auf den ehelichen Güterstand anzuwendenden Recht hat, wenn

a) dieses Recht das Recht des Staates ist,

   i) dessen Recht auf das Rechtsgeschäft zwischen einem Ehegatten und dem Dritten anzuwenden ist,

   ii) in dem der vertragschließende Ehegatte und der Dritte ihren gewöhnlichen Aufenthalt haben oder

   iii) in dem die Vermögensgegenstände – im Fall von unbeweglichem Vermögen – belegen sind,

   oder

b) ein Ehegatte die geltenden Anforderungen an die Publizität oder Registrierung des ehelichen Güterstands eingehalten hat, die vorgesehen sind im Recht des Staates,

   i) dessen Recht auf das Rechtsgeschäft zwischen einem Ehegatten und dem Dritten anzuwenden ist,

   ii) in dem der vertragschließende Ehegatte und der Dritte ihren gewöhnlichen Aufenthalt haben oder

   iii) in dem die Vermögensgegenstände – im Fall von unbeweglichem Vermögen – belegen sind.

---

[56] Vgl. Erwägungsgrund (52) S. 1 und 2.
[57] Vgl. Erwägungsgrund (52) S. 3 und 4.

(3) Kann ein Ehegatte das für seinen ehelichen Güterstand maßgebende Recht einem Dritten nach Absatz 1 nicht entgegenhalten, so unterliegen die Wirkungen des ehelichen Güterstands gegenüber dem Dritten dem Recht des Staates,

a) dessen Recht auf das Rechtsgeschäft zwischen einem Ehegatten und dem Dritten anzuwenden ist oder

b) in dem die Vermögensgegenstände – im Fall von unbeweglichem Vermögen – belegen sind oder, im Fall eingetragener Vermögenswerte oder im Fall von Rechten, in dem diese Vermögenswerte oder Rechte eingetragen sind.

Art. 29.[58] **Anpassung dinglicher Rechte.** Macht eine Person ein dingliches Recht geltend, das ihr nach dem auf den ehelichen Güterstand anzuwendenden Recht zusteht, und kennt das Recht des Mitgliedstaats, in dem das Recht geltend gemacht wird, das betreffende dingliche Recht nicht, so ist dieses Recht soweit erforderlich und möglich an das in der Rechtsordnung dieses Mitgliedstaats am ehesten vergleichbare Recht anzupassen, wobei die mit dem besagten dinglichen Recht verfolgten Ziele und Interessen und die mit ihm verbundenen Wirkungen zu berücksichtigen sind.

Art. 30.[59] **Eingriffsnormen.** (1) Diese Verordnung berührt nicht die Anwendung der Eingriffsnormen des Rechts des angerufenen Gerichts.

(2) Eine Eingriffsnorm ist eine Vorschrift, deren Einhaltung von einem Mitgliedstaat als so entscheidend für die Wahrung seines öffentlichen Interesses, insbesondere seiner politischen, sozialen oder wirtschaftlichen Ordnung, angesehen wird, dass sie ungeachtet des nach Maßgabe dieser Verordnung auf den ehelichen Güterstand anzuwendenden Rechts auf alle Sachverhalte anzuwenden ist, die in ihren Anwendungsbereich fallen.

Art. 31.[60] **Öffentliche Ordnung *(ordre public)*.** Die Anwendung einer Vorschrift des nach dieser Verordnung bezeichneten Rechts eines Staates darf nur versagt werden, wenn ihre Anwendung mit der öffentlichen Ordnung *(ordre public)* des Staates des angerufenen Gerichts offensichtlich unvereinbar ist.

Art. 32. Ausschluss der Rück- und Weiterverweisung. Unter dem nach dieser Verordnung anzuwendenden Recht eines Staates sind die in diesem Staat geltenden Rechtsnormen mit Ausnahme seines Internationalen Privatrechts zu verstehen.

---

[58] Vgl. Erwägungsgründe (25)–(26).
[59] Vgl. Erwägungsgrund (53).
[60] Vgl. Erwägungsgrund (54).

Art. 33.[61] **Staaten mit mehr als einem Rechtssystem – interlokale Kollisionsvorschriften.** (1) Verweist diese Verordnung auf das Recht eines Staates, der mehrere Gebietseinheiten umfasst, von denen jede eigene Rechtsvorschriften für eheliche Güterstände hat, so bestimmen die internen Kollisionsvorschriften dieses Staates die Gebietseinheit, deren Rechtsvorschriften anzuwenden sind.

(2) In Ermangelung solcher internen Kollisionsvorschriften gilt:

a) Jede Bezugnahme auf das Recht des in Absatz 1 genannten Staates ist für die Bestimmung des anzuwendenden Rechts aufgrund von Vorschriften, die sich auf den gewöhnlichen Aufenthalt der Ehegatten beziehen, als Bezugnahme auf das Recht der Gebietseinheit zu verstehen, in der die Ehegatten ihren gewöhnlichen Aufenthalt haben.

b) Jede Bezugnahme auf das Recht des in Absatz 1 genannten Staates ist für die Bestimmung des anzuwendenden Rechts aufgrund von Vorschriften, die sich auf die Staatsangehörigkeit der Ehegatten beziehen, als Bezugnahme auf das Recht der Gebietseinheit zu verstehen, zu der die Ehegatten die engste Verbindung haben.

c) Jede Bezugnahme auf das Recht des in Absatz 1 genannten Staates ist für die Bestimmung des anzuwendenden Rechts aufgrund sonstiger Bestimmungen, die sich auf andere Anknüpfungspunkte beziehen, als Bezugnahme auf das Recht der Gebietseinheit zu verstehen, in der sich der einschlägige Anknüpfungspunkt befindet.

Art. 34.[62] **Staaten mit mehr als einem Rechtssystem – interpersonale Kollisionsvorschriften.** Gelten in einem Staat für die ehelichen Güterstände zwei oder mehr Rechtssysteme oder Regelwerke für verschiedene Personengruppen, so ist jede Bezugnahme auf das Recht dieses Staates als Bezugnahme auf das Rechtssystem oder das Regelwerk zu verstehen, das die in diesem Staat geltenden Vorschriften zur Anwendung berufen. In Ermangelung solcher Vorschriften ist das Rechtssystem oder das Regelwerk anzuwenden, zu dem die Ehegatten die engste Verbindung haben.

Art. 35. Nichtanwendung dieser Verordnung auf innerstaatliche Kollisionen. Ein Mitgliedstaat, der mehrere Gebietseinheiten umfasst, von denen jede ihre eigenen Rechtsvorschriften für eheliche Güterstände hat, ist nicht verpflichtet, diese Verordnung auf Kollisionen zwischen den Rechtsordnungen dieser Gebietseinheiten anzuwenden.

---

[61] Vgl. Erwägungsgrund (55).

[62] Vgl. Erwägungsgrund (55). Zum Verfahren der Vollstreckbarerklärung in *Deutschland* vgl. ergänzend §§ 4 ff. IntGüRVG v. 17.12.2018 (Nr. *33a*).

Kapitel IV.[63] Anerkennung, Vollstreckbarkeit und Vollstreckung von Entscheidungen

Art. 36. Anerkennung. (1) Die in einem Mitgliedstaat ergangenen Entscheidungen werden in den anderen Mitgliedstaaten anerkannt, ohne dass es hierfür eines besonderen Verfahrens bedarf.

(2) Jede Partei, die die Anerkennung einer Entscheidung zu einem zentralen Element des Streitgegenstands macht, kann in den Verfahren der Artikel 44 bis 57 die Anerkennung der Entscheidung beantragen.[64]

(3) Hängt der Ausgang eines Verfahrens vor dem Gericht eines Mitgliedstaats von der Entscheidung über die inzidente Frage der Anerkennung ab, so ist dieses Gericht für die Entscheidung über die Anerkennung zuständig.

Art. 37. Gründe für die Nichtanerkennung. Eine Entscheidung wird nicht anerkannt, wenn

a) die Anerkennung der öffentlichen Ordnung *(ordre public)* des Mitgliedstaats, in dem sie beantragt wird, offensichtlich widersprechen würde;

b) dem Beklagten, der sich auf das Verfahren nicht eingelassen hat, das verfahrenseinleitende Schriftstück oder ein gleichwertiges Schriftstück nicht so rechtzeitig und in einer Weise zugestellt worden ist, dass er sich verteidigen konnte, es sei denn, der Beklagte hat die Entscheidung nicht angefochten, obwohl er die Möglichkeit dazu hatte;

c) sie mit einer Entscheidung unvereinbar ist, die in einem Verfahren zwischen denselben Parteien in dem Mitgliedstaat, in dem die Anerkennung beantragt wird, ergangen ist;

d) sie mit einer früheren Entscheidung unvereinbar ist, die in einem anderen Mitgliedstaat oder in einem Drittstaat in einem Verfahren zwischen denselben Parteien wegen desselben Anspruchs ergangen ist, sofern die frühere Entscheidung die notwendigen Voraussetzungen für ihre Anerkennung in dem Mitgliedstaat, in dem die Anerkennung geltend gemacht wird, erfüllt.

Art. 38. Grundrechte. Artikel 37 dieser Verordnung ist von den Gerichten und anderen zuständigen Behörden der Mitgliedstaaten unter Beachtung der in der Charta anerkannten Grundrechte und Grundsätze anzuwenden, insbesondere des Grundsatzes der Nichtdiskriminierung in Artikel 21 der Charta.

Art. 39. Ausschluss der Nachprüfung der Zuständigkeit des Gerichts des Ursprungsmitgliedstaats. (1) Die Zuständigkeit des Gerichts des Ursprungsmitgliedstaats darf nicht nachgeprüft werden.

---

[63] Vgl. Erwägungsgrund (56).

[64] Vgl. in *Deutschland* ergänzend §§ 21, 22 ff. IntGüRVG v. 17.12.2018 (Nr. *33a*).

(2) Das Kriterium der öffentlichen Ordnung *(ordre public)* in Artikel 37 findet keine Anwendung auf die Zuständigkeitsvorschriften in den Artikeln 4 bis 11.

Art. 40. Ausschluss der Nachprüfung in der Sache. Die in einem Mitgliedstaat ergangene Entscheidung darf keinesfalls in der Sache selbst nachgeprüft werden.

Art. 41. Aussetzung des Anerkennungsverfahrens. Das Gericht eines Mitgliedstaats, vor dem die Anerkennung einer in einem anderen Mitgliedstaat ergangenen Entscheidung geltend gemacht wird, kann das Verfahren aussetzen, wenn im Ursprungsmitgliedstaat gegen die Entscheidung ein ordentlicher Rechtsbehelf eingelegt worden ist.

Art. 42. Vollstreckbarkeit. Die in einem Mitgliedstaat ergangenen und in diesem Staat vollstreckbaren Entscheidungen sind in einem anderen Mitgliedstaat vollstreckbar, wenn sie auf Antrag eines Berechtigten dort nach den Verfahren der Artikel 44 bis 57 für vollstreckbar erklärt worden sind.

Art. 43. Bestimmung des Wohnsitzes. Ist zu entscheiden, ob eine Partei für die Zwecke der Verfahren nach den Artikeln 44 bis 57 im Hoheitsgebiet des Vollstreckungsmitgliedstaats einen Wohnsitz hat, so wendet das befasste Gericht sein innerstaatliches Recht an.

Art. 44.[65] **Örtlich zuständiges Gericht.** (1) Der Antrag auf Vollstreckbarerklärung ist an das Gericht oder die zuständige Behörde des Vollstreckungsmitgliedstaats zu richten, die der Kommission nach Artikel 64 von diesem Mitgliedstaat mitgeteilt wurden.

(2) Die örtliche Zuständigkeit wird durch den Ort des Wohnsitzes der Partei, gegen die die Vollstreckung erwirkt werden soll, oder durch den Ort, an dem die Vollstreckung durchgeführt werden soll, bestimmt.

Art. 45.[66] **Verfahren.** (1) Für das Verfahren der Antragstellung ist das Recht des Vollstreckungsmitgliedstaats maßgebend.

(2) Von dem Antragsteller kann nicht verlangt werden, dass er im Vollstreckungsmitgliedstaat über eine Postanschrift oder einen bevollmächtigten Vertreter verfügt.

(3) Dem Antrag sind die folgenden Schriftstücke beizufügen:

a) eine Ausfertigung der Entscheidung, die die für die Feststellung ihrer Beweiskraft erforderlichen Voraussetzungen erfüllt;

b) die Bescheinigung, die von dem Gericht oder der zuständigen Behörde des Ursprungsmitgliedstaats[67] unter Verwendung des – nach dem Bera-

---

[65] Vgl. in *Deutschland* ergänzend § 4 IntGüRVG v. 17.12.2018 (Nr. *33a*).

[66] Vgl. in *Deutschland* ergänzend §§ 5 ff. IntGüRVG v. 17.12.2018 (Nr. *33a*).

tungsverfahren nach Artikel 67 Absatz 2 erstellten – Formulars ausgestellt wurde, unbeschadet des Artikels 46.

Art. 46. Nichtvorlage der Bescheinigung. (1) Wird die Bescheinigung nach Artikel 45 Absatz 3 Buchstabe b nicht vorgelegt, kann das Gericht oder die sonst befugte Stelle eine Frist bestimmen, innerhalb deren die Bescheinigung vorzulegen ist, oder eine gleichwertige Urkunde akzeptieren oder von der Vorlage der Bescheinigung absehen, wenn es bzw. sie keinen weiterer Klärungsbedarf sieht.

(2) Auf Verlangen des Gerichts oder der zuständigen Behörde ist eine Übersetzung oder Transkription der Schriftstücke vorzulegen. Die Übersetzung ist von einer Person zu erstellen, die zur Anfertigung von Übersetzungen in einem der Mitgliedstaaten befugt ist.

Art. 47.[68] **Vollstreckbarerklärung.** Sobald die in Artikel 45 vorgesehenen Förmlichkeiten erfüllt sind, wird die Entscheidung unverzüglich für vollstreckbar erklärt, ohne dass eine Prüfung nach Artikel 37 erfolgt. Die Partei, gegen die die Vollstreckung erwirkt werden soll, erhält in diesem Abschnitt des Verfahrens keine Gelegenheit, eine Erklärung abzugeben.

Art. 48.[69] **Mitteilung der Entscheidung über den Antrag auf Vollstreckbarerklärung.** (1) Die Entscheidung über den Antrag auf Vollstreckbarerklärung wird dem Antragsteller unverzüglich nach dem Verfahren mitgeteilt, das das Recht des Vollstreckungsmitgliedstaats vorsieht.

(2) Die Vollstreckbarerklärung und, soweit dies noch nicht geschehen ist, die Entscheidung werden der Partei, gegen die die Vollstreckung erwirkt werden soll, zugestellt.

Art. 49.[70] **Rechtsbehelf gegen die Entscheidung über den Antrag auf Vollstreckbarerklärung.** (1) Gegen die Entscheidung über den Antrag auf Vollstreckbarerklärung kann jede Partei einen Rechtsbehelf einlegen.

(2) Der Rechtsbehelf wird bei dem Gericht eingelegt, das der betreffende Mitgliedstaat der Kommission nach Artikel 64 mitgeteilt hat.

(3) Über den Rechtsbehelf wird nach den Vorschriften entschieden, die für Verfahren mit beiderseitigem rechtlichem Gehör maßgebend sind.

(4) Lässt sich die Partei, gegen die die Vollstreckung erwirkt werden soll, auf das Verfahren vor dem mit dem Rechtsbehelf des Antragstellers befassten Gericht nicht ein, so ist Artikel 16 auch dann anzuwenden, wenn die Partei, gegen die die Vollstreckung erwirkt werden soll, in keinem Mitgliedstaat einen Wohnsitz hat.

---

[67] Zur Zuständigkeit in *Deutschland* siehe § 27 IntGüRVG (Nr. *33a*).
[68] Vgl. in *Deutschland* ergänzend §§ 8, 9 IntGüRVG v. 17.12.2018 (Nr. *33a*).
[69] Vgl. in *Deutschland* ergänzend § 10 IntGüRVG v. 17.12.2018 (Nr. *33a*).
[70] Vgl. in *Deutschland* ergänzend §§ 11, 12 IntGüRVG v. 17.12.2018 (Nr. *33a*).

(5) Der Rechtsbehelf gegen die Vollstreckbarerklärung ist innerhalb von 30 Tagen nach ihrer Zustellung einzulegen. Hat die Partei, gegen die die Vollstreckung erwirkt werden soll, ihren Wohnsitz im Hoheitsgebiet eines anderen Mitgliedstaats als dem, in dem die Vollstreckbarerklärung ergangen ist, so beträgt die Frist für den Rechtsbehelf 60 Tage und beginnt mit dem Tag, an dem die Vollstreckbarerklärung ihr entweder persönlich oder in ihrer Wohnung zugestellt worden ist. Eine Verlängerung dieser Frist wegen weiter Entfernung ist ausgeschlossen.

Art. 50.[71] **Rechtsbehelf gegen die Entscheidung über den Rechtsbehelf.** Gegen die über den Rechtsbehelf ergangene Entscheidung kann ein Rechtsbehelf nur nach dem Verfahren eingelegt werden, das der betreffende Mitgliedstaat der Kommission nach Artikel 64 mitgeteilt hat.

Art. 51. Versagung oder Aufhebung einer Vollstreckbarerklärung. Die Vollstreckbarerklärung darf von dem mit einem Rechtsbehelf nach Artikel 49 oder 50 befassten Gericht nur aus einem der in Artikel 37 aufgeführten Gründe versagt oder aufgehoben werden. Das Gericht erlässt seine Entscheidung unverzüglich.

Art. 52. Aussetzung des Verfahrens. Das nach Artikel 49 oder 50 mit dem Rechtsbehelf befasste Gericht setzt das Verfahren auf Antrag der Partei, gegen die die Vollstreckung erwirkt werden soll, aus, wenn die Entscheidung im Ursprungsmitgliedstaat wegen der Einlegung eines Rechtsbehelfs vorläufig nicht vollstreckbar ist.

Art. 53.[72] **Einstweilige Maßnahmen einschließlich Sicherungsmaßnahmen.** (1) Ist eine Entscheidung nach diesem Kapitel anzuerkennen, so ist der Antragsteller nicht daran gehindert, einstweilige Maßnahmen einschließlich Sicherungsmaßnahmen nach dem Recht des Vollstreckungsmitgliedstaats in Anspruch zu nehmen, ohne dass es einer Vollstreckbarerklärung nach Artikel 47 bedarf.

(2) Die Vollstreckbarerklärung umfasst von Rechts wegen die Befugnis, alle Sicherungsmaßnahmen zu veranlassen.

(3) Solange die in Artikel 49 Absatz 5 vorgesehene Frist für den Rechtsbehelf gegen die Vollstreckbarerklärung läuft und solange über den Rechtsbehelf nicht entschieden ist, darf die Zwangsvollstreckung in das Vermögen der Partei, gegen die die Vollstreckung erwirkt werden soll, nicht über Sicherungsmaßnahmen hinausgehen.

Art. 54. Teilvollstreckbarkeit. (1) Ist durch die Entscheidung über mehrere Ansprüche erkannt worden und kann die Vollstreckbarerklärung nicht

---

[71] Vgl. in *Deutschland* ergänzend §§ 13, 14 IntGüRVG v. 17.12.2018 (Nr. *33a*).

[72] Art. 53 Abs. 1 berichtigt gem. ABl. L 167/36 v. 4.7.2018.

für alle Ansprüche erteilt werden, so erteilt das Gericht oder die zuständige Behörde sie für einen oder mehrere dieser Ansprüche.

(2) Der Antragsteller kann beantragen, dass die Vollstreckbarerklärung nur für einen Teil des Gegenstands der Entscheidung erteilt wird.

Art. 55. Prozesskostenhilfe. Ist dem Antragsteller im Ursprungsmitgliedstaat ganz oder teilweise Prozesskostenhilfe oder Kosten- oder Gebührenbefreiung gewährt worden, so genießt er im Vollstreckbarerklärungsverfahren hinsichtlich der Prozesskostenhilfe oder der Kosten- oder Gebührenbefreiung die günstigste Behandlung, die das Recht des Vollstreckungsmitgliedstaats vorsieht.

Art. 56. Keine Sicherheitsleistung oder Hinterlegung. Der Partei, die in einem Mitgliedstaat die Anerkennung, Vollstreckbarerklärung oder Vollstreckung einer in einem anderen Mitgliedstaat ergangenen Entscheidung beantragt, darf wegen ihrer Eigenschaft als Ausländer oder wegen Fehlens eines inländischen Wohnsitzes oder Aufenthalts im Vollstreckungsmitgliedstaat keine Sicherheitsleistung oder Hinterlegung, unter welcher Bezeichnung es auch sei, auferlegt werden.

Art. 57. Keine Stempelabgaben oder Gebühren. Im Vollstreckungsmitgliedstaat dürfen in Vollstreckbarerklärungsverfahren keine nach dem Streitwert abgestuften Stempelabgaben oder Gebühren erhoben werden.

Kapitel V.[73] Öffentliche Urkunden und gerichtliche Vergleiche

Art. 58. Annahme öffentlicher Urkunden. (1) Eine in einem Mitgliedstaat errichtete öffentliche Urkunde hat in einem anderen Mitgliedstaat die gleiche formelle Beweiskraft wie im Ursprungsmitgliedstaat oder die damit am ehesten vergleichbare Wirkung, sofern das der öffentlichen Ordnung *(ordre public)* des betreffenden Mitgliedstaats nicht offensichtlich widerspricht.

Eine Person, die eine öffentliche Urkunde in einem anderen Mitgliedstaat verwenden möchte, kann die Behörde, die die öffentliche Urkunde im Ursprungsmitgliedstaat errichtet, ersuchen, das nach dem Beratungsverfahren nach Artikel 67 Absatz 2 erstellte Formblatt auszufüllen, das die formelle Beweiskraft der öffentlichen Urkunde in ihrem Ursprungsmitgliedstaat beschreibt.

(2) Einwände gegen die Authentizität einer öffentlichen Urkunde sind bei den Gerichten des Ursprungsmitgliedstaats zu erheben; über diese Einwände wird nach dem Recht dieses Staates entschieden. Eine öffentliche Urkunde, gegen die solche Einwände erhoben wurden, entfaltet in einem

---

[73] Vgl. zu diesem Kapitel die Erwägungsgründe (57)–(63); dazu in *Deutschland* ergänzend §§ 31, 32 IntGüRVG v. 17.12.2018 (Nr. *33a*).

anderen Mitgliedstaat keine Beweiskraft, solange die Sache bei dem zuständigen Gericht anhängig ist.

(3) Einwände gegen die in einer öffentlichen Urkunde beurkundeten Rechtsgeschäfte oder Rechtsverhältnisse sind bei den nach dieser Verordnung zuständigen Gerichten zu erheben; über diese Einwände wird nach dem nach Kapitel III anzuwendenden Recht entschieden. Eine öffentliche Urkunde, gegen die solche Einwände erhoben wurden, entfaltet in einem anderen als dem Ursprungsmitgliedstaat hinsichtlich des bestrittenen Umstands keine Beweiskraft, solange die Sache bei dem zuständigen Gericht anhängig ist.

(4) Hängt der Ausgang eines Verfahrens vor dem Gericht eines Mitgliedstaats von der Klärung einer Vorfrage im Zusammenhang mit den in einer öffentlichen Urkunde beurkundeten Rechtsgeschäften oder Rechtsverhältnissen betreffend den ehelichen Güterstand ab, so ist dieses Gericht für die Entscheidung über diese Vorfrage zuständig.

Art. 59. Vollstreckbarkeit öffentlicher Urkunden. (1) Öffentliche Urkunden, die im Ursprungsmitgliedstaat vollstreckbar sind, werden in einem anderen Mitgliedstaat auf Antrag eines Berechtigten nach den Verfahren der Artikel 44 bis 57 für vollstreckbar erklärt.

(2) Für die Zwecke des Artikels 45 Absatz 3 Buchstabe b stellt die Behörde, die die öffentliche Urkunde errichtet hat, auf Antrag eines Berechtigten eine Bescheinigung unter Verwendung des nach dem Beratungsverfahren nach Artikel 67 Absatz 2 erstellten Formblatts aus.

(3) Die Vollstreckbarerklärung wird von dem mit einem Rechtsbehelf nach Artikel 49 oder 50 befassten Gericht nur versagt oder aufgehoben, wenn die Vollstreckung der öffentlichen Urkunde der öffentlichen Ordnung *(ordre public)* des Vollstreckungsmitgliedstaats offensichtlich widersprechen würde.

Art. 60. Vollstreckbarkeit gerichtlicher Vergleiche. (1) Gerichtliche Vergleiche, die im Ursprungsmitgliedstaat vollstreckbar sind, werden in einem anderen Mitgliedstaat auf Antrag eines Berechtigten nach den Verfahren der Artikel 44 bis 57 für vollstreckbar erklärt.

(2) Für die Zwecke des Artikels 45 Absatz 3 Buchstabe b stellt das Gericht, das den Vergleich gebilligt hat oder vor dem der Vergleich geschlossen wurde, auf Antrag eines Berechtigten eine Bescheinigung unter Verwendung des nach dem Beratungsverfahren nach Artikel 67 Absatz 2 erstellten Formblatts aus.

(3) Die Vollstreckbarerklärung wird von dem mit einem Rechtsbehelf nach Artikel 49 oder 50 befassten Gericht nur versagt oder aufgehoben, wenn die Vollstreckung des gerichtlichen Vergleichs der öffentlichen Ordnung *(ordre public)* des Vollstreckungsmitgliedstaats offensichtlich widersprechen würde.

Kapitel VI. Allgemeine und Schlussbestimmungen

Art. 61. Legalisation oder ähnliche Förmlichkeiten. Im Rahmen dieser Verordnung bedarf es für Urkunden, die in einem Mitgliedstaat ausgestellt werden, weder der Legalisation noch einer ähnlichen Förmlichkeit.

Art. 62.[74] **Verhältnis zu bestehenden internationalen Übereinkünften.** (1) Diese Verordnung lässt unbeschadet der Verpflichtungen der Mitgliedstaaten nach Artikel 351 AEUV die Anwendung bilateraler oder multilateraler Übereinkünfte unberührt, denen ein oder mehrere Mitgliedstaaten zum Zeitpunkt des Erlasses dieser Verordnung oder eines Beschlusses nach Artikel 331 Absatz 1 Unterabsatz 2 oder 3 AEUV angehören und die Bereiche betreffen, die in dieser Verordnung geregelt sind.

(2) Ungeachtet des Absatzes 1 hat diese Verordnung im Verhältnis zwischen den Mitgliedstaaten Vorrang vor Übereinkünften, denen die Mitgliedstaaten angehören und die Bereiche betreffen, die in dieser Verordnung geregelt sind.

(3) Diese Verordnung steht der Anwendung des Übereinkommens vom 6. Februar 1931 zwischen Dänemark, Finnland, Island, Norwegen und Schweden mit Bestimmungen des Internationalen Privatrechts über Eheschließung, Adoption und Vormundschaft in der Fassung von 2006, des Übereinkommens vom 19. November 1934 zwischen Dänemark, Finnland, Island, Norwegen und Schweden mit Bestimmungen des Internationalen Privatrechts über Rechtsnachfolge von Todes wegen, Testamente und Nachlassverwaltung in der Fassung von Juni 2012 und des Übereinkommens vom 11. Oktober 1977 zwischen Dänemark, Finnland, Island, Norwegen und Schweden über die Anerkennung und Vollstreckung von Entscheidungen in Zivilsachen durch die ihnen angehörenden Mitgliedstaaten nicht entgegen, soweit sie vereinfachte und zügigere Verfahren für die Anerkennung und Vollstreckung von Entscheidungen in Fragen des ehelichen Güterstands vorsehen.

Art. 63.[75] **Informationen für die Öffentlichkeit.** Die Mitgliedstaaten übermitteln der Kommission eine kurze Zusammenfassung ihrer nationalen Vorschriften und Verfahren betreffend die ehelichen Güterstände, einschließlich Informationen zu der Art von Behörde, die für Fragen des ehelichen Güterstands zuständig ist, und zu den Wirkungen gegenüber Dritten gemäß Artikel 28, damit die betreffenden Informationen der Öffentlichkeit im Rahmen des Europäischen Justiziellen Netzes für Zivil- und Handelssachen zur Verfügung gestellt werden können.

Die Mitgliedstaaten halten die Informationen stets auf dem neuesten Stand.

---

[74] Vgl. Erwägungsgründe (65) und (66).
[75] Vgl. Erwägungsgrund (67).

Art. 64.[76] **Angaben zu Kontaktdaten und Verfahren.** (1) Die Mitgliedstaaten teilen der Kommission bis zum 29. April 2018 Folgendes mit:

a) die für Anträge auf Vollstreckbarerklärung gemäß Artikel 44 Absatz 1 und für Rechtsbehelfe gegen Entscheidungen über derartige Anträge gemäß Artikel 49 Absatz 2 zuständigen Gerichte oder Behörden;

b) die in Artikel 50 genannten Rechtsbehelfe gegen die Entscheidung über den Rechtsbehelf.

Die Mitgliedstaaten unterrichten die Kommission über spätere Änderungen dieser Informationen.

(2) Die Kommission veröffentlicht die nach Absatz 1 übermittelten Angaben im Amtsblatt der Europäischen Union, mit Ausnahme der Anschriften und sonstigen Kontaktdaten der in Absatz 1 Buchstabe a genannten Gerichte und Behörden.

(3) Die Kommission stellt der Öffentlichkeit alle nach Absatz 1 übermittelten Angaben auf geeignete Weise, insbesondere über das Europäische Justizielle Netz für Zivil- und Handelssachen, zur Verfügung.

Art. 65. Erstellung und spätere Änderung der Liste der in Artikel 3 Absatz 2 vorgesehenen Informationen. (1) Die Kommission erstellt anhand der Mitteilungen der Mitgliedstaaten die Liste der in Artikel 3 Absatz 2 genannten anderen Behörden und Angehörigen von Rechtsberufen.

(2) Die Mitgliedstaaten teilen der Kommission spätere Änderungen der in dieser Liste enthaltenen Angaben mit. Die Kommission ändert die Liste entsprechend.

(3) Die Kommission veröffentlicht die Liste und etwaige spätere Änderungen im Amtsblatt der Europäischen Union.

(4) Die Kommission stellt der Öffentlichkeit alle nach den Absätzen 1 und 2 mitgeteilten Angaben auf andere geeignete Weise, insbesondere über das Europäische Justizielle Netz für Zivil- und Handelssachen, zur Verfügung.

Art. 66.[77] **Erstellung und spätere Änderung der Bescheinigungen und der Formblätter nach Artikel 45 Absatz 3 Buchstabe b und den Artikeln 58, 59 und 60.** Die Kommission erlässt Durchführungsrechtsakte zur Erstellung und späteren Änderung der Bescheinigungen und der Formblätter nach Artikel 45 Absatz 3 Buchstabe b und den Artikeln 58, 59 und 60. Diese Durchführungsrechtsakte werden nach dem in Artikel 67 Absatz 2 genannten Beratungsverfahren erlassen.

---

[76] Die der Kommission von den einzelnen Mitgliedstaaten übermittelten Informationen sind online abrufbar im Europäischen Gerichtsatlas für Zivilsachen (Homepage des Europäischen Justizportals: https://e-justice.europa.eu/559/DE/matters_of_matrimonial_property_regimes).

[77] Vgl. Erwägungsgrund (68).

Art. 67. Ausschussverfahren. (1) Die Kommission wird von einem Ausschuss unterstützt. Dieser Ausschuss ist ein Ausschuss im Sinne der Verordnung (EU) Nr. 182/2011.

(2) Wird auf diesen Absatz Bezug genommen, so gilt Artikel 4 der Verordnung (EU) Nr. 182/2011.

Art. 68. Überprüfungsklausel. (1) Die Kommission legt dem Europäischen Parlament, dem Rat und dem Europäischen Wirtschafts- und Sozialausschuss bis zum 29. Januar 2027 einen Bericht über die Anwendung dieser Verordnung vor. Dem Bericht werden gegebenenfalls Vorschläge zur Änderung dieser Verordnung beigefügt.

(2) Die Kommission legt dem Europäischen Parlament, dem Rat und dem Europäischen Wirtschafts- und Sozialausschuss bis zum 29. Januar 2024 einen Bericht über die Anwendung der Artikel 9 und 38 dieser Verordnung vor. In diesem Bericht wird insbesondere bewertet, inwieweit die genannten Artikel den Zugang zur Justiz sichergestellt haben.

(3) Für die Zwecke der in den Absätzen 1 und 2 genannten Berichte übermitteln die Mitgliedstaaten der Kommission sachdienliche Angaben zu der Anwendung dieser Verordnung durch ihre Gerichte.

Art. 69.[78] **Übergangsbestimmungen.** (1) Diese Verordnung ist vorbehaltlich der Absätze 2 und 3 nur auf Verfahren, öffentliche Urkunden und gerichtliche Vergleiche anzuwenden, die am 29. Januar 2019 oder danach eingeleitet, förmlich errichtet oder eingetragen beziehungsweise gebilligt oder geschlossen worden sind.

(2) Ist das Verfahren im Ursprungsmitgliedstaat vor dem 29. Januar 2019 eingeleitet worden, so werden am oder nach diesem Tag ergangene Entscheidungen nach Maßgabe des Kapitels IV anerkannt und vollstreckt, soweit die angewandten Zuständigkeitsvorschriften mit denen des Kapitels II übereinstimmen.

(3) Kapitel III gilt nur für Ehegatten, die am 29. Januar 2019 oder danach die Ehe eingegangen sind oder eine Rechtswahl bezüglich des auf ihren Güterstand anzuwendenden Rechts getroffen haben.

Art. 70. Inkrafttreten. (1) Diese Verordnung tritt am zwanzigsten Tag nach ihrer Veröffentlichung im Amtsblatt der Europäischen Union in Kraft.

(2) Diese Verordnung gilt in den Mitgliedstaaten, die an der durch Beschluss (EU) 2016/954 begründeten Verstärkten Zusammenarbeit im Bereich der Zuständigkeit, des anzuwendenden Rechts und der Anerkennung und Vollstreckung von Entscheidungen in Fragen der Güterstände internationaler Paare (eheliche Güterstände und Güterstände eingetragener Partnerschaften) teilnehmen.

---

[78] Art. 69 Abs. 2 und 3 berichtigt gem. ABl. L 113/62 v. 29.4.2017.

Sie gilt ab 29. Januar 2019 mit Ausnahme der Artikel 63 und 64, die ab 29. April 2018 gelten, und der Artikel 65, 66 und 67, die ab 29. Juli 2016 gelten. Für diejenigen Mitgliedstaaten, die sich aufgrund eines nach Artikel 331 Absatz 1 Unterabsatz 2 oder Unterabsatz 3 AEUV angenommenen Beschlusses der Verstärkten Zusammenarbeit anschließen, gilt diese Verordnung ab dem in dem betreffenden Beschluss angegebenen Tag.

Diese Verordnung ist in allen ihren Teilen verbindlich und gilt gemäß den Verträgen unmittelbar in den teilnehmenden Mitgliedstaaten.

33a. Internationales Güterrechtsverfahrensgesetz (IntGüRVG)

Vom 17. Dezember 2018[1] (BGBl. I, S. 2573)

Abschnitt 1. Anwendungsbereich, allgemeine Bestimmungen

§ 1. Anwendungsbereich. (1) Dieses Gesetz regelt die Durchführung der Verordnung (EU) 2016/1103 des Rates vom 24. Juni 2016 zur Durchführung einer Verstärkten Zusammenarbeit im Bereich der Zuständigkeit, des anzuwendenden Rechts und der Anerkennung und Vollstreckung von Entscheidungen in Fragen des ehelichen Güterstands (ABl. L 183 vom 8.7.2016, S. 1; L 113 vom 29.4.2017, S. 62; L 167 vom 4.7.2018, S. 36) und der Verordnung (EU) 2016/1104 des Rates vom 24. Juni 2016 zur Durchführung einer Verstärkten Zusammenarbeit im Bereich der Zuständigkeit, des anzuwendenden Rechts und der Anerkennung und Vollstreckung von Entscheidungen in Fragen güterrechtlicher Wirkungen eingetragener Partnerschaften (ABl. L 183 vom 8.7.2016, S. 30; L 113 vom 29.4.2017, S. 62).

(2) Mitgliedstaaten im Sinne dieses Gesetzes sind die Mitgliedstaaten der Europäischen Union, die an der Verstärkten Zusammenarbeit zu den beiden Güterrechtsverordnungen teilnehmen.

§ 2. Allgemeine gerichtliche Verfahrensvorschriften. Auf gerichtliche Verfahren sind die Vorschriften des Gesetzes über das Verfahren in Familiensachen und in den Angelegenheiten der freiwilligen Gerichtsbarkeit anzuwenden, soweit in der Verordnung (EU) 2016/1103 und der Verordnung (EU) 2016/1104 sowie in diesem Gesetz nichts anderes bestimmt ist.

Abschnitt. 2. Bürgerliche Streitigkeiten

§ 3. Örtliche Zuständigkeiten; Rechtsverordnung. (1) Ergibt sich in Fragen des ehelichen Güterstands oder in Fragen güterrechtlicher Wirkun-

[1] Das Gesetz ist mit Geltung der EuGüVO am 29.1.2019 in Kraft getreten, vgl. § 10.

gen eingetragener Partnerschaften die internationale Zuständigkeit deutscher Gerichte, so ist folgendes Gericht örtlich zuständig:

1. im Fall des Artikels 4 der Verordnung (EU) 2016/1103 oder des Artikels 4 der Verordnung (EU) 2016/1104, ausschließlich das Gericht, das nach § 2 des Internationalen Erbrechtsverfahrensgesetzes angerufen worden ist;
2. im Fall des Artikels 5 Absatz 1 oder Absatz 2 der Verordnung (EU) 2016/1103 ausschließlich das Gericht, das nach § 122 des Gesetzes über das Verfahren in Familiensachen und in den Angelegenheiten der freiwilligen Gerichtsbarkeit in der Sache angerufen worden ist;
3. im Fall des Artikels 5 Absatz 1 der Verordnung (EU) 2016/1104 ausschließlich das Gericht, das nach §§ 122, 270 des Gesetzes über das Verfahren in Familiensachen und in den Angelegenheiten der freiwilligen Gerichtsbarkeit in der Lebenspartnerschaftssache angerufen worden ist;
4. im Fall des Artikels 6 der Verordnung (EU) 2016/1103 oder des Artikels 6 Buchstabe a bis d der Verordnung (EU) 2016/1104 in dieser Reihenfolge:
   a) das Gericht des Ortes, an dem
      aa) die Ehegatten oder eingetragenen Partner ihren gewöhnlichen Aufenthalt haben;
      bb) die Ehegatten oder eingetragenen Partner zuletzt ihren gewöhnlichen Aufenthalt hatten, sofern einer von ihnen zum Zeitpunkt der Anrufung des Gerichts ihn dort noch hat;
      cc) der Antragsgegner zum Zeitpunkt der Anrufung des Gerichts seinen gewöhnlichen Aufenthalt hat, oder
   b) das Amtsgericht Schöneberg in Berlin.
5. im Fall des Artikels 6 Buchstabe e der Verordnung (EU) 2016/1104 das Gericht, in dessen Bezirk die eingetragene Partnerschaft begründet worden ist;
6. im Fall des Artikels 7 Absatz 1 der Verordnung (EU) 2016/1103 oder des Artikels 7 Absatz 1 der Verordnung (EU) 2016/1104 ausschließlich das Gericht, das die Beteiligten bestimmt haben. Ist kein Gericht bestimmt, so gelten für die örtliche Zuständigkeit die Nummern 4 und 5 entsprechend;
7. im Fall des Artikels 9 Absatz 2 erster Unterabsatz der Verordnung (EU) 2016/1103 oder des Artikels 9 Absatz 2 erster Unterabsatz der Verordnung (EU) 2016/1104, gilt für die örtliche Zuständigkeit Nummer 6 entsprechend; in den Fällen internationaler Zuständigkeit nach Artikel 9 Absatz 2 zweiter Unterabsatz der Verordnung (EU) 2016/1103 oder nach Artikel 9 Absatz 2 zweiter Unterabsatz der Verordnung (EU) 2016/1104 gelten für die örtliche Zuständigkeit die Nummern 4 oder 5 entsprechend, wobei in Fällen der Verordnung (EU) 2016/1103 Num-

mer 4 nur die Zuständigkeit des Gerichts am Ort der Eheschließung ergänzt wird.

8. im Fall des Artikels 10 der Verordnung (EU) 2016/1103 oder des Artikels 10 der Verordnung (EU) 2016/1104 das Gericht des Ortes, an dem das unbewegliche Vermögen belegen ist;
9. im Fall des Artikels 11 der Verordnung (EU) 2016/1103 oder des Artikels 11 der Verordnung (EU) 2016/1104 das Amtsgericht Schöneberg in Berlin.

(2) Die Landesregierungen werden ermächtigt, die Zuständigkeiten nach Absatz 1 Nummer 4, 5, 7, soweit es in dieser Nummer auf den Ort der Eheschließung ankommt, und Absatz 1 Nummer 8 und 9 durch Rechtsverordnung einem anderen Gericht des Oberlandesgerichtsbezirks oder, wenn in einem Land mehrere Oberlandesgerichte errichtet sind, einem Gericht für die Bezirke aller oder mehrerer Oberlandesgerichte zuzuweisen. Die Landesregierungen können diese Ermächtigung durch Rechtsverordnung auf die Landesjustizverwaltungen übertragen.

Abschnitt. 3. Zulassung der Zwangsvollstreckung ausländischer Titel, Anerkennungsfeststellung

Unterabschnitt 1. Vollstreckbarkeit ausländischer Titel

§ 4. Zuständigkeit; Rechtsverordnung. (1) Sachlich zuständig für die Vollstreckbarerklärung von Titeln aus einem anderen Mitgliedstaat ist ausschließlich das Amtsgericht.

(2) Örtlich zuständig ist ausschließlich das Amtsgericht am Sitz des Oberlandesgerichts, in dessen Bezirk der Schuldner seinen Wohnsitz hat oder in dessen Bezirk die Zwangsvollstreckung durchgeführt werden soll.

(3) Die Landesregierungen werden ermächtigt, die örtliche Zuständigkeit durch Rechtsverordnung einem anderen Amtsgericht des Oberlandesgerichtsbezirks oder, wenn in einem Land mehrere Oberlandesgerichte errichtet sind, einem Amtsgericht für die Bezirke aller oder mehrerer Oberlandesgerichte zuzuweisen. Die Landesregierungen können diese Ermächtigung durch Rechtsverordnung auf die Landesjustizverwaltungen übertragen.

(4) In einem Verfahren, das die Vollstreckbarerklärung einer notariellen Urkunde aus einem anderen Mitgliedstaat zum Gegenstand hat, kann diese Urkunde auch von einem Notar für vollstreckbar erklärt werden. Die Vorschriften für das Verfahren der Vollstreckbarerklärung durch ein Gericht gelten sinngemäß.

§ 5. Zulassung zur Zwangsvollstreckung; Antragstellung. (1) Der in einem anderen Mitgliedstaat vollstreckbare Titel wird dadurch zur Zwangsvollstreckung zugelassen, dass er auf Antrag mit der Vollstreckungsklausel versehen wird.

(2) Der Antrag auf Erteilung der Vollstreckungsklausel kann bei dem zuständigen Gericht schriftlich eingereicht oder mündlich zu Protokoll der Geschäftsstelle erklärt werden.

(3) Ist der Antrag nicht in deutscher Sprache abgefasst, so kann das Gericht von dem Antragsteller eine Übersetzung verlangen, deren Richtigkeit von einer in einem Mitgliedstaat der Europäischen Union oder in einem anderen Vertragsstaat des Abkommens über den Europäischen Wirtschaftsraum hierzu befugten Person bestätigt worden ist.

(4) Der Ausfertigung des Titels, der mit der Vollstreckungsklausel versehen werden soll, und seiner Übersetzung, sofern eine solche vorgelegt wird, sollen je zwei Abschriften beigefügt werden.

§ 6. Verfahren. (1) Die Entscheidung über den Antrag ergeht ohne mündliche Verhandlung. Jedoch kann eine mündliche Erörterung mit dem Antragsteller oder seinem Bevollmächtigten stattfinden, wenn der Antragsteller oder der Bevollmächtigte hiermit einverstanden ist und die Erörterung der Beschleunigung des Verfahrens dient.

(2) Im ersten Rechtszug ist die Vertretung durch einen Rechtsanwalt nicht erforderlich.

§ 7. Vollstreckbarkeit ausländischer Titel in Sonderfällen. Hängt die Zwangsvollstreckung nach dem Inhalt des Titels von einer dem Gläubiger obliegenden Sicherheitsleistung, von dem Ablauf einer Frist oder dem Eintritt einer anderen Tatsache ab oder wird die Erteilung der Vollstreckungsklausel zugunsten eines anderen als des in dem Titel bezeichneten Gläubigers oder gegen einen anderen als den darin bezeichneten Schuldner beantragt, so ist die Frage, inwieweit die Zulassung der Zwangsvollstreckung von dem Nachweis besonderer Voraussetzungen abhängig ist oder ob der Titel zugunsten oder gegen den anderen vollstreckbar ist, nach dem Recht des Mitgliedstaates zu entscheiden, in dem der Titel errichtet ist.

§ 8. Entscheidung. (1) Ist die Zwangsvollstreckung aus dem Titel zuzulassen, so beschließt das Gericht, dass der Titel mit der Vollstreckungsklausel zu versehen ist. In dem Beschluss ist die zu vollstreckende Verpflichtung in deutscher Sprache wiederzugeben. Zur Begründung des Beschlusses genügt in der Regel die Bezugnahme auf die Verordnung (EU) 2016/1103 oder die Verordnung (EU) 2016/1104 sowie auf die von dem Antragsteller vorgelegten Urkunden. Auf die Kosten des Verfahrens ist § 788 der Zivilprozessordnung entsprechend anzuwenden.

(2) Ist der Antrag auf Erteilung der Vollstreckungsklausel nicht zulässig oder nicht begründet, so lehnt ihn das Gericht durch Beschluss ab. Der Beschluss ist zu begründen. Die Kosten sind dem Antragsteller aufzuerlegen.

§ 9. Vollstreckungsklausel. (1) Auf Grund des Beschlusses nach § 8 Absatz 1 erteilt der Urkundsbeamte der Geschäftsstelle die Vollstreckungsklausel in folgender Form:

„Vollstreckungsklausel nach § 5 des Internationalen Güterrechtsverfahrensgesetzes vom 17. Dezember 2018 (BGBl. I S. 2573). Gemäß dem Beschluss des … (Bezeichnung des Gerichts und des Beschlusses) ist die Zwangsvollstreckung aus … (Bezeichnung des Titels) zugunsten … (Bezeichnung des Gläubigers) gegen … (Bezeichnung des Schuldners) zulässig.

Die zu vollstreckende Verpflichtung lautet:

… (Angabe der dem Schuldner aus dem ausländischen Titel obliegenden Verpflichtung in deutscher Sprache; aus dem Beschluss nach § 8 Absatz 1 Satz 2 zu übernehmen).

Die Zwangsvollstreckung darf über Maßregeln zur Sicherung nicht hinausgehen, bis der Gläubiger eine gerichtliche Anordnung oder ein Zeugnis darüber vorlegt, dass die Zwangsvollstreckung unbeschränkt stattfinden darf."

Lautet der Titel auf Leistung von Geld, so ist der Vollstreckungsklausel folgender Zusatz anzufügen:

„Solange die Zwangsvollstreckung über Maßregeln zur Sicherung nicht hinausgehen darf, kann der Schuldner die Zwangsvollstreckung durch Leistung einer Sicherheit in Höhe von … (Angabe des Betrages, wegen dessen der Gläubiger vollstrecken darf) abwenden."

(2) Wird die Zwangsvollstreckung nicht für alle der in dem ausländischen Titel niedergelegten Ansprüche oder nur für einen Teil des Gegenstands der Verpflichtung zugelassen, so ist die Vollstreckungsklausel als „Teil-Vollstreckungsklausel nach § 5 des Internationalen Güterrechtsverfahrensgesetzes vom 17. Dezember 2018 (BGBl. I S. 2573)" zu bezeichnen.

(3) Die Vollstreckungsklausel ist von dem Urkundsbeamten der Geschäftsstelle zu unterschreiben und mit dem Gerichtssiegel zu versehen. Sie ist entweder auf die Ausfertigung des Titels oder auf ein damit zu verbindendes Blatt zu setzen. Falls eine Übersetzung des Titels vorliegt, ist sie mit der Ausfertigung zu verbinden.

§ 10. Bekanntgabe der Entscheidung. (1) Lässt das Gericht die Zwangsvollstreckung aus dem Titel zu, sind dem Antragsgegner eine beglaubigte Abschrift des Beschlusses, des mit der Vollstreckungsklausel versehenen Titels und gegebenenfalls seiner Übersetzung sowie der gemäß § 8 Absatz 1 Satz 3 in Bezug genommenen Urkunden von Amts wegen zuzustellen. Dem Antragsteller sind eine beglaubigte Abschrift des Beschlusses, die mit der Vollstreckungsklausel versehene Ausfertigung des Titels sowie eine Bescheinigung über die bewirkte Zustellung zu übersenden.

(2) Lehnt das Gericht den Antrag auf Erteilung der Vollstreckungsklausel ab, ist der Beschluss dem Antragsteller zuzustellen.

Unterabschnitt 2. Beschwerde; Rechtsbeschwerde

§ 11. Beschwerdegericht; Einlegung der Beschwerde. (1) Beschwerdegericht ist das Oberlandesgericht.

(2) Die Beschwerde gegen die im ersten Rechtszug ergangene Entscheidung über den Antrag auf Erteilung der Vollstreckungsklausel wird bei dem Gericht, dessen Beschluss angefochten wird, durch Einreichen einer Beschwerdeschrift eingelegt. Der Beschwerdeschrift soll die für ihre Zustellung erforderliche Zahl von Abschriften beigefügt werden.

(3) § 61 des Gesetzes über das Verfahren in Familiensachen und in den Angelegenheiten der freiwilligen Gerichtsbarkeit ist nicht anzuwenden.

(4) Die Beschwerde ist dem Beschwerdegegner von Amts wegen zuzustellen.

§ 12. Beschwerdeverfahren und Entscheidung über die Beschwerde. (1) Das Beschwerdegericht entscheidet durch Beschluss, der mit Gründen zu versehen ist und ohne mündliche Verhandlung ergehen kann. Der Beschwerdegegner ist vor der Entscheidung zu hören.

(2) Wird die mündliche Verhandlung angeordnet, so gilt für die Ladung § 215 der Zivilprozessordnung.

(3) Eine vollständige Ausfertigung des Beschlusses ist dem Antragsteller und dem Antragsgegner auch dann von Amts wegen zuzustellen, wenn der Beschluss verkündet worden ist.

(4) Soweit auf Grund des Beschlusses die Zwangsvollstreckung aus dem Titel erstmals zuzulassen ist, erteilt der Urkundsbeamte der Geschäftsstelle des Beschwerdegerichts die Vollstreckungsklausel. § 8 Absatz 1 Satz 2 bis 4 sowie die §§ 9 und 10 Absatz 1 sind entsprechend anzuwenden. Ein Zusatz, dass die Zwangsvollstreckung über Maßregeln zur Sicherung nicht hinausgehen darf (§ 9 Absatz 1), ist nur aufzunehmen, wenn das Beschwerdegericht eine Anordnung nach § 18 Absatz 2 erlassen hat. Der Inhalt des Zusatzes bestimmt sich nach dem Inhalt der Anordnung.

§ 13. Rechtsbeschwerde. (1) Gegen den Beschluss des Beschwerdegerichts findet die Rechtsbeschwerde statt, wenn sie das Beschwerdegericht in dem Beschluss zugelassen hat

(2) Die Rechtsbeschwerdefrist beginnt mit der Zustellung des Beschlusses (§ 12 Absatz 3).

(3) § 75 des Gesetzes über das Verfahren in Familiensachen und in den Angelegenheiten der freiwilligen Gerichtsbarkeit ist nicht anzuwenden.

§ 14. Entscheidung über die Rechtsbeschwerde. Soweit die Zwangsvollstreckung aus dem Titel erstmals durch das Rechtsbeschwerdegericht zugelassen wird, erteilt der Urkundsbeamte der Geschäftsstelle dieses Gerichts die Vollstreckungsklausel. § 8 Absatz 1 Satz 2 bis 4 sowie die §§ 9 und 10 Absatz 1 gelten entsprechend. Ein Zusatz über die Beschränkung der Zwangsvollstreckung entfällt.

Unterabschnitt 3. Beschränkung der Zwangsvollstreckung auf Sicherungsmaßregeln und unbeschränkte Fortsetzung der Zwangsvollstreckung

§ 15. Einwände gegen die Beschränkung auf Maßregeln zur Sicherung. Einwendungen des Schuldners, dass bei der Zwangsvollstreckung die Beschränkung auf Maßregeln zur Sicherung nach der Verordnung (EU) 2016/1103 oder der Verordnung 2016/1104 oder auf Grund einer Anordnung gemäß § 18 Absatz 2 nicht eingehalten werde, oder Einwendungen des Gläubigers, dass eine bestimmte Maßnahme der Zwangsvollstreckung mit dieser Beschränkung vereinbar sei, sind im Wege der Erinnerung nach § 766 der Zivilprozessordnung bei dem Vollstreckungsgericht (§ 764 der Zivilprozessordnung) geltend zu machen.

§ 16. Sicherheitsleistung durch den Schuldner. (1) Solange die Zwangsvollstreckung aus einem Titel, der auf Leistung von Geld lautet, nicht über Maßregeln zur Sicherung hinausgehen darf, ist der Schuldner befugt, die Zwangsvollstreckung durch Leistung einer Sicherheit in Höhe des Betrages abzuwenden, wegen dessen der Gläubiger vollstrecken darf.

(2) Die Zwangsvollstreckung ist einzustellen und bereits getroffene Vollstreckungsmaßregeln sind aufzuheben, wenn der Schuldner durch eine öffentliche Urkunde die zur Abwendung der Zwangsvollstreckung erforderliche Sicherheitsleistung nachweist.

§ 17. Versteigerung beweglicher Sachen. Ist eine bewegliche Sache gepfändet und darf die Zwangsvollstreckung nicht über Maßregeln zur Sicherung hinausgehen, so kann das Vollstreckungsgericht auf Antrag des Gläubigers oder des Schuldners anordnen, dass die Sache versteigert und der Erlös hinterlegt wird, wenn sie der Gefahr einer beträchtlichen Wertminderung ausgesetzt ist oder wenn ihre Aufbewahrung unverhältnismäßige Kosten verursacht.

§ 18. Unbeschränkte Fortsetzung der Zwangsvollstreckung; besondere gerichtliche Anordnungen. (1) Weist das Beschwerdegericht die Beschwerde des Schuldners gegen die Zulassung der Zwangsvollstreckung zurück oder lässt es auf die Beschwerde des Gläubigers die Zwangsvollstreckung aus dem Titel zu, so kann die Zwangsvollstreckung über Maßregeln zur Sicherung hinaus fortgesetzt werden.

(2) Auf Antrag des Schuldners kann das Beschwerdegericht anordnen, dass bis zum Ablauf der Frist zur Einlegung der Rechtsbeschwerde oder bis zur Entscheidung über die Rechtsbeschwerde die Zwangsvollstreckung nicht oder nur gegen Sicherheitsleistung über Maßregeln zur Sicherung hinausgehen darf. Die Anordnung darf nur erlassen werden, wenn der

Schuldner glaubhaft macht, dass ihm die weiter gehende Vollstreckung einen nicht zu ersetzenden Nachteil bringen würde. § 713 der Zivilprozessordnung ist entsprechend anzuwenden.

(3) Wird Rechtsbeschwerde eingelegt, so kann das Rechtsbeschwerdegericht auf Antrag des Schuldners eine Anordnung nach Absatz 2 erlassen. Das Rechtsbeschwerdegericht kann auf Antrag des Gläubigers eine nach Absatz 2 erlassene Anordnung des Beschwerdegerichts abändern oder aufheben.

§ 19. Unbeschränkte Fortsetzung der durch das Gericht des ersten Rechtszuges zugelassenen Zwangsvollstreckung. (1) Die Zwangsvollstreckung aus dem für vollstreckbar erklärten Titel ist auf Antrag des Gläubigers über Maßregeln zur Sicherung hinaus fortzusetzen, wenn dem Urkundsbeamten der Geschäftsstelle dieses Gerichts ein Zeugnis darüber vorgelegt wird, dass die Zwangsvollstreckung unbeschränkt stattfinden darf.

(2) Das Zeugnis ist dem Gläubiger auf seinen Antrag zu erteilen, wenn

1. der Schuldner bis zum Ablauf der Beschwerdefrist keine Beschwerdeschrift eingereicht hat,
2. das Beschwerdegericht die Beschwerde des Schuldners zurückgewiesen und keine Anordnung nach § 18 Absatz 2 erlassen hat,
3. das Rechtsbeschwerdegericht die Anordnung des Beschwerdegerichts aufgehoben hat (§ 18 Absatz 3 Satz 2) oder
4. das Rechtsbeschwerdegericht den Titel zur Zwangsvollstreckung zugelassen hat.

§ 20. Unbeschränkte Fortsetzung der durch das Beschwerdegericht zugelassenen Zwangsvollstreckung. (1) Die Zwangsvollstreckung aus dem Titel, zu dem der Urkundsbeamte der Geschäftsstelle des Beschwerdegerichts die Vollstreckungsklausel mit dem Zusatz erteilt hat, dass die Zwangsvollstreckung auf Grund der Anordnung des Gerichts nicht über Maßregeln zur Sicherung hinausgehen darf (§ 12 Absatz 4 Satz 3), ist auf Antrag des Gläubigers über Maßregeln zur Sicherung hinaus fortzusetzen, wenn dem Urkundsbeamten der Geschäftsstelle dieses Gerichts ein Zeugnis darüber vorgelegt wird, dass die Zwangsvollstreckung unbeschränkt stattfinden darf.

(2) Das Zeugnis ist dem Gläubiger auf seinen Antrag zu erteilen, wenn

1. der Schuldner bis zum Ablauf der Frist zur Einlegung der Rechtsbeschwerde keine Beschwerdeschrift eingereicht hat,
2. das Rechtsbeschwerdegericht die Anordnung des Beschwerdegerichts aufgehoben hat (§ 18 Absatz 3 Satz 2) oder
3. das Rechtsbeschwerdegericht die Rechtsbeschwerde des Schuldners zurückgewiesen hat.

Unterabschnitt 4. Feststellung der Anerkennung einer ausländischen Entscheidung

§ 21. Verfahren. (1) Auf das Verfahren, das die Feststellung zum Gegenstand hat, ob eine gerichtliche Entscheidung aus einem anderen Mitgliedstaat anzuerkennen ist, sind die §§ 4 bis 6, 8, 10 bis 12 Absatz 1 bis 3, sowie die §§ 13 und 14 entsprechend anzuwenden.

(2) Ist der Antrag auf Feststellung begründet, so beschließt das Gericht, die Entscheidung anzuerkennen.

§ 22. Kostenentscheidung. Im Fall der Anerkennung einer Entscheidung sind die Kosten dem Antragsgegner aufzuerlegen. Dieser kann die Beschwerde (§ 11) auf die Entscheidung über die Kosten beschränken. In diesem Fall sind die Kosten dem Antragsteller aufzuerlegen, wenn der Antragsgegner durch sein Verhalten keine Veranlassung zu dem Antrag auf Feststellung gegeben hat.

Unterabschnitt 5. Vollstreckungsabwehrklage; besonderes Aufhebungs- und Änderungsverfahren; Schadenersatz

§ 23. Vollstreckungsabwehrklage. (1) Ist die Zwangsvollstreckung aus einem Titel zugelassen, so kann der Schuldner Einwendungen gegen den Anspruch selbst in einem Verfahren nach § 767 der Zivilprozessordnung geltend machen. Handelt es sich bei dem Titel um eine gerichtliche Entscheidung, ist dies nur zulässig, wenn die Gründe, auf denen die Einwendungen beruhen, erst nach dem Erlass der Entscheidung entstanden sind.

(2) Die Klage ist bei dem Gericht zu erheben, das über den Antrag auf Erteilung der Vollstreckungsklausel entschieden hat.

§ 24. Verfahren nach Aufhebung oder Änderung eines für vollstreckbar erklärten ausländischen Titels. (1) Wird der Titel in dem Mitgliedstaat, in dem er errichtet worden ist, aufgehoben oder geändert und kann der Schuldner diese Tatsache in dem Verfahren auf Zulassung des Titels zur Zwangsvollstreckung nicht mehr geltend machen, so kann er die Aufhebung oder Änderung der Zulassung in einem selbständigen Verfahren beantragen.

(2) Für die Entscheidung über den Antrag ist das Gericht ausschließlich zuständig, das im ersten Rechtszug über den Antrag auf Erteilung der Vollstreckungsklausel entschieden hat.

(3) Der Antrag kann bei dem Gericht schriftlich oder zu Protokoll der Geschäftsstelle gestellt werden. Über den Antrag kann ohne mündliche Verhandlung entschieden werden. Die Entscheidung ergeht durch Beschluss. Vor der Entscheidung ist der Gläubiger zu hören. § 12 Absatz 2 und 3 gilt entsprechend.

(4) Der Beschluss unterliegt der Beschwerde. § 61 des Gesetzes über das Verfahren in Familiensachen und in den Angelegenheiten der freiwilligen

Gerichtsbarkeit ist nicht anzuwenden. Die Beschwerde ist binnen einer Frist von zwei Wochen nach schriftlicher Bekanntgabe des Beschlusses an den Schuldner einzulegen. Die Entscheidung über die Beschwerde ist unanfechtbar.

(5) Für die Einstellung der Zwangsvollstreckung und die Aufhebung bereits getroffener Vollstreckungsmaßregeln sind die §§ 769 und 770 der Zivilprozessordnung entsprechend anzuwenden. Die Aufhebung einer Vollstreckungsmaßregel ist auch ohne Sicherheitsleistung zulässig.

§ 25. Verfahren nach Aufhebung oder Änderung einer anerkannten ausländischen Entscheidung. Wird die Entscheidung in dem Mitgliedstaat, in dem sie ergangen ist, aufgehoben oder abgeändert und kann der davon begünstigte Beteiligte diese Tatsache nicht mehr in dem Verfahren über den Antrag auf Feststellung der Anerkennung geltend machen, so ist § 24 Absatz 1 bis 4 entsprechend anzuwenden.

§ 26. Schadensersatzpflicht des Gläubigers. (1) Wird die Zulassung zur Zwangsvollstreckung auf Grund der Beschwerde (§ 11) oder der Rechtsbeschwerde (§ 13) aufgehoben oder abgeändert, so ist der Gläubiger zum Ersatz des Schadens verpflichtet, der dem Schuldner durch die Vollstreckung oder durch eine Leistung zur Abwendung der Vollstreckung entstanden ist. Das Gleiche gilt, wenn die Zulassung zur Zwangsvollstreckung nach § 24 aufgehoben oder abgeändert wird, soweit die zur Zwangsvollstreckung zugelassene Entscheidung zum Zeitpunkt der Zulassung nach dem Recht des Mitgliedstaates, in dem sie ergangen ist, noch mit einem ordentlichen Rechtsmittel angefochten werden konnte.

(2) Für die Entscheidung über den Anspruch auf Schadensersatz ist das Gericht ausschließlich zuständig, das im ersten Rechtszug über den Antrag auf Zulassung zur Zwangsvollstreckung entschieden hat.

Unterabschnitt 6. Entscheidungen deutscher Gerichte zu inländischen Titeln; Mahnverfahren

§ 27. Bescheinigungen zu inländischen Titeln. (1) Für die Ausstellung der Bescheinigungen nach Artikel 45 Absatz 3 Buchstabe b, Artikel 59 Absatz 2 und Artikel 60 Absatz 2 der Verordnung (EU) 2016/1103 sowie nach Artikel 45 Absatz 3 Buchstabe b, Artikel 59 Absatz 2 und Artikel 60 Absatz 2 der Verordnung. 2016/1104 sind die Gerichte oder Notare zuständig, denen die Erteilung einer vollstreckbaren Ausfertigung des Titels obliegt.

(2) Sofern Gerichte für die Ausstellung der Bescheinigungen zuständig sind, werden diese von dem Gericht des ersten Rechtszuges ausgestellt oder, wenn das Verfahren bei einem höheren Gericht anhängig ist, von diesem. Für die Anfechtbarkeit der Entscheidung über die Ausstellung der Bescheinigung gelten die Vorschriften über die Anfechtbarkeit der Entscheidung über die Erteilung der Vollstreckungsklausel entsprechend.

(3) Die Ausstellung einer Bescheinigung schließt das Recht auf Erteilung einer Vollstreckungsklausel nach § 724 der Zivilprozessordnung nicht aus.

§ 28. Ergänzung und Berichtigung inländischer Entscheidungen zur Geltendmachung im Ausland. (1) Will ein Beteiligter eine Versäumnis- oder Anerkenntnisentscheidung, die in verkürzter Form abgefasst worden ist, in einem anderen Mitgliedstaat geltend machen, so ist der Beschluss auf Antrag des Beteiligten zu ergänzen. Der Antrag kann bei dem Gericht, das den Beschluss erlassen hat, schriftlich oder mündlich zu Protokoll der Geschäftsstelle gestellt werden. Über den Antrag wird ohne mündliche Verhandlung entschieden.

(2) Zur Ergänzung des Beschlusses sind die Gründe nachträglich abzufassen. Er ist von den Richtern gesondert zu unterschreiben und der Geschäftsstelle zu übergeben; die nachträgliche Abfassung der Gründe kann auch von Richtern unterschrieben werden, die bei dem Beschluss nicht mitgewirkt haben.

(3) Für eine Berichtigung der Sachverhaltsdarstellung in den nachträglich abgefassten Gründen gilt § 320 der Zivilprozessordnung entsprechend. Jedoch können bei der Entscheidung über einen Antrag auf Berichtigung auch solche Richter mitwirken, die bei dem Beschluss oder der nachträglichen Abfassung der Gründe nicht mitgewirkt haben.

(4) Die vorstehenden Absätze gelten entsprechend für die Ergänzung und Berichtigung von Arrestbefehlen oder einstweiligen Anordnungen, die in einem anderen Mitgliedstaat geltend gemacht werden sollen.

§ 29. Vollstreckungsklausel zur Verwendung im Ausland. Vollstreckungsbescheide, Arrestbefehle oder einstweilige Anordnungen, deren Zwangsvollstreckung in einem anderen Mitgliedstaat betrieben werden soll, sind auch dann mit der Vollstreckungsklausel zu versehen, wenn dies für eine Zwangsvollstreckung im Inland nach § 796 Absatz 1 der Zivilprozessordnung in Verbindung mit § 113 Absatz 2 des Gesetzes über das Verfahren in Familiensachen und in den Angelegenheiten der freiwilligen Gerichtsbarkeit, § 929 Absatz 1 der Zivilprozessordnung in Verbindung mit § 119 Absatz 2 des Gesetzes über das Verfahren in Familiensachen und in den Angelegenheiten der freiwilligen Gerichtsbarkeit oder nach § 53 Absatz 1 in Verbindung mit § 119 Absatz 1 des Gesetzes über das Verfahren in Familiensachen und in den Angelegenheiten der freiwilligen Gerichtsbarkeit nicht erforderlich wäre.

§ 30. Mahnverfahren mit Zustellung im Ausland. (1) Das Mahnverfahren findet auch statt, wenn die Zustellung des Mahnbescheids in einem anderen Mitgliedstaat erfolgen muss. In diesem Fall kann der Anspruch auch die Zahlung einer bestimmten Geldsumme in ausländischer Währung zum Gegenstand haben.

(2) Macht der Antragsteller geltend, dass das angerufene Gericht auf Grund einer Gerichtsstandsvereinbarung zuständig sei, so hat er dem Mahnantrag einen Nachweis über die Vereinbarung beizufügen.

(3) Die Widerspruchsfrist (§ 692 Absatz 1 Nummer 3 der Zivilprozessordnung) beträgt einen Monat.

Abschnitt 4. Authentizität von Urkunden

§ 31. Authentizität einer deutschen öffentlichen Urkunde. (1) Über Einwände nach Artikel 58 Absatz 2 der Verordnung (EU) 2016/1103 oder Artikel 58 Absatz 2 der Verordnung 2016/1104 gegen die Authentizität einer deutschen öffentlichen Urkunde entscheidet bei gerichtlichen Urkunden das Gericht, das die Urkunde errichtet hat. Bei notariellen Urkunden entscheidet das für den Amtssitz des Notars zuständige Amtsgericht. Bei einer von einem Konsularbeamten im Ausland errichteten Urkunde entscheidet das Amtsgericht Schöneberg in Berlin. Im Übrigen entscheidet das Amtsgericht, in dessen Bezirk die Urkunde errichtet worden ist.

(2) Die Endentscheidung wird mit Rechtskraft wirksam. Eine Abänderung ist ausgeschlossen. Der Beschluss wirkt für und gegen jedermann.

§ 32. Aussetzung des inländischen Verfahrens. Wird in einem anderen Mitgliedstaat ein Verfahren über Einwände gegen die Authentizität einer dort errichteten öffentlichen Urkunde eröffnet, so kann das inländische Verfahren zur Anerkennung oder Vollstreckbarerklärung dieser Urkunde auf Antrag eines Beteiligten bis zur Entscheidung des ausländischen Verfahrens ausgesetzt werden, wenn diese Entscheidung für das inländische Verfahren maßgeblich ist.

2. Ehescheidung

34. Verordnung (EU) Nr. 1259/2010 des Rates zur Durchführung einer Verstärkten Zusammenarbeit im Bereich des auf die Ehescheidung und Trennung ohne Auflösung des Ehebandes anzuwendenden Rechts („Rom III“)

Vom 20. Dezember 2010[1, 2] (ABl. L 343, S. 10)

DER RAT DER EUROPÄISCHEN UNION –

gestützt auf den Vertrag über die Arbeitsweise der Europäischen Union, insbesondere auf Artikel 81 Absatz 3,[3]

gestützt auf den Beschluss 2010/405/EU des Rates vom 12. Juli 2010 über die Ermächtigung zu einer Verstärkten Zusammenarbeit im Bereich des auf die Ehescheidung und Trennung ohne Auflösung des Ehebandes anzuwendenden Rechts,[4]

auf Vorschlag der Europäischen Kommission,

nach Zuleitung des Entwurfs des Gesetzgebungsakts an die nationalen Parlamente,

nach Stellungnahme des Europäischen Parlaments,

nach Stellungnahme des Europäischen Wirtschafts- und Sozialausschusses,

gemäß einem besonderen Gesetzgebungsverfahren,

in Erwägung nachstehender Gründe:

(1) Die Union hat sich zum Ziel gesetzt, einen Raum der Freiheit, der Sicherheit und des Rechts, in dem der freie Personenverkehr gewährleistet ist, zu erhalten und weiterzuentwickeln. Zum schrittweisen Aufbau eines solchen Raums muss die Union im Bereich der justiziellen Zusammenarbeit in Zivilsachen, die einen grenzüberschreitenden Bezug aufweisen, Maßnahmen erlassen, insbesondere wenn dies für das reibungslose Funktionieren des Binnenmarkts erforderlich ist.

(2) Nach Artikel 81 des Vertrags über die Arbeitsweise der Europäischen Union fallen darunter auch Maßnahmen, die die Vereinbarkeit der in den Mitgliedstaaten geltenden Kollisionsnormen sicherstellen sollen.

---

[1] Die Verordnung ist am 30.12.2010 für die *Bundesrepublik Deutschland* sowie *Belgien, Bulgarien, Frankreich, Italien, Lettland, Luxemburg, Malta, Österreich, Portugal, Rumänien, Slowenien, Spanien* und *Ungarn* in Kraft getreten; sie gilt in diesen Mitgliedstaaten aber erst seit dem 21.6.2012. Sie gilt inzwischen ferner für *Litauen* seit dem 22.5.2014 (ABl. 2012 L 323, S. 18), für *Griechenland* seit dem 29.7.2015 (ABl. 2014 L 23, S. 41) und für *Estland* seit dem 11.2.2018 (ABl. 2016 L 216, S. 23).

[2] Zur Ausführung der Verordnung in *Deutschland* siehe Art. 17 und 46e EGBGB (Nr. *1*).

[3] Abgedruckt unter Nr. *0–2*.

[4] ABl. 2010 L 189, S. 12.

(3) Die Kommission nahm am 14. März 2005 ein Grünbuch über das anzuwendende Recht und die gerichtliche Zuständigkeit in Scheidungssachen an. Auf der Grundlage dieses Grünbuchs fand eine umfassende öffentliche Konsultation zu möglichen Lösungen für die Probleme statt, die bei der derzeitigen Sachlage auftreten können.

(4) Am 17. Juli 2006 legte die Kommission einen Vorschlag für eine Verordnung zur Änderung der Verordnung (EG) Nr. 2201/2003 des Rates im Hinblick auf die Zuständigkeit in Ehesachen und zur Einführung von Vorschriften betreffend das anwendbare Recht in diesem Bereich[5] vor.

(5) Auf seiner Tagung vom 5./6. Juni 2008 in Luxemburg stellte der Rat fest, dass es keine Einstimmigkeit für diesen Vorschlag gab und es unüberwindbare Schwierigkeiten gab, die damals und in absehbarer Zukunft eine einstimmige Annahme unmöglich machen. Er stellte fest, dass die Ziele der Verordnung unter Anwendung der einschlägigen Bestimmungen der Verträge nicht in einem vertretbaren Zeitraum verwirklicht werden können.

(6) In der Folge teilten Belgien, Bulgarien, Deutschland, Griechenland, Spanien, Frankreich, Italien, Lettland, Luxemburg, Ungarn, Malta, Österreich, Portugal, Rumänien und Slowenien der Kommission mit, dass sie die Absicht hätten, untereinander im Bereich des anzuwendenden Rechts in Ehesachen eine Verstärkte Zusammenarbeit zu begründen. Am 3. März 2010 zog Griechenland seinen Antrag zurück.

(7) Der Rat hat am 12. Juli 2010 den Beschluss 2010/405/EU[6] über die Ermächtigung zu einer Verstärkten Zusammenarbeit im Bereich des auf die Ehescheidung und Trennung ohne Auflösung des Ehebandes anzuwendenden Rechts erlassen.

(8) Gemäß Artikel 328 Absatz 1 des Vertrags über die Arbeitsweise der Europäischen Union steht eine Verstärkte Zusammenarbeit bei ihrer Begründung allen Mitgliedstaaten offen, sofern sie die in dem hierzu ermächtigenden Beschluss gegebenenfalls festgelegten Teilnahmevoraussetzungen erfüllen. Dies gilt auch zu jedem anderen Zeitpunkt, sofern sie neben den genannten Voraussetzungen auch die in diesem Rahmen bereits erlassenen Rechtsakte beachten. Die Kommission und die an einer Verstärkten Zusammenarbeit teilnehmenden Mitgliedstaaten stellen sicher, dass die Teilnahme möglichst vieler Mitgliedstaaten gefördert wird. Diese Verordnung sollte in allen ihren Teilen verbindlich sein und gemäß den Verträgen unmittelbar nur in den teilnehmenden Mitgliedstaaten gelten.

(9) Diese Verordnung sollte einen klaren, umfassenden Rechtsrahmen im Bereich des auf die Ehescheidung und Trennung ohne Auflösung des Ehebandes anzuwendenden Rechts in den teilnehmenden Mitgliedstaaten vorgeben, den Bürgern in Bezug auf Rechtssicherheit, Berechenbarkeit und Flexibilität sachgerechte Lösungen garantieren und Fälle verhindern, in denen ein Ehegatte alles daran setzt, die Scheidung zuerst einzureichen, um

[5] KOM (2006) 399 endg.
[6] ABl. 2010 L 189, S. 12.

sicherzugehen, dass sich das Verfahren nach einer Rechtsordnung richtet, die seine Interessen seiner Ansicht nach besser schützt.

(10) Der sachliche Anwendungsbereich und die Bestimmungen dieser Verordnung sollten mit der Verordnung (EG) Nr. 2201/2003[7] im Einklang stehen. Er sollte sich jedoch nicht auf die Ungültigerklärung einer Ehe erstrecken.

Diese Verordnung sollte nur für die Auflösung oder die Lockerung des Ehebandes gelten. Das nach den Kollisionsnormen dieser Verordnung bestimmte Recht sollte für die Gründe der Ehescheidung und Trennung ohne Auflösung des Ehebandes gelten.

Vorfragen wie die Rechts- und Handlungsfähigkeit und die Gültigkeit der Ehe und Fragen wie die güterrechtlichen Folgen der Ehescheidung oder der Trennung ohne Auflösung des Ehebandes, den Namen, die elterliche Verantwortung, die Unterhaltspflicht oder sonstige mögliche Nebenaspekte sollten nach den Kollisionsnormen geregelt werden, die in dem betreffenden teilnehmenden Mitgliedstaat anzuwenden sind.

(11) Um den räumlichen Geltungsbereich dieser Verordnung genau abzugrenzen, sollte angegeben werden, welche Mitgliedstaaten sich an der Verstärkten Zusammenarbeit beteiligen.

(12) Diese Verordnung sollte universell gelten, d.h. kraft ihrer einheitlichen Kollisionsnormen sollte das Recht eines teilnehmenden Mitgliedstaats, eines nicht teilnehmenden Mitgliedstaats oder das Recht eines Drittstaats zur Anwendung kommen können.

(13) Für die Anwendung dieser Verordnung sollte es unerheblich sein, welches Gericht angerufen wird. Soweit zweckmäßig, sollte ein Gericht als gemäß der Verordnung (EG) Nr. 2201/2003 angerufen gelten.

(14) Um den Ehegatten die Möglichkeit zu bieten, das Recht zu wählen, zu dem sie einen engen Bezug haben, oder um, in Ermangelung einer Rechtswahl, dafür zu sorgen, dass dieses Recht auf ihre Ehescheidung oder Trennung ohne Auflösung des Ehebandes angewendet wird, sollte dieses Recht auch dann zum Tragen kommen, wenn es nicht das Recht eines teilnehmenden Mitgliedstaats ist. Ist das Recht eines anderen Mitgliedstaats anzuwenden, könnte das mit der Entscheidung 2001/470/EG des Rates vom 28. Mai 2001 über die Einrichtung eines Europäischen Justiziellen Netzes für Zivil- und Handelssachen[8] eingerichtete Netz den Gerichten dabei helfen, sich mit dem ausländischen Recht vertraut zu machen.

(15) Eine erhöhte Mobilität der Bürger erfordert gleichermaßen mehr Flexibilität und mehr Rechtssicherheit. Um diesem Ziel zu entsprechen, sollte diese Verordnung die Parteiautonomie bei der Ehescheidung und Trennung ohne Auflösung des Ehebandes stärken und den Parteien in ge-

---

[7] Brüssel IIa-VO; seit 1.8.2022 ersetzt durch die Brüssel IIb-VO (Nr. *162*).

[8] ABl. 2001 L 174, S. 25.

wissen Grenzen die Möglichkeit geben, das in ihrem Fall anzuwendende Recht zu bestimmen.

(16) Die Ehegatten sollten als auf die Ehescheidung oder Trennung ohne Auflösung des Ehebandes anzuwendendes Recht das Recht eines Landes wählen können, zu dem sie einen besonderen Bezug haben, oder das Recht des Staates des angerufenen Gerichts. Das von den Ehegatten gewählte Recht muss mit den Grundrechten vereinbar sein, wie sie durch die Verträge und durch die Charta der Grundrechte der Europäischen Union anerkannt werden.

(17) Für die Ehegatten ist es wichtig, dass sie vor der Rechtswahl auf aktuelle Informationen über die wesentlichen Aspekte sowohl des innerstaatlichen Rechts als auch des Unionsrechts und der Verfahren bei Ehescheidung und Trennung ohne Auflösung des Ehebandes zugreifen können. Um den Zugang zu entsprechenden sachdienlichen, qualitativ hochwertigen Informationen zu gewährleisten, werden die Informationen, die der Öffentlichkeit auf der durch die Entscheidung 2001/470/EG des Rates eingerichteten Website zur Verfügung stehen, regelmäßig von der Kommission aktualisiert.

(18) Diese Verordnung sieht als wesentlichen Grundsatz vor, dass beide Ehegatten ihre Rechtswahl in voller Sachkenntnis treffen. Jeder Ehegatte sollte sich genau über die rechtlichen und sozialen Folgen der Rechtswahl im Klaren sein. Die Rechte und die Chancengleichheit der beiden Ehegatten dürfen durch die Möglichkeit einer einvernehmlichen Rechtswahl nicht beeinträchtigt werden. Die Richter in den teilnehmenden Mitgliedstaaten sollten daher wissen, dass es darauf ankommt, dass die Ehegatten ihre Rechtswahlvereinbarung in voller Kenntnis der Rechtsfolgen schließen.

(19) Regeln zur materiellen Wirksamkeit und zur Formgültigkeit sollten festgelegt werden, so dass die von den Ehegatten in voller Sachkenntnis zu treffende Rechtswahl erleichtert und das Einvernehmen der Ehegatten geachtet wird, damit Rechtssicherheit sowie ein besserer Zugang zur Justiz gewährleistet werden. Was die Formgültigkeit anbelangt, sollten bestimmte Schutzvorkehrungen getroffen werden, um sicherzustellen, dass sich die Ehegatten der Tragweite ihrer Rechtswahl bewusst sind. Die Vereinbarung über die Rechtswahl sollte zumindest der Schriftform bedürfen und von beiden Parteien mit Datum und Unterschrift versehen werden müssen. Sieht das Recht des teilnehmenden Mitgliedstaats, in dem beide Ehegatten zum Zeitpunkt der Rechtswahl ihren gewöhnlichen Aufenthalt haben, zusätzliche Formvorschriften vor, so sollten diese eingehalten werden. Beispielsweise können derartige zusätzliche Formvorschriften in einem teilnehmenden Mitgliedstaat bestehen, in dem die Rechtswahlvereinbarung Bestandteil des Ehevertrags ist. Haben die Ehegatten zum Zeitpunkt der Rechtswahl ihren gewöhnlichen Aufenthalt in verschiedenen teilnehmenden Mitgliedstaaten, in denen unterschiedliche Formvorschriften vorgesehen sind, so würde es ausreichen, dass die Formvorschriften eines dieser

Mitgliedstaaten eingehalten werden. Hat zum Zeitpunkt der Rechtswahl nur einer der Ehegatten seinen gewöhnlichen Aufenthalt in einem teilnehmenden Mitgliedstaat, in dem zusätzliche Formvorschriften vorgesehen sind, so sollten diese Formvorschriften eingehalten werden.

(20) Eine Vereinbarung zur Bestimmung des anzuwendenden Rechts sollte spätestens bei Anrufung des Gerichts geschlossen und geändert werden können sowie gegebenenfalls sogar im Laufe des Verfahrens, wenn das Recht des Staates des angerufenen Gerichts dies vorsieht. In diesem Fall sollte es genügen, wenn die Rechtswahl vom Gericht im Einklang mit dem Recht des Staates des angerufenen Gerichts zu Protokoll genommen wird.

(21) Für den Fall, dass keine Rechtswahl getroffen wurde, sollte diese Verordnung im Interesse der Rechtssicherheit und Berechenbarkeit und um zu vermeiden, dass ein Ehegatte alles daran setzt, die Scheidung zuerst einzureichen, um sicherzugehen, dass sich das Verfahren nach einer Rechtsordnung richtet, die seine Interessen seiner Ansicht nach besser schützt, harmonisierte Kollisionsnormen einführen, die sich auf Anknüpfungspunkte stützen, die einen engen Bezug der Ehegatten zum anzuwendenden Recht gewährleisten. Die Anknüpfungspunkte sollten so gewählt werden, dass sichergestellt ist, dass die Verfahren, die sich auf die Ehescheidung oder die Trennung ohne Auflösung des Ehebandes beziehen, nach einer Rechtsordnung erfolgen, zu der die Ehegatten einen engen Bezug haben.

(22) Wird in dieser Verordnung hinsichtlich der Anwendung des Rechts eines Staates auf die Staatsangehörigkeit als Anknüpfungspunkt verwiesen, so wird die Frage, wie in Fällen der mehrfachen Staatsangehörigkeit zu verfahren ist, weiterhin nach innerstaatlichem Recht geregelt, wobei die allgemeinen Grundsätze der Europäischen Union uneingeschränkt zu achten sind.

(23) Wird das Gericht angerufen, damit eine Trennung ohne Auflösung des Ehebandes in eine Ehescheidung umgewandelt wird, und haben die Parteien keine Rechtswahl getroffen, so sollte das Recht, das auf die Trennung ohne Auflösung des Ehebandes angewendet wurde, auch auf die Ehescheidung angewendet werden. Eine solche Kontinuität würde den Parteien eine bessere Berechenbarkeit bieten und die Rechtssicherheit stärken. Sieht das Recht, das auf die Trennung ohne Auflösung des Ehebandes angewendet wurde, keine Umwandlung der Trennung ohne Auflösung des Ehebandes in eine Ehescheidung vor, so sollte die Ehescheidung in Ermangelung einer Rechtswahl durch die Parteien nach den Kollisionsnormen erfolgen. Dies sollte die Ehegatten nicht daran hindern, die Scheidung auf der Grundlage anderer Bestimmungen dieser Verordnung zu beantragen.

(24) In bestimmten Situationen, in denen das anzuwendende Recht eine Ehescheidung nicht zulässt oder einem der Ehegatten aufgrund seiner Geschlechtszugehörigkeit keinen gleichberechtigten Zugang zu einem Scheidungs- oder Trennungsverfahren gewährt, sollte jedoch das Recht des angerufenen Gerichts maßgebend sein. Der *Ordre-public*-Vorbehalt sollte hiervon jedoch unberührt bleiben.

(25) Aus Gründen des öffentlichen Interesses sollte den Gerichten der teilnehmenden Mitgliedstaaten in Ausnahmefällen die Möglichkeit gegeben werden, die Anwendung einer Bestimmung des ausländischen Rechts zu versagen, wenn ihre Anwendung in einem konkreten Fall mit der öffentlichen Ordnung *(Ordre public)* des Staates des angerufenen Gerichts offensichtlich unvereinbar wäre. Die Gerichte sollten jedoch den *Ordre-public*-Vorbehalt nicht mit dem Ziel anwenden dürfen, eine Bestimmung des Rechts eines anderen Staates auszuschließen, wenn dies gegen die Charta der Grundrechte der Europäischen Union und insbesondere gegen deren Artikel 21 verstoßen würde, der jede Form der Diskriminierung untersagt.

(26) Wird in der Verordnung darauf Bezug genommen, dass das Recht des teilnehmenden Mitgliedstaats, dessen Gericht angerufen wird, Scheidungen nicht vorsieht, so sollte dies so ausgelegt werden, dass im Recht dieses teilnehmenden Mitgliedstaats das Rechtsinstitut der Ehescheidung nicht vorhanden ist. In solch einem Fall sollte das Gericht nicht verpflichtet sein, aufgrund dieser Verordnung eine Scheidung auszusprechen.

Wird in der Verordnung darauf Bezug genommen, dass nach dem Recht des teilnehmenden Mitgliedstaats, dessen Gericht angerufen wird, die betreffende Ehe für die Zwecke eines Scheidungsverfahrens nicht als gültig angesehen wird, so sollte dies unter anderem so ausgelegt werden, dass im Recht dieses teilnehmenden Mitgliedstaats eine solche Ehe nicht vorgesehen ist. In einem solchen Fall sollte das Gericht nicht verpflichtet sein, eine Ehescheidung oder eine Trennung ohne Auflösung des Ehebandes nach dieser Verordnung auszusprechen.

(27) Da es Staaten und teilnehmende Mitgliedstaaten gibt, in denen die in dieser Verordnung geregelten Angelegenheiten durch zwei oder mehr Rechtssysteme oder Regelwerke erfasst werden, sollte es eine Vorschrift geben, die festlegt, inwieweit diese Verordnung in den verschiedenen Gebietseinheiten dieser Staaten und teilnehmender Mitgliedstaaten Anwendung findet oder inwieweit diese Verordnung auf verschiedene Kategorien von Personen dieser Staaten und teilnehmender Mitgliedstaaten Anwendung findet.

(28) In Ermangelung von Regeln zur Bestimmung des anzuwendenden Rechts sollten Parteien, die das Recht des Staates wählen, dessen Staatsangehörigkeit eine der Parteien besitzt, zugleich das Recht der Gebietseinheit angeben, das sie vereinbart haben, wenn der Staat, dessen Recht gewählt wurde, mehrere Gebietseinheiten umfasst und jede Gebietseinheit ihr eigenes Rechtssystem oder eigene Rechtsnormen für Ehescheidung hat.

(29) Da die Ziele dieser Verordnung, nämlich die Sicherstellung von mehr Rechtssicherheit, einer besseren Berechenbarkeit und einer größeren Flexibilität in Ehesachen mit internationalem Bezug und damit auch die Erleichterung der Freizügigkeit in der Europäischen Union, auf Ebene der Mitgliedstaaten allein nicht ausreichend verwirklicht werden können und daher wegen ihres Umfangs und ihrer Wirkungen besser auf Unionsebene zu erreichen sind, kann die Union im Einklang mit dem in Artikel 5 des

Vertrags über die Europäische Union niedergelegten Subsidiaritätsprinzip gegebenenfalls im Wege einer Verstärkten Zusammenarbeit tätig werden. Entsprechend dem in demselben Artikel genannten Verhältnismäßigkeitsprinzip geht diese Verordnung nicht über das für die Erreichung dieser Ziele erforderliche Maß hinaus.

(30) Diese Verordnung wahrt die Grundrechte und achtet die Grundsätze, die mit der Charta der Grundrechte der Europäischen Union anerkannt wurden, namentlich Artikel 21, wonach jede Diskriminierung insbesondere wegen des Geschlechts, der Rasse, der Hautfarbe, der ethnischen oder sozialen Herkunft, der genetischen Merkmale, der Sprache, der Religion oder der Weltanschauung, der politischen oder sonstigen Anschauung, der Zugehörigkeit zu einer nationalen Minderheit, des Vermögens, der Geburt, einer Behinderung, des Alters oder der sexuellen Ausrichtung verboten ist. Bei der Anwendung dieser Verordnung sollten die Gerichte der teilnehmenden Mitgliedstaaten diese Rechte und Grundsätze achten –

HAT FOLGENDE VERORDNUNG ERLASSEN:

Kapitel I. Anwendungsbereich, Verhältnis zur Verordnung (EG) Nr. 2201/2003, Begriffsbestimmungen und universelle Anwendung

Art. 1.[9] **Anwendungsbereich.** (1) Diese Verordnung gilt für die Ehescheidung und die Trennung ohne Auflösung des Ehebandes in Fällen, die eine Verbindung zum Recht verschiedener Staaten aufweisen.

(2) Diese Verordnung gilt nicht für die folgenden Regelungsgegenstände, auch wenn diese sich nur als Vorfragen im Zusammenhang mit einem Verfahren betreffend die Ehescheidung oder Trennung ohne Auflösung des Ehebandes stellen:

a) die Rechts- und Handlungsfähigkeit natürlicher Personen,
b) das Bestehen, die Gültigkeit oder die Anerkennung einer Ehe,
c) die Ungültigerklärung einer Ehe,
d) die Namen der Ehegatten,
e) die vermögensrechtlichen Folgen der Ehe,
f) die elterliche Verantwortung,
g) Unterhaltspflichten,
h) Trusts und Erbschaften.

Art. 2. Verhältnis zur Verordnung (EG) Nr. 2201/2003. Diese Verordnung lässt die Anwendung der Verordnung (EG) Nr. 2201/2003[10] unberührt.

---

[9] Vgl. Erwägungsgrund (10).

[10] Brüssel IIa-VO; seit 1.8.2022 ersetzt durch die Brüssel IIb-VO (Nr. *162*).

Art. 3.[11] **Begriffsbestimmungen.** Für die Zwecke dieser Verordnung bezeichnet der Begriff:

1. „teilnehmender Mitgliedstaat" einen Mitgliedstaat, der auf der Grundlage des Beschlusses 2010/405/EU des Rates vom 12. Juli 2010 oder auf der Grundlage eines gemäß Artikel 331 Absatz 1 Unterabsatz 2 oder 3 des Vertrags über die Arbeitsweise der Europäischen Union angenommenen Beschlusses an der Verstärkten Zusammenarbeit im Bereich des auf die Ehescheidung und Trennung ohne Auflösung des Ehebandes anzuwendenden Rechts teilnimmt;
2. „Gericht" alle Behörden der teilnehmenden Mitgliedstaaten, die für Rechtssachen zuständig sind, die in den Anwendungsbereich dieser Verordnung fallen.

Art. 4.[12] **Universelle Anwendung.** Das nach dieser Verordnung bezeichnete Recht ist auch dann anzuwenden, wenn es nicht das Recht eines teilnehmenden Mitgliedstaats ist.

Kapitel II. Einheitliche Vorschriften zur Bestimmung des auf die Ehescheidung und Trennung ohne Auflösung des Ehebandes anzuwendenden Rechts

Art. 5.[13] **Rechtswahl der Parteien.** (1) Die Ehegatten können das auf die Ehescheidung oder die Trennung ohne Auflösung des Ehebandes anzuwendende Recht durch Vereinbarung bestimmen, sofern es sich dabei um das Recht eines der folgenden Staaten handelt:

a) das Recht des Staates, in dem die Ehegatten zum Zeitpunkt der Rechtswahl ihren gewöhnlichen Aufenthalt haben, oder
b) das Recht des Staates, in dem die Ehegatten zuletzt ihren gewöhnlichen Aufenthalt hatten, sofern einer von ihnen zum Zeitpunkt der Rechtswahl dort noch seinen gewöhnlichen Aufenthalt hat, oder
c) das Recht des Staates, dessen Staatsangehörigkeit einer der Ehegatten zum Zeitpunkt der Rechtswahl besitzt, oder
d) das Recht des Staates des angerufenen Gerichts.

(2) Unbeschadet des Absatzes 3 kann eine Rechtswahlvereinbarung jederzeit, spätestens jedoch zum Zeitpunkt der Anrufung des Gerichts, geschlossen oder geändert werden.

(3) Sieht das Recht des Staates des angerufenen Gerichts dies vor, so können die Ehegatten die Rechtswahl vor Gericht auch im Laufe des Ver-

[11] Vgl. Erwägungsgrund (11).
[12] Vgl. Erwägungsgrund (12).
[13] Vgl. Erwägungsgründe (14)–(20).

fahrens vornehmen.[14] In diesem Fall nimmt das Gericht die Rechtswahl im Einklang mit dem Recht des Staates des angerufenen Gerichts zu Protokoll.

Art. 6.[15] **Einigung und materielle Wirksamkeit.** (1) Das Zustandekommen und die Wirksamkeit einer Rechtswahlvereinbarung oder einer ihrer Bestimmungen bestimmen sich nach dem Recht, das nach dieser Verordnung anzuwenden wäre, wenn die Vereinbarung oder die Bestimmung wirksam wäre.

(2) Ergibt sich jedoch aus den Umständen, dass es nicht gerechtfertigt wäre, die Wirkung des Verhaltens eines Ehegatten nach dem in Absatz 1 bezeichneten Recht zu bestimmen, so kann sich dieser Ehegatte für die Behauptung, er habe der Vereinbarung nicht zugestimmt, auf das Recht des Staates berufen, in dem er zum Zeitpunkt der Anrufung des Gerichts seinen gewöhnlichen Aufenthalt hat.

Art. 7.[16, 17] **Formgültigkeit.** (1) Die Rechtswahlvereinbarung nach Artikel 5 Absätze 1 und 2 bedarf der Schriftform, der Datierung sowie der Unterzeichnung durch beide Ehegatten. Elektronische Übermittlungen, die eine dauerhafte Aufzeichnung der Vereinbarung ermöglichen, erfüllen die Schriftform.

(2) Sieht jedoch das Recht des teilnehmenden Mitgliedstaats, in dem beide Ehegatten zum Zeitpunkt der Rechtswahl ihren gewöhnlichen Aufenthalt hatten, zusätzliche Formvorschriften für solche Vereinbarungen vor, so sind diese Formvorschriften anzuwenden.

(3) Haben die Ehegatten zum Zeitpunkt der Rechtswahl ihren gewöhnlichen Aufenthalt in verschiedenen teilnehmenden Mitgliedstaaten und sieht das Recht beider Staaten unterschiedliche Formvorschriften vor, so ist die Vereinbarung formgültig, wenn sie den Vorschriften des Rechts eines dieser Mitgliedstaaten genügt.

(4) Hat zum Zeitpunkt der Rechtswahl nur einer der Ehegatten seinen gewöhnlichen Aufenthalt in einem teilnehmenden Mitgliedstaat und sind in diesem Staat zusätzliche Formanforderungen für diese Art der Rechtswahl vorgesehen, so sind diese Formanforderungen anzuwenden.

---

[14] Nach deutschem Recht können die Ehegatten eine Rechtswahl noch im Laufe des Verfahrens vornehmen, vgl. Art. 46e Abs. 2 EGBGB (Nr. *1*). Informationen zum Recht der übrigen Mitgliedstaaten finden sich im Europäischen Gerichtsatlas für Zivilsachen (Homepage des Europäischen Justizportals: https://e-justice.europa.eu/356/DE/divorce_and_legal_separation).

[15] Vgl. Erwägungsgrund (19).

[16] Vgl. Erwägungsgründe (14)–(20).

[17] Nach deutschem Recht ist eine Rechtswahlvereinbarung gemäß Art. 7 Abs. 2–4 der Verordnung notariell zu beurkunden, vgl. Art. 46e Abs. 1 EGBGB (Nr. *1*). Informationen zu den Formvorschriften der übrigen Mitgliedstaaten finden sich im Europäischen Gerichtsatlas für Zivilsachen, vgl. Anm. 14.

Art. 8.[18] **In Ermangelung einer Rechtswahl anzuwendendes Recht.** Mangels einer Rechtswahl gemäß Artikel 5 unterliegen die Ehescheidung und die Trennung ohne Auflösung des Ehebandes:

a) dem Recht des Staates, in dem die Ehegatten zum Zeitpunkt der Anrufung des Gerichts ihren gewöhnlichen Aufenthalt haben, oder anderenfalls
b) dem Recht des Staates, in dem die Ehegatten zuletzt ihren gewöhnlichen Aufenthalt hatten, sofern dieser nicht vor mehr als einem Jahr vor Anrufung des Gerichts endete und einer der Ehegatten zum Zeitpunkt der Anrufung des Gerichts dort noch seinen gewöhnlichen Aufenthalt hat, oder anderenfalls
c) dem Recht des Staates, dessen Staatsangehörigkeit beide Ehegatten zum Zeitpunkt der Anrufung des Gerichts besitzen, oder anderenfalls
d) dem Recht des Staates des angerufenen Gerichts.

Art. 9.[19] **Umwandlung einer Trennung ohne Auflösung des Ehebandes in eine Ehescheidung.** (1) Bei Umwandlung einer Trennung ohne Auflösung des Ehebandes in eine Ehescheidung ist das auf die Ehescheidung anzuwendende Recht das Recht, das auf die Trennung ohne Auflösung des Ehebandes angewendet wurde, sofern die Parteien nicht gemäß Artikel 5 etwas anderes vereinbart haben.

(2) Sieht das Recht, das auf die Trennung ohne Auflösung des Ehebandes angewendet wurde, jedoch keine Umwandlung der Trennung ohne Auflösung des Ehebandes in eine Ehescheidung vor, so findet Artikel 8 Anwendung, sofern die Parteien nicht gemäß Artikel 5 etwas anderes vereinbart haben.

Art. 10.[20] **Anwendung des Rechts des Staates des angerufenen Gerichts.** Sieht das nach Artikel 5 oder Artikel 8 anzuwendende Recht eine Ehescheidung nicht vor oder gewährt es einem der Ehegatten aufgrund seiner Geschlechtszugehörigkeit keinen gleichberechtigten Zugang zur Ehescheidung oder Trennung ohne Auflösung des Ehebandes, so ist das Recht des Staates des angerufenen Gerichts anzuwenden.

Art. 11. Ausschluss der Rück- und Weiterverweisung. Unter dem nach dieser Verordnung anzuwendenden Recht eines Staates sind die in diesem Staat geltenden Rechtsnormen unter Ausschluss derjenigen des Internationalen Privatrechts zu verstehen.

Art. 12.[21] **Öffentliche Ordnung *(Ordre public).*** Die Anwendung einer Vorschrift des nach dieser Verordnung bezeichneten Rechts kann nur ver-

---

[18] Vgl. Erwägungsgrund (21).
[19] Vgl. Erwägungsgrund (23).
[20] Vgl. Erwägungsgrund (24).
[21] Vgl. Erwägungsgrund (25).

sagt werden, wenn ihre Anwendung mit der öffentlichen Ordnung *(Ordre public)* des Staates des angerufenen Gerichts offensichtlich unvereinbar ist.

Art. 13.[22] **Unterschiede beim nationalen Recht.** Nach dieser Verordnung sind die Gerichte eines teilnehmenden Mitgliedstaats, nach dessen Recht die Ehescheidung nicht vorgesehen ist oder die betreffende Ehe für die Zwecke des Scheidungsverfahrens nicht als gültig angesehen wird, nicht verpflichtet, eine Ehescheidung in Anwendung dieser Verordnung auszusprechen.

Art. 14.[23] **Staaten mit zwei oder mehr Rechtssystemen – Kollisionen hinsichtlich der Gebiete.** Umfasst ein Staat mehrere Gebietseinheiten, von denen jede ihr eigenes Rechtssystem oder ihr eigenes Regelwerk für die in dieser Verordnung geregelten Angelegenheiten hat, so gilt Folgendes:

a) Jede Bezugnahme auf das Recht dieses Staates ist für die Bestimmung des nach dieser Verordnung anzuwendenden Rechts als Bezugnahme auf das in der betreffenden Gebietseinheit geltende Recht zu verstehen;

b) jede Bezugnahme auf den gewöhnlichen Aufenthalt in diesem Staat ist als Bezugnahme auf den gewöhnlichen Aufenthalt in einer Gebietseinheit zu verstehen;

c) jede Bezugnahme auf die Staatsangehörigkeit betrifft die durch das Recht dieses Staates bezeichnete Gebietseinheit oder, mangels einschlägiger Vorschriften, die durch die Parteien gewählte Gebietseinheit oder, mangels einer Wahlmöglichkeit, die Gebietseinheit, zu der der Ehegatte oder die Ehegatten die engste Verbindung hat bzw. haben.

Art. 15. Staaten mit zwei oder mehr Rechtssystemen – Kollisionen hinsichtlich der betroffenen Personengruppen. In Bezug auf einen Staat, der für die in dieser Verordnung geregelten Angelegenheiten zwei oder mehr Rechtssysteme oder Regelwerke hat, die für verschiedene Personengruppen gelten, ist jede Bezugnahme auf das Recht des betreffenden Staates als Bezugnahme auf das Rechtssystem zu verstehen, das durch die in diesem Staat in Kraft befindlichen Vorschriften bestimmt wird. Mangels solcher Regeln ist das Rechtssystem oder das Regelwerk anzuwenden, zu dem der Ehegatte oder die Ehegatten die engste Verbindung hat bzw. haben.

Art. 16. Nichtanwendung dieser Verordnung auf innerstaatliche Kollisionen. Ein teilnehmender Mitgliedstaat, in dem verschiedene Rechtssysteme oder Regelwerke für die in dieser Verordnung geregelten Angelegenheiten gelten, ist nicht verpflichtet, diese Verordnung auf Kollisi-

---

[22] Vgl. Erwägungsgrund (26).

[23] Vgl. Erwägungsgründe (27) und (28).

onen anzuwenden, die allein zwischen diesen verschiedenen Rechtssystemen oder Regelwerken auftreten.

Kapitel III. Sonstige Bestimmungen

Art. 17.[24] Informationen der teilnehmenden Mitgliedstaaten.

(1) Die teilnehmenden Mitgliedstaaten teilen bis spätestens zum 21. September 2011 der Kommission ihre nationalen Bestimmungen, soweit vorhanden, betreffend Folgendes mit:

a) die Formvorschriften für Rechtswahlvereinbarungen gemäß Artikel 7 Absätze 2 bis 4, und

b) die Möglichkeit, das anzuwendende Recht gemäß Artikel 5 Absatz 3 zu bestimmen.

Die teilnehmenden Mitgliedstaaten teilen der Kommission alle späteren Änderungen dieser Bestimmungen mit.

(2) Die Kommission macht die nach Absatz 1 übermittelten Informationen auf geeignetem Wege, insbesondere auf der Website des Europäischen Justiziellen Netzes für Zivil- und Handelssachen, öffentlich zugänglich.

Art. 18. Übergangsbestimmungen. (1) Diese Verordnung gilt nur für gerichtliche Verfahren und für Vereinbarungen nach Artikel 5, die ab dem 21. Juni 2012 eingeleitet beziehungsweise geschlossen wurden.

Eine Rechtswahlvereinbarung, die vor dem 21. Juni 2012 geschlossen wurde, ist ebenfalls wirksam, sofern sie die Voraussetzungen nach den Artikeln 6 und 7 erfüllt.

(2) Diese Verordnung lässt Rechtswahlvereinbarungen unberührt, die nach dem Recht eines teilnehmenden Mitgliedstaats geschlossen wurden, dessen Gerichtsbarkeit vor dem 21. Juni 2012 angerufen wurde.

Art. 19. Verhältnis zu bestehenden internationalen Übereinkommen. (1) Unbeschadet der Verpflichtungen der teilnehmenden Mitgliedstaaten gemäß Artikel 351 des Vertrags über die Arbeitsweise der Europäischen Union lässt diese Verordnung die Anwendung internationaler Übereinkommen unberührt, denen ein oder mehrere teilnehmende Mitgliedstaaten zum Zeitpunkt der Annahme dieser Verordnung oder zum Zeitpunkt der Annahme des Beschlusses gemäß Artikel 331 Absatz 1 Unterabsatz 2 oder 3 des Vertrags über die Arbeitsweise der Europäischen Union angehören und die Kollisionsnormen für Ehescheidung oder Trennung ohne Auflösung des Ehebandes enthalten.

---

[24] Die der Kommission von den einzelnen Mitgliedstaaten übermittelten Informationen sind abrufbar im Europäischen Gerichtsatlas für Zivilsachen (Homepage des Europäischen Justizportals: https://e-justice.europa.eu/356/DE/divorce_and_legal_separation).

(2) Diese Verordnung hat jedoch im Verhältnis zwischen den teilnehmenden Mitgliedstaaten Vorrang vor ausschließlich zwischen zwei oder mehreren von ihnen geschlossenen Übereinkommen, soweit diese Bereiche betreffen, die in dieser Verordnung geregelt sind.

Art. 20. Revisionsklausel. (1) Die Kommission legt dem Europäischen Parlament, dem Rat und dem Europäischen Wirtschafts- und Sozialausschuss spätestens zum 31. Dezember 2015 und danach alle fünf Jahre einen Bericht über die Anwendung dieser Verordnung vor. Dem Bericht werden gegebenenfalls Vorschläge zur Anpassung dieser Verordnung beigefügt.

(2) Die teilnehmenden Mitgliedstaaten übermitteln der Kommission zu diesem Zweck sachdienliche Angaben betreffend die Anwendung dieser Verordnung durch ihre Gerichte.

Kapitel IV. Schlussbestimmungen

Art. 21. Inkrafttreten und Geltungsbeginn. Diese Verordnung tritt am Tag nach ihrer Veröffentlichung im Amtsblatt der Europäischen Union in Kraft.

Sie gilt ab dem 21. Juni 2012, mit Ausnahme des Artikels 17, der ab dem 21. Juni 2011 gilt.

Für diejenigen teilnehmenden Mitgliedstaaten, die aufgrund eines nach Artikel 331 Absatz 1 Unterabsatz 2 oder Unterabsatz 3 des Vertrags über die Arbeitsweise der Europäischen Union angenommenen Beschlusses an der Verstärkten Zusammenarbeit teilnehmen, gilt diese Verordnung ab dem in dem betreffenden Beschluss angegebenen Tag.

Diese Verordnung ist in allen ihren Teilen verbindlich und gilt gemäß den Verträgen unmittelbar in den teilnehmenden Mitgliedstaaten.

III. Bilaterale Staatsverträge[1, 2, 3]

35. Konsularvertrag zwischen der Bundesrepublik Deutschland und der Union der Sozialistischen Sowjetrepubliken

Vom 25. April 1958[1, 2] (BGBl. 1959 II, S. 233)

Art. 23. (1) Der Konsul ist befugt, nach den Vorschriften des Entsendestaates Eheschließungen vorzunehmen, wenn beide Eheschließenden Staatsangehörige des Entsendestaates sind.

(2) Von den vorgenommenen Eheschließungen hat der Konsul den Behörden des Empfangsstaates innerhalb von drei Monaten Anzeige zu erstatten.

(3) Der Konsul ist befugt, von den Gerichten erkannte Ehescheidungen, die einen Staatsangehörigen des Entsendestaates betreffen, nach den Vorschriften des Entsendestaates zu registrieren.

---

[1] Im Verhältnis zum *Iran* gilt Art. 8 Abs. 3 des Niederlassungsabk. v. 17.2.1929 (Nr. *22*).

[2] Bilaterale Staatsverträge über die Verpflichtung des Standesbeamten zur Beschaffung von Ehefähigkeitszeugnissen für Verlobte des jeweils anderen Vertragsstaats bestehen zwischen der *Bundesrepublik Deutschland* und *Luxemburg, Österreich* sowie der *Schweiz;* siehe die Fundstellen dieser Abk. in Anm. 2 vor Nr. *253*.

[3] Siehe auf dem Gebiet des Ehegüterrechts das *deutsch-französische* Abkommen über den Güterstand der Wahl-Zugewinngemeinschaft v. 4.2.2010 (BGBl. 2012 II, S. 180) sowie das deutsche Umsetzungsgesetz zu diesem Abk. v. 15.3.2012 (BGBl. II, S. 178), die am 1.5.2013 in Kraft getreten sind (BGBl. II, S. 4231). Das Abk. enthält nur Vorschriften des materiellen Ehegüterrechts; auf einen Abdruck wird daher verzichtet.

[1] Der Vertrag ist am 24.5.1959 in Kraft getreten (Bek. v. 30.4.1959, BGBl. II, S. 469).

Nach der Auflösung der *Sowjetunion* ist die Weiteranwendung deutsch-sowjetischer Verträge ausdrücklich im Verhältnis zu *Armenien* (Bek. v. 18.1.1993, BGBl. II, S. 169), *Aserbaidschan* (Bek. v. 13.8.1996, BGBl. II, S. 2471), *Belarus* (Bek. v. 5.9.1994, BGBl. II, S. 2533), *Georgien* (Bek. v. 21.10.1992, BGBl. II, S. 1128), *Kasachstan* (Bek. v. 19.10.1992, BGBl. II, S. 1120), *Kirgisistan* (Bek. v. 14.8.1992, BGBl. II, S. 1015), der *Republik Moldau* (Bek. v. 12.4.1996, BGBl. II, S. 768), der *Russischen Föderation* (Bek. v. 14.8.1992, BGBl. II, S. 1016), *Tadschikistan* (Bek. v. 3.3.1995, BGBl. II, S. 255), der *Ukraine* (Bek. v. 30.6.1993, BGBl. II, S. 1189) und *Usbekistan* (Bek. v. 26.10.1993, BGBl. II, S. 2038) vereinbart worden.

Die *Bundesrepublik Deutschland* hat den Vertrag im Verhältnis zu *Belarus* mit Wirkung v. 18.5.2020 (BGBl. II, S. 340) und im Verhältnis zu *Tadschikistan* mit Wirkung v. 16.6.2021 (BGBl. 2022 II, S. 211) gekündigt.

[2] Weitere bilaterale Staatsverträge über konsularische Eheschließungen bestehen zwischen der *Bundesrepublik Deutschland* und *Japan* (Art. 1 des Regierungsabk. über die Erteilung standesamtlicher Befugnisse v. 27.6.1957, BAnz Nr. 174 v. 11.9.1957) und der *Türkei* (Art. 18 des Konsularvertrags v. 28.5.1929, Nr. *62*).

IV. Innerstaatliches Recht

1. Eheschließung

36. Bürgerliches Gesetzbuch

idF vom 2. Januar 2002 (BGBl. I, S. 41)

§ 1309.[1, 2] **Ehefähigkeitszeugnis für Ausländer.** (1) Wer hinsichtlich der Voraussetzungen der Eheschließung vorbehaltlich des Artikels 13 Abs. 2 des Einführungsgesetzes zum Bürgerlichen Gesetzbuch ausländischem Recht unterliegt, soll eine Ehe nicht eingehen, bevor er ein Zeugnis der inneren Behörde seines Heimatstaats darüber beigebracht hat, dass der Eheschließung nach dem Recht dieses Staates kein Ehehindernis entgegensteht. Als Zeugnis der inneren Behörde gilt auch eine Urkunde im Sinne von Artikel 3 Nummer 1 Buchstabe e der Verordnung (EU) 2016/1191 des Europäischen Parlaments und des Rates vom 6. Juli 2016 zur Förderung der Freizügigkeit von Bürgern durch die Vereinfachung der Anforderungen an die Vorlage bestimmter öffentlicher Urkunden innerhalb der Europäischen Union und zur Änderung der Verordnung (EU) Nr. 1024/2012 (ABl. L 200 vom 26.7.2016, S. 1)[3] sowie eine Bescheinigung, die von einer anderen Stelle nach Maßgabe eines mit dem Heimatstaat des Betroffenen geschlossenen Vertrags erteilt ist. Das Zeugnis verliert seine Kraft, wenn die Ehe nicht binnen sechs Monaten seit der Ausstellung geschlossen wird; ist in dem Zeugnis eine kürzere Geltungsdauer angegeben, ist diese maßgebend.

(2) Von dem Erfordernis nach Absatz 1 Satz 1 kann der Präsident des Oberlandesgerichts, in dessen Bezirk das Standesamt, bei dem die Eheschließung angemeldet worden ist, seinen Sitz hat, Befreiung erteilen. Die Befreiung soll nur Staatenlosen mit gewöhnlichem Aufenthalt im Ausland und Angehörigen solcher Staaten erteilt werden, deren Behörden keine Ehefähigkeitszeugnisse im Sinne des Absatzes 1 ausstellen. In besonderen Fällen darf sie auch Angehörigen anderer Staaten erteilt werden. Die Befreiung gilt nur für die Dauer von sechs Monaten.

---

[1] Beachte hierzu Art. 1 des AHK-Gesetzes Nr. 23 über die Rechtsverhältnisse verschleppter Personen und Flüchtlinge v. 17.3.1950 (Nr. *14*) und § 2 Abs. 1 AsylG (Nr. *17*) iVm Art. 12 der Genfer Flüchtlingskonvention (Nr. *10*).

[2] § 1309 eingefügt durch EheSchlRG v. 4.5.1998 (BGBl. I, S. 833); Abs. 2 geändert durch PStRG v. 19.2.2007 (BGBl. I S. 122); Abs. 3 angefügt durch Gesetz v. 20.7.2017 (BGBl. I, S. 2787) mit Wirkung v. 1.10.2017 und wieder aufgehoben durch Gesetz v. 18.12.2018 (BGBl. I S. 2639) mit Wirkung v. 22.12.2018; Abs. 1 Satz 2 neu gefasst durch Gesetz v. 31.1.2019 (BGBl. I S. 54) mit Wirkung v. 1.4.2019.

[3] EuUrkVO, abgedruckt unter Nr. *253*.

37. Personenstandsgesetz

Vom 19. Februar 2007[1] (BGBl. I, S. 122)

§ 34.[2] Eheschließungen im Ausland oder vor ermächtigten Personen im Inland. (1) Hat ein Deutscher im Ausland die Ehe geschlossen, so kann die Eheschließung auf Antrag im Eheregister beurkundet werden; für den Besitz der deutschen Staatsangehörigkeit ist der Zeitpunkt der Antragstellung maßgebend. Die §§ 3 bis 7, 9, 10, 15 und 16 gelten entsprechend. Gleiches gilt für Staatenlose, heimatlose Ausländer und ausländische Flüchtlinge im Sinne des Abkommens über die Rechtsstellung der Flüchtlinge vom 28. Juli 1951 (BGBl. 1953 II S. 559)[3] mit gewöhnlichem Aufenthalt im Inland. Antragsberechtigt sind die Ehegatten, sind beide verstorben, deren Eltern und Kinder.

(2) Die Beurkundung der Eheschließung nach Absatz 1 erfolgt auch dann, wenn die Ehe im Inland zwischen Eheschließenden, von denen keiner Deutscher ist, vor einer von der Regierung des Staates, dem einer der Eheschließenden angehört, ordnungsgemäß ermächtigten Person in der nach dem Recht dieses Staates vorgeschriebenen Form geschlossen worden ist.

(3) Personen, die eine Erklärung nach § 94 des Bundesvertriebenengesetzes abgegeben haben, sind nur mit den nach dieser Erklärung geführten Vornamen und Familiennamen einzutragen; dies gilt entsprechend für Vertriebene und Spätaussiedler, deren Name nach den Vorschiften des Gesetzes über die Änderung von Familiennamen und Vornamen geändert worden ist.

(4) Zuständig für die Beurkundung ist das Standesamt, in dessen Zuständigkeitsbereich die antragsberechtigte Person ihren Wohnsitz hat oder zuletzt hatte oder ihren gewöhnlichen Aufenthalt hat. Ergibt sich danach keine Zuständigkeit, so beurkundet das Standesamt I in Berlin die Eheschließung.

(5) Das Standesamt I in Berlin führt ein Verzeichnis der nach den Absätzen 1 und 2 beurkundeten Eheschließungen.

§ 39.[4] Ehefähigkeitszeugnis. (1) Zur Ausstellung eines Ehefähigkeitszeugnisses, dessen ein Deutscher zur Eheschließung im Ausland bedarf, ist das Standesamt zuständig, in dessen Zuständigkeitsbereich der Eheschlie-

---

[1] §§ 34 und 39 neu gefasst durch PStRG v. 19.2.2007 (BGBl. I, S. 122). Die Neufassung ist am 1.1.2009 in Kraft getreten.

[2] § 34 Abs. 3 eingefügt, bisherige Abs. 3 und 4 werden Abs. 4 und 5 durch Gesetz v. 7.5.2013 (BGBl. I, S. 1122) mit Wirkung v. 1.11.2013. Abs. 1 Satz 4 geändert durch Gesetz v. 17.7.2017 (BGBl. I, S. 2522) mit Wirkung v. 1.11.2017.

[3] Abgedruckt unter Nr. *10*.

[4] § 39 Abs. 4 angefügt durch Gesetz v. 18.12.2018 (BGBl. I, S. 2639) mit Wirkung v. 22.12.2018.

ßende seinen Wohnsitz, seinen gewöhnlichen Aufenthalt hat. Hat der Eheschließende im Inland weder Wohnsitz noch Aufenthalt, so ist der Ort des letzten gewöhnlichen Aufenthalts maßgebend; hat er sich niemals oder nur vorübergehend im Inland aufgehalten, so ist das Standesamt I in Berlin zuständig.

(2) Das Ehefähigkeitszeugnis darf nur ausgestellt werden, wenn der beabsichtigten Eheschließung ein Ehehindernis nach deutschem Recht nicht entgegensteht; § 13 Abs. 1 bis 3 gilt entsprechend. Die Beibringung eines Ehefähigkeitszeugnisses für den anderen Eheschließenden ist nicht erforderlich. Das Ehefähigkeitszeugnis gilt für die Dauer von sechs Monaten.

(3) Absatz 1 Satz 1 und Absatz 2 gelten entsprechend für die Ausstellung eines Ehefähigkeitszeugnisses, dessen ein Staatenloser, heimatloser Ausländer, Asylberechtigter oder ausländischer Flüchtling im Sinne des Abkommens über die Rechtsstellung der Flüchtlinge mit gewöhnlichem Aufenthalt im Inland zur Eheschließung im Ausland Gesetzes bedarf.

(4) Ein Ehefähigkeitszeugnis kann auch erteilt werden, wenn das Zeugnis zur Begründung einer Lebenspartnerschaft im Ausland benötigt wird; die Absätze 1 bis 3 gelten entsprechend.

2. Ehewirkungen

38. Gesetz über den ehelichen Güterstand von Vertriebenen und Flüchtlingen

Vom 4. August 1969[1] (BGBl. I, S. 1067)

§ 1. *[Geltung des BGB-Güterrechts]* *(1) Für Ehegatten, die Vertriebene oder Sowjetzonenflüchtlinge sind (§§ 1, 3 und 4 des Bundesvertriebenengesetzes),[2] beide ihren gewöhnlichen Aufenthalt im Geltungsbereich dieses Gesetzes haben und im gesetzlichen Güterstand eines außerhalb des Geltungsbereichs dieses Gesetzes maßgebenden Rechts leben, gilt vom Inkrafttreten dieses Gesetzes an das eheliche Güterrecht des Bürgerlichen Gesetzbuchs. Das gleiche gilt für Ehegatten, die aus der sowjetischen Besatzungszone Deutschlands oder dem sowjetisch besetzten Sektor von Berlin zugezogen sind, sofern sie im Zeitpunkt des Zuzugs deutsche Staatsangehörige waren oder, ohne die deutsche Staatsangehörigkeit zu besitzen, als Deutsche im Sinne des Artikels 116 Abs. 1 des Grundgesetzes[3] Aufnahme gefunden haben.*

[1] Das Gesetz wurde durch Art. 9 des Gesetzes v. 17.12.2018 (BGBl. I, S. 2573) mit Wirkung v. 29.1.2019 aufgehoben. Haben die Ehegatten die Ehe vor dem 29.1.2019 geschlossen und ab diesem Zeitpunkt keine Rechtswahl nach der Verordnung (EU) 2016/1103 über das auf ihren Güterstand anzuwendende Recht (Nr. *33*) getroffen, ist das Gesetz jedoch nach Art. 229 § 47 Abs. 2 Nr. 1 EGBGB (Nr. *1*) in der hier abgedruckten Fassung weiter anzuwenden.

[2] Das BVG gilt derzeit idF v. 10.8.2007 (BGBl. I, S. 1902).

[3] Abgedruckt unter Nr. *13*.

(2) Die Vorschriften des Absatzes 1 gelten nicht, wenn im Zeitpunkt des Inkrafttretens der bisherige Güterstand im Güterrechtsregister eines Amtsgerichts im Geltungsbereich dieses Gesetzes eingetragen ist.

(3) Für die Berechnung des Zugewinns gilt, wenn die in Absatz 1 genannten Voraussetzungen für die Überleitung des gesetzlichen Güterstandes in das Güterrecht des Bürgerlichen Gesetzbuchs bereits damals vorlagen, als Anfangsvermögen das Vermögen, das einem Ehegatten am 1. Juli 1958 gehörte. Liegen die Voraussetzungen erst seit einem späteren Zeitpunkt vor, so gilt als Anfangsvermögen das Vermögen, das einem Ehegatten in diesem Zeitpunkt gehörte. Soweit es in den §§ 1374, 1376 des Bürgerlichen Gesetzbuchs auf den Zeitpunkt des Eintritts des Güterstandes ankommt, sind diese Vorschriften sinngemäß anzuwenden.

§ 2. [Erklärung über den Güterstand] *(1) Jeder Ehegatte kann, sofern nicht vorher ein Ehevertrag geschlossen worden oder die Ehe aufgelöst ist, bis zum 31. Dezember 1970 dem Amtsgericht gegenüber erklären, dass für die Ehe der bisherige gesetzliche Güterstand fortgelten solle. § 1411 des Bürgerlichen Gesetzbuchs gilt entsprechend.*

(2) Wird die Erklärung vor dem für die Überleitung in das Güterrecht des Bürgerlichen Gesetzbuchs vorgesehenen Zeitpunkt abgegeben, so findet die Überleitung nicht statt.

(3) Wird die Erklärung nach dem Zeitpunkt der Überleitung des Güterstandes abgegeben, so gilt die Überleitung als nicht erfolgt. Aus der Wiederherstellung des ursprünglichen Güterstandes können die Ehegatten untereinander und gegenüber einem Dritten Einwendungen gegen ein Rechtsgeschäft, das nach der Überleitung zwischen den Ehegatten oder zwischen einem von ihnen und dem Dritten vorgenommen worden ist, nicht herleiten.

§ 3. [Nach dem 30.9.1969 zugezogene Personen] *Tritt von den in § 1 Abs. 1 genannten Voraussetzungen für die Überleitung des Güterstandes die Voraussetzung, dass beide Ehegatten ihren gewöhnlichen Aufenthalt im Geltungsbereich dieses Gesetzes haben, erst nach dem Inkrafttreten des Gesetzes ein, so gilt für sie das Güterrecht des Bürgerlichen Gesetzbuchs vom Anfang des nach Eintritt dieser Voraussetzung folgenden vierten Monats an. § 1 Abs. 2, 3 Satz 2, 3 ist entsprechend anzuwenden. Die Vorschriften des § 2 gelten mit der Maßgabe, dass die Erklärung binnen Jahresfrist nach dem Zeitpunkt der Überleitung abgegeben werden kann.*

§ 4.[4] ***[Verfahren bei Erklärung über den Güterstand]*** *(1) Für die Entgegennahme der in den §§ 2, 3 vorgesehenen Erklärung ist jedes Amtsgericht zuständig. Die Erklärung muss notariell beurkundet werden.*

(2) Haben die Ehegatten die Erklärung nicht gemeinsam abgegeben, so hat das Amtsgericht sie dem anderen Ehegatten nach den für Zustellungen von Amts wegen geltenden Vorschriften der Zivilprozessordnung bekanntzumachen. Für die Zustel-

---

[4] § 4 Abs. 2 Satz 2 geändert durch Gesetz v. 23.7.2013 (BGBl. I, S. 2586) mit Wirkung v. 1.8.2013.

lung werden Auslagen nach Nummer 31002 des Kostenverzeichnisses zum Gerichts- und Notarkostengesetz nicht erhoben.

(3) Wird mit der Erklärung ein Antrag auf Eintragung in das Güterrechtsregister verbunden, so hat das Amtsgericht den Antrag mit der Erklärung an das Registergericht weiterzuleiten.

(4) Der auf Grund der Erklärung fortgeltende gesetzliche Güterstand ist, wenn einer der Ehegatten dies beantragt, in das Güterrechtsregister einzutragen. Wird der Antrag nur von einem der Ehegatten gestellt, so soll das Registergericht vor der Eintragung den anderen Ehegatten hören. Besteht nach Lage des Falles begründeter Anlass zu Zweifeln an der Richtigkeit der Angaben über den bestehenden Güterstand, so hat das Registergericht die erforderlichen Ermittlungen vorzunehmen.

§§ 5–6. *(nicht abgedruckt)*

§ 7. *[Inkrafttreten]* *Dieses Gesetz tritt am 1. Oktober 1969 in Kraft; die §§ 2, 4 und 5 treten jedoch am Tage nach der Verkündung in Kraft.*[5]

---

[5] Das Gesetz ist am 5.8.1969 verkündet worden.

E. Lebenspartnerschaftsrecht

I. Multilaterale Staatsverträge[1]

II. EU-Recht

39. Verordnung (EU) 2016/1104 des Rates zur Durchführung der Verstärkten Zusammenarbeit im Bereich der Zuständigkeit, des anzuwendenden Rechts und der Anerkennung und Vollstreckung von Entscheidungen in Fragen güterrechtlicher Wirkungen eingetragener Partnerschaften

Vom 24. Juni 2016[1, 2, 3] (ABl. L 183, S. 30)

DER RAT DER EUROPÄISCHEN UNION –

gestützt auf den Vertrag über die Arbeitsweise der Europäischen Union, insbesondere auf Artikel 81 Absatz 3,

gestützt auf den Beschluss (EU) 2016/954 des Rates vom 9. Juni 2015 zur Ermächtigung zu einer Verstärkten Zusammenarbeit im Bereich der Zuständigkeit, des anzuwendenden Rechts und der Anerkennung und Vollstreckung von Entscheidungen in Fragen der Güterstände internationaler Paare (eheliche Güterstände und güterrechtliche Wirkungen eingetragener Partnerschaften),[4]

auf Vorschlag der Europäischen Kommission,

nach Zuleitung des Entwurfs des Gesetzgebungsakts an die nationalen Parlamente,

---

[1] Das Münchener CIEC-Übk. über die Anerkennung eingetragener Lebenspartnerschaften v. 5.9.2007 ist bisher nur von *Spanien* ratifiziert und von *Portugal* gezeichnet worden; es ist noch nicht in Kraft getreten. Text (französisch): http://www.ciecl.org (Nr. 32). Nicht-amtliche deutsche Übersetzung: https://www.personenstandsrecht.de (Nr. 32).

[1] An der Verstärkten Zusammenarbeit nehmen außer der *Bundesrepublik Deutschland* folgende 17 Mitgliedstaaten teil: *Belgien, Bulgarien, Finnland, Frankreich, Griechenland, Italien, Kroatien, Luxemburg, Malta, die Niederlande, Österreich, Portugal, Schweden, Slowenien, Spanien, die Tschechische Republik* und *Zypern*.

[2] Die Verordnung ist am 28.7.2016 in Kraft getreten. Sie gilt in den teilnehmenden Mitgliedstaaten aber erst seit dem 29.1.2019; zum Übergangsrecht vgl. Art. 69.

[3] Zur Ausführung der Verordnung in *Deutschland* siehe das Internationale Güterrechtsverfahrensgesetz (IntGüRVG) v. 17.12.2018 (Nr. *33a*), das gleichzeitig mit der Verordnung in Kraft getreten ist. Es regelt vor allem die Anerkennung und Vollstreckung von mitgliedstaatlichen Entscheidungen in Güterrechtssachen nach dem Vorbild des IntFamRVG (Nr. *162a*) in Ehesachen, des AUG (Nr. *161a*) in Unterhaltssachen und des IntErbRVG (Nr. *61a*) in Erbsachen.

[4] ABl. L 159 v. 16.6.2016, S. 16.

nach Stellungnahme des Europäischen Parlaments,[5]

gemäß einem besonderen Gesetzgebungsverfahren,

in Erwägung nachstehender Gründe:

(1) Die Union hat sich zum Ziel gesetzt, einen Raum der Freiheit, der Sicherheit und des Rechts, in dem der freie Personenverkehr gewährleistet ist, zu erhalten und weiterzuentwickeln. Zum schrittweisen Aufbau eines solchen Raums hat die Union im Bereich der justiziellen Zusammenarbeit in Zivilsachen, die einen grenzüberschreitenden Bezug aufweisen, Maßnahmen zu erlassen, insbesondere wenn dies für das reibungslose Funktionieren des Binnenmarkts erforderlich ist.

(2) Nach Artikel 81 Absatz 2 Buchstabe c des Vertrags über die Arbeitsweise der Europäischen Union (AEUV)[6] können zu solchen Maßnahmen unter anderem Maßnahmen gehören, die die Vereinbarkeit der in den Mitgliedstaaten geltenden Kollisionsnormen und Vorschriften zur Vermeidung von Kompetenzkonflikten sicherstellen sollen.

(3) Auf seiner Tagung vom 15./16. Oktober 1999 in Tampere hatte der Europäische Rat den Grundsatz der gegenseitigen Anerkennung von Urteilen und anderen Entscheidungen von Justizbehörden als Eckstein der justiziellen Zusammenarbeit in Zivilsachen unterstützt und den Rat und die Kommission ersucht, ein Maßnahmenprogramm zur Umsetzung dieses Grundsatzes anzunehmen.

(4) Am 30. November 2000 wurde daraufhin ein für die Kommission und den Rat gleichermaßen geltendes Maßnahmenprogramm zur Umsetzung des Grundsatzes der gegenseitigen Anerkennung gerichtlicher Entscheidungen in Zivil- und Handelssachen[7] angenommen. Dieses Programm weist Maßnahmen zur Harmonisierung der Kollisionsnormen als Maßnahmen aus, die die gegenseitige Anerkennung gerichtlicher Entscheidungen erleichtern können, und stellt die Ausarbeitung eines Rechtsinstruments zu den ehelichen Güterständen und den güterrechtlichen Wirkungen der Trennung von nicht verheirateten Paaren in Aussicht.

(5) Am 4. und 5. November 2004 nahm der Europäische Rat auf seiner Tagung in Brüssel ein neues Programm mit dem Titel „Haager Programm zur Stärkung von Freiheit, Sicherheit und Recht in der Europäischen Union“[8] an. Darin ersuchte der Rat die Kommission um Vorlage eines Grünbuchs über das Kollisionsrecht im Bereich des ehelichen Güterstands, einschließlich der Frage der Zuständigkeit und der gegenseitigen Anerkennung. Dem Programm zufolge sollte auch ein Rechtsakt in diesem Bereich erlassen werden.

(6) Am 17. Juli 2006 nahm die Kommission daraufhin ein Grünbuch zu den Kollisionsnormen im Güterrecht sowie zur gerichtlichen Zuständigkeit

---

[5] Stellungnahme v. 23.6.2016 (noch nicht im Amtsblatt veröffentlicht).

[6] Abgedruckt unter Nr. *0–2*.

[7] ABl. C 12 v. 15.1.2001, S. 1.

[8] ABl. C 53 v. 3.3.2005, S. 1.

und der gegenseitigen Anerkennung[9] an. Auf der Grundlage dieses Grünbuchs fand eine umfassende Konsultation zu den Problemen statt, die sich im europäischen Kontext bei der güterrechtlichen Auseinandersetzung für Paare stellen, sowie zu den rechtlichen Lösungsmöglichkeiten. Im Grünbuch wurden auch sämtliche Fragen des Internationalen Privatrechts behandelt, die sich Paaren stellen, die in einer anderen Form der Lebensgemeinschaft als der Ehe, unter anderem in einer eingetragenen Partnerschaft, zusammenleben und die speziell für diese Paare von Belang sind.

(7) Auf seiner Tagung vom 10. und 11. Dezember 2009 in Brüssel nahm der Rat ein neues mehrjähriges Programm mit dem Titel „Das Stockholmer Programm – Ein offenes und sicheres Europa im Dienste und zum Schutz der Bürger"[10] an. Darin hielt der Europäische Rat fest, dass der Grundsatz der gegenseitigen Anerkennung auf Bereiche ausgeweitet werden sollte, die bisher noch nicht erfasst sind, aber den Alltag der Bürger wesentlich prägen, z.B. güterrechtliche Wirkungen einer Trennung, wobei gleichzeitig die Rechtssysteme einschließlich der öffentlichen Ordnung *(ordre public)* und die nationalen Traditionen der Mitgliedstaaten in diesem Bereich zu berücksichtigen sind.

(8) In ihrem „Bericht über die Unionsbürgerschaft 2010 – Weniger Hindernisse für die Ausübung von Unionsbürgerrechten"[11] vom 27. Oktober 2010 kündigte die Kommission die Vorlage eines Legislativvorschlags an, der Hindernisse für die Freizügigkeit und insbesondere die Schwierigkeiten überwinden soll, mit denen Paare bei der Verwaltung ihres Vermögens oder bei dessen Teilung konfrontiert sind.

(9) Am 16. März 2011 nahm die Kommission einen Vorschlag für eine Verordnung des Rates über die Zuständigkeit, das anzuwendende Recht, die Anerkennung und die Vollstreckung von Entscheidungen im Bereich des Ehegüterrechts[12] und einen Vorschlag für eine Verordnung des Rates über die Zuständigkeit, das anzuwendende Recht, die Anerkennung und die Vollstreckung von Entscheidungen im Bereich des Güterrechts eingetragener Partnerschaften[13] an.

(10) Auf seiner Tagung vom 3. Dezember 2015 stellte der Rat fest, dass in Bezug auf die beiden Verordnungsvorschläge zu den ehelichen Güterständen und den Güterständen eingetragener Partnerschaften keine Einstimmigkeit erzielt werden konnte und innerhalb eines vertretbaren Zeitraums die mit einer Zusammenarbeit in diesem Bereich angestrebten Ziele von der Union in ihrer Gesamtheit nicht verwirklicht werden können.

(11) Zwischen Dezember 2015 und Februar 2016 richteten Belgien, Bulgarien, die Tschechische Republik, Deutschland, Griechenland, Spanien,

---

[9] KOM (2006) 400.
[10] ABl. C 115 v. 4.5.2010, S. 1.
[11] KOM (2010) 603.
[12] KOM (2011) 126.
[13] KOM (2011) 127.

Frankreich, Kroatien, Italien, Luxemburg, Malta, die Niederlande, Österreich, Portugal, Slowenien, Finnland und Schweden Anträge an die Kommission, in denen sie ihren Wunsch bekundeten, untereinander eine Verstärkte Zusammenarbeit im Bereich der Güterstände internationaler Paare, insbesondere im Bereich der Zuständigkeit, des anzuwendenden Rechts, der Anerkennung und Vollstreckung von Entscheidungen in Fragen der ehelichen Güterstände und der Güterstände eingetragener Partnerschaften, begründen zu wollen, und die Kommission um Vorlage eines entsprechenden Vorschlags an den Rat baten. Zypern hat mit Schreiben an die Kommission im März 2016 seinen Wunsch zum Ausdruck gebracht, an dieser Verstärkten Zusammenarbeit teilzunehmen; Zypern hat diesen Wunsch später während der Arbeiten des Rates bestätigt.

(12) Am 9. Juni 2016 erließ der Rat den Beschluss (EU) 2016/954 über die Ermächtigung zu dieser Verstärkten Zusammenarbeit.[14]

(13) Gemäß Artikel 328 Absatz 1 AEUV steht eine Verstärkte Zusammenarbeit bei ihrer Begründung allen Mitgliedstaaten offen, sofern sie die in dem hierzu ermächtigenden Beschluss gegebenenfalls festgelegten Teilnahmevoraussetzungen erfüllen. Dies gilt auch zu jedem anderen Zeitpunkt, sofern sie neben den genannten Voraussetzungen auch die in diesem Rahmen bereits erlassenen Rechtsakte beachten. Die Kommission und die an einer Verstärkten Zusammenarbeit teilnehmenden Mitgliedstaaten sollten dafür sorgen, dass die Teilnahme möglichst vieler Mitgliedstaaten gefördert wird. Diese Verordnung sollte nur in den Mitgliedstaaten in allen ihren Teilen verbindlich sein und unmittelbar gelten, die kraft des Beschlusses (EU) 2016/954 oder kraft eines gemäß Artikel 331 Absatz 1 Unterabsatz 2 oder 3 AEUV erlassenen Beschlusses an der Verstärkten Zusammenarbeit im Bereich der Gerichtszuständigkeit, des anzuwendenden Rechts und der Anerkennung und Vollstreckung von Entscheidungen in Fragen der Güterstände internationaler Paare (eheliche Güterstände und Güterstände eingetragener Partnerschaften) teilnehmen.

(14) Diese Verordnung sollte gemäß Artikel 81 AEUV auf die güterrechtlichen Wirkungen eingetragener Partnerschaften mit grenzüberschreitendem Bezug Anwendung finden.

(15) Damit für nicht verheiratete Paare Rechtssicherheit in Bezug auf ihr Vermögen und ein gewisses Maß an Vorhersehbarkeit in Bezug auf das anzuwendende Recht gegeben ist, sollten alle Regelungen, welche auf die güterrechtlichen Wirkungen eingetragener Partnerschaften anzuwenden sind, in einem einzigen Rechtsinstrument erfasst werden.

(16) Nichteheliche Lebensgemeinschaften sind im Recht der Mitgliedstaaten unterschiedlich ausgestaltet, wobei zwischen Paaren, deren Lebensgemeinschaft bei einer Behörde als Partnerschaft eingetragen ist, und einer nicht eingetragenen Lebensgemeinschaft unterschieden werden sollte. Auch wenn nicht eingetragene Lebensgemeinschaften in manchen Mitgliedstaa-

[14] Vgl. dazu den Vorschlag des Rates v. 2.3.2016, KOM (2016) 108 endg.

ten gesetzlich geregelt sind, sollten sie von eingetragenen Partnerschaften unterschieden werden, die einen offiziellen Charakter aufweisen, der es ermöglicht, sie in einem Rechtsakt der Union zu regeln, der ihren Besonderheiten Rechnung trägt. Es gilt, im Interesse eines reibungslosen Funktionierens des Binnenmarkts die Hindernisse für die Freizügigkeit von Personen, die in einer eingetragenen Partnerschaft leben, zu beseitigen; hierzu zählen insbesondere die Schwierigkeiten, mit denen diese Paare bei der Verwaltung ihres Vermögens oder bei dessen Teilung konfrontiert sind. Um diese Ziele zu erreichen, sollten in dieser Verordnung Bestimmungen über die Gerichtszuständigkeit, das anzuwendende Recht, die Anerkennung – oder gegebenenfalls die Annahme –, die Vollstreckbarkeit und die Vollstreckung von Entscheidungen, öffentlichen Urkunden und gerichtlichen Vergleichen zusammengefasst werden.

(17) Diese Verordnung sollte Fragen regeln, die sich im Zusammen-hang mit den güterrechtlichen Wirkungen eingetragener Partnerschaften ergeben. Der Begriff „eingetragene Partnerschaft" sollte nur für die Zwecke dieser Verordnung definiert werden. Der tatsächliche Inhalt dieses Begriffskonzepts sollte sich weiter nach dem nationalen Recht der Mitgliedstaaten bestimmen. Diese Verordnung sollte einen Mitgliedstaat, dessen Recht das Institut der eingetragenen Partnerschaft nicht regelt, nicht dazu verpflichten, dieses Rechtsinstitut in sein nationales Recht einzuführen.

(18) Der Anwendungsbereich dieser Verordnung sollte sich auf alle zivilrechtlichen Aspekte der Güterstände eingetragener Partnerschaften erstrecken und sowohl die Verwaltung des Vermögens der Partner im Alltag betreffen als auch die güterrechtliche Auseinandersetzung infolge der Trennung des Paares oder des Todes eines Partners.

(19) Diese Verordnung sollte nicht für Bereiche des Zivilrechts gelten, die nicht die güterrechtlichen Wirkungen eingetragener Partnerschaften betreffen. Aus Gründen der Klarheit sollte eine Reihe von Fragen, die als mit den güterrechtlichen Wirkungen eingetragener Partnerschaften zusammenhängend betrachtet werden können, ausdrücklich vom Anwendungsbereich dieser Verordnung ausgenommen werden.

(20) Dementsprechend sollte diese Verordnung nicht für Fragen der allgemeinen Rechts-, Geschäfts- und Handlungsfähigkeit der Partner gelten, wobei sich dieser Ausschluss jedoch nicht auf die spezifischen Befugnisse und Rechte eines oder beider Partner – weder im Verhältnis untereinander noch gegenüber Dritten – im Zusammenhang mit dem Vermögen erstrecken, da diese Befugnisse und Rechte in den Anwendungsbereich der Verordnung fallen sollten.

(21) Diese Verordnung sollte nicht für andere Vorfragen wie das Bestehen, die Gültigkeit oder die Anerkennung einer eingetragenen Partnerschaft gelten, die dem nationalen Recht der Mitgliedstaaten, einschließlich ihrer Vorschriften des Internationalen Privatrechts, unterliegen.

(22) Die Unterhaltspflichten im Verhältnis der Partner untereinander sind Gegenstand der Verordnung (EG) Nr. 4/2009 des Rates[15] und sollten daher vom Anwendungsbereich dieser Verordnung ausgenommen werden; dies gilt auch für Fragen der Rechtsnachfolge nach dem Tod eines Partners, da diese in der Verordnung (EU) Nr. 650/2012 des Europäischen Parlaments und des Rates vom 4. Juli 2012[16] geregelt sind.

(23) Fragen im Zusammenhang mit der Berechtigung, Ansprüche gleich welcher Art auf Alters- oder Erwerbsunfähigkeitsrente, die während der eingetragenen Partnerschaft erworben wurden und die während der eingetragenen Partnerschaft zu keinem Renteneinkommen geführt haben, zwischen den Partnern zu übertragen oder anzupassen, sollten vom Anwendungsbereich dieser Verordnung ausgenommen werden, wobei die in den Mitgliedstaaten bestehenden spezifischen Systeme zu berücksichtigen sind. Allerdings sollte diese Ausnahme eng ausgelegt werden. Somit sollte diese Verordnung insbesondere die Frage der Kategorisierung von Rentenansprüchen, der während der eingetragenen Partnerschaft an einen der Partner bereits ausgezahlten Beträge und des eventuell zu gewährenden Ausgleichs bei mit gemeinsamem Vermögen finanzierten Rentenversicherungen regeln.

(24) Diese Verordnung sollte die sich aus den güterrechtlichen Wirkungen einer eingetragenen Partnerschaft ergebende Begründung oder Übertragung eines Rechts an beweglichen oder unbeweglichen Vermögensgegenständen nach Maßgabe des auf diese güterrechtlichen Wirkungen anzuwendenden Rechts ermöglichen. Sie sollte jedoch nicht die abschließende Anzahl *(Numerus clausus)* der dinglichen Rechte berühren, die das nationale Recht einiger Mitgliedstaaten kennt. Ein Mitgliedstaat sollte nicht verpflichtet sein, ein dingliches Recht an einer in diesem Mitgliedstaat belegenen Sache anzuerkennen, wenn sein Recht dieses dingliche Recht nicht kennt.

(25) Damit die Partner jedoch die Rechte, die durch die güterrechtlichen Wirkungen der eingetragenen Partnerschaft begründet worden oder auf sie übergegangen sind, in einem anderen Mitgliedstaat ausüben können, sollte diese Verordnung die Anpassung eines unbekannten dinglichen Rechts an das in der Rechtsordnung dieses anderen Mitgliedstaats am ehesten vergleichbare Recht vorsehen. Bei dieser Anpassung sollten die mit dem besagten dinglichen Recht verfolgten Ziele und Interessen und die mit ihm verbundenen Wirkungen berücksichtigt werden. Für die Zwecke der Bestimmung des am ehesten vergleichbaren innerstaatlichen Rechts können die Behörden oder zuständigen Personen des Staates, dessen Recht auf die güterrechtlichen Wirkungen der eingetragenen Partnerschaft Anwendung findet, kontaktiert werden, um weitere Auskünfte zu der Art und den Wirkungen des betreffenden Rechts einzuholen. In diesem Zusam-

---

[15] EuUntVO, ABl. L 7 v. 10.1.2009, S. 1; abgedruckt unter Nr. *161*.
[16] EuErbVO, ABl. L 201 v. 27.7.2012, S. 107; abgedruckt unter Nr. *61*.

menhang könnten die bestehenden Netze im Bereich der justiziellen Zusammenarbeit in Zivil- und Handelssachen sowie die anderen verfügbaren Mittel, die die Erkenntnis ausländischen Rechts erleichtern, genutzt werden.

(26) Die in dieser Verordnung ausdrücklich vorgesehene Anpassung unbekannter dinglicher Rechte sollte andere Formen der Anpassung im Zusammenhang mit der Anwendung dieser Verordnung nicht ausschließen.

(27) Die Voraussetzungen für die Eintragung von Rechten an beweglichen oder unbeweglichen Vermögensgegenständen in ein Register sollten vom Anwendungsbereich dieser Verordnung ausgenommen werden. Somit sollte das Recht des Mitgliedstaats, in dem das Register geführt wird (für unbewegliches Vermögen das Recht der belegenen Sache *(lex rei sitae)*), bestimmen, unter welchen gesetzlichen Voraussetzungen und wie die Eintragung vorzunehmen ist und welche Behörden wie etwa Grundbuchämter oder Notare dafür zuständig sind zu prüfen, dass alle Eintragungsvoraussetzungen erfüllt sind und die vorgelegten oder erstellten Unterlagen vollständig sind beziehungsweise die erforderlichen Angaben enthalten. Insbesondere können die Behörden prüfen, ob es sich bei dem Recht eines Partners an dem Vermögensgegenstand, der in dem für die Eintragung vorgelegten Schriftstück erwähnt ist, um ein Recht handelt, das als solches in dem Register eingetragen ist oder nach dem Recht des Mitgliedstaats, in dem das Register geführt wird, anderweitig nachgewiesen wird. Um eine doppelte Erstellung von Schriftstücken zu vermeiden, sollten die Eintragungsbehörden diejenigen von den zuständigen Behörden in einem anderen Mitgliedstaat erstellten Schriftstücke annehmen, deren Verkehr nach dieser Verordnung vorgesehen ist. Dies sollte die an der Eintragung beteiligten Behörden nicht daran hindern, von der Person, die die Eintragung beantragt, diejenigen zusätzlichen Angaben oder die Vorlage derjenigen zusätzlichen Schriftstücke zu verlangen, die nach dem Recht des Mitgliedstaats, in dem das Register geführt wird, erforderlich sind, wie beispielsweise Angaben oder Schriftstücke betreffend die Zahlung von Steuern. Die zuständige Behörde kann die Person, die die Eintragung beantragt, darauf hinweisen, wie die fehlenden Angaben oder Schriftstücke beigebracht werden können.

(28) Die Wirkungen der Eintragung eines Rechts in ein Register sollten ebenfalls vom Anwendungsbereich dieser Verordnung ausgenommen werden. Daher sollte das Recht des Mitgliedstaats, in dem das Register geführt wird, dafür maßgebend sein, ob beispielsweise die Eintragung deklaratorische oder konstitutive Wirkung hat. Wenn also zum Beispiel der Erwerb eines Rechts an einer unbeweglichen Sache nach dem Recht des Mitgliedstaats, in dem das Register geführt wird, die Eintragung in ein Register erfordert, damit die Wirkung *erga omnes* von Registern sichergestellt wird oder Rechtsgeschäfte geschützt werden, sollte der Zeitpunkt des Erwerbs dem Recht dieses Mitgliedstaats unterliegen.

(29) Diese Verordnung sollte den verschiedenen Systemen zur Regelung der Güterstände eingetragener Partnerschaften Rechnung tragen, die in

den Mitgliedstaaten angewandt werden. Für die Zwecke dieser Verordnung sollte der Begriff „Gericht“ daher weit gefasst werden, so dass nicht nur Gerichte im engeren Sinne, die gerichtliche Funktionen ausüben, erfasst werden, sondern beispielsweise in einigen Mitgliedstaaten auch Notare, die in bestimmten Fragen der güterrechtlichen Wirkungen eingetragener Partnerschaften gerichtliche Funktionen ausüben, sowie Notare und Angehörige von Rechtsberufen, die in einigen Mitgliedstaaten bei der Regelung dieser Wirkungen einer eingetragenen Partnerschaft aufgrund einer Befugnisübertragung durch ein Gericht gerichtliche Funktionen ausüben. Alle Gerichte im Sinne dieser Verordnung sollten durch die in dieser Verordnung festgelegten Zuständigkeitsregeln gebunden sein. Der Begriff „Gericht“ sollte hingegen nicht die nichtgerichtlichen Behörden eines Mitgliedstaats erfassen, die, wie in den meisten Mitgliedstaaten die Notariate, nach nationalem Recht befugt sind, sich mit Fragen güterrechtlicher Wirkungen eingetragener Partnerschaften zu befassen, wenn sie, wie es in der Regel der Fall ist, keine gerichtlichen Funktionen ausüben.

(30) Diese Verordnung sollte es allen Notaren, die für Fragen der vermögensrechtlichen Wirkungen eingetragener Partnerschaften in den Mitgliedstaaten zuständig sind, ermöglichen, diese Zuständigkeit auszuüben. Ob die Notare in einem Mitgliedstaat durch die Zuständigkeitsregeln dieser Verordnung gebunden sind, sollte davon abhängen, ob sie unter den Begriff „Gericht“ im Sinne dieser Verordnung fallen.

(31) Die in den Mitgliedstaaten von Notaren in Fragen der vermögensrechtlichen Wirkungen eingetragener Partnerschaften errichteten Urkunden sollten nach Maßgabe dieser Verordnung verkehren. Üben Notare gerichtliche Funktionen aus, so sollten sie durch die Zuständigkeitsregeln dieser Verordnung gebunden sein, und die von ihnen erlassenen Entscheidungen sollten nach den Bestimmungen dieser Verordnung über die Anerkennung, Vollstreckbarkeit und Vollstreckung von Entscheidungen verkehren. Üben Notare keine gerichtlichen Funktionen aus, so sind sie nicht durch diese Zuständigkeitsregeln gebunden sein, und die von ihnen errichteten öffentlichen Urkunden sollten nach den Bestimmungen dieser Verordnung über öffentliche Urkunden verkehren.

(32) Um der zunehmenden Mobilität von Paaren Rechnung zu tragen und eine geordnete Rechtspflege zu erleichtern, sollten die Zuständigkeitsvorschriften in dieser Verordnung den Bürgern die Möglichkeit geben, miteinander zusammenhängende Verfahren vor den Gerichten desselben Mitgliedstaats verhandeln zu lassen. Hierzu sollte mit der Verordnung angestrebt werden, die Zuständigkeit für die güterrechtlichen Wirkungen eingetragener Partnerschaften in dem Mitgliedstaat zu bündeln, dessen Gerichte berufen sind, über die Rechtsnachfolge von Todes wegen nach einem Partner gemäß der Verordnung (EU) Nr. 650/2012 oder die Auflösung oder Ungültigerklärung einer eingetragenen Partnerschaft zu befinden.

(33) In der vorliegenden Verordnung sollte vorgesehen werden, dass in Fällen, in denen ein Verfahren über die Rechtsnachfolge von Todes wegen

nach einem Partner bei einem gemäß der Verordnung (EU) Nr. 650/2012 angerufenen Gericht eines Mitgliedstaats anhängig ist, die Gerichte dieses Mitgliedstaats auch für Entscheidungen über Fragen der vermögensrechtlichen Wirkungen eingetragener Partnerschaften zuständig sind, die mit dem Nachlass im Zusammenhang stehen.

(34) Ebenso sollten Fragen der vermögensrechtlichen Wirkungen eingetragener Partnerschaften, die sich im Zusammenhang mit einem Verfahren ergeben, das bei einem mit einem Antrag auf Auflösung oder Ungültigerklärung einer eingetragenen Partnerschaft befassten Gericht eines Mitgliedstaats anhängig ist, in die Zuständigkeit der Gerichte dieses Mitgliedstaats fallen, sofern die Partner dies vereinbaren.

(35) Stehen Fragen der vermögensrechtlichen Wirkungen eingetragener Partnerschaften nicht im Zusammenhang mit einem bei einem Gericht eines Mitgliedstaats anhängigen Verfahren über die Rechtsnachfolge von Todes wegen nach einem Partner oder über die Auflösung oder Ungültigerklärung einer eingetragenen Partnerschaft, so sollte in dieser Verordnung eine Rangfolge der Anknüpfungspunkte vorgesehen werden, anhand deren die Zuständigkeit bestimmt wird, wobei erster Anknüpfungspunkt der gemeinsame gewöhnliche Aufenthalt der Partner zum Zeitpunkt der Anrufung des Gerichts sein sollte. Die letzte Stufe in der Rangfolge der Anknüpfungspunkte für die Zuständigkeit sollte auf den Mitgliedstaat verweisen, nach dessen Recht die obligatorische Eintragung zur Begründung der Partnerschaft vorgenommen wurde. Diese Anknüpfungspunkte sollen die zunehmende Mobilität der Bürger widerspiegeln und eine wirkliche Verbindung zwischen den Partnern und dem Mitgliedstaat, in dem die Zuständigkeit ausgeübt wird, gewährleisten.

(36) Da nicht alle Mitgliedstaaten das Institut der eingetragenen Partnerschaft kennen, sollten sich die Gerichte eines Mitgliedstaats, dessen Recht dieses Institut nicht kennt, sich möglicherweise im Rahmen dieser Verordnung ausnahmsweise für unzuständig erklären können. In diesen Fällen sollen die Gerichte rasch handeln. Die betroffene Partei sollte die Möglichkeit haben, die Rechtssache in einem anderen Mitgliedstaat, dessen gerichtliche Zuständigkeit aufgrund eines Anknüpfungspunkts begründet ist, anhängig zu machen, wobei es nicht auf die Rangfolge der Zuständigkeitskriterien ankommt und zugleich die Parteiautonomie zu wahren ist. Jedes nach einer Unzuständigkeitserklärung angerufene Gericht, das nicht ein Gericht des Mitgliedstaates ist, in dem die eingetragene Partnerschaft begründet wurde, und das aufgrund einer Gerichtsstandsvereinbarung oder aufgrund rügeloser Einlassung zuständig ist, darf sich unter denselben Bedingungen ebenfalls ausnahmsweise für unzuständig erklären. Für den Fall, dass kein Gericht aufgrund der übrigen Bestimmungen dieser Verordnung zuständig ist, sollte eine subsidiäre Zuständigkeit eingeführt werden, um der Gefahr einer Rechtsverweigerung vorzubeugen.

(37) Im Interesse einer größeren Rechtssicherheit, einer besseren Vorhersehbarkeit des anzuwendenden Rechts und einer größeren Entschei-

dungsfreiheit der Parteien sollte es diese Verordnung den Parteien unter bestimmten Voraussetzungen ermöglichen, eine Gerichtsstandsvereinbarung zugunsten der Gerichte des Mitgliedstaats, dessen Recht anzuwenden ist, oder der Gerichte des Mitgliedstaats, in dem die Partnerschaft eingegangen wurde, zu schließen.

(38) Diese Verordnung sollte die Parteien nicht daran hindern, den Rechtsstreit außergerichtlich, beispielsweise vor einem Notar, in einem Mitgliedstaat ihrer Wahl einvernehmlich zu regeln, wenn das nach dem Recht dieses Mitgliedstaats möglich ist. Das sollte auch dann der Fall sein, wenn das auf die güterrechtlichen Wirkungen der eingetragenen Partnerschaft anzuwendende Recht nicht das Recht dieses Mitgliedstaats ist.

(39) Um zu gewährleisten, dass die Gerichte aller Mitgliedstaaten ihre Zuständigkeit in Fragen güterrechtlicher Wirkungen eingetragener Partnerschaften auf derselben Grundlage ausüben können, sollte die Gründe, aus denen diese subsidiäre Zuständigkeit ausgeübt werden kann, in dieser Verordnung abschließend geregelt werden.

(40) Um insbesondere Fällen von Rechtsverweigerung begegnen zu können, sollte in dieser Verordnung auch eine Notzuständigkeit *(forum necessitatis)* vorgesehen werden, wonach ein Gericht eines Mitgliedstaats in besonderen Ausnahmefällen über die güterrechtlichen Wirkungen einer eingetragenen Partnerschaft entscheiden kann, die einen engen Bezug zu einem Drittstaat aufweist. Ein solcher Ausnahmefall könnte gegeben sein, wenn sich ein Verfahren in dem betreffenden Drittstaat als unmöglich erweist, beispielsweise wegen eines Bürgerkriegs, oder wenn von einem Partner vernünftigerweise nicht erwartet werden kann, dass er ein Verfahren in diesem Staat einleitet oder führt. Die Zuständigkeit, die auf *forum necessitatis* gründet, sollte jedoch nur ausgeübt werden, wenn die Sache eine ausreichende Verbindung zu dem Mitgliedstaat des angerufenen Gerichts aufweist.

(41) Im Interesse einer geordneten Rechtspflege sollte vermieden werden, dass in den Mitgliedstaaten Entscheidungen ergehen, die miteinander unvereinbar sind. Hierzu sollte diese Verordnung allgemeine Verfahrensvorschriften nach dem Vorbild anderer Rechtsinstrumente der Union im Bereich der justiziellen Zusammenarbeit in Zivilsachen vorsehen. Eine dieser Verfahrensvorschriften ist die Regel zur Rechtshängigkeit, die zum Tragen kommt, wenn dieselbe Güterrechtssache bei Gerichten in verschiedenen Mitgliedstaaten anhängig gemacht wird. Diese Regel bestimmt, welches Gericht sich weiterhin mit der Sache zu befassen hat.

(42) Damit die Bürger die Vorteile des Binnenmarkts ohne Einbußen bei der Rechtssicherheit nutzen können, sollte diese Verordnung den Partnern im Voraus Klarheit über das in ihrem Fall auf die güterrechtlichen Wirkungen ihrer eingetragenen Partnerschaft anzuwendende Recht verschaffen. Es sollten daher harmonisierte Kollisionsnormen eingeführt werden, um einander widersprechende Ergebnisse zu vermeiden. Die allgemeine Kollisionsnorm sollte sicherstellen, dass die güterrechtlichen Wirkungen einer

eingetragenen Partnerschaft einem im Voraus bestimmbaren Recht unterliegen, zu dem eine enge Verbindung besteht. Aus Gründen der Rechtssicherheit und um eine Aufspaltung der güterrechtlichen Wirkungen zu vermeiden, sollte das anzuwendende Recht die güterrechtlichen Wirkungen der eingetragenen Partnerschaft insgesamt, d. h. das gesamte den güterrechtlichen Wirkungen der eingetragenen Partnerschaft unterliegende Vermögen, erfassen, unabhängig von der Art der Vermögenswerte und unabhängig davon, ob diese in einem anderen Mitgliedstaat oder in einem Drittstaat belegen sind.

(43) Das nach dieser Verordnung bestimmte Recht sollte auch dann Anwendung finden, wenn es nicht das Recht eines Mitgliedstaats ist.

(44) Um eingetragenen Partnern die Verwaltung ihres Vermögens zu erleichtern, sollte ihnen diese Verordnung erlauben, unter den Rechtsordnungen, zu denen sie beispielsweise aufgrund ihres gewöhnlichen Aufenthalts oder ihrer Staatsangehörigkeit eine enge Verbindung haben, unabhängig von der Art oder Belegenheit des Vermögens das auf die güterrechtlichen Wirkungen ihrer eingetragenen Partnerschaft anzuwendende Recht zu wählen. Damit die Wahl der Rechtsordnung jedoch nicht wirkungslos ist und für die Partner dadurch ein rechtsfreier Raum entstünde, sollte die Rechtswahl auf ein Recht begrenzt werden, das an eingetragene Partnerschaften güterrechtliche Wirkungen knüpft. Diese Wahl kann jederzeit vor der Eintragung der Partnerschaft, zum Zeitpunkt der Eintragung der Partnerschaft oder auch während des Bestehens der eingetragenen Partnerschaft erfolgen.

(45) Im Interesse der Sicherheit des Rechtsverkehrs und um zu verhindern, dass sich das auf die güterrechtlichen Wirkungen einer eingetragenen Partnerschaft anzuwendende Recht ändert, ohne dass die Partner darüber unterrichtet werden, sollte ein Wechsel des auf die güterrechtlichen Wirkungen der eingetragenen Partnerschaft anzuwendenden Rechts nur nach einem entsprechenden ausdrücklichen Antrag der Parteien möglich sein. Dieser von den Partnern beschlossene Wechsel sollte nicht rückwirkend gelten können, es sei denn, sie haben das ausdrücklich vereinbart. Auf keinen Fall dürfen dadurch die Rechte Dritter verletzt werden.

(46) Es sollten Regeln zur materiellen Wirksamkeit und zur Formgültigkeit einer Vereinbarung über die Rechtswahl festgelegt werden, die es den Partnern erleichtern, ihre Rechtswahl in voller Sachkenntnis zu treffen, und die gewährleisten, dass die einvernehmliche Rechtswahl der Partner im Interesse der Rechtssicherheit sowie eines besseren Rechtsschutzes respektiert wird. Was die Formgültigkeit anbelangt, sollten bestimmte Schutzvorkehrungen getroffen werden, um sicherzustellen, dass sich die Partner der Tragweite ihrer Rechtswahl bewusst sind. Die Vereinbarung über die Rechtswahl sollte zumindest der Schriftform bedürfen und von beiden Parteien mit Datum und Unterschrift versehen werden müssen. Sieht das Recht des Mitgliedstaats, in dem beide Partner zum Zeitpunkt der Rechtswahl ihren gewöhnlichen Aufenthalt haben, zusätzliche Formvor-

schriften vor, so sollten diese eingehalten werden. Solche zusätzlichen Formvorschriften könnten beispielsweise in einem Mitgliedstaat bestehen, in dem die Rechtswahl Bestandteil der Vereinbarung über die güterrechtlichen Wirkungen einer eingetragenen Partnerschaft ist. Haben die Partner zum Zeitpunkt der Rechtswahl ihren gewöhnlichen Aufenthalt in verschiedenen Mitgliedstaaten, in denen unterschiedliche Formvorschriften vorgesehen sind, so sollte es ausreichen, dass die Formvorschriften eines dieser Mitgliedstaaten eingehalten werden. Hat zum Zeitpunkt der Rechtswahl nur einer der Partner seinen gewöhnlichen Aufenthalt in einem Mitgliedstaat, in dem zusätzliche Formvorschriften vorgesehen sind, so sollten diese Formvorschriften eingehalten werden.

(47) Eine Vereinbarung über die güterrechtlichen Wirkungen einer eingetragenen Partnerschaft ist eine Art der Verfügung über das Vermögen der Partner, die in den Mitgliedstaaten nicht in gleichem Maße zulässig ist und anerkannt wird. Um die Anerkennung von auf der Grundlage einer Vereinbarung über die güterrechtlichen Wirkungen einer eingetragenen Partnerschaft erworbenen Güterstandsrechten in den Mitgliedstaaten zu erleichtern, sollten Vorschriften über die Formgültigkeit von Vereinbarungen über die güterrechtlichen Wirkungen einer Partnerschaft festgelegt werden. Die Vereinbarung sollte zumindest der Schriftform bedürfen und datiert und von beiden Parteien unterzeichnet werden. Die Vereinbarung sollte jedoch auch zusätzliche Anforderungen an die Formgültigkeit erfüllen, die in dem auf die güterrechtlichen Wirkungen der eingetragenen Partnerschaft anzuwendenden Recht, das nach dieser Verordnung bestimmt wurde, und in dem Recht des Mitgliedstaats, in dem die Partner ihren gewöhnlichen Aufenthalt haben, vorgesehen sind. In dieser Verordnung sollte ferner festgelegt werden, nach welchem Recht sich die materielle Wirksamkeit einer solchen Vereinbarung richtet.

(48) Wird keine Rechtswahl getroffen, so sollte diese Verordnung im Hinblick auf die Vereinbarkeit von Rechtssicherheit und Vorhersehbarkeit des anzuwendenden Rechts mit den tatsächlichen Lebensumständen des Paares vorsehen, dass auf die güterrechtlichen Wirkungen einer eingetragenen Partnerschaft das Recht des Staates anzuwenden ist, nach dessen Recht die verbindliche Eintragung zur Begründung der Partnerschaft vorgenommen wurde.

(49) Wird in dieser Verordnung auf die Staatsangehörigkeit als Anknüpfungspunkt verwiesen, so handelt es sich bei der Frage nach der Behandlung einer Person mit mehrfacher Staatsangehörigkeit um eine Vorfrage, die nicht in den Anwendungsbereich dieser Verordnung fällt; sie sollte sich weiterhin nach nationalem Recht, einschließlich der anwendbaren Übereinkommen, richten, wobei die allgemeinen Grundsätze der Union uneingeschränkt einzuhalten sind. Diese Behandlung sollte keine Auswirkung auf die Gültigkeit einer Rechtswahl haben, die nach dieser Verordnung getroffen wurde.

(50) In Bezug auf die Bestimmung des auf die güterrechtlichen Wirkungen einer eingetragenen Partnerschaft anzuwendenden Rechts sollte das Gericht eines Mitgliedstaats bei fehlender Rechtswahl und fehlender Vereinbarung über die güterrechtlichen Wirkungen der eingetragenen Partnerschaft auf Antrag eines Partners in Ausnahmefällen und auf Antrag eines Partners, wenn die Partner sich im Staat ihres gewöhnlichen Aufenthalts für einen langen Zeitraum niedergelassen haben, feststellen können, dass das Recht dieses Staates angewandt werden kann, sofern die Partner auf dieses Recht vertraut haben. Auf keinen Fall dürfen dadurch die Rechte Dritter verletzt werden.

(51) Das zur Anwendung auf die güterrechtlichen Wirkungen einer eingetragenen Partnerschaft berufene Recht sollte diese Wirkungen, angefangen bei der Einteilung des Vermögens eines oder beider Partner in verschiedene Kategorien während der eingetragenen Partnerschaft und nach ihrer Auflösung bis hin zur Vermögensauseinandersetzung, regeln. Es sollte auch die Auswirkungen der güterrechtlichen Wirkungen der eingetragenen Partnerschaft auf ein Rechtsverhältnis zwischen einem Partner und Dritten einschließen. Allerdings darf das auf die güterrechtlichen Wirkungen eingetragener Partnerschaften zur Regelung solcher Wirkungen anzuwendende Recht einem Dritten von einem Partner nur dann entgegengehalten werden, wenn das Rechtsverhältnis zwischen diesem Partner und dem Dritten zu einem Zeitpunkt entstanden ist, zu dem der Dritte Kenntnis von diesem Recht hatte oder hätte haben müssen.

(52) Aus Gründen des öffentlichen Interesses wie der Wahrung der politischen, sozialen oder wirtschaftlichen Ordnung eines Mitgliedstaats sollte es gerechtfertigt sein, dass die Gerichte und andere zuständige Behörden der Mitgliedstaaten die Möglichkeit erhalten, in Ausnahmefällen auf der Grundlage von Eingriffsnormen Ausnahmeregelungen anzuwenden. Dementsprechend sollte der Begriff „Eingriffsnormen" Normen von zwingender Natur wie zum Beispiel die Normen zum Schutz der Familienwohnung umfassen. Diese Ausnahme von der Anwendung des auf die güterrechtlichen Wirkungen einer eingetragenen Partnerschaft anzuwendenden Rechts ist jedoch eng auszulegen, damit sie der allgemeinen Zielsetzung dieser Verordnung nicht zuwiderläuft.

(53) Aus Gründen des öffentlichen Interesses sollte außerdem den Gerichten und anderen mit Fragen der güterrechtlichen Wirkungen eingetragener Partnerschaften befassten zuständigen Behörden in den Mitgliedstaaten in Ausnahmefällen die Möglichkeit gegeben werden, Bestimmungen eines ausländischen Rechts nicht zu berücksichtigen, wenn deren Anwendung in einem bestimmten Fall mit der öffentlichen Ordnung *(ordre public)* des betreffenden Mitgliedstaats offensichtlich unvereinbar wäre. Die Gerichte oder andere zuständige Behörden sollten allerdings nicht aus Gründen der öffentlichen Ordnung *(ordre public)* die Anwendung des Rechts eines anderen Mitgliedstaats ausschließen oder die Anerkennung – oder gegebenenfalls die Annahme – oder die Vollstreckung einer Entscheidung,

einer öffentlichen Urkunde oder eines gerichtlichen Vergleichs aus einem anderen Mitgliedstaat versagen dürfen, wenn dies gegen die Charta der Grundrechte der Europäischen Union (im folgenden: „Charta"), insbesondere gegen Artikel 21 über den Grundsatz der Nichtdiskriminierung, verstoßen würde.

(54) Da es Staaten gibt, in denen die in dieser Verordnung behandelten Fragen durch zwei oder mehr Rechtssysteme oder Regelwerke geregelt werden, sollte festgelegt werden, inwieweit diese Verordnung in den verschiedenen Gebietseinheiten dieser Staaten Anwendung findet.

(55) Diese Verordnung sollte in Anbetracht ihrer allgemeinen Zielsetzung, nämlich der gegenseitigen Anerkennung der in den Mitgliedstaaten ergangenen Entscheidungen in Fragen der güterrechtlichen Wirkungen eingetragener Partnerschaften, Vorschriften für die Anerkennung, Vollstreckbarkeit und Vollstreckung von Entscheidungen nach dem Vorbild anderer Rechtsinstrumente der Union im Bereich der justiziellen Zusammenarbeit in Zivilsachen vorsehen.

(56) Um den verschiedenen Systemen zur Regelung von Fragen der güterrechtlichen Wirkungen eingetragener Partnerschaften in den Mitgliedstaaten Rechnung zu tragen, sollte diese Verordnung die Annahme und Vollstreckbarkeit diese Wirkungen eingetragener Partnerschaften betreffender öffentlicher Urkunden in sämtlichen Mitgliedstaaten gewährleisten.

(57) Öffentliche Urkunden sollten in einem anderen Mitgliedstaat die gleiche formelle Beweiskraft wie im Ursprungsmitgliedstaat oder die damit am ehesten vergleichbare Wirkung entfalten. Die formelle Beweiskraft einer öffentlichen Urkunde in einem anderen Mitgliedstaat oder die damit am ehesten vergleichbare Wirkung sollte durch Bezugnahme auf Art und Umfang der formellen Beweiskraft der öffentlichen Urkunde im Ursprungsmitgliedstaat bestimmt werden. Somit richtet sich die formelle Beweiskraft einer öffentlichen Urkunde in einem anderen Mitgliedstaat nach dem Recht des Ursprungsmitgliedstaats.

(58) Die „Authentizität" einer öffentlichen Urkunde sollte ein autonomer Begriff sein, der Aspekte wie die Echtheit der Urkunde, die Formerfordernisse für die Urkunde, die Befugnisse der Behörde, die die Urkunde errichtet, und das Verfahren, nach dem die Urkunde errichtet wird, erfassen sollte. Der Begriff sollte ferner die von der betreffenden Behörde in der öffentlichen Urkunde beurkundeten Vorgänge erfassen, wie z.B. die Tatsache, dass die genannten Parteien an dem genannten Tag vor dieser Behörde erschienen sind und die genannten Erklärungen abgegeben haben. Eine Partei, die Einwände in Bezug auf die Authentizität einer öffentlichen Urkunde erheben möchte, sollte dies bei dem zuständigen Gericht im Ursprungsmitgliedstaat der öffentlichen Urkunde nach dem Recht dieses Mitgliedstaats tun.

(59) Die Formulierung „die in einer öffentlichen Urkunde beurkundeten Rechtsgeschäfte oder Rechtsverhältnisse" sollte als Bezugnahme auf

den in der öffentlichen Urkunde niedergelegten materiellen Inhalt verstanden werden. Eine Partei, die Einwände in Bezug auf die in einer öffentlichen Urkunde beurkundeten Rechtsgeschäfte oder Rechtsverhältnisse erheben möchte, sollte dies bei den nach dieser Verordnung zuständigen Gerichten tun, die nach dem auf die güterrechtlichen Wirkungen der eingetragenen Partnerschaft anzuwendenden Recht über die Einwände entscheiden sollten.

(60) Wird eine Frage in Bezug auf die in einer öffentlichen Urkunde beurkundeten Rechtsgeschäfte oder Rechtsverhältnisse als Vorfrage in einem Verfahren bei einem Gericht eines Mitgliedstaats vorgebracht, so sollte dieses Gericht für die Entscheidung über diese Vorfrage zuständig sein.

(61) Eine öffentliche Urkunde, gegen die Einwände erhoben wurden, sollte in einem anderen Mitgliedstaat als dem Ursprungsmitgliedstaat keine formelle Beweiskraft entfalten, solange die Einwände anhängig sind. Betreffen die Einwände nur einen spezifischen Umstand mit Bezug auf die in einer öffentlichen Urkunde beurkundeten Rechtsgeschäfte oder Rechtsverhältnisse, so sollte die öffentliche Urkunde in Bezug auf den angefochtenen Umstand keine Beweiskraft in einem anderen Mitgliedstaat als dem Ursprungsmitgliedstaat entfalten, solange die Einwände anhängig sind. Eine öffentliche Urkunde, die aufgrund eines Einwands für ungültig erklärt wird, sollte keine Beweiskraft mehr entfalten.

(62) Wenn einer Behörde im Rahmen der Anwendung dieser Verordnung zwei nicht miteinander zu vereinbarende öffentliche Urkunden vorgelegt werden, sollte sie die Frage, welcher Urkunde gegebenenfalls Vorrang einzuräumen ist, unter Berücksichtigung der Umstände des jeweiligen Falls beurteilen. Geht aus diesen Umständen nicht eindeutig hervor, welche Urkunde gegebenenfalls Vorrang haben sollte, so sollte diese Frage von den nach dieser Verordnung zuständigen Gerichten oder, wenn die Frage als Vorfrage im Laufe eines Verfahrens vorgebracht wird, von dem mit diesem Verfahren befassten Gericht geklärt werden. Im Falle einer Unvereinbarkeit zwischen einer öffentlichen Urkunde und einer Entscheidung sollten die Gründe für die Nichtanerkennung von Entscheidungen nach dieser Verordnung berücksichtigt werden.

(63) Die Anerkennung und Vollstreckung einer Entscheidung über die güterrechtlichen Wirkungen einer eingetragenen Partnerschaft nach Maßgabe dieser Verordnung sollte in keiner Weise die Anerkennung der eingetragenen Partnerschaft implizieren, die Anlass zu der Entscheidung gegeben hat.

(64) Das Verhältnis zwischen dieser Verordnung und den bilateralen oder multilateralen Übereinkünften über die vermögensrechtlichen Wirkungen eingetragener Partnerschaften, denen die Mitgliedstaaten angehören, sollte bestimmt werden.

(65) Um die Anwendung dieser Verordnung zu erleichtern, sollten die Mitgliedstaaten verpflichtet werden, über das mit der Entscheidung 2001/

470/EG des Rates[17] eingerichtete Europäische Justizielle Netz für Zivil- und Handelssachen bestimmte Angaben über ihre, die güterrechtlichen Wirkungen eingetragener Partnerschaften betreffenden Vorschriften und Verfahren zu machen. Damit sämtliche Informationen, die für die praktische Anwendung dieser Verordnung von Bedeutung sind, rechtzeitig im *Amtsblatt der Europäischen Union* veröffentlicht werden können, sollten die Mitgliedstaaten der Kommission auch diese Informationen vor dem Beginn der Anwendung der Verordnung mitteilen.

(66) Um die Anwendung dieser Verordnung zu erleichtern und um die Nutzung moderner Kommunikationstechnologien zu ermöglichen, sollten Standardformulare für die Bescheinigungen, die im Zusammenhang mit einem Antrag auf Vollstreckbarerklärung einer Entscheidung, einer öffentlichen Urkunde oder eines gerichtlichen Vergleichs vorzulegen sind, vorgeschrieben werden.

(67) Die Berechnung der in dieser Verordnung vorgesehenen Fristen und Termine sollte nach Maßgabe der Verordnung (EWG, Euratom) Nr. 1182/71 des Rates[18] erfolgen.

(68) Um einheitliche Bedingungen für die Durchführung dieser Verordnung gewährleisten zu können, sollten der Kommission in Bezug auf die Erstellung und spätere Änderung der Bescheinigungen und Formblätter, welche die Vollstreckbarerklärung von Entscheidungen, gerichtlichen Vergleichen und öffentlichen Urkunden betreffen, Durchführungsbefugnisse übertragen werden. Diese Befugnisse sollten nach Maßgabe der Verordnung (EU) Nr. 182/2011 des Europäischen Parlaments und des Rates,[19] ausgeübt werden.

(69) Für den Erlass von Durchführungsrechtsakten zur Erstellung und späteren Änderung der in dieser Verordnung vorgesehenen Bescheinigungen und Formulare sollte das Beratungsverfahren herangezogen werden.

(70) Die Ziele dieser Verordnung, nämlich die Freizügigkeit innerhalb der Union und die Möglichkeit für Partner, ihre vermögensrechtlichen Beziehungen untereinander sowie gegenüber Dritten während ihres Zusammenlebens sowie zum Zeitpunkt der Auseinandersetzung ihres Vermögens zu regeln, sowie bessere Vorhersehbarkeit des anzuwendenden Rechts und eine größere Rechtssicherheit können von den Mitgliedstaaten nicht ausreichend verwirklicht werden, und sind vielmehr wegen des Umfangs und der Wirkungen dieser Verordnung besser auf Unionsebene – gegebenenfalls im Wege einer Verstärkten Zusammenarbeit der Mitgliedstaaten – zu verwirklichen. Im Einklang mit dem in Artikel 5 des Vertrags über die Europäische Union niedergelegten Subsidiaritätsprinzip kann die Union tätig werden. Entsprechend dem in demselben Artikel genannten Verhält-

[17] ABl. L 174 v. 27.6.2001, S. 25.
[18] ABl. L 124 v. 8.6.1971, S. 1.
[19] ABl. L 55 v. 28.2.2011, S. 13.

nismäßigkeitsprinzip geht diese Verordnung nicht über das für die Erreichung dieser Ziele erforderliche Maß hinaus.

(71) Diese Verordnung steht im Einklang mit den Grundrechten und Grundsätzen, die mit der Charta anerkannt wurden, namentlich die Artikel 7, 9, 17, 21 und 47, die das Recht auf Achtung des Privat- und Familienlebens, das nach nationalem Recht geschützte Recht, eine Familie zu gründen, das Eigentumsrecht, den Grundsatz der Nichtdiskriminierung sowie das Recht auf einen wirksamen Rechtsbehelf und ein faires Verfahren betreffen. Bei der Anwendung dieser Verordnung sollten die Gerichte und anderen zuständigen Behörden der Mitgliedstaaten diese Rechte und Grundsätze achten –

HAT FOLGENDE VERORDNUNG ERLASSEN:

Kapitel I. Anwendungsbereich und Begriffsbestimmungen

Art. 1.[20] **Anwendungsbereich.** (1) Diese Verordnung findet auf die Güterstände eingetragener Partnerschaften Anwendung.

Sie gilt nicht für Steuer- und Zollsachen sowie verwaltungsrechtliche Angelegenheiten.

(2) Vom Anwendungsbereich dieser Verordnung ausgenommen sind:

a) die Rechts-, Geschäfts- und Handlungsfähigkeit der Partner,[21]

b) das Bestehen, die Gültigkeit oder die Anerkennung einer eingetragenen Partnerschaft,[22]

c) die Unterhaltspflichten,[23]

d) die Rechtsnachfolge nach dem Tod eines Partners,

e) die soziale Sicherheit,

f) die Berechtigung, Ansprüche auf Alters- oder Erwerbsunfähigkeitsrente, die während der eingetragenen Partnerschaft erworben wurden und die während der eingetragenen Partnerschaft zu keinem Renteneinkommen geführt haben, im Falle der Auflösung oder der Ungültigerklärung der eingetragenen Partnerschaft zwischen den Partnern zu übertragen oder anzupassen,[24]

g) die Art der dinglichen Rechte an Vermögen[25] und

h) jede Eintragung von Rechten an beweglichen oder unbeweglichen Vermögensgegenständen in ein Register, einschließlich der gesetzlichen Voraussetzungen für eine solche Eintragung, sowie die Wirkungen der

---

[20] Vgl. Erwägungsgründe (14), (17)–(19).
[21] Vgl. Erwägungsgrund (20).
[22] Vgl. Erwägungsgrund (21).
[23] Vgl. Erwägungsgrund (22).
[24] Vgl. Erwägungsgrund (23).
[25] Vgl. Erwägungsgründe (24)–(26).

Eintragung oder der fehlenden Eintragung solcher Rechte in ein Register.[26]

Art. 2.[27] **Zuständigkeit für Fragen der güterrechtlichen Wirkungen eingetragener Partnerschaften innerhalb der Mitgliedstaaten.** Diese Verordnung berührt nicht die Zuständigkeit der Behörden der Mitgliedstaaten für Fragen der güterrechtlichen Wirkungen eingetragener Partnerschaften.

Art. 3.[28] **Begriffsbestimmungen.** (1) Im Sinne dieser Verordnung bezeichnet der Ausdruck

a) „eingetragene Partnerschaft" eine rechtlich vorgesehene Form der Lebensgemeinschaft zweier Personen, deren Eintragung nach den betreffenden rechtlichen Vorschriften verbindlich ist und welche die in den betreffenden Vorschriften vorgesehenen rechtlichen Formvorschriften für ihre Begründung erfüllt;

b) „güterrechtliche Wirkungen einer eingetragenen Partnerschaft" die vermögensrechtlichen Regelungen, die im Verhältnis der Partner untereinander und in ihren Beziehungen zu Dritten aufgrund des mit der Eintragung der Partnerschaft oder ihrer Auflösung begründeten Rechtsverhältnisses gelten;

c) „Vereinbarung über den Güterstand einer eingetragenen Partnerschaft" jede Vereinbarung zwischen Partnern oder künftigen Partnern, mit der sie die güterrechtlichen Wirkungen ihrer eingetragenen Partnerschaft regeln;

d) „öffentliche Urkunde" ein die güterrechtlichen Wirkungen einer eingetragenen Partnerschaft betreffendes Schriftstück, das als öffentliche Urkunde in einem Mitgliedstaat förmlich errichtet oder eingetragen worden ist und dessen Beweiskraft

   i) sich auf die Unterschrift und den Inhalt der öffentlichen Urkunde bezieht und

   ii) durch eine Behörde oder eine andere vom Ursprungsmitgliedstaat hierzu ermächtigte Stelle festgestellt worden ist;

e) „Entscheidung" jede von einem Gericht eines Mitgliedstaats über die güterrechtlichen Wirkungen einer eingetragenen Partnerschaft erlassene Entscheidung ohne Rücksicht auf ihre Bezeichnung, einschließlich des Kostenfestsetzungsbeschlusses eines Gerichtsbediensteten;

f) „gerichtlicher Vergleich" einen von einem Gericht gebilligten oder vor einem Gericht im Laufe eines Verfahrens geschlossenen Vergleich über die güterrechtlichen Wirkungen einer eingetragenen Partnerschaft;

---

[26] Vgl. Erwägungsgründe (27)–(28).

[27] Zur örtlichen Zuständigkeit der nach Kap. II international zuständigen deutschen Gerichte siehe § 3 IntGüRVG v. 17.12.2018, Nr. *33a*.

[28] Vgl. zu Art. 3 Abs. 2 Erwägungsgründe (29)–(31).

g) „Ursprungsmitgliedstaat" den Mitgliedstaat, in dem die Entscheidung ergangen, die öffentliche Urkunde errichtet oder der gerichtliche Vergleich gebilligt oder geschlossen worden ist;

h) „Vollstreckungsmitgliedstaat" den Mitgliedstaat, in dem die Anerkennung und/oder Vollstreckung der Entscheidung, der öffentlichen Urkunde oder des gerichtlichen Vergleichs betrieben wird.

(2) Im Sinne dieser Verordnung bezeichnet der Ausdruck „Gericht" jedes Gericht und alle anderen Behörden und Angehörigen von Rechtsberufen mit Zuständigkeiten in Fragen der güterrechtlichen Wirkungen, die gerichtliche Funktionen ausüben oder in Ausübung einer Befugnisübertragung durch ein Gericht oder unter der Aufsicht eines Gerichts handeln, sofern diese anderen Behörden und Angehörigen von Rechtsberufen ihre Unparteilichkeit und das Recht der Parteien auf rechtliches Gehör gewährleisten und ihre Entscheidungen nach dem Recht des Mitgliedstaats, in dem sie tätig sind,

i) vor einem Gericht angefochten oder von einem Gericht nachgeprüft werden können und

ii) vergleichbare Rechtskraft und Rechtswirkung haben wie eine Entscheidung eines Gerichts in der gleichen Sache.

Die Mitgliedstaaten teilen der Kommission nach Artikel 64 die in Unterabsatz 1 genannten anderen Behörden und Angehörigen von Rechtsberufen mit.

Kapitel II.[29] Gerichtliche Zuständigkeit

Art. 4.[30] Zuständigkeit im Fall des Todes eines Partners. Wird ein Gericht eines Mitgliedstaats im Zusammenhang mit der Rechtsnachfolge von Todes wegen nach der Verordnung (EU) Nr. 650/2012[31] angerufen, so sind die Gerichte dieses Staates auch für Entscheidungen über die güterrechtlichen Wirkungen der eingetragenen Partnerschaft in Verbindung mit diesem Nachlass zuständig.

Art. 5.[32] Zuständigkeit im Fall der Auflösung oder Ungültigerklärung der eingetragenen Partnerschaft. (1) Wird ein Gericht eines Mitgliedstaats zur Entscheidung über die Auflösung oder Ungültigerklärung einer eingetragenen Partnerschaft angerufen, so sind die Gerichte dieses Staates auch für Entscheidungen über Fragen der güterrechtlichen Wirkungen der eingetragenen Partnerschaft in Verbindung mit dieser Auflösung oder Ungültigerklärung zuständig, wenn die Partner dies vereinbaren.

---

[29] Vgl. Erwägungsgründe (15) und (32) sowie Anm. 27.

[30] Vgl. Erwägungsgrund (33).

[31] Abgedruckt unter Nr. *61*.

[32] Vgl. Erwägungsgrund (34).

(2) Wird eine Vereinbarung nach Absatz 1 des vorliegenden Artikels geschlossen, bevor das Gericht zur Entscheidung über die güterrechtlichen Wirkungen der eingetragenen Partnerschaft angerufen wird, so muss die Vereinbarung den Anforderungen des Artikels 7 entsprechen.

Art. 6.[33] **Zuständigkeit in anderen Fällen.** In Fällen, in denen kein Gericht eines Mitgliedstaats nach den Artikeln 4 und 5 zuständig ist, oder in anderen als den in diesen Artikeln geregelten Fällen sind für Entscheidungen über Fragen der güterrechtlichen Wirkungen einer eingetragenen Partnerschaft die Gerichte des Mitgliedstaats zuständig,

a) in dessen Hoheitsgebiet die Partner zum Zeitpunkt der Anrufung des Gerichts ihren gewöhnlichen Aufenthalt haben oder anderenfalls
b) in dessen Hoheitsgebiet die Partner zuletzt ihren gewöhnlichen Aufenthalt hatten, sofern einer von ihnen zum Zeitpunkt der Anrufung des Gerichts dort noch seinen gewöhnlichen Aufenthalt hat, oder anderenfalls
c) in dessen Hoheitsgebiet der Antragsgegner zum Zeitpunkt der Anrufung des Gerichts seinen gewöhnlichen Aufenthalt hat oder anderenfalls
d) dessen Staatsangehörigkeit beide Partner zum Zeitpunkt der Anrufung des Gerichts besitzen oder anderenfalls
e) nach dessen Recht die eingetragene Partnerschaft begründet wurde.

Art. 7.[34] **Gerichtsstandsvereinbarung.** (1) In Fällen des Artikels 6 können die Parteien vereinbaren, dass die Gerichte des Mitgliedstaats, dessen Recht nach Artikel 22 oder Artikel 26 Absatz 1 anzuwenden ist, oder die Gerichte des Mitgliedstaats, in dem die eingetragene Partnerschaft begründet wurde, für Entscheidungen über Fragen der güterrechtlichen Wirkungen ihrer eingetragenen Partnerschaft ausschließlich zuständig sein sollen.

(2) Die in Absatz 1 genannte Vereinbarung bedarf der Schriftform, ist zu datieren und von den Parteien zu unterzeichnen. Elektronische Übermittlungen, die eine dauerhafte Aufzeichnung der Vereinbarung ermöglichen, sind der Schriftform gleichgestellt.

Art. 8. Zuständigkeit aufgrund rügeloser Einlassung. (1) Sofern das Gericht eines Mitgliedstaats, dessen Recht nach Artikel 22 oder Artikel 26 Absatz 1 anzuwenden ist, nicht bereits nach anderen Vorschriften dieser Verordnung zuständig ist, wird es zuständig, wenn sich der Beklagte vor ihm auf das Verfahren einlässt. Dies gilt nicht, wenn der Beklagte sich einlässt, um den Mangel der Zuständigkeit geltend zu machen, oder in den Fällen des Artikels 4.

---

[33] Vgl. Erwägungsgrund (35).
[34] Vgl. Erwägungsgrund (37).

(2) Bevor sich das Gericht nach Absatz 1 für zuständig erklärt, stellt es sicher, dass der Beklagte über sein Recht, die Unzuständigkeit des Gerichts geltend zu machen, und über die Folgen der Einlassung oder Nichteinlassung auf das Verfahren belehrt wird.

Art. 9.[35] **Alternative Zuständigkeit.** (1) Wenn ein Gericht eines Mitgliedstaats, das nach Artikel 4, Artikel 5 oder Artikel 6 Buchstaben a, b, c oder d zuständig ist, feststellt, dass seine Rechtsordnung das Institut der eingetragenen Partnerschaft nicht vorsieht, kann es sich für unzuständig erklären. Beschließt das Gericht, sich für unzuständig zu erklären, so tut es das unverzüglich.

(2) Erklärt sich ein in Absatz 1 des vorliegenden Artikels genanntes Gericht für unzuständig und vereinbaren die Parteien, die Zuständigkeit den Gerichten eines anderen Mitgliedstaats nach Artikel 7 zu übertragen, so sind die Gerichte dieses anderen Mitgliedstaats für Entscheidungen über die güterrechtlichen Wirkungen der eingetragenen Partnerschaft zuständig.

In anderen Fällen sind für Entscheidungen über die güterrechtlichen Wirkungen einer eingetragenen Partnerschaft die Gerichte eines anderen Mitgliedstaats nach Artikel 6 oder 8 zuständig.

(3) Dieser Artikel findet keine Anwendung, wenn die Parteien eine Auflösung oder Ungültigerklärung der eingetragenen Partnerschaft erwirkt haben, die im Mitgliedstaat des angerufenen Gerichts anerkannt werden kann.

Art. 10.[36] **Subsidiäre Zuständigkeit.** Ist kein Gericht eines Mitgliedstaats nach den Artikeln 4, 5, 6, 7 oder 8 zuständig oder haben sich alle Gerichte gemäß Artikel 9 für unzuständig erklärt und ist kein Gericht eines Mitgliedstaats nach Artikel 6 Buchstabe e, Artikel 7 oder Artikel 8 zuständig, so sind die Gerichte eines Mitgliedstaats zuständig, in dessen Hoheitsgebiet unbewegliches Vermögen eines oder beider Partner belegen ist; in diesem Fall ist das angerufene Gericht nur für Entscheidungen über dieses unbewegliche Vermögen zuständig.

Art. 11.[37] **Notzuständigkeit *(forum necessitatis)*.** Ist kein Gericht eines Mitgliedstaats nach den Artikeln 4, 5, 6, 7, 8 oder 10 zuständig oder haben sich alle Gerichte gemäß Artikel 9 für unzuständig erklärt und ist kein Gericht eines Mitgliedstaats nach Artikel 6 Buchstabe e, Artikel 7, 8 oder 10 zuständig, so können die Gerichte eines Mitgliedstaats ausnahmsweise über die güterrechtlichen Wirkungen der eingetragenen Partnerschaft entscheiden, wenn es nicht zumutbar ist oder es sich als unmöglich erweist, ein Verfahren in einem Drittstaat, zu dem die Sache einen engen Bezug aufweist, einzuleiten oder zu führen.

---

[35] Vgl. Erwägungsgrund (36).
[36] Vgl. Erwägungsgrund (39).
[37] Vgl. Erwägungsgrund (40).

Die Sache muss einen ausreichenden Bezug zu dem Mitgliedstaat des angerufenen Gerichts aufweisen.

Art. 12. Widerklagen. Das Gericht, bei dem ein Verfahren aufgrund der Artikel 4 bis 8, 10 oder 11 anhängig ist, ist auch für eine Widerklage zuständig, sofern diese in den Anwendungsbereich dieser Verordnung fällt.

Art. 13. Beschränkung des Verfahrens. (1) Umfasst der Nachlass des Erblassers, der unter die Verordnung (EU) Nr. 650/2012 fällt, Vermögenswerte, die in einem Drittstaat belegen sind, so kann das zu den güterrechtlichen Wirkungen der eingetragenen Partnerschaft angerufene Gericht auf Antrag einer der Parteien beschließen, über einen oder mehrere dieser Vermögenswerte nicht zu befinden, wenn zu erwarten ist, dass seine Entscheidung in Bezug auf diese Vermögenswerte in dem betreffenden Drittstaat nicht anerkannt oder gegebenenfalls nicht für vollstreckbar erklärt wird.

(2) Absatz 1 berührt nicht das Recht der Parteien, den Gegenstand des Verfahrens nach dem Recht des Mitgliedstaats des angerufenen Gerichts zu beschränken.

Art. 14. Anrufung eines Gerichts. Für die Zwecke dieses Kapitels gilt ein Gericht als angerufen:

a) zu dem Zeitpunkt, zu dem das verfahrenseinleitende Schriftstück oder ein gleichwertiges Schriftstück bei Gericht eingereicht worden ist, vorausgesetzt, der Antragsteller hat es in der Folge nicht versäumt, die ihm obliegenden Maßnahmen zu treffen, um die Zustellung des Schriftstücks an den Antragsgegner zu bewirken, oder,

b) falls die Zustellung vor Einreichung des Schriftstücks bei Gericht zu bewirken ist, zu dem Zeitpunkt, zu dem die für die Zustellung verantwortliche Stelle das Schriftstück erhalten hat, vorausgesetzt, der Antragsteller hat es in der Folge nicht versäumt, die ihm obliegenden Maßnahmen zu treffen, um das Schriftstück bei Gericht einzureichen, oder,

c) falls das Gericht das Verfahren von Amts wegen einleitet, zu dem Zeitpunkt, zu dem der Beschluss über die Einleitung des Verfahrens vom Gericht gefasst oder, wenn ein solcher Beschluss nicht erforderlich ist, zu dem Zeitpunkt, zu dem die Sache beim Gericht eingetragen worden ist.

Art. 15. Prüfung der Zuständigkeit. Das Gericht eines Mitgliedstaats, das in einem Rechtsstreit über die güterrechtlichen Wirkungen einer eingetragenen Partnerschaft angerufen wird, für die es nach dieser Verordnung nicht zuständig ist, erklärt sich von Amts wegen für unzuständig.

Art. 16. Prüfung der Zulässigkeit. (1) Lässt sich der Beklagte, der seinen gewöhnlichen Aufenthalt in einem anderen Staat als dem Mitgliedstaat hat, in die Klage erhoben wurde, auf das Verfahren nicht ein, so setzt das nach dieser Verordnung zuständige Gericht das Verfahren so lange aus, bis festgestellt ist, dass es dem Beklagten möglich war, das verfahrenseinleitende Schriftstück oder ein gleichwertiges Schriftstück so rechtzeitig zu empfangen, dass er sich verteidigen konnte oder dass alle hierzu erforderlichen Maßnahmen getroffen wurden.

(2) Anstelle des Absatzes 1 des vorliegenden Artikels findet Artikel 19 der Verordnung (EG) Nr. 1393/2007 des Europäischen Parlaments und des Rates[38] Anwendung, wenn das verfahrenseinleitende Schriftstück oder ein gleichwertiges Schriftstück nach der genannten Verordnung von einem Mitgliedstaat in einen anderen zu übermitteln war.

(3) Ist die Verordnung (EG) Nr. 1393/2007 nicht anwendbar, so gilt Artikel 15 des Haager Übereinkommens vom 15. November 1965 über die Zustellung gerichtlicher und außergerichtlicher Schriftstücke im Ausland in Zivil- und Handelssachen,[39] wenn das verfahrenseinleitende Schriftstück oder ein gleichwertiges Schriftstück nach Maßgabe dieses Übereinkommens ins Ausland zu übermitteln war.

Art. 17.[40] **Rechtshängigkeit.** (1) Werden bei Gerichten verschiedener Mitgliedstaaten Verfahren wegen desselben Anspruchs zwischen denselben Parteien anhängig gemacht, so setzt jedes später angerufene Gericht das Verfahren von Amts wegen aus, bis die Zuständigkeit des zuerst angerufenen Gerichts feststeht.

(2) In den in Absatz 1 genannten Fällen teilt das in der Rechtssache angerufene Gericht auf Antrag eines anderen angerufenen Gerichts diesem unverzüglich mit, wann es angerufen wurde.

(3) Sobald die Zuständigkeit des zuerst angerufenen Gerichts feststeht, erklärt sich das später angerufene Gericht zugunsten dieses Gerichts für unzuständig.

Art. 18. Im Zusammenhang stehende Verfahren. (1) Sind bei Gerichten verschiedener Mitgliedstaaten Verfahren, die im Zusammenhang stehen, anhängig, so kann jedes später angerufene Gericht das Verfahren aussetzen.

(2) Sind die in Absatz 1 genannten Verfahren in erster Instanz anhängig, so kann sich jedes später angerufene Gericht auf Antrag einer Partei auch für unzuständig erklären, wenn das zuerst angerufene Gericht für die betreffenden Verfahren zuständig ist und die Verbindung der Verfahren nach seinem Recht zulässig ist.

(3) Für die Zwecke dieses Artikels gelten Verfahren als im Zusammenhang stehend, wenn zwischen ihnen eine so enge Beziehung gegeben ist, dass eine gemeinsame Verhandlung und Entscheidung geboten erscheint,

---

[38] ABl. L 324 v. 10.12.2007, S. 79. Anstelle von Art. 19 der Verordnung (EG) Nr. 1393/2007 gilt seit dem 1.7.2022 Art. 22 der Verordnung 2020/1784, abgedruckt unter Nr. *224*.

[39] Abgedruckt unter Nr. *211*.

[40] Vgl. Erwägungsgrund (41).

um zu vermeiden, dass in getrennten Verfahren widersprechende Entscheidungen ergehen.

Art. 19. Einstweilige Maßnahmen einschließlich Sicherungsmaßnahmen. Die im Recht eines Mitgliedstaats vorgesehenen einstweiligen Maßnahmen einschließlich Sicherungsmaßnahmen können bei den Gerichten dieses Staates auch dann beantragt werden, wenn für die Entscheidung in der Hauptsache nach dieser Verordnung die Gerichte eines anderen Mitgliedstaats zuständig sind.

Kapitel III.[41] Anzuwendendes Recht

Art. 20.[42] Universelle Anwendung. Das nach dieser Verordnung bezeichnete Recht ist auch dann anzuwenden, wenn es nicht das Recht eines Mitgliedstaats ist.

Art. 21.[43] Einheit des anzuwendenden Rechts. Das auf die güterrechtlichen Wirkungen einer eingetragenen Partnerschaft anzuwendende Recht gilt für sämtliche unter diese Wirkungen fallenden Vermögensgegenstände ohne Rücksicht auf deren Belegenheit.

Art. 22.[44] Rechtswahl. (1) Die Partner oder künftigen Partner können das auf die güterrechtlichen Wirkungen ihrer eingetragenen Partnerschaft anzuwendende Recht durch Vereinbarung bestimmen oder ändern, sofern dieses Recht güterrechtliche Wirkungen an das Institut der eingetragenen Partnerschaft knüpft und es sich dabei um das Recht eines der folgenden Staaten handelt:

a) das Recht des Staates, in dem die Partner oder künftigen Partner oder einer von ihnen zum Zeitpunkt der Rechtswahl ihren/seinen gewöhnlichen Aufenthalt haben/hat, oder

b) das Recht eines Staates, dessen Staatsangehörigkeit einer der Partner oder künftigen Partner zum Zeitpunkt der Rechtswahl besitzt, oder

c) das Recht des Staates, nach dessen Recht die eingetragene Partnerschaft begründet wurde.

(2) Sofern die Partner nichts anderes vereinbaren, gilt eine während der Partnerschaft vorgenommene Änderung des auf die güterrechtlichen Wirkungen der eingetragenen Partnerschaft anzuwendenden Rechts nur für die Zukunft.

(3) Eine rückwirkende Änderung des anzuwendenden Rechts nach Absatz 2 darf Ansprüche Dritter, die sich aus diesem Recht ableiten, nicht beeinträchtigen.

---

[41] Vgl. Erwägungsgrund (42) S. 1 und 2.
[42] Vgl. Erwägungsgrund (43).
[43] Vgl. Erwägungsgrund (42) S. 3.
[44] Vgl. Erwägungsgründe (44)–(45).

Art. 23.[45] **Formgültigkeit der Rechtswahlvereinbarung.** (1) Eine Vereinbarung nach Artikel 22 bedarf der Schriftform, ist zu datieren und von beiden Partnern zu unterzeichnen. Elektronische Übermittlungen, die eine dauerhafte Aufzeichnung der Vereinbarung ermöglichen, sind der Schriftform gleichgestellt.

(2) Sieht das Recht des Mitgliedstaats, in dem beide Partner zum Zeitpunkt der Rechtswahl ihren gewöhnlichen Aufenthalt haben, zusätzliche Formvorschriften für Vereinbarungen über die güterrechtlichen Wirkungen einer eingetragenen Partnerschaft vor, so sind diese Formvorschriften anzuwenden.

(3) Haben die Partner zum Zeitpunkt der Rechtswahl ihren gewöhnlichen Aufenthalt in verschiedenen Mitgliedstaaten und sieht das Recht beider Staaten unterschiedliche Formvorschriften für Vereinbarungen über die güterrechtlichen Wirkungen einer eingetragenen Partnerschaft vor, so ist die Vereinbarung formgültig, wenn sie den Vorschriften des Rechts eines dieser Mitgliedstaaten genügt.

(4) Hat zum Zeitpunkt der Rechtswahl nur einer der Partner seinen gewöhnlichen Aufenthalt in einem Mitgliedstaat und sind in diesem Staat zusätzliche Formvorschriften für Vereinbarungen über den Güterstand einer eingetragenen Partnerschaft vorgesehen, so sind diese Formvorschriften anzuwenden.

Art. 24.[46] **Einigung und materielle Wirksamkeit.** (1) Das Zustandekommen und die Wirksamkeit einer Rechtswahlvereinbarung oder einer ihrer Bestimmungen bestimmen sich nach dem Recht, das nach Artikel 22 anzuwenden wäre, wenn die Vereinbarung oder die Bestimmung wirksam wäre.

(2) Ein Partner kann sich jedoch für die Behauptung, er habe der Vereinbarung nicht zugestimmt, auf das Recht des Staates berufen, in dem er zum Zeitpunkt der Anrufung des Gerichts seinen gewöhnlichen Aufenthalt hat, wenn sich aus den Umständen ergibt. dass es nicht angemessen wäre, die Wirkung seines Verhaltens nach dem in Absatz 1 bezeichneten Recht zu bestimmen.

Art. 25.[47] **Formgültigkeit einer Vereinbarung über den Güterstand einer eingetragenen Partnerschaft.** (1) Die Vereinbarung über die güterrechtlichen Wirkungen einer eingetragenen Partnerschaft bedarf der Schriftform, ist zu datieren und von beiden Partnern zu unterzeichnen. Elektronische Übermittlungen, die eine dauerhafte Aufzeichnung der Vereinbarung ermöglichen, sind der Schriftform gleichgestellt.

[45] Vgl. Erwägungsgrund (46).
[46] Vgl. Erwägungsgrund (46).
[47] Vgl. Erwägungsgrund (47).

(2) Sieht jedoch das Recht des Mitgliedstaats, in dem beide Partner zum Zeitpunkt der Rechtswahl ihren gewöhnlichen Aufenthalt haben, zusätzliche Formvorschriften für Vereinbarungen über die güterrechtlichen Wirkungen einer eingetragenen Partnerschaft vor, so sind diese Formvorschriften anzuwenden.

Haben die Partner zum Zeitpunkt der Vereinbarung ihren gewöhnlichen Aufenthalt in verschiedenen Mitgliedstaaten und sieht das Recht beider Staaten unterschiedliche Formvorschriften für Vereinbarungen über die güterrechtlichen Wirkungen einer eingetragenen Partnerschaft vor, so ist die Vereinbarung formgültig, wenn sie den Vorschriften des Rechts eines dieser Mitgliedstaaten genügt.

Hat zum Zeitpunkt der Vereinbarung nur einer der Partner seinen gewöhnlichen Aufenthalt in einem Mitgliedstaat und sind in diesem Staat zusätzliche Formvorschriften für Vereinbarungen über die güterrechtlichen Wirkungen einer eingetragenen Partnerschaft vorgesehen, so sind diese Formvorschriften anzuwenden.

(3) Sieht das auf die güterrechtlichen Wirkungen einer eingetragenen Partnerschaft anzuwendende Recht zusätzliche Formvorschriften vor, so sind diese Formvorschriften anzuwenden.

Art. 26.[48] Mangels Rechtswahl der Parteien anzuwendendes Recht. (1) Mangels einer Rechtswahlvereinbarung nach Artikel 22 unterliegen die güterrechtlichen Wirkungen einer eingetragenen Partnerschaft dem Recht des Staates, nach dessen Recht die eingetragene Partnerschaft begründet wurde.

(2) Ausnahmsweise kann das Gericht, das für Fragen der güterrechtlichen Wirkungen der eingetragenen Partnerschaft zuständig ist, auf Antrag eines der Partner entscheiden, dass das Recht eines anderen Staates als des Staates, dessen Recht nach Absatz 1 anzuwenden ist, für die güterrechtlichen Wirkungen der eingetragenen Partnerschaft gilt, sofern das Recht dieses anderen Staates güterrechtliche Wirkungen an das Institut der eingetragenen Partnerschaft knüpft und sofern der Antragsteller nachweist, dass

a) die Partner ihren letzten gemeinsamen gewöhnlichen Aufenthalt über einen erheblich langen Zeitraum in diesem Staat hatten und

b) beide Partner auf das Recht dieses anderen Staates bei der Regelung oder Planung ihrer güterrechtlichen Beziehungen vertraut hatten.

Das Recht dieses anderen Staates gilt ab dem Zeitpunkt der Begründung der eingetragenen Partnerschaft, es sei denn, einer der Partner ist damit nicht einverstanden. Im letzteren Fall gilt das Recht dieses anderen Staates ab Begründung des letzten gemeinsamen gewöhnlichen Aufenthalts in diesem anderen Staat.

---

[48] Vgl. Erwägungsgründe (48)–(50).

Die Anwendung des Rechts des anderen Staates darf die Rechte Dritter, die sich auf das nach Absatz 1 anzuwendende Recht gründen, nicht beeinträchtigen.

Dieser Absatz gilt nicht, wenn die Partner vor der Begründung ihres letzten gemeinsamen gewöhnlichen Aufenthalts in diesem anderen Staat eine Vereinbarung über die güterrechtlichen Wirkungen der eingetragenen Partnerschaft getroffen haben.

Art. 27.[49] **Reichweite des anzuwendenden Rechts.** Das nach dieser Verordnung auf die güterrechtlichen Wirkungen eingetragener Partnerschaften anzuwendende Recht regelt unter anderem

a) die Einteilung des Vermögens eines oder beider Partner in verschiedene Kategorien während und nach der eingetragenen Partnerschaft,

b) die Übertragung von Vermögen von einer Kategorie in die andere,

c) die Haftung des einen Partners für die Verbindlichkeiten und Schulden des anderen,

d) die Befugnisse, Rechte und Pflichten eines oder beider Partner in Bezug auf das Vermögen,

e) die Teilung, Aufteilung oder Abwicklung des Vermögens bei Auflösung der eingetragenen Partnerschaft,

f) die Wirkungen der güterrechtlichen Wirkungen eingetragener Partnerschaften auf ein Rechtsverhältnis zwischen einem Partner und Dritten und

g) die materielle Wirksamkeit einer Vereinbarung über die güterrechtlichen Wirkungen einer eingetragenen Partnerschaft.

Art. 28.[50] **Wirkungen gegenüber Dritten.** (1) Ungeachtet des Artikels 27 Buchstabe f darf ein Partner in einer Streitigkeit zwischen einem Dritten und einem oder beiden Partnern das für die güterrechtlichen Wirkungen seiner eingetragenen Partnerschaft maßgebende Recht dem Dritten nicht entgegenhalten, es sei denn, der Dritte hatte Kenntnis von diesem Recht oder hätte bei gebührender Sorgfalt davon Kenntnis haben müssen.

(2) Es wird davon ausgegangen, dass der Dritte Kenntnis von den güterrechtlichen Wirkungen des anzuwendenden Rechts hat, wenn

a) dieses Recht das Recht des Staates ist,

   i) dessen Recht auf das Rechtsgeschäft zwischen einem Partner und dem Dritten anzuwenden ist,

   ii) in dem der vertragschließende Partner und der Dritte ihren gewöhnlichen Aufenthalt haben, oder

---

[49] Vgl. Erwägungsgrund (51) S. 1 und 2.

[50] Vgl. Erwägungsgrund (51) S. 3 und 4.

iii) in dem die Vermögensgegenstände – im Fall von unbeweglichem Vermögensgegenstände belegen sind,

oder

b) einer der Partner die geltenden Anforderungen in Bezug auf die Publizität oder Registrierung der güterrechtlichen Wirkungen der eingetragenen Partnerschaft eingehalten hat, die vorgesehen sind im Recht des Staates,

i) dessen Recht auf das Rechtsgeschäft zwischen einem Partner und dem Dritten anzuwenden ist,

ii) in dem der vertragschließende Partner und der Dritte ihren gewöhnlichen Aufenthalt haben, oder

iii) in dem die Vermögensgegenstände – im Fall von unbeweglichem Vermögen – belegen sind.

(3) Kann ein Partner das auf seine güterrechtlichen Wirkungen anzuwendende Recht einem Dritten nach Absatz 1 nicht entgegenhalten, so unterliegen die güterrechtlichen Wirkungen gegenüber dem Dritten dem Recht des Staates,

a) dessen Recht auf das Rechtsgeschäft zwischen einem Partner und dem Dritten anzuwenden ist oder

b) in dem die Vermögensgegenstände – im Fall von unbeweglichem Vermögen – belegen sind oder, im Fall eingetragener Vermögenswerte oder im Fall von Rechten, in dem diese Vermögenswerte oder Rechte eingetragen sind.

Art. 29.[51] **Anpassung dinglicher Rechte.** Macht eine Person ein dingliches Recht geltend, das ihr nach dem auf die güterrechtlichen Wirkungen einer eingetragenen Partnerschaft anzuwendenden Recht zusteht, und kennt das Recht des Mitgliedstaats, in dem das Recht geltend gemacht wird, das betreffende dingliche Recht nicht, so ist dieses Recht, soweit erforderlich und möglich, an das in der Rechtsordnung dieses Mitgliedstaats am ehesten vergleichbare Recht anzupassen, wobei die mit dem besagten dinglichen Recht verfolgten Ziele und Interessen und die mit ihm verbundenen Wirkungen zu berücksichtigen sind.

Art. 30.[52] **Eingriffsnormen.** (1) Diese Verordnung berührt nicht die Anwendung der Eingriffsnormen des Rechts des angerufenen Gerichts.

(2) Eine Eingriffsnorm ist eine Vorschrift, deren Einhaltung von einem Mitgliedstaat als so entscheidend für die Wahrung seines öffentlichen Interesses, insbesondere seiner politischen, sozialen oder wirtschaftlichen Ordnung, angesehen wird, dass sie ungeachtet des nach Maßgabe dieser Verordnung auf die güterrechtlichen Wirkungen einer eingetragenen Partnerschaft

[51] Vgl. Erwägungsgründe (25)–(26).
[52] Vgl. Erwägungsgrund (52).

anzuwendenden Rechts auf alle Sachverhalte anzuwenden ist, die in ihren Anwendungsbereich fallen.

Art. 31.[53] **Öffentliche Ordnung *(ordre public).*** Die Anwendung einer Vorschrift des nach dieser Verordnung bezeichneten Rechts eines Staates darf nur versagt werden, wenn ihre Anwendung mit der öffentlichen Ordnung *(ordre public)* des Staates des angerufenen Gerichts offensichtlich unvereinbar ist.

Art. 32. Ausschluss der Rück- und Weiterverweisung. Unter dem nach dieser Verordnung anzuwendenden Recht eines Staates sind die in diesem Staat geltenden Rechtsnormen unter Ausschluss derjenigen seines Internationalen Privatrechts zu verstehen.

Art. 33.[54] **Staaten mit mehr als einem Rechtssystem – interlokale Kollisionsvorschriften.** (1) Verweist diese Verordnung auf das Recht eines Staates, der mehrere Gebietseinheiten umfasst, von denen jede eigene Rechtsvorschriften für die güterrechtlichen Wirkungen Güterstände eingetragener Partnerschaften hat, so bestimmen die internen Kollisionsvorschriften dieses Staates die Gebietseinheit, deren Rechtsvorschriften anzuwenden sind.

(2) In Ermangelung solcher internen Kollisionsvorschriften gilt:

a) Jede Bezugnahme auf das Recht des in Absatz 1 genannten Staates ist für die Bestimmung des anzuwendenden Rechts aufgrund von Vorschriften, die sich auf den gewöhnlichen Aufenthalt der Partner beziehen, als Bezugnahme auf das Recht der Gebietseinheit zu verstehen, in der die Partner ihren gewöhnlichen Aufenthalt haben.

b) Jede Bezugnahme auf das Recht des in Absatz 1 genannten Staates ist für die Bestimmung des anzuwendenden Rechts aufgrund von Bestimmungen, die sich auf die Staatsangehörigkeit der Partner beziehen, als Bezugnahme auf das Recht der Gebietseinheit zu verstehen, zu der die Partner die engste Verbindung haben.

c) Jede Bezugnahme auf das Recht des in Absatz 1 genannten Staates ist für die Bestimmung des anzuwendenden Rechts aufgrund sonstiger Bestimmungen, die sich auf andere Anknüpfungspunkte beziehen, als Bezugnahme auf das Recht der Gebietseinheit zu verstehen, in der sich der einschlägige Anknüpfungspunkt befindet.

Art. 34.[55] **Staaten mit mehr als einem Rechtssystem – interpersonale Kollisionsvorschriften.** Gelten in einem Staat für die güterrechtlichen Wirkungen eingetragener Partnerschaften zwei oder mehr Rechtssys-

---

53 Vgl. Erwägungsgrund (53).
54 Vgl. Erwägungsgrund (54).
55 Vgl. Erwägungsgrund (54).

teme oder Regelwerke für verschiedene Personengruppen, so ist jede Bezugnahme auf das Recht dieses Staates als Bezugnahme auf das Rechtssystem oder das Regelwerk zu verstehen, das die in diesem Staat geltenden Vorschriften zur Anwendung berufen. In Ermangelung solcher Vorschriften ist das Rechtssystem oder das Regelwerk anzuwenden, zu dem die Partner die engste Verbindung haben.

Art. 35. Nichtanwendung dieser Verordnung auf innerstaatliche Kollisionen. Ein Mitgliedstaat, der mehrere Gebietseinheiten umfasst, von denen jede eigene Rechtsvorschriften für güterrechtlichen Wirkungen eingetragener Partnerschaften hat, ist nicht verpflichtet, diese Verordnung auf Kollisionen zwischen den Rechtsordnungen dieser Gebietseinheiten anzuwenden.

Kapitel IV.[56] Anerkennung, Vollstreckbarkeit und Vollstreckung von Entscheidungen

Art. 36. Anerkennung. (1) Die in einem Mitgliedstaat ergangenen Entscheidungen werden in den anderen Mitgliedstaaten anerkannt, ohne dass es hierfür eines besonderen Verfahrens bedarf.

(2) Jede Partei, die die Anerkennung einer Entscheidung zu einem zentralen Element des Streitgegenstands macht, kann in den Verfahren nach den Artikeln 44 bis 57 die Anerkennung der Entscheidung beantragen..

(3) Hängt der Ausgang eines Verfahrens vor dem Gericht eines Mitgliedstaats von der Entscheidung über die inzidente Frage der Anerkennung ab, so ist dieses Gericht für die Entscheidung über die Anerkennung zuständig.

Art. 37. Gründe für die Nichtanerkennung. Eine Entscheidung wird nicht anerkannt, wenn

a) die Anerkennung der öffentlichen Ordnung *(ordre public)* des Mitgliedstaats, in dem sie beantragt wird, offensichtlich widersprechen würde;
b) dem Beklagten, der sich auf das Verfahren nicht eingelassen hat, das verfahrenseinleitende Schriftstück oder ein gleichwertiges Schriftstück nicht so rechtzeitig und in einer Weise zugestellt worden ist, dass er sich verteidigen konnte, es sei denn, der Beklagte hat die Entscheidung nicht angefochten, obwohl er die Möglichkeit dazu hatte;
c) sie mit einer Entscheidung unvereinbar ist, die in einem Verfahren zwischen denselben Parteien in dem Mitgliedstaat, in dem die Anerkennung beantragt wird, ergangen ist;
d) sie mit einer früheren Entscheidung unvereinbar ist, die in einem anderen Mitgliedstaat oder in einem Drittstaat in einem Verfahren zwischen

[56] Vgl. Erwägungsgrund (55). Zum Verfahren der Vollstreckbarerklärung in *Deutschland* vgl. ergänzend §§ 4 ff. IntGüRVG v. 17.12.2018 (Nr. *33a*).

denselben Parteien wegen desselben Anspruchs ergangen ist, sofern die frühere Entscheidung die notwendigen Voraussetzungen für ihre Anerkennung in dem Mitgliedstaat, in dem die Anerkennung geltend gemacht wird, erfüllt.

Art. 38. Grundrechte. Artikel 37 dieser Verordnung ist von den Gerichten und anderen zuständigen Behörden der Mitgliedstaaten unter Beachtung der in der Charta anerkannten Grundrechte und Grundsätze anzuwenden, insbesondere des Grundsatzes der Nichtdiskriminierung in Artikel 21 der Charta.

Art. 39. Ausschluss der Nachprüfung der Zuständigkeit des Gerichts des Ursprungsmitgliedstaats. (1) Die Zuständigkeit des Gerichts des Ursprungsmitgliedstaats darf nicht nachgeprüft werden.

(2) Das Kriterium der öffentlichen Ordnung *(ordre public)* in Artikel 37 findet keine Anwendung auf die Zuständigkeitsvorschriften in den Artikeln 4 bis 12.

Art. 40. Ausschluss der Nachprüfung in der Sache. Die in einem Mitgliedstaat ergangene Entscheidung darf keinesfalls in der Sache selbst nachgeprüft werden.

Art. 41. Aussetzung des Anerkennungsverfahrens. Das Gericht eines Mitgliedstaats, vor dem die Anerkennung einer in einem anderen Mitgliedstaat ergangenen Entscheidung geltend gemacht wird, kann das Verfahren aussetzen, wenn im Ursprungsmitgliedstaat gegen die Entscheidung ein ordentlicher Rechtsbehelf eingelegt worden ist.

Art. 42. Vollstreckbarkeit. Die in einem Mitgliedstaat ergangenen und in diesem Staat vollstreckbaren Entscheidungen sind in einem anderen Mitgliedstaat vollstreckbar, wenn sie auf Antrag eines Berechtigten dort nach den Verfahren der Artikel 44 bis 57 für vollstreckbar erklärt worden sind.

Art. 43. Bestimmung des Wohnsitzes. Ist zu entscheiden, ob eine Partei für die Zwecke der Verfahren nach den Artikeln 44 bis 57 im Hoheitsgebiet des Vollstreckungsmitgliedstaats einen Wohnsitz hat, so wendet das befasste Gericht sein innerstaatliches Recht an.

Art. 44.[57] Örtlich zuständiges Gericht. (1) Der Antrag auf Vollstreckbarerklärung ist an das Gericht oder die zuständige Behörde des Vollstreckungsmitgliedstaats zu richten, die der Kommission nach Artikel 64 von diesem Mitgliedstaat mitgeteilt wurden.

[57] Vgl. in *Deutschland* ergänzend § 4 IntGüRVG v. 17.12.2018 (Nr. *33a*).

(2) Die örtliche Zuständigkeit wird durch den Ort des Wohnsitzes der Partei, gegen die die Vollstreckung erwirkt werden soll, oder durch den Ort, an dem die Vollstreckung durchgeführt werden soll, bestimmt.

Art. 45.[58] **Verfahren.** (1) Für das Verfahren der Antragstellung ist das Recht des Vollstreckungsmitgliedstaats maßgebend.

(2) Von dem Antragsteller kann nicht verlangt werden, dass er im Vollstreckungsmitgliedstaat über eine Postanschrift oder einen bevollmächtigten Vertreter verfügt.

(3) Dem Antrag sind die folgenden Schriftstücke beizufügen:

a) eine Ausfertigung der Entscheidung, die die für die Feststellung ihrer Beweiskraft erforderlichen Voraussetzungen erfüllt;

b) die Bescheinigung, die von dem Gericht oder der zuständigen Behörde des Ursprungsmitgliedstaats[59] unter Verwendung des – nach dem Beratungsverfahren nach Artikel 67 Absatz 2 erstellten – Formulars ausgestellt wurde, unbeschadet des Artikels 46.

Art. 46. Nichtvorlage der Bescheinigung. (1) Wird die Bescheinigung nach Artikel 45 Absatz 3 Buchstabe b nicht vorgelegt, kann das Gericht oder die sonst befugte Stelle eine Frist bestimmen, innerhalb deren die Bescheinigung vorzulegen ist, oder eine gleichwertige Urkunde akzeptieren oder von der Vorlage der Bescheinigung absehen, wenn es bzw. sie keinen weiteren Klärungsbedarf sieht.

(2) Auf Verlangen des Gerichts oder der zuständigen Behörde ist eine Übersetzung oder Transkription der Schriftstücke vorzulegen. Die Übersetzung ist von einer Person zu erstellen, die zur Anfertigung von Übersetzungen in einem der Mitgliedstaaten befugt ist.

Art. 47.[60] **Vollstreckbarerklärung.** Sobald die in Artikel 45 vorgesehenen Förmlichkeiten erfüllt sind, wird die Entscheidung unverzüglich für vollstreckbar erklärt, ohne dass eine Prüfung nach Artikel 37 erfolgt. Die Partei, gegen die die Vollstreckung erwirkt werden soll, erhält in diesem Abschnitt des Verfahrens keine Gelegenheit, eine Erklärung abzugeben.

Art. 48.[61] **Mitteilung der Entscheidung über den Antrag auf Vollstreckbarerklärung.** (1) Die Entscheidung über den Antrag auf Vollstreckbarerklärung wird dem Antragsteller unverzüglich nach dem Verfahren mitgeteilt, die das Recht des Vollstreckungsmitgliedstaats vorsieht.

(2) Die Vollstreckbarerklärung und, soweit dies noch nicht geschehen ist, die Entscheidung werden der Partei, gegen die die Vollstreckung erwirkt werden soll, zugestellt.

---

[58] Vgl. in *Deutschland* ergänzend §§ 5 ff. IntGüRVG v. 17.12.2018 (Nr. *33a*).

[59] Zur Zuständigkeit in *Deutschland* siehe § 27 IntGüRVG (Nr. *33a*).

[60] Vgl. in *Deutschland* ergänzend §§ 8, 9 IntGüRVG v. 17.12.2018 (Nr. *33a*).

[61] Vgl. in *Deutschland* ergänzend § 10 IntGüRVG v. 17.12.2018 (Nr. *33a*).

Art. 49.[62] **Rechtsbehelf gegen die Entscheidung über den Antrag auf Vollstreckbarerklärung.** (1) Gegen die Entscheidung über den Antrag auf Vollstreckbarerklärung kann jede Partei einen Rechtsbehelf einlegen.

(2) Der Rechtsbehelf wird bei dem Gericht eingelegt, das der betreffende Mitgliedstaat der Kommission nach Artikel 64 mitgeteilt hat.

(3) Über den Rechtsbehelf wird nach den Vorschriften entschieden, die für Verfahren mit beiderseitigem rechtlichem Gehör maßgebend sind.

(4) Lässt sich die Partei, gegen die die Vollstreckung erwirkt werden soll, auf das Verfahren vor dem mit dem Rechtsbehelf des Antragstellers befassten Gericht nicht ein, so ist Artikel 16 auch dann anzuwenden, wenn die Partei, gegen die die Vollstreckung erwirkt werden soll, in keinem Mitgliedstaat einen Wohnsitz hat.

(5) Der Rechtsbehelf gegen die Vollstreckbarerklärung ist innerhalb von 30 Tagen nach ihrer Zustellung einzulegen. Hat die Partei, gegen die die Vollstreckung erwirkt werden soll, ihren Wohnsitz im Hoheitsgebiet eines anderen Mitgliedstaats als dem, in dem die Vollstreckbarerklärung ergangen ist, so beträgt die Frist für den Rechtsbehelf 60 Tage und beginnt mit dem Tag, an dem die Vollstreckbarerklärung ihr entweder in Person oder in ihrer Wohnung zugestellt worden ist. Eine Verlängerung dieser Frist wegen weiter Entfernung ist ausgeschlossen.

Art. 50. Rechtsbehelf gegen die Entscheidung über den Rechtsbehelf.[63] Gegen die über den Rechtsbehelf ergangene Entscheidung kann ein Rechtsbehelf nur nach dem Verfahren eingelegt werden, den der betreffende Mitgliedstaat der Kommission nach Artikel 64 mitgeteilt hat.

Art. 51. Versagung oder Aufhebung einer Vollstreckbarerklärung. Die Vollstreckbarerklärung darf von dem mit einem Rechtsbehelf nach Artikel 49 oder 50 befassten Gericht nur aus einem der in Artikel 37 aufgeführten Gründe versagt oder aufgehoben werden. Das Gericht erlässt seine Entscheidung unverzüglich.

Art. 52. Aussetzung des Verfahrens. Das nach Artikel 49 oder 50 mit dem Rechtsbehelf befasste Gericht setzt das Verfahren auf Antrag der Partei, gegen die die Vollstreckung erwirkt werden soll, aus, wenn die Entscheidung im Ursprungsmitgliedstaat wegen der Einlegung eines Rechtsbehelfs vorläufig nicht vollstreckbar ist.

Art. 53. Einstweilige Maßnahmen einschließlich Sicherungsmaßnahmen. (1) Ist eine Entscheidung nach diesem Kapitel anzuerkennen, so ist der Antragsteller nicht daran gehindert, einstweilige Maßnahmen einschließlich Sicherungsmaßnahmen nach dem Recht des Vollstreckungsmit-

---

[62] Vgl. in *Deutschland* ergänzend §§ 11, 12 IntGüRVG v. 17.12.2018 (Nr. *33a*).
[63] Vgl. in *Deutschland* ergänzend §§ 13, 14 IntGüRVG v. 17.12.2018 (Nr. *33a*).

gliedstaats in Anspruch zu nehmen, ohne dass es einer Vollstreckbarerklärung nach Artikel 47 bedarf.

(2) Die Vollstreckbarerklärung umfasst von Rechts wegen die Befugnis, alle Sicherungsmaßnahmen zu veranlassen.

(3) Solange die in Artikel 49 Absatz 5 vorgesehene Frist für den Rechtsbehelf gegen die Vollstreckbarerklärung läuft und solange über den Rechtsbehelf nicht entschieden ist, darf die Zwangsvollstreckung in das Vermögen der Partei, gegen die die Vollstreckung erwirkt werden soll, nicht über Sicherungsmaßnahmen hinausgehen.

Art. 54. Teilvollstreckbarkeit. (1) Ist durch die Entscheidung über mehrere Ansprüche erkannt worden und kann die Vollstreckbarerklärung nicht für alle Ansprüche erteilt werden, so erteilt das Gericht oder die zuständige Behörde sie für einen oder mehrere dieser Ansprüche.

(2) Der Antragsteller kann beantragen, dass die Vollstreckbarerklärung nur für einen Teil des Gegenstands der Entscheidung erteilt wird.

Art. 55. Prozesskostenhilfe. Ist dem Antragsteller im Ursprungsmitgliedstaat ganz oder teilweise Prozesskostenhilfe oder Kosten- oder Gebührenbefreiung gewährt worden, so genießt er im Vollstreckbarerklärungsverfahren hinsichtlich der Prozesskostenhilfe oder der Kosten- oder Gebührenbefreiung die günstigste Behandlung, die das Recht des Vollstreckungsmitgliedstaats vorsieht.

Art. 56. Keine Sicherheitsleistung oder Hinterlegung. Der Partei, die in einem Mitgliedstaat die Anerkennung, Vollstreckbarerklärung oder Vollstreckung einer in einem anderen Mitgliedstaat ergangenen Entscheidung beantragt, darf wegen ihrer Eigenschaft als Ausländer oder wegen Fehlens eines inländischen Wohnsitzes oder Aufenthalts im Vollstreckungsmitgliedstaat keine Sicherheitsleistung oder Hinterlegung, unter welcher Bezeichnung es auch sei, auferlegt werden.

Art. 57. Keine Stempelabgaben oder Gebühren. Im Vollstreckungsmitgliedstaat dürfen in Vollstreckbarerklärungsverfahren keine nach dem Streitwert abgestuften Stempelabgaben oder Gebühren erhoben werden.

Kapitel V.[64] Öffentliche Urkunden und gerichtliche Vergleiche

Art. 58. Annahme öffentlicher Urkunden. (1) Eine in einem Mitgliedstaat errichtete öffentliche Urkunde hat in einem anderen Mitgliedstaat die gleiche formelle Beweiskraft wie im Ursprungsmitgliedstaat oder die damit am ehesten vergleichbare Wirkung, sofern dies der öffentlichen Ordnung

---

[64] Vgl. zu diesem Kapitel Erwägungsgründe (56)–(62); dazu in *Deutschland* ergänzend §§ 31, 32 IntGüRVG v. 17.12.2018 (Nr. *33a*).

(ordre public) des betreffenden Mitgliedstaats nicht offensichtlich widerspricht.

Eine Person, die eine öffentliche Urkunde in einem anderen Mitgliedstaat verwenden möchte, kann die Behörde, die die öffentliche Urkunde im Ursprungsmitgliedstaat errichtet, ersuchen, das nach dem Beratungsverfahren nach Artikel 67 Absatz 2 erstellte Formblatt auszufüllen, das die formelle Beweiskraft der öffentlichen Urkunde in ihrem Ursprungsmitgliedstaat beschreibt.

(2) Einwände gegen die Authentizität einer öffentlichen Urkunde sind bei den Gerichten des Ursprungsmitgliedstaats zu erheben; über diese Einwände wird nach dem Recht dieses Staates entschieden. Eine öffentliche Urkunde, gegen die solche Einwände erhoben wurden, entfaltet in einem anderen Mitgliedstaat keine Beweiskraft, solange die Sache bei dem zuständigen Gericht anhängig ist.

(3) Einwände gegen die in einer öffentlichen Urkunde beurkundeten Rechtsgeschäfte oder Rechtsverhältnisse sind bei den nach dieser Verordnung zuständigen Gerichten zu erheben; über diese Einwände wird nach dem nach Kapitel III anzuwendenden Recht entschieden. Eine öffentliche Urkunde, gegen die solche Einwände erhoben wurden, entfaltet in einem anderen als dem Ursprungsmitgliedstaat hinsichtlich des bestrittenen Umstands keine Beweiskraft, solange die Sache bei dem zuständigen Gericht anhängig ist.

(4) Hängt der Ausgang eines Verfahrens vor dem Gericht eines Mitgliedstaats von der Klärung einer Vorfrage im Zusammenhang mit den Rechtsgeschäften oder Rechtsverhältnissen ab, die in einer öffentlichen Urkunde über die güterrechtlichen Wirkungen einer eingetragenen Partnerschaft beurkundet sind, so ist dieses Gericht für die Entscheidung über diese Vorfrage zuständig.

Art. 59. Vollstreckbarkeit öffentlicher Urkunden. (1) Öffentliche Urkunden, die im Ursprungsmitgliedstaat vollstreckbar sind, werden in einem anderen Mitgliedstaat auf Antrag eines Berechtigten nach den Verfahren der Artikel 44 bis 57 für vollstreckbar erklärt.

(2) Für die Zwecke des Artikels 45 Absatz 3 Buchstabe b stellt die Behörde, die die öffentliche Urkunde errichtet hat, auf Antrag eines Berechtigten eine Bescheinigung unter Verwendung des nach dem Beratungsverfahren nach Artikel 67 Absatz 2 erstellten Formblatts aus.

(3) Die Vollstreckbarerklärung wird von dem mit einem Rechtsbehelf nach Artikel 49 oder 50 befassten Gericht nur versagt oder aufgehoben, wenn die Vollstreckung der öffentlichen Urkunde der öffentlichen Ordnung *(ordre public)* des Vollstreckungsmitgliedstaats offensichtlich widersprechen würde.

Art. 60. Vollstreckbarkeit gerichtlicher Vergleiche. (1) Gerichtliche Vergleiche, die im Ursprungsmitgliedstaat vollstreckbar sind, werden in einem anderen Mitgliedstaat auf Antrag eines Berechtigten nach den Verfahren der Artikel 44 bis 57 für vollstreckbar erklärt.

(2) Für die Zwecke des Artikels 45 Absatz 3 Buchstabe b stellt das Gericht, das den Vergleich gebilligt hat oder vor dem der Vergleich geschlossen wurde, auf Antrag eines Berechtigten eine Bescheinigung unter Verwendung des nach dem Beratungsverfahren nach Artikel 67 Absatz 2 erstellten Formblatts aus.

(3) Die Vollstreckbarerklärung wird von dem mit einem Rechtsbehelf nach Artikel 49 oder 50 befassten Gericht nur versagt oder aufgehoben, wenn die Vollstreckung des gerichtlichen Vergleichs der öffentlichen Ordnung *(ordre public)* des Vollstreckungsmitgliedstaats offensichtlich widersprechen würde.

Kapitel VI. Allgemeine und Schlussbestimmungen

Art. 61. Legalisation oder ähnliche Förmlichkeiten. Im Rahmen dieser Verordnung bedarf es für Urkunden, die in einem Mitgliedstaat ausgestellt werden, weder der Legalisation noch einer ähnlichen Förmlichkeit.

Art. 62.[65] **Verhältnis zu bestehenden internationalen Übereinkünften.** (1) Diese Verordnung lässt unbeschadet der Verpflichtungen der Mitgliedstaaten nach Artikel 351 AEUV die Anwendung bilateraler oder multilateraler Übereinkünfte unberührt, denen ein oder mehrere Mitgliedstaaten zum Zeitpunkt des Erlasses dieser Verordnung oder eines Beschlusses nach Artikel 331 Absatz 1 Unterabsatz 2 oder 3 AEUV angehören und die Bereiche betreffen, die in dieser Verordnung geregelt sind.

(2) Ungeachtet des Absatzes 1 hat diese Verordnung im Verhältnis zwischen den Mitgliedstaaten Vorrang vor Übereinkünften, denen die Mitgliedstaaten angehören und die Bereiche betreffen, die in dieser Verordnung geregelt sind.

Art. 63.[66] **Informationen für die Öffentlichkeit.** Die Mitgliedstaaten übermitteln der Kommission eine kurze Zusammenfassung ihrer nationalen Vorschriften und Verfahren betreffend die güterrechtlichen Wirkungen eingetragener Partnerschaften, einschließlich Informationen zu der Art von Behörde, die für Fragen der güterrechtlichen Wirkungen eingetragener Partnerschaften zuständig ist, und zu den Wirkungen gegenüber Dritten gemäß Artikel 28, damit die betreffenden Informationen der Öffentlichkeit im Rahmen des Europäischen Justiziellen Netzes für Zivil- und Handelssachen zur Verfügung gestellt werden können.

Die Mitgliedstaaten halten die Informationen stets auf dem neuesten Stand.

---

[65] Vgl. Erwägungsgrund (64).

[66] Vgl. Erwägungsgrund (65).

Art. 64.[67] **Angaben zu Kontaktdaten und Verfahren.** (1) Die Mitgliedstaaten teilen der Kommission bis zum 29. Juli 2018 Folgendes mit:

a) die für Anträge auf Vollstreckbarerklärung gemäß Artikel 44 Absatz 1 und für Rechtsbehelfe gegen Entscheidungen über derartige Anträge gemäß Artikel 49 Absatz 2 zuständigen Gerichte oder Behörden;

b) die in Artikel 50 genannten Rechtsbehelfe gegen die Entscheidung über den Rechtsbehelf.

Die Mitgliedstaaten unterrichten die Kommission über spätere Änderungen dieser Informationen.

(2) Die Kommission veröffentlicht die nach Absatz 1 übermittelten Angaben im *Amtsblatt der Europäischen Union,* mit Ausnahme der Anschriften und sonstigen Kontaktdaten der in Absatz 1 Buchstabe a genannten Gerichte und Behörden.

(3) Die Kommission stellt der Öffentlichkeit alle nach Absatz 1 übermittelten Angaben auf geeignete Weise, insbesondere über das Europäische Justizielle Netz für Zivil- und Handelssachen, zur Verfügung.

Art. 65. Erstellung und spätere Änderung der Liste der in Artikel 3 Absatz 2 vorgesehenen Informationen. (1) Die Kommission erstellt anhand der Mitteilungen der Mitgliedstaaten die Liste der in Artikel 3 Absatz 2 genannten anderen Behörden und Angehörigen von Rechtsberufen.

(2) Die Mitgliedstaaten teilen der Kommission spätere Änderungen der in dieser Liste enthaltenen Angaben mit. Die Kommission ändert die Liste entsprechend.

(3) Die Kommission veröffentlicht die Liste und etwaige spätere Änderungen im *Amtsblatt der Europäischen Union.*

(4) Die Kommission stellt der Öffentlichkeit alle nach den Absätzen 1 und 2 mitgeteilten Angaben auf andere geeignete Weise, insbesondere über das Europäische Justizielle Netz für Zivil- und Handelssachen, zur Verfügung.

Art. 66.[68] **Erstellung und spätere Änderung der Bescheinigungen und der Formblätter nach Artikel 45 Absatz 3 Buchstabe b und den Artikeln 58, 59 und 60.** Die Kommission erlässt Durchführungsrechtsakte zur Erstellung und späteren Änderung der Bescheinigungen und der Formblätter nach Artikel 45 Absatz 3 Buchstabe b und den Artikeln 58, 59 und 60. Diese Durchführungsrechtsakte werden nach dem in Artikel 67 Absatz 2 genannten Beratungsverfahren erlassen.

---

[67] Die Informationen zu den anderen Mitgliedstaaten sind abrufbar im Europäischen Gerichtsatlas für Zivilsachen (Homepage des Europäischen Justizportals: https://e-justice.europa.eu/560/DE/matters_of_the_property_consequences_of_registered_partnerships).

[68] Vgl. Erwägungsgrund (66).

Art. 67. Ausschussverfahren. (1) Die Kommission wird von einem Ausschuss unterstützt. Dieser Ausschuss ist ein Ausschuss im Sinne der Verordnung (EU) Nr. 182/2011.

(2) Wird auf diesen Absatz Bezug genommen, so gilt Artikel 4 der Verordnung (EU) Nr. 182/2011.

Art. 68. Überprüfungsklausel. (1) Die Kommission legt dem Europäischen Parlament, dem Rat und dem Europäischen Wirtschafts- und Sozialausschuss spätestens bis zum 29. Januar 2027 und danach alle fünf Jahre einen Bericht über die Anwendung dieser Verordnung vor. Dem Bericht werden gegebenenfalls Vorschläge zur Änderung dieser Verordnung beigefügt.

(2) Die Kommission legt dem Europäischen Parlament, dem Rat und dem Europäischen Wirtschafts- und Sozialausschuss spätestens bis zum 29. Januar 2024 einen Bericht über die Anwendung der Artikel 9 und 38 dieser Verordnung vor. In diesem Bericht wird insbesondere bewertet, inwieweit die genannten Artikel den Zugang zur Justiz sichergestellt haben.

(3) Für die Zwecke der in den Absätzen 1 und 2 genannten Berichte übermitteln die Mitgliedstaaten der Kommission sachdienliche Angaben zu der Anwendung dieser Verordnung durch ihre Gerichte.

Art. 69.[69] **Übergangsbestimmungen.** (1) Diese Verordnung ist vorbehaltlich der Absätze 2 und 3 nur auf Verfahren, öffentliche Urkunden oder gerichtliche Vergleiche anzuwenden, die am 29. Januar 2019 oder danach eingeleitet, förmlich errichtet oder eingetragen beziehungsweise gebilligt oder geschlossen worden sind.

(2) Ist das Verfahren im Ursprungsmitgliedstaat vor dem 29. Januar 2019 eingeleitet worden, so werden an oder nach diesem Tag ergangene Entscheidungen nach Maßgabe des Kapitels IV anerkannt und vollstreckt, soweit das Gericht aufgrund von Vorschriften zuständig war, die mit den Zuständigkeitsvorschriften des Kapitels II übereinstimmen.

(3) Kapitel III gilt nur für Partner, die am 29. Januar 2019 oder danach ihre Partnerschaft haben eintragen lassen oder eine Rechtswahl des auf die güterrechtlichen Wirkungen ihrer eingetragenen Partnerschaft anzuwendenden Rechts getroffen haben.

Art. 70. Inkrafttreten. (1) Diese Verordnung tritt am zwanzigsten Tag nach ihrer Veröffentlichung im *Amtsblatt der Europäischen Union* in Kraft.

(2) Diese Verordnung gilt in den Mitgliedstaaten, die an der durch Beschluss (EU) 2016/954 begründeten Verstärkten Zusammenarbeit im Bereich der Zuständigkeit, des anzuwendenden Rechts und der Anerkennung und Vollstreckung von Entscheidungen in Fragen der Güterstände inter-

[69] Art. 69 Abs. 2 und 3 berichtigt gem. ABl. L 113/62 v. 29.4.2017.

nationaler Paare (eheliche Güterstände und Güterstände eingetragener Lebenspartnerschaften) teilnehmen.

Sie gilt ab 29. Januar 2019 mit Ausnahme der Artikel 63 und 64, die ab 29. April 2018 gelten, und der Artikel 65, 66 und 67, die ab 29. Juli 2016 gelten. Für diejenigen Mitgliedstaaten, die sich aufgrund eines nach Artikel 331 Absatz 1 Unterabsatz 2 oder Unterabsatz 3 AEUV angenommenen Beschlusses der Verstärkten Zusammenarbeit anschließen, gilt diese Verordnung ab dem in dem betreffenden Beschluss angegebenen Tag.

Diese Verordnung ist in allen ihren Teilen verbindlich und gilt gemäß den Verträgen unmittelbar in den teilnehmenden Mitgliedstaaten.

39a. Personenstandsgesetz

Vom 19. Februar 2007 (BGBl. I, S. 122)

§ 35.[1] **Begründung von Lebenspartnerschaften im Ausland.** Hat ein Deutscher im Ausland eine Lebenspartnerschaft im Sinne des § 1 des Lebenspartnerschaftsgesetzes in der bis einschließlich 21. Dezember 2018 geltenden Fassung begründet, so kann die Begründung der Lebenspartnerschaft auf Antrag im Lebenspartnerschaftsregister beurkundet werden; für den Besitz der deutschen Staatsangehörigkeit ist der Zeitpunkt der Antragstellung maßgebend. Die §§ 3 bis 7, 9, 10, und 17 gelten entsprechend. Deutschen gleichgestellt sind Staatenlose, heimatlose Ausländer und ausländische Flüchtlinge im Sinne des Abkommens über die Rechtsstellung der Flüchtlinge mit gewöhnlichem Aufenthalt im Inland. Antragsberechtigt sind die Lebenspartner, sind beide verstorben, deren Eltern und Kinder.

(2) § 34 Absatz 3[2] gilt entsprechend.

(3) Zuständig für die Beurkundung ist das Standesamt, in dessen Zuständigkeitsbereich die antragsberechtigte Person ihren Wohnsitz hat oder zuletzt hatte oder ihren gewöhnlichen Aufenthalt hat. Ergibt sich danach keine Zuständigkeit, so beurkundet das Standesamt I in Berlin die Begründung der Lebenspartnerschaft.

(4) Das Standesamt I in Berlin führt ein Verzeichnis der nach Absatz 1 beurkundeten Begründungen von Lebenspartnerschaften.

---

[1] § 35 neu gefasst durch PStRG v. 19.2.2007 (BGBl. I, S. 122) mit Wirkung v. 1.1.2009; Abs. 1 Satz 4 neu gefasst, Abs. 2 eingefügt, bisherige Abs. 2–4 werden Abs. 3–5 durch Gesetz v. 7.5.2013 (BGBl. I, S. 1122) mit Wirkung v. 1.11.2013; Abs. 5 aufgehoben durch Gesetz v. 20.11.2015 (BGBl. I, S. 2010) mit Wirkung v. 26.11.2015; Abs. 1 Satz 4 neu gefasst, Abs. 3 Satz 1 geändert durch Gesetz v. 17.7.2017 (BGBl. I, S. 2522) mit Wirkung v. 1.11.2017; Abs. 1 Satz 1 geändert durch Gesetz v. 18.12.2018 (BGBl. I, S. 2639) mit Wirkung v. 22.12.2018.

[2] Abgedruckt unter Nr. *37*.

F. Unterhaltsrecht

I. Multilaterale Staatsverträge[1]

40. Haager Übereinkommen über das auf Unterhaltsverpflichtungen gegenüber Kindern anzuwendende Recht

Vom 24. Oktober 1956[1, 2] (BGBl. 1961 II, S. 1013)

(Übersetzung)[3]

Art. 1. (1) Ob, in welchem Ausmaß und von wem ein Kind Unterhalt verlangen kann, bestimmt sich nach dem Recht des Staates, in dem das Kind seinen gewöhnlichen Aufenthalt hat.

(2) Wechselt das Kind seinen gewöhnlichen Aufenthalt, so wird vom Zeitpunkt des Aufenthaltswechsels an das Recht des Staates angewendet, in dem das Kind seinen neuen gewöhnlichen Aufenthalt hat.

(3) Das in den Absätzen 1 und 2 bezeichnete Recht gilt auch für die Frage, wer die Unterhaltsklage erheben kann und welche Fristen für die Klageerhebung gelten.

(4) „Kind" im Sinne dieses Übereinkommens ist jedes eheliche, uneheliche oder an Kindes Statt angenommene Kind, das unverheiratet ist und das 21. Lebensjahr noch nicht vollendet hat.

---

[1] Siehe auch die beiden Haager Übk. über die Anerkennung und Vollstreckung von Unterhaltsentscheidungen v. 15.4.1958 (Nr. *181*) und v. 2.10.1973 (Nr. *182*), das Haager Übk. über die internationale Geltendmachung von Unterhaltsansprüchen v. 23.11.2007 (Nr. *183*) und das New Yorker UN-Übk. über die Geltendmachung von Unterhaltsansprüchen im Ausland v. 20.6.1956 (Nr. *220*).

[1] Das Übk. ist für die *Bundesrepublik Deutschland* am 1.1.1962 im Verhältnis zu *Italien, Luxemburg* und *Österreich* in Kraft getreten (Bek. v. 27.12.1961, BGBl. 1962 II, S. 16). Es gilt heute ferner im Verhältnis zu *Belgien* (seit 25.10.1970, BGBl. 1971 II, S. 23), *Frankreich* (seit 1.7.1963, BGBl. II, S. 911), *Japan* (seit 19.9.1977, BGBl. II, S. 1157), *Liechtenstein* (seit 18.2.1973, BGBl. II, S. 716), den *Niederlanden* (seit 14.12.1962, BGBl. 1963 II, S. 42), *Portugal* (seit 3.2.1969, BGBl. 1970 II, S. 205), der *Schweiz* (seit 17.1.1965, BGBl. II, S. 40), *Spanien* (seit 25.5.1974, BGBl. II, S. 1109) und der *Türkei* (seit 28.4.1972, BGBl. II, S. 1460). Das Übk. gilt auch nach dem Übergang der Souveränitätsrechte für *Macau* von *Portugal* auf *China* mit Wirkung v. 20.12.1999 im Verhältnis zur chinesischen Sonderverwaltungsregion *Macau* fort (BGBl. 2003 II, S. 789, 797).

[2] Das Übk. wird infolge der Anwendung des Haager Protokolls über das auf Unterhaltspflichten anzuwendende Recht v. 23.11.2007 (Nr. *42*) durch die Mitgliedstaaten der EU (mit Ausnahme *Dänemarks* und des *Vereinigten Königreichs*) seit dem 18.6.2011 im Verhältnis der Vertragsstaaten durch dieses Protokoll ersetzt; vgl. Art. 18 des Protokolls. Es gilt daher aus deutscher Sicht nur noch im Verhältnis zu *Liechtenstein* und der chinesischen Sonderverwaltungsregion *Macau*.

[3] Authentisch ist allein der französische Text: https://www.hcch.net/de/instruments/conventions (Nr. 8).

Art. 2.[4] Abweichend von den Bestimmungen des Artikels 1 kann jeder Vertragsstaat sein eigenes Recht für anwendbar erklären,

a) wenn der Unterhaltsanspruch vor einer Behörde dieses Staates erhoben wird,

b) wenn die Person, gegen die der Anspruch erhoben wird, und das Kind die Staatsangehörigkeit dieses Staates besitzen und

c) wenn die Person, gegen die der Anspruch erhoben wird, ihren gewöhnlichen Aufenthalt in diesem Staat hat.

Art. 3. Versagt das Recht des Staates, in dem das Kind seinen gewöhnlichen Aufenthalt hat, ihm jeden Anspruch auf Unterhalt, so findet entgegen den vorstehenden Bestimmungen das Recht Anwendung, das nach den innerstaatlichen Kollisionsnormen der angerufenen Behörde maßgebend ist.

Art. 4. Von der Anwendung des in diesem Übereinkommen für anwendbar erklärten Rechts kann nur abgesehen werden, wenn seine Anwendung mit der öffentlichen Ordnung des Staates, dem die angerufene Behörde angehört, offensichtlich unvereinbar ist.

Art. 5. (1) Dieses Übereinkommen findet auf die unterhaltsrechtlichen Beziehungen zwischen Verwandten in der Seitenlinie keine Anwendung.

(2) Das Übereinkommen regelt das Kollisionsrecht nur auf dem Gebiet der Unterhaltspflicht. Der Frage der sonstigen familienrechtlichen Beziehungen zwischen Schuldner und Gläubiger und der Frage der Abstammung kann durch Entscheidungen, die auf Grund dieses Übereinkommens ergehen, nicht vorgegriffen werden.

Art. 6. Dieses Übereinkommen findet nur auf die Fälle Anwendung, in denen das in Artikel 1 bezeichnete Recht das Recht eines Vertragsstaates ist.

Art. 7–10. *(nicht abgedruckt)*

Art. 11.[5] Jeder Vertragsstaat kann sich bei Unterzeichnung oder Ratifizierung dieses Übereinkommens oder bei seinem Beitritt vorbehalten, es nicht auf die an Kindes Statt angenommenen Kinder anzuwenden.

Art. 12. *(nicht abgedruckt)*

---

[4] Den Vorbehalt nach Art. 2 haben die *Bundesrepublik Deutschland* sowie *Belgien, Italien, Liechtenstein, Luxemburg, Österreich,* die *Schweiz* und die *Türkei* erklärt. Siehe hierzu Art. 1a des deutschen ZustG v. 24.10.1956 idF des Gesetzes v. 2.6.1972 (BGBl. II, S. 589):

Art. 1a. *Auf Unterhaltsansprüche deutscher Kinder findet deutsches Recht Anwendung, wenn die Voraussetzungen des Artikels 2 des Übereinkommens vorliegen.*

[5] Den Vorbehalt nach Art. 11 hat bisher noch kein Vertragsstaat erklärt.

41. Haager Übereinkommen über das auf Unterhaltspflichten anzuwendende Recht

Vom 2. Oktober 1973[1,2,3] (BGBl. 1986 II, S. 837)

(Übersetzung)[4]

Kapitel I. Anwendungsbereich des Übereinkommens

Art. 1. [Sachlicher Anwendungsbereich] Dieses Übereinkommen ist auf Unterhaltspflichten anzuwenden, die sich aus Beziehungen der Familie, Verwandtschaft, Ehe oder Schwägerschaft ergeben, einschließlich der Unterhaltspflicht gegenüber einem nichtehelichen Kind.

Art. 2. [Ausgeschlossene Fragen] (1) Dieses Übereinkommen regelt das Kollisionsrecht nur auf dem Gebiet der Unterhaltspflicht.

(2) Die in Anwendung dieses Übereinkommens ergangenen Entscheidungen greifen dem Bestehen einer der in Artikel 1 genannten Beziehungen nicht vor.

Art. 3. [Unabhängigkeit von Gegenseitigkeit] Das von diesem Übereinkommen bestimmte Recht ist unabhängig vom Erfordernis der Gegenseitigkeit anzuwenden, auch wenn es das Recht eines Nichtvertragsstaats ist.

---

[1] Das Übk. ist für die *Bundesrepublik Deutschland* am 1.4.1987 im Verhältnis zu *Frankreich, Italien, Japan, Luxemburg,* den *Niederlanden, Portugal,* der *Schweiz, Spanien* und der *Türkei* in Kraft getreten (Bek. v. 26.3.1987, BGBl. II, S. 225). Es gilt heute ferner für *Albanien* (*seit* 1.11.2011, BGBl. 2013 II, S. 386), *Estland* (seit 1.1.2002, BGBl. II, S. 957), *Griechenland* (seit 1.9.2003, BGBl. II, S. 2169), *Litauen* (seit 1.9.2001, BGBl. II, S. 791) und *Polen* (seit 1.5.1996, BGBl. II, S. 664).

[2] Das Übk. ist nach seinem Art. 3 als *„loi uniforme"* beschlossen und wird daher von den Vertragsstaaten auch im Verhältnis zu Nichtvertragsstaaten angewandt. Es ersetzt nach seinem Art. 18 im Verhältnis der Vertragsstaaten zueinander das Haager Unterhaltsübk. v. 24.10.1956 (Nr. *40*).

[3] Das Übk. wird infolge der Anwendung des Haager Protokolls über das auf Unterhaltspflichten anzuwendende Recht v. 23.11.2007 (Nr. *42*) durch die Mitgliedstaaten der EU (mit Ausnahme *Dänemarks* und des *Vereinigten Königreichs*) seit dem 18.6.2011 im Verhältnis der Vertragsstaaten durch dieses Protokoll ersetzt; vgl. Art. 18 des Protokolls. Es gilt danach aus deutscher Sicht nur noch im Verhältnis zu *Japan,* der *Schweiz* und der *Türkei* fort. Nach a. A. wird das Übk. durch das Haager Unterhaltsprotokoll vor den Gerichten der Mitgliedstaaten – und damit auch vor deutschen Gerichten – vollständig verdrängt.

[4] Authentisch sind gleichberechtigt der englische und der französische Text: https://www.hcch.net/de/instruments/conventions (Nr. 24).

Kapitel II. Anzuwendendes Recht

Art. 4. [Aufenthaltsrecht] (1) Für die in Artikel 1 genannten Unterhaltspflichten ist das am gewöhnlichen Aufenthalt des Unterhaltsberechtigten geltende innerstaatliche Recht maßgebend.

(2) Wechselt der Unterhaltsberechtigte seinen gewöhnlichen Aufenthalt, so ist vom Zeitpunkt des Aufenthaltswechsels an das innerstaatliche Recht des neuen gewöhnlichen Aufenthalts anzuwenden.

Art. 5. [Heimatrecht] Kann der Berechtigte nach dem in Artikel 4 vorgesehenen Recht vom Verpflichteten keinen Unterhalt erhalten, so ist das Recht des Staates, dem sie gemeinsam angehören, anzuwenden.

Art. 6. [*Lex fori*] Kann der Berechtigte nach den in den Artikeln 4 und 5 vorgesehenen Rechten vom Verpflichteten keinen Unterhalt erhalten, so ist das innerstaatliche Recht der angerufenen Behörde anzuwenden.

Art. 7. [Verwandte in der Seitenlinie; Verschwägerte] Bei Unterhaltspflichten zwischen Verwandten in der Seitenlinie oder Verschwägerten kann der Verpflichtete dem Anspruch des Berechtigten entgegenhalten, dass nach dem Recht des Staates, dem sie gemeinsam angehören, oder, mangels einer gemeinsamen Staatsangehörigkeit, nach dem innerstaatlichen Recht am gewöhnlichen Aufenthalt des Verpflichteten eine solche Pflicht nicht besteht.

Art. 8. [Ehegatten nach Scheidung] (1) Abweichend von den Artikeln 4 bis 6 ist in einem Vertragsstaat, in dem eine Ehescheidung ausgesprochen oder anerkannt worden ist, für die Unterhaltspflichten zwischen den geschiedenen Ehegatten und die Änderung von Entscheidungen über diese Pflichten das auf die Ehescheidung angewandte Recht maßgebend.

(2) Absatz 1 ist auch im Fall einer Trennung ohne Auflösung des Ehebandes und im Fall einer für nichtig oder als ungültig erklärten Ehe anzuwenden.

Art. 9. [Erstattungsanspruch öffentlicher Einrichtungen] Für das Recht einer öffentliche Aufgaben wahrnehmenden Einrichtung auf Erstattung der dem Unterhaltsberechtigten erbrachten Leistungen ist das Recht maßgebend, dem die Einrichtung untersteht.

Art. 10. [Anwendungsbereich des Unterhaltsstatuts] Das auf eine Unterhaltspflicht anzuwendende Recht bestimmt insbesondere,

1. ob, in welchem Ausmaß und von wem der Berechtigte Unterhalt verlangen kann;

2. wer zur Einleitung des Unterhaltsverfahrens berechtigt ist und welche Fristen für die Einleitung gelten;
3. das Ausmaß der Erstattungspflicht des Unterhaltsverpflichteten, wenn eine öffentliche Aufgaben wahrnehmende Einrichtung die Erstattung der dem Berechtigten erbrachten Leistungen verlangt.

Art. 11. [*Ordre public*] (1) Von der Anwendung des durch dieses Übereinkommen bestimmten Rechtes darf nur abgesehen werden, wenn sie mit der öffentlichen Ordnung offensichtlich unvereinbar ist.

(2) Jedoch sind bei der Bemessung des Unterhaltsbetrages die Bedürfnisse des Berechtigten und die wirtschaftlichen Verhältnisse des Unterhaltsverpflichteten zu berücksichtigen, selbst wenn das anzuwendende Recht etwas anderes bestimmt.

Kapitel III. Verschiedene Bestimmungen

Art. 12. [Zeitlicher Anwendungsbereich] Dieses Übereinkommen ist nicht auf Unterhalt anzuwenden, der in einem Vertragsstaat für eine vor dem Inkrafttreten des Übereinkommens in diesem Staat liegende Zeit verlangt wird.

Art. 13.[5] [Vorbehalte: Ehegatten; Kinder] Jeder Vertragsstaat kann sich gemäß Artikel 24 das Recht vorbehalten, dieses Übereinkommen nur anzuwenden auf Unterhaltspflichten

1. zwischen Ehegatten und zwischen früheren Ehegatten;
2. gegenüber einer Person, die das einundzwanzigste Lebensjahr noch nicht vollendet hat und unverheiratet ist.

Art. 14.[6] [Vorbehalte: Verwandte in der Seitenlinie; Verschwägerte; geschiedene Ehegatten] Jeder Vertragsstaat kann sich gemäß Artikel 24 das Recht vorbehalten, dieses Übereinkommen nicht anzuwenden auf Unterhaltspflichten

1. zwischen Verwandten in der Seitenlinie;
2. zwischen Verschwägerten;
3. zwischen geschiedenen oder ohne Auflösung des Ehebandes getrennten Ehegatten oder zwischen Ehegatten, deren Ehe für nichtig oder als ungültig erklärt worden ist, wenn das Erkenntnis auf Scheidung, Trennung, Nichtigkeit oder Ungültigkeit der Ehe in einem Versäumnisverfahren in

---

[5] Einen Vorbehalt nach Art. 13 hat bisher kein Vertragsstaat erklärt.

[6] Einen Vorbehalt nach Art. 14 haben *Griechenland* (bez. Nr. 1–3), *Luxemburg* (bez. Nr. 3), *Polen* (bez. Nr. 2 und 3), *Portugal* (bez. Nr. 2 und 3), die *Schweiz* (bez. Nr. 1 und 2) und die *Türkei* (bez. Nr. 1 und 2) erklärt. *Luxemburg* wendet im Fall der Nr. 3 nur die Art. 4–6 des Übk. an. Die *Schweiz* hat den Vorbehalt mit Wirkung v. 1.6.1993 wieder zurückgenommen (Bek. v. 22.6.1993, BGBl. II, S. 1007).

einem Staat ergangen ist, in dem die säumige Partei nicht ihren gewöhnlichen Aufenthalt hatte.

Art. 15.[7] **[Vorbehalt: *Lex fori* als gemeinsames Heimatrecht]** Jeder Vertragsstaat kann gemäß Artikel 24 einen Vorbehalt machen, dass seine Behörden sein innerstaatliches Recht anwenden werden, wenn sowohl der Berechtigte als auch der Verpflichtete Staatsangehörige dieses Staates sind und der Verpflichtete dort seinen gewöhnlichen Aufenthalt hat.

Art. 16. [Mehrrechtsstaaten] Kommt das Recht eines Staates mit zwei oder mehr Rechtsordnungen mit räumlicher oder personeller Anwendung auf dem Gebiet der Unterhaltspflicht in Betracht – beispielsweise, wenn auf das Recht des gewöhnlichen Aufenthalts des Berechtigten oder des Verpflichteten oder auf das Recht des Staates, dem sie gemeinsam angehören, verwiesen wird –, so ist die Rechtsordnung anzuwenden, die durch die in diesem Staat geltenden Vorschriften bestimmt wird, oder mangels solcher Vorschriften die Rechtsordnung, zu der die Beteiligten die engsten Bindungen haben.

Art. 17. [Interlokale Kollisionsfälle] Ein Vertragsstaat, in dem verschiedene Gebietseinheiten ihre eigenen Rechtsvorschriften über die Unterhaltspflicht haben, ist nicht verpflichtet, dieses Übereinkommen auf Kollisionsfälle anzuwenden, die nur seine Gebietseinheiten betreffen.

Art. 18. [Verhältnis zum Haager Übk. v. 24.10.1956] (1) Dieses Übereinkommen ersetzt in den Beziehungen zwischen den Staaten, die Vertragsparteien sind, das Haager Übereinkommen vom 24. Oktober 1956 über das auf Unterhaltsverpflichtungen gegenüber Kindern anzuwendende Recht.[8]

(2) Jedoch ist Absatz 1 nicht auf einen Staat anzuwenden, der durch einen Vorbehalt nach Artikel 13 die Anwendung dieses Übereinkommens auf Unterhaltspflichten gegenüber Personen ausgeschlossen hat, die das einundzwanzigste Lebensjahr noch nicht vollendet haben und unverheiratet sind.

Art. 19. [Verhältnis zu anderen Staatsverträgen] Dieses Übereinkommen berührt nicht andere internationale Übereinkünfte, deren Vertragspartei ein Vertragsstaat des Übereinkommens ist oder wird und die Bestimmungen über die durch dieses Übereinkommen geregelten Angelegenheiten enthalten.

---

[7] Einen Vorbehalt nach Art. 15 haben die *Bundesrepublik Deutschland* (bez. aller Deutschen iS des Grundgesetzes), sowie *Italien, Litauen, Luxemburg,* die *Niederlande* (auch mit Wirkung für die in Anm. 9 genannten karibischen Gebiete), *Polen, Portugal,* die *Schweiz, Spanien* und die *Türkei* erklärt.

[8] Abgedruckt unter Nr. *40.*

Kapitel IV. Schlussbestimmungen

Art. 20–21. *(nicht abgedruckt)*

Art. 22.[9] (1) Jeder Staat kann bei der Unterzeichnung, der Ratifikation, der Annahme, der Genehmigung oder dem Beitritt erklären, dass sich dieses Übereinkommen auf alle Hoheitsgebiete, deren internationale Beziehungen er wahrnimmt, oder auf eines oder mehrere dieser Hoheitsgebiete erstreckt. Diese Erklärung wird wirksam, sobald das Übereinkommen für den betreffenden Staat in Kraft tritt.

Art. 22 (2)–23. *(nicht abgedruckt)*

Art. 24.[10] **[Vorbehalte]** (1) Jeder Staat kann spätestens bei der Ratifikation, der Annahme, der Genehmigung oder dem Beitritt einen oder mehrere der in den Artikeln 13 bis 15 vorgesehenen Vorbehalte machen. Andere Vorbehalte sind nicht zulässig.

Art. 24 (2)–27. *(nicht abgedruckt)*

42. Haager Protokoll über das auf Unterhaltspflichten anzuwendende Recht

Vom 23. November 2007[1] (ABl. 2009 L 331, S. 19)

(Übersetzung)[2]

Art. 1. Anwendungsbereich. (1) Dieses Protokoll bestimmt das auf solche Unterhaltspflichten anzuwendende Recht, die sich aus Beziehungen der Familie, Verwandtschaft, Ehe oder Schwägerschaft ergeben, einschließ-

---

[9] Die *Niederlande* haben eine solche Erklärung in Bezug auf die *Niederländischen Antillen* und mit Wirkung vom 1.1.1986 für *Aruba* abgegeben (BGBl. 1987 II, S. 225). Sie haben diese Erklärung aufgrund der verfassungsrechtlichen Neuordnung des Staatsgebiets mit Wirkung v. 10.10.2010 für den karibischen Teil des Königreichs *(Bonaire, Saba, St. Eustatius)*, sowie für *Curaçao* und *St. Martin* bekräftigt (BGBl. 2013 II, S. 386).

[10] Siehe hierzu die Anm. zu Art. 13–15.

[1] Das Protokoll ist am 1.8.2013 für die *Europäische Union* (mit Ausnahme *Dänemarks* und des *Vereinigten Königreichs*) und *Serbien* in Kraft getreten. Inzwischen sind ihm noch *Kasachstan* (seit 1.4.2017), *Brasilien* (seit 1.11.2017) und *Ecuador* (seit 1.7.2022) beigetreten.

Das Protokoll wird in den teilnehmenden Mitgliedstaaten der *Europäischen Union* aber bereits seit Inkrafttreten der Verordnung (EG) Nr. 4/2009 v. 18.12.2008 (EuUntVO, Nr. *161*) am 18.6.2011 verbindlich angewendet. Vgl. dazu die Anm. 4 und 5 zu Art. 24 und 25. Aufgrund der Ratifikation durch die EU hat das Protokoll die Qualität von sekundärem Unionsrecht.

[2] Authentisch sind gleichberechtigt der englische und der französische Text: https://www.hcch.net/de/instruments/conventions (Nr. 39).

lich der Unterhaltspflichten gegenüber einem Kind, ungeachtet des Familienstands seiner Eltern.

(2) Die in Anwendung dieses Protokolls ergangenen Entscheidungen lassen die Frage des Bestehens einer der in Absatz 1 genannten Beziehungen unberührt.

Art. 2. Universelle Anwendung. Dieses Protokoll ist auch dann anzuwenden, wenn das darin bezeichnete Recht dasjenige eines Nichtvertragsstaats ist.

Art. 3. Allgemeine Regel in Bezug auf das anzuwendende Recht.

(1) Sofern in diesem Protokoll nichts anderes bestimmt ist, ist für Unterhaltspflichten das Recht des Staates maßgebend, in dem die berechtigte Person ihren gewöhnlichen Aufenthalt hat.

(2) Wechselt die berechtigte Person ihren gewöhnlichen Aufenthalt, so ist vom Zeitpunkt des Aufenthaltswechsels an das Recht des Staates des neuen gewöhnlichen Aufenthalts anzuwenden.

Art. 4. Besondere Regeln zugunsten bestimmter berechtigter Personen. (1) Die folgenden Bestimmungen sind anzuwenden in Bezug auf Unterhaltspflichten

a) der Eltern gegenüber ihren Kindern;
b) anderer Personen als der Eltern gegenüber Personen, die das 21. Lebensjahr noch nicht vollendet haben, mit Ausnahme der Unterhaltspflichten aus in Artikel 5 genannten Beziehungen; und
c) der Kinder gegenüber ihren Eltern.

(2) Kann die berechtigte Person nach dem in Artikel 3 vorgesehenen Recht von der verpflichteten Person keinen Unterhalt erhalten, so ist das am Ort des angerufenen Gerichts geltende Recht anzuwenden.

(3) Hat die berechtigte Person die zuständige Behörde des Staates angerufen, in dem die verpflichtete Person ihren gewöhnlichen Aufenthalt hat, so ist ungeachtet des Artikels 3 das am Ort des angerufenen Gerichts geltende Recht anzuwenden. Kann die berechtigte Person jedoch nach diesem Recht von der verpflichteten Person keinen Unterhalt erhalten, so ist das Recht des Staates des gewöhnlichen Aufenthalts der berechtigten Person anzuwenden.

(4) Kann die berechtigte Person nach dem in Artikel 3 und in den Absätzen 2 und 3 dieses Artikels vorgesehenen Recht von der verpflichteten Person keinen Unterhalt erhalten, so ist gegebenenfalls das Recht des Staates anzuwenden, dem die berechtigte und die verpflichtete Person gemeinsam angehören.

Art. 5. Besondere Regel in Bezug auf Ehegatten und frühere Ehegatten. In Bezug auf Unterhaltspflichten zwischen Ehegatten, früheren

Ehegatten oder Personen, deren Ehe für ungültig erklärt wurde, findet Artikel 3 keine Anwendung, wenn eine der Parteien sich dagegen wendet und das Recht eines anderen Staates, insbesondere des Staates ihres letzten gemeinsamen gewöhnlichen Aufenthalts, zu der betreffenden Ehe eine engere Verbindung aufweist. In diesem Fall ist das Recht dieses anderen Staates anzuwenden.

Art. 6. Besondere Mittel zur Verteidigung. Außer bei Unterhaltspflichten gegenüber einem Kind, die sich aus einer Eltern-Kind-Beziehung ergeben, und den in Artikel 5 vorgesehenen Unterhaltspflichten kann die verpflichtete Person dem Anspruch der berechtigten Person entgegenhalten, dass für sie weder nach dem Recht des Staates des gewöhnlichen Aufenthalts der verpflichteten Person noch gegebenenfalls nach dem Recht des Staates, dem die Parteien gemeinsam angehören, eine solche Pflicht besteht.

Art. 7. Wahl des anzuwendenden Rechts für die Zwecke eines einzelnen Verfahrens. (1) Ungeachtet der Artikel 3 bis 6 können die berechtigte und die verpflichtete Person allein für die Zwecke eines einzelnen Verfahrens in einem bestimmten Staat ausdrücklich das Recht dieses Staates als das auf eine Unterhaltspflicht anzuwendende Recht bestimmen.

(2) Erfolgt die Rechtswahl vor der Einleitung des Verfahrens, so geschieht dies durch eine von beiden Parteien unterschriebene Vereinbarung in Schriftform oder erfasst auf einem Datenträger, dessen Inhalt für eine spätere Einsichtnahme zugänglich ist.

Art. 8. Wahl des anzuwendenden Rechts. (1) Ungeachtet der Artikel 3 bis 6 können die berechtigte und die verpflichtete Person jederzeit eine der folgenden Rechtsordnungen als das auf eine Unterhaltspflicht anzuwendende Recht bestimmen:

a) das Recht eines Staates, dem eine der Parteien im Zeitpunkt der Rechtswahl angehört;
b) das Recht des Staates, in dem eine der Parteien im Zeitpunkt der Rechtswahl ihren gewöhnlichen Aufenthalt hat;
c) das Recht, das die Parteien als das auf ihren Güterstand anzuwendende Recht bestimmt haben, oder das tatsächlich darauf angewandte Recht;
d) das Recht, das die Parteien als das auf ihre Ehescheidung oder Trennung ohne Auflösung der Ehe anzuwendende Recht bestimmt haben, oder das tatsächlich auf diese Ehescheidung oder Trennung angewandte Recht.

(2) Eine solche Vereinbarung ist schriftlich zu erstellen oder auf einem Datenträger zu erfassen, dessen Inhalt für eine spätere Einsichtnahme zugänglich ist, und von beiden Parteien zu unterschreiben.

(3) Absatz 1 findet keine Anwendung auf Unterhaltspflichten betreffend eine Person, die das 18. Lebensjahr noch nicht vollendet hat, oder einen

Erwachsenen, der aufgrund einer Beeinträchtigung oder der Unzulänglichkeit seiner persönlichen Fähigkeiten nicht in der Lage ist, seine Interessen zu schützen.

(4) Ungeachtet des von den Parteien nach Absatz 1 bestimmten Rechts ist das Recht des Staates, in dem die berechtigte Person im Zeitpunkt der Rechtswahl ihren gewöhnlichen Aufenthalt hat, dafür maßgebend, ob die berechtigte Person auf ihren Unterhaltsanspruch verzichten kann.

(5) Das von den Parteien bestimmte Recht ist nicht anzuwenden, wenn seine Anwendung für eine der Parteien offensichtlich unbillige oder unangemessene Folgen hätte, es sei denn, dass die Parteien im Zeitpunkt der Rechtswahl umfassend unterrichtet und sich der Folgen ihrer Wahl vollständig bewusst waren.

Art. 9. „Domicile" anstelle von „Staatsangehörigkeit". Ein Staat, der den Begriff des *„domicile"* als Anknüpfungspunkt in Familiensachen kennt, kann das Ständige Büro der Haager Konferenz für Internationales Privatrecht davon unterrichten, dass für die Zwecke der Fälle, die seinen Behörden vorgelegt werden, in Artikel 4 der Satzteil „dem die berechtigte und die verpflichtete Person gemeinsam angehören" durch „in dem die berechtigte und die verpflichtete Person gemeinsam ihr *„domicile"* haben" und in Artikel 6 der Satzteil „dem die Parteien gemeinsam angehören" durch „in dem die Parteien gemeinsam ihr *„domicile"* haben" ersetzt wird, wobei *„domicile"* so zu verstehen ist, wie es in dem betreffenden Staat definiert wird.

Art. 10. Öffentliche Aufgaben wahrnehmende Einrichtungen. Für das Recht einer öffentliche Aufgaben wahrnehmenden Einrichtung, die Erstattung einer der berechtigten Person anstelle von Unterhalt erbrachten Leistung zu verlangen, ist das Recht maßgebend, dem diese Einrichtung untersteht.

Art. 11. Geltungsbereich des anzuwendenden Rechts. Das auf die Unterhaltspflicht anzuwendende Recht bestimmt insbesondere,

a) ob, in welchem Umfang und von wem der Unterhaltsberechtigte Unterhalt verlangen kann;

b) in welchem Umfang die berechtigte Person Unterhalt für die Vergangenheit verlangen kann;

c) die Grundlage für die Berechnung des Unterhaltsbetrags und für die Indexierung;

d) wer zur Einleitung eines Unterhaltsverfahrens berechtigt ist, unter Ausschluss von Fragen der Prozessfähigkeit und der Vertretung im Verfahren;

e) die Verjährungsfristen oder die für die Einleitung eines Verfahrens geltenden Fristen;

f) den Umfang der Erstattungspflicht der verpflichteten Person, wenn eine öffentliche Aufgaben wahrnehmende Einrichtung die Erstattung der der berechtigten Person anstelle von Unterhalt erbrachten Leistungen verlangt.

Art. 12. Ausschluss der Rückverweisung. Der Begriff „Recht" im Sinne dieses Protokolls bedeutet das in einem Staat geltende Recht mit Ausnahme des Kollisionsrechts.

Art. 13. Öffentliche Ordnung *(ordre public)*. Von der Anwendung des nach diesem Protokoll bestimmten Rechts darf nur abgesehen werden, soweit seine Wirkungen der öffentlichen Ordnung *(ordre public)* des Staates des angerufenen Gerichts offensichtlich widersprechen.

Art. 14. Bemessung des Unterhaltsbetrags. Bei der Bemessung des Unterhalts sind die Bedürfnisse der berechtigten Person und die wirtschaftlichen Verhältnisse der verpflichteten Person sowie etwaige der berechtigten Person anstelle einer regelmäßigen Unterhaltszahlung geleistete Entschädigungen zu berücksichtigen, selbst wenn das anzuwendende Recht etwas anderes bestimmt.

Art. 15. Nichtanwendung des Protokolls auf innerstaatliche Kollisionen. (1) Ein Vertragsstaat, in dem verschiedene Rechtssysteme oder Regelwerke für Unterhaltspflichten gelten, ist nicht verpflichtet, die Regeln dieses Protokolls auf Kollisionen anzuwenden, die allein zwischen diesen verschiedenen Rechtssystemen oder Regelwerken bestehen.

(2) Dieser Artikel ist nicht anzuwenden auf Organisationen der regionalen Wirtschaftsintegration.

Art. 16. In räumlicher Hinsicht nicht einheitliche Rechtssysteme.

(1) Gelten in einem Staat in verschiedenen Gebietseinheiten zwei oder mehr Rechtssysteme oder Regelwerke in Bezug auf in diesem Protokoll geregelte Angelegenheiten, so ist

a) jede Bezugnahme auf das Recht eines Staates gegebenenfalls als Bezugnahme auf das in der betreffenden Gebietseinheit geltende Recht zu verstehen;

b) jede Bezugnahme auf die zuständigen Behörden oder die öffentliche Aufgaben wahrnehmenden Einrichtungen dieses Staates gegebenenfalls als Bezugnahme auf die zuständigen Behörden oder die öffentliche Aufgaben wahrnehmenden Einrichtungen zu verstehen, die befugt sind, in der betreffenden Gebietseinheit tätig zu werden;

c) jede Bezugnahme auf den gewöhnlichen Aufenthalt in diesem Staat gegebenenfalls als Bezugnahme auf den gewöhnlichen Aufenthalt in der betreffenden Gebietseinheit zu verstehen;

d) jede Bezugnahme auf den Staat, dem die Parteien gemeinsam angehören, als Bezugnahme auf die vom Recht dieses Staates bestimmte Gebietseinheit oder mangels einschlägiger Vorschriften als Bezugnahme auf die Gebietseinheit zu verstehen, zu der die Unterhaltspflicht die engste Verbindung aufweist,

e) jede Bezugnahme auf den Staat, dem eine Partei angehört, als Bezugnahme auf die vom Recht dieses Staates bestimmte Gebietseinheit oder mangels einschlägiger Vorschriften als Bezugnahme auf die Gebietseinheit zu verstehen, zu der die Person die engste Verbindung aufweist.

(2) Hat ein Staat zwei oder mehr Gebietseinheiten mit eigenen Rechtssystemen oder Regelwerken für die in diesem Protokoll geregelten Angelegenheiten, so gilt zur Bestimmung des nach diesem Protokoll anzuwendenden Rechts Folgendes:

a) Sind in diesem Staat Vorschriften in Kraft, die das Recht einer bestimmten Gebietseinheit für anwendbar erklären, so ist das Recht dieser Einheit anzuwenden;

b) fehlen solche Vorschriften, so ist das Recht der in Absatz 1 bestimmten Gebietseinheit anzuwenden.

(3) Dieser Artikel ist nicht anzuwenden auf Organisationen der regionalen Wirtschaftsintegration.

Art. 17. Hinsichtlich der betroffenen Personengruppen nicht einheitliche Rechtssysteme. Hat ein Staat für in diesem Protokoll geregelte Angelegenheiten zwei oder mehr Rechtssysteme oder Regelwerke, die für verschiedene Personengruppen gelten, so ist zur Bestimmung des nach dem Protokoll anzuwendenden Rechts jede Bezugnahme auf das Recht des betreffenden Staates als Bezugnahme auf das Rechtssystem zu verstehen, das durch die in diesem Staat in Kraft befindlichen Vorschriften bestimmt wird.

Art. 18. Koordinierung mit den früheren Haager Übereinkommen über Unterhaltspflichten. Im Verhältnis zwischen den Vertragsstaaten ersetzt dieses Protokoll das Haager Übereinkommen vom 2. Oktober 1973 über das auf Unterhaltspflichten anzuwendende Recht und das Haager Übereinkommen vom 24. Oktober 1956 über das auf Unterhaltsverpflichtungen gegenüber Kindern anzuwendende Recht.

Art. 19. Koordinierung mit anderen Übereinkünften. (1) Dieses Protokoll lässt internationale Übereinkünfte unberührt, denen Vertragsstaaten als Vertragsparteien angehören oder angehören werden und die Bestimmungen über im Protokoll geregelte Angelegenheiten enthalten, sofern die durch eine solche Übereinkunft gebundenen Staaten keine gegenteilige Erklärung abgeben.

(2) Absatz 1 gilt auch für Einheitsrecht, das auf besonderen Verbindungen insbesondere regionaler Art zwischen den betroffenen Staaten beruht.

Art. 20. Einheitliche Auslegung. Bei der Auslegung dieses Protokolls ist seinem internationalen Charakter und der Notwendigkeit, seine einheitliche Anwendung zu fördern, Rechnung zu tragen.

Art. 21. Prüfung der praktischen Durchführung des Protokolls. (1) Der Generalsekretär der Haager Konferenz für Internationales Privatrecht beruft erforderlichenfalls eine Spezialkommission zur Prüfung der praktischen Durchführung dieses Protokolls ein.

(2) Zu diesem Zweck arbeiten die Vertragsstaaten mit dem Ständigen Büro der Haager Konferenz für Internationales Privatrecht bei der Sammlung der Rechtsprechung zur Anwendung dieses Protokolls zusammen.

Art. 22.[3] Übergangsbestimmungen. Dieses Protokoll findet keine Anwendung auf Unterhalt, der in einem Vertragsstaat für einen Zeitraum vor Inkrafttreten des Protokolls in diesem Staat verlangt wird.

Art. 23. Unterzeichnung, Ratifikation und Beitritt. (1) Dieses Protokoll liegt für alle Staaten zur Unterzeichnung auf.

(2) Dieses Protokoll bedarf der Ratifikation, Annahme oder Genehmigung durch die Unterzeichnerstaaten.

(3) Dieses Protokoll steht allen Staaten zum Beitritt offen.

(4) *(nicht abgedruckt)*

Art. 24.[4] Organisationen der regionalen Wirtschaftsintegration. (1) Eine Organisation der regionalen Wirtschaftsintegration, die ausschließlich von souveränen Staaten gebildet wird und für einige oder alle in diesem Protokoll geregelten Angelegenheiten zuständig ist, kann das Protokoll ebenfalls unterzeichnen, annehmen, genehmigen oder ihm beitreten. Die Organisation der regionalen Wirtschaftsintegration hat in diesem Fall

---

[3] Siehe hierzu aber Art. 5 des Beschlusses des Rates v. 30.11.2009 über den Abschluss des Haager Protokolls v. 23.11.2007 über das auf Unterhaltspflichten anzuwendende Recht durch die Europäische Gemeinschaft (ABl. L 331, S. 17):

*„**Art. 5.** (1) Ungeachtet des Artikels 22 des Protokolls wird anhand der Bestimmungen des Protokolls auch das auf Unterhaltsforderungen anzuwendende Recht bestimmt, die in einem Mitgliedstaat für einen Zeitraum vor dem Inkrafttreten oder der vorläufigen Anwendung des Protokolls in der Gemeinschaft geltend gemacht werden, sofern aufgrund der Verordnung (EG) Nr. 4/2009 die Einleitung des Verfahrens, die Billigung oder der Abschluss des gerichtlichen Vergleichs oder die Ausstellung der öffentlichen Urkunde ab dem 18. Juni 2011, dem Datum des Beginns der Anwendbarkeit der Verordnung (EG) Nr. 4/2009, erfolgt ist.*

(2) Bei Abschluss des Protokolls gibt die Gemeinschaft folgende Erklärung ab: „Die Europäische Gemeinschaft erklärt, dass sie die Bestimmungen des Protokolls auch auf Unterhaltsforderungen anwenden wird, die in einem ihrer Mitgliedstaaten für einen Zeitraum vor dem Inkrafttreten oder der vorläufigen Anwendung des Protokolls in der Gemeinschaft geltend gemacht werden, sofern aufgrund der Verordnung (EG) Nr. 4/2009 des Rates vom 18. Dezember 2009 über die Zuständigkeit, das anwendbare Recht, die Anerkennung und Vollstreckung von Entscheidungen und die Zusammenarbeit in Unterhaltssachen (Nr. 161) die Einleitung des Verfahrens, die Billigung oder der Abschluss des gerichtlichen Vergleichs oder die Ausstellung der öffentlichen Urkunde ab dem 18. Juni 2011, dem Datum des Beginns der Anwendbarkeit der genannten Verordnung, erfolgt ist."

[4] Siehe hierzu Art. 3 des Beschlusses des Rates v. 30.11.2009 über den Abschluss des Haager Protokolls v. 23.11.2007 über das auf Unterhaltspflichten anzuwendende Recht durch die Europäische Gemeinschaft (ABl. L 331, S. 17):

die Rechte und Pflichten eines Vertragsstaats in dem Umfang, in dem sie für Angelegenheiten zuständig ist, die im Protokoll geregelt sind.

(2) Die Organisation der regionalen Wirtschaftsintegration notifiziert dem Depositar bei der Unterzeichnung, der Annahme, der Genehmigung oder dem Beitritt schriftlich die in diesem Protokoll geregelten Angelegenheiten, für die ihr von ihren Mitgliedstaaten die Zuständigkeit übertragen wurde. Die Organisation notifiziert dem Depositar umgehend schriftlich jede Veränderung ihrer Zuständigkeit gegenüber der letzten Notifikation nach diesem Absatz.

(3) Eine Organisation der regionalen Wirtschaftsintegration kann bei der Unterzeichnung, der Annahme, der Genehmigung oder dem Beitritt nach Artikel 28 erklären, dass sie für alle in diesem Protokoll geregelten Angelegenheiten zuständig ist und dass die Mitgliedstaaten, die ihre Zuständigkeit in diesem Bereich der Organisation der regionalen Wirtschaftsintegration übertragen haben, aufgrund der Unterzeichnung, der Annahme, der Genehmigung oder des Beitritts der Organisation durch das Protokoll gebunden sein werden.

(4) Für das Inkrafttreten dieses Protokolls zählt eine von einer Organisation der regionalen Wirtschaftsintegration hinterlegte Urkunde nicht, es sei denn, die Organisation der regionalen Wirtschaftsintegration gibt eine Erklärung nach Absatz 3 ab.

(5) Jede Bezugnahme in diesem Protokoll auf einen „Vertragsstaat" oder „Staat" gilt gegebenenfalls gleichermaßen für eine Organisation der regionalen Wirtschaftsintegration, die Vertragspartei des Protokolls ist. Gibt eine Organisation der regionalen Wirtschaftsintegration eine Erklärung nach Absatz 3 ab, so gilt jede Bezugnahme im Protokoll auf einen „Vertragsstaat" oder „Staat" gegebenenfalls gleichermaßen für die betroffenen Mitgliedstaaten der Organisation.

Art. 25.[5] **Inkrafttreten.** (1) Dieses Protokoll tritt am ersten Tag des Monats in Kraft, der auf einen Zeitabschnitt von drei Monaten nach der Hin-

---

Art. 3. *Bei Abschluss des Protokolls gibt die Gemeinschaft im Einklang mit dessen Artikel 24 folgende Erklärung ab:*

„Die Europäische Gemeinschaft erklärt gemäß Artikel 24 des Protokolls, dass sie für alle in diesem Protokoll geregelten Angelegenheiten zuständig ist. Das Protokoll ist bei Abschluss durch die Europäische Gemeinschaft für ihre Mitgliedstaaten bindend. Für die Zwecke dieser Erklärung versteht sich der Begriff ‚Europäische Gemeinschaft' ohne Dänemark nach Maßgabe der Artikel 1 und 2 des dem Vertrag über die Europäische Union und dem Vertrag zur Gründung der Europäischen Gemeinschaft beigefügten Protokolls über die Position Dänemarks sowie ohne das Vereinigte Königreich nach Maßgabe der Artikel 1 und 2 des dem Vertrag über die Europäische Union und dem Vertrag zur Gründung der Europäischen Gemeinschaft beigefügten Protokolls über die Position des Vereinigten Königreichs und Irlands."

[5] Siehe hierzu Art. 4 des Beschlusses des Rates v. 30.11.2009 über den Abschluss des Haager Protokolls v. 23.11.2007 über das auf Unterhaltspflichten anzuwendende Recht durch die Europäische Gemeinschaft (ABl. L 331, S. 17):

Art. 4. *(1) Innerhalb der Gemeinschaft finden die Bestimmungen des Protokolls unbeschadet des Artikels 5 dieses Beschlusses ab dem 18. Juni 2011, dem Datum des Beginns der Anwendbarkeit*

terlegung der zweiten Ratifikations-, Annahme-, Genehmigungs- oder Beitrittsurkunde nach Artikel 23 folgt.

(2) Danach tritt das Protokoll wie folgt in Kraft:

a) für jeden Staat oder jede Organisation der regionalen Wirtschaftsintegration nach Artikel 24, der oder die es später ratifiziert, annimmt oder genehmigt oder ihm später beitritt, am ersten Tag des Monats, der auf einen Zeitabschnitt von drei Monaten nach Hinterlegung seiner oder ihrer Ratifikations-, Annahme-, Genehmigungs- oder Beitrittsurkunde folgt;

b) für die Gebietseinheiten, auf die das Protokoll nach Artikel 26 erstreckt worden ist, am ersten Tag des Monats, der auf einen Zeitabschnitt von drei Monaten nach der in jenem Artikel vorgesehenen Notifikation folgt.

Art. 26. Erklärungen in Bezug auf nicht einheitliche Rechtssysteme. (1) Ein Staat, der aus zwei oder mehr Gebietseinheiten besteht, in denen für die in diesem Protokoll geregelten Angelegenheiten unterschiedliche Rechtssysteme gelten, kann bei der Unterzeichnung, der Ratifikation, der Annahme, der Genehmigung oder dem Beitritt nach Artikel 28 erklären, dass das Protokoll auf alle seine Gebietseinheiten oder nur auf eine oder mehrere davon erstreckt wird; er kann diese Erklärung durch Abgabe einer neuen Erklärung jederzeit ändern.

(2) Jede derartige Erklärung wird dem Verwahrer unter ausdrücklicher Bezeichnung der Gebietseinheiten notifiziert, auf die das Protokoll angewendet wird.

(3) Gibt ein Staat keine Erklärung nach diesem Artikel ab, so erstreckt sich das Protokoll auf sein gesamtes Hoheitsgebiet.

(4) Dieser Artikel ist nicht anzuwenden auf Organisationen der regionalen Wirtschaftsintegration.

Art. 27. Vorbehalte. Vorbehalte zu diesem Protokoll sind nicht zulässig.

Art. 28–30. *(nicht abgedruckt)*

---

der Verordnung (EG) Nr. 4/2009, vorläufig Anwendung, sofern das Protokoll zu diesem Zeitpunkt noch nicht in Kraft getreten ist.

(2) Bei Abschluss des Protokolls gibt die Gemeinschaft folgende Erklärung ab, um der möglichen vorläufigen Anwendung gemäß Absatz 1 Rechnung zu tragen: „Die Europäische Gemeinschaft erklärt, dass sie die Bestimmungen des Protokolls ab dem 18. Juni 2011, dem Datum des Beginns der Anwendbarkeit der Verordnung (EG) Nr. 4/2009 des Rates vom 18. Dezember 2009 über die Zuständigkeit, das anwendbare Recht, die Anerkennung und Vollstreckung von Entscheidungen und die Zusammenarbeit in Unterhaltssachen (Nr. 161) vorläufig anwenden wird, sofern das Protokoll bis dahin nicht gemäß dessen Artikel 25 Absatz 1 in Kraft getreten ist.

G. Kindschaftsrecht

I. Multilaterale Staatsverträge[1]

1. Anerkennung von Vater- und Mutterschaft[2]

---

[1] Auf dem Gebiet der Vereinheitlichung des materiellen Kindschaftsrechts sind folgende Übereinkommen zu berücksichtigen:

- Das Straßburger Europäische Übk. über die Rechtsstellung nichtehelicher Kinder v. 15.10.1975 ist von der *Bundesrepublik Deutschland* bisher nicht gezeichnet worden; es ist am 11.8.1978 für *Norwegen, Schweden* und die *Schweiz* in Kraft getreten. Das Übk. gilt heute ferner für *Albanien* (seit 10.12.2011), *Aserbaidschan* (seit 29.6.2000), *Dänemark* (seit 19.4.1979), *Georgien* (seit 31.7.2002), *Griechenland* (seit 16.9.1988), *Irland* (seit 6.1.1989), *Lettland* (seit 2.10.2003), *Liechtenstein* und *Litauen* (jeweils seit 18.7.1997), *Luxemburg* (seit 2.7.1982), *Mazedonien* (seit 1.3.2003), *Moldau* (seit 15.6.2002), *Österreich* (seit 29.8.1980), *Polen* (seit 22.9.1996), *Portugal* (seit 8.8.1982), *Rumänien* (seit 1.3.1993), die *Tschechische Republik* (seit 8.6.2001), die *Ukraine* (seit 27.6.2009), das *Vereinigte Königreich* (seit 25.5.1981) und *Zypern* (seit 12.10.1979). Text (englisch/französisch) mit amtlicher österreichischer Übersetzung: https://www.coe.int/de/web/conventions (Nr. 85);
- Das New Yorker UN-Übk. über die Rechte des Kindes v. 20.11.1989 (BGBl. 1992 II, S. 122) ist für die *Bundesrepublik Deutschland* am 5.4.1992 in Kraft getreten (Bek. v. 10.7.1992, BGBl. II, S. 990). Bei der Hinterlegung hat die *Bundesrepublik Deutschland* u. a. die Erklärung abgegeben, dass dieses Übk. innerstaatlich keine unmittelbare Anwendung findet. Übersicht über die fast 200 weiteren Vertragsstaaten im Fundstellennachweis B zum BGBl. 2021 II, S. 924.
- Das Straßburger Europäische Übk. über die Ausübung von Kinderrechten v. 25.1.1996 (BGBl. 2001 II, S. 1075) ist für die *Bundesrepublik Deutschland* am 1.8.2002 im Verhältnis zu *Griechenland, Lettland, Polen, Slowenien* und der *Tschechischen Republik* in Kraft getreten (Bek. v. 26.11.2003, BGBl. II, S. 2167). Es gilt inzwischen ferner für *Albanien* (seit 1.2.2012, BGBl. II, S. 147), *Finnland* (seit 1.3.2011, BGBl. II, S. 280) *Frankreich* (seit 1.1.2008, BGBl. II, S. 164), *Italien* (seit 1.11.2003, BGBl. II, S. 2167), *Kroatien* (seit 1.8.2010, BGBl. II, S. 280), *Malta* (seit 1.7.2015, BGBl. II, S. 481), *Mazedonien* (seit 1.5.2003, BGBl. II, S. 420), *Montenegro* (seit 1.2.2011, BGBl. II, S. 280), *Österreich* (seit 1.10.2008, BGBl. 2009 II, S. 1268), *Portugal* (seit 1.7.2014, BGBl. II, S. 355), *Spanien* (seit 1.4.2015, BGBl. II, S. 68); die *Türkei* (seit 1.10.2002, BGBl. II, S. 2800), die *Ukraine* (seit 1.4.2007, BGBl. 2008 II, S. 164) und *Zypern* (seit 1.2.2006, BGBl. II, S. 128). Originaltext (englisch/französisch) mit nicht-amtlicher deutscher Übersetzung: https://www.coe.int/de/web/conventions (Nr. 160).
- Das Straßburger Europäische Übereinkommen über den Umgang von und mit Kindern v. 15.5.2003 ist von der *Bundesrepublik Deutschland* bisher nicht gezeichnet worden. Es ist am 1.9.2005 für *Albanien, San Marino* und die *Tschechische Republik* in Kraft getreten. Es gilt inzwischen ferner für *Bosnien und Herzegowina* (seit 1.3.2013), *Kroatien* (seit 1.6.2009), *Malta* (seit 1.6.2015), *Rumänien* (seit 1.11.2007), die *Türkei* (seit 1.5.2012) und die *Ukraine* (seit 1.4.2007).Text (englisch/französisch mit deutscher Übersetzung): https://www.coe.int/de/web/conventions (Nr. 192).

[2] Das Münchener CIEC-Übk. Nr. 18 über die freiwillige Anerkennung nichtehelicher Kinder v. 5.9.1980 ist zwar von der *Bundesrepublik Deutschland* gezeichnet, aber bisher nur von *Frankreich* und der *Türkei* ratifiziert worden; es ist noch nicht in Kraft getreten. Text (französisch): http://www.ciec1.org (Nr. 18); nicht-amtliche deutsche Übersetzung: https://www.personenstandsrecht.de.

50. Römisches CIEC-Übereinkommen über die Erweiterung der Zuständigkeit der Behörden, vor denen nichteheliche Kinder anerkannt werden können

Vom 14. September 1961[1] (BGBl. 1965 II, S. 19)

(Übersetzung)[2]

Art. 1. Im Sinne dieses Übereinkommens wird die urkundliche Erklärung eines Mannes, der Vater eines nichtehelichen Kindes zu sein, als „Anerkennung mit Standesfolge" oder „Anerkennung ohne Standesfolge" bezeichnet, je nachdem, ob durch die Erklärung familienrechtliche Bande zwischen dem Anerkennenden und dem nichtehelichen Kind, auf das sich die Erklärung bezieht, hergestellt werden sollen oder nicht.

Art. 2. Angehörige von Vertragsstaaten, deren Recht die Anerkennung mit Standesfolge vorsieht, können eine solche Anerkennung auch im Hoheitsgebiet von Vertragsstaaten vornehmen, deren Recht nur die Anerkennung ohne Standesfolge vorsieht.

Art. 3. Angehörige von Vertragsstaaten, deren Recht die Anerkennung ohne Standesfolge vorsieht, können eine solche Anerkennung auch im Hoheitsgebiet von Vertragsstaaten vornehmen, deren Recht nur die Anerkennung mit Standesfolge vorsieht.

Art. 4. Die in den Artikeln 2 und 3 vorgesehenen Erklärungen werden von dem Standesbeamten und jeder anderen zuständigen Behörde in der Form öffentlich beurkundet, die das Ortsrecht vorschreibt; in der Urkunde ist stets die Staatsangehörigkeit zu vermerken, die der Erklärende für sich in Anspruch nimmt. Die Erklärungen haben die gleichen Wirkungen, wie wenn sie vor der zuständigen Behörde des Heimatstaats des Erklärenden abgegeben worden wären.

Art. 5. Ausfertigungen oder Auszüge der Urkunden über die in den Artikeln 2 und 3 vorgesehenen Erklärungen bedürfen im Hoheitsgebiet der Vertragsstaaten keiner Legalisation, wenn sie durch Unterschrift und Dienstsiegel oder -stempel der ausstellenden Behörde beglaubigt sind.

Art. 6–11. *(nicht abgedruckt)*

---

[1] Das Übk ist für die *Bundesrepublik Deutschland* am 24.7.1965 im Verhältnis zu *Frankreich,* den *Niederlanden,* der *Schweiz* und der *Türkei* in Kraft getreten (Bek. v. 17.8.1965, BGBl. II, s. 1162). Es gilt heute ferner im Verhältnis zu *Belgien* (seit 16.9.1967, BGBl. II, S. 2376), *Griechenland* (seit 22.7.1979, BGBl. II, S. 1024), *Italien* (seit 5.8.1981, BGBl. II, S. 625), *Portugal* (seit 4.7.1984, BGBl. II, S. 875) und *Spanien* (seit 5.8.1987, BGBl. II, S. 448).

[2] Authentisch ist allein der französische Text: http://ciec1.org (Nr. 5).

51. Brüsseler CIEC-Übereinkommen über die Feststellung der mütterlichen Abstammung nichtehelicher Kinder

Vom 12. September 1962[1] (BGBl. 1965 II, S. 23)

(Übersetzung)[2]

Art. 1. Ist im Geburtseintrag eines nichtehelichen Kindes eine Frau als Mutter des Kindes bezeichnet, so gilt die mütterliche Abstammung durch diese Bezeichnung als festgestellt. Diese Abstammung kann jedoch bestritten werden.

Art. 2. Ist die Mutter im Geburtseintrag des Kindes nicht bezeichnet, so kann sie vor der zuständigen Behörde jedes Vertragsstaats die Mutterschaft anerkennen.

Art. 3. Ist die Mutter im Geburtseintrag des Kindes bezeichnet und legt sie dar, dass eine Anerkennung der Mutterschaft gleichwohl notwendig ist, um den gesetzlichen Erfordernissen eines Nichtvertragsstaats zu genügen, so kann sie vor der zuständigen Behörde jedes Vertragsstaats die Mutterschaft anerkennen.

Art. 4. Die Artikel 2 und 3 lassen die Frage unberührt, ob die Anerkennung der Mutterschaft rechtswirksam ist.

Art. 5. Artikel 1 gilt, für jeden Vertragsstaat, nur für Kinder, die nach Inkrafttreten dieses Übereinkommens geboren sind.

Art. 6.–10. *(nicht abgedruckt)*

---

[1] Das Übk. ist für die *Bundesrepublik Deutschland* am 24.7.1965 im Verhältnis zu den *Niederlanden* und zur *Schweiz* in Kraft getreten (Bek. v. 17.8.1965, BGBl. II, S. 1163). Es gilt heute ferner im Verhältnis zu *Griechenland* (seit 22.7.1979, BGBl. II, S. 1024), *Luxemburg* (seit 28.6.1981, BGBl. II, S. 457), *Spanien* (seit 16.3.1984, BGBl. II, S. 229) und der *Türkei* (seit 12.1.1966, BGBl. II, S. 105).

[2] Authentisch ist allein der französische Text: http://www.ciecl.org (Nr. 6).

2. Minderjährigenschutz[1, 2]

52. Haager Übereinkommen über die Zuständigkeit der Behörden und das anzuwendende Recht auf dem Gebiet des Schutzes von Minderjährigen

Vom 5. Oktober 1961[1, 2, 3, 4] (BGBl. 1971 II, S. 217)

(Übersetzung)[5]

Art. 1. [Internationale Zuständigkeit] Die Behörden, seien es Gerichte oder Verwaltungsbehörden, des Staates, in dem ein Minderjähriger seinen gewöhnlichen Aufenthalt hat, sind vorbehaltlich der Bestimmungen der

---

[1] Siehe hierzu auch das Haager Übk. über die zivilrechtlichen Aspekte der internationalen Kindesentführung v. 25.10.1980 (Nr. *222*) sowie das Luxemburger Europäische Übk. über die Anerkennung und Vollstreckung von Entscheidungen über das Sorgerecht für Kinder und die Wiederherstellung des Sorgerechts vom 20.5.1980 (Nr. *184*).

[2] Das Haager Abkommen zur Regelung der Vormundschaft über Minderjährige vom 12.6.1902 (RGBl. 1904, S. 240), das aufgrund von Art. 18 MSA v. 5.10.1961 (Nr. *52*) zuletzt nur noch im Verhältnis zu *Belgien* galt, wird durch das Haager Übk. über den Schutz von Kindern v. 19.10.1996 (Nr. *53*) gem. dessen Art. 51 ersetzt. Das Abkommen ist am 27.11.2008 von der *Bundesrepublik Deutschland* gekündigt worden und gem. seinem Art. 13 am 1.6.2009 für die *Bundesrepublik Deutschland* außer Kraft getreten (Bek. v. 19.2.2009, BGBl. II, S. 290).

[1] Das Übk. ist für die *Bundesrepublik Deutschland* am 17.9.1971 im Verhältnis zu *Luxemburg, Portugal* und der *Schweiz* in Kraft getreten (Bek. v. 11.10.1971, BGBl. II, S. 1150). Es gilt heute ferner im Verhältnis zu *Frankreich* (seit 10.11.1972, BGBl. II, S. 1558), *Italien* (seit 23.4.1995, BGBl. II, S. 330), *Lettland* (seit 11.9.2001, BGBl. II, S. 1221), *Litauen* (seit 8.3.2002, BGBl. II, S. 747), der *Niederlande* (seit 18.9.1971, BGBl. II S. 15), *Österreich* (seit 11.5.1975, BGBl. II S. 699), *Polen* (seit 13.11.1993, BGBl. II S. 388), *Spanien* (seit 21.7.1987, BGBl. II, S. 449) und der *Türkei* (seit 16.4.1984, BGBl. II, S. 460). Vgl. zum räumlichen Anwendungsbereich auch Anm. 15 zu Art. 22.

[2] Das Übk. wird im Rahmen des sachlichen Anwendungsbereichs des Haager Übk. über die zivilrechtlichen Aspekte internationaler Kindesentführung v. 25.10.1980 (Nr. *222*) nach dessen Art. 34 im Verhältnis der Vertragsstaaten zueinander durch die Vorschriften des Übk. von 1980 ersetzt.

[3] Das Übk. wird im Verhältnis der Mitgliedstaaten der EU (mit Ausnahme *Dänemarks*) ab dem 1.8.2022 durch die Verordnung (EU) 2019/1111 über die Zuständigkeit, die Anerkennung und Vollstreckung von Entscheidungen in Ehesachen und in Verfahren betreffend die elterliche Verantwortung und über internationale Kindesentführungen (Neufassung) v. 25.6.2019 (Brüssel IIb-VO, Nr. *162*) im sachlichen Anwendungsbereich der Brüssel IIb-VO durch diese verdrängt, vgl. Art. 95 lit. a Brüssel IIb-VO.

[4] Das Übk. wird im Verhältnis der Vertragsstaaten des Haager Übk. zum Schutz von Kindern v. 19.10.1996 (KSÜ; Nr. *53*) durch dieses Übk. ersetzt; vgl. Art. 51 KSÜ. Das Übk. gilt daher aus deutscher Sicht nur noch im Verhältnis zur chinesischen Sonderverwaltungsregion *Macau*.

[5] Authentisch ist allein der französische Text: https://www.hcch.net/de/instruments/conventions (Nr. 10).

Artikel 3, 4 und 5 Absatz 3 dafür zuständig, Maßnahmen zum Schutz der Person und des Vermögens des Minderjährigen zu treffen.

Art. 2. [Anwendung des Aufenthaltsrechts] (1) Die nach Artikel 1 zuständigen Behörden haben die nach ihrem innerstaatlichen Recht vorgesehenen Maßnahmen zu treffen.

(2) Dieses Recht bestimmt die Voraussetzungen für die Anordnung, die Änderung und die Beendigung dieser Maßnahmen. Es regelt auch deren Wirkungen sowohl im Verhältnis zwischen dem Minderjährigen und den Personen oder den Einrichtungen, denen er anvertraut ist, als auch im Verhältnis zu Dritten.

Art. 3. [Nach Heimatrecht bestehende Gewaltverhältnisse] Ein Gewaltverhältnis, das nach dem innerstaatlichen Recht des Staates, dem der Minderjährige angehört, kraft Gesetzes besteht, ist in allen Vertragsstaaten anzuerkennen.

Art. 4.[6] **[Eingreifen der Heimatbehörden]** (1) Sind die Behörden des Staates, dem der Minderjährige angehört, der Auffassung, dass das Wohl des Minderjährigen es erfordert, so können sie nach ihrem innerstaatlichen Recht zum Schutz der Person oder des Vermögens des Minderjährigen Maßnahmen treffen, nachdem sie die Behörden des Staates verständigt haben, in dem der Minderjährige seinen gewöhnlichen Aufenthalt hat.

(2) Dieses Recht bestimmt die Voraussetzungen für die Anordnung, die Änderung und die Beendigung dieser Maßnahmen. Es regelt auch deren Wirkungen sowohl im Verhältnis zwischen dem Minderjährigen und den Personen oder den Einrichtungen, denen er anvertraut ist, als auch im Verhältnis zu Dritten.

(3) Für die Durchführung der getroffenen Maßnahmen haben die Behörden des Staates zu sorgen, dem der Minderjährige angehört.

(4) Die nach den Absätzen 1 bis 3 getroffenen Maßnahmen treten an die Stelle von Maßnahmen, welche die Behörden des Staates getroffen haben, in dem der Minderjährige seinen gewöhnlichen Aufenthalt hat.

---

[6] Siehe hierzu Art. 2 des deutschen ZustG v. 30.4.1971 (BGBl. II, S. 217):

Art. 2. *(1) Für die in Artikel 4 Abs. 1, Artikel 5 Abs. 2, Artikel 10 und Artikel 11 Abs. 1 des Übereinkommens vorgesehenen Mitteilungen sind die deutschen Gerichte und Behörden zuständig, bei denen ein Verfahren nach dem Übereinkommen anhängig ist oder in den Fällen des Artikels 5 Abs. 2 zur Zeit des Aufenthaltswechsels des Minderjährigen anhängig war.*

(2) Ist ein Verfahren im Geltungsbereich dieses Gesetzes nicht anhängig, so ist für den Empfang der Mitteilungen nach Artikel 4 Abs. 1 und Artikel 11 Abs. 1 das Jugendamt zuständig, in dessen Bezirk der Minderjährige seinen gewöhnlichen Aufenthalt hat. Für den Empfang der Mitteilungen, die nach Artikel 11 Abs. 1 des Übereinkommens an die Behörden des Staates zu richten sind, dem der Minderjährige angehört, ist, wenn im Geltungsbereich dieses Gesetzes weder ein Verfahren anhängig ist noch der Minderjährige seinen gewöhnlichen Aufenthalt hat, das Landesjugendamt Berlin zuständig.

(3) Die Mitteilungen können unmittelbar gegeben und empfangen werden.

(4) (aufgehoben)

Art. 5. [Verlegung des Aufenthalts in einen anderen Vertragsstaat] (1) Wird der gewöhnliche Aufenthalt eines Minderjährigen aus einem Vertragsstaat in einen anderen verlegt, so bleiben die von den Behörden des Staates des früheren gewöhnlichen Aufenthalts getroffenen Maßnahmen so lange in Kraft, bis die Behörden des neuen gewöhnlichen Aufenthalts sie aufheben oder ersetzen.

(2) Die von den Behörden des Staates des früheren gewöhnlichen Aufenthalts getroffenen Maßnahmen dürfen erst nach vorheriger Verständigung dieser Behörden aufgehoben oder ersetzt werden.[7]

(3) Wird der gewöhnliche Aufenthalt eines Minderjährigen, der unter dem Schutz der Behörden des Staates gestanden hat, dem er angehört, verlegt, so bleiben die von diesen nach ihrem innerstaatlichen Recht getroffenen Maßnahmen im Staate des neuen gewöhnlichen Aufenthaltes in Kraft.

Art. 6. [Übertragung der Durchführung von Maßnahmen] (1) Die Behörden des Staates, dem der Minderjährige angehört, können im Einvernehmen mit den Behörden des Staates, in dem er seinen gewöhnlichen Aufenthalt hat oder Vermögen besitzt, diesen die Durchführung der getroffenen Maßnahmen übertragen.

(2) Die gleiche Befugnis haben die Behörden des Staates, in dem der Minderjährige seinen gewöhnlichen Aufenthalt hat, gegenüber den Behörden des Staates, in dem der Minderjährige Vermögen besitzt.

Art. 7. [Anerkennung der Maßnahmen, nicht ohne weiteres bei Vollstreckung] Die Maßnahmen, welche die nach den vorstehenden Artikeln zuständigen Behörden getroffen haben, sind in allen Vertragsstaaten anzuerkennen. Erfordern diese Maßnahmen jedoch Vollstreckungshandlungen in einem anderen Staat als in dem, in welchem sie getroffen worden sind, so bestimmen sich ihre Anerkennung und ihre Vollstreckung entweder nach dem innerstaatlichen Recht des Staates, in dem die Vollstreckung beantragt wird, oder nach zwischenstaatlichen Übereinkünften.

Art. 8. [Maßnahmen des Aufenthaltsstaates bei Gefährdung des Minderjährigen] (1) Die Artikel 3, 4 und 5 Absatz 3 schließen nicht aus, dass die Behörden des Staates, in dem der Minderjährige seinen gewöhnlichen Aufenthalt hat, Maßnahmen zum Schutz des Minderjährigen treffen, soweit er in seiner Person oder in seinem Vermögen ernstlich gefährdet ist.

(2) Die Behörden der anderen Vertragsstaaten sind nicht verpflichtet, diese Maßnahmen anzuerkennen.

Art. 9. [Eilzuständigkeit] (1) In allen dringenden Fällen haben die Behörden jedes Vertragsstaates, in dessen Hoheitsgebiet sich der Minderjährige

---

[7] Siehe die Anm. zu Art. 4 Abs. 1.

oder ihm gehörendes Vermögen befindet, die notwendigen Schutzmaßnahmen zu treffen.

(2) Die nach Absatz 1 getroffenen Maßnahmen treten, soweit sie keine endgültigen Wirkungen hervorgebracht haben, außer Kraft, sobald die nach diesem Übereinkommen zuständigen Behörden die durch die Umstände gebotenen Maßnahmen getroffen haben.

Art. 10.[8] **[Meinungsaustausch mit den Behörden des anderen Vertragsstaates]** Um die Fortdauer der dem Minderjährigen zuteil gewordenen Betreuung zu sichern, haben die Behörden eines Vertragsstaates nach Möglichkeit Maßnahmen erst dann zu treffen, nachdem sie einen Meinungsaustausch mit den Behörden der anderen Vertragsstaaten gepflogen haben, deren Entscheidungen noch wirksam sind.

Art. 11.[9] **[Anzeige an die Heimatbehörden des Heimatstaates]**

(1) Die Behörden, die auf Grund dieses Übereinkommens Maßnahmen getroffen haben, haben dies unverzüglich den Behörden des Staates, dem der Minderjährige angehört, und gegebenenfalls den Behörden des Staates seines gewöhnlichen Aufenthalts mitzuteilen.

(2) Jeder Vertragsstaat bezeichnet die Behörden, welche die in Absatz 1 erwähnten Mitteilungen unmittelbar geben und empfangen können. Er notifiziert diese Bezeichnung dem Ministerium für auswärtige Angelegenheiten der Niederlande.

Art. 12. [Begriff des Minderjährigen] Als „Minderjähriger" im Sinne dieses Übereinkommens ist anzusehen, wer sowohl nach dem innerstaatlichen Recht des Staates, dem er angehört, als auch nach dem innerstaatlichen Recht des Staates seines gewöhnlichen Aufenthalts minderjährig ist.

Art. 13. [Anwendungsgebiet] (1) Dieses Übereinkommen ist auf alle Minderjährigen anzuwenden, die ihren gewöhnlichen Aufenthalt in einem der Vertragsstaaten haben.

(2) Die Zuständigkeiten, die nach diesem Übereinkommen den Behörden des Staates zukommen, dem der Minderjährige angehört, bleiben jedoch den Vertragsstaaten vorbehalten.

(3) Jeder Vertragsstaat kann sich vorbehalten, die Anwendung dieses Übereinkommens auf Minderjährige zu beschränken, die einem der Vertragsstaaten angehören.[10]

---

[8] Siehe die Anm. zu Art. 4 Abs. 1.

[9] Siehe die Anm. zu Art. 4 Abs. 1.

[10] Den Vorbehalt nach Art. 13 Abs. 3 haben *Luxemburg*, die *Niederlande*, *Österreich* und *Spanien* erklärt. Er wurde inzwischen wieder zurückgenommen von den *Niederlanden* mit Wirkung v. 30.3.1982 (BGBl. II, S. 410), *Österreich* mit Wirkung v. 7.8.1990 (BGBl. 1991 II, S. 696) und *Spanien* mit Wirkung v. 19.8.1995 (BGBl. II S. 863).

Art. 14. [Uneinheitlichkeit des Heimatrechts des Minderjährigen] Stellt das innerstaatliche Recht des Staates, dem der Minderjährige angehört, keine einheitliche Rechtsordnung dar, so sind im Sinne dieses Übereinkommens als „innerstaatliches Recht des Staates, dem der Minderjährige angehört" und als „Behörden des Staates, dem der Minderjährige angehört" das Recht und die Behörden zu verstehen, die durch die im betreffenden Staat geltenden Vorschriften und, mangels solcher Vorschriften, durch die engste Bindung bestimmt werden, die der Minderjährige mit einer der Rechtsordnungen dieses Staates hat.

Art. 15. [Vorbehalt zugunsten der Ehegerichte] (1) Jeder Vertragsstaat, dessen Behörden dazu berufen sind, über ein Begehren auf Nichtigerklärung, Auflösung oder Lockerung des zwischen den Eltern eines Minderjährigen bestehenden Ehebandes zu entscheiden, kann sich die Zuständigkeit dieser Behörden für Maßnahmen zum Schutz der Person oder des Vermögens des Minderjährigen vorbehalten.[11]

(2) Die Behörden der anderen Vertragsstaaten sind nicht verpflichtet, diese Maßnahmen anzuerkennen.

Art. 16. [*Ordre public*] Die Bestimmungen dieses Übereinkommens dürfen in den Vertragsstaaten nur dann unbeachtet bleiben, wenn ihre Anwendung mit der öffentlichen Ordnung offensichtlich unvereinbar ist.

Art. 17. [Zeitpunkt der Anwendung] (1) Dieses Übereinkommen ist nur auf Maßnahmen anzuwenden, die nach seinem Inkrafttreten getroffen worden sind.

(2) Gewaltverhältnisse, die nach dem innerstaatlichen Recht des Staates, dem der Minderjährige angehört, kraft Gesetzes bestehen, sind vom Inkrafttreten des Übereinkommens an anzuerkennen.

Art. 18. [Inkrafttreten; Verhältnis zu anderen Staatsverträgen] (1) Dieses Übereinkommen tritt im Verhältnis der Vertragsstaaten zueinander an die Stelle des am 12. Juni 1902 in Haag unterzeichneten Abkommens zur Regelung der Vormundschaft über Minderjährige.[12]

---

[11] Den Vorbehalt nach Art. 15 Abs. 1 haben *Frankreich, Litauen, Luxemburg,* die *Niederlande, Polen,* die *Schweiz, Spanien* und die *Türkei* erklärt. Er wurde inzwischen wieder zurückgenommen von den *Niederlanden* mit Wirkung v. 30.3.1982 (BGBl. II, S. 410), *Frankreich* mit Wirkung v. 28.4.1984 (BGBl. II, S. 460), der *Schweiz* mit Wirkung v. 28.5.1993 (BGBl. 1994 II, S. 388) und *Spanien* mit Wirkung v. 19.8.1995 (BGBl. II, S. 863).

[12] Das Übk. ist daher mit Wirkung v. 17.9.1971 im Verhältnis zwischen der *Bundesrepublik Deutschland, Luxemburg* und *Portugal* an die Stelle des Haager Vormundschaftsabk. v. 12.6.1902 (RGBl. 1904, S. 240) getreten.

(2) Es lässt die Bestimmungen anderer zwischenstaatlicher Übereinkünfte unberührt, die im Zeitpunkt seines Inkrafttretens zwischen den Vertragsstaaten gelten.[13]

Art. 19–21. *(nicht abgedruckt)*

Art. 22.[14] (1) Jeder Staat kann bei der Unterzeichnung, bei der Ratifizierung oder beim Beitritt erklären, dass dieses Übereinkommen auf alle oder auf einzelne der Hoheitsgebiete ausgedehnt werde, deren internationale Beziehungen er wahrnimmt. Eine solche Erklärung wird wirksam, sobald das Übereinkommen für den Staat, der sie abgegeben hat, in Kraft tritt.

(2) *(nicht abgedruckt)*

Art. 23. (1) Jeder Staat kann spätestens bei der Ratifizierung oder dem Beitritt die in den Artikeln 13 Abs. 3 und 15 Abs. 1 vorgesehenen Vorbehalte erklären. Andere Vorbehalte sind nicht zulässig.

Art. 23 (2)**–25.** *(nicht abgedruckt)*

---

[13] Unberührt bleiben nach dem authentischen französischen Wortlaut des Art. 18 Abs. 2 auch zwischenstaatliche Übereinkünfte zwischen Vertragsstaaten und Drittstaaten. Aus deutscher Sicht geht daher insbesondere das Niederlassungsabk. mit dem *Iran* v. 17.2.1929 (Nr. *22*) dem Übk. vor.

[14] Die *Niederlande* haben das Übk. auf die Niederländischen Antillen erstreckt (BGBl. 1972 II, S. 15). *Portugal* hat das Übk. mit Wirkung v. 4.2.1969 auf *Macau* erstreckt. Das Übk. gilt auch nach dem Übergang der Souveränitätsrechte für *Macau* von *Portugal* auf *China* mit Wirkung v. 20.12.1999 im Verhältnis zur chinesischen Sonderverwaltungsregion *Macau* fort (BGBl. 2003 II, S. 789, 797).

53. Haager Übereinkommen über die Zuständigkeit, das anzuwendende Recht, die Anerkennung, Vollstreckung und Zusammenarbeit auf dem Gebiet der elterlichen Verantwortung und der Maßnahmen zum Schutz von Kindern

Vom 19. Oktober 1996[1, 2, 3, 4, 5, 6, 7] (BGBl. 2009 II, S. 603)

---

[1] Das Übk. ist für die *Bundesrepublik Deutschland* am 1.1.2011 im Verhältnis zu *Albanien, Armenien, Australien, Bulgarien, der Dominikanischen Republik, Ecuador, Estland, Irland, Kroatien, Lettland, Litauen, Luxemburg, Marokko, Monaco,* Polen, Rumänien, der *Schweiz,* der *Slowakei, Slowenien, Spanien,* der *Tschechischen Republik,* der *Ukraine, Ungarn, Uruguay und Zypern* in Kraft getreten (BGBl. 2010 II, S. 1527).

Es gilt inzwischen ferner für *Barbados* (seit 1.5.2020, BGBl. II, S. 460), *Belgien* (seit 1.9.2014, BGBl. II, S. 526), *Costa Rica* (seit 1.8.2021, BGBl. II, 925), *Dänemark* (seit 1.10.2011, BGBl. 2012 II, S. 102), *Fidschi* (seit 1.4.2019, BGBl. II, S. 85), *Finnland* (seit 1.3.2011) und *Frankreich* (seit 1.2.2011, jeweils BGBl. II, S. 842), *Georgien* (seit 1.3.2015, BGBl. II S. 60), *Griechenland* (seit 1.6.2012, BGBl. II, S. 465), *Guyana* (seit 1.12.2019, BGBl. II, S. 815), *Honduras* (seit 1.8.2018, BGBl. II, S. 413), *Italien* (seit 1.1.2016, BGBl. 2015 II, S. 1565), *Kuba* (seit 1.12.2017, BGBl. II, S. 1344), *Lesotho* (seit 1.6.2013, BGBl. II, S. 421), *Malta* (seit 1.1.2012, BGBl. 2011 II, S. 842), *Montenegro* (seit 1.1.2013, BGBl. II, S. 155), *Nicaragua* (seit 1.12.2019, BGBl. II, S. 815), die *Niederlande* (seit 1.5.2011, BGBl. II, S. 842), *Norwegen* (seit 1.7.2016, BGBl. II, S. 472), *Österreich* (seit 1.4.2011, BGBl. II, S. 842), *Paraguay* (seit 1.7.2019, BGBl. II, S. 303), *Portugal* (seit 1.8.2011, BGBl. II, S. 842), die *Russische Föderation* (seit 1.6.2013, BGBl. II, S. 421), *Schweden* (seit 1.1.2013, BGBl. II, S. 155), *Serbien* (seit 1.11.2016, BGBl II, S. 1199), die *Türkei* (seit 1.2.2017, BGBl. 2016 II, S. 1263) und das *Vereinigte Königreich* (seit 1.11.2012, BGBl. 2013 II, S. 155). *Dänemark* hat die Anwendbarkeit des Übk. mit Wirkung v. 1.7.2016 auf *Grönland* erstreckt (BGBl. 2016 II, S. 1199).

[2] Da das Übk. nur von souveränen Staaten ratifiziert werden kann, konnte die *Europäische Union* ihm selbst nicht beitreten. Da die EU seit Erlass dieser Verordnung die ausschließliche Außenkompetenz auf dem Gebiet des internationalen Verfahrensrechts der elterlichen Verantwortung in Anspruch nimmt, hat der Rat mit Beschluss v. 5.6.2008 (ABl. L 151, S. 36) diejenigen Mitgliedstaaten, die dem KSÜ bis dahin noch nicht beigetreten waren, zu einem Beitritt ermächtigt

[3] Die *Bundesrepublik Deutschland* hat zur Geltung des Übk. in der *Autonomen Republik Krim* und der *Stadt Sewastopol* erklärt, dass sie die rechtswidrige Annexion dieser Gebiete durch die *Russische Föderation* nicht anerkennt und das Übk. daher aus deutscher Sicht für die *Autonome Republik Krim* und die *Stadt Sewastopol* als Teil des Hoheitsgebiets der *Ukraine* fortgilt (BGBl. 2018 II, S. 325). Eine entsprechende Erklärung haben auch *Estland, Finnland, Lettland, Litauen, Österreich, Polen, Portugal, Rumänien* und die *Ukraine* abgegeben.

[4] Zur Ausführung des Übk. in *Deutschland* siehe das IntFamRVG (Nr. *162a*).

[5] Das Übk. wird im Verhältnis der Mitgliedstaaten der EU (mit Ausnahme *Dänemarks*) durch die Verordnung (EU) 2019/1111 über die Zuständigkeit, die Anerkennung und Vollstreckung von Entscheidungen in Ehesachen und in Verfahren betreffend die elterliche Verantwortung und über internationale Kindesentführungen v. 25.6.2019 (Brüssel IIb-VO; Nr. *162*) im sachlichen Anwendungsbereich der Brüssel IIb-VO nach Maßgabe von deren Art. 97 durch diese verdrängt bzw. ergänzt.

[6] Nach seinem Art. 51 ersetzt das KSÜ das Haager Übk. v. 5.10.1961 über die Zuständigkeit der Behörden und das anzuwendende Recht auf dem Gebiet des Schutzes v. Minderjährigen (MSA, Nr. *52*) und das Haager Übk. v. 12.6.1902 zur Regelung der Vormundschaft über Minderjährige.

[7] Nach seinem Art. 50 lässt das KSÜ das Haager Übk. über die zivilrechtlichen Aspekte internationaler Kindesentführung v. 25.10.1980 (HKÜ, Nr. *222*) unberührt.

(Übersetzung)[8]

Kapitel I. Anwendungsbereich des Übereinkommens

Art. 1. [Ziele des Übereinkommens] (1) Ziel dieses Übereinkommens ist es,

a) den Staat zu bestimmen, dessen Behörden zuständig sind, Maßnahmen zum Schutz der Person oder des Vermögens des Kindes zu treffen;

b) das von diesen Behörden bei der Ausübung ihrer Zuständigkeit anzuwendende Recht zu bestimmen;

c) das auf die elterliche Verantwortung anzuwendende Recht zu bestimmen;

d) die Anerkennung und Vollstreckung der Schutzmaßnahmen in allen Vertragsstaaten sicherzustellen;

e) die zur Verwirklichung der Ziele dieses Übereinkommens notwendige Zusammenarbeit zwischen den Behörden der Vertragsstaaten einzurichten.

(2) Im Sinn dieses Übereinkommens umfasst der Begriff „elterliche Verantwortung" die elterliche Sorge und jedes andere entsprechende Sorgeverhältnis, das die Rechte, Befugnisse und Pflichten der Eltern, des Vormunds oder eines anderen gesetzlichen Vertreters in Bezug auf die Person oder das Vermögen des Kindes bestimmt.

Art. 2. [Begriff des Kindes] Dieses Übereinkommen ist auf Kinder von ihrer Geburt bis zur Vollendung des 18. Lebensjahrs anzuwenden.

Art. 3. [Schutzmaßnahmen] Die Maßnahmen, auf die in Artikel 1 Bezug genommen wird, können insbesondere Folgendes umfassen:

a) die Zuweisung, die Ausübung und die vollständige oder teilweise Entziehung der elterlichen Verantwortung sowie deren Übertragung;

b) das Sorgerecht einschließlich der Sorge für die Person des Kindes und insbesondere des Rechts, den Aufenthalt des Kindes zu bestimmen, sowie das Recht zum persönlichen Umgang einschließlich des Rechts, das Kind für eine begrenzte Zeit an einen anderen Ort als den seines gewöhnlichen Aufenthalts zu bringen;

c) die Vormundschaft, die Pflegschaft und entsprechende Einrichtungen;

d) die Bestimmung und den Aufgabenbereich jeder Person oder Stelle, die für die Person oder das Vermögen des Kindes verantwortlich ist, das Kind vertritt oder ihm beisteht;

---

[8] Authentisch sind gleichberechtigt der französische und der englische Text: https://www.hcch.net/de/instruments/conventions (Nr. *34*).

e) die Unterbringung des Kindes in einer Pflegefamilie oder einem Heim oder seine Betreuung durch Kafala oder eine entsprechende Einrichtung;

f) die behördliche Aufsicht über die Betreuung eines Kindes durch jede Person, die für das Kind verantwortlich ist;

g) die Verwaltung und Erhaltung des Vermögens des Kindes oder die Verfügung darüber.

Art. 4. [Ausgeschlossene Bereiche] Dieses Übereinkommen ist nicht anzuwenden

a) auf die Feststellung und Anfechtung des Eltern-Kind-Verhältnisses;

b) auf Adoptionsentscheidungen und Maßnahmen zur Vorbereitung einer Adoption sowie auf die Ungültigerklärung und den Widerruf der Adoption;

c) auf Namen und Vornamen des Kindes;

d) auf die Volljährigerklärung;

e) auf Unterhaltspflichten;

f) auf trusts und Erbschaften;

g) auf die soziale Sicherheit;

h) auf öffentliche Maßnahmen allgemeiner Art in Angelegenheiten der Erziehung und Gesundheit;

i) auf Maßnahmen infolge von Straftaten, die von Kindern begangen wurden;

j) auf Entscheidungen über Asylrecht und Einwanderung.

Kapitel II. Zuständigkeit

Art. 5. [Aufenthaltszuständigkeit] (1) Die Behörden, seien es Gerichte oder Verwaltungsbehörden, des Vertragsstaats, in dem das Kind seinen gewöhnlichen Aufenthalt hat, sind zuständig, Maßnahmen zum Schutz der Person oder des Vermögens des Kindes zu treffen.

(2) Vorbehaltlich des Artikels 7 sind bei einem Wechsel des gewöhnlichen Aufenthalts des Kindes in einen anderen Vertragsstaat die Behörden des Staates des neuen gewöhnlichen Aufenthalts zuständig.

Art. 6. [Flüchtlingskinder] (1) Über Flüchtlingskinder und Kinder, die infolge von Unruhen in ihrem Land in ein anderes Land gelangt sind, üben die Behörden des Vertragsstaats, in dessen Hoheitsgebiet sich die Kinder demzufolge befinden, die in Artikel 5 Absatz 1 vorgesehene Zuständigkeit aus.

(2) Absatz 1 ist auch auf Kinder anzuwenden, deren gewöhnlicher Aufenthalt nicht festgestellt werden kann.

Art. 7.[9] **[Kindesentführung]** (1) Bei widerrechtlichem Verbringen oder Zurückhalten des Kindes bleiben die Behörden des Vertragsstaats, in dem das Kind unmittelbar vor dem Verbringen oder Zurückhalten seinen gewöhnlichen Aufenthalt hatte, so lange zuständig, bis das Kind einen gewöhnlichen Aufenthalt in einem anderen Staat erlangt hat und

a) jede sorgeberechtigte Person, Behörde oder sonstige Stelle das Verbringen oder Zurückhalten genehmigt hat, oder

b) das Kind sich in diesem anderen Staat mindestens ein Jahr aufgehalten hat, nachdem die sorgeberechtigte Person, Behörde oder sonstige Stelle seinen Aufenthaltsort kannte oder hätte kennen müssen, kein während dieses Zeitraums gestellter Antrag auf Rückgabe mehr anhängig ist und das Kind sich in seinem neuen Umfeld eingelebt hat.

(2) Das Verbringen oder Zurückhalten eines Kindes gilt als widerrechtlich, wenn

a) dadurch das Sorgerecht verletzt wird, das einer Person, Behörde oder sonstigen Stelle allein oder gemeinsam nach dem Recht des Staates zusteht, in dem das Kind unmittelbar vor dem Verbringen oder Zurückhalten seinen gewöhnlichen Aufenthalt hatte, und

b) dieses Recht im Zeitpunkt des Verbringens oder Zurückhaltens allein oder gemeinsam tatsächlich ausgeübt wurde oder ausgeübt worden wäre, falls das Verbringen oder Zurückhalten nicht stattgefunden hätte.

Das unter Buchstabe a genannte Sorgerecht kann insbesondere kraft Gesetzes, aufgrund einer gerichtlichen oder behördlichen Entscheidung oder aufgrund einer nach dem Recht des betreffenden Staates wirksamen Vereinbarung bestehen.

(3) Solange die in Absatz 1 genannten Behörden zuständig bleiben, können die Behörden des Vertragsstaats, in den das Kind verbracht oder in dem es zurückgehalten wurde, nur die nach Artikel 11 zum Schutz der Person oder des Vermögens des Kindes erforderlichen dringenden Maßnahmen treffen.

Art. 8.[10] **[Abgabe des Verfahrens]** (1) Ausnahmsweise kann die nach Artikel 5 oder 6 zuständige Behörde eines Vertragsstaats, wenn sie der Auffassung ist, dass die Behörde eines anderen Vertragsstaats besser in der Lage wäre, das Wohl des Kindes im Einzelfall zu beurteilen,

– entweder diese Behörde unmittelbar oder mit Unterstützung der Zentralen Behörde dieses Staates ersuchen, die Zuständigkeit zu übernehmen, um die Schutzmaßnahmen zu treffen, die sie für erforderlich hält,

– oder das Verfahren aussetzen und die Parteien einladen, bei der Behörde dieses anderen Staates einen solchen Antrag zu stellen.

---

[9] Vgl. dazu auch Art. 50.

[10] Vgl. zum Verfahren in *Deutschland* ergänzend § 13a IntFamRVG v. 26.1.2005 (Nr. *162a*).

(2) Die Vertragsstaaten, deren Behörden nach Absatz 1 ersucht werden können, sind

a) ein Staat, dem das Kind angehört,

b) ein Staat, in dem sich Vermögen des Kindes befindet,

c) ein Staat, bei dessen Behörden ein Antrag der Eltern des Kindes auf Scheidung, Trennung, Aufhebung oder Nichtigerklärung der Ehe anhängig ist,

d) ein Staat, zu dem das Kind eine enge Verbindung hat.

(3) Die betreffenden Behörden können einen Meinungsaustausch aufnehmen.

(4) Die nach Absatz 1 ersuchte Behörde kann die Zuständigkeit anstelle der nach Artikel 5 oder 6 zuständigen Behörde übernehmen, wenn sie der Auffassung ist, dass dies dem Wohl des Kindes dient.

Art. 9.[11] **[Übernahme des Verfahrens]** (1) Sind die in Artikel 8 Absatz 2 genannten Behörden eines Vertragsstaats der Auffassung, dass sie besser in der Lage sind, das Wohl des Kindes im Einzelfall zu beurteilen, so können sie

– entweder die zuständige Behörde des Vertragsstaats des gewöhnlichen Aufenthalts des Kindes unmittelbar oder mit Unterstützung der Zentralen Behörde dieses Staates ersuchen, ihnen zu gestatten, die Zuständigkeit auszuüben, um die von ihnen für erforderlich gehaltenen Schutzmaßnahmen zu treffen,

– oder die Parteien einladen, bei der Behörde des Vertragsstaats des gewöhnlichen Aufenthalts des Kindes einen solchen Antrag zu stellen.

(2) Die betreffenden Behörden können einen Meinungsaustausch aufnehmen.

(3) Die Behörde, von welcher der Antrag ausgeht, darf die Zuständigkeit anstelle der Behörde des Vertragsstaats des gewöhnlichen Aufenthalts des Kindes nur ausüben, wenn diese den Antrag angenommen hat.

Art. 10. [Verbund mit einem Eheverfahren] (1) Unbeschadet der Artikel 5 bis 9 können die Behörden eines Vertragsstaats in Ausübung ihrer Zuständigkeit für die Entscheidung über einen Antrag auf Scheidung, Trennung, Aufhebung oder Nichtigerklärung der Ehe der Eltern eines Kindes, das seinen gewöhnlichen Aufenthalt in einem anderen Vertragsstaat hat, sofern das Recht ihres Staates dies zulässt, Maßnahmen zum Schutz der Person oder des Vermögens des Kindes treffen, wenn

a) einer der Eltern zu Beginn des Verfahrens seinen gewöhnlichen Aufenthalt in diesem Staat und ein Elternteil die elterliche Verantwortung für das Kind hat und

---

[11] Vgl. zum Verfahren in *Deutschland* ergänzend § 13a IntFamRVG v. 26.1.2005 (Nr. *162a*).

b) die Eltern und jede andere Person, welche die elterliche Verantwortung für das Kind hat, die Zuständigkeit dieser Behörden für das Ergreifen solcher Maßnahmen anerkannt haben und diese Zuständigkeit dem Wohl des Kindes entspricht.

(2) Die in Absatz 1 vorgesehene Zuständigkeit für das Ergreifen von Maßnahmen zum Schutz des Kindes endet, sobald die stattgebende oder abweisende Entscheidung über den Antrag auf Scheidung, Trennung, Aufhebung oder Nichtigerklärung der Ehe endgültig geworden ist oder das Verfahren aus einem anderen Grund beendet wurde.

Art. 11. [Zuständigkeit für dringliche Schutzmaßnahmen] (1) In allen dringenden Fällen sind die Behörden jedes Vertragsstaats, in dessen Hoheitsgebiet sich das Kind oder ihm gehörendes Vermögen befindet, zuständig, die erforderlichen Schutzmaßnahmen zu treffen.

(2) Maßnahmen nach Absatz 1, die in Bezug auf ein Kind mit gewöhnlichem Aufenthalt in einem Vertragsstaat getroffen wurden, treten außer Kraft, sobald die nach den Artikeln 5 bis 10 zuständigen Behörden die durch die Umstände gebotenen Maßnahmen getroffen haben.

(3) Maßnahmen nach Absatz 1, die in Bezug auf ein Kind mit gewöhnlichem Aufenthalt in einem Nichtvertragsstaat getroffen wurden, treten in jedem Vertragsstaat außer Kraft, sobald dort die durch die Umstände gebotenen und von den Behörden eines anderen Staates getroffenen Maßnahmen anerkannt werden.

Art. 12. [Zuständigkeit für vorläufige Schutzmaßnahmen] (1) Vorbehaltlich des Artikels 7 sind die Behörden eines Vertragsstaats, in dessen Hoheitsgebiet sich das Kind oder ihm gehörendes Vermögen befindet, zuständig, vorläufige und auf das Hoheitsgebiet dieses Staates beschränkte Maßnahmen zum Schutz der Person oder des Vermögens des Kindes zu treffen, soweit solche Maßnahmen nicht mit den Maßnahmen unvereinbar sind, welche die nach den Artikeln 5 bis 10 zuständigen Behörden bereits getroffen haben.

(2) Maßnahmen nach Absatz 1, die in Bezug auf ein Kind mit gewöhnlichem Aufenthalt in einem Vertragsstaat getroffen wurden, treten außer Kraft, sobald die nach den Artikeln 5 bis 10 zuständigen Behörden eine Entscheidung über die Schutzmaßnahmen getroffen haben, die durch die Umstände geboten sein könnten.

(3) Maßnahmen nach Absatz 1, die in Bezug auf ein Kind mit gewöhnlichem Aufenthalt in einem Nichtvertragsstaat getroffen wurden, treten in dem Vertragsstaat außer Kraft, in dem sie getroffen worden sind, sobald dort die durch die Umstände gebotenen und von den Behörden eines anderen Staates getroffenen Maßnahmen anerkannt werden.

Art. 13. [Ausschluss der Zuständigkeit] (1) Die Behörden eines Vertragsstaats, die nach den Artikeln 5 bis 10 zuständig sind, Maßnahmen zum

Schutz der Person oder des Vermögens des Kindes zu treffen, dürfen diese Zuständigkeit nicht ausüben, wenn bei Einleitung des Verfahrens entsprechende Maßnahmen bei den Behörden eines anderen Vertragsstaats beantragt worden sind, die in jenem Zeitpunkt nach den Artikeln 5 bis 10 zuständig waren, und diese Maßnahmen noch geprüft werden.

(2) Absatz 1 ist nicht anzuwenden, wenn die Behörden, bei denen Maßnahmen zuerst beantragt wurden, auf ihre Zuständigkeit verzichtet haben.

Art. 14. [Fortgeltung von Maßnahmen] Selbst wenn durch eine Änderung der Umstände die Grundlage der Zuständigkeit wegfällt, bleiben die nach den Artikeln 5 bis 10 getroffenen Maßnahmen innerhalb ihrer Reichweite so lange in Kraft, bis die nach diesem Übereinkommen zuständigen Behörden sie ändern, ersetzen oder aufheben.

Kapitel III. Anzuwendendes Recht

Art. 15. [Gleichlaufgrundsatz] (1) Bei der Ausübung ihrer Zuständigkeit nach Kapitel II wenden die Behörden der Vertragsstaaten ihr eigenes Recht an.

(2) Soweit es der Schutz der Person oder des Vermögens des Kindes erfordert, können sie jedoch ausnahmsweise das Recht eines anderen Staates anwenden oder berücksichtigen, zu dem der Sachverhalt eine enge Verbindung hat.

(3) Wechselt der gewöhnliche Aufenthalt des Kindes in einen anderen Vertragsstaat, so bestimmt das Recht dieses anderen Staates vom Zeitpunkt des Wechsels an die Bedingungen, unter denen die im Staat des früheren gewöhnlichen Aufenthalts getroffenen Maßnahmen angewendet werden.

Art. 16. [Elterliche Verantwortung kraft Gesetzes] (1) Die Zuweisung oder das Erlöschen der elterlichen Verantwortung kraft Gesetzes ohne Einschreiten eines Gerichts oder einer Verwaltungsbehörde bestimmt sich nach dem Recht des Staates des gewöhnlichen Aufenthalts des Kindes.

(2) Die Zuweisung oder das Erlöschen der elterlichen Verantwortung durch eine Vereinbarung oder ein einseitiges Rechtsgeschäft ohne Einschreiten eines Gerichts oder einer Verwaltungsbehörde bestimmt sich nach dem Recht des Staates des gewöhnlichen Aufenthalts des Kindes in dem Zeitpunkt, in dem die Vereinbarung oder das einseitige Rechtsgeschäft wirksam wird.

(3) Die elterliche Verantwortung nach dem Recht des Staates des gewöhnlichen Aufenthalts des Kindes besteht nach dem Wechsel dieses gewöhnlichen Aufenthalts in einen anderen Staat fort.

(4) Wechselt der gewöhnliche Aufenthalt des Kindes, so bestimmt sich die Zuweisung der elterlichen Verantwortung kraft Gesetzes an eine Person,

die diese Verantwortung nicht bereits hat, nach dem Recht des Staates des neuen gewöhnlichen Aufenthalts.

Art. 17. [Ausübung der elterlichen Verantwortung] Die Ausübung der elterlichen Verantwortung bestimmt sich nach dem Recht des Staates des gewöhnlichen Aufenthalts des Kindes. Wechselt der gewöhnliche Aufenthalt des Kindes, so bestimmt sie sich nach dem Recht des Staates des neuen gewöhnlichen Aufenthalts.

Art. 18. [Behördliche Eingriffe in die kraft Gesetzes bestehende elterliche Verantwortung] Durch Maßnahmen nach diesem Übereinkommen kann die in Artikel 16 genannte elterliche Verantwortung entzogen oder können die Bedingungen ihrer Ausübung geändert werden.

Art. 19. [Verkehrsschutz bei Abschluss von Rechtsgeschäften durch einen gesetzlichen Vertreter] (1) Die Gültigkeit eines Rechtsgeschäfts zwischen einem Dritten und einer anderen Person, die nach dem Recht des Staates, in dem das Rechtsgeschäft abgeschlossen wurde, als gesetzlicher Vertreter zu handeln befugt wäre, kann nicht allein deswegen bestritten und der Dritte nicht nur deswegen verantwortlich gemacht werden, weil die andere Person nach dem in diesem Kapitel bestimmten Recht nicht als gesetzlicher Vertreter zu handeln befugt war, es sei denn, der Dritte wusste oder hätte wissen müssen, dass sich die elterliche Verantwortung nach diesem Recht bestimmte.

(2) Absatz 1 ist nur anzuwenden, wenn das Rechtsgeschäft unter Anwesenden im Hoheitsgebiet desselben Staates geschlossen wurde.

Art. 20. [Universelle Geltung] Dieses Kapitel ist anzuwenden, selbst wenn das darin bestimmte Recht das eines Nichtvertragsstaats ist.

Art. 21. [Rück- und Weiterverweisung]. (1) Der Begriff „Recht" im Sinn dieses Kapitels bedeutet das in einem Staat geltende Recht mit Ausnahme des Kollisionsrechts.

(2) Ist jedoch das nach Artikel 16 anzuwendende Recht das eines Nichtvertragsstaats und verweist das Kollisionsrecht dieses Staates auf das Recht eines anderen Nichtvertragsstaats, der sein eigenes Recht anwenden würde, so ist das Recht dieses anderen Staates anzuwenden. Betrachtet sich das Recht dieses anderen Nichtvertragsstaats als nicht anwendbar, so ist das nach Artikel 16 bestimmte Recht anzuwenden.

Art. 22. [*Ordre public*] Die Anwendung des in diesem Kapitel bestimmten Rechts darf nur versagt werden, wenn sie der öffentlichen Ordnung (ordre public) offensichtlich widerspricht, wobei das Wohl des Kindes zu berücksichtigen ist.

Kapitel IV.[12] Anerkennung und Vollstreckung

Art. 23. [Anerkennung] (1) Die von den Behörden eines Vertragsstaats getroffenen Maßnahmen werden kraft Gesetzes in den anderen Vertragsstaaten anerkannt.

(2) Die Anerkennung kann jedoch versagt werden,

a) wenn die Maßnahme von einer Behörde getroffen wurde, die nicht nach Kapitel II zuständig war;

b) wenn die Maßnahme, außer in dringenden Fällen, im Rahmen eines Gerichts- oder Verwaltungsverfahrens getroffen wurde, ohne dass dem Kind die Möglichkeit eingeräumt worden war, gehört zu werden, und dadurch gegen wesentliche Verfahrensgrundsätze des ersuchten Staates verstoßen wurde;

c) auf Antrag jeder Person, die geltend macht, dass die Maßnahme ihre elterliche Verantwortung beeinträchtigt, wenn diese Maßnahme, außer in dringenden Fällen, getroffen wurde, ohne dass dieser Person die Möglichkeit eingeräumt worden war, gehört zu werden;

d) wenn die Anerkennung der öffentlichen Ordnung *(ordre public)* des ersuchten Staates offensichtlich widerspricht, wobei das Wohl des Kindes zu berücksichtigen ist;

e) wenn die Maßnahme mit einer später im Nichtvertragsstaat des gewöhnlichen Aufenthalts des Kindes getroffenen Maßnahme unvereinbar ist, sofern die spätere Maßnahme die für ihre Anerkennung im ersuchten Staat erforderlichen Voraussetzungen erfüllt;

f) wenn das Verfahren nach Artikel 33 nicht eingehalten wurde.

Art. 24.[13] [Gesonderte Feststellung der Anerkennung] Unbeschadet des Artikels 23 Absatz 1 kann jede betroffene Person bei den zuständigen Behörden eines Vertragsstaats beantragen, dass über die Anerkennung oder Nichtanerkennung einer in einem anderen Vertragsstaat getroffenen Maßnahme entschieden wird. Das Verfahren bestimmt sich nach dem Recht des ersuchten Staates.

Art. 25. [Bindung an Tatsachenfeststellungen] Die Behörde des ersuchten Staates ist an die Tatsachenfeststellungen gebunden, auf welche die Behörde des Staates, in dem die Maßnahme getroffen wurde, ihre Zuständigkeit gestützt hat.

---

[12] Vgl. dazu auch Art. 50.

[13] Vgl. zum Verfahren in *Deutschland* ergänzend § 32 IntFamRVG v. 26.1.2005 (Nr. *162a*); zur ausschließlichen örtlichen Zuständigkeit des Familiengerichts §§ 10, 12 IntFamRVG.

Art. 26.[14] **[Verfahren der Vollstreckbarerklärung]** (1) Erfordern die in einem Vertragsstaat getroffenen und dort vollstreckbaren Maßnahmen in einem anderen Vertragsstaat Vollstreckungshandlungen, so werden sie auf Antrag jeder betroffenen Partei nach dem im Recht dieses Staates vorgesehenen Verfahren in dem anderen Staat für vollstreckbar erklärt oder zur Vollstreckung registriert.

(2) Jeder Vertragsstaat wendet auf die Vollstreckbarerklärung oder die Registrierung ein einfaches und schnelles Verfahren an.

(3) Die Vollstreckbarerklärung oder die Registrierung darf nur aus einem der in Artikel 23 Absatz 2 vorgesehenen Gründen versagt werden.

Art. 27. [Verbot der sachlichen Nachprüfung] Vorbehaltlich der für die Anwendung der vorstehenden Artikel erforderlichen Überprüfung darf die getroffene Maßnahme in der Sache selbst nicht nachgeprüft werden.

Art. 28. [Vollstreckung] Die in einem Vertragsstaat getroffenen und in einem anderen Vertragsstaat für vollstreckbar erklärten oder zur Vollstreckung registrierten Maßnahmen werden dort vollstreckt, als seien sie von den Behörden dieses anderen Staates getroffen worden. Die Vollstreckung richtet sich nach dem Recht des ersuchten Staates unter Beachtung der darin vorgesehenen Grenzen, wobei das Wohl des Kindes zu berücksichtigen ist.

Kapitel V. Zusammenarbeit

Art. 29.[15] **[Bestimmung der Zentralen Behörden]** (1) Jeder Vertragsstaat bestimmt eine Zentrale Behörde, welche die ihr durch dieses Übereinkommen übertragenen Aufgaben wahrnimmt.

(2) Einem Bundesstaat, einem Staat mit mehreren Rechtssystemen oder einem Staat, der aus autonomen Gebietseinheiten besteht, steht es frei, mehrere Zentrale Behörden zu bestimmen und deren räumliche und persönliche Zuständigkeit festzulegen. Macht ein Staat von dieser Möglichkeit Gebrauch, so bestimmt er die Zentrale Behörde, an welche Mitteilungen zur Übermittlung an die zuständige Zentrale Behörde in diesem Staat gerichtet werden können.

Art. 30. [Zusammenarbeit der Zentralen Behörden] (1) Die Zentralen Behörden arbeiten zusammen und fördern die Zusammenarbeit der zuständigen Behörden ihrer Staaten, um die Ziele dieses Übereinkommens zu verwirklichen.

---

[14] Vgl. zum Verfahren in *Deutschland* ergänzend §§ 16 ff. IntFamRVG v. 26.1.2005 (Nr. *162a*); zur ausschließlichen örtlichen Zuständigkeit des Familiengerichts §§ 10, 12 IntFamRVG.

[15] Zentrale Behörde in *Deutschland* ist das Bundesamt für Justiz, vgl. § 3 Abs. 1 Nr. 2 IntFamRVG v. 26.1.2005 (Nr. *162a*).

(2) Im Zusammenhang mit der Anwendung dieses Übereinkommens treffen sie die geeigneten Maßnahmen, um Auskünfte über das Recht ihrer Staaten sowie die in ihren Staaten für den Schutz von Kindern verfügbaren Dienste zu erteilen.

Art. 31. [Aufgaben der Zentralen Behörden] Die Zentrale Behörde eines Vertragsstaats trifft unmittelbar oder mit Hilfe staatlicher Behörden oder sonstiger Stellen alle geeigneten Vorkehrungen, um

a) die Mitteilungen zu erleichtern und die Unterstützung anzubieten, die in den Artikeln 8 und 9 und in diesem Kapitel vorgesehen sind;

b) durch Vermittlung, Schlichtung oder ähnliche Mittel gütliche Einigungen zum Schutz der Person oder des Vermögens des Kindes bei Sachverhalten zu erleichtern, auf die dieses Übereinkommen anzuwenden ist;

c) auf Ersuchen der zuständigen Behörde eines anderen Vertragsstaats bei der Ermittlung des Aufenthaltsorts des Kindes Unterstützung zu leisten, wenn der Anschein besteht, dass das Kind sich im Hoheitsgebiet des ersuchten Staates befindet und Schutz benötigt.

Art. 32. [Befugnisse der Zentralen Behörden im Aufenthaltsstaat des Kindes] Auf begründetes Ersuchen der Zentralen Behörde oder einer anderen zuständigen Behörde eines Vertragsstaats, zu dem das Kind eine enge Verbindung hat, kann die Zentrale Behörde des Vertragsstaats, in dem das Kind seinen gewöhnlichen Aufenthalt hat und in dem es sich befindet, unmittelbar oder mit Hilfe staatlicher Behörden oder sonstiger Stellen

a) einen Bericht über die Lage des Kindes erstatten;

b) die zuständige Behörde ihres Staates ersuchen zu prüfen, ob Maßnahmen zum Schutz der Person oder des Vermögens des Kindes erforderlich sind.

Art. 33.[16] **[Unterbringung des Kindes]** (1) Erwägt die nach den Artikeln 5 bis 10 zuständige Behörde die Unterbringung des Kindes in einer Pflegefamilie oder einem Heim oder seine Betreuung durch Kafala oder eine entsprechende Einrichtung und soll es in einem anderen Vertragsstaat untergebracht oder betreut werden, so zieht sie vorher die Zentrale Behörde oder eine andere zuständige Behörde dieses Staates zu Rate. Zu diesem Zweck übermittelt sie ihr einen Bericht über das Kind und die Gründe ihres Vorschlags zur Unterbringung oder Betreuung.

(2) Die Entscheidung über die Unterbringung oder Betreuung kann im ersuchenden Staat nur getroffen werden, wenn die Zentrale Behörde oder eine andere zuständige Behörde des ersuchten Staates dieser Unterbringung oder Betreuung zugestimmt hat, wobei das Wohl des Kindes zu berücksichtigen ist.

---

[16] Vgl. dazu die ergänzenden *deutschen* Verfahrensvorschriften in §§ 45 ff. IntFamRVG v. 26.1.2005 (Nr. *162a*);

Art. 34. [Informationsersuchen] (1) Wird eine Schutzmaßnahme erwogen, so können die nach diesem Übereinkommen zuständigen Behörden, sofern die Lage des Kindes dies erfordert, jede Behörde eines anderen Vertragsstaats, die über sachdienliche Informationen für den Schutz des Kindes verfügt, ersuchen, sie ihnen mitzuteilen.

(2) Jeder Vertragsstaat kann erklären, dass Ersuchen nach Absatz 1 seinen Behörden nur über seine Zentrale Behörde zu übermitteln sind.[17]

Art. 35. [Rechtshilfeersuchen] (1) Die zuständigen Behörden eines Vertragsstaats können die Behörden eines anderen Vertragsstaats ersuchen, ihnen bei der Durchführung der nach diesem Übereinkommen getroffenen Schutzmaßnahmen Hilfe zu leisten, insbesondere um die wirksame Ausübung des Rechts zum persönlichen Umgang sowie des Rechts sicherzustellen, regelmäßige unmittelbare Kontakte aufrechtzuerhalten.

(2) Die Behörden eines Vertragsstaats, in dem das Kind keinen gewöhnlichen Aufenthalt hat, können auf Antrag eines Elternteils, der sich in diesem Staat aufhält und der ein Recht zum persönlichen Umgang zu erhalten oder beizubehalten wünscht, Auskünfte oder Beweise einholen und Feststellungen über die Eignung dieses Elternteils zur Ausübung des Rechts zum persönlichen Umgang und die Bedingungen seiner Ausübung treffen. Eine Behörde, die nach den Artikeln 5 bis 10 für die Entscheidung über das Recht zum persönlichen Umgang zuständig ist, hat vor ihrer Entscheidung diese Auskünfte, Beweise und Feststellungen zuzulassen und zu berücksichtigen.

(3) Eine Behörde, die nach den Artikeln 5 bis 10 für die Entscheidung über das Recht zum persönlichen Umgang zuständig ist, kann das Verfahren bis zum Vorliegen des Ergebnisses des in Absatz 2 vorgesehenen Verfahrens aussetzen, insbesondere wenn bei ihr ein Antrag auf Änderung oder Aufhebung des Rechts zum persönlichen Umgang anhängig ist, das die Behörden des Staates des früheren gewöhnlichen Aufenthalts des Kindes eingeräumt haben.

(4) Dieser Artikel hindert eine nach den Artikeln 5 bis 10 zuständige Behörde nicht, bis zum Vorliegen des Ergebnisses des in Absatz 2 vorgesehenen Verfahrens vorläufige Maßnahmen zu treffen.

Art. 36. [Benachrichtigungspflicht bei schwerer Gefahr für das Kind] Ist das Kind einer schweren Gefahr ausgesetzt, so benachrichtigen die zuständigen Behörden des Vertragsstaats, in dem Maßnahmen zum Schutz dieses Kindes getroffen wurden oder in Betracht gezogen werden,

---

[17] Die Erklärung nach Art. 34 Abs. 2 haben *Albanien, Armenien, Belgien, Bulgarien, Dänemark, Estland, Finnland, Frankreich, Griechenland, Irland, Italien, Kroatien, Lettland, Litauen, Malta, Montenegro, Norwegen, Österreich, Polen, Rumänien,* die *Slowakei, Slowenien, Spanien,* die *Tschechische Republik,* die *Türkei,* die *Ukraine, Ungarn,* das *Vereinigte Königreich* und *Zypern* abgegeben. Die *Bundesrepublik Deutschland* hat auf eine solche Erklärung bisher verzichtet.

sofern sie über den Wechsel des Aufenthaltsorts in einen anderen Vertragsstaat oder die dortige Anwesenheit des Kindes unterrichtet sind, die Behörden dieses Staates von der Gefahr und den getroffenen oder in Betracht gezogenen Maßnahmen.

Art. 37. [Das Kindeswohl bedrohende Informationen] Eine Behörde darf nach diesem Kapitel weder um Informationen ersuchen noch solche erteilen, wenn dadurch nach ihrer Auffassung die Person oder das Vermögen des Kindes in Gefahr geraten könnte oder die Freiheit oder das Leben eines Familienangehörigen des Kindes ernsthaft bedroht würde.

Art. 38. [Kostentragung] (1) Unbeschadet der Möglichkeit, für die erbrachten Dienstleistungen angemessene Kosten zu verlangen, tragen die Zentralen Behörden und die anderen staatlichen Behörden der Vertragsstaaten die Kosten, die ihnen durch die Anwendung dieses Kapitels entstehen.

(2) Jeder Vertragsstaat kann mit einem oder mehreren anderen Vertragsstaaten Vereinbarungen über die Kostenaufteilung treffen.

Art. 39. [Zusatzvereinbarungen zwischen Vertragsstaaten] Jeder Vertragsstaat kann mit einem oder mehreren anderen Vertragsstaaten Vereinbarungen treffen, um die Anwendung dieses Kapitels in ihren gegenseitigen Beziehungen zu erleichtern. Die Staaten, die solche Vereinbarungen getroffen haben, übermitteln dem Verwahrer dieses Übereinkommens eine Abschrift.

Kapitel VI. Allgemeine Bestimmungen

Art. 40. [Bescheinigung] (1) Die Behörden des Vertragsstaats, in dem das Kind seinen gewöhnlichen Aufenthalt hat oder in dem eine Schutzmaßnahme getroffen wurde, können dem Träger der elterlichen Verantwortung oder jedem, dem der Schutz der Person oder des Vermögens des Kindes anvertraut wurde, auf dessen Antrag eine Bescheinigung über seine Berechtigung zum Handeln und die ihm übertragenen Befugnisse ausstellen.

(2) Die Richtigkeit der Berechtigung zum Handeln und der Befugnisse, die bescheinigt sind, wird bis zum Beweis des Gegenteils vermutet.

(3) Jeder Vertragsstaat bestimmt die für die Ausstellung der Bescheinigung zuständigen Behörden.

Art. 41. [Datenschutz] Die nach diesem Übereinkommen gesammelten oder übermittelten personenbezogenen Daten dürfen nur für die Zwecke verwendet werden, zu denen sie gesammelt oder übermittelt wurden.

Art. 42. [Vertrauliche Behandlung] Behörden, denen Informationen übermittelt werden, stellen nach dem Recht ihres Staates deren vertrauliche Behandlung sicher.

Art. 43. [Befreiung von der Legalisation] Die nach diesem Übereinkommen übermittelten oder ausgestellten Schriftstücke sind von jeder Legalisation oder entsprechenden Förmlichkeit befreit.

Art. 44. [Bestimmung von Behörden] Jeder Vertragsstaat kann die Behörden bestimmen, an die Ersuchen nach den Artikeln 8, 9 und 33 zu richten sind.

Art. 45. [Mitteilung der Behörden] (1) Die nach den Artikeln 29 und 44 bestimmten Behörden werden dem Ständigen Büro der Haager Konferenz für Internationales Privatrecht mitgeteilt.

(2) Die Erklärung nach Artikel 34 Absatz 2 wird gegenüber dem Verwahrer dieses Übereinkommens abgegeben.

Art. 46. [Innerstaatliche Rechtskollisionen] Ein Vertragsstaat, in dem verschiedene Rechtssysteme oder Gesamtheiten von Regeln für den Schutz der Person und des Vermögens des Kindes gelten, muss die Regeln dieses Übereinkommens nicht auf Kollisionen anwenden, die allein zwischen diesen verschiedenen Rechtssystemen oder Gesamtheiten von Regeln bestehen.

Art. 47. [Maßgebliche Gebietseinheit eines Mehrrechtsstaates] Gelten in einem Staat in Bezug auf die in diesem Übereinkommen geregelten Angelegenheiten zwei oder mehr Rechtssysteme oder Gesamtheiten von Regeln in verschiedenen Gebietseinheiten, so ist jede Verweisung

1. auf den gewöhnlichen Aufenthalt in diesem Staat als Verweisung auf den gewöhnlichen Aufenthalt in einer Gebietseinheit zu verstehen;
2. auf die Anwesenheit des Kindes in diesem Staat als Verweisung auf die Anwesenheit des Kindes in einer Gebietseinheit zu verstehen;
3. auf die Belegenheit des Vermögens des Kindes in diesem Staat als Verweisung auf die Belegenheit des Vermögens des Kindes in einer Gebietseinheit zu verstehen;
4. auf den Staat, dem das Kind angehört, als Verweisung auf die von dem Recht dieses Staates bestimmte Gebietseinheit oder, wenn solche Regeln fehlen, als Verweisung auf die Gebietseinheit zu verstehen, mit der das Kind die engste Verbindung hat;
5. auf den Staat, bei dessen Behörden ein Antrag auf Scheidung, Trennung, Aufhebung oder Nichtigerklärung der Ehe der Eltern des Kindes anhängig ist, als Verweisung auf die Gebietseinheit zu verstehen, bei deren Behörden ein solcher Antrag anhängig ist;
6. auf den Staat, mit dem das Kind eine enge Verbindung hat, als Verweisung auf die Gebietseinheit zu verstehen, mit der das Kind eine solche Verbindung hat;

7. auf den Staat, in den das Kind verbracht oder in dem es zurückgehalten wurde, als Verweisung auf die Gebietseinheit zu verstehen, in die das Kind verbracht oder in der es zurückgehalten wurde;
8. auf Stellen oder Behörden dieses Staates, die nicht Zentrale Behörden sind, als Verweisung auf die Stellen oder Behörden zu verstehen, die in der betreffenden Gebietseinheit handlungsbefugt sind;
9. auf das Recht, das Verfahren oder die Behörde des Staates, in dem eine Maßnahme getroffen wurde, als Verweisung auf das Recht, das Verfahren oder die Behörde der Gebietseinheit zu verstehen, in der diese Maßnahme getroffen wurde;
10. auf das Recht, das Verfahren oder die Behörde des ersuchten Staates als Verweisung auf das Recht, das Verfahren oder die Behörde der Gebietseinheit zu verstehen, in der die Anerkennung oder Vollstreckung geltend gemacht wird.

Art. 48. [Territoriale Rechtsspaltung] Hat ein Staat zwei oder mehr Gebietseinheiten mit eigenen Rechtssystemen oder Gesamtheiten von Regeln für die in diesem Übereinkommen geregelten Angelegenheiten, so gilt zur Bestimmung des nach Kapitel III anzuwendenden Rechts Folgendes:

a) Sind in diesem Staat Regeln in Kraft, die das Recht einer bestimmten Gebietseinheit für anwendbar erklären, so ist das Recht dieser Einheit anzuwenden;

b) fehlen solche Regeln, so ist das Recht der in Artikel 47 bestimmten Gebietseinheit anzuwenden.

Art. 49. [Personale Rechtsspaltung] Hat ein Staat zwei oder mehr Rechtssysteme oder Gesamtheiten von Regeln, die auf verschiedene Personengruppen hinsichtlich der in diesem Übereinkommen geregelten Angelegenheiten anzuwenden sind, so gilt zur Bestimmung des nach Kapitel III anzuwendenden Rechts Folgendes:

a) Sind in diesem Staat Regeln in Kraft, die bestimmen, welches dieser Rechte anzuwenden ist, so ist dieses anzuwenden;

b) fehlen solche Regeln, so ist das Rechtssystem oder die Gesamtheit von Regeln anzuwenden, mit denen das Kind die engste Verbindung hat.

Art. 50. [Verhältnis zum HKÜ] Dieses Übereinkommen lässt das Übereinkommen vom 25. Oktober 1980 über die zivilrechtlichen Aspekte internationaler Kindesentführung[18] im Verhältnis zwischen den Vertragsparteien beider Übereinkommen unberührt. Einer Berufung auf Bestimmungen dieses Übereinkommens zu dem Zweck, die Rückkehr eines widerrechtlich verbrachten oder zurückgehaltenen Kindes zu erwirken oder das Recht zum persönlichen Umgang durchzuführen, steht jedoch nichts entgegen.

---

[18] Abgedruckt unter Nr. *222*.

Art. 51. [Verhältnis zum MSA] Im Verhältnis zwischen den Vertragsstaaten ersetzt dieses Übereinkommen das Übereinkommen vom 5. Oktober 1961 über die Zuständigkeit der Behörden und das anzuwendende Recht auf dem Gebiet des Schutzes von Minderjährigen[19] und das am 12. Juni 1902 in Den Haag unterzeichnete Abkommen zur Regelung der Vormundschaft über Minderjährige, unbeschadet der Anerkennung von Maßnahmen, die nach dem genannten Übereinkommen vom 5. Oktober 1961 getroffen wurden.

Art. 52.[20] [Verhältnis zu anderen Übereinkommen] (1) Dieses Übereinkommen lässt internationale Übereinkünfte unberührt, denen Vertragsstaaten als Vertragsparteien angehören und die Bestimmungen über die im vorliegenden Übereinkommen geregelten Angelegenheiten enthalten, sofern die durch eine solche Übereinkunft gebundenen Staaten keine gegenteilige Erklärung abgeben.

(2) Dieses Übereinkommen lässt die Möglichkeit unberührt, dass ein oder mehrere Vertragsstaaten Vereinbarungen treffen, die in Bezug auf Kinder mit gewöhnlichem Aufenthalt in einem der Staaten, die Vertragsparteien solcher Vereinbarungen sind, Bestimmungen über die in diesem Übereinkommen geregelten Angelegenheiten enthalten.

(3) Künftige Vereinbarungen eines oder mehrerer Vertragsstaaten über Angelegenheiten im Anwendungsbereich dieses Übereinkommens lassen im Verhältnis zwischen solchen Staaten und anderen Vertragsstaaten die Anwendung der Bestimmungen des Übereinkommens unberührt.

(4) Die Absätze 1 bis 3 gelten auch für Einheitsrecht, das auf besonderen Verbindungen insbesondere regionaler Art zwischen den betroffenen Staaten beruht.

Art. 53. [Übergangsvorschriften] (1) Dieses Übereinkommen ist nur auf Maßnahmen anzuwenden, die in einem Staat getroffen werden, nachdem das Übereinkommen für diesen Staat in Kraft getreten ist.

(2) Dieses Übereinkommen ist auf die Anerkennung und Vollstreckung von Maßnahmen anzuwenden, die getroffen wurden, nachdem es im Verhältnis zwischen dem Staat, in dem die Maßnahmen getroffen wurden, und dem ersuchten Staat in Kraft getreten ist.

Art. 54.[21] [Sprachenregelung] (1) Mitteilungen an die Zentrale Behörde oder eine andere Behörde eines Vertragsstaats werden in der Original-

---

[19] Abgedruckt unter Nr. *52*.

[20] In Bezug auf Art. 52 haben sämtliche EU-Mitgliedstaaten erklärt, dass Urteile aus anderen EU-Mitgliedstaaten, die in den sachlichen Anwendungsbereich des Übk. fallen, nach den Regeln des Unionsrechts anerkannt und vollstreckt werden. Ferner haben die *Niederlande* zu Abs. 1 erklärt, dass das Übk. Vorrang vor dem Europäischen Sorgerechtsübk. v. 20.5.1980 (Nr. *184*) hat.

[21] Den Vorbehalt nach Art. 54 Abs. 2 haben *Deutschland* sowie *Albanien, Armenien, Dänemark, Estland, Georgien, Lettland, Litauen, Malta, Nicaragua, Norwegen, Österreich, die Russische*

sprache zugesandt; sie müssen von einer Übersetzung in die Amtssprache oder eine der Amtssprachen des anderen Staates oder, wenn eine solche Übersetzung nur schwer erhältlich ist, von einer Übersetzung ins Französische oder Englische begleitet sein.

(2) Ein Vertragsstaat kann jedoch einen Vorbehalt nach Artikel 60 anbringen und darin gegen die Verwendung des Französischen oder Englischen, jedoch nicht beider Sprachen, Einspruch erheben.

Art. 55.[22] **[Zulässige Vorbehalte]** (1) Ein Vertragsstaat kann sich nach Artikel 60

a) die Zuständigkeit seiner Behörden vorbehalten, Maßnahmen zum Schutz des in seinem Hoheitsgebiet befindlichen Vermögens eines Kindes zu treffen;

b) vorbehalten, die elterliche Verantwortung oder eine Maßnahme nicht anzuerkennen, soweit sie mit einer von seinen Behörden in Bezug auf dieses Vermögen getroffenen Maßnahme unvereinbar ist.

(2) Der Vorbehalt kann auf bestimmte Vermögensarten beschränkt werden.

Art. 56. [Überprüfung] Der Generalsekretär der Haager Konferenz für Internationales Privatrecht beruft in regelmäßigen Abständen eine Spezialkommission zur Prüfung der praktischen Durchführung dieses Übereinkommens ein.

Kapitel VII. Schlussbestimmungen

Art. 57–58. *(nicht abgedruckt)*

Art. 59. [Erklärung von Mehrrechtsstaaten] (1) Ein Staat, der aus zwei oder mehr Gebietseinheiten besteht, in denen für die in diesem Übereinkommen behandelten Angelegenheiten unterschiedliche Rechtssysteme gelten, kann bei der Unterzeichnung, der Ratifikation, der Annahme, der Genehmigung oder dem Beitritt erklären, dass das Übereinkommen auf alle seine Gebietseinheiten oder nur auf eine oder mehrere davon erstreckt wird; er kann diese Erklärung durch Abgabe einer neuen Erklärung jederzeit ändern.

(2) Jede derartige Erklärung wird dem Verwahrer unter ausdrücklicher Bezeichnung der Gebietseinheiten notifiziert, auf die dieses Übereinkommen angewendet wird.

Föderation, Schweden, die Türkei, Ungarn, das *Vereinigte Königreich* und *Zypern* in Bezug auf die französische Sprache erklärt. Vgl. dazu auch § 4 Abs. 2 IntFamRVG v. 26.1.2005 (Nr. *162a*).

[22] Den Vorbehalt nach Art. 55 Abs. 1 lit. a und lit. b haben bisher *Albanien, Armenien, Bulgarien, Italien, Kroatien, Malta, Montenegro, Polen, Rumänien,* die *Russische Föderation, Serbien,* die *Slowakei, Spanien,* die *Türkei,* die *Ukraine, Ungarn* und *Zypern* erklärt. *Fidschi, Lettland, Litauen* und *Nicaragua* haben den Vorbehalt auf Art. 55 lit. a, die *Schweiz* hat ihn auf lit b beschränkt.

(3) Gibt ein Staat keine Erklärung nach diesem Artikel ab, so ist dieses Übereinkommen auf sein gesamtes Hoheitsgebiet anzuwenden.

Art. 60. [Vorbehaltserklärungen] (1) Jeder Staat kann spätestens bei der Ratifikation, der Annahme, der Genehmigung oder dem Beitritt oder bei Abgabe einer Erklärung nach Artikel 59 einen der in Artikel 54 Absatz 2 und Artikel 55 vorgesehenen Vorbehalte oder beide anbringen. Weitere Vorbehalte sind nicht zulässig.

Art. 60 (2)–**63.** *(nicht abgedruckt)*

3. Legitimation[1]

4. Adoption[1, 2, 3, 4]

---

[1] Vgl. das Römische CIEC-Übk. Nr. 12 über die Legitimation durch Eheschließung v. 10.9.1970 ist zwar von der *Bundesrepublik Deutschland* gezeichnet, aber bisher nicht ratifiziert worden. Es ist am 8.2.1976 für *Frankreich* und *Österreich* in Kraft getreten und gilt heute auch für *Griechenland* (seit 21.2.1987), *Italien* (seit 5.8.1978), *Luxemburg* (seit 19.8.1983), die *Niederlande* (seit 31.7.1977) und die *Türkei* (seit 2.5.1976). Text (französisch): http://www.ciecl.org (Nr. 12).

[1] Das (alte) Haager Übk. über die behördliche Zuständigkeit, das anzuwendende Recht und die Anerkennung von Entscheidungen auf dem Gebiet der Annahme an Kindes Statt v. 15.11.1965 wurde von der *Bundesrepublik Deutschland* nicht gezeichnet. Es war am 23.10.1978 für *Österreich,* die *Schweiz* und das *Vereinigte Königreich* in Kraft getreten. Deutsche Übersetzung im öst. BGBl. 1978 Nr. 581, sowie in der Schweizer AS 1978, S. 2090. Das Übk. wurde inzwischen von den drei Vertragsstaaten wieder gekündigt. Es ist am 23.10.2003 für die *Schweiz* und das *Vereinigte Königreich* sowie am 23.10.2008 für *Österreich* außer Kraft getreten.

[2] Das Haager Übk. über den Schutz von Kindern und die Zusammenarbeit auf dem Gebiet der internationalen Adoption v. 29.5.1993 ist wegen seines überwiegend verfahrensrechtlichen Inhalts unter Nr. *223* abgedruckt. Vgl. dazu auch das deutsche Ausführungsgesetz (AdÜbAG) v. 5.11.2001 (Nr. *223a*).

[3] Vgl. zum internationalen Adoptionsrecht ferner das Adoptionswirkungsgesetz v. 5.11. 2001 (Nr. *194*) und §§ 2a–2d des Adoptionsvermittlungsgesetzes v. 21.6.2021 (Nr. *234*).

[4] Zur Vereinheitlichung des materiellen Adoptionsrechts siehe das Straßburger Europäische Übk. über die Adoption von Kindern v. 24.4.1967 (BGBl. 1980 II, S. 1094). Dieses Übk. ist für die *Bundesrepublik Deutschland* am 11.2.1981 im Verhältnis zu *Dänemark, Griechenland, Irland, Italien, Malta, Norwegen, Österreich, Schweden,* der *Schweiz* und dem *Vereinigten Königreich* in Kraft getreten (Bek. v. 21.1.1981, BGBl. II, S. 72). Es gilt heute ferner im Verhältnis zu *Lettland* (seit 14.10.2000, BGBl. 2001 II, S. 14), *Liechtenstein* (seit 26.12.1981, BGBl. II, S. 1020), *Mazedonien* (seit 16.4.2003, BGBl. II, S. 421), *Polen* (seit 22.9.1996, BGBl. 1997 II, S. 260), *Portugal* (seit 24.7.1990, BGBl. II, S. 706), *Rumänien* (seit 19.8.1993, BGBl. II, S. 2042) und der *Tschechischen Republik* (seit 9.12.2000, BGBl. 2001 II, S. 862). *Norwegen* hat das Übk am 17.11.2008 mit Wirkung v. 18.5.2009 (BGBl. II, S. 597) und *Schweden* am 3.2.2002 mit Wirkung v. 4.1.2003 (BGBl. 2002 II, S. 2840) gekündigt.

Das Übk. wird im Verhältnis der Vertragsstaaten zueinander durch das revidierte Straßburger Europäische Übk. über die Adoption von Kindern v. 27.11.2008 (BGBl. 2015 II, S. 3; https://www.coe.int/de/web/conventions, Nr. 202) abgelöst. Das revidierte Übk. ist für die *Bundesrepublik Deutschland* am 1.7.2015 im Verhältnis zu *Dänemark, Finnland, der Niederlande, Norwegen, Rumänien, Spanien* und der *Ukraine* in Kraft getreten (BGBl. 2015 II, S. 463). Es gilt inzwischen ferner für *Belgien* (seit 1.9.2015, BGBl. II, S. 938) und *Malta* (seit 1.8.2015, BGBl. II, S. 813).

II. Bilaterale Staatsverträge[1,2]

III. Innerstaatliches Recht

54. Bürgerliches Gesetzbuch

idF vom 2. Januar 2002 (BGBl. I, S. 42)

§ 1717. Erfordernis des gewöhnlichen Aufenthalts im Inland. Die Beistandschaft tritt nur ein, wenn das Kind seinen gewöhnlichen Aufenthalt im Inland hat; sie endet, wenn das Kind seinen gewöhnlichen Aufenthalt im Ausland begründet. Dies gilt für die Beistandschaft vor der Geburt des Kindes entsprechend.

§ 1791c.[1] Gesetzliche Amtsvormundschaft des Jugendamts. (1) Mit der Geburt eines Kindes, dessen Eltern nicht miteinander verheiratet sind und das eines Vormunds bedarf, wird das Jugendamt Vormund, wenn das Kind seinen gewöhnlichen Aufenthalt im Geltungsbereich dieses Gesetzes hat; dies gilt nicht, wenn bereits vor der Geburt des Kindes ein Vormund bestellt ist. Wurde die Vaterschaft nach § 1592 Nr. 1 oder 2 durch Anfechtung beseitigt und bedarf das Kind eines Vormunds, so wird das Jugendamt in dem Zeitpunkt Vormund, in dem die Entscheidung rechtskräftig wird.

(2) War das Jugendamt Pfleger eines Kindes, dessen Eltern nicht miteinander verheiratet sind, endet die Pflegschaft kraft Gesetzes und bedarf das Kind eines Vormunds, so wird das Jugendamt Vormund, das bisher Pfleger war.

(3) Das Familiengericht hat dem Jugendamt unverzüglich eine Bescheinigung über den Eintritt der Vormundschaft zu erteilen; § 1791 ist nicht anzuwenden.

---

[1] Im Verhältnis zum *Iran* gilt Art. 8 Abs. 3 des Niederlassungsabk. v. 17.2.1929 (Nr. *22*).

[2] Das *deutsch-österreichische* Vormundschaftsabkommen v. 5.2.1927 (RGBl. II, S. 511), das nach dem 2. Weltkrieg mit Wirkung v. 21.10.1959 wieder angewandt wurde (Bek. v. 21.10.1959, BGBl. II, S. 1250), wurde zum 31.12.2002 gekündigt und ist am 30.6.2003 außer Kraft getreten (Bek. v. 8.5.2003, BGBl. II, S. 540, ber. durch Bek. v. 16.7.2003, BGBl. II, S. 841).

[1] § 1791c Abs. 3 geändert durch Gesetz v. 17.12.2008 (BGBl. I, S. 2586) mit Wirkung v. 1.9.2009.

H. Erbrecht

I. Multilaterale Staatsverträge[1,2,3,4,5]

60. Haager Übereinkommen über das auf die Form letztwilliger Verfügungen anzuwendende Recht

Vom 5. Oktober 1961[1] (BGBl. 1965 II, S. 1145)

(Übersetzung)[2]

---

[1] Das Haager Übk. über die internationale Verwaltung von Nachlässen v. 2.10.1973 ist bisher von der *Bundesrepublik Deutschland* nicht gezeichnet worden. Es ist von *Portugal* und der ehemaligen *Tschechoslowakei* ratifiziert sowie von *Italien, Luxemburg,* der *Niederlande,* der *Türkei* und dem *Vereinigten Königreich* gezeichnet worden. Nach der Teilung der *Tschechoslowakei* am 1.1.1993 sind die *Tschechische Republik* und die *Slowakei* an deren Stelle getreten. Damit war die Bedingung einer dritten Ratifikation für das Inkrafttreten des Übk. erfüllt; es gilt daher seit dem 1.7.1993 für *Portugal,* die *Slowakei* und die *Tschechische Republik.* Text (englisch/französisch): https://www.hcch.net/de/instruments/conventions (Nr. 21); nichtamtliche deutsche Übersetzung bei *Staudinger/Dörner,* Internationales Erbrecht (2007), Vorbem. zu Art. 25 f. EGBGB Rn. 128.

[2] Das Haager Übk. über das auf die Rechtsnachfolge von Todes wegen anwendbare Recht v. 1.8.1989 ist bisher lediglich von *Argentinien, Luxemburg* und der *Schweiz* gezeichnet und von den *Niederlanden* am 27.9.1996 ratifiziert worden; es ist nicht in Kraft getreten. Die *Niederlande* haben das Übk. am 17.12.2014 mit Wirkung v. 1.4.2015 wieder gekündigt. Text (englisch/französisch): https://www.hcch.net/de/instruments/conventions (Nr. 32); nicht amtliche deutsche Übersetzungen in MittRhNotK 1997, 271 und in IPRax 2000, 53.

[3] Zur Vereinheitlichung des materiellen Erbrechts siehe das Baseler Europäische Übk. über die Einrichtung einer Organisation zur Registrierung von Testamenten v. 16.5.1972. Dieses Übk. ist von der *Bundesrepublik Deutschland* zwar gezeichnet, aber bisher nicht ratifiziert worden; es ist am 20.3.1976 für *Frankreich,* die *Türkei* und *Zypern* in Kraft getreten und gilt heute ferner für *Belgien* (seit 9.5.1977), *Estland* (seit 22.12.2001), *Italien* (seit 26.12.1981), *Litauen* (seit Original 13.3.1978), *Portugal* (seit 21.7.1982), *Spanien* (seit 29.9.1985) und die *Ukraine* (seit 31.12.2010). Text (englisch/französisch): https://www.coe.int/de/web/conventions (Nr. 77).

[4] Zur Vereinheitlichung des materiellen Erbrechts siehe weiterhin das Washingtoner UNIDROIT-Übk. über ein einheitliches Recht der Form eines internationalen Testaments v. 26.10.1973. Dieses Übk. ist am 9.2.1978 für *Jugoslawien (SFR), Kanada* (in den Provinzen *Manitoba und Newfoundland*), *Libyen, Niger* und *Portugal* in Kraft getreten.

Es gilt heute ferner für *Australien* (seit 10.3.2015), *Belgien* (seit 21.10.1983), *Bosnien und Herzegowina* (seit 15.8.1994), *Ecuador* (seit 3.10.1979), *Frankreich* (seit 1.12.1994), *Italien* (seit 16.11.1991), *Kroatien* (seit 18.5.1994), *Slowenien* (seit 20.8.1992) und *Zypern* (seit 19.4.1983), sowie für die weiteren kanadischen Provinzen *Alberta* (seit 1.6.1978), *New Brunswick* (seit 5.12.1997), *Nova Scotia* (seit 27.5.2001), *Ontario* (seit 31.3.1978), *Prince Edward Island* (seit 22.3.1995) und *Saskatchewan* (seit 8.10.1982). Text (englisch/französisch/russisch/spanisch): https://www.unidroit.org; nicht-amtliche deutsche Übersetzung bei *Staudinger/Firsching,* Internationales Erbrecht (12. Aufl. 1991) Vorbem. 401 zu Art. 24–26 EGBGB.

[5] Zu dem Haager Übk. über das auf Trusts anwendbare Recht und die Anerkennung von Trusts v. 1.7.1985 siehe Anm. 2 vor Nr. *110.*

Art. 1. [Anknüpfung] (1) Eine letztwillige Verfügung ist hinsichtlich ihrer Form gültig, wenn diese dem innerstaatlichen Recht entspricht:

a) des Ortes, an dem der Erblasser letztwillig verfügt hat, oder
b) eines Staates, dessen Staatsangehörigkeit der Erblasser im Zeitpunkt, in dem er letztwillig verfügt hat, oder im Zeitpunkt seines Todes besessen hat, oder
c) eines Ortes, an dem der Erblasser im Zeitpunkt, in dem er letztwillig verfügt hat, oder im Zeitpunkt seines Todes seinen Wohnsitz gehabt hat, oder
d) des Ortes, an dem der Erblasser im Zeitpunkt, in dem er letztwillig verfügt hat, oder im Zeitpunkt seines Todes seinen gewöhnlichen Aufenthalt gehabt hat, oder
e) soweit es sich um unbewegliches Vermögen handelt, des Ortes, an dem sich dieses befindet.

(2) Ist die Rechtsordnung, die auf Grund der Staatsangehörigkeit anzuwenden ist, nicht vereinheitlicht, so wird für den Bereich dieses Übereinkommens das anzuwendende Recht durch die innerhalb dieser Rechtsordnung geltenden Vorschriften, mangels solcher Vorschriften durch die engste Bindung bestimmt, die der Erblasser zu einer der Teilrechtsordnungen gehabt hat, aus denen sich die Rechtsordnung zusammensetzt.

---

[1] Das Übk. ist für die *Bundesrepublik Deutschland* am 1.1.1966 im Verhältnis zu *Japan, Jugoslawien (SFR), Österreich* und dem *Vereinigten Königreich* in Kraft getreten (Bek. v. 29.12.1965, BGBl. 1966 II, S. 11).

Es gilt heute ferner für *Albanien* (seit 24.12.2013, BGBl. 2014 II, S. 88), *Antigua und Barbuda* (seit 1.11.1981, BGBl. 1985 II, S. 1125), *Armenien* (seit 30.4.2007, BGBl. 2008 II, S. 203), *Australien* (seit 21.11.1986, BGBl. 1987 II, S. 174), *Belgien* (seit 19.12.1971, BGBl. II S. 1315), *Bosnien und Herzegowina* (seit 6.3.1992, BGBl. 1994 II, S. 296), *Botsuana* (seit 17.1.1969, BGBl. 1969 II, S. 993, 2200), *Brunei Darussalam* (seit 9.7.1988, BGBl. II S. 971), *Dänemark* (seit 19.9.1976, BGBl. II S. 1718), *Estland* (seit 12.7.1998, BGBl. II, S. 1667), *Fidschi* (seit 10.10.1970, BGBl. 1971 II, S. 1075), *Finnland* (seit 23.8.1976, BGBl. II, S. 1718), *Frankreich* (seit 19.11.1967, BGBl. II, S. 2548), *Grenada* (seit 7.2.1974, BGBl. 1985 II, S. 1125), *Griechenland* (seit 2.8.1983, BGBl. II, S. 479), *Irland* (seit 2.10.1967, BGBl. II, S. 2362), *Israel* (seit 10.1.1978, BGBl. 1977 II, S. 1270), *Kroatien* (seit 8.10.1991, BGBl. 1993 II, S. 1962), *Lesotho* (seit 4.10.1966, BGBl. 1985 II, S. 1125), *Luxemburg* (seit 5.2.1979, BGBl. II, S. 303), *Mauritius* (seit 12.3.1968, BGBl. 1970 II, S. 1063), *die Republik Moldau* (seit 10.10.2011, BGBl. 2012 II, S. 195), *Montenegro* (seit 3.6.2006, BGBl. 2007 II, S. 1398), die *Niederlande* (seit 1.8.1982, BGBl. II, S. 684), *Nordmazedonien* (seit 17.9.1991, BGBl. 1994 II, S. 296), *Norwegen* (seit 1.1.1973, BGBl. 1972 II, S. 1639), *Polen* (seit 2.11.1969, BGBl. II, S. 2200 und BGBl. 1971 II, S. 6), *Schweden* (seit 7.9.1976, BGBl. II, S. 1718), die *Schweiz* (seit 17.10.1971, BGBl. II, S. 1149), *Serbien* (seit 27.4.1992, BGBl. 2002 II, S. 49; BGBl. 2007 II, S. 1398), *Slowenien* (seit 25.6.1991, BGBl. 1993 II, S. 1962), *Spanien* (seit 10.6.1988, BGBl. II, S. 971), *Südafrika* (seit 4.12.1970, BGBl. 1971 II, S. 6), *Swasiland* (seit 22.1.1971, BGBl. II, S. 98), *Tonga* (seit 4.6.1970, BGBl. 1978 II, S. 1294), die *Türkei* (seit 22.10.1983, BGBl. II, S. 720) und die *Ukraine* (seit 14.5.2011, BGBl. II, S. 843). Für die ehemalige *Deutsche Demokratische Republik* war das Übk. am 21.9.1974 in Kraft getreten (Bek. v. 19.11.1974, BGBl. II, S. 1461). Zum räumlichen Anwendungsbereich s. a. Anm. 13 zu Art. 17.

[2] Authentisch ist allein der französische Text: https://www.hcch.net/de/instruments/conventions (Nr. 11).

(3) Die Frage, ob der Erblasser an einem bestimmten Ort einen Wohnsitz gehabt hat, wird durch das an diesem Ort geltende Recht geregelt.

Art. 2. [Widerruf letztwilliger Verfügungen] (1) Artikel 1 ist auch auf letztwillige Verfügungen anzuwenden, durch die eine frühere letztwillige Verfügung widerrufen wird.

(2) Der Widerruf ist hinsichtlich seiner Form auch dann gültig, wenn diese einer der Rechtsordnungen entspricht, nach denen die widerrufene letztwillige Verfügung gemäß Artikel 1 gültig gewesen ist.

Art. 3. [Bestehende Formvorschriften der Vertragsstaaten] Dieses Übereinkommen berührt bestehende oder künftige Vorschriften der Vertragsstaaten nicht, wodurch letztwillige Verfügungen anerkannt werden, die der Form nach entsprechend einer in den vorangehenden Artikeln nicht vorgesehenen Rechtsordnung errichtet worden sind.

Art. 4. [Anwendung auf gemeinschaftliche Testamente] Dieses Übereinkommen ist auch auf die Form letztwilliger Verfügungen anzuwenden, die zwei oder mehrere Personen in derselben Urkunde errichtet haben.

Art. 5. [Zur Form gehörig] Für den Bereich dieses Übereinkommens werden die Vorschriften, welche die für letztwillige Verfügungen zugelassenen Formen mit Beziehung auf das Alter, die Staatsangehörigkeit oder andere persönliche Eigenschaften des Erblassers beschränken, als zur Form gehörend angesehen. Das gleiche gilt für Eigenschaften, welche die für die Gültigkeit einer letztwilligen Verfügung erforderlichen Zeugen besitzen müssen.

Art. 6. [Allseitige Anwendung des Übereinkommens] Die Anwendung der in diesem Übereinkommen aufgestellten Regeln über das anzuwendende Recht hängt nicht von der Gegenseitigkeit ab. Das Übereinkommen ist auch dann anzuwenden, wenn die Beteiligten nicht Staatsangehörige eines Vertragsstaates sind oder das auf Grund der vorangehenden Artikel anzuwendende Recht nicht das eines Vertragsstaates ist.

Art. 7. [*Ordre-public*-Klausel] Die Anwendung eines durch dieses Übereinkommen für maßgebend erklärten Rechtes darf nur abgelehnt werden, wenn sie mit der öffentlichen Ordnung offensichtlich unvereinbar ist.

Art. 8. [Intertemporale Regelung] Dieses Übereinkommen ist in allen Fällen anzuwenden, in denen der Erblasser nach dem Inkrafttreten des Übereinkommens gestorben ist.

Art. 9.[3] **[Vorbehalt bezüglich der Bestimmung des Wohnsitzrechtes]** Jeder Vertragsstaat kann sich, abweichend von Artikel 1 Abs. 3, das Recht vorbehalten, den Ort, an dem der Erblasser seinen Wohnsitz gehabt hat, nach dem am Gerichtsort geltenden Recht zu bestimmen.

Art. 10.[4] **[Vorbehalt bezüglich mündlicher Testamente]** Jeder Vertragsstaat kann sich das Recht vorbehalten, letztwillige Verfügungen nicht anzuerkennen, die einer seiner Staatsangehörigen, der keine andere Staatsangehörigkeit besaß, ausgenommen den Fall außergewöhnlicher Umstände, in mündlicher Form errichtet hat.

Art. 11.[5] **[Vorbehalt bezüglich bestimmter Formen]** (1) Jeder Vertragsstaat kann sich das Recht vorbehalten, bestimmte Formen im Ausland errichteter letztwilliger Verfügungen auf Grund der einschlägigen Vorschriften seines Rechtes nicht anzuerkennen, wenn sämtliche der folgenden Voraussetzungen erfüllt sind:

a) Die letztwillige Verfügung ist hinsichtlich ihrer Form nur nach einem Recht gültig, das ausschließlich auf Grund des Ortes anzuwenden ist, an dem der Erblasser sie errichtet hat,

b) der Erblasser war Staatsangehöriger des Staates, der den Vorbehalt erklärt hat,

c) der Erblasser hatte in diesem Staat einen Wohnsitz oder seinen gewöhnlichen Aufenthalt und

d) der Erblasser ist in einem anderen Staate gestorben als in dem, wo er letztwillig verfügt hatte.

(2) Dieser Vorbehalt ist nur für das Vermögen wirksam, das sich in dem Staat befindet, der den Vorbehalt erklärt hat.

Art. 12.[6] **[Vorbehalt bezüglich Anordnungen nicht erbrechtlicher Art]** Jeder Vertragsstaat kann sich das Recht vorbehalten, die Anwendung dieses Übereinkommens auf Anordnungen in einer letztwilligen Verfügung auszuschließen, die nach seinem Rechte nicht erbrechtlicher Art sind.

---

[3] Den Vorbehalt nach Art. 9 haben *Antigua und Barbuda, Botsuana, Brunei Darussalam, China* (in Bezug auf die Sonderverwaltungsregion *Hongkong*), *Fidschi, Grenada, Lesotho, Luxemburg, Mauritius, die Republik Moldau, Südafrika, Swasiland, Tonga,* die *Türkei,* die *Ukraine* und das *Vereinigte Königreich* erklärt.

[4] Den Vorbehalt nach Art. 10 haben *Antigua und Barbuda, Albanien, Armenien, Belgien, Estland, Frankreich, Grenada, Lesotho, Luxemburg, Mauritius,* die *Republik Moldau,* die *Niederlande,* die *Schweiz, Südafrika, Tonga,* die *Türkei,* die *Ukraine* und das *Vereinigte Königreich* erklärt.

[5] Den Vorbehalt nach Art. 11 hat bisher kein Vertragsstaat erklärt.

[6] Den Vorbehalt nach Art. 12 haben *Albanien, Armenien, Luxemburg, Österreich, Polen, Südafrika,* die *Türkei und die Ukraine* erklärt.

Art. 13.[7] **[Zeitlicher Vorbehalt]** Jeder Vertragsstaat kann sich, abweichend von Artikel 8, das Recht vorbehalten, dieses Übereinkommen nur auf letztwillige Verfügungen anzuwenden, die nach dessen Inkrafttreten errichtet worden sind.

Art. 14–16. *(nicht abgedruckt)*

Art. 17.[8] **[Erstreckung der Anwendung auf weitere Gebiete]**

(1) Jeder Staat kann bei der Unterzeichnung, bei der Ratifizierung oder beim Beitritt erklären, dass dieses Übereinkommen auf alle oder auf einzelne der Gebiete ausgedehnt werde, deren internationale Beziehungen er wahrnimmt. Eine solche Erklärung wird wirksam, sobald das Übereinkommen für den Staat, der sie abgegeben hat, in Kraft tritt.

(2) Später kann dieses Übereinkommen auf solche Gebiete durch eine an das Ministerium für Auswärtige Angelegenheiten der Niederlande gerichtete Notifikation ausgedehnt werden.

Art. 17. (3)–**20.** *(nicht abgedruckt)*

---

[7] Den Vorbehalt nach Art. 13 haben *Armenien* und *Botsuana* erklärt.

[8] *Australien* hat die Ausdehnung auf die *Korallenmeerinseln,* die *Heard Insel* und die *McDonald Inseln* sowie auf das *Australische Antarktis-Territorium* erklärt (BGBl. 1987 II, S. 174).

Frankreich hat die *überseeischen Départements* und die *überseeischen Hoheitsgebiete* einbezogen (BGBl. 1967 II, S. 2548).

Die *Niederlande* haben mit Wirkung v. 2.3.1986 die Erstreckung auf *Aruba* erklärt (BGBl. 1986 II, S. 723).

Das *Vereinigte Königreich* hat mit Wirkung v. 14.2.1965 die Ausdehnung auf *Anguilla,* die *Falkland-Inseln,* die *Isle of Man,* die *Jungfern-Inseln,* die *Kaiman-Inseln, Montserrat,* die *Neuen Hebriden* sowie die *Turcs- und Caicos-Inseln* erklärt (BGBl. 1966 II, S. 11). Diese Erklärung galt jeweils bis zur Erlangung der Unabhängigkeit ferner für *Antigua und Barbuda, Barbados, Belize, Brunei Darussalam, Dominica, Fidschi, Gambia, Guyana, Lesotho, Seychellen, St. Kitts und Nevis* und *Tonga.* Darüber hinaus hatte das *Vereinigte Königreich* das Übk. jeweils bis zur Erlangung der Unabhängigkeit ausgedehnt auf *Mauritius* (seit 12.2.1966, BGBl. II, S. 191), *St. Lucia* (seit 13.5.1966, BGBl. II, S. 296), *St. Vincent und die Grenadinen* (seit 13.8.1966) und *Swasiland* (seit 22.5.1967, jeweils BGBl. 1968 II, S. 94) sowie auf *Hongkong* (seit 23.8.1968, BGBl. II, S. 808). Das Übk. gilt auch nach dem Übergang der Souveränitätsrechte für *Hongkong* vom *Vereinigten Königreich* auf *China* mit Wirkung v. 1.7.1997 im Verhältnis zur chinesischen Sonderverwaltungsregion *Hongkong* fort (BGBl. 2003 II, S. 583, 590).

II. EU-Recht

61. Verordnung (EU) Nr. 650/2012 des Europäischen Parlaments und des Rates über die Zuständigkeit, das anzuwendende Recht, die Anerkennung und Vollstreckung von Entscheidungen und die Annahme und Vollstreckung öffentlicher Urkunden in Erbsachen sowie zur Einführung eines Europäischen Nachlasszeugnisses

Vom 4. Juli 2012[1, 2] (ABl. L 201, S. 107)

DAS EUROPÄISCHE PARLAMENT UND DER RAT DER EUROPÄISCHEN UNION –

gestützt auf den Vertrag über die Arbeitsweise der Europäischen Union, insbesondere auf Artikel 81 Absatz 2,[3]

auf Vorschlag der Europäischen Kommission,

nach Stellungnahme des Europäischen Wirtschafts- und Sozialausschusses[4],

gemäß dem ordentlichen Gesetzgebungsverfahren[5],

in Erwägung nachstehender Gründe:

(1) Die Union hat sich zum Ziel gesetzt, einen Raum der Freiheit, der Sicherheit und des Rechts, in dem der freie Personenverkehr gewährleistet ist, zu erhalten und weiterzuentwickeln. Zum schrittweisen Aufbau eines solchen Raums hat die Union im Bereich der justiziellen Zusammenarbeit in Zivilsachen, die einen grenzüberschreitenden Bezug aufweisen, Maßnahmen zu erlassen, insbesondere wenn dies für das reibungslose Funktionieren des Binnenmarkts erforderlich ist.

(2) Nach Artikel 81 Absatz 2 Buchstabe c des Vertrags über die Arbeitsweise der Europäischen Union können zu solchen Maßnahmen unter an-

---

[1] Die Verordnung ist für die Mitgliedstaaten der EU – mit Ausnahme *Dänemarks, Irlands* und des *Vereinigten Königreichs* (vgl. Erwägungsgründe 82, 83) – gem. Art. 84 am 16.8.2012 in Kraft getreten. Sie gilt in diesen Mitgliedstaaten allerdings erst seit dem 17.8.2015; lediglich die Art. 77, 78 gelten bereits ab dem 16.7.2014 und die Art. 79–81 bereits ab dem 5.7.2012.

[2] Zur Ausführung der Verordnung in *Deutschland* siehe das Gesetz zum Internationalen Erbrecht und zur Änderung von Vorschriften zum Erbschein sowie zur Änderung sonstiger Vorschriften v. 29.6.2015 (BGBl. I, S. 1042), das gleichzeitig mit der Verordnung in Kraft getreten ist. Wichtigster Bestandteil dieses Gesetzes ist das Internationale Erbrechtsverfahrensgesetz (IntErbRVG), das vor allem die Anerkennung und Vollstreckung von mitgliedstaatlichen Entscheidungen in Erbsachen nach dem Vorbild des IntFamRVG v. 26.1.2005 (Nr. *162a*) in Ehesachen und des AUG v. 23.12.2011 (Nr. *161a*) in Unterhaltssachen regelt. Das Gesetz ist abgedruckt unter Nr. *61a*.

[3] Abgedruckt unter Nr. *0–2*.

[4] ABl. 2011 C 44, S. 148.

[5] Standpunkt des Europäischen Parlaments v. 13.3.2012 (noch nicht im Amtsblatt veröffentlicht) und Beschluss des Rates v. 7.6.2012.

derem Maßnahmen gehören, die die Vereinbarkeit der in den Mitgliedstaaten geltenden Kollisionsnormen und der Vorschriften zur Vermeidung von Kompetenzkonflikten sicherstellen sollen.

(3) Auf seiner Tagung vom 15. und 16. Oktober 1999 in Tampere hat der Europäische Rat den Grundsatz der gegenseitigen Anerkennung von Urteilen und anderen Entscheidungen von Justizbehörden als Eckstein der justiziellen Zusammenarbeit in Zivilsachen unterstützt und den Rat und die Kommission ersucht, ein Maßnahmenprogramm zur Umsetzung dieses Grundsatzes anzunehmen.

(4) Am 30. November 2000 wurde ein gemeinsames Maßnahmenprogramm der Kommission und des Rates zur Umsetzung des Grundsatzes der gegenseitigen Anerkennung gerichtlicher Entscheidungen in Zivil- und Handelssachen[6] verabschiedet. In diesem Programm sind Maßnahmen zur Harmonisierung der Kollisionsnormen aufgeführt, die die gegenseitige Anerkennung gerichtlicher Entscheidungen vereinfachen sollen; ferner ist darin die Ausarbeitung eines Rechtsinstruments zum Testaments- und Erbrecht vorgesehen.

(5) Am 4. und 5. November 2004 hat der Europäische Rat auf seiner Tagung in Brüssel ein neues Programm mit dem Titel „Haager Programm zur Stärkung von Freiheit, Sicherheit und Recht in der Europäischen Union“[7] angenommen. Danach soll ein Rechtsinstrument zu Erbsachen erlassen werden, das insbesondere Fragen des Kollisionsrechts, der Zuständigkeit, der gegenseitigen Anerkennung und Vollstreckung von Entscheidungen in Erbsachen sowie die Einführung eines Europäischen Nachlasszeugnisses betrifft.

(6) Der Europäische Rat hat auf seiner Tagung vom 10. und 11. Dezember 2009 in Brüssel ein neues mehrjähriges Programm mit dem Titel „Das Stockholmer Programm – Ein offenes und sicheres Europa im Dienste und zum Schutz der Bürger“[8] angenommen. Darin hat der Europäische Rat festgehalten, dass der Grundsatz der gegenseitigen Anerkennung auf Bereiche ausgeweitet werden sollte, die bisher noch nicht abgedeckt sind, aber den Alltag der Bürger wesentlich prägen, z.B. Erb- und Testamentsrecht, wobei gleichzeitig die Rechtssysteme einschließlich der öffentlichen Ordnung *(ordre public)* und die nationalen Traditionen der Mitgliedstaaten in diesem Bereich zu berücksichtigen sind.

(7) Die Hindernisse für den freien Verkehr von Personen, denen die Durchsetzung ihrer Rechte im Zusammenhang mit einem Erbfall mit grenzüberschreitendem Bezug derzeit noch Schwierigkeiten bereitet, sollten ausgeräumt werden, um das reibungslose Funktionieren des Binnenmarkts zu erleichtern. In einem europäischen Rechtsraum muss es den Bürgern möglich sein, ihren Nachlass im Voraus zu regeln. Die Rechte der

---

[6] ABl. 2001 C 12, S. 1.
[7] ABl. 2005 C 53, S. 1.
[8] ABl. 2010 C 115, S. 1.

Erben und Vermächtnisnehmer sowie der anderen Personen, die dem Erblasser nahestehen, und der Nachlassgläubiger müssen effektiv gewahrt werden.

(8) Um diese Ziele zu erreichen, bedarf es einer Verordnung, in der die Bestimmungen über die Zuständigkeit, das anzuwendende Recht, die Anerkennung oder gegebenenfalls die Annahme, Vollstreckbarkeit und Vollstreckung von Entscheidungen, öffentlichen Urkunden und gerichtlichen Vergleichen sowie zur Einführung eines Europäischen Nachlasszeugnisses zusammengefasst sind.

(9) Der Anwendungsbereich dieser Verordnung sollte sich auf alle zivilrechtlichen Aspekte der Rechtsnachfolge von Todes wegen erstrecken, und zwar auf jede Form des Übergangs von Vermögenswerten, Rechten und Pflichten von Todes wegen, sei es im Wege der gewillkürten Erbfolge durch eine Verfügung von Todes wegen oder im Wege der gesetzlichen Erbfolge.

(10) Diese Verordnung sollte weder für Steuersachen noch für verwaltungsrechtliche Angelegenheiten öffentlich-rechtlicher Art gelten. Daher sollte das innerstaatliche Recht bestimmen, wie beispielsweise Steuern oder sonstige Verbindlichkeiten öffentlich-rechtlicher Art berechnet und entrichtet werden, seien es vom Erblasser im Zeitpunkt seines Todes geschuldete Steuern oder Erbschaftssteuern jeglicher Art, die aus dem Nachlass oder von den Berechtigten zu entrichten sind. Das innerstaatliche Recht sollte auch bestimmen, ob die Freigabe des Nachlassvermögens an die Berechtigten nach dieser Verordnung oder die Eintragung des Nachlassvermögens in ein Register nur erfolgt, wenn Steuern gezahlt werden.

(11) Diese Verordnung sollte nicht für Bereiche des Zivilrechts gelten, die nicht die Rechtsnachfolge von Todes wegen betreffen. Aus Gründen der Klarheit sollte eine Reihe von Fragen, die als mit Erbsachen zusammenhängend betrachtet werden könnten, ausdrücklich vom Anwendungsbereich dieser Verordnung ausgenommen werden.

(12) Dementsprechend sollte diese Verordnung nicht für Fragen des ehelichen Güterrechts, einschließlich der in einigen Rechtsordnungen vorkommenden Eheverträge, soweit diese keine erbrechtlichen Fragen regeln, und des Güterrechts aufgrund von Verhältnissen, die mit der Ehe vergleichbare Wirkungen entfalten, gelten. Die Behörden, die mit einer bestimmten Erbsache nach dieser Verordnung befasst sind, sollten allerdings je nach den Umständen des Einzelfalls die Beendigung des ehelichen oder sonstigen Güterstands des Erblassers bei der Bestimmung des Nachlasses und der jeweiligen Anteile der Berechtigten berücksichtigen.

(13) Fragen im Zusammenhang mit der Errichtung, Funktionsweise oder Auflösung von Trusts sollten auch vom Anwendungsbereich dieser Verordnung ausgenommen werden. Dies sollte nicht als genereller Ausschluss von Trusts verstanden werden. Wird ein Trust testamentarisch oder aber kraft Gesetzes im Rahmen der gesetzlichen Erbfolge errichtet, so sollte im Hinblick auf den Übergang der Vermögenswerte und die Bestimmung der

Berechtigten das nach dieser Verordnung auf die Rechtsnachfolge von Todes wegen anzuwendende Recht gelten.

(14) Rechte und Vermögenswerte, die auf andere Weise als durch Rechtsnachfolge von Todes wegen entstehen oder übertragen werden, wie zum Beispiel durch unentgeltliche Zuwendungen, sollten ebenfalls vom Anwendungsbereich dieser Verordnung ausgenommen werden. Ob unentgeltliche Zuwendungen oder sonstige Verfügungen unter Lebenden mit dinglicher Wirkung vor dem Tod für die Zwecke der Bestimmung der Anteile der Berechtigten im Einklang mit dem auf die Rechtsnachfolge von Todes wegen anzuwendenden Recht ausgeglichen oder angerechnet werden sollten, sollte sich jedoch nach dem Recht entscheiden, das nach dieser Verordnung auf die Rechtsnachfolge von Todes wegen anzuwenden ist.

(15) Diese Verordnung sollte die Begründung oder den Übergang eines Rechts an beweglichen oder unbeweglichen Vermögensgegenständen im Wege der Rechtsnachfolge von Todes wegen nach Maßgabe des auf die Rechtsnachfolge von Todes wegen anzuwendenden Rechts ermöglichen. Sie sollte jedoch nicht die abschließende Anzahl *(„Numerus Clausus")* der im innerstaatlichen Recht einiger Mitgliedstaaten bekannten dinglichen Rechte berühren. Ein Mitgliedstaat sollte nicht verpflichtet sein, ein dingliches Recht an einer in diesem Mitgliedstaat belegenen Sache anzuerkennen, wenn sein Recht dieses dingliche Recht nicht kennt.

(16) Damit die Berechtigten jedoch die Rechte, die durch Rechtsnachfolge von Todes wegen begründet worden oder auf sie übergegangen sind, in einem anderen Mitgliedstaat geltend machen können, sollte diese Verordnung die Anpassung eines unbekannten dinglichen Rechts an das in der Rechtsordnung dieses anderen Mitgliedstaats am ehesten vergleichbare dingliche Recht vorsehen. Bei dieser Anpassung sollten die mit dem besagten dinglichen Recht verfolgten Ziele und Interessen und die mit ihm verbundenen Wirkungen berücksichtigt werden. Für die Zwecke der Bestimmung des am ehesten vergleichbaren innerstaatlichen dinglichen Rechts können die Behörden oder zuständigen Personen des Staates, dessen Recht auf die Rechtsnachfolge von Todes wegen anzuwenden war, kontaktiert werden, um weitere Auskünfte zu der Art und den Wirkungen des betreffenden dinglichen Rechts einzuholen. In diesem Zusammenhang könnten die bestehenden Netze im Bereich der justiziellen Zusammenarbeit in Zivil- und Handelssachen sowie die anderen verfügbaren Mittel, die die Erkenntnis ausländischen Rechts erleichtern, genutzt werden.

(17) Die in dieser Verordnung ausdrücklich vorgesehene Anpassung unbekannter dinglicher Rechte sollte andere Formen der Anpassung im Zusammenhang mit der Anwendung dieser Verordnung nicht ausschließen.

(18) Die Voraussetzungen für die Eintragung von Rechten an beweglichen oder unbeweglichen Vermögensgegenständen in einem Register sollten aus dem Anwendungsbereich dieser Verordnung ausgenommen werden. Somit sollte das Recht des Mitgliedstaats, in dem das Register (für unbe-

wegliches Vermögen das Recht der belegenen Sache *(lex rei sitae))* geführt wird, bestimmen, unter welchen gesetzlichen Voraussetzungen und wie die Eintragung vorzunehmen ist und welche Behörden wie etwa Grundbuchämter oder Notare dafür zuständig sind zu prüfen, dass alle Eintragungsvoraussetzungen erfüllt sind und die vorgelegten oder erstellten Unterlagen vollständig sind bzw. die erforderlichen Angaben enthalten. Insbesondere können die Behörden prüfen, ob es sich bei dem Recht des Erblassers an dem Nachlassvermögen, das in dem für die Eintragung vorgelegten Schriftstück erwähnt ist, um ein Recht handelt, das als solches in dem Register eingetragen ist oder nach dem Recht des Mitgliedstaats, in dem das Register geführt wird, anderweitig nachgewiesen wird. Um eine doppelte Erstellung von Schriftstücken zu vermeiden, sollten die Eintragungsbehörden diejenigen von den zuständigen Behörden in einem anderen Mitgliedstaat erstellten Schriftstücke annehmen, deren Verkehr nach dieser Verordnung vorgesehen ist. Insbesondere sollte das nach dieser Verordnung ausgestellte Europäische Nachlasszeugnis im Hinblick auf die Eintragung des Nachlassvermögens in ein Register eines Mitgliedstaats ein gültiges Schriftstück darstellen. Dies sollte die an der Eintragung beteiligten Behörden nicht daran hindern, von der Person, die die Eintragung beantragt, diejenigen zusätzlichen Angaben oder die Vorlage derjenigen zusätzlichen Schriftstücke zu verlangen, die nach dem Recht des Mitgliedstaats, in dem das Register geführt wird, erforderlich sind, wie beispielsweise Angaben oder Schriftstücke betreffend die Zahlung von Steuern. Die zuständige Behörde kann die Person, die die Eintragung beantragt, darauf hinweisen, wie die fehlenden Angaben oder Schriftstücke beigebracht werden können.

(19) Die Wirkungen der Eintragung eines Rechts in einem Register sollten ebenfalls vom Anwendungsbereich dieser Verordnung ausgenommen werden. Daher sollte das Recht des Mitgliedstaats, in dem das Register geführt wird, dafür maßgebend sein, ob beispielsweise die Eintragung deklaratorische oder konstitutive Wirkung hat. Wenn also zum Beispiel der Erwerb eines Rechts an einer unbeweglichen Sache nach dem Recht des Mitgliedstaats, in dem das Register geführt wird, die Eintragung in einem Register erfordert, damit die Wirkung *erga omnes* von Registern sichergestellt wird oder Rechtsgeschäfte geschützt werden, sollte der Zeitpunkt des Erwerbs dem Recht dieses Mitgliedstaats unterliegen.

(20) Diese Verordnung sollte den verschiedenen Systemen zur Regelung von Erbsachen Rechnung tragen, die in den Mitgliedstaaten angewandt werden. Für die Zwecke dieser Verordnung sollte der Begriff „Gericht" daher breit gefasst werden, so dass nicht nur Gerichte im eigentlichen Sinne, die gerichtliche Funktionen ausüben, erfasst werden, sondern auch Notare oder Registerbehörden in einigen Mitgliedstaaten, die in bestimmten Erbsachen gerichtliche Funktionen wie Gerichte ausüben, sowie Notare und Angehörige von Rechtsberufen, die in einigen Mitgliedstaaten in einer bestimmten Erbsache aufgrund einer Befugnisübertragung durch ein Gericht gerichtliche Funktionen ausüben. Alle Gerichte im Sinne dieser Ver-

ordnung sollten durch die in dieser Verordnung festgelegten Zuständigkeitsregeln gebunden sein. Der Begriff „Gericht" sollte hingegen nicht die nichtgerichtlichen Behörden eines Mitgliedstaats erfassen, die nach innerstaatlichem Recht befugt sind, sich mit Erbsachen zu befassen, wie in den meisten Mitgliedstaaten die Notare, wenn sie, wie dies üblicherweise der Fall ist, keine gerichtlichen Funktionen ausüben.

(21) Diese Verordnung sollte es allen Notaren, die für Erbsachen in den Mitgliedstaaten zuständig sind, ermöglichen, diese Zuständigkeit auszuüben. Ob die Notare in einem Mitgliedstaat durch die Zuständigkeitsregeln dieser Verordnung gebunden sind, sollte davon abhängen, ob sie von der Bestimmung des Begriffs „Gericht" im Sinne dieser Verordnung erfasst werden.

(22) Die in den Mitgliedstaaten von Notaren in Erbsachen errichteten Urkunden sollten nach dieser Verordnung verkehren. Üben Notare gerichtliche Funktionen aus, so sind sie durch die Zuständigkeitsregeln gebunden, und die von ihnen erlassenen Entscheidungen sollten nach den Bestimmungen über die Anerkennung, Vollstreckbarkeit und Vollstreckung von Entscheidungen verkehren. Üben Notare keine gerichtliche Zuständigkeit aus, so sind sie nicht durch die Zuständigkeitsregeln gebunden, und die öffentlichen Urkunden, die von ihnen errichtet werden, sollten nach den Bestimmungen über öffentliche Urkunden verkehren.

(23) In Anbetracht der zunehmenden Mobilität der Bürger sollte die Verordnung zur Gewährleistung einer ordnungsgemäßen Rechtspflege in der Union und einer wirklichen Verbindung zwischen dem Nachlass und dem Mitgliedstaat, in dem die Erbsache abgewickelt wird, als allgemeinen Anknüpfungspunkt zum Zwecke der Bestimmung der Zuständigkeit und des anzuwendenden Rechts den gewöhnlichen Aufenthalt des Erblassers im Zeitpunkt des Todes vorsehen. Bei der Bestimmung des gewöhnlichen Aufenthalts sollte die mit der Erbsache befasste Behörde eine Gesamtbeurteilung der Lebensumstände des Erblassers in den Jahren vor seinem Tod und im Zeitpunkt seines Todes vornehmen und dabei alle relevanten Tatsachen berücksichtigen, insbesondere die Dauer und die Regelmäßigkeit des Aufenthalts des Erblassers in dem betreffenden Staat sowie die damit zusammenhängenden Umstände und Gründe. Der so bestimmte gewöhnliche Aufenthalt sollte unter Berücksichtigung der spezifischen Ziele dieser Verordnung eine besonders enge und feste Bindung zu dem betreffenden Staat erkennen lassen.

(24) In einigen Fällen kann es sich als komplex erweisen, den Ort zu bestimmen, an dem der Erblasser seinen gewöhnlichen Aufenthalt hatte. Dies kann insbesondere der Fall sein, wenn sich der Erblasser aus beruflichen oder wirtschaftlichen Gründen – unter Umständen auch für längere Zeit – in einen anderen Staat begeben hat, um dort zu arbeiten, aber eine enge und feste Bindung zu seinem Herkunftsstaat aufrechterhalten hat. In diesem Fall könnte – entsprechend den jeweiligen Umständen – davon ausgegangen werden, dass der Erblasser seinen gewöhnlichen Aufenthalt

weiterhin in seinem Herkunftsstaat hat, in dem sich in familiärer und sozialer Hinsicht sein Lebensmittelpunkt befand. Weitere komplexe Fälle können sich ergeben, wenn der Erblasser abwechselnd in mehreren Staa-ten gelebt hat oder auch von Staat zu Staat gereist ist, ohne sich in einem Staat für längere Zeit niederzulassen. War der Erblasser ein Staatsange-höriger eines dieser Staaten oder hatte er alle seine wesentlichen Vermögensgegenstände in einem dieser Staaten, so könnte seine Staatsangehörigkeit oder der Ort, an dem diese Vermögensgegenstände sich befinden, ein besonderer Faktor bei der Gesamtbeurteilung aller tatsächlichen Umstände sein.

(25) In Bezug auf die Bestimmung des auf die Rechtsnachfolge von Todes wegen anzuwendenden Rechts kann die mit der Erbsache befasste Behörde in Ausnahmefällen – in denen der Erblasser beispielsweise erst kurz vor seinem Tod in den Staat seines gewöhnlichen Aufenthalts umgezogen ist und sich aus der Gesamtheit der Umstände ergibt, dass er eine offensichtlich engere Verbindung zu einem anderen Staat hatte – zu dem Schluss gelangen, dass die Rechtsnachfolge von Todes wegen nicht dem Recht des gewöhnlichen Aufenthalts des Erblassers unterliegt, sondern dem Recht des Staates, zu dem der Erblasser offensichtlich eine engere Verbindung hatte. Die offensichtlich engste Verbindung sollte jedoch nicht als subsidiärer Anknüpfungspunkt gebraucht werden, wenn sich die Feststellung des gewöhnlichen Aufenthaltsorts des Erblassers im Zeitpunkt seines Todes als schwierig erweist.

(26) Diese Verordnung sollte ein Gericht nicht daran hindern, Mechanismen gegen die Gesetzesumgehung wie beispielsweise gegen die *fraude à la loi* im Bereich des Internationalen Privatrechts anzuwenden.

(27) Die Vorschriften dieser Verordnung sind so angelegt, dass sichergestellt wird, dass die mit der Erbsache befasste Behörde in den meisten Situationen ihr eigenes Recht anwendet. Diese Verordnung sieht daher eine Reihe von Mechanismen vor, die dann greifen, wenn der Erblasser für die Regelung seines Nachlasses das Recht eines Mitgliedstaats gewählt hat, dessen Staatsangehöriger er war.

(28) Einer dieser Mechanismen sollte darin bestehen, dass die betroffenen Parteien eine Gerichtsstandsvereinbarung zugunsten der Gerichte des Mitgliedstaats, dessen Recht gewählt wurde, schließen können. Abhängig insbesondere vom Gegenstand der Gerichtsstandsvereinbarung müsste von Fall zu Fall bestimmt werden, ob die Vereinbarung zwischen sämtlichen von dem Nachlass betroffenen Parteien geschlossen werden müsste oder ob einige von ihnen sich darauf einigen könnten, eine spezifische Frage bei dem gewählten Gericht anhängig zu machen, sofern die diesbezügliche Entscheidung dieses Gerichts die Rechte der anderen Parteien am Nachlass nicht berühren würde.

(29) Wird ein Verfahren in einer Erbsache von einem Gericht von Amts wegen eingeleitet, was in einigen Mitgliedstaaten der Fall ist, sollte dieses Gericht das Verfahren beenden, wenn die Parteien vereinbaren, die Erbsache außergerichtlich in dem Mitgliedstaat des gewählten Rechts einver-

nehmlich zu regeln. Wird ein Verfahren in einer Erbsache nicht von einem Gericht von Amts wegen eröffnet, so sollte diese Verordnung die Parteien nicht daran hindern, die Erbsache außergerichtlich, beispielsweise vor einem Notar, in einem Mitgliedstaat ihrer Wahl einvernehmlich zu regeln, wenn dies nach dem Recht dieses Mitgliedstaats möglich ist. Dies sollte auch dann der Fall sein, wenn das auf die Rechtsnachfolge von Todes wegen anzuwendende Recht nicht das Recht dieses Mitgliedstaats ist.

(30) Um zu gewährleisten, dass die Gerichte aller Mitgliedstaaten ihre Zuständigkeit in Bezug auf den Nachlass von Personen, die ihren gewöhnlichen Aufenthalt im Zeitpunkt ihres Todes nicht in einem Mitgliedstaat hatten, auf derselben Grundlage ausüben können, sollte diese Verordnung die Gründe, aus denen diese subsidiäre Zuständigkeit ausgeübt werden kann, abschließend und in einer zwingenden Rangfolge aufführen.

(31) Um insbesondere Fällen von Rechtsverweigerung begegnen zu können, sollte in dieser Verordnung auch eine Notzuständigkeit *(forum necessitatis)* vorgesehen werden, wonach ein Gericht eines Mitgliedstaats in Ausnahmefällen über eine Erbsache entscheiden kann, die einen engen Bezug zu einem Drittstaat aufweist. Ein solcher Ausnahmefall könnte gegeben sein, wenn ein Verfahren sich in dem betreffenden Drittstaat als unmöglich erweist, beispielsweise aufgrund eines Bürgerkriegs, oder wenn von einem Berechtigten vernünftigerweise nicht erwartet werden kann, dass er ein Verfahren in diesem Staat einleitet oder führt. Die Notzuständigkeit sollte jedoch nur ausgeübt werden, wenn die Erbsache einen ausreichenden Bezug zu dem Mitgliedstaat des angerufenen Gerichts aufweist.

(32) Im Interesse der Erben und Vermächtnisnehmer, die ihren gewöhnlichen Aufenthalt in einem anderen als dem Mitgliedstaat haben, in dem der Nachlass abgewickelt wird oder werden soll, sollte diese Verordnung es jeder Person, die nach dem auf die Rechtsnachfolge von Todes wegen anzuwendenden Recht dazu berechtigt ist, ermöglichen, Erklärungen über die Annahme oder Ausschlagung einer Erbschaft, eines Vermächtnisses oder eines Pflichtteils oder zur Begrenzung ihrer Haftung für Nachlassverbindlichkeiten vor den Gerichten des Mitgliedstaats ihres gewöhnlichen Aufenthalts in der Form abzugeben, die nach dem Recht dieses Mitgliedstaats vorgesehen ist. Dies sollte nicht ausschließen, dass derartige Erklärungen vor anderen Behörden dieses Mitgliedstaats, die nach nationalem Recht für die Entgegennahme von Erklärungen zuständig sind, abgegeben werden. Die Personen, die von der Möglichkeit Gebrauch machen möchten, Erklärungen im Mitgliedstaat ihres gewöhnlichen Aufenthalts abzugeben, sollten das Gericht oder die Behörde, die mit der Erbsache befasst ist oder sein wird, innerhalb einer Frist, die in dem auf die Rechtsnachfolge von Todes wegen anzuwendenden Recht vorgesehen ist, selbst davon in Kenntnis setzen, dass derartige Erklärungen abgegeben wurden.

(33) Eine Person, die ihre Haftung für die Nachlassverbindlichkeiten begrenzen möchte, sollte dies nicht durch eine entsprechende einfache Erklärung vor den Gerichten oder anderen zuständigen Behörden des Mitglied-

staats ihres gewöhnlichen Aufenthalts tun können, wenn das auf die Rechtsnachfolge von Todes wegen anzuwendende Recht von ihr verlangt, vor dem zuständigen Gericht ein besonderes Verfahren, beispielsweise ein Verfahren zur Inventarerrichtung, zu veranlassen. Eine Erklärung, die unter derartigen Umständen von einer Person im Mitgliedstaat ihres gewöhnlichen Aufenthalts in der nach dem Recht dieses Mitgliedstaats vorgeschriebenen Form abgegeben wurde, sollte daher für die Zwecke dieser Verordnung nicht formell gültig sein. Auch sollten die verfahrenseinleitenden Schriftstücke für die Zwecke dieser Verordnung nicht als Erklärung angesehen werden.

(34) Im Interesse einer geordneten Rechtspflege sollten in verschiedenen Mitgliedstaaten keine Entscheidungen ergehen, die miteinander unvereinbar sind. Hierzu sollte die Verordnung allgemeine Verfahrensvorschriften nach dem Vorbild anderer Rechtsinstrumente der Union im Bereich der justiziellen Zusammenarbeit in Zivilsachen vorsehen.

(35) Eine dieser Verfahrensvorschriften ist die Regel zur Rechtshängigkeit, die zum Tragen kommt, wenn dieselbe Erbsache bei verschiedenen Gerichten in verschiedenen Mitgliedstaaten anhängig gemacht wird. Diese Regel bestimmt, welches Gericht sich weiterhin mit der Erbsache zu befassen hat.

(36) Da Erbsachen in einigen Mitgliedstaaten von nichtgerichtlichen Behörden wie z. B. Notaren geregelt werden können, die nicht an die Zuständigkeitsregeln dieser Verordnung gebunden sind, kann nicht ausgeschlossen werden, dass in derselben Erbsache eine außergerichtliche einvernehmliche Regelung und ein Gerichtsverfahren beziehungsweise zwei außergerichtliche einvernehmliche Regelungen in Bezug auf dieselbe Erbsache jeweils in verschiedenen Mitgliedstaaten parallel eingeleitet werden. In solchen Fällen sollte es den beteiligten Parteien obliegen, sich, sobald sie Kenntnis von den parallelen Verfahren erhalten, untereinander über das weitere Vorgehen zu einigen. Können sie sich nicht einigen, so müsste das nach dieser Verordnung zuständige Gericht sich mit der Erbsache befassen und darüber befinden.

(37) Damit die Bürger die Vorteile des Binnenmarkts ohne Einbußen bei der Rechtssicherheit nutzen können, sollte die Verordnung ihnen im Voraus Klarheit über das in ihrem Fall anwendbare Erbstatut verschaffen. Es sollten harmonisierte Kollisionsnormen eingeführt werden, um einander widersprechende Ergebnisse zu vermeiden. Die allgemeine Kollisionsnorm sollte sicherstellen, dass der Erbfall einem im Voraus bestimmbaren Erbrecht unterliegt, zu dem eine enge Verbindung besteht. Aus Gründen der Rechtssicherheit und um eine Nachlassspaltung zu vermeiden, sollte der gesamte Nachlass, d. h. das gesamte zum Nachlass gehörende Vermögen diesem Recht unterliegen, unabhängig von der Art der Vermögenswerte und unabhängig davon, ob diese in einem anderen Mitgliedstaat oder in einem Drittstaat belegen sind.

(38) Diese Verordnung sollte es den Bürgern ermöglichen, durch die Wahl des auf die Rechtsnachfolge von Todes wegen anwendbaren Rechts ihren Nachlass vorab zu regeln. Diese Rechtswahl sollte auf das Recht eines Staates, dem sie angehören, beschränkt sein, damit sichergestellt wird, dass eine Verbindung zwischen dem Erblasser und dem gewählten Recht besteht, und damit vermieden wird, dass ein Recht mit der Absicht gewählt wird, die berechtigten Erwartungen der Pflichtteilsberechtigten zu vereiteln.

(39) Eine Rechtswahl sollte ausdrücklich in einer Erklärung in Form einer Verfügung von Todes wegen erfolgen oder sich aus den Bestimmungen einer solchen Verfügung ergeben. Eine Rechtswahl könnte als sich durch eine Verfügung von Todes wegen ergebend angesehen werden, wenn z. B. der Erblasser in seiner Verfügung Bezug auf spezifische Bestimmungen des Rechts des Staates, dem er angehört, genommen hat oder das Recht dieses Staates in anderer Weise erwähnt hat.

(40) Eine Rechtswahl nach dieser Verordnung sollte auch dann wirksam sein, wenn das gewählte Recht keine Rechtswahl in Erbsachen vorsieht. Die materielle Wirksamkeit der Rechtshandlung, mit der die Rechtswahl getroffen wird, sollte sich jedoch nach dem gewählten Recht bestimmen, d. h. ob davon auszugehen ist, dass die Person, die die Rechtswahl trifft, verstanden hat, was dies bedeutet, und dem zustimmt. Das Gleiche sollte für die Rechtshandlung gelten, mit der die Rechtswahl geändert oder widerrufen wird.

(41) Für die Zwecke der Anwendung dieser Verordnung sollte die Bestimmung der Staatsangehörigkeit oder der Mehrfachstaatsangehörigkeit einer Person vorab geklärt werden. Die Frage, ob jemand als Angehöriger eines Staates gilt, fällt nicht in den Anwendungsbereich dieser Verordnung und unterliegt dem innerstaatlichen Recht, gegebenenfalls auch internationalen Übereinkommen, wobei die allgemeinen Grundsätze der Europäischen Union uneingeschränkt zu achten sind.

(42) Das zur Anwendung berufene Erbrecht sollte für die Rechtsnachfolge von Todes wegen vom Eintritt des Erbfalls bis zum Übergang des Eigentums an den zum Nachlass gehörenden Vermögenswerten auf die nach diesem Recht bestimmten Berechtigten gelten. Es sollte Fragen im Zusammenhang mit der Nachlassverwaltung und der Haftung für die Nachlassverbindlichkeiten umfassen. Bei der Begleichung der Nachlassverbindlichkeiten kann abhängig insbesondere von dem auf die Rechtsnachfolge von Todes wegen anzuwendenden Recht eine spezifische Rangfolge der Gläubiger berücksichtigt werden.

(43) Die Zuständigkeitsregeln dieser Verordnung können in einigen Fällen zu einer Situation führen, in der das für Entscheidungen in Erbsachen zuständige Gericht nicht sein eigenes Recht anwendet. Tritt diese Situation in einem Mitgliedstaat ein, nach dessen Recht die Bestellung eines Nachlassverwalters verpflichtend ist, sollte diese Verordnung es den Gerichten

dieses Mitgliedstaats, wenn sie angerufen werden, ermöglichen, nach einzelstaatlichem Recht einen oder mehrere solcher Nachlassverwalter zu bestellen. Davon sollte eine Entscheidung der Parteien, die Rechtsnachfolge von Todes wegen außergerichtlich in einem anderen Mitgliedstaat gütlich zu regeln, in dem dies nach dem Recht dieses Mitgliedstaates möglich ist, unberührt bleiben. Zur Gewährleistung einer reibungslosen Abstimmung zwischen dem auf die Rechtsnachfolge von Todes wegen anwendbaren Recht und dem Recht des Mitgliedstaats, das für das bestellende Gericht gilt, sollte das Gericht die Person(en) bestellen, die berechtigt wäre(n), den Nachlass nach dem auf die Rechtsnachfolge von Todes wegen anwendbaren Recht zu verwalten, wie beispielsweise den Testamentsvollstrecker des Erblassers oder die Erben selbst oder, wenn das auf die Rechtsnachfolge von Todes wegen anwendbare Recht es so vorsieht, einen Fremdverwalter. Die Gerichte können jedoch in besonderen Fällen, wenn ihr Recht es erfordert, einen Dritten als Verwalter bestellen, auch wenn dies nicht in dem auf die Rechtsnachfolge von Todes wegen anzuwendenden Recht vorgesehen ist. Hat der Erblasser einen Testamentsvollstrecker bestellt, können dieser Person ihre Befugnisse nicht entzogen werden, es sei denn, das auf die Rechtsnachfolge von Todes wegen anwendbare Recht ermöglicht das Erlöschen seines Amtes.

(44) Die Befugnisse, die von den in dem Mitgliedstaat des angerufenen Gerichts bestellten Verwaltern ausgeübt werden, sollten diejenigen Verwaltungsbefugnisse sein, die sie nach dem auf die Rechtsnachfolge von Todes wegen anwendbaren Recht ausüben dürfen. Wenn also beispielsweise der Erbe als Verwalter bestellt wird, sollte er diejenigen Befugnisse zur Verwaltung des Nachlasses haben, die ein Erbe nach diesem Recht hätte. Reichen die Verwaltungsbefugnisse, die nach dem auf die Rechtsfolge von Todes wegen anwendbaren Recht ausgeübt werden dürfen, nicht aus, um das Nachlassvermögen zu erhalten oder die Rechte der Nachlassgläubiger oder anderer Personen zu schützen, die für die Verbindlichkeiten des Erblassers gebürgt haben, kann bzw. können der bzw. die in dem Mitgliedstaat des angerufenen Gerichts bestellte bzw. bestellten Nachlassverwalter ergänzend diejenigen Verwaltungsbefugnisse ausüben, die hierfür in dem Recht dieses Mitgliedstaates vorgesehen sind. Zu diesen ergänzenden Befugnissen könnte beispielsweise gehören, die Liste des Nachlassvermögens und der Nachlassverbindlichkeiten zu erstellen, die Nachlassgläubiger vom Eintritt des Erbfalls zu unterrichten und sie aufzufordern, ihre Ansprüche geltend zu machen, sowie einstweilige Maßnahmen, auch Sicherungsmaßnahmen, zum Erhalt des Nachlassvermögens zu ergreifen. Die von einem Verwalter aufgrund der ergänzenden Befugnisse durchgeführten Handlungen sollten im Einklang mit dem für die Rechtsnachfolge von Todes wegen anwendbaren Recht in Bezug auf den Übergang des Eigentums an dem Nachlassvermögen, einschließlich aller Rechtsgeschäfte, die die Berechtigten vor der Bestellung des Verwalters eingingen, die Haftung für die Nachlassverbindlichkeiten und die Rechte der Berechtigten, gegebenenfalls einschließlich des

Rechts, die Erbschaft anzunehmen oder auszuschlagen, stehen. Solche Handlungen könnten beispielsweise nur dann die Veräußerung von Vermögenswerten oder die Begleichung von Verbindlichkeiten nach sich ziehen, wenn dies nach dem auf die Rechtsnachfolge von Todes wegen anwendbaren Recht zulässig wäre. Wenn die Bestellung eines Fremdverwalters nach dem auf die Rechtsnachfolge von Todes wegen anwendbaren Recht die Haftung der Erben ändert, sollte eine solche Änderung der Haftung respektiert werden.

(45) Diese Verordnung sollte nicht ausschließen, dass Nachlassgläubiger, beispielsweise durch einen Vertreter, gegebenenfalls weitere nach dem innerstaatlichen Recht zur Verfügung stehende Maßnahmen im Einklang mit den einschlägigen Rechtsinstrumenten der Union treffen, um ihre Rechte zu sichern.

(46) Diese Verordnung sollte die Unterrichtung potenzieller Nachlassgläubiger in anderen Mitgliedstaaten, in denen Vermögenswerte belegen sind, über den Eintritt des Erbfalls ermöglichen. Im Rahmen der Anwendung dieser Verordnung sollte daher die Möglichkeit in Erwägung gezogen werden, einen Mechanismus einzurichten, gegebenenfalls über das Europäische Justizportal, um es potenziellen Nachlassgläubigern in anderen Mitgliedstaaten zu ermöglichen, Zugang zu den einschlägigen Informationen zu erhalten, damit sie ihre Ansprüche anmelden können.

(47) Wer in einer Erbsache Berechtigter ist, sollte sich jeweils nach dem auf die Rechtsnachfolge von Todes wegen anzuwendenden Erbrecht bestimmen. Der Begriff „Berechtigte" würde in den meisten Rechtsordnungen Erben und Vermächtnisnehmer sowie Pflichtteilsberechtigte erfassen; allerdings ist beispielsweise die Rechtsstellung der Vermächtnisnehmer nicht in allen Rechtsordnungen die gleiche. In einigen Rechtsordnungen kann der Vermächtnisnehmer einen unmittelbaren Anteil am Nachlass erhalten, während nach anderen Rechtsordnungen der Vermächtnisnehmer lediglich einen Anspruch gegen die Erben erwerben kann.

(48) Im Interesse der Rechtssicherheit für Personen, die ihren Nachlass im Voraus regeln möchten, sollte diese Verordnung eine spezifische Kollisionsvorschrift bezüglich der Zulässigkeit und der materiellen Wirksamkeit einer Verfügung von Todes wegen festlegen. Um eine einheitliche Anwendung dieser Vorschrift zu gewährleisten, sollte diese Verordnung die Elemente auflisten, die zur materiellen Wirksamkeit zu rechnen sind. Die Prüfung der materiellen Wirksamkeit einer Verfügung von Todes wegen kann zu dem Schluss führen, dass diese Verfügung rechtlich nicht besteht.

(49) Ein Erbvertrag ist eine Art der Verfügung von Todes wegen, dessen Zulässigkeit und Anerkennung in den Mitgliedstaaten unterschiedlich ist. Um die Anerkennung von auf der Grundlage eines Erbvertrags erworbenen Nachlassansprüchen in den Mitgliedstaaten zu erleichtern, sollte diese Verordnung festlegen, welches Recht die Zulässigkeit solcher Verträge, ihre materielle Wirksamkeit und ihre Bindungswirkungen, einschließlich der Voraussetzungen für ihre Auflösung, regeln soll.

(50) Das Recht, dem die Zulässigkeit und die materielle Wirksamkeit einer Verfügung von Todes wegen und bei Erbverträgen die Bindungswirkungen nach dieser Verordnung unterliegen, sollte nicht die Rechte einer Person berühren, die nach dem auf die Rechtsnachfolge von Todes wegen anzuwendenden Recht pflichtteilsberechtigt ist oder ein anderes Recht hat, das ihr von der Person, deren Nachlass betroffen ist, nicht entzogen werden kann.

(51) Wird in dieser Verordnung auf das Recht Bezug genommen, das auf die Rechtsnachfolge der Person, die eine Verfügung von Todes wegen errichtet hat, anwendbar gewesen wäre, wenn sie an dem Tag verstorben wäre, an dem die Verfügung errichtet, geändert oder widerrufen worden ist, so ist diese Bezugnahme zu verstehen als Bezugnahme entweder auf das Recht des Staates des gewöhnlichen Aufenthalts der betroffenen Person an diesem Tag oder, wenn sie eine Rechtswahl nach dieser Verordnung getroffen hat, auf das Recht des Staates, dessen Staatsangehörigkeit sie an diesem Tag besaß.

(52) Diese Verordnung sollte die Formgültigkeit aller schriftlichen Verfügungen von Todes wegen durch Vorschriften regeln, die mit denen des Haager Übereinkommens vom 5. Oktober 1961 über das auf die Form letztwilliger Verfügungen anzuwendende Recht in Einklang stehen. Bei der Bestimmung der Formgültigkeit einer Verfügung von Todes wegen nach dieser Verordnung sollte die zuständige Behörde ein betrügerisch geschaffenes grenzüberschreitendes Element, mit dem die Vorschriften über die Formgültigkeit umgangen werden sollen, nicht berücksichtigen.

(53) Für die Zwecke dieser Verordnung sollten Rechtsvorschriften, welche die für Verfügungen von Todes wegen zugelassenen Formen mit Beziehung auf bestimmte persönliche Eigenschaften der Person, die eine Verfügung von Todes wegen errichtet, wie beispielsweise ihr Alter, beschränken, als zur Form gehörend angesehen werden. Dies sollte nicht dahin gehend ausgelegt werden, dass das nach dieser Verordnung auf die Formgültigkeit einer Verfügung von Todes wegen anzuwendende Recht bestimmten sollte, ob ein Minderjähriger fähig ist, eine Verfügung von Todes wegen zu errichten. Dieses Recht sollte lediglich bestimmen, ob eine Person aufgrund einer persönlichen Eigenschaft, wie beispielsweise der Minderjährigkeit, von der Errichtung einer Verfügung von Todes wegen in einer bestimmten Form ausgeschlossen werden sollte.

(54) Bestimmte unbewegliche Sachen, bestimmte Unternehmen und andere besondere Arten von Vermögenswerten unterliegen im Belegenheitsmitgliedstaat aufgrund wirtschaftlicher, familiärer oder sozialer Erwägungen besonderen Regelungen mit Beschränkungen, die die Rechtsnachfolge von Todes wegen in Bezug auf diese Vermögenswerte betreffen oder Auswirkungen auf sie haben. Diese Verordnung sollte die Anwendung dieser besonderen Regelungen sicherstellen. Diese Ausnahme von der Anwendung des auf die Rechtsnachfolge von Todes wegen anzuwendenden Rechts ist jedoch eng auszulegen, damit sie der allgemeinen Zielsetzung dieser Ver-

ordnung nicht zuwiderläuft. Daher dürfen weder Kollisionsnormen, die unbewegliche Sachen einem anderen als dem auf bewegliche Sachen anzuwendenden Recht unterwerfen, noch Bestimmungen, die einen größeren Pflichtteil als den vorsehen, der in dem nach dieser Verordnung auf die Rechtsnachfolge von Todes wegen anzuwendenden Recht festgelegt ist, als besondere Regelungen mit Beschränkungen angesehen werden, die die Rechtsnachfolge von Todes wegen in Bezug auf bestimmte Vermögenswerte betreffen oder Auswirkungen auf sie haben.

(55) Um eine einheitliche Vorgehensweise in Fällen sicherzustellen, in denen es ungewiss ist, in welcher Reihenfolge zwei oder mehr Personen, deren Rechtsnachfolge von Todes wegen verschiedenen Rechtsordnungen unterliegen würde, gestorben sind, sollte diese Verordnung eine Vorschrift vorsehen, nach der keine der verstorbenen Personen Anspruch auf den Nachlass der anderen hat.

(56) In einigen Fällen kann es einen erbenlosen Nachlass geben. Diese Fälle werden in den verschiedenen Rechtsordnungen unterschiedlich geregelt. So kann nach einigen Rechtsordnungen der Staat – unabhängig davon, wo die Vermögenswerte belegen sind – einen Erbanspruch geltend machen. Nach anderen Rechtsordnungen kann der Staat sich nur die Vermögenswerte aneignen, die in seinem Hoheitsgebiet belegen sind. Diese Verordnung sollte daher eine Vorschrift enthalten, nach der die Anwendung des auf die Rechtsnachfolge von Todes wegen anzuwendenden Rechts nicht verhindern sollte, dass ein Mitgliedstaat sich das in seinem Hoheitsgebiet belegene Nachlassvermögen nach seinem eigenen Recht aneignet. Um sicherzustellen, dass diese Vorschrift nicht nachteilig für die Nachlassgläubiger ist, sollte jedoch eine Bestimmung hinzugefügt werden, nach der die Nachlassgläubiger berechtigt sein sollten, aus dem gesamten Nachlassvermögen, ungeachtet seiner Belegenheit, Befriedigung ihrer Forderungen zu suchen.

(57) Die in dieser Verordnung festgelegten Kollisionsnormen können dazu führen, dass das Recht eines Drittstaats zur Anwendung gelangt. In derartigen Fällen sollte den Vorschriften des Internationalen Privatrechts dieses Staates Rechnung getragen werden. Falls diese Vorschriften die Rück- und Weiterverweisung entweder auf das Recht eines Mitgliedstaats oder aber auf das Recht eines Drittstaats, der sein eigenes Recht auf die Erbsache anwenden würde, vorsehen, so sollte dieser Rück- und Weiterverweisung gefolgt werden, um den internationalen Entscheidungseinklang zu gewährleisten. Die Rück- und Weiterverweisung sollte jedoch in den Fällen ausgeschlossen werden, in denen der Erblasser eine Rechtswahl zugunsten des Rechts eines Drittstaats getroffen hatte.

(58) Aus Gründen des öffentlichen Interesses sollte den Gerichten und anderen mit Erbsachen befassten zuständigen Behörden in den Mitgliedstaaten in Ausnahmefällen die Möglichkeit gegeben werden, Bestimmungen eines ausländischen Rechts nicht zu berücksichtigen, wenn deren Anwendung in einem bestimmten Fall mit der öffentlichen Ordnung *(ordre public)*

des betreffenden Mitgliedstaats offensichtlich unvereinbar wäre. Die Gerichte oder andere zuständige Behörden sollten allerdings die Anwendung des Rechts eines anderen Mitgliedstaats nicht ausschließen oder die Anerkennung oder gegebenenfalls die Annahme oder die Vollstreckung einer Entscheidung, einer öffentlichen Urkunde oder eines gerichtlichen Vergleichs aus einem anderen Mitgliedstaat aus Gründen der öffentlichen Ordnung *(ordre public)* nicht versagen dürfen, wenn dies gegen die Charta der Grundrechte der Europäischen Union, insbesondere gegen das Diskriminierungsverbot in Artikel 21, verstoßen würde.

(59) Diese Verordnung sollte in Anbetracht ihrer allgemeinen Zielsetzung, nämlich der gegenseitigen Anerkennung der in den Mitgliedstaaten ergangenen Entscheidungen in Erbsachen, unabhängig davon, ob solche Entscheidungen in streitigen oder nichtstreitigen Verfahren ergangen sind, Vorschriften für die Anerkennung, Vollstreckbarkeit und Vollstreckung von Entscheidungen nach dem Vorbild anderer Rechtsinstrumente der Union im Bereich der justiziellen Zusammenarbeit in Zivilsachen vorsehen.

(60) Um den verschiedenen Systemen zur Regelung von Erbsachen in den Mitgliedstaaten Rechnung zu tragen, sollte diese Verordnung die Annahme und Vollstreckbarkeit öffentlicher Urkunden in einer Erbsache in sämtlichen Mitgliedstaaten gewährleisten.

(61) Öffentliche Urkunden sollten in einem anderen Mitgliedstaat die gleiche formelle Beweiskraft wie im Ursprungsmitgliedstaat oder die damit am ehesten vergleichbare Wirkung entfalten. Die formelle Beweiskraft einer öffentlichen Urkunde in einem anderen Mitgliedstaat oder die damit am ehesten vergleichbare Wirkung sollte durch Bezugnahme auf Art und Umfang der formellen Beweiskraft der öffentlichen Urkunde im Ursprungsmitgliedstaat bestimmt werden. Somit richtet sich die formelle Beweiskraft einer öffentlichen Urkunde in einem anderen Mitgliedstaat nach dem Recht des Ursprungsmitgliedstaats.

(62) Die „Authentizität" einer öffentlichen Urkunde sollte ein autonomer Begriff sein, der Aspekte wie die Echtheit der Urkunde, die Formerfordernisse für die Urkunde, die Befugnisse der Behörde, die die Urkunde errichtet, und das Verfahren, nach dem die Urkunde errichtet wird, erfassen sollte. Der Begriff sollte ferner die von der betreffenden Behörde in der öffentlichen Urkunde beurkundeten Vorgänge erfassen, wie z.B. die Tatsache, dass die genannten Parteien an dem genannten Tag vor dieser Behörde erschienen sind und die genannten Erklärungen abgegeben haben. Eine Partei, die Einwände mit Bezug auf die Authentizität einer öffentlichen Urkunde erheben möchte, sollte dies bei dem zuständigen Gericht im Ursprungsmitgliedstaat der öffentlichen Urkunde nach dem Recht dieses Mitgliedstaats tun.

(63) Die Formulierung „die in einer öffentlichen Urkunde beurkundeten Rechtsgeschäfte oder Rechtsverhältnisse" sollte als Bezugnahme auf den in der öffentlichen Urkunde niedergelegten materiellen Inhalt verstanden werden. Bei dem in einer öffentlichen Urkunde beurkundeten

Rechtsgeschäft kann es sich etwa um eine Vereinbarung zwischen den Parteien über die Verteilung des Nachlasses, um ein Testament oder einen Erbvertrag oder um eine sonstige Willenserklärung handeln. Bei dem Rechtsverhältnis kann es sich etwa um die Bestimmung der Erben und sonstiger Berechtigter nach dem auf die Rechtsnachfolge von Todes wegen anzuwendenden Recht, ihre jeweiligen Anteile und das Bestehen eines Pflichtteils oder um jedes andere Element, das nach dem auf die Rechtsnachfolge von Todes wegen anzuwendenden Recht bestimmt wurde, handeln. Eine Partei, die Einwände mit Bezug auf die in einer öffentlichen Urkunde beurkundeten Rechtsgeschäfte oder Rechtsverhältnisse erheben möchte, sollte dies bei den nach dieser Verordnung zuständigen Gerichten tun, die nach dem auf die Rechtsnachfolge von Todes wegen anzuwendenden Recht über die Einwände entscheiden sollten.

(64) Wird eine Frage mit Bezug auf die in einer öffentlichen Urkunde beurkundeten Rechtsgeschäfte oder Rechtsverhältnisse als Vorfrage in einem Verfahren bei einem Gericht eines Mitgliedstaats vorgebracht, so sollte dieses Gericht für die Entscheidung über diese Vorfrage zuständig sein.

(65) Eine öffentliche Urkunde, gegen die Einwände erhoben wurden, sollte in einem anderen Mitgliedstaat als dem Ursprungsmitgliedstaat keine formelle Beweiskraft entfalten, solange die Einwände anhangig sind. Betreffen die Einwände nur einen spezifischen Umstand mit Bezug auf die in einer öffentlichen Urkunde beurkundeten Rechtsgeschäfte oder Rechtsverhältnisse, so sollte die öffentliche Urkunde in Bezug auf den angefochtenen Umstand keine Beweiskraft in einem anderen Mitgliedstaat als dem Ursprungsmitgliedstaat entfalten, solange die Einwände anhängig sind. Eine öffentliche Urkunde, die aufgrund eines Einwands für ungültig erklärt wird, sollte keine Beweiskraft mehr entfalten.

(66) Wenn einer Behörde im Rahmen der Anwendung dieser Verordnung zwei nicht miteinander zu vereinbarende öffentliche Urkunden vorgelegt werden, so sollte sie die Frage, welcher Urkunde, wenn überhaupt, Vorrang einzuräumen ist, unter Berücksichtigung der Umstände des jeweiligen Falls beurteilen. Geht aus diesen Umständen nicht eindeutig hervor, welche Urkunde, wenn überhaupt, Vorrang haben sollte, so sollte diese Frage von den gemäß dieser Verordnung zuständigen Gerichten oder, wenn die Frage als Vorfrage im Laufe eines Verfahrens vorgebracht wird, von dem mit diesem Verfahren befassten Gericht geklärt werden. Im Falle einer Unvereinbarkeit zwischen einer öffentlichen Urkunde und einer Entscheidung sollten die Gründe für die Nichtanerkennung von Entscheidungen nach dieser Verordnung berücksichtigt werden.

(67) Eine zügige, unkomplizierte und effiziente Abwicklung einer Erbsache mit grenzüberschreitendem Bezug innerhalb der Union setzt voraus, dass die Erben, Vermächtnisnehmer, Testamentsvollstrecker oder Nachlassverwalter in der Lage sein sollten, ihren Status und/oder ihre Rechte und Befugnisse in einem anderen Mitgliedstaat, beispielsweise in einem Mitgliedstaat, in dem Nachlassvermögen belegen ist, einfach nachzuweisen. Zu

diesem Zweck sollte diese Verordnung die Einführung eines einheitlichen Zeugnisses, des Europäischen Nachlasszeugnisses (im Folgenden „das Zeugnis"), vorsehen, das zur Verwendung in einem anderen Mitgliedstaat ausgestellt wird. Das Zeugnis sollte entsprechend dem Subsidiaritätsprinzip nicht die innerstaatlichen Schriftstücke ersetzen, die gegebenenfalls in den Mitgliedstaaten für ähnliche Zwecke verwendet werden.

(68) Die das Zeugnis ausstellende Behörde sollte die Formalitäten beachten, die für die Eintragung von unbeweglichen Sachen in dem Mitgliedstaat, in dem das Register geführt wird, vorgeschrieben sind. Diese Verordnung sollte hierfür einen Informationsaustausch zwischen den Mitgliedstaaten über diese Formalitäten vorsehen.

(69) Die Verwendung des Zeugnisses sollte nicht verpflichtend sein. Das bedeutet, dass die Personen, die berechtigt sind, das Zeugnis zu beantragen, nicht dazu verpflichtet sein sollten, dies zu tun, sondern dass es ihnen freistehen sollte, die anderen nach dieser Verordnung zur Verfügung stehenden Instrumente (Entscheidung, öffentliche Urkunde und gerichtlicher Vergleich) zu verwenden. Eine Behörde oder Person, der ein in einem anderen Mitgliedstaat ausgestelltes Zeugnis vorgelegt wird, sollte jedoch nicht verlangen können, dass statt des Zeugnisses eine Entscheidung, eine öffentliche Urkunde oder ein gerichtlicher Vergleich vorgelegt wird.

(70) Das Zeugnis sollte in dem Mitgliedstaat ausgestellt werden, dessen Gerichte nach dieser Verordnung zuständig sind. Es sollte Sache jedes Mitgliedstaats sein, in seinen innerstaatlichen Rechtsvorschriften festzulegen, welche Behörden – Gerichte im Sinne dieser Verordnung oder andere für Erbsachen zuständige Behörden wie beispielsweise Notare – für die Ausstellung des Zeugnisses zuständig sind. Es sollte außerdem Sache jedes Mitgliedstaats sein, in seinen innerstaatlichen Rechtsvorschriften festzulegen, ob die Ausstellungsbehörde andere zuständige Stellen an der Ausstellung beteiligen kann, beispielsweise Stellen, vor denen eidesstattliche Versicherungen abgegeben werden können. Die Mitgliedstaaten sollten der Kommission die einschlägigen Angaben zu ihren Ausstellungsbehörden mitteilen, damit diese Angaben der Öffentlichkeit zugänglich gemacht werden.

(71) Das Zeugnis sollte in sämtlichen Mitgliedstaaten dieselbe Wirkung entfalten. Es sollte zwar als solches keinen vollstreckbaren Titel darstellen, aber Beweiskraft besitzen, und es sollte die Vermutung gelten, dass es die Sachverhalte zutreffend ausweist, die nach dem auf die Rechtsnachfolge von Todes wegen anzuwendenden Recht oder einem anderen auf spezifische Sachverhalte anzuwendenden Recht festgestellt wurden, wie beispielsweise die materielle Wirksamkeit einer Verfügung von Todes wegen. Die Beweiskraft des Zeugnisses sollte sich nicht auf Elemente beziehen, die nicht durch diese Verordnung geregelt werden, wie etwa die Frage des Status oder die Frage, ob ein bestimmter Vermögenswert dem Erblasser gehörte oder nicht. Einer Person, die Zahlungen an eine Person leistet oder Nachlassvermögen an eine Person übergibt, die in dem Zeugnis als zur Entgegennahme dieser Zahlungen oder dieses Vermögens als Erbe oder

Vermächtnisnehmer berechtigt bezeichnet ist, sollte ein angemessener Schutz gewährt werden, wenn sie im Vertrauen auf die Richtigkeit der in dem Zeugnis enthaltenen Angaben gutgläubig gehandelt hat. Der gleiche Schutz sollte einer Person gewährt werden, die im Vertrauen auf die Richtigkeit der in dem Zeugnis enthaltenen Angaben Nachlassvermögen von einer Person erwirbt oder erhält, die in dem Zeugnis als zur Verfügung über das Vermögen berechtigt bezeichnet ist. Der Schutz sollte gewährleistet werden, wenn noch gültige beglaubigte Abschriften vorgelegt werden. Durch diese Verordnung sollte nicht geregelt werden, ob der Erwerb von Vermögen durch eine dritte Person wirksam ist oder nicht.

(72) Die zuständige Behörde sollte das Zeugnis auf Antrag ausstellen. Die Ausstellungsbehörde sollte die Urschrift des Zeugnisses aufbewahren und dem Antragsteller und jeder anderen Person, die ein berechtigtes Interesse nachweist, eine oder mehrere beglaubigte Abschriften ausstellen. Dies sollte einen Mitgliedstaat nicht daran hindern, es im Einklang mit seinen innerstaatlichen Regelungen über den Zugang der Öffentlichkeit zu Dokumenten zu gestatten, dass Abschriften des Zeugnisses der Öffentlichkeit zugängig gemacht werden. Diese Verordnung sollte Rechtsbehelfe gegen Entscheidungen der ausstellenden Behörde, einschließlich der Entscheidungen, die Ausstellung eines Zeugnisses zu versagen, vorsehen. Wird ein Zeugnis berichtigt, geändert oder widerrufen, sollte die ausstellende Behörde die Personen unterrichten, denen beglaubigte Abschriften ausgestellt wurden, um eine missbräuchliche Verwendung dieser Abschriften zu vermeiden.

(73) Um die internationalen Verpflichtungen, die die Mitgliedstaaten eingegangen sind, zu wahren, sollte sich diese Verordnung nicht auf die Anwendung internationaler Übereinkommen auswirken, denen ein oder mehrere Mitgliedstaaten zum Zeitpunkt der Annahme dieser Verordnung angehören. Insbesondere sollten die Mitgliedstaaten, die Vertragsparteien des Haager Übereinkommens vom 5. Oktober 1961 über das auf die Form letztwilliger Verfügungen anzuwendende Recht[9] sind, in Bezug auf die Formgültigkeit von Testamenten und gemeinschaftlichen Testamenten anstelle der Bestimmungen dieser Verordnung weiterhin die Bestimmungen jenes Übereinkommens anwenden können. Um die allgemeinen Ziele dieser Verordnung zu wahren, muss die Verordnung jedoch im Verhältnis zwischen den Mitgliedstaaten Vorrang vor ausschließlich zwischen zwei oder mehreren Mitgliedstaaten geschlossenen Übereinkommen haben, soweit diese Bereiche betreffen, die in dieser Verordnung geregelt sind.

(74) Diese Verordnung sollte nicht verhindern, dass die Mitgliedstaaten, die Vertragsparteien des Übereinkommens vom 19. November 1934 zwischen Dänemark, Finnland, Island, Norwegen und Schweden mit Bestimmungen des Internationalen Privatrechts über Rechtsnachfolge von Todes wegen, Testamente und Nachlassverwaltung sind, weiterhin spezifische Be-

[9] Abgedruckt unter Nr. *60*.

stimmungen jenes Übereinkommens in der geänderten Fassung der zwischenstaatlichen Vereinbarung zwischen den Staaten, die Vertragsparteien des Übereinkommens sind, anwenden können.

(75) Um die Anwendung dieser Verordnung zu erleichtern, sollten die Mitgliedstaaten verpflichtet werden, über das mit der Entscheidung 2001/470/EG des Rates[10] eingerichtete Europäische Justizielle Netz für Zivil- und Handelssachen bestimmte Angaben zu ihren erbrechtlichen Vorschriften und Verfahren zu machen. Damit sämtliche Informationen, die für die praktische Anwendung dieser Verordnung von Bedeutung sind, rechtzeitig im Amtsblatt der Europäischen Union veröffentlicht werden können, sollten die Mitgliedstaaten der Kommission auch diese Informationen vor dem Beginn der Anwendung der Verordnung mitteilen.

(76) Um die Anwendung dieser Verordnung zu erleichtern und um die Nutzung moderner Kommunikationstechnologien zu ermöglichen, sollten Standardformblätter für die Bescheinigungen, die im Zusammenhang mit einem Antrag auf Vollstreckbarerklärung einer Entscheidung, einer öffentlichen Urkunde oder eines gerichtlichen Vergleichs und mit einem An-trag auf Ausstellung eines Europäischen Nachlasszeugnisses vorzulegen sind, sowie für das Zeugnis selbst vorgesehen werden.

(77) Die Berechnung der in dieser Verordnung vorgesehenen Fristen und Termine sollte nach Maßgabe der Verordnung (EWG, Euratom) Nr. 1182/71 des Rates vom 3. Juni 1971 zur Festlegung der Regeln für die Fristen, Daten und Termine[11] erfolgen.

(78) Um einheitliche Bedingungen für die Durchführung dieser Verordnung gewährleisten zu können, sollten der Kommission in Bezug auf die Erstellung und spätere Änderung der Bescheinigungen und Formblätter, die die Vollstreckbarerklärung von Entscheidungen, gerichtlichen Vergleichen und öffentlichen Urkunden und das Europäische Nachlasszeugnis betreffen, Durchführungsbefugnisse übertragen werden. Diese Befugnisse sollten im Einklang mit der Verordnung (EU) Nr. 182/2011 des Europäischen Parlaments und des Rates vom 16. Februar 2011 zur Festlegung der allgemeinen Regeln und Grundsätze, nach denen die Mitgliedstaaten die Wahrnehmung der Durchführungsbefugnisse durch die Kommission kontrollieren[12], ausgeübt werden.

(79) Für den Erlass von Durchführungsrechtsakten zur Erstellung und anschließenden Änderung der in dieser Verordnung vorgesehenen Bescheinigungen und Formblätter sollte das Beratungsverfahren nach Artikel 4 der Verordnung (EU) Nr. 182/2011 herangezogen werden.

(80) Da die Ziele dieser Verordnung, nämlich die Sicherstellung der Freizügigkeit und der Möglichkeit für europäische Bürger, ihren Nachlass in einem Unions-Kontext im Voraus zu regeln, sowie der Schutz der Rechte

---

[10] ABl. 2001 L 174, S. 25.
[11] ABl. 1971 L 124, S. 1.
[12] ABl. 2011 L 55, S. 13.

der Erben und Vermächtnisnehmer, der Personen, die dem Erblasser nahestehen, und der Nachlassgläubiger auf Ebene der Mitgliedstaaten nicht ausreichend verwirklicht werden können und daher wegen des Umfangs und der Wirkungen dieser Verordnung besser auf Unionsebene zu verwirklichen sind, kann die Union im Einklang mit dem in Artikel 5 des Vertrags über die Europäische Union niedergelegten Subsidiaritätsprinzip tätig werden. Entsprechend dem in demselben Artikel genannten Grundsatz der Verhältnismäßigkeit geht diese Verordnung nicht über das für die Erreichung dieser Ziele erforderliche Maß hinaus.

(81) Diese Verordnung steht im Einklang mit den Grundrechten und Grundsätzen, die mit der Charta der Grundrechte der Europäischen Union anerkannt wurden. Bei der Anwendung dieser Verordnung müssen die Gerichte und anderen zuständigen Behörden der Mitgliedstaaten diese Rechte und Grundsätze achten.

(82) Gemäß den Artikeln 1 und 2 des dem Vertrag über die Europäische Union und dem Vertrag über die Arbeitsweise der Europäischen Union beigefügten Protokolls Nr. 21 über die Position des Vereinigten Königreichs und Irlands hinsichtlich des Raums der Freiheit, der Sicherheit und des Rechts beteiligen sich diese Mitgliedstaaten nicht an der Annahme dieser Verordnung und sind weder durch diese gebunden noch zu ihrer Anwendung verpflichtet. Dies berührt jedoch nicht die Möglichkeit für das Vereinigte Königreich und Irland, gemäß Artikel 4 des genannten Protokolls nach der Annahme dieser Verordnung mitzuteilen, dass sie die Verordnung anzunehmen wünschen.

(83) Gemäß den Artikeln 1 und 2 des dem Vertrag über die Europäische Union und dem Vertrag über die Arbeitsweise der Europäischen Union beigefügten Protokolls Nr. 22 über die Position Dänemarks beteiligt sich Dänemark nicht an der Annahme dieser Verordnung und ist weder durch diese Verordnung gebunden noch zu ihrer Anwendung verpflichtet –

HABEN FOLGENDE VERORDNUNG ERLASSEN:

Kapitel I. Anwendungsbereich und Begriffsbestimmungen

Art. 1.[13] **Anwendungsbereich.** (1) Diese Verordnung ist auf die Rechtsnachfolge von Todes wegen anzuwenden. Sie gilt nicht für Steuer- und Zollsachen sowie verwaltungsrechtliche Angelegenheiten.

(2) Vom Anwendungsbereich dieser Verordnung ausgenommen sind:

a) der Personenstand sowie Familienverhältnisse und Verhältnisse, die nach dem auf diese Verhältnisse anzuwendenden Recht vergleichbare Wirkungen entfalten;

---

[13] Vgl. Erwägungsgründe (9) ff.

b) die Rechts-, Geschäfts- und Handlungsfähigkeit von natürlichen Personen, unbeschadet des Artikels 23 Absatz 2 Buchstabe c und des Artikels 26;

c) Fragen betreffend die Verschollenheit oder die Abwesenheit einer natürlichen Person oder die Todesvermutung;

d) Fragen des ehelichen Güterrechts sowie des Güterrechts aufgrund von Verhältnissen, die nach dem auf diese Verhältnisse anzuwendenden Recht mit der Ehe vergleichbare Wirkungen entfalten;[14]

e) Unterhaltspflichten außer derjenigen, die mit dem Tod entstehen;

f) die Formgültigkeit mündlicher Verfügungen von Todes wegen;

g) Rechte und Vermögenswerte, die auf andere Weise als durch Rechtsnachfolge von Todes wegen begründet oder übertragen werden, wie unentgeltliche Zuwendungen, Miteigentum mit Anwachsungsrecht des Überlebenden *(joint tenancy),* Rentenpläne, Versicherungsverträge und ähnliche Vereinbarungen, unbeschadet des Artikels 23 Absatz 2 Buchstabe i;[15]

h) Fragen des Gesellschaftsrechts, des Vereinsrechts und des Rechts der juristischen Personen, wie Klauseln im Errichtungsakt oder in der Satzung einer Gesellschaft, eines Vereins oder einer juristischen Person, die das Schicksal der Anteile verstorbener Gesellschafter beziehungsweise Mitglieder regeln;

i) die Auflösung, das Erlöschen und die Verschmelzung von Gesellschaften, Vereinen oder juristischen Personen;

j) die Errichtung, Funktionsweise und Auflösung eines Trusts;[16]

k) die Art der dinglichen Rechte[17] und

l) jede Eintragung von Rechten an beweglichen oder unbeweglichen Vermögensgegenständen in einem Register, einschließlich der gesetzlichen Voraussetzungen für eine solche Eintragung, sowie die Wirkungen der Eintragung oder der fehlenden Eintragung solcher Rechte in einem Register.[18]

Art. 2.[19] **Zuständigkeit in Erbsachen innerhalb der Mitgliedstaaten.** Diese Verordnung berührt nicht die innerstaatlichen Zuständigkeiten der Behörden der Mitgliedstaaten in Erbsachen.

Art. 3. Begriffsbestimmungen. (1) Für die Zwecke dieser Verordnung bezeichnet der Ausdruck

---

[14] Vgl. Erwägungsgrund (12).

[15] Vgl. Erwägungsgrund (14).

[16] Vgl. Erwägungsgrund (13).

[17] Vgl. Erwägungsgrund (15).

[18] Vgl. Erwägungsgründe (18) und (19).

[19] Zur örtlichen Zuständigkeit der nach Kap. II international zuständigen deutschen Gerichte siehe § 2 IntErbRVG v. 29.6.2015 (Nr. *61a*).

a) „Rechtsnachfolge von Todes wegen" jede Form des Übergangs von Vermögenswerten, Rechten und Pflichten von Todes wegen, sei es im Wege der gewillkürten Erbfolge durch eine Verfügung von Todes wegen oder im Wege der gesetzlichen Erbfolge;

b) „Erbvertrag" eine Vereinbarung, einschließlich einer Vereinbarung aufgrund gegenseitiger Testamente, die mit oder ohne Gegenleistung Rechte am künftigen Nachlass oder künftigen Nachlässen einer oder mehrerer an dieser Vereinbarung beteiligter Personen begründet, ändert oder entzieht;

c) „gemeinschaftliches Testament" ein von zwei oder mehr Personen in einer einzigen Urkunde errichtetes Testament;

d) „Verfügung von Todes wegen" ein Testament, ein gemeinschaftliches Testament oder einen Erbvertrag;

e) „Ursprungsmitgliedstaat" den Mitgliedstaat, in dem die Entscheidung ergangen, der gerichtliche Vergleich gebilligt oder geschlossen, die öffentliche Urkunde errichtet oder das Europäische Nachlasszeugnis ausgestellt worden ist;

f) „Vollstreckungsmitgliedstaat" den Mitgliedstaat, in dem die Vollstreckbarerklärung oder Vollstreckung der Entscheidung, des gerichtlichen Vergleichs oder der öffentlichen Urkunde betrieben wird;

g) „Entscheidung" jede von einem Gericht eines Mitgliedstaats in einer Erbsache erlassene Entscheidung ungeachtet ihrer Bezeichnung einschließlich des Kostenfestsetzungsbeschlusses eines Gerichtsbediensteten;

h) „gerichtlicher Vergleich" einen von einem Gericht gebilligten oder vor einem Gericht im Laufe eines Verfahrens geschlossenen Vergleich in einer Erbsache;

i) „öffentliche Urkunde" ein Schriftstück in Erbsachen, das als öffentliche Urkunde in einem Mitgliedstaat förmlich errichtet oder eingetragen worden ist und dessen Beweiskraft

   i) sich auf die Unterschrift und den Inhalt der öffentlichen Urkunde bezieht und

   ii) durch eine Behörde oder eine andere vom Ursprungsmitgliedstaat hierzu ermächtigte Stelle festgestellt worden ist.

(2) Im Sinne dieser Verordnung bezeichnet der Begriff „Gericht" jedes Gericht und alle sonstigen Behörden und Angehörigen von Rechtsberufen mit Zuständigkeiten in Erbsachen, die gerichtliche Funktionen ausüben oder in Ausübung einer Befugnisübertragung durch ein Gericht oder unter der Aufsicht eines Gerichts handeln, sofern diese anderen Behörden und Angehörigen von Rechtsberufen ihre Unparteilichkeit und das Recht der Parteien auf rechtliches Gehör gewährleisten und ihre Entscheidungen nach dem Recht des Mitgliedstaats, in dem sie tätig sind,

a) vor einem Gericht angefochten oder von einem Gericht nachgeprüft werden können und

b) vergleichbare Rechtskraft und Rechtswirkung haben wie eine Entscheidung eines Gerichts in der gleichen Sache.[20]

Die Mitgliedstaaten teilen der Kommission nach Artikel 79 die in Unterabsatz 1 genannten sonstigen Behörden und Angehörigen von Rechtsberufen mit.

Kapitel II.[21] Zuständigkeit

Art. 4.[22] Allgemeine Zuständigkeit. Für Entscheidungen in Erbsachen sind für den gesamten Nachlass die Gerichte des Mitgliedstaats zuständig, in dessen Hoheitsgebiet der Erblasser im Zeitpunkt seines Todes seinen gewöhnlichen Aufenthalt hatte.

Art. 5.[23] Gerichtsstandsvereinbarung. (1) Ist das vom Erblasser nach Artikel 22 zur Anwendung auf die Rechtsnachfolge von Todes wegen gewählte Recht das Recht eines Mitgliedstaats, so können die betroffenen Parteien vereinbaren, dass für Entscheidungen in Erbsachen ausschließlich ein Gericht oder die Gerichte dieses Mitgliedstaats zuständig sein sollen.

(2) Eine solche Gerichtsstandsvereinbarung bedarf der Schriftform und ist zu datieren und von den betroffenen Parteien zu unterzeichnen. Elektronische Übermittlungen, die eine dauerhafte Aufzeichnung der Vereinbarung ermöglichen, sind der Schriftform gleichgestellt.

Art. 6. Unzuständigerklärung bei Rechtswahl. Ist das Recht, das der Erblasser nach Artikel 22 zur Anwendung auf die Rechtsnachfolge von Todes wegen gewählt hat, das Recht eines Mitgliedstaats, so verfährt das nach Artikel 4 oder Artikel 10 angerufene Gericht wie folgt:

a) Es kann sich auf Antrag einer der Verfahrensparteien für unzuständig erklären, wenn seines Erachtens die Gerichte des Mitgliedstaats des gewählten Rechts in der Erbsache besser entscheiden können, wobei es die konkreten Umstände der Erbsache berücksichtigt, wie etwa den gewöhnlichen Aufenthalt der Parteien und den Ort, an dem die Vermögenswerte belegen sind, oder

b) es erklärt sich für unzuständig, wenn die Verfahrensparteien nach Artikel 5 die Zuständigkeit eines Gerichts oder der Gerichte des Mitgliedstaats des gewählten Rechts vereinbart haben.

---

[20] Vgl. Erwägungsgründe (20)–(21).

[21] Zur Bindung von Notaren an die Zuständigkeitsregeln des Kapitels II vgl. die Erwägungsgründe (21)–(22). Zur sachlichen und örtlichen Zuständigkeit in *Deutschland* siehe §§ 2, 47 IntErbRVG v. 29.6.2015 (Nr. *61a*).

[22] Vgl. Erwägungsgründe (23)–(24).

[23] Vgl. Erwägungsgrund (28).

Art. 7. Zuständigkeit bei Rechtswahl. Die Gerichte eines Mitgliedstaats, dessen Recht der Erblasser nach Artikel 22 gewählt hat, sind für die Entscheidungen in einer Erbsache zuständig, wenn

a) sich ein zuvor angerufenes Gericht nach Artikel 6 in derselben Sache für unzuständig erklärt hat,

b) die Verfahrensparteien nach Artikel 5 die Zuständigkeit eines Gerichts oder der Gerichte dieses Mitgliedstaats vereinbart haben oder

c) die Verfahrensparteien die Zuständigkeit des angerufenen Gerichts ausdrücklich anerkannt haben.

Art. 8.[24] Beendigung des Verfahrens von Amts wegen bei Rechtswahl. Ein Gericht, das ein Verfahren in einer Erbsache von Amts wegen nach Artikel 4 oder nach Artikel 10 eingeleitet hat, beendet das Verfahren, wenn die Verfahrensparteien vereinbart haben, die Erbsache außergerichtlich in dem Mitgliedstaat, dessen Recht der Erblasser nach Artikel 22 gewählt hat, einvernehmlich zu regeln.

Art. 9. Zuständigkeit aufgrund rügeloser Einlassung. (1) Stellt sich in einem Verfahren vor dem Gericht eines Mitgliedstaats, das seine Zuständigkeit nach Artikel 7 ausübt, heraus, dass nicht alle Parteien dieses Verfahrens der Gerichtsstandsvereinbarung angehören, so ist das Gericht weiterhin zuständig, wenn sich die Verfahrensparteien, die der Vereinbarung nicht angehören, auf das Verfahren einlassen, ohne den Mangel der Zuständigkeit des Gerichts zu rügen.

(2) Wird der Mangel der Zuständigkeit des in Absatz 1 genannten Gerichts von Verfahrensparteien gerügt, die der Vereinbarung nicht angehören, so erklärt sich das Gericht für unzuständig.

In diesem Fall sind die nach Artikel 4 oder Artikel 10 zuständigen Gerichte für die Entscheidung in der Erbsache zuständig.

Art. 10.[25] Subsidiäre Zuständigkeit. (1) Hatte der Erblasser seinen gewöhnlichen Aufenthalt im Zeitpunkt seines Todes nicht in einem Mitgliedstaat, so sind die Gerichte eines Mitgliedstaats, in dem sich Nachlassvermögen befindet, für Entscheidungen in Erbsachen für den gesamten Nachlass zuständig, wenn

a) der Erblasser die Staatsangehörigkeit dieses Mitgliedstaats im Zeitpunkt seines Todes besaß, oder, wenn dies nicht der Fall ist,

b) der Erblasser seinen vorhergehenden gewöhnlichen Aufenthalt in dem betreffenden Mitgliedstaat hatte, sofern die Änderung dieses gewöhnlichen Aufenthalts zum Zeitpunkt der Anrufung des Gerichts nicht länger als fünf Jahre zurückliegt.

---

[24] Vgl. Erwägungsgrund (29).
[25] Vgl. Erwägungsgrund (30).

(2) Ist kein Gericht in einem Mitgliedstaat nach Absatz 1 zuständig, so sind dennoch die Gerichte des Mitgliedstaats, in dem sich Nachlassvermögen befindet, für Entscheidungen über dieses Nachlassvermögen zuständig.

Art. 11.[26] **Notzuständigkeit *(forum necessitatis)*.** Ist kein Gericht eines Mitgliedstaats aufgrund anderer Vorschriften dieser Verordnung zuständig, so können die Gerichte eines Mitgliedstaats in Ausnahmefällen in einer Erbsache entscheiden, wenn es nicht zumutbar ist oder es sich als unmöglich erweist, ein Verfahren in einem Drittstaat, zu dem die Sache einen engen Bezug aufweist, einzuleiten oder zu führen.

Die Sache muss einen ausreichenden Bezug zu dem Mitgliedstaat des angerufenen Gerichts aufweisen.

Art. 12. Beschränkung des Verfahrens. (1) Umfasst der Nachlass des Erblassers Vermögenswerte, die in einem Drittstatt belegen sind, so kann das in der Erbsache angerufene Gericht auf Antrag einer der Parteien beschließen, über einen oder mehrere dieser Vermögenswerte nicht zu befinden, wenn zu erwarten ist, dass seine Entscheidung in Bezug auf diese Vermögenswerte in dem betreffenden Drittstatt nicht anerkannt oder gegebenenfalls nicht für vollstreckbar erklärt wird.

(2) Absatz 1 berührt nicht das Recht der Parteien, den Gegenstand des Verfahrens nach dem Recht des Mitgliedstaats des angerufenen Gerichts zu beschränken.

Art. 13.[27] **Annahme oder Ausschlagung der Erbschaft, eines Vermächtnisses oder eines Pflichtteils.** Außer dem gemäß dieser Verordnung für die Rechtsnachfolge von Todes wegen zuständigen Gericht sind die Gerichte des Mitgliedstaats, in dem eine Person ihren gewöhnlichen Aufenthalt hat, die nach dem auf die Rechtsnachfolge von Todes wegen anzuwendenden Recht vor einem Gericht eine Erklärung über die Annahme oder Ausschlagung der Erbschaft, eines Vermächtnisses oder eines Pflichtteils oder eine Erklärung zur Begrenzung der Haftung der betreffenden Person für die Nachlassverbindlichkeiten abgeben kann, für die Entgegennahme solcher Erklärungen zuständig, wenn diese Erklärungen nach dem Recht dieses Mitgliedstaats vor einem Gericht abgegeben werden können.

Art. 14. Anrufung eines Gerichts. Für die Zwecke dieses Kapitels gilt ein Gericht als angerufen

a) zu dem Zeitpunkt, zu dem das verfahrenseinleitende Schriftstück oder ein gleichwertiges Schriftstück bei Gericht eingereicht worden ist, vor-

---

[26] Vgl. Erwägungsgrund (31).

[27] Vgl. Erwägungsgründe (32)–(33); dazu in *Deutschland* § 31 IntErbRVG v. 29.6.2015 (Nr. *61a*).

ausgesetzt, dass der Kläger es in der Folge nicht versäumt hat, die ihm obliegenden Maßnahmen zu treffen, um die Zustellung des Schriftstücks an den Beklagten zu bewirken,

b) falls die Zustellung vor Einreichung des Schriftstücks bei Gericht zu bewirken ist, zu dem Zeitpunkt, zu dem die für die Zustellung verantwortliche Stelle das Schriftstück erhalten hat, vorausgesetzt, dass der Kläger es in der Folge nicht versäumt hat, die ihm obliegenden Maßnahmen zu treffen, um das Schriftstück bei Gericht einzureichen, oder

c) falls das Gericht das Verfahren von Amts wegen einleitet, zu dem Zeitpunkt, zu dem der Beschluss über die Einleitung des Verfahrens vom Gericht gefasst oder, wenn ein solcher Beschluss nicht erforderlich ist, zu dem Zeitpunkt, zu dem die Sache beim Gericht eingetragen wird.

Art. 15. Prüfung der Zuständigkeit. Das Gericht eines Mitgliedstaats, das in einer Erbsache angerufen wird, für die es nach dieser Verordnung nicht zuständig ist, erklärt sich von Amts wegen für unzuständig.

Art. 16. Prüfung der Zulässigkeit. (1) Lässt sich der Beklagte, der seinen gewöhnlichen Aufenthalt im Hoheitsgebiet eines anderen Staates als des Mitgliedstaats hat, in dem das Verfahren eingeleitet wurde, auf das Verfahren nicht ein, so setzt das zuständige Gericht das Verfahren so lange aus, bis festgestellt ist, dass es dem Beklagten möglich war, das verfahrenseinleitende Schriftstück oder ein gleichwertiges Schriftstück so rechtzeitig zu empfangen, dass er sich verteidigen konnte oder dass alle hierzu erforderlichen Maßnahmen getroffen wurden.

(2) Anstelle des Absatzes 1 des vorliegenden Artikels findet Artikel 19 der Verordnung (EG) Nr. 1393/2007 des Europäischen Parlaments und des Rates vom 13. November 2007 über die Zustellung gerichtlicher und außergerichtlicher Schriftstücke in Zivil- oder Handelssachen in den Mitgliedstaaten (Zustellung von Schriftstücken)[28] Anwendung, wenn das verfahrenseinleitende Schriftstück oder ein gleichwertiges Schriftstück nach der genannten Verordnung von einem Mitgliedstaat in einen anderen zu übermitteln war.

(3) Ist die Verordnung (EG) Nr. 1393/2007 nicht anwendbar, so gilt Artikel 15 des Haager Übereinkommens vom 15. November 1965 über die Zustellung gerichtlicher und außergerichtlicher Schriftstücke im Ausland in Zivil- und Handelssachen[29], wenn das verfahrenseinleitende Schriftstück oder ein gleichwertiges Schriftstück nach Maßgabe dieses Übereinkommens ins Ausland zu übermitteln war.

---

[28] ABl. 2007 L 324, S. 79. Anstelle von Art. 19 der Verordnung (EG) Nr. 1393/2007 gilt seit dem 1.7.2022 Art. 22 der Verordnung 2020/1784, abgedruckt unter Nr. *224*.

[29] Abgedruckt unter Nr. *211*.

Art. 17.[30] **Rechtshängigkeit.** (1) Werden bei Gerichten verschiedener Mitgliedstaaten Verfahren wegen desselben Anspruchs zwischen denselben Parteien anhängig gemacht, so setzt das später angerufene Gericht das Verfahren von Amts wegen aus, bis die Zuständigkeit des zuerst angerufenen Gerichts feststeht.

(2) Sobald die Zuständigkeit des zuerst angerufenen Gerichts feststeht, erklärt sich das später angerufene Gericht zugunsten dieses Gerichts für unzuständig.

Art. 18. Im Zusammenhang stehende Verfahren. (1) Sind bei Gerichten verschiedener Mitgliedstaaten Verfahren, die im Zusammenhang stehen, anhängig, so kann jedes später angerufene Gericht das Verfahren aussetzen.

(2) Sind diese Verfahren in erster Instanz anhängig, so kann sich jedes später angerufene Gericht auf Antrag einer Partei auch für unzuständig erklären, wenn das zuerst angerufene Gericht für die betreffenden Verfahren zuständig ist und die Verbindung der Verfahren nach seinem Recht zulässig ist.

(3) Verfahren stehen im Sinne dieses Artikels im Zusammenhang, wenn zwischen ihnen eine so enge Beziehung gegeben ist, dass eine gemeinsame Verhandlung und Entscheidung geboten erscheint, um zu vermeiden, dass in getrennten Verfahren widersprechende Entscheidungen ergehen.

Art. 19. Einstweilige Maßnahmen einschließlich Sicherungsmaßnahmen. Die im Recht eines Mitgliedstaats vorgesehenen einstweiligen Maßnahmen einschließlich Sicherungsmaßnahmen können bei den Gerichten dieses Staates auch dann beantragt werden, wenn für die Entscheidung in der Hauptsache nach dieser Verordnung die Gerichte eines anderen Mitgliedstaats zuständig sind.

Kapitel III.[31] Anzuwendendes Recht

Art. 20. Universelle Anwendung. Das nach dieser Verordnung bezeichnete Recht ist auch dann anzuwenden, wenn es nicht das Recht eines Mitgliedstaats ist.

Art. 21.[32] **Allgemeine Kollisionsnorm.** (1) Sofern in dieser Verordnung nichts anderes vorgesehen ist, unterliegt die gesamte Rechtsnachfolge von Todes wegen dem Recht des Staates, in dem der Erblasser im Zeitpunkt seines Todes seinen gewöhnlichen Aufenthalt hatte.

(2) Ergibt sich ausnahmsweise aus der Gesamtheit der Umstände, dass der Erblasser im Zeitpunkt seines Todes eine offensichtlich engere Verbindung

---

[30] Vgl. Erwägungsgründe (34)–(36).
[31] Vgl. Erwägungsgrund (37).
[32] Vgl. Erwägungsgrund (37).

zu einem anderen als dem Staat hatte, dessen Recht nach Absatz 1 anzuwenden wäre, so ist auf die Rechtsnachfolge von Todes wegen das Recht dieses anderen Staates anzuwenden.[33]

Art. 22.[34] **Rechtswahl.** (1) Eine Person kann für die Rechtsnachfolge von Todes wegen das Recht des Staates wählen, dem sie im Zeitpunkt der Rechtswahl oder im Zeitpunkt ihres Todes angehört.

Eine Person, die mehrere Staatsangehörigkeiten besitzt, kann das Recht eines der Staaten wählen, denen sie im Zeitpunkt der Rechtswahl oder im Zeitpunkt ihres Todes angehört.[35]

(2) Die Rechtswahl muss ausdrücklich in einer Erklärung in Form einer Verfügung von Todes wegen erfolgen oder sich aus den Bestimmungen einer solchen Verfügung ergeben.

(3) Die materielle Wirksamkeit der Rechtshandlung, durch die die Rechtswahl vorgenommen wird, unterliegt dem gewählten Recht.

(4) Die Änderung oder der Widerruf der Rechtswahl muss den Formvorschriften für die Änderung oder den Widerruf einer Verfügung von Todes wegen entsprechen.

Art. 23.[36] **Reichweite des anzuwendenden Rechts.** (1) Dem nach Artikel 21 oder Artikel 22 bezeichneten Recht unterliegt die gesamte Rechtsnachfolge von Todes wegen.

(2) Diesem Recht unterliegen insbesondere:

a) die Gründe für den Eintritt des Erbfalls sowie dessen Zeitpunkt und Ort;
b) die Berufung der Berechtigten,[37] die Bestimmung ihrer jeweiligen Anteile und etwaiger ihnen vom Erblasser auferlegter Pflichten sowie die Bestimmung sonstiger Rechte an dem Nachlass, einschließlich der Nachlassansprüche des überlebenden Ehegatten oder Lebenspartners;
c) die Erbfähigkeit;
d) die Enterbung und die Erbunwürdigkeit;
e) der Übergang der zum Nachlass gehörenden Vermögenswerte, Rechte und Pflichten auf die Erben und gegebenenfalls die Vermächtnisnehmer, einschließlich der Bedingungen für die Annahme oder die Ausschlagung der Erbschaft oder eines Vermächtnisses und deren Wirkungen;
f) die Rechte der Erben, Testamentsvollstrecker und anderer Nachlassverwalter, insbesondere im Hinblick auf die Veräußerung von Vermögen und die Befriedigung der Gläubiger, unbeschadet der Befugnisse nach Artikel 29 Absätze 2 und 3;

---

[33] Vgl. Erwägungsgrund (25).
[34] Vgl. Erwägungsgründe (27)–(28), (38)–(40).
[35] Vgl. Erwägungsgrund (41).
[36] Vgl. Erwägungsgrund (42).
[37] Zum Begriff des „Berechtigten" vgl. Erwägungsgrund (47).

g) die Haftung für die Nachlassverbindlichkeiten;

h) der verfügbare Teil des Nachlasses, die Pflichtteile und andere Beschränkungen der Testierfreiheit sowie etwaige Ansprüche von Personen, die dem Erblasser nahe stehen, gegen den Nachlass oder gegen den Erben;

i) die Ausgleichung und Anrechnung unentgeltlicher Zuwendungen bei der Bestimmung der Anteile der einzelnen Berechtigten und

j) die Teilung des Nachlasses.

Art. 24.[38] **Verfügungen von Todes wegen außer Erbverträgen.** (1) Die Zulässigkeit und die materielle Wirksamkeit einer Verfügung von Todes wegen mit Ausnahme eines Erbvertrags unterliegen dem Recht, das nach dieser Verordnung auf die Rechtsnachfolge von Todes wegen anzuwenden wäre, wenn die Person, die die Verfügung errichtet hat, zu diesem Zeitpunkt verstorben wäre.

(2) Ungeachtet des Absatzes 1 kann eine Person für die Zulässigkeit und die materielle Wirksamkeit ihrer Verfügung von Todes wegen das Recht wählen, das sie nach Artikel 22 unter den darin genannten Bedingungen hätte wählen können.

(3) Absatz 1 gilt für die Änderung oder den Widerruf einer Verfügung von Todes wegen mit Ausnahme eines Erbvertrags entsprechend. Bei Rechtswahl nach Absatz 2 unterliegt die Änderung oder der Widerruf dem gewählten Recht.

Art. 25.[39] **Erbverträge.** (1) Die Zulässigkeit, die materielle Wirksamkeit und die Bindungswirkungen eines Erbvertrags, der den Nachlass einer einzigen Person betrifft, einschließlich der Voraussetzungen für seine Auflösung, unterliegen dem Recht, das nach dieser Verordnung auf die Rechtsnachfolge von Todes wegen anzuwenden wäre, wenn diese Person zu dem Zeitpunkt verstorben wäre, in dem der Erbvertrag geschlossen wurde.

(2) Ein Erbvertrag, der den Nachlass mehrerer Personen betrifft, ist nur zulässig, wenn er nach jedem der Rechte zulässig ist, die nach dieser Verordnung auf die Rechtsnachfolge der einzelnen beteiligten Personen anzuwenden wären, wenn sie zu dem Zeitpunkt verstorben wären, in dem der Erbvertrag geschlossen wurde.

Die materielle Wirksamkeit und die Bindungswirkungen eines Erbvertrags, der nach Unterabsatz 1 zulässig ist, einschließlich der Voraussetzungen für seine Auflösung, unterliegen demjenigen unter den in Unterabsatz 1 genannten Rechten, zu dem er die engste Verbindung hat.

(3) Ungeachtet der Absätze 1 und 2 können die Parteien für die Zulässigkeit, die materielle Wirksamkeit und die Bindungswirkungen ihres Erbvertrags, einschließlich der Voraussetzungen für seine Auflösung, das Recht

[38] Vgl. Art. 3 Abs. 1 lit b-d und Erwägungsgründe (48)–(51).
[39] Vgl. Art. 3 Abs. 1 lit. b und Erwägungsgründe (49)–(51).

wählen, das die Person oder eine der Personen, deren Nachlass betroffen ist, nach Artikel 22 unter den darin genannten Bedingungen hätte wählen können.

Art. 26.[40] **Materielle Wirksamkeit einer Verfügung von Todes wegen.** (1) Zur materiellen Wirksamkeit im Sinne der Artikel 24 und 25 gehören:

a) die Testierfähigkeit der Person, die die Verfügung von Todes wegen errichtet;
b) die besonderen Gründe, aufgrund deren die Person, die die Verfügung errichtet, nicht zugunsten bestimmter Personen verfügen darf oder aufgrund deren eine Person kein Nachlassvermögen vom Erblasser erhalten darf;
c) die Zulässigkeit der Stellvertretung bei der Errichtung einer Verfügung von Todes wegen;
d) die Auslegung der Verfügung;
e) Täuschung, Nötigung, Irrtum und alle sonstigen Fragen in Bezug auf Willensmängel oder Testierwillen der Person, die die Verfügung errichtet.

(2) Hat eine Person nach dem nach Artikel 24 oder 25 anzuwendenden Recht die Testierfähigkeit erlangt, so beeinträchtigt ein späterer Wechsel des anzuwendenden Rechts nicht ihre Fähigkeit zur Änderung oder zum Widerruf der Verfügung.

Art. 27.[41] **Formgültigkeit einer schriftlichen Verfügung von Todes wegen.** (1) Eine schriftliche Verfügung von Todes wegen ist hinsichtlich ihrer Form wirksam, wenn diese:

a) dem Recht des Staates entspricht, in dem die Verfügung errichtet oder der Erbvertrag geschlossen wurde,
b) dem Recht eines Staates entspricht, dem der Erblasser oder mindestens eine der Personen, deren Rechtsnachfolge von Todes wegen durch einen Erbvertrag betroffen ist, entweder im Zeitpunkt der Errichtung der Verfügung bzw. des Abschlusses des Erbvertrags oder im Zeitpunkt des Todes angehörte,
c) dem Recht eines Staates entspricht, in dem der Erblasser oder mindestens eine der Personen, deren Rechtsnachfolge von Todes wegen durch einen Erbvertrag betroffen ist, entweder im Zeitpunkt der Errichtung der Verfügung oder des Abschlusses des Erbvertrags oder im Zeitpunkt des Todes den Wohnsitz hatte,
d) dem Recht des Staates entspricht, in dem der Erblasser oder mindestens eine der Personen, deren Rechtsnachfolge von Todes wegen durch einen Erbvertrag betroffen ist, entweder im Zeitpunkt der Errichtung der Ver-

---

[40] Vgl. Erwägungsgründe (48) und (50).
[41] Vgl. Erwägungsgründe (52) und (53).

fügung oder des Abschlusses des Erbvertrags oder im Zeitpunkt des Todes seinen/ihren gewöhnlichen Aufenthalt hatte,[42] oder

e) dem Recht des Staates entspricht, in dem sich unbewegliches Vermögen befindet, soweit es sich um dieses handelt.

Ob der Erblasser oder eine der Personen, deren Rechtsnachfolge von Todes wegen durch einen Erbvertrag betroffen ist, in einem bestimmten Staat ihren Wohnsitz hatte, regelt das in diesem Staat geltende Recht.

(2) Absatz 1 ist auch auf Verfügungen von Todes wegen anzuwenden, durch die eine frühere Verfügung geändert oder widerrufen wird. Die Änderung oder der Widerruf ist hinsichtlich ihrer Form auch dann gültig, wenn sie den Formerfordernissen einer der Rechtsordnungen entsprechen, nach denen die geänderte oder widerrufene Verfügung von Todes wegen nach Absatz 1 gültig war.

(3) Für die Zwecke dieses Artikels werden Rechtsvorschriften, welche die für Verfügungen von Todes wegen zugelassenen Formen mit Beziehung auf das Alter, die Staatsangehörigkeit oder andere persönliche Eigenschaften des Erblassers oder der Personen, deren Rechtsnachfolge von Todes wegen durch einen Erbvertrag betroffen ist, beschränken, als zur Form gehörend angesehen. Das Gleiche gilt für Eigenschaften, welche die für die Gültigkeit einer Verfügung von Todes wegen erforderlichen Zeugen besitzen müssen.

Art. 28. Formgültigkeit einer Annahme- oder Ausschlagungserklärung. Eine Erklärung über die Annahme oder die Ausschlagung der Erbschaft, eines Vermächtnisses oder eines Pflichtteils oder eine Erklärung zur Begrenzung der Haftung des Erklärenden ist hinsichtlich ihrer Form wirksam, wenn diese den Formerfordernissen entspricht

a) des nach den Artikeln 21 oder 22 auf die Rechtsnachfolge von Todes wegen anzuwendenden Rechts oder

b) des Rechts des Staates, in dem der Erklärende seinen gewöhnlichen Aufenthalt hat.

Art. 29.[43] Besondere Regelungen für die Bestellung und die Befugnisse eines Nachlassverwalters in bestimmten Situationen. (1) Ist die Bestellung eines Verwalters nach dem Recht des Mitgliedstaats, dessen Gerichte nach dieser Verordnung für die Entscheidungen in der Erbsache zuständig sind, verpflichtend oder auf Antrag verpflichtend und ist das auf die Rechtsnachfolge von Todes wegen anzuwendende Recht ausländisches Recht, können die Gerichte dieses Mitgliedstaats, wenn sie angerufen werden, einen oder mehrere Nachlassverwalter nach ihrem eigenen Recht unter den in diesem Artikel festgelegten Bedingungen bestellen.

Der/die nach diesem Absatz bestellte(n) Verwalter ist sind berechtigt, das Testament des Erblassers zu vollstrecken und/oder den Nachlass nach dem

---

[42] Lit. d berichtigt gem. ABl. L 363 v. 18.12.2014, S. 186.

[43] Vgl. Erwägungsgründe (43)–(44).

auf die Rechtsnachfolge von Todes wegen anzuwendenden Recht zu verwalten. Sieht dieses Recht nicht vor, dass eine Person Nachlassverwalter ist, die kein Berechtigter ist, können die Gerichte des Mitgliedstaats, in dem der Verwalter bestellt werden muss, einen Fremdverwalter nach ihrem eigenen Recht bestellen, wenn dieses Recht dies so vorsieht und es einen schwerwiegenden Interessenskonflikt zwischen den Berechtigten oder zwischen den Berechtigten und den Nachlassgläubigern oder anderen Personen, die für die Verbindlichkeiten des Erblassers gebürgt haben, oder Uneinigkeit zwischen den Berechtigten über die Verwaltung des Nachlasses gibt oder wenn es sich um einen aufgrund der Art der Vermögenswerte schwer zu verwaltenden Nachlasses handelt.

Der/die nach diesem Absatz bestellte(n) Verwalter ist sind die einzige(n) Person(en), die befugt ist sind, die in den Absätzen 2 oder 3 genannten Befugnisse auszuüben.

(2) Die nach Absatz 1 bestellte(n) Person(en) üben die Befugnisse zur Verwaltung des Nachlasses aus, die sie nach dem auf die Rechtsnachfolge von Todes wegen anzuwendenden Recht ausüben dürfen. Das bestellende Gericht kann in seiner Entscheidung besondere Bedingungen für die Ausübung dieser Befugnisse im Einklang mit dem auf die Rechtsnachfolge von Todes wegen anzuwendenden Recht festlegen.

Sieht das auf die Rechtsnachfolge von Todes wegen anzuwendende Recht keine hinreichenden Befugnisse vor, um das Nachlassvermögen zu erhalten oder die Rechte der Nachlassgläubiger oder anderer Personen zu schützen, die für die Verbindlichkeiten des Erblassers gebürgt haben, so kann das bestellende Gericht beschließen, es dem/den Nachlassverwalter(n) zu gestatten, ergänzend diejenigen Befugnisse, die hierfür in seinem eigenen Recht vorgesehen sind, auszuüben und in seiner Entscheidung besondere Bedingungen für die Ausübung dieser Befugnisse im Einklang mit diesem Recht festlegen.

Bei der Ausübung solcher ergänzenden Befugnisse hält (halten) der (die) Verwalter das auf die Rechtsnachfolge von Todes wegen anzuwendende Recht in Bezug auf den Übergang des Eigentums an dem Nachlassvermögen, die Haftung für die Nachlassverbindlichkeiten, die Rechte der Berechtigten, gegebenenfalls einschließlich des Rechts, die Erbschaft anzunehmen oder auszuschlagen, und gegebenenfalls die Befugnisse des Vollstreckers des Testaments des Erblassers ein.

(3) Ungeachtet des Absatzes 2 kann das nach Absatz 1 einen oder mehrere Verwalter bestellende Gericht ausnahmsweise, wenn das auf die Rechtsnachfolge von Todes wegen anzuwendende Recht das Recht eines Drittstaats ist, beschließen, diesen Verwaltern alle Verwaltungsbefugnisse zu übertragen, die in dem Recht des Mitgliedstaats vorgesehen sind, in dem sie bestellt werden.

Bei der Ausübung dieser Befugnisse respektieren die Nachlassverwalter jedoch insbesondere die Bestimmung der Berechtigten und ihrer Nachlassansprüche, einschließlich ihres Anspruchs auf einen Pflichtteil oder ihres Anspruchs gegen den Nachlass oder gegenüber den Erben nach dem auf die Rechtsnachfolge von Todes wegen anzuwendenden Recht.

Art. 30.[44] **Besondere Regelungen mit Beschränkungen, die die Rechtsnachfolge von Todes wegen in Bezug auf bestimmte Vermögenswerte betreffen oder Auswirkungen auf sie haben.** Besondere Regelungen im Recht eines Staates, in dem sich bestimmte unbewegliche Sachen, Unternehmen oder andere besondere Arten von Vermögenswerten befinden, die die Rechtsnachfolge von Todes wegen in Bezug auf jene Vermögenswerte aus wirtschaftlichen, familiären oder sozialen Erwägungen beschränken oder berühren, finden auf die Rechtsnachfolge von Todes wegen Anwendung, soweit sie nach dem Recht dieses Staates unabhängig von dem auf die Rechtsnachfolge von Todes wegen anzuwendenden Recht anzuwenden sind.

Art. 31.[45] **Anpassung dinglicher Rechte.** Macht eine Person ein dingliches Recht geltend, das ihr nach dem auf die Rechtsnachfolge von Todes wegen anzuwendenden Recht zusteht, und kennt das Recht des Mitgliedstaats, in dem das Recht geltend gemacht wird, das betreffende dingliche Recht nicht, so ist dieses Recht soweit erforderlich und möglich an das in der Rechtsordnung dieses Mitgliedstaats am ehesten vergleichbare Recht anzupassen, wobei die mit dem besagten dinglichen Recht verfolgten Ziele und Interessen und die mit ihm verbundenen Wirkungen zu berücksichtigen sind.

Art. 32.[46] **Kommorienten.** Sterben zwei oder mehr Personen, deren jeweilige Rechtsnachfolge von Todes wegen verschiedenen Rechten unterliegt, unter Umständen, unter denen die Reihenfolge ihres Todes ungewiss ist, und regeln diese Rechte diesen Sachverhalt unterschiedlich oder gar nicht, so hat keine der verstorbenen Personen Anspruch auf den Nachlass des oder der anderen.

Art. 33.[47] **Erbenloser Nachlass.** Ist nach dem nach dieser Verordnung auf die Rechtsnachfolge von Todes wegen anzuwendenden Recht weder ein durch Verfügung von Todes wegen eingesetzter Erbe oder Vermächtnisnehmer für die Nachlassgegenstände noch eine natürliche Person als gesetzlicher Erbe vorhanden, so berührt die Anwendung dieses Rechts nicht das Recht eines Mitgliedstaates oder einer von diesem Mitgliedstaat für diesen Zweck bestimmten Einrichtung, sich das im Hoheitsgebiet dieses Mitgliedstaates belegene Nachlassvermögen anzueignen, vorausgesetzt, die

---

[44] Vgl. Erwägungsgrund (54).
[45] Vgl. Erwägungsgründe (16)–(17).
[46] Vgl. Erwägungsgrund (55).
[47] Vgl. Erwägungsgrund (56); vgl. dazu in *Deutschland* § 32 Int-ErbRVG v. 29.6.2015 (Nr. *61a*).

Gläubiger sind berechtigt, aus dem gesamten Nachlass Befriedigung ihrer Forderungen zu suchen.

Art. 34.[48] **Rück- und Weiterverweisung.** (1) Unter dem nach dieser Verordnung anzuwendenden Recht eines Drittstaats sind die in diesem Staat geltenden Rechtsvorschriften einschließlich derjenigen seines Internationalen Privatrechts zu verstehen, soweit diese zurück- oder weiterverweisen auf:

a) das Recht eines Mitgliedstaats oder
b) das Recht eines anderen Drittstaats, der sein eigenes Recht anwenden würde.

(2) Rück- und Weiterverweisungen durch die in Artikel 21 Absatz 2, Artikel 22, Artikel 27, Artikel 28 Buchstabe b und Artikel 30 genannten Rechtsordnungen sind nicht zu beachten.

Art. 35.[49] **Öffentliche Ordnung *(ordre public).*** Die Anwendung einer Vorschrift des nach dieser Verordnung bezeichneten Rechts eines Staates darf nur versagt werden, wenn ihre Anwendung mit der öffentlichen Ordnung (ordre public) des Staates des angerufenen Gerichts offensichtlich unvereinbar ist.

Art. 36. Staaten mit mehr als einem Rechtssystem – Interlokale Kollisionsvorschriften. (1) Verweist diese Verordnung auf das Recht eines Staates, der mehrere Gebietseinheiten umfasst, von denen jede eigene Rechtsvorschriften für die Rechtsnachfolge von Todes wegen hat, so bestimmen die internen Kollisionsvorschriften dieses Staates die Gebietseinheit, deren Rechtsvorschriften anzuwenden sind.

(2) In Ermangelung solcher internen Kollisionsvorschriften gilt:

a) jede Bezugnahme auf das Recht des in Absatz 1 genannten Staates ist für die Bestimmung des anzuwendenden Rechts aufgrund von Vorschriften, die sich auf den gewöhnlichen Aufenthalt des Erblassers beziehen, als Bezugnahme auf das Recht der Gebietseinheit zu verstehen, in der der Erblasser im Zeitpunkt seines Todes seinen gewöhnlichen Aufenthalt hatte;
b) jede Bezugnahme auf das Recht des in Absatz 1 genannten Staates ist für die Bestimmung des anzuwendenden Rechts aufgrund von Bestimmungen, die sich auf die Staatsangehörigkeit des Erblassers beziehen, als Bezugnahme auf das Recht der Gebietseinheit zu verstehen, zu der der Erblasser die engste Verbindung hatte;
c) jede Bezugnahme auf das Recht des in Absatz 1 genannten Staates ist für die Bestimmung des anzuwendenden Rechts aufgrund sonstiger Be-

---

[48] Vgl. Erwägungsgrund (57).
[49] Vgl. Erwägungsgrund (58).

stimmungen, die sich auf andere Anknüpfungspunkte beziehen, als Bezugnahme auf das Recht der Gebietseinheit zu verstehen, in der sich der einschlägige Anknüpfungspunkt befindet.

(3) Ungeachtet des Absatzes 2 ist jede Bezugnahme auf das Recht des in Absatz 1 genannten Staates für die Bestimmung des anzuwendenden Rechts nach Artikel 27 in Ermangelung interner Kollisionsvorschriften dieses Staates als Bezugnahme auf das Recht der Gebietseinheit zu verstehen, zu der der Erblasser oder die Personen, deren Rechtsnachfolge von Todes wegen durch den Erbvertrag betroffen ist, die engste Verbindung hatte.

Art. 37. Staaten mit mehr als einem Rechtssystem – Interpersonale Kollisionsvorschriften. Gelten in einem Staat für die Rechtsnachfolge von Todes wegen zwei oder mehr Rechtssysteme oder Regelwerke für verschiedene Personengruppen, so ist jede Bezugnahme auf das Recht dieses Staates als Bezugnahme auf das Rechtssystem oder das Regelwerk zu verstehen, das die in diesem Staat geltenden Vorschriften zur Anwendung berufen. In Ermangelung solcher Vorschriften ist das Rechtssystem oder das Regelwerk anzuwenden, zu dem der Erblasser die engste Verbindung hatte.

Art. 38. Nichtanwendung dieser Verordnung auf innerstaatliche Kollisionen. Ein Mitgliedstaat, der mehrere Gebietseinheiten umfasst, von denen jede ihre eigenen Rechtsvorschriften für die Rechtsnachfolge von Todes wegen hat, ist nicht verpflichtet, diese Verordnung auf Kollisionen zwischen den Rechtsordnungen dieser Gebietseinheiten anzuwenden.

Kapitel IV.[50] Anerkennung, Vollstreckbarkeit und Vollstreckung von Entscheidungen

Art. 39. Anerkennung. (1) Die in einem Mitgliedstaat ergangenen Entscheidungen werden in den anderen Mitgliedstaaten anerkannt, ohne dass es hierfür eines besonderen Verfahrens bedarf.

(2) Bildet die Frage, ob eine Entscheidung anzuerkennen ist, als solche den Gegenstand eines Streites, so kann jede Partei, welche die Anerkennung geltend macht, in dem Verfahren nach den Artikeln 45 bis 58 die Feststellung beantragen, dass die Entscheidung anzuerkennen ist.[51]

(3) Wird die Anerkennung in einem Rechtsstreit vor dem Gericht eines Mitgliedstaats, dessen Entscheidung von der Anerkennung abhängt, verlangt, so kann dieses Gericht über die Anerkennung entscheiden.

---

[50] Vgl. Erwägungsgrund (59); zum Verfahren der Vollstreckbarerklärung in *Deutschland* vgl. ergänzend §§ 3 ff. IntErbRVG v. 29.6.2015 (Nr. *61a*).

[51] Vgl. in *Deutschland* §§ 21, 22 IntErbRVG v. 29.6.2015 (Nr. *61a*).

Art. 40. Gründe für die Nichtanerkennung einer Entscheidung. Eine Entscheidung wird nicht anerkannt, wenn

a) die Anerkennung der öffentlichen Ordnung *(ordre public)* des Mitgliedstaats, in dem sie geltend gemacht wird, offensichtlich widersprechen würde;

b) dem Beklagten, der sich auf das Verfahren nicht eingelassen hat, das verfahrenseinleitende Schriftstück oder ein gleichwertiges Schriftstück nicht so rechtzeitig und in einer Weise zugestellt worden ist, dass er sich verteidigen konnte, es sei denn, der Beklagte hat die Entscheidung nicht angefochten, obwohl er die Möglichkeit dazu hatte;

c) die mit einer Entscheidung unvereinbar ist, die in einem Verfahren zwischen denselben Parteien in dem Mitgliedstaat, in dem die Anerkennung geltend gemacht wird, ergangen ist;

d) sie mit einer früheren Entscheidung unvereinbar ist, die in einem anderen Mitgliedstaat oder in einem Drittstaat in einem Verfahren zwischen denselben Parteien wegen desselben Anspruchs ergangen ist, sofern die frühere Entscheidung die notwendigen Voraussetzungen für ihre Anerkennung in dem Mitgliedstaat, in dem die Anerkennung geltend gemacht wird, erfüllt.

Art. 41. Ausschluss einer Nachprüfung in der Sache. Die in einem Mitgliedstaat ergangene Entscheidung darf keinesfalls in der Sache selbst nachgeprüft werden.

Art. 42. Aussetzung des Anerkennungsverfahrens. Das Gericht eines Mitgliedstaats, vor dem die Anerkennung einer in einem anderen Mitgliedstaat ergangenen Entscheidung geltend gemacht wird, kann das Verfahren aussetzen, wenn im Ursprungsmitgliedstaat gegen die Entscheidung ein ordentlicher Rechtsbehelf eingelegt worden ist.

Art. 43. Vollstreckbarkeit. Die in einem Mitgliedstaat ergangenen und in diesem Staat vollstreckbaren Entscheidungen sind in einem anderen Mitgliedstaat vollstreckbar, wenn sie auf Antrag eines Berechtigten dort nach dem Verfahren der Artikel 45 bis 58 für vollstreckbar erklärt worden sind.

Art. 44. Bestimmung des Wohnsitzes. Ist zu entscheiden, ob eine Partei für die Zwecke des Verfahrens nach den Artikeln 45 bis 58 im Hoheitsgebiet des Vollstreckungsmitgliedstaats einen Wohnsitz hat, so wendet das befasste Gericht sein eigenes Recht an.

Art. 45.[52] **Örtlich zuständiges Gericht.** (1) Der Antrag auf Vollstreckbarerklärung ist an das Gericht oder die zuständige Behörde des Vollstre-

---

[52] Vgl. in *Deutschland* § 3 IntErbRVG v. 29.6.2015 (Nr. *61a*).

ckungsmitgliedstaats zu richten, die der Kommission von diesem Mitgliedstaat nach Artikel 78 mitgeteilt wurden.

(2) Die örtliche Zuständigkeit wird durch den Ort des Wohnsitzes der Partei, gegen die die Vollstreckung erwirkt werden soll, oder durch den Ort, an dem die Vollstreckung durchgeführt werden soll, bestimmt.

Art. 46.[53] **Verfahren.** (1) Für das Verfahren der Antragstellung ist das Recht des Vollstreckungsmitgliedstaats maßgebend.

(2) Von dem Antragsteller kann nicht verlangt werden, dass er im Vollstreckungsmitgliedstaat über eine Postanschrift oder einen bevollmächtigten Vertreter verfügt.

(3) Dem Antrag sind die folgenden Schriftstücke beizufügen:

a) eine Ausfertigung der Entscheidung, die die für ihre Beweiskraft erforderlichen Voraussetzungen erfüllt;

b) die Bescheinigung, die von dem Gericht oder der zuständigen Behörde des Ursprungsmitgliedstaats[54] unter Verwendung des nach dem Beratungsverfahren nach Artikel 81 Absatz 2 erstellten Formblatts[55] ausgestellt wurde, unbeschadet des Artikels 47.

Art. 47. Nichtvorlage der Bescheinigung. (1) Wird die Bescheinigung nach Artikel 46 Absatz 3 Buchstabe b nicht vorgelegt, so kann das Gericht oder die sonst befugte Stelle eine Frist bestimmen, innerhalb deren die Bescheinigung vorzulegen ist, oder sich mit einer gleichwertigen Urkunde begnügen oder von der Vorlage der Bescheinigung absehen, wenn kein weiterer Klärungsbedarf besteht.

(2) Auf Verlangen des Gerichts oder der zuständigen Behörde ist eine Übersetzung der Schriftstücke vorzulegen. Die Übersetzung ist von einer Person zu erstellen, die zur Anfertigung von Übersetzungen in einem der Mitgliedstaaten befugt ist.

Art. 48.[56] **Vollstreckbarerklärung.** Sobald die in Artikel 46 vorgesehenen Förmlichkeiten erfüllt sind, wird die Entscheidung unverzüglich für vollstreckbar erklärt, ohne dass eine Prüfung nach Artikel 40 erfolgt. Die Partei, gegen die die Vollstreckung erwirkt werden soll, erhält in diesem Abschnitt des Verfahrens keine Gelegenheit, eine Erklärung abzugeben.

Art. 49.[57] **Mitteilung der Entscheidung über den Antrag auf Vollstreckbarerklärung.** (1) Die Entscheidung über den Antrag auf Voll-

---

[53] Vgl. in *Deutschland* §§ 4 ff. IntErbRVG v. 29.6.2015 (Nr. *61a*).

[54] Zur Zuständigkeit in *Deutschland* vgl. § 27 IntErbRVG (Nr. *61a*).

[55] Das Formblatt ist abgedruckt im Anhang II, ABl. EU 2012 L 351, S. 26; es ist abrufbar im Europäischen Justizportal: https://e-justice.europa.eu/380/DE/succession.

[56] Vgl. in *Deutschland* §§ 7, 8 IntErbRVG v. 29.6.2015 (Nr. *61a*).

[57] Vgl. in *Deutschland* § 9 IntErbRVG v. 29.6.2015 (Nr. *61a*).

streckbarerklärung wird dem Antragsteller unverzüglich in der Form mitgeteilt, die das Recht des Vollstreckungsmitgliedstaats vorsieht.

(2) Die Vollstreckbarerklärung und, soweit dies noch nicht geschehen ist, die Entscheidung werden der Partei, gegen die die Vollstreckung erwirkt werden soll, zugestellt.

Art. 50.[58] **Rechtsbehelf gegen die Entscheidung über den Antrag auf Vollstreckbarerklärung.** (1) Gegen die Entscheidung über den Antrag auf Vollstreckbarerklärung kann jede Partei einen Rechtsbehelf einlegen.

(2) Der Rechtsbehelf wird bei dem Gericht eingelegt, das der betreffende Mitgliedstaat der Kommission nach Artikel 78 mitgeteilt hat.

(3) Über den Rechtsbehelf wird nach den Vorschriften entschieden, die für Verfahren mit beiderseitigem rechtlichem Gehör maßgebend sind.

(4) Lässt sich die Partei, gegen die die Vollstreckung erwirkt werden soll, auf das Verfahren vor dem mit dem Rechtsbehelf des Antragstellers befassten Gericht nicht ein, so ist Artikel 16 auch dann anzuwenden, wenn die Partei, gegen die die Vollstreckung erwirkt werden soll, ihren Wohnsitz nicht im Hoheitsgebiet eines Mitgliedstaats hat.

(5) Der Rechtsbehelf gegen die Vollstreckbarerklärung ist innerhalb von 30 Tagen nach ihrer Zustellung einzulegen. Hat die Partei, gegen die die Vollstreckung erwirkt werden soll, ihren Wohnsitz im Hoheitsgebiet eines anderen Mitgliedstaats als dem, in dem die Vollstreckbarerklärung ergangen ist, so beträgt die Frist für den Rechtsbehelf 60 Tage und beginnt mit dem Tag, an dem die Vollstreckbarerklärung ihr entweder in Person oder in ihrer Wohnung zugestellt worden ist. Eine Verlängerung dieser Frist wegen weiter Entfernung ist ausgeschlossen.

Art. 51.[59] **Rechtsbehelf gegen die Entscheidung über den Rechtsbehelf.** Gegen die über den Rechtsbehelf ergangene Entscheidung kann nur der Rechtsbehelf eingelegt werden, den der betreffende Mitgliedstaat der Kommission nach Artikel 78 mitgeteilt hat.

Art. 52. Versagung oder Aufhebung einer Vollstreckbarerklärung. Die Vollstreckbarerklärung darf von dem mit einem Rechtsbehelf nach Artikel 50 oder Artikel 51 befassten Gericht nur aus einem der in Artikel 40 aufgeführten Gründe versagt oder aufgehoben werden. Das Gericht erlässt seine Entscheidung unverzüglich.

Art. 53. Aussetzung des Verfahrens. Das nach Artikel 50 oder Artikel 51 mit dem Rechtsbehelf befasste Gericht setzt das Verfahren auf Antrag des

---

[58] Vgl. in *Deutschland* §§ 10, 11 IntErbRVG v. 29.6.2015 (Nr. *61a*).
[59] Vgl. in *Deutschland* §§ 12–14 IntErbRVG v. 29.6.2015 (Nr. *61a*).

Schuldners aus, wenn die Entscheidung im Ursprungsmitgliedstaat wegen der Einlegung eines Rechtsbehelfs vorläufig nicht vollstreckbar ist.

Art. 54. Einstweilige Maßnahmen einschließlich Sicherungsmaßnahmen. (1) Ist eine Entscheidung nach diesem Abschnitt anzuerkennen, so ist der Antragsteller nicht daran gehindert, einstweilige Maßnahmen einschließlich Sicherungsmaßnahmen nach dem Recht des Vollstreckungsmitgliedstaats in Anspruch zu nehmen, ohne dass es einer Vollstreckbarerklärung nach Artikel 48 bedarf.

(2) Die Vollstreckbarerklärung umfasst von Rechts wegen die Befugnis, Maßnahmen zur Sicherung zu veranlassen.

(3) Solange die in Artikel 50 Absatz 5 vorgesehene Frist für den Rechtsbehelf gegen die Vollstreckbarerklärung läuft und solange über den Rechtsbehelf nicht entschieden ist, darf die Zwangsvollstreckung in das Vermögen des Schuldners nicht über Maßnahmen zur Sicherung hinausgehen.

Art. 55. Teilvollstreckbarkeit. (1) Ist durch die Entscheidung über mehrere Ansprüche erkannt worden und kann die Vollstreckbarerklärung nicht für alle Ansprüche erteilt werden, so erteilt das Gericht oder die zuständige Behörde sie für einen oder mehrere dieser Ansprüche.

(2) Der Antragsteller kann beantragen, dass die Vollstreckbarerklärung nur für einen Teil des Gegenstands der Entscheidung erteilt wird.

Art. 56. Prozesskostenhilfe. Ist dem Antragsteller im Ursprungsmitgliedstaat ganz oder teilweise Prozesskostenhilfe oder Kosten- und Gebührenbefreiung gewährt worden, so genießt er im Vollstreckbarerklärungsverfahren hinsichtlich der Prozesskostenhilfe oder der Kosten- und Gebührenbefreiung die günstigste Behandlung, die das Recht des Vollstreckungsmitgliedstaats vorsieht.

Art. 57. Keine Sicherheitsleistung oder Hinterlegung. Der Partei, die in einem Mitgliedstaat die Anerkennung, Vollstreckbarerklärung oder Vollstreckung einer in einem anderen Mitgliedstaat ergangenen Entscheidung beantragt, darf wegen ihrer Eigenschaft als Ausländer oder wegen Fehlens eines inländischen Wohnsitzes oder Aufenthalts im Vollstreckungsmitgliedstaat eine Sicherheitsleistung oder Hinterlegung, unter welcher Bezeichnung es auch sei, nicht auferlegt werden.

Art. 58. Keine Stempelabgaben oder Gebühren. Im Vollstreckungsmitgliedstaat dürfen in Vollstreckbarerklärungsverfahren keine nach dem Streitwert abgestuften Stempelabgaben oder Gebühren erhoben werden.

Kapitel V. Öffentliche Urkunden und gerichtliche Vergleiche

Art. 59.[60] **Annahme öffentlicher Urkunden.** (1) Eine in einem Mitgliedstaat errichtete öffentliche Urkunde hat in einem anderen Mitgliedstaat die gleiche formelle Beweiskraft wie im Ursprungsmitgliedstaat oder die damit am ehesten vergleichbare Wirkung, sofern dies der öffentlichen Ordnung *(ordre public)* des betreffenden Mitgliedstaats nicht offensichtlich widersprechen würde.

Eine Person, die eine öffentliche Urkunde in einem anderen Mitgliedstaat verwenden möchte, kann die Behörde, die die öffentliche Urkunde im Ursprungsmitgliedstaat errichtet, ersuchen, das nach dem Beratungsverfahren nach Artikel 81 Absatz 2 erstellte Formblatt[61] auszufüllen, das die formelle Beweiskraft der öffentlichen Urkunde in ihrem Ursprungsmitgliedstaat beschreibt.

(2) Einwände mit Bezug auf die Authentizität einer öffentlichen Urkunde sind bei den Gerichten des Ursprungsmitgliedstaats zu erheben; über diese Einwände wird nach dem Recht dieses Staates entschieden. Eine öffentliche Urkunde, gegen die solche Einwände erhoben wurden, entfaltet in einem anderen Mitgliedstaat keine Beweiskraft, solange die Sache bei dem zuständigen Gericht anhängig ist.[62]

(3) Einwände mit Bezug auf die in einer öffentlichen Urkunde beurkundeten Rechtsgeschäfte oder Rechtsverhältnisse[63] sind bei den nach dieser Verordnung zuständigen Gerichten zu erheben; über diese Einwände wird nach dem nach Kapitel III anzuwendenden Recht entschieden. Eine öffentliche Urkunde, gegen die solche Einwände erhoben wurden, entfaltet in einem anderen als dem Ursprungsmitgliedstaat hinsichtlich des bestrittenen Umstands keine Beweiskraft, solange die Sache bei dem zuständigen Gericht anhängig ist.

(4) Hängt die Entscheidung des Gerichts eines Mitgliedstaats von der Klärung einer Vorfrage mit Bezug auf die in einer öffentlichen Urkunde beurkundeten Rechtsgeschäfte oder Rechtsverhältnisse in Erbsachen ab, so ist dieses Gericht zur Entscheidung über diese Vorfrage zuständig.[64]

Art. 60. Vollstreckbarkeit öffentlicher Urkunden. (1) Öffentliche Urkunden, die im Ursprungsmitgliedstaat vollstreckbar sind, werden in einem anderen Mitgliedstaat auf Antrag eines Berechtigten nach dem Verfahren der Artikel 45 bis 58 für vollstreckbar erklärt.

---

[60] Vgl. Erwägungsgründe (60)–(66); dazu in *Deutschland* §§ 45, 46 IntErbRVG v. 29.6.2015 (Nr. *61a*).

[61] Das Formblatt ist abgedruckt im Anhang II, ABl. EU 2012 L 351, S. 26; es ist abrufbar im Europäischen Justizportal: https://e-justice.europa.eu/380/DE/succession.

[62] Vgl. Erwägungsgrund (65).

[63] Vgl. Erwägungsgrund (63).

[64] Vgl. Erwägungsgrund (64).

(2) Für die Zwecke des Artikels 46 Absatz 3 Buchstabe b stellt die Behörde, die die öffentliche Urkunde errichtet hat, auf Antrag eines Berechtigten eine Bescheinigung unter Verwendung des nach dem Beratungsverfahren nach Artikel 81 Absatz 2 erstellten Formblatts[65] aus.

(3) Die Vollstreckbarerklärung wird von dem mit einem Rechtsbehelf nach Artikel 50 oder Artikel 51 befassten Gericht nur versagt oder aufgehoben, wenn die Vollstreckung der öffentlichen Urkunde der öffentlichen Ordnung *(ordre public)* des Vollstreckungsmitgliedstaats offensichtlich widersprechen würde.

Art. 61. Vollstreckbarkeit gerichtlicher Vergleiche. (1) Gerichtliche Vergleiche, die im Ursprungsmitgliedstaat vollstreckbar sind, werden in einem anderen Mitgliedstaat auf Antrag eines Berechtigten nach dem Verfahren der Artikel 45 bis 58 für vollstreckbar erklärt.

(2) Für die Zwecke des Artikels 46 Absatz 3 Buchstabe b stellt das Gericht, das den Vergleich gebilligt hat oder vor dem der Vergleich geschlossen wurde, auf Antrag eines Berechtigten eine Bescheinigung unter Verwendung des nach dem Beratungsverfahren nach Artikel 81 Absatz 2 erstellten Formblatts[66] aus.

(3) Die Vollstreckbarerklärung wird von dem mit einem Rechtsbehelf nach Artikel 50 oder Artikel 51 befassten Gericht nur versagt oder aufgehoben, wenn die Vollstreckung des gerichtlichen Vergleichs der öffentlichen Ordnung *(ordre public)* des Vollstreckungsmitgliedstaats offensichtlich widersprechen würde.

Kapitel VI.[67] Europäisches Nachlasszeugnis

Art. 62. Einführung eines Europäischen Nachlasszeugnisses.
(1) Mit dieser Verordnung wird ein Europäisches Nachlasszeugnis (im Folgenden „Zeugnis") eingeführt, das zur Verwendung in einem anderen Mitgliedstaat ausgestellt wird und die in Artikel 69 aufgeführten Wirkungen entfaltet.

(2) Die Verwendung des Zeugnisses ist nicht verpflichtend.[68]

(3) Das Zeugnis tritt nicht an die Stelle der innerstaatlichen Schriftstücke, die in den Mitgliedstaaten zu ähnlichen Zwecken verwendet werden. Nach seiner Ausstellung zur Verwendung in einem anderen Mitgliedstaat entfaltet das Zeugnis die in Artikel 69 aufgeführten Wirkungen jedoch auch in dem Mitgliedstaat, dessen Behörden es nach diesem Kapitel ausgestellt haben.

---

[65] Das Formblatt ist abgedruckt im Anhang II, ABl. EU 2012 L 351, S. 26; es ist abrufbar im Europäischen Justizportal: https://e-justice.europa.eu/380/DE/succession.

[66] Vgl. Anm. 65.

[67] Vgl. Erwägungsgründe (67)–(72); vgl. dazu in *Deutschland* ergänzend §§ 33 ff. IntErbRVG v. 29.6.2015 (Nr. *61a*).

[68] Vgl. Erwägungsgrund (69).

Art. 63. Zweck des Zeugnisses. (1) Das Zeugnis ist zur Verwendung durch Erben, durch Vermächtnisnehmer mit unmittelbarer Berechtigung am Nachlass und durch Testamentsvollstrecker oder Nachlassverwalter bestimmt, die sich in einem anderen Mitgliedstaat auf ihre Rechtsstellung berufen oder ihre Rechte als Erben oder Vermächtnisnehmer oder ihre Befugnisse als Testamentsvollstrecker oder Nachlassverwalter ausüben müssen.

(2) Das Zeugnis kann insbesondere als Nachweis für einen oder mehrere der folgenden speziellen Aspekte verwendet werden:

a) die Rechtsstellung und/oder die Rechte jedes Erben oder gegebenenfalls Vermächtnisnehmers, der im Zeugnis genannt wird, und seinen jeweiligen Anteil am Nachlass;
b) die Zuweisung eines bestimmten Vermögenswerts oder bestimmter Vermögenswerte des Nachlasses an die in dem Zeugnis als Erbe(n) oder gegebenenfalls als Vermächtnisnehmer genannte(n) Person(en);
c) die Befugnisse der in dem Zeugnis genannten Person zur Vollstreckung des Testaments oder Verwaltung des Nachlasses.

Art. 64.[69] **Zuständigkeit für die Erteilung des Zeugnisses.** Das Zeugnis wird in dem Mitgliedstaat ausgestellt, dessen Gerichte nach den Artikeln 4, 7, 10 oder 11 zuständig sind. Ausstellungsbehörde ist

a) ein Gericht im Sinne des Artikels 3 Absatz 2 oder
b) eine andere Behörde, die nach innerstaatlichem Recht für Erbsachen zuständig ist.

Art. 65. Antrag auf Ausstellung eines Zeugnisses. (1) Das Zeugnis wird auf Antrag jeder in Artikel 63 Absatz 1 genannten Person (im Folgenden „Antragsteller“) ausgestellt.

(2) Für die Vorlage eines Antrags kann der Antragsteller das nach dem Beratungsverfahren nach Artikel 81 Absatz 2 erstellte Formblatt[70] verwenden.

(3) Der Antrag muss die nachstehend aufgeführten Angaben enthalten, soweit sie dem Antragsteller bekannt sind und von der Ausstellungsbehörde zur Beschreibung des Sachverhalts, dessen Bestätigung der Antragsteller begehrt, benötigt werden; dem Antrag sind alle einschlägigen Schriftstücke beizufügen, und zwar entweder in Urschrift oder in Form einer Abschrift, die die erforderlichen Voraussetzungen für ihre Beweiskraft erfüllt, unbeschadet des Artikels 66 Absatz 2:

a) Angaben zum Erblasser: Name (gegebenenfalls Geburtsname), Vorname(n), Geschlecht, Geburtsdatum und -ort, Personenstand, Staatsange-

---

[69] Vgl. in *Deutschland* ergänzend § 34 IntErbRVG v. 29.6.2015 (Nr. *61a*).

[70] Das Formblatt ist abgedruckt im Anhang II, ABl. EU 2012 L 351, S. 26; es ist abrufbar im Europäischen Justizportal: https://e-justice.europa.eu/380/DE/succession.

hörigkeit, Identifikationsnummer (sofern vorhanden), Anschrift im Zeitpunkt seines Todes, Todesdatum und -ort;

b) Angaben zum Antragsteller: Name (gegebenenfalls Geburtsname), Vorname(n), Geschlecht, Geburtsdatum und -ort, Personenstand, Staatsangehörigkeit, Identifikationsnummer (sofern vorhanden), Anschrift und etwaiges Verwandtschafts- oder Schwägerschaftsverhältnis zum Erblasser;

c) Angaben zum etwaigen Vertreter des Antragstellers: Name (gegebenenfalls Geburtsname), Vorname(n), Anschrift und Nachweis der Vertretungsmacht;

d) Angaben zum Ehegatten oder Partner des Erblassers und gegebenenfalls zu(m) ehemaligen Ehegatten oder Partner(n): Name (gegebenenfalls Geburtsname), Vorname(n), Geschlecht, Geburtsdatum und -ort, Personenstand, Staatsangehörigkeit, Identifikationsnummer (sofern vorhanden) und Anschrift;

e) Angaben zu sonstigen möglichen Berechtigten aufgrund einer Verfügung von Todes wegen und/oder nach gesetzlicher Erbfolge: Name und Vorname(n) oder Name der Körperschaft, Identifikationsnummer (sofern vorhanden) und Anschrift;

f) den beabsichtigten Zweck des Zeugnisses nach Artikel 63;

g) Kontaktangaben des Gerichts oder der sonstigen zuständigen Behörde, das oder die mit der Erbsache als solcher befasst ist oder war, sofern zutreffend;

h) den Sachverhalt, auf den der Antragsteller gegebenenfalls die von ihm geltend gemachte Berechtigung am Nachlass und/oder sein Recht zur Vollstreckung des Testaments des Erblassers und/oder das Recht zur Verwaltung von dessen Nachlass gründet;

i) eine Angabe darüber, ob der Erblasser eine Verfügung von Todes wegen errichtet hatte; falls weder die Urschrift noch eine Abschrift beigefügt ist, eine Angabe darüber, wo sich die Urschrift befindet;

j) eine Angabe darüber, ob der Erblasser einen Ehevertrag oder einen Vertrag in Bezug auf ein Verhältnis, das mit der Ehe vergleichbare Wirkungen entfaltet, geschlossen hatte; falls weder die Urschrift noch eine Abschrift des Vertrags beigefügt ist, eine Angabe darüber, wo sich die Urschrift befindet;

k) eine Angabe darüber, ob einer der Berechtigten eine Erklärung über die Annahme oder die Ausschlagung der Erbschaft abgegeben hat;

l) eine Erklärung des Inhalts, dass nach bestem Wissen des Antragstellers kein Rechtsstreit in Bezug auf den zu bescheinigenden Sachverhalt anhängig ist;

m) sonstige vom Antragsteller für die Ausstellung des Zeugnisses für nützlich erachtete Angaben.

Art. 66. Prüfung des Antrags. (1) Nach Eingang des Antrags überprüft die Ausstellungsbehörde die vom Antragsteller übermittelten Angaben, Erklärungen, Schriftstücke und sonstigen Nachweise. Sie führt von Amts wegen die für diese Überprüfung erforderlichen Nachforschungen durch, soweit ihr eigenes Recht dies vorsieht oder zulässt, oder fordert den Antragsteller auf, weitere Nachweise vorzulegen, die sie für erforderlich erachtet.

(2) Konnte der Antragsteller keine Abschriften der einschlägigen Schriftstücke vorlegen, die die für ihre Beweiskraft erforderlichen Voraussetzungen erfüllen, so kann die Ausstellungsbehörde entscheiden, dass sie Nachweise in anderer Form akzeptiert.

(3) Die Ausstellungsbehörde kann – soweit ihr eigenes Recht dies vorsieht und unter den dort festgelegten Bedingungen – verlangen, dass Erklärungen unter Eid oder durch eidesstattliche Versicherung abgegeben werden.

(4) Die Ausstellungsbehörde unternimmt alle erforderlichen Schritte, um die Berechtigten von der Beantragung eines Zeugnisses zu unterrichten. Sie hört, falls dies für die Feststellung des zu bescheinigenden Sachverhalts erforderlich ist, jeden Beteiligten, Testamentsvollstrecker oder Nachlassverwalter und gibt durch öffentliche Bekanntmachung anderen möglichen Berechtigten Gelegenheit, ihre Rechte geltend zu machen.

(5) Für die Zwecke dieses Artikels stellt die zuständige Behörde eines Mitgliedstaats der Ausstellungsbehörde eines anderen Mitgliedstaats auf Ersuchen die Angaben zur Verfügung, die insbesondere im Grundbuch, in Personenstandsregistern und in Registern enthalten sind, in denen Urkunden oder Tatsachen erfasst werden, die für die Rechtsnachfolge von Todes wegen oder den ehelichen Güterstand oder einen vergleichbaren Güterstand des Erblassers erheblich sind, sofern die zuständige Behörde nach innerstaatlichem Recht befugt wäre, diese Angaben einer anderen inländischen Behörde zur Verfügung zu stellen.

Art. 67.[71] **Ausstellung des Zeugnisses.** (1) Die Ausstellungsbehörde stellt das Zeugnis unverzüglich nach dem in diesem Kapitel festgelegten Verfahren aus, wenn der zu bescheinigende Sachverhalt nach dem auf die Rechtsnachfolge von Todes wegen anzuwendenden Recht oder jedem anderen auf einen spezifischen Sachverhalt anzuwendenden Recht feststeht. Sie verwendet das nach dem Beratungsverfahren nach Artikel 81 Absatz 2 erstellte Formblatt.

Die Ausstellungsbehörde stellt das Zeugnis insbesondere nicht aus,

a) wenn Einwände gegen den zu bescheinigenden Sachverhalt anhängig sind oder

[71] Vgl. in *Deutschland* ergänzend §§ 39–41 IntErbRVG v. 29.6.2015 (Nr. *61a*).

b) wenn das Zeugnis mit einer Entscheidung zum selben Sachverhalt nicht vereinbar wäre.

(2) Die Ausstellungsbehörde unternimmt alle erforderlichen Schritte, um die Berechtigten von der Ausstellung des Zeugnisses zu unterrichten.

Art. 68. Inhalt des Nachlasszeugnisses. Das Zeugnis enthält folgende Angaben, soweit dies für die Zwecke, zu denen es ausgestellt wird, erforderlich ist:

a) die Bezeichnung und die Anschrift der Ausstellungsbehörde;

b) das Aktenzeichen;

c) die Umstände, aus denen die Ausstellungsbehörde ihre Zuständigkeit für die Ausstellung des Zeugnisses herleitet;

d) das Ausstellungsdatum;

e) Angaben zum Antragsteller: Name (gegebenenfalls Geburtsname), Vorname(n), Geschlecht, Geburtsdatum und -ort, Personenstand, Staatsangehörigkeit, Identifikationsnummer (sofern vorhanden), Anschrift und etwaiges Verwandtschafts- oder Schwägerschaftsverhältnis zum Erblasser;

f) Angaben zum Erblasser: Name (gegebenenfalls Geburtsname), Vorname(n), Geschlecht, Geburtsdatum und -ort, Personenstand, Staatsangehörigkeit, Identifikationsnummer (sofern vorhanden), Anschrift im Zeitpunkt seines Todes, Todesdatum und -ort;

g) Angaben zu den Berechtigten: Name (gegebenenfalls Geburtsname), Vorname(n) und Identifikationsnummer (sofern vorhanden);

h) Angaben zu einem vom Erblasser geschlossenen Ehevertrag oder, sofern zutreffend, einem vom Erblasser geschlossenen Vertrag im Zusammenhang mit einem Verhältnis, das nach dem auf dieses Verhältnis anwendbaren Recht mit der Ehe vergleichbare Wirkungen entfaltet, und Angaben zum ehelichen Güterstand oder einem vergleichbaren Güterstand;

i) das auf die Rechtsnachfolge von Todes wegen anzuwendende Recht sowie die Umstände, auf deren Grundlage das anzuwendende Recht bestimmt wurde;

j) Angaben darüber, ob für die Rechtsnachfolge von Todes wegen die gewillkürte oder die gesetzliche Erbfolge gilt, einschließlich Angaben zu den Umständen, aus denen sich die Rechte und/oder Befugnisse der Erben, Vermächtnisnehmer, Testamentsvollstrecker oder Nachlassverwalter herleiten;

k) sofern zutreffend, in Bezug auf jeden Berechtigten Angaben über die Art der Annahme oder der Ausschlagung der Erbschaft;

l) den Erbteil jedes Erben und gegebenenfalls das Verzeichnis der Rechte und/oder Vermögenswerte, die einem bestimmten Erben zustehen;

m) das Verzeichnis der Rechte und/oder Vermögenswerte, die einem bestimmten Vermächtnisnehmer zustehen;

n) die Beschränkungen ihrer Rechte, denen die Erben und gegebenenfalls die Vermächtnisnehmer nach dem auf die Rechtsnachfolge von Todes wegen anzuwendenden Recht und/oder nach Maßgabe der Verfügung von Todes wegen unterliegen;

o) die Befugnisse des Testamentsvollstreckers und/oder des Nachlassverwalters und die Beschränkungen dieser Befugnisse nach dem auf die Rechtsnachfolge von Todes wegen anzuwendenden Recht und/oder nach Maßgabe der Verfügung von Todes wegen.

Art. 69.[72] **Wirkungen des Zeugnisses.** (1) Das Zeugnis entfaltet seine Wirkungen in allen Mitgliedstaaten, ohne dass es eines besonderen Verfahrens bedarf.

(2) Es wird vermutet, dass das Zeugnis die Sachverhalte, die nach dem auf die Rechtsnachfolge von Todes wegen anzuwendenden Recht oder einem anderen auf spezifische Sachverhalte anzuwendenden Recht festgestellt wurden, zutreffend ausweist. Es wird vermutet, dass die Person, die im Zeugnis als Erbe, Vermächtnisnehmer, Testamentsvollstrecker oder Nachlassverwalter genannt ist, die in dem Zeugnis genannte Rechtsstellung und/oder die in dem Zeugnis aufgeführten Rechte oder Befugnisse hat und dass diese Rechte oder Befugnisse keinen anderen als den im Zeugnis aufgeführten Bedingungen und/oder Beschränkungen unterliegen.

(3) Wer auf der Grundlage der in dem Zeugnis enthaltenen Angaben einer Person Zahlungen leistet oder Vermögenswerte übergibt, die in dem Zeugnis als zur Entgegennahme derselben berechtigt bezeichnet wird, gilt als Person, die an einen zur Entgegennahme der Zahlungen oder Vermögenswerte Berechtigten geleistet hat, es sei denn, er wusste, dass das Zeugnis inhaltlich unrichtig ist, oder es war ihm dies infolge grober Fahrlässigkeit nicht bekannt.

(4) Verfügt eine Person, die in dem Zeugnis als zur Verfügung über Nachlassvermögen berechtigt bezeichnet wird, über Nachlassvermögen zugunsten eines anderen, so gilt dieser andere, falls er auf der Grundlage der in dem Zeugnis enthaltenen Angaben handelt, als Person, die von einem zur Verfügung über das betreffende Vermögen Berechtigten erworben hat, es sei denn, er wusste, dass das Zeugnis inhaltlich unrichtig ist, oder es war ihm dies infolge grober Fahrlässigkeit nicht bekannt.

(5) Das Zeugnis stellt ein wirksames Schriftstück für die Eintragung des Nachlassvermögens in das einschlägige Register eines Mitgliedstaats dar, unbeschadet des Artikels 1 Absatz 2 Buchstaben k und l.

Art. 70.[73] **Beglaubigte Abschriften des Zeugnisses.** (1) Die Ausstellungsbehörde bewahrt die Urschrift des Zeugnisses auf und stellt dem An-

[72] Vgl. Erwägungsgrund (71).
[73] Vgl. Erwägungsgrund (72).

tragsteller und jeder anderen Person, die ein berechtigtes Interesse nachweist, eine oder mehrere beglaubigte Abschriften aus.

(2) Die Ausstellungsbehörde führt für die Zwecke des Artikels 71 Absatz 3 und des Artikels 73 Absatz 2 ein Verzeichnis der Personen, denen beglaubigte Abschriften nach Absatz 1 ausgestellt wurden.

(3) Die beglaubigten Abschriften sind für einen begrenzten Zeitraum von sechs Monaten gültig, der in der beglaubigten Abschrift jeweils durch ein Ablaufdatum angegeben wird. In ordnungsgemäß begründeten Ausnahmefällen kann die Ausstellungsbehörde abweichend davon eine längere Gültigkeitsfrist beschließen. Nach Ablauf dieses Zeitraums muss jede Person, die sich im Besitz einer beglaubigten Abschrift befindet, bei der Ausstellungsbehörde eine Verlängerung der Gültigkeitsfrist der beglaubigten Abschrift oder eine neue beglaubigte Abschrift beantragen, um das Zeugnis zu den in Artikel 63 angegebenen Zwecken verwenden zu können.

Art. 71.[74] **Berichtigung, Änderung oder Widerruf des Zeugnisses.** (1) Die Ausstellungsbehörde berichtigt das Zeugnis im Falle eines Schreibfehlers auf Verlangen jedweder Person, die ein berechtigtes Interesse nachweist, oder von Amts wegen.

(2) Die Ausstellungsbehörde ändert oder widerruft das Zeugnis auf Verlangen jedweder Person, die ein berechtigtes Interesse nachweist, oder, soweit dies nach innerstaatlichem Recht möglich ist, von Amts wegen, wenn feststeht, dass das Zeugnis oder einzelne Teile des Zeugnisses inhaltlich unrichtig sind.

(3) Die Ausstellungsbehörde unterrichtet unverzüglich alle Personen, denen beglaubigte Abschriften des Zeugnisses gemäß Artikel 70 Absatz 1 ausgestellt wurden, über eine Berichtigung, eine Änderung oder einen Widerruf des Zeugnisses.

Art. 72.[75] **Rechtsbehelfe.** (1) Entscheidungen, die die Ausstellungsbehörde nach Artikel 67 getroffen hat, können von einer Person, die berechtigt ist, ein Zeugnis zu beantragen, angefochten werden.

Entscheidungen, die die Ausstellungsbehörde nach Artikel 71 und Artikel 73 Absatz 1 Buchstabe a getroffen hat, können von einer Person, die ein berechtigtes Interesse nachweist, angefochten werden.

Der Rechtsbehelf ist bei einem Gericht des Mitgliedstaats der Ausstellungsbehörde nach dem Recht dieses Staates einzulegen.

(2) Führt eine Anfechtungsklage nach Absatz 1 zu der Feststellung, dass das ausgestellte Zeugnis nicht den Tatsachen entspricht, so ändert die zu-

---

[74] Vgl. Erwägungsgrund (72); dazu in *Deutschland* ergänzend § 38 IntErbRVG v. 29.6.2015 (Nr. *61a*).

[75] Vgl. in *Deutschland* ergänzend §§ 43, 44 IntErbRVG v. 29.6.2015 (Nr. *61a*).

ständige Behörde das Zeugnis oder widerruft es oder sorgt dafür, dass die Ausstellungsbehörde das Zeugnis berichtigt, ändert oder widerruft.

Führt eine Anfechtungsklage nach Absatz 1 zu der Feststellung, dass die Versagung der Ausstellung nicht gerechtfertigt war, so stellen die zuständigen Justizbehörden das Zeugnis aus oder stellen sicher, dass die Ausstellungsbehörde den Fall erneut prüft und eine neue Entscheidung trifft.

Art. 73. Aussetzung der Wirkungen des Zeugnisses. (1) Die Wirkungen des Zeugnisses können ausgesetzt werden

a) von der Ausstellungsbehörde auf Verlangen einer Person, die ein berechtigtes Interesse nachweist, bis zur Änderung oder zum Widerruf des Zeugnisses nach Artikel 71 oder

b) von dem Rechtsmittelgericht auf Antrag einer Person, die berechtigt ist, eine von der Ausstellungsbehörde nach Artikel 72 getroffene Entscheidung anzufechten, während der Anhängigkeit des Rechtsbehelfs.

(2) Die Ausstellungsbehörde oder gegebenenfalls das Rechtsmittelgericht unterrichtet unverzüglich alle Personen, denen beglaubigte Abschriften des Zeugnisses nach Artikel 70 Absatz 1 ausgestellt worden sind, über eine Aussetzung der Wirkungen des Zeugnisses.

Während der Aussetzung der Wirkungen des Zeugnisses dürfen keine weiteren beglaubigten Abschriften des Zeugnisses ausgestellt werden.

Kapitel VII. Allgemeine und Schlussbestimmungen

Art. 74. Legalisation oder ähnliche Förmlichkeiten. Im Rahmen dieser Verordnung bedarf es hinsichtlich Urkunden, die in einem Mitgliedstaat ausgestellt werden, weder der Legalisation noch einer ähnlichen Förmlichkeit.

Art. 75.[76] Verhältnis zu bestehenden internationalen Übereinkommen. (1) Diese Verordnung lässt die Anwendung internationaler Übereinkommen unberührt, denen ein oder mehrere Mitgliedstaaten zum Zeitpunkt der Annahme dieser Verordnung angehören und die Bereiche betreffen, die in dieser Verordnung geregelt sind.

Insbesondere wenden die Mitgliedstaaten, die Vertragsparteien des Haager Übereinkommens vom 5. Oktober 1961 über das auf die Form letztwilliger Verfügungen anzuwendende Recht sind, in Bezug auf die Formgültigkeit von Testamenten und gemeinschaftlichen Testamenten anstelle des Artikels 27 dieser Verordnung weiterhin die Bestimmungen dieses Übereinkommens an.

---

[76] Vgl. Erwägungsgrund (73).

(2) Ungeachtet des Absatzes 1 hat diese Verordnung jedoch im Verhältnis zwischen den Mitgliedstaaten Vorrang vor ausschließlich zwischen zwei oder mehreren von ihnen geschlossenen Übereinkünften, soweit diese Bereiche betreffen, die in dieser Verordnung geregelt sind.

(3) Diese Verordnung steht der Anwendung des Übereinkommens vom 19. November 1934 zwischen Dänemark, Finnland, Island, Norwegen und Schweden mit Bestimmungen des Internationalen Privatrechts über Rechtsnachfolge von Todes wegen, Testamente und Nachlassverwaltung in der geänderten Fassung der zwischenstaatlichen Vereinbarung zwischen diesen Staaten vom 1. Juni 2012 durch die ihm angehörenden Mitgliedstaaten nicht entgegen, soweit dieses Übereinkommen Folgendes vorsieht:

a) Vorschriften über die verfahrensrechtlichen Aspekte der Nachlassverwaltung im Sinne der in dem Übereinkommen enthaltenen Begriffsbestimmung und die diesbezügliche Unterstützung durch die Behörden der dem Übereinkommen angehörenden Staaten und

b) vereinfachte und beschleunigte Verfahren für die Anerkennung und Vollstreckung von Entscheidungen in Erbsachen.[77]

Art. 76. Verhältnis zur Verordnung (EG) Nr. 1346/2000 des Rates. Diese Verordnung lässt die Anwendung der Verordnung (EG) Nr. 1346/2000 des Rates vom 29. Mai 2000 über Insolvenzverfahren[78] unberührt.

Art. 77.[79] **Informationen für die Öffentlichkeit.** Die Mitgliedstaaten übermitteln der Kommission eine kurze Zusammenfassung ihrer innerstaatlichen erbrechtlichen Vorschriften und Verfahren, einschließlich Informationen zu der Art von Behörde, die für Erbsachen zuständig ist, sowie zu der Art von Behörde, die für die Entgegennahme von Erklärungen über die Annahme oder die Ausschlagung der Erbschaft, eines Vermächtnisses oder eines Pflichtteils zuständig ist, damit die betreffenden Informationen der Öffentlichkeit im Rahmen des Europäischen Justiziellen Netzes für Zivil- und Handelssachen zur Verfügung gestellt werden können.

Die Mitgliedstaaten stellen auch Merkblätter bereit, in denen alle Urkunden und/oder Angaben aufgeführt sind, die für die Eintragung einer in ihrem Hoheitsgebiet belegenen unbeweglichen Sache im Regelfall erforderlich sind.

Die Mitgliedstaaten halten die Informationen stets auf dem neuesten Stand.

---

[77] Vgl. Erwägungsgrund (74).

[78] ABl. 2000 L 160, S. 1. Die Verweisung ist für nach dem 26.6.2017 eröffnete Insolvenzverfahren auf die Verordnung (EU) Nr. 848/2015 (Nr. *260*) gerichtet, vgl. Art. 91 S. 2 dieser Verordnung.

[79] Die der Kommission von den einzelnen Mitgliedstaaten übermittelten Informationen sind abrufbar im Europäischen Gerichtsatlas für Zivilsachen (Homepage des Europäischen Justizportals: https://e-justice.europa.eu/380/DE/succession.

Art. 78.[80] **Informationen zu Kontaktdaten und Verfahren.** (1) Die Mitgliedstaaten teilen der Kommission bis zum 16. November 2014[81] mit:

a) die Namen und Kontaktdaten der für Anträge auf Vollstreckbarerklärung gemäß Artikel 45 Absatz 1 und für Rechtsbehelfe gegen Entscheidungen über derartige Anträge gemäß Artikel 50 Absatz 2 zuständigen Gerichte oder Behörden;

b) die in Artikel 51 genannten Rechtsbehelfe gegen die Entscheidung über den Rechtsbehelf;

c) die einschlägigen Informationen zu den Behörden, die für die Ausstellung des Zeugnisses nach Artikel 64 zuständig sind, und

d) die in Artikel 72 genannten Rechtsbehelfe.

Die Mitgliedstaaten unterrichten die Kommission über spätere Änderungen dieser Informationen.

(2) Die Kommission veröffentlicht die nach Absatz 1 übermittelten Informationen im Amtsblatt der Europäischen Union, mit Ausnahme der Anschriften und sonstigen Kontaktdaten der unter Absatz 1 Buchstabe a genannten Gerichte und Behörden.

(3) Die Kommission stellt der Öffentlichkeit alle nach Absatz 1 übermittelten Informationen auf andere geeignete Weise, insbesondere über das Europäische Justizielle Netz für Zivil- und Handelssachen, zur Verfügung.

Art. 79. Erstellung und spätere Änderung der Liste der in Artikel 3 Absatz 2 vorgesehenen Informationen. (1) Die Kommission erstellt anhand der Mitteilungen der Mitgliedstaaten die Liste der in Artikel 3 Absatz 2 genannten sonstigen Behörden und Angehörigen von Rechtsberufen.

(2) Die Mitgliedstaaten teilen der Kommission spätere Änderungen der in dieser Liste enthaltenen Angaben mit. Die Kommission ändert die Liste entsprechend.

(3) Die Kommission veröffentlicht die Liste und etwaige spätere Änderungen im *Amtsblatt der Europäischen Union.*

(4) Die Kommission stellt der Öffentlichkeit alle nach den Absätzen 1 und 2 mitgeteilten Informationen auf andere geeignete Weise, insbesondere über das Europäische Justizielle Netz für Zivil- und Handelssachen, zur Verfügung.[82]

Art. 80.[83] **Erstellung und spätere Änderung der Bescheinigungen und der Formblätter nach den Artikeln 46, 59, 60, 61, 65 und 67.**

---

[80] Vgl. die vorige Anm.

[81] Art. 78 berichtigt gem. ABl. L 60, S. 140 v. 2.3.2013.

[82] Vgl. Erwägungsgrund (75).

[83] Vgl. Erwägungsgrund (76) sowie die Durchführungsverordnung (EU) Nr. 1329/2014 zur Festlegung der Formblätter nach Maßgabe der Verordnung (EU) Nr. 650/2012 v. 9.12.2014, ABl. L 359, S. 30.

Die Kommission erlässt Durchführungsrechtsakte zur Erstellung und späteren Änderung der Bescheinigungen und der Formblätter nach den Artikeln 46, 59, 60, 61, 65 und 67. Diese Durchführungsrechtsakte werden nach dem in Artikel 81 Absatz 2 genannten Beratungsverfahren angenommen.

Art. 81.[84] **Ausschussverfahren.** (1) Die Kommission wird von einem Ausschuss unterstützt. Dieser Ausschuss ist ein Ausschuss im Sinne der Verordnung (EU) Nr. 182/2011.

(2) Wird auf diesen Absatz Bezug genommen, so gilt Artikel 4 der Verordnung (EU) Nr. 182/2011.

Art. 82. Überprüfung. Die Kommission legt dem Europäischen Parlament, dem Rat und dem Europäischen Wirtschafts- und Sozialausschuss bis 18. August 2025 einen Bericht über die Anwendung dieser Verordnung vor, der auch eine Evaluierung der etwaigen praktischen Probleme enthält, die in Bezug auf die parallele außergerichtliche Beilegung von Erbstreitigkeiten in verschiedenen Mitgliedstaaten oder eine außergerichtliche Beilegung in einem Mitgliedstaat parallel zu einem gerichtlichen Vergleich in einem anderen Mitgliedstaat aufgetreten sind. Dem Bericht werden gegebenenfalls Änderungsvorschläge beigefügt.

Art. 83. Übergangsbestimmungen. (1) Diese Verordnung findet auf die Rechtsnachfolge von Personen Anwendung, die am 17. August 2015 oder danach verstorben sind.

(2) Hatte der Erblasser das auf seine Rechtsnachfolge von Todes wegen anzuwendende Recht vor dem 17. August 2015 gewählt, so ist diese Rechtswahl wirksam, wenn sie die Voraussetzungen des Kapitels III erfüllt oder wenn sie nach den zum Zeitpunkt der Rechtswahl geltenden Vorschriften des Internationalen Privatrechts in dem Staat, in dem der Erblasser seinen gewöhnlichen Aufenthalt hatte, oder in einem Staat, dessen Staatsangehörigkeit er besaß, wirksam ist.

(3) Eine vor dem 17. August 2015 errichtete Verfügung von Todes wegen ist zulässig sowie materiell und formell wirksam, wenn sie die Voraussetzungen des Kapitels III erfüllt oder wenn sie nach den zum Zeitpunkt der Errichtung der Verfügung geltenden Vorschriften des Internationalen Privatrechts in dem Staat, in dem der Erblasser seinen gewöhnlichen Aufenthalt hatte, oder in einem Staat, dessen Staatsangehörigkeit er besaß, oder in dem Mitgliedstaat, dessen Behörde mit der Erbsache befasst ist, zulässig sowie materiell und formell wirksam ist.[85]

(4) Wurde eine Verfügung von Todes wegen vor dem 17. August 2015 nach dem Recht errichtet, welches der Erblasser gemäß dieser Verordnung

---

[84] Vgl. Erwägungsgrund (78).
[85] Abs. 3 berichtigt gem. ABl. L 41, S. 16 v. 12.2.2013.

hätte wählen können, so gilt dieses Recht als das auf die Rechtsfolge von Todes wegen anzuwendende gewählte Recht.

Art. 84. Inkrafttreten. Diese Verordnung tritt am zwanzigsten Tag nach ihrer Veröffentlichung im Amtsblatt der Europäischen Union in Kraft.

Sie gilt ab dem 17. August 2015, mit Ausnahme der Artikel 77 und 78, die ab dem 16. November 2014[86] gelten, und der Artikel 79, 80 und 81, die ab dem 5. Juli 2012 gelten.

Diese Verordnung ist in allen ihren Teilen verbindlich und gilt gemäß den Verträgen unmittelbar in allen Mitgliedstaaten.

61a. Internationales Erbrechtsverfahrensgesetz (IntErbRVG)

Vom 29. Juni 2015[1] (BGBl. I, S. 1042)

Abschnitt 1. Anwendungsbereich

§ 1. Anwendungsbereich. (1) Dieses Gesetz regelt die Durchführung der Verordnung (EU) Nr. 650/2012 des Europäischen Parlaments und des Rates vom 4. Juli 2012 über die Zuständigkeit, das anzuwendende Recht, die Anerkennung und Vollstreckung von Entscheidungen und die Annahme und Vollstreckung öffentlicher Urkunden in Erbsachen sowie zur Einführung eines Europäischen Nachlasszeugnisses.[2]

(2) Mitgliedstaaten im Sinne dieses Gesetzes sind die Mitgliedstaaten der Europäischen Union mit Ausnahme Dänemarks, Irlands und des Vereinigten Königreichs.

Abschnitt 2. Bürgerliche Streitigkeiten

§ 2. Örtliche Zuständigkeit. (1) Das Gericht, das die Verfahrensparteien in der Gerichtsstandsvereinbarung bezeichnet haben, ist örtlich ausschließlich zuständig, sofern sich die internationale Zuständigkeit der deutschen Gerichte aus den folgenden Vorschriften der Verordnung (EU) Nr. 650/2012 ergibt:

1. Artikel 7 Buchstabe a in Verbindung mit Artikel 6 Buchstabe b Alternative 1 und mit Artikel 5 Absatz 1 Alternative 1 der Verordnung (EU) Nr. 650/2012 oder

---

[86] Art. 84 berichtigt gem. ABl. L 344, S. 3 v. 14.3.2012.

[1] Das Gesetz ist zusammen mit der EuErbVO v. 4.7.2012 (Nr. *61*) am 17.8.2015 in Kraft getreten.

[2] Abgedruckt unter Nr. *61*.

2. Artikel 7 Buchstabe b Alternative 1 in Verbindung mit Artikel 5 Absatz 1 Alternative 1 der Verordnung (EU) Nr. 650/2012.

(2) Ergibt sich die internationale Zuständigkeit der deutschen Gerichte aus Artikel 7 Buchstabe c der Verordnung (EU) Nr. 650/2012, ist das Gericht örtlich ausschließlich zuständig, dessen Zuständigkeit die Verfahrensparteien ausdrücklich anerkannt haben.

(3) Ergibt sich die internationale Zuständigkeit der deutschen Gerichte aus Artikel 9 Absatz 1 der Verordnung (EU) Nr. 650/2012 in Verbindung mit den in den vorstehenden Absätzen aufgeführten Vorschriften der Verordnung (EU) Nr. 650/2012, ist das Gericht, das seine Zuständigkeit nach den Absätzen 1 oder 2 ausübt, weiterhin örtlich ausschließlich zuständig.

(4) Ergibt sich die internationale Zuständigkeit der deutschen Gerichte aus anderen Vorschriften des Kapitels II der Verordnung (EU) Nr. 650/2012, ist das Gericht örtlich zuständig, in dessen Bezirk der Erblasser im Zeitpunkt seines Todes seinen gewöhnlichen Aufenthalt hatte. Hatte der Erblasser im Zeitpunkt seines Todes seinen gewöhnlichen Aufenthalt nicht im Inland, ist das Gericht örtlich zuständig, in dessen Bezirk der Erblasser seinen letzten gewöhnlichen Aufenthalt im Inland hatte. Hatte der Erblasser keinen gewöhnlichen Aufenthalt im Inland, ist das Amtsgericht Schöneberg in Berlin örtlich zuständig.

(5) Mit Ausnahme der §§ 27 und 28 der Zivilprozessordnung gelten neben Absatz 4 auch die Vorschriften in den Titeln 2 und 3 des Ersten Abschnitts des Ersten Buches der Zivilprozessordnung.

Abschnitt 3. Zulassung der Zwangsvollstreckung aus ausländischen Titeln; Anerkennungsfeststellung

Unterabschnitt 1. Vollstreckbarkeit ausländischer Titel

§ 3. Zuständigkeit. (1) Sachlich zuständig für die Vollstreckbarerklärung von Titeln aus einem anderen Mitgliedstaat ist ausschließlich das Landgericht.

(2) Örtlich zuständig ist ausschließlich das Gericht, in dessen Bezirk der Schuldner seinen Wohnsitz hat, oder in dessen Bezirk die Zwangsvollstreckung durchgeführt werden soll. Der Sitz von Gesellschaften und juristischen Personen steht dem Wohnsitz gleich.

(3) Über den Antrag auf Erteilung der Vollstreckungsklausel entscheidet der Vorsitzende einer Zivilkammer.

(4) In einem Verfahren, das die Vollstreckbarerklärung einer notariellen Urkunde zum Gegenstand hat, kann diese Urkunde auch von einem Notar für vollstreckbar erklärt werden. Die Vorschriften für das Verfahren der Vollstreckbarerklärung durch ein Gericht gelten sinngemäß.

§ 4. Antragstellung. (1) Der in einem anderen Mitgliedstaat vollstreckbare Titel wird dadurch zur Zwangsvollstreckung zugelassen, dass er auf Antrag mit der Vollstreckungsklausel versehen wird.

(2) Der Antrag auf Erteilung der Vollstreckungsklausel kann bei dem zuständigen Gericht schriftlich eingereicht oder mündlich zu Protokoll der Geschäftsstelle erklärt werden.

(3) Ist der Antrag entgegen § 184 Satz 1 des Gerichtsverfassungsgesetzes nicht in deutscher Sprache abgefasst, so kann das Gericht von dem Antragsteller eine Übersetzung verlangen, deren Richtigkeit von einer in einem Mitgliedstaat der Europäischen Union oder in einem anderen Vertragsstaat des Abkommens über den Europäischen Wirtschaftsraum hierzu befugten Person bestätigt worden ist.

(4) Der Ausfertigung des Titels, der mit der Vollstreckungsklausel versehen werden soll, und seiner Übersetzung, sofern eine solche vorgelegt wird, sollen je zwei Abschriften beigefügt werden.

§ 5. Verfahren. (1) Die Entscheidung über den Antrag ergeht ohne mündliche Verhandlung. Jedoch kann eine mündliche Erörterung mit dem Antragsteller oder seinem Bevollmächtigten stattfinden, wenn der Antragsteller oder der Bevollmächtigte hiermit einverstanden ist und die Erörterung der Beschleunigung dient.

(2) Im ersten Rechtszug ist die Vertretung durch einen Rechtsanwalt nicht erforderlich.

§ 6. Vollstreckbarkeit ausländischer Titel in Sonderfällen. Hängt die Zwangsvollstreckung nach dem Inhalt des Titels von einer dem Gläubiger obliegenden Sicherheitsleistung, dem Ablauf einer Frist oder dem Eintritt einer anderen Tatsache ab oder wird die Vollstreckungsklausel zugunsten eines anderen als des in dem Titel bezeichneten Gläubigers oder gegen einen anderen als den darin bezeichneten Schuldner beantragt, so ist die Frage, inwieweit die Zulassung der Zwangsvollstreckung von dem Nachweis besonderer Voraussetzungen abhängig oder ob der Titel für oder gegen den anderen vollstreckbar ist, nach dem Recht des Staates zu entscheiden, in dem der Titel errichtet ist.

§ 7. Entscheidung. (1) Ist die Zwangsvollstreckung aus dem Titel zuzulassen, so beschließt das Gericht, dass der Titel mit der Vollstreckungsklausel zu versehen ist. In dem Beschluss ist die zu vollstreckende Verpflichtung in deutscher Sprache wiederzugeben. Zur Begründung des Beschlusses genügt in der Regel die Bezugnahme auf die Verordnung (EU) Nr. 650/2012 sowie auf die von dem Antragsteller vorgelegten Urkunden. Auf die Kosten des Verfahrens ist § 788 der Zivilprozessordnung entsprechend anzuwenden.

(2) Ist der Antrag nicht zulässig oder nicht begründet, so lehnt ihn das Gericht durch Beschluss ab. Der Beschluss ist zu begründen. Die Kosten sind dem Antragsteller aufzuerlegen.

§ 8. Vollstreckungsklausel. (1) Auf Grund des Beschlusses nach § 7 Absatz 1 erteilt der Urkundsbeamte der Geschäftsstelle die Vollstreckungsklausel in folgender Form:

„Vollstreckungsklausel nach § 4 des Internationalen Erbrechtsverfahrensgesetzes vom 29. Juni 2015 (BGBl. I S. 1042). Gemäß dem Beschluss des … (Bezeichnung des Gerichts und des Beschlusses) ist die Zwangsvollstreckung aus … (Bezeichnung des Titels) zugunsten … (Bezeichnung des Gläubigers) gegen … (Bezeichnung des Schuldners) zulässig.

Die zu vollstreckende Verpflichtung lautet:

… (Angabe der dem Schuldner aus dem ausländischen Titel obliegenden Verpflichtung in deutscher Sprache; aus dem Beschluss nach § 7 Absatz 1 zu übernehmen).

Die Zwangsvollstreckung darf über Maßregeln zur Sicherung nicht hinausgehen, bis der Gläubiger eine gerichtliche Anordnung oder ein Zeugnis vorlegt, dass die Zwangsvollstreckung unbeschränkt stattfinden darf."

Lautet der Titel auf Leistung von Geld, so ist der Vollstreckungsklausel folgender Zusatz anzufügen:

„Solange die Zwangsvollstreckung über Maßregeln zur Sicherung nicht hinausgehen darf, kann der Schuldner die Zwangsvollstreckung durch Leistung einer Sicherheit in Höhe von … (Angabe des Betrages, wegen dessen der Gläubiger vollstrecken darf) abwenden."

(2) Wird die Zwangsvollstreckung nicht für alle der in dem ausländischen Titel niedergelegten Ansprüche oder nur für einen Teil des Gegenstands der Verpflichtung zugelassen, so ist die Vollstreckungsklausel als „Teil-Vollstreckungsklausel nach § 4 des Internationalen Erbrechtsverfahrensgesetzes vom 29. Juni 2015 (BGBl. I S. 1042)" zu bezeichnen.

(3) Die Vollstreckungsklausel ist von dem Urkundsbeamten der Geschäftsstelle zu unterschreiben und mit dem Gerichtssiegel zu versehen. Sie ist entweder auf die Ausfertigung des Titels oder auf ein damit zu verbindendes Blatt zu setzen. Falls eine Übersetzung des Titels vorliegt, ist sie mit der Ausfertigung zu verbinden.

§ 9. Bekanntgabe der Entscheidung. (1) Lässt das Gericht die Zwangsvollstreckung zu (§ 7 Absatz 1), sind dem Antragsgegner beglaubigte Abschriften des Beschlusses, des mit der Vollstreckungsklausel versehenen Titels und gegebenenfalls seiner Übersetzung sowie der gemäß § 7 Absatz 1 Satz 3 in Bezug genommenen Urkunden von Amts wegen zuzustellen. Dem Antragsteller sind eine beglaubigte Abschrift des Beschlusses, die mit der Vollstreckungsklausel versehene Ausfertigung des Titels sowie eine Bescheinigung über die bewirkte Zustellung zu übersenden.

(2) Lehnt das Gericht den Antrag auf Erteilung der Vollstreckungsklausel ab (§ 7 Absatz 2), ist der Beschluss dem Antragsteller zuzustellen.

Unterabschnitt 2. Beschwerde; Rechtsbeschwerde

§ 10. Beschwerdegericht, Einlegung der Beschwerde. (1) Beschwerdegericht ist das Oberlandesgericht.

(2) Die Beschwerde gegen die im ersten Rechtszug ergangene Entscheidung über den Antrag auf Erteilung der Vollstreckungsklausel wird bei dem Gericht, dessen Beschluss angefochten wird, durch Einreichen einer Beschwerdeschrift oder durch Erklärung zu Protokoll der Geschäftsstelle eingelegt. Der Beschwerdeschrift soll die für ihre Zustellung erforderliche Zahl von Abschriften beigefügt werden.

(3) Die Beschwerde ist dem Beschwerdegegner von Amts wegen zuzustellen.

§ 11. Beschwerdeverfahren und Entscheidung über die Beschwerde. (1) Das Beschwerdegericht entscheidet durch Beschluss, der mit Gründen zu versehen ist und ohne mündliche Verhandlung ergehen kann. Der Beschwerdegegner ist vor der Entscheidung zu hören.

(2) Solange eine mündliche Verhandlung nicht angeordnet ist, können zu Protokoll der Geschäftsstelle Anträge gestellt und Erklärungen abgegeben werden. Wird die mündliche Verhandlung angeordnet, so gilt für die Ladung § 215 der Zivilprozessordnung.

(3) Eine vollständige Ausfertigung des Beschlusses ist dem Antragsteller und dem Antragsgegner auch dann von Amts wegen zuzustellen, wenn der Beschluss verkündet worden ist.

(4) Soweit auf Grund des Beschlusses die Zwangsvollstreckung aus dem Titel erstmals zuzulassen ist, erteilt der Urkundsbeamte der Geschäftsstelle des Beschwerdegerichts die Vollstreckungsklausel. § 7 Absatz 1 Satz 2 und 4 sowie die §§ 8 und 9 Absatz 1 sind entsprechend anzuwenden. Ein Zusatz, dass die Zwangsvollstreckung über Maßregeln zur Sicherung nicht hinausgehen darf (§ 8 Absatz 1), ist nur aufzunehmen, wenn das Beschwerdegericht eine Anordnung nach § 18 Absatz 2 erlassen hat. Der Inhalt des Zusatzes bestimmt sich nach dem Inhalt der Anordnung.

§ 12. Statthaftigkeit und Frist der Rechtsbeschwerde. (1) Gegen den Beschluss des Beschwerdegerichts findet die Rechtsbeschwerde nach Maßgabe des § 574 Absatz 1 Nummer 1 und Absatz 2 der Zivilprozessordnung statt.

(2) Die Rechtsbeschwerde ist innerhalb eines Monats einzulegen.

(3) Die Rechtsbeschwerdefrist ist eine Notfrist und beginnt mit der Zustellung des Beschlusses (§ 11 Absatz 3).

§ 13. Einlegung und Begründung der Rechtsbeschwerde. (1) Die Rechtsbeschwerde wird durch Einreichen der Beschwerdeschrift beim Bundesgerichtshof eingelegt.

(2) Die Rechtsbeschwerde ist zu begründen. § 575 Absatz 2 bis 4 der Zivilprozessordnung ist entsprechend anzuwenden. Soweit die Rechtsbeschwerde darauf gestützt wird, dass das Beschwerdegericht von einer Entscheidung des Gerichtshofs der Europäischen Union abgewichen sei, muss die Entscheidung, von der der angefochtene Beschluss abweicht, bezeichnet werden.

(3) Mit der Beschwerdeschrift soll eine Ausfertigung oder beglaubigte Abschrift des Beschlusses, gegen den sich die Rechtsbeschwerde richtet, vorgelegt werden.

§ 14. Verfahren und Entscheidung über die Rechtsbeschwerde.
(1) Der Bundesgerichtshof kann über die Rechtsbeschwerde ohne mündliche Verhandlung entscheiden. Auf das Verfahren über die Rechtsbeschwerde sind § 574 Absatz 4, § 576 Absatz 3 und § 577 der Zivilprozessordnung entsprechend anzuwenden.

(2) Soweit die Zwangsvollstreckung aus dem Titel erstmals durch den Bundesgerichtshof zugelassen wird, erteilt der Urkundsbeamte der Geschäftsstelle dieses Gerichts die Vollstreckungsklausel. § 7 Absatz 1 Satz 2 und 4 sowie die §§ 8 und 9 Absatz 1 gelten entsprechend. Ein Zusatz über die Beschränkung der Zwangsvollstreckung entfällt.

Unterabschnitt 3. Beschränkung der Zwangsvollstreckung auf Sicherungsmaßregeln und unbeschränkte Fortsetzung der Zwangsvollstreckung

§ 15. Prüfung der Beschränkung. Einwendungen des Schuldners, dass bei der Zwangsvollstreckung die Beschränkung auf Sicherungsmaßregeln nach der Verordnung (EU) Nr. 650/2012 oder auf Grund einer Anordnung gemäß § 18 Absatz 2 nicht eingehalten werde, oder Einwendungen des Gläubigers, dass eine bestimmte Maßnahme der Zwangsvollstreckung mit dieser Beschränkung vereinbar sei, sind im Wege der Erinnerung nach § 766 der Zivilprozessordnung bei dem Vollstreckungsgericht (§ 764 der Zivilprozessordnung) geltend zu machen.

§ 16. Sicherheitsleistung durch den Schuldner. (1) Solange die Zwangsvollstreckung aus einem Titel, der auf Leistung von Geld lautet, nicht über Maßregeln zur Sicherung hinausgehen darf, ist der Schuldner befugt, die Zwangsvollstreckung durch Leistung einer Sicherheit in Höhe des Betrages abzuwenden, wegen dessen der Gläubiger vollstrecken darf.

(2) Die Zwangsvollstreckung ist einzustellen und bereits getroffene Vollstreckungsmaßregeln sind aufzuheben, wenn der Schuldner durch eine öffentliche Urkunde die zur Abwendung der Zwangsvollstreckung erforderliche Sicherheitsleistung nachweist.

§ 17. Versteigerung beweglicher Sachen. Ist eine bewegliche Sache gepfändet und darf die Zwangsvollstreckung nicht über Maßregeln zur

Sicherung hinausgehen, so kann das Vollstreckungsgericht auf Antrag des Gläubigers oder des Schuldners anordnen, dass die Sache versteigert und der Erlös hinterlegt werde, wenn sie der Gefahr einer beträchtlichen Wertminderung ausgesetzt ist oder wenn ihre Aufbewahrung unverhältnismäßige Kosten verursachen würde.

§ 18. Unbeschränkte Fortsetzung der Zwangsvollstreckung; besondere gerichtliche Anordnungen. (1) Weist das Beschwerdegericht die Beschwerde des Schuldners gegen die Zulassung der Zwangsvollstreckung zurück oder lässt es auf die Beschwerde des Gläubigers die Zwangsvollstreckung aus dem Titel zu, so kann die Zwangsvollstreckung über Maßregeln zur Sicherung hinaus fortgesetzt werden.

(2) Auf Antrag des Schuldners kann das Beschwerdegericht anordnen, dass bis zum Ablauf der Frist zur Einlegung der Rechtsbeschwerde oder bis zur Entscheidung über die Rechtsbeschwerde die Zwangsvollstreckung nicht oder nur gegen Sicherheitsleistung über Maßregeln zur Sicherung hinausgehen darf. Die Anordnung darf nur erlassen werden, wenn glaubhaft gemacht wird, dass die weiter gehende Vollstreckung dem Schuldner einen nicht zu ersetzenden Nachteil bringen würde. § 713 der Zivilprozessordnung ist entsprechend anzuwenden.

(3) Wird Rechtsbeschwerde eingelegt, so kann der Bundesgerichtshof auf Antrag des Schuldners eine Anordnung nach Absatz 2 erlassen. Der Bundesgerichtshof kann auf Antrag des Gläubigers eine nach Absatz 2 erlassene Anordnung des Beschwerdegerichts abändern oder aufheben.

§ 19. Unbeschränkte Fortsetzung der durch das Gericht des ersten Rechtszuges zugelassenen Zwangsvollstreckung. (1) Die Zwangsvollstreckung aus dem Titel, den der Urkundsbeamte der Geschäftsstelle des Gerichts des ersten Rechtszuges mit der Vollstreckungsklausel versehen hat, ist auf Antrag des Gläubigers über Maßregeln zur Sicherung hinaus fortzusetzen, wenn das Zeugnis des Urkundsbeamten der Geschäftsstelle dieses Gerichts vorgelegt wird, dass die Zwangsvollstreckung unbeschränkt stattfinden darf.

(2) Das Zeugnis ist dem Gläubiger auf seinen Antrag zu erteilen,

1. wenn der Schuldner bis zum Ablauf der Beschwerdefrist keine Beschwerdeschrift eingereicht hat,
2. wenn das Beschwerdegericht die Beschwerde des Schuldners zurückgewiesen und keine Anordnung nach § 18 Absatz 2 erlassen hat,
3. wenn der Bundesgerichtshof die Anordnung des Beschwerdegerichts aufgehoben hat (§ 18 Absatz 3 Satz 2) oder
4. wenn der Bundesgerichtshof den Titel zur Zwangsvollstreckung zugelassen hat.

(3) Aus dem Titel darf die Zwangsvollstreckung, selbst wenn sie auf Maßregeln zur Sicherung beschränkt ist, nicht mehr stattfinden, sobald ein

Beschluss des Beschwerdegerichts, dass der Titel zur Zwangsvollstreckung nicht zugelassen werde, verkündet oder zugestellt ist.

§ 20. Unbeschränkte Fortsetzung der durch das Beschwerdegericht zugelassenen Zwangsvollstreckung. (1) Die Zwangsvollstreckung aus dem Titel, zu dem der Urkundsbeamte der Geschäftsstelle des Beschwerdegerichts die Vollstreckungsklausel mit dem Zusatz erteilt hat, dass die Zwangsvollstreckung auf Grund der Anordnung des Gerichts nicht über Maßregeln zur Sicherung hinausgehen darf (§ 11 Absatz 4 Satz 3), ist auf Antrag des Gläubigers über Maßregeln zur Sicherung hinaus fortzusetzen, wenn das Zeugnis des Urkundsbeamten der Geschäftsstelle dieses Gerichts vorgelegt wird, dass die Zwangsvollstreckung unbeschränkt stattfinden darf.

(2) Das Zeugnis ist dem Gläubiger auf seinen Antrag zu erteilen,

1. wenn der Schuldner bis zum Ablauf der Frist zur Einlegung der Rechtsbeschwerde (§ 12 Absatz 2) keine Beschwerdeschrift eingereicht hat,
2. wenn der Bundesgerichtshof die Anordnung des Beschwerdegerichts aufgehoben hat (§ 18 Absatz 3 Satz 2) oder
3. wenn der Bundesgerichtshof die Rechtsbeschwerde des Schuldners zurückgewiesen hat.

Unterabschnitt 4. Feststellung der Anerkennung einer ausländischen Entscheidung

§ 21. Verfahren. (1) Auf das Verfahren, das die Feststellung zum Gegenstand hat, ob eine Entscheidung aus einem anderen Mitgliedstaat anzuerkennen ist, sind die §§ 3 bis 5, § 7 Absatz 2, die §§ 9 bis 11 Absatz 1 bis 3, die §§ 12, 13 sowie 14 Absatz 1 entsprechend anzuwenden.

(2) Ist der Antrag auf Feststellung begründet, so beschließt das Gericht, die Entscheidung anzuerkennen.

§ 22. Kostenentscheidung. In den Fällen des § 21 Absatz 2 sind die Kosten dem Antragsgegner aufzuerlegen. Dieser kann die Beschwerde (§ 10) auf die Entscheidung über den Kostenpunkt beschränken. In diesem Fall sind die Kosten dem Antragsteller aufzuerlegen, wenn der Antragsgegner durch sein Verhalten keine Veranlassung zu dem Antrag auf Feststellung gegeben hat.

Unterabschnitt 5. Vollstreckungsabwehrklage; besonderes Verfahren; Schadensersatz

§ 23. Vollstreckungsabwehrklage. (1) Ist die Zwangsvollstreckung aus einem Titel zugelassen, so kann der Schuldner Einwendungen gegen den Anspruch selbst in einem Verfahren nach § 767 der Zivilprozessordnung geltend machen. Handelt es sich bei dem Titel um eine gerichtliche Entscheidung, so gilt dies nur, soweit die Gründe, auf denen die Einwendungen beruhen, erst nach dem Erlass der Entscheidung entstanden sind.

(2) Die Klage nach § 767 der Zivilprozessordnung ist bei dem Gericht zu erheben, das über den Antrag auf Erteilung der Vollstreckungsklausel entschieden hat.

§ 24. Verfahren nach Aufhebung oder Änderung eines für vollstreckbar erklärten ausländischen Titels im Ursprungsmitgliedstaat. (1) Wird der Titel in dem Mitgliedstaat, in dem er errichtet worden ist, aufgehoben oder geändert und kann der Schuldner diese Tatsache in dem Verfahren zur Zulassung der Zwangsvollstreckung nicht mehr geltend machen, so kann er die Aufhebung oder Änderung der Zulassung in einem besonderen Verfahren beantragen.

(2) Für die Entscheidung über den Antrag ist das Gericht ausschließlich zuständig, das im ersten Rechtszug über den Antrag auf Erteilung der Vollstreckungsklausel entschieden hat.

(3) Der Antrag kann bei dem Gericht schriftlich oder zu Protokoll der Geschäftsstelle gestellt werden. Über den Antrag kann ohne mündliche Verhandlung entschieden werden. Vor der Entscheidung, die durch Beschluss ergeht, ist der Gläubiger zu hören. § 11 Absatz 2 und 3 gilt entsprechend.

(4) Der Beschluss unterliegt der Beschwerde nach den §§ 567 bis 577 der Zivilprozessordnung. Die Notfrist für die Einlegung der sofortigen Beschwerde beträgt einen Monat.

(5) Für die Einstellung der Zwangsvollstreckung und die Aufhebung bereits getroffener Vollstreckungsmaßregeln sind die §§ 769 und 770 der Zivilprozessordnung entsprechend anzuwenden. Die Aufhebung einer Vollstreckungsmaßregel ist auch ohne Sicherheitsleistung zulässig.

§ 25. Aufhebung oder Änderung einer ausländischen Entscheidung, deren Anerkennung festgestellt ist. Wird die Entscheidung in dem Mitgliedstaat, in dem sie ergangen ist, aufgehoben oder abgeändert und kann die davon begünstigte Partei diese Tatsache nicht mehr in dem Verfahren über den Antrag auf Feststellung der Anerkennung geltend machen, so ist § 24 Absatz 1 bis 4 entsprechend anzuwenden.

§ 26. Schadensersatz wegen ungerechtfertigter Vollstreckung. (1) Wird die Zulassung der Zwangsvollstreckung auf die Beschwerde (§ 10) oder die Rechtsbeschwerde (§ 12) aufgehoben oder abgeändert, so ist der Gläubiger zum Ersatz des Schadens verpflichtet, der dem Schuldner durch die Vollstreckung oder durch eine Leistung zur Abwendung der Vollstreckung entstanden ist. Das Gleiche gilt, wenn die Zulassung der Zwangsvollstreckung nach § 24 aufgehoben oder abgeändert wird, soweit die zur Zwangsvollstreckung zugelassene Entscheidung zum Zeitpunkt der Zulassung nach dem Recht des Mitgliedstaates, in dem sie ergangen ist, noch mit einem ordentlichen Rechtsmittel angefochten werden konnte.

(2) Für die Geltendmachung des Anspruchs ist das Gericht ausschließlich zuständig, das im ersten Rechtszug über den Antrag auf Erteilung der Vollstreckungsklausel entschieden hat.

Unterabschnitt 6. Entscheidungen deutscher Gerichte; Mahnverfahren

§ 27. Bescheinigungen zu inländischen Titeln. (1) Für die Ausstellung der Bescheinigungen nach Artikel 46 Absatz 3 Buchstabe b, Artikel 60 Absatz 2 und Artikel 61 Absatz 2 der Verordnung (EU) Nr. 650/2012 sind die Gerichte oder Notare zuständig, denen die Erteilung einer vollstreckbaren Ausfertigung des Titels obliegt.

(2) Soweit nach Absatz 1 die Gerichte für die Ausstellung der Bescheinigung zuständig sind, wird diese von dem Gericht des ersten Rechtszuges ausgestellt oder, wenn das Verfahren bei einem höheren Gericht anhängig ist, von diesem. Funktionell zuständig ist die Stelle, der die Erteilung einer vollstreckbaren Ausfertigung obliegt. Für die Anfechtbarkeit der Entscheidung über die Ausstellung der Bescheinigung gelten die Vorschriften über die Anfechtbarkeit der Entscheidung über die Erteilung der Vollstreckungsklausel entsprechend.

(3) Die Ausstellung einer Bescheinigung nach Absatz 1 schließt das Recht auf Erteilung einer Vollstreckungsklausel nach § 724 der Zivilprozessordnung nicht aus.

§ 28. Vervollständigung inländischer Entscheidungen zur Verwendung im Ausland. (1) Will eine Partei ein Versäumnis- oder Anerkenntnisurteil, das nach § 313b der Zivilprozessordnung in verkürzter Form abgefasst worden ist, in einem anderen Mitgliedstaat geltend machen, so ist das Urteil auf ihren Antrag zu vervollständigen. Der Antrag kann bei dem Gericht, das das Urteil erlassen hat, schriftlich oder durch Erklärung zu Protokoll der Geschäftsstelle gestellt werden. Über den Antrag wird ohne mündliche Verhandlung entschieden.

(2) Zur Vervollständigung des Urteils sind der Tatbestand und die Entscheidungsgründe nachträglich abzufassen, von den Richtern gesondert zu unterschreiben und der Geschäftsstelle zu übergeben; der Tatbestand und die Entscheidungsgründe können auch von Richtern unterschrieben werden, die bei dem Urteil nicht mitgewirkt haben.

(3) Für die Berichtigung des nachträglich abgefassten Tatbestandes gilt § 320 der Zivilprozessordnung. Jedoch können bei der Entscheidung über einen Antrag auf Berichtigung auch solche Richter mitwirken, die bei dem Urteil oder der nachträglichen Anfertigung des Tatbestandes nicht mitgewirkt haben.

(4) Die vorstehenden Absätze gelten entsprechend für die Vervollständigung von Arrestbefehlen, einstweiligen Anordnungen und einstweiligen Verfügungen, die in einem anderen Mitgliedstaat geltend gemacht werden sollen und nicht mit einer Begründung versehen sind.

§ 29. Vollstreckungsklausel zur Verwendung im Ausland. Vollstreckungsbescheide, Arrestbefehle und einstweilige Verfügungen oder einstweilige Anordnungen, deren Zwangsvollstreckung in einem anderen Mitgliedstaat betrieben werden soll, sind auch dann mit der Vollstreckungsklausel zu versehen, wenn dies für eine Zwangsvollstreckung im Inland nach § 796 Absatz 1, § 929 Absatz 1 oder § 936 der Zivilprozessordnung nicht erforderlich wäre.

§ 30. Mahnverfahren mit Zustellung im Ausland. (1) Das Mahnverfahren findet auch statt, wenn die Zustellung des Mahnbescheids in einem anderen Mitgliedstaat erfolgen muss. In diesem Fall kann der Anspruch auch die Zahlung einer bestimmten Geldsumme in ausländischer Währung zum Gegenstand haben.

(2) Macht der Antragsteller geltend, dass das angerufene Gericht auf Grund einer Gerichtsstandsvereinbarung zuständig sei, so hat er dem Mahnantrag die erforderlichen Schriftstücke über die Vereinbarung beizufügen.

(3) Die Widerspruchsfrist (§ 692 Absatz 1 Nummer 3 der Zivilprozessordnung) beträgt einen Monat.

Abschnitt 4. Entgegennahme von Erklärungen; Aneignungsrecht

§ 31. Entgegennahme von Erklärungen. Für die Entgegennahme einer Erklärung, mit der nach dem anzuwendenden Erbrecht eine Erbschaft ausgeschlagen oder angenommen wird, ist in den Fällen des Artikels 13 der Verordnung (EU) Nr. 650/2012 das Nachlassgericht örtlich zuständig, in dessen Bezirk die erklärende Person ihren gewöhnlichen Aufenthalt hat. Die Erklärung ist zur Niederschrift des Nachlassgerichts oder in öffentlich beglaubigter Form abzugeben. Dem Erklärenden ist die Urschrift der Niederschrift oder die Urschrift der Erklärung in öffentlich beglaubigter Form auszuhändigen; auf letzterer hat das Nachlassgericht den Ort und das Datum der Entgegennahme zu vermerken.

§ 32. Aneignungsrecht. (1) Stellt das Nachlassgericht fest, dass nach dem anzuwendenden Erbrecht weder ein durch Verfügung von Todes wegen eingesetzter Erbe noch eine natürliche Person als gesetzlicher Erbe vorhanden ist, so teilt es seine Feststellung unverzüglich der für die Ausübung des Aneignungsrechts zuständigen Stelle mit; eine Amtsermittlungspflicht des Nachlassgerichts wird hierdurch nicht begründet.

(2) Für die Feststellung nach Absatz 1 ist das Nachlassgericht örtlich zuständig, in dessen Bezirk der Erblasser im Zeitpunkt seines Todes seinen gewöhnlichen Aufenthalt hatte. Hatte der Erblasser im Zeitpunkt seines

Todes keinen gewöhnlichen Aufenthalt im Inland, ist das Amtsgericht Schöneberg in Berlin zuständig.

(3) Die für die Ausübung des Aneignungsrechts zuständige Stelle übt das Aneignungsrecht durch Erklärung gegenüber dem nach Absatz 2 örtlich zuständigen Nachlassgericht aus. Durch die Erklärung legt sie fest, ob und in welchem Umfang sie in Bezug auf das in Deutschland belegene Vermögen von dem Aneignungsrecht Gebrauch macht. Die Erklärung ist zu unterschreiben und mit Siegel oder Stempel zu versehen. Zuständig für die Erklärung ist die Stelle, die das Land bestimmt, in dem der Erblasser zur Zeit des Erbfalls seinen gewöhnlichen Aufenthalt hatte, im Übrigen die Bundesanstalt für Immobilienaufgaben.

(4) Mit dem Eingang der Erklärung über die Ausübung des Aneignungsrechts nach Absatz 3 bei dem örtlich zuständigen Nachlassgericht geht das betroffene Nachlassvermögen auf das Land über, dessen Stelle nach Absatz 3 Satz 4 das Aneignungsrecht ausübt. Übt die Bundesanstalt für Immobilienaufgaben das Aneignungsrecht aus, geht das Vermögen auf den Bund über.

(5) Das Nachlassgericht bescheinigt der zuständigen Stelle, zu welchem Zeitpunkt und in welchem Umfang sie das Aneignungsrecht ausgeübt hat. Soweit sich die Ausübung des Aneignungsrechts auf Nachlassvermögen bezieht, das in einem Register verzeichnet ist, soll die nach Absatz 3 Satz 4 zuständige Stelle eine Berichtigung des Registers veranlassen.

(6) Vermächtnisnehmer, die nach dem anzuwendenden Erbrecht eine unmittelbare Berechtigung an einem Nachlassgegenstand hätten, können den ihnen hieraus nach deutschem Recht erwachsenen Anspruch auf Erfüllung des Vermächtnisses an die Stelle richten, die insoweit das Aneignungsrecht ausgeübt hat.

(7) Das Recht der Gläubiger, Befriedigung aus dem gesamten Nachlass zu verlangen, bleibt unberührt.

Abschnitt 5. Europäisches Nachlasszeugnis

§ 33. Anwendungsbereich. Dieser Abschnitt gilt für Verfahren über

1. die Ausstellung, Berichtigung, Änderung oder den Widerruf eines Europäischen Nachlasszeugnisses,
2. die Erteilung oder Verlängerung einer beglaubigten Abschrift eines Europäischen Nachlasszeugnisses oder die Verlängerung der Gültigkeitsfrist einer beglaubigten Abschrift und
3. die Aussetzung der Wirkungen eines Europäischen Nachlasszeugnisses.

§ 34. Örtliche und sachliche Zuständigkeit. (1) Das Gericht, das die Verfahrensparteien in der Gerichtsstandsvereinbarung bezeichnet haben, ist örtlich ausschließlich zuständig, sofern sich die internationale Zuständigkeit der deutschen Gerichte aus den folgenden Vorschriften der Verordnung (EU) Nr. 650/2012 ergibt:

1. Artikel 64 Satz 1 in Verbindung mit Artikel 7 Buchstabe a in Verbindung mit Artikel 6 Buchstabe b Alternative 1 und mit Artikel 5 Absatz 1 Alternative 1 der Verordnung (EU) Nr. 650/2012 oder
2. Artikel 64 Satz 1 in Verbindung mit Artikel 7 Buchstabe b Alternative 1 in Verbindung mit Artikel 5 Absatz 1 Alternative 1 der Verordnung (EU) Nr. 650/2012.

(2) Ergibt sich die internationale Zuständigkeit der deutschen Gerichte aus Artikel 64 Satz 1 in Verbindung mit Artikel 7 Buchstabe c der Verordnung (EU) Nr. 650/2012, ist das Gericht örtlich ausschließlich zuständig, dessen Zuständigkeit die Verfahrensparteien ausdrücklich anerkannt haben.

(3) Ergibt sich die internationale Zuständigkeit der deutschen Gerichte aus anderen, in Artikel 64 Satz 1 der Verordnung (EU) Nr. 650/2012 genannten Vorschriften dieser Verordnung, ist das Gericht örtlich ausschließlich zuständig, in dessen Bezirk der Erblasser im Zeitpunkt seines Todes seinen gewöhnlichen Aufenthalt hatte. Hatte der Erblasser im Zeitpunkt seines Todes seinen gewöhnlichen Aufenthalt nicht im Inland, ist das Gericht örtlich ausschließlich zuständig, in dessen Bezirk der Erblasser seinen letzten gewöhnlichen Aufenthalt im Inland hatte. Hatte der Erblasser keinen gewöhnlichen Aufenthalt im Inland, ist das Amtsgericht Schöneberg in Berlin örtlich ausschließlich zuständig. Das Amtsgericht Schöneberg in Berlin kann die Sache aus wichtigem Grund an ein anderes Nachlassgericht verweisen.

(4) Sachlich zuständig ist ausschließlich das Amtsgericht. Das Amtsgericht entscheidet als Nachlassgericht. Sind nach landesgesetzlichen Vorschriften für die Aufgaben des Nachlassgerichts andere Stellen als Gerichte zuständig, so sind diese sachlich ausschließlich zuständig.

§ 35. Allgemeine Verfahrensvorschriften. (1) Soweit sich aus der Verordnung (EU) Nr. 650/2012 und den Vorschriften dieses Abschnitts nichts anderes ergibt, ist das Gesetz über das Verfahren in Familiensachen und in den Angelegenheiten der freiwilligen Gerichtsbarkeit anzuwenden.

(2) Ist ein Antrag entgegen § 184 Satz 1 des Gerichtsverfassungsgesetzes nicht in deutscher Sprache abgefasst, so kann das Gericht der antragstellenden Person aufgeben, eine Übersetzung des Antrags beizubringen, deren Richtigkeit von einer in einem Mitgliedstaat der Europäischen Union oder in einem anderen Vertragsstaat des Abkommens über den Europäischen Wirtschaftsraum hierzu befugten Person bestätigt worden ist.

(3) Für die Unterrichtung der Berechtigten durch öffentliche Bekanntmachung nach Artikel 66 Absatz 4 der Verordnung (EU) Nr. 650/2012

gelten die §§ 435 bis 437 des Gesetzes über das Verfahren in Familiensachen und in den Angelegenheiten der freiwilligen Gerichtsbarkeit entsprechend.

§ 36. Ausstellung eines Europäischen Nachlasszeugnisses. (1) Der Antrag auf Ausstellung des Europäischen Nachlasszeugnisses richtet sich nach Artikel 65 der Verordnung (EU) Nr. 650/2012.

(2) Der Antragsteller hat vor Gericht oder vor einem Notar an Eides statt zu versichern, dass ihm nichts bekannt sei, was der Richtigkeit seiner Angaben zur Ausstellung des Europäischen Nachlasszeugnisses (Artikel 66 Absatz 3 der Verordnung (EU) Nr. 650/2012) entgegensteht. Das Nachlassgericht kann dem Antragsteller die Versicherung erlassen, wenn es sie für nicht erforderlich hält.

§ 37. Beteiligte. (1) In Verfahren über die Ausstellung eines Europäischen Nachlasszeugnisses ist der Antragsteller Beteiligter. Als weitere Beteiligte können hinzugezogen werden

1. die gesetzlichen Erben,
2. diejenigen, die nach dem Inhalt einer vorliegenden Verfügung von Todes wegen als Erben in Betracht kommen,
3. diejenigen, die im Fall der Unwirksamkeit der Verfügung von Todes wegen Erben sein würden,
4. die Vermächtnisnehmer mit unmittelbarer Berechtigung am Nachlass,
5. der Testamentsvollstrecker oder der Nachlassverwalter,
6. sonstige Personen mit einem berechtigten Interesse.

Auf ihren Antrag sind sie zu beteiligen.

(2) In Verfahren über die Berichtigung, die Änderung, den Widerruf und die Aussetzung der Wirkungen eines Europäischen Nachlasszeugnisses ist der Antragsteller Beteiligter. Sonstige Personen mit einem berechtigten Interesse können als weitere Beteiligte hinzugezogen werden. Auf ihren Antrag sind sie zu beteiligen.

(3) In Verfahren über die Erteilung einer beglaubigten Abschrift eines Europäischen Nachlasszeugnisses oder die Verlängerung der Gültigkeitsfrist einer beglaubigten Abschrift ist der Antragsteller Beteiligter.

§ 38. Änderung oder Widerruf eines Europäischen Nachlasszeugnisses. Das Gericht hat ein unrichtiges Europäisches Nachlasszeugnis auf Antrag zu ändern oder zu widerrufen. Der Widerruf hat auch von Amts wegen zu erfolgen. Das Gericht hat über die Kosten des Verfahrens zu entscheiden.

§ 39. Art der Entscheidung. (1) Liegen die Voraussetzungen für die Ausstellung eines Europäischen Nachlasszeugnisses vor, entscheidet das Gericht durch Ausstellung der Urschrift eines Europäischen Nachlasszeugnisses. Liegen die Voraussetzungen für die Erteilung einer beglaubigten Abschrift oder für die Verlängerung der Gültigkeitsfrist einer beglaubigten Abschrift vor, entscheidet das Gericht durch Erteilung einer beglaubigten Abschrift oder durch Verlängerung der Gültigkeitsfrist einer beglaubigten Abschrift. Im Übrigen entscheidet das Gericht durch Beschluss.

(2) Für die Ausstellung eines Europäischen Nachlasszeugnisses und die Erteilung einer beglaubigten Abschrift ist das Formblatt nach Artikel 67 Absatz 1 Satz 2 in Verbindung mit Artikel 81 Absatz 2 der Verordnung (EU) Nr. 650/2012 zu verwenden.

§ 40. Bekanntgabe der Entscheidung. Entscheidungen nach § 39 Absatz 1 Satz 1 und 2 werden dem Antragsteller durch Übersendung einer beglaubigten Abschrift bekannt gegeben. Weiteren Beteiligten wird die Entscheidung nach § 39 Absatz 1 Satz 1 durch Übersendung einer einfachen Abschrift des ausgestellten Europäischen Nachlasszeugnisses bekannt gegeben.

§ 41. Wirksamwerden. Die Entscheidung wird wirksam, wenn sie der Geschäftsstelle zum Zweck der Bekanntgabe übergeben wird. Der Zeitpunkt ihrer Wirksamkeit ist auf der Entscheidung zu vermerken.

§ 42. Gültigkeitsfrist der beglaubigten Abschrift eines Europäischen Nachlasszeugnisses. Die Gültigkeitsfrist einer beglaubigten Abschrift eines Europäischen Nachlasszeugnisses beginnt mit ihrer Erteilung. Für die Berechnung der Gültigkeitsfrist gelten die Vorschriften des Bürgerlichen Gesetzbuchs, soweit sich nicht aus der Verordnung (EWG, EURATOM) Nr. 1182/71 des Rates vom 3. Juni 1971 zur Festlegung der Regeln für die Fristen, Daten und Termine etwas anderes ergibt.

§ 43. Beschwerde. (1) Gegen die Entscheidung in Verfahren nach § 33 Nummer 1 und 3 findet die Beschwerde zum Oberlandesgericht statt. § 61 des Gesetzes über das Verfahren in Familiensachen und in den Angelegenheiten der freiwilligen Gerichtsbarkeit ist nicht anzuwenden. Die Beschwerde ist bei dem Gericht einzulegen, dessen Entscheidung angefochten wird.

(2) Beschwerdeberechtigt sind

1. in den Verfahren nach § 33 Nummer 1, sofern das Verfahren die Ausstellung eines Europäischen Nachlasszeugnisses betrifft, die Erben, die Vermächtnisnehmer mit unmittelbarer Berechtigung am Nachlass und die Testamentsvollstrecker oder die Nachlassverwalter;
2. in den übrigen Verfahren nach § 33 Nummer 1 sowie in den Verfahren nach § 33 Nummer 3 diejenigen Personen, die ein berechtigtes Interesse nachweisen.

(3) Die Beschwerde ist einzulegen

1. innerhalb eines Monats, wenn der Beschwerdeführer seinen gewöhnlichen Aufenthalt im Inland hat;
2. innerhalb von zwei Monaten, wenn der Beschwerdeführer seinen gewöhnlichen Aufenthalt im Ausland hat.

Die Frist beginnt jeweils mit dem Tag der Bekanntgabe der Entscheidung.

(4) Die Beschwerde ist den anderen Beteiligten bekannt zu geben.

(5) Hält das Beschwerdegericht die Beschwerde gegen die Ausstellung des Europäischen Nachlasszeugnisses für begründet, so ändert oder widerruft es das Zeugnis oder weist das Ausgangsgericht an, das Zeugnis zu berichtigen, zu ändern oder zu widerrufen. Hält das Beschwerdegericht die Beschwerde gegen die Ablehnung der Ausstellung des Europäischen Nachlasszeugnisses für begründet, so stellt es das Nachlasszeugnis aus oder verweist die Sache unter Aufhebung des angefochtenen Beschlusses zur erneuten Prüfung und Entscheidung an das Ausgangsgericht zurück. Stellt das Beschwerdegericht das Nachlasszeugnis aus und lässt es die Rechtsbeschwerde nicht zu, gilt § 39 Absatz 1 Satz 1 entsprechend. Bei allen sonstigen Beschwerdeentscheidungen nach diesem Absatz sowie nach Absatz 1 Satz 1 gilt im Übrigen § 69 des Gesetzes über das Verfahren in Familiensachen und in den Angelegenheiten der freiwilligen Gerichtsbarkeit.

§ 44. Rechtsbeschwerde. Die Rechtsbeschwerde zum Bundesgerichtshof ist statthaft, wenn sie das Beschwerdegericht zugelassen hat. Die Zulassungsgründe bestimmen sich nach § 70 Absatz 2 des Gesetzes über das Verfahren in Familiensachen und in den Angelegenheiten der freiwilligen Gerichtsbarkeit. § 43 Absatz 3 gilt entsprechend.

Abschnitt 6. Authentizität von Urkunden

§ 45. Aussetzung des inländischen Verfahrens. Kommt es in einem anderen Mitgliedstaat zur Eröffnung eines Verfahrens über Einwände in Bezug auf die Authentizität einer öffentlichen Urkunde, die in diesem Mitgliedstaat errichtet worden ist, kann das inländische Verfahren bis zur Erledigung des ausländischen Verfahrens ausgesetzt werden, wenn es für die Entscheidung auf die ausländische Entscheidung zur Authentizität der Urkunde ankommt.

§ 46. Authentizität einer deutschen öffentlichen Urkunde. (1) Über Einwände in Bezug auf die Authentizität einer deutschen öffentlichen Urkunde nach Artikel 59 Absatz 2 der Verordnung (EU) Nr. 650/2012 entscheidet bei gerichtlichen Urkunden das Gericht, das die Urkunde errichtet hat. Bei notariellen Urkunden entscheidet das für den Amtssitz des

Notars zuständige Gericht. Bei einer von einem Konsularbeamten im Ausland errichteten Urkunde entscheidet das Amtsgericht Schöneberg in Berlin. Im Übrigen entscheidet das Amtsgericht, in dessen Bezirk die Urkunde errichtet worden ist.

(2) Das Verfahren richtet sich nach den Vorschriften des Gesetzes über das Verfahren in Familiensachen und in den Angelegenheiten der freiwilligen Gerichtsbarkeit.

(3) Die Endentscheidung wird mit Rechtskraft wirksam. Eine Abänderung ist ausgeschlossen. Der Beschluss wirkt für und gegen alle.

Abschnitt 7. Zuständigkeit insonstigen Angelegenheiten der freiwilligen Gerichtsbarkeit

§ 47. Sonstige örtliche Zuständigkeit. Ergibt sich in Angelegenheiten der freiwilligen Gerichtsbarkeit die internationale Zuständigkeit der deutschen Gerichte aus der Verordnung (EU) Nr. 650/2012 und ist die örtliche Zuständigkeit nicht schon in anderen Vorschriften dieses Gesetzes geregelt, bestimmt sich die örtliche Zuständigkeit wie folgt:

1. bei einer internationalen Zuständigkeit, die sich aus den in § 2 Absatz 1 bis 3 genannten Vorschriften der Verordnung (EU) Nr. 650/2012 ergibt, entsprechend § 2 Absatz 1 bis 3;
2. bei einer internationalen Zuständigkeit, die sich aus anderen Vorschriften der Verordnung (EU) Nr. 650/2012 als den in § 2 Absatz 1 bis 3 genannten ergibt, entsprechend den Vorschriften über die örtliche Zuständigkeit im Gesetz über das Verfahren in Familiensachen und in den Angelegenheiten der freiwilligen Gerichtsbarkeit.

III. Bilaterale Staatsverträge[1, 2, 3]

62. Konsularvertrag zwischen dem Deutschen Reich und der Türkischen Republik

Vom 28. Mai 1929[1] (RGBl. 1930 II, S. 748)

(Auszug)

Art. 16. Die Konsuln haben, soweit sie nach den Vorschriften ihres Landes dazu befugt sind, das Recht:

1. …,
2. Verfügungen von Todes wegen von Angehörigen des von ihnen vertretenen Landes aufzunehmen, zu bestätigen oder zu beglaubigen.

---

[1] Den Staatsvertrag zwischen dem *Großherzogtum Baden* und der *Schweizerischen Eidgenossenschaft* bezüglich der gegenseitigen Bedingungen der Freizügigkeit und weiterer nachbarlicher Verhältnisse v. 6.12.1856 (Bad. Regierungsblatt 1857, S. 431), der in Art. 6 eine erbrechtliche Kollisionsnorm enthielt, ist mit Wirkung v. 28.2.1979 außer Kraft getreten (Gesetzblatt v. Baden-Württemberg 1979, S. 76).

[2] Im Verhältnis zum *Iran* gilt Art. 8 Abs. 3 des Niederlassungsabk. v. 17.2.1929 (Nr. *22*).

[3] Vorschriften über die Befugnisse der Konsuln auf dem Gebiet des Erbrechts, insbesondere im Rahmen der Nachlasssicherung, enthalten außer den hier auszugsweise abgedruckten Konsularabkommen mit der *Türkei* und der ehemaligen *Sowjetunion* noch folgende bilaterale Verträge:

- Deutsch-amerikanischer Freundschafts-, Handels- und Konsularvertrag v. 8.12.1923 (RGBl. 1925 II, S. 795) in Art. XXIV;
- Deutsch-irischer Handels- und Schifffahrtsvertrag v. 12.5.1930 (RGBl. 1931 II, S. 116) in Art. 22;
- Deutsch-britischer Konsularvertrag v. 30.7.1956 (BGBl. 1957 II, S. 285) in Art. 21 ff. Der deutsch-britische Konsularvertrag ist ferner mit folgenden Staaten, die im Zeitpunkt seines Abschlusses ihre internationalen Beziehungen noch nicht selbst wahrnehmen konnten, als selbständige Rechtsquelle in Kraft:
  Dominica (BGBl. 2007 II, S. 1391),
  Fidschi (BGBl. 1973 II, S. 49),
  Grenada (BGBl. 1975 II, S. 366),
  Guyana (BGBl. 2007 II, S. 1391),
  Jamaika (BGBl. 1973 II, S. 49),
  Lesotho (BGBl. 2007 II, S. 1391),
  Malawi (BGBl. 1967 II, S. 936),
  Malta (BGBl. 2007 II, S. 1391),
  Mauritius (BGBl. 1973 II, S. 50),
  Sierra Leone (BGBl. 2007 II, S. 1391),
  St. Vincent und die Grenadinen (BGBl. 2007 II, S. 1391).

[1] Der Vertrag ist am 18.11.1931 in Kraft getreten (Bek. v. 20.8.1931, RGBl. II, S. 538). Er wird nach dem 2. Weltkrieg mit Wirkung v. 1.3.1952 wieder angewendet (Bek. v. 29.5.1952, BGBl. II, S. 608).

Art. 20. In Ansehung der in dem Gebiet des einen vertragschließenden Staates befindlichen Nachlässe von Angehörigen des anderen Staates haben die Konsuln die aus der Anlage dieses Vertrages ersichtlichen Befugnisse.

Anlage zu Art. 20 des Konsularvertrages (Nachlassabkommen)

§§ 1–11. *(nicht abgedruckt)*

§ 12. (1) In Ansehung des unbeweglichen Nachlasses sind ausschließlich die zuständigen Behörden des Staates, in dessen Gebiet sich dieser Nachlass befindet, berechtigt und verpflichtet, alle Verrichtungen nach Maßgabe der Landesgesetze und in derselben Weise vorzunehmen wie bei Nachlässen von Angehörigen ihres eigenen Staates. Beglaubigte Abschrift des über den unbeweglichen Nachlass aufgenommenen Verzeichnisses ist so bald als möglich dem zuständigen Konsul zu übersenden.

(2) Hat der Konsul eine Verfügung von Todes wegen in Besitz genommen, worin Bestimmungen über unbeweglichen Nachlass enthalten sind, so hat er der Ortsbehörde auf ihr Ersuchen die Urschrift dieser Verfügung auszuhändigen.

(3) Das Recht des Staates, in dem sich der Nachlass befindet, entscheidet darüber, was zum beweglichen und zum unbeweglichen Nachlass gehört.

§ 13. In allen Angelegenheiten, zu denen die Eröffnung, Verwaltung und Regelung der beweglichen und unbeweglichen Nachlässe von Angehörigen des einen Staates im Gebiet des anderen Staates Anlass geben, soll der Konsul ermächtigt sein, die Erben, die seinem Staat angehören und keinen Bevollmächtigten in dem anderen Staat bestellt haben, zu vertreten, ohne dass er gehalten ist, seine Vertretungsbefugnis durch eine besondere Urkunde nachzuweisen. Die Vertretungsbefugnis des Konsuls fällt weg, wenn alle Berechtigten anwesend oder vertreten sind.

§ 14. (1) Die erbrechtlichen Verhältnisse bestimmen sich in Ansehung des beweglichen Nachlasses nach den Gesetzen des Landes, dem der Erblasser zur Zeit seines Todes angehörte.

(2) Die erbrechtlichen Verhältnisse in Ansehung des unbeweglichen Nachlasses bestimmen sich nach den Gesetzen des Landes, in dem dieser Nachlass liegt, und zwar in der gleichen Weise, wie wenn der Erblasser zur Zeit seines Todes Angehöriger dieses Landes gewesen wäre.

§ 15. Klagen, welche die Feststellung des Erbrechts, Erbschaftsansprüche, Ansprüche aus Vermächtnissen sowie Pflichtteilsansprüche zum Gegenstand haben, sind, soweit es sich um beweglichen Nachlass handelt, bei den Gerichten des Staates anhängig zu machen, dem der Erblasser zur Zeit seines Todes angehörte, soweit es sich um unbeweglichen Nachlass handelt, bei den Gerichten des Staates, in dessen Gebiet sich der unbewegliche Nachlass befindet. Ihre Entscheidungen sind von dem anderen Staat anzuerkennen.

§ 16. (1) Verfügungen von Todes wegen sind, was ihre Form anlangt, gültig, wenn die Gesetze des Landes beachtet sind, wo die Verfügungen errichtet sind, oder die Gesetze des Staates, dem der Erblasser zur Zeit der Errichtung angehörte.

(2) Das gleiche gilt für den Widerruf solcher Verfügungen von Todes wegen.

§ 17. Ein Zeugnis über ein erbrechtliches Verhältnis, insbesondere über das Recht des Erben oder eines Testamentsvollstreckers, das von der zuständigen Behörde des Staates, dem der Erblasser angehörte, nach dessen Gesetzen ausgestellt ist, genügt, soweit es sich um beweglichen Nachlass handelt, zum Nachweis dieser Rechtsverhältnisse auch für das Gebiet des anderen Staates. Zum Beweis der Echtheit genügt die Beglaubigung durch einen Konsul oder einen diplomatischen Vertreter des Staates, dem der Erblasser angehörte.

§ 18. Die Bestimmungen der §§ 1 bis 17 finden entsprechende Anwendung auf bewegliches oder unbewegliches Vermögen, das sich im Gebiet des einen Teils befindet und zu dem Nachlass eines außerhalb dieses Gebietes verstorbenen Angehörigen des anderen Teils gehört.

§ 19. *(nicht abgedruckt)*

63. Konsularvertrag zwischen der Bundesrepublik Deutschland und der Union der Sozialistischen Sowjetrepubliken

Vom 25. April 1958[1] (BGBl. 1959 II, S. 233)

(Auszug)

Art. 25. (1) Stirbt ein Staatsangehöriger des Entsendestaates im Konsularbezirk, so wacht der Konsul darüber, dass alle Maßnahmen ergriffen werden, die zum Schutze der berechtigten Interessen der Erben erforderlich sind.

(2) Die Behörden im Konsularbezirk setzen den Konsul von Todesfällen von Staatsangehörigen des Entsendestaates sowie von den ergriffenen oder zu ergreifenden Maßnahmen zur Regelung der Nachlassangelegenheiten in Kenntnis.

---

[1] Zum Inkrafttreten des Vertrages und zu seiner Fortgeltung nach Auflösung der *Sowjetunion* siehe die Anm. 1 zu Nr. *35*.

Art. 26. Die Feststellung, Verwahrung und Siegelung des Nachlasses gehört zur Zuständigkeit der örtlichen Behörden. Auf Antrag des Konsuls ergreifen sie die zum Schutz des Nachlasses notwendigen Maßnahmen.

Art. 27. Der Konsul hat hinsichtlich des Nachlasses von Staatsangehörigen des Entsendestaates, die sich im Konsularbezirk aufgehalten haben, folgende Rechte, die er selbst oder durch seine Bevollmächtigten wahrnehmen kann:

1. an der Aufnahme eines Nachlassverzeichnisses und der Unterzeichnung des entsprechenden Protokolls teilzunehmen;
2. sich mit den zuständigen Behörden des Empfangsstaates ins Benehmen zu setzen, um Beschädigung oder Verderb der Nachlassgegenstände zu verhindern und im Bedarfsfalle ihre Veräußerung sicherzustellen.

Art. 28. (1) Der Konsul ist befugt, von den örtlichen Behörden die Übergabe der Nachlassgegenstände einschließlich der Schriftstücke des Verstorbenen zu verlangen, wenn die Erben Staatsangehörige des Entsendestaates sind und sich nicht im Gebiet des Empfangsstaates befinden.

(2) Bevor der Konsul die Nachlassgegenstände an die Erben übergibt oder in das Ausland verbringt, müssen in den Grenzen des Nachlasswertes die festgesetzten Abgaben bezahlt und die sonstigen von anderen im Empfangsstaat wohnhaften Personen erhobenen und nachgewiesenen Ansprüche befriedigt sein. Diese Verpflichtungen des Konsuls erlöschen, wenn ihm nicht innerhalb von sechs Monaten nach dem Tode des Erblassers nachgewiesen wird, dass die Ansprüche dieser Personen als berechtigt anerkannt sind oder derzeit von den zuständigen Behörden geprüft werden.

(3) Hinsichtlich der unbeweglichen Nachlassgegenstände finden die Rechtsvorschriften des Staates Anwendung, in dessen Gebiet diese Gegenstände belegen sind.

IV. Innerstaatliches Recht

64. Gesetz über das Verfahren in Familiensachen und in den Angelegenheiten der freiwilligen Gerichtsbarkeit (FamFG)

Vom 17. Dezember 2008 (BGBl. I, S. 2586)

§ 352c.[1] **Gegenständlich beschränkter Erbschein.** (1) Gehören zu einer Erbschaft auch Gegenstände, die sich im Ausland befinden, kann der Antrag auf Erteilung eines Erbscheins auf die im Inland befindlichen Gegenstände beschränkt werden.

---

[1] § 352c eingefügt – unter gleichzeitiger Aufhebung des bisherigen § 2369 BGB – durch Gesetz v. 29.6.2015.

(2) Ein Gegenstand, für den von einer deutschen Behörde ein zur Eintragung des Berechtigten bestimmtes Buch oder Register geführt wird, gilt als im Inland befindlich. Ein Anspruch gilt als im Inland befindlich, wenn für die Klage ein deutsches Gericht zuständig ist.

65. Konsulargesetz

Vom 11. September 1974 (BGBl. I, S. 2317)

§ 9.[1] **Überführung Verstorbener und Nachlassfürsorge.** (1) Sofern andere Möglichkeiten nicht gegeben sind, sollen die Konsularbeamten umgehend die Angehörigen der im Konsularbezirk verstorbenen Deutschen benachrichtigen und bei einer verlangten Überführung der Verstorbenen mitwirken.

(2) Die Konsularbeamten sind berufen, sich der in ihrem Konsularbezirk befindlichen Nachlässe von Deutschen anzunehmen, wenn die Erben unbekannt oder abwesend sind oder aus anderen Gründen ein Bedürfnis für ein amtliches Einschreiten besteht. Sie können dabei insbesondere Siegel anlegen, ein Nachlassverzeichnis aufnehmen und bewegliche Nachlassgegenstände, soweit die Umstände es erfordern, in Verwahrung nehmen oder veräußern. Sie können ferner Zahlungen von Nachlassschuldnern entgegennehmen und Mittel aus dem Nachlass zur Regelung feststehender Nachlassverbindlichkeiten sowie von Verpflichtungen verwenden, die bei der Fürsorge für den Nachlass entstanden sind.

(3) Können Erben oder sonstige Berechtigte nicht ermittelt werden, so können Nachlassgegenstände oder Erlös aus deren Veräußerung an das Gericht des letzten gewöhnlichen Aufenthalts des Erblassers im Inland oder – wenn sich ein solcher gewöhnlichen Aufenthalt nicht feststellen lässt – an das Amtsgericht Schöneberg in Berlin als Nachlassgericht übergeben werden.

§ 11.[2] **Besonderheiten für Verfügungen von Todes wegen.** (1) Testamente und Erbverträge sollen die Konsularbeamten nur beurkunden, wenn die Erblasser Deutsche sind. Die §§ 2232, 2233 und 2276 des Bürgerlichen Gesetzbuchs sind entsprechend anzuwenden.

(2) Für die besondere amtliche Verwahrung (§§ 34, 34a des Beurkundungsgesetzes, §§ 342 Abs. 1 Nr. 1 des Gesetzes über das Verfahren in Familiensachen und in den Angelegenheiten der freiwilligen Gerichtsbarkeit) ist das Amtsgericht Schöneberg in Berlin zuständig. Der Erblasser kann jederzeit die Verwahrung bei einem anderen Amtsgericht verlangen.

---

[1] § 9 Abs. 3 geändert durch Gesetz v. 29.6.2015 (BGBl. I, S. 1042) mit Wirkung 17.8.2015.

[2] § 11 Abs. 2 Satz 1 geändert durch Gesetz v. 19.2.2007 (BGBl. I, S. 122) und Abs. 2, 3 geändert durch Gesetz v. 17.12.2008 (BGBl. I, S. 2586), jeweils mit Wirkung v. 1.9.2009.

(3) Stirbt der Erblasser, bevor das Testament oder der Erbvertrag an das Amtsgericht abgesandt ist, oder wird eine solche Verfügung nach dem Tode des Erblassers beim Konsularbeamten abgeliefert, so kann dieser die Eröffnung vornehmen. § 348 Abs. 1 und 2 sowie die §§ 349 und 350 des Gesetzes über das Verfahren in Familiensachen und in den Angelegenheiten der freiwilligen Gerichtsbarkeit sind entsprechend anzuwenden.

I. Vertragsrecht

I. Multilaterale Staatsverträge[1, 2, 3, 4, 5, 6]

---

[1] Zum Handelsvertretervertrag siehe das Haager Übk. über das auf Vertreterverträge und die Stellvertretung anzuwendende Recht v. 14.3.1978. Das Übk. ist am 1.5.1992 für *Argentinien, Frankreich* und *Portugal* in Kraft getreten. Es gilt heute ferner für die *Niederlande* (seit 1.10.1992). Text (englisch/französisch): https://www.hcch.net/de/instruments/conventions (Nr. 27).

Im Verhältnis der an diesem Übk. beteiligten EU-Mitgliedstaaten wird das Übk. von der Verordnung (EG) Nr. 593/2008 über das auf vertragliche Schuldverhältnisse anzuwendende Recht („Rom I-VO") vom 17.6.2008 (Nr. *80*) auch seit deren Geltung ab dem 17.12.2009 nicht verdrängt; vgl. Art. 25 Abs. 1 Rom I-VO.

[2] Zur Vereinheitlichung des materiellen Vertragsrechts – außerhalb des internationalen Warenkaufrechts (dazu unten Nr. *76–77a*) – siehe das Brüsseler UNIDROIT-Übk. über den Reisevertrag v. 23.4.1970. Dieses Übk. ist am 24.2.1976 für *Belgien, Benin, China (Taiwan), Kamerun* und *Togo* in Kraft getreten. Es gilt ferner für *Argentinien* (seit 25.2.1977), *Italien* (seit 4.10.1979) und *San Marino* (seit 16.7.2009). *Argentinien* hat das Übk. mit Wirkung v. 14.1.2010 gekündigt. Text (englisch/französisch): https://www.unidroit.org.

[3] Das Pariser Europäische Übk. über die Haftung der Gastwirte für die von ihren Gästen eingebrachten Sachen v. 17.12.1962 (BGBl. 1966 II, S. 269) enthält dagegen kein vereinheitlichtes Vertragsrecht, sondern regelt die Gastwirtshaftung vertragsunabhängig. Dieses Übk. ist für die *Bundesrepublik Deutschland* am 15.2.1967 im Verhältnis zu *Irland* und dem *Vereinigten Königreich* in Kraft getreten (Bek. v. 5.12.1966, BGBl. II, S. 1565 und v. 22.3.1967, BGBl. II, S. 1210). Es gilt heute ferner im Verhältnis zu *Belgien* (seit 15.12.1972, BGBl. II, S. 1544), *Bosnien und Herzegowina* (seit 30.3.1995, BGBl. II, S. 459), *Frankreich* (seit 19.12.1967, BGBl. 1971 II, S. 1259), *Italien* (seit 12.8.1979, BGBl. II, S. 973), *Kroatien* (seit 15.12.1994, BGBl. II, S. 3702), *Litauen* (seit 30.4.2004, BGBl. II, S. 455), *Luxemburg* (seit 26.4.1980, BGBl. II, S. 220), *Malta* (seit 13.3.1967, BGBl. II, S. 900), *Mazedonien* (seit 1.7.1994, BGBl. II, S. 797), *Montenegro* (seit 6.6.2006), *Polen* (seit 19.6.1997, BGBl. II, S. 1322), *Serbien* (seit 29.5.2001, BGBl. II, S. 508), *Slowenien* (seit 21.1.1993, BGBl. 1994 II, S. 797) und *Zypern* (seit 6.4.1984, BGBl. II, S. 191). Für die *SFR Jugoslawien* galt es seit 19.6.1991.

[4] Siehe auch das New Yorker UN-Übk. über Forderungsabtretungen im internationalen Handel v. 12.12.2001. Das Übk. ist bisher lediglich von *Liberia* (am 16.9.2005) und den *Vereinigten Staaten* (am 15.10.2019) ratifiziert sowie von *Luxemburg und Madagaskar* gezeichnet worden; es ist noch nicht in Kraft getreten. Text (arabisch/chinesisch/englisch/französisch/russisch/spanisch): https://treaties.un.org (Kap. X Nr. 17).

[5] Siehe auch das New Yorker UN-Übk. über die Benutzung elektronischer Kommunikationsmittel bei internationalen Verträgen v. 23.11.2005. Das Übk. ist am 1.3.2013 für die *Dominikanische Republik, Honduras* und *Singapur* in Kraft getreten. Es gilt inzwischen ferner für *Aserbaidschan* (seit 1.4.2019), *Bahrain* (seit 1.1.2021), *Benin* (seit 1.6.2020), *Fidschi* (seit 1.1.2018), *Kamerun* (seit 1.5.2018), *Kiribati* (seit 1.11.2020), *Kongo* (seit 1.8.2014), die *Mongolei* (seit 1.7.2021), *Montenegro* (seit 1.4.2015), *Paraguay* (seit 1.2.2019), die *Russische Föderation* (seit 1.8.2014) und *Sri Lanka* (seit 1.2.2016). Text (arabisch/chinesisch/englisch/französisch/russisch/spanisch): https://treaties.un.org (Kap. X Nr. 18).

[6] Vgl. auch die Hague Principles on Choice of Law in International Commercial Contracts v. 19.3.2015; Text (englisch/französisch): https://www.hcch.net/de/instruments/conventions (Nr. 40) sowie die Unidroit Principles of International Contracts 2016 (Text mehrsprachig: https://www.unidroit.org).

1. Allgemeines Schuldvertragsrecht

70. Römisches EWG-Übereinkommen über das auf vertragliche Schuldverhältnisse anzuwendende Recht

Vom 19. Juni 1980[1, 2, 3, 4, 5] (BGBl. 1986 II, S. 810)
idF des 4. Beitrittsübk. vom 14. April 2005 (BGBl. 2006 II, S. 348)

(nicht abgedruckt)

---

[1] Das Übk. ist für die *Bundesrepublik Deutschland* am 1.4.1991 im Verhältnis zu *Belgien, Dänemark, Frankreich, Griechenland, Italien, Luxemburg* und dem *Vereinigten Königreich*in Kraft getreten (Bek. v. 12.7.1991, BGBl. II, S. 871). Es galt zuletzt ferner im Verhältnis zu *Bulgarien* (seit 15.1.2008, BGBl. II, S. 775), *Estland* (seit 1.11.2006, BGBl. 2007 II, S. 638), *Finnland* (seit 1.4.1999, BGBl. II, S. 503), *Irland* (seit 1.1.1992, BGBl. II, S. 550), *Lettland* (seit 1.11.2006, BGBl. 2007 II, S. 638), *Litauen* (seit 1.11.2006, BGBl. 2007 II, S. 638), *Malta* (seit 1.1.2007, BGBl. II, S. 638), den *Niederlanden* (seit 1.9.1991, BGBl. 1992 II, S. 550), *Österreich* (seit 1.1.1999, BGBl. II, S. 7), *Polen* (seit 1.8.2007), *Portugal* (seit 1.9.1995, BGBl. II, S. 908), *Rumänien* (seit 15.1.2008, BGBl. II, S. 775), *Schweden* (seit 1.1.1999, BGBl. II, S. 7), der *Slowakei* (seit 1.11.2006, BGBl. 2007 II, S. 638), *Slowenien* (seit 1.11.2006, BGBl. 2007 II, S. 638), *Spanien* (seit 1.9.1995, BGBl. II, S. 908), der *Tschechischen Republik* (seit 1.11.2006, BGBl. 2007 II, S. 638), *Ungarn* (seit 1.11.2006, BGBl. 2007 II, S. 638) und *Zypern* (seit 1.11.2006, BGBl. 2007 II, S. 638).

[2] Das Übk. wird seit Inkrafttreten der EG-Verordnung Nr. 593/2008 über das auf vertragliche Schuldverhältnisse anzuwendende Recht („Rom I-VO") v. 17.6.2008 (Nr. *80*) am 17.12.2009 durch diese Verordnung ersetzt; vgl. Art. 24 Abs. 1 der Verordnung.

[3] Die integrierte Fassung des Übk. auf der Grundlage des 4. Beitrittsübk. von Luxemburg v. 14.4.2005 ist abgedruckt im ABl. 2005 C 334, S. 3.

[4] Siehe zu dem Übk. auch die beiden Brüsseler Auslegungsprotokolle v. 19.12.1988 idF v. 14.4.2005 (BGBl. 2006 II, S. 348).

[5] Siehe zu dem Übk. auch das Luxemburger Übk. über den Beitritt *Griechenlands* v. 10.4.1984 (BGBl. 1988 II, S. 563), das Übk. von Funchal über den Beitritt *Spaniens* und *Portugals* v. 18.5.1992 (BGBl. 1995 II, S. 307), das Brüsseler Übk. über den Beitritt *Österreichs, Finnlands* und *Schwedens* v. 29.11.1996 (BGBl. 1998 II, S. 1422) sowie das Luxemburger Übk. über den Beitritt *Estlands, Lettlands, Litauens, Maltas, Polens, Sloweniens,* der *Slowakei,* der *Tschechischen Republik, Ungarns* und *Zyperns* v. 14.4.2005 (BGBl. 2006 II, 348).

2. Kaufvertrag

76. Haager Übereinkommen betreffend das auf internationale Kaufverträge über bewegliche Sachen anzuwendende Recht

Vom 15. Juni 1955[1, 2, 3, 4]

(Übersetzung)[5]

Art. 1. [Anwendungsbereich] (1) Dieses Übereinkommen ist auf internationale Kaufverträge über bewegliche körperliche Sachen anzuwenden.

(2) Es ist nicht anwendbar auf Kaufverträge über Wertpapiere, über eingetragene See- und Binnenschiffe oder Luftfahrzeuge sowie auf gerichtliche Veräußerungen und die Zwangsverwertung infolge Pfändung. Auf Verkäufe durch Übergabe von Warenpapieren ist es dagegen anzuwenden.

(3) Für seine Anwendung werden Verträge über Lieferung herzustellender oder zu erzeugender beweglicher körperlicher Sachen den Kaufverträgen gleichgestellt, sofern die Partei, die sich zur Lieferung verpflichtet, die zur Herstellung oder Erzeugung erforderlichen Rohstoffe zu beschaffen hat.

(4) Eine Erklärung der Parteien über das anzuwendende Recht oder über die Zuständigkeit eines Richters oder eines Schiedsrichters genügt allein nicht, um dem Kaufvertrag die Eigenschaft eines internationalen Vertrages im Sinne des ersten Absatzes dieses Artikels zu geben.

---

[1] Die *Bundesrepublik Deutschland* hat das Übk. bisher nicht gezeichnet. Es ist am 1.9.1964 für *Belgien, Dänemark, Finnland, Frankreich, Italien* und *Norwegen* in Kraft getreten und gilt heute ferner für *Niger* (seit 10.12.1971), *Schweden* (seit 6.9.1964), und die *Schweiz* (seit 27.10.1972). *Belgien* hat das Übk. mit Wirkung v. 1.9.1999 gekündigt.

[2] Das Übk. ist nach seinem Art. 7 als *„loi uniforme"* beschlossen und wird daher von den Vertragsstaaten auch im Verhältnis zu Nichtvertragsstaaten angewandt. Es wird durch die Verordnung (EG) Nr. 593/2008 über das auf vertragliche Schuldverhältnisse anzuwendende Recht („Rom I-VO") v. 17.6.2008 (Nr. *80*) nicht berührt; vgl. Art. 25 Abs. 1 der Verordnung.

[3] Das (neue) Haager Übk. betreffend das auf internationale Kaufverträge über bewegliche Sachen anzuwendende Recht v. 22.12.1986 ist lediglich von *Argentinien* und *der Republik Moldau* ratifiziert sowie von den *Niederlanden* und der ehemaligen *Tschechoslowakei* gezeichnet worden; es ist noch nicht in Kraft getreten. Nach der Teilung der *Tschechoslowakei* am 1.1.1993 sind die *Tschechische Republik* und die *Slowakische Republik* als Unterzeichnerstaaten anzusehen. Text (englisch/französisch): https://www.hcch.net/de/instruments/conventions.

[4] Das Haager Übk. über das auf den Eigentumserwerb bei internationalen Käufen beweglicher Sachen anzuwendende Recht v. 15.4.1958 ist lediglich von *Italien* ratifiziert und von *Griechenland* gezeichnet worden; es ist bisher nicht in Kraft getreten. Text (französisch) in RabelsZ 24 (1959) 145.

[5] Amtliche Schweizer Übersetzung (AS 1972, S. 1882). Authentisch ist allein der französische Text: https://www.hcch.net/de/instruments/conventions (Nr. 3).

Art. 2. [Rechtswahl] (1) Der Kaufvertrag untersteht dem innerstaatlichen Recht des von den vertragschließenden Parteien bezeichneten Landes.

(2) Diese Bezeichnung muss Gegenstand einer ausdrücklichen Abrede sein oder unzweifelhaft aus den Bestimmungen des Vertrages hervorgehen.

(3) Die Voraussetzungen für eine übereinstimmende Willensäußerung der Parteien über das als anwendbar erklärte Recht richten sich nach diesem Recht.

Art. 3. [Objektive Anknüpfung] (1) Fehlt eine Erklärung der Parteien über das anzuwendende Recht, die den Erfordernissen des vorstehenden Artikels genügt, so untersteht der Kaufvertrag dem innerstaatlichen Recht des Landes, in dem der Verkäufer zu dem Zeitpunkt, an dem er die Bestellung empfängt, seinen gewöhnlichen Aufenthalt hat. Wird die Bestellung von einer Geschäftsniederlassung des Verkäufers entgegengenommen, so untersteht der Kaufvertrag dem innerstaatlichen Recht des Landes, in dem sich diese Geschäftsniederlassung befindet.

(2) Der Kaufvertrag untersteht jedoch dem innerstaatlichen Recht des Landes, in dem der Käufer seinen gewöhnlichen Aufenthalt hat oder die Geschäftsniederlassung besitzt, die die Bestellung aufgegeben hat, sofern die Bestellung in diesem Lande vom Verkäufer oder seinem Vertreter, Agenten oder Handelsreisenden entgegengenommen wurde.

(3) Handelt es sich um ein Börsengeschäft oder um einen Verkauf durch Versteigerung, so untersteht der Kaufvertrag dem innerstaatlichen Recht des Landes, in dem sich die Börse befindet oder in dem die Versteigerung stattfindet.

Art. 4. [Prüfung der gelieferten Sachen] Mangels einer ausdrücklichen, anderslautenden Vereinbarung ist das innerstaatliche Recht des Landes, in dem die auf Grund des Kaufvertrages gelieferten beweglichen körperlichen Sachen zu prüfen sind, maßgebend für die Form und die Fristen, in denen die Prüfung und die diesbezüglichen Mitteilungen zu erfolgen haben, sowie für die bei einer allfälligen Verweigerung der Annahme der Sachen zu treffenden Vorkehrungen.

Art. 5. [Ausgeschlossene Fragen] Dieses Übereinkommen gilt nicht für

1. die Handlungsfähigkeit;
2. die Form des Vertrages;
3. den Eigentumsübergang; indessen richten sich die verschiedenen Verpflichtungen der Parteien, insbesondere jene über die Gefahrentragung, nach dem Recht, das auf Grund dieses Übereinkommens auf den Kaufvertrag anzuwenden ist;
4. die Wirkungen des Kaufvertrages gegenüber allen anderen Personen als den Parteien.

Art. 6. [*Ordre public*] In jedem der Vertragsstaaten kann die Anwendung des nach diesem Übereinkommen maßgebenden Rechtes aus Gründen der öffentlichen Ordnung ausgeschlossen werden.

Art. 7. [Umsetzung] Die Vertragsstaaten verpflichten sich, die Bestimmungen der Artikel 1 bis 6 dieses Übereinkommens in ihr innerstaatliches Recht einzuführen.

Art. 8–12. *(nicht abgedruckt)*

77. Wiener UN-Übereinkommen über Verträge über den internationalen Warenkauf

Vom 11. April 1980[1, 2, 3, 4, 5, 6] (BGBl. 1989 II, S. 588)

---

[1] Das Übk. ist für die *Bundesrepublik Deutschland* am 1.1.1991 im Verhältnis zu *Ägypten, Argentinien, Australien, Belarus, China, Dänemark, Finnland, Frankreich, Italien, Jugoslawien (SFR), Lesotho, Mexiko, Norwegen, Österreich, Sambia, Schweden, Syrien, Ungarn* und den *Vereinigen Staaten* in Kraft getreten (Bek. v. 23.10.1990, BGBl. II, S. 1477).

[2] Es gilt heute ferner im Verhältnis zu *Albanien* (seit 1.6.2010) und *Armenien* (seit 1.1.2010, jeweils BGBl. II, S. 826), *Aserbaidschan* (seit 1.6.2017, BGBl. II, S. 620), *Belgien* (seit 1.11.1997, BGBl. II, S. 719), *Bahrain* (seit 1.10.2014, BGBl. 2013 II, S. 1586), *Benin* (seit 1.8.2012, BGBl. 2011 II, S. 876), *Bosnien und Herzegowina* (seit 6.3.1992, BGBl. 1994 II, S. 3753), *Brasilien* (seit 1.4.2014, BGBl. 2013 II, S. 580), *Bulgarien* (seit 1.8.1991, BGBl. II, S. 1477), *Burundi* (seit 1.10.1999, BGBl. II, S. 115), *Chile* (seit 1.3.1991, BGBl. 1990 II, S. 1477), *Costa Rica* (seit 1.8.2018, BGBl. 2017 II, S. 1229), der *Dominikanischen Republik* (seit 1.7.2011, BGBl. II, S. 876), *Ecuador* (seit 1.2.1993, BGBl. 1992 II, S. 449), *El Salvador* (seit 1.12.2007, BGBl. II, S. 341), *Estland* (seit 1.10.1994, BGBl. II, S. 10), *Fidschi* (seit 1.7.2018, BGBl. 2017 II, S. 1163), *Gabun* (seit 1.1.2006, BGBl. II, S. 49), *Georgien* (seit 1.9.1995, BGBl. II, S. 173), *Griechenland* (seit 1.2.1999, BGBl. 1998 II, S. 880), *Guinea* (seit 1.2.1992, BGBl. II, S. 449), *Guatemla* (seit 1.1.2021, BGBl 2020 II, S. 1024); *Guyana* (seit 1.10.2015, BGBl. 2014 II, S. 1372), *Honduras* (seit 1.11.2003, BGBl. 2014 II, S 856), *Irak* (seit 1.4.1991, BGBl. 1990 II, S. 1477), *Island* (seit 1.6.2002, BGBl. 2001 II, S. 790), *Israel* (seit 1.2.2003, BGBl. 2002 II, S. 776), *Japan* (seit 1.8.2009, BGBl. II, S. 290), *Kamerun* (seit 1.11.2018, BGBl. 2017 II, S. 1354), *Kanada* (seit 1.5.1992, BGBl. II, S. 449), *Kirgisistan* (seit 1.6.2000, BGBl. 1999 II, S. 660), *Kolumbien* (seit 1.8.2002, BGBl. 2001 II, S. 1068), *Kongo* (seit 1.7.2015, BGBl. 2014 II, S. 506), *Korea (Demokratische Volksrepublik)* (seit 1.4.2020, BGBl. 2019 II, S. 324), *Korea*/Republik) (seit 1.3.2005, BGBl. 2004 II, S. 1330), *Kroatien* (seit 8.10.1991, BGBl. 1998 II, S. 2596), *Kuba* (seit 1.12.1995, BGBl. II, S. 231), *Laos* (seit 1.10.2020, BGBl. 2019 II, S. 972), *Lettland* (seit 1.8.1998, BGBl. II, S. 880), *Libanon* (seit 1.12.2009, BGBl. II, S. 290), *Liberia* (seit 1.10.2006, BGBl. II, S. 49), *Liechtenstein* (seit 1.5.2020, BGBl. 2019 II, S. 644), *Litauen* (seit 1.2.1996, BGBl. 1995 II, S. 814), *Luxemburg* (seit 1.2.1998, BGBl. 1997 II, S. 1356), *Madagaskar* (seit 1.10.2015, BGBl. 2014 II, S. 1372), *Mauretanien* (seit 1.9.2000, BGBl. II S. 15), der *Republik Moldau* (seit 1.11.1995, BGBl. II S. 231), der *Mongolei* (seit 1.1.1999, BGBl. 1998 II, S. 880), *Montenegro* (seit 3.6.2006, BGBl. 2007 II, S. 341), *Neuseeland* (seit 1.10.1995, BGBl. II, S. 231), *Niederlande* (seit 1.12.1991, BGBl. II, S. 675), *Nordmazedonien* (seit 17.11.1991, BGBl. 2007 II, S. 341), *Paraguay* (seit 1.2.2007, BGBl. 2006 II, S. 338), *Peru* (seit 1.4.2000, BGBl. 1999 II, S. 795), *Polen* (seit 1.6.1996, BGBl. 1995 II, S. 814), *Portugal* (seit 1.10.2021, BGBl. II, S. 1315), *Rumänien* (seit 1.6.1992, BGBl. II, S. 449), der *Russischen Föderation* (seit 24.12.1991, BGBl. 1992 II, S. 1016), *San Marino* (seit 1.3.2013, BGBl 2012 II, S. 910), der *Schweiz* (seit 1.3.1991, BGBl. 1990 II, S. 1477), *Serbien* (seit 27.4.1992, BGBl. 2001 II, S. 790), *Singapur* (seit 1.3.1996, BGBl. 1995 II, S. 814), der *Slowakei* (seit 1.1.1993, BGBl. 1994 II, S. 3753), *Slowenien* (seit 25.6.1991, BGBl. 1994 II, S. 3564), *Spanien* (seit 1.8.1991, BGBl. II, S. 675), *St. Vincent und den Grenadinen* (seit 1.10.2001, BGBl. 2003 II, S. 955), der *Tschechischen Republik* (seit 1.1.1993, BGBl. 1994 II, S. 3753), der *Türkei* (seit 1.8.2011, BGBl. II, S. 876), *Uganda* (seit 1.3.1993, BGBl. 1992 II, S. 449), der *Ukraine* (seit 1.2.1991, BGBl. 1990 II, S. 1477), *Uruguay* (seit 1.2.2000, BGBl. 1999 II, S. 660), *Usbekistan* (seit 1.12.1997, BGBl. II, S. 1019), *Vietnam* (seit 1.1.2017, BGBl. 2016 II, S. 134) und *Zypern* (seit 1.4.2006, BGBl. II, S. 49).

Australien, China, Dänemark, Kanada und *Neuseeland* haben die Anwendung des Übk. durch Erklärungen nach Art. 93 auf einzelne Gebiete erstreckt, vgl. die Anm. 15 zu Art. 93. Für die ehemalige *Deutsche Demokratische Republik* war das Übk. bereits am 1.3.1990 in

(Übersetzung)[7]

Teil I. Anwendungsbereich und allgemeine Bestimmungen

Kapitel I. Anwendungsbereich

Art. 1. (1) Dieses Übereinkommen ist auf Kaufverträge über Waren zwischen Parteien anzuwenden, die ihre Niederlassung[8] in verschiedenen Staaten haben,

a) wenn diese Staaten Vertragsstaaten sind oder

Kraft getreten (Bek. v. 23.10.1990, BGBl. II, S. 1477). Es galt außerdem für die ehemalige *Tschechoslowakei* (seit 1.4.1991, BGBl. 1990 II, S. 1477) sowie für die ehemalige *Sowjetunion* (seit 1.9.1991, BGBl. II, S. 675).

[3] Das Haager Übk. zur Einführung eines Einheitlichen Gesetzes über den internationalen Kauf beweglicher Sachen v. 1.7.1964 (BGBl. 1973 II, S. 886) und das Haager Übk. zur Einführung eines Einheitlichen Gesetzes über den Abschluss von internationalen Kaufverträgen über bewegliche Sachen v. 1.7.1964 (BGBl. 1973 II, S. 919) sind von der *Bundesrepublik Deutschland* am 1.1.1990 gekündigt worden; beide Übk. sind für die *Bundesrepublik Deutschland* daher am 1.1.1991 außer Kraft getreten (Bek. v. 30.10.1990, BGBl. II, S. 1482). Zum gleichen Zeitpunkt sind auch das Einheitliche Gesetz über den internationalen Kauf beweglicher Sachen v. 17.7.1973 (BGBl. I, S. 856) und das Einheitliche Gesetz über den Abschluss von internationalen Kaufverträgen über bewegliche Sachen v. 17.7.1973 (BGBl. I, S. 868) außer Kraft getreten (Bek. v. 12.12.1990, BGBl. I, S. 2894, 2895). Zum Übergangsrecht siehe Art. 5 Abs. 2 des Gesetzes v. 5.7.1989 (Nr. 77*a*).

[4] Zur Rechtsvereinheitlichung auf dem Gebiet des Warenkaufs siehe ferner das New Yorker UN-Übk. über die Verjährungsfrist beim internationalen Warenkauf v. 13.6.1974. Text (englisch): https://www.uncitral.org; deutsche Übersetzung bei *Staudinger/Magnus* [2018] Anh. II zum CISG Rn. 31). Die *Bundesrepublik Deutschland* hat dieses Übk. bisher nicht gezeichnet; es ist am 1.8.1988 für *Ägypten, Argentinien,* die *Dominikanische Republik, Ghana,* das ehemalige *Jugoslawien, Mexiko, Norwegen, Sambia,* die ehemalige *Tschechoslowakei* und *Ungarn* in Kraft getreten.

In seiner ursprünglichen Fassung v. 13.6.1974 gilt das Übk. heute noch für *Benin* (seit 1.2.2012), *Bosnien-Herzegowina* (seit 6.3.1992), *Burundi* (seit 1.4.1999), *Ghana* (seit 1.8.1988), *Norwegen* (seit 1.8.1988), *Serbien* (seit 27.4.1992) und die *Ukraine* (seit 1.4.1994).

In der durch das Wiener Änderungsprotokoll vom 11.4.1980 geänderten Fassung gilt das Übk. heute für *Ägypten* und *Argentinien* (jeweils seit 1.1.1988), *Belarus* (seit 1.8.1997), *Belgien* (seit 1.3.2009), *Cote d'Ivoire* (seit 1.9.2016), *die Dominikanische Republik* (seit 1.2.2011), *Guinea* (seit 1.8.1991), *Kuba* (seit 1.6.1995), *Liberia* (seit 1.4.2006), *Mexiko* (seit 1.8.1988), die *Republik Moldau* (seit 1.3.1998), *Montenegro* (seit 1.3.2013), *Paraguay* (seit 1.3.2004), *Polen* (seit 1.12.1995), *Rumänien* (seit 1.11.1992), *Sambia* (seit 1.8.1988), die *Slowakei* (1.3.1993), *Slowenien* (seit 1.3.1996), die *Tschechische Republik* (seit 1.1.1993), *Uganda* (seit 1.9.1992), *Ungarn* (seit 1.8.1988), *Uruguay* (seit 1.11.1997) und die *Vereinigten Staaten* (seit 1.12.1994).

[5] Das Genfer UNIDROIT-Übk. über die Stellvertretung auf dem Gebiet des internationalen Warenkaufs v. 17.2.1983 wurde bisher lediglich von *Frankreich, Italien, Mexiko,* den *Niederlanden* (mit Erstreckung auf *Aruba*) und *Südafrika* ratifiziert; es ist noch nicht in Kraft getreten. Text (englisch/französisch): https://www.unidroit.org.

[6] Siehe zu dem Übk. auch das deutsche ZustG v. 5.7.1989 (Nr. 77*a*).

[7] Authentisch sind gleichberechtigt der arabische, chinesische, englische, französische, russische und spanische Text: https://treaties.un.org (Kap. X Nr. 10).

[8] Zum Begriff der „Niederlassung" iS. des Übk. siehe Art. 10.

b) wenn die Regeln des internationalen Privatrechts zur Anwendung des Rechts eines Vertragsstaats führen.[9]

(2) Die Tatsache, dass die Parteien ihre Niederlassung in verschiedenen Staaten haben, wird nicht berücksichtigt, wenn sie sich nicht aus dem Vertrag, aus früheren Geschäftsbeziehungen oder aus Verhandlungen oder Auskünften ergibt, die vor oder bei Vertragsabschluss zwischen den Parteien geführt oder von ihnen erteilt worden sind.

(3) Bei Anwendung dieses Übereinkommens wird weder berücksichtigt, welche Staatsangehörigkeit die Parteien haben, noch ob sie Kaufleute oder Nichtkaufleute sind, oder ob der Vertrag handelsrechtlicher oder bürgerlich-rechtlicher Art ist.

Art. 2. Dieses Übereinkommen findet keine Anwendung auf den Kauf

a) von Ware für den persönlichen Gebrauch oder den Gebrauch in der Familie oder im Haushalt, es sei denn, dass der Verkäufer vor oder bei Vertragsabschluss weder wusste noch wissen musste, dass die Ware für einen solchen Gebrauch gekauft wurde,

b) bei Versteigerungen,

c) auf Grund von Zwangsvollstreckungs- oder anderen gerichtlichen Maßnahmen,

d) von Wertpapieren oder Zahlungsmitteln,

e) von Seeschiffen, Binnenschiffen, Luftkissenfahrzeugen oder Luftfahrzeugen,

f) von elektrischer Energie.

Art. 3. (1) Den Kaufverträgen stehen Verträge über die Lieferung herzustellender oder zu erzeugender Ware gleich, es sei denn, dass der Besteller einen wesentlichen Teil der für die Herstellung oder Erzeugung notwendigen Stoffe selbst zur Verfügung zu stellen hat.

(2) Dieses Übereinkommen ist auf Verträge nicht anzuwenden, bei denen der überwiegende Teil der Pflichten der Partei, welche die Ware liefert, in der Ausführung von Arbeiten oder anderen Dienstleistungen besteht.

Art. 4. Dieses Übereinkommen regelt ausschließlich den Abschluss des Kaufvertrages und die aus ihm erwachsenden Rechte und Pflichten des Verkäufers und des Käufers. Soweit in diesem Übereinkommen nicht ausdrücklich etwas anderes bestimmt ist, betrifft es insbesondere nicht

a) die Gültigkeit des Vertrages oder einzelner Vertragsbestimmungen oder die Gültigkeit von Gebräuchen,

b) die Wirkungen, die der Vertrag auf das Eigentum an der verkauften Ware haben kann.

---

[9] Siehe zu den hierzu nach Art. 95 erklärten Vorbehalten unten Anm. 17.

Art. 5. Dieses Übereinkommen findet keine Anwendung auf die Haftung des Verkäufers für den durch die Ware verursachten Tod oder die Körperverletzung einer Person.

Art. 6. Die Parteien können die Anwendung dieses Übereinkommens ausschließen oder, vorbehaltlich des Artikels 12, von seinen Bestimmungen abweichen oder deren Wirkung ändern.

Kapitel II. Allgemeine Bestimmungen

Art. 7. (1) Bei der Auslegung dieses Übereinkommens sind sein internationaler Charakter und die Notwendigkeit zu berücksichtigen, seine einheitliche Anwendung und die Wahrung des guten Glaubens im internationalen Handel zu fördern.

(2) Fragen, die in diesem Übereinkommen geregelte Gegenstände betreffen, aber in diesem Übereinkommen nicht ausdrücklich entschieden werden, sind nach den allgemeinen Grundsätzen, die diesem Übereinkommen zugrunde liegen, oder mangels solcher Grundsätze nach dem Recht zu entscheiden, das nach den Regeln des internationalen Privatrechts anzuwenden ist.

Art. 8. (1) Für die Zwecke dieses Übereinkommens sind Erklärungen und das sonstige Verhalten einer Partei nach deren Willen auszulegen, wenn die andere Partei diesen Willen kannte oder darüber nicht in Unkenntnis sein konnte.

(2) Ist Absatz 1 nicht anwendbar, so sind Erklärungen und das sonstige Verhalten einer Partei so auszulegen, wie eine vernünftige Person der gleichen Art wie die andere Partei sie unter den gleichen Umständen aufgefasst hätte.

(3) Um den Willen einer Partei oder die Auffassung festzustellen, die eine vernünftige Person gehabt hätte, sind alle erheblichen Umstände zu berücksichtigen, insbesondere die Verhandlungen zwischen den Parteien, die zwischen ihnen entstandenen Gepflogenheiten, die Gebräuche und das spätere Verhalten der Parteien.

Art. 9. (1) Die Parteien sind an die Gebräuche, mit denen sie sich einverstanden erklärt haben, und an die Gepflogenheiten gebunden, die zwischen ihnen entstanden sind.

(2) Haben die Parteien nichts anderes vereinbart, so wird angenommen, dass sie sich in ihrem Vertrag oder bei seinem Abschluss stillschweigend auf Gebräuche bezogen haben, die sie kannten oder kennen mussten und die im internationalen Handel den Parteien von Verträgen dieser Art in dem betreffenden Geschäftszweig weithin bekannt sind und von ihnen regelmäßig beachtet werden.

Art. 10. Für die Zwecke dieses Übereinkommens ist,

a) falls eine Partei mehr als eine Niederlassung hat, die Niederlassung maßgebend, die unter Berücksichtigung der vor oder bei Vertragsabschluss den Parteien bekannten oder von ihnen in Betracht gezogenen Umständen die engste Beziehung zu dem Vertrag und zu seiner Erfüllung hat;

b) falls eine Partei keine Niederlassung hat, ihr gewöhnlicher Aufenthalt maßgebend.

Art. 11.[10] Der Kaufvertrag braucht nicht schriftlich geschlossen oder nachgewiesen zu werden und unterliegt auch sonst keinen Formvorschriften. Er kann auf jede Weise bewiesen werden, auch durch Zeugen.

Art. 12.[11] Die Bestimmungen der Artikel 11 und 29 oder des Teils II dieses Übereinkommens, die für den Abschluss eines Kaufvertrages, seine Änderung oder Aufhebung durch Vereinbarung oder für ein Angebot, eine Annahme oder eine sonstige Willenserklärung eine andere als die schriftliche Form gestatten, gelten nicht, wenn eine Partei ihre Niederlassung in einem Vertragsstaat hat, der eine Erklärung nach Artikel 96 abgegeben hat. Die Parteien dürfen von dem vorliegenden Artikel weder abweichen noch seine Wirkung ändern.

Art. 13. Für die Zwecke dieses Übereinkommens umfasst der Ausdruck „schriftlich" auch Mitteilungen durch Telegramm oder Fernschreiben.

Teil II.[12] Abschluss des Vertrages

Art. 14. (1) Der an eine oder mehrere bestimmte Personen gerichtete Vorschlag zum Abschluss eines Vertrages stellt ein Angebot dar, wenn er bestimmt genug ist und den Willen des Anbietenden zum Ausdruck bringt, im Falle der Annahme gebunden zu sein. Ein Vorschlag ist bestimmt genug, wenn er die Ware bezeichnet und ausdrücklich oder stillschweigend die Menge und den Preis festsetzt oder deren Festsetzung ermöglicht.

(2) Ein Vorschlag, der nicht an eine oder mehrere bestimmte Personen gerichtet ist, gilt nur als Einladung zu einem Angebot, wenn nicht die Person, die den Vorschlag macht, das Gegenteil deutlich zum Ausdruck bringt.

Art. 15. (1) Ein Angebot wird wirksam, sobald es dem Empfänger zugeht.

(2) Ein Angebot kann, selbst wenn es unwiderruflich ist, zurückgenommen werden, wenn die Rücknahmeerklärung dem Empfänger vor oder gleichzeitig mit dem Angebot zugeht.

---

[10] Beachte zu Art. 11 aber Art. 12 und die nach Art. 96 eingelegten Vorbehalte.

[11] Siehe zu den nach Art. 96 erklärten Vorbehalten unten Anm. 18.

[12] Siehe zu den nach Art. 92 erklärten Vorbehalten unten Anm. 14. Beachte ferner Art. 12 und die nach Art. 96 eingelegten Vorbehalte.

Art. 16. (1) Bis zum Abschluss des Vertrages kann ein Angebot widerrufen werden, wenn der Widerruf dem Empfänger zugeht, bevor dieser eine Annahmeerklärung abgesandt hat.

(2) Ein Angebot kann jedoch nicht widerrufen werden,

a) wenn es durch Bestimmung einer festen Frist zur Annahme oder auf andere Weise zum Ausdruck bringt, dass es unwiderruflich ist, oder

b) wenn der Empfänger vernünftigerweise darauf vertrauen konnte, dass das Angebot unwiderruflich ist, und er im Vertrauen auf das Angebot gehandelt hat.

Art. 17. Ein Angebot erlischt, selbst wenn es unwiderruflich ist, sobald dem Anbietenden eine Ablehnung zugeht.

Art. 18. (1) Eine Erklärung oder ein sonstiges Verhalten des Empfängers, das eine Zustimmung zum Angebot ausdrückt, stellt eine Annahme dar. Schweigen oder Untätigkeit allein stellen keine Annahme dar.

(2) Die Annahme eines Angebots wird wirksam, sobald die Äußerung der Zustimmung dem Anbietenden zugeht. Sie wird nicht wirksam, wenn die Äußerung der Zustimmung dem Anbietenden nicht innerhalb der von ihm gesetzten Frist oder, bei Fehlen einer solchen Frist, innerhalb einer angemessenen Frist zugeht; dabei sind die Umstände des Geschäfts einschließlich der Schnelligkeit der vom Anbietenden gewählten Übermittlungsart zu berücksichtigen. Ein mündliches Angebot muss sofort angenommen werden, wenn sich aus den Umständen nichts anderes ergibt.

(3) Äußert jedoch der Empfänger aufgrund des Angebots, der zwischen den Parteien entstandenen Gepflogenheiten oder der Gebräuche seine Zustimmung dadurch, dass er eine Handlung vornimmt, die sich zum Beispiel auf die Absendung der Ware oder die Zahlung des Preises bezieht, ohne den Anbietenden davon zu unterrichten, so ist die Annahme zum Zeitpunkt der Handlung wirksam, sofern diese innerhalb der in Absatz 2 vorgeschriebenen Frist vorgenommen wird.

Art. 19. (1) Eine Antwort auf ein Angebot, die eine Annahme darstellen soll, aber Ergänzungen, Einschränkungen oder sonstige Änderungen enthält, ist eine Ablehnung des Angebots und stellt ein Gegenangebot dar.

(2) Eine Antwort auf ein Angebot, die eine Annahme darstellen soll, aber Ergänzungen oder Abweichungen enthält, welche die Bedingungen des Angebots nicht wesentlich ändern, stellt jedoch eine Annahme dar, wenn der Anbietende das Fehlen der Übereinstimmung nicht unverzüglich mündlich beanstandet oder eine entsprechende Mitteilung absendet. Unterlässt er dies, so bilden die Bedingungen des Angebots mit den in der Annahme enthaltenen Änderungen den Vertragsinhalt.

(3) Ergänzungen oder Abweichungen, die sich insbesondere auf Preis, Bezahlung, Qualität und Menge der Ware, auf Ort und Zeit der Lieferung,

auf den Umfang der Haftung der einen Partei gegenüber der anderen oder auf die Beilegung von Streitigkeiten beziehen, werden so angesehen, als änderten sie die Bedingungen des Angebots wesentlich.

Art. 20. (1) Eine vom Anbietenden in einem Telegramm oder einem Brief gesetzte Annahmefrist beginnt mit Aufgabe des Telegramms oder mit dem im Brief angegebenen Datum oder, wenn kein Datum angegeben ist, mit dem auf dem Umschlag angegebenen Datum zu laufen. Eine vom Anbietenden telefonisch, durch Fernschreiben oder eine andere sofortige Übermittlungsart gesetzte Annahmefrist beginnt zu laufen, sobald das Angebot dem Empfänger zugeht.

(2) Gesetzliche Feiertage oder arbeitsfreie Tage, die in die Laufzeit der Annahmefrist fallen, werden bei der Fristberechnung mitgezählt. Kann jedoch die Mitteilung der Annahme am letzten Tag der Frist nicht an die Anschrift des Anbietenden zugestellt werden, weil dieser Tag am Ort der Niederlassung des Anbietenden auf einen gesetzlichen Feiertag oder arbeitsfreien Tag fällt, so verlängert sich die Frist bis zum ersten darauf folgenden Arbeitstag.

Art. 21. (1) Eine verspätete Annahme ist dennoch als Annahme wirksam, wenn der Anbietende unverzüglich den Annehmenden in diesem Sinne mündlich unterrichtet oder eine entsprechende schriftliche Mitteilung absendet.

(2) Ergibt sich aus dem eine verspätete Annahme enthaltenden Brief oder anderen Schriftstück, dass die Mitteilung nach den Umständen, unter denen sie abgesandt worden ist, bei normaler Beförderung dem Anbietenden rechtzeitig zugegangen wäre, so ist die verspätete Annahme als Annahme wirksam, wenn der Anbietende nicht unverzüglich den Annehmenden mündlich davon unterrichtet, dass er sein Angebot als erloschen betrachtet, oder eine entsprechende schriftliche Mitteilung absendet.

Art. 22. Eine Annahme kann zurückgenommen werden, wenn die Rücknahmeerklärung dem Anbietenden vor oder in dem Zeitpunkt zugeht, in dem die Annahme wirksam geworden wäre.

Art. 23. Ein Vertrag ist in dem Zeitpunkt geschlossen, in dem die Annahme eines Angebots nach diesem Übereinkommen wirksam wird.

Art. 24. Für die Zwecke dieses Teils des Übereinkommens „geht" ein Angebot, eine Annahmeerklärung oder sonstige Willenserklärung dem Empfänger „zu", wenn sie ihm mündlich gemacht wird oder wenn sie auf anderem Weg ihm persönlich, an seiner Niederlassung oder Postanschrift oder, wenn diese fehlen, an seinem gewöhnlichen Aufenthaltsort zugestellt wird.

Teil III.[13] Warenkauf

Kapitel I. Allgemeine Bestimmungen

Art. 25. Eine von einer Partei begangene Vertragsverletzung ist wesentlich, wenn sie für die andere Partei solchen Nachteil zur Folge hat, dass ihr im Wesentlichen entgeht, was sie nach dem Vertrag hätte erwarten dürfen, es sei denn, dass die vertragsbrüchige Partei diese Folge nicht vorausgesehen hat und eine vernünftige Person der gleichen Art diese Folge unter den gleichen Umständen auch nicht vorausgesehen hätte.

Art. 26. Eine Erklärung, dass der Vertrag aufgehoben wird, ist nur wirksam, wenn sie der anderen Partei mitgeteilt wird.

Art. 27. Soweit in diesem Teil des Übereinkommens nicht ausdrücklich etwas anderes bestimmt wird, nimmt bei einer Anzeige, Aufforderung oder sonstigen Mitteilung, die eine Partei gemäß diesem Teil mit den nach den Umständen geeigneten Mitteln macht, eine Verzögerung oder ein Irrtum bei der Übermittlung der Mitteilung oder deren Nichteintreffen dieser Partei nicht das Recht, sich auf die Mitteilung zu berufen.

Art. 28. Ist eine Partei nach diesem Übereinkommen berechtigt, von der anderen Partei die Erfüllung einer Verpflichtung zu verlangen, so braucht ein Gericht eine Entscheidung auf Erfüllung in Natur nur zu fällen, wenn es dies auch nach seinem eigenen Recht bei gleichartigen Kaufverträgen täte, die nicht unter dieses Übereinkommen fallen.

Art. 29. (1) Ein Vertrag kann durch bloße Vereinbarung der Parteien geändert oder aufgehoben werden.

(2) Enthält ein schriftlicher Vertrag eine Bestimmung, wonach jede Änderung oder Aufhebung durch Vereinbarung schriftlich zu erfolgen hat, so darf er nicht auf andere Weise geändert oder aufgehoben werden. Eine Partei kann jedoch aufgrund ihres Verhaltens davon ausgeschlossen sein, sich auf eine solche Bestimmung zu berufen, soweit die andere Partei sich auf dieses Verhalten verlassen hat.

Kapitel II. Pflichten des Verkäufers

Art. 30. Der Verkäufer ist nach Maßgabe des Vertrages und dieses Übereinkommens verpflichtet, die Ware zu liefern, die sie betreffenden Dokumente zu übergeben und das Eigentum an der Ware zu übertragen.

---

[13] Siehe hierzu die Vorbehaltsmöglichkeit gem. Art. 92.

Abschnitt I. Lieferung der Ware und Übergabe der Dokumente

Art. 31. Hat der Verkäufer die Ware nicht an einem anderen bestimmten Ort zu liefern, so besteht seine Lieferpflicht in folgendem:

a) Erfordert der Kaufvertrag eine Beförderung der Ware, so hat sie der Verkäufer dem ersten Beförderer zur Übermittlung an den Käufer zu übergeben;

b) bezieht sich der Vertrag in Fällen, die nicht unter Buchstabe a) fallen, auf bestimmte Ware oder auf gattungsmäßig bezeichnete Ware, die aus einem bestimmten Bestand zu entnehmen ist, oder auf herzustellende oder zu erzeugende Ware und wussten die Parteien bei Vertragsabschluss, dass die Ware sich an einem bestimmten Ort befand oder dort herzustellen oder zu erzeugen war, so hat der Verkäufer die Ware dem Käufer an diesem Ort zur Verfügung zu stellen;

c) in den anderen Fällen hat der Verkäufer die Ware dem Käufer an dem Ort zur Verfügung zu stellen, an dem der Verkäufer bei Vertragsabschluss seine Niederlassung hatte.

Art. 32. (1) Übergibt der Verkäufer nach dem Vertrag oder diesem Übereinkommen die Ware einem Beförderer und ist die Ware nicht deutlich durch daran angebrachte Kennzeichen oder durch Beförderungsdokumente oder auf andere Weise dem Vertrag zugeordnet, so hat der Verkäufer dem Käufer die Versendung anzuzeigen und dabei die Ware im Einzelnen zu bezeichnen.

(2) Hat der Verkäufer für die Beförderung der Ware zu sorgen, so hat er die Verträge zu schließen, die zur Beförderung an den festgesetzten Ort mit den nach den Umständen angemessenen Beförderungsmitteln und zu den für solche Beförderungen üblichen Bedingungen erforderlich sind.

(3) Ist der Verkäufer nicht zum Abschluss einer Transportversicherung verpflichtet, so hat er dem Käufer auf dessen Verlangen alle ihm verfügbaren, zum Abschluss einer solchen Versicherung erforderlichen Auskünfte zu erteilen.

Art. 33. Der Verkäufer hat die Ware zu liefern,

a) wenn ein Zeitpunkt im Vertrag bestimmt ist oder aufgrund des Vertrages bestimmt werden kann, zu diesem Zeitpunkt,

b) wenn ein Zeitraum im Vertrag bestimmt ist oder aufgrund des Vertrages bestimmt werden kann, jederzeit innerhalb dieses Zeitraums, sofern sich nicht aus den Umständen ergibt, dass der Käufer den Zeitpunkt zu wählen hat, oder

c) in allen anderen Fällen innerhalb einer angemessenen Frist nach Vertragsabschluss.

Art. 34. Hat der Verkäufer Dokumente zu übergeben, die sich auf die Ware beziehen, so hat er sie zu dem Zeitpunkt, an dem Ort und in der Form zu übergeben, die im Vertrag vorgesehen sind. Hat der Verkäufer die Dokumente bereits vorher übergeben, so kann er bis zu dem für die Übergabe vorgesehenen Zeitpunkt jede Vertragswidrigkeit der Dokumente beheben, wenn die Ausübung dieses Rechts dem Käufer nicht unzumutbare Unannehmlichkeiten oder unverhältnismäßige Kosten verursacht. Der Käufer behält jedoch das Recht, Schadenersatz nach diesem Übereinkommen zu verlangen.

Abschnitt II. Vertragsmäßigkeit der Ware und Rechte oder Ansprüche Dritter

Art. 35. (1) Der Verkäufer hat Ware zu liefern, die in Menge, Qualität und Art sowie hinsichtlich Verpackung oder Behältnis den Anforderungen des Vertrages entspricht.

(2) Haben die Parteien nichts anderes vereinbart, so entspricht die Ware dem Vertrag nur,

a) wenn sie sich für die Zwecke eignet, für die Ware der gleichen Art gewöhnlich gebraucht wird;

b) wenn sie sich für einen bestimmten Zweck eignet, der dem Verkäufer bei Vertragsabschluss ausdrücklich oder auf andere Weise zur Kenntnis gebracht wurde, sofern sich nicht aus den Umständen ergibt, dass der Käufer auf die Sachkenntnis und das Urteilsvermögen des Verkäufers nicht vertraute oder vernünftigerweise nicht vertrauen konnte;

c) wenn sie die Eigenschaften einer Ware besitzt, die der Verkäufer dem Käufer als Probe oder Muster vorgelegt hat;

d) wenn sie in der für Ware dieser Art üblichen Weise oder, falls es eine solche Weise nicht gibt, in einer für die Erhaltung und den Schutz der Ware angemessenen Weise verpackt ist.

(3) Der Verkäufer haftet nach Absatz 2 Buchstabe a) bis d) nicht für eine Vertragswidrigkeit der Ware, wenn der Käufer bei Vertragsabschluss diese Vertragswidrigkeit kannte oder darüber nicht in Unkenntnis sein konnte.

Art. 36. (1) Der Verkäufer haftet nach dem Vertrag und diesem Übereinkommen für eine Vertragswidrigkeit, die im Zeitpunkt des Übergangs der Gefahr auf den Käufer besteht, auch wenn die Vertragswidrigkeit erst nach diesem Zeitpunkt offenbar wird.

(2) Der Verkäufer haftet auch für eine Vertragswidrigkeit, die nach dem in Absatz 1 angegebenen Zeitpunkt eintritt und auf die Verletzung einer seiner Pflichten zurückzuführen ist, einschließlich der Verletzung einer Garantie dafür, dass die Ware für eine bestimmte Zeit für den üblichen Zweck oder für einen bestimmten Zweck geeignet bleiben oder besondere Eigenschaften oder Merkmale behalten wird.

Art. 37. Bei vorzeitiger Lieferung der Ware behält der Verkäufer bis zu dem für die Lieferung festgesetzten Zeitpunkt das Recht, fehlende Teile nachzuliefern, eine fehlende Menge auszugleichen, für nicht vertragsgemäße Ware Ersatz zu liefern oder die Vertragswidrigkeit der gelieferten Ware zu beheben, wenn die Ausübung dieses Rechts dem Käufer nicht unzumutbare Unannehmlichkeiten oder unverhältnismäßige Kosten verursacht. Der Käufer behält jedoch das Recht, Schadenersatz nach diesem Übereinkommen zu verlangen.

Art. 38. (1) Der Käufer hat die Ware innerhalb einer so kurzen Frist zu untersuchen oder untersuchen zu lassen, wie es die Umstände erlauben.

(2) Erfordert der Vertrag eine Beförderung der Ware, so kann die Untersuchung bis nach dem Eintreffen der Ware am Bestimmungsort aufgeschoben werden.

(3) Wird die Ware vom Käufer umgeleitet oder von ihm weiterversandt, ohne dass er ausreichend Gelegenheit hatte, sie zu untersuchen, und kannte der Verkäufer bei Vertragsabschluss die Möglichkeit einer solchen Umleitung oder Weiterversendung oder musste er sie kennen, so kann die Untersuchung bis nach dem Eintreffen der Ware an ihrem neuen Bestimmungsort aufgeschoben werden.

Art. 39. (1) Der Käufer verliert das Recht, sich auf eine Vertragswidrigkeit der Ware zu berufen, wenn er sie dem Verkäufer nicht innerhalb einer angemessenen Frist nach dem Zeitpunkt, in dem er sie festgestellt hat oder hätte feststellen müssen, anzeigt und dabei die Art der Vertragswidrigkeit genau bezeichnet.

(2) Der Käufer verliert in jedem Fall das Recht, sich auf die Vertragswidrigkeit der Ware zu berufen, wenn er sie nicht spätestens innerhalb von zwei Jahren, nachdem ihm die Ware tatsächlich übergeben worden ist, dem Verkäufer anzeigt, es sei denn, dass die Frist mit einer vertraglichen Garantiefrist unvereinbar ist.

Art. 40. Der Verkäufer kann sich auf die Artikel 38 und 39 nicht berufen, wenn die Vertragswidrigkeit auf Tatsachen beruht, die er kannte oder über die er nicht in Unkenntnis sein konnte und die er dem Käufer nicht offenbart hat.

Art. 41. Der Verkäufer hat Ware zu liefern, die frei von Rechten oder Ansprüchen Dritter ist, es sei denn, dass der Käufer eingewilligt hat, die mit einem solchen Recht oder Anspruch belastete Ware anzunehmen. Beruhen jedoch solche Rechte oder Ansprüche auf gewerblichem oder anderem geistigen Eigentum, so regelt Artikel 42 die Verpflichtung des Verkäufers.

Art. 42. (1) Der Verkäufer hat Ware zu liefern, die frei von Rechten oder Ansprüchen Dritter ist, die auf gewerblichem oder anderem geistigen Eigentum beruhen und die der Verkäufer bei Vertragsabschluss kannte oder über die er nicht in Unkenntnis sein konnte, vorausgesetzt, das Recht oder der Anspruch beruht auf gewerblichem oder anderem geistigen Eigentum

a) nach dem Recht des Staates, in dem die Ware weiterverkauft oder in dem sie in anderer Weise verwendet wird oder verwendet werden soll, wenn die Parteien bei Vertragsabschluss in Betracht gezogen haben, dass die Ware dort weiterverkauft oder verwendet wird, oder

b) in jedem anderen Falle nach dem Recht des Staates, in dem der Käufer seine Niederlassung hat.

(2) Die Verpflichtung des Verkäufers nach Absatz 1 erstreckt sich nicht auf Fälle,

a) in denen der Käufer im Zeitpunkt des Vertragsabschlusses das Recht oder den Anspruch kannte oder darüber nicht in Unkenntnis sein konnte, oder

b) in denen das Recht oder der Anspruch sich daraus ergibt, dass der Verkäufer sich nach technischen Zeichnungen, Entwürfen, Formeln oder sonstigen Angaben gerichtet hat, die der Käufer zur Verfügung gestellt hat.

Art. 43. (1) Der Käufer kann sich auf Artikel 41 oder 42 nicht berufen, wenn er dem Verkäufer das Recht oder den Anspruch des Dritten nicht innerhalb einer angemessenen Frist nach dem Zeitpunkt, von dem an er davon Kenntnis hatte oder haben musste, anzeigt und dabei genau bezeichnet, welcher Art das Recht oder der Anspruch des Dritten ist.

(2) Der Verkäufer kann sich nicht auf Absatz 1 berufen, wenn er das Recht oder den Anspruch des Dritten und seine Art kannte.

Art. 44. Ungeachtet des Artikels 39 Absatz 1 und des Artikels 43 Absatz 1 kann der Käufer den Preis nach Artikel 50 herabsetzen oder Schadenersatz, außer für entgangenen Gewinn, verlangen, wenn er eine vernünftige Entschuldigung dafür hat, dass er die erforderliche Anzeige unterlassen hat.

Abschnitt III. Rechtsbehelfe des Käufers wegen Vertragsverletzung durch den Verkäufer

Art. 45. (1) Erfüllt der Verkäufer eine seiner Pflichten nach dem Vertrag oder diesem Übereinkommen nicht, so kann der Käufer

a) die in Artikel 46 bis 52 vorgesehenen Rechte ausüben;

b) Schadenersatz nach Artikel 74 bis 77 verlangen.

(2) Der Käufer verliert das Recht, Schadenersatz zu verlangen, nicht dadurch, dass er andere Rechte ausübt.

(3) Übt der Käufer ein Recht wegen Vertragsverletzung aus, so darf ein Gericht oder Schiedsgericht dem Verkäufer keine zusätzliche Frist gewähren.

Art. 46. (1) Der Käufer kann vom Verkäufer Erfüllung seiner Pflichten verlangen, es sei denn, dass der Käufer einen Rechtsbehelf ausgeübt hat, der mit diesem Verlangen unvereinbar ist.

(2) Ist die Ware nicht vertragsgemäß, so kann der Käufer Ersatzlieferung nur verlangen, wenn die Vertragswidrigkeit eine wesentliche Vertragsverletzung darstellt und die Ersatzlieferung entweder zusammen mit einer Anzeige nach Artikel 39 oder innerhalb einer angemessenen Frist danach verlangt wird.

(3) Ist die Ware nicht vertragsgemäß, so kann der Käufer den Verkäufer auffordern, die Vertragswidrigkeit durch Nachbesserung zu beheben, es sei denn, dass dies unter Berücksichtigung aller Umstände unzumutbar ist. Nachbesserung muss entweder zusammen mit einer Anzeige nach Artikel 39 oder innerhalb einer angemessenen Frist danach verlangt werden.

Art. 47. (1) Der Käufer kann dem Verkäufer eine angemessene Nachfrist zur Erfüllung seiner Pflichten setzen.

(2) Der Käufer kann vor Ablauf dieser Frist kein Recht wegen Vertragsverletzung ausüben, außer wenn er vom Verkäufer die Anzeige erhalten hat, dass dieser seine Pflichten nicht innerhalb der so gesetzten Frist erfüllen wird. Der Käufer behält jedoch das Recht, Schadenersatz wegen verspäteter Erfüllung zu verlangen.

Art. 48. (1) Vorbehaltlich des Artikels 49 kann der Verkäufer einen Mangel in der Erfüllung seiner Pflichten auch nach dem Liefertermin auf eigene Kosten beheben, wenn dies keine unzumutbare Verzögerung nach sich zieht und dem Käufer weder unzumutbare Unannehmlichkeiten noch Ungewissheit über die Erstattung seiner Auslagen durch den Verkäufer verursacht. Der Käufer behält jedoch das Recht, Schadenersatz nach diesem Übereinkommen zu verlangen.

(2) Fordert der Verkäufer den Käufer auf, ihm mitzuteilen, ob er die Erfüllung annehmen will, und entspricht der Käufer der Aufforderung nicht innerhalb einer angemessenen Frist, so kann der Verkäufer innerhalb der in seiner Aufforderung angegebenen Frist erfüllen. Der Käufer kann vor Ablauf dieser Frist keinen Rechtsbehelf ausüben, der mit der Erfüllung durch den Verkäufer unvereinbar ist.

(3) Zeigt der Verkäufer dem Käufer an, dass er innerhalb einer bestimmten Frist erfüllen wird, so wird vermutet, dass die Anzeige eine Aufforderung an den Käufer nach Absatz 2 enthält, seine Entscheidung mitzuteilen.

(4) Eine Aufforderung oder Anzeige des Verkäufers nach Absatz 2 oder 3 ist nur wirksam, wenn der Käufer sie erhalten hat.

Art. 49. (1) Der Käufer kann die Aufhebung des Vertrages erklären,

a) wenn die Nichterfüllung einer dem Verkäufer nach dem Vertrag oder diesem Übereinkommen obliegenden Pflicht eine wesentliche Vertragsverletzung darstellt oder

b) wenn im Falle der Nichtlieferung der Verkäufer die Ware nicht innerhalb der vom Käufer nach Artikel 47 Absatz 1 gesetzten Nachfrist liefert oder wenn er erklärt, dass er nicht innerhalb der so gesetzten Frist liefern wird.

(2) Hat der Verkäufer die Ware geliefert, so verliert jedoch der Käufer sein Recht, die Aufhebung des Vertrages zu erklären, wenn er

a) im Falle der verspäteten Lieferung die Aufhebung nicht innerhalb einer angemessenen Frist erklärt, nachdem er erfahren hat, dass die Lieferung erfolgt ist, oder

b) im Falle einer anderen Vertragsverletzung als verspäteter Lieferung die Aufhebung nicht innerhalb einer angemessenen Frist erklärt,
   i) nachdem er die Vertragsverletzung kannte oder kennen musste,
   ii) nachdem eine vom Käufer nach Artikel 47 Absatz 1 gesetzte Nachfrist abgelaufen ist oder nachdem der Verkäufer erklärt hat, dass er seine Pflichten nicht innerhalb der Nachfrist erfüllen wird, oder
   iii) nachdem eine vom Verkäufer nach Artikel 48 Absatz 2 gesetzte Frist abgelaufen ist oder nachdem der Käufer erklärt hat, dass er die Erfüllung nicht annehmen wird.

Art. 50. Ist die Ware nicht vertragsgemäß, so kann der Käufer unabhängig davon, ob der Kaufpreis bereits gezahlt worden ist oder nicht, den Preis in dem Verhältnis herabsetzen, in dem der Wert, den die tatsächlich gelieferte Ware im Zeitpunkt der Lieferung hatte, zu dem Wert steht, den vertragsgemäße Ware zu diesem Zeitpunkt gehabt hätte. Behebt jedoch der Verkäufer nach Artikel 37 oder 48 einen Mangel in der Erfüllung seiner Pflichten oder weigert sich der Käufer, Erfüllung durch den Verkäufer nach den genannten Artikeln anzunehmen, so kann der Käufer den Preis nicht herabsetzen.

Art. 51. (1) Liefert der Verkäufer nur einen Teil der Ware oder ist nur ein Teil der gelieferten Ware vertragsgemäß, so gelten für den Teil, der fehlt oder der nicht vertragsgemäß ist, die Artikel 46 bis 50.

(2) Der Käufer kann nur dann die Aufhebung des gesamten Vertrages erklären, wenn die unvollständige oder nicht vertragsgemäße Lieferung eine wesentliche Vertragsverletzung darstellt.

Art. 52. (1) Liefert der Verkäufer die Ware vor dem festgesetzten Zeitpunkt, so steht es dem Käufer frei, sie anzunehmen oder die Annahme zu verweigern.

(2) Liefert der Verkäufer eine größere als die vereinbarte Menge, so kann der Käufer die zu viel gelieferte Menge annehmen oder ihre Annahme verweigern. Nimmt der Käufer die zu viel gelieferte Menge ganz oder teilweise an, so hat er sie entsprechend dem vertraglichen Preis zu bezahlen.

Kapitel III. Pflichten des Käufers

Art. 53. Der Käufer ist nach Maßgabe des Vertrages und dieses Übereinkommens verpflichtet, den Kaufpreis zu zahlen und die Ware anzunehmen.

Abschnitt I. Zahlung des Kaufpreises

Art. 54. Zur Pflicht des Käufers, den Kaufpreis zu zahlen, gehört es auch, die Maßnahmen zu treffen und die Formalitäten zu erfüllen, die nach Vertrag oder Gesetz erforderlich sind, damit Zahlung geleistet werden kann.

Art. 55. Ist ein Vertrag gültig geschlossen worden, ohne dass er den Kaufpreis ausdrücklich oder stillschweigend festsetzt oder dessen Festsetzung ermöglicht, so wird mangels gegenteiliger Anhaltspunkte vermutet, dass die Parteien sich stillschweigend auf den Kaufpreis bezogen haben, der bei Vertragsabschluss allgemein für derartige Ware berechnet wurde, die in dem betreffenden Geschäftszweig unter vergleichbaren Umständen verkauft wurde.

Art. 56. Ist der Kaufpreis nach dem Gewicht der Ware festgesetzt, so bestimmt er sich im Zweifel nach dem Nettogewicht.

Art. 57. (1) Ist der Käufer nicht verpflichtet, den Kaufpreis an einem anderen bestimmten Ort zu zahlen, so hat er ihn dem Verkäufer wie folgt zu zahlen:

a) am Ort der Niederlassung des Verkäufers oder,

b) wenn die Zahlung gegen Übergabe der Ware oder von Dokumenten zu leisten ist, an dem Ort, an dem die Übergabe stattfindet.

(2) Der Verkäufer hat alle mit der Zahlung zusammenhängenden Mehrkosten zu tragen, die durch einen Wechsel seiner Niederlassung nach Vertragsabschluss entstehen.

Art. 58. (1) Ist der Käufer nicht verpflichtet, den Kaufpreis zu einer bestimmten Zeit zu zahlen, so hat er den Preis zu zahlen, sobald ihm der Verkäufer entweder die Ware oder die Dokumente, die zur Verfügung darüber berechtigen, nach dem Vertrag und diesem Übereinkommen zur Verfügung gestellt hat. Der Verkäufer kann die Übergabe der Ware oder der Dokumente von der Zahlung abhängig machen.

(2) Erfordert der Vertrag eine Beförderung der Ware, so kann der Verkäufer sie mit der Maßgabe versenden, dass die Ware oder die Dokumente, die zur Verfügung darüber berechtigen, dem Käufer nur gegen Zahlung des Kaufpreises zu übergeben sind.

(3) Der Käufer ist nicht verpflichtet, den Kaufpreis zu zahlen, bevor er Gelegenheit gehabt hat, die Ware zu untersuchen, es sei denn, die von den Parteien vereinbarten Lieferungs- oder Zahlungsmodalitäten bieten hierzu keine Gelegenheit.

Art. 59. Der Käufer hat den Kaufpreis zu dem Zeitpunkt, der in dem Vertrag festgesetzt oder nach dem Vertrag und diesem Übereinkommen bestimmbar ist, zu zahlen, ohne dass es einer Aufforderung oder der Einhaltung von Formalitäten seitens des Verkäufers bedarf.

Abschnitt II. Abnahme

Art. 60. Die Pflicht des Käufers zur Abnahme besteht darin,

a) alle Handlungen vorzunehmen, die vernünftigerweise von ihm erwartet werden können, damit dem Verkäufer die Lieferung ermöglicht wird, und

b) die Ware zu übernehmen.

Abschnitt III. Rechte des Verkäufers wegen Vertragsverletzung durch den Käufer

Art. 61. (1) Erfüllt der Käufer eine seiner Pflichten nach dem Vertrag oder diesem Übereinkommen nicht, so kann der Verkäufer

a) die in Artikel 62 bis 65 vorgesehenen Rechte ausüben;

b) Schadenersatz nach Artikel 74 bis 77 verlangen.

(2) Der Verkäufer verliert das Recht, Schadenersatz zu verlangen, nicht dadurch, dass er andere Rechte ausübt.

(3) Übt der Verkäufer ein Recht wegen Vertragsverletzung aus, so darf ein Gericht oder Schiedsgericht dem Käufer keine zusätzliche Frist gewähren.

Art. 62. Der Verkäufer kann vom Käufer verlangen, dass er den Kaufpreis zahlt, die Ware annimmt sowie seine sonstigen Pflichten erfüllt, es sei denn, dass der Verkäufer ein Recht ausgeübt hat, das mit diesem Verlangen unvereinbar ist.

Art. 63. (1) Der Verkäufer kann dem Käufer eine angemessene Nachfrist zur Erfüllung seiner Pflichten setzen.

(2) Der Verkäufer kann vor Ablauf dieser Frist kein Recht wegen Vertragsverletzung ausüben, außer wenn er vom Käufer die Anzeige erhalten hat, dass dieser seine Pflichten nicht innerhalb der so gesetzten Frist erfüllen wird. Der Verkäufer verliert dadurch jedoch nicht das Recht, Schadenersatz wegen verspäteter Erfüllung zu verlangen.

Art. 64. (1) Der Verkäufer kann die Aufhebung des Vertrages erklären,

a) wenn die Nichterfüllung einer dem Käufer nach dem Vertrag oder diesem Übereinkommen obliegenden Pflicht eine wesentliche Vertragsverletzung darstellt, oder

b) wenn der Käufer nicht innerhalb der vom Verkäufer nach Artikel 63 Absatz 1 gesetzten Nachfrist seine Pflicht zur Zahlung des Kaufpreises oder zur Annahme der Ware erfüllt oder wenn er erklärt, dass er dies nicht innerhalb der so gesetzten Frist tun wird.

(2) Hat der Käufer den Kaufpreis gezahlt, so verliert jedoch der Verkäufer sein Recht, die Aufhebung des Vertrages zu erklären, wenn er

a) im Falle verspäteter Erfüllung durch den Käufer die Aufhebung nicht erklärt, bevor er erfahren hat, dass erfüllt worden ist, oder

b) im Falle einer anderen Vertragsverletzung als verspäteter Erfüllung durch den Käufer die Aufhebung nicht innerhalb einer angemessenen Zeit erklärt,

   i) nachdem der Verkäufer die Vertragsverletzung kannte oder kennen musste, oder

   ii) nachdem eine vom Verkäufer nach Artikel 63 Absatz 1 gesetzte Nachfrist abgelaufen ist, oder nachdem der Käufer erklärt hat, dass er seine Pflichten nicht innerhalb der Nachfrist erfüllen wird.

Art. 65. (1) Hat der Käufer nach dem Vertrag die Form, die Masse oder andere Merkmale der Ware näher zu spezifizieren und nimmt er diese Spezifizierung nicht zu dem vereinbarten Zeitpunkt oder innerhalb einer angemessenen Frist nach Eingang einer Aufforderung durch den Verkäufer vor, so kann der Verkäufer unbeschadet aller ihm zustehenden sonstigen Rechte die Spezifizierung nach den Bedürfnissen des Käufers, soweit ihm diese bekannt sind, selbst vornehmen.

(2) Nimmt der Verkäufer die Spezifizierung selbst vor, so hat er dem Käufer deren Einzelheiten mitzuteilen und ihm eine angemessene Frist zu setzen, innerhalb deren der Käufer eine abweichende Spezifizierung vornehmen kann. Macht der Käufer nach Eingang einer solchen Mitteilung von dieser Möglichkeit innerhalb der so gesetzten Frist keinen Gebrauch, so ist die vom Verkäufer vorgenommene Spezifizierung verbindlich.

Kapitel IV. Übergang der Gefahr

Art. 66. Untergang oder Beschädigung der Ware nach Übergang der Gefahr auf den Käufer befreit diesen nicht von der Pflicht, den Kaufpreis zu zahlen, es sei denn, dass der Untergang oder die Beschädigung auf eine Handlung oder Unterlassung des Verkäufers zurückzuführen ist.

Art. 67. (1) Erfordert der Kaufvertrag eine Beförderung der Ware und ist der Verkäufer nicht verpflichtet, sie an einem bestimmten Ort zu übergeben, so geht die Gefahr auf den Käufer über, sobald die Ware gemäß dem Kaufvertrag dem ersten Beförderer zur Übermittlung an den Käufer übergeben wird. Hat der Verkäufer dem Beförderer die Ware an einem bestimmten Ort zu übergeben, so geht die Gefahr erst auf den Käufer über, wenn die Ware dem Beförderer an diesem Ort übergeben wird. Ist der Verkäufer befugt, die Dokumente, die zur Verfügung über die Ware berechtigen, zurückzubehalten, so hat dies keinen Einfluss auf den Übergang der Gefahr.

(2) Die Gefahr geht jedoch erst auf den Käufer über, wenn die Ware eindeutig dem Vertrag zugeordnet ist, sei es durch an der Ware angebrachte Kennzeichen, durch Beförderungsdokumente, durch eine Anzeige an den Käufer oder auf andere Weise.

Art. 68. Wird Ware, die sich auf dem Transport befindet, verkauft, so geht die Gefahr im Zeitpunkt des Vertragsabschlusses auf den Käufer über. Die Gefahr wird jedoch bereits im Zeitpunkt der Übergabe der Ware an den Beförderer, der die Dokumente über den Beförderungsvertrag ausgestellt hat, von dem Käufer übernommen, falls die Umstände diesen Schluss nahelegen. Wenn dagegen der Verkäufer bei Abschluss des Kaufvertrags wusste oder wissen musste, dass die Ware untergegangen oder beschädigt war und er dies dem Käufer nicht offenbart hat, geht der Untergang oder die Beschädigung zu Lasten des Verkäufers.

Art. 69. (1) In den durch Artikel 67 und 68 nicht geregelten Fällen geht die Gefahr auf den Käufer über, sobald er die Ware übernimmt oder, wenn er sie nicht rechtzeitig übernimmt, in dem Zeitpunkt, in dem ihm die Ware zur Verfügung gestellt wird und er durch Nichtannahme eine Vertragsverletzung begeht.

(2) Hat jedoch der Käufer die Ware an einem anderen Ort als einer Niederlassung des Verkäufers zu übernehmen, so geht die Gefahr über, sobald die Lieferung fällig ist und der Käufer Kenntnis davon hat, dass ihm die Ware an diesem Ort zur Verfügung steht.

(3) Betrifft der Vertrag Ware, die noch nicht individualisiert ist, so gilt sie erst dann als dem Käufer zur Verfügung gestellt, wenn sie eindeutig dem Vertrag zugeordnet worden ist.

Art. 70. Hat der Verkäufer eine wesentliche Vertragsverletzung begangen, so berühren die Artikel 67, 68 und 69 nicht die dem Käufer wegen einer solchen Verletzung zustehenden Rechte.

Kapitel V. Gemeinsame Bestimmungen über die Pflichten des Verkäufers und des Käufers

Abschnitt I. Vorweggenommene Vertragsverletzung und Verträge über aufeinander folgende Lieferungen

Art. 71. (1) Eine Partei kann die Erfüllung ihrer Pflichten aussetzen, wenn sich nach Vertragsabschluss herausstellt, dass die andere Partei einen wesentlichen Teil ihrer Pflichten nicht erfüllen wird

a) wegen eines schwerwiegenden Mangels ihrer Fähigkeit, den Vertrag zu erfüllen, oder ihrer Zahlungsfähigkeit oder

b) wegen ihres Verhaltens bei der Vorbereitung der Erfüllung oder bei der Erfüllung des Vertrages.

(2) Hat der Verkäufer die Ware bereits abgesandt, bevor sich die in Absatz 1 bezeichneten Gründe herausstellen, so kann er sich der Übergabe der Ware an den Käufer widersetzen, selbst wenn der Käufer ein Dokument hat, das ihn berechtigt, die Ware zu erlangen. Der vorliegende Absatz betrifft nur die Rechte auf die Ware im Verhältnis zwischen Käufer und Verkäufer.

(3) Setzt eine Partei vor oder nach der Absendung der Ware die Erfüllung aus, so hat sie dies der anderen Partei sofort anzuzeigen; sie hat die Erfüllung fortzusetzen, wenn die andere Partei für die Erfüllung ihrer Pflichten aus reichende Sicherheit bietet.

Art. 72. (1) Ist schon vor dem für die Vertragserfüllung festgesetzten Zeitpunkt offensichtlich, dass eine Partei eine wesentliche Vertragsverletzung begehen wird, so kann die andere Partei die Aufhebung des Vertrages erklären.

(2) Wenn es die Zeit erlaubt und es nach den Umständen vernünftig ist, hat die Partei, welche die Aufhebung des Vertrages erklären will, dies der anderen Partei anzuzeigen, um ihr zu ermöglichen, für die Erfüllung ihrer Pflichten ausreichende Sicherheit zu bieten.

(3) Absatz 2 ist nicht anzuwenden, wenn die andere Partei erklärt hat, dass sie ihre Pflichten nicht erfüllen wird.

Art. 73. (1) Sieht ein Vertrag aufeinanderfolgende Lieferungen von Ware vor und begeht eine Partei durch Nichterfüllung einer eine Teillieferung betreffenden Pflicht eine wesentliche Vertragsverletzung in Bezug auf diese Teillieferung, so kann die andere Partei die Aufhebung des Vertrages in Bezug auf diese Teillieferung erklären.

(2) Gibt die Nichterfüllung einer eine Teillieferung betreffenden Pflicht durch eine der Parteien der anderen Partei triftigen Grund zu der Annahme, dass eine wesentliche Vertragsverletzung in Bezug auf künftige Teillie-

rungen zu erwarten ist, so kann die andere Partei innerhalb angemessener Frist die Aufhebung des Vertrages für die Zukunft erklären.

(3) Ein Käufer, der den Vertrag in Bezug auf eine Lieferung als aufgehoben erklärt, kann gleichzeitig die Aufhebung des Vertrages in Bezug auf bereits erhaltene Lieferungen oder in Bezug auf künftige Lieferungen erklären, wenn diese Lieferungen wegen des zwischen ihnen bestehenden Zusammenhangs nicht mehr für den Zweck verwendet werden können, den die Parteien im Zeitpunkt des Vertragsabschlusses in Betracht gezogen haben.

Abschnitt II. Schadenersatz

Art. 74. Als Schadenersatz für die durch eine Partei begangene Vertragsverletzung ist der der anderen Partei infolge der Vertragsverletzung entstandene Verlust, einschließlich des entgangenen Gewinns, zu ersetzen. Dieser Schadenersatz darf jedoch den Verlust nicht übersteigen, den die vertragsbrüchige Partei bei Vertragsabschluss als mögliche Folge der Vertragsverletzung vorausgesehen hat oder unter Berücksichtigung der Umstände, die sie kannte oder kennen musste, hätte voraussehen müssen.

Art. 75. Ist der Vertrag aufgehoben und hat der Käufer einen Deckungskauf oder der Verkäufer einen Deckungsverkauf in angemessener Weise und innerhalb eines angemessenen Zeitraums nach der Aufhebung vorgenommen, so kann die Partei, die Schadenersatz verlangt, den Unterschied zwischen dem im Vertrag vereinbarten Preis und dem Preis des Deckungskaufs oder des Deckungsverkaufs sowie jeden weiteren Schadenersatz nach Artikel 74 verlangen.

Art. 76. (1) Ist der Vertrag aufgehoben und hat die Ware einen Marktpreis, so kann die Schadenersatz verlangende Partei, wenn sie keinen Deckungskauf oder Deckungsverkauf nach Artikel 75 vorgenommen hat, den Unterschied zwischen dem im Vertrag vereinbarten Preis und dem Marktpreis zur Zeit der Aufhebung sowie jeden weiteren Schadenersatz nach Artikel 74 verlangen. Hat jedoch die Partei, die Schadenersatz verlangt, den Vertrag aufgehoben, nachdem sie die Ware übernommen hat, so gilt der Marktpreis zur Zeit der Übernahme und nicht der Marktpreis zur Zeit der Aufhebung.

(2) Als Marktpreis im Sinne von Absatz 1 ist maßgebend der Marktpreis, der an dem Ort gilt, an dem die Lieferung der Ware hätte erfolgen sollen, oder, wenn dort ein Marktpreis nicht besteht, der an einem angemessenen Ersatzort geltende Marktpreis; dabei sind Unterschiede in den Kosten der Beförderung der Ware zu berücksichtigen.

Art. 77. Die Partei, die sich auf eine Vertragsverletzung beruft, hat alle den Umständen nach angemessenen Maßnahmen zur Verringerung des aus der Vertragsverletzung folgenden Verlusts, einschließlich des entgangenen Gewinns, zu treffen. Versäumt sie dies, so kann die vertragsbrüchige Partei Herabsetzung des Schadenersatzes in Höhe des Betrags verlangen, um den der Verlust hätte verringert werden sollen.

Abschnitt III. Zinsen

Art. 78. Versäumt eine Partei, den Kaufpreis oder einen anderen fälligen Betrag zu zahlen, so hat die andere Partei für diese Beträge Anspruch auf Zinsen, unbeschadet eines Schadenersatzanspruchs nach Artikel 74.

Abschnitt IV. Befreiungen

Art. 79. (1) Eine Partei hat für die Nichterfüllung einer ihrer Pflichten nicht einzustehen, wenn sie beweist, dass die Nichterfüllung auf einem außerhalb ihres Einflussbereichs liegenden Hinderungsgrund beruht und dass von ihr vernünftigerweise nicht erwartet werden konnte, den Hinderungsgrund bei Vertragsabschluss in Betracht zu ziehen oder den Hinderungsgrund oder seine Folgen zu vermeiden oder zu überwinden.

(2) Beruht die Nichterfüllung einer Partei auf der Nichterfüllung durch einen Dritten, dessen sie sich zur völligen oder teilweisen Vertragserfüllung bedient, so ist diese Partei von der Haftung nur befreit,

a) wenn sie nach Absatz 1 befreit ist und

b) wenn der Dritte selbst ebenfalls nach Absatz 1 befreit wäre, sofern Absatz 1 auf ihn Anwendung fände.

(3) Die in diesem Artikel vorgesehene Befreiung gilt für die Zeit, während der der Hinderungsgrund besteht.

(4) Die Partei, die nicht erfüllt, hat den Hinderungsgrund und seine Auswirkung auf ihre Fähigkeit zu erfüllen der anderen Partei mitzuteilen. Erhält die andere Partei die Mitteilung nicht innerhalb einer angemessenen Frist, nachdem die nicht erfüllende Partei den Hinderungsgrund kannte oder kennen musste, so haftet sie für den aus diesem Nichterhalt entstehenden Schaden.

(5) Dieser Artikel hindert die Parteien nicht, ein anderes als das Recht auszuüben, Schadenersatz nach diesem Übereinkommen zu verlangen.

Art. 80. Eine Partei kann sich auf die Nichterfüllung von Pflichten durch die andere Partei nicht berufen, soweit diese Nichterfüllung durch ihre Handlung oder Unterlassung verursacht wurde.

Abschnitt V. Wirkungen der Aufhebung

Art. 81. (1) Die Aufhebung des Vertrages befreit beide Parteien von ihren Vertragspflichten, mit Ausnahme etwaiger Schadenersatzpflichten. Die Aufhebung berührt nicht Bestimmungen des Vertrages über die Beilegung von Streitigkeiten oder sonstige Bestimmungen des Vertrages, welche die Rechte und Pflichten der Parteien nach Vertragsaufhebung regeln.

(2) Hat eine Partei den Vertrag ganz oder teilweise erfüllt, so kann sie ihre Leistung von der anderen Partei zurückfordern. Sind beide Parteien zur Rückgabe verpflichtet, so sind die Leistungen Zug um Zug zurückzugeben.

Art. 82. (1) Der Käufer verliert das Recht, die Aufhebung des Vertrages zu erklären oder vom Verkäufer Ersatzlieferung zu verlangen, wenn es ihm unmöglich ist, die Ware im Wesentlichen in dem Zustand zurückzugeben, in dem er sie erhalten hat.

(2) Absatz 1 findet keine Anwendung,

a) wenn die Unmöglichkeit, die Ware zurückzugeben oder sie im Wesentlichen in dem Zustand zurückzugeben, in dem der Käufer sie erhalten hat, nicht auf einer Handlung oder Unterlassung des Käufers beruht,

b) wenn die Ware ganz oder teilweise infolge der in Artikel 38 vorgesehenen Untersuchung untergegangen oder verschlechtert worden ist, oder

c) wenn der Käufer die Ware ganz oder teilweise im normalen Geschäftsverkehr verkauft oder der normalen Verwendung entsprechend verbraucht oder verändert hat, bevor er die Vertragswidrigkeit entdeckt hat oder hätte entdecken müssen.

Art. 83. Der Käufer, der nach Artikel 82 das Recht verloren hat, die Aufhebung des Vertrages zu erklären oder vom Verkäufer Ersatzlieferung zu verlangen, behält alle anderen Rechte, die ihm nach dem Vertrag und diesem Übereinkommen zustehen.

Art. 84. (1) Hat der Verkäufer den Kaufpreis zurückzuzahlen, so hat er außerdem vom Tag der Zahlung an auf den Betrag Zinsen zu zahlen.

(2) Der Käufer schuldet dem Verkäufer den Gegenwert aller Vorteile, die er aus der Ware oder einem Teil der Ware gezogen hat,

a) wenn er die Ware ganz oder teilweise zurückgeben muss oder

b) wenn es ihm unmöglich ist, die Ware ganz oder teilweise zurückzugeben oder sie ganz oder teilweise im Wesentlichen in dem Zustand zurückzugeben, in dem er sie erhalten hat, er aber dennoch die Aufhebung des Vertrages erklärt oder vom Verkäufer Ersatzlieferung verlangt hat.

Abschnitt VI. Erhaltung der Ware

Art. 85. Nimmt der Käufer die Ware nicht rechtzeitig ab oder versäumt er, falls Zahlung des Kaufpreises und Lieferung der Ware Zug um Zug erfolgen sollen, den Kaufpreis zu zahlen, und hat der Verkäufer die Ware noch in

Besitz oder ist er sonst in der Lage, über sie zu verfügen, so hat der Verkäufer die den Umständen angemessenen Maßnahmen zu ihrer Erhaltung zu treffen. Er ist berechtigt, die Ware zurückzubehalten, bis ihm der Käufer seine angemessenen Aufwendungen erstattet hat.

Art. 86. (1) Hat der Käufer die Ware empfangen und beabsichtigt er, ein nach dem Vertrag oder diesem Übereinkommen bestehendes Zurückweisungsrecht auszuüben, so hat er die den Umständen angemessenen Maßnahmen zu ihrer Erhaltung zu treffen. Er ist berechtigt, die Ware zurückzubehalten, bis ihm der Verkäufer seine angemessenen Aufwendungen erstattet hat.

(2) Ist die dem Käufer zugesandte Ware ihm am Bestimmungsort zur Verfügung gestellt worden und übt er das Recht aus, sie zurückzuweisen, so hat er sie für Rechnung des Verkäufers in Besitz zu nehmen, sofern dies ohne Zahlung des Kaufpreises und ohne unzumutbare Unannehmlichkeiten oder unverhältnismäßige Kosten möglich ist. Dies gilt nicht, wenn der Verkäufer oder eine Person, die befugt ist, die Ware für Rechnung des Verkäufers in Obhut zu nehmen, am Bestimmungsort anwesend ist. Nimmt der Käufer die Ware nach diesem Absatz in Besitz, so werden seine Rechte und Pflichten durch Absatz 1 geregelt.

Art. 87. Eine Partei, die Maßnahmen zur Erhaltung der Ware zu treffen hat, kann die Ware auf Kosten der anderen Partei in den Lagerräumen eines Dritten einlagern, sofern daraus keine unverhältnismäßigen Kosten entstehen.

Art. 88. (1) Eine Partei, die nach Artikel 85 oder 86 zur Erhaltung der Ware verpflichtet ist, kann sie auf jede geeignete Weise verkaufen, wenn die andere Partei die Inbesitznahme oder die Rücknahme der Ware oder die Zahlung des Kaufpreises oder der Erhaltungskosten ungebührlich hinauszögert, vorausgesetzt, dass sie der anderen Partei ihre Verkaufsabsicht rechtzeitig angezeigt hat.

(2) Ist die Ware einer raschen Verschlechterung ausgesetzt oder würde ihre Erhaltung unverhältnismäßige Kosten verursachen, so hat die Partei, der nach Artikel 85 oder 86 die Erhaltung der Ware obliegt, sich in angemessener Weise um ihren Verkauf zu bemühen. Soweit möglich, hat sie der anderen Partei ihre Verkaufsabsicht anzuzeigen.

(3) Hat eine Partei die Ware verkauft, so kann sie aus dem Erlös des Verkaufs den Betrag behalten, der den angemessenen Kosten der Erhaltung und des Verkaufs der Ware entspricht. Den Überschuss schuldet sie der anderen Partei.

Teil IV. Schlussbestimmungen

Art. 89. *(nicht abgedruckt)*

Art. 90. Dieses Übereinkommen geht bereits geschlossenen oder in Zukunft zu schließenden völkerrechtlichen Übereinkünften, die Bestimmungen über in diesem Übereinkommen geregelte Gegenstände enthalten, nicht vor, sofern die Parteien ihre Niederlassung in Vertragsstaaten einer solchen Übereinkunft haben.

Art. 91. *(nicht abgedruckt)*

Art. 92.[14] (1) Ein Vertragsstaat kann bei der Unterzeichnung, der Ratifikation, der Annahme, der Genehmigung oder dem Beitritt erklären, dass Teil II dieses Übereinkommens für ihn nicht verbindlich ist oder dass Teil III dieses Übereinkommens für ihn nicht verbindlich ist.

(2) Ein Vertragsstaat, der eine Erklärung nach Absatz 1 zu Teil II oder Teil III dieses Übereinkommens abgegeben hat, ist hinsichtlich solcher Gegenstände, die durch den Teil geregelt werden, auf den sich die Erklärung bezieht, nicht als Vertragsstaat im Sinne des Artikels 1 Absatz 1 zu betrachten.

Art. 93.[15] (1) Ein Vertragsstaat, der zwei oder mehr Gebietseinheiten umfasst, in denen nach seiner Verfassung auf die in diesem Übereinkommen geregelten Gegenstände unterschiedliche Rechtsordnungen angewendet werden, kann bei der Unterzeichnung, der Ratifikation, der Annahme, der Genehmigung oder dem Beitritt erklären, dass dieses Übereinkommen sich auf alle seine Gebietseinheiten oder nur auf eine oder mehrere derselben erstreckt; er kann seine Erklärung jederzeit durch eine neue Erklärung ändern.

(2) Die Erklärungen sind dem Verwahrer zu notifizieren und haben ausdrücklich anzugeben, auf welche Gebietseinheiten das Übereinkommen sich erstreckt.

(3) Erstreckt sich das Übereinkommen auf Grund einer Erklärung nach diesem Artikel auf eine oder mehrere, jedoch nicht auf alle Gebietseinhei-

---

[14] *Dänemark, Finnland, Norwegen* und *Schweden* haben gem. Art. 92 erklärt, dass Teil II für sie nicht verbindlich ist. Diese Erklärungen haben *Dänemark* am 2.7.2012 mit Wirkung v. 1.2.2013 (BGBl. 2012 II, S. 1561), *Finnland* am 28.11.2011 mit Wirkung v. 1.6.2012, *Schweden* am 25.5.2012 mit Wirkung v. 1.12.2012 (jeweils BGBl. 2012 II, S. 910) und *Norwegen* am 14.4.2014 mit Wirkung v. 1.11.2014 (BGBl. II, S. 397) zurückgenommen.

[15] Erklärungen gem. Art. 93 haben *Australien, China, Dänemark, Kanada* und *Neuseeland* abgegeben. Danach wird das Übk. in allen australischen Bundesstaaten angewandt mit Ausnahme der *Ashmoreinseln,* der *Cartierinseln,* der *Kokosinseln* und der *Weihnachtsinseln* (BGBl. 1990 II, S. 1477). *China* hat die Anwendbarkeit des Übk. auf *Hongkong* erstreckt (BGBl. 2022 II, S. 310). Das Übk. gilt nach Mitteilung *Dänemarks* nicht für die *Faröer* und *Grönland* (BGBl. 1990 II, S. 1477). *Kanada* hat die Anwendung mit Wirkung v. 1.2.1992 auf *Alberta, British Columbia, Manitoba, New Brunswick, Newfoundland, Nova Scotia, Ontario, Prince Edward Island* und die *North-West Territories* (BGBl. 1992 II, S. 449), mit Wirkung v. 1.5.1992 auf *Québec* und *Saskatchewan,* mit Wirkung v. 1.1.1993 auf *Yukon* (BGBl. 1993 II, S. 738) und mit Wirkung v. 1.7.2003 auf *Nunavut* erstreckt (BGBl. 2003 II, S. 722). Das Übk. gilt für das gesamte *neuseeländische Territorium* mit Ausnahme der *Cook-Inseln, Niue* und *Tokelau* (BGBl. 1995 II, S. 231).

ten eines Vertragsstaats und liegt die Niederlassung einer Partei in diesem Staat, so wird diese Niederlassung im Sinne dieses Übereinkommens nur dann als in einem Vertragsstaat gelegen betrachtet, wenn sie in einer Gebietseinheit liegt, auf die sich das Übereinkommen erstreckt.

(4) Gibt ein Vertragsstaat keine Erklärung nach Absatz 1 ab, so erstreckt sich das Übereinkommen auf alle Gebietseinheiten dieses Staates.

Art. 94.[16] (1) Zwei oder mehr Vertragsstaaten, welche gleiche oder einander sehr nahekommende Rechtsvorschriften für Gegenstände haben, die in diesem Übereinkommen geregelt werden, können jederzeit erklären, dass das Übereinkommen auf Kaufverträge und ihren Abschluss keine Anwendung findet, wenn die Parteien ihre Niederlassung in diesen Staaten haben. Solche Erklärungen können als gemeinsame oder als aufeinander bezogene einseitige Erklärungen abgegeben werden.

(2) Hat ein Vertragsstaat für Gegenstände, die in diesem Übereinkommen geregelt werden, Rechtsvorschriften, die denen eines oder mehrerer Nichtvertragsstaaten gleich sind oder sehr nahekommen, so kann er jederzeit erklären, dass das Übereinkommen auf Kaufverträge oder ihren Abschluss keine Anwendung findet, wenn die Parteien ihre Niederlassung in diesen Staaten haben.

(3) Wird ein Staat, auf den sich eine Erklärung nach Absatz 2 bezieht, Vertragsstaat, so hat die Erklärung von dem Tag an, an dem das Übereinkommen für den neuen Vertragsstaat in Kraft tritt, die Wirkung einer nach Absatz 1 abgegebenen Erklärung, vorausgesetzt, dass der neue Vertragsstaat sich einer solchen Erklärung anschließt oder eine darauf bezogene einseitige Erklärung abgibt.

Art. 95.[17] Jeder Staat kann bei der Hinterlegung seiner Ratifikations-, Annahme-, Genehmigungs- oder Beitrittsurkunde erklären, dass Artikel 1 Absatz 1 Buchstabe b für ihn nicht verbindlich ist.

---

[16] Einen Vorbehalt gem. Art. 94 Abs. 1 und 2 haben *Dänemark, Finnland, Island, Norwegen* und *Schweden* erklärt. Danach findet das Übk. keine Anwendung auf Kaufverträge zwischen Parteien, die ihre Niederlassung in verschiedenen der genannten skandinavischen Staaten haben. Hierzu haben *Dänemark* am 2.7.2012 mit Wirkung v. 1.2.2013 (BGBl. 2012 II, S. 1561), *Finnland* am 28.11.2011 mit Wirkung v. 1.6.2012 und *Schweden* am 25.5.2012 mit Wirkung v. 1.12.2012 (jeweils BGBl. 2012 II, S. 910) sowie *Norwegen* am 14.4.2014 (BGBl. II, S. 397) weitere Erklärungen abgeben.

[17] Einen Vorbehalt gem. Art. 95 haben *Armenien, China, Laos, Singapur,* die *Slowakei, St. Vincent und die Grenadinen,* die *Tschechische Republik* und die *Vereinigten Staaten* erklärt. *Kanada* hat den ursprünglich in Bezug auf *British Columbia* erklärten Vorbehalt mit Wirkung vom 1.2.1993 zurückgenommen (BGBl. 1993 II, S. 738). *Tschechien* hat seinen Vorbehalt nach Art. 95 mit Wirkung v. 22.11.2017 (BGBl. II, S. 1548) zurückgenommen.

Die *Bundesrepublik Deutschland* hat bei Hinterlegung der Ratifikationsurkunde folgende Erklärung abgegeben:

„*Nach Auffassung der Regierung der Bundesrepublik Deutschland sind Vertragsparteien des Übereinkommens, die eine Erklärung nach Artikel 95 des Übereinkommens abgegeben haben, nicht als Vertragsstaaten im Sinne des Artikels 1 Absatz 1 Buchstabe b des Übereinkommens anzusehen.*

Art. 96.[18] Ein Vertragsstaat, nach dessen Rechtsvorschriften Kaufverträge schriftlich zu schließen oder nachzuweisen sind, kann jederzeit eine Erklärung nach Artikel 12 abgeben, dass die Bestimmungen der Artikel 11 und 29 oder des Teils II dieses Übereinkommens, die für den Abschluss eines Kaufvertrages, seine Änderung oder Aufhebung durch Vereinbarung oder für ein Angebot, eine Annahme oder eine sonstige Willenserklärung eine andere als die schriftliche Form gestatten, nicht gelten, wenn eine Partei ihre Niederlassung in diesem Staat hat.

Art. 97. *(nicht abgedruckt)*

Art. 98. Vorbehalte sind nur zulässig, soweit sie in diesem Übereinkommen ausdrücklich für zulässig erklärt werden.

Art. 99.[19] (1)–(2) *(nicht abgedruckt)*

(3) Ein Staat, der dieses Übereinkommen ratifiziert, annimmt, genehmigt oder ihm beitritt und Vertragspartei des Haager Übereinkommens vom 1. Juli 1964 zur Einführung eines Einheitlichen Gesetzes über den Abschluss von internationalen Kaufverträgen über bewegliche Sachen (Haager Abschlussübereinkommen von 1964)[20] oder des Haager Übereinkommens vom 1. Juli 1964 zur Einführung eines Einheitlichen Gesetzes über den internationalen Kauf beweglicher Sachen (Haager Kaufrechtsübereinkommen von 1964)[21] ist, kündigt gleichzeitig das Haager Kaufrechtsübereinkommen von 1964 oder das Haager Abschlussübereinkommen von 1964 oder gegebenenfalls beide Übereinkommen, indem er der Regierung der Niederlande die Kündigung notifiziert.

(4) Eine Vertragspartei des Haager Kaufrechtsübereinkommens von 1964, die das vorliegende Übereinkommen ratifiziert, annimmt, genehmigt oder ihm beitritt und nach Artikel 92 erklärt oder erklärt hat, dass Teil II dieses Übereinkommens für sie nicht verbindlich ist, kündigt bei der Ratifikation,

---

Deshalb besteht keine Verpflichtung und übernimmt die Bundesrepublik Deutschland keine Verpflichtung, diese Bestimmung anzuwenden, wenn die Regeln des internationalen Privatrechts zur Anwendung des Rechts einer Vertragspartei führen, die erklärt hat, dass Artikel 1 Absatz 1 Buchstabe b des Übereinkommens für sie nicht verbindlich ist. Vorbehaltlich dieser Bemerkung gibt die Regierung der Bundesrepublik Deutschland *keine Erklärung nach Artikel 95 des Übereinkommens ab.*" Vgl. dazu auch Art. 2 des deutschen ZustG v. 5.7.1989 (Nr. 77*a*).

[18] Einen Vorbehalt gem. Art. 96 iVm Art. 12 haben *Argentinien, Armenien, Belarus, Chile, China, Estland, Korea (Demokratische Volksrepublik), Lettland, Litauen, Paraguay,* die *Russische Föderation,* die *Ukraine, Ungarn, Vietnam* und die ehemalige *Sowjetunion* erklärt. Danach bedürfen Kaufverträge und die sonstigen in Art. 96 genannten Willenserklärungen zwingend der Schriftform, wenn eine Vertragspartei ihre Niederlassung in einem der genannten Staaten hat. *Estland* hat den Vorbehalt durch Erklärung v. 9.3.2004 (BGBl. II, S. 1330), *Litauen* durch Erklärung v. 1.11.2013 (BGBl. II, S. 1586) mit Wirkung v. 1.6.2014, *Ungarn* durch Erklärung mit Wirkung v. 6.7.2015 (BGBl. II, S. 1168) wieder zurückgenommen.

[19] Siehe dazu Art. 5 Abs. 2 des deutschen ZustG v. 5.7.1989 (Nr. 77*a*).

[20] Vgl. oben Anm. 3.

[21] Vgl. oben Anm. 3.

der Annahme, der Genehmigung oder dem Beitritt das Haager Kaufrechtsübereinkommen von 1964, indem sie der Regierung der Niederlande die Kündigung notifiziert.

(5) Eine Vertragspartei des Haager Abschlussübereinkommens von 1964, die das vorliegende Übereinkommen ratifiziert, annimmt, genehmigt oder ihm beitritt und nach Artikel 92 erklärt oder erklärt hat, dass Teil III dieses Übereinkommens für sie nicht verbindlich ist, kündigt bei der Ratifikation, der Annahme, der Genehmigung oder dem Beitritt das Haager Abschlussübereinkommen von 1964, indem sie der Regierung der Niederlande die Kündigung notifiziert.

(6) Für die Zwecke dieses Artikels werden Ratifikationen, Annahmen, Genehmigungen und Beitritte bezüglich dieses Übereinkommens, die von Vertragsparteien des Haager Abschlussübereinkommens von 1964 oder des Haager Kaufrechtsübereinkommens von 1964 vorgenommen werden, erst wirksam, nachdem die erforderlichen Kündigungen durch diese Staaten bezüglich der genannten Übereinkommen selbst wirksam geworden sind. Der Verwahrer dieses Übereinkommens setzt sich mit der Regierung der Niederlande als Verwahrer der Übereinkommen von 1964 in Verbindung, um die hierfür notwendige Koordinierung sicherzustellen.

Art. 100. (1) Dieses Übereinkommen findet auf den Abschluss eines Vertrages nur Anwendung, wenn das Angebot zum Vertragsabschluss an oder nach dem Tag gemacht wird, an dem das Übereinkommen für die in Artikel 1 Absatz 1 Buchstabe a genannten Vertragsstaaten oder den in Artikel 1 Absatz 1 Buchstabe b genannten Vertragsstaat in Kraft tritt.

(2) Dieses Übereinkommen findet nur auf Verträge Anwendung, die an oder nach dem Tag geschlossen werden, an dem das Übereinkommen für die in Artikel 1 Absatz 1 Buchstabe a genannten Vertragsstaaten oder den in Artikel 1 Absatz 1 Buchstabe b genannten Vertragsstaat in Kraft tritt.

Art. 101. *(nicht abgedruckt)*

77a. Gesetz zu dem Übereinkommen der Vereinten Nationen vom 11. April 1980 über Verträge über den internationalen Warenkauf

Vom 5. Juli 1989[1] (BGBl. II, S. 586)

Art. 1. *(nicht abgedruckt)*

Art. 2. Führen die Regeln des internationalen Privatrechts zur Anwendung des Rechts eines Staates, der eine Erklärung nach Artikel 95 des

[1] Die Artikel 2, 3 und 5 des Gesetzes sind gem. Art. 7 Abs. 1 am 1.1.1991 in Kraft getreten.

Übereinkommens von 1980 abgegeben hat, so bleibt Artikel 1 Abs. 1 Buchstabe b des Übereinkommens außer Betracht.

Art. 3.[2] Auf die Verjährung der dem Käufer nach Artikel 45 des Übereinkommens von 1980 zustehenden Ansprüche wegen Vertragswidrigkeit der Ware ist § 438 Abs. 3 des Bürgerlichen Gesetzbuchs auch anzuwenden, wenn die Vertragswidrigkeit der Ware auf Tatsachen beruht, die der Verkäufer kannte oder über die er nicht in Unkenntnis sein konnte und die er dem Käufer nicht offenbart hat.

Art. 4.[3] *(nicht abgedruckt)*

Art. 5. (1) Das Einheitliche Gesetz über den internationalen Kauf beweglicher Sachen vom 17. Juli 1973 (BGBl. I S. 856) und das Einheitliche Gesetz über den Abschluss von internationalen Kaufverträgen über bewegliche Sachen vom 17. Juli 1973 (BGBl. I S. 868) werden aufgehoben.

(2) Für Verträge, die Gegenstand des Einheitlichen Gesetzes über den internationalen Kauf beweglicher Sachen sind, bleibt dieses Einheitliche Gesetz maßgebend, sofern der Vertrag vor dem Tage geschlossen wird, an dem das Übereinkommen von 1980 für die Bundesrepublik Deutschland in Kraft tritt. Für den Abschluss solcher Verträge bleibt das Einheitliche Gesetz über den Abschluss von internationalen Kaufverträgen über bewegliche Sachen maßgebend, sofern das Angebot zum Abschluss des Vertrages vor dem Tage gemacht wird, an dem das Übereinkommen von 1980 für die Bundesrepublik Deutschland in Kraft tritt.

Art. 6. *(nicht abgedruckt)*

---

[2] Art. 3 geändert durch Art. 5 (30) Gesetz v. 26.11.2001 (BGBl. I, S. 3138).

[3] Art. 4 betrifft die unter Nr. *153a* abgedruckte Änderung des Gesetzes zum Genfer Übk. über den Beförderungsvertrag im internationalen Straßengüterverkehr (CMR) v. 19.5.1956.

3. Factoring-Vertrag

78. UNIDROIT-Übereinkommen von Ottawa über das internationale Factoring

Vom 28. Mai 1988[1, 2] (BGBl. 1998 II, S. 172)

(Übersetzung)[3]

DIE VERTRAGSSTAATEN DIESES ÜBEREINKOMMENS –

IN DEM BEWUSSTSEIN, dass dem internationalen Factoring in der Entwicklung des internationalen Handels eine bedeutende Rolle zukommt,

IN DER ERKENNTNIS daher, dass es wichtig ist, durch die Annahme einheitlicher Bestimmungen einen rechtlichen Rahmen zu schaffen, der das internationale Factoring erleichtert, und dabei ein Gleichgewicht zwischen den Interessen der verschiedenen Parteien eines Factoring-Geschäfts zu wahren –

SIND wie folgt ÜBEREINGEKOMMEN:

Kapitel I. Anwendungsbereich und allgemeine Bestimmungen

Art. 1. (1) Dieses Übereinkommen regelt die in diesem Kapitel beschriebenen Factoring-Verträge und Forderungsabtretungen.

(2) Im Sinne dieses Übereinkommens bedeutet „Factoring-Vertrag" einen Vertrag, der zwischen einer Partei (Lieferant) und einer anderen Partei (Factor) geschlossen wird und auf Grund dessen

a) der Lieferant an den Factor Forderungen abtreten kann oder muss, die aus Warenkaufverträgen zwischen dem Lieferanten und seinen Kunden

---

[1] Das Übk. ist für die *Bundesrepublik Deutschland* am 1.12.1998 im Verhältnis zu *Frankreich, Italien, Lettland, Nigeria* und *Ungarn* in Kraft getreten (Bek. v. 31.8.1998, BGBl. II, S. 2375). Es gilt heute ferner für *Belgien* (seit 1.10.2010, BGBl. II, S. 1275), die *Russische Föderation* (seit 1.3.2015, BGBl. 2014 II, S. 997) und die *Ukraine* (seit 1.7.2007, BGBl. II, S. 850).

[2] Das UNIDROIT-Übk. von Ottawa über das internationale Finanzierungsleasing vom 28.5.1988 ist am 1.5.1995 für *Frankreich, Italien* und *Nigeria* in Kraft getreten. Es gilt inzwischen ferner für *Belarus* (seit 1.3.1999), *Lettland* (seit 1.3.1998), *Panama* (seit 1.10.1997), die *Russische Föderation* (seit 1.1.1999), *die* Ukraine (seit 1.7.2007), *Ungarn* (seit 1.12.1996) und *Usbekistan* (seit 1.2.2001). Es enthält im Wesentlichen nur vereinheitlichtes Sachrecht. Text (englisch/französisch): https://www.unidroit.org. Inoffizielle deutsche Übersetzung bei *Dageförde,* Internationales Finanzierungsleasing (1992), S. 162.

[3] Verbindlich sind gleichermaßen der englische und der französische Text: https://www.unidroit.org.

(Schuldner) entstehen, ausgenommen Kaufverträge über Waren, die in erster Linie für den persönlichen Gebrauch, oder den Gebrauch in der Familie oder im Haushalt gekauft werden;

b) der Factor mindestens zwei der folgenden Aufgaben zu erfüllen hat:
   - Finanzierung für den Lieferanten, insbesondere Darlehensgewährung und Vorauszahlung;
   - Buchhaltung bezüglich der Forderungen;
   - Einziehung von Forderungen;
   - Schutz gegen Nichtzahlung oder verspätete Zahlung der Schuldner;

c) den Schuldnern die Abtretung der Forderungen anzuzeigen ist.

(3) Soweit in diesem Übereinkommen auf „Waren" und „Warenkauf" Bezug genommen wird, schließt dies auch Dienstleistungen und die Erbringung von Dienstleistungen ein.

(4) Für die Zwecke dieses Übereinkommens

a) braucht eine schriftliche Anzeige nicht unterschrieben zu sein, muss aber die Person angeben, von der oder in deren Namen sie gemacht wird;

b) umfasst der Ausdruck „schriftliche Anzeige", ohne darauf beschränkt zu sein, auch Telegramme, Fernschreiben und jede andere Art der Fernübermittlung, die in greifbarer Form wiedergegeben werden kann;

c) ist eine schriftliche Anzeige gemacht, wenn sie dem Empfänger zugeht.

Art. 2. (1) Dieses Übereinkommen ist anzuwenden, wenn die auf Grund eines Factoring-Vertrags abgetretenen Forderungen aus einem Warenkaufvertrag zwischen einem Lieferanten und einem Schuldner entstehen, die ihre Niederlassung in verschiedenen Staaten haben, und wenn

a) diese Staaten und der Staat, in dem der Factor seine Niederlassung hat, Vertragsstaaten sind oder

b) sowohl der Warenkaufvertrag als auch der Factoring-Vertrag dem Recht eines Vertragsstaats unterliegen.

(2) Soweit in diesem Übereinkommen auf die Niederlassung einer Partei Bezug genommen wird, ist, falls die Partei mehr als eine Niederlassung hat, die Niederlassung maßgebend, die unter Berücksichtigung der vor oder bei Vertragsabschluss den Parteien bekannten oder von ihnen in Betracht gezogenen Umstände die engste Beziehung zu dem betreffenden Vertrag und zu seiner Erfüllung hat.

Art. 3. (1) Die Anwendung dieses Übereinkommens kann ausgeschlossen werden

a) durch die Parteien des Factoring-Vertrags oder

b) durch die Parteien des Warenkaufvertrags in bezug auf Forderungen, die in oder nach dem Zeitpunkt entstehen, in dem der Ausschluss dem Factor schriftlich angezeigt worden ist.

(2) Wird die Anwendung des Übereinkommens nach Absatz 1 ausgeschlossen, so darf sich der Ausschluss nur auf das Übereinkommen als Ganzes beziehen.

Art. 4. (1) Bei der Auslegung dieses Übereinkommens sind sein Zweck und Ziel, wie in der Präambel dargelegt, sein internationaler Charakter und die Notwendigkeit zu berücksichtigen, seine einheitliche Anwendung und die Wahrung des guten Glaubens im internationalen Handel zu fördern.

(2) Fragen, die in diesem Übereinkommen geregelte Gegenstände betreffen, aber in diesem Übereinkommen nicht ausdrücklich entschieden werden, sind nach den allgemeinen Grundsätzen, die diesem Übereinkommen zugrunde liegen, oder mangels solcher Grundsätze nach dem Recht zu entscheiden, das nach den Regeln des internationalen Privatrechts anzuwenden ist.

Kapitel II. Rechte und Pflichten der Parteien

Art. 5. Im Verhältnis zwischen den Parteien des Factoring-Vertrags

a) ist eine Bestimmung im Factoring Vertrag, welche die Abtretung bestehender oder zukünftiger Forderungen vorsieht, nicht deshalb unwirksam, weil diese im Vertrag nicht im Einzelnen bezeichnet sind, wenn sie im Zeitpunkt des Vertragsabschlusses oder bei ihrer Entstehung bestimmbar sind;

b) bewirkt eine Bestimmung im Factoring-Vertrag, wonach zukünftige Forderungen abgetreten werden, den Übergang der Forderungen auf den Factor mit deren Entstehung, ohne dass es einer weiteren Übertragungshandlung bedarf.

Art. 6. (1) Die Abtretung einer Forderung durch den Lieferanten an den Factor ist auch dann wirksam, wenn zwischen dem Lieferanten und dem Schuldner eine Vereinbarung besteht, die eine derartige Abtretung verbietet.

(2) Eine solche Abtretung ist jedoch gegenüber dem Schuldner unwirksam, wenn er bei Abschluss des Warenkaufvertrags seine Niederlassung in einem Vertragsstaat hat, der eine Erklärung nach Artikel 18 abgegeben hat.[4]

(3) Absatz 1 lässt eine Verpflichtung nach Treu und Glauben, die der Lieferant gegenüber dem Schuldner hat, sowie die Haftung des Lieferanten gegenüber dem Schuldner wegen einer vertragswidrigen Abtretung unberührt.

---

[4] Erklärungen iS von Art. 18, wonach eine Abtretung nach Art. 6 Abs. 1 gegenüber dem Schuldner unwirksam sein soll, wenn dieser bei Abschluss des Warenkaufvertrags seine Niederlassung im Hoheitsgebiet des erklärenden Staates hat, haben *Frankreich* und *Lettland* abgegeben.

Art. 7. Für das Verhältnis zwischen den Parteien eines Factoring-Vertrags kann dieser Vertrag gültig vorsehen, dass alle oder einzelne Rechte des Lieferanten aus dem Warenkaufvertrag, einschließlich der Rechte aus Bestimmungen des Warenkaufvertrags, die dem Lieferanten das Eigentum an den Waren vorbehalten oder sonst eine Sicherheit verschaffen, unmittelbar oder durch eine neue Übertragungshandlung übergehen.

Art. 8. (1) Der Schuldner ist nur verpflichtet, an den Factor zu zahlen, wenn der Schuldner nicht Kenntnis von einem vorrangigen Recht eines anderen auf Zahlung hat und eine schriftliche Anzeige der Abtretung

a) ihm vom Lieferanten oder mit Ermächtigung des Lieferanten vom Factor gemacht worden ist,

b) die abgetretenen Forderungen und den Factor, an den oder für dessen Rechnung der Schuldner zahlen soll, hinreichend genau bezeichnet und

c) Forderungen betrifft, die sich aus einem Warenkaufvertrag ergeben, der im Zeitpunkt der Anzeige oder davor geschlossen worden ist.

(2) Unabhängig von anderen Gründen, aus denen der Schuldner durch Zahlung an den Factor befreit wird, hat eine Zahlung befreiende Wirkung, wenn sie nach Absatz 1 geleistet wird.

Art. 9. (1) Fordert der Factor den Schuldner zur Zahlung einer Forderung auf, die aus einem Warenkaufvertrag entstanden ist, so kann der Schuldner dem Factor alle sich aus diesem Vertrag ergebenden Einwendungen entgegenhalten, die er hätte geltend machen können, wenn die Zahlungsaufforderung durch den Lieferanten erfolgt wäre.

(2) Der Schuldner kann dem Factor auch jedes Recht zur Aufrechnung mit Forderungen entgegenhalten, die ihm im Zeitpunkt der schriftlichen Anzeige der Abtretung nach Artikel 8 Absatz 1 gegen den Lieferanten zustanden, zu dessen Gunsten die Forderung entstanden ist.

Art. 10. (1) Unbeschadet der Rechte des Schuldners nach Artikel 9 berechtigen Nichterfüllung, mangelhafte Erfüllung oder verspätete Erfüllung des Warenkaufvertrags allein den Schuldner nicht, einen von ihm an den Factor gezahlten Betrag zurückzufordern, wenn er berechtigt ist, diesen Betrag vom Lieferanten zurückzufordern.

(2) Ist der Schuldner berechtigt, einen Betrag, den er auf eine Forderung an den Factor gezahlt hat, vom Lieferanten zurückzufordern, so kann er gleichwohl diesen Betrag vom Factor zurückfordern, soweit dieser

a) eine Verpflichtung, für diese Forderung an den Lieferanten zu zahlen, nicht erfüllt hat oder

b) zu einem Zeitpunkt gezahlt hat, in dem er wusste, dass der Lieferant den Vertrag hinsichtlich der Waren, auf die sich die Zahlung des Schuldners bezieht, nicht, mangelhaft oder verspätet erfüllt hatte.

Kapitel III. Nachfolgende Abtretungen

Art. 11. (1) Wird eine Forderung von einem Lieferanten auf Grund eines unter dieses Übereinkommen fallenden Factoring-Vertrags an einen Factor abgetreten,

a) so gelten vorbehaltlich des Buchstabens b die Artikel 5 bis 10 für jede nachfolgende Abtretung der Forderung durch den Factor oder einen nachfolgenden Zessionar;

b) so sind die Artikel 8 bis 10 so anzuwenden, als wäre der nachfolgende Zessionar der Factor.

(2) Für die Zwecke dieses Übereinkommens stellt eine an den Schuldner gerichtete Anzeige der nachfolgenden Abtretung auch eine Anzeige der Abtretung an den Factor dar.

Art. 12. Dieses Übereinkommen findet keine Anwendung auf eine nachfolgende Abtretung, die nach dem Factoring-Vertrag untersagt ist.

Kapitel IV. Schlussbestimmungen

Art. 13–14. *(nicht abgedruckt)*

Art. 15. Dieses Übereinkommen geht bereits geschlossenen oder in Zukunft zu schließenden Staatsverträgen nicht vor.

Art. 16. (1) Ein Vertragsstaat, der zwei oder mehr Gebietseinheiten umfasst, in denen auf die in diesem Übereinkommen geregelten Gegenstände unterschiedliche Rechtsordnungen angewendet werden, kann bei der Unterzeichnung, der Ratifikation, der Annahme, der Genehmigung oder dem Beitritt erklären, dass dieses Übereinkommen sich auf alle seine Gebietseinheiten oder nur auf eine oder mehrere derselben erstreckt; er kann seine Erklärung jederzeit durch eine neue Erklärung ersetzen.

(2) Die Erklärungen sind dem Verwahrer zu notifizieren und haben ausdrücklich anzugeben, auf welche Gebietseinheiten das Übereinkommen sich erstreckt.

(3) Erstreckt sich das Übereinkommen aufgrund einer Erklärung nach diesem Artikel auf eine oder mehrere, jedoch nicht auf alle Gebietseinheiten eines Vertragsstaats und liegt die Niederlassung einer Partei in diesem Staat, so wird diese Niederlassung im Sinne dieses Übereinkommens nur dann als in einem Vertragsstaat gelegen betrachtet, wenn sie in einer Gebietseinheit liegt, auf die sich das Übereinkommen erstreckt.

(4) Gibt ein Vertragsstaat keine Erklärung nach Absatz 1 ab, so erstreckt sich das Übereinkommen auf alle Gebietseinheiten dieses Staates.

Art. 17. (1) Zwei oder mehr Vertragsstaaten, welche gleiche oder einander sehr nahekommende Rechtsvorschriften für Gegenstände haben, die in diesem Übereinkommen geregelt werden, können jederzeit erklären, dass das Übereinkommen keine Anwendung findet, wenn der Lieferant, der Factor und der Schuldner ihre Niederlassung in diesen Staaten haben. Solche Erklärungen können als gemeinsame oder als aufeinander bezogene einseitige Erklärungen abgegeben werden.

(2) Hat ein Vertragsstaat für Gegenstände, die in diesem Übereinkommen geregelt werden, Rechtsvorschriften, die denen eines oder mehrerer Nichtvertragsstaaten gleich sind oder sehr nahekommen, so kann er jederzeit erklären, dass das Übereinkommen keine Anwendung findet, wenn der Lieferant, der Factor und der Schuldner ihre Niederlassung in diesen Staaten haben.

(3) Wird ein Staat, auf den sich eine Erklärung nach Absatz 2 bezieht, Vertragsstaat, so hat die Erklärung von dem Tag an, an dem das Übereinkommen für den neuen Vertragsstaat in Kraft tritt, die Wirkung einer nach Absatz 1 abgegebenen Erklärung, vorausgesetzt, dass der neue Vertrags-staat sich einer solchen Erklärung anschließt oder eine darauf bezogene einseitige Erklärung abgibt.

Art. 18.[5] Ein Vertragsstaat kann jederzeit in Übereinstimmung mit Artikel 6 Absatz 2 erklären, dass eine Abtretung nach Artikel 6 Absatz 1 gegenüber dem Schuldner unwirksam sein soll, wenn dieser bei Abschluss des Warenkaufvertrags seine Niederlassung in diesem Staat hat.

Art. 19. *(nicht abgedruckt)*

Art. 20. Vorbehalte sind nur zulässig, soweit sie in diesem Übereinkommen ausdrücklich für zulässig erklärt werden.

Art. 21. Dieses Übereinkommen ist anzuwenden, wenn aufgrund eines Factoring-Vertrags abgetretene Forderungen aus einem Warenkaufvertrag entstehen, der an oder nach dem Tag geschlossen wurde, an dem das Übereinkommen für die in Artikel 2 Absatz 1 Buchstabe a genannten Vertragsstaaten oder den in Artikel 2 Absatz 1 Buchstabe b genannten Vertragsstaat beziehungsweise die dort genannten Vertragsstaaten in Kraft tritt, vorausgesetzt, dass

a) der Factoring-Vertrag an oder nach diesem Tag geschlossen wird oder
b) die Parteien des Factoring-Vertrags vereinbart haben, dass das Übereinkommen anzuwenden ist.

Art. 22–23. *(nicht abgedruckt)*

---

[5] Vgl. Anm. 4 zu Art. 6 Abs. 2.

II. EU-Recht

1. Allgemeines Schuldvertragsrecht

80. Verordnung (EG) Nr. 593/2008 des Europäischen Parlaments und des Rates über das auf vertragliche Schuldverhältnisse anzuwendende Recht („Rom I")

Vom 17. Juni 2008[1,2,3] (ABl. L 177, S. 6)[4]

DAS EUROPÄISCHE PARLAMENT UND DER RAT DER EUROPÄISCHEN UNION –

gestützt auf den Vertrag zur Gründung der Europäischen Gemeinschaft, insbesondere auf Artikel 61 Buchstabe c und Artikel 67 Absatz 5, zweiter Gedankenstrich,

auf Vorschlag der Kommission,

nach Stellungnahme des Europäischen Wirtschafts- und Sozialausschusses,[5]

gemäß dem Verfahren des Artikels 251 des Vertrags,[6]

in Erwägung nachstehender Gründe:

(1) Die Gemeinschaft hat sich zum Ziel gesetzt, einen Raum der Freiheit, der Sicherheit und des Rechts zu erhalten und weiterzuentwickeln. Zur schrittweisen Schaffung dieses Raums muss die Gemeinschaft im Bereich der justiziellen Zusammenarbeit in Zivilsachen, die einen grenzüberschreitenden Bezug aufweisen, Maßnahmen erlassen, soweit sie für das reibungslose Funktionieren des Binnenmarkts erforderlich sind.

---

[1] Die Verordnung ist für die Mitgliedstaaten der EU – mit Ausnahme *Dänemarks* (vgl. Erwägungsgrund (46)) – gem. Art. 29 am 17.12.2009 in Kraft getreten; lediglich Art. 26 gilt bereits ab dem 17.6.2009. Für *Kroatien* gilt die Verordnung seit dem 1.7.2013.

[2] Zur Anwendung im *Vereinigten Königreich* siehe die Entscheidung der Kommission v. 22.12.2008 (ABl. 2009 L 10, S. 22). Im Verhältnis zum *Vereinigten Königreich* gilt die Verordnung nach Ablauf der in Art. 126, 127 des Brexit-Abk v. 24.1.2020 (Nr. *0–3*) vereinbarten Übergangsfrist am 31.12.2020 nicht mehr. Vgl. zu den Auswirkungen des Brexit auf die Geltung der Verordnung im *Vereinigten Königreich* auch Anm. 2 zum EU-Vertrag (Nr. *0–1*) und Art. 66 lit. a Brexit-Abk.

[3] Vgl. auch die Verordnung (EG) Nr. 662/2009 zur Einführung eines Verfahrens für die Aushandlung und den Abschluss von Abkommen zwischen Mitgliedstaaten und Drittstaaten über spezifische Fragen des auf vertragliche und außervertragliche Schuldverhältnisse anzuwendenden Rechts v. 31.7.2009 (ABl. L 200, S. 25).

[4] Berichtigt gem. ABl. L 309 v. 24.11.2009.

[5] ABl. C 318 v. 23.12.2006, S. 56.

[6] Stellungnahme des Europäischen Parlaments v. 29.11.2007 und Beschluss des Rates v. 5.6.2008.

(2) Nach Artikel 65 Buchstabe b des Vertrags schließen diese Maßnahmen solche ein, die die Vereinbarkeit der in den Mitgliedstaaten geltenden Kollisionsnormen und Vorschriften zur Vermeidung von Kompetenzkonflikten fördern.

(3) Auf seiner Tagung vom 15. und 16. Oktober 1999 in Tampere hat der Europäische Rat den Grundsatz der gegenseitigen Anerkennung von Urteilen und anderen Entscheidungen von Justizbehörden als Eckstein der justiziellen Zusammenarbeit in Zivilsachen unterstützt und den Rat und die Kommission ersucht, ein Maßnahmenprogramm zur Umsetzung dieses Grundsatzes anzunehmen.

(4) Der Rat hat am 30. November 2000 ein gemeinsames Maßnahmenprogramm der Kommission und des Rates zur Umsetzung des Grundsatzes der gegenseitigen Anerkennung gerichtlicher Entscheidungen in Zivil- und Handelssachen verabschiedet.[7] Nach dem Programm können Maßnahmen zur Harmonisierung der Kollisionsnormen dazu beitragen, die gegenseitige Anerkennung gerichtlicher Entscheidungen zu vereinfachen.

(5) In dem vom Europäischen Rat am 5. November 2004 angenommenen Haager Programm[8] wurde dazu aufgerufen, die Beratungen über die Regelung der Kollisionsnormen für vertragliche Schuldverhältnisse („Rom I") energisch voranzutreiben.

(6) Um den Ausgang von Rechtsstreitigkeiten vorhersehbarer zu machen und die Sicherheit in Bezug auf das anzuwendende Recht sowie den freien Verkehr gerichtlicher Entscheidungen zu fördern, müssen die in den Mitgliedstaaten geltenden Kollisionsnormen im Interesse eines reibungslos funktionierenden Binnenmarkts unabhängig von dem Staat, in dem sich das Gericht befindet, bei dem der Anspruch geltend gemacht wird, dasselbe Recht bestimmen.

(7) Der materielle Anwendungsbereich und die Bestimmungen dieser Verordnung sollten mit der Verordnung (EG) Nr. 44/2001 des Rates vom 22. Dezember 2000 über die gerichtliche Zuständigkeit und die Anerkennung und Vollstreckung von Entscheidungen in Zivil- und Handelssachen („Brüssel I")[9] und der Verordnung (EG) Nr. 864/2007 des Europäischen Parlaments und des Rates vom 11. Juli 2007 über das auf außervertragliche Schuldverhältnisse anzuwendende Recht („Rom II")[10] im Einklang stehen.

(8) Familienverhältnisse sollten die Verwandtschaft in gerader Linie, die Ehe, die Schwägerschaft und die Verwandtschaft in der Seitenlinie umfassen. Die Bezugnahme in Artikel 1 Absatz 2 auf Verhältnisse, die mit der Ehe oder anderen Familienverhältnissen vergleichbare Wirkungen entfalten,

---

[7] ABl. C 12 v. 15.1.2001 , S. 1.

[8] ABl. C 53 v. 3.3.2005, S. 1.

[9] Inzwischen ersetzt durch die Verordnung (EU) Nr. 1215/2012 v. 12.12.2012 („Brüssel Ia"), abgedruckt unter Nr. *160*.

[10] Rom II-VO; abgedruckt unter Nr. *101*.

sollte nach dem Recht des Mitgliedstaats, in dem sich das angerufene Gericht befindet, ausgelegt werden.

(9) Unter Schuldverhältnisse aus Wechseln, Schecks, Eigenwechseln und anderen handelbaren Wertpapieren sollten auch Konnossemente fallen, soweit die Schuldverhältnisse aus dem Konnossement aus dessen Handelbarkeit entstehen.

(10) Schuldverhältnisse, die aus Verhandlungen vor Abschluss eines Vertrags entstehen, fallen unter Artikel 12 der Verordnung (EG) Nr. 864/2007. Sie sollten daher vom Anwendungsbereich dieser Verordnung ausgenommen werden.

(11) Die freie Rechtswahl der Parteien sollte einer der Ecksteine des Systems der Kollisionsnormen im Bereich der vertraglichen Schuldverhältnisse sein.

(12) Eine Vereinbarung zwischen den Parteien, dass ausschließlich ein Gericht oder mehrere Gerichte eines Mitgliedstaats für Streitigkeiten aus einem Vertrag zuständig sein sollen, sollte bei der Feststellung, ob eine Rechtswahl eindeutig getroffen wurde, einer der zu berücksichtigenden Faktoren sein.

(13) Diese Verordnung hindert die Parteien nicht daran, in ihrem Vertrag auf ein nichtstaatliches Regelwerk oder ein internationales Übereinkommen Bezug zu nehmen.

(14) Sollte die Gemeinschaft in einem geeigneten Rechtsakt Regeln des materiellen Vertragsrechts, einschließlich vertragsrechtlicher Standardbestimmungen, festlegen, so kann in einem solchen Rechtsakt vorgesehen werden, dass die Parteien entscheiden können, diese Regeln anzuwenden.

(15) Wurde eine Rechtswahl getroffen und sind alle anderen Elemente des Sachverhalts in einem anderen als demjenigen Staat belegen, dessen Recht gewählt wurde, so sollte die Rechtswahl nicht die Anwendung derjenigen Bestimmungen des Rechts dieses anderen Staates berühren, von denen nicht durch Vereinbarung abgewichen werden kann. Diese Regel sollte unabhängig davon angewandt werden, ob die Rechtswahl zusammen mit einer Gerichtsstandsvereinbarung getroffen wurde oder nicht. Obwohl keine inhaltliche Änderung gegenüber Artikel 3 Absatz 3 des Übereinkommens von 1980 über das auf vertragliche Schuldverhältnisse anzuwendende Recht[11] („Übereinkommen von Rom") beabsichtigt ist, ist der Wortlaut der vorliegenden Verordnung so weit wie möglich an Artikel 14 der Verordnung (EG) Nr. 864/2007 angeglichen.

(16) Die Kollisionsnormen sollten ein hohes Maß an Berechenbarkeit aufweisen, um zum allgemeinen Ziel dieser Verordnung, nämlich zur Rechtssicherheit im europäischen Rechtsraum, beizutragen. Dennoch sollten die Gerichte über ein gewisses Ermessen verfügen, um das Recht

---

[11] ABl. C 334 v. 30.12.2005, S. 1; vgl. dazu Nr. *70*.

bestimmen zu können, das zu dem Sachverhalt die engste Verbindung aufweist.

(17) Soweit es das mangels einer Rechtswahl anzuwendende Recht betrifft, sollten die Begriffe „Erbringung von Dienstleistungen" und „Verkauf beweglicher Sachen" so ausgelegt werden wie bei der Anwendung von Artikel 5 der Verordnung (EG) Nr. 44/2001, soweit der Verkauf beweglicher Sachen und die Erbringung von Dienstleistungen unter jene Verordnung fallen. Franchiseverträge und Vertriebsverträge sind zwar Dienstleistungsverträge, unterliegen jedoch besonderen Regeln.

(18) Hinsichtlich des mangels einer Rechtswahl anzuwendenden Rechts sollten unter multilateralen Systemen solche Systeme verstanden werden, in denen Handel betrieben wird, wie die geregelten Märkte und multilateralen Handelssysteme im Sinne des Artikels 4 der Richtlinie 2004/39/EG des Europäischen Parlaments und des Rates vom 21. April 2004 über Märkte für Finanzinstrumente,[12] und zwar ungeachtet dessen, ob sie sich auf eine zentrale Gegenpartei stützen oder nicht.

(19) Wurde keine Rechtswahl getroffen, so sollte das anzuwendende Recht nach der für die Vertragsart spezifizierten Regel bestimmt werden. Kann der Vertrag nicht einer der spezifizierten Vertragsarten zugeordnet werden oder sind die Bestandteile des Vertrags durch mehr als eine der spezifizierten Vertragsarten abgedeckt, so sollte der Vertrag dem Recht des Staates unterliegen, in dem die Partei, welche die für den Vertrag charakteristische Leistung zu erbringen hat, ihren gewöhnlichen Aufenthalt hat. Besteht ein Vertrag aus einem Bündel von Rechten und Verpflichtungen, die mehr als einer der spezifizierten Vertragsarten zugeordnet werden können, so sollte die charakteristische Leistung des Vertrags nach ihrem Schwerpunkt bestimmt werden.

(20) Weist ein Vertrag eine offensichtlich engere Verbindung zu einem anderen als dem in Artikel 4 Absätze 1 und 2 genannten Staat auf, so sollte eine Ausweichklausel vorsehen, dass das Recht dieses anderen Staats anzuwenden ist. Zur Bestimmung dieses Staates sollte unter anderem berücksichtigt werden, ob der betreffende Vertrag in einer sehr engen Verbindung zu einem oder mehreren anderen Verträgen steht.

(21) Kann das bei Fehlen einer Rechtswahl anzuwendende Recht weder aufgrund der Zuordnung des Vertrags zu einer der spezifizierten Vertragsarten noch als das Recht des Staates bestimmt werden, in dem die Partei, die die für den Vertrag charakteristische Leistung zu erbringen hat, ihren gewöhnlichen Aufenthalt hat, so sollte der Vertrag dem Recht des Staates unterliegen, zu dem er die engste Verbindung aufweist. Bei der Bestimmung dieses Staates sollte unter anderem berücksichtigt werden, ob der betreffende Vertrag in einer sehr engen Verbindung zu einem oder mehreren anderen Verträgen steht.

---

[12] ABl. L 145 v. 30.4.2004, S. 1. Zuletzt geändert durch die Richtlinie 2008/10/EG (ABl. L 76 v. 19.3.2008, S. 33).

(22) In Bezug auf die Auslegung von „Güterbeförderungsverträgen" ist keine inhaltliche Abweichung von Artikel 4 Absatz 4 Satz 3 des Übereinkommens von Rom beabsichtigt. Folglich sollten als Güterbeförderungsverträge auch Charterverträge für eine einzige Reise und andere Verträge gelten, die in der Hauptsache der Güterbeförderung dienen. Für die Zwecke dieser Verordnung sollten der Begriff „Absender" eine Person bezeichnen, die mit dem Beförderer einen Beförderungsvertrag abschließt, und der Begriff „Beförderer" die Vertragspartei, die sich zur Beförderung der Güter verpflichtet, unabhängig davon, ob sie die Beförderung selbst durchführt.

(23) Bei Verträgen, bei denen die eine Partei als schwächer angesehen wird, sollte die schwächere Partei durch Kollisionsnormen geschützt werden, die für sie günstiger sind als die allgemeinen Regeln.

(24) Insbesondere bei Verbraucherverträgen sollte die Kollisionsnorm es ermöglichen, die Kosten für die Beilegung von Rechtsstreitigkeiten zu senken, die häufig einen geringen Streitwert haben, und der Entwicklung des Fernabsatzes Rechnung zu tragen. Um die Übereinstimmung mit der Verordnung (EG) Nr. 44/2001 zu wahren, ist zum einen als Voraussetzung für die Anwendung der Verbraucherschutznorm auf das Kriterium der ausgerichteten Tätigkeit zu verweisen und zum anderen auf die Notwendigkeit, dass dieses Kriterium in der Verordnung (EG) Nr. 44/2001 und der vorliegenden Verordnung einheitlich ausgelegt wird, wobei zu beachten ist, dass eine gemeinsame Erklärung des Rates und der Kommission zu Artikel 15 der Verordnung (EG) Nr. 44/2001 ausführt, „dass es für die Anwendung von Artikel 15 Absatz 1 Buchstabe c nicht ausreicht, dass ein Unternehmen seine Tätigkeiten auf den Mitgliedstaat, in dem der Verbraucher seinen Wohnsitz hat, oder auf mehrere Staaten – einschließlich des betreffenden Mitgliedstaats – ausrichtet, sondern dass im Rahmen dieser Tätigkeiten auch ein Vertrag geschlossen worden sein muss". Des Weiteren heißt es in dieser Erklärung, „dass die Zugänglichkeit einer Website allein nicht ausreicht, um die Anwendbarkeit von Artikel 15 zu begründen; vielmehr ist erforderlich, dass diese Website auch den Vertragsabschluss im Fernabsatz anbietet und dass tatsächlich ein Vertragsabschluss im Fernabsatz erfolgt ist, mit welchem Mittel auch immer. Dabei sind auf einer Website die benutzte Sprache oder die Währung nicht von Bedeutung."

(25) Die Verbraucher sollten dann durch Regelungen des Staates ihres gewöhnlichen Aufenthalts geschützt werden, von denen nicht durch Vereinbarung abgewichen werden kann, wenn der Vertragsschluss darauf zurückzuführen ist, dass der Unternehmer in diesem bestimmten Staat eine berufliche oder gewerbliche Tätigkeit ausübt. Der gleiche Schutz sollte gewährleistet sein, wenn ein Unternehmer zwar keine beruflichen oder gewerblichen Tätigkeiten in dem Staat, in dem der Verbraucher seinen gewöhnlichen Aufenthalt hat, ausübt, seine Tätigkeiten aber – unabhängig von der Art und Weise, in der dies geschieht – auf diesen Staat oder auf mehrere Staaten, einschließlich dieses Staates, ausrichtet und der Vertragsschluss auf solche Tätigkeiten zurückzuführen ist.

(26) Für die Zwecke dieser Verordnung sollten Finanzdienstleistungen wie Wertpapierdienstleistungen und Anlagetätigkeiten und Nebendienstleistungen nach Anhang I Abschnitt A und Abschnitt B der Richtlinie 2004/39/EG, die ein Unternehmer für einen Verbraucher erbringt, sowie Verträge über den Verkauf von Anteilen an Organismen für gemeinsame Anlagen in Wertpapieren, selbst wenn sie nicht unter die Richtlinie 85/611/EWG des Rates vom 20. Dezember 1985 zur Koordinierung der Rechts- und Verwaltungsvorschriften betreffend bestimmte Organismen für gemeinsame Anlagen in Wertpapieren (OGAW)[13] fallen, Artikel 6 der vorliegenden Verordnung unterliegen. Daher sollten, wenn die Bedingungen für die Ausgabe oder das öffentliche Angebot bezüglich übertragbarer Wertpapiere oder die Zeichnung oder der Rückkauf von Anteilen an Organismen für gemeinsame Anlagen in Wertpapieren erwähnt werden, darunter alle Aspekte fallen, durch die sich der Emittent bzw. Anbieter gegenüber dem Verbraucher verpflichtet, nicht aber diejenigen Aspekte, die mit der Erbringung von Finanzdienstleistungen im Zusammenhang stehen.

(27) Es sollten verschiedene Ausnahmen von der allgemeinen Kollisionsnorm für Verbraucherverträge vorgesehen werden. Eine solche Ausnahme, bei der die allgemeinen Regeln nicht gelten, sollten Verträge sein, die ein dingliches Recht an unbeweglichen Sachen oder die Miete oder Pacht unbeweglicher Sachen zum Gegenstand haben, mit Ausnahme von Verträgen über Teilzeitnutzungsrechte an Immobilien im Sinne der Richtlinie 94/47/EG des Europäischen Parlaments und des Rates vom 26. Oktober 1994 zum Schutz der Erwerber im Hinblick auf bestimmte Aspekte von Verträgen über den Erwerb von Teilzeitnutzungsrechten an Immobilien.[14]

(28) Es muss sichergestellt werden, dass Rechte und Verpflichtungen, die ein Finanzinstrument begründen, nicht der allgemeinen Regel für Verbraucherverträge unterliegen, da dies dazu führen könnte, dass für jedes der ausgegebenen Instrumente ein anderes Recht anzuwenden wäre, wodurch ihr Wesen verändert würde und ihr fungibler Handel und ihr fungibles Angebot verhindert würden. Entsprechend sollte auf das Vertragsverhältnis zwischen dem Emittenten bzw. dem Anbieter und dem Verbraucher bei Ausgabe oder Angebot solcher Instrumente nicht notwendigerweise die Anwendung des Rechts des Staates des gewöhnlichen Aufenthalts des Verbrauchers zwingend vorgeschrieben sein, da die Einheitlichkeit der Bedingungen einer Ausgabe oder eines Angebots sichergestellt werden muss. Gleiches sollte bei den multilateralen Systemen, die von Artikel 4 Absatz 1 Buchstabe h erfasst werden, gelten, in Bezug auf die gewährleistet sein sollte, dass das Recht des Staates des gewöhnlichen Aufenthalts des Verbrauchers nicht die Regeln berührt, die auf innerhalb solcher Systeme oder mit dem Betreiber solcher Systeme geschlossene Verträge anzuwenden sind.

---

[13] ABl. L 375 v. 31.12.1985, S. 3. Zuletzt geändert durch die Richtlinie 2008/18/EG (ABl. L 79 v. 19.3.2008, S. 9).

[14] ABl. L 280 v. 29.10.1994, S. 83.

(29) Werden für die Zwecke dieser Verordnung Rechte und Verpflichtungen, durch die die Bedingungen für die Ausgabe, das öffentliche Angebot oder das öffentliche Übernahmeangebot bezüglich übertragbarer Wertpapiere festgelegt werden, oder die Zeichnung oder der Rückkauf von Anteilen an Organismen für gemeinsame Anlagen in Wertpapieren genannt, so sollten darunter auch die Bedingungen für die Zuteilung von Wertpapieren oder Anteilen, für die Rechte im Falle einer Überzeichnung, für Ziehungsrechte und ähnliche Fälle im Zusammenhang mit dem Angebot sowie die in den Artikeln 10, 11, 12 und 13 geregelten Fälle fallen, so dass sichergestellt ist, dass alle relevanten Vertragsaspekte eines Angebots, durch das sich der Emittent bzw. Anbieter gegenüber dem Verbraucher verpflichtet, einem einzigen Recht unterliegen.

(30) Für die Zwecke dieser Verordnung bezeichnen die Begriffe „Finanzinstrumente" und „übertragbare Wertpapiere" diejenigen Instrumente, die in Artikel 4 der Richtlinie 2004/39/EG genannt sind.

(31) Die Abwicklung einer förmlichen Vereinbarung, die als ein Sys-tem im Sinne von Artikel 2 Buchstabe a der Richtlinie 98/26/EG des Europäischen Parlaments und des Rates vom 19. Mai 1998 über die Wirksamkeit von Abrechnungen in Zahlungs- sowie Wertpapierliefer- und -abrechnungssystemen[15] ausgestaltet ist, sollte von dieser Verordnung unberührt bleiben.

(32) Wegen der Besonderheit von Beförderungsverträgen und Versicherungsverträgen sollten besondere Vorschriften ein angemessenes Schutzniveau für zu befördernde Personen und Versicherungsnehmer gewährleisten. Deshalb sollte Artikel 6 nicht im Zusammenhang mit diesen besonderen Verträgen gelten.

(33) Deckt ein Versicherungsvertrag, der kein Großrisiko deckt, mehr als ein Risiko, von denen mindestens eines in einem Mitgliedstaat und mindestens eines in einem dritten Staat belegen ist, so sollten die besonderen Regelungen für Versicherungsverträge in dieser Verordnung nur für die Risiken gelten, die in dem betreffenden Mitgliedstaat bzw. den betreffenden Mitgliedstaaten belegen sind.

(34) Die Kollisionsnorm für Individualarbeitsverträge sollte die Anwendung von Eingriffsnormen des Staates, in den der Arbeitnehmer im Einklang mit der Richtlinie 96/71/EG des Europäischen Parlaments und des Rates vom 16. Dezember 1996 über die Entsendung von Arbeitnehmern im Rahmen der Erbringung von Dienstleistungen[16] entsandt wird, unberührt lassen.

(35) Den Arbeitnehmern sollte nicht der Schutz entzogen werden, der ihnen durch Bestimmungen gewährt wird, von denen nicht oder nur zu ihrem Vorteil durch Vereinbarung abgewichen werden darf.

---

[15] ABl. L 166 v. 11.6.1998, S. 45.

[16] ABl. L 18 v. 21.1.1997, S. 1; auszugsweise abgedruckt unter Nr. *89*.

(36) Bezogen auf Individualarbeitsverträge sollte die Erbringung der Arbeitsleistung in einem anderen Staat als vorübergehend gelten, wenn von dem Arbeitnehmer erwartet wird, dass er nach seinem Arbeitseinsatz im Ausland seine Arbeit im Herkunftsstaat wieder aufnimmt. Der Abschluss eines neuen Arbeitsvertrags mit dem ursprünglichen Arbeitgeber oder einem Arbeitgeber, der zur selben Unternehmensgruppe gehört wie der ursprüngliche Arbeitgeber, sollte nicht ausschließen, dass der Arbeitnehmer als seine Arbeit vorübergehend in einem anderen Staat verrichtend gilt.

(37) Gründe des öffentlichen Interesses rechtfertigen es, dass die Gerichte der Mitgliedstaaten unter außergewöhnlichen Umständen die Vorbehaltsklausel *(„ordre public")* und Eingriffsnormen anwenden können. Der Begriff „Eingriffsnormen" sollte von dem Begriff „Bestimmungen, von denen nicht durch Vereinbarung abgewichen werden kann", unterschieden und enger ausgelegt werden.

(38) Im Zusammenhang mit der Übertragung der Forderung sollte mit dem Begriff „Verhältnis" klargestellt werden, dass Artikel 14 Absatz 1 auch auf die dinglichen Aspekte des Vertrags zwischen Zedent und Zessionar anwendbar ist, wenn eine Rechtsordnung dingliche und schuldrechtliche Aspekte trennt. Allerdings sollte mit dem Begriff „Verhältnis" nicht jedes beliebige möglicherweise zwischen dem Zedenten und dem Zessionar bestehende Verhältnis gemeint sein. Insbesondere sollte sich der Begriff nicht auf die der Übertragung einer Forderung vorgelagerten Fragen erstrecken. Vielmehr sollte er sich ausschließlich auf die Aspekte beschränken, die für die betreffende Übertragung einer Forderung unmittelbar von Bedeutung sind.

(39) Aus Gründen der Rechtssicherheit sollte der Begriff „gewöhnlicher Aufenthalt", insbesondere im Hinblick auf Gesellschaften, Vereine und juristische Personen, eindeutig definiert werden. Im Unterschied zu Artikel 60 Absatz 1 der Verordnung (EG) Nr. 44/2001, der drei Kriterien zur Wahl stellt, sollte sich die Kollisionsnorm auf ein einziges Kriterium beschränken, da es für die Parteien andernfalls nicht möglich wäre, vorherzusehen, welches Recht auf ihren Fall anwendbar ist.

(40) Die Aufteilung der Kollisionsnormen auf zahlreiche Rechtsakte sowie Unterschiede zwischen diesen Normen sollten vermieden werden. Diese Verordnung sollte jedoch die Möglichkeit der Aufnahme von Kollisionsnormen für vertragliche Schuldverhältnisse in Vorschriften des Gemeinschaftsrechts über besondere Gegenstände nicht ausschließen.

Diese Verordnung sollte die Anwendung anderer Rechtsakte nicht ausschließen, die Bestimmungen enthalten, die zum reibungslosen Funktionieren des Binnenmarkts beitragen sollen, soweit sie nicht in Verbindung mit dem Recht angewendet werden können, auf das die Regeln dieser Verordnung verweisen. Die Anwendung der Vorschriften im anzuwendenden Recht, die durch die Bestimmungen dieser Verordnung berufen wurden, sollte nicht die Freiheit des Waren- und Dienstleistungsverkehrs, wie sie in den Rechtsinstrumenten der Gemeinschaft wie der Richtlinie 2000/31/EG des Europäischen Parlaments und des Rates vom 8. Juni 2000 über bestimmte rechtliche Aspekte der Dienste der Informationsgesellschaft, insbesondere des elektronischen Geschäftsverkehrs, im Binnenmarkt („Richtlinie über den elektronischen Geschäftsverkehr") [17] ausgestaltet ist, beschränken.

(41) Um die internationalen Verpflichtungen, die die Mitgliedstaaten eingegangen sind, zu wahren, darf sich die Verordnung nicht auf internationale Übereinkommen auswirken, denen ein oder mehrere Mitgliedstaaten zum Zeitpunkt der Annahme dieser Verordnung angehören. Um den Zugang zu den Rechtsakten zu erleichtern, sollte die Kommission anhand der Angaben der Mitgliedstaaten ein Verzeichnis der betreffenden Übereinkommen im Amtsblatt der Europäischen Union veröffentlichen.

(42) Die Kommission wird dem Europäischen Parlament und dem Rat einen Vorschlag unterbreiten, nach welchen Verfahren und unter welchen Bedingungen die Mitgliedstaaten in Einzel- und Ausnahmefällen in eigenem Namen Übereinkünfte mit Drittländern über sektorspezifische Fragen aushandeln und abschließen dürfen, die Bestimmungen über das auf vertragliche Schuldverhältnisse anzuwendende Recht enthalten.

(43) Da das Ziel dieser Verordnung auf Ebene der Mitgliedstaaten nicht ausreichend verwirklicht werden kann und daher wegen des Umfangs und der Wirkungen der Verordnung besser auf Gemeinschaftsebene zu verwirklichen ist, kann die Gemeinschaft im Einklang mit dem in Artikel 5 des Vertrags niedergelegten Subsidiaritätsprinzip tätig werden. Entsprechend dem ebenfalls in diesem Artikel festgelegten Grundsatz der Verhältnismäßigkeit geht diese Verordnung nicht über das zur Erreichung ihres Ziels erforderliche Maß hinaus.

(44) Gemäß Artikel 3 des Protokolls über die Position des Vereinigten Königreichs und Irlands im Anhang zum Vertrag über die Europäische Union und im Anhang zum Vertrag zur Gründung der Europäischen Gemeinschaft beteiligt sich Irland an der Annahme und Anwendung dieser Verordnung.

(45) Gemäß den Artikeln 1 und 2 und unbeschadet des Artikels 4 des Protokolls über die Position des Vereinigten Königreichs und Irlands im Anhang zum Vertrag über die Europäische Union und zum Vertrag zur Gründung der Europäischen Gemeinschaft beteiligt sich das Vereinigte Königreich nicht an der Annahme dieser Verordnung, die für das Vereinigte Königreich nicht bindend oder anwendbar ist.[18]

(46) Gemäß den Artikeln 1 und 2 des Protokolls über die Position Dänemarks im Anhang zum Vertrag über die Europäische Union und dem Vertrag zur Gründung der Europäischen Gemeinschaft beteiligt sich Dä-

---

[17] ABl. L 178 v. 17.7.2000, S. 1; dazu unten Nr. *92*.

[18] Entgegen Erwägungsgrund (45) hat das *Vereinigte Königreich* erklärt, dass es sich an der Annahme der Verordnung beteiligt. Vgl. aber Anm. 2

nemark nicht an der Annahme dieser Verordnung, die für Dänemark nicht bindend oder anwendbar ist

HABEN FOLGENDE VERORDNUNG ERLASSEN:

Kapitel I. Anwendungsbereich

Art. 1.[19] **Anwendungsbereich.** (1) Diese Verordnung gilt für vertragliche Schuldverhältnisse in Zivil- und Handelssachen, die eine Verbindung zum Recht verschiedener Staaten aufweisen.

Sie gilt insbesondere nicht für Steuer- und Zollsachen sowie verwaltungsrechtliche Angelegenheiten.

(2) Vom Anwendungsbereich dieser Verordnung ausgenommen sind:

a) der Personenstand sowie die Rechts-, Geschäfts- und Handlungsfähigkeit von natürlichen Personen, unbeschadet des Artikels 13;

b) Schuldverhältnisse aus einem Familienverhältnis oder aus Verhältnissen, die nach dem auf diese Verhältnisse anzuwendenden Recht vergleichbare Wirkungen entfalten, einschließlich der Unterhaltspflichten;[20]

c) Schuldverhältnisse aus ehelichen Güterständen, aus Güterständen aufgrund von Verhältnissen, die nach dem auf diese Verhältnisse anzuwendenden Recht mit der Ehe vergleichbare Wirkungen entfalten, und aus Testamenten und Erbrecht;

d) Verpflichtungen aus Wechseln, Schecks, Eigenwechseln und anderen handelbaren Wertpapieren, soweit die Verpflichtungen aus diesen anderen Wertpapieren aus deren Handelbarkeit entstehen;[21]

e) Schieds- und Gerichtsstandsvereinbarungen;

f) Fragen betreffend das Gesellschaftsrecht, das Vereinsrecht und das Recht der juristischen Personen, wie die Errichtung durch Eintragung oder auf andere Weise, die Rechts- und Handlungsfähigkeit, die innere Verfassung und die Auflösung von Gesellschaften, Vereinen und juristischen Personen sowie die persönliche Haftung der Gesellschafter und der Organe für die Verbindlichkeiten einer Gesellschaft, eines Vereins oder einer juristischen Person;

g) die Frage, ob ein Vertreter die Person, für deren Rechnung er zu handeln vorgibt, Dritten gegenüber verpflichten kann, oder ob ein Organ einer Gesellschaft, eines Vereins oder einer anderen juristischen Person diese Gesellschaft, diesen Verein oder diese juristische Person gegenüber Dritten verpflichten kann;

h) die Gründung von „Trusts" sowie die dadurch geschaffenen Rechtsbeziehungen zwischen den Verfügenden, den Treuhändern und den Begünstigten;

---

[19] Vgl. Erwägungsgrund (7).
[20] Vgl. Erwägungsgrund (8).
[21] Vgl. Erwägungsgrund (9).

i) Schuldverhältnisse aus Verhandlungen vor Abschluss eines Vertrags;[22]

j) Versicherungsverträge aus von anderen Einrichtungen als den in Artikel 2 der Richtlinie 2002/83/EG des Europäischen Parlaments und des Rates vom 5. November 2002 über Lebensversicherungen[23] genannten Unternehmen durchgeführten Geschäften, deren Zweck darin besteht, den unselbstständig oder selbstständig tätigen Arbeitskräften eines Unternehmens oder einer Unternehmensgruppe oder den Angehörigen eines Berufes oder einer Berufsgruppe im Todes- oder Erlebensfall oder bei Arbeitseinstellung oder bei Minderung der Erwerbstätigkeit oder bei arbeitsbedingter Krankheit oder Arbeitsunfällen Leistungen zu gewähren.

(3) Diese Verordnung gilt unbeschadet des Artikels 18 nicht für den Beweis und das Verfahren.

(4) Im Sinne dieser Verordnung bezeichnet der Begriff „Mitgliedstaat" die Mitgliedstaaten, auf die diese Verordnung anwendbar ist.[24] In Artikel 3 Absatz 4 und Artikel 7 bezeichnet der Begriff jedoch alle Mitgliedstaaten.

Art. 2. Universelle Anwendung. Das nach dieser Verordnung bezeichnete Recht ist auch dann anzuwenden, wenn es nicht das Recht eines Mitgliedstaats ist.

Kapitel II. Einheitliche Kollisionsnormen

Art. 3.[25] Freie Rechtswahl. (1) Der Vertrag unterliegt dem von den Parteien gewählten Recht. Die Rechtswahl muss ausdrücklich erfolgen oder sich eindeutig[26] aus den Bestimmungen des Vertrages oder aus den Umständen des Falles ergeben. Die Parteien können die Rechtswahl für ihren ganzen Vertrag oder nur für einen Teil desselben treffen.

(2) Die Parteien können jederzeit vereinbaren, dass der Vertrag nach einem anderen Recht zu beurteilen ist als dem, das zuvor entweder aufgrund einer früheren Rechtswahl nach diesem Artikel oder aufgrund anderer Vorschriften dieser Verordnung für ihn maßgebend war. Die Formgültigkeit des Vertrags im Sinne des Artikels 11 und Rechte Dritter werden durch eine nach Vertragsschluss erfolgende Änderung der Bestimmung des anzuwendenden Rechts nicht berührt.

(3) Sind alle anderen Elemente des Sachverhalts zum Zeitpunkt der Rechtswahl in einem anderen als demjenigen Staat belegen, dessen Recht gewählt wurde, so berührt die Rechtswahl der Parteien nicht die Anwen-

[22] Vgl. Erwägungsgrund (10).
[23] ABl. 2002 L 345, S. 1. Zuletzt geändert durch die Richtlinie 2007/44/EG.
[24] Vgl. Erwägungsgründe (44)–(46).
[25] Vgl. Erwägungsgründe (11)–(15).
[26] Vgl. Erwägungsgrund (12).

dung derjenigen Bestimmungen des Rechts dieses anderen Staates, von denen nicht durch Vereinbarung abgewichen werden kann.[27]

(4) Sind alle anderen Elemente des Sachverhalts zum Zeitpunkt der Rechtswahl in einem oder mehreren Mitgliedstaaten belegen, so berührt die Wahl des Rechts eines Drittstaats durch die Parteien nicht die Anwendung der Bestimmungen des Gemeinschaftsrechts – gegebenenfalls in der von dem Mitgliedstaat des angerufenen Gerichts umgesetzten Form –, von denen nicht durch Vereinbarung abgewichen werden kann.

(5) Auf das Zustandekommen und die Wirksamkeit der Einigung der Parteien über das anzuwendende Recht finden die Artikel 10, 11 und 13 Anwendung.

Art. 4.[28] Mangels Rechtswahl anzuwendendes Recht. (1) Soweit die Parteien keine Rechtswahl gemäß Artikel 3 getroffen haben, bestimmt sich das auf den Vertrag anzuwendende Recht unbeschadet der Artikel 5 bis 8 wie folgt:[29]

a) Kaufverträge über bewegliche Sachen[30] unterliegen dem Recht des Staates, in dem der Verkäufer seinen gewöhnlichen Aufenthalt hat.

b) Dienstleistungsverträge[31] unterliegen dem Recht des Staates, in dem der Dienstleister seinen gewöhnlichen Aufenthalt hat.

c) Verträge, die ein dingliches Recht an unbeweglichen Sachen sowie die Miete oder Pacht unbeweglicher Sachen zum Gegenstand haben, unterliegen dem Recht des Staates, in dem die unbewegliche Sache belegen ist.

d) Ungeachtet des Buchstaben c unterliegt die Miete oder Pacht unbeweglicher Sachen für höchstens sechs aufeinander folgende Monate zum vorübergehenden privaten Gebrauch dem Recht des Staates, in dem der Vermieter oder Verpächter seinen gewöhnlichen Aufenthalt hat, sofern der Mieter oder Pächter eine natürliche Person ist und seinen gewöhnlichen Aufenthalt in demselben Staat hat.

e) Franchiseverträge unterliegen dem Recht des Staates, in dem der Franchisenehmer seinen gewöhnlichen Aufenthalt hat.

f) Vertriebsverträge unterliegen dem Recht des Staates, in dem der Vertriebshändler seinen gewöhnlichen Aufenthalt hat.

g) Verträge über den Kauf beweglicher Sachen durch Versteigerung unterliegen dem Recht des Staates, in dem die Versteigerung abgehalten wird, sofern der Ort der Versteigerung bestimmt werden kann.

---

[27] Vgl. Erwägungsgrund (15).
[28] Vgl. Erwägungsgründe (16)–(21).
[29] Vgl. Erwägungsgrund (19).
[30] Vgl. Erwägungsgrund (17).
[31] Vgl. Erwägungsgrund (17).

h) Verträge, die innerhalb eines multilateralen Systems[32] geschlossen werden, das die Interessen einer Vielzahl Dritter am Kauf und Verkauf von Finanzinstrumenten im Sinne von Artikel 4 Absatz 1 Nummer 17 der Richtlinie 2004/39/EG[33] nach nicht diskretionären Regeln und nach Maßgabe eines einzigen Rechts zusammenführt oder das Zusammenführen fördert, unterliegen diesem Recht.

(2) Fällt der Vertrag nicht unter Absatz 1 oder sind die Bestandteile des Vertrags durch mehr als einen der Buchstaben a bis h des Absatzes 1 abgedeckt, so unterliegt der Vertrag dem Recht des Staates, in dem die Partei, welche die für den Vertrag charakteristische Leistung[34] zu erbringen hat, ihren gewöhnlichen Aufenthalt hat.

(3) Ergibt sich aus der Gesamtheit der Umstände, dass der Vertrag eine offensichtlich engere Verbindung zu einem anderen als dem nach Absatz 1 oder 2 bestimmten Staat aufweist, so ist das Recht dieses anderen Staates anzuwenden.[35]

(4) Kann das anzuwendende Recht nicht nach Absatz 1 oder 2 bestimmt werden, so unterliegt der Vertrag dem Recht des Staates, zu dem er die engste Verbindung aufweist.[36]

Art. 5.[37] **Beförderungsverträge.** (1) Soweit die Parteien in Bezug auf einen Vertrag über die Beförderung von Gütern keine Rechtswahl nach Artikel 3 getroffen haben, ist das Recht des Staates anzuwenden, in dem der Beförderer seinen gewöhnlichen Aufenthalt hat, sofern sich in diesem Staat auch der Übernahmeort oder der Ablieferungsort oder der gewöhnliche Aufenthalt des Absenders befindet. Sind diese Voraussetzungen nicht erfüllt, so ist das Recht des Staates des von den Parteien vereinbarten Ablieferungsorts anzuwenden.

(2) Soweit die Parteien in Bezug auf einen Vertrag über die Beförderung von Personen keine Rechtswahl nach Unterabsatz 2 getroffen haben ist das anzuwendende Recht das Recht des Staates, in dem die zu befördernde Person ihren gewöhnlichen Aufenthalt hat, sofern sich in diesem Staat auch der Abgangsort oder der Bestimmungsort befindet. Sind diese Voraussetzungen nicht erfüllt, so ist das Recht des Staates anzuwenden, in dem der Beförderer seinen gewöhnlichen Aufenthalt hat.

Als auf einen Vertrag über die Beförderung von Personen anzuwendendes Recht können die Parteien im Einklang mit Artikel 3 nur das Recht des Staates wählen,

a) in dem die zu befördernde Person ihren gewöhnlichen Aufenthalt hat oder

---

[32] Vgl. Erwägungsgrund (18).
[33] ABl. 2004 L 145, S. 1.
[34] Vgl. Erwägungsgrund (19).
[35] Vgl. Erwägungsgrund (20).
[36] Vgl. Erwägungsgrund (21).
[37] Vgl. Erwägungsgrund (22).

b) in dem der Beförderer seinen gewöhnlichen Aufenthalt hat oder

c) in dem der Beförderer seine Hauptverwaltung hat oder

d) in dem sich der Abgangsort befindet oder

e) in dem sich der Bestimmungsort befindet.

(3) Ergibt sich aus der Gesamtheit der Umstände, dass der Vertrag im Falle fehlender Rechtswahl eine offensichtlich engere Verbindung zu einem anderen als dem nach Absatz 1 oder 2 bestimmten Staat aufweist, so ist das Recht dieses anderen Staates anzuwenden.

Art. 6.[38] **Verbraucherverträge.** (1) Unbeschadet der Artikel 5 und 7 unterliegt ein Vertrag, den eine natürliche Person zu einem Zweck, der nicht ihrer beruflichen oder gewerblichen Tätigkeit zugerechnet werden kann („Verbraucher"), mit einer anderen Person geschlossen hat, die in Ausübung ihrer beruflichen oder gewerblichen Tätigkeit handelt („Unternehmer"), dem Recht des Staates, in dem der Verbraucher seinen gewöhnlichen Aufenthalt hat, sofern der Unternehmer

a) seine berufliche oder gewerbliche Tätigkeit in dem Staat ausübt, in dem der Verbraucher seinen gewöhnlichen Aufenthalt hat, oder

b) eine solche Tätigkeit auf irgendeiner Weise auf diesen Staat oder auf mehrere Staaten, einschließlich dieses Staates, ausrichtet

und der Vertrag in den Bereich dieser Tätigkeit fällt.

(2) Ungeachtet des Absatzes 1 können die Parteien das auf einen Vertrag, der die Anforderungen des Absatzes 1 erfüllt, anzuwendende Recht nach Artikel 3 wählen. Die Rechtswahl darf jedoch nicht dazu führen, dass dem Verbraucher der Schutz entzogen wird, der ihm durch diejenigen Bestimmungen gewährt wird, von denen nach dem Recht, das nach Absatz 1 mangels einer Rechtswahl anzuwenden wäre, nicht durch Vereinbarung abgewichen werden darf.

(3) Sind die Anforderungen des Absatzes 1 Buchstabe a oder b nicht erfüllt, so gelten für die Bestimmung des auf einen Vertrag zwischen einem Verbraucher und einem Unternehmer anzuwendenden Rechts die Artikel 3 und 4.

(4) Die Absätze 1 und 2 gelten nicht für:

a) Verträge über die Erbringung von Dienstleistungen, wenn die dem Verbraucher geschuldeten Dienstleistungen ausschließlich in einem anderen als dem Staat erbracht werden müssen, in dem der Verbraucher seinen gewöhnlichen Aufenthalt hat;

b) Beförderungsverträge mit Ausnahme von Pauschalreiseverträgen im Sinne der Richtlinie 90/314/EWG des Rates vom 13. Juni 1990 über Pauschalreisen;[39]

---

[38] Vgl. Erwägungsgründe (23)–(32).

[39] ABl. 1990 L 158, S. 59. Vgl. Erwägungsgrund (32).

c) Verträge, die ein dingliches Recht an unbeweglichen Sachen oder die Miete oder Pacht unbeweglicher Sachen zum Gegenstand haben, mit Ausnahme der Verträge über Teilzeitnutzungsrechte an Immobilien im Sinne der Richtlinie 94/47/EG;[40]

d) Rechte und Pflichten im Zusammenhang mit einem Finanzinstrument sowie Rechte und Pflichten, durch die die Bedingungen für die Ausgabe oder das öffentliche Angebot und öffentliche Übernahmeangebote bezüglich übertragbarer Wertpapiere und die Zeichnung oder den Rückkauf von Anteilen an Organismen für gemeinsame Anlagen in Wertpapieren festgelegt werden, sofern es sich dabei nicht um die Erbringung von Finanzdienstleistungen handelt;[41]

e) Verträge, die innerhalb der Art von Systemen geschlossen werden, auf die Artikel 4 Absatz 1 Buchstabe h Anwendung findet.[42]

Art. 7.[43] **Versicherungsverträge.** (1) Dieser Artikel gilt für Verträge nach Absatz 2, unabhängig davon, ob das gedeckte Risiko in einem Mitgliedstaat belegen ist, und für alle anderen Versicherungsverträge, durch die Risiken gedeckt werden, die im Gebiet der Mitgliedstaaten belegen sind. Er gilt nicht für Rückversicherungsverträge.

(2) Versicherungsverträge, die Großrisiken im Sinne von Artikel 5 Buchstabe d der Ersten Richtlinie 73/239/EWG des Rates vom 24. Juli 1973 zur Koordinierung der Rechts- und Verwaltungsvorschriften betreffend die Aufnahme und Ausübung der Tätigkeit der Direktversicherung (mit Ausnahme der Lebensversicherung)[44] decken, unterliegen dem von den Parteien nach Artikel 3 der vorliegenden Verordnung gewählten Recht.

Soweit die Parteien keine Rechtswahl getroffen haben, unterliegt der Versicherungsvertrag dem Recht des Staats, in dem der Versicherer seinen gewöhnlichen Aufenthalt hat. Ergibt sich aus der Gesamtheit der Umstände, dass der Vertrag eine offensichtlich engere Verbindung zu einem anderen Staat aufweist, ist das Recht dieses anderen Staates anzuwenden.

(3) Für Versicherungsverträge, die nicht unter Absatz 2 fallen, dürfen die Parteien nur die folgenden Rechte im Einklang mit Artikel 3 wählen:

a) das Recht eines jeden Mitgliedstaates, in dem zum Zeitpunkt des Vertragsschlusses das Risiko belegen ist;

b) das Recht des Staates, in dem der Versicherungsnehmer seinen gewöhnlichen Aufenthalt hat;

c) bei Lebensversicherungen das Recht des Mitgliedstaates, dessen Staatsangehörigkeit der Versicherungsnehmer besitzt;

---

[40] ABl. 1994 L 280, S. 83. Vgl. Erwägungsgrund (27) und Nr. *82*.

[41] Vgl. Erwägungsgründe (28)–(30).

[42] Vgl. Erwägungsgrund (31).

[43] Vgl. Erwägungsgründe (32) und (33).

[44] ABl. 1973 L 228, S. 3. Zuletzt geändert durch die Richtlinie 2005/68/EG (ABl. 2006 L 323, S. 1).

d) für Versicherungsverträge, bei denen sich die gedeckten Risiken auf Schadensfälle beschränken, die in einem anderen Mitgliedstaat als dem Mitgliedstaat, in dem das Risiko belegen ist, eintreten können, das Recht jenes Mitgliedstaats;

e) wenn der Versicherungsnehmer eines Vertrags im Sinne dieses Absatzes eine gewerbliche oder industrielle Tätigkeit ausübt oder freiberuflich tätig ist und der Versicherungsvertrag zwei oder mehr Risiken abdeckt, die mit dieser Tätigkeit in Zusammenhang stehen und in unterschiedlichen Mitgliedstaaten belegen sind, das Recht eines betroffenen Mitgliedstaats oder das Recht des Staates des gewöhnlichen Aufenthalts des Versicherungsnehmers.

Räumen in den Fällen nach den Buchstaben a, b oder e die betreffenden Mitgliedstaaten eine größere Wahlfreiheit bezüglich des auf den Versicherungsvertrag anwendbaren Rechts ein, so können die Parteien hiervon Gebrauch machen.

Soweit die Parteien keine Rechtswahl gemäß diesem Absatz getroffen haben, unterliegt der Vertrag dem Recht des Mitgliedstaats, in dem zum Zeitpunkt des Vertragsschlusses das Risiko belegen ist.

(4) Die folgenden zusätzlichen Regelungen gelten für Versicherungsverträge über Risiken, für die ein Mitgliedstaat eine Versicherungspflicht vorschreibt:

a) Der Versicherungsvertrag genügt der Versicherungspflicht nur, wenn er den von dem die Versicherungspflicht auferlegenden Mitgliedstaat vorgeschriebenen besonderen Bestimmungen für diese Versicherung entspricht. Widerspricht sich das Recht des Mitgliedstaats, in dem das Risiko belegen ist, und dasjenige des Mitgliedstaates, der die Versicherungspflicht vorschreibt, so hat das letztere Vorrang.

b) Ein Mitgliedstaat kann abweichend von den Absätzen 2 und 3 vorschreiben, dass auf den Versicherungsvertrag das Recht des Mitgliedstaates anzuwenden ist, der die Versicherungspflicht vorschreibt.

(5) Deckt der Vertrag in mehr als einem Mitgliedstaat belegene Risiken, so ist für die Zwecke von Absatz 3 Unterabsatz 3 und Absatz 4 der Vertrag als aus mehreren Verträgen bestehend anzusehen, von denen sich jeder auf jeweils nur einen Mitgliedstaat bezieht.

(6) Für die Zwecke dieses Artikels bestimmt sich der Staat, in dem das Risiko belegen ist, nach Artikel 2 Buchstabe d der Zweiten Richtlinie 88/357/EWG des Rates vom 22. Juni 1988 zur Koordinierung der Rechts- und Verwaltungsvorschriften für die Direktversicherung (mit Ausnahme der Lebensversicherung) und zur Erleichterung der tatsächlichen Ausübung des freien Dienstleistungsverkehrs,[45] und bei Lebensversicherungen ist der

---

[45] ABl. 1988 L 172, S. 1. Zuletzt geändert durch die Richtlinie 2005/14/EG (ABl. L 149, S. 14).

Staat, in dem das Risiko belegen ist, der Staat der Verpflichtung im Sinne von Artikel 1 Absatz 1 Buchstabe g der Richtlinie 2002/83/EG.

Art. 8.[46] **Individualarbeitsverträge.** (1) Individualarbeitsverträge unterliegen dem von den Parteien nach Artikel 3 gewählten Recht. Die Rechtswahl der Parteien darf jedoch nicht dazu führen, dass dem Arbeitnehmer der Schutz entzogen wird, der ihm durch Bestimmungen gewährt wird, von denen nach dem Recht, das nach den Absätzen 2, 3 und 4 des vorliegenden Artikels mangels einer Rechtswahl anzuwenden wäre, nicht durch Vereinbarung abgewichen werden darf.

(2) Soweit das auf den Arbeitsvertrag anzuwendende Recht nicht durch Rechtswahl bestimmt ist, unterliegt der Arbeitsvertrag dem Recht des Staates, in dem oder andernfalls von dem aus der Arbeitnehmer in Erfüllung des Vertrags gewöhnlich seine Arbeit verrichtet. Der Staat, in dem die Arbeit gewöhnlich verrichtet wird, wechselt nicht, wenn der Arbeitnehmer seine Arbeit vorübergehend in einem anderen Staat verrichtet.

(3) Kann das anzuwendende Recht nicht nach Absatz 2 bestimmt werden, so unterliegt der Vertrag dem Recht des Staates, in dem sich die Niederlassung befindet, die den Arbeitnehmer eingestellt hat.

(4) Ergibt sich aus der Gesamtheit der Umstände, dass der Vertrag eine engere Verbindung zu einem anderen als dem in Absatz 2 oder 3 bezeichneten Staat aufweist, ist das Recht dieses anderen Staates anzuwenden.

Art. 9.[47] **Eingriffsnormen.** (1) Eine Eingriffsnorm ist eine zwingende Vorschrift, deren Einhaltung von einem Staat als so entscheidend für die Wahrung seines öffentlichen Interesses, insbesondere seiner politischen, sozialen oder wirtschaftlichen Organisation, angesehen wird, dass sie ungeachtet des nach Maßgabe dieser Verordnung auf den Vertrag anzuwendenden Rechts auf alle Sachverhalte anzuwenden ist, die in ihren Anwendungsbereich fallen.

(2) Diese Verordnung berührt nicht die Anwendung der Eingriffsnormen des Rechts des angerufenen Gerichts.

(3) Den Eingriffsnormen des Staates, in dem die durch den Vertrag begründeten Verpflichtungen erfüllt werden sollen oder erfüllt worden sind, kann Wirkung verliehen werden, soweit diese Eingriffsnormen die Erfüllung des Vertrags unrechtmäßig werden lassen. Bei der Entscheidung, ob diesen Eingriffsnormen Wirkung zu verleihen ist, werden Art und Zweck dieser Normen sowie die Folgen berücksichtigt, die sich aus ihrer Anwendung oder Nichtanwendung ergeben würden.

---

[46] Vgl. Erwägungsgründe (34)–(36). Vgl. dazu auch § 21 Abs. 4 des Flaggenrechtsgesetzes idF v. 26.10.1994 (BGBl. I, S. 3140), zuletzt geändert durch Gesetz v. 25.6.2009 (BGBl. I, S. 1574).

[47] Vgl. Erwägungsgrund (37).

Art. 10. Einigung und materielle Wirksamkeit. (1) Das Zustandekommen und die Wirksamkeit des Vertrags oder einer seiner Bestimmungen beurteilen sich nach dem Recht, das nach dieser Verordnung anzuwenden wäre, wenn der Vertrag oder die Bestimmung wirksam wäre.

(2) Ergibt sich jedoch aus den Umständen, dass es nicht gerechtfertigt wäre, die Wirkung des Verhaltens einer Partei nach dem in Absatz 1 bezeichneten Recht zu bestimmen, so kann sich diese Partei für die Behauptung, sie habe dem Vertrag nicht zugestimmt, auf das Recht des Staates ihres gewöhnlichen Aufenthalts berufen.

Art. 11. Form. (1) Ein Vertrag, der zwischen Personen geschlossen wird, die oder deren Vertreter sich zum Zeitpunkt des Vertragsschlusses in demselben Staat befinden, ist formgültig, wenn er die Formerfordernisse des auf ihn nach dieser Verordnung anzuwendenden materiellen Rechts oder die Formerfordernisse des Rechts des Staates, in dem er geschlossen wird, erfüllt.

(2) Ein Vertrag, der zwischen Personen geschlossen wird, die oder deren Vertreter sich zum Zeitpunkt des Vertragsschlusses in verschiedenen Staaten befinden, ist formgültig, wenn er die Formerfordernisse des auf ihn nach dieser Verordnung anzuwendenden materiellen Rechts oder die Formerfordernisse des Rechts eines der Staaten, in denen sich eine der Vertragsparteien oder ihr Vertreter zum Zeitpunkt des Vertragsschlusses befindet, oder die Formerfordernisse des Rechts des Staates, in dem eine der Vertragsparteien zu diesem Zeitpunkt ihren gewöhnlichen Aufenthalt hatte, erfüllt.

(3) Ein einseitiges Rechtsgeschäft, das sich auf einen geschlossenen oder zu schließenden Vertrag bezieht, ist formgültig, wenn es die Formerfordernisse des materiellen Rechts, das nach dieser Verordnung auf den Vertrag anzuwenden ist oder anzuwenden wäre, oder die Formerfordernisse des Rechts des Staates erfüllt, in dem dieses Rechtsgeschäft vorgenommen worden ist oder in dem die Person, die das Rechtsgeschäft vorgenommen hat, zu diesem Zeitpunkt ihren gewöhnlichen Aufenthalt hatte.

(4) Die Absätze 1, 2 und 3 des vorliegenden Artikels gelten nicht für Verträge, die in den Anwendungsbereich von Artikel 6 fallen. Für die Form dieser Verträge ist das Recht des Staates maßgebend, in dem der Verbraucher seinen gewöhnlichen Aufenthalt hat.

(5) Abweichend von den Absätzen 1 bis 4 unterliegen Verträge, die ein dingliches Recht an einer unbeweglichen Sache oder die Miete oder Pacht einer unbeweglichen Sache zum Gegenstand haben, den Formvorschriften des Staates, in dem die unbewegliche Sache belegen ist, sofern diese Vorschriften nach dem Recht dieses Staates

a) unabhängig davon gelten, in welchem Staat der Vertrag geschlossen wird oder welchem Recht dieser Vertrag unterliegt, und

b) von ihnen nicht durch Vereinbarung abgewichen werden darf.

Art. 12. Geltungsbereich des anzuwendenden Rechts. (1) Das nach dieser Verordnung auf einen Vertrag anzuwendende Recht ist insbesondere maßgebend für

a) seine Auslegung,

b) die Erfüllung der durch ihn begründeten Verpflichtungen,

c) die Folgen der vollständigen oder teilweisen Nichterfüllung dieser Verpflichtungen, in den Grenzen der dem angerufenen Gericht durch sein Prozessrecht eingeräumten Befugnisse, einschließlich der Schadensbemessung, soweit diese nach Rechtsnormen erfolgt,

d) die verschiedenen Arten des Erlöschens der Verpflichtungen sowie die Verjährung und die Rechtsverluste, die sich aus dem Ablauf einer Frist ergeben,

e) die Folgen der Nichtigkeit des Vertrages.

(2) In Bezug auf die Art und Weise der Erfüllung und die vom Gläubiger im Falle mangelhafter Erfüllung zu treffenden Maßnahmen ist das Recht des Staates, in dem die Erfüllung erfolgt, zu berücksichtigen.

Art. 13. Rechts-, Geschäfts- und Handlungsunfähigkeit. Bei einem zwischen Personen, die sich in demselben Staat befinden, geschlossenen Vertrag kann sich eine natürliche Person, die nach dem Recht dieses Staates rechts-, geschäfts- und handlungsfähig wäre, nur dann auf ihre sich nach dem Recht eines anderen Staates ergebende Rechts-, Geschäfts- und Handlungsunfähigkeit berufen, wenn die andere Vertragspartei bei Vertragsschluss diese Rechts-, Geschäfts- und Handlungsunfähigkeit kannte oder infolge von Fahrlässigkeit nicht kannte.

Art. 14.[48] **Übertragung der Forderung.** (1) Das Verhältnis zwischen Zedent und Zessionar aus der Übertragung einer Forderung gegen eine andere Person („Schuldner") unterliegt dem Recht, das nach dieser Verordnung auf den Vertrag zwischen Zedent und Zessionar anzuwenden ist.

(2) Das Recht, dem die übertragene Forderung unterliegt, bestimmt ihre Übertragbarkeit, das Verhältnis zwischen Zessionar und Schuldner die Voraussetzungen, unter denen die Übertragung dem Schuldner entgegengehalten werden kann, und die befreiende Wirkung einer Leistung durch den Schuldner.

(3) Der Begriff „Übertragung" in diesem Artikel umfasst die vollkommene Übertragung von Forderungen, die Übertragung von Forderungen zu Sicherungszwecken sowie von Pfandrechten oder anderen Sicherungsrechten an Forderungen.

---

[48] Vgl. Erwägungsgrund (38). Vgl. dazu auch den Kommissionsvorschlag für eine Verordnung des Europäischen Parlaments und des Rates über das auf die Drittwirkungen von Forderungsübertragungen anwendbare Recht v. 12.3.2018, COM (2018) 96 final.

Art. 15. Gesetzlicher Forderungsübergang. Hat eine Person („Gläubiger") eine vertragliche Forderung gegen eine andere Person („Schuldner") und ist ein Dritter verpflichtet, den Gläubiger zu befriedigen, oder hat er den Gläubiger aufgrund dieser Verpflichtung befriedigt, so bestimmt das für die Verpflichtung des Dritten gegenüber dem Gläubiger maßgebende Recht, ob und in welchem Umfang der Dritte die Forderung des Gläubigers gegen den Schuldner nach dem für deren Beziehung maßgebenden Recht geltend zu machen berechtigt ist.

Art. 16. Mehrfache Haftung. Hat ein Gläubiger eine Forderung gegen mehrere für dieselbe Forderung haftende Schuldner und ist er von einem der Schuldner ganz oder teilweise befriedigt worden, so ist für das Recht dieses Schuldners, von den übrigen Schuldnern Ausgleich zu verlangen, das Recht maßgebend, das auf die Verpflichtung dieses Schuldners gegenüber dem Gläubiger anzuwenden ist. Die übrigen Schuldner sind berechtigt, diesem Schuldner diejenigen Verteidigungsmittel entgegenzuhalten, die ihnen gegenüber dem Gläubiger zugestanden haben, soweit dies gemäß dem auf ihre Verpflichtung gegenüber dem Gläubiger anzuwendenden Recht zulässig wäre.

Art. 17. Aufrechnung. Ist das Recht zur Aufrechnung nicht vertraglich vereinbart, so gilt für die Aufrechnung das Recht, dem die Forderung unterliegt, gegen die aufgerechnet wird.

Art. 18. Beweis. (1) Das nach dieser Verordnung für das vertragliche Schuldverhältnis maßgebende Recht ist insoweit anzuwenden, als es für vertragliche Schuldverhältnisse gesetzliche Vermutungen aufstellt oder die Beweislast verteilt.

(2) Zum Beweis eines Rechtsgeschäfts sind alle Beweisarten des Rechts des angerufenen Gerichts oder eines der in Artikel 11 bezeichneten Rechte, nach denen das Rechtsgeschäft formgültig ist, zulässig, sofern der Beweis in dieser Art vor dem angerufenen Gericht erbracht werden kann.

Kapitel III. Sonstige Vorschriften

Art. 19.[49] **Gewöhnlicher Aufenthalt.** (1) Für die Zwecke dieser Verordnung ist der Ort des gewöhnlichen Aufenthalts von Gesellschaften, Vereinen und juristischen Personen der Ort ihrer Hauptverwaltung.

Der gewöhnliche Aufenthalt einer natürlichen Person, die im Rahmen der Ausübung ihrer beruflichen Tätigkeit handelt, ist der Ort ihrer Hauptniederlassung.

(2) Wird der Vertrag im Rahmen des Betriebs einer Zweigniederlassung, Agentur oder sonstigen Niederlassung geschlossen oder ist für die Erfüllung

[49] Vgl. Erwägungsgrund (39).

gemäß dem Vertrag eine solche Zweigniederlassung, Agentur oder sonstigen Niederlassung verantwortlich, so steht der Ort des gewöhnlichen Aufenthalts dem Ort gleich, an dem sich die Zweigniederlassung, Agentur oder sonstige Niederlassung befindet.

(3) Für die Bestimmung des gewöhnlichen Aufenthalts ist der Zeitpunkt des Vertragsschlusses maßgebend.

Art. 20. Ausschluss der Rück- und Weiterverweisung. Unter dem nach dieser Verordnung anzuwendenden Recht eines Staates sind die in diesem Staat geltenden Rechtsnormen unter Ausschluss derjenigen des Internationalen Privatrechts zu verstehen, soweit in dieser Verordnung nichts anderes bestimmt ist.

Art. 21.[50] **Öffentliche Ordnung im Staat des angerufenen Gerichts.** Die Anwendung einer Vorschrift des nach dieser Verordnung bezeichneten Rechts kann nur versagt werden, wenn ihre Anwendung mit der öffentlichen Ordnung *(„ordre public")* des Staates des angerufenen Gerichts offensichtlich unvereinbar ist.

Art. 22. Staaten ohne einheitliche Rechtsordnung. (1) Umfasst ein Staat mehrere Gebietseinheiten, von denen jede eigene Rechtsnormen für vertragliche Schuldverhältnisse hat, so gilt für die Bestimmung des nach dieser Verordnung anzuwendenden Rechts jede Gebietseinheit als Staat.

(2) Ein Mitgliedstaat, in dem verschiedene Gebietseinheiten ihre eigenen Rechtsnormen für vertragliche Schuldverhältnisse haben, ist nicht verpflichtet, diese Verordnung auf Kollisionen zwischen den Rechtsordnungen dieser Gebietseinheiten anzuwenden.

Art. 23.[51] **Verhältnis zu anderen Gemeinschaftsrechtsakten.** Mit Ausnahme von Artikel 7 berührt diese Verordnung nicht die Anwendung von Vorschriften des Gemeinschaftsrechts, die in besonderen Bereichen Kollisionsnormen für vertragliche Schuldverhältnisse enthalten.[52]

Art. 24. Beziehung zum Übereinkommen von Rom. (1) Diese Verordnung tritt in den Mitgliedstaaten an die Stelle des Übereinkommens

---

[50] Vgl. Erwägungsgrund (37).

[51] Vgl. Erwägungsgrund (40).

[52] Art. 23 bezieht sich vor allem auf die auszugsweise in Nr. *82–87* abgedruckten EG-Richtlinien zum Verbraucherschutz. Ferner wurden im Anhang zum Rom I-VO Entwurf 2005 noch folgende Rechtsakte der EU genannt:
- Richtlinie 93/7/EWG über die Rückgabe von unrechtmäßig aus dem Hoheitsgebiet eines Mitgliedstaats verbrachten Kulturgütern v. 15.3.1993 (ABl. L 74, S. 74; auszugsweise abgedruckt unter Nr. *113*).
- Richtlinie 96/71/EG über die Entsendung von Arbeitnehmern im Rahmen der Erbringung von Dienstleistungen v. 16.12.1996 (ABl. 1997 L 18, S. 1; auszugsweise abgedruckt unter Nr. *89*).

von Rom,[53] außer hinsichtlich der Hoheitsgebiete der Mitgliedstaaten, die in den territorialen Anwendungsbereich dieses Übereinkommens fallen und für die aufgrund der Anwendung von Artikel 299 des Vertrags diese Verordnung nicht gilt.

(2) Soweit diese Verordnung die Bestimmungen des Übereinkommens von Rom ersetzt, gelten Bezugnahmen auf dieses Übereinkommen als Bezugnahmen auf diese Verordnung.

Art. 25.[54] Verhältnis zu bestehenden internationalen Übereinkommen. (1) Diese Verordnung berührt nicht die Anwendung der internationalen Übereinkommen, denen ein oder mehrere Mitgliedstaaten zum Zeitpunkt der Annahme dieser Verordnung angehören und die Kollisionsnormen für vertragliche Schuldverhältnisse enthalten.

(2) Diese Verordnung hat jedoch in den Beziehungen zwischen den Mitgliedstaaten Vorrang vor den ausschließlich zwischen zwei oder mehreren Mitgliedstaaten geschlossenen Übereinkommen, soweit diese Bereiche betreffen, die in dieser Verordnung geregelt sind.

Art. 26.[55] Verzeichnis der Übereinkommen. (1) Die Mitgliedstaaten übermitteln der Kommission bis spätestens 17. Juni 2009 die Übereinkommen nach Artikel 25 Absatz 1. Kündigen die Mitgliedstaaten nach diesem Stichtag eines dieser Übereinkommen, so setzen sie die Kommis-sion davon in Kenntnis.

(2) Die Kommission veröffentlicht im Amtsblatt der Europäischen Union innerhalb von sechs Monaten nach Erhalt der in Absatz 1 genannten Übermittlung

a) ein Verzeichnis der in Absatz 1 genannten Übereinkommen;

b) die in Absatz 1 genannten Kündigungen.

Art. 27. Überprüfungsklausel. (1) Die Kommission legt dem Europäischen Parlament, dem Rat und dem Europäischen Wirtschafts- und Sozialausschuss bis spätestens 17. Juni 2013 einen Bericht über die Anwendung dieser Verordnung vor. Diesem Bericht werden gegebenenfalls Vorschläge zur Änderung der Verordnung beigefügt. Der Bericht umfasst:

a) eine Untersuchung über das auf Versicherungsverträge anzuwendende Recht und eine Abschätzung der Folgen etwaiger einzuführender Bestimmungen und

b) eine Bewertung der Anwendung von Artikel 6, insbesondere hinsichtlich der Kohärenz des Gemeinschaftsrechts im Bereich des Verbraucherschutzes.

---

[53] Vgl. Nr. *70*.

[54] Vgl. Erwägungsgrund (41).

[55] Vgl. dazu die Mitteilung der EU-Kommission (ABl. 2010 C 343, 3).

(2) Die Kommission legt dem Europäischen Parlament, dem Rat und dem Europäischen Wirtschafts- und Sozialausschuss bis 17. Juni 2010 einen Bericht über die Frage vor, ob die Übertragung einer Forderung Dritten entgegengehalten werden kann, und über den Rang dieser Forderung gegenüber einem Recht einer anderen Person. Dem Bericht wird gegebenenfalls ein Vorschlag zur Änderung dieser Verordnung sowie eine Folgenabschätzung der einzuführenden Bestimmungen beigefügt.

Art. 28.[56] **Zeitliche Anwendbarkeit.** Diese Verordnung wird auf Verträge angewandt, die ab dem 17. Dezember 2009 geschlossen werden.

Kapitel IV. Schlussbestimmungen

Art. 29. Inkrafttreten und Anwendbarkeit. Diese Verordnung tritt am zwanzigsten Tag nach ihrer Veröffentlichung im Amtsblatt der Europäischen Union in Kraft.

Sie gilt ab 17. Dezember 2009 mit Ausnahme des Artikels 26, der ab dem 17. Juni 2009 gilt.

Diese Verordnung ist in allen ihren Teilen verbindlich und gilt gemäß dem Vertrag zur Gründung der Europäischen Gemeinschaft unmittelbar in den Mitgliedstaaten.

2. Verbraucherschutz

82. Richtlinie 93/13/EWG des Rates über missbräuchliche Klauseln in Verbraucherverträgen

Vom 5. April 1993[1] (ABl. L 95, S. 29)

Art. 6. (1) *(nicht abgedruckt)*

(2) Die Mitgliedstaaten treffen die erforderlichen Maßnahmen, damit der Verbraucher den durch diese Richtlinie gewährten Schutz nicht verliert, wenn das Recht eines Drittlands als das auf den Vertrag anzuwendende Recht gewählt wurde und der Vertrag einen engen Zusammenhang mit dem Gebiet der Mitgliedstaaten aufweist.[2]

---

[56] Art. 28 berichtigt gem. ABl. 2009 L 309, S. 87.

[1] Die Richtlinie war von den Mitgliedstaaten nach ihrem Art. 10 Abs. 1 bis zum 31.12.1994 umzusetzen. In *Deutschland* ist dies durch Neufassung von § 12 und Einfügung von § 24a AGBG mit Gesetz v. 19.7.1996 (BGBl. I, S. 1013) geschehen. Vgl. dazu Art. 46b Abs. 3 Nr. 1 EGBGB (Nr. *1*).

[2] Vgl. hierzu die folgende Erwägung in den Gründen der Richtlinie (ABl. 1993 L 95, S. 30):

In bestimmten Fällen besteht die Gefahr, dass dem Verbraucher der in dieser Richtlinie aufgestellte Schutz entzogen wird, indem das Recht eines Drittlands zum anwendbaren Recht erklärt wird. Es sollten daher in dieser Richtlinie Bestimmungen vorgesehen werden, die dies ausschließen.

83. Richtlinie 97/7/EG des Europäischen Parlaments und des Rates über den Verbraucherschutz bei Vertragsabschlüssen im Fernabsatz

Vom 20. Mai 1997[1] (ABl. L 144, S. 19)

84. Richtlinie 99/44/EG des Europäischen Parlaments und des Rates zu bestimmten Aspekten des Verbrauchsgüterkaufs und der Garantien für Verbrauchsgüter

Vom 25. Mai 1999[1] (ABl. L 171, S. 12)

85. Richtlinie 2002/65/EG des Europäischen Parlaments und des Rates über den Fernabsatz von Finanzdienstleistungen an Verbraucher

Vom 23. September 2002[1] (ABl. L 271, S. 16)

Art. 12. Unabdingbarkeit der Bestimmungen dieser Richtlinie. (1) *(nicht abgedruckt)*

(2) Die Mitgliedstaaten treffen die erforderlichen Maßnahmen, um sicherzustellen, dass der Verbraucher den durch diese Richtlinie gewährten Schutz nicht dadurch verliert, dass das Recht eines Drittstaates als das auf den Vertrag anzuwendende Recht gewählt wird, wenn der Vertrag eine enge Verbindung mit dem Hoheitsgebiet eines oder mehrerer Mitgliedstaaten aufweist.

---

[1] Die Richtlinie war von den Mitgliedstaaten nach ihrem Art. 15 Abs. 1 bis zum 4.6.2000 umzusetzen. In *Deutschland* ist dies durch das FernabsatzG v. 27.6.2000 (BGBl. I, S. 897) geschehen. Sie ist durch Art. 31 der Verbraucherrechte-Richtlinie 2011/83/EU v. 25.10.2011 (ABl. L 304, S. 64) mit Wirkung v. 31.6.2014 aufgehoben worden. Die Verbraucherrechte-Richtlinie enthält keine kollisionsrechtliche Bestimmung mehr und stellt in Erwägungsgrund (10) lediglich klar, dass die Verordnung (EG) Nr. 593/2008 über das auf vertragliche Schuldverhältnisse anzuwendende Recht (Rom I-VO, Nr. *80*) unberührt bleibt.

[1] Die Richtlinie war von den Mitgliedstaaten nach ihrem Art. 11 Abs. 1 bis zum 1.1..2002 umzusetzen. In *Deutschland* ist dies durch Gesetz v. 26.11.2001 (BGBl. I, S. 3138) geschehen. Sie ist durch Art. 23 der Richtlinie (EU) 2019/771 über bestimmte vertragsrechtliche Aspekte des Warenkaufs v. 20.5.2019 (ABl. L 136, 28) mit Wirkung v. 1.1.2022 aufgehoben worden. Die neue Richtlinie, die für die von ihr geregelten Aspekte nach Art. 4 eine Vollharmonisierung vorsieht, spricht kollisionsrechtliche Fragen nicht mehr an.

[1] Die Richtlinie war von den Mitgliedstaaten nach ihrem Art. 21 Abs. 1 bis zum 9.10.2004 umzusetzen. In *Deutschland* ist dies durch Gesetz v. 2.12.2004 (BGBl. I, S. 3102) geschehen.Vgl. dazu Art. 46b Abs. 3 Nr. 2 EGBGB (Nr. *1*).

86. Richtlinie 2008/48/EG des Europäischen Parlaments und des Rates über Verbraucherkreditverträge

Vom 23. April 2008[1] (ABl. L 133, S. 66)

Art. 22. Harmonisierung und Unabdingbarkeit dieser Richtlinie.
(1)–(3) *(nicht abgedruckt)*

(4) Die Mitgliedstaaten treffen die erforderlichen Maßnahmen, um sicherzustellen, dass Verbrauchern der durch diese Richtlinie gewährte Schutz nicht dadurch entzogen wird, dass das Recht eines Drittstaats als das auf den Kreditvertrag anzuwendende Recht gewählt wird, wenn dieser Vertrag einen engen Zusammenhang mit dem Gebiet eines oder mehrerer Mitgliedstaaten aufweist.

87. Richtlinie 2008/122/EG des Europäischen Parlaments und des Rates über den Schutz der Verbraucher im Hinblick auf bestimmte Aspekte von Teilzeitnutzungsverträgen, Verträgen über langfristige Urlaubsprodukte sowie Wiederverkaufs- und Tauschverträgen

Vom 14. Januar 2009[1] (ABl. L 33, S. 10)

Art. 12. (1) Ist auf den Vertrag das Recht eines Mitgliedstaats anzuwenden, so stellen die Mitgliedstaaten sicher, dass die Verbraucher auf die ihnen durch diese Richtlinie übertragenen Rechte nicht verzichten können.

(2) Ist das Recht eines Drittlands anzuwenden, so darf Verbrauchern der Schutz, der durch diese Richtlinie in der von dem Mitgliedstaat umgesetzten Form gewährt wird, nicht vorenthalten werden, wenn

– eine der betroffenen Immobilien im Hoheitsgebiet eines Mitgliedstaates belegen ist oder
– im Falle eines Vertrags, der sich nicht unmittelbar auf eine Immobilie bezieht, der Gewerbetreibende eine gewerbliche oder berufliche Tätigkeit in einem Mitgliedstaat ausübt oder diese Tätigkeit auf irgendeine Weise auf einen Mitgliedstaat ausrichtet und der Vertrag in den Bereich dieser Tätigkeit fällt.

---

[1] Die Richtlinie war von den Mitgliedstaaten nach ihrem Art. 27 Abs. 1 bis zum 12.5.2010 umzusetzen. In *Deutschland* ist dies durch Gesetz v. 24.7.2010 (BGBl. I, S. 977) geschehen. Vgl. dazu Art. 46b Abs. 3 Nr. 3 EGBGB (Nr. *1*).

[1] Die Richtlinie war von den Mitgliedstaaten nach ihrem Art. 16 Abs. 1 bis zum 23.2.2011 umzusetzen. In *Deutschland* ist dies durch Gesetz v. 17.1.2011 (BGBl. I, S. 23) geschehen. Vgl. dazu Art. 46b Abs. 4 EGBGB (Nr. *1*).

88. Richtlinie (EU) 2015/2302 des Europäischen Parlaments und des Rates über Pauschalreisen und verbundene Reiseleistungen

Vom 25. November 2015[1] (ABl. L 326, S. 1)

(Auszug)

Kapitel I. Gegenstand, Anwendungsbereich, Begriffsbestimmungen und Grad der Harmonisierung

Art. 1. Gegenstand. Der Zweck dieser Richtlinie ist die Angleichung bestimmter Aspekte der Rechts- und Verwaltungsvorschriften der Mitgliedstaaten für Verträge über Pauschalreisen und verbundene Reiseleistungen zwischen Reisenden und Unternehmern, um so zum ordnungsgemäßen Funktionieren des Binnenmarkts und zu einem hohen und möglichst einheitlichen Verbraucherschutzniveau beizutragen.

Art. 2. Anwendungsbereich. (1) Diese Richtlinie gilt für Pauschalreisen, die Reisenden von Unternehmern zum Verkauf angeboten oder verkauft werden, und für verbundene Reiseleistungen, die Reisenden von Unternehmern vermittelt wurden.

(2) *(nicht abgedruckt)*

(3) Diese Richtlinie lässt das allgemeine nationale Vertragsrecht wie die Bestimmungen über die Wirksamkeit, das Zustandekommen oder die Wirkungen eines Vertrags, soweit Aspekte des allgemeinen Vertragsrechts in dieser Richtlinie nicht geregelt werden, unberührt.

Kapitel V. Schutz bei Insolvenz

Art. 17. Wirksamkeit und Umfang des Insolvenzschutzes. (1) Die Mitgliedstaaten stellen sicher, dass in ihrem Hoheitsgebiet niedergelassene Reiseveranstalter Sicherheit für die Erstattung aller von Reisenden oder in deren Namen geleisteten Zahlungen leisten, sofern die betreffenden Leistungen infolge der Insolvenz des Reiseveranstalters nicht erbracht werden. Soweit die Beförderung von Personen im Pauschalreisevertrag inbegriffen ist, leisten die Reiseveranstalter auch Sicherheit für die Rückbeförderung der Reisenden. Eine Fortsetzung der Pauschalreise kann angeboten werden.

Reiseveranstalter, die nicht in einem Mitgliedstaat niedergelassen sind und die in einem Mitgliedstaat Pauschalreisen verkaufen oder zum Verkauf

[1] Die Richtlinie war von den Mitgliedstaaten nach ihrem Art. 28 Abs. 1 bis zum 1.1.2018 umzusetzen. In *Deutschland* ist dies durch Gesetz v. 17.7.2017 (BGBl. I, S. 2394) mit Wirkung v. 1.7.2018 geschehen. Vgl. Art. 46c EGBGB (Nr. *1*).

anbieten oder in irgendeiner Weise solche Tätigkeiten auf einen Mitgliedstaat ausrichten, sind verpflichtet, nach dem Recht dieses Mitgliedstaats Sicherheit zu leisten.

(2) *(nicht abgedruckt)*

(3) Die Insolvenzabsicherung eines Veranstalters kommt Reisenden ungeachtet ihres Wohnsitzes, des Orts der Abreise oder des Verkaufsorts der Pauschalreise und unabhängig von dem Mitgliedstaat, in dem die Einrichtung, die für die Insolvenzabsicherung zuständig ist, ansässig ist, zugute.

(4)–(5) *(nicht abgedruckt)*

Kapitel VI. Verbundene Reiseleistungen

Art. 19. Insolvenzschutz und Informationspflichten bei verbundenen Reiseleistungen. (1) Die Mitgliedstaaten stellen sicher, dass Unternehmer, die verbundene Reiseleistungen vermitteln, Sicherheit für die Erstattung aller Zahlungen bieten, die sie von Reisenden erhalten, soweit eine Reiseleistung, die Teil von verbundenen Reiseleistungen ist, infolge ihrer Insolvenz nicht erbracht wird. Ist ein solcher Unternehmer für die Beförderung von Personen verantwortlich, so deckt die Sicherheit auch die Rückbeförderung des Reisenden ab. Artikel 17 Absatz 1 Unterabsatz 2, Artikel 17 Absätze 2 bis 5 sowie Artikel 18 gelten entsprechend.

(2) Bevor der Reisende durch einen Vertrag, der zum Zustandekommen verbundener Reiseleistungen führt, oder ein entsprechendes Vertragsangebot gebunden ist, informiert ihn der Unternehmer, der verbundene Reiseleistungen vermittelt, auch wenn er nicht in einem Mitgliedstaat niedergelassen ist, solche Tätigkeiten jedoch auf einen Mitgliedstaat ausrichtet, klar, verständlich und deutlich darüber, dass

a) der Reisende keine Rechte in Anspruch nehmen kann, die ausschließlich für Pauschalreisen nach dieser Richtlinie gelten, und dass jeder Leistungserbringer lediglich für die vertragsgemäße Erbringung seiner Leistung haftet und

b) dem Reisenden der Insolvenzschutz gemäß Absatz 1 zugutekommt.

Um diesem Absatz nachzukommen, erteilt der Unternehmer, der verbundene Reiseleistungen vermittelt, dem Reisenden diese Informationen unter Verwendung des entsprechenden in Anhang II wiedergegebenen standardisierten Formblatts, oder er erteilt, sofern die spezielle Art der verbundenen Reiseleistungen von keinem der in Anhang II enthaltenen Formblätter abgedeckt wird, die darin enthaltenen Informationen.

(3) Für den Fall, dass ein Unternehmer, der verbundene Reiseleistungen vermittelt, die in den Absätzen 1 und 2 des vorliegenden Artikels angeführten Anforderungen nicht erfüllt, gelten die Rechte und Pflichten gemäß den Artikeln 9 und 12 sowie Kapitel IV im Hinblick auf die in verbundenen Reiseleistungen inbegriffenen Reiseleistungen.

(4) Wenn verbundene Reiseleistungen das Ergebnis eines Vertragsabschlusses zwischen einem Reisenden und einem Unternehmer sind, der nicht verbundene Reiseleistungen vermittelt, so informiert dieser Unternehmer den Unternehmer, der verbundene Reiseleistungen vermittelt, über den Abschluss des betreffenden Vertrags.

3. Arbeitsrecht

89. Richtlinie 96/71/EG des Europäischen Parlaments und des Rates über die Entsendung von Arbeitnehmern im Rahmen der Erbringung von Dienstleistungen

Vom 16. Dezember 1996[1, 2] (ABl. 1997 L 18, S. 1)

Art. 1. Gegenstand und Anwendungsbereich. (–1) Mit dieser Richtlinie wird der Schutz entsandter Arbeitnehmer während ihrer Entsendung im Verhältnis zur Dienstleistungsfreiheit sichergestellt, indem zwingende Vorschriften in Bezug auf die Arbeitsbedingungen und den Schutz der Gesundheit und Sicherheit der Arbeitnehmer festgelegt werden, die eingehalten werden müssen.

(–1a) Diese Richtlinie berührt in keiner Weise die Ausübung der in den Mitgliedstaaten und auf Unionsebene anerkannten Grundrechte, einschließlich des Rechts oder der Freiheit zum Streik oder zur Durchführung anderer Maßnahmen, die im Rahmen der jeweiligen Systeme der Mitgliedstaaten im Bereich der Arbeitsbeziehungen nach ihren nationalen Rechtsvorschriften und/oder ihren nationalen Gepflogenheiten vorgesehen sind. Sie berührt auch nicht das Recht, im Einklang mit den nationalen Rechtsvorschriften und/oder nationalen Gepflogenheiten Tarifverträge auszuhandeln, abzuschließen und durchzusetzen oder kollektive Maßnahmen zu ergreifen.

(1) Diese Richtlinie gilt für Unternehmen mit Sitz in einem Mitgliedstaat, die im Rahmen der länderübergreifenden Erbringung von Dienstleistungen Arbeitnehmer gemäß Absatz 3 in das Hoheitsgebiet eines Mitgliedstaats entsenden.

(2) Diese Richtlinie gilt nicht für Schiffsbesatzungen von Unternehmen der Handelsmarine.

---

[1] Die Richtlinie war von den Mitgliedstaaten nach ihrem Art. 7 Abs. 1 bis zum 16.12.1999 umzusetzen. In *Deutschland* ist dies durch Art. 10 des Gesetzes v. 19.12.1998 (BGBl. I, S. 3843) im Wege einer Änderung des AEntG v. 26.2.1996 (Nr. *96*) geschehen. Die Richtlinie ist hier abgedruckt idF der Richtlinie (EU) 2018/957 zur Änderung der Richtlinie 96/71/EG v. 28.6.2018 (ABl. L 173, S. 16).

[2] Zu den Auswirkungen des Brexit auf die Geltung der Richtlinie im Verhältnis zum *Vereinigten Königreich* siehe Anm. 2 zum EU-Vertrag (Nr. *0–1*) und Art. 67 Abs. 1 lit. b des Brexit-Abkommens v. 24.1.2020 (Nr. *0–3*).

(3) Diese Richtlinie findet Anwendung, soweit die in Absatz 1 genannten Unternehmen eine der folgenden länderübergreifenden Maßnahmen treffen:

a) einen Arbeitnehmer in ihrem Namen und unter ihrer Leitung in das Hoheitsgebiet eines Mitgliedstaats im Rahmen eines Vertrags entsenden, der zwischen dem entsendenden Unternehmen und dem in diesem Mitgliedstaat tätigen Dienstleistungsempfänger geschlossen wurde, sofern für die Dauer der Entsendung ein Arbeitsverhältnis zwischen dem entsendenden Unternehmen und dem Arbeitnehmer besteht, oder

b) einen Arbeitnehmer in eine Niederlassung oder ein der Unternehmensgruppe angehörendes Unternehmen im Hoheitsgebiet eines Mitgliedstaats entsenden, sofern für die Dauer der Entsendung ein Arbeitsverhältnis zwischen dem entsendenden Unternehmen und dem Arbeitnehmer besteht, oder

c) als Leiharbeitsunternehmen oder als einen Arbeitnehmer überlassendes Unternehmen einen Arbeitnehmer einem entleihenden Unternehmen überlassen, das seinen Sitz im Hoheitsgebiet eines Mitgliedstaats hat oder dort seine Tätigkeit ausübt, sofern für die Dauer der Entsendung ein Arbeitsverhältnis zwischen dem Leiharbeitsunternehmen oder dem einen Arbeitnehmer zur Verfügung stellenden Unternehmen und dem Arbeitnehmer besteht.

Muss ein Arbeitnehmer, der von einem Leiharbeitsunternehmen oder einem Arbeitnehmer überlassenden Unternehmen einem entleihenden Unternehmen gemäß Buchstabe c überlassen wird, Arbeit im Rahmen der länderübergreifenden Erbringung von Dienstleistungen im Sinne von Buchstabe a, b oder c im Hoheitsgebiet eines anderen Mitgliedstaats als demjenigen verrichten, in dem der Arbeitnehmer normalerweise entweder für das Leiharbeitsunternehmen oder das Arbeitnehmer zur Verfügung stellende Unternehmen oder das entleihende Unternehmen arbeitet, so gilt der Arbeitnehmer als von dem Leiharbeitsunternehmen oder dem Arbeitnehmer zur Verfügung stellenden Unternehmen, mit dem der Arbeitnehmer in einem Arbeitsverhältnis steht, in das Hoheitsgebiet dieses Mitgliedstaats entsandt. Das Leiharbeitsunternehmen oder das einen Arbeitnehmer zur Verfügung stellende Unternehmen ist als ein Unternehmen im Sinne von Absatz 1 zu betrachten und hält die entsprechenden Bestimmungen dieser Richtlinie und der Richtlinie 2014/67/EU des Europäischen Parlaments und des Rates uneingeschränkt ein.

Das entleihende Unternehmen unterrichtet das Leiharbeitsunternehmen oder das einen Arbeitnehmer überlassende Unternehmen, das den Arbeitnehmer überlassen hat, rechtzeitig vor Beginn der Arbeit nach Unterabsatz 2.

(4) Unternehmen mit Sitz in einem Nichtmitgliedstaat darf keine günstigere Behandlung zuteil werden als Unternehmen mit Sitz in einem Mitgliedstaat.

Art. 2. Begriffsbestimmung. (1) Im Sinne dieser Richtlinie gilt als entsandter Arbeitnehmer jeder Arbeitnehmer, der während eines begrenzten Zeitraums seine Arbeitsleistung im Hoheitsgebiet eines anderen Mitgliedstaats als demjenigen erbringt, in dessen Hoheitsgebiet er normalerweise arbeitet.

(2) Für die Zwecke dieser Richtlinie wird der Begriff des Arbeitnehmers in dem Sinne verwendet, in dem er im Recht des Mitgliedstaats, in dessen Hoheitsgebiet der Arbeitnehmer entsandt wird, gebraucht wird.

Art. 3[3]. Arbeits- und Beschäftigungsbedingungen. (1) Die Mitgliedstaaten sorgen dafür, dass unabhängig von dem auf das jeweilige Arbeitsverhältnis anwendbaren Recht die in Artikel 1 Absatz 1 genannten Unternehmen den in ihr Hoheitsgebiet entsandten Arbeitnehmern bezüglich der nachstehenden Aspekte auf der Grundlage der Gleichbehandlung die Arbeits- und Beschäftigungsbedingungen garantieren, die in dem Mitgliedstaat, in dessen Hoheitsgebiet die Arbeitsleistung erbracht wird, festgelegt sind,

– durch Rechts- oder Verwaltungsvorschriften und/oder

durch für allgemein verbindlich erklärte Tarifverträge oder Schiedssprüche oder durch Tarifverträge oder Schiedssprüche, die anderweitig nach Absatz 8 Anwendung finden:

a) Höchstarbeitszeiten und Mindestruhezeiten;

b) bezahlter Mindestjahresurlaub;

c) Entlohnung, einschließlich der Überstundensätze; dies gilt nicht für die zusätzlichen betrieblichen Altersversorgungssysteme;

d) Bedingungen für die Überlassung von Arbeitskräften, insbesondere durch Leiharbeitsunternehmen;

e) Sicherheit, Gesundheitsschutz und Hygiene am Arbeitsplatz;

f) Schutzmaßnahmen im Zusammenhang mit den Arbeits- und Beschäftigungsbedingungen von Schwangeren und Wöchnerinnen, Kindern und Jugendlichen;

g) Gleichbehandlung von Männern und Frauen sowie andere Nichtdiskriminierungsbestimmungen;

h) Bedingungen für die Unterkünfte von Arbeitnehmern, wenn sie vom Arbeitgeber für Arbeitnehmer, die von ihrem regelmäßigen Arbeitsplatz entfernt sind, zur Verfügung gestellt werden;

---

[3] Vgl. hierzu die folgende Erwägung in den Gründen der Richtlinie (ABl. 1997 L 18, S. 2):

„(23) Die Gesetze der Mitgliedstaaten müssen koordiniert werden, um einen Kern zwingender Bestimmungen über ein Mindestmaß an Schutz festzulegen, das im Gastland von Arbeitgebern zu gewährleisten ist, die Arbeitnehmer für eine zeitlich begrenzte Arbeitsleistung in das Hoheitsgebiet eines Mitgliedstaats entsenden, in dem eine Dienstleistung zu erbringen ist. Eine solche Koordinierung kann nur durch Rechtsvorschriften der Gemeinschaft erfolgen."

Zur Umsetzung vgl. § 2 AEntG v. 20.4.2009 (Nr. *96*).

i) Zulagen oder Kostenerstattungen zur Deckung von Reise-, Unterbringungs- und Verpflegungskosten für Arbeitnehmer, die aus beruflichen Gründen nicht zu Hause wohnen.

Buchstabe i gilt ausschließlich für die Reise-, Unterbringungs- und Verpflegungskosten, die entsandten Arbeitnehmern entstehen, wenn sie zu und von ihrem regelmäßigen Arbeitsplatz in dem Mitgliedstaat, in dessen Hoheitsgebiet sie entsandt wurden, reisen müssen oder von ihrem Arbeitgeber vorübergehend von diesem regelmäßigen Arbeitsplatz an einen anderen Arbeitsplatz gesandt werden.

Für die Zwecke dieser Richtlinie bestimmt sich der Begriff „Entlohnung" nach den nationalen Rechtsvorschriften und/oder nationalen Gepflogenheiten des Mitgliedstaats, in dessen Hoheitsgebiet der Arbeitnehmer entsandt ist, und umfasst alle die Entlohnung ausmachenden Bestandteile, die gemäß nationalen Rechts- oder Verwaltungsvorschriften oder durch in diesem Mitgliedstaat für allgemeinverbindlich erklärte Tarifverträge oder Schiedssprüche oder durch Tarifverträge oder Schiedssprüche, die nach Absatz 8 anderweitig Anwendung finden, zwingend verbindlich gemacht worden sind.

....

(1a) In Fällen, in denen die tatsächliche Entsendungsdauer mehr als 12 Monate beträgt, sorgen die Mitgliedstaaten dafür, dass unabhängig von dem auf das jeweilige Arbeitsverhältnis anwendbaren Recht die in Artikel 1 Absatz 1 genannten Unternehmen den in ihr Hoheitsgebiet entsandten Arbeitnehmern auf der Grundlage der Gleichbehandlung zusätzlich zu den Arbeits- und Beschäftigungsbedingungen gemäß Absatz 1 des vorliegenden Artikels sämtliche anwendbaren Arbeits- und Beschäftigungsbedingungen garantieren, die in dem Mitgliedstaat, in dessen Hoheitsgebiet die Arbeitsleistung erbracht wird, festgelegt sind:

– durch Rechts- oder Verwaltungsvorschriften und/oder
– durch für allgemein verbindlich erklärte Tarifverträge oder Schiedssprüche, oder durch Tarifverträge oder Schiedssprüche, die anderweitig nach Absatz 8 anderweitig Anwendung finden.

Unterabsatz 1 des vorliegenden Absatzes findet keine Anwendung auf folgende Aspekte:

a) Verfahren, Formalitäten und Bedingungen für den Abschluss und die Beendigung des Arbeitsvertrags, einschließlich Wettbewerbsverboten;

b) zusätzliche betriebliche Altersversorgungssysteme.

....

(2)–(6)[4] *(nicht abgedruckt)*

(7) Die Absätze 1 bis 6 stehen der Anwendung von für die Arbeitnehmer günstigeren Beschäftigungs- und Arbeitsbedingungen nicht entgegen.

---

[4] Art. 3 Abs. 2–6 lässt in gewissem Umfang Ausnahmen und Einschränkungen des Abs. 1 zu.

(8)–(10) *(nicht abgedruckt)*

Art. 4–9.[5] *(nicht abgedruckt)*

4. Versicherungsrecht

90. Richtlinie 2009/138/EG des Europäischen Parlaments und des Rates betreffend die Aufnahme und Ausübung der Versicherungs- und der Rückversicherungstätigkeit (Solvabilität II)

Vom 25. November 2009[1] (ABl. L 335, S. 1)

Titel II. Besondere Bestimmungen für Versicherung und Rückversicherung

Kapitel I. Anwendbares Recht und Bedingungen für Direktversicherungsverträge

Abschnitt 1. Anwendbares Recht

Art. 178. Anwendbares Recht. Mitgliedstaaten, die nicht der Verordnung (EG) Nr. 593/2008/EG[2] unterliegen, wenden die Bestimmungen dieser Verordnung an, um festzustellen, welche Rechtsvorschriften auf Versicherungsverträge anzuwenden sind, die unter Artikel 7 jener Verordnung fallen.[3]

---

[5] Die Regelung zur internationalen Zuständigkeit in Art. 6 der Richtlinie ist abgedruckt unter Nr. *163*.

[1] Die Verordnung ist für die damaligen Mitgliedstaaten der EG am 6.1.2010 in Kraft getreten. Sie gilt seit dem 1.7.2013 auch für *Kroatien*, seit dem 1.1.2021 aber nicht mehr für das *Vereinigte Königreich*. Sie ersetzt zahlreiche frühere Richtlinien auf dem Gebiet des Versicherungsrechts.

[2] Rom I-VO, abgedruckt unter Nr. *80*.

[3] Da die Rom I-VO in allen Mitgliedstaaten außer *Dänemark* gilt, hat die Vorschrift nur für *Dänemark* Bedeutung.

5. Transportrecht

91. Verordnung EG Nr. 261/2004 des Europäischen Parlaments und des Rates über eine gemeinsame Regelung für Ausgleichs- und Unterstützungsleistungen für Fluggäste im Fall der Nichtbeförderung und bei Annullierung oder großer Verspätung von Flügen

Vom 11. Februar 2004[1] (ABl. L 46, S. 1)

Art. 1. Gegenstand. (1) Durch diese Verordnung werden unter den in ihr genannten Bedingungen Mindestrechte für Fluggäste in folgenden Fällen festgelegt:

a) Nichtbeförderung gegen ihren Willen

b) Annullierung des Flugs

c) Verspätung des Flugs.

(2) *(nicht abgedruckt)*

(3) *(nicht abgedruckt)*

Art. 3. Anwendungsbereich. (1) Diese Verordnung gilt

a) für Fluggäste, die auf Flughäfen im Gebiet eines Mitgliedstaats, das den Bestimmungen des Vertrags unterliegt, einen Flug antreten;

b) sofern das ausführende Luftfahrtunternehmen ein Luftfahrtunternehmen der Gemeinschaft ist, für Fluggäste, die von einem Flughafen in einem Drittstaat einen Flug zu einem Flughafen im Gebiet eines Mitgliedstaats, das den Bestimmungen des Vertrags unterliegt, antreten, es sei denn, sie haben in diesem Drittstaat Gegen- oder Ausgleichs- und Unterstützungsleistungen erhalten.

(2)–**Art. 19.** *(nicht abgedruckt)*

---

[1] Die Verordnung ist am 17.2.2005 für die damaligen Mitgliedstaaten der EU in Kraft getreten; sie gilt seit dem 1.1.2007 auch für *Bulgarien* und *Rumänien* sowie ab dem 1.7.2013 auch für *Kroatien*. Sie gilt seit dem 1.1.2021 nicht mehr für das *Vereinigte Königreich*. Sie ersetzt die Verordnung (EWG) Nr. 295/91 v. 4.2.1991 (ABl. L 36, S. 5).

6. Elektronischer Geschäftsverkehr

92. Richtlinie 2000/31/EG des Europäischen Parlaments und des Rates über bestimmte rechtliche Aspekte der Dienste der Informationsgesellschaft, insbesondere des elektronischen Geschäftsverkehrs, im Binnenmarkt („e-commerce-Richtlinie")

Vom 8. Juni 2000[1] (ABl. L 178, S. 1)

Art. 1. Zielsetzung und Anwendungsbereich. *(1)–(3) (nicht abgedruckt)*

(4) Diese Richtlinie schafft weder zusätzliche Regeln im Bereich des internationalen Privatrechts, noch befasst sie sich mit der Zuständigkeit der Gerichte.[2]

(5)–(6) *(nicht abgedruckt)*

Art. 2. Begriffsbestimmungen. Im Sinne dieser Richtlinie bezeichnet der Ausdruck

a)–g) *(nicht abgedruckt)*

h) „koordinierter Bereich" die für die Anbieter von Diensten der Informationsgesellschaft und die Dienste der Informationsgesellschaft in den Rechtssystemen der Mitgliedstaaten festgelegten Anforderungen, ungeachtet der Frage, ob sie allgemeiner Art oder speziell für sie bestimmt sind.

i) Der koordinierte Bereich betrifft vom Diensteanbieter zu erfüllende Anforderungen in Bezug auf

– die Aufnahme der Tätigkeit eines Dienstes der Informationsgesellschaft, beispielsweise Anforderungen betreffend Qualifikationen, Genehmigung oder Anmeldung;

– die Ausübung der Tätigkeit eines Dienstes der Informationsgesellschaft, beispielsweise Anforderungen betreffend das Verhalten des Diensteanbieters, Anforderungen betreffend Qualität oder Inhalt des Dienstes, einschließlich der auf Werbung und Verträge anwend-

---

[1] Die Richtlinie war von den Mitgliedstaaten nach ihrem Art. 22 Abs. 1 bis zum 17.1.2002 umzusetzen. In *Deutschland* ist dies durch das EEG v. 14.12.2001 (BGBl. I, S. 3721) geschehen. Vgl. dazu nunmehr § 3 TMG v. 26.2.2007 (Nr. *97*).

[2] Vgl. hierzu die folgenden Erwägungen in den Gründen der Richtlinie (ABl. 2000 L 178, S. 4):

(23) Diese Richtlinie zielt weder darauf ab, zusätzliche Regeln im Bereich des internationalen Privatrechts hinsichtlich des anwendbaren Rechts zu schaffen, noch befasst sie sich mit der Zuständigkeit der Gerichte; Vorschriften des anwendbaren Rechts, die durch Regeln des Internationalen Privatrechts bestimmt sind, dürfen die Freiheit zur Erbringung von Diensten der Informationsgesellschaft im Sinne dieser Richtlinie nicht einschränken.

baren Anforderungen, sowie Anforderungen betreffend die Verantwortlichkeit des Diensteanbieters.

ii) Der koordinierte Bereich umfasst keine Anforderungen wie
- Anforderungen betreffend die Waren als solche;
- Anforderungen betreffend die Lieferung von Waren;
- Anforderungen betreffend Dienste, die nicht auf elektronischem Wege erbracht werden.

Art. 3. Binnenmarkt. (1) Jeder Mitgliedstaat trägt dafür Sorge, dass die Dienste der Informationsgesellschaft, die von einem in seinem Hoheitsgebiet niedergelassenen Diensteanbieter erbracht werden, den in diesem Mitgliedstaat geltenden innerstaatlichen Vorschriften entsprechen, die in den koordinierten Bereich fallen.

(2) Die Mitgliedstaaten dürfen den freien Verkehr von Diensten der Informationsgesellschaft aus einem anderen Mitgliedstaat nicht aus Gründen einschränken, die in den koordinierten Bereich fallen.

(3) Die Absätze 1 und 2 finden keine Anwendung auf die im Anhang genannten Bereiche.

(4) Die Mitgliedstaaten können Maßnahmen ergreifen, die im Hinblick auf einen bestimmten Dienst der Informationsgesellschaft von Absatz 2 abweichen, wenn die folgenden Bedingungen erfüllt sind:

a) Die Maßnahmen

i) sind aus einem der folgenden Gründe erforderlich:
- Schutz der öffentlichen Ordnung, insbesondere Verhütung, Ermittlung, Aufklärung und Verfolgung von Straftaten, einschließlich des Jugendschutzes und der Bekämpfung der Hetze aus Gründen der Rasse, des Geschlechts, des Glaubens oder der Nationalität, sowie von Verletzungen der Menschenwürde einzelner Personen,
- Schutz der öffentlichen Gesundheit,
- Schutz der öffentlichen Sicherheit, einschließlich der Wahrung nationaler Sicherheits- und Verteidigungsinteressen,
- Schutz der Verbraucher, einschließlich des Schutzes von Anlegern;

ii) betreffen einen bestimmten Dienst der Informationsgesellschaft, der die unter Ziffer i) genannten Schutzziele beeinträchtigt oder eine ernsthafte und schwerwiegende Gefahr einer Beeinträchtigung dieser Ziele darstellt;

iii) stehen in einem angemessenen Verhältnis zu diesen Schutzzielen.

b) Der Mitgliedstaat hat vor Ergreifen der betreffenden Maßnahmen unbeschadet etwaiger Gerichtsverfahren, einschließlich Vorverfahren und Schritten im Rahmen einer strafrechtlichen Ermittlung,
- den in Absatz 1 genannten Mitgliedstaat aufgefordert, Maßnahmen zu ergreifen, und dieser hat dem nicht Folge geleistet oder die von ihm getroffenen Maßnahmen sind unzulänglich;

– die Kommission und den in Absatz 1 genannten Mitgliedstaat über seine Absicht, derartige Maßnahmen zu ergreifen, unterrichtet.

(5)–(6) *(nicht abgedruckt)*

Art. 4–24. *(nicht abgedruckt)*

Anhang

Ausnahmen im Rahmen von Artikel 3

Bereiche gemäß Artikel 3 Absatz 3, auf die Artikel 3 Absätze 1 und 2 keine Anwendung findet:

– Urheberrecht, verwandte Schutzrechte, Rechte im Sinne der Richtlinie 87/54/EWG und der Richtlinie 96/9/EG sowie gewerbliche Schutzrechte;

– Ausgabe elektronischen Geldes durch Institute, auf die die Mitgliedstaaten eine der in Artikel 8 Absatz 1 der Richtlinie 2000/46/EG vorgesehenen Ausnahmen angewendet haben;

– Artikel 44 Absatz 2 der Richtlinie 85/611/EWG;

– Artikel 30 und Titel IV der Richtlinie 92/49/EWG, Titel IV der Richtlinie 92/96/EWG sowie die Artikel 7 und 8 der Richtlinie 88/357/EWG und Artikel 4 der Richtlinie 90/619/EWG;

– Freiheit der Rechtswahl für Vertragsparteien;

– vertragliche Schuldverhältnisse in Bezug auf Verbraucherverträge;

– formale Gültigkeit von Verträgen, die Rechte an Immobilien begründen oder übertragen, sofern diese Verträge nach dem Recht des Mitgliedstaates, in dem sich die Immobilie befindet, zwingenden Formvorschriften unterliegen;

– Zulässigkeit nicht angeforderter kommerzieller Kommunikation mittels elektronischer Post.

7. Datenschutz

93. Verordnung (EU) 2016/679 des Europäischen Parlaments und des Rates zum Schutz natürlicher Personen bei der Verarbeitung personenbezogener Daten, zum freien Datenverkehr und zur Aufhebung der Richtlinie 95/46/EG (Datenschutz-Grundverordnung)

vom 27. April 2016[1] (ABl. L 119, S. 1)

Art. 3.[2] Räumlicher Anwendungsbereich. (1) Diese Verordnung findet Anwendung auf die Verarbeitung personenbezogener Daten, soweit diese im Rahmen der Tätigkeiten einer Niederlassung eines Verantwortlichen

---

[1] Die Verordnung gilt in den Mitgliedstaaten nach ihrem Art. 99 Abs. 2 seit dem 25.5.2018. Sie gilt seit dem 1.1.2021 nicht mehr für das *Vereinigte Königreich*.

[2] Vgl. zu Art. 3 auch die folgenden Erwägungsgründe zur Verordnung:

(14) Der durch diese Verordnung gewährte Schutz sollte für die Verarbeitung der personenbezogenen Daten natürlicher Personen ungeachtet ihrer Staatsangehörigkeit oder ihres Aufenthaltsorts gelten.....

(22) Jede Verarbeitung personenbezogener Daten im Rahmen der Tätigkeiten einer Niederlassung eines Verantwortlichen oder eines Auftragsverarbeiters in der Union sollte gemäß dieser Verordnung erfolgen, gleich, ob die Verarbeitung in oder außerhalb der Union stattfindet. Eine Niederlassung setzt die effektive und tatsächliche Ausübung einer Tätigkeit durch eine feste Einrichtung voraus. Die Rechtsform einer solchen Einrichtung, gleich, ob es sich um eine Zweigstelle oder eine Tochtergesellschaft mit eigener Rechtspersönlichkeit handelt, ist dabei nicht ausschlaggebend.

(23) Damit einer natürlichen Person der gemäß dieser Verordnung gewährleistete Schutz nicht vorenthalten wird, sollte die Verarbeitung personenbezogener Daten von betroffenen Personen, die sich in der Union befinden, durch einen nicht in der Union niedergelassenen Verantwortlichen oder Auftragsverarbeiter dieser Verordnung unterliegen, wenn die Verarbeitung dazu dient, diesen betroffenen Personen gegen Entgelt oder unentgeltlich Waren oder Dienstleistungen anzubieten. Um festzustellen, ob dieser Verantwortliche oder Auftragsverarbeiter betroffenen Personen, die sich in der Union befinden, Waren oder Dienstleistungen anbietet, sollte festgestellt werden, ob der Verantwortliche oder Auftragsverarbeiter offensichtlich beabsichtigt, betroffenen Personen in einem oder mehreren Mitgliedstaaten der Union Dienstleistungen anzubieten. Während die bloße Zugänglichkeit der Website des Verantwortlichen, des Auftragsverarbeiters oder eines Vermittlers in der Union, einer E-Mail-Adresse oder anderer Kontaktdaten oder die Verwendung einer Sprache, die in dem Drittland, in dem der Verantwortliche niedergelassen ist, allgemein gebräuchlich ist, hierfür kein ausreichender Anhaltspunkt ist, können andere Faktoren wie die Verwendung einer Sprache oder Währung, die in einem oder mehreren Mitgliedstaaten gebräuchlich ist, in Verbindung mit der Möglichkeit, Waren und Dienstleistungen in dieser anderen Sprache zu bestellen, oder die Erwähnung von Kunden oder Nutzern, die sich in der Union befinden, darauf hindeuten, dass der Verantwortliche beabsichtigt, den Personen in der Union Waren oder Dienstleistungen anzubieten.

(24) Die Verarbeitung personenbezogener Daten von betroffenen Personen, die sich in der Union befinden, durch einen nicht in der Union niedergelassenen Verantwortlichen oder Auftragsverarbeiter sollte auch dann dieser Verordnung unterliegen, wenn sie dazu dient, das Verhalten dieser betroffenen Personen zu beobachten, soweit ihr Verhalten in der Union erfolgt. Ob eine Verarbeitungstätigkeit der Beobachtung des Verhaltens von betroffenen Personen gilt, sollte daran festgemacht werden, ob ihre Internetaktivitäten nachvollzogen werden, einschließlich der möglichen nachfolgenden Verwendung von Techniken zur Verarbeitung personenbezogener Daten, durch die von einer natürlichen Person ein Profil erstellt wird, das insbesondere die Grundlage für sie betreffende Entscheidungen bildet oder

oder eines Auftragsverarbeiters in der Union erfolgt, unabhängig davon, ob die Verarbeitung in der Union stattfindet.

(2) Diese Verordnung findet Anwendung auf die Verarbeitung personenbezogener Daten von betroffenen Personen, die sich in der Union befinden, durch einen nicht in der Union niedergelassenen Verantwortlichen oder Auftragsverarbeiter, wenn die Datenverarbeitung im Zusammenhang damit steht,

a) betroffenen Personen in der Union Waren oder Dienstleistungen anzubieten, unabhängig davon, ob von diesen betroffenen Personen eine Zahlung zu leisten ist;

b) das Verhalten betroffener Personen zu beobachten, soweit ihr Verhalten in der Union erfolgt.

(3) Diese Verordnung findet Anwendung auf die Verarbeitung personenbezogener Daten durch einen nicht in der Union niedergelassenen Verantwortlichen an einem Ort, der aufgrund Völkerrechts dem Recht eines Mitgliedstaats unterliegt.

III. Innerstaatliches Recht

1. Verbraucherschutz

94. Bürgerliches Gesetzbuch

IdF vom 2. Januar 2002 (BGBl. I, S. 42)

Abschnitt 2. Gestaltung rechtsgeschäftlicher Schuldverhältnisse durch Allgemeine Geschäftsbedingungen

§§ 305–309. *(nicht abgedruckt)*

§ 310. Anwendungsbereich. (1)–(2) *(nicht abgedruckt)*

(3) Bei Verträgen zwischen einem Unternehmer und einem Verbraucher (Verbraucherverträge) finden die Vorschriften dieses Abschnitts mit folgenden Maßgaben Anwendung:

1. *(nicht abgedruckt)*
2. § 305c Abs. 2 und die §§ 306 und 307 bis 309 dieses Gesetzes sowie Artikel 46b des Einführungsgesetzes zum Bürgerlichen Gesetzbuche[1]

---

anhand dessen ihre persönlichen Vorlieben, Verhaltensweisen oder Gepflogenheiten analysiert oder vorausgesagt werden sollen.

(25) Ist nach Völkerrecht das Recht eines Mitgliedstaats anwendbar, z. B. in einer diplomatischen oder konsularischen Vertretung eines Mitgliedstaats, so sollte die Verordnung auch auf einen nicht in der Union niedergelassenen Verantwortlichen Anwendung finden.

[1] Abgedruckt unter Nr. *1;* Verweisung geändert durch Gesetz v. 25.6.2009 (BGBl. I, S. 1574) mit Wirkung v. 17.12.2009.

finden auf vorformulierte Vertragsbedingungen auch dann Anwendung, wenn diese nur zur einmaligen Verwendung bestimmt sind und soweit der Verbraucher auf Grund der Vorformulierung auf ihren Inhalt keinen Einfluss nehmen konnte;

3. *(nicht abgedruckt)*

Abschnitt 8. Einzelne Schuldverhältnisse

Titel 2.[2] Teilzeit-Wohnrechteverträge, Verträge über langfristige Urlaubsprodukte, Vermittlungsverträge und Tauschsystemverträge

§ 483. Sprache des Vertrags und der vorvertraglichen Information.

(1) Der Teilzeit-Wohnrechtevertrag, der Vertrag über ein langfristiges Urlaubsprodukt, der Vermittlungsvertrag oder der Tauschsystemvertrag ist in der Amtssprache oder, wenn es dort mehrere Amtssprachen gibt, in der vom Verbraucher gewählten Amtssprache des Mitgliedstaats der Europäischen Union oder des Vertragsstaats des Übereinkommens über den Europäischen Wirtschaftsraum abzufassen, in dem der Verbraucher seinen Wohnsitz hat. Ist der Verbraucher Angehöriger eines anderen Mitgliedstaats, so kann er statt der Sprache seines Wohnsitzstaats auch die oder eine der Amtssprachen des Staats, dem er angehört, wählen. Die Sätze 1 und 2 gelten auch für die vorvertraglichen Informationen und für die Widerrufsbelehrung.

(2) Ist der Vertrag von einem deutschen Notar zu beurkunden, so gelten die §§ 5 und 16 des Beurkundungsgesetzes mit der Maßgabe, dass dem Verbraucher eine beglaubigte Übersetzung des Vertrags in der von ihm nach Absatz 1 gewählten Sprache auszuhändigen ist.

(3) Verträge, die Absatz 1 Satz 1 und 2 oder Absatz 2 nicht entsprechen, sind nichtig.

2. Transportrecht

95. Handelsgesetzbuch

Vom 10. Mai 1897 (RGBl. I, S. 219)

§ 449.[1] Abweichende Vereinbarungen über die Haftung. (1) Soweit der Frachtvertrag nicht die Beförderung von Briefen oder briefähnlichen Sendungen zum Gegenstand hat, kann von den Haftungsvorschriften in § 413 Absatz 2, den §§ 414, 418 Absatz 6, § 422 Absatz 3, den §§ 425 bis

---

[2] Titel 2 neu gefasst durch Gesetz v. 17.1.2011 (BGBl. I, 34) mit Wirkung v. 23.2.2011.

[1] § 449 neu gefasst durch Gesetz v. 20.4.2013 (BGBl. I, S. 831) mit Wirkung v. 25.4.2013.

438, 445 Absatz 3 und § 446 Absatz 2 nur durch Vereinbarung abgewichen werden, die im Einzelnen ausgehandelt wird, auch wenn sie für eine Mehrzahl von gleichartigen Verträgen zwischen denselben Vertragsparteien getroffen wird. Der Frachtführer kann sich jedoch auf eine Bestimmung im Ladeschein, die von den in Satz 1 genannten Vorschriften zu Lasten des aus dem Ladeschein Berechtigten abweicht, nicht gegenüber einem im Ladeschein benannten Empfänger, an den der Ladeschein begeben wurde, sowie gegenüber einem Dritten, dem der Ladeschein übertragen wurde, berufen.

(2) Abweichend von Absatz 1 kann die vom Frachtführer zu leistende Entschädigung wegen Verlust oder Beschädigung des Gutes auch durch vorformulierte Vertragsbedingungen auf einen anderen als den in § 431 Absatz 1 und 2 vorgesehenen Betrag begrenzt werden, wenn dieser Betrag

1. zwischen 2 und 40 Rechnungseinheiten liegt und der Verwender der vorformulierten Vertragsbedingungen seinen Vertragspartner in geeigneter Weise darauf hinweist, dass diese einen anderen als den gesetzlich vorgesehenen Betrag vorsehen, oder
2. für den Verwender der vorformulierten Vertragsbedingungen ungünstiger ist als der in § 431 Absatz 1 und 2 vorgesehene Betrag.

Ferner kann abweichend von Absatz 1 durch vorformulierte Vertragsbedingungen die vom Absender nach § 414 zu leistende Entschädigung der Höhe nach beschränkt werden.

(3) Ist der Absender ein Verbraucher, so kann in keinem Fall zu seinem Nachteil von den in Absatz 1 Satz 1 genannten Vorschriften abgewichen werden, es sei denn, der Frachtvertrag hat die Beförderung von Briefen oder briefähnlichen Sendungen zum Gegenstand.

(4) Unterliegt der Frachtvertrag ausländischem Recht, so sind die Absätze 1 bis 3 gleichwohl anzuwenden, wenn nach dem Vertrag sowohl der Ort der Übernahme als auch der Ort der Ablieferung des Gutes im Inland liegen.[2]

§ 452a.[3] Bekannter Schadensort. Steht fest, dass der Verlust, die Beschädigung oder das Ereignis, das zu einer Überschreitung der Lieferfrist geführt hat, auf einer bestimmten Teilstrecke eingetreten ist, so bestimmt sich die Haftung des Frachtführers abweichend von den Vorschriften des Ersten Unterabschnitts nach den Rechtsvorschriften, die auf einen Vertrag über eine Beförderung auf dieser Teilstrecke anzuwenden wären. Der Beweis dafür, dass der Verlust, die Beschädigung oder das zu einer Überschreitung der Lieferfrist führende Ereignis auf einer bestimmten Teilstrecke eingetreten ist, obliegt demjenigen, der dies behauptet.

---

[2] Eine dem § 449 Abs. 4 entsprechende Vorschrift enthält auch § 451h Abs. 3 HGB.
[3] § 452a neu gefasst durch Gesetz v. 25.6.1998 (BGBl. I, S. 1588).

3. Arbeitsrecht

96. Gesetz über zwingende Arbeitsbedingungen für grenzüberschreitend entsandte und für regelmäßig im Inland beschäftigte Arbeitnehmer und Arbeitnehmerinnen (Arbeitnehmer-Entsendegesetz – AEntG)

Vom 20. April 2009[1] (BGBl. I, S. 799)

Abschnitt 1. Zielsetzung

§ 1.[2] Zielsetzung. Ziele des Gesetzes sind die Schaffung und Durchsetzung angemessener Mindestarbeitsbedingungen für grenzüberschreitend entsandte und für regelmäßig im Inland beschäftigte Arbeitnehmer und Arbeitnehmerinnen sowie die Gewährleistung fairer und funktionierender Wettbewerbsbedingungen durch die Erstreckung der Rechtsnormen von Branchentarifverträgen. Dadurch sollen zugleich sozialversicherungspflichtige Beschäftigung erhalten und die Ordnungs- und Befriedungsfunktion der Tarifautonomie gewahrt werden.

Abschnitt 2. Allgemeine Arbeitsbedingungen

§ 2.[3] Allgemeine Arbeitsbedingungen. (1) Die in Rechts- oder Verwaltungsvorschriften enthaltenen Regelungen über folgende Arbeitsbedingungen sind auch auf Arbeitsverhältnisse zwischen einem im Ausland ansässigen Arbeitgeber und seinen im Inland beschäftigten Arbeitnehmern und Arbeitnehmerinnen zwingend anzuwenden:

1. die Entlohnung einschließlich der Überstundensätze ohne die Regelungen über die betriebliche Altersversorgung,
2. der bezahlte Mindestjahresurlaub,
3. die Höchstarbeitszeiten und Mindestruhezeiten,
4. die Bedingungen für die Überlassung von Arbeitskräften, insbesondere durch Leiharbeitsunternehmen,
5. die Sicherheit, der Gesundheitsschutz und die Hygiene am Arbeitsplatz, einschließlich der Anforderungen an die Unterkünfte von Arbeitnehmern und Arbeitnehmerinnen, wenn sie vom Arbeitgeber für Arbeit-

---

[1] Das Gesetz ist am 24.4.2009 in Kraft getreten. Gleichzeitig trat das Arbeitnehmer-Entsendegesetz v. 26.2.1996 außer Kraft. Das Gesetz ist hier abgedruckt idF des Gesetzes v. 10.7.2020 (BGBl. I, S. 1657).

[2] § 1 Satz 1 geändert durch Gesetz v. 11.8.2014 (BGBl. I, S. 1348) mit Wirkung v. 16.8.2014.

[3] § 2 neu gefasst durch Gesetz v. 20.7.2020 (BGBl. I, S. 1657), mit Wirkung v. 30.7.2020.

nehmer und Arbeitnehmerinnen, die von ihrem regelmäßigen Arbeitsplatz entfernt eingesetzt werden, unmittelbar oder mittelbar, entgeltlich oder unentgeltlich zur Verfügung gestellt werden,

6. die Schutzmaßnahmen im Zusammenhang mit den Arbeits- und Beschäftigungsbedingungen von Schwangeren und Wöchnerinnen, Kindern und Jugendlichen,
7. die Gleichbehandlung der Geschlechter sowie andere Nichtdiskriminierungsbestimmungen und
8. die Zulagen oder die Kostenerstattung zur Deckung der Reise-, Unterbringungs- und Verpflegungskosten für Arbeitnehmer und Arbeitnehmerinnen, die aus beruflichen Gründen von ihrem Wohnort entfernt sind.

(2) Ein Arbeitgeber mit Sitz im Ausland beschäftigt einen Arbeitnehmer oder eine Arbeitnehmerin auch dann im Inland, wenn er ihn oder sie einem Entleiher mit Sitz im Ausland oder im Inland überlässt und der Entleiher den Arbeitnehmer oder die Arbeitnehmerin im Inland beschäftigt.

(3) Absatz 1 Nummer 8 gilt für Arbeitgeber mit Sitz im Ausland, wenn der Arbeitnehmer oder die Arbeitnehmerin

1. zu oder von seinem oder ihrem regelmäßigen Arbeitsort im Inland reisen muss oder
2. von dem Arbeitgeber von seinem oder ihrem regelmäßigen Arbeitsort im Inland vorübergehend zu einem anderen Arbeitsort geschickt wird.

§ 2a.[4] **Gegenstand der Entlohnung.** Entlohnung im Sinne von § 2 Absatz 1 Nummer 1 sind alle Bestandteile der Vergütung, die der Arbeitnehmer oder die Arbeitnehmerin vom Arbeitgeber in Geld oder als Sachleistung für die geleistete Arbeit erhält. Zur Entlohnung zählen insbesondere die Grundvergütung, einschließlich Entgeltbestandteilen, die an die Art der Tätigkeit, Qualifikation und Berufserfahrung der Arbeitnehmer und Arbeitnehmerinnen und die Region anknüpfen, sowie Zulagen, Zuschläge und Gratifikationen, einschließlich Überstundensätzen. Die Entlohnung umfasst auch Regelungen zur Fälligkeit der Entlohnung einschließlich Ausnahmen und deren Voraussetzungen.

§ 2b.[5] **Anrechenbarkeit von Entsendezulagen.** (1) Erhält der Arbeitnehmer oder die Arbeitnehmerin vom Arbeitgeber mit Sitz im Ausland eine Zulage für die Zeit der Arbeitsleistung im Inland (Entsendezulage), kann diese auf die Entlohnung nach § 2 Absatz 1 Nummer 1 angerechnet werden. Dies gilt nicht, soweit die Entsendezulage zur Erstattung von Kosten gezahlt wird, die infolge der Entsendung tatsächlich entstanden sind

[4] § 2a eingefügt durch Gesetz v. 10.7.2020 (BGBl. I, S. 1657) mit Wirkung v. 30.7.2020.
[5] § 2b eingefügt durch Gesetz v. 10.7.2020 (BGBl. I, S. 1657) mit Wirkung v. 30.7.2020.

(Entsendekosten). Als Entsendekosten gelten insbesondere Reise-, Unterbringungs- und Verpflegungskosten.

(2) Legen die für das Arbeitsverhältnis geltenden Arbeitsbedingungen nicht fest, welche Bestandteile einer Entsendezulage als Erstattung von Entsendekosten gezahlt werden oder welche Bestandteile einer Entsendezulage Teil der Entlohnung sind, wird unwiderleglich vermutet, dass die gesamte Entsendezulage als Erstattung von Entsendekosten gezahlt wird.

Abschnitt 3. Tarifvertragliche Arbeitsbedingungen

§ 3.[6] **Tarifvertragliche Arbeitsbedingungen.** Die Rechtsnormen eines bundesweiten Tarifvertrages finden unter den Voraussetzungen der §§ 4–6 auch auf Arbeitsverhältnisse zwischen einem Arbeitgeber mit Sitz im Ausland und seinen im räumlichen Geltungsbereich dieses Tarifvertrages beschäftigten Arbeitnehmern und Arbeitnehmerinnen zwingend Anwendung, wenn

1. der Tarifvertrag für allgemeinverbindlich erklärt ist oder
2. eine Rechtsverordnung nach § 7 oder § 7a vorliegt.

§ 2 Absatz 2 gilt entsprechend. Eines bundesweiten Tarifvertrages be-darf es nicht, soweit Arbeitsbedingungen im Sinne des § 5 Nummer 2, 3 oder 4 Gegenstand tarifvertraglicher Regelungen sind, die zusammengefasst räumlich den gesamten Geltungsbereich dieses Gesetzes abdecken.

§ 4.[7] **Branchen.** (1) § 3 Satz 1 Nummer 2 gilt für Tarifverträge

1. des Bauhauptgewerbes oder des Baunebengewerbes im Sinne der Baubetriebe-Verordnung vom 28. Oktober 1980 (BGBl. I S. 2033), zuletzt geändert durch die Verordnung vom 26. April 2006 (BGBl. I S. 1085), in der jeweils geltenden Fassung einschließlich der Erbringung von Montageleistungen auf Baustellen außerhalb des Betriebssitzes,
2. der Gebäudereinigung,
3. für Briefdienstleistungen,
4. für Sicherheitsdienstleistungen,
5. für Bergbauspezialarbeiten auf Steinkohlebergwerken,
6. für Wäschereidienstleistungen im Objektkundengeschäft,
7. der Abfallwirtschaft einschließlich Straßenreinigung und Winterdienst,

---

[6] § 3 Satz 1 geändert durch Gesetz v. 11.8.2014 (BGBl. I, S. 1348) mit Wirkung v. 16.8.2014. Satz 2 geändert durch Gesetz v. 11.7.2019 (BGBl. I, S. 1066) mit Wirkung v. 18.7.2019; Satz 1 geändert, Satz 2 eingefügt, bisheriger Satz 2 wird Satz 3 durch Gesetz v. 10.7.2020 (BGBl. I, S. 1657) mit Wirkung v. 30.7.2020.

[7] § 4 Nr. 7 und 8 geändert, Nr. 9 angefügt durch Gesetz v. 24.5.2014 (BGBl. I, S. 538) mit Wirkung v. 29.5.2014; Überschrift geändert, Abs. 2 angefügt durch Gesetz v. 11.8.2014 (BGBl. I, S. 1348) mit Wirkung v. 16.8.2014. Abs. 1 einl. Satzteil und Abs. 2 geändert durch Gesetz v. 10.7.2020 (BGBl. I. S. 1657) mit Wirkung v. 30.7.2020.

8. für Aus- und Weiterbildungsdienstleistungen nach dem Zweiten oder Dritten Buch Sozialgesetzbuch und
9. für Schlachten und Fleischverarbeitung.

(2) § 3 Satz 1 Nummer 2 gilt darüber hinaus für Tarifverträge aller anderen als der in Absatz 1 genannten Branchen, wenn die Erstreckung der Rechtsnormen des Tarifvertrages im öffentlichen Interesse geboten erscheint, um die in § 1 genannten Gesetzesziele zu erreichen und dabei insbesondere einem Verdrängungswettbewerb über die Lohnkosten entgegen zu wirken.

§ 5.[8] **Arbeitsbedingungen.** Gegenstand eines Tarifvertrages nach § 3 können sein

1. Mindestentgeltsätze, die nach Art der Tätigkeit, Qualifikation der Arbeitnehmer und Arbeitnehmerinnen und Regionen differieren können, einschließlich der Überstundensätze, wobei die Differenzierung nach Art der Tätigkeit und Qualifikation insgesamt bis zu drei Stufen umfassen kann,

1a. die über Nummer 1 hinausgehenden Entlohnungsbestandteile nach § 2 Absatz 1 Nummer 1,

2. die Dauer des Erholungsurlaubs, das Urlaubsentgelt oder ein zusätzliches Urlaubsgeld,
3. die Einziehung von Beiträgen und die Gewährung von Leistungen im Zusammenhang mit Urlaubsansprüchen nach Nummer 2 durch eine gemeinsame Einrichtung der Tarifvertragsparteien, wenn sichergestellt ist, dass der ausländische Arbeitgeber nicht gleichzeitig zu Beiträgen zu der gemeinsamen Einrichtung der Tarifvertragsparteien und zu einer vergleichbaren Einrichtung im Staat seines Sitzes herangezogen wird und das Verfahren der gemeinsamen Einrichtung der Tarifvertragsparteien eine Anrechnung derjenigen Leistungen vorsieht, die der ausländische Arbeitgeber zur Erfüllung des gesetzlichen, tarifvertraglichen oder einzelvertraglichen Urlaubsanspruchs seines Arbeitnehmers oder seiner Arbeitnehmerin bereits erbracht hat,
4. die Anforderungen an die Unterkünfte von Arbeitnehmern und Arbeitnehmerinnen, wenn sie vom Arbeitgeber für Arbeitnehmer und Arbeitnehmerinnen, die von ihrem regelmäßigen Arbeitsplatz entfernt eingesetzt werden, unmittelbar oder mittelbar, entgeltlich oder unentgeltlich zur Verfügung gestellt werden, und
5. Arbeitsbedingungen im Sinne des § 2 Nr. 3 bis 8.

---

[8] § 5 Satz 2 angefügt durch Gesetz v. 11.8.2014 (BGBl. I, S. 1348) mit Wirkung v. 16.8.2014; Satz 1 Nr. 3 geändert, Nr. 4 eingefügt, bisherige Nr. 4 wird Nr. 5 durch Gesetz v. 11.7.2019 (BGBl. I, S. 1066) mit Wirkung v. 18.7.2019. Satz 1 Nr. 1, 4 und 5 geändert, Nr. 1a eingefügt durch Gesetz v. 10.7.2020 (BGBl. I, S. 1657) mit Wirkung v. 30.7.2020.

Die Arbeitsbedingungen nach Satz 1 Nummer 1 bis 3 umfassen auch Regelungen zur Fälligkeit entsprechender Ansprüche einschließlich hierzu vereinbarter Ausnahmen und deren Voraussetzungen.

§§ 6–7a. *(nicht abgedruckt)*

§ 8.[9] **Pflichten des Arbeitgebers zur Gewährung von Arbeitsbedingungen.** (1) Arbeitgeber mit Sitz im In- oder Ausland, die unter den Geltungsbereich eines für allgemeinverbindlich erklärten Tarifvertrages nach § 3 Satz 1 Nummer 1 oder einer Rechtsverordnung nach § 7 oder § 7a fallen, sind verpflichtet, ihren Arbeitnehmern und Arbeitnehmerin-nen mindestens die in dem Tarifvertrag für den Beschäftigungsort vorgeschriebenen Arbeitsbedingungen zu gewähren sowie einer gemeinsamen Einrichtung der Tarifvertragsparteien die ihr nach § 5 Nr. 3 zustehenden Beiträge zu leisten. Satz 1 gilt unabhängig davon, ob die entsprechende Verpflichtung kraft Tarifbindung nach § 3 des Tarifvertragsgesetzes oder kraft Allgemeinverbindlicherklärung nach § 5 des Tarifvertragsgesetzes oder aufgrund einer Rechtsverordnung nach § 7 oder § 7a besteht.

(2) Ein Arbeitgeber ist verpflichtet, einen Tarifvertrag nach § 3 Satz 1 Nummer 1, soweit er Arbeitsbedingungen nach § 5 Satz 1 Nummer 2 bis 4 enthält, sowie einen Tarifvertrag, der durch Rechtsverordnung nach § 7 oder § 7a auf nicht an ihn gebundene Arbeitgeber sowie Arbeitnehmer und Arbeitnehmerinnen erstreckt wird, auch dann einzuhalten, wenn er nach § 3 des Tarifvertragsgesetzes oder kraft Allgemeinverbindlicherklärung nach § 5 des Tarifvertragsgesetzes an einen anderen Tarifvertrag gebunden ist.

(3) Wird ein Leiharbeitnehmer oder eine Leiharbeitnehmerin vom Entleiher mit Tätigkeiten beschäftigt, die in den Geltungsbereich eines Tarifvertrages nach § 3 Satz 1 Nummer 1, soweit er Arbeitsbedingungen nach § 5 Satz 1 Nummer 2 bis 4 enthält, oder einer Rechtsverordnung nach § 7 oder § 7a fallen, hat der Verleiher zumindest die in diesem Tarifvertrag oder in dieser Rechtsverordnung vorgeschriebenen Arbeitsbedingungen zu gewähren sowie die der gemeinsamen Einrichtung nach diesem Tarifvertrag zustehenden Beiträge zu leisten; dies gilt auch dann, wenn der Betrieb des Entleihers nicht in den fachlichen Geltungsbereich dieses Tarifvertrages oder dieser Rechtsverordnung fällt.

§ 9.[10] **Verzicht, Verwirkung.** Ein Verzicht auf den aufgrund einer Rechtsverordnung nach § 7 oder § 7a entstandenen Anspruch der Arbeitnehmer und Arbeitnehmerinnen auf Mindestentgeltsätze nach § 5 Satz 1 Nummer 1 ist nur durch gerichtlichen Vergleich zulässig; im Übrigen ist ein Ver-

[9] § 8 Abs. 1 Sätze 1 und 2 geändert, Abs. 2 neu gefasst, Abs. 3 geändert durch Gesetz v. 11.8.2014 (BGBl. I, S. 1348) mit Wirkung v. 16.8.2014. Abs. 1 S. 1, Abs. 2 und 3 geändert durch Gesetz v. 10.7.2020 (BGBl. I, S. 1657) mit Wirkung v. 30.7.2020.

[10] § 9 neu gefasst durch Gesetz v. 10.7.2020 (BGBl. I, S. 1657) mit Wirkung v. 30.7.2020.

zicht ausgeschlossen. Die Verwirkung des in Satz 1 genannten Anspruchs ist ausgeschlossen. Ausschlussfristen für die Geltendmachung des in Satz 1 genannten Anspruchs können ausschließlich in dem der Rechtsverordnung nach § 7 oder § 7a zugrunde liegenden Tarifvertrag geregelt werden; die Frist muss mindestens sechs Monate betragen.

Abschnitt 4. Arbeitsbedingungen in der Pflegebranche

§§ 10–13. *(nicht abgedruckt)*

Abschnitt 5. Zivilrechtliche Durchsetzung

§ 14. Haftung des Auftraggebers. Ein Unternehmer, der einen anderen Unternehmer mit der Erbringung von Werk- oder Dienstleistungen beauftragt, haftet für die Verpflichtungen dieses Unternehmers, eines Nachunternehmers oder eines von dem Unternehmer oder einem Nachunternehmer beauftragten Verleihers zur Zahlung des Mindestentgelts an Arbeitnehmer oder Arbeitnehmerinnen oder zur Zahlung von Beiträgen an eine gemeinsame Einrichtung der Tarifvertragsparteien nach § 8 wie ein Bürge, der auf die Einrede der Vorausklage verzichtet hat. Das Mindestentgelt im Sinne des Satzes 1 umfasst nur den Betrag, der nach Abzug der Steuern und der Beiträge zur Sozialversicherung und zur Arbeitsförderung oder entsprechender Aufwendungen zur sozialen Sicherung an Arbeitnehmer oder Arbeitnehmerinnen auszuzahlen ist (Nettoentgelt).

§ 15.[11] *(nicht abgedruckt)*

Abschnitt 6. Kontrolle und Durchsetzung durch staatliche Behörden

§§ 16–25. *(nicht abgedruckt)*

4. Elektronischer Geschäftsverkehr

97. Telemediengesetz

Vom 26. Februar 2007[1] (BGBl. I, S. 179)

§ 1. Anwendungsbereich.[2] (1)–(4) *(nicht abgedruckt)*

---

[11] Abgedruckt unter Nr. *174.*

[1] Das Gesetz ist am 1.3.2007 in Kraft getreten (BGBl. I, S. 251). Das Gesetz ersetzt gem. Art. 5 des Gesetzes zur Vereinheitlichung des elektronischen Geschäftsverkehrs v. 26.2.2007 (BGBl. I, S. 179) das TeledienstеG v. 22.7.1997 (BGBl. I, S. 1870).

[2] § 1 Abs. 6 angefügt durch Gesetz v. 31.5.2010 (BGBl. I, S. 692) mit Wirkung v. 5.6.2010; Abs. 6 geändert durch Gesetz v. 23.6.2021 (BGBl. I, S. 1858) mit Wirkung v. 1.12.2021.

(5) Dieses Gesetz trifft weder Regelungen im Bereich des internationalen Privatrechts noch regelt es die Zuständigkeit der Gerichte.

(6) Die besonderen Bestimmungen dieses Gesetzes für audiovisuelle Mediendienste auf Abruf gelten nicht für Dienste, die

1. ausschließlich zum Empfang in Drittländern bestimmt sind und
2. nicht unmittelbar oder mittelbar von der Allgemeinheit mit handelsüblichen Verbraucherendgeräten in einem Mitgliedstaat empfangen werden.

§ 2. *(nicht abgedruckt)*

§ 2a.[3] **Europäisches Sitzland.** (1) Sitzland des Diensteanbieters im Sinne dieses Gesetzes ist der Mitgliedstaat, in dessen Hoheitsgebiet der Diensteanbieter niedergelassen ist.

(2) Abweichend von Absatz 1 gilt bei audiovisuellen Mediendiensten ein Mitgliedstaat als Sitzland des Diensteanbieters, in dem die Hauptverwaltung des Diensteanbieters liegt und die redaktionellen Entscheidungen über den audiovisuellen Mediendienst getroffen werden. Werden die redaktionellen Entscheidungen über den audiovisuellen Mediendienst in einem anderen Mitgliedstaat als dem Sitz der Hauptverwaltung getroffen, so gilt als Sitzland des Diensteanbieters

1. derjenige dieser beiden Mitgliedstaaten, in dem ein erheblicher Teil des Personals des Diensteanbieters, das mit der Durchführung der programmbezogenen Tätigkeiten des audiovisuellen Mediendienstes betraut ist, tätig ist,
2. der Mitgliedstaat, in dem die Hauptverwaltung des Diensteanbieters liegt, wenn ein erheblicher Teil des Personals des audiovisuellen Mediendiensteanbieters, das mit der Ausübung der sendungsbezogenen Tätigkeiten betraut ist, in jedem dieser Mitgliedstaaten tätig ist oder
3. der Mitgliedstaat, in dem der Diensteanbieter zuerst mit seiner Tätigkeit nach Maßgabe des Rechts dieses Mitgliedstaats begonnen hat, sofern eine dauerhafte und tatsächliche Verbindung mit der Wirtschaft dieses Mitgliedstaats fortbesteht, wenn ein erheblicher Teil des Personals des audiovisuellen Mediendiensteanbieters, das mit der Ausübung der sendungsbezogenen Tätigkeiten betraut ist, in keinem dieser Mitgliedstaaten tätig ist.

Werden die redaktionellen Entscheidungen über den audiovisuellen Mediendienst in einem Drittstaat getroffen, gilt der Mitgliedstaat als Sitzland, in dem die Hauptverwaltung des Diensteanbieters liegt. Liegt die Hauptverwaltung des Diensteanbieters in einem Drittstaat und werden die redak-

---

[3] § 2a neu gefasst durch Gesetz v. 21.7.2016 (BGBl. I, S. 1766) mit Wirkung v. 27.7.2016. Abs. 1–3 neu gefasst, Abs. 4–8 angefügt durch Gesetz v. 19.11.2020 (BGBl. I, S. 2456) mit Wirkung v. 27.11.2020.

tionellen Entscheidungen über den audiovisuellen Mediendienst in einem Mitgliedstaat getroffen, gilt der Mitgliedstaat als Sitzland, in dem ein erheblicher Teil des mit der Bereitstellung des audiovisuellen Mediendienstes betrauten Personals tätig ist.

(3) Für audiovisuelle Mediendiensteanbieter, die nicht bereits aufgrund ihrer Niederlassung der Rechtshoheit eines Mitgliedstaats unterliegen, gilt ein Mitgliedstaat als Sitzland, wenn sie

1. eine in diesem Mitgliedstaat gelegene Satelliten-Bodenstation für die Aufwärtsstrecke nutzen oder
2. zwar keine in diesem Mitgliedstaat gelegene Satelliten-Bodenstation für die Aufwärtsstrecke, aber eine diesem Mitgliedstaat zugewiesene Übertragungskapazität eines Satelliten nutzen.

Liegt keines dieser beiden Kriterien vor, gilt der Mitgliedstaat auch als Sitzland für einen audiovisuellen Diensteanbieter, in dem dieser gemäß den Artikeln 49bis 55 des Vertrages über die Arbeitsweise der Europäischen Union niedergelassen ist.

(4) Ist ein Videosharingplattform-Anbieter nicht im Hoheitsgebiet eines Mitgliedstaats niedergelassen, so gilt derjenige Mitgliedstaat abweichend von Absatz 1 als Sitzland, in dessen Hoheitsgebiet

1. ein Mutterunternehmen oder ein Tochterunternehmen des Videosharingplattform-Anbieters oder
2. ein anderes Unternehmen einer Gruppe, von welcher der Videosharingplattform-Anbieter ein Teil ist,

niedergelassen ist.

(5) Sind in den Fällen des Absatzes 4 das Mutterunternehmen, das Tochterunternehmen oder die anderen Unternehmen der Gruppe jeweils in verschiedenen Mitgliedstaaten niedergelassen, so gilt der Videosharingplattform-Anbieter als in dem Mitgliedstaat niedergelassen,

1. in dem sein Mutterunternehmen niedergelassen ist oder
2. mangels einer solchen Niederlassung in dem sein Tochterunternehmen niedergelassen ist, oder
3. mangels einer solchen Niederlassung in dem das oder die anderen Unternehmen der Gruppe niedergelassen ist oder sind.

(6) Gibt es mehrere Tochterunternehmen und ist jedes dieser Tochterunternehmen in einem anderen Mitgliedstaat niedergelassen, so gilt der Videosharingplattform-Anbieter als in dem Mitgliedstaat niedergelassen, in dem eines der Tochterunternehmen zuerst seine Tätigkeit aufgenommen hat, sofern eine dauerhafte und tatsächliche Verbindung mit der Wirtschaft dieses Mitgliedstaats besteht.

(7) Gibt es mehrere andere Unternehmen, die Teil der Gruppe sind und von denen jedes in einem anderen Mitgliedstaat niedergelassen ist, so gilt der Videosharingplattform-Anbieter als in dem Mitgliedstaat niedergelassen, in dem eines dieser Unternehmen zuerst seine Tätigkeit aufgenommen hat,

sofern eine dauerhafte und tatsächliche Verbindung mit der Wirtschaft dieses Mitgliedstaats besteht.

(8) Treten zwischen der zuständigen Behörde und einer Behörde eines anderen Mitgliedstaats Meinungsverschiedenheiten darüber auf, welcher Mitgliedstaat Sitzland des Diensteanbieters nach den Absätzen 2 bis 7 ist oder als solcher gilt, so bringt die zuständige Behörde dies der Europäischen Kommission unverzüglich zur Kenntnis.

§ 3. Herkunftslandprinzip.[4] (1) In Deutschland nach § 2a TMG niedergelassene Diensteanbieter und ihre Telemedien unterliegen den Anforderungen des deutschen Rechts auch dann, wenn die Telemedien innerhalb des Geltungsbereichs der Richtlinie 2000/31/EG des Europäischen Parlaments und des Rates vom 8. Juni 2000 über bestimmte rechtliche Aspekte der Dienste der Informationsgesellschaft, insbesondere des elektronischen Geschäftsverkehrs, im Binnenmarkt (Richtlinie über den elektronischen Geschäftsverkehr) (ABl. L 178 vom 17.7.2000, S. 1) und der Richtlinie 2010/13/EU in einem anderen Mitgliedstaat geschäftsmäßig angeboten oder verbreitet werden.

(2) Der freie Dienstleistungsverkehr von Telemedien, die innerhalb des Geltungsbereichs der Richtlinie 2000/31/EG und der Richtlinie 2010/13/EU in Deutschland von Diensteanbietern, die in einem anderen Mitgliedstaat niedergelassen sind, geschäftsmäßig angeboten oder verbreitet werden, wird vorbehaltlich der Absätze 5 und 6 nicht eingeschränkt.

(3) Von den Absätzen 1 und 2 bleiben unberührt

1. die Freiheit der Rechtswahl,
2. die Vorschriften für vertragliche Schuldverhältnisse in Bezug auf Verbraucherverträge,
3. gesetzliche Vorschriften über die Form des Erwerbs von Grundstücken und grundstücksgleichen Rechten sowie der Begründung, Übertragung, Änderung oder Aufhebung von dinglichen Rechten an Grundstücken und grundstücksgleichen Rechten,
4. das für den Schutz personenbezogener Daten geltende Recht.

(4) Die Absätze 1 und 2 gelten nicht für

1. die Tätigkeit von Notaren sowie von Angehörigen anderer Berufe, soweit diese ebenfalls hoheitlich tätig sind,
2. die Vertretung von Mandanten und die Wahrnehmung ihrer Interessen vor Gericht,

---

[4] § 3 Abs. 1 neu gefasst, Abs. 2, Abs. 5 Satz 1 und 2 geändert durch Gesetz v. 31.5.2010 (BGBl. I, S. 692) mit Wirkung v. 5.6.2010; Abs. 4 Nr. 9 geändert durch G v. 1.4.2015 (BGBl. I, S. 434) mit Wirkung v. 1.1.2016; Abs. 1 und 2, Abs. 4 Nr. 9 sowie Abs. 5 neu gefasst und Abs. 6 angefügt durch Gesetz v. 19.11.2020 (BGBl. I, S. 2456) mit Wirkung v. 27.11.2020.

3. die Zulässigkeit nicht angeforderter kommerzieller Kommunikationen durch elektronische Post,
4. Gewinnspiele mit einem einen Geldwert darstellenden Einsatz bei Glücksspielen, einschließlich Lotterien und Wetten,
5. die Anforderungen an Verteildienste,
6. das Urheberrecht, verwandte Schutzrechte, Rechte im Sinne der Richtlinie 87/54/EWG des Rates vom 16. Dezember 1986 über den Rechtsschutz der Topographien von Halbleitererzeugnissen (ABl. EG Nr. L 24 S. 36) und der Richtlinie 96/9/EG des Europäischen Parlaments und des Rates vom 11. März 1996 über den rechtlichen Schutz von Datenbanken (ABl. EG Nr. L 77 S. 20) sowie für gewerbliche Schutzrechte,
7. die Ausgabe elektronischen Geldes durch Institute, die gemäß Artikel 8 Abs. 1 der Richtlinie 2000/46/EG des Europäischen Parlaments und des Rates vom 18. September 2000 über die Aufnahme, Ausübung und Beaufsichtigung der Tätigkeit von E-Geld-Instituten (ABl. EG Nr. L 275 S. 39) von der Anwendung einiger oder aller Vorschriften dieser Richtlinie und von der Anwendung der Richtlinie 2000/12/EG des Europäischen Parlaments und des Rates vom 20. März 2000 über die Aufnahme und Ausübung der Tätigkeit der Kreditinstitute (ABl. EG Nr. L 126 S. 1) freigestellt sind,
8. Vereinbarungen oder Verhaltensweisen, die dem Kartellrecht unterliegen,
9. Bereiche, die erfasst sind von den §§ 39, 57 bis 59, 61 bis 65, 146, 241 bis 243b, 305 und 306 des Versicherungsaufsichtsgesetzes vom 1. April 2015 (BGBl. I S. 434), das zuletzt durch Artikel 6 des Gesetzes vom 19. März 2020 (BGBl. I S. 529) geändert worden ist, und von der Versicherungsberichterstattungs-Verordnung vom 19. Juli 2017 (BGBl. I S. 2858), die durch Artikel 7 des Gesetzes vom 17. August 2017 (BGBl. I S. 3214) geändert worden ist, für die Regelungen über das auf Versicherungsverträge anwendbare Recht sowie für Pflichtversicherungen.

(5) Das Angebot und die Verbreitung von Telemedien, bei denen es sich nicht um audiovisuelle Mediendienste handelt, durch einen Diensteanbieter, der in einem anderen Mitgliedstaat niedergelassen ist, unterliegen den Einschränkungen des deutschen Rechts, soweit

1. dies dem Schutz folgender Schutzziele vor Beeinträchtigungen oder ernsthaften und schwerwiegenden Gefahren dient:
   a) der öffentlichen Sicherheit und Ordnung, insbesondere
      aa) im Hinblick auf die Verhütung, Ermittlung, Aufklärung, Verfolgung und Vollstreckung
         aaa) von Straftaten und Ordnungswidrigkeiten, einschließlich des Jugendschutzes und der Bekämpfung der Verunglimpfung aus Gründen der Rasse, des Geschlechts, des Glaubens oder der Nationalität,

bbb) von Verletzungen der Menschenwürde einzelner Personen oder

bb) im Hinblick auf die Wahrung nationaler Sicherheits- und Verteidigungsinteressen,

b) der öffentlichen Gesundheit oder

c) der Interessen der Verbraucher und der Interessen der Anleger und

2. die Maßnahmen, die auf der Grundlage des deutschen Rechts in Betracht kommen, in einem angemessenen Verhältnis zu diesen Schutzzielen stehen.

Maßnahmen nach Satz 1 Nummer 2 sind nur zulässig, wenn die gemäß Artikel 3 Abs. 4 Buchstabe b und Absatz 5 der Richtlinie 2000/31/EG erforderlichen Verfahren eingehalten werden; davon unberührt bleiben gerichtliche Verfahren einschließlich etwaiger Vorverfahren und die Verfolgung von Straftaten einschließlich der Strafvollstreckung und von Ordnungswidrigkeiten.

(6) *(nicht abgedruckt)*

§§ 4–16. *(nicht abgedruckt)*

5. Urheberrecht

98. Urheberrechtsgesetz

Vom 9. September 1965[1] (BGBl. I, S. 1273)

§ 32.[2] **Angemessene Vergütung.** (1) Der Urheber hat für die Einräumung von Nutzungsrechten und die Erlaubnis zur Werknutzung Anspruch auf die vertraglich vereinbarte Vergütung. Ist die Höhe der Vergütung nicht bestimmt, gilt die angemessene Vergütung als vereinbart. Soweit die vereinbarte Vergütung nicht angemessen ist, kann der Urheber von seinem Vertragspartner die Einwilligung in die Änderung des Vertrages verlangen, durch die dem Urheber die angemessene Vergütung gewährt wird.

(2) Eine nach einer gemeinsamen Vergütungsregel (§ 36) ermittelte Vergütung ist angemessen. Im Übrigen ist die Vergütung angemessen, wenn sie im Zeitpunkt des Vertragsschlusses dem entspricht, was im Geschäftsverkehr nach Art und Umfang der eingeräumten Nutzungsmöglichkeit, insbesondere nach Dauer, Häufigkeit, Ausmaß und Zeitpunkt der Nutzung, unter Berücksichtigung aller Umstände üblicher- und redlicherweise zu leisten

---

[1] § 32 geändert und §§ 32a, 32b eingefügt durch Gesetz v. 22.3.2002 (BGBl. I, S. 1155) mit Wirkung v. 1.7.2002.

[2] Abs. 2 Satz 2 und Abs. 3 Satz 1 geändert, Abs. 2a eingefügt durch Gesetz v. 20.12.2016 (BGBl. I, S. 3037) mit Wirkung v. 1.3.2017; Abs. 2 Satz 3 angefügt durch Gesetz v. 31.5.2021 (BGBl. I, S. 1204) mit Wirkung v. 7.6.2021

ist. Eine pauschale Vergütung muss eine angemessene Beteiligung des Urhebers am voraussichtlichen Gesamtertrag der Nutzung gewährleisten und durch die Besonderheiten der Branche gerechtfertigt sein.

(2a) Eine gemeinsame Vergütungsregel kann zur Ermittlung der angemessenen Vergütung auch bei Verträgen herangezogen werden, die vor ihrem zeitlichen Anwendungsbereich abgeschlossen wurden.

(3) Auf eine Vereinbarung, die zum Nachteil des Urhebers von den Absätzen 1 bis 2a abweicht, kann der Vertragspartner sich nicht berufen. Die in Satz 1 bezeichneten Vorschriften finden auch Anwendung, wenn sie durch anderweitige Gestaltungen umgangen werden. Der Urheber kann aber unentgeltlich ein einfaches Nutzungsrecht für jedermann einräumen.

§ 32a.[3] **Weitere Beteiligung des Urhebers.** (1) Hat der Urheber einem anderen ein Nutzungsrecht zu Bedingungen eingeräumt, die dazu führen, dass die vereinbarte Gegenleistung sich unter Berücksichtigung der gesamten Beziehungen des Urhebers zu dem anderen als unverhältnismäßig niedrig im Vergleich zu den Erträgen und Vorteilen aus der Nutzung des Werkes erweist, so ist der andere auf Verlangen des Urhebers verpflichtet, in eine Änderung des Vertrages einzuwilligen, durch die dem Urheber eine den Umständen nach weitere angemessene Beteiligung gewährt wird. Ob die Vertragspartner die Höhe der erzielten Erträge oder Vorteile vorhergesehen haben oder hätten vorhersehen können, ist unerheblich.

(2) Hat der andere das Nutzungsrecht übertragen oder weitere Nutzungsrechte eingeräumt und ergibt sich die unverhältnismäßig niedrige Vergütung des Urhebers aus den Erträgnissen oder Vorteilen eines Dritten, so haftet dieser dem Urheber unmittelbar nach Maßgabe des Absatzes 1 unter Berücksichtigung der vertraglichen Beziehungen in der Lizenzkette. Die Haftung des anderen entfällt.

(2) Hat der andere das Nutzungsrecht übertragen oder weitere Nutzungsrechte eingeräumt und ergibt sich das auffällige Missverhältnis aus den Erträgnissen oder Vorteilen eines Dritten, so haftet dieser dem Urheber unmittelbar nach Maßgabe des Absatzes 1 unter Berücksichtigung der vertraglichen Beziehungen in der Lizenzkette. Die Haftung des anderen entfällt.

(3) Auf die Ansprüche nach den Absätzen 1 und 2 kann im Voraus nicht verzichtet werden. Die Anwartschaft hierauf unterliegt nicht der Zwangsvollstreckung; eine Verfügung über die Anwartschaft ist unwirksam. Der Urheber kann aber unentgeltlich ein einfaches Nutzungsrecht für jedermann einräumen.

---

[3] Abs. 3 Satz 3 angefügt durch Gesetz v. 26.10.2007 (BGBl. I, S. 2513) mit Wirkung v. 1.1.2008; Abs. 4 Satz 2 angefügt durch Gesetz v. 20.12.2016 (BGBl. I, S. 3037) mit Wirkung v. 1.3.2017. Abs. 1 Satz 1 und Abs. 2 Satz 1 geändert durch Gesetz v. 31.5.2021 (BGBl. I, S. 1204) mit Wirkung v. 7.6.2021.

(4) Der Urheber hat keinen Anspruch nach Absatz 1, soweit die Vergütung nach einer gemeinsamen Vergütungsregel (§ 36) oder tarifvertraglich bestimmt worden ist und ausdrücklich eine weitere angemessene Beteiligung für den Fall des Absatzes 1 vorsieht. § 32 Absatz 2a ist entsprechend anzuwenden.

§ 32b.[4] **Zwingende Anwendung.** Die §§ 32, 32a, 32d bis 32f und § 38 Absatz 4 finden zwingend Anwendung,

1. wenn auf den Nutzungsvertrag mangels einer Rechtswahl deutsches Recht anzuwenden wäre oder
2. soweit Gegenstand des Vertrages maßgebliche Nutzungshandlungen im räumlichen Geltungsbereich dieses Gesetzes sind.

---

[4] § 32b eingefügt durch Gesetz v. 22.3.2002 (BGBl. S. 1155) mit Wirkung v. 1.7.2002; einl. Satzteil geändert durch Gesetz v. 31.5.2021 (BGBl. I, S. 1204) mit Wirkung v. 7.6.2021.

J. Außervertragliches Schuldrecht

I. Multilaterale Staatsverträge[1, 2, 3]

100. Haager Übereinkommen über das auf Straßenverkehrsunfälle anzuwendende Recht

Vom 4. Mai 1971[1, 2, 3]

(Übersetzung)[4]

Art. 1. [Anwendungsbereich] (1) Dieses Übereinkommen bestimmt das auf die außervertragliche, zivilrechtliche Haftung aus einem Straßenver-

---

[1] Das Haager Übk. über das auf die Produkthaftpflicht anzuwendende Recht v. 2.10.1973 ist von der *Bundesrepublik Deutschland* bisher nicht gezeichnet worden. Es ist am 1.10.1977 für *Frankreich, Jugoslawien (SFR)* und *Norwegen* in Kraft getreten; es gilt heute ferner für *Finnland* (seit 1.11.1992), *Kroatien* (seit 8.10.1991), *Luxemburg* (seit 1.8.1985), *Mazedonien* (seit 20.9.1993), *Montenegro* (seit 3.6.2006), die *Niederlande* (seit 1.9.1979), *Serbien* (seit 27.4.1992), *Slowenien* (seit 8.6.1992) und *Spanien* (seit 1.2.1989). Text (englisch/französisch): https://www.hcch.net/de/instruments/conventions (Nr. 22).

[2] Zur Rechtsvereinheitlichung auf dem Gebiet des materiellen Produkthaftpflichtrechts siehe ferner das Straßburger Europäische Übk. über die Produkthaftpflicht bei Personenschäden und Tod v. 27.1.1977. Dieses Übk. ist von *Belgien, Frankreich, Luxemburg* und *Österreich* gezeichnet, aber bisher nicht ratifiziert worden. Text (englisch/französisch) mit nicht-amtlicher deutscher Übersetzung: https://www.coe.int/de/web/conventions (Nr. 91).

[3] Zur Rechtsvereinheitlichung auf dem Gebiet der Gefährdungshaftung siehe insbesondere:

- Pariser Übk. über die Haftung gegenüber Dritten auf dem Gebiet der Kernenergie v. 29.7.1960 (Nr. *156*)
- Brüsseler Übk. über die zivilrechtliche Haftung bei der Beförderung von Kernmaterial auf See v. 17.12.1971 (BGBl. 1975 II, S. 957, 1026). Das Übk. ist für die *Bundesrepublik Deutschland* am 30.12.1975 in Kraft getreten (Bek. v. 4.2.1976, BGBl. II, S. 307). Übersicht über die 12 weiteren Vertragsstaaten im Fundstellennachweis B zum BGBl. 2021 II, S. 762.
- Brüsseler Übk. über die zivilrechtliche Haftung für Ölverschmutzungsschäden v. 29.11.1969 idF des Protokolls v. 27.11.1992 (BGBl. 1996 II, S. 670). Das Übk. ist in dieser Fassung für die *Bundesrepublik Deutschland* am 30.5.1996 in Kraft getreten (Bek. v. 6.10.1995, BGBl. II, S. 974). Überblick über die weiteren Vertragsstaaten (auch der früheren Fassungen des Übk.) im Fundstellennachweis B zum BGBl. 2021 II, S. 726 f.
- Luganer Europäisches Übk. über die zivilrechtliche Haftung für Schäden durch umweltgefährdende Tätigkeiten v. 21.6.1993. Das Übk. ist bisher von der *Bundesrepublik Deutschland* nicht gezeichnet worden; es ist noch nicht in Kraft getreten. Text (englisch/französisch): https://www.coe.int/de/web/conventions (Nr. 150).

kehrsunfall anzuwendende Recht, unabhängig von der Art des Verfahrens, in dem darüber befunden wird.

(2) Unter Straßenverkehrsunfall im Sinne dieses Übereinkommens ist jeder Unfall zu verstehen, an dem ein oder mehrere Fahrzeuge, ob Motorfahrzeuge oder nicht, beteiligt sind und der mit dem Verkehr auf öffentlichen Straßen, auf öffentlich zugänglichem Gelände oder auf nicht öffentlichem, aber einer gewissen Anzahl befugter Personen zugänglichem Gelände zusammenhängt.

Art. 2. [Ausschluss der Anwendung] Dieses Übereinkommen ist nicht anzuwenden

1. auf die Haftung von Fahrzeugherstellern, -verkäufern und -reparaturunternehmern;
2. auf die Haftung des Eigentümers des Verkehrswegs oder jeder anderen Person, die für die Instandhaltung des Weges oder die Sicherheit der Benutzer zu sorgen hat;
3. auf die Haftung für Dritte, ausgenommen die Haftung des Fahrzeugeigentümers oder des Geschäftsherrn;
4. auf Rückgriffsansprüche zwischen haftpflichtigen Personen;
5. auf Rückgriffsansprüche und den Übergang von Ansprüchen, soweit Versicherer betroffen sind;

---

[1] Die *Bundesrepublik Deutschland* hat das Übk. bisher nicht gezeichnet. Es ist am 3.6.1975 für *Belgien, Frankreich* und *Österreich* in Kraft getreten und gilt heute ferner für *Belarus* (seit 15.6.1999), *Bosnien und Herzegowina* (seit 1.3.1992), *Kroatien* (seit 8.10.1991), *Lettland* (seit 15.10.2000), *Litauen* (seit 24.3.2002), *Luxemburg* (seit 13.12.1980), *Marokko* (seit 25.6.2010), *Mazedonien* (seit 17.9.1991), *Montenegro* (seit 3.6.2006), die *Niederlande* (seit 30.12.1978), *Polen* (seit 28.5.2002), die *Schweiz* (seit 2.1.1987), *Serbien* (seit 27.4.1992), die *Slowakei* (seit 1.1.1993), *Slowenien* (seit 25.6.1991), *Spanien* (seit 21.11.1987), die *Tschechische Republik* (seit 1.1.1993) und die *Ukraine* (seit 18.12.2011). Für die *SFR Jugoslawien* war das Übk. am 16.12.1975, für die ehemalige *Tschechoslowakei* am 11.7.1976 in Kraft getreten.

[2] Das Übk. ist nach seinem Art. 11 als *„loi uniforme"* beschlossen und wird daher von den Vertragsstaaten auch im Verhältnis zu Nichtvertragsstaaten angewandt.

[3] Zur Vereinheitlichung auf materiell-rechtlichem Gebiet siehe ferner

- Straßburger Europäisches Übk. über die zivilrechtliche Haftung in Fällen von Schäden, die durch Kraftfahrzeuge verursacht worden sind, v. 14.5.1973. Das Übk. ist von der *Bundesrepublik Deutschland, Norwegen* und der *Schweiz* gezeichnet, aber bisher nicht ratifiziert worden. Text (englisch/französisch) mit nicht-amtlicher deutscher Übersetzung: https://www.coe.int/de/web/conventions (Nr. 79).
- Straßburger Europäisches Übk. über die obligatorische Haftpflichtversicherung für Kraftfahrzeuge v. 20.4.1959 (BGBl. 1965 II, S. 281). Das Übk. ist für die *Bundesrepublik Deutschland* am 22.9.1969 im Verhältnis zu *Dänemark, Griechenland* und *Norwegen* in Kraft getreten (Bek. v. 26.9.1969, BGBl. II, S. 1993). Es gilt heute ferner für *Schweden* (seit 24.9.1969, BGBl. II, S. 1993), *Österreich* (seit 9.7.1972, BGBl. II, S. 694) und die *Türkei* (seit 25.7.2000, BGBl. 2001 II, S. 167).

[4] Amtliche österreichische Übersetzung (öst. BGBl. 1975, Nr. 387). Authentisch sind gleichberechtigt der englische und der französische Text: https://www.hcch.net/de/instruments/conventions (Nr. 19).

6. auf Ansprüche und Rückgriffsansprüche, die von Einrichtungen der sozialen Sicherheit, Trägern der Sozialversicherung oder anderen ähnlichen Einrichtungen und öffentlichen Kraftfahrzeug-Garantiefonds oder gegen sie geltend gemacht werden, sowie auf jeden Haftungsausschluss, der in dem für diese Einrichtungen maßgebenden Recht vorgesehen ist.

Art. 3. [Recht des Unfallstaates] Das anzuwendende Recht ist das innerstaatliche Recht des Staates, in dessen Hoheitsgebiet sich der Unfall ereignet hat.

Art. 4. [Abweichende Anknüpfung] Vorbehaltlich des Artikels 5 wird in folgenden Fällen von Artikel 3 abgewichen:

a) Ist nur ein Fahrzeug an dem Unfall beteiligt und ist dieses Fahrzeug in einem anderen als dem Staat zugelassen, in dessen Hoheitsgebiet sich der Unfall ereignet hat, so ist das innerstaatliche Recht des Zulassungsstaates anzuwenden auf die Haftung
   – gegenüber dem Fahrzeugführer, dem Halter, dem Eigentümer oder jeder anderen Person, die hinsichtlich des Fahrzeuges ein Recht hat, ohne Rücksicht auf ihren gewöhnlichen Aufenthalt;
   – gegenüber einem Geschädigten, der Fahrgast war, wenn er seinen gewöhnlichen Aufenthalt in einem anderen als dem Staat hatte, in dessen Hoheitsgebiet sich der Unfall ereignet hat;
   – gegenüber einem Geschädigten, der sich am Unfallort außerhalb des Fahrzeuges befand, wenn er seinen gewöhnlichen Aufenthalt im Zulassungsstaat hatte.

   Im Falle mehrerer Geschädigter wird das anzuwendende Recht für jeden von ihnen gesondert bestimmt.
b) Sind mehrere Fahrzeuge an dem Unfall beteiligt, so ist Buchstabe a nur anzuwenden, wenn alle Fahrzeuge im selben Staat zugelassen sind.
c) Sind Personen an dem Unfall beteiligt, die sich am Unfallort außerhalb der Fahrzeuge befanden, so sind die Buchstaben a und b nur anzuwenden, wenn alle diese Personen ihren gewöhnlichen Aufenthalt im Zulassungsstaat hatten. Dies gilt selbst dann, wenn diese Personen auch Geschädigte des Unfalls sind.

Art. 5. [Schäden an Sachen des Fahrgasts] (1) Das Recht, das nach den Artikeln 3 und 4 auf die Haftung gegenüber dem Fahrgast anzuwenden ist, regelt auch die Haftung für Schäden an den mit dem Fahrzeug beförderten Sachen, die dem Fahrgast gehören oder ihm anvertraut worden sind.

(2) Das Recht, das nach den Artikeln 3 und 4 auf die Haftung gegenüber dem Fahrzeugeigentümer anzuwenden ist, regelt die Haftung für Schäden an anderen als den in Absatz 1 bezeichneten mit dem Fahrzeug beförderten Sachen.

(3) Das Recht, das auf die Haftung für Schäden an außerhalb des oder der Fahrzeuge befindlichen Sachen anzuwenden ist, ist das Recht des Staates, in dessen Hoheitsgebiet sich der Unfall ereignet hat. Die Haftung für Schäden an der außerhalb der Fahrzeuge befindlichen persönlichen Habe des Geschädigten unterliegt jedoch dem innerstaatlichen Recht des Zulassungsstaates, wenn dieses Recht auf die Haftung gegenüber dem Geschädigten nach Artikel 4 anzuwenden ist.

Art. 6. [Recht des gewöhnlichen Standorts] Bei nicht zugelassenen oder in mehreren Staaten zugelassenen Fahrzeugen tritt an die Stelle des innerstaatlichen Rechts des Zulassungsstaates das Recht des Staates des gewöhnlichen Standorts. Das gleiche gilt, wenn weder der Eigentümer noch der Halter noch der Führer des Fahrzeugs zur Zeit des Unfalls ihren gewöhnlichen Aufenthalt im Zulassungsstaat hatten.

Art. 7. [Berücksichtigung der Verkehrs- und Sicherheitsvorschriften am Unfallort] Unabhängig von dem anzuwendenden Recht sind bei der Bestimmung der Haftung die am Ort und zur Zeit des Unfalls geltenden Verkehrs- und Sicherheitsvorschriften zu berücksichtigen.

Art. 8. [Reichweite des anwendbaren Rechts] Das anzuwendende Recht bestimmt insbesondere

1. die Voraussetzungen und den Umfang der Haftung;
2. die Haftungsausschlussgründe sowie jede Beschränkung und jede Aufteilung der Haftung;
3. das Vorhandensein und die Art zu ersetzender Schäden;
4. die Art und den Umfang des Ersatzes;
5. die Übertragbarkeit des Ersatzanspruchs;
6. die Personen, die Anspruch auf Ersatz des persönlich erlittenen Schadens haben;
7. die Haftung des Geschäftsherrn für seinen Gehilfen;
8. die Verjährung und den auf Zeitablauf beruhenden Rechtsverlust, einschließlich des Beginns, der Unterbrechung und der Hemmung der Fristen.

Art. 9. [Direktklage] (1) Die geschädigten Personen haben ein unmittelbares Klagerecht gegen den Versicherer des Haftpflichtigen, wenn ihnen ein solches Recht nach dem gemäß Artikel 3, 4 oder 5 anzuwendenden Recht zusteht.

(2) Sieht das nach Artikel 4 oder 5 anzuwendende Recht des Zulassungsstaats ein unmittelbares Klagerecht nicht vor, so kann es gleichwohl ausgeübt werden, wenn es vom innerstaatlichen Recht des Staates zugelassen ist, in dessen Hoheitsgebiet sich der Unfall ereignet hat.

(3) Sieht keines dieser Rechte ein solches Klagerecht vor, so kann es ausgeübt werden, wenn es von dem Recht zugelassen ist, das für den Versicherungsvertrag maßgebend ist.

Art. 10. [*Ordre public*] Die Anwendung eines der durch dieses Übereinkommen für anwendbar erklärten Rechte kann nur ausgeschlossen werden, wenn sie mit der öffentlichen Ordnung offensichtlich unvereinbar ist.

Art. 11. Universelle Anwendung] Die Anwendung der Artikel 1 bis 10 ist unabhängig vom Erfordernis der Gegenseitigkeit. Das Übereinkommen ist auch anzuwenden, wenn das anzuwendende Recht nicht das Recht eines Vertragsstaats ist.

Art. 12. [Mehrrechtsstaaten] Jede Gebietseinheit, die Teil eines Staates mit einem nicht einheitlichen Rechtssystem ist, wird im Sinne der Artikel 2 bis 11 als Staat angesehen, wenn sie ihr eigenes Rechtssystem in Bezug auf die außervertragliche zivilrechtliche Haftung bei Straßenverkehrsunfällen hat.

Art. 13. [Innerstaatliche Kollisionen] Ein Staat mit einem nicht einheitlichen Rechtssystem ist nicht verpflichtet, dieses Übereinkommen auf Unfälle anzuwenden, die sich in seinem Hoheitsgebiet ereignen und an denen nur Fahrzeuge beteiligt sind, die in den Gebietseinheiten dieses Staates zugelassen sind.

Art. 14.[4] **[Erklärung von Mehrrechtsstaaten]** (1) Ein Staat mit einem nicht einheitlichen Rechtssystem kann bei der Unterzeichnung, der Ratifizierung oder dem Beitritt erklären, dass dieses Übereinkommen sich auf alle oder nur auf eines oder mehrere seiner Rechtssysteme erstreckt; er kann diese Erklärung jederzeit durch eine neue Erklärung ändern.

(2) Diese Erklärungen werden dem Ministerium der auswärtigen Angelegenheiten der Niederlande notifiziert; sie haben ausdrücklich anzugeben, auf welche Rechtssysteme das Übereinkommen anzuwenden ist.

Art. 15. [Verhältnis zu anderen Übereinkommen] Dieses Übereinkommen hat keinen Vorrang gegenüber anderen Übereinkommen, deren Vertragsparteien die Vertragsstaaten sind oder werden und die auf besonderen Gebieten die außervertragliche zivilrechtliche Haftung aus einem Straßenverkehrsunfall regeln.

Art. 16–21. *(nicht abgedruckt)*

---

[4] Die *Niederlande* haben die Geltung des Übk. mit Wirkung v. 1.1.1986 auf die *Niederländischen Antillen* und *Aruba* erstreckt (Schweizer AS 1986, S. 2259).

II. EU-Recht

101. Verordnung (EG) Nr. 864/2007 des Europäischen Parlaments und des Rates über das auf außervertragliche Schuldverhältnisse anzuwendende Recht („Rom II“)

Vom 11. Juli 2007[1,2,3,4] (ABl. L 199, S. 40)

DAS EUROPÄISCHE PARLAMENT UND DER RAT DER EUROPÄISCHEN UNION –

gestützt auf den Vertrag zur Gründung der Europäischen Gemeinschaft, insbesondere auf Artikel 61 Buchstabe c und Artikel 67,

auf Vorschlag der Kommission,

nach Stellungnahme des Europäischen Wirtschafts- und Sozialausschusses,[5]

gemäß dem Verfahren des Artikels 251 des Vertrags,

aufgrund des vom Vermittlungsausschuss am 25. Juni 2007 gebilligten gemeinsamen Entwurfs,[6]

in Erwägung nachstehender Gründe:

(1) Die Gemeinschaft hat sich zum Ziel gesetzt, einen Raum der Freiheit, der Sicherheit und des Rechts zu erhalten und weiterzuentwickeln. Zur schrittweisen Schaffung eines solchen Raums muss die Gemeinschaft im Bereich der justiziellen Zusammenarbeit in Zivilsachen, die einen

---

[1] Berichtigt im ABl. L 309 v. 24.11.2009, S. 87.

[2] Die Verordnung ist für die Mitgliedstaaten der EU – mit Ausnahme *Dänemarks* (vgl. Erwägungsgrund (40)) – gem. Art. 32 am 11.1.2009 in Kraft getreten; lediglich Art. 29 gilt bereits ab dem 11.1.2008. Für *Kroatien* gilt die Verordnung seit dem 1.7.2013.

Zur Anpassung des deutschen IPR an die Verordnung siehe die Anm. 55 zu Art. 38 ff. EGBGB (Nr. *1*).

[3] Im Verhältnis zum *Vereinigten Königreich* gilt die Verordnung nach Ablauf der in Art. 126, 127 des Brexit-Abk v. 24.1.2020 (Nr. *0–3*) vereinbarten Übergangsfrist am 31.12.2020 nicht mehr. Vgl. zu den Auswirkungen des Brexit auf die Geltung der Verordnung im *Vereinigten Königreich* auch Anm. 2 zum EU-Vertrag (Nr. *0–1*) und Art. 66 lit. b Brexit-Abk.

[4] Vgl. auch die Verordnung (EG) Nr. 662/2009 des Europäischen Parlaments und des Rates zur Einführung eines Verfahrens für die Aushandlung und den Abschluss von Abkommen zwischen Mitgliedstaaten und Drittstaaten über spezifische Fragen des auf vertragliche und außervertragliche Schuldverhältnisse anzuwendenden Rechts v. 31.7.2009 (ABl. L 200, S. 25).

[5] ABl. C 241 v. 28.9.2004, S. 1.

[6] Stellungnahme des Europäischen Parlaments v. 6.7.2005 (ABl. C 157 v. 28.11.2006, S. 371), Gemeinsamer Standpunkt des Rates v. 25.9.2006 (ABl. C 289 v. 28.11.2006, S. 68) und Standpunkt des Europäischen Parlaments v. 18.1.2007. Legislative Entschließung des Europäischen Parlaments v. 10.7.2007 und Beschluss des Rates v. 28.6.2007.

grenzüberschreitenden Bezug aufweisen, Maßnahmen erlassen, soweit sie für das reibungslose Funktionieren des Binnenmarkts erforderlich sind.

(2) Nach Artikel 65 Buchstabe b des Vertrags schließen diese Maßnahmen auch solche ein, die die Vereinbarkeit der in den Mitgliedstaaten geltenden Kollisionsnormen und Vorschriften zur Vermeidung von Kompetenzkonflikten fördern.

(3) Auf seiner Tagung vom 15. und 16. Oktober 1999 in Tampere hat der Europäische Rat den Grundsatz der gegenseitigen Anerkennung von Urteilen und anderen Entscheidungen von Justizbehörden als Eckstein der justiziellen Zusammenarbeit in Zivilsachen unterstützt und den Rat und die Kommission ersucht, ein Maßnahmenprogramm zur Umsetzung dieses Grundsatzes anzunehmen.

(4) Der Rat hat am 30. November 2000 ein gemeinsames Maßnahmenprogramm der Kommission und des Rates zur Umsetzung des Grundsatzes der gegenseitigen Anerkennung gerichtlicher Entscheidungen in Zivil- und Handelssachen[7] angenommen. Nach dem Programm können Maßnahmen zur Harmonisierung der Kollisionsnormen dazu beitragen, die gegenseitige Anerkennung gerichtlicher Entscheidungen zu vereinfachen.

(5) In dem vom Europäischen Rat am 5. November 2004 angenommenen Haager Programm[8] wurde dazu aufgerufen, die Beratungen über die Regelung der Kollisionsnormen für außervertragliche Schuldverhältnisse („Rom II“) energisch voranzutreiben.

(6) Um den Ausgang von Rechtsstreitigkeiten vorhersehbarer zu machen und die Sicherheit in Bezug auf das anzuwendende Recht sowie den freien Verkehr gerichtlicher Entscheidungen zu fördern, müssen die in den Mitgliedstaaten geltenden Kollisionsnormen im Interesse eines reibungslos funktionierenden Binnenmarkts unabhängig von dem Staat, in dem sich das Gericht befindet, bei dem der Anspruch geltend gemacht wird, dieselben Verweisungen zur Bestimmung des anzuwendenden Rechts vorsehen.

(7) Der materielle Anwendungsbereich und die Bestimmungen dieser Verordnung sollten mit der Verordnung (EG) Nr. 44/2001 des Rates vom 22. Dezember 2000 über die gerichtliche Zuständigkeit und die Anerkennung und Vollstreckung von Entscheidungen in Zivil- und Handelssachen (Brüssel I)[9] und den Instrumenten, die das auf vertragliche Schuldverhältnisse anzuwendende Recht zum Gegenstand haben, in Einklang stehen.

(8) Diese Verordnung ist unabhängig von der Art des angerufenen Gerichts anwendbar.

(9) Forderungen aufgrund von *„acta iure imperii“* sollten sich auch auf Forderungen gegen im Namen des Staates handelnde Bedienstete und auf

---

[7] ABl. C 12 v. 15.1.2001, S. 1.

[8] ABl. C 53 v. 3.3.2005, S. 1.

[9] ABl. L 12 v. 16.1.2001, S. 1. Vgl. nunmehr die Brüssel Ia-VO Nr. 1215/2012 v. 12.12.2012 (Nr. *160*).

die Haftung für Handlungen öffentlicher Stellen erstrecken, einschließlich der Haftung amtlich ernannter öffentlicher Bediensteter. Sie sollten daher vom Anwendungsbereich dieser Verordnung ausgenommen werden.

(10) Familienverhältnisse sollten die Verwandtschaft in gerader Linie, die Ehe, die Schwägerschaft und die Verwandtschaft in der Seitenlinie umfassen. Die Bezugnahme in Artikel 1 Absatz 2 auf Verhältnisse, die mit der Ehe oder anderen Familienverhältnissen vergleichbare Wirkungen entfalten, sollte nach dem Recht des Mitgliedstaats, in dem sich das angerufene Gericht befindet, ausgelegt werden.

(11) Der Begriff des außervertraglichen Schuldverhältnisses ist von Mitgliedstaat zu Mitgliedstaat verschieden definiert. Im Sinne dieser Verordnung sollte der Begriff des außervertraglichen Schuldverhältnisses daher als autonomer Begriff verstanden werden. Die in dieser Verordnung enthaltenen Regeln des Kollisionsrechts sollten auch für außervertragliche Schuldverhältnisse aus Gefährdungshaftung gelten.

(12) Das anzuwendende Recht sollte auch für die Frage gelten, wer für eine unerlaubte Handlung haftbar gemacht werden kann.

(13) Wettbewerbsverzerrungen im Verhältnis zwischen Wettbewerbern aus der Gemeinschaft sind vermeidbar, wenn einheitliche Bestimmungen unabhängig von dem durch sie bezeichneten Recht angewandt werden.

(14) Das Erfordernis der Rechtssicherheit und die Notwendigkeit, in jedem Einzelfall Recht zu sprechen, sind wesentliche Anforderungen an einen Rechtsraum. Diese Verordnung bestimmt die Anknüpfungskriterien, die zur Erreichung dieser Ziele am besten geeignet sind. Deshalb sieht diese Verordnung neben einer allgemeinen Regel Sonderregeln und, in bestimmten Fällen, eine „Ausweichklausel" vor, die ein Abweichen von diesen Regeln erlaubt, wenn sich aus der Gesamtheit der Umstände ergibt, dass die unerlaubte Handlung eine offensichtlich engere Verbindung mit einem anderen Staat aufweist. Diese Gesamtregelung schafft einen flexiblen Rahmen kollisionsrechtlicher Regelungen. Sie ermöglicht es dem angerufenen Gericht gleichfalls, Einzelfälle in einer angemessenen Weise zu behandeln.

(15) Zwar wird in nahezu allen Mitgliedstaaten bei außervertraglichen Schuldverhältnissen grundsätzlich von der *lex loci delicti commissi* ausgegangen, doch wird dieser Grundsatz in der Praxis unterschiedlich angewandt, wenn sich Sachverhaltselemente des Falles über mehrere Staaten erstrecken. Dies führt zu Unsicherheit in Bezug auf das anzuwendende Recht.

(16) Einheitliche Bestimmungen sollten die Vorhersehbarkeit gerichtlicher Entscheidungen verbessern und einen angemessenen Interessenausgleich zwischen Personen, deren Haftung geltend gemacht wird, und Geschädigten gewährleisten. Die Anknüpfung an den Staat, in dem der Schaden selbst eingetreten ist *(lex loci damni),* schafft einen gerechten Ausgleich zwischen den Interessen der Person, deren Haftung geltend gemacht wird, und der Person, die geschädigt wurde, und entspricht der modernen

Konzeption der zivilrechtlichen Haftung und der Entwicklung der Gefährdungshaftung.

(17) Das anzuwendende Recht sollte das Recht des Staates sein, in dem der Schaden eintritt, und zwar unabhängig von dem Staat oder den Staaten, in dem bzw. denen die indirekten Folgen auftreten könnten. Daher sollte bei Personen- oder Sachschäden der Staat, in dem der Schaden eintritt, der Staat sein, in dem die Verletzung erlitten bzw. die Sache beschädigt wurde.[10]

(18) Als allgemeine Regel in dieser Verordnung sollte die *„lex loci damni"* nach Artikel 4 Absatz 1 gelten. Artikel 4 Absatz 2 sollte als Ausnahme von dieser allgemeinen Regel verstanden werden; durch diese Ausnahme wird eine besondere Anknüpfung für Fälle geschaffen, in denen die Parteien ihren gewöhnlichen Aufenthalt in demselben Staat haben. Artikel 4 Absatz 3 sollte als „Ausweichklausel" zu Artikel 4 Absätze 1 und 2 betrachtet werden, wenn sich aus der Gesamtheit der Umstände ergibt, dass die unerlaubte Handlung eine offensichtlich engere Verbindung mit einem anderen Staat aufweist.

(19) Für besondere unerlaubte Handlungen, bei denen die allgemeine Kollisionsnorm nicht zu einem angemessenen Interessenausgleich führt, sollten besondere Bestimmungen vorgesehen werden.

(20) Die Kollisionsnorm für die Produkthaftung sollte für eine gerechte Verteilung der Risiken einer modernen, hochtechnisierten Gesellschaft sorgen, die Gesundheit der Verbraucher schützen, Innovationsanreize geben, einen unverfälschten Wettbewerb gewährleisten und den Handel erleichtern. Die Schaffung einer Anknüpfungsleiter stellt, zusammen mit einer Vorhersehbarkeitsklausel, im Hinblick auf diese Ziele eine ausgewogene Lösung dar. Als erstes Element ist das Recht des Staates zu berücksichtigen, in dem die geschädigte Person beim Eintritt des Schadens ihren gewöhnlichen Aufenthalt hatte, sofern das Produkt in diesem Staat in den Verkehr gebracht wurde. Die weiteren Elemente der Anknüpfungsleiter kommen zur Anwendung, wenn das Produkt nicht in diesem Staat in Verkehr gebracht wurde, unbeschadet von Artikel 4 Absatz 2 und der Möglichkeit einer offensichtlich engeren Verbindung mit einem anderen Staat.

(21) Die Sonderregel nach Artikel 6 stellt keine Ausnahme von der allgemeinen Regel nach Artikel 4 Absatz 1 dar, sondern vielmehr eine Präzisierung derselben. Im Bereich des unlauteren Wettbewerbs sollte die Kollisionsnorm die Wettbewerber, die Verbraucher und die Öffentlichkeit schützen und das reibungslose Funktionieren der Marktwirtschaft sicherstellen. Durch eine Anknüpfung an das Recht des Staates, in dessen Gebiet die Wettbewerbsbeziehungen oder die kollektiven Interessen der Verbraucher beeinträchtigt worden sind oder beeinträchtigt zu werden drohen, können diese Ziele im Allgemeinen erreicht werden.

---

[10] Erwägungsgrund (17); Satz 2 berichtigt gem. ABl. 2012 L 310, S. 52.

(22) Außervertragliche Schuldverhältnisse, die aus einem den Wettbewerb einschränkenden Verhalten nach Artikel 6 Absatz 3 entstanden sind, sollten sich auf Verstöße sowohl gegen nationale als auch gegen gemeinschaftliche Wettbewerbsvorschriften erstrecken. Auf solche außervertraglichen Schuldverhältnisse sollte das Recht des Staates anzuwenden sein, in dessen Gebiet sich die Einschränkung auswirkt oder auszuwirken droht. Wird der Markt in mehr als einem Staat beeinträchtigt oder wahrscheinlich beeinträchtigt, so sollte der Geschädigte seinen Anspruch unter bestimmten Umständen auf das Recht des Mitgliedstaats des angerufenen Gerichts stützen können.

(23) Für die Zwecke dieser Verordnung sollte der Begriff der Einschränkung des Wettbewerbs Verbote von Vereinbarungen zwischen Unternehmen, Beschlüssen von Unternehmensvereinigungen und abgestimmten Verhaltensweisen, die eine Verhinderung, Einschränkung oder Verfälschung des Wettbewerbs in einem Mitgliedstaat oder innerhalb des Binnenmarktes bezwecken oder bewirken, sowie das Verbot der missbräuchlichen Ausnutzung einer beherrschenden Stellung in einem Mitgliedstaat oder innerhalb des Binnenmarktes erfassen, sofern solche Vereinbarungen, Beschlüsse, abgestimmte Verhaltensweisen oder Missbräuche nach den Artikeln 81 und 82 des Vertrags oder dem Recht eines Mitgliedstaats verboten sind.

(24) „Umweltschaden" sollte eine nachteilige Veränderung einer natürlichen Ressource, wie Wasser, Boden oder Luft, eine Beeinträchtigung einer Funktion, die eine natürliche Ressource zum Nutzen einer anderen natürlichen Ressource oder der Öffentlichkeit erfüllt, oder eine Beeinträchtigung der Variabilität unter lebenden Organismen umfassen.

(25) Im Falle von Umweltschäden rechtfertigt Artikel 174 des Vertrags, wonach ein hohes Schutzniveau erreicht werden sollte, und der auf den Grundsätzen der Vorsorge und Vorbeugung, auf dem Grundsatz, Umweltbeeinträchtigungen vorrangig an ihrem Ursprung zu bekämpfen, sowie auf dem Verursacherprinzip beruht, in vollem Umfang die Anwendung des Grundsatzes der Begünstigung des Geschädigten. Die Frage, wann der Geschädigte die Wahl des anzuwendenden Rechts zu treffen hat, sollte nach dem Recht des Mitgliedstaats des angerufenen Gerichts entschieden werden.

(26) Bei einer Verletzung von Rechten des geistigen Eigentums gilt es, den allgemein anerkannten Grundsatz der *lex loci protectionis* zu wahren. Im Sinne dieser Verordnung sollte der Ausdruck „Rechte des geistigen Eigentums" dahin interpretiert werden, dass er beispielsweise Urheberrechte, verwandte Schutzrechte, das Schutzrecht sui generis für Datenbanken und gewerbliche Schutzrechte umfasst.

(27) Die exakte Definition des Begriffs „Arbeitskampfmaßnahmen", beispielsweise Streikaktionen oder Aussperrung, ist von Mitgliedstaat zu Mitgliedstaat verschieden und unterliegt den innerstaatlichen Vorschriften der einzelnen Mitgliedstaaten. Daher wird in dieser Verordnung grundsätzlich davon ausgegangen, dass das Recht des Staates anzuwenden ist, in dem die

Arbeitskampfmaßnahmen ergriffen wurden, mit dem Ziel, die Rechte und Pflichten der Arbeitnehmer und der Arbeitgeber zu schützen.

(28) Die Sonderbestimmung für Arbeitskampfmaßnahmen nach Artikel 9 lässt die Bedingungen für die Durchführung solcher Maßnahmen nach nationalem Recht und die im Recht der Mitgliedstaaten vorgesehene Rechtsstellung der Gewerkschaften oder der repräsentativen Arbeitnehmerorganisationen unberührt.

(29) Für Schäden, die aufgrund einer anderen Handlung als aus unerlaubter Handlung, wie ungerechtfertigter Bereicherung, Geschäftsführung ohne Auftrag oder Verschulden bei Vertragsverhandlungen, entstanden sind, sollten Sonderbestimmungen vorgesehen werden.

(30) Der Begriff des Verschuldens bei Vertragsverhandlungen ist für die Zwecke dieser Verordnung als autonomer Begriff zu verstehen und sollte daher nicht zwangsläufig im Sinne des nationalen Rechts ausgelegt werden. Er sollte die Verletzung der Offenlegungspflicht und den Abbruch von Vertragsverhandlungen einschließen. Artikel 12 gilt nur für außervertragliche Schuldverhältnisse, die in unmittelbarem Zusammenhang mit den Verhandlungen vor Abschluss eines Vertrags stehen. So sollten in den Fällen, in denen einer Person während der Vertragsverhandlungen ein Personenschaden zugefügt wird, Artikel 4 oder andere einschlägige Bestimmungen dieser Verordnung zur Anwendung gelangen.

(31) Um den Grundsatz der Parteiautonomie zu achten und die Rechtssicherheit zu verbessern, sollten die Parteien das auf ein außervertragliches Schuldverhältnis anzuwendende Recht wählen können. Die Rechtswahl sollte ausdrücklich erfolgen oder sich mit hinreichender Sicherheit aus den Umständen des Falles ergeben. Bei der Prüfung, ob eine solche Rechtswahl vorliegt, hat das Gericht den Willen der Parteien zu achten. Die Möglichkeit der Rechtswahl sollte zum Schutz der schwächeren Partei mit bestimmten Bedingungen versehen werden.

(32) Gründe des öffentlichen Interesses rechtfertigen es, dass die Gerichte der Mitgliedstaaten unter außergewöhnlichen Umständen die Vorbehaltsklausel *(ordre public)* und Eingriffsnormen anwenden können. Insbesondere kann die Anwendung einer Norm des nach dieser Verordnung bezeichneten Rechts, die zur Folge haben würde, dass ein unangemessener, über den Ausgleich des entstandenen Schadens hinausgehender Schadensersatz mit abschreckender Wirkung oder Strafschadensersatz zugesprochen werden könnte, je nach der Rechtsordnung des Mitgliedstaats des angerufenen Gerichts als mit der öffentlichen Ordnung *(„ordre public")* dieses Staates unvereinbar angesehen werden.

(33) Gemäß den geltenden nationalen Bestimmungen über den Schadensersatz für Opfer von Straßenverkehrsunfällen sollte das befasste Gericht bei der Schadensberechnung für Personenschäden in Fällen, in denen sich der Unfall in einem anderem Staat als dem des gewöhnlichen Aufenthalts des Opfers ereignet, alle relevanten tatsächlichen Umstände des jeweiligen

Opfers berücksichtigen, insbesondere einschließlich tatsächlicher Verluste und Kosten für Nachsorge und medizinische Versorgung.

(34) Zur Wahrung eines angemessenen Interessenausgleichs zwischen den Parteien müssen, soweit dies angemessen ist, die Sicherheits- und Verhaltensregeln des Staates, in dem die schädigende Handlung begangen wurde, selbst dann beachtet werden, wenn auf das außervertragliche Schuldverhältnis das Recht eines anderen Staates anzuwenden ist. Der Begriff „Sicherheits- und Verhaltensregeln" ist in dem Sinne auszulegen, dass er sich auf alle Vorschriften bezieht, die in Zusammenhang mit Sicherheit und Verhalten stehen, einschließlich beispielsweise der Straßenverkehrssicherheit im Falle eines Unfalls.

(35) Die Aufteilung der Kollisionsnormen auf zahlreiche Rechtsakte sowie Unterschiede zwischen diesen Normen sollten vermieden werden. Diese Verordnung schließt jedoch die Möglichkeit der Aufnahme von Kollisionsnormen für außervertragliche Schuldverhältnisse in Vorschriften des Gemeinschaftsrechts in Bezug auf besondere Gegenstände nicht aus. Diese Verordnung sollte die Anwendung anderer Rechtsakte nicht ausschließen, die Bestimmungen enthalten, die zum reibungslosen Funktionieren des Binnenmarkts beitragen sollen, soweit sie nicht in Verbindung mit dem Recht angewendet werden können, auf das die Regeln dieser Verordnung verweisen. Die Anwendung der Vorschriften im anzuwendenden Recht, die durch die Bestimmungen dieser Verordnung berufen wurden, sollte nicht die Freiheit des Waren- und Dienstleistungsverkehrs, wie sie in den Rechtsinstrumenten der Gemeinschaft wie der Richtlinie 2000/31/EG des Europäischen Parlaments und des Rates vom 8. Juni 2000 über bestimmte rechtliche Aspekte der Dienste der Informationsgesellschaft, insbesondere des elektronischen Geschäftsverkehrs, im Binnenmarkt („Richtlinie über den elektronischen Geschäftsverkehr")[11] ausgestaltet ist, beschränken.

(36) Um die internationalen Verpflichtungen, die die Mitgliedstaaten eingegangen sind, zu wahren, darf sich die Verordnung nicht auf internationale Übereinkommen auswirken, denen ein oder mehrere Mitgliedstaaten zum Zeitpunkt der Annahme dieser Verordnung angehören. Um den Zugang zu den Rechtsakten zu erleichtern, sollte die Kommission anhand der Angaben der Mitgliedstaaten ein Verzeichnis der betreffenden Übereinkommen im Amtsblatt der Europäischen Union veröffentlichen.

(37) Die Kommission wird dem Europäischen Parlament und dem Rat einen Vorschlag unterbreiten, nach welchen Verfahren und unter welchen Bedingungen die Mitgliedstaaten in Einzel- und Ausnahmefällen in eigenem Namen Übereinkünfte mit Drittländern über sektorspezifische Fragen aushandeln und abschließen dürfen, die Bestimmungen über das auf außervertragliche Schuldverhältnisse anzuwendende Recht enthalten.

(38) Da das Ziel dieser Verordnung auf Ebene der Mitgliedstaaten nicht ausreichend verwirklicht werden kann und daher wegen des Umfangs und

[11] ABl. L 178 v. 17.7.2000, S. 1; auszugsweise abgedruckt unter Nr. *92*.

der Wirkungen der Verordnung besser auf Gemeinschaftsebene zu verwirklichen ist, kann die Gemeinschaft im Einklang mit dem in Artikel 5 des Vertrags niedergelegten Subsidiaritätsprinzip tätig werden. Entsprechend dem ebenfalls in diesem Artikel festgelegten Grundsatz der Verhältnismäßigkeit geht diese Verordnung nicht über das für die Erreichung dieses Ziels erforderliche Maß hinaus.

(39) Gemäß Artikel 3 des Protokolls über die Position des Vereinigten Königreichs und Irlands im Anhang zum Vertrag über die Europäische Union und im Anhang zum Vertrag zur Gründung der Europäischen Gemeinschaft beteiligen sich das Vereinigte Königreich und Irland an der Annahme und Anwendung dieser Verordnung.

(40) Gemäß den Artikeln 1 und 2 des dem Vertrag über die Europäische Union und dem Vertrag zur Gründung der Europäischen Gemeinschaft beigefügten Protokolls über die Position Dänemarks beteiligt sich Dänemark nicht an der Annahme dieser Verordnung, die für Dänemark nicht bindend oder anwendbar ist –

HABEN FOLGENDE VERORDNUNG ERLASSEN:

Kapitel I. Anwendungsbereich

Art. 1.[12] **Anwendungsbereich.** (1) Diese Verordnung gilt für außervertragliche Schuldverhältnisse in Zivil- und Handelssachen, die eine Verbindung zum Recht verschiedener Staaten aufweisen. Sie gilt insbesondere nicht für Steuer- und Zollsachen, verwaltungsrechtliche Angelegenheiten oder die Haftung des Staates für Handlungen oder Unterlassungen im Rahmen der Ausübung hoheitlicher Rechte *(„acta iure imperii“)*.

(2) Vom Anwendungsbereich dieser Verordnung ausgenommen sind

a) außervertragliche Schuldverhältnisse aus einem Familienverhältnis oder aus Verhältnissen, die nach dem auf diese Verhältnisse anzuwendenden Recht vergleichbare Wirkungen entfalten, einschließlich der Unterhaltspflichten;

b) außervertragliche Schuldverhältnisse aus ehelichen Güterständen, aus Güterständen aufgrund von Verhältnissen, die nach dem auf diese Verhältnisse anzuwendenden Recht mit der Ehe vergleichbare Wirkungen entfalten, und aus Testamenten und Erbrecht;

c) außervertragliche Schuldverhältnisse aus Wechseln, Schecks, Eigenwechseln und anderen handelbaren Wertpapieren, sofern die Verpflichtungen aus diesen anderen Wertpapieren aus deren Handelbarkeit entstehen;

d) außervertragliche Schuldverhältnisse, die sich aus dem Gesellschaftsrecht, dem Vereinsrecht und dem Recht der juristischen Personen ergeben, wie die Errichtung durch Eintragung oder auf andere Weise, die Rechts- und

[12] Vgl. Erwägungsgründe (8)–(10).

Handlungsfähigkeit, die innere Verfassung und die Auflösung von Gesellschaften, Vereinen und juristischen Personen, die persönliche Haftung der Gesellschafter und der Organe für die Verbindlichkeiten einer Gesellschaft, eines Vereins oder einer juristischen Person sowie die persönliche Haftung der Rechnungsprüfer gegenüber einer Gesellschaft oder ihren Gesellschaftern bei der Pflichtprüfung der Rechnungslegungsunterlagen;

e) außervertragliche Schuldverhältnisse aus den Beziehungen zwischen den Verfügenden, den Treuhändern und den Begünstigten eines durch Rechtsgeschäft errichteten „Trusts";

f) außervertragliche Schuldverhältnisse, die sich aus Schäden durch Kernenergie ergeben;

g) außervertragliche Schuldverhältnisse aus der Verletzung der Privatsphäre oder der Persönlichkeitsrechte, einschließlich der Verleumdung.

(3) Diese Verordnung gilt unbeschadet der Artikel 21 und 22 nicht für den Beweis und das Verfahren.

(4) Im Sinne dieser Verordnung bezeichnet der Begriff „Mitgliedstaat" jeden Mitgliedstaat mit Ausnahme Dänemarks.

Art. 2.[13] **Außervertragliche Schuldverhältnisse.** (1) Im Sinne dieser Verordnung umfasst der Begriff des Schadens sämtliche Folgen einer unerlaubten Handlung, einer ungerechtfertigten Bereicherung, einer Geschäftsführung ohne Auftrag *(„Negotiorum gestio")* oder eines Verschuldens bei Vertragsverhandlungen *(„Culpa in contrahendo")*.

(2) Diese Verordnung gilt auch für außervertragliche Schuldverhältnisse, deren Entstehen wahrscheinlich ist.

(3) Sämtliche Bezugnahmen in dieser Verordnung auf

a) ein schadensbegründendes Ereignis gelten auch für schadensbegründende Ereignisse, deren Eintritt wahrscheinlich ist, und

b) einen Schaden gelten auch für Schäden, deren Eintritt wahrscheinlich ist.

Art. 3. Universelle Anwendung. Das nach dieser Verordnung bezeichnete Recht ist auch dann anzuwenden, wenn es nicht das Recht eines Mitgliedstaats ist.

Kapitel II.[14] Unerlaubte Handlungen

Art. 4.[15] **Allgemeine Kollisionsnorm.** (1) Soweit in dieser Verordnung nichts anderes vorgesehen ist, ist auf ein außervertragliches Schuldverhältnis

---

[13] Vgl. Erwägungsgrund (11).
[14] Vgl. Erwägungsgründe (13)–(16) und (19).
[15] Vgl. Erwägungsgründe (16)–(18).

aus unerlaubter Handlung das Recht des Staates anzuwenden, in dem der Schaden eintritt, unabhängig davon, in welchem Staat das schadensbegründende Ereignis oder indirekte Schadensfolgen eingetreten sind.

(2) Haben jedoch die Person, deren Haftung geltend gemacht wird, und die Person, die geschädigt wurde, zum Zeitpunkt des Schadenseintritts ihren gewöhnlichen Aufenthalt in demselben Staat, so unterliegt die unerlaubte Handlung dem Recht dieses Staates.

(3) Ergibt sich aus der Gesamtheit der Umstände, dass die unerlaubte Handlung eine offensichtlich engere Verbindung mit einem anderen als dem in den Absätzen 1 oder 2 bezeichneten Staat aufweist, so ist das Recht dieses anderen Staates anzuwenden. Eine offensichtlich engere Verbindung mit einem anderen Staat könnte sich insbesondere aus einem bereits bestehenden Rechtsverhältnis zwischen den Parteien – wie einem Vertrag – ergeben, das mit der betreffenden unerlaubten Handlung in enger Verbindung steht.

Art. 5.[16] **Produkthaftung.** (1) Unbeschadet des Artikels 4 Absatz 2 ist auf ein außervertragliches Schuldverhältnis im Falle eines Schadens durch ein Produkt folgendes Recht anzuwenden:

a) das Recht des Staates, in dem die geschädigte Person beim Eintritt des Schadens ihren gewöhnlichen Aufenthalt hatte, sofern das Produkt in diesem Staat in Verkehr gebracht wurde, oder anderenfalls
b) das Recht des Staates, in dem das Produkt erworben wurde, falls das Produkt in diesem Staat in Verkehr gebracht wurde, oder anderenfalls
c) das Recht des Staates, in dem der Schaden eingetreten ist, falls das Produkt in diesem Staat in Verkehr gebracht wurde.

Jedoch ist das Recht des Staates anzuwenden, in dem die Person, deren Haftung geltend gemacht wird, ihren gewöhnlichen Aufenthalt hat, wenn sie das Inverkehrbringen des Produkts oder eines gleichartigen Produkts in dem Staat, dessen Recht nach den Buchstaben a, b oder c anzuwenden ist, vernünftigerweise nicht voraussehen konnte.

(2) Ergibt sich aus der Gesamtheit der Umstände, dass die unerlaubte Handlung eine offensichtlich engere Verbindung mit einem anderen als dem in Absatz 1 bezeichneten Staat aufweist, so ist das Recht dieses anderen Staates anzuwenden. Eine offensichtlich engere Verbindung mit einem anderen Staat könnte sich insbesondere aus einem bereits bestehenden Rechtsverhältnis zwischen den Parteien – wie einem Vertrag – ergeben, das mit der betreffenden unerlaubten Handlung in enger Verbindung steht.

Art. 6.[17] **Unlauterer Wettbewerb und den freien Wettbewerb einschränkendes Verhalten.** (1) Auf außervertragliche Schuldverhältnisse aus

---

[16] Vgl. Erwägungsgrund (20).
[17] Vgl. Erwägungsgründe (21)–(23).

unlauterem Wettbewerbsverhalten ist das Recht des Staates anzuwenden, in dessen Gebiet die Wettbewerbsbeziehungen oder die kollektiven Interessen der Verbraucher beeinträchtigt worden sind oder wahrscheinlich beeinträchtigt werden.

(2) Beeinträchtigt ein unlauteres Wettbewerbsverhalten ausschließlich die Interessen eines bestimmten Wettbewerbers, ist Artikel 4 anwendbar.

(3)

a) Auf außervertragliche Schuldverhältnisse aus einem den Wettbewerb einschränkenden Verhalten ist das Recht des Staates anzuwenden, dessen Markt beeinträchtigt ist oder wahrscheinlich beeinträchtigt wird.

b) Wird der Markt in mehr als einem Staat beeinträchtigt oder wahrscheinlich beeinträchtigt, so kann ein Geschädigter, der vor einem Gericht im Mitgliedstaat des Wohnsitzes des Beklagten klagt, seinen Anspruch auf das Recht des Mitgliedstaats des angerufenen Gerichts stützen, sofern der Markt in diesem Mitgliedstaat zu den Märkten gehört, die unmittelbar und wesentlich durch das den Wettbewerb einschränkende Verhalten beeinträchtigt sind, das das außervertragliche Schuldverhältnis begründet, auf welches sich der Anspruch stützt; klagt der Kläger gemäß den geltenden Regeln über die gerichtliche Zuständigkeit vor diesem Gericht gegen mehr als einen Beklagten, so kann er seinen Anspruch nur dann auf das Recht dieses Gerichts stützen, wenn das den Wettbewerb einschränkende Verhalten, auf das sich der Anspruch gegen jeden dieser Beklagten stützt, auch den Markt im Mitgliedstaat dieses Gerichts unmittelbar und wesentlich beeinträchtigt.

(4) Von dem nach diesem Artikel anzuwendenden Recht kann nicht durch eine Vereinbarung gemäß Artikel 14 abgewichen werden.

Art. 7.[18] **Umweltschädigung.** Auf außervertragliche Schuldverhältnisse aus einer Umweltschädigung oder einem aus einer solchen Schädigung herrührenden Personen- oder Sachschaden ist das nach Artikel 4 Absatz 1 geltende Recht anzuwenden, es sei denn, der Geschädigte hat sich dazu entschieden, seinen Anspruch auf das Recht des Staates zu stützen, in dem das schadensbegründende Ereignis eingetreten ist.

Art. 8.[19] **Verletzung von Rechten des geistigen Eigentums.** (1) Auf außervertragliche Schuldverhältnisse aus einer Verletzung von Rechten des geistigen Eigentums ist das Recht des Staates anzuwenden, für den der Schutz beansprucht wird.

(2) Bei außervertraglichen Schuldverhältnissen aus einer Verletzung von gemeinschaftsweit einheitlichen Rechten des geistigen Eigentums ist auf Fragen, die nicht unter den einschlägigen Rechtsakt der Gemeinschaft

---

[18] Vgl. Erwägungsgründe (24) und (25).

[19] Vgl. Erwägungsgrund (26); vgl. auch Art. 13.

fallen, das Recht des Staates anzuwenden, in dem die Verletzung begangen wurde.

(3) Von dem nach diesem Artikel anzuwendenden Recht kann nicht durch eine Vereinbarung nach Artikel 14 abgewichen werden.

Art. 9.[20] **Arbeitskampfmaßnahmen.** Unbeschadet des Artikels 4 Absatz 2 ist auf außervertragliche Schuldverhältnisse in Bezug auf die Haftung einer Person in ihrer Eigenschaft als Arbeitnehmer oder Arbeitgeber oder der Organisationen, die deren berufliche Interessen vertreten, für Schäden, die aus bevorstehenden oder durchgeführten Arbeitskampfmaßnahmen entstanden sind, das Recht des Staates anzuwenden, in dem die Arbeitskampfmaßnahme erfolgen soll oder erfolgt ist.

Kapitel III.[21] Ungerechtfertigte Bereicherung, Geschäftsführung ohne Auftrag und Verschulden bei Vertragsverhandlungen

Art. 10. Ungerechtfertigte Bereicherung. (1) Knüpft ein außervertragliches Schuldverhältnis aus ungerechtfertigter Bereicherung, einschließlich von Zahlungen auf eine nicht bestehende Schuld, an ein zwischen den Parteien bestehendes Rechtsverhältnis – wie einen Vertrag oder eine unerlaubte Handlung – an, das eine enge Verbindung mit dieser ungerechtfertigten Bereicherung aufweist, so ist das Recht anzuwenden, dem dieses Rechtsverhältnis unterliegt.

(2) Kann das anzuwendende Recht nicht nach Absatz 1 bestimmt werden und haben die Parteien zum Zeitpunkt des Eintritts des Ereignisses, das die ungerechtfertigte Bereicherung zur Folge hat, ihren gewöhnlichen Aufenthalt in demselben Staat, so ist das Recht dieses Staates anzuwenden.

(3) Kann das anzuwendende Recht nicht nach den Absätzen 1 oder 2 bestimmt werden, so ist das Recht des Staates anzuwenden, in dem die ungerechtfertigte Bereicherung eingetreten ist.

(4) Ergibt sich aus der Gesamtheit der Umstände, dass das außervertragliche Schuldverhältnis aus ungerechtfertigter Bereicherung eine offensichtlich engere Verbindung mit einem anderen als dem in den Absätzen 1, 2 und 3 bezeichneten Staat aufweist, so ist das Recht dieses anderen Staates anzuwenden.

Art. 11. Geschäftsführung ohne Auftrag. (1) Knüpft ein außervertragliches Schuldverhältnis aus Geschäftsführung ohne Auftrag an ein zwischen den Parteien bestehendes Rechtsverhältnis – wie einen Vertrag oder eine unerlaubte Handlung – an, das eine enge Verbindung mit dieser Geschäfts-

[20] Vgl. Erwägungsgründe (27) und (28).
[21] Vgl. Erwägungsgrund (29).

führung ohne Auftrag aufweist, so ist das Recht anzuwenden, dem dieses Rechtsverhältnis unterliegt.

(2) Kann das anzuwendende Recht nicht nach Absatz 1 bestimmt werden und haben die Parteien zum Zeitpunkt des Eintritts des schadensbegründenden Ereignisses ihren gewöhnlichen Aufenthalt in demselben Staat, so ist das Recht dieses Staates anzuwenden.

(3) Kann das anzuwendende Recht nicht nach den Absätzen 1 oder 2 bestimmt werden, so ist das Recht des Staates anzuwenden, in dem die Geschäftsführung erfolgt ist.

(4) Ergibt sich aus der Gesamtheit der Umstände, dass das außervertragliche Schuldverhältnis aus Geschäftsführung ohne Auftrag eine offensichtlich engere Verbindung mit einem anderen als dem in den Absätzen 1, 2 und 3 bezeichneten Staat aufweist, so ist das Recht dieses anderen Staates anzuwenden.

Art. 12.[22] **Verschulden bei Vertragsverhandlungen.** (1) Auf außervertragliche Schuldverhältnisse aus Verhandlungen vor Abschluss eines Vertrags, unabhängig davon, ob der Vertrag tatsächlich geschlossen wurde oder nicht, ist das Recht anzuwenden, das auf den Vertrag anzuwenden ist oder anzuwenden gewesen wäre, wenn er geschlossen worden wäre.

(2) Kann das anzuwendende Recht nicht nach Absatz 1 bestimmt werden, so ist das anzuwendende Recht

a) das Recht des Staates, in dem der Schaden eingetreten ist, unabhängig davon, in welchem Staat das schadensbegründende Ereignis oder indirekte Schadensfolgen eingetreten sind, oder,
b) wenn die Parteien zum Zeitpunkt des Eintritts des schadensbegründenden Ereignisses ihren gewöhnlichen Aufenthalt in demselben Staat haben, das Recht dieses Staates, oder,
c) wenn sich aus der Gesamtheit der Umstände ergibt, dass das außervertragliche Schuldverhältnis aus Verhandlungen vor Abschluss eines Vertrags eine offensichtlich engere Verbindung mit einem anderen als dem in den Buchstaben a oder b bezeichneten Staat aufweist, das Recht dieses anderen Staates.

Art. 13. Anwendbarkeit des Artikels 8. Auf außervertragliche Schuldverhältnisse aus einer Verletzung von Rechten des geistigen Eigentums ist für die Zwecke dieses Kapitels Artikel 8 anzuwenden.

Kapitel IV. Freie Rechtswahl

Art. 14.[23] **Freie Rechtswahl.** (1) Die Parteien können das Recht wählen, dem das außervertragliche Schuldverhältnis unterliegen soll:

---

[22] Vgl. Erwägungsgrund (30).
[23] Vgl. Erwägungsgrund (31).

a) durch eine Vereinbarung nach Eintritt des schadensbegründenden Ereignisses;

oder

b) wenn alle Parteien einer kommerziellen Tätigkeit nachgehen, auch durch eine vor Eintritt des schadensbegründenden Ereignisses frei ausgehandelte Vereinbarung.

Die Rechtswahl muss ausdrücklich erfolgen oder sich mit hinreichender Sicherheit aus den Umständen des Falles ergeben und lässt Rechte Dritter unberührt.

(2) Sind alle Elemente des Sachverhalts zum Zeitpunkt des Eintritts des schadensbegründenden Ereignisses in einem anderen als demjenigen Staat belegen, dessen Recht gewählt wurde, so berührt die Rechtswahl der Parteien nicht die Anwendung derjenigen Bestimmungen des Rechts dieses anderen Staates, von denen nicht durch Vereinbarung abgewichen werden kann.

(3) Sind alle Elemente des Sachverhalts zum Zeitpunkt des Eintritts des schadensbegründenden Ereignisses in einem oder mehreren Mitgliedstaaten belegen, so berührt die Wahl des Rechts eines Drittstaats durch die Parteien nicht die Anwendung – gegebenenfalls in der von dem Mitgliedstaat des angerufenen Gerichts umgesetzten Form – der Bestimmungen des Gemeinschaftsrechts, von denen nicht durch Vereinbarung abgewichen werden kann.

Kapitel V. Gemeinsame Vorschriften

Art. 15.[24] **Geltungsbereich des anzuwendenden Rechts.** Das nach dieser Verordnung auf außervertragliche Schuldverhältnisse anzuwendende Recht ist insbesondere maßgebend für

a) den Grund und den Umfang der Haftung einschließlich der Bestimmung der Personen, die für ihre Handlungen haftbar gemacht werden können;

b) die Haftungsausschlussgründe sowie jede Beschränkung oder Teilung der Haftung;

c) das Vorliegen, die Art und die Bemessung des Schadens oder der geforderten Wiedergutmachung;

d) die Maßnahmen, die ein Gericht innerhalb der Grenzen seiner verfahrensrechtlichen Befugnisse zur Vorbeugung, zur Beendigung oder zum Ersatz des Schadens anordnen kann;

e) die Übertragbarkeit, einschließlich der Vererbbarkeit, des Anspruchs auf Schadenersatz oder Wiedergutmachung;

---

[24] Vgl. Erwägungsgründe (12) und (33).

f) die Personen, die Anspruch auf Ersatz eines persönlich erlittenen Schadens haben;

g) die Haftung für die von einem anderen begangenen Handlungen;

h) die Bedingungen für das Erlöschen von Verpflichtungen und die Vorschriften über die Verjährung und die Rechtsverluste, einschließlich der Vorschriften über den Beginn, die Unterbrechung und die Hemmung der Verjährungsfristen und der Fristen für den Rechtsverlust.

Art. 16.[25] **Eingriffsnormen.** Diese Verordnung berührt nicht die Anwendung der nach dem Recht des Staates des angerufenen Gerichts geltenden Vorschriften, die ohne Rücksicht auf das für das außervertragliche Schuldverhältnis maßgebende Recht den Sachverhalt zwingend regeln.

Art. 17.[26] **Sicherheits- und Verhaltensregeln.** Bei der Beurteilung des Verhaltens der Person, deren Haftung geltend gemacht wird, sind faktisch und soweit angemessen die Sicherheits- und Verhaltensregeln zu berücksichtigen, die an dem Ort und zu dem Zeitpunkt des haftungsbegründenden Ereignisses in Kraft sind.

Art. 18. Direktklage gegen den Versicherer des Haftenden. Der Geschädigte kann seinen Anspruch direkt gegen den Versicherer des Haftenden geltend machen, wenn dies nach dem auf das außervertragliche Schuldverhältnis oder nach dem auf den Versicherungsvertrag anzuwendenden Recht vorgesehen ist.

Art. 19. Gesetzlicher Forderungsübergang. Hat eine Person („der Gläubiger") aufgrund eines außervertraglichen Schuldverhältnisses eine Forderung gegen eine andere Person („den Schuldner") und hat ein Dritter die Verpflichtung, den Gläubiger zu befriedigen, oder befriedigt er den Gläubiger aufgrund dieser Verpflichtung, so bestimmt das für die Verpflichtung des Dritten gegenüber dem Gläubiger maßgebende Recht, ob und in welchem Umfang der Dritte die Forderung des Gläubigers gegen den Schuldner nach dem für deren Beziehungen maßgebenden Recht geltend zu machen berechtigt ist.

Art. 20. Mehrfache Haftung. Hat ein Gläubiger eine Forderung gegen mehrere für dieselbe Forderung haftende Schuldner und ist er von einem der Schuldner vollständig oder teilweise befriedigt worden, so bestimmt sich der Anspruch dieses Schuldners auf Ausgleich durch die anderen Schuldner nach dem Recht, das auf die Verpflichtung dieses Schuldners gegenüber dem Gläubiger aus dem außervertraglichen Schuldverhältnis anzuwenden ist.

---

[25] Vgl. Erwägungsgrund (32).

[26] Vgl. Erwägungsgrund (34).

Art. 21. Form. Eine einseitige Rechtshandlung, die ein außervertragliches Schuldverhältnis betrifft, ist formgültig, wenn sie die Formerfordernisse des für das betreffende außervertragliche Schuldverhältnis maßgebenden Rechts oder des Rechts des Staates, in dem sie vorgenommen wurde, erfüllt.

Art. 22. Beweis. (1) Das nach dieser Verordnung für das außervertragliche Schuldverhältnis maßgebende Recht ist insoweit anzuwenden, als es für außervertragliche Schuldverhältnisse gesetzliche Vermutungen aufstellt oder die Beweislast verteilt.

(2) Zum Beweis einer Rechtshandlung sind alle Beweisarten des Rechts des angerufenen Gerichts oder eines der in Artikel 21 bezeichneten Rechte, nach denen die Rechtshandlung formgültig ist, zulässig, sofern der Beweis in dieser Art vor dem angerufenen Gericht erbracht werden kann.

Kapitel VI. Sonstige Vorschriften

Art. 23. Gewöhnlicher Aufenthalt. (1) Für die Zwecke dieser Verordnung ist der Ort des gewöhnlichen Aufenthalts von Gesellschaften, Vereinen und juristischen Personen der Ort ihrer Hauptverwaltung. Wenn jedoch das schadensbegründende Ereignis oder der Schaden aus dem Betrieb einer Zweigniederlassung, einer Agentur oder einer sonstigen Niederlassung herrührt, steht dem Ort des gewöhnlichen Aufenthalts der Ort gleich, an dem sich diese Zweigniederlassung, Agentur oder sonstige Niederlassung befindet.

(2) Im Sinne dieser Verordnung ist der gewöhnliche Aufenthalt einer natürlichen Person, die im Rahmen der Ausübung ihrer beruflichen Tätigkeit handelt, der Ort ihrer Hauptniederlassung.

Art. 24. Ausschluss der Rück- und Weiterverweisung. Unter dem nach dieser Verordnung anzuwendenden Recht eines Staates sind die in diesem Staat geltenden Rechtsnormen unter Ausschluss derjenigen des Internationalen Privatrechts zu verstehen.

Art. 25. Staaten ohne einheitliche Rechtsordnung. (1) Umfasst ein Staat mehrere Gebietseinheiten, von denen jede für außervertragliche Schuldverhältnisse ihre eigenen Rechtsnormen hat, so gilt für die Bestimmung des nach dieser Verordnung anzuwendenden Rechts jede Gebietseinheit als Staat.

(2) Ein Mitgliedstaat, in dem verschiedene Gebietseinheiten ihre eigenen Rechtsnormen für außervertragliche Schuldverhältnisse haben, ist nicht verpflichtet, diese Verordnung auf Kollisionen zwischen den Rechtsordnungen dieser Gebietseinheiten anzuwenden.

Art. 26.[27] **Öffentliche Ordnung im Staat des angerufenen Gerichts.** Die Anwendung einer Vorschrift des nach dieser Verordnung bezeichneten Rechts kann nur versagt werden, wenn ihre Anwendung mit der öffentlichen Ordnung (*„ordre public"*) des Staates des angerufenen Gerichts offensichtlich unvereinbar ist.

Art. 27.[28] **Verhältnis zu anderen Gemeinschaftsrechtsakten.** Diese Verordnung berührt nicht die Anwendung von Vorschriften des Gemeinschaftsrechts, die für besondere Gegenstände Kollisionsnormen für außervertragliche Schuldverhältnisse enthalten.

Art. 28.[29] **Verhältnis zu bestehenden internationalen Übereinkommen.** (1) Diese Verordnung berührt nicht die Anwendung der internationalen Übereinkommen, denen ein oder mehrere Mitgliedstaaten zum Zeitpunkt der Annahme dieser Verordnung angehören und die Kollisionsnormen für außervertragliche Schuldverhältnisse enthalten.

(2) Diese Verordnung hat jedoch in den Beziehungen zwischen den Mitgliedstaaten Vorrang vor den ausschließlich zwischen zwei oder mehreren Mitgliedstaaten geschlossenen Übereinkommen, soweit diese Bereiche betreffen, die in dieser Verordnung geregelt sind.

Kapitel VII. Schlussbestimmungen

Art. 29.[30] **Verzeichnis der Übereinkommen.** (1) Die Mitgliedstaaten übermitteln der Kommission spätestens 11. Juli 2008 die Übereinkommen gemäß Artikel 28 Absatz 1. Kündigen die Mitgliedstaaten nach diesem Stichtag eines dieser Übereinkommen, so setzen sie die Kommission davon in Kenntnis.

(2) Die Kommission veröffentlicht im Amtsblatt der Europäischen Union innerhalb von sechs Monaten nach deren Erhalt

i) ein Verzeichnis der in Absatz 1 genannten Übereinkommen;

ii) die in Absatz 1 genannten Kündigungen.

Art. 30. Überprüfungsklausel. (1) Die Kommission legt dem Europäischen Parlament, dem Rat und dem Europäischen Wirtschafts- und Sozialausschuss bis spätestens 20. August 2011 einen Bericht über die Anwendung dieser Verordnung vor. Diesem Bericht werden gegebenenfalls Vorschläge zur Anpassung der Verordnung beigefügt. Der Bericht umfasst:

i) eine Untersuchung über Auswirkungen der Art und Weise, in der mit ausländischem Recht in den verschiedenen Rechtsordnungen umge-

---

[27] Vgl. Erwägungsgrund (32).
[28] Vgl. Erwägungsgrund (35).
[29] Vgl. Erwägungsgründe (36) und (37).
[30] Vgl. dazu die Mitteilung der EU-Kommission (ABl. 2010 C 343, S. 7).

gangen wird, und darüber, inwieweit die Gerichte in den Mitgliedstaaten ausländisches Recht aufgrund dieser Verordnung in der Praxis anwenden;

ii) eine Untersuchung der Auswirkungen von Artikel 28 der vorliegenden Verordnung im Hinblick auf das Haager Übereinkommen vom 4. Mai 1971 über das auf Verkehrsunfälle anzuwendende Recht.

(2) Die Kommission legt dem Europäischen Parlament, dem Rat und dem Europäischen Wirtschafts- und Sozialausschuss bis spätestens 31. Dezember 2008 eine Untersuchung zum Bereich des auf außervertragliche Schuldverhältnisse aus der Verletzung der Privatsphäre oder der Persönlichkeitsrechte anzuwendenden Rechts vor, wobei die Regeln über die Pressefreiheit und die Meinungsfreiheit in den Medien sowie die kollisionsrechtlichen Aspekte im Zusammenhang mit der Richtlinie 95/46/EG des Europäischen Parlaments und des Rates vom 24. Oktober 1995 zum Schutz natürlicher Personen bei der Verarbeitung personenbezogener Daten und zum freien Datenverkehr[31] zu berücksichtigen sind.

Art. 31. Zeitliche Anwendbarkeit. Diese Verordnung wird auf schadensbegründende Ereignisse angewandt, die nach ihrem Inkrafttreten eintreten.

Art. 32. Zeitpunkt des Beginns der Anwendung. Diese Verordnung gilt ab dem 11. Januar 2009, mit Ausnahme des Artikels 29, der ab dem 11. Juli 2008 gilt. Diese Verordnung ist in allen ihren Teilen verbindlich und gilt gemäß dem Vertrag zur Gründung der Europäischen Gemeinschaft unmittelbar in den Mitgliedstaaten. Geschehen zu Straßburg am 11. Juli 2007.

III. Bilaterale Staatsverträge

102. Vertrag zwischen der Bundesrepublik Deutschland und der schweizerischen Eidgenossenschaft über die Schadensdeckung bei Verkehrsunfällen

Vom 30. Mai 1969[1] (BGBl. 1971 II, S. 91)

Art. 1. Die Angehörigen jenes der beiden Staaten, die im andern durch ein Kraftfahrzeug (Motorfahrzeug) geschädigt werden, haben dieselben Schadendeckungsansprüche wie die Angehörigen des Unfalllandes, gleichgültig, ob der Schaden durch ein ordentlich versichertes, ein nicht versichertes, ein ausländisches, ein entwendetes oder ein nicht ermitteltes Kraftfahrzeug

[31] ABl. 1995 L 281, S. 31.

[1] Der Vertrag ist am 22.7.1971 in Kraft getreten (Bek. v. 6.7.1971, BGBl. II, S. 967).

(Motorfahrzeug) verursacht worden ist. Die Gleichstellung bezieht sich auch auf die Ansprüche gegen die von der Versicherungspflicht befreiten Halter von Kraftfahrzeugen (Motorfahrzeugen), wie öffentliche Körperschaften.

Art. 2. (1) Den Angehörigen eines der beiden Vertragsstaaten sind alle Personen gleichgestellt, die auf seinem Staatsgebiet ihren Wohnsitz haben. Dazu gehören auch jene Personen, die seit der polizeilichen Anmeldung ohne wesentliche Unterbrechung mehr als ein Jahr dort wohnhaft sind.

(2) Der Begriff des Kraftfahrzeugs (Motorfahrzeugs) bestimmt sich nach dem Recht des Unfalllandes; Fahrzeuge mit Hilfsmotor sind den Kraftfahrzeugen (Motorfahrzeugen) gleichgestellt.

(3) Fallen die von einem Kraftfahrzeuganhänger (Motorfahrzeuganhänger) verursachten Schäden nicht unter die Versicherung des Zugfahrzeugs, sondern unter eine selbständige Anhängerversicherung, so ist der Anhänger für die Anwendung dieser Vereinbarung einem Kraftfahrzeug (Motorfahrzeug) gleichgestellt.

Art. 3. (1) Erfährt die Behörde eines der beiden Staaten, dass ein durch sie zugelassenes, nicht mehr versichertes Fahrzeug im Gebiet des andern Staates verwendet wird, so erstattet sie der örtlich zuständigen Zulassungsstelle oder einer Zentralstelle dieses Staates Meldung. Diese Stellen treffen, unter Berücksichtigung der Rechtslage im Zulassungslande die gebotenen Maßnahmen, damit das Fahrzeug nicht weiter ohne die gesetzlich vorgeschriebene Haftpflichtversicherung verkehrt.

(2) Zentralstellen sind, solange die Regierung der betreffenden Vertragspartei nichts anderes bestimmt, in der Bundesrepublik Deutschland das Kraftfahrt-Bundesamt, in der Schweiz die Eidgenössische Polizeiabteilung.

Art. 4. Dieser Vertrag gilt zufolge besonderer Bevollmächtigung durch die fürstlich-liechtensteinische Regierung auch für das Fürstentum Liechtenstein.

Art. 5–6. *(nicht abgedruckt)*

K. Sachenrecht

I. Multilaterale Staatsverträge[1, 2, 3, 4]

[1] Wegen des Haager Übk. über das auf den Eigentumserwerb bei internationalen Käufen beweglicher Sachen anwendbare Recht v. 15.4.1958 siehe Anm. 4 zu Nr. *76*.

[2] Das Haager Übk. über das auf Trusts anwendbare Recht und die Anerkennung von Trusts v. 1.7.1985 ist von der *Bundesrepublik Deutschland* bisher nicht gezeichnet worden. Es ist am 1.1.1992 für *Australien, Italien* und das *Vereinigte Königreich* in Kraft getreten und gilt heute ferner für *Kanada* (und zwar für die Provinzen *Alberta, New Brunswick, Newfoundland and Labrador* und *Prince Edward Island* seit 1.1.1993, für *Manitoba* seit 1.7.1994, für *Saskatchewan* seit 1.9.1994 und für *Nova Scotia* seit 1.5.2006), *Liechtenstein* (seit 1.4.2006), *Luxemburg* (seit 1.1.2004), die *Niederlande* (seit 1.2.1996), *Malta* (seit 1.3.1996), *Monaco* (seit 1.9.2008), *Panama* (seit 1.12.2018), *San Marino* (seit 1.8.2006), die *Schweiz* (seit 1.7.2007) und *Zypern* (seit 1.6.2017).

Das *Vereinigte Königreich* hat das Übk. mit Wirkung v. 1.1.1992 auf *Hongkong* erstreckt. Es gilt auch nach dem Übergang der Souveränitätsrechte für *Hongkong* vom Vereinigten Königreich auf *China* mit Wirkung v. 1.7.1997 für die chinesische Sonderverwaltungsregion *Hongkong* fort (BGBl. 2003 II, S. 583, 590). Text (englisch/französisch): https://www.hcch.net/de/instruments/conventions (Nr. 30); deutsche Übersetzung in IPRax 1987, 55.

[3] Das UNIDROIT-Übk. von Kapstadt über internationale Sicherungsrechte an beweglicher Ausrüstung („*Convention on International Interests in Mobile Equipment*") v. 16.11.2001 ist am 1.3.2006 für *Äthiopien, Irland, Malaysia, Nigeria, Oman, Pakistan, Panama* und die *Vereinigten Staaten* in Kraft getreten. Es ist – ebenso wie das Protokoll über Luftfahrzeugausrüstung („*Protocol to the Convention on International Interests in Mobile Equipment on Matters Specific to Aircraft Equipment*") – von der *Europäischen Union* mit Wirkung für ihre Mitgliedstaaten (mit Ausnahme von *Dänemark*) ratifiziert worden und ist für diese – und damit auch für die *Bundesrepublik Deutschland* – am 1.8.2009 in Kraft getreten. Das Übk. hat damit die Qualität von sekundärem EU-Recht; zuvor war das Übk. schon für die Mitgliedstaaten *Irland* (am 1.3.2006) und *Luxemburg* (am 1.10.2008) in Kraft getreten. Die *Niederlande* haben das Übk. mit Wirkung v. 1.9.2010 auf die *Niederländischen Antillen* und *Aruba* erstreckt.

Das Übk. gilt inzwischen ferner für *Ägypten* (seit 1.4.2015), *Afghanistan* (seit 1.11.2006), *Albanien* (seit 1.2.2008), *Angola* (seit 1.8.2006), *Argentinien* (1.8.2008), *Australien* (seit 1.9.2015), *Bahrain* (seit 1.3.2013), *Bangladesch* (seit 1.4.2009), *Belarus* (seit 1.1.2012), *Bhutan* (seit 1.11.2014), *Brasilien* (seit 1.3.2012), *Burkina Faso* (seit 1.1.2018), *China* (seit 1.6.2009), *Costa Rica* (seit 1.12.2018), *Cote d'Ivoire* (seit 1.7.2016), *Dänemark* (seit 1.2.2016), *Fidschi* (seit 1.9.2012), *Gabun* (seit 1.8.2017), *Ghana* (seit 1.4.2019), *Indien* (seit 1.7.2008), *Indonesien* (seit 1.7.2007), *Island* (seit 1.10.2020), *Jordanien* (seit 1.12.2010), *Kamerun* (seit 1.8.2011), *Kanada* (seit 1.4.2013), *Kap Verde* (seit 1.1.2008), *Kasachstan* (seit 1.2.2011), *Katar* (seit 1.5.2020), *Kenia* (seit 1.2.2007), *Kirgisistan* (seit 1.9.2021); *Kolumbien* (seit 1.6.2007), *Kongo, Demokratische Republik* (seit 1.9.2016), *Kongo, Republik* (seit 1.5.2013), *Kuba* (seit 1.5.2009), *Kuwait* (seit 1.2.2014), *Lettland* (seit 1.6.2011), *Luxemburg* (seit 1.10.2008), *Madagaskar* (seit 1.8.2013), *Malawi* (seit 1.5.2014), *Malta* (seit 1.2.2011), *Mexiko* (seit 1.11.2007), *Moldau, Republik* (seit 1.6.2019), die *Mongolei* (seit 1.2.2007), *Mosambik* (seit 1.11.2013), *Myanmar* (seit 1.4.2013), *Namibia* (seit 1.11.2018), *Neuseeland* (seit 1.11.2010), *Norwegen* (seit 1.4.2011), *Paraguay* (seit 1.4.2019), *Ruanda* (seit 1.5.2010), *Rumänien* (1.7.2018), *die Russische Föderation* (seit 1.9.2011), *Sambia* (seit 1.1.2021), *San Marino* (seit 1.1.2015), *Saudi-Arabien* (seit 1.10.2008), *Schweden* (seit 1.4.2016), *Senegal* (seit 1.5.2006), *Sierra Leone* (seit 1.11.2016), *Simbabwe* (seit 1.9.2008), *Singapur* (seit 1.5.2009), *Spanien* (seit 1.3.2016), *Südafrika* (seit 1.5.2007), *Swasiland* (seit 1.9.2017), *Syrien* (seit 1.12.2007), *Tadschikistan* (seit 1.9.2011), *Tansania* (seit

110. Genfer Übereinkommen über die internationale Anerkennung von Rechten an Luftfahrzeugen

Vom 19. Juni 1948[1, 2] (BGBl. 1959 II, S. 130)

1.5.2009), *Togo* (seit 1.4.2012), die *Türkei* (seit 1.12.2011), die *Ukraine* (seit 1.11.2012), *Usbekistan* (seit 1.5.2018), das *Vereinigte Königreich* (seit 1.11.2015), die *Vereinigten Arabischen Emirate* (seit 1.8.2008) und *Vietnam* (seit 1.1.2015).

Text (arabisch, chinesisch, englisch, französisch, russisch, spanisch) mit amtlicher deutscher Übersetzung: https://www.unidroit.org.

[4] Siehe auch die *UNIDROIT-Convention on Substantive Rules for Intermediated Securities* v. 9.10.2009. Das Übk. ist bisher nur von *Bangladesh* gezeichnet worden.

[1] Das Übk. ist für die *Bundesrepublik Deutschland* am 5.10.1959 im Verhältnis zu *Argentinien, Brasilien, Chile, Ecuador, El Salvador, Laos, Mexiko,* den *Niederlanden, Norwegen, Pakistan, Schweden* und den *Vereinigten Staaten* in Kraft getreten (Bek. v. 22.4.1960, BGBl. II, S. 1506). Es gilt heute ferner im Verhältnis zu *Ägypten* (seit 9.12.1969, BGBl. 1970 II, S. 12), *Algerien* (seit 8.11.1964, BGBl. 1966 II, S. 768), *Angola* (seit 25.5.1998, BGBl. 1999 II, S. 111), *Aserbaidschan* (seit 21.6.2000, BGBl. II, S. 1495), *Äthiopien* (seit 5.9.1979, BGBl. 1980 II, S. 108), *Bahrain* (seit 1.6.1997, BGBl. II, S. 1755), *Bangladesch* (seit 5.4.1988, BGBl. II, S. 937), *Belgien* (seit 20.1.1994, BGBl. II, S. 470), *Bolivien* (seit 7.10.1998, BGBl. 2000 II, S. 1495), *Bosnien und Herzegowina* (seit 6.3.1992, BGBl. 1995 II, S. 779), *China* (seit 27.7.2000, BGBl. II, S. 1495), *Côte d'Ivoire* (seit 21.11.1965, BGBl. 1966 II, S. 768), *Dänemark* (seit 18.4.1963, BGBl. 1966 II, S. 768), *Estland* (seit 31.3.1994, BGBl. 1994 II, S. 470), *Frankreich* (seit 27.5.1964, BGBl. 1966 II, S. 768), *Gabun* (seit 14.4.1970, BGBl. II, S. 183), *Gambia* (seit 18.9.2000, BGBl. II, S. 1495), *Ghana* (seit 13.10.1997, BGBl. 1998 II, S. 681), *Grenada* (seit 26.11.1985, BGBl. 1986 II, S. 472), *Griechenland* (seit 24.5.1971, BGBl. II, S. 1121), *Guatemala* (seit 7.11.1988, BGBl. 1989 II, S. 264), *Guinea* (seit 11.11.1980, BGBl. 1981 II, S. 95), *Haiti* (seit 22.6.1961, BGBl. 1966 II, S. 768), *Irak* (seit 12.4.1981, BGBl. 1982 II, S. 180), *Island* (seit 7.5.1967, BGBl. II, S. 1214), *Italien* (seit 6.3.1961, BGBl. 1966 II, S. 768), *Kamerun* (seit 21.10.1969, BGBl. II, S. 2125), *Katar* (seit 19.7.2007, BGBl. II, S. 1933), *Kenia* (seit 15.4.1997, BGBl. II, S. 1755), *Kirgisistan* (seit 28.5.2000, BGBl. II, S. 1495), *Kolumbien* (seit 7.12.2006, BGBl. 2007 II, S. 1933), *Kongo* (seit 1.8.1982, BGBl. 1983 II, S. 58), *Kroatien* (seit 8.10.1991, BGBl. 1995 II, S. 311), *Kuba* (seit 18.9.1961, BGBl. II, S. 1604), *Kuwait* (seit 25.2.1980, BGBl. II, S. 1396), *Libanon* (seit 10.7.1969, BGBl. II, S. 1927), *Libyen* (seit 4.6.1973, BGBl. II, S. 1028), *Luxemburg* (seit 15.3.1976, BGBl. 1978 II, S. 244), *Madagaskar* (seit 9.4.1979, BGBl. II, S. 348), *Malediven* (seit 14.12.1995, BGBl. 1996 II, S. 665), *Mali* (seit 28.3.1962, BGBl. 1966 II, S. 768), *Marokko* (seit 13.3.1994, BGBl. II, S. 470), *Mauretanien* (seit 21.10.1962, BGBl. 1966 II, S. 768), *Mauritius* (seit 16.7.1991, BGBl. 1993 II, S. 1188), *Mazedonien* (seit 17.9.1991, BGBl. 1995 II, S. 779), *Monaco* (seit 14.3.1995, BGBl. II, S. 311), *Niger* (seit 27.3.1963, BGBl. 1966 II, S. 768), *Nigeria* (seit 8.10.2002, BGBl. 2013 II, S. 322), *Oman* (seit 17.6.1992, BGBl. 1993 II, S. 1188), *Panama* (seit 24.1.1999, BGBl. 1999 II, S. 294), *Paraguay* (seit 25.12.1969, BGBl. 1970 II, S. 12), den *Philippinen* (seit 23.5.1978, BGBl. II, S. 989), *Portugal* (seit 12.3.1986, BGBl. II, S. 472), *Ruanda* (seit 15.8.1971, BGBl. II, S. 1121), *Rumänien* (seit 24.1.1995, BGBl. II S. 311), der *Schweiz* (seit 1.1.1961, BGBl. 1966 II, S. 768), *Senegal* (seit 19.3.1996, BGBl. II S. 2737), *Serbien* (seit 27.4.1992, BGBl. 2002 II, S. 787), den *Seychellen* (seit 16.4.1979, BGBl. II, S. 348), *Simbabwe* (seit 7.5.1987, BGBl. II, S. 522), *Slowenien* (seit 8.7.1997, BGBl. II S. 1755), *Sri Lanka* (seit 24.4.1994, BGBl. 1995 II, S. 311), *Südafrika* (seit 20.12.1998, BGBl. 1999 II, S. 294), *Suriname* (seit 25.6.2003, BGBl. 2004 II, S. 80), *Tadschikistan* (seit 18.6.1996, BGBl. II, S. 2737), *Thailand* (seit 8.1.1968, BGBl. II, S. 7), *Togo* (seit 30.9.1980, BGBl. 1981 II, S. 95), *Tschad* (seit 15.5.1974, BGBl. II, S. 1179), der *Tschechischen Republik* (seit 22.11.1998, BGBl. 1999 II, S. 294), *Tune-*

(Übersetzung)[3]

Art. I. (1) Die Vertragsstaaten verpflichten sich, anzuerkennen:

a) das Eigentumsrecht an Luftfahrzeugen;

b) das Recht des Besitzers eines Luftfahrzeugs, Eigentum durch Kauf zu erwerben;

c) das Recht zum Besitz eines Luftfahrzeugs auf Grund eines für einen Zeitraum von sechs oder mehr Monaten abgeschlossenen Mietvertrages;

d) besitzlose Pfandrechte *(„mortgages"),* Hypotheken und ähnliche Rechte an einem Luftfahrzeug, die vertraglich als Sicherheit für die Erfüllung einer Schuld begründet sind,

unter der Voraussetzung, dass diese Rechte

i) gültig entstanden sind nach dem Recht des Vertragsstaates, in dem das Luftfahrzeug zur Zeit ihrer Begründung (als staatszugehörig) eingetragen war, und

ii) ordnungsgemäß eingetragen sind in einem öffentlichen Buch des Vertragsstaates, in welchem das Luftfahrzeug eingetragen ist. Die Ordnungsmäßigkeit aufeinander folgender Eintragungen in verschiedenen Vertragsstaaten bestimmt sich nach dem Recht des Vertragsstaates, in dessen Gebiet das Luftfahrzeug zur Zeit der jeweiligen Eintragung des Rechts eingetragen war.

(2) Keine Bestimmung dieses Abkommens hindert die Vertragsstaaten, in ihrer Gesetzgebung andere Rechte an Luftfahrzeugen anzuerkennen. Die Vertragsstaaten werden jedoch nicht zulassen oder anerkennen, dass ein Recht den in Absatz 1 genannten Rechten im Range vorgeht.

Art. II. (1) Alle ein Luftfahrzeug betreffenden Eintragungen müssen in dem gleichen öffentlichen Buch erfolgen.

(2) Soweit dieses Abkommen nichts Abweichendes vorsieht, bestimmen sich die Wirkungen der Eintragung eines der in Artikel I Absatz 1 genann-

---

sien (seit 2.8.1966, BGBl. II, S. 768), *Turkmenistan* (seit 15.12.1993, BGBl. 1994 II, S. 470), *Ungarn* (seit 19.8.1993, BGBl. 1994 II, S. 470), *Uruguay* (seit 19.11.1985, BGBl. 1986 II, S. 472), *Usbekistan* (seit 6.8.1997, BGBl. II S. 1755), *Vietnam* (seit 16.9.1997, BGBl. II, S. 1755) und der *Zentralafrikanischen Republik* (seit 31.8.1969, BGBl. II, S. 2125).

Die *Niederlande* haben das Übk. mit Wirkung v. 10.10.2010 auf ihre karibischen Hoheitsgebiete erstreckt (BGBl. 2013 II, S. 322). Das Übk. gilt auch nach dem Übergang der Souveränitätsrechte für *Macau* von *Portugal* auf *China* mit Wirkung v. 20.12.1999 im Verhältnis zu der chinesischen Sonderverwaltungsregion *Macau* fort (BGBl. 2003 II, S. 789, 795).

[2] Vgl. auch das Römische Abk. zur Vereinheitlichung von Regeln über die Sicherungsbeschlagnahme von Luftfahrzeugen (2. Abk. zur Vereinheitlichung des Luftprivatrechts v. 29.5.1933, RGBl. 1935 II, S. 301). Das Abk. ist für das *Deutsche Reich* am 12.1.1937 in Kraft getreten (Bek. v. 8.1.1937, RGBl. II, S. 260). Es gilt heute für 32 weitere Staaten, vgl. den Fundstellennachweis B zum BGBl. 2021 II, S. 398.

[3] Authentisch sind gleichberechtigt der englische, französische und spanische Text.

ten Rechte gegenüber Dritten nach den Gesetzen des Vertragsstaates, in welchem dieses Recht eingetragen ist.

(3) Jeder Vertragsstaat kann die Eintragung eines Rechts an einem Luftfahrzeug untersagen, das nach seinen nationalen Gesetzen nicht wirksam begründet werden kann.

Art. III. (1) Die Adresse der mit der Führung des Buches betrauten Behörde ist auf dem die Staatszugehörigkeit des Luftfahrzeugs beurkundenden Eintragungsschein zu vermerken.

(2) Jedermann ist berechtigt, von dieser Behörde beglaubigte Abschriften oder Auszüge aus den Eintragungen zu verlangen. Bis zum Beweise des Gegenteils wird vermutet, dass die Abschriften oder Auszüge den Inhalt des Buches richtig wiedergeben.

(3) Sofern nach dem Recht eines Vertragsstaates der Eingang einer Urkunde bei der Buchbehörde die gleiche Rechtswirkung hat wie die Eintragung selbst, gilt diese Rechtswirkung auch für die Zwecke des Abkommens. In diesem Fall ist durch geeignete Vorkehrungen sicherzustellen, dass die Urkunde der Öffentlichkeit zugänglich ist.

(4) Für die Tätigkeit der Buchbehörde dürfen angemessene Gebühren erhoben werden.

Art. IV. (1) Sind nach dem Recht eines Vertragsstaates, in dem Bergungs- oder Erhaltungsmaßnahmen an einem Luftfahrzeug zum Abschluss gekommen sind, Ansprüche entstanden

a) wegen Entschädigung für die Bergung des Luftfahrzeugs oder

b) wegen außerordentlicher, zur Erhaltung des Luftfahrzeugs unumgänglich erforderlicher Aufwendungen

und begründen diese Ansprüche ein mit Vorrang ausgestattetes dingliches Recht an einem Luftfahrzeug, so wird dieses Recht von den Vertragsstaaten anerkannt und erhält Vorrang vor allen anderen Rechten an dem Luftfahrzeug.

(2) Die in Absatz 1 dieses Artikels genannten Rechte werden in umgekehrter Reihenfolge der Ereignisse, durch die sie entstanden sind, befriedigt.

(3) Jedes dieser Rechte kann innerhalb von drei Monaten nach Beendigung der Bergungs- oder Erhaltungsmaßnahmen in dem öffentlichen Buch vorgemerkt werden.

(4) Diese Rechte werden nach Ablauf der in Absatz 3 erwähnten drei Monate in anderen Vertragsstaaten nicht mehr anerkannt, sofern nicht innerhalb dieses Zeitraumes

a) das Recht in dem öffentlichen Buch nach Absatz 3 vorgemerkt worden ist und

b) über den Betrag eine Vereinbarung zustande gekommen oder ein gerichtliches Verfahren über das Recht eingeleitet worden ist. Im Fall eines gerichtlichen Verfahrens bestimmen sich die Voraussetzungen, unter denen die dreimonatige Frist unterbrochen oder gehemmt wird, nach dem Recht des angerufenen Gerichts.

(5) Dieser Artikel findet ungeachtet der Vorschriften des Artikels I Absatz 2 Anwendung.

Art. V. Der Vorrang der in Artikel I Absatz 1 Buchstabe d genannten Rechte erstreckt sich auf alle durch sie gesicherten Beträge. Für Zinsen gilt jedoch dieser Vorrang nur hinsichtlich der Beträge, die in den letzten drei Jahren vor der Eröffnung oder während der Durchführung des Vollstreckungsverfahrens aufgelaufen sind.

Art. VI. Wird ein Luftfahrzeug oder ein Recht an einem Luftfahrzeug beschlagnahmt oder wird eine Zwangsvollstreckung durchgeführt, so sind die Vertragsstaaten nicht verpflichtet, zum Nachteil des betreibenden Gläubigers oder eines Erwerbers die Begründung oder Übertragung eines der in Artikel I Absatz 1 genannten Rechte durch den Schuldner anzuerkennen, wenn dieser in Kenntnis des Verfahrens gehandelt hat.

Art. VII. (1) Das Verfahren für die Zwangsvollstreckung in ein Luftfahrzeug richtet sich nach den Gesetzen des Vertragsstaates, in dem die Vollstreckung durchgeführt wird.

(2) Nachstehende Bestimmungen sind jedoch einzuhalten:

a) Zeit und Ort der Verwertung sind mindestens sechs Wochen im Voraus festzusetzen.

b) Der betreibende Gläubiger hat dem Gericht oder der sonst zuständigen Behörde einen beglaubigten Auszug über die das Luftfahrzeug betreffenden Eintragungen vorzulegen. Er hat mindestens einen Monat vor dem Termin die bevorstehende Verwertung an dem Ort, an dem das Luftfahrzeug eingetragen ist, nach den dort geltenden Bestimmungen öffentlich bekanntzumachen und gleichzeitig den eingetragenen Eigentümer, die Inhaber der an dem Luftfahrzeug eingetragenen Rechte sowie die Inhaber der nach Artikel IV Absatz 3 im öffentlichen Buch vorgemerkten Rechte durch eingeschriebenen Brief zu benachrichtigen, der tunlichst durch Luftpost an die im öffentlichen Buch verzeichneten Adressen zu richten ist.

(3) Werden die Bestimmungen des Absatzes 2 nicht eingehalten, so ergeben sich die Rechtsfolgen nach den Gesetzen des Vertragsstaates, in dem die Verwertung durchgeführt wird. Verstößt eine Verwertung gegen Bestimmungen des Absatzes 2, so kann die Verwertung auf Antrag eines jeden, der hierdurch geschädigt worden ist, für nichtig erklärt werden. Der Antrag kann nur binnen sechs Monaten vom Tage der Verwertung an gestellt werden.

(4) Eine Verwertung darf erst beendet werden, wenn alle der zuständigen Behörde nachgewiesenen Rechte, welche dem Recht des betreibenden Gläubigers nach diesem Abkommen vorgehen, entweder aus dem Verwertungserlös gedeckt oder von dem Erwerber übernommen worden sind.

(5) Hat ein Luftfahrzeug, das mit einem der in Artikel 1 genannten Rechte zur Sicherung einer Forderung belastet ist, in dem Gebiet des Vertragsstaates, in dem die Verwertung durchgeführt wird, einen Schaden auf der Erde verursacht, so kann das nationale Recht dieses Vertragsstaates im Falle der Beschlagnahme des genannten Luftfahrzeugs oder eines anderen Luftfahrzeugs des gleichen Eigentümers, das mit ähnlichen Rechten zugunsten des gleichen Gläubigers belastet ist, anordnen:

a) dass Absatz 4 gegenüber dem Geschädigten oder seinem Rechtsnachfolger, sofern sie als betreibende Gläubiger auftreten, nicht anwendbar sein soll;

b) dass die in Artikel I vorgesehenen, zur Sicherung einer Forderung dienenden Rechte an Luftfahrzeugen gegen die Geschädigten oder deren Rechtsnachfolger nur bis zu 80 Prozent des Verwertungserlöses geltend gemacht werden können.

Die vorstehenden Bestimmungen gelten jedoch nicht, wenn durch den Halter oder zu seinen Gunsten eine angemessene und wirksame Versicherung gegen diesen Schaden bei einem Staat oder bei einem Versicherungsunternehmen in einem beliebigen Staat abgeschlossen worden ist.

Soweit das Recht des Vertragsstaates, in dem die Verwertung durchgeführt wird, nicht andere Wertgrenzen vorsieht, gilt eine Versicherung im Sinne dieses Absatzes als angemessen, wenn der Versicherungsbetrag dem Neuwert des zu verwertenden Luftfahrzeugs entspricht.

(6) Kosten, die nach dem Recht des Vertragsstaates, in dem die Verwertung durchgeführt wird, gesetzlich erhoben werden können und die im gemeinsamen Interesse der Gläubiger im Laufe des Vollstreckungsverfahrens entstanden sind, werden mit Vorrang vor allen anderen Forderungen, selbst vor denjenigen, die nach Artikel IV Vorrang genießen, aus dem Verwertungserlös beglichen.

Art. VIII. Durch die Verwertung eines Luftfahrzeugs nach den Bestimmungen des Artikels VII wird das Eigentum am Luftfahrzeug frei von allen nicht vom Erwerber übernommenen Rechten übertragen.

Art. IX. Abgesehen von einer Verwertung nach den Bestimmungen des Artikels VII kann ein Luftfahrzeug aus dem Register oder dem öffentlichen Buch eines Vertragsstaates in das entsprechende Register oder öffentliche Buch eines anderen Vertragsstaates nur überschrieben werden, wenn die Inhaber der eingetragenen Rechte vorher befriedigt worden sind oder zugestimmt haben.

Art. X. (1) Erstreckt sich ein zur Sicherung einer Forderung eingetragenes Recht der in Artikel I vorgesehenen Art nach den Gesetzen des Vertragsstaates, in dem das Luftfahrzeug eingetragen ist, auf Ersatzteile, die an einer oder an mehreren bestimmten Stellen lagern, so wird dieses Recht von allen Vertragsstaaten anerkannt, solange die Ersatzteile dort verbleiben. Dies gilt nur, wenn an dem Lagerungsplatz eine Bekanntmachung angebracht ist, welche das Recht, den Namen und die Adresse des Berechtigten und das öffentliche Buch angibt, in dem das Recht eingetragen ist. Die Bekanntmachung muss geeignet sein, Dritten in angemessener Weise Kenntnis davon zu geben, dass die Ersatzteile belastet sind.

(2) Ein Verzeichnis über die Art und die ungefähre Anzahl der genannten Ersatzteile ist in die dem Bucheintrag beigefügte Urkunde aufzunehmen oder ihr anzufügen. Ein Austausch gleichartiger Ersatzteile beeinträchtigt das Recht des Gläubigers nicht.

(3) Die Bestimmungen des Artikels VII Absätze 1 und 4 und des Artikels VIII gelten auch für eine Zwangsvollstreckung in die Ersatzteile. Ist der betreibende Gläubiger jedoch nicht dinglich gesichert, so findet Artikel VII Absatz 4 auf die Verwertung mit der Maßgabe Anwendung, dass der Zuschlag nur für ein Angebot erteilt werden darf, welches zwei Dritteln des Wertes der Ersatzteile entspricht. Der Wert wird von Sachverständigen ermittelt, die von der Vollstreckungsbehörde bestellt werden. Außerdem kann die Vollstreckungsbehörde bei der Verteilung des Erlöses nach Abzug der in Artikel VII Absatz 6 vorgesehenen Kosten den Betrag, der den im Range vorgehenden Gläubigern zu zahlen ist, zugunsten des betreibenden Gläubigers auf zwei Drittel des Erlöses begrenzen.

(4) Im Sinne dieses Artikels gelten als Ersatzteile alle zu einem Luftfahrzeug gehörenden Teile, Triebwerke, Luftschrauben, Funkgeräte, Bordinstrumente, Ausrüstungen und Ausstattungsgegenstände sowie Teile dieser Gegenstände, ferner allgemein alle sonstigen Gegenstände irgendwelcher Art, die zum Einbau in ein Luftfahrzeug als Ersatz entfernter Teile bereitgehalten werden.

Art. XI. (1) Die Bestimmungen dieses Abkommens gelten in jedem Vertragsstaat für alle in einem anderen Vertragsstaat eingetragenen Luftfahrzeuge.

(2) Jeder Vertragsstaat hat jedoch auch auf die in seinem Gebiet eingetragenen Luftfahrzeuge folgende Bestimmungen anzuwenden:

a) Artikel II, III, IX und

b) Artikel IV, es sei denn, dass die Bergungs- oder Erhaltungsmaßnahmen auf seinem Gebiet zu Ende geführt worden sind.

Art. XII. Die Bestimmungen dieses Abkommens lassen das Recht jedes Vertragsstaates unberührt, seine nationalen Gesetze über Einwanderung, Zölle oder Luftfahrt gegenüber einem Luftfahrzeug durchzusetzen.

Art. XIII. Dieses Abkommen gilt nicht für Luftfahrzeuge, die im Militär-, Zoll- oder Polizeidienst verwendet werden.

Art. XIV. Bei Anwendung dieses Abkommens können die zuständigen Gerichts- und Verwaltungsbehörden der Vertragsstaaten unmittelbar miteinander verkehren, soweit ihr nationales Recht nichts Gegenteiliges bestimmt.

Art. XV. Die Vertragsstaaten sind verpflichtet, die zur Durchführung dieses Abkommens erforderlichen Maßnahmen zu ergreifen und sie dem Generalsekretär der Internationalen Zivilluftfahrtorganisation unverzüglich zur Kenntnis zu bringen.

Art. XVI. Im Sinne dieses Abkommens umfasst der Ausdruck „Luftfahrzeug" Zelle, Triebwerke, Luftschrauben, Funkgeräte und alle für den Betrieb des Luftfahrzeugs bestimmten Gegenstände, unabhängig davon, ob sie mit ihm verbunden oder vorübergehend von ihm getrennt sind.

Art. XVII–XXIII. *(nicht abgedruckt)*

111. Pariser UNESCO-Übereinkommen über Maßnahmen zum Verbot und zur Verhütung der rechtswidrigen Einfuhr, Ausfuhr und Übereignung von Kulturgut

Vom 14. November 1970[1, 2] (BGBl. 2007 II, S. 627)

(Übersetzung)[3]

Art. 1. Im Sinne dieses Übereinkommens gilt als Kulturgut das von jedem Staat aus religiösen oder weltlichen Gründen als für Archäologie, Vorgeschichte, Geschichte, Literatur, Kunst oder Wissenschaft besonders bedeutsam bezeichnete Gut, das folgenden Kategorien angehört:

a) seltene Sammlungen und Exemplare der Zoologie, Botanik, Mineralogie und Anatomie sowie Gegenstände von paläontologischem Interesse;

b) Gut, das sich auf die Geschichte einschließlich der Geschichte von Wissenschaft und Technik sowie der Militär- und Sozialgeschichte, das Leben nationaler Führungspersönlichkeiten, Denker, Wissenschaftler und Künstler und Ereignisse von nationaler Bedeutung bezieht;

---

[1] Das Übk. ist für die *Bundesrepublik Deutschland* am 29.2.2008 in Kraft getreten (Bek. v. 28.3.2008, BGBl. II, S. 235). Übersicht über die mehr als 130 weiteren Vertragsstaaten im Fundstellennachweis B zum BGBl. 2021 II, S. 741 sowie in der Länderübersicht im Anhang.

[2] Vgl. zu dem Übk. auch das deutsche AusfG v. 18.5.2007 (Nr. *115*).

[3] Authentisch sind der englische und der französische Text (BGBl. 2007 II, S. 627).

c) Ergebnisse archäologischer Ausgrabungen (sowohl vorschriftsmäßiger als auch unerlaubter) oder archäologischer Entdeckungen;

d) Teile künstlerischer oder geschichtlicher Denkmäler oder archäologischer Stätten, deren Zusammenhang zerstört ist;

e) Antiquitäten, die mehr als hundert Jahre alt sind, wie Inschriften, Münzen und gravierte Siegel;

f) Gegenstände von ethnologischem Interesse;

g) Gut von künstlerischem Interesse wie

  i) Bilder, Gemälde und Zeichnungen, die ausschließlich von Hand auf einem beliebigen Träger und aus einem beliebigen Material angefertigt sind (ausgenommen industrielle Entwürfe und handbemalte Manufakturwaren);

  ii) Originalwerke der Bildhauerkunst und der Skulptur aus einem beliebigen Material;

  iii) Originalgravuren, -drucke und -lithographien;

  iv) Originale von künstlerischen Zusammenstellungen und Montagen aus einem beliebigen Material;

h) seltene Manuskripte und Inkunabeln, alte Bücher, Dokumente und Publikationen von besonderem Interesse (historisch, künstlerisch, wissenschaftlich, literarisch usw.), einzeln oder in Sammlungen;

i) Briefmarken, Steuermarken und Ähnliches, einzeln oder in Sammlungen;

j) Archive einschließlich Phono-, Foto und Filmarchive;

k) Möbelstücke, die mehr als hundert Jahre alt sind, und alte Musikinstrumente.

Art. 2. (1) Die Vertragsstaaten erkennen an, dass die rechtswidrige Einfuhr, Ausfuhr und Übereignung von Kulturgut eine der Hauptursachen für die Verluste am kulturellen Erbe der Ursprungsländer darstellen und dass die internationale Zusammenarbeit eines der wirksamsten Mittel zum Schutz des Kulturguts jedes Landes gegen alle sich daraus ergebenden Gefahren ist.

(2) Zu diesem Zweck verpflichten sich die Vertragsstaaten, mit den ihnen zur Verfügung stehenden Mitteln diese Praktiken zu bekämpfen, indem sie insbesondere ihre Ursachen beseitigen, ihre Ausübung beenden und zu den erforderlichen Wiedergutmachungen beitragen.

Art. 3. Die Einfuhr, Ausfuhr und Übereignung gelten als rechtswidrig, wenn sie im Widerspruch zu den Bestimmungen stehen, die von den Vertragsstaaten auf Grund dieses Übereinkommens angenommen worden sind.

Art. 4. Die Vertragsstaaten erkennen an, dass im Sinne dieses Übereinkommens das zu folgenden Kategorien gehörende Gut Teil des kulturellen Erbes jedes Staates ist:

a) Kulturgut, das durch die individuelle oder kollektive Schöpferkraft von Angehörigen des betreffenden Staates entstanden ist, und für den betreffenden Staat bedeutsames Kulturgut, das in seinem Hoheitsgebiet von dort ansässigen Ausländern oder Staatenlosen geschaffen wurde;

b) im Staatsgebiet gefundenes Kulturgut;

c) durch archäologische, ethnologische oder naturwissenschaftliche Missionen mit Zustimmung der zuständigen Behörden des Ursprungslands erworbenes Kulturgut;

d) Kulturgut, das auf Grund freier Vereinbarung ausgetauscht worden ist;

e) Kulturgut, das als Geschenk entgegengenommen oder mit Zustimmung der zuständigen Behörden des Ursprungslands rechtmäßig gekauft wurde.

Art. 5–6. *(nicht abgedruckt)*

Art. 7. Die Vertragsstaaten verpflichten sich,

a) im Rahmen der innerstaatlichen Rechtsvorschriften die erforderlichen Maßnahmen zu ergreifen, um Museen und ähnliche Einrichtungen in ihrem Hoheitsgebiet am Erwerb von Kulturgut zu hindern, das aus einem anderen Vertragsstaat stammt und nach Inkrafttreten dieses Übereinkommens für die betreffenden Staaten widerrechtlich ausgeführt worden ist. Soweit möglich unterrichten sie einen Ursprungsstaat, der Vertragspartei ist, wenn solches Kulturgut angeboten wird, das nach Inkrafttreten dieses Übereinkommens für beide Staaten widerrechtlich aus jenem Staat entfernt worden ist;

b) i) die Einfuhr von Kulturgut, das nach Inkrafttreten dieses Übereinkommens für die betreffenden Staaten aus einem Museum oder einem religiösen oder weltlichen öffentlichen Baudenkmal oder einer ähnlichen Einrichtung in einem anderen Vertragsstaat gestohlen worden ist, zu verbieten, sofern nachgewiesen werden kann, dass dieses Gut zum Bestand jener Einrichtung gehört;

ii) auf Ersuchen des Ursprungsstaats, der Vertragspartei ist, geeignete Maßnahmen zur Wiedererlangung und Rückgabe solchen Kulturguts zu ergreifen, das nach Inkrafttreten dieses Übereinkommens für beide betreffenden Staaten eingeführt wurde, mit der Maßgabe, dass der ersuchende Staat einem gutgläubigen Erwerber oder einer Person mit einem gültigen Rechtsanspruch an dem Gut eine angemessene Entschädigung zahlt. Ersuchen um Wiedererlangung und Rückgabe sind auf diplomatischem Weg zu übermitteln. Der ersuchende Staat stellt auf seine Kosten die Unterlagen und Nachweise zur Verfügung, die zur Feststellung seines Anspruchs auf Wiedererlangung und Rückgabe erforderlich sind. Die Vertragsstaaten erheben auf das nach diesem Artikel zurückgegebene Gut weder Zölle noch sonstige Abgaben. Alle Kosten im Zusammenhang mit der Rückgabe und Zustellung des Kulturguts werden von dem ersuchenden Staat getragen.

Art. 8–26. *(nicht abgedruckt)*

112. Römisches UNIDROIT-Übereinkommen über gestohlene oder rechtswidrig ausgeführte Kulturgüter

Vom 24. Juni 1995[1]

(Übersetzung)[2]

Kapitel I. Anwendungsbereich und Begriffsbestimmung

Art. 1. Dieses Übereinkommen findet Anwendung auf Ansprüche internationaler Art betreffend

a) die Rückgabe von gestohlenen Kulturgütern;

b) die Rückführung von Kulturgütern, die aus dem Hoheitsgebiet eines Vertragsstaats unter Verletzung seiner Rechtsvorschriften, welche die Ausfuhr von Kulturgütern im Hinblick auf den Schutz seines kulturellen Erbes regeln (nachstehend als „rechtswidrig ausgeführte Kulturgüter" bezeichnet), entfernt wurden.

Art. 2. Im Sinne dieses Übereinkommens gilt als Kulturgut ein aus religiösen oder weltlichen Gründen für Archäologie, Vorgeschichte, Geschichte,

---

[1] Die *Bundesrepublik Deutschland* hat das Übk. bisher nicht gezeichnet. Es ist am 1.7.1998 für *China, Ecuador, Litauen, Paraguay* und *Rumänien* in Kraft getreten.

Das Übk. gilt heute ferner für *Afghanistan* (seit 1.3.2006), *Algerien* (seit 1.10.2015), *Angola* (seit 1.12.2014), *Argentinien* (seit 1.2.2002), *Aserbaidschan* (seit 1.12.2003), *Benin* (seit 1.7.2021), *Bolivien* (seit 1.10.1999), *Bosnien und Herzegowina* (seit 1.11.2017), *Botsuana* (seit 1.2.2018), *Brasilien* (seit 1.9.1999), *Burkina Faso* (seit 1.4.2019), *Cote d'Ivoire* (seit 1.6.2021), *Dänemark* (seit 1.7.2011), *El Salvador* (seit 1.1.2000), *Finnland* (seit 1.12.1999), *Gabun* (seit 1.11.2004), *Ghana* (seit 1.3.2020), *Griechenland* (seit 1.1.2008), *Guatemala* (seit 1.3.2004), *Honduras* (seit 1.2.2014), *Iran* (seit 1.12.2005), *Italien* (seit 1.4.2000), *Kambodscha* (seit 1.1.2003), *Kolumbien* (seit 1.12.2012), *Kroatien* (seit 1.3.2001), *Laos* (seit 1.11.2017), *Lettland* (seit 1.8.2019), *Madagaskar* (seit 1.6.2022); *Montenegro* (seit 1.1.2020), *Myanmar* (seit 1.12.2018), *Neuseeland* (seit 1.5.2007), *Nigeria* (seit 1.6.2006), *Nordmazedonien* (seit 1.2.2014), *Norwegen* (seit 1.3.2002), *Panama* (seit 1.12.2009), *Peru* (seit 1.9.1998), *Portugal* (seit 1.1.2003), *Schweden* (seit 1.12.2011), die *Schweiz* (seit 1.12.2011), die *Slowakei* (seit 1.12.2003), *Slowenien* (seit 1.10.2004), *Spanien* (seit 1.11.2002), *Südafrika* (seit 1.7.2018), *Syrien* (seit 1.10.2018), *Togo* (seit 1.3.2022), *Tunesien* (seit 1.9.2017), *Ungarn* (seit 1.11.1998) und *Zypern* (seit 1.9.2004).

[2] Authentisch sind gleichermaßen der englische und der französische Text: https://www.unidroit.org. Die hier wiedergegebene nicht-amtliche deutsche Übersetzung ist in der ZVglRWiss 95 (1996), S. 214 ff. abgedruckt.

Literatur, Kunst oder Wissenschaft bedeutungsvolles Gut, das einer der in der Anlage zu diesem Übereinkommen aufgeführten Kategorien angehört.

Kapitel II. Rückgabe gestohlener Kulturgüter

Art. 3. (1) Der Besitzer eines gestohlenen Kulturguts hat dieses zurückzugeben.

(2) Im Sinne dieses Übereinkommens gilt ein rechtswidrig ausgegrabenes oder rechtmäßig ausgegrabenes, jedoch rechtswidrig einbehaltenes Kulturgut als gestohlen, wenn dies mit den Rechtsvorschriften des Staates, in dem die Ausgrabungen stattgefunden haben, vereinbar ist.

(3) Jeder Anspruch auf Rückgabe muss innerhalb einer Frist von drei Jahren ab dem Zeitpunkt geltend gemacht werden, an welchem dem Anspruchsberechtigten die Belegenheit des Guts und die Identität seines Besitzers bekannt war und in jedem Fall innerhalb einer Frist von fünfzig Jahren ab dem Diebstahl.

(4) Ein Anspruch auf Rückgabe eines Kulturguts, das Bestandteil eines identifizierten Denkmals oder einer identifizierten archäologischen Stätte ist oder einer öffentlichen Sammlung angehört, unterliegt jedoch keiner anderen Verjahrungsfrist als der Frist von drei Jahren ab dem Zeitpunkt, an welchem dem Anspruchsberechtigten die Belegenheit des Guts und die Identität seines Besitzers bekannt war.

(5) Unbeschadet der Bestimmungen des vorstehenden Absatzes kann jeder Vertragsstaat erklären, dass eine Klage innerhalb einer Frist von 75 Jahren oder einer längeren in seinen Rechtsvorschriften vorgesehenen Frist verjährt.[3] Eine Klage auf Rückgabe eines aus einem Denkmal, einer archäologischen Stätte oder einer öffentlichen Sammlung entfernten Kulturgutes, die in einem anderen Vertragsstaat, der eine solche Erklärung abgibt, erhoben wurde, verjährt ebenfalls in derselben Frist.

(6) Die im vorstehenden Absatz genannte Erklärung wird zum Zeitpunkt der Unterzeichnung, der Ratifikation, Annahme, Genehmigung oder des Beitritts abgegeben.

(7) Als öffentliche Sammlung im Sinne dieses Übereinkommens ist jede Sammlung inventarisierter oder anderweitig identifizierter Kulturgüter zu verstehen, die:

a) einem Vertragsstaat;

b) einer regionalen oder lokalen Behörde eines Vertragsstaates;

c) einer in einem Vertragsstaat belegenen religiösen Einrichtung, oder

d) einer Einrichtung, die hauptsächlich zu kulturellen, pädagogischen oder wissenschaftlichen Zwecken in einem Vertragsstaat gegründet wurde und deren öffentliches Interesse in diesem Staat anerkannt ist,

gehören.

---

[3] *China* und die *Niederlande* haben eine derartige Erklärung abgegeben.

(8) Ferner unterliegt eine Klage auf Rückgabe eines sakralen oder eines für eine Gemeinschaft bedeutungsvollen Kulturgutes, das einer Eingeborenen- oder Stammesgemeinschaft in einem Vertragsstaat gehört und von ihr als Teil eines traditionellen oder rituellen Brauchs verwendet wird, der Verjährungsfrist, die auf öffentliche Sammlungen Anwendung findet.

Art. 4. (1) Der Besitzer eines gestohlenen Kulturguts, der zu seiner Rückgabe verpflichtet ist, hat bei der Rückgabe Anspruch auf die Zahlung einer angemessenen Entschädigung, sofern der Besitzer weder wusste, noch vernünftigerweise hätte wissen müssen, dass das Gut gestohlen war, und nachweisen kann, bei dem Erwerb des Gutes mit gebührender Sorgfalt gehandelt zu haben.

(2) Unbeschadet des im vorstehenden Absatz aufgeführten Rechts des Besitzers auf Entschädigung werden angemessene Bemühungen unternommen, damit derjenige, der das Kulturgut an den Besitzer übereignet hat, oder jeder andere frühere Übereigner die Entschädigung zahlt, wenn dies den Rechtsvorschriften des Staates entspricht, in dem der Anspruch geltend gemacht wird.

(3) Die Zahlung der Entschädigung durch den Anspruchsberechtigten an den Besitzer lässt, wenn eine solche verlangt wird, das Recht des Anspruchsberechtigten unberührt, die Erstattung von einer anderen Person zu fordern.

(4) Zur Prüfung der Frage, ob der Besitzer mit gebührender Sorgfalt gehandelt hat, werden alle für den Erwerb erheblichen Umstände berücksichtigt, namentlich die Eigenschaften der Parteien und das gezahlte Entgelt sowie die Tatsache, ob der Besitzer in einem vernünftigerweise zugänglichen Verzeichnis gestohlener Kulturgüter nachgeschlagen hat, sowie sonstige diesbezügliche Auskünfte und Unterlagen, die er vernünftigerweise hätte erlangen können, und ob er Organisationen zu Rate gezogen hat, zu denen er Zugang haben konnte, und ob er jeden anderen Schritt unternommen hat, den eine vernünftige Person unter denselben Umständen unternommen hätte.

(5) Der Besitzer darf nicht bessergestellt sein als die Person, von der er das Kulturgut durch Erbschaft oder auf sonstige unentgeltliche Weise erworben hat.

Kapitel III. Rückführung rechtswidrig ausgeführter Kulturgüter

Art. 5. (1) Ein Vertragsstaat kann ein Gericht oder eine andere zuständige Behörde eines anderen Vertragsstaats um die Anordnung der Rückführung eines rechtswidrig aus dem Hoheitsgebiet des ersuchenden Staates ausgeführten Kulturgut ersuchen.

(2) Ein Kulturgut, das vorübergehend aus dem Hoheitsgebiet des ersuchenden Staates, namentlich zu Ausstellungs-, Forschungs- oder Restaurie-

rungszwecken, aufgrund einer die Ausfuhr von Kulturgütern regelnden Rechtsvorschrift zum Schutz seines kulturellen Vermögens erteilten Genehmigung ausgeführt und nicht gemäß den Bedingungen dieser Genehmigung zurückgeführt wurde, gilt als rechtswidrig ausgeführt.

(3) Das Gericht oder jede andere zuständige Behörde des ersuchten Staates ordnet die Rückführung eines rechtswidrig ausgeführten Kulturguts an, wenn der ersuchende Staat nachweist, dass die Entfernung des Gutes aus seinem Hoheitsgebiet eines oder mehrere der nachstehenden Interessen wesentlich beeinträchtigt:

a) die materielle Erhaltung des Gutes oder seiner Umgebung;

b) die Unversehrtheit eines komplexen Gutes;

c) die Erhaltung von Informationen, z. B. wissenschaftlicher oder historischer Art;

d) den traditionellen oder rituellen Gebrauch des Gutes durch eine Eingeborenen- oder Stammesgemeinschaft,

oder nachweist, dass das Gut für den ersuchenden Staat von wesentlicher kultureller Bedeutung ist.

(4) Jeder nach Absatz 1 dieses Artikels gestellte Antrag muss mit Informationen sachlicher oder rechtlicher Art versehen sein, die dem Gericht oder einer anderen zuständigen Behörde des ersuchten Staates bei der Feststellung dienlich sind, ob die in den Absätzen 1 bis 3 genannten Voraussetzungen erfüllt sind.

(5) Jeder Antrag auf Rückführung ist innerhalb einer Frist von drei Jahren ab dem Zeitpunkt zu stellen, an welchem dem ersuchenden Staat die Belegenheit des Guts und die Identität des Besitzers bekannt war, und in jedem Fall innerhalb einer Frist von fünfzig Jahren ab der Ausfuhr oder dem Zeitpunkt, an dem das Gut aufgrund der in Absatz 2 dieses Artikels genannten Genehmigung hätte zurückgeführt werden müssen.

Art. 6. (1) Der Besitzer eines Kulturguts, der das Gut nach dessen rechtswidriger Ausfuhr erworben hat, hat zum Zeitpunkt seiner Rückführung Anspruch auf die Zahlung einer angemessenen Entschädigung durch den ersuchenden Staat, unter dem Vorbehalt, dass ihm bei seinem Erwerb nicht bekannt war oder vernünftigerweise hätte bekannt sein müssen, dass das Gut rechtswidrig ausgeführt worden war.

(2) Zur Feststellung, ob dem Besitzer bekannt war oder vernünftigerweise hätte bekannt sein müssen, dass das Gut rechtswidrig ausgeführt wurde, wird den Umständen des Erwerbs, namentlich dem Fehlen einer gemäß den Rechtsvorschriften des ersuchenden Staates erforderlichen Ausfuhrbescheinigung, Rechnung getragen.

(3) Anstelle einer Entschädigung und im Einvernehmen mit dem ersuchenden Staat kann sich der Besitzer, der das Kulturgut in das Hoheitsgebiet des ersuchenden Staates rückzuführen hat, dafür entscheiden:

a) Eigentümer des Gutes zu bleiben oder

b) das Eigentum an eine im ersuchenden Staat ansässige Person seiner Wahl, welche die notwendigen Garantien bietet, gegen Entgelt oder unentgeltlich zu übertragen.

(4) Die gemäß den Bestimmungen dieses Artikels bei der Rückführung des Gutes entstehenden Kosten obliegen dem ersuchenden Staat, unbeschadet des Rechts dieses Staates, die Kosten von einer anderen Person beizutreiben.

(5) Der Besitzer soll nicht günstiger gestellt werden als die Person, von der er das Gut durch Erbschaft oder auf andere unentgeltliche Weise erworben hat.

Art. 7. (1) Die Bestimmungen dieses Kapitels finden keine Anwendung, wenn

a) die Ausfuhr eines Kulturguts im Zeitpunkt des Ersuchens um Rückführung nicht mehr rechtswidrig ist, oder

b) das Gut zu Lebzeiten seines Urhebers oder innerhalb eines Zeitraumes von fünfzig Jahren nach dem Tod seines Urhebers ausgeführt wurde.

(2) Die Bestimmungen dieses Kapitels finden unbeschadet der Bestimmungen von Buchstabe b. des vorstehenden Absatzes Anwendung, wenn das Kulturgut von einem Angehörigen oder von Angehörigen einer Eingeborenen- oder Stammesgemeinschaft zu einem traditionellen oder rituellen Gebrauch durch diese Gemeinschaft geschaffen wurde und das Gut an diese Gemeinschaft zurückzuführen ist.

Kapitel IV. Allgemeine Bestimmungen

Art. 8.[4] (1) Eine auf den Kapiteln II oder III beruhende Klage oder ein Anspruch kann vor den Gerichten oder anderen zuständigen Behörden des Vertragsstaates erhoben oder geltend gemacht werden, in dem sich das Kulturgut befindet, sowie vor den Gerichten oder anderen zuständigen Behörden, die den Rechtsstreit aufgrund der in den Vertragsstaaten in Kraft befindlichen Vorschriften entscheiden können.

(2) Die Parteien können vereinbaren, ihren Streit einem Gericht oder einer anderen zuständigen Behörde oder einem Schiedsgericht zu übertragen.

(3) Auf vorläufige, einschließlich schützende, Maßnahmen nach dem Recht des Vertragsstaats, in dem sich das Gut befindet, kann selbst dann zurückgegriffen werden, wenn die Klage oder der Anspruch auf Rück-gabe oder Rückführung des Gutes vor den Gerichten oder zuständigen Behörden eines anderen Vertragsstaats erhoben wird.

---

[4] *China* hat die Erklärung nach Art. 3 Abs. 5 auch bzgl. Art. 8 abgegeben.

Art. 9. (1) Dieses Übereinkommen hindert einen Vertragsstaat nicht daran, alle Vorschriften anzuwenden, die für die Rückgabe oder Rückführung gestohlener oder rechtswidrig ausgeführter Kulturgüter günstiger sind als in diesem Übereinkommen vorgesehen.

(2) Dieser Artikel darf nicht so ausgelegt werden, dass er eine Verpflichtung schafft, eine Entscheidung eines Gerichts oder jeder anderen zuständigen Behörde eines anderen Vertragsstaates, der von den Bestimmungen dieses Übereinkommens abweicht, anzuerkennen oder ihr Vollstreckbarkeit zu verleihen.

Art. 10. (1) Die Bestimmungen von Kapitel II finden Anwendung auf ein Kulturgut, das gestohlen wurde, nachdem dieses Übereinkommen in Bezug auf den Staat, in dem die Klage erhoben wird, in Kraft getreten ist, unter dem Vorbehalt, dass:

a) das Gut im Hoheitsgebiet eines Vertragsstaates gestohlen wurde, nachdem dieses Übereinkommen in Bezug auf diesen Staat in Kraft getreten ist, oder

b) das Gut sich in einem Vertragsstaat befindet, nachdem dieses Übereinkommen in Bezug auf diesen Staat in Kraft getreten ist.

(2) Die Bestimmungen von Kapitel III finden nur auf ein Kulturgut Anwendung, das rechtswidrig ausgeführt wurde, nachdem dieses Übereinkommen in Bezug auf den ersuchenden Staat wie auch den Staat, in welchem der Anspruch geltend gemacht wurde, in Kraft getreten ist.

(3) Dieses Übereinkommen rechtfertigt in keiner Weise weder ein wie auch immer geartetes rechtswidriges Geschäft, das vor dem Inkrafttreten des Übereinkommens erfolgt oder aufgrund der Absätze 1 und 2 dieses Artikels nicht in dessen Anwendungsbereich fällt, noch beschränkt es das Recht eines Staates oder jeder anderen Person, außerhalb des Rahmens dieses Übereinkommens eine Klage auf Rückgabe oder Rückführung eines vor dem Inkrafttreten des Übereinkommens gestohlenen oder rechtswidrig ausgeführten Kulturgutes zu erheben.

Kapitel V. Schlussbestimmungen

Art. 11–13. *(nicht abgedruckt)*

Art. 14. (1) Ein Vertragsstaat, der zwei oder mehr Gebietseinheiten umfasst, in denen auf die in diesem Übereinkommen geregelten Gegenstände unterschiedliche Rechtsordnungen angewendet werden oder nicht, kann bei der Unterzeichnung oder der Hinterlegung der Ratifikations-, Annahme-, Genehmigungs- oder Beitrittsurkunde erklären, dass dieses Übereinkommen sich auf alle seine Gebietseinheiten oder nur auf eine oder mehrere derselben erstreckt, und er kann seine Erklärung jederzeit durch eine neue Erklärung ersetzen.

(2) Diese Erklärungen sind dem Verwahrer zu notifizieren und haben ausdrücklich anzugeben, auf welche Gebietseinheiten sich das Übereinkommen erstreckt.

(3) Erstreckt sich das Übereinkommen aufgrund einer Erklärung nach diesem Artikel auf eine oder mehrere, jedoch nicht auf alle Gebietseinheiten eines Vertragsstaats, so ist

a) eine Verweisung auf das Gebiet eines Vertragsstaats in Artikel 1 als Verweisung auf das Gebiet einer Gebietseinheit dieses Staats zu verstehen;

b) eine Verweisung auf ein Gericht oder eine andere zuständige Behörde des Vertragsstaats oder des ersuchten Staats als Verweisung auf das Gericht oder die andere zuständige Behörde einer Gebietseinheit dieses Staats zu verstehen;

c) eine Verweisung auf den Vertragsstaat, in dem sich das Kulturgut befindet, in Artikel 8 Absatz 1 als Verweisung auf die Gebietseinheit dieses Staats, in der sich das Kulturgut befindet, zu verstehen;

d) eine Verweisung auf das Recht des Vertragsstaats, in dem sich das Kulturgut befindet, in Artikel 8 Absatz 3 als Verweisung auf das Recht der Gebietseinheit dieses Staats, in der sich das Kulturgut befindet, zu verstehen;

e) eine Verweisung auf einen Vertragsstaat in Artikel 9 als Verweisung auf eine Gebietseinheit dieses Staats zu verstehen.

(4) Gibt ein Vertragsstaat keine Erklärung nach Absatz 1 dieses Artikels ab, erstreckt sich dieses Übereinkommen auf alle Gebietseinheiten dieses Staats.

Art. 15–21. *(nicht abgedruckt)*

Anlage

a) Seltene Sammlungen und Exemplare der Zoologie, Botanik, Mineralogie und Anatomie sowie Gegenstände von paläontologischem Interesse;

b) Gut von geschichtlichem Wert, einschließlich der Geschichte von Wissenschaft und Technik, der Militär- und Gesellschaftsgeschichte sowie des Lebens nationaler Führer, Denker, Wissenschaftler und Künstler und der Ereignisse von nationaler Bedeutung;

c) Ergebnisse archäologischer Ausgrabungen (sowohl vorschriftsmäßiger als auch unerlaubter) oder archäologischer Entdeckungen;

d) Teile künstlerischer oder geschichtlicher Denkmäler oder archäologischer Lagerstätten, die zerstückelt sind;

e) Antiquitäten, die mehr als hundert Jahre alt sind, wie beispielsweise Inschriften, Münzen und gravierte Siegel;

f) Gegenstände von ethnologischem Interesse;

g) Gut von künstlerischem Interesse wie

i) Bilder, Gemälde und Zeichnungen, die ausschließlich von Hand auf irgendeinem Träger und in irgendeinem Material angefertigt sind (ausgenommen industrielle Entwürfe und handbemalte Manufakturwaren);

ii) Originalarbeiten der Bildhauerkunst und der Skulptur in irgendeinem Material;

iii) Originalgravuren, -drucke und -lithographien;

iv) Originale von künstlerischen Zusammenstellungen und Montagen in irgendeinem Material;

h) seltene Manuskripte und Inkunabeln, alte Bücher, Dokumente und Publikationen von besonderem Interesse (historisch, künstlerisch, wissenschaftlich, literarisch usw.), einzeln oder in Sammlungen;

i) Briefmarken, Steuermarken und ähnliches, einzeln oder in Sammlungen;

j) Archive einschließlich Phono-, Foto- und Filmarchive;

k) Möbelstücke, die mehr als hundert Jahre alt sind, und alte Musikinstrumente.

II. EU-Recht

113. Richtlinie 93/7/EWG des Rates über die Rückgabe von unrechtmäßig aus dem Hoheitsgebiet eines Mitgliedstaats verbrachten Kulturgütern

Vom 15. März 1993[1] (ABl. L 74, S. 74)

(Auszug)

Art. 9. (1) Wird die Rückgabe angeordnet, so gewährt das zuständige Gericht des ersuchten Mitgliedstaats dem Eigentümer in der Höhe, die es im jeweiligen Fall als angemessen erachtet, eine Entschädigung, sofern es davon überzeugt ist, dass der Eigentümer beim Erwerb mit der erforderlichen Sorgfalt vorgegangen ist.

(2) Die Beweislast bestimmt sich nach dem Recht des ersuchten Mitgliedstaats.

(3) Im Fall einer Schenkung oder Erbschaft darf die Rechtsstellung des Eigentümers nicht günstiger sein als die des Schenkers oder Erblassers.

(4) Der ersuchende Mitgliedstaat hat die Entschädigung bei der Rückgabe zu zahlen.

---

[1] Die Richtlinie wurde in der *Bundesrepublik Deutschland* durch das KultGüRückG v. 15.10.1998 (BGBl. I, S. 3162) umgesetzt. Dieses Gesetz wurde inzwischen durch das KulturgutschutzG v. 31.7.2016 (Nr. *115*) abgelöst. Vgl. dazu auch die ergänzende Richtlinie 2001/38/EG v. 5.6.2001 (ABl. L 187, S. 43).

Art. 12. Die Frage des Eigentums an dem Kulturgut nach erfolgter Rückgabe bestimmt sich nach dem Recht des ersuchenden Mitgliedstaats.[5]

III. Innerstaatliches Recht

114. Gesetz über Rechte an Luftfahrzeugen

Vom 26. Februar 1959 (BGBl. I, S. 57)

2. Teil. Vorschriften für ausländische Luftfahrzeuge

§ 103. Besteht an einem ausländischen Luftfahrzeug

1. ein Recht des Besitzers dieses Luftfahrzeugs, Eigentum durch Kauf zu erwerben,
2. ein Recht zum Besitz dieses Luftfahrzeugs auf Grund eines für einen Zeitraum von sechs oder mehr Monaten abgeschlossenen Mietvertrages oder
3. ein besitzloses Pfandrecht, eine Hypothek oder ein ähnliches Recht, das vertraglich zur Sicherung einer Forderung bestellt ist,

so geht es allen anderen Rechten an dem Luftfahrzeug vor, sofern es nach dem Recht des Staates, in dem das Luftfahrzeug zur Zeit der Begründung des Rechtes als staatszugehörig eingetragen war, gültig entstanden und in einem öffentlichen Register dieses Staates eingetragen ist.

§ 104. Besteht an einem ausländischen Luftfahrzeug ein Recht wegen Entschädigung für dessen Bergung oder wegen außerordentlicher, zur Erhaltung des Luftfahrzeugs erforderlicher Aufwendungen, so geht das Recht allen anderen Rechten, auch den Rechten nach § 103, vor, sofern der Vorrang des Rechtes nach Artikel IV des Genfer Abkommens vom 19. Juni 1948 (BGBl. 1959 II, S. 129)[1] anzuerkennen ist. Bestehen mehrere solcher Rechte an demselben Luftfahrzeug, so bestimmt sich ihr Rangverhältnis untereinander nach der umgekehrten Reihenfolge der Ereignisse, durch die sie entstanden sind; sind sie durch dasselbe Ereignis entstanden, so haben sie untereinander den gleichen Rang.

§ 105. Erstreckt sich ein zur Sicherung einer Forderung eingetragenes Recht, das nach § 103 mit Vorrang anzuerkennen ist, auf Ersatzteile, die

---

[5] Vgl. hierzu die folgenden Erwägungen in den Gründen der Richtlinie:
„Die Einführung des Rückgabeverfahrens mit dieser Richtlinie stellt einen ersten Schritt auf dem Wege zu einer Zusammenarbeit zwischen den Mitgliedstaaten auf dem Gebiet des Schutzes der Kulturgüter im Rahmen des Binnenmarktes dar. Ziel ist eine gegenseitige Anerkennung der einschlägigen einzelstaatlichen Rechtsvorschriften."

[1] Abgedruckt unter Nr. *110*.

an einer bestimmten Stelle lagern, so kann es hinsichtlich der Ersatzteile nur geltend gemacht werden, wenn an dem Lagerungsplatz eine Bekanntmachung angebracht ist, die das Recht, das Register, in dem es eingetragen ist, sowie den Namen und die Anschrift des Berechtigten angibt.

§ 106. (1) Es sind sinngemäß anzuwenden

1. auf die Zwangsvollstreckung in ausländische Luftfahrzeuge die Vorschriften für Luftfahrzeuge, die in der Luftfahrzeugrolle eingetragen sind,
2. auf die Zwangsvollstreckung in Ersatzteile, auf die sich das Recht an einem ausländischen Luftfahrzeug erstreckt, die Vorschriften für Ersatzteile, auf die sich das Registerpfandrecht an einem inländischen Luftfahrzeug nach § 71 erstreckt,
3. auf die Zwangsvollstreckung in eine Forderung, für die ein Recht an einem ausländischen Luftfahrzeug besteht, die Vorschriften über die Zwangsvollstreckung in eine Forderung, für die ein Registerpfandrecht im Register für Pfandrechte an Luftfahrzeugen eingetragen ist,

soweit sie nicht die Eintragung in der Luftfahrzeugrolle oder im Register für Pfandrechte an Luftfahrzeugen voraussetzen.

(2) Die Zwangsvollstreckung durch Eintragung eines Registerpfandrechts für die Forderung ist ausgeschlossen.

(3) Bei der Vollziehung des Arrestes in ein ausländisches Luftfahrzeug tritt an die Stelle der Eintragung eines Registerpfandrechts die Pfändung. Die Pfändung begründet ein Pfandrecht an dem gepfändeten Luftfahrzeug; das Recht gewährt dem Gläubiger im Verhältnis zu anderen Rechten dieselben Rechte wie ein Registerpfandrecht.

(4) Bei der Zwangsvollstreckung in Ersatzteile, auf die sich ein Recht an einem ausländischen Luftfahrzeug erstreckt, das nach § 103 mit Vorrang anzuerkennen ist, werden bei der Festsetzung des Mindestgebots und bei der Verteilung des Erlöses nur die Rechte berücksichtigt, die in der Bekanntmachung an dem Lagerungsplatz angeführt sind. Rechte, für die eine Berechnung nicht innerhalb der dafür bestimmten Frist eingereicht ist, bleiben unberücksichtigt.

(5) Wird über ein Recht im Sinne des § 103 nach der Beschlagnahme verfügt und ist die Verfügung nach Artikel IV des Genfer Abkommens vom 19. Juni 1948 (BGBl. 1959 II, S. 129) anzuerkennen, so ist sie dem Gläubiger gegenüber wirksam, es sei denn, dass der Schuldner im Zeitpunkt der Verfügung Kenntnis von der Beschlagnahme hatte.

115. Gesetz zum Schutz von Kulturgut (Kulturgutschutzgesetz – KGSG)

Vom 31. Juli 2016[1] (BGBl. I, S. 1914)

Kapitel 1. Allgemeine Bestimmungen

§ 1. Anwendungsbereich. Das Gesetz regelt

1. den Schutz nationalen Kulturgutes gegen Abwanderung,
2. die Ein- und Ausfuhr von Kulturgut,
3. das Inverkehrbringen von Kulturgut,
4. die Rückgabe unrechtmäßig eingeführten Kulturgutes,
5. die Rückgabe unrechtmäßig ausgeführten Kulturgutes und
6. die Rückgabezusage im internationalen Leihverkehr.

§§ 2–4. *(nicht abgedruckt)*

Kapitel 2. Schutz von Kulturgut vor Abwanderung

§§ 5–19. *(nicht abgedruckt)*

Kapitel 3. Kulturgutverkehr

§§ 20–39. *(nicht abgedruckt)*

Kapitel 4. Pflichten beim Inverkehrbringen von Kulturgut

§§ 40–48. *(nicht abgedruckt)*

Kapitel 5. Rückgabe unrechtmäßig eingeführten Kulturgutes

Abschnitt 1. Rückgabeanspruch

§ 49. Öffentlich-rechtliche Rückgabeansprüche. (1) Ansprüche auf Rückgabe von Kulturgut nach diesem Abschnitt sind öffentlich-rechtliche Ansprüche. Zivilrechtliche Ansprüche bleiben davon unberührt.

(2) Rückgabeschuldner ist der unmittelbare Eigenbesitzer, hilfsweise der unmittelbare Fremdbesitzer.

---

[1] Das Gesetz ist am 6.8.2016 in Kraft getreten.

§ 50. Rückgabeanspruch eines Mitgliedstaates. Auf Ersuchen eines Mitgliedstaates ist Kulturgut zurückzugeben, wenn es

1. nach dem 31. Dezember 1992 aus dem Hoheitsgebiet eines Mitgliedstaates unter Verstoß gegen dortige Rechtsvorschriften verbracht worden ist und
2. vor oder nach der Verbringung von dem ersuchenden Mitgliedstaat durch nationale Rechtsvorschriften oder durch Verwaltungsverfahren als nationales Kulturgut von künstlerischem, geschichtlichem oder archäologischem Wert im Sinne des Artikels 36 des Vertrags über die Arbeitsweise der Europäischen Union eingestuft oder definiert worden ist.

§ 51. Rückgabeanspruch wegen Verstoßes gegen das Recht der Europäischen Union. Ist Kulturgut entgegen einem im Amtsblatt der Europäischen Union veröffentlichten, unmittelbar geltenden Rechtsakt der Europäischen Union[2] unrechtmäßig eingeführt worden, so ist es an den betreffenden Staat zurückzugeben.

§ 52. Rückgabeanspruch eines Vertragsstaates. (1) Auf Ersuchen eines Vertragsstaates ist Kulturgut zurückzugeben, wenn es

1. einer der in Artikel 1 des UNESCO-Übereinkommens[3] genannten Kategorien angehört,
2. aus dessen Hoheitsgebiet nach dem 26. April 2007 unter Verstoß gegen dortige Rechtsvorschriften verbracht worden ist,
3. vor der Ausfuhr von dem ersuchenden Vertragsstaat als bedeutsam nach Artikel 1 des UNESCO-Übereinkommens oder im Sinne des Artikels 13 Buchstabe d des UNESCO-Übereinkommens als unveräußerlich eingestuft oder erklärt worden ist und
4. hinsichtlich seiner Herkunft dem ersuchenden Vertragsstaat zuzuordnen ist, insbesondere wenn es zum Bestand einer Einrichtung im Vertragsstaat gehört oder eine Einigung nach § 60 vorliegt.

(2) Lässt sich nicht klären, ob das Kulturgut nach dem 26. April 2007 verbracht worden ist, so wird widerleglich vermutet, dass das Kulturgut nach diesem Tag aus dem Hoheitsgebiet des Vertragsstaates verbracht worden ist. Diese Vermutung kann nur durch den Nachweis widerlegt werden, dass sich das Kulturgut schon vor diesem Tag im Bundesgebiet, im Binnenmarkt oder in einem Drittstaat befunden hat. Die Abgabe einer Versicherung an Eides statt ist zur Erbringung des Nachweises nach Satz 2 zulässig gemäß § 27 Absatz 1 des Verwaltungsverfahrensgesetzes sowie gemäß der Verwaltungsverfahrensgesetze der Länder. Für die Abnahme zu-

---

[2] Vgl. insbesondere die Richtlinie 93/7/EWG über die Rückgabe von unrechtmäßig aus dem Hoheitsgebiet eines Mitgliedstaats verbrachten Kulturgütern v. 15.3.1993 (Nr. *113*).

[3] Auszugsweise abgedruckt unter Nr. *111*.

ständig sind im Rahmen des behördlichen Vermittlungsverfahrens die in § 61 Absatz 1 Nummer 7 und § 62 Absatz 2 genannten Behörden.

(3) Wird der Nachweis erbracht, dass sich das Kulturgut vor dem 6. August 2016 im Bundesgebiet oder im Binnenmarkt befunden hat, so sind abweichend von Absatz 1 für den Rückgabeanspruch des Vertragsstaates § 6 Absatz 2 und für die Entschädigung § 10 des Kulturgüterrückgabegesetzes vom 18. Mai 2007 (BGBl. I S. 757, 2547) in der bis zum 5. August 2016 geltenden Fassung anzuwenden.

§ 53. Rückgabeanspruch nach der Haager Konvention. (1) Kulturgut nach Kapitel I Artikel 1 der Haager Konvention, das entgegen § 28 Nummer 3 aufgrund eines bewaffneten Konflikts eingeführt worden ist, ist nach Beendigung des bewaffneten Konflikts an die jeweils zuständige Behörde des Herkunftsgebiets nach Abschnitt I Nummer 3 des Protokolls zur Haager Konvention zurückzugeben, wenn

1. es nach dem 11. November 1967 verbracht worden ist und
2. die jeweils zuständige Behörde des Herkunftsgebiets um Rückgabe ersucht.

(2) Kulturgut, das im Sinne von Abschnitt II Nummer 5 des Protokolls zur Haager Konvention deponiert worden ist, ist nach Beendigung des bewaffneten Konflikts zurückzugeben, ohne dass die Voraussetzungen des Absatzes 1 Nummer 1 und 2 erfüllt sein müssen.

§ 54. Anzuwendendes Zivilrecht. (1) Wer Eigentümer des Kulturgutes ist, das nach den Bestimmungen dieses Gesetzes in das Hoheitsgebiet eines anderen Mitgliedstaates oder Vertragsstaates zurückgegeben worden ist, bestimmt sich nach den Sachvorschriften dieses Mitgliedstaates oder Vertragsstaates.

(2) Rechte, die aufgrund rechtsgeschäftlicher Verfügung oder durch Zwangsvollstreckung oder Arrestvollziehung erworben worden sind, stehen der Rückgabepflicht nicht entgegen.

§§ 55–57 *(nicht abgedruckt)*

Abschnitt 2. Rückgabeverfahren

§§ 58–65 *(nicht abgedruckt)*

Abschnitt 3. Entschädigung und Erstattungsanspruch

§ 66. Entschädigung bei Rückgabe. (1) Ist der unmittelbare Eigenbesitzer beim Erwerb des Kulturgutes mit der erforderlichen Sorgfalt vorgegangen, so kann er die Rückgabe des Kulturgutes verweigern, bis der ersuchende Mitgliedstaat oder Vertragsstaat eine angemessene Entschädigung geleistet hat.

(2) Bei einer unentgeltlichen Rechtsnachfolge muss die erforderliche Sorgfalt beim Erwerb sowohl vom Rechtsvorgänger als auch vom Rechtsnachfolger beachtet worden sein. Beim Erwerb durch Erbschaft muss der Erbe oder Vermächtnisnehmer die mangelnde Sorgfalt des Erblassers gegen sich gelten lassen.

(3) Bei der Entscheidung, ob der unmittelbare Eigenbesitzer mit der erforderlichen Sorgfalt vorgegangen ist, werden alle Umstände beim Erwerb des Kulturgutes berücksichtigt, insbesondere

1. die Unterlagen über die Herkunft des Kulturgutes,
2. die nach dem Recht des ersuchenden Mitgliedstaates oder Vertragsstaates erforderliche Ausfuhrgenehmigung,
3. die jeweiligen Eigenschaften der beim Erwerb des Kulturgutes Beteiligten,
4. der Kaufpreis,
5. die Einsichtnahme des unmittelbaren Eigenbesitzers in die zugänglichen Verzeichnisse entwendeten Kulturgutes und das Einholen einschlägiger Informationen, die er mit zumutbarem Aufwand erhalten konnte, und
6. jeder andere Schritt, den eine vernünftige Person unter denselben Umständen unternommen hätte.

(4) § 52 Absatz 3 bleibt unberührt.

§ 67. Höhe der Entschädigung (1) Die Höhe der Entschädigung bestimmt sich unter Berücksichtigung der entstandenen Aufwendungen des Rückgabeschuldners für

1. den Erwerb des Kulturgutes und
2. die notwendigen Maßnahmen zur Erhaltung des Kulturgutes.

Die Entschädigung darf die Aufwendungen nicht übersteigen. Für entgangenen Gewinn ist keine Entschädigung zu zahlen.

(2) Bleibt das Kulturgut auch nach der Rückgabe Eigentum des Rückgabeschuldners, so hat der ersuchende Mitgliedstaat oder Vertragsstaat dem Rückgabeschuldner abweichend von Absatz 1 nur die Aufwendungen zu erstatten, die dem Rückgabeschuldner daraus entstanden sind, dass er darauf vertraut hat, das Kulturgut im Bundesgebiet belassen zu dürfen.

§ 68. Erstattungsanspruch des ersuchenden Mitglied- oder Vertragsstaates. (1) Der ersuchende Mitgliedstaat oder Vertragsstaat kann von den Personen, die Kulturgut unrechtmäßig verbracht haben oder die die unrechtmäßige Verbringung von Kulturgut veranlasst haben, Erstattung der aus dem Rückgabeverfahren entstandenen Kosten fordern. § 840 Absatz 1 des Bürgerlichen Gesetzbuches ist entsprechend anzuwenden.

(2) Der Anspruch nach Absatz 1 ist vor den ordentlichen Gerichten geltend zu machen.

Kapitel 6. Rückgabe unrechtmäßig ausgeführten Kulturgutes

§ 69. Rückgabeanspruch gegenüber Mitgliedstaaten. (1) Den Anspruch auf Rückgabe von Kulturgut, das unrechtmäßig in das Hoheitsgebiet eines Mitgliedstaates ausgeführt worden ist, macht im jeweiligen Mitgliedstaat nach dessen Vorschriften die für Kultur und Medien zuständige oberste Bundesbehörde im Benehmen mit der zuständigen obersten Landesbehörde des Landes, in dem sich das Kulturgut vor der unrechtmäßigen Ausfuhr dauerhaft befand, geltend. Ist der Ort der letzten dauerhaften Belegenheit des Kulturgutes im Bundesgebiet nicht feststellbar, so macht die für Kultur und Medien zuständige oberste Bundesbehörde den Anspruch geltend.

(2) Die für Kultur und Medien zuständige oberste Bundesbehörde setzt die zuständige zentrale Stelle des ersuchten Mitgliedstaates unverzüglich davon in Kenntnis, dass sie Klage auf Rückgabe des betreffenden Kulturgutes erhoben hat.

§ 70. Rückgabeanspruch gegenüber Vertragsstaaten. (1) Den Anspruch auf Rückgabe von Kulturgut, das unrechtmäßig in das Hoheitsgebiet eines Vertragsstaates ausgeführt worden ist, macht das Auswärtige Amt im Einvernehmen mit der für Kultur und Medien zuständigen obersten Bundesbehörde geltend.

(2) Bevor die für Kultur und Medien zuständige oberste Bundesbehörde den Rückgabeanspruch geltend macht, stellt sie das Benehmen her mit der zuständigen obersten Landesbehörde des Landes, in dem sich das Kulturgut vor der unrechtmäßigen Ausfuhr dauerhaft befand.

§ 71. Kosten. (1) Die notwendigen Kosten und Auslagen, die durch die Geltendmachung des Rückgabeanspruchs entstanden sind, trägt derjenige, der das Kulturgut unrechtmäßig ausgeführt hat. § 840 Absatz 1 des Bürgerlichen Gesetzbuches ist entsprechend anzuwenden.

(2) Die Bundesbehörde, die den Rückgabeanspruch nach den §§ 69, 70 geltend macht, setzt den zu erstattenden Betrag durch Bescheid fest.

§ 72. Eigentum an zurückgegebenem Kulturgut. Wer Eigentümer des Kulturgutes ist, das unrechtmäßig ausgeführt worden ist und in das Bundesgebiet zurückgegeben worden ist, bestimmt sich nach den deutschen Sachvorschriften.

Kapitel 7. Rückgabezusage im internationalen Leihverkehr

§ 73. Rechtsverbindliche Rückgabezusage. (1) Wird Kulturgut aus dem Ausland für eine öffentliche Ausstellung oder für eine andere Form der öffentlichen Präsentation, einschließlich einer vorherigen Restaurierung für diesen Zweck, oder für Forschungszwecke an eine Kulturgut bewahrende oder wissenschaftliche Einrichtung im Bundesgebiet vorübergehend ausgeliehen, so kann die oberste Landesbehörde im Benehmen mit der für Kultur und Medien zuständigen obersten Bundesbehörde eine rechtsverbindliche Rückgabezusage für die Aufenthaltsdauer des Kulturgutes im Bundesgebiet erteilen. Die Rückgabezusage darf höchstens für zwei Jahre erteilt werden.

(2) Für die Erteilung der rechtsverbindlichen Rückgabezusage ist die oberste Landesbehörde des Landes zuständig, in dem der Entleiher seinen Hauptsitz hat. Bei mehreren Leihorten ist die Behörde des ersten Leihortes zuständig.

§ 74 Erteilung der rechtsverbindlichen Rückgabezusage. (1) Auf Antrag des Entleihers kann die oberste Landesbehörde im Benehmen mit der für Kultur und Medien zuständigen obersten Bundesbehörde dem Verleiher vor der Einfuhr des Kulturgutes die Rückgabezusage erteilen. Der Antrag kann schriftlich oder elektronisch übermittelt werden.

(2) Die Rückgabezusage erfolgt schriftlich und unter Gebrauch der Worte „rechtsverbindliche Rückgabezusage".

§ 75. Verlängerung. (1) Die rechtsverbindliche Rückgabezusage kann von der obersten Landesbehörde im Einvernehmen mit der für Kultur und Medien zuständigen obersten Bundesbehörde auf Antrag des Entleihers verlängert werden. Die Höchstdauer von zwei Jahren soll auch durch eine Verlängerung nicht überschritten werden. In begründeten Ausnahmefällen kann die Frist für einen Aufenthalt im Bundesgebiet auf bis zu vier Jahre verlängert werden.

(2) § 73 Absatz 2 ist entsprechend anzuwenden.

§ 76. Wirkung. (1) Die rechtsverbindliche Rückgabezusage bewirkt, dass

1. dem Rückgabeanspruch des Verleihers keine Rechte entgegengehalten werden können, die Dritte an dem Kulturgut geltend machen, und
2. kein Verfahren zur Eintragung in ein Verzeichnis national wertvollen Kulturgutes eingeleitet werden kann.

Die Rückgabezusage kann nicht aufgehoben, zurückgenommen oder widerrufen werden und ist für die Aufenthaltsdauer des Kulturgutes im Bundesgebiet sofort vollziehbar.

(2) Bis zur Rückgabe des Kulturgutes an den Verleiher, höchstens jedoch für die Dauer der erteilten Rückgabezusage, sind gerichtliche Klagen

auf Herausgabe, Arrestverfügungen, Pfändungen und Beschlagnahmen des Kulturgutes sowie behördliche Vollstreckungsmaßnahmen oder Sicherstellungen nach diesem Gesetz oder anderen Rechtsvorschriften nicht zulässig.

(3) Die Ausfuhr nach Ablauf des Leihvertrages unterliegt nicht der Genehmigungspflicht nach § 24.

§§ 77–91. *(nicht abgedruckt)*

L. Wertpapierrecht

I. Multilaterale Staatsverträge[1,2]

120. Genfer Abkommen über Bestimmungen auf dem Gebiet des internationalen Wechselprivatrechts

Vom 7. Juni 1930[1, 2] (RGBl. 1933 II, S. 444)

(Übersetzung)[3]

Art. 1. Die Hohen Vertragsschließenden Teile verpflichten sich gegenseitig, zur Lösung der in den folgenden Artikeln bezeichneten Fragen des internationalen Wechselprivatrechts die in diesen Artikeln enthaltenen Bestimmungen anzuwenden.[4]

---

[1] Das New Yorker UN-Übk. über internationale Wechsel und internationale Eigenwechsel (*„International Bills of Exchange and International Promissory Notes"*) v. 9.12.1988 ist bisher nur von *Gabun, Guinea, Honduras, Liberia* und *Mexiko* ratifiziert worden; es ist noch nicht in Kraft getreten. Text (englisch): https://treaties. un. org.

[2] Das Haager Übk. über das auf bestimmte Rechte an Intermediär-verwahrten Wertpapieren anzuwendende Recht v. 5.7.2006 ist am 1.4.2017 für *Mauritius,* die *Schweiz* und die *Vereinigten Staaten* in Kraft getreten. Text (englisch/französisch): https://www.hcch.net/de/instruments/conventions (Nr. 36). Deutsche Übersetzung in IPRax 2003, 550.

[1] Das Abk. ist für das *Deutsche Reich* am 1.1.1934 im Verhältnis zu *Belgien, Dänemark, Finnland, Griechenland, Italien, Japan,* den *Niederlanden, Norwegen, Österreich* und *Schweden* in Kraft getreten (Bek. v. 30.11.1933, RGBl. II, S. 974).

Es gilt heute ferner im Verhältnis zu *Belarus* (seit 25.12.1991, BGBl. 1998 II, S. 1730), *Brasilien* (seit 24.11.1942, RGBl. 1970 II, S. 1064), *Frankreich* (seit 26.7.1936, RGBl. II, S. 212), *Kasachstan* (seit 18.2.1996, BGBl. II S. 286), *Luxemburg* (seit 3.6.1963, BGBl. 1970 II, S. 1064), *Monaco* (seit 25.4.1934, RGBl. II, S. 92), *Polen* (seit 19.3.1937, RGBl. II, S. 101), *Portugal* (seit 6.9.1934, RGBl. II, S. 414), der *Russischen Föderation* (seit 24.12.1991, BGBl. 1992 II, S. 1016), der *Schweiz* (seit 1.7.1937, RGBl. II, S. 169), der *Ukraine* (seit 6.1.2000, BGBl. II, S. 785) und *Ungarn* (seit 26.1.1965, BGBl. 1966 II, S. 36). Es galt für die ehemalige *Sowjetunion* bereits seit 23.2.1937 (RGBl. 1936 II, S. 400). Das Übk. gilt auch nach dem Übergang der Souveränitätsrechte für *Macau* von *Portugal* auf *China* mit Wirkung v. 20.12.1999 für die chinesische Sonderverwaltungsregion *Macau* fort (BGBl. 2003 II, S. 789, 795).

Die *Bundesrepublik Deutschland* hat nach dem 2. Weltkrieg die Wiederanwendung im Verhältnis zu allen Vertragsparteien erklärt (Bek. v. 30.5.1953, BGBl. II, S. 148). Die ehemalige *Deutsche Demokratische Republik* hatte die Wiederanwendung mit Wirkung v. 6.6.1958 erklärt (Bek. v. 25.6.1976, BGBl. II, S. 1242).

[2] Zur Vereinheitlichung des materiellen Wechselrechts siehe das Genfer Abk. über das Einheitliche Wechselgesetz v. 7.6.1930 (RGBl. 1933 II, S. 377). Dieses Übk. gilt im Verhältnis der Vertragsstaaten des Genfer Abk. über Bestimmungen auf dem Gebiet des internationalen Wechselprivatrechts (Nr. *120*); es gilt ferner für *Litauen* (seit 11.5.1997, BGBl. II, S. 1077) und *Aserbaidschan* (seit 28.11.2000, BGBl. 2001 II, S. 870).

[3] Authentisch sind gleichberechtigt der englische und der französische Text.

[4] Die Verpflichtung nach Art. 1 hat der deutsche Gesetzgeber durch die Übernahme der Art. 2–9 des Abk. in die Art. 91–98 des Wechselgesetzes v. 21.6.1933 (Nr. *123*) erfüllt. Auf eine Wiedergabe der Art. 2–9 des Abk. wird daher verzichtet.

121. Genfer Abkommen über Bestimmungen auf dem Gebiet des internationalen Scheckprivatrechts

Vom 19. März 1931[1, 2] (RGBl. 1933 II, S. 594)

(Übersetzung)[3]

Art. 1. Die Hohen Vertragsschließenden Teile verpflichten sich gegenseitig, zur Lösung der in den folgenden Artikeln bezeichneten Fragen des internationalen Scheckprivatrechts die in diesen Artikeln enthaltenen Bestimmungen anzuwenden.[4]

II. EG-Recht[1]

122. Richtlinie 2002/47/EG des Europäischen Parlaments und des Rates über Finanzsicherheiten

Vom 6. Juni 2002[2] (ABl. L 168, S. 43)

---

[1] Das Abk. ist für das *Deutsche Reich* am 1.1.1934 im Verhältnis zu *Dänemark, Finnland, Italien, Japan, Monaco, Nicaragua, Norwegen* und *Schweden* in Kraft getreten (Bek. v. 30.11.1933, RGBl. II, S. 975).

Es gilt heute ferner im Verhältnis zu *Belgien* (seit 18.3.1962, BGBl. 1970 II, S. 1075), *Brasilien* (seit 24.11.1942, BGBl. 1970 II, S. 1075), *Frankreich* (seit 26.7.1936, RGBl. II, S. 213), *Griechenland* (seit 30.8.1934, RGBl. II, S. 413), *Indonesien* (seit 27.12.1949, BGBl. 1970 II, S. 1075), *Liberia* (seit 15.12.2005, BGBl. 2006 II, S. 116), *Luxemburg* (seit 30.10.1968, BGBl. II, S. 926), *Niederlande* (seit 1.7.1934, RGBl. II, S. 264), *Österreich* (seit 1.3.1959, BGBl. 1959 II, S. 559), *Polen* (seit 19.3.1937, RGBl. II, S. 101), *Portugal* (seit 6.9.1934, RGBl. II, S. 413), die *Schweiz* (seit 1.7.1937, RGBl. II, S. 169) und *Ungarn* (seit 26.1.1965, BGBl. 1966 II, S. 508).

Das Übk. gilt auch nach dem Übergang der Souveränitätsrechte für *Macau* von *Portugal* auf *China* mit Wirkung v. 20.12.1999 für die chinesische Sonderverwaltungsregion *Macau* fort (BGBl. 2003 II, S. 789, 795). Die *Bundesrepublik Deutschland* hat nach dem 2. Weltkrieg die Wiederanwendung im Verhältnis zu allen Vertragsparteien erklärt (Bek. v. 13.3.1953, BGBl. II, S. 117). Die ehemalige *Deutsche Demokratische Republik* hatte die Wiederanwendung mit Wirkung v. 6.6.1958 erklärt (Bek. v. 25.6.1976, BGBl. II, S. 1243).

[2] Zur Vereinheitlichung des materiellen Scheckrechts siehe das Genfer Übk. über das Einheitliche Scheckgesetz v. 19.3.1931 (RGBl. 1933 II, S. 537). Dieses Übk. gilt im Verhältnis der Vertragsstaaten des Genfer Übk. über Bestimmungen auf dem Gebiete des internationalen Scheckprivatrechts (Nr. *121*), sowie außerdem für *Malawi* (seit 1.2.1966, BGBl. 1971 II, S. 1282) und *Litauen* (seit 11.5.1997, BGBl. II S. 1077).

[3] Authentisch sind gleichberechtigt der englische und der französische Text.

[4] Die Verpflichtung nach Art. 1 des Abk. hat der deutsche Gesetzgeber durch die Übernahme der Art. 2–8 des Abk. in die Art. 60–66 des Scheckgesetzes v. 14.8.1933 (Nr. *124*) erfüllt. Auf eine Wiedergabe der Art. 2–8 des Abk. wird daher verzichtet.

[1] Siehe auch die Richtlinie 98/26/EG über die Wirksamkeit von Abrechnungen im Zahlungs- sowie Wertpapierliefer- und Abrechnungssystem (Finalitätsrichtlinie) v. 19.5.1998 (ABl. L 166, S. 45), deren kollisionsrechtlicher Inhalt in der *Bundesrepublik Deutschland* durch § 17a DepotG (Nr. *125*) umgesetzt wurde.

[2] Vgl. zur Umsetzung der Richtlinie in der *Bundesrepublik Deutschland* das Gesetz v. 5.4.2004 (BGBl. I, S. 502), das auf eine dem Art. 9 entsprechende Kollisionsregel verzichtet.

Erwägungsgründe

....

(8) Die Regel des „Rechts der belegenen Sache“ *(lex rei sitae),* der zufolge die Wirksamkeit einer Finanzsicherheit gegenüber Dritten sich nach dem Recht des Landes bestimmt, in dem die Sicherheit belegen ist, wird derzeit von allen Mitgliedstaaten anerkannt. Ungeachtet dessen, dass diese Richtlinie auf unmittelbar gehaltene Wertpapiere Anwendung findet, sollte die Belegenheit von im Effektengiro übertragbaren Wertpapieren, die als Finanzsicherheit gestellt und über einen oder mehrere Intermediäre zwischenverwahrt werden, bestimmt werden. Hat der Sicherungsnehmer eine Sicherheit inne, die nach dem Recht des Landes, in dem sich das maßgebliche Konto befindet, wirksam ist, sollte auch für die Wirksamkeit der Sicherheit gegenüber konkurrierenden Eigentums- oder sonstigen dinglichen Rechten und für ihre Verwertung ausschließlich das Recht dieses Landes maßgebend sein, damit keine Rechtsunsicherheit infolge unvorhergesehener Rechtsvorschriften entsteht.

Art. 9. Internationales Privatrecht. (1) Die in Absatz 2 genannten Regelungsgegenstände im Hinblick auf im Effektengiro übertragbare Wertpapiere unterliegen dem Recht des Landes, in dem das maßgebliche Konto geführt wird. Der Verweis auf das Recht eines Landes ist als Sachnormverweisung zu verstehen, d. h. es wird jegliche Vorschrift ausgeschlossen, die für die jeweilige Rechtsfrage auf das Recht eines anderen Staates verweist.

(2) Die von Absatz 1 erfassten Regelungsgegenstände sind:

a) Rechtsnatur und dingliche Wirkung von im Effektengiro übertragbaren Wertpapieren;

b) Anforderungen an eine in jeder Hinsicht wirksame Bestellung eines Sicherungsrechts an im Effektengiro übertragbaren Wertpapieren und die Besitzverschaffung an solchen Wertpapieren sowie generell die für die absolute Wirksamkeit der Bestellung und Besitzverschaffung erforderlichen Rechtshandlungen;

c) die Frage, ob das Eigentum oder sonstige dingliche Rechte an im Effektengiro übertragbaren Wertpapieren durch das Eigentum oder sonstige dingliche Rechte eines Dritten verdrängt werden oder diesem gegenüber nachrangig sind oder ein gutgläubiger Erwerb eingetreten ist;

d) Schritte, die zur Verwertung von im Effektengiro übertragbaren Wertpapieren nach Eintritt des Verwertungs- bzw. Beendigungsfalls erforderlich sind.

III. Innerstaatliches Recht

123. Wechselgesetz

Vom 21. Juni 1933[1] (RGBl. I, S. 399)

Vierter Teil. Geltungsbereich der Gesetze

Art. 91. [Wechselfähigkeit] (1) Die Fähigkeit einer Person, eine Wechselverbindlichkeit einzugehen, bestimmt sich nach dem Recht des Landes, dem sie angehört. Erklärt dieses Recht das Recht eines anderen Landes für maßgebend, so ist das letztere Recht anzuwenden.

(2) Wer nach dem in vorstehendem Absatz bezeichneten Recht nicht wechselfähig ist, wird gleichwohl gültig verpflichtet, wenn die Unterschrift in dem Gebiet eines Landes abgegeben worden ist, nach dessen Recht er wechselfähig wäre. Diese Vorschrift findet keine Anwendung, wenn die Verbindlichkeit von einem Inländer im Ausland übernommen worden ist.

Art. 92. [Form der Wechselerklärung] (1) Die Form einer Wechselerklärung bestimmt sich nach dem Recht des Landes, in dessen Gebiet die Erklärung unterschrieben worden ist.

(2) Wenn jedoch eine Wechselerklärung, die nach den Vorschriften des vorstehenden Absatzes ungültig ist, dem Recht des Landes entspricht, in dessen Gebiet eine spätere Wechselerklärung unterschrieben worden ist, so wird durch Mängel in der Form der ersten Wechselerklärung die Gültigkeit der späteren Wechselerklärung nicht berührt.

(3) Eine Wechselerklärung, die ein Inländer im Ausland abgegeben hat, ist im Inland gegenüber anderen Inländern gültig, wenn die Erklärung den Formerfordernissen des inländischen Rechts genügt.

Art. 93. [Wirkung der Wechselerklärungen] (1) Die Wirkungen der Verpflichtungserklärungen des Annehmers eines gezogenen Wechsels und des Ausstellers eines eigenen Wechsels bestimmen sich nach dem Recht des Zahlungsortes.

(2) Die Wirkungen der übrigen Wechselerklärungen bestimmen sich nach dem Recht des Landes, in dessen Gebiet die Erklärungen unterschrieben worden sind.

Art. 94. [Fristen für Rückgriff] Die Fristen für die Ausübung der Rückgriffsrechte werden für alle Wechselverpflichteten durch das Recht des Ortes bestimmt, an dem der Wechsel ausgestellt worden ist.

---

[1] Siehe dazu das Genfer Übk. über Bestimmungen auf dem Gebiet des internationalen Wechselprivatrechts v. 7.6.1930 (Nr. *120*).

Art. 95. [Forderung aus dem Grundgeschäft] Das Recht des Ausstellungsortes bestimmt, ob der Inhaber eines gezogenen Wechsels die seiner Ausstellung zugrundeliegende Forderung erwirbt.

Art. 96. [Teilannahme und Teilzahlung] (1) Das Recht des Zahlungsortes bestimmt, ob die Annahme eines gezogenen Wechsels auf einen Teil der Summe beschränkt werden kann und ob der Inhaber verpflichtet oder nicht verpflichtet ist, eine Teilzahlung anzunehmen.

(2) Dasselbe gilt für die Zahlung bei einem eigenen Wechsel.

Art. 97. [Form des Protestes] Die Form des Protestes und die Fristen für die Protesterhebung sowie die Form der übrigen Handlungen, die zur Ausübung oder Erhaltung der Wechselrechte erforderlich sind, bestimmen sich nach dem Recht des Landes, in dessen Gebiet der Protest zu erheben oder die Handlung vorzunehmen ist.

Art. 98. [Verlust oder Diebstahl des Wechsels] Das Recht des Zahlungsortes bestimmt die Maßnahmen, die bei Verlust oder Diebstahl eines Wechsels zu ergreifen sind.

124. Scheckgesetz

Vom 14. August 1933[1] (RGBl. I, S. 597)

Zwölfter Abschnitt. Geltungsbereich der Gesetze

Art. 60. [Scheckfähigkeit] (1) Die Fähigkeit einer Person, eine Scheckverbindlichkeit einzugehen, bestimmt sich nach dem Recht des Landes, dem sie angehört. Erklärt dieses Recht das Recht eines anderen Landes für maßgebend, so ist das letztere Recht anzuwenden.

(2) Wer nach dem in vorstehendem Absatz bezeichneten Recht eine Scheckverbindlichkeit nicht eingehen kann, wird gleichwohl gültig verpflichtet, wenn die Unterschrift in dem Gebiet eines Landes abgegeben worden ist, nach dessen Recht er scheckfähig wäre. Diese Vorschrift findet keine Anwendung, wenn die Verbindlichkeit von einem Inländer im Ausland übernommen worden ist.

Art. 61. [Bezogene] (1) Das Recht des Landes, in dem der Scheck zahlbar ist, bestimmt die Personen, auf die ein Scheck gezogen werden kann.

(2) Ist nach diesem Recht der Scheck im Hinblick auf die Person des Bezogenen nichtig, so sind gleichwohl die Verpflichtungen aus Unterschrif-

---

[1] Siehe dazu das Genfer Übk. über Bestimmungen auf dem Gebiet des internationalen Scheckprivatrechts v. 19.3.1931 (Nr. *121*).

ten gültig, die in Ländern auf den Scheck gesetzt worden sind, deren Recht die Nichtigkeit aus einem solchen Grund nicht vorsieht.

Art. 62. [Form der Scheckerklärung] (1) Die Form einer Scheckerklärung bestimmt sich nach dem Recht des Landes, in dessen Gebiet die Erklärung unterschrieben worden ist. Es genügt jedoch die Beobachtung der Form, die das Recht des Zahlungsortes vorschreibt.

(2) Wenn eine Scheckerklärung, die nach den Vorschriften des vorstehenden Absatzes ungültig ist, dem Recht des Landes entspricht, in dessen Gebiet eine spätere Scheckerklärung unterschrieben worden ist, so wird durch Mängel in der Form der ersten Scheckerklärung die Gültigkeit der späteren Scheckerklärung nicht berührt.

(3) Eine Scheckerklärung, die ein Inländer im Ausland abgegeben hat, ist im Inland gegenüber anderen Inländern gültig, wenn die Erklärung den Formerfordernissen des inländischen Rechts genügt.

Art. 63. [Wirkung der Scheckerklärungen] Die Wirkungen der Scheckerklärungen bestimmen sich nach dem Recht des Landes, in dessen Gebiet die Erklärungen unterschrieben worden sind.

Art. 64. [Fristen für Rückgriff] Die Fristen für die Ausübung der Rückgriffsrechte werden für alle Scheckverpflichteten durch das Recht des Ortes bestimmt, an dem der Scheck ausgestellt worden ist.

Art. 65. [Einlösung des Schecks u. ä.] Das Recht des Landes, in dessen Gebiet der Scheck zahlbar ist, bestimmt:

1. ob der Scheck notwendigerweise bei Sicht zahlbar ist oder ob er auf eine bestimmte Zeit nach Sicht gezogen werden kann und welches die Wirkungen sind, wenn auf dem Scheck ein späterer als der wirkliche Ausstellungstag angegeben worden ist;
2. die Vorlegungsfrist;
3. ob ein Scheck angenommen, zertifiziert, bestätigt oder mit einem Visum versehen werden kann und welches die Wirkungen dieser Vermerke sind;
4. ob der Inhaber eine Teilzahlung verlangen kann und ob er eine solche annehmen muss;
5. ob ein Scheck gekreuzt oder mit dem Vermerk „nur zur Verrechnung" oder mit einem gleichbedeutenden Vermerk versehen werden kann und welches die Wirkungen der Kreuzung oder des Verrechnungsvermerks oder eines gleichbedeutenden Vermerks sind;
6. ob der Inhaber besondere Rechte auf die Deckung hat und welches der Inhalt dieser Rechte ist;
7. ob der Aussteller den Scheck widerrufen oder gegen die Einlösung des Schecks Widerspruch erheben kann;

8. ob die Maßnahmen, die im Falle des Verlustes oder des Diebstahls des Schecks zu ergreifen sind;
9. ob ein Protest oder eine gleichbedeutende Feststellung zur Erhaltung des Rückgriffs gegen die Indossanten, den Aussteller und die anderen Scheckverpflichteten notwendig ist.

Art. 66. [Form des Protestes] Die Form des Protestes und die Fristen für die Protesterhebung sowie die Form der übrigen Handlungen, die zur Ausübung oder Erhaltung der Scheckrechte erforderlich sind, bestimmen sich nach dem Recht des Landes, in dessen Gebiet der Protest zu erheben oder die Handlung vorzunehmen ist.

125. Gesetz über die Verwahrung und Anschaffung von Wertpapieren (Depotgesetz)

idF vom 11. Januar 1995 (BGBl. I, S. 34)

§ 17a.[1] **Verfügungen über Wertpapiere.** Verfügungen über Wertpapiere oder Sammelbestandanteile, die mit rechtsbegründender Wirkung in ein Register eingetragen oder auf einem Konto verbucht werden, unterliegen dem Recht des Staates, unter dessen Aufsicht das Register geführt wird, in dem unmittelbar zugunsten des Verfügungsempfängers die rechtsbegründende Eintragung vorgenommen wird, oder in dem sich die kontoführende Haupt- oder Zweigstelle des Verwahrers befindet, die dem Verfügungsempfänger die rechtsbegründende Gutschrift erteilt.

---

[1] § 17a eingefügt durch Gesetz v. 8.12.1999 (BGBl. I, S. 2384). Vgl. dazu Anm. 1 vor Nr. *122*.

M. Handels-, Gesellschafts- und Wirtschaftsrecht

I. Multilaterale Staatsverträge[1, 2, 3]

130. Bretton Woods-Abkommen über den Internationalen Währungsfonds

Vom 1.–22. Juli 1944[1, 2] (BGBl. 1952 II, S. 637)

(Übersetzung)[3]

---

[1] Zum Insiderrecht siehe das Straßburger Europäische Übk. über Insidergeschäfte v. 20.4.1989, das am 1.10.1991 für *Norwegen, Schweden* und das *Vereinigte Königreich* in Kraft getreten ist. Es gilt heute ferner für *Zypern* (seit 1.6.1994), die *Niederlande* (seit 1.11.1994), *Finnland* (seit 1.1.1996), *Luxemburg* (seit 1.12.1997) und die *Tschechische Republik* (seit 1.1.2001).

Text (englisch/französisch): https://www.coe.int/de/web/conventions (Nr. 130).

Siehe zur Geltung des Übk. zwischen Mitgliedstaaten der EU auch das Protokoll v. 11.9.1989. Text (englisch/französisch): https://www.coe.int/de/web/conventions (Nr. 133).

[2] Das New Yorker UN-Übk. v. 11.12.1995 über selbständige Garantien und Akkreditive *(„Independent Guarantees and Stand-by Letters of Credit")* wurde von der *Bundesrepublik Deutschland* bisher nicht gezeichnet. Es ist am 1.1.2000 für *Ecuador, El Salvador, Kuweit, Panama* und *Tunesien* in Kraft getreten. Es gilt inzwischen ferner für *Belarus* (seit 1.2.2003), *Gabun* (seit 1.1.2006) und *Liberia* (seit 1.10.2006). Text (englisch): https://treaties.un.org (Kap. X Nr. 15).

Art. 21 und 22 lauten:

Art. 21. Choice of applicable law.

The undertaking is governed by the law the choice of which is:

a) Stipulated in the undertaking or demonstrated by the terms and conditions of the undertaking; or

b) Agreed elsewhere by the guarantor/issuer and the beneficiary.

Art. 22. Determination of applicable law.

Failing a choice of law in accordance with article 21, the undertaking is governed by the law of the State where the guarantor/issuer has that place of business at which the undertaking was issued.

[3] Vgl. auf dem Gebiet des internationalen Privatrechts der juristischen Personen auch das Straßburger Europäische Übk. über die Anerkennung der Rechtspersönlichkeit internationaler nichtstaatlicher Organisationen v. 24.4.1986 ist am 1.1.1991 für *Belgien, Griechenland,* die *Schweiz* und das *Vereinigte Königreich* in Kraft getreten. Es gilt inzwischen ferner für *Frankreich* (seit 1.3.2000), *Mazedonien,* (seit 1.11.2000), die *Niederlande* (seit 1.6.2007), *Österreich* (seit 1.8.1992), *Portugal* (seit 1.2.1992), *Slowenien* (seit 1.1.1994) und *Zypern* (seit 1.7.2004). Die *Bundesrepublik Deutschland* hat das Übk. bisher nicht gezeichnet.

Text (englisch/französisch): https://www.coe.int/de/web/conventions (Nr. 124).

[1] Das Abk. ist für die *Bundesrepublik Deutschland* am 14.8.1952 in Kraft getreten (Bek. v. 26.8.1952, BGBl. II, S. 728). Übersicht über die ca. 180 weiteren Vertragsstaaten im Fundstellennachweis B zum BGBl. 2021 II, S. 403,sowie in der Länderübersicht im Registerteil.

[2] Zum internationalen Währungsrecht siehe auch das Pariser Europäische Übk. über Fremdwährungsschulden v. 11.12.1967. Dieses Übk. ist von der *Bundesrepublik Deutschland, Frankreich* und *Österreich* gezeichnet, aber bisher nur von *Luxemburg* ratifiziert worden. Text (englisch/französisch): https://www.coe.int/de/web/conventions (Nr. 60).

[3] Authentisch ist allein der englische Text.

Art. VIII. Allgemeine Verpflichtungen der Mitglieder

Abschnitt 1. Einleitung

Neben den gemäß anderen Artikeln dieses Abkommens übernommenen Verpflichtungen übernimmt jedes Mitglied die in diesem Artikel niedergelegten Verpflichtungen.

Abschnitt 2. Vermeidung von Beschränkungen laufender Zahlungen

a) …,

b) Aus Devisenkontrakten, die die Währung eines Mitglieds berühren und die in Gegensatz stehen zu den von dem Mitglied in Übereinstimmung mit diesem Abkommen aufrechterhaltenen oder eingeführten Devisenkontrollbestimmungen, kann in den Gebieten der Mitglieder nicht geklagt werden …

II. EU-Recht

1. Markenrecht[1]

2. Gesellschaftsrecht[1, 2, 3]

132. Verordnung (EG) Nr. 2157/2001 des Rates über das Statut der Europäischen Gesellschaft (SE-VO)

Vom 8. Oktober 2001[1, 2, 3] (ABl. L 294, S. 1)

---

[1] Die Kollisionsnormen der Verordnung (EU) 2017/1001 über die Unionsmarke v. 14.6.2017 (Art. 17, 129 f.) sind zusammen mit dem internationalen Markenverfahrensrecht unter Nr. *164* abgedruckt.

[1] Vgl. auch die Verordnung (EWG) Nr. 2187/85 über die Schaffung einer Europäischen Wirtschaftlichen Interessenvereinigung (EWIV-VO) v. 25.7.1985 (ABl. 1985 L 199, S. 1).

[2] Vgl. ferner die Verordnung (EG) Nr. 1435/2003 über das Statut der Europäischen Genossenschaft (SCE-VO) v. 22.7.2003 (ABl. 2003 L 207, S. 1). Siehe dazu auch die Richtlinie 2003/72/EG zur Ergänzung des Statuts der Europäischen Genossenschaft hinsichtlich der Beteiligung der Arbeitnehmer (SCE-Mitbestimmung-RL, ABl. 2003 L 207, S. 25) sowie das deutsche Ausführungsgesetz zu dieser Verordnung (SCEAG) v. 14.8.2006 (BGBl. I, S. 1911).

[3] Vgl. auch den Vorschlag der EU-Kommission für eine Verordnung (EG) des Rates über das Statut der Europäischen Privatgesellschaft vom 25.6.2008 (KOM [2008] S. 396 endg.); dazu die Legislative Entschließung des Europäischen Parlaments v. 10.3.2009 (ABl. 2010 C 87, S. 300).

[1] Die Verordnung ist für die Mitgliedstaaten der EU am 8.10.2004 in Kraft getreten; sie gilt seit dem 1.1.2007 auch für *Bulgarien* und *Rumänien* sowie seit dem 1.7.2013 auch für *Kroatien*. Vgl. auch Erwägungsgrund (22).

(Auszug)

DER RAT DER EUROPÄISCHEN UNION –

gestützt auf den Vertrag zur Gründung der Europäischen Gemeinschaft, insbesondere auf Artikel 308,

auf Vorschlag der Kommission,[4]

nach Stellungnahme des Europäischen Parlaments,[5]

nach Stellungnahme des Wirtschafts- und Sozialausschusses,[6]

in Erwägung nachstehender Gründe:

(1) Voraussetzung für die Verwirklichung des Binnenmarkts und für die damit angestrebte Verbesserung der wirtschaftlichen und sozialen Lage in der gesamten Gemeinschaft ist außer der Beseitigung der Handelshemmnisse eine gemeinschaftsweite Reorganisation der Produktionsfaktoren. Dazu ist es unerlässlich, dass die Unternehmen, deren Tätigkeit sich nicht auf die Befriedigung rein örtlicher Bedürfnisse beschränkt, die Neuordnung ihrer Tätigkeiten auf Gemeinschaftsebene planen und betreiben können.

(2) Eine solche Umgestaltung setzt die Möglichkeit voraus, das Wirtschaftspotential bereits bestehender Unternehmen mehrerer Mitgliedstaaten durch Konzentrations- und Fusionsmaßnahmen zusammenzufassen. Dies darf jedoch nur unter Beachtung der Wettbewerbsregeln des Vertrags geschehen.

(3) Die Verwirklichung der Umstrukturierungs- und Kooperationsmaßnahmen, an denen Unternehmen verschiedener Mitgliedstaaten beteiligt sind, stößt auf rechtliche, steuerliche und psychologische Schwierigkeiten. Einige davon konnten mit der Angleichung des Gesellschaftsrechts der Mitgliedstaaten durch aufgrund von Artikel 44 des Vertrags erlassene Richtlinien[7] ausgeräumt werden. Dies erspart Unternehmen, die verschiedenen Rechtsordnungen unterliegen, jedoch nicht die Wahl einer Gesellschaftsform, für die ein bestimmtes nationales Recht gilt.

---

[2] Im Verhältnis zum *Vereinigten Königreich* gilt die Verordnung nach Ablauf der in Art. 126, 127 des Brexit-Abk v. 24.1.2020 (Nr. *0–3*) vereinbarten Übergangsfrist am 31.12.2020 nicht mehr. Vgl. zu den Auswirkungen des Brexit auf die Geltung der Verordnung im *Vereinigten Königreich* auch Anm. 2 zum EU-Vertrag (Nr. *0–1*).

[3] Vgl. zu dieser Verordnung auch die Richtlinie 2001/86/EG des Rates zur Ergänzung des Statuts der Europäischen Gesellschaft hinsichtlich der Beteiligung der Arbeitnehmer v. 8.10.2001 (ABl. L 294, S. 22), sowie das deutsche Ausführungsgesetz v. 22.12.2004 (Nr. *132a*).

[4] ABl. 1989 C 236, S. 41 und ABl. 1991 C 176, S. 1.

[5] Stellungnahme v. 4.9.2001.

[6] ABl. 1990 Nr. C 124, S. 34.

[7] Die EU hat mehrere der seit 1968 erlassenen Richtlinien zur Harmonisierung des europäischen Gesellschaftsrechts in der Richtlinie (EU) 2017/1132 über bestimmte Aspekte des Gesellschaftsrechts v. 14.6.2017 (Kodifizierter Text, ABl. 2017 L 169, 46) zusammengefasst und weiter entwickelt.

(4) Somit entspricht der rechtliche Rahmen, in dem sich die Unternehmen in der Gemeinschaft noch immer bewegen müssen und der hauptsächlich von innerstaatlichem Recht bestimmt wird, nicht mehr dem wirtschaftlichen Rahmen, in dem sie sich entfalten sollen, um die Erreichung der in Artikel 18 des Vertrags genannten Ziele zu ermöglichen. Dieser Zustand ist geeignet, Zusammenschlüsse zwischen Gesellschaften verschiedener Mitgliedstaaten erheblich zu behindern.

(5) Die Mitgliedstaaten sind verpflichtet, dafür zu sorgen, dass die Bestimmungen, die auf Europäische Gesellschaften aufgrund dieser Verordnung anwendbar sind, weder zu einer Diskriminierung dadurch führen, dass die Europäischen Gesellschaften ungerechtfertigterweise anders behandelt werden als die Aktiengesellschaften, noch unverhältnismäßig strenge Auflagen für die Errichtung einer Europäischen Gesellschaft oder die Verlegung ihres Sitzes mit sich bringen.

(6) Die juristische Einheitlichkeit der europäischen Unternehmen muss ihrer wirtschaftlichen weitestgehend entsprechen. Neben den bisherigen Gesellschaftsformen nationalen Rechts ist daher die Schaffung von Gesellschaften vorzusehen, deren Struktur und Funktionsweise durch eine in allen Mitgliedstaaten unmittelbar geltende gemeinschaftsrechtliche Verordnung geregelt werden.

(7) Dadurch werden sowohl die Gründung als auch die Leitung von Gesellschaften europäischen Zuschnitts ermöglicht, ohne dass die bestehenden Unterschiede zwischen den für die Handelsgesellschaften geltenden einzelstaatlichen Rechtsvorschriften und ihr räumlich begrenzter Geltungsbereich dafür ein Hindernis darstellten.

(8) Das Statut der Europäischen Aktiengesellschaft (nachfolgend „SE" genannt) zählt zu jenen Rechtsakten, die der Rat gemäß dem Weißbuch der Kommission über die Vollendung des Binnenmarkts, das der Europäische Rat von Mailand im Juni 1985 angenommen hat, vor dem Jahre 1992 erlassen musste. 1987 äußerte der Europäische Rat auf seiner Tagung in Brüssel den Wunsch, dass ein solches Statut rasch geschaffen wird.

(9) Seit der Vorlage des Kommissionsvorschlags für eine Verordnung über das Statut der Europäischen Aktiengesellschaften im Jahre 1970 und der Vorlage des 1975 geänderten Vorschlags sind bei der Angleichung des nationalen Gesellschaftsrechts beachtliche Fortschritte erzielt worden, so dass in Bereichen, in denen es für das Funktionieren der SE keiner einheitlichen Gemeinschaftsregelung bedarf, auf das Aktienrecht des Sitzmitgliedstaats verwiesen werden kann.

(10) Das wichtigste mit der Rechtsform einer SE verfolgte Ziel erfordert jedenfalls – unbeschadet wirtschaftlicher Erfordernisse, die sich in der Zukunft ergeben können –, dass eine SE gegründet werden kann, um es Gesellschaften verschiedener Mitgliedstaaten zu ermöglichen, zu fusionieren oder eine Holdinggesellschaft zu errichten, und damit Gesellschaften und andere juristische Personen aus verschiedenen Mitgliedstaaten, die eine

Wirtschaftstätigkeit betreiben, gemeinsame Tochtergesellschaften gründen können.

(11) Im gleichen Sinne sollte es Aktiengesellschaften, die ihren satzungsmäßigen Sitz und ihre Hauptverwaltung in der Gemeinschaft haben, ermöglicht werden, eine SE durch Umwandlung ohne vorherige Auflösung zu gründen, wenn sie eine Tochtergesellschaft in einem anderen Mitgliedstaat als dem ihres Sitzes haben.

(12) Die für öffentlich zur Zeichnung auffordernde Aktiengesellschaften und für Wertpapiergeschäfte geltenden einzelstaatlichen Bestimmungen müssen auch dann, wenn die Gründung der SE durch eine öffentliche Aufforderung zur Zeichnung erfolgt, gelten sowie für SE, die diese Finanzierungsinstrumente in Anspruch nehmen möchten.

(13) Die SE selbst muss eine Kapitalgesellschaft in Form einer Aktiengesellschaft sein, die sowohl von der Finanzierung als auch von der Geschäftsführung her am besten den Bedürfnissen der gemeinschaftsweit tätigen Unternehmen entspricht. Um eine sinnvolle Unternehmensgröße dieser Gesellschaften zu gewährleisten, empfiehlt es sich, ein Mindestkapital festzusetzen, das die Gewähr dafür bietet, dass diese Gesellschaften über eine ausreichende Vermögensgrundlage verfügen, ohne dass dadurch kleinen und mittleren Unternehmen die Gründung von SE erschwert wird.

(14) Es ist erforderlich, der SE alle Möglichkeiten einer leistungsfähigen Geschäftsführung an die Hand zu geben und gleichzeitig deren wirksame Überwachung sicherzustellen. Dabei ist dem Umstand Rechnung zu tragen, dass in der Gemeinschaft hinsichtlich der Verwaltung der Aktiengesellschaften derzeit zwei verschiedene Systeme bestehen. Die Wahl des Systems bleibt der SE überlassen, jedoch ist eine klare Abgrenzung der Verantwortungsbereiche jener Personen, denen die Geschäftsführung obliegt, und der Personen, die mit der Aufsicht betraut sind, wünschenswert.

(15) Die Rechte und Pflichten hinsichtlich des Schutzes von Minderheitsaktionären und von Dritten, die sich für ein Unternehmen aus der Kontrolle durch ein anderes Unternehmen, das einer anderen Rechtsordnung unterliegt, ergeben, bestimmen sich gemäß den Vorschriften und allgemeinen Grundsätzen des internationalen Privatrechts nach dem für das kontrollierte Unternehmen geltenden Recht, unbeschadet der sich für das herrschende Unternehmen aus den geltenden Rechtsvorschriften ergebenden Pflichten, beispielsweise bei der Aufstellung der konsolidierten Abschlüsse.

(16) Unbeschadet des sich möglicherweise aus einer späteren Koordinierung des Rechts der Mitgliedstaaten ergebenden Handlungsbedarfs ist eine Sonderregelung für die SE hier gegenwärtig nicht erforderlich. Es empfiehlt sich daher, sowohl für den Fall, dass die SE die Kontrolle ausübt, als auch für den Fall, dass die SE das kontrollierte Unternehmen ist, auf die allgemeinen Vorschriften und Grundsätze zurückzugreifen.

(17) Wird die SE von einem anderen Unternehmen beherrscht, so ist anzugeben, welches Recht anwendbar ist; hierzu ist auf die Rechtsvorschriften zu verweisen, die für Aktiengesellschaften gelten, die dem Recht des Sitzstaates der SE unterliegen.

(18) Es muss sichergestellt werden, dass jeder Mitgliedstaat bei Verstößen gegen Bestimmungen dieser Verordnung die für die seiner Rechtsordnung unterliegenden Aktiengesellschaften geltenden Sanktionen anwendet.

(19) Die Stellung der Arbeitnehmer in der SE wird durch die Richtlinie 2001/86/EG des Rates vom 8. Oktober 2001 zur Ergänzung des Statuts der Europäischen Gesellschaft hinsichtlich der Beteiligung der Arbeitnehmer[8] auf der Grundlage von Artikel 308 des Vertrags geregelt. Diese Bestimmungen stellen somit eine untrennbare Ergänzung der vorliegenden Verordnung dar und müssen zum gleichen Zeitpunkt anwendbar sein.

(20) Andere Rechtsbereiche wie das Steuerrecht, das Wettbewerbsrecht, der gewerbliche Rechtsschutz und das Konkursrecht werden nicht von dieser Verordnung erfasst. Die Rechtsvorschriften der Mitgliedstaaten und das Gemeinschaftsrecht gelten in den oben genannten sowie in anderen nicht von dieser Verordnung erfassten Bereichen

(21) Mit der Richtlinie 2001/86/EG soll ein Recht der Arbeitnehmer auf Beteiligung bei den den Geschäftsverlauf der SE betreffenden Fragen und Entscheidungen gewährleistet werden. Die übrigen arbeits- und sozialrechtlichen Fragen, insbesondere das in den Mitgliedstaaten geltende Recht auf Information und Anhörung der Arbeitnehmer, unterliegen hingegen den einzelstaatlichen Vorschriften, die unter denselben Bedingungen für die Aktiengesellschaften gelten.

(22) Das Inkrafttreten dieser Verordnung muss zeitlich aufgeschoben erfolgen, um alle Mitgliedstaaten in die Lage zu versetzen, die Richtlinie 2001/86/EG in innerstaatliches Recht umzusetzen und die für die Gründung und den Geschäftsbetrieb von SE mit Sitz in ihrem Hoheitsgebiet notwendigen Verfahren rechtzeitig einzuführen, dergestalt, dass die Verordnung und die Richtlinie gleichzeitig zur Anwendung gebracht werden können.

(23) Eine Gesellschaft, deren Hauptverwaltung sich außerhalb der Gemeinschaft befindet, kann sich an der Gründung einer SE beteiligen, sofern die betreffende Gesellschaft nach dem Recht eines Mitgliedstaats gegründet wurde, ihren Sitz in diesem Mitgliedstaat hat und in tatsächlicher und dauerhafter Verbindung mit der Wirtschaft eines Mitgliedstaats im Sinne der Grundsätze des allgemeinen Programms zur Aufhebung der Beschränkungen der Niederlassungsfreiheit von 1962 steht. Eine solche Verbindung besteht, wenn die Gesellschaft in dem Mitgliedstaat eine Niederlassung hat, von dem aus sie ihre Geschäfte betreibt.

---

[8] Vgl. Anm. 2.

(24) Die SE sollte ihren Sitz in einen anderen Mitgliedstaat verlegen können. Ein angemessener Schutz der Interessen der Minderheitsaktionäre, die sich gegen die Verlegung ausgesprochen haben, sowie der Interessen der Gläubiger und der sonstigen Forderungsberechtigten sollte in einem ausgewogenen Verhältnis stehen. Vor der Verlegung entstandene Ansprüche dürfen durch eine solche Verlegung nicht berührt werden.

(25) Bestimmungen, die die zuständige Gerichtsbarkeit im Falle der Sitzverlegung einer Aktiengesellschaft von einem Mitgliedstaat in einen anderen betreffen und die in das Brüsseler Übereinkommen von 1968 oder in einen Rechtsakt der Mitgliedstaaten oder des Rates zur Ersetzung dieses Übereinkommens aufgenommen werden, werden von dieser Verordnung nicht berührt.

(26) Für die Tätigkeiten von Finanzinstituten gelten Einzelrichtlinien, und das einzelstaatliche Recht zur Umsetzung dieser Richtlinien sowie ergänzende einzelstaatliche Vorschriften zur Regelung der betreffenden Tätigkeiten finden auf eine SE uneingeschränkt Anwendung.

(27) In Anbetracht des spezifischen und gemeinschaftlichen Charakters der SE lässt die in dieser Verordnung für die SE gewählte Regelung des tatsächlichen Sitzes die Rechtsvorschriften der Mitgliedstaaten unberührt und greift der Entscheidung bei anderen Gemeinschaftstexten im Bereich des Gesellschaftsrechts nicht vor.

(28) Der Vertrag enthält Befugnisse für die Annahme dieser Verordnung nur in Artikel 308.

(29) Da die Ziele der beabsichtigten Maßnahme – wie oben ausgeführt – nicht hinreichend von den Mitgliedstaaten erreicht werden können, weil es darum geht, die SE auf europäischer Ebene zu errichten, und da die Ziele daher wegen des Umfangs und der Wirkungen der Maßnahme besser auf Gemeinschaftsebene erreicht werden können, kann die Gemeinschaft im Einklang mit dem Subsidiaritätsprinzip nach Artikel 5 des Vertrags Maßnahmen ergreifen. Im Einklang mit dem Verhältnismäßigkeitsprinzip nach jenem Artikel geht diese Verordnung nicht über das für die Erreichung dieser Ziele erforderliche Maß hinaus –

HAT FOLGENDE VERORDNUNG ERLASSEN:

Titel I.[9] Allgemeine Vorschriften

Art. 1. (1) Handelsgesellschaften können im Gebiet der Gemeinschaft in der Form europäischer Aktiengesellschaften (*Societas Europaea,* nachfolgend „SE" genannt) unter den Voraussetzungen und in der Weise gegründet werden, die in dieser Verordnung vorgesehen sind.

---

[9] Vgl. dazu die Erwägungen (1)–(7).

(2) Die SE ist eine Gesellschaft, deren Kapital in Aktien zerlegt ist. Jeder Aktionär haftet nur bis zur Höhe des von ihm gezeichneten Kapitals.

(3) Die SE besitzt Rechtspersönlichkeit.

(4) Die Beteiligung der Arbeitnehmer in der SE wird durch die Richtlinie 2001/86/EG geregelt.[10]

Art. 2.[11] (1) Aktiengesellschaften im Sinne des Anhangs I, die nach dem Recht eines Mitgliedstaats gegründet worden sind und ihren Sitz sowie ihre Hauptverwaltung in der Gemeinschaft haben, können eine SE durch Verschmelzung gründen, sofern mindestens zwei von ihnen dem Recht verschiedener Mitgliedstaaten unterliegen.

(2) Aktiengesellschaften und Gesellschaften mit beschränkter Haftung im Sinne des Anhangs II, die nach dem Recht eines Mitgliedstaats gegründet worden sind und ihren Sitz sowie ihre Hauptverwaltung in der Gemeinschaft haben, können die Gründung einer Holding-SE anstreben, sofern mindestens zwei von ihnen

a) dem Recht verschiedener Mitgliedstaaten unterliegen oder

b) seit mindestens zwei Jahren eine dem Recht eines anderen Mitgliedstaats unterliegende Tochtergesellschaft oder eine Zweigniederlassung in einem anderen Mitgliedstaat haben.

(3) Gesellschaften im Sinne des Artikels 48 Absatz 2 des Vertrags sowie juristische Personen des öffentlichen oder privaten Rechts, die nach dem Recht eines Mitgliedstaats gegründet worden sind und ihren Sitz sowie ihre Hauptverwaltung in der Gemeinschaft haben, können eine Tochter-SE durch Zeichnung ihrer Aktien gründen, sofern mindestens zwei von ihnen

a) dem Recht verschiedener Mitgliedstaaten unterliegen oder

b) seit mindestens zwei Jahren eine dem Recht eines anderen Mitgliedstaats unterliegende Tochtergesellschaft oder eine Zweigniederlassung in einem anderen Mitgliedstaat haben.

(4) Eine Aktiengesellschaft, die nach dem Recht eines Mitgliedstaats gegründet worden ist und ihren Sitz sowie ihre Hauptverwaltung in der Gemeinschaft hat, kann in eine SE umgewandelt werden, wenn sie seit mindestens zwei Jahren eine dem Recht eines anderen Mitgliedstaats unterliegende Tochtergesellschaft hat.[12]

(5) Ein Mitgliedstaat kann vorsehen, dass sich eine Gesellschaft, die ihre Hauptverwaltung nicht in der Gemeinschaft hat, an der Gründung einer SE beteiligen kann, sofern sie nach dem Recht eines Mitgliedstaats gegründet wurde, ihren Sitz in diesem Mitgliedstaat hat und mit der Wirtschaft eines Mitgliedstaats in tatsächlicher und dauerhafter Verbindung steht.[13]

---

[10] Vgl. Anm. 2.
[11] Vgl. Erwägungsgrund (10).
[12] Vgl. Erwägungsgrund (11).
[13] Vgl. Erwägungsgrund (23).

Art. 3. (1) Die SE gilt als Aktiengesellschaft, die zum Zwecke der Anwendung des Artikels 2 Absätze 1, 2 und 3 dem Recht des Sitzmitgliedstaats unterliegt.

(2) Eine SE kann selbst eine oder mehrere Tochtergesellschaften in Form einer SE gründen. Bestimmungen des Sitzmitgliedstaats der Tochter-SE, gemäß denen eine Aktiengesellschaft mehr als einen Aktionär haben muss, gelten nicht für die Tochter-SE. Die einzelstaatlichen Bestimmungen, die aufgrund der Zwölften Richtlinie 89/667/EWG des Rates vom 21. Dezember 1989 auf dem Gebiet des Gesellschaftsrechts betreffend Gesellschaften mit beschränkter Haftung mit einem einzigen Gesellschafterangenommen wurden, gelten sinngemäß für die SE.

Art. 4.[14] (1) Das Kapital der SE lautet auf Euro.

(2) Das gezeichnete Kapital muss mindestens 120 000 EUR betragen.

(3) Die Rechtsvorschriften eines Mitgliedstaats, die ein höheres gezeichnetes Kapital für Gesellschaften vorsehen, die bestimmte Arten von Tätigkeiten ausüben, gelten auch für SE mit Sitz in dem betreffenden Mitgliedstaat.

Art. 5. Vorbehaltlich des Artikels 4 Absätze 1 und 2 gelten für das Kapital der SE, dessen Erhaltung und dessen Änderungen sowie die Aktien, die Schuldverschreibungen und sonstige vergleichbare Wertpapiere der SE die Vorschriften, die für eine Aktiengesellschaft mit Sitz in dem Mitgliedstaat, in dem die SE eingetragen ist, gelten würden.

Art. 6. Für die Zwecke dieser Verordnung bezeichnet der Ausdruck „Satzung der SE“ zugleich die Gründungsurkunde und, falls sie Gegenstand einer getrennten Urkunde ist, die Satzung der SE im eigentlichen Sinne.

Art. 7.[15] Der Sitz der SE muss in der Gemeinschaft liegen, und zwar in dem Mitgliedstaat, in dem sich die Hauptverwaltung der SE befindet. Jeder Mitgliedstaat kann darüber hinaus den in seinem Hoheitsgebiet eingetragenen SE vorschreiben, dass sie ihren Sitz und ihre Hauptverwaltung am selben Ort haben müssen.

Art. 8.[16] Der Sitz der SE kann gemäß den Absätzen 2 bis 13 in einen anderen Mitgliedstaat verlegt werden. Diese Verlegung führt weder zur Auflösung der SE noch zur Gründung einer neuen juristischen Person.

(2) Ein Verlegungsplan ist von dem Leitungs- oder dem Verwaltungsorgan zu erstellen und unbeschadet etwaiger vom Sitzmitgliedstaat vorgesehener zusätzlicher Offenlegungsformen gemäß Artikel 13 offenzulegen.

---

[14] Vgl. Erwägungsgrund (13).

[15] Vgl. Erwägungsgrund (27).

[16] Vgl. Erwägungsgründe (24) und (25).

Dieser Plan enthält die bisherige Firma, den bisherigen Sitz und die bisherige Registriernummer der SE sowie folgende Angaben:

a) den vorgesehenen neuen Sitz der SE,

b) die für die SE vorgesehene Satzung sowie gegebenenfalls die neue Firma,

c) die etwaigen Folgen der Verlegung für die Beteiligung der Arbeitnehmer,

d) den vorgesehenen Zeitplan für die Verlegung,

e) etwaige zum Schutz der Aktionäre und/oder Gläubiger vorgesehene Rechte.

(3) Das Leitungs- oder das Verwaltungsorgan erstellt einen Bericht, in dem die rechtlichen und wirtschaftlichen Aspekte der Verlegung erläutert und begründet und die Auswirkungen der Verlegung für die Aktionäre, die Gläubiger sowie die Arbeitnehmer im Einzelnen dargelegt werden.

(4) Die Aktionäre und die Gläubiger der SE haben vor der Hauptversammlung, die über die Verlegung befinden soll, mindestens einen Monat lang das Recht, am Sitz der SE den Verlegungsplan und den Bericht nach Absatz 3 einzusehen und die unentgeltliche Aushändigung von Abschriften dieser Unterlagen zu verlangen.

(5) Die Mitgliedstaaten können in Bezug auf die in ihrem Hoheitsgebiet eingetragenen SE Vorschriften erlassen, um einen angemessenen Schutz der Minderheitsaktionäre, die sich gegen die Verlegung ausgesprochen haben, zu gewährleisten.

(6) Der Verlegungsbeschluss kann erst zwei Monate nach der Offenlegung des Verlegungsplans gefasst werden. Er muss unter den in Artikel 59 vorgesehenen Bedingungen gefasst werden.

(7) Bevor die zuständige Behörde die Bescheinigung gemäß Absatz 8 ausstellt, hat die SE gegenüber der Behörde den Nachweis zu erbringen, dass die Interessen ihrer Gläubiger und sonstigen Forderungsberechtigten (einschließlich der öffentlich-rechtlichen Körperschaften) in Bezug auf alle vor der Offenlegung des Verlegungsplans entstandenen Verbindlichkeiten im Einklang mit den Anforderungen des Mitgliedstaats, in dem die SE vor der Verlegung ihren Sitz hat, angemessen geschützt sind.

Die einzelnen Mitgliedstaaten können die Anwendung von Unterabsatz 1 auf Verbindlichkeiten ausdehnen, die bis zum Zeitpunkt der Verlegung entstehen (oder entstehen können).

Die Anwendung der einzelstaatlichen Rechtsvorschriften über das Leisten oder Absichern von Zahlungen an öffentlich-rechtliche Körperschaften auf die SE wird von den Unterabsätzen 1 und 2 nicht berührt.

(8) Im Sitzstaat der SE stellt das zuständige Gericht, der Notar oder eine andere zuständige Behörde eine Bescheinigung aus, aus der zweifelsfrei hervorgeht, dass die der Verlegung vorangehenden Rechtshandlungen und Formalitäten durchgeführt wurden.

(9) Die neue Eintragung kann erst vorgenommen werden, wenn die Bescheinigung nach Absatz 8 vorgelegt und die Erfüllung der für die Eintragung in dem neuen Sitzstaat erforderlichen Formalitäten nachgewiesen wurde.

(10) Die Sitzverlegung der SE sowie die sich daraus ergebenden Satzungsänderungen werden zu dem Zeitpunkt wirksam, zu dem die SE gemäß Artikel 12 im Register des neuen Sitzes eingetragen wird.

(11) Das Register des neuen Sitzes meldet dem Register des früheren Sitzes die neue Eintragung der SE, sobald diese vorgenommen worden ist. Die Löschung der früheren Eintragung der SE erfolgt erst nach Eingang dieser Meldung.

(12) Die neue Eintragung und die Löschung der früheren Eintragung werden gemäß Artikel 13 in den betreffenden Mitgliedstaaten offengelegt.

(13) Mit der Offenlegung der neuen Eintragung der SE ist der neue Sitz Dritten gegenüber wirksam. Jedoch können sich Dritte, solange die Löschung der Eintragung im Register des früheren Sitzes nicht offengelegt worden ist, weiterhin auf den alten Sitz berufen, es sei denn, die SE beweist, dass den Dritten der neue Sitz bekannt war.

(14) Die Rechtsvorschriften eines Mitgliedstaats können bestimmen, dass eine Sitzverlegung, die einen Wechsel des maßgeblichen Rechts zur Folge hätte, im Falle der in dem betreffenden Mitgliedstaat eingetragenen SE nicht wirksam wird, wenn eine zuständige Behörde dieses Staates innerhalb der in Absatz 6 genannten Frist von zwei Monaten dagegen Einspruch erhebt. Dieser Einspruch ist nur aus Gründen des öffentlichen Interesses zulässig.

Untersteht eine SE nach Maßgabe von Gemeinschaftsrichtlinien der Aufsicht einer einzelstaatlichen Finanzaufsichtsbehörde, so gilt das Recht auf Erhebung von Einspruch gegen die Sitzverlegung auch für die genannte Behörde.

Gegen den Einspruch muss ein Rechtsmittel vor einem Gericht eingelegt werden können.

(15) Eine SE kann ihren Sitz nicht verlegen, wenn gegen sie ein Verfahren wegen Auflösung, Liquidation, Zahlungsunfähigkeit oder vorläufiger Zahlungseinstellung oder ein ähnliches Verfahren eröffnet worden ist.

(16) Eine SE, die ihren Sitz in einen anderen Mitgliedstaat verlegt hat, gilt in Bezug auf alle Forderungen, die vor dem Zeitpunkt der Verlegung gemäß Absatz 10 entstanden sind, als SE mit Sitz in dem Mitgliedstaat, in dem sie vor der Verlegung eingetragen war, auch wenn sie erst nach der Verlegung verklagt wird.

Art. 9. (1) Die SE unterliegt

a) den Bestimmungen dieser Verordnung,

b) sofern die vorliegende Verordnung dies ausdrücklich zulässt, den Bestimmungen der Satzung der SE,

c) in Bezug auf die nicht durch diese Verordnung geregelten Bereiche oder, sofern ein Bereich nur teilweise geregelt ist, in Bezug auf die nicht von dieser Verordnung erfassten Aspekte

i) den Rechtsvorschriften, die die Mitgliedstaaten in Anwendung der speziell die SE betreffenden Gemeinschaftsmaßnahmen erlassen,

ii) den Rechtsvorschriften der Mitgliedstaaten, die auf eine nach dem Recht des Sitzstaats der SE gegründete Aktiengesellschaft Anwendung finden würden,

iii) den Bestimmungen ihrer Satzung unter den gleichen Voraussetzungen wie im Falle einer nach dem Recht des Sitzstaats der SE gegründeten Aktiengesellschaft.

(2) Von den Mitgliedstaaten eigens für die SE erlassene Rechtsvorschriften müssen mit den für Aktiengesellschaften im Sinne des Anhangs I maßgeblichen Richtlinien im Einklang stehen.

(3) Gelten für die von der SE ausgeübte Geschäftstätigkeit besondere Vorschriften des einzelstaatlichen Rechts, so finden diese Vorschriften auf die SE uneingeschränkt Anwendung.

Art. 10. Vorbehaltlich der Bestimmungen dieser Verordnung wird eine SE in jedem Mitgliedstaat wie eine Aktiengesellschaft behandelt, die nach dem Recht des Sitzstaats der SE gegründet wurde.

Art. 11. (1) Die SE muss ihrer Firma den Zusatz „SE“ voran- oder nachstellen.

(2) Nur eine SE darf ihrer Firma den Zusatz „SE“ hinzufügen.

(3) Die in einem Mitgliedstaat vor dem Zeitpunkt des Inkrafttretens dieser Verordnung eingetragenen Gesellschaften oder sonstigen juristischen Personen, deren Firma den Zusatz „SE“ enthält, brauchen ihre Namen jedoch nicht zu ändern.

Art. 12. (1) Jede SE wird gemäß Artikel 3 der Ersten Richtlinie 68/151/EWG des Rates vom 9. März 1968 zur Koordinierung der Schutzbestimmungen, die in den Mitgliedstaaten den Gesellschaften im Sinne des Artikels 58 Absatz 2 des Vertrages im Interesse der Gesellschafter sowie Dritter vorgeschrieben sind, um diese Bestimmungen gleichwertig zu gestalten,[17] im Sitzstaat in ein nach dem Recht dieses Staates bestimmtes Register eingetragen.

(2) Eine SE kann erst eingetragen werden, wenn eine Vereinbarung über die Beteiligung der Arbeitnehmer gemäß Artikel 4 der Richtlinie 2001/86/EG[18] geschlossen worden ist, ein Beschluss nach Artikel 3 Absatz 6 der genannten Richtlinie gefasst worden ist oder die Verhandlungsfrist nach

---

[17] Vgl. Anm. 7.
[18] Vgl. Anm. 3.

Artikel 5 der genannten Richtlinie abgelaufen ist, ohne dass eine Vereinbarung zustande gekommen ist.

(3) Voraussetzung dafür, dass eine SE in einem Mitgliedstaat, der von der in Artikel 7 Absatz 3 der Richtlinie 2001/86/EG vorgesehenen Möglichkeit Gebrauch gemacht hat, registriert werden kann, ist, dass eine Vereinbarung im Sinne von Artikel 4 der genannten Richtlinie über die Modalitäten der Beteiligung der Arbeitnehmer – einschließlich der Mitbestimmung – geschlossen wurde oder dass für keine der teilnehmenden Gesellschaften vor der Registrierung der SE Mitbestimmungsvorschriften galten.

(4) Die Satzung der SE darf zu keinem Zeitpunkt im Widerspruch zu der ausgehandelten Vereinbarung stehen. Steht eine neue gemäß der Richtlinie 2001/86/EG geschlossene Vereinbarung im Widerspruch zur geltenden Satzung, ist diese – soweit erforderlich – zu ändern.

In diesem Fall kann ein Mitgliedstaat vorsehen, dass das Leitungs- oder das Verwaltungsorgan der SE befugt ist, die Satzungsänderung ohne weiteren Beschluss der Hauptversammlung vorzunehmen.

Art. 13. Die die SE betreffenden Urkunden und Angaben, die nach dieser Verordnung der Offenlegungspflicht unterliegen, werden gemäß der Richtlinie 68/151/EWG[19] nach Maßgabe der Rechtsvorschriften des Sitzstaats der SE offengelegt.

Art. 14. (1) Die Eintragung und die Löschung der Eintragung einer SE werden mittels einer Bekanntmachung zu Informationszwecken im *Amtsblatt der Europäischen Gemeinschaften* veröffentlicht, nachdem die Offenlegung gemäß Artikel 13 erfolgt ist. Diese Bekanntmachung enthält die Firma der SE, Nummer, Datum und Ort der Eintragung der SE, Datum, Ort und Titel der Veröffentlichung sowie den Sitz und den Geschäftszweig der SE.

(2) Bei der Verlegung des Sitzes der SE gemäß Artikel 8 erfolgt eine Bekanntmachung mit den Angaben gemäß Absatz 1 sowie mit denjenigen im Falle einer Neueintragung.

(3) Die Angaben gemäß Absatz 1 werden dem Amt für amtliche Veröffentlichungen der Europäischen Gemeinschaften innerhalb eines Monats nach der Offenlegung gemäß Artikel 13 übermittelt.

Titel II–VII

Art. 15–69. *(nicht abgedruckt)*

Art. 70. Diese Verordnung tritt am 8. Oktober 2004 in Kraft.

Diese Verordnung ist in allen ihren Teilen verbindlich und gilt unmittelbar in jedem Mitgliedstaat.

---

[19] Vgl. Anm. 6.

Anhänge I und II

(nicht abgedruckt)

132a. Gesetz zur Einführung der Europäischen Gesellschaft (SEEG)

Vom 22. Dezember 2004[1] (BGBl. I, S. 3678)

Art. 1. Gesetz zur Ausführung der Verordnung (EG) Nr. 2157/2001 des Rates vom 8. Oktober 2001 über das Statut der Europäischen Gesellschaft (SE) (SE-Ausführungsgesetz – SEAG)

§ 1. Anzuwendende Vorschriften. Soweit nicht die Verordnung (EG) Nr. 2157/2001 des Rates vom 8. Oktober 2001 über das Statut der Europäischen Gesellschaft (SE) (ABl. EG Nr. L 294 S. 1) (Verordnung) gilt, sind auf eine Europäische Gesellschaft (SE) mit Sitz im Inland und auf die an der Gründung einer Europäischen Gesellschaft beteiligten Gesellschaften mit Sitz im Inland die folgenden Vorschriften anzuwenden.

§§ 2–53. *(nicht abgedruckt)*

Art. 2.[2] Gesetz über die Beteiligung der Arbeitnehmer in einer europäischen Gesellschaft (SE-Beteiligungsgesetz – SEBG)

§§ 1–47. *(nicht abgedruckt)*

133. Richtlinie (EU) 2017/1132 über bestimmte Aspekte des Gesellschaftsrechts

Vom 14. Juni 2017[1, 2] (ABl. L 169, S. 46)

(Kodifizierter Text)

---

[1] Das Gesetz ist am 29.12.2004 in Kraft getreten.

[2] Das Gesetz dient der Umsetzung der Richtlinie 2001/86/EG v. 8.10.2001 (ABl. L 294, S. 22).

[1] Die Richtlinie gilt in den Mitgliedstaaten der EU seit dem 20.7.2017; die hier abgedruckten Art. 218 ff. der Richtlinie sind ab diesem Zeitpunkt an die Stelle der Richtlinie 2005/56/EG über die Verschmelzung von Kapitalgesellschaften aus verschiedenen Mitgliedstaaten v. 26.10.2005 (ABl. L 310, S. 1) getreten.

[2] Im Verhältnis zum *Vereinigten Königreich* gilt die Richtlinie nach Ablauf der in Art. 126, 127 des Brexit-Abk v. 24.1.2020 (Nr. *0–3*) vereinbarten Übergangsfrist am 31.12.2020 nicht mehr. Vgl. zu den Auswirkungen des Brexit auf die Geltung der Richtlinie im *Vereinigten Königreich* auch Anm. 2 zum EU-Vertrag (Nr. *0–1*).

DAS EUROPÄISCHE PARLAMENT UND DER RAT DER EUROPÄISCHEN UNION –

gestützt auf den Vertrag über die Arbeitsweise der Europäischen Union, insbesondere auf Artikel 50 Absatz 1 und Absatz 2 Buchstabe g,

auf Vorschlag der Europäischen Kommission,

nach Zuleitung des Entwurfs des Gesetzgebungsakts an die nationalen Parlamente,

nach Stellungnahme des Europäischen Wirtschafts- und Sozialausschus-ses,

gemäß dem ordentlichen Gesetzgebungsverfahren,

in Erwägung nachstehender Gründe:

(Auszug)

(55) Mit dieser Richtlinie wird auch die grenzüberschreitende Verschmelzung von Kapitalgesellschaften erleichtert. Die Rechtsvorschriften der Mitgliedstaaten sollten die grenzüberschreitende Verschmelzung einer inländischen Kapitalgesellschaft mit einer Kapitalgesellschaft aus einem anderen Mitgliedstaat gestatten, wenn das nationale Recht der betreffenden Mitgliedstaaten Verschmelzungen zwischen Unternehmen solcher Rechtsformen erlaubt.

(56) Um grenzüberschreitende Verschmelzungen zu erleichtern, sollte festgelegt werden, dass für jede an einer grenzüberschreitenden Verschmelzung beteiligte Gesellschaft und jeden beteiligten Dritten weiterhin die Vorschriften und Formalitäten des nationalen Rechts gelten, das im Falle einer innerstaatlichen Verschmelzung anwendbar wäre, sofern diese Richtlinie nichts anderes bestimmt. Die Vorschriften und Formalitäten des nationalen Rechts, auf die in dieser Richtlinie Bezug genommen wird, sollten keine Beschränkungen der Niederlassungsfreiheit oder des freien Kapitalverkehrs einführen, es sei denn, derartige Beschränkungen lassen sich im Einklang mit der Rechtsprechung des Gerichtshofs der Europäischen Union und insbesondere durch die Erfordernisse des Gemeinwohls rechtfertigen und sind zur Erfüllung solcher vorrangigen Erfordernisse erforderlich und angemessen.

(57) Der gemeinsame Plan für eine grenzüberschreitende Verschmelzung sollte für alle an der grenzüberschreitenden Verschmelzung beteiligten Gesellschaften, die verschiedenen Mitgliedstaaten angehören, gleich lauten. Es sollte daher festgelegt werden, welche Angaben der gemeinsame Verschmelzungsplan mindestens enthalten muss, wobei den Gesellschaften gleichzeitig die Möglichkeit gegeben werden sollte, weitere Angaben zu vereinbaren.

(58) Zum Schutz der Interessen der Gesellschafter und Dritter sollte für jede der sich verschmelzenden Gesellschaften sowohl der gemeinsame Plan für die grenzüberschreitende Verschmelzung als auch der Abschluss der grenzüberschreitenden Verschmelzung im entsprechenden öffentlichen Register offengelegt werden.

(59) Die Rechtsvorschriften aller Mitgliedstaaten sollten vorsehen, dass auf nationaler Ebene für jede der sich verschmelzenden Gesellschaften von einem oder mehreren Sachverständigen ein Bericht über den gemeinsamen Plan für die grenzüberschreitende Verschmelzung erstellt wird. Um die im Zusammenhang mit einer grenzüberschreitenden Verschmelzung anfallenden Sachverständigenkosten zu begrenzen, sollte die Möglichkeit vorgesehen werden, einen gemeinsamen Bericht für alle Gesellschafter der an einer grenzüberschreitenden Verschmelzung beteiligten Gesellschaften zu erstellen. Die Gesellschafterversammlung jeder Gesellschaft sollte dem gemeinsamen Verschmelzungsplan zustimmen.

(60) Um grenzüberschreitende Verschmelzungen zu erleichtern, sollte die Kontrolle des Abschlusses und der Rechtmäßigkeit des Beschlussfassungsverfahrens jeder der sich verschmelzenden Gesellschaften von der für die einzelne Gesellschaft jeweils zuständigen nationalen Behörde vorgenommen werden, während die Kontrolle des Abschlusses und der Rechtmäßigkeit der grenzüberschreitenden Verschmelzung von der nationalen Behörde vorgenommen werden sollte, die für die aus der grenzüberschreitenden Verschmelzung hervorgehende Gesellschaft zuständig ist. Bei dieser nationalen Behörde kann es sich um ein Gericht, einen Notar oder jede andere von dem betreffenden Mitgliedstaat benannte Behörde handeln. Es sollte auch festgelegt werden, nach welchem nationalen Recht sich der Zeitpunkt bestimmt, zu dem die grenzüberschreitende Verschmelzung wirksam wird, nämlich nach dem Recht, das für die aus der Verschmelzung hervorgehende Gesellschaft maßgebend ist.

(61) Zum Schutz der Interessen der Gesellschafter und Dritter sollten die Rechtsfolgen einer grenzüberschreitenden Verschmelzung angegeben werden, wobei danach zu unterscheiden ist, ob es sich bei der aus der Verschmelzung hervorgehenden Gesellschaft um eine übernehmende oder um eine neue Gesellschaft handelt. Im Interesse der Rechtssicherheit sollte vorgeschrieben werden, dass eine grenzüberschreitende Verschmelzung nach ihrem Wirksamwerden nicht mehr für nichtig erklärt werden kann.

Titel I. Allgemeine Bestimmungen sowie Gründung und Funktionsweise von Kapitalgesellschaften

Art. 1–86. *(nicht abgedruckt)*

Teil II. Verschmelzung und Spaltung von Kapitalgesellschaften

Kapitel I. Verschmelzung von Aktiengesellschaften

Art. 87–117. *(nicht abgedruckt)*

Kapitel II. Grenzüberschreitende Verschmelzungen von Kapitalgesellschaften

Art. 118. Allgemeine Bestimmungen. Dieses Kapitel gilt für Verschmelzungen von Kapitalgesellschaften, die nach dem Recht eines Mitglied-staats gegründet worden sind und ihren satzungsmäßigen Sitz, ihre Hauptverwaltung oder ihre Hauptniederlassung in der Union haben, sofern mindestens zwei der Gesellschaften dem Recht verschiedener Mitgliedstaaten unterliegen (nachstehend „grenzüberschreitende Verschmelzungen" genannt).

Art. 119. Begriffsbestimmungen. Im Sinne dieses Kapitels bezeichnet der Ausdruck

1. „Kapitalgesellschaft" (nachstehend „Gesellschaft" genannt)
   a) eine Gesellschaft im Sinne des Anhangs II; oder
   b) eine Gesellschaft, die Rechtspersönlichkeit besitzt und über gesondertes Gesellschaftskapital verfügt, das allein für die Verbindlichkeiten der Gesellschaft haftet, und die nach dem für sie maßgebenden nationalen Recht Schutzbestimmungen im Sinne des Titels I Kapitel II Abschnitt 2 und des Titels I Kapitel III Abschnitt 1 im Interesse der Gesellschafter sowie Dritter einhalten muss;
2. „Verschmelzung" den Vorgang, durch den
   a) eine oder mehrere Gesellschaften zum Zeitpunkt ihrer Auflösung ohne Abwicklung ihr gesamtes Aktiv- und Passivvermögen auf eine bereits bestehende Gesellschaft – „übernehmende Gesellschaft" – gegen Gewährung von Aktien oder sonstigen Anteilen am Gesellschaftskapital der anderen Gesellschaft an ihre eigenen Gesellschafter und gegebenenfalls einer baren Zuzahlung übertragen; die Zuzahlung darf 10% des Nennwerts oder – bei Fehlen eines solchen – des rechnerischen Werts dieser Aktien oder sonstigen Anteile nicht überschreiten; oder
   b) zwei oder mehrere Gesellschaften zum Zeitpunkt ihrer Auflösung ohne Abwicklung ihr gesamtes Aktiv- und Passivvermögen auf eine von ihnen gegründete Gesellschaft – „neue Gesellschaft" – gegen Gewährung von Aktien oder sonstigen Anteilen am Gesellschaftskapital der neuen Gesellschaft an ihre eigenen Gesellschafter und gegebenenfalls einer baren Zuzahlung übertragen; die Zuzahlung darf 10% des Nennwerts oder – bei Fehlen eines solchen – des rechnerischen Werts dieser Aktien oder sonstigen Anteile nicht überschreiten; oder
   c) eine Gesellschaft zum Zeitpunkt ihrer Auflösung ohne Abwicklung ihr gesamtes Aktiv- und Passivvermögen auf die Gesellschaft überträgt, die sämtliche Aktien oder sonstigen Anteile an ihrem Gesellschaftskapital besitzt.

Art. 120. Sonderregeln zum Anwendungsbereich. *(nicht abgedruckt)*

Art. 121. Voraussetzungen für grenzüberschreitende Verschmelzungen. (1) Sofern dieses Kapitel nicht etwas anderes bestimmt,

a) sind grenzüberschreitende Verschmelzungen nur zwischen Gesellschaften solcher Rechtsformen möglich, die sich nach dem nationalen Recht der betroffenen Mitgliedstaaten verschmelzen dürfen;

b) muss eine Gesellschaft, die sich an einer grenzüberschreitenden Verschmelzung beteiligt, die Vorschriften und Formalitäten des für sie geltenden nationalen Rechts einhalten bzw. erledigen. Wenn das Recht eines Mitgliedstaats es den Behörden dieses Mitgliedstaats gestattet, eine innerstaatliche Verschmelzung aus Gründen des öffentlichen Interesses zu verbieten, so gilt dies auch für eine grenzüberschreitende Verschmelzung, bei der mindestens eine der an der Verschmelzung beteiligten Gesellschaften dem Recht dieses Mitgliedstaats unterliegt. Diese Bestimmung gilt nicht, soweit Artikel 21 der Verordnung (EG) Nr. 139/2004 anwendbar ist.

(2) Zu den in Absatz 1 Buchstabe b genannten Vorschriften und Formalitäten zählen insbesondere Bestimmungen über das die Verschmelzung betreffende Beschlussfassungsverfahren und – angesichts des grenzüberschreitenden Charakters der Verschmelzung – über den Schutz der Gläubiger der sich verschmelzenden Gesellschaften, der Anleihegläubiger und der Inhaber von Aktien oder sonstigen Anteilen sowie über den Schutz der Arbeitnehmer, soweit andere als die in Artikel 133 geregelten Rechte betroffen sind. Ein Mitgliedstaat, dessen Recht die an einer grenzüberschreitenden Verschmelzung beteiligten Gesellschaften unterliegen, kann Vorschriften erlassen, um einen angemessenen Schutz der Minderheitsgesellschafter, die die grenzüberschreitende Verschmelzung abgelehnt haben, zu gewährleisten.

Art. 122. Gemeinsamer Plan für grenzüberschreitende Verschmelzungen. Die Leitungs- oder Verwaltungsorgane der sich verschmelzenden Gesellschaften stellen einen gemeinsamen Plan für eine grenzüberschreitende Verschmelzung (nachstehend „gemeinsamer Verschmelzungsplan“ genannt) auf. Dieser Plan enthält mindestens folgende Angaben:

a)–l) *(nicht abgedruckt)*

Art. 123–128. *(nicht abgedruckt)*

Art. 129. Wirksamwerden der grenzüberschreitenden Verschmelzung. Der Zeitpunkt, an dem die grenzüberschreitende Verschmelzung wirksam wird, bestimmt sich nach dem Recht des Mitgliedstaats, dem die aus der grenzüberschreitenden Verschmelzung hervorgehende Gesellschaft unterliegt. Die Verschmelzung kann jedoch erst dann wirksam werden, wenn die Kontrolle nach Artikel 128 abgeschlossen ist.

Art. 130. Eintragung. Das Recht jedes Mitgliedstaats, dem die sich verschmelzenden Gesellschaften unterlagen, bestimmt für das Hoheitsgebiet des betreffenden Staates, in welcher Form der Abschluss der grenzüberschreitenden Verschmelzung gemäß Artikel 16 bei dem öffentlichen Register, bei dem jede der an der Verschmelzung beteiligten Gesellschaften ihre Urkunden zu hinterlegen hat, offenzulegen ist.

Das Register, in dem die aus der grenzüberschreitenden Verschmelzung hervorgehende Gesellschaft eingetragen wird, meldet unverzüglich dem Register, bei dem jede der Gesellschaften ihre Unterlagen zu hinterlegen hatte, über das gemäß Artikel 22 Absatz 2 eingerichtete System der Registervernetzung, dass die grenzüberschreitende Verschmelzung wirksam geworden ist. Die Löschung der früheren Eintragung erfolgt gegebenenfalls bei Eingang dieser Meldung, und nicht vorher.

Art. 131. Wirkungen der grenzüberschreitenden Verschmelzung. (1) Die gemäß Artikel 119 Nummer 2 Buchstaben a und c vollzogene grenzüberschreitende Verschmelzung bewirkt ab dem in Artikel 129 genannten Zeitpunkt Folgendes:

a) Das gesamte Aktiv- und Passivvermögen der übertragenden Gesellschaft geht auf die übernehmende Gesellschaft über.

b) Die Gesellschafter der übertragenden Gesellschaft werden Gesellschafter der übernehmenden Gesellschaft.

c) Die übertragende Gesellschaft erlischt.

(2) Die nach Artikel 119 Nummer 2 Buchstabe b vollzogene grenzüberschreitende Verschmelzung bewirkt ab dem in Artikel 129 genannten Zeitpunkt Folgendes:

a) Das gesamte Aktiv- und Passivvermögen der sich verschmelzenden Gesellschaften geht auf die neue Gesellschaft über.

b) Die Gesellschafter der sich verschmelzenden Gesellschaften werden Gesellschafter der neuen Gesellschaft.

c) Die sich verschmelzenden Gesellschaften erlöschen.

(3) Schreibt das Recht der Mitgliedstaaten im Falle einer grenzüberschreitenden Verschmelzung von Gesellschaften im Sinne dieses Kapitels die Erfüllung besonderer Formalitäten vor, bevor die Übertragung bestimmter von den sich verschmelzenden Gesellschaften eingebrachter Vermögensgegenstände, Rechte und Verbindlichkeiten gegenüber Dritten wirksam wird, so werden diese Formalitäten von der aus der grenzüberschreitenden Verschmelzung hervorgehenden Gesellschaft erfüllt.

(4) Die zum Zeitpunkt des Wirksamwerdens der grenzüberschreitenden Verschmelzung bestehenden Rechte und Pflichten der sich verschmelzenden Gesellschaften aus Arbeitsverträgen oder Beschäftigungsverhältnissen gehen infolge des Wirksamwerdens dieser grenzüberschreitenden Verschmelzung auf die aus der grenzüberschreitenden Verschmelzung hervor-

gehende Gesellschaft zu dem Zeitpunkt über, zu dem die grenzüberschreitende Verschmelzung wirksam wird.

(5) Anteile an der übernehmenden Gesellschaft werden nicht gegen Anteile an der übertragenden Gesellschaft getauscht, wenn diese Anteile

a) entweder von der übernehmenden Gesellschaft selbst oder von einer zwar im eigenen Namen, jedoch für Rechnung der übernehmenden Gesellschaft handelnden Person;

b) oder von der übertragenden Gesellschaft selbst oder von einer zwar im eigenen Namen, jedoch für Rechnung der übertragenden Gesellschaft handelnden Person gehalten werden.

Art. 132–134. *(nicht abgedruckt)*

Kapitel III. Spaltung von Aktiengesellschaften

Art. 135–160. *(nicht abgedruckt)*

Titel. III. Schlussbestimmungen

Art. 161–168. *(nicht abgedruckt)*

III. Bilaterale Staatsverträge

134. Freundschafts-, Handels- und Schifffahrtsvertrag zwischen der Bundesrepublik Deutschland und den Vereinigten Staaten von Amerika

Vom 29. Oktober 1954[1, 2, 3] (BGBl. 1956 II, S. 488)

Art. XXV. (1)–(4) *(nicht abgedruckt)*

---

[1] Der Vertrag ist am 14.7.1956 in Kraft getreten (Bek. v. 26.6.1956, BGBl. II, S. 763).

[2] Art. VI, 1 mit Protokoll Nr. 6–7 ist unter Nr. *229,* Art. VI, 2 unter Nr. *243* abgedruckt.

[3] Vergleichbare Vorschriften über die gegenseitige Anerkennung von Gesellschaften sind ferner in verschiedenen bilateralen Freundschafts- und Niederlassungsabkommen der *Bundesrepublik Deutschland* enthalten, so z. B. im

- Niederlassungs- und Schifffahrtsvertrag mit *Frankreich* v. 27.10.1956 (BGBl. 1957 II, S. 1162) in Art. VI;
- Niederlassungsabk. mit *Iran* v. 17.2.1929 (Nr. *22*) in Art. 4;
- Handels- und Schifffahrtsvertrag mit *Irland* v. 12.5.1930 (RGBl. 1931 II, S. 116) in Art. 13;
- Freundschafts-, Handels- und Schifffahrtsvertrag mit *Italien* v. 21.11.1957 (BGBl. 1959 II, S. 950) in Art. 33;
- Handels- und Schifffahrtsvertrag mit *Japan* v. 20.7.1927 (RGBl. II, S. 1088) in Art. XIII;
- Vertrag über die Anerkennung der Aktiengesellschaften und anderer kommerzieller, industrieller oder finanzieller Gesellschaften mit den *Niederlanden* vom 11.2.1907 (RGBl. 1908, S. 65) in Art. 1, 2;
- Niederlassungsvertrag mit *Spanien* v. 23.4.1970 (BGBl. 1972 II, S. 1042) in Art. 15 Abs. 2;
- Niederlassungsabk. mit der *Türkei* v. 12.1.1927 (RGBl. II, S. 76) in Art. 5.

(5) Der Ausdruck „Gesellschaften" in diesem Vertrag bedeutet Handelsgesellschaften, Teilhaberschaften sowie sonstige Gesellschaften, Vereinigungen und juristische Personen; dabei ist es unerheblich, ob ihre Haftung beschränkt oder nicht beschränkt und ob ihre Tätigkeit auf Gewinn oder nicht auf Gewinn gerichtet ist. Gesellschaften, die gemäß den Gesetzen und sonstigen Vorschriften des einen Vertragsteils in dessen Gebiet errichtet sind, gelten als Gesellschaften dieses Vertragsteils; ihr rechtlicher Status wird in dem Gebiet des anderen Vertragsteils anerkannt.

(6) *(nicht abgedruckt)*

IV. Innerstaatliches Recht

136. Gesetz gegen Wettbewerbsbeschränkungen

IdF vom 26. Juni 2013[1] (BGBl. I, S. 1750)

Teil 1. Wettbewerbsbeschränkungen

§§ 1–21. *(nicht abgedruckt)*

Kapitel 3[2]. Anwendung des europäischen Wettbewerbsrechts

§ 22.[3] **Verhältnis dieses Gesetzes zu den Artikeln 101 und 102 des Vertrages über die Arbeitsweise der Europäischen Union.** (1) Auf Vereinbarungen zwischen Unternehmen, Beschlüsse von Unternehmensvereinigungen und aufeinander abgestimmte Verhaltensweisen im Sinne des Artikels 101 Absatz 1 des Vertrages über die Arbeitsweise der Europäischen Union, die den Handel zwischen den Mitgliedstaaten der Europäischen Union im Sinne dieser Bestimmung beeinträchtigen können, können auch die Vorschriften dieses Gesetzes angewandt werden. Ist dies der Fall, ist daneben gemäß Artikel 3 Absatz 1 Satz 1 der Verordnung (EG) Nr. 1/2003 des Rates vom 16. Dezember 2002 zur Durchführung der in den Artikeln 81 und 82 des Vertrages niedergelegten Wettbewerbsregeln (ABl. EG 2003 Nr. L 1 S. 1) auch Artikels 101 des Vertrages über die Arbeitsweise der Europäischen Union anzuwenden.

(2) Die Anwendung der Vorschriften dieses Gesetzes darf gemäß Artikel 3 Absatz 2 Satz 1 der Verordnung (EG) Nr. 1/2003 nicht zum Verbot

---

[1] Neubekanntmachung des GWB idF der Bek. v. 15.7.2005 (BGBl. I, S. 2114, ber. 2009, S. 3850) in der ab 30.6.2013 geltenden Fassung.

[2] Überschrift zu Kap. 3 eingefügt durch Gesetz v. 1.6.2017 (BGBl. I, S. 1416) mit Wirkung v. 9.6.2017.

[3] § 22 Abs. 2 Satz 2 geändert durch Gesetz v. 1.6.2017 (BGBl. I, S. 1416) mit Wirkung v. 9.6.2017. Die Art. 101, 102 AEUV sind abgedruckt unter Nr. *0–2*.

von Vereinbarungen zwischen Unternehmen, Beschlüssen von Unternehmensvereinigungen und aufeinander abgestimmten Verhaltensweisen führen, welche zwar den Handel zwischen den Mitgliedstaaten der Europäischen Union zu beeinträchtigen geeignet sind, aber

1. den Wettbewerb im Sinne des Artikels 101 Absatz 1 des Vertrages über die Arbeitsweise der Europäischen Union nicht beschränken oder
2. die Bedingungen des Artikels 101 Absatz 3 des Vertrages über die Arbeitsweise der Europäischen Union erfüllen oder
3. durch eine Verordnung zur Anwendung des Artikels 101 Absatz 3 des Vertrages über die Arbeitsweise der Europäischen Union erfasst sind.

Die Vorschriften des Kapitels 2 bleiben unberührt. In anderen Fällen richtet sich der Vorrang von Artikel 101 des Vertrages über die Arbeitsweise der Europäischen Union nach dem insoweit maßgeblichen Recht der Europäischen Union.

(3) Auf Handlungen, die einen nach Artikel 102 des Vertrages über die Arbeitsweise der Europäischen Union verbotenen Missbrauch darstellen, können auch die Vorschriften dieses Gesetzes angewandt werden. Ist dies der Fall, ist daneben gemäß Artikel 3 Absatz 1 Satz 2 der Verordnung (EG) Nr. 1/2003 auch Artikel 102 des Vertrages über die Arbeitsweise der Europäischen Union anzuwenden. Die Anwendung weitergehender Vorschriften dieses Gesetzes bleibt unberührt.

(4) Die Absätze 1 bis 3 gelten unbeschadet des Rechts der Europäischen Union nicht, soweit die Vorschriften über die Zusammenschlusskontrolle angewandt werden. Vorschriften, die überwiegend ein von den Artikeln 101 und 102 des Vertrages über die Arbeitsweise der Europäischen Union abweichendes Ziel verfolgen, bleiben von den Vorschriften dieses Abschnitts unberührt.

Teil 5. Anwendungsbereich der Teile 1 bis 3

§ 185.[4] Unternehmen der öffentlichen Hand, Geltungsbereich.

(1) *(nicht abgedruckt)*

(2) Die Vorschriften des Ersten bis Dritten Teils dieses Gesetzes sind auf alle Wettbewerbsbeschränkungen anzuwenden, die sich im Geltungsbereich dieses Gesetzes auswirken, auch wenn sie außerhalb des Geltungsbereichs dieses Gesetzes veranlasst werden.

(3) *(nicht abgedruckt)*

---

[4] Teil 5 (§ 185) neu gefasst durch Gesetz v. 17.2.2016 (BGBl. I, S. 203) mit Wirkung v. 18.4.2016. § 185 Abs. 2 wird teilweise durch Art. 6 Abs. 3 der EG-Verordnung Nr. 864/2007 über das auf außervertragliche Schuldverhältnisse anzuwendenden Recht („Rom II“) v. 11.7.2007 (Nr. *101*) verdrängt.

137. Umwandlungsgesetz

Vom 28. Oktober 1994 (BGBl. I, S. 3210)

(Auszug)

Zehnter Abschnitt.[1] Grenzüberschreitende Verschmelzung von Kapitalgesellschaften

§ 122a.[2] Grenzüberschreitende Verschmelzung. (1) Eine grenzüberschreitende Verschmelzung ist eine Verschmelzung, bei der mindestens eine der beteiligten Gesellschaft dem Recht eines anderen Mitgliedstaats der Europäischen Union oder eines anderen Vertragsstaats des Abkommens über den Europäischen Wirtschaftsraum unterliegt.

(2) Auf die Beteiligung einer Kapitalgesellschaft (§ 3 Abs. 1 Nr. 2) an einer grenzüberschreitenden Verschmelzung sind die Vorschriften des Ersten Teils und des Zweiten, Dritten und Vierten Abschnitts des Zweiten Teils entsprechend anzuwenden, soweit sich aus diesem Abschnitt nichts anderes ergibt. Auf die Beteiligung einer Personenhandelsgesellschaft (§ 3 Absatz 1 Nummer 1) an einer grenzüberschreitenden Verschmelzung sind die Vorschriften des Ersten Teils und des Ersten Unterabschnitts des Ersten Abschnitts des Zweiten Teils entsprechend anzuwenden, soweit sich aus diesem Abschnitt nichts anderes ergibt.

§ 122b.[3] Verschmelzungsfähige Gesellschaften. (1) An einer grenzüberschreitenden Verschmelzung können beteiligt sein

1. als übertragende, übernehmende oder neue Gesellschaften Kapitalgesellschaften im Sinne des Artikels 119 Nummer 1 der Richtlinie (EU) 2017/1132 des Europäischen Parlaments und des Rates vom 14. Juni 2017 über bestimmte Aspekte des Gesellschaftsrechts (ABl. L 169 vom 30.6.2017, S. 46), die nach dem Recht eines Mitgliedstaats der Europäischen Union oder eines anderen Vertragsstaats des Abkommens über den Europäischen Wirtschaftsraum gegründet worden sind und ihren satzungsmäßigen Sitz, ihre Hauptverwaltung oder ihre Hauptniederlassung in einem Mitgliedstaat der Europaischen Union oder einem anderen

---

[1] Der Zehnte Abschnitt, eingefügt durch Gesetz v. 19.4.2007 (BGBl. I, S. 542) mit Wirkung v. 25.4.2007, dient der Umsetzung der Richtlinie 2005/56/EG des Europäischen Parlaments und des Rates über die Verschmelzung von Kapitalgesellschaften aus verschiedenen Mitgliedstaaten v. 26.10.2005 (ABl. L 310 S. 1), seit dem 20.7.2017 Kodifiziert in Art. 118 ff. der Richtlinie (EU) 2017/1132 über bestimmte Aspekte des Gesellschaftsrecht v. 19.6.2017 (Nr. *133*).

[2] § 122a Abs. 2 Satz 2 angefügt durch Gesetz v. 19.12.2018 (BGBl. I, S. 2694) mit Wirkung v. 1.1.2019.

[3] § 122b Abs. 1 neu gefasst durch Gesetz v. 19.12.2018 (BGBl. I, S. 2694) mit Wirkung v. 1.1.2019.

Vertragsstaat des Abkommens über den Europäischen Wirtschaftsraum haben,

2. als übernehmende oder neue Gesellschaften Personenhandelsgesellschaften im Sinne des § 3 Absatz 1 Nummer 1 mit in der Regel nicht mehr als 500 Arbeitnehmern.

(2) *(nicht abgedruckt)*

§ 122j. Schutz der Gläubiger der übertragenden Gesellschaft. (1) Unterliegt die übernehmende oder neue Gesellschaft nicht dem deutschen Recht, ist den Gläubigern einer übertragenden Gesellschaft Sicherheit zu leisten, soweit sie nicht Befriedigung verlangen können. Dieses Recht steht den Gläubigern jedoch nur zu, wenn sie binnen zwei Monaten nach dem Tag, an dem der Verschmelzungsplan oder sein Entwurf bekannt gemacht worden ist, ihren Anspruch nach Grund und Höhe schriftlich anmelden und glaubhaft machen, dass durch die Verschmelzung die Erfüllung ihrer Forderung gefährdet wird.

(2) Das Recht auf Sicherheitsleistung nach Absatz 1 steht Gläubigern nur im Hinblick auf solche Forderungen zu, die vor oder bis zu 15 Tage nach Bekanntmachung des Verschmelzungsplans oder seines Entwurfs entstanden sind.

138. Gesetz über die Mitbestimmung der Arbeitnehmer bei einer grenzüberschreitenden Verschmelzung (MgVG)

Vom 21. Dezember 2006[1] (BGBl. I, S. 3322)

(Auszug)

Teil 1. Allgemeine Vorschriften

§ 1. Zielsetzung des Gesetzes. (1) Das Gesetz regelt die Mitbestimmung der Arbeitnehmer (Arbeitnehmerinnen und Arbeitnehmer) in den Unternehmensorganen der aus einer grenzüberschreitenden Verschmelzung hervorgegangenen Gesellschaft. Ziel des Gesetzes ist, die in den an der Verschmelzung beteiligten Gesellschaften erworbenen Mitbestimmungsrechte der Arbeitnehmer zu sichern. Diese Rechte sind maßgeblich für die Ausgestaltung der Mitbestimmung in der aus einer grenzüberschreitenden Verschmelzung hervorgehenden Gesellschaft.

(2) Wenn das nationale Recht des Mitgliedstaats, in dem die aus einer grenzüberschreitenden Verschmelzung hervorgehende Gesellschaft ihren Sitz hat, keinen ausreichenden Schutz zur Sicherung der Mitbestimmung

---

[1] Das Gesetz dient der Umsetzung der Richtlinie 2005/56/EG des Europäischen Parlaments und des Rates über die Verschmelzung von Kapitalgesellschaften aus verschiedenen Mitgliedstaaten v. 26.10.2005 (Nr. *133*).

der Arbeitnehmer gewährt, wird eine Vereinbarung über die Mitbestimmung der Arbeitnehmer in der aus einer grenzüberschreitenden Verschmelzung hervorgehenden Gesellschaft getroffen. Kommt es nicht zu einer Vereinbarung, wird die Mitbestimmung der Arbeitnehmer kraft Gesetzes sichergestellt.

(3) Die Vorschriften dieses Gesetzes sowie die nach Absatz 2 zu treffende Vereinbarung sind so auszulegen, dass das Ziel der Europäischen Gemeinschaft, die Mitbestimmung der Arbeitnehmer in der aus einer grenzüberschreitenden Verschmelzung hervorgehenden Gesellschaft sicherzustellen, gefördert wird.

§ 3. Geltungsbereich. (1) Dieses Gesetz gilt für eine aus einer grenzüberschreitenden Verschmelzung hervorgehende Gesellschaft mit Sitz im Inland. Es gilt unabhängig vom Sitz dieser Gesellschaft auch für Arbeitnehmer der aus einer grenzüberschreitenden Verschmelzung hervorgehenden Gesellschaft, die im Inland beschäftigt sind, sowie für inländische beteiligte Gesellschaften, betroffene Tochtergesellschaften und betroffene Betriebe.

(2) Mitgliedstaaten im Sinne dieses Gesetzes sind die Mitgliedstaaten der Europäischen Union und die anderen Vertragsstaaten des Abkommens über den Europäischen Wirtschaftsraum.

§ 4. Anwendung des Rechts des Sitzstaats. Vorbehaltlich des § 5 finden auf die aus einer grenzüberschreitenden Verschmelzung hervorgehende Gesellschaft die Regelungen über die Mitbestimmung der Arbeitnehmer in den Unternehmensorganen des Mitgliedstaats Anwendung, in dem diese Gesellschaft ihren Sitz hat.

3. Teil: Internationales Verfahrensrecht

A. Befreiung von der deutschen Zivilgerichtsbarkeit

I. Multilaterale Staatsverträge[1]

140. Wiener UN-Übereinkommen über diplomatische Beziehungen

Vom 18. April 1961[2] (BGBl. 1964 II, S. 958)

(Übersetzung)[3]

---

[1] Vorschriften über die Befreiung von der deutschen Zivilgerichtsbarkeit sind ferner insbesondere in folgenden hier nicht abgedruckten Staatsverträgen enthalten:

- Brüsseler Internationales Abk. zur einheitlichen Feststellung von Regeln über die Immunitäten der Staatsschiffe v. 10.4.1926 (RGBl. 1927 II, S. 484).
- New Yorker UN-Übk. über die Vorrechte und Immunitäten der Vereinten Nationen v. 13.2.1946 (https://treaties.un.org [Kap. III Nr. 1]; deutsche Übersetzung im BGBl. 1980 II, S. 943).
- New Yorker UN-Abk. über die Vorrechte und Befreiungen der Sonderorganisationen der Vereinten Nationen v. 21.11.1947 (https://treaties.un.org [Kap. III Nr. 2]; deutsche Übersetzung im BGBl. 1954 II, S. 640); siehe zu dem Abk. auch die 1. VO v. 18.3.1971 (BGBl. II, S. 129), die 2. VO v. 19.7.1979 (BGBl. II, S. 812) und die 3.VO v. 28.10.1988 (BGBl. II, S. 979). Zu den hiervon betroffenen UN-Sonderorganisationen vgl. die Anhänge I-XVIII zu diesem Übk., https://treaties.un.org [Kap. III Nr. 2.1–2.18];
- Pariser Allgemeines Abk. über die Vorrechte und Befreiungen des Europarates v. 2.9.1949 (https://www.coe.int/de/web/conventions [Nr. 2]; deutsche Übersetzung im BGBl. 1954 II, S. 493) mit Zusatzprotokollen v. 6.11.1952 (BGBl. 1954 II, S. 501), v. 15.12.1956 (BGBl. 1959 II, S. 1453), v. 6.3.1959 (BGBl. 1963 II, S. 237), v. 16.12.1961 (BGBl. 1963 II, S. 1215), v. 18.6.1990 (BGBl. 1994 II, S. 750) und v. 5.3.1996 (BGBl. 2001 II, S. 564).
- Londoner Abk. zwischen den Parteien des Nordatlantikvertrages über die Rechtsstellung ihrer Truppen (NATO-Truppenstatut) v. 19.6.1951 (BGBl. 1961 II, S. 1190) mit Bonner Zusatzabk. hinsichtlich der in der Bundesrepublik Deutschland stationierten ausländischen Truppen v. 3.8.1959 (BGBl. 1961 II, S. 1218).
- Protokoll Nr. 7 zum Vertrag von Lissabon über die Vorrechte und Befreiungen der Europäischen Union v. 9.5.2008 (ABl. C 115, S. 266).
- VO über Vorrechte und Immunitäten der Organisation für Sicherheit und Zusammenarbeit in Europa (OSZE) v. 15.2.1996 (BGBl. II, S. 226).

[2] Das Übk. ist für die *Bundesrepublik Deutschland* am 11.12.1964 in Kraft getreten (Bek. v. 13.2.1965, BGBl. II, S. 174); für die ehemalige *Deutsche Demokratische Republik* galt es seit dem 4.3.1973 (Bek. v. 15.1.1975, BGBl. II S. 233). Da die hier abgedruckten Vorschriften des Übk. über die Befreiung der Mitglieder der in der *Bundesrepublik Deutschland* errichteten diplomatischen Missionen von der deutschen Gerichtsbarkeit gemäß § 18 GVG (Nr. *143*) auch im Verhältnis zu Entsendestaaten angewandt werden, die dem Übk. nicht angehören, wird auf eine Übersicht der Vertragsstaaten an dieser Stelle verzichtet; siehe hierzu den Fundstellennachweis B zum BGBl. 2021 II, S. 634 sowie die Länderübersicht im Registerteil.

[3] Authentisch sind gleichberechtigt der chinesische, englische, französische, russische und spanische Text: https://treaties.un.org (Kap. III Nr. 3).

(Auszug)

Art. 22. (1) Die Räumlichkeiten der Mission sind unverletzlich. Vertreter des Empfangsstaats dürfen sie nur mit Zustimmung des Missionschefs betreten.

(2) Der Empfangsstaat hat die besondere Pflicht, alle geeigneten Maßnahmen zu treffen, um die Räumlichkeiten der Mission vor jedem Eindringen und jeder Beschädigung zu schützen und um zu verhindern, dass der Friede der Mission gestört oder ihre Würde beeinträchtigt wird.

(3) Die Räumlichkeiten der Mission, ihre Einrichtung und die sonstigen darin befindlichen Gegenstände sowie die Beförderungsmittel der Mission genießen Immunität von jeder Durchsuchung, Beschlagnahme, Pfändung oder Vollstreckung.

Art. 24. Die Archive und Schriftstücke der Mission sind jederzeit unverletzlich, wo immer sie sich befinden.

Art. 27. (1) …

(2) Die amtliche Korrespondenz der Mission ist unverletzlich. Als „amtliche Korrespondenz" gilt die gesamte Korrespondenz, welche die Mission und ihre Aufgaben betrifft.

(3) Das diplomatische Kuriergepäck darf weder geöffnet noch zurückgehalten werden.

(4) Gepäckstücke, die das diplomatische Kuriergepäck bilden, müssen äußerlich sichtbar als solches gekennzeichnet sein; sie dürfen nur diplomatische Schriftstücke oder für den amtlichen Gebrauch bestimmte Gegenstände enthalten.

(5) Der diplomatische Kurier muss ein amtliches Schriftstück mit sich führen, aus dem seine Stellung und die Anzahl der Gepäckstücke ersichtlich sind, die das diplomatische Kuriergepäck bilden; er wird vom Empfangsstaat bei der Wahrnehmung seiner Aufgaben geschützt. Er genießt persönliche Unverletzlichkeit und unterliegt keiner Festnahme oder Haft irgendwelcher Art.

(6) Der Entsendestaat oder die Mission kann diplomatische Kuriere *ad hoc* ernennen. Auch in diesen Fällen gilt Absatz 5; jedoch finden die darin erwähnten Immunitäten keine Anwendung mehr, sobald der Kurier das ihm anvertraute diplomatische Kuriergepäck dem Empfänger ausgehändigt hat.

(7) …

Art. 29. Die Person des Diplomaten ist unverletzlich. Er unterliegt keiner Festnahme oder Haft irgendwelcher Art. Der Empfangsstaat behandelt ihn mit gebührender Achtung und trifft alle geeigneten Maßnahmen, um jeden Angriff auf seine Person, seine Freiheit oder seine Würde zu verhindern.

Art. 30. (1) Die Privatwohnung des Diplomaten genießt dieselbe Unverletzlichkeit und denselben Schutz wie die Räumlichkeiten der Mission.

(2) Seine Papiere, seine Korrespondenz und – vorbehaltlich des Artikels 31 Abs. 3 – sein Vermögen sind ebenfalls unverletzlich.

Art. 31. (1) Der Diplomat genießt Immunität von der Strafgerichtsbarkeit des Empfangsstaats. Ferner steht ihm Immunität von dessen Zivil- und Verwaltungsgerichtsbarkeit zu; ausgenommen hiervon sind folgende Fälle:

a) dingliche Klagen in Bezug auf privates, im Hoheitsgebiet des Empfangsstaats gelegenes unbewegliches Vermögen, es sei denn, dass der Diplomat dieses im Auftrag des Entsendestaats für die Zwecke der Mission im Besitz hat;

b) Klagen in Nachlasssachen, in denen der Diplomat als Testamentsvollstrecker, Verwalter, Erbe oder Vermächtnisnehmer in privater Eigenschaft und nicht als Vertreter des Entsendestaats beteiligt ist;

c) Klagen im Zusammenhang mit einem freien Beruf oder einer gewerblichen Tätigkeit, die der Diplomat im Empfangsstaat neben seiner amtlichen Tätigkeit ausübt.

(2) Der Diplomat ist nicht verpflichtet, als Zeuge auszusagen.

(3) Gegen einen Diplomaten dürfen Vollstreckungsmaßnahmen nur in den in Absatz 1 Buchstaben a, b und c vorgesehenen Fällen und nur unter der Voraussetzung getroffen werden, dass sie durchführbar sind, ohne die Unverletzlichkeit seiner Person oder seiner Wohnung zu beeinträchtigen.

(4) Die Immunität des Diplomaten von der Gerichtsbarkeit des Empfangsstaats befreit ihn nicht von der Gerichtsbarkeit des Entsendestaats.

Art. 32. (1) Auf die Immunität von der Gerichtsbarkeit, die einem Diplomaten oder nach Maßgabe des Artikels 37 einer anderen Person zusteht, kann der Entsendestaat verzichten.

(2) Der Verzicht muss stets ausdrücklich erklärt werden.

(3) Strengt ein Diplomat oder eine Person, die nach Maßgabe des Artikels 37 Immunität von der Gerichtsbarkeit genießt, ein Gerichtsverfahren an, so können sie sich in Bezug auf eine Widerklage, die mit der Hauptklage in unmittelbarem Zusammenhang steht, nicht auf die Immunität von der Gerichtsbarkeit berufen.

(4) Der Verzicht auf die Immunität von der Gerichtsbarkeit in einem Zivil- oder Verwaltungsgerichtsverfahren gilt nicht als Verzicht auf die Immunität von der Urteilsvollstreckung; hierfür ist ein besonderer Verzicht erforderlich.

Art. 37. (1) Die zum Haushalt eines Diplomaten gehörenden Familienmitglieder genießen, wenn sie nicht Angehörige des Empfangsstaats sind, die in den Artikeln 29 bis 36 bezeichneten Vorrechte und Immunitäten.

(2) Mitglieder des Verwaltungs- und technischen Personals der Mission und die zu ihrem Haushalt gehörenden Familienmitglieder genießen, wenn sie weder Angehörige des Empfangsstaats noch in demselben ständig ansässig sind, die in den Artikeln 29 bis 35 bezeichneten Vorrechte und Immunitäten; jedoch sind ihre nicht in Ausübung ihrer dienstlichen Tätigkeit vorgenommenen Handlungen von der in Artikel 31 Abs. 1 bezeichneten Immunität von der Zivil- und Verwaltungsgerichtsbarkeit des Empfangsstaats ausgeschlossen. Sie genießen ferner die in Artikel 36 Abs. 1 bezeichneten Vorrechte in Bezug auf Gegenstände, die anlässlich ihrer Ersteinrichtung eingeführt werden.

(3) Mitglieder des dienstlichen Hauspersonals der Mission, die weder Angehörige des Empfangsstaats noch in demselben ständig ansässig sind, genießen Immunität in Bezug auf ihre in Ausübung ihrer dienstlichen Tätigkeit vorgenommenen Handlungen, Befreiung von Steuern und sonstigen Abgaben auf ihre Dienstbezüge sowie die in Artikel 33 vorgesehene Befreiung.

(4) Private Hausangestellte von Mitgliedern der Mission genießen, wenn sie weder Angehörige des Empfangsstaats noch in demselben ständig ansässig sind, Befreiung von Steuern und sonstigen Abgaben auf die Bezüge, die sie aufgrund ihres Arbeitsverhältnisses erhalten. Im Übrigen stehen ihnen Vorrechte und Immunitäten nur in dem vom Empfangsstaat zugelassenen Umfang zu. Der Empfangsstaat darf jedoch seine Hoheitsgewalt über diese Personen nur so ausüben, dass er die Mission bei der Wahrnehmung ihrer Aufgaben nicht ungebührlich behindert.

Art. 38. (1) Soweit der Empfangsstaat nicht zusätzliche Vorrechte und Immunitäten gewährt, genießt ein Diplomat, der Angehöriger dieses Staates oder in demselben ständig ansässig ist, Immunität von der Gerichtsbarkeit und Unverletzlichkeit lediglich in Bezug auf seine in Ausübung seiner dienstlichen Tätigkeit vorgenommenen Amtshandlungen.

(2) Anderen Mitgliedern des Personals der Mission und privaten Hausangestellten, die Angehörige des Empfangsstaats oder in demselben ständig ansässig sind, stehen Vorrechte und Immunitäten nur in dem vom Empfangsstaat zugelassenen Umfang zu. Der Empfangsstaat darf jedoch seine Hoheitsgewalt über diese Personen nur so ausüben, dass er die Mission bei der Wahrnehmung ihrer Aufgaben nicht ungebührlich behindert.

Art. 39. (1) Die Vorrechte und Immunitäten stehen den Berechtigten von dem Zeitpunkt an zu, in dem sie in das Hoheitsgebiet des Empfangsstaats einreisen, um dort ihren Posten anzutreten, oder, wenn sie sich bereits in diesem Hoheitsgebiet befinden, von dem Zeitpunkt an, in dem ihre Ernennung dem Ministerium für Auswärtige Angelegenheiten oder dem anderen in gegenseitigem Einvernehmen bestimmten Ministerium notifiziert wird.

(2) Die Vorrechte und Immunitäten einer Person, deren dienstliche Tätigkeit beendet ist, werden normalerweise im Zeitpunkt der Ausreise oder aber des Ablaufs einer hierfür gewährten angemessenen Frist hinfällig; bis zu diesem Zeitpunkt bleiben sie bestehen, und zwar auch im Fall eines bewaffneten Konflikts. In Bezug auf die von der betreffenden Person in Ausübung ihrer dienstlichen Tätigkeit als Mitglied der Mission vorgenommenen Handlungen bleibt jedoch die Immunität auch weiterhin bestehen.

(3) Stirbt ein Mitglied der Mission, so genießen seine Familienangehörigen bis zum Ablauf einer angemessenen Frist für ihre Ausreise weiterhin die ihnen zustehenden Vorrechte und Immunitäten.

(4) Stirbt ein Mitglied der Mission, das weder Angehöriger des Empfangsstaats noch in demselben ständig ansässig ist, oder stirbt ein zu seinem Haushalt gehörendes Familienmitglied, so gestattet der Empfangsstaat die Ausfuhr des beweglichen Vermögens des Verstorbenen mit Ausnahme von im Inland erworbenen Vermögensgegenständen, deren Ausfuhr im Zeitpunkt des Todesfalles verboten war. Von beweglichem Vermögen, das sich nur deshalb im Empfangsstaat befindet, weil sich der Verstorbene als Mitglied der Mission oder als Familienangehöriger eines solchen in diesem Staat aufhielt, dürfen keine Erbschaftssteuern erhoben werden.

Art. 40. (1) Reist ein Diplomat, um sein Amt anzutreten oder um auf seinen Posten oder in seinen Heimatstaat zurückzukehren, durch das Hoheitsgebiet eines dritten Staates oder befindet er sich im Hoheitsgebiet dieses Staates, der erforderlichenfalls seinen Pass mit einem Sichtvermerk versehen hat, so gewährt ihm dieser Staat Unverletzlichkeit und alle sonstigen für seine sichere Durchreise oder Rückkehr erforderlichen Immunitäten. Das gleiche gilt, wenn Familienangehörige des Diplomaten, denen Vorrechte und Immunitäten zustehen, ihn begleiten oder wenn sie getrennt von ihm reisen, um sich zu ihm zu begeben oder in ihren Heimatstaat zurückzukehren.

(2)–(4) …

Art. 47. (1) Bei der Anwendung dieses Übereinkommens unterlässt der Empfangsstaat jede diskriminierende Behandlung von Staaten.

(2) Es gilt jedoch nicht als Diskriminierung,

a) wenn der Empfangsstaat eine Bestimmung dieses Übereinkommens deshalb einschränkend anwendet, weil sie im Entsendestaat auf seine eigene Mission einschränkend angewandt wird;

b) wenn Staaten auf Grund von Gewohnheit oder Vereinbarung einander eine günstigere Behandlung gewähren, als es nach diesem Übereinkommen erforderlich ist.[4]

---

[4] Siehe hierzu Art. 2 des deutschen ZustG v. 6.8.1964 (BGBl. II, S. 957):

Art. 2. *Zur Durchführung des Artikels 47 Abs. 2 des Wiener Übereinkommens über diplomatische Beziehungen vom 18. April 1961 wird die Bundesregierung ermächtigt,*

141. Wiener UN-Übereinkommen über konsularische Beziehungen

Vom 24. April 1963[1] (BGBl. 1969 II, S. 1587)

(Übersetzung)[2]

(Auszug)

Kapitel II. Erleichterungen, Vorrechte und Immunitäten für konsularische Vertretungen, Berufskonsularbeamte und sonstige Mitglieder einer konsularischen Vertretung

Art. 31. Unverletzlichkeit der konsularischen Räumlichkeiten. (1) Die konsularischen Räumlichkeiten sind in dem in diesem Artikel vorgesehenen Umfang unverletzlich.

(2) Die Behörden des Empfangsstaats dürfen den Teil der konsularischen Räumlichkeiten, den die konsularische Vertretung ausschließlich für ihre dienstlichen Zwecke benutzt, nur mit Zustimmung des Leiters der konsularischen Vertretung oder einer von ihm bestimmten Person oder des Chefs der diplomatischen Mission des Entsendestaats betreten. Jedoch kann bei Feuer oder einem anderen Unglück, wenn sofortige Schutzmaßnahmen

---

a) ausländischen Missionen und ihren Mitgliedern auf der Grundlage besonderer Vereinbarung mit dem Entsendestaat im Wege der Rechtsverordnung weitergehende diplomatische Vorrechte und Befreiungen nach Maßgabe der Gegenseitigkeit zu gewähren;

b) durch Rechtsverordnung zur Herstellung und Gewährleistung der Gegenseitigkeit zu bestimmen, dass die in dem Wiener Übereinkommen vereinbarten Vorrechte, Befreiungen und sonstigen Rechte ausländischen Missionen und deren Mitgliedern in der Bundesrepublik Deutschland nicht oder nicht in vollem Umfang gewährt werden, soweit die Entsendestaaten das Wiener Übereinkommen auf die bei ihnen bestehende Mission der Bundesrepublik Deutschland und ihre Mitglieder einschränkend anwenden. Die Bundesregierung wird insbesondere ermächtigt, die Tätigkeit ausländischer Missionen und ihrer Mitglieder in der Bundesrepublik Deutschland durch Rechtsverordnung der Art oder Wirkung nach gleichen Einschränkungen zu unterwerfen, die für die entsprechende Tätigkeit der Mission der Bundesrepublik Deutschland im Entsendestaat gelten. Die Rechtsverordnung kann Bestimmungen über das Verfahren und über den Vollzug der vorgesehenen Maßnahmen enthalten.

Von der Ermächtigung nach Art. 2 hat die Bundesregierung bisher noch nicht Gebrauch gemacht.

[1] Das Übk. ist für die *Bundesrepublik Deutschland* am 7.10.1971 in Kraft getreten (Bek. v. 30.11.1971, BGBl. II, S. 1285); für die ehemalige *Deutsche Demokratische Republik* galt es seit 9.10.1987 (Bek. v. 17.5.1988, BGBl. II, S. 652). Da die hier abgedruckten Vorschriften des Übk. über die Befreiung der Mitglieder der in der *Bundesrepublik Deutschland* errichteten konsularischen Vertretungen von der deutschen Gerichtsbarkeit gemäß § 19 GVG (Nr. *143*) auch im Verhältnis zu Entsendestaaten angewandt werden, die dem Übk. nicht angehören, wird auf eine Übersicht der Vertragsstaaten an dieser Stelle verzichtet; siehe hierzu den Fundstellennachweis B zum BGBl. 2021 II, S. 653 sowie die Länderübersicht im Registerteil.

[2] Authentisch sind gleichberechtigt der chinesische, englische, französische, russische und spanische Text: https://treaties.un.org (Kap. III Nr. 6).

erforderlich sind, die Zustimmung des Leiters der konsularischen Vertretung vermutet werden.

(3) Vorbehaltlich des Absatzes 2 hat der Empfangsstaat die besondere Pflicht, alle geeigneten Maßnahmen zu treffen, um die konsularischen Räumlichkeiten vor jedem Eindringen und jeder Beschädigung zu schützen und um zu verhindern, dass der Friede der konsularischen Vertretung gestört oder ihre Würde beeinträchtigt wird.

(4) Die konsularischen Räumlichkeiten, ihre Einrichtung, das Vermögen der konsularischen Vertretung und deren Beförderungsmittel genießen Immunität von jeder Beschlagnahme für Zwecke der Landesverteidigung oder des öffentlichen Wohls. Ist für solche Zwecke eine Enteignung notwendig, so werden alle geeigneten Maßnahmen getroffen, damit die Wahrnehmung der konsularischen Aufgaben nicht behindert wird; dem Entsendestaat wird sofort eine angemessene und wirksame Entschädigung gezahlt.

Art. 33. Unverletzlichkeit der konsularischen Archive und Schriftstücke. Die konsularischen Archive und Schriftstücke sind jederzeit unverletzlich, wo immer sie sich befinden.

Art. 35. Verkehrsfreiheit. (1) …

(2) Die amtliche Korrespondenz der konsularischen Vertretung ist unverletzlich. Als „amtliche Korrespondenz" gilt die gesamte Korrespondenz, welche die konsularische Vertretung und ihre Aufgaben betrifft.

(3) …

(4) Gepäckstücke, die das konsularische Kuriergepäck bilden, müssen äußerlich sichtbar als solches gekennzeichnet sein; sie dürfen nur die amtliche Korrespondenz sowie ausschließlich für den amtlichen Gebrauch bestimmte Schriftstücke oder Gegenstände enthalten.

(5) Der konsularische Kurier muss ein amtliches Schriftstück mit sich führen, aus dem seine Stellung und die Anzahl der Gepäckstücke ersichtlich sind, die das konsularische Kuriergepäck bilden. Außer mit Zustimmung des Empfangsstaats darf er weder ein Angehöriger des Empfangsstaats noch, wenn er nicht Angehöriger des Entsendestaats ist, im Empfangsstaat ständig ansässig sein. Bei der Wahrnehmung seiner Aufgaben wird dieser Kurier vom Empfangsstaat geschützt. Er genießt persönliche Unverletzlichkeit und unterliegt keiner Festnahme oder Haft irgendwelcher Art.

(6) Der Entsendestaat, seine diplomatischen Missionen und seine konsularischen Vertretungen können konsularische Kuriere *ad hoc* ernennen. Auch in diesen Fällen gilt Absatz 5; jedoch finden die darin erwähnten Immunitäten keine Anwendung mehr, sobald der Kurier das ihm anvertraute konsularische Kuriergepäck dem Empfänger ausgehändigt hat.

(7) …

Art. 41. Persönliche Unverletzlichkeit der Konsularbeamten.

(1) Konsularbeamte unterliegen keiner Festnahme oder Untersuchungshaft, es sei denn wegen einer schweren strafbaren Handlung und aufgrund einer Entscheidung der zuständigen Justizbehörde.

(2) Außer in dem in Absatz 1 genannten Fall dürfen Konsularbeamte weder inhaftiert noch auf andere Weise in ihrer persönlichen Freiheit beschränkt werden, es sei denn in Vollstreckung einer rechtskräftigen gerichtlichen Entscheidung.

(3) …

Art. 43. Immunität von der Gerichtsbarkeit. (1) Konsularbeamte und Bedienstete des Verwaltungs- oder technischen Personals unterliegen wegen Handlungen, die in Wahrnehmung konsularischer Aufgaben vorgenommen worden sind, weder der Gerichtsbarkeit des Empfangsstaats noch Eingriffen seiner Verwaltungsbehörden.

(2) Absatz 1 wird jedoch nicht angewendet bei Zivilklagen,

a) wenn diese aus einem Vertrag entstehen, den ein Konsularbeamter oder ein Bediensteter des Verwaltungs- oder technischen Personals geschlossen hat, ohne dabei ausdrücklich oder sonst erkennbar im Auftrag des Entsendestaats zu handeln, oder

b) wenn diese von einem Dritten wegen eines Schadens angestrengt werden, der aus einem im Empfangsstaat durch ein Land-, Wasser- oder Luftfahrzeug verursachten Unfall entstanden ist.

Art. 44. Zeugnispflicht. (1) Mitglieder einer konsularischen Vertretung können in einem Gerichts- oder Verwaltungsverfahren als Zeugen geladen werden. Bedienstete des Verwaltungs- oder technischen Personals oder Mitglieder des dienstlichen Hauspersonals dürfen nur in den in Absatz 3 genannten Fällen das Zeugnis verweigern. Weigert sich ein Konsularbeamter auszusagen, so darf gegen ihn keine Zwangs- oder Strafmaßnahme getroffen werden.

(2) Die Behörde, welche das Zeugnis eines Konsularbeamten verlangt, darf ihn nicht bei der Wahrnehmung seiner Aufgaben behindern. Sie kann, soweit möglich, seine Aussage in seiner Wohnung oder in den Räumlichkeiten der konsularischen Vertretung, oder aber eine schriftliche Erklärung von ihm entgegennehmen.

(3) Mitglieder einer konsularischen Vertretung sind nicht verpflichtet, Zeugnis über Angelegenheiten zu geben, die mit der Wahrnehmung ihrer Aufgaben zusammenhängen, oder die darauf bezüglich amtlichen Korrespondenzen und Schriftstücke vorzulegen. Sie sind auch berechtigt, die Aussage als Sachverständige über das Recht des Entsendestaats zu verweigern.

Art. 45. Verzicht auf Vorrechte und Immunitäten. (1) Der Entsendestaat kann hinsichtlich eines Mitglieds der konsularischen Vertretung auf die in den Artikeln 41, 43 und 44 vorgesehenen Vorrechte und Immunitäten verzichten.

(2) Der Verzicht muss vorbehaltlich des Absatzes 3 stets ausdrücklich erklärt und dem Empfangsstaat schriftlich mitgeteilt werden.

(3) Strengt ein Konsularbeamter oder ein Bediensteter des Verwaltungs- oder technischen Personals ein Gerichtsverfahren in einer Sache an, in der er nach Maßgabe des Artikels 43 Immunität von der Gerichtsbarkeit genießen würde, so kann er sich in Bezug auf eine Widerklage, die mit der Hauptklage in unmittelbarem Zusammenhang steht, nicht auf die Immunität von der Gerichtsbarkeit berufen.

(4) Der Verzicht auf die Immunität von der Gerichtsbarkeit in einem Zivil- oder Verwaltungsgerichtsverfahren gilt nicht als Verzicht auf die Immunität von der Urteilsvollstreckung; hierfür ist ein besonderer Verzicht erforderlich.

Art. 53. Beginn und Ende konsularischer Vorrechte und Immunitäten. (1) Die in diesem Übereinkommen vorgesehenen Vorrechte und Immunitäten stehen den Mitgliedern der konsularischen Vertretung von dem Zeitpunkt an zu, in dem sie in das Hoheitsgebiet des Empfangsstaats einreisen, um dort ihren Posten anzutreten, oder, wenn sie sich bereits in seinem Hoheitsgebiet befinden, von dem Zeitpunkt an, in dem sie ihre dienstliche Tätigkeit in der konsularischen Vertretung aufnehmen.

(2) Den im gemeinsamen Haushalt mit einem Mitglied der konsularischen Vertretung lebenden Familienangehörigen sowie den Mitgliedern seines Privatpersonals stehen die in diesem Übereinkommen vorgesehenen Vorrechte und Immunitäten von dem Zeitpunkt an zu, in dem das Mitglied der konsularischen Vertretung nach Absatz 1 in den Genuss der Vorrechte und Immunitäten kommt oder in dem die Mitglieder der Familie oder des Privatpersonals in das Hoheitsgebiet des Empfangsstaats einreisen oder in dem sie Mitglied der Familie oder des Privatpersonals werden, je nachdem, welcher Zeitpunkt am spätesten liegt.

(3) Ist die dienstliche Tätigkeit eines Mitglieds einer konsularischen Vertretung beendet, so werden seine Vorrechte und Immunitäten sowie diejenigen der mit ihm im gemeinsamen Haushalt lebenden Familienangehörigen und der Mitglieder seines Privatpersonals normalerweise im Zeitpunkt der Ausreise des Betreffenden aus dem Empfangsstaat oder nach Ablauf einer hierfür gewährten angemessenen Frist hinfällig, je nachdem, welcher Zeitpunkt früher liegt; bis zu diesem Zeitpunkt bleiben sie bestehen, und zwar auch im Fall eines bewaffneten Konflikts. Die Vorrechte und Immunitäten der in Absatz 2 bezeichneten Personen werden beim Ausscheiden aus dem Haushalt oder dem Privatpersonal eines Mitglieds der konsularischen Vertretung hinfällig; beabsichtigen sie jedoch, innerhalb einer angemessenen Frist aus dem Empfangsstaat auszureisen, so bleiben ihre Vorrechte und Immunitäten bis zu ihrer Ausreise bestehen.

(4) In Bezug auf die von einem Konsularbeamten oder einem Bediensteten des Verwaltungs- oder technischen Personals in Wahrnehmung seiner Aufgaben vorgenommenen Handlungen bleibt jedoch die Immunität von der Gerichtsbarkeit auf unbegrenzte Zeit bestehen.

(5) Stirbt ein Mitglied der konsularischen Vertretung, so genießen die mit ihm im gemeinsamen Haushalt lebenden Familienangehörigen weiterhin die ihnen zustehenden Vorrechte und Immunitäten bis zu ihrer Ausreise aus dem Empfangsstaat oder bis zum Ablauf einer hierfür gewährten angemessenen Frist, je nachdem, welcher Zeitpunkt früher liegt.

Art. 54. Verpflichtungen dritter Staaten. (1) Reist ein Konsularbeamter, um sein Amt anzutreten oder um auf seinen Posten oder in den Entsendestaat zurückzukehren, durch das Hoheitsgebiet eines dritten Staates oder befindet er sich aus einem der genannten Gründe im Hoheitsgebiet dieses Staates, der ihm erforderlichenfalls einen Sichtvermerk erteilt hat, so gewährt ihm dieser Staat alle in den anderen Artikeln dieses Übereinkommens vorgesehenen Immunitäten, soweit sie für seine sichere Durchreise oder Rückkehr erforderlich sind. Das gleiche gilt, wenn im gemeinsamen Haushalt mit dem Konsularbeamten lebende Familienangehörige, denen Vorrechte und Immunitäten zustehen, ihn begleiten oder wenn sie getrennt von ihm reisen, um sich zu ihm zu begeben oder in den Entsendestaat zurückkehren.

(2)–(6) …

Kapitel III. Regelung für Wahlkonsularbeamte und die von ihnen geleiteten konsularischen Vertretungen

Art. 58. Allgemeine Bestimmungen über Erleichterungen, Vorrechte und Immunitäten. (1) …

(2) Die Artikel 42 und 43, Artikel 44 Absatz 3, die Artikel 45 und 53 und Artikel 55 Absatz 1 gelten für Wahlkonsularbeamte. Außerdem bestimmen sich die Erleichterungen, Vorrechte und Immunitäten dieser Konsularbeamten nach den Artikeln 63, 64, 65, 66 und 67.

(3) Die in diesem Übereinkommen vorgesehenen Vorrechte und Immunitäten gelten nicht für Familienmitglieder eines Wahlkonsularbeamten oder eines Bediensteten des Verwaltungs- oder technischen Personals, der in einer von einem Wahlkonsularbeamten geleiteten konsularischen Vertretung beschäftigt ist.

(4) …

Art. 61. Unverletzlichkeit der konsularischen Archive und Schriftstücke. Die konsularischen Archive und Schriftstücke einer von einem Wahlkonsularbeamten geleiteten konsularischen Vertretung sind jederzeit unverletzlich, wo immer sie sich befinden, sofern sie von anderen Papieren und Schriftstücken getrennt gehalten werden, insbesondere von der Privatkorrespondenz des Leiters der konsularischen Vertretung und seiner Mitarbeiter sowie von den Gegenständen, Büchern oder Schriftstücken, die sich auf ihren Beruf oder ihr Gewerbe beziehen.

Art. 70. Wahrnehmung konsularischer Aufgaben durch eine diplomatische Mission. (1) Dieses Übereinkommen gilt, soweit der Zusammenhang es erlaubt, auch für die Wahrnehmung konsularischer Aufgaben durch eine diplomatische Mission.

(2) Die Namen der Mitglieder einer diplomatischen Mission, die der Konsularabteilung zugeteilt oder sonst mit der Wahrnehmung der konsularischen Aufgaben der Mission beauftragt sind, werden dem Ministerium für Auswärtige Angelegenheiten des Empfangsstaats oder der von diesem Ministerium bezeichneten Behörde notifiziert.

(3) …

(4) Die Vorrechte und Immunitäten der in Absatz 2 bezeichneten Mitglieder der diplomatischen Mission richten sich auch weiterhin nach den Regeln des Völkerrechts über diplomatische Beziehungen.[3]

Kapitel IV. Allgemeine Bestimmungen

Art. 71. Angehörige des Empfangsstaats und Personen, die dort ständig ansässig sind. (1) Soweit der Empfangsstaat nicht zusätzliche Erleichterungen, Vorrechte und Immunitäten gewährt, genießen Konsularbeamte, die Angehörige des Empfangsstaats oder dort ständig ansässig sind, lediglich Immunität von der Gerichtsbarkeit und persönliche Unverletzlichkeit wegen ihrer in Wahrnehmung ihrer Aufgaben vorgenommenen Amtshandlungen sowie das in Artikel 44 Absatz 3 vorgesehene Vorrecht. Hinsichtlich dieser Konsularbeamten ist der Empfangsstaat ferner durch die in Artikel 42 festgelegte Verpflichtung gebunden. Wird gegen einen solchen Konsularbeamten ein Strafverfahren eingeleitet, so ist dieses, außer wenn der Betroffene festgenommen oder inhaftiert ist, in einer Weise zu führen, welche die Wahrnehmung der konsularischen Aufgaben möglichst wenig beeinträchtigt.

(2) Anderen Mitgliedern der konsularischen Vertretung, die Angehörige des Empfangsstaats oder dort ständig ansässig sind, und ihren Familienmitgliedern sowie den Familienmitgliedern der in Absatz 1 bezeichneten Konsularbeamten stehen Erleichterungen, Vorrechte und Immunitäten nur in dem vom Empfangsstaat zugelassenen Umfang zu. Denjenigen Familienangehörigen von Mitgliedern der konsularischen Vertretung und denjenigen Mitgliedern des Privatpersonals, die Angehörige des Empfangsstaats oder

---

[3] Siehe dazu das Wiener UN-Übk. über diplomatische Beziehungen v. 18.4.1961 (Nr. *140*).

dort ständig ansässig sind, stehen ebenfalls Erleichterungen, Vorrechte und Immunitäten nur in dem vom Empfangsstaat zugelassenen Umfang zu. Der Empfangsstaat darf jedoch seine Hoheitsgewalt über diese Personen nur so ausüben, dass er die Wahrnehmung der Aufgaben der konsularischen Vertretung nicht ungebührlich behindert.

Art. 72. Nichtdiskriminierung. (1) Bei der Anwendung dieses Übereinkommens unterlässt der Empfangsstaat jede diskriminierende Behandlung von Staaten.

(2) Es gilt jedoch nicht als Diskriminierung,

a) wenn der Empfangsstaat eine Bestimmung dieses Übereinkommens deshalb einschränkend anwendet, weil sie im Entsendestaat auf seine eigenen konsularischen Vertretungen einschränkend angewandt wird;

b) wenn Staaten aufgrund von Gewohnheit oder Vereinbarung einander eine günstigere Behandlung gewähren, als es nach diesem Übereinkommen erforderlich ist.[4]

Art. 73. Verhältnis zwischen diesem Übereinkommen und anderen internationalen Übereinkünften. (1) Dieses Übereinkommen lässt andere internationale Übereinkünfte unberührt, die zwischen den Vertragsstaaten in Kraft sind.

(2) Dieses Übereinkommen hindert Staaten nicht daran, internationale Übereinkünfte zu schließen, die seine Bestimmungen bestätigen, ergänzen, vervollständigen oder deren Geltungsbereich erweitern.

---

[4] Siehe hierzu Art. 2 des deutschen ZustG v. 26.8.1969 (BGBl. II, S. 1585):

Art. 2. Zur Durchführung des Artikels 72 Abs. 2 des Wiener Übereinkommens über konsularische Beziehungen vom 24. April 1963 wird die Bundesregierung ermächtigt,

a) konsularischen Vertretungen und ihren Mitgliedern auf der Grundlage besonderer Vereinbarung mit dem Entsendestaat im Wege der Rechtsverordnung weitergehende konsularische Vorrechte und Befreiungen nach Maßgabe der Gegenseitigkeit zu gewähren;

b) durch Rechtsverordnung zur Herstellung und Gewährleistung der Gegenseitigkeit zu bestimmen, dass die in dem Übereinkommen vereinbarten Vorrechte, Befreiungen und sonstigen Rechte konsularischen Vertretungen und deren Mitgliedern in der Bundesrepublik Deutschland nicht oder nicht in vollem Umfang gewährt werden, soweit die Entsendestaaten das Übereinkommen auf die bei ihnen bestehende konsularische Vertretung der Bundesrepublik Deutschland und ihre Mitglieder einschränkend anwenden. Die Bundesregierung wird insbesondere ermächtigt, die Tätigkeit konsularischer Vertretungen und ihrer Mitglieder in der Bundesrepublik Deutschland durch Rechtsverordnung der Art oder Wirkung nach gleichen Einschränkungen zu unterwerfen, die für die entsprechende Tätigkeit der konsularischen Vertretung der Bundesrepublik Deutschland im Entsendestaat gelten. Die Rechtsverordnung kann Bestimmungen über das Verfahren und über den Vollzug der vorgesehenen Maßnahmen enthalten.

Von der Ermächtigung nach Art. 2 hat die Bundesregierung bisher noch nicht Gebrauch gemacht.

142. Baseler Europäisches Übereinkommen über Staatenimmunität

Vom 16. Mai 1972[1, 2, 3] (BGBl. 1990 II, S. 35)

(Übersetzung)[4]

Kapitel I. Immunität von der Gerichtsbarkeit

Art. 1. (1) Ein Vertragsstaat, der vor einem Gericht eines anderen Vertragsstaats ein Verfahren anhängig macht oder einem solchen als Intervenient beitritt, unterwirft sich für das Verfahren der Gerichtsbarkeit der Gerichte dieses Staates.

(2) Ein solcher Vertragsstaat kann vor den Gerichten des anderen Vertragsstaats für eine Widerklage Immunität von der Gerichtsbarkeit nicht beanspruchen,

a) wenn sich die Widerklage aus dem Rechtsverhältnis oder aus dem Sachverhalt herleitet, auf die sich die Hauptklage stützt;

b) wenn dieser Staat Immunität von der Gerichtsbarkeit nach diesem Übereinkommen nicht hätte beanspruchen können, wäre vor den Gerichten des anderen Staates eine besondere Klage gegen ihn erhoben worden.

(3) Ein Vertragsstaat, der vor dem Gericht eines anderen Vertragsstaats eine Widerklage erhebt, unterwirft sich der Gerichtsbarkeit der Gerichte dieses Staates sowohl für die Haupt- als auch für die Widerklage.

Art. 2. Ein Vertragsstaat kann vor einem Gericht eines anderen Vertragsstaats Immunität von der Gerichtsbarkeit nicht beanspruchen, wenn er sich verpflichtet hat, sich der Gerichtsbarkeit dieses Gerichts zu unterwerfen, und zwar

a) durch internationale Vereinbarung,

b) durch ausdrückliche Bestimmung in einem schriftlichen Vertrag oder

c) durch nach Entstehung der Streitigkeit ausdrücklich erklärte Zustimmung.

---

[1] Das Übk. ist für die *Bundesrepublik Deutschland* am 16.8.1990 im Verhältnis zu *Belgien, Luxemburg*, den *Niederlanden, Österreich*, der *Schweiz*, dem *Vereinigten Königreich* und *Zypern* in Kraft getreten (Bek. v. 24.10.1990, BGBl. II S. 1400). Es gilt seit dem 1.7.1997 nicht mehr für *Hongkong* (BGBl. 2003 II, S. 583, 594). Die *Niederlande* haben das Übk. mit Wirkung v. 10.10.2010 auf den karibischen Teil des Staatsgebiets erstreckt (BGBl. 2012 II, S. 466).

[2] Siehe auch das Zusatzprotokoll zu dem Übk. v. 16.5.1972 (BGBl. 1990 II, S. 52).

[3] Vgl. auch das New Yorker UN-Übereinkommen über die gerichtliche Immunität von Staaten und ihres Eigentums v. 2.12.2004, das inzwischen von 22 Staaten ratifiziert worden, aber noch nicht in Kraft getreten ist. Text: https://treaties.un.org (Kap. III Nr. 13)

[4] Authentisch sind gleichberechtigt der englische und der französische Text: https://www.coe.int/de/web/conventions (Nr. 74).

Art. 3. (1) Ein Vertragsstaat kann vor einem Gericht eines anderen Vertragsstaats Immunität von der Gerichtsbarkeit nicht beanspruchen, wenn er sich vor Geltendmachung der Immunität zur Hauptsache einlässt. Weist er jedoch nach, dass er von den Tatsachen, aufgrund welcher er Immunität hätte beanspruchen können, erst nachträglich Kenntnis erlangen konnte, so kann er die Immunität beanspruchen, wenn er sich auf diese Tatsachen so bald wie möglich beruft.

(2) Tritt ein Vertragsstaat vor einem Gericht eines anderen Vertragsstaats auf, um Immunität zu beanspruchen, so gilt dies nicht als Verzicht auf die Immunität.

Art. 4. (1) Vorbehaltlich des Artikels 5 kann ein Vertragsstaat vor einem Gericht eines anderen Vertragsstaats Immunität von der Gerichtsbarkeit nicht beanspruchen, wenn das Verfahren eine Verpflichtung des Staates betrifft, die aufgrund eines Vertrages besteht, und die Verpflichtung im Gerichtsstaat zu erfüllen ist.

(2) Absatz 1 ist nicht anzuwenden,

a) wenn der Vertrag zwischen Staaten geschlossen worden ist,

b) wenn die Vertragsparteien schriftlich etwas anderes vereinbart haben,

c) wenn der Vertrag von dem Staat in seinem Hoheitsgebiet geschlossen worden ist und die Verpflichtung des Staates seinem Verwaltungsgericht unterliegt.

Art. 5. (1) Ein Vertragsstaat kann vor einem Gericht eines anderen Vertragsstaats Immunität von der Gerichtsbarkeit nicht beanspruchen, wenn das Verfahren einen zwischen dem Staat und einer natürlichen Person geschlossenen Arbeitsvertrag betrifft und die Arbeit im Gerichtsstaat zu leisten ist.

(2) Absatz 1 ist nicht anzuwenden,

a) wenn die natürliche Person im Zeitpunkt der Einleitung des Verfahrens die Staatsangehörigkeit des Staates hat, der ihr Arbeitgeber ist,

b) wenn sie im Zeitpunkt des Vertragsschlusses weder Angehörige des Gerichtsstaats war noch ihren gewöhnlichen Aufenthalt in diesem Staat hatte oder

c) wenn die Vertragsparteien schriftlich etwas anderes vereinbart haben, sofern nicht nach dem Recht des Gerichtsstaats dessen Gerichte wegen der Art der Streitigkeit ausschließlich zuständig sind.

(3) Wird die Arbeit für ein Büro, eine Agentur oder eine andere Niederlassung im Sinne des Artikels 7 geleistet, so ist Absatz 2 Buchstaben a und b nur anzuwenden, wenn die natürliche Person im Zeitpunkt des Vertragsschlusses ihren gewöhnlichen Aufenthalt in dem Staat hatte, der ihr Arbeitgeber ist.

Art. 6. (1) Ein Vertragsstaat kann vor einem Gericht eines anderen Vertragsstaats Immunität von der Gerichtsbarkeit nicht beanspruchen, wenn er sich gemeinsam mit einer oder mehreren Privatpersonen an einer Gesellschaft, Vereinigung oder juristischen Person beteiligt, die ihren tatsächlichen oder satzungsmäßigen Sitz oder ihre Hauptniederlassung im Gerichtsstaat hat, und wenn das Verfahren die Beziehungen betrifft, die sich aus dieser Beteiligung zwischen dem Staat einerseits und der Gesellschaft, Vereinigung oder juristischen Person oder weiteren Beteiligten andererseits ergeben.

(2) Absatz 1 ist nicht anzuwenden, wenn schriftlich etwas anderes vereinbart worden ist.

Art. 7. (1) Ein Vertragsstaat kann vor einem Gericht eines anderen Vertragsstaats Immunität von der Gerichtsbarkeit nicht beanspruchen, wenn er im Gerichtsstaat ein Büro, eine Agentur oder eine andere Niederlassung hat, durch die er auf die gleiche Weise wie eine Privatperson eine gewerbliche, kaufmännische oder finanzielle Tätigkeit ausübt, und wenn das Verfahren diese Tätigkeit des Büros, der Agentur oder der Niederlassung betrifft.

(2) Absatz 1 ist nicht anzuwenden, wenn alle Streitparteien Staaten sind, oder wenn die Parteien schriftlich etwas anderes vereinbart haben.

Art. 8. Ein Vertragsstaat kann vor einem Gericht eines anderen Vertragsstaats Immunität von der Gerichtsbarkeit nicht beanspruchen, wenn sich das Verfahren bezieht

a) auf ein Patent, ein gewerbliches Muster oder Modell, ein Warenzeichen, eine Dienstleistungsmarke oder ein anderes gleichartiges Recht, das im Gerichtsstaat angemeldet, hinterlegt, eingetragen oder auf andere Weise geschützt ist, wenn der Staat Anmelder, Hinterleger oder Inhaber ist;

b) auf die Behauptung, der Staat habe im Gerichtsstaat ein solches, dort geschütztes und einem Dritten zustehendes Recht verletzt;

c) auf die Behauptung, der Staat habe im Gerichtsstaat ein dort geschütztes und einem Dritten zustehendes Urheberrecht verletzt;

d) auf das Recht zum Gebrauch einer Firma im Gerichtsstaat.

Art. 9. Ein Vertragsstaat kann vor den Gerichten eines anderen Vertragsstaats Immunität von der Gerichtsbarkeit nicht beanspruchen, wenn sich das Verfahren bezieht

a) auf ein Recht des Staates an unbeweglichem Vermögen, auf den Besitz oder den Gebrauch solchen Vermögens durch den Staat oder

b) auf seine Pflichten, die ihm als Inhaber von Rechten an unbeweglichem Vermögen oder als Besitzer obliegen oder sich aus dem Gebrauch eines solchen Vermögens ergeben, sofern das unbewegliche Vermögen im Gerichtsstaat gelegen ist.

Art. 10. Ein Vertragsstaat kann vor einem Gericht eines anderen Vertragsstaats Immunität von der Gerichtsbarkeit nicht beanspruchen, wenn das Verfahren ein Recht an beweglichem oder unbeweglichem Vermögen betrifft, das zu einer Erbschaft oder Schenkung gehört oder erb- oder herrenlos ist.

Art. 11. Ein Vertragsstaat kann vor einem Gericht eines anderen Vertragsstaats Immunität von der Gerichtsbarkeit nicht beanspruchen, wenn das Verfahren den Ersatz eines Personen- oder Sachschadens betrifft, das schädigende Ereignis im Gerichtsstaat eingetreten ist und der Schädiger sich bei Eintritt des Ereignisses in diesem Staat aufgehalten hat.

Art. 12. (1) Hat ein Vertragsstaat schriftlich zugestimmt, dass bestehende oder künftige zivil- oder handelsrechtliche Streitigkeiten einem schiedsrichterlichen Verfahren unterworfen werden, so kann er vor einem Gericht eines anderen Vertragsstaats, in dessen Hoheitsgebiet oder nach dessen Recht das schiedsrichterliche Verfahren stattfinden soll oder stattgefunden hat, Immunität von der Gerichtsbarkeit für kein Verfahren beanspruchen, das

a) die Gültigkeit oder die Auslegung der Schiedsvereinbarung,

b) das schiedsrichterliche Verfahren,

c) die Aufhebung des Schiedsspruchs

betrifft, sofern nicht die Schiedsvereinbarung etwas anderes vorsieht.

(2) Absatz 1 ist auf eine Schiedsvereinbarung zwischen Staaten nicht anzuwenden.

Art. 13. Artikel 1 Absatz 1 ist nicht anzuwenden, wenn ein Vertragsstaat in einem Verfahren, das vor einem Gericht eines anderen Vertragsstaats anhängig und in dem er nicht Partei ist, geltend macht, er habe ein Recht an dem den Gegenstand des Verfahrens bildenden Vermögen, sofern der Staat Immunität hätte beanspruchen können, wäre das Verfahren gegen ihn gerichtet gewesen.

Art. 14. Dieses Übereinkommen darf nicht so ausgelegt werden, dass es ein Gericht eines Vertragsstaats nur deshalb daran hindert, Vermögenswerte wie etwa ein Treuhandvermögen oder eine Konkursmasse zu verwalten oder deren Verwaltung zu veranlassen oder zu überwachen, weil ein anderer Vertragsstaat ein Recht an dem Vermögen hat.

Art. 15. Ein Vertragsstaat kann vor den Gerichten eines anderen Vertragsstaats Immunität von der Gerichtsbarkeit beanspruchen, wenn das Verfahren nicht unter die Artikel 1 bis 14 fällt; das Gericht muss die Durchführung eines solchen Verfahrens auch dann ablehnen, wenn sich der Staat daran nicht beteiligt.

Kapitel II. Verfahrensvorschriften

Art. 16. (1) Die nachstehenden Vorschriften gelten für Verfahren gegen einen Vertragsstaat vor einem Gericht eines anderen Vertragsstaats.

(2) Die zuständigen Behörden des Gerichtsstaats übermitteln

- die Urschrift oder eine Abschrift des das Verfahren einleitenden Schriftstücks,
- eine Abschrift jeder gegen den beklagten Staat ergangenen Versäumnisentscheidung

auf diplomatischem Weg zum Außenministerium des beklagten Staates zur etwaigen Weiterleitung an die zuständige Behörde. Diesen Urkunden ist erforderlichenfalls eine Übersetzung in die Amtssprache oder in eine der Amtssprachen des beklagten Staates beizufügen.

(3) Die Zustellung der in Absatz 2 bezeichneten Urkunden gilt als mit ihrem Eingang beim Außenministerium bewirkt.

(4) Die Fristen zur Beteiligung am Verfahren und die Rechtsmittelfristen bei Versäumnisentscheidungen beginnen zwei Monate nach dem Eingang des das Verfahren einleitenden Schriftstücks oder der Abschrift der Entscheidung beim Außenministerium.

(5) Ist es Sache des Gerichts, die Fristen zur Beteiligung am Verfahren oder die Rechtsmittelfristen bei Versäumnisentscheidungen zu bestimmen, so kann es dem Staat keine Frist setzen, die vor Ablauf von zwei Monaten nach dem Eingang des das Verfahren einleitenden Schriftstücks oder der Abschrift der Entscheidung beim Außenministerium endet.

(6) Beteiligt sich ein Vertragsstaat an dem Verfahren, so gilt dies als Verzicht auf alle Einwendungen gegen die Art der Zustellung des das Verfahren einleitenden Schriftstücks.

(7) Hat sich der Vertragsstaat nicht an dem Verfahren beteiligt, so kann eine Versäumnisentscheidung gegen ihn nur ergehen, wenn festgestellt ist, dass ihm das der Einleitung des Verfahrens dienende Schriftstück nach Absatz 2 übermittelt worden ist und dass die in den Absätzen 4 und 5 vorgesehenen Fristen für die Beteiligung am Verfahren eingehalten worden sind.

Art. 17. Einem Vertragsstaat darf zur Sicherung der Verfahrenskosten keine Sicherheitsleistung oder Hinterlegung auferlegt werden, unter welcher Bezeichnung es auch sei, die im Gerichtsstaat nicht von einem Angehörigen dieses Staates oder von einer Person verlangt werden könnte, die dort ihren Wohnsitz oder Aufenthalt hat. Der Staat, der vor einem Gericht eines anderen Vertragsstaats als Kläger auftritt, hat alle ihm auferlegten Verfahrenskosten zu zahlen.

Art. 18. Gegen einen Vertragsstaat, der in einem Verfahren vor einem Gericht eines anderen Vertragsstaats Partei ist, dürfen keine Zwangs- oder Strafmaßnahmen verhängt werden, weil er es ablehnt oder unterlässt, Beweismittel beizubringen. Das Gericht kann jedoch aus einer solchen Ablehnung oder Unterlassung die ihm gerechtfertigt scheinenden Schlüsse ziehen.

Art. 19. (1) Ein Gericht, vor dem ein Verfahren anhängig ist, in dem ein Vertragsstaat Partei ist, hat auf Antrag einer Partei oder, wenn sein innerstaatliches Recht dies gestattet, von Amts wegen die Klage abzuweisen oder das Verfahren auszusetzen, wenn ein anderes auf demselben Sachverhalt beruhendes und denselben Gegenstand betreffendes Verfahren zwischen denselben Parteien

a) vor einem Gericht dieses Vertragsstaats anhängig und als erstes eingeleitet worden ist oder

b) vor einem Gericht eines anderen Vertragsstaats anhängig ist, als erstes eingeleitet worden ist und zu einer Entscheidung führen kann, die der an dem Verfahren beteiligte Staat nach Artikel 20 oder 25 zu erfüllen hätte.

(2) Jeder Vertragsstaat, dessen Recht es den Gerichten gestattet, die Klage abzuweisen oder das Verfahren auszusetzen, wenn vor einem Gericht eines anderen Vertragsstaats bereits ein auf demselben Sachverhalt beruhendes und denselben Gegenstand betreffendes Verfahren zwischen denselben Parteien anhängig ist, kann durch eine an den Generalsekretär des Europarats gerichtete Notifikation erklären, dass seine Gerichte an Absatz 1 nicht gebunden sind.[5]

Kapitel III. Wirkungen der Entscheidungen

Art. 20. (1) Ein Vertragsstaat hat die gegen ihn ergangene Entscheidung eines Gerichts eines anderen Vertragsstaats zu erfüllen,

a) wenn er nach den Artikeln 1 bis 13 Immunität von der Gerichtsbarkeit nicht beanspruchen konnte und

b) wenn die Entscheidung nicht oder nicht mehr Gegenstand eines Einspruchs gegen eine Versäumnisentscheidung, einer Berufung oder eines anderen ordentlichen Rechtsmittels oder einer Kassationsbeschwerde sein kann.

(2) Ein Vertragsstaat ist jedoch nicht verpflichtet, eine solche Entscheidung zu erfüllen,

a) wenn dies offensichtlich gegen die öffentliche Ordnung dieses Staates verstieße;

b) wenn ein auf demselben Sachverhalt beruhendes und denselben Gegenstand betreffend

i) vor einem Gericht dieses Staates anhängig und als erstes eingeleitet worden ist oder

ii) vor einem Gericht eines anderen Vertragsstaats anhängig ist, als erstes eingeleitet worden ist und zu einer Entscheidung führen kann, die

---

[5] Eine Erklärung gemäß Art. 19 Abs. 2 hat bisher nur das *Vereinigte Königreich* abgegeben.

der an dem Verfahren beteiligte Staat nach dem Übereinkommen zu erfüllen hätte;

c) wenn die Wirkungen der Entscheidung unvereinbar sind mit denen einer anderen zwischen denselben Parteien ergangenen Entscheidung

i) eines Gerichts des Vertragsstaats, sofern das Verfahren vor diesem Gericht als erstes eingeleitet worden oder diese andere Entscheidung ergangen ist, bevor die Entscheidung die Voraussetzungen des Absatzes 1 Buchstabe b erfüllt hat, oder

ii) eines Gerichts eines anderen Vertragsstaats, sofern dessen Entscheidung als erste die in diesem Übereinkommen vorgesehenen Voraussetzungen erfüllt hat;

d) wenn Artikel 16 nicht eingehalten worden ist und der Staat sich an dem Verfahren nicht beteiligt oder gegen eine Versäumnisentscheidung kein Rechtsmittel eingelegt hat.

(3) Ferner ist ein Vertragsstaat in den in Artikel 10 bezeichneten Fällen nicht verpflichtet, die Entscheidung zu erfüllen,

a) wenn die Gerichte im Gerichtsstaat nicht zuständig gewesen wären, hätten sie die in dem Staat, gegen den die Entscheidung ergangen ist, geltenden Zuständigkeitsvorschriften – mit Ausnahme der Zuständigkeitsvorschriften in der Anlage zu diesem Übereinkommen – entsprechend angewendet;

b) wenn das Gericht wegen der Anwendung eines anderen Rechtes als desjenigen, das nach den Regeln des internationalen Privatrechts dieses Staates anzuwenden gewesen wäre, zu einem anderen Ergebnis gekommen ist als demjenigen, zu dem die Anwendung des von diesen Regeln bezeichneten Rechtes geführt hätte.

Ein Vertragsstaat kann sich jedoch auf die Ablehnungsgründe der Buchstaben a und b nicht berufen, wenn er mit dem Gerichtsstand durch ein Abkommen über die Anerkennung und Vollstreckung gerichtlicher Entscheidungen verbunden ist und die Entscheidung die Voraussetzungen dieses Abkommens hinsichtlich der Zuständigkeit und gegebenenfalls des anzuwendenden Rechtes erfüllt.

Art. 21. (1) Ist gegen einen Vertragsstaat eine Entscheidung ergangen und erfüllt er sie nicht, so kann die Partei, die sich auf die Entscheidung beruft, von dem zuständigen Gericht dieses Staates eine Feststellung darüber verlangen, ob die Entscheidung nach Artikel 20 erfüllt werden muss. Wenn sein Recht ihm dies gestattet, kann auch der Staat, gegen den die Entscheidung ergangen ist, das Gericht anrufen.

(2) Vorbehaltlich des Artikels 20 darf das Gericht des betreffenden Staates die Entscheidung in der Sache selbst nicht nachprüfen.

(3) Wird vor einem Gericht eines Staates ein Verfahren nach Absatz 1 eingeleitet,

a) so ist den Parteien in dem Verfahren rechtliches Gehör zu gewähren,

b) so sind die von der Partei, die sich auf die Entscheidung beruft, vorgelegten Urkunden von der Legalisation und allen anderen gleichartigen Förmlichkeiten befreit,

c) so darf von der Partei, die sich auf die Entscheidung beruft, wegen ihrer Staatsangehörigkeit, ihres Wohnsitzes oder ihres Aufenthalts weder eine Sicherheitsleistung noch eine Hinterlegung, unter welcher Bezeichnung es auch sei, verlangt werden,

d) so ist die Partei, die sich auf die Entscheidung beruft, zur Prozesskostenhilfe unter Bedingungen zuzulassen, die mindestens ebenso günstig sind wie diejenigen, die für eigene Staatsangehörige mit Wohnsitz oder Aufenthalt in diesem Staat gelten.

(4) Jeder Vertragsstaat bezeichnet das Gericht oder die Gerichte im Sinne des Absatzes 1 und verständigt davon den Generalsekretär des Europarats bei der Hinterlegung seiner Ratifikations-, Aufnahme- oder Beitrittsurkunde.[6]

Art. 22. (1) Ein Vertragsstaat hat einen Vergleich zu erfüllen, an dem er als Partei beteiligt ist und der in einem Verfahren vor einem Gericht eines anderen Vertragsstaats geschlossen worden ist; Artikel 20 ist auf einen solchen Vergleich nicht anwendbar.

(2) Erfüllt ein Staat den Vergleich nicht, so kann von dem in Artikel 21 vorgesehenen Verfahren Gebrauch gemacht werden.

Art. 23. In einem Vertragsstaat darf gegen das Vermögen eines anderen Vertragsstaats weder eine Zwangsvollstreckung durchgeführt noch eine Sicherungsmaßnahme getroffen werden, außer in dem Fall und in dem Ausmaß, in denen der Staat selbst ausdrücklich in Schriftform zugestimmt hat.

Kapitel IV. Bestimmungen, deren Annahme freigestellt ist

Art. 24.[7] (1) Vorbehaltlich des Artikels 15 kann jeder Staat bei der Unterzeichnung oder bei der Hinterlegung seiner Ratifikations-, Annahme- oder Beitrittsurkunde oder jederzeit danach durch eine an den Generalsekretär

---

[6] Vgl. dazu Art. 2 des deutschen Zustimmungsgesetzes v. 22.1.1990 (BGBl. II, S. 34):

Art. 2. *(1) Zur Feststellung, ob die Bundesrepublik Deutschland oder ein Bundesland die Entscheidung eines Gerichts eines anderen Vertragsstaates gemäß Artikel 20 oder Artikel 25 oder einen Vergleich gemäß Artikel 22 des Übereinkommens zu erfüllen hat, ist das Landgericht zuständig, in dessen Bezirk die Bundesregierung ihren Sitz hat.*

(2) Die Feststellung ist aufgrund einer Klage im streitigen Verfahren zu treffen.

(3) Die Feststellungsklage kann von der Partei, die aus der ausländischen Gerichtsentscheidung oder dem Vergleich unmittelbar Rechte für sich ableitet, sowie in jedem Fall von der Bundesrepublik Deutschland oder dem von der Entscheidung betroffenen Bundesland erhoben werden.

[7] Eine Erklärung gemäß Art. 24 Abs. 1 haben die *Bundesrepublik Deutschland, Luxemburg,* die *Niederlande,* die *Schweiz* und das *Vereinigte Königreich* abgegeben.

des Europarats gerichtete Notifikation erklären, dass seine Gerichte über die Fälle der Artikel 1 bis 13 hinaus in Verfahren gegen einen anderen Vertragsstaat in demselben Ausmaß wie in Verfahren gegen Nichtvertragsstaaten entscheiden können. Diese Erklärung lässt die Immunität von der Gerichtsbarkeit unberührt, die fremde Staaten hinsichtlich der in Ausübung der Hoheitsgewalt vorgenommenen Handlungen *(acta iure imperii)* genießen.

(2) Die Gerichte eines Staates, der die Erklärung nach Absatz 1 abgegeben hat, dürfen jedoch in einem Verfahren gegen einen anderen Vertragsstaat nicht entscheiden, wenn ihre Zuständigkeit nur auf einen oder mehrere der in der Anlage zu diesem Übereinkommen bezeichneten Gründe gestützt werden kann, es sei denn, der andere Vertragsstaat hat sich zur Hauptsache eingelassen, ohne zuvor die mangelnde Zuständigkeit des Gerichts gerügt zu haben.

(3) Auf Verfahren, die nach diesem Artikel gegen einen Vertragsstaat anhängig gemacht werden, ist Kapitel II anzuwenden.

(4) Die Erklärung nach Absatz 1 kann durch eine an den Generalsekretär des Europarats gerichtete Notifikation zurückgenommen werden. Die Zurücknahme wird drei Monate nach ihrem Eingang wirksam, berührt aber nicht die vor Ablauf dieser Frist eingeleiteten Verfahren.

Art. 25. (1) Jeder Vertragsstaat, der die Erklärung nach Artikel 24 abgegeben hat, muss in anderen als den Fällen der Artikel 1 bis 13 die Entscheidung eines Gerichts eines anderen Vertragsstaats, der die Erklärung ebenfalls abgegeben hat, erfüllen,

a) wenn die Voraussetzungen des Artikels 20 Absatz 1 Buchstabe b vorliegen und

b) wenn das Gericht nach den folgenden Absätzen als zuständig anzusehen ist.

(2) Der Vertragsstaat ist jedoch nicht verpflichtet, eine solche Entscheidung zu erfüllen,

a) wenn einer der Ablehnungsgründe des Artikels 20 Absatz 2 vorliegt oder

b) wenn Artikel 24 Absatz 2 verletzt worden ist.

(3) Vorbehaltlich des Absatzes 4 gilt ein Gericht eines Vertragsstaats als zuständig im Sinne des Absatzes 1 Buchstabe b,

a) wenn seine Zuständigkeit durch eine Vereinbarung anerkannt ist, die zwischen dem Gerichtsstaat und dem anderen Vertragsstaat in Kraft ist,

b) bei Fehlen einer Vereinbarung zwischen den beiden Staaten über die Anerkennung und Vollstreckung von Entscheidungen in Zivilsachen, wenn die Gerichte im Gerichtsstaat zuständig gewesen wären, hätten sie die in dem Staat, gegen den die Entscheidung ergangen ist, geltenden Zuständigkeitsvorschriften – mit Ausnahme der Zuständigkeitsvorschriften in der Anlage zu diesem Übereinkommen – entsprechend angewendet. Diese Bestimmung gilt nicht für den Bereich des Vertragsrechts.

(4) Vertragsstaaten, die eine Erklärung nach Artikel 24 abgegeben haben, können in einer Zusatzvereinbarung zu diesem Übereinkommen die Voraussetzungen festlegen, unter denen ihre Gerichte als zuständig im Sinne des Absatzes 1 Buchstabe b anzusehen sind.

(5) Erfüllt der Staat die Entscheidung nicht, so kann von dem in Artikel 21 vorgesehenen Verfahren Gebrauch gemacht werden.

Art. 26. Abweichend von Artikel 23 kann eine Entscheidung, die gegen einen Vertragsstaat in einem Verfahren betreffend eine von dem Staat auf die gleiche Weise wie von einer Privatperson ausgeübte gewerbliche oder kaufmännische Tätigkeit ergangen ist, im Gerichtsstaat gegen das ausschließlich für eine solche Tätigkeit verwendete Vermögen des Staates vollstreckt werden, gegen den die Entscheidung ergangen ist,

a) wenn der Gerichtsstand und der Staat, gegen den die Entscheidung ergangen ist, die Erklärung nach Artikel 24 abgegeben haben,

b) wenn das Verfahren, das zu der Entscheidung geführt hat, unter die Artikel 1 bis 13 fällt oder nach Artikel 24 Absätze 1 und 2 eingeleitet worden ist und

c) wenn die Entscheidung die Voraussetzungen des Artikels 20 Absatz 1 Buchstabe b erfüllt.

Kapitel V. Allgemeine Bestimmungen

Art. 27. (1) Für die Zwecke dieses Übereinkommens schließt der Ausdruck „Vertragsstaat" einen Rechtsträger eines Vertragsstaats nicht ein, der sich von diesem unterscheidet und die Fähigkeit hat, vor Gericht aufzutreten, selbst wenn er mit öffentlichen Aufgaben betraut ist.

(2) Jeder in Absatz 1 bezeichnete Rechtsträger kann vor den Gerichten eines anderen Vertragsstaats wie eine Privatperson in Anspruch genommen werden; diese Gerichte können jedoch nicht über in Ausübung der Hoheitsgewalt vorgenommene Handlungen *(acta iure imperii)* des Rechtsträgers entscheiden.

(3) Ein solcher Rechtsträger kann in jedem Fall vor diesen Gerichten in Anspruch genommen werden, wenn sie unter gleichartigen Voraussetzungen in einem Verfahren gegen einen Vertragsstaat hätten entscheiden dürfen.

Art. 28.[8] (1) Unbeschadet des Artikels 27 genießen die Gliedstaaten eines Bundesstaats keine Immunität.

---

[8] Erklärungen gemäß Art. 28 Abs. 2 haben die *Bundesrepublik Deutschland* (bezüglich der alten und der nach der Wiedervereinigung hinzugekommenen neuen Bundesländer) und *Österreich* (bezüglich der Länder) abgegeben.

(2) Ein Bundesstaat, der diesem Übereinkommen angehört, kann jedoch durch eine an den Generalsekretär des Europarats gerichtete Notifikation erklären, dass seine Gliedstaaten sich auf die für Vertragsstaaten geltenden Vorschriften dieses Übereinkommens berufen können und die gleichen Pflichten haben wie diese.

(3) Ist eine Erklärung nach Absatz 2 abgegeben worden, so sind Zustellungen an einen Gliedstaat nach Artikel 16 an das Außenministerium des Bundesstaats vorzunehmen.

(4) Nur der Bundesstaat ist befugt, die in diesem Übereinkommen vorgesehenen Erklärungen, Notifikationen und Mitteilungen vorzunehmen, und nur er kann Partei eines Verfahrens nach Artikel 34 sein.

Art. 29. Dieses Übereinkommen ist nicht anzuwenden auf Verfahren betreffend

a) die soziale Sicherheit,

b) Schäden durch Kernenergie,

c) Zölle, Steuern, Abgaben und Geldstrafen.

Art. 30. Dieses Übereinkommen ist auf Verfahren nicht anzuwenden, die Ansprüche aus dem Betrieb von einem Vertragsstaat gehörenden oder von ihm verwendeten Seeschiffen, der Beförderung von Ladungen und Reisenden durch diese Schiffe oder der Beförderung von einem Vertragsstaat gehörenden Ladungen an Bord von Handelsschiffen zum Gegenstand haben.

Art. 31. Dieses Übereinkommen berührt nicht die Immunitäten oder Vorrechte, die ein Vertragsstaat für alle Handlungen oder Unterlassungen genießt, die von seinen Streitkräften oder im Zusammenhang mit diesen im Hoheitsgebiet eines anderen Vertragsstaats begangen werden.

Art. 32. Dieses Übereinkommen berührt nicht die Vorrechte und Immunitäten im Zusammenhang mit der Wahrnehmung der Aufgaben der diplomatischen Missionen und der konsularischen Vertretungen sowie der diesen angehörenden Personen.

Art. 33. Dieses Übereinkommen berührt nicht bestehende oder künftige internationale Übereinkünfte, die für besondere Rechtsgebiete Fragen behandeln, die Gegenstand dieses Übereinkommens sind.

Art. 34. (1) Zwischen zwei oder mehreren Vertragsstaaten entstehende Streitigkeiten über die Auslegung oder die Anwendung dieses Übereinkommens sind auf Antrag eines der an der Streitigkeit beteiligten Staaten oder im gegenseitigen Einvernehmen dem Internationalen Gerichtshof vorzulegen, es sei denn, dass sich die Parteien auf eine andere Art der friedlichen Beilegung einigen.

(2) Der Internationale Gerichtshof kann jedoch nicht angerufen werden

a) wegen einer Streitigkeit, die eine bereits in einem vor dem Gericht eines Vertragsstaats gegen einen anderen Vertragsstaat eingeleiteten Verfahren aufgeworfene Frage zum Gegenstand hat, bevor dieses Gericht eine den Voraussetzungen des Artikels 20 Absatz 1 Buchstabe b entstehende Entscheidung erlassen hat,

b) wegen einer Streitigkeit, die eine bereits in einem vor dem Gericht eines Vertragsstaats nach Artikel 21 Absatz 1 eingeleiteten Verfahren aufgeworfene Frage zum Gegenstand hat, bevor dieses Gericht in dem Verfahren endgültig entschieden hat.

Art. 35. (1) Dieses Übereinkommen ist nur auf Verfahren anzuwenden, die nach seinem Inkrafttreten eingeleitet werden.

(2) Ist ein Staat Vertragspartei dieses Übereinkommens geworden, nachdem es in Kraft getreten ist, so ist es nur auf Verfahren anzuwenden, die nach seinem Inkrafttreten für den betreffenden Staat eingeleitet werden.

(3) Dieses Übereinkommen ist nicht auf Verfahren und Entscheidungen anzuwenden, die Handlungen, Unterlassungen oder Tatbestände aus der Zeit, bevor das Übereinkommen zur Unterzeichnung aufgelegt worden ist, zum Gegenstand haben.

Kapitel VI. Schlussbestimmungen

Art. 36–41. *(nicht abgedruckt)*

Anlage

Die in Artikel 20 Absatz 3 Buchstabe a, Artikel 24 Absatz 2 und Artikel 25 Absatz 3 Buchstabe b genannten Zuständigkeitsgründe sind die folgenden:

a) das Vorhandensein von Vermögenswerten des Beklagten oder die Beschlagnahme von Vermögenswerten durch den Kläger im Gerichtsstaat, es sei denn,
   - die Klage betrifft das Eigentum oder den Besitz an den Vermögenswerten oder eine andere Streitigkeit über diese Vermögenswerte;
   - die Streitigkeit betrifft eine Forderung, die im Gerichtsstaat durch ein dingliches Recht gesichert ist;

b) die Staatsangehörigkeit des Klägers;

c) der Wohnsitz oder der gewöhnliche oder vorübergehende Aufenthalt des Klägers im Gerichtsstaat, es sei denn, die sich hierauf gründende Zuständigkeit wird für bestimmte vertragliche Beziehungen wegen der besonderen Natur des Vertragsgegenstands zugelassen;

d) die Tatsache, dass der Beklagte im Gerichtsstaat Geschäfte getätigt hat, es sei denn, die Streitigkeit betrifft diese Geschäfte;

e) die einseitige Bestimmung des Gerichts durch den Kläger, namentlich in einer Rechnung.

Dem Wohnsitz und dem gewöhnlichen Aufenthalt werden der tatsächliche und der satzungsmäßige Sitz und die Hauptniederlassung juristischer Personen gleichgestellt.

II. Innerstaatliches Recht

143. Gerichtsverfassungsgesetz

Vom 9. Mai 1975 (BGBl. I, S. 1077)

§ 18. [Exterritorialität von Mitgliedern der diplomatischen Missionen] Die Mitglieder der im Geltungsbereich dieses Gesetzes errichteten diplomatischen Missionen, ihre Familienmitglieder und ihre privaten Hausangestellten sind nach Maßgabe des Wiener Übereinkommens über diplomatische Beziehungen vom 18. April 1961 (BGBl. 1964 II, S. 957 ff.)[1] von der deutschen Gerichtsbarkeit befreit. Dies gilt auch, wenn ihr Entsendestaat nicht Vertragspartei dieses Übereinkommens ist; in diesem Fall findet Artikel 2 des Gesetzes vom 6. August 1964 zu dem Wiener Übereinkommen vom 18. April 1961 über diplomatische Beziehungen (BGBl. 1964 II, S. 957)[2] entsprechende Anwendung.

§ 19. [Exterritorialität von Mitgliedern der konsularischen Vertretungen] (1) Die Mitglieder der im Geltungsbereich dieses Gesetzes errichteten konsularischen Vertretungen, einschließlich der Wahlkonsularbeamten, sind nach Maßgabe des Wiener Übereinkommens über konsularische Beziehungen vom 24. April 1963 (BGBl. 1969 II, S. 1585 ff.)[3] von der deutschen Gerichtsbarkeit befreit. Dies gilt auch, wenn ihr Entsendestaat nicht Vertragspartei dieses Übereinkommens ist; in diesem Fall findet Artikel 2 des Gesetzes vom 26. August 1969 zu dem Wiener Übereinkommen vom 24. April 1963 über konsularische Beziehungen (BGBl. 1969 II, S. 1585)[4] entsprechende Anwendung.

(2) Besondere völkerrechtliche Vereinbarungen über die Befreiung der in Absatz 1 genannten Personen von der deutschen Gerichtsbarkeit bleiben unberührt.

---

[1] Abgedruckt unter Nr. *140.*

[2] Abgedruckt in der Anm. zu Art. 47 des Wiener Übk. über diplomatische Beziehungen v. 18.4.1961 (Nr. *140*).

[3] Abgedruckt unter Nr. *141.*

[4] Abgedruckt in der Anm. zu Art. 72 des Wiener Übk. über konsularische Beziehungen v. 24.4.1963 (Nr. *141*).

§ 20.[5] **[Weitere Exterritoriale]** (1) Die deutsche Gerichtsbarkeit erstreckt sich auch nicht auf Repräsentanten anderer Staaten und deren Begleitung, die sich auf amtliche Einladung der Bundesrepublik Deutschland im Geltungsbereich dieses Gesetzes aufhalten.

(2) Im Übrigen erstreckt sich die deutsche Gerichtsbarkeit auch nicht auf andere als die in Absatz 1 und in den §§ 18 und 19 genannten Personen, soweit sie nach den allgemeinen Regeln des Völkerrechts, aufgrund völkerrechtlicher Vereinbarungen oder sonstiger Rechtsvorschriften von ihr befreit sind.

---

[5] § 20 neu gefasst durch Gesetz v. 17.7.1984 (BGBl. I, S. 990).

B. Internationale Zuständigkeit

I. Multilaterale Staatsverträge[1, 2, 3]

1. Zivil- und Handelssachen

150. Brüsseler EWG-Übereinkommen über die gerichtliche Zuständigkeit und die Vollstreckung gerichtlicher Entscheidungen in Zivil- und Handelssachen

Vom 27. September 1968[1, 2] (BGBl. 1972 II, S. 774)
idF des 4. Beitrittsübereinkommens vom 29. November 1996 (BGBl. 1998 II, S. 1412)

(nicht abgedruckt)[3]

---

[1] Vorschriften über die internationale Zuständigkeit sind ferner in folgenden Staatsverträgen enthalten, die wegen ihrer Bedeutung für das IPR insgesamt im 2. Teil abgedruckt sind:

- Haager Übk. über den Erwachsenenschutz v. 13.1.2000 (Nr. *20*) in Art. 5–12;
- Haager Übk. über den Minderjährigenschutz v. 5.10.1961 (Nr. *52*) in Art. 1, 4–6 und 8–9;
- Haager Übk. über den Schutz von Kindern v. 19.10.1996 (Nr. *53*) in Art. 23–28;
- Römisches UNIDROIT-Übk. über gestohlene oder rechtswidrig ausgeführte Kulturgüter v. 24.6.1995 (Nr. *111*) in Art. 8.

[2] Das Haager Übk. über die Zuständigkeit des vertraglich vereinbarten Gerichts bei internationalen Kaufverträgen über bewegliche Sachen v. 15.4.1958 ist zwar von der *Bundesrepublik Deutschland* sowie von *Belgien, Griechenland* und *Österreich* gezeichnet, aber bisher nicht ratifiziert worden. Text (englisch/französisch): https://www.hcch.net/de/instruments/conventions (Nr. 5); deutsche Inhaltsangabe in RabelsZ 24 (1959) 21.

[3] Das Haager Übk. über einheitliche Regeln betr. die Gültigkeit und die Wirkungen von Gerichtsstandsvereinbarungen v. 25.11.1965 ist bisher allein von *Israel* gezeichnet worden. Text (englisch/französisch): https://www.hcch.net/de/instruments/conventions (Nr. 15).

[1] Das Übk. ist idF des **4. Beitrittsübk.** v. 29.11.1996 (BGBl. 1998 II, S. 1412) für die *Bundesrepublik Deutschland* am 1.1.1999 im Verhältnis zu *Dänemark* (ohne *Faröer-Inseln* und *Grönland*), den *Niederlanden, Österreich* und *Schweden* in Kraft getreten (BGBl. 1999 II, S. 419 und 697). Es galt in dieser Fassung ferner bis zum 28.2.2002 im Verhältnis zu *Finnland* und *Spanien* (seit 1.4.1999, BGBl. II S. 697), *Italien* (seit 1.6.1999, BGBl. II S. 697), *Griechenland* und *Portugal* (jeweils seit 1.10.1999, BGBl. 2000 II, S. 828), *Irland* (seit 1.12.1999, BGBl. 2000 II, S. 828), *Luxemburg* (seit 1.5.2000, BGBl. II S. 1154), *Frankreich* (seit 1.8.2000, BGBl. II S. 1154) und dem *Vereinigten Königreich* (seit 1.1.2001, BGBl. II S. 40). Es wurde von den *Niederlanden* auf *Aruba* erstreckt (BGBl. 2001 II, S. 40).

In der Fassung des **3. Beitrittsübk.** v. 26.5.1989 (BGBl. 1994 II, S. 519) galt das Übk. für die *Bundesrepublik Deutschland* seit dem 1.12.1994 im Verhältnis zu *Frankreich, Griechenland, Irland, Italien, Luxemburg,* den *Niederlanden, Portugal, Spanien* und dem *Vereinigten Königreich* (Bek. v. 25.10.1994, BGBl. II S. 3707) sowie seit dem 1.3.1996 für *Dänemark* (BGBl. II S. 380) und seit dem 1.10.1997 für *Belgien* (BGBl. 1998 II, S. 230). In dieser Fassung ist das Übk. abgedruckt im ABl. 1990 C 189, S. 2.

In der Fassung des **2. Beitrittsübk.** v. 25.10.1982 (BGBl. 1988 II, S. 453) galt das Übk. für die *Bundesrepublik Deutschland* seit dem 1.4.1989 im Verhältnis zu *Belgien, Dänemark, Frankreich, Griechenland, Irland, Italien, Luxemburg* und den *Niederlanden* (Bek. v. 15.2.1989, BGBl.

151. Haager Übereinkommen über Gerichtsstandsvereinbarungen

Vom 30. Juni 2005[1, 2, 3] (ABl. 2009 L 133, S. 3)

(Übersetzung)[4]

Kapitel I. Anwendungsbereich und Begriffsbestimmungen

Art. 1. Anwendungsbereich. (1) Dieses Übereinkommen ist bei internationalen Sachverhalten auf ausschließliche Gerichtsstandsvereinbarungen anzuwenden, die in Zivil- oder Handelssachen geschlossen werden.

II, S. 752), sowie seit dem 1.10.1989 im Verhältnis zum *Vereinigten Königreich* (Bek. v. 24.8. 1989, BGBl. II, S. 752). In dieser Fassung ist das Übk. abgedruckt im ABl. 1983 C 97, S. 2.

In der Fassung des **1. Beitrittsübk.** v. 9.10.1978 (BGBl. 1983 II, S. 803) galt das Übk. für die *Bundesrepublik Deutschland* seit dem 1.11.1986 im Verhältnis zu *Belgien, Dänemark, Frankreich, Italien, Luxemburg* und den *Niederlanden* (Bek. v. 14.11.1986, BGBl. II, S. 1020), ferner seit dem 1.1.1987 für das *Vereinigte Königreich* (Bek. v. 12.12.1986, BGBl. II, S. 1146) und seit dem 1.6.1988 für *Irland* (Bek. v. 20.6.1988, BGBl. II, S. 610). In dieser Fassung ist das Übk. abgedruckt im ABl. EG 1978 Nr. 304, S. 97.

In seiner ursprünglichen Fassung v. 27.9.1968 (BGBl. 1972 II, S. 774) galt das Übk. für die *Bundesrepublik Deutschland* seit dem 1.2.1973 im Verhältnis zu *Belgien, Dänemark, Frankreich, Italien, Luxemburg* und den *Niederlanden* (Bek. v. 12.1.1973, BGBl. II S. 60). In dieser Fassung ist das Übk. abgedruckt im ABl. 1972 L 299, S. 32. Vgl. zu dem Übk. auch den Bericht von *Jenard,* abgedruckt im ABl. 1979 C 59, S. 1.

[2] Siehe auch das Luxemburger Protokoll betreffend die Auslegung des Übereinkommens v. 27.9.1968 über die gerichtliche Zuständigkeit und die Vollstreckung gerichtlicher Entscheidungen in Zivil- und Handelssachen durch den Gerichtshof v. 3.6.1971 (BGBl. 1972 II, S. 846) idF des 4. Beitrittsübereinkommens vom 29.11.1996 (BGBl. 1998 II, S. 1412. Das Protokoll ist idF des 4. Beitrittsübk. für die *Bundesrepublik Deutschland* am 1.1. 1999 in Kraft getreten (BGBl. 1999 II, S. 419). Seit Inkrafttreten der Brüssel I-VO Nr. 44/ 2001 über die gerichtliche Zuständigkeit und die Vollstreckung gerichtlicher Entscheidungen in Zivil- und Handelssachen v. 22.12.2000 am 1.3.2002 galt das Protokoll nur noch im Verhältnis der Mitgliedstaaten zu *Dänemark.* Seit Inkrafttreten des Parallel-übk. mit *Dänemark* v. 19.10.2005 (ABl. L 299, S. 62; siehe dazu Anm. 13 zu Nr. *160*) am 1.7.2007 (ABl. L 94, S. 70) gilt das Protokoll auch insoweit nicht mehr.

[3] Die integrierte Fassung des Übk. unter Berücksichtigung der Änderungen durch das 4. Beitrittsübk. ist abgedruckt im ABl. 1998 C 27, S. 3.

[1] Das Übk. ist am 1.10.2015 für die *Europäische Union* und ihre Mitgliedstaaten (mit Ausnahme *Dänemarks*) im Verhältnis zu *Mexiko* in Kraft getreten. Es gilt inzwischen auch für *Dänemark* (seit 1.9.2018), *Montenegro* (seit 1.8.2018) und *Singapur* (seit 1.10.2016). Die *VR China,* die *Ukraine* und die *Vereinigten Staaten* haben das Übk zwar gezeichnet, aber bisher nicht ratifiziert. Siehe dazu den Beschluss des Rates über die Unterzeichnung des Übk. durch die EU mit Wirkung für die Mitgliedstaaten (außer *Dänemark*) v. 26.2.2009 (ABl. L 133, S. 1). Das Übk. hat daher die Qualität von sekundärem EU-Recht.

[2] Im Verhältnis der EU-Mitgliedstaaten zueinander (mit Ausnahme von *Dänemark*) wird das Übk. durch die Brüssel Ia-VO Nr. 2015/2012 v. 12.12.2012 (Nr. *160*) verdrängt, vgl. Art 26 Abs. 6 des Übk.

[3] Zu den Auswirkungen des Brexit auf die Geltung des Übereinkommens für das *Vereinigte Königreich* siehe Anm. 2 zum EU-Vertrag (Nr. *0–1*). Das *Vereinigte Königreich* ist dem Übk. inzwischen als souveräner Staat erneut beigetreten und hat erklärt, dass das Übk. für das *Vereinigte Königreich* seit dem 1.10.2015 ohne Unterbrechung gilt.

[4] Authentisch sind gleichberechtigt der englische und der französische Text: https:// www.hcch.net/de/instruments/conventions (Nr. 37).

(2) Für die Zwecke des Kapitels II ist ein Sachverhalt international, es sei denn, die Parteien haben ihren Aufenthalt im selben Vertragsstaat und die Beziehung der Parteien sowie alle anderen für den Rechtsstreit maßgeblichen Elemente weisen nur zu diesem Staat eine Verbindung auf, wobei der Ort des vereinbarten Gerichts unbeachtlich ist.

(3) Für die Zwecke des Kapitels III ist ein Sachverhalt international, wenn die Anerkennung oder Vollstreckung einer ausländischen Entscheidung geltend gemacht wird.

Art. 2. Ausschluss vom Anwendungsbereich. (1) Dieses Übereinkommen ist nicht anzuwenden auf ausschließliche Gerichtsstandsvereinbarungen,

a) bei denen eine natürliche Person, die in erster Linie zu persönlichen, familiären oder den Haushalt betreffenden Zwecken handelt (ein Verbraucher), Vertragspartei ist;

b) die sich auf Arbeitsverträge, einschließlich Kollektivvereinbarungen, beziehen.

(2) Dieses Übereinkommen ist nicht anzuwenden auf

a) den Personenstand, die Rechts- und Handlungsfähigkeit sowie die gesetzliche Vertretung von natürlichen Personen;

b) Unterhaltspflichten;

c) andere familienrechtliche Angelegenheiten, einschließlich der ehelichen Güterstande und anderer Rechte oder Pflichten aus einer Ehe oder aus ähnlichen Beziehungen;

d) das Erbrecht einschließlich des Testamentsrechts;

e) Insolvenz, insolvenzrechtliche Vergleiche und ähnliche Angelegenheiten;

f) die Beförderung von Reisenden und Gütern;

g) Meeresverschmutzung, Beschränkung der Haftung für Seeforderungen, große Haverei sowie Notschlepp- und Bergungsdienste;

h) kartellrechtliche (wettbewerbsrechtliche) Angelegenheiten;

i) die Haftung für nukleare Schäden;

j) Ansprüche aus Körperverletzung, die von natürlichen Personen oder in deren Namen geltend gemacht werden;

k) außervertragliche Ansprüche aus unerlaubter Handlung wegen Sachschäden;

l) dingliche Rechte an unbeweglichen Sachen sowie die Miete oder Pacht von unbeweglichen Sachen;

m) die Gültigkeit, Nichtigkeit oder Auflösung juristischer Personen sowie die Gültigkeit der Beschlüsse ihrer Organe;

n) die Gültigkeit von Rechten des geistigen Eigentums, mit Ausnahme des Urheberrechts und verwandter Schutzrechte;

o) die Verletzung von Rechten des geistigen Eigentums, mit Ausnahme des Urheberrechts und verwandter Schutzrechte, es sei denn, die Klage wird auf die Verletzung eines zwischen den Parteien bestehenden Vertrags, der sich auf solche Rechte bezieht, gestützt oder hätte auf die Verletzung dieses Vertrags gestützt werden können;

p) die Gültigkeit von Eintragungen in öffentliche Register.

(3) Ungeachtet des Absatzes 2 sind Verfahren vom Anwendungsbereich dieses Übereinkommens nicht ausgeschlossen, wenn eine nach Absatz 2 ausgeschlossene Angelegenheit lediglich als Vorfrage auftritt und nicht Gegenstand des Verfahrens ist. Insbesondere ist ein Verfahren vom Anwendungsbereich des Übereinkommens nicht ausgeschlossen, wenn eine nach Absatz 2 ausgeschlossene Angelegenheit lediglich aufgrund einer Einwendung auftritt und nicht Gegenstand des Verfahrens ist.

(4) Dieses Übereinkommen ist nicht anzuwenden auf die Schiedsgerichtsbarkeit sowie auf Verfahren, die sich auf ein Schiedsverfahren beziehen.

(5) Verfahren sind vom Anwendungsbereich dieses Übereinkommens nicht schon deshalb ausgeschlossen, weil ein Staat, einschließlich einer Regierung, einer Regierungsstelle oder einer für einen Staat handelnden Person, Verfahrenspartei ist.

(6) Dieses Übereinkommen berührt nicht die Vorrechte und Immunitäten von Staaten oder internationalen Organisationen in Bezug auf sie selbst und ihr Vermögen.

Art. 3. Ausschließliche Gerichtsstandsvereinbarungen. Für die Zwecke dieses Übereinkommens gilt Folgendes:

a) „Ausschließliche Gerichtsstandsvereinbarung" bezeichnet eine Vereinbarung zwischen zwei oder mehr Parteien, die den Erfordernissen des Buchstaben c genügt und in der die Gerichte eines Vertragsstaats oder ein oder mehrere bestimmte Gerichte eines Vertragsstaats unter Ausschluss der Zuständigkeit aller anderen Gerichte zu dem Zweck benannt werden, über eine bereits entstandene Rechtsstreitigkeit oder über eine künftige aus einem bestimmten Rechtsverhältnis entspringende Rechtsstreitigkeit zu entscheiden;

b) eine Gerichtsstandsvereinbarung, in der die Gerichte eines Vertragsstaats oder ein oder mehrere bestimmte Gerichte eines Vertragsstaats benannt werden, gilt als ausschließlich, sofern die Parteien nicht ausdrücklich etwas anderes vereinbart haben;

c) eine ausschließliche Gerichtsstandsvereinbarung muss wie folgt geschlossen oder dokumentiert sein:

   i) schriftlich oder

   ii) durch jedes andere Kommunikationsmittel, das es ermöglicht, auf die Information später wieder zuzugreifen;

d) eine ausschließliche Gerichtsstandsvereinbarung, die Teil eines Vertrags ist, ist als eine von den übrigen Vertragsbestimmungen unabhängige Vereinbarung zu behandeln. Die Gültigkeit der ausschließlichen Gerichtsstandsvereinbarung kann nicht allein mit der Begründung in Frage gestellt werden, dass der Vertrag nicht gültig ist.

Art. 4. Sonstige Begriffsbestimmungen. (1) In diesem Übereinkommen bezeichnet „Entscheidung" jede gerichtliche Entscheidung in der Sache, unabhängig von ihrer Bezeichnung, wie ein Urteil oder einen Beschluss, sowie den gerichtlichen Kostenfestsetzungsbeschluss (auch eines Gerichtsbediensteten), sofern er sich auf eine Entscheidung in der Sache bezieht, die nach diesem Übereinkommen anerkannt oder vollstreckt werden kann. Eine einstweilige Sicherungsmaßnahme gilt nicht als Entscheidung.

(2) Für die Zwecke dieses Übereinkommens hat eine rechtliche Einheit oder eine Person, die keine natürliche Person ist, ihren Aufenthalt in dem Staat,

a) in dem sie ihren satzungsmäßigen Sitz hat;
b) nach dessen Recht sie gegründet wurde;
c) in dem sie ihre Hauptverwaltung hat oder
d) in dem sie ihre Hauptniederlassung hat.

Kapitel II. Zuständigkeit

Art. 5. Zuständigkeit des vereinbarten Gerichts. (1) Das Gericht oder die Gerichte eines Vertragsstaats, die in einer ausschließlichen Gerichtsstandsvereinbarung benannt sind, sind zuständig für die Entscheidung eines Rechtsstreits, für den die Vereinbarung gilt, es sei denn, die Vereinbarung ist nach dem Recht dieses Staates ungültig.

(2) Ein nach Absatz 1 zuständiges Gericht darf die Ausübung seiner Zuständigkeit nicht mit der Begründung verweigern, dass ein Gericht eines anderen Staates über den Rechtsstreit entscheiden sollte.

(3) Die Absatze 1 und 2 lassen Vorschriften unberührt, welche

a) die sachliche Zuständigkeit oder die Zuständigkeit aufgrund des Streitwerts betreffen;
b) die innerstaatliche Zuständigkeitsverteilung zwischen den Gerichten eines Vertragsstaats betreffen. Steht die Verweisung einer Rechtssache an ein anderes Gericht jedoch im Ermessen des vereinbarten Gerichts, so ist die von den Parteien getroffene Wahl gebührend zu berücksichtigen.

Art. 6. Pflichten eines nicht vereinbarten Gerichts. Ein Gericht eines Vertragsstaats, der nicht der Staat des vereinbarten Gerichts ist, setzt Verfahren, für die eine ausschließliche Gerichtsstandsvereinbarung gilt, aus oder weist die Klage als unzulässig ab, es sei denn,

a) die Vereinbarung ist nach dem Recht des Staates des vereinbarten Gerichts ungültig;

b) einer Partei fehlte nach dem Recht des Staates des angerufenen Gerichts die Fähigkeit, die Vereinbarung zu schließen;

c) die Anwendung der Vereinbarung wurde zu einer offensichtlichen Ungerechtigkeit führen oder der öffentlichen Ordnung *(ordre public)* des Staates des angerufenen Gerichts offensichtlich widersprechen;

d) es ist aus außergewöhnlichen Gründen, die sich dem Einfluss der Parteien entziehen, nicht zumutbar, die Vereinbarung umzusetzen, oder

e) das vereinbarte Gericht hat entschieden, kein Verfahren in der Sache durchzuführen.

Art. 7. Einstweilige Sicherungsmaßnahmen. Einstweilige Sicherungsmaßnahmen werden von diesem Übereinkommen nicht erfasst. Die Gewährung, Versagung oder Beendigung einstweiliger Sicherungsmaßnahmen durch ein Gericht eines Vertragsstaats ist nach diesem Übereinkommen weder vorgeschrieben noch ausgeschlossen; die Frage, ob eine Partei solche Maßnahmen beantragen kann oder ein Gericht sie gewähren, versagen oder beendigen soll, wird von diesem Übereinkommen nicht berührt.

Kapitel III. Anerkennung und Vollstreckung

Art. 8. Anerkennung und Vollstreckung. (1) Eine Entscheidung eines in einer ausschließlichen Gerichtsstandsvereinbarung benannten Gerichts eines Vertragsstaats wird in den anderen Vertragsstaaten nach Maßgabe dieses Kapitels anerkannt und vollstreckt. Die Anerkennung oder Vollstreckung kann nur aus den in diesem Übereinkommen genannten Gründen versagt werden.

(2) Unbeschadet der für die Anwendung dieses Kapitels notwendigen Nachprüfung darf die Entscheidung des Ursprungsgerichts in der Sache selbst nicht nachgeprüft werden. Das ersuchte Gericht ist an die tatsachlichen Feststellungen gebunden, auf die das Ursprungsgericht seine Zuständigkeit gestützt hat, es sei denn, die Entscheidung ist im Versäumnisverfahren ergangen.

(3) Eine Entscheidung wird nur anerkannt, wenn sie im Ursprungsstaat wirksam ist; sie wird nur vollstreckt, wenn sie im Ursprungsstaat vollstreckbar ist.

(4) Die Anerkennung oder Vollstreckung kann aufgeschoben oder versagt werden, wenn die Entscheidung Gegenstand einer gerichtlichen Nachprüfung im Ursprungsstaat ist oder wenn die Frist für die Einlegung eines ordentlichen Rechtsbehelfs noch nicht verstrichen ist. Eine Versagung steht

einem erneuten Antrag auf Anerkennung oder Vollstreckung der Entscheidung zu einem späteren Zeitpunkt nicht entgegen.

(5) Dieser Artikel gilt auch für eine Entscheidung, die von einem Gericht eines Vertragsstaats erlassen wurde, nachdem die Rechtssache vom vereinbarten Gericht innerhalb dieses Vertragsstaats, wie nach Artikel 5 Absatz 3 zulässig, verwiesen worden war. Stand die Verweisung der Rechtssache an ein anderes Gericht jedoch im Ermessen des vereinbarten Gerichts, so kann die Anerkennung oder Vollstreckung der Entscheidung gegen eine Partei versagt werden, die im Ursprungsstaat rechtzeitig der Verweisung widersprochen hat.

Art. 9. Versagung der Anerkennung oder Vollstreckung. Die Anerkennung oder Vollstreckung kann versagt werden, wenn

a) die Vereinbarung nach dem Recht des Staates des vereinbarten Gerichts ungültig war, es sei denn, das vereinbarte Gericht hat festgestellt, dass die Vereinbarung gültig ist;

b) einer Partei nach dem Recht des ersuchten Staates die Fähigkeit fehlte, die Vereinbarung zu schließen;

c) das verfahrenseinleitende Schriftstuck oder ein gleichwertiges Schriftstuck, das die wesentlichen Elemente der Klage enthält,

 i) dem Beklagten nicht so rechtzeitig und nicht in einer Weise übermittelt worden ist, dass er sich verteidigen konnte, es sei denn, der Beklagte hat sich auf das Verfahren eingelassen und zur Klage Stellung genommen, ohne die fehlerhafte Übermittlung vor dem Ursprungsgericht zu rügen, sofern es nach dem Recht des Ursprungsstaats zulässig war, eine fehlerhafte Übermittlung zu rügen, oder

 ii) dem Beklagten im ersuchten Staat in einer Weise übermittelt worden ist, die mit wesentlichen Grundsätzen des ersuchten Staates für die Zustellung von Schriftstucken unvereinbar ist;

d) die Entscheidung durch Prozessbetrug erlangt worden ist;

e) die Anerkennung oder Vollstreckung der öffentlichen Ordnung *(ordre public)* des ersuchten Staates offensichtlich widerspräche, einschließlich der Fälle, in denen das zu der Entscheidung führende Verfahren mit wesentlichen Grundsätzen des fairen Verfahrens dieses Staates unvereinbar war;

f) die Entscheidung mit einer Entscheidung unvereinbar ist, die in einem Rechtsstreit zwischen denselben Parteien im ersuchten Staat ergangen ist, oder

g) die Entscheidung mit einer früheren Entscheidung unvereinbar ist, die in einem anderen Staat zwischen denselben Parteien wegen desselben Anspruchs ergangen ist, sofern die frühere Entscheidung die für ihre Anerkennung im ersuchten Staat erforderlichen Voraussetzungen erfüllt.

Art. 10. Vorfragen. (1) Trat eine nach Artikel 2 Absatz 2 oder nach Artikel 21 ausgeschlossene Angelegenheit als Vorfrage auf, so wird die Beurteilung dieser Frage nicht nach diesem Übereinkommen anerkannt oder vollstreckt.

(2) Die Anerkennung oder Vollstreckung einer Entscheidung kann versagt werden, sofern und soweit die Entscheidung auf einer vorfrageweisen Beurteilung einer nach Artikel 2 Absatz 2 ausgeschlossenen Angelegenheit beruhte.

(3) Betraf die vorfrageweise Beurteilung jedoch die Gültigkeit eines Rechts des geistigen Eigentums, mit Ausnahme des Urheberrechts oder eines verwandten Schutzrechts, so darf die Anerkennung oder Vollstreckung einer Entscheidung nur dann nach Absatz 2 versagt oder aufgeschoben werden, wenn

a) diese Beurteilung unvereinbar ist mit einer gerichtlichen Entscheidung oder einem Beschluss einer zuständigen Behörde, die beziehungsweise der in dieser Angelegenheit in dem Staat ergangen ist, nach dessen Recht das Recht des geistigen Eigentums entstanden ist, oder

b) in diesem Staat ein Verfahren anhängig ist, das die Gültigkeit des Rechts des geistigen Eigentums zum Gegenstand hat.

(4) Die Anerkennung oder Vollstreckung einer Entscheidung kann versagt werden, sofern und soweit sie auf einer vorfrageweisen Beurteilung einer Angelegenheit beruhte, die aufgrund einer Erklärung des ersuchten Staates nach Artikel 21 ausgeschlossen ist.

Art. 11. Schadenersatz. (1) Die Anerkennung oder Vollstreckung einer Entscheidung kann versagt werden, sofern und soweit mit ihr Schadenersatz, einschließlich exemplarischen Schadenersatzes oder Strafschadenersatzes, zugesprochen wird, der eine Partei nicht für einen tatsächlich erlittenen Schaden oder Nachteil entschädigt.

(2) Das ersuchte Gericht berücksichtigt, ob und inwieweit der vom Ursprungsgericht zugesprochene Schadenersatz der Deckung der durch das Verfahren entstandenen Kosten dient.

Art. 12. Gerichtliche Vergleiche. Gerichtliche Vergleiche, die von einem in einer ausschließlichen Gerichtsstandsvereinbarung benannten Gericht eines Vertragsstaats gebilligt oder die vor diesem Gericht im Laufe eines Verfahrens geschlossen worden sind und die im Ursprungsstaat in derselben Weise wie eine Entscheidung vollstreckbar sind, werden nach diesem Übereinkommen in derselben Weise wie eine Entscheidung vollstreckt.

Art. 13.[5] **Vorzulegende Schriftstücke.** (1) Die Partei, welche die Anerkennung geltend macht oder die Vollstreckung beantragt, hat Folgendes vorzulegen:

a) eine vollständige und beglaubigte Abschrift der Entscheidung;

b) die ausschließliche Gerichtsstandsvereinbarung, eine beglaubigte Abschrift dieser Vereinbarung oder einen anderen Nachweis für ihr Bestehen;

c) bei einer im Versäumnisverfahren ergangenen Entscheidung die Urschrift oder eine beglaubigte Abschrift der Urkunde, aus der sich ergibt, dass das den Rechtsstreit einleitende Schriftstück oder ein gleichwertiges Schriftstück der säumigen Partei übermittelt worden ist;

d) alle Schriftstücke, die erforderlich sind, um nachzuweisen, dass die Entscheidung im Ursprungsstaat wirksam oder gegebenenfalls vollstreckbar ist;

e) in dem in Artikel 12 bezeichneten Fall eine Bescheinigung eines Gerichts des Ursprungsstaats darüber, dass der gerichtliche Vergleich oder ein Teil davon im Ursprungsstaat in derselben Weise wie eine Entscheidung vollstreckbar ist.

(2) Kann das ersuchte Gericht anhand des Inhalts der Entscheidung nicht feststellen, ob die Voraussetzungen dieses Kapitels erfüllt sind, so kann es die Vorlage weiterer erforderlicher Schriftstucke verlangen.

(3) Einem Antrag auf Anerkennung oder Vollstreckung kann ein Schriftstück beigefügt werden, das von einem Gericht (einschließlich eines Gerichtsbediensteten) des Ursprungsstaats entsprechend dem von der Haager Konferenz für Internationales Privatrecht empfohlenen und veröffentlichten Formblatt ausgefertigt wurde.

(4) Sind die in diesem Artikel bezeichneten Schriftstücke nicht in einer Amtssprache des ersuchten Staates abgefasst, so ist ihnen eine beglaubigte Übersetzung in eine Amtssprache beizufügen, sofern das Recht des ersuchten Staates nichts anderes vorsieht.

Art. 14. Verfahren. Sofern dieses Übereinkommen nichts anderes vorsieht, ist für das Verfahren zur Anerkennung, Vollstreckbarerklärung oder Registrierung zur Vollstreckung sowie für die Vollstreckung der Entscheidung das Recht des ersuchten Staates maßgebend. Das ersuchte Gericht hat zugig zu handeln.

Art. 15. Teilbarkeit. Die Anerkennung oder Vollstreckung eines abtrennbaren Teiles einer Entscheidung wird zugelassen, wenn die Anerkennung oder Vollstreckung dieses Teiles beantragt wird oder wenn nur ein Teil der Entscheidung nach diesem Übereinkommen anerkannt oder vollstreckt werden kann.

---

[5] Zur Zuständigkeit für die Ausstellung der Bescheinigung nach Art. 13 Abs. 1 lit. e und Abs. 3 in Deutschland siehe § 58 AVAG idF v. 30.11.2015 (Nr. *152a*).

Kapitel IV. Allgemeine Vorschriften

Art. 16. Übergangsbestimmungen. (1) Dieses Übereinkommen ist auf ausschließliche Gerichtsstandsvereinbarungen anzuwenden, die geschlossen werden, nachdem das Übereinkommen für den Staat des vereinbarten Gerichts in Kraft getreten ist.

(2) Dieses Übereinkommen ist nicht anzuwenden auf Verfahren, die eingeleitet wurden, bevor das Übereinkommen für den Staat des angerufenen Gerichts in Kraft getreten ist.

Art. 17. Versicherungs- und Rückversicherungsverträge. (1) Verfahren aufgrund eines Versicherungs- oder Ruckversicherungsvertrags sind vom Anwendungsbereich dieses Übereinkommens nicht deshalb ausgeschlossen, weil der Versicherungs- oder Rückversicherungsvertrag eine Angelegenheit betrifft, auf die dieses Übereinkommen nicht anzuwenden ist.

(2) Die Anerkennung und Vollstreckung einer Entscheidung über die Leistungspflicht aus einem Versicherungs- oder Rückversicherungsvertrag dürfen nicht mit der Begründung beschränkt oder versagt werden, dass die Leistungspflicht aus diesem Vertrag auch die Pflicht umfasst, den Versicherten oder Rückversicherten zu entschädigen in Bezug auf

a) eine Angelegenheit, auf die dieses Übereinkommen nicht anzuwenden ist, oder
b) eine Schadenersatz zusprechende Entscheidung, auf die Artikel 11 angewendet werden konnte.

Art. 18. Keine Legalisation. Alle nach diesem Übereinkommen übermittelten oder ausgestellten Schriftstücke sind von jeder Legalisation oder entsprechenden Förmlichkeit einschließlich einer Apostille befreit.

Art. 19. Die Zuständigkeit beschränkende Erklärungen. Ein Staat kann erklären, dass seine Gerichte es ablehnen können, Rechtsstreitigkeiten zu entscheiden, für die eine ausschließliche Gerichtsstandsvereinbarung gilt, wenn abgesehen vom Ort des vereinbarten Gerichts keine Verbindung zwischen diesem Staat und den Parteien oder dem Rechtsstreit besteht.

Art. 20. Die Anerkennung und Vollstreckung beschränkende Erklärungen. Ein Staat kann erklären, dass seine Gerichte die Anerkennung oder Vollstreckung einer Entscheidung versagen können, die von einem Gericht eines anderen Vertragsstaats erlassen wurde, wenn die Parteien ihren Aufenthalt im ersuchten Staat hatten und die Beziehung der Parteien und alle anderen für den Rechtsstreit maßgeblichen Elemente mit Ausnahme des Ortes des vereinbarten Gerichts nur zum ersuchten Staat eine Verbindung aufwiesen.

Art. 21. Erklärungen in Bezug auf besondere Rechtsgebiete. (1) Hat ein Staat ein großes Interesse daran, dieses Übereinkommen auf ein besonderes Rechtsgebiet nicht anzuwenden, so kann dieser Staat erklären, dass er das Übereinkommen auf dieses Rechtsgebiet nicht anwenden wird. Ein Staat, der eine solche Erklärung abgibt, hat sicherzustellen, dass die Erklärung nicht weiter reicht als erforderlich und dass das ausgeschlossene Rechtsgebiet klar und eindeutig bezeichnet ist.

(2) In Bezug auf dieses Rechtsgebiet ist das Übereinkommen nicht anzuwenden

a) in dem Vertragsstaat, der die Erklärung abgegeben hat;

b) in anderen Vertragsstaaten, sofern in einer ausschließlichen Gerichtsstandsvereinbarung die Gerichte oder ein oder mehrere bestimmte Gerichte des Staates benannt sind, der die Erklärung abgegeben hat.

Art. 22. Gegenseitige Erklärungen über nicht ausschließliche Gerichtsstandsvereinbarungen. (1) Ein Vertragsstaat kann erklären, dass seine Gerichte Entscheidungen anerkennen und vollstrecken werden, die von Gerichten anderer Vertragsstaaten erlassen wurden, wenn diese Gerichte in einer zwischen zwei oder mehr Parteien geschlossenen Gerichtsstandsvereinbarung benannt sind, die den Erfordernissen des Artikels 3 Buchstabe c genügt und in der ein Gericht oder Gerichte eines oder mehrerer Vertragsstaaten zu dem Zweck benannt werden, über eine bereits entstandene Rechtsstreitigkeit oder über eine künftige aus einem bestimmten Rechtsverhältnis entspringende Rechtsstreitigkeit zu entscheiden (nicht ausschließliche Gerichtsstandsvereinbarung).

(2) Wird in einem Vertragsstaat, der eine solche Erklärung abgegeben hat, die Anerkennung oder Vollstreckung einer Entscheidung geltend gemacht, die in einem anderen Vertragsstaat ergangen ist, der eine solche Erklärung abgegeben hat, so wird die Entscheidung nach diesem Übereinkommen anerkannt und vollstreckt, sofern

a) das Ursprungsgericht in einer nicht ausschließlichen Gerichtsstandsvereinbarung benannt war;

b) weder eine Entscheidung vorliegt, die von einem anderen Gericht erlassen wurde, vor dem nach der nicht ausschließlichen Gerichtsstandsvereinbarung ein Verfahren eingeleitet werden konnte, noch bei einem solchen anderen Gericht zwischen denselben Parteien ein Verfahren wegen desselben Anspruchs anhängig ist und

c) das Ursprungsgericht das zuerst angerufene Gericht war.

Art. 23. Einheitliche Auslegung. Bei der Auslegung dieses Übereinkommens ist seinem internationalen Charakter und der Notwendigkeit, seine einheitliche Anwendung zu fördern, Rechnung zu tragen.

Art. 24. Prüfung der praktischen Durchführung des Übereinkommens. Der Generalsekretär der Haager Konferenz für Internationales Privatrecht trifft in regelmäßigen Abständen Vorkehrungen für

a) die Prüfung der praktischen Durchführung dieses Übereinkommens, einschließlich aller Erklärungen, und

b) die Prüfung, ob Änderungen dieses Übereinkommens wünschenswert sind.

Art. 25. Nicht einheitliche Rechtssysteme. (1) Gelten in einem Vertragsstaat in verschiedenen Gebietseinheiten zwei oder mehr Rechtssysteme in Bezug auf in diesem Übereinkommen geregelte Angelegenheiten, so ist

a) jede Bezugnahme auf das Recht oder Verfahren eines Staates gegebenenfalls als Bezugnahme auf das in der betreffenden Gebietseinheit geltende Recht oder Verfahren zu verstehen;

b) jede Bezugnahme auf den Aufenthalt in einem Staat gegebenenfalls als Bezugnahme auf den Aufenthalt in der betreffenden Gebietseinheit zu verstehen;

c) jede Bezugnahme auf das Gericht oder die Gerichte eines Staates gegebenenfalls als Bezugnahme auf das Gericht oder die Gerichte in der betreffenden Gebietseinheit zu verstehen;

d) jede Bezugnahme auf eine Verbindung zu einem Staat gegebenenfalls als Bezugnahme auf eine Verbindung zu der betreffenden Gebietseinheit zu verstehen.

(2) Ungeachtet des Absatzes 1 ist ein Vertragsstaat mit zwei oder mehr Gebietseinheiten, in denen unterschiedliche Rechtssysteme gelten, nicht verpflichtet, dieses Übereinkommen auf Fälle anzuwenden, die allein diese verschiedenen Gebietseinheiten betreffen.

(3) Ein Gericht in einer Gebietseinheit eines Vertragsstaats mit zwei oder mehr Gebietseinheiten, in denen unterschiedliche Rechtssysteme gelten, ist nicht verpflichtet, eine Entscheidung aus einem anderen Vertragsstaat allein deshalb anzuerkennen oder zu vollstrecken, weil die Entscheidung in einer anderen Gebietseinheit desselben Vertragsstaats nach diesem Übereinkommen anerkannt oder vollstreckt worden ist.

(4) Dieser Artikel ist nicht anzuwenden auf Organisationen der regionalen Wirtschaftsintegration.

Art. 26. Verhältnis zu anderen internationalen Rechtsinstrumenten. (1) Dieses Übereinkommen ist, soweit möglich, so auszulegen, dass es mit anderen für die Vertragsstaaten geltenden Verträgen vereinbar ist; dies gilt unabhängig davon, ob diese vor oder nach diesem Übereinkommen geschlossen worden sind.

(2) Dieses Übereinkommen lässt die Anwendung eines anderen Vertrags durch einen Vertragsstaat dieses Übereinkommens unberührt, sofern keine

der Parteien ihren Aufenthalt in einem Vertragsstaat dieses Übereinkommens hat, der nicht Vertragspartei des anderen Vertrags ist; dies gilt unabhängig davon, ob der andere Vertrag vor oder nach diesem Übereinkommen geschlossen worden ist.

(3) Dieses Übereinkommen lässt die Anwendung eines anderen Vertrags durch einen Vertragsstaat dieses Übereinkommens unberührt, wenn die Anwendung des Übereinkommens mit den Verpflichtungen dieses Vertragsstaats gegenüber Nichtvertragsstaaten dieses Übereinkommens unvereinbar wäre; dies gilt nur, wenn der andere Vertrag geschlossen wurde, bevor dieses Übereinkommen für den betreffenden Vertragsstaat in Kraft getreten ist. Dieser Absatz gilt auch für Verträge zur Revision oder Ablösung eines Vertrags, der geschlossen wurde, bevor dieses Übereinkommen für den betreffenden Vertragsstaat in Kraft getreten ist, soweit durch die Revision oder Ablösung nicht neue Unvereinbarkeiten mit diesem Übereinkommen entstehen.

(4) Dieses Übereinkommen lässt die Anwendung eines anderen Vertrags durch einen Vertragsstaat dieses Übereinkommens unberührt, die dazu dient, die Anerkennung oder Vollstreckung einer von einem Gericht eines Vertragsstaats dieses Übereinkommens erlassenen Entscheidung zu erwirken, der auch Vertragspartei des anderen Vertrags ist; dies gilt unabhängig davon, ob der andere Vertrag vor oder nach diesem Übereinkommen geschlossen worden ist. Die Entscheidung darf jedoch nicht in einem geringeren Umfang anerkannt oder vollstreckt werden als nach diesem Übereinkommen.

(5) Dieses Übereinkommen lässt die Anwendung eines anderen Vertrags, der in Bezug auf ein besonderes Rechtsgebiet die Zuständigkeit oder die Anerkennung oder Vollstreckung von Entscheidungen regelt, durch einen Vertragsstaat dieses Übereinkommens auch dann unberührt, wenn er nach diesem Übereinkommen geschlossen worden ist und wenn alle betroffenen Staaten Vertragsparteien dieses Übereinkommens sind.

Dieser Absatz ist nur anzuwenden, wenn der Vertragsstaat dieses Übereinkommens nach diesem Absatz eine Erklärung in Bezug auf den anderen Vertrag abgegeben hat. Soweit Unvereinbarkeit besteht, sind die anderen Vertragsstaaten dieses Übereinkommens im Fall einer solchen Erklärung nicht verpflichtet, dieses Übereinkommen auf dieses besondere Rechtsgebiet anzuwenden, wenn in einer ausschließlichen Gerichtsstandsvereinbarung die Gerichte oder ein oder mehrere bestimmte Gerichte des Vertragsstaats benannt sind, der die Erklärung abgegeben hat.

(6) Dieses Übereinkommen lässt die Anwendung der Vorschriften einer Organisation der regionalen Wirtschaftsintegration, die Vertragspartei dieses Übereinkommens ist, unberührt, unabhängig davon, ob diese vor oder nach diesem Übereinkommen angenommen worden sind,

a) sofern keine der Parteien ihren Aufenthalt in einem Vertragsstaat dieses Übereinkommens hat, der nicht Mitgliedstaat der Organisation der regionalen Wirtschaftsintegration ist;

b) sofern es um die Anerkennung oder Vollstreckung von Entscheidungen zwischen Mitgliedstaaten der Organisation der regionalen Wirtschaftsintegration geht.[6]

Kapitel V. Schlussbestimmungen

Art. 27–28. *(nicht abgedruckt)*

Art. 29. Organisationen der regionalen Wirtschaftsintegration.
(1) Eine Organisation der regionalen Wirtschaftsintegration, die ausschließlich von souveränen Staaten gebildet wird und für einige oder alle in diesem Übereinkommen geregelten Angelegenheiten zuständig ist, kann dieses Übereinkommen ebenfalls unterzeichnen, annehmen, genehmigen oder ihm beitreten. Die Organisation der regionalen Wirtschaftsintegration hat in diesem Fall die Rechte und Pflichten eines Vertragsstaats in dem Umfang, in dem sie für Angelegenheiten zuständig ist, die in diesem Übereinkommen geregelt sind.

(2) Die Organisation der regionalen Wirtschaftsintegration notifiziert dem Verwahrer bei der Unterzeichnung, der Annahme, der Genehmigung oder dem Beitritt schriftlich die in diesem Übereinkommen geregelten Angelegenheiten, für die ihr von ihren Mitgliedstaaten die Zuständigkeit übertragen wurde. Die Organisation notifiziert dem Verwahrer umgehend schriftlich jede Veränderung ihrer Zuständigkeit gegenüber der letzten Notifikation nach diesem Absatz.

(3) Für das Inkrafttreten dieses Übereinkommens zählt eine von einer Organisation der regionalen Wirtschaftsintegration hinterlegte Urkunde nicht, es sei denn, die Organisation der regionalen Wirtschaftsintegration erklärt nach Artikel 30, dass ihre Mitgliedstaaten nicht Vertragsparteien dieses Übereinkommens werden.

(4) Jede Bezugnahme in diesem Übereinkommen auf einen „Vertragsstaat" oder „Staat" gilt gegebenenfalls gleichermaßen für eine Organisation der regionalen Wirtschaftsorganisation, die Vertragspartei dieses Übereinkommens ist.

Art. 30. Beitritt einer Organisation der regionalen Wirtschaftsintegration ohne ihre Mitgliedstaaten. (1) Eine Organisation der regionalen Wirtschaftsintegration kann bei der Unterzeichnung, der Annahme, der Genehmigung oder dem Beitritt erklären, dass sie für alle in diesem Übereinkommen geregelten Angelegenheiten zuständig ist und dass ihre Mitgliedstaaten nicht Vertragsparteien dieses Übereinkommens sein werden, jedoch aufgrund der Unterzeichnung, der Annahme, der Genehmigung oder des Beitritts der Organisation gebunden sind.

---

[6] Art. 26 Abs. 6 regelt insbesondere das Verhältnis zur Verordnung (EU) Nr. 1215/2012 (Brüssel Ia-VO, Nr. *160*).

(2) Gibt eine Organisation der regionalen Wirtschaftsintegration eine Erklärung nach Absatz 1 ab, so gilt jede Bezugnahme in diesem Übereinkommen auf einen „Vertragsstaat" oder „Staat" gegebenenfalls gleichermaßen für die Mitgliedstaaten der Organisation.

Art. 31–34. *(nicht abgedruckt)*

152. Luganer Übereinkommen über die gerichtliche Zuständigkeit und die Anerkennung und Vollstreckung von Entscheidungen in Zivil- und Handelssachen

Vom 30. Oktober 2007[1, 2, 3, 4] (ABl. 2009 L 147, S. 5)

Präambel

DIE HOHEN VERTRAGSCHLIESSENDEN PARTEIEN,

ENTSCHLOSSEN, in ihren Hoheitsgebieten den Rechtsschutz der dort ansässigen Personen zu verstärken,

IN DER ERWÄGUNG, dass es zu diesem Zweck geboten ist, die internationale Zuständigkeit ihrer Gerichte festzulegen, die Anerkennung von Entscheidungen zu erleichtern und ein beschleunigtes Verfahren einzuführen, um die Vollstreckung von Entscheidungen, öffentlichen Urkunden und gerichtlichen Vergleichen sicherzustellen,

IM BEWUSSTSEIN der zwischen ihnen bestehenden Bindungen, die im wirtschaftlichen Bereich durch die Freihandelsabkommen zwischen der Europäischen Gemeinschaft und bestimmten Mitgliedstaaten der Europäischen Freihandelsassoziation bestätigt worden sind,

UNTER BERÜCKSICHTIGUNG:

– des Brüsseler Übereinkommens vom 27. September 1968 über die gerichtliche Zuständigkeit und die Vollstreckung gerichtlicher Entscheidungen in Zivil- und Handelssachen in der Fassung der infolge der ver-

---

[1] Das Übk. ist am 1.1.2010 für die *Europäische Union, Dänemark* und *Norwegen* in Kraft getreten; es gilt inzwischen ferner für die *Schweiz* (seit. 1.1.2011) und *Island* (seit 1.5.2011). Es tritt im Verhältnis der Vertragsstaaten zueinander gemäß seinem Art. 69 Abs. 6 an die Stelle des Luganer Übk. v. 16.9.1988; dazu Anm. 6.

Eine Anpassung des Übk. an die Neufassung der Brüssel I-VO durch die Verordnung (EU) Nr. 1215/2012 v. 12.12.2012 (Brüssel Ia-VO, Nr. *160*) ist bisher nicht erfolgt.

[2] Siehe dazu den Ratsbeschluss v. 27.11.2008 (ABl. 2009 L 147, S. 1) betr. den Abschluss des Übk. durch die EU mit Wirkung für die Mitgliedstaaten (außer *Dänemark*). Das Übk. hat damit in den Mitgliedstaaten die Qualität von sekundärem EU-Recht.

[3] Zu den Auswirkungen des Brexit auf die Geltung des Übereinkommens für das *Vereinigte Königreich* siehe Anm. 2 zum EU-Vertrag (Nr. *0–1*).

[4] Siehe zu dem Übk. auch den Bericht von *Pocar* (ABl. 2009 C 319, S. 1), die im Anhang abgedruckten Protokolle und das deutsche Anerkennungs- und Vollstreckungsausführungsgesetz (AVAG) idF v. 30.11.2015 (Nr. *152a*).

schiedenen Erweiterungen der Europäischen Union geschlossenen Beitrittsübereinkommen,[5]

- des Übereinkommens von Lugano vom 16. September 1988 über die gerichtliche Zuständigkeit und die Vollstreckung gerichtlicher Entscheidungen in Zivil- und Handelssachen, das die Anwendung der Bestimmungen des Brüsseler Übereinkommens von 1968 auf bestimmte Mitgliedstaaten der Europäischen Freihandelsassoziation erstreckt,[6]
- der Verordnung (EG) Nr. 44/2001 des Rates vom 22. Dezember 2000 über die gerichtliche Zuständigkeit und die Anerkennung und Vollstreckung von Entscheidungen in Zivil- und Handelssachen,[7]
- des Abkommens zwischen der Europäischen Gemeinschaft und dem Königreich Dänemark über die gerichtliche Zuständigkeit und die Anerkennung und Vollstreckung von Entscheidungen in Zivil- und Handelssachen, das am 19. Oktober 2005 in Brüssel unterzeichnet worden ist;[8]

IN DER ÜBERZEUGUNG, dass die Ausdehnung der Grundsätze der Verordnung (EG) Nr. 44/2001 auf die Vertragsparteien des vorliegenden Übereinkommens die rechtliche und wirtschaftliche Zusammenarbeit verstärken wird,

IN DEM WUNSCH, eine möglichst einheitliche Auslegung des Übereinkommens sicherzustellen,

HABEN in diesem Sinne BESCHLOSSEN, dieses Übereinkommen zu schließen, und

SIND WIE FOLGT ÜBEREINGEKOMMEN:

Titel I. Anwendungsbereich

Art. 1. [Anwendungsbereich] (1) Dieses Übereinkommen ist in Zivil- und Handelssachen anzuwenden, ohne dass es auf die Art der Gerichtsbar-

[5] Vgl. dazu Nr. *150.*

[6] Text im BGBl. 1994 II, S. 2660. Das Übk. vom 16.9.1988 ist für die *Bundesrepublik Deutschland* am 1.3.1995 im Verhältnis zu *Finnland, Frankreich, Irland, Italien, Luxemburg,* den *Niederlanden, Norwegen, Portugal, Schweden,* der *Schweiz, Spanien* und dem *Vereinigten Königreich* in Kraft getreten (Bek. v. 8.2.1995, BGBl. II, S. 221). Es galt ferner für *Belgien* (seit 1.10.1997, BGBl. II, S. 1825), *Dänemark* – ohne Erstreckung auf die *Faröer-Inseln* und *Grönland* – (seit 1.3.1996, BGBl. II, S. 377), *Griechenland* (seit 1.9.1997, BGBl. 1998 II, S. 56), *Island* (seit 1.12.1995, BGBl. 1996 II, S. 223), *Österreich* (seit 1.9.1996, BGBl. II, S. 2520) und *Polen* (seit 1.2.2000, BGBl. II, S. 1246).

[7] ABl. 2001 L 12, S. 1. Im Verhältnis der Mitgliedstaaten der EU zueinander hatte die EG-Verordnung Nr. 44/2001 v. 22.12.2000 Vorrang vor dem Luganer Übk. Gleiches gilt nach Art. 64 des Übk. seit dem 10.1.2015 für die Neufassung dieser Verordnung Nr. 1215/2012 (Brüssel Ia-VO) v. 12.12.2012 (Nr. *160*). Die Bedeutung des Übk. beschränkt sich damit aus deutscher Sicht auf Sachverhalte mit Berührungspunkten zu *Island, Norwegen* und der *Schweiz.*

[8] Vgl. dazu Anm. 14 zu Nr. *160.*

keit ankommt. Es erfasst insbesondere nicht Steuer- und Zollsachen sowie verwaltungsrechtliche Angelegenheiten.

(2) Dieses Übereinkommen ist nicht anzuwenden auf:

a) den Personenstand, die Rechts- und Handlungsfähigkeit sowie die gesetzliche Vertretung von natürlichen Personen, die ehelichen Güterstände, das Gebiet des Erbrechts einschließlich des Testamentsrechts;

b) Konkurse, Vergleiche und ähnliche Verfahren;

c) die soziale Sicherheit;

d) die Schiedsgerichtsbarkeit.

(3) In diesem Übereinkommen bezeichnet der Ausdruck „durch dieses Übereinkommen gebundener Staat" jeden Staat, der Vertragspartei dieses Übereinkommens oder ein Mitgliedstaat der Europäischen Gemeinschaft ist. Er kann auch die Europäische Gemeinschaft bezeichnen.

Titel II.[9] Zuständigkeit

Abschnitt 1. Allgemeine Vorschriften

Art. 2. [Allgemeiner internationaler Gerichtsstand] (1) Vorbehaltlich der Vorschriften dieses Übereinkommens sind Personen, die ihren Wohnsitz im Hoheitsgebiet eines durch dieses Übereinkommen gebundenen Staates haben, ohne Rücksicht auf ihre Staatsangehörigkeit vor den Gerichten dieses Staates zu verklagen.

(2) Auf Personen, die nicht dem durch dieses Übereinkommen gebundenen Staat angehören, in dem sie ihren Wohnsitz haben, sind die für Inländer maßgebenden Zuständigkeitsvorschriften anzuwenden.

Art. 3. [Ausschluss exorbitanter Gerichtsstände] (1) Personen, die ihren Wohnsitz im Hoheitsgebiet eines durch dieses Übereinkommen gebundenen Staates haben, können vor den Gerichten eines anderen durch dieses Übereinkommen gebundenen Staates nur gemäß den Vorschriften der Abschnitte 2 bis 7 dieses Titels verklagt werden.

(2) Gegen diese Personen können insbesondere nicht die in Anhang I aufgeführten innerstaatlichen Zuständigkeitsvorschriften geltend gemacht werden.

Art. 4. [Beklagter ohne Wohnsitz im Hoheitsgebiet eines Mitgliedstaates] (1) Hat der Beklagte keinen Wohnsitz im Hoheitsgebiet eines durch dieses Übereinkommen gebundenen Staates, so bestimmt sich vorbehaltlich der Artikel 22 und 23 die Zuständigkeit der Gerichte eines jeden durch dieses Übereinkommen gebundenen Staates nach dessen eigenen Gesetzen.

---

[9] Zum Wohnsitzbegriff des II. Kapitels siehe Art. 59 und 60.

(2) Gegenüber einem Beklagten, der keinen Wohnsitz im Hoheitsgebiet eines durch dieses Übereinkommen gebundenen Staates hat, kann sich jede Person, die ihren Wohnsitz im Hoheitsgebiet eines durch dieses Übereinkommen gebundenen Staates hat, in diesem Staat auf die dort geltenden Zuständigkeitsvorschriften, insbesondere auf die in Anhang I aufgeführten Vorschriften, wie ein Inländer berufen, ohne dass es auf ihre Staatsangehörigkeit ankommt.

Abschnitt 2. Besondere Zuständigkeiten

Art. 5. [Besondere Gerichtsstände] Eine Person, die ihren Wohnsitz im Hoheitsgebiet eines durch dieses Übereinkommen gebundenen Staates hat, kann in einem anderen durch dieses Übereinkommen gebundenen Staat verklagt werden:

(1) a) wenn ein Vertrag oder Ansprüche aus einem Vertrag den Gegenstand des Verfahrens bilden, vor dem Gericht des Ortes, an dem die Verpflichtung erfüllt worden ist oder zu erfüllen wäre;

b) im Sinne dieser Vorschrift – und sofern nichts anderes vereinbart worden ist – ist der Erfüllungsort der Verpflichtung
   - für den Verkauf beweglicher Sachen der Ort in einem durch dieses Übereinkommen gebundenen Staat, an dem sie nach dem Vertrag geliefert worden sind oder hätten geliefert werden müssen;
   - für die Erbringung von Dienstleistungen der Ort in einem durch dieses Übereinkommen gebundenen Staat, an dem sie nach dem Vertrag erbracht worden sind oder hätten erbracht werden müssen;

c) ist Buchstabe b nicht anwendbar, so gilt Buchstabe a;

(2) wenn es sich um eine Unterhaltssache handelt,

a) vor dem Gericht des Ortes, an dem der Unterhaltsberechtigte seinen Wohnsitz oder seinen gewöhnlichen Aufenthalt hat, oder

b) im Falle einer Unterhaltssache, über die im Zusammenhang mit einem Verfahren in Bezug auf den Personenstand zu entscheiden ist, vor dem nach seinem Recht für dieses Verfahren zuständigen Gericht, es sei denn, diese Zuständigkeit beruht lediglich auf der Staatsangehörigkeit einer der Parteien, oder

c) im Falle einer Unterhaltssache, über die im Zusammenhang mit einem Verfahren in Bezug auf die elterliche Verantwortung zu entscheiden ist, vor dem nach seinem Recht für dieses Verfahren zuständigen Gericht, es sei denn, diese Zuständigkeit beruht lediglich auf der Staatsangehörigkeit einer der Parteien;

(3) wenn eine unerlaubte Handlung oder eine Handlung, die einer unerlaubten Handlung gleichgestellt ist, oder wenn Ansprüche aus einer solchen Handlung den Gegenstand des Verfahrens bilden, vor dem Gericht des Ortes, an dem das schädigende Ereignis eingetreten ist oder einzutreten droht;

(4) wenn es sich um eine Klage auf Schadensersatz oder auf Wiederherstellung des früheren Zustands handelt, die auf eine mit Strafe bedrohte Handlung gestützt wird, vor dem Strafgericht, bei dem die öffentliche Klage erhoben ist, soweit dieses Gericht nach seinem Recht über zivilrechtliche Ansprüche erkennen kann;[10]

(5) wenn es sich um Streitigkeiten aus dem Betrieb einer Zweigniederlassung, einer Agentur oder einer sonstigen Niederlassung handelt, vor dem Gericht des Ortes, an dem sich diese befindet;

(6) wenn sie in ihrer Eigenschaft als Begründer, „*trustee*" oder Begünstigter eines „*trust*" in Anspruch genommen wird, der aufgrund eines Gesetzes oder durch schriftlich vorgenommenes oder schriftlich bestätigtes Rechtsgeschäft errichtet worden ist, vor den Gerichten des durch dieses Übereinkommen gebundenen Staates, in dessen Hoheitsgebiet der „*trust*" seinen Sitz hat;[11]

(7) wenn es sich um eine Streitigkeit wegen der Zahlung von Berge- und Hilfslohn handelt, der für Bergungs- oder Hilfeleistungsarbeiten gefordert wird, die zugunsten einer Ladung oder einer Frachtforderung erbracht worden sind, vor dem Gericht, in dessen Zuständigkeitsbereich diese Ladung oder die entsprechende Frachtforderung

a) mit Arrest belegt worden ist, um die Zahlung zu gewährleisten, oder

b) mit Arrest hätte belegt werden können, jedoch dafür eine Bürgschaft oder eine andere Sicherheit geleistet worden ist;

diese Vorschrift ist nur anzuwenden, wenn behauptet wird, dass der Beklagte Rechte an der Ladung oder an der Frachtforderung hat oder zur Zeit der Bergungs- oder Hilfeleistungsarbeiten hatte.

Art. 6. [Gerichtsstände des Sachzusammenhangs] Eine Person, die ihren Wohnsitz im Hoheitsgebiet eines durch dieses Übereinkommen gebundenen Staates hat, kann auch verklagt werden:

1. wenn mehrere Personen zusammen verklagt werden, vor dem Gericht des Ortes, an dem einer der Beklagten seinen Wohnsitz hat, sofern zwischen den Klagen eine so enge Beziehung gegeben ist, dass eine gemeinsame Verhandlung und Entscheidung geboten erscheint, um zu vermeiden, dass in getrennten Verfahren widersprechende Entscheidungen ergehen könnten;
2. wenn es sich um eine Klage auf Gewährleistung oder um eine Interventionsklage handelt, vor dem Gericht des Hauptprozesses, es sei denn, dass die Klage nur erhoben worden ist, um diese Person dem für sie zuständigen Gericht zu entziehen;[12]

---

[10] Zur Vertretung von Personen vor Strafgerichten eines anderen Vertragsstaats siehe Art. 61.

[11] Zum Sitz eines „*trust*" siehe Art. 60 Abs. 3.

[12] Zu Art. 6 Nr. 2 siehe Art. II des im Anhang abgedruckten Protokolls Nr. 1.

3. wenn es sich um eine Widerklage handelt, die auf denselben Vertrag oder Sachverhalt wie die Klage selbst gestützt wird, vor dem Gericht, bei dem die Klage selbst anhängig ist;
4. wenn ein Vertrag oder Ansprüche aus einem Vertrag den Gegenstand des Verfahrens bilden und die Klage mit einer Klage wegen dinglicher Rechte an unbeweglichen Sachen gegen denselben Beklagten verbunden werden kann, vor dem Gericht des durch dieses Übereinkommen gebundenen Staates, in dessen Hoheitsgebiet die unbewegliche Sache belegen ist.

Art. 7. [Besonderer Gerichtsstand in Seehaftungssachen] Ist ein Gericht eines durch dieses Übereinkommen gebundenen Staates nach diesem Übereinkommen zur Entscheidung in Verfahren wegen einer Haftpflicht aufgrund der Verwendung oder des Betriebs eines Schiffes zuständig, so entscheidet dieses oder ein anderes an seiner Stelle durch das Recht dieses Staates bestimmtes Gericht auch über Klagen auf Beschränkung dieser Haftung.

Abschnitt 3. Zuständigkeit für Versicherungssachen

Art. 8. [Abschließende Regelung] Für Klagen in Versicherungssachen bestimmt sich die Zuständigkeit unbeschadet des Artikels 4 und des Artikels 5 Nummer 5 nach diesem Abschnitt.

Art. 9. [Gerichtsstände für Klagen gegen den Versicherer] (1) Ein Versicherer, der seinen Wohnsitz im Hoheitsgebiet eines durch dieses Übereinkommen gebundenen Staates hat, kann verklagt werden:

a) vor den Gerichten des Staates, in dem er seinen Wohnsitz hat,
b) in einem anderen durch dieses Übereinkommen gebundenen Staat bei Klagen des Versicherungsnehmers, des Versicherten oder des Begünstigten vor dem Gericht des Ortes, an dem der Kläger seinen Wohnsitz hat, oder
c) falls es sich um einen Mitversicherer handelt, vor dem Gericht eines durch dieses Übereinkommen gebundenen Staates, bei dem der federführende Versicherer verklagt wird.

(2) Hat der Versicherer im Hoheitsgebiet eines durch dieses Übereinkommen gebundenen Staates keinen Wohnsitz, besitzt er aber in einem durch dieses Übereinkommen gebundenen Staat eine Zweigniederlassung, Agentur oder sonstige Niederlassung, so wird er für Streitigkeiten aus ihrem Betrieb so behandelt, wie wenn er seinen Wohnsitz im Hoheitsgebiet dieses Staates hätte.

Art. 10. [Gerichtsstand am Ort des schädigenden Ereignisses] Bei der Haftpflichtversicherung oder bei der Versicherung von unbeweglichen

Sachen kann der Versicherer außerdem vor dem Gericht des Ortes, an dem das schädigende Ereignis eingetreten ist, verklagt werden. Das Gleiche gilt, wenn sowohl bewegliche als auch unbewegliche Sachen in ein und demselben Versicherungsvertrag versichert und von demselben Schadensfall betroffen sind.

Art. 11.[13] **[Gerichtsstand bei Haftpflichtklagen]** (1) Bei der Haftpflichtversicherung kann der Versicherer auch vor das Gericht, bei dem die Klage des Geschädigten gegen den Versicherten anhängig ist, geladen werden, sofern dies nach dem Recht des angerufenen Gerichts zulässig ist.

(2) Auf eine Klage, die der Geschädigte unmittelbar gegen den Versicherer erhebt, sind die Artikel 8, 9 und 10 anzuwenden, sofern eine solche unmittelbare Klage zulässig ist.

(3) Sieht das für die unmittelbare Klage maßgebliche Recht die Streitverkündung gegen den Versicherungsnehmer oder den Versicherten vor, so ist dasselbe Gericht auch für diese Personen zuständig.

Art. 12. [Gerichtsstand für Klage des Versicherers; Widerklage]

(1) Vorbehaltlich der Bestimmungen des Artikels 11 Absatz 3 kann der Versicherer nur vor den Gerichten des durch dieses Übereinkommen gebundenen Staates klagen, in dessen Hoheitsgebiet der Beklagte seinen Wohnsitz hat, ohne Rücksicht darauf, ob dieser Versicherungsnehmer, Versicherter oder Begünstigter ist.

(2) Die Vorschriften dieses Abschnitts lassen das Recht unberührt, eine Widerklage vor dem Gericht zu erheben, bei dem die Klage selbst gemäß den Bestimmungen dieses Abschnitts anhängig ist.

Art. 13. [Zulässigkeit von Gerichtsstandsvereinbarungen] Von den Vorschriften dieses Abschnitts kann im Wege der Vereinbarung nur abgewichen werden:

1. wenn die Vereinbarung nach der Entstehung der Streitigkeit getroffen wird,
2. wenn sie dem Versicherungsnehmer, Versicherten oder Begünstigten die Befugnis einräumt, andere als die in diesem Abschnitt angeführten Gerichte anzurufen,
3. wenn sie zwischen einem Versicherungsnehmer und einem Versicherer, die zum Zeitpunkt des Vertragsabschlusses ihren Wohnsitz oder gewöhnlichen Aufenthalt in demselben durch dieses Übereinkommen gebundenen Staat haben, getroffen ist, um die Zuständigkeit der Gerichte dieses Staates auch für den Fall zu begründen, dass das schädigende Ereignis im Ausland eintritt, es sei denn, dass eine solche Vereinbarung nach dem Recht dieses Staates nicht zulässig ist,

---

[13] Zu Art. 11 siehe Art. II des im Anhang abgedruckten Protokolls Nr. 1.

4. wenn sie von einem Versicherungsnehmer geschlossen ist, der seinen Wohnsitz nicht in einem durch dieses Übereinkommen gebundenen Staat hat, ausgenommen soweit sie eine Versicherung, zu deren Abschluss eine gesetzliche Verpflichtung besteht, oder die Versicherung von unbeweglichen Sachen in einem durch dieses Übereinkommen gebundenen Staat betrifft, oder
5. wenn sie einen Versicherungsvertrag betrifft, soweit dieser eines oder mehrere der in Artikel 14 aufgeführten Risiken deckt.

Art. 14. [Risiken im Sinne von Art. 13 Nr. 5] Die in Artikel 13 Nummer 5 erwähnten Risiken sind die folgenden:

1. sämtliche Schäden
   a) an Seeschiffen, Anlagen vor der Küste und auf hoher See oder Luftfahrzeugen aus Gefahren, die mit ihrer Verwendung zu gewerblichen Zwecken verbunden sind,
   b) an Transportgütern, ausgenommen Reisegepäck der Passagiere, wenn diese Güter ausschließlich oder zum Teil mit diesen Schiffen oder Luftfahrzeugen befördert werden;
2. Haftpflicht aller Art, mit Ausnahme der Haftung für Personenschäden an Passagieren oder Schäden an deren Reisegepäck,
   a) aus der Verwendung oder dem Betrieb von Seeschiffen, Anlagen oder Luftfahrzeugen gemäß Nummer 1 Buchstabe a, es sei denn, dass – was die Letztgenannten betrifft – nach den Rechtsvorschriften des durch dieses Übereinkommen gebundenen Staates, in dem das Luftfahrzeug eingetragen ist, Gerichtsstandsvereinbarungen für die Versicherung solcher Risiken untersagt sind,
   b) für Schäden, die durch Transportgüter während einer Beförderung im Sinne von Nummer 1 Buchstabe b verursacht werden;
3. finanzielle Verluste im Zusammenhang mit der Verwendung oder dem Betrieb von Seeschiffen, Anlagen oder Luftfahrzeugen gemäß Nummer 1 Buchstabe a, insbesondere Fracht- oder Charterverlust;
4. irgendein zusätzliches Risiko, das mit einem der unter den Nummern 1 bis 3 genannten Risiken in Zusammenhang steht;
5. unbeschadet der Nummern 1 bis 4 alle Großrisiken.

Abschnitt 4. Zuständigkeit bei Verbrauchersachen

Art. 15. [Begriff der Verbrauchersache] (1) Bilden ein Vertrag oder Ansprüche aus einem Vertrag, den eine Person, der Verbraucher, zu einem Zweck geschlossen hat, der nicht der beruflichen oder gewerblichen Tätigkeit dieser Person zugerechnet werden kann, den Gegenstand des Verfahrens, so bestimmt sich die Zuständigkeit unbeschadet des Artikels 4 und des Artikels 5 Nummer 5 nach diesem Abschnitt,

a) wenn es sich um den Kauf beweglicher Sachen auf Teilzahlung handelt,

b) wenn es sich um ein in Raten zurückzuzahlendes Darlehen oder ein anderes Kreditgeschäft handelt, das zur Finanzierung eines Kaufs derartiger Sachen bestimmt ist, oder

c) in allen anderen Fällen, wenn der andere Vertragspartner in dem durch dieses Übereinkommen gebundenen Staat, in dessen Hoheitsgebiet der Verbraucher seinen Wohnsitz hat, eine berufliche oder gewerbliche Tätigkeit ausübt oder eine solche auf irgendeinem Wege auf diesen Staat oder auf mehrere Staaten, einschließlich dieses Staates, ausrichtet und der Vertrag in den Bereich dieser Tätigkeit fällt.

(2) Hat der Vertragspartner des Verbrauchers im Hoheitsgebiet eines durch dieses Übereinkommen gebundenen Staates keinen Wohnsitz, besitzt er aber in einem durch dieses Übereinkommen gebundenen Staat eine Zweigniederlassung, Agentur oder sonstige Niederlassung, so wird er für Streitigkeiten aus ihrem Betrieb so behandelt, wie wenn er seinen Wohnsitz im Hoheitsgebiet dieses Staates hätte.

(3) Dieser Abschnitt ist nicht auf Beförderungsverträge mit Ausnahme von Reiseverträgen, die für einen Pauschalpreis kombinierte Beförderungs- und Unterbringungsleistungen vorsehen, anzuwenden.

Art. 16. [Gerichtstände in Verbrauchersachen] (1) Die Klage eines Verbrauchers gegen den anderen Vertragspartner kann entweder vor den Gerichten des durch dieses Übereinkommen gebundenen Staates erhoben werden, in dessen Hoheitsgebiet dieser Vertragspartner seinen Wohnsitz hat, oder vor dem Gericht des Ortes, an dem der Verbraucher seinen Wohnsitz hat.

(2) Die Klage des anderen Vertragspartners gegen den Verbraucher kann nur vor den Gerichten des durch dieses Übereinkommen gebundenen Staates erhoben werden, in dessen Hoheitsgebiet der Verbraucher seinen Wohnsitz hat.

(3) Die Vorschriften dieses Artikels lassen das Recht unberührt, eine Widerklage vor dem Gericht zu erheben, bei dem die Klage selbst gemäß den Bestimmungen dieses Abschnitts anhängig ist.

Art. 17. [Zulässigkeit von Gerichtsstandsvereinbarungen] Von den Vorschriften dieses Abschnitts kann im Wege der Vereinbarung nur abgewichen werden:

1. wenn die Vereinbarung nach der Entstehung der Streitigkeit getroffen wird,

2. wenn sie dem Verbraucher die Befugnis einräumt, andere als die in diesem Abschnitt angeführten Gerichte anzurufen, oder

3. wenn sie zwischen einem Verbraucher und seinem Vertragspartner, die zum Zeitpunkt des Vertragsabschlusses ihren Wohnsitz oder gewöhnlichen Aufenthalt in demselben durch dieses Übereinkommen gebunde-

nen Staat haben, getroffen ist und die Zuständigkeit der Gerichte dieses Staates begründet, es sei denn, dass eine solche Vereinbarung nach dem Recht dieses Staates nicht zulässig ist.

Abschnitt 5. Zuständigkeit für individuelle Arbeitsverträge

Art. 18. [Abschließende Regelung] (1) Bilden ein individueller Arbeitsvertrag oder Ansprüche aus einem individuellen Arbeitsvertrag den Gegenstand des Verfahrens, so bestimmt sich die Zuständigkeit unbeschadet des Artikels 4 und des Artikels 5 Nummer 5 nach diesem Abschnitt.

(2) Hat der Arbeitgeber, mit dem der Arbeitnehmer einen individuellen Arbeitsvertrag geschlossen hat, im Hoheitsgebiet eines durch dieses Übereinkommen gebundenen Staates keinen Wohnsitz, besitzt er aber in einem der durch dieses Übereinkommen gebundenen Staaten eine Zweigniederlassung, Agentur oder sonstige Niederlassung, so wird er für Streitigkeiten aus ihrem Betrieb so behandelt, wie wenn er seinen Wohnsitz im Hoheitsgebiet dieses Staates hätte.

Art. 19. [Gerichtsstände für Klagen gegen den Arbeitgeber] Ein Arbeitgeber, der seinen Wohnsitz im Hoheitsgebiet eines durch dieses Übereinkommen gebundenen Staates hat, kann verklagt werden:

1. vor den Gerichten des Staates, in dem er seinen Wohnsitz hat,
2. in einem anderen durch dieses Übereinkommen gebundenen Staat:
   a) vor dem Gericht des Ortes, an dem der Arbeitnehmer gewöhnlich seine Arbeit verrichtet oder zuletzt gewöhnlich verrichtet hat, oder
   b) wenn der Arbeitnehmer seine Arbeit gewöhnlich nicht in ein und demselben Staat verrichtet oder verrichtet hat, vor dem Gericht des Ortes, an dem sich die Niederlassung, die den Arbeitnehmer eingestellt hat, befindet bzw. befand.

Art. 20. [Gerichtsstände für Klagen gegen Arbeitnehmer; Widerklage] (1) Die Klage des Arbeitgebers kann nur vor den Gerichten des durch dieses Übereinkommen gebundenen Staates erhoben werden, in dessen Hoheitsgebiet der Arbeitnehmer seinen Wohnsitz hat.

(2) Die Vorschriften dieses Abschnitts lassen das Recht unberührt, eine Widerklage vor dem Gericht zu erheben, bei dem die Klage selbst gemäß den Bestimmungen dieses Abschnitts anhängig ist.

Art. 21. [Zulässigkeit von Gerichtsstandsvereinbarungen] Von den Vorschriften dieses Abschnitts kann im Wege der Vereinbarung nur abgewichen werden,

1. wenn die Vereinbarung nach der Entstehung der Streitigkeit getroffen wird oder

2. wenn sie dem Arbeitnehmer die Befugnis einräumt, andere als die in diesem Abschnitt angeführten Gerichte anzurufen.

Abschnitt 6. Ausschließliche Zuständigkeiten

Art. 22. Ohne Rücksicht auf den Wohnsitz sind ausschließlich zuständig:

1. für Klagen, welche dingliche Rechte an unbeweglichen Sachen sowie die Miete oder Pacht von unbeweglichen Sachen zum Gegenstand haben, die Gerichte des durch dieses Übereinkommen gebundenen Staates, in dem die unbewegliche Sache belegen ist.

   Jedoch sind für Klagen betreffend die Miete oder Pacht unbeweglicher Sachen zum vorübergehenden privaten Gebrauch für höchstens sechs aufeinander folgende Monate auch die Gerichte des durch dieses Übereinkommen gebundenen Staates zuständig, in dem der Beklagte seinen Wohnsitz hat, sofern es sich bei dem Mieter oder Pächter um eine natürliche Person handelt und der Eigentümer sowie der Mieter oder Pächter ihren Wohnsitz in demselben durch dieses Übereinkommen gebundenen Staat haben;
2. für Klagen, welche die Gültigkeit, die Nichtigkeit oder die Auflösung einer Gesellschaft oder juristischen Person oder die Gültigkeit der Beschlüsse ihrer Organe zum Gegenstand haben, die Gerichte des durch dieses Übereinkommen gebundenen Staates, in dessen Hoheitsgebiet die Gesellschaft oder juristische Person ihren Sitz hat. Bei der Entscheidung darüber, wo der Sitz sich befindet, wendet das Gericht die Vorschriften seines Internationalen Privatrechts an;
3. für Klagen, welche die Gültigkeit von Eintragungen in öffentliche Register zum Gegenstand haben, die Gerichte des durch dieses Übereinkommen gebundenen Staates, in dessen Hoheitsgebiet die Register geführt werden;
4. für Klagen, welche die Eintragung oder die Gültigkeit von Patenten, Marken, Mustern und Modellen sowie ähnlicher Rechte, die einer Hinterlegung oder Registrierung bedürfen, zum Gegenstand haben, unabhängig davon, ob die Frage klageweise oder einredeweise aufgeworfen wird, die Gerichte des durch dieses Übereinkommen gebundenen Staates, in dessen Hoheitsgebiet die Hinterlegung oder Registrierung beantragt oder vorgenommen worden ist oder aufgrund eines Gemeinschaftsrechtsakts oder eines zwischenstaatlichen Übereinkommens als vorgenommen gilt.

   Unbeschadet der Zuständigkeit des Europäischen Patentamts nach dem am 5. Oktober 1973 in München unterzeichneten Übereinkommen über die Erteilung europäischer Patente[14] sind die Gerichte eines jeden durch dieses Übereinkommen gebundenen Staates ohne Rücksicht auf

---

[14] BGBl. 1976 I, S. 649, 826. Vgl. dazu auch die Anm. 45 zu Nr. *160*.

den Wohnsitz der Parteien für alle Verfahren ausschließlich zuständig, welche die Erteilung oder die Gültigkeit eines europäischen Patents zum Gegenstand haben, das für diesen Staat erteilt wurde, unabhängig davon, ob die Frage klageweise oder einredeweise aufgeworfen wird;

5. für Verfahren, welche die Zwangsvollstreckung aus Entscheidungen zum Gegenstand haben, die Gerichte des durch dieses Übereinkommen gebundenen Staates, in dessen Hoheitsgebiet die Zwangsvollstreckung durchgeführt werden soll oder durchgeführt worden ist.

Abschnitt 7. Vereinbarung über die Zuständigkeit

Art. 23. [Zulässigkeit und Form von Gerichtsstandsvereinbarungen] (1) Haben die Parteien, von denen mindestens eine ihren Wohnsitz im Hoheitsgebiet eines durch dieses Übereinkommen gebundenen Staates hat, vereinbart, dass ein Gericht oder die Gerichte eines durch dieses Übereinkommen gebundenen Staates über eine bereits entstandene Rechtsstreitigkeit oder über eine künftige aus einem bestimmten Rechtsverhältnis entspringende Rechtsstreitigkeit entscheiden sollen, so sind dieses Gericht oder die Gerichte dieses Staates zuständig. Dieses Gericht oder die Gerichte dieses Staates sind ausschließlich zuständig, sofern die Parteien nichts anderes vereinbart haben. Eine solche Gerichtsstandsvereinbarung muss geschlossen werden

a) schriftlich oder mündlich mit schriftlicher Bestätigung,

b) in einer Form, welche den Gepflogenheiten entspricht, die zwischen den Parteien entstanden sind, oder

c) im internationalen Handel in einer Form, die einem Handelsbrauch entspricht, den die Parteien kannten oder kennen mussten und den Parteien von Verträgen dieser Art in dem betreffenden Geschäftszweig allgemein kennen und regelmäßig beachten.

(2) Elektronische Übermittlungen, die eine dauerhafte Aufzeichnung der Vereinbarung ermöglichen, sind der Schriftform gleichgestellt.

(3) Wenn eine solche Vereinbarung von Parteien geschlossen wurde, die beide ihren Wohnsitz nicht im Hoheitsgebiet eines durch dieses Übereinkommen gebundenen Staates haben, so können die Gerichte der anderen durch dieses Übereinkommen gebundenen Staaten nicht entscheiden, es sei denn, das vereinbarte Gericht oder die vereinbarten Gerichte haben sich rechtskräftig für unzuständig erklärt.

(4) Ist in schriftlich niedergelegten „*trust*"-Bedingungen bestimmt, dass über Klagen gegen einen Begründer, „*trustee*" oder Begünstigten eines „*trust*" ein Gericht oder die Gerichte eines durch dieses Übereinkommen gebundenen Staates entscheiden sollen, so ist dieses Gericht oder sind diese Gerichte ausschließlich zuständig, wenn es sich um Beziehungen zwischen diesen Personen oder ihre Rechte oder Pflichten im Rahmen des „*trust*" handelt.

(5) Gerichtsstandsvereinbarungen und entsprechende Bestimmungen in „*trust*"-Bedingungen haben keine rechtliche Wirkung, wenn sie den Vorschriften der Artikel 13, 17 und 21 zuwiderlaufen oder wenn die Gerichte, deren Zuständigkeit abbedungen wird, aufgrund des Artikels 22 ausschließlich zuständig sind.

Art. 24. [Zuständigkeit infolge rügeloser Einlassung] Sofern das Gericht eines durch dieses Übereinkommen gebundenen Staates nicht bereits nach anderen Vorschriften dieses Übereinkommens zuständig ist, wird es zuständig, wenn sich der Beklagte vor ihm auf das Verfahren einlässt. Dies gilt nicht, wenn der Beklagte sich einlässt, um den Mangel der Zuständigkeit geltend zu machen oder wenn ein anderes Gericht aufgrund des Artikels 22 ausschließlich zuständig ist.

Abschnitt 8. Prüfung der Zuständigkeit und der Zulässigkeit des Verfahrens

Art. 25. [Erklärung der Unzuständigkeit in Fällen des Art. 22] Das Gericht eines durch dieses Übereinkommen gebundenen Staates hat sich von Amts wegen für unzuständig zu erklären, wenn es wegen einer Streitigkeit angerufen wird, für die das Gericht eines anderen durch dieses Übereinkommen gebundenen Staates aufgrund des Artikels 22 ausschließlich zuständig ist.

Art. 26. [Erklärung der Unzuständigkeit bei Nichteinlassung des Beklagten] (1) Lässt sich der Beklagte, der seinen Wohnsitz im Hoheitsgebiet eines durch dieses Übereinkommen gebundenen Staates hat und der vor den Gerichten eines anderen durch dieses Übereinkommen gebundenen Staates verklagt wird, auf das Verfahren nicht ein, so hat sich das Gericht von Amts wegen für unzuständig zu erklären, wenn seine Zuständigkeit nicht nach diesem Übereinkommen begründet ist.

(2) Das Gericht hat das Verfahren so lange auszusetzen, bis festgestellt ist, dass es dem Beklagten möglich war, das verfahrenseinleitende Schriftstück oder ein gleichwertiges Schriftstück so rechtzeitig zu empfangen, dass er sich verteidigen konnte oder dass alle hierzu erforderlichen Maßnahmen getroffen worden sind.

(3) An die Stelle von Absatz 2 tritt Artikel 15 des Haager Übereinkommens vom 15. November 1965 über die Zustellung gerichtlicher und außergerichtlicher Schriftstücke im Ausland in Zivil- oder Handelssachen,[15] wenn das verfahrenseinleitende Schriftstück oder ein gleichwertiges Schriftstück nach dem genannten Übereinkommen zu übermitteln war.

---

[15] Abgedruckt unter Nr. *211*. Siehe hierzu Art. I des im Anhang abgedruckten Protokolls Nr. 1. Da das Haager Zustellungsübk. v. 15.11.1965 inzwischen für sämtliche Vertragsstaaten des LugÜ 2007 in Kraft getreten ist (vgl. Anm. 1 zu Nr. *211*), tritt Art. 15 des

(4) Die Mitgliedstaaten der Europäischen Gemeinschaft, die durch die Verordnung (EG) Nr. 1348/2000 des Rates vom 29. Mai 2000[16] oder durch das am 19. Oktober 2005 in Brüssel unterzeichnete Abkommen zwischen der Europäischen Gemeinschaft und dem Königreich Dänemark über die Zustellung gerichtlicher und außergerichtlicher Schriftstücke in Zivil- oder Handelssachen[17] gebunden sind, wenden in ihrem Verhältnis untereinander Artikel 19 der genannten Verordnung an, wenn das verfahrenseinleitende Schriftstück oder ein gleichwertiges Schriftstück nach dieser Verordnung oder nach dem genannten Abkommen zu übermitteln war.

Abschnitt 9. Rechtshängigkeit und im Zusammenhang stehende Verfahren

Art. 27. [Konkurrierende Rechtshängigkeit] (1) Werden bei Gerichten verschiedener durch dieses Übereinkommen gebundener Staaten Klagen wegen desselben Anspruchs zwischen denselben Parteien anhängig gemacht, so setzt das später angerufene Gericht das Verfahren von Amts wegen aus, bis die Zuständigkeit des zuerst angerufenen Gerichts feststeht.

(2) Sobald die Zuständigkeit des zuerst angerufenen Gerichts feststeht, erklärt sich das später angerufene Gericht zugunsten dieses Gerichts für unzuständig.

Art. 28. [Im Zusammenhang stehende Verfahren] (1) Sind bei Gerichten verschiedener durch dieses Übereinkommen gebundener Staaten Klagen, die im Zusammenhang stehen, anhängig, so kann jedes später angerufene Gericht das Verfahren aussetzen.

(2) Sind diese Klagen in erster Instanz anhängig, so kann sich jedes später angerufene Gericht auf Antrag einer Partei auch für unzuständig erklären, wenn das zuerst angerufene Gericht für die betreffenden Klagen zuständig ist und die Verbindung der Klagen nach seinem Recht zulässig ist.

(3) Klagen stehen im Sinne dieses Artikels im Zusammenhang, wenn zwischen ihnen eine so enge Beziehung gegeben ist, dass eine gemeinsame Verhandlung und Entscheidung geboten erscheint, um zu vermeiden, dass in getrennten Verfahren widersprechende Entscheidungen ergehen könnten.

Art. 29. [Konkurrierende ausschließliche Zuständigkeit] Ist für die Klagen die ausschließliche Zuständigkeit mehrerer Gerichte gegeben, so hat sich das zuletzt angerufene Gericht zugunsten des zuerst angerufenen Gerichts für unzuständig zu erklären.

Haager Übk. im Verhältnis dieser Vertragsstaaten zueinander an die Stelle von Art. 26 Abs. 2 des Übk.

[16] Die Verweisung ist seit dem 13.11.2008 auf die EG-Verordnung Nr. 1393/2007 v. 13.11.2007 (Nr. *224*) gerichtet; vgl. Art. 25 Abs. 2 dieser Verordnung.

[17] ABl. 2005 L 300, S. 55. Das Übk. ist am 1.7.2007 in Kraft getreten (ABl. L 94, S. 70).

Art. 30. [Anrufung eines Gerichts] Für die Zwecke dieses Abschnitts gilt ein Gericht als angerufen:

1. zu dem Zeitpunkt, zu dem das verfahrenseinleitende Schriftstück oder ein gleichwertiges Schriftstück bei Gericht eingereicht worden ist, vorausgesetzt, dass der Kläger es in der Folge nicht versäumt hat, die ihm obliegenden Maßnahmen zu treffen, um die Zustellung des Schriftstücks an den Beklagten zu bewirken, oder
2. falls die Zustellung an den Beklagten vor Einreichung des Schriftstücks bei Gericht zu bewirken ist, zu dem Zeitpunkt, zu dem die für die Zustellung verantwortliche Stelle das Schriftstück erhalten hat, vorausgesetzt, dass der Kläger es in der Folge nicht versäumt hat, die ihm obliegenden Maßnahmen zu treffen, um das Schriftstück bei Gericht einzureichen.

Abschnitt 10. Einstweilige Maßnahmen einschließlich solcher, die auf eine Sicherung gerichtet sind

Art. 31. [Einstweilige Maßnahmen] Die im Recht eines durch dieses Übereinkommen gebundenen Staates vorgesehenen einstweiligen Maßnahmen einschließlich solcher, die auf eine Sicherung gerichtet sind, können bei den Gerichten dieses Staates auch dann beantragt werden, wenn für die Entscheidung in der Hauptsache das Gericht eines anderen durch dieses Übereinkommen gebundenen Staates aufgrund dieses Übereinkommens zuständig ist.

Titel III. Anerkennung und Vollstreckung

Art. 32. [Begriff der Entscheidung] Unter „Entscheidung" im Sinne dieses Übereinkommens ist jede Entscheidung zu verstehen, die von einem Gericht eines durch dieses Übereinkommen gebundenen Staates erlassen worden ist, ohne Rücksicht auf ihre Bezeichnung wie Urteil, Beschluss, Zahlungsbefehl oder Vollstreckungsbescheid, einschließlich des Kostenfestsetzungsbeschlusses eines Gerichtsbediensteten.

Abschnitt 1.[18] Anerkennung

Art. 33. [Anerkennung kraft Gesetzes] (1) Die in einem durch dieses Übereinkommen gebundenen Staat ergangenen Entscheidungen werden in den anderen durch dieses Übereinkommen gebundenen Staaten anerkannt, ohne dass es hierfür eines besonderen Verfahrens bedarf.

(2) Bildet die Frage, ob eine Entscheidung anzuerkennen ist, als solche den Gegenstand eines Streites, so kann jede Partei, welche die Anerken-

[18] Vgl. in *Deutschland* ergänzend §§ 1 Abs. 1 Nr. 2 lit. a, 55 ff. AVAG idF v. 30.11.2015 (Nr. *152a*).

nung geltend macht, in dem Verfahren nach den Abschnitten 2 und 3 dieses Titels die Feststellung beantragen, dass die Entscheidung anzuerkennen ist.

(3) Wird die Anerkennung in einem Rechtsstreit vor dem Gericht eines durch dieses Übereinkommen gebundenen Staates, dessen Entscheidung von der Anerkennung abhängt, verlangt, so kann dieses Gericht über die Anerkennung entscheiden.

Art. 34. [Versagungsgründe] Eine Entscheidung wird nicht anerkannt, wenn

1. die Anerkennung der öffentlichen Ordnung *(ordre public)* des Staates, in dem sie geltend gemacht wird, offensichtlich widersprechen würde;
2. dem Beklagten, der sich auf das Verfahren nicht eingelassen hat, das verfahrenseinleitende Schriftstück oder ein gleichwertiges Schriftstück nicht so rechtzeitig und in einer Weise zugestellt worden ist, dass er sich verteidigen konnte, es sei denn, der Beklagte hat gegen die Entscheidung keinen Rechtsbehelf eingelegt, obwohl er die Möglichkeit dazu hatte;[19]
3. sie mit einer Entscheidung unvereinbar ist, die zwischen denselben Parteien in dem Staat, in dem die Anerkennung geltend gemacht wird, ergangen ist;
4. sie mit einer früheren Entscheidung unvereinbar ist, die in einem anderen durch dieses Übereinkommen gebundenen Staat oder in einem Drittstaat zwischen denselben Parteien in einem Rechtsstreit wegen desselben Anspruchs ergangen ist, sofern die frühere Entscheidung die notwendigen Voraussetzungen für ihre Anerkennung in dem Staat erfüllt, in dem die Anerkennung geltend gemacht wird.

Art. 35. [Nichtanerkennung aus sonstigen Gründen] (1) Eine Entscheidung wird ferner nicht anerkannt, wenn die Vorschriften der Abschnitte 3, 4 und 6 des Titels II verletzt worden sind oder wenn ein Fall des Artikels 68 vorliegt. Des Weiteren kann die Anerkennung einer Entscheidung versagt werden, wenn ein Fall des Artikels 64 Absatz 3 oder des Artikels 67 Absatz 4 vorliegt.

(2) Das Gericht oder die sonst befugte Stelle des Staates, in dem die Anerkennung geltend gemacht wird, ist bei der Prüfung, ob eine der in Absatz 1 angeführten Zuständigkeiten gegeben ist, an die tatsächlichen Feststellungen gebunden, aufgrund deren das Gericht des Ursprungsstaats seine Zuständigkeit angenommen hat.

(3) Die Zuständigkeit der Gerichte des Ursprungsstaats darf, unbeschadet der Bestimmungen des Absatzes 1, nicht nachgeprüft werden. Die Vorschriften über die Zuständigkeit gehören nicht zur öffentlichen Ordnung *(ordre public)* im Sinne des Artikels 34 Nummer 1.

---

[19] Vgl. dazu den Vorbehalt der *Schweiz* gemäß Art. III Abs. 1 des im Anhang abgedruckten Protokolls Nr. 1.

Art. 36. [Keine *révision au fond*] Die ausländische Entscheidung darf keinesfalls in der Sache selbst nachgeprüft werden.

Art. 37. [Aussetzung des Verfahrens] (1) Das Gericht eines durch dieses Übereinkommen gebundenen Staates, vor dem die Anerkennung einer in einem anderen durch dieses Übereinkommen gebundenen Staat ergangenen Entscheidung geltend gemacht wird, kann das Verfahren aussetzen, wenn gegen die Entscheidung ein ordentlicher Rechtsbehelf eingelegt worden ist.

(2) Das Gericht eines durch dieses Übereinkommen gebundenen Staates, vor dem die Anerkennung einer in Irland oder im Vereinigten Königreich ergangenen Entscheidung geltend gemacht wird, kann das Verfahren aussetzen, wenn die Vollstreckung der Entscheidung im Ursprungsstaat wegen der Einlegung eines Rechtsbehelfs einstweilen eingestellt ist.

Abschnitt 2.[20] Vollstreckung

Art. 38. [Vollstreckbarkeit] (1) Die in einem durch dieses Übereinkommen gebundenen Staat ergangenen Entscheidungen, die in diesem Staat vollstreckbar sind, werden in einem anderen durch dieses Übereinkommen gebundenen Staat vollstreckt, wenn sie dort auf Antrag eines Berechtigten für vollstreckbar erklärt worden sind.

(2) Im Vereinigten Königreich jedoch wird eine derartige Entscheidung in England und Wales, in Schottland oder in Nordirland vollstreckt, wenn sie auf Antrag eines Berechtigten zur Vollstreckung in dem betreffenden Teil des Vereinigten Königreichs registriert worden ist.

Art. 39. [Antrag] (1) Der Antrag ist an das Gericht oder die sonst befugte Stelle zu richten, die in Anhang II aufgeführt ist.

(2) Die örtliche Zuständigkeit wird durch den Wohnsitz des Schuldners oder durch den Ort, an dem die Zwangsvollstreckung durchgeführt werden soll, bestimmt.

Art. 40. [Verfahren] (1) Für die Stellung des Antrags ist das Recht des Vollstreckungsstaats maßgebend.

(2) Der Antragsteller hat im Bezirk des angerufenen Gerichts ein Wahldomizil zu begründen. Ist das Wahldomizil im Recht des Vollstreckungsstaats nicht vorgesehen, so hat der Antragsteller einen Zustellungsbevollmächtigten zu benennen.

(3) Dem Antrag sind die in Artikel 53 angeführten Urkunden beizufügen.

---

[20] Zur Vollstreckung von Entscheidungen aus den Vertragsstaaten in *Deutschland* siehe ergänzend §§ 1 Abs. 1 Nr. 2 lit. a, 3–32 AVAG idF v. 30.11.2015 (Nr. *152a*).

Art. 41. [Vollstreckbarerklärung] Sobald die in Artikel 53 vorgesehenen Förmlichkeiten erfüllt sind, wird die Entscheidung unverzüglich für vollstreckbar erklärt, ohne dass eine Prüfung nach den Artikeln 34 und 35 erfolgt. Der Schuldner erhält in diesem Abschnitt des Verfahrens keine Gelegenheit, eine Erklärung abzugeben.

Art. 42. [Mitteilung an den Antragsteller] (1) Die Entscheidung über den Antrag auf Vollstreckbarerklärung wird dem Antragsteller unverzüglich in der Form mitgeteilt, die das Recht des Vollstreckungsstaats vorsieht.

(2) Die Vollstreckbarerklärung und, soweit dies noch nicht geschehen ist, die Entscheidung werden dem Schuldner zugestellt.

Art. 43. [Rechtsbehelf gegen die Entscheidung] (1) Gegen die Entscheidung über den Antrag auf Vollstreckbarerklärung kann jede Partei einen Rechtsbehelf einlegen.

(2) Der Rechtsbehelf wird bei dem in Anhang III aufgeführten Gericht eingelegt.

(3) Über den Rechtsbehelf wird nach den Vorschriften entschieden, die für Verfahren mit beiderseitigem rechtlichen Gehör maßgebend sind.

(4) Lässt sich der Schuldner auf das Verfahren vor dem mit dem Rechtsbehelf des Antragstellers befassten Gericht nicht ein, so ist Artikel 26 Absätze 2 bis 4 auch dann anzuwenden, wenn der Schuldner seinen Wohnsitz nicht im Hoheitsgebiet eines durch dieses Übereinkommen gebundenen Staates hat.

(5) Der Rechtsbehelf gegen die Vollstreckbarerklärung ist innerhalb eines Monats nach ihrer Zustellung einzulegen. Hat der Schuldner seinen Wohnsitz im Hoheitsgebiet eines anderen durch dieses Übereinkommen gebundenen Staates als dem, in dem die Vollstreckbarerklärung ergangen ist, so beträgt die Frist für den Rechtsbehelf zwei Monate und beginnt von dem Tage an zu laufen, an dem die Vollstreckbarerklärung ihm entweder in Person oder in seiner Wohnung zugestellt worden ist. Eine Verlängerung dieser Frist wegen weiter Entfernung ist ausgeschlossen.[21]

Art. 44. [Weiterer Rechtsbehelf] Gegen die Entscheidung, die über den Rechtsbehelf ergangen ist, kann nur ein Rechtsbehelf nach Anhang IV eingelegt werden.

Art. 45. [Versagung der Vollstreckbarerklärung] (1) Die Vollstreckbarerklärung darf von dem mit einem Rechtsbehelf nach Artikel 43 oder Artikel 44 befassten Gericht nur aus einem der in den Artikeln 34 und 35 aufgeführten Gründe versagt oder aufgehoben werden. Das Gericht erlässt seine Entscheidung unverzüglich.

---

[21] Zu Art. 43 Abs. 5 Satz 2 und 3 vgl. auch § 55 Abs. 2 AVAG idF v. 30.11.2015 (Nr. *152a*).

(2) Die ausländische Entscheidung darf keinesfalls in der Sache selbst nachgeprüft werden.

Art. 46. [Aussetzung des Verfahrens] (1) Das nach Artikel 43 oder Artikel 44 mit dem Rechtsbehelf befasste Gericht kann auf Antrag des Schuldners das Verfahren aussetzen, wenn gegen die Entscheidung im Ursprungsstaat ein ordentlicher Rechtsbehelf eingelegt oder die Frist für einen solchen Rechtsbehelf noch nicht verstrichen ist; in letzterem Fall kann das Gericht eine Frist bestimmen, innerhalb deren der Rechtsbehelf einzulegen ist.

(2) Ist die Entscheidung in Irland oder im Vereinigten Königreich ergangen, so gilt jeder im Ursprungsstaat statthafte Rechtsbehelf als ordentlicher Rechtsbehelf im Sinne von Absatz 1.

(3) Das Gericht kann auch die Zwangsvollstreckung von der Leistung einer Sicherheit, die es bestimmt, abhängig machen.

Art. 47. [Einstweilige Maßnahmen] (1) Ist eine Entscheidung nach diesem Übereinkommen anzuerkennen, so ist der Antragsteller nicht daran gehindert, einstweilige Maßnahmen einschließlich solcher, die auf eine Sicherung gerichtet sind, nach dem Recht des Vollstreckungsstaats in Anspruch zu nehmen, ohne dass es einer Vollstreckbarerklärung nach Artikel 41 bedarf.

(2) Die Vollstreckbarerklärung gibt die Befugnis, solche Maßnahmen zu veranlassen.

(3) Solange die in Artikel 43 Absatz 5 vorgesehene Frist für den Rechtsbehelf gegen die Vollstreckbarerklärung läuft und solange über den Rechtsbehelf nicht entschieden ist, darf die Zwangsvollstreckung in das Vermögen des Schuldners nicht über Maßnahmen zur Sicherung hinausgehen.

Art. 48. [Teilvollstreckbarerklärung] (1) Ist durch die ausländische Entscheidung über mehrere mit der Klage geltend gemachte Ansprüche erkannt und kann die Vollstreckbarerklärung nicht für alle Ansprüche erteilt werden, so erteilt das Gericht oder die sonst befugte Stelle sie für einen oder mehrere dieser Ansprüche.

(2) Der Antragsteller kann beantragen, dass die Vollstreckbarerklärung nur für einen Teil des Gegenstands der Verurteilung erteilt wird.

Art. 49. [Zwangsgeld] Ausländische Entscheidungen, die auf Zahlung eines Zwangsgelds lauten, sind im Vollstreckungsstaat nur vollstreckbar, wenn die Höhe des Zwangsgelds durch die Gerichte des Ursprungsstaats endgültig festgesetzt ist.

Art. 50. [Prozesskostenhilfe] (1) Ist dem Antragsteller im Ursprungsstaat ganz oder teilweise Prozesskostenhilfe oder Kosten- und Gebührenbefreiung gewährt worden, so genießt er in dem Verfahren nach diesem Abschnitt hinsichtlich der Prozesskostenhilfe oder der Kosten- und Gebührenbefreiung die günstigste Behandlung, die das Recht des Vollstreckungsstaats vorsieht.

(2) Der Antragsteller, der die Vollstreckung einer Entscheidung einer Verwaltungsbehörde begehrt, die in Dänemark, Island oder Norwegen in Unterhaltssachen ergangen ist, kann im Vollstreckungsstaat Anspruch auf die in Absatz 1 genannten Vorteile erheben, wenn er eine Erklärung des dänischen, isländischen oder norwegischen Justizministeriums darüber vorlegt, dass er die wirtschaftlichen Voraussetzungen für die vollständige oder teilweise Bewilligung der Prozesskostenhilfe oder für die Kosten- und Gebührenbefreiung erfüllt.

Art. 51. [Keine Sicherheitsleistung wegen Ausländereigenschaft] Der Partei, die in einem durch dieses Übereinkommen gebundenen Staat eine in einem anderen durch dieses Übereinkommen gebundenen Staat ergangene Entscheidung vollstrecken will, darf wegen ihrer Eigenschaft als Ausländer oder wegen Fehlens eines inländischen Wohnsitzes oder Aufenthalts eine Sicherheitsleistung oder Hinterlegung, unter welcher Bezeichnung es auch sei, nicht auferlegt werden.

Art. 52. [Keine Stempelabgaben/Gebühren] Im Vollstreckungsstaat dürfen im Vollstreckbarerklärungsverfahren keine nach dem Streitwert abgestuften Stempelabgaben oder Gebühren erhoben werden.

Abschnitt 3. Gemeinsame Vorschriften

Art. 53. [Urkundenvorlage] (1) Die Partei, die die Anerkennung einer Entscheidung geltend macht oder eine Vollstreckbarerklärung beantragt, hat eine Ausfertigung der Entscheidung vorzulegen, die die für ihre Beweiskraft erforderlichen Voraussetzungen erfüllt.

(2) Unbeschadet des Artikels 55 hat die Partei, die eine Vollstreckbarerklärung beantragt, ferner die Bescheinigung nach Artikel 54 vorzulegen.

Art. 54.[22] [Bescheinigung] Das Gericht oder die sonst befugte Stelle des durch dieses Übereinkommen gebundenen Staates, in dem die Entscheidung ergangen ist, stellt auf Antrag die Bescheinigung unter Verwendung des Formblatts in Anhang V dieses Übereinkommens aus.

Art. 55. [Fristbestimmung/Übersetzung] (1) Wird die Bescheinigung nach Artikel 54 nicht vorgelegt, so kann das Gericht oder die sonst befugte Stelle eine Frist bestimmen, innerhalb deren die Bescheinigung vorzulegen ist, oder sich mit einer gleichwertigen Urkunde begnügen oder von der

---

[22] Zur Zuständigkeit für die Erteilung der Bescheinigung nach Art. 54 des Übk. in *Deutschland* siehe § 57 AVAG idF v. 30.11.2015 (Nr. *152a*).

Vorlage der Bescheinigung befreien, wenn es oder sie eine weitere Klärung nicht für erforderlich hält.

(2) Auf Verlangen des Gerichts oder der sonst befugten Stelle ist eine Übersetzung der Urkunden vorzulegen. Die Übersetzung ist von einer hierzu in einem der durch dieses Übereinkommen gebundenen Staaten befugten Person zu beglaubigen.

Art. 56. [Keine Legalisation] Die in Artikel 53 und in Artikel 55 Absatz 2 angeführten Urkunden sowie die Urkunde über die Prozessvollmacht, falls eine solche erteilt wird, bedürfen weder der Legalisation noch einer ähnlichen Förmlichkeit.

Titel IV.[23] Öffentliche Urkunden und Prozessvergleiche

Art. 57. [Öffentliche Urkunden] (1) Öffentliche Urkunden, die in einem durch dieses Übereinkommen gebundenen Staat aufgenommen und vollstreckbar sind, werden in einem anderen durch dieses Übereinkommen gebundenen Staat auf Antrag in dem Verfahren nach den Artikeln 38 ff. für vollstreckbar erklärt. Die Vollstreckbarerklärung ist von dem mit einem Rechtsbehelf nach Artikel 43 oder Artikel 44 befassten Gericht nur zu versagen oder aufzuheben, wenn die Zwangsvollstreckung aus der Urkunde der öffentlichen Ordnung *(ordre public)* des Vollstreckungsstaats offensichtlich widersprechen würde.

(2) Als öffentliche Urkunden im Sinne von Absatz 1 werden auch vor Verwaltungsbehörden geschlossene oder von ihnen beurkundete Unterhaltsvereinbarungen oder -verpflichtungen angesehen.

(3) Die vorgelegte Urkunde muss die Voraussetzungen für ihre Beweiskraft erfüllen, die in dem Staat, in dem sie aufgenommen wurde, erforderlich sind.

(4) Die Vorschriften des Abschnitts 3 des Titels III sind sinngemäß anzuwenden. Die befugte Stelle des durch dieses Übereinkommen gebundenen Staates, in dem eine öffentliche Urkunde aufgenommen worden ist, stellt auf Antrag die Bescheinigung unter Verwendung des Formblatts in Anhang VI dieses Übereinkommens aus.

Art. 58. [Prozessvergleich] Vergleiche, die vor einem Gericht im Laufe eines Verfahrens geschlossen und in dem durch dieses Übereinkommen gebundenen Staat, in dem sie errichtet wurden, vollstreckbar sind, werden in dem Vollstreckungsstaat unter denselben Bedingungen wie öffentliche Urkunden vollstreckt. Das Gericht oder die sonst befugte Stelle des durch dieses Übereinkommen gebundenen Staates, in dem ein Prozessvergleich

---

[23] Zur Zuständigkeit für die Erteilung der Bescheinigung nach Art. 57 und 58 des Übk. in *Deutschland* siehe § 57 AVAG idF v. 30.11.2015 (Nr. *152a*).

geschlossen worden ist, stellt auf Antrag die Bescheinigung unter Verwendung des Formblatts in Anhang V dieses Übereinkommens aus.

Titel V. Allgemeine Vorschriften

Art. 59. [Wohnsitzbestimmung] (1) Ist zu entscheiden, ob eine Partei im Hoheitsgebiet des durch dieses Übereinkommen gebundenen Staates, dessen Gerichte angerufen sind, einen Wohnsitz hat, so wendet das Gericht sein Recht an.

(2) Hat eine Partei keinen Wohnsitz in dem durch dieses Übereinkommen gebundenen Staat, dessen Gerichte angerufen sind, so wendet das Gericht, wenn es zu entscheiden hat, ob die Partei einen Wohnsitz in einem anderen durch dieses Übereinkommen gebundenen Staat hat, das Recht dieses Staates an.

Art. 60. [Sitzbestimmung] (1) Gesellschaften und juristische Personen haben für die Anwendung dieses Übereinkommens ihren Wohnsitz an dem Ort, an dem sich

a) ihr satzungsmäßiger Sitz,

b) ihre Hauptverwaltung oder

c) ihre Hauptniederlassung befindet.

(2) Im Falle des Vereinigten Königreichs und Irlands ist unter dem Ausdruck „satzungsmäßiger Sitz" das *„registered office"* oder, wenn ein solches nirgendwo besteht, der *„place of incorporation"* (Ort der Erlangung der Rechtsfähigkeit) oder, wenn ein solcher nirgendwo besteht, der Ort, nach dessen Recht die *„formation"* (Gründung) erfolgt ist, zu verstehen.

(3) Um zu bestimmen, ob ein *„trust"* seinen Sitz in dem durch dieses Übereinkommen gebundenen Staat hat, bei dessen Gerichten die Klage anhängig ist, wendet das Gericht sein Internationales Privatrecht an.

Art. 61. [Vertretung vor Strafgerichten] Unbeschadet günstigerer innerstaatlicher Vorschriften können Personen, die ihren Wohnsitz im Hoheitsgebiet eines durch dieses Übereinkommen gebundenen Staates haben und die vor den Strafgerichten eines anderen durch dieses Übereinkommen gebundenen Staates, dessen Staatsangehörigkeit sie nicht besitzen, wegen einer fahrlässig begangenen Straftat verfolgt werden, sich von hierzu befugten Personen vertreten lassen, selbst wenn sie persönlich nicht erscheinen. Das Gericht kann jedoch das persönliche Erscheinen anordnen; wird diese Anordnung nicht befolgt, so braucht die Entscheidung, die über den Anspruch aus einem Rechtsverhältnis des Zivilrechts ergangen ist, ohne dass sich der Angeklagte verteidigen konnte, in den anderen durch dieses Übereinkommen gebundenen Staaten weder anerkannt noch vollstreckt zu werden.

Art. 62. [Begriff des Gerichts] Im Sinne dieses Übereinkommens umfasst die Bezeichnung „Gericht" jede Behörde, die von einem durch dieses Übereinkommen gebundenen Staat als für die in den Anwendungsbereich dieses Übereinkommens fallenden Rechtsgebiete zuständig bezeichnet worden ist.

Titel VI. Übergangsvorschriften

Art. 63. (1) Die Vorschriften dieses Übereinkommens sind nur auf solche Klagen und öffentliche Urkunden anzuwenden, die erhoben oder aufgenommen worden sind, nachdem dieses Übereinkommen im Ursprungsstaat und, sofern die Anerkennung oder Vollstreckung einer Entscheidung oder einer öffentlichen Urkunde geltend gemacht wird, im ersuchten Staat in Kraft getreten ist.

(2) Ist die Klage im Ursprungsstaat vor dem Inkrafttreten dieses Übereinkommens erhoben worden, so werden nach diesem Zeitpunkt erlassene Entscheidungen nach Maßgabe des Titels III anerkannt und zur Vollstreckung zugelassen,

a) wenn die Klage im Ursprungsstaat erhoben wurde, nachdem das Übereinkommen von Lugano vom 16. September 1988 sowohl im Ursprungsstaat als auch in dem ersuchten Staat in Kraft getreten war;

b) in allen anderen Fällen, wenn das Gericht aufgrund von Vorschriften zuständig war, die mit den Zuständigkeitsvorschriften des Titels II oder eines Abkommens übereinstimmen, das im Zeitpunkt der Klageerhebung zwischen dem Ursprungsstaat und dem ersuchten Staat in Kraft war.

Titel VII. Verhältnis zu der Verordnung (EG) Nr. 44/2001 des Rates und zu anderen Rechtsinstrumenten

Art. 64. [Verhältnis zur Brüssel I-VO] (1) Dieses Übereinkommen lässt die Anwendung folgender Rechtsakte durch die Mitgliedstaaten der Europäischen Gemeinschaft unberührt: der Verordnung (EG) Nr. 44/2001 des Rates über die gerichtliche Zuständigkeit und die Anerkennung und Vollstreckung von Entscheidungen in Zivil- und Handelssachen[24] einschließlich deren Änderungen, des am 27. September 1968 in Brüssel unterzeichneten Übereinkommens über die gerichtliche Zuständigkeit und die Vollstreckung gerichtlicher Entscheidungen in Zivil- und Handelssachen und des am 3. Juni 1971 in Luxemburg unterzeichneten Protokolls über die Auslegung des genannten Übereinkommens durch den Gerichtshof der Europäischen Gemeinschaften in der Fassung der Übereinkommen, mit

---

[24] Die Verweisung bezieht sich seit dem 10.1.2015 auf die Brüssel Ia-VO (Nr. *160*), vgl. Art. 80 S. 2 Brüssel Ia-VO.

denen die neuen Mitgliedstaaten der Europäischen Gemeinschaften jenem Übereinkommen und dessen Protokoll beigetreten sind,[25] sowie des am 19. Oktober 2005 in Brüssel unterzeichneten Abkommens zwischen der Europäischen Gemeinschaft und dem Königreich Dänemark über die gerichtliche Zuständigkeit und die Anerkennung und Vollstreckung von Entscheidungen in Zivil- und Handelssachen.[26]

(2) Dieses Übereinkommen wird jedoch in jedem Fall angewandt

a) in Fragen der gerichtlichen Zuständigkeit, wenn der Beklagte seinen Wohnsitz im Hoheitsgebiet eines Staates hat, in dem dieses Übereinkommen, aber keines der in Absatz 1 aufgeführten Rechtsinstrumente gilt, oder wenn die Gerichte eines solchen Staates nach Artikel 22 oder 23 dieses Übereinkommens zuständig sind;

b) bei Rechtshängigkeit oder im Zusammenhang stehenden Verfahren im Sinne der Artikel 27 und 28, wenn Verfahren in einem Staat anhängig gemacht werden, in dem dieses Übereinkommen, aber keines der in Absatz 1 aufgeführten Rechtsinstrumente gilt, und in einem Staat, in dem sowohl dieses Übereinkommen als auch eines der in Absatz 1 aufgeführten Rechtsinstrumente gilt;

c) in Fragen der Anerkennung und Vollstreckung, wenn entweder der Ursprungsstaat oder der ersuchte Staat keines der in Absatz 1 aufgeführten Rechtsinstrumente anwendet.

(3) Außer aus den in Titel III vorgesehenen Gründen kann die Anerkennung oder Vollstreckung versagt werden, wenn sich der der Entscheidung zugrunde liegende Zuständigkeitsgrund von demjenigen unterscheidet, der sich aus diesem Übereinkommen ergibt, und wenn die Anerkennung oder Vollstreckung gegen eine Partei geltend gemacht wird, die ihren Wohnsitz in einem Staat hat, in dem dieses Übereinkommen, aber keines der in Absatz 1 aufgeführten Rechtsinstrumente gilt, es sei denn, dass die Entscheidung anderweitig nach dem Recht des ersuchten Staates anerkannt oder vollstreckt werden kann.

Art. 65. [Ersetzung von Staatsverträgen zwischen den gebundenen Staaten] Dieses Übereinkommen ersetzt unbeschadet des Artikels 63 Absatz 2 und der Artikel 66 und 67 im Verhältnis zwischen den durch dieses Übereinkommen gebundenen Staaten die zwischen zwei oder mehr dieser Staaten bestehenden Übereinkünfte, die sich auf dieselben Rechtsgebiete erstrecken wie dieses Übereinkommen. Durch dieses Übereinkommen werden insbesondere die in Anhang VII aufgeführten Übereinkünfte ersetzt.

Art. 66. [Fortgeltung der ersetzten Staatsverträge] (1) Die in Artikel 65 angeführten Übereinkünfte behalten ihre Wirksamkeit für die Rechtsgebiete, auf die dieses Übereinkommen nicht anzuwenden ist.

---

[25] Vgl. dazu die Anm. zu Nr. *150*.
[26] ABl. 2005 L 299, S. 62.

(2) Sie bleiben auch weiterhin für die Entscheidungen und die öffentlichen Urkunden wirksam, die vor Inkrafttreten dieses Übereinkommens ergangen oder aufgenommen worden sind.

Art. 67. [Staatsverträge auf besonderen Rechtsgebieten] (1) Dieses Übereinkommen lässt Übereinkünfte unberührt, denen die Vertragsparteien und/oder die durch dieses Übereinkommen gebundenen Staaten angehören und die für besondere Rechtsgebiete die gerichtliche Zuständigkeit, die Anerkennung oder die Vollstreckung von Entscheidungen regeln. Unbeschadet der Verpflichtungen aus anderen Übereinkünften, denen manche Vertragsparteien angehören, schließt dieses Übereinkommen nicht aus, dass die Vertragsparteien solche Übereinkünfte schließen.

(2) Dieses Übereinkommen schließt nicht aus, dass ein Gericht eines durch dieses Übereinkommen gebundenen Staates, der Vertragspartei einer Übereinkunft über ein besonderes Rechtsgebiet ist, seine Zuständigkeit auf eine solche Übereinkunft stützt, und zwar auch dann, wenn der Beklagte seinen Wohnsitz in einem anderen durch dieses Übereinkommen gebundenen Staat hat, der nicht Vertragspartei der betreffenden Übereinkunft ist. In jedem Fall wendet dieses Gericht Artikel 26 dieses Übereinkommens an.

(3) Entscheidungen, die in einem durch dieses Übereinkommen gebundenen Staat von einem Gericht erlassen worden sind, das seine Zuständigkeit auf eine Übereinkunft über ein besonderes Rechtsgebiet gestützt hat, werden in den anderen durch dieses Übereinkommen gebundenen Staaten nach Titel III dieses Übereinkommens anerkannt und vollstreckt.

(4) Neben den in Titel III vorgesehenen Gründen kann die Anerkennung oder Vollstreckung versagt werden, wenn der ersuchte Staat nicht durch die Übereinkunft über ein besonderes Rechtsgebiet gebunden ist und die Person, gegen die die Anerkennung oder Vollstreckung geltend gemacht wird, ihren Wohnsitz in diesem Staat hat oder, wenn der ersuchte Staat ein Mitgliedstaat der Europäischen Gemeinschaft ist und die Übereinkunft von der Europäischen Gemeinschaft geschlossen werden müsste, in einem ihrer Mitgliedstaaten, es sei denn, die Entscheidung kann anderweitig nach dem Recht des ersuchten Staates anerkannt oder vollstreckt werden.

(5) Sind der Ursprungsstaat und der ersuchte Staat Vertragsparteien einer Übereinkunft über ein besonderes Rechtsgebiet, welche die Voraussetzungen für die Anerkennung und Vollstreckung von Entscheidungen regelt, so gelten diese Voraussetzungen. In jedem Fall können die Bestimmungen dieses Übereinkommens über das Verfahren zur Anerkennung und Vollstreckung von Entscheidungen angewandt werden.

Art. 68. [Fortgeltung von Staatsverträgen über die Nichtanerkennung von Entscheidungen gegen Beklagte mit Wohnsitz in Drittstaaten] (1) Dieses Übereinkommen lässt Übereinkünfte unberührt, durch die sich die durch dieses Übereinkommen gebundenen Staaten vor Inkrafttreten dieses Übereinkommens verpflichtet haben, Entscheidungen der Gerichte anderer durch dieses Übereinkommen gebundener Staaten gegen Beklagte, die ihren Wohnsitz oder gewöhnlichen Aufenthalt im Hoheitsgebiet eines Drittstaats haben, nicht anzuerkennen, wenn die Entscheidungen in den Fällen des Artikels 4 nur auf einen der in Artikel 3 Absatz 2 angeführten Zuständigkeitsgründe gestützt werden könnten. Unbeschadet der Verpflichtungen aus anderen Übereinkünften, denen manche Vertragsparteien angehören, schließt dieses Übereinkommen nicht aus, dass die Vertragsparteien solche Übereinkünfte treffen.

(2) Keine Vertragspartei kann sich jedoch gegenüber einem Drittstaat verpflichten, eine Entscheidung nicht anzuerkennen, die in einem anderen durch dieses Übereinkommen gebundenen Staat durch ein Gericht gefällt wurde, dessen Zuständigkeit auf das Vorhandensein von Vermögenswerten des Beklagten in diesem Staat oder die Beschlagnahme von dort vorhandenem Vermögen durch den Kläger gegründet ist,

a) wenn die Klage erhoben wird, um Eigentums- oder Inhaberrechte hinsichtlich dieses Vermögens festzustellen oder anzumelden oder um Verfügungsgewalt darüber zu erhalten, oder wenn die Klage sich aus einer anderen Streitsache im Zusammenhang mit diesem Vermögen ergibt, oder

b) wenn das Vermögen die Sicherheit für einen Anspruch darstellt, der Gegenstand des Verfahrens ist.

Titel VIII. Schlussvorschriften

Art. 69. [Zeichnung/Ratifikation] (1) Dieses Übereinkommen liegt für die Europäische Gemeinschaft, Dänemark und die Staaten, die Mitglieder der Europäischen Freihandelsassoziation sind, zur Unterzeichnung auf.

(2) Dieses Übereinkommen bedarf der Ratifikation durch die Unterzeichnerstaaten. Die Ratifikationsurkunden werden beim Schweizerischen Bundesrat hinterlegt, der der Verwahrer dieses Übereinkommens ist.

(3) Zum Zeitpunkt der Ratifizierung kann jede Vertragspartei Erklärungen gemäß den Artikeln I, II und III des Protokolls 1 abgeben.

(4) Dieses Übereinkommen tritt am ersten Tag des sechsten Monats in Kraft, der auf den Tag folgt, an dem die Europäische Gemeinschaft und ein Mitglied der Europäischen Freihandelsassoziation ihre Ratifikationsurkunden hinterlegt haben.

(5) Für jede andere Vertragspartei tritt dieses Übereinkommen am ersten Tag des dritten Monats in Kraft, der auf die Hinterlegung ihrer Ratifikationsurkunde folgt.

(6) Unbeschadet des Artikels 3 Absatz 3 des Protokolls 2 ersetzt dieses Übereinkommen ab dem Tag seines Inkrafttretens gemäß den Absätzen 4 und 5 das am 16. September 1988 in Lugano geschlossene Übereinkommen über die gerichtliche Zuständigkeit und die Vollstreckung gericht-

licher Entscheidungen in Zivil- und Handelssachen. Jede Bezugnahme auf das Lugano-Übereinkommen von 1988 in anderen Rechtsinstrumenten gilt als Bezugnahme auf dieses Übereinkommen.

(7) Im Verhältnis zwischen den Mitgliedstaaten der Europäischen Gemeinschaft und den außereuropäischen Gebieten im Sinne von Artikel 70 Absatz 1 Buchstabe b ersetzt dieses Übereinkommen ab dem Tag seines Inkrafttretens für diese Gebiete gemäß Artikel 73 Absatz 2 das am 27. September 1968 in Brüssel unterzeichnete Übereinkommen über die gerichtliche Zuständigkeit und die Vollstreckung gerichtlicher Entscheidungen in Zivil- und Handelssachen und das am 3. Juni 1971 in Luxemburg unterzeichnete Protokoll über die Auslegung des genannten Übereinkommens durch den Gerichtshof der Europäischen Gemeinschaften in der Fassung der Übereinkommen, mit denen die neuen Mitgliedstaaten der Europäischen Gemeinschaften jenem Übereinkommen und dessen Protokoll beigetreten sind.

Art. 70. [Beitritt] (1) Dem Übereinkommen können nach seinem Inkrafttreten beitreten:

a) die Staaten, die nach Auflage dieses Übereinkommens zur Unterzeichnung Mitglieder der Europäischen Freihandelsassoziation werden, unter den Voraussetzungen des Artikels 71;

b) ein Mitgliedstaat der Europäischen Gemeinschaft im Namen bestimmter außereuropäischer Gebiete, die Teil seines Hoheitsgebiets sind oder für deren Außenbeziehungen dieser Mitgliedstaat zuständig ist, unter den Voraussetzungen des Artikels 71;

c) jeder andere Staat unter den Voraussetzungen des Artikels 72.[27]

(2) Die in Absatz 1 genannten Staaten, die diesem Übereinkommen beitreten wollen, richten ein entsprechendes Ersuchen an den Verwahrer. Dem Beitrittsersuchen und den Angaben nach den Artikeln 71 und 72 ist eine englische und französische Übersetzung beizufügen.

Art. 71. [Mitteilungen/Erklärungen von Beitrittsstaaten iSv Art. 70 Abs. 1 lit. a, b] (1) Jeder in Artikel 70 Absatz 1 Buchstaben a und b genannte Staat, der diesem Übereinkommen beitreten will,

a) teilt die zur Anwendung dieses Übereinkommens erforderlichen Angaben mit;

b) kann Erklärungen nach Maßgabe der Artikel I und III des Protokolls 1 abgeben.

(2) Der Verwahrer übermittelt den anderen Vertragsparteien vor der Hinterlegung der Beitrittsurkunde des betreffenden Staates die Angaben, die ihm nach Absatz 1 mitgeteilt wurden.

---

[27] Vgl. zur Vollstreckung von Entscheidungen aus Staaten, die dem Übk. gem. Art. 70 Abs. 1 lit. c iVm Art. 72 beigetreten sind, Art. III Abs. 2 des im Anhang abgedruckten Protokolls Nr. 1.

Art. 72. [Mitteilungen/Erklärungen von Beitrittsstaaten iSv Art. 70 Abs. 1 lit. c] (1) Jeder in Artikel 70 Absatz 1 Buchstabe c genannte Staat, der diesem Übereinkommen beitreten will,

a) teilt die zur Anwendung dieses Übereinkommens erforderlichen Angaben mit;

b) kann Erklärungen nach Maßgabe der Artikel I und III des Protokolls 1 abgeben;

c) erteilt dem Verwahrer Auskünfte insbesondere über
   1. sein Justizsystem mit Angaben zur Ernennung der Richter und zu deren Unabhängigkeit;
   2. sein innerstaatliches Zivilprozess- und Vollstreckungsrecht;
   3. sein Internationales Zivilprozessrecht.

(2) Der Verwahrer übermittelt den anderen Vertragsparteien die Angaben, die ihm nach Absatz 1 mitgeteilt worden sind, bevor er den betreffenden Staat gemäß Absatz 3 zum Beitritt einlädt.

(3) Unbeschadet des Absatzes 4 lädt der Verwahrer den betreffenden Staat nur dann zum Beitritt ein, wenn die Zustimmung aller Vertragsparteien vorliegt. Die Vertragsparteien sind bestrebt, ihre Zustimmung spätestens innerhalb eines Jahres nach der Aufforderung durch den Verwahrer zu erteilen.

(4) Für den beitretenden Staat tritt dieses Übereinkommen nur im Verhältnis zu den Vertragsparteien in Kraft, die vor dem ersten Tag des dritten Monats, der auf die Hinterlegung der Beitrittsurkunde folgt, keine Einwände gegen den Beitritt erhoben haben.

Art. 73. [Inkrafttreten für Beitrittsstaaten] (1) Die Beitrittsurkunden werden beim Verwahrer hinterlegt.

(2) Für einen in Artikel 70 genannten beitretenden Staat tritt dieses Übereinkommen am ersten Tag des dritten Monats, der auf die Hinterlegung seiner Beitrittsurkunde folgt, in Kraft. Ab diesem Zeitpunkt gilt der beitretende Staat als Vertragspartei dieses Übereinkommens.

(3) Jede Vertragspartei kann dem Verwahrer den Wortlaut dieses Übereinkommens in ihrer oder ihren Sprachen übermitteln, der, sofern die Vertragsparteien nach Artikel 4 des Protokolls 2 zugestimmt haben, ebenfalls als verbindlich gilt.

Art. 74. [Kündigung] (1) Dieses Übereinkommen wird auf unbegrenzte Zeit geschlossen.

(2) Jede Vertragspartei kann dieses Übereinkommen jederzeit durch eine an den Verwahrer gerichtete Notifikation kündigen.

(3) Die Kündigung wird am Ende des Kalenderjahres wirksam, das auf einen Zeitraum von sechs Monaten folgt, gerechnet vom Eingang ihrer Notifikation beim Verwahrer.

Art. 75. [Protokolle/Anhänge] Diesem Übereinkommen sind beigefügt:

- ein Protokoll 1 über bestimmte Zuständigkeits-, Verfahrens- und Vollstreckungsfragen,
- ein Protokoll 2 über die einheitliche Auslegung des Übereinkommens und den Ständigen Ausschuss,
- ein Protokoll 3 über die Anwendung von Artikel 67,
- die Anhänge I bis IV und Anhang VII mit Angaben zur Anwendung des Übereinkommens,
- die Anhänge V und VI mit den Formblättern für die Bescheinigungen im Sinne der Artikel 54, 57 und 58,
- Anhang VIII mit der Angabe der verbindlichen Sprachfassungen des Übereinkommens gemäß Artikel 79

  und
- Anhang IX mit den Angaben gemäß Artikel II des Protokolls 1.

Die Protokolle und Anhänge sind Bestandteil des Übereinkommens.

Art. 76. [Revision] Unbeschadet des Artikels 77 kann jede Vertragspartei eine Revision dieses Übereinkommens beantragen. Zu diesem Zweck beruft der Verwahrer den Ständigen Ausschuss nach Artikel 4 des Protokolls 2 ein.

Art. 77. [Mitteilungen der Vertragsstaaten] (1) Die Vertragsparteien teilen dem Verwahrer den Wortlaut aller Rechtsvorschriften mit, durch den die Listen in den Anhängen I bis IV geändert werden, sowie alle Streichungen oder Zusätze in der Liste des Anhangs VII und den Zeitpunkt ihres Inkrafttretens. Diese Mitteilung erfolgt rechtzeitig vor Inkrafttreten; ihr ist eine englische und französische Übersetzung beizufügen. Der Verwahrer passt die betreffenden Anhänge nach Anhörung des Ständigen Ausschusses gemäß Artikel 4 des Protokolls 2 entsprechend an. Zu diesem Zweck erstellen die Vertragsparteien eine Übersetzung der Anpassungen in ihren Sprachen.

(2) Jede Änderung der Anhänge V und VI sowie VIII und IX wird vom Ständigen Ausschuss gemäß Artikel 4 des Protokolls 2 angenommen.

Art. 78. [Notifikationen] (1) Der Verwahrer notifiziert den Vertragsparteien:

a) die Hinterlegung jeder Ratifikations- oder Beitrittsurkunde,
b) den Tag, an dem dieses Übereinkommen für die Vertragsparteien in Kraft tritt,
c) die nach den Artikeln I bis IV des Protokolls 1 eingegangenen Erklärungen,
d) die Mitteilungen nach Artikel 74 Absatz 2, Artikel 77 Absatz 1 sowie Absatz 4 des Protokolls 3.

(2) Den Notifikationen ist eine englische und französische Übersetzung beizufügen.

Art. 79. [Sprachfassungen] Dieses Übereinkommen ist in einer Urschrift in den in Anhang VIII aufgeführten Sprachen abgefasst, wobei jeder Wortlaut gleichermaßen verbindlich ist; es wird im Schweizerischen Bundesarchiv hinterlegt. Der Schweizerische Bundesrat übermittelt jeder Vertragspartei eine beglaubigte Abschrift.

Anhang

Protokoll Nr. 1 über bestimmte Zuständigkeits-, Verfahrens- und Vollstreckungsfragen

DIE HOHEN VERTRAGSPARTEIEN SIND WIE FOLGT ÜBEREINGEKOMMEN:

Art. I. (1) Gerichtliche und außergerichtliche Schriftstücke, die in einem durch dieses Übereinkommen gebundenen Staat ausgefertigt worden sind und einer Person zugestellt werden sollen, die sich im Hoheitsgebiet eines anderen durch dieses Übereinkommen gebundenen Staates befindet, werden nach den zwischen diesen Staaten geltenden Übereinkünften übermittelt.

(2) Sofern die Vertragspartei, in deren Hoheitsgebiet die Zustellung bewirkt werden soll, nicht durch eine an den Verwahrer gerichtete Erklärung widersprochen hat, können diese Schriftstücke auch von den gerichtlichen Amtspersonen des Staates, in dem sie ausgefertigt worden sind, unmittelbar den gerichtlichen Amtspersonen des Staates übersandt werden, in dessen Hoheitsgebiet sich die Person befindet, für welche das Schriftstück bestimmt ist. In diesem Fall übersendet die gerichtliche Amtsperson des Ursprungsstaats der gerichtlichen Amtsperson des ersuchten Staates, die für die Übermittlung an den Empfänger zuständig ist, eine Abschrift des Schriftstücks. Diese Übermittlung wird in den Formen vorgenommen, die das Recht des ersuchten Staates vorsieht. Sie wird durch eine Bescheinigung festgestellt, die der gerichtlichen Amtsperson des Ursprungsstaats unmittelbar zugesandt wird.

(3) Die Mitgliedstaaten der Europäischen Gemeinschaft, die durch die Verordnung (EG) Nr. 1348/2000 des Rates vom 29. Mai 2000[28] oder durch das am 19. Oktober 2005 in Brüssel unterzeichnete Abkommen zwischen der Europäischen Gemeinschaft und dem Königreich Dänemark über die Zustellung gerichtlicher und außergerichtlicher Schriftstücke in Zivil- oder

---

[28] Die Verweisung ist seit dem 13.11.2008 auf die EG-Verordnung Nr. 1393/2007 v. 13.11.2007 (Nr. *224*) gerichtet; vgl. Art. 25 Nr. 2 dieser Verordnung.

Handelssachen[29] gebunden sind, wenden diese Verordnung und dieses Abkommen in ihrem Verhältnis untereinander an.

Art. II. (1) Die in Artikel 6 Nummer 2 und Artikel 11 für eine Gewährleistungs- oder Interventionsklage vorgesehene Zuständigkeit kann in den in Anhang IX genannten Staaten, die durch dieses Übereinkommen gebunden sind, nicht in vollem Umfang geltend gemacht werden. Jede Person, die ihren Wohnsitz in einem anderen durch dieses Übereinkommen gebundenen Staat hat, kann vor den Gerichten dieser Staaten nach Maßgabe der in Anhang IX genannten Vorschriften verklagt werden.

(2) Die Europäische Gemeinschaft kann zum Zeitpunkt der Ratifizierung erklären, dass die in Artikel 6 Nummer 2 und Artikel 11 genannten Verfahren in bestimmten anderen Mitgliedstaaten nicht in Anspruch genommen werden können, und Angaben zu den geltenden Vorschriften mitteilen.[30]

(3) Entscheidungen, die in den anderen durch dieses Übereinkommen gebundenen Staaten aufgrund des Artikels 6 Nummer 2 und des Artikels 11 ergangen sind, werden in den in den Absätzen 1 und 2 genannten Staaten nach Titel III anerkannt und vollstreckt. Die Wirkungen, welche die in diesen Staaten ergangenen Entscheidungen gemäß den Absätzen 1und 2 gegenüber Dritten haben, werden auch in den anderen durch dieses Übereinkommen gebundenen Staaten anerkannt.

Art. III. (1) Die Schweizerische Eidgenossenschaft behält sich das Recht vor, bei der Hinterlegung der Ratifikationsurkunde zu erklären, dass sie den folgenden Teil der Bestimmung in Artikel 34 Absatz 2 nicht anwenden wird:

„es sei denn, der Beklagte hat gegen die Entscheidung keinen Rechtsbehelf eingelegt, obwohl er die Möglichkeit dazu hatte".

Falls die Schweizerische Eidgenossenschaft diese Erklärung abgibt, wenden die anderen Vertragsparteien denselben Vorbehalt gegenüber Entscheidungen der schweizerischen Gerichte an.

(2) Die Vertragsparteien können sich in Bezug auf Entscheidungen, die in einem beitretenden Staat gemäß Artikel 70 Absatz 1 Buchstabe c ergangen sind, durch Erklärung folgende Rechte vorbehalten:

a) das in Absatz 1 erwähnte Recht und

b) das Recht einer Behörde im Sinne von Artikel 39, unbeschadet der Vorschriften des Artikels 41 von Amts wegen zu prüfen, ob Gründe für die Versagung der Anerkennung oder Vollstreckung einer Entscheidung vorliegen.

---

[29] ABl. 2005 L 300, S. 55.

[30] Vgl. dazu die unten nach Anhang IX abgedruckte Erklärung der EU.

(3) Hat eine Vertragspartei einen solchen Vorbehalt gegenüber einem beitretenden Staat nach Absatz 2 erklärt, kann dieser beitretende Staat sich durch Erklärung dasselbe Recht in Bezug auf Entscheidungen vorbehalten, die von Gerichten dieser Vertragspartei erlassen worden sind.

(4) Mit Ausnahme des Vorbehalts gemäß Absatz 1 gelten die Erklärungen für einen Zeitraum von fünf Jahren und können für jeweils weitere fünf Jahre verlängert werden. Die Vertragspartei notifiziert die Verlängerung einer Erklärung gemäß Absatz 2 spätestens sechs Monate vor Ablauf des betreffenden Zeitraums. Ein beitretender Staat kann seine Erklärung gemäß Absatz 3 erst nach Verlängerung der betreffenden Erklärung gemäß Absatz 2 verlängern.

Art. IV. Die Erklärungen nach diesem Protokoll können jederzeit durch Notifikation an den Verwahrer zurückgenommen werden. Der Notifikation ist eine englische und französische Übersetzung beizufügen. Die Vertragsparteien erstellen eine Übersetzung in ihren Sprachen. Die Rücknahme wird am ersten Tag des dritten Monats nach der Notifikation wirksam.

Protokoll Nr. 2 über die einheitliche Auslegung des Übereinkommens und den ständigen Ausschuss

Präambel

DIE HOHEN VERTRAGSPARTEIEN –

GESTÜTZT AUF Artikel 75 des Übereinkommens,

IN ANBETRACHT der sachlichen Verknüpfung zwischen diesem Übereinkommen, dem Lugano-Übereinkommen von 1988 und den in Artikel 64 Absatz 1 dieses Übereinkommens genannten Rechtsinstrumenten,

IN DER ERWÄGUNG, dass der Gerichtshof der Europäischen Gemeinschaften für Entscheidungen über die Auslegung der in Artikel 64 Absatz 1 dieses Übereinkommens genannten Rechtsinstrumente zuständig ist,

IN DER ERWÄGUNG, dass dieses Übereinkommen Teil des Gemeinschaftsrechts wird und der Gerichtshof der Europäischen Gemeinschaften deshalb für Entscheidungen über die Auslegung dieses Übereinkommens in Bezug auf dessen Anwendung durch die Gerichte der Mitgliedstaaten der Europäischen Gemeinschaft zuständig ist,

IN KENNTNIS der bis zur Unterzeichnung dieses Übereinkommens ergangenen Entscheidungen des Gerichtshofs der Europäischen Gemeinschaften über die Auslegung der in Artikel 64 Absatz 1 dieses Übereinkommens genannten Rechtsinstrumente und der bis zur Unterzeichnung dieses Übereinkommens ergangenen Entscheidungen der Gerichte der Vertragsparteien des Lugano-Übereinkommens von 1988 über die Auslegung des letzteren Übereinkommens,

IN DER ERWÄGUNG, dass sich die gleichzeitige Revision des Lugano-Übereinkommens von 1988 und des Brüsseler Übereinkommens von 1968, die zum Abschluss eines revidierten Texts dieser Übereinkommen geführt hat, sachlich auf die vorgenannten Entscheidungen zu dem Brüsseler Übereinkommen und dem Lugano-Übereinkommen stützte,

IN DER ERWÄGUNG, dass der revidierte Text des Brüsseler Übereinkommens nach Inkrafttreten des Vertrags von Amsterdam in die Verordnung (EG) Nr. 44/2001 Eingang gefunden hat,

IN DER ERWÄGUNG, dass dieser revidierte Text auch die Grundlage für den Text dieses Übereinkommens war,

IN DEM BESTREBEN, bei voller Wahrung der Unabhängigkeit der Gerichte voneinander abweichende Auslegungen zu vermeiden und zu einer möglichst einheitlichen Auslegung der Bestimmungen dieses Übereinkommens und der Bestimmungen der Verordnung (EG) Nr. 44/2001, die in ihrem wesentlichen Gehalt in das vorliegende Übereinkommen übernommen worden sind, sowie der anderen in Artikel 64 Absatz 1 dieses Übereinkommens genannten Rechtsinstrumente zu gelangen –

SIND WIE FOLGT ÜBEREINGEKOMMEN:

Art. 1. (1) Jedes Gericht, das dieses Übereinkommen anwendet und auslegt, trägt den Grundsätzen gebührend Rechnung, die in maßgeblichen Entscheidungen von Gerichten der durch dieses Übereinkommen gebundenen Staaten sowie in Entscheidungen des Gerichtshofs der Europäischen Gemeinschaften zu den Bestimmungen dieses Übereinkommens oder zu ähnlichen Bestimmungen des Lugano-Übereinkommens von 1988 und der in Artikel 64 Absatz 1 dieses Übereinkommens genannten Rechtsinstrumente entwickelt worden sind.

(2) Für die Gerichte der Mitgliedstaaten der Europäischen Gemeinschaft gilt die Verpflichtung in Absatz 1 unbeschadet ihrer Verpflichtungen gegenüber dem Gerichtshof der Europäischen Gemeinschaften, wie sie sich aus dem Vertrag zur Gründung der Europäischen Gemeinschaft oder aus dem am 19. Oktober 2005 in Brüssel unterzeichneten Abkommen zwischen der Europäischen Gemeinschaft und dem Königreich Dänemark über die gerichtliche Zuständigkeit und die Anerkennung und Vollstreckung von Entscheidungen in Zivil- und Handelssachen ergeben.

Art. 2. Jeder durch dieses Übereinkommen gebundene Staat, der kein Mitgliedstaat der Europäischen Gemeinschaft ist, hat das Recht, gemäß Artikel 23 des Protokolls über die Satzung des Gerichtshofs der Europäischen Gemeinschaften Schriftsätze einzureichen oder schriftliche Erklärungen abzugeben, wenn ein Gericht eines Mitgliedstaats der Europäischen Gemeinschaft dem Gerichtshof eine Frage über die Auslegung dieses Übereinkommens oder der in Artikel 64 Absatz 1 dieses Übereinkommens genannten Rechtsinstrumente zur Vorabentscheidung vorlegt.

Art. 3.[31] (1) Die Kommission der Europäischen Gemeinschaften richtet ein System für den Austausch von Informationen über die Entscheidungen ein, die in Anwendung dieses Übereinkommens sowie des Lugano-Übereinkommens von 1988 und der in Artikel 64 Absatz 1 dieses Übereinkommens genannten Rechtsinstrumente ergangen sind. Dieses System ist öffentlich zugänglich und enthält Entscheidungen letztinstanzlicher Gerichte sowie des Gerichtshofs der Europäischen Gemeinschaften und andere besonders wichtige, rechtskräftig gewordene Entscheidungen, die in Anwendung dieses Übereinkommens, des Lugano-Übereinkommens von 1988 und der in Artikel 64 Absatz 1 dieses Übereinkommens genannten Rechtsinstrumente ergangen sind. Die Entscheidungen werden klassifiziert und mit einer Zusammenfassung versehen.

Die zuständigen Behörden der durch dieses Übereinkommen gebundenen Staaten übermitteln der Kommission auf der Grundlage dieses Systems die von den Gerichten dieser Staaten erlassenen vorgenannten Entscheidungen.

(2) Der Kanzler des Gerichtshofs der Europäischen Gemeinschaften wählt die für die Anwendung des Übereinkommens besonders interessanten Fälle aus und legt diese gemäß Artikel 5 auf einer Sitzung der Sachverständigen vor.

(3) Bis die Europäischen Gemeinschaften das System im Sinne von Absatz 1 eingerichtet haben, behält der Gerichtshof der Europäischen Gemeinschaften das System für den Austausch von Informationen über die in Anwendung dieses Übereinkommens sowie des Lugano-Übereinkommens von 1988 ergangenen Entscheidungen bei.

Art. 4. (1) Es wird ein Ständiger Ausschuss eingesetzt, der aus den Vertretern der Vertragsparteien besteht.

(2) Auf Antrag einer Vertragspartei beruft der Verwahrer des Übereinkommens Sitzungen des Ausschusses ein zu

– einer Konsultation über das Verhältnis zwischen diesem Übereinkommen und anderen internationalen Rechtsinstrumenten;
– einer Konsultation über die Anwendung des Artikels 67 einschließlich des beabsichtigten Beitritts zu Rechtsinstrumenten über ein besonderes Rechtsgebiet im Sinne von Artikel 67 Absatz 1 und Rechtsetzungsvorschlägen gemäß dem Protokoll 3;
– der Erwägung des Beitritts neuer Staaten. Der Ausschuss kann an beitretende Staaten im Sinne von Artikel 70 Absatz 1 Buchstabe c insbesondere Fragen über ihr Justizsystem und die Umsetzung dieses Übereinkommens richten. Der Ausschuss kann auch Anpassungen dieses Übereinkommens

[31] Gem. Art. 1 des Gesetzes v. 10.12.2008 (BGBl. I, S. 2399) nimmt die Aufgabe der zuständigen nationalen Behörde nach Art. 3 Abs. 1 S. 4 in *Deutschland* das Bundesministerium der Justiz und für Verbraucherschutz wahr.

in Betracht ziehen, die für dessen Anwendung in den beitretenden Staaten notwendig sind;
- der Aufnahme neuer verbindlicher Sprachfassungen nach Artikel 73 Absatz 3 des Übereinkommens und den notwendigen Änderungen des Anhangs VIII;
- einer Konsultation über eine Revision des Übereinkommens gemäß Artikel 76;
- einer Konsultation über Änderungen der Anhänge I bis IV und des Anhangs VII gemäß Artikel 77 Absatz 1;
- der Annahme von Änderungen der Anhänge V und VI gemäß Artikel 77 Absatz 2;
- der Rücknahme von Vorbehalten und Erklärungen der Vertragsparteien nach Protokoll 1 und notwendigen Änderungen des Anhangs IX.

(3) Der Ausschuss gibt sich eine Geschäftsordnung mit Regeln für seine Arbeitsweise und Beschlussfassung. Darin ist auch die Möglichkeit vorzusehen, dass Konsultation und Beschlussfassung im schriftlichen Verfahren erfolgen.

Art. 5. (1) Der Verwahrer kann im Bedarfsfall eine Sitzung der Sachverständigen zu einem Meinungsaustausch über die Wirkungsweise des Übereinkommens einberufen, insbesondere über die Entwicklung der Rechtsprechung und neue Rechtsvorschriften, die die Anwendung des Übereinkommens beeinflussen können.

(2) An der Sitzung nehmen Sachverständige der Vertragsparteien, der durch dieses Übereinkommen gebundenen Staaten, des Gerichtshofs der Europäischen Gemeinschaften und der Europäischen Freihandelsassoziation teil. Die Sitzung steht weiteren Sachverständigen offen, deren Anwesenheit zweckdienlich erscheint.

(3) Probleme, die sich bei der Anwendung des Übereinkommens stellen, können dem Ständigen Ausschuss gemäß Artikel 4 zur weiteren Behandlung vorgelegt werden.

Protokoll Nr. 3
über die Anwendung von Artikel 67 des Übereinkommens

DIE HOHEN VERTRAGSPARTEIEN SIND WIE FOLGT ÜBEREINGEKOMMEN:

1. Für die Zwecke dieses Übereinkommens werden die Bestimmungen, die für besondere Rechtsgebiete die gerichtliche Zuständigkeit, die Anerkennung oder die Vollstreckung von Entscheidungen regeln und in Rechtsakten der Organe der Europäischen Gemeinschaften enthalten sind oder künftig darin enthalten sein werden, ebenso behandelt wie die in Artikel 67 Absatz 1 bezeichneten Übereinkünfte.

2. Ist eine Vertragspartei der Auffassung, dass eine Bestimmung eines vorgeschlagenen Rechtsakts der Organe der Europäischen Gemeinschaften mit dem Übereinkommen nicht vereinbar ist, so fassen die Vertragsparteien unbeschadet der Anwendung des in Protokoll 2 vorgesehenen Verfahrens unverzüglich eine Änderung nach Artikel 76 ins Auge.
3. Werden einige oder alle Bestimmungen, die in Rechtsakten der Organe der Europäischen Gemeinschaften im Sinne von Absatz 1 enthalten sind, von einer Vertragspartei oder mehreren Vertragsparteien gemeinsam in innerstaatliches Recht umgesetzt, werden diese Bestimmungen des innerstaatlichen Rechts in gleicher Weise behandelt wie die Übereinkünfte im Sinne von Artikel 67 Absatz 1 des Übereinkommens.
4. Die Vertragsparteien teilen dem Verwahrer den Wortlaut der in Absatz 3 genannten Bestimmungen mit. Dieser Mitteilung ist eine englische und französische Übersetzung beizufügen.

Anhang I

Die innerstaatlichen Zuständigkeitsvorschriften im Sinne von Artikel 3 Absatz 2 und Artikel 4 Absatz 2 des Übereinkommens sind folgende:

(Auszug)[32]

…

– in Deutschland: § 23 der Zivilprozessordnung,

…

– in Österreich: § 99 der Jurisdiktionsnorm,

…

– in der Schweiz „der Gerichtsstand des Arrestortes"/*„le for du lieu du séquestre"*/*„foro del luogo del sequestro"* im Sinne von Artikel 4 des Bundesgesetzes über das internationale Privatrecht/*„loi fédérale sur le droit international privé"*/*„legge federale sul diritto internazionale privato"*

…

Anhang II

Anträge nach Artikel 39 des Übereinkommens sind bei folgenden Gerichten oder zuständigen Behörden einzureichen:

(Auszug)[33]

…

– in Deutschland:

[32] Anhang I im Hinblick auf Art. 64 nur auszugsweise abgedruckt. Zu Änderungen von Anhang I zuletzt ABl. 2017 L 57, S. 63.

[33] Anhang II im Hinblick auf Art. 64 nur auszugsweise abgedruckt. Zu Änderungen von Anhang II zuletzt ABl. 2017 L 57, S. 63.

a) beim Vorsitzenden einer Kammer des Landgerichts,

b) bei einem Notar für die Vollstreckbarerklärung einer öffentlichen Urkunde,

...

– in Österreich beim Bezirksgericht,

...

– in der Schweiz:

a) für Entscheidungen, die zu einer Geldleistung verpflichten, beim „Rechtsöffnungsrichter"/*„juge de la mainlevée"/„giudice competente a pronunciare sul rigetto dell'opposizione"* im Rahmen des Rechtsöffnungsverfahrens nach den Artikeln 80 und 81 des „Bundesgesetzes über Schuldbetreibung und Konkurs"/*„loi fédérale sur la poursuite pour dettes et la faillite"/„legge federale sulla esecuzione e sul fallimento"*,

b) für Entscheidungen, die nicht auf Zahlung eines Geldbetrags lauten, beim „zuständigen kantonalen Vollstreckungsrichter"/*„juge cantonal d'exequatur compétent"/„giudice cantonale competente a pronunciare l'exequatur"*.

Anhang III

Die Rechtsbehelfe nach Artikel 43 Absatz 2 des Übereinkommens sind bei folgenden Gerichten einzulegen:

(Auszug)[34]

...

– in Deutschland beim Oberlandesgericht,

...

– in Österreich beim Landesgericht über das Bezirksgericht,

...

– in der Schweiz beim „Kantonsgericht"/*„tribunal cantonal"/„tribunale cantonale"*,

Anhang IV

Nach Artikel 44 des Übereinkommens können folgende Rechtsbehelfe eingelegt werden:

(Auszug)[35]

...

– in Deutschland: „Rechtsbeschwerde",

---

[34] Anhang III im Hinblick auf Art. 64 nur auszugsweise abgedruckt. Zu Änderungen von Anhang III zuletzt ABl. 2017 L 57, S. 63.

[35] Anhang IV im Hinblick auf Art. 64 nur auszugsweise abgedruckt. Zu Änderungen von Anhang IV zuletzt ABl. 2017 L 57, S. 63.

…

– in Österreich: „Revisionsrekurs“,

…

– in der Schweiz: Beschwerde beim „Bundesgericht“/*„recours devant le Tribunal fédéral“*/*„ricorso davanti al Tribunale federale“*. …

Anhänge V und VI

(nicht abgedruckt)

Anhang VII

Die nachstehenden Übereinkünfte werden gemäß Artikel 65 des Übereinkommens durch das Übereinkommen ersetzt:

(Auszug)[36]

– das am 2. November 1929 in Bern unterzeichnete deutsch-schweizerische Abkommen über die gegenseitige Anerkennung und Vollstreckung von gerichtlichen Entscheidungen und Schiedssprüchen,[37]

…

– der am 17. Juni 1977 in Oslo unterzeichnete deutsch-norwegische Vertrag über die gegenseitige Anerkennung und Vollstreckung gerichtlicher Entscheidungen und anderer Schuldtitel in Zivil- und Handelssachen,[38]

…

Anhang VIII

(nicht abgedruckt)

Erklärung der Europäischen Gemeinschaft gemäß Artikel II Abs. 2 des Protokolls 1 zum Übereinkommen[39]

„Die Europäische Gemeinschaft erklärt, dass die Verfahren gemäß Artikel 6 Absatz 2 und Artikel 11 außer in den drei bereits in Anhang IX zum Übereinkommen erwähnten Mitgliedstaaten in den Mitgliedstaaten Estland, Lettland, Litauen, Polen und Slowenien nicht in Anspruch genommen werden können.

Gemäß Artikel 77 Absatz 2 des Übereinkommens sollte der gemäß Artikel 4 des Protokolls 2 des Übereinkommens eingesetzte Ständige Ausschuss gleich nach Inkrafttreten des Übereinkommens ersucht werden, Anhang IX des Übereinkommens wie folgt zu ändern:

---

[36] Anhang VII im Hinblick auf Art. 64 nur auszugsweise abgedruckt.
[37] Abgedruckt unter Nr. *188*.
[38] BGBl. 1981 II, S. 341. Vgl. Anm. 1 vor Nr. *188*.
[39] ABl. 2009 L 147, S. 1.

Anhang IX[40]

Die Staaten und Vorschriften im Sinne des Artikels II des Protokolls 1 sind folgende:
- Deutschland: §§ 68, 72, 73 und 74 der Zivilprozessordnung, die für die Streitverkündung gelten,
- Kroatien (Art. 211 der Zivilprozessordung *(Zakon o parničnom postupku),*
- in Lettland: Artikel 75, 78, 79, 80 und 81 der Zivilprozessordnung *(Civilprocesa likums),* die für die Streitverkündung gelten,
- Österreich: § 21 der Zivilprozessordnung, der für die Streitverkündung gilt,

…
- Schweiz (in Bezug auf jene Kantone, deren Zivilprozessordnung keine Zuständigkeit im Sinne von Artikel 6 Nummer 2 und Artikel 11 des Übereinkommens vorsieht): die einschlägigen Vorschriften der anwendbaren Zivilprozessordnung über die Streitverkündung *(„litis denuntiatio“).*

152a. Gesetz zur Ausführung zwischenstaatlicher Verträge und zur Durchführung von Abkommen der Europäischen Union auf dem Gebiet der Anerkennung und Vollstreckung in Zivil- und Handelssachen (Anerkennungs- und Vollstreckungsausführungsgesetz – AVAG)

IdF vom 30. November 2015[1,2] (BGBl. I, S. 2146)

Teil 1. Allgemeines

Abschnitt 1. Anwendungsbereich; Begriffsbestimmungen

§ 1. Anwendungsbereich. (1) Diesem Gesetz unterliegen

---

[40] Anhang IX zuletzt geändert durch Notifizierung der schweizerischen Verwahrstelle vom 11.4. und 27.5.2016, ABl. 2017 L 57, S. 63.

[1] In dieser Fassung gilt das Gesetz seit dem 1.10.2015.

[2] Mit Inkrafttreten des Haager Übk. über die Anerkennung und Vollstreckung ausländischer Entscheidungen in Zivil- und Handelssachen v. 2.7.2019 (Nr. *180*) für die Europäische Union soll dieses Übk. in § 1 Abs. 1 Nr. 2 unter lit c eingefügt werden.

Ferner soll zur Durchführung dieses Übk ein neuer Abschnitt 8 in das Gesetz eingefügt werden, der in § 59 folgende Bestimmung enthalten soll:

§ 59. Bescheinigungen zu inländischen Titeln. *(1) Bescheinigungen nach Artikel 12 Absatz 1 Buchstabe d und Absatz 3 des Haager Übereinkommens vom 2. Juli 2019 über die Anerkennung und Vollstreckung ausländischer Entscheidungen in Zivil- und Handelssachen werden von dem Gericht ausgestellt, dem die Erteilung einer vollstreckbaren Ausfertigung des Titels obliegt.*

(2) Die Entscheidung über die Ausstellung der Bescheinigung nach Artikel 12 Absatz 3 des Haager Übereinkommens vom 2. Juli 2019 über die Anerkennung und Vollstreckung ausländischer Entscheidungen in Zivil- und Handelssachen ist anfechtbar. Hierfür gelten die Vorschriften über die Anfechtbarkeit der Entscheidung über die Erteilung der Vollstreckungsklausel sinngemäß.

Vgl. dazu den Regierungsentwurf . v. 30.3.2022 für ein Gesetz zur Durchführung des Haager Übk., veröffentlicht auf der Homepage des BMJ.

1. die Ausführung folgender zwischenstaatlicher Verträge (Anerkennungs- und Vollstreckungsverträge):
   a) Übereinkommen vom 27. September 1968 über die gerichtliche Zuständigkeit und die Vollstreckung gerichtlicher Entscheidungen in Zivil- und Handelssachen (BGBl. 1972 II S. 773);[3]
   b) Übereinkommen vom 16. September 1988 über die gerichtliche Zuständigkeit und die Vollstreckung gerichtlicher Entscheidungen in Zivil- und Handelssachen (BGBl. 1994 II S. 2658);[4]
   c) Vertrag vom 17. Juni 1977 zwischen der Bundesrepublik Deutschland und dem Königreich Norwegen über die gegenseitige Anerkennung und Vollstreckung gerichtlicher Entscheidungen und anderer Schuldtitel in Zivil- und Handelssachen (BGBl. 1981 II S. 341);[5]
   d) Vertrag vom 20. Juli 1977 zwischen der Bundesrepublik Deutschland und dem Staat Israel über die gegenseitige Anerkennung und Vollstreckung gerichtlicher Entscheidungen in Zivil- und Handelssachen (BGBl. 1980 II S. 925);[6]
   e) Vertrag vom 14. November 1983 zwischen der Bundesrepublik Deutschland und Spanien über die Anerkennung und Vollstreckung von gerichtlichen Entscheidungen und Vergleichen sowie vollstreckbaren öffentlichen Urkunden in Zivil- und Handelssachen (BGBl. 1987 II S. 34);[7]
2. die Durchführung folgender Abkommen der Europäischen Union:
   a) Übereinkommen vom 30. Oktober 2007 über die gerichtliche Zuständigkeit und die Anerkennung und Vollstreckung von Entscheidungen in Zivil- und Handelssachen;[8]
   b) Haager Übereinkommen vom 30. Juni 2005 über Gerichtsstandsvereinbarungen.[9]

(2) Abkommen nach Absatz 1 Nummer 2 werden als unmittelbar geltendes Recht der Europäischen Union durch die Durchführungsbestimmungen dieses Gesetzes nicht berührt. Unberührt bleiben auch die Regelungen der Anerkennungs- und Vollstreckungsverträge; dies gilt insbesondere für die Regelungen über

1. den sachlichen Anwendungsbereich,
2. die Art der Entscheidungen und sonstigen Titel, die im Inland anerkannt oder zur Zwangsvollstreckung zugelassen werden können,
3. das Erfordernis der Rechtskraft der Entscheidungen,

---

[3] Vgl. dazu die Anm. zu Nr. *150*.
[4] Vgl. die Anm. 6 zu Nr. *152*.
[5] Vgl. die Anm. 1 vor Nr. *190*.
[6] Abgedruckt unter Nr. *191*.
[7] Vgl. die Anm. 1 vor Nr. *190*.
[8] Abgedruckt unter Nr. *152*.
[9] Abgedruckt unter Nr. *151*.

4. die Art der Urkunden, die im Verfahren vorzulegen sind, und
5. die Gründe, die zur Versagung der Anerkennung oder Zulassung der Zwangsvollstreckung führen.

(3) Der Anwendungsbereich des Auslandsunterhaltsgesetzes vom 23. Mai 2011 (BGBl. I S. 898)[10] bleibt unberührt.

§ 2. Begriffsbestimmungen. Im Sinne dieses Gesetzes ist

1. Mitgliedstaat jeder Mitgliedstaat der Europäischen Union,
2. Titel jede Entscheidung, jeder gerichtliche Vergleich und jede öffentliche Urkunde, auf die oder den der jeweils auszuführende Anerkennungs- und Vollstreckungsvertrag nach § 1 Absatz 1 Nummer 1 oder das jeweils durchzuführende Abkommen nach § 1 Absatz 1 Nummer 2 Anwendung findet, und
3. Vertragsstaat jeder Staat, mit dem die Bundesrepublik Deutschland einen Anerkennungs- und Vollstreckungsvertrag nach § 1 Absatz 1 Nummer 1 abgeschlossen hat.

Abschnitt 2. Zulassung der Zwangsvollstreckung aus ausländischen Titeln

§ 3. Zuständigkeit. (1) Für die Vollstreckbarerklärung von Titeln aus einem anderen Staat ist das Landgericht ausschließlich zuständig.

(2) Örtlich zuständig ist ausschließlich das Gericht, in dessen Bezirk der Verpflichtete seinen Wohnsitz hat, oder, wenn er im Inland keinen Wohnsitz hat, das Gericht, in dessen Bezirk die Zwangsvollstreckung durchgeführt werden soll. Der Sitz von Gesellschaften und juristischen Personen steht dem Wohnsitz gleich.

(3) Über den Antrag auf Erteilung der Vollstreckungsklausel entscheidet der Vorsitzende einer Zivilkammer.

§ 4. Antragstellung. (1) Der in einem anderen Staat vollstreckbare Titel wird dadurch zur Zwangsvollstreckung zugelassen, dass er auf Antrag mit der Vollstreckungsklausel versehen wird.

(2) Der Antrag auf Erteilung der Vollstreckungsklausel kann bei dem zuständigen Gericht schriftlich eingereicht oder mündlich zu Protokoll der Geschäftsstelle erklärt werden.

(3) Ist der Antrag entgegen § 184 des Gerichtsverfassungsgesetzes nicht in deutscher Sprache abgefasst, so kann das Gericht dem Antragsteller aufgeben, eine Übersetzung des Antrags beizubringen, deren Richtigkeit von einer

[10] Abgedruckt unter Nr. *161a.*

1. in einem Mitgliedstaat der Europäischen Union oder in einem anderen Vertragsstaat des Abkommens über den Europäischen Wirtschaftsraum oder
2. in einem Vertragsstaat des jeweils auszuführenden Anerkennungs- und Vollstreckungsvertrags

hierzu befugten Person bestätigt worden ist.

(4) Der Ausfertigung des Titels, der mit der Vollstreckungsklausel versehen werden soll, und seiner Übersetzung, soweit eine solche vorgelegt wird, sollen zwei Abschriften beigefügt werden

§ 5. Zustellungsempfänger. (1) Hat die antragstellende Person in dem Antrag keinen Zustellungsbevollmächtigten im Sinn des § 184 Absatz 1 Satz 1 der Zivilprozessordnung benannt, so können bis zur nachträglichen Benennung alle Zustellungen an sie durch Aufgabe zur Post (§ 184 Absatz 1 Satz 2 und Absatz 2 der Zivilprozessordnung) bewirkt werden.

(2) Absatz 1 gilt nicht, wenn die antragstellende Person einen Verfahrensbevollmächtigten für das Verfahren bestellt hat, an den im Inland zugestellt werden kann.

§ 6. Verfahren. (1) Das Gericht entscheidet ohne Anhörung des Verpflichteten.

(2) Die Entscheidung ergeht ohne mündliche Verhandlung. Jedoch kann eine mündliche Erörterung mit dem Antragsteller oder seinem Bevollmächtigten stattfinden, wenn der Antragsteller oder der Bevollmächtigte hiermit einverstanden ist und die Erörterung der Beschleunigung dient.

(3) Im ersten Rechtszug ist die Vertretung durch einen Rechtsanwalt nicht erforderlich.

§ 7. Vollstreckbarkeit ausländischer Titel in Sonderfällen. (1) Hängt die Zwangsvollstreckung nach dem Inhalt des Titels von einer dem Berechtigten obliegenden Sicherheitsleistung, dem Ablauf einer Frist oder dem Eintritt einer anderen Tatsache ab oder wird die Vollstreckungsklausel zugunsten eines anderen als des in dem Titel bezeichneten Berechtigten oder gegen einen anderen als den darin bezeichneten Verpflichteten beantragt, so ist die Frage, inwieweit die Zulassung der Zwangsvollstreckung von dem Nachweis besonderer Voraussetzungen abhängig oder ob der Titel für oder gegen den anderen vollstreckbar ist, nach dem Recht des Staates zu entscheiden, in dem der Titel errichtet ist. Der Nachweis ist durch Urkunden zu führen, es sei denn, dass die Tatsachen bei dem Gericht offenkundig sind.

(2) Kann der Nachweis durch Urkunden nicht geführt werden, so ist auf Antrag des Berechtigten der Verpflichtete zu hören. In diesem Falle sind alle Beweismittel zulässig. Das Gericht kann auch die mündliche Verhandlung anordnen.

§ 8. Entscheidung. (1) Ist die Zwangsvollstreckung aus dem Titel zuzulassen, so beschließt das Gericht, dass der Titel mit der Vollstreckungsklausel zu versehen ist. In dem Beschluss ist die zu vollstreckende Verpflichtung in deutscher Sprache wiederzugeben. Zur Begründung des Beschlusses genügt in der Regel die Bezugnahme auf das durchzuführende Abkommen der Europäischen Union oder den auszuführenden Anerkennungs- und Vollstreckungsvertrag sowie auf von dem Antragsteller vorgelegte Urkunden. Auf die Kosten des Verfahrens ist § 788 der Zivilprozessordnung entsprechend anzuwenden.

(2) Ist der Antrag nicht zulässig oder nicht begründet, so lehnt ihn das Gericht durch mit Gründen versehenen Beschluss ab. Die Kosten sind dem Antragsteller aufzuerlegen.

§ 9. Vollstreckungsklausel. (1) Auf Grund des Beschlusses nach § 8 Absatz 1 erteilt der Urkundsbeamte der Geschäftsstelle die Vollstreckungsklausel in folgender Form:

„Vollstreckungsklausel nach § 4 des Anerkennungs- und Vollstreckungsausführungsgesetzes. Gemäß dem Beschluss des .... (Bezeichnung des Gerichts und des Beschlusses) ist die Zwangsvollstreckung aus .... (Bezeichnung des Titels) zugunsten .... (Bezeichnung des Berechtigten) gegen .... (Bezeichnung des Verpflichteten) zulässig.

Die zu vollstreckende Verpflichtung lautet:

.... (Angabe der dem Verpflichteten aus dem ausländischen Titel obliegenden Verpflichtung in deutscher Sprache; aus dem Beschluss nach § 8 Absatz 1 zu übernehmen).

Die Zwangsvollstreckung darf über Maßregeln zur Sicherung nicht hinausgehen, bis der Gläubiger eine gerichtliche Anordnung oder ein Zeugnis vorlegt, dass die Zwangsvollstreckung unbeschränkt stattfinden darf."

Lautet der Titel auf Leistung von Geld, so ist der Vollstreckungsklausel folgender Zusatz anzufügen:

Solange die Zwangsvollstreckung über Maßregeln zur Sicherung nicht hinausgehen darf, kann der Schuldner die Zwangsvollstreckung durch Leistung einer Sicherheit in Höhe von (Angabe des Betrages, wegen dessen der Berechtigte vollstrecken darf) abwenden."

(2) Wird die Zwangsvollstreckung nur für einen oder mehrere der durch die ausländische Entscheidung zuerkannten oder in einem anderen ausländischen Titel niedergelegten Ansprüche oder nur für einen Teil des Gegenstands der Verpflichtung zugelassen, so ist die Vollstreckungsklausel als „Teil-Vollstreckungsklausel nach § 4 des Anerkennungs- und Vollstreckungsausführungsgesetzes" zu bezeichnen.

(3) Die Vollstreckungsklausel ist von dem Urkundsbeamten der Geschäftsstelle zu unterschreiben und mit dem Gerichtssiegel zu versehen. Sie ist entweder auf die Ausfertigung des Titels oder auf ein damit zu verbin-

dendes Blatt zu setzen. Falls eine Übersetzung des Titels vorliegt, ist sie mit der Ausfertigung zu verbinden.

§ 10. Bekanntgabe der Entscheidung. (1) Im Falle des § 8 Absatz 1 sind dem Verpflichteten eine beglaubigte Abschrift des Beschlusses, eine beglaubigte Abschrift des mit der Vollstreckungsklausel versehenen Titels und gegebenenfalls seiner Übersetzung sowie der gemäß § 8 Absatz 1 Satz 3 in Bezug genommenen Urkunden von Amts wegen zuzustellen.

(2) Muss die Zustellung an den Verpflichteten im Ausland oder durch öffentliche Bekanntmachung erfolgen und hält das Gericht die Beschwerdefrist nach § 11 Absatz 3 Satz 1 nicht für ausreichend, so bestimmt es in dem Beschluss nach § 8 Absatz 1 oder nachträglich durch besonderen Beschluss, der ohne mündliche Verhandlung ergeht, eine längere Beschwerdefrist. Die Bestimmungen über den Beginn der Beschwerdefrist bleiben auch im Falle der nachträglichen Festsetzung unberührt.

(3) Dem Antragsteller sind eine beglaubigte Abschrift des Beschlusses nach § 8, im Falle des § 8 Absatz 1 ferner die mit der Vollstreckungsklausel versehene Ausfertigung des Titels und eine Bescheinigung über die bewirkte Zustellung, zu übersenden. In den Fällen des Absatzes 2 ist die festgesetzte Frist für die Einlegung der Beschwerde auf der Bescheinigung über die bewirkte Zustellung zu vermerken.

Abschnitt 3. Beschwerde, Vollstreckungsabwehrklage

§ 11. Einlegung der Beschwerde; Beschwerdefrist. (1) Die Beschwerde gegen die im ersten Rechtszug ergangene Entscheidung über den Antrag auf Erteilung der Vollstreckungsklausel wird bei dem Beschwerdegericht durch Einreichen einer Beschwerdeschrift oder durch Erklärung zu Protokoll der Geschäftsstelle eingelegt. Beschwerdegericht ist das Oberlandesgericht. Der Beschwerdeschrift soll die für ihre Zustellung erforderliche Zahl von Abschriften beigefügt werden.

(2) Die Zulässigkeit der Beschwerde wird nicht dadurch berührt, dass sie statt bei dem Beschwerdegericht bei dem Gericht des ersten Rechtszuges eingelegt wird; die Beschwerde ist unverzüglich von Amts wegen an das Beschwerdegericht abzugeben.

(3) Die Beschwerde des Verpflichteten gegen die Zulassung der Zwangsvollstreckung ist innerhalb eines Monats, im Falle des § 10 Absatz 2 Satz 1 innerhalb der nach dieser Vorschrift bestimmten längeren Frist einzulegen. Die Beschwerdefrist beginnt mit der Zustellung nach § 10 Absatz 1. Sie ist eine Notfrist.

(4) Die Beschwerde ist dem Beschwerdegegner von Amts wegen zuzustellen.

§ 12. Einwendungen gegen den zu vollstreckenden Anspruch im Beschwerdeverfahren. (1) Der Verpflichtete kann mit der Beschwerde, die sich gegen die Zulassung der Zwangsvollstreckung aus einer Entscheidung richtet, auch Einwendungen gegen den Anspruch selbst insoweit geltend machen, als die Gründe, auf denen sie beruhen, erst nach dem Erlass der Entscheidung entstanden sind.

(2) Mit der Beschwerde, die sich gegen die Zulassung der Zwangsvollstreckung aus einem gerichtlichen Vergleich oder einer öffentlichen Urkunde richtet, kann der Verpflichtete die Einwendungen gegen den Anspruch selbst ungeachtet der in Absatz 1 enthaltenen Beschränkung geltend machen.

§ 13. Verfahren und Entscheidung über die Beschwerde. (1) Das Beschwerdegericht entscheidet durch Beschluss, der mit Gründen zu versehen ist und ohne mündliche Verhandlung ergehen kann. Der Beschwerdegegner ist vor der Entscheidung zu hören.

(2) Solange eine mündliche Verhandlung nicht angeordnet ist, können zu Protokoll der Geschäftsstelle Anträge gestellt und Erklärungen abgegeben werden. Wird die mündliche Verhandlung angeordnet, so gilt für die Ladung § 215 der Zivilprozessordnung.

(3) Eine vollständige Ausfertigung des Beschlusses ist dem Berechtigten und dem Verpflichteten auch dann von Amts wegen zuzustellen, wenn der Beschluss verkündet worden ist.

(4) Soweit nach dem Beschluss des Beschwerdegerichts die Zwangsvollstreckung aus dem Titel erstmals zuzulassen ist, erteilt der Urkundsbeamte der Geschäftsstelle des Beschwerdegerichts die Vollstreckungsklausel. § 8 Absatz 1 Satz 2 und 4, §§ 9 und 10 Absatz 1 und 3 Satz 1 sind entsprechend anzuwenden. Ein Zusatz, dass die Zwangsvollstreckung über Maßregeln zur Sicherung nicht hinausgehen darf, ist nur aufzunehmen, wenn das Beschwerdegericht eine Anordnung nach diesem Gesetz (§ 22 Absatz 2, § 40 Absatz 1 Nummer 1 oder § 45 Absatz 1 Nummer 1) erlassen hat. Der Inhalt des Zusatzes bestimmt sich nach dem Inhalt der Anordnung.

§ 14. Vollstreckungsabwehrklage. (1) Ist die Zwangsvollstreckung aus einem Titel zugelassen, so kann der Verpflichtete Einwendungen gegen den Anspruch selbst in einem Verfahren nach § 767 der Zivilprozessordnung nur geltend machen, wenn die Gründe, auf denen seine Einwendungen beruhen, erst

1. nach Ablauf der Frist, innerhalb deren er die Beschwerde hätte einlegen können, oder
2. falls die Beschwerde eingelegt worden ist, nach Beendigung dieses Verfahrens

entstanden sind.

(2) Die Klage nach § 767 der Zivilprozessordnung ist bei dem Gericht zu erheben, das über den Antrag auf Erteilung der Vollstreckungsklausel entschieden hat. Soweit die Klage einen Unterhaltstitel zum Gegenstand

hat, ist das Familiengericht zuständig; für die örtliche Zuständigkeit gelten die Vorschriften des Gesetzes über das Verfahren in Familiensachen und in den Angelegenheiten der freiwilligen Gerichtsbarkeit für Unterhaltssachen.

Abschnitt 4. Rechtsbeschwerde

§ 15. Statthaftigkeit und Frist. (1) Gegen den Beschluss des Beschwerdegerichts findet die Rechtsbeschwerde nach Maßgabe des § 574 Absatz 1 Nummer 1, Absatz 2 der Zivilprozessordnung statt.

(2) Die Rechtsbeschwerde ist innerhalb eines Monats einzulegen.

(3) Die Rechtsbeschwerdefrist ist eine Notfrist und beginnt mit der Zustellung des Beschlusses (§ 13 Absatz 3).

§ 16. Einlegung und Begründung. (1) Die Rechtsbeschwerde wird durch Einreichen der Beschwerdeschrift bei dem Bundesgerichtshof eingelegt.

(2) Die Rechtsbeschwerde ist zu begründen. § 575 Absatz 2 bis 4 der Zivilprozessordnung ist entsprechend anzuwenden. Soweit die Rechtsbeschwerde darauf gestützt wird, dass das Beschwerdegericht von einer Entscheidung des Gerichtshofs der Europäischen Union abgewichen sei, muss die Entscheidung, von der der angefochtene Beschluss abweicht, bezeichnet werden.

(3) Mit der Beschwerdeschrift soll eine Ausfertigung oder beglaubigte Abschrift des Beschlusses, gegen den sich die Rechtsbeschwerde richtet, vorgelegt werden.

§ 17. Verfahren und Entscheidung. (1) Der Bundesgerichtshof kann nur überprüfen, ob der Beschluss auf einer Verletzung des Rechts der Europäischen Union, eines Anerkennungs- und Vollstreckungsvertrags, sonstigen Bundesrechts oder einer anderen Vorschrift beruht, deren Geltungsbereich sich über den Bezirk eines Oberlandesgerichts hinaus erstreckt. Er darf nicht prüfen, ob das Gericht seine örtliche Zuständigkeit zu Unrecht angenommen hat.

(2) Der Bundesgerichtshof kann über die Rechtsbeschwerde ohne mündliche Verhandlung entscheiden. Auf das Verfahren über die Rechtsbeschwerde sind § 574 Absatz 4, § 576 Absatz 3 und § 577 der Zivilprozessordnung entsprechend anzuwenden.

(3) Soweit die Zwangsvollstreckung aus dem Titel erstmals durch den Bundesgerichtshof zugelassen wird, erteilt der Urkundsbeamte der Geschäftsstelle dieses Gerichts die Vollstreckungsklausel. § 8 Absatz 1 Satz 2 und 4, §§ 9 und 10 Absatz 1 und 3 Satz 1 gelten entsprechend. Ein Zusatz über die Beschränkung der Zwangsvollstreckung entfällt.

Abschnitt 5. Beschränkung der Zwangsvollstreckung auf Sicherungsmaßregeln und unbeschränkte Fortsetzung der Zwangsvollstreckung

§ 18. Beschränkung kraft Gesetzes. Die Zwangsvollstreckung ist auf Sicherungsmaßregeln beschränkt, solange die Frist zur Einlegung der Beschwerde noch läuft und solange über die Beschwerde noch nicht entschieden ist.

§ 19. Prüfung der Beschränkung. Einwendungen des Verpflichteten, dass bei der Zwangsvollstreckung die Beschränkung auf Sicherungsmaßregeln nach dem auszuführenden Anerkennungs- und Vollstreckungsvertrag, nach § 18 dieses Gesetzes oder auf Grund einer auf diesem Gesetz beruhenden Anordnung (§ 22 Absatz 2, §§ 40, 45) nicht eingehalten werde, oder Einwendungen des Berechtigten, dass eine bestimmte Maßnahme der Zwangsvollstreckung mit dieser Beschränkung vereinbar sei, sind im Wege der Erinnerung nach § 766 der Zivilprozessordnung bei dem Vollstreckungsgericht (§ 764 der Zivilprozessordnung) geltend zu machen.

§ 20. Sicherheitsleistung durch den Verpflichteten. (1) Solange die Zwangsvollstreckung aus einem Titel, der auf Leistung von Geld lautet, nicht über Maßregeln der Sicherung hinausgehen darf, ist der Verpflichtete befugt, die Zwangsvollstreckung durch Leistung einer Sicherheit in Höhe des Betrages abzuwenden, wegen dessen der Berechtigte vollstrecken darf.

(2) Die Zwangsvollstreckung ist einzustellen und bereits getroffene Vollstreckungsmaßregeln sind aufzuheben, wenn der Verpflichtete durch eine öffentliche Urkunde die zur Abwendung der Zwangsvollstreckung erforderliche Sicherheitsleistung nachweist.

§ 21. Versteigerung beweglicher Sachen. Ist eine bewegliche Sache gepfändet und darf die Zwangsvollstreckung nicht über Maßregeln zur Sicherung hinausgehen, so kann das Vollstreckungsgericht auf Antrag anordnen, dass die Sache versteigert und der Erlös hinterlegt werde, wenn sie der Gefahr einer beträchtlichen Wertminderung ausgesetzt ist oder wenn ihre Aufbewahrung unverhältnismäßige Kosten verursachen würde.

§ 22. Unbeschränkte Fortsetzung der Zwangsvollstreckung; besondere gerichtliche Anordnungen. (1) Weist das Beschwerdegericht die Beschwerde des Verpflichteten gegen die Zulassung der Zwangsvollstreckung zurück oder lässt es auf die Beschwerde des Berechtigten die Zwangsvollstreckung aus dem Titel zu, so kann die Zwangsvollstreckung über Maßregeln zur Sicherung hinaus fortgesetzt werden.

(2) Auf Antrag des Verpflichteten kann das Beschwerdegericht anordnen, dass bis zum Ablauf der Frist zur Einlegung der Rechtsbeschwerde (§ 15)

oder bis zur Entscheidung über diese Beschwerde die Zwangsvollstreckung nicht oder nur gegen Sicherheitsleistung über Maßregeln zur Sicherung hinausgehen darf. Die Anordnung darf nur erlassen werden, wenn glaubhaft gemacht wird, dass die weitergehende Vollstreckung dem Verpflichteten einen nicht zu ersetzenden Nachteil bringen würde. § 713 der Zivilprozessordnung ist entsprechend anzuwenden.

(3) Wird Rechtsbeschwerde eingelegt, so kann der Bundesgerichtshof auf Antrag des Verpflichteten eine Anordnung nach Absatz 2 erlassen. Der Bundesgerichtshof kann auf Antrag des Berechtigten eine nach Absatz 2 erlassene Anordnung des Beschwerdegerichts abändern oder aufheben.

§ 23. Unbeschränkte Fortsetzung der durch das Gericht des ersten Rechtszuges zugelassenen Zwangsvollstreckung. (1) Die Zwangsvollstreckung aus dem Titel, den der Urkundsbeamte der Geschäftsstelle des Gerichts des ersten Rechtszuges mit der Vollstreckungsklausel versehen hat, ist auf Antrag des Berechtigten über Maßregeln zur Sicherung hinaus fortzusetzen, wenn das Zeugnis des Urkundsbeamten der Geschäftsstelle dieses Gerichts vorgelegt wird, dass die Zwangsvollstreckung unbeschränkt stattfinden darf.

(2) Das Zeugnis ist dem Berechtigten auf seinen Antrag zu erteilen,

1. wenn der Verpflichtete bis zum Ablauf der Beschwerdefrist keine Beschwerdeschrift eingereicht hat,
2. wenn das Beschwerdegericht die Beschwerde des Verpflichteten zurückgewiesen und keine Anordnung nach § 22 Absatz 2 erlassen hat,
3. wenn der Bundesgerichtshof die Anordnung des Beschwerdegerichts nach § 22 Absatz 2 aufgehoben hat (§ 22 Absatz 3 Satz 2) oder
4. wenn der Bundesgerichtshof den Titel zur Zwangsvollstreckung zugelassen hat.

(3) Aus dem Titel darf die Zwangsvollstreckung, selbst wenn sie auf Maßregeln der Sicherung beschränkt ist, nicht mehr stattfinden, sobald ein Beschluss des Beschwerdegerichts, dass der Titel zur Zwangsvollstreckung nicht zugelassen werde, verkündet oder zugestellt ist.

§ 24. Unbeschränkte Fortsetzung der durch das Beschwerdegericht zugelassenen Zwangsvollstreckung. (1) Die Zwangsvollstreckung aus dem Titel, zu dem der Urkundsbeamte der Geschäftsstelle des Beschwerdegerichts die Vollstreckungsklausel mit dem Zusatz erteilt hat, dass die Zwangsvollstreckung auf Grund der Anordnung des Gerichts nicht über Maßregeln zur Sicherung hinausgehen darf (§ 13 Absatz 4 Satz 3), ist auf Antrag des Berechtigten über Maßregeln zur Sicherung hinaus fortzusetzen, wenn das Zeugnis des Urkundsbeamten der Geschäftsstelle dieses Gerichts vorgelegt wird, dass die Zwangsvollstreckung unbeschränkt stattfinden darf.

(2) Das Zeugnis ist dem Berechtigten auf seinen Antrag zu erteilen,

1. wenn der Verpflichtete bis zum Ablauf der Frist zur Einlegung der Rechtsbeschwerde (§ 15 Absatz 2) keine Beschwerdeschrift eingereicht hat,
2. wenn der Bundesgerichtshof die Anordnung des Beschwerdegerichts nach § 22 Absatz 2 aufgehoben hat (§ 22 Absatz 3 Satz 2) oder
3. wenn der Bundesgerichtshof die Rechtsbeschwerde des Verpflichteten zurückgewiesen hat.

Abschnitt 6. Feststellung der Anerkennung einer ausländischen Entscheidung

§ 25. Verfahren und Entscheidung in der Hauptsache. (1) Auf das Verfahren, das die Feststellung zum Gegenstand hat, ob eine Entscheidung aus einem anderen Staat anzuerkennen ist, sind die §§ 3 bis 6, 8 Absatz 2, die §§ 10 bis 12, § 13 Absatz 1 bis 3, die §§ 15 und 16 sowie § 17 Absatz 1 und 2 entsprechend anzuwenden.

(2) Ist der Antrag auf Feststellung begründet, so beschließt das Gericht, dass die Entscheidung anzuerkennen ist.

§ 26. Kostenentscheidung. In den Fällen des § 25 Absatz 2 sind die Kosten dem Antragsgegner aufzuerlegen. Dieser kann die Beschwerde (§ 11) auf die Entscheidung über den Kostenpunkt beschränken. In diesem Falle sind die Kosten dem Antragsteller aufzuerlegen, wenn der Antragsgegner nicht durch sein Verhalten zu dem Antrag auf Feststellung Veranlassung gegeben hat.

Abschnitt 7. Aufhebung oder Änderung der Beschlüsse über die Zulassung der Zwangsvollstreckung oder die Anerkennung

§ 27. Verfahren nach Aufhebung oder Änderung des für vollstreckbar erklärten ausländischen Titels im Ursprungsstaat (1) Wird der Titel in dem Staat, in dem er errichtet worden ist, aufgehoben oder geändert und kann der Verpflichtete diese Tatsache in dem Verfahren der Zulassung der Zwangsvollstreckung nicht mehr geltend machen, so kann er die Aufhebung oder Änderung der Zulassung in einem besonderen Verfahren beantragen.

(2) Für die Entscheidung über den Antrag ist das Gericht ausschließlich zuständig, das im ersten Rechtszug über den Antrag auf Erteilung der Vollstreckungsklausel entschieden hat.

(3) Der Antrag kann bei dem Gericht schriftlich oder durch Erklärung zu Protokoll der Geschäftsstelle gestellt werden. Über den Antrag kann ohne mündliche Verhandlung entschieden werden. Vor der Entscheidung, die durch Beschluss ergeht, ist der Berechtigte zu hören. § 13 Absatz 2 und 3 gilt entsprechend.

(4) Der Beschluss unterliegt der Beschwerde nach den §§ 567 bis 577 der Zivilprozessordnung. Die Notfrist für die Einlegung der sofortigen Beschwerde beträgt einen Monat.

(5) Für die Einstellung der Zwangsvollstreckung und die Aufhebung bereits getroffener Vollstreckungsmaßregeln sind die §§ 769 und 770 der Zivilprozessordnung entsprechend anzuwenden. Die Aufhebung einer Vollstreckungsmaßregel ist auch ohne Sicherheitsleistung zulässig.

§ 28. Schadensersatz wegen ungerechtfertigter Vollstreckung.

(1) Wird die Zulassung der Zwangsvollstreckung auf die Beschwerde (§ 11) oder die Rechtsbeschwerde (§ 15) aufgehoben oder abgeändert, so ist der Berechtigte zum Ersatz des Schadens verpflichtet, der dem Verpflichteten durch die Vollstreckung des Titels oder durch eine Leistung zur Abwendung der Vollstreckung entstanden ist. Das Gleiche gilt, wenn die Zulassung der Zwangsvollstreckung nach § 27 aufgehoben oder abgeändert wird, sofern die zur Zwangsvollstreckung zugelassene Entscheidung zum Zeitpunkt der Zulassung nach dem Recht des Staats, in dem sie ergangen ist, noch mit einem ordentlichen Rechtsmittel angefochten werden konnte.

(2) Für die Geltendmachung des Anspruchs ist das Gericht ausschließlich zuständig, das im ersten Rechtszug über den Antrag, den Titel mit der Vollstreckungsklausel zu versehen, entschieden hat.

§ 29. Aufhebung oder Änderung ausländischer Entscheidungen, deren Anerkennung festgestellt ist. Wird die Entscheidung in dem Staat, in dem sie ergangen ist, aufgehoben oder abgeändert und kann die davon begünstigte Partei diese Tatsache nicht mehr in dem Verfahren über den Antrag auf Feststellung der Anerkennung (§ 25) geltend machen, so ist § 27 Absatz 1 bis 4 entsprechend anzuwenden.

Abschnitt 8. Vorschriften für Entscheidungen deutscher Gerichte und für das Mahnverfahren

§ 30. Vervollständigung inländischer Entscheidungen zur Verwendung im Ausland. (1) Will eine Partei ein Versäumnis- oder Anerkenntnisurteil, das nach § 313b der Zivilprozessordnung in verkürzter Form abgefasst worden ist, in einem anderen Vertrags- oder Mitgliedstaat geltend machen, so ist das Urteil auf ihren Antrag zu vervollständigen. Der Antrag kann bei dem Gericht schriftlich oder durch Erklärung zu Protokoll der Geschäftsstelle gestellt werden. Über den Antrag wird ohne mündliche Verhandlung entschieden.

(2) Zur Vervollständigung des Urteils sind der Tatbestand und die Entscheidungsgründe nachträglich abzufassen, von den Richtern besonders zu unterschreiben und der Geschäftsstelle zu übergeben; der Tatbestand und die Entscheidungsgründe können auch von Richtern unterschrieben werden, die bei dem Urteil nicht mitgewirkt haben.

(3) Für die Berichtigung des nachträglich abgefassten Tatbestands gilt § 320 der Zivilprozessordnung entsprechend. Jedoch können bei der Entscheidung über einen Antrag auf Berichtigung auch solche Richter mit-

wirken, die bei dem Urteil oder der nachträglichen Anfertigung des Tatbestands nicht mitgewirkt haben.

(4) Die vorstehenden Absätze gelten entsprechend für die Vervollständigung von Arrestbefehlen, einstweiligen Anordnungen und einstweiligen Verfügungen, die in einem anderen Vertrags- oder Mitgliedstaat geltend gemacht werden sollen und nicht mit einer Begründung versehen sind.

§ 31. Vollstreckungsklausel zur Verwendung im Ausland. Vollstreckungsbescheide, Arrestbefehle und einstweilige Verfügungen oder einstweilige Anordnungen, deren Zwangsvollstreckung in einem anderen Vertrags- oder Mitgliedstaat betrieben werden soll, sind auch dann mit der Vollstreckungsklausel zu versehen, wenn dies für eine Zwangsvollstreckung im Inland nach § 796 Absatz 1, § 929 Absatz 1 und § 936 der Zivilprozessordnung oder nach § 53 Absatz 1 und § 119 des Gesetzes über das Verfahren in Familiensachen und in den Angelegenheiten der freiwilligen Gerichtsbarkeit nicht erforderlich wäre.

§ 32. Mahnverfahren mit Zustellung im Ausland. (1) Das Mahnverfahren findet auch statt, wenn die Zustellung des Mahnbescheids in einem anderen Vertrags- oder Mitgliedstaat erfolgen muss. In diesem Falle kann der Anspruch auch die Zahlung einer bestimmten Geldsumme in ausländischer Währung zum Gegenstand haben.

(2) Macht der Antragsteller geltend, dass das Gericht auf Grund einer Gerichtsstandsvereinbarung zuständig sei, so hat er dem Mahnantrag die erforderlichen Schriftstücke über die Vereinbarung beizufügen.

(3) Die Widerspruchsfrist (§ 692 Absatz 1 Nummer 3 der Zivilprozessordnung) beträgt einen Monat.

Abschnitt 9. Verhältnis zu besonderen Anerkennungsverfahren; Konzentrationsermächtigung

§ 33. *(weggefallen)*

§ 34. Konzentrationsermächtigung. (1) Die Landesregierungen werden für die Durchführung dieses Gesetzes ermächtigt, durch Rechtsverordnung die Entscheidung über Anträge auf Erteilung der Vollstreckungsklausel zu ausländischen Titeln in Zivil- und Handelssachen, über Anträge auf Aufhebung oder Abänderung dieser Vollstreckungsklausel und über Anträge auf Feststellung der Anerkennung einer ausländischen Entscheidung für die Bezirke mehrerer Landgerichte einem von ihnen zuzuweisen, sofern dies der sachlichen Förderung oder schnelleren Erledigung der Verfahren dient. Von der Ermächtigung kann für jeden der in § 1 Absatz 1 Nummer 1 Buchstabe a und b genannten Anerkennungs- und Vollstreckungsverträge und für jedes der in § 1 Absatz 1 Nummer 2 genannten Abkommen der Europäischen Union einzeln Gebrauch gemacht werden.

(2) Die Landesregierungen können die Ermächtigung durch Rechtsverordnung auf die Landesjustizverwaltungen übertragen.

Teil 2. Besonderes

Abschnitt 1. Übereinkommen über die gerichtliche Zuständigkeit und die Vollstreckung gerichtlicher Entscheidungen in Zivil- und Handelssachen vom 27. September 1968[11] und vom 16. September 1988[12]

§ 35. Sonderregelungen über die Beschwerdefrist. Die Frist für die Beschwerde des Verpflichteten gegen die Entscheidung über die Zulassung der Zwangsvollstreckung beträgt zwei Monate und beginnt von dem Tage an zu laufen, an dem die Entscheidung dem Verpflichteten entweder in Person oder in seiner Wohnung zugestellt worden ist, wenn der Verpflichtete seinen Wohnsitz oder seinen Sitz in einem anderen Vertragsstaat dieser Übereinkommen hat. Eine Verlängerung dieser Frist wegen weiter Entfernung ist ausgeschlossen. § 10 Absatz 2 und 3 Satz 2 sowie § 11 Absatz 3 Satz 1 und 2 finden in diesen Fällen keine Anwendung

§ 36. Aussetzung des Beschwerdeverfahrens. (1) Das Oberlandesgericht kann auf Antrag des Verpflichteten seine Entscheidung über die Beschwerde gegen die Zulassung der Zwangsvollstreckung aussetzen, wenn gegen die Entscheidung im Ursprungsstaat ein ordentliches Rechtsmittel eingelegt oder die Frist hierfür noch nicht verstrichen ist; im letzteren Falle kann das Oberlandesgericht eine Frist bestimmen, innerhalb deren das Rechtsmittel einzulegen ist. Das Gericht kann die Zwangsvollstreckung auch von einer Sicherheitsleistung abhängig machen.

(2) Absatz 1 ist im Verfahren auf Feststellung der Anerkennung einer Entscheidung (§§ 25 und 26) entsprechend anzuwenden.

Abschnitt 2

§§ 37–39. *(weggefallen)*

Abschnitt 3.[13] Vertrag vom 17. Juni 1977 zwischen der Bundesrepublik Deutschland und dem Königreich Norwegen über die gegenseitige Anerkennung und Vollstreckung gerichtlicher Entscheidungen und anderer Schuldtitel in Zivil- und Handelssachen

§§ 40–44. *(nicht abgedruckt)*

---

[11] Vgl. die Anm. zu Nr. *150*.
[12] Vgl. die Anm. 5 zu Nr. *152*.
[13] Vgl. Anm. 1 vor Nr. *190*.

Abschnitt 4. Vertrag vom 20. Juli 1977 zwischen der Bundesrepublik Deutschland und dem Staat Israel über die gegenseitige Anerkennung und Vollstreckung gerichtlicher Entscheidungen in Zivil- und Handelssachen

§§ 45–49.[14]

Abschnitt 5

§§ 50–54. *(weggefallen)*

Abschnitt 6. Übereinkommen vom 30. Oktober 2007 über die gerichtliche Zuständigkeit und die Anerkennung und Vollstreckung von Entscheidungen in Zivil- und Handelssachen[15]

§ 55. Abweichungen von Vorschriften des Allgemeinen Teils; ergänzende Regelungen. (1) Die §§ 3, 6 Absatz 1, § 7 Absatz 1 Satz 2 und Absatz 2, § 10 Absatz 2 und 3 Satz 2, § 11 Absatz 1 Satz 2 und Absatz 3 Satz 1 und 2 sowie die §§ 12, 14 und 18 finden keine Anwendung.

(2) Die Beschwerde gegen die Zulassung der Zwangsvollstreckung ist einzulegen

1. innerhalb eines Monats nach Zustellung, wenn der Verpflichtete seinen Wohnsitz im Inland hat;
2. innerhalb von zwei Monaten nach Zustellung, wenn der Verpflichtete seinen Wohnsitz im Ausland hat.

Die Frist beginnt mit dem Tag, an dem die Vollstreckbarerklärung dem Verpflichteten entweder persönlich oder in seiner Wohnung zugestellt worden ist. Eine Verlängerung dieser Frist wegen weiter Entfernung ist ausgeschlossen.

(3) In einem Verfahren, das die Vollstreckbarerklärung einer notariellen Urkunde zum Gegenstand hat, kann diese Urkunde auch von einem Notar für vollstreckbar erklärt werden. Die Vorschriften für das Verfahren der Vollstreckbarerklärung durch ein Gericht gelten sinngemäß.

§ 56. Sonderregelungen für die Vollstreckungsabwehrklage. (1) Ist die Zwangsvollstreckung aus einem Titel zugelassen, so kann der Verpflichtete Einwendungen gegen den Anspruch selbst in einem Verfahren nach § 767 der Zivilprozessordnung oder, wenn der Titel eine Unterhaltssache betrifft, in einem Verfahren nach § 120 Absatz 1 des Gesetzes über das Verfahren in Familiensachen und in den Angelegenheiten der freiwilligen Ge-

---

[14] Abgedruckt unter Nr. *191a*.
[15] Abgedruckt unter Nr. *152*.

richtsbarkeit in Verbindung mit § 767 der Zivilprozessordnung geltend machen. Handelt es sich bei dem Titel um eine gerichtliche Entscheidung, so gilt dies nur, soweit die Gründe, auf denen die Einwendungen beruhen, erst nach dem Erlass der Entscheidung entstanden sind.

(2) Die Klage nach § 767 der Zivilprozessordnung und der Antrag nach § 120 Absatz 1 des Gesetzes über das Verfahren in Familiensachen und in den Angelegenheiten der freiwilligen Gerichtsbarkeit in Verbindung mit § 767 der Zivilprozessordnung sind bei dem Gericht zu erheben, das über den Antrag auf Erteilung der Vollstreckungsklausel entschieden hat. Soweit der Antrag einen Unterhaltstitel zum Gegenstand hat, ist das Familiengericht zuständig; für die örtliche Zuständigkeit gelten die Vorschriften des Gesetzes über das Verfahren in Familiensachen und in den Angelegenheiten der freiwilligen Gerichtsbarkeit für Unterhaltssachen.

§ 57. Bescheinigungen zu inländischen Titeln. Die Bescheinigungen nach den Artikeln 54, 57 und 58 des Übereinkommens vom 30. Oktober 2007 über die gerichtliche Zuständigkeit und die Anerkennung und Vollstreckung von Entscheidungen in Zivil- und Handelssachen werden von dem Gericht, der Behörde oder der mit öffentlichem Glauben versehenen Person ausgestellt, der die Erteilung einer vollstreckbaren Ausfertigung des Titels obliegt. Soweit danach die Gerichte für die Ausstellung der Bescheinigung zuständig sind, wird diese von dem Gericht des ersten Rechtszuges und, wenn das Verfahren bei einem höheren Gericht anhängig ist, von diesem Gericht ausgestellt. Funktionell zuständig ist die Stelle, der die Erteilung einer vollstreckbaren Ausfertigung des Titels obliegt. Für die Anfechtbarkeit der Entscheidung über die Ausstellung der Bescheinigung gelten die Vorschriften über die Anfechtbarkeit der Entscheidung über die Erteilung der Vollstreckungsklausel sinngemäß.

Abschnitt 7. Haager Übereinkommen vom 30. Juni 2005 über Gerichtsstandsvereinbarungen[16]

§ 58. Bescheinigungen zu inländischen Titeln. (1) Bescheinigungen nach Artikel 13 Absatz 1 Buchstabe e und Absatz 3 des Haager Übereinkommens vom 30. Juni 2005 über Gerichtsstandsvereinbarungen werden von dem Gericht ausgestellt, dem die Erteilung einer vollstreckbaren Ausfertigung des Titels obliegt.

(2) Die Entscheidung über die Ausstellung der Bescheinigung nach Artikel 13 Absatz 3 des Haager Übereinkommens vom 30. Juni 2005 über Gerichtsstandsvereinbarungen ist anfechtbar. Hierfür gelten die Vorschriften über die Anfechtbarkeit der Entscheidung über die Erteilung der Vollstreckungsklausel sinngemäß.

---

[16] Abgedruckt unter Nr. *151.*

2. Transportrecht

153. Genfer Übereinkommen über den Beförderungsvertrag im internationalen Straßengüterverkehr (CMR)

Vom 19. Mai 1956[1, 2] (BGBl. 1961 II, S. 1120)
idF des Protokolls vom 5.7.1978 (BGBl. 1980 II, S. 721, 733)

---

[1] Das Übk. ist für die *Bundesrepublik Deutschland* am 5.2.1962 im Verhältnis zu *Frankreich, Italien,* den *Niederlanden* und *Österreich* in Kraft getreten (Bek. v. 28.12.1961, BGBl. 1962 II, S. 12).

Es gilt heute ferner im Verhältnis zu *Afghanistan* (seit 5.1.2021, BGBl. II, S. 1314), *Albanien* (seit 18.10.2006), *Armenien* (seit 7.9.2006) und *Aserbaidschan* (seit 17.12.2006, jeweils BGBl. 2007 II, S. 226), *Belarus* (seit 4.7.1993, BGBl. II, S. 2041), *Belgien* (seit 17.12.1962, BGBl. 1963 II, S. 107), *Bosnien und Herzegowina* (seit 6.3.1992, BGBl. 1994 II, S. 618), *Bulgarien* (seit 18.1.1978, BGBl. II, S. 171), *Dänemark* (seit 26.9.1965, BGBl. 1967 II, S. 2342), *Estland* (seit 1.8.1993, BGBl. 1994 II, S. 618), *Finnland* (seit 25.9.1973, BGBl. II, S. 1415), *Georgien* (seit 2.11.1999, BGBl. II, S. 822), *Griechenland* (seit 22.8.1977, BGBl. II, S. 1156), *Iran* (seit 16.12.1998, BGBl. 1999 II, S. 12), *Irland* (seit 1.5.1991, BGBl. II, S. 719), *Jordanien* (seit 11.2.2009, BGBl. 2010 II, S. 294), *Kasachstan* (seit 15.10.1995, BGBl. 1996 II, S. 12), *Kirgisistan* (seit 1.7.1998, BGBl. II, S. 1631), *Kroatien* (seit 8.10.1991, BGBl. 1993 II, S. 198), *Lettland* (seit 14.4.1994, BGBl. II, S. 1190), *Libanon* (seit 20.6.2006, BGBl. 2007 II, S. 226), *Litauen* (seit 15.6.1993, BGBl. II, S. 2041), *Luxemburg* (seit 19.7.1964, BGBl. 1967 II, S. 2342), *Malta* (seit 20.3.2008, BGBl. II, S. 1338), *Marokko* (seit 24.5.1995, BGBl. II, S. 666), der *Republik Moldau* (seit 24.8.1993, BGBl. II, S. 2041), der *Mongolei* (seit 17.12.2003, BGBl. 2004 II, S. 5), *Montenegro* (seit 3.6.2006, BGBl. 2007 II, S. 226), *Nordmazedonien* (seit 17.9.1991, BGBl. 1997 II, S. 1606), *Norwegen* (seit 29.9.1969, BGBl. 1972 II, S. 231), *Oman* (seit 22.10.2020, *Cabo Verde* (seit 13.2.2010, BGBl. II, S. 93), *Cabo Verde* (seit 13.2.2010, BGBl. II, S. 93), *Cabo Verde* (seit 13.2.2010, BGBl. II, S. 93), *Cabo Verde* (seit 13.2.2010, BGBl. II, S. 93), *Cabo Verde* (seit 13.2.2010, BGBl. II, S. 93), *Cabo Verde* (seit 13.2.2010, BGBl. II, S. 93),BGBl. II, S. 936), *Pakistan* (seit 28.8.2019, BGBl. II, S. 835), *Polen* (seit 11.9.1962, BGBl. 1963 II, S. 107), *Portugal* (seit 21.12.1969, BGBl. 1970 II, S. 793), *Rumänien* (seit 23.4.1973, BGBl. II, S. 538), der *Russischen Föderation* (seit 24.12.1991, BGBl. 1992 II, S. 1016), *Schweden* (seit 1.7.1969, BGBl. II, S. 1271), der *Schweiz* (seit 28.5.1970, BGBl. 1972 II, S. 231), *Serbien* (seit 27.4.1992, BGBl. 2001 II, S. 932), der *Slowakei* (seit 1.1.1993, BGBl. II, S. 618), *Slowenien* (seit 25.6.1991, BGBl. 1993 II, S. 66), *Spanien* (seit 13.5.1974, BGBl. II, S. 1231), *Syrien* (seit 9.12.2008, BGBl. 2010 II, S. 294), *Tadschikistan* (seit 10.12.1996, BGBl. 1997 II, S. 152), der *Tschechischen Republik* (seit 1.1.1993, BGBl. 1994 II, S. 618), *Tunesien* (seit 24.4.1994, BGBl. II, S. 1190), der *Türkei* (seit 31.10.1995, BGBl. 1996 II, S. 12), *Turkmenistan* (seit 17.12.1996, BGBl. 1997 II, S. 152), der *Ukraine* (seit 17.5.2007, BGBl. II, S. 839), *Ungarn* (seit 28.7.1970, BGBl. II, S. 793), *Usbekistan* (seit 27.12.1995, BGBl. 1996 II, S. 237), dem *Vereinigten Königreich* (seit 19.10.1967, BGBl. 1968 II, S. 858) und *Zypern* (seit 30.9.2003, BGBl. II, S. 1323).

Das Übk. galt ferner für die ehemalige *Deutsche Demokratische Republik* seit 27.3.1974 (Bek. 23.7.1974, BGBl. II, S. 1231) sowie für das ehemalige *Jugoslawien* (seit 2.7.1961, BGBl. 1962 II, S. 12), die ehemalige *Sowjetunion* (seit 1.12.1983, BGBl. II, S. 834) und die ehemalige *Tschechoslowakei* (seit 3.12.1974, BGBl. II, S. 1384).

[2] Siehe zu dem Übk. auch das Protokoll v. 5.7.1978 (BGBl. 1980 II, S. 721, 733), das für die *Bundesrepublik Deutschland* am 28.12.1980 in Kraft getreten ist (BGBl. II, S. 1443). Zu den weiteren Vertragsstaaten des Protokolls siehe den Fundstellennachweis B zum BGBl. 2019 II, S. 510.

(Übersetzung)[3]

Art. 31. (1) Wegen aller Streitigkeiten aus einer diesem Übereinkommen unterliegenden Beförderung kann der Kläger, außer durch Vereinbarung der Parteien bestimmte Gerichte von Vertragsstaaten, die Gerichte eines Staates anrufen, auf dessen Gebiet

a) der Beklagte seinen gewöhnlichen Aufenthalt, seine Hauptniederlassung oder die Zweigniederlassung oder Geschäftsstelle hat, durch deren Vermittlung der Beförderungsvertrag geschlossen worden ist, oder
b) der Ort der Übernahme des Gutes oder der für die Ablieferung vorgesehene Ort liegt.

Andere Gerichte können nicht angerufen werden.

(2) Ist ein Verfahren bei einem nach Absatz 1 zuständigen Gericht wegen einer Streitigkeit im Sinne des genannten Absatzes anhängig oder ist durch ein solches Gericht in einer solchen Streitsache ein Urteil erlassen worden, so kann eine neue Klage wegen derselben Sache zwischen denselben Parteien nicht erhoben werden, es sei denn, dass die Entscheidung des Gerichtes, bei dem die erste Klage erhoben worden ist, in dem Staat nicht vollstreckt werden kann, in dem die neue Klage erhoben wird.

(3) Ist in einer Streitsache im Sinne des Absatzes 1 ein Urteil eines Gerichtes eines Vertragsstaates in diesem Staat vollstreckbar geworden, so wird es auch in allen anderen Vertragsstaaten vollstreckbar, sobald die in dem jeweils in Betracht kommenden Staat hierfür vorgeschriebenen Formerfordernisse erfüllt sind. Diese Formerfordernisse dürfen zu keiner sachlichen Nachprüfung führen.

(4) Die Bestimmungen des Absatzes 3 gelten für Urteile im kontradiktorischen Verfahren, für Versäumnisurteile und für gerichtliche Vergleiche, jedoch nicht für nur vorläufig vollstreckbare Urteile sowie nicht für Verurteilungen, durch die dem Kläger bei vollständiger oder teilweiser Abweisung der Klage neben den Verfahrenskosten Schadensersatz und Zinsen auferlegt werden.

(5) Angehörige der Vertragsstaaten, die ihren Wohnsitz oder eine Niederlassung in einem dieser Staaten haben, sind nicht verpflichtet, Sicherheit für die Kosten eines gerichtlichen Verfahrens zu leisten, das wegen einer diesem Übereinkommen unterliegenden Beförderung eingeleitet wird.

Art. 41. (1) Unbeschadet der Bestimmungen des Artikels 40 ist jede Vereinbarung, die unmittelbar oder mittelbar von den Bestimmungen dieses Übereinkommens abweicht, nichtig und ohne Rechtswirkung. Die Nichtigkeit solcher Vereinbarungen hat nicht die Nichtigkeit der übrigen Vertragsbestimmungen zur Folge.

(2) *(nicht abgedruckt)*

---

[3] Authentisch sind gleichberechtigt der englische und der französische Text (BGBl. 1961 II, S. 1120).

153a. Gesetz zu dem Übereinkommen vom 19. Mai 1956 über den Beförderungsvertrag im internationalen Straßengüterverkehr (CMR)

Vom 16. August 1961 (BGBl. II, S. 1119)

Art. 1a.[1] Für Rechtsstreitigkeiten aus einer dem Übereinkommen unterliegenden Beförderung ist auch das Gericht zuständig, in dessen Bezirk der Ort der Übernahme des Gutes oder der für die Ablieferung des Gutes vorgesehene Ort liegt.

154. Montrealer Übereinkommen zur Vereinheitlichung bestimmter Vorschriften über die Beförderung im internationalen Luftverkehr

Vom 28. Mai 1999[1, 2, 3, 4] (BGBl. 2004 II, S. 459)

---

[1] Art. 1a eingefügt durch Gesetz v. 5.7.1989 (BGBl. II, S. 586). Vgl. auch § 440 HGB idF des Gesetzes v. 25.6.1998 (BGBl. I, S. 1588).

[1] Das auf Initiative der Internationalen Zivilluftfahrt-Organisation (ICAO) erarbeitete Übk. ist für die *Bundesrepublik Deutschland* am 28.6.2004 im Verhältnis zu *Bahrain, Barbados, Belgien, Belize, Benin, Botsuana, Bulgarien, Dänemark, Estland, Finnland, Frankreich, Gambia, Griechenland, Irland, Italien, Japan, Jordanien, Kamerun, Kanada, Kenia, Kolumbien, Kuwait, Luxemburg, Mexiko, Namibia, Neuseeland, Nigeria, Nordmazedonien, Österreich, Panama, Paraguay, Peru, Portugal, Rumänien, Saudi-Arabien, Schweden,* der *Slowakei, Slowenien, Spanien, St. Vincent und den Grenadinen, Syrien, Tansania, Tonga,* der *Tschechischen Republik,* den *Vereinigten Arabischen Emiraten,* dem *Vereinigten Königreich,* den *Vereinigten Staaten* und *Zypern* in Kraft getreten (Bek. v. 16.9.2004, BGBl. II, S. 1371).

Gleichzeitig ist das Übk. für die *Europäische Gemeinschaft* mit Wirkung für alle Mitgliedstaaten (mit Ausnahme *Dänemarks*) in Kraft getreten (vgl. dazu den Ratsbeschluss 2001/539/EG v. 5.4.2001, ABl. L 194, S. 38). Seit dem 1.12.2009 ist die *Europäische Union* als Rechtsnachfolgerin der Europäischen Gemeinschaft Vertragspartei (BGBl. 2010 II, S. 250). Das Übk. hat daher in den Mitgliedstaaten die Qualität von sekundärem EU-Recht.

Das Übk. gilt heute ferner im Verhältnis zu *Ägypten* (seit 25.4.2005) und *Albanien* (seit 19.12.2004, jeweils BGBl. II, S. 1291), *Argentinien* (seit 14.2.2010) und *Armenien* (seit 15.6.2010, jeweils BGBl. 2012 II, S. 1228), *Australien* (seit 24.1.2009, BGBl. II, S. 535), *Bosnien und Herzegowina* (seit 8.5.2007, BGBl. 2008 II, S. 681), *Brasilien* (seit 18.7.2006, BGBl. 2007 II, S. 1032), *China* (seit 31.7.2005, BGBl. II, S. 1291), den *Cookinseln* (seit 21.7.2007, BGBl. 2008 II, S. 681), *Costa Rica* (seit 8.8.2011, BGBl. 2012 II, S. 1228), der *Dominikanischen Republik* (seit 21.7.2007, BGBl. 2008 II, S. 681), *Ecuador* (seit 26.8.2006, BGBl. 2007 II, S. 1032), *El Salvador* (seit 6.1.2008, BGBl. II, S. 681), *Georgien* (seit 18.2.2011) und *Indien* (seit 30.6.2009, jeweils BGBl. 2012 II, S. 1228) *Island* (seit 16.8.2005, BGBl. II, S. 1291), *Jamaika* (seit 5.9.2009, BGBl. 2012 II, S. 1228), Kap *Verde* (seit 22.10.2004) und *Katar* (seit 14.1.2005, jeweils BGBl. 2005 II, S. 1291), *Kongo* (seit 17.2.2012, BGBl. 2013 II, S. 33), der *Republik Korea* (seit 29.12.2007, BGBl. 2008 II, S. 681), *Kroatien* (seit 23.3.2008, BGBl. 2009 II, S. 535), *Kuba* (seit 13.12.2005, BGBl. 2006 II, S. 244), *Lettland* (seit 15.2.2005), *Libanon* (seit 14.5.2005) und *Litauen* (seit 29.1.2005, jeweils BGBl. II, S. 1291), *Madagaskar* (seit 26.2.2007, BGBl. II, S. 1032), *Malay-*

(Übersetzung)[5]

Kapitel I. Allgemeine Bestimmungen

Art. 1. Anwendungsbereich. (1) Dieses Übereinkommen gilt für jede internationale Beförderung von Personen, Reisegepäck oder Gütern, die durch Luftfahrzeuge gegen Entgelt erfolgt. Es gilt auch für unentgeltliche Beförderung durch Luftfahrzeuge, wenn sie von einem Luftfahrtunternehmen ausgeführt werden.

(2) Als „internationale Beförderung" im Sinne dieses Übereinkommens ist jede Beförderung anzusehen, bei der nach den Vereinbarungen der Parteien der Abgangsort und der Bestimmungsort, gleichviel ob eine Unterbrechung der Beförderung oder ein Fahrzeugwechsel stattfindet oder nicht, in den Hoheitsgebieten von zwei Vertragsstaaten liegen oder, wenn diese Orte zwar im Hoheitsgebiet nur eines Vertragsstaates liegen, aber eine Zwischenlandung in dem Hoheitsgebiet eines anderen Staates vorgesehen ist, selbst wenn dieser Staat kein Vertragsstaat ist. Die Beförderung zwischen

---

sia (seit 29.2.2008, BGBl. II, S. 681), den *Malediven* (seit 30.12.2005, BGBl. 2006 II, S. 244), *Mali* (seit 16.3.2008, BGBl. 2009 II, S. 535), *Malta* (seit 4.7.2004, BGBl. 2005 II, S. 1291), *Marokko* (seit 14.6.2010) und der *Republik Moldau* (seit 15.6.2009, jeweils BGBl. 2012 II, S. 1228), *Monaco* (seit 17.10.2004) und der *Mongolei* (seit 4.12.2004, jeweils BGBl. 2005 II, S. 1291), *Montenegro* (seit 16.3.2010, BGBl. 2012 II, S. 1228, den *Niederlanden* (seit 28.6.2004, BGBl. 2005 II, S. 1291), *Oman* (seit 27.7.2007, BGBl. 2008 II, S. 681), *Pakistan* (seit 17.2.2007) und *Polen* (seit 18.3.2006, jeweils BGBl. 2007 II, S. 1032), der *Schweiz* (seit 5.9.2005, BGBl. 2006 II, S. 244), *Serbien* (seit 4.4.2010) und den *Seyschellen* (seit 12.11.2010, jeweils BGBl. 2012 II, S. 1228), *Singapur* (seit 16.11.2007, BGBl. 2008 II, S. 681), *Südafrika* (seit 21.1.2007, BGBl. II, S. 1032), der *Türkei* (seit 26.3.2011) und der *Ukraine* (jeweils BGBl. 2012 II, S. 1228), *Ungarn* (seit 7.1.2005, BGBl. 2005 II, S. 1291), *Uruguay* (seit 4.4.2008, BGBl. 2009 II, S. 535) und *Vanuatu* (seit 8.1.2006, BGBl. II, S. 244). Das Übk. findet auf die chinesische Sonderverwaltungsregion *Macau,* nicht aber auf *Hongkong* Anwendung (BGBl. 2005 II, S. 1291).

[2] Das Übk. verdrängt gem. seinem Art. 55 im Verhältnis zwischen den Vertragsstaaten das Warschauer Abkommen zur Vereinheitlichung von Regeln über die Beförderung im internationalen Luftverkehr v. 12.10.1929 (RGBl. 1933 II, S. 1040), das Änderungsprotokoll zum Warschauer Übk. v. 28.9.1955 (BGBl. 1958 II, S. 291) sowie das Zusatzabkommen von Guadalajara zum Warschauer Abkommen zur Vereinheitlichung von Regeln über die von einem anderen als dem vertraglichen Luftfrachtführer ausgeführte Beförderung im internationalen Luftverkehr v. 18.9.1961 (BGBl. 1963 II, S. 1161). Die vorgenannten Übk. gelten im Verhältnis zu denjenigen Vertragsstaaten fort, die dem Montrealer Übk. noch nicht beigetreten sind. Vgl. dazu die Übersicht im Fundstellennachweis B zum BGBl. 2021 II, S. 390.

[3] Vgl. auch die Verordnung (EG) Nr. 2027/97 des Rates über die Haftung von Luftfahrtunternehmen bei Unfällen (ABl. 1997 L 285, S. 1), geändert durch die Verordnung (EG) Nr. 889/2002 des Europäischen Parlaments und des Rates v. 13.5.2002 (ABl. 2002 L 140, S. 2), mit der die Haftungsregelung des Übk. auf alle von den Luftfahrtunternehmen der EU durchgeführten internationalen und Inlandsflüge ausgeweitet wurde.

[4] Zur Durchführung des Montrealer Übk. in *Deutschland* siehe das Gesetz zur Harmonisierung des Haftungsrechts im Luftverkehr v. 6.4.2004 (BGBl. I, S. 550).

[5] Authentisch sind nur der englische und der französische Text.

zwei Orten innerhalb des Hoheitsgebiets nur eines Vertragsstaates ohne eine Zwischenlandung im Hoheitsgebiet eines anderen Staates gilt nicht als internationale Beförderung im Sinne dieses Übereinkommens.

(3) Ist eine Beförderung von mehreren aufeinanderfolgenden Luftfrachtführern auszuführen, so gilt sie, gleichviel ob der Beförderungsvertrag in der Form eines einzigen Vertrags oder einer Reihe von Verträgen geschlossen worden ist, bei der Anwendung dieses Übereinkommens als eine einzige Beförderung, sofern sie von den Parteien als einheitliche Leistung vereinbart worden ist; eine solche Beförderung verliert ihre Eigenschaft als internationale Beförderung nicht dadurch, dass ein Vertrag oder eine Reihe von Verträgen ausschließlich im Hoheitsgebiet desselben Staates zu erfüllen ist.

(4) Dieses Übereinkommen gilt auch für Beförderungen nach Kapitel V vorbehaltlich der darin enthaltenen Bedingungen.

Art. 2. Staatlich ausgeführte Beförderung und Beförderung von Postsendungen. (1) Dieses Übereinkommen gilt auch für die Beförderungen, die der Staat oder eine andere juristische Person des öffentlichen Rechts ausführt, wenn die Voraussetzungen des Artikels 1 vorliegen.

(2) Bei der Beförderung von Postsendungen haftet der Luftfrachtführer nur gegenüber der zuständigen Postverwaltung nach Maßgabe der auf die Beziehungen zwischen Luftfrachtführer und Postverwaltung anwendbaren Vorschriften.

(3) Mit Ausnahme des Absatzes 2 gilt dieses Übereinkommen nicht für die Beförderung von Postsendungen.

Kapitel II

Art. 3–16. *(nicht abgedruckt)*

Kapitel III. Haftung des Luftfrachtführers und Umfang des Schadensersatzes

Art. 17–32. *(nicht abgedruckt)*

Art. 33. Gerichtsstand. (1) Die Klage auf Schadensersatz muss im Hoheitsgebiet eines der Vertragsstaaten erhoben werden, und zwar nach Wahl des Klägers entweder bei dem Gericht des Ortes, an dem sich der Wohnsitz des Luftfrachtführers, seine Hauptniederlassung oder seine Geschäftsstelle befindet, durch die der Vertrag geschlossen worden ist, oder bei dem Gericht des Bestimmungsorts.

(2) Die Klage auf Ersatz des Schadens, der durch Tod oder Körperverletzung eines Reisenden entstanden ist, kann bei dem der in Absatz 1 genann-

ten Gerichte oder im Hoheitsgebiet eines Vertragsstaates erhoben werden, in dem der Reisende im Zeitpunkt des Unfalls seinen ständigen Wohnsitz hatte und in das oder aus dem der Luftfrachtführer Reisende im Luftverkehr gewerbsmäßig befördert, und zwar entweder mit seinen eigenen Luftfahrzeugen oder aufgrund einer geschäftlichen Vereinbarung mit Luftfahrzeugen eines anderen Luftfrachtführers, und in dem der Luftfrachtführer sein Gewerbe von Geschäftsräumen aus betreibt, deren Mieter oder Eigentümer er selbst oder ein anderer Luftfrachtführer ist, mit dem er eine geschäftliche Vereinbarung geschlossen hat.

(3) Im Sinne des Absatzes 2 bedeutet

a) „geschäftliche Vereinbarung" einen Vertrag zwischen Luftfrachtführern über die Erbringung gemeinsamer Beförderungsdienstleistungen für Reisende im Luftverkehr mit Ausnahme eines Handelsvertreters,

b) „ständiger Wohnsitz" den Hauptwohnsitz und gewöhnlichen Aufenthalt des Reisenden im Zeitpunkt des Unfalls. Die Staatsangehörigkeit des Reisenden ist in dieser Hinsicht nicht entscheidend.

(4) Das Verfahren richtet sich nach dem Recht des angerufenen Gerichts.

Art. 34. Schiedsverfahren. (1) Die Parteien des Vertrages über die Beförderung von Gütern können nach Maßgabe dieses Artikels vereinbaren, dass Streitigkeiten über die Haftung des Luftfrachtführers nach diesem Übereinkommen in einem Schiedsverfahren beigelegt werden. Eine derartige Vereinbarung bedarf der Schriftform.

(2) Das Schiedsverfahren wird nach Wahl des Anspruchsstellers an einem der in Artikel 33 genannten Gerichtsstände durchgeführt.

(3) Der Schiedsrichter oder das Schiedsgericht hat dieses Übereinkommen anzuwenden.

(4) Die Absätze 2 und 3 gelten als Bestandteil jeder Schiedsklausel oder -vereinbarung; abweichende Bestimmungen sind nichtig.

Art. 35–37. *(nicht abgedruckt)*

Kapitel IV. Gemischte Beförderung

Art. 38. *(nicht abgedruckt)*

Kapitel V. Luftbeförderung durch einen anderen als den vertraglichen Luftfrachtführer

Art. 39–44. *(nicht abgedruckt)*

Art. 45. Beklagter. Soweit der ausführende Luftfrachtführer die Beförderung vorgenommen hat, kann eine Klage auf Schadensersatz nach Wahl des Klägers gegen diesen Luftfrachtführer, den vertraglichen Luftfrachtführer oder beide, gemeinsam oder gesondert, erhoben werden. Ist die Klage nur gegen einen dieser Luftfrachtführer erhoben, so hat dieser das Recht, den anderen Luftfrachtführer aufzufordern, sich an dem Rechtsstreit zu beteiligen; Rechtswirkungen und Verfahren richten sich nach dem Recht des angerufenen Gerichts.

Art. 46. Weiterer Gerichtsstand. Eine Klage auf Schadensersatz nach Artikel 45 kann nur im Hoheitsgebiet eines der Vertragsstaaten, und zwar nach Wahl des Klägers entweder bei einem der Gerichte erhoben werden, bei denen eine Klage gegen den vertraglichen Luftfrachtführer nach Artikel 33 erhoben werden kann, oder bei dem Gericht des Ortes, an dem der ausführende Luftfrachtführer seinen Wohnsitz oder seine Hauptniederlassung hat.

Art. 47–48. *(nicht abgedruckt)*

Kapitel VI. Sonstige Bestimmungen

Art. 49. Zwingendes Recht. Alle Bestimmungen des Beförderungsvertrags und alle vor Eintritt des Schadens getroffenen besonderen Vereinbarungen, mit denen die Parteien durch Bestimmung des anzuwendenden Rechts oder durch Änderung der Vorschriften über die Zuständigkeit von diesem Übereinkommen abweichen, sind nichtig.

Art. 50–52. *(nicht abgedruckt)*

Kapitel VII. Schlussbestimmungen

Art. 53–57. *(nicht abgedruckt)*

3. Haftungsrecht

155. Pariser Übereinkommen über die Haftung gegenüber Dritten auf dem Gebiet der Kernenergie

Vom 29. Juli 1960[1, 2, 3] (BGBl. 1975 II, S. 959)

Art. 13.

(a) Sofern dieser Artikel nichts anderes bestimmt, sind für Klagen gemäß den Artikeln 3, 4, 6 (a) und 6 (e) nur die Gerichte derjenigen Vertragspartei zuständig, in deren Hoheitsgebiet das nukleare Ereignis eingetreten ist.

(b) Tritt ein nukleares Ereignis außerhalb der Hoheitsgebiete der Vertragsparteien ein oder kann der Ort des nuklearen Ereignisses nicht mit Sicherheit festgestellt werden, so sind für solche Klagen die Gerichte derjenigen Vertragspartei zuständig, in deren Hoheitsgebiet die Kernanlage des haftenden Inhabers gelegen ist.

(c) Ergäbe sich aus den Absätzen (a) oder (b) die Zuständigkeit der Gerichte von mehr als einer Vertragspartei, so sind zuständig:

(i) wenn das nukleare Ereignis zum Teil außerhalb der Hoheitsgebiete der Vertragsparteien und zum Teil im Hoheitsgebiet nur einer Vertragspartei eingetreten ist, deren Gerichte;

(ii) in allen sonstigen Fällen die Gerichte derjenigen Vertragspartei, die auf Antrag einer betroffenen Vertragspartei von dem in Artikel 17 genannten Gerichtshof im Hinblick darauf bestimmt wird, dass sie zu dem Falle die engste Beziehung hat.

---

[1] Das Übk. ist für die *Bundesrepublik Deutschland* am 30.9.1975 im Verhältnis zu *Belgien, Dänemark, Finnland, Frankreich, Griechenland, Italien, Norwegen, Schweden, Spanien,* der *Türkei* und dem *Vereinigten Königreich* in Kraft getreten (Bek. v. 4.2.1976, BGBl. II, S. 308). Es gilt in dieser Fassung heute nur noch im Verhältnis zu den *Niederlanden* (seit 28.12.1979, BGBl. 1980 II, S. 8).

[2] Im Verhältnis zu *Belgien, Griechenland, Italien, Norwegen, Portugal, Schweden, Spanien,* der *Türkei* und dem *Vereinigten Königreich* gilt das Übk. gem. Bek. v. 18.1.1989 (BGBl. II, S. 144) seit dem 7.10.1988 idF des 2. Protokolls v. 16.11.1982 (BGBl. 1985 II, S. 964). Das 2. Protokoll gilt inzwischen ferner für *Dänemark* (seit 16.5.1989, BGBl. II, S. 557), *Finnland* (seit 22.12.1989, BGBl. 1990 II, S. 99) und *Frankreich* (seit 6.7.1990, BGBl. II, S. 1311). Der hier abgedruckte Art. 13 des Übk. ist durch das 2. Protokoll nicht geändert worden.

[3] Siehe zu dem Übk. auch das Brüsseler Zusatzübereinkommen v. 31.1.1963 (BGBl. 1975 II, S. 957, 992), das für die *Bundesrepublik Deutschland* am 1.1.1976 im Verhältnis zu *Dänemark, Frankreich, Norwegen, Schweden, Spanien* und dem *Vereinigten Königreich* in Kraft getreten ist (Bek. v. 4.2.1976, BGBl. II S. 308). Das Zusatzübk. gilt heute ferner für *Finnland* (seit 14.4.1977, BGBl. II S. 1199), *Italien* (seit 3.5.1976, BGBl. II, S. 1468) und die *Niederlande* (seit 28.12.1979, BGBl. 1980 II, S. 8).

(d) Hat ein gemäß diesem Artikel zuständiges Gericht nach einer streitigen Verhandlung oder im Säumnisverfahren ein Urteil gefällt und ist dieses nach dem von diesem Gericht angewandten Rechte vollstreckbar geworden, so ist es im Hoheitsgebiet jeder anderen Vertragspartei vollstreckbar, sobald die von dieser anderen Vertragspartei vorgeschriebenen Förmlichkeiten erfüllt worden sind; eine sachliche Nachprüfung ist nicht zulässig. Dies gilt nicht für vorläufig vollstreckbare Urteile.

(e) Wird eine Klage gemäß diesem Übereinkommen gegen eine Vertragspartei erhoben, so kann sich diese vor dem gemäß diesem Artikel zuständigen Gericht nicht auf Immunität von der Gerichtsbarkeit berufen, ausgenommen bei der Zwangsvollstreckung.

II. EU-Recht[1]

1. Zivil- und Handelssachen

160. Verordnung (EU) Nr. 1215/2012 des Europäischen Parlaments und des Rates über die gerichtliche Zuständigkeit und die Anerkennung und Vollstreckung von Entscheidungen in Zivil- und Handelssachen

(Neufassung)

Vom 12. Dezember 2012[2, 3, 4] (ABl. L 351, S. 1)

---

[1] Vorschriften über die internationale Zuständigkeit sind ferner in folgenden EU-Verordnungen enthalten, die wegen ihrer Bedeutung für das IPR insgesamt im 2. Teil abgedruckt sind:
- Verordnung (EU) 2016/1103 des Rates zur Durchführung einer Verstärkten Zusammenarbeit im Bereich der Zuständigkeit, des anzuwendenden Rechts und der Anerkennung und Vollstreckung von Entscheidungen in Fragen des ehelichen Güterstands v. 24.6.2016 (Nr. *33*)
- Verordnung (EU) 2016/1104 des Rates zur Durchführung einer Verstärkten Zusammenarbeit im Bereich der Zuständigkeit, des anzuwendenden Rechts und der Anerkennung und Vollstreckung von Entscheidungen in Fragen güterrechtlicher Wirkungen eingetragener Partnerschaften v. 24.6.2016 (Nr. *39*)
- Verordnung (EU) Nr. 650/2012 des Europäischen Parlaments und des Rates über die Zuständigkeit, das anzuwendende Recht, die Anerkennung und Vollstreckung von Entscheidungen und die Annahme und Vollstreckung öffentlicher Urkunden in Erbsachen sowie zur Einführung eines Europäischen Nachlasszeugnisses v. 4.7.2012 (Nr. *61*).

[2] Die Verordnung gilt für die Mitgliedstaaten der EU – mit Ausnahme *Dänemarks* (vgl. dazu Erwägungsgrund (41)) – seit dem 10.1.2015. Sie ersetzt von diesem Zeitpunkt an die Verordnung (EG) Nr. 44/2001 über die gerichtliche Zuständigkeit und die Anerkennung und Vollstreckung von Entscheidungen in Zivil- und Handelssachen v. 22.12.2001 (Brüssel I-VO), vgl. Art. 80 Brüssel Ia-VO. Eine Entsprechungstabelle zu beiden Verordnungen findet sich im Anhang III zu dieser Verordnung. Im Einklang mit Art. 3 Abs. 2 des Übk. zwischen der EG und *Dänemark* v. 19.10.2005 (Anm. 14) hat *Dänemark* der Kommission mitgeteilt, dass auch die Brüssel Ia-VO auf die Beziehungen zwischen der Union und *Dänemark* Anwendung findet, vgl. ABl. 2013 L 79, S. 4.

DAS EUROPÄISCHE PARLAMENT UND DER RAT DER EUROPÄISCHEN UNION

gestützt auf den Vertrag über die Arbeitsweise der Europäischen Union, insbesondere auf Artikel 67 Absatz 4 und Artikel 81 Absatz 2 Buchstaben a, c und e,[5]

auf Vorschlag der Europäischen Kommission,

nach Zuleitung des Entwurfs des Gesetzgebungsakts an die nationalen Parlamente,

nach Stellungnahme des Europäischen Wirtschafts- und Sozialausschusses,[6]

gemäß dem ordentlichen Gesetzgebungsverfahren[7]

in Erwägung nachstehender Gründe:

(1) Am 21. April 2009 hat die Kommission einen Bericht über die Anwendung der Verordnung (EG) Nr. 44/2001 des Rates vom 22. Dezember 2000 über die gerichtliche Zuständigkeit und die Anerkennung und Vollstreckung von Entscheidungen in Zivil- und Handelssachen[8] angenommen. Dem Bericht zufolge herrscht allgemein Zufriedenheit mit der Funktionsweise der genannten Verordnung, doch könnten die Anwendung bestimmter Vorschriften, der freie Verkehr gerichtlicher Entscheidungen sowie der Zugang zum Recht noch weiter verbessert werden. Da einige weitere Änderungen erfolgen sollen, sollte die genannte Verordnung aus Gründen der Klarheit neu gefasst werden.

(2) Der Europäische Rat hat auf seiner Tagung vom 10./11. Dezember 2009 in Brüssel ein neues mehrjähriges Programm mit dem Titel „Das Stockholmer Programm – Ein offenes und sicheres Europa im Dienste und zum Schutz der Bürger“[9] angenommen. Im Stockholmer Programm ver-

---

[3] Im Verhältnis zum *Vereinigten Königreich* gilt die Verordnung nach Ablauf der in Art. 126, 127 des Brexit-Abk v. 24.1.2020 (Nr. *0–3*) vereinbarten Übergangsfrist am 31.12.2020 nicht mehr. Vgl. zu den Auswirkungen des Brexit auf die Geltung der Verordnung im *Vereinigten Königreich* auch Anm. 2 zum EU-Vertrag (Nr. *0–1*) und Art. 67 Abs. 1 lit. lit. a und Abs. 2 lit. a Brexit-Abk. v. 24.1.2020 (Nr. *0–3*).

[4] Zur Ausführung der Verordnung in der *Bundesrepublik Deutschland* siehe §§ 1110–1117 ZPO idF des Gesetzes v. 8.7.2014, BGBl. I, S. 890 (Nr. *160a*) und § 794 Abs. 1 Nr. 9 ZPO (Nr. *192*). Das Anerkennungs- und Vollstreckungsausführungsgesetz (AVAG) idF v. 30.11.2015 (Nr. *152a*) gilt für die Durchführung der Brüssel Ia-VO nicht.

[5] Abgedruckt unter Nr. *0–2*.

[6] ABl. 2011 C 218, S. 78.

[7] Standpunkt des Europäischen Parlaments vom 20.11.2012 (noch nicht im Amtsblatt veröffentlicht) und Beschluss des Rates vom 6.12.2012.

[8] Die Verordnung (EG) Nr. 44/2001 (Brüssel I-VO, ABl. L 12, S. 1) war für die Mitgliedstaaten der EU (mit Ausnahme *Dänemarks*) am 1.3.2002 in Kraft getreten. Sie ersetzte von diesem Zeitpunkt an im Verhältnis der Mitgliedstaaten zueinander das Brüsseler Übk. über die gerichtliche Zuständigkeit und die Vollstreckung gerichtlicher Entscheidungen in Zivil- und Handelssachen v. 27.9.1968 (Nr. *150*). Für *Estland, Lettland, Litauen, Malta, Polen,* die *Slowakei, Slowenien,* die *Tschechische Republik, Ungarn* und *Zypern* galt die Brüssel I-VO seit dem 1.5.2004, für *Bulgarien* und *Rumänien* seit dem 1.1.2007, für *Kroatien* seit dem 1.7.2013.

[9] ABl. 2009 C 115, S. 1.

tritt der Europäische Rat die Auffassung, dass der Prozess der Abschaffung aller zwischengeschalteten Maßnahmen (Exequaturverfahren) während des von dem Programm abgedeckten Zeitraums fortgeführt werden sollte. Gleichzeitig sollte die Abschaffung der Exequaturverfahren von einer Reihe von Schutzvorkehrungen begleitet werden.

(3) Die Union hat sich zum Ziel gesetzt, einen Raum der Freiheit, der Sicherheit und des Rechts zu erhalten und weiterzuentwickeln, indem unter anderem der Zugang zum Recht, insbesondere durch den Grundsatz der gegenseitigen Anerkennung gerichtlicher und außergerichtlicher Entscheidungen in Zivilsachen, erleichtert wird. Zum schrittweisen Aufbau eines solchen Raums hat die Union im Bereich der justiziellen Zusammenarbeit in Zivilsachen, die einen grenzüberschreitenden Bezug aufweisen, Maßnahmen zu erlassen, insbesondere wenn dies für das reibungslose Funktionieren des Binnenmarkts erforderlich ist.

(4) Die Unterschiede zwischen bestimmten einzelstaatlichen Vorschriften über die gerichtliche Zuständigkeit und die Anerkennung von Entscheidungen erschweren das reibungslose Funktionieren des Binnenmarkts. Es ist daher unerlässlich, Bestimmungen zu erlassen, um die Vorschriften über die internationale Zuständigkeit in Zivil- und Handelssachen zu vereinheitlichen und eine rasche und unkomplizierte Anerkennung und Vollstreckung von Entscheidungen zu gewährleisten, die in einem Mitgliedstaat ergangen sind.

(5) Diese Bestimmungen fallen in den Bereich der justiziellen Zusammenarbeit in Zivilsachen im Sinne von Artikel 81 des Vertrags über die Arbeitsweise der Europäischen Union (AEUV).[10]

(6) Um den angestrebten freien Verkehr der Entscheidungen in Zivil- und Handelssachen zu verwirklichen, ist es erforderlich und angemessen, dass die Vorschriften über die gerichtliche Zuständigkeit und die Anerkennung und Vollstreckung von Entscheidungen im Wege eines Unionsrechtsakts festgelegt werden, der verbindlich und unmittelbar anwendbar ist.

(7) Am 27. September 1968 schlossen die seinerzeitigen Mitgliedstaaten der Europäischen Gemeinschaften auf der Grundlage von Artikel 220 vierter Gedankenstrich des Vertrags zur Gründung der Europäischen Wirtschaftsgemeinschaft das Übereinkommen von Brüssel über die gerichtliche Zuständigkeit und die Vollstreckung gerichtlicher Entscheidungen in Zivil- und Handelssachen, dessen Fassung danach durch die Übereinkommen über den Beitritt neuer Mitgliedstaaten zu diesem Übereinkommen geändert wurde („Brüsseler Übereinkommen von 1968").[11] Am 16. September

---

[10] Abgedruckt unter Nr. *0–2.*

[11] Der Text des Brüsseler Übk. idF v. 27.9.1968 ist abgedruckt im ABl. 1972 L 299, S. 32. Die Texte der Beitrittsübereinkommen zum Brüsseler Übk. sind abgedruckt im ABl. 1978 L 304, S. 1 (**1. Beitrittsübk.** mit *Dänemark, Irland* und dem *Vereinigten Königreich* v. 9.10.1978), ABl. 1982 L 388, S. 1 (**2. Beitrittsübk.** mit *Griechenland* v. 25.10.1982), ABl. 1989 L 285, S. 1 (**3. Beitrittsübk.** mit *Spanien* und *Portugal* v. 26.5.1989) und ABl. 1997 C 15, S. 1 (**4. Beitrittsübk.** mit *Österreich, Finnland* und *Schweden* v. 29.11.

1988 schlossen die seinerzeitigen Mitgliedstaaten der Europäischen Gemeinschaften und bestimmte EFTA-Staaten das Übereinkommen von Lugano über die gerichtliche Zuständigkeit und die Vollstreckung gerichtlicher Entscheidungen in Zivil- und Handelssachen („Übereinkommen von Lugano von 1988"),[12] das ein Parallelübereinkommen zu dem Brüsseler Übereinkommen von 1968 darstellt. Am 1. Februar 2000 wurde das Übereinkommen von Lugano von 1988 auf Polen anwendbar.

(8) Am 22. Dezember 2000 nahm der Rat die Verordnung (EG) Nr. 44/2001 an, die das Brüsseler Übereinkommen von 1968 im Verhältnis der Mitgliedstaaten zueinander mit Ausnahme Dänemarks hinsichtlich der Hoheitsgebiete der Mitgliedstaaten ersetzt, die in den Anwendungsbereich des AEUV fallen. Mit dem Beschluss 2006/325/EG des Rates[13] schloss die Gemeinschaft mit Dänemark ein Abkommen über die Anwendung der Bestimmungen der Verordnung (EG) Nr. 44/2001 in Dänemark.[14] Das Übereinkommen von Lugano von 1988 wurde durch das am 30. Oktober 2007 von der Gemeinschaft, Dänemark, Island, Norwegen und der Schweiz in Lugano unterzeichnete Übereinkommen über die gerichtliche Zuständigkeit und die Anerkennung und Vollstreckung von Entscheidungen in Zivil- und Handelssachen („Übereinkommen von Lugano von 2007")[15] geändert.

(9) Das Brüsseler Übereinkommen von 1968 gilt weiter hinsichtlich der Hoheitsgebiete der Mitgliedstaaten, die in seinen territorialen Anwendungsbereich fallen und die aufgrund der Anwendung von Artikel 355 AEUV[16] von der vorliegenden Verordnung ausgeschlossen sind.

(10) Der sachliche Anwendungsbereich dieser Verordnung sollte sich, von einigen genau festgelegten Rechtsgebieten abgesehen, auf den wesentlichen Teil des Zivil- und Handelsrechts erstrecken; aufgrund der Annahme der Verordnung (EG) Nr. 4/2009 des Rates vom 18. Dezember 2008 über die Zuständigkeit, das anwendbare Recht, die Anerkennung und Vollstreckung von Entscheidungen und die Zusammenarbeit in Unterhaltssachen[17] sollten insbesondere die Unterhaltspflichten vom Anwendungsbereich dieser Verordnung ausgenommen werden.

1996). Siehe die konsolidierte Fassung im ABl. 1998 C 27, S. 1. Dazu näher die Anm. 1 zu Nr. *150*.

[12] ABl. 1988 L 319, S. 9; dazu Anm. 6 zu Nr. *152*.

[13] ABl. 2006 L 120, S. 22.

[14] Vgl. das Brüsseler Übk. zwischen der *Europäischen Gemeinschaft* und dem *Königreich Dänemark* über die gerichtliche Zuständigkeit und die Anerkennung und Vollstreckung von Entscheidungen in Zivil- und Handelssachen v. 19.10.2005 (ABl. L 299, S. 62), mit dem der Inhalt der Brüssel I-VO und ihrer Durchführungsbestimmungen auf das Verhältnis zwischen der Gemeinschaft und *Dänemark* erstreckt sowie die Kompetenz des EuGH für die Auslegung dieses Übk. begründet wurden. Das Übk. ist am 1.7.2007 in Kraft getreten (ABl. 2007 L 94, S. 70). Zu Art. 5 des Übk. siehe den Beschluss des Rates 2009/942/EG v. 16.12.2009 (ABl. L 331, S. 24).

[15] ABl. 2009 L 147, S. 5; abgedruckt unter Nr. *152*.

[16] Abgedruckt unter Nr. *0–2*.

[17] ABl. 2009 L 7, S. 1; abgedruckt unter Nr. *161*.

(11) Für die Zwecke dieser Verordnung sollten zu den Gerichten der Mitgliedstaaten auch gemeinsame Gerichte mehrerer Mitgliedstaaten gehören, wie der Benelux-Gerichtshof, wenn er seine Zuständigkeit in Angelegenheiten ausübt, die in den Anwendungsbereich dieser Verordnung fallen. Daher sollten Entscheidungen dieser Gerichte gemäß dieser Verordnung anerkannt und vollstreckt werden.

(12) Diese Verordnung sollte nicht für die Schiedsgerichtsbarkeit gelten. Sie sollte die Gerichte eines Mitgliedstaats nicht daran hindern, die Parteien gemäß dem einzelstaatlichen Recht an die Schiedsgerichtsbarkeit zu verweisen, das Verfahren auszusetzen oder einzustellen oder zu prüfen, ob die Schiedsvereinbarung hinfällig, unwirksam oder nicht erfüllbar ist, wenn sie wegen eines Streitgegenstands angerufen werden, hinsichtlich dessen die Parteien eine Schiedsvereinbarung getroffen haben.

Entscheidet ein Gericht eines Mitgliedstaats, ob eine Schiedsvereinbarung hinfällig, unwirksam oder nicht erfüllbar ist, so sollte diese Entscheidung ungeachtet dessen, ob das Gericht darüber in der Hauptsache oder als Vorfrage entschieden hat, nicht den Vorschriften dieser Verordnung über die Anerkennung und Vollstreckung unterliegen.

Hat hingegen ein nach dieser Verordnung oder nach einzelstaatlichem Recht zuständiges Gericht eines Mitgliedstaats festgestellt, dass eine Schiedsvereinbarung hinfällig, unwirksam oder nicht erfüllbar ist, so sollte die Entscheidung des Gerichts in der Hauptsache dennoch gemäß dieser Verordnung anerkannt oder vollstreckt werden können. Hiervon unberührt bleiben sollte die Zuständigkeit der Gerichte der Mitgliedstaaten, über die Anerkennung und Vollstreckung von Schiedssprüchen im Einklang mit dem am 10. Juni 1958 in New York unterzeichneten Übereinkommen über die Anerkennung und Vollstreckung ausländischer Schiedssprüche („Übereinkommen von New York von 1958")[18] zu entscheiden, das Vorrang vor dieser Verordnung hat.

Diese Verordnung sollte nicht für Klagen oder Nebenverfahren insbesondere im Zusammenhang mit der Bildung eines Schiedsgerichts, den Befugnissen von Schiedsrichtern, der Durchführung eines Schiedsverfahrens oder sonstigen Aspekten eines solchen Verfahrens oder für eine Klage oder eine Entscheidung in Bezug auf die Aufhebung, die Überprüfung, die Anfechtung, die Anerkennung oder die Vollstreckung eines Schiedsspruchs gelten.

(13) Zwischen den Verfahren, die unter diese Verordnung fallen, und dem Hoheitsgebiet der Mitgliedstaaten muss ein Anknüpfungspunkt bestehen. Gemeinsame Zuständigkeitsvorschriften sollten demnach grundsätzlich dann Anwendung finden, wenn der Beklagte seinen Wohnsitz in einem Mitgliedstaat hat.

(14) Beklagte ohne Wohnsitz in einem Mitgliedstaat sollten im Allgemeinen den einzelstaatlichen Zuständigkeitsvorschriften unterliegen, die im

---

[18] Abgedruckt unter Nr. *240*.

Hoheitsgebiet des Mitgliedstaats gelten, in dem sich das angerufene Gericht befindet. Allerdings sollten einige Zuständigkeitsvorschriften in dieser Verordnung unabhängig vom Wohnsitz des Beklagten gelten, um den Schutz der Verbraucher und der Arbeitnehmer zu gewährleisten, um die Zuständigkeit der Gerichte der Mitgliedstaaten in Fällen zu schützen, in denen sie ausschließlich zuständig sind, und um die Parteiautonomie zu achten.

(15) Die Zuständigkeitsvorschriften sollten in hohem Maße vorhersehbar sein und sich grundsätzlich nach dem Wohnsitz des Beklagten richten. Diese Zuständigkeit sollte stets gegeben sein außer in einigen genau festgelegten Fällen, in denen aufgrund des Streitgegenstands oder der Vertragsfreiheit der Parteien ein anderes Anknüpfungskriterium gerechtfertigt ist. Der Sitz juristischer Personen muss in der Verordnung selbst definiert sein, um die Transparenz der gemeinsamen Vorschriften zu stärken und Kompetenzkonflikte zu vermeiden.

(16) Der Gerichtsstand des Wohnsitzes des Beklagten sollte durch alternative Gerichtsstände ergänzt werden, die entweder aufgrund der engen Verbindung zwischen Gericht und Rechtsstreit oder im Interesse einer geordneten Rechtspflege zuzulassen sind. Das Erfordernis der engen Verbindung soll Rechtssicherheit schaffen und verhindern, dass die Gegenpartei vor einem Gericht eines Mitgliedstaats verklagt werden kann, mit dem sie vernünftigerweise nicht rechnen konnte. Dies ist besonders wichtig bei Rechtsstreitigkeiten, die außervertragliche Schuldverhältnisse infolge der Verletzung der Privatsphäre oder der Persönlichkeitsrechte einschließlich Verleumdung betreffen.

(17) Der Eigentümer eines Kulturguts im Sinne des Artikels 1 Nummer 1 der Richtlinie 93/7/EWG des Rates vom 15. März 1993 über die Rückgabe von unrechtmäßig aus dem Hoheitsgebiet eines Mitgliedstaats verbrachten Kulturgütern[19] sollte eine auf Eigentum gestützte Zivilklage gemäß dieser Verordnung zur Wiedererlangung dieses Gutes vor dem Gericht des Ortes, an dem sich das Kulturgut zum Zeitpunkt der Anrufung des Gerichts befindet, erheben können. Solche Klagen sollten nach der Richtlinie 93/7/EWG eingeleitete Verfahren unberührt lassen.

(18) Bei Versicherungs-, Verbraucher- und Arbeitsverträgen sollte die schwächere Partei durch Zuständigkeitsvorschriften geschützt werden, die für sie günstiger sind als die allgemeine Regelung.

(19) Vorbehaltlich der in dieser Verordnung festgelegten ausschließlichen Zuständigkeiten sollte die Vertragsfreiheit der Parteien hinsichtlich der Wahl des Gerichtsstands, außer bei Versicherungs-, Verbraucher- und Arbeitsverträgen, wo nur eine begrenztere Vertragsfreiheit zulässig ist, gewahrt werden.

(20) Stellt sich die Frage, ob eine Gerichtsstandsvereinbarung zugunsten eines Gerichts oder der Gerichte eines Mitgliedstaats materiell nichtig ist,

---

[19] ABl. 1993 L 74, S. 74; auszugsweise abgedruckt unter Nr. *113*.

so sollte sie nach dem Recht einschließlich des Kollisionsrechts des Mitgliedstaats des Gerichts oder der Gerichte entschieden werden, die in der Vereinbarung bezeichnet sind.

(21) Im Interesse einer abgestimmten Rechtspflege müssen Parallelverfahren so weit wie möglich vermieden werden, damit nicht in verschiedenen Mitgliedstaaten miteinander unvereinbare Entscheidungen ergehen. Es sollte eine klare und wirksame Regelung zur Klärung von Fragen der Rechtshängigkeit und der im Zusammenhang stehenden Verfahren sowie zur Verhinderung von Problemen vorgesehen werden, die sich aus der einzelstaatlich unterschiedlichen Festlegung des Zeitpunkts ergeben, von dem an ein Verfahren als rechtshängig gilt. Für die Zwecke dieser Verordnung sollte dieser Zeitpunkt autonom festgelegt werden.

(22) Um allerdings die Wirksamkeit von ausschließlichen Gerichtsstandsvereinbarungen zu verbessern und missbräuchliche Prozesstaktiken zu vermeiden, ist es erforderlich, eine Ausnahme von der allgemeinen Rechtshängigkeitsregel vorzusehen, um eine befriedigende Regelung in einem Sonderfall zu erreichen, in dem es zu Parallelverfahren kommen kann. Dabei handelt es sich um den Fall, dass ein Verfahren bei einem Gericht, das nicht in einer ausschließlichen Gerichtsstandsvereinbarung vereinbart wurde, anhängig gemacht wird und später das vereinbarte Gericht wegen desselben Anspruchs zwischen denselben Parteien angerufen wird. In einem solchen Fall muss das zuerst angerufene Gericht das Verfahren aussetzen, sobald das vereinbarte Gericht angerufen wurde, und zwar so lange, bis das letztere Gericht erklärt, dass es gemäß der ausschließlichen Gerichtsstandsvereinbarung nicht zuständig ist. Hierdurch soll in einem solchen Fall sichergestellt werden, dass das vereinbarte Gericht vorrangig über die Gültigkeit der Vereinbarung und darüber entscheidet, inwieweit die Vereinbarung auf den bei ihm anhängigen Rechtsstreit Anwendung findet. Das vereinbarte Gericht sollte das Verfahren unabhängig davon fortsetzen können, ob das nicht vereinbarte Gericht bereits entschieden hat, das Verfahren auszusetzen.

Diese Ausnahmeregelung sollte nicht für Fälle gelten, in denen die Parteien widersprüchliche ausschließliche Gerichtsstandsvereinbarungen geschlossen haben oder in denen ein in einer ausschließlichen Gerichtsstandsvereinbarung vereinbartes Gericht zuerst angerufen wurde. In solchen Fällen sollte die allgemeine Rechtshängigkeitsregel dieser Verordnung Anwendung finden.

(23) Diese Verordnung sollte eine flexible Regelung enthalten, die es den Gerichten der Mitgliedstaaten ermöglicht, vor den Gerichten von Drittstaaten anhängige Verfahren zu berücksichtigen, wobei insbesondere die Frage, ob eine in einem Drittstaat ergangene Entscheidung in dem betreffenden Mitgliedstaat nach dem Recht dieses Mitgliedstaats anerkannt und vollstreckt werden kann, sowie die geordnete Rechtspflege zu berücksichtigen sind.

(24) Bei der Berücksichtigung der geordneten Rechtspflege sollte das Gericht des betreffenden Mitgliedstaats alle Umstände des bei ihm anhängigen Falles prüfen. Hierzu können Verbindungen des Streitgegenstands und der Parteien zu dem betreffenden Drittstaat zählen wie auch die Frage, wie weit das Verfahren im Drittstaat zu dem Zeitpunkt, an dem ein Verfahren vor dem Gericht des Mitgliedstaats eingeleitet wird, bereits fortgeschritten ist, sowie die Frage, ob zu erwarten ist, dass das Gericht des Drittstaats innerhalb einer angemessenen Frist eine Entscheidung erlassen wird.

Dabei kann auch die Frage geprüft werden, ob das Gericht des Drittstaats unter Umständen, unter denen ein Gericht eines Mitgliedstaats ausschließlich zuständig wäre, im betreffenden Fall ausschließlich zuständig ist.

(25) Unter den Begriff einstweilige Maßnahmen einschließlich Sicherungsmaßnahmen sollten zum Beispiel Anordnungen zur Beweiserhebung oder Beweissicherung im Sinne der Artikel 6 und 7 der Richtlinie 2004/48/EG des Europäischen Parlaments und des Rates vom 29. April 2004 zur Durchsetzung der Rechte des geistigen Eigentums[20] fallen. Nicht mit eingeschlossen sein sollten Maßnahmen, die nicht auf Sicherung gerichtet sind, wie Anordnungen zur Zeugenvernehmung. Die Anwendung der Verordnung (EG) Nr. 1206/2001 des Rates vom 28. Mai 2001 über die Zusammenarbeit zwischen den Gerichten der Mitgliedstaaten auf dem Gebiet der Beweisaufnahme in Zivil- oder Handelssachen[21] sollte hiervon unberührt bleiben.

(26) Das gegenseitige Vertrauen in die Rechtspflege innerhalb der Union rechtfertigt den Grundsatz, dass eine in einem Mitgliedstaat ergangene Entscheidung in allen Mitgliedstaaten anerkannt wird, ohne dass es hierfür eines besonderen Verfahrens bedarf. Außerdem rechtfertigt die angestrebte Reduzierung des Zeit- und Kostenaufwands bei grenzüberschreitenden Rechtsstreitigkeiten die Abschaffung der Vollstreckbarerklärung, die der Vollstreckung im ersuchten Mitgliedstaat bisher vorausgehen musste. Eine von den Gerichten eines Mitgliedstaats erlassene Entscheidung sollte daher so behandelt werden, als sei sie im ersuchten Mitgliedstaat ergangen.

(27) Für die Zwecke des freien Verkehrs von gerichtlichen Entscheidungen sollte eine in einem Mitgliedstaat ergangene Entscheidung in einem anderen Mitgliedstaat selbst dann anerkannt und vollstreckt werden, wenn sie gegen eine Person ohne Wohnsitz in einem Mitgliedstaat ergangen ist.

(28) Enthält eine Entscheidung eine Maßnahme oder Anordnung, die im Recht des ersuchten Mitgliedstaats nicht bekannt ist, so wird diese Maßnahme oder Anordnung, einschließlich des in ihr bezeichneten Rechts, soweit möglich an eine Maßnahme oder Anordnung angepasst, mit der nach dem Recht dieses Mitgliedstaats vergleichbare Wirkungen verbunden sind und die ähnliche Ziele verfolgt. Wie und durch wen diese Anpassung

---

[20] ABl. 2004 L 157, S. 45.

[21] ABl. 2001 L 174, S. 1; abgedruckt unter Nr. *225*.

zu erfolgen hat, sollte durch die einzelnen Mitgliedstaaten bestimmt werden.

(29) Die unmittelbare Vollstreckung ohne Vollstreckbarerklärung einer in einem anderen Mitgliedstaat ergangenen Entscheidung im ersuchten Mitgliedstaat sollte nicht die Achtung der Verteidigungsrechte beeinträchtigen. Deshalb sollte der Schuldner die Versagung der Anerkennung oder der Vollstreckung einer Entscheidung beantragen können, wenn er der Auffassung ist, dass einer der Gründe für die Versagung der Anerkennung vorliegt. Hierzu sollte der Grund gehören, dass ihm nicht die Gelegenheit gegeben wurde, seine Verteidigung vorzubereiten, wenn die Entscheidung in einer Zivilklage innerhalb eines Strafverfahrens in Abwesenheit ergangen ist. Auch sollten hierzu die Gründe gehören, die auf der Grundlage eines Abkommens zwischen dem ersuchten Mitgliedstaat und einem Drittstaat geltend gemacht werden könnten, das nach Artikel 59 des Brüsseler Übereinkommens von 1968 geschlossen wurde.

(30) Eine Partei, die die Vollstreckung einer in einem anderen Mitgliedstaat ergangenen Entscheidung anficht, sollte soweit wie möglich im Einklang mit dem Rechtssystem des ersuchten Mitgliedstaats in der Lage sein, im selben Verfahren außer den in dieser Verordnung genannten Versagungsgründen auch die im einzelstaatlichen Recht vorgesehenen Versagungsgründe innerhalb der nach diesem Recht vorgeschriebenen Fristen geltend zu machen. Allerdings sollte die Anerkennung einer Entscheidung nur versagt werden, wenn mindestens einer der in dieser Verordnung genannten Versagungsgründe gegeben ist.

(31) Solange ein Verfahren zur Anfechtung der Vollstreckung einer Entscheidung anhängig ist, sollten die Gerichte des ersuchten Mitgliedstaats während des gesamten Verfahrens aufgrund einer solchen Anfechtung, einschließlich dagegen gerichteter Rechtsbehelfe, den Fortgang der Vollstreckung unter der Voraussetzung zulassen können, dass die Vollstreckung einer Beschränkung unterliegt oder eine Sicherheit geleistet wird.

(32) Um den Schuldner über die Vollstreckung einer in einem anderen Mitgliedstaat ergangenen Entscheidung zu unterrichten, sollte die gemäß dieser Verordnung ausgestellte Bescheinigung – erforderlichenfalls zusammen mit der Entscheidung – dem Schuldner innerhalb einer angemessenen Frist vor der ersten Vollstreckungsmaßnahme zugestellt werden. In diesem Zusammenhang sollte als erste Vollstreckungsmaßnahme die erste Vollstreckungsmaßnahme nach einer solchen Zustellung gelten.

(33) Werden einstweilige Maßnahmen, einschließlich Sicherungsmaßnahmen, von einem Gericht angeordnet, das in der Hauptsache zuständig ist, so sollte ihr freier Verkehr nach dieser Verordnung gewährleistet sein. Allerdings sollten einstweilige Maßnahmen, einschließlich Sicherungsmaßnahmen, die angeordnet wurden, ohne dass der Beklagte vorgeladen wurde, nicht gemäß dieser Verordnung anerkannt und vollstreckt werden, es sei denn, die die Maßnahme enthaltende Entscheidung ist dem Beklagten vor der Vollstreckung zugestellt worden. Dies sollte die Anerkennung und Voll-

streckung solcher Maßnahmen gemäß einzelstaatlichem Recht nicht ausschließen. Werden einstweilige Maßnahmen, einschließlich Sicherungsmaßnahmen, von einem Gericht eines Mitgliedstaats angeordnet, das für die Entscheidung in der Hauptsache nicht zuständig ist, sollte die Wirkung dieser Maßnahmen auf das Hoheitsgebiet des betreffenden Mitgliedstaats gemäß dieser Verordnung beschränkt werden.

(34) Um die Kontinuität zwischen dem Brüsseler Übereinkommen von 1968, der Verordnung (EG) Nr. 44/2001 und dieser Verordnung zu wahren, sollten Übergangsvorschriften vorgesehen werden. Dies gilt auch für die Auslegung des Brüsseler Übereinkommens von 1968 und der es ersetzenden Verordnungen durch den Gerichtshof der Europäischen Union.

(35) Um die internationalen Verpflichtungen, die die Mitgliedstaaten eingegangen sind, zu wahren, darf sich diese Verordnung nicht auf von den Mitgliedstaaten geschlossene Übereinkommen in besonderen Rechtsgebieten auswirken.

(36) Unbeschadet der Pflichten der Mitgliedstaaten nach den Verträgen sollte diese Verordnung nicht die Anwendung der bilateralen Übereinkünfte und Vereinbarungen berühren, die vor dem Inkrafttreten der Verordnung (EG) Nr. 44/2001 zwischen einem Drittstaat und einem Mitgliedstaat geschlossen wurden und in dieser Verordnung geregelte Angelegenheiten betreffen.

(37) Um sicherzustellen, dass die im Zusammenhang mit der Anerkennung oder Vollstreckung von Entscheidungen, öffentlichen Urkunden und gerichtlichen Vergleichen nach dieser Verordnung zu verwendenden Bescheinigungen stets auf dem neuesten Stand sind, sollte der Kommission die Befugnis übertragen werden, gemäß Artikel 290 AEUV Rechtsakte hinsichtlich Änderungen der Anhänge I und II dieser Verordnung zu erlassen. Es ist besonders wichtig, dass die Kommission bei ihren vorbereitenden Arbeiten angemessene Konsultationen auch auf Expertenebene durchführt. Bei der Vorbereitung und Ausarbeitung delegierter Rechtsakte sollte die Kommission dafür sorgen, dass die einschlägigen Dokumente dem Europäischen Parlament und dem Rat gleichzeitig, rechtzeitig und auf angemessene Weise übermittelt werden.

(38) Diese Verordnung steht im Einklang mit den Grundrechten und Grundsätzen, die mit der Charta der Grundrechte der Europäischen Union anerkannt wurden, insbesondere mit dem in Artikel 47 der Charta verbürgten Recht auf einen wirksamen Rechtsbehelf und ein unparteiisches Gericht.

(39) Da das Ziel dieser Verordnung auf der Ebene der Mitgliedstaaten nicht hinreichend verwirklicht werden kann und besser auf Unionsebene zu erreichen ist, kann die Union im Einklang mit dem Subsidiaritätsprinzip nach Artikel 5 des Vertrags über die Europäische Union (EUV)[22] tätig wer-

[22] Abgedruckt unter Nr. *0–1*.

den. In Übereinstimmung mit dem in demselben Artikel genannten Grundsatz der Verhältnismäßigkeit geht diese Verordnung nicht über das zur Erreichung dieses Ziels erforderliche Maß hinaus.

(40) Das Vereinigte Königreich und Irland haben sich gemäß Artikel 3 des dem EUV und dem seinerzeitigen Vertrag zur Gründung der Europäischen Gemeinschaft beigefügten Protokolls über die Position des Vereinigten Königreichs und Irlands an der Annahme und Anwendung der Verordnung (EG) Nr. 44/2001 beteiligt. Gemäß Artikel 3 des dem EUV und dem AEUV beigefügten Protokolls Nr. 21 über die Position des Vereinigten Königreichs und Irlands hinsichtlich des Raums der Freiheit, der Sicherheit und des Rechts haben das Vereinigte Königreich und Irland mitgeteilt, dass sie sich an der Annahme und Anwendung dieser Verordnung beteiligen möchten.

(41) Gemäß den Artikeln 1 und 2 des dem EUV und dem AEUV beigefügten Protokolls Nr. 22 über die Position Dänemarks beteiligt sich Dänemark nicht an der Annahme dieser Verordnung und ist weder durch diese Verordnung gebunden noch zu ihrer Anwendung verpflichtet; dabei steht es Dänemark jedoch gemäß Artikel 3 des Abkommens vom 19. Oktober 2005 zwischen der Europäischen Gemeinschaft und dem Königreich Dänemark über die gerichtliche Zuständigkeit und die Anerkennung und Vollstreckung von Entscheidungen in Zivil- und Handelssachen[23] frei, die Änderungen der Verordnung (EG) Nr. 44/2001 anzuwenden[24] –

HABEN FOLGENDE VERORDNUNG ERLASSEN:

Kapitel I.[25] Anwendungsbereich und Begriffsbestimmungen

Art. 1. [Anwendungsbereich] (1) Diese Verordnung ist in Zivil- und Handelssachen anzuwenden, ohne dass es auf die Art der Gerichtsbarkeit ankommt. Sie gilt insbesondere nicht für Steuer- und Zollsachen sowie verwaltungsrechtliche Angelegenheiten oder die Haftung des Staates für Handlungen oder Unterlassungen im Rahmen der Ausübung hoheitlicher Rechte *(acta iure imperii)*.

(2) Sie ist nicht anzuwenden auf:

a) den Personenstand,[26] die Rechts- und Handlungsfähigkeit sowie die gesetzliche Vertretung von natürlichen Personen, die ehelichen Güterstände oder Güterstände aufgrund von Verhältnissen, die nach dem auf

---

[23] ABl. 2005 L 299, S. 62. Vgl. oben Anm. 14.

[24] Von dieser Möglichkeit hat *Dänemark* inzwischen auch in Bezug auf die Brüssel Ia-VO Gebrauch gemacht, vgl. die Erklärung *Dänemarks* v. 20.12.2012 (ABl. 2003 L 79, S. 4) und v. 13.8.2014 (ABl. L 240, S. 1).

[25] Vgl. Erwägungsgrund (10).

[26] Zur internationalen Zuständigkeit und zur Anerkennung und Vollstreckung von Entscheidungen in Ehesachen und in Verfahren betreffend die elterliche Verantwortung siehe die Verordnung (EU) 2019/1111 v. 25.6.2019 (Brüssel IIb-VO, Nr. *162b*).

diese Verhältnisse anzuwendenden Recht mit der Ehe vergleichbare Wirkungen entfalten,[27]

b) Konkurse, Vergleiche und ähnliche Verfahren,[28]

c) die soziale Sicherheit,

d) die Schiedsgerichtsbarkeit,[29]

e) Unterhaltspflichten, die auf einem Familien-, Verwandtschafts- oder eherechtlichen Verhältnis oder auf Schwägerschaft beruhen,[30]

f) das Gebiet des Testaments- und Erbrechts, einschließlich Unterhaltspflichten, die mit dem Tod entstehen.[31]

Art. 2. [Begriffsbestimmungen] Für die Zwecke dieser Verordnung bezeichnet der Ausdruck

a) „Entscheidung“ jede von einem Gericht eines Mitgliedstaats erlassene Entscheidung ohne Rücksicht auf ihre Bezeichnung wie Urteil, Beschluss, Zahlungsbefehl oder Vollstreckungsbescheid, einschließlich des Kostenfestsetzungsbeschlusses eines Gerichtsbediensteten.
Für die Zwecke von Kapitel III umfasst der Ausdruck „Entscheidung“ auch einstweilige Maßnahmen einschließlich Sicherungsmaßnahmen, die von einem nach dieser Verordnung in der Hauptsache zuständigen Gericht angeordnet wurden. Hierzu gehören keine einstweiligen Maßnahmen einschließlich Sicherungsmaßnahmen, die von einem solchen Gericht angeordnet wurden, ohne dass der Beklagte vorgeladen wurde, es sei denn, die Entscheidung, welche die Maßnahme enthält, wird ihm vor der Vollstreckung zugestellt;

b) „gerichtlicher Vergleich“ einen Vergleich, der von einem Gericht eines Mitgliedstaats gebilligt oder vor einem Gericht eines Mitgliedstaats im Laufe eines Verfahrens geschlossen worden ist;

c) „öffentliche Urkunde“ ein Schriftstück, das als öffentliche Urkunde im Ursprungsmitgliedstaat förmlich errichtet oder eingetragen worden ist und dessen Beweiskraft

---

[27] Zur internationalen Zuständigkeit und zur Anerkennung und Vollstreckung von Entscheidungen auf dem Gebiet des Güterrechts von Ehegatten und eingetragenen Lebenspartnern siehe die Verordnungen (EU) 2016/1103 (EuGüVO, Nr. *33*) und 2016/1104 (EuPartVO, Nr. *39*) v. 24.6.2016.

[28] Zur internationalen Zuständigkeit und zur Anerkennung und Vollstreckung von Entscheidungen auf dem Gebiet des Insolvenzrechts siehe die Verordnung (EU) Nr. 848/2015 v. 20.5.2015 (Nr. *260*).

[29] Zu Art. 1 Abs. 2 lit. d siehe Erwägungsgrund (12).

[30] Zur internationalen Zuständigkeit und zur Anerkennung und Vollstreckung von Entscheidungen auf dem Gebiet des Unterhaltsrechts siehe die Verordnung (EG) Nr. 4/2009 v. 18.12.2008 (EuUntVO; Nr. *161*).

[31] Zur internationalen Zuständigkeit und zur Anerkennung und Vollstreckung von Entscheidungen in erbrechtlichen Streitigkeiten siehe die Verordnung (EU) Nr. 650/2012 v. 4.7.2012 (EuErbVO; Nr. *61*).

i) sich auf die Unterschrift und den Inhalt der öffentlichen Urkunde bezieht und

ii) durch eine Behörde oder eine andere hierzu ermächtigte Stelle festgestellt worden ist;

d) „Ursprungsmitgliedstaat" den Mitgliedstaat, in dem die Entscheidung ergangen, der gerichtliche Vergleich gebilligt oder geschlossen oder die öffentliche Urkunde förmlich errichtet oder eingetragen worden ist;

e) „ersuchter Mitgliedstaat" den Mitgliedstaat, in dem die Anerkennung der Entscheidung geltend gemacht oder die Vollstreckung der Entscheidung, des gerichtlichen Vergleichs oder der öffentlichen Urkunde beantragt wird;

f) „Ursprungsgericht" das Gericht, das die Entscheidung erlassen hat, deren Anerkennung geltend gemacht oder deren Vollstreckung beantragt wird.

Art. 3. [Begriff „Gericht"] Für die Zwecke dieser Verordnung umfasst der Begriff „Gericht" die folgenden Behörden, soweit und sofern sie für eine in den Anwendungsbereich dieser Verordnung fallende Angelegenheit zuständig sind:

a) in Ungarn, bei summarischen Mahnverfahren *(fizetési meghagyásos eljárás)*, den Notar *(közjegyzö)*,

b) in Schweden, bei summarischen Mahnverfahren *(betalnings föreläggande)* und Beistandsverfahren *(handräckning)*, das Amt für Beitreibung *(Kronofogdemyndigheten)*.

Kapitel II.[32] Zuständigkeit

Abschnitt 1. Allgemeine Bestimmungen

Art. 4. [Allgemeiner internationaler Gerichtsstand] (1) Vorbehaltlich der Vorschriften dieser Verordnung sind Personen, die ihren Wohnsitz im Hoheitsgebiet eines Mitgliedstaats haben, ohne Rücksicht auf ihre Staatsangehörigkeit vor den Gerichten dieses Mitgliedstaats zu verklagen.

(2) Auf Personen, die nicht dem Mitgliedstaat, in dem sie ihren Wohnsitz haben, angehören, sind die für Staatsangehörige dieses Mitgliedstaats maßgebenden Zuständigkeitsvorschriften anzuwenden.

Art. 5. [Ausschluss exorbitanter Gerichtsstände] (1) Personen, die ihren Wohnsitz im Hoheitsgebiet eines Mitgliedstaats haben, können vor den Gerichten eines anderen Mitgliedstaats nur gemäß den Vorschriften der Abschnitte 2 bis 7 dieses Kapitels verklagt werden.

---

[32] Vgl. Erwägungsgründe (13)–(15). Zum Wohnsitzbegriff iS des II. Kapitels siehe Art. 62 und 63.

(2) Gegen die in Absatz 1 genannten Personen können insbesondere nicht die innerstaatlichen Zuständigkeitsvorschriften, welche die Mitgliedstaaten der Kommission gemäß Artikel 76 Absatz 1 Buchstabe a notifizieren, geltend gemacht werden.[33]

Art. 6. [Beklagter ohne Wohnsitz im Hoheitsgebiet eines Mitgliedstaates] (1) Hat der Beklagte keinen Wohnsitz im Hoheitsgebiet eines Mitgliedstaats, so bestimmt sich vorbehaltlich des Artikels 18 Absatz 1, des Artikels 21 Absatz 2 und der Artikel 24 und 25 die Zuständigkeit der Gerichte eines jeden Mitgliedstaats nach dessen eigenem Recht.

(2) Gegenüber einem Beklagten, der keinen Wohnsitz im Hoheitsgebiet eines Mitgliedstaats hat, kann sich unabhängig von ihrer Staatsangehörigkeit jede Person, die ihren Wohnsitz im Hoheitsgebiet eines Mitgliedstaats hat, in diesem Mitgliedstaat auf die dort geltenden Zuständigkeitsvorschriften, insbesondere auf diejenigen, welche die Mitgliedstaaten der Kommission gemäß Artikel 76 Absatz 1 Buchstabe a notifizieren,[34] wie ein Staatsangehöriger dieses Mitgliedstaats berufen.

Abschnitt 2.[35] Besondere Zuständigkeiten

Art. 7. [Besondere Gerichtsstände] Eine Person, die ihren Wohnsitz im Hoheitsgebiet eines Mitgliedstaats hat, kann in einem anderen Mitgliedstaat verklagt werden:

1. a) wenn ein Vertrag oder Ansprüche aus einem Vertrag den Gegenstand des Verfahrens bilden, vor dem Gericht des Ortes, an dem die Verpflichtung erfüllt worden ist oder zu erfüllen wäre;

   b) im Sinne dieser Vorschrift – und sofern nichts anderes vereinbart worden ist – ist der Erfüllungsort der Verpflichtung

   für den Verkauf beweglicher Sachen der Ort in einem Mitgliedstaat, an dem sie nach dem Vertrag geliefert worden sind oder hätten geliefert werden müssen;

   für die Erbringung von Dienstleistungen der Ort in einem Mitgliedstaat, an dem sie nach dem Vertrag erbracht worden sind oder hätten erbracht werden müssen;

   c) ist Buchstabe b nicht anwendbar, so gilt Buchstabe a;

2. wenn eine unerlaubte Handlung oder eine Handlung, die einer unerlaubten Handlung gleichgestellt ist, oder wenn Ansprüche aus einer solchen Handlung den Gegenstand des Verfahrens bilden, vor dem Gericht des Ortes, an dem das schädigende Ereignis eingetreten ist oder einzutreten droht;

---

[33] Die Liste der exorbitanten Zuständigkeitsvorschriften iSv. Art. 5 Abs. 2 ist veröffentlicht im ABl. C 390 v. 24.11.2015. In *Deutschland* ist dies § 23 ZPO, in *Österreich* § 99 JN.

[34] Vgl. die vorige Anm.

[35] Vgl. Erwägungsgrund (16).

3. wenn es sich um eine Klage auf Schadenersatz oder auf Wiederherstellung des früheren Zustands handelt, die auf eine mit Strafe bedrohte Handlung gestützt wird, vor dem Strafgericht, bei dem die öffentliche Klage erhoben ist, soweit dieses Gericht nach seinem Recht über zivilrechtliche Ansprüche erkennen kann;[36]
4. wenn es sich um einen auf Eigentum gestützten zivilrechtlichen Anspruch zur Wiedererlangung eines Kulturguts im Sinne des Artikels 1 Nummer 1 der Richtlinie 93/7/EWG handelt, der von der Person geltend gemacht wurde, die das Recht auf Wiedererlangung eines solchen Gutes für sich in Anspruch nimmt, vor dem Gericht des Ortes, an dem sich das Kulturgut zum Zeitpunkt der Anrufung des Gerichts befindet;[37]
5. wenn es sich um Streitigkeiten aus dem Betrieb einer Zweigniederlassung, einer Agentur oder einer sonstigen Niederlassung handelt, vor dem Gericht des Ortes, an dem sich diese befindet;
6. wenn es sich um eine Klage gegen einen Begründer, Trustee oder Begünstigten eines Trust handelt, der aufgrund eines Gesetzes oder durch schriftlich vorgenommenes oder schriftlich bestätigtes Rechtsgeschäft errichtet worden ist, vor den Gerichten des Mitgliedstaats, in dessen Hoheitsgebiet der Trust seinen Sitz hat;[38]
7. wenn es sich um eine Streitigkeit wegen der Zahlung von Berge- und Hilfslohn handelt, der für Bergungs- oder Hilfeleistungsarbeiten gefordert wird, die zugunsten einer Ladung oder einer Frachtforderung erbracht worden sind, vor dem Gericht, in dessen Zuständigkeitsbereich diese Ladung oder die entsprechende Frachtforderung
   a) mit Arrest belegt worden ist, um die Zahlung zu gewährleisten, oder
   b) mit Arrest hätte belegt werden können, jedoch dafür eine Bürgschaft oder eine andere Sicherheit geleistet worden ist;

diese Vorschrift ist nur anzuwenden, wenn behauptet wird, dass der Beklagte Rechte an der Ladung oder an der Frachtforderung hat oder zur Zeit der Bergungs- oder Hilfeleistungsarbeiten hatte.

Art. 8. [Gerichtsstände des Sachzusammenhangs] Eine Person, die ihren Wohnsitz im Hoheitsgebiet eines Mitgliedstaats hat, kann auch verklagt werden:

1. wenn mehrere Personen zusammen verklagt werden, vor dem Gericht des Ortes, an dem einer der Beklagten seinen Wohnsitz hat, sofern zwischen den Klagen eine so enge Beziehung gegeben ist, dass eine gemeinsame Verhandlung und Entscheidung geboten erscheint, um zu vermeiden, dass in getrennten Verfahren widersprechende Entscheidungen ergehen könnten;

---

[36] Zur Vertretung von Personen vor Strafgerichten eines anderen Mitgliedstaats siehe Art. 64.

[37] Vgl. Erwägungsgrund (17).

[38] Zum Sitz eines *trust* siehe Art. 63 Abs. 3.

2. wenn es sich um eine Klage auf Gewährleistung oder um eine Interventionsklage handelt, vor dem Gericht des Hauptprozesses, es sei denn, dass die Klage nur erhoben worden ist, um diese Person dem für sie zuständigen Gericht zu entziehen;[39]
3. wenn es sich um eine Widerklage handelt, die auf denselben Vertrag oder Sachverhalt wie die Klage selbst gestützt wird, vor dem Gericht, bei dem die Klage selbst anhängig ist;
4. wenn ein Vertrag oder Ansprüche aus einem Vertrag den Gegenstand des Verfahrens bilden und die Klage mit einer Klage wegen dinglicher Rechte an unbeweglichen Sachen gegen denselben Beklagten verbunden werden kann, vor dem Gericht des Mitgliedstaats, in dessen Hoheitsgebiet die unbewegliche Sache belegen ist.

Art. 9. [Besonderer Gerichtsstand in Seehaftungssachen] Ist ein Gericht eines Mitgliedstaats nach dieser Verordnung zur Entscheidung in Verfahren wegen einer Haftpflicht aufgrund der Verwendung oder des Betriebs eines Schiffes zuständig, so entscheidet dieses oder ein anderes an seiner Stelle durch das Recht dieses Mitgliedstaats bestimmtes Gericht auch über Klagen auf Beschränkung dieser Haftung.

Abschnitt 3.[40] Zuständigkeit für Versicherungssachen

Art. 10. [Abschließende Regelung] Für Klagen in Versicherungssachen bestimmt sich die Zuständigkeit unbeschadet des Artikels 6 und des Artikels 7 Nummer 5 nach diesem Abschnitt.

Art. 11. [Gerichtsstände für Klagen gegen den Versicherer] (1) Ein Versicherer, der seinen Wohnsitz im Hoheitsgebiet eines Mitgliedstaats hat, kann verklagt werden:

a) vor den Gerichten des Mitgliedstaats, in dem er seinen Wohnsitz hat,
b) in einem anderen Mitgliedstaat bei Klagen des Versicherungsnehmers, des Versicherten oder des Begünstigten vor dem Gericht des Ortes, an dem der Kläger seinen Wohnsitz hat, oder
c) falls es sich um einen Mitversicherer handelt, vor dem Gericht eines Mitgliedstaats, bei dem der federführende Versicherer verklagt wird.

(2) Hat der Versicherer im Hoheitsgebiet eines Mitgliedstaats keinen Wohnsitz, besitzt er aber in einem Mitgliedstaat eine Zweigniederlassung, Agentur oder sonstige Niederlassung, so wird er für Streitigkeiten aus ihrem Betrieb so behandelt, wie wenn er seinen Wohnsitz im Hoheitsgebiet dieses Mitgliedstaats hätte.

---

[39] Zur Anwendung von Art. 8 Nr. 2 in *Deutschland, Österreich* und *Ungarn* siehe Art. 65.
[40] Vgl. Erwägungsgründe (18) und (19).

Art. 12. [Gerichtsstand am Ort des schädigenden Ereignisses] Bei der Haftpflichtversicherung oder bei der Versicherung von unbeweglichen Sachen kann der Versicherer außerdem vor dem Gericht des Ortes, an dem das schädigende Ereignis eingetreten ist, verklagt werden. Das Gleiche gilt, wenn sowohl bewegliche als auch unbewegliche Sachen in ein und demselben Versicherungsvertrag versichert und von demselben Schadensfall betroffen sind.

Art. 13.[41] **[Gerichtsstand bei Haftpflichtklagen]** (1) Bei der Haftpflichtversicherung kann der Versicherer auch vor das Gericht, bei dem die Klage des Geschädigten gegen den Versicherten anhängig ist, geladen werden, sofern dies nach dem Recht des angerufenen Gerichts zulässig ist.

(2) Auf eine Klage, die der Geschädigte unmittelbar gegen den Versicherer erhebt, sind die Artikel 10, 11 und 12 anzuwenden, sofern eine solche unmittelbare Klage zulässig ist.

(3) Sieht das für die unmittelbare Klage maßgebliche Recht die Streitverkündung gegen den Versicherungsnehmer oder den Versicherten vor, so ist dasselbe Gericht auch für diese Personen zuständig.

Art. 14. [Gerichtsstand für Klage des Versicherers; Widerklage]

(1) Vorbehaltlich der Bestimmungen des Artikels 13 Absatz 3 kann der Versicherer nur vor den Gerichten des Mitgliedstaats klagen, in dessen Hoheitsgebiet der Beklagte seinen Wohnsitz hat, ohne Rücksicht darauf, ob dieser Versicherungsnehmer, Versicherter oder Begünstigter ist.

(2) Die Vorschriften dieses Abschnitts lassen das Recht unberührt, eine Widerklage vor dem Gericht zu erheben, bei dem die Klage selbst gemäß den Bestimmungen dieses Abschnitts anhängig ist.

Art. 15. [Zulässigkeit von Gerichtsstandsvereinbarungen] Von den Vorschriften dieses Abschnitts kann im Wege der Vereinbarung nur abgewichen werden,

1. wenn die Vereinbarung nach der Entstehung der Streitigkeit getroffen wird,
2. wenn sie dem Versicherungsnehmer, Versicherten oder Begünstigten die Befugnis einräumt, andere als die in diesem Abschnitt angeführten Gerichte anzurufen,
3. wenn sie zwischen einem Versicherungsnehmer und einem Versicherer, die zum Zeitpunkt des Vertragsabschlusses ihren Wohnsitz oder gewöhnlichen Aufenthalt in demselben Mitgliedstaat haben, getroffen ist, um die Zuständigkeit der Gerichte dieses Mitgliedstaats auch für den Fall zu begründen, dass das schädigende Ereignis im Ausland eintritt, es sei denn, dass eine solche Vereinbarung nach dem Recht dieses Mitgliedstaats nicht zulässig ist,

---

[41] Zur Geltung von Art. 13 Abs. 1 in *Deutschland, Österreich* und *Ungarn* siehe Art. 65.

4. wenn sie von einem Versicherungsnehmer geschlossen ist, der seinen Wohnsitz nicht in einem Mitgliedstaat hat, ausgenommen soweit sie eine Versicherung, zu deren Abschluss eine gesetzliche Verpflichtung besteht, oder die Versicherung von unbeweglichen Sachen in einem Mitgliedstaat betrifft, oder
5. wenn sie einen Versicherungsvertrag betrifft, soweit dieser eines oder mehrere der in Artikel 16 aufgeführten Risiken deckt.

Art. 16. [Risiken im Sinne von Art. 15 Nr. 5] Die in Artikel 15 Nummer 5 erwähnten Risiken sind die folgenden:

1. sämtliche Schäden
   a) an Seeschiffen, Anlagen vor der Küste und auf hoher See oder Luftfahrzeugen aus Gefahren, die mit ihrer Verwendung zu gewerblichen Zwecken verbunden sind,
   b) an Transportgütern, ausgenommen Reisegepäck der Passagiere, wenn diese Güter ausschließlich oder zum Teil mit diesen Schiffen oder Luftfahrzeugen befördert werden;
2. Haftpflicht aller Art mit Ausnahme der Haftung für Personenschäden an Passagieren oder Schäden an deren Reisegepäck,
   a) aus der Verwendung oder dem Betrieb von Seeschiffen, Anlagen oder Luftfahrzeugen gemäß Nummer 1 Buchstabe a, es sei denn, dass – was die letztgenannten betrifft – nach den Rechtsvorschriften des Mitgliedstaats, in dem das Luftfahrzeug eingetragen ist, Gerichtsstandsvereinbarungen für die Versicherung solcher Risiken untersagt sind,
   b) für Schäden, die durch Transportgüter während einer Beförderung im Sinne von Nummer 1 Buchstabe b verursacht werden;
3. finanzielle Verluste im Zusammenhang mit der Verwendung oder dem Betrieb von Seeschiffen, Anlagen oder Luftfahrzeugen gemäß Nummer 1 Buchstabe a, insbesondere Fracht- oder Charterverlust;
4. irgendein zusätzliches Risiko, das mit einem der unter den Nummern 1 bis 3 genannten Risiken in Zusammenhang steht;
5. unbeschadet der Nummern 1 bis 4 alle „Großrisiken" entsprechend der Begriffsbestimmung in der Richtlinie 2009/138/EG des Europäischen Parlaments und des Rates vom 25. November 2009 betreffend die Aufnahme und Ausübung der Versicherungs- und der Rückversicherungstätigkeit (Solvabilität II).[42]

Abschnitt 4.[43] Zuständigkeit bei Verbrauchersachen

Art. 17. [Begriff der Verbrauchersache] (1) Bilden ein Vertrag oder Ansprüche aus einem Vertrag, den eine Person, der Verbraucher, zu einem

---

[42] ABl. 2009 L 335, S. 1.

[43] Vgl. Erwägungsgründe (18) und (19).

Zweck geschlossen hat, der nicht der beruflichen oder gewerblichen Tätigkeit dieser Person zugerechnet werden kann, den Gegenstand des Verfahrens, so bestimmt sich die Zuständigkeit unbeschadet des Artikels 6 und des Artikels 7 Nummer 5 nach diesem Abschnitt,

a) wenn es sich um den Kauf beweglicher Sachen auf Teilzahlung handelt,

b) wenn es sich um ein in Raten zurückzuzahlendes Darlehen oder ein anderes Kreditgeschäft handelt, das zur Finanzierung eines Kaufs derartiger Sachen bestimmt ist, oder

c) in allen anderen Fällen, wenn der andere Vertragspartner in dem Mitgliedstaat, in dessen Hoheitsgebiet der Verbraucher seinen Wohnsitz hat, eine berufliche oder gewerbliche Tätigkeit ausübt oder eine solche auf irgendeinem Wege auf diesen Mitgliedstaat oder auf mehrere Staaten, einschließlich dieses Mitgliedstaats, ausrichtet und der Vertrag in den Bereich dieser Tätigkeit fällt.

(2) Hat der Vertragspartner des Verbrauchers im Hoheitsgebiet eines Mitgliedstaats keinen Wohnsitz, besitzt er aber in einem Mitgliedstaat eine Zweigniederlassung, Agentur oder sonstige Niederlassung, so wird er für Streitigkeiten aus ihrem Betrieb so behandelt, wie wenn er seinen Wohnsitz im Hoheitsgebiet dieses Mitgliedstaats hätte.

(3) Dieser Abschnitt ist nicht auf Beförderungsverträge mit Ausnahme von Reiseverträgen, die für einen Pauschalpreis kombinierte Beförderungs- und Unterbringungsleistungen vorsehen, anzuwenden.

Art. 18. [Gerichtstände in Verbrauchersachen] (1) Die Klage eines Verbrauchers gegen den anderen Vertragspartner kann entweder vor den Gerichten des Mitgliedstaats erhoben werden, in dessen Hoheitsgebiet dieser Vertragspartner seinen Wohnsitz hat, oder ohne Rücksicht auf den Wohnsitz des anderen Vertragspartners vor dem Gericht des Ortes, an dem der Verbraucher seinen Wohnsitz hat.

(2) Die Klage des anderen Vertragspartners gegen den Verbraucher kann nur vor den Gerichten des Mitgliedstaats erhoben werden, in dessen Hoheitsgebiet der Verbraucher seinen Wohnsitz hat.

(3) Die Vorschriften dieses Artikels lassen das Recht unberührt, eine Widerklage vor dem Gericht zu erheben, bei dem die Klage selbst gemäß den Bestimmungen dieses Abschnitts anhängig ist.

Art. 19. [Zulässigkeit von Gerichtsstandsvereinbarungen] Von den Vorschriften dieses Abschnitts kann im Wege der Vereinbarung nur abgewichen werden,

1. wenn die Vereinbarung nach der Entstehung der Streitigkeit getroffen wird,

2. wenn sie dem Verbraucher die Befugnis einräumt, andere als die in diesem Abschnitt angeführten Gerichte anzurufen, oder

3. wenn sie zwischen einem Verbraucher und seinem Vertragspartner, die zum Zeitpunkt des Vertragsabschlusses ihren Wohnsitz oder gewöhnlichen Aufenthalt in demselben Mitgliedstaat haben, getroffen ist und die Zuständigkeit der Gerichte dieses Mitgliedstaats begründet, es sei denn, dass eine solche Vereinbarung nach dem Recht dieses Mitgliedstaats nicht zulässig ist.

Abschnitt. 5.[44] Zuständigkeit für individuelle Arbeitsverträge

Art. 20. [Abschließende Regelung] (1) Bilden ein individueller Arbeitsvertrag oder Ansprüche aus einem individuellen Arbeitsvertrag den Gegenstand des Verfahrens, so bestimmt sich die Zuständigkeit unbeschadet des Artikels 6, des Artikels 7 Nummer 5 und, wenn die Klage gegen den Arbeitgeber erhoben wurde, des Artikels 8 Nummer 1 nach diesem Abschnitt.

(2) Hat der Arbeitgeber, mit dem der Arbeitnehmer einen individuellen Arbeitsvertrag geschlossen hat, im Hoheitsgebiet eines Mitgliedstaats keinen Wohnsitz, besitzt er aber in einem Mitgliedstaat eine Zweigniederlassung, Agentur oder sonstige Niederlassung, so wird er für Streitigkeiten aus ihrem Betrieb so behandelt, wie wenn er seinen Wohnsitz im Hoheitsgebiet dieses Mitgliedstaats hätte.

Art. 21. [Gerichtsstände für Klagen gegen den Arbeitgeber] (1) Ein Arbeitgeber, der seinen Wohnsitz im Hoheitsgebiet eines Mitgliedstaats hat, kann verklagt werden:

a) vor den Gerichten des Mitgliedstaats, in dem er seinen Wohnsitz hat, oder

b) in einem anderen Mitgliedstaat

   i) vor dem Gericht des Ortes, an dem oder von dem aus der Arbeitnehmer gewöhnlich seine Arbeit verrichtet oder zuletzt gewöhnlich verrichtet hat, oder

   ii) wenn der Arbeitnehmer seine Arbeit gewöhnlich nicht in ein und demselben Staat verrichtet oder verrichtet hat, vor dem Gericht des Ortes, an dem sich die Niederlassung, die den Arbeitnehmer eingestellt hat, befindet oder befand.

(2) Ein Arbeitgeber, der seinen Wohnsitz nicht im Hoheitsgebiet eines Mitgliedstaats hat, kann vor dem Gericht eines Mitgliedstaats gemäß Absatz 1 Buchstabe b verklagt werden.

Art. 22. [Gerichtsstände für Klagen gegen Arbeitnehmer; Widerklage] (1) Die Klage des Arbeitgebers kann nur vor den Gerichten des Mitgliedstaats erhoben werden, in dessen Hoheitsgebiet der Arbeitnehmer seinen Wohnsitz hat.

---

[44] Vgl. Erwägungsgründe (18) und (19).

(2) Die Vorschriften dieses Abschnitts lassen das Recht unberührt, eine Widerklage vor dem Gericht zu erheben, bei dem die Klage selbst gemäß den Bestimmungen dieses Abschnitts anhängig ist.

Art. 23. [Zulässigkeit von Gerichtsstandsvereinbarungen] Von den Vorschriften dieses Abschnitts kann im Wege der Vereinbarung nur abgewichen werden,

1. wenn die Vereinbarung nach der Entstehung der Streitigkeit getroffen wird oder
2. wenn sie dem Arbeitnehmer die Befugnis einräumt, andere als die in diesem Abschnitt angeführten Gerichte anzurufen.

Abschnitt 6. Ausschließliche Zuständigkeiten

Art. 24. Ohne Rücksicht auf den Wohnsitz der Parteien sind folgende Gerichte eines Mitgliedstaats ausschließlich zuständig:

1. für Verfahren, welche dingliche Rechte an unbeweglichen Sachen sowie die Miete oder Pacht von unbeweglichen Sachen zum Gegenstand haben, die Gerichte des Mitgliedstaats, in dem die unbewegliche Sache belegen ist.

   Jedoch sind für Verfahren betreffend die Miete oder Pacht unbeweglicher Sachen zum vorübergehenden privaten Gebrauch für höchstens sechs aufeinander folgende Monate auch die Gerichte des Mitgliedstaats zuständig, in dem der Beklagte seinen Wohnsitz hat, sofern es sich bei dem Mieter oder Pächter um eine natürliche Person handelt und der Eigentümer sowie der Mieter oder Pächter ihren Wohnsitz in demselben Mitgliedstaat haben;
2. für Verfahren, welche die Gültigkeit, die Nichtigkeit oder die Auflösung einer Gesellschaft oder juristischen Person oder die Gültigkeit der Beschlüsse ihrer Organe zum Gegenstand haben, die Gerichte des Mitgliedstaats, in dessen Hoheitsgebiet die Gesellschaft oder juristische Person ihren Sitz hat. Bei der Entscheidung darüber, wo der Sitz sich befindet, wendet das Gericht die Vorschriften seines Internationalen Privatrechts an;
3. für Verfahren, welche die Gültigkeit von Eintragungen in öffentliche Register zum Gegenstand haben, die Gerichte des Mitgliedstaats, in dessen Hoheitsgebiet die Register geführt werden;
4. für Verfahren, welche die Eintragung oder die Gültigkeit von Patenten, Marken, Mustern und Modellen sowie ähnlicher Rechte, die einer Hinterlegung oder Registrierung bedürfen, zum Gegenstand haben, unabhängig davon, ob die Frage im Wege der Klage oder der Einrede aufgeworfen wird, die Gerichte des Mitgliedstaats, in dessen Hoheitsgebiet die Hinterlegung oder Registrierung beantragt oder vorgenommen worden

ist oder aufgrund eines Unionsrechtsakts oder eines zwischenstaatlichen Übereinkommens als vorgenommen gilt.

Unbeschadet der Zuständigkeit des Europäischen Patentamts nach dem am 5. Oktober 1973 in München unterzeichneten Übereinkommen über die Erteilung europäischer Patente[45] sind die Gerichte eines jeden Mitgliedstaats für alle Verfahren ausschließlich zuständig, welche die Erteilung oder die Gültigkeit eines europäischen Patents zum Gegenstand haben, das für diesen Mitgliedstaat erteilt wurde;

5. für Verfahren, welche die Zwangsvollstreckung aus Entscheidungen zum Gegenstand haben, die Gerichte des Mitgliedstaats, in dessen Hoheitsgebiet die Zwangsvollstreckung durchgeführt werden soll oder durchgeführt worden ist.

Abschnitt. 7.[46] Vereinbarung über die Zuständigkeit

Art. 25.[47] [Zulässigkeit und Form von Gerichtsstandsvereinbarungen] (1) Haben die Parteien unabhängig von ihrem Wohnsitz vereinbart, dass ein Gericht oder die Gerichte eines Mitgliedstaats über eine bereits entstandene Rechtsstreitigkeit oder über eine künftige aus einem bestimmten Rechtsverhältnis entspringende Rechtsstreitigkeit entscheiden sollen, so sind dieses Gericht oder die Gerichte dieses Mitgliedstaats zuständig, es sei denn, die Vereinbarung ist nach dem Recht dieses Mitgliedstaats materiell ungültig. Dieses Gericht oder die Gerichte dieses Mitgliedstaats sind ausschließlich zuständig, sofern die Parteien nichts anderes vereinbart haben. Die Gerichtsstandsvereinbarung muss geschlossen werden:

a) schriftlich oder mündlich mit schriftlicher Bestätigung,

b) in einer Form, welche den Gepflogenheiten entspricht, die zwischen den Parteien entstanden sind, oder

c) im internationalen Handel in einer Form, die einem Handelsbrauch entspricht, den die Parteien kannten oder kennen mussten und den Par-

---

[45] BGBl. 1976 II, S. 649, 826. Zu den Vertragsstaaten siehe den Fundstellennachweis B zum BGBl. 2021 II, S. 790.

Die revidierte Fassung dieses Europäischen Patentübk. v. 29.11.2000 (BGBl. 2007 II, S. 1082) ist für die *Bundesrepublik Deutschland* am 13.12.2007 im Verhältnis zu *Belgien, Bulgarien, Dänemark, Estland, Finnland, Frankreich, Griechenland, Irland, Island, Italien, Lettland, Liechtenstein, Litauen, Luxemburg, Malta, Monaco,* den *Niederlanden, Österreich, Polen, Portugal, Rumänien, Schweden,* der *Schweiz,* der *Slowakei, Slowenien, Spanien,* der *Tschechischen Republik,* der *Türkei, Ungarn,* dem *Vereinigten Königreich* und *Zypern* in Kraft getreten (BGBl. 2008 II, S. 179).

Sie gilt inzwischen ferner für *Albanien* (seit 1.5.2010, BGBl. 2011 II, S. 1139), *Kroatien* (seit 1.1.2008, BGBl. II, S. 179), *Nordmazedonien* (seit 1.1.2009, BGBl. 2011 II, S. 1139), *Norwegen* (seit 1.1.2008, BGBl. II S. 179), *San Marino* (seit 1.7.2009, BGBl. 2011 II, S. 1139) und *Serbien* (seit 1.10.2010, BGBl. 2011 II, S. 1139).

[46] Vgl. Erwägungsgrund (20).

[47] Art. 25 Abs. 1 S. 1 berichtigt gem. ABl. L 264 v. 30.9.2016, S. 43.

teien von Verträgen dieser Art in dem betreffenden Geschäftszweig allgemein kennen und regelmäßig beachten.

(2) Elektronische Übermittlungen, die eine dauerhafte Aufzeichnung der Vereinbarung ermöglichen, sind der Schriftform gleichgestellt.

(3) Ist in schriftlich niedergelegten Trust-Bedingungen bestimmt, dass über Klagen gegen einen Begründer, Trustee oder Begünstigten eines Trust ein Gericht oder die Gerichte eines Mitgliedstaats entscheiden sollen, so ist dieses Gericht oder sind diese Gerichte ausschließlich zuständig, wenn es sich um Beziehungen zwischen diesen Personen oder ihre Rechte oder Pflichten im Rahmen des Trust handelt.

(4) Gerichtsstandsvereinbarungen und entsprechende Bestimmungen in Trust-Bedingungen haben keine rechtliche Wirkung, wenn sie den Vorschriften der Artikel 15, 19 oder 23 zuwiderlaufen oder wenn die Gerichte, deren Zuständigkeit abbedungen wird, aufgrund des Artikels 24 ausschließlich zuständig sind.

(5) Eine Gerichtsstandsvereinbarung, die Teil eines Vertrags ist, ist als eine von den übrigen Vertragsbestimmungen unabhängige Vereinbarung zu behandeln. Die Gültigkeit der Gerichtsstandsvereinbarung kann nicht allein mit der Begründung in Frage gestellt werden, dass der Vertrag nicht gültig ist.

Art. 26. [Zuständigkeit infolge rügeloser Einlassung] (1) Sofern das Gericht eines Mitgliedstaats nicht bereits nach anderen Vorschriften dieser Verordnung zuständig ist, wird es zuständig, wenn sich der Beklagte vor ihm auf das Verfahren einlässt. Dies gilt nicht, wenn der Beklagte sich einlässt, um den Mangel der Zuständigkeit geltend zu machen oder wenn ein anderes Gericht aufgrund des Artikels 24 ausschließlich zuständig ist.

(2) In Streitigkeiten nach den Abschnitten 3, 4 oder 5, in denen der Beklagte Versicherungsnehmer, Versicherter, Begünstigter eines Versicherungsvertrags, Geschädigter, Verbraucher oder Arbeitnehmer ist, stellt das Gericht, bevor es sich nach Absatz 1 für zuständig erklärt, sicher, dass der Beklagte über sein Recht, die Unzuständigkeit des Gerichts geltend zu machen, und über die Folgen der Einlassung oder Nichteinlassung auf das Verfahren belehrt wird.[48]

Abschnitt. 8. Prüfung der Zuständigkeit und der Zulässigkeit des Verfahrens

Art. 27. [Erklärung der Unzuständigkeit in Fällen des Art. 24] Das Gericht eines Mitgliedstaats hat sich von Amts wegen für unzuständig zu erklären, wenn es wegen einer Streitigkeit angerufen wird, für die das Ge-

[48] Ein unverbindliches Muster für diese Belehrung ist im europäischen Justiziellen Netz für Zivil- und Handelssachen veröffentlicht.

richt eines anderen Mitgliedstaats aufgrund des Artikels 24 ausschließlich zuständig ist.

Art. 28. [Erklärung der Unzuständigkeit bei Nichteinlassung des Beklagten] (1) Lässt sich der Beklagte, der seinen Wohnsitz im Hoheitsgebiet eines Mitgliedstaats hat und der vor dem Gericht eines anderen Mitgliedstaats verklagt wird, auf das Verfahren nicht ein, so hat sich das Gericht von Amts wegen für unzuständig zu erklären, wenn seine Zuständigkeit nicht nach dieser Verordnung begründet ist.

(2) Das Gericht hat das Verfahren so lange auszusetzen, bis festgestellt ist, dass es dem Beklagten möglich war, das verfahrenseinleitende Schriftstück oder ein gleichwertiges Schriftstück so rechtzeitig zu empfangen, dass er sich verteidigen konnte oder dass alle hierzu erforderlichen Maßnahmen getroffen worden sind.

(3) An die Stelle von Absatz 2 tritt Artikel 19 der Verordnung (EG) Nr. 1393/2007 des Europäischen Parlaments und des Rates vom 13. November 2007 über die Zustellung gerichtlicher und außergerichtlicher Schriftstücke in Zivil- oder Handelssachen in den Mitgliedstaaten (Zustellung von Schriftstücken),[49] wenn das verfahrenseinleitende Schriftstück oder ein gleichwertiges Schriftstück nach der genannten Verordnung von einem Mitgliedstaat in einen anderen zu übermitteln war.

(4) Ist die Verordnung (EG) Nr. 1393/2007 nicht anwendbar, so gilt Artikel 15 des Haager Übereinkommens vom 15. November 1965 über die Zustellung gerichtlicher und außergerichtlicher Schriftstücke im Ausland in Zivil- und Handelssachen,[50] wenn das verfahrenseinleitende Schriftstück oder ein gleichwertiges Schriftstück nach dem genannten Übereinkommen im Ausland zu übermitteln war.[51]

Abschnitt. 9.[52] Anhängigkeit und im Zusammenhang stehende Verfahren

Art. 29. [Konkurrierende Rechtshängigkeit] (1) Werden bei Gerichten verschiedener Mitgliedstaaten Klagen wegen desselben Anspruchs zwischen denselben Parteien anhängig gemacht, so setzt das später angerufene Gericht unbeschadet des Artikels 31 Absatz 2 das Verfahren von Amts wegen aus, bis die Zuständigkeit des zuerst angerufenen Gerichts feststeht.

---

[49] ABl. 2007 L 324, S. 79. Anstelle von Art. 19 der Verordnung (EG) Nr. 1393/2007 gilt seit dem 1.7.2022 Art. 22 der Verordnung (EU) 2020/1784 v. 22.11.2020, abgedruckt unter Nr. *224*.

[50] Abgedruckt unter Nr. *211*.

[51] Da das Haager Zustellungsübk. v. 15.11.1965 inzwischen für sämtliche Mitgliedstaaten der Verordnung in Kraft getreten ist (vgl. die Anm. 1 zu Nr. *211*), tritt Art. 15 des Haager Übk. im Verhältnis der Mitgliedstaaten zueinander an die Stelle von Art. 26 Abs. 4 der Verordnung, soweit die EG-Verordnung Nr. 1393/2007 v. 13.11.2007 (Nr. *224*) nicht gilt.

[52] Vgl. Erwägungsgrund (21).

(2) In den in Absatz 1 genannten Fällen teilt das angerufene Gericht auf Antrag eines anderen angerufenen Gerichts diesem unverzüglich mit, wann es gemäß Artikel 32 angerufen wurde.

(3) Sobald die Zuständigkeit des zuerst angerufenen Gerichts feststeht, erklärt sich das später angerufene Gericht zugunsten dieses Gerichts für unzuständig.

Art. 30. [Im Zusammenhang stehende Verfahren] (1) Sind bei Gerichten verschiedener Mitgliedstaaten Verfahren, die im Zusammenhang stehen, anhängig, so kann jedes später angerufene Gericht das Verfahren aussetzen.

(2) Ist das beim zuerst angerufenen Gericht anhängige Verfahren in erster Instanz anhängig, so kann sich jedes später angerufene Gericht auf Antrag einer Partei auch für unzuständig erklären, wenn das zuerst angerufene Gericht für die betreffenden Verfahren zuständig ist und die Verbindung der Verfahren nach seinem Recht zulässig ist.

(3) Verfahren stehen im Sinne dieses Artikels im Zusammenhang, wenn zwischen ihnen eine so enge Beziehung gegeben ist, dass eine gemeinsame Verhandlung und Entscheidung geboten erscheint, um zu vermeiden, dass in getrennten Verfahren widersprechende Entscheidungen ergehen könnten.

Art. 31.[53] **[Konkurrierende ausschließliche Zuständigkeit]** (1) Ist für die Verfahren die ausschließliche Zuständigkeit mehrerer Gerichte gegeben, so hat sich das zuletzt angerufene Gericht zugunsten des zuerst angerufenen Gerichts für unzuständig zu erklären.

(2) Wird ein Gericht eines Mitgliedstaats angerufen, das gemäß einer Vereinbarung nach Artikel 25 ausschließlich zuständig ist, so setzt das Gericht des anderen Mitgliedstaats unbeschadet des Artikels 26 das Verfahren so lange aus, bis das auf der Grundlage der Vereinbarung angerufene Gericht erklärt hat, dass es gemäß der Vereinbarung nicht zuständig ist.

(3) Sobald das in der Vereinbarung bezeichnete Gericht die Zuständigkeit gemäß der Vereinbarung festgestellt hat, erklären sich die Gerichte des anderen Mitgliedstaats zugunsten dieses Gerichts für unzuständig.

(4) Die Absätze 2 und 3 gelten nicht für Streitigkeiten, die in den Abschnitten 3, 4 oder 5 genannt werden, wenn der Kläger Versicherungsnehmer, Versicherter, Begünstigter des Versicherungsvertrags, Geschädigter, Verbraucher oder Arbeitnehmer ist und die Vereinbarung nach einer in den genannten Abschnitten enthaltenen Bestimmung nicht gültig ist.

Art. 32. [Anrufung eines Gerichts] (1) Für die Zwecke dieses Abschnitts gilt ein Gericht als angerufen:

---

[53] Zu Art. 31 Abs. 2–4 vgl. Erwägungsgrund (22).

a) zu dem Zeitpunkt, zu dem das verfahrenseinleitende Schriftstück oder ein gleichwertiges Schriftstück bei Gericht eingereicht worden ist, vorausgesetzt, dass der Kläger es in der Folge nicht versäumt hat, die ihm obliegenden Maßnahmen zu treffen, um die Zustellung des Schriftstücks an den Beklagten zu bewirken, oder

b) falls die Zustellung an den Beklagten vor Einreichung des Schriftstücks bei Gericht zu bewirken ist, zu dem Zeitpunkt, zu dem die für die Zustellung verantwortliche Stelle das Schriftstück erhalten hat, vorausgesetzt, dass der Kläger es in der Folge nicht versäumt hat, die ihm obliegenden Maßnahmen zu treffen, um das Schriftstück bei Gericht einzureichen.

Die für die Zustellung verantwortliche Stelle im Sinne von Buchstabe b ist die Stelle, die die zuzustellenden Schriftstücke zuerst erhält.

(2) Das Gericht oder die für die Zustellung verantwortliche Stelle gemäß Absatz 1 vermerkt das Datum der Einreichung des verfahrenseinleitenden Schriftstücks oder gleichwertigen Schriftstücks beziehungsweise das Datum des Eingangs der zuzustellenden Schriftstücke.

Art. 33.[54] **[Konkurrierende Rechtshängigkeit vor einem drittstaatlichen Gericht]** (1) Beruht die Zuständigkeit auf Artikel 4 oder auf den Artikeln 7, 8 oder 9 und ist bei Anrufung eines Gerichts eines Mitgliedstaats wegen desselben Anspruchs zwischen denselben Parteien ein Verfahren vor dem Gericht eines Drittstaats anhängig, so kann das Gericht des Mitgliedstaats das Verfahren aussetzen, wenn

a) zu erwarten ist, dass das Gericht des Drittstaats eine Entscheidung erlassen wird, die in dem betreffenden Mitgliedstaat anerkannt und gegebenenfalls vollstreckt werden kann, und

b) das Gericht des Mitgliedstaats davon überzeugt ist, dass eine Aussetzung des Verfahrens im Interesse einer geordneten Rechtspflege erforderlich ist.

(2) Das Gericht des Mitgliedstaats kann das Verfahren jederzeit fortsetzen, wenn

a) das Verfahren vor dem Gericht des Drittstaats ebenfalls ausgesetzt oder eingestellt wurde,

b) das Gericht des Mitgliedstaats es für unwahrscheinlich hält, dass das vor dem Gericht des Drittstaats anhängige Verfahren innerhalb einer angemessenen Frist abgeschlossen wird, oder

c) die Fortsetzung des Verfahrens im Interesse einer geordneten Rechtspflege erforderlich ist.

(3) Das Gericht des Mitgliedstaats stellt das Verfahren ein, wenn das vor dem Gericht des Drittstaats anhängige Verfahren abgeschlossen ist und eine

---

[54] Zu Art. 33, 34 vgl. die Erwägungsgründe (23) und (24).

Entscheidung ergangen ist, die in diesem Mitgliedstaat anerkannt und gegebenenfalls vollstreckt werden kann.

(4) Das Gericht des Mitgliedstaats wendet diesen Artikel auf Antrag einer der Parteien oder, wenn dies nach einzelstaatlichem Recht möglich ist, von Amts wegen an.

Art. 34. [Im Zusammenhang stehendes Verfahren vor einem drittstaatlichen Gericht] (1) Beruht die Zuständigkeit auf Artikel 4 oder auf den Artikeln 7, 8 oder 9 und ist bei Anrufung eines Gerichts eines Mitgliedstaats vor einem Gericht eines Drittstaats ein Verfahren anhängig, das mit dem Verfahren vor dem Gericht des Mitgliedstaats in Zusammenhang steht, so kann das Gericht des Mitgliedstaats das Verfahren aussetzen, wenn

a) eine gemeinsame Verhandlung und Entscheidung der in Zusammenhang stehenden Verfahren geboten erscheint, um zu vermeiden, dass in getrennten Verfahren widersprechende Entscheidungen ergehen könnten,

b) zu erwarten ist, dass das Gericht des Drittstaats eine Entscheidung erlassen wird, die in dem betreffenden Mitgliedstaat anerkannt und gegebenenfalls vollstreckt werden kann, und

c) das Gericht des Mitgliedstaats davon überzeugt ist, dass die Aussetzung im Interesse einer geordneten Rechtspflege erforderlich ist.

(2) Das Gericht des Mitgliedstaats kann das Verfahren jederzeit fortsetzen, wenn

a) das Gericht des Mitgliedstaats es für wahrscheinlich hält, dass die Gefahr widersprechender Entscheidungen nicht mehr besteht,

b) das Verfahren vor dem Gericht des Drittstaats ebenfalls ausgesetzt oder eingestellt wurde,

c) das Gericht des Mitgliedstaats es für unwahrscheinlich hält, dass das vor dem Gericht des Drittstaats anhängige Verfahren innerhalb einer angemessenen Frist abgeschlossen wird, oder

d) die Fortsetzung des Verfahrens im Interesse einer geordneten Rechtspflege erforderlich ist.

(3) Das Gericht des Mitgliedstaats kann das Verfahren einstellen, wenn das vor dem Gericht des Drittstaats anhängige Verfahren abgeschlossen ist und eine Entscheidung ergangen ist, die in diesem Mitgliedstaat anerkannt und gegebenenfalls vollstreckt werden kann.

(4) Das Gericht des Mitgliedstaats wendet diesen Artikel auf Antrag einer der Parteien oder, wenn dies nach einzelstaatlichem Recht möglich ist, von Amts wegen an.

Abschnitt. 10.[55] Einstweilige Maßnahmen einschließlich Sicherungsmaßnahmen

Art. 35. [Zuständigkeit für einstweilige Maßnahmen] Die im Recht eines Mitgliedstaats vorgesehenen einstweiligen Maßnahmen einschließlich Sicherungsmaßnahmen können bei den Gerichten dieses Mitgliedstaats auch dann beantragt werden, wenn für die Entscheidung in der Hauptsache das Gericht eines anderen Mitgliedstaats zuständig ist.

Kapitel III. Anerkennung und Vollstreckung

Abschnitt 1.[56] Anerkennung

Art. 36. [Anerkennung kraft Gesetzes] (1) Die in einem Mitgliedstaat ergangenen Entscheidungen[57] werden in den anderen Mitgliedstaaten anerkannt, ohne dass es hierfür eines besonderen Verfahrens bedarf.

(2) Jeder Berechtigte kann gemäß dem Verfahren nach Abschnitt 3 Unterabschnitt 2 die Feststellung beantragen, dass keiner der in Artikel 45 genannten Gründe für eine Versagung der Anerkennung gegeben ist.

(3) Wird die Anerkennung in einem Rechtsstreit vor dem Gericht eines Mitgliedstaats, dessen Entscheidung von der Versagung der Anerkennung abhängt, verlangt, so kann dieses Gericht über die Anerkennung entscheiden.

Art. 37. [Vorzulegende Urkunden] (1) Eine Partei, die in einem Mitgliedstaat eine in einem anderen Mitgliedstaat ergangene Entscheidung geltend machen will, hat Folgendes vorzulegen:

a) eine Ausfertigung der Entscheidung, die die für ihre Beweiskraft erforderlichen Voraussetzungen erfüllt, und

b) die nach Artikel 53 ausgestellte Bescheinigung.

(2) Das Gericht oder die Behörde, bei dem oder der eine in einem anderen Mitgliedstaat ergangene Entscheidung geltend gemacht wird, kann die Partei, die sie geltend macht, gegebenenfalls auffordern, eine Übersetzung oder eine Transliteration des Inhalts der in Absatz 1 Buchstabe b genannten Bescheinigung nach Artikel 57 zur Verfügung zu stellen. Kann das Gericht oder die Behörde das Verfahren ohne eine Übersetzung der eigentlichen Entscheidung nicht fortsetzen, so kann es oder sie die Partei auffordern, eine Übersetzung der Entscheidung statt der Übersetzung des Inhalts der Bescheinigung zur Verfügung zu stellen.

---

[55] Vgl. Erwägungsgründe (25) und (33); ferner Art. 2 lit. a UAbs. 2.

[56] Vgl. Erwägungsgründe (26) und (27).

[57] Zum Begriff der „Entscheidung“ iS. von Kap. III siehe Art. 2 lit. a. Zur Anerkennung und Vollstreckung von einstweiligen Maßnahmen vgl. Erwägungsgrund (33).

Art. 38. [Aussetzung des Verfahrens] Das Gericht oder die Behörde, bei dem bzw. der eine in einem anderen Mitgliedstaat ergangene Entscheidung geltend gemacht wird, kann das Verfahren ganz oder teilweise aussetzen, wenn

a) die Entscheidung im Ursprungsmitgliedstaat angefochten wird oder

b) die Feststellung, dass keiner der in Artikel 45 genannten Gründe für eine Versagung der Anerkennung gegeben ist, oder die Feststellung, dass die Anerkennung aus einem dieser Gründe zu versagen ist, beantragt worden ist.

Abschnitt 2.[58] Vollstreckung

Art. 39.[59] [Vollstreckbarkeit ohne Vollstreckbarerklärung] Eine in einem Mitgliedstaat ergangene Entscheidung, die in diesem Mitgliedstaat vollstreckbar ist, ist in den anderen Mitgliedstaaten vollstreckbar, ohne dass es einer Vollstreckbarerklärung bedarf.

Art. 40. [Sicherungsmaßnahmen] Eine vollstreckbare Entscheidung umfasst von Rechts wegen die Befugnis, jede Sicherungsmaßnahme zu veranlassen, die im Recht des ersuchten Mitgliedstaats vorgesehen ist.

Art. 41. [Recht des ersuchten Mitgliedstaats] (1) Vorbehaltlich der Bestimmungen dieses Abschnitts gilt für das Verfahren zur Vollstreckung der in einem anderen Mitgliedstaat ergangenen Entscheidungen das Recht des ersuchten Mitgliedstaats. Eine in einem Mitgliedstaat ergangene Entscheidung, die im ersuchten Mitgliedstaat vollstreckbar ist, wird dort unter den

---

[58] Vgl. Erwägungsgründe (26) und (27).

[59] Vgl. auch § 1112 ZPO (Nr. *160a*). In Übereinstimmung mit Art. 39 wird auch in folgenden EU-Verordnungen zum internationalen Zivilverfahrensrecht auf ein Vollstreckbarerklärungsverfahren verzichtet:
- Verordnung (EG) Nr. 805/2004 zur Einführung eines europäischen Vollstreckungstitels für unbestrittene Forderungen v. 21.4.2004 (Nr. *185*), Art. 20–23;
- Verordnung (EG) Nr. 1896/2006 zur Einführung eines europäischen Mahnverfahrens v. 12.12.2006 (Nr. *186*), Art. 18-12;
- Verordnung (EG) Nr. 861/2007 zur Einführung eines europäischen Verfahrens über geringfügige Forderungen v. 11.7.2007 (Nr. *187*), Art. 20–23.
- Verordnung (EG) Nr. 4/2009 über die Zuständigkeit, das anwendbare Recht, die Anerkennung und Vollstreckung von Entscheidungen und die Zusammenarbeit in Unterhaltssachen v. 18.12.2008 (Nr. *161*), Art. 17–22;
- Verordnung (EU) Nr. 606/2013 über die gegenseitige Anerkennung von Schutzmaßnahmen in Zivilsachen v. 12.6.2013 (Nr. *189*), Art. 4 ff.
- Verordnung (EU) Nr. 655/2014 zur Einführung eines Verfahrens für einen Europäischen Beschluss zur vorläufigen Kontenpfändung v. 15.5.2014 (Nr. *188*), Art. 22–23.
- Verordnung (EU) 2019/1111 über die Zuständigkeit, die Anerkennung und Vollstreckung von Entscheidungen in Ehesachen und in Verfahren betreffend die elterliche Verantwortung und über internationale Kindesentführungen v. 25.6.2019 (Nr. *162*), Art. 34 ff., 45 ff.

gleichen Bedingungen vollstreckt wie eine im ersuchten Mitgliedstaat ergangene Entscheidung.

(2) Ungeachtet des Absatzes 1 gelten die im Recht des ersuchten Mitgliedstaats für die Verweigerung oder Aussetzung der Vollstreckung vorgesehenen Gründe, soweit sie nicht mit den in Artikel 45 aufgeführten Gründen unvereinbar sind.

(3) Von der Partei, die die Vollstreckung einer in einem anderen Mitgliedstaat ergangenen Entscheidung beantragt, kann nicht verlangt werden, dass sie im ersuchten Mitgliedstaat über eine Postanschrift verfügt. Es kann von ihr auch nicht verlangt werden, dass sie im ersuchten Mitgliedstaat über einen bevollmächtigten Vertreter verfügt, es sei denn, ein solcher Vertreter ist ungeachtet der Staatsangehörigkeit oder des Wohnsitzes der Parteien vorgeschrieben.

Art. 42. [Vorzulegende Urkunden] (1) Soll in einem Mitgliedstaat eine in einem anderen Mitgliedstaat ergangene Entscheidung vollstreckt werden, hat der Antragsteller der zuständigen Vollstreckungsbehörde Folgendes vorzulegen:

a) eine Ausfertigung der Entscheidung, die die für ihre Beweiskraft erforderlichen Voraussetzungen erfüllt, und

b) die nach Artikel 53 ausgestellte Bescheinigung, mit der bestätigt wird, dass die Entscheidung vollstreckbar ist, und die einen Auszug aus der Entscheidung sowie gegebenenfalls relevante Angaben zu den erstattungsfähigen Kosten des Verfahrens und der Berechnung der Zinsen enthält.

(2) Soll in einem Mitgliedstaat eine in einem anderen Mitgliedstaat ergangene Entscheidung vollstreckt werden, mit der eine einstweilige Maßnahme einschließlich einer Sicherungsmaßnahme angeordnet wird, hat der Antragsteller der zuständigen Vollstreckungsbehörde Folgendes vorzulegen:

a) eine Ausfertigung der Entscheidung, die die für ihre Beweiskraft erforderlichen Voraussetzungen erfüllt,

b) die nach Artikel 53 ausgestellte Bescheinigung, die eine Beschreibung der Maßnahme enthält und mit der bestätigt wird, dass

   i) das Gericht in der Hauptsache zuständig ist,

   ii) die Entscheidung im Ursprungsmitgliedstaat vollstreckbar ist, und

c) wenn die Maßnahme ohne Vorladung des Beklagten angeordnet wurde, den Nachweis der Zustellung der Entscheidung.

(3) Die zuständige Vollstreckungsbehörde kann gegebenenfalls vom Antragsteller gemäß Artikel 57 eine Übersetzung oder Transliteration des Inhalts der Bescheinigung verlangen.

(4) Die zuständige Vollstreckungsbehörde darf vom Antragsteller eine Übersetzung der Entscheidung nur verlangen, wenn sie das Verfahren ohne eine solche Übersetzung nicht fortsetzen kann.

Art. 43. [Zustellung der Bescheinigung; Übersetzung] (1) Soll eine in einem anderen Mitgliedstaat ergangene Entscheidung vollstreckt werden, so wird die gemäß Artikel 53 ausgestellte Bescheinigung dem Schuldner vor der ersten Vollstreckungsmaßnahme zugestellt. Der Bescheinigung wird die Entscheidung beigefügt, sofern sie dem Schuldner noch nicht zugestellt wurde.

(2) Hat der Schuldner seinen Wohnsitz in einem anderen Mitgliedstaat als dem Ursprungsmitgliedstaat, so kann er eine Übersetzung der Entscheidung verlangen, um ihre Vollstreckung anfechten zu können, wenn die Entscheidung nicht in einer der folgenden Sprachen abgefasst ist oder ihr keine Übersetzung in einer der folgenden Sprachen beigefügt ist:

a) einer Sprache, die er versteht, oder

b) der Amtssprache des Mitgliedstaats, in dem er seinen Wohnsitz hat, oder, wenn es in diesem Mitgliedstaat mehrere Amtssprachen gibt, in der Amtssprache oder einer der Amtssprachen des Ortes, an dem er seinen Wohnsitz hat.

Wird die Übersetzung der Entscheidung gemäß Unterabsatz 1 verlangt, so darf die Zwangsvollstreckung nicht über Sicherungsmaßnahmen hinausgehen, solange der Schuldner die Übersetzung nicht erhalten hat.

Dieser Absatz gilt nicht, wenn die Entscheidung dem Schuldner bereits in einer der in Unterabsatz 1 genannten Sprachen oder zusammen mit einer Übersetzung in eine dieser Sprachen zugestellt worden ist.

(3) Dieser Artikel gilt nicht für die Vollstreckung einer in einer Entscheidung enthaltenen Sicherungsmaßnahme oder wenn der Antragsteller Sicherungsmaßnahmen gemäß Artikel 40 erwirkt.

Art. 44. [Antrag auf Versagung der Vollstreckung] (1) Wurde eine Versagung der Vollstreckung einer Entscheidung gemäß Abschnitt 3 Unterabschnitt 2 beantragt, so kann das Gericht im ersuchten Mitgliedstaat auf Antrag des Schuldners

a) das Vollstreckungsverfahren auf Sicherungsmaßnahmen beschränken,

b) die Vollstreckung von der Leistung einer vom Gericht zu bestimmenden Sicherheit abhängig machen oder

c) das Vollstreckungsverfahren insgesamt oder teilweise aussetzen.[60]

(2) Die zuständige Behörde des ersuchten Mitgliedstaats setzt das Vollstreckungsverfahren auf Antrag des Schuldners aus, wenn die Vollstreckbarkeit der Entscheidung im Ursprungsmitgliedstaat ausgesetzt ist.[61]

---

[60] In *Deutschland* wird durch einstweilige Anordnung entschieden, vgl. § 1115 Abs. 6 ZPO (Nr. *160a*).

[61] Vgl. zum Verfahren in *Deutschland* § 1116 ZPO (Nr. *160a*).

Abschnitt 3.[62] Versagung der Anerkennung und Vollstreckung

Unterabschnitt 1. Versagung der Anerkennung

Art. 45. [Anerkennungsversagungsgründe] (1) Die Anerkennung einer Entscheidung wird auf Antrag eines Berechtigten versagt, wenn

a) die Anerkennung der öffentlichen Ordnung *(ordre public)* des ersuchten Mitgliedstaats offensichtlich widersprechen würde;

b) dem Beklagten, der sich auf das Verfahren nicht eingelassen hat, das verfahrenseinleitende Schriftstück oder ein gleichwertiges Schriftstück nicht so rechtzeitig und in einer Weise zugestellt worden ist, dass er sich verteidigen konnte, es sei denn, der Beklagte hat gegen die Entscheidung keinen Rechtsbehelf eingelegt, obwohl er die Möglichkeit dazu hatte;

c) die Entscheidung mit einer Entscheidung unvereinbar ist, die zwischen denselben Parteien im ersuchten Mitgliedstaat ergangen ist;

d) die Entscheidung mit einer früheren Entscheidung unvereinbar ist, die in einem anderen Mitgliedstaat oder in einem Drittstaat in einem Rechtsstreit wegen desselben Anspruchs zwischen denselben Parteien ergangen ist, sofern die frühere Entscheidung die notwendigen Voraussetzungen für ihre Anerkennung im ersuchten Mitgliedstaat erfüllt, oder

e) die Entscheidung unvereinbar ist

   i) mit Kapitel II Abschnitte 3, 4 oder 5, sofern der Beklagte Versicherungsnehmer, Versicherter, Begünstigter des Versicherungsvertrags, Geschädigter, Verbraucher oder Arbeitnehmer ist, oder

   ii) mit Kapitel II Abschnitt 6.

(2) Das mit dem Antrag befasste Gericht ist bei der Prüfung, ob eine der in Absatz 1 Buchstabe e angeführten Zuständigkeiten gegeben ist, an die tatsächlichen Feststellungen gebunden, aufgrund deren das Ursprungsgericht seine Zuständigkeit angenommen hat.

(3) Die Zuständigkeit des Ursprungsgerichts darf, unbeschadet des Absatzes 1 Buchstabe e, nicht nachgeprüft werden. Die Vorschriften über die Zuständigkeit gehören nicht zur öffentlichen Ordnung *(ordre public)* im Sinne des Absatzes 1 Buchstabe a.

(4) Der Antrag auf Versagung der Anerkennung ist gemäß den Verfahren des Unterabschnitts 2 und gegebenenfalls des Abschnitts 4 zu stellen.[63]

---

[62] Vgl. Erwägungsgründe (29) und (30).

[63] In *Deutschland* ist für den Antrag das Landgericht ausschließlich zuständig, in dessen Bezirk der Schuldner seinen Wohnsitz hat, vgl. § 1115 Abs. 1–4 ZPO (Nr. *160a*). In *Österreich* ist das Bezirksgericht zuständig.

Unterabschnitt 2. Versagung der Vollstreckung

Art. 46. [Gründe für die Versagung der Vollstreckung] Die Vollstreckung einer Entscheidung wird auf Antrag des Schuldners versagt, wenn festgestellt wird, dass einer der in Artikel 45 genannten Gründe gegeben ist.

Art. 47.[64] **[Zuständigkeit; anzuwendendes Recht]** (1) Der Antrag auf Versagung der Vollstreckung ist an das Gericht zu richten, das der Kommission von dem betreffenden Mitgliedstaat gemäß Artikel 75 Buchstabe a mitgeteilt wurde.

(2) Für das Verfahren zur Versagung der Vollstreckung ist, soweit es nicht durch diese Verordnung geregelt ist, das Recht des ersuchten Mitgliedstaats maßgebend.

(3) Der Antragsteller legt dem Gericht eine Ausfertigung der Entscheidung und gegebenenfalls eine Übersetzung oder Transliteration der Entscheidung vor.

Das Gericht kann auf die Vorlage der in Unterabsatz 1 genannten Schriftstücke verzichten, wenn ihm die Schriftstücke bereits vorliegen oder wenn es das Gericht für unzumutbar hält, vom Antragsteller die Vorlage der Schriftstücke zu verlangen. Im letztgenannten Fall kann das Gericht von der anderen Partei verlangen, diese Schriftstücke vorzulegen.

(4) Von der Partei, die die Versagung der Vollstreckung einer in einem anderen Mitgliedstaat ergangenen Entscheidung beantragt, kann nicht verlangt werden, dass sie im ersuchten Mitgliedstaat über eine Postanschrift verfügt. Es kann von ihr auch nicht verlangt werden, dass sie im ersuchten Mitgliedstaat über einen bevollmächtigten Vertreter verfügt, es sei denn, ein solcher Vertreter ist ungeachtet der Staatsangehörigkeit oder des Wohnsitzes der Parteien vorgeschrieben.

Art. 48. [Unverzügliche Entscheidung] Das Gericht entscheidet unverzüglich über den Antrag auf Versagung der Vollstreckung.

Art. 49. [Rechtsbehelf] (1) Gegen die Entscheidung über den Antrag auf Versagung der Vollstreckung kann jede Partei einen Rechtsbehelf einlegen.

(2) Der Rechtsbehelf ist bei dem Gericht einzulegen, das der Kommission von dem betreffenden Mitgliedstaat gemäß Artikel 75 Buchstabe b mitgeteilt wurde.[65]

---

[64] In *Deutschland* ist für den Antrag das Landgericht ausschließlich zuständig, in dessen Bezirk der Schuldner seinen Wohnsitz hat, vgl. § 1115 Abs. 1–4 ZPO (Nr. *160a*). In *Österreich* ist das Bezirksgericht zuständig.

[65] Rechtsbehelf in *Deutschland* ist die sofortige Beschwerde zum Oberlandesgericht, vgl. § 1115 Abs. 5 S. 2 ZPO (Nr. *160a*). In *Österreich* ist das Landesgericht über dem Bezirksgericht zuständig.

Art. 50. [Weiterer Rechtsbehelf] Gegen die Entscheidung, die über den Rechtsbehelf ergangen ist, kann nur ein Rechtsbehelf eingelegt werden, wenn der betreffende Mitgliedstaat der Kommission gemäß Artikel 75 Buchstabe c mitgeteilt hat, bei welchen Gerichten ein weiterer Rechtsbehelf einzulegen ist.[66]

Art. 51.[67] [Aussetzung des Verfahrens] (1) Das mit einem Antrag auf Verweigerung der Vollstreckung befasste Gericht oder das nach Artikel 49 oder Artikel 50 mit einem Rechtsbehelf befasste Gericht kann das Verfahren aussetzen, wenn gegen die Entscheidung im Ursprungsmitgliedstaat ein ordentlicher Rechtsbehelf eingelegt wurde oder die Frist für einen solchen Rechtsbehelf noch nicht verstrichen ist. Im letztgenannten Fall kann das Gericht eine Frist bestimmen, innerhalb derer der Rechtsbehelf einzulegen ist.

(2) Ist die Entscheidung in Irland, Zypern oder im Vereinigten Königreich ergangen, so gilt jeder im Ursprungsmitgliedstaat statthafte Rechtsbehelf als ordentlicher Rechtsbehelf im Sinne des Absatzes 1.

Abschnitt 4. Gemeinsame Vorschriften

Art. 52. [Verbot der Nachprüfung in der Sache] Eine in einem Mitgliedstaat ergangene Entscheidung darf im ersuchten Mitgliedstaat keinesfalls in der Sache selbst nachgeprüft werden.

Art. 53.[68] [Ausstellung der Bescheinigung] Das Ursprungsgericht stellt auf Antrag eines Berechtigten die Bescheinigung unter Verwendung des Formblatts in Anhang I[69] aus.

Art. 54.[70] [Anpassung; Übersetzung] (1) Enthält eine Entscheidung eine Maßnahme oder Anordnung, die im Recht des ersuchten Mitgliedstaats nicht bekannt ist, so ist diese Maßnahme oder Anordnung soweit möglich an eine im Recht dieses Mitgliedstaats bekannte Maßnahme oder Anordnung anzupassen, mit der vergleichbare Wirkungen verbunden sind und die ähnliche Ziele und Interessen verfolgt.

Eine solche Anpassung darf nicht dazu führen, dass Wirkungen entstehen, die über die im Recht des Ursprungsmitgliedstaats vorgesehenen Wirkungen hinausgehen.

---

[66] Weiterer Rechtsbehelf in *Deutschland* ist die Rechtsbeschwerde zum BGH, vgl. § 1115 Abs. 5 S. 3 ZPO (Nr. *160a*).

[67] Vgl. Erwägungsgrund (31).

[68] Vgl. Erwägungsgrund (32). Das Formblatt ist abgedruckt im Anhang I, ABl. 2012 L 351, S. 22 und online abrufbar im Europäischen Justizportal; vgl. Anm. 91 sowie Art. 57 Abs. 2 mit Anm. 72.

[69] Das Formblatt für die Bescheinigung ist abrufbar im Europäischen Justizportal (Dynamische Formulare), vgl. Anm. 91.

[70] Vgl. Erwägungsgrund (28). Zur Ausführung von Art. 54 in *Deutschland* siehe § 1114 ZPO (Nr. *160a*).

(2) Jede Partei kann die Anpassung der Maßnahme oder Anordnung vor einem Gericht anfechten.[71]

(3) Die Partei, die die Entscheidung geltend macht oder deren Vollstreckung beantragt, kann erforderlichenfalls aufgefordert werden, eine Übersetzung oder Transliteration der Entscheidung zur Verfügung zu stellen.

Art. 55. [Zwangsgeld] In einem Mitgliedstaat ergangene Entscheidungen, die auf Zahlung eines Zwangsgelds lauten, sind im ersuchten Mitgliedstaat nur vollstreckbar, wenn die Höhe des Zwangsgelds durch das Ursprungsgericht endgültig festgesetzt ist.

Art. 56. [Verbot von Ausländersicherheit] Der Partei, die in einem Mitgliedstaat eine in einem anderen Mitgliedstaat ergangene Entscheidung vollstrecken will, darf wegen ihrer Eigenschaft als Ausländer oder wegen Fehlens eines Wohnsitzes oder Aufenthalts im ersuchten Mitgliedstaat eine Sicherheitsleistung oder Hinterlegung, unter welcher Bezeichnung es auch sei, nicht auferlegt werden.

Art. 57. [Übersetzung/Transliteration] (1) Ist nach dieser Verordnung eine Übersetzung oder Transliteration erforderlich, so erfolgt die Übersetzung oder Transliteration in die Amtssprache des betreffenden Mitgliedstaats oder, wenn es in diesem Mitgliedstaat mehrere Amtssprachen gibt, nach Maßgabe des Rechts dieses Mitgliedstaats in die oder in eine der Verfahrenssprachen des Ortes, an dem eine in einem anderen Mitgliedstaat ergangene Entscheidung geltend gemacht oder ein Antrag gestellt wird.

(2) Bei den in den Artikeln 53 und 60 genannten Formblättern kann eine Übersetzung oder Transliteration auch in eine oder mehrere andere Amtssprachen der Organe der Union erfolgen, die der betreffende Mitgliedstaat für diese Formblätter zugelassen hat.[72]

(3) Eine Übersetzung aufgrund dieser Verordnung ist von einer Person zu erstellen, die zur Anfertigung von Übersetzungen in einem der Mitgliedstaaten befugt ist.

Kapitel IV. Öffentliche Urkunden und gerichtliche Vergleiche

Art. 58. [Öffentliche Urkunden] (1) Öffentliche Urkunden,[73] die im Ursprungsmitgliedstaat vollstreckbar sind, sind in den anderen Mitgliedstaaten vollstreckbar, ohne dass es einer Vollstreckbarerklärung bedarf. Die

---

[71] Zur Anfechtung der Anpassung eines Titels in *Deutschland* siehe § 1114 ZPO (Nr. *160a*).

[72] Die Liste der von den Mitgliedstaaten zugelassenen weiteren Amtssprachen für die Formblätter nach Art. 53 und 60 ist im Europäischen Gerichtsatlas für Zivilsachen unter https://e-justice.europa.eu veröffentlicht. In *Deutschland* ist die Übersetzung oder Transliteration in deutscher Sprache abzufassen, vgl. § 1113 ZPO (Nr. *160a*).

[73] Zum Begriff der „öffentlichen Urkunde" siehe Art. 2 lit. c.

Zwangsvollstreckung aus der öffentlichen Urkunde kann nur versagt werden, wenn sie der öffentlichen Ordnung *(ordre public)* des ersuchten Mitgliedstaats offensichtlich widersprechen würde.

Die Vorschriften des Kapitels III Abschnitt 2, des Abschnitts 3 Unterabschnitt 2 und des Abschnitts 4 sind auf öffentlichen Urkunden sinngemäß anzuwenden.

(2) Die vorgelegte öffentliche Urkunde muss die Voraussetzungen für ihre Beweiskraft erfüllen, die im Ursprungsmitgliedstaat erforderlich sind.

Art. 59. [Gerichtliche Vergleiche] Gerichtliche Vergleiche,[74] die im Ursprungsmitgliedstaat vollstreckbar sind, werden in den anderen Mitgliedstaaten unter denselben Bedingungen wie öffentliche Urkunden vollstreckt.

Art. 60.[75] [Ausstellung einer Bescheinigung] Die zuständige Behörde oder das Gericht des Ursprungsmitgliedstaats stellt auf Antrag eines Berechtigten die Bescheinigung mit einer Zusammenfassung der in der öffentlichen Urkunde beurkundeten vollstreckbaren Verpflichtung oder der in dem gerichtlichen Vergleich beurkundeten Parteivereinbarung unter Verwendung des Formblatts in Anhang II aus.

Kapitel V. Allgemeine Vorschriften

Art. 61. [Befreiung von Legalisation] Im Rahmen dieser Verordnung bedarf es hinsichtlich Urkunden, die in einem Mitgliedstaat ausgestellt werden, weder der Legalisation noch einer ähnlichen Förmlichkeit.

Art. 62. [Wohnsitzbestimmung] (1) Ist zu entscheiden, ob eine Partei im Hoheitsgebiet des Mitgliedstaats, dessen Gerichte angerufen sind, einen Wohnsitz hat, so wendet das Gericht sein Recht an.

(2) Hat eine Partei keinen Wohnsitz in dem Mitgliedstaat, dessen Gerichte angerufen sind, so wendet das Gericht, wenn es zu entscheiden hat, ob die Partei einen Wohnsitz in einem anderen Mitgliedstaat hat, das Recht dieses Mitgliedstaats an.

Art. 63.[76] [Bestimmung des Gesellschaftssitzes] (1) Gesellschaften und juristische Personen haben für die Anwendung dieser Verordnung ihren Wohnsitz an dem Ort, an dem sich

---

[74] Zum Begriff des „gerichtlichen Vergleichs" siehe Art. 2 lit. b.

[75] Das Formblatt ist abgedruckt im Anhang II, ABl. EU 2012 L 351, S. 26 und online abrufbar im Europäischen Justizportal; vgl. Anm. 91.

Zur Zuständigkeit und zum Verfahren für die Ausstellung der Bescheinigung in *Deutschland* siehe §§ 1110, 1111 ZPO (Nr. *160a*). Vgl. auch Art. 57 Abs. 2 mit Anm. 72.

[76] Vgl. Erwägungsgrund (15) Satz 3.

a) ihr satzungsmäßiger Sitz,

b) ihre Hauptverwaltung oder

c) ihre Hauptniederlassung befindet.

(2) Im Falle Irlands, Zyperns und des Vereinigten Königreichs ist unter dem Ausdruck „satzungsmäßiger Sitz" das *registered office* oder, wenn ein solches nirgendwo besteht, der *place of incorporation* (Ort der Erlangung der Rechtsfähigkeit) oder, wenn ein solcher nirgendwo besteht, der Ort, nach dessen Recht die *formation* (Gründung) erfolgt ist, zu verstehen.

(3) Um zu bestimmen, ob ein Trust seinen Sitz in dem Mitgliedstaat hat, bei dessen Gerichten die Klage anhängig ist, wendet das Gericht sein Internationales Privatrecht an.

Art. 64. [Vertretung in Adhäsionsverfahren] Unbeschadet günstigerer innerstaatlicher Vorschriften können Personen, die ihren Wohnsitz im Hoheitsgebiet eines Mitgliedstaats haben und die vor den Strafgerichten eines anderen Mitgliedstaats, dessen Staatsangehörigkeit sie nicht besitzen, wegen einer fahrlässig begangenen Straftat verfolgt werden, sich von hierzu befugten Personen vertreten lassen, selbst wenn sie persönlich nicht erscheinen. Das Gericht kann jedoch das persönliche Erscheinen anordnen; wird diese Anordnung nicht befolgt, so braucht die Entscheidung, die über den Anspruch aus einem Rechtsverhältnis des Zivilrechts ergangen ist, ohne dass sich der Angeklagte verteidigen konnte, in den anderen Mitgliedstaaten weder anerkannt noch vollstreckt zu werden.

Art. 65. [Streitverkündung statt Gewährleistungs- und Interventionsklage] (1) Die in Artikel 8 Nummer 2 und Artikel 13 für eine Gewährleistungs- oder Interventionsklage vorgesehene Zuständigkeit kann in den Mitgliedstaaten, die in der von der Kommission nach Artikel 76 Absatz 1 Buchstabe b und Artikel 76 Absatz 2 festgelegten Liste[77] aufgeführt sind, nur geltend gemacht werden, soweit das einzelstaatliche Recht dies zulässt. Eine Person, die ihren Wohnsitz in einem anderen Mitgliedstaat hat, kann aufgefordert werden, nach den Vorschriften über die Streitverkündung gemäß der genannten Liste einem Verfahren vor einem Gericht dieser Mitgliedstaaten beizutreten.

(2) Entscheidungen, die in einem Mitgliedstaat aufgrund des Artikels 8 Nummer 2 oder des Artikels 13 ergangen sind, werden nach Kapitel III in allen anderen Mitgliedstaaten anerkannt und vollstreckt. Die Wirkungen, welche die Entscheidungen, die in den in der Liste nach Absatz 1 aufgeführten Mitgliedstaaten ergangen sind, gemäß dem Recht dieser Mitgliedstaaten infolge der Anwendung von Absatz 1 gegenüber Dritten haben, werden in den allen Mitgliedstaaten anerkannt.

---

[77] Mitgliedstaaten, die anstelle der Gewährleistungs- und Interventionsklage nur die Streitverkündung kennen, sind *Deutschland, Österreich* und *Ungarn.*

(3) Die in der Liste nach Absatz 1 aufgeführten Mitgliedstaaten übermitteln im Rahmen des durch die Entscheidung 2001/470/EG des Rates[78] errichteten Europäischen Justiziellen Netzes für Zivil- und Handelssachen („Europäisches Justizielles Netz") Informationen darüber, wie nach Maßgabe ihres innerstaatlichen Rechts die in Absatz 2 Satz 2 genannten Wirkungen der Entscheidungen bestimmt werden können.[79]

Kapitel VI.[80] Übergangsvorschriften

Art. 66. [Übergangsvorschriften] (1) Diese Verordnung ist nur auf Verfahren, öffentliche Urkunden oder gerichtliche Vergleiche anzuwenden, die am 10. Januar 2015 oder danach eingeleitet, förmlich errichtet oder eingetragen bzw. gebilligt oder geschlossen worden sind.

(2) Ungeachtet des Artikels 80 gilt die Verordnung (EG) Nr. 44/2001 weiterhin für Entscheidungen, die in vor dem 10. Januar 2015 eingeleiteten gerichtlichen Verfahren ergangen sind, für vor diesem Zeitpunkt förmlich errichtete oder eingetragene öffentliche Urkunden sowie für vor diesem Zeitpunkt gebilligte oder geschlossene gerichtliche Vergleiche, sofern sie in den Anwendungsbereich der genannten Verordnung fallen.

Kapitel VII.[81] Verhältnis zu anderen Rechtsinstrumenten

Art. 67. [Unionsrechtsakte für besondere Rechtsgebiete] Diese Verordnung berührt nicht die Anwendung der Bestimmungen, die für besondere Rechtsgebiete die gerichtliche Zuständigkeit oder die Anerkennung und Vollstreckung von Entscheidungen regeln und in Unionsrechtsakten oder in dem in Ausführung dieser Rechtsakte harmonisierten einzelstaatlichen Recht enthalten sind.

Art. 68. [Verhältnis zum EuGVÜ] (1) Diese Verordnung tritt im Verhältnis zwischen den Mitgliedstaaten an die Stelle des Brüsseler Übereinkommens von 1968, außer hinsichtlich der Hoheitsgebiete der Mitgliedstaaten, die in den territorialen Anwendungsbereich des genannten Übereinkommens fallen und aufgrund der Anwendung von Artikel 355 AEUV von dieser Verordnung ausgeschlossen sind.

---

[78] ABl. 2001 L 174, S. 25.

[79] Die Liste der mitgliedstaatlichen Vorschriften zur Streitverkündung ist veröffentlicht im ABl. C 390 v. 24.11.2015 und online abrufbar im Europäischen Gerichtsatlas für Zivilsachen (Homepage des Europäischen Justizportals: https://e-justice.europa.eu/350/DE/brussels_i_regulation_recast). In *Deutschland* sind dies § 68 und §§ 72–74 ZPO; in *Österreich* ist es § 21 ZPO.

[79] Vgl. die vorige Anm.

[80] Vgl. Erwägungsgrund (34).

[81] Siehe auch Art. 64 des Luganer Übk. über die gerichtliche Zuständigkeit und die Vollstreckung gerichtlicher Entscheidungen in Zivil- und Handelssachen v. 30.10.2007 (Nr. *152*).

(2) Soweit diese Verordnung die Bestimmungen des Brüsseler Übereinkommens von 1968 zwischen den Mitgliedstaaten ersetzt, gelten Verweise auf dieses Übereinkommen als Verweise auf die vorliegende Verordnung.

Art. 69.[82] **[Ersetzung von Übereinkünften]** Diese Verordnung ersetzt unbeschadet der Artikel 70 und 71 im Verhältnis zwischen den Mitgliedstaaten die Übereinkünfte, die sich auf dieselben Rechtsgebiete erstrecken wie diese Verordnung. Ersetzt werden insbesondere die Übereinkünfte, die in der von der Kommission nach Artikel 76 Absatz 1 Buchstabe c und Artikel 76 Absatz 2 festgelegten Liste aufgeführt sind.

Art. 70. [Fortgeltung von Übereinkünften nach Art. 69] (1) Die in Artikel 69 genannten Übereinkünfte behalten ihre Wirksamkeit für die Rechtsgebiete, auf die diese Verordnung nicht anzuwenden ist.

(2) Sie bleiben auch weiterhin für die Entscheidungen, öffentlichen Urkunden und gerichtlichen Vergleiche wirksam, die vor dem Inkrafttreten der Verordnung (EG) Nr. 44/2001 ergangen, förmlich errichtet oder eingetragen bzw. gebilligt oder geschlossen worden sind.

Art. 71.[83] **[Fortgeltung von Übereinkünften für besondere Rechtsgebiete]** (1) Diese Verordnung lässt Übereinkünfte unberührt, denen die Mitgliedstaaten angehören und die für besondere Rechtsgebiete die gerichtliche Zuständigkeit, die Anerkennung oder die Vollstreckung von Entscheidungen regeln.

(2) Um eine einheitliche Auslegung des Absatzes 1 zu sichern, wird er in folgender Weise angewandt:

a) Diese Verordnung schließt nicht aus, dass ein Gericht eines Mitgliedstaats, der Vertragspartei einer Übereinkunft über ein besonderes Rechtsgebiet ist, seine Zuständigkeit auf eine solche Übereinkunft stützt, und zwar auch dann, wenn der Beklagte seinen Wohnsitz im Hoheitsgebiet eines Mitgliedstaats hat, der nicht Vertragspartei einer solchen Übereinkunft ist. In jedem Fall wendet dieses Gericht Artikel 28 dieser Verordnung an.

b) Entscheidungen, die in einem Mitgliedstaat von einem Gericht erlassen worden sind, das seine Zuständigkeit auf eine Übereinkunft über ein besonderes Rechtsgebiet gestützt hat, werden in den anderen Mitgliedstaaten nach dieser Verordnung anerkannt und vollstreckt.

Sind der Ursprungsmitgliedstaat und der ersuchte Mitgliedstaat Vertragsparteien einer Übereinkunft über ein besonderes Rechtsgebiet, welche die

---

[82] Die vollständige Liste der Übereinkünfte iSv. Art. 69 ist veröffentlicht im ABl. C 390 v. 24.11.2015. Zu den durch die Verordnung ersetzten bilateralen Anerkennungs- und Vollstreckungsverträgen zwischen der *Bundesrepublik Deutschland* und anderen Mitgliedstaaten siehe auch die Anm. 2 vor Nr. *190*.

[83] Vgl. Erwägungsgrund (35).

Voraussetzungen für die Anerkennung und Vollstreckung von Entscheidungen regelt, so gelten diese Voraussetzungen. In jedem Fall können die Bestimmungen dieser Verordnung über die Anerkennung und Vollstreckung von Entscheidungen angewandt werden.

Art. 71a.[84] **[Gemeinsames Gericht]** (1) Für die Zwecke dieser Verordnung gilt ein gemeinsames Gericht mehrerer Mitgliedstaaten gemäß Absatz 2 („gemeinsames Gericht") als ein Gericht eines Mitgliedstaats, wenn das gemeinsame Gericht gemäß der zu seiner Errichtung geschlossenen Übereinkunft eine gerichtliche Zuständigkeit in Angelegenheiten ausübt, die in den Anwendungsbereich dieser Verordnung fallen.

(2) Jedes der folgenden Gerichte ist für die Zwecke dieser Verordnung ein gemeinsames Gericht:

a) das mit dem am 19. Februar 2013 unterzeichneten Übereinkommen zur Schaffung eines Einheitlichen Patentgerichts („EPG-Übereinkommen") errichtete Einheitliche Patentgericht und
b) der mit dem Vertrag vom 31. März 1965 über die Gründung und die Satzung des Benelux-Gerichtshofs (im Folgenden „Benelux-Gerichtshofs-Vertrag") errichtete Benelux-Gerichtshof.

Art. 71b. [Zuständigkeit eines gemeinsamen Gerichts] Die Zuständigkeit eines gemeinsamen Gerichts wird wie folgt bestimmt:

1. Ein gemeinsames Gericht ist zuständig, wenn die Gerichte eines Mitgliedstaats, der Partei der Übereinkunft zur Errichtung des gemeinsamen Gerichts ist, nach Maßgabe dieser Verordnung in einem unter die betreffende Übereinkunft fallenden Rechtsgebiet zuständig wären.
2. In Fällen, in denen der Beklagte seinen Wohnsitz nicht in einem Mitgliedstaat hat und diese Verordnung die ihn betreffende gerichtliche Zuständigkeit nicht anderweitig begründet, findet Kapitel II, soweit einschlägig, ungeachtet des Wohnsitzes des Beklagten Anwendung.

   Einstweilige Maßnahmen einschließlich Sicherungsmaßnahmen können bei einem gemeinsamen Gericht auch dann beantragt werden, wenn für die Entscheidung in der Hauptsache die Gerichte eines Drittstaats zuständig sind.
3. Ist ein gemeinsames Gericht hinsichtlich eines Beklagten nach Nummer 2 in einem Rechtsstreit über eine Verletzung eines Europäischen Patents, die zu einem Schaden innerhalb der Union geführt hat, zuständig, kann dieses Gericht seine Zuständigkeit auch hinsichtlich eines aufgrund einer solchen Verletzung außerhalb der Union entstandenen Schadens ausüben.

   Diese Zuständigkeit kann nur begründet werden, wenn dem Beklagten gehörendes Vermögen in einem Mitgliedstaat belegen ist, der Vertrags-

[84] Art. 71a–71d eingefügt durch Verordnung (EU) Nr. 542/2014 v. 15.5.2014, ABl. L 163, 1. Diese Verordnung gilt seit dem 10.1.2015.

partei der Übereinkunft zur Errichtung des gemeinsamen Gerichts ist und der Rechtsstreit einen hinreichenden Bezug zu einem solchen Mitgliedstaat aufweist.

Art. 71c. [Konkurrierende Rechtshängigkeit] (1) Die Artikel 29 bis 32 finden Anwendung, wenn ein gemeinsames Gericht und ein Gericht eines Mitgliedstaats, der nicht Vertragspartei der Übereinkunft zur Errichtung des gemeinsamen Gerichts ist, angerufen werden.

(2) Die Artikel 29 bis 32 finden Anwendung, wenn während des Übergangszeitraums gemäß Artikel 83 des EPG-Übereinkommens das Einheitliche Patentgericht und ein Gericht eines Mitgliedstaats angerufen werden, der Vertragspartei des EPG-Übereinkommens ist.

Art. 71d. [Anerkennung und Vollstreckung] Diese Verordnung findet Anwendung auf die Anerkennung und Vollstreckung von

a) Entscheidungen eines gemeinsamen Gerichts, die in einem Mitgliedstaat, der nicht Vertragspartei der Übereinkunft zur Errichtung des gemeinsamen Gerichts ist, anerkannt und vollstreckt werden müssen, und

b) Entscheidungen der Gerichte eines Mitgliedstaats, der nicht Vertragspartei der Übereinkunft zur Errichtung des gemeinsamen Gerichts ist, die in einem Mitgliedstaat, der Vertragspartei dieser Übereinkunft ist, anerkannt und vollstreckt werden müssen.

Wird die Anerkennung und Vollstreckung einer Entscheidung eines gemeinsamen Gerichts jedoch in einem Mitgliedstaat beantragt, der Vertragspartei der Übereinkunft zur Errichtung des gemeinsamen Gerichts ist, gelten anstelle dieser Verordnung alle die Anerkennung und Vollstreckung betreffenden Bestimmungen der Übereinkunft.

Art. 72.[85] [Fortgeltung von Vereinbarungen nach Art. 59 EuGVÜ] Diese Verordnung lässt Vereinbarungen unberührt, durch die sich die Mitgliedstaaten vor Inkrafttreten der Verordnung (EG) Nr. 44/2001 nach Artikel 59 des Brüsseler Übereinkommens von 1968 verpflichtet haben, Entscheidungen der Gerichte eines anderen Vertragsstaats des genannten Übereinkommens gegen Beklagte, die ihren Wohnsitz oder gewöhnlichen Aufenthalt im Hoheitsgebiet eines Drittstaats haben, nicht anzuerkennen, wenn die Entscheidungen in den Fällen des Artikels 4 des genannten Übereinkommens nur in einem der in Artikel 3 Absatz 2 des genannten Übereinkommens angeführten Gerichtsstände ergehen können.

Art. 73. [Unberührte Übereinkünfte] (1) Diese Verordnung lässt die Anwendung des Übereinkommens von Lugano von 2007[86] unberührt.

---

[85] Vgl. Erwägungsgrund (36).
[86] Abgedruckt unter Nr. *152*.

(2) Diese Verordnung lässt die Anwendung des Übereinkommens von New York von 1958[87] unberührt.

(3) Diese Verordnung lässt die Anwendung der bilateralen Übereinkünfte und Vereinbarungen zwischen einem Drittstaat und einem Mitgliedstaat unberührt, die vor dem Inkrafttreten der Verordnung (EG) Nr. 44/2001 geschlossen wurden und in dieser Verordnung geregelte Angelegenheiten betreffen.

Kapitel VIII. Schlussvorschriften

Art. 74. [Übermittlung einzelstaatlicher Vollstreckungsvorschriften und -verfahren] Die Mitgliedstaaten übermitteln im Rahmen des Europäischen Justiziellen Netzes für Zivil- und Handelssachen eine Beschreibung der einzelstaatlichen Vollstreckungsvorschriften und -verfahren, einschließlich Angaben über die Vollstreckungsbehörden, sowie Informationen über alle Vollstreckungsbeschränkungen, insbesondere über Schuldnerschutzvorschriften und Verjährungsfristen, im Hinblick auf die Bereitstellung dieser Informationen für die Öffentlichkeit.

Die Mitgliedstaaten halten diese Informationen stets auf dem neuesten Stand.

Art. 75.[88] [Mitteilung der zuständigen Gerichte] Die Mitgliedstaaten teilen der Kommission bis zum 10. Januar 2014 mit,

a) an welches Gericht der Antrag auf Versagung der Vollstreckung gemäß Artikel 47 Absatz 1 zu richten ist;

b) bei welchen Gerichten der Rechtsbehelf gegen die Entscheidung über den Antrag auf Versagung der Vollstreckung gemäß Artikel 49 Absatz 2 einzulegen ist;

c) bei welchen Gerichten ein weiterer Rechtsbehelf gemäß Artikel 50 einzulegen ist und

d) welche Sprachen für die Übersetzung der Formblätter nach Artikel 57 Absatz 2 zugelassen sind.

Die Angaben werden von der Kommission in geeigneter Weise, insbesondere über das Europäische Justizielle Netz für Zivil- und Handelssachen, der Öffentlichkeit zur Verfügung gestellt.

Art. 76.[89] [Notifizierung durch die Mitgliedstaaten] (1) Die Mitgliedstaaten notifizieren der Kommission

---

[87] Abgedruckt unter Nr. *240*.

[88] Die der Kommission mitgeteilten Informationen zu den einzelnen Mitgliedstaaten sind abrufbar im Europäischen Gerichtsatlas für Zivilsachen (Homepage des Europäischen Justizportals: https://e-justice.europa.eu/350/DE/brussels_i_regulation_recast).

[89] Vgl. die vorige Anm.

a) die Zuständigkeitsvorschriften nach Artikel 5 Absatz 2 und Artikel 6 Absatz 2,

b) die Regeln für die Streitverkündung nach Artikel 65 und

c) die Übereinkünfte nach Artikel 69.

(2) Die Kommission legt anhand der in Absatz 1 genannten Notifizierungen der Mitgliedstaaten die jeweiligen Listen fest.

(3) Die Mitgliedstaaten notifizieren der Kommission alle späteren Änderungen, die an diesen Listen vorgenommen werden müssen. Die Kommission passt diese Listen entsprechend an.

(4) Die Kommission veröffentlicht die Listen und alle späteren Änderungen dieser Listen im Amtsblatt der Europäischen Union.

(5) Die Kommission stellt der Öffentlichkeit alle nach den Absätzen 1 und 3 notifizierten Informationen auf andere geeignete Weise, insbesondere über das Europäische Justizielle Netz, zur Verfügung.

Art. 77.[90] **[Änderung der Anhänge I und II]** Der Kommission wird die Befugnis übertragen, gemäß Artikel 78 in Bezug auf die Änderung der Anhänge I und II delegierte Rechtsakte zu erlassen.

Art. 78. [Erlass delegierter Rechtsakte] (1) Die der Kommission übertragene Befugnis zum Erlass delegierter Rechtsakte unterliegt den Bedingungen dieses Artikels.

(2) Die Befugnis zum Erlass delegierter Rechtsakte gemäß Artikel 77 wird der Kommission auf unbestimmte Zeit ab dem 9. Januar 2013 übertragen.

(3) Die Befugnisübertragung gemäß Artikel 77 kann vom Europäischen Parlament oder vom Rat jederzeit widerrufen werden. Der Beschluss über den Widerruf beendet die Übertragung der darin genannten Befugnisse. Der Beschluss tritt am Tag nach Veröffentlichung des Beschlusses im Amtsblatt der Europäischen Union oder zu einem späteren, in dem Beschluss festgelegten Zeitpunkt in Kraft. Er berührt nicht die Gültigkeit bereits in Kraft getretener delegierter Rechtsakte.

(4) Sobald die Kommission einen delegierten Rechtsakt erlässt, übermittelt sie ihn gleichzeitig dem Europäischen Parlament und dem Rat.

(5) Ein gemäß Artikel 77 erlassener delegierter Rechtsakt tritt nur in Kraft, wenn weder das Europäische Parlament noch der Rat innerhalb einer Frist von zwei Monaten nach Übermittlung dieses Rechtsakts an das Europäische Parlament und den Rat Einwände erhoben hat oder wenn vor Ablauf dieser Frist sowohl das Europäische Parlament als auch der Rat der Kommission mitgeteilt haben, dass sie keine Einwände zu erheben beabsichtigen. Diese Frist wird auf Initiative des Europäischen Parlaments oder des Rates um zwei Monate verlängert.

---

[90] Vgl. Erwägungsgrund (37) und die Anm. 91 zu den Anhängen I und II.

Art. 79. [Bericht] Die Kommission legt dem Europäischen Parlament, dem Rat und dem Europäischen Wirtschafts- und Sozialausschuss bis zum 11. Januar 2022 einen Bericht über die Anwendung dieser Verordnung vor. Dieser Bericht enthält auch eine Bewertung der Frage, ob die Zuständigkeitsvorschriften weiter ausgedehnt werden sollten auf Beklagte, die ihren Wohnsitz nicht in einem Mitgliedstaat haben, wobei der Funktionsweise dieser Verordnung und möglichen Entwicklungen auf internationaler Ebene Rechnung zu tragen ist. Dem Bericht wird gegebenenfalls ein Vorschlag zur Änderung dieser Verordnung beigefügt.

Art. 80. [Aufhebung der Brüssel I-VO] Die Verordnung (EG) Nr. 44/2001 wird durch diese Verordnung aufgehoben. Bezugnahmen auf die aufgehobene Verordnung gelten als Bezugnahmen auf die vorliegende Verordnung und sind nach Maßgabe der Entsprechungstabelle in Anhang III zu lesen.

Art. 81. [Inkrafttreten und Geltung] Diese Verordnung tritt am zwanzigsten Tag nach ihrer Veröffentlichung im Amtsblatt der Europäischen Union in Kraft.

Sie gilt ab dem 10. Januar 2015, mit Ausnahme der Artikel 75 und 76, die ab dem 10. Januar 2014 gelten.

Diese Verordnung ist in allen ihren Teilen verbindlich und gilt gemäß den Verträgen unmittelbar in den Mitgliedstaaten.

Anhang I[91]
Bescheinigung über eine Entscheidung in Zivil- oder Handelssachen

Anhang II[92]
Bescheinigung über eine öffentliche Urkunde/einen gerichtlichen Vergleich in einer Zivil- oder Handelssache

---

[91] Anhänge I und II neu gefasst durch die Delegierte Verordnung (EU) 2015/281 v. 26.11.2014, ABl. 2015 L 54, 1. Das Formblatt für die Bescheinigung ist abrufbar im Europäischen Justizportal: https://e-justice.europa.eu/273/DE/judgments_in_civil_and_commercial_matters_forms?clang=de.

[92] Vgl. Anm. 91.

160a. Zivilprozessordnung

idF vom 5. Dezember 2005 (BGBl. I, S. 3202)

Buch 11. Justizielle Zusammenarbeit in der Europäischen Union

Abschnitt 7.[1] Anerkennung und Vollstreckung nach der Verordnung (EU) Nr. 1215/2012

Titel 1. Bescheinigung über inländische Titel

§ 1110. Zuständigkeit. Für die Ausstellung der Bescheinigung nach den Artikeln 53 und 60 der Verordnung (EU) Nr. 1215/2012 sind die Gerichte oder Notare zuständig, denen die Erteilung einer vollstreckbaren Ausfertigung des Titels obliegt.

§ 1111.[2] Verfahren. (1) Bescheinigungen nach den Artikeln 53 und 60 der Verordnung (EU) Nr. 1215/2012 sind ohne Anhörung des Schuldners auszustellen. In den Fällen des § 726 Absatz 1 und der §§ 727 bis 729 kann der Schuldner vor der Ausstellung der Bescheinigung gehört werden. Eine Ausfertigung der Bescheinigung ist dem Schuldner von Amts wegen zuzustellen. Das gilt nicht, wenn die antragstellende Person Übermittlung an sich zur Zustellung im Parteibetrieb beantragt hat.

(2) Für die Anfechtbarkeit der Entscheidung über die Ausstellung der Bescheinigung nach Absatz 1 gelten die Vorschriften über die Anfechtbarkeit der Entscheidung über die Erteilung der Vollstreckungsklausel entsprechend.

Titel 2. Anerkennung und Vollstreckung ausländischer Titel im Inland

§ 1112. Entbehrlichkeit der Vollstreckungsklausel. Aus einem Titel, der in einem anderen Mitgliedstaat der Europäischen Union vollstreckbar ist, findet die Zwangsvollstreckung im Inland statt, ohne dass es einer Vollstreckungsklausel bedarf.

§ 1113. Übersetzung oder Transliteration. Hat eine Partei nach Artikel 57 der Verordnung (EU) Nr. 1215/2012 eine Übersetzung oder eine

[1] Abschnitt 7 (§§ 1110–1117) angefügt durch Gesetz v. 8.7.2014 (BGBl. I, S. 890) mit Wirkung v. 10.1.2015. Die Vorschriften des 11. Buches der ZPO finden gem. § 13a ArbGG auch in Verfahren vor den Arbeitsgerichten Anwendung.

[2] Abs. 1 Satz 4 angefügt durch Gesetz v. 10.8.2021 (BGBl. I, S. 3424) mit Wirkung v. 18.8.2021.

Transliteration vorzulegen, so ist diese in deutscher Sprache abzufassen und von einer in einem Mitgliedstaat der Europäischen Union hierzu befugten Person zu erstellen.

§ 1114. Anfechtung der Anpassung eines Titels. Für die Anfechtung der Anpassung eines Titels (Artikel 54 der Verordnung (EU) Nr. 1215/2012) sind folgende Rechtsgrundlagen entsprechend anzuwenden:

1. im Fall von Maßnahmen des Gerichtsvollziehers oder des Vollstreckungsgerichts § 766,
2. im Fall von Entscheidungen des Vollstreckungsgerichts oder von Vollstreckungsmaßnahmen des Prozessgerichts § 793 und
3. im Fall von Vollstreckungsmaßnahmen des Grundbuchamts § 71 der Grundbuchordnung.

§ 1115. Versagung der Anerkennung oder der Vollstreckung. (1) Für Anträge auf Versagung der Anerkennung oder der Vollstreckung (Artikel 45 Absatz 4 und Artikel 47 Absatz 1 der Verordnung (EU) Nr. 1215/2012) ist das Landgericht ausschließlich zuständig.

(2) Örtlich zuständig ist ausschließlich das Landgericht, in dessen Bezirk der Schuldner seinen Wohnsitz hat. Hat der Schuldner im Inland keinen Wohnsitz, ist ausschließlich das Landgericht zuständig, in dessen Bezirk die Zwangsvollstreckung durchgeführt werden soll. Der Sitz von Gesellschaften und juristischen Personen steht dem Wohnsitz gleich.

(3) Der Antrag auf Versagung kann bei dem zuständigen Landgericht schriftlich eingereicht oder mündlich zu Protokoll der Geschäftsstelle erklärt werden.

(4) Über den Antrag auf Versagung entscheidet der Vorsitzende einer Zivilkammer durch Beschluss. Der Beschluss ist zu begründen und kann ohne mündliche Verhandlung ergehen. Der Antragsgegner ist vor der Entscheidung zu hören.

(5) Gegen die Entscheidung findet die sofortige Beschwerde statt. Die Notfrist des § 569 Absatz 1 Satz 1 beträgt einen Monat und beginnt mit der Zustellung der Entscheidung. Gegen den Beschluss des Beschwerdegerichts findet die Rechtsbeschwerde statt.

(6) Über den Antrag auf Aussetzung oder Beschränkung der Vollstreckung und den Antrag, die Vollstreckung von der Leistung einer Sicherheit abhängig zu machen (Artikel 44 Absatz 1 der Verordnung (EU) Nr. 1215/2012), wird durch einstweilige Anordnung entschieden. Die Entscheidung ist unanfechtbar.

§ 1116. Wegfall oder Beschränkung der Vollstreckbarkeit im Ursprungsmitgliedstaat. Auf Antrag des Schuldners (Artikel 44 Absatz 2 der Verordnung (EU) Nr. 1215/2012) ist die Zwangsvollstreckung entsprechend § 775 Nummer 1 und 2 und § 776 auch dann einzustellen oder zu beschränken, wenn der Schuldner eine Entscheidung eines Gerichts des Ursprungsmitgliedstaats über die Nichtvollstreckbarkeit oder über die Beschränkung der Vollstreckbarkeit vorlegt. Auf Verlangen des Vollstreckungsorgans ist eine Übersetzung der Entscheidung vorzulegen. § 1108 gilt entsprechend.

§ 1117. Vollstreckungsabwehrklage. (1) Für Klagen nach § 795 Satz 1 in Verbindung mit § 767 gilt § 1086 Absatz 1 entsprechend.

(2) Richtet sich die Klage gegen die Vollstreckung aus einem gerichtlichen Vergleich oder einer öffentlichen Urkunde, ist § 767 Absatz 2 nicht anzuwenden.

2. Unterhaltssachen

161. Verordnung (EG) Nr. 4/2009 des Rates über die Zuständigkeit, das anwendbare Recht, die Anerkennung und Vollstreckung von Entscheidungen und die Zusammenarbeit in Unterhaltssachen

Vom 18. Dezember 2008[1, 2, 3, 4, 5] (ABl. 2009 L 7, S. 1)

DER RAT DER EUROPÄISCHEN UNION

gestützt auf den Vertrag zur Gründung der Europäischen Gemeinschaft, insbesondere auf Artikel 61 Buchstabe c und Artikel 67 Absatz 2,

auf Vorschlag der Kommission,

nach Stellungnahme des Europäischen Parlaments,[6]

---

[1] Die Verordnung findet für die Mitgliedstaaten der EU mit Ausnahme *Dänemarks* (vgl. dazu Erwägungsgrund (48)) nach Maßgabe ihres Art. 76 UAbs. 3 seit dem 18.6.2011 Anwendung. Für *Kroatien* gilt sie seit dem 1.7.2013.

[2] Im Verhältnis zum *Vereinigten Königreich* gilt die Verordnung nach Ablauf der in Art. 126, 127 des Brexit-Abk v. 24.1.2020 (Nr. *0–3*) vereinbarten Übergangsfrist am 31.12.2020 nicht mehr. Vgl. zu den Auswirkungen des Brexit auf die Geltung der Verordnung im *Vereinigten Königreich* auch Anm. 2 zum EU-Vertrag (Nr. *0–1*) und Art. 67 Abs. 1 lit. d, Abs. 2 lit. c und Abs. 3 lit. b Brexit-Abk.

[3] Seit der Geltung dieser Verordnung wird in den Mitgliedstaaten der EU (mit Ausnahme *Dänemarks* und des *Vereinigten Königreichs*) auf dem Gebiet des Kollisionsrechts das Haager Protokoll über das auf Unterhaltspflichten anzuwendende Recht v. 23.11.2007 (Nr. *42*) angewandt, vgl. den Ratsbeschluss v. 20.11.2009 (ABl. L 331, S. 17).

[4] Vgl. auch die Verordnung (EG) Nr. 664/2009 zur Einführung eines Verfahrens für die Aushandlung und den Abschluss von Abkommen zwischen Mitgliedstaaten und Drittstaaten, die die Zuständigkeit und die Anerkennung und Vollstreckung von Urteilen und Entscheidungen in Ehesachen, in Fragen der elterlichen Verantwortung und in Unterhaltssachen sowie das anwendbare Recht in Unterhaltssachen betreffen, v. 7.7.2009 (ABl. L 200, S. 46).

[5] Zur Durchführung der Verordnung in *Deutschland* siehe das Auslandsunterhaltsgesetz (AUG) v. 23.5.2011 (Nr. *161a*).

[6] Stellungnahme des Europäischen Parlaments v. 13.12.2007 und v. 4.12.2008 infolge erneuter Anhörung.

nach Stellungnahme des Europäischen Wirtschafts- und Sozialausschusses,[7]

in Erwägung nachstehender Gründe:

(1) Die Gemeinschaft hat sich zum Ziel gesetzt, einen Raum der Freiheit, der Sicherheit und des Rechts, in dem der freie Personenverkehr gewährleistet ist, zu erhalten und weiterzuentwickeln. Zur schrittweisen Schaffung eines solchen Raums erlässt die Gemeinschaft unter anderem Maßnahmen im Bereich der justiziellen Zusammenarbeit in Zivilsachen mit grenzüberschreitenden Bezügen, soweit dies für das reibungslose Funktionieren des Binnenmarkts erforderlich ist.

(2) Nach Artikel 65 Buchstabe b des Vertrags betreffen solche Maßnahmen unter anderem die Förderung der Vereinbarkeit der in den Mitgliedstaaten geltenden Kollisionsnormen und der Vorschriften zur Vermeidung von Kompetenzkonflikten.

(3) Die Gemeinschaft hat hierzu unter anderem bereits folgende Maßnahmen erlassen: die Verordnung (EG) Nr. 44/2001 des Rates vom 22. Dezember 2000 über die gerichtliche Zuständigkeit und die Anerkennung und Vollstreckung von Entscheidungen in Zivil- und Handelssachen,[8] die Entscheidung 2001/470/EG des Rates vom 28. Mai 2001 über die Einrichtung eines Europäischen Justiziellen Netzes für Zivil- und Handelssachen,[9] die Verordnung (EG) Nr. 1206/2001 des Rates vom 28. Mai 2001 über die Zusammenarbeit zwischen den Gerichten der Mitgliedstaaten auf dem Gebiet der Beweisaufnahme in Zivil- oder Handelssachen,[10] die Richtlinie 2003/8/EG des Rates vom 27. Januar 2003 zur Verbesserung des Zugangs zum Recht bei Streitsachen mit grenzüberschreitendem Bezug durch Festlegung gemeinsamer Mindestvorschriften für die Prozesskostenhilfe in derartigen Streitsachen,[11] die Verordnung (EG) Nr. 2201/2003 des Rates vom 27. November 2003 über die Zuständigkeit und die Anerkennung und Vollstreckung von Entscheidungen in Ehesachen und in Verfahren betreffend die elterliche Verantwortung,[12] die Verordnung (EG) Nr. 805/2004 des Europäischen Parlaments und des Rates vom 21. April 2004 zur Einführung eines europäischen Vollstreckungstitels für unbestrittene Forderungen[13] sowie die Verordnung (EG) Nr. 1393/2007 des Europäischen Parlaments und des Rates vom 13. November 2007 über die Zustellung gerichtlicher und außergerichtlicher Schriftstücke in Zivil- oder Handelssachen in den Mitgliedstaaten (Zustellung von Schriftstücken).[14]

---

[7] Stellungnahme des Europäischen Wirtschafts- und Sozialausschusses nach nicht obligatorischer Anhörung (ABl. C 185, S. 35).

[8] ABl. 2001 L 12, S. 1; abgedruckt in der 17. Aufl. unter Nr. *160*.

[9] ABl. 2001 L 174, S. *25*.

[10] ABl. 2001 L 174, S. 1; abgedruckt unter Nr. *225*.

[11] ABl. 2003 L 26, S. 41; abgedruckt unter Nr. *226*.

[12] ABl. 2003 L 338, S. 1; abgedruckt unter Nr. *162*.

[13] ABl. 2004 L 143, S. 15; abgedruckt unter Nr. *185*.

[14] ABl. 2007 L 324, S. 79; abgedruckt unter Nr. *224*.

(4) Der Europäische Rat hat auf seiner Tagung vom 15. und 16. Oktober 1999 in Tampere den Rat und die Kommission aufgefordert, besondere gemeinsame Verfahrensregeln für die Vereinfachung und Beschleunigung der Beilegung grenzüberschreitender Rechtsstreitigkeiten unter anderem bei Unterhaltsansprüchen festzulegen. Er hat ferner die Abschaffung der Zwischenmaßnahmen gefordert, die notwendig sind, um die Anerkennung und Vollstreckung einer in einem anderen Mitgliedstaat ergangenen Entscheidung, insbesondere einer Entscheidung über einen Unterhaltsanspruch, im ersuchten Staat zu ermöglichen.

(5) Am 30. November 2000 wurde ein gemeinsames Maßnahmenprogramm der Kommission und des Rates zur Umsetzung des Grundsatzes der gegenseitigen Anerkennung gerichtlicher Entscheidungen in Zivil- und Handelssachen[15] verabschiedet. Dieses Programm sieht die Abschaffung des Exequaturverfahrens bei Unterhaltsansprüchen vor, um die Wirksamkeit der Mittel, die den Anspruchsberechtigten zur Durchsetzung ihrer Ansprüche zur Verfügung stehen, zu erhöhen.

(6) Am 4. und 5. November 2004 hat der Europäische Rat auf seiner Tagung in Brüssel ein neues Programm mit dem Titel „Haager Programm zur Stärkung von Freiheit, Sicherheit und Recht in der Europäischen Union" (nachstehend das „Haager Programm" genannt)[16] angenommen.

(7) Der Rat hat auf seiner Tagung vom 2. und 3. Juni 2005 einen Aktionsplan des Rates und der Kommission[17] angenommen, mit dem das Haager Programm in konkrete Maßnahmen umgesetzt wird und in dem die Annahme von Vorschlägen zur Unterhaltspflicht als notwendig erachtet wird.

(8) Im Rahmen der Haager Konferenz für Internationales Privatrecht haben die Gemeinschaft und ihre Mitgliedstaaten an Verhandlungen teilgenommen, die am 23. November 2007 mit der Annahme des Übereinkommens über die internationale Geltendmachung der Unterhaltsansprüche von Kindern und anderen Familienangehörigen (nachstehend das „Haager Übereinkommen von 2007" genannt)[18] und des Protokolls über das auf Unterhaltspflichten anzuwendende Recht (nachstehend das „Haager Protokoll von 2007" genannt)[19] abgeschlossen wurden. Daher ist diesen beiden Instrumenten im Rahmen der vorliegenden Verordnung Rechnung zu tragen.

(9) Es sollte einem Unterhaltsberechtigten ohne Umstände möglich sein, in einem Mitgliedstaat eine Entscheidung zu erwirken, die automatisch in einem anderen Mitgliedstaat ohne weitere Formalitäten vollstreckbar ist.

---

[15] ABl. 2001 C 12, S. 1.
[16] ABl. 2005 C 53, S. 1.
[17] ABl. 2005 C 198, S. 1.
[18] Abgedruckt unter Nr. *183*.
[19] Abgedruckt unter Nr. *42*.

(10) Um dieses Ziel zu erreichen, sollte ein gemeinschaftliches Rechtsinstrument betreffend Unterhaltssachen geschaffen werden, in dem die Bestimmungen über Kompetenzkonflikte, Kollisionsnormen, die Anerkennung, Vollstreckbarkeit und die Vollstreckung von Entscheidungen sowie über Prozesskostenhilfe und die Zusammenarbeit zwischen den Zentralen Behörden zusammengeführt werden.

(11) Der Anwendungsbereich dieser Verordnung sollte sich auf sämtliche Unterhaltspflichten erstrecken, die auf einem Familien-, Verwandtschafts-, oder eherechtlichen Verhältnis oder auf Schwägerschaft beruhen; hierdurch soll die Gleichbehandlung aller Unterhaltsberechtigten gewährleistet werden. Für die Zwecke dieser Verordnung sollte der Begriff „Unterhaltspflicht" autonom ausgelegt werden.

(12) Um den verschiedenen Verfahrensweisen zur Regelung von Unterhaltsfragen in den Mitgliedstaaten Rechnung zu tragen, sollte diese Verordnung sowohl für gerichtliche Entscheidungen als auch für von Verwaltungsbehörden ergangene Entscheidungen gelten, sofern jene Behörden Garantien insbesondere hinsichtlich ihrer Unparteilichkeit und des Anspruchs der Parteien auf rechtliches Gehör bieten. Diese Behörden sollten daher sämtliche Vorschriften dieser Verordnung anwenden.

(13) Aus den genannten Gründen sollte in dieser Verordnung auch die Anerkennung und Vollstreckung gerichtlicher Vergleiche und öffentlicher Urkunden sichergestellt werden, ohne dass dies das Recht einer der Parteien eines solchen Vergleichs oder einer solchen Urkunde berührt, solche Instrumente vor einem Gericht des Ursprungsmitgliedstaats anzufechten.

(14) In dieser Verordnung sollte vorgesehen werden, dass der Begriff „berechtigte Person" für die Zwecke eines Antrags auf Anerkennung und Vollstreckung einer Unterhaltsentscheidung auch öffentliche Aufgaben wahrnehmende Einrichtungen umfasst, die das Recht haben, für eine unterhaltsberechtigte Person zu handeln oder die Erstattung von Leistungen zu fordern, die der berechtigten Person anstelle von Unterhalt erbracht wurden. Handelt eine öffentliche Aufgaben wahrnehmende Einrichtung in dieser Eigenschaft, so sollte sie Anspruch auf die gleichen Dienste und die gleiche Prozesskostenhilfe wie eine berechtigte Person haben.

(15) Um die Interessen der Unterhaltsberechtigten zu wahren und eine ordnungsgemäße Rechtspflege innerhalb der Europäischen Union zu fördern, sollten die Vorschriften über die Zuständigkeit, die sich aus der Verordnung (EG) Nr. 44/2001 ergeben, angepasst werden. So sollte der Umstand, dass ein Antragsgegner seinen gewöhnlichen Aufenthalt in einem Drittstaat hat, nicht mehr die Anwendung der gemeinschaftlichen Vorschriften über die Zuständigkeit ausschließen, und auch eine Rückverweisung auf die innerstaatlichen Vorschriften über die Zuständigkeit sollte nicht mehr möglich sein. Daher sollte in dieser Verordnung festgelegt werden, in welchen Fällen ein Gericht eines Mitgliedstaats eine subsidiäre Zuständigkeit ausüben kann.

(16) Um insbesondere Fällen von Rechtsverweigerung begegnen zu können, sollte in dieser Verordnung auch eine Notzuständigkeit *(forum necessitatis)* vorgesehen werden, wonach ein Gericht eines Mitgliedstaats in Ausnahmefällen über einen Rechtsstreit entscheiden kann, der einen engen Bezug zu einem Drittstaat aufweist. Ein solcher Ausnahmefall könnte gegeben sein, wenn ein Verfahren sich in dem betreffenden Drittstaat als unmöglich erweist, beispielsweise aufgrund eines Bürgerkriegs, oder wenn vom Kläger vernünftigerweise nicht erwartet werden kann, dass er ein Verfahren in diesem Staat einleitet oder führt. Die Notzuständigkeit kann jedoch nur ausgeübt werden, wenn der Rechtsstreit einen ausreichenden Bezug zu dem Mitgliedstaat des angerufenen Gerichts aufweist, wie beispielsweise die Staatsangehörigkeit einer der Parteien.

(17) In einer zusätzlichen Zuständigkeitsvorschrift sollte vorgesehen werden, dass außer unter besonderen Umständen ein Verfahren zur Änderung einer bestehenden Unterhaltsentscheidung oder zur Herbeiführung einer neuen Entscheidung von der verpflichteten Person nur in dem Staat eingeleitet werden kann, in dem die berechtigte Person zu dem Zeitpunkt, zu dem die Entscheidung ergangen ist, ihren gewöhnlichen Aufenthalt hatte und in dem sie weiterhin ihren gewöhnlichen Aufenthalt hat. Um eine gute Verknüpfung zwischen dem Haager Übereinkommen von 2007 und dieser Verordnung zu gewährleisten, sollte diese Bestimmung auch für Entscheidungen eines Drittstaats, der Vertragspartei jenes Übereinkommens ist, gelten, sofern das Übereinkommen zwischen dem betreffenden Staat und der Gemeinschaft in Kraft ist, und in dem betreffenden Staat und in der Gemeinschaft die gleichen Unterhaltspflichten abdeckt.

(18) Für die Zwecke der Anwendung dieser Verordnung sollte vorgesehen werden, dass der Begriff „Staatsangehörigkeit" in Irland durch den Begriff „Wohnsitz" ersetzt wird; gleiches gilt für das Vereinigte Königreich, sofern diese Verordnung in diesem Mitgliedstaat nach Artikel 4 des Protokolls über die Position des Vereinigten Königreichs und Irlands, das dem Vertrag über die Europäische Union und dem Vertrag zur Gründung der Europäischen Gemeinschaft beigefügt ist, anwendbar ist.

(19) Im Hinblick auf eine größere Rechtssicherheit, Vorhersehbarkeit und Eigenständigkeit der Vertragsparteien sollte diese Verordnung es den Parteien ermöglichen, den Gerichtsstand anhand bestimmter Anknüpfungspunkte einvernehmlich zu bestimmen. Um den Schutz der schwächeren Partei zu gewährleisten, sollte eine solche Wahl des Gerichtsstands bei Unterhaltspflichten gegenüber einem Kind, das das 18. Lebensjahr noch nicht vollendet hat, ausgeschlossen sein.

(20) In dieser Verordnung sollte vorgesehen werden, dass für die Mitgliedstaaten, die durch das Haager Protokoll von 2007 gebunden sind, die in jenem Protokoll enthaltenen Bestimmungen über Kollisionsnormen gelten. Hierzu sollte eine Bestimmung aufgenommen werden, die auf das genannte Protokoll verweist. Die Gemeinschaft wird das Haager Protokoll von 2007 rechtzeitig abschließen, um die Anwendung dieser Verordnung zu

ermöglichen. Um der Möglichkeit Rechnung zu tragen, dass das Haager Protokoll von 2007 nicht für alle Mitgliedstaaten gilt, sollte hinsichtlich der Anerkennung, der Vollstreckbarkeit und der Vollstreckung von Entscheidungen zwischen den Mitgliedstaaten, die durch das Haager Protokoll von 2007 gebunden sind und jenen, die es nicht sind, unterschieden werden.

(21) Es sollte im Rahmen dieser Verordnung präzisiert werden, dass diese Kollisionsnormen nur das auf die Unterhaltspflichten anzuwendende Recht bestimmen; sie bestimmen nicht, nach welchem Recht festgestellt wird, ob ein Familienverhältnis besteht, das Unterhaltspflichten begründet. Die Feststellung eines Familienverhältnisses unterliegt weiterhin dem einzelstaatlichen Recht der Mitgliedstaaten, einschließlich ihrer Vorschriften des internationalen Privatrechts.

(22) Um die rasche und wirksame Durchsetzung einer Unterhaltsforderung zu gewährleisten und missbräuchlichen Rechtsmitteln vorzubeugen, sollten in einem Mitgliedstaat ergangene Unterhaltsentscheidungen grundsätzlich vorläufig vollstreckbar sein. Daher sollte in dieser Verordnung vorgesehen werden, dass das Ursprungsgericht die Entscheidung für vorläufig vollstreckbar erklären können sollte, und zwar auch dann, wenn das einzelstaatliche Recht die Vollstreckbarkeit von Rechts wegen nicht vorsieht und auch wenn nach einzelstaatlichem Recht ein Rechtsbehelf gegen die Entscheidung eingelegt wurde oder noch eingelegt werden könnte.

(23) Um die mit den Verfahren gemäß dieser Verordnung verbundenen Kosten zu begrenzen, wäre es zweckdienlich, so umfassend wie möglich auf die modernen Kommunikationstechnologien zurückzugreifen, insbesondere bei der Anhörung der Parteien.

(24) Die durch die Anwendung der Kollisionsnormen gebotenen Garantien sollten es rechtfertigen, dass Entscheidungen in Unterhaltssachen, die in einem durch das Haager Protokoll von 2007 gebundenen Mitgliedstaat ergangen sind, ohne weiteres Verfahren und ohne jegliche inhaltliche Prüfung im Vollstreckungsmitgliedstaat in den anderen Mitgliedstaaten anerkannt werden und vollstreckbar sind.

(25) Alleiniger Zweck der Anerkennung einer Unterhaltsentscheidung in einem Mitgliedstaat ist es, die Durchsetzung der in der Entscheidung festgelegten Unterhaltsforderung zu ermöglichen. Sie bewirkt nicht, dass dieser Mitgliedstaat das Familien-, Verwandtschafts-, eherechtliche oder auf Schwägerschaft beruhende Verhältnis anerkennt, auf der die Unterhaltspflichten, die Anlass zu der Entscheidung gegeben haben, gründen.

(26) Für Entscheidungen, die in einem nicht durch das Haager Protokoll von 2007 gebundenen Mitgliedstaat ergangen sind, sollte in dieser Verordnung ein Verfahren zur Anerkennung und Vollstreckbarerklärung vorgesehen werden. Dieses Verfahren sollte sich an das Verfahren und die Gründe für die Verweigerung der Anerkennung anlehnen, die in der Verordnung (EG) Nr. 44/2001 vorgesehen sind. Zur Beschleunigung des Verfahrens und damit die berechtigte Person ihre Forderung rasch durchsetzen kann, sollte

vorgesehen werden, dass die Entscheidung des angerufenen Gerichts außer unter außergewöhnlichen Umständen innerhalb bestimmter Fristen ergehen muss.

(27) Ferner sollten die Formalitäten für die Vollstreckung, die Kosten zulasten des Unterhaltsberechtigten verursachen, so weit wie möglich reduziert werden. Hierzu sollte in dieser Verordnung vorgesehen werden, dass der Unterhaltsberechtigte nicht verpflichtet ist, über eine Postanschrift oder einen bevollmächtigten Vertreter im Vollstreckungsmitgliedstaat zu verfügen, ohne damit im Übrigen die interne Organisation der Mitgliedstaaten im Bereich der Vollstreckungsverfahren zu beeinträchtigen.

(28) Zur Begrenzung der mit den Vollstreckungsverfahren verbundenen Kosten sollte keine Übersetzung verlangt werden, außer wenn die Vollstreckung angefochten wird, und unbeschadet der Vorschriften für die Zustellung der Schriftstücke.

(29) Um die Achtung der Grundsätze eines fairen Verfahrens zu gewährleisten, sollte in dieser Verordnung vorgesehen werden, dass ein Antragsgegner, der nicht vor dem Ursprungsgericht eines durch das Haager Protokoll von 2007 gebundenen Mitgliedstaats erschienen ist, in der Phase der Vollstreckung der gegen ihn ergangenen Entscheidung die erneute Prüfung dieser Entscheidung beantragen kann. Der Antragsgegner sollte diese erneute Prüfung allerdings innerhalb einer bestimmten Frist beantragen, die spätestens ab dem Tag laufen sollte, an dem in der Phase des Vollstreckungsverfahrens seine Vermögensgegenstände zum ersten Mal ganz oder teilweise seiner Verfügung entzogen wurden. Dieses Recht auf erneute Prüfung sollte ein außerordentliches Rechtsbehelf darstellen, das dem Antragsgegner, der sich in dem Verfahren nicht eingelassen hat, gewährt wird, und das nicht die Anwendung anderer außerordentlicher Rechtsbehelfe berührt, die nach dem Recht des Ursprungsmitgliedstaats bestehen, sofern diese Rechtsbehelfe nicht mit dem Recht auf erneute Prüfung nach dieser Verordnung unvereinbar sind.

(30) Um die Vollstreckung einer Entscheidung eines durch das Haager Protokoll von 2007 gebundenen Mitgliedstaats in einem anderen Mitgliedstaat zu beschleunigen, sollten die Gründe für eine Verweigerung oder Aussetzung der Vollstreckung, die die verpflichtete Person aufgrund des grenzüberschreitenden Charakters der Unterhaltspflicht geltend machen könnte, begrenzt werden. Diese Begrenzung sollte nicht die nach einzelstaatlichem Recht vorgesehenen Gründe für die Verweigerung oder Aussetzung beeinträchtigen, die mit den in dieser Verordnung angeführten Gründen nicht unvereinbar sind, wie beispielsweise die Begleichung der Forderung durch die verpflichtete Person zum Zeitpunkt der Vollstreckung oder die Unpfändbarkeit bestimmter Güter.

(31) Um die grenzüberschreitende Durchsetzung von Unterhaltsforderungen zu erleichtern, sollte ein System der Zusammenarbeit zwischen den von den Mitgliedstaaten benannten Zentralen Behörden eingerichtet werden. Diese Behörden sollten die berechtigten und die verpflichteten Perso-

nen darin unterstützen, ihre Rechte in einem anderen Mitgliedstaat geltend zu machen, indem sie die Anerkennung, Vollstreckbarerklärung und Vollstreckung bestehender Entscheidungen, die Änderung solcher Entscheidungen oder die Herbeiführung einer Entscheidung beantragen. Sie sollten ferner erforderlichenfalls Informationen austauschen, um die verpflichteten und die berechtigten Personen ausfindig zu machen und soweit erforderlich deren Einkünfte und Vermögen festzustellen. Sie sollten schließlich zusammenarbeiten und allgemeine Informationen auszutauschen sowie die Zusammenarbeit zwischen den zuständigen Behörden ihres Mitgliedstaats fördern.

(32) Eine nach dieser Verordnung benannte Zentrale Behörde sollte ihre eigenen Kosten tragen, abgesehen von speziell festgelegten Ausnahmen, und jeden Antragsteller unterstützen, der seinen Aufenthalt in ihrem Mitgliedstaat hat. Das Kriterium für das Recht einer Person auf Unterstützung durch eine Zentrale Behörde sollte weniger streng sein als das Anknüpfungskriterium des „gewöhnlichen Aufenthalts", das sonst in dieser Verordnung verwendet wird. Das Kriterium des „Aufenthalts" sollte jedoch die bloße Anwesenheit ausschließen.

(33) Damit sie die unterhaltsberechtigten und -verpflichteten Personen umfassend unterstützen und die grenzüberschreitende Durchsetzung von Unterhaltsforderungen optimal fördern können, sollten die Zentralen Behörden gewisse personenbezogene Daten einholen können. Diese Verordnung sollte daher die Mitgliedstaaten verpflichten sicherzustellen, dass ihre Zentralen Behörden Zugang zu solchen Angaben bei den öffentlichen Behörden oder Stellen, die im Rahmen ihrer üblichen Tätigkeiten über die betreffenden Angaben verfügen, erhalten. Es sollte jedoch jedem Mitgliedstaat überlassen bleiben, die Modalitäten für diesen Zugang festzulegen. So sollte ein Mitgliedstaat befugt sein, die öffentlichen Behörden oder Verwaltungen zu bezeichnen, die gehalten sind, der Zentralen Behörde die Angaben im Einklang mit dieser Verordnung zur Verfügung zu stellen, gegebenenfalls einschließlich der bereits im Rahmen anderer Regelungen über den Zugang zu Informationen benannten öffentlichen Behörden oder Verwaltungen. Bezeichnet ein Mitgliedstaat öffentliche Behörden oder Verwaltungen, sollte er sicherstellen, dass seine Zentrale Behörde in der Lage ist, Zugang zu den gemäß dieser Verordnung erforderlichen Angaben, die im Besitz jener Behörden oder Verwaltungen sind, zu erhalten. Die Mitgliedstaaten sollten ferner befugt sein, ihrer Zentralen Behörde den Zugang zu den erforderlichen Angaben bei jeder anderen juristischen Person zu ermöglichen, die diese besitzt und für deren Verarbeitung verantwortlich ist.

(34) Im Rahmen des Zugangs zu personenbezogenen Daten sowie deren Verwendung und Weiterleitung ist es angebracht, die Anforderungen der Richtlinie 95/46/EG des Europäischen Parlaments und des Rates vom 24. Oktober 1995 zum Schutz natürlicher Personen bei der Verarbeitung

personenbezogener Daten und zum freien Datenverkehr,[20] wie sie in das einzelstaatliche Recht der Mitgliedstaaten umgesetzt ist, zu beachten.

(35) Es ist angebracht, die spezifischen Bedingungen für den Zugang zu personenbezogenen Daten, deren Verwendung und Weiterleitung für die Anwendung dieser Verordnung festzulegen. In diesem Zusammenhang wurde die Stellungnahme des Europäischen Datenschutzbeauftragten[21] berücksichtigt. Die Benachrichtigung der von der Datenerhebung betroffenen Person sollte im Einklang mit dem einzelstaatlichen Recht erfolgen. Es sollte jedoch die Möglichkeit vorgesehen werden, diese Benachrichtigung zu verzögern, um zu verhindern, dass die verpflichtete Person ihre Vermögensgegenstände transferiert und so die Durchsetzung der Unterhaltsforderung gefährdet.

(36) Angesichts der Verfahrenskosten sollte eine sehr günstige Regelung der Prozesskostenhilfe vorgesehen werden, nämlich die uneingeschränkte Übernahme der Kosten in Verbindung mit Verfahren betreffend Unterhaltspflichten gegenüber Kindern, die das 21. Lebensjahr noch nicht vollendet haben, die über die Zentralen Behörden eingeleitet wurden. Folglich sollten die aufgrund der Richtlinie 2003/8/EG bestehenden Vorschriften über die Prozesskostenhilfe in der Europäischen Union[22] durch spezifische Vorschriften ergänzt werden, mit denen ein besonderes System der Prozesskostenhilfe in Unterhaltssachen geschaffen wird. Dabei sollte die zuständige Behörde des ersuchten Mitgliedstaats befugt sein, in Ausnahmefällen die Kosten bei einem unterlegenen Antragsteller, der eine unentgeltliche Prozesskostenhilfe bezieht, beizutreiben, sofern seine finanziellen Verhältnisse dies zulassen. Dies wäre insbesondere bei einer vermögenden Person, die wider Treu und Glauben gehandelt hat, der Fall.

(37) Darüber hinaus sollte für andere als die im vorstehenden Erwägungsgrund genannten Unterhaltspflichten allen Parteien die gleiche Behandlung hinsichtlich der Prozesskostenhilfe bei der Vollstreckung einer Entscheidung in einem anderen Mitgliedstaat garantiert werden. So sollten die Bestimmungen dieser Verordnung über die Weitergewährung der Prozesskostenhilfe so ausgelegt werden, dass sie eine solche Hilfe auch einer Partei gewähren, die beim Verfahren zur Herbeiführung oder Änderung einer Entscheidung im Ursprungsmitgliedstaat keine Prozesskostenhilfe erhalten hat, die aber später im selben Mitgliedstaat im Rahmen eines Antrags auf Vollstreckung der Entscheidung in den Genuss der Prozesskostenhilfe gekommen ist. Gleichermaßen sollte eine Partei, die berechtigterweise ein unentgeltliches Verfahren vor einer der in Anhang X aufgeführten Verwaltungsbehörden in Anspruch genommen hat, im Vollstreckungsmitgliedstaat in den Genuss der günstigsten Prozesskostenhilfe oder umfassendsten Kosten- und Gebührenbefreiung kommen, sofern sie nachweisen

---

[20] ABl. 1995 L 281, S. 31.
[21] ABl. 2006 C 242, S. 20.
[22] Abgedruckt unter Nr. *226*.

kann, dass sie diese Vergünstigungen auch im Ursprungsmitgliedstaat erhalten hätte.

(38) Um die Kosten für die Übersetzung von Beweisunterlagen zu reduzieren, sollte das angerufene Gericht unbeschadet der Verteidigungsrechte und der für die Zustellung der Schriftstücke geltenden Vorschriften die Übersetzung dieser Unterlagen nur verlangen, wenn sie tatsächlich notwendig ist.

(39) Um die Anwendung dieser Verordnung zu erleichtern, sollte eine Verpflichtung für die Mitgliedstaaten vorgesehen werden, der Kommission die Namen und Kontaktdaten ihrer Zentralen Behörden sowie sonstige Informationen mitzuteilen. Diese Informationen sollten Praktikern und der Öffentlichkeit durch eine Veröffentlichung im Amtsblatt der Europäischen Union oder durch Ermöglichung des elektronischen Zugangs über das mit der Entscheidung 2001/470/EG eingerichtete Europäische Justizielle Netz für Zivil- und Handelssachen bereitgestellt werden. Darüber hinaus sollte die Verwendung der in dieser Verordnung vorgesehenen Formblätter die Kommunikation zwischen den Zentralen Behörden erleichtern und beschleunigen und die elektronische Vorlage von Ersuchen ermöglichen.

(40) Die Beziehung zwischen dieser Verordnung und den bilateralen Abkommen oder multilateralen Übereinkünften in Unterhaltssachen, denen die Mitgliedstaaten angehören, sollte geregelt werden. Dabei sollte vorgesehen werden, dass die Mitgliedstaaten, die Vertragspartei des Übereinkommens vom 23. März 1962 zwischen Schweden, Dänemark, Finnland, Island und Norwegen über die Geltendmachung von Unterhaltsansprüchen sind, dieses Übereinkommen weiterhin anwenden können, da es günstigere Bestimmungen über die Anerkennung und die Vollstreckung enthält als diese Verordnung. Was künftige bilaterale Abkommen in Unterhaltssachen mit Drittstaaten betrifft, sollten die Verfahren und Bedingungen, unter denen die Mitgliedstaaten ermächtigt wären, in ihrem eigenen Namen solche Abkommen auszuhandeln und zu schließen, im Rahmen der Erörterung eines von der Kommission vorzulegenden Vorschlags zu diesem Thema festgelegt werden.

(41) Die Berechnung der in dieser Verordnung vorgesehenen Fristen und Termine sollte nach Maßgabe der Verordnung (EWG, Euratom) Nr. 1182/71 des Rates vom 3. Juni 1971 zur Festlegung der Regeln für die Fristen, Daten und Termine[23] erfolgen.

(42) Die zur Durchführung dieser Verordnung erforderlichen Maßnahmen sollten nach Maßgabe des Beschlusses 1999/468/EG des Rates vom 28. Juni 1999 zur Festlegung der Modalitäten für die Ausübung der der Kommission übertragenen Durchführungsbefugnisse erlassen[24] werden.

(43) Insbesondere sollte die Kommission die Befugnis erhalten, alle Änderungen der in dieser Verordnung vorgesehenen Formblätter nach dem in

[23] ABl. 1971 L 124, S. 1.
[24] ABl. 1999 L 184, S. 23.

Artikels 3 des Beschlusses 1999/468/EG genannten Beratungsverfahren des zu erlassen. Für die Erstellung der Liste der Verwaltungsbehörden, die in den Anwendungsbereich dieser Verordnung fallen, sowie der Liste der zuständigen Behörden für die Bescheinigung von Prozesskostenhilfe sollte die Kommission die Befugnis erhalten, das Verwaltungsverfahren nach Artikel 4 jenes Beschlusses anzuwenden.

(44) Diese Verordnung sollte die Verordnung (EG) Nr. 44/2001 ändern, indem sie deren auf Unterhaltssachen anwendbare Bestimmungen ersetzt. Vorbehaltlich der Übergangsbestimmungen dieser Verordnung sollten die Mitgliedstaaten bei Unterhaltssachen, ab dem Zeitpunkt der Anwendbarkeit dieser Verordnung die Bestimmungen dieser Verordnung über die Zuständigkeit, die Anerkennung, die Vollstreckbarkeit und die Vollstreckung von Entscheidungen und über die Prozesskostenhilfe anstelle der entsprechenden Bestimmungen der Verordnung (EG) Nr. 44/2001 anwenden.

(45) Da die Ziele dieser Verordnung, nämlich die Schaffung eines Instrumentariums zur effektiven Durchsetzung von Unterhaltsforderungen in grenzüberschreitenden Situationen und somit zur Erleichterung der Freizügigkeit der Personen innerhalb der Europäischen Union, auf Ebene der Mitgliedstaaten nicht hinreichend verwirklicht und daher aufgrund des Umfangs und der Wirkungen dieser Verordnung besser auf Gemeinschaftsebene erreicht werden können, kann die Gemeinschaft im Einklang mit dem in Artikel 5 des Vertrags niedergelegten Subsidiaritätsprinzip tätig werden. Entsprechend dem in demselben Artikel genannten Grundsatz der Verhältnismäßigkeit geht diese Verordnung nicht über das für die Erreichung dieser Ziele erforderliche Maß hinaus.

(46) Gemäß Artikel 3 des dem Vertrag über die Europäische Union und dem Vertrag zur Gründung der Europäischen Gemeinschaft beigefügten Protokolls über die Position des Vereinigten Königreichs und Irlands hat Irland mitgeteilt, dass es sich an der Annahme und Anwendung dieser Verordnung beteiligen möchte.

(47) Gemäß den Artikeln 1 und 2 des dem Vertrag über die Europäische Union und dem Vertrag zur Gründung der Europäischen Gemeinschaft beigefügten Protokolls über die Position des Vereinigten Königreichs und Irlands beteiligt sich das Vereinigte Königreich nicht an der Annahme dieser Verordnung, und ist weder durch diese gebunden noch zu ihrer Anwendung verpflichtet. Dies berührt jedoch nicht die Möglichkeit für das Vereinigte Königreich, gemäß Artikel 4 des genannten Protokolls nach der Annahme dieser Verordnung mitzuteilen, dass es die Verordnung anzunehmen wünscht.[25]

---

[25] Den Wunsch zur Annahme dieser Verordnung hat das *Vereinigte Königreich* mit Schreiben v. 15.1.2009 erklärt. Vgl. dazu die Entscheidung der Kommission 2009/451/EG v. 8.6.2009 (ABl. L 149, S. 73). Danach ist die Verordnung für das *Vereinigte Königreich* zur gleichen Zeit wie für die übrigen Mitgliedstaaten in Kraft getreten.

(48) Gemäß den Artikeln 1 und 2 des dem Vertrag über die Europäische Union und dem Vertrag zur Gründung der Europäischen Gemeinschaft beigefügten Protokolls über die Position Dänemarks beteiligt sich Dänemark nicht an der Annahme dieser Verordnung und ist weder durch diese gebunden noch zu ihrer Anwendung verpflichtet, unbeschadet der Möglichkeit für Dänemark, den Inhalt der an der Verordnung (EG) Nr. 44/2001 vorgenommenen Änderungen gemäß Artikel 3 des Abkommens vom 19. Oktober 2005 zwischen der Europäischen Gemeinschaft und dem Königreich Dänemark über die gerichtliche Zuständigkeit und die Anerkennung und Vollstreckung von Entscheidungen in Zivil- und Handelssachen[26] anzuwenden.[27]

HAT FOLGENDE VERORDNUNG ERLASSEN:

Kapitel I. Geltungsbereich und Begriffsbestimmungen

Art. 1.[28] **Anwendungsbereich.** (1) Diese Verordnung findet Anwendung auf Unterhaltspflichten, die auf einem Familien-, Verwandtschafts-, oder eherechtlichen Verhältnis oder auf Schwägerschaft beruhen.

(2) In dieser Verordnung bezeichnet der Begriff „Mitgliedstaat" alle Mitgliedstaaten, auf die diese Verordnung anwendbar ist.[29]

Art. 2. Begriffsbestimmungen. (1) Im Sinne dieser Verordnung bezeichnet der Begriff

1. „Entscheidung" eine von einem Gericht eines Mitgliedstaats in Unterhaltssachen erlassene Entscheidung ungeachtet ihrer Bezeichnung wie Urteil, Beschluss, Zahlungsbefehl oder Vollstreckungsbescheid, einschließlich des Kostenfestsetzungsbeschlusses eines Gerichtsbediensteten. Für die Zwecke der Kapitel VII und VIII bezeichnet der Begriff „Entscheidung" auch eine in einem Drittstaat erlassene Entscheidung in Unterhaltssachen;
2. „gerichtlicher Vergleich" einen von einem Gericht gebilligten oder vor einem Gericht im Laufe eines Verfahrens geschlossenen Vergleich in Unterhaltssachen;[30]
3. „öffentliche Urkunde"

---

[26] ABl. 2005 L 299, S. 62.

[27] Von dieser Möglichkeit hat *Dänemark* inzwischen Gebrauch gemacht, vgl. die Mitteilung der Kommission über die Erklärung *Dänemarks* v. 14.1.2009, ABl. L 149, S. 80. Danach findet die Verordnung (EG) Nr. 4/2009 des Rates – mit Ausnahme der Kapitel VI und VII – auf die Beziehungen zwischen der Union und *Dänemark* (ausgenommen Grönland und die Färöer Inseln) Anwendung.

[28] Vgl. Erwägungsgrund (11).

[29] Vgl. Erwägungsgründe (46)–(48).

[30] Zur Erstreckung der Verordnung auf gerichtliche Vergleiche und öffentliche Urkunden vgl. Erwägungsgrund (13).

a) ein Schriftstück in Unterhaltssachen, das als öffentliche Urkunde im Ursprungsmitgliedstaat förmlich errichtet oder eingetragen worden ist und dessen Beweiskraft

i) sich auf die Unterschrift und den Inhalt der öffentlichen Urkunde bezieht und

ii) durch eine Behörde oder eine andere hierzu ermächtigte Stelle festgestellt worden ist; oder

b) eine mit einer Verwaltungsbehörde des Ursprungsmitgliedstaats geschlossene oder von ihr beglaubigte Unterhaltsvereinbarung;

4. „Ursprungsmitgliedstaat" den Mitgliedstaat, in dem die Entscheidung ergangen, der gerichtliche Vergleich gebilligt oder geschlossen oder die öffentliche Urkunde ausgestellt worden ist;

5. „Vollstreckungsmitgliedstaat" den Mitgliedstaat, in dem die Vollstreckung der Entscheidung, des gerichtlichen Vergleichs oder der öffentlichen Urkunde betrieben wird;

6. „ersuchender Mitgliedstaat" den Mitgliedstaat, dessen Zentrale Behörde einen Antrag nach Kapitel VII übermittelt;

7. „ersuchter Mitgliedstaat" den Mitgliedstaat, dessen Zentrale Behörde einen Antrag nach Kapitel VII erhält;

8. „Vertragsstaat des Haager Übereinkommens von 2007" einen Vertragsstaat des Haager Übereinkommens vom 23. November 2007 über die internationale Geltendmachung der Unterhaltsansprüche von Kindern und anderen Familienangehörigen (nachstehend „Haager Übereinkommen von 2007" genannt),[31] soweit dieses Übereinkommen zwischen der Gemeinschaft und dem betreffenden Staat anwendbar ist;

9. „Ursprungsgericht" das Gericht, das die zu vollstreckende Entscheidung erlassen hat;

10. „berechtigte Person" jede natürliche Person, der Unterhalt zusteht oder angeblich zusteht;[32]

11. „verpflichtete Person" jede natürliche Person, die Unterhalt leisten muss oder angeblich leisten muss.

(2) Im Sinne dieser Verordnung schließt der Begriff „Gericht" auch die Verwaltungsbehörden der Mitgliedstaaten mit Zuständigkeit in Unterhaltssachen ein, sofern diese Behörden ihre Unparteilichkeit und das Recht der Parteien auf rechtliches Gehör garantieren und ihre Entscheidungen nach dem Recht des Mitgliedstaats, in dem sie ihren Sitz hat,

i) vor Gericht angefochten oder von einem Gericht nachgeprüft werden können und

---

[31] Abgedruckt unter Nr. *183*.

[32] Vgl. zum Begriff der „berechtigten Person" auch Erwägungsgrund (14).

ii) eine mit einer Entscheidung eines Gerichts zu der gleichen Angelegenheit vergleichbare Rechtskraft und Wirksamkeit haben.[33]

Die betreffenden Verwaltungsbehörden sind in Anhang X aufgelistet.[34] Dieser Anhang wird auf Antrag des Mitgliedstaats, in dem die betreffende Verwaltungsbehörde ihren Sitz hat, nach dem Verwaltungsverfahren des Artikels 73 Absatz 2 erstellt und geändert.

(3) Im Sinne der Artikel 3, 4 und 6 tritt der Begriff „Wohnsitz" in den Mitgliedstaaten, die diesen Begriff als Anknüpfungspunkt in Familiensachen verwenden, an die Stelle des Begriffs „Staatsangehörigkeit".[35]

Im Sinne des Artikels 6 gilt, dass Parteien, die ihren „Wohnsitz" in verschiedenen Gebietseinheiten desselben Mitgliedstaats haben, ihren gemeinsamen „Wohnsitz" in diesem Mitgliedstaat haben.

Kapitel II.[36] Zuständigkeit

Art. 3.[37] **Allgemeine Bestimmungen.** Zuständig für Entscheidungen in Unterhaltssachen in den Mitgliedstaaten ist

a) das Gericht des Ortes, an dem der Beklagte seinen gewöhnlichen Aufenthalt hat, oder

b) das Gericht des Ortes, an dem die berechtigte Person ihren gewöhnlichen Aufenthalt hat, oder

c) das Gericht, das nach seinem Recht für ein Verfahren in Bezug auf den Personenstand zuständig ist, wenn in der Nebensache zu diesem Verfahren über eine Unterhaltssache zu entscheiden ist, es sei denn, diese Zuständigkeit begründet sich einzig auf der Staatsangehörigkeit einer der Parteien, oder

d) das Gericht, das nach seinem Recht für ein Verfahren in Bezug auf die elterliche Verantwortung zuständig ist, wenn in der Nebensache zu diesem Verfahren über eine Unterhaltssache zu entscheiden ist, es sei denn, diese Zuständigkeit beruht einzig auf der Staatsangehörigkeit einer der Parteien.

Art. 4.[38] **Gerichtsstandsvereinbarungen.** (1) Die Parteien können vereinbaren, dass das folgende Gericht oder die folgenden Gerichte eines Mitgliedstaats zur Beilegung von zwischen ihnen bereits entstandenen oder

---

[33] Vgl. Erwägungsgrund (12). Zur Auflistung der zuständigen Verwaltungsbehörden in *Finnland* und *Schweden* vgl. die Durchführungs-VO der Kommission Nr. 1142/2011 v. 10.11.2011, ABl. L 293, S. 24.

[34] Anhang X ist online abrufbar im Europäischen Justizportal, vgl. Anm. 91.

[35] Vgl. Erwägungsgrund (18).

[36] Vgl. Erwägungsgründe (15)–(19).

[37] Vgl. zu Art. 3 lit. a und lit.b in *Deutschland* ergänzend § 28, zu Art. 3 lit. c ergänzend §§ 25, 26 AUG v. 23.5.2011 (Nr. *161a*).

[38] Vgl. Erwägungsgrund (19).

künftig entstehenden Streitigkeiten betreffend Unterhaltspflichten zuständig ist bzw. sind:

a) ein Gericht oder die Gerichte eines Mitgliedstaats, in dem eine der Parteien ihren gewöhnlichen Aufenthalt hat;

b) ein Gericht oder die Gerichte des Mitgliedstaats, dessen Staatsangehörigkeit eine der Parteien besitzt;

c) hinsichtlich Unterhaltspflichten zwischen Ehegatten oder früheren Ehegatten

   i) das Gericht, das für Streitigkeiten zwischen den Ehegatten oder früheren Ehegatten in Ehesachen zuständig ist, oder

   ii) ein Gericht oder die Gerichte des Mitgliedstaats, in dem die Ehegatten mindestens ein Jahr lang ihren letzten gemeinsamen gewöhnlichen Aufenthalt hatten.

Die in den Buchstaben a, b oder c genannten Voraussetzungen müssen zum Zeitpunkt des Abschlusses der Gerichtsstandsvereinbarung oder zum Zeitpunkt der Anrufung des Gerichts erfüllt sein.

Die durch Vereinbarung festgelegte Zuständigkeit ist ausschließlich, sofern die Parteien nichts anderes vereinbaren.

(2) Eine Gerichtsstandsvereinbarung bedarf der Schriftform. Elektronische Übermittlungen, die eine dauerhafte Aufzeichnung der Vereinbarung ermöglichen, erfüllen die Schriftform.

(3) Dieser Artikel gilt nicht bei einer Streitigkeit über eine Unterhaltspflicht gegenüber einem Kind, das noch nicht das 18. Lebensjahr vollendet hat.

(4) Haben die Parteien vereinbart, dass ein Gericht oder die Gerichte eines Staates, der dem am 30. Oktober 2007 in Lugano unterzeichneten Übereinkommen über die gerichtliche Zuständigkeit und die Anerkennung und Vollstreckung von Entscheidungen in Zivil- und Handelssachen[39] (nachstehend „Übereinkommen von Lugano" genannt) angehört und bei dem es sich nicht um einen Mitgliedstaat handelt, ausschließlich zuständig sein soll bzw. sollen, so ist dieses Übereinkommen anwendbar, außer für Streitigkeiten nach Absatz 3.

Art. 5. Durch rügelose Einlassung begründete Zuständigkeit. Sofern das Gericht eines Mitgliedstaats nicht bereits nach anderen Vorschriften dieser Verordnung zuständig ist, wird es zuständig, wenn sich der Beklagte auf das Verfahren einlässt. Dies gilt nicht, wenn der Beklagte sich einlässt, um den Mangel der Zuständigkeit geltend zu machen.

Art. 6.[40] Auffangzuständigkeit. Ergibt sich weder eine Zuständigkeit eines Gerichts eines Mitgliedstaats gemäß der Artikel 3, 4 und 5 noch eine

---

[39] ABl. 2007 L 339, S. 3; abgedruckt unter Nr. *152*.

[40] Vgl. Erwägungsgrund (15). In *Deutschland* gilt ergänzend § 27 AUG v. 23.5.2011 (Nr. *161a*).

Zuständigkeit eines Gerichts eines Staates, der dem Übereinkommen von Lugano angehört und der kein Mitgliedstaat ist, gemäß der Bestimmungen dieses Übereinkommens, so sind die Gerichte des Mitgliedstaats der gemeinsamen Staatsangehörigkeit der Parteien zuständig.

Art. 7.[41] **Notzuständigkeit *(forum necessitatis).*** Ergibt sich keine Zuständigkeit eines Gerichts eines Mitgliedstaats gemäß der Artikel 3, 4, 5 und 6, so können die Gerichte eines Mitgliedstaats in Ausnahmefällen über den Rechtsstreit entscheiden, wenn es nicht zumutbar ist oder es sich als unmöglich erweist, ein Verfahren in einem Drittstaat, zu dem der Rechtsstreit einen engen Bezug aufweist, einzuleiten oder zu führen.

Der Rechtsstreit muss einen ausreichenden Bezug zu dem Mitgliedstaat des angerufenen Gerichts aufweisen.

Art. 8.[42] **Verfahrensbegrenzung.** (1) Ist eine Entscheidung in einem Mitgliedstaat oder einem Vertragsstaat des Haager Übereinkommens von 2007 ergangen, in dem die berechtigte Person ihren gewöhnlichen Aufenthalt hat, so kann die verpflichtete Person kein Verfahren in einem anderen Mitgliedstaat einleiten, um eine Änderung der Entscheidung oder eine neue Entscheidung herbeizuführen, solange die berechtigte Person ihren gewöhnlichen Aufenthalt weiterhin in dem Staat hat, in dem die Entscheidung ergangen ist.

(2) Absatz 1 gilt nicht,

a) wenn die gerichtliche Zuständigkeit jenes anderen Mitgliedstaats auf der Grundlage einer Vereinbarung nach Artikel 4 zwischen den Parteien festgelegt wurde;

b) wenn die berechtigte Person sich aufgrund von Artikel 5 der gerichtlichen Zuständigkeit jenes anderen Mitgliedstaats unterworfen hat;

c) wenn die zuständige Behörde des Ursprungsstaats, der dem Haager Übereinkommen von 2007 angehört, ihre Zuständigkeit für die Änderung der Entscheidung oder für das Erlassen einer neuen Entscheidung nicht ausüben kann oder die Ausübung ablehnt; oder

d) wenn die im Ursprungsstaat, der dem Haager Übereinkommen von 2007 angehört, ergangene Entscheidung in dem Mitgliedstaat, in dem ein Verfahren zur Änderung der Entscheidung oder Herbeiführung einer neuen Entscheidung beabsichtigt ist, nicht anerkannt oder für vollstreckbar erklärt werden kann.

Art. 9. Anrufung eines Gerichts. Für die Zwecke dieses Kapitels gilt ein Gericht als angerufen

a) zu dem Zeitpunkt, zu dem das verfahrenseinleitende Schriftstück oder ein gleichwertiges Schriftstück bei Gericht eingereicht worden ist, vor-

---

[41] Vgl. Erwägungsgrund (16). In *Deutschland* gilt ergänzend § 27 AUG v. 23.5.2011 (Nr. *161a*).

[42] Vgl. Erwägungsgrund (17).

ausgesetzt, dass der Kläger es in der Folge nicht versäumt hat, die ihm obliegenden Maßnahmen zu treffen, um die Zustellung des Schriftstücks an den Beklagten zu bewirken, oder

b) falls die Zustellung an den Beklagten vor Einreichung des Schriftstücks bei Gericht zu bewirken ist, zu dem Zeitpunkt, zu dem die für die Zustellung verantwortliche Stelle das Schriftstück erhalten hat, vorausgesetzt, dass der Kläger es in der Folge nicht versäumt hat, die ihm obliegenden Maßnahmen zu treffen, um das Schriftstück bei Gericht einzureichen.

Art. 10. Prüfung der Zuständigkeit. Das Gericht eines Mitgliedstaats, das in einer Sache angerufen wird, für die es nach dieser Verordnung nicht zuständig ist, erklärt sich von Amts wegen für unzuständig.

Art. 11. Prüfung der Zulässigkeit. (1) Lässt sich ein Beklagter, der seinen gewöhnlichen Aufenthalt im Hoheitsgebiet eines anderen Staates als des Mitgliedstaats hat, in dem das Verfahren eingeleitet wurde, auf das Verfahren nicht ein, so setzt das zuständige Gericht das Verfahren so lange aus, bis festgestellt ist, dass es dem Beklagten möglich war, das verfahrenseinleitende Schriftstück oder ein gleichwertiges Schriftstück so rechtzeitig zu empfangen, dass er sich verteidigen konnte oder dass alle hierzu erforderlichen Maßnahmen getroffen wurden.

(2) Anstelle des Absatzes 1 dieses Artikels findet Artikel 19 der Verordnung (EG) Nr. 1393/2007[43] Anwendung, wenn das verfahrenseinleitende Schriftstück oder ein gleichwertiges Schriftstück nach Maßgabe jener Verordnung von einem Mitgliedstaat in einen anderen zuzustellen war.

(3) Sind die Bestimmungen der Verordnung (EG) Nr. 1393/2007 nicht anwendbar, so gilt Artikel 15 des Haager Übereinkommens vom 15. November 1965 über die Zustellung gerichtlicher und außergerichtlicher Schriftstücke im Ausland in Zivil- und Handelssachen,[44] wenn das verfahrenseinleitende Schriftstück oder ein gleichwertiges Schriftstück nach Maßgabe dieses Übereinkommens ins Ausland zu übermitteln war.

Art. 12. Rechtshängigkeit. (1) Werden bei Gerichten verschiedener Mitgliedstaaten Verfahren wegen desselben Anspruchs zwischen denselben Parteien anhängig gemacht, so setzt das später angerufene Gericht das Verfahren von Amts wegen aus, bis die Zuständigkeit des zuerst angerufenen Gerichts feststeht.

(2) Sobald die Zuständigkeit des zuerst angerufenen Gerichts feststeht, erklärt sich das später angerufene Gericht zugunsten dieses Gerichts für unzuständig.

---

[43] ABl. L 324 v. 10.12.2007, S. 79. Anstelle von Art. 19 der Verordnung (EG) Nr. 1393/2007 gilt seit dem 1.7.2022 Art. 22 der Verordnung (EU) 2020/1784 v. 22.11.2020, abgedruckt unter Nr. *224*.

[44] Abgedruckt unter Nr. *211*.

Art. 13. Aussetzung wegen Sachzusammenhang. (1) Sind bei Gerichten verschiedener Mitgliedstaaten Verfahren, die im Zusammenhang stehen, anhängig, so kann jedes später angerufene Gericht das Verfahren aussetzen.

(2) Sind diese Verfahren in erster Instanz anhängig, so kann sich jedes später angerufene Gericht auf Antrag einer Partei auch für unzuständig erklären, wenn das zuerst angerufene Gericht für die betreffenden Verfahren zuständig ist und die Verbindung der Verfahren nach seinem Recht zulässig ist.

(3) Verfahren stehen im Sinne dieses Artikels im Zusammenhang, wenn zwischen ihnen eine so enge Beziehung gegeben ist, dass eine gemeinsame Verhandlung und Entscheidung geboten erscheint, um zu vermeiden, dass in getrennten Verfahren widersprechende Entscheidungen ergehen könnten.

Art. 14. Einstweilige Maßnahmen einschließlich Sicherungsmaßnahmen. Die im Recht eines Mitgliedstaats vorgesehenen einstweiligen Maßnahmen einschließlich solcher, die auf eine Sicherung gerichtet sind, können bei den Gerichten dieses Staates auch dann beantragt werden, wenn für die Entscheidung in der Hauptsache das Gericht eines anderen Mitgliedstaats aufgrund dieser Verordnung zuständig ist.

Kapitel III. Anwendbares Recht

Art. 15. Bestimmung des anwendbaren Rechts. Das auf Unterhaltspflichten anwendbare Recht bestimmt sich für die Mitgliedstaaten, die durch das Haager Protokoll vom 23. November 2007 über das auf Unterhaltspflichten anzuwendende Recht (nachstehend „Haager Protokoll von 2007" genannt) gebunden sind, nach jenem Protokoll.[45]

Kapitel IV.[46] Anerkennung, Vollstreckbarkeit und Vollstreckung von Entscheidungen

Art. 16. Geltungsbereich dieses Kapitels. (1) Dieses Kapitel regelt die Anerkennung, die Vollstreckbarkeit und die Vollstreckung der unter diese Verordnung fallenden Entscheidungen.

(2) Abschnitt 1 gilt für Entscheidungen, die in einem Mitgliedstaat, der durch das Haager Protokoll von 2007 gebunden ist, ergangen sind.

(3) Abschnitt 2 gilt für Entscheidungen, die in einem Mitgliedstaat, der nicht durch das Haager Protokoll von 2007 gebunden ist, ergangen sind.

(4) Abschnitt 3 gilt für alle Entscheidungen.

---

[45] Abgedruckt unter Nr. *42*. Vgl. dazu Erwägungsgründe (20) und (21).

[46] Vgl. Erwägungsgründe (22)–(30).

Abschnitt 1.[47] In einem Mitgliedstaat, der durch das Haager Protokoll von 2007 gebunden ist, ergangene Entscheidungen

Art. 17.[48] Abschaffung des Exequaturverfahrens. (1) Eine in einem Mitgliedstaat, der durch das Haager Protokoll von 2007 gebunden ist, ergangene Entscheidung wird in einem anderen Mitgliedstaat anerkannt, ohne dass es hierfür eines besonderen Verfahrens bedarf und ohne dass die Anerkennung angefochten werden kann.

(2) Eine in einem Mitgliedstaat, der durch das Haager Protokoll von 2007 gebunden ist, ergangene Entscheidung, die in diesem Staat vollstreckbar ist, ist in einem anderen Mitgliedstaat vollstreckbar, ohne dass es einer Vollstreckbarerklärung bedarf.

Art. 18. Sicherungsmaßnahmen. Eine vollstreckbare Entscheidung umfasst von Rechts wegen die Befugnis, alle auf eine Sicherung gerichteten Maßnahmen zu veranlassen, die im Recht des Vollstreckungsmitgliedstaats vorgesehen sind.

Art. 19.[49] Recht auf Nachprüfung. (1) Ein Antragsgegner, der sich im Ursprungsmitgliedstaat nicht auf das Verfahren eingelassen hat, hat das Recht, eine Nachprüfung der Entscheidung durch das zuständige Gericht dieses Mitgliedstaats zu beantragen, wenn

a) ihm das verfahrenseinleitende Schriftstück oder ein gleichwertiges Schriftstück nicht so rechtzeitig und in einer Weise zugestellt worden ist, dass er sich verteidigen konnte, oder

b) er aufgrund höherer Gewalt oder aufgrund außergewöhnlicher Umstände ohne eigenes Verschulden nicht in der Lage gewesen ist, Einspruch gegen die Unterhaltsforderung zu erheben,

es sei denn, er hat gegen die Entscheidung keinen Rechtsbehelf eingelegt, obwohl er die Möglichkeit dazu hatte.

(2) Die Frist für den Antrag auf Nachprüfung der Entscheidung beginnt mit dem Tag, an dem der Antragsgegner vom Inhalt der Entscheidung tatsächlich Kenntnis genommen hat und in der Lage war, entsprechend tätig zu werden, spätestens aber mit dem Tag der ersten Vollstreckungsmaßnahme, die zur Folge hatte, dass die Vermögensgegenstände des Antragsgegners ganz oder teilweise dessen Verfügung entzogen wurden. Der Antragsgegner wird unverzüglich tätig, in jedem Fall aber innerhalb einer Frist von 45 Tagen. Eine Verlängerung dieser Frist wegen weiter Entfernung ist ausgeschlossen.

---

[47] Vgl. dazu in *Deutschland* ergänzend § 70 AUG v. 23.5.2011 (Nr. *161a*).

[48] Vgl. Erwägungsgründe (9) und (24).

[49] Vgl. Erwägungsgrund (29). Vgl. dazu in *Deutschland* ergänzend §§ 30–34 AUG v. 23.5.2011 (Nr. *161a*).

(3) Weist das Gericht den Antrag auf Nachprüfung nach Absatz 1 mit der Begründung zurück, dass keine der Voraussetzungen für eine Nachprüfung nach jenem Absatz erfüllt ist, bleibt die Entscheidung in Kraft.

Entscheidet das Gericht, dass eine Nachprüfung aus einem der in Absatz 1 genannten Gründe gerechtfertigt ist, so wird die Entscheidung für nichtig erklärt. Die berechtigte Person verliert jedoch nicht die Vorteile, die sich aus der Unterbrechung der Verjährungs- oder Ausschlussfristen ergeben, noch das Recht, im ursprünglichen Verfahren möglicherweise zuerkannte Unterhaltsansprüche rückwirkend geltend zu machen.

Art. 20. Schriftstücke zum Zwecke der Vollstreckung. (1) Für die Vollstreckung einer Entscheidung in einem anderen Mitgliedstaat legt der Antragsteller den zuständigen Vollstreckungsbehörden folgende Schriftstücke vor:

a) eine Ausfertigung der Entscheidung, die die für ihre Beweiskraft erforderlichen Voraussetzungen erfüllt,

b) einen Auszug aus der Entscheidung, den die zuständige Behörde des Ursprungsmitgliedstaats unter Verwendung des in Anhang I vorgesehenen Formblatts[50] erstellt hat;

c) gegebenenfalls ein Schriftstück, aus dem die Höhe der Zahlungsrückstände und das Datum der Berechnung hervorgehen;

d) gegebenenfalls eine Transskript oder eine Übersetzung des Inhalts des in Buchstabe b genannten Formblatts in die Amtssprache des Vollstreckungsmitgliedstaats oder – falls es in diesem Mitgliedstaat mehrere Amtssprachen gibt – nach Maßgabe des Rechts dieses Mitgliedstaats in die Verfahrenssprache oder eine der Verfahrenssprachen des Ortes, an dem die Vollstreckung betrieben wird, oder in eine sonstige Sprache, für die der Vollstreckungsmitgliedstaat erklärt hat, dass er sie zulässt. Jeder Mitgliedstaat kann angeben, welche Amtssprache oder Amtssprachen der Organe der Europäischen Union er neben seiner oder seinen eigenen für das Ausfüllen des Formblatts zulässt.

(2) Die zuständigen Behörden des Vollstreckungsmitgliedstaats können vom Antragsteller nicht verlangen, dass dieser eine Übersetzung der Entscheidung vorlegt. Eine Übersetzung kann jedoch verlangt werden, wenn die Vollstreckung der Entscheidung angefochten wird.

(3) Eine Übersetzung aufgrund dieses Artikels ist von einer Person zu erstellen, die zur Anfertigung von Übersetzungen in einem der Mitgliedstaaten befugt ist.

Art. 21.[51] **Verweigerung oder Aussetzung der Vollstreckung.** (1) Die im Recht des Vollstreckungsmitgliedstaats vorgesehenen Gründe für die

---

[50] Das Formblatt für die Bescheinigung ist online abrufbar im Europäischen Justizportal; vgl. Anm. 91.

Verweigerung oder Aussetzung der Vollstreckung gelten, sofern sie nicht mit der Anwendung der Absätze 2 und 3 unvereinbar sind.

(2) Die zuständige Behörde des Vollstreckungsmitgliedstaats verweigert auf Antrag der verpflichteten Person die Vollstreckung der Entscheidung des Ursprungsgerichts insgesamt oder teilweise, wenn das Recht auf Vollstreckung der Entscheidung des Ursprungsgerichts entweder nach dem Recht des Ursprungsmitgliedstaats oder nach dem Recht des Vollstreckungsmitgliedstaats verjährt ist, wobei die längere Verjährungsfrist gilt.

Darüber hinaus kann die zuständige Behörde des Vollstreckungsmitgliedstaats auf Antrag der verpflichteten Person die Vollstreckung der Entscheidung des Ursprungsgerichts insgesamt oder teilweise verweigern, wenn die Entscheidung mit einer im Vollstreckungsmitgliedstaat ergangenen Entscheidung oder einer in einem anderen Mitgliedstaat oder einem Drittstaat ergangenen Entscheidung, die die notwendigen Voraussetzungen für ihre Anerkennung im Vollstreckungsmitgliedstaat erfüllt, unvereinbar ist.

Eine Entscheidung, die bewirkt, dass eine frühere Unterhaltsentscheidung aufgrund geänderter Umstände geändert wird, gilt nicht als unvereinbare Entscheidung im Sinne des Unterabsatzes 2.

(3) Die zuständige Behörde des Vollstreckungsmitgliedstaats kann auf Antrag der verpflichteten Person die Vollstreckung der Entscheidung des Ursprungsgerichts insgesamt oder teilweise aussetzen, wenn das zuständige Gericht des Ursprungsmitgliedstaats mit einem Antrag auf Nachprüfung der Entscheidung des Ursprungsgerichts nach Artikel 19 befasst wurde.

Darüber hinaus setzt die zuständige Behörde des Vollstreckungsmitgliedstaats auf Antrag der verpflichteten Person die Vollstreckung der Entscheidung des Ursprungsgerichts aus, wenn die Vollstreckbarkeit im Ursprungsmitgliedstaat ausgesetzt ist.

Art. 22.[52] **Keine Auswirkung auf das Bestehen eines Familienverhältnisses.** Die Anerkennung und Vollstreckung einer Unterhaltsentscheidung aufgrund dieser Verordnung bewirkt in keiner Weise die Anerkennung von Familien-, Verwandtschafts-, oder eherechtlichen Verhältnissen oder Schwägerschaft, die der Unterhaltspflicht zugrunde liegen, die zu der Entscheidung geführt hat.

Abschnitt 2.[53] In einem Mitgliedstaat, der nicht durch das Haager Protokoll von 2007 gebunden ist, ergangene Entscheidungen

Art. 23. Anerkennung. (1) Die in einem Mitgliedstaat, der nicht durch das Haager Protokoll von 2007 gebunden ist, ergangenen Entscheidungen

[51] Vgl. Erwägungsgrund (30).

[52] Vgl. Erwägungsgrund (25).

[53] Vgl. Erwägungsgrund (26). Vgl. dazu in *Deutschland* ergänzend §§ 35–42 AUG v. 23.5.2011 (Nr. *161a*).

werden in den anderen Mitgliedstaaten anerkannt, ohne dass es hierfür eines besonderen Verfahrens bedarf.

(2) Bildet die Frage, ob eine Entscheidung anzuerkennen ist, als solche den Gegenstand eines Streites, so kann jede Partei, welche die Anerkennung geltend macht, in dem Verfahren nach diesem Abschnitt die Feststellung beantragen, dass die Entscheidung anzuerkennen ist.[54]

(3) Wird die Anerkennung in einem Rechtsstreit vor dem Gericht eines Mitgliedstaats, dessen Entscheidung von der Anerkennung abhängt, verlangt, so kann dieses Gericht über die Anerkennung entscheiden.

Art. 24. Gründe für die Versagung der Anerkennung. Eine Entscheidung wird nicht anerkannt,

a) wenn die Anerkennung der öffentlichen Ordnung *(ordre public)* des Mitgliedstaats, in dem sie geltend gemacht wird, offensichtlich widersprechen würde. Die Vorschriften über die Zuständigkeit gehören nicht zur öffentlichen Ordnung *(ordre public);*

b) wenn dem Antragsgegner, der sich in dem Verfahren nicht eingelassen hat, das verfahrenseinleitende Schriftstück oder ein gleichwertiges Schriftstück nicht so rechtzeitig und in einer Weise zugestellt worden ist, dass er sich verteidigen konnte, es sei denn, der Antragsgegner hat gegen die Entscheidung keinen Rechtsbehelf eingelegt, obwohl er die Möglichkeit dazu hatte;

c) wenn sie mit einer Entscheidung unvereinbar ist, die zwischen denselben Parteien in dem Mitgliedstaat, in dem die Anerkennung geltend gemacht wird, ergangen ist;

d) wenn sie mit einer früheren Entscheidung unvereinbar ist, die in einem anderen Mitgliedstaat oder in einem Drittstaat zwischen denselben Parteien in einem Rechtsstreit wegen desselben Anspruchs ergangen ist, sofern die frühere Entscheidung die notwendigen Voraussetzungen für ihre Anerkennung in dem Mitgliedstaat erfüllt, in dem die Anerkennung geltend gemacht wird.

Eine Entscheidung, die bewirkt, dass eine frühere Unterhaltsentscheidung aufgrund geänderter Umstände geändert wird, gilt nicht als unvereinbare Entscheidung im Sinne der Buchstaben c oder d.

Art. 25. Aussetzung des Anerkennungsverfahrens. Das Gericht eines Mitgliedstaats, vor dem die Anerkennung einer Entscheidung geltend gemacht wird, die in einem Mitgliedstaat ergangenen ist, der nicht durch das Haager Protokoll von 2007 gebunden ist, setzt das Verfahren aus, wenn die Vollstreckung der Entscheidung im Ursprungsmitgliedstaat wegen der Einlegung eines Rechtsbehelfs einstweilen eingestellt ist.

---

[54] Vgl. dazu in *Deutschland* ergänzend §§ 35, 55–56 AUG v. 23.5.2011 (Nr. *161a*).

Art. 26.[55] **Vollstreckbarkeit.** Eine Entscheidung, die in einem Mitgliedstaat ergangen ist, der nicht durch das Haager Protokoll von 2007 gebunden ist, die in diesem Staat vollstreckbar ist, wird in einem anderen Mitgliedstaat vollstreckt, wenn sie dort auf Antrag eines Berechtigten für vollstreckbar erklärt worden ist.

Art. 27. Örtlich zuständiges Gericht. (1) Der Antrag auf Vollstreckbarerklärung ist an das Gericht oder an die zuständige Behörde des Vollstreckungsmitgliedstaats zu richten, das beziehungsweise die der Kommission von diesem Mitgliedstaat gemäß Artikel 71 notifiziert wurde.

(2) Die örtliche Zuständigkeit wird durch den Ort des gewöhnlichen Aufenthalts der Partei, gegen die die Vollstreckung erwirkt werden soll, oder durch den Ort, an dem die Vollstreckung durchgeführt werden soll, bestimmt.

Art. 28. Verfahren. (1) Dem Antrag auf Vollstreckbarerklärung sind folgende Schriftstücke beizufügen:

a) eine Ausfertigung der Entscheidung, die die für ihre Beweiskraft erforderlichen Voraussetzungen erfüllt,
b) einen durch das Ursprungsgericht unter Verwendung des Formblatts in Anhang II[56] erstellten Auszug aus der Entscheidung, unbeschadet des Artikels 29;
c) gegebenenfalls eine Transskript oder eine Übersetzung des Inhalts des in Buchstabe b genannten Formblatts in die Amtssprache des Vollstreckungsmitgliedstaats oder – falls es in diesem Mitgliedstaat mehrere Amtssprachen gibt – nach Maßgabe des Rechts dieses Mitgliedstaats – in die oder eine der Verfahrenssprachen des Ortes, an dem der Antrag gestellt wird, oder in eine sonstige Sprache, die der Vollstreckungsmitgliedstaat für zulässig erklärt hat. Jeder Mitgliedstaat kann angeben, welche Amtssprache oder Amtssprachen der Organe der Europäischen Union er neben seiner oder seinen eigenen für das Ausfüllen des Formblatts zulässt.

(2) Das Gericht oder die zuständige Behörde, bei dem beziehungsweise bei der der Antrag gestellt wird, kann vom Antragsteller nicht verlangen, dass dieser eine Übersetzung der Entscheidung vorlegt. Eine Übersetzung kann jedoch im Rahmen des Rechtsbehelfs nach Artikel 32 oder Artikel 33 verlangt werden.[57]

(3) Eine Übersetzung aufgrund dieses Artikels ist von einer Person zu erstellen, die zur Anfertigung von Übersetzungen in einem der Mitgliedstaaten befugt ist.

---

[55] Vgl. Erwägungsgrund (26). Vgl. dazu in *Deutschland* ergänzend §§ 35–42 AUG v. 23.5.2011 (Nr. *161a*).

[56] Das Formblatt für den Auszug ist online abrufbar im Europäischen Justizportal, vgl. Anm. 91.

[57] Vgl. Erwägungsgrund (28).

Art. 29. Nichtvorlage des Auszugs. (1) Wird der Auszug nach Artikel 28 Absatz 1 Buchstabe b nicht vorgelegt, so kann das Gericht oder die zuständige Behörde eine Frist bestimmen, innerhalb deren er vorzulegen ist, oder sich mit einem gleichwertigen Schriftstück begnügen oder von der Vorlage des Auszugs befreien, wenn es eine weitere Klärung nicht für erforderlich hält.

(2) In dem Fall nach Absatz 1 ist auf Verlangen des Gerichts oder der zuständigen Behörde eine Übersetzung der Schriftstücke vorzulegen. Die Übersetzung ist von einer Person zu erstellen, die zur Anfertigung von Übersetzungen in einem der Mitgliedstaaten befugt ist.

Art. 30. Vollstreckbarerklärung. Sobald die in Artikel 28 vorgesehenen Förmlichkeiten erfüllt sind, spätestens aber 30 Tage nachdem diese Förmlichkeiten erfüllt sind, es sei denn, dies erweist sich aufgrund außergewöhnlicher Umstände als nicht möglich, wird die Entscheidung für vollstreckbar erklärt, ohne dass eine Prüfung gemäß Artikel 24 erfolgt. Die Partei, gegen die die Vollstreckung erwirkt werden soll, erhält in diesem Abschnitt des Verfahrens keine Gelegenheit, eine Erklärung abzugeben.

Art. 31. Mitteilung der Entscheidung über den Antrag auf Vollstreckbarerklärung. (1) Die Entscheidung über den Antrag auf Vollstreckbarerklärung wird dem Antragsteller unverzüglich in der Form mitgeteilt, die das Recht des Vollstreckungsmitgliedstaats vorsieht.

(2) Die Vollstreckbarerklärung und, soweit dies noch nicht geschehen ist, die Entscheidung werden der Partei, gegen die die Vollstreckung erwirkt werden soll, zugestellt.

Art. 32.[58] Rechtsbehelf gegen die Entscheidung über den Antrag.

(1) Gegen die Entscheidung über den Antrag auf Vollstreckbarerklärung kann jede Partei einen Rechtsbehelf einlegen.

(2) Der Rechtsbehelf wird bei dem Gericht eingelegt, das der betreffende Mitgliedstaat der Kommission nach Artikel 71 notifiziert hat.

(3) Über den Rechtsbehelf wird nach den Vorschriften entschieden, die für Verfahren mit beiderseitigem rechtlichen Gehör maßgebend sind.

(4) Lässt sich die Partei, gegen die die Vollstreckung erwirkt werden soll, in dem Verfahren vor dem mit dem Rechtsbehelf des Antragstellers befassten Gericht nicht ein, so ist Artikel 11 auch dann anzuwenden, wenn die Partei, gegen die die Vollstreckung erwirkt werden soll, ihren gewöhnlichen Aufenthalt nicht im Hoheitsgebiet eines Mitgliedstaats hat.

(5) Der Rechtsbehelf gegen die Vollstreckbarerklärung ist innerhalb von 30 Tagen nach ihrer Zustellung einzulegen. Hat die Partei, gegen die die Vollstreckung erwirkt werden soll, ihren gewöhnlichen Aufenthalt im Ho-

[58] Vgl. dazu in *Deutschland* ergänzend §§ 43, 45 AUG v. 23.5.2011 (Nr. *161a*).

heitsgebiet eines anderen Mitgliedstaats als dem, in dem die Vollstreckbarerklärung ergangen ist, so beträgt die Frist für den Rechtsbehelf 45 Tage und beginnt von dem Tage an zu laufen, an dem die Vollstreckbarerklärung ihr entweder in Person oder in ihrer Wohnung zugestellt worden ist. Eine Verlängerung dieser Frist wegen weiter Entfernung ist ausgeschlossen.

Art. 33.[59] **Rechtsmittel gegen die Entscheidung über den Rechtsbehelf.** Die über den Rechtsbehelf ergangene Entscheidung kann nur im Wege des Verfahrens angefochten werden, das der betreffende Mitgliedstaat der Kommission nach Artikel 71 notifiziert hat.

Art. 34. Versagung oder Aufhebung einer Vollstreckbarerklärung.

(1) Die Vollstreckbarerklärung darf von dem mit einem Rechtsbehelf nach Artikel 32 oder Artikel 33 befassten Gericht nur aus einem der in Artikel 24 aufgeführten Gründe versagt oder aufgehoben werden.

(2) Vorbehaltlich des Artikels 32 Absatz 4 erlässt das mit einem Rechtsbehelf nach Artikel 32 befasste Gericht seine Entscheidung innerhalb von 90 Tagen nach seiner Befassung, es sei denn, dies erweist sich aufgrund außergewöhnlicher Umstände als nicht möglich.[60]

(3) Das mit einem Rechtsbehelf nach Artikel 33 befasste Gericht erlässt seine Entscheidung unverzüglich.

Art. 35. Aussetzung des Verfahrens. Das mit einem Rechtsbehelf nach Artikel 32 oder Artikel 33 befasste Gericht setzt auf Antrag der Partei, gegen die die Vollstreckung erwirkt werden soll, das Verfahren aus, wenn die Vollstreckung der Entscheidung im Ursprungsmitgliedstaat wegen der Einlegung eines Rechtsbehelfs einstweilen eingestellt ist.

Art. 36. Einstweilige Maßnahmen einschließlich Sicherungsmaßnahmen. (1) Ist eine Entscheidung nach diesem Abschnitt anzuerkennen, so ist der Antragsteller nicht daran gehindert, einstweilige Maßnahmen einschließlich solcher, die auf eine Sicherung gerichtet sind, nach dem Recht des Vollstreckungsmitgliedstaats in Anspruch zu nehmen, ohne dass es einer Vollstreckbarerklärung nach Artikel 30 bedarf.

(2) Die Vollstreckbarerklärung umfasst von Rechts wegen die Befugnis, solche Maßnahmen zu veranlassen.

(3) Solange die in Artikel 32 Absatz 5 vorgesehene Frist für den Rechtsbehelf gegen die Vollstreckbarerklärung läuft und solange über den Rechtsbehelf nicht entschieden ist, darf die Zwangsvollstreckung in das Vermögen der Partei, gegen die die Vollstreckung erwirkt werden soll, nicht über Maßnahmen zur Sicherung hinausgehen.

---

[59] Vgl. dazu in *Deutschland* ergänzend §§ 46–48 AUG v. 23.5.2011 (Nr. *161a*).
[60] Vgl. Erwägungsgrund (26).

Art. 37. Teilvollstreckbarkeit. (1) Ist durch die Entscheidung über mehrere mit dem Antrag geltend gemachte Ansprüche erkannt worden und kann die Vollstreckbarerklärung nicht für alle Ansprüche erteilt werden, so erteilt das Gericht oder die zuständige Behörde sie für einen oder mehrere dieser Ansprüche.

(2) Der Antragsteller kann beantragen, dass die Vollstreckbarerklärung nur für einen Teil des Gegenstands der Entscheidung erteilt wird.

Art. 38.[61] **Keine Stempelabgaben oder Gebühren.** Im Vollstreckungsmitgliedstaat dürfen im Vollstreckbarerklärungsverfahren keine nach dem Streitwert abgestuften Stempelabgaben oder Gebühren erhoben werden.

Abschnitt 3. Gemeinsame Bestimmungen

Art. 39. Vorläufige Vollstreckbarkeit. Das Ursprungsgericht kann die Entscheidung ungeachtet eines etwaigen Rechtsbehelfs für vorläufig vollstreckbar erklären, auch wenn das innerstaatliche Recht keine Vollstreckbarkeit von Rechts wegen vorsieht.

Art. 40. Durchsetzung einer anerkannten Entscheidung. (1) Eine Partei, die in einem anderen Mitgliedstaat eine im Sinne des Artikel 17 Absatz 1 oder des Abschnitt 2 anerkannte Entscheidung geltend machen will, hat eine Ausfertigung der Entscheidung vorzulegen, die die für ihre Beweiskraft erforderlichen Voraussetzungen erfüllt.

(2) Das Gericht, bei dem die anerkannte Entscheidung geltend gemacht wird, kann die Partei, die die anerkannte Entscheidung geltend macht, gegebenenfalls auffordern, einen vom Ursprungsgericht erstellten Auszug unter Verwendung des Formblatts in Anhang I beziehungsweise in Anhang II vorzulegen.

Das Ursprungsgericht erstellt diesen Auszug auch auf Antrag jeder betroffenen Partei.

(3) Gegebenenfalls übermittelt die Partei, die die anerkannte Entscheidung geltend macht, eine Transskript oder eine Übersetzung des Inhalts des in Absatz 2 genannten Formblatts in die Amtssprache des betreffenden Mitgliedstaats oder – falls es in diesem Mitgliedstaat mehrere Amtssprachen gibt – nach Maßgabe der Rechtsvorschriften dieses Mitgliedstaats – in die oder eine der Verfahrenssprachen des Ortes, an dem die anerkannte Entscheidung geltend gemacht wird, oder in eine sonstige Sprache, die der betreffende Mitgliedstaat für zulässig erklärt hat. Jeder Mitgliedstaat kann angeben, welche Amtssprache oder Amtssprachen der Organe der Europäischen Union er neben seiner oder seinen eigenen für das Ausfüllen des Formblatts zulässt.

---

[61] Vgl. Erwägungsgrund (27).

(4) Eine Übersetzung aufgrund dieses Artikels ist von einer Person zu erstellen, die zur Anfertigung von Übersetzungen in einem der Mitgliedstaaten befugt ist.

Art. 41. Vollstreckungsverfahren und Bedingungen für die Vollstreckung. (1) Vorbehaltlich der Bestimmungen dieser Verordnung gilt für das Verfahren zur Vollstreckung der in einem anderen Mitgliedstaat ergangenen Entscheidungen das Recht des Vollstreckungsmitgliedstaats. Eine in einem Mitgliedstaat ergangene Entscheidung, die im Vollstreckungsmitgliedstaat vollstreckbar ist, wird dort unter den gleichen Bedingungen vollstreckt wie eine im Vollstreckungsmitgliedstaat ergangene Entscheidung.

(2) Von der Partei, die die Vollstreckung einer Entscheidung beantragt, die in einem anderen Mitgliedstaat ergangen ist, kann nicht verlangt werden, dass sie im Vollstreckungsmitgliedstaat über eine Postanschrift oder einen bevollmächtigten Vertreter verfügt, außer bei den Personen, die im Bereich der Vollstreckungsverfahren zuständig sind.

Art. 42. Verbot der sachlichen Nachprüfung. Eine in einem Mitgliedstaat ergangene Entscheidung darf in dem Mitgliedstaat, in dem die Anerkennung, die Vollstreckbarkeit oder die Vollstreckung beantragt wird, in der Sache selbst nicht nachgeprüft werden.

Art. 43. Kein Vorrang der Eintreibung von Kosten. Die Eintreibung von Kosten, die bei der Anwendung dieser Verordnung entstehen, hat keinen Vorrang vor der Geltendmachung von Unterhaltsansprüchen.

Kapitel V.[62] Zugang zum Recht

Art. 44. Anspruch auf Prozesskostenhilfe. (1) Die an einem Rechtsstreit im Sinne dieser Verordnung beteiligten Parteien genießen nach Maßgabe der in diesem Kapitel niedergelegten Bedingungen effektiven Zugang zum Recht in einem anderen Mitgliedstaat, einschließlich im Rahmen von Vollstreckungsverfahren und Rechtsbehelfen.

In den Fällen gemäß Kapitel VII wird der effektive Zugang zum Recht durch den ersuchten Mitgliedstaat gegenüber jedem Antragsteller gewährleistet, der seinen Aufenthalt im ersuchenden Mitgliedstaat hat.

(2) Um einen solchen effektiven Zugang zu gewährleisten, leisten die Mitgliedstaaten Prozesskostenhilfe im Einklang mit diesem Kapitel, sofern nicht Absatz 3 gilt.

(3) In den Fällen gemäß Kapitel VII ist ein Mitgliedstaat nicht verpflichtet, Prozesskostenhilfe zu leisten, wenn und soweit die Verfahren in diesem Mitgliedstaat es den Parteien gestatten, die Sache ohne Prozesskostenhilfe

---

[62] Vgl. Erwägungsgründe (36)–(38).

zu betreiben, und die Zentrale Behörde die nötigen Dienstleistungen unentgeltlich erbringt.

(4) Die Voraussetzungen für den Zugang zu Prozesskostenhilfe dürfen nicht enger als diejenigen, die für vergleichbare innerstaatliche Fälle gelten, sein.

(5) In Verfahren, die Unterhaltspflichten betreffen, wird für die Zahlung von Verfahrenskosten keine Sicherheitsleistung oder Hinterlegung gleich welcher Bezeichnung auferlegt.

Art. 45. Gegenstand der Prozesskostenhilfe. Nach diesem Kapitel gewährte Prozesskostenhilfe ist die Unterstützung, die erforderlich ist, damit die Parteien ihre Rechte in Erfahrung bringen und geltend machen können und damit sichergestellt werden kann, dass ihre Anträge, die über die Zentralen Behörden oder direkt an die zuständigen Behörden übermittelt werden, in umfassender und wirksamer Weise bearbeitet werden. Sie umfasst soweit erforderlich Folgendes:

a) eine vorprozessuale Rechtsberatung im Hinblick auf eine außergerichtliche Streitbeilegung;

b) den Rechtsbeistand bei Anrufung einer Behörde oder eines Gerichts und die rechtliche Vertretung vor Gericht;

c) eine Befreiung von den Gerichtskosten und den Kosten für Personen, die mit der Wahrnehmung von Aufgaben während des Prozesses beauftragt werden, oder eine Unterstützung bei solchen Kosten;

d) in Mitgliedstaaten, in denen die unterliegende Partei die Kosten der Gegenpartei übernehmen muss, im Falle einer Prozessniederlage des Empfängers der Prozesskostenhilfe auch die Kosten der Gegenpartei, sofern die Prozesskostenhilfe diese Kosten umfasst hätte, wenn der Empfänger seinen gewöhnlichen Aufenthalt im Mitgliedstaat des angerufenen Gerichts gehabt hätte;

e) Dolmetschleistungen;

f) Übersetzung der vom Gericht oder von der zuständigen Behörde verlangten und vom Empfänger der Prozesskostenhilfe vorgelegten Schriftstücke, die für die Entscheidung des Rechtsstreits erforderlich sind;

g) Reisekosten, die vom Empfänger der Prozesskostenhilfe zu tragen sind, wenn das Recht oder das Gericht des betreffenden Mitgliedstaats die Anwesenheit der mit der Darlegung des Falles des Empfängers befassten Personen bei Gericht verlangen und das Gericht entscheidet, dass die betreffenden Personen nicht auf andere Weise zur Zufriedenheit des Gerichts gehört werden können.

Art. 46.[63] Unentgeltliche Prozesskostenhilfe bei Anträgen auf Unterhaltsleistungen für Kinder, die über die Zentralen Behörden

[63] Vgl. dazu in *Deutschland* ergänzend § 22 AUG v. 23.5.2011 (Nr. *161a*).

gestellt werden. (1) Der ersuchte Mitgliedstaat leistet unentgeltliche Prozesskostenhilfe für alle von einer berechtigten Person nach Artikel 56 gestellten Anträge in Bezug auf Unterhaltspflichten aus einer Eltern-Kind-Beziehung gegenüber einer Person, die das 21. Lebensjahr noch nicht vollendet hat.

(2) Ungeachtet des Absatzes 1 kann die zuständige Behörde des ersuchten Mitgliedstaats in Bezug auf andere Anträge als solche nach Artikel 56 Absatz 1 Buchstaben a und b die Gewährung unentgeltlicher Prozesskostenhilfe ablehnen, wenn sie den Antrag oder einen Rechtsbehelf für offensichtlich unbegründet erachtet.

Art. 47. Fälle, die nicht unter Artikel 46 fallen. (1) In Fällen, die nicht unter Artikel 46 fallen, kann vorbehaltlich der Artikel 44 und 45 die Gewährung der Prozesskostenhilfe gemäß dem innerstaatlichen Recht insbesondere von den Voraussetzungen der Prüfung der Mittel des Antragstellers oder der Begründetheit des Antrags abhängig gemacht werden.

(2) Ist einer Partei im Ursprungsmitgliedstaat ganz oder teilweise Prozesskostenhilfe oder Kosten- und Gebührenbefreiung gewährt worden, so genießt sie ungeachtet des Absatzes 1 in jedem Anerkennungs-, Vollstreckbarerklärungs- oder Vollstreckungsverfahren hinsichtlich der Prozesskostenhilfe oder der Kosten- und Gebührenbefreiung die günstigste oder umfassendste Behandlung, die das Recht des Vollstreckungsmitgliedstaats vorsieht.

(3) Hat eine Partei im Ursprungsmitgliedstaat ein unentgeltliches Verfahren vor einer in Anhang X aufgeführten Verwaltungsbehörde in Anspruch nehmen können, so hat sie ungeachtet des Absatzes 1 in jedem Anerkennungs-, Vollstreckbarerklärungs- oder Vollstreckungsverfahren Anspruch auf Prozesskostenhilfe nach Absatz 2. Zu diesem Zweck muss sie ein von der zuständigen Behörde des Ursprungsmitgliedstaats erstelltes Schriftstück vorgelegen, mit dem bescheinigt wird, dass sie die wirtschaftlichen Voraussetzungen erfüllt, um ganz oder teilweise Prozesskostenhilfe oder Kosten- und Gebührenbefreiung in Anspruch nehmen zu können.

Die für die Zwecke dieses Absatzes zuständigen Behörden sind in Anhang XI[64] aufgelistet. Dieser Anhang wird nach dem Verwaltungsverfahren des Artikels 73 Absatz 2 erstellt und geändert.

Kapitel VI.[65] Gerichtliche Vergleiche und öffentliche Urkunden

Art. 48. Anwendung dieser Verordnung auf gerichtliche Vergleiche und öffentliche Urkunden. (1) Die im Ursprungsmitgliedstaat vollstreckbaren gerichtlichen Vergleiche und öffentlichen Urkunden sind in

[64] Der Anhang ist online abrufbar im Europäischen Justizportal, vgl. Anm. 91.
[65] Vgl. Erwägungsgrund (13).

einem anderen Mitgliedstaat ebenso wie Entscheidungen gemäß Kapitel IV anzuerkennen und in der gleichen Weise vollstreckbar.

(2) Die Bestimmungen dieser Verordnung gelten, soweit erforderlich, auch für gerichtliche Vergleiche und öffentliche Urkunden.

(3) Die zuständige Behörde des Ursprungsmitgliedstaats erstellt auf Antrag jeder betroffenen Partei einen Auszug des gerichtlichen Vergleichs oder der öffentlichen Urkunde unter Verwendung, je nach Fall, der in den Anhängen I und II oder in den Anhängen III und IV vorgesehenen Formblätter.[66]

Kapitel VII.[67] Zusammenarbeit der Zentralen Behörden

Art. 49. Bestimmung der Zentralen Behörden. (1) Jeder Mitgliedstaat bestimmt eine Zentrale Behörde, welche die ihr durch diese Verordnung übertragenen Aufgaben wahrnimmt.

(2) Einem Mitgliedstaat, der ein Bundesstaat ist, einem Mitgliedstaat mit mehreren Rechtssystemen oder einem Mitgliedstaat, der aus autonomen Gebietseinheiten besteht, steht es frei, mehrere Zentrale Behörden zu bestimmen, deren räumliche und persönliche Zuständigkeit er festlegt. Macht ein Mitgliedstaat von dieser Möglichkeit Gebrauch, so bestimmt er die Zentrale Behörde, an die Mitteilungen zur Übermittlung an die zuständige Zentrale Behörde in diesem Staat gerichtet werden können. Wurde eine Mitteilung an eine nicht zuständige Zentrale Behörde gerichtet, so hat diese die Mitteilung an die zuständige Zentrale Behörde weiterzuleiten und den Absender davon in Kenntnis zu setzen.

(3) Jeder Mitgliedstaat unterrichtet die Kommission im Einklang mit Artikel 71 über die Bestimmung der Zentralen Behörde oder der Zentralen Behörden sowie über deren Kontaktdaten und gegebenenfalls deren Zuständigkeit nach Absatz 2.

Art. 50.[68] Allgemeine Aufgaben der Zentralen Behörden. (1) Die Zentralen Behörden

a) arbeiten zusammen, insbesondere durch den Austausch von Informationen, und fördern die Zusammenarbeit der zuständigen Behörden ihrer Mitgliedstaaten, um die Ziele dieser Verordnung zu verwirklichen;

b) suchen, soweit möglich, nach Lösungen für Schwierigkeiten, die bei der Anwendung dieser Verordnung auftreten.

(2) Die Zentralen Behörden ergreifen Maßnahmen, um die Anwendung dieser Verordnung zu erleichtern und die Zusammenarbeit untereinander

---

[66] Die Formblätter sind online abrufbar im Europäischen Justizportal, vgl. Anm. 91.
[67] Vgl. Erwägungsgründe (31)–(35).
[68] Vgl. Erwägungsgrund (31).

zu stärken. Hierzu wird das mit der Entscheidung 2001/470/EG eingerichtete Europäische Justizielle Netz für Zivil- und Handelssachen genutzt.

Art. 51. Besondere Aufgaben der Zentralen Behörden. (1) Die Zentralen Behörden leisten bei Anträgen nach Artikel 56 Hilfe, indem sie insbesondere

a) diese Anträge übermitteln und entgegennehmen;

b) Verfahren bezüglich dieser Anträge einleiten oder die Einleitung solcher Verfahren erleichtern.

(2) In Bezug auf diese Anträge treffen die Zentralen Behörden alle angemessenen Maßnahmen, um

a) Prozesskostenhilfe zu gewähren oder die Gewährung von Prozesskostenhilfe zu erleichtern, wenn die Umstände es erfordern;

b) dabei behilflich zu sein, den Aufenthaltsort der verpflichteten oder der berechtigten Person ausfindig zu machen, insbesondere in Anwendung der Artikel 61, 62 und 63;

c) die Erlangung einschlägiger Informationen über das Einkommen und, wenn nötig, das Vermögen der verpflichteten oder der berechtigten Person einschließlich der Belegenheit von Vermögensgegenständen zu erleichtern, insbesondere in Anwendung der Artikel 61, 62 und 63;

d) gütliche Regelungen zu fördern, um die freiwillige Zahlung von Unterhalt zu erreichen, wenn angebracht durch Mediation, Schlichtung oder ähnliche Mittel;

e) die fortlaufende Vollstreckung von Unterhaltsentscheidungen einschließlich der Zahlungsrückstände zu erleichtern;

f) die Eintreibung und zügige Überweisung von Unterhalt zu erleichtern;

g) unbeschadet der Verordnung (EG) Nr. 1206/2001[69] die Beweiserhebung, sei es durch Urkunden oder durch andere Beweismittel, zu erleichtern;

h) bei der Feststellung der Abstammung Hilfe zu leisten, wenn dies zur Geltendmachung von Unterhaltsansprüchen notwendig ist;

i) Verfahren zur Erwirkung notwendiger vorläufiger Maßnahmen, die auf das betreffende Hoheitsgebiet beschränkt sind und auf die Absicherung des Erfolgs eines anhängigen Unterhaltsantrags abzielen, einzuleiten oder die Einleitung solcher Verfahren zu erleichtern;

j) unbeschadet der Verordnung (EG) Nr. 1393/2007[70] die Zustellung von Schriftstücken zu erleichtern.

(3) Die Aufgaben, die nach diesem Artikel der Zentralen Behörde übertragen sind, können in dem vom Recht des betroffenen Mitgliedstaats vorgesehenen Umfang von öffentliche Aufgaben wahrnehmenden Ein-

---

[69] Abgedruckt unter Nr. *225.*

[70] Abgedruckt unter Nr. *224.*

richtungen oder anderen der Aufsicht der zuständigen Behörden dieses Mitgliedstaats unterliegenden Stellen wahrgenommen werden. Der Mitgliedstaat teilt der Kommission gemäß Artikel 71 die Bestimmung solcher Einrichtungen oder anderen Stellen sowie deren Kontaktdaten und Zuständigkeit mit.

(4) Dieser Artikel und Artikel 53 verpflichten eine Zentrale Behörde nicht zur Ausübung von Befugnissen, die nach dem Recht des ersuchten Mitgliedstaats ausschließlich den Gerichten zustehen.

Art. 52. Vollmacht. Die Zentrale Behörde des ersuchten Mitgliedstaats kann vom Antragsteller eine Vollmacht nur verlangen, wenn sie in seinem Namen in Gerichtsverfahren oder in Verfahren vor anderen Behörden tätig wird, oder um einen Vertreter für diese Zwecke zu bestimmen.

Art. 53. Ersuchen um Durchführung besonderer Maßnahmen.
(1) Eine Zentrale Behörde kann unter Angabe der Gründe eine andere Zentrale Behörde auch dann ersuchen, angemessene besondere Maßnahmen nach Artikel 51 Absatz 2 Buchstaben b, c, g, h, i und j zu treffen, wenn kein Antrag nach Artikel 56 anhängig ist. Die ersuchte Zentrale Behörde trifft, wenn sie es für notwendig erachtet, angemessene Maßnahmen, um einem potenziellen Antragsteller bei der Einreichung eines Antrags nach Artikel 56 oder bei der Feststellung behilflich zu sein, ob ein solcher Antrag gestellt werden soll.

(2) Im Falle eines Ersuchens hinsichtlich besonderer Maßnahmen im Sinne des Artikels 51 Absatz 2 Buchstaben b und c holt die ersuchte Zentrale Behörde die erbetenen Informationen ein, erforderlichenfalls in Anwendung von Artikel 61. Informationen nach Artikel 61 Absatz 2 Buchstaben b, c und d dürfen jedoch erst eingeholt werden, wenn die berechtigte Person eine Ausfertigung einer zu vollstreckenden Entscheidung, eines zu vollstreckenden gerichtlichen Vergleichs oder einer zu vollstreckenden öffentlichen Urkunde, gegebenenfalls zusammen mit dem Auszug nach den Artikeln 20, 28 oder 48, vorlegt.

Die ersuchte Zentrale Behörde übermittelt die eingeholten Informationen an die ersuchende Zentrale Behörde. Wurden diese Informationen in Anwendung von Artikel 61 eingeholt, wird dabei nur die Anschrift des potenziellen Antragsgegners im ersuchten Mitgliedstaat übermittelt. Im Rahmen eines Ersuchens im Hinblick auf die Anerkennung, die Vollstreckbarkeitserklärung oder die Vollstreckung wird dabei im Übrigen nur angegeben, ob überhaupt Einkommen oder Vermögen der verpflichteten Person in diesem Staat bestehen.

Ist die ersuchte Zentrale Behörde nicht in der Lage, die erbetenen Informationen zur Verfügung zu stellen, so teilt sie dies der ersuchenden Zentralen Behörde unverzüglich unter Angabe der Gründe mit.

(3) Eine Zentrale Behörde kann auf Ersuchen einer anderen Zentralen Behörde auch besondere Maßnahmen in einem Fall mit Auslandsbezug

treffen, der die Geltendmachung von Unterhaltsansprüchen betrifft und im ersuchenden Mitgliedstaat anhängig ist.

(4) Die Zentralen Behörden verwenden für Ersuchen nach diesem Artikel das in Anhang V vorgesehene Formblatt.[71]

Art. 54.[72] **Kosten der Zentralen Behörde.** (1) Jede Zentrale Behörde trägt die Kosten, die ihr durch die Anwendung dieser Verordnung entstehen.

(2) Die Zentralen Behörden dürfen vom Antragsteller für ihre nach dieser Verordnung erbrachten Dienstleistungen keine Gebühren erheben, außer für außergewöhnliche Kosten, die sich aus einem Ersuchen um besondere Maßnahmen nach Artikel 53 ergeben.

Für die Zwecke dieses Absatzes gelten die Kosten im Zusammenhang mit der Feststellung des Aufenthaltsorts der verpflichteten Person nicht als außergewöhnlich.

(3) Die ersuchte Zentrale Behörde kann sich die außergewöhnlichen Kosten nach Absatz 2 nur erstatten lassen, wenn der Antragsteller im Voraus zugestimmt hat, dass die Dienstleistungen mit einem Kostenaufwand in der betreffenden Höhe erbracht werden.

Art. 55. Übermittlung von Anträgen über die Zentralen Behörden. Anträge nach diesem Kapitel sind über die Zentrale Behörde des Mitgliedstaats, in dem der Antragsteller seinen Aufenthalt hat, bei der Zentralen Behörde des ersuchten Mitgliedstaats zu stellen.

Art. 56.[73] **Zur Verfügung stehende Anträge.** (1) Eine berechtigte Person, die Unterhaltsansprüche nach dieser Verordnung geltend machen will, kann Folgendes beantragen:

a) Anerkennung oder Anerkennung und Vollstreckbarerklärung einer Entscheidung;
b) Vollstreckung einer im ersuchten Mitgliedstaat ergangenen oder anerkannten Entscheidung;
c) Herbeiführen einer Entscheidung im ersuchten Mitgliedstaat, wenn keine Entscheidung vorliegt, einschließlich, soweit erforderlich, der Feststellung der Abstammung;
d) Herbeiführen einer Entscheidung im ersuchten Mitgliedstaat, wenn die Anerkennung und Vollstreckbarerklärung einer Entscheidung, die in einem anderen Staat als dem ersuchten Mitgliedstaat ergangen ist, nicht möglich ist;
e) Änderung einer im ersuchten Mitgliedstaat ergangenen Entscheidung;

---

[71] Das Formblatt ist online abrufbar im Europäischen Justizportal, vgl. Anm. 91.
[72] Vgl. Erwägungsgrund (32).
[73] Vgl. dazu in *Deutschland* ergänzend § 22 AUG v. 23.5.2011 (Nr. *161a*).

f) Änderung einer Entscheidung, die in einem anderen Staat als dem ersuchten Mitgliedstaat ergangen ist.

(2) Eine verpflichtete Person, gegen die eine Unterhaltsentscheidung vorliegt, kann Folgendes beantragen:

a) Anerkennung einer Entscheidung, die die Aussetzung oder Einschränkung der Vollstreckung einer früheren Entscheidung im ersuchten Mitgliedstaat bewirkt;

b) Änderung einer im ersuchten Mitgliedstaat ergangenen Entscheidung;

c) Änderung einer Entscheidung, die in einem anderen Staat als dem ersuchten Mitgliedstaat ergangen ist.

(3) Bei Anträgen nach diesem Artikel werden der Beistand und die Vertretung nach Artikel 45 Buchstabe b durch die Zentrale Behörde des ersuchten Mitgliedstaats entweder unmittelbar oder über öffentliche Aufgaben wahrnehmende Einrichtungen oder andere Stellen oder Personen geleistet.

(4) Sofern in dieser Verordnung nichts anderes bestimmt ist, werden Anträge gemäß den Absätzen 1 und 2 nach dem Recht des ersuchten Mitgliedstaats behandelt und unterliegen den in diesem Mitgliedstaat geltenden Zuständigkeitsvorschriften.

Art. 57.[74] **Inhalt des Antrags.** (1) Für Anträge nach Artikel 56 ist das in Anhang VI oder in Anhang VII vorgesehene Formblatt[75] zu verwenden.

(2) Anträge nach Artikel 56 müssen mindestens folgende Angaben enthalten:

a) eine Erklärung in Bezug auf die Art des Antrags oder der Anträge;

b) den Namen und die Kontaktdaten des Antragstellers, einschließlich seiner Anschrift und seines Geburtsdatums;

c) den Namen und, sofern bekannt, die Anschrift sowie das Geburtsdatum des Antragsgegners;

d) den Namen und das Geburtsdatum jeder Person, für die Unterhalt verlangt wird;

e) die Gründe, auf die sich der Antrag stützt;

f) wenn die berechtigte Person den Antrag stellt, Angaben zu dem Ort, an dem die Unterhaltszahlungen geleistet oder an den sie elektronisch überwiesen werden sollen;

g) den Namen und die Kontaktdaten der Person oder Stelle in der Zentralen Behörde des ersuchenden Mitgliedstaats, die für die Bearbeitung des Antrags zuständig ist.

(3) Für die Zwecke des Absatzes 2 Buchstabe b kann die persönliche Anschrift des Antragstellers im Falle familiärer Gewalt durch eine andere An-

---

[74] Vgl. dazu in *Deutschland* ergänzend § 14 AUG v. 23.5.2011 (Nr. *161a*).

[75] Die Formblätter sind online abrufbar im Europäischen Justizportal, vgl. Anm. 91.

schrift ersetzt werden, sofern das innerstaatliche Recht des ersuchten Mitgliedstaats nicht vorschreibt, dass der Antragsteller für die Zwecke des Verfahrens seine persönliche Anschrift angibt.

(4) Wenn angebracht und soweit bekannt, muss der Antrag außerdem Folgendes enthalten:

a) Angaben über die finanziellen Verhältnisse der berechtigten Person;

b) Angaben über die finanziellen Verhältnisse der verpflichteten Person, einschließlich des Namens und der Anschrift des Arbeitgebers der verpflichteten Person, sowie Art und Belegenheit der Vermögensgegenstände der verpflichteten Person;

c) alle anderen Angaben, die es gestatten, den Aufenthaltsort des Antragsgegners ausfindig zu machen.

(5) Dem Antrag sind alle erforderlichen Angaben oder schriftlichen Belege einschließlich gegebenenfalls Unterlagen zum Nachweis des Anspruchs des Antragstellers auf Prozesskostenhilfe beizufügen. Anträgen nach Artikel 56 Absatz 1 Buchstaben a und b und Absatz 2 Buchstabe a sind je nach Fall nur die in den Artikeln 20, 28 oder 48 oder die in Artikel 25 des Haager Übereinkommens von 2007 aufgeführten Schriftstücke beizufügen.

Art. 58. Übermittlung, Entgegennahme und Bearbeitung der Anträge und Fälle durch die Zentralen Behörden. (1) Die Zentrale Behörde des ersuchenden Mitgliedstaats ist dem Antragsteller behilflich, sicherzustellen, dass der Antrag alle Schriftstücke und Angaben umfasst, die nach Kenntnis dieser Behörde für seine Prüfung notwendig sind.

(2) Nachdem sich die Zentrale Behörde des ersuchenden Mitgliedstaats davon überzeugt hat, dass der Antrag den Erfordernissen dieser Verordnung entspricht, übermittelt sie ihn der Zentralen Behörde des ersuchten Mitgliedstaats.

(3) Innerhalb von 30 Tagen ab dem Tag des Eingangs des Antrags bestätigt die ersuchte Zentrale Behörde den Eingang des Antrags unter Verwendung des in Anhang VIII vorgesehenen Formblatts[76], benachrichtigt die Zentrale Behörde des ersuchenden Mitgliedstaats über die ersten Maßnahmen, die zur Bearbeitung des Antrags getroffen wurden oder werden, und fordert gegebenenfalls die von ihr für notwendig erachteten zusätzlichen Schriftstücke oder Angaben an. Innerhalb derselben Frist von 30 Tagen teilt die ersuchte Zentrale Behörde der ersuchenden Zentralen Behörde den Namen und die Kontaktdaten der Person oder Dienststelle mit, die damit beauftragt ist, Fragen im Hinblick auf den Stand des Antrags zu beantworten.

(4) Innerhalb von 60 Tagen nach der Empfangsbestätigung unterrichtet die ersuchte Zentrale Behörde die ersuchende Zentrale Behörde über den Stand des Antrags.

---

[76] Das Formblatt ist online abrufbar im Europäischen Justizportal, vgl. Anm. 91.

(5) Die ersuchende und die ersuchte Zentrale Behörde unterrichten einander

a) über die Person oder Dienststelle, die für einen bestimmten Fall zuständig ist;

b) über den Stand des Verfahrens

und beantworten Auskunftsersuchen rechtzeitig.

(6) Die Zentralen Behörden behandeln einen Fall so zügig, wie es eine sachgemäße Prüfung seines Gegenstands zulässt.

(7) Die Zentralen Behörden benutzen untereinander die schnellsten und effizientesten Kommunikationsmittel, die ihnen zur Verfügung stehen.

(8) Eine ersuchte Zentrale Behörde kann die Bearbeitung eines Antrags nur ablehnen, wenn offensichtlich ist, dass die Voraussetzungen dieser Verordnung nicht erfüllt sind. In diesem Fall unterrichtet die betreffende Zentrale Behörde die ersuchende Zentrale Behörde umgehend unter Verwendung des in Anhang IX vorgesehenen Formblatts[77] über die Gründe für ihre Ablehnung.

(9) Die ersuchte Zentrale Behörde kann einen Antrag nicht allein deshalb ablehnen, weil zusätzliche Schriftstücke oder Angaben erforderlich sind. Die ersuchte Zentrale Behörde kann die ersuchende Zentrale Behörde jedoch auffordern, solche zusätzlichen Schriftstücke oder Angaben zu übermitteln. Geschieht dies nicht innerhalb von 90 Tagen oder einer von der ersuchten Zentralen Behörde gesetzten längeren Frist, so kann diese Behörde beschließen, die Bearbeitung des Antrags zu beenden. In diesem Fall unterrichtet sie die ersuchende Zentrale Behörde unter Verwendung des in Anhang IX vorgesehenen Formblatts.[78]

Art. 59. Sprachenregelung. (1) Das Formblatt für das Ersuchen oder den Antrag ist in der Amtssprache des ersuchten Mitgliedstaats oder, wenn es in diesem Mitgliedstaat mehrere Amtssprachen gibt, der Amtssprache oder einer der Amtssprachen des Ortes, an dem sich die betreffende Zentrale Behörde befindet, oder in einer sonstigen Amtssprache der Organe der Europäischen Union, die der ersuchte Mitgliedstaat für zulässig erklärt hat, auszufüllen, es sei denn, die Zentrale Behörde dieses Mitgliedstaats verzichtet auf eine Übersetzung.

(2) Unbeschadet der Artikel 20, 28, 40 und 66 werden die dem Formblatt für das Ersuchen oder den Antrag beigefügten Schriftstücke nur dann in die gemäß Absatz 1 bestimmte Sprache übersetzt, wenn eine Übersetzung für die Gewährung der beantragten Hilfe erforderlich ist.

(3) Die sonstige Kommunikation zwischen den Zentralen Behörden erfolgt in der nach Absatz 1 bestimmten Sprache, sofern die Zentralen Behörden nichts anderes vereinbaren.

---

[77] Vgl. Anm. 76.
[78] Vgl. Anm. 76.

Art. 60. Zusammenkünfte. (1) Zur leichteren Anwendung dieser Verordnung finden regelmäßig Zusammenkünfte der Zentralen Behörden statt.

(2) Die Einberufung dieser Zusammenkünfte erfolgt im Einklang mit der Entscheidung 2001/470/EG.

Art. 61.[79] **Zugang der Zentralen Behörden zu Informationen.** (1) Nach Maßgabe dieses Kapitels und abweichend von Artikel 51 Absatz 4 setzt die ersuchte Zentrale Behörde alle geeigneten und angemessenen Mittel ein, um die Informationen gemäß Absatz 2 einzuholen, die erforderlich sind, um in einem bestimmten Fall den Erlass, die Änderung, die Anerkennung, die Vollstreckbarerklärung oder die Vollstreckung einer Entscheidung zu erleichtern.

Die Behörden oder Verwaltungen, die im Rahmen ihrer gewöhnlichen Tätigkeit im ersuchten Mitgliedstaat über die Informationen nach Absatz 2 verfügen und für ihre Verarbeitung im Sinne der Richtlinie 95/46/EG verantwortlich sind, stellen diese Informationen vorbehaltlich der Beschränkungen, die aus Gründen der nationalen oder öffentlichen Sicherheit gerechtfertigt sind, der ersuchten Zentralen Behörde auf Anfrage in den Fällen, in denen die ersuchte Zentrale Behörde keinen direkten Zugang zu diesen Informationen hat, zur Verfügung.

Die Mitgliedstaaten können die Behörden oder Verwaltungen bestimmen, die geeignet sind, der ersuchten Zentralen Behörde die Informationen nach Absatz 2 zur Verfügung zu stellen. Nimmt ein Mitgliedstaat eine solche Bestimmung vor, so achtet er darauf, dass er die Behörden und Verwaltungen so auswählt, dass seine Zentrale Behörde Zugang zu den erforderlichen Informationen gemäß diesem Artikel erhält.

Andere juristische Personen, die im ersuchten Mitgliedstaat über die Informationen nach Absatz 2 verfügen und für ihre Verarbeitung im Sinne der Richtlinie 95/46/EG verantwortlich sind, stellen diese Informationen der ersuchten Zentralen Behörde auf Anfrage zur Verfügung, wenn sie nach dem Recht des ersuchten Mitgliedstaats dazu befugt sind.

Die ersuchte Zentrale Behörde leitet die so erlangten Informationen erforderlichenfalls an die ersuchende Zentrale Behörde weiter.

(2) Bei den Informationen im Sinne dieses Artikels muss es sich um solche handeln, über die die Behörden, Verwaltungen oder Personen nach Absatz 1 bereits verfügen. Diese Informationen sind angemessen und erheblich und gehen nicht über das Erforderliche hinaus; sie betreffen Folgendes:

a) Anschrift der verpflichteten oder der berechtigten Person,

b) Einkommen der verpflichteten Person,

---

[79] Vgl. Erwägungsgründe (33)–(35).

c) Nennung des Arbeitgebers der verpflichteten Person und/oder der Bankverbindung(en) der verpflichteten Person und

d) Vermögen der verpflichteten Person.

Zur Herbeiführung oder Änderung einer Entscheidung kann die ersuchte Zentrale Behörde nur die Angaben nach Buchstabe a anfordern.

Für die Anerkennung, Vollstreckbarerklärung oder Vollstreckung einer Entscheidung kann die ersuchte Zentrale Behörde alle Angaben nach Unterabsatz 1 anfordern. Die Angaben nach Buchstabe d können jedoch nur dann angefordert werden, wenn die Angaben nach den Buchstaben b und c nicht ausreichen, um die Vollstreckung der Entscheidung zu ermöglichen.

Art. 62. Weiterleitung und Verwendung der Informationen. (1) Die Zentralen Behörden leiten die in Artikel 61 Absatz 2 genannten Informationen innerhalb ihres Mitgliedstaats je nach Fall an die zuständigen Gerichte, die für die Zustellung von Schriftstücken zuständigen Behörden und die mit der Vollstreckung einer Entscheidung betrauten zuständigen Behörden weiter.

(2) Jede Behörde oder jedes Gericht, der/dem Informationen aufgrund von Artikel 61 übermittelt wurden, darf diese nur zur Erleichterung der Durchsetzung von Unterhaltsforderungen verwenden.

Mit Ausnahme der Informationen, die sich einzig darauf beziehen, ob eine Anschrift, Einkommen oder Vermögen im ersuchten Mitgliedstaat bestehen, dürfen, vorbehaltlich der Anwendung von Verfahrensregeln vor einem Gericht, die Informationen nach Artikel 61 Absatz 2 nicht der Person gegenüber offen gelegt werden, die die ersuchende Zentrale Behörde angerufen hat.

(3) Jede Behörde, die eine ihr aufgrund von Artikel 61 übermittelte Information bearbeitet, bewahrt diese nur so lange auf, wie es für die Zwecke, für die die Information übermittelt wurde, erforderlich ist.

(4) Jede Behörde, die ihr aufgrund von Artikel 61 übermittelte Informationen bearbeitet, gewährleistet die Vertraulichkeit dieser Informationen nach Maßgabe des innerstaatlichen Rechts.

Art. 63. Benachrichtigung der von der Erhebung der Informationen betroffenen Person. (1) Die Benachrichtigung der von der Erhebung der Informationen betroffenen Person über die Übermittlung dieser Informationen in Teilen oder ihrer Gesamtheit erfolgt gemäß dem innerstaatlichen Recht des ersuchten Mitgliedstaats.

(2) Falls diese Benachrichtigung die Gefahr birgt, die wirksame Geltendmachung des Unterhaltsanspruchs zu beeinträchtigen, kann sie um höchstens 90 Tage ab dem Tag, an dem die Informationen der ersuchten Zentralen Behörde übermittelt wurden, aufgeschoben werden.

Kapitel VIII.[80] Öffentliche Aufgaben wahrnehmende Einrichtungen

Art. 64. Öffentliche Aufgaben wahrnehmende Einrichtungen als Antragsteller. (1) Für die Zwecke eines Antrags auf Anerkennung und Vollstreckbarerklärung von Entscheidungen oder für die Zwecke der Vollstreckung von Entscheidungen schließt der Begriff „berechtigte Person" eine öffentliche Aufgaben wahrnehmende Einrichtung, die für eine unterhaltsberechtigte Person handelt, oder eine Einrichtung, der anstelle von Unterhalt erbrachte Leistungen zu erstatten sind, ein.

(2) Für das Recht einer öffentliche Aufgaben wahrnehmenden Einrichtung, für eine unterhaltsberechtigte Person zu handeln oder die Erstattung der der berechtigten Person anstelle von Unterhalt erbrachten Leistung zu fordern, ist das Recht maßgebend, dem die Einrichtung untersteht.

(3) Eine öffentliche Aufgaben wahrnehmende Einrichtung kann die Anerkennung und Vollstreckbarerklärung oder Vollstreckung folgender Entscheidungen beantragen:

a) einer Entscheidung, die gegen eine verpflichtete Person auf Antrag einer öffentliche Aufgaben wahrnehmenden Einrichtung ergangen ist, welche die Bezahlung von Leistungen verlangt, die anstelle von Unterhalt erbracht wurden;

b) einer zwischen einer berechtigten und einer verpflichteten Person ergangenen Entscheidung, soweit der der berechtigten Person Leistungen anstelle von Unterhalt erbracht wurden.

(4) Die öffentliche Aufgaben wahrnehmende Einrichtung, welche die Anerkennung und Vollstreckbarerklärung einer Entscheidung geltend macht oder deren Vollstreckung beantragt, legt auf Verlangen alle Schriftstücke vor, aus denen sich ihr Recht nach Absatz 2 und die Erbringung von Leistungen an die berechtigte Person ergeben.

Kapitel IX. Allgemeine Bestimmungen und Schlussbestimmungen

Art. 65. Legalisation oder ähnliche Förmlichkeiten. Im Rahmen dieser Verordnung bedarf es weder der Legalisation noch einer ähnlichen Förmlichkeit.

Art. 66.[81] Übersetzung der Beweisunterlagen. Unbeschadet der Artikel 20, 28 und 40 kann das angerufene Gericht für Beweisunterlagen, die in einer anderen Sprache als der Verfahrenssprache vorliegen, nur dann eine

[80] Vgl. Erwägungsgrund (14).
[81] Vgl. Erwägungsgrund (28).

Übersetzung von den Parteien verlangen, wenn es der Ansicht ist, dass dies für die von ihm zu erlassende Entscheidung oder für die Wahrung der Verteidigungsrechte notwendig ist.

Art. 67. Kostenerstattung. Unbeschadet des Artikels 54 kann die zuständige Behörde des ersuchten Mitgliedstaats von der unterliegenden Partei, die unentgeltliche Prozesskostenhilfe aufgrund von Artikel 46 erhält, in Ausnahmefällen und wenn deren finanzielle Verhältnisse es zulassen, die Erstattung der Kosten verlangen.

Art. 68. Verhältnis zu anderen Rechtsinstrumenten der Gemeinschaft. (1) Vorbehaltlich des Artikels 75 Absatz 2 wird mit dieser Verordnung die Verordnung (EG) Nr. 44/2001[82] dahin gehend geändert, dass deren für Unterhaltssachen geltende Bestimmungen ersetzt werden.

(2) Diese Verordnung tritt hinsichtlich Unterhaltssachen an die Stelle der Verordnung (EG) Nr. 805/2004[83], außer in Bezug auf Europäische Vollstreckungstitel über Unterhaltspflichten, die in einem Mitgliedstaat, der nicht durch das Haager Protokoll von 2007 gebunden ist, ausgestellt wurden.

(3) Im Hinblick auf Unterhaltssachen bleibt die Anwendung der Richtlinie 2003/8/EG[84] vorbehaltlich des Kapitels V von dieser Verordnung unberührt.

(4) Die Anwendung der Richtlinie 95/46/EG bleibt von dieser Verordnung unberührt.

Art. 69.[85] Verhältnis zu bestehenden internationalen Übereinkommen und Vereinbarungen. (1) Diese Verordnung berührt nicht die Anwendung der Übereinkommen und bilateralen oder multilateralen Vereinbarungen, denen ein oder mehrere Mitgliedstaaten zum Zeitpunkt der Annahme dieser Verordnung angehören und die die in dieser Verordnung geregelten Bereiche betreffen, unbeschadet der Verpflichtungen der Mitgliedstaaten gemäß Artikels 307 des Vertrags.

(2) Ungeachtet des Absatzes 1 und unbeschadet des Absatzes 3 hat diese Verordnung im Verhältnis der Mitgliedstaaten untereinander jedoch Vorrang vor Übereinkommen und Vereinbarungen, die sich auf Bereiche, die in dieser Verordnung geregelt sind, erstrecken und denen Mitgliedstaaten angehören.

(3) Diese Verordnung steht der Anwendung des Übereinkommens vom 23. März 1962 zwischen Schweden, Dänemark, Finnland, Island und Nor-

---

[82] ABl. 2001 C 218, S. 78.

[83] Abgedruckt unter Nr. *185.*

[84] Abgedruckt unter Nr. *226.*

[85] Vgl. Erwägungsgrund (40). Die Verordnung hat daher auf dem Gebiet der Anerkennung und Vollstreckung von Unterhaltsentscheidungen im Verhältnis der EU-Mitgliedstaaten zueinander (mit Ausnahme *Dänemarks*) nach Art. 69 Abs. 2 Vorrang vor den Haager Übk. v. 15.4.1958, v. 2.10.1973 und v. 23.11.2007 (Nr. *181–183*).

wegen über die Geltendmachung von Unterhaltsforderungen durch die ihm angehörenden Mitgliedstaaten nicht entgegen, da dieses Übereinkommen in Bezug auf die Anerkennung, die Vollstreckbarkeit und die Vollstreckung von Entscheidungen Folgendes vorsieht:

a) vereinfachte und beschleunigte Verfahren für die Vollstreckung von Entscheidungen in Unterhaltssachen und

b) eine Prozesskostenhilfe, die günstiger ist als die Prozesskostenhilfe nach Kapitel V dieser Verordnung.

Die Anwendung des genannten Übereinkommens darf jedoch nicht bewirken, dass dem Antragsgegner der Schutz nach den Artikeln 19 und 21 dieser Verordnung entzogen wird.

Art. 70. Der Öffentlichkeit zur Verfügung gestellte Informationen. Die Mitgliedstaaten übermitteln im Rahmen des durch die Entscheidung 2001/470/EG eingerichteten Europäischen Justiziellen Netzes für Zivil- und Handelssachen die folgenden Informationen im Hinblick auf ihre Bereitstellung für die Öffentlichkeit:

a) eine Beschreibung der nationalen Rechtsvorschriften und Verfahren, die Unterhaltspflichten betreffen,

b) eine Beschreibung der zur Erfüllung der Verpflichtungen aus Artikel 51 getroffenen Maßnahmen,

c) eine Beschreibung darüber, wie ein effektiver Zugang zum Recht gemäß Artikel 44 gewährleistet wird, und

d) eine Beschreibung der nationalen Vollstreckungsvorschriften und -verfahren, einschließlich Informationen über alle Vollstreckungsbeschränkungen, insbesondere über Vorschriften zum Schutz von verpflichteten Personen und zu Verjährungsfristen.

Die Mitgliedstaaten halten diese Informationen stets auf dem neuesten Stand.

Art. 71.[86] Informationen zu Kontaktdaten und Sprachen. (1) Die Mitgliedstaaten teilen der Kommission spätestens bis zum 18. September 2010 Folgendes mit:

a) die Namen und Kontaktdaten der für Anträge auf Vollstreckbarerklärung gemäß Artikel 27 Absatz 1 und für Rechtsbehelfe gegen Entscheidungen über derartige Anträge gemäß Artikel 32 Absatz 2 zuständigen Gerichte oder Behörden;

b) die in Artikel 33 genannten Rechtsbehelfe;

c) das Nachprüfungsverfahren zum Zweck der Anwendung von Artikel 19 sowie die Namen und Kontaktdaten der zuständigen Gerichte;

---

[86] Die der Kommission mitgeteilten Informationen zu den einzelnen Mitgliedstaaten sind online abrufbar im Europäischen Gerichtsatlas für Zivilsachen (Homepage des Europäischen Justizportals: https://e-justice.europa.eu/355/DE/maintenance_obligations).

d) die Namen und Kontaktdaten ihrer Zentralen Behörden sowie gegebenenfalls deren Zuständigkeitsbereiche gemäß Artikel 49 Absatz 3;

e) die Namen und Kontaktdaten der öffentlichen oder sonstigen Stellen sowie gegebenenfalls deren Zuständigkeitsbereiche gemäß Artikel 51 Absatz 3;

f) die Namen und Kontaktdaten der Behörden, die für Vollstreckungssachen im Sinne des Artikel 21 zuständig sind;

g) die Sprachen, die für Übersetzungen der in den Artikeln 20, 28 und 40 genannten Schriftstücke zugelassen sind;

h) die Sprache oder Sprachen, die von ihren Zentralen Behörden für die Kommunikation mit den anderen Zentralen Behörden gemäß Artikel 59 zugelassen sind.

Die Mitgliedstaaten unterrichten die Kommission über spätere Änderungen dieser Angaben.

(2) Die Kommission veröffentlicht die gemäß Absatz 1 mitgeteilten Angaben im Amtsblatt der Europäischen Union, mit Ausnahme der in den Buchstaben a, c und f genannten Anschriften und anderen Kontaktdaten der Gerichte und Behörden.

(3) Die Kommission hält alle gemäß Absatz 1 mitgeteilten Angaben auf andere geeignete Weise, insbesondere über das mit der Entscheidung 2001/470/EG eingerichtete Europäische Justizielle Netz für Zivil- und Handelssachen, für die Öffentlichkeit zugänglich.

Art. 72. Änderung der Formblätter. Änderungen der in dieser Verordnung vorgesehenen Formblätter werden nach dem Beratungsverfahren gemäß Artikel 73 Absatz 3 beschlossen.

Art. 73. Ausschuss. (1) Die Kommission wird von dem durch Artikel 70 der Verordnung (EG) Nr. 2201/2003 eingesetzten Ausschuss unterstützt.

(2) Wird auf diesen Absatz Bezug genommen, so gelten die Artikel 4 und 7 des Beschlusses 1999/468/EG.

Der Zeitraum nach Artikel 4 Absatz 3 des Beschlusses 1999/468/EG wird auf drei Monate festgesetzt.

(3) Wird auf diesen Absatz Bezug genommen, so gelten die Artikel 3 und 7 des Beschlusses 1999/468/EG.

Art. 74. Überprüfungsklausel. Die Kommission legt dem Europäischen Parlament, dem Rat und dem Europäischen Wirtschafts- und Sozialausschuss bis spätestens fünf Jahre nach dem Beginn der Anwendbarkeit gemäß Artikel 76, dritter Unterabsatz einen Bericht über die Anwendung dieser Verordnung vor; dazu gehört auch eine Bewertung der praktischen Erfahrungen im Bereich der Zusammenarbeit zwischen den Zentralen Behörden, insbesondere hinsichtlich ihres Zugangs zu den Informationen, über die Behörden und Verwaltungen verfügen, und eine Bewertung der Funktionsweise des Anerkennungs-, Vollstreckbarerklärungs- und Vollstreckungsverfahrens, das auf Entscheidungen anwendbar ist, die in einem Mitgliedstaat, der nicht durch das Haager Protokoll von 2007 gebunden ist, ergangen sind. Dem Bericht werden erforderlichenfalls Vorschläge zur Anpassung dieser Verordnung beigefügt.

Art. 75. Übergangsbestimmungen. (1) Diese Verordnung findet vorbehaltlich der Absätze 2 und 3 nur auf ab[87] dem Datum ihrer Anwendbarkeit eingeleitete Verfahren, gebilligte oder geschlossene gerichtliche Vergleiche und ausgestellte öffentliche Urkunden Anwendung.

(2) Kapitel IV Abschnitte 2 und 3 findet Anwendung auf

a) Entscheidungen, die in den Mitgliedstaaten vor dem Tag des Beginns der Anwendbarkeit dieser Verordnung ergangen sind und deren Anerkennung und Vollstreckbarerklärung ab[88] diesem Zeitpunkt beantragt wird;

b) Entscheidungen, die ab[89] dem Tag des Beginns der Anwendbarkeit dieser Verordnung in Verfahren, die vor diesem Zeitpunkt eingeleitet wurden, ergangen sind,

soweit diese Entscheidungen für die Zwecke der Anerkennung und Vollstreckung in den Anwendungsbereich der Verordnung (EG) Nr. 44/2001 fallen.[90]

Die Verordnung (EG) Nr. 44/2001 gilt weiterhin für die am Tag des Beginns der Anwendbarkeit dieser Verordnung laufenden Anerkennungs- und Vollstreckungsverfahren.

Die Unterabsätze 1 und 2 gelten sinngemäß auch für in den Mitgliedstaaten gebilligte oder geschlossene gerichtliche Vergleiche und ausgestellte öffentliche Urkunden.

(3) Kapitel VII über die Zusammenarbeit zwischen Zentralen Behörden findet auf Ersuchen und Anträge Anwendung, die ab dem Tag des Beginns der Anwendung dieser Verordnung bei der Zentralen Behörde eingehen.

Art. 76. Inkrafttreten. Diese Verordnung tritt am zwanzigsten Tag nach ihrer Veröffentlichung im Amtsblatt der Europäischen Union in Kraft.

Artikel 2 Absatz 2, Artikel 47 Absatz 3, Artikel 71, 72 und 73 gelten ab dem 18. September 2010.

Diese Verordnung findet, mit Ausnahme der in Unterabsatz 2 genannten Vorschriften, ab dem 18. Juni 2011 Anwendung, sofern das Haager Protokoll von 2007 zu diesem Zeitpunkt in der Gemeinschaft anwendbar ist. Anderenfalls findet diese Verordnung ab dem Tag des Beginns der Anwendbarkeit jenes Protokolls in der Gemeinschaft Anwendung.

---

[87] Berichtigt gem. ABl. 2011 L 131, S. 26.
[88] Berichtigt gem. ABl. 2011 L 131, S. 26.
[89] Berichtigt gem. ABl. 2011 L 131, S. 26.
[90] Art. 75 Abs. 2 erneut berichtigt gem. ABl. 2013 L 8, S. 19.

Anhang I[91]
Auszug aus einer Entscheidung/einem gerichtlichen Vergleich in Unterhaltssachen, die/der keinem Anerkennungs- und Vollstreckbarerklärungsverfahren unterliegt

(nicht abgedruckt)

Anhang II[92]
Auszug aus einer Entscheidung/einem gerichtlichen Vergleich in Unterhaltssachen, die/der einem Anerkennungs- und Vollstreckbarerklärungsverfahren unterliegt

(nicht abgedruckt)

Anhang III
Auszug aus einer öffentlichen Urkunde betreffend Unterhaltsverpflichtungen, die keinem Anerkennungs- und Vollstreckbarerklärungsverfahren unterliegt

(nicht abgedruckt)

Anhang IV
Auszug aus einer öffentlichen Urkunde betreffend Unterhaltsverpflichtungen, die einem Anerkennungs- und Vollstreckbarerklärungsverfahren unterliegt

(nicht abgedruckt)

Anhang V
Ersuchen um Durchführung besonderer Maßnahmen

(nicht abgedruckt)

Anhang VI
Formblatt für einen Antrag im Hinblick auf die Anerkennung, die Vollstreckbarerklärung oder die Vollstreckung einer Entscheidung in Unterhaltssachen

(nicht abgedruckt)

---

[91] Die Anhänge gelten derzeit mit den Änderungen der Anhänge X und XI durch die DurchführungsVO (EU) Nr. 1142/2011 v. 10.11.2011 (ABl. L 293, S. 24). Die Formblätter für die Anhänge I-IX sind online abrufbar im Europäischen Justizportal: https://e-justice.europa.eu/274/DE/maintenance_obligations_forms?clang=de.

[92] Berichtigt gem. ABl. 2011 L 131, S. 26.

Anhang VII
Formblatt für einen Antrag im Hinblick auf die Herbeiführung oder die Änderung einer Entscheidung in Unterhaltssachen

(nicht abgedruckt)

Anhang VIII
Empfangsbestätigung für einen Antrag

(nicht abgedruckt)

Anhang IX
Ablehnung oder Einstellung der Bearbeitung eines Antrags

(nicht abgedruckt)

Anhang X
Auflistung der in Art. 2 Abs. 2 der Verordnung (EG) Nr. 4/2009 genannten Verwaltungsbehörden

(nicht abgedruckt)

Anhang XI
Auflistung der in Art. 47 Abs. 3 der Verordnung (EG) Nr. 4/2009 genannten zuständigen Behörden

(nicht abgedruckt)

161a. Gesetz zur Geltendmachung von Unterhaltsansprüchen im Verkehr mit ausländischen Staaten (Auslandsunterhaltsgesetz – AUG)

Vom 23. Mai 2011[1] (BGBl. I, S. 898)

Kapitel 1. Allgemeiner Teil

Abschnitt 1. Anwendungsbereich; Begriffsbestimmungen

§ 1.[2] Anwendungsbereich. (1) Dieses Gesetz dient

1. der Durchführung folgender Verordnung und folgender Abkommen der Europäischen Union:

---

[1] Das Gesetz ist am 18.6.2011 in Kraft getreten. Es ersetzt das Auslandsunterhaltsgesetz v. 19.12.1986 (BGBl. I, S. 2563).

[2] § 1 geändert durch Gesetz v. 20.2.2013 (BGBl. I, S. 273) mit Wirkung v. 1.8.2014. Abs. 1 Satz 2 geändert durch VO v. 31.8.2015 (BGBl. I, S. 1474) mit Wirkung v. 8.9.2015.

a) der Verordnung (EG) Nr. 4/2009 des Rates vom 18. Dezember 2008 über die Zuständigkeit, das anwendbare Recht, die Anerkennung und Vollstreckung von Entscheidungen und die Zusammenarbeit in Unterhaltssachen (ABl. L 7 vom 10.1.2009, S. 1);[3]

b) des Abkommens vom 19. Oktober 2005 zwischen der Europäischen Gemeinschaft und dem Königreich Dänemark über die gerichtliche Zuständigkeit und die Anerkennung und Vollstreckung von Entscheidungen in Zivil- und Handelssachen (ABl. L 299 vom 16.11.2005, S. 62), soweit dieses Abkommen auf Unterhaltssachen anzuwenden ist;

c) des Übereinkommens vom 30. Oktober 2007 über die gerichtliche Zuständigkeit und die Anerkennung und Vollstreckung von Entscheidungen in Zivil- und Handelssachen (ABl. L 339 vom 21.12.2007, S. 3), soweit dieses Übereinkommen auf Unterhaltssachen anzuwenden ist;[4]

2. der Ausführung folgender völkerrechtlicher Verträge:

a) des Haager Übereinkommens vom 23. November 2007 über die internationale Geltendmachung der Unterhaltsansprüche von Kindern und anderen Familienangehörigen (ABl. L 192 vom 22.7.2011, S. 51)[5] nach Maßgabe des Beschlusses des Rates der Europäischen Union vom 9. Juni 2011 (ABl. L 192 vom 22.7.2011, S. 39) über die Genehmigung dieses Übereinkommens

b) des Haager Übereinkommens vom 2. Oktober 1973 über die Anerkennung und Vollstreckung von Unterhaltsentscheidungen (BGBl. 1986 II S. 826);[6]

c) des Übereinkommens vom 16. September 1988 über die gerichtliche Zuständigkeit und die Vollstreckung gerichtlicher Entscheidungen in Zivil- und Handelssachen (BGBl. 1994 II S. 2658), soweit dieses Übereinkommen auf Unterhaltssachen anzuwenden ist;

d) des New Yorker UN-Übereinkommens vom 20. Juni 1956 über die Geltendmachung von Unterhaltsansprüchen im Ausland (BGBl. 1959 II S. 150);[7]

3. der Geltendmachung von gesetzlichen Unterhaltsansprüchen, wenn eine der Parteien im Geltungsbereich dieses Gesetzes und die andere Partei in einem anderen Staat, mit dem die Gegenseitigkeit verbürgt ist, ihren gewöhnlichen Aufenthalt hat.[8]

Die Gegenseitigkeit nach Satz 1 Nummer 3 ist verbürgt, wenn das Bundesministerium der Justiz und für Verbraucherschutz dies festgestellt und

---

[3] Abgedruckt unter Nr. *161*.
[4] Abgedruckt unter Nr. *152*.
[5] Abgedruckt unter Nr. *183*.
[6] Abgedruckt unter Nr. *182*.
[7] Abgedruckt unter Nr. *220*.
[8] Vgl. § 64.

im Bundesgesetzblatt bekannt gemacht hat (förmliche Gegenseitigkeit). Staaten im Sinne des Satzes 1 Nummer 3 sind auch Teilstaaten und Provinzen eines Bundesstaates.[9]

(2) Regelungen in völkerrechtlichen Vereinbarungen gehen, soweit sie unmittelbar anwendbares innerstaatliches Recht geworden sind, den Vorschriften dieses Gesetzes vor. Die Regelungen der in Absatz 1 Satz 1 Nummer 1 genannten Verordnung und Abkommen werden als unmittelbar geltendes Recht der Europäischen Union durch die Durchführungsbestimmungen dieses Gesetzes nicht berührt.

§ 2. Allgemeine gerichtliche Verfahrensvorschriften. Soweit in diesem Gesetz nichts anderes geregelt ist, werden die Vorschriften des Gesetzes über das Verfahren in Familiensachen und in den Angelegenheiten der freiwilligen Gerichtsbarkeit angewendet.

§ 3. Begriffsbestimmungen. Im Sinne dieses Gesetzes

1. sind Mitgliedstaaten die Mitgliedstaaten der Europäischen Union,
2. sind völkerrechtliche Verträge multilaterale und bilaterale Anerkennungs- und Vollstreckungsverträge,
3. sind Berechtigte
   a) natürliche Personen, die einen Anspruch auf Unterhaltsleistungen haben oder geltend machen,
   b) öffentlich-rechtliche Leistungsträger, die Unterhaltsansprüche aus übergegangenem Recht geltend machen, soweit die Verordnung (EG) Nr. 4/2009 oder der auszuführende völkerrechtliche Vertrag auf solche Ansprüche anzuwenden ist,
4. sind Verpflichtete natürliche Personen, die Unterhalt schulden oder denen gegenüber Unterhaltsansprüche geltend gemacht werden,
5. sind Titel gerichtliche Entscheidungen, gerichtliche Vergleiche und öffentliche Urkunden, auf welche die durchzuführende Verordnung oder der jeweils auszuführende völkerrechtliche Vertrag anzuwenden ist,
6. ist Ursprungsstaat der Staat, in dem ein Titel errichtet worden ist, und

---

[9] Gem. der Bekanntmachung v. 18.6.2011 über die Feststellung der Gegenseitigkeit für die Geltendmachung von Unterhaltsansprüchen nach dem AUG (BGBl. I, S. 1109) ist die Gegenseitigkeit mit folgenden Staaten verbürgt:
– ***Kanada:*** *Alberta, British Columbia, Manitoba, New Brunswick, Newfoundland and Labrador, Northwest-Territories, Nova Scotia, Ontario, Prince Edward Island, Saskatchewan, Yukon Territory.*
– ***Südafrika***
– ***Vereinigte Staaten:*** *Alaska, Arizona, Arkansas, California, Colorado, Connecticut, Delaware, Florida, Georgia, Hawai, Idaho, Illinois, Indiana, Iowa, Kansas, Kentucky, Louisiana, Maine, Maryland, Massachusetts, Michigan, Minnesota, Missouri, Montana, Nebraska, Nevada, New Hampshire, New Jersey, New Mexico, New York, North Carolina, North Dakota, Ohio, Oklahoma, Oregon, Pennsylvania, Rhode Island, South Carolina, South Dakota, Tennessee, Texas, Utah, Vermont, Virginia, Washington, West Virginia, Wisconsin, Wyoming.*

7. ist ein Exequaturverfahren das Verfahren, mit dem ein ausländischer Titel zur Zwangsvollstreckung im Inland zugelassen wird.

Abschnitt 2. Zentrale Behörde

§ 4.[10] **Zentrale Behörde.** (1) Zentrale Behörde für die gerichtliche und außergerichtliche Geltendmachung von Ansprüchen in Unterhaltssachen nach diesem Gesetz ist das Bundesamt für Justiz. Die zentrale Behörde verkehrt unmittelbar mit allen zuständigen Stellen im In- und Ausland. Mitteilungen leitet sie unverzüglich an die zuständigen Stellen weiter.

(2) Das Verfahren der zentralen Behörde gilt als Justizverwaltungsverfahren.

(3) Das Bundesministerium der Justiz und für Verbraucherschutz wird ermächtigt, Aufgaben der zentralen Behörde entsprechend Artikel 51 Absatz 3 der Verordnung (EG) Nr. 4/2009 oder Artikel 6 Absatz 3 des Haager Übereinkommens vom 23. November 2007 über die internationale Geltendmachung der Unterhaltsansprüche von Kindern und anderen Familienangehörigen auf eine andere öffentliche Stelle zu übertragen oder eine juristische Person des Privatrechts mit den entsprechenden Aufgaben zu beleihen. Die Beliehene muss grundlegende Erfahrungen bei der Durchsetzung von Unterhaltsansprüchen im Ausland nachweisen können. Den Umfang der Aufgabenübertragung legt das Bundesministerium der Justiz und für Verbraucherschutz fest. Die Übertragung ist vom Bundesministerium der Justiz und für Verbraucherschutz im Bundesanzeiger bekannt zu geben. Die Beliehene unterliegt der Fachaufsicht des Bundesministeriums der Justiz und für Verbraucherschutz. § 5 Absatz 6 und die §§ 7 und 9 werden auf die Tätigkeit der Beliehenen nicht angewendet.

§ 5.[11] **Aufgaben und Befugnisse der zentralen Behörde.** (1) Die gerichtliche und außergerichtliche Geltendmachung von Unterhaltsansprüchen nach diesem Gesetz erfolgt über die zentrale Behörde als Empfangs- und Übermittlungsstelle.

(2) Die zentrale Behörde unternimmt alle geeigneten Schritte, um den Unterhaltsanspruch des Berechtigten durchzusetzen. Sie hat hierbei die Interessen und den Willen des Berechtigten zu beachten.

(3) Im Anwendungsbereich der Verordnung (EG) Nr. 4/2009 richten sich die Aufgaben der zentralen Behörde nach den Artikeln 50, 51, 53 und 58 dieser Verordnung.

(4) Im Anwendungsbereich des Haager Übereinkommens vom 23. November 2007 über die internationale Geltendmachung der Unterhaltsan-

[10] § 4 geändert durch Gesetz v. 20.2.2013 (BGBl. I, S. 273) mit Wirkung v. 1.8.2014. Abs. 3 erneut geändert durch VO v. 31.8.2015 (BGBl. I, S. 1474) mit Wirkung v. 8.9.2015.

[11] § 5 geändert durch Gesetz v. 20.2.2013 (BGBl. I, S. 273) mit Wirkung v. 1.8.2014.

sprüche von Kindern und anderen Familienangehörigen richten sich die Aufgaben der zentralen Behörde nach den Artikeln 5, 6, 7 und 12 dieses Übereinkommens.

(5) Die zentrale Behörde gilt bei eingehenden Ersuchen als bevollmächtigt, im Namen des Antragstellers selbst oder im Wege der Untervollmacht durch Vertreter außergerichtlich oder gerichtlich tätig zu werden. Sie ist insbesondere befugt, den Unterhaltsanspruch im Wege eines Vergleichs oder eines Anerkenntnisses zu regeln. Falls erforderlich, darf sie auch einen Unterhaltsantrag stellen und die Vollstreckung eines Unterhaltstitels betreiben.

(6) Die zentrale Behörde übermittelt die von den Verpflichteten eingezogenen Unterhaltsgelder an die Berechtigten nach den für Haushaltsmittel des Bundes geltenden Regeln. Satz 1 gilt für die Rückübermittlung überzahlter Beträge oder für andere bei der Wahrnehmung der Aufgaben der zentralen Behörde erforderlich werdende Zahlungen entsprechend.

§ 6. Unterstützung durch das Jugendamt. Wird die zentrale Behörde tätig, um Unterhaltsansprüche Minderjähriger und junger Volljähriger, die das 21. Lebensjahr noch nicht vollendet haben, geltend zu machen und durchzusetzen, kann sie das Jugendamt um Unterstützung ersuchen.

Abschnitt 3. Ersuchen um Unterstützung in Unterhaltssachen

Unterabschnitt 1. Ausgehende Ersuchen

§ 7.[12] Vorprüfung durch das Amtsgericht; Zuständigkeitskonzentration. (1) Die Entgegennahme und Prüfung eines Antrages auf Unterstützung in Unterhaltssachen erfolgt durch das für den Sitz des Oberlandesgerichts, in dessen Bezirk der Antragsteller seinen gewöhnlichen Aufenthalt hat, zuständige Amtsgericht. Für den Bezirk des Kammergerichts entscheidet das Amtsgericht Pankow.

(2) Das Vorprüfungsverfahren ist ein Justizverwaltungsverfahren.

(3) Für das Vorprüfungsverfahren werden keine Kosten erhoben.

§ 8.[13] Inhalt und Form des Antrages. (1) Der Inhalt eines an einen anderen Mitgliedstaat mit Ausnahme des Königreichs Dänemark gerichteten Antrages richtet sich nach Artikel 57 der Verordnung (EG) Nr. 4/2009.

(2) Der Inhalt eines an einen anderen Vertragsstaat des Haager Übereinkommens vom 23. November 2007 über die internationale Geltendma-

---

[12] § 7 Abs. 1 Satz 2 geändert durch Gesetz v. 20.11.2015 (BGBl. I, S. 2018) mit Wirkung v. 26.11.2015; Abs. 1 Satz 2 geändert durch Gesetz v. 10.8.2021 (BGBl. I, S. 3424) mit Wirkung v. 18.8.2021.

[13] § 8 geändert durch Gesetz v. 20.2.2013 (BGBl. I, S. 273) mit Wirkung v. 1.8.2014.

chung der Unterhaltsansprüche von Kindern und anderen Familienangehörigen gerichteten Antrages richtet sich nach Artikel 11 dieses Übereinkommens.

(3) In den nicht von den Absätzen 1 und 2 erfassten Fällen soll der Antrag alle Angaben enthalten, die für die Geltendmachung des Anspruchs von Bedeutung sein können, insbesondere

1. den Familiennamen und die Vornamen des Berechtigten; ferner seine Anschrift, den Tag seiner Geburt, seine Staatsangehörigkeit, seinen Beruf oder seine Beschäftigung sowie gegebenenfalls den Namen und die Anschrift seines gesetzlichen Vertreters,
2. den Familiennamen und die Vornamen des Verpflichteten; ferner seine Anschrift, den Tag, den Ort und das Land seiner Geburt, seine Staatsangehörigkeit, seinen Beruf oder seine B Beschäftigung, soweit der Berechtigte diese Angaben kennt, und
3. nähere Angaben
   a) über die Tatsachen, auf die der Anspruch gestützt wird;
   b) über die Art und Höhe des geforderten Unterhalts;
   c) über die finanziellen und familiären Verhältnisse des Berechtigten, sofern diese Angaben für die Entscheidung bedeutsam sein können;
   d) über die finanziellen und familiären Verhältnisse des Verpflichteten, soweit diese bekannt sind.

Ein Antrag eines Berechtigten im Sinne des § 3 Nummer 3 Buchstabe b soll die in den Nummern 1 und 3 Buchstabe c genannten Angaben der Person enthalten, deren Anspruch übergegangen ist.

(4) Einem Antrag nach Absatz 3 sollen die zugehörigen Personenstandsurkunden und andere sachdienliche Schriftstücke beigefügt sein. Das in § 7 benannte Gericht kann von Amts wegen alle erforderlichen Ermittlungen anstellen.

(5) In den Fällen des Absatzes 3 ist der Antrag vom Antragsteller, von dessen gesetzlichem Vertreter oder von einem bevollmächtigten Vertreter unter Beifügung einer Vollmacht zu unterschreiben. Soweit dies nach dem Recht des zu ersuchenden Staates erforderlich ist, ist die Richtigkeit der Angaben vom Antragsteller oder von dessen gesetzlichem Vertreter eidesstattlich zu versichern. Besonderen Anforderungen des zu ersuchenden Staates an Form und Inhalt des Ersuchens ist zu genügen, soweit dem keine zwingenden Vorschriften des deutschen Rechts entgegenstehen.

(6) In den Fällen des Absatzes 3 ist der Antrag an die Empfangsstelle des Staates zu richten, in dem der Anspruch geltend gemacht werden soll.

§ 9.[14] **Umfang der Vorprüfung.** (1) Der Vorstand des Amtsgerichts oder der im Rahmen der Verteilung der Justizverwaltungsgeschäfte bestimmte Richter prüft

---

[14] § 9 Abs. 1a eingefügt durch Gesetz v. 20.11.2015 (BGBl. I, S. 2018) mit Wirkung v. 26.11.2015.

1. in Verfahren mit förmlicher Gegenseitigkeit (§ 1 Absatz 1 Satz 1 Nummer 3), ob nach dem deutschen Recht die beabsichtigte Rechtsverfolgung hinreichende Aussicht auf Erfolg haben würde,
2. in den übrigen Fällen, ob der Antrag mutwillig oder offensichtlich unbegründet ist.

Bejaht er in den Fällen des Satzes 1 Nummer 1 die Erfolgsaussicht, stellt er hierüber eine Bescheinigung aus, veranlasst deren Übersetzung in die Sprache des zu ersuchenden Staates und fügt diese Unterlagen dem Ersuchen bei.

(1a) Ergeben sich aus einem weitergeleiteten Antrag für die zentrale Behörde Zweifel, ob die Voraussetzungen des Artikels 57 Absatz 2 der Verordnung (EG) Nr. 4/2009, des Artikels 3 Absatz 3 des New Yorker UN-Übereinkommens vom 20. Juni 1956 über die Geltendmachung von Unterhaltsansprüchen im Ausland oder des Artikels 11 Absatz 1 des Haager Übereinkommens über die internationale Geltendmachung der Unterhaltsansprüche von Kindern und anderen Familienangehörigen vom 23. November 2007 erfüllt sind, so leitet die zentrale Behörde die Frage dem Richter zur Beantwortung zu. Dieser verfährt erneut nach Absatz 1.

(2) Hat die beabsichtigte Rechtsverfolgung keine hinreichende Aussicht auf Erfolg (Absatz 1 Satz 1 Nummer 1) oder ist der Antrag mutwillig oder offensichtlich unbegründet (Absatz 1 Satz 1 Nummer 2), lehnt der Richter die Weiterleitung des Antrages ab. Die ablehnende Entscheidung ist zu begründen und dem Antragsteller mit einer Rechtsmittelbelehrung zuzustellen. Sie ist nach § 23 des Einführungsgesetzes zum Gerichtsverfassungsgesetz anfechtbar.

(3) Liegen keine Ablehnungsgründe vor, übersendet das Gericht den Antrag nebst Anlagen und vorliegenden Übersetzungen mit je drei beglaubigten Abschriften unmittelbar an die zentrale Behörde.

(4) Im Anwendungsbereich des New Yorker UN-Übereinkommens vom 20. Juni 1956 über die Geltendmachung von Unterhaltsansprüchen im Ausland (BGBl. 1959 II S. 150)[15] legt der Richter in den Fällen des Absatzes 2 Satz 1 den Antrag der zentralen Behörde zur Entscheidung über die Weiterleitung des Antrages vor.

§ 10.[16] **Übersetzung des Antrages.** (1) Der Antragsteller hat dem Antrag nebst Anlagen von einem beeidigten Übersetzer beglaubigte Übersetzungen in der Sprache des zu ersuchenden Staates beizufügen. Dies gilt auch für Schriftstücke, die die ausländische zentrale Behörde im weiteren Verlauf des Verfahrens anfordert. Die Artikel 20, 28, 40, 59 und 66 der Verordnung (EG) Nr. 4/2009 bleiben hiervon unberührt. Ist im Anwendungsbereich des jeweils auszuführenden völkerrechtlichen Vertrages eine Übersetzung

---

[15] Abgedruckt unter Nr. *220*.

[16] § 10 Abs. 1 Satz 2 eingefügt durch Gesetz v. 20.11.2015 (BGBl. I, S. 2018) mit Wirkung v. 26.11.2015.

von Schriftstücken in eine Sprache erforderlich, die der zu ersuchende Staat für zulässig erklärt hat, so ist die Übersetzung von einer Person zu erstellen, die zur Anfertigung von Übersetzungen in einem der Vertragsstaaten befugt ist.

(2) Beschafft der Antragsteller trotz Aufforderung durch die zentrale Behörde die erforderliche Übersetzung nicht selbst, veranlasst die zentrale Behörde die Übersetzung auf seine Kosten.

(3) Das nach § 7 Absatz 1 zuständige Amtsgericht befreit den Antragsteller auf Antrag von der Erstattungspflicht für die Kosten der von der zentralen Behörde veranlassten Übersetzung, wenn der Antragsteller die persönlichen und wirtschaftlichen Voraussetzungen einer ratenfreien Verfahrenskostenhilfe nach § 113 des Gesetzes über das Verfahren in Familiensachen und in den Angelegenheiten der freiwilligen Gerichtsbarkeit in Verbindung mit § 115 der Zivilprozessordnung erfüllt.

(4) § 1077 Absatz 4 der Zivilprozessordnung bleibt unberührt.

§ 11.[17] **Weiterleitung des Antrages durch die zentrale Behörde.** (1) Die zentrale Behörde prüft, ob der Antrag den förmlichen Anforderungen des einzuleitenden ausländischen Verfahrens genügt. Sind diese erfüllt, so leitet sie den Antrag an die im Ausland zuständige Stelle weiter. Soweit erforderlich, fügt sie dem Ersuchen eine Übersetzung dieses Gesetzes bei.

(2) Die zentrale Behörde überwacht die ordnungsmäßige Erledigung des Ersuchens.

(3) Lehnt die zentrale Behörde die Weiterleitung des Antrages ab, ist § 9 Absatz 2 Satz 2 und 3 entsprechend anzuwenden.

(4) Fragen, die die ausländische zentrale Behörde an die deutsche zentrale Behörde übermittelt, leitet diese an das nach § 7 Absatz 1 zur Vorprüfung aufgerufene Gericht weiter. Dieses veranlasst die Beantwortung der Fragen und leitet die Antworten an die deutsche zentrale Behörde zurück. Das weitere Verfahren bei der deutschen zentralen Behörde richtet sich nach Absatz 1.

§ 12. Registrierung eines bestehenden Titels im Ausland. Liegt über den Unterhaltsanspruch bereits eine inländische gerichtliche Entscheidung oder ein sonstiger Titel im Sinne des § 3 Nummer 5 vor, so kann der Berechtigte auch ein Ersuchen auf Registrierung der Entscheidung im Ausland stellen, soweit das dort geltende Recht dies vorsieht. Die §§ 7 bis 11 sind entsprechend anzuwenden; eine Prüfung der Gesetzmäßigkeit des vorgelegten inländischen Titels findet nicht statt.

---

[17] § 11 Abs. 4 angefügt durch Gesetz v. 20.11.2015 (BGBl. I, S. 2018) mit Wirkung v. 26.11.2015.

Unterabschnitt 2. Eingehende Ersuchen

§ 13. Übersetzung des Antrages. (1) Ist eine Übersetzung von Schriftstücken erforderlich, so ist diese in deutscher Sprache abzufassen.

(2) Die Richtigkeit der Übersetzung ist von einer Person zu beglaubigen, die in den nachfolgend genannten Staaten hierzu befugt ist:

1. in einem der Mitgliedstaaten oder in einem anderen Vertragsstaat des Abkommens über den Europäischen Wirtschaftsraum;
2. in einem Vertragsstaat des jeweils auszuführenden völkerrechtlichen Vertrages oder
3. in einem Staat, mit dem die Gegenseitigkeit förmlich verbürgt ist (§ 1 Absatz 1 Satz 1 Nummer 3).

(3) Die zentrale Behörde kann es ablehnen, tätig zu werden, solange Mitteilungen oder beizufügende Schriftstücke nicht in deutscher Sprache abgefasst oder in die deutsche Sprache übersetzt sind. Im Anwendungsbereich der Verordnung (EG) Nr. 4/2009 ist sie hierzu jedoch nur befugt, wenn sie nach dieser Verordnung eine Übersetzung verlangen darf.

(4) Die zentrale Behörde kann in Verfahren mit förmlicher Gegenseitigkeit (§ 1 Absatz 1 Satz 1 Nummer 3) im Verkehr mit bestimmten Staaten oder im Einzelfall von dem Erfordernis einer Übersetzung absehen und die Übersetzung selbst besorgen.

§ 14.[18] **Inhalt und Form des Antrages.** (1) Der Inhalt eines Antrages aus einem anderen Mitgliedstaat mit Ausnahme des Königreichs Dänemark richtet sich nach Artikel 57 der Verordnung (EG) Nr. 4/2009.

(2) Der Inhalt eines Antrages aus einem anderen Vertragsstaat des Haager Übereinkommens vom 23. November 2007 über die internationale Geltendmachung der Unterhaltsansprüche von Kindern und anderen Familienangehörigen richtet sich nach Artikel 11 dieses Übereinkommens.

(3) In den nicht von den Absätzen 1 und 2 erfassten Fällen soll der Antrag alle Angaben enthalten, die für die Geltendmachung des Anspruchs von Bedeutung sein können, insbesondere

1. bei einer Indexierung einer titulierten Unterhaltsforderung die Modalitäten für die Berechnung dieser Indexierung und
2. bei einer Verpflichtung zur Zahlung von gesetzlichen Zinsen den gesetzlichen Zinssatz sowie den Beginn der Zinspflicht.

Im Übrigen gilt § 8 Absatz 2 entsprechend.

(4) In den Fällen des Absatzes 3 soll der Antrag vom Antragsteller, von dessen gesetzlichem Vertreter oder von einem bevollmächtigten Vertreter unter Beifügung einer Vollmacht unterschrieben und mit einer Stellungnahme der ausländischen Stelle versehen sein, die den Antrag entgegenge-

[18] § 14 geändert durch Gesetz v. 20.2.2013 (BGBl. I, S. 273) mit Wirkung v. 1.8.2014.

nommen und geprüft hat. Diese Stellungnahme soll auch den am Wohnort des Berechtigten erforderlichen Unterhaltsbetrag nennen. Der Antrag und die Anlagen sollen zweifach übermittelt werden. Die zugehörigen Personenstandsurkunden und andere sachdienliche Schriftstücke sollen beigefügt und sonstige Beweismittel genau bezeichnet sein.

§ 15.[19] **Behandlung einer vorläufigen Entscheidung.** In Verfahren mit förmlicher Gegenseitigkeit (§ 1 Absatz 1 Satz 1 Nummer 3) gilt eine ausländische Entscheidung, die ohne die Anhörung des Verpflichteten vorläufig und vorbehaltlich der Bestätigung durch das ersuchte Gericht ergangen ist, als eingehendes Ersuchen auf Erwirkung eines Unterhaltstitels. § 8 Absatz 3 und § 14 Absatz 3 Satz 1 gelten entsprechend.

Abschnitt 4. Datenerhebung durch die zentrale Behörde

§ 16.[20] **Auskunftsrecht der zentralen Behörde zur Herbeiführung oder Änderung eines Titels.** (1) Ist der gegenwärtige Aufenthaltsort des Berechtigten oder des Verpflichteten nicht bekannt, so darf die zentrale Behörde zur Erfüllung der ihr nach § 5 obliegenden Aufgaben bei einer zuständigen Meldebehörde Angaben zu dessen Anschriften sowie zu dessen Haupt- und Nebenwohnung erheben.

(2) Soweit der Aufenthaltsort nach Absatz 1 nicht zu ermitteln ist, darf die zentrale Behörde folgende Daten erheben:

1. von den Trägern der gesetzlichen Rentenversicherung und von einer berufsständischen Versorgungseinrichtung im Sinne des § 6 Absatz 1 Satz 1 Nummer 1 des Sechsten Buches Sozialgesetzbuch die dort bekannte derzeitige Anschrift, den derzeitigen oder zukünftigen Aufenthaltsort der betroffenen Person;
2. vom Kraftfahrt-Bundesamt die Halterdaten der betroffenen Person nach § 33 Absatz 1 Satz 1 Nummer 2 des Straßenverkehrsgesetzes;
3. wenn der Betroffene ausländischen Streitkräften angehört, die in Deutschland stationiert sind, von der zuständigen Behörde der Truppe die ladungsfähige Anschrift der betroffenen Person.

Die Erhebung nach Satz 1 Nummer 1 bei einer berufsständischen Versorgungseinrichtung darf die zentrale Behörde nur durchführen, wenn tatsächliche Anhaltspunkte nahelegen, dass die betroffene Person Mitglied dieser berufsständischen Versorgungseinrichtung ist.

(3) Kann die zentrale Behörde den Aufenthaltsort des Verpflichteten nach den Absätzen 1 und 2 nicht ermitteln, darf sie einen Suchvermerk im Zentralregister veranlassen.

---

[19] § 15 geändert durch Gesetz v. 20.2.2013 (BGBl. I, S. 273) mit Wirkung v. 1.8.2014.

[20] § 16 Abs. 2 Nr. 1–3 geändert durch Gesetz v. 20.11.2019 (BGBl. I, S. 1724) mit Wirkung v. 26.11.2019; Abs. 2 Satz 1 Nr. 1 geändert, Satz 2 angefügt durch Gesetz v. 7.5.2021 (BGBl. I, S. 850) mit Wirkung v. 1.1.2022.

§ 17.[21] **Auskunftsrecht zum Zweck der Anerkennung, Vollstreckbarerklärung und Vollstreckung eines Titels.** (1) Ist die Unterhaltsforderung tituliert und weigert sich der Schuldner, auf Verlangen der zentralen Behörde Auskunft über sein Einkommen und Vermögen zu erteilen, oder ist bei einer Vollstreckung in die vom Schuldner angegebenen Vermögensgegenstände eine vollständige Befriedigung des Gläubigers nicht zu erwarten, stehen der zentralen Behörde zum Zweck der Anerkennung, Vollstreckbarerklärung und Vollstreckung eines Titels die in § 16 geregelten Auskunftsrechte zu. Die zentrale Behörde darf nach vorheriger Androhung außerdem

1. bei den Trägern der gesetzlichen Rentenversicherung und bei einer berufsständischen Versorgungseinrichtung im Sinne des § 6 Absatz 1 Satz 1 Nummer 1 des Sechsten Buches Sozialgesetzbuch den Namen und die Vornamen oder die Firma sowie die Anschrift der derzeitigen Arbeitgeber des Schuldners erheben;
2. bei dem zuständigen Träger der Grundsicherung für Arbeitsuchende einen Leistungsbezug nach dem Zweiten Buch Sozialgesetzbuch – Grundsicherung für Arbeitsuchende – abfragen;
3. das Bundeszentralamt für Steuern ersuchen, bei den Kreditinstituten die in § 93b Absatz 1 der Abgabenordnung bezeichneten Daten des Schuldners abzurufen (§ 93 Absatz 8 der Abgabenordnung);
4. vom Kraftfahrt-Bundesamt die Fahrzeug- und Halterdaten nach § 33 Absatz 1 des Straßenverkehrsgesetzes zu einem Fahrzeug, als dessen Halter der Schuldner eingetragen ist, erheben.

Die Erhebung nach Satz 2 Nummer 1 bei einer berufsständischen Versorgungseinrichtung darf die zentrale Behörde nur durchführen, wenn tatsächliche Anhaltspunkte nahelegen, dass der Schuldner Mitglied dieser berufsständischen Versorgungseinrichtung ist.

(2) Daten über das Vermögen des Schuldners darf die zentrale Behörde nur erheben, wenn dies für die Vollstreckung erforderlich ist.

§ 18. Benachrichtigung über die Datenerhebung. (1) Die zentrale Behörde benachrichtigt den Antragsteller grundsätzlich nur darüber, ob ein Auskunftsersuchen nach den §§ 16 und 17 erfolgreich war.

(2) Die zentrale Behörde hat den Betroffenen unverzüglich über die Erhebung von Daten nach den §§ 16 und 17 zu benachrichtigen, es sei denn, die Vollstreckung des Titels würde dadurch vereitelt oder wesentlich erschwert werden. Ungeachtet des Satzes 1 hat die Benachrichtigung spätestens 90 Tage nach Erhalt der Auskunft zu erfolgen.

---

[21] Abs. 2 Satz 1 Nr. 1 geändert, Satz 3 angefügt durch Gesetz v. 7.5.2021 (BGBl. I, S. 850) mit Wirkung v. 1.1.2022.

§ 19.[22] **Übermittlung von Daten.** Die zentrale Behörde darf personenbezogene Daten an andere öffentliche und nichtöffentliche Stellen übermitteln, wenn dies zur Erfüllung der ihr nach § 5 obliegenden Aufgaben erforderlich ist. Die Daten dürfen nur für den Zweck verarbeitet werden, für den sie übermittelt worden sind.

Abschnitt 5. Verfahrenskostenhilfe

§ 20. Voraussetzungen für die Bewilligung von Verfahrenskostenhilfe. Auf die Bewilligung von Verfahrenskostenhilfe ist § 113 Absatz 1 des Gesetzes über das Verfahren in Familiensachen und in den Angelegenheiten der freiwilligen Gerichtsbarkeit in Verbindung mit den §§ 114 bis 127 der Zivilprozessordnung entsprechend anzuwenden, soweit in diesem Gesetz nichts anderes bestimmt ist.

§ 21.[23] **Zuständigkeit für Anträge auf Verfahrenskostenhilfe nach der Richtlinie 2003/8/EG.** (1) Abweichend von § 1077 Absatz 1 Satz 1 der Zivilprozessordnung erfolgt in Unterhaltssachen die Entgegennahme und Übermittlung von Anträgen natürlicher Personen auf grenzüberschreitende Verfahrenskostenhilfe nach § 1076 der Zivilprozessordnung durch das für den Sitz des Oberlandesgerichts, in dessen Bezirk der Antragsteller seinen gewöhnlichen Aufenthalt hat, zuständige Amtsgericht. Für den Bezirk des Kammergerichts entscheidet das Amtsgericht Pankow.

(2) Für eingehende Ersuchen gilt § 1078 Absatz 1 Satz 1 der Zivilprozessordnung.

§ 22.[24] **Verfahrenskostenhilfe nach Artikel 46 der Verordnung (EG) Nr. 4/2009 und den Artikeln 14 bis 17 des Haager Übereinkommens vom 23. November 2007 über die internationale Geltendmachung der Unterhaltsansprüche von Kindern und anderen Familienangehörigen.** (1) Eine Person, die das 21. Lebensjahr noch nicht vollendet hat, erhält unabhängig von ihren wirtschaftlichen Verhältnissen Verfahrenskostenhilfe für Anträge

1. nach Artikel 56 der Verordnung (EG) Nr. 4/2009 gemäß Artikel 46 dieser Verordnung und
2. nach Kapitel III des Haager Übereinkommens vom 23. November 2007 über die internationale Geltendmachung der Unterhaltsansprüche von Kindern und anderen Familienangehörigen gemäß Artikel 15 dieses Übereinkommens.

---

[22] Überschrift zu § 19 geändert, Abs. 2 aufgehoben, bisheriger Abs. 1 Satz 2 geändert durch Gesetz v. 20.11.2019 (BGBl. I, S. 1724) mit Wirkung v. 26.11.2019.

[23] § 21 Abs. 1 Satz 2 geändert durch Gesetz v. 20.11.2015 (BGBl. I, S. 2018) mit Wirkung v. 26.11.2015. Abs. 1 Satz 2 geändert durch Gesetz v. 10.8.2021 (BGBl. I, S. 3424) mit Wirkung v. 18.8.2021. §§ 1076–1078 ZPO abgedruckt unter Nr. *226a*.

[24] § 22 geändert durch Gesetz v. 20.2.2013 (BGBl. I, S. 273) mit Wirkung v. 1.8.2014.

Durch die Bewilligung von Verfahrenskostenhilfe wird sie endgültig von der Zahlung der in § 122 Absatz 1 der Zivilprozessordnung genannten Kosten befreit. Absatz 3 bleibt unberührt.

(2) Die Bewilligung von Verfahrenskostenhilfe kann nur abgelehnt werden, wenn der Antrag mutwillig oder offensichtlich unbegründet ist. In den Fällen des Artikels 56 Absatz 1 Buchstabe a und b der Verordnung (EG) Nr. 4/2009 und des Artikels 10 Absatz 1 Buchstabe a und b des Haager Übereinkommens vom 23. November 2007 über die internationale Geltendmachung der Unterhaltsansprüche von Kindern und anderen Familienangehörigen und in Bezug auf die von Artikel 20 Absatz 4 dieses Übereinkommens erfassten Fälle werden die Erfolgsaussichten nicht geprüft.

(3) Unterliegt der Antragsteller in einem gerichtlichen Verfahren, kann das Gericht gemäß Artikel 67 der Verordnung (EG) Nr. 4/2009 und gemäß Artikel 43 des Haager Übereinkommens vom 23. November 2007 über die internationale Geltendmachung der Unterhaltsansprüche von Kindern und anderen Familienangehörigen eine Erstattung der im Wege der Verfahrenskostenhilfe verauslagten Kosten verlangen, wenn dies unter Berücksichtigung der finanziellen Verhältnisse des Antragstellers der Billigkeit entspricht.

§ 23.[25] **Verfahrenskostenhilfe für die Anerkennung, Vollstreckbarerklärung und Vollstreckung von unterhaltsrechtlichen Titeln.** Hat der Antragsteller im Ursprungsstaat für das Erkenntnisverfahren ganz oder teilweise Verfahrenskostenhilfe erhalten, ist ihm für das Verfahren der Anerkennung, Vollstreckbarerklärung und Vollstreckung der Entscheidung Verfahrenskostenhilfe zu bewilligen. Durch die Bewilligung von Verfahrenskostenhilfe wird der Antragsteller endgültig von der Zahlung der in § 122 Absatz 1 der Zivilprozessordnung genannten Kosten befreit. Dies gilt nicht, wenn die Bewilligung nach § 124 Absatz 1 Nummer 1 der Zivilprozessordnung aufgehoben wird.

§ 24.[26] **Verfahrenskostenhilfe für Verfahren mit förmlicher Gegenseitigkeit.** Bietet in Verfahren gemäß § 1 Absatz 1 Satz 1 Nummer 3 die beabsichtigte Rechtsverfolgung eingehender Ersuchen hinreichende Aussicht auf Erfolg und erscheint sie nicht mutwillig, so ist dem Berechtigten auch ohne ausdrücklichen Antrag Verfahrenskostenhilfe zu bewilligen. In diesem Fall hat er weder Monatsraten noch aus dem Vermögen zu zahlende Beträge zu leisten. Durch die Bewilligung von Verfahrenskostenhilfe wird der Berechtigte endgültig von der Zahlung der in § 122 Absatz 1 der Zivilprozessordnung genannten Kosten befreit, sofern die Bewilligung nicht nach § 124 Absatz 1 Nummer 1 der Zivilprozessordnung aufgehoben wird.

---

[25] § 23 Satz 3 geändert durch Gesetz v. 31.8.2013 (BGBl. I, S. 3533) mit Wirkung v. 1.1.2014.

[26] § 24 Satz 3 geändert durch Gesetz v. 31.8.2013 (BGBl. I, S. 3533) mit Wirkung v. 1.1.2014.

Abschnitt 6. Ergänzende Zuständigkeitsregelungen; Zuständigkeitskonzentration

§ 25.[27] Internationale Zuständigkeit nach Artikel 3 Buchstabe c der Verordnung (EG) Nr. 4/2009. (1) Die deutschen Gerichte sind in Unterhaltssachen nach Artikel 3 Buchstabe c der Verordnung (EG) Nr. 4/2009 zuständig, wenn

1. Unterhalt im Scheidungs- oder Aufhebungsverbund geltend gemacht wird und die deutschen Gerichte für die Ehe- oder die Lebenspartnerschaftssache nach den folgenden Bestimmungen zuständig sind:
   a) im Anwendungsbereich der Verordnung (EU) 2019/1111 des Rates vom 25. Juni 2019 über die Zuständigkeit, die Anerkennung und Vollstreckung von Entscheidungen in Ehesachen und in Verfahren betreffend die elterliche Verantwortung und über internationale Kindesentführungen (ABl. L 178 vom 2.7.2019, S. 1) nach Artikel 3 der Verordnung (EU) 2019/1111,
   b) nach § 98 Absatz 1 des Gesetzes über das Verfahren in Familiensachen und in den Angelegenheiten der freiwilligen Gerichtsbarkeit[28] oder
   c) nach § 103 Absatz 1 des Gesetzes über das Verfahren in Familiensachen und in den Angelegenheiten der freiwilligen Gerichtsbarkeit;[29]
2. Unterhalt in einem Verfahren auf Feststellung der Vaterschaft eines Kindes geltend gemacht wird und die deutschen Gerichte für das Verfahren auf Feststellung der Vaterschaft international zuständig sind nach
   a) § 100 Nummer 1 des Gesetzes über das Verfahren in Familiensachen und in den Angelegenheiten der freiwilligen Gerichtsbarkeit[30] und sowohl der Berechtigte als auch der Verpflichtete Deutsche sind,
   b) § 100 Nummer 2 des Gesetzes über das Verfahren in Familiensachen und in den Angelegenheiten der freiwilligen Gerichtsbarkeit.[31]

(2) Absatz 1 Nummer 1 Buchstabe b und c ist nicht anzuwenden, wenn deutsche Gerichte auf Grund der deutschen Staatsangehörigkeit nur eines der Beteiligten zuständig sind.

§ 26. Örtliche Zuständigkeit. (1) Örtlich zuständig nach Artikel 3 Buchstabe c der Verordnung (EG) Nr. 4/2009 ist das Amtsgericht,

1. bei dem die Ehe- oder Lebenspartnerschaftssache im ersten Rechtszug anhängig ist oder war, solange die Ehe- oder Lebenspartnerschaftssache anhängig ist;

---

[27] § 25 Abs. 1 Nr. 1 Buchst. a neu gefasst durch Gesetz v. 10.8.2021 (BGBl. I, S. 3424) mit Wirkung v. 1.8.2022.

[28] Abgedruckt unter Nr. *171*.

[29] Abgedruckt unter Nr. *171*.

[30] Abgedruckt unter Nr. *171*.

[31] Abgedruckt unter Nr. *171*.

2. bei dem das Verfahren auf Feststellung der Vaterschaft im ersten Rechtszug anhängig ist, wenn Kindesunterhalt im Rahmen eines Abstammungsverfahrens geltend gemacht wird.

In den Fällen des Satzes 1 Nummer 2 gilt für den Erlass einer einstweiligen Anordnung § 248 Absatz 2 des Gesetzes über das Verfahren in Familiensachen und in den Angelegenheiten der freiwilligen Gerichtsbarkeit.

(2) § 233 des Gesetzes über das Verfahren in Familiensachen und in den Angelegenheiten der freiwilligen Gerichtsbarkeit bleibt unberührt.

§ 27.[32] Örtliche Zuständigkeit für die Auffang- und Notzuständigkeit; Verordnungsermächtigung. (1) Sind die deutschen Gerichte nach Artikel 6 oder Artikel 7 der Verordnung (EG) Nr. 4/2009 international zuständig, so entscheidet das Amtsgericht, das für den Sitz desjenigen Oberlandesgerichts zuständig ist, in dessen Bezirk die Beteiligten ihren letzten inländischen gemeinsamen Wohnsitz hatten oder an den der ausreichende Bezug zur Bundesrepublik Deutschland im Sinne des Artikels 7 der Verordnung (EG) Nr. 4/2009 angeknüpft werden kann. § 28 Absatz 1 Satz 2 ist entsprechend anzuwenden. Ergibt sich keine örtliche Zuständigkeit eines inländischen Gerichts nach Satz 1 oder Satz 2, so ist das Amtsgericht Pankow in Berlin örtlich zuständig.

(2) Die Landesregierungen werden ermächtigt, die Zuständigkeit nach Absatz 1 durch Rechtsverordnung einem anderen Amtsgericht des Oberlandesgerichtsbezirks oder, wenn in einem Land mehrere Oberlandesgerichte errichtet sind, einem Amtsgericht für die Bezirke aller oder mehrerer Oberlandesgerichte zuzuweisen. Die Landesregierungen können diese Ermächtigung durch Rechtsverordnung auf die Landesjustizverwaltungen übertragen.

§ 28.[33] Zuständigkeitskonzentration; Verordnungsermächtigung. (1) Wenn ein Beteiligter seinen gewöhnlichen Aufenthalt nicht im Inland hat, entscheidet über Anträge in Unterhaltssachen in den Fällen des Artikels 3 Buchstabe a und b der Verordnung (EG) Nr. 4/2009 das für den Sitz des Oberlandesgerichts, in dessen Bezirk der Antragsgegner oder der Berechtigte seinen gewöhnlichen Aufenthalt hat, zuständige Amtsgericht. Für den Bezirk des Kammergerichts ist das Amtsgericht Pankow zuständig.

(2) Die Landesregierungen werden ermächtigt, diese Zuständigkeit durch Rechtsverordnung einem anderen Amtsgericht des Oberlandesgerichtsbezirks oder, wenn in einem Land mehrere Oberlandesgerichte errichtet sind, einem Amtsgericht für die Bezirke aller oder mehrerer Oberlandesge-

---

[32] § 27 neu gefasst durch Gesetz v. 20.11.2015 (BGBl. I, S. 2018) mit Wirkung v. 26.11.2015. Abs. 1 Satz 3 geändert durch Gesetz v. 10.8.2021 (BGBl. I, S. 3424) mit Wirkung v. 18.8.2021.

[33] § 28 Abs. 1 geändert durch Gesetz v. 20.11.2015 (BGBl. I, S. 2018) mit Wirkung v. 26.11.2015. Abs. 1 Satz 2 geändert durch Gesetz v. 10.8.2021 (BGBl. I, S. 3424) mit Wirkung v. 18.8.2021.

richte zuzuweisen. Die Landesregierungen können diese Ermächtigung durch Rechtsverordnung auf die Landesjustizverwaltungen übertragen.

§ 29. Zuständigkeit im Anwendungsbereich der Verordnung (EG) Nr. 1896/2006. In Bezug auf die Zuständigkeit im Anwendungsbereich der Verordnung (EG) Nr. 1896/2006 des Europäischen Parlaments und des Rates vom 12. Dezember 2006 zur Einführung eines Europäischen Mahnverfahrens (ABl. L 399 vom 30.12.2006, S. 1)[34] bleibt § 1087 der Zivilprozessordnung unberührt.

Kapitel 2. Anerkennung und Vollstreckung von Entscheidungen

Abschnitt 1. Verfahren ohne Exequatur nach der Verordnung (EG) Nr. 4/2009

§ 30. Verzicht auf Vollstreckungsklausel; Unterlagen. (1) Liegen die Voraussetzungen der Artikel 17 oder 48 der Verordnung (EG) Nr. 4/2009 vor, findet die Vollstreckung aus dem ausländischen Titel statt, ohne dass es einer Vollstreckungsklausel bedarf.

(2) Das Formblatt, das dem Vollstreckungsorgan nach Artikel 20 Absatz 1 Buchstabe b oder Artikel 48 Absatz 3 der Verordnung (EG) Nr. 4/2009 vorzulegen ist, soll mit dem zu vollstreckenden Titel untrennbar verbunden sein.

(3) Hat der Gläubiger nach Artikel 20 Absatz 1 Buchstabe d der Verordnung (EG) Nr. 4/2009 eine Übersetzung oder ein Transkript vorzulegen, so sind diese Unterlagen von einer Person, die in einem der Mitgliedstaaten hierzu befugt ist, in die deutsche Sprache zu übersetzen.

§ 31. Anträge auf Verweigerung, Beschränkung oder Aussetzung der Vollstreckung nach Artikel 21 der Verordnung (EG) Nr. 4/2009. (1) Für Anträge auf Verweigerung, Beschränkung oder Aussetzung der Vollstreckung nach Artikel 21 der Verordnung (EG) Nr. 4/2009 ist das Amtsgericht als Vollstreckungsgericht zuständig. Örtlich zuständig ist das in § 764 Absatz 2 der Zivilprozessordnung benannte Gericht.

(2) Die Entscheidung über den Antrag auf Verweigerung der Vollstreckung (Artikel 21 Absatz 2 der Verordnung (EG) Nr. 4/2009) ergeht durch Beschluss. § 770 der Zivilprozessordnung ist entsprechend anzuwenden. Der Beschluss unterliegt der sofortigen Beschwerde nach § 793 der Zivilprozessordnung. Bis zur Entscheidung nach Satz 1 kann das Gericht Anordnungen nach § 769 Absatz 1 und 3 der Zivilprozessordnung treffen.

(3) Über den Antrag auf Aussetzung oder Beschränkung der Zwangsvollstreckung (Artikel 21 Absatz 3 der Verordnung (EG) Nr. 4/2009) entschei-

[34] Abgedruckt unter Nr. *186*.

det das Gericht durch einstweilige Anordnung. Die Entscheidung ist unanfechtbar.

§ 32. Einstellung der Zwangsvollstreckung. Die Zwangsvollstreckung ist entsprechend § 775 Nummer 1 und 2 und § 776 der Zivilprozessordnung auch dann einzustellen oder zu beschränken, wenn der Schuldner eine Entscheidung eines Gerichts des Ursprungsstaats über die Nichtvollstreckbarkeit oder über die Beschränkung der Vollstreckbarkeit vorlegt. Auf Verlangen ist eine Übersetzung der Entscheidung vorzulegen. In diesem Fall ist die Entscheidung von einer Person, die in einem Mitgliedstaat hierzu befugt ist, in die deutsche Sprache zu übersetzen.

§ 33. Einstweilige Einstellung bei Wiedereinsetzung, Rechtsmittel und Einspruch. (1) Hat der Schuldner im Ursprungsstaat Wiedereinsetzung beantragt oder gegen die zu vollstreckende Entscheidung einen Rechtsbehelf oder ein Rechtsmittel eingelegt, gelten die §§ 707, 719 Absatz 1 der Zivilprozessordnung und § 120 Absatz 2 Satz 2 und 3 des Gesetzes über das Verfahren in Familiensachen und in den Angelegenheiten der freiwilligen Gerichtsbarkeit.

(2) Zuständig ist das in § 35 Absatz 1 und 2 bestimmte Gericht.

§ 34. Bestimmung des vollstreckungsfähigen Inhalts eines ausländischen Titels. (1) Lehnt das Vollstreckungsorgan die Zwangsvollstreckung aus einem ausländischen Titel, der keiner Vollstreckungsklausel bedarf, mangels hinreichender Bestimmtheit ab, kann der Gläubiger die Bestimmung des vollstreckungsfähigen Inhalts (Konkretisierung) des Titels beantragen. Zuständig ist das in § 35 Absatz 1 und 2 bestimmte Gericht.

(2) Der Antrag kann bei dem Gericht schriftlich gestellt oder zu Protokoll der Geschäftsstelle erklärt werden. Das Gericht kann über den Antrag ohne mündliche Verhandlung entscheiden. Vor der Entscheidung, die durch Beschluss ergeht, wird der Schuldner angehört. Der Beschluss ist zu begründen.

(3) Konkretisiert das Gericht den ausländischen Titel, findet die Vollstreckung aus diesem Beschluss statt, ohne dass es einer Vollstreckungsklausel bedarf. Der Beschluss ist untrennbar mit dem ausländischen Titel zu verbinden und dem Schuldner zuzustellen.

(4) Gegen die Entscheidung ist die Beschwerde nach dem Gesetz über das Verfahren in Familiensachen und in den Angelegenheiten der freiwilligen Gerichtsbarkeit statthaft. § 61 des Gesetzes über das Verfahren in Familiensachen und in den Angelegenheiten der freiwilligen Gerichtsbarkeit ist nicht anzuwenden.

Abschnitt 2. Gerichtliche Zuständigkeit für Verfahren zur Anerkennung und Vollstreckbarerklärung ausländischer Entscheidungen

§ 35.[35] **Gerichtliche Zuständigkeit; Zuständigkeitskonzentration; Verordnungsermächtigung.** (1) Über einen Antrag auf Feststellung der Anerkennung oder über einen Antrag auf Vollstreckbarerklärung eines ausländischen Titels nach den Abschnitten 3 bis 5 entscheidet ausschließlich das Amtsgericht, das für den Sitz des Oberlandesgerichts zuständig ist, in dessen Zuständigkeitsbezirk

1. sich die Person, gegen die sich der Titel richtet, gewöhnlich aufhält oder
2. die Vollstreckung durchgeführt werden soll.

Für den Bezirk des Kammergerichts entscheidet das Amtsgericht Pankow.

(2) Die Landesregierungen werden ermächtigt, diese Zuständigkeit durch Rechtsverordnung einem anderen Amtsgericht des Oberlandesgerichtsbezirks oder, wenn in einem Land mehrere Oberlandesgerichte errichtet sind, einem Amtsgericht für die Bezirke aller oder mehrerer Oberlandesgerichte zuzuweisen. Die Landesregierungen können diese Ermächtigung durch Rechtsverordnung auf die Landesjustizverwaltungen übertragen.

(3) In einem Verfahren, das die Vollstreckbarerklärung einer notariellen Urkunde zum Gegenstand hat, kann diese Urkunde auch von einem Notar für vollstreckbar erklärt werden im Anwendungsbereich

1. der Verordnung (EG) Nr. 4/2009 oder
2. des Übereinkommens vom 30. Oktober 2007 über die gerichtliche Zuständigkeit und die Anerkennung und Vollstreckung von Entscheidungen in Zivil- und Handelssachen.

Die Vorschriften für das Verfahren der Vollstreckbarerklärung durch ein Gericht gelten sinngemäß.

Abschnitt 3. Verfahren mit Exequatur nach der Verordnung (EG) Nr. 4/2009 und den Abkommen der Europäischen Union

Unterabschnitt 1. Zulassung der Zwangsvollstreckung aus ausländischen Titeln

§ 36. Antragstellung. (1) Der in einem anderen Staat vollstreckbare Titel wird dadurch zur Zwangsvollstreckung zugelassen, dass er auf Antrag mit der Vollstreckungsklausel versehen wird.

---

[35] § 35 geändert durch Gesetz v. 20.2.2013 (BGBl. I, S. 273) mit Wirkung v. 26.2.2013; Abs. 1 Satz 2 erneut geändert durch Gesetz v. 20.11.2015 (BGBl. I, S. 2018) mit Wirkung v. 26.11.2015. Abs. 1 Satz 2 geändert durch Gesetz v. 10.8.2021 (BGBl. I, S. 3424) mit Wirkung v. 18.8.2021.

(2) Der Antrag auf Erteilung der Vollstreckungsklausel kann bei dem zuständigen Gericht schriftlich eingereicht oder mündlich zu Protokoll der Geschäftsstelle erklärt werden.

(3) Ist der Antrag entgegen § 184 des Gerichtsverfassungsgesetzes nicht in deutscher Sprache abgefasst, so kann das Gericht von dem Antragsteller eine Übersetzung verlangen, deren Richtigkeit von einer Person bestätigt worden ist, die in einem der folgenden Staaten hierzu befugt ist:

1. in einem Mitgliedstaat oder in einem anderen Vertragsstaat des Abkommens über den Europäischen Wirtschaftsraum oder
2. in einem Vertragsstaat des jeweils auszuführenden völkerrechtlichen Vertrages.

(4) Der Ausfertigung des Titels, der mit der Vollstreckungsklausel versehen werden soll, und seiner Übersetzung, soweit eine solche vorgelegt wird, sollen je zwei Abschriften beigefügt werden.

§ 37. Zustellungsempfänger. (1) Hat der Antragsteller in dem Antrag keinen Zustellungsbevollmächtigten im Sinne des § 184 Absatz 1 Satz 1 der Zivilprozessordnung benannt, so können bis zur nachträglichen Benennung alle Zustellungen an ihn durch Aufgabe zur Post (§ 184 Absatz 1 Satz 2 und Absatz 2 der Zivilprozessordnung) bewirkt werden.

(2) Absatz 1 gilt nicht, wenn der Antragsteller einen Verfahrensbevollmächtigten für das Verfahren benannt hat, an den im Inland zugestellt werden kann.

(3) Die Absätze 1 und 2 sind auf Verfahren nach der Verordnung (EG) Nr. 4/2009 nicht anzuwenden.

§ 38. Verfahren. (1) Die Entscheidung ergeht ohne mündliche Verhandlung. Jedoch kann eine mündliche Erörterung mit dem Antragsteller oder seinem Bevollmächtigten stattfinden, wenn der Antragsteller oder der Bevollmächtigte hiermit einverstanden ist und die Erörterung der Beschleunigung dient.

(2) Im ersten Rechtszug ist die Vertretung durch einen Rechtsanwalt nicht erforderlich.

§ 39. Vollstreckbarkeit ausländischer Titel in Sonderfällen. (1) Hängt die Zwangsvollstreckung nach dem Inhalt des Titels von einer dem Gläubiger obliegenden Sicherheitsleistung, dem Ablauf einer Frist oder dem Eintritt einer anderen Tatsache ab oder wird die Vollstreckungsklausel zugunsten eines anderen als des in dem Titel bezeichneten Gläubigers oder gegen einen anderen als den darin bezeichneten Schuldner beantragt, so ist die Frage, inwieweit die Zulassung der Zwangsvollstreckung von dem Nachweis besonderer Voraussetzungen abhängig oder ob der Titel für oder gegen den anderen vollstreckbar ist, nach dem Recht des Staates zu entscheiden, in dem der Titel errichtet ist. Der Nachweis ist durch Urkunden zu führen, es sei denn, dass die Tatsachen bei dem Gericht offenkundig sind.

(2) Kann der Nachweis durch Urkunden nicht geführt werden, so ist auf Antrag des Antragstellers der Antragsgegner zu hören. In diesem Fall sind alle Beweismittel zulässig. Das Gericht kann auch die mündliche Verhandlung anordnen.

§ 40. Entscheidung. (1) Ist die Zwangsvollstreckung aus dem Titel zuzulassen, so beschließt das Gericht, dass der Titel mit der Vollstreckungsklausel zu versehen ist. In dem Beschluss ist die zu vollstreckende Verpflichtung in deutscher Sprache wiederzugeben. Zur Begründung des Beschlusses genügt in der Regel die Bezugnahme auf die Verordnung (EG) Nr. 4/2009 oder auf den jeweils auszuführenden völkerrechtlichen Vertrag sowie auf von dem Antragsteller vorgelegte Urkunden. Auf die Kosten des Verfahrens ist § 788 der Zivilprozessordnung entsprechend anzuwenden.

(2) Ist der Antrag nicht zulässig oder nicht begründet, so lehnt ihn das Gericht durch mit Gründen versehenen Beschluss ab. Die Kosten sind dem Antragsteller aufzuerlegen.

(3) Der Beschluss wird mit Bekanntgabe an die Beteiligten wirksam.

§ 41. Vollstreckungsklausel. (1) Auf Grund des Beschlusses nach § 40 Absatz 1 erteilt der Urkundsbeamte der Geschäftsstelle die Vollstreckungsklausel in folgender Form:

„Vollstreckungsklausel nach § 36 des Auslandsunterhaltsgesetzes vom 23. Mai 2011 (BGBl. I S. 898). Gemäß dem Beschluss des … (Bezeichnung des Gerichts und des Beschlusses) ist die Zwangsvollstreckung aus … (Bezeichnung des Titels) zugunsten … (Bezeichnung des Gläubigers) gegen … (Bezeichnung des Schuldners) zulässig.

Die zu vollstreckende Verpflichtung lautet:

… (Angabe der dem Schuldner aus dem ausländischen Titel obliegenden Verpflichtung in deutscher Sprache; aus dem Beschluss nach § 40 Absatz 1 zu übernehmen).

Die Zwangsvollstreckung darf über Maßregeln zur Sicherung nicht hinausgehen, bis der Gläubiger eine gerichtliche Anordnung oder ein Zeugnis vorlegt, dass die Zwangsvollstreckung unbeschränkt stattfinden darf."

Lautet der Titel auf Leistung von Geld, so ist der Vollstreckungsklausel folgender Zusatz anzufügen:

Solange die Zwangsvollstreckung über Maßregeln zur Sicherung nicht hinausgehen darf, kann der Schuldner die Zwangsvollstreckung durch Leistung einer Sicherheit in Höhe von … (Angabe des Betrages, wegen dessen der Gläubiger vollstrecken darf) abwenden."

(2) Wird die Zwangsvollstreckung nur für einen oder mehrere der durch die ausländische Entscheidung zuerkannten oder in einem anderen ausländischen Titel niedergelegten Ansprüche oder nur für einen Teil des Gegenstands der Verpflichtung zugelassen, so ist die Vollstreckungsklausel

als „Teil-Vollstreckungsklausel nach § 36 des Auslandsunterhaltsgesetzes vom 23. Mai 2011 (BGBl. I S. 898)" zu bezeichnen.

(3) Die Vollstreckungsklausel ist von dem Urkundsbeamten der Geschäftsstelle zu unterschreiben und mit dem Gerichtssiegel zu versehen. Sie ist entweder auf die Ausfertigung des Titels oder auf ein damit zu verbindendes Blatt zu setzen. Falls eine Übersetzung des Titels vorliegt, ist sie mit der Ausfertigung zu verbinden.

§ 42. Bekanntgabe der Entscheidung. (1) Lässt das Gericht die Zwangsvollstreckung zu (§ 40 Absatz 1), sind dem Antragsgegner eine beglaubigte Abschrift des Beschlusses, eine beglaubigte Abschrift des mit der Vollstreckungsklausel versehenen Titels und gegebenenfalls seiner Übersetzung sowie der gemäß § 40 Absatz 1 Satz 3 in Bezug genommenen Urkunden von Amts wegen zuzustellen. Dem Antragsteller sind eine beglaubigte Abschrift des Beschlusses, die mit der Vollstreckungsklausel versehene Ausfertigung des Titels sowie eine Bescheinigung über die bewirkte Zustellung zu übersenden.

(2) Lehnt das Gericht den Antrag auf Erteilung der Vollstreckungsklausel ab (§ 40 Absatz 2), ist der Beschluss dem Antragsteller zuzustellen.

Unterabschnitt 2. Beschwerde, Rechtsbeschwerde

§ 43. Beschwerdegericht; Einlegung der Beschwerde; Beschwerdefrist. (1) Beschwerdegericht ist das Oberlandesgericht.

(2) Die Beschwerde gegen die im ersten Rechtszug ergangene Entscheidung über den Antrag auf Erteilung der Vollstreckungsklausel wird bei dem Gericht, dessen Beschluss angefochten wird, durch Einreichen einer Beschwerdeschrift oder durch Erklärung zu Protokoll der Geschäftsstelle eingelegt. Der Beschwerdeschrift soll die für ihre Zustellung erforderliche Zahl von Abschriften beigefügt werden.

(3) § 61 des Gesetzes über das Verfahren in Familiensachen und in den Angelegenheiten der freiwilligen Gerichtsbarkeit ist nicht anzuwenden.

(4) Die Beschwerde des Antragsgegners gegen die Zulassung der Zwangsvollstreckung ist einzulegen

1. im Anwendungsbereich der Verordnung (EG) Nr. 4/2009 und des Abkommens vom 19. Oktober 2005 zwischen der Europäischen Gemeinschaft und dem Königreich Dänemark über die gerichtliche Zuständigkeit und die Anerkennung und Vollstreckung von Entscheidungen in Zivil- und Handelssachen innerhalb der Frist des Artikels 32 Absatz 5 der Verordnung (EG) Nr. 4/2009,
2. im Anwendungsbereich des Übereinkommens vom 30. Oktober 2007 über die gerichtliche Zuständigkeit und die Anerkennung und Vollstreckung von Entscheidungen in Zivil- und Handelssachen
   a) innerhalb eines Monats nach Zustellung, wenn der Antragsgegner seinen Wohnsitz im Inland hat, oder

b) innerhalb von zwei Monaten nach Zustellung, wenn der Antragsgegner seinen Wohnsitz im Ausland hat.

Die Frist beginnt mit dem Tag, an dem die Vollstreckbarerklärung dem Antragsgegner entweder persönlich oder in seiner Wohnung zugestellt worden ist. Eine Verlängerung dieser Frist wegen weiter Entfernung ist ausgeschlossen.

(5) Die Beschwerde ist dem Beschwerdegegner von Amts wegen zuzustellen.

§ 44.[36] *(aufgehoben)*

§ 45. Verfahren und Entscheidung über die Beschwerde. (1) Das Beschwerdegericht entscheidet durch Beschluss, der mit Gründen zu versehen ist und ohne mündliche Verhandlung ergehen kann. Der Beschwerdegegner ist vor der Entscheidung zu hören.

(2) Solange eine mündliche Verhandlung nicht angeordnet ist, können zu Protokoll der Geschäftsstelle Anträge gestellt und Erklärungen abgegeben werden. Wird die mündliche Verhandlung angeordnet, so gilt für die Ladung § 215 der Zivilprozessordnung.

(3) Eine vollständige Ausfertigung des Beschlusses ist dem Antragsteller und dem Antragsgegner auch dann von Amts wegen zuzustellen, wenn der Beschluss verkündet worden ist.

(4) Soweit nach dem Beschluss des Beschwerdegerichts die Zwangsvollstreckung aus dem Titel erstmals zuzulassen ist, erteilt der Urkundsbeamte der Geschäftsstelle des Beschwerdegerichts die Vollstreckungsklausel. § 40 Absatz 1 Satz 2 und 4, §§ 41 und 42 Absatz 1 sind entsprechend anzuwenden. Ein Zusatz, dass die Zwangsvollstreckung über Maßregeln zur Sicherung nicht hinausgehen darf, ist nur aufzunehmen, wenn das Beschwerdegericht eine Anordnung nach § 52 Absatz 2 erlassen hat. Der Inhalt des Zusatzes bestimmt sich nach dem Inhalt der Anordnung.

§ 46. Statthaftigkeit und Frist der Rechtsbeschwerde. (1) Gegen den Beschluss des Beschwerdegerichts findet die Rechtsbeschwerde statt.

(2) Die Rechtsbeschwerde ist innerhalb eines Monats einzulegen.

(3) Die Rechtsbeschwerdefrist beginnt mit der Zustellung des Beschlusses (§ 45 Absatz 3).

(4) § 75 des Gesetzes über das Verfahren in Familiensachen und in den Angelegenheiten der freiwilligen Gerichtsbarkeit ist nicht anzuwenden.

§ 47. Einlegung und Begründung der Rechtsbeschwerde. (1) Die Rechtsbeschwerde wird durch Einreichen der Beschwerdeschrift beim Bundesgerichtshof eingelegt.

---

[36] § 44 aufgehoben durch Gesetz v. 20.2.2013 (BGBl. I, S. 273) mit Wirkung v. 26.2.2013.

(2) Die Rechtsbeschwerde ist zu begründen. § 71 Absatz 1 Satz 1 des Gesetzes über das Verfahren in Familiensachen und in den Angelegenheiten der freiwilligen Gerichtsbarkeit ist nicht anzuwenden. Soweit die Rechtsbeschwerde darauf gestützt wird, dass das Beschwerdegericht von einer Entscheidung des Gerichtshofs der Europäischen Union abgewichen sei, muss die Entscheidung, von der der angefochtene Beschluss abweicht, bezeichnet werden.

§ 48. Verfahren und Entscheidung über die Rechtsbeschwerde. (1) Der Bundesgerichtshof kann nur überprüfen, ob der Beschluss auf einer Verletzung des Rechts der Europäischen Union, eines einschlägigen völkerrechtlichen Vertrages oder sonstigen Bundesrechts oder einer anderen Vorschrift beruht, deren Geltungsbereich sich über den Bezirk eines Oberlandesgerichts hinaus erstreckt.

(2) Der Bundesgerichtshof kann über die Rechtsbeschwerde ohne mündliche Verhandlung entscheiden. Auf das Verfahren über die Rechtsbeschwerde sind die §§ 73 und 74 des Gesetzes über das Verfahren in Familiensachen und in den Angelegenheiten der freiwilligen Gerichtsbarkeit entsprechend anzuwenden.

(3) Soweit die Zwangsvollstreckung aus dem Titel erstmals durch den Bundesgerichtshof zugelassen wird, erteilt der Urkundsbeamte der Geschäftsstelle dieses Gerichts die Vollstreckungsklausel. § 40 Absatz 1 Satz 2 und 4, §§ 41 und 42 Absatz 1 gelten entsprechend. Ein Zusatz über die Beschränkung der Zwangsvollstreckung entfällt.

Unterabschnitt 3. Beschränkung der Zwangsvollstreckung auf Sicherungsmaßregeln und unbeschränkte Fortsetzung der Zwangsvollstreckung

§ 49. Prüfung der Beschränkung. Einwendungen des Schuldners, dass bei der Zwangsvollstreckung die Beschränkung auf Sicherungsmaßregeln nach der Verordnung (EG) Nr. 4/2009 oder dem auszuführenden völkerrechtlichen Vertrag oder auf Grund einer auf diesem Gesetz beruhenden Anordnung (§ 52 Absatz 2) nicht eingehalten werde, oder Einwendungen des Gläubigers, dass eine bestimmte Maßnahme der Zwangsvollstreckung mit dieser Beschränkung vereinbar sei, sind im Wege der Erinnerung nach § 766 der Zivilprozessordnung bei dem Vollstreckungsgericht (§ 764 der Zivilprozessordnung) geltend zu machen.

§ 50. Sicherheitsleistung durch den Schuldner. (1) Solange die Zwangsvollstreckung aus einem Titel, der auf Leistung von Geld lautet, nicht über Maßregeln der Sicherung hinausgehen darf, ist der Schuldner befugt, die Zwangsvollstreckung durch Leistung einer Sicherheit in Höhe des Betrages abzuwenden, wegen dessen der Gläubiger vollstrecken darf.

(2) Die Zwangsvollstreckung ist einzustellen und bereits getroffene Vollstreckungsmaßregeln sind aufzuheben, wenn der Schuldner durch eine

öffentliche Urkunde die zur Abwendung der Zwangsvollstreckung erforderliche Sicherheitsleistung nachweist.

§ 51. Versteigerung beweglicher Sachen. Ist eine bewegliche Sache gepfändet und darf die Zwangsvollstreckung nicht über Maßregeln zur Sicherung hinausgehen, so kann das Vollstreckungsgericht auf Antrag anordnen, dass die Sache versteigert und der Erlös hinterlegt werde, wenn sie der Gefahr einer beträchtlichen Wertminderung ausgesetzt ist oder wenn ihre Aufbewahrung unverhältnismäßige Kosten verursachen würde.

§ 52. Unbeschränkte Fortsetzung der Zwangsvollstreckung; besondere gerichtliche Anordnungen. (1) Weist das Beschwerdegericht die Beschwerde des Schuldners gegen die Zulassung der Zwangsvollstreckung zurück oder lässt es auf die Beschwerde des Gläubigers die Zwangsvollstreckung aus dem Titel zu, so kann die Zwangsvollstreckung über Maßregeln zur Sicherung hinaus fortgesetzt werden.

(2) Auf Antrag des Schuldners kann das Beschwerdegericht anordnen, dass bis zum Ablauf der Frist zur Einlegung der Rechtsbeschwerde oder bis zur Entscheidung über diese Beschwerde die Zwangsvollstreckung nicht oder nur gegen Sicherheitsleistung über Maßregeln zur Sicherung hinausgehen darf. Die Anordnung darf nur erlassen werden, wenn glaubhaft gemacht wird, dass die weiter gehende Vollstreckung dem Schuldner einen nicht zu ersetzenden Nachteil bringen würde. § 713 der Zivilprozessordnung ist entsprechend anzuwenden.

(3) Wird Rechtsbeschwerde eingelegt, so kann der Bundesgerichtshof auf Antrag des Schuldners eine Anordnung nach Absatz 2 erlassen. Der Bundesgerichtshof kann auf Antrag des Gläubigers eine nach Absatz 2 erlassene Anordnung des Beschwerdegerichts abändern oder aufheben.

§ 53. Unbeschränkte Fortsetzung der durch das Gericht des ersten Rechtszuges zugelassenen Zwangsvollstreckung. (1) Die Zwangsvollstreckung aus dem Titel, den der Urkundsbeamte der Geschäftsstelle des Gerichts des ersten Rechtszuges mit der Vollstreckungsklausel versehen hat, ist auf Antrag des Gläubigers über Maßregeln zur Sicherung hinaus fortzusetzen, wenn das Zeugnis des Urkundsbeamten der Geschäftsstelle dieses Gerichts vorgelegt wird, dass die Zwangsvollstreckung unbeschränkt stattfinden darf.

(2) Das Zeugnis ist dem Gläubiger auf seinen Antrag zu erteilen,

1. wenn der Schuldner bis zum Ablauf der Beschwerdefrist keine Beschwerdeschrift eingereicht hat,
2. wenn das Beschwerdegericht die Beschwerde des Schuldners zurückgewiesen und keine Anordnung nach § 52 Absatz 2 erlassen hat,
3. wenn der Bundesgerichtshof die Anordnung des Beschwerdegerichts nach § 52 Absatz 2 aufgehoben hat (§ 52 Absatz 3 Satz 2) oder

4. wenn der Bundesgerichtshof den Titel zur Zwangsvollstreckung zugelassen hat.

(3) Aus dem Titel darf die Zwangsvollstreckung, selbst wenn sie auf Maßregeln der Sicherung beschränkt ist, nicht mehr stattfinden, sobald ein Beschluss des Beschwerdegerichts, dass der Titel zur Zwangsvollstreckung nicht zugelassen werde, verkündet oder zugestellt ist.

§ 54. Unbeschränkte Fortsetzung der durch das Beschwerdegericht zugelassenen Zwangsvollstreckung. (1) Die Zwangsvollstreckung aus dem Titel, zu dem der Urkundsbeamte der Geschäftsstelle des Beschwerdegerichts die Vollstreckungsklausel mit dem Zusatz erteilt hat, dass die Zwangsvollstreckung auf Grund der Anordnung des Gerichts nicht über Maßregeln zur Sicherung hinausgehen darf (§ 45 Absatz 4 Satz 3), ist auf Antrag des Gläubigers über Maßregeln zur Sicherung hinaus fortzusetzen, wenn das Zeugnis des Urkundsbeamten der Geschäftsstelle dieses Gerichts vorgelegt wird, dass die Zwangsvollstreckung unbeschränkt stattfinden darf.

(2) Das Zeugnis ist dem Gläubiger auf seinen Antrag zu erteilen,

1. wenn der Schuldner bis zum Ablauf der Frist zur Einlegung der Rechtsbeschwerde (§ 46 Absatz 2) keine Beschwerdeschrift eingereicht hat,
2. wenn der Bundesgerichtshof die Anordnung des Beschwerdegerichts nach § 52 Absatz 2 aufgehoben hat (§ 52 Absatz 3 Satz 2) oder
3. wenn der Bundesgerichtshof die Rechtsbeschwerde des Schuldners zurückgewiesen hat.

Unterabschnitt 4. Feststellung der Anerkennung eines ausländischen Entscheidung

§ 55. Verfahren. (1) Auf das Verfahren, das die Feststellung zum Gegenstand hat, ob eine Entscheidung aus einem anderen Staat anzuerkennen ist, sind die §§ 36 bis 38, 40 Absatz 2, die §§ 42 bis 45 Absatz 1 bis 3, die §§ 46, 47 sowie 48 Absatz 1 und 2 entsprechend anzuwenden.

(2) Ist der Antrag auf Feststellung begründet, so beschließt das Gericht, die Entscheidung anzuerkennen.

§ 56. Kostenentscheidung. In den Fällen des § 55 Absatz 2 sind die Kosten dem Antragsgegner aufzuerlegen. Dieser kann die Beschwerde (§ 43) auf die Entscheidung über den Kostenpunkt beschränken. In diesem Fall sind die Kosten dem Antragsteller aufzuerlegen, wenn der Antragsgegner durch sein Verhalten keine Veranlassung zu dem Antrag auf Feststellung gegeben hat.

Abschnitt 4. Anerkennung und Vollstreckung von Unterhaltstiteln nach völkerrechtlichen Verträgen

Unterabschnitt 1. Allgemeines

§ 57. Anwendung von Vorschriften. Auf die Anerkennung und Vollstreckbarerklärung von ausländischen Unterhaltstiteln nach den in § 1 Absatz 1 Satz 1 Nummer 2 bezeichneten völkerrechtlichen Verträgen sind die Vorschriften der §§ 36 bis 56 entsprechend anzuwenden, soweit in diesem Abschnitt nichts anderes bestimmt ist.

§ 58. Anhörung. Das Gericht entscheidet in dem Verfahren nach § 36 ohne Anhörung des Antragsgegners.

§ 59. Beschwerdefrist. (1) Die Beschwerde gegen die im ersten Rechtszug ergangene Entscheidung über den Antrag auf Erteilung der Vollstreckungsklausel ist innerhalb eines Monats nach Zustellung einzulegen.

(2) Muss die Zustellung an den Antragsgegner im Ausland oder durch öffentliche Bekanntmachung erfolgen und hält das Gericht die Beschwerdefrist nach Absatz 1 nicht für ausreichend, so bestimmt es in dem Beschluss nach § 40 oder nachträglich durch besonderen Beschluss, der ohne mündliche Verhandlung ergeht, eine längere Beschwerdefrist. Die nach Satz 1 festgesetzte Frist für die Einlegung der Beschwerde ist auf der Bescheinigung über die bewirkte Zustellung (§ 42 Absatz 1 Satz 2) zu vermerken. Die Bestimmungen über den Beginn der Beschwerdefrist bleiben auch im Fall der nachträglichen Festsetzung unberührt.

§ 59a.[37] Einwendungen gegen den zu vollstreckenden Anspruch im Beschwerdeverfahren. (1) Der Schuldner kann mit der Beschwerde, die sich gegen die Zulassung der Zwangsvollstreckung aus einer Entscheidung richtet, auch Einwendungen gegen den Anspruch selbst insoweit geltend machen, als die Gründe, auf denen sie beruhen, erst nach dem Erlass der Entscheidung entstanden sind.

(2) Mit der Beschwerde, die sich gegen die Zulassung der Zwangsvollstreckung aus einem gerichtlichen Vergleich oder einer öffentlichen Urkunde richtet, kann der Schuldner die Einwendungen gegen den Anspruch selbst ungeachtet der in Absatz 1 enthaltenen Beschränkung geltend machen.

§ 60. Beschränkung der Zwangsvollstreckung kraft Gesetzes. Die Zwangsvollstreckung ist auf Sicherungsmaßregeln beschränkt, solange die Frist zur Einlegung der Beschwerde noch läuft und solange über die Beschwerde noch nicht entschieden ist.

---

[37] § 59a eingefügt durch Gesetz v. 20.2.2013 (BGBl. I, S. 273) mit Wirkung v. 1.8.2014.

Unterabschnitt 2.[38] *Anerkennung und Vollstreckung von Unterhaltstiteln nach dem Haager Übereinkommen vom 23. November 2007 über die internationale Geltendmachung der Unterhaltsansprüche von Kindern und anderen Familienangehörigen*

§ 60a. Beschwerdeverfahren im Bereich des Haager Übereinkommens. Abweichend von § 59 gelten für das Beschwerdeverfahren die Fristen des Artikels 23 Absatz 6 des Haager Übereinkommens.

Unterabschnitt 3. Anerkennung und Vollstreckung von Unterhaltstiteln nach dem Haager Übereinkommen vom 2. Oktober 1973 über die Anerkennung und Vollstreckung von Unterhaltsentscheidungen

§ 61. Einschränkung der Anerkennung und Vollstreckung. (1) Öffentliche Urkunden aus einem anderen Vertragsstaat werden nur anerkannt und vollstreckt, wenn dieser Staat die Erklärung nach Artikel 25 des Übereinkommens abgegeben hat.

(2) Die Anerkennung und Vollstreckung von Entscheidungen aus einem anderen Vertragsstaat über Unterhaltsansprüche zwischen Verwandten in der Seitenlinie und zwischen Verschwägerten ist auf Verlangen des Antragsgegners zu versagen, wenn

1. nach den Sachvorschriften des Rechts desjenigen Staates, dem der Verpflichtete und der Berechtigte angehören, eine Unterhaltspflicht nicht besteht oder
2. der Verpflichtete und der Berechtigte nicht die gleiche Staatsangehörigkeit haben und keine Unterhaltspflicht nach dem am gewöhnlichen Aufenthaltsort des Verpflichteten geltenden Recht besteht.

§ 62. Beschwerdeverfahren im Anwendungsbereich des Haager Übereinkommens. (1) Abweichend von § 59 Absatz 2 Satz 1 beträgt die Frist für die Beschwerde des Schuldners gegen die Zulassung der Zwangsvollstreckung zwei Monate, wenn die Zustellung an den Schuldner im Ausland erfolgen muss.

(2) Das Oberlandesgericht kann seine Entscheidung über die Beschwerde gegen die Zulassung der Zwangsvollstreckung auf Antrag des Schuldners aussetzen, wenn gegen die Entscheidung im Ursprungsstaat ein ordentliches Rechtsmittel eingelegt wurde oder die Frist hierfür noch nicht verstrichen ist. Im letzteren Fall kann das Oberlandesgericht eine Frist bestimmen, innerhalb der das Rechtsmittel einzulegen ist. Das Gericht kann die Zwangsvollstreckung auch von einer Sicherheitsleistung abhängig machen.

(3) Absatz 2 ist in Verfahren auf Feststellung der Anerkennung einer Entscheidung entsprechend anwendbar.

---

[38] Unterabschnitt 2 eingefügt, bisherige Unterabschnitte 2 und 3 werden Unterabschnitte 3 und 4 durch Gesetz v. 20.2.2013 (BGBl. I, S. 273) mit Wirkung v. 1.8.2014.

Unterabschnitt 4. Übereinkommen über die gerichtliche Zuständigkeit und die Vollstreckung gerichtlicher Entscheidungen in Zivil- und Handelssachen vom 16. September 1988

§ 63. Sonderregelungen für das Beschwerdeverfahren. (1) Die Frist für die Beschwerde des Antragsgegners gegen die Entscheidung über die Zulassung der Zwangsvollstreckung beträgt zwei Monate und beginnt von dem Tage an zu laufen, an dem die Entscheidung dem Antragsgegner entweder in Person oder in seiner Wohnung zugestellt worden ist, wenn der Antragsgegner seinen Wohnsitz oder seinen Sitz in einem anderen Vertragsstaat dieses Übereinkommens hat. Eine Verlängerung dieser Frist wegen weiter Entfernung ist ausgeschlossen. § 59 Absatz 2 ist nicht anzuwenden.

(2) § 62 Absatz 2 und 3 ist entsprechend anzuwenden.

Abschnitt 5. Verfahren bei förmlicher Gegenseitigkeit

§ 64. Vollstreckbarkeit ausländischer Titel. (1) Die Vollstreckbarkeit ausländischer Titel in Verfahren mit förmlicher Gegenseitigkeit nach § 1 Absatz 1 Satz 1 Nummer 3 richtet sich nach § 110 Absatz 1 und 2 des Gesetzes über das Verfahren in Familiensachen und in den Angelegenheiten der freiwilligen Gerichtsbarkeit. Die Rechtskraft der Entscheidung ist für die Vollstreckbarerklärung nicht erforderlich.

(2) Ist der ausländische Titel für vollstreckbar zu erklären, so kann das Gericht auf Antrag einer Partei in seinem Vollstreckungsbeschluss den in dem ausländischen Titel festgesetzten Unterhaltsbetrag hinsichtlich Höhe und Dauer der zu leistenden Zahlungen abändern. Ist die ausländische Entscheidung rechtskräftig, so ist eine Abänderung nur nach Maßgabe des § 238 des Gesetzes über das Verfahren in Familiensachen und in den Angelegenheiten der freiwilligen Gerichtsbarkeit zulässig.

Kapitel 3. Vollstreckung, Vollstreckungsabwehrantrag, besonderes Verfahren, Schadensersatz

Abschnitt 1. Vollstreckung, Vollstreckungsabwehrantrag, besonderes Verfahren

§ 65. Vollstreckung. Für die Vollstreckung von ausländischen Unterhaltstiteln gilt § 120 Absatz 1 des Gesetzes über das Verfahren in Familiensachen und in den Angelegenheiten der freiwilligen Gerichtsbarkeit, soweit in der Verordnung (EG) Nr. 4/2009 und in diesem Gesetz nichts anderes bestimmt ist.

§ 66.[39] Vollstreckungsabwehrantrag. (1) Ist ein ausländischer Titel nach der Verordnung (EG) Nr. 4/2009 ohne Exequaturverfahren vollstreckbar

[39] § 66 geändert durch Gesetz v. 20.2.2013 (BGBl. I, S. 273) mit Wirkung v. 26.2.2013.

oder nach dieser Verordnung oder einem der in § 1 Absatz 1 Satz 1 Nummer 1 genannten Abkommen für vollstreckbar erklärt, so kann der Schuldner Einwendungen, die sich gegen den Anspruch selbst richten, in einem Verfahren nach § 120 Absatz 1 des Gesetzes über das Verfahren in Familiensachen und in den Angelegenheiten der freiwilligen Gerichtsbarkeit in Verbindung mit § 767 der Zivilprozessordnung geltend machen. Handelt es sich bei dem Titel um eine gerichtliche Entscheidung, so gilt dies nur, soweit die Gründe, auf denen die Einwendungen beruhen, erst nach dem Erlass der Entscheidung entstanden sind.

(2) Ist die Zwangsvollstreckung aus einem Titel nach einem der in § 1 Absatz 1 Satz 1 Nummer 2 genannten Übereinkommen zugelassen, so kann der Schuldner Einwendungen gegen den Anspruch selbst in einem Verfahren nach § 120 Absatz 1 des Gesetzes über das Verfahren in Familiensachen und in den Angelegenheiten der freiwilligen Gerichtsbarkeit in Verbindung mit § 767 der Zivilprozessordnung nur geltend machen, wenn die Gründe, auf denen seine Einwendungen beruhen, erst entstanden sind:

1. nach Ablauf der Frist, innerhalb derer er die Beschwerde hätte einlegen können, oder
2. falls die Beschwerde eingelegt worden ist, nach Beendigung dieses Verfahrens.

(3) Der Antrag nach § 120 Absatz 1 des Gesetzes über das Verfahren in Familiensachen und in den Angelegenheiten der freiwilligen Gerichtsbarkeit in Verbindung mit § 767 der Zivilprozessordnung ist bei dem Gericht zu stellen, das über den Antrag auf Erteilung der Vollstreckungsklausel entschieden hat. In den Fällen des Absatzes 1 richtet sich die Zuständigkeit nach § 35 Absatz 1 und 2.

§ 67. Verfahren nach Aufhebung oder Änderung eines für vollstreckbar erklärten ausländischen Titels im Ursprungsstaat. (1) Wird der Titel in dem Staat, in dem er errichtet worden ist, aufgehoben oder geändert und kann der Schuldner diese Tatsache in dem Verfahren zur Zulassung der Zwangsvollstreckung nicht mehr geltend machen, so kann er die Aufhebung oder Änderung der Zulassung in einem besonderen Verfahren beantragen.

(2) Für die Entscheidung über den Antrag ist das Gericht ausschließlich zuständig, das im ersten Rechtszug über den Antrag auf Erteilung der Vollstreckungsklausel entschieden hat.

(3) Der Antrag kann bei dem Gericht schriftlich oder zu Protokoll der Geschäftsstelle gestellt werden. Über den Antrag kann ohne mündliche Verhandlung entschieden werden. Vor der Entscheidung, die durch Beschluss ergeht, ist der Gläubiger zu hören. § 45 Absatz 2 und 3 gilt entsprechend.

(4) Der Beschluss unterliegt der Beschwerde. Die Frist für die Einlegung der Beschwerde beträgt einen Monat. Im Übrigen sind die §§ 58 bis 60, 62, 63 Absatz 3 und die §§ 65 bis 74 des Gesetzes über das Verfahren in Famili-

ensachen und in den Angelegenheiten der freiwilligen Gerichtsbarkeit entsprechend anzuwenden.

(5) Für die Einstellung der Zwangsvollstreckung und die Aufhebung bereits getroffener Vollstreckungsmaßregeln sind die §§ 769 und 770 der Zivilprozessordnung entsprechend anzuwenden. Die Aufhebung einer Vollstreckungsmaßregel ist auch ohne Sicherheitsleistung zulässig.

§ 68. Aufhebung oder Änderung ausländischer Entscheidungen, deren Anerkennung festgestellt ist. Wird die Entscheidung in dem Staat, in dem sie ergangen ist, aufgehoben oder abgeändert und kann die davon begünstigte Partei diese Tatsache nicht mehr in dem Verfahren über den Antrag auf Feststellung der Anerkennung geltend machen, so ist § 67 Absatz 1 bis 4 entsprechend anzuwenden.

Abschnitt 2. Schadensersatz wegen ungerechtfertigter Vollstreckung

§ 69. Schadensersatz wegen ungerechtfertigter Vollstreckung.

(1) Wird die Zulassung der Zwangsvollstreckung auf die Beschwerde (§ 43) oder die Rechtsbeschwerde (§ 46) aufgehoben oder abgeändert, so ist der Gläubiger zum Ersatz des Schadens verpflichtet, der dem Schuldner durch die Vollstreckung des Titels oder durch eine Leistung zur Abwendung der Vollstreckung entstanden ist.

(2) Das Gleiche gilt, wenn

1. die Zulassung der Zwangsvollstreckung nach § 67 aufgehoben oder abgeändert wird, sofern die zur Zwangsvollstreckung zugelassene Entscheidung zum Zeitpunkt der Zulassung nach dem Recht des Staates, in dem sie ergangen ist, noch mit einem ordentlichen Rechtsmittel angefochten werden konnte oder
2. ein nach Artikel 17 der Verordnung (EG) Nr. 4/2009 ohne Exequaturverfahren vollstreckbarer Titel im Ursprungsstaat aufgehoben wurde und der Titel zum Zeitpunkt der Zwangsvollstreckungsmaßnahme noch mit einem ordentlichen Rechtsmittel hätte angefochten werden können.

(3) Für die Geltendmachung des Anspruchs ist das Gericht ausschließlich zuständig, das im ersten Rechtszug über den Antrag, den Titel mit der Vollstreckungsklausel zu versehen, entschieden hat. In den Fällen des Absatzes 2 Nummer 2 richtet sich die Zuständigkeit nach § 35 Absatz 1 und 2.

Kapitel 4. Entscheidungen deutscher Gerichte; Mahnverfahren

§ 70. Antrag des Schuldners nach Artikel 19 der Verordnung (EG) Nr. 4/2009. (1) Der Antrag des Schuldners auf Nachprüfung der Entscheidung gemäß Artikel 19 der Verordnung (EG) Nr. 4/2009 ist bei dem

Gericht zu stellen, das die Entscheidung erlassen hat. § 719 Absatz 1 der Zivilprozessordnung ist entsprechend anwendbar.

(2) Hat der Schuldner den Antrag nicht innerhalb der Frist des Artikels 19 Absatz 2 der Verordnung (EG) Nr. 4/2009 eingereicht oder liegen die Voraussetzungen des Artikels 19 Absatz 1 der Verordnung (EG) Nr. 4/2009 nicht vor, weist das Gericht den Antrag durch Beschluss zurück. Der Beschluss kann ohne mündliche Verhandlung ergehen.

(3) Liegen die Voraussetzungen des Artikels 19 der Verordnung (EG) Nr. 4/2009 vor, so wird das Verfahren fortgeführt. Es wird in die Lage zurückversetzt, in der es sich vor Eintritt der Versäumnis befand. Die §§ 343 bis 346 der Zivilprozessordnung werden entsprechend angewendet. Auf Antrag des Schuldners ist die Zwangsvollstreckung auch ohne Sicherheitsleistung einzustellen.

§ 71. Bescheinigungen zu inländischen Titeln. (1) Die Gerichte, Behörden oder Notare, denen die Erteilung einer vollstreckbaren Ausfertigung obliegt, sind zuständig für die Ausstellung

1. des Formblatts nach Artikel 20 Absatz 1 Buchstabe b, Artikel 28 Absatz 1 Buchstabe b, Artikel 40 Absatz 2 und Artikel 48 Absatz 3 der Verordnung (EG) Nr. 4/2009,
2. der Bescheinigungen nach den Artikeln 54, 57 und 58 des Übereinkommens vom 30. Oktober 2007 über die gerichtliche Zuständigkeit und die Anerkennung und Vollstreckung von Entscheidungen in Zivil- und Handelssachen.

(2) Soweit nach Absatz 1 die Gerichte für die Ausstellung des Formblatts oder der Bescheinigungen zuständig sind, werden diese Unterlagen von dem Gericht des ersten Rechtszuges ausgestellt oder, wenn das Verfahren bei einem höheren Gericht anhängig ist, von diesem. Funktionell zuständig ist die Stelle, der die Erteilung einer vollstreckbaren Ausfertigung obliegt. Für die Anfechtbarkeit der Entscheidung über die Ausstellung des Formblatts oder der Bescheinigung gelten die Vorschriften über die Anfechtbarkeit der Entscheidung über die Erteilung der Vollstreckungsklausel entsprechend.

(3) Die Ausstellung des Formblatts nach Artikel 20 Absatz 1 Buchstabe b und Artikel 48 Absatz 3 der Verordnung (EG) Nr. 4/2009 schließt das Recht auf Erteilung einer Klausel nach § 724 der Zivilprozessordnung nicht aus.

§ 72. Bezifferung dynamisierter Unterhaltstitel zur Zwangsvollstreckung im Ausland. Soll ein Unterhaltstitel, der den Unterhalt nach § 1612a des Bürgerlichen Gesetzbuchs als Prozentsatz des Mindestunterhalts festsetzt, im Ausland vollstreckt werden, gilt § 245 des Gesetzes über das Verfahren in Familiensachen und in den Angelegenheiten der freiwilligen Gerichtsbarkeit.

§ 73. Vervollständigung inländischer Entscheidungen zur Verwendung im Ausland. (1) Will ein Beteiligter einen Versäumnis- oder Anerkenntnisbeschluss, der nach § 38 Absatz 4 des Gesetzes über das Verfahren in Familiensachen und in den Angelegenheiten der freiwilligen Gerichtsbarkeit in verkürzter Form abgefasst worden ist, in einem anderen Vertrags- oder Mitgliedstaat geltend machen, so ist der Beschluss auf Antrag dieses Beteiligten zu vervollständigen. Der Antrag kann bei dem Gericht, das den Beschluss erlassen hat, schriftlich gestellt oder zu Protokoll der Geschäftsstelle erklärt werden. Über den Antrag wird ohne mündliche Verhandlung entschieden.

(2) Zur Vervollständigung des Beschlusses sind die Gründe nachträglich abzufassen, von den Richtern gesondert zu unterschreiben und der Geschäftsstelle zu übergeben; die Gründe können auch von Richtern unterschrieben werden, die bei dem Beschluss nicht mitgewirkt haben.

(3) Für die Berichtigung der Sachverhaltsdarstellung in den nachträglich abgefassten Gründen gelten § 113 Absatz 1 Satz 2 des Gesetzes über das Verfahren in Familiensachen und in den Angelegenheiten der freiwilligen Gerichtsbarkeit und § 320 der Zivilprozessordnung. Jedoch können bei der Entscheidung über einen Antrag auf Berichtigung auch solche Richter mitwirken, die bei dem Beschluss oder der nachträglichen Abfassung der Gründe nicht mitgewirkt haben.

(4) Die vorstehenden Absätze gelten entsprechend für die Vervollständigung von Arrestbefehlen und einstweiligen Anordnungen, die in einem anderen Vertrags oder Mitgliedstaat geltend gemacht werden sollen und nicht mit einer Begründung versehen sind.

§ 74. Vollstreckungsklausel zur Verwendung im Ausland. Vollstreckungsbescheide, Arrestbefehle und einstweilige Anordnungen, deren Zwangsvollstreckung in einem anderen Vertrags- oder Mitgliedstaat betrieben werden soll, sind auch dann mit der Vollstreckungsklausel zu versehen, wenn dies für eine Zwangsvollstreckung im Inland nach § 796 Absatz 1, § 929 Absatz 1 der Zivilprozessordnung und nach § 53 Absatz 1 und § 119 des Gesetzes über das Verfahren in Familiensachen und in den Angelegenheiten der freiwilligen Gerichtsbarkeit nicht erforderlich wäre.

§ 75. Mahnverfahren mit Zustellung im Ausland. (1) Das Mahnverfahren findet auch statt, wenn die Zustellung des Mahnbescheids in einem anderen Vertrags- oder Mitgliedstaat erfolgen muss. In diesem Fall kann der Anspruch auch die Zahlung einer bestimmten Geldsumme in ausländischer Währung zum Gegenstand haben.

(2) Macht der Antragsteller geltend, dass das angerufene Gericht auf Grund einer Gerichtsstandsvereinbarung zuständig sei, so hat er dem Mahnantrag die erforderlichen Schriftstücke über die Vereinbarung beizufügen.

(3) Die Widerspruchsfrist (§ 692 Absatz 1 Nummer 3 der Zivilprozessordnung) beträgt einen Monat.

Kapitel 5. Kosten; Übergangsvorschriften

Abschnitt 1. Kosten

§ 76. Übersetzungen. Die Höhe der Vergütung für die von der zentralen Behörde veranlassten Übersetzungen richtet sich nach dem Justizvergütungs- und Entschädigungsgesetz.

Abschnitt 2. Übergangsvorschriften

§ 77. Übergangsvorschriften. (1) Die Anerkennung und Vollstreckbarerklärung eines ausländischen Unterhaltstitels richtet sich für die am 18. Juni 2011 bereits eingeleiteten Verfahren nach dem Anerkennungs- und Vollstreckungsausführungsgesetz in der Fassung vom 3. Dezember 2009 (BGBl. I S. 3830)[40] im Anwendungsbereich

1. der Verordnung (EG) Nr. 44/2001 des Rates vom 22. Dezember 2000 über die gerichtliche Zuständigkeit und die Anerkennung und Vollstreckung von Entscheidungen in Zivil- und Handelssachen (ABl. L 12 vom 16.1.2001, S. 1),
2. des Abkommens vom 19. Oktober 2005 zwischen der Europäischen Gemeinschaft und dem Königreich Dänemark über die gerichtliche Zuständigkeit und die Anerkennung und Vollstreckung von Entscheidungen in Zivil- und Handelssachen (ABl. L 299 vom 16.11.2005, S. 62),
3. des Übereinkommens vom 30. Oktober 2007 über die gerichtliche Zuständigkeit und die Anerkennung und Vollstreckung von Entscheidungen in Zivil- und Handelssachen (ABl. L 339 vom 21.12.2007, S. 3),[41]
4. des Übereinkommens vom 16. September 1988 über die gerichtliche Zuständigkeit und die Vollstreckung gerichtlicher Entscheidungen in Zivil- und Handelssachen (BGBl. 1994 II S. 2658) und
5. des Haager Übereinkommens vom 2. Oktober 1973 über die Anerkennung und Vollstreckung von Unterhaltsentscheidungen (BGBl. 1986 II S. 826).[42]

(2) Die Anerkennung und Vollstreckbarerklärung eines ausländischen Titels richtet sich für Verfahren mit förmlicher Gegenseitigkeit (§ 1 Absatz 1 Satz 1 Nummer 3), die am 18. Juni 2011 bereits eingeleitet sind, nach dem Auslandsunterhaltsgesetz vom 19. Dezember 1986 (BGBl. I S. 2563), das

[40] Abgedruckt unter Nr. *152a.*
[41] Abgedruckt unter Nr. *152.*
[42] Abgedruckt unter Nr. *183.*

zuletzt durch Artikel 4 Absatz 10 des Gesetzes vom 17. Dezember 2006 (BGBl. I S. 3171) geändert worden ist.

(3) Die gerichtliche Zuständigkeit für am 18. Juni 2011 noch nicht abgeschlossene Unterhaltssachen und anhängige Verfahren auf Gewährung von Verfahrenskostenhilfe bleibt unberührt.

(4) Die §§ 30 bis 34 sind nur auf Titel anwendbar, die auf der Grundlage des Haager Protokolls vom 23. November 2007 über das anwendbare Recht (ABl. L 331 vom 16.12.2009, S. 19) ergangen sind.

(5) Die §§ 16 bis 19 sind auch auf Ersuchen anzuwenden, die bei der zentralen Behörde am 18. Juni 2011 bereits anhängig sind.

3. Ehesachen und elterliche Verantwortung

162. Verordnung (EU) 2019/1111 des Rates über die Zuständigkeit, die Anerkennung und Vollstreckung von Entscheidungen in Ehesachen und in Verfahren betreffend die elterliche Verantwortung und über internationale Kindesentführungen

(Neufassung)

Vom 25. Juni 2019[1, 2, 3, 4] (ABl. L 178, S. 1)

DER RAT DER EUROPÄISCHEN UNION –

gestützt auf den Vertrag über die Arbeitsweise der Europäischen Union, insbesondere auf Artikel 81 Absatz 3,

auf Vorschlag der Europäischen Kommission,

---

[1] Die Verordnung gilt nach ihrem Art. 105 Abs. 2 für die Mitgliedstaaten der EU – mit Ausnahme *Dänemarks* (vgl. Erwägungsgrund (96)) – seit dem 1.8.2022. Aufgrund des Brexit wird das *Vereinigte Königreich* die Verordnung – entgegen Erwägungsgrund (95) – nicht anwenden.

[2] Die Verordnung tritt nach ihrem Art. 104 Abs. 1 mit Wirkung v. 1.8.2022 an die Stelle der Verordnung (EG) Nr. 2201/2003 des Rates über die Zuständigkeit und die Anerkennung und Vollstreckung von Entscheidungen in Ehesachen und in Verfahren betreffend die elterliche Verantwortung und zur Aufhebung der Verordnung (EG) Nr. 1347/2000 v. 27.11.2003 (Brüssel IIa-VO, ABl. L 338, S. 1; Voraufl. Nr. *162*). Eine Entsprechungstabelle zu beiden Verordnungen findet sich im Anhang III zu dieser Verordnung. Zu den Gründen für die Reform vgl. die Erwägungsgründe (1)–(3); zum Übergangsrecht vgl. Art. 100.

[3] Zur Durchführung der Verordnung in *Deutschland* siehe das Internationale Familienrechtsverfahrensgesetz v. 26.1.2005 (Nr. *162a*).

[4] Vgl. auch die Verordnung (EG) Nr. 664/2009 des Rates zur Einführung eines Verfahrens für die Aushandlung und den Abschluss von Abkommen zwischen den Mitgliedstaaten und Drittstaaten, die die Zuständigkeit und die Anerkennung und Vollstreckung von Urteilen und Entscheidungen in Ehesachen, in Fragen der elterlichen Verantwortung und in Unterhaltssachen sowie das anwendbare Recht in Unterhaltssachen betreffen, v. 7.7.2009 (ABl. L 200, S. 46).

nach Zuleitung des Entwurfs des Gesetzgebungsakts an die nationalen Parlamente,

nach den Stellungnahmen des Europäischen Parlaments[5],

nach Stellungnahme des Europäischen Wirtschafts- und Sozialausschusses[6],

gemäß einem besonderen Gesetzgebungsverfahren,

in Erwägung nachstehender Gründe:

(1) Die Kommission hat am 15. April 2014 einen Bericht über die Anwendung der Verordnung (EG) Nr. 2201/2003 des Rates[7] angenommen. Darin wurde festgestellt, dass die Verordnung (EG) Nr. 2201/2003 zwar ein gut funktionierendes Instrument und mit einem deutlichen Nutzen für die Bürger verbunden ist, die geltenden Vorschriften aber verbessert werden könnten. Eine Reihe von Änderungen müssen an der Verordnung vorgenommen werden. Aus Gründen der Klarheit sollte eine Neufassung jener Verordnung erstellt werden.

(2) Mit dieser Verordnung werden einheitliche Zuständigkeitsregeln für die Ehescheidung, die Trennung ohne Auflösung des Ehebandes und die Ungültigerklärung einer Ehe sowie für grenzüberschreitende Streitigkeiten über die elterliche Verantwortung festgelegt. Sie erleichtert den Verkehr von Entscheidungen sowie von öffentlichen Urkunden und bestimmten Vereinbarungen in der Union, indem sie Bestimmungen über deren Anerkennung und Vollstreckung in anderen Mitgliedstaaten festlegt. Ferner präzisiert diese Verordnung das Recht des Kindes, in Verfahren, von denen es betroffen ist, die Gelegenheit zur Meinungsäußerung zu erhalten, und sie enthält einige Bestimmungen zur Ergänzung des Haager Übereinkommens vom 25. Oktober 1980 über die zivilrechtlichen Aspekte internationaler Kindesentführung (im Folgenden „Haager Übereinkommen von 1980")[8] in den Beziehungen zwischen den Mitgliedstaaten. Daher sollte diese Verordnung dazu beitragen, die Rechtssicherheit zu stärken und die Flexibilität zu erhöhen, den Zugang zu Gerichtsverfahren zu verbessern und effizientere Verfahren zu gewährleisten.

(3) Das reibungslose und ordnungsgemäße Funktionieren der Union als Raum des Rechts, in dem die unterschiedlichen Rechtssysteme und Traditionen geachtet werden, ist für die Union von entscheidender Bedeutung. In dieser Hinsicht sollte das gegenseitige Vertrauen in die jeweiligen Rechtssysteme weiter ausgebaut werden. Die Union hat sich die Schaffung, Aufrechterhaltung und Weiterentwicklung eines Raums der Freiheit, der

---

[5] Stellungnahme v. 18.1.2018 (ABl. C 458 v. 19.12.2018, S. 499) und Stellungnahme v. 14.3.2019 (noch nicht im Amtsblatt veröffentlicht).

[6] Stellungnahme v. 26.1.2017 (ABl. C 125 v. 21.4.2017, S. 46).

[7] Verordnung (EG) Nr. 2201/2003 des Rates v. 27.11.2003 über die Zuständigkeit und die Anerkennung und Vollstreckung von Entscheidungen in Ehesachen und in Verfahren betreffend die elterliche Verantwortung und zur Aufhebung der Verordnung (EG) Nr. 1347/2000 (Brüssel IIa-VO).

[8] Abgedruckt unter Nr. *222*.

Sicherheit und des Rechts zum Ziel gesetzt, in dem der freie Personenverkehr und der Zugang zur Justiz gewährleistet sind. Zur Verwirklichung dieses Ziels sollten die Rechte von Personen, insbesondere Kindern, in rechtlichen Verfahren gestärkt werden, um die Zusammenarbeit zwischen Justiz- und Verwaltungsbehörden sowie die Vollstreckung von Entscheidungen in Familiensachen mit grenzüberschreitendem Bezug zu erleichtern. Die gegenseitige Anerkennung von Entscheidungen in Zivilsachen sollte verstärkt, der Zugang zur Justiz vereinfacht und der Informationsaustausch zwischen den Behörden der Mitgliedstaaten verbessert werden.

(4) Hierzu erlässt die Union unter anderem Maßnahmen im Bereich der justiziellen Zusammenarbeit in Zivilsachen mit grenzüberschreitendem Bezug, insbesondere wenn diese für das reibungslose Funktionieren des Binnenmarkts erforderlich sind. Der Begriff „Zivilsachen" sollte im Einklang mit der ständigen Rechtsprechung des Gerichtshofs der Europäischen Union (im Folgenden „Gerichtshof") autonom ausgelegt werden. Er sollte als autonomer Begriff angesehen werden, bei dessen Auslegung erstens die Ziele und die Systematik dieser Verordnung und zweitens die allgemeinen Rechtsgrundsätze, die sich aus der Gesamtheit der nationalen Rechtsordnungen ergeben, berücksichtigt werden müssen. Der Begriff „Zivilsachen" sollte daher dahingehend ausgelegt werden, dass er auch Maßnahmen umfassen kann, die in der Rechtsordnung eines Mitgliedstaats möglicherweise dem öffentlichen Recht unterliegen. Er sollte insbesondere alle Anträge, Maßnahmen oder Entscheidungen in Verfahren betreffend die „elterliche Verantwortung" im Sinne dieser Verordnung gemäß ihrer Ziele abdecken.

(5) Diese Verordnung umfasst „Zivilsachen", wobei dieser Begriff zivilgerichtliche Verfahren und die sich daraus ergebenden Entscheidungen sowie öffentliche Urkunden und bestimmte außergerichtliche Vereinbarungen in Ehesachen und in Sachen der elterlichen Verantwortung einschließt. Darüber hinaus sollte der Begriff „Zivilsachen" Anträge, Maßnahmen oder Entscheidungen sowie öffentliche Urkunden und bestimmte außergerichtliche Vereinbarungen über die Rückgabe eines Kindes nach dem Haager Übereinkommen von 1980 umfassen, die entsprechend der Rechtsprechung des Gerichtshofs und im Einklang mit Artikel 19 des Haager Übereinkommens von 1980 keine Hauptsacheverfahren betreffend die elterliche Verantwortung darstellen, mit diesen aber eng verbunden sind und von bestimmten Vorschriften dieser Verordnung erfasst werden.

(6) Zur Erleichterung des Verkehrs von Entscheidungen in Ehesachen und in Verfahren betreffend die elterliche Verantwortung sowie von öffentlichen Urkunden und bestimmten Vereinbarungen in Ehesachen und in Sachen der elterlichen Verantwortung ist es notwendig und angemessen, dass die Vorschriften über die Zuständigkeit und die Anerkennung und Vollstreckung von Entscheidungen durch ein Rechtsinstrument auf Unionsebene geregelt werden, das verbindlich ist und unmittelbar gilt.

(7) Um die Gleichbehandlung aller Kinder sicherzustellen, sollte diese Verordnung für alle Entscheidungen über die elterliche Verantwortung gelten, einschließlich der Maßnahmen zum Schutz des Kindes, ohne Rücksicht darauf, ob eine Verbindung zu Verfahren in Ehesachen oder anderen Verfahren besteht.

(8) Da die Anwendung der Vorschriften über die elterliche Verantwortung in Ehesachen häufig zum Tragen kommt, empfiehlt es sich jedoch, Ehesachen und die elterliche Verantwortung in einem einzigen Rechtsakt zu regeln.

(9) Bezüglich Entscheidungen über die Ehescheidung, die Trennung ohne Auflösung des Ehebandes oder die Ungültigerklärung einer Ehe sollte diese Verordnung nur für die Auflösung einer Ehe gelten. Sie sollte nicht für Fragen wie die Scheidungsgründe, das Ehegüterrecht oder sonstige mögliche Nebenaspekte gelten. Entscheidungen über die Verweigerung der Auflösung des Ehebandes sollten nicht unter die die Anerkennung betreffenden Bestimmungen dieser Verordnung fallen.

(10) Bezüglich des Vermögens des Kindes sollte diese Verordnung nur für Maßnahmen zum Schutz des Kindes gelten, und zwar für die Bestimmung und den Aufgabenbereich einer Person oder Stelle, die damit betraut ist, das Vermögen des Kindes zu verwalten, das Kind zu vertreten und ihm beizustehen, und für Maßnahmen bezüglich der Verwaltung und Erhaltung des Vermögens des Kindes oder der Verfügung darüber. In diesem Zusammenhang sollte diese Verordnung beispielsweise für die Fälle gelten, in denen Gegenstand des Verfahrens die Bestimmung einer Person oder Stelle ist, die das Vermögen des Kindes verwaltet. Das Vermögen des Kindes betreffende Maßnahmen, die nicht den Schutz des Kindes betreffen, sollten weiterhin unter die Verordnung (EU) Nr. 1215/2012 des Europäischen Parlaments und des Rates[9] fallen. Die Anwendung der Bestimmungen der vorliegenden Verordnung über die Zuständigkeit in Vorfragen sollte in diesen Fällen jedoch möglich sein.

(11) Jede Art von Unterbringung eines Kindes in Pflege, also bei einer oder mehreren Privatpersonen gemäß den nationalen Rechtsvorschriften und Verfahren, oder in einem Heim, beispielsweise in einem Waisenhaus oder in einem Kinderheim, in einem anderen Mitgliedstaat sollte in den Geltungsbereich dieser Verordnung fallen, wenn sie nicht ausdrücklich ausgeschlossen ist, wie dies zum Beispiel bei der Unterbringung im Hinblick auf eine Adoption, der Unterbringung bei einem Elternteil oder gegebenenfalls bei einem anderen nahen Verwandten gemäß der Erklärung des Aufnahmemitgliedstaats der Fall ist. Infolgedessen sollten „Unterbringungen aus erzieherischen Gründen", die von einem Gericht angeordnet oder von einer zuständigen Behörde mit Zustimmung oder auf Antrag der El-

[9] Verordnung (EU) Nr. 1215/2012 des Europäischen Parlaments und des Rates v. 12.12.2012 über die gerichtliche Zuständigkeit und die Anerkennung und Vollstreckung von Entscheidungen in Zivil- und Handelssachen (Brüssel Ia-VO, Nr. *160*).

tern oder des Kindes infolge eines Problemverhaltens des Kindes veranlasst werden, einbezogen sein. Ausgeschlossen sein sollte nur eine Unterbringung aus erzieherischen Gründen oder als Strafmaßnahme, die aufgrund einer Handlung des Kindes angeordnet oder veranlasst wurde, die, wenn sie von einem Erwachsenen begangen worden wäre, nach nationalem Strafrecht als strafbare Handlung eingestuft werden könnte, unabhängig davon, ob dies im speziellen Fall zu einer Verurteilung führen könnte.

(12) Diese Verordnung sollte weder für die Feststellung des Eltern-Kind-Verhältnisses, da es sich dabei um eine von der Übertragung der elterlichen Verantwortung gesonderte Frage handelt, noch für sonstige Fragen im Zusammenhang mit dem Personenstand gelten.

(13) Unterhaltspflichten sind vom Anwendungsbereich der vorliegenden Verordnung ausgenommen, da diese Pflichten bereits durch die Verordnung (EG) Nr. 4/2009 des Rates[10] geregelt werden. Neben den Gerichten für den Ort, an dem der Antragsgegner oder die berechtigte Person seinen/ihren gewöhnlichen Aufenthalt hat, sollten die nach der vorliegenden Verordnung für Ehesachen zuständigen Gerichte in Anwendung des Artikels 3 Buchstabe c der genannten Verordnung in der Regel in Nebensachen für Entscheidungen in ehelichen oder nachehelichen Unterhaltssachen zuständig sein. Die nach der vorliegenden Verordnung für Verfahren betreffend die elterliche Verantwortung zuständigen Gerichte sind in Anwendung des Artikels 3 Buchstabe d der genannten Verordnung in der Regel in Nebensachen für Entscheidungen in Kindesunterhaltssachen zuständig.

(14) Nach der Rechtsprechung des Gerichtshofs sollte der Begriff „Gericht" so weit aufgefasst werden, dass er auch Verwaltungsbehörden oder andere Behörden wie Notare einschließt, die in bestimmten Ehesachen oder Verfahren betreffend die elterliche Verantwortung die Zuständigkeit wahrnehmen. Jede vom Gericht nach einer Prüfung in der Sache nach dem nationalen Recht und nach dem nationalen Verfahren gebilligte Vereinbarung sollte als „Entscheidung" anerkannt oder vollstreckt werden. Anderen Vereinbarungen, die im Ursprungsmitgliedstaat nach dem förmlichen Tätigwerden einer Behörde oder einer anderen von einem Mitgliedstaat für diesen Zweck der Kommission mitgeteilten Stelle verbindliche Rechtswirkung erlangen, sollte in anderen Mitgliedstaaten im Einklang mit den besonderen Bestimmungen dieser Verordnung über öffentliche Urkunden und Vereinbarungen Wirkung verliehen werden. Diese Verordnung sollte nicht den freien Verkehr rein privater Vereinbarungen erlauben. Vereinbarungen, bei denen es sich nicht um eine Entscheidung oder eine öffentliche Urkunde handelt, die aber von einer hierzu befugten Behörde registriert wurden, sollten verkehren dürfen. Zu diesen Behörden könnten auch Notare gehören, die Vereinbarungen registrieren, auch wenn sie freiberuflich tätig sind.

---

[10] Verordnung (EG) Nr. 4/2009 des Rates v. 18.12.2008 über die Zuständigkeit, das anwendbare Recht, die Anerkennung und Vollstreckung von Entscheidungen und die Zusammenarbeit in Unterhaltssachen (EuUntVO, Nr. *161*).

(15) In Bezug auf eine „öffentliche Urkunde" ist der Begriff „Ermächtigung" in dieser Verordnung autonom in Einklang mit der Definition des in anderen Rechtsinstrumenten der Union durchgängig verwendeten Begriffs „öffentliche Urkunde" und in Anbetracht der Zwecke dieser Verordnung auszulegen.

(16) Auch wenn Rückgabeverfahren nach dem Haager Übereinkommen von 1980 keine Hauptsacheverfahren betreffend die elterliche Verantwortung sind, sollten Entscheidungen, in denen nach dem Haager Übereinkommen von 1980 die Rückgabe eines Kindes in einen anderen Mitgliedstaat angeordnet wird und die aufgrund einer späteren, nach der Anordnung der Rückgabe erfolgten Entführung in einem anderen Mitgliedstaat vollstreckt werden müssen, nach Kapitel IV dieser Verordnung anerkannt und vollstreckt werden. Die Möglichkeit, wegen der späteren Entführung ein neues Verfahren im Hinblick auf die Rückgabe des Kindes nach dem Haager Übereinkommen von 1980 einzuleiten, bleibt davon unberührt. Ferner sollte diese Verordnung weiterhin für andere Aspekte in Fällen des widerrechtlichen Verbringens oder Zurückhaltens eines Kindes gelten, so zum Beispiel die Bestimmungen über die gerichtliche Zuständigkeit des Gerichts des Mitgliedstaats des gewöhnlichen Aufenthalts und die Bestimmungen über die Anerkennung und Vollstreckung aller von diesem Gericht erlassenen Anordnungen.

(17) Diese Verordnung sollte wie das Haager Übereinkommen vom 19. Oktober 1996 über die Zuständigkeit, das anzuwendende Recht, die Anerkennung, Vollstreckung und Zusammenarbeit auf dem Gebiet der elterlichen Verantwortung und der Maßnahmen zum Schutz von Kindern (im Folgenden „Haager Übereinkommen von 1996")[11] für alle Kinder bis zum Alter von 18 Jahren gelten, auch in den Fällen, in denen sie aufgrund des für sie maßgeblichen Personenstandsrechts vorher geschäfts- und handlungsfähig geworden sein sollten, weil sie beispielsweise infolge einer Eheschließung mündig geworden sind. Hierdurch sollten eine Überschneidung mit dem Anwendungsbereich des Haager Übereinkommens vom 13. Januar 2000 über den internationalen Schutz von Erwachsenen[12], das für Personen ab einem Alter von 18 Jahren gilt, und zugleich Lücken zwischen diesen beiden Rechtsinstrumenten vermieden werden. Das Haager Übereinkommen von 1980 und folglich auch Kapitel III dieser Verordnung, die die Anwendung des Haager Übereinkommens von 1980 im Verhältnis zwischen den Mitgliedstaaten ergänzt, sollten weiterhin für Kinder bis zum Alter von 16 Jahren gelten.

(18) Für die Zwecke dieser Verordnung sollte davon ausgegangen werden, dass eine Person ein „Sorgerecht" hat, wenn aufgrund einer Entscheidung oder kraft Gesetzes oder durch eine rechtlich verbindliche Vereinbarung nach dem Recht des Mitgliedstaats, in dem das Kind seinen

---

[11] Abgedruckt unter Nr. *53*.
[12] Abgedruckt unter Nr. *20*.

gewöhnlichen Aufenthalt hat, ein Träger der elterlichen Verantwortung nicht ohne Zustimmung dieser Person über den Aufenthaltsort des Kindes – ungeachtet der im nationalen Recht verwendeten Begriffe – entscheiden kann. In einigen Rechtsordnungen, die die Begriffe „Sorgerecht“ und „Umgang“ verwenden, kann dem nicht sorgeberechtigten Elternteil möglicherweise ein bedeutendes Maß an Verantwortung für das Kind betreffende Entscheidungen zukommen, die über ein bloßes Umgangsrecht hinausgehen.

(19) Die Zuständigkeitsvorschriften in Verfahren betreffend die elterliche Verantwortung wurden dem Wohle des Kindes entsprechend ausgestaltet und sollten im Einklang damit angewandt werden. Jede Bezugnahme auf das Kindeswohl sollte vor dem Hintergrund des Artikels 24 der Charta der Grundrechte der Europäischen Union (im Folgenden „Charta“) und des Übereinkommens der Vereinten Nationen vom 20. November 1989 über die Rechte des Kindes (im Folgenden „VN-Kinderrechtsübereinkommen“) – wie sie im nationalen Recht und in nationalen Verfahren angewendet werden – ausgelegt werden.

(20) Zum Schutz des Kindeswohls sollte sich die Zuständigkeit in erster Linie nach dem Kriterium der räumlichen Nähe bestimmen. Die Zuständigkeit sollte folglich dem Mitgliedstaat des gewöhnlichen Aufenthalts des Kindes vorbehalten sein, außer in bestimmten, in dieser Verordnung dargelegten Fällen, in denen sich beispielsweise der Aufenthaltsort des Kindes geändert hat oder die Träger der elterlichen Verantwortung etwas anderes vereinbart haben.

(21) Ist noch kein Verfahren betreffend die elterliche Verantwortung anhängig und ändert sich der gewöhnliche Aufenthalt des Kindes nach einem rechtmäßigen Umzug, so sollte die Zuständigkeit das Kind begleiten, damit die räumliche Nähe aufrechterhalten bleibt. Für bereits anhängige Verfahren rechtfertigen es die Rechtssicherheit und die Effizienz der Justiz, diese Zuständigkeit so lange aufrechtzuerhalten, bis in den betreffenden Verfahren eine rechtskräftige Entscheidung ergangen ist oder die Verfahren anderweitig abgeschlossen worden sind. Das Gericht, bei dem ein Verfahren anhängig ist, sollte jedoch unter bestimmten Umständen berechtigt sein, die Zuständigkeit auf den Mitgliedstaat zu übertragen, in dem das Kind nach einem rechtmäßigen Umzug lebt.

(22) Bei einem widerrechtlichen Verbringen oder Zurückhalten eines Kindes sollten vorbehaltlich einer möglichen Gerichtsstandsvereinbarung gemäß dieser Verordnung die Gerichte des Mitgliedstaats des gewöhnlichen Aufenthalts des Kindes ihre Zuständigkeit behalten, bis in einem anderen Mitgliedstaat ein neuer gewöhnlicher Aufenthalt begründet wird und einige besondere Bedingungen erfüllt sind. Die Mitgliedstaaten, die die Zuständigkeit konzentriert haben, sollten in Erwägung ziehen, dem mit dem Rückgabeantrag nach dem Haager Übereinkommen von 1980 befassten Gericht zu ermöglichen, auch die Zuständigkeit in Verfahren betreffend die elterliche Verantwortung wahrzunehmen, auf die sich die Parteien gemäß

dieser Verordnung geeinigt oder die sie anerkannt haben, sofern im Laufe des Rückgabeverfahrens eine Vereinbarung zwischen den Parteien zustande gekommen ist. Derartige Vereinbarungen sollten Vereinbarungen sowohl über die Rückgabe als auch über die Nichtrückgabe des Kindes abdecken. Ist die Nichtrückgabe vereinbart, so sollte das Kind in dem Mitgliedstaat des neuen gewöhnlichen Aufenthalts bleiben, und die Zuständigkeit für künftige Sorgerechtsverfahren dort sollte aufgrund des neuen gewöhnlichen Aufenthalts des Kindes bestimmt werden.

(23) Unter bestimmten Bedingungen gemäß dieser Verordnung sollte es möglich sein, die Zuständigkeit in einem Verfahren betreffend die elterliche Verantwortung auch in einem Mitgliedstaat zu begründen, in dem ein Verfahren betreffend die Ehescheidung, die Trennung ohne Auflösung des Ehebandes oder die Ungültigerklärung einer Ehe zwischen den Eltern anhängig ist, oder in einem anderen Mitgliedstaat, zu dem das Kind eine wesentliche Bindung hat und auf den sich die Eltern zuvor, und zwar spätestens zum Zeitpunkt der Anrufung des Gerichts, geeinigt haben oder den sie im Laufe des Verfahrens ausdrücklich anerkannt haben, selbst wenn das Kind seinen gewöhnlichen Aufenthalt nicht in diesem Mitgliedstaat hat, sofern die Wahrnehmung dieser Zuständigkeit im Einklang mit dem Kindeswohl steht. Nach der Rechtsprechung des Gerichtshofs sollte jede andere Person als die Eltern, die nach innerstaatlichem Recht Partei des von den Eltern eingeleiteten Verfahrens ist, als Verfahrenspartei im Sinne dieser Verordnung gelten, und daher sollte der Einspruch dieser Partei gegen die Wahl des Gerichtsstands durch die Eltern des betroffenen Kindes nach dem Zeitpunkt der Anrufung des Gerichts verhindern, dass die Zuständigkeit durch alle Parteien des Verfahrens zu diesem Zeitpunkt anerkannt werden kann. Vor der Ausübung seiner Zuständigkeit aufgrund einer Gerichtsstandsvereinbarung oder der Anerkennung sollte das Gericht prüfen, ob diese Vereinbarung oder Anerkennung auf einer freien und in Kenntnis der Sachlage getroffenen Entscheidung der betreffenden Parteien beruht und nicht dadurch zustande gekommen ist, dass eine Partei die Zwangslage oder schwache Position der anderen Partei ausgenutzt hat. Die Anerkennung der gerichtlichen Zuständigkeit im Laufe des Verfahrens sollte vom Gericht im Einklang mit den nationalen Rechtsvorschriften und Verfahren verzeichnet werden.

(24) Jede vereinbarte oder anerkannte Zuständigkeit sollte – sofern nichts anderes zwischen den Parteien vereinbart wurde – erlöschen, sobald gegen eine Entscheidung in jenem genannten Verfahren betreffend die elterliche Verantwortung kein ordentlicher Rechtsbehelf mehr eingelegt werden kann oder das Verfahren aus einem anderen Grund eingestellt wurde, damit im Hinblick auf etwaige neue künftige Verfahren das Erfordernis der räumlichen Nähe beachtet wird.

(25) Wenn der gewöhnliche Aufenthalt eines Kindes nicht festgestellt werden und die Zuständigkeit aufgrund einer Gerichtsstandsvereinbarung nicht bestimmt werden kann, sollten die Gerichte des Mitgliedstaats zu-

ständig sein, in dem sich das Kind befindet. Diese Regel aufgrund der Anwesenheit sollte auch für Kinder gelten, die Flüchtlinge oder aufgrund von Unruhen in dem Mitgliedstaat ihres gewöhnlichen Aufenthalts ihres Landes Vertriebene sind. Im Lichte dieser Verordnung in Verbindung mit Artikel 52 Absatz 2 des Haager Übereinkommens von 1996 sollte diese Zuständigkeitsregel jedoch nur für Kinder gelten, die vor der Vertreibung ihren gewöhnlichen Aufenthalt in einem Mitgliedstaat hatten. War der gewöhnliche Aufenthalt des Kindes vor der Vertreibung in einem Drittstaat, sollte die Zuständigkeitsregel des Haager Übereinkommens von 1996 für geflüchtete Kinder und ihres Landes vertriebene Kinder gelten.

(26) Unter außergewöhnlichen Umständen könnte es sein, dass ein Gericht des Mitgliedstaats des gewöhnlichen Aufenthalts des Kindes nicht das am besten geeignete Gericht zur Behandlung des Falls ist. Ohne dazu verpflichtet zu sein, sollte das zuständige Gericht seine Zuständigkeit in einem bestimmten Fall ausnahmsweise und unter bestimmten Bedingungen einem Gericht eines anderen Mitgliedstaats übertragen können, wenn dieses in diesem besonderen Fall das Kindeswohl besser beurteilen kann. Nach der Rechtsprechung des Gerichtshofs sollte die Zuständigkeit für Verfahren betreffend die elterliche Verantwortung von einem Gericht eines Mitgliedstaats nur einem Gericht eines anderen Mitgliedstaats übertragen werden, zu dem das betroffene Kind eine „besondere Bindung" hat. Diese Verordnung sollte eine erschöpfende Auflistung der maßgeblichen Elemente einer solchen „besonderen Bindung" darlegen. Das zuständige Gericht sollte das Ersuchen nur dann an das Gericht eines anderen Mitgliedstaats richten, wenn seine vorherige Entscheidung, das Verfahren auszusetzen und um Übertragung der Zuständigkeit zu ersuchen, rechtskräftig geworden ist, sofern diese Entscheidung nach nationalem Recht angefochten werden kann.

(27) Unter außergewöhnlichen Umständen und unter Berücksichtigung des Kindeswohls im jeweiligen Einzelfall sollte ein Gericht eines Mitgliedstaats, der nach dieser Verordnung nicht zuständig ist, aber eine besondere Bindung zu dem Kind im Sinne dieser Verordnung aufweist, um Übertragung der Zuständigkeit vom zuständigen Gericht des Mitgliedstaats des gewöhnlichen Aufenthalts des Kindes ersuchen können. Dies sollte jedoch in Fällen eines widerrechtlichen Verbringens oder Zurückhaltens des Kindes nicht zulässig sein. Das jeweils zuständige Gericht sollte nach dem nationalen Recht des ersuchten Mitgliedstaats ermittelt werden.

(28) Unabhängig davon, ob eine Übertragung der Zuständigkeit von einem Gericht, das seine Zuständigkeit übertragen möchte, oder von einem Gericht, das die Zuständigkeit erhalten möchte, angestrebt wird, sollte diese Übertragung nur für den betreffenden Einzelfall gelten, in dem sie erfolgt. Ist das Verfahren abgeschlossen, für das um Übertragung der Zuständigkeit ersucht und diese gewährt wurde, so sollte die Übertragung keine Wirkung für künftige Verfahren entfalten.

(29) Soweit sich aus dieser Verordnung keine Zuständigkeit eines Gerichts eines Mitgliedstaats ergibt, bestimmt sich die Zuständigkeit in jedem

Mitgliedstaat nach dem Recht dieses Mitgliedstaats. Der Ausdruck „Recht dieses Mitgliedstaats" sollte in diesem Mitgliedstaat geltende internationale Übereinkommen einschließen.

(30) Die vorliegende Verordnung sollte die Gerichte eines Mitgliedstaats, die nicht für die Entscheidung in der Hauptsache zuständig sind, nicht daran hindern, in dringenden Fällen einstweilige Maßnahmen einschließlich Schutzmaßnahmen in Bezug auf die Person oder das Vermögen eines Kindes, das sich in diesem Mitgliedstaat aufhält, anzuordnen. Diese Maßnahmen sollten in keinem anderen Mitgliedstaat gemäß dieser Verordnung anerkannt und vollstreckt werden, mit Ausnahme von Maßnahmen zum Schutz des Kindes vor einer in Artikel 13 Absatz 1 Buchstabe b des Haager Übereinkommens von 1980 genannten schwerwiegenden Gefahr. Die Maßnahmen zum Schutz des Kindes vor einer solchen Gefahr sollten in Kraft bleiben, bis ein Gericht des Mitgliedstaats des gewöhnlichen Aufenthalts des Kindes die Maßnahmen angeordnet hat, die es für angebracht hält. Sofern der Schutz des Kindeswohls dies gebietet, sollte das Gericht – direkt oder über die Zentralen Behörden – das Gericht des Mitgliedstaats, der nach dieser Verordnung für die Entscheidung in der Hauptsache zuständig ist, über die getroffenen Maßnahmen unterrichten. Ein Unterbleiben dieser Information sollte jedoch nicht an sich ein Grund für die Nichtanerkennung der Maßnahme sein.

(31) Ein Gericht, das lediglich für einstweilige Maßnahmen einschließlich Schutzmaßnahmen zuständig ist, sollte sich, wenn es mit einem Antrag betreffend die Hauptsache befasst wird, von Amts wegen für unzuständig erklären, falls ein Gericht eines anderen Mitgliedstaats aufgrund dieser Verordnung in der Hauptsache zuständig ist.

(32) Hängt der Ausgang eines Verfahrens vor einem Gericht eines Mitgliedstaats, der nach dieser Verordnung nicht zuständig ist, von der Beurteilung einer in den Anwendungsbereich dieser Verordnung fallenden Vorfrage ab, so sollten die Gerichte dieses Mitgliedstaats durch die vorliegende Verordnung nicht an der Beurteilung dieser Frage gehindert werden. Geht es in dem Verfahren beispielsweise um eine Erbsache, von der das Kind betroffen ist und in der ein Prozesspfleger zu bestellen ist, der das Kind im Verfahren vertritt, so sollte es daher dem für die Erbsache zuständigen Mitgliedstaat erlaubt sein, den Prozesspfleger für das anhängige Verfahren zu bestellen, ungeachtet dessen, ob er für Verfahren betreffend die elterliche Verantwortung nach dieser Verordnung zuständig ist. Eine derartige Beurteilung sollte ausschließlich in dem Verfahren Rechtswirkung entfalten, für das sie vorgenommen wurde.

(33) Ist für die Gültigkeit einer Rechtshandlung, die im Namen eines Kindes in Erbsachen bei einem Gericht eines Mitgliedstaats vorgenommen wurde oder vorzunehmen ist, die Einwilligung oder Genehmigung seitens eines Gerichts erforderlich, so sollte ein Gericht in diesem Mitgliedstaat entscheiden dürfen, ob es in diese Rechtshandlung einwilligt oder sie genehmigt, selbst wenn es nach dieser Verordnung nicht zuständig ist. Der

Begriff „Rechtshandlung" sollte beispielsweise die Annahme oder Ablehnung eines Erbes oder eine Vereinbarung zwischen den Parteien über die Verteilung oder Aufteilung des Vermögens einschließen.

(34) Die Anwendung des Völkerrechts im Bereich der diplomatischen Immunität sollte durch diese Verordnung nicht berührt werden. Kann das nach dieser Verordnung zuständige Gericht seine Zuständigkeit aufgrund einer diplomatischen Immunität nach dem Völkerrecht nicht wahrnehmen, so sollte die Zuständigkeit in dem Mitgliedstaat, in dem die betreffende Person keine Immunität genießt, nach den Rechtsvorschriften dieses Staats wahrgenommen werden.

(35) In dieser Verordnung wird festgelegt, wann ein Gericht als im Sinne dieser Verordnung angerufen gilt. Da es in den Mitgliedstaaten die beiden unterschiedlichen Systeme gibt, denen zufolge entweder das verfahrenseinleitende Schriftstück zunächst dem Antragsgegner zugestellt oder zunächst beim Gericht eingereicht werden muss, sollte es ausreichen, dass der im nationalen Recht vorgesehene erste Schritt unternommen wurde, sofern der Antragsteller es in der Folge nicht versäumt hat, die ihm nach nationalem Recht obliegenden Maßnahmen zu treffen, damit der zweite Schritt durchgeführt werden kann. In Anbetracht der zunehmenden Bedeutung der Mediation und anderer Arten der alternativen Streitbeilegung auch im Laufe des Verfahrens sollte ein Gericht gemäß der Rechtsprechung des Gerichtshofs auch zu dem Zeitpunkt als angerufen gelten, zu dem beim Gericht das verfahrenseinleitende Schriftstück oder ein gleichwertiges Schriftstück in Fällen eingereicht wird, in denen das Verfahren auf Antrag der Partei, die es eingeleitet hat, inzwischen ausgesetzt wurde, um eine einvernehmliche Lösung zu finden, ohne dass das verfahrenseinleitende Schriftstück dem Antragsgegner bereits zugestellt wurde und ohne dass der Antragsgegner von dem Verfahren Kenntnis hat oder an ihm in irgend einer Weise teilgenommen hat, sofern die Partei, die das Verfahren eingeleitet hat, es in der Folge nicht versäumt hat, die ihm obliegenden Maßnahmen zu treffen, um die Zustellung des Schriftstücks an den Antragsgegner zu bewirken. Nach der Rechtsprechung des Gerichtshofs sollte bei Rechtshängigkeit der Tag, an dem ein obligatorisches Schlichtungsverfahren bei einer nationalen Schlichtungsbehörde eingeleitet wurde, als der Tag gelten, an dem ein „Gericht" als angerufen gilt.

(36) Für die Zustellung von Schriftstücken in Verfahren, die auf der Grundlage der vorliegenden Verordnung eingeleitet wurden, sollte die Verordnung (EG) Nr. 1393/2007 des Europäischen Parlaments und des Rates[13] gelten.

(37) Ein Gericht eines Mitgliedstaats sollte sich von Amts wegen für unzuständig erklären, wenn es in einer Sache angerufen wird, für die es nach

---

[13] Verordnung (EG) Nr. 1393/2007 des Europäischen Parlaments und des Rates v. 13.11.2007 über die Zustellung gerichtlicher und außergerichtlicher Schriftstücke in Zivil- oder Handelssachen in den Mitgliedstaaten (Zustellung von Schriftstücken) und zur Aufhebung der Verordnung (EG) Nr. 1348/2000 des Rates (EuZVO, Nr. *224*).

dieser Verordnung keine Zuständigkeit in der Hauptsache hat und für die ein Gericht eines anderen Mitgliedstaats aufgrund dieser Verordnung in der Hauptsache zuständig ist. Einem Gericht eines Mitgliedstaats, der eine besondere Bindung zu dem Kind im Sinne dieser Verordnung aufweist, sollte es jedoch freistehen, um Übertragung der Zuständigkeit gemäß dieser Verordnung zu ersuchen, ohne dass es dazu verpflichtet wäre.

(38) Im Interesse einer abgestimmten Rechtspflege müssen Parallelverfahren so weit wie möglich vermieden werden, damit nicht in verschiedenen Mitgliedstaaten miteinander unvereinbare Entscheidungen ergehen. Es sollte eine klare und wirksame Regelung zur Klärung von Fragen der Rechtshängigkeit und der im Zusammenhang stehenden Verfahren sowie zur Verhinderung von Problemen vorgesehen werden, die sich aus der einzelstaatlich unterschiedlichen Festlegung des Zeitpunkts ergeben, von dem an ein Verfahren als rechtshängig gilt. Für die Zwecke dieser Verordnung sollte dieser Zeitpunkt autonom festgelegt werden. Um jedoch die Wirksamkeit von ausschließlichen Gerichtsstandsvereinbarungen zu verbessern, sollten die Bestimmungen dieser Verordnung über die Rechtshängigkeit dem nicht entgegenstehen, dass Eltern den Gerichten eines Mitgliedstaats die ausschließliche Zuständigkeit zuerkennen.

(39) In Verfahren betreffend die elterliche Verantwortung nach dieser Verordnung sowie in Rückgabeverfahren nach dem Haager Übereinkommen von 1980 sollte dem Kind, das von diesen Verfahren betroffen und fähig ist, sich seine eigene Meinung zu bilden, im Einklang mit der Rechtsprechung des Gerichtshofs grundsätzlich eine echte und wirksame Gelegenheit zur Meinungsäußerung gegeben werden und sollte diese Meinung bei der Bewertung des Kindeswohls gebührend berücksichtigt werden. Die Gelegenheit für das Kind, im Einklang mit Artikel 24 Absatz 1 der Charta und Artikel 12 des VN-Kinderrechtsübereinkommens seine Meinung frei zu äußern, spielt bei der Anwendung dieser Verordnung eine wichtige Rolle. Nach der Verordnung sollte es allerdings weiterhin Sache der Mitgliedstaaten sein, in den nationalen Rechtsvorschriften und Verfahren festzulegen, wer das Kind anhört und wie das Kind angehört wird. Somit sollte es nicht das Ziel dieser Verordnung sein, festzulegen ob das Kind von dem Richter persönlich oder von einem speziell geschulten Sachverständigen angehört werden sollte, der dem Gericht anschließend Bericht erstattet, oder ob die Anhörung des Kindes im Gerichtssaal oder an einem anderen Ort oder auf anderem Wege erfolgen sollte. Außerdem hat das Kind zwar nach wie vor das Recht, angehört zu werden, doch stellt seine Anhörung keine absolute Verpflichtung dar, sondern muss unter Berücksichtigung des Kindeswohls beurteilt werden, beispielsweise in Fällen, die mit Vereinbarungen zwischen den Parteien verbunden sind.

Wenn es auch nach der Rechtsprechung des Gerichtshofs gemäß Artikel 24 der Charta und der Verordnung (EG) Nr. 2201/2003 nicht erforderlich ist, dass das Gericht des Ursprungsmitgliedstaats die Meinung des Kindes in jeder Rechtssache durch eine Anhörung einholt, und diesem Gericht somit ein Ermessensspielraum bleibt, so geht aus der Rechtsprechung jedoch auch hervor, dass das Gericht bei der Entscheidung, dem Kind eine Gelegenheit zur Anhörung zu geben, verpflichtet ist, alle für die Durchführung einer derartigen Anhörung angemessenen Vorkehrungen zu treffen, wobei dem Kindeswohl und den Umständen jedes Einzelfalls Rechnung zu tragen ist, damit die Wirksamkeit dieser Bestimmungen sichergestellt ist und dem Kind eine echte und wirksame Gelegenheit zur Meinungsäußerung gegeben wird. Das Gericht des Ursprungsmitgliedstaats sollte soweit möglich und stets unter Berücksichtigung des Kindeswohls alle Mittel, die ihm im nationalen Recht zur Verfügung stehen, sowie die speziellen Instrumente der internationalen justiziellen Zusammenarbeit einsetzen, gegebenenfalls einschließlich derjenigen der Verordnung (EG) Nr. 1206/2001 des Rates.[14]

(40) Bei widerrechtlichem Verbringen oder Zurückhalten eines Kindes sollte dessen Rückgabe unverzüglich erwirkt werden, und zu diesem Zweck sollte das Haager Übereinkommen von 1980, das durch diese Verordnung und insbesondere des Kapitels III ergänzt wird, weiterhin Anwendung finden.

(41) Um die Rückgabeverfahren nach dem Haager Übereinkommen von 1980 so rasch wie möglich abzuschließen, sollen die Mitgliedstaaten entsprechend ihren innerstaatlichen Gerichtssystemen in Erwägung ziehen, die Zuständigkeit für diese Verfahren bei einer möglichst begrenzten Anzahl von Gerichten zu konzentrieren. Die Zuständigkeit für Kindesentführungsfälle könnte bei einem einzigen Gericht für das ganze Land oder bei einer begrenzten Zahl von Gerichten konzentriert werden; dabei ließe sich beispielsweise die Zuständigkeit für internationale Kindesentführungsfälle ausgehend von der Zahl der Rechtsbehelfsgerichte bei einem Gericht erster Instanz in jedem Rechtsbehelfsgerichtsbezirk konzentrieren.

(42) In Rückgabeverfahren nach dem Haager Übereinkommen von 1980 sollten die Gerichte jeder Instanz ihre Entscheidung binnen sechs Wochen treffen, es sei denn, dass dies aufgrund außergewöhnlicher Umstände nicht möglich ist. Der Rückgriff auf alternative Streitbeilegungsverfahren sollte nicht als außergewöhnlicher Umstand betrachtet werden, der eine Überschreitung der Frist rechtfertigt. Im Laufe dieser Verfahren oder als deren Folge können jedoch außergewöhnliche Umstände eintreten. Für ein Gericht erster Instanz sollte die Frist mit dem Zeitpunkt beginnen, zu dem das Gericht angerufen wurde. Für ein Gericht höherer Instanz sollte sie mit dem Zeitpunkt beginnen, zu dem alle erforderlichen Verfahrensschritte unternommen worden sind. Je nach dem betreffenden Rechtssystem könnten diese Schritte die Zustellung des Rechtsbehelfs an den Antragsgegner entweder in dem Mitgliedstaat, in dem das Gericht seinen Sitz

[14] Verordnung (EG) Nr. 1206/2001 des Rates v. 28.5.2001 über die Zusammenarbeit zwischen den Gerichten der Mitgliedstaaten auf dem Gebiet der Beweisaufnahme in Zivil- oder Handelssachen (EuBVO, Nr. *225*).

hat, oder in einem anderen Mitgliedstaat, die Übermittlung der Akte und die Einlegung von Rechtsbehelfen beim Rechtsbehelfsgericht in Mitgliedstaaten, in denen Rechtsbehelfe bei dem Gericht eingelegt werden müssen, dessen Entscheidung angefochten wird, oder einen Antrag einer Partei auf Abhaltung einer Anhörung umfassen, wenn ein derartiger Antrag nach nationalem Recht erforderlich ist. Die Mitgliedstaaten sollten auch in Erwägung ziehen, die Zahl der möglichen Rechtsbehelfe gegen eine Entscheidung, mit der die Rückgabe eines Kindes nach dem Haager Übereinkommen von 1980 angeordnet oder abgelehnt wird, auf einen Rechtsbehelf zu begrenzen.

(43) In allen Fällen, die Kinder betreffen, insbesondere in Fällen internationaler Kindesentführung, sollten die Gerichte die Möglichkeit der Herbeiführung einer Lösung durch Mediation oder andere geeignete Mittel prüfen und dabei gegebenenfalls auf die Unterstützung durch bestehende Netzwerke und Unterstützungsstrukturen für Mediation in grenzüberschreitenden Streitigkeiten über die elterliche Verantwortung zurückgreifen. Solche Bemühungen dürfen jedoch die Rückgabeverfahren nach dem Haager Übereinkommen von 1980 nicht über Gebühr in die Länge ziehen. Außerdem dürfte Mediation nicht immer angezeigt sein, insbesondere in Fällen häuslicher Gewalt. Einigen sich die Eltern im Laufe eines Rückgabeverfahrens nach dem Haager Übereinkommen von 1980 über die Rückgabe oder Nichtrückgabe des Kindes, und auch über Verfahren betreffend die elterliche Verantwortung, so sollte diese Verordnung ihnen unter bestimmten Umständen ermöglichen, zu vereinbaren, dass das nach dem Haager Übereinkommen von 1980 befasste Gericht dafür zuständig sein sollte, ihrer Vereinbarung Rechtswirkung zu verleihen, indem es sie in eine Entscheidung aufnimmt, billigt oder auf eine andere in den nationalen Rechtsvorschriften und Verfahren vorgesehene Form zurückgreift. Die Mitgliedstaaten, die die Zuständigkeit konzentriert haben, sollten daher in Erwägung ziehen, das mit dem Rückgabeverfahren nach dem Haager Übereinkommen von 1980 befasste Gericht in die Lage zu versetzen, auch die Zuständigkeit in Verfahren betreffend die elterliche Verantwortung wahrzunehmen, auf die sich die Parteien gemäß dieser Verordnung geeinigt oder die sie anerkannt haben, sofern im Laufe dieses Rückgabeverfahrens eine Vereinbarung zwischen den Parteien zustande gekommen ist.

(44) Das Gericht des Mitgliedstaats, in den das Kind widerrechtlich verbracht wurde oder in dem es widerrechtlich zurückgehalten wird, sollte die Rückgabe in besonderen, ordnungsgemäß begründeten Fällen ablehnen können, wie dies im Haager Übereinkommen von 1980 vorgesehen ist. Zuvor sollte es prüfen, ob angemessene Schutzmaßnahmen getroffen wurden oder getroffen werden könnten, um das Kind vor der schwerwiegenden Gefahr im Sinne des Artikels 13 Absatz 1 Buchstabe b des Haager Übereinkommens von 1980 zu schützen.

(45) Zieht ein Gericht in Erwägung, die Rückgabe eines Kindes nur aufgrund von Artikel 13 Absatz 1 Buchstabe b des Haager Übereinkom-

mens von 1980 abzulehnen, so sollte es die Rückgabe des Kindes nicht ablehnen, wenn entweder die Partei, die sich um die Rückgabe des Kindes bemüht, das Gericht davon überzeugt oder das Gericht auf andere Weise zu der Überzeugung gelangt, dass angemessene Vorkehrungen zum Schutz des Kindes nach seiner Rückgabe getroffen wurden. Bei diesen Vorkehrungen könnte es sich beispielsweise handeln um eine gerichtliche Anordnung aus diesem Mitgliedstaat, die dem Antragsteller verbietet, sich dem Kind zu nähern, eine einstweilige Maßnahme einschließlich einer Schutzmaßnahme seitens dieses Mitgliedstaats, der zufolge das Kind bei dem Elternteil, der es entzogen hat und der die tatsächliche Sorge wahrnimmt, bleiben kann, bis in diesem Mitgliedstaat nach der Rückgabe eine Sorgerechtsentscheidung gefällt wird, oder den Nachweis, dass für ein behandlungsbedürftiges Kind medizinische Einrichtungen zur Verfügung stehen. Welche Art von Vorkehrungen im Einzelfall angemessen ist, sollte von der konkreten schwerwiegenden Gefahr abhängen, der das Kind bei einer Rückgabe ohne derartige Vorkehrungen ausgesetzt sein könnte. Das Gericht, das feststellen will, ob angemessene Vorkehrungen getroffen wurden, sollte sich in erster Linie an die Parteien halten und erforderlichen- und gegebenenfalls die Zentralen Behörden oder die dem Netz angeschlossenen Richter, insbesondere innerhalb des gemäß Beschluss 2001/470/EG des Rates[15] errichteten Europäischen Justiziellen Netzes für Zivil- und Handelssachen und innerhalb des Internationalen Haager Richternetzwerks, um Unterstützung ersuchen.

(46) Bei der Anordnung der Rückgabe des Kindes sollte es für das Gericht möglich sein, gegebenenfalls alle einstweiligen Maßnahmen, einschließlich Schutzmaßnahmen gemäß dieser Verordnung anzuordnen, die es für erforderlich hält, um das Kind vor der mit der Rückgabe verbundenen schwerwiegenden Gefahr eines körperlichen oder seelischen Schadens zu schützen, die ansonsten zur Ablehnung der Rückgabe führen würde. Derartige einstweilige Maßnahmen und ihr Verkehr sollten weder die Rückgabeverfahren nach dem Haager Übereinkommen von 1980 verzögern noch die Abgrenzung der Zuständigkeit zwischen dem in Rückgabeverfahren nach dem Haager Übereinkommen von 1980 angerufenen Gericht und dem nach dieser Verordnung in der Hauptsache der elterlichen Verantwortung zuständigen Gericht unterlaufen. Erforderlichenfalls sollte das in Rückgabeverfahren nach dem Haager Übereinkommen von 1980 angerufene Gericht mit Hilfe der Zentralen Behörden oder der dem Netz angeschlossenen Richter, insbesondere innerhalb des Europäischen Justiziellen Netzes für Zivil- und Handelssachen und des Internationalen Haager Richternetzwerks, das Gericht oder die zuständigen Behörden des Mitgliedstaats des gewöhnlichen Aufenthalts des Kindes konsultieren. Diese Maßnahmen sollten in allen anderen Mitgliedstaaten, einschließlich des nach dieser Verordnung zuständigen Mitgliedstaats, so lange anerkannt und

[15] Entscheidung 2001/470/EG des Rates v. 28.5.2001 über die Einrichtung eines Europäischen Justiziellen Netzes für Zivil- und Handelssachen (ABl. L 174 v. 27.6.2001, S. 25).

vollstreckt werden, bis ein Gericht des betreffenden Mitgliedstaats die Maßnahmen getroffen hat, die es als angemessen erachtet. Zu derartigen vorläufigen Maßnahmen – einschließlich Schutzmaßnahmen – könnte beispielsweise gehören, dass das Kind sich weiter bei der Person aufhält, die die tatsächliche Sorge wahrnimmt, oder dass geregelt wird, wie nach der Rückgabe Kontakte zu dem Kind stattfinden sollten, bis das Gericht des gewöhnlichen Aufenthalts des Kindes die seines Erachtens angezeigten Maßnahmen getroffen hat. Dadurch sollte einer Maßnahme oder Entscheidung des Gerichts des gewöhnlichen Aufenthalts des Kindes nach dessen Rückgabe nicht vorgegriffen werden.

(47) Es sollte möglich sein, eine Entscheidung, mit der die Rückgabe des Kindes angeordnet wird, ungeachtet der Einlegung eines Rechtsbehelfs für vorläufig vollstreckbar zu erklären, wenn die Rückgabe des Kindes vor der Entscheidung über den Rechtsbehelf aus Gründen des Kindeswohls erforderlich ist. Im nationalen Recht kann festgelegt werden, von welchem Gericht die Entscheidung für vorläufig vollstreckbar erklärt werden kann.

(48) Entscheidet das Gericht des Mitgliedstaats, in den das Kind widerrechtlich verbracht wurde oder in dem es widerrechtlich zurückgehalten wird, die Anordnung der Rückgabe des Kindes nach dem Haager Übereinkommen von 1980 abzulehnen, so sollte es in seiner Entscheidung ausdrücklich auf die einschlägigen Artikel dieses Übereinkommens verweisen, auf deren Grundlage die Ablehnung erfolgte. Ungeachtet dessen, ob diese ablehnende Entscheidung endgültig oder noch anfechtbar ist, könnte sie dennoch durch eine spätere Entscheidung ersetzt werden, die in einem Sorgerechtsverfahren von dem Gericht des Mitgliedstaats gefällt wird, in dem das Kind vor seinem widerrechtlichen Verbringen oder Zurückhalten seinen gewöhnlichen Aufenthalt hatte. Im Laufe dieser Verfahren sollten unter Berücksichtigung des Kindeswohls alle Umstände, einschließlich des Verhaltens der Eltern, eingehend geprüft werden, aber die Prüfung sollte sich nicht auf dieses Verhalten beschränken. Sollte in der daraus resultierenden Sorgerechtsentscheidung die Rückgabe des Kindes angeordnet werden, so sollte die Rückgabe erfolgen, ohne dass es in einem anderen Mitgliedstaat eines besonderen Verfahrens zur Anerkennung und Vollstreckung dieser Entscheidung bedarf.

(49) Das Gericht, das die Rückgabe des Kindes nur aufgrund des Artikels 13 Absatz 1 Buchstabe b oder des Artikels 13 Absatz 2 – oder der beiden Bestimmungen – des Haager Übereinkommens von 1980 ablehnt, sollte von Amts wegen eine Bescheinigung ausstellen, für die das in dieser Verordnung wiedergegebene Formblatt verwendet wird. Mit dieser Bescheinigung sollen die Parteien davon in Kenntnis gesetzt werden, dass sie innerhalb von drei Monaten nach der Mitteilung der Entscheidung, mit der die Rückgabe des Kindes abgelehnt wird, in der Hauptsache Anträge betreffend das Sorgerecht bei einem Gericht in dem Mitgliedstaat einreichen können, in dem das Kind unmittelbar vor dem widerrechtlichen Verbringen oder Zurückhalten seinen gewöhnlichen Aufenthalt hatte, oder dass sie,

wenn das Gericht bereits befasst wurde, dem Gericht die einschlägigen Unterlagen hinsichtlich des Rückgabeverfahrens übermitteln können.

(50) st in dem Mitgliedstaat, in dem das Kind unmittelbar vor dem widerrechtlichen Verbringen oder Zurückhalten seinen gewöhnlichen Aufenthalt hatte, ein Verfahren in der Hauptsache betreffend das Sorgerecht bereits zu dem Zeitpunkt anhängig, zu dem ein mit dem Rückgabeantrag nach dem Haager Übereinkommen von 1980 befasstes Gericht die Rückgabe des Kindes nur aufgrund des Artikels 13 Absatz 1 Buchstabe b oder des Artikels 13 Absatz 2 – oder der beiden Bestimmungen – des Haager Übereinkommens von 1980 ablehnt, so sollte das Gericht, das die Rückgabe des Kindes abgelehnt hat, falls es von dem betreffenden Verfahren Kenntnis hat, innerhalb eines Monats ab dem Zeitpunkt seiner Entscheidung eine Abschrift seiner Entscheidung, die entsprechende Bescheinigung und gegebenenfalls ein Protokoll, eine Zusammenfassung oder eine Niederschrift der Anhörung sowie alle anderen Unterlagen übermitteln, die es als sachdienlich für das mit dem Verfahren in der Hauptsache betreffend das Sorgerechtbefasste Gericht erachtet. Der Ausdruck „alle anderen Unterlagen, die es als sachdienlich erachtet“, sollte sich auf alle Unterlagen beziehen, die sich auf das Ergebnis dieses Sorgerechtsverfahrens auswirken könnten, wenn die entsprechenden Informationen nicht bereits in der Entscheidung enthalten sind, mit der die Rückgabe abgelehnt wird.

(51) Ist in dem Mitgliedstaat, in dem das Kind unmittelbar vor dem widerrechtlichen Verbringen oder Zurückhalten seinen gewöhnlichen Aufenthalt hatte, noch kein Verfahren in der Hauptsache betreffend das Sorgerecht anhängig und ruft eine Partei innerhalb von drei Monaten nach dem Zeitpunkt der Mitteilung der Entscheidung, die Rückgabe des Kindes abzulehnen, ein Gericht in diesem Mitgliedstaat an, so sollte diese Partei dem mit dem Sorgerechtsantrag befassten Gericht eine Abschrift der Entscheidung über die Ablehnung der Rückgabe des Kindes gemäß dem Haager Übereinkommen von 1980, die entsprechende Bescheinigung und gegebenenfalls ein Protokoll, eine Zusammenfassung oder eine Niederschrift der Anhörung vorlegen. Dies hindert das angerufene Gericht nicht daran, alle weiteren Unterlagen zu verlangen, die es als sachdienlich erachtet und die Informationen enthalten, die sich auf das Ergebnis des Verfahren in der Hauptsache betreffend das Sorgerecht auswirken könnten, wenn diese Informationen nicht bereits in der Entscheidung selbst enthalten sind, mit der die Rückgabe abgelehnt wird.

(52) Wurde innerhalb von drei Monaten nach dem Zeitpunkt der Mitteilung der Entscheidung, die Rückgabe des Kindes nach dem Haager Übereinkommen von 1980 abzulehnen, das für die Sorgerechtsentscheidung zuständige Gericht von einer Partei befasst oder war vor diesem Gericht zum Zeitpunkt des Eingangs dieser Entscheidung des die Rückgabe des Kindes ablehnenden Gerichts bereits ein Sorgerechtsverfahren anhängig, so sollte jede sich aus diesem Verfahren ergebende Sorgerechtsentscheidung, die die Rückgabe des Kindes in diesen Mitgliedstaat zur Folge hat,

gemäß Kapitel IV Abschnitt 2 der vorliegenden Verordnung in jedem anderen Mitgliedstaat vollstreckbar sein, ohne dass es eines besonderen Verfahrens bedarf und ohne dass die Anerkennung der Entscheidung angefochten werden kann. Dies sollte gelten, außer wenn – und nur soweit – eine Unvereinbarkeit mit einer späteren Entscheidung über die elterliche Verantwortung betreffend das gleiche Kind festgestellt wird, sofern für die Sorgerechtsentscheidung, die die Rückgabe des Kindes zur Folge hat, eine Bescheinigung für „privilegierte Entscheidungen" ausgestellt wurde. Wird das Gericht, das für die Entscheidung in der Hauptsache zuständig ist, nach Ablauf der drei Monate befasst oder sind die Bedingungen für die Ausstellung einer Bescheinigung für solche privilegierten Entscheidungen nicht erfüllt, so sollte die ergangene Sorgerechtsentscheidung im Einklang mit Kapitel IV Abschnitt 1 der vorliegenden Verordnung in anderen Mitgliedstaaten anerkannt und vollstreckt werden.

(53) Wenn es nicht möglich ist, eine Partei oder ein Kind persönlich anzuhören, und die entsprechenden technischen Mittel verfügbar sind, könnte das Gericht unbeschadet anderer Rechtsakte der Union in Erwägung ziehen, eine Anhörung mittels Videokonferenz oder einer anderen Kommunikationstechnologie durchzuführen, außer wenn in Anbetracht der besonderen Umstände des Falles die Verwendung solcher Technologien dem fairen Ablauf des Verfahrens nicht dienlich wäre.

(54) Das gegenseitige Vertrauen in die Rechtspflege in der Union rechtfertigt den Grundsatz, dass in einem Mitgliedstaat in Ehesachen und in Verfahren betreffend die elterliche Verantwortung ergangene Entscheidungen in allen Mitgliedstaaten anerkannt werden sollten, ohne dass es eines Anerkennungsverfahrens bedarf. Insbesondere wenn ihnen eine in einem anderen Mitgliedstaat ergangene Entscheidung vorgelegt wird, mit der die Ehescheidung, die Trennung ohne Auflösung des Ehebandes oder die Ungültigerklärung der Ehe ausgesprochen wird und die im Ursprungsmitgliedstaat nicht mehr angefochten werden kann, sollten die zuständigen Behörden des ersuchten Mitgliedstaats die Entscheidung von Rechts wegen anerkennen, ohne dass es eines Verfahrens bedarf, und ihre Personenstandsregister entsprechend aktualisieren. Es bleibt dem nationalen Recht überlassen, darüber zu befinden, ob die Versagungsgründe von einer Partei geltend gemacht werden müssen oder nach dem nationalen Recht von Amts wegen geltend gemacht werden. Dies hindert eine interessierte Partei nicht daran, im Einklang mit dieser Verordnung eine Entscheidung zu beantragen, dass keine Gründe für die Versagung der Anerkennung im Sinne dieser Verordnung bestehen. Es sollte im nationalen Rechts des Mitgliedstaats, in dem ein derartiger Antrag gestellt wird, festgelegt werden, wer als zu einem derartigen Antrag berechtigte interessierte Partei gilt.

(55) Die Anerkennung und Vollstreckung von in einem Mitgliedstaat ergangenen Entscheidungen, dort errichteten öffentlichen Urkunden und dort geschlossenen Vereinbarungen sollten auf dem Grundsatz des gegenseitigen Vertrauens beruhen. Daher sollten die Gründe für eine Nichtaner-

kennung in Anbetracht des dieser Verordnung zugrundeliegenden Ziels, also der Erleichterung der Anerkennung und Vollstreckung und des wirksamen Schutzes des Kindeswohls, auf ein Mindestmaß beschränkt werden.

(56) Die Anerkennung einer Entscheidung sollte nur versagt werden, wenn einer oder mehrere der in dieser Verordnung vorgesehenen Gründe für die Nichtanerkennung vorliegen. Die Auflistung der Gründe für die Versagung der Anerkennung in dieser Verordnung sind erschöpfend. Es sollte nicht möglich sein, in dieser Verordnung nicht aufgeführte Gründe, wie z. B. ein Verstoß gegen die Regel zur Rechtshängigkeit, als Gründe für die Versagung geltend zu machen. In Verfahren betreffend die elterliche Verantwortung hat eine spätere Entscheidung stets Vorrang vor einer früheren Entscheidung mit Wirkung für die Zukunft, soweit sie unvereinbar sind.

(57) Was die einem Kind gebotene Gelegenheit zur Meinungsäußerung anbelangt, so sollte es Sache des Ursprungsgerichts sein, über die angemessene Art und Weise der Anhörung des Kindes zu entscheiden. Daher sollte es nicht möglich sein, die Anerkennung einer Entscheidung einzig und allein aus dem Grund zu versagen, dass das Ursprungsgericht die Anhörung des Kindes auf andere Weise vorgenommen hat als dies ein Gericht im Mitgliedstaat der Anerkennung tun würde. Der Mitgliedstaat, in dem die Anerkennung geltend gemacht wird, sollte diese nicht versagen, wenn eine der in dieser Verordnung zugelassenen Ausnahmen von diesem besonderen Ablehnungsgrund Anwendung findet. Diese Ausnahmen wirken sich dahingehend aus, dass es nicht möglich sein sollte, dass ein Gericht in dem Vollstreckungsmitgliedstaat die Vollstreckung einer Entscheidung einzig und allein aus dem Grund versagt, dass dem Kind keine Gelegenheit zur Meinungsäußerung gegeben worden ist, wobei das Kindeswohl berücksichtigt wurde, sofern das Verfahren nur das Vermögen des Kindes betroffen hat und sofern es in Anbetracht des Verfahrensgegenstandes nicht erforderlich war, ihm diese Gelegenheit zu geben, oder sofern es schwerwiegende Gründe gab, wobei insbesondere die Dringlichkeit des Falls zu berücksichtigen ist. Derartige schwerwiegende Gründe könnten beispielsweise vorliegen, wenn eine unmittelbare Gefahr für die körperliche und seelische Unversehrtheit oder das Leben des Kindes besteht und jede weitere Verzögerung das Risiko bergen könnte, dass diese Gefahr wirklich eintritt.

(58) Darüber hinaus rechtfertigt das Ziel, den Zeit- und Kostenaufwand in grenzüberschreitenden Streitigkeiten mit Kindesbezug zu verringern, dass für alle Entscheidungen in Verfahren betreffend die elterliche Verantwortung die Vollstreckbarerklärung vor der Vollstreckung im Vollstreckungsmitgliedstaat oder, soweit anwendbar, die Registrierung zur Vollstreckung abgeschafft wird. Während mit der Verordnung (EG) Nr. 2201/2003 diese Anforderung nur für bestimmte Entscheidungen über das Umgangsrecht und bestimmte Entscheidungen, die die Rückgabe eines Kindes zur Folge haben, abgeschafft wurde, sollte sie mit der vorliegenden Verordnung für die grenzüberschreitende Vollstreckung sämtlicher Entscheidungen in

Verfahren betreffend die elterliche Verantwortung abgeschafft werden, während für bestimmte Entscheidungen über das Umgangsrecht und bestimmte Entscheidungen, die die Rückgabe eines Kindes zur Folge haben, eine sogar noch günstigere Behandlung beibehalten wird. Vorbehaltlich dieser Verordnung ist eine von einem Gericht eines anderen Mitgliedstaats getroffene Entscheidung daher so zu behandeln, als ob sie im Vollstreckungsmitgliedstaat ergangen wäre.

(59) Werden von einem Gericht, das in der Hauptsache zuständig ist, einstweilige Maßnahmen einschließlich Schutzmaßnahmen angeordnet, so sollte der Verkehr dieser Maßnahmen nach Maßgabe dieser Verordnung gewährleistet sein. Allerdings sollten einstweilige Maßnahmen, einschließlich Schutzmaßnahmen, die von einem solchen Gericht angeordnet wurden, ohne dass der Antragsgegner vorgeladen wurde, nicht gemäß dieser Verordnung anerkannt und vollstreckt werden, es sei denn, die die Maßnahme enthaltende Entscheidung ist dem Antragsgegner vor der Vollstreckung zugestellt worden. Dies sollte die Anerkennung und Vollstreckung solcher Maßnahmen gemäß nationalem Recht nicht ausschließen. Werden einstweilige Maßnahmen – einschließlich Schutzmaßnahmen – von einem Gericht eines Mitgliedstaats angeordnet, das in der Hauptsache nicht zuständig ist, so sollte deren Verkehr im Rahmen dieser Verordnung auf Maßnahmen begrenzt werden, die in Fällen internationaler Kindesentführung getroffen werden und die darauf abzielen, das Kind vor einer schwerwiegenden Gefahr im Sinne des Artikels 13 Absatz 1 Buchstabe b des Haager Übereinkommens von 1980 zu schützen. Diese Maßnahmen sollten so lange gelten, bis ein Gericht eines für die Entscheidung in der Hauptsache nach dieser Verordnung zuständigen Mitgliedstaats die Maßnahmen getroffen hat, die es als angemessen erachtet.

(60) Da Vollstreckungsverfahren je nach den innerstaatlichen Rechtsvorschriften gerichtlich oder außergerichtlich erfolgen können, kann der Ausdruck „für die Vollstreckung zuständige Behörden" Gerichte, Gerichtsvollzieher und jede andere im nationalen Recht vorgesehene Behörde einschließen. Werden in dieser Verordnung zusätzlich zu den für die Vollstreckung zuständigen Behörden auch Gerichte erwähnt, so sollten damit Fälle abgedeckt werden, in denen im nationalen Recht eine andere Stelle als ein Gericht die für die Vollstreckung zuständige Behörde ist, bestimmte Entscheidungen jedoch Gerichten vorbehalten sind, und zwar entweder von Anfang an oder in Form einer Überprüfung der Handlungen der für die Vollstreckung zuständigen Behörde. Es sollte Sache der für die Vollstreckung zuständigen Behörde oder des Gerichts des Vollstreckungsmitgliedstaats sein, besondere, in der Vollstreckungsphase zu treffende Maßnahmen ebenso wie im nationalen Recht vorgesehene Maßnahmen ohne Zwangscharakter oder im nationalen Recht jenes Mitgliedstaats vorgesehene Zwangsmaßnahmen – einschließlich Geldstrafen, Haft oder Abholen des Kindes durch einen Gerichtsvollzieher – anzuordnen, zu ergreifen oder zu veranlassen.

(61) Um die Vollstreckung von in einem anderen Mitgliedstaat ergangenen Entscheidungen über die Ausübung des Umgangsrechts zu erleichtern, sollten die für die Vollstreckung zuständigen Behörden oder die Gerichte im Vollstreckungsmitgliedstaat berechtigt sein, Einzelheiten in Bezug auf die praktischen Umstände oder nach dem Recht des Vollstreckungsmitgliedstaats erforderliche rechtliche Voraussetzungen genau anzugeben. Durch die in dieser Verordnung vorgesehenen Regelungen sollte die Vollstreckung einer Entscheidung im Vollstreckungsmitgliedstaat erleichtert werden, die dort anderenfalls aufgrund ihrer mangelnden Klarheit nicht vollstreckt werden könnte, sodass die für die Vollstreckung zuständige Behörde oder das Vollstreckungsgericht die Entscheidung konkreter und genauer ausgestalten kann. Auch jegliche anderen Regelungen zur Erfüllung der rechtlichen Auflagen nach den nationalen Vollstreckungsvorschriften des Vollstreckungsmitgliedstaats wie beispielsweise die Beteiligung einer Jugendschutzbehörde oder eines Psychologen in der Vollstreckungsphase sollten auf dieselbe Weise festgelegt werden. Derartige Regelungen sollten jedoch nicht in den Wesensgehalt der Entscheidung über das Umgangsrecht eingreifen oder darüber hinausgehen. Außerdem sollte die Befugnis zur Anpassung von Maßnahmen nach dieser Verordnung es nicht ermöglichen, dass das Vollstreckungsgericht im Recht des Vollstreckungsmitgliedstaats unbekannte Maßnahmen durch andere Maßnahmen ersetzt.

(62) Durch die Vollstreckung einer in einem anderen Mitgliedstaat ergangenen Entscheidung ohne eine Vollstreckbarerklärung sollten die Rechte der Verteidigung nicht gefährdet werden. Deshalb sollte die Person, gegen die die Vollstreckung erwirkt werden soll, in der Lage sein, die Versagung der Anerkennung oder Vollstreckung einer Entscheidung zu beantragen, wenn ihrer Ansicht nach einer der in dieser Verordnung enthaltenen Gründe für die Versagung der Anerkennung oder Vollstreckung vorliegt. Es ist im innerstaatlichen Recht festzulegen, ob die in dieser Verordnung vorgesehenen Gründe für eine Versagung der Anerkennung von Amts wegen oder auf Antrag geprüft werden müssen. Dieselbe Prüfung sollte daher auch im Zusammenhang mit der Versagung der Vollstreckung möglich sein. Die Anwendung eines innerstaatlichen Versagungsgrunds sollte nicht dazu führen, dass die Bedingungen und Modalitäten der in dieser Verordnung vorgesehenen Gründe ausgeweitet werden.

(63) Eine Partei, die die Vollstreckung einer in einem anderen Mitgliedstaat ergangenen Entscheidung anficht, sollte dies soweit möglich und im Einklang mit der Rechtsordnung des Vollstreckungsmitgliedstaats in dem Vollstreckungsverfahren tun können und in ein und demselben Verfahren neben den in dieser Verordnung vorgesehenen Versagungsgründen die Gründe geltend machen können, die im Recht des Mitgliedstaats, in dem die Vollstreckung betrieben wird, für deren Versagung vorgesehen sind und die weiterhin gelten, weil sie mit den in dieser Verordnung vorgesehenen Gründen nicht unvereinbar sind. Diese Gründe könnten z. B. Rechtsbehelfe wegen formeller Fehlerhaftigkeit von Vollstreckungsakten nach nationa-

lem Recht oder Rechtsbehelfe einschließen, die sich auf das Vorbringen stützen, dass die von der Entscheidung angeordnete Handlung bereits vollzogen wurde oder unmöglich geworden ist, z.B. bei höherer Gewalt, schwerer Erkrankung der Person, der das Kind übergeben werden soll, Inhaftierung oder Tod dieser Person, in dem Fall, dass der Mitgliedstaat, in den das Kind zurückgebracht werden soll, nach Ergehen der Entscheidung Kriegsgebiet geworden ist, oder bei Versagung der Vollstreckung einer Entscheidung, die nach dem Recht des Mitgliedstaats, in dem die Vollstreckung erwirkt werden soll, keinerlei vollstreckbaren Inhalt besitzt und auch nicht entsprechend angepasst werden kann.

(64) Um die Person, gegen die die Vollstreckung bewirkt werden soll, über die Vollstreckung einer in einem anderen Mitgliedstaat ergangenen Entscheidung zu unterrichten, sollte die gemäß dieser Verordnung ausgestellte Bescheinigung – erforderlichenfalls zusammen mit der Entscheidung – dieser Person innerhalb einer angemessenen Frist vor der ersten Vollstreckungsmaßnahme zugestellt werden. In diesem Zusammenhang sollte als erste Vollstreckungsmaßnahme die erste Vollstreckungsmaßnahme nach einer solchen Zustellung gelten. Nach der Rechtsprechung des Gerichtshofs hat die Partei, gegen die um Vollstreckung ersucht wird, ein Recht auf einen wirksamen Rechtsbehelf, der die Möglichkeit der Einleitung eines Verfahrens einschließt, mit dem die Vollstreckbarkeit der Entscheidung vor dem tatsächlichen Beginn der Vollstreckung angefochten wird.

(65) In Verfahren betreffend die elterliche Verantwortung betrifft die Vollstreckung stets ein Kind und in vielen Fällen die Übergabe eines Kindes an eine andere Person als die, bei der sich das Kind zu diesem Zeitpunkt aufhält, und/oder die Verbringung des Kindes in einen anderen Mitgliedstaat. Das Hauptziel sollte somit darin bestehen, das Recht des Antragstellers darauf, dass grundsätzlich eine Entscheidung auch in grenzüberschreitenden Fällen innerhalb der Union – erforderlichenfalls auch durch Zwangsmaßnahmen – möglichst rasch ausgeführt wird, und die Notwendigkeit, ein Kind nur in unvermeidlichen Fällen derartigen möglicherweise traumatisierenden Zwangsvollstreckungsmaßnahmen auszusetzen, miteinander in Einklang zu bringen. Diese Abwägung sollte von den für die Vollstreckung zuständigen Behörden und den Gerichten in jedem Mitgliedstaat in Anbetracht jedes Einzelfalls vorgenommen werden.

(66) Mit dieser Verordnung sollen in allen Mitgliedstaaten gleiche Bedingungen für die grenzüberschreitende Vollstreckung von Entscheidungen in Verfahren betreffend die elterliche Verantwortung geschaffen werden. In einer Reihe von Mitgliedstaaten sind diese Entscheidungen bereits vollstreckbar, selbst wenn sie noch angefochten werden können oder bereits angefochten wurden. In anderen Mitgliedstaaten ist nur eine rechtskräftige Entscheidung, gegen die kein ordentlicher Rechtsbehelf mehr eingelegt werden kann, vollstreckbar. Um dringenden Fällen Rechnung zu tragen, ist daher in dieser Verordnung vorgesehen, dass bestimmte Entscheidungen in Verfahren betreffend die elterliche Verantwortung vom Gericht des Ur-

sprungsmitgliedstaats für vorläufig vollstreckbar erklärt werden könnten, selbst wenn sie noch angefochten werden können, nämlich Entscheidungen, in denen die Rückgabe des Kindes nach dem Haager Übereinkommen von 1980 angeordnet wird, und Entscheidungen, die das Umgangsrecht gewähren.

(67) In Vollstreckungsverfahren, die Kinder betreffen, müssen die für die Vollstreckung zuständigen Behörden oder die Gerichte jedoch schnell auf wesentliche Veränderungen der Umstände reagieren können, mit denen sie in der Vollstreckungsphase konfrontiert werden und die unter anderem in der Anfechtung der Entscheidung im Ursprungsmitgliedstaat, im Verlust der Vollstreckbarkeit der Entscheidung und in Hindernissen oder Notfällen bestehen können. Daher sollten die Vollstreckungsverfahren auf Antrag oder von Amts wegen seitens der Behörde oder des Gerichts ausgesetzt werden, wenn die Vollstreckbarkeit der Entscheidung im Ursprungsmitgliedstaat ausgesetzt wird. Die Behörde oder das Gericht, die/das für die Vollstreckung zuständig ist, sollte jedoch nicht verpflichtet sein, aktiv zu ermitteln, ob die Vollstreckbarkeit inzwischen infolge eines Rechtsbehelfs oder auf andere Weise im Ursprungsmitgliedstaat ausgesetzt wurde, wenn nichts auf diese Möglichkeit hindeutet. Außerdem sollte die Aussetzung oder Versagung der Vollstreckung im Vollstreckungsmitgliedstaat auf Antrag möglich sein und, auch wenn einer oder mehrere der in dieser Verordnung vorgesehenen und zugelassenen Gründe vorliegen, im Ermessen der für die Vollstreckung zuständigen Behörde oder des Gerichts liegen.

(68) Kann die Entscheidung im Ursprungsmitgliedstaat immer noch angefochten werden und ist die Frist für die Einlegung eines ordentlichen Rechtsbehelfs noch nicht abgelaufen, so sollte es im Ermessen der für die Vollstreckung zuständigen Behörde oder des Gerichts im Vollstreckungsmitgliedstaat liegen, das Vollstreckungsverfahren auf Antrag auszusetzen. In diesen Fällen kann die Frist genau angegeben werden, innerhalb deren im Ursprungsmitgliedstaat ein Rechtsbehelf einzulegen ist, um die Aussetzung des Vollstreckungsverfahrens zu erreichen oder aufrechtzuerhalten. Die genaue Angabe einer Frist sollte nur Wirkung für die Aussetzung des Vollstreckungsverfahrens entfalten und die Frist für die Einlegung eines Rechtsbehelfs gemäß den Verfahrensvorschriften des Ursprungsmitgliedstaats nicht berühren.

(69) In Ausnahmefällen sollte es für die für die Vollstreckung zuständige Behörde oder das Gericht möglich sein, das Vollstreckungsverfahren aussetzen, wenn die Vollstreckung aufgrund – nach Ergehen der Entscheidung aufgetretener – vorübergehender Hindernisse oder aufgrund anderer wesentlicher Änderungen der Umstände für das Kind die schwerwiegende Gefahr eines körperlichen oder seelischen Schadens mit sich bringen würde. Die Vollstreckung sollte wieder aufgenommen werden, sobald die schwerwiegende Gefahr eines körperlichen oder seelischen Schadens nicht mehr besteht. Bleibt diese jedoch bestehen, so sollten vor einer Versagung der Vollstreckung alle geeigneten Schritte im Einklang mit den nationalen

Rechtsvorschriften und Verfahren, gegebenenfalls auch mit Unterstützung anderer einschlägiger Fachkräfte wie Sozialarbeiter oder Kinderpsychologen, unternommen werden, um zu versuchen, die Durchführung der Entscheidung sicherzustellen. Insbesondere sollte die für die Vollstreckung zuständigen Behörde oder das Gericht im Einklang mit den nationalen Rechtsvorschriften und Verfahren versuchen, jegliche Hindernisse infolge veränderter Umstände zu überwinden, wie beispielsweise das offensichtliche Widersetzen des Kindes, der erst nach der Entscheidung geäußert wurde, jedoch so stark ist, dass es der schwerwiegenden Gefahr eines körperlichen oder seelischen Schadens für das Kind gleichkäme, ihn außer Acht zu lassen.

(70) In einem Mitgliedstaat vollstreckbare öffentliche Urkunden und Vereinbarungen zwischen den Parteien über die Trennung ohne Auflösung des Ehebandes und Ehescheidung, die in einem Mitgliedstaat rechtsverbindliche Wirkung haben, sollten für die Zwecke der Anwendung der Vorschriften über die Anerkennung „Entscheidungen" gleichgestellt werden. In einem Mitgliedstaat vollstreckbare öffentliche Urkunden und Vereinbarungen zwischen den Parteien in Sachen der elterlichen Verantwortung sollten für die Zwecke der Anwendung der Vorschriften über die Anerkennung und Vollstreckung „Entscheidungen" gleichgestellt werden.

(71) Obwohl die in dieser Verordnung vorgesehene Verpflichtung, dem Kind Gelegenheit zur Meinungsäußerung zu geben, nicht für öffentliche Urkunden und Vereinbarungen gelten sollte, sollte das Recht des Kindes auf Meinungsäußerung nach Artikel 24 der Charta und nach Artikel 12 des in nationale Rechtsvorschriften und Verfahren umgesetzten UN-Kinderrechtsübereinkommens weiter Anwendung finden. Der Umstand, dass dem Kind keine Gelegenheit zur Meinungsäußerung gegeben wurde, sollte nicht automatisch einen Grund für die Versagung der Anerkennung und der Vollstreckung von öffentlichen Urkunden und Vereinbarungen in Verfahren betreffend die elterliche Verantwortung darstellen.

(72) Für Verfahren betreffend die elterliche Verantwortung sollten in allen Mitgliedstaaten Zentrale Behörden benannt werden. Die Mitgliedstaaten sollten in Erwägung ziehen, für diese Verordnung dieselbe Zentrale Behörde zu benennen, die für die Haager Übereinkommen von 1980 und 1996 benannt wurde. Die Mitgliedstaaten sollten dafür sorgen, dass die Zentralen Behörden über ausreichende finanzielle und personelle Ressourcen verfügen, um die ihnen mit dieser Verordnung übertragenen Aufgaben erfüllen zu können.

(73) Die Bestimmungen dieser Verordnung über die Zusammenarbeit bei Verfahren betreffend die elterliche Verantwortung sollten nicht für die Bearbeitung von Rückgabeanträgen gemäß dem Haager Übereinkommen von 1980 gelten, die gemäß Artikel 19 des Übereinkommens und der ständigen Rechtsprechung des Gerichtshofs keine Hauptsacheverfahren betreffend die elterliche Verantwortung darstellen. Die Anwendung des Haager Übereinkommens von 1980 sollte jedoch durch die Bestimmungen dieser

Verordnung über internationale Kindesentführung und durch das Kapitel dieser Verordnung über die Anerkennung und Vollstreckung und das Kapitel über die allgemeinen Bestimmungen ergänzt werden.

(74) Die Zentralen Behörden sollten die Gerichte und die zuständigen Behörden und in bestimmten Fällen auch die Träger der elterlichen Verantwortung in grenzüberschreitenden Verfahren unterstützen und sowohl in allgemeinen Angelegenheiten als auch in besonderen Fällen, auch zur Förderung der gütlichen Beilegung von Familienstreitigkeiten, zusammenarbeiten.

(75) Außer in dringenden Fällen und unbeschadet der im Rahmen dieser Verordnung zulässigen direkten Zusammenarbeit und Kommunikation zwischen Gerichten können Ersuchen – gemäß dieser Verordnung – bezüglich Zusammenarbeit in Verfahren betreffend die elterliche Verantwortung von Gerichten und zuständigen Behörden ausgehen und sollten der Zentralen Behörde des Mitgliedstaats des ersuchenden Gerichts oder der zuständigen Behörde vorgelegt werden. Bestimmte Ersuchen könnten auch vom Träger der elterlichen Verantwortung ausgehen und der Zentralen Behörde des gewöhnlichen Aufenthalts des Antragstellers vorgelegt werden. In diesen Ersuchen sollte um Informationen und Unterstützung für die Träger der elterlichen Verantwortung gebeten werden, die die Anerkennung und Vollstreckung einer Entscheidung, insbesondere über das Umgangsrecht und die Rückgabe des Kindes, im Gebiet der ersuchten Zentralen Behörde erwirken wollen, erforderlichenfalls auch um Informationen darüber, wie Prozesskostenhilfe erlangt werden kann; darin sollte darum ersucht werden, durch Mediation oder andere Mittel der alternativen Streitbeilegung eine Vereinbarung zwischen den Trägern der elterlichen Verantwortung zu erleichtern, und das Gericht oder die zuständige Behörde sollten ersucht werden, zu prüfen, ob Maßnahmen zum Schutz der Person oder des Vermögens des Kindes getroffen werden müssen.

(76) Ein Beispiel für einen dringenden Fall, der eine direkte erste Kontaktaufnahme zum Gericht oder zur zuständigen Behörde des ersuchten Mitgliedstaats erlaubt, ist ein direktes Ersuchen an die zuständige Behörde eines anderen Mitgliedstaats, wonach geprüft werden soll, ob Maßnahmen zum Schutz des Kindes getroffen werden müssen, wenn vermutet wird, dass für das Kind eine unmittelbare Gefahr besteht. Die Verpflichtung, Ersuchen über die Zentrale Behörde zu übermitteln, sollte nur für erste Ersuchen gelten; jede anschließende Kommunikation mit dem Gericht, der zuständigen Behörde oder dem Antragsteller könnte auch direkt erfolgen.

(77) Die Zentralen Behörden oder zuständigen Behörden sollten nicht daran gehindert werden, Vereinbarungen oder Abmachungen mit den Zentralen Behörden oder zuständigen Behörden eines oder mehrerer anderer Mitgliedstaaten zu treffen oder beizubehalten, wonach eine direkte Kommunikation in ihren gegenseitigen Beziehungen zulässig ist. Die zuständigen Behörden sollten ihre Zentralen Behörden über derartige Vereinbarungen oder Abmachungen unterrichten.

(78) In bestimmten Verfahren betreffend die elterliche Verantwortung, die in den Anwendungsbereich dieser Verordnung fallen, sollten die Zentralen Behörden bei der Unterstützung der Gerichte und zuständigen Behörden sowie der Träger der elterlichen Verantwortung zusammenarbeiten. Zu der Unterstützung durch die ersuchte Zentrale Behörde sollte insbesondere gehören, das Kind direkt oder über Gerichte, zuständige Behörden oder andere Stellen ausfindig zu machen, wenn dies erforderlich ist, um einem Ersuchen nach dieser Verordnung nachzukommen, und alle anderen Informationen bereitzustellen, die für das Verfahren betreffend die elterliche Verantwortung sachdienlich sind.

(79) Die ersuchten Zentralen Behörden sollten außerdem alle geeigneten Schritte unternehmen, um erforderlichenfalls die Kommunikation zwischen den Gerichten zu erleichtern, und zwar insbesondere in Bezug auf die Anwendung der Vorschriften über die Übertragung der Zuständigkeit, über einstweilige Maßnahmen einschließlich Schutzmaßnahmen in dringenden Fällen, insbesondere wenn sie im Zusammenhang mit internationaler Kindesentführung darauf abzielen, das Kind vor einer schwerwiegenden Gefahr im Sinne des Artikels 13 Absatz 1 Buchstabe b des Haager Übereinkommens von 1980 zu schützen, sowie über die Rechtshängigkeit und abhängige Verfahren. Zu diesem Zweck ist es möglich, dass in bestimmten Fällen die Bereitstellung von Informationen für eine weitere direkte Kommunikation, beispielsweise die Bereitstellung von Kontaktangaben von Kinderschutzbehörden, der dem Netz angeschlossenen Richter oder des zuständigen Gerichts, ausreicht.

(80) Um die Ziele dieser Verordnung zu erreichen, sollte ein ersuchendes Gericht oder eine zuständige Behörde unbeschadet der für sie geltenden nationalen verfahrensrechtlichen Erfordernisse frei zwischen den verschiedenen Kanälen wählen können, die ihnen zur Verfügung stehen, um die erforderlichen Informationen zu erhalten.

(81) Werden in einem begründeten Ersuchen ein Bericht oder eine andere in Verfahren betreffend die elterliche Verantwortung relevante Informationen im ersuchenden Mitgliedstaat angefordert, so sollten die Zentralen Behörden – direkt oder über die Gerichte –, zuständigen Behörden oder anderen Stellen des ersuchten Mitgliedstaats diesem Ersuchen nachkommen. Das Ersuchen sollte insbesondere eine Beschreibung der Verfahren, für das die Informationen benötigt werden, sowie den Sachverhalt enthalten, der diesen Verfahren zugrunde liegt.

(82) Hat ein Gericht eines Mitgliedstaats bereits eine Entscheidung in einem Verfahren betreffend die elterliche Verantwortung getroffen oder steht kurz davor, eine solche Entscheidung zu treffen, und soll diese Entscheidung in einem anderen Mitgliedstaat umgesetzt werden, so sollte das Gericht die Gerichte oder zuständigen Behörden des anderen Mitgliedstaats auffordern können, bei der Umsetzung der Entscheidung Unterstützung zu leisten. Dies sollte beispielsweise für Entscheidungen gelten, mit denen das Recht auf begleiteten Umgang gewährt wird, das in einem an-

deren Mitgliedstaat als dem Mitgliedstaat des Gerichts ausgeübt werden soll, das das Umgangsrecht gewährt hat, oder für Entscheidungen, die sonstige Begleitmaßnahmen des Gerichts oder der zuständigen Behörden des Mitgliedstaats, in dem die Entscheidung umzusetzen ist, nach sich ziehen.

(83) Zieht ein Gericht oder eine zuständige Behörde eines Mitgliedstaats die Unterbringung eines Kindes in einem anderen Mitgliedstaat in Erwägung, so sollte vor der Unterbringung ein Konsultationsverfahren zur Einholung der Zustimmung durchgeführt werden. Vor der Anordnung oder Veranlassung der Unterbringung sollte das Gericht oder die anordnende Behörde die Zustimmung der zuständigen Behörde des Mitgliedstaats erhalten, in dem das Kind untergebracht werden würde. Außerdem haben die Mitgliedstaaten im Einklang mit der Rechtsprechung des Gerichtshofs für die gemäß der Verordnung einzuholende Zustimmung klare Regeln und Verfahren vorzusehen, um Rechtssicherheit und Schnelligkeit zu gewährleisten. Die Verfahren sollten unter anderem der zuständigen Behörde ermöglichen, ihre Zustimmung rasch zu erteilen oder zu verweigern. Geht innerhalb von drei Monaten keine Antwort ein, so sollte dies nicht als Zustimmung aufgefasst werden, und ohne Zustimmung sollte die Unterbringung nicht erfolgen. Das Ersuchen um Zustimmung sollte zumindest einen Bericht über das Kind zusammen mit den Gründen für die geplante Unterbringung oder Betreuung, die voraussichtliche Dauer der Unterbringung, Informationen über jede in Betracht gezogene Finanzierung enthalten, dazu noch alle anderen Informationen, die der ersuchte Mitgliedstaat als relevant erachten könnte, wie die geplante Überwachung der Maßnahme, Regelungen für den Kontakt zu den Eltern, anderen Verwandten oder anderen Personen, zu denen das Kind eine enge Beziehung hat, oder die Gründe, aus denen ein derartiger Kontakt in Anbetracht des Artikels 8 der Europäischen Konvention zum Schutz der Menschenrechte und Grundfreiheiten nicht in Erwägung gezogen wird. Wurde die Zustimmung zur Unterbringung für eine bestimmte Dauer erteilt, so sollte diese Zustimmung in Anbetracht der Rechtsprechung des Gerichtshofs nicht für Entscheidungen oder Regelungen gelten, mit denen die Dauer der Unterbringung verlängert wird. Unter diesen Umständen sollte ein neues Ersuchen um Zustimmung ergehen.

(84) Wird im Mitgliedstaat des gewöhnlichen Aufenthalts eines Kindes eine Entscheidung in Erwägung gezogen, das Kind in einem Heim oder in Pflege unterzubringen, so sollte das Gericht in der frühesten Verfahrensphase geeignete Maßnahmen in Betracht ziehen, mit denen die Rechte des Kindes gewahrt werden, insbesondere das Recht, seine Identität und das Recht auf Kontakt zu den Eltern oder gegebenenfalls zu anderen Verwandten im Einklang mit den Artikeln 8, 9 und 20 des VN-Kinderrechtsübereinkommens zu behalten. Ist dem Gericht bekannt, dass das Kind eine enge Bindung zu einem anderen Mitgliedstaat hat, könnten die geeigneten Maßnahmen insbesondere eine Benachrichtigung der konsularischen Vertretung dieses Mitgliedstaats umfassen, wenn Artikel 37 Buchstabe b des

Wiener Übereinkommens über konsularische Beziehungen gilt. Dieses Wissen könnte auch aufgrund von Informationen der Zentralen Behörde dieses anderen Mitgliedstaats vorhanden sein. Im Rahmen dieser geeigneten Maßnahmen könnte auch ein Ersuchen gemäß dieser Verordnung an diesen Mitgliedstaat gerichtet werden, in dem um Informationen über einen Elternteil, einen Verwandten oder andere Personen gebeten wird, die geeignet sein könnten, für das Kind zu sorgen. Je nach den Umständen kann das Gericht außerdem um Informationen über Verfahren und Entscheidungen betreffend einen Elternteil oder Geschwister des Kindes ersuchen. Wichtigster Gesichtspunkt sollte nach wie vor das Kindeswohl sein. Insbesondere sollte keine dieser Bestimmungen die nationalen Rechtsvorschriften oder Verfahren für eine etwaige Unterbringungsentscheidung berühren, die ein Gericht oder eine zuständige Behörde in dem Mitgliedstaat erlassen hat, der diese Unterbringung in Betracht zieht. Insbesondere wären die Behörden des Mitgliedstaats, der die gerichtliche Zuständigkeit besitzt, durch diese Bestimmungen nicht verpflichtet, das Kind in einem anderen Mitgliedstaat unterzubringen oder diesen Mitgliedstaat weiter an Unterbringungsentscheidungen oder -verfahren zu beteiligen.

(85) Da in einem Verfahren betreffend die elterliche Verantwortung Zeit ein entscheidender Faktor ist, sollten die Informationen, die nach den Bestimmungen dieser Verordnung über Zusammenarbeit – einschließlich über die Erhebung und den Austausch von Informationen in Verfahren betreffend die elterliche Verantwortung – erforderlich sind, und die Entscheidung, in der die Zustimmung zur Unterbringung eines Kindes in einem anderen Mitgliedstaat gewährt oder verweigert wird, dem ersuchenden Mitgliedstaat von der Zentralen Behörde des ersuchten Mitgliedstaats spätestens drei Monate nach Eingang des Ersuchens übermittelt werden, es sei denn, dass dies aufgrund außergewöhnlicher Umstände nicht möglich ist. In diesem Zusammenhang ist die zuständige nationale Behörde auch verpflichtet, die Informationen zur Verfügung zu stellen oder der ersuchten Zentralen Behörde zu erklären, warum sie dazu nicht in der Lage ist, und zwar so rechtzeitig, dass diese imstande ist, diesen Zeitrahmen einzuhalten. Dennoch sollten alle beteiligten zuständigen Behörden sich darum bemühen, noch vor Ablauf dieser Höchstfrist zu antworten.

(86) Der Umstand, dass die Einberufung der Zusammenkünfte der Zentralen Behörden insbesondere durch die Kommission im Rahmen des Europäischen Justiziellen Netzes für Zivil- und Handelssachen im Einklang mit der Entscheidung 2001/470/EG erfolgt, steht dem nicht entgegen, dass andere Zusammenkünfte der Zentralen Behörden abgehalten werden.

(87) Wenn in dieser Verordnung nichts anderes vorgesehen ist, sollte die Verordnung (EU) 2016/679 des Europäischen Parlaments und des Rates[16]

[16] Verordnung (EU) 2016/679 des Europäischen Parlaments und des Rates v. 27.4.2016 zum Schutz natürlicher Personen bei der Verarbeitung personenbezogener Daten, zum freien Datenverkehr und zur Aufhebung der Richtlinie 95/46/EG (Datenschutz-Grundverordnung) (ABl. L 119 v. 4.5.2016, S. 1, Nr. *92*).

für die in Anwendung der vorliegenden Verordnung erfolgende Verarbeitung personenbezogener Daten durch die Mitgliedstaaten gelten. Um die Erledigung eines Ersuchens nach dieser Verordnung nicht aufs Spiel zu setzen, das beispielsweise die Rückgabe des Kindes gemäß dem Haager Übereinkommen von 1980 oder die gerichtliche Prüfung der Frage zum Gegenstand hat, ob Maßnahmen zum Schutz der Person und des Vermögens des Kindes zu treffen sind, darf insbesondere die Inkenntnissetzung der betroffenen Person gemäß Artikel 14 Absätze 1 bis 4 der Verordnung (EU) 2016/679 – etwa von für das Auffinden des Kindes erforderlichen Angaben – aufgeschoben werden, bis das Ersuchen, für das diese Informationen erforderlich sind, erledigt ist. Diese Ausnahme steht im Einklang mit Artikel 14 Absatz 5 sowie Artikel 23 Absatz 1 Buchstaben f, g, i und j der Verordnung (EU) 2016/679. Dies sollte einen Vermittler, ein Gericht oder eine zuständige Behörde, dem/der die Informationen übermittelt wurden, nicht daran hindern, Maßnahmen zum Schutz des Kindes zu ergreifen oder derartige Maßnahmen zu veranlassen, wenn die Gefahr besteht, dass das Kind Schaden nehmen könnte, oder es Anhaltspunkte für eine derartige Gefahr gibt.

(88) In Fällen, in denen die Offenlegung oder Bestätigung der einschlägigen Informationen die Gesundheit, Sicherheit oder Freiheit des Kindes oder einer anderen Person in Gefahr gebracht werden könnte, wie beispielsweise in Fällen häuslicher Gewalt, in denen ein Gericht angeordnet hat, dass die neue Anschrift des Kindes dem Antragsteller nicht bekanntgemacht werden darf, wird in dieser Verordnung ein sorgsam austariertes Gleichgewicht angestrebt. Diese Verordnung sollte zwar vorsehen, dass eine Zentrale Behörde, ein Gericht oder eine zuständige Behörde dem Antragsteller oder einer dritten Partei Informationen, die für die Zwecke dieser Verordnung zusammengestellt oder weitergegeben wurden, nicht offenlegen oder bestätigen sollte, wenn ihres/seines Erachtens durch eine solche Offenlegung oder Bestätigung die Gesundheit, Sicherheit oder Freiheit des Kindes oder einer anderen Person in Gefahr gebracht würde, jedoch sollte die Verordnung betonen, dass dies nicht der Erhebung und Weitergabe von Informationen durch die Zentralen Behörden, Gerichte und zuständigen Behörden und zwischen ihnen entgegenstehen sollte, insofern diese zur Erfüllung ihrer Verpflichtungen aufgrund dieser Verordnung erforderlich sind. Das bedeutet, dass es möglich sein sollte, einen Antrag nach dieser Verordnung zu bearbeiten, ohne dass dem Antragsteller alle zu seiner Bearbeitung erforderlichen Informationen zur Verfügung gestellt werden, wenn dies möglich und angezeigt ist. Wenn es im nationalen Recht vorgesehen ist, könnte beispielsweise eine Zentrale Behörde Verfahren im Namen eines Antragstellers einleiten, ohne dem Antragsteller die Informationen über den Aufenthaltsort des Kindes zur Verfügung zu stellen. In Fällen, in denen schon das Ersuchen selbst die Gesundheit, Sicherheit oder Freiheit des Kindes oder einer anderen Person in Gefahr bringen könnte, sollte nach dieser Verordnung keine Verpflichtung zu einem derartigen Ersuchen bestehen.

(89) Um sicherzustellen, dass die im Zusammenhang mit der Anwendung der Kapitel III und IV dieser Verordnung zu verwendenden Bescheinigungen stets auf dem neuesten Stand sind, sollte der Kommission die Befugnis übertragen werden, gemäß Artikel 290 des Vertrags über die Arbeitsweise der Europäischen Union (AEUV) Rechtsakte hinsichtlich Änderungen der Anhänge I bis IX dieser Verordnung zu erlassen. Es ist von besonderer Bedeutung, dass die Kommission im Zuge ihrer Vorbereitungsarbeit angemessene Konsultationen, auch auf der Ebene von Sachverständigen, durchführt, die mit den Grundsätzen im Einklang stehen, die in der Interinstitutionellen Vereinbarung vom 13. April 2016 über bessere Rechtsetzung[17] niedergelegt wurden. Um insbesondere für eine gleichberechtigte Beteiligung an der Ausarbeitung der delegierten Rechtsakte zu sorgen, erhält der Rat alle Dokumente zur gleichen Zeit wie die Sachverständigen der Mitgliedstaaten, und ihre Sachverständigen haben systematisch Zugang zu den Sitzungen der Sachverständigengruppen der Kommission, die mit der Ausarbeitung der delegierten Rechtsakte befasst sind.

(90) Die Kontinuität zwischen dem auf der Grundlage von Artikel K.3 des Vertrags über die Europäische Union ausgearbeitete Übereinkommen von 1998 über die gerichtliche Zuständigkeit und die Anerkennung und Vollstreckung von Entscheidungen in Ehesachen (im Folgenden „Brüssel-II-Übereinkommen"),[18] der Verordnung (EG) Nr. 1347/2000, der Verordnung (EG) Nr. 2201/2003 und der vorliegenden Verordnung sollte gewährleistet werden, soweit die Bestimmungen unverändert geblieben sind, und zu diesem Zweck sollten Übergangsbestimmungen festgelegt werden. Die gleiche Kontinuitätsanforderung gilt auch für die Auslegung – auch durch den Gerichtshof – des Brüssel-II-Übereinkommens und der Verordnungen (EG) Nr. 1347/2000 und (EG) Nr. 2201/2003.

(91) Es sei darauf hingewiesen, dass für Abkommen mit einem oder mehreren Drittstaaten, die von einem Mitgliedstaat vor dem Zeitpunkt seines Beitritts zur Union geschlossen wurden, Artikel 351 AEUV Anwendung findet.

(92) Das für Verfahren betreffend die elterliche Verantwortung geltende Recht sollte im Einklang mit den Bestimmungen des Kapitels III des Haager Übereinkommens von 1996 festgelegt werden. Bei der Anwendung dieses Übereinkommens in Verfahren vor einem Gericht eines Mitgliedstaats, in dem diese Verordnung gilt, sollte die Bezugnahme in Artikel 15 Absatz 1 dieses Übereinkommens auf die „Bestimmungen des Kapitels II" dieses Übereinkommens als Bezugnahme auf die „Bestimmungen dieser Verordnung" verstanden werden.

(93) Um eine ordnungsgemäße Anwendung dieser Verordnung sicherzustellen, sollte die Kommission deren Durchführung prüfen und gegebenenfalls die notwendigen Änderungen vorschlagen.

---

[17] ABl. L 123 v. 12.5.2016, S. 1.
[18] ABl. C 221 v. 16.7.1998, S. 1.

(94) Die Kommission sollte die von den Mitgliedstaaten übermittelten Angaben veröffentlichen und aktualisieren.

(95) Nach Artikel 3 und Artikel 4a Absatz 1 des dem Vertrag über die Europäische Union (EUV) und dem AEUV beigefügten Protokolls Nr. 21 über die Position des Vereinigten Königreichs und Irlands hinsichtlich des Raums der Freiheit, der Sicherheit und des Rechts haben jene Mitgliedstaaten mitgeteilt, dass sie sich an der Annahme und Anwendung dieser Verordnung beteiligen möchten.

(96) Nach den Artikeln 1 und 2 des dem EUV und dem AEUV beigefügten Protokolls Nr. 22 über die Position Dänemarks beteiligt sich Dänemark nicht an der Annahme dieser Verordnung, die für Dänemark weder bindend noch ihm gegenüber anwendbar ist.

(97) Der Europäische Datenschutzbeauftragte wurde gemäß Artikel 41 Absatz 2 Unterabsatz 2 und Artikel 46 Buchstabe d der Verordnung (EG) Nr. 45/2001 des Europäischen Parlaments und des Rates[19] angehört und hat am 15. Februar 2018 eine Stellungnahme abgegeben.[20]

(98) Da die Ziele dieser Verordnung aufgrund der Unterschiede zwischen den nationalen Vorschriften über die Zuständigkeit und die Anerkennung und Vollstreckung von Entscheidungen auf Ebene der Mitgliedstaaten nicht ausreichend erreicht werden können, sondern wegen der unmittelbaren Geltung und Verbindlichkeit dieser Verordnung besser auf Unionsebene zu erreichen sind, kann die Union im Einklang mit dem in Artikel 5 EUV niedergelegten Subsidiaritätsprinzip tätig werden. Entsprechend dem in demselben Artikel genannten Grundsatz der Verhältnismäßigkeit geht diese Verordnung nicht über das für die Verwirklichung dieser Ziele erforderliche Maß hinaus –

HAT FOLGENDE VERORDNUNG ERLASSEN:

Kapitel I.[21] Anwendungsbereich und Begriffsbestimmungen

Art. 1. Anwendungsbereich. (1) Diese Verordnung gilt für Zivilsachen[22] mit folgendem Gegenstand:

a) die Ehescheidung, die Trennung ohne Auflösung des Ehebandes und die Ungültigerklärung einer Ehe,[23]

b) die Zuweisung, die Ausübung, die Übertragung sowie die vollständige oder teilweise Entziehung der elterlichen Verantwortung.

---

[19] Verordnung (EG) Nr. 45/2001 v. 18.12.2000 zum Schutz natürlicher Personen bei der Verarbeitung personenbezogener Daten durch die Organe und Einrichtungen der Gemeinschaft und zum freien Datenverkehr (ABl. L 8 v. 12.1.2001, S. 1).

[20] ABl. C 120 v. 6.4.2018, S. 18.

[21] Vgl. Erwägungsgründe (4)–(18).

[22] Zum Begriff der Zivilsachen in der Verordnung siehe Erwägungsgründe (4) und (5).

[23] Vgl. Erwägungsgrund (9).

(2) Die in Absatz 1 Buchstabe b genannten Zivilsachen umfassen insbesondere:

a) das Sorgerecht und das Umgangsrecht,

b) die Vormundschaft, die Pflegschaft und entsprechende Rechtsinstitute,

c) die Bestimmung und den Aufgabenbereich jeder Person oder Stelle, die für die Person oder das Vermögen eines Kindes verantwortlich ist, oder ein Kind vertritt oder ihm beisteht,[24]

d) die Heim- oder Pflegeunterbringung eines Kindes,[25]

e) die Maßnahmen zum Schutz eines Kindes im Zusammenhang mit der Verwaltung und Erhaltung seines Vermögens oder der Verfügung darüber.[26]

(3) Die Kapitel III und VI dieser Verordnung gelten bei widerrechtlichem Verbringen oder Zurückhalten eines Kindes, von dem mehr als ein Mitgliedstaat betroffen ist, in Ergänzung des Haager Übereinkommens von 1980. Kapitel IV dieser Verordnung gilt für Entscheidungen, in denen nach dem Haager Übereinkommen von 1980 die Rückgabe eines Kindes in einen anderen Mitgliedstaat angeordnet wird und die in einem anderen Mitgliedstaat vollstreckt werden müssen als in dem Mitgliedstaat, in dem sie ergangen sind.

(4) Diese Verordnung gilt nicht für

a) die Feststellung und die Anfechtung des Eltern-Kind-Verhältnisses,[27]

b) Adoptionsentscheidungen und Maßnahmen zur Vorbereitung einer Adoption sowie die Ungültigerklärung und den Widerruf der Adoption,

c) Namen und Vornamen eines Kindes,

d) die Volljährigkeitserklärung,

e) Unterhaltspflichten,[28]

f) Trusts oder Erbschaften,[29]

g) Maßnahmen infolge von Straftaten, die von Kindern begangen wurden.

Art. 2.[30] **Begriffsbestimmungen.** (1) Für die Zwecke dieser Verordnung bezeichnet der Ausdruck „Entscheidung" eine Entscheidung eines Gerichts eines Mitgliedstaats einschließlich einer Verfügung, eines Beschlusses oder eines Urteils, mit der die Ehescheidung, die Trennung ohne Auflösung des

---

[24] Vgl. Erwägungsgrund (10).

[25] Vgl. Erwägungsgrund (11).

[26] Vgl. Erwägungsgrund (10).

[27] Vgl. Erwägungsgrund (12).

[28] Vgl. Erwägungsgrund (13). Zu Unterhaltspflichten siehe die Verordnung (EG) Nr. 4/2009 v. 18.12.2008 (EuUntVO; Nr. *161*).

[29] Zum Erbrecht siehe die Verordnung (EU) Nr. 650/2012 v. 4.7.2012 (EuErbVO; Nr. *61*).

[30] Vgl. Erwägungsgrund (14).

Ehebandes oder die Ungültigerklärung einer Ehe ausgesprochen wird, oder in Verfahren betreffend die elterliche Verantwortung;

Für die Zwecke des Kapitels IV schließt der Ausdruck „Entscheidung" Folgendes ein:

a) eine in einem Mitgliedstaat ergangene Entscheidung, in der nach dem Haager Übereinkommen von 1980 die Rückgabe eines Kindes in einen anderen Mitgliedstaat angeordnet wird und die in einem anderen Mitgliedstaat vollstreckt werden muss als in dem Mitgliedstaat, in dem sie ergangen ist;

b) einstweilige Maßnahmen einschließlich Schutzmaßnahmen, die von einem Gericht, das nach dieser Verordnung in der Hauptsache zuständig ist, angeordnet werden, oder Maßnahmen, die gemäß Artikel 27 Absatz 5 in Verbindung mit Artikel 15 angeordnet werden;

Für die Zwecke des Kapitels IV schließt der Ausdruck „Entscheidung" keine einstweiligen Maßnahmen einschließlich Schutzmaßnahmen ein, die ohne Ladung des Antragsgegners angeordnet wurden, es sei denn, die die Maßnahme enthaltende Entscheidung wird dem Antragsgegner vor der Vollstreckung zugestellt;

(2) Für die Zwecke dieser Verordnung bezeichnet ferner der Ausdruck

1. „Gericht" jede Behörde der Mitgliedstaaten, die für Rechtssachen zuständig ist, die in den Anwendungsbereich dieser Verordnung fallen;
2. „öffentliche Urkunde"[31] ein Schriftstück, das in den in den Anwendungsbereich dieser Verordnung fallenden Angelegenheiten als öffentliche Urkunde in einem Mitgliedstaat förmlich errichtet oder eingetragen worden ist und dessen Beweiskraft
   a) sich auf die Unterschrift und den Inhalt der Urkunde bezieht und
   b) durch eine Behörde oder eine andere hierzu ermächtigte Stelle festgestellt worden ist. Die Mitgliedstaaten teilen der Kommission gemäß Artikel 103 die betreffenden Behörden und Stellen mit;
3. „Vereinbarung"[32] für die Zwecke des Kapitels IV ein Schriftstück, das keine öffentliche Urkunde ist, in den in den Anwendungsbereich dieser Verordnung fallenden Angelegenheiten von den Parteien erstellt wurde und von einer von einem Mitgliedstaat der Kommission hierzu gemäß Artikel 103 mitgeteilten Behörde eingetragen wurde;
4. „Ursprungsmitgliedstaat" den Mitgliedstaat, in dem die Entscheidung ergangen ist, die öffentliche Urkunde förmlich errichtet oder eingetragen worden ist oder die Vereinbarung eingetragen worden ist;
5. „Vollstreckungsmitgliedstaat" den Mitgliedstaat, in dem die Entscheidung, öffentliche Urkunde oder Vereinbarung vollstreckt werden soll;
6. „Kind" jede Person unter 18 Jahren;[33]

---

[31] Vgl. Erwägungsgründe (14) und (15).
[32] Vgl. Erwägungsgrund (14).
[33] Vgl. Erwägungsgrund (17).

7. „elterliche Verantwortung" die gesamten Rechte und Pflichten, die einer natürlichen oder juristischen Person durch Entscheidung oder kraft Gesetzes oder durch eine rechtlich verbindliche Vereinbarung betreffend die Person oder das Vermögen eines Kindes übertragen wurden, einschließlich des Sorge- und des Umgangsrechts;
8. „Träger der elterlichen Verantwortung" jede Person, Einrichtung oder sonstige Stelle, die die elterliche Verantwortung für ein Kind ausübt;
9. „Sorgerecht"[34] die Rechte und Pflichten, die mit der Sorge für die Person eines Kindes verbunden sind, und insbesondere das Recht auf die Bestimmung des Aufenthaltsortes eines Kindes;
10. „Umgangsrecht" das Recht auf Umgang mit dem Kind, einschließlich des Rechts, das Kind für eine begrenzte Zeit an einen anderen Ort als seinen gewöhnlichen Aufenthaltsort zu bringen;
11. „widerrechtliches Verbringen oder Zurückhalten eines Kindes" das Verbringen oder Zurückhalten eines Kindes, wenn
    a) durch eine solches Verbringen oder Zurückhalten das Sorgerecht verletzt wird, das aufgrund einer Entscheidung, kraft Gesetzes oder durch eine rechtlich verbindliche Vereinbarung nach dem Recht des Mitgliedstaats besteht, in dem das Kind unmittelbar vor dem Verbringen oder Zurückhalten seinen gewöhnlichen Aufenthalt hatte, und
    b) das Sorgerecht zum Zeitpunkt des Verbringens oder Zurückhaltens allein oder gemeinsam tatsächlich ausgeübt wurde oder ausgeübt worden wäre, wenn das Verbringen oder Zurückhalten nicht stattgefunden hätte.

(3) Für die Zwecke der Artikel 3, 6, 10, 12, 13, 51, 59, 75, 94 und 102 ersetzt für Irland und das Vereinigte Königreich das Konzept des *„domicile"* jenes der „Staatsangehörigkeit", und dieser Begriff hat dieselbe Bedeutung wie nach jeder der Rechtsordnungen jener Mitgliedstaaten.

Kapitel II. Zuständigkeit in Ehesachen und in Verfahren betreffend die elterliche Verantwortung

Abschnitt 1. Ehescheidung, Trennung ohne Auflösung des Ehebandes und Ungültigerklärung einer Ehe

Art. 3. Allgemeine Zuständigkeit. Für Entscheidungen über die Ehescheidung, die Trennung ohne Auflösung des Ehebandes oder die Ungültigerklärung einer Ehe sind die Gerichte des Mitgliedstaats zuständig,

a) in dessen Hoheitsgebiet
   i) beide Ehegatten ihren gewöhnlichen Aufenthalt haben,

[34] Vgl. Erwägungsgrund (18).

ii) die Ehegatten zuletzt beide ihren gewöhnlichen Aufenthalt hatten, sofern einer von ihnen dort noch seinen gewöhnlichen Aufenthalt hat,

iii) der Antragsgegner seinen gewöhnlichen Aufenthalt hat,

iv) im Fall eines gemeinsamen Antrags einer der Ehegatten seinen gewöhnlichen Aufenthalt hat,

v) der Antragsteller seinen gewöhnlichen Aufenthalt hat, wenn er sich dort seit mindestens einem Jahr unmittelbar vor der Antragstellung aufgehalten hat, oder

vi) der Antragsteller seinen gewöhnlichen Aufenthalt hat, wenn er sich dort seit mindestens sechs Monaten unmittelbar vor der Antragstellung aufgehalten hat und Staatsangehöriger des betreffenden Mitgliedstaats ist, oder

b) dessen Staatsangehörigkeit beide Ehegatten besitzen.

Art. 4. Gegenantrag. Das Gericht, bei dem ein Antrag gemäß Artikel 3 anhängig ist, ist auch für einen Gegenantrag zuständig, sofern dieser in den Anwendungsbereich dieser Verordnung fällt.

Art. 5. Umwandlung einer Trennung ohne Auflösung des Ehebandes in eine Ehescheidung. Unbeschadet des Artikels 3 ist das Gericht eines Mitgliedstaats, das eine Entscheidung erlassen hat, mit der die Trennung ohne Auflösung des Ehebandes ausgesprochen wird, auch für die Umwandlung dieser Trennung ohne Auflösung des Ehebandes in eine Ehescheidung zuständig, sofern dies im Recht dieses Mitgliedstaats vorgesehen ist.

Art. 6. Restzuständigkeit. (1) Soweit sich aus den Artikeln 3, 4 und 5 keine Zuständigkeit eines Gerichts eines Mitgliedstaats ergibt, bestimmt sich vorbehaltlich des Absatzes 2 die Zuständigkeit in jedem Mitgliedstaat nach dem Recht dieses Staats.

(2) Gegen einen Ehegatten, der seinen gewöhnlichen Aufenthalt im Hoheitsgebiet eines Mitgliedstaats hat oder Staatsangehöriger eines Mitgliedstaats ist, darf ein Verfahren vor den Gerichten eines anderen Mitgliedstaats nur nach Maßgabe der Artikel 3, 4 und 5 geführt werden.

(3) Jeder Staatsangehörige eines Mitgliedstaats, der seinen gewöhnlichen Aufenthalt im Hoheitsgebiet eines anderen Mitgliedstaats hat, kann die in diesem Mitgliedstaat geltenden Zuständigkeitsvorschriften wie ein Staatsangehöriger dieses Mitgliedstaats gegenüber einem Antragsgegner geltend machen, der weder seinen gewöhnlichen Aufenthalt im Hoheitsgebiet eines Mitgliedstaats hat noch die Staatsangehörigkeit eines Mitgliedstaats besitzt.

Abschnitt 2.[35] Elterliche Verantwortung

Art. 7.[36] **Allgemeine Zuständigkeit.** (1) Für Verfahren betreffend die elterliche Verantwortung sind die Gerichte des Mitgliedstaats zuständig, in dem das Kind zum Zeitpunkt der Antragstellung seinen gewöhnlichen Aufenthalt hat.

(2) Absatz 1 dieses Artikels findet vorbehaltlich der Artikel 8 bis 10 Anwendung.

Art. 8. [37] **Aufrechterhaltung der Zuständigkeit in Bezug auf das Umgangsrecht.** (1) Beim rechtmäßigen Umzug eines Kindes von einem Mitgliedstaat in einen anderen, durch den es dort einen neuen gewöhnlichen Aufenthalt erlangt, verbleibt abweichend von Artikel 7 die Zuständigkeit für eine Änderung einer vor dem Umzug des Kindes in jenem Mitgliedstaat ergangenen Entscheidung über das Umgangsrecht nach dem Umzug drei Monate lang bei den Gerichten des früheren gewöhnlichen Aufenthalts des Kindes, wenn sich die laut der Entscheidung umgangsberechtigte Person weiterhin gewöhnlich in dem Mitgliedstaat des früheren gewöhnlichen Aufenthalts des Kindes aufhält.

(2) Absatz 1 findet keine Anwendung, wenn die umgangsberechtigte Person im Sinne des Absatzes 1 die Zuständigkeit der Gerichte des Mitgliedstaats des neuen gewöhnlichen Aufenthalts des Kindes dadurch anerkannt hat, dass sie sich an Verfahren vor diesen Gerichten beteiligt, ohne ihre Zuständigkeit anzufechten.

Art. 9.[38] **Zuständigkeit im Fall eines widerrechtlichen Verbringens oder Zurückhaltens eines Kindes.** Vorbehaltlich des Artikels 10 bleiben bei widerrechtlichem Verbringen oder Zurückhalten eines Kindes die Gerichte des Mitgliedstaats, in dem das Kind unmittelbar vor dem widerrechtlichen Verbringen oder Zurückhalten seinen gewöhnlichen Aufenthalt hatte, so lange zuständig, bis das Kind einen gewöhnlichen Aufenthalt in einem anderen Mitgliedstaat erlangt hat und

a) jede sorgeberechtigte Person, Behörde oder sonstige Stelle dem Verbringen oder Zurückhalten zugestimmt hat oder

b) das Kind sich in diesem anderen Mitgliedstaat mindestens ein Jahr aufgehalten hat, nachdem die sorgeberechtigte Person, Behörde oder sonstige Stelle seinen Aufenthaltsort kannte oder hätte kennen müssen und sich das Kind in seiner neuen Umgebung eingelebt hat, sofern eine der folgenden Bedingungen erfüllt ist:

---

[35] Vgl. Erwägungsgründe (19)–(29).
[36] Vgl. Erwägungsgrund (20).
[37] Vgl. Erwägungsgrund (21).
[38] Vgl. Erwägungsgrund (22).

i) Innerhalb eines Jahres, nachdem der Sorgeberechtigte den Aufenthaltsort des Kindes kannte oder hätte kennen müssen, wurde kein Antrag auf Rückgabe des Kindes bei den zuständigen Behörden des Mitgliedstaats gestellt, in den das Kind verbracht wurde oder in dem das Kind zurückgehalten wird;

ii) ein von dem Sorgeberechtigten gestellter Rückgabeantrag wurde zurückgezogen, und innerhalb der in Ziffer i genannten Frist wurde kein neuer Antrag gestellt;

iii) ein vom Sorgeberechtigten gestellter Rückgabeantrag wurde von einem Gericht eines Mitgliedstaats aus anderen als den in Artikel 13 Absatz 1 Buchstabe b oder Artikel 13 Absatz 2 des Haager Übereinkommens von 1980 angegebenen Gründen abgelehnt und gegen diese Entscheidung kann kein ordentlicher Rechtsbehelf mehr eingelegt werden;

iv) in dem Mitgliedstaat, in dem das Kind unmittelbar vor dem widerrechtlichen Verbringen oder Zurückhalten seinen gewöhnlichen Aufenthalt hatte, wurde kein Gericht angerufen, wie in Artikel 29 Absätze 3 und 5 vorgesehen;

v) von den Gerichten des Mitgliedstaats, in dem das Kind unmittelbar vor dem widerrechtlichen Verbringen oder Zurückhalten seinen gewöhnlichen Aufenthalt hatte, wurde eine Sorgerechtsentscheidung erlassen, in der die Rückgabe des Kindes nicht angeordnet wurde.

Art. 10.[39] **Gerichtsstandsvereinbarungen.** (1) Die Gerichte eines Mitgliedstaats sind zuständig für Verfahren betreffend die elterliche Verantwortung, wenn

a) eine wesentliche Bindung des Kindes zu diesem Mitgliedstaat besteht, insbesondere weil
   i) mindestens einer der Träger der elterlichen Verantwortung in diesem Mitgliedstaat seinen gewöhnlichen Aufenthalt hat;
   ii) das Kind in diesem Mitgliedstaat früher seinen gewöhnlichen Aufenthalt hatte; oder
   iii) das Kind die Staatsangehörigkeit dieses Mitgliedstaats besitzt;
b) die Parteien sowie alle anderen Träger der elterlichen Verantwortung
   i) spätestens zum Zeitpunkt der Anrufung des Gerichts die Zuständigkeit frei vereinbart haben; oder
   ii) die Zuständigkeit im Laufe des Verfahrens ausdrücklich anerkannt haben und das Gericht dafür Sorge getragen hat, dass alle Parteien von ihrem Recht, die Zuständigkeit des Gerichts anzufechten, in Kenntnis gesetzt wurden; und
c) die Wahrnehmung der Zuständigkeit im Einklang mit dem Kindeswohl steht.

---

[39] Vgl. Erwägungsgründe (23) und (24).

(2) Eine Gerichtsstandsvereinbarung gemäß Absatz 1 Buchstabe b wird von den betreffenden Parteien schriftlich niedergelegt, datiert und unterzeichnet oder gemäß den nationalen Rechtsvorschriften und Verfahren in das Gerichtsprotokoll aufgenommen. Elektronische Übermittlungen, die eine dauerhafte Aufzeichnung der Vereinbarung ermöglichen, sind der Schriftform gleichgestellt.

Personen, die nach der Anrufung des Gerichts Verfahrensparteien werden, können ihre Zustimmung nach Anrufung des Gerichts bekunden. Widersprechen sie nicht, wird ihr Einverständnis als stillschweigend gegeben angenommen.

(3) Sofern die Parteien nichts anderes vereinbaren, endet die Zuständigkeit gemäß Absatz 1, sobald

a) gegen die in diesem Verfahren ergangene Entscheidung kein ordentlicher Rechtsbehelf mehr eingelegt werden kann oder

b) das Verfahren aus einem anderen Grund beendet wurde.

(4) Die Zuständigkeit gemäß Absatz 1 Buchstabe b Ziffer ii ist ausschließlich.

Art. 11.[40] **Zuständigkeit aufgrund der Anwesenheit des Kindes.**

(1) Kann weder der gewöhnliche Aufenthalt eines Kindes festgestellt noch die Zuständigkeit gemäß Artikel 10 bestimmt werden, sind die Gerichte des Mitgliedstaats zuständig, in dem sich das Kind befindet.

(2) Die Zuständigkeit nach Absatz 1 gilt auch für Kinder, die Flüchtlinge oder aufgrund von Unruhen in dem Mitgliedstaat ihres gewöhnlichen Aufenthalts ihres Landes Vertriebene sind.

Art. 12.[41] **Übertragung der Zuständigkeit an ein Gericht eines anderen Mitgliedstaats.** (1) Ist ein für die Entscheidung in der Hauptsache zuständiges Gericht eines Mitgliedstaats der Auffassung, dass ein Gericht eines anderen Mitgliedstaats, zu dem das Kind eine besondere Bindung hat, das Kindeswohl in dem konkreten Fall besser beurteilen kann, so kann es unter außergewöhnlichen Umständen auf Antrag einer der Parteien oder von Amts wegen das Verfahren oder einen bestimmten Teil des Verfahrens aussetzen und entweder

a) einer oder mehreren Parteien eine Frist setzen, um das Gericht dieses anderen Mitgliedstaats vom anhängigen Verfahren und der Möglichkeit einer Übertragung der Zuständigkeit zu unterrichten und einen Antrag bei diesem Gericht einzureichen, oder

b) ein Gericht eines anderen Mitgliedstaats ersuchen, sich gemäß Absatz 2 für zuständig zu erklären.

---

[40] Vgl. Erwägungsgrund (25).

[41] Vgl. Erwägungsgründe (26) und (28). Vgl. dazu ergänzend § 13a IntFamRVG v. 26.1.2005 (Nr. *162a*).

(2) Das Gericht dieses anderen Mitgliedstaats kann sich, wenn dies aufgrund der besonderen Umstände des Falls dem Kindeswohl entspricht, innerhalb von sechs Wochen für zuständig erklären, nachdem es

a) gemäß Absatz 1 Buchstabe a angerufen wurde, oder

b) das Ersuchen gemäß Absatz 1 Buchstabe b erhalten hat.

Das Gericht, das als zweites angerufen oder ersucht wurde, sich für zuständig zu erklären, unterrichtet unverzüglich das zuerst angerufene Gericht. Übernimmt es die Zuständigkeit, erklärt sich das zuerst angerufene Gericht für unzuständig.

(3) Das zuerst angerufene Gericht seine Zuständigkeit weiter wahrnimmt, wenn es die Erklärung des Gerichts des anderen Mitgliedstaats betreffend die Übernahme der Zuständigkeit nicht binnen sieben Wochen erhalten hat, nachdem

a) die den Parteien gesetzte Frist für die Einreichung eines Antrags bei dem Gericht eines anderen Mitgliedstaats gemäß Absatz 1 Buchstabe a verstrichen ist; oder

b) dieses Gericht das Ersuchen gemäß Absatz 1 Buchstabe b erhalten hat.

(4) Für die Zwecke des Absatzes 1 wird davon ausgegangen, dass das Kind eine besondere Bindung zu dem Mitgliedstaat hat, wenn

a) das Kind seinen gewöhnlichen Aufenthalt in diesem Mitgliedstaat erworben hat, nachdem das Gericht gemäß Absatz 1 angerufen wurde;

b) das Kind seinen gewöhnlichen Aufenthalt in diesem Mitgliedstaat hatte;

c) das Kind die Staatsangehörigkeit dieses Mitgliedstaats besitzt;

d) ein Träger der elterlichen Verantwortung seinen gewöhnlichen Aufenthalt in diesem Mitgliedstaat hat; oder

e) die Streitsache Maßnahmen zum Schutz des Kindes im Zusammenhang mit der Verwaltung oder der Erhaltung des Vermögens des Kindes oder der Verfügung über dieses Vermögen betrifft und sich dieses Vermögen im Hoheitsgebiet dieses Mitgliedstaats befindet.

(5) Wenn nach Artikel 10 die ausschließliche Zuständigkeit des Gerichts bestimmt wurde, kann dieses Gericht die Zuständigkeit nicht einem Gericht eines anderen Mitgliedstaats übertragen.

Art. 13.[42] Ersuchen um Übertragung der Zuständigkeit durch ein Gericht eines nicht zuständigen Mitgliedstaats. (1) Vertritt ein Gericht eines Mitgliedstaats, der nach dieser Verordnung nicht zuständig ist, zu dem das Kind jedoch eine besondere Bindung gemäß Artikel 12 Absatz 4 besitzt, die Auffassung, dass es das Kindeswohl in dem Einzelfall besser beurteilen kann, so kann es unter außergewöhnlichen Umständen vorbehaltlich des Artikels 9 um Übertragung der Zuständigkeit vom Gericht des Mitgliedstaats des gewöhnlichen Aufenthalts des Kindes ersuchen.

---

[42] Vgl. Erwägungsgründe (27) und (28).

(2) Binnen sechs Wochen nach Eingang des Ersuchens gemäß Absatz 1 kann das ersuchte Gericht zustimmen, seine Zuständigkeit zu übertragen, wenn eine solche Übertragung nach seiner Auffassung aufgrund der besonderen Umstände des Falls dem Kindeswohl entspricht. Wenn das ersuchte Gericht der Übertragung seiner Zuständigkeit zustimmt, setzt es das ersuchende Gericht unverzüglich davon in Kenntnis. Wurde dem Ersuchen innerhalb der Frist nicht stattgegeben, dann ist das ersuchende Gericht nicht zuständig.

Art. 14.[43] **Restzuständigkeit.** Soweit sich aus den Artikeln 7 bis 11 keine Zuständigkeit eines Gerichts eines Mitgliedstaats ergibt, bestimmt sich die Zuständigkeit in jedem Mitgliedstaat nach dem Recht dieses Mitgliedstaats.

Art. 15.[44] **Einstweilige Maßnahmen, einschließlich Schutzmaßnahmen, in dringenden Fällen.** (1) Selbst wenn das Gericht eines anderen Mitgliedstaats für die Entscheidung in der Hauptsache zuständig ist, sind in dringenden Fällen die Gerichte eines Mitgliedstaats für die einstweiligen Maßnahmen einschließlich Schutzmaßnahmen zuständig, die nach dem Recht dieses Mitgliedstaats vorgesehen sind für

a) ein Kind, das sich in diesem Mitgliedstaat aufhält; oder

b) Vermögen, das einem Kind gehört und sich in diesem Mitgliedstaat befindet.

(2) Sofern der Schutz des Kindeswohls es erfordert, informiert das Gericht, das diese Maßnahmen nach Absatz 1 dieses Artikels ergriffen hat, unverzüglich das Gericht oder die zuständige Behörde des Mitgliedstaats, der nach Artikel 7 zuständig ist, oder gegebenenfalls ein Gericht eines Mitgliedstaats, das die Zuständigkeit nach dieser Verordnung für die Entscheidung in der Hauptsache ausübt, entweder direkt gemäß Artikel 86 oder über die nach Artikel 76 benannten Zentralen Behörden.

(3) Die Maßnahmen nach Absatz 1 treten außer Kraft, sobald das Gericht des Mitgliedstaats, der gemäß dieser Verordnung für die Entscheidung in der Hauptsache zuständig ist, die Maßnahmen getroffen hat, die es für angemessen hält.

Gegebenenfalls kann dieses Gericht das Gericht, das einstweilige Maßnahmen einschließlich Schutzmaßnahmen getroffen hat, entweder direkt gemäß Artikel 86 oder über die nach Artikel 76 benannten Zentralen Behörden von seiner Entscheidung in Kenntnis setzen.

Art. 16.[45] **Vorfragen.** (1) Hängt der Ausgang eines Verfahrens in einer nicht in den Anwendungsbereich dieser Verordnung fallenden Sache vor einem Gericht eines Mitgliedstaats von der Beurteilung einer Vorfrage zur

---

[43] Vgl. Erwägungsgrund (29).

[44] Vgl. Erwägungsgründe (30) und (31).

[45] Vgl. Erwägungsgründe (32)–(34).

elterlichen Verantwortung ab, so kann ein Gericht in dem betreffenden Mitgliedstaat diese Vorfrage für die Zwecke dieses Verfahrens beurteilen, selbst wenn dieser Mitgliedstaat nach dieser Verordnung nicht zuständig ist.

(2) Die Beurteilung einer Vorfrage gemäß Absatz 1 entfaltet nur in dem Verfahren, für das diese Beurteilung vorgenommen wurde, rechtliche Wirkung.

(3) Ist für die Gültigkeit einer Rechtshandlung, die im Namen eines Kindes in Erbsachen bei einem Gericht eines Mitgliedstaats vorgenommen wurde oder vorzunehmen ist, die Einwilligung oder Genehmigung seitens eines Gerichts erforderlich, so kann ein Gericht in diesem Mitgliedstaat entscheiden, ob es in diese Rechtshandlung einwilligt oder sie genehmigt, selbst wenn es nach dieser Verordnung nicht zuständig ist.

(4) Artikel 15 Absatz 2 gilt entsprechend.

Abschnitt 3. Gemeinsame Bestimmungen

Art. 17.[46] **Anrufung eines Gerichts.** Ein Gericht gilt als angerufen

a) zu dem Zeitpunkt, zu dem das verfahrenseinleitende Schriftstück oder ein gleichwertiges Schriftstück bei Gericht eingereicht wurde, vorausgesetzt, dass der Antragsteller es in der Folge nicht versäumt hat, die ihm obliegenden Maßnahmen zu treffen, um die Zustellung des Schriftstücks an den Antragsgegner zu bewirken; oder

b) falls die Zustellung an den Antragsgegner vor Einreichung des Schriftstücks bei Gericht zu bewirken ist, zu dem Zeitpunkt, zu dem die für die Zustellung verantwortliche Stelle das Schriftstück erhalten hat, vorausgesetzt, dass der Antragsteller es in der Folge nicht versäumt hat, die ihm obliegenden Maßnahmen zu treffen, um das Schriftstück bei Gericht einzureichen; oder

c) falls das Gericht das Verfahren von Amts wegen einleitet, zu dem Zeitpunkt, zu dem der Beschluss über die Einleitung des Verfahrens vom Gericht gefasst oder, wenn ein solcher Beschluss nicht erforderlich ist, zu dem Zeitpunkt, zu dem die Sache beim Gericht eingetragen wird.

Art. 18.[47] **Prüfung der Zuständigkeit.** Das Gericht eines Mitgliedstaats hat sich von Amts wegen für unzuständig zu erklären, wenn es in einer Sache angerufen wird, für die es nach dieser Verordnung keine Zuständigkeit in der Hauptsache hat und für die das Gericht eines anderen Mitgliedstaats aufgrund dieser Verordnung in der Hauptsache zuständig ist.

Art. 19. Prüfung der Zulässigkeit. (1) Lässt sich ein Antragsgegner, der seinen gewöhnlichen Aufenthalt nicht in dem Mitgliedstaat hat, in dem das Verfahren eingeleitet wurde, auf das Verfahren nicht ein, so hat das zustän-

---

[46] Vgl. Erwägungsgrund (35).

[47] Vgl. Erwägungsgrund (37).

dige Gericht das Verfahren so lange auszusetzen, bis festgestellt ist, dass es dem Antragsgegner möglich war, das verfahrenseinleitende Schriftstück oder ein gleichwertiges Schriftstück so rechtzeitig zu empfangen, dass er sich verteidigen konnte, oder dass alle hierzu erforderlichen Maßnahmen getroffen wurden.

(2) Artikel 19 der Verordnung (EG) Nr. 1393/2007[48] findet statt Absatz 1 Anwendung, wenn das verfahrenseinleitende Schriftstück oder ein gleichwertiges Schriftstück nach Maßgabe jener Verordnung von einem Mitgliedstaat in einen anderen zu übermitteln war.

(3) Ist die Verordnung (EG) Nr. 1393/2007 nicht anwendbar, so gilt Artikel 15 des Haager Übereinkommens vom 15. November 1965 über die Zustellung gerichtlicher und außergerichtlicher Schriftstücke im Ausland in Zivil- und Handelssachen,[49] wenn das verfahrenseinleitende Schriftstück oder ein gleichwertiges Schriftstück nach Maßgabe des genannten Übereinkommens ins Ausland zu übermitteln war.

Art. 20.[50] Rechtshängigkeit und abhängige Verfahren. (1) Werden bei Gerichten verschiedener Mitgliedstaaten Anträge auf Ehescheidung, Trennung ohne Auflösung des Ehebandes oder Ungültigerklärung einer Ehe zwischen denselben Parteien gestellt, so setzt das später angerufene Gericht das Verfahren von Amts wegen aus, bis die Zuständigkeit des zuerst angerufenen Gerichts geklärt ist.

(2) Sofern sich die Zuständigkeit eines der Gerichte nicht nur auf Artikel 15 stützt und bei Gerichten verschiedener Mitgliedstaaten Verfahren bezüglich der elterlichen Verantwortung für ein Kind wegen desselben Anspruchs anhängig gemacht werden, so setzt das später angerufene Gericht das Verfahren von Amts wegen aus, bis die Zuständigkeit des zuerst angerufenen Gerichts geklärt ist.

(3) Sobald die Zuständigkeit des zuerst angerufenen Gerichts feststeht, erklärt sich das später angerufene Gericht zugunsten des zuerst angerufenen Gerichts für unzuständig.

In diesem Fall kann die Partei, die das Verfahren bei dem später angerufenen Gericht anhängig gemacht hat, dieses Verfahren bei dem zuerst angerufenen Gericht vorlegen.

(4) Wird ein Gericht eines Mitgliedstaats angerufen, dem durch eine Anerkennung der Zuständigkeit nach Artikel 10a die ausschließliche Zuständigkeit übertragen wurde, so setzen die Gerichte eines anderen Mitgliedstaats das Verfahren so lange aus, bis das auf der Grundlage der Vereinbarung oder Anerkennung angerufene Gericht erklärt hat, dass es gemäß der Vereinbarung oder Anerkennung nicht zuständig ist.

---

[48] ABl. L 324 v. 10.12.2007, S. 79. Vgl. Erwägungsgrund (36). Anstelle von Art. 19 der Verordnung (EG) Nr. 1393/2007 gilt seit dem 1.7.2022 Art. 22 der Verordnung 2020/1784, abgedruckt unter Nr. *224*.

[49] Abgedruckt unter Nr. *211*.

[50] Vgl. Erwägungsgrund (38).

(5) Sobald und soweit das Gericht die ausschließliche Zuständigkeit durch eine Anerkennung der Zuständigkeit nach Artikel 10 festgestellt hat, erklären sich die Gerichte eines anderen Mitgliedstaats zugunsten dieses Gerichts für unzuständig.

Art. 21.[51] **Recht des Kindes auf Meinungsäußerung.** (1) Bei der Ausübung ihrer Zuständigkeit nach Abschnitt 2 geben die Gerichte der Mitgliedstaaten im Einklang mit den nationalen Rechtsvorschriften und Verfahren dem Kind, das fähig ist, sich seine eigene Meinung zu bilden, eine echte und wirksame Gelegenheit, diese Meinung direkt oder durch einen Vertreter oder eine geeignete Stelle zu äußern.

(2) Gibt das Gericht im Einklang mit den nationalen Rechtsvorschriften und Verfahren einem Kind Gelegenheit zur Meinungsäußerung gemäß diesem Artikel, so misst es der Meinung des Kindes entsprechend seinem Alter und seiner Reife gebührendes Gewicht bei.

Kapitel III. Internationale Kindesentführung

Art. 22.[52] **Rückgabe des Kindes nach dem Haager Übereinkommen von 1980.** Beantragt eine Person, Behörde oder sonstige Stelle direkt oder mit Hilfe einer Zentralen Behörde unter Berufung auf eine Verletzung des Sorgerechts bei dem Gericht eines Mitgliedstaats eine Entscheidung auf der Grundlage des Haager Übereinkommens von 1980, mit der die Rückgabe eines Kindes unter 16 Jahren angeordnet wird, das widerrechtlich in einen anderen Mitgliedstaat als den Mitgliedstaat, in dem das Kind unmittelbar vor dem widerrechtlichen Verbringen oder Zurückhalten[53] seinen gewöhnlichen Aufenthalt hatte, verbracht wurde oder dort zurückgehalten wird, so gelten die Artikel 23 bis 29 und Kapitel VI der vorliegenden Verordnung ergänzend zum Haager Übereinkommen von 1980.

Art. 23. Entgegennahme und Bearbeitung von Anträgen durch die Zentralen Behörden. (1) Die ersuchte Zentrale Behörde bearbeitet einen auf das Haager Übereinkommen von 1980 gestützten Antrag im Sinne von Artikel 22 mit gebotener Eile.

(2) Geht bei der Zentralen Behörde des ersuchten Mitgliedstaats ein Antrag gemäß Artikel 22 ein, bestätigt sie dessen Empfang binnen fünf Arbeitstagen nach Eingang des Antrags. Sie unterrichtet ohne ungebührliche Verzögerung die Zentrale Behörde des ersuchenden Mitgliedstaats oder gegebenenfalls den Antragsteller über die ersten Maßnahmen, die im Hinblick auf den Antrag getroffen wurden oder noch getroffen werden, und kann weitere erforderliche Unterlagen und Informationen anfordern.

---

[51] Vgl. Erwägungsgrund (39).

[52] Vgl. Erwägungsgrund (40).

[53] Zum Begriff des „widerrechtlichen Verbringens oder Zurückhaltens" siehe Art. 2 Abs. 2 Nr. 11.

Art. 24.[54] **Zügige Gerichtsverfahren.** (1) Das Gericht, bei dem die Rückgabe eines Kindes nach Artikel 22 beantragt wird, befasst sich mit gebotener Eile mit dem Antrag und bedient sich dabei der zügigsten im nationalen Recht vorgesehenen Verfahren.[55]

(2) Unbeschadet des Absatzes 1 erlässt ein Gericht erster Instanz seine Entscheidung spätestens sechs Wochen nach seiner Anrufung, es sei denn, dass dies aufgrund außergewöhnlicher Umstände nicht möglich ist.

(3) Außer wenn dies aufgrund außergewöhnlicher Umstände nicht möglich ist, erlässt ein Gericht höherer Instanz seine Entscheidung spätestens sechs Wochen, nachdem alle erforderlichen Verfahrensschritte durchgeführt wurden und das Gericht in der Lage ist, den Rechtsbehelf entweder in einer Anhörung oder auf andere Weise zu prüfen.

Art. 25.[56] **Alternative Streitbeilegungsverfahren.** Das Gericht fordert die Parteien zum frühestmöglichen Zeitpunkt und in jeder Lage des Verfahrens entweder direkt oder gegebenenfalls mit Hilfe der Zentralen Behörden auf, zu prüfen, ob sie gewillt sind, eine Mediation oder andere alternative Streitbeilegungsverfahren in Anspruch zu nehmen, es sei denn, dass dies dem Kindeswohl widerspricht, im Einzelfall nicht angebracht wäre oder das Verfahren hierdurch über Gebühr verzögert würde.

Art. 26. Recht des Kindes auf Meinungsäußerung im Rückgabeverfahren. Artikel 21 dieser Verordnung gilt auch für Rückgabeverfahren nach dem Haager Übereinkommen von 1980.

Art. 27.[57] **Verfahren für die Rückgabe des Kindes.** (1) Ein Gericht kann die Rückgabe eines Kindes nicht verweigern, wenn der Person, die die Rückgabe des Kindes beantragt hat, nicht die Gelegenheit gegeben wurde, gehört zu werden.

(2) Das Gericht kann im Einklang mit Artikel 15 in jeder Lage des Verfahrens prüfen, ob der Kontakt zwischen dem Kind und der Person, die dessen Rückgabe beantragt, gewährleistet werden soll, wobei das Kindeswohl zu berücksichtigen ist.

(3) Zieht ein Gericht in Erwägung, die Rückgabe eines Kindes nur aufgrund von Artikel 13 Absatz 1 Buchstabe b des Haager Übereinkommens von 1980 abzulehnen, lehnt es die Rückgabe des Kindes nicht ab, wenn die Partei, die sich um die Rückgabe des Kindes bemüht, das Gericht durch Vorlage hinreichender Nachweise davon überzeugt oder das Gericht auf andere Weise zu der Überzeugung gelangt, dass angemessene Vorkehrungen

---

[54] Vgl. Erwägungsgründe (41)-(42).

[55] Vgl. dazu im deutschen Recht ergänzend § 38 IntFamRVG v. 26.1.2005 (Nr. *162a*).

[56] Vgl. Erwägungsgrund (43).

[57] Vgl. näher zum Verfahren der Kindesrückgabe die Erwägungsgründe (44)–(51).

getroffen wurden, um den Schutz des Kindes nach seiner Rückgabe zu gewährleisten.[58]

(4) Für die Zwecke des Absatzes 3 dieses Artikels kann das Gericht entweder direkt nach Artikel 86 oder mit Hilfe der Zentralen Behörden mit den zuständigen Behörden des Mitgliedstaats kommunizieren, in dem das Kind unmittelbar vor dem widerrechtlichen Verbringen oder Zurückhalten seinen gewöhnlichen Aufenthalt hatte.

(5) Wenn das Gericht die Rückgabe des Kindes anordnet, kann das Gericht gegebenenfalls einstweilige Maßnahmen einschließlich Schutzmaßnahmen nach Artikel 15 dieser Verordnung anordnen, um das Kind vor der schwerwiegenden Gefahr im Sinne des Artikels 13 Absatz 1 Buchstabe b des Haager Übereinkommens von 1980 zu schützen, sofern die Prüfung und Anordnung dieser Maßnahmen das Rückgabeverfahren nicht über Gebühr verzögern würde.[59]

(6) Eine Entscheidung, mit der die Rückgabe des Kindes angeordnet wird, kann ungeachtet der Einlegung eines Rechtsbehelfs für vorläufig vollstreckbar erklärt werden, wenn die Rückgabe des Kindes vor der Entscheidung über den Rechtsbehelf aus Gründen des Kindeswohls erforderlich ist.[60]

Art. 28. Vollstreckung von Entscheidungen, mit denen die Rückgabe des Kindes angeordnet wird. (1) Eine für die Vollstreckung zuständige Behörde, bei der die Vollstreckung einer Entscheidung beantragt wird, mit der die Rückgabe eines Kindes in einen anderen Mitgliedstaat angeordnet wird, bearbeitet den Antrag mit gebotener Eile.

(2) Wurde eine Entscheidung gemäß Absatz 1 nicht binnen sechs Wochen nach dem Tag der Einleitung des Vollstreckungsverfahrens vollstreckt, hat die die Vollstreckung betreibende Partei oder die Zentrale Behörde des Vollstreckungsmitgliedstaats das Recht, von der für die Vollstreckung zuständige Behörde eine Angabe der Gründe für die Verzögerung zu verlangen.

Art. 29. Verfahren im Anschluss an die Ablehnung der Rückgabe des Kindes gemäß Artikel 13 Absatz 1 Buchstabe b und Artikel 13 Absatz 2 des Haager Übereinkommens von 1980. (1) Dieser Artikel kommt zur Anwendung, wenn eine Entscheidung, die Rückgabe eines Kindes in einen anderen Mitgliedstaat abzulehnen, sich nur auf Artikel 13 Absatz 1 Buchstabe b oder Artikel 13 Absatz 2 des Haager Übereinkommens von 1980 stützt.

(2) Das Gericht, das eine Entscheidung gemäß Absatz 1 fällt, stellt unter Verwendung des in Anhang I wiedergegebenen Formblatts von Amts we-

---

[58] Vgl. Erwägungsgrund (45).
[59] Vgl. Erwägungsgrund (46).
[60] Vgl. Erwägungsgrund (47).

gen eine Bescheinigung aus. Die Bescheinigung wird in der Sprache ausgefüllt und ausgestellt, in der die Entscheidung abgefasst ist. Die Bescheinigung kann auch in einer anderen Amtssprache der Organe der Europäischen Union, die von einer Partei gewünscht wird, ausgestellt werden. Dies verpflichtet das die Bescheinigung ausstellende Gericht nicht dazu, eine Übersetzung oder Transliteration der übersetzbaren Inhalte der Freitextfelder bereitzustellen.[61]

(3) Wenn zu dem Zeitpunkt, zu dem das Gericht eine Entscheidung gemäß Absatz 1 fällt, ein Gericht in dem Mitgliedstaat, in dem das Kind unmittelbar vor dem widerrechtlichen Verbringen oder Zurückhalten seinen gewöhnlichen Aufenthalt hatte, bereits mit einem Verfahren zur Prüfung des Sorgerechts befasst wurde, übermittelt das Gericht, wenn es Kenntnis von diesem Verfahren hat, binnen eines Monats ab der Entscheidung nach Absatz 1 dem Gericht dieses Mitgliedstaats direkt oder über die Zentralen Behörden folgende Unterlagen:

a) eine Abschrift seiner Entscheidung gemäß Absatz 1;

b) die nach Absatz 2 ausgestellte Bescheinigung; und

c) gegebenenfalls ein Protokoll, eine Zusammenfassung oder eine Niederschrift der Anhörung und alle anderen Unterlagen, die es als sachdienlich erachtet.[62]

(4) Das Gericht in dem Mitgliedstaat, in dem das Kind unmittelbar vor dem widerrechtlichen Verbringen oder Zurückhalten seinen gewöhnlichen Aufenthalt hatte, kann erforderlichenfalls eine Partei auffordern, gemäß Artikel 91 eine Übersetzung oder Transliteration der Entscheidung gemäß Absatz 1 und aller anderen der Bescheinigung gemäß Absatz 3 Buchstabe c des vorliegenden Artikels beigefügten Unterlagen vorzulegen.

(5) Wenn in anderen als den in Absatz 3 genannten Fällen eine der Parteien binnen drei Monaten nach Mitteilung der Entscheidung nach Absatz 1 ein Gericht in dem Mitgliedstaat, in dem das Kind unmittelbar vor dem widerrechtlichen Verbringen oder Zurückhalten seinen gewöhnlichen Aufenthalt hatte, mit der Prüfung des Sorgerechts befasst, legt sie dem Gericht folgende Unterlagen vor:

a) eine Abschrift der Entscheidung gemäß Absatz 1;

b) die nach Absatz 2 ausgestellte Bescheinigung; und

c) gegebenenfalls ein Protokoll, eine Zusammenfassung oder eine Niederschrift der Anhörung vor dem Gericht, das die Rückgabe des Kindes abgelehnt hat.[63]

(6) Unbeschadet einer Entscheidung gemäß Absatz 1, ein Kind nicht zurückzugeben, ist jede Sorgerechtsentscheidung, die in einem Verfahren ge-

[61] Vgl. Erwägungsgrund (49).
[62] Vgl. Erwägungsgrund (50).
[63] Vgl. Erwägungsgrund (51).

mäß den Absätzen 3 und 5 ergeht und die Rückgabe des Kindes zur Folge hat, gemäß Kapitel IV in einem anderen Mitgliedstaat vollstreckbar.[64]

Kapitel IV. Anerkennung und Vollstreckung

Abschnitt 1. Allgemeine Bestimmungen über die Anerkennung und die Vollstreckung

Unterabschnitt 1.[65] *Anerkennung*

Art. 30.[66] **Anerkennung einer Entscheidung.** (1) Die in einem Mitgliedstaat ergangenen Entscheidungen werden in den anderen Mitgliedstaaten anerkannt, ohne dass es hierfür eines besonderen Verfahrens bedarf.

(2) Unbeschadet des Absatzes 3 bedarf es keines besonderen Verfahrens für die Aktualisierung der Personenstandsbücher eines Mitgliedstaats auf der Grundlage einer in einem anderen Mitgliedstaat ergangenen Entscheidung über Ehescheidung, Trennung ohne Auflösung des Ehebandes oder Ungültigerklärung einer Ehe, gegen die nach dem Recht dieses Mitgliedstaats keine weiteren Rechtsbehelfe eingelegt werden können.

(3) Jede interessierte Partei kann gemäß den Verfahren nach den Artikeln 59 bis 62 und gegebenenfalls nach Abschnitt 5 dieses Kapitels und nach Kapitel VI eine Entscheidung beantragen, in der festgestellt wird, dass keiner der in den Artikeln 38 und 39 genannten Gründe für eine Versagung der Anerkennung gegeben ist.

(4) Das örtlich zuständige Gericht, das jeder Mitgliedstaat gemäß Artikel 103 der Kommission mitteilt, wird durch das nationale Recht des Mitgliedstaats bestimmt, in dem das Verfahren nach Absatz 3 des vorliegenden Artikels eingeleitet wird.[67]

(5) Ist in einem Rechtsstreit vor einem Gericht eines Mitgliedstaats die Frage der Anerkennung einer Entscheidung als Vorfrage zu beurteilen, so kann dieses Gericht hierüber befinden.

Art. 31. Zwecks Anerkennung vorzulegende Unterlagen. (1) Die Partei, die in einem Mitgliedstaat eine in einem anderen Mitgliedstaat ergangene Entscheidung geltend machen will, hat Folgendes vorzulegen:

a) eine Ausfertigung der Entscheidung, die die für ihre Beweiskraft erforderlichen Voraussetzungen erfüllt, und

b) die entsprechende Bescheinigung nach Artikel 36.

---

[64] Vgl. Erwägungsgrund (52).

[65] Vgl. Erwägungsgründe (54)–(57).

[66] Vgl. Erwägungsgrund (54). Siehe zum Feststellungsverfahren in *Deutschland* § 44j IntFamRVG.

[67] In *Deutschland* ist für die Entscheidung nach Art. 30 Abs. 3 das in § 10 IntFamRVG v. 26.1.2005 (Nr. *162a*) bezeichnete Familiengericht ausschließlich örtlich zuständig. Vgl. zur Zuständigkeitskonzentration auch §§ 12, 13 IntFamRVG.

(2) Das Gericht oder die zuständige Behörde, vor dem/der eine in einem anderen Mitgliedstaat ergangene Entscheidung geltend gemacht wird, kann erforderlichenfalls die Partei, die die Entscheidung geltend macht, dazu auffordern, eine Übersetzung oder Transliteration gemäß Artikel 91 der übersetzbaren Inhalte der Freitextfelder der Bescheinigung nach Absatz 1 Buchstabe b des vorliegenden Artikels vorzulegen.

(3) Kann das Gericht oder die zuständige Behörde, vor dem/der eine in einem anderen Mitgliedstaat ergangene Entscheidung geltend gemacht wird, das Verfahren ohne eine Übersetzung oder Transliteration nicht fortsetzen, so kann es/sie die Partei auffordern, eine Übersetzung oder Transliteration gemäß Artikel 91 der Entscheidung zusätzlich zu einer Übersetzung oder Transliteration der übersetzbaren Inhalte der Freitextfelder der Bescheinigung vorzulegen.

Art. 32. Fehlen von Unterlagen. (1) Werden die in Artikel 31 Absatz 1 aufgeführten Unterlagen nicht vorgelegt, so kann das Gericht oder die zuständige Behörde eine Frist für deren Vorlage bestimmen oder sich mit gleichwertigen Unterlagen begnügen oder auf deren Vorlage verzichten, wenn die vorliegenden Informationen für ausreichend erachtet werden.

(2) Auf Verlangen des Gerichts oder der zuständigen Behörde, wird eine Übersetzung oder Transliteration gemäß Artikel 91 dieser gleichwertigen Unterlagen vorgelegt.

Art. 33. Aussetzung des Verfahrens. Das Gericht, bei dem eine in einem anderen Mitgliedstaat ergangene Entscheidung geltend gemacht wird, kann das Verfahren in den folgenden Fällen ganz oder teilweise aussetzen:

a) Im Ursprungsmitgliedstaat wurde ein ordentlicher Rechtsbehelf gegen die Entscheidung eingelegt; oder
b) Es wird eine Entscheidung beantragt, dass keine Gründe für eine Nichtanerkennung nach den Artikeln 38 und 39 vorliegen oder dass die Anerkennung aufgrund eines dieser Gründe abzulehnen ist.

Unterabschnitt 2.[68] *Vollstreckbarkeit und Vollstreckung*

Art. 34.[69] **Vollstreckbare Entscheidungen.** (1) Eine in einem Mitgliedstaat in Verfahren betreffend die elterliche Verantwortung ergangene Entscheidung, die in diesem Mitgliedstaat vollstreckbar ist, ist in den anderen Mitgliedstaaten vollstreckbar, ohne dass es einer Vollstreckbarerklärung bedarf.

---

[68] Für die Zwangsvollstreckung von Titeln über die Herausgabe oder Rückgabe von Personen und die Regelung des Umgangs nach Kapitel IV der Verordnung ist in *Deutschland* das in § 10 IntFamRVG v. 26.1.2005 (Nr. *162a*) bezeichnete Familiengericht ausschließlich örtlich zuständig. Vgl. zur Zuständigkeitskonzentration auch §§ 12, 13 IntFamRVG.

[69] Vgl. Erwägungsgrund (58).

(2) Für die Zwecke der Vollstreckung einer Entscheidung über das Umgangsrecht in einem anderen Mitgliedstaat kann das Gericht des Ursprungsmitgliedstaats die Entscheidung ungeachtet der Einlegung eines Rechtsbehelfs für vorläufig vollstreckbar erklären.

Art. 35. Zwecks Vollstreckung vorzulegende Unterlagen. (1) Soll in einem Mitgliedstaat eine in einem anderen Mitgliedstaat ergangene Entscheidung vollstreckt werden, so hat die die Vollstreckung betreibende Partei der für die Vollstreckung zuständigen Behörde[70] Folgendes vorzulegen:

a) eine Ausfertigung der Entscheidung, die die für ihre Beweiskraft erforderlichen Voraussetzungen erfüllt, und

b) die entsprechende Bescheinigung nach Artikel 36.

(2) Soll in einem Mitgliedstaat eine in einem anderen Mitgliedstaat ergangene Entscheidung vollstreckt werden, in der eine einstweilige Maßnahme einschließlich einer Schutzmaßnahme angeordnet wird, so hat die die Vollstreckung betreibende Partei der für die Vollstreckung zuständigen Behörde Folgendes vorzulegen:

a) eine Ausfertigung der Entscheidung, die die für ihre Beweiskraft erforderlichen Voraussetzungen erfüllt,

c) die entsprechende Bescheinigung nach Artikel 36, in der bescheinigt wird, dass die Entscheidung im Ursprungsmitgliedstaat vollstreckbar ist und dass das Ursprungsgericht

i) in der Hauptsache zuständig ist, oder

ii) die Maßnahme gemäß Artikel 27 Absatz 5 in Verbindung mit Artikel 15 angeordnet hat, und

d) wenn die Maßnahme ohne Vorladung des Antragsgegners angeordnet wurde, den Nachweis der Zustellung der Entscheidung.[71]

(3) Die für die Vollstreckung zuständige Behörde kann erforderlichenfalls die die Vollstreckung betreibende Partei auffordern, eine Übersetzung oder Transliteration gemäß Artikel 91 der übersetzbaren Inhalte der Freitextfelder der Bescheinigung vorzulegen, in der die zu vollstreckende Verpflichtung angegeben ist.

(4) Kann die für die Vollstreckung zuständige Behörde das Verfahren ohne eine Übersetzung oder Transliteration der Entscheidung nicht fortsetzen, so kann sie die die Vollstreckung betreibende Partei auffordern, eine Übersetzung oder Transliteration gemäß Artikel 91 der Entscheidung vorzulegen.

---

[70] Vgl. zu diesen Behörden näher Erwägungsgrund (60).
[71] Vgl. Erwägungsgrund (59).

Unterabschnitt 3. Bescheinigung

Art. 36. Ausstellung der Bescheinigung. (1) Das der Kommission gemäß Artikel 103 mitgeteilte Gericht eines Ursprungsmitgliedstaats stellt auf Antrag einer Partei eine Bescheinigung aus über

a) eine Entscheidung in Ehesachen unter Verwendung des Formblatts in Anhang II,

b) eine Entscheidung in Verfahren betreffend die elterliche Verantwortung unter Verwendung des Formblatts in Anhang III,

c) eine Entscheidung nach Artikel 2 Absatz 1 Buchstabe a, die die Rückgabe eines Kindes anordnet, und gegebenenfalls alle die Entscheidung begleitende und gemäß Artikel 27 Absatz 5 angeordnete einstweilige Maßnahmen einschließlich Schutzmaßnahmen unter Verwendung des Formblatts in Anhang IV.

(2) Die Bescheinigung wird in der Sprache ausgefüllt und ausgestellt, in der die Entscheidung abgefasst ist. Die Bescheinigung kann auch in einer anderen Amtssprache der Organe der Europäischen Union, die von einer Partei gewünscht wird, ausgestellt werden. Dies verpflichtet das die Bescheinigung ausstellende Gericht nicht dazu, eine Übersetzung oder Transliteration der übersetzbaren Inhalte der Freitextfelder bereitzustellen.

(3) Gegen die Ausstellung einer Bescheinigung sind keine Rechtsbehelfe möglich.

Art. 37. Berichtigung der Bescheinigung. (1) Das der Kommission gemäß Artikel 103 mitgeteilte Gericht eines Ursprungsmitgliedstaats berichtigt die Bescheinigung auf Antrag oder kann sie von Amts wegen berichtigen, wenn zwischen der zu vollstreckenden Entscheidung und der Bescheinigung aufgrund eines materiellen Fehlers oder einer Auslassung eine Unstimmigkeit besteht.

(2) Für das Verfahren zur Berichtigung der Bescheinigung gilt das Recht des Ursprungsmitgliedstaats.

Unterabschnitt 4.[72] *Versagung der Anerkennung und Vollstreckung*

Art. 38. Gründe für die Versagung der Anerkennung von Entscheidungen in Ehesachen. Die Anerkennung einer Entscheidung, die die Ehescheidung, die Trennung ohne Auflösung des Ehebandes oder die Ungültigerklärung einer Ehe betrifft, wird versagt,

a) wenn die Anerkennung der öffentlichen Ordnung des Mitgliedstaats, in dem sie geltend gemacht wird, offensichtlich widerspricht;

b) wenn dem Antragsgegner, der sich auf das Verfahren nicht eingelassen hat, das verfahrenseinleitende Schriftstück oder ein gleichwertiges Schriftstück nicht so rechtzeitig und in einer Weise zugestellt wurde, dass

---

[72] Vgl. Erwägungsgründe (55)–(57).

er sich verteidigen konnte, es sei denn, es wird festgestellt, dass er mit der Entscheidung eindeutig einverstanden ist;

c) wenn die Entscheidung mit einer Entscheidung unvereinbar ist, die in einem Verfahren zwischen denselben Parteien in dem Mitgliedstaat, in dem die Anerkennung geltend gemacht wird, ergangen ist; oder

d) wenn die Entscheidung mit einer früheren Entscheidung unvereinbar ist, die in einem anderen Mitgliedstaat oder in einem Drittstaat zwischen denselben Parteien ergangen ist, sofern die frühere Entscheidung die notwendigen Voraussetzungen für ihre Anerkennung in dem Mitgliedstaat erfüllt, in dem die Anerkennung geltend gemacht wird.

Art. 39. Gründe für die Versagung der Anerkennung von Entscheidungen in Verfahren betreffend die elterliche Verantwortung.

(1) Die Anerkennung einer Entscheidung in Verfahren betreffend die elterliche Verantwortung wird abgelehnt,

a) wenn die Anerkennung der öffentlichen Ordnung des Mitgliedstaats, in dem sie geltend gemacht wird, offensichtlich widerspricht, wobei das Kindeswohl zu berücksichtigen ist;

b) wenn der betreffenden Person, die sich auf das Verfahren nicht eingelassen hat, das verfahrenseinleitende Schriftstück oder ein gleichwertiges Schriftstück nicht so rechtzeitig und in einer Weise zugestellt wurde, dass sie sich verteidigen konnte, es sei denn, es wird festgestellt, dass sie mit der Entscheidung eindeutig einverstanden ist;

c) wenn eine Person dies mit der Begründung beantragt, dass die Entscheidung in ihre elterliche Verantwortung eingreift, falls die Entscheidung ergangen ist, ohne dass diese Person die Möglichkeit hatte, gehört zu werden;

d) wenn und soweit die Entscheidung mit einer späteren Entscheidung über die elterliche Verantwortung unvereinbar ist, die in dem Mitgliedstaat, in dem die Anerkennung geltend gemacht wird, ergangen ist;[73]

e) wenn und soweit die Entscheidung mit einer späteren Entscheidung über die elterliche Verantwortung unvereinbar ist, die in einem anderen Mitgliedstaat oder in dem Drittstaat des gewöhnlichen Aufenthalts des Kindes ergangen ist, sofern die spätere Entscheidung die notwendigen Voraussetzungen für ihre Anerkennung in dem Mitgliedstaat erfüllt, in dem die Anerkennung geltend gemacht wird, oder

f) wenn das Verfahren des Artikels 82 nicht eingehalten wurde.

(2) Die Anerkennung einer Entscheidung in Verfahren betreffend die elterliche Verantwortung kann abgelehnt werden, wenn sie ergangen ist, ohne dass dem Kind, das fähig ist, sich seine eigene Meinung zu bilden, Gelegenheit zur Meinungsäußerung gemäß Artikel 21 gegeben wurde, außer wenn

---

[73] Vgl. Erwägungsgrund (56).

a) das Verfahren nur das Vermögen des Kindes betraf und sofern es in Anbetracht des Verfahrensgegenstandes nicht erforderlich war, ihm diese Gelegenheit zu geben; oder
b) es schwerwiegende Gründe gab, wobei insbesondere die Dringlichkeit des Falls zu berücksichtigen ist.[74]

Art. 40. Verfahren für die Versagung der Anerkennung. (1) Die Verfahren nach den Artikeln 59 bis 62 und – sofern zutreffend – nach Abschnitt 5 dieses Kapitels und nach Kapitel VI gelten entsprechend für einen Antrag auf Versagung der Anerkennung.

(2) Das örtlich zuständige Gericht, das der Kommission gemäß Artikel 103 von jedem Mitgliedstaat mitgeteilt wird, wird durch das nationale Recht des Mitgliedstaats bestimmt, in dem das Verfahren zur Versagung der Anerkennung eingeleitet wird.[75]

Art. 41. Gründe für die Versagung der Vollstreckung von Entscheidungen in Verfahren betreffend die elterliche Verantwortung. Unbeschadet des Artikels 56 Absatz 6 wird die Vollstreckung einer Entscheidung in Verfahren betreffend die elterliche Verantwortung versagt, wenn festgestellt wurde, dass einer der Gründe für die Versagung der Anerkennung nach Artikel 39 vorliegt.

Abschnitt 2. Anerkennung und Vollstreckung bestimmter privilegierter Entscheidungen

Art. 42. Anwendungsbereich. (1) Dieser Abschnitt gilt für folgende Arten von Entscheidungen, sofern sie im Ursprungsmitgliedstaat gemäß Artikel 47 bescheinigt wurden:
a) Entscheidungen, soweit sie Umgangsrechte gewähren; und
b) Entscheidungen gemäß Artikel 29 Absatz 6, soweit sie die Rückgabe des Kindes anordnen.

(2) Dieser Abschnitt steht dem nicht entgegen, dass sich eine Partei gemäß den Bestimmungen über die Anerkennung und Vollstreckung in Abschnitt 1 dieses Kapitels um Anerkennung und Vollstreckung einer Entscheidung gemäß Absatz 1 bemüht.

Unterabschnitt 1. Anerkennung

Art. 43. Anerkennung. (1) Eine in einem Mitgliedstaat ergangene Entscheidung im Sinne des Artikels 42 Absatz 1 wird in den übrigen Mitglied-

---

[74] Vgl. Erwägungsgrund (57).

[75] In *Deutschland* ist für die Entscheidung nach Art. 40 Abs. 1 der Verordnung das in § 10 IntFamRVG v. 26.1.2005 (Nr. *162a*) bezeichnete Familiengericht ausschließlich örtlich zuständig. Vgl. zur Zuständigkeitskonzentration auch §§ 12, 13 IntFamRVG.

staaten anerkannt, ohne dass es eines besonderen Verfahrens bedarf und ohne dass die Anerkennung angefochten werden kann, es sei denn, es wird festgestellt, dass die Entscheidung mit einer späteren Entscheidung im Sinne des Artikel 50 unvereinbar ist.

(2) Die Partei, die in einem Mitgliedstaat eine in einem anderen Mitgliedstaat ergangene Entscheidung im Sinne des Artikels 42 Absatz 1 geltend machen will, hat Folgendes vorzulegen:

a) eine Ausfertigung der Entscheidung, die die für ihre Beweiskraft erforderlichen Voraussetzungen erfüllt, und

b) die entsprechende Bescheinigung nach Artikel 47.

(3) Artikel 31 Absätze 2 und 3 gelten entsprechend.

Art. 44. Aussetzung des Verfahrens. Das Gericht, bei dem eine in einem anderen Mitgliedstaat ergangene Entscheidung im Sinne des Artikels 42 Absatz 1 geltend gemacht wird, kann das Verfahren ganz oder teilweise aussetzen, wenn

a) ein Antrag vorgelegt wurde, in dem die Unvereinbarkeit der Entscheidung mit einer späteren Entscheidung im Sinne des Artikels 50 behauptet wird; oder

b) die Person, gegen die die Vollstreckung erwirkt werden soll, gemäß Artikel 48 beantragt hat, eine Bescheinigung nach Artikel 47 zu widerrufen.

Unterabschnitt 2. Vollstreckbarkeit und Vollstreckung

Art. 45. Vollstreckbare Entscheidungen.[76] (1) Die in einem Mitgliedstaat ergangenen und in diesem Mitgliedstaat vollstreckbaren Entscheidungen im Sinne des Artikels 42 Absatz 1 sind gemäß diesem Abschnitt in den anderen Mitgliedstaaten vollstreckbar, ohne dass es einer Vollstreckbarerklärung bedarf.

(2) Für die Zwecke der Vollstreckung einer Entscheidung im Sinne des Artikels 42 Absatz 1 Buchstabe a in einem anderen Mitgliedstaat können die Gerichte des Ursprungsmitgliedstaats die Entscheidung ungeachtet der Einlegung eines Rechtsbehelfs für vorläufig vollstreckbar erklären.[77]

Art. 46. Zwecks Vollstreckung vorzulegende Unterlagen. (1) Soll in einem Mitgliedstaat eine in einem anderen Mitgliedstaat ergangene Entscheidung im Sinne des Artikels 42 Absatz 1 vollstreckt werden, so hat die die Vollstreckung betreibende Partei der für die Vollstreckung zuständigen Behörde Folgendes vorzulegen:

---

[76] Für die Zwangsvollstreckung nach Art. 45 ff gelten in *Deutschland* die besonderen Verfahrensvorschriften der §§ 44a–44j IntFamRVG v. 26.1.2005 (Nr. *162a*).

[77] Vgl. Erwägungsgrund (66).

a) eine Ausfertigung der Entscheidung, die die für ihre Beweiskraft erforderlichen Voraussetzungen erfüllt, und

b) die entsprechende Bescheinigung nach Artikel 47.

(2) Soll in einem Mitgliedstaat eine in einem anderen Mitgliedstaat ergangene Entscheidung im Sinne des Artikels 42 Absatz 1 Buchstabe a vollstreckt werden, kann die für die Vollstreckung zuständige Behörde den Antragsteller erforderlichenfalls auffordern, eine Übersetzung oder Transliteration gemäß Artikel 91 der übersetzbaren Inhalte der Freitextfelder der Bescheinigung vorzulegen, in der die zu vollstreckende Verpflichtung angegeben ist.

(3) Soll in einem Mitgliedstaat eine in einem anderen Mitgliedstaat ergangene Entscheidung im Sinne des Artikels 42 Absatz 1 vollstreckt werden, kann die für die Vollstreckung zuständige Behörde den Antragsteller erforderlichenfalls auffordern, eine Übersetzung oder Transliteration gemäß Artikel 91 der Entscheidung vorzulegen, wenn sie das Verfahren ohne eine derartige Übersetzung oder Transliteration nicht fortsetzen kann.

Unterabschnitt 3. Bescheinigung für privilegierte Entscheidungen

Art. 47.[78] **Ausstellung der Bescheinigung.** (1) Das Gericht, das eine Entscheidung im Sinne des Artikel 42 Absatz 1 erlassen hat, stellt auf Antrag einer Partei eine Bescheinigung aus über

a) eine Entscheidung über das Umgangsrecht unter Verwendung des Formblatts in Anhang V,

b) eine nach Artikel 29 Absatz 6 ergangene Sorgerechtsentscheidung, die die Rückgabe des Kindes zur Folge hat, unter Verwendung des Formblatts in Anhang VI.

(2) Die Bescheinigung wird in der Sprache ausgefüllt und ausgestellt, in der die Entscheidung abgefasst ist. Die Bescheinigung kann auch in einer anderen Amtssprache der Organe der Europäischen Union, die von einer Partei gewünscht wird, ausgestellt werden. Dies verpflichtet das die Bescheinigung ausstellende Gericht nicht dazu, eine Übersetzung oder Transliteration der übersetzbaren Inhalte der Freitextfelder bereitzustellen.

(3) Das Gericht stellt die Bescheinigung nur aus, wenn folgende Voraussetzungen erfüllt sind:

a) alle betroffenen Parteien hatten Gelegenheit, gehört zu werden,

b) dem Kind wurde gemäß Artikel 21 Gelegenheit zur Meinungsäußerung gegeben;

c) in dem Fall, dass die Entscheidung im Versäumnisverfahren ergangen ist, entweder

---

[78] Das Formblatt für die Bescheinigung wird ab dem 1.8.2022 im Europäischen Justizportal online abrufbar sein. Zur Zuständigkeit für die nach Art. 47 auszustellenden Bescheinigungen in *Deutschland* vgl. §§ 48 ff IntFamRVG v. 26.1.2005 (Nr. *162a*).

i) der betreffenden Person, die sich auf das Verfahren nicht eingelassen hat, wurde das verfahrenseinleitende Schriftstück oder ein gleichwertiges Schriftstück so rechtzeitig und in einer Weise zugestellt, dass sie sich verteidigen konnte, oder

ii) es wird festgestellt, dass die Person, die sich auf das Verfahren nicht eingelassen hat, mit der Entscheidung eindeutig einverstanden ist.

(4) Vorbehaltlich des Absatzes 3 des vorliegenden Artikels wird die Bescheinigung für eine Entscheidung im Sinne des Artikel 42 Absatz 1 Buchstabe b nur ausgestellt, wenn das Gericht bei seiner Entscheidung die Gründe und Tatsachen berücksichtigt hat, die der vorherigen Entscheidung zugrunde liegen, die in einem anderen Mitgliedstaat gemäß Artikel 13 Absatz 1 Buchstabe b oder Artikel 13 Absatz 2 des Haager Übereinkommens von 1980 ergangen ist.

(5) Die Bescheinigung ist nur im Rahmen der Vollstreckbarkeit der Entscheidung wirksam.

(6) Die Ausstellung der Bescheinigung kann nur aus den in Artikel 48 genannten Gründen angefochten werden.

Art. 48. Berichtigung und Widerruf der Bescheinigung. (1) Das der Kommission gemäß Artikel 103 mitgeteilte Gericht des Ursprungsmitgliedstaats berichtigt die Bescheinigung auf Antrag oder kann sie von Amts wegen berichtigen, wenn zwischen der zu vollstreckenden Entscheidung und der Bescheinigung aufgrund eines materiellen Fehlers oder einer Auslassung eine Unstimmigkeit besteht.

(2) Das Gericht nach Absatz 1 des vorliegenden Artikels widerruft die Bescheinigung auf Antrag oder von Amts wegen, wenn sie gemessen an den in Artikel 47 festgelegten Voraussetzungen zu Unrecht ausgestellt wurde. Artikel 49 gilt entsprechend.

(3) Das Verfahren für die Berichtigung oder der Widerruf der Bescheinigung, einschließlich eines etwaigen Rechtsbehelfs, unterliegt dem Recht des Ursprungsmitgliedstaats.

Art. 49. Bescheinigung über die Aussetzung oder Einschränkung der Vollstreckbarkeit. (1) Wenn und soweit eine gemäß Artikel 47 bescheinigte Entscheidung nicht mehr vollstreckbar ist oder ihre Vollstreckbarkeit ausgesetzt oder eingeschränkt wurde, wird auf jederzeit möglichen Antrag an das der Kommission gemäß Artikel 103 mitgeteilte Gericht des Ursprungsmitgliedstaats unter Verwendung des Formblatts in Anhang VII eine Bescheinigung über die Aussetzung oder Einschränkung der Vollstreckbarkeit ausgestellt.

(2) Die Bescheinigung wird in der Sprache ausgefüllt und ausgestellt, in der die Entscheidung abgefasst ist. Die Bescheinigung kann auch in einer anderen Amtssprache der Organe der Europäischen Union, die von einer Partei gewünscht wird, ausgestellt werden. Dies verpflichtet das die Be-

scheinigung ausstellende Gericht nicht dazu, eine Übersetzung oder Transliteration der übersetzbaren Inhalte der Freitextfelder bereitzustellen.

Unterabschnitt 4. Versagung der Anerkennung und Vollstreckung

Art. 50. Unvereinbare Entscheidungen. Die Anerkennung und Vollstreckung einer Entscheidung nach Artikel 42 Absatz 1 wird versagt, wenn und soweit sie mit einer späteren Entscheidung über die elterliche Verantwortung für dasselbe Kind unvereinbar ist, die ergangen ist

a) in dem Mitgliedstaat, in dem die Anerkennung geltend gemacht werden soll; oder

b) in einem anderen Mitgliedstaat oder in dem Drittstaat des gewöhnlichen Aufenthalts des Kindes, sofern die spätere Entscheidung die notwendigen Voraussetzungen für ihre Anerkennung in dem Mitgliedstaat erfüllt, in dem die Anerkennung geltend gemacht werden soll.

Abschnitt 3. Gemeinsame Bestimmungen zur Vollstreckung

Unterabschnitt 1. Vollstreckung

Art. 51.[79] **Vollstreckungsverfahren.** (1) Vorbehaltlich der Bestimmungen dieses Abschnitts ist für das Verfahren der Vollstreckung von in einem anderen Mitgliedstaat ergangenen Entscheidungen das Recht des Vollstreckungsmitgliedstaats maßgebend. Unbeschadet der Artikel 41, 50, 56 und 57 wird eine in einem Mitgliedstaat ergangene Entscheidung, die im Ursprungsmitgliedstaat vollstreckbar ist, im Vollstreckungsmitgliedstaat unter den gleichen Bedingungen vollstreckt wie eine in diesem Mitgliedstaat ergangene Entscheidung.

(2) Von der Partei, die die Vollstreckung einer in einem anderen Mitgliedstaat ergangenen Entscheidung begehrt, kann nicht verlangt werden, dass sie im Vollstreckungsmitgliedstaat über eine Postanschrift verfügt. Von dieser Partei kann nur dann verlangt werden, dass sie im Vollstreckungsmitgliedstaat über einen bevollmächtigten Vertreter verfügt, wenn ein solcher Vertreter nach dem Recht des Vollstreckungsmitgliedstaats ungeachtet der Staatsangehörigkeit der Parteien vorgeschrieben ist.

Art. 52. Für die Vollstreckung zuständige Behörden. Der Vollstreckungsantrag ist bei der Behörde zu stellen, die nach dem Recht des Vollstreckungsmitgliedstaats für die Vollstreckung zuständig ist und von diesem Mitgliedstaat der Kommission gemäß Artikel 103 mitgeteilt wurde.

Art. 53. Teilvollstreckung. (1) Eine Partei, die die Vollstreckung einer Entscheidung begehrt, kann eine teilweise Vollstreckung der Entscheidung beantragen.

---

[79] Vgl. Erwägungsgrund (60). Vgl. dazu in *Deutschland* ergänzend §§ 44a-44j IntFamRVG v. 26.1.2005 (Nr. *162a*).

(2) Ist mit der Entscheidung über mehrere geltend gemachte Ansprüche entschieden worden und wurde die Vollstreckung für einen oder mehrere von ihnen abgelehnt, so ist die Vollstreckung dennoch für die Teile der Entscheidung möglich, die nicht von der Ablehnung betroffen sind.

(3) Die Absätze 1 und 2 des vorliegenden Artikels werden nicht herangezogen, um eine Entscheidung zu vollstrecken, die die Rückgabe eines Kindes anordnet, ohne dass auch eventuelle einstweilige Maßnahmen einschließlich Schutzmaßnahmen vollstreckt werden, die angeordnet wurden, um das Kind vor der Gefahr im Sinne des Artikels 13 Absatz 1 Buchstabe b des Haager Übereinkommens von 1980 zu schützen.

Art. 54.[80] **Modalitäten der Ausübung des Umgangsrechts.** (1) Die für die Vollstreckung zuständigen Behörden oder die Gerichte des Vollstreckungsmitgliedstaats können die Modalitäten der Ausübung des Umgangsrechts regeln, wenn die notwendigen Vorkehrungen überhaupt nicht oder nicht in ausreichendem Maße in der Entscheidung der Gerichte des für die Entscheidung in der Hauptsache zuständigen Mitgliedstaats getroffen wurden und sofern der Wesensgehalt der Entscheidung unberührt bleibt.

(2) Die nach Absatz 1 festgelegten Modalitäten treten außer Kraft, nachdem die Gerichte des für die Entscheidung in der Hauptsache zuständigen Mitgliedstaats eine Entscheidung erlassen haben.

Art. 55.[81] **Zustellung von Bescheinigungen und Entscheidungen.** (1) Soll eine in einem anderen Mitgliedstaat ergangene Entscheidung vollstreckt werden, so wird die entsprechende, gemäß Artikel 36 oder 47 ausgestellte Bescheinigung der Person, gegen die die Vollstreckung erwirkt werden soll, vor der ersten Vollstreckungsmaßnahme zugestellt. Wurde die Entscheidung dieser Person noch nicht zugestellt, so wird sie der Bescheinigung beigefügt, gegebenenfalls zusammen mit den Einzelheiten der Modalitäten nach Artikel 54 Absatz 1.

(2) Muss die Zustellung in einem anderen Mitgliedstaat als im Ursprungsmitgliedstaat erfolgen, so kann die Person, gegen die die Vollstreckung erwirkt werden soll, eine Übersetzung oder Transliteration folgender Schriftstücke verlangen:

a) der Entscheidung, um die Vollstreckung anzufechten;

b) gegebenenfalls der übersetzbaren Inhalte der Freitextfelder der gemäß Artikel 47 ausgestellten Bescheinigung;

wenn diese weder in einer Sprache, die sie versteht, noch in der Amtssprache des Mitgliedstaats, in dem sie ihren gewöhnlichen Aufenthalt hat, noch in der oder einer der Amtssprachen am Ort ihres gewöhnlichen Aufenthalts,

---

[80] Vgl. Erwägungsgrund (61). In *Deutschland* ist für die Entscheidung nach Art. 54 das in § 10 IntFamRVG v. 26.1.2005 (Nr. *162a*) bezeichnete Familiengericht ausschließlich örtlich zuständig.

[81] Vgl. Erwägungsgrund (64).

wenn es in dem betreffenden Mitgliedstaat mehrere Amtssprachen gibt, abgefasst noch mit einer Übersetzung oder Transliteration in eine dieser Sprachen versehen sind.

(3) Wird nach Absatz 2 eine Übersetzung oder Transliteration verlangt, so können so lange keine Vollstreckungsmaßnahmen außer Schutzmaßnahmen ergriffen werden, bis der Person, gegen die die Vollstreckung erwirkt werden soll, die Übersetzung oder Transliteration zugänglich gemacht worden ist.

(4) Die Absätze 2 und 3 gelten nicht, soweit die Entscheidung und gegebenenfalls die Bescheinigung gemäß Absatz 1 der Person, gegen die die Vollstreckung erwirkt werden soll, in Erfüllung der Anforderungen des Absatzes 2 hinsichtlich einer Übersetzung oder Transliteration bereits zugestellt wurde.

Unterabschnitt 2.[82] *Aussetzung der Vollstreckungsverfahren und Versagung der Vollstreckung*

Art. 56.[83] **Aussetzung und Versagung.** (1) Die für die Vollstreckung zuständige Behörde oder das Gericht des Vollstreckungsmitgliedstaats setzt von Amts wegen oder auf Antrag der Person, gegen die die Vollstreckung erwirkt werden soll, oder, falls im nationalen Recht vorgesehen, auf Antrag des betroffenen Kindes das Vollstreckungsverfahren aus, wenn die Vollstreckbarkeit der Entscheidung im Ursprungsmitgliedstaat ausgesetzt worden ist.

(2) Die für die Vollstreckung zuständige Behörde oder das Gericht des Vollstreckungsmitgliedstaats kann auf Antrag der Person, gegen die die Vollstreckung erwirkt werden soll, oder, falls im nationalen Recht vorgesehen, auf Antrag des betroffenen Kindes das Vollstreckungsverfahren aus einem der folgenden Gründe ganz oder teilweise aussetzen:

a) Im Ursprungsmitgliedstaat wurde ein ordentlicher Rechtsbehelf gegen die Entscheidung eingelegt;
b) die Frist für einen ordentlichen Rechtsbehelf nach Buchstabe a ist noch nicht abgelaufen;
c) es wurde ein Antrag auf Versagung der Vollstreckung gemäß den Artikeln 41, 50 oder 57 gestellt;
d) die Person, gegen die die Vollstreckung erwirkt werden soll, hat gemäß Artikel 48 beantragt, eine Bescheinigung nach Artikel 47 zu widerrufen.

(3) Setzt die für die Vollstreckung zuständige Behörde oder das Gericht das Vollstreckungsverfahren aus dem in Absatz 2 Buchstabe b genannten

---

[82] Vgl. Erwägungsgründe (62)–(69).

[83] Vgl. Erwägungsgründe (67)–(69). In *Deutschland* ist für Entscheidungen nach Art. 56 Abs. 1, 2 und 4 das in § 10 IntFamRVG v. 26.1.2005 (Nr. *162a*) bezeichnete Familiengericht ausschließlich örtlich zuständig. Zum Verfahren in *Deutschland* siehe ergänzend § 44f IntFamRVG.

Grund aus, so kann sie/es eine Frist bestimmen, innerhalb deren ein Rechtsbehelf einzulegen ist.

(4) In Ausnahmefällen kann die für die Vollstreckung zuständige Behörde oder das Gericht auf Antrag der Person, gegen die die Vollstreckung erwirkt werden soll, oder, falls im nationalen Recht vorgesehen, auf Antrag des betroffenen Kindes oder einer interessierten Partei, die im Interesse des Kindeswohls handelt, das Vollstreckungsverfahren aussetzen, wenn die Vollstreckung aufgrund – nach Ergehen der Entscheidung aufgetretener – vorübergehender Hindernisse oder anderer wesentlicher Änderungen der Umstände für das Kind die schwerwiegende Gefahr eines körperlichen oder seelischen Schadens mit sich bringen würde.

Die Vollstreckung wird wieder aufgenommen, sobald die schwerwiegende Gefahr eines körperlichen oder seelischen Schadens nicht mehr besteht.

(5) Bevor die für die Vollstreckung zuständige Behörde oder das Gericht in den Fällen nach Absatz 4 die Vollstreckung gemäß Absatz 6 ablehnt, unternimmt sie geeignete Schritte, um die Vollstreckung im Einklang mit den nationalen Rechtsvorschriften und Verfahren und dem Kindeswohl zu ermöglichen.

(6) Ist die in Absatz 4 genannte schwerwiegende Gefahr dauerhafter Art, so kann die für die Vollstreckung zuständige Behörde oder das Gericht auf Antrag die Vollstreckung der Entscheidung ablehnen.

Art. 57.[84] **Gründe für die Aussetzung oder Versagung der Vollstreckung nach nationalem Recht.** Die im Recht des Vollstreckungsmitgliedstaats vorgesehenen Gründe für die Aussetzung oder Versagung der Vollstreckung gelten, sofern sie nicht mit der Anwendung der Artikel 41, 50 und 56 unvereinbar sind.

Art. 58. Für die Versagung der Vollstreckung zuständige Behörden oder Gerichte. (1) Der Antrag auf Versagung der Vollstreckung aufgrund von Artikel 39 ist bei dem Gericht zu stellen, das von jedem Mitgliedstaat der Kommission gemäß Artikel 103 mitgeteilt wird. Der Antrag auf Versagung der Vollstreckung aufgrund anderer in dieser Verordnung vorgesehener oder zugelassener Gründe ist bei der Behörde oder dem Gericht zu stellen, die beziehungsweise das von jedem Mitgliedstaat der Kommission gemäß Artikel 103 mitgeteilt wurde.

(2) Die örtlich zuständige Behörde oder das örtlich zuständige Gericht, die beziehungsweise das von jedem Mitgliedstaat der Kommission gemäß Artikel 103 mitgeteilt wird, wird durch das Recht des Mitgliedstaats bestimmt, in dem das Verfahren nach Absatz 1 des vorliegenden Artikels eingeleitet wird.

---

[84] Vgl. Erwägungsgrund (63).

Art. 59.[85] **Antrag auf Versagung der Vollstreckung.** (1) Für das Verfahren zur Beantragung der Versagung der Vollstreckung ist, soweit es nicht durch diese Verordnung geregelt ist, das Recht des Vollstreckungsmitgliedstaats maßgebend.

(2) Der Antragsteller legt der für die Vollstreckung zuständigen Behörde oder dem Gericht eine Ausfertigung der Entscheidung und gegebenenfalls soweit möglich die entsprechende Bescheinigung vor, die nach Artikel 36 oder 47 ausgestellt wurde.

(3) Die für die Vollstreckung zuständige Behörde oder das Gericht kann erforderlichenfalls den Antragsteller auffordern, eine Übersetzung oder Transliteration gemäß Artikel 91 der übersetzbaren Inhalte der Freitextfelder der Bescheinigung vorzulegen, die nach Artikel 36 oder 47 ausgestellt wurde und in der die zu vollstreckende Verpflichtung angegeben ist.

(4) Wenn die für die Vollstreckung zuständige Behörde oder das Gericht ohne eine Übersetzung oder Transliteration der Entscheidung das Verfahren nicht fortsetzen kann, kann sie/es den Antragsteller auffordern, eine derartige Übersetzung oder Transliteration gemäß Artikel 91 vorzulegen.

(5) Die für die Vollstreckung zuständige Behörde oder das Gericht kann auf die Vorlage der in Absatz 2 genannten Schriftstücke verzichten, wenn

a) ihr/ihm die Schriftstücke bereits vorliegen oder

b) sie/es es für unzumutbar hält, vom Antragsteller die Vorlage der Schriftstücke zu verlangen.

Im in Unterabsatz 1 Buchstabe b genannten Fall kann die für die Vollstreckung zuständige Behörde oder das Gericht von der anderen Partei verlangen, diese Schriftstücke vorzulegen.

(6) Von der Partei, die die Versagung der Vollstreckung einer in einem anderen Mitgliedstaat ergangenen Entscheidung begehrt, kann nicht verlangt werden, dass sie im Vollstreckungsmitgliedstaat über eine Postanschrift verfügt. Von dieser Partei kann nur dann verlangt werden, dass sie im Vollstreckungsmitgliedstaat über einen bevollmächtigten Vertreter verfügt, wenn ein solcher Vertreter nach dem Recht des Vollstreckungsmitgliedstaats ungeachtet der Staatsangehörigkeit der Parteien vorgeschrieben ist.

Art. 60. Zügige Verfahren. Die für die Vollstreckung zuständige Behörde oder das Gericht geht bei Verfahren über Anträge auf Versagung der Vollstreckung ohne ungebührliche Verzögerung vor.

Art. 61. Anfechtung oder Rechtsbehelf. (1) Jede Partei kann eine Entscheidung über den Antrag auf Ablehnung der Vollstreckung anfechten beziehungsweise einen Rechtsbehelf dagegen einlegen.

---

[85] In *Deutschland* ist für die Vollstreckung nach Art. 59 das in § 10 IntFamRVG v. 26.1.2005 (Nr. *162a*) bezeichnete Familiengericht ausschließlich örtlich zuständig. Zum Verfahren in *Deutschland* siehe ergänzend §§ 44a–44e IntFamRVG.

(2) Die Anfechtung oder der Rechtsbehelf wird bei der Behörde oder dem Gericht geltend gemacht, die/das vom Vollstreckungsmitgliedstaat der Kommission gemäß Artikel 81 als die Behörde oder das Gericht mitgeteilt wird, bei der/dem eine derartige Anfechtung oder ein derartiger Rechtsbehelf einzulegen ist.

Art. 62. Weitere Anfechtungen oder Rechtsbehelfe. Gegen die Entscheidung, die über die Anfechtung oder den Rechtsbehelf ergangen ist, kann nur durch eine Anfechtung oder einen Rechtsbehelf Einspruch erhoben werden, wenn der betreffende Mitgliedstaat der Kommission gemäß Artikel 103 mitgeteilt hat, bei welchen Gerichten eine weitere Anfechtung oder ein weiterer Rechtsbehelf geltend zu machen ist.

Art. 63.[86] Aussetzung des Verfahrens. (1) Die für die Vollstreckung zuständige Behörde oder das Gericht, die/das mit einem Antrag auf Versagung der Vollstreckung oder mit einem Rechtsbehelf nach Artikel 61 oder 62 befasst ist, kann das Verfahren aus einem der folgenden Gründe aussetzen:

a) Im Ursprungsmitgliedstaat wurde ein ordentlicher Rechtsbehelf gegen die Entscheidung eingelegt;

b) die Frist für einen ordentlichen Rechtsbehelf nach Buchstabe a ist noch nicht verstrichen; oder

c) die Person, gegen die die Vollstreckung erwirkt werden soll, hat gemäß Artikel 48 beantragt, eine Bescheinigung nach Artikel 47 zu widerrufen.

(2) Setzt die für die Vollstreckung zuständige Behörde oder das Gericht das Verfahren aus dem in Absatz 1 Buchstabe b genannten Grund aus, so kann sie/es eine Frist bestimmen, innerhalb deren ein Rechtsbehelf einzulegen ist.

Abschnitt 4.[87] Öffentliche Urkunden und Vereinbarungen

Art. 64. Anwendungsbereich. Dieser Abschnitt gilt in Sachen der Ehescheidung, Trennung ohne Auflösung des Ehebandes und der elterlichen Verantwortung für öffentliche Urkunden, die in einem Mitgliedstaat, dessen gerichtliche Zuständigkeit nach Kapitel II anzunehmen ist, förmlich errichtet oder eingetragen wurden, und auf Vereinbarungen, die in einem Mitgliedstaat, dessen gerichtliche Zuständigkeit nach Kapitel II anzunehmen ist, eingetragen wurden.

Art. 65. Anerkennung und Vollstreckung von öffentlichen Urkunden und Vereinbarungen. (1) Öffentliche Urkunden und Vereinbarungen über eine Trennung ohne Auflösung des Ehebandes und eine Ehescheidung, die im Ursprungsmitgliedstaat rechtsverbindliche Wirkung haben,

---

[86] Vgl. Erwägungsgründe (67)–(69).

[87] Vgl. Erwägungsgründe (70) und (71).

werden in anderen Mitgliedstaaten anerkannt, ohne dass es eines besonderen Verfahrens bedarf. Abschnitt 1 dieses Kapitels gilt entsprechend, sofern in diesem Abschnitt nichts anderes bestimmt ist.

(2) Öffentliche Urkunden und Vereinbarungen in Sachen der elterlichen Verantwortung, die rechtsverbindliche Wirkung haben und in dem Ursprungsmitgliedstaat vollstreckbar sind, werden in anderen Mitgliedstaaten anerkannt und vollstreckt, ohne dass es einer Vollstreckbarerklärung bedarf. Die Abschnitte 1 und 3 dieses Kapitels gelten entsprechend, sofern in diesem Abschnitt nichts anderes bestimmt ist.

Art. 66. Bescheinigung. (1) Das Gericht oder die zuständige Behörde des Ursprungsmitgliedstaats, das/die der Kommission gemäß Artikel 103 mitgeteilt wurde, stellt auf Antrag einer Partei eine Bescheinigung für eine öffentliche Urkunde oder Vereinbarung aus:

a) in Ehesachen unter Verwendung des Formblatts in Anhang VIII,

b) in Sachen der elterlichen Verantwortung unter Verwendung des Formblatts in Anhang IX.

Die in Buchstabe b genannte Bescheinigung enthält eine Zusammenfassung der vollstreckbaren Verpflichtung, die in der öffentlichen Urkunde oder in der Vereinbarung niedergelegt ist.

(2) Die Bescheinigung darf nur ausgestellt werden, wenn die folgenden Bedingungen erfüllt sind:

a) der Mitgliedstaat, der die Behörde oder andere Stelle zur förmlichen Errichtung oder Eintragung der öffentlichen Urkunde oder zur Eintragung der Vereinbarung ermächtigt hat, war gemäß Kapitel II zuständig; und

b) die öffentliche Urkunde oder die Vereinbarung hat in diesem Mitgliedstaat rechtsverbindliche Wirkung.

(3) Unbeschadet des Absatzes 2 darf die Bescheinigung in Sachen der elterlichen Verantwortung nicht ausgestellt werden, wenn es Hinweise darauf gibt, dass der Inhalt der öffentlichen Urkunde oder der Vereinbarung dem Kindeswohl widerspricht.

(4) Die Bescheinigung wird in der Sprache ausgefüllt, in der die öffentliche Urkunde oder die Vereinbarung abgefasst ist. Sie kann auch in einer anderen Amtssprache der Organe der Europäischen Union, die von einer Partei gewünscht wird, ausgestellt werden. Dies verpflichtet das Gericht oder die zuständige Behörde, das/die die Bescheinigung ausstellt, nicht dazu, eine Übersetzung oder Transliteration der übersetzbaren Inhalte der Freitextfelder bereitzustellen.

(5) Wird die Bescheinigung nicht vorgelegt, so wird die öffentliche Urkunde oder die Vereinbarung in einem anderen Mitgliedstaat nicht anerkannt oder vollstreckt.

Art. 67. Berichtigung und Widerruf der Bescheinigung. (1) Die zuständige Behörde oder das Gericht des Ursprungsmitgliedstaats, die/das der Kommission gemäß Artikel 103 mitgeteilt wurde, berichtigt die Bescheinigung auf Antrag oder kann sie von Amts wegen berichtigen, wenn zwischen der öffentlichen Urkunde oder der Vereinbarung und der Bescheinigung aufgrund eines materiellen Fehlers oder einer Auslassung eine Unstimmigkeit besteht.

(2) Das Gericht oder die zuständige Behörde nach Absatz 1 des vorliegenden Artikels widerruft die Bescheinigung auf Antrag oder von Amts wegen, wenn sie gemessen an den in Artikel 66 festgelegten Voraussetzungen zu Unrecht ausgestellt wurde.

(3) Das Verfahren für die Berichtigung oder der Widerruf der Bescheinigung, einschließlich eines etwaigen Rechtsbehelfs, unterliegt dem Recht des Ursprungsmitgliedstaats.

Art. 68. Gründe für die Ablehnung der Anerkennung oder der Vollstreckung. (1) Die Anerkennung einer öffentlichen Urkunde oder einer Vereinbarung über die Trennung ohne Auflösung des Ehebandes oder die Ehescheidung wird abgelehnt,

a) wenn die Anerkennung der öffentlichen Ordnung des Mitgliedstaats, in dem sie geltend gemacht wird, offensichtlich widerspricht;

b) wenn sie mit einer Entscheidung, öffentlichen Urkunde oder Vereinbarung zwischen denselben Parteien in dem Mitgliedstaat, in dem die Anerkennung geltend gemacht wird, unvereinbar ist; oder

c) wenn sie mit einer früheren Entscheidung, öffentlichen Urkunde oder Vereinbarung unvereinbar ist, die in einem anderen Mitgliedstaat oder in einem Drittstaat zwischen denselben Parteien ergangen ist, sofern die frühere Entscheidung, öffentliche Urkunde oder Vereinbarung die notwendigen Voraussetzungen für ihre Anerkennung in dem Mitgliedstaat erfüllt, in dem die Anerkennung geltend gemacht wird.

(2) Die Anerkennung oder Vollstreckung einer öffentlichen Urkunde oder einer Vereinbarung in Sachen der elterlichen Verantwortung wird versagt,

a) wenn die Anerkennung der öffentlichen Ordnung des Mitgliedstaats, in dem sie geltend gemacht wird, offensichtlich widerspricht, wobei das Kindeswohl zu berücksichtigen ist;

b) wenn eine Person dies mit der Begründung beantragt, dass die öffentliche Urkunde oder die Vereinbarung in ihre elterliche Verantwortung eingreift, falls die öffentliche Urkunde errichtet oder eingetragen wurde oder die Vereinbarung geschlossen und eingetragen wurde, ohne dass diese Person einbezogen wurde;

c) wenn und soweit die Entscheidung mit einer späteren Entscheidung, öffentlichen Urkunde oder Vereinbarung in Sachen der elterlichen Verantwortung unvereinbar ist, die in dem Mitgliedstaat, in dem die Anerkennung oder die Vollstreckung geltend gemacht werden soll, ergangen ist;

d) wenn und soweit die Entscheidung mit einer späteren Entscheidung, öffentlichen Urkunde oder Vereinbarung in Sachen der elterlichen Verantwortung unvereinbar ist, die in einem anderen Mitgliedstaat oder in dem Drittstaat des gewöhnlichen Aufenthalts des Kindes ergangen ist, sofern die spätere Entscheidung, öffentliche Urkunde oder Vereinbarung die notwendigen Voraussetzungen für ihre Anerkennung in dem Mitgliedstaat erfüllt, in dem die Anerkennung oder die Vollstreckung geltend gemacht werden soll.

(3) Die Anerkennung oder Vollstreckung einer öffentlichen Urkunde oder Vereinbarung in Sachen der elterlichen Verantwortung kann abgelehnt werden, wenn die öffentliche Urkunde förmlich errichtet oder eingetragen wurde oder die Vereinbarung eingetragen wurde, ohne dass dem Kind, das fähig ist, sich seine eigene Meinung zu bilden, Gelegenheit zur Meinungsäußerung gegeben wurde.

Abschnitt 5. Sonstige Bestimmungen

Art. 69. Verbot der Nachprüfung der Zuständigkeit des Gerichts des Ursprungsmitgliedstaats. Die Zuständigkeit des Gerichts des Ursprungsmitgliedstaats darf nicht überprüft werden. Die Überprüfung der Vereinbarkeit mit der öffentlichen Ordnung gemäß Artikel 38 Buchstabe a und Artikel 39 Buchstabe a darf sich nicht auf die Zuständigkeitsvorschriften der Artikel 3 bis 14 erstrecken.

Art. 70. Unterschiede beim anzuwendenden Recht. Die Anerkennung einer Entscheidung in Ehesachen darf nicht deshalb versagt werden, weil eine Ehescheidung, Trennung ohne Auflösung des Ehebandes oder Ungültigerklärung einer Ehe nach dem Recht des Mitgliedstaats, in dem die Anerkennung geltend gemacht wird, unter Zugrundelegung desselben Sachverhalts nicht zulässig wäre.

Art. 71. Ausschluss einer Nachprüfung in der Sache. Eine in einem anderen Mitgliedstaat ergangene Entscheidung darf keinesfalls in der Sache selbst nachgeprüft werden.

Art. 72. Rechtsbehelfe in bestimmten Mitgliedstaaten. Ist die Entscheidung in Irland, Zypern oder im Vereinigten Königreich ergangen, so gilt jeder im Ursprungsmitgliedstaat statthafte Rechtsbehelf als ordentlicher Rechtsbehelf im Sinne dieses Kapitels.

Art. 73. Kosten. Dieses Kapitel gilt auch für die Festsetzung der Kosten für die nach dieser Verordnung eingeleiteten Verfahren und die Vollstreckung eines Kostenfestsetzungsbeschlusses.

Art. 74. Prozesskostenhilfe. (1) Wurde dem Antragsteller im Ursprungsmitgliedstaat ganz oder teilweise Prozesskostenhilfe oder Kostenbefreiung gewährt, so genießt er in dem Verfahren nach Artikel 30 Absatz 3, Artikel 40 und Artikel 59 hinsichtlich der Prozesskostenhilfe oder der Kostenbefreiung die günstigste Behandlung, die das Recht des Vollstreckungsmitgliedstaats vorsieht.

(2) Hat ein Antragsteller im Ursprungsmitgliedstaat ein unentgeltliches Verfahren vor einer der Kommission gemäß Artikel 103 mitgeteilten Verwaltungsbehörde in Anspruch genommen, so hat er in allen in Artikel 30 Absatz 3, Artikel 40 und Artikel 59 vorgesehenen Verfahren Anspruch auf Prozesskostenhilfe nach Absatz 1 des vorliegenden Artikels. Zu diesem Zweck muss diese Partei ein von der zuständigen Behörde des Ursprungsmitgliedstaats erstelltes Schriftstück vorlegen, mit dem bescheinigt wird, dass sie die wirtschaftlichen Voraussetzungen erfüllt, um ganz oder teilweise Prozesskostenhilfe oder Kosten- und Gebührenbefreiung in Anspruch nehmen zu können.

Art. 75. Sicherheitsleistung, Hinterlegung. Einer Partei, die in einem Mitgliedstaat die Vollstreckung einer in einem anderen Mitgliedstaat ergangenen Entscheidung beantragt, darf wegen ihrer Eigenschaft als ausländischer Staatsangehöriger oder wegen Fehlens eines gewöhnlichen Aufenthalts im Vollstreckungsmitgliedstaat keine Sicherheitsleistung oder Hinterlegung, unter welcher Bezeichnung es auch sei, auferlegt werden.

Kapitel V.[88] Zusammenarbeit bei Verfahren betreffend die elterliche Verantwortung

Art. 76.[89] Bestimmung der Zentralen Behörden. Jeder Mitgliedstaat bestimmt eine oder mehrere Zentrale Behörden, die ihn bei der Anwendung dieser Verordnung in Verfahren betreffend die elterliche Verantwortung unterstützen, und legt ihre räumliche oder sachliche Zuständigkeit fest. Hat ein Mitgliedstaat mehrere Zentrale Behörden bestimmt, so sind die Mitteilungen grundsätzlich direkt an die zuständige Zentrale Behörde zu richten. Wurde eine Mitteilung an eine nicht zuständige Zentrale Behörde gerichtet, so leitet diese die Mitteilung an die zuständige Zentrale Behörde weiter und setzt den Absender davon in Kenntnis.

Art. 77.[90] Allgemeine Aufgaben der Zentralen Behörden. (1) Die Zentralen Behörden stellen Informationen über nationale Rechtsvorschriften, Verfahren und Dienste, die in Verfahren betreffend die elterliche Ver-

---

[88] Vgl. Erwägungsgründe (72)–(86).

[89] Vgl. Erwägungsgrund (72). Zentrale Behörde in *Deutschland* ist das Bundesamt für Justiz, vgl. § 3 Abs. 1 Nr. 1 IntFamRVG v. 26.1.2005 (Nr. *162a*).

[90] Zu den Aufgaben der Zentralen Behörde in *Deutschland* vgl. ergänzend §§ 6–7 IntFamRVG v. 26.1.2005 (Nr. *162a*).

antwortung verfügbar sind, bereit und ergreifen die Maßnahmen, die sie als geeignet erachten, um die Anwendung dieser Verordnung zu verbessern.

(2) Die Zentralen Behörden arbeiten zusammen und fördern die Zusammenarbeit der zuständigen Behörden ihrer Mitgliedstaaten, um die Ziele dieser Verordnung zu verwirklichen.

(3) Für die Zwecke der Absätze 1 und 2 kann das Europäische Justizielle Netz für Zivil- und Handelssachen genutzt werden.

Art. 78.[91] **Übermittlung von Ersuchen über die Zentralen Behörden.** (1) Die Zentralen Behörden arbeiten auf Ersuchen der Zentralen Behörde eines anderen Mitgliedstaats in Einzelfällen zusammen, um die Ziele dieser Verordnung zu verwirklichen.

(2) Ersuchen nach diesem Kapitel können von einem Gericht oder einer zuständigen Behörde gestellt werden. Ersuchen nach Artikel 79 Buchstaben c und g sowie Artikel 80 Absatz 1 Buchstabe c können auch von Trägern der elterlichen Verantwortung gestellt werden.

(3) Außer in dringenden Fällen werden unbeschadet des Artikels 86 Ersuchen nach diesem Kapitel der Zentralen Behörde des Mitgliedstaats des ersuchenden Gerichts oder der ersuchenden zuständigen Behörde oder des Mitgliedstaats des gewöhnlichen Aufenthalts des Antragstellers vorgelegt.

(4) Durch diesen Artikel werden die Zentralen Behörden oder zuständigen Behörden nicht daran gehindert, Vereinbarungen oder Abmachungen mit den Zentralen Behörden oder zuständigen Behörden eines oder mehrerer anderer Mitgliedstaaten zu treffen oder beizubehalten, wonach eine direkte Kommunikation in ihren gegenseitigen Beziehungen zulässig ist.[92]

(5) Durch dieses Kapitel wird kein Träger der elterlichen Verantwortung daran gehindert, Anträge direkt an die Gerichte eines anderen Mitgliedstaats zu richten.

(6) Die Artikel 79 und 80 verpflichten eine Zentrale Behörde nicht zur Ausübung von Befugnissen, die nach dem Recht des ersuchten Mitgliedstaats ausschließlich den Gerichten zustehen.

Art. 79.[93] **Besondere Aufgaben der ersuchten Zentralen Behörden.** Die ersuchten Zentralen Behörden treffen direkt oder durch Einschaltung von Gerichten, zuständigen Behörden oder anderen Stellen alle geeigneten Maßnahmen, um

a) im Einklang mit ihren nationalen Rechtsvorschriften und Verfahren Unterstützung bei der Ermittlung des Aufenthaltsorts eines Kindes zu leisten, wenn der Anschein besteht, dass sich das Kind im Hoheitsgebiet des ersuchten Mitgliedstaats befinden könnte und die betreffende In-

---

[91] Vgl. Erwägungsgründe (75) und (76).
[92] Vgl. Erwägungsgrund (77).
[93] Vgl. Erwägungsgründe (78)–(81).

formation für die Erledigung eines Antrags oder eines Ersuchens nach dieser Verordnung erforderlich ist;

b) Informationen einzuholen und auszutauschen, die in Verfahren betreffend die elterliche Verantwortung nach Artikel 80 von Belang sind;

c) den Trägern der elterlichen Verantwortung, die die Anerkennung und Vollstreckung einer Entscheidung, insbesondere über das Umgangsrecht und die Rückgabe des Kindes, im Gebiet der ersuchten Zentralen Behörde begehren, Informationen und Unterstützung bereitzustellen, erforderlichenfalls auch Informationen darüber, wie Prozesskostenhilfe erlangt werden kann;

d) die Kommunikation zwischen den beteiligten Gerichten, zuständigen Behörden und sonstigen Stellen, insbesondere im Hinblick auf die Anwendung des Artikels 81, zu erleichtern;

e) erforderlichenfalls die Kommunikation zwischen Gerichten, insbesondere im Hinblick auf die Anwendung der Artikel 12, 13, 15 und 20, zu erleichtern;

f) alle Informationen und Hilfen, die von den Gerichten und zuständigen Behörden für die Anwendung des Artikels 82 benötigt werden, zur Verfügung zu stellen und

g) durch Mediation oder andere Mittel der alternativen Streitbeilegung eine gütliche Einigung zwischen den Trägern der elterlichen Verantwortung zu erleichtern und hierzu die grenzüberschreitende Zusammenarbeit zu fördern.

Art. 80. Zusammenarbeit bei der Erhebung und dem Austausch von Informationen die in Verfahren betreffend die elterliche Verantwortung von Belang sind. (1) Auf ein begründetes Ersuchen verfährt die Zentrale Behörde des Mitgliedstaats, in dem das Kind seinen gewöhnlichen Aufenthalt hat bzw. hatte, oder in dem es sich befindet bzw. befand, direkt oder durch Einschaltung von Gerichten, zuständigen Behörden oder sonstigen Stellen wie folgt:

a) Sie stellt gegebenenfalls einen Bericht bereit bzw. erstellt ihn und legt ihn vor über

   i) die Situation des Kindes,

   ii) laufende Verfahren betreffend die elterliche Verantwortung für das Kind, oder

   iii) Entscheidungen in Verfahren betreffend die elterliche Verantwortung für das Kind;

b) sie legt alle anderen Informationen vor, die für Verfahren betreffend die elterliche Verantwortung im ersuchenden Mitgliedstaat von Belang sind, insbesondere über die Situation eines Elternteils, eines/einer Verwandten oder einer anderen Person, der/die für die Betreuung des Kindes geeignet wäre, wenn die Situation des Kindes es erfordert, oder

c) sie kann das Gericht oder die zuständige Behörde ihres Mitgliedstaats ersuchen, zu prüfen, ob Maßnahmen zum Schutz der Person oder des Vermögens des Kindes getroffen werden müssen.

(2) Falls das Kind einer schwerwiegenden Gefahr ausgesetzt ist und das Gericht oder die zuständige Behörde, das/die Maßnahmen zum Schutz des Kindes erwägt oder ergriffen hat, feststellt, dass der Aufenthaltsort des Kindes in einen anderen Mitgliedstaat verlegt wurde oder das Kind sich dort befindet, unterrichtet es die Gerichte oder zuständigen Behörden jenes anderen Mitgliedstaats über die bestehende Gefahr und die ergriffenen oder in Betracht gezogenen Maßnahmen. Die betreffenden Informationen können direkt oder über die Zentralen Behörden übermittelt werden.

(3) Den Ersuchen nach den Absätzen 1 und 2 und etwaigen zusätzlichen Unterlagen wird eine Übersetzung in die Amtssprache des ersuchten Mitgliedstaats oder, wenn es in diesem Mitgliedstaat mehrere Amtssprachen gibt, in die Amtssprache oder eine der Amtssprachen des Ortes, an dem das Ersuchen ausgeführt werden soll, oder in eine andere Sprache, die der ersuchte Mitgliedstaat ausdrücklich akzeptiert, beigefügt. Die Mitgliedstaaten teilen die zugelassenen Sprachen nach Artikel 103 der Kommission mit.

(4) Die Informationen gemäß Absatz 1 werden der ersuchenden Zentralen Behörde spätestens drei Monate nach Eingang des Ersuchens übermittelt, es sei denn, dass dies aufgrund außergewöhnlicher Umstände nicht möglich ist.[94]

Art. 81.[95] Umsetzung der Entscheidungen in Verfahren betreffend die elterliche Verantwortung in einem anderen Mitgliedstaat.

(1) Ein Gericht eines Mitgliedstaats kann die Gerichte oder zuständigen Behörden eines anderen Mitgliedstaats ersuchen, es bei der Umsetzung von Entscheidungen in Verfahren betreffend die elterliche Verantwortung nach dieser Verordnung zu unterstützen, insbesondere bei der Sicherstellung der wirksamen Ausübung des Umgangsrechts.

(2) Dem Ersuchen nach Absatz 1 und etwaigen zusätzlichen Unterlagen wird eine Übersetzung in die Amtssprache des ersuchten Mitgliedstaats oder, wenn es in diesem Mitgliedstaat mehrere Amtssprachen gibt, in die Amtssprache oder eine der Amtssprachen des Ortes, an dem das Ersuchen ausgeführt werden soll, oder in eine andere Sprache, die der ersuchte Mitgliedstaat ausdrücklich akzeptiert, beigefügt. Die Mitgliedstaaten teilen die zugelassenen Sprachen nach Artikel 103 der Kommission mit.

Art. 82.[96] Unterbringung eines Kindes in einem anderen Mitgliedstaat. (1) Erwägt ein Gericht oder eine zuständige Behörde die Unterbrin-

---

[94] Vgl. Erwägungsgrund (85).

[95] Vgl. Erwägungsgrund (82). Zum Unterbringungsverfahren in *Deutschland* siehe ergänzend §§ 45 ff. IntFamRVG v. 26.1.2005 (Nr. *162a*).

[96] Vgl. Erwägungsgründe (83) und (84). Vgl. zur grenzüberschreitenden Unterbringung des Kindes in *Deutschland* ergänzend §§ 45–47 IntFamRVG v. 26.1.2005 (Nr. *162a*).

gung eines Kindes in einem anderen Mitgliedstaat, so holt es/sie vorher die Zustimmung der zuständigen Behörde jenes anderen Mitgliedstaats ein. Zu diesem Zweck übermittelt die Zentrale Behörde des ersuchenden Mitgliedstaats der Zentralen Behörde des ersuchten Mitgliedstaats, in dem das Kind untergebracht werden soll, ein Ersuchen um Zustimmung, das einen Bericht über das Kind und die Gründe für die geplante Unterbringung oder Betreuung, Informationen über jede in Betracht gezogene Finanzierung und alle anderen als relevant erachteten Informationen wie z.B. die voraussichtliche Dauer der Unterbringung enthält.

(2) Absatz 1 gilt nicht, wenn das Kind bei einem Elternteil untergebracht werden soll.

Die Mitgliedstaaten können beschließen, dass ihre Zustimmung gemäß Absatz 1 für Unterbringungen in ihrem eigenen Hoheitsgebiet bei bestimmten Kategorien naher Verwandter über die Eltern hinaus nicht erforderlich ist. Jeder Mitgliedstaat teilt der Kommission die entsprechenden Kategorien gemäß Artikel 103 mit.

(3) Die Zentrale Behörde eines anderen Mitgliedstaats kann ein Gericht oder eine zuständige Behörde, die die Unterbringung eines Kindes in Betracht ziehen, über die enge Bindung des Kindes zu diesem Mitgliedstaat informieren. Dadurch werden die nationalen Rechtsvorschriften und Verfahren des Mitgliedstaats, der die Unterbringung in Betracht zieht, nicht berührt.

(4) Dem Ersuchen und etwaigen zusätzlichen Unterlagen nach Absatz 1 wird eine Übersetzung in die Amtssprache des ersuchten Mitgliedstaats oder, wenn es in diesem Mitgliedstaat mehrere Amtssprachen gibt, in die Amtssprache oder eine der Amtssprachen des Ortes, an dem das Ersuchen ausgeführt werden soll, oder in eine andere Sprache, die der ersuchte Mitgliedstaat ausdrücklich akzeptiert, beigefügt. Die Mitgliedstaaten teilen die zugelassenen Sprachen nach Artikel 103 der Kommission mit.

(5) Die Unterbringung nach Absatz 1 wird vom ersuchenden Mitgliedstaat erst angeordnet oder veranlasst, nachdem die zuständige Behörde des ersuchten Mitgliedstaats der Unterbringung zugestimmt hat.

(6) Die Entscheidung über die Erteilung oder Verweigerung der Zustimmung wird der ersuchenden Zentralen Behörde spätestens drei Monate nach Eingang des Ersuchens übermittelt, es sei denn, dass dies aufgrund außergewöhnlicher Umstände nicht möglich ist.

(7) Für das Verfahren zur Einholung der Zustimmung gilt das nationale Recht des ersuchten Mitgliedstaats.

(8) Durch diesen Artikel werden die Zentralen Behörden oder die zuständigen Behörden nicht daran gehindert, Vereinbarungen oder Abmachungen mit den Zentralen Behörden oder den zuständigen Behörden eines oder mehrerer anderer Mitgliedstaaten zu treffen oder beizubehalten, mit denen das Verfahren der Konsultation zur Einholung der Zustimmung in ihren gegenseitigen Beziehungen vereinfacht wird.

Art. 83. Kosten der Zentralen Behörden. (1) Die Unterstützung durch die Zentralen Behörden nach dieser Verordnung erfolgt unentgeltlich.

(2) Jede Zentrale Behörde trägt die Kosten, die ihr selbst durch die Anwendung dieser Verordnung entstehen.

Art. 84.[97] **Zusammenkünfte der Zentralen Behörden.** (1) Zur leichteren Anwendung dieser Verordnung werden regelmäßig Zusammenkünfte der Zentralen Behörden einberufen.

(2) Die Einberufung der Zusammenkünfte der Zentralen Behörden erfolgt insbesondere durch die Kommission im Rahmen des Europäischen Justiziellen Netzes für Zivil- und Handelssachen im Einklang mit der Entscheidung 2001/470/EG.

Kapitel VI. Allgemeine Bestimmungen

Art. 85. Anwendungsbereich. Dieses Kapitel gilt für die Bearbeitung von Ersuchen und Anträgen nach den Kapiteln III bis V.

Art. 86. Zusammenarbeit und Kommunikation zwischen Gerichten. (1) Für die Zwecke dieser Verordnung können die Gerichte direkt miteinander zusammenarbeiten und kommunizieren oder einander direkt um Informationen und Unterstützung ersuchen, vorausgesetzt, die Verfahrensrechte der Parteien sowie die Vertraulichkeit der Informationen werden dabei gewahrt.

(2) Die Zusammenarbeit im Sinne des Absatzes 1 kann auf jedem von dem Gericht als geeignet erachteten Weg erfolgen. Sie kann insbesondere Folgendes betreffen:

a) Kommunikation für die Zwecke der Artikel 12 und 13;

b) Informationen gemäß Artikel 15;

c) Informationen über anhängige Verfahren für die Zwecke des Artikels 20;

d) Kommunikation für die Zwecke der Kapitel III bis V.

Art. 87. Erhebung und Übermittlung von Informationen. (1) Die ersuchte Zentrale Behörde übermittelt etwaige Anträge oder Ersuchen oder die darin enthaltenen Informationen in Verfahren betreffend die elterliche Verantwortung oder gegebenenfalls internationale Kindesentführung gemäß dieser Verordnung dem Gericht, der zuständigen Behörde ihres Mitgliedstaats oder gegebenenfalls einem Vermittler nach den nationalen Rechtsvorschriften und Verfahren.

(2) Ein Vermittler, ein Gericht oder eine zuständige Behörde, dem/der die in Absatz 1 genannten Informationen nach dieser Verordnung übermittelt wurden, darf diese nur für die Zwecke dieser Verordnung verwenden.

---

[97] Vgl. Erwägungsgrund (86).

(3) Vermittler, Gerichte oder zuständige Behörden, die im ersuchten Mitgliedstaat über die zur Erledigung eines Antrags oder Ersuchens nach dieser Verordnung erforderlichen Informationen verfügen oder für deren Erhebung zuständig sind, stellen diese Informationen der ersuchten Zentralen Behörde auf deren Ersuchen in den Fällen, in denen die ersuchte Zentrale Behörde keinen direkten Zugang zu den Informationen hat, zur Verfügung.

(4) Die ersuchte Zentrale Behörde leitet im Einklang mit den nationalen Rechtsvorschriften und Verfahren die gemäß diesem Artikel erlangten Informationen erforderlichenfalls an die ersuchende Zentrale Behörde weiter.

Art. 88. Benachrichtigung der betroffenen Person. Besteht die Gefahr, dass die Benachrichtigung der betroffenen Person die wirksame Erledigung des Ersuchens oder Antrags nach dieser Verordnung, für das die Informationen übermittelt wurden, beeinträchtigen könnte, so kann die Erfüllung der Verpflichtung, die betroffene Person gemäß Artikel 14 Absätze 1 bis 4 der Verordnung (EU) 2016/679 zu unterrichten, aufgeschoben werden, bis das Ersuchen oder der Antrag erledigt ist.

Art. 89.[98] **Nichtoffenlegung von Informationen.** (1) Eine Zentrale Behörde, ein Gericht oder eine zuständige Behörde legt Informationen, die für die Zwecke der Kapitel III bis VI erhoben wurden, nicht offen oder bestätigt sie nicht, wenn sie/es feststellt, dass dies die Gesundheit, Sicherheit oder Freiheit des Kindes oder einer anderen Person beeinträchtigen könnte.

(2) Einer in einem Mitgliedstaat diesbezüglich getroffenen Feststellung wird von den Zentralen Behörden, Gerichten und zuständigen Behörden der anderen Mitgliedstaaten Rechnung getragen, insbesondere in Fällen häuslicher Gewalt.

(3) Dieser Artikel steht in keiner Weise der Erhebung und Übermittlung von Informationen durch die Zentralen Behörden, Gerichte und zuständigen Behörden und der Übermittlung der Informationen zwischen ihnen entgegen, soweit dies notwendig ist, um den Verpflichtungen nach den Kapiteln III bis VI nachzukommen.

Art. 90. Legalisation oder ähnliche Förmlichkeit. Im Rahmen dieser Verordnung bedarf es weder der Legalisation noch einer ähnlichen Förmlichkeit.

Art. 91. Sprachenregelung. (1) Ist nach dieser Verordnung eine Übersetzung oder Transliteration erforderlich, so erfolgt diese unbeschadet des Artikels 55 Absatz 2 Buchstabe a in die Amtssprache des betreffenden Mit-

---

[98] Vgl. Erwägungsgründe (87) und (88).

gliedstaats oder, wenn es in diesem Mitgliedstaat mehrere Amtssprachen gibt, im Einklang mit dem Recht dieses Mitgliedstaats in die Verfahrenssprache oder eine der Verfahrenssprachen des Ortes, an dem eine in einem anderen Mitgliedstaat ergangene Entscheidung geltend gemacht oder ein Antrag gestellt wird.

(2) Die Übersetzung oder Transliteration der übersetzbaren Inhalte der Freitextfelder der Bescheinigungen nach den Artikeln 29, 36, 47, 49 und 66 kann in eine andere Amtssprache oder andere Amtssprachen der Organe der Europäischen Union erfolgen, deren Zulassung der betreffende Mitgliedstaat nach Artikel 103 mitgeteilt hat.

(3) Jeder Mitgliedstaat teilt der Kommission die Amtssprache(n) der Organe der Europäischen Union mit, die er außer seiner/seinen eigenen Sprache(n) für Mitteilungen an die Zentralen Behörden zulässt.

(4) Übersetzungen, die für die Zwecke der Kapitel III und IV erforderlich sind, werden von einer Person erstellt, die zur Anfertigung von Übersetzungen in einem der Mitgliedstaaten befugt ist.

Kapitel VII.[99] Delegierte Rechtsakte

Art. 92. Änderungen der Anhänge. Die Kommission wird ermächtigt, gemäß Artikel 93 delegierte Rechtsakte zur Änderung der Anhänge I bis IX anzunehmen, um diese Anhänge zu aktualisieren oder technische Änderungen an ihnen vorzunehmen.

Art. 93. Ausübung der Befugnisübertragung. (1) Die Befugnis zum Erlass delegierter Rechtsakte wird der Kommission unter den in diesem Artikel festgelegten Bedingungen übertragen.

(2) Die Befugnis zum Erlass delegierter Rechtsakte nach Artikel 92 wird der Kommission auf unbestimmte Zeit ab dem 22. Juli 2019 übertragen.

(3) Die Befugnisübertragung nach Artikel 92 kann vom Rat jederzeit widerrufen werden. Der Beschluss über den Widerruf beendet die Übertragung der in diesem Beschluss angegebenen Befugnis. Er wird am Tag nach seiner Veröffentlichung im Amtsblatt der Europäischen Union oder zu einem im Beschluss über den Widerruf angegebenen späteren Zeitpunkt wirksam. Die Gültigkeit von delegierten Rechtsakten, die bereits in Kraft sind, wird von dem Beschluss über den Widerruf nicht berührt.

(4) Vor dem Erlass eines delegierten Rechtsakts konsultiert die Kommission die von den einzelnen Mitgliedstaaten benannten Sachverständigen im Einklang mit den in der Interinstitutionellen Vereinbarung vom 13. April 2016 über bessere Rechtsetzung enthaltenen Grundsätzen.

(5) Sobald die Kommission einen delegierten Rechtsakt erlässt, übermittelt sie ihn dem Rat.

---

[99] Vgl. Erwägungsgrund (89).

(6) Ein delegierter Rechtsakt, der nach Artikel 92 erlassen wurde, tritt nur in Kraft, wenn der Rat innerhalb einer Frist von zwei Monaten nach Übermittlung dieses Rechtsakts an den Rat keine Einwände erhoben hat oder wenn vor Ablauf dieser Frist der Rat der Kommission mitgeteilt hat, dass er keine Einwände erheben wird. Auf Initiative des Rates wird diese Frist um zwei Monate verlängert.

(7) Das Europäische Parlament wird von der Annahme eines delegierten Rechtsakts durch die Kommission, von gegen ihn vorgebrachten Einwänden oder von dem Widerruf der Befugnisübertragung durch den Rat in Kenntnis gesetzt.

Kapitel VIII. Verhältnis zu anderen Rechtsinstrumenten

Art. 94. Verhältnis zu anderen Rechtsinstrumenten. (1) Vorbehaltlich des Absatzes 2 dieses Artikels und der Artikel 95 bis 100 ersetzt diese Verordnung die zum Zeitpunkt des Inkrafttretens der Verordnung (EG) Nr. 2201/2003 bestehenden, zwischen zwei oder mehr Mitgliedstaaten geschlossenen Übereinkünfte, die in dieser Verordnung geregelte Bereiche betreffen.[100]

(2) Finnland und Schweden konnten im Einklang mit Artikel 59 Absatz 2 der Verordnung (EG) Nr. 2201/2003 und unter den in dessen Buchstaben b und c aufgeführten Bedingungen erklären, dass das Übereinkommen vom 6. Februar 1931 zwischen Dänemark, Finnland, Island, Norwegen und Schweden mit Bestimmungen des internationalen Verfahrensrechts über Ehe, Adoption und Vormundschaft einschließlich des Schlussprotokolls anstelle dieser Verordnung ganz oder teilweise auf ihre gegenseitigen Beziehungen anwendbar ist. Die jeweiligen Erklärungen wurden im Amtsblatt der Europäischen Union als Anhang zur Verordnung (EG) Nr. 2201/2003 veröffentlicht. Die betreffenden Mitgliedstaaten können ihre Erklärung jederzeit ganz oder teilweise widerrufen.

(3) Die Zuständigkeitskriterien in künftigen Übereinkünften zwischen den in Absatz 2 genannten Mitgliedstaaten, die in dieser Verordnung geregelte Bereiche betreffen, müssen mit den Kriterien dieser Verordnung im Einklang stehen.

(4) Der Grundsatz der Nichtdiskriminierung von Bürgern der Union aus Gründen der Staatsangehörigkeit wird eingehalten.

(5) Entscheidungen, die in einem der nordischen Staaten, der eine Erklärung nach Absatz 2 abgegeben hat, aufgrund eines Zuständigkeitskriteriums erlassen werden, das einem der in Kapitel II vorgesehenen Zuständigkeitskriterien entspricht, werden in den anderen Mitgliedstaaten gemäß den Bestimmungen des Kapitels IV Abschnitt 1 anerkannt und vollstreckt.

---

[100] Aus deutscher Sicht ersetzt die Verordnung insbesondere die bilateralen Anerkennungs- und Vollstreckungsabkommen mit *Italien* v. 9.3.1936, *Belgien* v. 30.6.1958, *Griechenland* v. 4.11.1961 und *Spanien* v. 11.4.1983, vgl. dazu auch die Anm. 1 vor Nr. *190*.

(6) Die Mitgliedstaaten übermitteln der Kommission

a) eine Abschrift der Übereinkünfte sowie der einheitlichen Gesetze zur Durchführung dieser Übereinkünfte gemäß Absatz 3;

b) jede Kündigung oder Änderung der Übereinkünfte sowie der einheitlichen Gesetze im Sinne der Absätze 2 und 3.

Diese Informationen werden im Amtsblatt der Europäischen Union veröffentlicht.

Art. 95. Verhältnis zu bestimmten multilateralen Übereinkommen. Im Verhältnis zwischen den Mitgliedstaaten hat diese Verordnung vor den nachstehenden Übereinkommen insoweit Vorrang, als diese Bereiche betreffen, die in dieser Verordnung geregelt sind:

a) Haager Übereinkommen vom 5. Oktober 1961 über die Zuständigkeit der Behörden und das anzuwendende Recht auf dem Gebiet des Schutzes von Minderjährigen,[101]

b) Luxemburger Übereinkommen vom 8. September 1967 über die Anerkennung von Entscheidungen in Ehesachen,[102]

c) Haager Übereinkommen vom 1. Juni 1970 über die Anerkennung von Ehescheidungen und der Trennung von Tisch und Bett,[103]

d) Europäisches Übereinkommen vom 20. Mai 1980 über die Anerkennung und Vollstreckung von Entscheidungen über das Sorgerecht für Kinder und die Wiederherstellung des Sorgeverhältnisses.[104]

Art. 96. Verhältnis zum Haager Übereinkommen von 1980. Im Falle eines Kindes, das widerrechtlich in einen anderen als den Mitgliedstaat verbracht wurde oder widerrechtlich dort zurückgehalten wird, in dem das Kind unmittelbar vor dem widerrechtlichen Verbringen oder Zurückhalten seinen gewöhnlichen Aufenthalt hatte, wird das Haager Übereinkommen von 1980, ergänzt durch die Bestimmungen der Kapitel III und VI dieser Verordnung, weiterhin angewandt. Muss eine Entscheidung, mit der die Rückgabe des Kindes gemäß dem Haager Übereinkommen von 1980 angeordnet wurde und die in einem Mitgliedstaat ergangen ist, infolge eines weiteren widerrechtlichen Verbringens oder eines weiteren widerrechtlichen Zurückhaltens des Kindes in einem anderen Mitgliedstaat anerkannt und vollstreckt werden, so gilt Kapitel IV.

---

[101] Abgedruckt unter Nr. *52*.

[102] Text (französisch): https://www.ciecl.org (Nr. 11). Das Übk. wird im Verhältnis zwischen den *Niederlanden* und *Österreich* durch die Brüssel IIb-VO verdrängt.

[103] Text (englisch/französisch): https://www.hcch.net/de/instruments/conventions (Nr. 18). Das Übk. wird im Verhältnis zwischen den Mitgliedstaaten *Estland, Finnland, Italien, Luxemburg,* der *Niederlande, Polen, Portugal,* der *Slowakei, Schweden,* der *Tschechischen Republik* und *Zypern* durch die Brüssel IIb-VO verdrängt.

[104] Abgedruckt unter Nr. *184*.

Art. 97. Verhältnis zum Haager Übereinkommen von 1996. (1) Im Verhältnis zum Haager Übereinkommen von 1996[105] ist diese Verordnung anwendbar

a) vorbehaltlich des Absatzes 2 des vorliegenden Artikels, wenn das betreffende Kind seinen gewöhnlichen Aufenthalt im Hoheitsgebiet eines Mitgliedstaats hat;

b) in Fragen der Anerkennung und der Vollstreckung einer von einem Gericht eines Mitgliedstaats erlassenen Entscheidung im Hoheitsgebiet eines anderen Mitgliedstaats, auch wenn das betreffende Kind seinen gewöhnlichen Aufenthalt im Hoheitsgebiet eines Staats hat, der Vertragspartei des genannten Übereinkommens ist, in dem diese Verordnung jedoch nicht gilt.

(2) Unbeschadet des Absatzes 1 gilt Folgendes:

a) Haben die Parteien die Zuständigkeit eines Gerichts eines Staats vereinbart, der Vertragspartei des Haager Übereinkommens von 1996 ist, in dem diese Verordnung jedoch nicht gilt, so findet Artikel 10 des genannten Übereinkommens Anwendung;

b) Auf die Übertragung der Zuständigkeit zwischen einem Gericht eines Mitgliedstaats und einem Gericht eines Staats, der Vertragspartei des Haager Übereinkommens von 1996 ist, in dem diese Verordnung jedoch nicht gilt, finden die Artikel 8 und 9 des genannten Übereinkommens Anwendung;

c) Ist ein Verfahren betreffend die elterliche Verantwortung bei einem Gericht eines Staats, der Vertragspartei des Haager Übereinkommens von 1996 ist, in dem diese Verordnung jedoch nicht gilt, zu dem Zeitpunkt anhängig, zu dem ein Gericht in einem Mitgliedstaat mit einem dasselbe Kind betreffenden Verfahren wegen desselben Anspruchs befasst wird, so findet Artikel 13 des genannten Übereinkommens Anwendung.

Art. 98. Fortbestand der Wirksamkeit. (1) Die in den Artikeln 94 bis 97 genannten Übereinkünfte behalten ihre Wirksamkeit für die Rechtsgebiete, die durch diese Verordnung nicht geregelt werden.

(2) Die in den Artikeln 95 bis 97 dieser Verordnung genannten Übereinkommen, insbesondere die Haager Übereinkommen von 1980 und 1996, behalten nach Maßgabe der Artikel 95 bis 97 dieser Verordnung ihre Wirksamkeit zwischen den ihnen angehörenden Mitgliedstaaten.

Art. 99. Verträge mit dem Heiligen Stuhl. (1) Diese Verordnung gilt unbeschadet des am 18. Mai 2004 in der Vatikanstadt zwischen dem Heiligen Stuhl und Portugal unterzeichneten Internationalen Vertrags (Konkordat).

---

[105] Abgedruckt unter Nr. *53*.

(2) Eine Entscheidung über die Ungültigkeit der Ehe gemäß dem in Absatz 1 genannten Vertrag wird in den Mitgliedstaaten unter den in Kapitel IV Abschnitt 1 Unterabschnitt 1 vorgesehenen Bedingungen anerkannt.

(3) Die Absätze 1 und 2 gelten auch für folgende internationale Verträge mit dem Heiligen Stuhl:

a) Lateranvertrag vom 11. Februar 1929 zwischen Italien und dem Heiligen Stuhl, geändert durch die am 18. Februar 1984 in Rom unterzeichnete Vereinbarung mit Zusatzprotokoll;

b) Vereinbarung vom 3. Januar 1979 über Rechtsangelegenheiten zwischen dem Heiligen Stuhl und Spanien;

c) Vereinbarung zwischen dem Heiligen Stuhl und Malta über die Anerkennung der zivilrechtlichen Wirkungen von Ehen, die nach kanonischem Recht geschlossen wurden, sowie von diese Ehen betreffenden Entscheidungen der Kirchenbehörden und -gerichte vom 3. Februar 1993, einschließlich des Anwendungsprotokolls vom selben Tag, zusammen mit dem dritten Zusatzprotokoll vom 27. Januar 2014.

(4) Für die Anerkennung der Entscheidungen im Sinne des Absatzes 2 können in Spanien, Italien oder Malta dieselben Verfahren und Nachprüfungen vorgegeben werden, die auch für Entscheidungen der Kirchengerichte gemäß den in Absatz 3 genannten internationalen Verträgen mit dem Heiligen Stuhl gelten.

(5) Die Mitgliedstaaten übermitteln der Kommission

a) eine Abschrift der in den Absätzen 1 und 3 genannten Verträge,

b) jede Kündigung oder Änderung dieser Verträge.

Kapitel IX. Schlussbestimmungen

Art. 100.[106] **Übergangsbestimmungen.** (1) Diese Verordnung gilt nur für am oder nach dem 1. August 2022 eingeleitete gerichtliche Verfahren, förmlich errichtete oder eingetragene öffentliche Urkunden und eingetragene Vereinbarungen.

(2) Die Verordnung (EG) Nr. 2201/2003 gilt weiter für Entscheidungen in vor dem 1. August 2022 eingeleiteten gerichtlichen Verfahren, für vor dem 1. August 2022 förmlich errichtete oder eingetragene öffentliche Urkunden und für Vereinbarungen, die in dem Mitgliedstaat, in dem sie geschlossen wurden, vor dem 1. August 2022 vollstreckbar geworden sind und in den Anwendungsbereich der genannten Verordnung fallen.

Art. 101.[107] **Monitoring und Evaluierung.** (1) Die Kommission unterbreitet dem Europäischen Parlament, dem Rat und dem Europäischen

[106] Vgl. dazu im *deutschen* Recht ergänzend § 55 IntFamRVG v. 26.1.2005 (Nr. *162a*).
[107] Vgl. Erwägungsgrund (93).

Wirtschafts- und Sozialausschuss bis zum 2. August 2032 gestützt auf die von den Mitgliedstaaten vorgelegten Informationen einen Bericht über die Ex-post-Evaluierung dieser Verordnung. Dem Bericht wird, falls notwendig, ein Gesetzgebungsvorschlag beigefügt.

(2) Zum 2. August 2025 stellen die Mitgliedstaaten Informationen, die für die Evaluierung des Funktionierens und der Anwendung dieser Verordnung sachdienlich sind, soweit verfügbar auf Anfrage der Kommission zur Verfügung; dabei handelt es sich um

a) die Zahl der Entscheidungen in Ehesachen oder in Verfahren betreffend die elterliche Verantwortung, in denen die Zuständigkeit auf den in dieser Verordnung festgelegten Zuständigkeitsvorschriften beruhte;
b) in Bezug auf die Anträge auf Vollstreckung einer Entscheidung nach Artikel 28 Absatz 2 die Zahl der Fälle, in denen die Vollstreckung nicht innerhalb von sechs Wochen nach Einleitung des Vollstreckungsverfahrens erfolgte;
c) die Zahl der Anträge auf Versagung der Anerkennung einer Entscheidung nach Artikel 40 und die Zahl der Fälle, in denen die Anerkennung versagt wurde;
d) die Zahl der Anträge auf Versagung der Vollstreckung einer Entscheidung nach Artikel 58 und die Zahl der Fälle, in denen die Vollstreckung versagt wurde;
e) die Zahl der nach den Artikeln 61 beziehungsweise 62 eingelegten Rechtsbehelfe.

Art. 102. Mitgliedstaaten mit zwei oder mehr Rechtssystemen. Für einen Mitgliedstaat, in dem die in dieser Verordnung behandelten Fragen in verschiedenen Gebietseinheiten durch zwei oder mehr Rechtssysteme oder Regelwerke geregelt werden, gilt Folgendes:

a) Jede Bezugnahme auf den gewöhnlichen Aufenthalt in diesem Mitgliedstaat betrifft den gewöhnlichen Aufenthalt in einer Gebietseinheit.
b) Jede Bezugnahme auf die Staatsangehörigkeit betrifft die durch die Rechtsvorschriften dieses Mitgliedstaats bezeichnete Gebietseinheit.
c) Jede Bezugnahme auf die Behörde eines Mitgliedstaats betrifft die zuständige Behörde der Gebietseinheit innerhalb dieses Mitgliedstaats.
d) Jede Bezugnahme auf die Vorschriften des ersuchten Mitgliedstaats betrifft die Vorschriften der Gebietseinheit, in der die Zuständigkeit oder Anerkennung geltend gemacht oder die Vollstreckung beantragt wird.

Art. 103.[108] Der Kommission mitzuteilende Angaben. (1) Die Mitgliedstaaten teilen der Kommission Folgendes mit:

---

[108] Die Angaben der Mitgliedstaaten zu den Zentralen Behörden und den zugelassenen Sprachen werden ab dem 1.8.2022 im Europäischen Gerichtsatlas für Zivilsachen (Homepage des Europäischen Justizportals) online abrufbar sein.

a) alle Behörden nach Artikel 2 Absatz 2 Nummer 2 Buchstabe b und Artikel 2 Absatz 2 Nummer 3 und Artikel 74 Absatz 2;

b) die Gerichte und Behörden, die für die Ausstellung der Bescheinigungen nach Artikel 36 Absatz 1 und Artikel 66 zuständig sind, und die Gerichte, die für die Berichtigung der Bescheinigungen nach Artikel 37 Absatz 1, Artikel 48 Absatz 1, Artikel 49 und Artikel 66 Absatz 3 in Verbindung mit Artikel 37 Absatz 1 zuständig sind;

c) die in Artikel 30 Absatz 3, Artikel 52, Artikel 40 Absatz 1, Artikel 58 Absatz 1, Artikel 61 Absatz 2 und Artikel 62 genannten Gerichte sowie die in Artikel 61 Absatz 2 genannten Gerichte;

d) die für die Vollstreckung zuständigen Behörden nach Artikel 52;

e) die in den Artikeln 61 und 62 genannten Rechtsbehelfe;

f) die Namen und Anschriften der Zentralen Behörden gemäß Artikel 76 sowie die technischen Kommunikationsmittel;

g) die in Artikel 82 Absatz 2 genannten Kategorien naher Verwandter, sofern anwendbar;

h) die Sprachen, die gemäß Artikel 91 Absatz 3 für Mitteilungen an die Zentralen Behörden zugelassen sind;

i) die Sprachen, die gemäß Artikel 80 Absatz 3, Artikel 81 Absatz 2, Artikel 82 Absatz 4 und Artikel 91 Absatz 2 für die Übersetzungen zugelassen sind.

(2) Die Mitgliedstaaten teilen der Kommission die in Absatz 1 genannten Angaben bis zum 23. April 2021 mit.

(3) Die Mitgliedstaaten teilen der Kommission alle Änderungen der Angaben nach Absatz 1 mit.

(4) Die in Absatz 1 genannten Angaben werden von der Kommission auf geeignete Weise, insbesondere über das Europäische Justizportal, veröffentlicht.

Art. 104. Aufhebung. (1) Vorbehaltlich des Artikels 100 Absatz 2 der vorliegenden Verordnung wird die Verordnung (EG) Nr. 2201/2003 mit Wirkung vom 1. August 2022 aufgehoben.

(2) Bezugnahmen auf die aufgehobene Verordnung gelten als Bezugnahmen auf die vorliegende Verordnung und sind nach Maßgabe der Entsprechungstabelle in Anhang X zu lesen.

Art. 105. Inkrafttreten. (1) Diese Verordnung tritt am zwanzigsten Tag nach ihrer Veröffentlichung im Amtsblatt der Europäischen Union in Kraft.

(2) Diese Verordnung gilt ab dem 1. August 2022, mit Ausnahme der Artikel 92, 93 und 103, die ab dem 22. Juli 2019 gelten.

Diese Verordnung ist in allen ihren Teilen verbindlich und gilt gemäß den Verträgen unmittelbar in den Mitgliedstaaten.

Geschehen zu Luxemburg am 25. Juni 2019.

Anhang I[109]
Bescheinigung, die vom Gericht im Anschluss an eine nur auf Art. 13 Abs. 1 Buchst. b oder Art. 13 Abs. 2 – oder auf diese beiden Bestimmungen – des Haager Übereinkommens von 1980 gestützte Entscheidungen, die Rückgabe eines Kindes in einen anderen Mitgliedstaat abzulehnen, auszustellen ist.

(Art. 29 Abs. 2 der Verordnung (EU) 2019/1111 des Rates)

(nicht abgedruckt)

Anhang II
Bescheinigung über Entscheidungen in Ehesachen

(Artikel 36 Absatz 1 Buchstabe a der Verordnung (EU) 2019/1111 des Rates)

(nicht abgedruckt)

Anhang III
Bescheinigung über Entscheidungen in Verfahren betreffend die elterliche Verantwortung

(Artikel 36a Absatz 1 Buchstabe b der Verordnung (EU) 2019/1111 des Rates)

(nicht abgedruckt)

Anhang IV
Bescheinigung über Entscheidungen, in denen die Rückgabe des Kindes in einen anderen Mitgliedstaat gemäß dem Haager Übereinkommen von 1980 und etwaige mit ihnen verbundene einstweilige Maßnahmen – einschließlich Schutzmaßnahmen – gemäß Art. 27 Abs. 5 der Verordnung angeordnet werden

(Artikel 36 Absatz 1 Buchstabe c der Verordnung (EU) 2019/1111 des Rates)

(nicht abgedruckt)

---

[109] Die Formblätter für die Bescheinigungen gemäß den Anhängen I-IX werden ab dem 1.8.2022 im Europäischen Gerichtsatlas für Zivilsachen (Homepage des Europäischen Justizportals) online abrufbar sein.

Anhang V
Bescheinigung über bestimmte Entscheidungen über das Umgangsrecht

(Artikel 42 Absatz 1 Buchstabe a und Artikel 47 Absatz 1 Buchstabe a der Verordnung (EU) 2019/1111 des Rates)

(nicht abgedruckt)

Anhang VI
Bescheinigung über nach Art. 29 Abs. 6 der Verordnung ergangene Sorgerechtsentscheidungen, die die Rückgabe des Kindes zur Folge haben

(Artikel 29 Absatz 6, Artikel 42 Absatz 1 Buchstabe b und Artikel 47 Absatz 1 Buchstabe b der Verordnung (EU) 2019/1111 des Rates)

(nicht abgedruckt)

Anhang VII
Bescheinigung über die Aussetzung oder Einschränkung der Vollstreckbarkeit bestimmter gemäß Art. 47 der Verordnung bescheinigter Entscheidungen, mit denen ein Umgangsrecht eingeräumt wird oder die die Rückgabe des Kindes zur Folge haben

(Artikel 49 der Verordnung (EU) 2019/1111 des Rates)

(nicht abgedruckt)

Anhang VIII
Bescheinigung über eine öffentliche Urkunde oder eine Vereinbarung über die Ehescheidung oder die Trennung ohne Auflösung des Ehebandes

(Artikel 66 Absatz 1 Buchstabe a der Verordnung (EU) 2019/1111 des Rates)

(nicht abgedruckt)

Anhang IX
Bescheinigung über eine öffentliche Urkunde oder Vereinbarung in Verfahren betreffend die elterliche Verantwortung

(Artikel 66 Absatz 1 Buchstabe b der Verordnung (EU) 2019/1111 des Rates)

(nicht abgedruckt)

Anhang X
Entsprechungstabelle
(nicht abgedruckt)

162a. Gesetz zur Aus- und Durchführung bestimmter Rechtsinstrumente auf dem Gebiet des internationalen Familienrechts (Internationales Familienrechtsverfahrensgesetz – IntFamRVG)

Vom 26. Januar 2005[1, 2, 3, 4] (BGBl. I, S. 162)

Abschnitt 1. Anwendungsbereich; Begriffsbestimmungen

§ 1.[5] **Anwendungsbereich.** Dieses Gesetz dient

1. der Durchführung der Verordnung (EU) 2019/1111 des Rates vom 25. Juni 2019 über die Zuständigkeit, die Anerkennung und Vollstreckung von Entscheidungen in Ehesachen und in Verfahren betreffend die elterliche Verantwortung und über internationale Kindesentführungen (ABl. L 178 vom 2.7.2019, S. 1);[6]
2. der Ausführung des Haager Übereinkommens vom 19. Oktober 1996 über die Zuständigkeit, das anzuwendende Recht, die Anerkennung, Vollstreckung und Zusammenarbeit auf dem Gebiet der elterlichen Verantwortung und der Maßnahmen zum Schutz von Kindern (BGBl. 2009 II S. 602, 603) – im Folgenden: Haager Kinderschutzübereinkommen;[7]

---

[1] Das Gesetz ist am 1.3.2005 in Kraft getreten. Zu den mit Wirkung v. 1.9.2009 eingetretenen Änderungen des Gesetzes durch das FGG-ReformG siehe Art. 45 FGG-ReformG).

[2] Umfangreiche Änderungen hat das Gesetz durch das Inkrafttreten des Haager Kinderschutzübereinkommens v. 19.10.1996 (Nr. *53*) für *Deutschland* nach Maßgabe des Gesetzes v. 25.6.2009 (BGBl. I, S. 1594) erfahren; diese sind am 1.1.2011 in Kraft getreten (Bek. v. 25.10.2010, BGBl. I, S. 1498).

[3] Erneut tiefgreifend geändert wurde das Gesetz infolge der Geltung der Brüssel IIb-VO v. 25.6.2019 ab dem 1.8.2022 durch Gesetz v. 10.8.2021 (BGBl. I, S. 3424), das ebenfalls seit dem 1.8.2022 gilt.

[4] Die Maßnahmen und Anordnungen nach den §§ 10 bis 15, 20, 21, 32 bis 35, 38 bis 41, 44 bis 44c, 44f, 44h, 44j und 47 bis 50 dieses Gesetzes bleiben, soweit sie dem Familiengericht obliegen, gem. § 14 Abs. 2 RpflG idF des Gesetzes v. 10.8.2021 (BGBl. I, S. 3424) dem Richter vorbehalten.

[5] § 1 Nr. 4 geändert, Nr. 5 angefügt durch Gesetz v. 31.1.2019 (BGBl. I, S. 54) mit Wirkung v. 6.2.2019; Nr. 1 geändert durch Gesetz v. 10.8.2021 (BGBl. I, S. 3424) mit Wirkung v. 1.8.2022.

[6] Abgedruckt unter Nr. *162*.

[7] Abgedruckt unter Nr. *53*. Nr. 2 eingefügt durch Gesetz v. 25.6.2009 (BGBl. I, S. 1594) mit Wirkung v. 1.11.2011.

3. der Ausführung des Haager Übereinkommens vom 25. Oktober 1980 über die zivilrechtlichen Aspekte internationaler Kindesentführung (BGBl. 1990 II S. 207) – im Folgenden: Haager Kindesentführungsübereinkommen;[8]

4. der Ausführung des Europäischen Übereinkommens vom 20. Mai 1980 über die Anerkennung und Vollstreckung von Entscheidungen über das Sorgerecht für Kinder und die Wiederherstellung des Sorgeverhältnisses (BGBl. 1990 II S. 220) – im Folgenden: Europäisches Sorgerechtsübereinkommen;[9]

5. der Ausführung des Europäischen Übereinkommens vom 27. November 2008 über die Adoption von Kindern (revidiert) (BGBl. 2015 II S. 3) – im Folgenden: Europäisches Adoptionsübereinkommen.

§ 2.[10] **Begriffsbestimmungen.** Im Sinne dieses Gesetzes sind „Titel" Entscheidungen, Vereinbarungen und öffentliche Urkunden, auf welche die durchzuführende EU-Verordnung oder das jeweils auszuführende Übereinkommen Anwendung findet.

Abschnitt 2.[11] Zentrale und nationale Behörde; Jugendamt

§ 3.[12] **Bestimmung der Zentralen und der nationalen Behörde.**[13]
(1) Zentrale Behörde nach

1. Artikel 76 der Verordnung (EU) 2019/1111,

2. Artikel 29 des Haager Kinderschutzübereinkommens,

3. Artikel 6 des Haager Kindesentführungsübereinkommens,

4. Artikel 2 des Europäischen Sorgerechtsübereinkommens

ist das Bundesamt für Justiz. Dieses ist auch nationale Behörde nach Artikel 15 Satz 2 des Europäischen Adoptionsübereinkommens.

(2) Die Verfahren der Zentralen Behörde und der nationalen Behörde gelten als Justizverwaltungsverfahren.

---

[8] Abgedruckt unter Nr. *222*.

[9] Abgedruckt unter Nr. *184*.

[10] § 2 geändert durch Gesetz v. 10.8.2021 (BGBl. I, S. 3424) mit Wirkung v. 1.8.2022.

[11] Überschrift geändert durch Gesetz v. 31.1.2019 (BGBl. I, S. 54) mit Wirkung v. 6.2.2019.

[12] Überschrift neu gefasst, Abs. 1 Satz 2 angefügt, Abs. 2 neu gefasst durch Gesetz v. 31.1.2019 (BGBl. I, S. 54) mit Wirkung v. 6.2.2019; Abs. 1 Nr. 1 geändert durch Gesetz v. 10.8.2021 (BGBl. I, S. 3424) mit Wirkung v. 1.8.2022.

[13] § 3 Abs. 1 geändert durch Gesetz v. 17.12.2006 (BGBl. I, S. 3171) mit Wirkung v. 1.7.2007 und durch Gesetz v. 25.6.2009 (BGBl. I, S. 1594) mit Wirkung v. 1.11.2011.

§ 4.[14] **Übersetzungen bei eingehenden Ersuchen.** (1) Die Zentrale Behörde, bei der ein Antrag aus einem anderen Staat nach der Verordnung (EU) 2019/1111 oder nach dem Europäischen Sorgerechtsübereinkommen eingeht, kann es ablehnen, tätig zu werden, solange Mitteilungen oder beizufügende Schriftstücke nicht in deutscher Sprache abgefasst oder von einer Übersetzung in diese Sprache begleitet sind. Satz 1 gilt auch für Mitteilungen nach dem Europäischen Sorgerechtsübereinkommen. Für Mitteilungen nach der Verordnung (EU) 2019/1111 gilt Satz 1, solange die Mitteilungen nicht in deutscher oder englischer Sprache abgefasst oder von einer Übersetzung in eine dieser Sprachen begleitet sind.

(2) Ist ein Schriftstück nach Artikel 54 des Haager Kinderschutzübereinkommens oder nach Artikel 24 Abs. 1 des Haager Kindesentführungsübereinkommens ausnahmsweise nicht von einer deutschen Übersetzung begleitet, so veranlasst die Zentrale Behörde die Übersetzung.

§ 5.[15] **Übersetzungen bei ausgehenden Ersuchen.** (1) Beschafft die antragstellende Person erforderliche Übersetzungen für Anträge, die in einem anderen Staat zu erledigen sind, nicht selbst, veranlasst die Zentrale Behörde die Übersetzungen auf Kosten der antragstellenden Person.

(2) Das Amtsgericht befreit eine antragstellende natürliche Person, die ihren gewöhnlichen Aufenthalt oder bei Fehlen eines gewöhnlichen Aufenthalts im Inland ihren tatsächlichen Aufenthalt im Gerichtsbezirk hat, auf Antrag von der Erstattungspflicht nach Absatz 1, wenn die die persönlichen und wirtschaftlichen Voraussetzungen für die Gewährung von Verfahrenskostenhilfe ohne einen eigenen Beitrag zu den Kosten nach den Vorschriften des Gesetzes über das Verfahren in Familiensachen und in den Angelegenheiten der freiwilligen Gerichtsbarkeit erfüllt.

§ 6. Aufgabenerfüllung durch die Zentrale Behörde. (1) Zur Erfüllung der ihr obliegenden Aufgaben veranlasst die Zentrale Behörde mit Hilfe der zuständigen Stellen alle erforderlichen Maßnahmen. Sie verkehrt unmittelbar mit allen zuständigen Stellen im In- und Ausland. Mitteilungen leitet sie unverzüglich an die zuständigen Stellen weiter.

(2) Zum Zweck der Ausführung des Haager Kindesentführungsübereinkommens und des Europäischen Sorgerechtsübereinkommens leitet die Zentrale Behörde erforderlichenfalls gerichtliche Verfahren ein. Im Rahmen dieser Übereinkommen gilt sie zum Zweck der Rückgabe des Kindes als bevollmächtigt, im Namen der antragstellenden Person selbst oder im Weg der Untervollmacht durch Vertreter gerichtlich oder außergerichtlich

---

[14] § 4 Abs. 2 neu gefasst durch Gesetz v. 25.6.2009 (BGBl. I, S. 1594) mit Wirkung v. 1.11.2011; Abs. 1 Satz 1 geändert, Sätze 2 und 3 angefügt durch Gesetz v. 10.8.2021 (BGBl. I, S. 3424) mit Wirkung v. 1.8.2022.

[15] § 5 Abs. 2 geändert durch FGG-Reformgesetz v. 17.12.2008 (BGBl. I, S. 2586) mit Wirkung v. 1.9.2009 und durch Gesetz v. 8.12.2010 (BGBl. I, 1864) mit Wirkung v. 15.12.2010.

tätig zu werden. Ihre Befugnis, zur Sicherung der Einhaltung der Übereinkommen im eigenen Namen entsprechend zu handeln, bleibt unberührt.

§ 7.[16] **Aufenthaltsermittlung.** (1) Die Zentrale Behörde trifft alle erforderlichen Maßnahmen einschließlich der Einschaltung von Polizeivollzugsbehörden, um den Aufenthaltsort des Kindes zu ermitteln, wenn dieser unbekannt ist und Anhaltspunkte dafür vorliegen, dass sich das Kind im Inland befindet.

(2) Soweit zur Ermittlung des Aufenthalts des Kindes erforderlich, darf die Zentrale Behörde bei dem Kraftfahrt-Bundesamt erforderliche Halterdaten nach § 33 Abs. 1 Satz 1 Nr. 2 des Straßenverkehrsgesetzes erheben und die Leistungsträger im Sinne der §§ 18 bis 29 des Ersten Buches Sozialgesetzbuch um Mitteilung des derzeitigen Aufenthalts einer Person ersuchen.

(3) Unter den Voraussetzungen des Absatzes 1 kann die Zentrale Behörde die Ausschreibung zur Aufenthaltsermittlung durch das Bundeskriminalamt veranlassen. Sie kann auch die Speicherung eines Suchvermerks im Zentralregister veranlassen.

(4) Soweit andere Stellen eingeschaltet werden, übermittelt sie ihnen die zur Durchführung der Maßnahmen erforderlichen personenbezogenen Daten; diese dürfen nur für den Zweck verwendet werden, für den sie übermittelt worden sind.

§ 8.[17] **Anrufung des Oberlandesgerichts.** (1) Nimmt die Zentrale Behörde einen Antrag nicht an oder lehnt sie es ab, tätig zu werden, so kann die Entscheidung des Oberlandesgerichts beantragt werden.

(2) Zuständig ist das Oberlandesgericht, in dessen Bezirk die Zentrale Behörde ihren Sitz hat.

(3) Das Oberlandesgericht entscheidet im Verfahren der freiwilligen Gerichtsbarkeit. § 14 Abs. 1 und 2 sowie die Abschnitte 4 und 5 des Buches 1 des Gesetzes über das Verfahren in Familiensachen und in den Angelegenheiten der freiwilligen Gerichtsbarkeit gelten entsprechend.

§ 9.[18] **Mitwirkung des Jugendamts an Verfahren.** (1) Unbeschadet der Aufgaben des Jugendamts bei der grenzüberschreitenden Zusammenarbeit unterstützt das Jugendamt die Gerichte und die Zentrale Behörde bei allen Maßnahmen nach diesem Gesetz. Insbesondere

---

[16] § 7 Abs. 2 eingefügt, bisherige. Abs. 2–4 werden Abs. 3–5 durch Gesetz v. 11.6.2017 (BGBl. I S. 1607) mit Wirkung v. 17.6.2017. Abs. 2 aufgehoben, bisherige Abs. 3–5 werden Abs. 2–4 durch Gesetz v. 15.1.2021 (BGBl. I, S. 530) mit Wirkung v. 1.5.2022.

[17] § 8 Abs. 3 Satz 2 neu gefasst und Satz 3 aufgehoben durch FGG-Reformgesetz v. 17.12.2008 (BGBl. I, S. 2586) mit Wirkung v. 1.9.2009.

[18] § 9 Abs. 2 S. 3 angefügt durch Gesetz v. 25.6.2009 (BGBl. I, S. 1594) mit Wirkung v. 1.1.2011.

1. gibt es auf Anfrage Auskunft über die soziale Lage des Kindes und seines Umfelds,
2. unterstützt es in jeder Lage eine gütliche Einigung,
3. leistet es in geeigneten Fällen Unterstützung bei der Durchführung des Verfahrens, auch bei der Sicherung des Aufenthalts des Kindes,
4. leistet es in geeigneten Fällen Unterstützung bei der Ausübung des Rechts zum persönlichen Umgang, der Heraus- oder Rückgabe des Kindes sowie der Vollstreckung gerichtlicher Entscheidungen.

(2) Zuständig ist das Jugendamt, in dessen Bereich sich das Kind gewöhnlich aufhält. Solange die Zentrale Behörde oder ein Gericht mit einem Herausgabe- oder Rückgabeantrag oder dessen Vollstreckung befasst ist, oder wenn das Kind keinen gewöhnlichen Aufenthalt im Inland hat, oder das zuständige Jugendamt nicht tätig wird, ist das Jugendamt zuständig, in dessen Bereich sich das Kind tatsächlich aufhält. In den Fällen des Artikels 35 Absatz 2 Satz 1 des Haager Kinderschutzübereinkommens ist das Jugendamt örtlich zuständig, in dessen Bezirk der antragstellende Elternteil seinen gewöhnlichen Aufenthalt hat.

(3) Das Gericht unterrichtet das zuständige Jugendamt über Entscheidungen nach diesem Gesetz auch dann, wenn das Jugendamt am Verfahren nicht beteiligt war.

Abschnitt 3. Gerichtliche Zuständigkeit und Zuständigkeitskonzentration

§ 10.[19] Örtliche Zuständigkeit für die Anerkennung und Vollstreckung. Das Familiengericht, in dessen Zuständigkeitsbereich sich die Person, gegen die sich der Antrag richtet, oder das Kind, auf das sich die Entscheidung bezieht, zum Zeitpunkt der Einleitung des Verfahrens gewöhnlich aufhält, ist örtlich ausschließlich zuständig für

1. Verfahren nach Artikel 30 Absatz 3, 40 Absatz 1, 54 Absatz 1, 56 Absatz 1, 2 und 4 sowie Artikel 59 der Verordnung (EU) 2019/1111,
2. die Zwangsvollstreckung von Titeln nach Kapitel IV der Verordnung (EU) 2019/1111 über die Herausgabe oder Rückgabe von Personen oder die Regelung des Umgangs,
3. Verfahren nach den Artikeln 24 und 26 des Haager Kinderschutzübereinkommens und
4. Verfahren nach dem Europäischen Sorgerechtsübereinkommen.

Besteht für Verfahren nach Satz 1 keine Zuständigkeit nach dieser Vorschrift, so ist dasjenige Familiengericht örtlich ausschließlich zuständig, in dessen Zuständigkeitsbereich zum Zeitpunkt der Einleitung des Verfahrens

---

[19] § 10 neu gefasst durch Gesetz v. 10.8.2021 (BGBl. I, S. 3424) mit Wirkung v. 1.8.2022.

das Interesse an der Feststellung hervortritt oder das Bedürfnis der Fürsorge bekannt wird. Besteht für Verfahren nach Satz 1 keine Zuständigkeit nach Satz 1 oder Satz 2, ist das im Bezirk des Kammergerichts zur Entscheidung berufene Gericht örtlich ausschließlich zuständig.

§ 11.[20] **Örtliche Zuständigkeit nach dem Haager Kindesentführungsübereinkommen.** Örtlich zuständig für Verfahren nach dem Haager Kindesentführungsübereinkommen ist das Familiengericht, in dessen Zuständigkeitsbereich

1. sich das Kind beim Eingang des Antrags bei der Zentralen Behörde aufgehalten hat oder
2. bei Fehlen einer Zuständigkeit nach Nummer 1 das Bedürfnis der Fürsorge bekannt wird.

§ 12.[21] **Zuständigkeitskonzentration.** (1) In Verfahren über eine in den §§ 10 und 11 bezeichnete Sache entscheidet das Familiengericht, in dessen Bezirk ein Oberlandesgericht seinen Sitz hat, für den Bezirk dieses Oberlandesgerichts.

(2) Im Bezirk des Kammergerichts entscheidet das Familiengericht Pankow.

(3) Die Landesregierungen werden ermächtigt, diese Zuständigkeit durch Rechtsverordnung einem anderen Familiengericht des Oberlandesgerichtsbezirks oder, wenn in einem Land mehrere Oberlandesgerichte errichtet sind, einem Familiengericht für die Bezirke aller oder mehrerer Oberlandesgerichte zuzuweisen. Sie können die Ermächtigung auf die Landesjustizverwaltungen übertragen.

§ 13.[22] **Zuständigkeitskonzentration für andere Familiensachen.** (1) Das Familiengericht, bei dem eine in den §§ 10 bis 12 bezeichnete Sache anhängig wird, ist von diesem Zeitpunkt an ungeachtet des § 137 Abs. 1 und 3 des Gesetzes über das Verfahren in Familiensachen und in den Angelegenheiten der freiwilligen Gerichtsbarkeit für alle dasselbe Kind betreffenden Familiensachen nach § 151 Nr. 1 bis 3 des Gesetzes über das Verfahren in Familiensachen und in den Angelegenheiten der freiwilligen Gerichtsbarkeit einschließlich der Verfügungen nach § 44 und den §§ 35 und 89 bis 94 des Gesetzes über das Verfahren in Familiensachen und in den Angelegenheiten der freiwilligen Gerichtsbarkeit zuständig. Die Zuständigkeit nach Satz 1 tritt nicht ein, wenn der Antrag offensichtlich unzu-

---

[20] § 11 Nr. 2 geändert durch Gesetz v. 10.8.2021 (BGBl. I, S. 3424) mit Wirkung v. 1.8.2022.

[21] § 12 Abs. 1 geändert mit Wirkung v. 1.8.2022, Abs. 2 geändert mit Wirkung v. 18.8.2021 durch Gesetz v. 10.8.2021 (BGBl. I, S. 3424)

[22] § 13 Abs. 1 Satz 1 neu gefasst, Abs. 2, 3 Satz 1 und Abs. 5 geändert durch Gesetz v. 17.12.2008 (BGBl. I, S. 2586) mit Wirkung v. 1.9.2009; Abs. 1 Satz 2 und Abs. 2 geändert durch Gesetz v. 25.6.2009 (BGBl. I, S. 1594) mit Wirkung v. 1.1.2011.

lässig ist. Sie entfällt, sobald das angegangene Gericht auf Grund unanfechtbarer Entscheidung unzuständig ist; Verfahren, für die dieses Gericht hiernach seine Zuständigkeit verliert, sind nach näherer Maßgabe des § 281 Abs. 2 und 3 Satz 1 der Zivilprozessordnung von Amts wegen an das zuständige Gericht abzugeben.

(2) Bei dem Familiengericht, das in dem Oberlandesgerichtsbezirk, in dem sich das Kind gewöhnlich aufhält, für Anträge der in Absatz 1 Satz 1 genannten Art zuständig ist, kann auch eine andere Familiensache nach § 151 Nr. 1 bis 3 des Gesetzes über das Verfahren in Familiensachen und in den Angelegenheiten der freiwilligen Gerichtsbarkeit anhängig gemacht werden, wenn ein Elternteil seinen gewöhnlichen Aufenthalt in einem anderen Mitgliedstaat der Europäischen Union oder in einem anderen Vertragsstaat des Haager Kinderschutzübereinkommens, des Haager Kindesentführungsübereinkommens oder des Europäischen Sorgerechtsübereinkommens hat.

(3) Im Falle des Absatzes 1 Satz 1 hat ein anderes Familiengericht, bei dem eine dasselbe Kind betreffende Familiensache nach § 151 Nr. 1 bis 3 des Gesetzes über das Verfahren in Familiensachen und in den Angelegenheiten der freiwilligen Gerichtsbarkeit im ersten Rechtszug anhängig ist oder anhängig wird, dieses Verfahren von Amts wegen an das nach Absatz 1 Satz 1 zuständige Gericht abzugeben. Auf übereinstimmenden Antrag beider Elternteile sind andere Familiensachen, an denen diese beteiligt sind, an das nach Absatz 1 oder Absatz 2 zuständige Gericht abzugeben. § 281 Abs. 2 Satz 1 bis 3 und Abs. 3 Satz 1 der Zivilprozessordnung gilt entsprechend.

(4) Das Familiengericht, das gemäß Absatz 1 oder Absatz 2 zuständig oder an das die Sache gemäß Absatz 3 abgegeben worden ist, kann diese aus wichtigen Gründen an das nach den allgemeinen Vorschriften zuständige Familiengericht abgeben oder zurückgeben, soweit dies nicht zu einer erheblichen Verzögerung des Verfahrens führt. Als wichtiger Grund ist es in der Regel anzusehen, wenn die besondere Sachkunde des erstgenannten Gerichts für das Verfahren nicht oder nicht mehr benötigt wird. § 281 Abs. 2 und 3 Satz 1 der Zivilprozessordnung gilt entsprechend. Die Ablehnung einer Abgabe nach Satz 1 ist unanfechtbar.

(5) §§ 4 und 5 Abs. 1 Nr. 5, Abs. 2 und 3 des Gesetzes über das Verfahren in Familiensachen und in den Angelegenheiten der freiwilligen Gerichtsbarkeit bleibt unberührt.

§ 13a.[23] Verfahren bei grenzüberschreitender Abgabe. (1) Ersucht das Familiengericht das Gericht eines anderen Vertragsstaats nach Artikel 8 des Haager Kinderschutzübereinkommens um Übernahme der Zuständigkeit, so setzt es eine Frist, innerhalb derer das ausländische Gericht die Übernahme der Zuständigkeit mitteilen kann. Setzt das Familiengericht das Ver-

[23] § 13a eingefügt durch Gesetz v. 25.6.2009 (BGBl. I, S. 1594) mit Wirkung v. 1.1.2011. Abs. 4 Satz 1 Nr. 1–3 und 5, Abs. 5, 6 Satz 1 geändert durch Gesetz v. 10.8.2021 (BGBl. I, S. 3424) mit Wirkung v. 1.8.2022.

fahren nach Artikel 8 des Haager Kinderschutzübereinkommens aus, setzt es den Parteien eine Frist, innerhalb derer das ausländische Gericht anzurufen ist. Ist die Frist nach Satz 1 abgelaufen, ohne dass das ausländische Gericht die Übernahme der Zuständigkeit mitgeteilt hat, so ist in der Regel davon auszugehen, dass das ersuchte Gericht die Übernahme der Zuständigkeit ablehnt. Ist die Frist nach Satz 2 abgelaufen, ohne dass eine Partei das ausländische Gericht angerufen hat, bleibt es bei der Zuständigkeit des Familiengerichts. Das Gericht des ersuchten Staates und die Parteien sind auf diese Rechtsfolgen hinzuweisen.

(2) Ersucht ein Gericht eines anderen Vertragsstaats das Familiengericht nach Artikel 8 des Haager Kinderschutzübereinkommens um Übernahme der Zuständigkeit oder ruft eine Partei das Familiengericht nach dieser Vorschrift an, so kann das Familiengericht die Zuständigkeit innerhalb von sechs Wochen übernehmen.

(3) Die Absätze 1 und 2 sind auf Anträge, Ersuchen und Entscheidungen nach Artikel 9 des Haager Kinderschutzübereinkommens entsprechend anzuwenden.

(4) Der Beschluss des Familiengerichts,

1. das ausländische Gericht nach Absatz 1 Satz 1 oder nach Artikel 12 Absatz 1 Buchstabe b der Verordnung (EU) 2019/1111 um Übernahme der Zuständigkeit zu ersuchen,
2. das Verfahren nach Absatz 1 Satz 2 oder nach Artikel 12 Absatz 1 Buchstabe a der Verordnung (EU) 2019/1111 auszusetzen,
3. das zuständige ausländische Gericht nach Artikel 9 des Kinderschutzübereinkommens oder nach Artikel 13 Absatz 1 der Verordnung (EU) 2019/1111 um Abgabe der Zuständigkeit zu ersuchen,
4. die Parteien einzuladen, bei dem zuständigen ausländischen Gericht nach Artikel 9 des Haager Kinderschutzübereinkommens die Abgabe der Zuständigkeit an das Familiengericht zu beantragen, oder
5. die Zuständigkeit auf Ersuchen eines ausländischen Gerichts oder auf Antrag der Parteien nach Artikel 9 des Haager Kinderschutzübereinkommens oder auf Ersuchen eines ausländischen Gerichts nach Artikel 13 Absatz 2 der Verordnung (EU) 2019/1111 an das ausländische Gericht abzugeben,

ist mit der sofortigen Beschwerde in entsprechender Anwendung der §§ 567 bis § § 572 der Zivilprozessordnung anfechtbar. Die Rechtsbeschwerde ist ausgeschlossen. Die in Satz 1 genannten Beschlüsse werden erst mit ihrer Rechtskraft wirksam. Hierauf ist in dem Beschluss hinzuweisen.

(5) Im Übrigen sind Beschlüsse nach den Artikeln 8 und 9 des Haager Kinderschutzübereinkommens und nach den Artikeln 12 und 13 der Verordnung (EU) 2019/1111 unanfechtbar.

(6) Parteien im Sinne dieser Vorschrift sowie der Artikel 8 und 9 des Haager Kinderschutzübereinkommens und des Artikels 12 der Verordnung (EU) 2019/1111 sind die in § 7 Absatz 1 und 2 Nummer 1 des Gesetzes

über das Verfahren in Familiensachen und in den Angelegenheiten der freiwilligen Gerichtsbarkeit genannten Beteiligten. Die Vorschriften über die Hinzuziehung weiterer Beteiligter bleiben unberührt.

Abschnitt 4. Allgemeine gerichtliche Verfahrensvorschriften

§ 14.[24] **Familiengerichtliches Verfahren.** Soweit nicht anders bestimmt, entscheidet das Familiengericht

1. über eine in den §§ 10 und 12 bezeichnete Ehesache nach den hierfür geltenden Vorschriften des Gesetzes über das Verfahren in Familiensachen und in den Angelegenheiten der freiwilligen Gerichtsbarkeit,
2. über die übrigen in den §§ 10, 11, 12 und 47 bezeichneten Angelegenheiten nach den für Kindschaftssachen geltenden Vorschriften des Gesetzes über das Verfahren in Familiensachen und in den Angelegenheiten der freiwilligen Gerichtsbarkeit.

als Familiensachen im Verfahren der freiwilligen Gerichtsbarkeit.

§ 15.[25] **Einstweilige Anordnungen.** Das Gericht kann auf Antrag oder von Amts wegen einstweilige Anordnungen treffen, um Gefahren von dem Kind abzuwenden oder eine Beeinträchtigung der Interessen der Beteiligten zu vermeiden, insbesondere um den Aufenthaltsort des Kindes während des Verfahrens zu sichern oder eine Vereitelung oder Erschwerung der Rückgabe zu verhindern; Abschnitt 4 des Buches 1 des Gesetzes über das Verfahren in Familiensachen und in den Angelegenheiten der freiwilligen Gerichtsbarkeit gilt entsprechend.

Abschnitt 5.[26] Zulassung der Zwangsvollstreckung, Anerkennungsfeststellung und Wiederherstellung des Sorgeverhältnisses im Anwendungsbereich des Haager Kinderschutzübereinkommens und des europäischen Sorgerechtsübereinkommens

Unterabschnitt 1. Zulassung der Zwangsvollstreckung im ersten Rechtszug

§ 16.[27] **Antragstellung.** (1) Im Anwendungsbereich des Haager Kinderschutzübereinkommens und des Europäischen Sorgerechtsübereinkommens

---

[24] § 14 geändert durch FGG-Reformgesetz v. 17.12.2008 (BGBl. I, S. 2586) mit Wirkung v. 1.9.2009. Nr. 2 geändert durch Gesetz v. 10.8.2021 (BGBl. I, S. 3424) mit Wirkung v. 18.8.2021.

[25] § 15 geändert durch FGG-Reformgesetz v. 17.12.2008 (BGBl. I, S. 2586) mit Wirkung v. 1.9.2009.

[26] Überschrift zum Abschnitt 5 geändert durch Gesetz v. 10.8.2021 (BGBl. I, S. 3424) mit Wirkung v. 18.8.2021.

[27] § 16 Abs. 1 geändert durch Gesetz v. 10.8.2021 (BGBl. I, S. 3424) mit Wirkung v. 1.8.2022.

wird der in einem anderen Staat vollstreckbare Titel dadurch zur Zwangsvollstreckung zugelassen, dass er auf Antrag mit der Vollstreckungsklausel versehen wird.

(2) Der Antrag auf Erteilung der Vollstreckungsklausel kann bei dem zuständigen Familiengericht schriftlich eingereicht oder mündlich zu Protokoll der Geschäftsstelle erklärt werden.

(3) Ist der Antrag entgegen § 184 des Gerichtsverfassungsgesetzes nicht in deutscher Sprache abgefasst, so kann das Gericht der antragstellenden Person aufgeben, eine Übersetzung des Antrags beizubringen, deren Richtigkeit von einer

1. in einem Mitgliedstaat der Europäischen Union oder
2. in einem anderen Vertragsstaat eines auszuführenden Übereinkommens hierzu befugten Person bestätigt worden ist.

§ 17.[28] **Zustellungsbevollmächtigter.** (1) Hat die antragstellende Person in dem Antrag keinen Zustellungsbevollmächtigten im Sinne des § 184 Abs. 1 Satz 1 der Zivilprozessordnung benannt, so können bis zur nachträglichen Benennung alle Zustellungen an sie durch Aufgabe zur Post (§ 184 Abs. 1 Satz 2, Abs. 2 der Zivilprozessordnung) bewirkt werden.

(2) Absatz 1 gilt nicht, wenn

1. für die Zustellung unmittelbar anwendbare Regelungen der Europäischen Union im Sinne von § 183 Absatz 1 Satz 1 der Zivilprozessordnung maßgeblich sind oder
2. die antragstellende Person einen Verfahrensbevollmächtigten für das Verfahren bestellt hat, an den im Inland zugestellt werden kann.

§ 18.[29] **Besondere Regelungen zum Haager Kinderschutzübereinkommen.** Im Anwendungsbereich des Haager Kinderschutzübereinkommens erhält im erstinstanzlichen Verfahren auf Zulassung der Zwangsvollstreckung nur die antragstellende Person Gelegenheit, sich zu äußern. Die Entscheidung ergeht ohne mündliche Verhandlung. Jedoch kann eine mündliche Erörterung mit der antragstellenden oder einer von ihr bevollmächtigten Person stattfinden, wenn diese hiermit einverstanden ist und die Erörterung der Beschleunigung dient.

§ 19. Besondere Regelungen zum Europäischen Sorgerechtsübereinkommen. Die Vollstreckbarerklärung eines Titels aus einem anderen

---

[28] § 17 Abs. 2 geändert durch Gesetz v. 17.4.2007 (BGBl. I, S. 529) mit Wirkung v. 1.7.2007 und erneut geändert durch Gesetz v. 10.8.2021 (BGBl. I, S. 3424) mit Wirkung v. 1.8.2022.

[29] § 18 Abs. 2 geändert durch FGG-Reformgesetz v. 17.12.2008 (BGBl. I, S. 2586) mit Wirkung v. 1.9.2009. Abs. 1 Satz 1 geändert gemäß Gesetz v. 25.6.2009 (BGBl. I, S. 1594) mit Wirkung v. 1.1.2011; Abs. 2 geändert durch Art. 7 des Gesetzes v. 23.5.2011 (BGBl. I, S. 898) mit Wirkung v. 18.6.2011; Überschrift neu gefasst, Abs. 1 Satz 1 geändert, Abs. 2 aufgehoben durch Gesetz v. 10.8.2021 (BGBl. I, S. 3424) mit Wirkung 1.8.2022.

Vertragsstaat des Europäischen Sorgerechtsübereinkommens ist auch in den Fällen der Artikel 8 und 9 des Übereinkommens ausgeschlossen, wenn die Voraussetzungen des Artikels 10 Abs. 1 Buchstabe a oder b des Übereinkommens vorliegen, insbesondere wenn die Wirkungen des Titels mit den Grundrechten des Kindes oder eines Sorgeberechtigten unvereinbar wären.

§ 20.[30] **Entscheidung.** (1) Ist die Zwangsvollstreckung aus dem Titel zuzulassen, so beschließt das Gericht, dass der Titel mit der Vollstreckungsklausel zu versehen ist. In dem Beschluss ist die zu vollstreckende Verpflichtung in deutscher Sprache wiederzugeben. Zur Begründung des Beschlusses genügt in der Regel die Bezugnahme auf den auszuführenden Anerkennungs- und Vollstreckungsvertrag sowie auf die von der antragstellenden Person vorgelegten Urkunden.

(2) Auf die Kosten des Verfahrens ist § 81 des Gesetzes über das Verfahren in Familiensachen und in den Angelegenheiten der freiwilligen Gerichtsbarkeit entsprechend anzuwenden.

(3) Ist der Antrag nicht zulässig oder nicht begründet, so lehnt ihn das Gericht durch mit Gründen versehenen Beschluss ab. Für die Kosten gilt Absatz 2.

§ 21.[31] **Bekanntmachung der Entscheidung.** (1) Im Falle des § 20 Abs. 1 sind der verpflichteten Person eine beglaubigte Abschrift des Beschlusses, eine beglaubigte Abschrift des noch nicht mit der Vollstreckungsklausel versehenen Titels und gegebenenfalls seiner Übersetzung sowie der gemäß § 20 Abs. 1 Satz 3 in Bezug genommenen Urkunden von Amts wegen zuzustellen. Ein Beschluss nach § 20 Abs. 3 ist der verpflichteten Person formlos mitzuteilen.

(2) Der antragstellenden Person sind eine beglaubigte Abschrift des Beschlusses nach § 20, im Falle des § 20 Abs. 1 ferner eine Bescheinigung über die bewirkte Zustellung zu übersenden. Die mit der Vollstreckungsklausel versehene Ausfertigung des Titels ist der antragstellenden Person erst dann zu übersenden, wenn der Beschluss nach § 20 Abs. 1 wirksam geworden und die Vollstreckungsklausel erteilt ist.

(3) In einem Verfahren, das die Vollstreckbarerklärung einer die elterliche Verantwortung betreffenden Entscheidung zum Gegenstand hat, sind Zustellungen auch an den gesetzlichen Vertreter des Kindes, an den Vertreter des Kindes im Verfahren, an das Kind selbst, wenn es das 14. Lebensjahr vollendet hat und nicht geschäftsunfähig ist, an einen Elternteil, der nicht am Verfahren beteiligt war, sowie an das Jugendamt zu bewirken. Eine Be-

---

[30] § 20 Abs. 2 geändert durch FGG-Reformgesetz v. 17.12.2008 (BGBl. I, S. 2586) mit Wirkung v. 1.9.2009; Abs. 1 Satz 3, Abs. 2, Abs. 3 Satz 2 geändert durch Gesetz v. 10.8.2021 (BGBl. I, S. 3424) mit Wirkung v. 1.8.2022.

[31] § 21 Abs. 3 Satz 1 geändert, Satz 2 angefügt durch Gesetz v. 10.8.2021 (BGBl. I, S. 3424) mit Wirkung v. 18.8.2021.

gründung soll dem Kind nicht mitgeteilt werden, wenn Nachteile für dessen Entwicklung, Erziehung oder Gesundheit zu befürchten sind.

(4) Handelt es sich bei der für vollstreckbar erklärten Maßnahme um eine Unterbringung, so ist der Beschluss auch dem Leiter der Einrichtung oder der Pflegefamilie bekannt zu machen, in der das Kind untergebracht werden soll.

§ 22.[32] **Wirksamwerden der Entscheidung.** (1) Der Beschluss nach § 20 wird erst mit Rechtskraft wirksam. Hierauf ist in dem Beschluss hinzuweisen.

§ 23. Vollstreckungsklausel. (1) Auf Grund eines wirksamen Beschlusses nach § 20 Abs. 1 erteilt der Urkundsbeamte der Geschäftsstelle die Vollstreckungsklausel in folgender Form: „Vollstreckungsklausel nach § 23 des Internationalen Familienrechtsverfahrensgesetzes vom 26. Januar 2005 (BGBl. I S. 162). Gemäß dem Beschluss des … (Bezeichnung des Gerichts und des Beschlusses) ist die Zwangsvollstreckung aus … (Bezeichnung des Titels) zugunsten … (Bezeichnung der berechtigten Person) gegen … (Bezeichnung der verpflichteten Person) zulässig. Die zu vollstreckende Verpflichtung lautet: … (Angabe der aus dem ausländischen Titel der verpflichteten Person obliegenden Verpflichtung in deutscher Sprache; aus dem Beschluss nach § 20 Abs. 1 zu übernehmen)."

(2) Wird die Zwangsvollstreckung nur für einen oder mehrere der durch den ausländischen Titel zuerkannten oder in einem anderen ausländischen Titel niedergelegten Ansprüche oder nur für einen Teil des Gegenstands der Verpflichtung zugelassen, so ist die Vollstreckungsklausel als „Teil-Vollstreckungsklausel nach § 23 des Internationalen Familienrechtsverfahrensgesetzes vom 26. Januar 2005 (BGBl. I S. 162)" zu bezeichnen.

(3) Die Vollstreckungsklausel ist von dem Urkundsbeamten der Geschäftsstelle zu unterschreiben und mit dem Gerichtssiegel zu versehen. Sie ist entweder auf die Ausfertigung des Titels oder auf ein damit zu verbindendes Blatt zu setzen. Falls eine Übersetzung des Titels vorliegt, ist sie mit der Ausfertigung zu verbinden.

Unterabschnitt 2. Beschwerde

§ 24.[33] **Einlegung der Beschwerde; Beschwerdefrist.** (1) Gegen die im ersten Rechtszug ergangene Entscheidung findet die Beschwerde zum Oberlandesgericht statt. Die Beschwerde wird bei dem Oberlandesgericht durch Einreichen einer Beschwerdeschrift oder durch Erklärung zu Protokoll der Geschäftsstelle eingelegt.

---

[32] § 22 neu gefasst durch Gesetz v. 8.7.2014 (BGBl. I, S. 890) mit Wirkung v. 16.7.2014; Abs. 2 aufgehoben durch Gesetz v. 10.8.2021 (BGBl. I, S. 3424) mit Wirkung v. 1.8.2022.

[33] § 24 Abs. 6 angefügt durch Gesetz v. 8.7.2014 (BGBl. I, S. 890) mit Wirkung v. 16.7.2014; Abs. 6 aufgehoben durch Gesetz v. 10.8.2021 (BGBl. I, S. 3424) mit Wirkung 1.8.2022.

(2) Die Zulässigkeit der Beschwerde wird nicht dadurch berührt, dass sie statt bei dem Oberlandesgericht bei dem Gericht des ersten Rechtszugs eingelegt wird; die Beschwerde ist unverzüglich von Amts wegen an das Oberlandesgericht abzugeben.

(3) Die Beschwerde gegen die Zulassung der Zwangsvollstreckung ist einzulegen

1. innerhalb eines Monats nach Zustellung, wenn die beschwerdeberechtigte Person ihren gewöhnlichen Aufenthalt im Inland hat;
2. innerhalb von zwei Monaten nach Zustellung, wenn die beschwerdeberechtigte Person ihren gewöhnlichen Aufenthalt im Ausland hat. Die Frist beginnt mit dem Tag, an dem die Vollstreckbarerklärung der beschwerdeberechtigten Person entweder persönlich oder in ihrer Wohnung zugestellt worden ist. Eine Verlängerung dieser Frist wegen weiter Entfernung ist ausgeschlossen.

(4) Die Beschwerdefrist ist eine Notfrist.

(5) Die Beschwerde ist dem Beschwerdegegner von Amts wegen zuzustellen.

§ 25. Einwendungen gegen den zu vollstreckenden Anspruch. Die verpflichtete Person kann mit der Beschwerde gegen die Zulassung der Zwangsvollstreckung aus einem Titel über die Erstattung von Verfahrenskosten auch Einwendungen gegen den Anspruch selbst insoweit geltend machen, als die Gründe, auf denen sie beruhen, erst nach Erlass des Titels entstanden sind.

§ 26.[34] Verfahren und Entscheidung über die Beschwerde. (1) Der Senat des Oberlandesgerichts entscheidet durch Beschluss, der mit Gründen zu versehen ist und ohne mündliche Verhandlung ergehen kann.

(2) Solange eine mündliche Verhandlung nicht angeordnet ist, können zu Protokoll der Geschäftsstelle Anträge gestellt und Erklärungen abgegeben werden.

(3) Eine vollständige Ausfertigung des Beschlusses ist den Beteiligten auch dann von Amts wegen zuzustellen, wenn der Beschluss verkündet worden ist.

(4) § 20 Abs. 1 Satz 2, Abs. 2 und 3, § 21 Abs. 1, 2 und 4 sowie § 23 gelten entsprechend.

§ 27. Anordnung der sofortigen Wirksamkeit. (1) Der Beschluss des Oberlandesgerichts nach § 26 wird erst mit seiner Rechtskraft wirksam. Hierauf ist in dem Beschluss hinzuweisen.

---

[34] § 26 Abs. 2 Satz 2 aufgehoben durch Gesetz v. 10.8.2021 (BGBl. I, S. 3424) mit Wirkung v. 1.8.2022.

(2) Das Oberlandesgericht kann in Verbindung mit der Entscheidung über die Beschwerde die sofortige Wirksamkeit eines Beschlusses anordnen.

Unterabschnitt 3. Rechtsbeschwerde

§ 28. Statthaftigkeit der Rechtsbeschwerde. Gegen den Beschluss des Oberlandesgerichts findet die Rechtsbeschwerde zum Bundesgerichtshof nach Maßgabe des § 574 Abs. 1 Nr. 1, Abs. 2 der Zivilprozessordnung statt.

§ 29.[35] Einlegung und Begründung der Rechtsbeschwerde. § 575 Abs. 1 bis 4 der Zivilprozessordnung ist entsprechend anzuwenden. Soweit die Rechtsbeschwerde darauf gestützt wird, dass das Oberlandesgericht von einer Entscheidung des Gerichtshofs der Europäischen Union abgewichen sei, muss die Entscheidung, von der der angefochtene Beschluss abweicht, bezeichnet werden.

§ 30.[36] Verfahren und Entscheidung über die Rechtsbeschwerde. (1) Der Bundesgerichtshof kann nur überprüfen, ob der Beschluss auf einer Verletzung des Rechts der Europäischen Union, eines Anerkennungs- und Vollstreckungsvertrags, sonstigen Bundesrechts oder einer anderen Vorschrift beruht, deren Geltungsbereich sich über den Bezirk eines Oberlandesgerichts hinaus erstreckt. Er darf nicht prüfen, ob das Gericht seine örtliche Zuständigkeit zu Unrecht angenommen hat.

(2) Der Bundesgerichtshof kann über die Rechtsbeschwerde ohne mündliche Verhandlung entscheiden. Entsprechend anzuwenden sind die §§ 546, 547, 560 und 577 der Zivilprozessordnung mit Ausnahme von Absatz 2 Satz 1 bis 3.

(3) § 20 Absatz 1 Satz 2, Abs. 2 und 3, § 21 Abs. 1, 2 und 4 sowie § 23 gelten entsprechend.

§ 31. Anordnung der sofortigen Wirksamkeit. Der Bundesgerichtshof kann auf Antrag der verpflichteten Person eine Anordnung nach § 27 Abs. 2 aufheben oder auf Antrag der berechtigten Person erstmals eine Anordnung nach § 27 Abs. 2 treffen.

Unterabschnitt 4. Feststellung der Anerkennung

§ 32.[37] Anerkennungsfeststellung. Auf das Verfahren über einen gesonderten Feststellungsantrag nach Artikel 24 des Haager Kinderschutzübereinkommens oder nach dem Europäischen Sorgerechtsübereinkom-

---

[35] § 29 Satz 2 geändert durch Gesetz v. 10.8.2021 (BGBl. I, S. 3424) mit Wirkung v. 18.8.2021.

[36] § 30 Abs. 1 Satz 1 geändert, Abs. 2 Satz 2 neu gefasst durch Gesetz v. 10.8.2021 (BGBl. I, S. 3424) mit Wirkung v. 1.8.2022.

[37] § 32 geändert durch Gesetz v. 25.6.2009 (BGBl. I, S. 1594) mit Wirkung v. 1.1.2011; Sätze 1–3 geändert durch Gesetz v. 10.8.2021 (BGBl. I, S. 3424) mit Wirkung v. 1.8.2022.

men, einen Titel aus einem anderen Staat anzuerkennen oder nicht anzuerkennen, sind die Unterabschnitte 1 bis 3 entsprechend anzuwenden. § 18 Satz 1 ist nicht anzuwenden, wenn die antragstellende Person die Feststellung begehrt, dass ein Titel aus einem anderen Staat nicht anzuerkennen ist. § 18 Satz 3 ist in diesem Falle mit der Maßgabe anzuwenden, dass die mündliche Erörterung auch mit weiteren Beteiligten stattfinden kann.

Unterabschnitt 5. Wiederherstellung des Sorgeverhältnisses

§ 33.[38] **Anordnung auf Herausgabe des Kindes.** (1) Umfasst ein vollstreckungsfähiger Titel im Anwendungsbereich des Haager Kinderschutzübereinkommens oder des Europäischen Sorgerechtsübereinkommens nach dem Recht des Staates, in dem er geschaffen wurde, das Recht auf Herausgabe des Kindes, so kann das Familiengericht die Herausgabeanordnung in der Vollstreckungsklausel oder in einer nach § 44 getroffenen Anordnung klarstellend aufnehmen.

(2) Liegt im Anwendungsbereich des Europäischen Sorgerechtsübereinkommens ein vollstreckungsfähiger Titel auf Herausgabe des Kindes nicht vor, so stellt das Gericht nach § 32 fest, dass die Sorgerechtsentscheidung oder die von der zuständigen Behörde genehmigte Sorgerechtsvereinbarung aus dem anderen Vertragsstaat anzuerkennen ist, und ordnet zur Wiederherstellung des Sorgeverhältnisses auf Antrag an, dass die verpflichtete Person das Kind herauszugeben hat.

Unterabschnitt 6. Aufhebung oder Änderung von Beschlüssen

§ 34.[39] **Verfahren auf Aufhebung oder Änderung.** (1) Wird der Titel in dem Staat, in dem er geschaffen worden ist, aufgehoben oder abgeändert und kann die verpflichtete Person diese Tatsache in dem Verfahren der Zulassung der Zwangsvollstreckung nicht mehr geltend machen, so kann sie die Aufhebung oder Änderung der Zulassung in einem besonderen Verfahren beantragen. Das Gleiche gilt für den Fall der Aufhebung oder Änderung von in den Anwendungsbereich des Haager Kinderschutzübereinkommens und des Europäischen Sorgerechtsübereinkommens fallenden Entscheidungen, deren Anerkennung festgestellt ist.

(2) Für die Entscheidung über den Antrag ist das Familiengericht ausschließlich zuständig, das im ersten Rechtszug über den Antrag auf Erteilung der Vollstreckungsklausel oder auf Feststellung der Anerkennung entschieden hat.

---

[38] § 33 Abs. 1 eingefügt gemäß Gesetz v. 25.6.2009 (BGBl. I, S. 1594) mit Wirkung v. 1.1.2011; Abs. 1 geändert durch Gesetz v. 10.8.2021 (BGBl. I, S. 3424) mit Wirkung v. 1.8.2022.

[39] § 34 Abs. 1 Sätze 1 und 2 geändert durch Gesetz v. 10.8.2021 (BGBl. I, S. 3424) mit Wirkung v. 1.8.2022.

(3) Der Antrag kann bei dem Gericht schriftlich oder durch Erklärung zu Protokoll der Geschäftsstelle gestellt werden. Die Entscheidung ergeht durch Beschluss.

(4) Auf die Beschwerde finden die Unterabschnitte 2 und 3 entsprechend Anwendung.

(5) Im Falle eines Titels über die Erstattung von Verfahrenskosten sind für die Einstellung der Zwangsvollstreckung und die Aufhebung bereits getroffener Vollstreckungsmaßregeln die §§ 769 und 770 der Zivilprozessordnung entsprechend anzuwenden. Die Aufhebung einer Vollstreckungsmaßregel ist auch ohne Sicherheitsleistung zulässig.

§ 35.[40] Schadensersatz wegen ungerechtfertigter Vollstreckung aus Titeln über die Erstattung von Verfahrenskosten. (1) Wird die Zulassung der Zwangsvollstreckung aus einem Titel über die Erstattung von Verfahrenskosten auf die Rechtsbeschwerde aufgehoben oder abgeändert, so ist die berechtigte Person zum Ersatz des Schadens verpflichtet, welcher der verpflichteten Person durch die Vollstreckung des Titels oder durch eine Leistung zur Abwendung der Vollstreckung entstanden ist. Das Gleiche gilt, wenn die Zulassung der Zwangsvollstreckung nach § 34 aufgehoben oder abgeändert wird, sofern der zur Zwangsvollstreckung zugelassene Titel zum Zeitpunkt der Zulassung nach dem Recht des Staates, in dem er ergangen ist, noch mit einem ordentlichen Rechtsbehelf angefochten werden konnte.

(2) Für den Antrag, mit dem ein Anspruch nach Absatz 1 geltend gemacht wird, ist das Gericht ausschließlich zuständig, das im ersten Rechtszug über den Antrag, den Titel mit der Vollstreckungsklausel zu versehen, entschieden hat. Es entscheidet nach den für sonstige Familiensachen im Sinne des § 266 Absatz 1 des Gesetzes über das Verfahren in Familiensachen und in den Angelegenheiten der freiwilligen Gerichtsbarkeit geltenden Vorschriften.

Unterabschnitt 7.[41] Vollstreckungsabwehrklage

§ 36.[42] Vollstreckungsabwehrklage bei Titeln über die Erstattung von Verfahrenskosten. (1) Ist die Zwangsvollstreckung aus einem Titel über die Erstattung von Verfahrenskosten zugelassen, so kann die verpflichtete Person Einwendungen gegen den Anspruch selbst in einem Verfahren nach § 767 der Zivilprozessordnung nur geltend machen, wenn die Gründe, auf denen ihre Einwendungen beruhen, erst

---

[40] Überschrift zu § 35 neu gefasst, Abs. 2 Satz 1 geändert, Satz 2 angefügt durch Gesetz v. 10.8.2021 (BGBl. I, S. 3424) mit Wirkung v. 1.8.2022.

[41] Überschrift geändert durch Gesetz v. 8.7.2014 (BGBl. I, S. 890) mit Wirkung v. 16.7.2014.

[42] Überschrift geändert durch Gesetz v. 10.8.2021 (BGBl. I, S. 3424) mit Wirkung v. 18.8.2021.

1. nach Ablauf der Frist, innerhalb deren sie die Beschwerde hätte einlegen können, oder
2. falls die Beschwerde eingelegt worden ist, nach Beendigung dieses Verfahrens entstanden sind.

(2) Die Klage nach § 767 der Zivilprozessordnung ist bei dem Gericht zu erheben, das über den Antrag auf Erteilung der Vollstreckungsklausel entschieden hat.

Abschnitt 6. Verfahren nach dem Haager Kindesentführungsübereinkommen

§ 37. Anwendbarkeit. Kommt im Einzelfall die Rückgabe des Kindes nach dem Haager Kindesentführungsübereinkommen und dem Europäischen Sorgerechtsübereinkommen in Betracht, so sind zunächst die Bestimmungen des Haager Kindesentführungsübereinkommens anzuwenden, sofern die antragstellende Person nicht ausdrücklich die Anwendung des Europäischen Sorgerechtsübereinkommens begehrt.

§ 38.[43] **Besondere Verfahrensvorschriften.** (1) Das Gericht hat das Verfahren auf Rückgabe eines Kindes in allen Rechtszügen vorrangig und beschleunigt zu behandeln. Mit Ausnahme von Artikel 12 Absatz 3 des Haager Kindesentführungsübereinkommens findet eine Aussetzung des Verfahrens nicht statt. Das Gericht hat alle erforderlichen Maßnahmen zur Beschleunigung des Verfahrens zu treffen, insbesondere auch damit die Entscheidung in der Hauptsache binnen der in Artikel 24 Absatz 2 und 3 der Verordnung (EU) 2019/1111 genannten Fristen ergehen kann.

(2) Das Gericht prüft in jeder Lage des Verfahrens, ob das Recht zum persönlichen Umgang mit dem Kind gewährleistet werden kann.

(3) Die Beteiligten haben an der Aufklärung des Sachverhalts mitzuwirken, wie es einem auf Förderung und Beschleunigung des Verfahrens bedachten Vorgehen entspricht.

(4) Werden gerichtliche Verfahren nach dem Haager Kindesentführungsübereinkommen nicht nach § 6 Absatz 2 Satz 1 und 2 von der Zentralen Behörde eingeleitet, so benachrichtigt das Gericht die Zentrale Behörde von der Einleitung des Verfahrens. Auf ihren Antrag ist sie am Verfahren zu beteiligen.

§ 39.[44] **Ausstellung von Bescheinigungen nach Artikel 29 Absatz 2 der Verordnung (EU) 2019/1111 und Übersendung von Unterlagen.** (1) Die Bescheinigung nach Artikel 29 Absatz 2 der Verordnung (EU) 2019/1111 wird beim Gericht des ersten Rechtszugs von dem Familien-

---

[43] Überschrift zu § 38 neu gefasst, Abs. 1 Sätze 1 und 3 geändert, Abs. 4 angefügt durch Gesetz v. 10.8.2021 (BGBl. I, S. 3424) mit Wirkung v. 1.8.2022.

[44] § 39 neu gefasst durch Gesetz v. 10.8.2021 (BGBl. I, S. 3424) mit Wirkung v. 1.8.2022.

richter, in Verfahren vor dem Oberlandesgericht von dem Vorsitzenden des Senats für Familiensachen ausgestellt.

(2) Werden Unterlagen nach Artikel 29 Absatz 3 der Verordnung (EU) 2019/1111 unmittelbar dem zuständigen Gericht oder der Zentralen Behörde im Ausland übermittelt, sind der Zentralen Behörde zur Erfüllung ihrer Aufgaben nach Artikel 7 des Haager Kindesentführungsübereinkommens Abschriften dieser Unterlagen zu übersenden.

§ 40.[45] Wirksamkeit der Entscheidung; Rechtsmittel. (1) Eine Entscheidung, die zur Rückgabe des Kindes in einen anderen Vertragsstaat verpflichtet, wird erst mit deren Rechtskraft wirksam.

(2) Gegen eine im ersten Rechtszug ergangene Entscheidung findet die Beschwerde zum Oberlandesgericht nach Unterabschnitt 1 des Abschnitts 5 des Buches 1 des Gesetzes über das Verfahren in Familiensachen und in den Angelegenheiten der freiwilligen Gerichtsbarkeit statt; § 65 Abs. 2, § 68 Abs. 4 Satz 1 sowie § 69 Abs. 1 Satz 2 bis 4 jenes Gesetzes sind nicht anzuwenden. Die Beschwerde ist innerhalb von zwei Wochen einzulegen und zu begründen. Die Beschwerde gegen eine Entscheidung, die zur Rückgabe des Kindes verpflichtet, steht nur dem Antragsgegner, dem Kind, soweit es das 14. Lebensjahr vollendet hat, und dem beteiligten Jugendamt zu. Eine Rechtsbeschwerde findet nicht statt.

(3) Das Beschwerdegericht hat nach Eingang der Beschwerdeschrift unverzüglich zu prüfen, ob die sofortige Wirksamkeit der angefochtenen Entscheidung über die Rückgabe des Kindes anzuordnen ist. Die sofortige Wirksamkeit soll angeordnet werden, wenn die Beschwerde offensichtlich unbegründet ist oder die Rückgabe des Kindes vor der Entscheidung über die Beschwerde unter Berücksichtigung der berechtigten Interessen der Beteiligten mit dem Wohl des Kindes zu vereinbaren ist. Die Entscheidung über die sofortige Wirksamkeit kann während des Beschwerdeverfahrens abgeändert werden.

§ 41.[46] Bescheinigung über Widerrechtlichkeit. (1) Über einen Antrag, die Widerrechtlichkeit des Verbringens oder des Zurückhaltens eines Kindes nach Artikel 15 Satz 1 des Haager Kindesentführungsübereinkommens festzustellen, entscheidet in folgender Rangfolge das Familiengericht, in dessen Zuständigkeitsbereich

1. die Sorgerechtsangelegenheit oder Ehesache im ersten Rechtszug anhängig ist oder war,

---

[45] § 40 Abs. 2 neu gefasst und Abs. 3 Sätze 1–3 geändert durch FGG-Reformgesetz v. 17.12.2008 (BGBl. I, S. 2586) mit Wirkung v. 1.9.2009; Verweisung in Abs. 2geändert durch Gesetz v. 8.12.2010 (BGBl. I, S. 1864) mit Wirkung v. 15.12.2010 und durch Gesetz v. 16.6.2021 (BGBl. I, S. 1810) mit Wirkung v. 16.6.2021.

[46] § 41 neu gefasst durch Gesetz v. 10.8.2021 (BGBl. I, S. 3424) mit Wirkung v. 18.8.2021

2. das Kind seinen letzten gewöhnlichen Aufenthalt im Geltungsbereich dieses Gesetzes hatte,
3. das Bedürfnis der Fürsorge bekannt wird.

§ 12 gilt entsprechend.

(2) Der Antrag ist zu begründen; die für die Widerrechtlichkeit geltend gemachten Gründe sind glaubhaft zu machen.

(3) Das Gericht kann im schriftlichen Verfahren und ohne Anhörung der Beteiligten entscheiden. Die Entscheidung ist zu begründen.

(4) Der Beschluss ist mit der sofortigen Beschwerde in entsprechender Anwendung der §§ 567 bis 572 der Zivilprozessordnung anfechtbar. Eine Rechtsbeschwerde findet nicht statt.

§ 42. Einreichung von Anträgen bei dem Amtsgericht. (1) Ein Antrag, der in einem anderen Vertragsstaat zu erledigen ist, kann auch bei dem Amtsgericht als Justizverwaltungsbehörde eingereicht werden, in dessen Bezirk die antragstellende Person ihren gewöhnlichen Aufenthalt oder, mangels eines solchen im Geltungsbereich dieses Gesetzes, ihren tatsächlichen Aufenthalt hat. Das Gericht übermittelt den Antrag nach Prüfung der förmlichen Voraussetzungen unverzüglich der Zentralen Behörde, die ihn an den anderen Vertragsstaat weiterleitet.

(2) Für die Tätigkeit des Amtsgerichts und der Zentralen Behörde bei der Entgegennahme und Weiterleitung von Anträgen werden mit Ausnahme der Fälle nach § 5 Abs. 1 Kosten nicht erhoben.

§ 43.[47] Verfahrenskosten- und Beratungshilfe. Abweichend von Artikel 26 Abs. 2 des Haager Kindesentführungsübereinkommens findet eine Befreiung von gerichtlichen und außergerichtlichen Kosten bei Verfahren nach diesem Übereinkommen nur nach Maßgabe der Vorschriften über die Beratungshilfe und Verfahrenskostenhilfe statt.

Abschnitt 7. Vollstreckung

Unterabschnitt 1.[48] Besondere Vorschriften zur Vollstreckung von Titeln über die Herausgabe und Rückgabe von Personen und die Regelung des Umgangs

§ 44.[49] Ordnungsmittel; Vollstreckung von Amts wegen. (1) Bei Zuwiderhandlung gegen einen im Inland zu vollstreckenden Titel nach Kapi-

---

[47] § 43 neu gefasst durch FGG-Reformgesetz v. 17.12.2008 (BGBl. I, S. 2586) mit Wirkung v. 1.9.2009.

[48] Überschrift zu Unterabschnitt 1 eingefügt durch Gesetz v. 10.8.2021 (BGBl. I, S. 3424) mit Wirkung v. 18.8.2021.

[49] § 44 neu gefasst durch FGG-Reformgesetz v. 17.12.2008 (BGBl. I, S. 2586); bisheriger Abs. 2 wurde durch Gesetz v. 30.7.2009 (BGBl. I, S. 2474) Abs. 3, jeweils mit Wirkung v. 1.9.2009. Abs. 1 Satz 1 geändert gemäß Gesetz v. 25.6.2009 (BGBl. I, S. 1594) mit Wirkung v. 1.1.2011.

tel IV der Verordnung (EU) 2019/1111, nach dem Haager Kinderschutzübereinkommen, dem Haager Kindesentführungsübereinkommen oder dem Europäischen Sorgerechtsübereinkommen, der auf Herausgabe oder Rückgabe von Personen oder die Regelung des Umgangs gerichtet ist, soll das Gericht Ordnungsgeld und für den Fall, dass dieses nicht beigetrieben werden kann, Ordnungshaft anordnen. Verspricht die Anordnung eines Ordnungsgeldes keinen Erfolg, soll das Gericht Ordnungshaft anordnen.

(2) Für die Vollstreckung eines in Absatz 1 genannten Titels nach dem Haager Kinderschutzübereinkommen, dem Haager Kindesentführungsübereinkommen oder dem Europäischen Sorgerechtsübereinkommen ist das Oberlandesgericht zuständig, sofern es die Anordnung für vollstreckbar erklärt, erlassen oder bestätigt hat.

(3) Ist ein Kind heraus- oder zurückzugeben, so hat das Gericht die Vollstreckung von Amts wegen durchzuführen, es sei denn, die Anordnung ist auf Herausgabe des Kindes zum Zweck des Umgangs gerichtet. Auf Antrag der berechtigten Person soll das Gericht hiervon absehen.

Unterabschnitt 2.[50] *Besondere Vorschriften zur Vollstreckung von Titeln nach Kapitel IV der Verordnung (EU) 2019/1111*

§ 44a. Allgemeine Verfahrensvorschriften. (1) Aus einem Titel nach Kapitel IV der Verordnung (EU) 2019/1111, der in einem anderen Mitgliedstaat vollstreckbar ist, findet die Zwangsvollstreckung im Inland statt, ohne dass es einer Vollstreckungsklausel bedarf.

(2) Weist die zur Vollstreckung berechtigte Person bei Vorlage der nach den Artikeln 35, 46 oder 65 Absatz 2 Satz 2 der Verordnung (EU) 2019/1111 zwecks Vollstreckung vorzulegenden Unterlagen nicht nach, wann der verpflichteten Person der zu vollstreckende Titel und die nach den Artikeln 36, 47 oder 66 ausgestellte Bescheinigung zugestellt worden sind, so stellt die für die Vollstreckung zuständige Stelle der verpflichteten Person von Amts wegen Abschriften der ihr vorgelegten Bescheinigung sowie der ihr vorgelegten Ausfertigung der Entscheidung zu.

(3) Umfasst ein vollstreckungsfähiger Titel nach Kapitel IV der Verordnung (EU) 2019/1111 nach dem Recht des Staates, in dem er geschaffen wurde, das Recht auf Herausgabe des Kindes, so kann das Familiengericht die Herausgabeanordnung in einer nach § 44 getroffenen Anordnung klarstellend aufnehmen.

§ 44b. Verfahren auf Versagung der Vollstreckung nach Artikel 59 der Verordnung (EU) 2019/1111. (1) Mit dem Antrag auf Versagung der Vollstreckung nach Artikel 59 der Verordnung (EU) 2019/1111 können ausschließlich die in den Artikeln 41, 50, 56 Absatz 6 und Artikel 68 Ab-

[50] Unterabschnitt 2 (§§ 44a–44j) eingefügt durch Gesetz v. 10.8.2021 (BGBl. I, S. 3424) mit Wirkung v. 1.8.2022

satz 2 und 3 der Verordnung (EU) 2019/1111 vorgesehenen Vollstreckungsversagungsgründe geltend gemacht werden.

(2) Der Antrag nach Absatz 1 ist bei dem zuständigen Gericht schriftlich einzureichen oder mündlich zu Protokoll der Geschäftsstelle zu erklären. Er soll die Vollstreckungsversagungsgründe bezeichnen, die geltend gemacht werden, und die zu ihrer Begründung dienenden Tatsachen und Beweismittel angeben. Abweichend von § 114 Absatz 1 des Gesetzes über das Verfahren in Familiensachen und in den Angelegenheiten der freiwilligen Gerichtsbarkeit ist auch in Ehesachen im ersten Rechtszug eine Vertretung durch einen Rechtsanwalt nicht erforderlich.

(3) Das Gericht kann der antragstellenden Person eine Frist für die Bezeichnung der geltend gemachten Vollstreckungsversagungsgründe und die Angabe der zu ihrer Begründung dienenden Tatsachen und Beweismittel setzen. Mit der Fristsetzung ist die antragstellende Person über die Folgen der Versäumung der Frist zu belehren.

(4) Vollstreckungsversagungsgründe und die zu ihrer Begründung dienenden Tatsachen und Beweismittel, die erst nach Ablauf einer nach Absatz 3 Satz 1 gesetzten Frist vorgebracht werden, sind nur zuzulassen, wenn

1. ihre Zulassung nach der freien Überzeugung des Gerichts die Erledigung des Verfahrens nicht verzögern würde oder
2. die antragstellende Person die Verspätung genügend entschuldigt.

Der Entschuldigungsgrund nach Satz 1 Nummer 2 ist auf Verlangen des Gerichts glaubhaft zu machen.

§ 44c. Entscheidung über die Versagung der Vollstreckung und Bekanntmachung der Entscheidung. (1) Über den Antrag auf Versagung der Vollstreckung nach Artikel 59 der Verordnung (EU) 2019/1111 entscheidet das Gericht durch Beschluss. Der Beschluss ist zu begründen. Er kann ohne mündliche Verhandlung ergehen.

(2) Für die Kostenentscheidung gelten in Ehesachen die §§ 91 bis 107 der Zivilprozessordnung und in den übrigen Verfahren die §§ 80 bis 85 des Gesetzes über das Verfahren in Familiensachen und in Angelegenheiten der freiwilligen Gerichtsbarkeit entsprechend.

(3) Der Beschluss ist den Beteiligten zuzustellen.

(4) In einem Verfahren, das die Versagung der Vollstreckung einer die elterliche Verantwortung betreffenden Entscheidung zum Gegenstand hat, ist der Beschluss auch zuzustellen:

1. dem gesetzlichen Vertreter des Kindes,
2. dem Vertreter des Kindes im Verfahren,
3. dem Kind selbst, wenn es das 14. Lebensjahr vollendet hat und nicht geschäftsunfähig ist,
4. einem Elternteil, der nicht am Verfahren beteiligt war, sowie
5. dem Jugendamt.

Eine Begründung soll dem Kind nicht mitgeteilt werden, wenn Nachteile für dessen Entwicklung, Erziehung oder Gesundheit zu befürchten sind.

(5) In einem Verfahren, das die Versagung der Vollstreckung einer Unterbringung zum Gegenstand hat, ist der Beschluss auch dem Leiter der Einrichtung oder der Pflegefamilie bekannt zu machen, in der das Kind untergebracht werden soll.

§ 44d. Sofortige Beschwerde. (1) Der Beschluss ist in entsprechender Anwendung der §§ 567 bis 572 der Zivilprozessordnung mit der sofortigen Beschwerde anfechtbar.

(2) Abweichend von § 571 Absatz 2 Satz 1 und Absatz 3 der Zivilprozessordnung sind als neue Angriffs- und Verteidigungsmittel nur solche zuzulassen, die im ersten Rechtszug nicht geltend gemacht worden sind, ohne dass dies auf einer Nachlässigkeit der Partei beruht. 2Das Beschwerdegericht kann verlangen, dass die Tatsachen, aus denen sich die Zulässigkeit der neuen Angriffs- und Verteidigungsmittel nach Satz 1 ergibt, glaubhaft gemacht werden.

(3) Vollstreckungsversagungsgründe und die zu ihrer Begründung dienenden Tatsachen und Beweismittel, die im ersten Rechtszug nach § 44b Absatz 4 zu Recht zurückgewiesen worden sind, bleiben ausgeschlossen.

(4) § 44c Absatz 2 bis 5 ist entsprechend anzuwenden.

§ 44e. Rechtsbeschwerde. (1) Gegen den Beschluss des Beschwerdegerichts findet die Rechtsbeschwerde zum Bundesgerichtshof statt, wenn das Beschwerdegericht sie in seinem Beschluss in entsprechender Anwendung des § 574 Absatz 1 Satz 1 Nummer 2 und Absatz 3 der Zivilprozessordnung zugelassen hat.

(2) § 574 Absatz 4, § 575 Absatz 1 bis 4 sowie die §§ 576 und 577 der Zivilprozessordnung und § 44c Absatz 2 bis 5 sind entsprechend anwendbar. In Angelegenheiten der freiwilligen Gerichtsbarkeit bleiben § 574 Absatz 4 und § 577 Absatz 2 Satz 1 bis 3 der Zivilprozessordnung sowie in § 576 Absatz 3 die Verweisung auf § 556 der Zivilprozessordnung außer Betracht.

(3) Soweit die Rechtsbeschwerde darauf gestützt wird, dass das Beschwerdegericht von einer Entscheidung des Gerichtshofs der Europäischen Union abgewichen sei, muss die Entscheidung, von der der angefochtene Beschluss abweicht, in der Beschwerdebegründung bezeichnet werden.

§ 44f. Aussetzung der Vollstreckung nach Artikel 56 Absatz 1, 2 und 4 der Verordnung (EU) 2019/1111. (1) Antragsberechtigt nach Artikel 56 Absatz 1 und 2 der Verordnung (EU) 2019/1111 ist auch das betroffene Kind. Antragsberechtigt nach Artikel 56 Absatz 4 der Verordnung (EU) 2019/1111 sind auch das betroffene Kind und das Jugendamt.

(2) Die Befugnis zur Aussetzung der Vollstreckung im Sinne des Artikels 56 Absatz 1, 2 und 4 der Verordnung (EU) 2019/1111 umfasst die Befugnis zur Aufhebung der bisherigen Vollstreckungsmaßregeln. Die Entscheidung über eine Aussetzung der Vollstreckung nach Artikel 56 Absatz 1, 2 und 4 der Verordnung (EU) 2019/1111 ist unanfechtbar.

(3) Für die Entscheidung über die Aussetzung der Vollstreckung ist das Oberlandesgericht zuständig, wenn dort eine sofortige Beschwerde gegen einen im Vollstreckungsverfahren ergangenen Beschluss anhängig ist.

(4) § 93 des Gesetzes über das Verfahren in Familiensachen und in den Angelegenheiten der freiwilligen Gerichtsbarkeit findet keine Anwendung.

§ 44g. Einstellung der Zwangsvollstreckung. (1) Die Zwangsvollstreckung ist einzustellen, wenn die Ausfertigung einer rechtskräftigen Entscheidung vorgelegt wird, aus der sich ergibt, dass

1. die Vollstreckung im Verfahren nach Artikel 59 der Verordnung (EU) 2019/1111 versagt worden ist oder
2. die Vollstreckung nach Artikel 56 Absatz 1, 2 oder 4 der Verordnung (EU) 2019/1111 ausgesetzt worden ist.

In den Fällen des Satzes 1 Nummer 1 sind die bereits getroffenen Vollstreckungsmaßregeln aufzuheben. 3In den Fällen des Satzes 1 Nummer 2 bleiben die bereits getroffenen Vollstreckungsmaßregeln einstweilen bestehen, sofern nicht durch die Entscheidung über die Aussetzung der Vollstreckung auch die Aufhebung der bisherigen Vollstreckungsmaßregeln angeordnet ist.

(2) Die Zwangsvollstreckung ist entsprechend § 775 Nummer 1 und 2 und § 776 der Zivilprozessordnung einzustellen oder zu beschränken, wenn Folgendes vorgelegt wird:

1. im Fall einer nach Artikel 47 der Verordnung (EU) 2019/1111 bescheinigten Entscheidung eine Bescheinigung über die Aussetzung oder Einschränkung der Vollstreckbarkeit nach Artikel 49 Absatz 1 der Verordnung (EU) 2019/1111,
2. im Fall eines nicht in Nummer 1 genannten Titels eine Entscheidung des Mitgliedstaates, in dem der Titel geschaffen wurde, über die Nichtvollstreckbarkeit oder über die Beschränkung der Vollstreckbarkeit.

Im Fall des Satzes 1 Nummer 2 ist auf Verlangen des Vollstreckungsorgans eine Übersetzung der Entscheidung in die deutsche Sprache vorzulegen. Die Übersetzung ist von einer in einem der Mitgliedstaaten der Europäischen Union hierzu befugten Person zu erstellen.

§ 44h. Schadensersatz wegen ungerechtfertigter Vollstreckung aus Titeln über die Erstattung von Verfahrenskosten. (1) Wird ein Titel über die Erstattung von Verfahrenskosten in dem Mitgliedstaat, in dem er geschaffen wurde, aufgehoben oder abgeändert, so ist die berechtigte Person zum Ersatz des Schadens verpflichtet, welcher der verpflichteten Person durch die Vollstreckung des Titels oder durch eine Leistung zur Abwendung der Vollstreckung entstanden ist, sofern der Titel zum Zeitpunkt der Zwangsvollstreckungsmaßnahme noch mit einem ordentlichen Rechtsbehelf angefochten werden konnte.

(2) Für den Antrag, mit dem ein Anspruch nach Absatz 1 geltend gemacht wird, ist das Gericht ausschließlich zuständig, das im ersten Rechtszug über den Antrag auf Versagung der Vollstreckung entschieden hat oder über einen solchen Antrag zu entscheiden hätte. Es entscheidet nach den für sonstige Familiensachen im Sinne des § 266 Absatz 1 des Gesetzes über das Verfahren in Familiensachen und in den Angelegenheiten der freiwilligen Gerichtsbarkeit geltenden Vorschriften.

§ 44i. Vollstreckungsabwehrklage bei Titeln über die Erstattung von Verfahrenskosten. (1) Die aus einem Titel über die Erstattung von Verfahrenskosten verpflichtete Person kann Einwendungen gegen den Anspruch selbst im Wege einer Klage entsprechend § 767 der Zivilprozessordnung insoweit geltend machen, als die Gründe, auf denen sie beruhen, erst nach Erlass des Titels entstanden sind.

(2) Für die Klage nach Absatz 1 ist das Gericht ausschließlich zuständig, das im ersten Rechtszug über den Antrag auf Versagung der Vollstreckung entschieden hat oder über einen solchen Antrag zu entscheiden hätte.

§ 44j. Verfahren auf Feststellung des Nichtvorliegens von Anerkennungsversagungsgründen und auf Versagung der Anerkennung.

(1) Auf das Verfahren über einen gesonderten Feststellungsantrag nach Artikel 30 Absatz 3 der Verordnung (EU) 2019/1111 und auf das Verfahren über einen gesonderten Antrag auf Versagung der Anerkennung nach Artikel 40 Absatz 1 der Verordnung (EU) 2019/1111 sind § 44b Absatz 2 Satz 1 und 3, Absatz 3 und 4 sowie § 44c entsprechend anzuwenden. Antragsberechtigt ist, wer ein rechtliches Interesse an der Feststellung oder an der Versagung der Anerkennung hat. Der Antrag auf Versagung der Anerkennung nach Artikel 40 Absatz 1 der Verordnung (EU) 2019/1111 soll bezeichnen, welche der in den Artikeln 38, 39, 50 oder 68 der Verordnung (EU) 2019/1111 vorgesehenen Anerkennungsversagungsgründe geltend gemacht werden, und die zu ihrer Begründung dienenden Tatsachen und Beweismittel angeben.

(2) Der erstinstanzliche Beschluss ist mit der sofortigen Beschwerde in entsprechender Anwendung des § 44d anfechtbar. Der Beschluss des Beschwerdegerichts ist in entsprechender Anwendung des § 44e mit der Rechtsbeschwerde anfechtbar.

(3) Wird der Titel in dem Mitgliedstaat, in dem er geschaffen worden ist, aufgehoben oder geändert und kann die Aufhebung oder Änderung in dem Verfahren auf Feststellung des Nichtvorliegens von Anerkennungsversagungsgründen nicht mehr geltend gemacht werden, so kann der Antragsgegner die Aufhebung oder Änderung der Entscheidung, dass kein Aner-

kennungsversagungsgrund gegeben ist, in einem besonderen Verfahren beantragen. Für die Entscheidung über den Antrag ist das Familiengericht ausschließlich zuständig, das im ersten Rechtszug über den Feststellungsantrag nach Absatz 1 entschieden hat. § 44b Absatz 2 Satz 1 und 3, die §§ 44c und 44d Absatz 1 und 4 sowie § 44e sind entsprechend anzuwenden.

Abschnitt 8. Grenzüberschreitende Unterbringung

§ 45.[51] Zuständigkeit für die Zustimmung zu einer Unterbringung. Zuständig für die Erteilung der Zustimmung zu einer Unterbringung eines Kindes nach Artikel 82 der Verordnung (EU) 2019/1111 oder nach Artikel 33 des Haager Kinderschutzübereinkommens im Inland ist der überörtliche Träger der öffentlichen Jugendhilfe, in dessen Bereich das Kind nach dem Vorschlag der ersuchenden Stelle untergebracht werden soll, andernfalls der überörtliche Träger, zu dessen Bereich die Zentrale Behörde den engsten Bezug festgestellt hat. Hilfsweise ist das Land Berlin zuständig.

§ 46. Konsultationsverfahren. (1) Dem Ersuchen soll in der Regel zugestimmt werden, wenn

1. die Durchführung der beabsichtigten Unterbringung im Inland dem Wohl des Kindes entspricht, insbesondere weil es eine besondere Bindung zum Inland hat,
2. die ausländische Stelle einen Bericht und, soweit erforderlich, ärztliche Zeugnisse oder Gutachten vorgelegt hat, aus denen sich die Gründe der beabsichtigten Unterbringung ergeben,
3. das Kind im ausländischen Verfahren angehört wurde, sofern eine Anhörung nicht auf Grund des Alters oder des Reifegrades des Kindes unangebracht erschien,
4. die Zustimmung der geeigneten Einrichtung oder Pflegefamilie vorliegt und der Vermittlung des Kindes dorthin keine Gründe entgegenstehen,
5. eine erforderliche ausländerrechtliche Genehmigung erteilt oder zugesagt wurde,
6. die Übernahme der Kosten geregelt ist.

(2) Im Falle einer Unterbringung, die mit Freiheitsentziehung verbunden ist, ist das Ersuchen ungeachtet der Voraussetzungen des Absatzes 1 abzulehnen, wenn

1. im ersuchenden Staat über die Unterbringung kein Gericht entscheidet oder
2. bei Zugrundelegung des mitgeteilten Sachverhalts nach innerstaatlichem Recht eine Unterbringung, die mit Freiheitsentziehung verbunden ist, nicht zulässig wäre.

---

[51] § 45 Satz 1 geändert gemäß Gesetz v. 25.6.2009 (BGBl. I, S. 1594) mit Wirkung v. 1.1.2011; Satz 1 geändert durch Gesetz v. 10.8.2021 (BGBl. I, S. 3424) mit Wirkung v. 1.8.2022.

(3) Die ausländische Stelle kann um ergänzende Informationen ersucht werden.

(4) Wird um die Unterbringung eines ausländischen Kindes ersucht, ist die Stellungnahme der Ausländerbehörde einzuholen.

(5) Die zu begründende Entscheidung ist auch der Zentralen Behörde und der Einrichtung oder der Pflegefamilie, in der das Kind untergebracht werden soll, mitzuteilen. Sie ist unanfechtbar.

§ 47.[52] **Genehmigung des Familiengerichts.** (1) Die Zustimmung des überörtlichen Trägers der öffentlichen Jugendhilfe nach den §§ 45 und 46 ist nur mit Genehmigung des Familiengerichts zulässig. Das Gericht soll die Genehmigung in der Regel erteilen, wenn

1. die in § 46 Abs. 1 Nr. 1 bis 3 bezeichneten Voraussetzungen vorliegen und
2. kein Hindernis für die Anerkennung der beabsichtigten Unterbringung erkennbar ist. § 46 Abs. 2 und 3 gilt entsprechend.

(2) Örtlich zuständig ist das Familiengericht, in dessen Bezirk das Oberlandesgericht, in dessen Bezirk das Kind untergebracht werden soll, seinen Sitz hat. § 12 Abs. 2 und 3 gilt entsprechend.

(3) Der zu begründende Beschluss ist unanfechtbar.

Abschnitt 9.[53] Bescheinigungen zu inländischen Entscheidungen nach Kapitel IV der Verordnung (EU) 2019/1111

§ 48. Ausstellung von Bescheinigungen. (1) Bescheinigungen nach Artikel 36 Absatz 1 der Verordnung (EU) 2019/1111 werden von dem Gericht ausgestellt, das die Entscheidung erlassen hat. Bescheinigungen nach Artikel 49 Absatz 1 der Verordnung (EU) 2019/1111 werden von dem Gericht ausgestellt, das die Vollstreckbarkeit der Entscheidung ausgesetzt oder eingeschränkt hat.

(2) Bescheinigungen nach Artikel 36 Absatz 1, Artikel 47 Absatz 1 und Artikel 49 Absatz 1 der Verordnung (EU) 2019/1111 werden beim Gericht des ersten Rechtszugs von dem Familienrichter, bei einem höheren Gericht von dem Vorsitzenden des zuständigen Senats für Familiensachen ausgestellt. Die Bescheinigungen sind ohne Anhörung des Antragsgegners auszustellen.

(3) Eine Ausfertigung der Bescheinigung nach Artikel 36 Absatz 1 und Artikel 47 Absatz 1 der Verordnung (EU) 2019/1111 ist dem Antragsgegner zuzustellen. Die Zustellung erfolgt von Amts wegen. Das gilt nicht, wenn

---

[52] § 47 Abs. 2 Satz 1 neu gefasst durch Gesetz v. 10.8.2021 (BGBl. I, S. 3424) mit Wirkung v. 1.8.2022.

[53] Überschrift zu Abschnitt 9 neu gefasst durch Gesetz v. 10.8.2021 (BGBl. I, S. 3424) mit Wirkung v. 1.8.2022.

die antragstellende Person Übermittlung an sich zur Zustellung im Parteibetrieb beantragt hat.

(4) Die Entscheidung des Familienrichters, mit der ein Antrag auf Ausstellung einer Bescheinigung nach Artikel 36 Absatz 1 oder nach Artikel 47 Absatz 1 der Verordnung (EU) 2019/1111 zurückgewiesen wird, ist mit der sofortigen Beschwerde in entsprechender Anwendung der §§ 567 bis 572 der Zivilprozessordnung anfechtbar. Eine Rechtsbeschwerde findet nicht statt.

§ 49.[54] **Berichtigung von Bescheinigungen.** Für die Berichtigung einer Bescheinigung nach Artikel 36 der Verordnung (EU) 2019/1111 (Artikel 37 der Verordnung (EU) 2019/1111) und für die Berichtigung einer Bescheinigung nach Artikel 47 der Verordnung (EU) 2019/1111 (Artikel 48 Absatz 1 und 3 der Verordnung (EU) 2019/1111) gilt § 319 der Zivilprozessordnung entsprechend.

§ 50.[55] **Widerruf von Bescheinigungen.** (1) Über den Widerruf einer Bescheinigung nach Artikel 47 der Verordnung (EU) 2019/1111 (Artikel 48 der Verordnung (EU) 2019/1111) entscheidet das Gericht, das die Bescheinigung ausgestellt hat.

(2) § 319 Absatz 2 und 3 der Zivilprozessordnung ist auf den Widerruf entsprechend anzuwenden.

Abschnitt 10.[56] Verfahren nach dem Europäischen Adoptionsübereinkommen

§ 51. Verfahren der nationalen Behörde. Auf Anträge aus einem anderen Staat nach Artikel 15 des Europäischen Adoptionsübereinkommens finden § 4 Absatz 1, § 6 Absatz 1 und § 9 entsprechende Anwendung.

Abschnitt 11.[57] Kosten

§§ 52, 53.[58] *(weggefallen)*

§ 54. Übersetzungen. Die Höhe der Vergütung für die von der Zentralen Behörde veranlassten Übersetzungen richtet sich nach dem Justizvergütungs- und -entschädigungsgesetz.

---

[54] § 49 neu gefasst durch G v. 10.8.2021 (BGBl. I, S. 3424) mit Wirkung v. 1.8.2022.

[55] § 50 neu gefasst durch Gesetz v. 10.8.2021 (BGBl. I, S. 3424) mit Wirkung v. 1.8.2022.

[56] Abschnitt 10 (§ 50) eingefügt durch Gesetz v. 31.1.2019 (BGBl. I, S. 54) mit Wirkung v. 6.2.2019.

[57] Bisheriger Abschnitt 10 (§§ 50–54) wird Abschnitt 11 (§§ 51–54) durch Gesetz v. 31.1.2019 (BGBl. I, S. 54) mit Wirkung v. 6.2.2019.

[58] §§ 50–53 aufgehoben durch FGG-Reformgesetz v. 17.12.2008 (BGBl. I, S. 2586) mit Wirkung v. 1.9.2009.

Abschnitt 12.[59] Übergangsvorschriften

§ 55.[60] **Übergangsvorschriften zur Verordnung (EU) 2019/1111.** Wenn für vor dem 1. August 2022 eingeleitete gerichtliche Verfahren, förmlich errichtete oder eingetragene öffentliche Urkunden und vollstreckbar gewordene Vereinbarungen nach Artikel 100 Absatz 2 der Verordnung (EU) 2019/1111 die Verordnung (EG) Nr. 2201/2003 des Rates vom 27. November 2003 über die Zuständigkeit und die Anerkennung und Vollstreckung von Entscheidungen in Ehesachen und in Verfahren betreffend die elterliche Verantwortung und zur Aufhebung der Verordnung (EG) Nr. 1347/2000 (ABl. L 338 vom 23.12.2003, S. 1; L 99 vom 15.4.2016, S. 34), die zuletzt durch die Verordnung (EG) Nr. 2116/2004 (ABl. L 367 vom 14.12.2004, S. 1) geändert worden ist, weiter gilt, ist dieses Gesetz in seiner am 31. Juli 2022 geltenden Fassung anzuwenden.

§ 56.[61] *(aufgehoben)*

4. Arbeitssachen

163. Richtlinie 96/71/EG des Europäischen Parlaments und des Rates über die Entsendung von Arbeitnehmern im Rahmen der Erbringung von Dienstleistungen

Vom 16. Dezember 1996[1] (ABl. 1997 L 18, S. 1)

Art. 1–5.[2] *(nicht abgedruckt)*

Art. 6. Gerichtliche Zuständigkeit. Zur Durchsetzung des Rechts auf die in Artikel 3 gewährleisteten Arbeits- und Beschäftigungsbedingungen kann eine Klage in dem Mitgliedstaat erhoben werden, in dessen Hoheitsgebiet der Arbeitnehmer entsandt ist oder war; dies berührt nicht die Möglichkeit, gegebenenfalls gemäß den geltenden internationalen Übereinkommen über die gerichtliche Zuständigkeit in einem anderen Staat Klage zu erheben.

Art. 7–8. *(nicht abgedruckt)*

---

[59] Bisheriger Abschnitt 11 wird Abschnitt 12 durch Gesetz v. 31.1.2019 (BGBl. I, S. 54) mit Wirkung v. 6.2.2019.

[60] § 55 neu gefasst durch Gesetz v. 10.8.2021 (BGBl. I, S. 3424) mit Wirkung v. 1.8.2022.

[61] § 56 aufgehoben durch Gesetz v. 10.8.2021 (BGBl. I, S. 3424) mit Wirkung v. 1.8.2022.

[1] Die Richtlinie ist in der *Bundesrepublik Deutschland* durch Art. 10 des Gesetzes v. 19.12.1998 (BGBl. I, S. 3843) im Wege einer Änderung des AEntG v. 26.2.1996 (Nr. *174*) umgesetzt worden.

[2] Art. 1–3, 7 abgedruckt unter Nr. *89*.

5. Gewerblicher Rechtsschutz

164. Verordnung (EU) 2017/1001 des Europäischen Parlaments und des Rates über die Unionsmarke

Vom 14. Juni 2017[1, 2] (ABl. L 154, S. 1)

(Auszug)

Kapitel I. Allgemeine Bestimmungen

Art. 1. Unionsmarke. (1) Die entsprechend den Voraussetzungen und Einzelheiten dieser Verordnung eingetragenen Marken für Waren oder Dienstleistungen werden nachstehend „Unionsmarken" genannt.

(2) Die Unionsmarke ist einheitlich. Sie hat einheitliche Wirkung für die gesamte Union: sie kann nur für dieses gesamte Gebiet eingetragen oder übertragen werden oder Gegenstand eines Verzichts oder einer Entscheidung über den Verfall der Rechte des Inhabers oder die Nichtigkeit sein, und ihre Benutzung kann nur für die gesamte Union untersagt werden. Dieser Grundsatz gilt, sofern in dieser Verordnung nichts anderes bestimmt ist.

Kapitel II. Materielles Markenrecht

Abschnitt. 2. Wirkungen der Unionsmarke

Art. 17. Ergänzende Anwendung des einzelstaatlichen Rechts bei Verletzung. (1) Die Wirkung der Unionsmarke bestimmt sich ausschließlich nach dieser Verordnung. Im Übrigen unterliegt die Verletzung einer Unionsmarke dem für die Verletzung nationaler Marken geltenden Recht gemäß den Bestimmungen des Kapitels X.

(2) Diese Verordnung lässt das Recht unberührt, Klagen betreffend eine Unionsmarke auf innerstaatliche Rechtsvorschriften insbesondere über die zivilrechtliche Haftung und den unlauteren Wettbewerb zu stützen.

(3) Das anzuwendende Verfahrensrecht bestimmt sich nach den Vorschriften des Kapitels X.

---

[1] Die kodifizierte Neufassung der Verordnung ist mit Wirkung v. 1.10.2017 an die Stelle der Verordnung (EG) Nr. 207/2009 v. 26.2.2009 (ABl. L 78, S. 1) getreten.

[2] Im Verhältnis zum *Vereinigten Königreich* gilt die Verordnung nach Ablauf der in Art. 126, 127 des Brexit-Abk v. 24.1.2020 (Nr. *0–3*) vereinbarten Übergangsfrist am 31.12.2020 nicht mehr. Zu den Auswirkungen des Brexit auf die Geltung der Verordnung im Verhältnis zum *Vereinigten Königreich* siehe Anm. 2 zum EU-Vertrag (Nr. *0–1*).

Kapitel X. Zuständigkeit und Verfahren für Klagen, die Unionsmarken betreffen

Abschnitt 1. Anwendung der Unionsvorschriften über die gerichtliche Zuständigkeit und die Anerkennung und Vollstreckung von Entscheidungen in Zivil- und Handelssachen

Art. 122. Anwendung der Unionsvorschriften über die gerichtliche Zuständigkeit und die Anerkennung und Vollstreckung von Entscheidungen in Zivil- und Handelssachen. (1) Soweit in dieser Verordnung nichts anderes bestimmt ist, sind die Unionsvorschriften über die gerichtliche Zuständigkeit und die Anerkennung und Vollstreckung von Entscheidungen in Zivil- und Handelssachen auf Verfahren betreffend Unionsmarken und Anmeldungen von Unionsmarken sowie auf Verfahren, die gleichzeitige oder aufeinander folgende Klagen aus Unionsmarken und aus nationalen Marken betreffen, anzuwenden.

(2) Auf Verfahren, welche durch die in Artikel 124 genannten Klagen und Widerklagen anhängig gemacht werden,

a) sind Artikel 4 und 6, Artikel 7 Nummern 1, 2, 3 und 5 sowie Artikel 35 der Verordnung (EU) Nr. 1215/2012[3] nicht anzuwenden;

b) sind Artikel 25 und 26 der Verordnung (EU) Nr. 1215/2012 vorbehaltlich der Einschränkungen in Artikel 125 Absatz 4 der vorliegenden Verordnung anzuwenden;

c) sind die Bestimmungen des Kapitels II der Verordnung (EU) Nr. 1215/2012, die für die in einem Mitgliedstaat wohnhaften Personen gelten, auch auf Personen anzuwenden, die keinen Wohnsitz, jedoch eine Niederlassung in einem Mitgliedstaat haben.

(3) Bezugnahmen in der vorliegenden Verordnung auf die Verordnung (EU) Nr. 1215/2012 schließen gegebenenfalls das Abkommen zwischen der Europäischen Gemeinschaft und dem Königreich Dänemark über die gerichtliche Zuständigkeit und die Anerkennung und Vollstreckung von Entscheidungen in Zivil- und Handelssachen vom 19. Oktober 2005 mit ein.

Abschnitt 2. Streitigkeiten über die Verletzung und Rechtsgültigkeit der Unionsmarken

Art. 123. Unionsmarkengerichte. (1) Die Mitgliedstaaten benennen für ihr Gebiet eine möglichst geringe Anzahl nationaler Gerichte erster und zweiter Instanz, die die ihnen durch diese Verordnung zugewiesenen Aufgaben wahrnehmen.

---

[3] Abgedruckt unter Nr. *160*.

(2) Änderungen der Anzahl, der Bezeichnung oder der örtlichen Zuständigkeit der in die gemäß Artikel 95 Absatz 2 der Verordnung (EG) Nr. 207/2009 durch die Mitgliedstaaten an die Kommission übermittelte Aufstellung der Unionsmarkengerichte aufgenommenen Gerichte teilt der betreffende Mitgliedstaat unverzüglich der Kommission mit.

(3) Die in Absatz 2 genannten Angaben werden von der Kommission den Mitgliedstaaten notifiziert und im *Amtsblatt der Europäischen Union* veröffentlicht.

Art. 124. Zuständigkeit für Klagen betreffend Verletzung und Rechtsgültigkeit. Die Unionsmarkengerichte sind ausschließlich zuständig

a) für alle Klagen wegen Verletzung und – falls das nationale Recht dies zulässt – wegen drohender Verletzung einer Unionsmarke;

b) für Klagen auf Feststellung der Nichtverletzung, falls das nationale Recht diese zulässt;

c) für Klagen wegen Handlungen im Sinne des Artikels 11 Absatz 2;

d) für die in Artikel 128 genannten Widerklagen auf Erklärung des Verfalls oder der Nichtigkeit der Unionsmarke.

Art. 125. Internationale Zuständigkeit. (1) Vorbehaltlich der Vorschriften dieser Verordnung sowie der nach Artikel 122 anzuwendenden Bestimmungen der Verordnung (EU) Nr. 1215/2012 sind für die Verfahren, welche durch eine in Artikel 124 genannte Klage oder Widerklage anhängig gemacht werden, die Gerichte des Mitgliedstaats zuständig, in dem der Beklagte seinen Wohnsitz oder – in Ermangelung eines Wohnsitzes in einem Mitgliedstaat – eine Niederlassung hat.

(2) Hat der Beklagte weder einen Wohnsitz noch eine Niederlassung in einem der Mitgliedstaaten, so sind für diese Verfahren die Gerichte des Mitgliedstaats zuständig, in dem der Kläger seinen Wohnsitz oder – in Ermangelung eines Wohnsitzes in einem Mitgliedstaat – eine Niederlassung hat.

(3) Hat weder der Beklagte noch der Kläger einen Wohnsitz oder eine Niederlassung in einem der Mitgliedstaaten, so sind für diese Verfahren die Gerichte des Mitgliedstaats zuständig, in dem das Amt seinen Sitz hat.

(4) Ungeachtet der Absätze 1, 2 und 3 ist

a) Artikel 25 der Verordnung (EU) Nr. 1215/2012 anzuwenden, wenn die Parteien vereinbaren, dass ein anderes Unionsmarkengericht zuständig sein soll,

b) Artikel 26 der Verordnung (EU) Nr. 1215/2012 anzuwenden, wenn der Beklagte sich auf das Verfahren vor einem anderen Unionsmarkengericht einlässt.

(5) Die Verfahren, welche durch die in Artikel 124 genannten Klagen und Widerklagen anhängig gemacht werden – ausgenommen Klagen auf

Feststellung der Nichtverletzung einer Unionsmarke –, können auch bei den Gerichten des Mitgliedstaats anhängig gemacht werden, in dem eine Verletzungshandlung begangen worden ist oder droht oder in dem eine Handlung im Sinne des Artikels 11 Absatz 2 begangen worden ist.

Art. 126. Reichweite der Zuständigkeit. (1) Ein Unionsmarkengericht, dessen Zuständigkeit auf Artikel 125 Absätze 1 bis 4 beruht, ist zuständig für:

a) die in einem jeden Mitgliedstaat begangenen oder drohenden Verletzungshandlungen;

b) die in einem jeden Mitgliedstaat begangenen Handlungen im Sinne des Artikels 11 Absatz 2.

(2) Ein nach Artikel 125 Absatz 5 zuständiges Unionsmarkengericht ist nur für die Handlungen zuständig, die in dem Mitgliedstaat begangen worden sind oder drohen, in dem das Gericht seinen Sitz hat.

Art. 127. Vermutung der Rechtsgültigkeit; Einreden. (1) Die Unionsmarkengerichte haben von der Rechtsgültigkeit der Unionsmarke auszugehen, sofern diese nicht durch den Beklagten mit einer Widerklage auf Erklärung des Verfalls oder der Nichtigkeit angefochten wird.

(2) Die Rechtsgültigkeit einer Unionsmarke kann nicht durch eine Klage auf Feststellung der Nichtverletzung angefochten werden.

(3) Gegen Klagen gemäß Artikel 124 Buchstaben a und c ist der Einwand des Verfalls der Unionsmarke, der nicht im Wege der Widerklage erhoben wird, insoweit zulässig, als sich der Beklagte darauf beruft, dass die Unionsmarke wegen mangelnder ernsthafter Benutzung zum Zeitpunkt der Verletzungsklage für verfallen erklärt werden könnte.

Art. 128. Widerklage. (1) Die Widerklage auf Erklärung des Verfalls oder der Nichtigkeit kann nur auf die in dieser Verordnung geregelten Verfalls- oder Nichtigkeitsgründe gestützt werden.

(2) Ein Unionsmarkengericht weist eine Widerklage auf Erklärung des Verfalls oder der Nichtigkeit ab, wenn das Amt über einen Antrag wegen desselben Anspruchs zwischen denselben Parteien bereits eine unanfechtbar gewordene Entscheidung erlassen hat.

(3) Wird die Widerklage in einem Rechtsstreit erhoben, in dem der Markeninhaber noch nicht Partei ist, so ist er hiervon zu unterrichten und kann dem Rechtsstreit nach Maßgabe des nationalen Rechts beitreten.

(4) Das Unionsmarkengericht, bei dem Widerklage auf Erklärung des Verfalls oder der Nichtigkeit einer Unionsmarke erhoben worden ist, nimmt die Prüfung der Widerklage erst dann vor, wenn entweder die betroffene Partei oder das Gericht dem Amt den Tag der Erhebung der Widerklage mitgeteilt hat. Das Amt vermerkt diese Information im Register. War beim Amt ein Antrag auf Erklärung des Verfalls oder der Nichtigkeit

der Unionsmarke bereits eingereicht worden, bevor die Widerklage erhoben wurde, wird das Gericht vom Amt hiervon unterrichtet; das Gericht setzt in diesem Fall das Verfahren gemäß Artikel 132 Absatz 1 so lange aus, bis abschließend über den Antrag entschieden wurde oder der Antrag zurückgezogen wird.

(5) Die Vorschriften des Artikels 64 Absätze 2 bis 5 sind anzuwenden.

(6) Ist die Entscheidung eines Unionsmarkengerichts über eine Widerklage auf Erklärung des Verfalls oder der Nichtigkeit einer Unionsmarke unanfechtbar geworden, so wird eine Ausfertigung dieser Entscheidung dem Amt entweder durch das Gericht oder eine der Parteien des nationalen Verfahrens unverzüglich zugestellt. Das Amt oder jede andere betroffene Partei kann dazu nähere Auskünfte anfordern. Das Amt trägt einen Hinweis auf die Entscheidung im Register ein und trifft die erforderlichen Maßnahmen zur Umsetzung des Tenors der Entscheidung.

(7) Das mit einer Widerklage auf Erklärung des Verfalls oder der Nichtigkeit befasste Unionsmarkengericht kann auf Antrag des Inhabers der Unionsmarke nach Anhörung der anderen Parteien das Verfahren aussetzen und den Beklagten auffordern, innerhalb einer zu bestimmenden Frist beim Amt die Erklärung des Verfalls oder der Nichtigkeit zu beantragen. Wird der Antrag nicht innerhalb der Frist gestellt, wird das Verfahren fortgesetzt; die Widerklage gilt als zurückgenommen. Die Vorschriften des Artikels 132 Absatz 3 sind anzuwenden.

Art. 129. Anwendbares Recht. (1) Die Unionsmarkengerichte wenden die Vorschriften dieser Verordnung an.

(2) In allen Markenfragen, die nicht durch diese Verordnung erfasst werden, wendet das betreffende Unionsmarkengericht das geltende nationale Recht an.

(3) Soweit in dieser Verordnung nichts anderes bestimmt ist, wendet das Unionsmarkengericht die Verfahrensvorschriften an, die in dem Mitgliedstaat, in dem es seinen Sitz hat, auf gleichartige Verfahren betreffend nationale Marken anwendbar sind.

Art. 130. Sanktionen. (1) Stellt ein Unionsmarkengericht fest, dass der Beklagte eine Unionsmarke verletzt hat oder zu verletzen droht, so verbietet es dem Beklagten, die Handlungen, die die Unionsmarke verletzen oder zu verletzen drohen, fortzusetzen, sofern einer solchen Anordnung nicht besondere Gründe entgegenstehen. Es trifft ferner nach Maßgabe seines innerstaatlichen Rechts die erforderlichen Maßnahmen, um sicherzustellen, dass dieses Verbot befolgt wird.

(2) Das Unionsmarkengericht kann zudem vom anwendbaren Recht vorgesehene Maßnahmen ergreifen oder Anordnungen treffen, die ihm im jeweiligen Einzelfall zweckmäßig erscheinen.

Art. 131. Einstweilige Maßnahmen einschließlich Sicherungsmaßnahmen. (1) Bei den Gerichten eines Mitgliedstaats – einschließlich der Unionsmarkengerichte – können in Bezug auf eine Unionsmarke oder die Anmeldung einer Unionsmarke alle einstweiligen Maßnahmen einschließlich Sicherungsmaßnahmen beantragt werden, die in dem Recht dieses Staates für eine nationale Marke vorgesehen sind, auch wenn für die Entscheidung in der Hauptsache aufgrund dieser Verordnung ein Unionsmarkengericht eines anderen Mitgliedstaats zuständig ist.

(2) Ein Unionsmarkengericht, dessen Zuständigkeit auf Artikel 125 Absätze 1, 2, 3 oder 4 beruht, kann einstweilige Maßnahmen einschließlich Sicherungsmaßnahmen anordnen, die vorbehaltlich des gegebenenfalls gemäß Kapitel III der Verordnung (EU) Nr. 1215/2012 erforderlichen Anerkennungs- und Vollstreckungsverfahrens in einem jeden Mitgliedstaat anwendbar sind. Hierfür ist kein anderes Gericht zuständig.

Art. 132. Besondere Vorschriften über im Zusammenhang stehende Verfahren. (1) Ist vor einem Unionsmarkengericht eine Klage im Sinne des Artikels 124 – mit Ausnahme einer Klage auf Feststellung der Nichtverletzung – erhoben worden, so setzt es das Verfahren, soweit keine besonderen Gründe für dessen Fortsetzung bestehen, von Amts wegen nach Anhörung der Parteien oder auf Antrag einer Partei nach Anhörung der anderen Parteien aus, wenn die Rechtsgültigkeit der Unionsmarke bereits vor einem anderen Unionsmarkengericht im Wege der Widerklage angefochten worden ist oder wenn beim Amt bereits ein Antrag auf Erklärung des Verfalls oder der Nichtigkeit gestellt worden ist.

(2) Ist beim Amt ein Antrag auf Erklärung des Verfalls oder der Nichtigkeit gestellt worden, so setzt es das Verfahren, soweit keine besonderen Gründe für dessen Fortsetzung bestehen, von Amts wegen nach Anhörung der Parteien oder auf Antrag einer Partei nach Anhörung der anderen Parteien aus, wenn die Rechtsgültigkeit der Unionsmarke im Wege der Widerklage bereits vor einem Unionsmarkengericht angefochten worden ist. Das Unionsmarkengericht kann jedoch auf Antrag einer Partei des bei ihm anhängigen Verfahrens nach Anhörung der anderen Parteien das Verfahren aussetzen. In diesem Fall setzt das Amt das bei ihm anhängige Verfahren fort.

(3) Setzt das Unionsmarkengericht das Verfahren aus, kann es für die Dauer der Aussetzung einstweilige Maßnahmen einschließlich Sicherungsmaßnahmen treffen.

Art. 133. Zuständigkeit der Unionsmarkengerichte zweiter Instanz; weitere Rechtsmittel. (1) Gegen Entscheidungen der Unionsmarkengerichte erster Instanz über Klagen und Widerklagen nach Artikel 124 findet die Berufung bei den Unionsmarkengerichten zweiter Instanz statt.

(2) Die Bedingungen für die Einlegung der Berufung bei einem Unionsmarkengericht zweiter Instanz richten sich nach dem nationalen Recht des Mitgliedstaats, in dem dieses Gericht seinen Sitz hat.

(3) Die nationalen Vorschriften über weitere Rechtsmittel sind auf Entscheidungen der Unionsmarkengerichte zweiter Instanz anwendbar.

Abschnitt 3. Sonstige Streitigkeiten über Unionsmarken

Art. 134. Ergänzende Vorschriften über die Zuständigkeit der nationalen Gerichte, die keine Unionsmarkengerichte sind. (1) Innerhalb des Mitgliedstaats, dessen Gerichte nach Artikel 122 Absatz 1 zuständig sind, sind andere als die in Artikel 124 genannten Klagen vor den Gerichten zu erheben, die örtlich und sachlich zuständig wären, wenn es sich um Klagen handeln würde, die eine in diesem Staat eingetragene nationale Marke betreffen.

(2) Ist nach Artikel 122 Absatz 1 und Absatz 1 des vorliegenden Artikels kein Gericht für die Entscheidung über andere als die in Artikel 124 genannten Klagen, die eine Unionsmarke betreffen, zuständig, so kann die Klage vor den Gerichten des Mitgliedstaats erhoben werden, in dem das Amt seinen Sitz hat.

Art. 135. Bindung des nationalen Gerichts. Das nationale Gericht, vor dem eine nicht unter Artikel 124 fallende Klage betreffend eine Unionsmarke anhängig ist, hat von der Rechtsgültigkeit der Unionsmarke auszugehen.

Kapitel XI. Auswirkungen auf das Recht der Mitgliedstaaten

Abschnitt 1. Zivilrechtliche Klagen aufgrund mehrerer Marken

Art. 136. Gleichzeitige und aufeinander folgende Klagen aus Unionsmarken und aus nationalen Marken. (1) Werden Verletzungsklagen zwischen denselben Parteien wegen derselben Handlungen bei Gerichten verschiedener Mitgliedstaaten anhängig gemacht, von denen das eine Gericht wegen Verletzung einer Unionsmarke und das andere Gericht wegen Verletzung einer nationalen Marke angerufen wird,

a) so hat sich das später angerufene Gericht von Amts wegen zugunsten des zuerst angerufenen Gerichts für unzuständig zu erklären, wenn die betreffenden Marken identisch sind und für identische Waren oder Dienstleistungen gelten. Das Gericht, das sich für unzuständig zu erklären hätte, kann das Verfahren aussetzen, wenn der Mangel der Zuständigkeit des anderen Gerichts geltend gemacht wird;

b) so kann das später angerufene Gericht das Verfahren aussetzen, wenn die betreffenden Marken identisch sind und für ähnliche Waren oder Dienstleistungen gelten oder wenn sie ähnlich sind und für identische oder ähnliche Waren oder Dienstleistungen gelten.

(2) Das wegen Verletzung einer Unionsmarke angerufene Gericht weist die Klage ab, falls wegen derselben Handlungen zwischen denselben Parteien ein unanfechtbares Urteil in der Sache aufgrund einer identischen nationalen Marke für identische Waren oder Dienstleistungen ergangen ist.

(3) Das wegen Verletzung einer nationalen Marke angerufene Gericht weist die Klage ab, falls wegen derselben Handlungen zwischen denselben Parteien ein unanfechtbares Urteil in der Sache aufgrund einer identischen Unionsmarke für identische Waren oder Dienstleistungen ergangen ist.

(4) Die Absätze 1, 2 und 3 gelten nicht für einstweilige Maßnahmen einschließlich solcher, die auf eine Sicherung gerichtet sind.

165. Verordnung (EG) Nr. 6/2002 des Rates über das Gemeinschaftsgeschmacksmuster

Vom 12. Dezember 2001[1, 2] (ABl. L 003, 1)

(Auszug)

Titel I. Allgemeine Bestimmungen

Art. 1. Gemeinschaftsgeschmacksmuster. (1) Ein den Voraussetzungen dieser Verordnung entsprechendes Geschmacksmuster wird nachstehend „Gemeinschaftsgeschmacksmuster" genannt.

(2) Ein Geschmacksmuster wird:

a) durch ein „nicht eingetragenes Gemeinschaftsgeschmacksmuster" geschützt, wenn es in der in dieser Verordnung vorgesehenen Weise der Öffentlichkeit zugänglich gemacht wird;

b) durch ein „eingetragenes Gemeinschaftsgeschmacksmuster" geschützt, wenn es in der in dieser Verordnung vorgesehenen Weise eingetragen ist.

(3) Das Gemeinschaftsgeschmacksmuster ist einheitlich. Es hat dieselbe Wirkung in der gesamten Gemeinschaft. Es kann nur für dieses gesamte Gebiet eingetragen oder übertragen werden oder Gegenstand eines Verzichts oder einer Entscheidung über die Nichtigkeit sein, und seine Benutzung kann nur für die gesamte Gemeinschaft untersagt werden. Dieser Grundsatz gilt, sofern in der Verordnung nichts anderes bestimmt ist.

---

[1] Die Verordnung ist für die damaligen Mitgliedstaaten am 6.3.2002 in Kraft getreten. Für *Bulgarien* und *Rumänien* gilt sie seit dem 1.1.2007, für *Kroatien* seit dem 1.7.2013.

[2] Im Verhältnis zum *Vereinigten Königreich* gilt die Verordnung nach Ablauf der in Art. 126, 127 des Brexit-Abk v. 24.1.2020 (Nr. *0–3*) vereinbarten Übergangsfrist am 31.12.2020 nicht mehr. Zu den Auswirkungen des Brexit auf die Geltung der Verordnung im Verhältnis zum *Vereinigten Königreich* siehe Anm. 2 zum EU-Vertrag (Nr. *0–1*).

Titel IX. Zuständigkeit und Verfahren für Klagen, die Gemeinschaftsgeschmacksmuster betreffen

Abschnitt 1. Zuständigkeit und Vollstreckung

Art. 79. Anwendung des Vollstreckungsübereinkommens. (1) Soweit in dieser Verordnung nichts anderes bestimmt ist, ist das am 27. September 1968 in Brüssel unterzeichnete Übereinkommen über die gerichtliche Zuständigkeit und die Vollstreckung gerichtlicher Entscheidungen in Zivil- und Handelssachen (nachstehend „Vollstreckungsübereinkommen" genannt)[3] auf Verfahren betreffend Gemeinschaftsgeschmacksmuster und Anmeldungen von eingetragenen Gemeinschaftsgeschmacksmustern anzuwenden. Dies gilt auch für Verfahren bezüglich Klagen auf der Grundlage von Gemeinschaftsgeschmacksmustern und nationalen Mustern, die gleichzeitigen Schutz genießen.

(2) Die Bestimmungen des Vollstreckungsübereinkommens gelten gegenüber den einzelnen Mitgliedstaaten nur hinsichtlich des Textes, der für den einzelnen Staat jeweils verbindlich ist.

(3) Auf Verfahren, welche durch die in Artikel 81 genannten Klagen und Widerklagen anhängig gemacht werden:

a) sind Artikel 2, Artikel 4, Artikel 5 Nummern 1, 3, 4 und 5, Artikel 16 Nummer 4 sowie Artikel 24 des Vollstreckungsübereinkommens[4] nicht anzuwenden;

b) sind Artikel 17 und 18 des Vollstreckungsübereinkommens[5] vorbehaltlich der Einschränkungen in Artikel 86 Absatz 4 dieser Verordnung anzuwenden;

c) sind die Bestimmungen des Titels II des Vollstreckungsübereinkommens,[6] die für die in einem Mitgliedstaat wohnhaften Personen gelten, auch auf Personen anzuwenden, die keinen Wohnsitz, jedoch eine Niederlassung in einem Mitgliedstaat haben.

(4) Das Vollstreckungsübereinkommen gilt nicht gegenüber Mitgliedstaaten, in denen es noch nicht in Kraft getreten ist. Bis zu seinem Inkrafttreten richten sich Verfahren nach Absatz 1 in solchen Mitgliedstaaten nach bilateralen oder multilateralen Übereinkommen, die die Beziehungen zu anderen betroffenen Mitgliedstaaten regeln; besteht kein solches Übereinkommen,

---

[3] Die Verweisungen auf das EuGVÜ (dazu die Informationen unter Nr. *150*) sind heute auf die Verordnung (EU) Nr. 1215/2012 (Brüssel Ia-VO, Nr. *160*) gerichtet, vgl. Art. 80 Brüssel Ia-VO und Art. 68 der Verordnung (EG) Nr. 44/2001 (Brüssel I-VO).

[4] Die Verweisungen in lit. a sind heute auf Art. 4, 6, 7 Nr. 1, 2, 3 und 5, Art. 22 Nr. 4 und 35 Brüssel Ia-VO (Nr. *160*) gerichtet.

[5] Die Verweisungen in lit. b sind heute auf Art. 25 und 26 Brüssel Ia-VO (Nr. *160*) gerichtet.

[6] Die Verweisung ist heute auf Kapitel II der Brüssel Ia-VO (Nr. *160*) gerichtet.

gelten die nationalen Rechtsvorschriften über die Zuständigkeit sowie die Anerkennung und Vollstreckung von Entscheidungen.

Abschnitt 2. Streitigkeiten über die Verletzung und Rechtsgültigkeit der Gemeinschaftsgeschmacksmuster

Art. 80. Gemeinschaftsgeschmacksmustergerichte. (1) Die Mitglied staaten benennen für ihr Gebiet eine möglichst geringe Anzahl nationaler Gerichte erster und zweiter Instanz (Gemeinschaftsgeschmacksmustergerichte), die die ihnen durch diese Verordnung zugewiesenen Aufgaben wahrnehmen.

(2) Jeder Mitgliedstaat übermittelt der Kommission spätestens am 6. März 2005 eine Aufstellung der Gemeinschaftsgeschmacksmustergerichte mit Angabe ihrer Bezeichnungen und örtlichen Zuständigkeit.

(3) Änderungen der Anzahl, der Bezeichnung oder der örtlichen Zuständigkeit der Gemeinschaftsgeschmacksmustergerichte, die nach der in Absatz 2 genannten Übermittlung eintreten, teilt der betreffende Mitgliedstaat unverzüglich der Kommission mit.

(4) Die in den Absätzen 2 und 3 genannten Angaben werden den Mitgliedstaaten von der Kommission bekannt gegeben und im Amtsblatt der Europäischen Gemeinschaften veröffentlicht.

(5) Solange ein Mitgliedstaat die in Absatz 2 vorgesehene Übermittlung nicht vorgenommen hat, sind Verfahren, welche durch die in Artikel 81 genannten Klagen und Widerklagen anhängig gemacht werden und für die die Gerichte dieses Mitgliedstaates nach Artikel 82 zuständig sind, vor demjenigen Gericht dieses Mitgliedstaates anhängig zu machen, das örtlich und sachlich zuständig wäre, wenn es sich um Verfahren handelte, die ein nationales Musterrecht dieses Staats betreffen.

Art. 81. Zuständigkeit für Verletzung und Rechtsgültigkeit. Die Gemeinschaftsgeschmacksmustergerichte sind ausschließlich zuständig:

a) für Klagen wegen Verletzung und – falls das nationale Recht dies zulässt – wegen drohender Verletzung eines Gemeinschaftsgeschmacksmusters;

b) für Klagen auf Feststellung der Nichtverletzung von Gemeinschaftsgeschmacksmustern, falls das nationale Recht diese zulässt;

c) für Klagen auf Erklärung der Nichtigkeit eines nicht eingetragenen Gemeinschaftsgeschmacksmusters;

d) für Widerklagen auf Erklärung der Nichtigkeit eines Gemeinschaftsgeschmacksmusters, die im Zusammenhang mit den unter Buchstabe a) genannten Klagen erhoben werden.

Art. 82. Internationale Zuständigkeit. (1) Vorbehaltlich der Vorschriften dieser Verordnung sowie der nach Artikel 79 anzuwendenden Bestimmungen des Vollstreckungsübereinkommens[7] sind für die Verfahren, die durch eine in Artikel 81 genannte Klage oder Widerklage anhängig gemacht werden, die Gerichte des Mitgliedstaats zuständig, in dem der Beklagte seinen Wohnsitz oder – in Ermangelung eines Wohnsitzes in einem Mitgliedstaat – eine Niederlassung hat.

(2) Hat der Beklagte weder einen Wohnsitz noch eine Niederlassung in einem der Mitgliedstaaten, so sind für diese Verfahren die Gerichte des Mitgliedstaats zuständig, in dem der Kläger seinen Wohnsitz oder – in Ermangelung eines Wohnsitzes in einem Mitgliedstaat – eine Niederlassung hat.

(3) Hat weder der Beklagte noch der Kläger einen Wohnsitz oder eine Niederlassung in einem der Mitgliedstaaten, so sind für diese Verfahren die Gerichte des Mitgliedstaats zuständig, in dem das Amt seinen Sitz hat.

(4) Ungeachtet der Absätze 1, 2 und 3 ist:

a) Artikel 17 des Vollstreckungsübereinkommens[8] anzuwenden, wenn die Parteien vereinbaren, dass ein anderes Gemeinschaftsgeschmacksmustergericht zuständig sein soll,

b) Artikel 18 des Vollstreckungsübereinkommens[9] anzuwenden, wenn der Beklagte sich auf das Verfahren vor einem anderen Gemeinschaftsgeschmacksmustergericht einlässt.

(5) Die Verfahren, welche durch die in Artikel 81 Buchstaben a) und d) genannten Klagen und Widerklagen anhängig gemacht werden, können auch bei den Gerichten des Mitgliedstaats anhängig gemacht werden, in dem eine Verletzungshandlung begangen worden ist oder droht.

Art. 83. Reichweite der Zuständigkeit für Verletzungen. (1) Ein Gemeinschaftsgeschmacksmustergericht, dessen Zuständigkeit auf Artikel 82 Absätze 1, 2, 3 oder 4 beruht, ist für die in jedem Mitgliedstaat begangenen oder drohenden Verletzungshandlungen zuständig.

(2) Ein nach Artikel 82 Absatz 5 zuständiges Gemeinschaftsgeschmacksmustergericht ist nur für die Verletzungshandlungen zuständig, die in dem Mitgliedstaat begangen worden sind oder drohen, in dem das Gericht seinen Sitz hat.

Art. 84. Klage und Widerklage auf Erklärung der Nichtigkeit eines Gemeinschaftsgeschmacksmusters. (1) Eine Klage oder Widerklage auf Erklärung der Nichtigkeit eines Gemeinschaftsgeschmacksmusters kann nur auf die in Artikel 25 genannten Nichtigkeitsgründe gestützt werden.

(2) In den Fällen des Artikels 25 Absätze 2 bis 5 kann eine Klage oder Widerklage nur von der nach diesen Bestimmungen befugten Person erhoben werden.

---

[7] Vgl. Anm. 2.
[8] Die Verweisungen ist heute auf Art. 25 Brüssel Ia-VO (Nr. *160*) gerichtet.
[9] Die Verweisungen ist heute auf Art. 26 Brüssel Ia-VO (Nr. *160*) gerichtet.

(3) Wird die Widerklage in einem Rechtsstreit erhoben, in dem der Inhaber des Gemeinschaftsgeschmacksmusters noch nicht Partei ist, so ist er hiervon zu unterrichten und kann dem Rechtsstreit nach Maßgabe der Vorschriften des nationalen Rechts des Mitgliedstaats beitreten, in dem das Gericht seinen Sitz hat.

(4) Die Rechtsgültigkeit eines Gemeinschaftsgeschmacksmusters kann nicht durch eine Klage auf Feststellung der Nichtverletzung angegriffen werden.

Art. 85. Vermutung der Rechtsgültigkeit – Einreden. (1) In Verfahren betreffend eine Verletzungsklage oder eine Klage wegen drohender Verletzung eines eingetragenen Gemeinschaftsgeschmacksmusters haben die Gemeinschaftsgeschmacksmustergerichte von der Rechtsgültigkeit des Gemeinschaftsgeschmacksmusters auszugehen. Die Rechtsgültigkeit kann vom Beklagten nur mit einer Widerklage auf Erklärung der Nichtigkeit bestritten werden. Allerdings ist der nicht im Wege der Widerklage erhobene Einwand der Nichtigkeit eines Gemeinschaftsgeschmacksmusters insoweit zulässig, als sich der Beklagte darauf beruft, dass das Gemeinschaftsgeschmacksmuster wegen eines ihm zustehenden älteren nationalen Musterrechts im Sinne des Artikels 25 Absatz 1 Buchstabe d) für nichtig erklärt werden sollte.

(2) In Verfahren betreffend eine Verletzungsklage oder eine Klage wegen drohender Verletzung eines nicht eingetragenen Gemeinschaftsgeschmacksmusters haben die Gemeinschaftsgeschmacksmustergerichte, wenn der Rechtsinhaber Beweis für das Vorliegen der Voraussetzungen von Artikel 11 erbringt und angibt, inwiefern sein Geschmacksmuster Eigenart aufweist, von der Rechtsgültigkeit des Gemeinschaftsgeschmacksmusters auszugehen. Die Rechtsgültigkeit kann vom Beklagten jedoch mit einer Widerklage auf Erklärung der Nichtigkeit bestritten werden.

Art. 86. Entscheidungen über die Rechtsgültigkeit. (1) In einem Verfahren vor einem Gemeinschaftsgeschmacksmustergericht, in dem die Rechtsgültigkeit des Gemeinschaftsgeschmacksmusters mit einer Widerklage auf Erklärung der Nichtigkeit angegriffen wurde:

a) erklärt das Gericht das Gemeinschaftsgeschmacksmuster für nichtig, wenn nach seinen Feststellungen einer der in Artikel 25 genannten Gründe der Aufrechterhaltung des Gemeinschaftsgeschmacksmusters entgegensteht;

b) weist das Gericht die Widerklage ab, wenn nach seinen Feststellungen keiner der in Artikel 25 genannten Gründe der Aufrechterhaltung des Gemeinschaftsgeschmacksmusters entgegensteht.

(2) Das Gemeinschaftsgeschmacksmustergericht, bei dem Widerklage auf Erklärung der Nichtigkeit des eingetragenen Gemeinschaftsgeschmacksmusters erhoben worden ist, teilt dem Amt den Tag der Erhebung der Widerklage mit. Das Amt vermerkt diese Tatsache im Register.

(3) Das mit einer Widerklage auf Erklärung der Nichtigkeit des eingetragenen Gemeinschaftsgeschmacksmusters befasste Gemeinschaftsgeschmacksmustergericht kann auf Antrag des Inhabers des eingetragenen Gemeinschaftsgeschmacksmusters nach Anhörung der anderen Parteien das Verfahren aussetzen und den Beklagten auffordern, innerhalb einer vom Gericht zu bestimmenden Frist beim Amt die Erklärung der Nichtigkeit zu beantragen. Wird der Antrag nicht innerhalb der Frist gestellt, wird das Verfahren fortgesetzt; die Widerklage gilt als zurückgenommen. Artikel 91 Absatz 3 findet Anwendung.

(4) Ist die Entscheidung des Gemeinschaftsgeschmacksmustergerichts über eine Widerklage auf Erklärung der Nichtigkeit des eingetragenen Gemeinschaftsgeschmacksmusters rechtskräftig geworden, so wird eine Ausfertigung dieser Entscheidung dem Amt zugestellt. Jede Partei kann darum ersuchen, von der Zustellung unterrichtet zu werden. Das Amt trägt nach Maßgabe der Durchführungsverordnung einen Hinweis auf die Entscheidung im Register ein.

(5) Die Widerklage auf Erklärung der Nichtigkeit des eingetragenen Gemeinschaftsgeschmacksmusters ist unzulässig, wenn das Amt über einen Antrag wegen desselben Anspruchs zwischen denselben Parteien bereits eine rechtskräftige Entscheidung erlassen hat.

Art. 87. Wirkungen der Entscheidung über die Rechtsgültigkeit. Ist die Entscheidung eines Gemeinschaftsgeschmacksmustergerichts, mit der ein Gemeinschaftsgeschmacksmuster für nichtig erklärt wird, rechtskräftig geworden, so hat sie in allen Mitgliedstaaten die in Artikel 26 aufgeführten Wirkungen.

Art. 88. Anwendbares Recht. (1) Die Gemeinschaftsgeschmacksmustergerichte wenden die Vorschriften dieser Verordnung an.

(2) In allen Fragen, die nicht durch diese Verordnung erfasst werden, wenden die Gemeinschaftsgeschmacksmustergerichte ihr nationales Recht einschließlich ihres internationalen Privatrechts an.

(3) Soweit in dieser Verordnung nichts anderes bestimmt ist, wendet das Gemeinschaftsgeschmacksmustergericht die Verfahrensvorschriften an, die in dem Mitgliedstaat, in dem es seinen Sitz hat, auf gleichartige Verfahren betreffend nationale Musterrechte anwendbar sind.

Art. 89. Sanktionen bei Verletzungsverfahren. (1) Stellt ein Gemeinschaftsgeschmacksmustergericht in einem Verfahren wegen Verletzung oder drohender Verletzung fest, dass der Beklagte ein Gemeinschaftsgeschmacksmuster verletzt hat oder zu verletzen droht, so erlässt es, wenn dem nicht gute Gründe entgegenstehen, folgende Anordnungen:

a) Anordnung, die dem Beklagten verbietet, die Handlungen, die das Gemeinschaftsgeschmacksmuster verletzen oder zu verletzen drohen, fortzusetzen;

b) Anordnung, die nachgeahmten Erzeugnisse zu beschlagnahmen;

c) Anordnung, Materialien und Werkzeug, die vorwiegend dazu verwendet wurden, die nachgeahmten Güter zu erzeugen, zu beschlagnahmen, wenn der Eigentümer vom Ergebnis der Verwendung wusste oder dieses offensichtlich war;

d) Anordnungen, durch die andere, den Umständen angemessene Sanktionen auferlegt werden, die in der Rechtsordnung einschließlich des Internationalen Privatrechts des Mitgliedstaates vorgesehen sind, in dem die Verletzungshandlungen begangen worden sind oder drohen.

(2) Das Gemeinschaftsgeschmacksmustergericht trifft nach Maßgabe seines innerstaatlichen Rechts die erforderlichen Maßnahmen, um sicherzustellen, dass die in Absatz 1 genannten Anordnungen befolgt werden.

Art. 90. Einstweilige Maßnahmen einschließlich Sicherungsmaßnahmen. (1) Bei den Gerichten eines Mitgliedstaats – einschließlich der Gemeinschaftsgeschmacksmustergerichte – können in Bezug auf ein Gemeinschaftsgeschmacksmuster alle einstweiligen Maßnahmen einschließlich Sicherungsmaßnahmen beantragt werden, die in dem Recht dieses Staates für nationale Musterrechte vorgesehen sind, auch wenn für die Entscheidung in der Hauptsache aufgrund dieser Verordnung ein Gemeinschaftsgeschmacksmustergericht eines anderen Mitgliedstaats zuständig ist.

(2) In Verfahren betreffend einstweilige Maßnahmen einschließlich Sicherungsmaßnahmen ist der nicht im Wege der Widerklage erhobene Einwand der Nichtigkeit des Gemeinschaftsgeschmacksmusters zulässig. Artikel 85 Absatz 2 gilt entsprechend.

(3) Ein Gemeinschaftsgeschmacksmustergericht, dessen Zuständigkeit auf Artikel 82 Absätze 1, 2, 3 oder 4 beruht, ist zuständig für die Anordnung einstweiliger Maßnahmen einschließlich Sicherungsmaßnahmen, die vorbehaltlich eines gegebenenfalls erforderlichen Anerkennungs- und Vollstreckungsverfahrens gemäß Titel III des Vollstreckungsübereinkommens in jedem Mitgliedstaat anwendbar sind. Hierfür ist kein anderes Gericht zuständig.

Art. 91. Besondere Vorschriften über im Zusammenhang stehende Verfahren. (1) Ist vor einem Gemeinschaftsgeschmacksmustergericht eine Klage im Sinne des Artikels 81 – mit Ausnahme einer Klage auf Feststellung der Nichtverletzung – erhoben worden, so setzt es das Verfahren, soweit keine besonderen Gründe für dessen Fortsetzung bestehen, von Amts wegen nach Anhörung der Parteien oder auf Antrag einer Partei nach Anhörung der anderen Parteien aus, wenn die Rechtsgültigkeit des Gemeinschaftsgeschmacksmusters bereits aufgrund einer Widerklage vor einem anderen Gemeinschaftsgeschmacksmustergericht angegriffen worden ist oder wenn beim Amt bereits ein Antrag auf Erklärung der Nichtigkeit des eingetragenen Gemeinschaftsgeschmacksmusters gestellt worden ist.

(2) Ist beim Amt ein Antrag auf Erklärung der Nichtigkeit des eingetragenen Gemeinschaftsgeschmacksmusters gestellt worden, so setzt es das Verfahren, soweit keine besonderen Gründe für dessen Fortsetzung bestehen, von Amts wegen nach Anhörung der Parteien oder auf Antrag einer Partei nach Anhörung der anderen Parteien aus, wenn die Rechtsgültigkeit des eingetragenen Gemeinschaftsgeschmacksmusters bereits aufgrund einer Widerklage vor einem Gemeinschaftsgeschmacksmustergericht angegriffen worden ist. Das Gemeinschaftsgeschmacksmustergericht kann jedoch auf Antrag einer Partei des bei ihm anhängigen Verfahrens nach Anhörung der anderen Parteien das Verfahren aussetzen. In diesem Fall setzt das Amt das bei ihm anhängige Verfahren fort.

(3) Setzt das Gemeinschaftsgeschmacksmustergericht das Verfahren aus, kann es für die Dauer der Aussetzung einstweilige Maßnahmen einschließlich Sicherungsmaßnahmen treffen.

Art. 92. Zuständigkeit der Gemeinschaftsgeschmacksmustergerichte zweiter Instanz – Weitere Rechtsmittel. (1) Gegen Entscheidungen der Gemeinschaftsgeschmacksmustergerichte erster Instanz über Klagen und Widerklagen nach Artikel 81 findet die Berufung bei den Gemeinschaftsgeschmacksmustergerichten zweiter Instanz statt.

(2) Die Bedingungen für die Einlegung der Berufung bei einem Gemeinschaftsgeschmacksmustergericht zweiter Instanz richten sich nach dem nationalen Recht des Mitgliedstaats, in dem dieses Gericht seinen Sitz hat.

(3) Die nationalen Vorschriften über weitere Rechtsmittel sind auf die Entscheidungen der Gemeinschaftsgeschmacksmustergerichte zweiter Instanz anwendbar.

Abschnitt 3. Sonstige Streitigkeiten über Gemeinschaftsgeschmacksmuster

Art. 93. Ergänzende Vorschriften über die Zuständigkeit der nationalen Gerichte, die keine Gemeinschaftsgeschmacksmustergerichte sind. (1) Innerhalb des Mitgliedstaats, dessen Gerichte nach Artikel 79 Absatz 1 oder Absatz 4 zuständig sind, sind für andere als die in Artikel 81 genannten Klagen betreffend Gemeinschaftsgeschmacksmuster die Gerichte zuständig, die örtlich und sachlich zuständig wären, wenn es sich um Klagen handelte, die ein nationales Musterrecht in diesem Staat betreffen.

(2) Ist nach Artikel 79 Absatz 1 oder Absatz 4 und nach Absatz 1 dieses Artikels kein Gericht für die Entscheidung über andere als die in Artikel 81 genannten Klagen, die ein Gemeinschaftsgeschmacksmuster betreffen, zuständig, so kann die Klage vor den Gerichten des Mitgliedstaats erhoben werden, in dem das Amt seinen Sitz hat.

Art. 94. Bindung des nationalen Gerichts. Das nationale Gericht, vor dem eine nicht unter Artikel 81 fallende Klage betreffend ein Gemeinschaftsgeschmacksmuster anhängig ist, hat von der Rechtsgültigkeit des Gemeinschaftsgeschmacksmusters auszugehen. Artikel 85 Absatz 2 und Artikel 90 Absatz 2 finden jedoch entsprechende Anwendung.

Titel X. Auswirkungen auf das Recht der Mitgliedstaaten

Art. 95. Parallele Klagen aus Gemeinschaftsgeschmacksmustern und aus nationalen Musterrechten. (1) Werden Klagen wegen Verletzung oder drohender Verletzung wegen derselben Handlungen und zwischen denselben Parteien bei Gerichten verschiedener Mitgliedstaaten anhängig gemacht, von denen das eine Gericht wegen Verletzung eines Gemeinschaftsgeschmacksmusters und das andere Gericht wegen der Verletzung eines nationalen Musterrechts, das gleichzeitigen Schutz gewährt, angerufen wird, so hat sich das später angerufene Gericht von Amts wegen zugunsten des zuerst angerufenen Gerichts für unzuständig zu erklären. Das Gericht, das sich für unzuständig zu erklären hätte, kann das Verfahren aussetzen, wenn die Unzuständigkeit des anderen Gerichts geltend gemacht wird.

(2) Das wegen Verletzung oder drohender Verletzung eines Gemeinschaftsgeschmacksmusters angerufene Gemeinschaftsgeschmacksmustergericht weist die Klage ab, wenn wegen derselben Handlungen zwischen denselben Parteien ein rechtskräftiges Urteil in der Sache aufgrund eines Musterrechts, das gleichzeitigen Schutz gewährt, ergangen ist.

(3) Das wegen Verletzung oder drohender Verletzung eines nationalen Musterrechts angerufene Gericht weist die Klage ab, falls wegen derselben Handlungen zwischen denselben Parteien ein rechtskräftiges Urteil in der Sache aufgrund eines Gemeinschaftsgeschmacksmusters, das gleichzeitigen Schutz gewährt, ergangen ist.

(4) Die Absätze 1, 2 und 3 gelten nicht für einstweilige Maßnahmen, einschließlich Sicherungsmaßnahmen.

Art. 96. Verhältnis zu anderen Schutzformen nach nationalem Recht. (1) Diese Verordnung lässt Bestimmungen des Gemeinschaftsrechts und des Rechts der betreffenden Mitgliedstaaten über nicht eingetragene Muster, Marken oder sonstige Zeichen mit Unterscheidungskraft, Patente und Gebrauchsmuster, Schriftbilder, zivilrechtliche Haftung und unlauteren Wettbewerb unberührt.

(2) Ein als Gemeinschaftsgeschmacksmuster geschütztes Muster ist ab dem Tag, an dem das Muster entstand oder in irgendeiner Form festgelegt wurde, auch nach dem Urheberrecht der Mitgliedstaaten schutzfähig. In welchem Umfang und unter welchen Bedingungen ein solcher Schutz gewährt wird, wird einschließlich des erforderlichen Grades der Eigenart vom jeweiligen Mitgliedstaat festgelegt.

6. Datenschutz

166. Verordnung (EU) 2016/679 des Europäischen Parlaments und des Rates zum Schutz natürlicher Personen bei der Verarbeitung personenbezogener Daten, zum freien Datenverkehr und zur Aufhebung der Richtlinie 95/46/EG (Datenschutz-Grundverordnung)

vom 27. April 2016[1] (ABl. L 119, S. 1)

(Auszug)

Art. 79. Recht auf wirksamen gerichtlichen Rechtsbehelf gegen Verantwortliche oder Auftragsverarbeiter. (1) ......

(2) Für Klagen gegen einen Verantwortlichen oder gegen einen Auftragsverarbeiter sind die Gerichte des Mitgliedstaats zuständig, in dem der Verantwortliche oder der Auftragsverarbeiter eine Niederlassung hat. Wahlweise können solche Klagen auch bei den Gerichten des Mitgliedstaats erhoben werden, in dem die betroffene Person ihren gewöhnlichen Aufenthaltsort hat, es sei denn, es handelt sich bei dem Verantwortlichen oder dem Auftragsverarbeiter um eine Behörde eines Mitgliedstaats, die in Ausübung ihrer hoheitlichen Befugnisse tätig geworden ist.

III. Innerstaatliches Recht

170. Zivilprozessordnung

idF vom 5. Dezember 2005 (BGBl. I, S. 3202)

a) Gerichtsstand

§ 15. Allgemeiner Gerichtsstand für exterritoriale Deutsche.

(1) Deutsche, die das Recht der Exterritorialität genießen, sowie die im Ausland beschäftigten deutschen Angehörigen des öffentlichen Dienstes behalten den Gerichtsstand ihres letzten inländischen Wohnsitzes. Wenn sie einen solchen Wohnsitz nicht hatten, haben sie ihren allgemeinen Gerichtsstand beim Amtsgericht Schöneberg in Berlin.

(2) Auf Honorarkonsuln ist diese Vorschrift nicht anzuwenden.

§ 16. Allgemeiner Gerichtsstand wohnsitzloser Personen. Der allgemeine Gerichtsstand einer Person, die keinen Wohnsitz hat, wird durch den

---

[1] Die Verordnung gilt in den Mitgliedstaaten nach ihrem Art. 99 Abs. 2 seit dem 25.5.2018. Sie gilt seit dem 1.1.2021 nicht mehr für das *Vereinigte Königreich*.

Aufenthaltsort im Inland und, wenn ein solcher nicht bekannt ist, durch den letzten Wohnsitz bestimmt.

§ 23. Besonderer Gerichtsstand des Vermögens und des Gegenstands. Für Klagen wegen vermögensrechtlicher Ansprüche gegen eine Person, die im Inland keinen Wohnsitz hat, ist das Gericht zuständig, in dessen Bezirk sich Vermögen derselben oder der mit der Klage in Anspruch genommene Gegenstand befindet. Bei Forderungen gilt als der Ort, wo das Vermögen sich befindet, der Wohnsitz des Schuldners und, wenn für die Forderungen eine Sache zur Sicherheit haftet, auch der Ort, wo die Sache sich befindet.

§ 27. Besonderer Gerichtsstand der Erbschaft. (1) Klagen, welche die Feststellung des Erbrechts, Ansprüche des Erben gegen einen Erbschaftsbesitzer, Ansprüche aus Vermächtnissen oder sonstigen Verfügungen von Todes wegen, Pflichtteilsansprüche oder die Teilung der Erbschaft zum Gegenstand haben, können vor dem Gericht erhoben werden, bei dem der Erblasser zur Zeit seines Todes den allgemeinen Gerichtsstand gehabt hat.

(2) Ist der Erblasser ein Deutscher und hatte er zur Zeit seines Todes im Inland keinen allgemeinen Gerichtsstand, so können die im Absatz 1 bezeichneten Klagen vor dem Gericht erhoben werden, in dessen Bezirk der Erblasser seinen letzten inländischen Wohnsitz hatte; wenn er einen solchen Wohnsitz nicht hatte, so gilt die Vorschrift des § 15 Abs. 1 Satz 2 entsprechend.

§ 29c.[1] **Besonderer Gerichtsstand für Haustürgeschäfte.** (1) Für Klagen aus außerhalb von Geschäftsräumen geschlossenen Verträgen (§ 312 des Bürgerlichen Gesetzbuchs) ist das Gericht zuständig, in dessen Bezirk der Verbraucher zur Zeit der Klageerhebung seinen Wohnsitz, in Ermangelung eines solchen seinen gewöhnlichen Aufenthalt hat. Für Klagen gegen den Verbraucher ist dieses Gericht ausschließlich zuständig.

(2) Verbraucher ist jede natürliche Person, die bei dem Erwerb des Anspruchs oder der Begründung des Rechtsverhältnisses nicht überwiegend im Rahmen ihrer gewerblichen oder selbständigen beruflichen Tätigkeit handelt.

(3) § 33 Abs. 2 findet auf Widerklagen der anderen Vertragspartei keine Anwendung.

(4) Eine von Absatz 1 abweichende Vereinbarung ist zulässig für den Fall, dass der Verbraucher nach Vertragsschluss seinen Wohnsitz oder gewöhnlichen Aufenthalt aus dem Geltungsbereich dieses Gesetzes verlegt oder sein

---

[1] § 29c Abs. 1 Satz 1 geändert durch Gesetz v. 20.9.2013 (BGBl. I, S. 3642) mit Wirkung v. 13.6.2014. Abs. 2 eingefügt, bisherige Abs. 2 und 3 werden Abs. 3 und 4 durch Gesetz v. 12.7.2018 (BGBl. I S. 1151) mit Wirkung v. 1.11.2018.

Wohnsitz oder gewöhnlicher Aufenthalt im Zeitpunkt der Klageerhebung nicht bekannt ist.

§ 32a. Ausschließlicher Gerichtsstand der Umwelteinwirkung. Für Klagen gegen den Inhaber einer im Anhang 1 des Umwelthaftungsgesetz genannten Anlage, mit denen der Ersatz eines durch eine Umwelteinwirkung verursachten Schadens geltend gemacht wird, ist das Gericht ausschließlich zuständig, in dessen Bezirk die Umwelteinwirkung von der Anlage ausgegangen ist. Dies gilt nicht, wenn die Anlage im Ausland belegen ist.

§ 32b.[2] Ausschließlicher Gerichtsstand bei falschen, irreführenden oder unterlassenen öffentlichen Kapitalmarktinformationen. (1) Für Klagen, in denen

1. ein Schadensersatzanspruch wegen falscher, irreführender oder unterlassener öffentlicher Kapitalmarktinformation,
2. ein Schadensersatzanspruch wegen Verwendung einer falschen oder irreführenden öffentlichen Kapitalmarktinformation oder wegen Unterlassung der gebotenen Aufklärung darüber, dass eine öffentliche Kapitalmarktinformation falsch oder irreführend ist, oder
3. ein Erfüllungsanspruch aus Vertrag, der auf einem Angebot nach dem Wertpapiererwerbs- und Übernahmegesetz beruht,

geltend gemacht wird, ist das Gericht ausschließlich am Sitz des betroffenen Emittenten, des betroffenen Anbieters von sonstigen Vermögensanlagen oder der Zielgesellschaft zuständig, wenn sich dieser Sitz im Inland befindet und die Klage zumindest auch gegen den Emittenten, den Anbieter oder die Zielgesellschaft gerichtet wird.

(2) *(nicht abgedruckt)*

b) Gerichtsstandsvereinbarung

§ 38. Zugelassene Gerichtsstandsvereinbarung. (1) Ein an sich unzuständiges Gericht des ersten Rechtszuges wird durch ausdrückliche oder stillschweigende Vereinbarung der Parteien zuständig, wenn die Vertragsparteien Kaufleute, juristische Personen des öffentlichen Rechts oder öffentlich-rechtliche Sondervermögen sind.

(2) Die Zuständigkeit eines Gerichts des ersten Rechtszuges kann ferner vereinbart werden, wenn mindestens eine der Vertragsparteien keinen allgemeinen Gerichtsstand im Inland hat. Die Vereinbarung muss schriftlich abgeschlossen oder, falls sie mündlich getroffen wird, schriftlich bestätigt werden. Hat eine der Parteien einen inländischen allgemeinen Gerichtsstand, so kann für das Inland nur ein Gericht gewählt werden, bei dem

---

[2] § 32b Abs. 1 neu gefasst durch Gesetz v. 19.10.2012 (BGBl. I, S. 2182) mit Wirkung v 1.11.2012.

diese Partei ihren allgemeinen Gerichtsstand hat oder ein besonderer Gerichtsstand begründet ist.

(3) Im Übrigen ist eine Gerichtsstandsvereinbarung nur zulässig, wenn sie ausdrücklich und schriftlich

1. nach dem Entstehen der Streitigkeit oder
2. für den Fall geschlossen wird, dass die im Klageweg in Anspruch zu nehmende Partei nach Vertragsschluss ihren Wohnsitz oder gewöhnlichen Aufenthaltsort aus dem Geltungsbereich dieses Gesetzes verlegt oder ihr Wohnsitz oder gewöhnlicher Aufenthalt im Zeitpunkt der Klageerhebung nicht bekannt ist.

§ 40. Unwirksame und unzulässige Gerichtsstandsvereinbarung.
(1) Die Vereinbarung hat keine rechtliche Wirkung, wenn sie nicht auf ein bestimmtes Rechtsverhältnis und die aus ihm entspringenden Rechtsstreitigkeiten sich bezieht.

(2) Eine Vereinbarung ist unzulässig, wenn

1. der Rechtsstreit nichtvermögensrechtliche Ansprüche betrifft, die den Amtsgerichten ohne Rücksicht auf den Wert des Streitgegenstandes zugewiesen sind, oder
2. für die Klage ein ausschließlicher Gerichtsstand begründet ist.

In diesen Fällen wird die Zuständigkeit eines Gerichts auch nicht durch rügeloses Verhandeln zur Hauptsache begründet.

171. Gesetz über das Verfahren in Familiensachen und in den Angelegenheiten der freiwilligen Gerichtsbarkeit

Vom 17. Dezember 2008[1] (BGBl. I, S. 2586)

Abschnitt 9. Verfahren mit Auslandsbezug

Unterabschnitt 1.[2] *Verhältnis zu völkerrechtlichen Vereinbarungen und Rechtsakten der Europäischen Union*

§ 97.[3] **Vorrang und Unberührtheit.** (1) Regelungen in völkerrechtlichen Vereinbarungen gehen, soweit sie unmittelbar anwendbares innerstaatliches Recht geworden sind, den Vorschriften dieses Gesetzes vor. Regelungen in Rechtsakten der Europäischen Union[4] bleiben unberührt.

---

[1] Das Gesetz ist am 1.9.2009 in Kraft getreten.

[2] Überschrift geändert durch Gesetz v. 17.12.2018 (BGBl. I S. 2573) mit Wirkung v 21.12.2018.

[3] § 97 S. 2 geändert durch Gesetz v. 17.12.2018 (BGBl. I S. 2573) mit Wirkung v 21.12.2018.

[4] Vgl. Anm. 2.

(2) Die zur Umsetzung und Ausführung von Vereinbarungen und Rechtsakten im Sinne des Absatzes 1 erlassenen Bestimmungen bleiben unberührt.

Unterabschnitt 2. Internationale Zuständigkeit

§ 98.[5] Ehesachen; Verbund von Scheidungs- und Folgesachen.

(1) Die deutschen Gerichte sind für Ehesachen zuständig, wenn

1. ein Ehegatte Deutscher ist oder bei der Eheschließung war;
2. beide Ehegatten ihren gewöhnlichen Aufenthalt im Inland haben;
3. ein Ehegatte Staatenloser mit gewöhnlichem Aufenthalt im Inland ist;
4. ein Ehegatte seinen gewöhnlichen Aufenthalt im Inland hat, es sei denn, dass die zu fällende Entscheidung offensichtlich nach dem Recht keines der Staaten anerkannt würde, denen einer der Ehegatten angehört.

(2) Für Verfahren auf Aufhebung der Ehe nach Artikel 13 Absatz 3 Nummer 2 des Einführungsgesetzes zum Bürgerlichen Gesetzbuche[6] sind die deutschen Gerichte auch zuständig, wenn der Ehegatte, der im Zeitpunkt der Eheschließung das 16., aber nicht das 18. Lebensjahr vollendet hatte, seinen Aufenthalt im Inland hat.

(3) Die Zuständigkeit der deutschen Gerichte nach Absatz 1 erstreckt sich im Fall des Verbunds von Scheidungs- und Folgesachen auf die Folgesachen.

§ 99. Kindschaftssachen. (1) Die deutschen Gerichte sind außer in Verfahren nach § 151 Nr. 7 zuständig, wenn das Kind

1. Deutscher ist oder
2. seinen gewöhnlichen Aufenthalt im Inland hat.

Die deutschen Gerichte sind ferner zuständig, soweit das Kind der Fürsorge durch ein deutsches Gericht bedarf.

(3) Sind für die Anordnung einer Vormundschaft sowohl die deutschen Gerichte als auch die Gerichte eines anderen Staates zuständig und besteht die Vormundschaft im Inland, kann das Gericht, bei dem die Vormundschaft anhängig ist, sie an den Staat, dessen Gerichte für die Anordnung der Vormundschaft zuständig sind, abgeben, wenn dies im Interesse des Mündels liegt, der Vormund seine Zustimmung erteilt und dieser Staat sich zur Übernahme bereit erklärt. Verweigert der Vormund oder, wenn mehrere Vormünder die Vormundschaft gemeinschaftlich führen, einer von ihnen seine Zustimmung, so entscheidet an Stelle des Gerichts, bei dem die Vormundschaft anhängig ist, das im Rechtszug übergeordnete Gericht. Der Beschluss ist nicht anfechtbar.

---

[5] § 98 Abs. 2 eingefügt; bisheriger Abs. 2 wird Abs. 3 durch Gesetz v. 17.7.2017 (BGBl. I, S. 2429) mit Wirkung v. 22.7.2017.

[6] Abgedruckt unter Nr. *1*.

(4) Die Absätze 2 und 3 gelten entsprechend für Verfahren nach § 151 Nr. 5 und 6.

§ 100. Abstammungssachen. Die deutschen Gerichte sind zuständig, wenn das Kind, die Mutter, der Vater oder der Mann, der an Eides statt versichert, der Mutter während der Empfängniszeit beigewohnt zu haben,
1. Deutscher ist oder
2. seinen gewöhnlichen Aufenthalt im Inland hat.

§ 101. Adoptionssachen. Die deutschen Gerichte sind zuständig, wenn der Annehmende, einer der annehmenden Ehegatten oder das Kind
1. Deutscher ist oder
2. seinen gewöhnlichen Aufenthalt im Inland hat.

§ 102. Versorgungsausgleichssachen. Die deutschen Gerichte sind zuständig, wenn
1. der Antragsteller oder der Antragsgegner seinen gewöhnlichen Aufenthalt im Inland hat,
2. über inländische Anrechte zu entscheiden ist oder
3. ein deutsches Gericht die Ehe zwischen Antragsteller und Antragsgegner geschieden hat.

§ 103. Lebenspartnerschaftssachen. (1) Die deutschen Gerichte sind in Lebenspartnerschaftssachen, die die Aufhebung der Lebenspartnerschaft auf Grund des Lebenspartnerschaftsgesetzes oder die Feststellung des Bestehens oder Nichtbestehens einer Lebenspartnerschaft zum Gegenstand haben, zuständig, wenn
1. ein Lebenspartner Deutscher ist oder bei Begründung der Lebenspartnerschaft war,
2. einer der Lebenspartner seinen gewöhnlichen Aufenthalt im Inland hat oder
3. die Lebenspartnerschaft vor einer zuständigen deutschen Stelle begründet worden ist.

(2) Die Zuständigkeit der deutschen Gerichte nach Absatz 1 erstreckt sich im Falle des Verbunds von Aufhebungs- und Folgesachen auf die Folgesachen.

(3) Die §§ 99, 101, 102 und 105 gelten entsprechend.

§ 104. [7] **Betreuungs- und Unterbringungssachen; Pflegschaft für Erwachsene.** (1) Die deutschen Gerichte sind zuständig, wenn der Betroffene oder der volljährige Pflegling

---

[7] § 104 Abs. 3 geändert. durch Gesetz v. 17.7.2017 (BGBl. I S. 2426) mit Wirkung v. 22.7.2017. Abs. 3 geändert durch Gesetz v. 19.6.2019 (BGBl. I S. 840) mit Wirkung v. 28.6.2019.

1. Deutscher ist oder
2. seinen gewöhnlichen Aufenthalt im Inland hat.

Die deutschen Gerichte sind ferner zuständig, soweit der Betroffene oder der volljährige Pflegling der Fürsorge durch ein deutsches Gericht bedarf.

(2) § 99 Abs. 2 und 3 gilt entsprechend.

(3) Die Absätze 1 und 2 sind in Verfahren nach § 312 Nr. 4 nicht anzuwenden.

§ 105. Andere Verfahren. In anderen Verfahren nach diesem Gesetz sind die deutschen Gerichte zuständig, wenn ein deutsches Gericht örtlich zuständig ist.

§ 106. Keine ausschließliche Zuständigkeit. Die Zuständigkeiten in diesem Unterabschnitt sind nicht ausschließlich.

172. Verschollenheitsgesetz

Vom 15. Januar 1951 (BGBl. I, S. 63)

Abschnitt II. Zwischenstaatliches Recht

§ 12.[1] (1) Für Todeserklärungen und Verfahren bei Feststellung der Todeszeit sind die deutschen Gerichte zuständig, wenn der Verschollene oder der Verstorbene in dem letzten Zeitpunkt, in dem er nach den vorhandenen Nachrichten noch gelebt hat,

1. Deutscher war oder
2. seinen gewöhnlichen Aufenthalt im Inland hatte.

(2) Die deutschen Gerichte sind auch dann zuständig, wenn ein berechtigtes Interesse an einer Todeserklärung oder Feststellung der Todeszeit durch sie besteht.

(3) Die Zuständigkeit nach den Absätzen 1 und 2 ist nicht ausschließlich.

173. Gesetz über Unterlassungsklagen bei Verbraucherrechts- und anderen Verstößen (Unterlassungsklagengesetz – UKlaG)

IdF vom 27. August 2002 (BGBl. I, S. 3422, ber. S. 4346)

§ 6.[1] **Zuständigkeit.** (1) Für Klagen nach diesem Gesetz ist das Landgericht ausschließlich zuständig, in dessen Bezirk der Beklagte seine gewerbli-

---

[1] § 12 VerschG neu gefasst durch Art. 3 IPR-G v. 25.7.1986 (BGBl. I, S. 1142). Zum IPR der Todeserklärung siehe Art. 9 EGBGB idF des IPRG v. 25.7.1986 (Nr. 1).

[1] § 6 Abs. 1 UKlaG neu gefasst durch Art. 3 Gesetz v. 10.9.2003 (BGBl. I, S. 1774) mit Wirkung v. 1.9.2004; Abs. 1 Satz 2 Nr. 3 geändert durch Gesetz v. 31.5.2021 (BGBl. I S. 1204) mit Wirkung v. 7.6.2021.

che Niederlassung oder in Ermangelung einer solchen seinen Wohnsitz hat. Hat der Beklagte im Inland weder eine gewerbliche Niederlassung noch einen Wohnsitz, so ist das Gericht des inländischen Aufenthaltsorts zuständig, in Ermangelung eines solchen das Gericht, in dessen Bezirk

1. die nach den §§ 307 bis 309 des Bürgerlichen Gesetzbuchs unwirksamen Bestimmungen in Allgemeinen Geschäftsbedingungen verwendet wurden,
2. gegen Verbraucherschutzgesetze verstoßen wurde oder
3. gegen § 95b Absatz 1 Satz 1 des Urheberrechtsgesetzes verstoßen wurde.

(2)–(3) *(nicht abgedruckt)*

174. Gesetz über zwingende Arbeitsbedingungen für grenzüberschreitend entsandte und für regelmäßig im Inland beschäftigte Arbeitnehmer und Arbeitnehmerinnen (Arbeitnehmer-Entsendegesetz – AEntG)

Vom 20. April 2009[1] (BGBl. I, S. 799)

§ 15.[2] **Gerichtsstand.** Arbeitnehmer und Arbeitnehmerinnen, die von Arbeitgebern mit Sitz im Ausland im Geltungsbereich dieses Gesetzes beschäftigt sind oder waren, können eine auf den Zeitraum der Beschäftigung im Geltungsbereich dieses Gesetzes bezogene Klage auf Erfüllung der Verpflichtungen nach den §§ 2, 8, 13b oder 14 auch vor einem deutschen Gericht für Arbeitssachen ergeben. Diese Klagemöglichkeit besteht auch für eine gemeinsame Einrichtung der Tarifvertragsparteien nach § 5 Satz 1 Nummer 3 in Bezug auf die ihr zustehenden Beiträge.

---

[1] Das Gesetz ist am 24.4.2009 in Kraft getreten. Gleichzeitig trat das Arbeitnehmer-Entsendegesetz v. 26.2.1996 außer Kraft.

[2] § 15 Satz 1 neu gefasst, Satz 2 geändert durch Gesetz v. 10.7.2020 (BGBl. I, S. 1657) mit Wirkung v. 30.7.2020.

C. Anerkennung und Vollstreckung ausländischer Entscheidungen

I. Multilaterale Staatsverträge[1, 2, 3, 4, 5]

1. Allgemeine Zivilsachen

---

[1] Das Luganer Übk. über die gerichtliche Zuständigkeit und die Vollstreckung gerichtlicher Entscheidungen in Zivil- und Handelssachen v. 30.10.2007 (Nr. *152*) ist aus Grün-den der Übersichtlichkeit insgesamt im Abschnitt B abgedruckt. Gleiches gilt für das Haager Übk. über Gerichtsstandsvereinbarungen v. 30.6.2005 (Nr. *151*). Vgl. auch das im Abschnitt E abgedruckte Haager Übk. über den Schutz von Kindern und die Zusammenarbeit auf dem Gebiet der internationalen Adoption (Nr. *223*), das in Art. 23 ff. die Anerkennung und Vollstreckung von Entscheidungen regelt.

[2] Vorschriften über die Anerkennung ausländischer Entscheidungen sind ferner in folgenden Staatsverträgen enthalten, die wegen ihrer Bedeutung für das IPR bereits im 1. Teil abgedruckt sind:

- Istanbuler CIEC-Übk. über die Änderung von Namen und Vornamen v. 4.9.1958 (Nr. *21*) in Art. 3, 4;
- Haager Übk. über den Minderjährigenschutz v. 5.10.1961 (Nr. *52*) in Art. 7;
- Haager Übk. über den Schutz von Kindern v. 19.10.1996 (Nr. *53*) in Art. 23–28;
- Haager Übk. über den internationalen Schutz von Erwachsenen v. 13.1.2000 (Nr. *20*) in Art. 22–27.

[3] Zur Vollstreckung ausländischer Kostenentscheidungen siehe Art. 18 Abs. 1 und 2 des Haager Übk. über den Zivilprozess v. 1.9.1954 (Nr. *210*). Zur Anerkennung und Vollstreckung von Entscheidungen auf besonderen Rechtsgebieten siehe auch das CMR v. 19.5.1956 (Nr. *153*) in Art. 31 Abs. 3 und 4, sowie das Pariser Übk. über die Haftung gegenüber Dritten auf dem Gebiet der Kernenergie v. 29.7.1960 (Nr. *155*) in Art. 13d.

[4] Das Haager Übk. über die Anerkennung und Vollstreckung ausländischer Urteile in Zivil- und Handelssachen v. 1.2.1971 ist bisher von der *Bundesrepublik Deutschland* nicht gezeichnet worden. Es ist am 20.8.1979 für die *Niederlande* und *Zypern* in Kraft getreten. Es gilt inzwischen ferner für *Albanien* (seit 1.11.2010), *Kuwait* (seit 1.12.2002) und *Portugal* (seit 20.8.1983). Text (englisch/französisch): https://www.hcch.net/de/instruments/conventions (Nr. 17).

Siehe zu diesem Übk. auch das Ergänzungsprotokoll v. 1.2.1971, das für die Vertragsstaaten – außer für *Albanien* – gleichzeitig mit dem Übk. in Kraft getreten ist. Text (englisch/französisch): https://www.hcch.net (Nr. 16).

[5] Das Wiener CIEC-Übk. über die Anerkennung von Entscheidungen über die Feststellung einer Geschlechtsumwandlung v. 12.9.2000 ist von der *Bundesrepublik Deutschland zwar* gezeichnet, aber bisher nicht ratifiziert worden; es ist am 1.3.2011 für die *Niederlande* und *Spanien* in Kraft getreten. Text (französisch): http://www.ciecl.org (Nr. 29).

180. Haager Übereinkommen über die Anerkennung und Vollstreckung ausländischer Entscheidungen in Zivil- und Handelssachen

Vom 2. Juli 2019[1,2,3]

(Übersetzung) [4]

Die Vertragsparteien dieses Übereinkommens – in dem Wunsch, durch gerichtliche Zusammenarbeit einen wirksamen Zugang zur Justiz für alle Menschen zu fördern sowie einen regelbasierten multilateralen Handels- und Investitionsverkehr ebenso wie die Mobilität zu erleichtern, in der Erwägung, dass eine solche Zusammenarbeit verstärkt werden kann durch die Schaffung eines einheitlichen Bestands an Kernvorschriften über die Anerkennung und Vollstreckung ausländischer Entscheidungen in Zivil- und Handelssachen, die eine wirksame Anerkennung und Vollstreckung solcher Entscheidungen erleichtern, in der Überzeugung, dass eine solche verstärkte gerichtliche Zusammenarbeit insbesondere eine internationale Rechtsgrundlage erfordert, die in Bezug auf die weltweite Zirkulation ausländischer Entscheidungen für mehr Vorhersehbarkeit und Sicherheit sorgt und das Übereinkommen vom 30. Juni 2005 über Gerichtsstandsvereinbarungen5 ergänzt – haben beschlossen, zu diesem Zweck dieses Übereinkommen zu schließen, und die folgenden Bestimmungen vereinbart:

Kapitel I. Anwendungsbereich und Begriffsbestimmungen

Art. 1. Anwendungsbereich (1) Dieses Übereinkommen ist auf die Anerkennung und Vollstreckung von Entscheidungen in Zivil- und Handelssachen anzuwenden. Es erfasst insbesondere nicht Steuer- und Zollsachen sowie verwaltungsrechtliche Angelegenheiten.

---

[1] Das Übk. ist bisher von *Costa Rica* (16.9.2021), *Israel* (3.3.2021), der *Russischen Föderation* (17.11.2021), der *Ukraine* (4.3.2020), *Uruguay* (2.7.2019) und den *Vereinigten Staaten* (2.3.2022) gezeichnet worden; es ist noch nicht in Kraft getreten.

Es wird hier schon abgedruckt, weil mit einem Beitritt der *Europäischen Union* zu diesem Übk. in naher Zukunft zu rechnen ist. Vgl. dazu den Kommissionsvorschlag für einen Beschluss des Rates v.16.7.2021 über den Beitritt der Europäischen Union zu diesem Übk (COM [2021] 388 final).

[2] Im Verhältnis der EU-Mitgliedstaaten zueinander (mit Ausnahme von *Dänemark*) wird das Übk. durch die Brüssel Ia-VO Nr. 2015/2012 v. 12.12.2012 (Nr. *160*) verdrängt, vgl. Art. 23 Abs. 4 des Übk.

[3] Vgl. zu diesem Übk. den deutschen Regierungsentwurf v. 30.3.2022 für ein Gesetz zur Durchführung des Haager Übk., veröffentlicht auf der Homepage des BMJ. Dieses Gesetz sieht Änderungen des AVAG v. 30.11.2015 und von § 722 ZPO vor, die in Anmerkungen zu Nr. *152a* und *Nr. 192* bereits abgedruckt sind.

[4] Zwischen *Deutschland, Österreich* und der *Schweiz* abgestimmte deutsche Übersetzung. Authentisch sind gleichberechtigt der englische und der französische Text: https://www.hcch.net/de/instruments/conventions (Nr. 41).

[5] Abgedruckt unter Nr. *151*.

(2) Dieses Übereinkommen ist auf die Anerkennung und Vollstreckung einer von einem Gericht eines Vertragsstaats erlassenen Entscheidung in einem anderen Vertragsstaat anzuwenden.

Art. 2. Ausschluss vom Anwendungsbereich. (1) Dieses Übereinkommen ist nicht anzuwenden auf

a) den Personenstand, die Rechts- und Handlungsfähigkeit sowie die gesetzliche Vertretung von natürlichen Personen;

b) Unterhaltspflichten;

c) andere familienrechtliche Angelegenheiten, einschließlich der ehelichen Güterstände und anderer Rechte oder Pflichten aus einer Ehe oder aus ähnlichen Beziehungen;

d) das Erbrecht einschließlich des Testamentsrechts;

e) Insolvenz, insolvenzrechtliche Vergleiche, die Abwicklung von Finanzinstituten und ähnliche Angelegenheiten;

f) die Beförderung von Reisenden und Gütern;

g) grenzüberschreitende Meeresverschmutzung, Meeresverschmutzung in Gebieten außerhalb der staatlichen Hoheitsgewalt, Meeresverschmutzung durch Schiffe, die Beschränkung der Haftung für Seeforderungen und auf große Haverei;

h) die Haftung für nukleare Schäden;

i) die Gültigkeit, Nichtigkeit oder Auflösung juristischer Personen oder von Zusammenschlüssen natürlicher oder juristischer Personen sowie die Gültigkeit der Beschlüsse ihrer Organe;

j) die Gültigkeit von Eintragungen in öffentliche Register;

k) üble Nachrede und Verleumdung;

l) das Recht auf Privatsphäre;

m) geistiges Eigentum;

n) Tätigkeiten der Streitkräfte, einschließlich der Tätigkeiten ihrer Angehörigen in Wahrnehmung ihres Dienstes;

o) Tätigkeiten der Strafverfolgungsbehörden, einschließlich der Tätigkeiten ihrer Angehörigen in Wahrnehmung ihres Dienstes;

p) kartellrechtliche (wettbewerbsrechtliche) Angelegenheiten, es sei denn, die Entscheidung betrifft ein Verhalten, das eine wettbewerbswidrige Absprache oder eine abgestimmte Verhaltensweise zwischen tatsächlichen oder möglichen Wettbewerbern zur Festsetzung von Preisen, zur Absprache von Angeboten, zur Festlegung von Produktionsbeschränkungen oder -quoten oder zur Marktaufteilung durch Aufteilung von Kunden, Lieferanten, Verkaufsgebieten oder Handelssparten darstellt, und sowohl dieses Verhalten als auch dessen Wirkung sind im Ursprungsstaat eingetreten;

q) die Umstrukturierung von Staatsschulden durch einseitige staatliche Maßnahmen.

(2) Eine Entscheidung ist vom Anwendungsbereich dieses Übereinkommens nicht ausgeschlossen, wenn eine Angelegenheit, auf die dieses Übereinkommen nicht anzuwenden ist, lediglich als Vorfrage in dem Verfahren, in dem die Entscheidung erlassen wurde, aufgetreten ist und nicht Gegenstand des Verfahrens war. Insbesondere ist eine Entscheidung vom Anwendungsbereich dieses Übereinkommens nicht ausgeschlossen, wenn eine solche Angelegenheit lediglich aufgrund einer Einwendung aufgetreten ist und nicht Gegenstand des Verfahrens war.

(3) Dieses Übereinkommen ist nicht anzuwenden auf die Schiedsgerichtsbarkeit sowie auf Verfahren, die sich auf ein Schiedsverfahren beziehen.

(4) Eine Entscheidung ist vom Anwendungsbereich dieses Übereinkommens nicht schon deshalb ausgeschlossen, weil ein Staat, einschließlich einer Regierung, einer Regierungsstelle oder einer für einen Staat handelnden Person, Verfahrenspartei war.

(5) Dieses Übereinkommen berührt nicht die Vorrechte und Immunitäten von Staaten oder internationalen Organisationen in Bezug auf sie selbst und ihr Vermögen.

Art. 3. Begriffsbestimmungen. (1) In diesem Übereinkommen bezeichnet

a) „Beklagter" eine Person, gegen die die Klage oder Widerklage im Ursprungsstaat erhoben worden ist;

b) „Entscheidung" jede gerichtliche Entscheidung in der Sache, unabhängig von der Bezeichnung der Entscheidung, wie ein Urteil oder einen Beschluss, sowie den gerichtlichen Kostenfestsetzungsbeschluss (auch eines Gerichtsbediensteten), sofern er sich auf eine Entscheidung in der Sache bezieht, die nach diesem Übereinkommen anerkannt oder vollstreckt werden kann. Eine einstweilige Sicherungsmaßnahme gilt nicht als Entscheidung.

(2) Eine rechtliche Einheit oder eine Person, die keine natürliche Person ist, hat ihren gewöhnlichen Aufenthalt in dem Staat,

a) in dem sie ihren satzungsmäßigen Sitz hat,

b) nach dessen Recht sie gegründet wurde,

c) in dem sie ihre Hauptverwaltung hat oder

d) in dem sie ihre Hauptniederlassung hat.

Kapitel II. Anerkennung und Vollstreckung

Art. 4. Allgemeine Bestimmungen. (1). Eine Entscheidung eines Gerichts eines Vertragsstaats (Ursprungsstaat) wird in einem anderen Vertragsstaat (ersuchter Staat) nach Maßgabe dieses Kapitels anerkannt und vollstreckt. Die Anerkennung oder Vollstreckung kann nur aus den in diesem Übereinkommen genannten Gründen versagt werden.

(2) Im ersuchten Staat darf die Entscheidung in der Sache selbst nicht nachgeprüft werden. Eine Prüfung darf nur insoweit stattfinden, als sie für die Anwendung dieses Übereinkommens notwendig ist.

(3) Eine Entscheidung wird nur anerkannt, wenn sie im Ursprungsstaat wirksam ist; sie wird nur vollstreckt, wenn sie im Ursprungsstaat vollstreckbar ist.

(4) Die Anerkennung oder Vollstreckung kann aufgeschoben oder versagt werden, wenn die in Absatz 3 genannte Entscheidung Gegenstand einer gerichtlichen Nachprüfung im Ursprungsstaat ist oder wenn die Frist für die Einlegung eines ordentlichen Rechtsbehelfs noch nicht verstrichen ist. Eine Versagung steht einem erneuten Antrag auf Anerkennung oder Vollstreckung der Entscheidung zu einem späteren Zeitpunkt nicht entgegen.

Art. 5. Grundlagen für die Anerkennung und Vollstreckung (1) Eine Entscheidung ist anerkennungs- und vollstreckungsfähig, wenn eine der folgenden Voraussetzungen erfüllt ist:

a) Die Person, gegen die die Anerkennung oder Vollstreckung geltend gemacht wird, hatte zu dem Zeitpunkt, zu dem sie Verfahrenspartei vor dem Ursprungsgericht wurde, ihren gewöhnlichen Aufenthalt im Ursprungsstaat;

b) die natürliche Person, gegen die die Anerkennung oder Vollstreckung geltend gemacht wird, hatte zu dem Zeitpunkt, zu dem sie Verfahrenspartei vor dem Ursprungsgericht wurde, ihre Hauptniederlassung im Ursprungsstaat, und der Anspruch, der der Entscheidung zugrunde liegt, rührt aus den Tätigkeiten dieser Niederlassung her;

c) die Person, gegen die die Anerkennung oder Vollstreckung geltend gemacht wird, ist die Person, die die Klage, die der Entscheidung zugrunde liegt, erhoben hat, sofern es sich nicht um eine Widerklage handelt;

d) der Beklagte unterhielt zu dem Zeitpunkt, zu dem er Verfahrenspartei vor dem Ursprungsgericht wurde, eine Zweigniederlassung, Agentur oder sonstige Niederlassung ohne eigene Rechtspersönlichkeit im Ursprungsstaat, und der Anspruch, der der Entscheidung zugrunde liegt, rührt aus den Tätigkeiten dieser Zweigniederlassung, Agentur oder sonstigen Niederlassung her;

e) der Beklagte hat der Zuständigkeit des Ursprungsgerichts im Laufe des Verfahrens, in dem die Entscheidung erlassen wurde, ausdrücklich zugestimmt;

f) der Beklagte hat vor dem Ursprungsgericht zur Sache vorgetragen, ohne die Unzuständigkeit innerhalb der im Recht des Ursprungsstaats vorgesehenen Frist zu rügen, es sei denn, eine Einwendung betreffend die Zuständigkeit oder die Ausübung der Zuständigkeit hätte nach diesem Recht offensichtlich keinen Erfolg gehabt;

g) die Entscheidung betrifft eine vertragliche Verpflichtung und wurde von einem Gericht des Staates erlassen, in dem diese Verpflichtung nach

   i) der Vereinbarung der Parteien oder

   ii) dem auf den Vertrag anzuwendenden Recht, falls der Erfüllungsort nicht vereinbart wurde,

   erfüllt wurde oder hätte erfüllt werden sollen, es sei denn, die mit dem Geschäft verbundenen Tätigkeiten des Beklagten hatten eindeutig keine zielgerichtete und substantielle Verbindung zu diesem Staat;

h) die Entscheidung betrifft die Miete oder Pacht einer unbeweglichen Sache und wurde von einem Gericht des Staates erlassen, in dem die Sache belegen ist;

i) die gegen den Beklagten ergangene Entscheidung betrifft eine vertragliche Verpflichtung, die durch ein dingliches Recht an einer im Ursprungsstaat belegenen unbeweglichen Sache gesichert ist, sofern der vertragliche Anspruch zusammen mit einem Anspruch gegen denselben Beklagten in Bezug auf dieses dingliche Recht geltend gemacht wurde;

j) die Entscheidung betrifft eine außervertragliche Verpflichtung aufgrund eines Todesfalls, einer Körperverletzung, der Beschädigung oder des Untergangs eines körperlichen Gegenstandes, und die Handlung oder Unterlassung, durch die dieser Schaden unmittelbar verursacht wurde, ist im Ursprungsstaat begangen worden, unabhängig davon, wo der Schaden eingetreten ist;

k) die Entscheidung betrifft die Gültigkeit, die Auslegung, die Wirkungen, die Verwaltung oder die Änderung eines freiwillig errichteten und schriftlich nachgewiesenen Trusts und

   i) zum Zeitpunkt der Verfahrenseinleitung war der Ursprungsstaat in der Trusturkunde als Staat bezeichnet, vor dessen Gerichten Rechtsstreitigkeiten wegen dieser Angelegenheiten zu entscheiden sind, oder

   ii) zum Zeitpunkt der Verfahrenseinleitung war der Ursprungsstaat in der Trusturkunde ausdrücklich oder stillschweigend als derjenige Staat bezeichnet, in dem sich der Hauptverwaltungsort des Trusts befindet.

   Dieser Buchstabe betrifft nur Entscheidungen über interne Aspekte eines Trusts, die Personen betreffen, die an dem Trust-Verhältnis beteiligt sind oder waren;

l) die Entscheidung betrifft eine Widerklage,

   i) soweit sie zugunsten des Widerklägers erging, unter der Voraussetzung, dass die Widerklage aus demselben Geschäft oder Sachverhalt herrührte wie die Klage, oder

ii) soweit sie zulasten des Widerklägers erging, sofern nicht nach dem Recht des Ursprungsstaats die Erhebung der Widerklage zur Vermeidung eines Rechtsverlusts erforderlich war;

m) die Entscheidung wurde von einem Gericht erlassen, das in einer Vereinbarung bezeichnet wird, die schriftlich oder durch jedes andere Kommunikationsmittel, das es ermöglicht, auf die Information später wieder zuzugreifen, geschlossen oder dokumentiert wurde und bei der es sich nicht um eine ausschließliche Gerichtsstandsvereinbarung handelt.

Für die Zwecke dieses Buchstabens bezeichnet „ausschließliche Gerichtsstandsvereinbarung" eine Vereinbarung zwischen zwei oder mehr Parteien, in der die Gerichte eines Staates oder ein oder mehrere bestimmte Gerichte eines Staates unter Ausschluss der Zuständigkeit aller anderen Gerichte zu dem Zweck benannt werden, über eine aus einem bestimmten Rechtsverhältnis bereits entstandene oder künftig entstehende Rechtsstreitigkeit zu entscheiden.

(2) Wird die Anerkennung oder Vollstreckung gegen eine natürliche Person, die in erster Linie zu persönlichen, familiären oder den Haushalt betreffenden Zwecken handelt (einen Verbraucher), in Angelegenheiten mit Bezug auf einen Verbrauchervertrag oder gegen einen Arbeitnehmer in Angelegenheiten mit Bezug auf dessen Arbeitsvertrag geltend gemacht,

a) ist Absatz 1 Buchstabe e nur dann anwendbar, wenn die Zustimmung dem Gericht gegenüber mündlich oder schriftlich erteilt wurde;

b) ist Absatz 1 Buchstaben f, g und m nicht anwendbar.

(3) Absatz 1 ist nicht auf eine Entscheidung anwendbar, die die Wohnraummiete oder die Registrierung einer unbeweglichen Sache betrifft. Eine solche Entscheidung kann nur dann anerkannt und vollstreckt werden, wenn sie von einem Gericht des Staates erlassen wurde, in dem die Sache belegen ist.

Art. 6. Ausschließliche Grundlage für die Anerkennung und Vollstreckung. Ungeachtet des Artikels 5 wird eine Entscheidung über dingliche Rechte an einer unbeweglichen Sache nur dann anerkannt und vollstreckt, wenn die unbewegliche Sache im Ursprungsstaat belegen ist.

Art. 7. Versagung der Anerkennung und Vollstreckung. (1) Die Anerkennung oder Vollstreckung kann versagt werden, wenn

a) das verfahrenseinleitende Schriftstück oder ein gleichwertiges Schriftstück, das Angaben über die wesentlichen Elemente der Klage enthält,

i) dem Beklagten nicht so rechtzeitig und nicht in einer Weise übermittelt worden ist, dass er sich verteidigen konnte, es sei denn, der Beklagte hat sich auf das Verfahren eingelassen und zur Klage Stellung genommen, ohne die fehlerhafte Übermittlung vor dem Ursprungsgericht zu rügen, sofern es nach dem Recht des Ursprungsstaats zulässig war, eine fehlerhafte Übermittlung zu rügen, oder

ii) dem Beklagten im ersuchten Staat in einer Weise übermittelt worden ist, die mit wesentlichen Grundsätzen des ersuchten Staates für die Zustellung von Schriftstücken unvereinbar ist,

b) die Entscheidung durch Betrug erlangt worden ist,

c) die Anerkennung oder Vollstreckung der öffentlichen Ordnung (ordre public) des ersuchten Staates offensichtlich widerspräche, einschließlich der Fälle, in denen das zur Entscheidung führende Verfahren mit wesentlichen Grundsätzen des fairen Verfahrens dieses Staates unvereinbar war, sowie der Fälle, die eine Verletzung der Sicherheit oder der Souveränität dieses Staates betreffen,

d) das Verfahren vor dem Ursprungsgericht einer Vereinbarung oder einer in einer Trusturkunde enthaltenen Bestimmung zuwiderlief, wonach der in Rede stehende Rechtsstreit von einem Gericht eines anderen Staates als dem Ursprungsstaat zu entscheiden war,

e) die Entscheidung mit einer Entscheidung unvereinbar ist, die von einem Gericht des ersuchten Staates in einem Rechtsstreit zwischen denselben Parteien erlassen wurde, oder

f) die Entscheidung mit einer früheren Entscheidung unvereinbar ist, die von einem Gericht eines anderen Staates zwischen denselben Parteien über denselben Streitgegenstand erlassen wurde, sofern die frühere Entscheidung die für ihre Anerkennung im ersuchten Staat erforderlichen Voraussetzungen erfüllt.

(2) Die Anerkennung oder Vollstreckung kann aufgeschoben oder versagt werden, wenn ein Verfahren zwischen denselben Parteien über denselben Streitgegenstand vor einem Gericht des ersuchten Staates anhängig ist, falls a) das Gericht des ersuchten Staates früher als das Ursprungsgericht angerufen worden ist und b) eine enge Verbindung zwischen dem Rechtsstreit und dem ersuchten Staat besteht.

Eine Versagung nach diesem Absatz steht einem erneuten Antrag auf Anerkennung oder Vollstreckung der Entscheidung zu einem späteren Zeitpunkt nicht entgegen.

Art. 8. Vorfragen. (1) Eine Beurteilung einer Vorfrage wird nicht nach diesem Übereinkommen anerkannt oder vollstreckt, wenn sie eine Angelegenheit, auf die dieses Übereinkommen nicht anzuwenden ist, oder eine in Artikel 6 bezeichnete Angelegenheit, über die ein Gericht eines anderen als des in dem genannten Artikel bezeichneten Staates entschieden hat, betrifft.

(2) Die Anerkennung oder Vollstreckung einer Entscheidung kann versagt werden, sofern und soweit die Entscheidung auf einer Beurteilung einer Angelegenheit, auf die dieses Übereinkommen nicht anzuwenden ist, oder auf einer Beurteilung einer in Artikel 6 bezeichneten Angelegenheit,

über die ein Gericht eines anderen als des in dem genannten Artikel bezeichneten Staates entschieden hat, beruhte.

Art. 9. Teilbarkeit. Die Anerkennung oder Vollstreckung eines abtrennbaren Teiles einer Entscheidung wird zugelassen, wenn die Anerkennung oder Vollstreckung dieses Teiles beantragt wird oder wenn nur ein Teil der Entscheidung nach diesem Übereinkommen anerkannt oder vollstreckt werden kann.

Art. 10. Schadenersatz. (1) Die Anerkennung oder Vollstreckung einer Entscheidung kann versagt werden, sofern und soweit mit ihr Schadenersatz, einschließlich exemplarischen Schadenersatzes oder Strafschadenersatzes, zugesprochen wird, der eine Partei nicht für einen tatsächlich erlittenen Schaden oder Nachteil entschädigt.

(2) Das ersuchte Gericht berücksichtigt, ob und inwieweit der vom Ursprungsgericht zugesprochene Schadenersatz der Deckung der durch das Verfahren entstandenen Kosten dient.

Art. 11. Gerichtliche Vergleiche. Gerichtliche Vergleiche, die von einem Gericht eines Vertragsstaats gebilligt oder die im Laufe eines Verfahrens vor einem Gericht eines Vertragsstaats geschlossen worden sind und die im Ursprungsstaat in derselben Weise wie eine Entscheidung vollstreckbar sind, werden nach diesem Übereinkommen in derselben Weise wie eine Entscheidung vollstreckt.

Art. 12. Vorzulegende Schriftstücke. (1) Die Partei, welche die Anerkennung geltend macht oder die Vollstreckung beantragt, hat Folgendes vorzulegen:

a) eine vollständige und beglaubigte Abschrift der Entscheidung;

b) bei einer im Versäumnisverfahren ergangenen Entscheidung die Urschrift oder eine beglaubigte Abschrift der Urkunde, aus der sich ergibt, dass das den Rechtsstreit einleitende Schriftstück oder ein gleichwertiges Schriftstück der säumigen Partei übermittelt worden ist;

c) alle Schriftstücke, die erforderlich sind, um nachzuweisen, dass die Entscheidung im Ursprungsstaat wirksam oder gegebenenfalls vollstreckbar ist;

d) in dem in Artikel 11 bezeichneten Fall eine Bescheinigung eines Gerichts (einschließlich eines Gerichtsbediensteten) des Ursprungsstaats darüber, dass der gerichtliche Vergleich oder ein Teil davon im Ursprungsstaat in derselben Weise wie eine Entscheidung vollstreckbar ist.

(2) Kann das ersuchte Gericht anhand des Inhalts der Entscheidung nicht feststellen, ob die Voraussetzungen dieses Kapitels erfüllt sind, so kann es die Vorlage weiterer erforderlicher Schriftstücke verlangen.

(3) Einem Antrag auf Anerkennung oder Vollstreckung kann ein sich auf die Entscheidung beziehendes Schriftstück beigefügt werden, das von ei-

nem Gericht (einschließlich eines Gerichtsbediensteten) des Ursprungsstaats entsprechend dem von der Haager Konferenz für Internationales Privatrecht empfohlenen und veröffentlichten Formblatt ausgefertigt wurde.

(4) Sind die in diesem Artikel bezeichneten Schriftstücke nicht in einer Amtssprache des ersuchten Staates abgefasst, so ist ihnen eine beglaubigte Übersetzung in eine Amtssprache beizufügen, sofern das Recht des ersuchten Staates nichts anderes vorsieht.

Art. 13. Verfahren. (1) Sofern dieses Übereinkommen nichts anderes vorsieht, ist für das Verfahren zur Anerkennung, Vollstreckbarerklärung oder Registrierung zur Vollstreckung sowie für die Vollstreckung der Entscheidung das Recht des ersuchten Staates maßgebend. Das Gericht des ersuchten Staates hat zügig zu handeln.

(2) Das Gericht des ersuchten Staates darf die Anerkennung oder Vollstreckung einer Entscheidung nach diesem Übereinkommen nicht mit der Begründung versagen, dass die Anerkennung oder Vollstreckung in einem anderen Staat geltend gemacht werden sollte.

Art. 14. Verfahrenskosten. (1) Einer Partei, die in einem Vertragsstaat die Vollstreckung einer von einem Gericht eines anderen Vertragsstaats erlassenen Entscheidung beantragt, darf nicht allein wegen ihrer Eigenschaft als Ausländer oder mangels Wohnsitzes oder Aufenthalts in dem Staat, in dem die Vollstreckung geltend gemacht wird, eine Sicherheitsleistung oder Hinterlegung, unter welcher Bezeichnung es auch sei, auferlegt werden.

(2) Ein Kostenfestsetzungsbeschluss, der in einem Vertragsstaat gegen eine Person erlassen wurde, die nach Absatz 1 oder nach dem Recht des Staates, in dem das Verfahren eingeleitet wurde, von einer Sicherheitsleistung oder Hinterlegung befreit ist, wird auf Antrag der Person, zu deren Gunsten der Kostenfestsetzungsbeschluss ergeht, in jedem anderen Vertragsstaat für vollstreckbar erklärt.

(3) Ein Staat kann erklären, dass er Absatz 1 nicht anwendet, oder mittels einer Erklärung bestimmen, welche seiner Gerichte Absatz 1 nicht anwenden.

Art. 15. Anerkennung und Vollstreckung nach innerstaatlichem Recht. Vorbehaltlich des Artikels 6 steht dieses Übereinkommen der Anerkennung oder Vollstreckung einer Entscheidung nach innerstaatlichem Recht nicht entgegen.

Kapitel III. Allgemeine Vorschriften

Art. 16. Übergangsbestimmung. Dieses Übereinkommen ist auf die Anerkennung und Vollstreckung von Entscheidungen anzuwenden, wenn es zum Zeitpunkt der Verfahrenseinleitung im Ursprungsstaat zwischen diesem und dem ersuchten Staat wirksam war.

Art. 17. Die Anerkennung und Vollstreckung beschränkende Erklärungen. Ein Staat kann erklären, dass seine Gerichte die Anerkennung oder Vollstreckung einer Entscheidung versagen können, die von einem Gericht eines anderen Vertragsstaats erlassen wurde, wenn die Parteien ihren Aufenthalt im ersuchten Staat hatten und die Beziehung der Parteien und alle anderen für den Rechtsstreit maßgeblichen Elemente mit Ausnahme des Ortes des Ursprungsgerichts nur zum ersuchten Staat eine Verbindung aufwiesen.

Art. 18.[6] Erklärungen in Bezug auf besondere Rechtsgebiete.

(1) Hat ein Staat ein großes Interesse daran, dieses Übereinkommen auf ein besonderes Rechtsgebiet nicht anzuwenden, so kann dieser Staat erklären, dass er das Übereinkommen auf dieses Rechtsgebiet nicht anwenden wird. Ein Staat, der eine solche Erklärung abgibt, hat sicherzustellen, dass die Erklärung nicht weiter reicht als erforderlich und dass das ausgeschlossene Rechtsgebiet klar und eindeutig bezeichnet ist.

(2) In Bezug auf dieses Rechtsgebiet ist das Übereinkommen nicht anzuwenden

a) in dem Vertragsstaat, der die Erklärung abgegeben hat;

b) in anderen Vertragsstaaten, in denen die Anerkennung oder Vollstreckung einer Entscheidung geltend gemacht wird, die von einem Gericht eines Vertragsstaats, der die Erklärung abgegeben hat, erlassen wurde.

Art. 19. Erklärungen in Bezug auf Entscheidungen, die einen Staat betreffen. (1) Ein Staat kann erklären, dass er dieses Übereinkommen nicht auf Entscheidungen anwendet, die in einem Verfahren ergangen sind, bei dem als Partei beteiligt ist

a) dieser Staat selbst oder eine für diesen Staat handelnde natürliche Person oder

b) eine Regierungsstelle dieses Staates oder eine für eine solche Regierungsstelle handelnde natürliche Person.

Ein Staat, der eine solche Erklärung abgibt, hat sicherzustellen, dass die Erklärung nicht weiter reicht als erforderlich und dass der Ausschluss vom Anwendungsbereich klar und eindeutig bezeichnet ist. Die Erklärung darf nicht zwischen Entscheidungen unterscheiden, bei denen der Staat, eine Regierungsstelle des Staates oder eine für ihn beziehungsweise sie handeln-

---

[6] Bei der Hinterlegung ihrer Beitrittsurkunde nach Art. 24 Abs. 4 des Übk. wird die *Europäische Union* die folgende Erklärung zu Art. 18 abgeben:

„Die Europäische Union erklärt hiermit gemäß Artikel 18 des Übereinkommens, dass sie das Übereinkommen nicht auf die gewerbliche Miete oder Pacht von unbeweglichen Sachen, die in der Europäischen Union belegen sind, anwenden wird.“

de natürliche Person Beklagter oder Kläger in dem Verfahren vor dem Ursprungsgericht ist.

(2) Die Anerkennung oder Vollstreckung einer Entscheidung, die ein Gericht eines Staates erlassen hat, der eine Erklärung nach Absatz 1 abgegeben hat, kann in dem in der Erklärung festgelegten Umfang versagt werden, wenn die Entscheidung in einem Verfahren ergangen ist, bei dem der Staat, der die Erklärung abgegeben hat, der ersuchte Staat, eine ihrer Regierungsstellen oder eine für einen beziehungsweise eine von ihnen handelnde natürliche Person als Partei beteiligt ist.

Art. 20. Einheitliche Auslegung. Bei der Auslegung dieses Übereinkommens ist seinem internationalen Charakter und der Notwendigkeit, seine einheitliche Anwendung zu fördern, Rechnung zu tragen.

Art. 21. Prüfung der praktischen Durchführung des Übereinkommens. Der Generalsekretär der Haager Konferenz für Internationales Privatrecht trifft in regelmäßigen Abständen Vorkehrungen für die Prüfung der praktischen Durchführung dieses Übereinkommens, einschließlich aller Erklärungen, und erstattet dem Rat für Allgemeine Angelegenheiten und die Politik der Konferenz Bericht.

Art. 22. Nicht einheitliche Rechtssysteme. (1) Gelten in einem Vertragsstaat in verschiedenen Gebietseinheiten zwei oder mehr Rechtssysteme in Bezug auf in diesem Übereinkommen geregelte Angelegenheiten,

a) jede Bezugnahme auf das Recht oder Verfahren eines Staates gegebenenfalls als Bezugnahme auf das in der betreffenden Gebietseinheit geltende Recht oder Verfahren zu verstehen;
b) jede Bezugnahme auf das Gericht oder die Gerichte eines Staates gegebenenfalls als Bezugnahme auf das Gericht oder die Gerichte in der betreffenden Gebietseinheit zu verstehen;
c) jede Bezugnahme auf eine Verbindung zu einem Staat gegebenenfalls als Bezugnahme auf eine Verbindung zu der betreffenden Gebietseinheit zu verstehen;
d) jede Bezugnahme auf einen Anknüpfungspunkt im Hinblick auf einen Staat gegebenenfalls als Bezugnahme auf diesen Anknüpfungspunkt im Hinblick auf die betreffende Gebietseinheit zu verstehen.

(2) Ungeachtet des Absatzes 1 ist ein Vertragsstaat mit zwei oder mehr Gebietseinheiten, in denen unterschiedliche Rechtssysteme gelten, nicht verpflichtet, dieses Übereinkommen auf Fälle anzuwenden, die allein diese verschiedenen Gebietseinheiten betreffen.

(3) Ein Gericht in einer Gebietseinheit eines Vertragsstaats mit zwei oder mehr Gebietseinheiten, in denen unterschiedliche Rechtssysteme gelten, ist nicht verpflichtet, eine Entscheidung aus einem anderen Vertragsstaat allein deshalb anzuerkennen oder zu vollstrecken, weil die Entscheidung in einer

anderen Gebietseinheit desselben Vertragsstaats nach diesem Übereinkommen anerkannt oder vollstreckt worden ist.

(4) Dieser Artikel ist nicht anzuwenden auf Organisationen der regionalen Wirtschaftsintegration.

Art. 23.[7] **Verhältnis zu anderen internationalen Rechtsinstrumenten.** (1). Dieses Übereinkommen ist, soweit möglich, so auszulegen, dass es mit anderen für die Vertragsstaaten geltenden Verträgen vereinbar ist; dies gilt unabhängig davon, ob diese vor oder nach diesem Übereinkommen geschlossen worden sind.

(2) Dieses Übereinkommen lässt die Anwendung eines vor diesem Übereinkommen geschlossenen Vertrags durch einen Vertragsstaat dieses Übereinkommens unberührt.

(3) Dieses Übereinkommen lässt die Anwendung eines nach diesem Übereinkommen geschlossenen Vertrags durch einen Vertragsstaat dieses Übereinkommens unberührt, sofern es um die Anerkennung oder Vollstreckung einer Entscheidung geht, die ein Gericht eines Vertragsstaats, der auch Vertragspartei des anderen Vertrags ist, erlassen hat. Der andere Vertrag lässt die Verpflichtungen aus Artikel 6 gegenüber Vertragsstaaten unberührt, die nicht Vertragsparteien jenes Vertrags sind.

(4) Dieses Übereinkommen lässt die Anwendung der Vorschriften einer Organisation der regionalen Wirtschaftsintegration, die Vertragspartei dieses Übereinkommens ist, unberührt, sofern es um die Anerkennung oder Vollstreckung einer Entscheidung geht, die ein Gericht eines Vertragsstaats erlassen hat, der auch Mitgliedstaat der Organisation der regionalen Wirtschaftsintegration ist, wenn

a) die Vorschriften angenommen wurden, bevor dieses Übereinkommen geschlossen wurde, oder

b) die Vorschriften angenommen wurden, nachdem dieses Übereinkommen geschlossen wurde, soweit sie die Verpflichtungen in Artikel 6 gegenüber Vertragsstaaten, die nicht Mitgliedstaaten der Organisation der regionalen Wirtschaftsintegration sind, nicht berühren.

Kapitel IV. Schlussbestimmungen

Art. 24–25 *(nicht abgedruckt)*

Art. 26. Organisationen der regionalen Wirtschaftsintegration. (1) Eine Organisation der regionalen Wirtschaftsintegration, die ausschließlich von souveränen Staaten gebildet wird und für einige oder alle in

[7] Nach Art. 23 Abs. 4 des Übk. hat die Verordnung (EU) Nr. 1215/2021 v. 12.12.2012 (Brüssel Ia-VO, Nr. *160*) auf dem Gebiet der Anerkennung und Vollstreckung von Entscheidungen in Zivilsachen im Verhältnis der EU-Mitgliedstaaten zueinander Vorrang vor dem Übk.

diesem Übereinkommen geregelten Angelegenheiten zuständig ist, kann dieses Übereinkommen unterzeichnen, annehmen, genehmigen oder ihm beitreten. Die Organisation der regionalen Wirtschaftsintegration hat in diesem Fall die Rechte und Pflichten eines Vertragsstaats in dem Umfang, in dem sie für Angelegenheiten zuständig ist, die in diesem Übereinkommen geregelt sind.

(2) Die Organisation der regionalen Wirtschaftsintegration notifiziert dem Verwahrer bei der Unterzeichnung, der Annahme, der Genehmigung oder dem Beitritt schriftlich die in diesem Übereinkommen geregelten Angelegenheiten, für die ihr von ihren Mitgliedstaaten die Zuständigkeit übertragen wurde. Die Organisation notifiziert dem Verwahrer umgehend schriftlich jede Veränderung ihrer Zuständigkeit gegenüber der letzten Notifikation nach diesem Absatz.

(3) Für das Inkrafttreten dieses Übereinkommens zählt eine von einer Organisation der regionalen Wirtschaftsintegration hinterlegte Urkunde nicht, es sei denn, die Organisation der regionalen Wirtschaftsintegration erklärt nach Artikel 27 Absatz 1, dass ihre Mitgliedstaaten nicht Vertragsparteien dieses Übereinkommens werden.

(4) Jede Bezugnahme in diesem Übereinkommen auf einen „Vertragsstaat" oder „Staat" gilt gegebenenfalls gleichermaßen für eine Organisation der regionalen Wirtschaftsorganisation.

Art. 27.[8] **Organisationen der regionalen Wirtschaftsintegration als Vertragsparteien ohne ihre Mitgliedstaaten** (1) Eine Organisation der regionalen Wirtschaftsintegration kann bei der Unterzeichnung, der Annahme, der Genehmigung oder dem Beitritt erklären, dass sie für alle in diesem Übereinkommen geregelten Angelegenheiten zuständig ist und dass ihre Mitgliedstaaten nicht Vertragsparteien dieses Übereinkommens sein werden, jedoch aufgrund der Unterzeichnung, der Annahme, der Genehmigung oder des Beitritts der Organisation gebunden sind.

(2) Gibt eine Organisation der regionalen Wirtschaftsintegration eine Erklärung nach Absatz 1 ab, so gilt jede Bezugnahme in diesem Übereinkommen auf einen „Vertragsstaat" oder „Staat" gegebenenfalls gleichermaßen für die Mitgliedstaaten der Organisation.

Art. 28–32. *(nicht abgedruckt)*

---

[8] Bei der Hinterlegung ihrer Beitrittsurkunde nach Art. 24 Abs. 4 des Übk. wird die Europäische Union die folgende Erklärung nach Art. 27Abs. 1 des Übk. abgeben:

„Die Europäische Union erklärt gemäß Artikel 27 Absatz 1 des Übereinkommens, dass sie für alle in diesem Übereinkommen geregelten Angelegenheiten zuständig ist. Das Übereinkommen wird von ihren Mitgliedstaaten nicht unterzeichnet, ratifiziert, angenommen oder genehmigt, ist aber bei Abschluss durch die Europäische Union für sie bindend. Für die Zwecke dieser Erklärung umfasst der Begriff „Europäische Union" nicht das Königreich Dänemark gemäß Artikel 1 und Artikel 2 des dem Vertrag über die Arbeitsweise der Europäischen Union beigefügten Protokolls Nr. 22 über die Position Dänemarks."

Zu Urkund dessen haben die hierzu gehörig befugten Unterzeichneten dieses Übereinkommen unterschrieben.

Geschehen zu Den Haag am 2. Juli 2019 in englischer und französischer Sprache, wobei jeder Wortlaut gleichermaßen verbindlich ist....

2. Unterhaltssachen

181. Haager Übereinkommen über die Anerkennung und Vollstreckung von Entscheidungen auf dem Gebiet der Unterhaltspflicht gegenüber Kindern

Vom 15. April 1958[1, 2, 3, 4] (BGBl. 1961 II, S. 1006)

(Übersetzung)[5]

Art. 1. (1) Zweck dieses Übereinkommens ist es, in den Vertragsstaaten die gegenseitige Anerkennung und Vollstreckung von Entscheidungen über

---

[1] Das Übk. ist für die *Bundesrepublik Deutschland* am 1.1.1962 im Verhältnis zu *Belgien, Italien* und *Österreich* in Kraft getreten (Bek. v. 15.12.1961, BGBl. 1962 II, S. 15). Es gilt heute ferner für *Dänemark* (seit 1.1.1966, BGBl. II, S. 56), *Finnland* (seit 24.8.1967, BGBl. II, S. 2311), *Frankreich* (seit 25.7.1966, BGBl. 1967 II, S. 1810), *Liechtenstein* (seit 7.12.1972, BGBl. 1973 II, S. 74), die *Niederlande* (seit 28.4.1964, BGBl. II, S. 784), *Norwegen* (seit 1.11.1965, BGBl. II, S. 1584), *Portugal* (seit 24.2.1974, BGBl. II, S. 1123), *Schweden* (seit 1.3.1966, BGBl. II, S. 156), die *Schweiz* (seit 17.1.1965, BGBl. II, S. 1164), die *Slowakei* (seit 1.1.1993, BGBl. 1995 II, S. 909), *Spanien* (seit 9.11.1973, BGBl. II, S. 1592), *Suriname* (seit 25.11.1975, BGBl. 1977 II, S. 467 und 1980 II, S. 1416), die *Tschechische Republik* (seit 1.1.1993, BGBl. 1995 II, S. 909), die *Türkei* (seit 25.6.1973, BGBl. II, S. 1280) und *Ungarn* (seit 19.12.1964, BGBl. 1965 II, S. 123).

Bis zur Teilung der ehemaligen *Tschechoslowakei* galt das Übk. auch für diese (seit 6.5.1971, BGBl. II, S. 988). Es gilt auch nach dem Übergang der Souveränitätsrechte für *Macau* von *Portugal* auf *China* mit Wirkung v. 20.12.1999 im Verhältnis zur chinesischen Sonderverwaltungsregion *Macau* fort.

[2] Wegen des Vorrangs des Haager Übk. über die Anerkennung und Vollstreckung von Unterhaltsentscheidungen v. 2.10.1973 (Nr. *181;* vgl. dort Art. 29) war das Übk. v. 15.4.1958 zuletzt nur noch im Verhältnis zu *Belgien, Liechtenstein, Österreich, Suriname, Ungarn,* den *französischen* überseeischen Départements und Hoheitsgebieten (BGBl. 1969 II, S. 2124) und *Macau* anzuwenden. Im Verhältnis zu *Belgien, Österreich* und *Ungarn* wird es seit dem 18.6.2011 durch die EuUntVO Nr. 4/2009 (Nr. *161*) verdrängt, vgl. Art. 69 Abs. 2 EuUntVO.

[3] Das Übk. wird seit dem Inkrafttreten des Haager Übk. über die internationale Geltendmachung der Unterhaltsansprüche von Kindern und anderen Familienangehörigen v. 23.11.2007 (HUÜ, Nr. *183*) für die *Europäische Union* am 1.8.2014 im Verhältnis zwischen deren Mitgliedstaaten und nicht der EU angehörenden Vertragsstaaten durch das HUÜ ersetzt, soweit sich der Anwendungsbereich beider Übk. deckt; vgl. Art. 48 HUÜ. Das Übk. gilt daher aus deutscher Sicht nur noch im Verhältnis zu *Liechtenstein, Suriname* und der chinesischen Sonderverwaltungsregion *Macau* fort.

[4] Siehe zu dem Übk. das deutsche AusfG v. 18.7.1961 (BGBl. I, S. 1033). Siehe ferner das New Yorker UN-Übk. über die Geltendmachung von Unterhaltsansprüchen im Ausland v. 20.6.1956 (Nr. *220*).

[5] Authentisch ist allein der französische Text: https://www.hcch.net/de/instruments/conventions (Nr. 9).

Klagen internationalen oder innerstaatlichen Charakters sicherzustellen, die den Unterhaltsanspruch eines ehelichen, unehelichen oder an Kindes Statt angenommenen Kindes zum Gegenstand haben, sofern es unverheiratet ist und das 21. Lebensjahr noch nicht vollendet hat.

(2) Enthält die Entscheidung auch einen Ausspruch über einen anderen Gegenstand als die Unterhaltspflicht, so bleibt die Wirkung des Übereinkommens auf die Unterhaltspflicht beschränkt.

(3) Dieses Übereinkommen findet auf Entscheidungen in Unterhaltssachen zwischen Verwandten in der Seitenlinie keine Anwendung.

Art. 2. Unterhaltsentscheidungen, die in einem der Vertragsstaaten ergangen sind, sind in den anderen Vertragsstaaten, ohne dass sie auf ihre Gesetzmäßigkeit nachgeprüft werden dürfen, anzuerkennen und für vollstreckbar zu erklären,

1. wenn die Behörde, die entschieden hat, nach diesem Übereinkommen zuständig war;
2. wenn die beklagte Partei nach dem Recht des Staates, dem die entscheidende Behörde angehört, ordnungsgemäß geladen oder vertreten war; jedoch darf im Fall einer Versäumnisentscheidung die Anerkennung und Vollstreckung versagt werden, wenn die Vollstreckungsbehörde in Anbetracht der Umstände des Falles der Ansicht ist, dass die säumige Partei ohne ihr Verschulden von dem Verfahren keine Kenntnis hatte oder sich in ihm nicht verteidigen konnte;
3. wenn die Entscheidung in dem Staat, in dem sie ergangen ist, Rechtskraft erlangt hat; jedoch werden vorläufig vollstreckbare Entscheidungen und einstweilige Maßnahmen trotz der Möglichkeit, sie anzufechten, von der Vollstreckungsbehörde für vollstreckbar erklärt, wenn in dem Staat, dem diese Behörde angehört, gleichartige Entscheidungen erlassen und vollstreckt werden können;
4. wenn die Entscheidung nicht in Widerspruch zu einer Entscheidung steht, die über denselben Anspruch und zwischen denselben Parteien in dem Staat erlassen worden ist, in dem sie geltend gemacht wird; die Anerkennung und Vollstreckung darf versagt werden, wenn in dem Staat, in dem die Entscheidung geltend gemacht wird, vor ihrem Erlass dieselbe Sache rechtshängig geworden ist;
5. wenn die Entscheidung mit der öffentlichen Ordnung des Staates, in dem sie geltend gemacht wird, nicht offensichtlich unvereinbar ist.

Art. 3. Nach diesem Übereinkommen sind für den Erlass von Unterhaltsentscheidungen folgende Behörden zuständig:

1. die Behörden des Staates, in dessen Hoheitsgebiet der Unterhaltspflichtige im Zeitpunkt der Einleitung des Verfahrens seinen gewöhnlichen Aufenthalt hatte;

2. die Behörden des Staates, in dessen Hoheitsgebiet der Unterhaltsberechtigte im Zeitpunkt der Einleitung des Verfahrens seinen gewöhnlichen Aufenthalt hatte;
3. die Behörde, deren Zuständigkeit sich der Unterhaltspflichtige entweder ausdrücklich oder dadurch unterworfen hat, dass er sich, ohne die Unzuständigkeit geltend zu machen, zur Hauptsache eingelassen hat.

Art. 4. Die Partei, die sich auf eine Entscheidung beruft oder ihre Vollstreckung beantragt, hat folgende Unterlagen beizubringen:
1. eine Ausfertigung der Entscheidung, welche die für ihre Beweiskraft erforderlichen Voraussetzungen erfüllt;
2. die Urkunden, aus denen sich ergibt, dass die Entscheidung vollstreckbar ist;
3. im Fall einer Versäumnisentscheidung eine beglaubigte Abschrift der das Verfahren einleitenden Ladung oder Verfügung und die Urkunden, aus denen sich die ordnungsmäßige Zustellung dieser Ladung oder Verfügung ergibt.

Art. 5. Die Prüfung der Vollstreckungsbehörde beschränkt sich auf die in Artikel 2 genannten Voraussetzungen und die in Artikel 4 aufgezählten Urkunden.

Art. 6. (1) Soweit in diesem Übereinkommen nichts anderes bestimmt ist, richtet sich das Verfahren der Vollstreckbarerklärung nach dem Recht des Staates, dem die Vollstreckungsbehörde angehört.

(2) Jede für vollstreckbar erklärte Entscheidung hat die gleiche Geltung und erzeugt die gleichen Wirkungen, als wenn sie von einer zuständigen Behörde des Staates erlassen wäre, in dem die Vollstreckung beantragt wird.

Art. 7. Ist in der Entscheidung, deren Vollstreckung beantragt wird, die Unterhaltsleistung durch regelmäßig wiederkehrende Zahlungen angeordnet, so wird die Vollstreckung sowohl wegen der bereits fällig gewordenen als auch wegen der künftig fällig werdenden Zahlungen bewilligt.

Art. 8. Die Voraussetzungen, die in den vorstehenden Artikeln für die Anerkennung und Vollstreckung von Entscheidungen im Sinne dieses Übereinkommens festgelegt sind, gelten auch für Entscheidungen einer der in Artikel 3 bezeichneten Behörden, durch die eine Verurteilung zu Unterhaltsleistungen abgeändert wird.

Art. 9. (1) Ist einer Partei in dem Staat, in dem die Entscheidung ergangen ist, das Armenrecht gewährt worden, so genießt sie es auch in dem Verfahren, durch das die Vollstreckung der Entscheidung erwirkt werden soll.

(2) In den in diesem Übereinkommen vorgesehenen Verfahren braucht für die Prozesskosten keine Sicherheit geleistet zu werden.

(3) In den unter dieses Übereinkommen fallenden Verfahren bedürfen die beigebrachten Urkunden keiner weiteren Beglaubigung oder Legalisation.

Art. 10. Die Vertragsstaaten verpflichten sich, den Transfer der aufgrund von Unterhaltsverpflichtungen gegenüber Kindern zugesprochenen Beträge zu erleichtern.

Art. 11. [6] Dieses Übereinkommen hindert den Unterhaltsberechtigten nicht, sich auf sonstige Bestimmungen zu berufen, die nach dem innerstaatlichen Recht des Landes, in dem die Vollstreckungsbehörde ihren Sitz hat, oder nach einem anderen zwischen den Vertragsstaaten in Kraft befindlichen Abkommen auf die Vollstreckung von Unterhaltsentscheidungen anwendbar sind.

Art. 12. Dieses Übereinkommen findet keine Anwendung auf Entscheidungen, die vor seinem Inkrafttreten ergangen sind.

Art. 13–17. *(nicht abgedruckt)*

Art. 18.[7] (1) Jeder Vertragsstaat kann bei Unterzeichnung oder Ratifizierung dieses Übereinkommens oder bei seinem Beitritt einen Vorbehalt machen hinsichtlich der Anerkennung und Vollstreckung von Entscheidungen einer Behörde eines anderen Vertragsstaates, deren Zuständigkeit durch den Aufenthaltsort des Unterhaltsberechtigten begründet ist.

(2) Ein Staat, der diesen Vorbehalt macht, kann nicht verlangen, dass dieses Übereinkommen auf Entscheidungen seiner Behörden angewandt wird, deren Zuständigkeit durch den Aufenthaltsort des Unterhaltsberechtigten begründet ist.

Art. 19. *(nicht abgedruckt)*

---

[6] Im Verhältnis zu *Belgien, Österreich* und *Ungarn* war bis zum 18.6.2011 vor allem die Brüssel I-VO Nr. 44/2001 v. 22.12.2000 neben dem Übk. anwendbar. Die seit diesem Zeitpunkt anstelle der Brüssel I-VO geltende Verordnung (EG) Nr. 4/2009 (EuUntVO, Nr. *161;* vgl. Art. 68 Abs. 1 EuUntVO) verdrängt das Übk. hingegen im Verhältnis zu den genannten drei Mitgliedstaaten vollständig.

[7] Von dem Vorbehalt nach Art. 18 hat *Liechtenstein* Gebrauch gemacht.

182. Haager Übereinkommen über die Anerkennung und Vollstreckung von Unterhaltsentscheidungen

Vom 2. Oktober 1973[1, 2, 3, 4, 5, 6] (BGBl. 1986 II, S. 826)

(Übersetzung)[7]

Kapitel I. Anwendungsbereich des Übereinkommens

Art. 1. (1) Dieses Übereinkommen ist anzuwenden auf Entscheidungen über Unterhaltspflichten aus Beziehungen der Familie, Verwandtschaft, Ehe oder Schwägerschaft, einschließlich der Unterhaltspflicht gegenüber einem

---

[1] Das Übk. ist für die *Bundesrepublik Deutschland* am 1.4.1987 im Verhältnis zu *Finnland, Frankreich, Italien, Luxemburg,* den *Niederlanden, Norwegen, Portugal, Schweden,* der *Schweiz,* der ehemaligen *Tschechoslowakei,* der *Türkei* und dem *Vereinigten Königreich* in Kraft getreten (Bek. v. 25.3.1987, BGBl. II, S. 220).

Es gilt heute ferner im Verhältnis zu *Albanien* (seit 1.12.2012, BGBl. II, S. 1537), *Andorra* (seit 1.7.2012, BGBl. II, S. 750), *Australien* (seit 1.2.2002, BGBl. II, S. 751), *Dänemark* (seit 1.1.1988, BGBl. II, S. 98), *Estland* (seit 1.4.1998, BGBl. II, S. 684), *Griechenland* (seit 1.2.2004, BGBl. 2006 II, S. 530), *Litauen* (seit 1.10.2003, BGBl. II, S. 1376), *Polen* (seit 1.7.1996, BGBl. II, S. 1073), der *Slowakei* (seit 1.1.1993, BGBl. II, S. 2170), *Spanien* (seit 1.9.1987, BGBl. II, S. 404), der *Tschechischen Republik* (seit 1.1.1993, BGBl. II, S. 1008) und der *Ukraine* (seit 1.8.2008, BGBl. 2009 II, S. 120). Das *Vereinigte Königreich* hat die Geltung des Übk. mit Wirkung v. 1.11.2003 auf *Jersey,* die *Niederlande* mit Wirkung v. 10.10.2010 auf ihren karibischen Teil *(Bonaire, Saba, St. Eustatius), Curação* und *St. Martin* erstreckt (BGBl. 2012 II, S. 750).

[2] *Polen* und die *Ukraine* haben zur Geltung des Übk. in der *Autonomen Republik Krim* und der *Stadt Sewastopol* erklärt, dass sie die rechtswidrige Annexion dieser Gebiete durch die *Russische Föderation* nicht anerkennen und das Übk. daher für die *Autonome Republik Krim* und die *Stadt Sewastopol* als Teil des Hoheitsgebiets der *Ukraine* fortgilt.

[3] Das Übk wird im Verhältnis der EU-Mitgliedstaaten zueinander seit dem 18.6.2011 durch die Verordnung (EG) Nr. 4/2009 (EuUntVO, Nr. *161*) vollständig verdrängt (Art. 69 Abs. 2 EuUntVO). Es gilt deshalb aus deutscher Sicht nur noch im Verhältnis zu *Albanien, Andorra, Australien,* der *Türkei* und der *Ukraine,* sowie – neben dem Luganer Übk. v. 30.10.2007 (Nr. *152*) – im Verhältnis zu *Norwegen* und der *Schweiz,* soweit es nicht durch das HUÜ 2007 (Nr. *182*) verdrängt wird (vgl. Anm. 5).

[4] Das Übk. ersetzt nach seinem Art. 29 im Verhältnis der Vertragsstaaten zueinander das Haager Übk. über die Anerkennung und Vollstreckung von Entscheidungen auf dem Gebiet der Unterhaltspflicht gegenüber Kindern v. 15.4.1958 (Nr. *181*).

[5] Das Übk. wird seit Inkrafttreten des Haager Übk. über die internationale Geltendmachung der Unterhaltsansprüche von Kindern und anderen Familienangehörigen v. 23.11.2007 (Nr. *183*) für die *Europäische Union* am 1.8.2014 im Verhältnis der Vertragsstaaten zueinander durch das neue Haager Übk. ersetzt, soweit sich der Anwendungsbereich beider Übk. deckt; vgl. Art. 48 HUÜ 2007. Das HUntVÜ 1973 gilt deshalb heute nur noch im Verhältnis zu *Andorra, Australien* und – neben dem Luganer Übk. v. 30.10.2007 (Nr. *152*) – im Verhältnis zur *Schweiz.*

[6] Siehe zu dem Übk. die deutschen Ausführungsvorschriften in §§ 1, 57 iVm §§ 36–56, §§ 58–60, §§ 61–62 AUG v. 23.5.2011 (Nr. *161a*).

[7] Authentisch sind gleichberechtigt der englische und der französische Text: https://www.hcch.net/de/instruments/conventions (Nr. 23).

nichtehelichen Kind, die von Gerichten oder Verwaltungsbehörden eines Vertragsstaates erlassen worden sind entweder

1. zwischen einem Unterhaltsberechtigten und einem Unterhaltsverpflichteten oder
2. zwischen einem Unterhaltsverpflichteten und einer öffentliche Aufgaben wahrnehmenden Einrichtung, die die Erstattung der einem Unterhaltsberechtigten erbrachten Leistung verlangt.

(2) Es ist auch anzuwenden auf Vergleiche auf diesem Gebiet, die vor diesen Behörden und zwischen diesen Personen geschlossen worden sind.

Art. 2. (1) Das Übereinkommen ist auf Entscheidungen und Vergleiche ohne Rücksicht auf ihre Bezeichnung anzuwenden.

(2) Es ist auch auf Entscheidungen oder Vergleiche anzuwenden, durch die eine frühere Entscheidung oder ein früherer Vergleich geändert worden ist, selbst wenn diese Entscheidung oder dieser Vergleich aus einem Nichtvertragsstaat stammt.

(3) Es ist ohne Rücksicht darauf, ob der Unterhaltsanspruch international oder innerstaatlich ist, und unabhängig von der Staatsangehörigkeit oder dem gewöhnlichen Aufenthalt der Parteien anzuwenden.

Art. 3. Betrifft die Entscheidung oder der Vergleich nicht nur die Unterhaltspflicht, so bleibt die Wirkung des Übereinkommens auf die Unterhaltspflicht beschränkt.

Kapitel II. Voraussetzungen der Anerkennung und Vollstreckung von Entscheidungen

Art. 4. (1) Die in einem Vertragsstaat ergangene Entscheidung ist in einem anderen Vertragsstaat anzuerkennen oder für vollstreckbar zu erklären/zu vollstrecken,

1. wenn sie von einer Behörde erlassen worden ist, die nach Artikel 7 oder 8 als zuständig anzusehen ist, und
2. wenn gegen sie im Ursprungsstaat kein ordentliches Rechtsmittel mehr zulässig ist.

(2) Vorläufig vollstreckbare Entscheidungen und einstweilige Maßnahmen sind, obwohl gegen sie ein ordentliches Rechtsmittel zulässig ist, im Vollstreckungsstaat anzuerkennen oder für vollstreckbar zu erklären/zu vollstrecken, wenn dort gleichartige Entscheidungen erlassen und vollstreckt werden können.

Art. 5. Die Anerkennung oder Vollstreckung der Entscheidung darf jedoch versagt werden,

1. wenn die Anerkennung oder Vollstreckung mit der öffentlichen Ordnung des Vollstreckungsstaats offensichtlich unvereinbar ist oder

2. wenn die Entscheidung das Ergebnis betrügerischer Machenschaften im Verfahren ist oder
3. wenn ein denselben Gegenstand betreffendes Verfahren zwischen denselben Parteien vor einer Behörde des Vollstreckungsstaats anhängig und als erstes eingeleitet worden ist oder
4. wenn die Entscheidung unvereinbar ist mit einer Entscheidung, die zwischen denselben Parteien über denselben Gegenstand entweder in dem Vollstreckungsstaat oder in einem anderen Staat ergangen ist, im letztgenannten Fall jedoch nur, sofern diese Entscheidung die für die Anerkennung und Vollstreckung im Vollstreckungsstaat erforderlichen Voraussetzungen erfüllt.

Art. 6. Eine Versäumnisentscheidung wird nur anerkannt oder für vollstreckbar erklärt/vollstreckt, wenn das das Verfahren einleitende Schriftstück mit den wesentlichen Klagegründen der säumigen Partei nach dem Recht des Ursprungsstaats zugestellt worden ist und wenn diese Partei eine nach den Umständen ausreichende Frist zu ihrer Verteidigung hatte; Artikel 5 bleibt unberührt.

Art. 7. Eine Behörde des Ursprungsstaats ist als zuständig im Sinn des Übereinkommens anzusehen,
1. wenn der Unterhaltsverpflichtete oder der Unterhaltsberechtigte zur Zeit der Einleitung des Verfahrens seinen gewöhnlichen Aufenthalt im Ursprungsstaat hatte oder
2. wenn der Unterhaltsverpflichtete und der Unterhaltsberechtigte zur Zeit der Einleitung des Verfahrens Staatsangehörige des Ursprungsstaats waren oder
3. wenn sich der Beklagte der Zuständigkeit dieser Behörde entweder ausdrücklich oder dadurch unterworfen hat, dass er sich, ohne Unzuständigkeit geltend zu machen, auf das Verfahren in der Sache selbst eingelassen hat.

Art. 8. Die Behörden eines Vertragsstaats, die über eine Unterhaltsklage entschieden haben, sind als zuständig im Sinn des Übereinkommens anzusehen, wenn der Unterhalt infolge einer von einer Behörde dieses Staates ausgesprochenen Scheidung, Trennung ohne Auflösung des Ehebandes, Nichtigkeit oder Ungültigkeit der Ehe geschuldet und wenn die diesbezügliche Zuständigkeit der Behörde nach dem Recht des Vollstreckungsstaats anerkannt wird; Artikel 7 bleibt unberührt.

Art. 9. Die Behörde des Vollstreckungsstaats ist an die tatsächlichen Feststellungen gebunden, auf die die Behörde des Ursprungsstaats ihre Zuständigkeit gestützt hat.

Art. 10. Betrifft die Entscheidung mehrere Ansprüche in einer Unterhaltsklage und kann die Anerkennung oder Vollstreckung nicht für alle Ansprüche bewilligt werden, so hat die Behörde des Vollstreckungsstaats das Übereinkommen auf denjenigen Teil der Entscheidung anzuwenden, der anerkannt oder für vollstreckbar erklärt/vollstreckt werden kann.

Art. 11. Ist in der Entscheidung die Unterhaltsleistung durch regelmäßig wiederkehrende Zahlungen angeordnet, so ist die Vollstreckung sowohl für die bereits fälligen als auch für die künftig fällig werdenden Zahlungen zu bewilligen.

Art. 12. Die Behörde des Vollstreckungsstaats darf die Entscheidung auf ihre Gesetzmäßigkeit nicht nachprüfen, sofern das Übereinkommen nicht etwas anderes bestimmt.

Kapitel III.[8] Verfahren der Anerkennung und Vollstreckung von Entscheidungen

Art. 13. Das Verfahren der Anerkennung oder Vollstreckung der Entscheidung richtet sich nach dem Recht des Vollstreckungsstaats, sofern das Übereinkommen nicht etwas anderes bestimmt.

Art. 14. Es kann auch die teilweise Anerkennung oder Vollstreckung einer Entscheidung beantragt werden.

Art. 15. Der Unterhaltsberechtigte, der im Ursprungsstaat ganz oder teilweise Prozesskostenhilfe oder Befreiung von Verfahrenskosten genossen hat, genießt in jedem Anerkennungs- oder Vollstreckungsverfahren die günstigste Prozesskostenhilfe oder die weitestgehende Befreiung, die im Recht des Vollstreckungsstaats vorgesehen ist.

Art. 16. In den durch das Übereinkommen erfassten Verfahren braucht für die Zahlung der Verfahrenskosten keine Sicherheit oder Hinterlegung, unter welcher Bezeichnung auch immer, geleistet zu werden.

Art. 17. (1) Die Partei, die die Anerkennung einer Entscheidung geltend macht oder ihre Vollstreckung beantragt, hat folgende Unterlagen beizubringen:

1. eine vollständige, mit der Urschrift übereinstimmende Ausfertigung der Entscheidung;
2. die Urkunden, aus denen sich ergibt, dass gegen die Entscheidung im Ursprungsstaat kein ordentliches Rechtsmittel mehr zulässig ist und, gegebenenfalls, dass die Entscheidung dort vollstreckbar ist;

---

[8] Vgl. in *Deutschland* ergänzend § 57 iVm §§ 36–56, §§ 58–60, §§ 61–62 AUG v. 23.5.2011 (Nr. *161a*).

3. wenn es sich um eine Versäumnisentscheidung handelt, die Urschrift oder eine beglaubigte Abschrift der Urkunde, aus der sich ergibt, dass das das Verfahren einleitende Schriftstück mit den wesentlichen Klagegründen der säumigen Partei nach dem Recht des Ursprungsstaats ordnungsgemäß zugestellt worden ist;
4. gegebenenfalls jedes Schriftstück, aus dem sich ergibt, dass die Partei im Ursprungsstaat Prozesskostenhilfe oder Befreiung von Verfahrenskosten erhalten hat;
5. eine beglaubigte Übersetzung der genannten Urkunden, wenn die Behörde des Vollstreckungsstaats nicht darauf verzichtet.

(2) Werden die genannten Urkunden nicht vorgelegt oder ermöglicht es der Inhalt der Entscheidung der Behörde des Vollstreckungsstaats nicht, nachzuprüfen, ob die Voraussetzungen dieses Übereinkommens erfüllt sind, so setzt sie eine Frist für die Vorlegung aller erforderlichen Urkunden.

(3) Eine Legalisation oder ähnliche Förmlichkeit darf nicht verlangt werden.

Kapitel IV. Ergänzende Bestimmungen über öffentliche Aufgaben wahrnehmende Einrichtungen

Art. 18. Ist die Entscheidung gegen einen Unterhaltsverpflichteten auf Antrag einer öffentliche Aufgaben wahrnehmenden Einrichtung ergangen, welche die Erstattung der einem Unterhaltsberechtigten erbrachten Leistungen verlangt, so ist diese Entscheidung nach dem Übereinkommen anzuerkennen und für vollstreckbar zu erklären/zu vollstrecken,

1. wenn die Einrichtung nach dem Recht, dem sie untersteht, die Erstattung verlangen kann;
2. wenn das nach dem internationalen Privatrecht des Vollstreckungsstaats anzuwendende innerstaatliche Recht eine Unterhaltspflicht zwischen dem Unterhaltsberechtigten und dem Unterhaltsverpflichteten vorsieht.

Art. 19. Eine öffentliche Aufgaben wahrnehmende Einrichtung darf, soweit sie dem Unterhaltsberechtigten Leistungen erbracht hat, die Anerkennung oder Vollstreckung einer zwischen dem Unterhaltsberechtigten und dem Unterhaltsverpflichteten ergangenen Entscheidung verlangen, wenn sie nach dem Recht, dem sie untersteht, kraft Gesetzes berechtigt ist, an Stelle des Unterhaltsberechtigten die Anerkennung der Entscheidung geltend zu machen oder ihre Vollstreckung zu beantragen.

Art. 20. Die öffentliche Aufgaben wahrnehmende Einrichtung, welche die Anerkennung geltend macht oder die Vollstreckung beantragt, hat die Urkunden vorzulegen, aus denen sich ergibt, dass sie die in Artikel 18 Nummer 1 oder Artikel 19 genannten Voraussetzungen erfüllt und dass die Leistungen dem Unterhaltsberechtigten erbracht worden sind; Artikel 17 bleibt unberührt.

Kapitel V. Vergleiche

Art. 21. Die im Ursprungsstaat vollstreckbaren Vergleiche sind unter denselben Voraussetzungen wie Entscheidungen anzuerkennen und für vollstreckbar zu erklären/zu vollstrecken, soweit diese Voraussetzungen auf sie anwendbar sind.

Kapitel VI. Verschiedene Bestimmungen

Art. 22. Bestehen nach dem Recht eines Vertragsstaats Beschränkungen für die Überweisung von Geldbeträgen, so hat dieser Vertragsstaat der Überweisung von Geldbeträgen, die zur Erfüllung von Unterhaltsansprüchen oder zur Deckung von Kosten für Verfahren nach diesem Übereinkommen bestimmt sind, den größtmöglichen Vorrang zu gewähren.

Art. 23.[9] Dieses Übereinkommen schließt nicht aus, dass eine andere internationale Übereinkunft zwischen dem Ursprungsstaat und dem Vollstreckungsstaat oder das nichtvertragliche Recht des Vollstreckungsstaats angewendet wird, um die Anerkennung oder Vollstreckung einer Entscheidung oder eines Vergleichs zu erwirken.

Art. 24. (1) Dieses Übereinkommen ist unabhängig von dem Zeitpunkt anzuwenden, in dem die Entscheidung ergangen ist.

(2) Ist die Entscheidung ergangen, bevor dieses Übereinkommen zwischen dem Ursprungsstaat und dem Vollstreckungsstaat in Kraft getreten ist, so ist sie im letztgenannten Staat nur hinsichtlich der nach diesem Inkrafttreten fällig werdenden Zahlungen für vollstreckbar zu erklären/zu vollstrecken.

Art. 25.[10] Jeder Vertragsstaat kann jederzeit erklären, dass er in seinen Beziehungen zu den Staaten, die dieselbe Erklärung abgegeben haben, alle vor einer Behörde oder einer Urkundsperson errichteten öffentlichen Urkunden, die im Ursprungsstaat aufgenommen und vollstreckbar sind, in das Übereinkommen einbezieht, soweit sich dessen Bestimmungen auf solche Urkunden anwenden lassen.

---

[9] Beachte im Verhältnis zu den der EU angehörenden Vertragsstaaten die Verordnung (EG) Nr. 4/2009 (EuUntVO; Nr. *161*), sowie im Verhältnis zu *Norwegen* und der *Schweiz* das Luganer Übk. v. 30.10.2007 (Nr. *152*).

[10] Eine Erklärung nach Art. 25 zur Einbeziehung öffentlicher Urkunden auf der Grundlage der Gegenseitigkeit haben *Deutschland,* die *Niederlande, Schweden* und die *Ukraine* abgegeben. Vgl. in *Deutschland* ergänzend §§ 61, 62 AUG v. 23.5.2011 (Nr. *161a*).

Art. 26.[11] (1) Jeder Vertragsstaat kann sich nach Artikel 34 das Recht vorbehalten, weder anzuerkennen noch für vollstreckbar zu erklären/zu vollstrecken:

1. Entscheidungen und Vergleiche über Unterhaltsleistungen, die ein Unterhaltsverpflichteter, der nicht der Ehegatte oder der frühere Ehegatte des Unterhaltsberechtigten ist, für die Zeit nach der Eheschließung oder nach dem vollendeten einundzwanzigsten Lebensjahr des Unterhaltsberechtigten schuldet;
2. Entscheidungen und Vergleiche in Unterhaltssachen
   a) zwischen Verwandten in der Seitenlinie;
   b) zwischen Verschwägerten;
3. Entscheidungen und Vergleiche, die die Unterhaltsleistung nicht durch regelmäßig wiederkehrende Zahlungen vorsehen.

(2) Ein Vertragsstaat, der einen Vorbehalt gemacht hat, kann nicht verlangen, dass das Übereinkommen auf Entscheidungen und Vergleiche angewendet wird, die er durch seinen Vorbehalt ausgeschlossen hat.

Art. 27. Sieht das Recht eines Vertragsstaats in Unterhaltssachen zwei oder mehr Rechtsordnungen vor, die für verschiedene Personenkreise gelten, so ist eine Verweisung auf das Recht dieses Staates als Verweisung auf die Rechtsordnung zu verstehen, die nach dem Recht dieses Staates für einen bestimmten Personenkreis gilt.

Art. 28. (1) Besteht ein Vertragsstaat aus zwei oder mehr Gebietseinheiten, in denen verschiedene Rechtsordnungen für die Anerkennung und Vollstreckung von Unterhaltsentscheidungen gelten, so ist

1. eine Verweisung auf das Recht, das Verfahren oder die Behörde des Ursprungsstaats als Verweisung auf das Recht, das Verfahren oder die Behörde der Gebietseinheit zu verstehen, in der die Entscheidung ergangen ist;
2. eine Verweisung auf das Recht, das Verfahren oder die Behörde des Vollstreckungsstaats als Verweisung auf das Recht, das Verfahren oder die Behörde der Gebietseinheit zu verstehen, in der die Anerkennung oder Vollstreckung beantragt wird;
3. eine Verweisung nach den Nummern 1 und 2 auf das Recht oder das Verfahren des Ursprungsstaats oder des Vollstreckungsstaats in dem Sinn

---

[11] Von den in Art. 26 vorgesehenen Vorbehalten haben gem. Art. 34 folgende Vertragsstaaten Gebrauch gemacht: Ziff. 1: *Dänemark, Finnland, Litauen, Portugal, Schweden* und die *Schweiz; Ziff. 2: die Bundesrepublik Deutschland,* sowie *Australien, Dänemark, Estland, Finnland, Griechenland, Litauen, Luxemburg, Norwegen, Schweden,* die *Schweiz,* die *Slowakei,* die *Tschechische Republik,* die *Türkei,* die *Ukraine* und das *Vereinigte Königreich.* Die *Niederlande* haben diesen Vorbehalt nur für Ziff. 2a), *Portugal* hat ihn nur für Ziff. 2b) erklärt. Die *Schweiz* hat den Vorbehalt mit Wirkung v. 1.6.1993 wieder zurückgenommen (Bek. v. 23.6.1993, BGBl. II, S. 1008). Ziff. 3: *Estland, Italien, Luxemburg, Polen,* die *Türkei* und das *Vereinigte Königreich.*

zu verstehen, dass auch auf die einschlägigen Rechtsvorschriften und -grundsätze des Vertragsstaats, die für dessen Gebietseinheiten gelten, verwiesen ist;

4. eine Verweisung auf den gewöhnlichen Aufenthalt des Unterhaltsberechtigten oder des Unterhaltsverpflichteten im Ursprungsstaat als Verweisung auf den gewöhnlichen Aufenthalt in der Gebietseinheit zu verstehen, in der die Entscheidung ergangen ist.

(2) Jeder Vertragsstaat kann jederzeit erklären, dass er eine oder mehrere dieser Vorschriften auf eine oder mehrere Bestimmungen dieses Übereinkommens nicht anwenden wird.

Art. 29. Dieses Übereinkommen ersetzt in den Beziehungen zwischen den Staaten, die Vertragsparteien sind, das Haager Übereinkommen vom 15. April 1958 über die Anerkennung und Vollstreckung von Entscheidungen auf dem Gebiet der Unterhaltspflicht gegenüber Kindern.[12]

Kapitel VII. Schlussbestimmungen

Art. 30–33. *(nicht abgedruckt)*

Art. 34.[13] (1) Jeder Staat kann spätestens bei der Ratifikation, der Annahme, der Genehmigung oder dem Beitritt einen oder mehrere der in Art. 26 vorgesehenen Vorbehalte machen. Andere Vorbehalte sind nicht zulässig.

Art. 34 (2)–**37.** *(nicht abgedruckt)*

---

[12] Abgedruckt unter Nr. *181*.
[13] Siehe zu den Vorbehalten die Anm. 11 zu Art. 26.

183. Haager Übereinkommen über die internationale Geltendmachung der Unterhaltsansprüche von Kindern und anderen Familienangehörigen

Vom 23.11.2007[1, 2, 3, 4, 5, 6, 7] (ABl. 2011 L 192, S. 51)

(Übersetzung)[8]

Kapitel I. Ziel, Anwendungsbereich und Begriffsbestimmungen

Art. 1. Ziel. Ziel dieses Übereinkommens ist es, die wirksame internationale Geltendmachung der Unterhaltsansprüche von Kindern und

---

[1] Das Übk. ist für die *Europäische Union* und ihre Mitgliedstaaten (mit Ausnahme von *Dänemark*) am 1.8.2014 im Verhältnis zu *Albanien, Bosnien* und *Herzegowina, Norwegen* und der *Ukraine* in Kraft getreten.

Es gilt inzwischen ferner für *Belarus* (seit 1.6.2018), *Brasilien* (seit 1.11.2017), *Ecuador* (seit 1.7.2022), *Guyana* (seit 7.3.2020), *Honduras* (seit 19.10.2018), *Kasachstan* (seit 14.6. 2019), *Montenegro* (seit 1.1.2017), *Neuseeland* (seit 1.11.2021), *Nicaragua* (seit 18.4.2020), *Serbien* (seit 1.2.2021), die *Türkei* (seit 1.2.2017) und die *Vereinigten Staaten* (seit 1.1.2017). Das Übk. war von der *Europäischen Union* bereits am 6.4.2011 gezeichnet worden (vgl. dazu den Ratsbeschluss v. 31.3.2011, ABl. L 93, S. 99). Der Rat hat ferner durch Beschluss v. 9.6.2011 (ABl. L 192, S. 39) die Ratifikation des Übk. genehmigt; dieses hat daher in den Mitgliedstaaten die Qualität von sekundärem Unionsrecht.

[2] Der Beitritt der Europäischen Union zu dem Übk. wirkt nach Ablauf der in Art. 126, 127 des Brexit-Abk v. 24.1.2020 (Nr. *0–3*) vereinbarten Übergangsfrist am 31.12.2020 nicht mehr für das *Vereinigte Königreich*. Vgl. dazu auch Anm. 2 zum EU-Vertrag (Nr. *0–1*). Das *Vereinigte Königreich* ist dem Übk. jedoch inzwischen als souveräner Staat erneut beigetreten und hat erklärt, dass das Übk. für das *Vereinigte Königreich* seit dem 1.8.2014 ohne Unterbrechung durch den Brexit gilt.

[3] Die *Bundesrepublik Deutschland* hat zur Geltung des Übk. in der *Autonomen Republik Krim* und der *Stadt Sewastopol* erklärt, dass sie die rechtswidrige Annexion dieser Gebiete durch die *Russische Föderation* nicht anerkennt und das Übk. daher aus deutscher Sicht für die *Autonome Republik Krim* und die *Stadt Sewastopol* als Teil des Hoheitsgebiets der *Ukraine* fortgilt (BGBl. 2018 II, S. 325). Eine entsprechende Erklärung haben auch *Finnland* und die *Ukraine* abgegeben.

[4] Das Übk. wird im Verhältnis der EU-Mitgliedstaaten zueinander durch die Verordnung (EG) Nr. 4/2009 (EuUntVO, Nr. *161*) vollständig verdrängt (Art. 69 Abs. 2 EuUntVO). Es gilt deshalb für die EU-Mitgliedstaaten nur im Verhältnis zu den in Anm. 1 genannten Drittstaaten sowie seit dem 1.1.2021 auch im Verhältnis zum *Vereinigten Königreich*.

[5] Das Übk. ersetzt nach seinem Art. 48 im Verhältnis der Vertragsstaaten zueinander das Haager Übk. über die Anerkennung und Vollstreckung von Unterhaltsentscheidungen v. 2.10.1973 (Nr. *182*) und das Haager Übk. über die Anerkennung und Vollstreckung von Entscheidungen auf dem Gebiet der Unterhaltspflicht gegenüber Kindern v. 15.4.1958 (Nr. *181;* die beiden früheren Übereinkommen sind allerdings unter den Vor-aussetzungen des Art. 56 Abs. 2 weiter anzuwenden, soweit sie die Anerkennung oder Vollstreckung einer Unterhaltsentscheidung begünstigen.

[6] Das Übk. ersetzt nach seinem Art. 49 im Verhältnis der Vertragsstaaten zueinander auch das New Yorker UN-Übk. über die Geltendmachung von Unterhaltsansprüchen im Ausland v. 20.6.1956 (Nr. *220*).

[7] Vgl. zur Durchführung des Übk. in *Deutschland* §§ 1, 57 iVm §§ 36–56, §§ 58–60a AUG v. 23.5.2011 (Nr. *161a*).

[8] Authentisch sind gleichberechtigt der englische und der französische Text: https://www.hcch.net/de/instruments/conventions (Nr. 38).

anderen Familienangehörigen sicherzustellen, insbesondere dadurch, dass

a) ein umfassendes System der Zusammenarbeit zwischen den Behörden der Vertragsstaaten geschaffen wird,

b) die Möglichkeit eingeführt wird, Anträge zu stellen, um Unterhaltsentscheidungen herbeizuführen,

c) die Anerkennung und Vollstreckung von Unterhaltsentscheidungen sichergestellt wird und

d) wirksame Maßnahmen im Hinblick auf die zügige Vollstreckung von Unterhaltsentscheidungen gefordert werden.

Art. 2. Anwendungsbereich. (1) Dieses Übereinkommen ist anzuwenden

a) auf Unterhaltspflichten aus einer Eltern-Kind-Beziehung gegenüber einer Person, die das 21. Lebensjahr noch nicht vollendet hat,

b) auf die Anerkennung und Vollstreckung oder die Vollstreckung einer Entscheidung über die Unterhaltspflichten zwischen Ehegatten und früheren Ehegatten, wenn der Antrag zusammen mit einem in den Anwendungsbereich des Buchstabens a fallenden Anspruch gestellt wird, und

c) mit Ausnahme der Kapitel II und III auf Unterhaltspflichten zwischen Ehegatten und früheren Ehegatten.

(2) Jeder Vertragsstaat kann sich nach Artikel 62 das Recht vorbehalten, die Anwendung dieses Übereinkommens in Bezug auf Absatz 1 Buchstabe a auf Personen zu beschränken, die das 18. Lebensjahr noch nicht vollendet haben. Ein Vertragsstaat, der einen solchen Vorbehalt anbringt, ist nicht berechtigt, die Anwendung des Übereinkommens auf Personen der Altersgruppe zu verlangen, die durch seinen Vorbehalt ausgeschlossen wird.[9]

(3) Jeder Vertragsstaat kann nach Artikel 63 erklären, dass er die Anwendung des gesamten Übereinkommens oder eines Teiles davon auf andere Unterhaltspflichten aus Beziehungen der Familie, Verwandtschaft, Ehe oder Schwägerschaft, einschließlich insbesondere der Pflichten gegenüber schutzbedürftigen Personen, erstrecken wird. Durch eine solche Erklärung werden Verpflichtungen zwischen zwei Vertragsstaaten nur begründet, soweit ihre Erklärungen dieselben Unterhaltspflichten und dieselben Teile des Übereinkommens betreffen.[10]

---

[9] Von dem Vorbehalt nach Art. 2 Abs. 2 iVm Art. 62 haben bisher nur *Belarus, Montenegro* und die *Ukraine* Gebrauch gemacht.

[10] Erklärungen nach Art. 2 Abs. 3 haben bisher folgende Vertragsstaaten abgegeben:
– Die *Europäische Union* hat die Anwendung der Kapitel II und III auf den Ehegattenunterhalt erstreckt. Daran hält das *Vereinigte Königreich* auch nach dem Brexit fest.
– *Albanien* hat erklärt, auch Unterhaltsverpflichtungen zwischen Ehegatten im gleichen Umfang anzuerkennen und zu vollstrecken wie Verpflichtungen zur Leistung von Kindesunterhalt, dh einschließlich von Kapitel II und III. Ferner hat *Albanien* erklärt, Verpflichtungen zur Leistung von Kindesunterhalt auch zugunsten von erwachsenen Kin-

(4) Dieses Übereinkommen ist unabhängig vom Zivilstand der Eltern auf die Kinder anzuwenden.

Art. 3. Begriffsbestimmungen. Im Sinne dieses Übereinkommens

a) bedeutet „berechtigte Person" eine Person, der Unterhalt zusteht oder angeblich zusteht;

b) bedeutet „verpflichtete Person" eine Person, die Unterhalt leisten muss oder angeblich leisten muss;

c) bedeutet „juristische Unterstützung" die Unterstützung, die erforderlich ist, damit die Antragsteller ihre Rechte in Erfahrung bringen und geltend machen können und damit sichergestellt werden kann, dass ihre Anträge im ersuchten Staat in umfassender und wirksamer Weise bearbeitet werden. Diese Unterstützung kann gegebenenfalls in Form von Rechtsberatung, Hilfe bei der Vorlage eines Falles bei einer Behörde, ge-

---

dern bis zum Alter von 25 Jahren anzuerkennen und zu vollstrecken, sofern sie die höhere Schule oder eine Universität besuchen.

– *Brasilien* hat erklärt, das gesamte Übk. auf Unterhaltspflichten aus Verwandtschaft (in gerader Linie und in der Seitenlinie), aus Ehe und Schwägerschaft einschließlich von Unterhaltspflichten gegenüber schutzbedürftigen Personen zu erstrecken.

– *Neuseeland* hat erklärt, dass es das gesamte Übk. auf den Ehegattenunterhalt erstreckt.

– *Nicaragua* hat erklärt, dass es das Übk. auf alle Unterhaltspflichten iS des Familiengesetzbuchs Nr. 870 v. 24.6.2014 erstreckt.

– *Norwegen* hat erklärt, Verpflichtungen zur Leistung von Kindesunterhalt auch zugunsten von erwachsenen Kindern bis zum Alter von 25 Jahren anzuerkennen und zu vollstrecken. *Norwegen* ist ferner bereit, auch Unterhaltsverpflichtungen zwischen Ehegatten im gleichen Umfang anzuerkennen und zu vollstrecken wie Verpflichtungen zur Leistung von Kindesunterhalt, dh einschließlich von Kapitel II und III.

– Die *Türkei* hat erklärt, Verpflichtungen zur Leistung von Kindesunterhalt auch zugunsten von erwachsenen Kindern bis zum Alter von 25 Jahren anzuerkennen und zu vollstrecken, sofern diese sich noch in der Ausbildung befinden. Außerdem hat die *Türkei* die Anwendung des gesamten Übk auf Unterhaltspflichten zwischen Ehegatten sowie auf solche zugunsten von geistig oder körperlich behinderten Kindern, die ihren Lebensunterhalt nicht selbst bestreiten können, ohne Altersgrenze sowie zugunsten von Eltern, die hilfsbedürftig sind, erstreckt.

– Die *Ukraine* hat erklärt, die Kapitel V und VI des Übk auf die Anerkennung und Vollstreckung von Unterhaltspflichten im Verhältnis folgender Personen auszudehnen:

– der Eltern gegenüber ihren erwachsenen behinderten Kindern,
– der Eltern gegenüber ihren studierenden Kindern bis zur Vollendung des 23. Lebensjahrs,
– der erwachsenen Kinder gegenüber ihren behinderten Eltern,
– der Großeltern gegenüber ihren minderjährigen Enkeln,
– der erwachsenen Enkel und Urenkel gegenüber ihren behinderten Großeltern und Urgroßeltern,
– der erwachsenen Geschwister gegenüber ihren minderjährigen und behinderten Geschwistern,
– der Stiefeltern gegenüber ihren minderjährigen Stiefkindern und
– der erwachsenen Stiefkinder gegenüber ihren behinderten Stiefeltern.

Zu Einzelheiten siehe die Homepage der Haager Konferenz: https://www.hcch.net/de/instruments/conventions (Nr. 38).

richtlicher Vertretung und Befreiung von den Verfahrenskosten geleistet werden;

d) bedeutet „schriftliche Vereinbarung“ eine Vereinbarung, die auf einem Träger erfasst ist, dessen Inhalt für eine spätere Einsichtnahme zugänglich ist;

e) bedeutet „Unterhaltsvereinbarung“ eine schriftliche Vereinbarung über Unterhaltszahlungen, die

   i) als öffentliche Urkunde von einer zuständigen Behörde formell errichtet oder eingetragen worden ist oder

   ii) von einer zuständigen Behörde beglaubigt oder eingetragen, mit ihr geschlossen oder bei ihr hinterlegt worden ist

   und von einer zuständigen Behörde überprüft und geändert werden kann;

f) bedeutet „schutzbedürftige Person“ eine Person, die aufgrund einer Beeinträchtigung oder der Unzulänglichkeit ihrer persönlichen Fähigkeiten nicht in der Lage ist, für sich zu sorgen.

Kapitel II. Zusammenarbeit auf Verwaltungsebene

Art. 4.[11] **Bestimmung der Zentralen Behörden.** (1) Jeder Vertragsstaat bestimmt eine Zentrale Behörde, welche die ihr durch dieses Übereinkommen übertragenen Aufgaben wahrnimmt.

(2) Einem Bundesstaat, einem Staat mit mehreren Rechtssystemen oder einem Staat, der aus autonomen Gebietseinheiten besteht, steht es frei, mehrere Zentrale Behörden zu bestimmen, deren räumliche und persönliche Zuständigkeit er festlegen muss. Macht ein Staat von dieser Möglichkeit Gebrauch, so bestimmt er die Zentrale Behörde, an die Mitteilungen zur Übermittlung an die zuständige Zentrale Behörde in diesem Staat gerichtet werden können.

(3) Bei der Hinterlegung der Ratifikations- oder Beitrittsurkunde oder einer Erklärung nach Artikel 61 unterrichtet jeder Vertragsstaat das Ständige Büro der Haager Konferenz für Internationales Privatrecht über die Bestimmung der Zentralen Behörde oder der Zentralen Behörden sowie über deren Kontaktdaten und gegebenenfalls deren Zuständigkeit nach Absatz 2. Die Vertragsstaaten teilen dem Ständigen Büro umgehend jede Änderung mit.

Art. 5. Allgemeine Aufgaben der Zentralen Behörden. Die Zentralen Behörden

a) arbeiten zusammen und fördern die Zusammenarbeit der zuständigen Behörden ihrer Staaten, um die Ziele dieses Übereinkommens zu verwirklichen;

---

[11] Die *Bundesrepublik Deutschland* hat das Bundesamt für Justiz als einzige Zentrale Behörde bestimmt, vgl. § 4 Abs. 1 AUG v. 23.5.2011 (Nr. *161a*).

b) suchen soweit möglich nach Lösungen für Schwierigkeiten, die bei der Anwendung des Übereinkommens auftreten.

Art. 6. Besondere Aufgaben der Zentralen Behörden. (1) Die Zentralen Behörden leisten bei Anträgen nach Kapitel III Hilfe, indem sie insbesondere

a) diese Anträge übermitteln und entgegennehmen;

b) Verfahren bezüglich dieser Anträge einleiten oder die Einleitung solcher Verfahren erleichtern.

(2) In Bezug auf diese Anträge treffen sie alle angemessenen Maßnahmen, um

a) juristische Unterstützung zu gewähren oder die Gewährung von juristischer Unterstützung zu erleichtern, wenn die Umstände es erfordern;

b) dabei behilflich zu sein, den Aufenthaltsort der verpflichteten oder der berechtigten Person ausfindig zu machen;

c) die Erlangung einschlägiger Informationen über das Einkommen und, wenn nötig, das Vermögen der verpflichteten oder der berechtigten Person, einschließlich der Belegenheit von Vermögensgegenständen, zu erleichtern;

d) gütliche Regelungen zu fördern, um die freiwillige Zahlung von Unterhalt zu erreichen, wenn angebracht durch Mediation, Schlichtung oder ähnliche Mittel;

e) die fortlaufende Vollstreckung von Unterhaltsentscheidungen einschließlich der Zahlungsrückstände zu erleichtern;

f) die Eintreibung und zügige Überweisung von Unterhalt zu erleichtern;

g) die Beweiserhebung, sei es durch Urkunden oder durch andere Beweismittel, zu erleichtern;

h) bei der Feststellung der Abstammung Hilfe zu leisten, wenn dies zur Geltendmachung von Unterhaltsansprüchen notwendig ist;

i) Verfahren zur Erwirkung notwendiger vorläufiger Maßnahmen, die auf das betreffende Hoheitsgebiet beschränkt sind und auf die Absicherung des Erfolgs eines anhängigen Unterhaltsantrags abzielen, einzuleiten oder die Einleitung solcher Verfahren zu erleichtern;

j) die Zustellung von Schriftstücken zu erleichtern.

(3) Die Aufgaben, die nach diesem Artikel der Zentralen Behörde übertragen sind, können in dem vom Recht des betroffenen Staates vorgesehenen Umfang von öffentliche Aufgaben wahrnehmenden Einrichtungen oder anderen der Aufsicht der zuständigen Behörden dieses Staates unterliegenden Stellen wahrgenommen werden. Der Vertragsstaat teilt dem Ständigen Büro der Haager Konferenz für Internationales Privatrecht die Bestimmung solcher Einrichtungen oder anderen Stellen sowie deren Kontaktdaten und Zuständigkeit mit. Die Vertragsstaaten teilen dem Ständigen Büro umgehend jede Änderung mit.

(4) Dieser Artikel und Artikel 7 sind nicht so auszulegen, als verpflichteten sie eine Zentrale Behörde zur Ausübung von Befugnissen, die nach dem Recht des ersuchten Staates ausschließlich den Gerichten zustehen.

Art. 7. Ersuchen um besondere Maßnahmen. (1) Eine Zentrale Behörde kann unter Angabe der Gründe eine andere Zentrale Behörde auch dann ersuchen, angemessene besondere Maßnahmen nach Artikel 6 Absatz 2 Buchstaben b, c, g, h, i und j zu treffen, wenn kein Antrag nach Artikel 10 anhängig ist. Die ersuchte Zentrale Behörde trifft, wenn sie es für notwendig erachtet, angemessene Maßnahmen, um einem potenziellen Antragsteller bei der Einreichung eines Antrags nach Artikel 10 oder bei der Feststellung behilflich zu sein, ob ein solcher Antrag gestellt werden soll.

(2) Eine Zentrale Behörde kann auf Ersuchen einer anderen Zentralen Behörde auch besondere Maßnahmen in einem Fall mit Auslandsbezug treffen, der die Geltendmachung von Unterhaltsansprüchen betrifft und im ersuchenden Staat anhängig ist.

Art. 8. Kosten der Zentralen Behörde. (1) Jede Zentrale Behörde trägt die Kosten, die ihr durch die Anwendung dieses Übereinkommens entstehen.

(2) Die Zentralen Behörden dürfen vom Antragsteller für ihre nach diesem Übereinkommen erbrachten Dienstleistungen keine Gebühren erheben, außer für außergewöhnliche Kosten, die sich aus einem Ersuchen um besondere Maßnahmen nach Artikel 7 ergeben.

(3) Die ersuchte Zentrale Behörde kann sich die außergewöhnlichen Kosten nach Absatz 2 nur erstatten lassen, wenn der Antragsteller im Voraus zugestimmt hat, dass die Dienstleistungen mit einem Kostenaufwand in der betreffenden Höhe erbracht werden.

Kapitel III. Anträge über die Zentralen Behörden

Art. 9. Anträge über die Zentralen Behörden. Anträge nach diesem Kapitel sind über die Zentrale Behörde des Vertragsstaats, in dem der Antragsteller seinen Aufenthalt hat, bei der Zentralen Behörde des ersuchten Staates zu stellen. Bloße Anwesenheit gilt nicht als Aufenthalt im Sinne dieser Bestimmung.

Art. 10. Zur Verfügung stehende Anträge. (1) Einer berechtigten Person im ersuchenden Staat, die Unterhaltsansprüche nach diesem Übereinkommen geltend machen will, stehen folgende Kategorien von Anträgen zur Verfügung:

a) Anerkennung oder Anerkennung und Vollstreckung einer Entscheidung;

b) Vollstreckung einer im ersuchten Staat ergangenen oder anerkannten Entscheidung;

c) Herbeiführen einer Entscheidung im ersuchten Staat, wenn keine Entscheidung vorliegt, einschließlich, soweit erforderlich, der Feststellung der Abstammung;

d) Herbeiführen einer Entscheidung im ersuchten Staat, wenn die Anerkennung und Vollstreckung einer Entscheidung nicht möglich ist oder mangels Grundlage für eine Anerkennung und Vollstreckung nach Artikel 20 oder aus den in Artikel 22 Buchstabe b oder e genannten Gründen verweigert wird;

e) Änderung einer im ersuchten Staat ergangenen Entscheidung;

f) Änderung einer Entscheidung, die in einem anderen als dem ersuchten Staat ergangen ist.

(2) Einer verpflichteten Person im ersuchenden Staat, gegen die eine Unterhaltsentscheidung vorliegt, stehen folgende Kategorien von Anträgen zur Verfügung:

a) Anerkennung einer Entscheidung oder ein gleichwertiges Verfahren, die beziehungsweise das die Aussetzung oder Einschränkung der Vollstreckung einer früheren Entscheidung im ersuchten Staat bewirkt;

b) Änderung einer im ersuchten Staat ergangenen Entscheidung;

c) Änderung einer Entscheidung, die in einem anderen als dem ersuchten Staat ergangen ist.

(3) Sofern in diesem Übereinkommen nichts anderes bestimmt ist, werden Anträge gemäß den Absätzen 1 und 2 nach dem Recht des ersuchten Staates behandelt; Anträge nach Absatz 1 Buchstaben c bis f und Absatz 2 Buchstaben b und c unterliegen den in diesem Staat geltenden Zuständigkeitsvorschriften.

Art. 11. Inhalt des Antrags. (1) Anträge nach Artikel 10 müssen mindestens folgende Angaben enthalten:

a) eine Erklärung in Bezug auf die Art des Antrags oder der Anträge;

b) den Namen und die Kontaktdaten des Antragstellers, einschließlich seiner Adresse und seines Geburtsdatums;

c) den Namen und, sofern bekannt, die Adresse sowie das Geburtsdatum des Antragsgegners;

d) den Namen und das Geburtsdatum jeder Person, für die Unterhalt verlangt wird;

e) die Gründe, auf die sich der Antrag stützt;

f) wenn die berechtigte Person den Antrag stellt, Angaben zu dem Ort, an dem die Unterhaltszahlungen geleistet oder an den sie elektronisch überwiesen werden sollen;

g) außer bei Anträgen nach Artikel 10 Absatz 1 Buchstabe a und Absatz 2 Buchstabe a alle Angaben oder Schriftstücke, die vom ersuchten Staat in einer Erklärung nach Artikel 63 verlangt worden sind;[12]

h) den Namen und die Kontaktdaten der Person oder Dienststelle in der Zentralen Behörde des ersuchenden Staates, die für die Bearbeitung des Antrags zuständig ist.

(2) Wenn angebracht und soweit bekannt, muss der Antrag außerdem Folgendes enthalten:

a) Angaben über die finanziellen Verhältnisse der berechtigten Person;

b) Angaben über die finanziellen Verhältnisse der verpflichteten Person, einschließlich des Namens und der Adresse des Arbeitgebers der verpflichteten Person, sowie Art und Belegenheit der Vermögensgegenstände der verpflichteten Person;

c) alle anderen Angaben, die es gestatten, den Aufenthaltsort des Antragsgegners ausfindig zu machen.

(3) Dem Antrag sind alle erforderlichen Angaben oder schriftlichen Belege einschließlich Unterlagen zum Nachweis des Anspruchs des Antragstellers auf unentgeltliche juristische Unterstützung beizufügen. Anträgen nach Artikel 10 Absatz 1 Buchstabe a und Absatz 2 Buchstabe a sind nur die in Artikel 25 aufgeführten Schriftstücke beizufügen.

(4) Anträge nach Artikel 10 können anhand eines von der Haager Konferenz für Internationales Privatrecht empfohlenen und veröffentlichten Formulars gestellt werden.

Art. 12. Übermittlung, Entgegennahme und Bearbeitung der Anträge und Fälle durch die Zentralen Behörden. (1) Die Zentrale Behörde des ersuchenden Staates ist dem Antragsteller behilflich, um sicherzustellen, dass der Antrag alle Schriftstücke und Angaben umfasst, die nach Kenntnis dieser Behörde für seine Prüfung notwendig sind.

(2) Nachdem sich die Zentrale Behörde des ersuchenden Staates davon überzeugt hat, dass der Antrag den Erfordernissen des Übereinkommens entspricht, übermittelt sie ihn im Namen des Antragstellers und mit seiner

---

[12] Die *Bundesrepublik Deutschland* verlangt folgende Angaben:
- Staatsangehörigkeit, Beruf oder Beschäftigung des Gläubigers sowie Namen und Adresse seines gesetzlichen Vertreters.
- Im Fall der Indexierung eines vollstreckbaren Anspruchs die Methode für die Berechnung der Indexierung und, im Fall einer Verpflichtung zur Zahlung der gesetzlichen Zinsen, den gesetzlichen Zinssatz und den Tag, ab dem gesetzliche Zinsen geschuldet werden.
- Im Falle des Antrags eines öffentlich-rechtlichen Dienstleisters, der den gesetzlichen Übergang von Unterhaltsforderungen behauptet, den Namen und die Kontaktdaten derjenigen Person, deren Anspruch übergegangen ist.

Zu den von weiteren Mitgliedstaaten *der Europäischen Union* verlangten Angaben und Schriftstücken siehe die Erklärungen auf der Homepage der Haager Konferenz: https://www.hcch.net/de/instruments/conventions (Nr. 38).

Zustimmung der Zentralen Behörde des ersuchten Staates. Dem Antrag ist das Übermittlungsformular nach Anlage 1 beizufügen. Auf Verlangen der Zentralen Behörde des ersuchten Staates legt die Zentrale Behörde des ersuchenden Staates eine von der zuständigen Behörde des Ursprungsstaats beglaubigte vollständige Kopie der in Artikel 16 Absatz 3, Artikel 25 Absatz 1 Buchstaben a, b und d, Artikel 25 Absatz 3 Buchstabe b und Artikel 30 Absatz 3 aufgeführten Schriftstücke vor.

(3) Innerhalb von sechs Wochen ab dem Tag des Eingangs des Antrags bestätigt die ersuchte Zentrale Behörde den Eingang anhand des Formulars nach Anlage 2, benachrichtigt die Zentrale Behörde des ersuchenden Staates über die ersten Maßnahmen, die zur Bearbeitung des Antrags getroffen wurden oder werden, und fordert gegebenenfalls die von ihr für notwendig erachteten zusätzlichen Schriftstücke oder Angaben an. Innerhalb derselben sechswöchigen Frist teilt die ersuchte Zentrale Behörde der ersuchenden Zentralen Behörde den Namen und die Kontaktdaten der Person oder Dienststelle mit, die damit beauftragt ist, Fragen im Hinblick auf den Stand des Antrags zu beantworten.

(4) Innerhalb von drei Monaten nach der Empfangsbestätigung unterrichtet die ersuchte Zentrale Behörde die ersuchende Zentrale Behörde über den Stand des Antrags.

(5) Die ersuchende und die ersuchte Zentrale Behörde unterrichten einander

a) über die Identität der Person oder der Dienststelle, die für einen bestimmten Fall zuständig ist;

b) über den Stand des Falles

und beantworten Auskunftsersuchen rechtzeitig.

(6) Die Zentralen Behörden behandeln einen Fall so zügig, wie es eine sachgemäße Prüfung seines Gegenstands zulässt.

(7) Die Zentralen Behörden benutzen untereinander die schnellsten und effizientesten Kommunikationsmittel, die ihnen zur Verfügung stehen.

(8) Eine ersuchte Zentrale Behörde kann die Bearbeitung eines Antrags nur ablehnen, wenn offensichtlich ist, dass die Voraussetzungen des Übereinkommens nicht erfüllt sind. In diesem Fall unterrichtet die betreffende Zentrale Behörde die ersuchende Zentrale Behörde umgehend über die Gründe für ihre Ablehnung.

(9) Die ersuchte Zentrale Behörde kann einen Antrag nicht allein deshalb ablehnen, weil zusätzliche Schriftstücke oder Angaben erforderlich sind. Die ersuchte Zentrale Behörde kann die ersuchende Zentrale Behörde jedoch auffordern, solche zusätzlichen Schriftstücke oder Angaben zu übermitteln. Geschieht dies nicht innerhalb von drei Monaten oder einer von der ersuchten Zentralen Behörde gesetzten längeren Frist, so kann diese Behörde beschließen, die Bearbeitung des Antrags zu beenden. In diesem Fall unterrichtet sie die ersuchende Zentrale Behörde von ihrer Entscheidung.

Art. 13. Kommunikationsmittel. Ein nach diesem Kapitel über die Zentralen Behörden der Vertragsstaaten gestellter Antrag und beigefügte oder von einer Zentralen Behörde beigebrachte Schriftstücke oder Angaben können vom Antragsgegner nicht allein aufgrund der zwischen den betroffenen Zentralen Behörden verwendeten Datenträger oder Kommunikationsmittel beanstandet werden.

Art. 14. Effektiver Zugang zu Verfahren. (1) Der ersuchte Staat gewährleistet für Antragsteller effektiven Zugang zu den Verfahren, die sich aus Anträgen nach diesem Kapitel ergeben, einschließlich Vollstreckungs- und Rechtsmittelverfahren.

(2) Um einen solchen effektiven Zugang zu gewährleisten, leistet der ersuchte Staat unentgeltliche juristische Unterstützung nach den Artikeln 14 bis 17, sofern nicht Absatz 3 anzuwenden ist.

(3) Der ersuchte Staat ist nicht verpflichtet, unentgeltliche juristische Unterstützung zu leisten, wenn und soweit die Verfahren in diesem Staat es dem Antragsteller gestatten, die Sache ohne eine solche Hilfe zu betreiben, und die Zentrale Behörde die nötigen Dienstleistungen unentgeltlich erbringt.

(4) Die Voraussetzungen für den Zugang zu unentgeltlicher juristischer Unterstützung dürfen nicht enger als die für vergleichbare innerstaatliche Fälle geltenden sein.

(5) In den nach dem Übereinkommen eingeleiteten Verfahren darf für die Zahlung von Verfahrenskosten eine Sicherheitsleistung oder Hinterlegung gleich welcher Bezeichnung nicht auferlegt werden.

Art. 15. Unentgeltliche juristische Unterstützung bei Anträgen auf Unterhalt für Kinder. (1) Der ersuchte Staat leistet unentgeltliche juristische Unterstützung für alle von einer berechtigten Person nach diesem Kapitel gestellten Anträge in Bezug auf Unterhaltspflichten aus einer Eltern-Kind-Beziehung gegenüber einer Person, die das 21. Lebensjahr noch nicht vollendet hat.

(2) Ungeachtet des Absatzes 1 kann der ersuchte Staat in Bezug auf andere Anträge als solche nach Artikel 10 Absatz 1 Buchstaben a und b und in Bezug auf die von Artikel 20 Absatz 4 erfassten Fälle die Gewährung unentgeltlicher juristischer Unterstützung ablehnen, wenn er den Antrag oder ein Rechtsmittel für offensichtlich unbegründet erachtet.

Art. 16. Erklärung, die eine auf die Mittel des Kindes beschränkte Prüfung zulässt. (1) Ungeachtet des Artikels 15 Absatz 1 kann ein Staat nach Artikel 63 erklären, dass er in Bezug auf andere Anträge als solche nach Artikel 10 Absatz 1 Buchstaben a und b und in Bezug auf die von Artikel 20 Absatz 4 erfassten Fälle unentgeltliche juristische Unterstützung auf der Grundlage einer Prüfung der Mittel des Kindes leisten wird.

(2) Im Zeitpunkt der Abgabe einer solchen Erklärung unterrichtet der betreffende Staat das Ständige Büro der Haager Konferenz für Internationales Privatrecht über die Art und Weise der Durchführung der Prüfung der Mittel des Kindes sowie die finanziellen Voraussetzungen, die erfüllt sein müssen.

(3) Ein Antrag nach Absatz 1, der an einen Staat gerichtet wird, der eine Erklärung nach jenem Absatz abgegeben hat, muss eine formelle Bestätigung des Antragstellers darüber enthalten, dass die Mittel des Kindes den in Absatz 2 erwähnten Voraussetzungen entsprechen. Der ersuchte Staat kann zusätzliche Nachweise über die Mittel des Kindes nur anfordern, wenn er begründeten Anlass zu der Vermutung hat, dass die Angaben des Antragstellers unzutreffend sind.

(4) Ist die günstigste juristische Unterstützung nach dem Recht des ersuchten Staates bei Anträgen nach diesem Kapitel in Bezug auf Unterhaltspflichten aus einer Eltern-Kind-Beziehung gegenüber einem Kind günstiger als die in den Absätzen 1 bis 3 vorgesehene, so ist die günstigste juristische Unterstützung zu leisten.

Art. 17. Nicht unter Artikel 15 oder 16 fallende Anträge. Bei Anträgen, die nach diesem Übereinkommen gestellt werden und nicht unter Artikel 15 oder 16 fallen,

a) kann die Gewährung unentgeltlicher juristischer Unterstützung von der Prüfung der Mittel des Antragstellers oder der Begründetheit des Antrags abhängig gemacht werden;
b) erhält ein Antragsteller, der im Ursprungsstaat unentgeltliche juristische Unterstützung erhalten hat, in jedem Anerkennungs- oder Vollstreckungsverfahren eine unentgeltliche juristische Unterstützung, die mindestens der unter denselben Umständen nach dem Recht des Vollstreckungsstaats vorgesehenen Unterstützung entspricht.

Kapitel IV. Einschränkungen bei der Verfahrenseinleitung

Art. 18. Verfahrensbegrenzung. (1) Ist eine Entscheidung in einem Vertragsstaat ergangen, in dem die berechtigte Person ihren gewöhnlichen Aufenthalt hat, so kann die verpflichtete Person kein Verfahren in einem anderen Vertragsstaat einleiten, um eine Änderung der Entscheidung oder eine neue Entscheidung herbeizuführen, solange die berechtigte Person ihren gewöhnlichen Aufenthalt weiterhin in dem Staat hat, in dem die Entscheidung ergangen ist.

(2) Absatz 1 gilt nicht,

a) wenn in einem Rechtsstreit über eine Unterhaltspflicht gegenüber einer anderen Person als einem Kind die gerichtliche Zuständigkeit jenes anderen Vertragsstaats auf der Grundlage einer schriftlichen Vereinbarung zwischen den Parteien festgelegt wurde,

b) wenn die berechtigte Person sich der gerichtlichen Zuständigkeit jenes anderen Vertragsstaats entweder ausdrücklich oder dadurch unterworfen hat, dass sie sich, ohne bei der ersten sich dafür bietenden Gelegenheit die Unzuständigkeit geltend zu machen, in der Sache selbst eingelassen hat,

c) wenn die zuständige Behörde des Ursprungsstaats ihre Zuständigkeit für die Änderung der Entscheidung oder für das Erlassen einer neuen Entscheidung nicht ausüben kann oder die Ausübung ablehnt oder

d) wenn die im Ursprungsstaat ergangene Entscheidung in dem Vertragsstaat, in dem ein Verfahren zur Änderung der Entscheidung oder Herbeiführung einer neuen Entscheidung beabsichtigt ist, nicht anerkannt oder für vollstreckbar erklärt werden kann.

Kapitel V.[13] Anerkennung und Vollstreckung

Art. 19. Anwendungsbereich dieses Kapitels. (1) Dieses Kapitel ist auf Unterhaltsentscheidungen einer Behörde, sei es eines Gerichts oder einer Verwaltungsbehörde, anzuwenden. Der Begriff „Entscheidung" schließt auch Vergleiche oder Vereinbarungen ein, die vor einer solchen Behörde geschlossen oder von einer solchen genehmigt worden sind. Eine Entscheidung kann eine automatische Anpassung durch Indexierung und die Verpflichtung, Zahlungsrückstände, Unterhalt für die Vergangenheit oder Zinsen zu zahlen, sowie die Festsetzung der Verfahrenskosten umfassen.

(2) Betrifft die Entscheidung nicht nur die Unterhaltspflicht, so bleibt die Wirkung dieses Kapitels auf die Unterhaltspflicht beschränkt.

(3) Im Sinne des Absatzes 1 bedeutet „Verwaltungsbehörde" eine öffentliche Aufgaben wahrnehmende Einrichtung, deren Entscheidungen nach dem Recht des Staates, in dem sie begründet ist,

a) vor Gericht angefochten oder von einem Gericht nachgeprüft werden können und

b) vergleichbare Kraft und Wirkung haben wie eine Entscheidung eines Gerichts zu der gleichen Angelegenheit.

(4) Dieses Kapitel ist auch auf Unterhaltsvereinbarungen nach Artikel 30 anzuwenden.

(5) Dieses Kapitel ist auch auf Anträge auf Anerkennung und Vollstreckung anzuwenden, die nach Artikel 37 unmittelbar bei der zuständigen Behörde des Vollstreckungsstaats gestellt werden.

Art. 20. Grundlagen für die Anerkennung und Vollstreckung.
(1) Eine in einem Vertragsstaat („Ursprungsstaat") ergangene Entscheidung wird in den anderen Vertragsstaaten anerkannt und vollstreckt, wenn

---

[13] Vgl. in *Deutschland* ergänzend § 57 iVm §§ 36–56, §§ 58–60a AUG v. 23.5.2011 (Nr. *161a*).

a) der Antragsgegner zur Zeit der Einleitung des Verfahrens seinen gewöhnlichen Aufenthalt im Ursprungsstaat hatte;

b) sich der Antragsgegner der Zuständigkeit der Behörde entweder ausdrücklich oder dadurch unterworfen hatte, dass er sich, ohne bei der ersten sich dafür bietenden Gelegenheit die Unzuständigkeit geltend zu machen, in der Sache selbst eingelassen hatte;

c) die berechtigte Person zur Zeit der Einleitung des Verfahrens ihren gewöhnlichen Aufenthalt im Ursprungsstaat hatte;

d) das Kind, für das Unterhalt zugesprochen wurde, zur Zeit der Einleitung des Verfahrens seinen gewöhnlichen Aufenthalt im Ursprungsstaat hatte, vorausgesetzt, dass der Antragsgegner mit dem Kind in diesem Staat zusammenlebte oder in diesem Staat seinen Aufenthalt hatte und für das Kind dort Unterhalt geleistet hat;

e) über die Zuständigkeit eine schriftliche Vereinbarung zwischen den Parteien getroffen worden war, sofern nicht der Rechtsstreit Unterhaltspflichten gegenüber einem Kind zum Gegenstand hatte; oder

f) die Entscheidung durch eine Behörde ergangen ist, die ihre Zuständigkeit in Bezug auf eine Frage des Personenstands oder der elterlichen Verantwortung ausübt, es sei denn, diese Zuständigkeit ist einzig auf die Staatsangehörigkeit einer der Parteien gestützt worden.

(2) Ein Vertragsstaat kann zu Absatz 1 Buchstabe c, e oder f einen Vorbehalt nach Artikel 62 anbringen.[14]

(3) Ein Vertragsstaat, der einen Vorbehalt nach Absatz 2 angebracht hat, hat eine Entscheidung anzuerkennen und zu vollstrecken, wenn nach seinem Recht bei vergleichbarem Sachverhalt seine Behörden zuständig wären oder gewesen wären, eine solche Entscheidung zu treffen.

(4) Ist die Anerkennung einer Entscheidung aufgrund eines nach Absatz 2 angebrachten Vorbehalts in einem Vertragsstaat nicht möglich, so trifft dieser Staat alle angemessenen Maßnahmen, damit eine Entscheidung zugunsten der berechtigten Person ergeht, wenn die verpflichtete Person ihren gewöhnlichen Aufenthalt in diesem Staat hat. Satz 1 ist weder auf unmittelbare Anträge auf Anerkennung und Vollstreckung nach Artikel 19 Absatz 5 noch auf Unterhaltsklagen nach Artikel 2 Absatz 1 Buchstabe b anzuwenden.

(5) Eine Entscheidung zugunsten eines Kindes, welches das 18. Lebensjahr noch nicht vollendet hat, die einzig wegen eines Vorbehalts zu Absatz 1 Buchstabe c, e oder f nicht anerkannt werden kann, wird als die Unterhaltsberechtigung des betreffenden Kindes im Vollstreckungsstaat begründend akzeptiert.

---

[14] Den Vorbehalt nach Abs. 2 haben die *Vereinigten Staaten* in Bezug auf Abs. 1 lit. c, e und f erklärt. *Brasilien* hat diesen Vorbehalt nur in Bezug auf die vereinbarte Zuständigkeit nach Abs. 1 lit. e erklärt, und auch dies nur in Bezug auf den Kindesunterhalt und den Unterhalt von geschäftsunfähigen oder älteren Unterhaltsgläubigern.

(6) Eine Entscheidung wird nur dann anerkannt, wenn sie im Ursprungsstaat wirksam ist, und nur dann vollstreckt, wenn sie im Ursprungsstaat vollstreckbar ist.

Art. 21. Teilbarkeit und teilweise Anerkennung oder Vollstreckung. (1) Kann der Vollstreckungsstaat die Entscheidung nicht insgesamt anerkennen oder vollstrecken, so erkennt er jeden abtrennbaren Teil der Entscheidung, der anerkannt oder für vollstreckbar erklärt werden kann, an oder vollstreckt ihn.

(2) Die teilweise Anerkennung oder Vollstreckung einer Entscheidung kann stets beantragt werden.

Art. 22. Gründe für die Verweigerung der Anerkennung und Vollstreckung. Die Anerkennung und Vollstreckung der Entscheidung können verweigert werden, wenn

a) die Anerkennung und Vollstreckung der Entscheidung mit der öffentlichen Ordnung *(ordre public)* des Vollstreckungsstaats offensichtlich unvereinbar sind;
b) die Entscheidung das Ergebnis betrügerischer Machenschaften im Verfahren ist;
c) ein denselben Gegenstand betreffendes Verfahren zwischen denselben Parteien vor einer Behörde des Vollstreckungsstaats anhängig und als erstes eingeleitet worden ist;
d) die Entscheidung unvereinbar ist mit einer Entscheidung, die zwischen denselben Parteien über denselben Gegenstand entweder im Vollstreckungsstaat oder in einem anderen Staat ergangen ist, sofern diese letztgenannte Entscheidung die Voraussetzungen für die Anerkennung und Vollstreckung im Vollstreckungsstaat erfüllt;
e) in den Fällen, in denen der Antragsgegner im Verfahren im Ursprungsstaat weder erschienen noch vertreten worden ist,
   i) der Antragsgegner, sofern das Recht des Ursprungsstaats eine Benachrichtigung vom Verfahren vorsieht, nicht ordnungsgemäß vom Verfahren benachrichtigt worden ist und nicht Gelegenheit hatte, gehört zu werden, oder
   ii) der Antragsgegner, sofern das Recht des Ursprungsstaats keine Benachrichtigung vom Verfahren vorsieht, nicht ordnungsgemäß von der Entscheidung benachrichtigt worden ist und nicht die Möglichkeit hatte, in tatsächlicher und rechtlicher Hinsicht diese anzufechten oder ein Rechtsmittel dagegen einzulegen; oder
f) die Entscheidung unter Verletzung des Artikels 18 ergangen ist.

Art. 23. Verfahren für Anträge auf Anerkennung und Vollstreckung. (1) Vorbehaltlich der Bestimmungen dieses Übereinkommens richten sich die Anerkennungs- und Vollstreckungsverfahren nach dem Recht des Vollstreckungsstaats.

(2) Ist ein Antrag auf Anerkennung und Vollstreckung einer Entscheidung nach Kapitel III über eine Zentrale Behörde gestellt worden, so muss die ersuchte Zentrale Behörde umgehend

a) die Entscheidung an die zuständige Behörde weiterleiten, die unverzüglich die Entscheidung für vollstreckbar erklärt oder ihre Eintragung zwecks Vollstreckung bewirkt, oder

b) diese Maßnahmen selbst treffen, wenn sie dafür zuständig ist.

(3) Wird der Antrag nach Artikel 19 Absatz 5 unmittelbar bei der zuständigen Behörde im Vollstreckungsstaat gestellt, so erklärt diese unverzüglich die Entscheidung für vollstreckbar oder bewirkt ihre Eintragung zwecks Vollstreckung.

(4) Eine Erklärung oder Eintragung kann nur aus dem in Artikel 22 Buchstabe a genannten Grund verweigert werden. In diesem Stadium können weder der Antragsteller noch der Antragsgegner Einwendungen vorbringen.

(5) Die Erklärung oder Eintragung nach den Absätzen 2 und 3 oder ihre Verweigerung nach Absatz 4 wird dem Antragsteller und dem Antragsgegner umgehend bekanntgegeben; sie können in tatsächlicher und rechtlicher Hinsicht diese anfechten oder ein Rechtsmittel dagegen einlegen.

(6) Die Anfechtung oder das Rechtsmittel ist innerhalb von 30 Tagen nach der Bekanntgabe gemäß Absatz 5 einzulegen. Hat die anfechtende oder das Rechtsmittel einlegende Partei ihren Aufenthalt nicht in dem Vertragsstaat, in dem die Erklärung oder Eintragung erfolgt ist oder verweigert wurde, so ist die Anfechtung oder das Rechtsmittel innerhalb von 60 Tagen nach der Bekanntgabe einzulegen.

(7) Die Anfechtung oder das Rechtsmittel kann nur gestützt werden auf

a) die Gründe für die Verweigerung der Anerkennung und Vollstreckung nach Artikel 22;

b) die Grundlagen für die Anerkennung und Vollstreckung nach Artikel 20;

c) die Echtheit oder Unversehrtheit eines nach Artikel 25 Absatz 1 Buchstabe a, b oder d oder Artikel 25 Absatz 3 Buchstabe b übermittelten Schriftstücks.

(8) Die Anfechtung oder das Rechtsmittel des Antragsgegners kann auch auf die Erfüllung der Schuld gestützt werden, soweit sich die Anerkennung und Vollstreckung auf bereits fällige Zahlungen beziehen.

(9) Die Entscheidung über die Anfechtung oder das Rechtsmittel wird dem Antragsteller und dem Antragsgegner unverzüglich bekanntgegeben.

(10) Ein weiteres Rechtsmittel darf, wenn es nach dem Recht des Vollstreckungsstaats zulässig ist, nicht dazu führen, dass die Vollstreckung der Entscheidung ausgesetzt wird, es sei denn, dass außergewöhnliche Umstände vorliegen.

(11) Die zuständige Behörde hat über die Anerkennung und Vollstreckung, einschließlich eines etwaigen Rechtsmittels, zügig zu entscheiden.

Art. 24.[15] **Alternatives Verfahren für Anträge auf Anerkennung und Vollstreckung.** (1) Ungeachtet des Artikels 23 Absätze 2 bis 11 kann ein Staat nach Artikel 63 erklären, dass er das in diesem Artikel vorgesehene Anerkennungs- und Vollstreckungsverfahren anwenden wird.

(2) Ist ein Antrag auf Anerkennung und Vollstreckung einer Entscheidung nach Kapitel III über eine Zentrale Behörde gestellt worden, so muss die ersuchte Zentrale Behörde umgehend

a) den Antrag an die zuständige Behörde weiterleiten, die über den Antrag auf Anerkennung und Vollstreckung entscheidet, oder

b) eine solche Entscheidung selbst treffen, wenn sie dafür zuständig ist.

(3) Eine Entscheidung über die Anerkennung und Vollstreckung ergeht durch die zuständige Behörde, nachdem der Antragsgegner umgehend ordnungsgemäß vom Verfahren benachrichtigt und beiden Parteien angemessen Gelegenheit gegeben worden ist, gehört zu werden.

(4) Die zuständige Behörde kann die in Artikel 22 Buchstaben a, c und d genannten Gründe für die Verweigerung der Anerkennung und Vollstreckung von Amts wegen prüfen. Sie kann alle in den Artikeln 20, 22 und 23 Absatz 7 Buchstabe c genannten Gründe prüfen, wenn sie vom Antragsgegner geltend gemacht werden oder wenn sich aufgrund der äußeren Erscheinung der nach Artikel 25 vorgelegten Schriftstücke Zweifel in Bezug auf diese Gründe ergeben.

(5) Die Verweigerung der Anerkennung und Vollstreckung kann auch auf die Erfüllung der Schuld gestützt sein, soweit sich die Anerkennung und Vollstreckung auf bereits fällige Zahlungen beziehen.

(6) Ein Rechtsmittel darf, wenn es nach dem Recht des Vollstreckungsstaats zulässig ist, nicht dazu führen, dass die Vollstreckung der Entscheidung ausgesetzt wird, es sei denn, dass außergewöhnliche Umstände vorliegen.

(7) Die zuständige Behörde hat über die Anerkennung und Vollstreckung, einschließlich eines etwaigen Rechtsmittels, zügig zu entscheiden.

Art. 25. Schriftstücke. (1) Einem Antrag auf Anerkennung und Vollstreckung nach Artikel 23 oder 24 sind folgende Schriftstücke beizufügen:

a) der vollständige Wortlaut der Entscheidung;

b) ein Schriftstück mit dem Nachweis, dass die Entscheidung im Ursprungsstaat vollstreckbar ist, und im Fall der Entscheidung einer Verwaltungsbehörde ein Schriftstück mit dem Nachweis, dass die in Artikel 19 Absatz 3 genannten Voraussetzungen erfüllt sind, es sei denn, dieser Staat hat nach Artikel 57 angegeben, dass die Entscheidungen seiner Verwaltungsbehörden diese Voraussetzungen stets erfüllen;

---

[15] Die Erklärung nach Art. 24 Abs. 1 iVm Art. 63 haben *Belarus, Norwegen, Kasachstan,* die *Türkei* und die *Ukraine* abgegeben. Danach wird in diesen Staaten das Verfahren nach Art. 24 anstelle des Verfahrens nach Art. 23 angewendet. In *Deutschland* findet Art. 24 keine Anwendung.

c) wenn der Antragsgegner im Verfahren im Ursprungsstaat weder erschienen noch vertreten worden ist, ein Schriftstück oder Schriftstücke mit dem Nachweis, dass der Antragsgegner ordnungsgemäß vom Verfahren benachrichtigt worden ist und Gelegenheit hatte, gehört zu werden, beziehungsweise dass er ordnungsgemäß von der Entscheidung benachrichtigt worden ist und die Möglichkeit hatte, in tatsächlicher und rechtlicher Hinsicht diese anzufechten oder ein Rechtsmittel dagegen einzulegen;

d) bei Bedarf ein Schriftstück, aus dem die Höhe der Zahlungsrückstände und das Datum der Berechnung hervorgehen;

e) im Fall einer Entscheidung, in der eine automatische Anpassung durch Indexierung vorgesehen ist, bei Bedarf ein Schriftstück mit den Angaben, die für die entsprechenden Berechnungen erforderlich sind;

f) bei Bedarf ein Schriftstück, aus dem hervorgeht, in welchem Umfang der Antragsteller im Ursprungsstaat unentgeltliche juristische Unterstützung erhalten hat.

(2) Im Fall einer Anfechtung oder eines Rechtsmittels nach Artikel 23 Absatz 7 Buchstabe c oder auf Ersuchen der zuständigen Behörde im Vollstreckungsstaat ist eine von der zuständigen Behörde im Ursprungsstaat beglaubigte vollständige Kopie des entsprechenden Schriftstücks umgehend zu übermitteln

a) von der Zentralen Behörde des ersuchenden Staates, wenn der Antrag nach Kapitel III gestellt worden ist;

b) vom Antragsteller, wenn der Antrag unmittelbar bei der zuständigen Behörde des Vollstreckungsstaats gestellt worden ist.

(3) Ein Vertragsstaat kann nach Artikel 57 angeben,

a) dass dem Antrag eine von der zuständigen Behörde des Ursprungsstaats beglaubigte vollständige Kopie der Entscheidung beizufügen ist;[16]

b) unter welchen Umständen er anstelle des vollständigen Wortlauts der Entscheidung eine von der zuständigen Behörde des Ursprungsstaats erstellte Zusammenfassung oder einen von ihr erstellten Auszug der Entscheidung akzeptiert, die oder der anhand des von der Haager Konferenz für Internationales Privatrecht empfohlenen und veröffentlichten Formulars erstellt werden kann, oder

c) dass er ein Schriftstück mit dem Nachweis, dass die in Artikel 19 Absatz 3 genannten Voraussetzungen erfüllt sind, nicht verlangt.

Art. 26. Verfahren für Anträge auf Anerkennung. Auf Anträge auf Anerkennung einer Entscheidung findet dieses Kapitel mit Ausnahme des Erfordernisses der Vollstreckbarkeit, das durch das Erfordernis der Wirksam-

---

[16] Die Erklärung nach Art. 25 Abs. 3 lit. a iVm Art. 57 haben die *Türkei* und die *Ukraine* abgegeben.

keit der Entscheidung im Ursprungsstaat ersetzt wird, entsprechend Anwendung.

Art. 27. Tatsächliche Feststellungen. Die zuständige Behörde des Vollstreckungsstaats ist an die tatsächlichen Feststellungen gebunden, auf welche die Behörde des Ursprungsstaats ihre Zuständigkeit gestützt hat.

Art. 28. Verbot der Nachprüfung in der Sache. Die zuständige Behörde des Vollstreckungsstaats darf die Entscheidung in der Sache selbst nicht nachprüfen.

Art. 29. Anwesenheit des Kindes oder des Antragstellers nicht erforderlich. Die Anwesenheit des Kindes oder des Antragstellers ist bei Verfahren, die nach diesem Kapitel im Vollstreckungsstaat eingeleitet werden, nicht erforderlich.

Art. 30. Unterhaltsvereinbarungen. (1) Eine in einem Vertragsstaat getroffene Unterhaltsvereinbarung muss wie eine Entscheidung nach diesem Kapitel anerkannt und vollstreckt werden können, wenn sie im Ursprungsstaat wie eine Entscheidung vollstreckbar ist.

(2) Im Sinne des Artikels 10 Absatz 1 Buchstaben a und b und Absatz 2 Buchstabe a schließt der Begriff „Entscheidung" eine Unterhaltsvereinbarung ein.

(3) Dem Antrag auf Anerkennung und Vollstreckung einer Unterhaltsvereinbarung sind folgende Schriftstücke beizufügen:

a) der vollständige Wortlaut der Unterhaltsvereinbarung und
b) ein Schriftstück mit dem Nachweis, dass die betreffende Unterhaltsvereinbarung im Ursprungsstaat wie eine Entscheidung vollstreckbar ist.

(4) Die Anerkennung und Vollstreckung einer Unterhaltsvereinbarung können verweigert werden, wenn

a) die Anerkennung und Vollstreckung mit der öffentlichen Ordnung *(ordre public)* des Vollstreckungsstaats offensichtlich unvereinbar sind;
b) die Unterhaltsvereinbarung durch betrügerische Machenschaften oder Fälschung erlangt wurde;
c) die Unterhaltsvereinbarung unvereinbar ist mit einer Entscheidung, die zwischen denselben Parteien über denselben Gegenstand entweder im Vollstreckungsstaat oder in einem anderen Staat ergangen ist, sofern die betreffende Entscheidung die Voraussetzungen für die Anerkennung und Vollstreckung im Vollstreckungsstaat erfüllt.

(5) Dieses Kapitel, mit Ausnahme der Artikel 20, 22, 23 Absatz 7 und des Artikels 25 Absätze 1 und 3, findet auf die Anerkennung und Vollstreckung einer Unterhaltsvereinbarung entsprechend Anwendung; allerdings

a) kann eine Erklärung oder Eintragung nach Artikel 23 Absätze 2 und 3 nur aus dem in Absatz 4 Buchstabe a genannten Grund verweigert werden;

b) kann eine Anfechtung oder Beschwerde nach Artikel 23 Absatz 6 nur gestützt werden auf

i) die Gründe für die Verweigerung der Anerkennung und Vollstreckung nach Absatz 4;

ii) die Echtheit oder Unversehrtheit eines nach Absatz 3 übermittelten Schriftstücks;

c) kann die zuständige Behörde in Bezug auf das Verfahren nach Artikel 24 Absatz 4 den in Absatz 4 Buchstabe a des vorliegenden Artikels genannten Grund für die Verweigerung der Anerkennung und Vollstreckung von Amts wegen prüfen. Sie kann alle in Absatz 4 des vorliegenden Artikels aufgeführten Gründe sowie die Echtheit oder Unversehrtheit eines nach Absatz 3 übermittelten Schriftstücks prüfen, wenn dies vom Antragsgegner geltend gemacht wird oder wenn sich aufgrund der äußeren Erscheinung dieser Schriftstücke Zweifel in Bezug auf diese Gründe ergeben.

(6) Das Verfahren zur Anerkennung und Vollstreckung einer Unterhaltsvereinbarung wird ausgesetzt, wenn ein Anfechtungsverfahren in Bezug auf die Vereinbarung vor einer zuständigen Behörde eines Vertragsstaats anhängig ist.

(7) Ein Staat kann nach Artikel 63 erklären, dass Anträge auf Anerkennung und Vollstreckung von Unterhaltsvereinbarungen nur über die Zentralen Behörden gestellt werden können.[17]

(8) Ein Vertragsstaat kann sich nach Artikel 62 das Recht vorbehalten, Unterhaltsvereinbarungen nicht anzuerkennen und zu vollstrecken.[18]

Art. 31. Aus dem Zusammenwirken provisorischer und bestätigender Anordnungen hervorgegangene Entscheidungen. Ist eine Entscheidung aus dem Zusammenwirken einer in einem Staat erlassenen provisorischen Anordnung und einer von einer Behörde eines anderen Staates („Bestätigungsstaat") erlassenen Anordnung hervorgegangen, mit der diese provisorische Anordnung bestätigt wird, so

a) gilt jeder dieser Staaten im Sinne dieses Kapitels als Ursprungsstaat,

b) sind die Voraussetzungen des Artikels 22 Buchstabe e erfüllt, wenn der Antragsgegner vom Verfahren im Bestätigungsstaat ordnungsgemäß benachrichtigt wurde und die Möglichkeit hatte, die Bestätigung der provisorischen Anordnung anzufechten,

---

[17] Die Erklärung nach Art. 30 Abs. 7 iVm Art. 63 haben bisher nur *Kasachstan, Neuseeland* und *Norwegen* abgegeben.

[18] Den Vorbehalt nach Art. 30 Abs. 8 iVm Art. 63 haben *Belarus,* die *Türkei* und die *Ukraine,* sowie beschränkt auf Minderjährige und in ihren Fähigkeiten eingeschränkte ältere Erwachsene *Brasilien* erklärt.

c) ist die Voraussetzung des Artikels 20 Absatz 6, dass die Entscheidung im Ursprungsstaat vollstreckbar sein muss, erfüllt, wenn die Entscheidung im Bestätigungsstaat vollstreckbar ist, und

d) verhindert Artikel 18 nicht, dass ein Verfahren zur Änderung der Entscheidung in einem der beiden Staaten eingeleitet wird.

Kapitel VI. Vollstreckung durch den Vollstreckungsstaat

Art. 32. Vollstreckung nach dem innerstaatlichen Recht. (1) Vorbehaltlich dieses Kapitels erfolgen die Vollstreckungsmaßnahmen nach dem Recht des Vollstreckungsstaats.

(2) Die Vollstreckung erfolgt zügig.

(3) Bei Anträgen, die über die Zentralen Behörden gestellt werden, erfolgt die Vollstreckung, wenn eine Entscheidung nach Kapitel V für vollstreckbar erklärt oder zwecks Vollstreckung eingetragen wurde, ohne dass ein weiteres Handeln des Antragstellers erforderlich ist.

(4) Für die Dauer der Unterhaltspflicht sind die im Ursprungsstaat der Entscheidung geltenden Vorschriften maßgeblich.

(5) Die Verjährungsfrist für die Vollstreckung von Zahlungsrückständen wird nach dem Recht des Ursprungsstaats der Entscheidung oder dem Recht des Vollstreckungsstaats bestimmt, je nachdem, welches Recht die längere Frist vorsieht.

Art. 33. Nichtdiskriminierung. Für die von diesem Übereinkommen erfassten Fälle sieht der Vollstreckungsstaat Vollstreckungsmaßnahmen vor, die mit den auf innerstaatliche Fälle anzuwendenden Maßnahmen mindestens gleichwertig sind.

Art. 34. Vollstreckungsmaßnahmen. (1) Die Vertragsstaaten stellen in ihrem innerstaatlichen Recht wirksame Maßnahmen zur Vollstreckung von Entscheidungen nach diesem Übereinkommen zur Verfügung.

(2) Solche Maßnahmen können Folgendes umfassen:

a) Lohnpfändung;

b) Pfändung von Bankkonten und anderen Quellen;

c) Abzüge bei Sozialleistungen;

d) Pfändung oder Zwangsverkauf von Vermögenswerten;

e) Pfändung von Steuerrückerstattungen;

f) Einbehaltung oder Pfändung von Altersrentenguthaben;

g) Benachrichtigung von Kreditauskunftsstellen;

h) Verweigerung der Erteilung, vorläufige Entziehung oder Widerruf einer Bewilligung (z. B. des Führerscheins);

i) Anwendung von Mediation, Schlichtung oder sonstigen Methoden alternativer Streitbeilegung, um eine freiwillige Befolgung zu fördern.

Art. 35. Überweisung von Geldbeträgen. (1) Die Vertragsstaaten werden aufgefordert, auch durch internationale Übereinkünfte den Einsatz der kostengünstigsten und wirksamsten verfügbaren Mittel zur Überweisung von Geldbeträgen zu fördern, die zur Erfüllung von Unterhaltsansprüchen bestimmt sind.

(2) Bestehen nach dem Recht eines Vertragsstaats Beschränkungen für die Überweisung von Geldbeträgen, so gewährt dieser Vertragsstaat der Überweisung von Geldbeträgen, die zur Erfüllung von Ansprüchen nach diesem Übereinkommen bestimmt sind, den größtmöglichen Vorrang.

Kapitel VII. Öffentliche Aufgaben wahrnehmende Einrichtungen

Art. 36. Öffentliche Aufgaben wahrnehmende Einrichtungen als Antragsteller. (1) Für die Zwecke eines Antrags auf Anerkennung und Vollstreckung nach Artikel 10 Absatz 1 Buchstaben a und b und der von Artikel 20 Absatz 4 erfassten Fälle schließt der Begriff „berechtigte Person" eine öffentliche Aufgaben wahrnehmende Einrichtung, die für eine unterhaltsberechtigte Person handelt, oder eine Einrichtung, der anstelle von Unterhalt erbrachte Leistungen zu erstatten sind, ein.

(2) Für das Recht einer öffentliche Aufgaben wahrnehmenden Einrichtung, für eine unterhaltsberechtigte Person zu handeln oder die Erstattung der der berechtigten Person anstelle von Unterhalt erbrachten Leistung zu fordern, ist das Recht maßgebend, dem die Einrichtung untersteht.

(3) Eine öffentliche Aufgaben wahrnehmende Einrichtung kann die Anerkennung oder Vollstreckung folgender Entscheidungen beantragen:

a) einer Entscheidung, die gegen eine verpflichtete Person auf Antrag einer öffentliche Aufgaben wahrnehmenden Einrichtung ergangen ist, welche die Bezahlung von Leistungen verlangt, die anstelle von Unterhalt erbracht wurden;

b) einer zwischen einer berechtigten und einer verpflichteten Person ergangenen Entscheidung, soweit der berechtigten Person Leistungen anstelle von Unterhalt erbracht wurden.

(4) Die öffentliche Aufgaben wahrnehmende Einrichtung, welche die Anerkennung einer Entscheidung geltend macht oder deren Vollstreckung beantragt, legt auf Verlangen alle Schriftstücke vor, aus denen sich ihr Recht nach Absatz 2 und die Erbringung von Leistungen an die berechtigte Person ergeben.

Kapitel VIII. Allgemeine Bestimmungen

Art. 37. Unmittelbar bei den zuständigen Behörden gestellte Anträge. (1) Dieses Übereinkommen schließt die Möglichkeit nicht aus, die nach dem innerstaatlichen Recht eines Vertragsstaats zur Verfügung stehenden Verfahren in Anspruch zu nehmen, die es einer Person (dem Antragsteller) gestatten, sich in einer im Übereinkommen geregelten Angelegenheit unmittelbar an eine zuständige Behörde dieses Staates zu wenden, vorbehaltlich des Artikels 18 auch, um eine Unterhaltsentscheidung oder deren Änderung herbeizuführen.

(2) Artikel 14 Absatz 5 und Artikel 17 Buchstabe b, die Kapitel V, VI und VII sowie dieses Kapitel mit Ausnahme der Artikel 40 Absatz 2, 42, 43 Absatz 3, 44 Absatz 3, 45 und 55 sind auf Anträge auf Anerkennung und Vollstreckung anzuwenden, die unmittelbar bei einer zuständigen Behörde eines Vertragsstaats gestellt werden.

(3) Für die Zwecke des Absatzes 2 ist Artikel 2 Absatz 1 Buchstabe a auf eine Entscheidung anzuwenden, die einer schutzbedürftigen Person, deren Alter über dem unter jenem Buchstaben genannten Alter liegt, Unterhalt zubilligt, wenn die betreffende Entscheidung ergangen ist, bevor die Person dieses Alter erreicht hat, und der Person durch die Entscheidung aufgrund ihrer Beeinträchtigung über dieses Alter hinaus Unterhalt gewährt wurde.

Art. 38. Schutz personenbezogener Daten. Die nach diesem Übereinkommen gesammelten oder übermittelten personenbezogenen Daten dürfen nur für die Zwecke verwendet werden, zu denen sie gesammelt oder übermittelt worden sind.

Art. 39. Vertraulichkeit. Jede Behörde, die Informationen verarbeitet, stellt nach dem Recht ihres Staates deren Vertraulichkeit sicher.

Art. 40. Nichtoffenlegung von Informationen. (1) Eine Behörde darf keine nach diesem Übereinkommen gesammelten oder übermittelten Informationen offenlegen oder bestätigen, wenn ihres Erachtens dadurch die Gesundheit, Sicherheit oder Freiheit einer Person gefährdet werden könnte.

(2) Eine von einer Zentralen Behörde in diesem Sinne getroffene Entscheidung ist von einer anderen Zentralen Behörde zu berücksichtigen, insbesondere in Fällen von Gewalt in der Familie.

(3) Dieser Artikel steht der Sammlung und Übermittlung von Informationen zwischen Behörden nicht entgegen, soweit dies für die Erfüllung der Verpflichtungen aus dem Übereinkommen erforderlich ist.

Art. 41. Keine Legalisation. Im Rahmen dieses Übereinkommens darf eine Legalisation oder ähnliche Förmlichkeit nicht verlangt werden.

Art. 42. Vollmacht. Die Zentrale Behörde des ersuchten Staates kann vom Antragsteller eine Vollmacht nur verlangen, wenn sie in seinem Namen in Gerichtsverfahren oder in Verfahren vor anderen Behörden tätig wird, oder um einen Vertreter für diese Zwecke zu bestimmen.

Art. 43. Eintreibung von Kosten. (1) Die Eintreibung von Kosten, die bei der Anwendung dieses Übereinkommens entstehen, hat keinen Vorrang vor der Geltendmachung von Unterhaltsansprüchen.

(2) Ein Staat kann die Kosten bei einer unterliegenden Partei eintreiben.

(3) Für die Zwecke eines Antrags nach Artikel 10 Absatz 1 Buchstabe b im Hinblick auf die Eintreibung der Kosten bei einer unterliegenden Partei nach Absatz 2 schließt der Begriff „berechtigte Person" in Artikel 10 Absatz 1 einen Staat ein.

(4) Dieser Artikel lässt Artikel 8 unberührt.

Art. 44. Sprachliche Erfordernisse. (1) Anträge und damit verbundene Schriftstücke müssen in der Originalsprache abgefasst und von einer Übersetzung in eine Amtssprache des ersuchten Staates oder in eine andere Sprache begleitet sein, die der ersuchte Staat in einer Erklärung nach Artikel 63 als von ihm akzeptierte Sprache genannt hat, es sei denn, die zuständige Behörde dieses Staates verzichtet auf eine Übersetzung.[19]

(2) Jeder Vertragsstaat mit mehreren Amtssprachen, der aufgrund seines innerstaatlichen Rechts Schriftstücke in einer dieser Sprachen nicht für sein gesamtes Hoheitsgebiet akzeptieren kann, gibt in einer Erklärung nach Artikel 63 die Sprache an, in der die Schriftstücke abgefasst oder in die sie übersetzt sein müssen, damit sie im jeweils bezeichneten Teil seines Hoheitsgebiets eingereicht werden können.[20]

(3) Sofern die Zentralen Behörden nichts anderes vereinbart haben, erfolgt der übrige Schriftwechsel zwischen diesen Behörden in einer Amtssprache des ersuchten Staates oder in französischer oder englischer Sprache. Ein Vertragsstaat kann jedoch einen Vorbehalt nach Artikel 62 anbringen und darin gegen die Verwendung entweder des Französischen oder des Englischen Einspruch erheben.[21]

---

[19] Anstelle einer Übersetzung in die eigene Amtssprache werden Anträge in englischer Sprache akzeptiert von *Estland, Finnland, Litauen, Malta, Norwegen* und *Zypern.*

[20] Eine Erklärung nach Art. 44 Abs. 2 hat *Belgien* abgegeben.

[21] Eine Vorbehalt gegen die Verwendung der französischen Sprache nach Art. 44 Abs. 3 hat die *Europäische Union* für ihre Mitgliedstaaten *Estland, Griechenland, Lettland, Litauen,* die *Niederlande, Polen, Schweden,* die *Slowakei, Slowenien,* die *Tschechische Republik, Ungarn,* das *Vereinigte Königreich* und *Zypern* erklärt. Dieser Vorbehalt gilt für das *Vereinigte Königreich* auch nach dem Brexit weiter; er wurde ferner auch von *Belarus, Kasachstan, Neuseeland, Norwegen* und den *Vereinigten Staaten* erklärt. Einen Vorbehalt gegen die Verwendung der englischen Sprache haben *Frankreich* und *Luxemburg* erklärt. *Nicaragua* verlangt eine spanische Übersetzung.

Art. 45. Art und Weise der Übersetzung und Übersetzungskosten. (1) Für nach Kapitel III gestellte Anträge können die Zentralen Behörden im Einzelfall oder generell vereinbaren, dass die Übersetzung in die Amtssprache des ersuchten Staates im ersuchten Staat aus der Originalsprache oder einer anderen vereinbarten Sprache angefertigt wird. Wird keine Vereinbarung getroffen und kann die ersuchende Zentrale Behörde die Erfordernisse nach Artikel 44 Absätze 1 und 2 nicht erfüllen, so können der Antrag und die damit verbundenen Schriftstücke zusammen mit einer Übersetzung ins Französische oder Englische zur Weiterübersetzung in eine der Amtssprachen des ersuchten Staates übermittelt werden.

(2) Die sich aus Absatz 1 ergebenden Übersetzungskosten trägt der ersuchende Staat, sofern die Zentralen Behörden der betroffenen Staaten keine andere Vereinbarung getroffen haben.

(3) Ungeachtet des Artikels 8 kann die ersuchende Zentrale Behörde dem Antragsteller die Kosten für die Übersetzung eines Antrags und der damit verbundenen Schriftstücke auferlegen, es sei denn, diese Kosten können durch ihr System der juristischen Unterstützung gedeckt werden.

Art. 46. Nicht einheitliche Rechtssysteme – Auslegung. (1) Gelten in einem Staat in verschiedenen Gebietseinheiten zwei oder mehr Rechtssysteme oder Regelwerke in Bezug auf in diesem Übereinkommen geregelte Angelegenheiten, so ist

a) jede Bezugnahme auf das Recht oder Verfahren eines Staates gegebenenfalls als Bezugnahme auf das in der betreffenden Gebietseinheit geltende Recht oder Verfahren zu verstehen;

b) jede Bezugnahme auf eine in diesem Staat erwirkte, anerkannte, anerkannte und vollstreckte, vollstreckte oder geänderte Entscheidung gegebenenfalls als Bezugnahme auf eine in der betreffenden Gebietseinheit erwirkte, anerkannte, anerkannte und vollstreckte, vollstreckte oder geänderte Entscheidung zu verstehen;

c) jede Bezugnahme auf eine Behörde, sei es ein Gericht oder eine Verwaltungsbehörde, dieses Staates gegebenenfalls als Bezugnahme auf ein Gericht oder eine Verwaltungsbehörde der betreffenden Gebietseinheit zu verstehen;

d) jede Bezugnahme auf die zuständigen Behörden, öffentliche Aufgaben wahrnehmenden Einrichtungen oder anderen Stellen dieses Staates mit Ausnahme der Zentralen Behörden gegebenenfalls als Bezugnahme auf die Behörden oder Stellen zu verstehen, die befugt sind, in der betreffenden Gebietseinheit tätig zu werden;

e) jede Bezugnahme auf den Aufenthalt oder den gewöhnlichen Aufenthalt in diesem Staat gegebenenfalls als Bezugnahme auf den Aufenthalt oder den gewöhnlichen Aufenthalt in der betreffenden Gebietseinheit zu verstehen;

f) jede Bezugnahme auf die Belegenheit von Vermögensgegenständen in diesem Staat gegebenenfalls als Bezugnahme auf die Belegenheit von Vermögensgegenständen in der betreffenden Gebietseinheit zu verstehen;

g) jede Bezugnahme auf eine in diesem Staat geltende Gegenseitigkeitsvereinbarung gegebenenfalls als Bezugnahme auf eine in der betreffenden Gebietseinheit geltende Gegenseitigkeitsvereinbarung zu verstehen;

h) jede Bezugnahme auf die unentgeltliche juristische Unterstützung in diesem Staat gegebenenfalls als Bezugnahme auf die unentgeltliche juristische Unterstützung in der betreffenden Gebietseinheit zu verstehen;

i) jede Bezugnahme auf eine in diesem Staat getroffene Unterhaltsvereinbarung gegebenenfalls als Bezugnahme auf eine in der betreffenden Gebietseinheit getroffene Unterhaltsvereinbarung zu verstehen;

j) jede Bezugnahme auf die Kosteneintreibung durch einen Staat gegebenenfalls als Bezugnahme auf die Kosteneintreibung durch die betreffende Gebietseinheit zu verstehen.

(2) Dieser Artikel ist nicht anzuwenden auf Organisationen der regionalen Wirtschaftsintegration.

Art. 47. Nicht einheitliche Rechtssysteme – materielle Regeln.

(1) Ein Vertragsstaat mit zwei oder mehr Gebietseinheiten, in denen unterschiedliche Rechtssysteme gelten, ist nicht verpflichtet, dieses Übereinkommen auf Fälle anzuwenden, die allein diese verschiedenen Gebietseinheiten betreffen.

(2) Eine zuständige Behörde in einer Gebietseinheit eines Vertragsstaats mit zwei oder mehr Gebietseinheiten, in denen unterschiedliche Rechtssysteme gelten, ist nicht verpflichtet, eine Entscheidung aus einem anderen Vertragsstaat allein deshalb anzuerkennen oder zu vollstrecken, weil die Entscheidung in einer anderen Gebietseinheit desselben Vertragsstaats nach diesem Übereinkommen anerkannt oder vollstreckt worden ist.

(3) Dieser Artikel ist nicht anzuwenden auf Organisationen der regionalen Wirtschaftsintegration.

Art. 48. Koordinierung mit den früheren Haager Übereinkommen über Unterhaltspflichten. Im Verhältnis zwischen den Vertragsstaaten ersetzt dieses Übereinkommen vorbehaltlich des Artikels 56 Absatz 2 das Haager Übereinkommen vom 2. Oktober 1973 über die Anerkennung und Vollstreckung von Unterhaltsentscheidungen[22] und das Haager Übereinkommen vom 15. April 1958 über die Anerkennung und Vollstreckung von Entscheidungen auf dem Gebiet der Unterhaltspflicht gegenüber Kindern,[23] soweit ihr Anwendungsbereich zwischen diesen Staaten mit demjenigen dieses Übereinkommens übereinstimmt.

---

[22] Abgedruckt unter Nr. *182*.

[23] Abgedruckt unter Nr. *181*.

Art. 49. Koordinierung mit dem New Yorker Übereinkommen von 1956. Im Verhältnis zwischen den Vertragsstaaten ersetzt dieses Übereinkommen das Übereinkommen der Vereinten Nationen vom 20. Juni 1956 über die Geltendmachung von Unterhaltsansprüchen im Ausland,[24] soweit sein Anwendungsbereich zwischen diesen Staaten dem Anwendungsbereich dieses Übereinkommens entspricht.

Art. 50. Verhältnis zu den früheren Haager Übereinkommen über die Zustellung von Schriftstücken und die Beweisaufnahme. Dieses Übereinkommen lässt das Haager Übereinkommen vom 1. März 1954 über den Zivilprozess,[25] das Haager Übereinkommen vom 15. November 1965 über die Zustellung gerichtlicher und außergerichtlicher Schriftstücke im Ausland in Zivil- und Handelssachen[26] und das Haager Übereinkommen vom 18. März 1970 über die Beweisaufnahme im Ausland in Zivil- und Handelssachen[27] unberührt.

Art. 51. Koordinierung mit Übereinkünften und Zusatzvereinbarungen. (1) Dieses Übereinkommen lässt vor dem Übereinkommen geschlossene internationale Übereinkünfte unberührt, denen Vertragsstaaten als Vertragsparteien angehören und die Bestimmungen über im Übereinkommen geregelte Angelegenheiten enthalten.

(2) Jeder Vertragsstaat kann mit einem oder mehreren Vertragsstaaten Vereinbarungen, die Bestimmungen über in diesem Übereinkommen geregelte Angelegenheiten enthalten, schließen, um die Anwendung des Übereinkommens zwischen ihnen zu verbessern, vorausgesetzt, dass diese Vereinbarungen mit Ziel und Zweck des Übereinkommens in Einklang stehen und die Anwendung des Übereinkommens im Verhältnis zwischen diesen Staaten und anderen Vertragsstaaten unberührt lassen. Staaten, die solche Vereinbarungen geschlossen haben, übermitteln dem Verwahrer des Übereinkommens eine Kopie.

(3) Die Absätze 1 und 2 gelten auch für Gegenseitigkeitsvereinbarungen und Einheitsrecht, die auf besonderen Verbindungen zwischen den betroffenen Staaten beruhen.

(4) Dieses Übereinkommen lässt die Anwendung von nach dem Abschluss des Übereinkommens angenommenen Rechtsinstrumenten einer Organisation der regionalen Wirtschaftsintegration, die Vertragspartei des Übereinkommens ist, in Bezug auf im Übereinkommen geregelte Angelegenheiten unberührt, vorausgesetzt, dass diese Rechtsinstrumente die Anwendung des Übereinkommens im Verhältnis zwischen den Mitgliedstaaten der Organisation der regionalen Wirtschaftsintegration und anderen Ver-

---

[24] Abgedruckt unter Nr. *220.*
[25] Abgedruckt unter Nr. *210.*
[26] Abgedruckt unter Nr. *211.*
[27] Abgedruckt unter Nr. *212.*

tragsstaaten unberührt lassen. In Bezug auf die Anerkennung oder Vollstreckung von Entscheidungen zwischen den Mitgliedstaaten der Organisation der regionalen Wirtschaftsintegration lässt das Übereinkommen die Vorschriften der Organisation der regionalen Wirtschaftsintegration unberührt, unabhängig davon, ob diese vor oder nach dem Abschluss des Übereinkommens angenommen worden sind.

Art. 52. Grundsatz der größten Wirksamkeit. (1) Dieses Übereinkommen steht der Anwendung von Abkommen, Vereinbarungen oder sonstigen internationalen Übereinkünften, die zwischen einem ersuchenden Staat und einem ersuchten Staat in Kraft sind, oder im ersuchten Staat in Kraft befindlichen Gegenseitigkeitsvereinbarungen nicht entgegen, in denen Folgendes vorgesehen ist:

a) weiter gehende Grundlagen für die Anerkennung von Unterhaltsentscheidungen, unbeschadet des Artikels 22 Buchstabe f,

b) vereinfachte und beschleunigte Verfahren in Bezug auf einen Antrag auf Anerkennung oder Anerkennung und Vollstreckung von Unterhaltsentscheidungen,

c) eine günstigere juristische Unterstützung als die in den Artikeln 14 bis 17 vorgesehene oder

d) Verfahren, die es einem Antragsteller in einem ersuchenden Staat erlauben, einen Antrag unmittelbar bei der Zentralen Behörde des ersuchten Staates zu stellen.

(2) Dieses Übereinkommen steht der Anwendung eines im ersuchten Staat geltenden Gesetzes nicht entgegen, das wirksamere Vorschriften der Art, wie sie in Absatz 1 Buchstaben a bis c genannt sind, vorsieht. Die in Absatz 1 Buchstabe b genannten vereinfachten und beschleunigten Verfahren müssen jedoch mit dem Schutz vereinbar sein, der den Parteien nach den Artikeln 23 und 24 gewährt wird, insbesondere, was die Rechte der Parteien auf ordnungsgemäße Benachrichtigung von den Verfahren und auf angemessene Gelegenheit, gehört zu werden, sowie die Wirkungen einer Anfechtung oder eines Rechtsmittels angeht.

Art. 53. Einheitliche Auslegung. Bei der Auslegung dieses Übereinkommens ist seinem internationalen Charakter und der Notwendigkeit, seine einheitliche Anwendung zu fördern, Rechnung zu tragen.

Art. 54. Prüfung der praktischen Durchführung des Übereinkommens. (1) Der Generalsekretär der Haager Konferenz für Internationales Privatrecht beruft in regelmäßigen Abständen eine Spezialkommission zur Prüfung der praktischen Durchführung des Übereinkommens und zur Förderung der Entwicklung bewährter Praktiken aufgrund des Übereinkommens ein.

(2) Zu diesem Zweck arbeiten die Vertragsstaaten mit dem Ständigen Büro der Haager Konferenz für Internationales Privatrecht bei der Samm-

lung von Informationen über die praktische Durchführung des Übereinkommens, einschließlich Statistiken und Rechtsprechung, zusammen.

Art. 55. Änderung der Formulare. (1) Die Formulare in der Anlage dieses Übereinkommens können durch Beschluss einer vom Generalsekretär der Haager Konferenz für Internationales Privatrecht einzuberufenden Spezialkommission geändert werden, zu der alle Vertragsstaaten und alle Mitglieder eingeladen werden. Der Vorschlag zur Änderung der Formulare ist auf die Tagesordnung zu setzen, die der Einberufung beigefügt wird.

(2) Die Änderungen werden von den in der Spezialkommission anwesenden Vertragsstaaten angenommen. Sie treten für alle Vertragsstaaten am ersten Tag des siebten Monats nach dem Zeitpunkt in Kraft, in dem der Verwahrer diese Änderungen allen Vertragsstaaten mitgeteilt hat.

(3) Während der in Absatz 2 genannten Frist kann jeder Vertragsstaat dem Verwahrer schriftlich notifizieren, dass er nach Artikel 62 einen Vorbehalt zu dieser Änderung anbringt. Der Staat, der einen solchen Vorbehalt anbringt, wird in Bezug auf diese Änderung bis zur Rücknahme des Vorbehalts so behandelt, als wäre er nicht Vertragspartei dieses Übereinkommens.

Art. 56. Übergangsbestimmungen. (1) Dieses Übereinkommen ist in allen Fällen anzuwenden, in denen

a) ein Ersuchen gemäß Artikel 7 oder ein Antrag gemäß Kapitel III nach dem Inkrafttreten des Übereinkommens zwischen dem ersuchenden Staat und dem ersuchten Staat bei der Zentralen Behörde des ersuchten Staates eingegangen ist;
b) ein unmittelbar gestellter Antrag auf Anerkennung und Vollstreckung nach dem Inkrafttreten des Übereinkommens zwischen dem Ursprungsstaat und dem Vollstreckungsstaat bei der zuständigen Behörde des Vollstreckungsstaats eingegangen ist.

(2) In Bezug auf die Anerkennung und Vollstreckung von Entscheidungen zwischen den Vertragsstaaten dieses Übereinkommens, die auch Vertragsparteien der in Artikel 48 genannten Haager Übereinkommen sind, finden, wenn die nach diesem Übereinkommen für die Anerkennung und Vollstreckung geltenden Voraussetzungen der Anerkennung und Vollstreckung einer im Ursprungsstaat vor dem Inkrafttreten dieses Übereinkommens in diesem Staat ergangenen Entscheidung entgegenstehen, die andernfalls nach dem Übereinkommen, das in Kraft war, als die Entscheidung erging, anerkannt und vollstreckt worden wäre, die Voraussetzungen des letztgenannten Übereinkommens Anwendung.

(3) Der Vollstreckungsstaat ist nach diesem Übereinkommen nicht verpflichtet, eine Entscheidung oder Unterhaltsvereinbarung in Bezug auf Zahlungen zu vollstrecken, die vor dem Inkrafttreten des Übereinkommens zwischen dem Ursprungsstaat und dem Vollstreckungsstaat fällig geworden sind, es sei denn, dass Unterhaltspflichten aus einer Eltern-Kind-Beziehung

gegenüber einer Person betroffen sind, die das 21. Lebensjahr noch nicht vollendet hat.

Art. 57. Informationen zu den Rechtsvorschriften, Verfahren und Dienstleistungen. (1) Ein Vertragsstaat stellt dem Ständigen Büro der Haager Konferenz für Internationales Privatrecht bei der Hinterlegung seiner Ratifikations- oder Beitrittsurkunde oder bei der Abgabe einer Erklärung nach Artikel 61 Folgendes zur Verfügung:

a) eine Beschreibung seiner auf Unterhaltspflichten anzuwendenden Rechtsvorschriften und Verfahren;
b) eine Beschreibung der Maßnahmen, die er treffen wird, um seinen Verpflichtungen aus Artikel 6 nachzukommen;
c) eine Beschreibung der Art und Weise, in der er den Antragstellern nach Artikel 14 tatsächlichen Zugang zu Verfahren verschafft;
d) eine Beschreibung seiner Vollstreckungsvorschriften und -verfahren einschließlich der Einschränkungen bei der Vollstreckung, insbesondere im Hinblick auf die Vorschriften zum Schutz der verpflichteten Person und die Verjährungsfristen;
e) alle näheren Angaben, auf die in Artikel 25 Absatz 1 Buchstabe b und Absatz 3 Bezug genommen wird.

(2) Die Vertragsstaaten können, um ihren Verpflichtungen aus Absatz 1 nachzukommen, ein von der Haager Konferenz für Internationales Privatrecht empfohlenes und veröffentlichtes Formular „Landesprofil" verwenden.

(3) Die Informationen werden von den Vertragsstaaten auf dem aktuellen Stand gehalten.

Kapitel IX. Schlussbestimmungen

Art. 58. *(nicht abgedruckt)*

Art. 59. Organisationen der regionalen Wirtschaftsintegration.

(1) Eine Organisation der regionalen Wirtschaftsintegration, die ausschließlich von souveränen Staaten gebildet wird und für einige oder alle in diesem Übereinkommen geregelten Angelegenheiten zuständig ist, kann das Übereinkommen ebenfalls unterzeichnen, annehmen, genehmigen oder ihm beitreten. Die Organisation der regionalen Wirtschaftsintegration hat in diesem Fall die Rechte und Pflichten eines Vertragsstaats in dem Umfang, in dem sie für Angelegenheiten zuständig ist, die im Übereinkommen geregelt sind.

(2) Die Organisation der regionalen Wirtschaftsintegration notifiziert dem Verwahrer bei der Unterzeichnung, der Annahme, der Genehmigung oder dem Beitritt schriftlich die in diesem Übereinkommen geregelten

Angelegenheiten, für die ihr von ihren Mitgliedstaaten die Zuständigkeit übertragen wurde. Die Organisation notifiziert dem Verwahrer umgehend schriftlich jede Veränderung ihrer Zuständigkeit gegenüber der letzten Notifikation nach diesem Absatz.

(3) Eine Organisation der regionalen Wirtschaftsintegration kann bei der Unterzeichnung, der Annahme, der Genehmigung oder dem Beitritt nach Artikel 63 erklären, dass sie für alle in diesem Übereinkommen geregelten Angelegenheiten zuständig ist und dass die Mitgliedstaaten, die ihre Zuständigkeit in diesem Bereich der Organisation der regionalen Wirtschaftsintegration übertragen haben, aufgrund der Unterzeichnung, der Annahme, der Genehmigung oder des Beitritts der Organisation durch das Übereinkommen gebunden sein werden.[28]

(4) Für das Inkrafttreten dieses Übereinkommens zählt eine von einer Organisation der regionalen Wirtschaftsintegration hinterlegte Urkunde nicht, es sei denn, die Organisation der regionalen Wirtschaftsintegration gibt eine Erklärung nach Absatz 3 ab.

(5) Jede Bezugnahme in diesem Übereinkommen auf einen „Vertragsstaat" oder „Staat" gilt gegebenenfalls gleichermaßen für eine Organisation der regionalen Wirtschaftsorganisation, die Vertragspartei des Übereinkommens ist. Gibt eine Organisation der regionalen Wirtschaftsintegration eine Erklärung nach Absatz 3 ab, so gilt jede Bezugnahme im Übereinkommen auf einen „Vertragsstaat" oder „Staat" gegebenenfalls gleichermaßen für die betroffenen Mitgliedstaaten der Organisation.

Art. 60. Inkrafttreten. (1) Dieses Übereinkommen tritt am ersten Tag des Monats in Kraft, der auf einen Zeitabschnitt von drei Monaten nach der Hinterlegung der zweiten Ratifikations-, Annahme- oder Genehmigungsurkunde nach Artikel 58 folgt.

(2) Danach tritt dieses Übereinkommen wie folgt in Kraft:

a) für jeden Staat oder jede Organisation der regionalen Wirtschaftsintegration nach Artikel 59 Absatz 1, der oder die es später ratifiziert, annimmt oder genehmigt, am ersten Tag des Monats, der auf einen Zeitabschnitt von drei Monaten nach Hinterlegung seiner oder ihrer Ratifikations-, Annahme- oder Genehmigungsurkunde folgt;

b) für jeden Staat oder jede Organisation der regionalen Wirtschaftsintegration nach Artikel 58 Absatz 3 am Tag nach Ablauf des Zeitraums, in dem Einspruch nach Artikel 58 Absatz 5 erhoben werden kann;

c) für die Gebietseinheiten, auf die das Übereinkommen nach Artikel 61 erstreckt worden ist, am ersten Tag des Monats, der auf einen Zeitabschnitt von drei Monaten nach der in jenem Artikel vorgesehenen Notifikation folgt.

[28] Die Erklärung nach Art 59 Abs. 3 hat die *Europäische Union* abgegeben.

Art. 61. Erklärungen in Bezug auf nicht einheitliche Rechtssysteme. (1) Ein Staat, der aus zwei oder mehr Gebietseinheiten besteht, in denen für die in diesem Übereinkommen geregelten Angelegenheiten unterschiedliche Rechtssysteme gelten, kann bei der Unterzeichnung, der Ratifikation, der Annahme, der Genehmigung oder dem Beitritt nach Artikel 63 erklären, dass das Übereinkommen auf alle seine Gebietseinheiten oder nur auf eine oder mehrere davon erstreckt wird; er kann diese Erklärung durch Abgabe einer neuen Erklärung jederzeit ändern.

(2) Jede derartige Erklärung wird dem Verwahrer unter ausdrücklicher Bezeichnung der Gebietseinheiten notifiziert, auf die das Übereinkommen angewendet wird.

(3) Gibt ein Staat keine Erklärung nach diesem Artikel ab, so erstreckt sich das Übereinkommen auf sein gesamtes Hoheitsgebiet.

(4) Dieser Artikel ist nicht anzuwenden auf Organisationen der regionalen Wirtschaftsintegration.

Art. 62. Vorbehalte. (1) Jeder Vertragsstaat kann spätestens bei der Ratifikation, der Annahme, der Genehmigung oder dem Beitritt oder bei Abgabe einer Erklärung nach Artikel 61 einen oder mehrere der in Artikel 2 Absatz 2, Artikel 20 Absatz 2, Artikel 30 Absatz 8, Artikel 44 Absatz 3 und Artikel 55 Absatz 3 vorgesehenen Vorbehalte anbringen. Weitere Vorbehalte sind nicht zulässig.

(2) Jeder Staat kann einen von ihm angebrachten Vorbehalt jederzeit zurücknehmen. Die Rücknahme wird dem Verwahrer notifiziert.

(3) Die Wirkung des Vorbehalts endet am ersten Tag des dritten Monats nach der in Absatz 2 genannten Notifikation.

(4) Die nach diesem Artikel angebrachten Vorbehalte mit Ausnahme des Vorbehalts nach Artikel 2 Absatz 2 bewirken nicht die Gegenseitigkeit.

Art. 63. Erklärungen. (1) Erklärungen nach Artikel 2 Absatz 3, Artikel 11 Absatz 1 Buchstabe g, Artikel 16 Absatz 1, Artikel 24 Absatz 1, Artikel 30 Absatz 7, Artikel 44 Absätze 1 und 2, Artikel 59 Absatz 3 und Artikel 61 Absatz 1 können bei der Unterzeichnung, der Ratifikation, der Annahme, der Genehmigung oder dem Beitritt oder jederzeit danach abgegeben und jederzeit geändert oder zurückgenommen werden.

(2) Jede Erklärung, Änderung und Rücknahme wird dem Depositar notifiziert.

(3) Eine bei der Unterzeichnung, der Ratifikation, der Annahme, der Genehmigung oder dem Beitritt abgegebene Erklärung wird mit Inkrafttreten dieses Übereinkommens für den betreffenden Staat wirksam.

(4) Eine zu einem späteren Zeitpunkt abgegebene Erklärung und jede Änderung oder Rücknahme einer Erklärung werden am ersten Tag des Monats wirksam, der auf den Ablauf eines Zeitraums von drei Monaten nach Eingang der Notifikation beim Depositar folgt.

Art. 64–65. *(nicht abgedruckt)*

3. Ehesachen[1,2]

4. Sorgerechtssachen

184. Luxemburger Europäisches Übereinkommen über die Anerkennung und Vollstreckung von Entscheidungen über das Sorgerecht für Kinder und die Wiederherstellung des Sorgeverhältnisses

Vom 20. Mai 1980[1,2,3,4,5,6,7] (BGBl. 1990 II, S. 220)

---

[1] Das Luxemburger CIEC-Übk. über die Anerkennung von Entscheidungen in Ehesachen v. 8.9.1967 ist von der *Bundesrepublik Deutschland* zwar gezeichnet, aber nicht ratifiziert worden. Es ist am 10.12.1977 zwischen *Österreich* und der *Türkei* in Kraft getreten (öst. BGBl. 1978, S. 464) und gilt heute ferner für die *Niederlande* (seit 30.7.1981). Text (französisch): http://www.ciecl.org (Nr. 11). Nicht amtliche deutsche Übersetzung: https://www.personenstandsrecht.de (Nr. 11).

Im Verhältnis der EU-Mitgliedstaaten *Niederlande* und *Österreich* zueinander wird das Übk. durch Kapitel IV der Brüssel IIb-VO v. 29.6.2019 (Nr. *162*) ersetzt, vgl. Art. 95 lit. b Brüssel IIb-VO.

[2] Das Haager Übk. über die Anerkennung von Ehescheidungen und Ehetrennungen vom 1.6.1970 ist von der *Bundesrepublik Deutschland* bisher nicht gezeichnet worden. Es ist am 24.8.1975 für *Dänemark, Schweden* und das *Vereinigte Königreich* in Kraft getreten. Es gilt heute ferner für *Albanien* (seit 6.5.2013), *Ägypten* (seit 20.6.1980), *Australien* (seit 23.11. 1985), *Estland* (seit 6.1.2003), *Finnland* (seit 15.8.1977), *Italien* (seit 20.4.1986), *Luxemburg* (seit 14.4.1991), die *Republik Moldau* (seit 9.12.2011), die *Niederlande* (seit 22.8.1981), *Norwegen* (seit 14.10.1978), *Polen* (seit 24.6.1996), *Portugal* (seit 9.7.1985), die *Schweiz* (seit 17.7.1976), die *Slowakei* (seit 1.1.1993), die *Tschechische Republik* (seit 1.1.1993) und *Zypern* (seit 14.3.1983). Für die ehemalige *Tschechoslowakei* galt das Übk. seit 11.7.1976. Das *Vereinigte Königreich* hat das Übk. auf *Bermuda, Gibraltar, Guernsey,* die *Isle of Man* und *Jersey* erstreckt. Text (englisch/französisch): https://www.hcch.net/de/instruments/conventions (Nr. 18).

Im Verhältnis der EU-Mitgliedstaaten *Estland, Finnland, Italien, Luxemburg, Niederlande, Polen, Portugal, Schweden, Slowakei, Tschechische Republik* und *Zypern* zueinander wird das Übk. durch Kapitel IV der Brüssel IIb-VO v. 25.6.2019 (Nr. *162*) ersetzt, vgl. Art. 95 lit. c Brüssel IIb-VO.

[1] Das Übk. ist für die *Bundesrepublik Deutschland* am 1.2.1991 im Verhältnis zu *Belgien, Frankreich, Luxemburg,* den *Niederlanden, Norwegen, Österreich, Portugal, Schweden,* der *Schweiz, Spanien,* dem *Vereinigten Königreich* und *Zypern* in Kraft getreten (Bek. v. 19.12.1990, BGBl. 1991 II, S. 392). Das *Vereinigte Königreich* hat das Übk. mit Wirkung v. 1.4.2006 auf *Jersey* (BGBl. 2007 II, S. 1064) und mit Wirkung v. 1.10.2007 auf *Anguilla* (BGBl. 2008 II, S. 3) erstreckt.

Es gilt heute ferner im Verhältnis zu *Andorra* (seit 1.7.2011, BGBl. II, S. 622), *Bulga- rien* (seit 1.10.2003, BGBl. II, S. 1543), *Dänemark* (seit 1.8.1991, BGBl. II, S. 832), *Estland* (seit 1.9.2001, BGBl. II, S. 1066), *Finnland* (seit 1.8.1994, BGBl. II, S. 3538), *Griechenland* (seit 1.7.1993, BGBl. II, S. 1274), *Irland* (seit 1.10.1991, BGBl. II, S. 1076), *Island* (seit 1.11.1996, BGBl. II, S. 2539), *Italien* (seit 1.6.1995, BGBl. II, S. 460), *Kroatien* (seit 2.8.2002), *Lettland* (seit 1.8.2002, BGBl. II, S. 2844), *Liechtenstein* (seit 1.8.1997, BGBl. II,

(Übersetzung)[8]

Art. 1. [Begriffsbestimmungen] Im Sinne dieses Übereinkommens bedeutet:

a) *Kind* eine Person gleich welcher Staatsangehörigkeit, die das 16. Lebensjahr noch nicht vollendet hat und noch nicht berechtigt ist, nach dem Recht ihres gewöhnlichen Aufenthalts, dem Recht des Staates, dem sie angehört, oder dem innerstaatlichen Recht des ersuchten Staates ihren eigenen Aufenthalt zu bestimmen;

S. 2136), *Litauen* (seit 1.5.2003, BGBl. II, S. 424), *Malta* (seit 1.2.2000, BGBl. II, S. 1207), der *Republik Moldau* (seit 1.5.2004, BGBl. II, S. 570), *Montenegro* (seit 8.6.2006, BGBl. 2008 II, S. 3), *Nordmazedonien* (seit 1.3.2003, BGBl. II, S. 424), *Polen* (seit 1.3.1996, BGBl. II, S. 541), *Rumänien* (seit 1.9.2004, BGBl. II, S. 1584), *Serbien* (seit 1.5.2002, BGBl. II S. 2844), der *Slowakei* (seit 1.9.2001, BGBl. II, S. 871), der *Tschechischen Republik* (seit 1.7.2000, BGBl. 2001 II, S. 871), der *Türkei* (seit 1.6.2000, BGBl. II, S. 1207), der *Ukraine* (seit 1.11.2008, BGBl. 2009 II, S. 401) und *Ungarn* (seit 1.6.2004, BGBl. II, S. 570). Vgl. auch die Anm. 22 zu Art. 24 Abs. 1 des Übk.

[2] Zur Durchführung des Übk. in der *Bundesrepublik Deutschland* siehe das Internationale Familienrechtsverfahrensgesetz v. 26.1.2005 (Nr. *162a*), das mit Wirkung v. 3.1.2005 an die Stelle des SorgeRÜbk-AG v. 5.4.1990 (BGBl. I, S. 701) getreten ist.

[3] Die Verordnung (EU) 2019/1111 über die Zuständigkeit, die Anerkennung und Vollstreckung von Entscheidungen in Ehesachen und in Verfahren betr. die elterliche Verantwortung und über internationale Kindesentführung v. 25.6.2019 (Brüssel IIb-VO, Nr. *162*) hat im Verhältnis der EU-Mitgliedstaaten (mit Ausnahme *Dänemarks*) zueinander Vorrang vor dem EuSorgeRÜ v. 20.5.1980, soweit sich der sachliche Anwendungsbereich beider Rechtsinstrumente deckt, vgl. Art. 95 lit. d Brüssel IIb-VO.

Da die *Europäische Union* mit Erlass dieser Verordnung die ausschließliche Außenkompetenz auf dem Gebiet des internationalen Verfahrensrechts der elterlichen Verantwortung und der Kindesentführung in Anspruch nimmt, müssen Mitgliedstaaten, die dem Übk. noch nicht beigetreten sind, hierzu durch Beschluss des Rates ermächtigt werden; damit hat das Übk. die Qualität von sekundärem EU-Recht.

[4] Das Haager Übk. zum Schutz von Kindern v. 19.10.1996 (KSÜ, Nr. *53*) lässt das EuSorgeRÜ v. 20.5.1980 unberührt, vgl. Art. 52 Abs. 1 KSÜ. Der Antragsteller kann daher im Verhältnis zu Staaten, die beiden Übk., aber nicht der Brüssel IIb-VO angehören, wählen, auf welches Übk. er die Anerkennung und Vollstreckung stützen möchte. Dieses Wahlrecht besteht derzeit im Verhältnis zu *Dänemark, Montenegro, Norwegen,* der *Schweiz, Serbien,* der *Türkei,* der *Ukraine* und seit dem 1.1.2021 zum *Vereinigten Königreich.*

[5] Siehe auch das Haager Übk. über die zivilrechtlichen Aspekte internationaler Kindesentführung v. 25.10.1980 (Nr. *222*). Zur Konkurrenz dieses Haager Übk. mit dem EuSorgeRÜ v. 20.5.1980 siehe § 37 IntFamRVG v. 26.1.2005 (Nr. *162a*).

[6] Siehe ergänzend zu diesem Übk. das Straßburger Europäische Übk. über den Umgang von und mit Kindern v. 15.5.2003. Die *Bundesrepublik Deutschland* hat dieses Übk. bisher nicht gezeichnet. Es ist am 1.9.2005 für *Albanien, San Marino* und die *Tschechische Republik* in Kraft getreten. Es gilt inzwischen ferner für *Bosnien und Herzegowina* (seit 1.3.2013), *Kroatien* (seit 1.6.2009), *Rumänien* (seit 1.11.2007), die *Türkei* (seit 1.5.2012) und die *Ukraine* (seit 1.4.2007). Text (englisch/französisch): https://www.coe.int/de/web/onventions (Nr. 192).

[7] Die *Niederlande* haben zu dem Übk. erklärt, dass die dort vorgesehene Genehmigung der Zwangsrückgabe des Kindes jederzeit mit der Begründung abgelehnt werden könne, dass eine solche Maßnahme den Grundsätzen der am 4.11.1950 in Rom unterzeichneten Konvention zum Schutz der Menschenrechte und Grundfreiheiten widerspreche.

[8] Authentisch sind gleichberechtigt der englische und der französische Text: https://www.coe.int/de/web/conventions (Nr. 105).

b) *Behörde* ein Gericht oder eine Verwaltungsbehörde;

c) *Sorgerechtsentscheidung* die Entscheidung einer Behörde, soweit sie die Sorge für die Person des Kindes, einschließlich des Rechts auf Bestimmung seines Aufenthalts oder des Rechts zum persönlichen Umgang mit ihm, betrifft;

d) *unzulässiges Verbringen* das Verbringen eines Kindes über eine internationale Grenze, wenn dadurch eine Sorgerechtsentscheidung verletzt wird, die in einem Vertragsstaat ergangen und in einem solchen Staat vollstreckbar ist; als unzulässiges Verbringen gilt auch der Fall, in dem

   i) das Kind am Ende einer Besuchszeit oder eines sonstigen vorübergehenden Aufenthalts in einem anderen Hoheitsgebiet als dem, in dem das Sorgerecht ausgeübt wird, nicht über eine internationale Grenze zurückgebracht wird;

   ii) das Verbringen nachträglich nach Artikel 12 für widerrechtlich erklärt wird.

Teil I. Zentrale Behörden

Art. 2.[9] **[Bestimmung durch die Vertragsstaaten]** (1) Jeder Vertragsstaat bestimmt eine zentrale Behörde, welche die in diesem Übereinkommen vorgesehenen Aufgaben wahrnimmt.

(2) Bundesstaaten und Staaten mit mehreren Rechtssystemen steht es frei, mehrere zentrale Behörden zu bestimmen; sie legen deren Zuständigkeit fest.

(3) Jede Bezeichnung nach diesem Artikel wird dem Generalsekretär des Europarats notifiziert.

Art. 3. [Verpflichtung zur Kooperation] (1) Die zentralen Behörden der Vertragsstaaten arbeiten zusammen und fördern die Zusammenarbeit der zuständigen Behörden ihrer Staaten. Sie haben mit aller gebotenen Eile zu handeln.

(2) Um die Durchführung dieses Übereinkommens zu erleichtern, werden die zentralen Behörden der Vertragsstaaten

a) die Übermittlung von Auskunftsersuchen sicherstellen, die von zuständigen Behörden ausgehen und sich auf Rechts- oder Tatsachenfragen in anhängigen Verfahren beziehen;

b) einander auf Ersuchen Auskünfte über ihr Recht auf dem Gebiet des Sorgerechts für Kinder und über dessen Änderungen erteilen;

c) einander über alle Schwierigkeiten unterrichten, die bei der Anwendung des Übereinkommens auftreten können, und Hindernisse, die seiner Anwendung entgegenstehen, soweit wie möglich ausräumen.

---

[9] In *Deutschland* nimmt das Bundesamt für Justiz die Aufgaben der Zentralen Behörde wahr, vgl. § 3 Abs. 1 Nr. 4 IntFamRVG v. 26.1.2005 (Nr. *162a*).

Art. 4. [Antrag auf Anerkennung und Vollstreckung] (1) Wer in einem Vertragsstaat eine Sorgerechtsentscheidung erwirkt hat und sie in einem anderen Vertragsstaat anerkennen oder vollstrecken lassen will, kann zu diesem Zweck einen Antrag an die zentrale Behörde jedes beliebigen Vertragsstaats richten.

(2) Dem Antrag sind die in Artikel 13 genannten Schriftstücke beizufügen.

(3) Ist die zentrale Behörde, bei der der Antrag eingeht, nicht die zentrale Behörde des ersuchten Staates, so übermittelt sie die Schriftstücke unmittelbar und unverzüglich der letztgenannten Behörde.

(4) Die zentrale Behörde, bei der der Antrag eingeht, kann es ablehnen, tätig zu werden, wenn die Voraussetzungen nach diesem Übereinkommen offensichtlich nicht erfüllt sind.

(5) Die zentrale Behörde, bei der der Antrag eingeht, unterrichtet den Antragsteller unverzüglich über den Fortgang seines Antrags.

Art. 5.[10] [Aufgaben der zentralen Behörden des ersuchten Staates] (1) Die zentrale Behörde des ersuchten Staates trifft oder veranlasst unverzüglich alle Vorkehrungen, die sie für geeignet hält, und leitet erforderlichenfalls ein Verfahren vor dessen zuständigen Behörden ein, um

a) den Aufenthaltsort des Kindes ausfindig zu machen;

b) zu vermeiden, insbesondere durch alle erforderlichen vorläufigen Maßnahmen, dass die Interessen des Kindes oder des Antragstellers beeinträchtigt werden;

c) die Anerkennung oder Vollstreckung der Entscheidung sicherzustellen;

d) die Rückgabe des Kindes an den Antragsteller sicherzustellen, wenn die Vollstreckung der Entscheidung bewilligt wird;

e) die ersuchende Behörde über die getroffenen Maßnahmen und deren Ergebnisse zu unterrichten.

(2) Hat die zentrale Behörde des ersuchten Staates Grund zu der Annahme, dass sich das Kind im Hoheitsgebiet eines anderen Vertragsstaats befindet, so übermittelt sie die Schriftstücke unmittelbar und unverzüglich der zentralen Behörde dieses Staates.

(3) Jeder Vertragsstaat verpflichtet sich, vom Antragsteller keine Zahlungen für Maßnahmen zu verlangen, die für den Antragsteller aufgrund des Absatzes 1 von der zentralen Behörde des betreffenden Staates getroffen werden; darunter fallen auch die Verfahrenskosten und gegebenenfalls die Kosten für einen Rechtsanwalt, nicht aber die Kosten für die Rückführung des Kindes.

---

[10] Zu den Aufgaben der Zentralen Behörde in *Deutschland* siehe ergänzend §§ 6, 7 IntFamRVG v. 26.1.2005 (Nr. *162a*).

(4) Wird die Anerkennung oder Vollstreckung versagt und ist die zentrale Behörde des ersuchten Staates der Auffassung, dass sie dem Ersuchen des Antragstellers stattgeben sollte, in diesem Staat eine Entscheidung in der Sache selbst herbeizuführen, so bemüht sich diese Behörde nach besten Kräften, die Vertretung des Antragstellers in dem Verfahren unter Bedingungen sicherzustellen, die nicht weniger günstig sind als für eine Person, die in diesem Staat ansässig ist und dessen Staatsangehörigkeit besitzt; zu diesem Zweck kann sie insbesondere ein Verfahren vor dessen zuständigen Behörden einleiten.

Art. 6. [Sprachanforderungen] (1) Vorbehaltlich besonderer Vereinbarungen zwischen den beteiligten zentralen Behörden und der Bestimmungen des Absatzes 3

a) müssen Mitteilungen an die zentrale Behörde des ersuchten Staates in der Amtssprache oder einer der Amtssprachen dieses Staates abgefasst oder von einer Übersetzung in diese Sprache begleitet sein;

b) muss die zentrale Behörde des ersuchten Staates aber auch Mitteilungen annehmen, die in englischer oder französischer Sprache abgefasst oder von einer Übersetzung in eine dieser Sprachen begleitet sind.

(2) Mitteilungen, die von der zentralen Behörde des ersuchten Staates ausgehen, einschließlich der Ergebnisse von Ermittlungen, können in der Amtssprache oder einer der Amtssprachen dieses Staates oder in englischer oder französischer Sprache abgefasst sein.

(3) Ein Vertragsstaat kann die Anwendung des Absatzes 1 Buchstabe b ganz oder teilweise ausschließen. Hat ein Vertragsstaat diesen Vorbehalt angebracht, so kann jeder andere Vertragsstaat ihm gegenüber den Vorbehalt auch anwenden.[11]

Teil II.[12] Anerkennung und Vollstreckung von Entscheidungen und Wiederherstellung des Sorgeverhältnisses

Art. 7. [Anerkennung von Sorgerechtsentscheidungen] Sorgerechtsentscheidungen, die in einem Vertragsstaat ergangen sind, werden in jedem

---

[11] Den Vorbehalt nach Art. 6 Abs. 3 haben *Deutschland* (vgl. § 4 IntFamRVG v. 26.1.2005, Nr. *162a*), *Griechenland, Liechtenstein, Mazedonien,* die *Slowakei, Spanien* und die *Ukraine* uneingeschränkt, *Dänemark, Estland, Finnland, Island, Lettland, Malta* und *Norwegen* nur in Bezug auf Mitteilungen in französischer Sprache, *Andorra* nur in Bezug auf Mitteilungen in englischer Sprache erklärt. *Bulgarien* und *Polen* verlangen eine Übersetzung in die eigene Sprache nur, wenn der übermittelnde Staat von dem Vorbehalt nach Art. 6 Abs. 3 Gebrauch gemacht und beide Amtssprachen iSv. Art. 6 Abs. 1 lit. b ausgeschlossen hat.

[12] Ausschließlich örtlich zuständig für Verfahren nach dem II. Teil des Übk. ist in *Deutschland* das in §§ 10, 12 IntFamRVG v. 26.1.2005 (Nr. *162a*) bestimmte Familiengericht. Vgl. ferner § 13 IntFamRVG sowie zur Wiederherstellung des Sorgeverhältnisses § 33 IntFamRVG.

anderen Vertragsstaat anerkannt und, wenn sie im Ursprungsstaat vollstreckbar sind, für vollstreckbar erklärt.

Art. 8.[13] **[Wiederherstellung des Sorgeverhältnisses]** (1) Im Fall eines unzulässigen Verbringens hat die zentrale Behörde des ersuchten Staates umgehend die Wiederherstellung des Sorgeverhältnisses zu veranlassen, wenn

a) zur Zeit der Einleitung des Verfahrens in dem Staat, in dem die Entscheidung ergangen ist, oder zur Zeit des unzulässigen Verbringens, falls dieses früher erfolgte, das Kind und seine Eltern nur Angehörige dieses Staates waren und das Kind seinen gewöhnlichen Aufenthalt im Hoheitsgebiet dieses Staates hatte, und

b) der Antrag auf Wiederherstellung innerhalb von sechs Monaten nach dem unzulässigen Verbringen bei einer zentralen Behörde gestellt worden ist.

(2) Können nach dem Recht des ersuchten Staates die Voraussetzungen des Absatzes 1 nicht ohne ein gerichtliches Verfahren erfüllt werden, so finden in diesem Verfahren die in dem Übereinkommen genannten Versagungsgründe keine Anwendung.

(3) Ist in einer von einer zuständigen Behörde genehmigten Vereinbarung zwischen dem Sorgeberechtigten und einem Dritten diesem das Recht zum persönlichen Umgang eingeräumt worden und ist das ins Ausland gebrachte Kind am Ende der vereinbarten Zeit dem Sorgeberechtigten nicht zurückgegeben worden, so wird das Sorgeverhältnis nach Absatz 1 Buchstabe b und Absatz 2 wiederhergestellt. Dasselbe gilt, wenn durch Entscheidung der zuständigen Behörde ein solches Recht einer Person zuerkannt wird, die nicht sorgeberechtigt ist.

Art. 9.[14] **[Versagungsgründe in Fällen unzulässigen Verbringens]**

(1) Ist in anderen als den in Artikel 8 genannten Fällen eines unzulässigen Verbringens ein Antrag innerhalb von sechs Monaten nach dem Verbringen bei einer zentralen Behörde gestellt worden, so können die Anerkennung und Vollstreckung nur in folgenden Fällen versagt werden:

a) wenn bei einer Entscheidung, die in Abwesenheit des Beklagten oder seines gesetzlichen Vertreters ergangen ist, dem Beklagten das das Verfahren einleitende Schriftstück oder ein gleichwertiges Schriftstück weder ordnungsgemäß noch so rechtzeitig zugestellt worden ist, dass er sich verteidigen konnte; die Nichtzustellung kann jedoch dann kein Grund für die Versagung der Anerkennung oder Vollstreckung sein, wenn die Zustellung deswegen nicht bewirkt worden ist, weil der Beklagte seinen Aufenthaltsort der Person verheimlicht hat, die das Verfahren im Ursprungsstaat eingeleitet hatte;

---

[13] Siehe dazu die Vorbehaltsmöglichkeit nach Art. 17 des Übk. (Anm. 17).

[14] Siehe dazu die Vorbehaltsmöglichkeit nach Art. 17 des Übk. (Anm. 17).

b) wenn bei einer Entscheidung, die in Abwesenheit des Beklagten oder seines gesetzlichen Vertreters ergangen ist, die Zuständigkeit der die Entscheidung treffenden Behörde nicht gegründet war auf
   i) den gewöhnlichen Aufenthalt des Beklagten,
   ii) den letzten gemeinsamen gewöhnlichen Aufenthalt der Eltern des Kindes, sofern wenigstens ein Elternteil seinen gewöhnlichen Aufenthalt noch dort hat, oder
   iii) den gewöhnlichen Aufenthalt des Kindes;
c) wenn die Entscheidung mit einer Sorgerechtsentscheidung unvereinbar ist, die im ersuchten Staat vor dem Verbringen des Kindes vollstreckbar wurde, es sei denn, das Kind habe während des Jahres vor seinem Verbringen den gewöhnlichen Aufenthalt im Hoheitsgebiet des ersuchenden Staates gehabt.

(2) Ist kein Antrag bei einer zentralen Behörde gestellt worden, so findet Absatz 1 auch dann Anwendung, wenn innerhalb von sechs Monaten nach dem unzulässigen Verbringen die Anerkennung und Vollstreckung beantragt wird.

(3) Auf keinen Fall darf die ausländische Entscheidung inhaltlich nachgeprüft werden.

Art. 10. [Versagung der Anerkennung und Vollstreckung in anderen Fällen] (1) In anderen als den in den Artikeln 8 und 9 genannten Fällen können die Anerkennung und Vollstreckung nicht nur aus den in Artikel 9 vorgesehenen, sondern auch aus einem der folgenden Gründe versagt werden:

a) wenn die Wirkungen der Entscheidung mit den Grundwerten des Familien- und Kindschaftsrechts im ersuchten Staat offensichtlich unvereinbar sind;
b) wenn aufgrund einer Änderung der Verhältnisse – dazu zählt auch der Zeitablauf, nicht aber der bloße Wechsel des Aufenthaltsorts des Kindes infolge eines unzulässigen Verbringens – die Wirkungen der ursprünglichen Entscheidung offensichtlich nicht mehr dem Wohl des Kindes entsprechen;
c) wenn zur Zeit der Einleitung des Verfahrens im Ursprungsstaat
   i) das Kind Angehöriger des ersuchten Staates war oder dort seinen gewöhnlichen Aufenthalt hatte und keine solche Beziehung zum Ursprungsstaat bestand;
   ii) das Kind sowohl Angehöriger des Ursprungsstaats als auch des ersuchten Staates war und seinen gewöhnlichen Aufenthalt im ersuchten Staat hatte;
d) wenn die Entscheidung mit einer im ersuchten Staat ergangenen oder mit einer dort vollstreckbaren Entscheidung eines Drittstaats unvereinbar ist; die Entscheidung muss in einem Verfahren ergangen sein, das

eingeleitet wurde, bevor der Antrag auf Anerkennung oder Vollstreckung gestellt wurde, und die Versagung muss dem Wohl des Kindes entsprechen.

(2) In diesen Fällen können Verfahren auf Anerkennung oder Vollstreckung aus einem der folgenden Gründe ausgesetzt werden:

a) wenn gegen die ursprüngliche Entscheidung ein ordentliches Rechtsmittel eingelegt worden ist;

b) wenn im ersuchten Staat ein Verfahren über das Sorgerecht für das Kind anhängig ist und dieses Verfahren vor Einleitung des Verfahrens im Ursprungsstaat eingeleitet wurde;

c) wenn eine andere Entscheidung über das Sorgerecht für das Kind Gegenstand eines Verfahrens auf Vollstreckung oder eines anderen Verfahrens auf Anerkennung der Entscheidung ist.

Art. 11. [Anerkennung und Vollstreckung von Umgangsrechtsentscheidungen] (1) Die Entscheidungen über das Recht zum persönlichen Umgang mit dem Kind und die in Sorgerechtsentscheidungen enthaltenen Regelungen über das Recht zum persönlichen Umgang werden unter den gleichen Bedingungen wie andere Sorgerechtsentscheidungen anerkannt und vollstreckt.

(2) Die zuständige Behörde des ersuchten Staates kann jedoch die Bedingungen für die Durchführung und Ausübung des Rechts zum persönlichen Umgang festlegen; dabei werden insbesondere die von den Parteien eingegangenen diesbezüglichen Verpflichtungen berücksichtigt.

(3) Ist keine Entscheidung über das Recht zum persönlichen Umgang ergangen oder ist die Anerkennung oder Vollstreckung der Sorgerechtsentscheidung versagt worden, so kann sich die zentrale Behörde des ersuchten Staates auf Antrag der Person, die das Recht zum persönlichen Umgang beansprucht, an die zuständige Behörde ihres Staates wenden, um eine solche Entscheidung zu erwirken.

Art. 12.[15] [Spätere Erklärung der Widerrechtlichkeit des Verbringens] Liegt zu dem Zeitpunkt, in dem das Kind über eine internationale Grenze verbracht wird, keine in einem Vertragsstaat ergangene vollstreckbare Sorgerechtsentscheidung vor, so ist dieses Übereinkommen auf jede spätere in einem Vertragsstaat ergangene Entscheidung anzuwenden, mit der das Verbringen auf Antrag eines Beteiligten für widerrechtlich erklärt wird.

---

[15] Siehe dazu die Vorbehaltsmöglichkeit nach Art. 18 des Übk. (Anm. 18).

Teil III.[16] Verfahren

Art. 13. [Vorzulegende Urkunden] (1) Dem Antrag auf Anerkennung oder Vollstreckung einer Sorgerechtsentscheidung in einem anderen Vertragsstaat sind beizufügen

a) ein Schriftstück, in dem die zentrale Behörde des ersuchten Staates ermächtigt wird, für den Antragsteller tätig zu werden oder einen anderen Vertreter für diesen Zweck zu bestimmen;

b) eine Ausfertigung der Entscheidung, welche die für ihre Beweiskraft erforderlichen Voraussetzungen erfüllt;

c) im Fall einer in Abwesenheit des Beklagten oder seines gesetzlichen Vertreters ergangenen Entscheidung ein Schriftstück, aus dem sich ergibt, dass das Schriftstück, mit dem das Verfahren eingeleitet wurde, oder ein gleichwertiges Schriftstück dem Beklagten ordnungsgemäß zugestellt worden ist;

d) gegebenenfalls ein Schriftstück, aus dem sich ergibt, dass die Entscheidung nach dem Recht des Ursprungsstaats vollstreckbar ist;

e) wenn möglich eine Angabe über den Aufenthaltsort oder den wahrscheinlichen Aufenthaltsort des Kindes im ersuchten Staat;

f) Vorschläge dafür, wie das Sorgeverhältnis für das Kind wiederhergestellt werden soll.

(2) Den obengenannten Schriftstücken ist erforderlichenfalls eine Übersetzung nach Maßgabe des Artikels 6 beizufügen.

Art. 14. [Einfaches und beschleunigtes Verfahren] Jeder Vertragsstaat wendet für die Anerkennung und Vollstreckung von Sorgerechtsentscheidungen ein einfaches und beschleunigtes Verfahren an. Zu diesem Zweck stellt er sicher, dass die Vollstreckbarerklärung in Form eines einfachen Antrags begehrt werden kann.

Art. 15. [Anhörung des Kindes; Ermittlungen] (1) Bevor die Behörde des ersuchten Staates eine Entscheidung nach Artikel 10 Absatz 1 Buchstabe b trifft,

a) muss sie die Meinung des Kindes feststellen, sofern dies nicht insbesondere wegen seines Alters und Auffassungsvermögens undurchführbar ist;

b) kann sie verlangen, dass geeignete Ermittlungen durchgeführt werden.

(2) Die Kosten für die in einem Vertragsstaat durchgeführten Ermittlungen werden von den Behörden des Staates getragen, in dem sie durchgeführt wurden.

---

[16] Zum Verfahren der Anerkennung und Vollstreckung von Entscheidungen nach dem III. Teil des Übk. siehe in *Deutschland* ergänzend §§ 16–44 IntFamRVG v. 26.1.2005 (Nr. *162a*).

(3) Ermittlungsersuchen und die Ergebnisse der Ermittlungen können der ersuchenden Behörde über die zentralen Behörden mitgeteilt werden.

Art. 16. [Befreiung von der Legalisation] Für die Zwecke dieses Übereinkommens darf keine Legalisation oder ähnliche Förmlichkeit verlangt werden.

Teil IV. Vorbehalte

Art. 17.[17] **[Vorbehalte nach Art. 10]** (1) Jeder Vertragsstaat kann sich vorbehalten, dass in den von den Artikeln 8 und 9 oder von einem dieser Artikel erfassten Fällen die Anerkennung und Vollstreckung von Sorgerechtsentscheidungen aus denjenigen der in Artikel 10 vorgesehenen Gründe versagt werden kann, die in dem Vorbehalt bezeichnet sind.

(2) Die Anerkennung und Vollstreckung von Entscheidungen, die in einem Vertragsstaat ergangen sind, der den in Absatz 1 vorgesehenen Vorbehalt angebracht hat, können in jedem anderen Vertragsstaat aus einem der in diesem Vorbehalt bezeichneten zusätzlichen Gründe versagt werden.

Art. 18.[18] **[Vorbehalte nach Art. 12]** Jeder Vertragsstaat kann sich vorbehalten, durch Artikel 12 nicht gebunden zu sein. Auf die in Artikel 12 genannten Entscheidungen, die in einem Vertragsstaat ergangen sind, der einen solchen Vorbehalt angebracht hat, ist dieses Übereinkommen nicht anwendbar.

Teil V. Andere Übereinkünfte

Art. 19. [Günstigkeitsprinzip] Dieses Übereinkommen schließt nicht aus, dass eine andere internationale Übereinkunft zwischen dem Ursprungsstaat und dem ersuchten Staat oder das nichtvertragliche Recht des ersuchten Staates angewendet wird, um die Anerkennung oder Vollstreckung einer Entscheidung zu erwirken.

---

[17] Den Vorbehalt nach Art. 17 Abs. 1 haben *Deutschland* sowie *Andorra, Bulgarien, Dänemark, Finnland, Griechenland, Irland, Island, Italien, Liechtenstein, Litauen, Malta, Mazedonien, Norwegen, Polen, Rumänien, Schweden,* die *Schweiz,* die *Tschechische Republik,* die *Ukraine, Ungarn* und das *Vereinigte Königreich* erklärt. Danach kann die Anerkennung und Vollstreckung von Sorgerechtsentscheidungen in den von Art. 8 und 9 erfassten Fällen in Andorra, *Bulgarien, Dänemark, Finnland, Griechenland, Irland, Island, Italien, Litauen, Malta, Mazedonien, Norwegen, Polen, Rumänien, Schweden,* der *Tschechischen Republik,* der *Ukraine* und dem *Vereinigten Königreich* aus allen in Art. 10 Abs. 1 vorgesehenen Gründen versagt werden. Demgegenüber kann die Anerkennung und Vollstreckung von Sorgerechtsentscheidungen in *Deutschland* nur aus den in Art. 10 Abs. 1 lit. a und b vorgesehenen Gründen (§ 19 IntFamRVG v. 26.1.2005, Nr. *162a*), in *Liechtenstein* nur aus den in Art. 10 Abs. 1 lit. a, b und d vorgesehenen Gründen, in der *Schweiz* nur aus dem in Art. 10 Abs. 1 lit. d vorgesehenen Grund und in *Ungarn* nur aus dem in Art. 10 Abs. 1 lit. a vorgesehenen Grund verweigert werden.

[18] Den nach Art. 18 zunächst erklärten Vorbehalt hat *Spanien* mit Wirkung v. 5.2.1991 wieder zurückgenommen (BGBl. II, S. 668).

Art. 20. [Verhältnis zu anderen Übereinkommen] (1) Dieses Übereinkommen lässt Verpflichtungen unberührt, die ein Vertragsstaat gegenüber einem Nichtvertragsstaat aufgrund einer internationalen Übereinkunft hat, die sich auf in diesem Übereinkommen geregelte Angelegenheiten erstreckt.[19]

(2) Haben zwei oder mehr Vertragsstaaten auf dem Gebiet des Sorgerechts für Kinder einheitliche Rechtsvorschriften erlassen oder ein besonderes System zur Anerkennung oder Vollstreckung von Entscheidungen auf diesem Gebiet geschaffen oder werden sie dies in Zukunft tun, so steht es ihnen frei, anstelle des Übereinkommens oder eines Teiles davon diese Rechtsvorschriften oder dieses System untereinander anzuwenden. Um von dieser Bestimmung Gebrauch machen zu können, müssen diese Staaten ihre Entscheidung dem Generalsekretär des Europarats notifizieren. Jede Änderung oder Aufhebung dieser Entscheidung ist ebenfalls zu notifizieren.[20]

Teil VI. Schlussbestimmungen

Art. 21–23. *(nicht abgedruckt)*

Art. 24. [Hoheitsgebiet der Vertragsstaaten] (1) Jeder Staat kann bei der Unterzeichnung oder bei der Hinterlegung seiner Ratifikations-, Annahme-, Genehmigungs- oder Beitrittsurkunde einzelne oder mehrere Hoheitsgebiete bezeichnen, auf die dieses Übereinkommen Anwendung findet.[21]

(2) Jeder Staat kann jederzeit danach durch eine an den Generalsekretär des Europarats gerichtete Erklärung die Anwendung dieses Übereinkommens auf jedes weitere in der Erklärung bezeichnete Hoheitsgebiet erstrecken. Das Übereinkommen tritt für dieses Hoheitsgebiet am ersten Tag des Monats in Kraft, der auf einen Zeitabschnitt von drei Monaten nach Eingang der Erklärung beim Generalsekretär folgt.

(3) Jede nach den Absätzen 1 und 2 abgegebene Erklärung kann in Bezug auf jedes darin bezeichnete Hoheitsgebiet durch eine an den Generalsekretär

---

[19] Dazu gehören insbesondere die sich aus dem Haager Übk. über die zivilrechtlichen Aspekte internationaler Kindesentführung v. 25.10.1980 (Nr. *222*) ergebenden Verpflichtungen. Dies hat das *Vereinigte Königreich* in einer Erklärung zu Art. 20 Abs. 1 ausdrücklich klargestellt. Vgl. auch § 37 IntFamRVG v. 26.1.2005 (Nr. *162a*).

[20] Zu Art. 20 Abs. 2 haben *Dänemark, Finnland, Norwegen* und *Schweden* erklärt, dass die zwischen den skandinavischen Staaten abgeschlossenen Abkommen über die Anerkennung und Vollstreckung von Sorgerechtsentscheidungen im Verhältnis zwischen diesen Staaten anstelle dieses Übk. angewandt werden.

[21] Zu Art. 24 Abs. 1 hat *Dänemark* erklärt, dass das Übk. auf die *Färöer-Inseln* und *Grönland* keine Anwendung findet. Diese Erklärung hat *Dänemark* für *Grönland* zurückgenommen, so dass das Übk. seit dem 1.7.2016 auch für *Grönland* gilt (BGBl. 2016 II, S. 503).

Das *Vereinigte Königreich* hat die Geltung des Übk. mit Wirkung v. 1.11.1991 (BGBl. II, S. 1076) auf die *Isle of Man,* mit Wirkung v. 1.3.1997 (BGBl. II, S. 894) auf die *Falklandinseln,* mit Wirkung v. 1.9.1998 (BGBl. II, S. 2959) auf die *Kaimaninseln* und mit Wirkung v. 1.2.1999 (BGBl. II, S. 291) auf *Montserrat* erstreckt.

gerichtete Notifikation zurückgenommen werden. Die Rücknahme wird am ersten Tag des Monats wirksam, der auf einen Zeitabschnitt von sechs Monaten nach Eingang der Notifikation beim Generalsekretär folgt.

Art. 25. [Geltung für Gebietseinheiten von Mehrrechtsstaaten] (1) Ein Staat, der aus zwei oder mehr Gebietseinheiten besteht, in denen für Angelegenheiten des Sorgerechts für Kinder und für die Anerkennung und Vollstreckung von Sorgerechtsentscheidungen unterschiedliche Rechtssysteme gelten, kann bei der Unterzeichnung oder bei der Hinterlegung seiner Ratifikations-, Annahme-, Genehmigungs- oder Beitrittsurkunde erklären, dass dieses Übereinkommen auf alle seine Gebietseinheiten oder auf eine oder mehrere davon Anwendung findet.

(2) Ein solcher Staat kann jederzeit danach durch eine an den Generalsekretär des Europarats gerichtete Erklärung die Anwendung dieses Übereinkommens auf jede weitere in der Erklärung bezeichnete Gebietseinheit erstrecken. Das Übereinkommen tritt für diese Gebietseinheit am ersten Tag des Monats in Kraft, der auf einen Zeitabschnitt von drei Monaten nach Eingang der Erklärung beim Generalsekretär folgt.

(3) Jede nach den Absätzen 1 und 2 abgegebene Erklärung kann in Bezug auf jede darin bezeichnete Gebietseinheit durch eine an den Generalsekretär gerichtete Notifikation zurückgenommen werden. Die Rücknahme wird am ersten Tag des Monats wirksam, der auf einen Zeitabschnitt von sechs Monaten nach Eingang der Notifikation beim Generalsekretär folgt.

Art. 26. [Vertragsstaaten mit interlokaler/interpersonaler Rechtsspaltung] (1) Bestehen in einem Staat auf dem Gebiet des Sorgerechts für Kinder zwei oder mehr Rechtssysteme, die einen räumlich verschiedenen Anwendungsbereich haben, so ist

a) eine Verweisung auf das Recht des gewöhnlichen Aufenthalts oder der Staatsangehörigkeit einer Person als Verweisung auf das Rechtssystem zu verstehen, das von den in diesem Staat geltenden Rechtsvorschriften bestimmt wird, oder, wenn es solche Vorschriften nicht gibt, auf das Rechtssystem, zu dem die betreffende Person die engste Beziehung hat;

b) eine Verweisung auf den Ursprungsstaat oder auf den ersuchten Staat als Verweisung auf die Gebietseinheit zu verstehen, in der die Entscheidung ergangen ist oder in der die Anerkennung oder Vollstreckung der Entscheidung oder die Wiederherstellung des Sorgeverhältnisses beantragt wird.

(2) Absatz 1 Buchstabe a wird entsprechend auf Staaten angewendet, die auf dem Gebiet des Sorgerechts zwei oder mehr Rechtssysteme mit persönlich verschiedenem Anwendungsbereich haben.

Art. 27.[22] **[Erklärung von Vorbehalten]** (1) Jeder Staat kann bei der Unterzeichnung oder bei der Hinterlegung seiner Ratifikations-, Annahme-,

---

[22] Zu den nach Art. 27 erklärten Vorbehalten siehe die Anm. 11, 17 und 18.

Genehmigungs- oder Beitrittsurkunde erklären, dass er von einem oder mehreren der in Artikel 6 Absatz 3 und in den Artikeln 17 und 18 vorgesehenen Vorbehalte Gebrauch macht. Weitere Vorbehalte sind nicht zulässig.

(2) Jeder Vertragsstaat, der einen Vorbehalt nach Absatz 1 angebracht hat, kann ihn durch eine an den Generalsekretär des Europarats gerichtete Notifikation ganz oder teilweise zurücknehmen. Die Rücknahme wird mit dem Eingang der Notifikation beim Generalsekretär wirksam.

Art. 28–30. *(nicht abgedruckt)*

II. EU-Recht[1]

185. Verordnung (EG) Nr. 805/2004 des Europäischen Parlaments und des Rates zur Einführung eines europäischen Vollstreckungstitels für unbestrittene Forderungen

Vom 21. April 2004[1, 2, 3] (ABl. L 143, S. 15)

DAS EUROPÄISCHE PARLAMENT UND DER RAT DER EUROPÄISCHEN UNION –

---

[1] Die Anerkennung und Vollstreckung von Entscheidungen im Verhältnis der Mitgliedstaaten der EU ist ferner in den bereits oben in Nr. *160–162b* abgedruckten EU-Verordnungen geregelt. Vorschriften über die Anerkennung und Vollstreckung von Entscheidungen sind auch in folgenden EU-Verordnungen enthalten, die wegen ihrer Bedeutung für das IPR insgesamt im 2. Teil abgedruckt sind:

- Verordnung (EU) 2016/1103 des Rates zur Durchführung einer Verstärkten Zusammenarbeit im Bereich der Zuständigkeit, des anzuwendenden Rechts und der Anerkennung und Vollstreckung von Entscheidungen in Fragen des ehelichen Güterstands v. 24.6.2016 (EuGüVO, Nr. *33*);
- Verordnung (EU) 2016/1104 des Rates zur Durchführung einer Verstärkten Zusammenarbeit im Bereich der Zuständigkeit, des anzuwendenden Rechts und der Anerkennung und Vollstreckung von Entscheidungen in Fragen güterrechtlicher Wirkungen eingetragener Partnerschaften v. 24.6.2016 (EuPartVO, Nr. *39*);
- Verordnung (EU) Nr. 650/2012 über die Zuständigkeit, das anzuwendende Recht, die Anerkennung und Vollstreckung von Entscheidungen und die Annahme und Vollstreckung öffentlicher Urkunden in Erbsachen sowie zur Einführung eines Europäischen Nachlasszeugnisses v. 4.7.2012 (EuErbVO, Nr. *61*).

[1] Die Verordnung gilt gem. ihrem Art. 33 Abs. 2 für die Mitgliedstaaten der EU – mit Ausnahme *Dänemarks* (vgl. Erwägungsgrund 25) – seit dem 21.10.2005. Für *Bulgarien* und *Rumänien* gilt sie seit dem 1.1.2007, für *Kroatien* seit dem 1.7.2013. Lediglich die Art. 30–32 sind bereits am 21.1.2005 in Kraft getreten.

Die Verordnung wurde geändert durch die Verordnung (EG) Nr. 1869/2005 (ABl. L 300, S. 6).

[2] Im Verhältnis zum *Vereinigten Königreich* gilt die Verordnung nach Ablauf der in Art. 126, 127 des Brexit-Abk v. 24.1.2020 (Nr. *0–3*) vereinbarten Übergangsfrist am 31.12.2020 nicht mehr. Vgl. zu den Auswirkungen des Brexit auf die Geltung der Verordnung im Verhältnis zum *Vereinigten Königreich* auch Anm. 2 zum EU-Vertrag (Nr. *0–1*) und Art. 67 Abs. 2 lit. d Brexit-Abk.

[3] Zur Durchführung der Verordnung in *Deutschland* siehe §§ 1079–1086 ZPO (Nr. *185a*) und § 794 Abs. 1 Nr. 7 ZPO (Nr. *192*).

gestützt auf den Vertrag zur Gründung der Europäischen Gemeinschaft, insbesondere auf Artikel 61 Buchstabe c) und Artikel 67 Absatz 5 zweiter Gedankenstrich,

auf Vorschlag der Kommission,[4]

nach Stellungnahme des Europäischen Wirtschafts- und Sozialausschusses,[5]

gemäß dem Verfahren des Artikels 251 des Vertrags,[6]

in Erwägung nachstehender Gründe:

(1) Die Gemeinschaft hat sich zum Ziel gesetzt, einen Raum der Freiheit, der Sicherheit und des Rechts, in dem der freie Personenverkehr gewährleistet ist, zu erhalten und weiterzuentwickeln. Dazu erlässt die Gemeinschaft unter anderem im Bereich der justiziellen Zusammenarbeit in Zivilsachen die für das reibungslose Funktionieren des Binnenmarkts erforderlichen Maßnahmen.

(2) Am 3. Dezember 1998 nahm der Rat den Aktionsplan des Rates und der Kommission zur bestmöglichen Umsetzung der Bestimmungen des Amsterdamer Vertrags über den Aufbau eines Raums der Freiheit, der Sicherheit und des Rechts[7] an (Wiener Aktionsplan).

(3) Auf seiner Tagung vom 15. und 16. Oktober 1999 in Tampere bekräftigte der Europäische Rat den Grundsatz der gegenseitigen Anerkennung gerichtlicher Entscheidungen als Eckpfeiler für die Schaffung eines echten europäischen Rechtsraums.

(4) Am 30. November 2000 verabschiedete der Rat ein Programm über Maßnahmen zur Umsetzung des Grundsatzes der gegenseitigen Anerkennung gerichtlicher Entscheidungen in Zivil- und Handelssachen.[8] Dieses Programm sieht in seiner ersten Phase die Abschaffung des Vollstreckbarerklärungsverfahrens, d. h. die Einführung eines Europäischen Vollstreckungstitels für unbestrittene Forderungen vor.

(5) Der Begriff „unbestrittene Forderung" sollte alle Situationen erfassen, in denen der Schuldner Art oder Höhe einer Geldforderung nachweislich nicht bestritten hat und der Gläubiger gegen den Schuldner entweder eine gerichtliche Entscheidung oder einen vollstreckbaren Titel, der die ausdrückliche Zustimmung des Schuldners erfordert, wie einen gerichtlichen Vergleich oder eine öffentliche Urkunde, erwirkt hat.

(6) Ein fehlender Widerspruch seitens des Schuldners im Sinne von Artikel 3 Absatz 1 Buchstabe b) liegt auch dann vor, wenn dieser nicht zur Gerichtsverhandlung erscheint oder einer Aufforderung des Gerichts,

---

[4] ABl. 2002 C 203 E, S. 86.

[5] ABl. 2003 C 85, S. 1.

[6] Stellungnahme des Europäischen Parlaments v. 8.4.2003 (ABl. 2004 C 64 E, S. 79). Gemeinsamer Standpunkt des Rates v. 6.2.2004 und Standpunkt des Europäischen Parlaments v. 30.3.2004.

[7] ABl. 1999 C 19, S. 1.

[8] ABl. 2001 C 12, S. 1.

schriftlich mitzuteilen, ob er sich zu verteidigen beabsichtigt, nicht nachkommt.

(7) Diese Verordnung sollte auch für Entscheidungen, gerichtliche Vergleiche und öffentliche Urkunden über unbestrittene Forderungen und solche Entscheidungen gelten, die nach Anfechtung von als Europäischer Vollstreckungstitel bestätigten Entscheidungen, gerichtlichen Vergleichen und öffentlichen Urkunden ergangen sind.

(8) Der Europäische Rat hat in seinen Schlussfolgerungen von Tampere die Auffassung vertreten, dass der Zugang zur Vollstreckung einer Entscheidung in einem anderen Mitgliedstaat als dem, in dem die Entscheidung ergangen ist, durch den Verzicht auf die dort als Voraussetzung einer Vollstreckung erforderlichen Zwischenmaßnahmen beschleunigt und vereinfacht werden sollte. Eine Entscheidung, die vom Gericht des Ursprungsmitgliedstaats als Europäischer Vollstreckungstitel bestätigt worden ist, sollte im Hinblick auf die Vollstreckung so behandelt werden, als wäre sie im Vollstreckungsmitgliedstaat ergangen. So erfolgt beispielsweise im Vereinigten Königreich die Registrierung einer bestätigten ausländischen Entscheidung nach den gleichen Vorschriften wie die Registrierung einer Entscheidung aus einem anderen Teil des Vereinigten Königreichs und darf nicht mit einer inhaltlichen Überprüfung der ausländischen Entscheidung verbunden sein. Die Umstände der Vollstreckung dieser Entscheidung sollten sich weiterhin nach innerstaatlichem Recht richten.

(9) Dieses Verfahren sollte gegenüber dem Vollstreckbarerklärungsverfahren der Verordnung (EG) Nr. 44/2001 des Rates vom 22. Dezember 2000 über die gerichtliche Zuständigkeit und die Anerkennung und Vollstreckung von Entscheidungen in Zivil- und Handelssachen[9] einen erheblichen Vorteil bieten, der darin besteht, dass auf die Zustimmung des Gerichts eines zweiten Mitgliedstaats mit den daraus entstehenden Verzögerungen und Kosten verzichtet werden kann.

(10) Auf die Nachprüfung einer gerichtlichen Entscheidung, die in einem anderen Mitgliedstaat über eine unbestrittene Forderung in einem Verfahren ergangen ist, auf das sich der Schuldner nicht eingelassen hat, kann nur dann verzichtet werden, wenn eine hinreichende Gewähr besteht, dass die Verteidigungsrechte beachtet worden sind.

(11) Diese Verordnung soll der Förderung der Grundrechte dienen und berücksichtigt die Grundsätze, die insbesondere mit der Charta der Grundrechte der Europäischen Union anerkannt wurden. Sie zielt insbesondere darauf ab, die uneingeschränkte Wahrung des Rechts auf ein faires Verfahren, wie es in Artikel 47 der Charta verankert ist, zu gewährleisten.[10]

---

[9] ABl. 2001 L 12, S. 1. Die Verordnung ist mit Wirkung v. 10.1.2015 durch die Verordnung (EG) Nr. 1215/2012 v. 12.12.2012 (Brüssel Ia-VO, Nr. *160*) abgelöst worden.

[10] Vgl. die Charta der Grundrechte der Europäischen Union idF v. 7.12.2000 (ABl. C 364, S. 1). Art 6 des Vertrags über die Europäische Union (abgedruckt unter Nr. *0–1*) nimmt nunmehr auf die am 12.12.2007 erneut proklamierte (ABl. C 303, S. 1) Charta der Grundrechte Bezug und erklärt die dortigen Garantien für verbindlich.

(12) Für das gerichtliche Verfahren sollten Mindestvorschriften festgelegt werden, um sicherzustellen, dass der Schuldner so rechtzeitig und in einer Weise über das gegen ihn eingeleitete Verfahren, die Notwendigkeit seiner aktiven Teilnahme am Verfahren, wenn er die Forderung bestreiten will, und über die Folgen seiner Nichtteilnahme unterrichtet wird, dass er Vorkehrungen für seine Verteidigung treffen kann.

(13) Wegen der Unterschiede im Zivilprozessrecht der Mitgliedstaaten, insbesondere bei den Zustellungsvorschriften, müssen die Mindestvorschriften präzise und detailliert definiert sein. So kann insbesondere eine Zustellungsform, die auf einer juristischen Fiktion beruht, im Hinblick auf die Einhaltung der Mindestvorschriften nicht als ausreichend für die Bestätigung einer Entscheidung als Europäischer Vollstreckungstitel angesehen werden.

(14) Alle in den Artikeln 13 und 14 aufgeführten Zustellungsformen sind entweder durch eine absolute Gewissheit (Artikel 13) oder ein hohes Maß an Wahrscheinlichkeit (Artikel 14) dafür gekennzeichnet, dass das zugestellte Schriftstück dem Empfänger zugegangen ist. In der zweiten Kategorie sollte eine Entscheidung nur dann als Europäischer Vollstreckungstitel bestätigt werden, wenn der Ursprungsmitgliedstaat über einen geeigneten Mechanismus verfügt, der es dem Schuldner unter bestimmten Voraussetzungen ermöglicht, eine vollständige Überprüfung der Entscheidung gemäß Artikel 19 zu verlangen, und zwar dann, wenn das Schriftstück dem Empfänger trotz Einhaltung des Artikels 14 ausnahmsweise nicht zugegangen ist.

(15) Die persönliche Zustellung an bestimmte andere Personen als den Schuldner selbst gemäß Artikel 14 Absatz 1 Buchstaben a) und b) sollte die Anforderungen der genannten Vorschriften nur dann erfüllen, wenn diese Personen das betreffende Schriftstück auch tatsächlich erhalten haben.

(16) Artikel 15 sollte auf Situationen Anwendung finden, in denen der Schuldner sich nicht selbst vor Gericht vertreten kann, etwa weil er eine juristische Person ist, und in denen er durch eine gesetzlich bestimmte Person vertreten wird, sowie auf Situationen, in denen der Schuldner eine andere Person, insbesondere einen Rechtsanwalt, ermächtigt hat, ihn in dem betreffenden gerichtlichen Verfahren zu vertreten.

(17) Die für die Nachprüfung der Einhaltung der prozessualen Mindestvorschriften zuständigen Gerichte sollten gegebenenfalls eine einheitliche Bestätigung als Europäischer Vollstreckungstitel ausstellen, aus der die Nachprüfung und deren Ergebnis hervorgeht.

(18) Gegenseitiges Vertrauen in die ordnungsgemäße Rechtspflege in den Mitgliedstaaten rechtfertigt es, dass das Gericht nur eines Mitgliedstaats beurteilt, ob alle Voraussetzungen für die Bestätigung der Entscheidung als Europäischer Vollstreckungstitel vorliegen, so dass die Vollstreckung der Entscheidung in allen anderen Mitgliedstaaten möglich ist, ohne dass im Vollstreckungsmitgliedstaat zusätzlich von einem Gericht nachgeprüft wer-

den muss, ob die prozessualen Mindestvorschriften eingehalten worden sind.

(19) Diese Verordnung begründet keine Verpflichtung für die Mitgliedstaaten, ihr innerstaatliches Recht an die prozessualen Mindestvorschriften in dieser Verordnung anzupassen. Entscheidungen werden in anderen Mitgliedstaaten jedoch nur dann effizienter und schneller vollstreckt, wenn diese Mindestvorschriften beachtet werden, so dass hier ein entsprechender Anreiz für die Mitgliedstaaten besteht, ihr Recht dieser Verordnung anzupassen.

(20) Dem Gläubiger sollte es freistehen, eine Bestätigung als Europäischer Vollstreckungstitel für unbestrittene Forderungen zu beantragen oder sich für das Anerkennungs- und Vollstreckungsverfahren nach der Verordnung (EG) Nr. 44/2001 oder für andere Unionsrechtsakte zu entscheiden.

(21) Ist ein Schriftstück zum Zwecke der Zustellung von einem Mitgliedstaat in einen anderen Mitgliedstaat zu versenden, so sollte diese Verordnung, insbesondere die darin enthaltenen Zustellungsvorschriften, zusammen mit der Verordnung (EG) Nr. 1348/2000 des Rates vom 29. Mai 2000 über die Zustellung gerichtlicher und außergerichtlicher Schriftstücke in Zivil- oder Handelssachen in den Mitgliedstaaten,[11] und insbesondere mit deren Artikel 14 in Verbindung mit den Erklärungen der Mitgliedstaaten nach deren Artikel 23, gelten.

(22) Da die Ziele der beabsichtigten Maßnahmen auf Ebene der Mitgliedstaaten nicht ausreichend erreicht werden können und daher wegen ihres Umfangs und ihrer Wirkungen besser auf Gemeinschaftsebene zu erreichen sind, kann die Gemeinschaft im Einklang mit dem in Artikel 5 des Vertrags niedergelegten Subsidiaritätsprinzip tätig werden. Entsprechend dem in demselben Artikel genannten Verhältnismäßigkeitsprinzip geht diese Verordnung nicht über das zur Erreichung dieser Ziele erforderliche Maß hinaus.

(23) Die zur Durchführung dieser Verordnung erforderlichen Maßnahmen sollten gemäß dem Beschluss 1999/468/EG des Rates vom 28. Juni 1999 zur Festlegung der der Kommission übertragenen Durchführungsbefugnisse[12] erlassen der Modalitäten für die Ausübung werden.

(24) Gemäß Artikel 3 des dem Vertrag über die Europäische Union und dem Vertrag zur Gründung der Europäischen Gemeinschaft beigefügten Protokolls über die Position des Vereinigten Königreichs und Irlands haben diese Mitgliedstaaten mitgeteilt, dass sie sich an der Annahme und Anwendung dieser Verordnung beteiligen möchten.

(25) Dänemark beteiligt sich gemäß den Artikeln 1 und 2 des dem Vertrag über die Europäische Union und dem Vertrag zur Gründung der Eu-

---

[11] Die Verordnung (EG) Nr. 1348/2000 ist mit Wirkung v. 13.11.2008 durch die Verordnung (EG) Nr. 1393/2007 v. 13.11.2007 (EuZVO; Nr. *224*) ersetzt worden; vgl. Art. 25 Abs. 2 der neuen Verordnung.

[12] ABl. 1999 L 184, S. 23.

ropäischen Gemeinschaft beigefügten Protokolls über die Position Dänemarks nicht an der Annahme dieser Verordnung, die für Dänemark somit nicht bindend oder anwendbar ist.

(26) Gemäß Artikel 67 Absatz 5 zweiter Gedankenstrich des Vertrags ist für die in dieser Verordnung geregelten Maßnahmen ab dem 1. Februar 2003 das Mitentscheidungsverfahren anzuwenden –

HABEN FOLGENDE VERORDNUNG ERLASSEN:

Kapitel I. Gegenstand, Anwendungsbereich und Begriffsbestimmungen

Art. 1. Gegenstand. Mit dieser Verordnung wird ein Europäischer Vollstreckungstitel für unbestrittene Forderungen eingeführt, um durch die Festlegung von Mindestvorschriften den freien Verkehr von Entscheidungen, gerichtlichen Vergleichen und öffentlichen Urkunden in allen Mitgliedstaaten zu ermöglichen, ohne dass im Vollstreckungsmitgliedstaat ein Zwischenverfahren vor der Anerkennung und Vollstreckung angestrengt werden muss.

Art. 2. Anwendungsbereich. (1) Diese Verordnung ist in Zivil- und Handelssachen anzuwenden, ohne dass es auf die Art der Gerichtsbarkeit ankommt. Sie erfasst insbesondere nicht Steuer- und Zollsachen, verwaltungsrechtliche Angelegenheiten sowie die Haftung des Staates für Handlungen oder Unterlassungen im Rahmen der Ausübung hoheitlicher Rechte *(„acta jure imperii“)*.

(2) Diese Verordnung ist nicht anzuwenden auf

a) den Personenstand, die Rechts- und Handlungsfähigkeit sowie die gesetzliche Vertretung von natürlichen Personen, die ehelichen Güterstände, das Gebiet des Erbrechts einschließlich des Testamentsrechts;

b) Konkurse, Vergleiche und ähnliche Verfahren;

c) die soziale Sicherheit;

d) die Schiedsgerichtsbarkeit.

(3) In dieser Verordnung bedeutet der Begriff „Mitgliedstaaten“ die Mitgliedstaaten mit Ausnahme Dänemarks.[13]

Art. 3.[14] Vollstreckungstitel, die als Europäischer Vollstreckungstitel bestätigt werden. (1) Diese Verordnung gilt für Entscheidungen, gerichtliche Vergleiche und öffentliche Urkunden über unbestrittene Forderungen.

Eine Forderung gilt als „unbestritten“, wenn

---

[13] Vgl. Erwägungsgrund (25).

[14] Vgl. Erwägungsgründe (5) und (6).

a) der Schuldner ihr im gerichtlichen Verfahren ausdrücklich durch Anerkenntnis oder durch einen von einem Gericht gebilligten oder vor einem Gericht im Laufe eines Verfahrens geschlossenen Vergleich zugestimmt hat oder

b) der Schuldner ihr im gerichtlichen Verfahren zu keiner Zeit nach den maßgeblichen Verfahrensvorschriften des Rechts des Ursprungsmitgliedstaats widersprochen hat oder

c) der Schuldner zu einer Gerichtsverhandlung über die Forderung nicht erschienen oder dabei nicht vertreten worden ist, nachdem er zuvor im gerichtlichen Verfahren der Forderung widersprochen hatte, sofern ein solches Verhalten nach dem Recht des Ursprungsmitgliedstaats als stillschweigendes Zugeständnis der Forderung oder des vom Gläubiger behaupteten Sachverhalts anzusehen ist oder

d) der Schuldner die Forderung ausdrücklich in einer öffentlichen Urkunde anerkannt hat.

(2) Diese Verordnung gilt auch für Entscheidungen, die nach Anfechtung von als Europäischer Vollstreckungstitel bestätigten Entscheidungen, gerichtlichen Vergleichen oder öffentlichen Urkunden ergangen sind.

Art. 4. Begriffsbestimmungen. Im Sinne dieser Verordnung gelten folgende Begriffsbestimmungen:

1. „Entscheidung": jede von einem Gericht eines Mitgliedstaats erlassene Entscheidung ohne Rücksicht auf ihre Bezeichnung wie Urteil, Beschluss, Zahlungsbefehl oder Vollstreckungsbescheid, einschließlich des Kostenfestsetzungsbeschlusses eines Gerichtsbediensteten.
2. „Forderung": eine Forderung auf Zahlung einer bestimmten Geldsumme, die fällig ist oder deren Fälligkeitsdatum in der Entscheidung, dem gerichtlichen Vergleich oder der öffentlichen Urkunde angegeben ist.
3. „Öffentliche Urkunde":
   a) ein Schriftstück, das als öffentliche Urkunde aufgenommen oder registriert worden ist, wobei die Beurkundung
      i) sich auf die Unterschrift und den Inhalt der Urkunde bezieht und
      ii) von einer Behörde oder einer anderen von dem Ursprungsmitgliedstaat hierzu ermächtigten Stelle vorgenommen worden ist; oder
   b) eine vor einer Verwaltungsbehörde geschlossene oder von ihr beurkundete Unterhaltsvereinbarung oder -verpflichtung.
4. „Ursprungsmitgliedstaat": der Mitgliedstaat, in dem eine Entscheidung ergangen ist, ein gerichtlicher Vergleich gebilligt oder geschlossen oder eine öffentliche Urkunde ausgestellt wurde und in dem diese als Europäischer Vollstreckungstitel zu bestätigen sind.
5. „Vollstreckungsmitgliedstaat": der Mitgliedstaat, in dem die Vollstreckung der/des als Europäischer Vollstreckungstitel bestätigten Entscheidung, gerichtlichen Vergleichs oder öffentlichen Urkunde betrieben wird.

6. „Ursprungsgericht“: das Gericht, das mit dem Verfahren zum Zeitpunkt der Erfüllung der Voraussetzungen nach Artikel 3 Absatz 1 Buchstaben a), b) und c) befasst war.

7. Bei den summarischen Mahnverfahren in Schweden *(betalningsföreläggande)* umfasst der Begriff „Gericht“ auch die schwedische *kronofogdemyndighet* (Amt für Beitreibung).

Kapitel II. Der Europäische Vollstreckungstitel

Art. 5.[15] **Abschaffung des Vollstreckbarerklärungsverfahrens.** Eine Entscheidung, die im Ursprungsmitgliedstaat als Europäischer Vollstreckungstitel bestätigt worden ist, wird in den anderen Mitgliedstaaten anerkannt und vollstreckt, ohne dass es einer Vollstreckbarerklärung bedarf und ohne dass die Anerkennung angefochten werden kann.

Art. 6.[16] **Voraussetzungen für die Bestätigung als Europäischer Vollstreckungstitel.** (1) Eine in einem Mitgliedstaat über eine unbestrittene Forderung ergangene Entscheidung wird auf jederzeitigen Antrag an das Ursprungsgericht als Europäischer Vollstreckungstitel bestätigt, wenn

a) die Entscheidung im Ursprungsmitgliedstaat vollstreckbar ist, und

b) die Entscheidung nicht im Widerspruch zu den Zuständigkeitsregeln in Kapitel II Abschnitte 3 und 6 der Verordnung (EG) Nr. 44/2001[17] steht, und

c) das gerichtliche Verfahren im Ursprungsmitgliedstaat im Fall einer unbestrittenen Forderung im Sinne von Artikel 3 Absatz 1 Buchstabe b) oder c) den Voraussetzungen des Kapitels III entsprochen hat, und

d) die Entscheidung in dem Mitgliedstaat ergangen ist, in dem der Schuldner seinen Wohnsitz im Sinne von Artikel 59 der Verordnung (EG) Nr. 44/2001[18] hat, sofern

   – die Forderung unbestritten im Sinne von Artikel 3 Absatz 1 Buchstabe b) oder c) ist,

   – sie einen Vertrag betrifft, den eine Person, der Verbraucher, zu einem Zweck geschlossen hat, der nicht der beruflichen oder gewerblichen Tätigkeit dieser Person zugerechnet werden kann und

   – der Schuldner der Verbraucher ist.

---

[15] Vgl. Erwägungsgründe (8) und (9) sowie im deutschen Recht ergänzend § 1082 ZPO (Nr. *184a*).

[16] Vgl. Erwägungsgründe (10) und (11).

[17] Die Verweisung in Art. 6 Abs. 1 lit. b ist seit dem 10.1.2015 auf Kapitel II der Brüssel Ia-VO (Nr. *160*) gerichtet, vgl. Art. 80 Brüssel Ia-VO.

[18] Die Verweisung in Art. 6 Abs. 1 lit. d ist seit dem 10.1.2015 auf Art. 62 Brüssel Ia-VO (Nr. *160*) gerichtet, vgl. Art. 80 Brüssel Ia-VO.

(2) Ist eine als Europäischer Vollstreckungstitel bestätigte Entscheidung nicht mehr vollstreckbar oder wurde ihre Vollstreckbarkeit ausgesetzt oder eingeschränkt, so wird auf jederzeitigen Antrag an das Ursprungsgericht unter Verwendung des Formblatts in Anhang IV[19] eine Bestätigung der Nichtvollstreckbarkeit bzw. der Beschränkung der Vollstreckbarkeit ausgestellt.

(3) Ist nach Anfechtung einer Entscheidung, die als Europäischer Vollstreckungstitel gemäß Absatz 1 bestätigt worden ist, eine Entscheidung ergangen, so wird auf jederzeitigen Antrag unter Verwendung des Formblatts in Anhang V[20] eine Ersatzbestätigung ausgestellt, wenn diese Entscheidung im Ursprungsmitgliedstaat vollstreckbar ist; Artikel 12 Absatz 2 bleibt davon unberührt.

Art. 7. Kosten in Verbindung mit dem gerichtlichen Verfahren. Umfasst eine Entscheidung eine vollstreckbare Entscheidung über die Höhe der mit dem gerichtlichen Verfahren verbundenen Kosten, einschließlich Zinsen, wird sie auch hinsichtlich dieser Kosten als Europäischer Vollstreckungstitel bestätigt, es sei denn, der Schuldner hat im gerichtlichen Verfahren nach den Rechtsvorschriften des Ursprungsmitgliedstaats der Verpflichtung zum Kostenersatz ausdrücklich widersprochen.

Art. 8. Teilbarkeit der Bestätigung als Europäischer Vollstreckungstitel. Wenn die Entscheidung die Voraussetzungen dieser Verordnung nur in Teilen erfüllt, so wird die Bestätigung als Europäischer Vollstreckungstitel nur für diese Teile ausgestellt.

Art. 9.[21] Ausstellung der Bestätigung als Europäischer Vollstreckungstitel. (1) Die Bestätigung als Europäischer Vollstreckungstitel wird unter Verwendung des Formblatts in Anhang I ausgestellt.

(2) Die Bestätigung als Europäischer Vollstreckungstitel wird in der Sprache ausgestellt, in der die Entscheidung abgefasst ist.

Art. 10.[22] Berichtigung oder Widerruf der Bestätigung als Europäischer Vollstreckungstitel. (1) Die Bestätigung als Europäischer Vollstreckungstitel wird auf Antrag an das Ursprungsgericht

a) berichtigt, wenn die Entscheidung und die Bestätigung aufgrund eines materiellen Fehlers voneinander abweichen;

---

[19] Das Formblatt ist online abrufbar im Europäischen Justizportal, vgl. Anm. 42. Zur Zuständigkeit und zum Verfahren für die Ausstellung der Bestätigung nach Art. 6 Abs. 2 und 3 der Verordnung in *Deutschland* siehe §§ 1079 Nr. 2, 1080 ZPO (Nr. *185a*). Zur Beschränkung der Vollstreckbarkeit siehe § 1085 ZPO (Nr. *185a*).

[20] Das Formblatt ist online abrufbar im Europäischen Justizportal, vgl. Anm. 42.

[21] Zur Zuständigkeit und zum Verfahren für die Ausstellung der Bestätigung nach Art. 9 Abs. 1 der Verordnung in *Deutschland* siehe §§ 1079 Nr. 1, 1080 ZPO (Nr. *185a*).

[22] Zur Berichtigung und zum Widerruf der Bestätigung nach Art. 10 der Verordnung in *Deutschland* siehe § 1081 ZPO (Nr. *185a*).

b) widerrufen, wenn sie hinsichtlich der in dieser Verordnung festgelegten Voraussetzungen eindeutig zu Unrecht erteilt wurde.

(2) Für die Berichtigung oder den Widerruf der Bestätigung als Europäischer Vollstreckungstitel ist das Recht des Ursprungsmitgliedstaats maßgebend.

(3) Die Berichtigung oder der Widerruf der Bestätigung als Europäischer Vollstreckungstitel können unter Verwendung des Formblatts in Anhang VI beantragt werden.

(4) Gegen die Ausstellung einer Bestätigung als Europäischer Vollstreckungstitel ist kein Rechtsbehelf möglich.

Art. 11. Wirkung der Bestätigung als Europäischer Vollstreckungstitel. Die Bestätigung als Europäischer Vollstreckungstitel entfaltet Wirkung nur im Rahmen der Vollstreckbarkeit der Entscheidung.

Kapitel III.[23] Mindestvorschriften für Verfahren über unbestrittene Forderungen

Art. 12.[24] Anwendungsbereich der Mindestvorschriften. (1) Eine Entscheidung über eine unbestrittene Forderung im Sinne von Artikel 3 Absatz 1 Buchstabe b) oder c) kann nur dann als Europäischer Vollstreckungstitel bestätigt werden, wenn das gerichtliche Verfahren im Ursprungsmitgliedstaat den verfahrensrechtlichen Erfordernissen nach diesem Kapitel genügt hat.

(2) Dieselben Erfordernisse gelten auch für die Ausstellung der Bestätigung als Europäischer Vollstreckungstitel oder einer Ersatzbestätigung im Sinne des Artikels 6 Absatz 3 für eine Entscheidung, die nach Anfechtung einer Entscheidung ergangen ist, wenn zum Zeitpunkt dieser Entscheidung die Bedingungen nach Artikel 3 Absatz 1 Buchstabe b) oder c) erfüllt sind.

Art. 13.[25] Zustellung mit Nachweis des Empfangs durch den Schuldner. (1) Das verfahrenseinleitende Schriftstück oder ein gleichwertiges Schriftstück kann dem Schuldner wie folgt zugestellt worden sein:

a) durch persönliche Zustellung, bei der der Schuldner eine Empfangsbestätigung unter Angabe des Empfangsdatums unterzeichnet, oder

b) durch persönliche Zustellung, bei der die zuständige Person, die die Zustellung vorgenommen hat, ein Dokument unterzeichnet, in dem angegeben ist, dass der Schuldner das Schriftstück erhalten hat oder dessen Annahme unberechtigt verweigert hat und an welchem Datum die Zustellung erfolgt ist, oder

---

[23] Vgl. Erwägungsgründe (12)–(19).
[24] Vgl. Erwägungsgrund (12).
[25] Vgl. Erwägungsgründe (13) und (14).

c) durch postalische Zustellung, bei der der Schuldner die Empfangsbestätigung unter Angabe des Empfangsdatums unterzeichnet und zurückschickt, oder

d) durch elektronische Zustellung wie beispielsweise per Fax oder E-Mail, bei der der Schuldner eine Empfangsbestätigung unter Angabe des Empfangsdatums unterzeichnet und zurückschickt.

(2) Eine Ladung zu einer Gerichtsverhandlung kann dem Schuldner gemäß Absatz 1 zugestellt oder mündlich in einer vorausgehenden Verhandlung über dieselbe Forderung bekannt gemacht worden sein, wobei dies im Protokoll dieser Verhandlung festgehalten sein muss.

Art. 14.[26] **Zustellung ohne Nachweis des Empfangs durch den Schuldner.** (1) Das verfahrenseinleitende Schriftstück oder ein gleichwertiges Schriftstück sowie eine Ladung zu einer Gerichtsverhandlung kann dem Schuldner auch in einer der folgenden Formen zugestellt worden sein:

a) persönliche Zustellung unter der Privatanschrift des Schuldners an eine in derselben Wohnung wie der Schuldner lebende Person oder an eine dort beschäftigte Person;

b) wenn der Schuldner Selbstständiger oder eine juristische Person ist, persönliche Zustellung in den Geschäftsräumen des Schuldners an eine Person, die vom Schuldner beschäftigt wird;

c) Hinterlegung des Schriftstücks im Briefkasten des Schuldners;

d) Hinterlegung des Schriftstücks beim Postamt oder bei den zuständigen Behörden mit entsprechender schriftlicher Benachrichtigung im Briefkasten des Schuldners, sofern in der schriftlichen Benachrichtigung das Schriftstück eindeutig als gerichtliches Schriftstück bezeichnet oder darauf hingewiesen wird, dass die Zustellung durch die Benachrichtigung als erfolgt gilt und damit Fristen zu laufen beginnen;

e) postalisch ohne Nachweis gemäß Absatz 3, wenn der Schuldner seine Anschrift im Ursprungsmitgliedstaat hat;

f) elektronisch, mit automatisch erstellter Sendebestätigung, sofern sich der Schuldner vorab ausdrücklich mit dieser Art der Zustellung einverstanden erklärt hat.

(2) Für die Zwecke dieser Verordnung ist eine Zustellung gemäß Absatz 1 nicht zulässig, wenn die Anschrift des Schuldners nicht mit Sicherheit ermittelt werden kann.

(3) Die Zustellung nach Absatz 1 Buchstaben a) bis d) wird bescheinigt durch

a) ein von der zuständigen Person, die die Zustellung vorgenommen hat, unterzeichnetes Schriftstück mit den folgenden Angaben:

i) die gewählte Form der Zustellung und

---

[26] Vgl. Erwägungsgründe (14) und (15).

ii) das Datum der Zustellung sowie,

iii) falls das Schriftstück einer anderen Person als dem Schuldner zugestellt wurde, der Name dieser Person und die Angabe ihres Verhältnisses zum Schuldner, oder

b) eine Empfangsbestätigung der Person, der das Schriftstück zugestellt wurde, für die Zwecke von Absatz 1 Buchstaben a) und b).

Art. 15.[27] **Zustellung an die Vertreter des Schuldners.** Die Zustellung gemäß Artikel 13 oder Artikel 14 kann auch an den Vertreter des Schuldners bewirkt worden sein.

Art. 16.[28] **Ordnungsgemäße Unterrichtung des Schuldners über die Forderung.** Um sicherzustellen, dass der Schuldner ordnungsgemäß über die Forderung unterrichtet worden ist, muss das verfahrenseinleitende Schriftstück oder das gleichwertige Schriftstück folgende Angaben enthalten haben:

a) den Namen und die Anschrift der Parteien;

b) die Höhe der Forderung;

c) wenn Zinsen gefordert werden, den Zinssatz und den Zeitraum, für den Zinsen gefordert werden, es sei denn, die Rechtsvorschriften des Ursprungsmitgliedstaats sehen vor, dass gesetzliche Zinsen automatisch der Hauptforderung hinzugefügt werden;

d) die Bezeichnung des Forderungsgrundes.

Art. 17. Ordnungsgemäße Unterrichtung des Schuldners über die Verfahrensschritte zum Bestreiten der Forderung. In dem verfahrenseinleitenden Schriftstück, einem gleichwertigen Schriftstück oder einer Ladung zu einer Gerichtsverhandlung oder in einer zusammen mit diesem Schriftstück oder dieser Ladung zugestellten Belehrung muss deutlich auf Folgendes hingewiesen worden sein:

a) auf die verfahrensrechtlichen Erfordernisse für das Bestreiten der Forderung; dazu gehören insbesondere die Frist, innerhalb deren die Forderung schriftlich bestritten werden kann, bzw. gegebenenfalls der Termin der Gerichtsverhandlung, die Bezeichnung und die Anschrift der Stelle, an die die Antwort zu richten bzw. vor der gegebenenfalls zu erscheinen ist, sowie die Information darüber, ob die Vertretung durch einen Rechtsanwalt vorgeschrieben ist;

b) auf die Konsequenzen des Nichtbestreitens oder des Nichterscheinens, insbesondere die etwaige Möglichkeit einer Entscheidung oder ihrer Vollstreckung gegen den Schuldner und der Verpflichtung zum Kostenersatz.

---

[27] Vgl. Erwägungsgrund (16).

[28] Art. 16 Abs. 1 lit c berichtigt gem ABl. L 97, S. 64 v. 15.4.2005.

Art. 18. Heilung der Nichteinhaltung von Mindestvorschriften. (1) Genügte das Verfahren im Ursprungsmitgliedstaat nicht den in den Artikeln 13 bis 17 festgelegten verfahrensrechtlichen Erfordernissen, so sind eine Heilung der Verfahrensmängel und eine Bestätigung der Entscheidung als Europäischer Vollstreckungstitel möglich, wenn

a) die Entscheidung dem Schuldner unter Einhaltung der verfahrensrechtlichen Erfordernisse nach Artikel 13 oder Artikel 14 zugestellt worden ist, und

b) der Schuldner die Möglichkeit hatte, einen eine uneingeschränkte Überprüfung umfassenden Rechtsbehelf gegen die Entscheidung einzulegen, und er in oder zusammen mit der Entscheidung ordnungsgemäß über die verfahrensrechtlichen Erfordernisse für die Einlegung eines solchen Rechtsbehelfs, einschließlich der Bezeichnung und der Anschrift der Stelle, bei der der Rechtsbehelf einzulegen ist, und gegebenenfalls der Frist unterrichtet wurde, und

c) der Schuldner es versäumt hat, einen Rechtsbehelf gegen die Entscheidung gemäß den einschlägigen verfahrensrechtlichen Erfordernissen einzulegen.

(2) Genügte das Verfahren im Ursprungsmitgliedstaat nicht den verfahrensrechtlichen Erfordernissen nach Artikel 13 oder Artikel 14, so ist eine Heilung dieser Verfahrensmängel möglich, wenn durch das Verhalten des Schuldners im gerichtlichen Verfahren nachgewiesen ist, dass er das zuzustellende Schriftstück so rechtzeitig persönlich bekommen hat, dass er Vorkehrungen für seine Verteidigung treffen konnte.

Art. 19. Mindestvorschriften für eine Überprüfung in Ausnahmefällen. (1) Ergänzend zu den Artikeln 13 bis 18 kann eine Entscheidung nur dann als Europäischer Vollstreckungstitel bestätigt werden, wenn der Schuldner nach dem Recht des Ursprungsmitgliedstaats berechtigt ist, eine Überprüfung der Entscheidung zu beantragen, falls

a)

 i) das verfahrenseinleitende oder ein gleichwertiges Schriftstück oder gegebenenfalls die Ladung zu einer Gerichtsverhandlung in einer der in Artikel 14 genannten Formen zugestellt wurden, und

 ii) die Zustellung ohne Verschulden des Schuldners nicht so rechtzeitig erfolgt ist, dass er Vorkehrungen für seine Verteidigung hätte treffen können,

oder

b) der Schuldner aufgrund höherer Gewalt oder aufgrund außergewöhnlicher Umstände ohne eigenes Verschulden der Forderung nicht widersprechen konnte,

wobei in beiden Fällen jeweils vorausgesetzt wird, dass er unverzüglich tätig wird.

(2) Dieser Artikel berührt nicht die Möglichkeit der Mitgliedstaaten, eine Überprüfung der Entscheidung unter großzügigeren Bedingungen als nach Absatz 1 zu ermöglichen.

Kapitel IV.[29] Vollstreckung

Art. 20. Vollstreckungsverfahren. (1) Unbeschadet der Bestimmungen dieses Kapitels gilt für das Vollstreckungsverfahren das Recht des Vollstreckungsmitgliedstaats.

Eine als Europäischer Vollstreckungstitel bestätigte Entscheidung wird unter den gleichen Bedingungen vollstreckt wie eine im Vollstreckungsmitgliedstaat ergangene Entscheidung.

(2) Der Gläubiger ist verpflichtet, den zuständigen Vollstreckungsbehörden des Vollstreckungsmitgliedstaats Folgendes zu übermitteln:

a) eine Ausfertigung der Entscheidung, die die für ihre Beweiskraft erforderlichen Voraussetzungen erfüllt, und

b) eine Ausfertigung der Bestätigung als Europäischer Vollstreckungstitel, die die für ihre Beweiskraft erforderlichen Voraussetzungen erfüllt, und

c) gegebenenfalls eine Transkription der Bestätigung als Europäischer Vollstreckungstitel oder eine Übersetzung dieser Bestätigung in die Amtssprache des Vollstreckungsmitgliedstaats oder – falls es in diesem Mitgliedstaat mehrere Amtssprachen gibt – nach Maßgabe der Rechtsvorschriften dieses Mitgliedstaats in die Verfahrenssprache oder eine der Verfahrenssprachen des Ortes, an dem die Vollstreckung betrieben wird, oder in eine sonstige Sprache, die der Vollstreckungsmitgliedstaat zulässt. Jeder Mitgliedstaat kann angeben, welche Amtssprache oder Amtssprachen der Organe der Europäischen Gemeinschaft er neben seiner oder seinen eigenen für die Ausstellung der Bestätigung zulässt. Die Übersetzung ist von einer hierzu in einem der Mitgliedstaaten befugten Person zu beglaubigen.[30]

(3) Der Partei, die in einem Mitgliedstaat eine Entscheidung vollstrecken will, die in einem anderen Mitgliedstaat als Europäischer Vollstreckungstitel bestätigt wurde, darf wegen ihrer Eigenschaft als Ausländer oder wegen Fehlens eines inländischen Wohnsitzes oder Aufenthaltsorts eine Sicherheitsleistung oder Hinterlegung, unter welcher Bezeichnung es auch sei, nicht auferlegt werden.

Art. 21.[31] Verweigerung der Vollstreckung. (1) Auf Antrag des Schuldners wird die Vollstreckung vom zuständigen Gericht im Vollstreckungsmit-

---

[29] Zur Zwangsvollstreckung aus europäischen Vollstreckungstiteln in *Deutschland* siehe ergänzend §§ 1082–1086 ZPO (Nr. *185a*).

[30] Vgl. dazu in *Deutschland* ergänzend § 1083 ZPO (Nr. *185a*).

[31] Vgl. zur Zuständigkeit und zum Verfahren bei Anträgen nach Art. 21 und 23 der Verordnung in *Deutschland* § 1084 ZPO (Nr. *185a*).

gliedstaat verweigert, wenn die als Europäischer Vollstreckungstitel bestätigte Entscheidung mit einer früheren Entscheidung unvereinbar ist, die in einem Mitgliedstaat oder einem Drittland ergangen ist, sofern

a) die frühere Entscheidung zwischen denselben Parteien wegen desselben Streitgegenstands ergangen ist und

b) die frühere Entscheidung im Vollstreckungsmitgliedstaat ergangen ist oder die notwendigen Voraussetzungen für ihre Anerkennung im Vollstreckungsmitgliedstaat erfüllt und

c) die Unvereinbarkeit im gerichtlichen Verfahren des Ursprungsmitgliedstaats nicht geltend gemacht worden ist und nicht geltend gemacht werden konnte.

(2) Weder die Entscheidung noch ihre Bestätigung als Europäischer Vollstreckungstitel dürfen im Vollstreckungsmitgliedstaat in der Sache selbst nachgeprüft werden.

Art. 22. Vereinbarungen mit Drittländern. Diese Verordnung lässt Vereinbarungen unberührt, durch die sich die Mitgliedstaaten vor Inkrafttreten der Verordnung (EG) Nr. 44/2001 im Einklang mit Artikel 59 des Brüsseler Übereinkommens über die gerichtliche Zuständigkeit und die Vollstreckung gerichtlicher Entscheidungen in Zivil- und Handelssachen[32] verpflichtet haben, Entscheidungen insbesondere der Gerichte eines anderen Vertragsstaats des genannten Übereinkommens gegen Beklagte, die ihren Wohnsitz oder gewöhnlichen Aufenthalt im Hoheitsgebiet eines Drittlands haben, nicht anzuerkennen, wenn die Entscheidungen in den Fällen des Artikels 4 des genannten Übereinkommens nur in einem der in Artikel 3 Absatz 2 des genannten Übereinkommens angeführten Gerichtsstände ergehen können.

Art. 23. Aussetzung oder Beschränkung der Vollstreckung. Hat der Schuldner

– einen Rechtsbehelf gegen eine als Europäischer Vollstreckungstitel bestätigte Entscheidung eingelegt, wozu auch ein Antrag auf Überprüfung im Sinne des Artikels 19 gehört, oder

– die Berichtigung oder den Widerruf einer Bestätigung als Europäischer Vollstreckungstitel gemäß Artikel 10 beantragt,

so kann das zuständige Gericht oder die befugte Stelle im Vollstreckungsmitgliedstaat auf Antrag des Schuldners

a) das Vollstreckungsverfahren auf Sicherungsmaßnahmen beschränken oder

b) die Vollstreckung von der Leistung einer von dem Gericht oder der befugten Stelle zu bestimmenden Sicherheit abhängig machen oder

c) unter außergewöhnlichen Umständen das Vollstreckungsverfahren aussetzen.

---

[32] Vgl. dazu die Anm. zu Nr. *150*.

Kapitel V. Gerichtliche Vergleiche und öffentliche Urkunden

Art. 24.[33] **Gerichtliche Vergleiche.** (1) Ein Vergleich über eine Forderung im Sinne von Artikel 4 Nummer 2, der von einem Gericht gebilligt oder vor einem Gericht im Laufe eines Verfahrens geschlossen wurde, und der in dem Mitgliedstaat, in dem er gebilligt oder geschlossen wurde, vollstreckbar ist, wird auf Antrag an das Gericht, das ihn gebilligt hat oder vor dem er geschlossen wurde, unter Verwendung des Formblatts in Anhang II als Europäischer Vollstreckungstitel bestätigt.

(2) Ein Vergleich, der im Ursprungsmitgliedstaat als Europäischer Vollstreckungstitel bestätigt worden ist, wird in den anderen Mitgliedstaaten vollstreckt, ohne dass es einer Vollstreckbarerklärung bedarf und ohne dass seine Vollstreckbarkeit angefochten werden kann.

(3) Die Bestimmungen von Kapitel II (mit Ausnahme von Artikel 5, Artikel 6 Absatz 1 und Artikel 9 Absatz 1) sowie von Kapitel IV (mit Ausnahme von Artikel 21 Absatz 1 und Artikel 22) finden entsprechende Anwendung.

Art. 25. Öffentliche Urkunden. (1) Eine öffentliche Urkunde über eine Forderung im Sinne von Artikel 4 Nr. 3, die in einem Mitgliedstaat vollstreckbar ist, wird auf Antrag an die vom Ursprungsmitgliedstaat bestimmte Stelle unter Verwendung des Formblatts in Anhang III[34] als Europäischer Vollstreckungstitel bestätigt.

(2) Eine öffentliche Urkunde, die im Ursprungsmitgliedstaat als Europäischer Vollstreckungstitel bestätigt worden ist, wird in den anderen Mitgliedstaaten vollstreckt, ohne dass es einer Vollstreckbarerklärung bedarf und ohne dass ihre Vollstreckbarkeit angefochten werden kann.

(3) Die Bestimmungen von Kapitel II (mit Ausnahme von Artikel 5, Artikel 6 Absatz 1 und Artikel 9 Absatz 1) sowie von Kapitel IV (mit Ausnahme von Artikel 21 Absatz 1 und Artikel 22) finden entsprechende Anwendung.

Kapitel VI. Übergangsbestimmung

Art. 26. Übergangsbestimmung. Diese Verordnung gilt nur für nach ihrem Inkrafttreten ergangene Entscheidungen, gerichtlich gebilligte oder geschlossene Vergleiche und aufgenommene oder registrierte öffentliche Urkunden.

---

[33] Zur Zuständigkeit und zum Verfahren für die Ausstellung von Bestätigungen nach Art. 24 und 25 der Verordnung in *Deutschland* siehe §§ 1079, 1080 ZPO (Nr. *185a*).

[34] Das Formblatt ist online abrufbar im Europäischen Justizportal, vgl. Anm. 42.

Kapitel VII. Verhältnis zu anderen Rechtsakten der Gemeinschaft

Art. 27.[35] **Verhältnis zur Verordnung (EG) Nr. 44/2001.** Diese Verordnung berührt nicht die Möglichkeit, die Anerkennung und Vollstreckung einer Entscheidung über eine unbestrittene Forderung, eines gerichtlichen Vergleichs oder einer öffentlichen Urkunde gemäß der Verordnung (EG) Nr. 44/2001 zu betreiben.

Art. 28.[36] **Verhältnis zur Verordnung (EG) Nr. 1348/2000.** Diese Verordnung lässt die Anwendung der Verordnung (EG) Nr. 1348/2000 unberührt.

Kapitel VIII. Allgemeine und Schlussbestimmungen

Art. 29.[37] **Informationen über Vollstreckungsverfahren und -behörden.** Die Mitgliedstaaten arbeiten zusammen, um der Öffentlichkeit und den Fachkreisen folgende Informationen zur Verfügung zu stellen:

a) Informationen über die Vollstreckungsverfahren und -methoden in den Mitgliedstaaten und

b) Informationen über die zuständigen Vollstreckungsbehörden in den Mitgliedstaaten,

insbesondere über das mit der Entscheidung 2001/470/EG des Rates[38] eingerichtete Europäische Justizielle Netz für Zivil- und Handelssachen.

Art. 30.[39] **Angaben zu den Rechtsbehelfen, Sprachen und Stellen.**

(1) Die Mitgliedstaaten teilen der Kommission Folgendes mit:

a) das in Artikel 10 Absatz 2 genannte Berichtigungs- und Widerrufsverfahren sowie das in Artikel 19 Absatz 1 genannte Überprüfungsverfahren;

b) die gemäß Artikel 20 Absatz 2 Buchstabe c) zugelassenen Sprachen;

c) die Listen der in Artikel 25 genannten Stellen,

sowie alle nachfolgenden Änderungen.

(2) Die Kommission macht die nach Absatz 1 mitgeteilten Informationen durch Veröffentlichung im Amtsblatt der Europäischen Union und durch andere geeignete Mittel öffentlich zugänglich.

---

[35] Vgl. Erwägungsgrund (20). Die Verweisung in Art. 27 ist seit dem 10.1.2015 auf die Art. 36 ff. Brüssel Ia-VO (Nr. *160*) gerichtet, vgl. Art. 80 Brüssel Ia-VO.

[36] Die Verordnung (EG) Nr. 1348/2000 ist mit Wirkung v. 13.11.2008 durch die Verordnung (EG) Nr. 1393/2007 v. 13.11.2007 (Nr. *224*) ersetzt worden. Vgl. Erwägungsgrund (21).

[37] Die Informationen zu den einzelnen Mitgliedstaaten sind abrufbar im Europäischen Gerichtsatlas für Zivilsachen (Homepage des Europäischen Justizportals: https://e-justice.europa.eu/376/DE/european_enforcement_order).

[38] ABl. 2001 L 174, S. 25.

[39] Vgl. Anm. 86.

Art. 31.[40] **Änderungen der Anhänge.** Die Kommission ändert die in den Anhängen enthaltenen Formblätter. Diese Maßnahmen zur Änderung nicht wesentlicher Bestimmungen dieser Verordnung werden nach dem in Artikel 32 Absatz 2 genannten Regelungsverfahren mit Kontrolle erlassen.

Art. 32.[41] **Ausschuss.** (1) Die Kommission wird von dem in Artikel 75 der Verordnung (EG) Nr. 44/2001 genannten Ausschuss unterstützt.

(2) Wird auf diesen Absatz Bezug genommen, so gelten Artikel 5a Absätze 1 bis 4 und Artikel 7 des Beschlusses 1999/468/EG unter Beachtung von dessen Artikel 8.

Art. 33. Inkrafttreten. Diese Verordnung tritt am 21. Januar 2005 in Kraft.

Sie gilt ab dem 21. Oktober 2005 mit Ausnahme der Art. 30, 31 und 32, die ab dem 21. Januar 2005 gelten.

Anhänge I–IV[42]

(nicht abgedruckt)

185a. Zivilprozessordnung

idF vom 5. Dezember 2005 (BGBl. I, S. 3202)

Buch 11. Justizielle Zusammenarbeit in der Europäischen Union

Abschnitt 4.[1] Europäische Vollstreckungstitel nach der Verordnung (EG) Nr. 805/2004[2]

Titel 1. Bestätigung inländischer Titel als Europäische Vollstreckungstitel

§ 1079.[3] **Zuständigkeit.** Für die Ausstellung der Bestätigungen nach

1. Artikel 9 Abs. 1, Artikel 24 Abs. 1, Artikel 25 Abs. 1 und
2. Artikel 6 Abs. 2 und 3

---

[40] Art. 31 neu gefasst durch VO (EG) Nr. 1103/2008 v. 22.10.2008 (ABl. 2008 L 304, S. 80).

[41] Art. 32 neu gefasst durch VO (EG) Nr. 1103/2008 v. 22.10.2008 (ABl. 2008 L 304, S. 80). Die Brüssel Ia-VO sieht den Ausschuss nicht mehr vor.

[42] Die Anhänge zur Verordnung (EG) Nr. 805/2004 gelten idF der Verordnung (EG) Nr. 1869/2005 v. 16.11.2005 (ABl. L 300, S. 6 ff.). Sie sind online abrufbar im Europäischen Justizportal: https://e-justice.europa.eu/270/DE/european_enforcement_order_forms?clang=de.

[1] Die §§ 1079–1086 ZPO gelten seit dem 21.10.2005. Sie finden gem. § 13a ArbGG auch in Verfahren vor den Arbeitsgerichten Anwendung.

[2] Abgedruckt unter Nr. *185*.

[3] § 1079 geändert durch Gesetz v. 8.7.2014 (BGBl. I, S. 890) mit Wirkung v. 10.1.2015.

der Verordnung (EG) Nr. 805/2004 sind die Gerichte, Behörden oder Notare zuständig, denen die Erteilung einer vollstreckbaren Ausfertigung des Titels obliegt.

§ 1080.[4] **Entscheidung.** (1) Bestätigungen nach Artikel 9 Abs. 1, Artikel 24 Abs. 1, Artikel 25 Abs. 1 und Artikel 6 Abs. 3 der Verordnung (EG) Nr. 805/2004 sind ohne Anhörung des Schuldners auszustellen. Eine Ausfertigung der Bestätigung ist dem Schuldner von Amts wegen zuzustellen. Das gilt nicht, wenn die antragstellende Person Übermittlung an sich zur Zustellung im Parteibetrieb beantragt hat.

(2) Wird der Antrag auf Ausstellung einer Bestätigung zurückgewiesen, so sind die Vorschriften über die Anfechtung der Entscheidung über die Erteilung einer Vollstreckungsklausel entsprechend anzuwenden.

§ 1081. Berichtigung und Widerruf. (1) Ein Antrag nach Artikel 10 Abs. 1 der Verordnung (EG) Nr. 805/2004 auf Berichtigung oder Widerruf einer gerichtlichen Bestätigung ist bei dem Gericht zu stellen, das die Bestätigung ausgestellt hat. Über den Antrag entscheidet dieses Gericht. Ein Antrag auf Berichtigung oder Widerruf einer notariellen oder behördlichen Bestätigung ist an die Stelle zu richten, die die Bestätigung ausgestellt hat. Die Notare oder Behörden leiten den Antrag unverzüglich dem Amtsgericht, in dessen Bezirk sie ihren Sitz haben, zur Entscheidung zu.

(2) Der Antrag auf Widerruf durch den Schuldner ist nur binnen einer Frist von einem Monat zulässig. Ist die Bestätigung im Ausland zuzustellen, beträgt die Frist zwei Monate. Sie ist eine Notfrist und beginnt mit der Zustellung der Bestätigung, jedoch frühestens mit der Zustellung des Titels, auf den sich die Bestätigung bezieht. In dem Antrag auf Widerruf sind die Gründe darzulegen, weshalb die Bestätigung eindeutig zu Unrecht erteilt worden ist.

(3) § 319 Abs. 2 und 3 ist auf die Berichtigung und den Widerruf entsprechend anzuwenden.

Titel 2. Zwangsvollstreckung aus Europäischen Vollstreckungstiteln im Inland

§ 1082. Vollstreckungstitel. Aus einem Titel, der in einem anderen Mitgliedstaat der Europäischen Union nach der Verordnung (EG) Nr. 805/2004 als Europäischer Vollstreckungstitel bestätigt worden ist, findet die Zwangsvollstreckung im Inland statt, ohne dass es einer Vollstreckungsklausel bedarf.

---

[4] § 1080 Abs. 1 Satz 3 angefügt durch Gesetz v. 10.8.2021 (BGBl. I S. 3424) mit Wirkung v. 18.8.2021.

§ 1083. Übersetzung. Hat der Gläubiger nach Artikel 20 Abs. 2 Buchstabe c der Verordnung (EG) Nr. 805/2004 eine Übersetzung vorzulegen, so ist diese in deutscher Sprache zu verfassen und von einer hierzu in einem der Mitgliedstaaten der Europäischen Union befugten Person zu beglaubigen.

§ 1084. Anträge nach den Artikeln 21 und 23 der Verordnung (EG) Nr. 805/2004. (1) Für Anträge auf Verweigerung, Aussetzung oder Beschränkung der Zwangsvollstreckung nach den Artikeln 21 und 23 der Verordnung (EG) Nr. 805/2004 ist das Amtsgericht als Vollstreckungsgericht zuständig. Die Vorschriften des Buches 8 über die örtliche Zuständigkeit des Vollstreckungsgerichts sind entsprechend anzuwenden. Die Zuständigkeit nach den Sätzen 1 und 2 ist ausschließlich.

(2) Die Entscheidung über den Antrag nach Artikel 21 der Verordnung (EG) Nr. 805/2004 ergeht durch Beschluss. Auf die Einstellung der Zwangsvollstreckung und die Aufhebung der bereits getroffenen Vollstreckungsmaßregeln sind § 769 Abs. 1 und 3 sowie § 770 entsprechend anzuwenden. Die Aufhebung einer Vollstreckungsmaßregel ist auch ohne Sicherheitsleistung zulässig.

(3) Über den Antrag auf Aussetzung oder Beschränkung der Vollstreckung nach Artikel 23 der Verordnung (EG) Nr. 805/2004 wird durch einstweilige Anordnung entschieden. Die Entscheidung ist unanfechtbar.

§ 1085. Einstellung der Zwangsvollstreckung. Die Zwangsvollstreckung ist entsprechend den §§ 775 und 776 auch dann einzustellen oder zu beschränken, wenn die Ausfertigung einer Bestätigung über die Nichtvollstreckbarkeit oder über die Beschränkung der Vollstreckbarkeit nach Artikel 6 Abs. 2 der Verordnung (EG) Nr. 805/2004 vorgelegt wird.

§ 1086.[5] Vollstreckungsabwehrklage. (1) Für Klagen nach § 795 Satz 1 in Verbindung mit § 767 ist das Gericht ausschließlich örtlich zuständig, in dessen Bezirk der Schuldner seinen Wohnsitz hat, oder, wenn er im Inland keinen Wohnsitz hat, das Gericht, in dessen Bezirk die Zwangsvollstreckung stattfinden soll oder stattgefunden hat. Der Sitz von Gesellschaften oder juristischen Personen steht dem Wohnsitz gleich.

(2) § 767 Abs. 2 ist entsprechend auf gerichtliche Vergleiche und öffentliche Urkunden anzuwenden.

---

[5] § 1086 Abs. 1 Satz 1 geändert durch Gesetz v. 8.7.2014 (BGBl. I, S. 890 mit Wirkung v. 10.1.2015.

186. Verordnung (EG) Nr. 1896/2006 des Europäischen Parlaments und des Rates zur Einführung eines Europäischen Mahnverfahrens

Vom 12. Dezember 2006[1, 2, 3, 4] (ABl. L 399, S. 1)

DAS EUROPÄISCHE PARLAMENT UND DER RAT DER EUROPÄISCHEN UNION –

gestützt auf den Vertrag zur Gründung der Europäischen Gemeinschaft, insbesondere auf Artikel 61 Buchstabe c,

auf Vorschlag der Kommission,

nach Stellungnahme des Europäischen Wirtschafts- und Sozialausschusses,[5]

gemäß dem Verfahren des Artikels 251 des Vertrages,[6]

in Erwägung nachstehender Gründe:

(1) Die Gemeinschaft hat sich zum Ziel gesetzt, einen Raum der Freiheit, der Sicherheit und des Rechts, in dem der freie Personenverkehr gewährleistet ist, zu erhalten und weiterzuentwickeln. Zur schrittweisen Schaffung eines solchen Raums erlässt die Gemeinschaft unter anderem im Bereich der justiziellen Zusammenarbeit in Zivilsachen mit grenzüberschreitendem Bezug die für das reibungslose Funktionieren des Binnenmarkts erforderlichen Maßnahmen.

(2) Gemäß Artikel 65 Buchstabe c des Vertrags schließen diese Maßnahmen die Beseitigung der Hindernisse für eine reibungslose Abwicklung von Zivilverfahren ein, erforderlichenfalls durch Förderung der Vereinbar-

---

[1] Die Verordnung ist in ihrer ursprünglichen Fassung gem. ihrem Art. 33 Abs. 2 für die Mitgliedstaaten der EU – mit Ausnahme *Dänemarks* (vgl. Erwägungsgrund 32) – am 12.12.2008 in Kraft getreten. Lediglich die Art. 28–31 gelten bereits seit dem 12.6.2008. Für *Kroatien* gilt die Verordnung seit dem 1.7.2013.

[2] Die Verordnung gilt seit dem 14.7.2017 idF der Verordnung (EU) 2015/2421 des Europäischen Parlaments und des Rates zur Änderung der Verordnung (EG) Nr. 861/2007 zur Einführung eines europäischen Verfahrens für geringfügige Forderungen und der Verordnung (EG) Nr. 1896/2006 zur Einführung eines Europäischen Mahnverfahrens v. 16.12.2015 (ABl. L 341, S. 1).

[3] Im Verhältnis zum *Vereinigten Königreich* gilt die Verordnung nach Ablauf der in Art. 126, 127 des Brexit-Abk v. 24.1.2020 (Nr. *0–3*) vereinbarten Übergangsfrist am 31.12.2020 nicht mehr. Vgl. zu den Auswirkungen des Brexit auf die Geltung der Verordnung im Verhältnis zum *Vereinigten Königreich* auch Anm. 2 zum EU-Vertrag (Nr. *0–1*) und Art. 67 Abs. 3 lit. d Brexit-Abk.

[4] Zur Durchführung der Verordnung in *Deutschland* siehe §§ 1087–1096 ZPO (Nr. *186a*) und § 794 Abs. 1 Nr. 6 ZPO (Nr. *192*).

[5] ABl. 2005 C 221, S. 77.

[6] Stellungnahme des Europäischen Parlaments v. 13.12.2005, Gemeinsamer Standpunkt des Rates v. 30.6.2006, Standpunkt des Europäischen Parlaments vom 25.10.2006. Beschluss des Rates vom 11.12.2006.

keit der in den Mitgliedstaaten geltenden zivilrechtlichen Verfahrensvorschriften.

(3) Auf seiner Tagung am 15. und 16. Oktober 1999 in Tampere forderte der Europäische Rat den Rat und die Kommission auf, neue Vorschriften zu jenen Aspekten auszuarbeiten, die unabdingbar für eine reibungslose justizielle Zusammenarbeit und einen verbesserten Zugang zum Recht sind, und nannte in diesem Zusammenhang ausdrücklich auch das Mahnverfahren.

(4) Am 30. November 2000 verabschiedete der Rat ein gemeinsames Programm der Kommission und des Rates über Maßnahmen zur Umsetzung des Grundsatzes der gegenseitigen Anerkennung gerichtlicher Entscheidungen in Zivil- und Handelssachen.[7] Darin wird die Schaffung eines besonderen, gemeinschaftsweit einheitlichen oder harmonisierten Verfahrens zur Erwirkung einer gerichtlichen Entscheidung in speziellen Bereichen, darunter die Beitreibung unbestrittener Forderungen, in Erwägung gezogen. Dies wurde durch das vom Europäischen Rat am 5. November 2004 angenommene Haager Programm;[8] in dem eine zügige Durchführung der Arbeiten am Europäischen Zahlungsbefehl gefordert wird, weiter vorangebracht.

(5) Am 20. Dezember 2002 nahm die Kommission ein Grünbuch über ein Europäisches Mahnverfahren und über Maßnahmen zur einfacheren und schnelleren Beilegung von Streitigkeiten mit geringem Streitwert an. Mit dem Grünbuch wurde eine Anhörung zu den möglichen Zielen und Merkmalen eines einheitlichen oder harmonisierten Europäischen Mahnverfahrens zur Beitreibung unbestrittener Forderungen eingeleitet.

(6) Für die Wirtschaftsbeteiligten der Europäischen Union ist die rasche und effiziente Beitreibung ausstehender Forderungen, die nicht Gegenstand eines Rechtsstreits sind, von größter Bedeutung, da Zahlungsverzug eine der Hauptursachen für Zahlungsunfähigkeit ist, die vor allem die Existenz von kleinen und mittleren Unternehmen bedroht und für den Verlust zahlreicher Arbeitsplätze verantwortlich ist.

(7) Alle Mitgliedstaaten versuchen, dem Problem der Beitreibung unzähliger unbestrittener Forderungen beizukommen, die meisten Mitgliedstaaten im Wege eines vereinfachten Mahnverfahrens, doch gibt es bei der inhaltlichen Ausgestaltung der einzelstaatlichen Vorschriften und der Effizienz der Verfahren erhebliche Unterschiede. Überdies sind die derzeitigen Verfahren in grenzüberschreitenden Rechtssachen häufig entweder unzulässig oder praktisch undurchführbar.

(8) Der daraus resultierende erschwerte Zugang zu einer effizienten Rechtsprechung bei grenzüberschreitenden Rechtssachen und die Verfälschung des Wettbewerbs im Binnenmarkt aufgrund des unterschiedlichen

---

[7] ABl. 2001 C 12, S. 1.
[8] ABl. 2005 C 53, S. 1.

Funktionierens der verfahrensrechtlichen Instrumente, die den Gläubigern in den einzelnen Mitgliedstaaten zur Verfügung stehen, machen eine Gemeinschaftsregelung erforderlich, die für Gläubiger und Schuldner in der gesamten Europäischen Union gleiche Bedingungen gewährleistet.

(9) Diese Verordnung hat Folgendes zum Ziel: die Vereinfachung und Beschleunigung grenzüberschreitender Verfahren im Zusammenhang mit unbestrittenen Geldforderungen und die Verringerung der Verfahrenskosten durch Einführung eines Europäischen Mahnverfahrens sowie die Ermöglichung des freien Verkehrs Europäischer Zahlungsbefehle in den Mitgliedstaaten durch Festlegung von Mindestvorschriften, bei deren Einhaltung die Zwischenverfahren im Vollstreckungsmitgliedstaat, die bisher für die Anerkennung und Vollstreckung erforderlich waren, entfallen.

(10) Das durch diese Verordnung geschaffene Verfahren sollte eine zusätzliche und fakultative Alternative für den Antragsteller darstellen, dem es nach wie vor freisteht, sich für die im nationalen Recht vorgesehenen Verfahren zu entscheiden. Durch diese Verordnung sollen mithin die nach nationalem Recht vorgesehenen Mechanismen zur Beitreibung unbestrittener Forderungen weder ersetzt noch harmonisiert werden.

(11) Der Schriftverkehr zwischen dem Gericht und den Parteien sollte soweit wie möglich mit Hilfe von Formblättern abgewickelt werden, um die Abwicklung der Verfahren zu erleichtern und eine automatisierte Verarbeitung der Daten zu ermöglichen.

(12) Bei der Entscheidung darüber, welche Gerichte dafür zuständig sind, einen Europäischen Zahlungsbefehl zu erlassen, sollten die Mitgliedstaaten dem Erfordernis, den Zugang der Bürger zur Justiz zu gewährleisten, gebührend Rechnung tragen.

(13) Der Antragsteller sollte verpflichtet sein, in dem Antrag auf Erlass eines Europäischen Zahlungsbefehls Angaben zu machen, aus denen die geltend gemachte Forderung und ihre Begründung klar zu entnehmen sind, damit der Antragsgegner anhand fundierter Informationen entscheiden kann, ob er Einspruch einlegen oder die Forderung nicht bestreiten will.

(14) Dabei muss der Antragsteller auch eine Bezeichnung der Beweise, der zum Nachweis der Forderung herangezogen wird, beifügen. Zu diesem Zweck sollte in dem Antragsformular eine möglichst erschöpfende Liste der Arten von Beweisen enthalten sein, die üblicherweise zur Geltendmachung von Geldforderungen angeboten werden.

(15) Die Einreichung eines Antrags auf Erlass eines Europäischen Zahlungsbefehls sollte mit der Entrichtung der gegebenenfalls fälligen Gerichtsgebühren verbunden sein.

(16) Das Gericht sollte den Antrag, einschließlich der Frage der gerichtlichen Zuständigkeit und der Bezeichnung der Beweise, auf der Grundlage der im Antragsformular enthaltenen Angaben prüfen. Dies ermöglicht es dem Gericht, schlüssig zu prüfen, ob die Forderung begründet ist, und

unter anderem offensichtlich unbegründete Forderungen oder unzulässige Anträge auszuschließen. Die Prüfung muss nicht von einem Richter durchgeführt werden.

(17) Gegen die Zurückweisung des Antrags kann kein Rechtsmittel eingelegt werden. Dies schließt allerdings eine mögliche Überprüfung der zurückweisenden Entscheidung in derselben Instanz im Einklang mit dem nationalen Recht nicht aus.

(18) Der Europäische Zahlungsbefehl sollte den Antragsgegner darüber aufklären, dass er entweder den zuerkannten Betrag an den Antragsteller zu zahlen hat oder, wenn er die Forderung bestreiten will, innerhalb von 30 Tagen eine Einspruchsschrift versenden muss. Neben der vollen Aufklärung über die vom Antragsteller geltend gemachte Forderung sollte der Antragsgegner auf die rechtliche Bedeutung des Europäischen Zahlungsbefehls und die Folgen eines Verzichts auf Einspruch hingewiesen werden.

(19) Wegen der Unterschiede im Zivilprozessrecht der Mitgliedstaaten, insbesondere bei den Zustellungsvorschriften, ist es notwendig, die im Rahmen des Europäischen Mahnverfahrens anzuwendenden Mindestvorschriften präzise und detailliert zu definieren. So sollte insbesondere eine Zustellungsform, die auf einer juristischen Fiktion beruht, im Hinblick auf die Einhaltung der Mindestvorschriften nicht als ausreichend für die Zustellung eines Europäischen Zahlungsbefehls angesehen werden.

(20) Alle in den Artikeln 13 und 14 aufgeführten Zustellungsformen gewähren entweder eine absolute Gewissheit (Artikel 13) oder ein hohes Maß an Wahrscheinlichkeit (Artikel 14) dafür, dass das zugestellte Schriftstück dem Empfänger zugegangen ist.

(21) Die persönliche Zustellung an bestimmte andere Personen als den Antragsgegner selbst gemäß Artikel 14 Absatz 1 Buchstaben a und b sollte die Anforderungen der genannten Vorschriften nur dann erfüllen, wenn diese Personen den Europäischen Zahlungsbefehl auch tatsächlich erhalten haben.

(22) Artikel 15 sollte auf Situationen Anwendung finden, in denen der Antragsgegner sich nicht selbst vor Gericht vertreten kann, etwa weil er eine juristische Person ist, und in denen er durch einen gesetzlichen Vertreter vertreten wird, sowie auf Situationen, in denen der Antragsgegner eine andere Person, insbesondere einen Rechtsanwalt, ermächtigt hat, ihn in dem betreffenden gerichtlichen Verfahren zu vertreten.

(23) Der Antragsgegner kann seinen Einspruch unter Verwendung des in dieser Verordnung enthaltenen Formblatts einreichen. Die Gerichte sollten allerdings auch einen in anderer Form eingereichten schriftlichen Einspruch berücksichtigen, sofern dieser klar erklärt ist.

(24) Ein fristgerecht eingereichter Einspruch sollte das Europäische Mahnverfahren beenden und zur automatischen Überleitung der Sache in einen ordentlichen Zivilprozess führen, es sei denn, der Antragsteller hat ausdrücklich erklärt, dass das Verfahren in diesem Fall beendet sein soll. Für

die Zwecke dieser Verordnung sollte der Begriff „ordentlicher Zivilprozess" nicht notwendigerweise im Sinne des nationalen Rechts ausgelegt werden.

(25) Nach Ablauf der Frist für die Einreichung des Einspruchs sollte der Antragsgegner in bestimmten Ausnahmefällen berechtigt sein, eine Überprüfung des Europäischen Zahlungsbefehls zu beantragen. Die Überprüfung in Ausnahmefällen sollte nicht bedeuten, dass der Antragsgegner eine zweite Möglichkeit hat, Einspruch gegen die Forderung einzulegen. Während des Überprüfungsverfahrens sollte die Frage, ob die Forderung begründet ist, nur im Rahmen der sich aus den vom Antragsgegner angeführten außergewöhnlichen Umständen ergebenden Begründungen geprüft werden. Zu den anderen außergewöhnlichen Umständen könnte auch der Fall zählen, dass der Europäische Zahlungsbefehl auf falschen Angaben im Antragsformular beruht.

(26) Gerichtsgebühren nach Artikel 25 sollten beispielsweise keine Anwaltshonorare oder Zustellungskosten einer außergerichtlichen Stelle enthalten.

(27) Ein Europäischer Zahlungsbefehl, der in einem Mitgliedstaat ausgestellt wurde und der vollstreckbar geworden ist, sollte für die Zwecke der Vollstreckung so behandelt werden, als ob er in dem Mitgliedstaat ausgestellt worden wäre, in dem die Vollstreckung betrieben wird. Gegenseitiges Vertrauen in die ordnungsgemäße Rechtspflege in den Mitgliedstaaten rechtfertigt es, dass das Gericht nur eines Mitgliedstaats beurteilt, ob alle Voraussetzungen für den Erlass eines Europäischen Zahlungsbefehls vorliegen und der Zahlungsbefehl in allen anderen Mitgliedstaaten vollstreckbar ist, ohne dass im Vollstreckungsmitgliedstaat zusätzlich von einem Gericht geprüft werden muss, ob die prozessualen Mindestvorschriften eingehalten worden sind. Unbeschadet der in dieser Verordnung enthaltenen Vorschriften, insbesondere der in Artikel 22 Absätze 1 und 2 und in Artikel 23 enthaltenen Mindestvorschriften, sollte das Verfahren der Vollstreckung des Europäischen Zahlungsbefehls nach wie vor im nationalen Recht geregelt bleiben.

(28) Die Berechnung der Fristen sollte nach Maßgabe der Verordnung (EWG, Euratom) Nr. 1182/71 des Rates vom 3. Juni 1971 zur Festlegung der Regeln für die Fristen, Daten und Termine[9] erfolgen. Der Antragsgegner sollte darüber unterrichtet sowie darauf hingewiesen werden, dass dabei die gesetzlichen Feiertage in dem Mitgliedstaat des Gerichts, das den Europäischen Zahlungsbefehl erlässt, berücksichtigt werden.

(29) Da die Ziele dieser Verordnung, nämlich die Schaffung eines einheitlichen, zeitsparenden und effizienten Instruments zur Beitreibung unbestrittener Geldforderungen in der Europäischen Union, auf Ebene der Mitgliedstaaten nicht ausreichend verwirklicht werden können und wegen ihres Umfangs und ihrer Wirkung daher besser auf Gemeinschaftsebene zu verwirklichen sind, kann die Gemeinschaft im Einklang mit dem in Arti-

[9] ABl. 1971 L 124, S. 1.

kel 5 des Vertrags niedergelegten Subsidiaritätsprinzip tätig werden. Entsprechend dem in demselben Artikel genannten Grundsatz der Verhältnismäßigkeit geht diese Verordnung nicht über das für die Erreichung dieser Ziele erforderliche Maß hinaus.

(30) Die zur Durchführung dieser Verordnung erforderlichen Maßnahmen sind nach Maßgabe des Beschlusses 1999/468/EG des Rates vom 28. Juni 1999 zur Festlegung der Modalitäten für die Ausübung der der Kommission übertragenen Durchführungsbefugnisse[10] zu erlassen.

(31) Das Vereinigte Königreich und Irland haben gemäß Artikel 3 des dem Vertrag über die Europäische Union und dem Vertrag zur Gründung der Europäischen Gemeinschaft beigefügten Protokolls über die Position des Vereinigten Königreichs und Irlands mitgeteilt, dass sie sich an der Annahme und Anwendung der vorliegenden Verordnung beteiligen möchten.

(32) Gemäß den Artikeln 1 und 2 des dem Vertrag über die Europäische Union und dem Vertrag zur Gründung der Europäischen Gemeinschaft beigefügten Protokolls über die Position Dänemarks beteiligt sich Dänemark nicht an der Annahme dieses Beschlusses, der für Dänemark nicht bindend und nicht auf Dänemark anwendbar ist –

HABEN FOLGENDE VERORDNUNG ERLASSEN:

Art. 1.[11] **Gegenstand.** (1) Diese Verordnung hat Folgendes zum Ziel:

a) Vereinfachung und Beschleunigung der grenzüberschreitenden Verfahren im Zusammenhang mit unbestrittenen Geldforderungen und Verringerung der Verfahrenskosten durch Einführung eines Europäischen Mahnverfahrens,

und

b) Ermöglichung des freien Verkehrs Europäischer Zahlungsbefehle in den Mitgliedstaaten durch Festlegung von Mindestvorschriften, bei deren Einhaltung die Zwischenverfahren im Vollstreckungsmitgliedstaat, die bisher für die Anerkennung und Vollstreckung erforderlich waren, entfallen.

(2) Diese Verordnung stellt es dem Antragsteller frei, eine Forderung im Sinne von Artikel 4 im Wege eines anderen Verfahrens nach dem Recht eines Mitgliedstaats oder nach Gemeinschaftsrecht durchzusetzen.

Art. 2. Anwendungsbereich. (1) Diese Verordnung ist in grenzüberschreitenden Rechtssachen in Zivil- und Handelssachen anzuwenden, ohne dass es auf die Art der Gerichtsbarkeit ankommt. Sie erfasst insbesondere nicht Steuer- und Zollsachen, verwaltungsrechtliche Angelegenheiten so-

---

[10] ABl. 1999 L 184, S. 23. Geändert durch den Beschluss 2006/512/EG (ABl. L 200, S. 11).

[11] Vgl. die Erwägungsgründe (6)–(10).

wie die Haftung des Staates für Handlungen oder Unterlassungen im Rahmen der Ausübung hoheitlicher Rechte *(„acta jure imperii“)*.

(2) Diese Verordnung ist nicht anzuwenden auf

a) die ehelichen Güterstände, das Gebiet des Erbrechts einschließlich des Testamentsrechts,

b) Konkurse, Verfahren im Zusammenhang mit dem Abwickeln zahlungsunfähiger Unternehmen oder anderer juristischer Personen, gerichtliche Vergleiche, Vergleiche und ähnliche Verfahren,

c) die soziale Sicherheit,

d) Ansprüche aus außervertraglichen Schuldverhältnissen, soweit

 i) diese nicht Gegenstand einer Vereinbarung zwischen den Parteien oder eines Schuldanerkenntnisses sind,

 oder

 ii) diese sich nicht auf bezifferte Schuldbeträge beziehen, die sich aus gemeinsamem Eigentum an unbeweglichen Sachen ergeben.

(3) In dieser Verordnung bedeutet der Begriff „Mitgliedstaat“ die Mitgliedstaaten mit Ausnahme Dänemarks.[12]

Art. 3. Grenzüberschreitende Rechtssachen. (1) Eine grenzüberschreitende Rechtssache im Sinne dieser Verordnung liegt vor, wenn mindestens eine der Parteien ihren Wohnsitz oder gewöhnlichen Aufenthalt in einem anderen Mitgliedstaat als dem des befassten Gerichts hat.

(2) Der Wohnsitz wird nach den Artikeln 59 und 60 der Verordnung (EG) Nr. 44/2001 des Rates vom 22. Dezember 2000 über die gerichtliche Zuständigkeit und die Anerkennung und Vollstreckung von Entscheidungen in Zivil- und Handelssachen[13] bestimmt.

(3) Der maßgebliche Augenblick zur Feststellung, ob eine grenzüberschreitende Rechtssache vorliegt, ist der Zeitpunkt, zu dem der Antrag auf Erlass eines Europäischen Zahlungsbefehls nach dieser Verordnung eingereicht wird.

Art. 4. Europäisches Mahnverfahren. Das Europäische Mahnverfahren gilt für die Beitreibung bezifferter Geldforderungen, die zum Zeitpunkt der Einreichung des Antrags auf Erlass eines Europäischen Zahlungsbefehls fällig sind.

Art. 5. Begriffsbestimmungen. Im Sinne dieser Verordnung bezeichnet der Ausdruck

1. „Ursprungsmitgliedstaat“ den Mitgliedstaat, in dem ein Europäischer Zahlungsbefehl erlassen wird,

---

[12] Vgl. Erwägungsgrund (32).

[13] ABl. 2001 L 12, S. 1. Die Verweisung in Art. 3 Abs. 2 ist seit dem 10.1.2015 auf die Art. 62, 63 Brüssel Ia-VO (Nr. *160*) gerichtet, vgl. Art. 80 S. 2 Brüssel Ia-VO.

2. „Vollstreckungsmitgliedstaat" den Mitgliedstaat, in dem die Vollstreckung eines Europäischen Zahlungsbefehls betrieben wird,
3. „Gericht" alle Behörden der Mitgliedstaaten, die für einen Europäischen Zahlungsbefehl oder jede andere damit zusammenhängende Angelegenheit zuständig sind,
4. „Ursprungsgericht" das Gericht, das einen Europäischen Zahlungsbefehl erlässt.

Art. 6.[14] **Zuständigkeit.** (1) Für die Zwecke der Anwendung dieser Verordnung wird die Zuständigkeit nach den hierfür geltenden Vorschriften des Gemeinschaftsrechts bestimmt, insbesondere der Verordnung (EG) Nr. 44/2001.

(2) Betrifft die Forderung jedoch einen Vertrag, den eine Person, der Verbraucher, zu einem Zweck geschlossen hat, der nicht der beruflichen oder gewerblichen Tätigkeit dieser Person zugerechnet werden kann, und ist der Verbraucher Antragsgegner, so sind nur die Gerichte des Mitgliedstaats zuständig, in welchem der Antragsgegner seinen Wohnsitz im Sinne des Artikels 59 der Verordnung (EG) Nr. 44/2001 hat.

Art. 7.[15] **Antrag auf Erlass eines Europäischen Zahlungsbefehls.** (1) Der Antrag auf Erlass eines Europäischen Zahlungsbefehls ist unter Verwendung des Formblatts A gemäß Anhang I[16] zu stellen.

(2) Der Antrag muss Folgendes beinhalten:

a) die Namen und Anschriften der Verfahrensbeteiligten und gegebenenfalls ihrer Vertreter sowie des Gerichts, bei dem der Antrag eingereicht wird;
b) die Höhe der Forderung einschließlich der Hauptforderung und gegebenenfalls der Zinsen, Vertragsstrafen und Kosten;
c) bei Geltendmachung von Zinsen der Zinssatz und der Zeitraum, für den Zinsen verlangt werden, es sei denn, gesetzliche Zinsen werden nach dem Recht des Ursprungsmitgliedstaats automatisch zur Hauptforderung hinzugerechnet;
d) den Streitgegenstand einschließlich einer Beschreibung des Sachverhalts, der der Hauptforderung und gegebenenfalls der Zinsforderung zugrunde liegt;
e) eine Bezeichnung der Beweise, die zur Begründung der Forderung herangezogen werden;

---

[14] Vgl. Erwägungsgrund (12). Die Verweisungen in Art. 6 sind seit dem 10.1.2015 auf die Brüssel Ia-VO (Nr. *160*) gerichtet, vgl. Art. 80 S. 2 Brüssel Ia-VO.

[15] Vgl. Erwägungsgründe (11) und (13)–(15). Art. 7 Abs. 3 berichtigt gem. ABl. L 46, S. 52 v. 21.2.2008. Art. 7 Abs. 4 gilt seit dem 14.7.2017 idF von Art. 2 Nr. 1 der Änderungs-VO (EU) 2015/2421 v. 16.12.2015 (Anm. 2). Zur Zuständigkeit für die Bearbeitung des Antrags in *Deutschland* siehe § 1087 ZPO (Nr. *186a*).

[16] Das Antragsformular ist online abrufbar im Europäischen Justizportal, vgl. Anm. 46.

f) die Gründe für die Zuständigkeit,

und

g) den grenzüberschreitenden Charakter der Rechtssache im Sinne von Artikel 3.

(3) In dem Antrag hat der Antragsteller zu erklären, dass er die Angaben nach bestem Wissen und Gewissen gemacht hat, und anzuerkennen, dass jede vorsätzliche falsche Auskunft angemessene Sanktionen nach dem Recht des Ursprungsmitgliedstaats nach sich ziehen kann.

(4) Der Antragsteller kann in einer Anlage zum Antrag dem Gericht gegenüber erklären, welches der in Artikel 17 Absatz 1 Buchstaben a und b aufgeführten Verfahren gegebenenfalls auf seine Forderung in dem späteren Zivilverfahren angewendet werden soll, falls der Antragsgegner Einspruch gegen den Europäischen Zahlungsbefehl einlegt.

Der Antragsteller kann in der im ersten Unterabsatz vorgesehenen Anlage dem Gericht gegenüber auch erklären, dass er die Überleitung in ein Zivilverfahren im Sinne des Artikels 17 Absatz 1 Buchstabe a oder Buchstabe b für den Fall ablehnt, dass der Antragsgegner Einspruch einlegt. Dies hindert den Antragsteller nicht daran, das Gericht zu einem späteren Zeitpunkt, in jedem Fall aber vor Erlass des Zahlungsbefehls, hierüber zu informieren.

(5) Die Einreichung des Antrags erfolgt in Papierform oder durch andere – auch elektronische – Kommunikationsmittel, die im Ursprungsmitgliedstaat zulässig sind und dem Ursprungsgericht zur Verfügung stehen.

(6) Der Antrag ist vom Antragsteller oder gegebenenfalls von seinem Vertreter zu unterzeichnen. Wird der Antrag gemäß Absatz 5 auf elektronischem Weg eingereicht, so ist er nach Artikel 2 Nummer 2 der Richtlinie 1999/93/EG des Europäischen Parlaments und des Rates vom 13. Dezember 1999 über gemeinschaftliche Rahmenbedingungen für elektronische Signaturen[17] zu unterzeichnen. Diese Signatur wird im Ursprungsmitgliedstaat anerkannt, ohne dass weitere Bedingungen festgelegt werden können.

Eine solche elektronische Signatur ist jedoch nicht erforderlich, wenn und insoweit es bei den Gerichten des Ursprungsmitgliedstaats ein alternatives elektronisches Kommunikationssystem gibt, das einer bestimmten Gruppe von vorab registrierten und authentifizierten Nutzern zur Verfügung steht und die sichere Identifizierung dieser Nutzer ermöglicht. Die Mitgliedstaaten unterrichten die Kommission über derartige Kommunikationssysteme.

Art. 8.[18] **Prüfung des Antrags.** Das mit einem Antrag auf Erlass eines Europäischen Zahlungsbefehls befasste Gericht prüft so bald wie möglich

---

[17] ABl. 2000 L 13, S. 12.

[18] Vgl. Erwägungsgrund (16) und Anm. 15 zu Art. 7.

anhand des Antragsformulars, ob die in den Artikeln 2, 3, 4, 6 und 7 genannten Voraussetzungen erfüllt sind und ob die Forderung begründet erscheint. Diese Prüfung kann im Rahmen eines automatisierten Verfahrens erfolgen.

Art. 9. Vervollständigung und Berichtigung des Antrags. (1) Das Gericht räumt dem Antragsteller die Möglichkeit ein, den Antrag zu vervollständigen oder zu berichtigen, wenn die in Artikel 7 genannten Voraussetzungen nicht erfüllt sind und die Forderung nicht offensichtlich unbegründet oder der Antrag unzulässig ist. Das Gericht verwendet dazu das Formblatt B gemäß Anhang II.[19]

(2) Fordert das Gericht den Antragsteller auf, den Antrag zu vervollständigen oder zu berichtigen, so legt es dafür eine Frist[20] fest, die ihm den Umständen nach angemessen erscheint. Das Gericht kann diese Frist nach eigenem Ermessen verlängern.

Art. 10. Änderung des Antrags. (1) Sind die in Artikel 8 genannten Voraussetzungen nur für einen Teil der Forderung erfüllt, so unterrichtet das Gericht den Antragsteller hiervon unter Verwendung des Formblatts C gemäß Anhang III.[21] Der Antragsteller wird aufgefordert, den Europäischen Zahlungsbefehl über den von dem Gericht angegebenen Betrag anzunehmen oder abzulehnen; er wird zugleich über die Folgen seiner Entscheidung belehrt. Die Antwort des Antragstellers erfolgt durch Rücksendung des von dem Gericht übermittelten Formblatts C innerhalb der von dem Gericht gemäß Artikel 9 Absatz 2 festgelegten Frist.

(2) Nimmt der Antragsteller den Vorschlag des Gerichts an, so erlässt das Gericht gemäß Artikel 12 einen Europäischen Zahlungsbefehl für den Teil der Forderung, dem der Antragsteller zugestimmt hat. Die Folgen hinsichtlich des verbleibenden Teils der ursprünglichen Forderung unterliegen nationalem Recht.

(3) Antwortet der Antragsteller nicht innerhalb der von dem Gericht festgelegten Frist oder lehnt er den Vorschlag des Gerichts ab, so weist das Gericht den Antrag auf Erlass eines Europäischen Zahlungsbefehls insgesamt zurück.

Art. 11.[22] Zurückweisung des Antrags. (1) Das Gericht weist den Antrag zurück,

a) wenn die in den Artikeln 2, 3, 4, 6 und 7 genannten Voraussetzungen nicht erfüllt sind,

oder

[19] Das Formblatt B ist online abrufbar im Europäischen Justizportal, vgl. Anm. 46.
[20] Vgl. Erwägungsgrund (28).
[21] Das Formblatt C ist online abrufbar im Europäischen Justizportal, vgl. Anm. 46.
[22] Vgl. Erwägungsgrund (17).

b) wenn die Forderung offensichtlich unbegründet ist,
   oder
c) wenn der Antragsteller nicht innerhalb der von dem Gericht gemäß Artikel 9 Absatz 2 gesetzten Frist seine Antwort übermittelt,
   oder
d) wenn der Antragsteller gemäß Artikel 10 nicht innerhalb der von dem Gericht gesetzten Frist antwortet oder den Vorschlag des Gerichts ablehnt.

Der Antragsteller wird anhand des Formblatts D gemäß Anhang IV[23] von den Gründen der Zurückweisung in Kenntnis gesetzt.

(2) Gegen die Zurückweisung des Antrags kann kein Rechtsmittel eingelegt werden.

(3) Die Zurückweisung des Antrags hindert den Antragsteller nicht, die Forderung mittels eines neuen Antrags auf Erlass eines Europäischen Zahlungsbefehls oder eines anderen Verfahrens nach dem Recht eines Mitgliedstaats geltend zu machen.

Art. 12.[24] **Erlass eines Europäischen Zahlungsbefehls.** (1) Sind die in Artikel 8 genannten Voraussetzungen erfüllt, so erlässt das Gericht so bald wie möglich und in der Regel binnen 30 Tagen nach Einreichung eines entsprechenden Antrags einen Europäischen Zahlungsbefehl unter Verwendung des Formblatts E gemäß Anhang V.[25]

Bei der Berechnung der 30-tägigen Frist[26] wird die Zeit, die der Antragsteller zur Vervollständigung, Berichtigung oder Änderung des Antrags benötigt, nicht berücksichtigt.

(2) Der Europäische Zahlungsbefehl wird zusammen mit einer Abschrift des Antragsformulars ausgestellt. Er enthält nicht die vom Antragsteller in den Anlagen 1 und 2 des Formblatts A gemachten Angaben.

(3) In dem Europäischen Zahlungsbefehl wird der Antragsgegner davon in Kenntnis gesetzt, dass er

a) entweder den im Zahlungsbefehl aufgeführten Betrag an den Antragsteller zahlen kann,
   oder
b) gegen den Europäischen Zahlungsbefehl bei dem Ursprungsgericht Einspruch einlegen kann, indem er innerhalb von 30 Tagen ab dem Zeitpunkt der Zustellung des Zahlungsbefehls an ihn seinen Einspruch versendet.

(4) In dem Europäischen Zahlungsbefehl wird der Antragsgegner davon unterrichtet, dass

---

[23] Das Formblatt D ist online abrufbar im Europäischen Justizportal, vgl. Anm. 46.
[24] Vgl. Erwägungsgrund (18).
[25] Das Formblatt E ist online abrufbar im Europäischen Justizportal, vgl. Anm. 46.
[26] Vgl. Erwägungsgrund (28).

a) der Zahlungsbefehl ausschließlich auf der Grundlage der Angaben des Antragstellers erlassen und vom Gericht nicht nachgeprüft wurde,
b) der Zahlungsbefehl vollstreckbar wird, wenn nicht bei dem Gericht nach Artikel 16 Einspruch eingelegt wird,
c) im Falle eines Einspruchs das Verfahren von den zuständigen Gerichten des Ursprungsmitgliedstaats gemäß den Regeln eines ordentlichen Zivilprozesses weitergeführt wird, es sei denn, der Antragsteller hat ausdrücklich beantragt, das Verfahren in diesem Fall zu beenden.

(5) Das Gericht stellt sicher, dass der Zahlungsbefehl dem Antragsgegner gemäß den nationalen Rechtsvorschriften in einer Weise zugestellt wird, die den Mindestvorschriften der Artikel 13, 14 und 15 genügen muss.

Art. 13.[27] **Zustellung mit Nachweis des Empfangs durch den Antragsgegner.** Der Europäische Zahlungsbefehl kann nach dem Recht des Staats, in dem die Zustellung erfolgen soll, dem Antragsgegner in einer der folgenden Formen zugestellt werden:
a) durch persönliche Zustellung, bei der der Antragsgegner eine Empfangsbestätigung unter Angabe des Empfangsdatums unterzeichnet,
b) durch persönliche Zustellung, bei der die zuständige Person, die die Zustellung vorgenommen hat, ein Dokument unterzeichnet, in dem angegeben ist, dass der Antragsgegner das Schriftstück erhalten hat oder dessen Annahme unberechtigt verweigert hat und an welchem Datum die Zustellung erfolgt ist,
c) durch postalische Zustellung, bei der der Antragsgegner die Empfangsbestätigung unter Angabe des Empfangsdatums unterzeichnet und zurückschickt,
d) durch elektronische Zustellung wie beispielsweise per Fax oder E-Mail, bei der der Antragsgegner eine Empfangsbestätigung unter Angabe des Empfangsdatums unterzeichnet und zurückschickt.

Art. 14.[28] **Zustellung ohne Nachweis des Empfangs durch den Antragsgegner.** (1) Der Europäische Zahlungsbefehl kann nach dem Recht des Staats, in dem die Zustellung erfolgen soll, dem Antragsgegner auch in einer der folgenden Formen zugestellt werden:
a) persönliche Zustellung unter der Privatanschrift des Antragsgegners an eine in derselben Wohnung wie der Antragsgegner lebende Person oder an eine dort beschäftigte Person;
b) wenn der Antragsgegner Selbstständiger oder eine juristische Person ist, persönliche Zustellung in den Geschäftsräumen des Antragsgegners an eine Person, die vom Antragsgegner beschäftigt wird;

---

[27] Vgl. Erwägungsgründe (19) und (20). Zum deutschen Recht siehe ergänzend § 1089 ZPO (Nr. *186a*).

[28] Vgl. Erwägungsgründe (19)–(21). Zum deutschen Recht siehe ergänzend § 1089 ZPO (Nr. *186a*).

c) Hinterlegung des Zahlungsbefehls im Briefkasten des Antragsgegners;

d) Hinterlegung des Zahlungsbefehls beim Postamt oder bei den zuständigen Behörden mit entsprechender schriftlicher Benachrichtigung im Briefkasten des Antragsgegners, sofern in der schriftlichen Benachrichtigung das Schriftstück eindeutig als gerichtliches Schriftstück bezeichnet oder darauf hingewiesen wird, dass die Zustellung durch die Benachrichtigung als erfolgt gilt und damit Fristen zu laufen beginnen;

e) postalisch ohne Nachweis gemäß Absatz 3, wenn der Antragsgegner seine Anschrift im Ursprungsmitgliedstaat hat;

f) elektronisch, mit automatisch erstellter Sendebestätigung, sofern sich der Antragsgegner vorab ausdrücklich mit dieser Art der Zustellung einverstanden erklärt hat.

(2) Für die Zwecke dieser Verordnung ist eine Zustellung nach Absatz 1 nicht zulässig, wenn die Anschrift des Antragsgegners nicht mit Sicher-heit ermittelt werden kann.

(3) Die Zustellung nach Absatz 1 Buchstaben a, b, c und d wird bescheinigt durch

a) ein von der zuständigen Person, die die Zustellung vorgenommen hat, unterzeichnetes Schriftstück mit den folgenden Angaben:

i) die gewählte Form der Zustellung,

und

ii) das Datum der Zustellung sowie,

und

iii) falls der Zahlungsbefehl einer anderen Person als dem Antragsgegner zugestellt wurde, der Name dieser Person und die Angabe ihres Verhältnisses zum Antragsgegner,

oder

b) eine Empfangsbestätigung der Person, der der Zahlungsbefehl zugestellt wurde, für die Zwecke von Absatz 1 Buchstaben a und b.

Art. 15.[29] **Zustellung an einen Vertreter.** Die Zustellung nach den Artikeln 13 oder 14 kann auch an den Vertreter des Antragsgegners bewirkt werden.

Art. 16.[30] **Einspruch gegen den Europäischen Zahlungsbefehl.**

(1) Der Antragsgegner kann beim Ursprungsgericht Einspruch gegen den Europäischen Zahlungsbefehl unter Verwendung des Formblatts F gemäß Anhang VI einlegen, das dem Antragsgegner zusammen mit dem Europäischen Zahlungsbefehl zugestellt wird.

---

[29] Vgl. Erwägungsgrund (22).

[30] Vgl. Erwägungsgrund (23). Zum deutschen Recht siehe ergänzend § 1088 ZPO (Nr. *186a*).

(2) Der Einspruch muss innerhalb von 30 Tagen ab dem Tag der Zustellung des Zahlungsbefehls an den Antragsgegner versandt werden.

(3) Der Antragsgegner gibt in dem Einspruch an, dass er die Forderung bestreitet, ohne dass er dafür eine Begründung liefern muss.

(4) Der Einspruch ist in Papierform oder durch andere – auch elektronische – Kommunikationsmittel, die im Ursprungsmitgliedstaat zulässig sind und dem Ursprungsgericht zur Verfügung stehen, einzulegen.

(5) Der Einspruch ist vom Antragsgegner oder gegebenenfalls von seinem Vertreter zu unterzeichnen. Wird der Einspruch gemäß Absatz 4 auf elektronischem Weg eingelegt, so ist er nach Artikel 2 Nummer 2 der Richtlinie 1999/93/EG zu unterzeichnen. Diese Signatur wird im Ursprungsmitgliedstaat anerkannt, ohne dass weitere Bedingungen festgelegt werden können.

Eine solche elektronische Signatur ist jedoch nicht erforderlich, wenn und insoweit es bei den Gerichten des Ursprungsmitgliedstaats ein alternatives elektronisches Kommunikationssystem gibt, das einer bestimmten Gruppe von vorab registrierten und authentifizierten Nutzern zur Verfügung steht und die sichere Identifizierung dieser Nutzer ermöglicht. Die Mitgliedstaaten unterrichten die Kommission über derartige Kommunikationssysteme.

Art. 17.[31] **Wirkungen der Einlegung eines Einspruchs.** (1) Wird innerhalb der in Artikel 16 Absatz 2 genannten Frist Einspruch eingelegt, so wird das Verfahren vor den zuständigen Gerichten des Ursprungsmitgliedstaats weitergeführt, es sei denn, der Antragsteller hat ausdrücklich beantragt, das Verfahren in einem solchen Fall zu beenden. Das Verfahren wird weitergeführt gemäß den Regeln

a) des in der Verordnung (EG) Nr. 861/2007 festgelegten europäischen Verfahrens für geringfügige Forderungen, falls diese anwendbar ist, oder

b) eines entsprechenden nationalen Zivilverfahrens.

(2) Hat der Antragsteller nicht angegeben, welches der in Absatz 1 Buchstaben a und b genannten Verfahren auf seine Forderung in dem Verfahren angewandt werden soll, das sich an die Einlegung eines Einspruchs anschließt, oder hat der Antragsteller beantragt, das europäische Verfahren für geringfügige Forderungen nach der Verordnung (EG) Nr. 861/2007 auf eine Forderung anzuwenden, die nicht in den Geltungsbereich der Verordnung (EG) Nr. 861/2007 fällt, so wird das Verfahren in das entsprechende einzelstaatliche Zivilverfahren übergeleitet, es sei denn, der Antragsteller hat ausdrücklich beantragt, dass diese Überleitung nicht vorgenommen wird.

---

[31] Vgl. Erwägungsgrund (24). Art. 17 gilt seit dem 14.7.2017 idF von Art. 2 Nr. 2 der Änderungs-VO (EU) 2015/2421 v. 16.12.2015 (Anm. 2). Zum Verfahren nach Einlegung des Einspruchs im deutschen Recht siehe ergänzend §§ 1090, 1091 ZPO (Nr. *186a*).

(3) Hat der Antragsteller seine Forderung im Wege des Europäischen Mahnverfahrens geltend gemacht, so wird seine Stellung im nachfolgenden Zivilverfahren durch keine Maßnahme nach nationalem Recht präjudiziert.

(4) Die Überleitung in ein Zivilverfahren im Sinne von Absatz 1 Buchstaben a und b erfolgt nach dem Recht des Ursprungsmitgliedstaats.

(5) Dem Antragsteller wird mitgeteilt, ob der Antragsgegner Einspruch eingelegt hat und ob das Verfahren als Zivilverfahren im Sinne des Absatzes 1 weitergeführt wird.

Art. 18. Vollstreckbarkeit. (1) Wurde innerhalb der Frist des Artikels 16 Absatz 2 unter Berücksichtigung eines angemessenen Zeitraums für die Übermittlung kein Einspruch beim Ursprungsgericht eingelegt, so erklärt das Gericht den Europäischen Zahlungsbefehl unter Verwendung des Formblatts G gemäß Anhang VII[32] unverzüglich für vollstreckbar. Das Ursprungsgericht überprüft das Zustellungsdatum des Europäischen Zahlungsbefehls.

(2) Unbeschadet des Absatzes 1 richten sich die Voraussetzungen der Zwangsvollstreckung für die Vollstreckbarkeit nach den Rechtsvorschriften des Ursprungsmitgliedstaats.

(3) Das Gericht übersendet dem Antragsteller den vollstreckbaren Europäischen Zahlungsbefehl.

Art. 19.[33] Abschaffung des Exequaturverfahrens. Der im Ursprungsmitgliedstaat vollstreckbar gewordene Europäische Zahlungsbefehl wird in den anderen Mitgliedstaaten anerkannt und vollstreckt, ohne dass es einer Vollstreckbarerklärung bedarf und ohne dass seine Anerkennung angefochten werden kann.

Art. 20.[34] Überprüfung in Ausnahmefällen. (1) Nach Ablauf der in Artikel 16 Absatz 2 genannten Frist ist der Antragsgegner berechtigt, bei dem zuständigen Gericht des Ursprungsmitgliedstaats eine Überprüfung des Europäischen Zahlungsbefehls zu beantragen, falls

a)

i) der Zahlungsbefehl in einer der in Artikel 14 genannten Formen zugestellt wurde,

und

ii) die Zustellung ohne Verschulden des Antragsgegners nicht so rechtzeitig erfolgt ist, dass er Vorkehrungen für seine Verteidigung hätte treffen können,

---

[32] Das Formblatt G ist online abrufbar im Europäischen Justizportal, vgl. Anm. 46.

[33] Vgl. im deutschen Recht ergänzend § 1093 ZPO (Nr. *186a*).

[34] Vgl. Erwägungsgrund (25). Zum deutschen Recht siehe ergänzend §§ 1092, 1095 ZPO (Nr. *186a*).

oder

b) der Antragsgegner aufgrund höherer Gewalt oder aufgrund außergewöhnlicher Umstände ohne eigenes Verschulden keinen Einspruch gegen die Forderung einlegen konnte,

wobei in beiden Fällen vorausgesetzt wird, dass er unverzüglich tätig wird.

(2) Ferner ist der Antragsgegner nach Ablauf der in Artikel 16 Absatz 2 genannten Frist berechtigt, bei dem zuständigen Gericht des Ursprungsmitgliedstaats eine Überprüfung des Europäischen Zahlungsbefehls zu beantragen, falls der Europäische Zahlungsbefehl gemessen an den in dieser Verordnung festgelegten Voraussetzungen oder aufgrund von anderen außergewöhnlichen Umständen offensichtlich zu Unrecht erlassen worden ist.

(3) Weist das Gericht den Antrag des Antragsgegners mit der Begründung zurück, dass keine der Voraussetzungen für die Überprüfung nach den Absätzen 1 und 2 gegeben ist, bleibt der Europäische Zahlungsbefehl in Kraft.

Entscheidet das Gericht, dass die Überprüfung aus einem der in den Absätzen 1 und 2 genannten Gründe gerechtfertigt ist, wird der Europäische Zahlungsbefehl für nichtig erklärt.

Art. 21.[35] **Vollstreckung.** (1) Unbeschadet der Bestimmungen dieser Verordnung gilt für das Vollstreckungsverfahren das Recht des Vollstreckungsmitgliedstaats.

Ein vollstreckbar gewordener Europäischer Zahlungsbefehl wird unter den gleichen Bedingungen vollstreckt wie eine im Vollstreckungsmitgliedstaat vollstreckbar gewordene Entscheidung.

(2) Zur Vollstreckung in einem anderen Mitgliedstaat legt der Antragsteller den zuständigen Vollstreckungsbehörden dieses Mitgliedstaats folgende Dokumente vor:

a) eine Ausfertigung des von dem Ursprungsgericht für vollstreckbar erklärten Europäischen Zahlungsbefehls, die die für seine Beweiskraft erforderlichen Voraussetzungen erfüllt,

und

b) gegebenenfalls eine Übersetzung[36] des Europäischen Zahlungsbefehls in die Amtssprache des Vollstreckungsmitgliedstaats oder – falls es in diesem Mitgliedstaat mehrere Amtssprachen gibt – nach Maßgabe der Rechtsvorschriften dieses Mitgliedstaats in die Verfahrenssprache oder eine der Verfahrenssprachen des Ortes, an dem die Vollstreckung betrieben wird, oder in eine sonstige Sprache, die der Vollstreckungsmitgliedstaat zulässt. Jeder Mitgliedstaat kann angeben, welche Amtssprache oder Amtssprachen der Organe der Europäischen Union er neben seiner oder seinen

---

[35] Vgl. Erwägungsgrund (27).

[36] Vgl. im deutschen Recht ergänzend § 1094 ZPO (Nr. *186a*).

eigenen für den Europäischen Zahlungsbefehl zulässt. Die Übersetzung ist von einer hierzu in einem der Mitgliedstaaten befugten Person zu beglaubigen.

(3) Einem Antragsteller, der in einem Mitgliedstaat die Vollstreckung eines in einem anderen Mitgliedstaat erlassenen Europäischen Zahlungsbefehls beantragt, darf wegen seiner Eigenschaft als Ausländer oder wegen Fehlens eines inländischen Wohnsitzes oder Aufenthaltsorts im Vollstreckungsmitgliedstaat eine Sicherheitsleistung oder Hinterlegung, unter welcher Bezeichnung es auch sei, nicht auferlegt werden.

Art. 22.[37] **Verweigerung der Vollstreckung.** (1) Auf Antrag des Antragsgegners wird die Vollstreckung vom zuständigen Gericht im Vollstreckungsmitgliedstaat verweigert, wenn der Europäische Zahlungsbefehl mit einer früheren Entscheidung oder einem früheren Zahlungsbefehl unvereinbar ist, die bzw. der in einem Mitgliedstaat oder einem Drittland ergangen ist, sofern

a) die frühere Entscheidung oder der frühere Zahlungsbefehl zwischen denselben Parteien wegen desselben Streitgegenstands ergangen ist,
und

b) die frühere Entscheidung oder der frühere Zahlungsbefehl die notwendigen Voraussetzungen für die Anerkennung im Vollstreckungsmitgliedstaat erfüllt,
und

c) die Unvereinbarkeit im gerichtlichen Verfahren des Ursprungsmitgliedstaats nicht geltend gemacht werden konnte.

(2) Auf Antrag wird die Vollstreckung ebenfalls verweigert, sofern und insoweit der Antragsgegner den Betrag, der dem Antragsteller in einem Europäischen Zahlungsbefehl zuerkannt worden ist, an diesen entrichtet hat.

(3) Ein Europäischer Zahlungsbefehl darf im Vollstreckungsmitgliedstaat in der Sache selbst nicht nachgeprüft werden.

Art. 23.[38] **Aussetzung oder Beschränkung der Vollstreckung.** Hat der Antragsgegner eine Überprüfung nach Artikel 20 beantragt, so kann das zuständige Gericht im Vollstreckungsmitgliedstaat auf Antrag des Antragsgegners

a) das Vollstreckungsverfahren auf Sicherungsmaßnahmen beschränken,
oder

b) die Vollstreckung von der Leistung einer von dem Gericht zu bestimmenden Sicherheit abhängig machen,

---

[37] Vgl. Erwägungsgrund (27). Zum deutschen Recht siehe ergänzend § 1096 ZPO (Nr. *186a*).

[38] Vgl. Erwägungsgrund (27).

oder

c) unter außergewöhnlichen Umständen das Vollstreckungsverfahren aussetzen.

Art. 24. Rechtliche Vertretung. Die Vertretung durch einen Rechtsanwalt oder sonstigen Rechtsbeistand ist nicht zwingend

a) für den Antragsteller im Hinblick auf die Beantragung eines Europäischen Zahlungsbefehls,

b) für den Antragsgegner bei Einlegung des Einspruchs gegen einen Europäischen Zahlungsbefehl.

Art. 25.[39] **Gerichtsgebühren.** (1) Sind in einem Mitgliedstaat die Gerichtsgebühren für Zivilverfahren im Sinne des Artikels 17 Absatz 1 Buchstabe a beziehungsweise Buchstabe b genauso hoch oder höher als die Gerichtsgebühren für das Europäische Mahnverfahren, so dürfen die Gerichtsgebühren für ein Europäisches Mahnverfahren und das sich daran im Falle eines Einspruchs gemäß Artikel 17 Absatz 1 anschließende Zivilverfahren insgesamt nicht höher sein als die Gebühren für solche Verfahren ohne vorausgehendes Europäisches Mahnverfahren in diesem Mitgliedstaat.

Für Zivilverfahren, die sich im Falle eines Einspruchs gemäß Artikel 17 Absatz 1 Buchstabe a beziehungsweise Buchstabe b anschließen, dürfen in einem Mitgliedstaat keine zusätzlichen Gerichtsgebühren erhoben werden, wenn die Gerichtsgebühren für diese Art von Verfahren in diesem Mitgliedstaat niedriger sind als die Gerichtsgebühren für das Europäische Mahnverfahren.

(2) Für die Zwecke dieser Verordnung umfassen die Gerichtsgebühren die dem Gericht zu entrichtenden Gebühren und Abgaben, deren Höhe nach dem nationalen Recht festgelegt wird.

Art. 26. Verhältnis zum nationalen Prozessrecht. Sämtliche verfahrensrechtliche Fragen, die in dieser Verordnung nicht ausdrücklich geregelt sind, richten sich nach den nationalen Rechtsvorschriften.

Art. 27. Verhältnis zur Verordnung (EG) Nr. 1348/2000. Diese Verordnung berührt nicht die Anwendung der Verordnung (EG) Nr. 1348/2000 des Rates vom 29. Mai 2000 über die Zustellung gerichtlicher und außergerichtlicher Schriftstücke in Zivil- und Handelssachen in den Mitgliedstaaten.[40]

---

[39] Vgl. Erwägungsgründe (15) und (26). Art. 25 Abs. 1 gilt seit dem 14.7.2017 idF von Art. 2 Nr. 3 der Änderungs-VO (EU) 2015/2421 v. 16.12.2015 (Anm. 2).

[40] Die Verordnung (EG) Nr. 1348/2000 ist mit Wirkung v. 13.11.2008 durch die Verordnung (EG) Nr. 1393/2007 v. 13.11.2007 (EuZVO; Nr. *224*) abgelöst worden.

Art. 28.[41] **Informationen zu den Zustellungskosten und zur Vollstreckung.** Die Mitgliedstaaten arbeiten zusammen, um der Öffentlichkeit und den Fachkreisen folgende Informationen zur Verfügung zu stellen:

a) Informationen zu den Zustellungskosten,

und

b) Information darüber, welche Behörden im Zusammenhang mit der Vollstreckung für die Anwendung der Artikel 21, 22 und 23 zuständig sind,

insbesondere über das mit der Entscheidung 2001/470/EG des Rates[42] eingerichtete Europäische Justizielle Netz für Zivil- und Handelssachen.

Art. 29.[43] **Angaben zu den zuständigen Gerichten, den Überprüfungsverfahren, den Kommunikationsmitteln und den Sprachen.** (1) Die Mitgliedstaaten teilen der Kommission bis zum 12. Juni 2008 Folgendes mit:

a) die Gerichte, die dafür zuständig sind, einen Europäischen Zahlungsbefehl zu erlassen;

b) Informationen über das Überprüfungsverfahren und die für die Anwendung des Artikels 20 zuständigen Gerichte;

c) die Kommunikationsmittel, die im Hinblick auf das Europäische Mahnverfahren zulässig sind und den Gerichten zur Verfügung stehen;

d) die nach Artikel 21 Absatz 2 Buchstabe b zulässigen Sprachen.

Die Mitgliedstaaten unterrichten die Kommission über alle späteren Änderungen dieser Angaben.

(2) Die Kommission macht die nach Absatz 1 mitgeteilten Angaben durch Veröffentlichung im Amtsblatt der Europäischen Union und durch andere geeignete Mittel öffentlich zugänglich.

Art. 30.[44] **Änderung der Anhänge.** Der Kommission wird die Befugnis übertragen, gemäß Artikel 31 in Bezug auf die Änderung der Anhänge I bis VII delegierte Rechtsakte zu erlassen.

Art. 31.[45] **Ausübung der Befugnisübertragung.** (1) Die Befugnis zum Erlass delegierter Rechtsakte wird der Kommission unter den in diesem Artikel festgelegten Bedingungen übertragen.

---

[41] Die Informationen zu den einzelnen Mitgliedstaaten sind abrufbar im Europäischen Gerichtsatlas für Zivilsachen (Homepage des Europäischen Justizportals: https://e-justice.europa.eu/353/DE/european_payment_order).

[42] ABl. 2001 L 174, S. 25.

[43] Die Informationen zu den anderen Mitgliedstaaten sind abrufbar im Europäischen Gerichtsatlas für Zivilsachen, vgl. Anm. 41.

[44] Art. 30 gilt seit dem 14.7.2017 idF von Art. 2 Nr. 4 der Änderungs-VO (EU) 2015/2421 v. 16.12.2015 (Anm. 2).

[45] Art. 31 gilt seit dem 14.7.2017 idF von Art. 2 Nr. 5 der Änderungs-VO (EU) 2015/2421 v. 16.12.2015 (Anm. 2).

(2) Die Befugnis zum Erlass delegierter Rechtsakte gemäß Artikel 30 wird der Kommission auf unbestimmte Zeit ab dem 13. Januar 2016 übertragen.

(3) Die Befugnisübertragung gemäß Artikel 30 kann vom Europäischen Parlament oder vom Rat jederzeit widerrufen werden. Der Beschluss über den Widerruf beendet die Übertragung der in diesem Beschluss angegebenen Befugnis. Er wird am Tag nach seiner Veröffentlichung im Amtsblatt der Europäischen Union oder zu einem im Beschluss über den Widerruf angegebenen späteren Zeitpunkt wirksam. Die Gültigkeit von delegierten Rechtsakten, die bereits in Kraft sind, wird von dem Beschluss über den Widerruf nicht berührt.

(4) Sobald die Kommission einen delegierten Rechtsakt erlässt, übermittelt sie ihn gleichzeitig dem Europäischen Parlament und dem Rat.

(5) Ein delegierter Rechtsakt, der gemäß Artikel 30 erlassen wurde, tritt nur in Kraft, wenn weder das Europäische Parlament noch der Rat innerhalb einer Frist von zwei Monaten nach Übermittlung dieses Rechtsakts an das Europäische Parlament und den Rat Einwände erhoben haben oder wenn vor Ablauf dieser Frist das Europäische Parlament und der Rat beide der Kommission mitgeteilt haben, dass sie keine Einwände erheben werden. Auf Initiative des Europäischen Parlaments oder des Rates wird diese Frist um zwei Monate verlängert.

Art. 32. Überprüfung. Die Kommission legt dem Europäischen Parlament, dem Rat und dem Europäischen Wirtschafts- und Sozialausschuss bis zum 12. Dezember 2013 einen detaillierten Bericht über die Überprüfung des Funktionierens des Europäischen Mahnverfahrens vor. Dieser Bericht enthält eine Bewertung des Funktionierens des Verfahrens und eine erweiterte Folgenabschätzung für jeden Mitgliedstaat.

Zu diesem Zweck und damit gewährleistet ist, dass die vorbildliche Praxis in der Europäischen Union gebührend berücksichtigt wird und die Grundsätze der besseren Rechtsetzung zum Tragen kommen, stellen die Mitgliedstaaten der Kommission Angaben zum grenzüberschreitenden Funktionieren des Europäischen Zahlungsbefehls zur Verfügung. Diese Angaben beziehen sich auf die Gerichtsgebühren, die Schnelligkeit des Verfahrens, die Effizienz, die Benutzerfreundlichkeit und die internen Mahnverfahren der Mitgliedstaaten.

Dem Bericht der Kommission werden gegebenenfalls Vorschläge zur Anpassung der Verordnung beigefügt.

Art. 33. Inkrafttreten. Diese Verordnung tritt am Tag nach ihrer Veröffentlichung im Amtsblatt der Europäischen Union in Kraft.

Sie gilt ab dem 12. Dezember 2008 mit Ausnahme der Artikel 28, 29, 30 und 31, die ab dem 12. Juni 2008 gelten.

Diese Verordnung ist in allen ihren Teilen verbindlich und gilt gemäß dem Vertrag zur Gründung der Europäischen Gemeinschaft unmittelbar in den Mitgliedstaaten.

Anhänge I–VII[46]

(nicht abgedruckt)

186a. Zivilprozessordnung

idF vom 5. Dezember 2005 (BGBl. I, S. 3202)

Buch 11.[1] Justizielle Zusammenarbeit in der Europäischen Union

Abschnitt 5.[2] Europäisches Mahnverfahren nach der Verordnung (EG) Nr. 1896/2006[3]

Titel 1. Allgemeine Vorschriften

§ 1087.[4] Zuständigkeit. Für die Bearbeitung von Anträgen auf Erlass und Überprüfung sowie die Vollstreckbarerklärung eines Europäischen Zahlungsbefehls nach der Verordnung (EG) Nr. 1896/2006 ist das Amtsgericht Wedding in Berlin ausschließlich zuständig.

§ 1088.[5] Maschinelle Bearbeitung. (1) Der Antrag auf Erlass des Europäischen Zahlungsbefehls und der Einspruch können in einer nur maschinell lesbaren Form bei Gericht eingereicht werden, wenn diese dem Gericht für seine maschinelle Bearbeitung geeignet erscheint. § 130a Abs. 5 Satz 1 gilt entsprechend.

(2) Der Senat des Landes Berlin bestimmt durch Rechtsverordnung, die nicht der Zustimmung des Bundesrates bedarf, den Zeitpunkt, in dem beim

---

[46] Die Anhänge zur Verordnung, insbesondere das Antragsformular auf Erlass eines europäischen Zahlungsbefehls, wurden zuletzt geändert durch die Verordnung (EU) Nr. 936/2012 v. 4.10.2012 (ABl. L 283, S. 1). Sie sind online abrufbar im Europäischen Justizportal: https://e-justice.europa.eu/156/DE/european_payment_order_forms?clang=de.

[1] Die Vorschriften des 11. Buches der ZPO finden gem. § 13a ArbGG auch in Verfahren vor den Arbeitsgerichten Anwendung. Vgl. aber auch § 46b ArbGG (Nr. *186b*).

[2] 5. Abschnitt angefügt durch Gesetz zur Verbesserung der grenzüberschreitenden Forderungsdurchsetzung und Zustellung v. 30.10.2008 (BGBl. I, S. 2122) mit Wirkung v. 12.12.2008.

[3] Abgedruckt unter Nr. *186*.

[4] § 1087 geändert durch Gesetz v. 8.7.2014 (BGBl. I, S. 890) mit Wirkung v. 10.1.2015.

[5] § 1088 Abs. 1 Satz 2 geändert durch Gesetz v. 10.10.2013 (BGBl. I, S. 3786) mit Wirkung v. 1.1.2018.

Amtsgericht Wedding die maschinelle Bearbeitung der Mahnverfahren eingeführt wird; er kann die Ermächtigung durch Rechtsverordnung auf die Senatsverwaltung für Justiz des Landes Berlin übertragen.

§ 1089. Zustellung. (1) Ist der Europäische Zahlungsbefehl im Inland zuzustellen, gelten die Vorschriften über das Verfahren bei Zustellungen von Amts wegen entsprechend. Die §§ 185 bis 188 sind nicht anzuwenden.

(2) Ist der Europäische Zahlungsbefehl in einem anderen Mitgliedstaat der Europäischen Union zuzustellen, gelten die Vorschriften der Verordnung (EU) 2020/1784[6] sowie für die Durchführung dieser Verordnung § 1067 Absatz 1, § 1069 Absatz 1 und § 1070[7] entsprechend.

Titel 2. Einspruch gegen den Europäischen Zahlungsbefehl

§ 1090.[8] Verfahren nach Einspruch. (1) Im Fall des Artikels 17 Abs. 1 der Verordnung (EG) Nr. 1896/2006 fordert das Gericht den Antragsteller mit der Mitteilung nach Artikel 17 Abs. 3 der Verordnung (EG) Nr. 1896/2006 auf, das Gericht zu bezeichnen, das für die Durchführung des streitigen Verfahrens zuständig ist. Das Gericht setzt dem Antragsteller hierfür eine nach den Umständen angemessene Frist und weist ihn darauf hin, dass dem für die Durchführung des streitigen Verfahrens bezeichneten Gericht die Prüfung seiner Zuständigkeit vorbehalten bleibt. Die Aufforderung ist dem Antragsgegner mitzuteilen. Für den Fall, dass der Antragsteller nicht innerhalb der ihm hierfür nach Satz 2 gesetzten Frist das für die Durchführung des streitigen Verfahrens zuständige Gericht benennt, ist der Europäische Zahlungsbefehl aufzuheben. Hierdurch endet das Verfahren nach der Verordnung (EG) Nr. 1896/2006.

(2) Nach Eingang der Mitteilung des Antragstellers nach Absatz 1 Satz 1 gibt das Gericht, das den Europäischen Zahlungsbefehl erlassen hat, das Verfahren von Amts wegen an das vom Antragsteller bezeichnete Gericht ab. § 696 Abs. 1 Satz 3 bis 5, Abs. 2, 4 und 5 sowie § 698 gelten entsprechend.

(3) Die Streitsache gilt als mit Zustellung des Europäischen Zahlungsbefehls rechtshängig geworden, wenn sie nach Übersendung der Aufforderung nach Absatz 1 Satz 1 und unter Berücksichtigung der Frist nach Absatz 1 Satz 2 alsbald abgegeben wird.

§ 1091. Einleitung des Streitverfahrens. § 697 Abs. 1 bis 3 gilt entsprechend.

---

[6] Abgedruckt unter Nr. *224*.

[7] Abgedruckt unter Nr. *224a*.

[8] § 1090 Abs. 1 Sätze 4 und 5 angefügt durch Gesetz v. 11.6.2017 (BGBl. I, S. 1607) mit Wirkung v. 17.6.2017.

Titel 3. Überprüfung des Europäischen Zahlungsbefehls in Ausnahmefällen

§ 1092. Verfahren. (1) Die Entscheidung über einen Antrag auf Überprüfung des Europäischen Zahlungsbefehls nach Artikel 20 Abs. 1 oder Abs. 2 der Verordnung (EG) Nr. 1896/2006 ergeht durch Beschluss. Der Beschluss ist unanfechtbar.

(2) Der Antragsgegner hat die Tatsachen, die eine Aufhebung des Europäischen Zahlungsbefehls begründen, glaubhaft zu machen.

(3) Erklärt das Gericht den Europäischen Zahlungsbefehl für nichtig, endet das Verfahren nach der Verordnung (EG) Nr. 1896/2006.

(4) Eine Wiedereinsetzung in die Frist nach Artikel 16 Abs. 2 der Verordnung (EG) Nr. 1896/2006 findet nicht statt.

§ 1092a.[9] **Rechtsbehelf bei Nichtzustellung oder bei nicht ordnungsgemäßer Zustellung des Europäischen Zahlungsbefehls.** (1) Der Antragsgegner kann die Aufhebung des Europäischen Zahlungsbefehls beantragen, wenn ihm der Europäische Zahlungsbefehl

1. nicht zugestellt wurde oder
2. in einer nicht den Anforderungen der Artikel 13 bis 15 der Verordnung (EG) Nr. 1896/2006 genügenden Weise zugestellt wurde.

Der Antrag muss innerhalb eines Monats ab dem Zeitpunkt gestellt werden, zu dem der Antragsgegner Kenntnis vom Erlass des Europäischen Zahlungsbefehls oder des Zustellungsmangels gehabt hat oder hätte haben können. Gibt das Gericht dem Antrag aus einem der in Satz 1 genannten Gründe statt, wird der Europäische Zahlungsbefehl für nichtig erklärt.

(2) Hat das Gericht zum Zeitpunkt der Antragstellung nach Absatz 1 Satz 1 den Europäischen Zahlungsbefehl bereits nach Artikel 18 der Verordnung (EG) Nr. 1896/2006 für vollstreckbar erklärt und gibt es dem Antrag nunmehr statt, so erklärt es die Zwangsvollstreckung aus dem Zahlungsbefehl für unzulässig. Absatz 1 Satz 3 gilt entsprechend.

(3) Die Entscheidung ergeht durch Beschluss. Der Beschluss ist unanfechtbar. § 1092 Absatz 2 bis 4 findet entsprechende Anwendung.

Titel 4. Zwangsvollstreckung aus dem Europäischen Zahlungsbefehl

§ 1093. Vollstreckungsklausel. Aus einem nach der Verordnung (EG) Nr. 1896/2006 erlassenen und für vollstreckbar erklärten Europäischen

---

[9] § 1092a eingefügt durch Gesetz v. 11.6.2017 (BGBl. I, S. 1607) mit Wirkung v. 17.6.2017.

Zahlungsbefehl findet die Zwangsvollstreckung im Inland statt, ohne dass es einer Vollstreckungsklausel bedarf.

§ 1094. Übersetzung. Hat der Gläubiger nach Artikel 21 Abs. 2 Buchstabe b der Verordnung (EG) Nr. 1896/2006 eine Übersetzung vorzulegen, so ist diese in deutscher Sprache zu verfassen und von einer in einem der Mitgliedstaaten der Europäischen Union hierzu befugten Person zu beglaubigen.

§ 1095.[10] **Vollstreckungsschutz und Vollstreckungsabwehrklage gegen den im Inland erlassenen Europäischen Zahlungsbefehl.**

(1) Wird die Überprüfung eines im Inland erlassenen Europäischen Zahlungsbefehls nach Artikel 20 der Verordnung (EG) Nr. 1896/2006 oder dessen Aufhebung nach § 1092a beantragt, gilt § 707 entsprechend. Für die Entscheidung über den Antrag nach § 707 ist das Gericht zuständig, das über den Antrag nach Artikel 20 der Verordnung (EG) Nr. 1896/2006 entscheidet.

(2) Einwendungen, die den Anspruch selbst betreffen, sind nur insoweit zulässig, als die Gründe, auf denen sie beruhen, nach Zustellung des Europäischen Zahlungsbefehls entstanden sind und durch Einspruch nach Artikel 16 der Verordnung (EG) Nr. 1896/2006 nicht mehr geltend gemacht werden können.

§ 1096.[11] **Anträge nach den Artikeln 22 und 23 der Verordnung (EG) Nr. 1896/2006; Vollstreckungsabwehrklage.** (1) Für Anträge auf Verweigerung der Zwangsvollstreckung nach Artikel 22 Abs. 1 der Verordnung (EG) Nr. 1896/2006 gilt § 1084 Abs. 1 und 2 entsprechend. Für Anträge auf Aussetzung oder Beschränkung der Zwangsvollstreckung nach Artikel 23 der Verordnung (EG) Nr. 1896/2006 ist § 1084 Abs. 1 und 3 entsprechend anzuwenden.

(2) Für Anträge auf Verweigerung der Zwangsvollstreckung nach Artikel 22 Abs. 2 der Verordnung (EG) Nr. 1896/2006 gilt § 1086 Abs. 1[12] entsprechend. Für Klagen nach § 795 Satz 1 in Verbindung § 767 sind § 1086 Abs. 1 und § 1095 Abs. 2 entsprechend anzuwenden

[10] § 1095 Abs. 1 Satz 1 geändert durch Gesetz v. 11.6.2017 (BGBl. I, S. 1607) mit Wirkung v. 17.6.2017.

[11] § 1096 Abs. 2 Satz 2 geändert durch Gesetz v. 8.7.2014 (BGBl. I, S. 890) mit Wirkung v. 10.1.2015.

[12] Abgedruckt unter Nr. *185a*.

186b. Arbeitsgerichtsgesetz

idF vom 2. Juli 1979 (BGBl. I, S. 853, ber. S. 1036)

§ 46b.[1] **Europäisches Mahnverfahren nach der Verordnung (EG) Nr. 1896/2006.** (1) Für das Europäische Mahnverfahren nach der Verordnung (EG) Nr. 1896/2006 des Europäischen Parlaments und des Rates vom 12. Dezember 2006 zur Einführung eines Europäischen Mahnverfahrens (ABl. EU Nr. L 399 S. 1) gelten die Vorschriften des Abschnitts 5 des Buchst. 11 der Zivilprozessordnung[2] entsprechend, soweit dieses Gesetz nichts anderes bestimmt.

(2) Für die Bearbeitung von Anträgen auf Erlass und Überprüfung sowie die Vollstreckbarerklärung eines Europäischen Zahlungsbefehls nach der Verordnung (EG) Nr. 1896/2006 ist das Arbeitsgericht zuständig, das für die im Urteilsverfahren erhobene Klage zuständig sein würde.

(3) Im Fall des Artikels 17 Abs. 1 der Verordnung (EG) Nr. 1896/2006 ist § 46a Abs. 4 und 5 entsprechend anzuwenden.[3] Der Antrag auf Durchführung der mündlichen Verhandlung gilt als vom Antragsteller gestellt.

---

[1] § 46b angefügt durch Gesetz zur Verbesserung der grenzüberschreitenden Forderungsdurchsetzung und Zustellung v. 30.10.2008 (BGBl. I, S. 2122) mit Wirkung v. 12.12.2008.

[2] Abgedruckt unter Nr. *186a.*

[3] § 46a Abs. 4 und 5 lauten:

§ 46a. *(4) Wird rechtzeitig Widerspruch erhoben und beantragt eine Partei die Durchführung der mündlichen Verhandlung, so gibt das Gericht, das den Mahnbescheid erlassen hat, den Rechtsstreit von Amts wegen an das Gericht ab, das in dem Mahnbescheid gemäß § 692 Absatz 1 Nummer 1 der Zivilprozessordnung bezeichnet worden ist. Verlangen die Parteien übereinstimmend die Abgabe an ein anderes als das im Mahnbescheid bezeichnete Gericht, erfolgt die Abgabe dorthin. Die Geschäftsstelle hat dem Antragsteller unverzüglich aufzugeben, seinen Anspruch binnen zwei Wochen schriftlich zu begründen. Bei Eingang der Anspruchsbegründung bestimmt der Vorsitzende den Termin zur mündlichen Verhandlung. Geht die Anspruchsbegründung nicht rechtzeitig ein, so wird bis zu ihrem Eingang der Termin nur auf Antrag des Antragsgegners bestimmt.*

(5) Die Streitsache gilt als mit Zustellung des Mahnbescheids rechtshängig geworden, wenn alsbald nach Erhebung des Widerspruchs Termin zur mündlichen Verhandlung bestimmt wird.

187. Verordnung (EG) Nr. 861/2007 des Europäischen Parlaments und des Rates zur Einführung eines europäischen Verfahrens für geringfügige Forderungen

Vom 11. Juli 2007[1, 2, 3, 4] (ABl. L 199, S. 1)

DAS EUROPÄISCHE PARLAMENT UND DER RAT DER EUROPÄISCHEN UNION –

gestützt auf den Vertrag zur Gründung der Europäischen Gemeinschaft, insbesondere auf Artikel 61 Buchstabe c und Artikel 67,

auf Vorschlag der Kommission,

nach Stellungnahme des Europäischen Wirtschafts- und Sozialausschusses,[5]

gemäß dem Verfahren des Artikels 251 des Vertrags,[6]

in Erwägung nachstehender Gründe:

(1) Die Gemeinschaft hat sich zum Ziel gesetzt, einen Raum der Freiheit, der Sicherheit und des Rechts, in dem der freie Personenverkehr gewährleistet ist, zu erhalten und weiterzuentwickeln. Zur schrittweisen Schaffung eines solchen Raums erlässt die Gemeinschaft unter anderem im Bereich der justiziellen Zusammenarbeit in Zivilsachen mit grenzüberschreitendem Bezug die für das reibungslose Funktionieren des Binnenmarkts erforderlichen Maßnahmen.

(2) Gemäß Artikel 65 Buchstabe c des Vertrags schließen diese Maßnahmen die Beseitigung der Hindernisse für eine reibungslose Abwicklung von Zivilverfahren ein, erforderlichenfalls durch Förderung der Vereinbarkeit der in den Mitgliedstaaten geltenden zivilrechtlichen Verfahrensvorschriften.

---

[1] Die Verordnung galt für die Mitgliedstaaten der EU – mit Ausnahme *Dänemarks* (vgl. dazu Erwägungsgrund (38)) – in ihrer ursprünglichen Fassung gemäß ihrem Art. 29 Abs. 2 seit dem 1.1.2009 in Kraft getreten. Lediglich Art. 25 galt bereits seit dem 1.1.2008. Für *Kroatien* galt die Verordnung in dieser Fassung seit dem 1.7.2013.

[2] Die Verordnung gilt seit dem 14.7.2017 in der hier abgedruckten Fassung der Verordnung (EU) 2015/2421 des Europäischen Parlaments und des Rates zur Änderung der Verordnung (EG) Nr. 861/2007 zur Einführung eines europäischen Verfahrens für geringfügige Forderungen und der Verordnung (EG) Nr. 1896/2006 zur Einführung eines Europäischen Mahnverfahrens v. 16.12.2015 (ABl. L 341, S. 1). Die Erwägungsgründe zu dieser Änderungsverordnung sind im Anhang zu Nr. *187* abgedruckt.

[3] Im Verhältnis zum *Vereinigten Königreich* gilt die Verordnung nach Ablauf der in Art. 126, 127 des Brexit-Abk v. 24.1.2020 (Nr. *0–3*) vereinbarten Übergangsfrist am 31.12.2020 nicht mehr. Vgl. zu den Auswirkungen des Brexit auf die Geltung der Verordnung im Verhältnis zum *Vereinigten Königreich* auch Anm. 2 zum EU-Vertrag (Nr. *0–1*) und Art. 67 Abs. 3 lit. e Brexit-Abk.

[4] Zur Durchführung der Verordnung in *Deutschland* siehe §§ 1097–1109 ZPO (Nr. *187a*) und § 794 Abs. 1 Nr. 8 ZPO (Nr. *192*).

[5] ABl. 2006 C 88, S. 61.

[6] Stellungnahme des Europäischen Parlaments v. 14.12.2006 und Beschluss des Rates v. 13.6.2007.

(3) Bisher hat die Gemeinschaft in diesem Bereich unter anderem bereits folgende Maßnahmen erlassen: Verordnung (EG) Nr. 1348/2000 des Rates vom 29. Mai 2000 über die Zustellung gerichtlicher und außergerichtlicher Schriftstücke in Zivil- oder Handelssachen in den Mitgliedstaaten,[7] Verordnung (EG) Nr. 44/2001 des Rates vom 22. Dezember 2000 über die gerichtliche Zuständigkeit und die Anerkennung und Vollstreckung von Entscheidungen in Zivil- und Handelssachen,[8] Entscheidung 2001/470/EG des Rates vom 28. Mai 2001 über die Einrichtung eines Europäischen Justiziellen Netzes für Zivil- und Handelssachen,[9] Verordnung (EG) Nr. 805/2004 des Europäischen Parlaments und des Rates vom 21. April 2004 zur Einführung eines europäischen Vollstreckungstitels für unbestrittene Forderungen[10] und Verordnung (EG) Nr. 1896/2006 des Europäischen Parlaments und des Rates vom 12. Dezember 2006 zur Einführung eines Europäischen Mahnverfahrens.[11]

(4) Der Europäische Rat forderte auf seiner Tagung vom 15. und 16. Oktober 1999 in Tampere den Rat und die Kommission auf, gemeinsame Verfahrensregeln für vereinfachte und beschleunigte grenzüberschreitende Gerichtsverfahren bei verbraucher- und handelsrechtlichen Ansprüchen mit geringem Streitwert zu verabschieden.

(5) Am 30. November 2000 verabschiedete der Rat ein gemeinsames Programm der Kommission und des Rates über Maßnahmen zur Umsetzung des Grundsatzes der gegenseitigen Anerkennung gerichtlicher Entscheidungen in Zivil- und Handelssachen.[12] In dem Programm wird auf die Vereinfachung und Beschleunigung der Beilegung grenzüberschreitender Streitigkeiten Bezug genommen. Dies wurde durch das vom Europäischen Rat am 5. November 2004 angenommene Haager Programm,[13] in dem eine aktive Durchführung der Arbeiten zu geringfügigen Forderungen gefordert wird, weiter vorangebracht.

(6) Am 20. Dezember 2002 nahm die Kommission ein Grünbuch über ein Europäisches Mahnverfahren und über Maßnahmen zur einfacheren und schnelleren Beilegung von Streitigkeiten mit geringem Streitwert an. Mit dem Grünbuch wurde eine Konsultation über Maßnahmen zur Vereinfachung und Beschleunigung von Streitigkeiten mit geringem Streitwert eingeleitet.

---

[7] ABl. 2000 Nr. L 160, S. 37. Die Verordnung ist mit Wirkung v. 13.11.2008 durch die Verordnung (EG) Nr. 1393/2007 v. 13.11.2007 (EuZVO; Nr. *224*) abgelöst worden.

[8] ABl. 2001 L 12, S. 1. Die Verordnung ist mit Wirkung v. 10.1.2015 durch die Verordnung (EG) Nr. 1215/2012 v. 12.12.2012 (Brüssel Ia-VO, Nr. *160*) abgelöst worden.

[9] ABl. 2001 L 174, S. 25.

[10] ABl. 2004 L 143, S. 15; abgedruckt unter Nr. *185*. Geändert durch die Verordnung (EG) Nr. 1869/2005 (ABl. L 300, S. 6).

[11] ABl. 2006 L 399, S. 1; abgedruckt unter Nr. *186*.

[12] ABl. 2001 C 12, S. 1.

[13] ABl. 2005 C 53, S. 1.

(7) Viele Mitgliedstaaten haben vereinfachte zivilrechtliche Verfahren für Bagatellsachen eingeführt, da der Zeit-/Kostenaufwand und die Schwierigkeiten, die mit der Rechtsverfolgung verbunden sind, nicht unbedingt proportional zum Wert der Forderung abnehmen. Die Hindernisse für ein schnelles Urteil mit geringen Kosten verschärfen sich in grenzüberschreitenden Fällen. Es ist daher erforderlich, ein europäisches Verfahren für geringfügige Forderungen einzuführen. Ziel eines solchen europäischen Verfahrens sollte der erleichterte Zugang zur Justiz sein. Die Verzerrung des Wettbewerbs im Binnenmarkt aufgrund des unterschiedlichen Funktionierens der verfahrensrechtlichen Instrumente, die den Gläubigern in den einzelnen Mitgliedstaaten zur Verfügung stehen, machen eine Gemeinschaftsregelung erforderlich, die für Gläubiger und Schuldner in der gesamten Europäischen Union gleiche Bedingungen gewährleistet. Bei der Festsetzung der Kosten für die Behandlung von Klagen im Rahmen des europäischen Verfahrens für geringfügige Forderungen sollten die Grundsätze der Einfachheit, der Schnelligkeit und der Verhältnismäßigkeit berücksichtigt werden müssen. Zweckdienlicherweise sollten die Einzelheiten zu den zu erhebenden Gebühren veröffentlicht werden und die Modalitäten zur Festsetzung dieser Gebühren transparent sein.

(8) Mit dem europäischen Verfahren für geringfügige Forderungen sollten Streitigkeiten mit geringem Streitwert in grenzüberschreitenden Fällen vereinfacht und beschleunigt und die Kosten verringert werden, indem ein fakultatives Instrument zusätzlich zu den Möglichkeiten geboten wird, die nach dem Recht der Mitgliedstaaten bestehen und unberührt bleiben. Mit dieser Verordnung sollte es außerdem einfacher werden, die Anerkennung und Vollstreckung eines Urteils zu erwirken, das im europäischen Verfahren für geringfügige Forderungen in einem anderen Mitgliedstaat ergangen ist.

(9) Diese Verordnung soll der Förderung der Grundrechte dienen und berücksichtigt insbesondere die Grundsätze, die mit der Charta der Grundrechte der Europäischen Union anerkannt wurden. Das Gericht sollte das Recht auf ein faires Verfahren sowie den Grundsatz des kontradiktori schen Verfahrens wahren, insbesondere wenn es über das Erfordernis einer mündlichen Verhandlung und über die Erhebung von Beweisen und den Umfang der Beweisaufnahme entscheidet.

(10) Zur Vereinfachung der Berechnung des Streitwertes sollten dabei Zinsen, Ausgaben und Auslagen unberücksichtigt bleiben. Dies sollte weder die Befugnis des Gerichts, diese in seinem Urteil zuzusprechen, noch die nationalen Zinsberechnungsvorschriften berühren.

(11) Zur Erleichterung der Einleitung des europäischen Verfahrens für geringfügige Forderungen sollte der Kläger ein Klageformblatt ausfüllen und beim zuständigen Gericht einreichen. Das Klageformblatt sollte nur bei einem zuständigen Gericht eingereicht werden.

(12) Dem Klageformblatt sollten gegebenenfalls zweckdienliche Beweisunterlagen beigefügt werden. Dies steht der Einreichung weiterer Beweis-

tücke durch den Kläger während des Verfahrens jedoch nicht entgegen. Der gleiche Grundsatz sollte für die Antwort des Beklagten gelten.

(13) Die Begriffe „offensichtlich unbegründet“ im Zusammenhang mit der Zurückweisung einer Forderung und „unzulässig“ im Zusammenhang mit der Abweisung einer Klage sollten nach Maßgabe des nationalen Rechts bestimmt werden.

(14) Das europäische Verfahren für geringfügige Forderungen sollte schriftlich durchgeführt werden, sofern nicht das Gericht eine mündliche Verhandlung für erforderlich hält oder eine der Parteien einen entsprechenden Antrag stellt. Das Gericht kann einen solchen Antrag ablehnen. Diese Ablehnung kann nicht separat angefochten werden.

(15) Die Parteien sollten nicht verpflichtet sein, sich durch einen Rechtsanwalt oder sonstigen Rechtsbeistand vertreten zu lassen.

(16) Der Begriff der „Widerklage“ sollte im Sinne des Artikels 6 Absatz 3 der Verordnung (EG) Nr. 44/2001 als Widerklage verstanden werden, die auf denselben Vertrag oder Sachverhalt wie die Klage selbst gestützt wird. Die Artikel 2 und 4 sowie Artikel 5 Absätze 3, 4 und 5 sollten entsprechend für Widerklagen gelten.

(17) Macht der Beklagte während des Verfahrens ein Recht auf Aufrechnung geltend, so sollte diese Forderung nicht als Widerklage im Sinne dieser Verordnung gelten. Daher sollte der Beklagte nicht verpflichtet sein, das in Anhang I vorgegebene Klageformblatt A für die Inanspruchnahme eines solchen Rechts zu verwenden.

(18) Der Empfangsmitgliedstaat für die Zwecke der Anwendung des Artikels 6 sollte der Mitgliedstaat sein, in dem die Zustellung oder in den die Versendung eines Schriftstücks erfolgt. Damit die Kosten verringert und die Fristen verkürzt werden, sollten Unterlagen den Parteien vorzugsweise durch Postdienste mit Empfangsbestätigung zugestellt werden, aus der das Datum des Empfangs hervorgeht.

(19) Eine Partei kann die Annahme eines Schriftstücks zum Zeitpunkt der Zustellung oder durch Rücksendung innerhalb einer Woche verweigern, wenn dieses nicht in einer Sprache abgefasst ist, die die Partei versteht oder die Amtssprache des Empfangsmitgliedstaates ist (wenn es in diesem Mitgliedstaat mehrere Amtssprachen gibt, der Amtssprache oder einer der Amtssprachen des Ortes, an dem die Zustellung erfolgen soll oder an den das Schriftstück gesandt werden soll), und ihm auch keine Übersetzung in diese Sprache beiliegt.

(20) Bei der mündlichen Verhandlung und der Beweisaufnahme sollten die Mitgliedstaaten vorbehaltlich der nationalen Rechtsvorschriften des Mitgliedstaats, in dem das Gericht seinen Sitz hat ist, den Einsatz moderner Kommunikationsmittel fördern. Das Gericht sollte sich für die einfachste und kostengünstigste Art und Weise der Beweisaufnahme entscheiden.

(21) Die praktische Hilfestellung, die die Parteien beim Ausfüllen der Formblätter erhalten sollen, sollte Informationen zur technischen Verfügbarkeit und zum Ausfüllen der Formblätter umfassen.

(22) Informationen zu Verfahrensfragen können auch vom Gerichtspersonal nach Maßgabe des einzelstaatlichen Rechts erteilt werden.

(23) Angesichts des Ziels dieser Verordnung, Streitigkeiten mit geringem Streitwert in grenzüberschreitenden Rechtssachen zu vereinfachen und zu beschleunigen, sollte das Gericht auch in den Fällen, in denen diese Verordnung keine Frist für einen bestimmten Verfahrensabschnitt vorsieht, so schnell wie möglich tätig werden.

(24) Die Berechnung der in dieser Verordnung vorgesehenen Fristen sollte nach Maßgabe der Verordnung (EWG, Euratom) Nr. 1182/71 des Rates vom 3. Juni 1971 zur Festlegung der Regeln für die Fristen, Daten und Termine[14] erfolgen.

(25) Zur schnelleren Durchsetzung geringfügiger Forderungen sollte das Urteil ohne Rücksicht auf seine Anfechtbarkeit und ohne Sicherheitsleistung vollstreckbar sein, sofern in dieser Verordnung nichts anderes bestimmt ist.

(26) Immer wenn in dieser Verordnung auf Rechtsmittel Bezug genommen wird, sollten alle nach dem einzelstaatlichen Recht möglichen Rechtsmittel umfasst sein.

(27) Dem Gericht muss eine Person angehören, die nach nationalem Recht dazu ermächtigt ist, als Richter tätig zu sein.

(28) Wenn das Gericht eine Frist setzt, sollte es die betroffene Partei über die Folgen der Nichtbeachtung dieser Frist informieren.

(29) Die unterlegene Partei sollte die Kosten des Verfahrens tragen. Die Kosten des Verfahrens sollten nach einzelstaatlichem Recht festgesetzt werden. Angesichts der Ziele der Einfachheit und der Kosteneffizienz sollte das Gericht anordnen, dass eine unterlegene Partei lediglich die Kosten des Verfahrens tragen muss, einschließlich beispielsweise sämtlicher Kosten, die aufgrund der Tatsache anfallen, dass sich die Gegenpartei durch einen Rechtsanwalt oder sonstigen Rechtsbeistand hat vertreten lassen, oder sämtlicher Kosten für die Zustellung oder Übersetzung von Dokumenten, die im Verhältnis zum Streitwert stehen oder die notwendig waren.

(30) Um die Anerkennung und Vollstreckung zu erleichtern, sollte ein im europäischen Verfahren für geringfügige Forderungen ergangenes Urteil in einem anderen Mitgliedstaat anerkannt werden und vollstreckbar sein, ohne dass es einer Vollstreckbarerklärung bedarf und ohne dass die Anerkennung angefochten werden kann.

(31) Es sollte Mindeststandards für die Überprüfung eines Urteils in den Fällen geben, in denen der Beklagte nicht imstande war, die Forderung zu bestreiten.

---

[14] ABl. 1971 L 124, S. 1.

(32) Im Hinblick auf die Ziele der Einfachheit und Kosteneffizienz sollte die Partei, die ein Urteil vollstrecken lassen will, in dem Vollstreckungsmitgliedstaat – außer bei den Stellen, die gemäß dem einzelstaatlichen Recht dieses Mitgliedstaats für das Vollstreckungsverfahren zuständig sind – keine Postanschrift nachweisen und auch keinen bevollmächtigten Vertreter haben müssen.

(33) Kapitel III dieser Verordnung sollte auch auf die Kostenfestsetzungsbeschlüsse durch Gerichtsbedienstete aufgrund eines im Verfahren nach dieser Verordnung ergangenen Urteils Anwendung finden.

(34) Die zur Durchführung dieser Verordnung erforderlichen Maßnahmen sollten gemäß dem Beschluss 1999/468/EG des Rates vom 28. Juni 1999 zur Festlegung der Modalitäten für die Ausübung der der Kommission übertragenen Durchführungsbefugnisse[15] erlassen werden.

(35) Insbesondere sollte die Kommission die Befugnis erhalten, die zur Durchführung dieser Verordnung erforderlichen Maßnahmen im Zusammenhang mit Aktualisierungen oder technischen Änderungen der in den Anhängen vorgegebenen Formblätter zu erlassen. Da es sich hierbei um Maßnahmen von allgemeiner Tragweite handelt, die eine Änderung bzw. Streichung von nicht wesentlichen Bestimmungen und eine Hinzufügung neuer nicht wesentlicher Bestimmungen der vorliegenden Verordnung bewirken, sind diese Maßnahmen gemäß dem Regelungsverfahren mit Kontrolle des Artikels 5a des Beschlusses 1999/468/EG zu erlassen.

(36) Da die Ziele dieser Verordnung, nämlich die Schaffung eines Verfahrens zur Vereinfachung und Beschleunigung von Streitigkeiten mit geringem Streitwert in grenzüberschreitenden Rechtssachen und die Reduzierung der Kosten, auf Ebene der Mitgliedstaaten nicht ausreichend verwirklicht werden können und daher wegen ihres Umfangs und ihrer Wirkung besser auf Gemeinschaftsebene zu verwirklichen sind, kann die Gemeinschaft im Einklang mit dem in Artikel 5 des Vertrags niedergelegten Subsidiaritätsprinzip tätig werden. Entsprechend dem in demselben Artikel genannten Grundsatz der Verhältnismäßigkeit geht diese Verordnung nicht über das zur Erreichung dieser Ziele erforderliche Maß hinaus.

(37) Das Vereinigte Königreich und Irland haben gemäß Artikel 3 des dem Vertrag über die Europäische Union und dem Vertrag zur Gründung der Europäischen Gemeinschaft beigefügten Protokolls über die Position des Vereinigten Königreichs und Irlands mitgeteilt, dass sie sich an der Annahme und Anwendung dieser Verordnung beteiligen möchten.

(38) Gemäß den Artikeln 1 und 2 des dem Vertrag über die Europäische Union und dem Vertrag zur Gründung der Europäischen Gemeinschaft beigefügten Protokolls über die Position Dänemarks beteiligt sich Däne-

---

[15] ABl. 1999 L 184, S. 23. Geändert durch den Beschluss 2006/512/EG (ABl. L 200, S. 11).

mark nicht an der Annahme dieser Verordnung, die für Dänemark nicht bindend und nicht auf Dänemark anwendbar ist –

HABEN FOLGENDE VERORDNUNG ERLASSEN:

Kapitel I. Gegenstand und Anwendungsbereich

Art. 1.[16] **Gegenstand.** Mit dieser Verordnung wird ein europäisches Verfahren für geringfügige Forderungen eingeführt, damit Streitigkeiten in grenzüberschreitenden Rechtssachen mit geringem Streitwert einfacher und schneller beigelegt und die Kosten hierfür reduziert werden können. Das europäische Verfahren für geringfügige Forderungen steht den Rechtssuchenden als eine Alternative zu den in den Mitgliedstaaten bestehenden innerstaatlichen Verfahren zur Verfügung.

Mit dieser Verordnung wird außerdem die Notwendigkeit von Zwischenverfahren zur Anerkennung und Vollstreckung der in anderen Mitgliedstaaten im Verfahren für geringfügige Forderungen ergangenen Urteile beseitigt.

Art. 2.[17] **Anwendungsbereich.** (1) Diese Verordnung gilt in Zivil- und Handelssachen für grenzüberschreitende Rechtssachen im Sinne des Artikels 3, ohne dass es auf die Art der Gerichtsbarkeit ankommt, wenn der Streitwert der Klage ohne Zinsen, Kosten und Auslagen zum Zeitpunkt des Eingangs beim zuständigen Gericht 5000 EUR nicht überschreitet. Sie erfasst insbesondere nicht Steuer- und Zollsachen, verwaltungsrechtliche Angelegenheiten sowie die Haftung des Staates für Handlungen oder Unterlassungen im Rahmen der Ausübung hoheitlicher Rechte *(acta iure imperii)*.

(2) Diese Verordnung ist nicht anzuwenden auf:

a) den Personenstand, die Rechts- und Handlungsfähigkeit sowie die gesetzliche Vertretung von natürlichen Personen,

b) die ehelichen Güterstände oder Güterstände aufgrund von Verhältnissen, die nach dem auf diese Verhältnisse anzuwendenden Recht mit der Ehe vergleichbare Wirkungen entfalten,

c) Unterhaltspflichten, die auf einem Familien-, Verwandtschafts- oder eherechtlichen Verhältnis oder auf Schwägerschaft beruhen,

d) das Testaments- und Erbrecht, einschließlich Unterhaltspflichten, die mit dem Tod entstehen,

e) Konkurse, Vergleiche und ähnliche Verfahren,

---

[16] Vgl. Erwägungsgrund (8).

[17] Art. 2 gilt seit dem 14.7.2017 idF von Art. 1 Nr. 1 der Änderungs-VO (EU) 2015/2421 v. 16.12.2015 (Anm. 2). Vgl. Erwägungsgrund (10) und zur Erhöhung der Streitwertgrenze Erwägungsgründe (2) und (4) zur Änderungs-VO Nr. 2421/2015 v. 16.12.2015 (abgedruckt im Anhang).

f) die soziale Sicherheit,

g) die Schiedsgerichtsbarkeit,

h) das Arbeitsrecht,

i) die Miete oder Pacht unbeweglicher Sachen, mit Ausnahme von Klagen wegen Geldforderungen, oder

j) die Verletzung der Privatsphäre oder der Persönlichkeitsrechte, einschließlich der Verletzung der Ehre.

Art. 3. [18] **Grenzüberschreitende Rechtssachen.** (1) Eine grenzüberschreitende Rechtssache im Sinne dieser Verordnung liegt vor, wenn mindestens eine der Parteien ihren Wohnsitz oder gewöhnlichen Aufenthalt in einem anderen Mitgliedstaat als dem des angerufenen Gerichts hat.

(2) Der Wohnsitz bestimmt sich nach den Artikeln 62 und 63 der Verordnung (EU) Nr. 1215/2012 des Europäischen Parlaments und des Rates.[19]

(3) Maßgeblicher Zeitpunkt zur Feststellung, ob eine grenzüberschreitende Rechtssache vorliegt, ist der Tag, an dem das Klageformblatt bei dem zuständigen Gericht eingeht.

Kapitel II.[20] Das europäische Verfahren für geringfügige Forderungen

Art. 4.[21] **Einleitung des Verfahrens.** (1) Der Kläger leitet das europäische Verfahren für geringfügige Forderungen ein, indem er das in Anhang I vorgegebene Klageformblatt A[22] ausgefüllt direkt beim zuständigen Gericht einreicht oder diesem auf dem Postweg übersendet oder auf anderem Wege übermittelt, der in dem Mitgliedstaat, in dem das Verfahren eingeleitet wird, zulässig ist, beispielsweise per Fax oder E-Mail. Das Klageformblatt muss eine Beschreibung der Beweise zur Begründung der Forderung enthalten; gegebenenfalls können ihm als Beweismittel geeignete Unterlagen beigefügt werden.

(2) Die Mitgliedstaaten teilen der Kommission mit, welche Übermittlungsarten sie zulassen. Diese Mitteilung wird von der Kommission bekannt gemacht.

---

[18] Art. 3 Absätze 2 und 3 gelten seit dem 14.7.2017 idF von Art. 1 Nr. 2 der Änderungs-VO (EU) 2015/2421 v. 16.12.2015 (Anm. 2). Vgl. Erwägungsgrund (5) zu dieser Verordnung (abgedruckt im Anhang).

[19] Abgedruckt unter Nr. *160*.

[20] Vgl. Erwägungsgründe (11) und (12) sowie Erwägungsgründe (6) ff. zur Änderungs-VO (EU) 2015/2421 v. 16.12.2015 (abgedruckt im Anhang).

[21] Art. 4 Absätze 4 und 5 gelten seit dem 14.7.2017 idF von Art. 1 Nr. 3 der Änderungs-VO (EU) 2015/2421 v. 16.12.2015 (Anm. 2). Vgl. Erwägungsgründe (7)–(10) zur Änderungs-VO (EU) 2015/2421 v. 16.12.2015 (abgedruckt im Anhang). Im deutschen Recht siehe ergänzend § 1097 Abs. 1 ZPO (Nr. *187a*).

[22] Das Klageformblatt A ist online abrufbar im Europäischen Justizportal, vgl. Anm. 56.

(3) Fällt die erhobene Klage nicht in den Anwendungsbereich dieser Verordnung, so unterrichtet das Gericht den Kläger darüber. Nimmt der Kläger die Klage daraufhin nicht zurück, so verfährt das Gericht mit ihr nach Maßgabe des Verfahrensrechts des Mitgliedstaats, in dem das Verfahren durchgeführt wird.[23]

(4) Sind die Angaben des Klägers nach Ansicht des Gerichts unzureichend oder nicht klar genug, oder ist das Klageformblatt nicht ordnungsgemäß ausgefüllt und ist die Klage nicht offensichtlich unbegründet oder nicht offensichtlich unzulässig,[24] so gibt das Gericht dem Kläger Gelegenheit, das Klageformblatt zu vervollständigen oder zu berichtigen oder ergänzende Angaben zu machen oder Unterlagen vorzulegen oder die Klage zurückzunehmen, und setzt hierfür eine Frist fest. Das Gericht verwendet dafür das in Anhang II vorgegebene Formblatt B.[25]

Ist die Klage offensichtlich unbegründet oder offensichtlich unzulässig oder versäumt es der Kläger, das Klageformblatt fristgerecht zu vervollständigen oder zu berichtigen, so wird die Klage zurück- bzw. abgewiesen. Das Gericht setzt den Kläger von der Zurück- bzw. Abweisung in Kenntnis und teilt ihm mit, ob ein Rechtsmittel gegen die Zurück- bzw. Abweisung zur Verfügung steht.

(5) Die Mitgliedstaaten sorgen dafür, dass das Klageformblatt A bei allen Gerichten, bei denen das europäische Verfahren für geringfügige Forderungen eingeleitet werden kann, erhältlich und über die einschlägigen nationalen Internetseiten zugänglich ist.

Art. 5.[26] Durchführung des Verfahrens. (1) Das europäische Verfahren für geringfügige Forderungen wird schriftlich durchgeführt.

(1a) Das Gericht hält eine mündliche Verhandlung nur dann ab, wenn es der Auffassung ist, dass es auf der Grundlage der schriftlichen Beweismittel kein Urteil fällen kann, oder wenn eine der Parteien einen entsprechenden Antrag stellt. Das Gericht kann einen solchen Antrag ablehnen, wenn es der Auffassung ist, dass in Anbetracht der Umstände des Falles ein faires Verfahren auch ohne mündliche Verhandlung sichergestellt werden kann. Die Ablehnung ist schriftlich zu begründen. Gegen die Abweisung des Antrags ist ohne Anfechtung des Urteils selbst kein gesondertes Rechtsmittel zulässig.

(2) Nach Eingang des ordnungsgemäß ausgefüllten Klageformblatts füllt das Gericht Teil I des in Anhang III vorgegebenen Standardantwortformblatts C[27] aus.

---

[23] Vgl. im deutschen Recht ergänzend § 1097 Abs. 2 ZPO (Nr. *187a*).

[24] Vgl. Erwägungsgrund (13).

[25] Das Formblatt B ist online abrufbar im Europäischen Justizportal, vgl. Anm. 56.

[26] Art. 5 Abs. 1 gilt seit dem 14.7.2017 idF von Art. 1 Nr. 4 der Änderungs-VO (EU) 2015/2421 v. 16.12.2015 (Anm. 2). Vgl. Erwägungsgrund (14) und Erwägungsgrund (11) zur Änderungs-VO (abgedruckt im Anhang). Im deutschen Recht siehe ergänzend § 1097 ZPO (Nr. *187a*).

[27] Das Formblatt C ist online abrufbar im Europäischen Justizportal, vgl. Anm. 56.

Es stellt dem Beklagten gemäß Artikel 13 eine Kopie des Klageformblatts und gegebenenfalls der Beweisunterlagen zusammen mit dem entsprechend ausgefüllten Antwortformblatt zu. Diese Unterlagen sind innerhalb von 14 Tagen nach Eingang des ordnungsgemäß ausgefüllten Klageformblatts abzusenden.

(3) Der Beklagte hat innerhalb von 30 Tagen nach Zustellung des Klageformblatts und des Antwortformblatts zu antworten, indem er Teil II des Formblatts C ausfüllt und es gegebenenfalls mit als Beweismittel geeigneten Unterlagen an das Gericht zurücksendet oder indem er auf andere geeignete Weise ohne Verwendung des Antwortformblatts antwortet.

(4) Innerhalb von 14 Tagen nach Eingang der Antwort des Beklagten ist eine Kopie der Antwort gegebenenfalls zusammen mit etwaigen als Beweismittel geeigneten Unterlagen an den Kläger abzusenden.

(5) Macht der Beklagte in seiner Antwort geltend, dass der Wert einer nicht lediglich auf eine Geldzahlung gerichteten Klage die in Artikel 2 Absatz 1 festgesetzten Wertgrenze übersteigt, so entscheidet das Gericht innerhalb von 30 Tagen nach Absendung der Antwort an den Kläger, ob die Forderung in den Anwendungsbereich dieser Verordnung fällt. Gegen diese Entscheidung ist ein gesondertes Rechtsmittel nicht zulässig.

(6) Etwaige Widerklagen,[28] die mittels Formblatt A zu erheben sind, sowie etwaige Beweisunterlagen werden dem Kläger gemäß Artikel 13 zugestellt. Die Unterlagen sind innerhalb von 14 Tagen nach deren Eingang bei Gericht abzusenden.

Der Kläger hat auf eine etwaige Widerklage innerhalb von 30 Tagen nach Zustellung zu antworten.

(7) Überschreitet die Widerklage die in Artikel 2 Absatz 1 festgesetzte Wertgrenze, so werden die Klage und die Widerklage nicht nach dem europäischen Verfahren für geringfügige Forderungen, sondern nach Maßgabe des Verfahrensrechts des Mitgliedstaats, in dem das Verfahren durchgeführt wird, behandelt.

Artikel 2 und Artikel 4 sowie die Absätze 3, 4 und 5 des vorliegenden Artikels gelten entsprechend für Widerklagen.

Art. 6.[29] **Sprachen.** (1) Das Klageformblatt, die Antwort, etwaige Widerklagen, die etwaige Antwort auf eine Widerklage und eine etwaige Beschreibung etwaiger Beweisunterlagen sind in der Sprache oder einer der Sprachen des Gerichts vorzulegen.

(2) Werden dem Gericht weitere Unterlagen nicht in der Verfahrenssprache vorgelegt, so kann das Gericht eine Übersetzung der betreffenden

---

[28] Vgl. Erwägungsgründe (16) und (17). Im deutschen Recht siehe ergänzend § 1099 ZPO (Nr. *187a*).

[29] Vgl. Erwägungsgrund (19).

Unterlagen nur dann anfordern, wenn die Übersetzung für den Erlass des Urteils erforderlich erscheint.

(3) Hat eine Partei die Annahme eines Schriftstücks abgelehnt,[30] weil es nicht in

a) der Amtssprache des Empfangsmitgliedstaats oder – wenn es in diesem Mitgliedstaat mehrere Amtssprachen gibt – der Amtssprache oder einer der Amtssprachen des Ortes, an dem die Zustellung erfolgen soll oder an den das Schriftstück gesandt werden soll, oder

b) einer Sprache, die der Empfänger versteht,

abgefasst ist, so setzt das Gericht die andere Partei davon in Kenntnis, damit diese eine Übersetzung des Schriftstücks vorlegt.

Art. 7.[31] **Abschluss des Verfahrens.** (1) Innerhalb von 30 Tagen, nachdem die Antworten des Beklagten oder des Klägers unter Einhaltung der Frist des Artikels 5 Absatz 3 oder Absatz 6 eingegangen sind, erlässt das Gericht ein Urteil oder verfährt wie folgt:

a) Es fordert die Parteien innerhalb einer bestimmten Frist, die 30 Tage nicht überschreiten darf, zu weiteren die Klage betreffenden Angaben auf,

b) es führt eine Beweisaufnahme nach Artikel 9 durch,

c) es lädt die Parteien zu einer mündlichen Verhandlung vor, die innerhalb von 30 Tagen nach der Vorladung stattzufinden hat.

(2) Das Gericht erlässt sein Urteil entweder innerhalb von 30 Tagen nach einer etwaigen mündlichen Verhandlung oder nach Vorliegen sämtlicher Entscheidungsgrundlagen. Das Urteil wird den Parteien gemäß Artikel 13 zugestellt.

(3) Ist bei dem Gericht innerhalb der in Artikel 5 Absatz 3 oder Absatz 6 gesetzten Frist keine Antwort der betreffenden Partei eingegangen, so erlässt das Gericht zu der Klage oder der Widerklage ein Urteil.

Art. 8.[32] **Mündliche Verhandlung.** (1) Wird gemäß Artikel 5 Absatz 1a eine mündliche Verhandlung für erforderlich gehalten, so werden hierfür dem Gericht zur Verfügung stehende geeignete Mittel der Fernkommunikationstechnologie wie etwa die Video- oder Telekonferenz genutzt, es sei denn, deren Verwendung ist in Anbetracht der besonderen Umstände des Falles für den fairen Ablauf des Verfahrens nicht angemessen.

---

[30] Zur Frist für die Ablehnung im deutschen Recht siehe § 1098 ZPO (Nr. *187a*).

[31] Vgl. Erwägungsgründe (23) und (24). Im deutschen Recht siehe ergänzend §§ 1102, 1103 ZPO (Nr. *187a*).

[32] Art. 8 gilt seit dem 14.7.2017 idF von Art. 1 Nr. 5 der Änderungs-VO (EU) 2015/2421 v. 16.12.2015 (Anm. 2). Vgl. Erwägungsgrund (20) und Erwägungsgründe (12) und (13) zur Änderungs-VO (abgedruckt im Anhang). Im deutschen Recht siehe ergänzend §§ 1102, 1103 ZPO (Nr. *187a*).

Hat die anzuhörende Person ihren Wohnsitz oder ihren gewöhnlichen Aufenthalt in einem anderen Mitgliedstaat als dem Mitgliedstaat des angerufenen Gerichts, so wird die Teilnahme dieser Person an einer mündlichen Verhandlung per Videokonferenz, per Telekonferenz oder mithilfe anderer geeigneter Mittel der Fernkommunikationstechnologie in Anwendung der in der Verordnung (EG) Nr. 1206/2001 des Rates[33] vorgesehenen Verfahren veranlasst.

(2) Eine Partei, die geladen wurde, bei einer mündlichen Verhandlung persönlich anwesend zu sein, kann, sofern derartige Mittel dem Gericht zur Verfügung stehen, die Nutzung von Mitteln der Fernkommunikationstechnologie mit der Begründung beantragen, dass die für ihre persönliche Anwesenheit erforderlichen Vorkehrungen, insbesondere in Anbetracht der ihr dadurch möglicherweise entstehenden Kosten, in keinem angemessenen Verhältnis zu der Klage stehen würden.

(3) Eine Partei, die geladen wurde, unter Verwendung eines Mittels der Fernkommunikationstechnologie an einer mündlichen Verhandlung teilzunehmen, kann ihre persönliche Anwesenheit bei der Verhandlung beantragen. Mit Klageformblatt A und Antwortformblatt C, die nach dem Verfahren gemäß Artikel 27 Absatz 2 erstellt werden, werden die Parteien darüber unterrichtet, dass die Rückerstattung der Kosten, die einer Partei aufgrund der von ihr selbst beantragten persönlichen Anwesenheit bei der mündlichen Verhandlung entstehen, den Bedingungen des Artikels 16 unterliegt.

(4) Gegen die Entscheidung des Gerichts über einen Antrag gemäß den Absätzen 2 und 3 ist ohne Anfechtung des Urteils selbst kein gesondertes Rechtsmittel zulässig.

Art. 9.[34] **Beweisaufnahme.** (1) Das Gericht bestimmt die Beweismittel und den Umfang der Beweisaufnahme, die im Rahmen der für die Zulässigkeit von Beweisen geltenden Bestimmungen für sein Urteil erforderlich sind. Es wählt die einfachste und am wenigsten aufwendige Art der Beweisaufnahme.

(2) Das Gericht kann die Beweisaufnahme mittels schriftlicher Aussagen von Zeugen oder Sachverständigen oder schriftlicher Parteivernehmung zulassen.

(3) Ist eine Person im Rahmen der Beweisaufnahme anzuhören, so findet die Anhörung nach Maßgabe des Artikels 8 statt.

(4) Das Gericht darf Sachverständigenbeweise oder mündliche Aussagen nur dann zulassen, wenn es nicht möglich ist, aufgrund anderer Beweismittel ein Urteil zu fällen.

---

[33] Abgedruckt unter Nr. *225*.

[34] Art. 9 gilt seit dem 14.7.2017 idF von Art. 1 Nr. 6 der Änderungs-VO (EU) 2015/2421 v. 16.12.2015 (Anm. 2). Vgl. Erwägungsgrund (20). Im deutschen Recht siehe ergänzend § 1100 ZPO (Nr. *187a*).

Art. 10.[35] **Vertretung der Parteien.** Die Vertretung durch einen Rechtsanwalt oder einen sonstigen Rechtsbeistand ist nicht verpflichtend.

Art. 11.[36] **Hilfestellung für die Parteien.** (1) Die Mitgliedstaaten gewährleisten, dass es den Parteien möglich ist, sowohl praktische Hilfestellung beim Ausfüllen der Formblätter als auch allgemeine Informationen über den Anwendungsbereich des europäischen Verfahrens für geringfügige Forderungen sowie allgemeine Informationen darüber zu erhalten, welche Gerichte in dem betreffenden Mitgliedstaat dafür zuständig sind, ein Urteil in dem europäischen Verfahren für geringfügige Forderungen zu erlassen. Diese Hilfestellung wird unentgeltlich gewährt. Dieser Absatz verpflichtet die Mitgliedstaaten nicht zur Gewährung von Prozesskostenhilfe oder rechtlicher Beratung in Form einer rechtlichen Prüfung im Einzelfall.

(2) Die Mitgliedstaaten gewährleisten, dass Angaben zu den Behörden oder Organisationen, die im Sinne des Absatzes 1 Hilfestellung geben können, bei allen Gerichten, bei denen das europäische Verfahren für geringfügige Forderungen eingeleitet werden kann, zur Verfügung stehen und über die einschlägigen nationalen Internetseiten zugänglich sind.

Art. 12.[37] **Aufgaben des Gerichts.** (1) Das Gericht verpflichtet die Parteien nicht zu einer rechtlichen Würdigung der Klage.

(2) Das Gericht unterrichtet die Parteien erforderlichenfalls über Verfahrensfragen.

(3) Soweit angemessen, bemüht sich das Gericht um eine gütliche Einigung der Parteien.

Art. 13.[38] **Zustellung von Schriftstücken und sonstiger Schriftverkehr.** (1) Die in Artikel 5 Absätze 2 und 6 genannten Schriftstücke und gemäß Artikel 7 ergangene Urteile werden wie folgt zugestellt:

a) durch Postdienste oder

b) durch elektronische Übermittlung,

 i) wenn die Mittel hierfür technisch verfügbar und gemäß den Verfahrensvorschriften des Mitgliedstaats zulässig sind, in dem das europäische Verfahren für geringfügige Forderungen durchgeführt wird, sowie wenn die Partei, der Schriftstücke zuzustellen sind, ihren Wohnsitz oder gewöhnlichen Aufenthalt in einem anderen Mitgliedstaat

---

[35] Vgl. Erwägungsgrund (15).

[36] Art. 11 gilt seit dem 14.7.2017 idF von Art. 1 Nr. 7 der Änderungs-VO (EU) 2015/2421 v. 16.12.2015 (Anm. 2). Vgl. dazu Erwägungsgründe (20) und (21) zu dieser Änderungs-VO (abgedruckt im Anhang).

[37] Vgl. Erwägungsgrund (22).

[38] Art. 13 gilt seit dem 14.7.2017 idF von Art. 1 Nr. 8 der Änderungs-VO (EU) 2015/2421 v. 16.12.2015 (Anm. 2). Vgl. Erwägungsgrund (18) und Erwägungsgründe (8) – (10) zur Änderungs-VO (abgedruckt im Anhang).

hat, gemäß den Verfahrensvorschriften jenes Mitgliedstaats zulässig sind und

ii) wenn die Partei, der Schriftstücke zuzustellen sind, der Zustellung durch elektronische Übermittlung vorher ausdrücklich zugestimmt hat oder wenn sie nach den Verfahrensvorschriften des Mitgliedstaats, in dem jene Partei ihren Wohnsitz oder gewöhnlichen Aufenthalt hat, rechtlich dazu verpflichtet ist, diese besondere Art der Zustellung zu akzeptieren.

Die Zustellung wird durch eine Empfangsbestätigung, aus der das Datum des Empfangs hervorgeht, nachgewiesen.

(2) Der gesamte nicht in Absatz 1 genannte Schriftverkehr zwischen dem Gericht und den Parteien oder anderen an dem Verfahren beteiligten Personen erfolgt durch elektronische Übermittlung mit Empfangsbestätigung, wenn die Mittel hierfür technisch verfügbar und nach den Verfahrensvorschriften des Mitgliedstaats, in dem das europäische Verfahren für geringfügige Forderungen durchgeführt wird, zulässig sind, sofern die betreffende Partei oder Person dieser Form der Übermittlung zuvor zugestimmt hat oder sie nach den Verfahrensvorschriften des Mitgliedstaats, in dem betreffende Partei oder Person ihren Wohnsitz oder gewöhnlichen Aufenthalt hat, rechtlich dazu verpflichtet ist, eine solche Form der Übermittlung zu akzeptieren.

(3) Neben anderen Mitteln, die nach den Verfahrensvorschriften der Mitgliedstaaten zur Verfügung stehen und mit denen die nach den Absätzen 1 und 2 erforderliche vorherige Zustimmung zur Verwendung der elektronischen Übermittlung zum Ausdruck gebracht wird, kann diese Zustimmung auch mittels Klageformblatt A und Antwortformblatt C bekundet werden.

(4) Ist eine Zustellung gemäß Absatz 1 nicht möglich, so kann die Zustellung auf eine der Arten bewirkt werden, die in den Artikeln 13 und 14 der Verordnung (EG) Nr. 1896/2006 festgelegt sind.

Ist eine Übermittlung des Schriftverkehrs nach Maßgabe des Absatzes 2 nicht möglich oder in Anbetracht der besonderen Umstände des Falles nicht angezeigt, so kann jede sonstige Art der Übermittlung genutzt werden, die nach dem Recht des Mitgliedstaats, in dem das europäische Verfahren für geringfügige Forderungen durchgeführt wird, zulässig ist.

Art. 14.[39] **Fristen.** (1) Setzt das Gericht eine Frist fest, so ist die betroffene Partei über die Folgen der Nichteinhaltung dieser Frist zu informieren.

(2) Das Gericht kann die Fristen nach Artikel 4 Absatz 4, Artikel 5 Absätze 3 und 6 und Artikel 7 Absatz 1 ausnahmsweise verlängern, wenn dies notwendig ist, um die Rechte der Parteien zu wahren.

---

[39] Vgl. Erwägungsgründe (23), (24) und (28).

(3) Kann das Gericht die Fristen nach Artikel 5 Absätze 2 bis 6 sowie Artikel 7 ausnahmsweise nicht einhalten, veranlasst es so bald wie möglich die nach diesen Vorschriften erforderlichen Verfahrensschritte.

Art. 15.[40] **Vollstreckbarkeit des Urteils.** (1) Das Urteil ist ungeachtet eines möglichen Rechtsmittels vollstreckbar. Es darf keine Sicherheitsleistung verlangt werden.

(2) Artikel 23 ist auch anzuwenden, wenn das Urteil in dem Mitgliedstaat zu vollstrecken ist, in dem es ergangen ist.

Art. 15a.[41] **Gerichtsgebühren und Zahlungsmethoden.** (1) Die in einem Mitgliedstaat für das europäische Verfahren für geringfügige Forderungen erhobenen Gerichtsgebühren dürfen nicht unverhältnismäßig hoch sein und die Gerichtsgebühren, die in dem betreffenden Mitgliedstaat für nationale vereinfachte Verfahren erhoben werden, nicht überschreiten.

(2) Die Mitgliedstaaten stellen sicher, dass die Parteien die Gerichtsgebühren mittels Fernzahlungsmöglichkeiten begleichen können, mit deren Hilfe sie die Zahlung auch aus einem anderen als dem Mitgliedstaat vornehmen können, in dem das Gericht seinen Sitz hat, wobei mindestens eine der folgenden Zahlungsmöglichkeiten anzubieten ist:

a) Banküberweisung,

b) Zahlung mit Kredit- oder Debitkarte oder

c) Einzug mittels Lastschrift vom Bankkonto des Klägers.

Art. 16.[42] **Kosten.** Die unterlegene Partei trägt die Kosten des Verfahrens. Das Gericht spricht der obsiegenden Partei jedoch keine Erstattung für Kosten zu, soweit sie nicht notwendig waren oder in keinem Verhältnis zu der Klage stehen.

Art. 17.[43] **Rechtsmittel.** (1) Die Mitgliedstaaten teilen der Kommission mit, ob ihr Verfahrensrecht ein Rechtsmittel gegen ein im europäischen Verfahren für geringfügige Forderungen ergangenes Urteil zulässt und innerhalb welcher Frist das Rechtsmittel einzulegen ist. Diese Mitteilung wird von der Kommission bekannt gemacht.

(2) Die Artikel 15a und 16 gelten auch für das Rechtsmittelverfahren.

---

[40] Vgl. Erwägungsgrund (25). Im deutschen Recht siehe ergänzend § 1105 ZPO (Nr. *187a*).

[41] Art. 15a eingefügt durch Art. 1 Nr. 9 der Änderungs-VO (EU) 2015/2421 v. 16.12.2015 (Anm. 2) mit Wirkung v. 14.7.2017. Vgl. Erwägungsgründe (14)–(17) zu dieser Änderungs-VO.

[42] Vgl. Erwägungsgrund (29).

[43] Art. 17 Abs. 2 gilt seit dem 14.7.2017 idF von Art. 1 Nr. 10 der Änderungs-VO (EU) 2015/2421 v. 16.12.2015 (Anm. 2). Vgl. Erwägungsgrund (26).

Art. 18.[44] **Überprüfung des Urteils in Ausnahmefällen.** (1) Der Beklagte, der sich auf das Verfahren nicht eingelassen hat, ist berechtigt, beim zuständigen Gericht des Mitgliedstaats, in dem das Urteil im europäischen Verfahren für geringfügige Forderungen ergangen ist, eine Überprüfung des Urteils zu beantragen, wenn

a) ihm das Klageformblatt oder im Falle einer mündlichen Verhandlung die Ladung zu dieser Verhandlung nicht so rechtzeitig und in einer Weise zugestellt worden ist, dass er Vorkehrungen für seine Verteidigung hätte treffen können, oder

b) er aufgrund höherer Gewalt oder aufgrund außergewöhnlicher Umstände ohne eigenes Verschulden daran gehindert war, das Bestehen der Forderung zu bestreiten,

es sei denn, der Beklagte hat gegen das Urteil kein Rechtsmittel eingelegt, obwohl er die Möglichkeit dazu hatte.

(2) Die Frist für den Antrag auf Überprüfung des Urteils beträgt 30 Tage. Sie beginnt mit dem Tag, an dem der Beklagte vom Inhalt des Urteils tatsächlich Kenntnis genommen hat und in der Lage war, entsprechend tätig zu werden, spätestens aber mit dem Tag der ersten Vollstreckungsmaßnahme, die zur Folge hatte, dass die Vermögensgegenstände des Beklagten ganz oder teilweise seiner Verfügung entzogen wurden. Eine Verlängerung dieser Frist ist ausgeschlossen.

(3) Weist das Gericht den Antrag auf Überprüfung nach Absatz 1 mit der Begründung zurück, dass keine der Voraussetzungen für eine Überprüfung nach jenem Absatz erfüllt ist, bleibt das Urteil in Kraft.

Entscheidet das Gericht, dass eine Überprüfung aus einem der in Absatz 1 genannten Gründe gerechtfertigt ist, so ist das im europäischen Verfahren für geringfügige Forderungen ergangene Urteil nichtig. Der Kläger verliert jedoch nicht die Vorteile, die sich aus einer Unterbrechung der Verjährungs- oder Ausschlussfristen ergeben, sofern eine derartige Unterbrechung nach nationalem Recht gilt.

Art. 19. Anwendbares Verfahrensrecht. Sofern diese Verordnung nichts anderes bestimmt, gilt für das europäische Verfahren für geringfügige Forderungen das Verfahrensrecht des Mitgliedstaats, in dem das Verfahren durchgeführt wird.

---

[44] Art. 18 gilt seit dem 14.7.2017 idF von Art. 1 Nr. 11 der Änderungs-VO (EU) 2015/2421 v. 16.12.2015 (Anm. 2). Vgl. Erwägungsgrund (31). Im deutschen Recht siehe ergänzend § 1104 ZPO (Nr. *187a*).

Kapitel III.[45] Anerkennung und Vollstreckung in einem anderen Mitgliedstaat

Art. 20.[46] Anerkennung und Vollstreckung. (1) Ein im europäischen Verfahren für geringfügige Forderungen ergangenes Urteil wird in einem anderen Mitgliedstaat anerkannt und vollstreckt, ohne dass es einer Vollstreckbarerklärung bedarf und ohne dass die Anerkennung angefochten werden kann.

(2) Auf Antrag einer Partei fertigt das Gericht ohne zusätzliche Kosten unter Verwendung des in Anhang IV vorgegebenen Formblatts D[47] eine Bestätigung zu einem im europäischen Verfahren für geringfügige Forderungen ergangenen Urteil aus. Auf Antrag stellt das Gericht dieser Partei die Bestätigung in jeder anderen Amtssprache der Organe der Union zur Verfügung, unter Verwendung des über das Europäische Justizportal in allen Amtssprachen der Organe der Union zur Verfügung stehenden dynamischen Standardformblatts. Diese Verordnung verpflichtet das Gericht nicht dazu, eine Übersetzung und/oder Transliteration des in die Freitextfelder der Bestätigung eingetragenen Texts zur Verfügung zu stellen.

Art. 21.[48] Vollstreckungsverfahren. (1) Unbeschadet der Bestimmungen dieses Kapitels gilt für das Vollstreckungsverfahren das Recht des Vollstreckungsmitgliedstaats.

Jedes im europäischen Verfahren für geringfügige Forderungen ergangene Urteil wird unter den gleichen Bedingungen vollstreckt wie ein im Vollstreckungsmitgliedstaat ergangenes Urteil.

(2) Die Partei, die die Vollstreckung beantragt, muss Folgendes vorlegen:

a) eine Ausfertigung des Urteils, die die Voraussetzungen für den Nachweis seiner Echtheit erfüllt; und

b) die Bestätigung im Sinne des Artikels 20 Absatz 2 sowie, falls erforderlich, ihre Übersetzung in die Amtssprache des Vollstreckungsmitgliedstaats oder – falls es in diesem Mitgliedstaat mehrere Amtssprachen gibt – nach Maßgabe der Rechtsvorschriften dieses Mitgliedstaats in die Verfahrenssprache oder eine der Verfahrenssprachen des Ortes, an dem die Vollstreckung betrieben wird, oder in eine sonstige Sprache, die der Vollstreckungsmitgliedstaat zulässt.

---

[45] Vgl. Erwägungsgrund (33).

[46] Art. 20 Abs. 2 gilt seit dem 14.7.2017 idF von Art. 1 Nr. 12 der Änderungs-VO (EU) 2015/2421 v. 16.12.2015 (Anm. 2). Vgl. Erwägungsgrund (30) und Erwägungsgründe (19) ff. zur Änderungs-VO (EU) 2015/2421 v. 16.12.2015 (abgedruckt im Anhang). Im deutschen Recht siehe ergänzend §§ 1106, 1107 ZPO (Nr. *187a*).

[47] Das Formblatt D ist online abrufbar im Europäischen Justizportal, vgl. Anm. 56.

[48] Art. 21 Abs. 2 lit b gilt seit dem 14.7.2017 idF von Art. 1 Nr. 13 der Änderungs-VO (EU) 2015/2421 v. 16.12.2015 (Anm. 2). Vgl. Erwägungsgrund (32). Im deutschen Recht siehe ergänzend § 1108 ZPO (Nr. *187a*).

(3) Für die Vollstreckung eines Urteils, das in dem europäischen Verfahren für geringfügige Forderungen in einem anderen Mitgliedstaat erlassen worden ist, darf von der Partei, die die Vollstreckung beantragt, nicht verlangt werden, dass sie im Vollstreckungsstaat über

a) einen bevollmächtigten Vertreter oder

b) eine Postanschrift

außer bei den Vollstreckungsagenten verfügt.

(4) Von einer Partei, die in einem Mitgliedstaat die Vollstreckung eines im europäischen Verfahren für geringfügige Forderungen in einem anderen Mitgliedstaat ergangenen Urteils beantragt, darf weder wegen ihrer Eigenschaft als Ausländer noch wegen Fehlens eines inländischen Wohnsitzes oder Aufenthaltsorts im Vollstreckungsmitgliedstaat eine Sicherheitsleistung oder Hinterlegung, unter welcher Bezeichnung auch immer, verlangt werden.

Art. 21a.[49] **Sprache der Bestätigung.** (1) Jeder Mitgliedstaat kann angeben, welche Amtssprache oder Amtssprachen der Organe der Union er neben seiner oder seinen eigenen für die Bestätigung nach Artikel 20 Absatz 2 zulässt.

(2) Jede Übersetzung von Informationen über den Inhalt eines Urteils, die in einer Bestätigung nach Artikel 20 Absatz 2 erteilt werden, ist von einer Person vorzunehmen, die zur Anfertigung von Übersetzungen in einem der Mitgliedstaaten befugt ist.

Art. 22.[50] **Ablehnung der Vollstreckung.** (1) Auf Antrag der Person, gegen die die Vollstreckung gerichtet ist, wird die Vollstreckung vom zuständigen Gericht im Vollstreckungsmitgliedstaat abgelehnt, wenn das im europäischen Verfahren für geringfügige Forderungen ergangene Urteil mit einem früheren in einem Mitgliedstaat oder einem Drittland ergangenen Urteil unvereinbar ist, sofern

a) das frühere Urteil zwischen denselben Parteien wegen desselben Streitgegenstandes ergangen ist,

b) das frühere Urteil im Vollstreckungsmitgliedstaat ergangen ist oder die Voraussetzungen für die Anerkennung im Vollstreckungsmitgliedstaat erfüllt und

c) die Unvereinbarkeit im gerichtlichen Verfahren des Mitgliedstaats, in dem das Urteil im europäischen Verfahren für geringfügige Forderungen ergangen ist, nicht geltend gemacht wurde und nicht geltend gemacht werden konnte.

---

[49] Art. 21a eingefügt durch Art. 1 Nr. 14 der Änderungs-VO (EU) 2015/2421 v. 16.12.2015 (Anm. 2) mit Wirkung v. 14.7.2017.

[50] Vgl. im deutschen Recht ergänzend § 1109 ZPO (Nr. *187a*).

(2) Keinesfalls darf ein im europäischen Verfahren für geringfügige Forderungen ergangenes Urteil im Vollstreckungsmitgliedstaat in der Sache selbst nachgeprüft werden.

Art. 23. Aussetzung oder Beschränkung der Vollstreckung. Hat eine Partei ein im europäischen Verfahren für geringfügige Forderungen ergangenes Urteil angefochten oder ist eine solche Anfechtung noch möglich oder hat eine Partei eine Überprüfung nach Artikel 18 beantragt, so kann das zuständige Gericht oder die zuständige Behörde im Vollstreckungsmitgliedstaat auf Antrag der Partei, gegen die sich die Vollstreckung richtet,

a) das Vollstreckungsverfahren auf Sicherungsmaßnahmen beschränken,

b) die Vollstreckung von der Leistung einer von dem Gericht zu bestimmenden Sicherheit abhängig machen oder

c) unter außergewöhnlichen Umständen das Vollstreckungsverfahren aussetzen.

Art. 23a.[51] **Gerichtliche Vergleiche.** Ein im Laufe des europäischen Verfahrens für geringfügige Forderungen von einem Gericht gebilligter oder vor einem Gericht geschlossener gerichtlicher Vergleich, der in dem Mitgliedstaat, in dem das Verfahren durchgeführt wurde, vollstreckbar ist, wird in einem anderen Mitgliedstaat unter denselben Bedingungen anerkannt und vollstreckt wie ein im europäischen Verfahren für geringfügige Forderungen ergangenes Urteil.

Die Bestimmungen des Kapitels III gelten entsprechend für gerichtliche Vergleiche.

Kapitel IV. Schlussbestimmungen

Art. 24. Information. Die Mitgliedstaaten arbeiten insbesondere im Rahmen des gemäß der Entscheidung 2001/470/EG eingerichteten Europäischen Justiziellen Netzes für Zivil- und Handelssachen zusammen, um die Öffentlichkeit und die Fachwelt über das europäische Verfahren für geringfügige Forderungen, einschließlich der Kosten, zu informieren.

Art. 25.[52] **Von den Mitgliedstaaten bereitzustellende Informationen.** (1) Die Mitgliedstaaten teilen der Kommission bis zum 13. Januar 2017 Folgendes mit:

---

[51] Art. 23a eingefügt durch Art. 1 Nr. 15 der Änderungs-VO (EU) 2015/2421 (EU) 2015/2421 v. 16.12.2015 (Anm. 2) mit Wirkung v. 14.7.2017. Vgl. Erwägungsgrund (18) zu dieser Verordnung.

[52] Art. 25 gilt seit dem 14.1.2017 idF von Art. 1 Nr. 16 der Änderungs-VO (EU) 2015/2421 v. 16.12.2015 (Anm. 2). Die Informationen zu den einzelnen Mitgliedstaaten sind abrufbar im Europäischen Gerichtsatlas für Zivilsachen (Homepage des Europäischen Justizportals: https://e-justice.europa.eu/354/DE/small_claims).

a) die Gerichte, die für den Erlass von Urteilen im europäischen Verfahren für geringfügige Forderungen zuständig sind;

b) die Kommunikationsmittel, die für die Zwecke des europäischen Verfahrens für geringfügige Forderungen zulässig sind und den Gerichten nach Artikel 4 Absatz 1 zur Verfügung stehen;

c) die Behörden oder Organisationen, die für die Erteilung praktischer Hilfe nach Artikel 11 zuständig sind;

d) die elektronischen Zustellungs- und Kommunikationsmittel, die technisch verfügbar und nach ihren Verfahrensvorschriften gemäß Artikel 13 Absätze 1, 2 und 3 zulässig sind und die nach Artikel 13 Absätze 1 und 2 erforderlichen Mittel, die für die vorherige Zustimmung zur Verwendung der elektronischen Übermittlung im Rahmen ihres nationalen Rechts zur Verfügung stehen;

e) die Personen oder Berufsgruppen, die gegebenenfalls rechtlich verpflichtet sind, die Zustellung von Schriftstücken durch elektronische Übermittlung oder andere Arten des elektronischen Schriftverkehrs gemäß Artikel 13 Absätze 1 und 2 zu akzeptieren;

f) die Gerichtsgebühren, die für das europäische Verfahren für geringfügige Forderungen erhoben werden oder wie sie berechnet werden und welche Zahlungsweise gemäß Artikel 15a anerkannt wird;

g) jegliche Rechtsmittel, die im Sinne des Artikels 17 nach ihrem Verfahrensrecht eingelegt werden können, innerhalb welchen Zeitraums diese Rechtsmittel einzulegen sind und die für diese Rechtsmittel zuständigen Gerichte;

h) die Verfahren für die Beantragung einer Überprüfung gemäß Artikel 18 und die Gerichte, die für eine derartige Überprüfung zuständig sind;

i) die Sprachen, die sie nach Artikel 21a Absatz 1 zulassen und

j) die Behörden, die für die Vollstreckung und die Behörden, die für die Zwecke der Anwendung des Artikels 23 zuständig sind.

Die Mitgliedstaaten unterrichten die Kommission über alle späteren Änderungen dieser Angaben.

(2) Die Kommission macht die nach Absatz 1 mitgeteilten Angaben auf geeignete Weise, beispielsweise über das Europäische Justizportal, öffentlich zugänglich.

Art. 26.[53] **Änderung der Anhänge.** Der Kommission wird die Befugnis übertragen, gemäß Artikel 27 in Bezug auf die Änderung der Anhänge I bis IV delegierte Rechtsakte zu erlassen.

---

[53] Art. 26 gilt seit dem 14.7.2017 idF von Art. 1 Nr. 17 der Änderungs-VO (EU) 2015/2421 v. 16.12.2015 (Anm. 2). Vgl. Erwägungsgrund (35).

Art. 27.[54] **Ausübung der Befugnisübertragung.** (1) Die Befugnis zum Erlass delegierter Rechtsakte wird der Kommission unter den in diesem Artikel festgelegten Bedingungen übertragen.

(2) Die Befugnis zum Erlass delegierter Rechtsakte gemäß Artikel 26 wird der Kommission auf unbestimmte Zeit ab dem 13. Januar 2016 übertragen.

(3) Die Befugnisübertragung gemäß Artikel 26 kann vom Europäischen Parlament oder vom Rat jederzeit widerrufen werden. Der Beschluss über den Widerruf beendet die Übertragung der in diesem Beschluss angegebenen Befugnis. Er wird am Tag nach seiner Veröffentlichung im Amtsblatt der Europäischen Union oder zu einem im Beschluss über den Widerruf angegebenen späteren Zeitpunkt wirksam. Die Gültigkeit von delegierten Rechtsakten, die bereits in Kraft sind, wird von dem Beschluss über den Widerruf nicht berührt.

(4) Sobald die Kommission einen delegierten Rechtsakt erlässt, übermittelt sie ihn gleichzeitig dem Europäischen Parlament und dem Rat.

(5) Ein delegierter Rechtsakt, der gemäß Artikel 26 erlassen wurde, tritt nur in Kraft, wenn weder das Europäische Parlament noch der Rat innerhalb einer Frist von zwei Monaten nach Übermittlung dieses Rechtsakts an das Europäische Parlament und den Rat Einwände erhoben haben oder wenn vor Ablauf dieser Frist das Europäische Parlament und der Rat beide der Kommission mitgeteilt haben, dass sie keine Einwände erheben werden. Auf Initiative des Europäischen Parlaments oder des Rates wird diese Frist um zwei Monate verlängert.

Art. 28.[55] **Überprüfung.** (1) Die Kommission legt dem Europäischen Parlament, dem Rat und dem Europäischen Wirtschafts- und Sozialausschuss bis zum 15. Juli 2022 einen Bericht über die Anwendung dieser Verordnung vor, der auch eine Bewertung dahingehend enthält, ob

a) eine weitere Anhebung der in Artikel 2 Absatz 1 genannten Wertgrenze angemessen ist, um das Ziel dieser Verordnung zu erreichen, nämlich Bürgern und kleinen und mittleren Unternehmen den Zugang zur Justiz bei grenzüberschreitenden Rechtssachen zu erleichtern, und

b) eine Ausweitung des Anwendungsbereichs des europäischen Verfahrens für geringfügige Forderungen, insbesondere über Gehaltsansprüche, angemessen ist, um Arbeitnehmern den Zugang zur Justiz bei grenzüberschreitenden arbeitsrechtlichen Streitigkeiten mit ihrem Arbeitgeber zu erleichtern, wobei die gesamten Auswirkungen einer solchen Ausweitung zu berücksichtigten sind.

Dem Bericht werden gegebenenfalls Gesetzgebungsvorschläge beigefügt.

---

[54] Art. 27 gilt seit dem 14.7.2017 idF von Art. 1 Nr. 18 der Änderungs-VO (EU) 2015/2421 v. 16.12.2015 (Anm. 2).

[55] Art. 28 gilt seit dem 14.7.2017 idF von Art. 1 Nr. 19 der Änderungs-VO (EU) 2015/2421 v. 16.12.2015 (Anm. 2).

Zu diesem Zweck übermitteln die Mitgliedstaaten der Kommission bis zum 15. Juli 2021 Angaben über die Anzahl der nach dem europäischen Verfahren für geringfügige Forderungen gestellten Anträge sowie über die Anzahl der Anträge auf Vollstreckung von in diesen Verfahren ergangenen Urteilen.

(2) Bis zum 15. Juli 2019 legt die Kommission dem Europäischen Parlament, dem Rat und dem Europäischen Wirtschafts- und Sozialausschuss einen Bericht über die Verbreitung der Information über das europäische Verfahren für geringfügige Forderungen in den Mitgliedstaaten vor und kann Empfehlungen in Bezug auf die Verbesserung der Bekanntheit des Verfahrens erarbeiten.

Art. 29. Inkrafttreten. Diese Verordnung tritt am Tag nach ihrer Veröffentlichung im Amtsblatt der Europäischen Union in Kraft.

Sie gilt ab dem 1. Januar 2009, mit Ausnahme des Artikels 25, der ab dem 1. Januar 2008 gilt.

Diese Verordnung ist in allen ihren Teilen verbindlich und gilt gemäß dem Vertrag zur Gründung der Europäischen Gemeinschaft unmittelbar in den Mitgliedstaaten.

Anhänge I–IV[56]

(nicht abgedruckt)

Anhang: Erwägungsgründe zur Änderungsverordnung (EU) 2015/2421

Vom 16.12.2015 (ABl. L 341, S. 1)

(1) Mit der Verordnung (EG) Nr. 861/2007 des Europäischen Parlaments und des Rates wurde das europäische Verfahren für geringfügige Forderungen eingeführt. Diese Verordnung gilt für bestrittene und unbestrittene Forderungen in grenzüberschreitenden Zivil- und Handelssachen mit einem Streitwert bis 2 000 EUR. Sie stellt ferner sicher, dass in diesem Verfahren ergangene Urteile ohne Zwischenverfahren vollstreckbar sind, insbesondere ohne dass es im Vollstreckungsmitgliedstaat einer Vollstreckbarkeitserklärung bedarf (Abschaffung des Exequaturverfahrens). Das allgemeine Ziel der Verordnung (EG) Nr. 861/2007 war es, durch Verringerung der Kosten und Beschleunigung der Zivilverfahren für die von ihrem Anwendungsbereich erfassten Forderungen den Zugang zur Justiz sowohl für Verbraucher als auch für Unternehmen zu erleichtern.

(2) In ihrem Bericht vom 19. November 2013 über die Anwendung der Verordnung (EG) Nr. 861/2007 stellt die Kommission fest, dass das euro-

---

[56] Die Anhänge sind abgedruckt im ABl. 2007 L 199, S. 10–22. Sie sind abrufbar im Europäischen Justizportal: https://e-justice.europa.eu/177/DE/small_claims_forms?clang=de.

päische Verfahren für geringfügige Forderungen der allgemeinen Einschätzung zufolge grenzüberschreitende Streitigkeiten über geringfügige Forderungen in der Union vereinfacht hat. In dem Bericht wird jedoch auch dargelegt, weshalb die Möglichkeiten, die das europäische Verfahren für geringfügige Forderungen Verbrauchern und Unternehmen, insbesondere kleinen und mittleren Unternehmen (KMU), bietet, nicht voll ausgeschöpft werden können. Dem Bericht lässt sich unter anderem entnehmen, dass in grenzüberschreitenden Streitigkeiten viele potenzielle Kläger das vereinfachte Verfahren wegen der niedrigen Streitwertgrenze in der Verordnung (EG) Nr. 861/2007 nicht nutzen können. Zudem wird festgestellt, dass mehrere Verfahrensaspekte weiter vereinfacht werden könnten, um die Verfahrenskosten und die Verfahrensdauer zu reduzieren. Der Bericht der Kommission kommt zu dem Schluss, dass diese Hindernisse am besten durch eine Änderung der Verordnung (EG) Nr. 861/2007 ausgeräumt werden können.

(3) Die Verbraucher sollten die Möglichkeiten, die der Binnenmarkt bietet, in vollem Umfang nutzen können, und ihr Vertrauen sollte nicht durch fehlende wirksame Rechtsmittel bei Streitsachen mit grenzüberschreitendem Bezug geschmälert werden. Die in dieser Verordnung vorgeschlagenen Verbesserungen am europäischen Verfahren für geringfügige Forderungen sollen den Verbrauchern wirksame Rechtsmittel an die Hand geben und so zur Durchsetzung ihrer Rechte in der Praxis beitragen.

(4) Eine Anhebung der Grenze für den Wert einer Forderung auf 5000 EUR würde den Zugang zu einem wirksamen, kostengünstigen Rechtsschutz für grenzüberschreitende Streitigkeiten, vor allem für KMU, verbessern. Ein besserer Rechtsschutz hätte ein größeres Vertrauen in grenzüberschreitende Geschäfte zur Folge und würde dazu beitragen, dass die Möglichkeiten, die der Binnenmarkt bietet, in vollem Umfang genutzt würden.

(5) Diese Verordnung sollte nur auf grenzüberschreitende Rechtssachen Anwendung finden. Es sollte gelten, dass eine grenzüberschreitende Rechtssache dann vorliegt, wenn mindestens eine Partei ihren Wohnsitz oder ihren gewöhnlichen Aufenthalt in einem anderen an diese Verordnung gebundenen Mitgliedstaat als dem des angerufenen Gerichts hat.

(6) Das europäische Verfahren für geringfügige Forderungen sollte weiter verbessert werden, indem die technischen Entwicklungen im Bereich der Justiz und die den Gerichten zur Verfügung stehenden neuen Hilfsmittel genutzt werden, die dazu beitragen können, räumliche Entfernungen und die sich daraus ergebenden Folgen in Gestalt hoher Kosten und langwieriger Verfahren zu überwinden.

(7) Der Einsatz moderner Kommunikationstechnologie sollte aufseiten der Parteien und der Gerichte gefördert werden, um die Verfahrensdauer weiter zu verkürzen und die Verfahrenskosten weiter zu senken.

(8) Bei Schriftstücken, die den Parteien im europäischen Verfahren für geringfügige Forderungen zugestellt werden müssen, sollte die elektroni-

sche Zustellung der Zustellung durch Postdienste gleichgestellt sein. Hierzu sollte mit dieser Verordnung ein allgemeiner Rahmen geschaffen werden, der die Verwendung der elektronischen Zustellung zulässt, wenn die notwendigen technischen Möglichkeiten zur Verfügung stehen und die Nutzung der elektronischen Zustellung mit den nationalen Verfahrensvorschriften der beteiligten Mitgliedstaaten vereinbar ist. Für den übrigen Schriftverkehr zwischen den Parteien oder anderen an dem Verfahren beteiligten Personen und dem Gericht sollte die elektronische Übermittlung soweit möglich als bevorzugtes Mittel genutzt werden, wenn derartige Mittel zur Verfügung stehen und zulässig sind.

(9) Sofern die Parteien oder andere Empfänger nicht nach dem nationalen Recht verpflichtet sind, die elektronische Übermittlung zu akzeptieren, sollten sie bei der Zustellung von Schriftstücken oder bei jedem anderen Schriftverkehr mit dem Gericht die Wahl haben, ob elektronische Übermittlungswege, wenn diese zur Verfügung stehen und zulässig sind, oder traditionellere Übermittlungswege genutzt werden sollen. Von der Zustimmung einer Partei zur Zustellung durch elektronische Übermittlung bleibt ihr Recht unberührt, die Annahme eines Schriftstücks zu verweigern, das nicht in der Amtssprache des Mitgliedstaats, in dem sie ihren Wohnsitz oder gewöhnlichen Aufenthalt hat, oder, wenn es in diesem Mitgliedstaat mehrere Amtssprachen gibt, in der Amtssprache oder einer der Amtssprachen des Ortes, an dem die Partei ihren Wohnsitz oder gewöhnlichen Aufenthalt hat, oder in einer Sprache, die sie versteht, abgefasst ist und ihm auch keine Übersetzung in dieser Sprache beiliegt.

(10) Wird für die Zustellung von Schriftstücken oder für anderen Schriftverkehr die elektronische Übermittlung genutzt, so sollten die Mitgliedstaaten durch die Anwendung der bestehenden bewährten Vorgehensweisen sicherstellen, dass die erhaltenen Schriftstücke oder der andere erhaltene Schriftverkehr inhaltlich genau mit den gesendeten Schriftstücken oder dem anderen gesendeten Schriftverkehr übereinstimmen und die für die Empfangsbestätigung verwendete Methode einen Beleg für den Erhalt durch den Empfänger und das Datum des Empfangs darstellt.

(11) Das europäische Verfahren für geringfügige Forderungen wird im Wesentlichen schriftlich durchgeführt. Nur in Ausnahmefällen sollten mündliche Verhandlungen anberaumt werden, wenn eine Entscheidung aufgrund der schriftlichen Beweise nicht möglich ist oder wenn das Gericht auf Antrag einer Partei beschließt, eine mündliche Verhandlung anzuberaumen.

(12) Damit Personen, die vor Gericht gehört werden müssen, die Anreise zum Gericht erspart werden kann, sollten mündliche Verhandlungen sowie die Beweisaufnahme durch Anhörung von Zeugen, Sachverständigen oder Parteien mit jeglichen angemessenen Fernkommunikationsmitteln durchgeführt werden, sofern dem Gericht solche Mittel zur Verfügung stehen und in Anbetracht der besonderen Umstände des Falles die Verwendung dieser Technologien im Hinblick auf ein faires Verfahren nicht unangemes-

sen ist. Im Falle von Personen, die ihren Wohnsitz oder gewöhnlichen Aufenthalt in einem anderen Mitgliedstaat als dem des angerufenen Gerichts haben, sollte die mündliche Verhandlung in Anwendung der in der Verordnung (EG) Nr. 1206/2001 des Rates[57] vorgesehenen Verfahren durchgeführt werden.

(13) Die Mitgliedstaaten sollten die Verwendung von Mitteln der Fernkommunikationstechnologie fördern. Zur Abhaltung mündlicher Anhörungen sollte dafür Sorge getragen werden, dass die für das europäische Verfahren für geringfügige Forderungen zuständigen Gerichte im Hinblick auf die Gewährleistung eines fairen Verfahrens unter Berücksichtigung der besonderen Umstände des Falles Zugang zu geeigneten Mitteln der Fernkommunikationstechnologie haben. In Bezug auf Videokonferenzen sollten die vom Rat am 15. und 16. Juni 2015 angenommenen Empfehlungen des Rates zu grenzüberschreitenden Videokonferenzen und die bisherigen Arbeiten im Rahmen des Europäischen Justizportals berücksichtigt werden.

(14) Die möglichen Kosten eines Rechtsstreits können die Entscheidung des Anspruchstellers, den Rechtsweg zu beschreiten, beeinflussen. Die Gerichtsgebühren als Teil dieser Kosten können Antragsteller von einer Klage abhalten. Die in einem Mitgliedstaat für das europäische Verfahren für geringfügige Forderungen erhobenen Gerichtsgebühren sollten im Verhältnis zur Klage nicht unverhältnismäßig hoch sein und sollten die Gerichtsgebühren, die in dem betreffenden Mitgliedstaat für nationale vereinfachte Gerichtsverfahren erhoben werden, nicht überschreiten, um den Zugang zur Justiz bei geringfügigen Forderungen mit grenzüberschreitendem Bezug sicherzustellen. Dies sollte jedoch nicht der Erhebung angemessener Mindestgerichtsgebühren entgegenstehen und die Möglichkeit unberührt lassen, unter denselben Bedingungen eine gesonderte Gebühr für ein Rechtsmittelverfahren gegen ein in einem europäischen Verfahren für geringfügige Forderungen ergangenes Urteil zu erheben.

(15) Für die Zwecke dieser Verordnung sollten die Gerichtsgebühren die dem Gericht zu entrichtenden Gebühren und Abgaben umfassen, deren Höhe nach dem nationalen Recht festgelegt wird. Sie sollten beispielsweise keine Beträge umfassen, die im Laufe des Verfahrens an Dritte gezahlt werden, wie etwa Anwaltshonorare, Übersetzungskosten, Kosten der Zustellung von Schriftstücken durch andere Stellen als Gerichte oder an Sachverständige oder Zeugen gezahlte Beträge.

(16) Der effektive Zugang zur Justiz in der gesamten Union ist ein wichtiges Ziel. Zur Gewährleistung eines solchen effektiven Zugangs im Rahmen des europäischen Verfahrens für geringfügige Forderungen sollte Pro-

[57] Verordnung (EG) Nr. 1206/2001 des Rates v. 28.5.2001 über die Zusammenarbeit zwischen den Gerichten der Mitgliedstaaten auf dem Gebiet der Beweisaufnahme in Zivil- und Handelssachen (ABl. L 174 v. 27.6.2001, S. 1; abgedruckt unter Nr. *225*).

zesskostenhilfe gewährt werden, und zwar nach Maßgabe der Richtlinie 2003/8/EG des Rates.[58]

(17) Der Kläger sollte nicht gezwungen sein, zur Zahlung der Gerichtsgebühren in den Mitgliedstaat des angerufenen Gerichts zu reisen oder hierzu einen Rechtsanwalt zu beauftragen. Um sicherzustellen, dass auch Kläger, die in einem anderen Mitgliedstaat als dem Mitgliedstaat, in dem sich das angerufene Gericht befindet, ansässig sind, effektiven Zugang zu dem Verfahren haben, sollten die Mitgliedstaaten mindestens eine der in dieser Verordnung vorgesehenen Fernzahlungsmethoden anbieten.

(18) Es sollte präzisiert werden, dass ein gerichtlicher Vergleich, der im Laufe des europäischen Verfahrens für geringfügige Forderungen von einem Gericht gebilligt oder vor einem Gericht geschlossen wurde, auf dieselbe Weise vollstreckbar ist wie ein in diesem Verfahren ergangenes Urteil.

(19) Um die Notwendigkeit von Übersetzungen und der damit verbundenen Kosten möglichst gering zu halten, sollte das Gericht, wenn es eine Bestätigung für die Vollstreckung eines im europäischen Verfahren für geringfügige Forderungen in einer anderen als seiner eigenen Sprache ergangenen Urteils oder eines in diesem Verfahren in einer anderen als seiner eigenen Sprache von einem Gericht gebilligten oder vor einem Gericht geschlossenen gerichtlichen Vergleichs ausfertigt, die jeweilige Sprachfassung des Standardformblatts heranziehen, das in einem dynamischen Online-Format über das Europäische Justizportal zur Verfügung gestellt wird. In dieser Hinsicht sollte es befugt sein, sich auf die Richtigkeit der durch das Portal bereitgestellten Übersetzung zu verlassen. Kosten für eine notwendige Übersetzung des in die Freitextfelder der Bestätigung eingetragenen Texts sind nach dem Recht des Mitgliedstaats des Gerichts zuzuweisen.

(20) Die Mitgliedstaaten sollten den Parteien praktische Hilfestellung beim Ausfüllen der Standardformblätter für das europäische Verfahren für geringfügige Forderungen leisten. Zudem sollten sie allgemeine Informationen über den Anwendungsbereich des europäischen Verfahrens für geringfügige Forderungen geben und darüber, welche Gerichte hierfür zuständig sind. Diese Verpflichtung sollte jedoch nicht bedeuten, dass sie Prozesskostenhilfe oder rechtliche Beratung in Form einer rechtlichen Prüfung im Einzelfall leisten müssen. Es sollte den Mitgliedstaaten freistehen, über die am besten geeigneten Mittel und Wege zu entscheiden, wie sie diese praktische Hilfestellung leisten und allgemeine Informationen bereitstellen, und es sollte den Mitgliedstaaten überlassen werden, welchen Stellen sie diese Verpflichtungen übertragen. Solche allgemeinen Informationen über den Anwendungsbereich des europäischen Verfahrens für geringfügige Forderungen und über die zuständigen Gerichte können auch

---

[58] Richtlinie 2003/8/EG des Rates v. 27.1.2003 zur Verbesserung des Zugangs zum Recht bei Streitsachen mit grenzüberschreitendem Bezug durch Festlegung gemeinsamer Mindestvorschriften für die Prozesskostenhilfe in derartigen Streitsachen (ABl. L 26 v. 31.1.2003, S. 41; abgedruckt unter Nr. *226*).

in Form eines Verweises auf Informationen bereitgestellt werden, die in Broschüren oder Handbüchern, auf nationalen Internetseiten oder auf dem Europäischen Justizportal oder von einschlägigen Hilfsorganisationen wie dem Netzwerk der Europäischen Verbraucherzentren angeboten werden.

(21) Angaben zu Gerichtsgebühren und Zahlungsmodalitäten sowie zu den Behörden oder Organisationen, die in den Mitgliedstaaten praktische Hilfestellung geben, sollten transparenter werden und über das Internet leicht zugänglich sein. Zu diesem Zweck sollten die Mitgliedstaaten diese Angaben der Kommission übermitteln, die ihrerseits sicherstellen sollte, dass diese Angaben auf geeignete Weise, insbesondere über das Europäische Justizportal, veröffentlicht werden und weite Verbreitung finden.

(22) Es sollte in der Verordnung (EG) Nr. 1896/2006 des Europäischen Parlaments und des Rates[59] klargestellt werden, dass, wenn eine Rechtsstreitigkeit in den Anwendungsbereich des europäischen Verfahrens für geringfügige Forderungen fällt, dieses Verfahren auch einem Antragsteller in einem Europäischen Mahnverfahren zur Verfügung stehen sollte, wenn der Antragsgegner Einspruch gegen den Europäischen Zahlungsbefehl eingelegt hat.

(23) Um den Zugang zum europäischen Verfahren für geringfügige Forderungen weiter zu erleichtern, sollte das Klageformblatt nicht nur bei den für das europäische Verfahren für geringfügige Forderungen zuständigen Gerichten zur Verfügung stehen, sondern auch über die einschlägigen nationalen Internetseiten zugänglich sein. Diese Verpflichtung kann auch durch Bereitstellung eines Links zum Europäischen Justizportal auf den einschlägigen nationalen Internetseiten erfüllt werden.

Um den Beklagten besser zu schützen, sollten die in der Verordnung (EG) Nr. 861/2007 vorgesehenen Standardformblätter darüber aufklären, welche Folgen der Beklagte zu erwarten hat, wenn er die Forderung nicht bestreitet oder einer Ladung zu einer mündlichen Verhandlung nicht Folge leistet, insbesondere über die Möglichkeit, dass ein Urteil gegen ihn ergehen oder vollstreckt werden kann und dass er die Verfahrenskosten tragen muss. Die Standardformblätter sollten des Weiteren darüber informieren, dass die obsiegende Partei möglicherweise keine Rückerstattung der Verfahrenskosten erhalten kann, soweit sie nicht notwendig waren oder in keinem Verhältnis zum Streitwert der Klage stehen.

(24) Damit die Standardformblätter für das europäische Verfahren für geringfügige Forderungen und für das Europäische Mahnverfahren auf dem neuesten Stand gehalten werden, sollte der Kommission die Befugnis zum Erlass von Rechtsakten nach Artikel 290 des Vertrags über die Arbeitsweise der Europäischen Union (AEUV) für Änderungen der Anhänge I bis IV der Verordnung (EG) Nr. 861/2007 und für Änderungen der Anhänge I

[59] Verordnung (EG) Nr. 1896/2006 des Europäischen Parlaments und des Rates v. 12.12.2006 zur Einführung eines Europäischen Mahnverfahrens (ABl. L 399 v. 30.12.2006, S. 1; abgedruckt unter Nr. *186*).

bis VII der Verordnung (EG) Nr. 1896/2006 übertragen werden. Es ist besonders wichtig, dass die Kommission bei ihren vorbereitenden Arbeiten angemessene Konsultationen auch auf Expertenebene durchführt. Bei der Vorbereitung und Ausarbeitung delegierter Rechtsakte sollte die Kommission dafür sorgen, dass die einschlägigen Dokumente dem Europäischen Parlament und dem Rat gleichzeitig, rechtzeitig und auf angemessene Weise übermittelt werden.

(25) Gemäß Artikel 3 des dem Vertrag über die Europäische Union (EUV) und dem AEUV beigefügten Protokolls Nr. 21 über die Position des Vereinigten Königreichs und Irlands hinsichtlich des Raums der Freiheit, der Sicherheit und des Rechts haben diese Mitgliedstaaten mitgeteilt, dass sie sich an der Annahme und Anwendung dieser Verordnung beteiligen möchten.

(26) Nach den Artikeln 1 und 2 des dem EUV und dem AEUV beigefügten Protokolls Nr. 22 über die Position Dänemarks beteiligt sich Dänemark nicht an der Annahme dieser Verordnung und ist weder durch diese Verordnung gebunden noch zu ihrer Anwendung verpflichtet.

(27) Die Verordnung (EG) Nr. 861/2007 und die Verordnung (EG) Nr. 1896/2006 sollten daher entsprechend geändert werden.

187a. Zivilprozessordnung

idF vom 5. Dezember 2005 (BGBl. I S. 3202)

Buch 11.[1] Justizielle Zusammenarbeit in der Europäischen Union

Abschnitt 6.[2] Europäisches Verfahren für geringfügige Forderungen nach der Verordnung (EG) Nr. 861/2007[3]

Titel 1. Erkenntnisverfahren

§ 1097.[4] **Einleitung und Durchführung des Verfahrens.** (1) Die Formblätter gemäß der Verordnung (EG) Nr. 861/2007 und andere Anträge oder Erklärungen können als Schriftsatz, als Telekopie oder nach Maßgabe des § 130a als elektronisches Dokument bei Gericht eingereicht werden.

---

[1] Die Vorschriften des 11. Buches der ZPO finden gem. § 13a ArbGG auch in Verfahren vor den Arbeitsgerichten Anwendung.

[2] Abschnitt 6 angefügt durch Gesetz zur Verbesserung der grenzüberschreitenden Forderungsdurchsetzung und Zustellung v. 30.10.2008 (BGBl. I, S. 2122) mit Wirkung v. 1.1.2009.

[3] Abgedruckt unter Nr. *187*.

[4] § 1097 Abs. 1 geändert durch Gesetz v. 8.7.2014 (BGBl. I, S. 890) mit Wirkung v. 10.1.2015.

(2) Im Fall des Artikels 4 Abs. 3 der Verordnung (EG) Nr. 861/2007 wird das Verfahren über die Klage ohne Anwendung der Vorschriften der Verordnung (EG) Nr. 861/2007 fortgeführt.

§ 1098. Annahmeverweigerung auf Grund der verwendeten Sprache. Die Frist zur Erklärung der Annahmeverweigerung nach Artikel 6 Abs. 3 der Verordnung (EG) Nr. 861/2007 beträgt eine Woche. Sie ist eine Notfrist und beginnt mit der Zustellung des Schriftstücks. Der Empfänger ist über die Folgen einer Versäumung der Frist zu belehren.

§ 1099. Widerklage. (1) Eine Widerklage, die nicht den Vorschriften der Verordnung (EG) Nr. 861/2007 entspricht, ist außer im Fall des Artikels 5 Abs. 7 Satz 1 der Verordnung (EG) Nr. 861/2007 als unzulässig abzuweisen.

(2) Im Fall des Artikels 5 Abs. 7 Satz 1 der Verordnung (EG) Nr. 861/2007 wird das Verfahren über die Klage und die Widerklage ohne Anwendung der Vorschriften der Verordnung (EG) Nr. 861/2007 fortgeführt. Das Verfahren wird in der Lage übernommen, in der es sich zur Zeit der Erhebung der Widerklage befunden hat.

§ 1100.[5] Mündliche Verhandlung. (1) Das Gericht kann den Parteien sowie ihren Bevollmächtigten und Beiständen gestatten, sich während einer Verhandlung an einem anderen Ort aufzuhalten und dort Verfahrenshandlungen vorzunehmen. § 128a Abs. 1 Satz 2 und Abs. 3 Satz 1 bleibt unberührt.

(2) Die Bestimmung eines frühen ersten Termins zur mündlichen Verhandlung (§ 275) ist ausgeschlossen.

§ 1101.[6] Beweisaufnahme. (1) Das Gericht kann die Beweise in der ihm geeignet erscheinenden Art aufnehmen, soweit Artikel 9 Abs. 2 bis 4 der Verordnung (EG) Nr. 861/2007 nichts anderes bestimmt.

(2) Das Gericht kann einem Zeugen, Sachverständigen oder einer Partei gestatten, sich während einer Vernehmung an einem anderen Ort aufzuhalten. § 128a Abs. 2 Satz 2, 3 und Abs. 3 Satz 1 bleibt unberührt.

§ 1102. Urteil. Urteile bedürfen keiner Verkündung. Die Verkündung eines Urteils wird durch die Zustellung ersetzt.

§ 1103. Säumnis. Äußert sich eine Partei binnen der für sie geltenden Frist nicht oder erscheint sie nicht zur mündlichen Verhandlung, kann das Gericht eine Entscheidung nach Lage der Akten erlassen. § 251a ist nicht anzuwenden.

---

[5] § 1100 Abs. 1 Satz 2 geändert durch Gesetz v. 11.6.2017 (BGBl. I, S. 1607) mit Wirkung v. 14.7.2017.

[6] § 1101 Abs. 1, Abs. 2 Satz 2 geändert durch Gesetz v. 11.6.2017 (BGBl. I, S. 1607) mit Wirkung v. 14.7.2017.

§ 1104.[7] **Abhilfe bei unverschuldeter Säumnis des Beklagten.**

(1) Liegen die Voraussetzungen des Artikels 18 Abs. 1 und 2 der Verordnung (EG) Nr. 861/2007 vor, wird das Verfahren fortgeführt; es wird in die Lage zurückversetzt, in der es sich vor Erlass des Urteils befand. Auf Antrag stellt das Gericht die Nichtigkeit des Urteils durch Beschluss fest.

(2) Der Beklagte hat die tatsächlichen Voraussetzungen des Artikels 18 Abs. 1 und 2 der Verordnung (EG) Nr. 861/2007 glaubhaft zu machen.

§ 1104a.[8] **Gemeinsame Gerichte.** Die Landesregierungen werden ermächtigt, durch Rechtsverordnung einem Amtsgericht für die Bezirke mehrerer Amtsgerichte und einem Landgericht für die Bezirke mehrerer Landgerichte die Angelegenheiten in europäischen Verfahren für geringfügige Forderungen nach der Verordnung (EG) Nr. 861/2007 zuzuweisen, wenn dies der sachlichen Förderung der Verfahren dient. Die Landesregierungen können die Ermächtigung auf die Landesjustizverwaltungen übertragen.

Titel 2. Zwangsvollstreckung

§ 1105. Zwangsvollstreckung inländischer Titel. (1) Urteile sind für vorläufig vollstreckbar ohne Sicherheitsleistung zu erklären. Die §§ 712 und 719 Abs. 1 Satz 1 in Verbindung mit § 707 sind nicht anzuwenden.

(2) Für Anträge auf Beschränkung der Zwangsvollstreckung nach Artikel 15 Abs. 2 in Verbindung mit Artikel 23 der Verordnung (EG) Nr. 861/2007 ist das Gericht der Hauptsache zuständig. Die Entscheidung ergeht im Wege einstweiliger Anordnung. Sie ist unanfechtbar. Die tatsächlichen Voraussetzungen des Artikels 23 der Verordnung (EG) Nr. 861/2007 sind glaubhaft zu machen.

§ 1106. Bestätigung inländischer Titel. (1) Für die Ausstellung der Bestätigung nach Artikel 20 Abs. 2 der Verordnung (EG) Nr. 861/2007 ist das Gericht zuständig, dem die Erteilung einer vollstreckbaren Ausfertigung des Titels obliegt.

(2) Vor Ausfertigung der Bestätigung ist der Schuldner anzuhören. Wird der Antrag auf Ausstellung einer Bestätigung zurückgewiesen, so sind die Vorschriften über die Anfechtung der Entscheidung über die Erteilung einer Vollstreckungsklausel entsprechend anzuwenden.

§ 1107. Ausländische Vollstreckungstitel. Aus einem Titel, der in einem Mitgliedstaat der Europäischen Union nach der Verordnung (EG) Nr. 861/

---

[7] § 1104 Abs. 1 Satz 1, Abs. 2 geändert durch Gesetz v. 11.6.2017 (BGBl. I, S. 1607) mit Wirkung v. 14.7.2017.

[8] § 1104a eingefügt durch Gesetz v. 11.6.2017 (BGBl. I, S. 1607) mit Wirkung v. 14.7.2017.

2007 ergangen ist, findet die Zwangsvollstreckung im Inland statt, ohne dass es einer Vollstreckungsklausel bedarf.

§ 1108. Übersetzung. Hat der Gläubiger nach Artikel 21 Abs. 2 Buchstabe b der Verordnung (EG) Nr. 861/2007 eine Übersetzung vorzulegen, so ist diese in deutscher Sprache zu verfassen und von einer in einem der Mitgliedstaaten der Europäischen Union hierzu befugten Person zu erstellen.

§ 1109. Anträge nach den Artikeln 22 und 23 der Verordnung (EG) Nr. 861/2007; Vollstreckungsabwehrklage. (1) Auf Anträge nach Artikel 22 der Verordnung (EG) Nr. 861/2007 ist § 1084 Abs. 1 und 2[9] entsprechend anzuwenden. Auf Anträge nach Artikel 23 der Verordnung (EG) Nr. 861/2007 ist § 1084 Abs. 1 und 3 entsprechend anzuwenden.

(2) § 1086 gilt entsprechend.

188. Verordnung (EU) Nr. 655/2014 des Europäischen Parlaments und des Rates zur Einführung eines Verfahrens für einen Europäischen Beschluss zur vorläufigen Kontenpfändung im Hinblick auf die Erleichterung der grenzüberschreitenden Eintreibung von Forderungen in Zivil- und Handelssachen

Vom 15. Mai 2014[1, 2] (ABl. L 189, S. 59)

DAS EUROPÄISCHE PARLAMENT UND DER RAT DER EUROPÄISCHEN UNION –

gestützt auf den Vertrag über die Arbeitsweise der Europäischen Union, insbesondere auf Artikel 81 Absatz 2 Buchstaben a, e und f,[3]

auf Vorschlag der Europäischen Kommission,

nach Zuleitung des Entwurfs des Gesetzgebungsakts an die nationalen Parlamente,

nach Stellungnahme des Europäischen Wirtschafts- und Sozialausschusses,[4]

gemäß dem ordentlichen Gesetzgebungsverfahren,[5]

in Erwägung nachstehender Gründe:

---

[9] Abgedruckt unter Nr. *185a*.

[1] Die Verordnung gilt nach ihrem Art. 54 S. 2 für die Mitgliedstaaten der EU – mit Ausnahme *Dänemarks* (vgl. Erwägungsgrund (51)) und des *Vereinigten Königreichs* (vgl. Erwägungsgrund (50)) – seit dem 18.1.2017.

[2] Zur Ausführung der Verordnung in *Deutschland* siehe §§ 946–953 ZPO (Nr. *188a*), die gleichzeitig mit der Verordnung in Kraft getreten sind.

[3] Abgedruckt unter Nr. *0–2*.

[4] ABl. C 191 v. 29.6.2012, S. 57.

[5] Standpunkt des Europäischen Parlaments v. 15.4.2014 (noch nicht im Amtsblatt veröffentlicht) und Beschluss des Rates v. 13.5.2014.

(1) Die Union hat sich zum Ziel gesetzt, einen Raum der Freiheit, der Sicherheit und des Rechts, in dem der freie Personenverkehr gewährleistet ist, zu erhalten und weiterzuentwickeln. Zum schrittweisen Aufbau eines solchen Raums hat die Union im Bereich der justiziellen Zusammenarbeit in Zivilsachen, die einen grenzüberschreitenden Bezug aufweisen, Maßnahmen zu erlassen, insbesondere wenn dies für das reibungslose Funktionieren des Binnenmarkts erforderlich ist.

(2) Gemäß Artikel 81 Absatz 2 des Vertrags über die Arbeitsweise der Europäischen Union (AEUV) können dazu Maßnahmen gehören, die unter anderem Folgendes sicherstellen sollen: die gegenseitige Anerkennung und die Vollstreckung gerichtlicher Entscheidungen zwischen den Mitgliedstaaten, einen effektiven Zugang zum Recht und die Beseitigung von Hindernissen für die reibungslose Abwicklung von Zivilverfahren, erforderlichenfalls durch Förderung der Vereinbarkeit der in den Mitgliedstaaten geltenden zivilrechtlichen Verfahrensvorschriften.

(3) Am 24. Oktober 2006 leitete die Kommission mit dem Grünbuch „Effizientere Vollstreckung von Urteilen in der Europäischen Union: vorläufige Kontenpfändung" eine Konsultation über die Notwendigkeit eines einheitlichen europäischen Verfahrens für die vorläufige Pfändung von Bankkonten und etwaige Merkmale dieses Verfahrens ein.

(4) Im Stockholmer Programm vom Dezember 2009,[6] in dem die Prioritäten im Bereich Freiheit, Sicherheit und Recht für den Zeitraum 2010–2014 festgelegt sind, forderte der Europäische Rat die Kommission auf, das Erfordernis bestimmter einstweiliger Maßnahmen auf Unionsebene, einschließlich solcher, die auf eine Sicherung gerichtet sind, wie z. B. Verhinderung der Entziehung von Vermögensgegenständen vor Vollstreckung einer Forderung, sowie die Durchführbarkeit solcher Maßnahmen zu prüfen und angemessene Vorschläge zur Verbesserung der Effizienz der Vollstreckung von Urteilen in der Union betreffend Bankkonten und Schuldnervermögen vorzulegen.

(5) Nationale Verfahren zur Erwirkung von Sicherungsmaßnahmen etwa in Gestalt von Beschlüssen zur vorläufigen Kontenpfändung gibt es in allen Mitgliedstaaten; allerdings unterscheiden sie sich hinsichtlich der Bedingungen für ihren Erlass und der Effizienz ihrer Ausführung beträchtlich voneinander. Außerdem kann sich die Inanspruchnahme nationaler Sicherungsmaßnahmen in Fällen mit grenzüberschreitendem Bezug als aufwändig erweisen, vor allem wenn der Gläubiger mehrere Konten in verschiedenen Mitgliedstaaten vorläufig pfänden lassen will. Daher scheint es erforderlich und angemessen, ein verbindliches und unmittelbar geltendes Rechtsinstrument der Union zu erlassen, mit dem ein neues Unionsverfahren eingeführt wird, das in grenzüberschreitenden Fällen die vorläufige Pfändung von Geldern auf Bankkonten in einer effizienten und zügigen Weise ermöglicht.

---

[6] ABl. C 115 v. 4.5.2010, S. 1.

(6) Das mit dieser Verordnung eingeführte Verfahren sollte dem Gläubiger als weitere fakultative Möglichkeit dienen; es steht ihm nach wie vor frei, von einem anderen Verfahren zur Erwirkung einer gleichwertigen Maßnahme nach nationalem Recht Gebrauch zu machen.

(7) Ein Gläubiger sollte eine Sicherungsmaßnahme in Form eines Europäischen Beschlusses zur vorläufigen Kontenpfändung (im Folgenden „Beschluss zur vorläufigen Pfändung" oder „Beschluss") erwirken können, um die Überweisung oder Abhebung von Geldern, die sein Schuldner auf einem in einem Mitgliedstaat geführten Bankkonto hält, zu verhindern, wenn die Gefahr besteht, dass die spätere Vollstreckung seiner Forderung gegenüber dem Schuldner ohne eine solche Maßnahme unmöglich oder erheblich erschwert wird. Die Pfändung von Geldern auf dem Konto des Schuldners sollte zur Folge haben, dass nicht nur der Schuldner selbst, sondern auch Personen, die von diesem mit der Ausführung von Zahlungen über dieses Konto betraut sind, z. B. in Form von Daueraufträgen oder durch Lastschriftverfahren oder die Verwendung einer Kreditkarte, daran gehindert werden, die Gelder zu verwenden.

(8) Der sachliche Anwendungsbereich dieser Verordnung sollte sich, von einigen genau festgelegten Rechtsgebieten abgesehen, auf das gesamte Zivil- und Handelsrecht erstrecken. Keine Anwendung finden sollte diese Verordnung insbesondere auf Forderungen gegenüber einem Schuldner im Rahmen eines Insolvenzverfahrens. Dies sollte bedeuten, dass ein Beschluss zur vorläufigen Pfändung nicht gegen einen Schuldner erlassen werden kann, sobald gegen ihn ein Insolvenzverfahren im Sinne der Verordnung (EG) Nr. 1346/2000 des Rates[7] eingeleitet worden ist. Andererseits sollte durch diesen Ausschluss ermöglicht werden, dass der Beschluss zur vorläufigen Pfändung zur Sicherung der Rückforderung benachteiligender Zahlungen, die ein solcher Schuldner an Dritte geleistet hat, verwendet werden kann.

(9) Diese Verordnung sollte für Konten gelten, die bei Kreditinstituten unterhalten werden, deren Tätigkeit darin besteht, Einlagen oder andere rückzahlbare Gelder von Kunden entgegenzunehmen und Kredite für eigene Rechnung zu gewähren.

Sie sollte somit nicht für Finanzinstitute gelten, die keine solchen Einlagen entgegennehmen, beispielsweise Institute, die Ausfuhr- und Investitionsprojekte oder Projekte in Entwicklungsländern finanzieren, oder Institute, die Finanzmarktdienstleistungen erbringen. Ferner sollte diese Verordnung weder für Konten gelten, die von oder bei Zentralbanken geführt werden, wenn sie in ihrer Eigenschaft als Währungsbehörden handeln, noch für Konten, die nicht durch nationale Beschlüsse, die einem Beschluss

[7] Die Verordnung (EG) Nr. 1346/2000 des Rates v. 29.5.2000 über Insolvenzverfahren (ABl. L 160 v. 30.6.2000, S. 1) ist inzwischen durch die Verordnung (EU) Nr. 848/2015 des Europäischen Parlaments und des Rates über Insolvenzverfahren (ABl. L 141, S. 19, abgedruckt unter Nr. *260*) abgelöst worden.

zur vorläufigen Pfändung gleichwertig sind, vorläufig gepfändet werden können oder die auf andere Weise nach dem Recht des Mitgliedstaats, in dem das besagte Konto geführt wird, nicht gepfändet werden dürfen.

(10) Diese Verordnung sollte ausschließlich auf grenzüberschreitende Rechtssachen Anwendung finden und festlegen, in welchem Fall in diesem besonderen Kontext eine grenzüberschreitende Rechtssache vorliegt. Für die Zwecke dieser Verordnung sollte gelten, dass eine grenzüberschreitende Rechtssache dann vorliegt, wenn das mit dem Antrag auf Erlass eines Beschlusses zur vorläufigen Pfändung befasste Gericht seinen Sitz in einem Mitgliedstaat hat und das von dem Beschluss betroffene Bankkonto in einem anderen Mitgliedstaat geführt wird. Ferner sollte gelten, dass eine grenzüberschreitende Rechtssache vorliegt, wenn der Gläubiger seinen Wohnsitz in einem Mitgliedstaat hat und das Gericht sowie das vorläufig zu pfändende Bankkonto in einem anderen Mitgliedstaat belegen sind.

Diese Verordnung sollte nicht auf die vorläufige Pfändung von Konten Anwendung finden, die in dem Mitgliedstaat des Gerichts, bei dem der Beschluss zur vorläufigen Pfändung beantragt worden ist, geführt werden, sofern der Wohnsitz des Gläubigers sich ebenfalls in diesem Mitgliedstaat befindet, auch wenn der Gläubiger zum selben Zeitpunkt einen Antrag auf Erlass eines Beschlusses zur vorläufigen Pfändung stellt, der ein oder mehrere Konten betrifft, die in einem anderen Mitgliedstaat geführt werden. In einem solchen Fall sollte der Gläubiger zwei getrennte Anträge – einen auf Erlass eines Beschlusses zur vorläufigen Pfändung und einen auf Erlass einer nationalen Maßnahme – stellen.

(11) Das Verfahren für einen Beschluss zur vorläufigen Pfändung sollte jeder Gläubiger in Anspruch nehmen können, der vor Einleitung des Hauptsacheverfahrens bzw. in jeder Phase des Rechtsstreits sicherstellen will, dass eine spätere in der Hauptsache ergehende gerichtliche Entscheidung vollstreckt wird. Es sollte auch Gläubigern offenstehen, die bereits eine gerichtliche Entscheidung, einen gerichtlichen Vergleich oder eine öffentliche Urkunde erwirkt haben, mit der bzw. dem der Schuldner aufgefordert wird, die Forderung des Gläubigers zu erfüllen.

(12) Der Beschluss zur vorläufigen Pfändung sollte zur Sicherung bereits fälliger Forderungen in Anspruch genommen werden können. Er sollte ferner in Bezug auf noch nicht fällige Forderungen in Anspruch genommen werden können, sofern diese sich aus einer bereits erfolgten Transaktion oder einem bereits eingetretenen Ereignis ergeben und ihre Höhe bestimmbar ist, einschließlich Forderungen aus einer unerlaubten Handlung oder einer Handlung, die einer unerlaubten Handlung gleichgestellt ist, sowie Klagen auf Schadenersatz oder auf Wiederherstellung des früheren Zustands, die auf eine mit Strafe bedrohte Handlung gestützt werden.

Der Gläubiger sollte die Möglichkeit haben, einen Beschluss zur vorläufigen Pfändung über einen Betrag in Höhe der Hauptforderung oder über einen niedrigeren Betrag zu beantragen. Letzteres könnte beispielsweise in seinem Interesse liegen, wenn er für einen Teil seiner Forderung bereits andere Sicherheiten erhalten hat.

(13) Damit eine enge Verbindung zwischen dem Verfahren zum Erlass eines Beschlusses zur vorläufigen Pfändung und dem Verfahren in der Hauptsache gewährleistet ist, sollte die internationale Zuständigkeit für den Erlass des Beschlusses bei den Gerichten des Mitgliedstaats liegen, dessen Gerichte in der Hauptsache zuständig sind. Für die Zwecke dieser Verordnung sollte der Begriff „Verfahren in der Hauptsache" alle Verfahren abdecken, die darauf gerichtet sind, einen vollstreckbaren Titel über die zugrunde liegende Forderung zu erwirken, einschließlich beispielsweise summarische Mahnverfahren und Verfahren wie das französische Verfahren der einstweiligen Anordnung *(„procédure de référé")*. Ist der Schuldner ein Verbraucher mit Wohnsitz in einem Mitgliedstaat, so sollte die Zuständigkeit für den Erlass des Beschlusses ausschließlich bei den Gerichten dieses Mitgliedstaats liegen.

(14) Hinsichtlich der Bedingungen für den Erlass des Beschlusses zur vorläufigen Pfändung sollten das Interesse des Gläubigers daran, einen Beschluss zu erwirken, und das Interesse des Schuldners daran, dass ein Missbrauch des Beschlusses verhindert wird, angemessen gegeneinander abgewogen werden.

Wenn der Gläubiger einen Beschluss zur vorläufigen Pfändung beantragt, bevor er eine gerichtliche Entscheidung erwirkt hat, sollte sich das Gericht, bei dem der Antrag eingereicht wird, daher anhand der vom Gläubiger vorgelegten Beweismittel vergewissert haben, dass über die Forderung des Gläubigers gegenüber dem Schuldner in der Hauptsache voraussichtlich zugunsten des Gläubigers entschieden wird.

Ferner sollte der Gläubiger in allen Fällen, auch wenn er bereits eine gerichtliche Entscheidung erwirkt hat, dem Gericht hinreichend nachweisen müssen, dass eine gerichtliche Maßnahme zum Schutz seiner Forderung dringend erforderlich ist und dass ohne den Beschluss die Vollstreckung einer bestehenden oder künftigen gerichtlichen Entscheidung wahrscheinlich unmöglich oder erheblich erschwert würde, weil eine tatsächliche Gefahr besteht, dass der Schuldner seine Vermögenswerte aufbraucht, verschleiert oder vernichtet oder aber unter Wert oder in einem unüblichen Ausmaß oder durch unübliche Handlungen veräußert, noch bevor der Gläubiger die Vollstreckung der bestehenden oder einer künftigen gerichtlichen Entscheidung erwirken kann.

Das Gericht sollte die Beweismittel bewerten, die der Gläubiger vorgelegt hat, um nachzuweisen, dass eine solche Gefahr besteht. Dies könnte sich beispielsweise auf das Verhalten des Schuldners hinsichtlich der Forderung des Gläubigers oder in einer vorangegangenen Streitigkeit zwischen den Parteien, die Kredithistorie des Schuldners, die Art der Vermögenswerte des Schuldners und alle jüngst vorgenommenen Handlungen des Schuldners im Zusammenhang mit seinen Vermögenswerten beziehen. Bei der Bewertung der Beweismittel kann das Gericht dem Umstand Rechnung tragen, dass Kontoabhebungen und Ausgaben des Schuldners zur Erhaltung seiner normalen Geschäftstätigkeit oder regelmäßige Ausgaben für seine Familie als solche nicht unüblich sind. Die bloße Nichtzahlung oder das bloße Bestreiten der Forderung oder die bloße Tatsache, dass der Schuldner mehr als einen Gläubiger hat, sollten an sich nicht als ausreichende Beweismittel gelten, um den Erlass eines Beschlusses zu rechtfertigen. Auch sollte die bloße Tatsache, dass die finanzielle Situation des Schuldners schlecht ist oder schlechter wird, an sich nicht als ausreichender Grund gelten, um den Erlass eines Beschlusses zu rechtfertigen. Das Gericht kann diese Faktoren jedoch bei der Gesamtbewertung des Bestehens einer Gefahr berücksichtigen.

(15) Damit der Überraschungseffekt des Beschlusses zur vorläufigen Pfändung gewährleistet ist und damit sichergestellt wird, dass er ein nützliches Instrument für einen Gläubiger ist, der versucht, in grenzübergreifenden Fällen Schulden von einem Schuldner einzutreiben, sollte der Schuldner weder über den Antrag des Gläubigers informiert noch vor dem Erlass des Beschlusses angehört, noch vor Ausführung des Beschlusses von dem Beschluss in Kenntnis gesetzt werden. Gelangt das Gericht auf Grundlage der vom Gläubiger oder gegebenenfalls dessen Zeuge(n) vorgelegten Beweismittel und Informationen nicht zu der Überzeugung, dass die vorläufige Pfändung des besagten Kontos oder der Konten gerechtfertigt ist, sollte es den Beschluss nicht erlassen.

(16) In Situationen, in denen der Gläubiger einen Beschluss zur vorläufigen Pfändung beantragt, bevor er ein Verfahren in der Hauptsache vor einem Gericht einleitet, sollte er durch diese Verordnung dazu verpflichtet werden, ein solches Verfahren innerhalb einer konkreten Frist einzuleiten sowie dem Gericht, bei dem er den Antrag auf einen Beschluss gestellt hat, einen Nachweis über die Einleitung dieses Verfahrens vorzulegen. Sollte der Gläubiger dieser Verpflichtung nicht nachkommen, so sollte der Beschluss vom Gericht auf eigene Initiative widerrufen werden oder automatisch enden.

(17) Da keine vorherige Anhörung des Schuldners erfolgt, sollten in dieser Verordnung spezifische Garantien zur Vermeidung des Missbrauchs des Beschlusses und für den Schutz der Rechte des Schuldners vorgesehen werden.

(18) Eine solche wichtige Garantie sollte in der Möglichkeit bestehen, vom Gläubiger eine Sicherheitsleistung zu verlangen, damit gewährleistet ist, dass der Schuldner für einen etwaigen Schaden, der ihm aufgrund des Beschlusses zur vorläufigen Pfändung entstanden ist, zu einem späteren Zeitpunkt entschädigt werden kann. Je nach den nationalen Rechtsvorschriften könnte diese Sicherheit in Form einer Kaution oder einer anderweitigen Sicherheitsleistung, wie etwa einer Bankgarantie oder eines Grundpfandrechts, geleistet werden. Das Gericht sollte bei der Bestimmung der Höhe der Sicherheit, die so bemessen sein muss, dass ein Missbrauch des Beschlusses verhindert wird und der Schadenersatz für den Schuldner

gewährleistet ist, über eine Ermessensbefugnis verfügen und es sollte in Ermangelung spezifischer Beweismittel in Bezug auf die Höhe des potenziellen Schadens dem Gericht offenstehen, den Betrag, für den der Beschluss erlassen werden soll, als Richtschnur für die Bestimmung der Höhe der Sicherheit zu betrachten.

In Fällen, in denen der Gläubiger noch keine gerichtliche Entscheidung, keinen gerichtlichen Vergleich oder keine öffentliche Urkunde erwirkt hat, mit der bzw. dem der Schuldner aufgefordert wird, die Forderung des Gläubigers zu erfüllen, sollte die Leistung einer Sicherheit die Regel sein; das Gericht sollte nur in Ausnahmefällen von dieser Anforderung absehen oder die Leistung einer geringeren Sicherheit fordern, wenn es der Auffassung ist, dass eine solche Sicherheitsleistung angesichts der Umstände des Falls unangemessen, überflüssig oder unverhältnismäßig ist. Zu diesen Umständen könnte beispielsweise gehören, dass besonders viele Gesichtspunkte für den Gläubiger sprechen, der Gläubiger aber nicht über ausreichende Mittel verfügt, um die Sicherheit zu leisten, dass die Forderung sich auf Unterhalts- oder Lohnzahlungen bezieht oder dass die Forderung so gering ist, dass dem Schuldner wahrscheinlich kein Schaden entsteht; als Beispiel sei eine geringfügige Geschäftsschuld genannt.

In Fällen, in denen der Gläubiger bereits eine gerichtliche Entscheidung, einen gerichtlichen Vergleich oder eine öffentliche Urkunde erwirkt hat, sollte die Leistung einer Sicherheit dem Ermessen des Gerichts überlassen werden. Die Leistung einer Sicherheit kann – von den oben genannten Ausnahmefällen abgesehen – beispielsweise angemessen sein, wenn die gerichtliche Entscheidung, deren Vollstreckung mit dem Beschluss zur vorläufigen Pfändung gesichert werden soll, wegen eines anhängigen Rechtsmittels noch nicht vollstreckbar oder nur vorläufig vollstreckbar ist.

(19) Als ein weiteres wichtiges Element zur Herstellung eines angemessenen Gleichgewichts zwischen den Interessen des Gläubigers und denen des Schuldners sollte die Regel gelten, dass der Gläubiger für jeden Schaden haftet, der dem Schuldner durch den Beschluss zur vorläufigen Pfändung entsteht. Diese Verordnung sollte daher als Mindeststandard die Haftung des Gläubigers für einen Schaden vorsehen, den der Schuldner durch den Beschluss zur vorläufigen Pfändung aufgrund eines Verschuldens des Gläubigers erlitten hat. In diesem Zusammenhang sollte die Beweislast beim Schuldner liegen. Was die in dieser Verordnung angegebenen Haftungsgründe betrifft, so sollte eine harmonisierte Vorschrift eine widerlegbare Vermutung des Verschuldens des Gläubigers vorsehen.

Ferner sollten die Mitgliedstaaten in der Lage sein, andere als die in dieser Verordnung angegebenen Haftungsgründe in ihrem nationalen Recht beizubehalten oder in ihr nationales Recht aufzunehmen. In Bezug auf diese anderen Haftungsgründe sollten die Mitgliedstaaten ferner in der Lage sein, andere Arten der Haftung wie eine Gefährdungshaftung beizubehalten oder aufzunehmen.

Diese Verordnung sollte ferner eine Kollisionsnorm enthalten, nach der das auf die Haftung des Gläubigers anzuwendende Recht das Recht des Vollstreckungsmitgliedstaats sein sollte. Gibt es mehrere Vollstreckungsmitgliedstaaten, so sollte das anzuwendende Recht das Recht des Vollstreckungsmitgliedstaats, in dem der Schuldner seinen gewöhnlichen Aufenthalt hat, sein. Hat der Schuldner in keinem der Vollstreckungsmitgliedstaaten seinen gewöhnlichen Aufenthalt, so sollte das anzuwendende Recht das Recht des Vollstreckungsmitgliedstaats, der die engste Verknüpfung mit dem Fall aufweist, sein. Bei der Bestimmung der engsten Verknüpfung könnte die Höhe des in den verschiedenen Vollstreckungsmitgliedstaaten vorläufig gepfändeten Betrags einer der vom Gericht zu berücksichtigenden Faktoren sein.

(20) Um die bestehenden praktischen Schwierigkeiten dabei, Informationen über die Belegenheit des Bankkontos des Schuldners in einem grenzüberschreitenden Kontext zu erhalten, zu überwinden, sollte diese Verordnung einen Mechanismus vorsehen, wonach der Gläubiger beantragen kann, dass das Gericht vor dem Erlass eines Beschlusses zur vorläufigen Pfändung die Informationen, die für die Ermittlung des Kontos des Schuldners erforderlich sind, von der benannten Auskunftsbehörde des Mitgliedstaats, in dem der Schuldner der Ansicht des Gläubigers nach ein Konto unterhält, einholt. Angesichts des besonderen Charakters einer solchen Intervention staatlicher Stellen und eines solchen Zugriffs auf private Daten sollte der Zugang zu Kontoinformationen generell nur in Fällen erteilt werden, in denen der Gläubiger bereits eine vollstreckbare gerichtliche Entscheidung, einen vollstreckbaren gerichtlichen Vergleich oder eine vollstreckbare öffentliche Urkunde erwirkt hat. In Ausnahmefällen sollte der Gläubiger jedoch die Einholung von Kontoinformationen auch dann beantragen können, wenn die gerichtliche Entscheidung, der gerichtliche Vergleich oder die öffentliche Urkunde, die er erwirkt hat, noch nicht vollstreckbar ist. Ein entsprechender Antrag sollte gestellt werden können, wenn es sich unter Berücksichtigung der einschlägigen Gegebenheiten um einen vorläufig zu pfändenden Betrag von erheblicher Höhe handelt und wenn das Gericht aufgrund der vom Gläubiger vorgelegten Beweismittel zu der berechtigten Annahme kommt, dass diese Kontoinformationen dringend erforderlich sind, da sonst die spätere Vollstreckung der Forderung des Gläubigers gegenüber dem Schuldner wahrscheinlich gefährdet ist, und dass dies in der Folge zu einer wesentlichen Verschlechterung der finanziellen Lage des Gläubigers führen könnte.

Damit dieser Mechanismus funktioniert, sollten die Mitgliedstaaten zur Einholung dieser Informationen eine oder mehrere Methoden, die wirksam und effizient sind und keinen unverhältnismäßigen Kosten- oder Zeitaufwand verursachen, in ihren nationalen Rechtsvorschriften vorsehen. Der Mechanismus sollte nur angewandt werden, wenn alle Bedingungen und Anforderungen für den Erlass eines Beschlusses zur vorläufigen Pfändung erfüllt sind und der Gläubiger in seinem Antrag gebührend begründet hat, weshalb Grund zu der Annahme besteht, dass der Schuldner in einem bestimmten Mitgliedstaat ein oder mehrere Konten unterhält, z. B. weil der Schuldner in diesem Mitgliedstaat arbeitet oder einer beruflichen Tätigkeit nachgeht oder über Eigentum verfügt.

(21) Damit der Schutz der personenbezogenen Daten des Schuldners gewährleistet wird, sollten die erhaltenen Informationen über die Ermittlung des Bankkontos oder der Bankkonten des Schuldners nicht an den Gläubiger weitergegeben werden. Sie sollten lediglich dem ersuchenden Gericht und in Ausnahmefällen der Bank des Schuldners bereitgestellt werden, wenn die Bank oder die sonstige Stelle, die für die Vollstreckung des Beschlusses im Vollstreckungsmitgliedstaat zuständig ist, nicht in der Lage ist, ein Konto des Schuldners auf der Grundlage der im Beschluss angegebenen Informationen zu ermitteln, beispielsweise wenn mehrere Personen, die den gleichen Namen und die gleiche Anschrift haben, Konten bei der gleichen Bank haben. Ist in einem solchen Fall im Beschluss angegeben, dass die Nummer(n) des/der vorläufig zu pfändenden Kontos/Konten durch einen Antrag auf Einholung von Informationen erlangt wurde/wurden, so sollte die Bank die Einholung dieser Informationen bei der Auskunftsbehörde des Vollstreckungsmitgliedstaats beantragen, und sie sollte diesen Antrag auf informelle und einfache Weise stellen können.

(22) Diese Verordnung sollte dem Gläubiger das Recht auf einen Rechtsbehelf gegen eine Ablehnung des Antrags auf Erlass eines Beschlusses zur vorläufigen Pfändung gewähren. Dieses Recht sollte nicht die Möglichkeit des Gläubigers berühren, auf der Grundlage neuer Fakten oder neuer Beweismittel einen neuen Antrag auf Erlass eines Beschlusses zur vorläufigen Pfändung zu stellen.

(23) Die einzelnen Mitgliedstaaten verfügen über sehr unterschiedliche Strukturen zur Vollstreckung der vorläufigen Pfändung von Bankkonten. Um eine Überschneidung dieser Strukturen in den Mitgliedstaaten zu vermeiden und um die nationalen Verfahren soweit wie möglich einzuhalten, sollte diese Verordnung in Bezug auf die Vollstreckung und die tatsächliche Ausführung des Beschlusses zur vorläufigen Pfändung auf den bestehenden Methoden und Strukturen für die Vollstreckung und Ausführung gleichwertiger nationaler Beschlüsse in dem Mitgliedstaat, in dem der Beschluss zu vollstrecken ist, aufbauen.

(24) Um eine zügige Vollstreckung sicherzustellen, sollte diese Verordnung vorsehen, dass die Übermittlung des Beschlusses vom Ursprungsmitgliedstaat an die zuständige Behörde des Vollstreckungsmitgliedstaats mit geeigneten Mitteln erfolgt, mit denen sichergestellt wird, dass der Inhalt der übermittelten Schriftstücke korrekt und zutreffend sowie mühelos lesbar ist.

(25) Sobald die zuständige Behörde des Vollstreckungsmitgliedstaats einen Beschluss zur vorläufigen Pfändung erhält, sollte sie die erforderlichen Schritte unternehmen, um den Beschluss gemäß ihrem nationalen Recht vollstrecken zu lassen, entweder indem sie den eingegangenen Beschluss an

die Bank oder die sonstige Stelle, die für die Vollstreckung dieser Beschlüsse in diesem Mitgliedstaat zuständig ist, weiterleitet, oder indem sie – falls dies im nationalen Recht vorgesehen ist – die Bank anweist, den Beschluss auszuführen.

(26) Der Beschluss zur vorläufigen Pfändung sollte – je nach der nach dem Recht des Vollstreckungsmitgliedstaats für gleichwertige nationale Beschlüsse verfügbaren Methode – ausgeführt werden, indem der vorläufig zu pfändende Betrag auf dem Konto des Schuldners gesperrt wird oder, wenn dies im nationalen Recht vorgesehen ist, indem dieser Betrag auf ein spezielles Konto zu Pfändungszwecken überwiesen wird, bei dem es sich um ein von der zuständigen Vollstreckungsbehörde, dem Gericht, der Bank, bei der der Schuldner sein Konto führt, oder einer als koordinierende Stelle für die vorläufige Pfändung in einem bestimmten Fall benannten Bank geführtes Konto handeln könnte.

(27) Diese Verordnung sollte der Möglichkeit, dass für die Vollstreckung des Beschlusses zur vorläufigen Pfändung im Voraus die Zahlung von Gebühren verlangt werden kann, nicht entgegenstehen. Die Regelung dieser Frage sollte dem nationalen Recht des Mitgliedstaats, in dem der Beschluss zu vollstrecken ist, überlassen bleiben.

(28) Ein Beschluss zur vorläufigen Pfändung sollte gegebenenfalls denselben Rang haben, den ein gleichwertiger nationaler Beschluss im Vollstreckungsmitgliedstaat besitzt. Falls bestimmte Vollstreckungsmaßnahmen nach nationalem Recht Vorrang vor vorläufigen Pfändungsmaßnahmen haben, sollte ihnen in Bezug auf den Beschluss zur vorläufigen Pfändung nach dieser Verordnung der gleiche Vorrang eingeräumt werden. Für die Zwecke dieser Verordnung sollten Beschlüsse in *personam,* die es in einigen nationalen Rechtsordnungen gibt, als gleichwertige nationale Beschlüsse angesehen werden.

(29) Diese Verordnung sollte die Bank oder die sonstige Stelle, die für die Vollstreckung des Beschlusses zur vorläufigen Pfändung im Vollstreckungsmitgliedstaat zuständig ist, dazu verpflichten, zu erklären, ob und – falls ja – in welchem Ausmaß durch den Beschluss Guthaben des Schuldners vorläufig gepfändet wurden; ferner sollte sie den Gläubiger verpflichten, für die Freigabe aller vorläufig gepfändeten Guthaben Sorge zu tragen, die über den im Beschluss angegebenen Betrag hinausgehen.

(30) Diese Verordnung sollte das Recht des Schuldners auf ein faires Verfahren sowie sein Recht auf einen wirksamen Rechtsbehelf wahren und es ihm daher – unter Berücksichtigung dessen, dass das Verfahren für den Erlass des Beschlusses zur vorläufigen Pfändung ohne vorherige Anhörung des Antragsgegners erfolgt – ermöglichen, den Beschluss oder seine Vollstreckung aus den in dieser Verordnung vorgesehenen Gründen unmittelbar nach Ausführung des Beschlusses anzufechten.

(31) In diesem Zusammenhang sollte diese Verordnung vorschreiben, dass der Beschluss zur vorläufigen Pfändung, alle dem Gericht im Ursprungs-

mitgliedstaat vom Gläubiger vorgelegten Schriftstücke und alle erforderlichen Übersetzungen dem Schuldner nach Ausführung des Beschlusses unverzüglich zugestellt werden. Das Gericht sollte nach eigenem Ermessen weitere Schriftstücke beifügen können, auf die es seinen Beschluss gestützt hat und die der Schuldner für seinen Rechtsbehelf benötigen könnte, beispielsweise Mitschriften von Anhörungen.

(32) Der Schuldner sollte insbesondere dann eine Nachprüfung des Beschlusses zur vorläufigen Pfändung verlangen können, wenn die in dieser Verordnung vorgesehenen Bedingungen oder Anforderungen nicht erfüllt wurden oder wenn die Umstände, die zu dem Erlass des Beschlusses geführt haben, sich derart geändert haben, dass der Erlass des Beschlusses nicht mehr gerechtfertigt wäre. So sollte dem Schuldner z. B. ein Rechtsbehelf zur Verfügung stehen, wenn der betreffende Fall keinen grenzüberschreitenden Fall im Sinne dieser Verordnung dargestellt hat, wenn die in dieser Verordnung vorgesehenen Regeln der Zuständigkeit nicht eingehalten worden sind, wenn der Gläubiger nicht innerhalb der in dieser Verordnung vorgesehenen Frist ein Verfahren in der Hauptsache eingeleitet hat und das Gericht folglich nicht auf eigene Initiative den Beschluss widerrufen hat oder der Beschluss nicht automatisch geendet hat, wenn die Forderung des Gläubigers keinen dringenden Schutz in Form eines Beschlusses zur vorläufigen Pfändung erfordert hat, da keine Gefahr bestand, dass die spätere Vollstreckung der Forderung unmöglich oder erheblich erschwert würde, oder wenn die Leistung einer Sicherheit nicht im Einklang mit den Anforderungen dieser Verordnung stand.

Ferner sollte dem Schuldner ein Rechtsbehelf zur Verfügung stehen, wenn der Beschluss und die Erklärung hinsichtlich der vorläufigen Pfändung ihm nicht wie in dieser Verordnung vorgesehen zugestellt worden sind oder wenn die ihm zugestellten Schriftstücke die in dieser Verordnung vorgesehenen Sprachanforderungen nicht erfüllt haben. Dieser Rechtsbehelf sollte jedoch nicht gewährt werden, wenn die fehlende Zustellung oder fehlende Übersetzung innerhalb einer bestimmten Frist geheilt wird. Um die fehlende Zustellung zu heilen, sollte der Gläubiger bei der Stelle, die für die Zustellung im Ursprungsmitgliedstaat zuständig ist, beantragen, dass die einschlägigen Schriftstücke dem Schuldner per Einschreiben zugestellt werden, oder wenn der Schuldner damit einverstanden ist, die Schriftstücke bei dem Gericht abzuholen, dem Gericht die erforderlichen Übersetzungen der Schriftstücke zur Verfügung stellen. Ein solcher Antrag sollte nicht erforderlich sein, wenn die fehlende Zustellung bereits durch andere Mittel geheilt worden ist, beispielsweise wenn das Gericht im Einklang mit dem nationalen Recht die Zustellung auf eigene Initiative eingeleitet hat.

(33) Die Regelung der Frage, wer die gemäß dieser Verordnung erforderlichen Übersetzungen bereitzustellen hat und wer die Kosten für diese Übersetzungen zu tragen hat, bleibt dem nationalen Recht überlassen.

(34) Die Zuständigkeit dafür, den Rechtsbehelfen gegen den Erlass des Beschlusses zur vorläufigen Pfändung stattzugeben, sollte bei den Gerichten

des Mitgliedstaats liegen, in dem der Beschluss erlassen wurde. Die Zuständigkeit dafür, den Rechtsbehelfen gegen die Vollstreckung des Beschlusses stattzugeben, sollte bei den Gerichten oder gegebenenfalls bei den zuständigen Vollstreckungsbehörden im Vollstreckungsmitgliedstaat liegen.

(35) Der Schuldner sollte das Recht haben, die Freigabe der gepfändeten Guthaben zu beantragen, wenn er eine angemessene anderweitige Sicherheit leistet. Diese anderweitige Sicherheit könnte in Form einer Kaution oder einer anderweitigen Sicherheitsleistung, wie etwa einer Bankgarantie oder eines Grundpfandrechts, geleistet werden.

(36) Mit dieser Verordnung sollte sichergestellt werden, dass die vorläufige Pfändung des Kontos des Schuldners nicht die Beträge berührt, die nach dem Recht des Vollstreckungsmitgliedstaats von der Pfändung freigestellt sind, zum Beispiel die Beträge, die zur Sicherstellung des Lebensunterhalts des Schuldners und seiner Familie notwendig sind. Entsprechend dem Verfahren, das in diesem Mitgliedstaat anwendbar ist, sollte der einschlägige Betrag entweder von Amts wegen durch die zuständige Stelle, bei der es sich um ein Gericht, eine Bank oder die zuständige Vollstreckungsbehörde handeln könnte, vor Ausführung des Beschlusses freigestellt werden oder auf Antrag des Schuldners nach Ausführung des Beschlusses freigestellt werden. Werden Konten in mehreren Mitgliedstaaten vorläufig gepfändet und wurde die Freistellung mehrmals angewandt, so sollte der Gläubiger bei dem zuständigen Gericht eines der Vollstreckungsmitgliedstaaten oder, soweit dies im nationalen Recht des betreffenden Vollstreckungsmitgliedstaats vorgesehen ist, bei der zuständigen Vollstreckungsbehörde in diesem Mitgliedstaat eine Anpassung der in diesem Mitgliedstaat geltenden Freistellung beantragen können.

(37) Um sicherzustellen, dass der Beschluss zur vorläufigen Pfändung rasch und zügig erlassen wird, sollten in dieser Verordnung Fristen für den Abschluss der verschiedenen Verfahrensschritte festgesetzt werden. Die an dem Verfahren beteiligten Gerichte oder Behörden sollten nur unter außergewöhnlichen Umständen von diesen Fristen abweichen können, beispielsweise in rechtlich oder sachlich komplexen Fällen.

(38) Für die Berechnung der in dieser Verordnung vorgesehenen Fristen und Termine sollte die Verordnung (EWG, Euratom) Nr. 1182/71 des Rates[8] Anwendung finden.

(39) Um die Anwendung dieser Verordnung zu erleichtern, sollten die Mitgliedstaaten verpflichtet werden, der Kommission bestimmte Informationen über ihre Rechtsvorschriften und Verfahren in Bezug auf Beschlüsse zur vorläufigen Pfändung und gleichwertige nationale Beschlüsse mitzuteilen.

(40) Um die praktische Anwendung dieser Verordnung zu erleichtern, sollten Standardformulare insbesondere für die Beantragung eines Beschlus-

---

[8] Verordnung (EWG, Euratom) Nr. 1182/71 des Rates v. 3.6.1971 zur Festlegung der Regeln für die Fristen, Daten und Termine (ABl. L 124 v. 8.6.1971, S. 1).

ses zur vorläufigen Pfändung, für den Beschluss selbst, für die Erklärung hinsichtlich der vorläufigen Pfändung von Geldern und für die Einlegung eines Rechtsbehelfs gemäß dieser Verordnung erstellt werden.

(41) Um die Effizienz der Verfahren zu steigern, sollte diese Verordnung die Nutzung moderner Kommunikationstechnologien, die gemäß den Verfahrensvorschriften des betreffenden Mitgliedstaats zulässig sind, im größtmöglichen Ausmaß erlauben, insbesondere für das Ausfüllen der in dieser Verordnung vorgesehenen Standardformulare und für die Kommunikation zwischen den an den Verfahren beteiligten Behörden. Ferner sollten die Verfahren für die Unterzeichnung des Beschlusses zur vorläufigen Pfändung sowie anderer Schriftstücke gemäß dieser Verordnung technologieneutral sein, so dass die Anwendung bestehender Verfahren – wie digitale Bescheinigung oder sichere Authentifizierung – möglich ist und künftige technische Entwicklungen in diesem Bereich berücksichtigt werden können.

(42) Zur Gewährleistung einheitlicher Bedingungen für die Durchführung dieser Verordnung sollten der Kommission Durchführungsbefugnisse im Hinblick auf die Erstellung und spätere Änderung der in dieser Verordnung vorgesehenen Standardformulare übertragen werden. Diese Befugnisse sollten im Einklang mit der Verordnung (EU) Nr. 182/2011 des Europäischen Parlaments und des Rates[9] ausgeübt werden.

(43) Das Beratungsverfahren sollte für den Erlass von Durchführungsrechtsakten zur Erstellung und anschließenden Änderung der in dieser Verordnung vorgesehenen Standardformulare gemäß Artikel 4 der Verordnung (EU) Nr. 182/2011 angewendet werden.

(44) Diese Verordnung steht im Einklang mit den Grundrechten und Grundsätzen, die mit der Charta der Grundrechte der Europäischen Union anerkannt wurden. Mit ihr sollen insbesondere die Achtung des Privat- und Familienlebens, der Schutz personenbezogener Daten, das Eigentumsrecht sowie das Recht auf einen wirksamen Rechtsbehelf und ein faires Verfahren gemäß den Artikeln 7, 8, 17 bzw. 47 der Charta gefördert werden.

(45) Im Rahmen des Zugangs zu personenbezogenen Daten sowie der Verwendung und Weiterleitung solcher Daten gemäß dieser Verordnung sollten die Anforderungen der Richtlinie 95/46/EG des Europäischen Parlaments und des Rates,[10] wie sie in das nationale Recht der Mitgliedstaaten umgesetzt ist, beachtet werden.

(46) Für die Zwecke der Anwendung dieser Verordnung sind jedoch bestimmte spezifische Bedingungen für den Zugang zu personenbezogenen

---

[9] Verordnung (EU) Nr. 182/2011 des Europäischen Parlaments und des Rates v. 16.2.2011 zur Festlegung der allgemeinen Regeln und Grundsätze, nach denen die Mitgliedstaaten die Wahrnehmung der Durchführungsbefugnisse durch die Kommission kontrollieren (ABl. L 55 v. 28.2.2011, S. 13).

[10] Richtlinie 95/46/EG des Europäischen Parlaments und des Rates v. 24.10.1995 zum Schutz natürlicher Personen bei der Verarbeitung personenbezogener Daten und zum freien Datenverkehr (ABl. L 281 v. 23.11.1995, S. 31).

Daten und für deren Verwendung und Weiterleitung festzulegen. In diesem Zusammenhang wurde die Stellungnahme des Europäischen Datenschutzbeauftragten[11] berücksichtigt. Die Benachrichtigung der von der Datenerhebung betroffenen Person sollte im Einklang mit dem nationalen Recht erfolgen. Die Benachrichtigung des Schuldners über die Offenlegung von Informationen über sein Konto bzw. seine Konten sollte jedoch um 30 Tage aufgeschoben werden, um zu verhindern, dass eine frühzeitige Benachrichtigung die Wirkung des Beschlusses zur vorläufigen Pfändung gefährdet.

(47) Da das Ziel dieser Verordnung, nämlich die Festlegung eines Unionsverfahrens für eine Sicherungsmaßnahme, die es einem Gläubiger ermöglicht, einen Beschluss zur vorläufigen Pfändung zu erwirken, der verhindert, dass die spätere Vollstreckung der Forderung des Gläubigers durch die Überweisung oder die Abhebung der Gelder, die ein Schuldner auf einem Bankkonto innerhalb der Union hält, gefährdet wird, von den Mitgliedstaaten nicht ausreichend verwirklicht werden kann, sondern vielmehr wegen ihres Umfangs und ihrer Wirkungen auf Unionsebene besser zu verwirklichen ist, kann die Union im Einklang mit dem in Artikel 5 des Vertrags über die Europäische Union (EUV) niedergelegten Subsidiaritätsprinzip tätig werden. Entsprechend dem in demselben Artikel genannten Grundsatz der Verhältnismäßigkeit geht diese Verordnung nicht über das für die Verwirklichung dieses Ziels erforderliche Maß hinaus.

(48) Diese Verordnung sollte nur für die Mitgliedstaaten gelten, für die sie gemäß den Verträgen verbindlich ist. Das Verfahren für das Erwirken eines Beschlusses zur vorläufigen Pfändung nach dieser Verordnung sollte deshalb nur Gläubigern mit Wohnsitz in einem durch diese Verordnung gebundenen Mitgliedstaat zur Verfügung stehen, und aufgrund dieser Verordnung erlassene Beschlüsse sollten nur für die vorläufige Pfändung von Bankkonten gelten, die in einem solchen Mitgliedstaat geführt werden.

(49) Gemäß Artikel 3 des dem EUV und dem AEUV beigefügten Protokolls Nr. 21 über die Position des Vereinigten Königreichs und Irlands hinsichtlich des Raums der Freiheit, der Sicherheit und des Rechts hat Irland mitgeteilt, dass es sich an der Annahme und Anwendung dieser Verordnung beteiligen möchte.

(50) Gemäß den Artikeln 1 und 2 des dem EUV und dem AEUV beigefügten Protokolls Nr. 21 über die Position des Vereinigten Königreichs und Irlands hinsichtlich des Raums der Freiheit, der Sicherheit und des Rechts und unbeschadet des Artikels 4 dieses Protokolls beteiligt sich das Vereinigte Königreich nicht an der Annahme dieser Verordnung und ist weder durch diese Verordnung gebunden noch zu ihrer Anwendung verpflichtet.

(51) Gemäß den Artikeln 1 und 2 des dem EUV und dem AEUV beigefügten Protokolls Nr. 22 über die Position Dänemarks beteiligt sich Däne-

---

[11] ABl. C 373 v. 21.12.2011, S. 4.

mark nicht an der Annahme dieser Verordnung und ist weder durch diese Verordnung gebunden noch zu ihrer Anwendung verpflichtet –

HABEN FOLGENDE VERORDNUNG ERLASSEN:

Kapitel 1. Gegenstand, Anwendungsbereich und Begriffsbestimmungen

Art. 1.[12] **Gegenstand.** (1) Mit dieser Verordnung wird ein Unionsverfahren eingeführt, mit dem ein Gläubiger einen Europäischen Beschluss zur vorläufigen Kontenpfändung (im Folgenden „Beschluss zur vorläufigen Pfändung" oder „Beschluss") erwirken kann, der verhindert, dass die spätere Vollstreckung seiner Forderung dadurch gefährdet wird, dass Gelder bis zu dem im Beschluss angegebenen Betrag, die vom Schuldner oder in seinem Namen auf einem in einem Mitgliedstaat geführten Bankkonto geführt werden, überwiesen oder abgehoben werden.

(2) Der Beschluss zur vorläufigen Pfändung steht dem Gläubiger als eine Alternative zu den Maßnahmen zur vorläufigen Pfändung nach dem nationalen Recht zur Verfügung.

Art. 2.[13] **Anwendungsbereich.** (1) Diese Verordnung gilt für Geldforderungen in Zivil- und Handelssachen bei grenzüberschreitenden Rechtssachen im Sinne des Artikels 3, ohne dass es auf die Art des Gerichts ankommt. Sie gilt insbesondere nicht für Steuer- und Zollsachen sowie verwaltungsrechtliche Angelegenheiten oder die Haftung des Staates für Handlungen oder Unterlassungen im Rahmen der Ausübung hoheitlicher Rechte *(„acta jure imperii")*.

(2) Diese Verordnung gilt nicht für:

a) die ehelichen Güterstände oder Güterstände aufgrund von Verhältnissen, die nach dem auf diese Verhältnisse anzuwendenden Recht mit der Ehe vergleichbare Wirkungen entfalten;

b) das Gebiet des Testaments- und Erbrechts, einschließlich Unterhaltspflichten, die mit dem Tod entstehen;

c) Forderungen gegenüber einem Schuldner, gegen den Insolvenzverfahren, Vergleiche oder ähnliche Verfahren eröffnet worden sind;

d) die soziale Sicherheit;

e) die Schiedsgerichtsbarkeit.

(3) Diese Verordnung gilt weder für Bankkonten, die nach dem Recht des Mitgliedstaats, in dem das Konto geführt wird, nicht gepfändet werden dürfen, noch für Konten, die im Zusammenhang mit dem Betrieb eines

---

[12] Vgl. Erwägungsgründe (6) und (7).

[13] Vgl. Erwägungsgründe (8) und (9).

Systems im Sinne des Artikels 2 Buchstabe a der Richtlinie 98/26/EG des Europäischen Parlaments und des Rates[14] geführt werden.

(4) Diese Verordnung gilt nicht für Bankkonten, die von oder bei Zentralbanken geführt werden, wenn diese in ihrer Eigenschaft als Währungsbehörden tätig werden.

Art. 3. [15] **Grenzüberschreitende Rechtssachen.** (1) Für die Zwecke dieser Verordnung gilt eine Rechtssache dann als grenzüberschreitend, wenn das mit dem Beschluss zur vorläufigen Pfändung vorläufig zu pfändende Bankkonto oder die damit vorläufig zu pfändenden Bankkonten in einem anderen Mitgliedstaat geführt werden als

a) dem Mitgliedstaat des Gerichts, bei dem der Beschluss zur vorläufigen Pfändung gemäß Artikel 6 beantragt worden ist, oder

b) dem Mitgliedstaat, in dem der Gläubiger seinen Wohnsitz hat.

(2) Maßgeblicher Zeitpunkt zur Feststellung, ob eine grenzüberschreitende Rechtssache vorliegt, ist der Tag, an dem der Antrag auf Erlass eines Beschlusses zur vorläufigen Pfändung bei dem Gericht, das für den Erlass des Beschlusses zur vorläufigen Pfändung zuständig ist, eingereicht wird.

Art. 4. Begriffsbestimmungen. Für die Zwecke dieser Verordnung bezeichnet der Ausdruck

1. „Bankkonto" oder „Konto" jedes Konto, das im Namen des Schuldners oder in fremdem Namen für den Schuldner bei einer Bank geführt wird und auf dem Gelder gutgeschrieben sind;
2. „Bank" ein Kreditinstitut im Sinne des Artikels 4 Absatz 1 Nummer 1 der Verordnung (EU) Nr. 575/2013 des Europäischen Parlaments und des Rates[16] einschließlich der Zweigniederlassungen im Sinne des Artikels 4 Absatz 1 Nummer 17 jener Verordnung, die ihren Hauptsitz innerhalb oder – gemäß Artikel 47 der Richtlinie 2013/36/EU des Europäischen Parlaments und des Rates[17] – außerhalb der Union haben, wenn sich diese Zweigniederlassungen in der Union befinden;
3. „Gelder" ein in beliebiger Währung auf einem Konto gutgeschriebener Geldbetrag oder vergleichbare Geldforderungen, wie beispielsweise Geldmarkteinlagen;

---

[14] Richtlinie 98/26/EG des Europäischen Parlaments und des Rates v. 19.5.1998 über die Wirksamkeit von Abrechnungen in Zahlungs- sowie Wertpapierliefer- und -abrechnungssystemen (ABl. L 166 v. 11.6.1998, S. 45).

[15] Vgl. Erwägungsgrund (10).

[16] Verordnung (EU) Nr. 575/2013 des Europäischen Parlaments und des Rates v. 26.6.2013 über Aufsichtsanforderungen an Kreditinstitute und Wertpapierfirmen und zur Änderung der Verordnung (EU) Nr. 648/2012 (ABl. L 176 v. 27.6.2013, S. 1).

[17] Richtlinie 2013/36/EU des Europäischen Parlaments und des Rates v. 26.6.2013 über den Zugang zur Tätigkeit von Kreditinstituten und die Beaufsichtigung von Kreditinstituten und Wertpapierfirmen, zur Änderung der Richtlinie 2002/87/EG und zur Aufhebung der Richtlinien 2006/48/EG und 2006/49/EG (ABl. L 176 v. 27.6.2013, S. 338).

4. „Mitgliedstaat, in dem das Bankkonto geführt wird"
   a) den Mitgliedstaat, der in der internationalen Kontonummer (IBAN) des Kontos angegeben ist, oder
   b) bei einem Bankkonto ohne IBAN, den Mitgliedstaat, in dem die Bank, bei der das Konto geführt wird, ihren Hauptsitz hat, oder, sofern das Konto bei einer Zweigniederlassung geführt wird, den Mitgliedstaat, in dem sich die Zweigniederlassung befindet;
5. „Forderung" eine Forderung auf Zahlung eines bestimmten fälligen Geldbetrags oder eine Forderung auf Zahlung eines bestimmbaren Geldbetrags, der sich aus einer bereits erfolgten Transaktion oder einem bereits eingetretenen Ereignis ergibt, sofern eine solche Forderung gerichtlich eingeklagt werden kann;
6. „Gläubiger" eine natürliche Person mit Wohnsitz in einem Mitgliedstaat oder eine juristische Person mit Sitz in einem Mitgliedstaat oder ein sonstiger Rechtsträger mit Sitz in einem Mitgliedstaat, der nach dem Recht eines Mitgliedstaats vor Gericht klagen oder verklagt werden kann, welche bzw. welcher einen Beschluss zur vorläufigen Pfändung für eine Forderung beantragt oder bereits erwirkt hat;
7. „Schuldner" eine natürliche oder juristische Person oder ein sonstiger Rechtsträger, der nach dem Recht eines Mitgliedstaats vor Gericht klagen oder verklagt werden kann, gegen die bzw. den der Gläubiger einen Beschluss zur vorläufigen Pfändung für eine Forderung erwirken will oder bereits erwirkt hat;
8. „gerichtliche Entscheidung" jede von einem Gericht eines Mitgliedstaats erlassene Entscheidung ohne Rücksicht auf ihre Bezeichnung, einschließlich des Kostenfestsetzungsbeschlusses eines Gerichtsbediensteten;
9. „gerichtlicher Vergleich" einen Vergleich, der von einem Gericht eines Mitgliedstaats gebilligt oder vor einem Gericht eines Mitgliedstaats im Laufe eines Verfahrens geschlossen worden ist;
10. „öffentliche Urkunde" ein Schriftstück, das in einem Mitgliedstaat als öffentliche Urkunde förmlich errichtet oder eingetragen worden ist und dessen Beweiskraft
    a) sich auf die Unterschrift und den Inhalt der Urkunde bezieht und
    b) durch eine Behörde oder eine andere hierzu ermächtigte Stelle festgestellt worden ist;
11. „Ursprungsmitgliedstaat" den Mitgliedstaat, in dem der Beschluss zur vorläufigen Pfändung erlassen worden ist;
12. „Vollstreckungsmitgliedstaat" den Mitgliedstaat, in dem das vorläufig zu pfändende Konto geführt wird;
13. „Auskunftsbehörde" die von einem Mitgliedstaat benannte Behörde, die befugt ist, die erforderlichen Informationen zu dem Konto oder den Konten des Schuldners gemäß Artikel 14 einzuholen;

14. „zuständige Behörde" die von einem Mitgliedstaat benannte Behörde oder benannten Behörden, die befugt ist bzw. sind, den Empfang, die Übermittlung oder die Zustellung gemäß Artikel 10 Absatz 2, Artikel 23 Absätze 3, 5 und 6, Artikel 25 Absatz 3, Artikel 27 Absatz 2, Artikel 28 Absatz 3 und Artikel 36 Absatz 5 Unterabsatz 2 vorzunehmen;
15. „Wohnsitz" den Wohnsitz nach Maßgabe der Artikel 62 und 63 der Verordnung (EU) Nr. 1215/2012 des Europäischen Parlaments und des Rates.[18]

Kapitel 2. Verfahren zur Erwirkung eines Beschlusses zur vorläufigen Pfändung

Art. 5.[19] **Verfügbarkeit.** Ein Beschluss zur vorläufigen Pfändung steht dem Gläubiger in den folgenden Situationen zur Verfügung:

a) bevor der Gläubiger in einem Mitgliedstaat ein Verfahren gegen den Schuldner in der Hauptsache einleitet oder während eines solchen Verfahrens, bis die gerichtliche Entscheidung erlassen oder ein gerichtlicher Vergleich gebilligt oder geschlossen wird;
b) nachdem der Gläubiger in einem Mitgliedstaat eine gerichtliche Entscheidung, einen gerichtlichen Vergleich oder eine öffentliche Urkunde erwirkt hat, mit der bzw. dem der Schuldner aufgefordert wird, die Forderung des Gläubigers zu erfüllen.

Art. 6.[20] **Zuständigkeit.** (1) In Fällen, in denen der Gläubiger noch keine gerichtliche Entscheidung, keinen gerichtlichen Vergleich oder keine öffentliche Urkunde erwirkt hat, liegt die Zuständigkeit für den Erlass eines Beschlusses zur vorläufigen Pfändung bei den Gerichten des Mitgliedstaats, die gemäß den einschlägigen anzuwendenden Zuständigkeitsvorschriften für die Entscheidung in der Hauptsache zuständig sind.

(2) Ungeachtet des Absatzes 1 sind, sofern der Schuldner ein Verbraucher ist und einen Vertrag mit dem Gläubiger zu einem Zweck geschlossen hat, der nicht der beruflichen oder gewerblichen Tätigkeit des Schuldners zugerechnet werden kann, ausschließlich die Gerichte des Mitgliedstaats, in dem der Schuldner seinen Wohnsitz hat, für den Erlass eines Beschlusses zur vorläufigen Pfändung zur Sicherung einer Forderung aus diesem Vertrag zuständig.

---

[18] Verordnung (EU) Nr. 1215/2012 des Europäischen Parlaments und des Rates v. 12.12.2012 über die gerichtliche Zuständigkeit und die Anerkennung und Vollstreckung von Entscheidungen in Zivil- und Handelssachen (Brüssel Ia-VO, ABl. L 351 v. 20.12. 2012, S. 1; abgedruckt unter Nr. *160*).

[19] Vgl. Erwägungsgrund (11).

[20] Vgl. Erwägungsgrund (13). Zur Zuständigkeit in *Deutschland* siehe ergänzend § 946 ZPO (Nr. *188a*).

(3) Hat der Gläubiger bereits eine gerichtliche Entscheidung oder einen gerichtlichen Vergleich erwirkt, so sind die Gerichte des Mitgliedstaats, in dem die Entscheidung erlassen wurde oder der gerichtliche Vergleich gebilligt oder geschlossen wurde, für den Erlass des Beschlusses zur vorläufigen Pfändung über die in der gerichtlichen Entscheidung oder dem gerichtlichen Vergleich angegebene Forderung zuständig.

(4) Hat der Gläubiger die Ausstellung einer öffentlichen Urkunde erwirkt, so sind die als hierfür zuständig bezeichneten Gerichte des Mitgliedstaats, in dem die Urkunde errichtet wurde, für den Erlass des Beschlusses zur vorläufigen Pfändung über die in der Urkunde angegebene Forderung zuständig.

Art. 7.[21] **Bedingungen für den Erlass eines Beschlusses zur vorläufigen Pfändung.** (1) Das Gericht erlässt einen Beschluss zur vorläufigen Pfändung, wenn der Gläubiger hinreichende Beweismittel vorgelegt hat, die das Gericht zu der berechtigten Annahme veranlassen, dass eine Sicherungsmaßnahme in Form eines Beschlusses zur vorläufigen Pfändung dringend erforderlich ist, weil eine tatsächliche Gefahr besteht, dass ohne diese Maßnahme die spätere Vollstreckung der Forderung des Gläubigers gegenüber dem Schuldner unmöglich oder sehr erschwert wird.

(2) Hat der Gläubiger noch in keinem Mitgliedstaat eine gerichtliche Entscheidung, einen gerichtlichen Vergleich oder eine öffentliche Urkunde erwirkt, mit der bzw. mit dem der Schuldner aufgefordert wird, die Forderung des Gläubigers zu erfüllen, so legt er zudem hinreichende Beweismittel vor, die das Gericht zu der berechtigten Annahme veranlassen, dass über die Forderung gegenüber dem Schuldner in der Hauptsache voraussichtlich zugunsten des Gläubigers entschieden wird.

Art. 8. Antrag auf Erlass eines Beschlusses zur vorläufigen Pfändung. (1) Anträge auf Erlass eines Beschlusses zur vorläufigen Pfändung sind unter Verwendung des gemäß dem Beratungsverfahren nach Artikel 52 Absatz 2 erstellten Formblatts[22] einzureichen.

(2) Der Antrag muss folgende Angaben enthalten:

a) Name und Anschrift des Gerichts, bei dem der Antrag eingereicht wird;

b) Angaben zum Gläubiger: Name und Kontaktdaten sowie gegebenenfalls Name und Kontaktdaten des Vertreters des Gläubigers und

  i) wenn der Gläubiger eine natürliche Person ist, ihr Geburtsdatum und, falls vorhanden und falls verfügbar, ihre Identifikations- oder Passnummer, oder

  ii) wenn der Gläubiger eine juristische Person oder ein sonstiger Rechtsträger ist, der nach dem Recht eines Mitgliedstaats vor Ge-

[21] Vgl. Erwägungsgrund (14).

[22] Das Formblatt gemäß Anhang I ist online abrufbar im Europäischen Justizportal, vgl. Anm. 55.

richt klagen oder verklagt werden kann, den Staat ihrer Gründung, Erlangung der Rechtsfähigkeit oder Registrierung und ihre Identifikations- oder Registrierungsnummer oder, falls keine solche Nummer vorhanden ist, Datum und Ort ihrer Gründung, Erlangung der Rechtsfähigkeit oder Registrierung;

c) Angaben zum Schuldner: Name und Kontaktdaten sowie gegebenenfalls Name und Kontaktdaten des Vertreters des Schuldners und, falls verfügbar:

i) wenn der Schuldner eine natürliche Person ist, ihr Geburtsdatum und ihre Identifikations- oder Passnummer, oder

ii) wenn der Schuldner eine juristische Person oder ein sonstiger Rechtsträger ist, der nach dem Recht eines Mitgliedstaats vor Gericht klagen oder verklagt werden kann, den Staat ihrer Gründung, Erlangung der Rechtsfähigkeit oder Registrierung und ihre Identifikations- oder Registrierungsnummer oder, falls keine solche Nummer vorhanden ist, Datum und Ort ihrer Gründung, Erlangung der Rechtsfähigkeit oder Registrierung;

d) eine Nummer, mit der die Bank identifiziert werden kann, wie IBAN oder BIC und/oder Name und Anschrift der Bank, bei der der Schuldner ein oder mehrere vorläufig zu pfändende Konten unterhält;

e) falls verfügbar die Nummer des oder der vorläufig zu pfändenden Konten und in diesem Fall die Angabe, ob andere Konten des Schuldners bei derselben Bank vorläufig gepfändet werden sollen;

f) falls keine der nach Buchstabe d erforderlichen Angaben vorgelegt werden kann, eine Erklärung, dass die Einholung der Kontoinformationen gemäß Artikel 14 beantragt wurde, sofern ein solcher Antrag möglich ist, und die Angabe der Gründe, warum nach Auffassung des Gläubigers der Schuldner ein oder mehrere Konten bei einer Bank in einem bestimmten Mitgliedstaat unterhält;

g) die Höhe der Forderung, für die der Beschluss zur vorläufigen Pfändung beantragt wird:

i) wenn der Gläubiger noch keine gerichtliche Entscheidung, keinen gerichtlichen Vergleich oder keine öffentliche Urkunde erwirkt hat, die Höhe der Hauptforderung oder eines Teils der Hauptforderung und etwaiger Zinsen, soweit diese gemäß Artikel 15 eingetrieben werden können;

ii) wenn der Gläubiger bereits eine gerichtliche Entscheidung oder einen gerichtlichen Vergleich oder eine öffentliche Urkunde erwirkt hat, die Höhe der Hauptforderung, die in der gerichtlichen Entscheidung, dem gerichtlichen Vergleich oder der öffentlichen Urkunde angegeben ist, oder eines Teils der Hauptforderung und etwaiger Zinsen und Kosten, soweit diese gemäß Artikel 15 eingetrieben werden können;

h) wenn der Gläubiger noch keine gerichtliche Entscheidung, keinen gerichtlichen Vergleich oder keine öffentliche Urkunde erwirkt hat,

   i) eine Beschreibung aller sachlich relevanten Umstände, die die Zuständigkeit des Gerichts, bei dem der Antrag auf Erlass eines Beschlusses zur vorläufigen Pfändung eingereicht wird, begründen;

   ii) eine Beschreibung aller sachlich relevanten Umstände, auf die sich die Forderung sowie gegebenenfalls die Zinsforderungen gründen;

   iii) eine Erklärung, die Auskunft darüber gibt, ob der Gläubiger bereits ein Verfahren gegen den Schuldner in der Hauptsache eingeleitet hat;

i) wenn der Gläubiger bereits eine gerichtliche Entscheidung oder einen gerichtlichen Vergleich oder eine öffentliche Urkunde erwirkt hat, eine Erklärung, dass der gerichtlichen Entscheidung, dem gerichtlichen Vergleich oder der öffentlichen Urkunde noch nicht Folge geleistet wurde, oder, falls dieser bzw. diesem zum Teil Folge geleistet wurde, Angaben darüber, inwieweit ihr bzw. ihm nicht Folge geleistet wurde;

j) eine Beschreibung aller sachlich relevanten Umstände nach Maßgabe des Artikels 7 Absatz 1, die den Erlass eines Beschlusses zur vorläufigen Pfändung rechtfertigen;

k) gegebenenfalls eine Angabe der Gründe, warum der Gläubiger seiner Ansicht nach von der Sicherheitsleistung nach Artikel 12 befreit werden sollte;

l) eine Liste der vom Gläubiger vorgelegten Beweismittel;

m) eine Erklärung gemäß Artikel 16, die Auskunft darüber gibt, ob der Gläubiger bei anderen Gerichten oder Behörden einen Antrag auf Erlass eines gleichwertigen nationalen Beschlusses gestellt hat oder ob ein solcher Beschluss bereits erwirkt oder abgelehnt wurde und, falls ein solcher erwirkt wurde, inwieweit er bereits ausgeführt wurde;

n) eine fakultative Angabe des Bankkontos des Gläubigers, das für eine freiwillige Erfüllung der Forderung durch den Schuldner zu verwenden ist;

o) eine Erklärung, dass die Angaben im Antrag vom Gläubiger nach bestem Wissen und Gewissen wahrheitsgemäß und vollständig gemacht wurden und dass dem Gläubiger bewusst ist, dass vorsätzlich falsche oder unvollständige Angaben Rechtsfolgen nach dem Recht des Mitgliedstaats, in dem der Antrag eingereicht wurde, oder eine Haftung nach Artikel 13 nach sich ziehen können.

(3) Dem Antrag sind alle zweckdienlichen Unterlagen beizufügen sowie, wenn der Gläubiger bereits eine gerichtliche Entscheidung oder einen gerichtlichen Vergleich oder eine öffentliche Urkunde erwirkt hat, eine Ausfertigung der gerichtlichen Entscheidung, des gerichtlichen Vergleichs oder der öffentlichen Urkunde, die die für ihre Beweiskraft erforderlichen Voraussetzungen erfüllt.

(4) Der Antrag und die Unterlagen können auf jedem Weg übermittelt werden, der nach den Verfahrensvorschriften des Mitgliedstaats, in dem der Antrag eingereicht wird, zulässig ist, einschließlich elektronischer Kommunikationswege.

Art. 9. Beweisaufnahme. (1) Das Gericht trifft seine Entscheidung im Wege eines schriftlichen Verfahrens auf Grundlage der Informationen und Beweismittel, die der Gläubiger in seinem Antrag vorgebracht bzw. seinem Antrag beigefügt hat. Erachtet das Gericht die vorgelegten Beweismittel für nicht ausreichend, so kann es, sofern dies nach nationalem Recht zulässig ist, den Gläubiger auffordern, zusätzliche schriftliche Beweismittel vorzulegen.

(2) Ungeachtet des Absatzes 1 und vorbehaltlich des Artikels 11 kann das Gericht, sofern das Verfahren dadurch nicht übermäßig verzögert wird, außerdem jede andere geeignete Methode der Beweiserhebung anwenden, die nach seinem nationalen Recht zur Verfügung steht, wie beispielweise die mündliche Anhörung des Gläubigers oder seines bzw. seiner Zeugen, unter anderem auch mittels Videokonferenz oder einer anderen Kommunikationstechnologie.

Art. 10.[23, 24] **Einleitung des Verfahrens in der Hauptsache.** (1) Hat der Gläubiger vor der Einleitung eines Verfahrens in der Hauptsache einen Antrag auf Erlass eines Beschlusses zur vorläufigen Pfändung gestellt, so leitet er ein solches Verfahren ein und weist vor dem Gericht, bei dem der Antrag auf Erlass des Beschlusses zur vorläufigen Pfändung eingereicht wurde, innerhalb von 30 Tagen nach Einreichung seines Antrags oder innerhalb von 14 Tagen nach dem Erlass des Beschlusses, je nachdem, welcher Zeitpunkt der spätere ist, nach, dass er ein solches Verfahren eingeleitet hat. Das Gericht kann diese Frist auf Antrag des Schuldners auch verlängern, beispielsweise um es den Parteien zu ermöglichen, eine Einigung hinsichtlich der Erfüllung der Forderung zu erzielen; es unterrichtet beide Parteien entsprechend.

(2) Geht der Nachweis über die Einleitung des Verfahrens nicht innerhalb der Frist nach Absatz 1 beim Gericht ein, so wird der Beschluss zur vorläufigen Pfändung widerrufen oder er endet und die Parteien werden entsprechend unterrichtet.

Hat das Gericht, das den Beschluss erlassen hat, seinen Sitz im Vollstreckungsmitgliedstaat, so erfolgt der Widerruf oder die Beendigung des Beschlusses in diesem Mitgliedstaat nach dem Recht dieses Mitgliedstaats.

Ist der Widerruf oder die Beendigung in einem anderen Mitgliedstaat als dem Ursprungsmitgliedstaat durchzuführen, so widerruft das Gericht den

---

[23] Vgl. Erwägungsgrund (16). Zum Verfahren in *Deutschland* siehe ergänzend § 947 ZPO (Nr. *188a*).

[24] Zum Widerruf nach Abs. 2 in *Deutschland* siehe ergänzend § 949 ZPO (Nr. *188a*).

Beschluss zur vorläufigen Pfändung unter Verwendung des Widerrufsformblatts,[25] das im Wege von gemäß dem Beratungsverfahren nach Artikel 52 Absatz 2 erlassenen Durchführungsakten erstellt wurde, und übermittelt das Widerrufsformblatt gemäß Artikel 29 der zuständigen Behörde des Vollstreckungsmitgliedstaats. Diese Behörde unternimmt die erforderlichen Schritte, indem sie gegebenenfalls Artikel 23 anwendet, damit der Widerruf oder die Beendigung ausgeführt wird.

(3) Für die Zwecke des Absatzes 1 gilt ein Verfahren in der Hauptsache als eingeleitet

a) zu dem Zeitpunkt, zu dem das verfahrenseinleitende Schriftstück oder ein gleichwertiges Schriftstück bei Gericht eingereicht worden ist, vorausgesetzt, dass der Gläubiger es in der Folge nicht versäumt hat, die ihm obliegenden Maßnahmen zu treffen, um die Zustellung des Schriftstücks an den Schuldner zu bewirken, oder

b) falls die Zustellung an den Schuldner vor Einreichung des Schriftstücks bei Gericht zu bewirken ist, zu dem Zeitpunkt, zu dem die für die Zustellung verantwortliche Behörde das Schriftstück erhalten hat, vorausgesetzt, dass der Gläubiger es in der Folge nicht versäumt hat, die ihm obliegenden Maßnahmen zu treffen, um das Schriftstück bei Gericht einzureichen.

Die für die Zustellung verantwortliche Behörde im Sinne des Unterabsatzes 1 Buchstaben b ist die Behörde, die die zuzustellenden Schriftstücke zuerst erhält.

Art. 11.[26] Verfahren ohne vorherige Anhörung des Antragsgegners. Der Schuldner erhält vor Erlass des Beschlusses zur vorläufigen Pfändung keine Kenntnis vom Antrag auf Erlass des Beschlusses oder Gelegenheit zur Äußerung.

Art. 12.[27] Sicherheitsleistung des Gläubigers. (1) In Fällen, in denen der Gläubiger noch keine gerichtliche Entscheidung, keinen gerichtlichen Vergleich oder keine öffentliche Urkunde erwirkt hat, verlangt das Gericht vor Erlass eines Beschlusses zur vorläufigen Pfändung vom Gläubiger die Leistung einer Sicherheit in ausreichender Höhe, um einen Missbrauch des in dieser Verordnung vorgesehenen Verfahrens zu verhindern und sicherzustellen, dass der Schuldner für einen etwaigen Schaden, der ihm infolge des Beschlusses entstanden ist, entschädigt werden kann, soweit der Gläubiger gemäß Artikel 13 für einen solchen Schaden haftet.

In Ausnahmefällen kann das Gericht von der Anforderung gemäß Unterabsatz 1 absehen, wenn es der Auffassung ist, dass die Sicherheitsleistung

[25] Das Widerrufsformblatt gemäß Anhang III ist online abrufbar im Europäischen Justizportal, vgl. Anm. 55.

[26] Vgl. Erwägungsgrund (15).

[27] Vgl. Erwägungsgründe (17) und (18).

gemäß jenem Unterabsatz in Anbetracht der Umstände des Falls unangemessen ist.

(2) Hat der Gläubiger bereits eine gerichtliche Entscheidung oder einen gerichtlichen Vergleich oder eine öffentliche Urkunde erwirkt, so kann das Gericht vom Gläubiger eine Sicherheitsleistung nach Absatz 1 Unterabsatz 1 verlangen, bevor es den Beschluss erlässt, wenn es der Auffassung ist, dass dies in Anbetracht der Umstände des Falles erforderlich und angemessen ist.

(3) Falls das Gericht gemäß diesem Artikel die Leistung einer Sicherheit verlangt, so teilt es dem Gläubiger den verlangten Betrag und die nach dem Recht des Mitgliedstaats, in dem das Gericht seinen Sitz hat, zulässigen Formen der Sicherheitsleistung mit. Es teilt dem Gläubiger mit, dass es den Beschluss zur vorläufigen Pfändung erlässt, sobald die Sicherheit gemäß diesen Anforderungen geleistet ist.

Art. 13.[28] **Haftung des Gläubigers.** (1) Der Gläubiger haftet für etwaige Schäden, die dem Schuldner durch den Beschluss zur vorläufigen Pfändung aufgrund eines Verschuldens des Gläubigers entstanden sind. Die Beweislast liegt beim Schuldner.

(2) In den folgenden Fällen wird das Verschulden des Gläubigers vermutet, sofern er nicht das Gegenteil nachweist,

a) wenn der Beschluss widerrufen wird, weil der Gläubiger es unterlassen hat, ein Verfahren in der Hauptsache einzuleiten, es sei denn, diese Unterlassung war eine Folge der Zahlung der Forderung durch den Schuldner oder einer anderen Form des Vergleichs zwischen den Parteien;
b) wenn der Gläubiger es unterlassen hat, die Freigabe überpfändeter Beträge gemäß Artikel 27 zu beantragen;
c) wenn in der Folge festgestellt wird, dass der Erlass des Beschlusses aufgrund der Tatsache, dass der Gläubiger seinen Verpflichtungen nach Artikel 16 nicht nachgekommen ist, nicht oder nur für einen niedrigeren Betrag gerechtfertigt war, oder
d) wenn der Beschluss widerrufen oder seine Vollstreckung beendet wird, weil der Gläubiger seinen Verpflichtungen gemäß dieser Verordnung in Bezug auf die Zustellung oder Übersetzung der Schriftstücke oder im Hinblick auf die Heilung der fehlenden Zustellung oder fehlenden Übersetzung nicht nachgekommen ist.

(3) Ungeachtet des Absatzes 1 können die Mitgliedstaaten andere Gründe oder Arten der Haftung oder Vorschriften zur Beweislast in ihrem nationalen Recht beibehalten oder in ihr nationales Recht aufnehmen. Alle anderen Aspekte im Zusammenhang mit der Haftung des Gläubigers gegenüber dem Schuldner, die in Absatz 1 oder 2 nicht spezifisch behandelt werden, unterliegen dem nationalen Recht.

---

[28] Vgl. Erwägungsgrund (19).

(4) Das auf die Haftung des Gläubigers anzuwendende Recht ist das Recht des Vollstreckungsmitgliedstaats.

Werden Konten in mehr als einem Mitgliedstaat vorläufig gepfändet, so gilt für die Haftung des Gläubigers das Recht des Vollstreckungsmitgliedstaats,

a) in dem der Schuldner seinen gewöhnlichen Aufenthalt, wie er in Artikel 23 der Verordnung (EG) Nr. 864/2007 des Europäischen Parlaments und des Rates[29] definiert ist, hat, oder andernfalls

b) der die engste Verknüpfung zu dem Fall hat.

(5) In diesem Artikel wird nicht die Frage etwaiger Haftung des Gläubigers gegenüber einer Bank oder einem Dritten behandelt.

Art. 14.[30] Antrag auf Einholung von Kontoinformationen. (1) Hat der Gläubiger in einem Mitgliedstaat eine vollstreckbare gerichtliche Entscheidung, einen gerichtlichen Vergleich oder eine öffentliche Urkunde erwirkt, mit der bzw. dem vom Schuldner verlangt wird, die Forderung des Gläubigers zu erfüllen, und hat der Gläubiger Grund zu der Annahme, dass der Schuldner ein oder mehrere Konten bei einer Bank in einem bestimmten Mitgliedstaat unterhält, ist ihm jedoch weder der Name noch die Anschrift der Bank noch die IBAN, BIC oder eine andere Banknummer bekannt, welche die Identifizierung der Bank ermöglicht, so kann er bei dem Gericht, bei dem der Beschluss zur vorläufigen Pfändung beantragt wurde, beantragen, die Auskunftsbehörde des Vollstreckungsmitgliedstaats[31] um Einholung der Informationen zu ersuchen, die erforderlich sind, um die Identifizierung der Bank oder der Banken und des Kontos oder der Konten des Schuldners zu ermöglichen.

Ungeachtet des Unterabsatzes 1 kann der Gläubiger den dort genannten Antrag auch dann stellen, wenn die gerichtliche Entscheidung, der gerichtliche Vergleich oder die öffentliche Urkunde, die er erwirkt hat, noch nicht vollstreckbar ist, sofern es sich unter Berücksichtigung der einschlägigen Gegebenheiten um einen vorläufig zu pfändenden Betrag von erheblicher Höhe handelt und sofern der Gläubiger Beweismittel vorgelegt hat, die das Gericht zu der berechtigten Annahme veranlassen, dass die Kontoinformationen dringend erforderlich sind, da sonst die spätere Vollstreckung der Forderung des Gläubigers gegenüber dem Schuldner wahrscheinlich gefährdet ist, und dass dies in der Folge zu einer wesentlichen Verschlechterung der finanziellen Lage des Gläubigers führen könnte.

---

[29] Verordnung (EG) Nr. 864/2007 des Europäischen Parlaments und des Rates v. 11.6.2007 über das auf außervertragliche Schuldverhältnisse anzuwendende Recht (Rom II-VO, ABl. L 199 v. 31.7.2007, S. 40; abgedruckt unter Nr. *101*).

[30] Vgl. Erwägungsgrund (20).

[31] Zuständige Auskunftsbehörde gem. Art. 14 für die Einholung von Kontoinformationen ist in *Deutschland* das Bundesamt für Justiz, vgl. § 948 ZPO (Nr. *188a*).

(2) Der Gläubiger stellt den Antrag gemäß Absatz 1 in dem Antrag auf Erlass des Beschlusses zur vorläufigen Pfändung. Der Gläubiger begründet, warum der Schuldner seiner Auffassung nach ein oder mehrere Konten bei einer Bank in einem bestimmten Mitgliedstaat unterhält, und legt alle ihm bekannten relevanten Informationen über den Schuldner und das vorläufig zu pfändende Konto oder die vorläufig zu pfändenden Konten vor. Kommt das Gericht, bei dem der Antrag auf Erlass eines Beschlusses zur vorläufigen Pfändung gestellt worden ist, zu dem Schluss, dass der Antrag des Gläubigers nicht ausreichend begründet ist, so lehnt es den Antrag ab.

(3) Ist das Gericht der Überzeugung, dass der Antrag des Gläubigers ausreichend begründet ist und dass – abgesehen von den Informationspflichten nach Artikel 8 Absatz 2 Buchstabe d – alle Bedingungen und Anforderungen für den Erlass des Beschlusses zur vorläufigen Pfändung sowie gegebenenfalls die Anforderung einer Sicherheitsleistung nach Artikel 12 erfüllt sind, so übermittelt das Gericht gemäß Artikel 29 das Ersuchen um Informationen an die Auskunftsbehörde des Vollstreckungsmitgliedstaats.

(4) Zur Einholung der Informationen nach Absatz 1 bedient sich die Auskunftsbehörde des Vollstreckungsmitgliedstaats einer der Methoden, die in diesem Mitgliedstaat nach Absatz 5 zur Verfügung stehen.

(5) Jeder Mitgliedstaat stellt in seinem nationalen Recht mindestens eine der folgenden Methoden für die Einholung von Informationen nach Absatz 1 zur Verfügung:

a) Alle Banken in seinem Hoheitsgebiet werden verpflichtet, auf Ersuchen der Auskunftsbehörde offenzulegen, ob der Schuldner bei ihnen ein Konto unterhält;

b) die Auskunftsbehörde kann auf die einschlägigen Informationen zugreifen, sofern sie bei Behörden oder öffentlichen Verwaltungen in Registern oder anderweitig gespeichert sind;

c) die Möglichkeit seiner Gerichte, den Schuldner zu verpflichten, offenzulegen, bei welcher Bank oder welchen Banken er in seinem Hoheitsgebiet ein oder mehrere Konten unterhält, wenn eine solche Verpflichtung mit einem Gerichtsbeschluss *in personam* einhergeht, mit dem ihm die Abhebung oder Überweisung von Geldern auf seinem Konto oder seinen Konten bis zu dem Betrag, der mit dem Beschluss zur vorläufigen Pfändung vorläufig gepfändet werden soll, untersagt wird,

oder

d) jede andere Methode, nach der die einschlägigen Informationen wirksam und effizient beschafft werden können, sofern der finanzielle und zeitliche Aufwand nicht unverhältnismäßig ist.

Unabhängig davon, welche Methode oder Methoden ein Mitgliedstaat zur Verfügung stellt, gehen alle an der Einholung der Informationen beteiligten Behörden zügig vor.

(6) Sobald die Auskunftsbehörde des Vollstreckungsmitgliedstaats die Kontoinformationen eingeholt hat, übermittelt sie die Informationen dem ersuchenden Gericht gemäß Artikel 29.[32]

(7) Ist die Auskunftsbehörde nicht imstande, die Informationen nach Absatz 1 einzuholen, so teilt sie dies dem ersuchenden Gericht mit. Wird der Antrag auf einen Beschluss zur vorläufigen Pfändung aufgrund des Fehlens der Kontoinformationen gemäß Absatz 1 vollständig abgelehnt, so gibt das ersuchende Gericht unverzüglich alle Sicherheiten frei, die der Gläubiger nach Artikel 12 möglicherweise geleistet hat.

(8) Erhält die Auskunftsbehörde gemäß diesem Artikel Informationen von einer Bank oder Zugriff auf die bei Behörden oder öffentlichen Verwaltungen in Registern gespeicherten Kontoinformationen, so wird die Benachrichtigung des Schuldners über die Offenlegung seiner personenbezogenen Daten um 30 Tage aufgeschoben, um zu verhindern, dass eine frühzeitige Benachrichtigung die Wirkung des Beschlusses zur vorläufigen Pfändung gefährdet.

Art. 15. Zinsen und Kosten. (1) Auf Antrag des Gläubigers werden in den Beschluss zur vorläufigen Pfändung alle Zinsen einbezogen, die nach dem auf die Forderung anwendbaren Recht bis zum Zeitpunkt des Erlasses des Beschlusses angefallen sind, sofern die Einbeziehung nicht aufgrund der Höhe und der Art der Zinsen einen Verstoß gegen die Eingriffsnormen nach dem Recht des Ursprungsmitgliedstaats darstellen.

(2) Hat ein Gläubiger bereits eine gerichtliche Entscheidung, einen gerichtlichen Vergleich oder eine öffentliche Urkunde erwirkt, so werden auf Antrag des Gläubigers auch die Kosten für die Erwirkung dieser gerichtlichen Entscheidung, dieses gerichtlichen Vergleichs oder dieser öffentlichen Urkunde in den Beschluss zur vorläufigen Pfändung einbezogen, insoweit entschieden wurde, dass diese Kosten dem Schuldner auferlegt werden.

Art. 16. Parallele Anträge. (1) Der Gläubiger darf nicht bei mehreren Gerichten gleichzeitig parallele Anträge auf Erlass eines Beschlusses zur vorläufigen Pfändung gegen denselben Schuldner zur Sicherung derselben Forderung stellen.

(2) Der Gläubiger erklärt in seinem Antrag auf Erlass eines Beschlusses zur vorläufigen Pfändung, ob er gegen denselben Schuldner im Hinblick auf die Sicherung derselben Forderung bei einem anderen Gericht oder einer anderen Behörde einen Antrag auf Erlass eines gleichwertigen nationalen Beschlusses gestellt oder bereits erwirkt hat. Er gibt außerdem diejenigen Anträge auf Erlass eines solchen Beschlusses an, die als unzulässig oder unbegründet abgelehnt wurden.

(3) Wenn der Gläubiger während des Verfahrens zum Erlass eines Beschlusses zur vorläufigen Pfändung einen gleichwertigen nationalen Be-

[32] Vgl. dazu in *Deutschland* ergänzend § 947 Abs. 2 ZPO (Nr. *188a*).

schluss gegen denselben Schuldner und zur Sicherung derselben Forderung erwirkt hat, unterrichtet er unverzüglich das Gericht hierüber und über jede spätere Ausführung des erlassenen nationalen Beschlusses. Er unterrichtet das Gericht außerdem über diejenigen Anträge auf Erlass eines gleichwertigen nationalen Beschlusses, die als unzulässig oder unbegründet abgelehnt wurden.

(4) Wird das Gericht darüber unterrichtet, dass der Gläubiger bereits einen gleichwertigen nationalen Beschluss erwirkt hat, so prüft es unter Berücksichtigung aller Umstände des Falls, ob der Erlass des Beschlusses zur vorläufigen Pfändung im Ganzen oder in Teilen noch angemessen ist.

Art. 17. Entscheidung über den Antrag auf Erlass eines Beschlusses zur vorläufigen Pfändung. (1) Das Gericht, bei dem der Antrag auf Erlass eines Beschlusses zur vorläufigen Pfändung gestellt worden ist, prüft, ob die Bedingungen und Voraussetzungen dieser Verordnung erfüllt sind.

(2) Das Gericht entscheidet über den Antrag unverzüglich, spätestens jedoch vor Ablauf der in Artikel 18 festgelegten Fristen.

(3) Hat der Gläubiger nicht alle Angaben nach Artikel 8 gemacht, so kann das Gericht dem Gläubiger die Möglichkeit einräumen, den Antrag innerhalb einer vom Gericht festzulegenden Frist zu vervollständigen oder zu berichtigen, sofern der Antrag nicht offensichtlich unzulässig oder unbegründet ist. Versäumt es der Gläubiger, den Antrag fristgerecht zu vervollständigen oder zu berichtigen, so wird der Antrag abgelehnt.

(4) Der Beschluss zur vorläufigen Pfändung wird über einen Betrag erlassen, der durch die Beweismittel nach Artikel 9 und gemäß dem auf die zugrunde liegende Forderung anzuwendenden Recht begründet ist, und umfasst gegebenenfalls die Zinsen und/oder Kosten gemäß Artikel 15.

Der Beschluss wird in keinem Fall über einen Betrag erlassen, der den vom Gläubiger in seinem Antrag angegebenen Betrag übersteigt.

(5) Die Entscheidung über den Antrag wird dem Gläubiger nach dem im nationalen Recht des Ursprungsmitgliedstaats vorgesehenen Verfahren für gleichwertige nationale Beschlüsse mitgeteilt.

Art. 18. Für die Entscheidung über einen Antrag auf Erlass eines Beschlusses zur vorläufigen Pfändung geltende Fristen. (1) Hat der Gläubiger noch keine gerichtliche Entscheidung, keinen gerichtlichen Vergleich oder keine öffentliche Urkunde erwirkt, so erlässt das Gericht seine Entscheidung bis zum Ende des zehnten Arbeitstags, nach dem der Gläubiger seinen Antrag eingereicht oder gegebenenfalls vervollständigt hat.

(2) Hat der Gläubiger bereits eine gerichtliche Entscheidung, einen gerichtlichen Vergleich oder eine öffentliche Urkunde erwirkt, so erlässt das Gericht seine Entscheidung bis zum Ende des fünften Arbeitstags, nach dem der Gläubiger seinen Antrag eingereicht oder gegebenenfalls vervollständigt hat.

(3) Hält das Gericht eine mündliche Anhörung des Gläubigers oder, je nach Sachlage, seines (oder seiner) Zeugen gemäß Artikel 9 Absatz 2 für erforderlich, so führt es diese Anhörung unverzüglich durch und erlässt seine Entscheidung bis zum Ende des fünften Arbeitstags nach der Anhörung.

(4) In Fällen nach Artikel 12 gelten für die Entscheidung, vom Gläubiger eine Sicherheitsleistung zu verlangen, die in den Absätzen 1, 2 und 3 des vorliegenden Artikels genannten Fristen. Das Gericht erlässt seine Entscheidung über einen Antrag auf Erlass eines Beschlusses zur vorläufigen Pfändung unverzüglich, nachdem der Gläubiger die verlangte Sicherheit geleistet hat.

(5) Ungeachtet der Absätze 1, 2 und 3 erlässt das Gericht in Fällen nach Artikel 14 seine Entscheidung unverzüglich, nachdem es die Informationen nach Artikel 14 Absatz 6 oder 7 erhalten hat, sofern der Gläubiger zu diesem Zeitpunkt die gegebenenfalls verlangte Sicherheit geleistet hat.

Art. 19. Form und Inhalt des Beschlusses zur vorläufigen Pfändung. (1) Der Beschluss zur vorläufigen Pfändung wird unter Verwendung des Formblatts[33] erlassen, das im Wege von gemäß dem Beratungsverfahren nach Artikel 52 Absatz 2 erlassenen Durchführungsakten erstellt wurde, und trägt einen Stempel, eine Unterschrift und/oder eine andere Authentifizierung des Gerichts. Das Formblatt besteht aus zwei Teilen:

a) Teil A mit den Informationen nach Absatz 2, die der Bank, dem Gläubiger und dem Schuldner zu übermitteln sind, und

b) Teil B mit den Informationen gemäß Absatz 3, die zusätzlich zu den Informationen nach Absatz 2 dem Gläubiger und dem Schuldner zu übermitteln sind.

(2) Teil A enthält die folgenden Informationen:

a) den Namen, die Anschrift und das Aktenzeichen des Gerichts;

b) Angaben zum Gläubiger gemäß Artikel 8 Absatz 2 Buchstabe b;

c) Angaben zum Schuldner gemäß Artikel 8 Absatz 2 Buchstabe c;

d) den Namen und die Anschrift der Bank, die von dem Beschluss betroffen ist;

e) wenn der Gläubiger die Kontonummer des Schuldners im Antrag angegeben hat, die Nummer des oder der vorläufig zu pfändenden Konten sowie gegebenenfalls die Angabe, ob andere Konten des Schuldners bei derselben Bank ebenfalls vorläufig gepfändet werden müssen;

f) gegebenenfalls die Angabe, dass die Nummer etwaiger vorläufig zu pfändender Konten durch einen Antrag nach Artikel 14 erlangt wurde und dass die Bank, sofern dies gemäß Artikel 24 Absatz 4 Unterabsatz 2

[33] Das Formblatt gemäß Anhang II ist online abrufbar im Europäischen Justizportal, vgl. Anm. 55.

erforderlich ist, die betreffende Nummer oder die betreffenden Nummern von der Auskunftsbehörde des Vollstreckungsmitgliedstaats erlangt;

g) die Höhe des mit dem Beschluss vorläufig zu pfändenden Betrags;

h) eine Anweisung an die Bank, den Beschluss gemäß Artikel 24 auszuführen;

i) das Datum des Erlasses des Beschlusses;

j) wenn der Gläubiger gemäß Artikel 8 Absatz 2 Buchstabe n in seinem Antrag ein Konto angegeben hat, eine an die Bank gerichtete Ermächtigung gemäß Artikel 24 Absatz 3, falls der Schuldner dies beantragt und falls dies nach dem Recht des Vollstreckungsmitgliedstaats zulässig ist, Gelder bis zu der im Beschluss angegebenen Höhe freigeben und von dem vorläufig gepfändeten Konto auf das Konto, das der Gläubiger in seinem Antrag angegeben hat, überweisen kann;

k) Angaben dazu, wo die elektronische Fassung des Formblatts für die Erklärung nach Artikel 25 zu finden ist.

(3) Teil B enthält die folgenden Informationen:

a) eine Beschreibung des Gegenstands des Verfahrens und die Begründung des Gerichts für den Erlass des Beschlusses;

b) die Höhe der vom Gläubiger gegebenenfalls geleisteten Sicherheit;

c) gegebenenfalls die Frist für die Einleitung des Verfahrens in der Hauptsache und für den Nachweis der Verfahrenseinleitung gegenüber dem erlassenden Gericht;

d) gegebenenfalls eine Angabe darüber, welche Schriftstücke gemäß Artikel 49 Absatz 1 Satz 2 zu übersetzen sind;

e) gegebenenfalls die Angabe, dass der Gläubiger dafür zuständig ist, die Vollstreckung des Beschlusses zu veranlassen, und folglich gegebenenfalls dafür zuständig ist, den Beschluss gemäß Artikel 23 Absatz 3 an die zuständige Behörde des Vollstreckungsmitgliedstaats zu übermitteln und die Zustellung an den Schuldner gemäß Artikel 28 Absätze 2, 3 und 4 zu veranlassen, und

f) eine Rechtsbehelfsbelehrung des Schuldners.

(4) Betrifft der Beschluss zur vorläufigen Pfändung Konten bei verschiedenen Banken, so ist für jede Bank ein gesondertes Formblatt (Teil A gemäß Absatz 2) auszufüllen. In diesem Fall enthält das dem Gläubiger und dem Schuldner zur Verfügung gestellte Formular (Teile A und B gemäß den Absätzen 2 bzw. 3) eine Liste aller betroffenen Banken.

Art. 20. Geltungsdauer der vorläufigen Pfändung. Die mit dem Beschluss zur vorläufigen Pfändung vorläufig gepfändeten Gelder bleiben gemäß dem Beschluss oder späteren Änderungen oder Begrenzungen des Beschlusses gemäß Kapitel 4 so lange vorläufig gepfändet,

a) bis der Beschluss widerrufen wird;

b) bis die Vollstreckung des Beschlusses beendet ist oder

c) bis eine Maßnahme zur Vollstreckung einer gerichtlichen Entscheidung, eines gerichtlichen Vergleichs oder einer öffentlichen Urkunde, die bzw. den der Gläubiger hinsichtlich der durch den Beschluss zur vorläufigen Pfändung zu sichernden Forderung erwirkt hat, in Bezug auf die durch den Beschluss vorläufig gepfändeten Gelder wirksam wird.

Art. 21.[34] **Rechtsbehelf gegen eine Ablehnung des Antrags auf Erlass eines Beschlusses zur vorläufigen Pfändung.** (1) Der Gläubiger kann gegen die Entscheidung des Gerichts, durch die sein Antrag auf Erlass eines Beschlusses zur vorläufigen Pfändung ganz oder teilweise abgelehnt wurde, einen Rechtsbehelf einlegen.

(2) Ein solcher Rechtsbehelf wird innerhalb von 30 Tagen ab dem Tag, an dem die Entscheidung nach Absatz 1 dem Gläubiger mitgeteilt wurde, eingelegt. Er wird bei dem Gericht eingelegt, das der betreffende Mitgliedstaat gemäß Artikel 50 Absatz 1 Buchstabe d der Kommission mitgeteilt hat.

(3) Wurde der Antrag auf Erlass eines Beschlusses zur vorläufigen Pfändung ganz abgelehnt, so wird der Rechtsbehelf gemäß dem Verfahren ohne vorherige Anhörung des Antragsgegners nach Maßgabe des Artikels 11 bearbeitet.

Kapitel 3. Anerkennung, Vollstreckbarkeit und Vollstreckung des Beschlusses zur vorläufigen Pfändung

Art. 22. Anerkennung und Vollstreckbarkeit. Ein in einem Mitgliedstaat gemäß dieser Verordnung erlassener Beschluss zur vorläufigen Pfändung wird in den anderen Mitgliedstaaten anerkannt, ohne dass es eines besonderen Verfahrens bedarf, und ist in den anderen Mitgliedstaaten vollstreckbar, ohne dass es einer Vollstreckbarerklärung bedarf.

Art. 23.[35] **Vollstreckung des Beschlusses zur vorläufigen Pfändung.** (1) Vorbehaltlich dieses Kapitels erfolgt die Vollstreckung des Beschlusses zur vorläufigen Pfändung gemäß den Verfahren, die in dem Vollstreckungsmitgliedstaat für die Vollstreckung gleichwertiger nationaler Beschlüsse gelten.

(2) Alle Behörden, die an der Vollstreckung des Beschlusses beteiligt sind, werden unverzüglich tätig.

(3) Wurde der Beschluss zur vorläufigen Pfändung in einem anderen Mitgliedstaat als dem Vollstreckungsmitgliedstaat erlassen, so werden Teil A

---

[34] Vgl. Erwägungsgrund (22). Zur Fristbestimmung nach Art. 21 Abs. 2 in *Deutschland* siehe ergänzend § 953 Abs. 2 ZPO (Nr. *188a*).

[35] Vgl. Erwägungsgründe (23)–(25). Zur Zuständigkeit in den Fällen des Art. 23 Abs. 3, 5 und 6 in *Deutschland* siehe § 952 Abs. 1 Nr. 1 ZPO (Nr. *188a*).

des Beschlusses gemäß Artikel 19 Absatz 2 und ein Blanko-Standardformblatt für die Erklärung nach Artikel 25 für die Zwecke des Absatzes 1 dieses Artikels nach Maßgabe des Artikels 29 an die zuständige Behörde des Vollstreckungsmitgliedstaats übermittelt.

Die Übermittlung erfolgt durch das erlassende Gericht oder den Gläubiger, je nachdem, wer nach dem Recht des Ursprungsmitgliedstaats für die Einleitung des Vollstreckungsverfahrens zuständig ist.

(4) Dem Beschluss wird erforderlichenfalls eine Übersetzung oder Transliteration in die Amtssprache des Vollstreckungsmitgliedstaats oder, wenn es in diesem Mitgliedstaat mehrere Amtssprachen gibt, in die Amtssprache oder eine der Amtssprachen des Ortes, an dem der Beschluss ausgeführt werden soll, beigefügt. Die Übersetzung oder Transliteration wird von dem erlassenden Gericht, das dafür die passende Sprachfassung des Formblatts gemäß Artikel 19 verwendet, zur Verfügung gestellt.

(5) Die zuständige Behörde des Vollstreckungsmitgliedstaats trifft die erforderlichen Maßnahmen, um den Beschluss gemäß ihrem nationalen Recht vollstrecken zu lassen.

(6) Betrifft der Beschluss zur vorläufigen Pfändung mehr als eine Bank in demselben Mitgliedstaat oder in verschiedenen Mitgliedstaaten, so wird der zuständigen Behörde des jeweiligen Vollstreckungsmitgliedstaats für jede Bank ein gesondertes Formblatt nach Maßgabe des Artikels 19 Absatz 4 übermittelt.

Art. 24.[36] **Ausführung des Beschlusses zur vorläufigen Pfändung.**

(1) Eine Bank, an die ein Beschluss zur vorläufigen Pfändung gerichtet wird, führt diesen unverzüglich nach Eingang des Beschlusses oder, soweit dies im nationalen Recht des Vollstreckungsmitgliedstaats vorgesehen ist, einer entsprechenden Anweisung zur Ausführung des Beschlusses aus.

(2) Zur Ausführung des Beschlusses zur vorläufigen Pfändung nimmt die Bank vorbehaltlich des Artikels 31 die vorläufige Pfändung des in dem Beschluss angegebenen Betrags vor, indem sie entweder

a) sicherstellt, dass dieser Betrag nicht von dem Konto oder den Konten, das bzw. die in dem Beschluss genannt ist/sind oder das bzw. die nach Absatz 4 ermittelt wurde(n), überwiesen oder abgehoben wird, oder
b) soweit dies im nationalen Recht vorgesehen ist, diesen Betrag auf ein für vorläufige Pfändungen bestimmtes Konto überweist.

Der vorläufig gepfändete tatsächliche Betrag kann von der Abwicklung von Transaktionen, die bereits anhängig sind, wenn der Beschluss oder eine entsprechende Anweisung bei der Bank eingeht, abhängen. Derartige anhängige Transaktionen dürfen jedoch nur berücksichtigt werden, wenn sie vor der Ausstellung der Erklärung gemäß Artikel 25 bis zum Ablauf der in Artikel 25 Absatz 1 festgelegten Fristen abgewickelt werden.

---

[36] Vgl. Erwägungsgrund (26).

(3) Ungeachtet des Absatzes 2 Buchstabe a wird die Bank ermächtigt, auf Wunsch des Schuldners die vorläufig gepfändeten Gelder freizugeben und sie auf das in dem Beschluss angegebene Konto des Gläubigers zur Begleichung von dessen Forderung zu überweisen, wenn alle folgenden Voraussetzungen erfüllt sind:

a) diese Ermächtigung der Bank ist gemäß Artikel 19 Absatz 2 Buchstabe j in dem Beschluss ausdrücklich angegeben,

b) das Recht des Vollstreckungsmitgliedstaats lässt eine solche Freigabe und Überweisung zu, und

c) zu dem betreffenden Konto liegen keine konkurrierenden Beschlüsse vor.

(4) Enthält der Beschluss zur vorläufigen Pfändung nicht die Kontonummer oder die Kontonummern des Schuldners, sondern nur den Namen und andere Angaben zum Schuldner, so ermittelt die Bank oder die sonstige Stelle, die für die Vollstreckung des Beschlusses zuständig ist, das Konto oder die Konten, die der Schuldner bei der in dem Beschluss angegebenen Bank unterhält.

Kann die Bank oder die sonstige Stelle ein Konto des Schuldners anhand der Angaben in dem Beschluss nicht mit Sicherheit ermitteln, so

a) holt die Bank diese Kontonummer oder Kontonummern bei der Auskunftsbehörde des Vollstreckungsmitgliedstaats ein, wenn gemäß Artikel 19 Absatz 2 Buchstabe f in dem Beschluss angegeben ist, dass die Nummer oder Nummern des vorläufig zu pfändenden Kontos oder der vorläufig zu pfändenden Konten durch einen Antrag nach Artikel 14 erlangt wurde bzw. wurden, und

b) führt die Bank in allen anderen Fällen den Beschluss nicht aus.

(5) Die Gelder auf dem Konto oder den Konten nach Absatz 2 Buchstabe a, die den im Beschluss zur vorläufigen Pfändung angegebenen Betrag übersteigen, bleiben von der Ausführung des Beschlusses unberührt.

(6) Reichen zum Zeitpunkt der Ausführung des Beschlusses zur vorläufigen Pfändung die Gelder auf dem Konto oder den Konten nach Absatz 2 Buchstabe a nicht aus, um den in dem Beschluss angegebenen Gesamtbetrag vorläufig zu pfänden, so wird der Beschluss nur in Bezug auf den Betrag ausgeführt, der auf dem Konto oder den Konten vorhanden ist.

(7) Bezieht sich der Beschluss zur vorläufigen Pfändung auf mehrere Konten des Schuldners bei derselben Bank und übersteigen die Gelder auf diesen Konten den in dem Beschluss angegebenen Betrag, so wird der Beschluss in folgender Reihenfolge ausgeführt:

a) Sparkonten auf den alleinigen Namen des Schuldners;

b) Girokonten auf den alleinigen Namen des Schuldners;

c) gemeinschaftliche Sparkonten auf den Namen mehrerer Personen, vorbehaltlich des Artikels 30;

d) gemeinschaftliche Girokonten auf den Namen mehrerer Personen, vorbehaltlich des Artikels 30.

(8) Lauten die Gelder auf dem Konto oder den Konten nach Absatz 2 Buchstabe a auf eine andere Währung als die, die im Beschluss zur vorläufigen Pfändung angegeben ist, so rechnet die Bank den in dem Beschluss angegebenen Betrag zu dem am Tag und zum Zeitpunkt der Ausführung des Beschlusses für den Verkauf der betreffenden Währung geltenden Referenzwechselkurs der Europäischen Zentralbank oder geltenden Wechselkurs der Zentralbank des Vollstreckungsmitgliedstaats in die Währung der Gelder um und pfändet vorläufig den entsprechenden Betrag in der Währung der Gelder.

Art. 25.[37] **Erklärung betreffend die vorläufige Pfändung von Geldern.** (1) Bis zum Ende des dritten Arbeitstags nach Ausführung des Beschlusses zur vorläufigen Pfändung stellt die Bank oder die sonstige Stelle, die für die Vollstreckung des Beschlusses im Vollstreckungsmitgliedstaat zuständig ist, eine Erklärung unter Verwendung des Erklärungsformblatts,[38] das im Wege von gemäß dem Beratungsverfahren nach Artikel 52 Absatz 2 erlassenen Durchführungsrechtsakten erstellt wurde, aus, in der sie angibt, ob bzw. inwieweit Gelder auf dem Konto oder den Konten des Schuldners vorläufig gepfändet wurden und, wenn dies der Fall ist, an welchem Tag der Beschluss ausgeführt wurde. Kann die Bank oder die sonstige Stelle die Erklärung aufgrund außergewöhnlicher Umstände nicht innerhalb von drei Arbeitstagen ausstellen, so stellt sie die Erklärung so schnell wie möglich, spätestens jedoch bis zum Ablauf des achten Arbeitstages nach der Ausführung des Beschlusses aus.

Die Erklärung wird unverzüglich gemäß den Absätzen 2 und 3 übermittelt.

(2) Wurde der Beschluss im Vollstreckungsmitgliedstaat erlassen, so übermittelt die Bank oder die sonstige Stelle, die für die Vollstreckung des Beschlusses zuständig ist, die Erklärung dem erlassenden Gericht gemäß Artikel 29 und dem Gläubiger per Einschreiben mit Rückschein oder gleichwertige elektronische Mittel.

(3) Wurde der Beschluss in einem anderen Mitgliedstaat als dem Vollstreckungsmitgliedstaat erlassen, so wird die Erklärung der zuständigen Behörde des Vollstreckungsmitgliedstaats gemäß Artikel 29 übermittelt, es sei denn, sie wurde von derselben Behörde ausgestellt.

Diese Behörde übermittelt die Erklärung dem erlassenden Gericht gemäß Artikel 29 und dem Gläubiger per Einschreiben mit Rückschein oder

---

[37] Vgl. Erwägungsgrund (29). Zur Zuständigkeit in den Fällen des Art. 25 Abs. 3 in *Deutschland* siehe § 952 Abs. 1 Nr. 1 ZPO (Nr. *188a*).

[38] Das Erklärungsformblatt gemäß Anhang IV ist online abrufbar im Europäischen Justizportal, vgl. Anm. 55.

gleichwertige elektronische Mittel bis zum Ende des ersten Arbeitstags nach deren Eingang oder Ausstellung.

(4) Die Bank oder die sonstige Stelle, die für die Vollstreckung des Beschlusses zur vorläufigen Pfändung zuständig ist, legt auf Ersuchen des Schuldners die Einzelheiten des Beschlusses dem Schuldner gegenüber offen. Die Bank oder die sonstige Stelle kann dies auch ohne ein solches Ersuchen tun.

Art. 26. Haftung der Bank. Die Haftung der Bank bei Nichterfüllung der ihr nach dieser Verordnung obliegenden Pflichten richtet sich nach dem Recht des Vollstreckungsmitgliedstaats.

Art. 27.[39] **Pflicht des Gläubigers, die Freigabe überschüssiger vorläufig gepfändeter Beträge zu beantragen.** (1) Der Gläubiger ist verpflichtet, die erforderlichen Schritte zu unternehmen, um sicherzustellen, dass jeder Betrag, der nach Ausführung des Beschlusses zur vorläufigen Pfändung den in dem Beschluss zur vorläufigen Pfändung angegebenen Betrag übersteigt, freigegeben wird:

a) wenn der Beschluss sich auf mehrere Konten in demselben Mitgliedstaat oder in verschiedenen Mitgliedstaaten bezieht oder

b) wenn der Beschluss nach Ausführung eines oder mehrerer gleichwertiger nationaler Beschlüsse gegen denselben Schuldner und zur Sicherung derselben Forderung erlassen wurde.

(2) Der Gläubiger reicht bis zum Ende des dritten Arbeitstags nach Eingang einer Erklärung nach Artikel 25, aus der eine solche überschießende vorläufige Pfändung hervorgeht, auf schnellstmöglichem Wege unter Verwendung des Formblatts,[40] das im Wege von gemäß dem Beratungsverfahren nach Artikel 52 Absatz 2 erlassenen Durchführungsrechtsakten erstellt wurde, für die Beantragung der Freigabe überschüssiger vorläufig gepfändeter Beträge einen Antrag auf Freigabe bei der zuständigen Behörde des Vollstreckungsmitgliedstaats, in dem die überschießende vorläufige Pfändung erfolgte, ein.

Diese Behörde weist nach Eingang des Antrags die betroffene Bank unverzüglich an, die Freigabe der überschüssigen vorläufig gepfändeten Beträge zu veranlassen. Artikel 24 Absatz 7 gilt gegebenenfalls in umgekehrter Reihenfolge.

(3) Dieser Artikel hindert einen Mitgliedstaat nicht daran, in seinen nationalen Rechtsvorschriften gegebenenfalls vorzusehen, dass die Freigabe überschüssiger vorläufig gepfändeter Gelder aus Konten, die in seinem

---

[39] Vgl. Erwägungsgrund (29). Zur Zuständigkeit in den Fällen des Art. 27 Abs. 2 in *Deutschland* siehe § 952 Abs. 1 Nr. 1 ZPO (Nr. *188a*).

[40] Das Formblatt gemäß Anhang V ist online abrufbar im Europäischen Justizportal, vgl. Anm. 55.

Hoheitsgebiet geführt werden, von der zuständigen Vollstreckungsbehörde dieses Mitgliedstaats von sich aus eingeleitet wird.

Art. 28.[41] **Zustellung an den Schuldner.** (1) Der Beschluss zur vorläufigen Pfändung, die sonstigen in Absatz 5 genannten Schriftstücke und die Erklärung nach Artikel 25 werden dem Schuldner gemäß diesem Artikel zugestellt.

(2) Hat der Schuldner seinen Wohnsitz im Ursprungsmitgliedstaat, so wird die Zustellung nach dem Recht dieses Mitgliedstaats bewirkt. Die Zustellung wird von dem erlassenden Gericht oder dem Gläubiger, je nachdem, wer im Ursprungsmitgliedstaat für die Veranlassung der Zustellung zuständig ist, bis Ende des dritten Arbeitstags nach dem Tag des Erhalts der Erklärung nach Artikel 25 über vorläufig gepfändete Beträge veranlasst.

(3) Hat der Schuldner seinen Wohnsitz in einem anderen Mitgliedstaat als dem Ursprungsmitgliedstaat, so übermittelt das erlassende Gericht oder der Gläubiger, je nachdem, wer im Ursprungsmitgliedstaat für die Veranlassung der Zustellung zuständig ist, bis Ende des dritten Arbeitstags nach dem Tag des Erhalts der Erklärung nach Artikel 25 über vorläufig gepfändete Beträge die Schriftstücke nach Absatz 1 dieses Artikels der zuständigen Behörde des Mitgliedstaats, in dem der Schuldner seinen Wohnsitz hat, gemäß Artikel 29. Diese Behörde trifft unverzüglich die erforderlichen Maßnahmen, um die Zustellung an den Schuldner nach dem Recht des Mitgliedstaats, in dem der Schuldner seinen Wohnsitz hat, zu bewirken.

Ist der Mitgliedstaat, in dem der Schuldner seinen Wohnsitz hat, der einzige Vollstreckungsmitgliedstaat, so werden die Schriftstücke nach Absatz 5 dieses Artikels der zuständigen Behörde dieses Mitgliedstaats zur gleichen Zeit wie der Beschluss gemäß Artikel 23 Absatz 3 übermittelt. In solchen Fällen veranlasst diese zuständige Behörde die Zustellung sämtlicher Schriftstücke nach Absatz 1 dieses Artikels bis zum Ende des dritten Arbeitstags nach Eingang oder Ausstellung der Erklärung gemäß Artikel 25, aus der hervorgeht, dass Beträge vorläufig gepfändet wurden.

Die zuständige Behörde unterrichtet das erlassende Gericht oder den Gläubiger, je nachdem, wer die zuzustellenden Schriftstücke übermittelt hat, über das Ergebnis der Zustellung an den Schuldner.

(4) Hat der Schuldner seinen Wohnsitz in einem Drittstaat, so wird die Zustellung gemäß den im Ursprungsmitgliedstaat geltenden Vorschriften für die internationale Zustellung bewirkt.

(5) Folgende Schriftstücke, denen erforderlichenfalls eine Übersetzung oder Transliteration nach Artikel 49 Absatz 1 beigefügt wird, werden dem Schuldner zugestellt:

---

[41] Vgl. Erwägungsgrund (31). Vgl. in *Deutschland* ergänzend § 951 ZPO (Nr. *188a*). Zur Zuständigkeit in den Fällen des Art. 28 Abs. 3 in *Deutschland* siehe § 952 Abs. 1 Nr. 2 ZPO (Nr. *188a*).

a) der Beschluss zur vorläufigen Pfändung unter Verwendung der Teile A und B des Formblatts nach Artikel 19 Absätze 2 und 3;

b) der Antrag auf Erlass eines Beschlusses zur vorläufigen Pfändung, der vom Gläubiger beim Gericht eingereicht wurde;

c) Abschriften aller Schriftstücke, die der Gläubiger dem Gericht zur Erwirkung des Beschlusses vorgelegt hat.

(6) Betrifft der Beschluss zur vorläufigen Pfändung mehr als eine Bank, so wird dem Schuldner nur die erste Erklärung nach Artikel 25, aus der hervorgeht, dass Beträge vorläufig gepfändet wurden, gemäß diesem Artikel zugestellt. Spätere Erklärungen nach Artikel 25 werden dem Schuldner unverzüglich zur Kenntnis gebracht.

Art. 29. Übermittlung von Schriftstücken. (1) Ist in dieser Verordnung eine Übermittlung von Schriftstücken gemäß diesem Artikel vorgesehen, so kann diese Übermittlung mit geeigneten Mitteln vorgenommen werden, sofern der Inhalt des empfangenen Dokuments mit dem des übermittelten Dokuments inhaltlich genau übereinstimmt und sämtliche enthaltenen Angaben mühelos lesbar sind.

(2) Das Gericht oder die Behörde, bei dem bzw. der Schriftstücke gemäß Absatz 1 dieses Artikels eingegangen sind, übersendet bis zum Ende des dem Tag des Eingangs folgenden Arbeitstags der Behörde, dem Gläubiger oder der Bank, die bzw. der die Schriftstücke übermittelt hat, auf dem schnellstmöglichem Wege eine Empfangsbestätigung unter Verwendung des Formblatts,[42] das im Wege von gemäß dem Beratungsverfahren nach Artikel 52 Absatz 2 erlassenen Durchführungsrechtsakten erstellt wurde.

Art. 30. Vorläufige Pfändung bei Gemeinschaftskonten und Treuhandkonten. Die Gelder auf Konten, über die den Unterlagen der kontoführenden Bank zufolge der Schuldner nicht allein verfügen kann oder über die ein Dritter im Namen des Schuldners oder der Schuldner im Namen eines Dritten verfügen kann, dürfen nach dieser Verordnung nur insoweit vorläufig gepfändet werden, wie sie nach dem Recht des Vollstreckungsmitgliedstaats pfändbar sind.

Art. 31.[43] Von der vorläufigen Pfändung ausgenommene Beträge.

(1) Die nach dem Recht des Vollstreckungsmitgliedstaats von der Pfändung freigestellten Beträge werden von der vorläufigen Pfändung gemäß dieser Verordnung ausgenommen.

(2) Sind die in Absatz 1 genannten Beträge nach dem Recht des Vollstreckungsmitgliedstaats ohne einen Antrag des Schuldners von der Pfändung freigestellt, so stellt die in diesem Mitgliedstaat für die Freistellung der

---

[42] Das Formblatt gemäß Anhang VI ist online abrufbar im Europäischen Justizportal, vgl. Anm. 55.

[43] Vgl. Erwägungsgrund (36).

Beträge zuständige Stelle von sich aus diese Beträge von der vorläufigen Pfändung frei.

(3) Sind die in Absatz 1 dieses Artikels genannten Beträge nach dem Recht des Vollstreckungsmitgliedstaats auf Antrag des Schuldners von der Pfändung freigestellt, so werden diese Beträge auf Antrag des Schuldners von der vorläufigen Pfändung freigestellt, wie in Artikel 34 Absatz 1 Buchstabe a vorgesehen.

Art. 32.[44] **Rang des Beschlusses zur vorläufigen Pfändung.** Der Beschluss zur vorläufigen Pfändung hat gegebenenfalls denselben Rang, den ein gleichwertiger nationaler Beschluss im Vollstreckungsmitgliedstaat besitzt.

Kapitel 4.[45] Rechtsbehelfe

Art. 33.[46] **Rechtsbehelf des Schuldners gegen den Beschluss zur vorläufigen Pfändung.** (1) Auf Antrag des Schuldners beim zuständigen Gericht des Ursprungsmitgliedstaats wird der Beschluss zur vorläufigen Pfändung aus dem Grund widerrufen oder gegebenenfalls abgeändert, dass

a) die Bedingungen oder Voraussetzungen dieser Verordnung nicht erfüllt sind;

b) der Beschluss, die Erklärung nach Artikel 25 und/oder die sonstigen Schriftstücke nach Artikel 28 Absatz 5 dem Schuldner nicht innerhalb von 14 Tagen nach der vorläufigen Pfändung seines Kontos oder seiner Konten zugestellt wurden;

c) die Schriftstücke, die dem Schuldner gemäß Artikel 28 zugestellt wurden, nicht die Sprachenanforderungen gemäß Artikel 49 Absatz 1 erfüllten;

d) vorläufig gepfändete Beträge, die den im Beschluss angegebenen Betrag übersteigen, nicht gemäß Artikel 27 freigegeben wurden;

e) die Forderung, deren Vollstreckung der Gläubiger mit dem Beschluss sichern will, ganz oder teilweise beglichen wurde;

f) mit einer gerichtlichen Entscheidung in der Hauptsache die Forderung, deren Vollstreckung der Gläubiger mit dem Beschluss sichern wollte, abgewiesen wurde; oder

g) die gerichtliche Entscheidung in der Hauptsache, der gerichtliche Vergleich oder die öffentliche Urkunde, deren Vollstreckung der Gläubiger mit dem Beschluss sichern wollte, aufgehoben oder gegebenenfalls annulliert wurde.

---

[44] Vgl. Erwägungsgrund (28).

[45] Zu den Rechtsbehelfen nach Art. 33–35 siehe in *Deutschland* ergänzend § 954 BGB (Nr. *188a*).

[46] Vgl. Erwägungsgründe (30)–(32).

(2) Auf Antrag des Schuldners beim zuständigen Gericht des Ursprungsmitgliedstaats wird die Entscheidung über die Sicherheit nach Artikel 12 aus dem Grund überprüft, dass geltend gemacht wird, dass die Bedingungen oder Voraussetzungen des genannten Artikels nicht vorlagen.

Verlangt das Gericht aufgrund eines solchen Rechtsbehelfs, dass der Gläubiger eine Sicherheit oder eine zusätzliche Sicherheit leistet, so gilt Artikel 12 Absatz 3 Satz 1 entsprechend und das Gericht erklärt, dass der Beschluss zur vorläufigen Pfändung widerrufen oder abgeändert wird, falls die geforderte (zusätzliche) Sicherheit nicht bis zum Ablauf der vom Gericht gesetzten Frist geleistet wird.

(3) Dem nach Absatz 1 Buchstabe b eingelegten Rechtsbehelf wird stattgegeben, sofern die fehlende Zustellung nicht innerhalb von 14 Tagen nach Unterrichtung des Gläubigers über den Rechtsbehelf des Schuldners nach Absatz 1 Buchstabe b geheilt wird.

Sofern die fehlende Zustellung nicht bereits durch andere Mittel geheilt wurde, gilt sie zum Zwecke der Beurteilung, ob dem nach Absatz 1 Buchstabe b eingelegten Rechtsbehelf stattzugeben ist, als geheilt,

a) wenn der Gläubiger bei der Stelle, die für die Zustellung nach dem Recht des Ursprungsmitgliedstaats zuständig ist, beantragt, dass die Schriftstücke dem Schuldner zugestellt werden, oder

b) wenn der Schuldner in seinem Rechtsbehelf angegeben hat, dass er damit einverstanden ist, die Schriftstücke beim Gericht des Ursprungsmitgliedstaats abzuholen, und wenn der Gläubiger dafür zuständig war, Übersetzungen zur Verfügung zu stellen, sofern der Gläubiger diesem Gericht Übersetzungen gemäß Artikel 49 Absatz 1 übermittelt.

Die Stelle, die für die Zustellung nach dem Recht des Ursprungsmitgliedstaats zuständig ist, stellt die Schriftstücke dem Schuldner auf Antrag des Gläubigers gemäß Unterabsatz 2 Buchstabe a dieses Absatzes unverzüglich per Einschreiben mit Rückschein an die vom Schuldner gemäß Absatz 5 angegebene Anschrift zu.

War der Gläubiger für die Veranlassung der Zustellung der Schriftstücke nach Artikel 28 zuständig, so kann die fehlende Zustellung nur geheilt werden, wenn der Gläubiger nachweist, dass er alle erforderlichen Schritte unternommen hat, um die ursprüngliche Zustellung der Schriftstücke zu bewirken.

(4) Dem nach Absatz 1 Buchstabe c eingelegten Rechtsbehelf wird stattgegeben, sofern der Gläubiger dem Schuldner die gemäß dieser Verordnung erforderlichen Übersetzungen nicht innerhalb von 14 Tagen nach seiner Unterrichtung über den Rechtsbehelf des Schuldners gemäß Absatz 1 Buchstabe c bereitstellt.

Absatz 3 Unterabsätze 2 und 3 gilt entsprechend.

(5) In seinem nach Absatz 1 Buchstaben b und c eingelegten Rechtsbehelf gibt der Schuldner eine Anschrift an, an die die in Artikel 28 ge-

nannten Schriftstücke und Übersetzungen gemäß den Absätzen 3 und 4 des vorliegenden Artikels übermittelt werden können, oder gibt an, dass er damit einverstanden ist, diese Schriftstücke beim Gericht des Ursprungsmitgliedstaats abzuholen.

Art. 34. Rechtsbehelfe des Schuldners gegen die Vollstreckung des Beschlusses zur vorläufigen Pfändung. (1) Ungeachtet der Artikel 33 und 35 wird auf Antrag des Schuldners beim zuständigen Gericht oder, soweit dies im nationalen Recht vorgesehen ist, bei der zuständigen Vollstreckungsbehörde des Vollstreckungsmitgliedstaats die Vollstreckung des Beschlusses zur vorläufigen Pfändung in diesem Mitgliedstaat:

a) aus dem Grund eingeschränkt, dass nach Artikel 31 Absatz 3 bestimmte Beträge auf dem Konto von der Pfändung freigestellt werden sollten oder dass von der Pfändung freigestellte Beträge bei der Ausführung des Beschlusses gemäß Artikel 31 Absatz 2 nicht oder nicht richtig berücksichtigt wurden, oder

b) aus dem Grund beendet, dass

   i) das vorläufig gepfändete Konto gemäß Artikel 2 Absätze 3 und 4 nicht unter diese Verordnung fällt;

   ii) die Vollstreckung der gerichtlichen Entscheidung, des gerichtlichen Vergleichs oder der öffentlichen Urkunde, die der Gläubiger mit dem Beschluss sichern wollte, im Vollstreckungsmitgliedstaat verweigert wurde;

   iii) die Vollstreckbarkeit der gerichtlichen Entscheidung, deren Vollstreckung der Gläubiger mit dem Beschluss sichern wollte, im Ursprungsmitgliedstaat ausgesetzt wurde, oder

   iv) Artikel 33 Absatz 1 Buchstaben b, c, d, e, f oder g Anwendung findet.

   Artikel 33 Absätze 3, 4 bzw. 5 finden Anwendung.

(2) Auf Antrag des Schuldners beim zuständigen Gericht des Vollstreckungsmitgliedstaats wird die Vollstreckung des Beschlusses zur vorläufigen Pfändung in diesem Mitgliedstaat beendet, wenn sie der öffentlichen Ordnung *(ordre public)* des Vollstreckungsmitgliedstaats offensichtlich widerspricht.

Art. 35. Sonstige Rechtsbehelfe für den Gläubiger und den Schuldner. (1) Der Gläubiger oder der Schuldner kann bei dem Gericht, das den Beschluss zur vorläufigen Pfändung erlassen hat, aus dem Grund die Abänderung oder den Widerruf des Beschlusses beantragen, dass sich die Umstände, die Anlass für den Erlass des Beschlusses waren, geändert haben.

(2) Das Gericht, das den Beschluss zur vorläufigen Pfändung erlassen hat, kann ferner aufgrund veränderter Umstände, sofern dies nach dem Recht des Ursprungsmitgliedstaats zulässig ist, den Beschluss von sich aus abändern oder widerrufen.

(3) Der Schuldner und der Gläubiger können aus dem Grund, dass sie sich hinsichtlich der Erfüllung der Forderung geeinigt haben, gemeinsam bei dem Gericht, das den Beschluss zur vorläufigen Pfändung erlassen hat, einen Widerruf oder eine Abänderung des Beschlusses bzw. bei dem zuständigen Gericht des Vollstreckungsmitgliedstaats oder, soweit dies im nationalen Recht vorgesehen ist, bei der zuständigen Vollstreckungsbehörde dieses Mitgliedstaats eine Beendigung oder Einschränkung der Vollstreckung des Beschlusses beantragen.

(4) Der Gläubiger kann beim zuständigen Gericht des Vollstreckungsmitgliedstaats oder, soweit dies im nationalen Recht vorgesehen ist, bei der zuständigen Vollstreckungsbehörde dieses Mitgliedstaats eine Abänderung der Vollstreckung des Beschlusses zur vorläufigen Pfändung beantragen, die in einer Anpassung der in diesem Mitgliedstaat gemäß Artikel 31 angewandten Freistellung besteht, aus dem Grund, dass bereits andere Freistellungen in ausreichender Höhe in Bezug auf ein oder mehrere Konten, die in einem oder mehreren anderen Mitgliedstaaten geführt werden, angewandt wurden und dass eine Anpassung daher angebracht ist.

Art. 36.[47] **Verfahren für die Rechtsbehelfe gemäß den Artikeln 33, 34 und 35.** (1) Die Einlegung eines Rechtsbehelfs nach Artikel 33, 34 oder 35 erfolgt unter Verwendung des Formblatts für den Rechtsbehelf,[48] das im Wege von gemäß dem Beratungsverfahren nach Artikel 52 Absatz 2 erlassenen Durchführungsrechtsakten erstellt wurde. Der Antrag kann jederzeit auf jedem Kommunikationsweg übermittelt werden, der nach den Verfahrensvorschriften des Mitgliedstaats, in dem der Antrag eingereicht wird, zulässig ist – einschließlich elektronischer Kommunikationswege.

(2) Der Antrag wird der anderen Partei zur Kenntnis gebracht.

(3) Außer wenn der Antrag vom Schuldner gemäß Artikel 34 Absatz 1 Buchstabe a oder Artikel 35 Absatz 3 eingereicht wurde, wird die Entscheidung über den Antrag erlassen, nachdem beiden Parteien Gelegenheit gegeben wurde, sich zu äußern, auch mit den nach dem nationalen Recht jedes der beteiligten Mitgliedstaaten zur Verfügung stehenden geeigneten und zulässigen Mitteln der Kommunikationstechnologie.

(4) Die Entscheidung wird unverzüglich erlassen, jedoch nicht später als 21 Tage, nachdem das Gericht oder, soweit dies im nationalen Recht vorgesehen ist, die zuständige Vollstreckungsbehörde alle Informationen erhalten hat, die für seine bzw. ihre Entscheidung erforderlich sind. Die Entscheidung wird den Parteien zur Kenntnis gebracht.

(5) Die Entscheidung, den Beschluss zur vorläufigen Pfändung zu widerrufen oder abzuändern, und die Entscheidung, die Vollstreckung des Be-

---

[47] Vgl. Erwägungsgrund (34).

[48] Das Formblatt gemäß Anhang VII ist online abrufbar im Europäischen Justizportal, vgl. Anm. 55.

schlusses zur vorläufigen Pfändung einzuschränken oder zu beenden, ist sofort vollstreckbar:

Wurde der Rechtsbehelf im Ursprungsmitgliedstaat eingelegt, so übermittelt das Gericht nach Artikel 29 die Entscheidung über den Rechtsbehelf unverzüglich der zuständigen Behörde des Vollstreckungsmitgliedstaats unter Verwendung des Formblatts,[49] das im Wege von gemäß dem Beratungsverfahren nach Artikel 52 Absatz 2 erlassenen Durchführungsrechtsakten erstellt wurde. Diese Behörde stellt sofort nach Eingang sicher, dass die Entscheidung über den Rechtsbehelf ausgeführt wird.

Bezieht sich die Entscheidung über den Rechtsbehelf auf ein Bankkonto, das im Ursprungsmitgliedstaat geführt wird, so erfolgt die Durchführung in Bezug auf dieses Bankkonto nach dem Recht des Ursprungsmitgliedstaats.

Wurde der Rechtsbehelf im Vollstreckungsmitgliedstaat beantragt, so erfolgt die Durchführung der Entscheidung über den Rechtsbehelf nach dem Recht dieses Vollstreckungsmitgliedstaats.

Art. 37. Rechtsmittel gegen Entscheidungen über den Rechtsbehelf. Jede Partei kann ein Rechtsmittel gegen eine gemäß Artikel 33, 34 oder 35 erlassene Entscheidung einlegen. Ein solches Rechtsmittel wird unter Verwendung des Formblatts,[50] das im Wege von gemäß dem Beratungsverfahren nach Artikel 52 Absatz 2 erlassenen Durchführungsrechtsakten erstellt wurde, für das Rechtsmittel eingelegt.

Art. 38.[51] Sicherheitsleistung anstelle der vorläufigen Pfändung.

(1) Auf Antrag des Schuldners

a) kann das Gericht, das den Beschluss zur vorläufigen Pfändung erlassen hat, die Freigabe der vorläufig gepfändeten Gelder anordnen, wenn der Schuldner bei diesem Gericht eine Sicherheit in Höhe des in dem Beschluss angegebenen Betrags oder eine anderweitige Sicherheit in einer Form, die nach dem Recht des Mitgliedstaats, in dem das Gericht seinen Sitz hat, zulässig ist, und in einem Wert, der mindestens jenem Betrag entspricht, leistet;

b) kann das zuständige Gericht oder, soweit dies im nationalen Recht vorgesehen ist, die zuständige Vollstreckungsbehörde des Vollstreckungsmitgliedstaats die Vollstreckung des Beschlusses zur vorläufigen Pfändung im Vollstreckungsmitgliedstaat beenden, wenn der Schuldner bei diesem Gericht oder dieser Behörde eine Sicherheit in Höhe des in diesem Mitgliedstaat vorläufig gepfändeten Betrags oder eine anderweitige Si-

---

[49] Das Formblatt gemäß Anhang VIII ist online abrufbar im Europäischen Justizportal, vgl. Anm. 55.

[50] Das Formblatt gemäß Anhang IX ist online abrufbar im Europäischen Justizportal, vgl. Anm. 55.

[51] Vgl. Erwägungsgrund (35). Zur Sicherheitsleistung nach Art. 38 in *Deutschland* siehe ergänzend § 955 ZPO (Nr. *188a*).

cherheit in einer Form, die nach dem Recht des Mitgliedstaats, in dem das Gericht seinen Sitz hat, zulässig ist, und in einem Wert, der mindestens jenem Betrag entspricht, leistet.

(2) Die Artikel 23 und 24 gelten entsprechend für die Freigabe der vorläufig gepfändeten Gelder. Die Leistung einer Sicherheit anstelle der vorläufigen Pfändung wird dem Gläubiger nach nationalem Recht zur Kenntnis gebracht.

Art. 39. Rechte Dritter. (1) Das Recht eines Dritten, einen Beschluss zur vorläufigen Pfändung anzufechten, richtet sich nach dem Recht des Ursprungsmitgliedstaats.

(2) Das Recht eines Dritten, die Vollstreckung eines Beschlusses zur vorläufigen Pfändung anzufechten, richtet sich nach dem Recht des Vollstreckungsmitgliedstaats.

(3) Unbeschadet sonstiger Zuständigkeitsvorschriften des Unionsrechts oder des nationalen Rechts sind für Entscheidungen über eine Klage eines Dritten

a) zur Anfechtung eines Beschlusses zur vorläufigen Pfändung die Gerichte des Ursprungsmitgliedstaats zuständig und

b) zur Anfechtung der Vollstreckung eines Beschlusses zur vorläufigen Pfändung im Vollstreckungsmitgliedstaat die Gerichte des Vollstreckungsmitgliedstaats oder, soweit dies im nationalen Recht dieses Mitgliedstaats vorgesehen ist, die zuständige Vollstreckungsbehörde zuständig.

Kapitel 5. Allgemeine Bestimmungen

Art. 40. Legalisation oder ähnliche Förmlichkeiten. Im Rahmen dieser Verordnung bedarf es weder der Legalisation noch einer ähnlichen Förmlichkeit.

Art. 41. Rechtliche Vertretung. In Verfahren, mit denen ein Beschluss zur vorläufigen Pfändung erwirkt werden soll, ist eine Vertretung durch einen Rechtsanwalt oder einen sonstigen Rechtsbeistand nicht verpflichtend. In Verfahren nach Kapitel 4 ist eine Vertretung durch einen Rechtsanwalt oder einen sonstigen Rechtsbeistand nicht verpflichtend, es sei denn, eine solche Vertretung ist nach dem Recht des Mitgliedstaats des Gerichts oder der Behörde, bei dem bzw. der der Rechtsbehelf gestellt worden ist, ungeachtet der Staatsangehörigkeit oder des Wohnsitzes der Parteien vorgeschrieben.

Art. 42.[52] **Gerichtsgebühren.** Die Gebühren in Verfahren, in denen ein Beschluss zur vorläufigen Pfändung erwirkt werden soll, oder in einem

---

[52] Vgl. Erwägungsgrund (27).

Rechtsbehelfsverfahren gegen einen Beschluss dürfen nicht höher sein als jene, die für einen gleichwertigen nationalen Beschluss oder einen Rechtsbehelf gegen einen solchen nationalen Beschluss in Rechnung gestellt werden.

Art. 43. Den Banken entstehende Kosten. (1) Eine Bank darf sich die Kosten, die ihr bei der Ausführung eines Beschlusses zur vorläufigen Pfändung entstehen, vom Gläubiger oder vom Schuldner nur dann erstatten oder vergüten lassen, wenn sie nach dem Recht des Vollstreckungsmitgliedstaats im Zusammenhang mit gleichwertigen nationalen Beschlüssen Anspruch auf eine solche Vergütung oder Erstattung hat.

(2) Die Gebühren, die von einer Bank zur Deckung der Kosten nach Absatz 1 erhoben werden, sind unter Berücksichtigung der Komplexität der Ausführung des Beschlusses zur vorläufigen Pfändung festzulegen und dürfen nicht höher sein als die Gebühren, die für die Ausführung gleichwertiger nationaler Beschlüsse erhoben werden.

(3) Die Gebühren, die von einer Bank zur Deckung der Kosten für die Erteilung von Kontoinformationen nach Artikel 14 erhoben werden, dürfen die tatsächlich entstandenen Kosten und gegebenenfalls die Gebühren, die für die Erteilung von Kontoinformationen im Rahmen gleichwertiger nationaler Beschlüsse erhoben werden, nicht übersteigen.

Art. 44. Von den Behörden erhobene Gebühren. Die Gebühren, die von einer Behörde oder sonstigen Stelle des Vollstreckungsmitgliedstaats, die an der Bearbeitung oder Vollstreckung eines Beschlusses zur vorläufigen Pfändung oder an der Erteilung von Kontoinformationen nach Artikel 14 beteiligt ist, erhoben werden, werden anhand einer Gebührenskala oder eines sonstigen Regelwerks bestimmt, die bzw. das jeder Mitgliedstaat im Voraus festlegt und in der bzw. dem die geltenden Gebühren in transparenter Weise aufgeführt sind. Bei der Festlegung der Skala oder des Regelwerks können die Mitgliedstaaten die Höhe des in dem Beschluss angegebenen Betrags und die Komplexität der Bearbeitung des Beschlusses berücksichtigen. Die Gebühren dürfen die im Zusammenhang mit einem gleichwertigen nationalen Beschluss gegebenenfalls erhobenen Gebühren nicht übersteigen.

Art. 45.[53] **Fristen.** Ist es aufgrund außergewöhnlicher Umstände dem Gericht oder der beteiligten Behörde nicht möglich, die Fristen gemäß Artikel 14 Absatz 7, Artikel 18, Artikel 23 Absatz 2, Artikel 25 Absatz 3 Unterabsatz 2, Artikel 28 Absätze 2, 3 und 6, Artikel 33 Absatz 3 und Artikel 36 Absätze 4 und 5 einzuhalten, so ergreift das Gericht oder die Behörde so rasch wie möglich die nach jenen Vorschriften erforderlichen Maßnahmen.

---

[53] Vgl. Erwägungsgrund (38).

Art. 46. Verhältnis zum nationalen Prozessrecht. (1) Sämtliche verfahrensrechtlichen Fragen, die in dieser Verordnung nicht ausdrücklich geregelt sind, richten sich nach dem Recht des Mitgliedstaats, in dem das Verfahren stattfindet.

(2) Die Wirkungen der Eröffnung eines Insolvenzverfahrens auf einzelne Vollstreckungshandlungen, wie die Vollstreckung eines Beschlusses zur vorläufigen Pfändung, richten sich nach dem Recht des Mitgliedstaats, in dem das Insolvenzverfahren eröffnet wurde.

Art. 47. [54] **Datenschutz.** (1) Personenbezogene Daten, die nach dieser Verordnung erhoben, verarbeitet oder übermittelt werden, müssen dem Zweck, zu dem sie erhoben, verarbeitet oder übermittelt wurden, entsprechen, müssen dafür erheblich sein und dürfen nicht darüber hinausgehen; sie werden ausschließlich für diesen Zweck verwendet.

(2) Die zuständige Behörde, die Auskunftsbehörde und jede sonstige Stelle, die für die Vollstreckung des Beschlusses zur vorläufigen Pfändung zuständig ist, bewahrt die Daten nach Absatz 1 nur so lange auf, wie dies für den Zweck, zu dem sie erhoben, verarbeitet oder übermittelt wurden, erforderlich ist, in jedem Fall aber höchstens sechs Monate ab Beendigung des Verfahrens, und gewährleistet während dieser Zeit einen angemessenen Schutz dieser Daten. Dieser Absatz gilt nicht für die Daten, die von Gerichten bei der Ausübung ihrer Aufgaben verarbeitet und gespeichert werden.

Art. 48. Verhältnis zu anderen Rechtsakten. Diese Verordnung berührt nicht die Anwendung

a) der Verordnung (EG) Nr. 1393/2007 des Europäischen Parlaments und des Rates,[55] außer in den Fällen nach Artikel 10 Absatz 2, Artikel 14 Absätze 3 und 6, Artikel 17 Absatz 5, Artikel 23 Absätze 3 und 6, Artikel 25 Absätze 2 und 3, Artikel 28 Absätze 1, 3, 5 und 6, Artikel 29, Artikel 33 Absatz 3, Artikel 36 Absätze 2 und 4 und Artikel 49 Absatz 1 der vorliegenden Verordnung;

b) der Verordnung (EU) Nr. 1215/2012;[56]

c) der Verordnung (EG) Nr. 1346/2000;[57]

d) der Richtlinie 95/46/EG,[58] außer in den Fällen nach Artikel 14 Absatz 8 und Artikel 47 der vorliegenden Verordnung;

---

[54] Vgl. Erwägungsgrund (21).

[55] Verordnung (EG) Nr. 1393/2007 v. 13.11.2007 über die Zustellung gerichtlicher und außergerichtlicher Schriftstücke in Zivil- oder Handelssachen in den Mitgliedstaaten (Zustellung von Schriftstücken) und zur Aufhebung der Verordnung (EG) Nr. 1348/2000 des Rates (EuZVO, ABl. L 324 v. 10.12.2007, S. 79; abgedruckt unter Nr. *224*).

[56] Abgedruckt unter Nr. *160*.

[57] Abgedruckt unter Nr. *260*.

[58] Richtlinie 95/46/EG zum Schutz natürlicher Personen bei der Verarbeitung personenbezogener Daten und zum freien Datenverkehr v. 24.10.1995 (ABl. L 281, S. 31).

e) der Verordnung (EG) Nr. 1206/2001 des Europäischen Parlaments und des Rates,[59]

f) der Verordnung (EG) Nr. 864/2007,[60] außer in den Fällen nach Artikel 13 Absatz 4 der vorliegenden Verordnung.

Art. 49.[61] **Sprachenregelung.** (1) Den in Artikel 28 Absatz 5 Buchstaben a und b aufgeführten und dem Schuldner zuzustellenden Schriftstücken, die nicht in der Amtssprache des Mitgliedstaats, in dem der Schuldner seinen Wohnsitz hat, oder, sofern es mehrere Amtssprachen in diesem Mitgliedstaat gibt, der Amtssprache oder einer der Amtssprachen des Ortes, an dem der Schuldner seinen Wohnsitz hat, oder in einer anderen Sprache, die er versteht, abgefasst sind, ist eine Übersetzung oder Transliteration in eine dieser Sprachen beizufügen. In Artikel 28 Absatz 5 Buchstabe c aufgeführte Schriftstücke werden nicht übersetzt, sofern nicht das Gericht ausnahmsweise beschließt, dass bestimmte Schriftstücke übersetzt oder transliteriert werden müssen, damit der Schuldner seine Rechte geltend machen kann.

(2) Schriftstücke, die gemäß dieser Verordnung an ein Gericht oder eine zuständige Behörde gerichtet werden, können auch in einer anderen Amtssprache der Organe der Union angefertigt werden, wenn der betreffende Mitgliedstaat erklärt hat, dass er diese Sprache akzeptieren kann.

(3) Eine Übersetzung nach Maßgabe dieser Verordnung ist von einem in einem Mitgliedstaat hierzu befugten Übersetzer anzufertigen.

Art. 50.[62] **Von den Mitgliedstaaten bereitzustellende Informationen.** (1) Die Mitgliedstaaten teilen der Kommission bis zum 18. Juli 2016 Folgendes mit:

a) die benannten Gerichte, die befugt sind, einen Beschluss zur vorläufigen Pfändung zu erlassen (Artikel 6 Absatz 4);

b) die benannte Behörde, die befugt ist, Kontoinformationen einzuholen (Artikel 14);

c) die nach ihrem nationalen Recht zur Verfügung stehenden Methoden zur Einholung von Kontoinformationen (Artikel 14 Absatz 5);

d) die Gerichte, bei denen ein Rechtsbehelf eingelegt werden kann (Artikel 21);

---

[59] Verordnung (EG) Nr. 1206/2001 des Rates v. 28.5.2001 über die Zusammenarbeit zwischen den Gerichten der Mitgliedstaaten auf dem Gebiet der Beweisaufnahme in Zivil- oder Handelssachen (EuBVO, ABl. L 174 v. 27.6.2001, S. 1; abgedruckt unter Nr. *225*).

[60] Verordnung (EG) Nr. 864/2007 des Europäischen Parlaments und des Rates v. 11.6.2007 über das auf außervertragliche Schuldverhältnisse anzuwendende Recht (Rom II-VO, ABl. L 199 v. 31.7.2007, S. 40; abgedruckt unter Nr. *101*).

[61] Vgl. Erwägungsgrund (33).

[62] Vgl. Erwägungsgrund (39). Die Informationen zu den einzelnen Mitgliedstaaten sind abrufbar im Europäischen Gerichtsatlas für Zivilsachen (Homepage des Europäischen Justizportals: https://e-justice.europa.eu/379/DE/european_account_preservation_order).

e) die benannte Behörde oder Behörden, die befugt ist bzw. sind, den Beschluss zur vorläufigen Pfändung und sonstige Schriftstücke nach dieser Verordnung entgegenzunehmen, zu übermitteln und zuzustellen (Artikel 4 Nummer 14);

f) die für die Vollstreckung eines Beschlusses zur vorläufigen Pfändung gemäß Kapitel 3 zuständige Behörde;

g) ihre nationalen Regelungen in Bezug auf die Möglichkeiten der vorläufigen Pfändung von Gemeinschafts- oder Treuhandkonten (Artikel 30);

h) die nationalen Vorschriften in Bezug auf von der Pfändung freigestellte Beträge (Artikel 31);

i) ob nach ihrem nationalem Recht die Banken Gebühren für die Ausführung gleichwertiger nationaler Beschlüsse oder die Erteilung von Kontoinformationen erheben dürfen und, wenn dies der Fall ist, welche Partei diese Gebühren vorläufig und endgültig zu entrichten hat (Artikel 43);

j) die Gebührenskala oder das sonstige Regelwerk, in der bzw. dem die geltenden Gebühren aufgeführt sind, die von einer an der Bearbeitung oder Vollstreckung eines Beschlusses zur vorläufigen Pfändung beteiligten Behörde oder sonstigen Stelle erhoben werden (Artikel 44);

k) ob gleichwertigen nationalen Beschlüssen nach nationalem Recht ein bestimmter Rang eingeräumt wird (Artikel 32);

l) die Gerichte oder gegebenenfalls die Vollstreckungsbehörde, die für einen Rechtsbehelf zuständig sind bzw. ist (Artikel 33 Absatz 1, Artikel 34 Absatz 1 oder 2);

m) die Gerichte, bei denen das Rechtsmittel einzulegen ist, die Frist, innerhalb derer dieses Rechtsmittels nach nationalem Recht einzulegen ist, sofern eine solche vorgesehen ist, und das Ereignis, mit dem diese Frist zu laufen beginnt (Artikel 37);

n) eine Angabe der Gerichtsgebühren (Artikel 42) und

o) die Sprachen, die für die Übersetzung der Schriftstücke zugelassen sind (Artikel 49 Absatz 2).

Die Mitgliedstaaten unterrichten die Kommission über spätere Änderungen dieser Angaben.

(2) Die Angaben werden von der Kommission in geeigneter Weise veröffentlicht, insbesondere über das Europäische Justizielle Netz für Zivil- und Handelssachen.

Art. 51.[63] **Erstellung und spätere Änderung der Formblätter.** Die Kommission erlässt Durchführungsrechtsakte zur Erstellung und späteren Änderung der Formblätter nach Artikel 8 Absatz 1, Artikel 10 Absatz 2,

[63] Vgl. Erwägungsgrund (40).

Artikel 19 Absatz 1, Artikel 25 Absatz 1, Artikel 27 Absatz 2, Artikel 29 Absatz 2, Artikel 36 Absatz 1, Artikel 36 Absatz 5 Unterabsatz 2 und Artikel 37. Diese Durchführungsrechtsakte werden gemäß dem in Artikel 52 Absatz 2 genannten Beratungsverfahren erlassen.

Art. 52. Ausschussverfahren. (1) Die Kommission wird von einem Ausschuss unterstützt. Dieser Ausschuss ist ein Ausschuss im Sinne der Verordnung (EU) Nr. 182/2011.

(2) Wird auf diesen Absatz Bezug genommen, so gilt Artikel 4 der Verordnung (EU) Nr. 182/2011.

Art. 53. Überwachung und Überprüfung. (1) Die Kommission übermittelt dem Europäischen Parlament, dem Rat und dem Europäischen Wirtschafts- und Sozialausschuss bis zum 18. Januar 2022 einen Bericht über die Anwendung dieser Verordnung, der auch eine Bewertung der Frage umfasst,

a) ob Finanzinstrumente in den Anwendungsbereich dieser Verordnung aufgenommen werden sollten und
b) ob Beträge, die nach Ausführung des Beschlusses zur vorläufigen Pfändung dem Konto des Schuldners gutgeschrieben wurden, aufgrund des Beschlusses vorläufig pfändbar gemacht werden könnten.

Dem Bericht wird gegebenenfalls ein Vorschlag zur Änderung dieser Verordnung und eine Folgenabschätzung der einzuführenden Änderungen beigefügt.

(2) Für die Zwecke des Absatzes 1 erheben die Mitgliedstaaten folgende Informationen und übermitteln sie der Kommission auf Anfrage:

a) die Zahl der Anträge auf Erlass eines Beschlusses zur vorläufigen Pfändung und die Zahl der erlassenen Beschlüsse;
b) die Zahl der Anträge auf Einlegung eines Rechtsbehelfs gemäß den Artikeln 33 und 34 und, wenn möglich, die Zahl der Fälle, in denen dem Rechtsbehelf stattgegeben wurde, und
c) die Zahl der Anträge auf Einlegung eines Rechtsmittels gemäß Artikel 37 und, sofern möglich, die Zahl der Fälle, in denen das Rechtsmittel erfolgreich war.

Kapitel 6. Schlussbestimmungen

Art. 54. Inkrafttreten. Diese Verordnung tritt am zwanzigsten Tag nach ihrer Veröffentlichung im Amtsblatt der Europäischen Union in Kraft.

Sie gilt ab dem 18. Januar 2017 mit Ausnahme des Artikels 50, der ab dem 18. Juli 2016 gilt.

Diese Verordnung ist in allen ihren Teilen verbindlich und gilt gemäß den Verträgen unmittelbar in den Mitgliedstaaten.

Anhänge I–IX[55]

(nicht abgedruckt)

188a. Zivilprozessordnung

idF vom 5. Dezember 2005 (BGBl. I S. 3202)

Buch 8. Zwangsvollstreckung

Abschnitt 6.[1] Grenzüberschreitende Kontenpfändung

Titel 1. Erlass des Beschlusses zur vorläufigen Kontenpfändung

§ 946. Zuständigkeit. (1) Für den Erlass des Beschlusses zur vorläufigen Kontenpfändung nach der Verordnung (EU) Nr. 655/2014 des Europäischen Parlaments und des Rates vom 15. Mai 2014 zur Einführung eines Verfahrens für einen Europäischen Beschluss zur vorläufigen Kontenpfändung im Hinblick auf die Erleichterung der grenzüberschreitenden Eintreibung von Forderungen in Zivil- und Handelssachen (ABl. L 189 vom 27.6.2014, S. 59) ist das Gericht der Hauptsache zuständig. Die §§ 943 und 944 gelten entsprechend.

(2) Hat der Gläubiger bereits eine öffentliche Urkunde (Artikel 4 Nummer 10 der Verordnung (EU) Nr. 655/2014) erwirkt, in der der Schuldner verpflichtet wird, die Forderung zu erfüllen, ist das Gericht zuständig, in dessen Bezirk die Urkunde errichtet worden ist.

§ 947.[2] Verfahren. (1) Der Gläubiger kann sich in dem Verfahren auf Erlass des Beschlusses zur vorläufigen Kontenpfändung aller Beweismittel sowie der Versicherung an Eides statt bedienen. Nur eine Beweisaufnahme, die sofort erfolgen kann, ist statthaft.

(2) Das Gericht darf die ihm nach Artikel 14 Absatz 6 der Verordnung (EU) Nr. 655/2014 übermittelten Kontoinformationen für die Zwecke des jeweiligen Verfahrens auf Erlass eines Beschlusses zur vorläufigen Kontenpfändung speichern, übermitteln und nutzen. Soweit übermittelte Kontoinformationen für den Erlass des Beschlusses zur vorläufigen Kontenpfän-

[55] Die Anhänge I–X sind online abrufbar im Europäischen Justizportal: https://e-justice.europa.eu/378/DE/european_account_preservation_order_forms?clang=de.

[1] Abschnitt 6 (§§ 946–959) eingefügt durch Gesetz v. 21.11.2016 (BGBl. I, S. 2591) mit Wirkung v. 18.1.2017.

[2] § 947 Abs. 2 Satz 2 geändert durch Gesetz v. 20.11.2019 (BGBl. I, S. 1724) mit Wirkung v. 26.11.2019.

dung nicht erforderlich sind, sind sie unverzüglich zu löschen oder ist deren Verarbeitung einzuschränken. Die Löschung ist zu protokollieren. § 802d Absatz 1 Satz 3 gilt entsprechend.

§ 948. Ersuchen um Einholung von Kontoinformationen. (1) Zuständige Auskunftsbehörde gemäß Artikel 14 der Verordnung (EU) Nr. 655/2014 für die Einholung von Kontoinformationen ist das Bundesamt für Justiz.

(2) Zum Zweck der Einholung von Kontoinformationen nach Artikel 14 der Verordnung (EU) Nr. 655/2014 darf das Bundesamt für Justiz das Bundeszentralamt für Steuern ersuchen, bei den Kreditinstituten die in § 93b Absatz 1 der Abgabenordnung bezeichneten Daten abzurufen (§ 93 Absatz 8 der Abgabenordnung).

(3) Das Bundesamt für Justiz protokolliert die eingehenden Ersuchen um Einholung von Kontoinformationen gemäß Artikel 14 der Verordnung (EU) Nr. 655/2014. Zu protokollieren sind ebenfalls die Bezeichnung der ersuchenden Stelle eines anderen Mitgliedstaates der Europäischen Union, der Abruf der in § 93b Absatz 1 der Abgabenordnung bezeichneten Daten und der Zeitpunkt des Eingangs dieser Daten sowie die Weiterleitung der eingegangenen Daten an die ersuchende Stelle. Das Bundesamt für Justiz löscht den Inhalt der eingeholten Kontoinformationen unverzüglich nach deren Übermittlung an die ersuchende Stelle; die Löschung ist zu protokollieren.

§ 949. Nicht rechtzeitige Einleitung des Hauptsacheverfahrens.
(1) Ein im Inland erlassener Beschluss zur vorläufigen Kontenpfändung wird nach Artikel 10 Absatz 2 Unterabsatz 1 der Verordnung (EU) Nr. 655/2014 durch Beschluss widerrufen.

(2) Zuständige Stelle, an die gemäß Artikel 10 Absatz 2 Unterabsatz 3 der Verordnung (EU) Nr. 655/2014 das Widerrufsformblatt zu übermitteln ist, ist das Amtsgericht, in dessen Bezirk das Vollstreckungsverfahren stattfinden soll oder stattgefunden hat. Ist ein in einem anderen Mitgliedstaat der Europäischen Union erlassener Beschluss zur vorläufigen Kontenpfändung im Inland zu vollziehen, hat das Amtsgericht nach Satz 1 den Beschluss, durch den das Gericht den Beschluss zur vorläufigen Kontenpfändung widerrufen hat, der Bank im Sinne des Artikels 4 Nummer 2 der Verordnung (EU) Nr. 655/2014 zuzustellen.

Titel 2. Vollziehung des Beschlusses zur vorläufigen Kontenpfändung

§ 950. Anwendbare Vorschriften. Auf die Vollziehung des Beschlusses zur vorläufigen Kontenpfändung sind die Vorschriften des Achten Buchs über die Zwangsvollstreckung sowie § 990 Absatz 1 Satz 2 entsprechend anzuwenden, soweit die Verordnung (EU) Nr. 655/2014 und die §§ 951 bis 957 keine abweichenden Vorschriften enthalten.

§ 951. Vollziehung von im Inland erlassenen Beschlüssen. (1) Ist ein im Inland erlassener Beschluss zur vorläufigen Kontenpfändung im Inland zu vollziehen, hat der Gläubiger, der seinen Wohnsitz in einem anderen Mitgliedstaat der Europäischen Union hat, den Beschluss der Bank zustellen zu lassen. Ist der Beschluss in einem anderen Mitgliedstaat der Europäischen Union zu vollziehen, hat der Gläubiger die Zustellung gemäß Artikel 23 Absatz 3 Unterabsatz 1 der Verordnung (EU) Nr. 655/2014 an die Bank zu veranlassen.

(2) Das Gericht, das den Beschluss erlassen hat, lässt dem Schuldner den Beschluss nach Artikel 28 der Verordnung (EU) Nr. 655/2014 zustellen; diese Zustellung gilt als Zustellung auf Betreiben des Gläubigers (§ 191). Eine Übersetzung oder Transliteration, die nach Artikel 28 Absatz 5 in Verbindung mit Artikel 49 Absatz 1 der Verordnung (EU) Nr. 655/2014 erforderlich ist, hat der Gläubiger bereitzustellen.

§ 952. Vollziehung von in einem anderen Mitgliedstaat erlassenen Beschlüssen. (1) Zuständige Stelle ist

1. in den in Artikel 23 Absatz 3, 5 und 6, Artikel 25 Absatz 3 und Artikel 27 Absatz 2 der Verordnung (EU) Nr. 655/2014 bezeichneten Fällen das Amtsgericht, in dessen Bezirk das Vollstreckungsverfahren stattfinden soll oder stattgefunden hat,
2. in den in Artikel 28 Absatz 3 der Verordnung (EU) Nr. 655/2014 bezeichneten Fällen das Amtsgericht, in dessen Bezirk der Schuldner seinen Wohnsitz hat.

(2) Das nach Absatz 1 Nummer 1 zuständige Amtsgericht hat

1. in den in Artikel 23 Absatz 3 der Verordnung (EU) Nr. 655/2014 bezeichneten Fällen der Bank den Beschluss zur vorläufigen Kontenpfändung zuzustellen,
2. in den in Artikel 27 Absatz 2 der Verordnung (EU) Nr. 655/2014 bezeichneten Fällen der Bank die Freigabeerklärung des Gläubigers zuzustellen.

Titel 3. Rechtsbehelfe

§ 953. Rechtsbehelfe des Gläubigers. (1) Gegen die Ablehnung des Antrags auf Erlass eines Beschlusses zur vorläufigen Kontenpfändung und gegen den Widerruf des Beschlusses zur vorläufigen Kontenpfändung (§ 949 Absatz 1), soweit sie durch das Gericht des ersten Rechtszuges erfolgt sind, findet die sofortige Beschwerde statt.

(2) Die in Artikel 21 Absatz 2 Satz 1 der Verordnung (EU) Nr. 655/2014 bezeichnete Frist von 30 Tagen für die Einlegung des Rechtsbehelfs be-

ginnt mit der Zustellung der Entscheidung an den Gläubiger. Dies gilt auch in den Fällen des § 321a Absatz 2 für die Ablehnung des Antrags auf Erlass des Beschlusses durch das Berufungsgericht.

(3) Die sofortige Beschwerde gegen den Widerruf des Beschlusses zur vorläufigen Kontenpfändung ist innerhalb einer Notfrist von einem Monat ab Zustellung einzulegen.

§ 954.[3] **Rechtsbehelfe nach den Artikeln 33 bis 35 der Verordnung (EU) Nr. 655/2014.** (1) Über den Rechtsbehelf des Schuldners gegen einen im Inland erlassenen Beschluss zur vorläufigen Kontenpfändung nach Artikel 33 Absatz 1 der Verordnung (EU) Nr. 655/2014 (Widerspruch) entscheidet das Gericht, das den Beschluss erlassen hat. Die Entscheidung ergeht durch Beschluss. Die Sätze 1 und 2 gelten entsprechend für den Widerspruch des Schuldners gemäß Artikel 33 Absatz 2 der Verordnung (EU) Nr. 655/2014 gegen die Entscheidung nach Artikel 12 der Verordnung (EU) Nr. 655/2014.

(2) Über den Rechtsbehelf des Schuldners wegen Einwendungen gegen die Vollziehung eines Beschlusses zur vorläufigen Kontenpfändung im Inland nach Artikel 34 der Verordnung (EU) Nr. 655/2014 entscheidet das Vollstreckungsgericht (§ 764 Absatz 2). Für den Antrag nach Artikel 34 Absatz 1 Buchstabe a der Verordnung (EU) Nr. 655/2014 gelten § 906 Absatz 1 Satz 2, Absatz 2 und § 907 entsprechend.

(3) Über Rechtsbehelfe, die nach Artikel 35 Absatz 3 und 4 der Verordnung (EU) Nr. 655/2014 im Vollstreckungsmitgliedstaat eingelegt werden, entscheidet ebenfalls das Vollstreckungsgericht. Sofern nach Artikel 35 der Verordnung (EU) Nr. 655/2014 das Gericht zuständig ist, das den Beschluss zur vorläufigen Kontenpfändung erlassen hat, ergeht die Entscheidung durch Beschluss.

(4) Zuständige Stelle ist in den Fällen des Artikels 36 Absatz 5 Unterabsatz 2 der Verordnung (EU) Nr. 655/2014 das Amtsgericht, in dessen Bezirk das Vollstreckungsverfahren stattfinden soll oder stattgefunden hat. Dieses hat den Beschluss der Bank zuzustellen.

§ 955. Sicherheitsleistung nach Artikel 38 der Verordnung (EU) Nr. 655/2014. Für die Entscheidung über Anträge des Schuldners auf Beendigung der Vollstreckung wegen erbrachter Sicherheitsleistung nach Artikel 38 Absatz 1 Buchstabe b der Verordnung (EU) Nr. 655/2014 ist das Vollstreckungsgericht zuständig. Die Entscheidung nach Artikel 38 Absatz 1 der Verordnung (EU) Nr. 655/2014 ergeht durch Beschluss.

§ 956. Rechtsmittel gegen die Entscheidungen nach § 954 Absatz 1 bis 3 und § 955. (1) Gegen die Entscheidungen des Vollstreckungsgerichts

---

[3] § 954 Abs. 2 Satz 2 geändert durch Gesetz v. 22.11.2020 (BGBl. I, S. 2466) mit Wirkung v. 1.12.2021.

nach § 954 Absatz 2 und 3 Satz 1 sowie nach § 955 Satz 1 findet die sofortige Beschwerde statt. Dies gilt auch für Entscheidungen des Gerichts des ersten Rechtszugs in den Fällen des § 954 Absatz 1 und 3 Satz 2 sowie des § 955 Satz 2.

(2) Die sofortige Beschwerde ist innerhalb einer Notfrist von einem Monat ab Zustellung der Entscheidung einzulegen.

§ 957. Ausschluss der Rechtsbeschwerde. In Verfahren zur grenzüberschreitenden vorläufigen Kontenpfändung nach der Verordnung (EU) Nr. 655/2014 findet die Rechtsbeschwerde nicht statt.

Titel 4. Schadensersatz; Verordnungsermächtigung

§ 958. Schadensersatz. Erweist sich die Anordnung eines Beschlusses zur vorläufigen Kontenpfändung, der im Inland vollzogen worden ist, als von Anfang an ungerechtfertigt, so ist der Gläubiger verpflichtet, dem Schuldner den Schaden zu ersetzen, der ihm aus der Vollziehung des Beschlusses oder dadurch entsteht, dass er Sicherheit leistet, um die Freigabe der vorläufig gepfändeten Gelder oder die Beendigung der Vollstreckung zu erwirken. Im Übrigen richtet sich die Haftung des Gläubigers gegenüber dem Schuldner nach Artikel 13 Absatz 1 und 2 der Verordnung (EU) Nr. 655/2014.

§ 959. Verordnungsermächtigung. (1) Die Landesregierungen können die Aufgaben nach Artikel 10 Absatz 2, Artikel 23 Absatz 3, 5 und 6, Artikel 25 Absatz 3, Artikel 27 Absatz 2, Artikel 28 Absatz 3 sowie Artikel 36 Absatz 5 Unterabsatz 2 und 3 der Verordnung (EU) Nr. 655/2014 einem Amtsgericht für die Bezirke mehrerer Amtsgerichte durch Rechtsverordnung zuweisen.

(2) Die Landesregierungen können die Ermächtigung nach Absatz 1 durch Rechtsverordnung einer obersten Landesbehörde übertragen.

189. Verordnung (EU) Nr. 606/2013 des Europäischen Parlaments und des Rates über die gegenseitige Anerkennung von Schutzmaßnahmen in Zivilsachen

Vom 12. Juni 2013[1, 2, 3, 4] (ABl. L 181, S. 4)

DAS EUROPÄISCHE PARLAMENT UND DER RAT DER EUROPÄISCHEN UNION –

gestützt auf den Vertrag über die Arbeitsweise der Europäischen Union, insbesondere auf Artikel 81 Absatz 2 Buchstaben a, e und f,[5]

auf Vorschlag der Europäischen Kommission,

nach Zuleitung des Entwurfs des Gesetzgebungsakts an die nationalen Parlamente,

nach Anhörung des Europäischen Wirtschafts- und Sozialausschusses,

nach Stellungnahme des Ausschusses der Regionen,[6]

gemäß dem ordentlichen Gesetzgebungsverfahren,[7]

in Erwägung nachstehender Gründe:

---

[1] Die Verordnung gilt nach ihrem Art. 22 für die Mitgliedstaaten der EU – mit Ausnahme *Dänemarks* (vgl. Erwägungsgrund (41)) – seit dem 11.1.2015.

[2] Im Verhältnis zum *Vereinigten Königreich* gilt die Verordnung nach Ablauf der in Art. 126, 127 des Brexit-Abk v. 24.1.2020 (Nr. *0–3*) vereinbarten Übergangsfrist am 31.12.2020 nicht mehr. Vgl. zu den Auswirkungen des Brexit auf die Geltung der Verordnung im Verhältnis zum *Vereinigten Königreich* auch Anm. 2 zum EU-Vertrag (Nr. *0–1*) und Art. 67 Abs. 3 lit. f Brexit-Abk.

[3] Zur Ausführung der Verordnung in *Deutschland* siehe das EU-Gewaltschutzverfahrensgesetz v. 5.12.2014 (Nr. *189a*), das gleichzeitig mit der Verordnung in Kraft getreten ist und auch Vorschriften zur Anerkennung und Vollstreckung einer Europäischen Schutzanordnung in Strafsachen gemäß der Richtlinie Nr. 2011/99/EU des Europäischen Parlaments und des Rates über die Europäische Schutzanordnung v. 13.12.2011 (ABl. L 338, S. 2) enthält.

[4] Siehe auch das Istanbuler Europäische Übk. zur Verhütung und Bekämpfung von Gewalt gegen Frauen und häuslicher Gewalt v. 11.5.2011 (https://www.coe.int./de/web/conventions [Nr. 192]; amtliche deutsche Übersetzung im BGBl. 2017 II, S. 1026 und 2018 II, S. 119).

Das Übk. ist für die *Bundesrepublik Deutschland* am 1.2.2018 im Verhältnis zu *Albanien, Andorra, Belgien, Bosnien-Herzegowina, Dänemark, Estland, Finnland, Frankreich, Georgien, Italien, Malta, Monaco, Montenegro,* der *Niederlande, Norwegen, Österreich, Polen, Portugal, Rumänien, San Marino, Schweden, Serbien, Slowenien, Spanien und* der *Türkei* in Kraft getreten (Bek. v. 5.4.2018, BGBl. II, S. 142).

Es gilt inzwischen ferner im Verhältnis zu *Griechenland* (seit 1.10.2018, BGBl. II, S. 352), *Irland* (seit 1.7.2019, BGBl. II, S. 295), *Island* (seit 1.8.2018, BGBl. II, S. 201), *Kroatien* (seit 1.10.2018, BGBl. II, S. 312), *Luxemburg* (seit 1.12.2018, BGBl. II, S. 410), *Nordmazedonien* (seit 1.7.2018, BGBl. II, S. 142), der *Schweiz* (seit 1.4.2018, BGBl. II, S. 142) und *Zypern* (seit 1.3.2018, BGBl. II, S. 142). Die *Türkei* hat das Übk. mit Wirkung v. 1.7.2021 wieder gekündigt (BGBl. 2021 II, S. 436). Das Übk. begründet nur Pflichten der Vertragsstaaten.

[5] Abgedruckt unter Nr. *0–2*.

[6] ABl. 2012 C 113, S. 56.

[7] Standpunkt des Europäischen Parlaments v. 22.5.2013 (noch nicht im Amtsblatt veröffentlicht) und Beschluss des Rates v. 6.6.2013.

(1) Die Union hat es sich zum Ziel gesetzt, einen Raum der Freiheit, der Sicherheit und des Rechts aufrechtzuerhalten und weiterzuentwickeln, in dem der freie Personenverkehr gewährleistet ist und der Zugang zum Recht, insbesondere durch den Grundsatz der gegenseitigen Anerkennung gerichtlicher und außergerichtlicher Entscheidungen in Zivilsachen, erleichtert wird. Zum schrittweisen Aufbau eines solchen Raums muss die Union Maßnahmen im Bereich der justiziellen Zusammenarbeit in Zivilsachen mit grenzüberschreitendem Bezug erlassen, insbesondere wenn dies für das reibungslose Funktionieren des Binnenmarkts erforderlich ist.

(2) Artikel 81 Absatz 1 des Vertrags über die Arbeitsweise der Europäischen Union (AEUV) sieht vor, dass die justizielle Zusammenarbeit in Zivilsachen mit grenzüberschreitendem Bezug auf dem Grundsatz der gegenseitigen Anerkennung gerichtlicher und außergerichtlicher Entscheidungen beruhen muss.

(3) In einem gemeinsamen Rechtsraum ohne Binnengrenzen sind Bestimmungen, die eine zügige und einfache Anerkennung und gegebenenfalls Vollstreckung von in einem Mitgliedstaat angeordneten Schutzmaßnahmen in einem anderen Mitgliedstaat sicherstellen, unerlässlich damit gewährleistet ist, dass der einer natürlichen Person in einem Mitgliedstaat gewährte Schutz in jedem anderen Mitgliedstaat, in den diese Person reist oder umzieht, aufrechterhalten und fortgesetzt wird. Es muss sichergestellt werden, dass die legitime Wahrnehmung des Rechts der Unionsbürger, sich gemäß Artikel 3 Absatz 2 des Vertrags über die Europäische Union (EUV) und gemäß Artikel 21 AEUV im Hoheitsgebiet der Mitgliedstaaten frei zu bewegen und aufzuhalten, für die Unionsbürger nicht zum Verlust dieses Schutzes führt.

(4) Das gegenseitige Vertrauen in die Rechtspflege in der Union sowie das Ziel, einen zügigeren und kostengünstigeren Umlauf von Schutzmaßnahmen innerhalb der Union zu gewährleisten, rechtfertigen den Grundsatz, wonach in einem Mitgliedstaat angeordnete Schutzmaßnahmen in allen anderen Mitgliedstaaten anerkannt werden, ohne dass es hierzu besonderer Verfahren bedarf. Eine in einem Mitgliedstaat angeordnete Schutzmaßnahme („Ursprungsmitgliedstaat") sollte daher so behandelt werden, als wäre sie in dem Mitgliedstaat angeordnet worden, in dem um Anerkennung ersucht wird („ersuchter Mitgliedstaat").

(5) Um das Ziel des freien Verkehrs von Schutzmaßnahmen zu erreichen, ist es erforderlich und angemessen, dass die Vorschriften über die Anerkennung und gegebenenfalls Vollstreckung von Schutzmaßnahmen im Wege eines Unionsrechtsakts festgelegt werden, der verbindlich und unmittelbar anwendbar ist.

(6) Diese Verordnung sollte für Schutzmaßnahmen gelten, die angeordnet werden, um eine Person zu schützen, wenn es ernsthafte Gründe zu der Annahme gibt, dass das Leben dieser Person, ihre körperliche oder psychische Unversehrtheit, ihre persönliche Freiheit, ihre Sicherheit oder ihre sexuelle Integrität in Gefahr ist, beispielsweise zur Verhütung jeder Form

von geschlechtsbezogener Gewalt oder Gewalt in engen Beziehungen wie körperliche Gewalt, Belästigung, sexuelle Übergriffe, Stalking, Einschüchterung oder andere Formen der indirekten Nötigung. Es ist hervorzuheben, dass diese Verordnung für alle Opfer gilt, und zwar unabhängig davon, ob sie Opfer von geschlechtsbezogener Gewalt sind oder nicht.

(7) Mit der Richtlinie 2012/29/EU des Europäischen Parlaments und des Rates vom 25. Oktober 2012 über Mindeststandards für die Rechte, die Unterstützung und den Schutz von Opfern von Straftaten[8] wird sichergestellt, dass Opfer von Straftaten angemessene Informationen und Unterstützung erhalten.

(8) Diese Verordnung ergänzt die Richtlinie 2012/29/EU. Die Tatsache, dass eine Person Gegenstand einer in Zivilsachen angeordneten Schutzmaßnahme ist, schließt nicht zwingend aus, dass diese Person als „Opfer“ im Sinne der genannten Richtlinie gilt.

(9) Der Anwendungsbereich dieser Verordnung fällt unter die justizielle Zusammenarbeit in Zivilsachen im Sinne des Artikels 81 AEUV. Diese Verordnung gilt nur für Schutzmaßnahmen, die in Zivilsachen angeordnet werden. Schutzmaßnahmen, die in Strafsachen angeordnet werden sind von der Richtlinie 2011/99/EU des Europäischen Parlaments und des Rates vom 13. Dezember 2011 über die Europäische Schutzanordnung[9] erfasst.

(10) Der Begriff Zivilsachen sollte im Einklang mit den Grundsätzen des Unionsrechts autonom ausgelegt werden. Für die Beurteilung des zivilrechtlichen Charakters einer Schutzmaßnahme sollte nicht entscheidend sein, ob eine zivil-, verwaltungs- oder strafrechtliche Behörde die Schutzmaßnahme anordnet.

(11) Diese Verordnung sollte das Funktionieren der Verordnung (EG) Nr. 2201/2003 des Rates vom 27. November 2003 über die Zuständigkeit und die Anerkennung und Vollstreckung von Entscheidungen in Ehesachen und in Verfahren betreffend die elterliche Verantwortung (im Folgenden „Brüssel-IIa-Verordnung“) [10] nicht beeinträchtigen. Entscheidungen, die gemäß der Brüssel-IIa-Verordnung ergehen, sollten weiterhin gemäß jener Verordnung anerkannt und vollstreckt werden.

(12) Die vorliegende Verordnung trägt den unterschiedlichen Rechtstraditionen der Mitgliedstaaten Rechnung und berührt nicht die nationalen Systeme für die Anordnung von Schutzmaßnahmen. Diese Verordnung verpflichtet die Mitgliedstaaten weder dazu, ihre nationalen Systeme dahin gehend zu ändern, dass Schutzmaßnahmen in Zivilsachen angeordnet werden können, noch dazu, für die Zwecke der Anwendung dieser Verordnung Schutzmaßnahmen in Zivilsachen einzuführen.

---

[8] ABl. 2012 L 315, S. 57.

[9] ABl. 2011 L 338, S. 2.

[10] ABl. 2003 L 338, S. 1. Die Verweisung in Erwägungsgrund 12 ist seit dem 1.8.2022 auf die Verordnung (EU) 2019/1111 v. 25.6.2019 (Brüssel IIb-VO, abgedruckt unter Nr. *162*) gerichtet, vgl. § 194 Abs. 2 Brüssel IIb-VO.

(13) Um den unterschiedlichen Arten von Behörden, die in den Mitgliedstaaten Schutzmaßnahmen in Zivilsachen anordnen, Rechnung zu tragen, sollte diese Verordnung – anders als in anderen Bereichen der justiziellen Zusammenarbeit – für Entscheidungen sowohl von Gerichten als auch von Verwaltungsbehörden gelten, sofern Letztere Garantien insbesondere hinsichtlich ihrer Unparteilichkeit und des Rechts der Parteien auf gerichtliche Nachprüfung bieten. In keinem Fall sollten die Polizeibehörden als Ausstellungsbehörden im Sinne dieser Verordnung gelten.

(14) Gemäß dem Grundsatz der gegenseitigen Anerkennung sollten Schutzmaßnahmen, die in dem Ursprungsmitgliedstaat in Zivilsachen angeordnet werden, in dem ersuchten Mitgliedstaat als Schutzmaßnahmen in Zivilsachen im Sinne dieser Verordnung anerkannt werden.

(15) Gemäß dem Grundsatz der gegenseitigen Anerkennung entspricht die Anerkennung der Gültigkeitsdauer der Schutzmaßnahme. Unter Berücksichtigung der Vielfalt der Schutzmaßnahmen nach dem Recht der Mitgliedstaaten, insbesondere ihre Dauer betreffend, und der Tatsache, dass diese Verordnung typischerweise in dringenden Fällen angewandt werden wird, sollte die Wirkung der Anerkennung nach dieser Verordnung jedoch ausnahmsweise auf einen Zeitraum von 12 Monaten ab der Ausstellung der in dieser Verordnung vorgesehenen Bescheinigung beschränkt sein, unabhängig davon, ob die Schutzmaßnahme (sei sie nun vorläufig, befristet oder unbefristet) eine längere Gültigkeitsdauer hat.

(16) In Fällen, in denen die Dauer einer Schutzmaßnahme länger als 12 Monate ist, sollte die Beschränkung der Wirkung der Anerkennung nach dieser Verordnung nicht das Recht der geschützten Person berühren, die Schutzmaßnahme gemäß jedwedem anderen hierfür zur Verfügung stehenden Rechtsakt der Union geltend zu machen oder eine nationale Schutzmaßnahme im ersuchten Mitgliedstaat zu beantragen.

(17) Die Befristung der Wirkung der Anerkennung hat aufgrund der Besonderheit des Gegenstands dieser Verordnung Ausnahmecharakter und sollte nicht als Präzedenzfall für andere Instrumente in Zivil- und Handelssachen herangezogen werden.

(18) Diese Verordnung sollte ausschließlich die Anerkennung der im Rahmen einer Schutzmaßnahme auferlegten Verpflichtung behandeln. Sie sollte nicht die Verfahren zur Durchführung oder Vollstreckung der Schutzmaßnahme regeln und auch keine potenziellen Sanktionen umfassen, die verhängt werden könnten, wenn im ersuchten Mitgliedstaat gegen die im Rahmen der Schutzmaßnahme angeordnete Verpflichtung verstoßen wird. Diese Angelegenheiten bleiben dem Recht dieses Mitgliedstaats überlassen. Im Einklang mit den allgemeinen Grundsätzen des Unionsrechts und insbesondere dem Grundsatz der gegenseitigen Anerkennung müssen die Mitgliedstaaten jedoch sicherstellen, dass nach dieser Verordnung anerkannte Schutzmaßnahmen im ersuchten Mitgliedstaat wirksam werden können.

(19) Durch diese Verordnung erfasste Schutzmaßnahmen sollten einer geschützten Person Schutz an ihrem Wohnort oder Arbeitsort oder an jedem anderen Ort bieten, den diese Person regelmäßig aufsucht, wie z.B. dem Wohnort enger Verwandter oder der von ihrem Kind besuchten Schule oder Bildungseinrichtung. Unabhängig davon, ob der fragliche Ort oder die Ausdehnung der Fläche, der/die durch die Schutzmaßnahme erfasst wird, in der Schutzmaßnahme durch eine oder mehrere konkrete Anschriften oder durch Bezugnahme auf ein bestimmtes abgegrenztes Gebiet beschrieben ist, der (denen) sich die gefährdende Person nicht nähern darf bzw. das sie nicht betreten darf (oder eine Kombination aus diesen beiden Kriterien), bezieht sich die Anerkennung der mit der Schutzmaßnahme angeordneten Verpflichtung auf den Zweck, den dieser Ort für die geschützte Person hat, und nicht auf die konkrete Anschrift.

(20) Daher, und sofern der Charakter und die wesentlichen Elemente der Schutzmaßnahme beibehalten werden, sollte die zuständige Behörde des ersuchten Mitgliedstaats befugt sein, die faktischen Elemente der Schutzmaßnahme anzupassen, wenn diese Anpassung erforderlich ist, damit die Anerkennung der Schutzmaßnahme im ersuchten Mitgliedstaat praktisch wirksam wird. Zu den faktischen Elementen gehören die Anschrift, der Ort im Allgemeinen oder der Mindestabstand, den die gefährdende Person zur geschützten Person, zur Anschrift oder zum Ort im Allgemeinen halten muss. Die Art und der zivilrechtliche Charakter der Schutzmaßnahme dürfen durch eine solche Anpassung jedoch nicht berührt werden.

(21) Um jede mögliche Anpassung einer Schutzmaßnahme zu erleichtern, sollte die Bescheinigung angeben, ob die in der Schutzmaßnahme angegebene Anschrift den Wohnort, den Arbeitsort oder einen Ort, den die geschützte Person regelmäßig aufsucht, darstellt. Außerdem sollte in der Bescheinigung gegebenenfalls das abgegrenzte Gebiet (ungefährer Radius um die konkrete Anschrift) angegeben werden, das für die der gefährdenden Person im Rahmen der Schutzmaßnahme auferlegte Verpflichtung gilt.

(22) Um den freien Verkehr von Schutzmaßnahmen in der Union zu erleichtern, sollten mit dieser Verordnung ein einheitliches Muster für eine entsprechende Bescheinigung festgelegt und ein mehrsprachiges Standardformular für diesen Zweck bereitgestellt werden. Die Ausstellungsbehörde sollte die Bescheinigung auf Ersuchen der geschützten Person ausstellen.

(23) Das mehrsprachige Standardformular der Bescheinigung sollte so wenige Freitextfelder wie möglich enthalten, so dass die Übersetzung oder Transkription in den meisten Fällen durch Verwendung des Standardformulars in der jeweiligen Sprache kostenfrei für die geschützte Person erfolgen kann. Kosten für eine Übersetzung, die über den Text des mehrsprachigen Standardformulars hinaus erforderlich ist, sind nach dem Recht des Ursprungsmitgliedstaats zuzuweisen.

(24) Enthält eine Bescheinigung freien Text, so sollte die zuständige Behörde des ersuchten Mitgliedstaats darüber entscheiden, ob eine Übersetzung oder Transkription erforderlich ist. Dies sollte die geschützte Person

oder die Ausstellungsbehörde im Ursprungsmitgliedstaat nicht daran hindern, aus eigener Initiative für eine Übersetzung oder Transkription zu sorgen.

(25) Um sicherzustellen, dass die Verteidigungsrechte der gefährdenden Person auch in Fällen gewahrt werden, in denen eine Schutzmaßnahme bei Nichteinlassung auf das Verfahren oder im Rahmen eines Verfahrens angeordnet wurde, in dem die vorherige Unterrichtung der gefährdenden Person nicht vorgesehen ist (*Ex-parte*-Verfahren), sollte die Bescheinigung nur dann ausgestellt werden können, wenn diese Person Gelegenheit dazu hatte, Vorkehrungen für ihre Verteidigung gegen die Schutzmaßnahme zu treffen. Zur Verhinderung einer Umgehung und in Anbetracht der typischen Dringlichkeit der Fälle, in denen Schutzmaßnahmen notwendig sind, sollte es jedoch nicht erforderlich sein, dass die Frist für die Geltendmachung dieser Verteidigungsrechte abgelaufen ist, bevor eine Bescheinigung ausgestellt werden kann. Die Bescheinigung sollte ausgestellt werden, sobald die Schutzmaßnahme im Ursprungsmitgliedstaat vollstreckbar ist.

(26) Da in Bezug auf die Verfahren Einfachheit und Schnelligkeit angestrebt werden, sieht diese Verordnung einfache und zügige Methoden vor, um der gefährdenden Person die Verfahrensschritte zur Kenntnis zu bringen. Diese spezifischen Methoden der Unterrichtung sollten jedoch aufgrund der Besonderheit des Gegenstands dieser Verordnung nur für deren Zwecke gelten; sie sollten nicht als Präzedenzfall für andere Instrumente in Zivil- und Handelssachen gelten und sie sollten die Verpflichtungen eines Mitgliedstaats betreffend die Zustellung gerichtlicher und außergerichtlicher Schriftstücke in Zivilsachen im Ausland, die sich aus einem bilateralen oder multilateralen Übereinkommen zwischen diesem Mitgliedstaat und einem Drittstaat ergeben, nicht berühren.

(27) Wenn die Bescheinigung der gefährdenden Person zur Kenntnis gebracht wird und auch bei jeglicher Anpassung der faktischen Elemente einer Schutzmaßnahme im ersuchten Mitgliedstaat, sollte das Interesse der geschützten Person an einer Geheimhaltung ihres Aufenthaltsorts und anderer Kontaktdaten gebührend berücksichtigt werden. Solche Angaben sollten der gefährdenden Person nicht mitgeteilt werden, es sei denn, eine solche Mitteilung ist für die Einhaltung oder die Vollstreckung der Schutzmaßnahme erforderlich.

(28) Gegen die Ausstellung der Bescheinigung sollte kein Rechtsbehelf eingelegt werden können.

(29) Die Bescheinigung sollte berichtigt werden, wenn sie aufgrund eines offensichtlichen Fehlers oder offensichtlicher Ungenauigkeiten – wie einem Tippfehler oder einem Fehler bei der Transkription oder der Abschrift – die Schutzmaßnahme nicht korrekt wiedergibt, beziehungsweise aufgehoben werden, wenn sie eindeutig zu Unrecht erteilt wurde, beispielsweise wenn sie für eine Maßnahme verwendet wurde, die nicht in den Anwendungsbereich dieser Verordnung fällt, oder wenn sie unter Verstoß gegen die Anforderungen an ihre Ausstellung ausgestellt wurde.

(30) Die ausstellende Behörde im Ursprungsmitgliedstaat sollte der geschützten Person auf Ersuchen dabei behilflich sein, Informationen über die Behörden des ersuchten Mitgliedstaats zu erhalten, bei denen die Schutzmaßnahme geltend zu machen oder die Vollstreckung der Schutzmaßnahme zu beantragen ist.

(31) Eine geordnete Rechtspflege erfordert es, dass in zwei Mitgliedstaaten keine miteinander unvereinbaren Entscheidungen ergehen sollten. Deshalb sollte diese Verordnung in Fällen der Unvereinbarkeit mit einer im ersuchten Mitgliedstaat ergangenen oder anerkannten Entscheidung die Möglichkeit der Versagung der Anerkennung oder Vollstreckung der Schutzmaßnahme vorsehen.

(32) Aus Gründen des öffentlichen Interesses kann unter außergewöhnlichen Umständen eine Verweigerung durch das Gericht des ersuchten Mitgliedstaats, die Schutzmaßnahme anzuerkennen oder zu vollstrecken, gerechtfertigt sein, wenn deren Anwendung mit der öffentlichen Ordnung *(ordre public)* dieses Mitgliedstaats offensichtlich unvereinbar wäre. Jedoch sollte das Gericht den Vorbehalt der öffentlichen Ordnung dann nicht zur Verweigerung der Anerkennung oder Vollstreckung einer Schutzmaßnahme anwenden dürfen, wenn dies gegen die Charta der Grundrechte der Europäischen Union und insbesondere gegen ihren Artikel 21 verstoßen würde.

(33) Wird die Schutzmaßnahme im Ursprungsmitgliedstaat aufgehoben oder wird die Bescheinigung dort aufgehoben, so sollte auch die zuständige Stelle im ersuchten Mitgliedstaat nach Vorlage der entsprechenden Bescheinigung die Wirkung der Anerkennung und gegebenenfalls die Vollstreckung der Schutzmaßnahme aussetzen oder aufheben.

(34) Eine geschützte Person sollte in anderen Mitgliedstaaten wirksamen Zugang zum Recht haben. Zur Gewährleistung eines solchen wirksamen Zugangs in von dieser Verordnung erfassten Verfahren ist nach Maßgabe der Richtlinie 2003/8/EG des Rates vom 27. Januar 2003 zur Verbesserung des Zugangs zum Recht bei Streitsachen mit grenzüberschreitendem Bezug durch Festlegung gemeinsamer Mindestvorschriften für die Prozesskostenhilfe in derartigen Streitsachen[11] Prozesskostenhilfe zu gewähren.

(35) Um die Anwendung dieser Verordnung zu erleichtern, sollten die Mitgliedstaaten verpflichtet werden, im Rahmen des mit der Entscheidung 2001/470/EG des Rates[12] eingerichteten Europäischen Justiziellen Netzes für Zivil- und Handelssachen bestimmte Informationen zu ihren nationalen Vorschriften und Verfahren betreffend Schutzmaßnahmen in Zivilsachen bereitzustellen. Die von den Mitgliedstaaten bereitgestellten Informationen sollten über das europäische E-Justiz-Portal zugänglich sein.

(36) Zur Gewährleistung einheitlicher Bedingungen für die Durchführung dieser Verordnung sollten der Kommission Durchführungsbefugnisse im Hinblick auf die Erstellung und spätere Änderung der in dieser Verord-

---

[11] ABl. 2003 L 26, S. 41; abgedruckt unter Nr. *226*.
[12] ABl. 2001 L 174, S. 25.

nung vorgesehenen Formulare übertragen werden. Diese Befugnisse sollten im Einklang mit der Verordnung (EU) Nr. 182/2011 des Europäischen Parlaments und des Rates vom 16. Februar 2011 zur Festlegung der allgemeinen Regeln und Grundsätze, nach denen die Mitgliedstaaten die Wahrnehmung der Durchführungsbefugnisse durch die Kommission kontrollieren,[13] ausgeübt werden.

(37) Für den Erlass von Durchführungsrechtsakten zur Erstellung und späteren Änderung der in dieser Verordnung vorgesehenen Formulare sollte das Prüfverfahren angewandt werden.

(38) Diese Verordnung steht im Einklang mit den Grundrechten und Grundsätzen, die mit der Charta der Grundrechte der Europäischen Union anerkannt wurden. Sie sucht insbesondere die Verteidigungsrechte und das Recht auf ein faires Verfahren gemäß Artikeln 47 und 48 der Charta zu wahren. Ihre Anwendung sollte unter Beachtung dieser Rechte und Grundsätze erfolgen.

(39) Da das Ziel der Verordnung, nämlich die Schaffung von Regeln für einen einfachen und zügigen Mechanismus zur Anerkennung von in einem Mitgliedstaat angeordneten Schutzmaßnahmen in Zivilsachen, auf Ebene der Mitgliedstaaten nicht ausreichend verwirklicht werden kann und daher besser auf Unionsebene zu verwirklichen ist, kann die Union im Einklang mit dem in Artikel 5 EUV[14] niedergelegten Subsidiaritätsprinzip tätig werden. Entsprechend dem in demselben Artikel genannten Grundsatz der Verhältnismäßigkeit geht diese Verordnung nicht über das zur Erreichung dieses Ziels erforderliche Maß hinaus.

(40) Gemäß Artikel 3 des dem EUV und dem AEUV beigefügten Protokolls (Nr. 21) über die Position des Vereinigten Königreichs und Irlands hinsichtlich des Raums der Freiheit, der Sicherheit und des Rechts haben diese Mitgliedstaaten mitgeteilt, dass sie sich an der Annahme und Anwendung dieser Verordnung beteiligen möchten.

(41) Gemäß den Artikeln 1 und 2 des dem EUV und dem AEUV beigefügten Protokolls (Nr. 22) über die Position Dänemarks beteiligt sich Dänemark nicht an der Annahme dieser Verordnung und ist weder durch diese gebunden noch zu ihrer Anwendung verpflichtet.

(42) Der Europäische Datenschutzbeauftragte hat am 17. Oktober 2011,[15] gestützt auf Artikel 41 Absatz 2 der Verordnung (EG) Nr. 45/2001 des Europäischen Parlaments und des Rates vom 18. Dezember 2000 zum Schutz natürlicher Personen bei der Verarbeitung personenbezogener Daten durch die Organe und Einrichtungen der Gemeinschaft und zum freien Datenverkehr,[16] eine Stellungnahme abgegeben –

HABEN FOLGENDE VERORDNUNG ERLASSEN:

---

[13] ABl. 2011 L 55, S. 13.
[14] Abgedruckt unter Nr. *0–1*.
[15] ABl. 2012 C 35, S. 10.
[16] ABl. 2001 L 8, S. 1.

Kapitel I.[17] Gegenstand, Anwendungsbereich und Begriffsbestimmungen

Art. 1. Gegenstand. Diese Verordnung legt Vorschriften für einen einfachen und zügigen Mechanismus zur Anerkennung von Schutzmaßnahmen fest, die in einem Mitgliedstaat in Zivilsachen angeordnet wurden.

Art. 2.[18] Anwendungsbereich. (1) Diese Verordnung gilt für Schutzmaßnahmen in Zivilsachen, die eine Ausstellungsbehörde im Sinne des Artikels 3 Nummer 4 angeordnet hat.

(2) Diese Verordnung gilt für grenzüberschreitende Fälle. Für die Zwecke dieser Verordnung wird ein Fall als ein „grenzüberschreitender Fall" angesehen, wenn die Anerkennung einer Schutzmaßnahme, die in einem Mitgliedstaat angeordnet wurde, in einem anderen Mitgliedstaat beantragt wird.

(3) Diese Verordnung gilt nicht für Schutzmaßnahmen, die unter die Verordnung (EG) Nr. 2201/2003 fallen.[19]

Art. 3. Begriffsbestimmungen. Im Sinne dieser Verordnung bezeichnet der Ausdruck

1. „Schutzmaßnahme" jede von der Ausstellungsbehörde des Ursprungsmitgliedstaats gemäß ihrem innerstaatlichen Recht[20] angeordnete Entscheidung – ungeachtet ihrer Bezeichnung – mit der der gefährdenden Person eine oder mehrere der folgenden Verpflichtungen auferlegt werden, die dem Schutz einer anderen Person dienen, wenn deren körperliche oder seelische Unversehrtheit gefährdet sein könnte:
   a) das Verbot oder die Regelung des Betretens bestimmter Orte, an denen die geschützte Person wohnt, an denen sie arbeitet oder die sie regelmäßig aufsucht oder an denen sie sich regelmäßig aufhält,[21]
   b) das Verbot oder die Regelung jeglicher Form des Kontakts mit der geschützten Person, auch telefonisch, auf elektronischem Weg, per Post oder Fax oder mit anderen Mitteln,

---

[17] Zum sachlichen Anwendungsbereich der Verordnung siehe Erwägungsgründe (6) und (10). Zum Verhältnis der Verordnung zur Richtlinie 2012/29/EU v. 25.10.2012 über Mindeststandards für die Rechte, die Unterstützung und den Schutz von Opfern von Straftaten siehe Erwägungsgründe (7)–(9).

[18] Vgl. Erwägungsgrund (10).

[19] Zum Verhältnis der Verordnung zur Verordnung (EG) Nr. 2201/2003 (Brüssel IIa-VO) siehe Erwägungsgrund (11). Die Verweisung in Art. 2 Abs. 3 ist seit dem 1.8.2022 auf die Verordnung (EU) 2019/1111 v. 25.6.2019 (Brüssel IIb-VO, abgedruckt unter Nr. *162*) gerichtet, vgl. § 194 Abs. 2 Brüssel IIb-VO.

[20] Vgl. Erwägungsgrund (12).

[21] Vgl. Erwägungsgrund (19).

c) das Verbot oder die Regelung, sich der geschützten Person mehr als bis auf eine vorgeschriebene Entfernung zu nähern,

2. „geschützte Person" eine natürliche Person, die Gegenstand des Schutzes ist, der durch eine Schutzmaßnahme gewährt wird,
3. „gefährdende Person" eine natürliche Person, der eine oder mehrere der unter Nummer 1 genannten Verpflichtungen auferlegt wurden,
4. „Ausstellungsbehörde" jedes Gericht oder jede andere Behörde,[22] die ein Mitgliedstaat als für die in den Anwendungsbereich dieser Verordnung fallenden Sachverhalte zuständig benennt, sofern diese andere Behörde den Parteien Garantien hinsichtlich der Unparteilichkeit bietet und sofern ihre Entscheidungen im Zusammenhang mit der Schutzmaßnahme nach dem Recht des Mitgliedstaats, in dem sie tätig ist, von einem Gericht nachgeprüft werden können und vergleichbare Wirkungen und Folgen haben wie die einer Entscheidung eines Gerichts, die denselben Gegenstand betrifft,
5. „Ursprungsmitgliedstaat" den Mitgliedstaat, in dem die Schutzmaßnahme angeordnet wird,
6. „ersuchter Mitgliedstaat" den Mitgliedstaat, in dem die Anerkennung und gegebenenfalls die Vollstreckung der Schutzmaßnahme beantragt wird.

Kapitel II.[23] Anerkennung und Vollstreckung von Schutzmaßnahmen

Art. 4.[24] Anerkennung und Vollstreckung. (1) Eine in einem Mitgliedstaat angeordnete Schutzmaßnahme wird in den anderen Mitgliedstaaten anerkannt, ohne dass es hierfür eines besonderen Verfahrens bedarf, und ist dort vollstreckbar, ohne dass es einer Vollstreckbarerklärung bedarf.

(2) Eine geschützte Person, die in dem ersuchten Mitgliedstaat eine in dem Ursprungsmitgliedstaat angeordnete Schutzmaßnahme geltend machen will, hat der zuständigen Behörde des ersuchten Mitgliedstaats Folgendes vorzulegen:

a) eine Kopie der Schutzmaßnahme, die die für ihre Beweiskraft erforderlichen Voraussetzungen erfüllt,
b) die nach Artikel 5 im Ursprungsmitgliedstaat ausgestellte Bescheinigung und
c) erforderlichenfalls eine Transkription und/oder Übersetzung der Bescheinigung gemäß Artikel 16.

---

[22] Vgl. Erwägungsgrund (13).

[23] Zum Vollstreckungsverfahren in Deutschland siehe §§ 17–19 EuGewSchVG (Nr. *189a*).

[24] Vgl. Erwägungsgründe (4) und (14).

(3) Die Bescheinigung ist nur insoweit wirksam, als die Schutzmaßnahme vollstreckbar ist.

(4) Ungeachtet dessen, ob die Schutzmaßnahme eine längere Gültigkeitsdauer hat, ist die Wirkung der Anerkennung gemäß Absatz 1 auf 12 Monate, gerechnet ab dem Tag der Ausstellung der Bescheinigung, befristet.[25]

(5) Das Verfahren für die Vollstreckung von Schutzmaßnahmen unterliegt dem Recht des ersuchten Mitgliedstaats.[26]

Art. 5.[27] **Bescheinigung.** (1) Die Bescheinigung wird von der Ausstellungsbehörde des Ursprungsmitgliedstaats auf Ersuchen der geschützten Person unter Verwendung des gemäß Artikel 19 erstellten mehrsprachigen Standardformulars mit den in Artikel 7 vorgesehenen Angaben ausgestellt.

(2) Gegen die Ausstellung einer Bescheinigung ist kein Rechtsbehelf möglich.

(3) Auf Ersuchen der geschützten Person stellt die Ausstellungsbehörde des Ursprungsmitgliedstaats der geschützten Person unter Verwendung des gemäß Artikel 19 erstellten mehrsprachigen Standardformulars eine Transkription und/oder Übersetzung der Bescheinigung aus.

Art. 6.[28] **Voraussetzungen für die Ausstellung der Bescheinigung.** (1) Die Bescheinigung darf nur dann ausgestellt werden, wenn die gefährdende Person gemäß dem Recht des Ursprungsmitgliedstaats von der Schutzmaßnahme in Kenntnis gesetzt worden ist.

(2) Wurde die Schutzmaßnahme bei Nichteinlassung auf das Verfahren angeordnet, kann die Bescheinigung nur dann ausgestellt werden, wenn der gefährdenden Person das verfahrenseinleitende Schriftstück oder ein gleichwertiges Schriftstück zugestellt wurde oder wenn sie gegebenenfalls auf anderem Wege gemäß dem Recht des Ursprungsmitgliedstaats rechtzeitig und in einer Weise über die Einleitung des Verfahrens in Kenntnis gesetzt wurde, die es ihr erlaubt hat, Vorkehrungen für ihre Verteidigung zu treffen.

(3) Wenn eine Schutzmaßnahme im Rahmen eines Verfahrens angeordnet wurde, in dem nicht vorgesehen ist, dass die gefährdende Person zuvor unterrichtet wird (*Ex-parte*-Verfahren), so kann die Bescheinigung nur dann ausgestellt werden, wenn diese Person das Recht hatte, gegen die

---

[25] Vgl. Erwägungsgründe (15)–(17).

[26] Vgl. Erwägungsgrund (18).

[27] Vgl. Erwägungsgrund (22). Zur Zuständigkeit für die Ausstellung der Bescheinigung in *Deutschland* siehe § 14 EuGewSchVG (Nr. *189a*). Zum Verfahren und zur Aufhebung der Bescheinigung siehe §§ 15, 16 EuGewSchVG (Nr. *189a*). Das Formular für die Ausstellung der Bescheinigung ist abgedruckt im Anhang I zur Durchführungs-VO (EU) Nr. 939/2014 v. 2.9.2014, ABl. L 263, S. 10–20 v. 3.9.2014.

[28] Vgl. Erwägungsgrund (25).

betreffende Schutzmaßnahme nach dem Recht des Ursprungsmitgliedstaats einen Rechtsbehelf einzulegen.

Art. 7. Inhalt der Bescheinigung. Die Bescheinigung enthält die folgenden Informationen:

a) den Namen und die Anschrift/Kontaktdaten der Ausstellungsbehörde,

b) das Aktenzeichen,

c) das Ausstellungsdatum der Bescheinigung,

d) Angaben zu der geschützten Person: Name, Geburtsdatum und -ort, sofern verfügbar, und die für Zustellungen zu verwendende Anschrift, der eine deutlich sichtbare Warnung vorangeht, dass diese Anschrift der gefährdenden Person bekanntgegeben werden kann,

e) Angaben zu der gefährdenden Person: Name, Geburtsdatum und -ort, sofern verfügbar, und die für Zustellungen zu verwendende Anschrift,

f) alle für die Vollstreckung der Schutzmaßnahme erforderlichen Informationen, gegebenenfalls einschließlich der Art der Maßnahme und der Verpflichtung, die der gefährdenden Person damit auferlegt wird, und unter Angabe der Funktion des Ortes und/oder des abgegrenzten Gebiets, dem diese Person sich nicht nähern beziehungsweise das sie nicht betreten darf,[29]

g) die Dauer der Schutzmaßnahme,

h) die Dauer der Wirkung der Anerkennung gemäß Artikel 4 Absatz 4,

i) eine Erklärung, dass die in Artikel 6 niedergelegten Voraussetzungen erfüllt sind,

j) eine Belehrung über die nach den Artikeln 9 und 13 gewährten Rechte,

k) zur Erleichterung der Bezugnahme, den vollständigen Titel dieser Verordnung.

Art. 8.[30] Zustellung der Bescheinigung an die gefährdende Person. (1) Die Ausstellungsbehörde des Ursprungsmitgliedstaats setzt die gefährdende Person über die Bescheinigung sowie über die Tatsache in Kenntnis, dass die Ausstellung der Bescheinigung die Anerkennung und gegebenenfalls gemäß Artikel 4 die Vollstreckbarkeit der Schutzmaßnahme in allen Mitgliedstaaten zur Folge hat.

(2) Hat die gefährdende Person ihren Wohnsitz im Ursprungsmitgliedstaat, so erfolgt die Zustellung der Bescheinigung nach dem Recht dieses Mitgliedstaats. Hat die gefährdende Person ihren Wohnsitz in einem anderen Mitgliedstaat als dem Ursprungsmitgliedstaat oder in einem Drittstaat, so erfolgt die Zustellung per Einschreiben mit Rückschein oder gleichwertigem Beleg.

---

[29] Vgl. Erwägungsgrund (21).

[30] Vgl. Erwägungsgründe (26) und (27).

Fälle, in denen die Anschrift der gefährdenden Person nicht bekannt ist oder in denen die gefährdende Person sich weigert, den Erhalt der Zustellung zu bestätigen, unterliegen dem Recht des Ursprungsmitgliedstaats.

(3) Angaben über den Aufenthaltsort und andere Kontaktdaten der geschützten Person werden der gefährdenden Person nicht mitgeteilt, es sei denn, die Mitteilung dieser Angaben ist für die Einhaltung oder die Vollstreckung der Schutzmaßnahme erforderlich.

Art. 9.[31] **Berichtigung oder Aufhebung der Bescheinigung.** (1) Unbeschadet des Artikels 5 Absatz 2 wird die Bescheinigung auf Ersuchen der geschützten oder der gefährdenden Person, das an die Ausstellungsbehörde des Ursprungsmitgliedstaats zu richten ist, oder von dieser Behörde von Amts wegen

a) berichtigt, wenn aufgrund eines Schreibfehlers eine Abweichung zwischen der Schutzmaßnahme und der Bescheinigung besteht; oder

b) aufgehoben, wenn sie unter Berücksichtigung der Voraussetzungen gemäß Artikel 6 und des Anwendungsbereichs dieser Verordnung offenkundig zu Unrecht erteilt wurde.

(2) Das Verfahren für die Berichtigung bzw. die Aufhebung der Bescheinigung, einschließlich eines etwaigen Rechtsbehelfs, unterliegt dem Recht des Ursprungsmitgliedstaats.

Art. 10.[32] **Hilfestellung für die geschützte Person.** Die Ausstellungsbehörde des Ursprungsmitgliedstaats ist der geschützten Person auf deren Ersuchen hin dabei behilflich, die gemäß den Artikeln 17 und 18 bereitgestellten Informationen über die Behörden des ersuchten Mitgliedstaats zu erhalten, bei denen die Schutzmaßnahme geltend gemacht oder die Vollstreckung der Schutzmaßnahme beantragt werden kann.

Art. 11.[33] **Anpassung der Schutzmaßnahme.** (1) Die zuständige Behörde des ersuchten Mitgliedstaats passt, sofern und soweit erforderlich, die faktischen Elemente der Schutzmaßnahme an, um der Schutzmaßnahme in diesem Mitgliedstaat Wirkung zu verleihen.

(2) Das Verfahren für die Anpassung der Schutzmaßnahme unterliegt dem Recht des ersuchten Mitgliedstaats.

(3) Die Anpassung der Schutzmaßnahme wird der gefährdenden Person mitgeteilt.

(4) Hat die gefährdende Person ihren Wohnsitz im ersuchten Mitgliedstaat, so erfolgt die Mitteilung nach dem Recht dieses Mitgliedstaats. Hat die gefährdende Person ihren Wohnsitz in einem anderen Mitgliedstaat

---

[31] Vgl. Erwägungsgründe (28) und (29).

[32] Vgl. Erwägungsgrund (30).

[33] Vgl. Erwägungsgrund (20). Zur Anpassung eines ausländischen Titels durch deutsche Gerichte siehe § 20 EuGewSchVG (Nr. *189a*).

als dem ersuchten Mitgliedstaat oder in einem Drittstaat, so erfolgt die Mitteilung per Einschreiben mit Rückschein oder gleichwertigem Beleg.

Fälle, in denen die Anschrift der gefährdenden Person nicht bekannt ist oder in denen die gefährdende Person sich weigert, den Erhalt der Mitteilung zu bestätigen, unterliegen dem Recht des ersuchten Mitgliedstaats.

(5) Die geschützte und die gefährdende Person können einen Rechtsbehelf gegen die Anpassung der Schutzmaßnahme einlegen. Das Rechtsbehelfsverfahren unterliegt dem Recht des ersuchten Mitgliedstaats. Das Einlegen eines Rechtsbehelfs hat jedoch keine aufschiebende Wirkung.

Art. 12. Ausschluss einer Nachprüfung in der Sache. Eine in dem Ursprungsmitgliedstaat angeordnete Schutzmaßnahme darf im ersuchten Mitgliedstaat keinesfalls in der Sache selbst nachgeprüft werden.

Art. 13.[34] Versagung der Anerkennung oder der Vollstreckung.

(1) Auf Antrag der gefährdenden Person wird die Anerkennung und gegebenenfalls die Vollstreckung der Schutzmaßnahme versagt, soweit diese Anerkennung

a) der öffentlichen Ordnung *(ordre public)* des ersuchten Mitgliedstaats offensichtlich widersprechen würde oder

b) mit einer Entscheidung unvereinbar ist, die im ersuchten Mitgliedstaat ergangen oder anerkannt worden ist.

(2) Der Antrag auf Versagung der Anerkennung oder Vollstreckung wird bei dem Gericht des ersuchten Mitgliedstaats eingereicht, das dieser Mitgliedstaat der Kommission gemäß Artikel 18 Absatz 1 Buchstabe a Ziffer iv mitgeteilt hat.

(3) Die Anerkennung der Schutzmaßnahme darf nicht mit der Begründung versagt werden, dass im Recht des ersuchten Mitgliedstaats eine solche Maßnahme für denselben Sachverhalt nicht vorgesehen ist.

Art. 14.[35] Aufhebung der Anerkennung oder Vollstreckung. (1) Wird eine Schutzmaßnahme im Ursprungsmitgliedstaat ausgesetzt oder aufgehoben oder wird ihre Vollstreckbarkeit ausgesetzt oder beschränkt oder wird die Bescheinigung gemäß Artikel 9 Absatz 1 Buchstabe b aufgehoben, so stellt die Ausstellungsbehörde des Ursprungsmitgliedstaats auf Ersuchen der geschützten oder der gefährdenden Person eine Bescheinigung über diese

---

[34] Vgl. Erwägungsgründe (31) und (32). Zum Verfahren der Anerkennung und Vollstreckung in *Deutschland* siehe § 21 EuGewSchVG (Nr. *189a*).

[35] Vgl. Erwägungsgrund (33). Zur Zuständigkeit für die Ausstellung der Bescheinigung in *Deutschland* siehe § 14 EuGewSchVG (Nr. *189a*). Zur Einstellung bzw. Beschränkung der Zwangsvollstreckung durch deutsche Gerichte siehe 22 EuGewSchVG (Nr. *189a*). Das Formular für die Bescheinigung ist abgedruckt im Anhang II zur Durchführungs-VO (EU) Nr. 939/2014 v. 2.9.2014, ABl. L 263, S. 10–20 v. 3.9.2014.

Aussetzung, Beschränkung oder Aufhebung unter Verwendung des gemäß Artikel 19 erstellten mehrsprachigen Standardformulars aus.

(2) Nach Vorlage der gemäß Absatz 1 ausgestellten Bescheinigung durch die geschützte oder die gefährdende Person setzt die zuständige Behörde des ersuchten Mitgliedstaats die Wirkung der Anerkennung und gegebenenfalls die Vollstreckung der Schutzmaßnahme aus oder hebt sie auf.

Kapitel III. Allgemeine und Schlussbestimmungen

Art. 15. Legalisation oder ähnliche Förmlichkeiten. Im Rahmen dieser Verordnung bedarf es hinsichtlich der Urkunden, die in einem Mitgliedstaat ausgestellt werden, weder der Legalisation noch einer ähnlichen Förmlichkeit.

Art. 16.[36] **Transkription oder Übersetzung.** (1) Eine Transkription oder Übersetzung, die im Rahmen dieser Verordnung verlangt wird, erfolgt in die Amtssprache oder in eine der Amtssprachen des ersuchten Mitgliedstaats oder in eine andere Amtssprache der Organe der Union, die dieser Mitgliedstaat angegeben hat zu akzeptieren.

(2) Vorbehaltlich des Artikels 5 Absatz 3 ist eine Übersetzung nach Maßgabe dieser Verordnung von einer Person vorzunehmen, die zur Anfertigung von Übersetzungen in einem der Mitgliedstaaten befugt ist.

Art. 17.[37] **Informationen für die Öffentlichkeit.** Die Mitgliedstaaten übermitteln im Rahmen des durch die Entscheidung 2001/470/EG geschaffenen Europäischen Justiziellen Netzes für Zivil- und Handelssachen im Hinblick auf die Bereitstellung von Informationen für die Öffentlichkeit eine Beschreibung der innerstaatlichen Vorschriften und Verfahren im Zusammenhang mit Schutzmaßnahmen in Zivilsachen, einschließlich Informationen zu der Art von Behörden, die für Angelegenheiten, die in den Anwendungsbereich dieser Verordnung fallen, zuständig sind.

Die Mitgliedstaaten halten diese Informationen auf dem neuesten Stand.

Art. 18.[38] **Mitteilungen der Informationen durch die Mitgliedstaaten.** (1) Die Mitgliedstaaten teilen der Kommission bis zum 11. Juli 2014 die folgenden Informationen mit:

a) die Art der Behörden, die für die in den Anwendungsbereich dieser Verordnung fallenden Angelegenheiten zuständig sind, gegebenenfalls unter Angabe

---

[36] Vgl. Erwägungsgründe (23) und (24).

[37] Vgl. Erwägungsgrund (35). Informationen zu den einzelnen Mitgliedstaaten sind abrufbar im Europäischen Gerichtsatlas für Zivilsachen (Europäisches Justizportal: https://e-justice.europa.eu/352/DE/mutual_recognition_of_protection_measures_in_civil_matters).

[38] Vgl. die vorige Anm.

i) der Behörden, die dafür zuständig sind, Schutzmaßnahmen anzuordnen und Bescheinigungen gemäß Artikel 5 auszustellen,

ii) der Behörden, bei denen eine in einem anderen Mitgliedstaat angeordnete Schutzmaßnahme geltend gemacht werden kann und/oder die für die Vollstreckung einer solchen Maßnahme zuständig sind,

iii) der Behörden, die für die Anpassung von Schutzmaßnahmen gemäß Artikel 11 Absatz 1 zuständig sind,

iv) der Gerichte, bei denen ein Antrag auf Versagung der Anerkennung und gegebenenfalls der Vollstreckung gemäß Artikel 13 einzureichen ist,

b) die Sprache oder Sprachen, in der bzw. denen Übersetzungen gemäß Artikel 16 Absatz 1 zugelassen sind.

(2) Die Angaben nach Absatz 1 werden von der Kommission in geeigneter Weise der Öffentlichkeit zur Verfügung gestellt, insbesondere über die Website des Europäischen Justiziellen Netzes für Zivil- und Handelssachen.

Art. 19.[39] **Erstellung und spätere Änderung der Formulare.** Die Kommission erlässt Durchführungsrechtsakte zur Erstellung beziehungsweise späteren Änderung der in den Artikeln 5 und 14 genannten Formulare. Diese Durchführungsrechtsakte werden gemäß dem in Artikel 20 genannten Prüfverfahren erlassen.

Art. 20. Ausschussverfahren. (1) Die Kommission wird von einem Ausschuss unterstützt. Dieser Ausschuss ist ein Ausschuss im Sinne der Verordnung (EU) Nr. 182/2011.

(2) Wird auf diesen Absatz Bezug genommen, so gilt Artikel 5 der Verordnung (EU) Nr. 182/2011.

Art. 21. Überprüfung. Die Kommission unterbreitet dem Europäischen Parlament, dem Rat und dem Europäischen Wirtschafts- und Sozialausschuss bis zum 11. Januar 2020 einen Bericht über die Anwendung dieser Verordnung. Dem Bericht werden erforderlichenfalls Vorschläge zur Änderung dieser Verordnung beigefügt.

Art. 22. Inkrafttreten. Diese Verordnung tritt am zwanzigsten Tag nach ihrer Veröffentlichung im Amtsblatt der Europäischen Union in Kraft.

Sie gilt ab dem 11. Januar 2015.

Diese Verordnung gilt für Schutzmaßnahmen, die am oder nach dem 11. Januar 2015 angeordnet wurden, unabhängig davon, wann das Verfahren eingeleitet worden ist.

Diese Verordnung ist in allen ihren Teilen verbindlich und gilt gemäß den Verträgen unmittelbar in den Mitgliedstaaten.

---

[39] Vgl. Erwägungsgründe (36) und (37).

189a. Gesetz zum Europäischen Gewaltschutzverfahren (EU-Gewaltschutzverfahrensgesetz – EuGewSchVG)

Vom 5. Dezember 2014[1] (BGBl. I, S. 1964)

Abschnitt 1. Allgemeine Verfahrensvorschrift

§ 1. Anwendung der Vorschriften des Gesetzes über das Verfahren in Familiensachen und in den Angelegenheiten der freiwilligen Gerichtsbarkeit. Verfahren nach den Abschnitten 2 und 3 dieses Gesetzes sind Familiensachen. Auf diese Verfahren sind die Vorschriften des Gesetzes über das Verfahren in Familiensachen und in den Angelegenheiten der freiwilligen Gerichtsbarkeit anzuwenden, soweit nachfolgend oder in der Verordnung (EU) Nr. 606/2013 des Europäischen Parlaments und des Rates vom 12. Juni 2013 über die gegenseitige Anerkennung von Schutzmaßnahmen in Zivilsachen (ABl. L 181 vom 29.6.2013, S. 4)[2] nichts Abweichendes bestimmt ist.

Abschnitt 2. Anerkennung und Vollstreckung nach der Richtlinie 2011/99/EU

§§ 2–12.[3] *(nicht abgedruckt)*

Abschnitt 3. Anerkennung und Vollstreckung nach der Verordnung (EU) Nr. 606/2013

Unterabschnitt 1. Begriffsbestimmungen

§ 13. Begriffsbestimmungen. Im Sinne dieses Abschnitts ist

1. Mitgliedstaat jeder Mitgliedstaat der Europäischen Union mit Ausnahme Dänemarks,
2. geschützte Person die geschützte Person im Sinne der Verordnung (EU) Nr. 606/2013,
3. gefährdende Person die gefährdende Person im Sinne der Verordnung (EU) Nr. 606/2013.

Unterabschnitt 2. Bescheinigungen zu inländischen Entscheidungen

§ 14. Zuständigkeit. Für die Ausstellung der Bescheinigungen nach Artikel 5 Absatz 1 und Artikel 14 Absatz 1 der Verordnung (EU) Nr. 606/2013

---

[1] Das Gesetz ist am 11.1.2015 in Kraft getreten.

[2] Abgedruckt unter Nr. *189.*

[3] Der 2. Abschnitt betrifft die Anerkennung und Vollstreckung von Europäischen Schutzanordnungen in Strafsachen.

sind die Gerichte zuständig, denen die Erteilung einer vollstreckbaren Ausfertigung des Titels obliegt.

§ 15. Verfahren. Die Bescheinigung nach Artikel 5 Absatz 1 der Verordnung (EU) Nr. 606/2013 ist ohne Anhörung des Schuldners auszustellen. Die Zustellung an die gefährdende Person richtet sich nach Artikel 8 der Verordnung (EU) Nr. 606/2013.

§ 16. Berichtigung und Aufhebung von Bescheinigungen. Für die Berichtigung und die Aufhebung der gemäß Artikel 5 Absatz 1 der Verordnung (EU) Nr. 606/2013 ausgestellten Bescheinigung nach Artikel 9 der Verordnung (EU) Nr. 606/2013 gilt § 42 Absatz 2 und 3 des Gesetzes über das Verfahren in Familiensachen und in den Angelegenheiten der freiwilligen Gerichtsbarkeit entsprechend.

Unterabschnitt 3. Anerkennung und Vollstreckung ausländischer Titel im Inland

§ 17. Entbehrlichkeit der Vollstreckungsklausel. Aus einem Titel, der in einem anderen Mitgliedstaat gemäß Artikel 4 der Verordnung (EU) Nr. 606/2013 vollstreckbar ist, findet die Zwangsvollstreckung im Inland statt, ohne dass es einer Vollstreckungsklausel bedarf.

§ 18. Übersetzung oder Transliteration. Hat die geschützte Person nach Artikel 4 Absatz 2 Buchstabe c der Verordnung (EU) Nr. 606/2013 eine Übersetzung oder eine Transliteration vorzulegen, so ist diese in deutscher Sprache abzufassen.

§ 19. Örtliche Zuständigkeit. Für die Zwangsvollstreckung ist das Familiengericht ausschließlich örtlich zuständig, in dessen Zuständigkeitsbezirk

1. sich die gefährdende Person aufhält oder
2. die Zwangsvollstreckung durchgeführt werden soll.

Für den Bezirk des Kammergerichts entscheidet das Amtsgericht Pankow.

§ 20. Anpassung eines ausländischen Titels. (1) Das Gericht passt den ausländischen Titel nach Artikel 11 der Verordnung (EU) Nr. 606/2013 an, soweit dies erforderlich ist, um ihm Wirkung zu verleihen.

(2) Das Gericht kann über die Anpassung des ausländischen Titels ohne mündliche Verhandlung und ohne Anhörung der gefährdenden Person entscheiden. Die Entscheidung ergeht durch Beschluss, der zu begründen ist.

(3) Passt das Gericht den ausländischen Titel an, findet die Vollstreckung aus diesem Beschluss statt, ohne dass es einer Vollstreckungsklausel bedarf. Der Beschluss ist untrennbar mit der Bescheinigung gemäß Artikel 5 Absatz 1 der Verordnung (EU) Nr. 606/2013 zu verbinden. Der Beschluss ist der geschützten Person und der gefährdenden Person zuzustellen. Die Zustellung an die gefährdende Person richtet sich nach Artikel 11 Absatz 4 der Verordnung (EU) Nr. 606/2013.

(4) Gegen die Entscheidung findet die Beschwerde statt.

§ 21. Versagung der Anerkennung oder der Vollstreckung. (1) Für Anträge auf Versagung der Anerkennung oder der Vollstreckung (Artikel 13 Absatz 1 der Verordnung (EU) Nr. 606/2013) ist das in § 19 bestimmte Gericht zuständig.

(2) Der Antrag auf Versagung kann bei dem Gericht schriftlich eingereicht oder mündlich zu Protokoll der Geschäftsstelle erklärt werden.

(3) Über den Antrag auf Versagung entscheidet das Gericht durch Beschluss. Der Beschluss kann ohne mündliche Verhandlung ergehen und ist zu begründen. Die geschützte Person ist vor der Entscheidung zu hören.

(4) Gegen die Entscheidung findet die Beschwerde statt.

§ 22. Wegfall oder Beschränkung der Vollstreckbarkeit im Ursprungsmitgliedstaat. Legt die gefährdende Person oder die geschützte Person eine Bescheinigung gemäß Artikel 14 Absatz 1 der Verordnung (EU) Nr. 606/2013 vor, so ist die Zwangsvollstreckung gemäß § 95 Absatz 1 des Gesetzes über das Verfahren in Familiensachen und in den Angelegenheiten der freiwilligen Gerichtsbarkeit in Verbindung mit § 775 Nummer 1 und 2 sowie § 776 der Zivilprozessordnung einzustellen oder zu beschränken.

§ 23. Vollstreckungsabwehrantrag. Der Antrag nach § 95 Absatz 1 des Gesetzes über das Verfahren in Familiensachen und in den Angelegenheiten der freiwilligen Gerichtsbarkeit in Verbindung mit § 767 der Zivilprozessordnung ist bei dem in § 19 bestimmten Gericht zu stellen.

Abschnitt. 4. Strafvorschriften

§ 24. *(nicht abgedruckt)*

III. Bilaterale Staatsverträge[1, 2, 3, 4]

[1] Außer den in diesem Abschnitt abgedruckten Abkommen mit der *Schweiz* und *Israel* hat die *Bundesrepublik Deutschland* weitere zweiseitige Verträge über die gegenseitige Anerkennung und Vollstreckung gerichtlicher Entscheidungen in Zivil- und Handelssachen mit folgenden Staaten abgeschlossen:

- *Belgien* (Abkommen v. 30.6.1958, BGBl. 1959 II, S. 766; in Kraft seit 27.1.1961 gem. Bek. v. 23.11.1960, BGBl. II, S. 2408). Siehe zu dem Abk. das deutsche AusfG v. 26.6.1959 (BGBl. I, S. 425).
- *Griechenland* (Vertrag v. 4.11.1961, BGBl. 1963 II, S. 110; in Kraft seit 18.9.1963 gem. Bek. v. 30.8.1963, BGBl. II, S. 1278). Siehe zu dem Vertrag das deutsche AusfG v. 5.2.1963 (BGBl. I, S. 129).
- *Italien* (Abkommen v. 9.3.1936, RGBl. 1937 II, S. 145; in Kraft seit 19.6.1937 gem. Bek. v. 18.5.1937, RGBl. II, S. 145 und nach dem 2. Weltkrieg wieder in Kraft seit 1.10.1952 gem. Bek. v. 23.12.1952, BGBl. II, S. 986). Siehe zu dem Abk. die deutsche AusfVO v. 18.5.1937 (RGBl. II, S. 143) idF v. 12.9.1950 (BGBl. I, S. 455, 533).
- den *Niederlanden* (Vertrag v. 30.8.1962, BGBl. 1965 II, S. 27; in Kraft seit 15.9.1965 gem. Bek. v. 10.8.1965, BGBl. II, S. 1155). Siehe zu dem Vertrag das deutsche AusfG v. 15.1.1965 (BGBl. I, S. 17).
- *Norwegen* (Vertrag v. 17.6.1977, BGBl. 1981 II, S. 342; in Kraft seit 3.10.1981 gem. Bek. v. 14.9.1981, BGBl. II, S. 901. Siehe zu diesem Vertrag die Ausführungsbestimmungen in §§ 40–44 AVAG idF v. 30.11.2015 (Nr. *152a;* dort nicht abgedruckt).
- *Österreich* (Vertrag v. 6.6.1959, BGBl. 1960 II, S. 1246; in Kraft seit 29.5.1960 gem. Bek. v. 4.5.1960, BGBl. II, S. 1523). Siehe zu dem Vertrag das deutsche AusfG v. 8.3.1960 (BGBl. I, S. 169).
- *Spanien* (Vertrag v. 14.11.1983, BGBl. 1987 II, S. 35; in Kraft seit 18.4.1988 gem. Bek. v. 23.3.1988, BGBl. II, S. 375). Siehe zu dem Vertrag §§ 1 ff. AVAG idF v. 30.11.2015 (Nr. *152a*).
- *Tunesien* (Vertrag v. 19.7.1966, BGBl. 1969 II, S. 890; in Kraft seit 13.3.1970 gem. Bek. v. 2.3.1970, BGBl. II, S. 125). Siehe zu dem Vertrag das deutsche AusfG v. 29.4.1969, BGBl. I, S. 333 und 1970 I, S. 307).
- *Vereinigtes Königreich* (Abkommen v. 14.6.1960, BGBl. 1961 II, S. 302; in Kraft seit 15.7.1961 gem. Bek. v. 28.6.1961, BGBl. II, S. 1025). Siehe zu dem Abk. das deutsche AusfG v. 28.3.1961 (BGBl. I, S. 301).

[2] Die vorgenannten bilateralen Anerkennungs- und Vollstreckungsabkommen mit den EU-Mitgliedstaaten *Belgien, Griechenland, Italien, der Niederlande, Österreich, Spanien* und *dem Vereinigten Königreich* werden in **allgemeinen Zivil- und Handelssachen** seit dem 1.3.2002 durch die Brüssel I-VO Nr. 44/2001 v. 22.12.2000 und seit dem 10.1.2015 durch die Brüssel Ia-VO Nr. 1215/2012 v. 12.12.2012 (Nr. *160*), jeweils nach Maßgabe von deren Art. 69, ersetzt; sie behalten ihre Wirksamkeit für diejenigen Rechtsgebiete, auf die sich diese Verordnungen nicht erstrecken. Gleiches gilt für das Anerkennungs- und Vollstreckungsabkommen mit *Norwegen* im Verhältnis zum Luganer Übk. v. 30.10.2007 (Nr. *152*), vgl. Art. 65 LugÜ.

[3] Die in Anm. 1 genannten bilateralen Anerkennungs- und Vollstreckungsabkommen zwischen Mitgliedstaaten der EU werden außerdem auf folgenden Rechtsgebieten durch vorrangige EG-/EU-Verordnungen ersetzt:

- in **Ehe- oder Sorgerechtssachen** durch die Verordnung (EG) Nr. 2201/2003 v. 27.11.2003 (Brüssel IIa-VO) sowie für Entscheidungen, die in ab dem 1.8.2022 eingeleiteten Verfahren ergangen sind, durch die Verordnung (EU) 2019/1111 v. 25.6.2019 (Brüssel IIb-VO, Nr. *162*) gemäß deren Art. 59 bzw. Art 94 Abs. 1;
- in **Unterhaltssachen** durch die Verordnung (EG) Nr. 4/2009 v. 18.12.2008 (EuUntVO, Nr. *161*) gemäß deren Art. 69 Abs. 2;
- in **Erbsachen** durch die Verordnung (EU) Nr. 650/2012 v. 4.7.2012 (EuErbVO; Nr. *61*) gemäß deren Art. 75 Abs. 2.

190. Abkommen zwischen dem Deutschen Reich und der Schweizerischen Eidgenossenschaft über die gegenseitige Anerkennung und Vollstreckung von gerichtlichen Entscheidungen und Schiedssprüchen

Vom 2. November 1929[1, 2] (RGBl. 1930 II, S. 1066)

Art. 1. Die im Prozessverfahren über vermögensrechtliche Ansprüche ergangenen rechtskräftigen Entscheidungen der bürgerlichen Gerichte des einen Staates werden ohne Unterschied ihrer Benennung (Urteile, Beschlüsse, Vollstreckungsbefehle), jedoch mit Ausnahme der Arreste und einstweiligen Verfügungen, und ohne Rücksicht auf die Staatsangehörigkeit der an dem Rechtsstreit beteiligten Parteien im Gebiet des anderen Staates anerkannt, wenn für die Gerichte des Staates, in dessen Gebiet die Entscheidung gefällt wurde, eine Zuständigkeit nach Maßgabe des Artikel 2 begründet war und nicht nach dem Rechte des Staates, in dessen Gebiet die Entscheidung geltend gemacht wird, für dessen Gerichte eine ausschließliche Zuständigkeit besteht.

Art. 2. Die Zuständigkeit der Gerichte des Staates, in dem die Entscheidung gefällt wurde, ist im Sinne des Artikel 1 begründet, wenn sie in einer staatsvertraglichen Bestimmung vorgesehen oder eine der folgenden Voraussetzungen erfüllt ist:

1. wenn der Beklagte zur Zeit der Klageerhebung oder zur Zeit der Erlassung der Entscheidung seinen Wohnsitz oder die beklagte juristische Person ihren Sitz in diesem Staate hatte;

Wegen ihrer geringen verbleibenden Bedeutung wird daher auf einen Abdruck der Abkommen mit *Belgien, Griechenland, Italien,* den *Niederlanden, Österreich* und *Spanien* verzichtet.

[4] Gegenüber dem deutsch-britischen Abk. v. 14.6.1960 gilt der Vorrang der Brüssel Ia-VO, der Brüssel IIa-VO und der EuUntVO allerdings nur für die Anerkennung und Vollstreckung von Entscheidungen, die in vor dem Auflauf der Übergangsfrist nach Art. 126, 127 des Brexit-Abk. v. 24.1.2020 (Nr. *0–3*) am 31.12.2020 eingeleiteten Verfahren ergangen sind, vgl. Anm. 2 zum EU-Vertrag (Nr. *0–1*) und Art. 67 Abs. 2 lit. a–lit. c Brexit-Abk. Die Bedeutung des Abk. bleibt wegen seiner restriktiven Anerkennungsvoraussetzungen, des Vorrangs der Art 8 ff. des Haager Übk. über Gerichtsstandsvereinbarungen (HGÜ, Nr. *151*), der Art. 19 ff. des Haager Unterhaltsvollstreckungsübk. v. 23.11.2007 (HUÜ 2007, Nr. *183*) in Unterhaltssachen und der Art. 23 ff. des Haager Kinderschutzübk. v. 19.10.1996 (KSÜ, Nr. *53*) in Sorgerechtssachen auch für Entscheidungen in ab dem 1.1.2021 eingeleiteten Verfahren gering, so dass auf einen Abdruck weiterhin verzichtet wird.

[1] Das Abk. ist am 1.12.1930 in Kraft getreten (Bek. v. 5.11.1930, RGBl. II, S. 1270). Es wird durch das Luganer Übk. v. 30.10.2007 in dessen sachlichem Anwendungsbereich nach Maßgabe von dessen Art. 65 ersetzt; es behält seine Wirksamkeit für die Rechtsgebiete, auf die sich das Luganer Übk. nicht erstreckt.

[2] Siehe zu dem Abk. die deutsche AusführungsVO v. 23.8.1930 (RGBl. II, S. 1209).

2. wenn sich der Beklagte durch eine ausdrückliche Vereinbarung der Zuständigkeit des Gerichts, das die Entscheidung gefällt hat, unterworfen hatte;
3. wenn der Beklagte sich vorbehaltlos auf den Rechtsstreit eingelassen hatte;
4. wenn der Beklagte am Ort seiner geschäftlichen Niederlassung oder Zweigniederlassung für Ansprüche aus dem Betrieb dieser Niederlassung belangt worden ist;
5. für eine Widerklage, wenn der Gegenanspruch mit dem in der Klage geltend gemachten Anspruch oder mit den gegen diesen vorgebrachten Verteidigungsmitteln in rechtlichem Zusammenhange steht.

Art. 3. Die in nicht vermögensrechtlichen Streitigkeiten zwischen Angehörigen eines der beiden Staaten oder beider Staaten ergangenen rechtskräftigen Entscheidungen der bürgerlichen Gerichte des einen Staates werden im Gebiet des anderen Staates anerkannt, es sei denn, dass an dem Rechtsstreit ein Angehöriger des Staates, in dem die Entscheidung geltend gemacht wird, beteiligt war und nach dem Rechte dieses Staates die Zuständigkeit eines Gerichts des anderen Staates nicht begründet war. Dies gilt auch insoweit, als die in einer nicht vermögensrechtlichen Streitigkeit ergangene Entscheidung sich auf einen vermögensrechtlichen Anspruch mit erstreckt, der von dem in ihr festgestellten Rechtsverhältnisse abhängt.

Art. 4. (1) Die Anerkennung ist zu versagen, wenn durch die Entscheidung ein Rechtsverhältnis zur Verwirklichung gelangen soll, dem im Gebiete des Staates, wo die Entscheidung geltend gemacht wird, aus Rücksichten der öffentlichen Ordnung oder der Sittlichkeit die Gültigkeit, Verfolgbarkeit oder Klagbarkeit versagt ist.

(2) Sie ist ferner zugunsten eines inländischen Beteiligten zu versagen, wenn in der Entscheidung bei Beurteilung seiner Handlungsfähigkeit oder seiner gesetzlichen Vertretung oder bei Beurteilung eines für den Anspruch maßgebenden familien- oder erbrechtlichen Verhältnisses oder der dafür maßgebenden Feststellungen des Todes einer Person zu seinem Nachteil andere als die nach dem Rechte des Staates, wo die Entscheidung geltend gemacht wird, anzuwendenden Gesetze zugrunde gelegt sind.

(3) Hat sich der Beklagte auf den Rechtsstreit nicht eingelassen, so ist die Anerkennung zu versagen, wenn die Zustellung der den Rechtsstreit einleitenden Ladung oder Verfügung an den Beklagten oder seinen zur Empfangnahme berechtigten Vertreter nicht rechtzeitig oder lediglich im Wege der öffentlichen Zustellung oder im Ausland auf einem anderen Wege als dem der Rechtshilfe bewirkt worden ist.

Art. 5. Das Gericht des Staates, wo die Entscheidung geltend gemacht wird, ist bei der Prüfung der die Zuständigkeit eines Gerichts des anderen Staates begründenden Tatsachen und der Versagungsgründe an die tatsächlichen Feststellungen der Entscheidung nicht gebunden. Eine weitere Nachprüfung der Gesetzmäßigkeit der Entscheidung findet nicht statt.

Art. 6. (1) Die Entscheidungen der Gerichte des einen Staates, die nach den vorstehenden Bestimmungen im Gebiet des anderen Staates anzuerkennen sind, werden auf Antrag einer Partei von der zuständigen Behörde dieses Staates für vollstreckbar erklärt. Vor der Entscheidung ist der Gegner zu hören. Die Vollstreckbarerklärung hat in einem möglichst einfachen und schleunigen Verfahren zu erfolgen.

(2) Die Vollziehung der für vollstreckbar erklärten Entscheidung bestimmt sich nach dem Rechte des Staates, in dem die Vollstreckung beantragt wird.

Art. 7. (1) Die Partei, die für eine Entscheidung die Vollstreckbarerklärung nachsucht, hat beizubringen:

1. eine vollständige Ausfertigung der Entscheidung; die Rechtskraft der Entscheidung ist, soweit sie sich nicht schon aus der Ausfertigung ergibt, durch öffentliche Urkunden nachzuweisen;
2. die Urschrift oder eine beglaubigte Abschrift der Urkunden, aus denen sich die der Vorschrift des Artikels 4 Abs. 3 entsprechende Ladung der nicht erschienenen Partei ergibt.

(2) Auf Verlangen der Behörde, bei der die Vollstreckbarerklärung beantragt wird, ist eine Übersetzung der im Abs. 1 bezeichneten Urkunden in die amtliche Sprache dieser Behörde beizubringen. Diese Übersetzung muss von einem diplomatischen oder konsularischen Vertreter oder einem beeidigten Dolmetscher eines der beiden Staaten als richtig bescheinigt sein.

Art. 8. Die in einem gerichtlichen Güteverfahren (Sühneverfahren) oder nach Erhebung der Klage vor einem bürgerlichen Gericht abgeschlossenen oder von einem solchen bestätigten Vergleiche stehen, vorbehaltlich der Bestimmung des Artikel 4 Abs. 1, hinsichtlich ihrer Vollstreckbarkeit anzuerkennenden gerichtlichen Entscheidungen im Sinne der Artikel 6 und 7 gleich.

Art. 9. (1) Hinsichtlich der Anerkennung und Vollstreckung von Schiedssprüchen gilt im Verhältnis zwischen den beiden Staaten *das in Genf zur Zeichnung aufgelegte Abkommen zur Vollstreckung ausländischer Schiedssprüche vom 26. September 1927 mit der Maßgabe, dass es ohne Rücksicht auf die im Artikel 1 Abs. 1 daselbst enthaltenen Beschränkungen auf alle in einem der beiden Staaten ergangenen Schiedssprüche Anwendung findet.*[3]

---

[3] Anstelle des Genfer Abk. zur Vollstreckung ausländischer Schiedssprüche v. 26.9.1927 gilt seit dem 30.8.1965 im deutsch-schweizerischen Verhältnis das New Yorker UN-Übk. über die Anerkennung und Vollstreckung ausländischer Schiedssprüche v. 10.6.1958 (Nr. *240*).

(2) Zum Nachweis, dass der Schiedsspruch eine endgültige Entscheidung *im Sinne des Artikel 1 Abs. 2 lit. d des vorbezeichneten Abkommens*[4] darstellt, genügt in Deutschland eine Bescheinigung der Geschäftsstelle des Gerichts, bei dem der Schiedsspruch niedergelegt ist, in der Schweiz eine Bescheinigung der zuständigen Behörde des Kantons, in dem der Schiedsspruch ergangen ist.

(3) Vor einem Schiedsgericht abgeschlossene Vergleiche werden in derselben Weise wie Schiedssprüche vollstreckt.

Art. 10. *(nicht abgedruckt)*

191. Vertrag zwischen der Bundesrepublik Deutschland und dem Staat Israel über die gegenseitige Anerkennung und Vollstreckung gerichtlicher Entscheidungen in Zivil- und Handelssachen

Vom 20. Juli 1977[1, 2] (BGBl. 1980 II, S. 926)

Erster Abschnitt. Grundsatz der Anerkennung und Vollstreckung

Art. 1. In Zivil- und Handelssachen werden Entscheidungen der Gerichte in einem Vertragsstaat im anderen Vertragsstaat unter den in diesem Vertrag vorgesehenen Bedingungen anerkannt und vollstreckt.

Art. 2. (1) Unter Entscheidungen im Sinne dieses Vertrages sind alle gerichtlichen Entscheidungen ohne Rücksicht auf ihre Benennung (Urteile, Beschlüsse, Vollstreckungsbefehle) und ohne Rücksicht darauf zu verstehen, ob sie in einem Verfahren der streitigen oder der freiwilligen Gerichtsbarkeit ergangen sind; hierzu zählen auch die gerichtlichen Vergleiche. Ausgenommen sind jedoch diejenigen Entscheidungen der freiwilligen Gerichtsbarkeit, die in einem einseitigen Verfahren erlassen sind.

(2) Gerichtliche Entscheidungen sind insbesondere auch

1. die Beschlüsse eines Rechtspflegers, durch die der Betrag des für ein Kind zu leistenden Unterhalts festgesetzt wird, die Beschlüsse eines Urkundsbeamten oder eines Rechtspflegers, durch die der Betrag der Kosten des Verfahrens später festgesetzt wird, und Vollstreckungsbefehle;
2. Entscheidungen des Registrars im Versäumnisverfahren, im Urkundenprozess, in Kostensachen und in arbeitsrechtlichen Angelegenheiten.

---

[4] Siehe jetzt Art. V Abs. 1 lit. e des UN-Übk. v. 10.6.1958 (Nr. *240*).

[1] Der Vertrag ist am 1.1.1981 in Kraft getreten (Bek. v. 12.12.1980, BGBl. II S. 1531).

[2] Siehe zu diesem Vertrag die Ausführungsbestimmungen in §§ 45 ff. AVAG idF v. 30.11.2015 (Nr. *191a*).

Zweiter Abschnitt. Anerkennung gerichtlicher Entscheidungen

Art. 3. Die in Zivil- oder Handelssachen über Ansprüche der Parteien ergangenen Entscheidungen der Gerichte in dem einen Staat, die nicht mehr mit einem ordentlichen Rechtsmittel angefochten werden können, werden in dem anderen Staat anerkannt.

Art. 4. (1) Die Bestimmungen dieses Vertrages finden keine Anwendung:

1. auf Entscheidungen in Ehesachen oder anderen Familienstandssachen und auf Entscheidungen, die den Personenstand oder die Handlungsfähigkeit von Personen zum Gegenstand haben, sowie auf Entscheidungen in Angelegenheiten des ehelichen Güterrechts;
2. auf Entscheidungen auf dem Gebiet des Erbrechts;
3. auf Entscheidungen, die in einem gerichtlichen Strafverfahren über Ansprüche aus einem Rechtsverhältnis des Zivil- und Handelsrechts ergangen sind;
4. auf Entscheidungen, die in einem Konkursverfahren, einem Vergleichsverfahren zur Abwendung des Konkurses oder einem entsprechenden Verfahren ergangen sind, einschließlich der Entscheidungen, durch die für ein solches Verfahren über die Wirksamkeit von Rechtshandlungen gegenüber den Gläubigern erkannt wird;
5. auf Entscheidungen in Angelegenheiten der sozialen Sicherheit;
6. auf Entscheidungen in Atomhaftungssachen;
7. auf einstweilige Verfügungen oder Anordnungen und auf Arreste.

(2) Ungeachtet der Vorschriften des Absatzes 1 ist dieser Vertrag auf Entscheidungen anzuwenden, die Unterhaltspflichten zum Gegenstand haben.

Art. 5. (1) Die Anerkennung darf nur versagt werden:

1. wenn für die Gerichte im Entscheidungsstaat keine Zuständigkeit im Sinne des Artikels 7 oder aufgrund einer Übereinkunft, der beide Vertragsstaaten angehören, gegeben ist;
2. wenn die Anerkennung der Entscheidung der öffentlichen Ordnung des Anerkennungsstaats widerspricht;
3. wenn die Entscheidung auf betrügerischen Machenschaften während des Verfahrens beruht;
4. wenn die Anerkennung der Entscheidung geeignet ist, die Hoheitsrechte oder die Sicherheit des Anerkennungsstaats zu beeinträchtigen;
5. wenn ein Verfahren zwischen denselben Parteien und wegen desselben Gegenstandes vor einem Gericht im Anerkennungsstaat anhängig ist und wenn dieses Gericht zuerst angerufen wurde;

6. wenn in dem Anerkennungsstaat bereits eine mit einem ordentlichen Rechtsmittel nicht anfechtbare Entscheidung vorliegt, die unter denselben Parteien und wegen desselben Gegenstandes ergangen ist.

(2) Hat sich der Beklagte auf das Verfahren nicht eingelassen, so darf die Anerkennung der Entscheidung auch versagt werden, wenn

1. das der Einleitung des Verfahrens dienende Schriftstück dem Beklagten
   a) nach den Gesetzen des Entscheidungsstaats nicht wirksam oder
   b) unter Verletzung einer zwischenstaatlichen Übereinkunft oder
   c) nicht so rechtzeitig, dass er sich hätte verteidigen können, zugestellt worden ist;
2. der Beklagte nachweist, dass er sich nicht hat verteidigen können, weil ohne sein Verschulden das der Einleitung des Verfahrens dienende Schriftstück entweder überhaupt nicht oder nicht rechtzeitig genug zu seiner Kenntnis gelangt ist.

Art. 6. (1) Die Anerkennung darf nicht allein deshalb versagt werden, weil das Gericht, das die Entscheidung erlassen hat, nach den Regeln seines internationalen Privatrechts andere Gesetze angewendet hat, als sie nach dem internationalen Privatrecht des Anerkennungsstaats anzuwenden gewesen wären.

(2) Die Anerkennung darf jedoch aus dem in Absatz 1 genannten Grunde versagt werden, wenn die Entscheidung auf der Beurteilung eines ehe- oder sonstigen familienrechtlichen Verhältnisses, der Rechts- oder Handlungsfähigkeit, der gesetzlichen Vertretung oder eines erbrechtlichen Verhältnisses beruht. Das gleiche gilt für eine Entscheidung, die auf der Beurteilung der Rechts- oder Handlungsfähigkeit einer juristischen Person, einer Gesellschaft oder einer Vereinigung beruht, sofern diese nach dem Recht des Anerkennungsstaats errichtet ist und in diesem Staat ihren satzungsmäßigen oder tatsächlichen Sitz oder ihre Hauptniederlassung hat. Die Entscheidung ist dennoch anzuerkennen, wenn sie auch bei Anwendung des internationalen Privatrechts des Anerkennungsstaats gerechtfertigt wäre.

Art. 7. (1) Die Zuständigkeit der Gerichte im Entscheidungsstaat wird im Sinne des Artikels 5 Absatz 1 Nummer 1 anerkannt:

1. wenn zur Zeit der Einleitung des Verfahrens der Beklagte im Entscheidungsstaat seinen Wohnsitz oder gewöhnlichen Aufenthalt oder, falls es sich um eine juristische Person, eine Gesellschaft oder eine Vereinigung handelt, seinen satzungsmäßigen oder tatsächlichen Sitz oder seine Hauptniederlassung hatte;
2. wenn der Beklagte im Entscheidungsstaat eine geschäftliche Niederlassung oder eine Zweigniederlassung hatte und für Ansprüche aus deren Betriebe belangt worden ist;

3. wenn der Beklagte sich durch eine Vereinbarung für ein bestimmtes Rechtsverhältnis der Zuständigkeit der Gerichte des Staates, in dem die Entscheidung ergangen ist, unterworfen hat, es sei denn, dass eine solche Vereinbarung nach dem Recht des Staates, in dem die Entscheidung geltend gemacht wird, unzulässig ist; eine Vereinbarung im Sinne dieser Vorschrift liegt nur vor, wenn eine Partei ihre Erklärung schriftlich abgegeben und die Gegenpartei sie angenommen hat oder wenn eine mündlich getroffene Vereinbarung von einer Partei schriftlich bestätigt worden ist, ohne dass die Gegenpartei der Bestätigung widersprochen hat;
4. wenn die Klage einen Unterhaltsanspruch zum Gegenstand hatte und wenn der Unterhaltsberechtigte zur Zeit der Einleitung des Verfahrens in dem Entscheidungsstaat seinen Wohnsitz oder gewöhnlichen Aufenthalt hatte oder wenn die Zuständigkeit mit Rücksicht auf die Verbindung mit einer Ehesache oder Familienstandssache begründet war;
5. wenn die Klage auf eine unerlaubte Handlung oder auf eine Handlung, die nach dem Recht des Entscheidungsstaats einer unerlaubten Handlung gleichgestellt wird, gegründet worden ist, wenn die Tat im Hoheitsgebiet des Entscheidungsstaats begangen worden ist und wenn der Täter sich bei Begehung der schädigenden Handlung im Hoheitsgebiet des Entscheidungsstaats aufgehalten hatte;
6. wenn die Klage auf eine unerlaubte Handlung im Geschäftsverkehr oder auf die Verletzung eines Patents, Gebrauchsmusters, Warenzeichens, Sortenschutzrechts, gewerblichen Musters oder Modells oder Urheberrechts im Entscheidungsstaat gegründet worden ist;
7. wenn mit der Klage ein Recht an einer unbeweglichen Sache oder ein Anspruch aus einem Recht an einer solchen Sache geltend gemacht worden ist und wenn die unbewegliche Sache im Entscheidungsstaat belegen ist;
8. wenn für den Fall, dass der Beklagte in den beiden Staaten weder seinen Wohnsitz noch seinen gewöhnlichen Aufenthalt hatte, sich zur Zeit der Einleitung des Verfahrens in dem Staat, in dem die Entscheidung ergangen ist, Vermögen des Beklagten befunden hat;
9. wenn es sich um eine Widerklage gehandelt hat, bei welcher der Gegenanspruch mit der im Hauptprozess erhobenen Klage im rechtlichen Zusammenhang stand, und wenn für die Gerichte des Entscheidungsstaats eine Zuständigkeit im Sinne dieses Vertrages zur Entscheidung über die im Hauptprozess erhobene Klage selbst anzuerkennen ist;
10. wenn mit der Klage ein Anspruch auf Schadensersatz oder auf Herausgabe des Erlangten deshalb geltend gemacht worden ist, weil eine Vollstreckung aus einer Entscheidung eines Gerichts im anderen Staat betrieben worden war, die in diesem Staat aufgehoben oder abgeändert worden ist;

11. wenn der Beklagte sich vor dem Gericht des Staates, in dem die Entscheidung ergangen ist, auf das Verfahren zur Hauptsache eingelassen hat, für die sonst eine Zuständigkeit des Gerichts, die nach diesem Vertrag anzuerkennen wäre, nicht gegeben ist; dies gilt jedoch nicht, wenn der Beklagte vor der Einlassung zur Hauptsache erklärt hat, dass er sich auf das Verfahren nur im Hinblick auf Vermögen im Staat des angerufenen Gerichts einlasse.

(2) Die Zuständigkeit der Gerichte im Entscheidungsstaat wird jedoch nicht anerkannt, wenn die Gerichte im Anerkennungsstaat nach seinem Recht für die Klage, die zur Entscheidung geführt hat, ausschließlich zuständig sind.

Art. 8. (1) Wird die in einem Staat ergangene Entscheidung in dem anderen Staat geltend gemacht, so darf nur geprüft werden, ob einer der in Artikel 5 oder 6 Absatz 2 genannten Versagungsgründe vorliegt.

(2) Das Gericht in dem Staat, in dem die Entscheidung geltend gemacht wird, ist bei der Beurteilung der Zuständigkeit des Gerichts im Entscheidungsstaat (Artikel 5 Absatz 1 Nummer 1) an die tatsächlichen und rechtlichen Feststellungen, aufgrund deren das Gericht seine Zuständigkeit angenommen hat, gebunden.

(3) Darüber hinaus darf die Entscheidung nicht nachgeprüft werden.

Art. 9. (1) Die in einem Vertragsstaat ergangenen Entscheidungen werden in dem anderen Vertragsstaat anerkannt, ohne dass es hierfür eines besonderen Verfahrens bedarf.

(2) Bildet die Frage, ob eine Entscheidung anzuerkennen ist, als solche den Gegenstand eines Streites, so kann jede Partei, welche die Anerkennung geltend macht, in dem Verfahren nach dem Dritten Abschnitt die Feststellung beantragen, dass die Entscheidung anzuerkennen ist.

(3) Wird die Anerkennung in einem Rechtsstreit vor dem Gericht eines Vertragsstaats, dessen Entscheidung von der Anerkennung abhängt, verlangt, so kann dieses Gericht über die Anerkennung entscheiden.

Dritter Abschnitt

I. Vollstreckung rechtskräftiger Entscheidungen und gerichtlicher Vergleiche

Art. 10. Entscheidungen der Gerichte in dem einen Staat, auf die dieser Vertrag anzuwenden ist, sind in dem anderen Staat zur Zwangsvollstreckung zuzulassen, wenn

1. sie in dem Entscheidungsstaat vollstreckbar sind;
2. sie in dem Staat, in dem die Zwangsvollstreckung durchgeführt werden soll (Vollstreckungsstaat), anzuerkennen sind.

Art. 11. Das Verfahren, in dem die Zwangsvollstreckung zugelassen wird, und die Zwangsvollstreckung selbst richten sich, soweit in diesem Vertrag nichts anderes bestimmt ist, nach dem Recht des Vollstreckungsstaats.

Art. 12. Ist der Partei, welche die Zwangsvollstreckung betreiben will, in dem Entscheidungsstaat das Armenrecht bewilligt worden, so genießt sie das Armenrecht ohne weiteres nach den Vorschriften des Vollstreckungsstaats für das Verfahren, in dem über die Zulassung der Zwangsvollstreckung entschieden wird, und für die Zwangsvollstreckung.

Art. 13. Den Antrag, die Zwangsvollstreckung zuzulassen, kann jeder stellen, der in dem Entscheidungsstaat berechtigt ist, Rechte aus der Entscheidung geltend zu machen.

Art. 14. (1) Der Antrag, die Zwangsvollstreckung zuzulassen, ist

1. in der Bundesrepublik Deutschland an das Landgericht,
2. im Staat Israel an den *District Court* in Jerusalem, der sowohl sachlich als auch örtlich ausschließlich zuständig ist, zu richten.

(2) Örtlich zuständig ist in der Bundesrepublik Deutschland das Landgericht, in dessen Bezirk der Schuldner seinen Wohnsitz und bei Fehlen eines solchen Vermögen hat oder die Zwangsvollstreckung durchgeführt werden soll.

(3) Jede Vertragspartei kann durch eine Erklärung gegenüber der anderen Vertragspartei ein anderes Gericht als zuständig im Sinne des Absatzes 1 bestimmen.

Art. 15. (1) Die Partei, welche die Zulassung zur Zwangsvollstreckung beantragt, hat beizubringen:

1. eine von dem Gericht in dem Staat, in dem die Entscheidung ergangen ist, hergestellte beglaubigte Abschrift der Entscheidung;
2. den Nachweis, dass die Entscheidung rechtskräftig ist;
3. den Nachweis, dass die Entscheidung nach dem Recht des Entscheidungsstaats vollstreckbar ist;
4. wenn der Antragsteller nicht der in der Entscheidung benannte Gläubiger ist, den Nachweis seiner Berechtigung;
5. die Urschrift oder beglaubigte Abschrift der Zustellungsurkunde oder einer anderen Urkunde, aus der sich ergibt, dass die Entscheidung der Partei, gegen welche die Zwangsvollstreckung betrieben werden soll, zugestellt worden ist;
6. die Urschrift oder eine beglaubigte Abschrift der Urkunde, aus der sich ergibt, dass die den Rechtsstreit einleitende Klage, Vorladung oder ein anderes der Einleitung des Verfahrens dienendes Schriftstück dem Beklagten nach dem Recht des Entscheidungsstaats zugestellt worden ist,

sofern sich der Beklagte auf das Verfahren, in dem die Entscheidung ergangen ist, nicht zur Hauptsache eingelassen hat;

7. eine Übersetzung der vorerwähnten Urkunden in die oder eine Sprache des Vollstreckungsstaats, die von einem amtlich bestellten oder vereidigten Übersetzer oder einem dazu befugten Notar eines der beiden Staaten als richtig bescheinigt sein muss.

(2) Die in dem vorstehenden Absatz angeführten Urkunden bedürfen keiner Legalisation und vorbehaltlich des Absatzes 1 Nummer 7 keiner ähnlichen Förmlichkeit.

Art. 16. (1) Bei der Entscheidung über den Antrag auf Zulassung der Zwangsvollstreckung hat sich das angerufene Gericht auf die Prüfung zu beschränken, ob die nach Artikel 15 erforderlichen Urkunden beigebracht sind und ob einer der in Artikel 5 oder 6 Absatz 2 genannten Versagungsgründe vorliegt.

(2) Gegen die Zulassung der Zwangsvollstreckung kann der Schuldner auch vorbringen, es stünden ihm Einwendungen gegen den Anspruch selbst zu aus Gründen, die erst nach Erlass der Entscheidung entstanden seien. Das Verfahren, in dem die Einwendungen geltend gemacht werden können, richtet sich nach dem Recht des Staates, in dem die Zwangsvollstreckung durchgeführt werden soll. Darüber hinaus darf die Entscheidung nicht nachgeprüft werden.

(3) Die Entscheidung über den Antrag auf Zulassung der Zwangsvollstreckung ist auszusetzen, wenn der Schuldner nachweist, dass die Vollstreckung gegen ihn einzustellen sei und dass er die Voraussetzungen erfüllt hat, von denen die Einstellung abhängt.

Art. 17. Das Gericht kann auch nur einen Teil der Entscheidung zur Zwangsvollstreckung zulassen,

1. wenn die Entscheidung einen oder mehrere Ansprüche betrifft und die betreibende Partei beantragt, die Entscheidung nur hinsichtlich eines oder einiger Ansprüche oder hinsichtlich eines Teils des Anspruchs zur Zwangsvollstreckung zuzulassen;
2. wenn die Entscheidung einen oder mehrere Ansprüche betrifft und der Antrag nur wegen eines oder einiger Ansprüche oder nur hinsichtlich eines Teils des Anspruchs begründet ist.

Art. 18. Wird die Entscheidung zur Zwangsvollstreckung zugelassen, so ordnet das Gericht erforderlichenfalls zugleich die Maßnahmen an, die zum Vollzug der Entscheidung notwendig sind.

Art. 19. Die Vollstreckung gerichtlicher Vergleiche richtet sich nach den Artikeln 10 bis 18; jedoch sind die Vorschriften des Artikels 15 Absatz 1 Nummer 2 und 6 nicht anzuwenden.

II. Vollstreckung nicht rechtskräftiger Entscheidungen in Unterhaltssachen

Art. 20. Entscheidungen, die Unterhaltspflichten zum Gegenstand haben, sind in entsprechender Anwendung der Artikel 10 bis 18 zur Zwangsvollstreckung zuzulassen, auch wenn sie noch nicht rechtskräftig sind.

III. Vollstreckung anderer nicht rechtskräftiger Entscheidungen

Art. 21. Andere Entscheidungen, die noch nicht rechtskräftig sind, werden in entsprechender Anwendung der Artikel 10 bis 18 zur Zwangsvollstreckung zugelassen. Jedoch sind in diesem Falle nur solche Maßnahmen zulässig, die der Sicherung des betreibenden Gläubigers dienen.

Vierter Abschnitt. Sonstige Bestimmungen

Art. 22. (1) Die Gerichte in dem einen Staat werden auf Antrag einer Prozesspartei die Klage zurückweisen oder, falls sie es für zweckmäßig erachten, das Verfahren aussetzen, wenn ein Verfahren zwischen denselben Parteien und wegen desselben Gegenstandes in dem anderen Staat bereits anhängig ist und in diesem Verfahren eine Entscheidung ergehen kann, die in ihrem Staat nach den Vorschriften dieses Vertrages anzuerkennen sein wird.

(2) Jedoch können in Eilfällen die Gerichte eines jeden Staates die in ihrem Recht vorgesehenen einstweiligen Maßnahmen, einschließlich solcher, die auf eine Sicherung gerichtet sind, anordnen, und zwar ohne Rücksicht darauf, welches Gericht mit der Hauptsache befasst ist.

Art. 23. Die Anerkennung oder Vollstreckung einer Entscheidung über die Kosten des Prozesses kann aufgrund dieses Vertrages nur bewilligt werden, wenn er auf die Entscheidung in der Hauptsache anzuwenden wäre.

Art. 24. Die Anerkennung oder Zulassung der Zwangsvollstreckung kann verweigert werden, wenn 25 Jahre vergangen sind, seitdem die Entscheidung mit ordentlichen Rechtsmitteln nicht mehr angefochten werden konnte.

Art. 25. (1) Dieser Vertrag berührt nicht die Bestimmungen anderer zwischenstaatlicher Übereinkünfte, die zwischen beiden Staaten gelten und die für besondere Rechtsgebiete die Anerkennung und Vollstreckung gerichtlicher Entscheidungen regeln.

(2) Die Anerkennung und die Vollstreckung von Schiedssprüchen bestimmen sich nach den zwischenstaatlichen Übereinkünften, die für beide Staaten in Kraft sind.

Art. 26. (1) Die Vorschriften dieses Vertrages sind nur auf solche gerichtlichen Entscheidungen und Vergleiche anzuwenden, die nach dem Inkrafttreten dieses Vertrages erlassen oder errichtet werden und Sachverhalte zum Gegenstand haben, die nach dem 1. Januar 1966 entstanden sind.

(2) Die Anerkennung und Vollstreckung von Schuldtiteln, die nicht unter diesen Vertrag oder andere Verträge, die zwischen beiden Staaten gelten oder gelten werden, fallen, bestimmt sich weiter nach allgemeinen Vorschriften.

Fünfter Abschnitt. Schlussvorschriften

Art. 27–31. *(nicht abgedruckt)*

191a. Anerkennungs- und Vollstreckungsausführungsgesetz (AVAG)

idF vom 30. November 2015 (BGBl. I, S. 2146)

§§ 1–44.[1] *(nicht abgedruckt)*

Vierter Abschnitt. Vertrag vom 20. Juli 1977 zwischen der Bundesrepublik Deutschland und dem Staat Israel über die gegenseitige Anerkennung und Vollstreckung gerichtlicher Entscheidungen in Zivil- und Handelssachen

§ 45. Abweichungen von § 22. (1) Weist das Oberlandesgericht die Beschwerde des Verpflichteten gegen die Zulassung der Zwangsvollstreckung zurück oder lässt es auf die Beschwerde des Berechtigten die Zwangsvollstreckung aus dem Titel zu, so entscheidet es abweichend von § 22 Absatz 1 zugleich darüber, ob die Zwangsvollstreckung über Maßregeln zur Sicherung hinaus fortgesetzt werden kann:

1. Ist der Nachweis, dass die Entscheidung rechtskräftig ist, nicht geführt, so ordnet das Oberlandesgericht an, dass die Vollstreckung erst nach Vorlage einer israelischen Rechtskraftbescheinigung nebst Übersetzung (Artikel 15 Absatz 1 Nummer 2 und 7 des Vertrags) unbeschränkt stattfinden darf.
2. Ist der Nachweis, dass die Entscheidung rechtskräftig ist, erbracht oder hat die Entscheidung eine Unterhaltspflicht zum Gegenstand oder ist

---

[1] §§ 1–36 sind unter Nr. *152a* abgedruckt. §§ 40–44 enthalten Ausführungsbestimmungen zum *deutsch-norwegischen* Anerkennungs- und Vollstreckungsabk. v. 17.6.1977.

der Titel ein gerichtlicher Vergleich, so ordnet das Oberlandesgericht an, dass die Zwangsvollstreckung unbeschränkt stattfinden darf.

(2) § 22 Absatz 2 und 3 bleibt unberührt.

§ 46. Abweichungen von § 23. (1) Die Zwangsvollstreckung aus dem Titel, den der Urkundsbeamte der Geschäftsstelle des Landgerichts mit der Vollstreckungsklausel versehen hat, ist auf Antrag des Berechtigten auch dann über Maßregeln zur Sicherung hinaus fortzusetzen (§ 23 Absatz 1), wenn eine gerichtliche Anordnung nach § 45 Absatz 1 Nummer 1 oder § 22 Absatz 2 und 3 vorgelegt wird und die darin bestimmten Voraussetzungen erfüllt sind.

(2) Ein Zeugnis gemäß § 23 Absatz 1 ist dem Berechtigten auf seinen Antrag abweichend von § 23 Absatz 2 Nummer 1 nur zu erteilen, wenn der Verpflichtete bis zum Ablauf der Beschwerdefrist keine Beschwerdeschrift eingereicht hat und wenn

1. der Berechtigte den Nachweis führt, dass die Entscheidung rechtskräftig ist (Artikel 21 des Vertrags),
2. die Entscheidung eine Unterhaltspflicht zum Gegenstand hat (Artikel 20 des Vertrags) oder
3. der Titel ein gerichtlicher Vergleich ist.

§ 23 Absatz 2 Nummer 2 bis 4 findet keine Anwendung.

(3) § 23 Absatz 3 bleibt unberührt.

§ 47. Abweichungen von § 24. Die Zwangsvollstreckung aus dem Titel, zu dem der Urkundsbeamte der Geschäftsstelle des Oberlandesgerichts die Vollstreckungsklausel erteilt hat, ist abweichend von § 24 Absatz 1 auf Antrag des Berechtigten nur im Rahmen einer gerichtlichen Anordnung nach § 45 oder § 22 Absatz 2 und 3 fortzusetzen. Eines besonderen Zeugnisses des Urkundsbeamten der Geschäftsstelle bedarf es nicht.

§ 48. Folgeregelungen für das Rechtsbeschwerdeverfahren. (1) Auf das Verfahren über die Rechtsbeschwerde sind neben den in § 17 Absatz 2 Satz 2 aufgeführten Vorschriften auch die §§ 45 und 47 sinngemäß anzuwenden.

(2) Hat der Bundesgerichtshof eine Anordnung nach Absatz 1 in Verbindung mit § 45 Absatz 1 Nummer 1 erlassen, so ist in Abweichung von § 17 Absatz 3 Satz 3 ein Zusatz aufzunehmen, dass die Zwangsvollstreckung über Maßregeln zur Sicherung nicht hinausgehen darf. Der Inhalt des Zusatzes bestimmt sich nach dem Inhalt der Anordnung.

§ 49. Weitere Sonderregelungen. (1) Hat der Verpflichtete keinen Wohnsitz im Inland, so ist für die Vollstreckbarerklärung von Entscheidungen und gerichtlichen Vergleichen auch das Landgericht örtlich zuständig, in dessen Bezirk der Verpflichtete Vermögen hat.

(2) Auf das Verfahren über die Beschwerde des Verpflichteten gegen die Zulassung der Zwangsvollstreckung findet § 12 Absatz 2 keine Anwendung. § 12 Absatz 1 gilt für die Beschwerde, die sich gegen die Zulassung der Zwangsvollstreckung aus einem gerichtlichen Vergleich richtet, sinngemäß.

§§ 50–57.[2] *(nicht abgedruckt)*

IV. Innerstaatliches Recht

192. Zivilprozessordnung

idF vom 5. Dezember 2005 (BGBl. I, S. 3202)

a) Anerkennung

§ 328.[1] **Anerkennung ausländischer Urteile.** (1) Die Anerkennung des Urteils eines ausländischen Gerichts ist ausgeschlossen:

1. wenn die Gerichte des Staates, dem das ausländische Gericht angehört, nach den deutschen Gesetzen nicht zuständig sind;
2. wenn dem Beklagten, der sich auf das Verfahren nicht eingelassen hat und sich hierauf beruft, das verfahrenseinleitende Dokument nicht ordnungsmäßig oder nicht so rechtzeitig zugestellt worden ist, dass er sich verteidigen konnte;
3. wenn das Urteil mit einem hier erlassenen oder einem anzuerkennenden früheren ausländischen Urteil oder wenn das ihm zugrunde liegende Verfahren mit einem früher hier rechtshängig gewordenen Verfahren unvereinbar ist;
4. wenn die Anerkennung des Urteils zu einem Ergebnis führt, das mit wesentlichen Grundsätzen des deutschen Rechts offensichtlich unvereinbar ist, insbesondere wenn die Anerkennung mit den Grundrechten unvereinbar ist;
5. wenn die Gegenseitigkeit nicht verbürgt ist.

(2) Die Vorschrift der Nummer 5 steht der Anerkennung des Urteils nicht entgegen, wenn das Urteil einen nichtvermögensrechtlichen Anspruch betrifft und nach den deutschen Gesetzen ein Gerichtsstand im Inland nicht begründet war.

---

[2] §§ 50–54 aufgehoben durch IntFamRVG v. 26.1.2005 (Nr. *162a*) mit Wirkung v. 1.3.2005; §§ 55–58 abgedruckt unter Nr. *152a*.

[1] Abs. 2 geändert durch FGG-ReformG v. 17.12.2008 (BGBl. I, S. 2586) mit Wirkung v. 1.9.2009.

b) Vollstreckung

§ 722.[2] **Vollstreckbarkeit ausländischer Urteile.** (1) Aus dem Urteil eines ausländischen Gerichts findet die Zwangsvollstreckung nur statt, wenn ihre Zulässigkeit durch ein Vollstreckungsurteil ausgesprochen ist.

(2) Für die Klage auf Erlass des Urteils ist das Amtsgericht oder Landgericht, bei dem der Schuldner seinen allgemeinen Gerichtsstand hat, und sonst das Amtsgericht oder Landgericht zuständig, bei dem nach § 23 gegen den Schuldner Klage erhoben werden kann.

§ 723. Vollstreckungsurteil. (1) Das Vollstreckungsurteil ist ohne Prüfung der Gesetzmäßigkeit der Entscheidung zu erlassen.

(2) Das Vollstreckungsurteil ist erst zu erlassen, wenn das Urteil des ausländischen Gerichts nach dem für dieses Gericht geltenden Recht die Rechtskraft erlangt hat. Es ist nicht zu erlassen, wenn die Anerkennung des Urteils nach § 328 ausgeschlossen ist.

§ 794.[3] **Weitere Vollstreckungstitel.** (1) Die Zwangsvollstreckung findet ferner statt:

1.–5. *(nicht abgedruckt)*

6. aus für vollstreckbar erklärten Europäischen Zahlungsbefehlen nach der Verordnung (EG) Nr. 1896/2006;[4]

7. aus Titeln, die in einem anderen Mitgliedstaat der Europäischen Union nach der Verordnung (EG) Nr. 805/2004 des Europäischen Parlaments und des Rates vom 21. April 2004 zur Einführung eines Europäischen Vollstreckungstitels für unbestrittene Forderungen[5] als Europäische Vollstreckungstitel bestätigt worden sind;

---

[2] Mit Inkrafttreten des Haager Übk. über die Anerkennung und Vollstreckung ausländischer Entscheidungen in Zivil- und Handelssachen v. 2.7.2019 (Nr. *180*) für die Europäische Union soll § 722 Abs. 2–4 wie folgt neu gefasst werden:

„(2) Für die Klage auf Erlass des Urteils ist das Landgericht zuständig, bei dem der Schuldner seinen allgemeinen Gerichtsstand hat, und sonst das Landgericht, bei dem nach § 23 gegen den Schuldner Klage erhoben werden kann.

(3) Der Vorsitzende der Zivilkammer entscheidet als Einzelrichter. Die Regelungen über die Vorlage zur Entscheidung über eine Übernahme sowie die Übernahme nach § 348 Absatz 3 bleibt en unberührt.

(4) Sind in einem Land mehrere Landgerichte errichtet, so kann die Landesregierung die Zuständigkeit durch Rechtsverordnung einem oder mehreren Landgerichten übertragen Mehrere Länder können die Zuständigkeit eines oder mehrerer Landgerichte über die Landesgrenzen hinaus vereinbaren."

Vgl. dazu den Regierungsentwurf v. 30.3.2022 für ein Gesetz zur Durchführung des Haager Übk., veröffentlicht auf der Homepage des BMJ.

[3] § 794 Abs. 1 Nr. 6 angefügt durch Gesetz v. 30.10.2008 (BGBl. I, S. 2122) mit Wirkung v. 12.12.2008; Abs. 1 Nr. 6 geändert, Nr. 7–9 angefügt durch Gesetz v. 8.7.2014 (BGBl. I, S. 890) mit Wirkung v. 10.1.2015; Abs. 1 Nr. 8 geändert durch Gesetz v. 11.6.2017 (BGBl. I, S. 1607) mit Wirkung v. 14.7.2017.

[4] Abgedruckt unter Nr. *186*.

[5] Abgedruckt unter Nr. *185*.

8. aus Titeln, die in einem anderen Mitgliedstaat der Europäischen Union im Verfahren nach der Verordnung (EG) Nr. 861/2007 des Europäischen Parlaments und des Rates vom 11. Juli 2007 zur Einführung eines europäischen Verfahrens für geringfügige Forderungen (ABl. L 199 vom 31.7. 2007, S. 1; L 141 vom 5.6.2015, S. 118), die zuletzt durch die Verordnung (EU) 2015/2421 (ABl. L 341 vom 24.12.2015, S. 1) geändert worden ist,[6] ergangen sind;
9. aus Titeln eines anderen Mitgliedstaats der Europäischen Union, die nach der Verordnung (EU) Nr. 1215/2012 des Europäischen Parlaments und des Rates vom 12. Dezember 2012 über die gerichtliche Zuständigkeit und die Anerkennung und Vollstreckung von Entscheidungen in Zivil- und Handelssachen[7] zu vollstrecken sind.

(2) *(nicht abgedruckt)*

§ 917.[8] Arrestgrund bei dinglichem Arrest. (1) Der dingliche Arrest findet statt, wenn zu besorgen ist, dass ohne dessen Verhängung die Vollstreckung des Urteils vereitelt oder wesentlich erschwert werden würde.

(2) Als ein zureichender Arrestgrund ist es anzusehen, wenn das Urteil im Ausland vollstreckt werden müsste und die Gegenseitigkeit nicht verbürgt ist. Eines Arrestgrundes bedarf es nicht, wenn der Arrest nur zur Sicherung der Zwangsvollstreckung in ein Schiff stattfindet.

193. Gesetz über das Verfahren in Familiensachen und in den Angelegenheiten der freiwilligen Gerichtsbarkeit (FamFG)

Vom 17. Dezember 2008 (BGBl. I, S. 2586)

Unterabschnitt 3. Anerkennung und Vollstreckbarkeit ausländischer Entscheidungen

§ 107. Anerkennung ausländischer Entscheidungen in Ehesachen. (1) Entscheidungen, durch die im Ausland eine Ehe für nichtig erklärt, aufgehoben, dem Ehebande nach oder unter Aufrechterhaltung des Ehebandes geschieden oder durch die das Bestehen oder Nichtbestehen einer Ehe zwischen den Beteiligten festgestellt worden ist, werden nur anerkannt, wenn die Landesjustizverwaltung festgestellt hat, dass die Voraussetzungen für die Anerkennung vorliegen. Hat ein Gericht oder eine Behörde des Staates entschieden, dem beide Ehegatten zur Zeit der Entscheidung angehört haben, hängt die Anerkennung nicht von einer Feststellung der Landesjustizverwaltung ab.

[6] Abgedruckt unter Nr. *187*.
[7] Abgedruckt unter Nr. *160*.
[8] § 917 Abs. 2 Satz 2 angefügt durch Gesetz v. 20.4.2013 (BGBl. I, S. 831) mit Wirkung v. 25.4.2013.

(2) Zuständig ist die Justizverwaltung des Landes, in dem ein Ehegatte seinen gewöhnlichen Aufenthalt hat. Hat keiner der Ehegatten seinen gewöhnlichen Aufenthalt im Inland, ist die Justizverwaltung des Landes zuständig, in dem eine neue Ehe geschlossen oder eine Lebenspartnerschaft begründet werden soll; die Landesjustizverwaltung kann den Nachweis verlangen, dass die Eheschließung oder die Begründung der Lebenspartnerschaft angemeldet ist. Wenn eine andere Zuständigkeit nicht gegeben ist, ist die Justizverwaltung des Landes Berlin zuständig.

(3) Die Landesregierungen können die den Landesjustizverwaltungen nach dieser Vorschrift zustehenden Befugnisse durch Rechtsverordnung auf einen oder mehrere Präsidenten der Oberlandesgerichte übertragen. Die Landesregierungen können die Ermächtigung nach Satz 1 durch Rechtsverordnung auf die Landesjustizverwaltungen übertragen.

(4) Die Entscheidung ergeht auf Antrag. Den Antrag kann stellen, wer ein rechtliches Interesse an der Anerkennung glaubhaft macht.

(5) Lehnt die Landesjustizverwaltung den Antrag ab, kann der Antragsteller beim Oberlandesgericht die Entscheidung beantragen.

(6) Stellt die Landesjustizverwaltung fest, dass die Voraussetzungen für die Anerkennung vorliegen, kann ein Ehegatte, der den Antrag nicht gestellt hat, beim Oberlandesgericht die Entscheidung beantragen. Die Entscheidung der Landesjustizverwaltung wird mit der Bekanntgabe an den Antragsteller wirksam. Die Landesjustizverwaltung kann jedoch in ihrer Entscheidung bestimmen, dass die Entscheidung erst nach Ablauf einer von ihr bestimmten Frist wirksam wird.

(7) Zuständig ist ein Zivilsenat des Oberlandesgerichts, in dessen Bezirk die Landesjustizverwaltung ihren Sitz hat. Der Antrag auf gerichtliche Entscheidung hat keine aufschiebende Wirkung. Für das Verfahren gelten die Abschnitte 4 und 5 sowie § 14 Abs. 1 und 2 und § 48 Abs. 2 entsprechend.

(8) Die vorstehenden Vorschriften sind entsprechend anzuwenden, wenn die Feststellung begehrt wird, dass die Voraussetzungen für die Anerkennung einer Entscheidung nicht vorliegen.

(9) Die Feststellung, dass die Voraussetzungen für die Anerkennung vorliegen oder nicht vorliegen, ist für Gerichte und Verwaltungsbehörden bindend.

(10) War am 1. November 1941 in einem deutschen Familienbuch (Heiratsregister) auf Grund einer ausländischen Entscheidung die Nichtigerklärung, Aufhebung, Scheidung oder Trennung oder das Bestehen oder Nichtbestehen einer Ehe vermerkt, steht der Vermerk einer Anerkennung nach dieser Vorschrift gleich.

§ 108.[1] **Anerkennung anderer ausländischer Entscheidungen.** (1) Abgesehen von Entscheidungen in Ehesachen sowie von Entscheidungen

[1] § 108 Abs. 1 und 2 Satz 3 neu gefasst durch Gesetz v. 12.2.2021 (BGBl. I S. 226) mit Wirkung v.4.2021.

nach § 1 Absatz 2 des Adoptionswirkungsgesetzes werden ausländische Entscheidungen anerkannt, ohne dass es hierfür eines besonderen Verfahrens bedarf.

(2) Beteiligte, die ein rechtliches Interesse haben, können eine Entscheidung über die Anerkennung oder Nichtanerkennung einer ausländischen Entscheidung nicht vermögensrechtlichen Inhalts beantragen. § 107 Abs. 9 gilt entsprechend. Für die Anerkennung oder Nichtanerkennung einer Annahme als Kind gelten jedoch die Bestimmungen des Adoptionswirkungsgesetzes, wenn der Angenommene zur Zeit der Annahme das 18. Lebensjahr nicht vollendet hatte.

(3) Für die Entscheidung über den Antrag nach Absatz 2 Satz 1 ist das Gericht örtlich zuständig, in dessen Bezirk zum Zeitpunkt der Antragstellung

1. der Antragsgegner oder die Person, auf die sich die Entscheidung bezieht, sich gewöhnlich aufhält oder
2. bei Fehlen einer Zuständigkeit nach Nummer 1 das Interesse an der Feststellung bekannt wird oder das Bedürfnis der Fürsorge besteht.

Diese Zuständigkeiten sind ausschließlich.

§ 109.[2] **Anerkennungshindernisse.** (1) Die Anerkennung einer ausländischen Entscheidung ist ausgeschlossen,

1. wenn die Gerichte des anderen Staates nach deutschem Recht nicht zuständig sind;[3]
2. wenn einem Beteiligten, der sich zur Hauptsache nicht geäußert hat und sich hierauf beruft, das verfahrenseinleitende Dokument nicht ordnungsgemäß oder nicht so rechtzeitig mitgeteilt worden ist, dass er seine Rechte wahrnehmen konnte;
3. wenn die Entscheidung mit einer hier erlassenen oder anzuerkennenden früheren ausländischen Entscheidung oder wenn das ihr zugrunde liegende Verfahren mit einem früher hier rechtshängig gewordenen Verfahren unvereinbar ist;
4. wenn die Anerkennung der Entscheidung zu einem Ergebnis führt, das mit wesentlichen Grundsätzen des deutschen Rechts offensichtlich unvereinbar ist, insbesondere wenn die Anerkennung mit den Grundrechten unvereinbar ist.

(2) Der Anerkennung einer ausländischen Entscheidung in einer Ehesache steht § 98 Abs. 1 Nr. 4 nicht entgegen, wenn ein Ehegatte seinen gewöhnlichen Aufenthalt in dem Staat hatte, dessen Gerichte entschieden haben. Wird eine ausländische Entscheidung in einer Ehesache von den

---

[2] § 109 Abs. 4 Nr. 3 geändert durch Gesetz v. 6.7.2009 (BGBl. I, S. 1696) mit Wirkung v 1.9.2009.

[3] Siehe auch § 106 FamFG (Nr. *171*).

Staaten anerkannt, denen die Ehegatten angehören, steht § 98 der Anerkennung der Entscheidung nicht entgegen.

(3) § 103 steht der Anerkennung einer ausländischen Entscheidung in einer Lebenspartnerschaftssache nicht entgegen, wenn der Register führende Staat die Entscheidung anerkennt.

(4) Die Anerkennung einer ausländischen Entscheidung, die

1. Familienstreitsachen,
2. die Verpflichtung zur Fürsorge und Unterstützung in der partnerschaftlichen Lebensgemeinschaft,
3. die Regelung der Rechtsverhältnisse an der gemeinsamen Wohnung und an den Haushaltsgegenständen der Lebenspartner,
4. Entscheidungen nach § 6 Satz 2 des Lebenspartnerschaftsgesetzes in Verbindung mit den §§ 1382 und 1383 des Bürgerlichen Gesetzbuchs oder
5. Entscheidungen nach § 7 Satz 2 des Lebenspartnerschaftsgesetzes in Verbindung mit den §§ 1426, 1430 und 1452 des Bürgerlichen Gesetzbuchs

betrifft, ist auch dann ausgeschlossen, wenn die Gegenseitigkeit nicht verbürgt ist.

(5) Eine Überprüfung der Gesetzmäßigkeit der ausländischen Entscheidung findet nicht statt.

§ 110. Vollstreckbarkeit ausländischer Entscheidungen. (1) Eine ausländische Entscheidung ist nicht vollstreckbar, wenn sie nicht anzuerkennen ist.

(2) Soweit die ausländische Entscheidung eine in § 95 Abs. 1[4] genannte Verpflichtung zum Inhalt hat, ist die Vollstreckbarkeit durch Beschluss auszusprechen. Der Beschluss ist zu begründen.

(3) Zuständig für den Beschluss nach Absatz 2 ist das Amtsgericht, bei dem der Schuldner seinen allgemeinen Gerichtsstand hat, und sonst das Amtsgericht, bei dem nach § 23 der Zivilprozessordnung gegen den Schuldner Klage erhoben werden kann. Der Beschluss ist erst zu erlassen, wenn die Entscheidung des ausländischen Gerichts nach dem für dieses Gericht geltenden Recht die Rechtskraft erlangt hat.

---

[4] **§ 95. Anwendung der Zivilprozessordnung.** (1) Soweit in den vorstehenden Unterabschnitten nichts Abweichendes bestimmt ist, sind auf die Vollstreckung
1. wegen einer Geldforderung,
2. zur Herausgabe einer beweglichen oder unbeweglichen Sache,
3. zur Vornahme einer vertretbaren oder nicht vertretbaren Handlung,
4. zur Erzwingung von Duldungen und Unterlassungen oder
5. zur Abgabe einer Willenserklärung

die Vorschriften der Zivilprozessordnungüber die Zwangsvollstreckung entsprechend anzuwenden.

194. Gesetz über Wirkungen der Annahme als Kind nach ausländischem Recht (Adoptionswirkungsgesetz – AdWirkG)

Vom 5. November 2001[1] (BGBl. I, S. 2950)

§ 1.[2] Anwendungsbereich. (1) Die Vorschriften dieses Gesetzes gelten für eine Annahme als Kind, die auf einer ausländischen Entscheidung oder auf ausländischen Sachvorschriften beruht. Sie gelten nicht, wenn der Angenommene zur Zeit der Annahme das 18. Lebensjahr vollendet hatte.

(2) Ist im Rahmen eines internationalen Adoptionsverfahrens (§ 2a Absatz 1 des Adoptionsvermittlungsgesetzes) eine Adoptionsentscheidung im Ausland ergangen, die nicht nach Artikel 23 des Haager Übereinkommens vom 29. Mai 1993 über den Schutz von Kindern und die Zusammenarbeit auf dem Gebiet der internationalen Adoption[3] kraft Gesetzes anerkannt wird, bedarf diese Entscheidung der Anerkennungsfeststellung durch das Familiengericht.

§ 2.[4] Anerkennungs- und Wirkungsfeststellung. (1) Auf Antrag stellt das Familiengericht fest, ob eine Annahme als Kind im Sinne des § 1 Absatz 1 anzuerkennen oder wirksam und ob das Eltern-Kind-Verhältnis des Kindes zu seinen bisherigen Eltern durch die Annahme erloschen ist.

(2) In den Verfahren auf Anerkennungsfeststellung gemäß § 1 Absatz 2 kann der Antrag nicht zurückgenommen werden.

(3) Im Falle einer anzuerkennenden oder wirksamen Annahme ist zusätzlich festzustellen,

1. wenn das in Absatz 1 genannte Eltern-Kind-Verhältnis erloschen ist, dass das Annahmeverhältnis einem nach den deutschen Sachvorschriften begründeten Annahmeverhältnis gleichsteht,
2. andernfalls, dass das Annahmeverhältnis in Ansehung der elterlichen Sorge und der Unterhaltspflicht des Annehmenden einem nach den deutschen Sachvorschriften begründeten Annahmeverhältnis gleichsteht.

Von der Feststellung nach Satz 1 kann abgesehen werden, wenn gleichzeitig ein Umwandlungsausspruch nach § 3 ergeht.

---

[1] Das Gesetz ist am 1.1.2002 in Kraft getreten. § 4 Abs. 1 Nr. 1 lit. c–e geändert durch PStRG v. 19.2.2007 (BGBl. I, S. 122).

[2] § 1 Abs. 2 angefügt durch Gesetz v. 12.2.2021 (BGBl. I, S. 226) mit Wirkung v. 1.4.2021.

[3] Abgedruckt unter Nr. *223*.

[4] § 2 Abs. 1 und Abs. 3 Satz 1 geändert durch FGG-Reformgesetz v. 17.12.2008 (BGBl. I, S. 2586) mit Wirkung v. 1.9.2009; Abs. 3 aufgehoben durch Gesetz v. 19.3.2020 (BGBl I, S. 541) mit Wirkung v. 31.3.2020. Abs. 1 geändert, Abs. 2 eingefügt, bish. Abs. 2 wird Abs. 3 durch Gesetz v. 12.2.2021 (BGBl. I, S. 226) mit Wirkung v. 1.4.2021.

§ 3.[5] **Umwandlungsausspruch.** (1) In den Fällen des § 2 Abs. 3 Satz 1 Nr. 2 kann das Familiengericht auf Antrag aussprechen, dass das Kind die Rechtsstellung eines nach den deutschen Sachvorschriften angenommenen Kindes erhält, wenn

1. dies dem Wohl eines Kindes dient,
2. die erforderlichen Zustimmungen zu einer Annahme mit einer das Eltern-Kind-Verhältnis beendenden Wirkung erteilt sind und
3. überwiegende Interessen des Ehegatten, des Lebenspartners oder der Kinder des Annehmenden oder des Angenommenen nicht entgegenstehen.

Auf die Erforderlichkeit und die Erteilung der in Satz 1 Nr. 2 genannten Zustimmungen finden die für die Zustimmungen zu der Annahme maßgebenden Vorschriften sowie Artikel 6 des Einführungsgesetzes zum Bürgerlichen Gesetzbuche[6] entsprechende Anwendung. Auf die Zustimmung des Kindes ist zusätzlich § 1746 des Bürgerlichen Gesetzbuchs anzuwenden. Hat der Angenommene zur Zeit des Beschlusses nach Satz 1 das 18. Lebensjahr vollendet, so entfällt die Voraussetzung nach Satz 1 Nr. 1.

(2) Absatz 1 gilt in den Fällen des § 2 Abs. 3 Satz 1 Nr. 1 entsprechend, wenn die Wirkungen der Annahme von den nach den deutschen Sachvorschriften vorgesehenen Wirkungen abweichen.

§ 4.[7] **Unbegleitete Auslandsadoptionen.** (1) Eine ausländische Adoptionsentscheidung im Sinne von § 1 Absatz 2 wird nicht anerkannt, wenn die Adoption ohne eine internationale Adoptionsvermittlung gemäß § 2a Absatz 2 des Adoptionsvermittlungsgesetzes vorgenommen worden ist. Abweichend hiervon kann eine Feststellung nach § 2 nur ergehen, wenn zu erwarten ist, dass zwischen dem Annehmenden und dem Kind ein Eltern-Kind-Verhältnis entsteht und die Annahme für das Wohl des Kindes erforderlich ist.

(2) Für das Vorliegen der Voraussetzungen nach Absatz 1 ist der Zeitpunkt der gerichtlichen Entscheidung maßgeblich.

§ 5.[8] **Antragstellung; Reichweite der Entscheidungswirkungen.**

(1) Antragsbefugt sind

---

[5] § 3 Abs. 1 Satz 1 geändert durch FGG-Reformgesetz v. 17.12.2008 (BGBl. I, S. 2586) mit Wirkung v. 1.9.2009; Abs. 1 Satz 1 Nr. 3 geändert durch Gesetz v. 20.6.2014 (BGBl. I, S. 786) mit Wirkung v. 27.6.2014; Abs. 1 Satz 3 geändert durch Gesetz v. 19.3.2020 (BGBl. I, S. 541) mit Wirkung v. 31.3.2020. Abs. 1 Satz 1 und Abs. 2 geändert durch Gesetz v. 12.2.2021 (BGBl. I, S. 226) mit Wirkung v. 1.4.2021.

[6] Abgedruckt unter Nr. *1*.

[7] § 4 eingefügt durch Gesetz v. 12.2.2021 (BGBl. I, S. 226) mit Wirkung v. 1.4.2021.

[8] Früherer § 4 Abs. 1 Satz 1 Nr. 1 neu gefasst durch Gesetz v. 19.2.2007 (BGBl. I, S. 122) mit Wirkung v. 1.1.2009; Abs. 1 S. 2 geändert durch Gesetz v. 23.1.2013 (BGBl. I, S. 101) mit Wirkung v. 29.1.2013. Bisheriger § 4 wird § 5 und Abs. 1 Satz 2 eingefügt, bish. Sätze 2 und 3 werden Sätze 3 und 4 durch Gesetz v. 12.2.2021 (BGBl. I, S. 226) mit Wirkung v. 1.4.2021.

1. für eine Feststellung nach § 2 Abs. 1
   a) der Annehmende, im Fall der Annahme durch Ehegatten jeder von ihnen,
   b) das Kind,
   c) ein bisheriger Elternteil oder
   d) das Standesamt, das nach § 27 Abs. 1 des Personenstandsgesetzes für die Fortführung der Beurkundung der Geburt des Kindes im Geburtenregister oder nach § 36 des Personenstandsgesetzes für die Beurkundung der Geburt des Kindes zuständig ist;
2. für einen Ausspruch nach § 3 Abs. 1 oder Abs. 2 der Annehmende, annehmende Ehegatten nur gemeinschaftlich.

Der Antrag auf Feststellung nach § 1 Absatz 2 ist unverzüglich nach dem Erlass der ausländischen Adoptionsentscheidung zu stellen. Von der Antragsbefugnis nach Satz 1 Nr. 1 Buchstabe d ist nur in Zweifelsfällen Gebrauch zu machen. Von der Antragsbefugnis nach Satz 1 Nr. 1 Buchstabe d ist nur in Zweifelsfällen Gebrauch zu machen. Für den Antrag nach Satz 1 Nr. 2 gelten § 1752 Abs. 2 und § 1753 des Bürgerlichen Gesetzbuchs.

(2) Eine Feststellung nach § 2 sowie ein Ausspruch nach § 3 wirken für und gegen alle. Die Feststellung nach § 3 wirkt jedoch nicht gegenüber den bisherigen Eltern. In dem Beschluss nach § 2 ist dessen Wirkung auch gegenüber einem bisherigen Elternteil auszusprechen, sofern dieser das Verfahren eingeleitet hat oder auf Antrag eines nach Absatz 1 Satz 1 Nr. 1 Buchstabe a bis c Antragsbefugten beteiligt wurde. Die Beteiligung eines bisherigen Elternteils und der erweiterte Wirkungsausspruch nach Satz 3 können in einem gesonderten Verfahren beantragt werden.

§ 6.[9] **Zuständigkeit und Verfahren.** (1) Über Anträge nach den §§ 2 und 3 entscheidet das Familiengericht, in dessen Bezirk ein Oberlandesgericht seinen Sitz hat, für den Bezirk dieses Oberlandesgerichts; für den Bezirk des Kammergerichts entscheidet das Amtsgericht Schöneberg. Für die internationale und die örtliche Zuständigkeit gelten die §§ 101 und 187 Abs. 1, 2 und 5 des Gesetzes über das Verfahren in Familiensachen und in den Angelegenheiten der freiwilligen Gerichtsbarkeit entsprechend.

(2) Die Landesregierungen werden ermächtigt, die Zuständigkeit nach Absatz 1 Satz 1 durch Rechtsverordnung einem anderen Familiengericht des Oberlandesgerichtsbezirks oder, wenn in einem Land mehrere Oberlandesgerichte errichtet sind, einem Vormundschaftsgericht für die Bezirke

---

[9] § 5 Abs. 3 Satz 4 geändert durch Gesetz v. 17.12.2006 (BGBl. I, S. 3171) mit Wirkung v. 1.1.2007. § 5 neu gefasst durch FGG-Reformgesetz v. 17.12.2008 (BGBl. I, S. 2586) mit Wirkung v. 1.9.2009. Abs. 3 Satz 2 geändert durch Gesetz v. 23.1.2013 (BGBl. I, S. 101) mit Wirkung v. 29.1.2013. Abs. 1 Satz 2 geändert durch Gesetz v. 20.11.2015 (BGBl. I, S. 2010) mit Wirkung v. 26.11.2015. Bisheriger § 5 wird § 6 und Abs. 3 Satz 3 geändert, Satz 4 neu gefasst, Abs. 4 eingefügt, bisheriger Abs. 4 wird Abs. 5 und Sätze 1 und 3 geändert, Abs. 6 angefügt durch Gesetz v. 12.2.2021 (BGBl. I, S. 226). Mit Wirkung v. 1.4.2021.

aller oder mehrerer Oberlandesgerichte zuzuweisen. Sie können die Ermächtigung auf die Landesjustizverwaltungen übertragen.

(3) Das Familiengericht entscheidet im Verfahren der freiwilligen Gerichtsbarkeit. Die §§ 159 und 160 Absatz 1 Satz 1, Absatz 2 bis 4 des Gesetzes über das Verfahren in Familiensachen und in den Angelegenheiten der freiwilligen Gerichtsbarkeit sind entsprechend anzuwenden. Im Verfahren nach § 2 wird ein bisheriger Elternteil nur nach Maßgabe des § 5 Abs. 2 Satz 3 und 4 angehört. Im Verfahren nach § 2 sind das Bundesamt für Justiz als Bundeszentralstelle für Auslandsadoption, im Verfahren nach § 3 sind das Jugendamt und die zentrale Adoptionsstelle des Landesjugendamtes zu beteiligen.

(4) Das Gericht hat Anerkennungsverfahren in allen Rechtszügen vorrangig zu behandeln.

(5) Auf die Feststellung der Anerkennung oder Wirksamkeit einer Annahme als Kind oder des durch diese bewirkten Erlöschens des Eltern-Kind-Verhältnisses des Kindes zu seinen bisherigen Eltern, auf eine Feststellung nach § 2 Abs. 2 Satz 1 sowie auf einen Ausspruch nach § 3 Abs. 1 oder 2 oder nach § 5 Abs. 2 Satz 3 findet § 197 Abs. 2 und 3 des Gesetzes über das Verfahren in Familiensachen und in den Angelegenheiten der freiwilligen Gerichtsbarkeit entsprechende Anwendung. Im Übrigen unterliegen Beschlüsse nach diesem Gesetz der Beschwerde; sie werden mit ihrer Rechtskraft wirksam. § 5 Abs. 2 Satz 2 bleibt unberührt.

(6) Gegen eine im ersten Rechtszug ergangene Entscheidung steht die Beschwerde dem Bundesamt für Justiz als Bundeszentralstelle für Auslandsadoption zu, sofern mit der Entscheidung einem Antrag nach § 2 Absatz 1 entsprochen worden ist.

D. Ermittlung und Beweis ausländischen Rechts

I. Multilaterale Staatsverträge

200. Londoner Europäisches Übereinkommen betreffend Auskünfte über ausländisches Recht

Vom 7. Juni 1968[1, 2, 3] (BGBl. 1974 II, S. 938)

(Übersetzung)[4]

Art. 1. Anwendungsbereich des Übereinkommens. (1) Die Vertragsparteien verpflichten sich, einander gemäß den Bestimmungen dieses Übereinkommens Auskünfte über ihr Zivil- und Handelsrecht, ihr Ver-

---

[1] Das Übk. ist für die *Bundesrepublik Deutschland* am 19.3.1975 im Verhältnis zu *Belgien, Dänemark, Frankreich, Island, Italien, Liechtenstein, Malta, Norwegen, Österreich, Schweden,* der *Schweiz, Spanien,* dem *Vereinigten Königreich* und *Zypern* in Kraft getreten (Bek. v. 4.3.1975, BGBl. II, S. 300).

Es gilt heute ferner im Verhältnis zu *Albanien* (seit 18.8.2001, BGBl. II, S. 1120), *Aserbaidschan* (seit 27.9.2000, BGBl. 2001 II, S. 16), *Belarus* (seit 3.10.1997, BGBl. 1998 II, S. 681), *Bosnien-Herzegowina* (seit 18.8.2013, BGBl. 2016 II, S. 145), *Bulgarien* (seit 1.5.1991, BGBl. II, S. 647), *Costa Rica* (seit 16.6.1976, BGBl. II, S. 1016), *Estland* (seit 29.7.1997, BGBl. 1998 II, S. 681), *Finnland* (seit 5.10.1990, BGBl. 1991 II, S. 647), *Georgien* (seit 19.6.1999, BGBl. II, S. 696), *Griechenland* (seit 6.1.1978, BGBl. II, S. 788), *Kroatien* (seit 7.5.2014, BGBl. 2016 II, S. 145), *Lettland* (seit 6.11.1998, BGBl. 1999 II, S. 132), *Litauen* (seit 17.1.1997, BGBl. II, S. 1083), *Luxemburg* (seit 15.12.1977, BGBl. 1978 II, S. 1295), *Marokko* (seit 20.9.2013, BGBl. II, S. 1194), *Mexiko* (seit 22.5.2003, BGBl. II, S. 538), der *Republik Moldau* (seit 15.6.2002, BGBl. II, S. 2295), *Monaco* (seit 2.12.2017, BGBl: II, S. 1299), *Montenegro* (seit 3.6.2006, BGBl. 2008 II, S. 176), den *Niederlanden* (seit 2.3.1977, BGBl. II, S. 80), *Nordmazedonien* (seit 16.4.2003, BGBl. II, S. 418), *Polen* (seit 15.12.1992, BGBl. 1993 II, S. 791), *Portugal* (seit 8.11.1978, BGBl. II S. 1295), *Rumänien* (seit 27.7.1991, BGBl. 1992 II, S. 413), der *Russischen Föderation* (seit 13.5.1991, BGBl. 1991 II, S. 647), *Serbien* (seit 31.8.2002, BGBl. II, S. 2535), der *Slowakei* (seit 6.3.1997, BGBl. II, S. 804), *Slowenien* (seit 2.7.1998, BGBl. II, S. 1174), der *Tschechischen Republik* (seit 25.9.1998, BGBl. II, S. 2945), der *Türkei* (seit 20.3.1976, BGBl. II, S. 1016), der *Ukraine* (seit 14.9.1994, BGBl. II, S. 1260) und *Ungarn* (seit 17.2.1990, BGBl. II, S. 67). Es galt seit dem 13.5.1991 bereits für die ehemalige *Sowjetunion* (BGBl. II, S. 647).

[2] Siehe zu dem Übk. das deutsche AusfG v. 5.7.1974 (Nr. *200a*).

[3] Dem Straßburger Zusatzprotokoll v. 15.3.1978 zu diesem Übk. hat die *Bundesrepublik Deutschland* mit der Maßgabe zugestimmt, dass dessen Kapitel II für die *Bundesrepublik Deutschland* nicht verbindlich wird (Gesetz v. 21.1.1987, BGBl. II, S. 58). Dieses Protokoll erstreckt den Anwendungsbereich des Übk. auf Auskünfte über Straf-, Strafverfahrens- und Strafvollzugsrecht. Es ist für die *Bundesrepublik Deutschland* am 24.10.1987 in Kraft getreten (Bek. v. 11.9.1987, BGBl. II, S. 593). Text: https://www.coe.int/de/web/conventions (Nr. 97).

[4] Authentisch sind gleichberechtigt der englische und der französische Text: https://www.coe.int/de/web/conventions (Nr. 62).

fahrensrecht auf diesen Gebieten und über ihre Gerichtsverfassung zu erteilen.

(2) Zwei oder mehr Vertragsparteien können jedoch vereinbaren, den Anwendungsbereich dieses Übereinkommens untereinander auf andere als die im vorstehenden Absatz angeführten Rechtsgebiete zu erstrecken. Eine solche Vereinbarung ist dem Generalsekretär des Europarats im Wortlaut mitzuteilen.

Art. 2. Staatliche Verbindungsstellen. (1) Zur Ausführung dieses Übereinkommens errichtet oder bestimmt jede Vertragspartei eine einzige Stelle (im folgenden als „Empfangsstelle" bezeichnet), welche die Aufgabe hat:

a) Auskunftsersuchen im Sinne des Artikels 1 Abs. 1 entgegenzunehmen, die von einer anderen Vertragspartei eingehen;

b) zu derartigen Ersuchen das Weitere gemäß Artikel 6 zu veranlassen.

Diese Stelle kann entweder ein Ministerium oder eine andere staatliche Stelle sein.

(2) Jeder Vertragspartei steht es frei, eine oder mehrere Stellen (im folgenden als „Übermittlungsstelle" bezeichnet) zu errichten oder zu bestimmen, welche die von ihren Gerichten ausgehenden Auskunftsersuchen entgegenzunehmen und der zuständigen ausländischen Empfangsstelle zu übermitteln haben. Die Aufgabe der Übermittlungsstelle kann auch der Empfangsstelle übertragen werden.

(3) Jede Vertragspartei teilt dem Generalsekretär des Europarats Bezeichnung und Anschrift ihrer Empfangsstelle und gegebenenfalls ihrer Übermittlungsstelle oder ihrer Übermittlungsstellen mit.

Art. 3. Zur Stellung von Auskunftsersuchen berechtigte Behörden. (1) Ein Auskunftsersuchen muss von einem Gericht ausgehen, auch wenn es nicht vom Gericht selbst abgefasst worden ist. Das Ersuchen darf nur für ein bereits anhängiges Verfahren gestellt werden.

(2) Jede Vertragspartei, die keine Übermittlungsstelle errichtet oder bestimmt hat, kann durch eine an den Generalsekretär des Europarats gerichtete Erklärung anzeigen, welche ihrer Behörden sie als Gericht im Sinne des vorstehenden Absatzes ansieht.

(3) Zwei oder mehr Vertragsparteien können vereinbaren, die Anwendung dieses Übereinkommens untereinander auf Ersuchen zu erstrecken, die von anderen Behörden als Gerichten ausgehen. Eine solche Vereinbarung ist dem Generalsekretär des Europarats im Wortlaut mitzuteilen.

Art. 4. Inhalt des Auskunftsersuchens. (1) Im Auskunftsersuchen sind das Gericht, von dem das Ersuchen ausgeht, und die Art der Rechtssache zu bezeichnen. Die Punkte, zu denen Auskunft über das Recht des ersuchten Staates gewünscht wird, und für den Fall, dass im ersuchten Staat mehrere Rechtssysteme bestehen, das System, auf das sich die gewünschte Auskunft beziehen soll, sind möglichst genau anzugeben.

(2) Das Ersuchen hat eine Darstellung des Sachverhalts mit den Angaben zu enthalten, die zum Verständnis des Ersuchens und zu seiner richtigen und genauen Beantwortung erforderlich sind; Schriftstücke können in Abschrift beigefügt werden, wenn dies zum besseren Verständnis des Ersuchens notwendig ist.

(3) Zur Ergänzung kann im Ersuchen Auskunft auch zu Punkten erbeten werden, die andere als die in Artikel 1 Abs. 1 angeführten Rechtsgebiete betreffen, sofern diese Punkte mit denen im Zusammenhang stehen, auf die sich das Ersuchen in erster Linie bezieht.

(4) Ist das Ersuchen nicht von einem Gericht abgefasst, so ist ihm die gerichtliche Entscheidung beizufügen, durch die es genehmigt worden ist.

Art. 5. Übermittlung des Auskunftsersuchens. Das Auskunftsersuchen ist von einer Übermittlungsstelle oder, falls eine solche nicht besteht, vom Gericht, von dem das Ersuchen ausgeht, unmittelbar der Empfangsstelle des ersuchten Staates zu übermitteln.

Art. 6. Zur Beantwortung von Auskunftsersuchen zuständige Stellen. (1) Die Empfangsstelle, bei der ein Auskunftsersuchen eingegangen ist, kann das Ersuchen entweder selbst beantworten oder es an eine andere staatliche oder an eine öffentliche Stelle zur Beantwortung weiterleiten.

(2) Die Empfangsstelle kann das Ersuchen in geeigneten Fällen oder aus Gründen der Verwaltungsorganisation auch an eine private Stelle oder an eine geeignete rechtskundige Person zur Beantwortung weiterleiten.

(3) Ist bei Anwendung des vorstehenden Absatzes mit Kosten zu rechnen, so hat die Empfangsstelle vor der Weiterleitung des Ersuchens der Behörde, von der das Ersuchen ausgeht, die private Stelle oder die rechtskundige Person anzuzeigen, an die das Ersuchen weitergeleitet werden soll; in diesem Falle gibt die Empfangsstelle der Behörde möglichst genau die Höhe der voraussichtlichen Kosten an und ersucht um ihre Zustimmung.

Art. 7. Inhalt der Antwort. Zweck der Antwort ist es, das Gericht, von dem das Ersuchen ausgeht, in objektiver und unparteiischer Weise über das Recht des ersuchten Staates zu unterrichten. Die Antwort hat, je nach den Umständen des Falles, in der Mitteilung des Wortlauts der einschlägigen Gesetze und Verordnungen sowie in der Mitteilung von einschlägigen Gerichtsentscheidungen zu bestehen. Ihr sind, soweit dies zur gehörigen Unterrichtung des ersuchenden Gerichts für erforderlich gehalten wird, ergänzende Unterlagen wie Auszüge aus dem Schrifttum und aus den Gesetzesmaterialien anzuschließen. Erforderlichenfalls können der Antwort erläuternde Bemerkungen beigefügt werden.

Art. 8. Wirkungen der Antwort. Die in der Antwort enthaltenen Auskünfte binden das Gericht, von dem das Ersuchen ausgeht, nicht.

Art. 9. Übermittlung der Antwort. Die Antwort ist von der Empfangsstelle, wenn die Übermittlungsstelle das Ersuchen übermittelt hat, dieser Stelle oder, wenn sich das Gericht unmittelbar an die Empfangsstelle gewandt hat, dem Gericht zu übermitteln.

Art. 10. Pflicht zur Beantwortung. (1) Vorbehaltlich des Artikels 11 ist die Empfangsstelle, bei der ein Auskunftsersuchen eingegangen ist, verpflichtet, zu dem Ersuchen das Weitere gemäß Artikel 6 zu veranlassen.

(2) Beantwortet die Empfangsstelle das Ersuchen nicht selbst, so hat sie vor allem darüber zu wachen, dass es unter Beachtung des Artikels 12 erledigt wird.

Art. 11. Ausnahmen von der Pflicht zur Beantwortung. Der ersuchte Staat kann es ablehnen, zu einem Auskunftsersuchen das Weitere zu veranlassen, wenn durch die Rechtssache, für die das Ersuchen gestellt worden ist, seine Interessen berührt werden oder wenn er die Beantwortung für geeignet hält, seine Hoheitsrechte oder seine Sicherheit zu gefährden.

Art. 12. Frist für die Beantwortung. Ein Auskunftsersuchen ist so schnell wie möglich zu beantworten. Nimmt die Beantwortung längere Zeit in Anspruch, so hat die Empfangsstelle die ausländische Behörde, die sich an sie gewandt hat, entsprechend zu unterrichten und dabei nach Möglichkeit den Zeitpunkt anzugeben, zu dem die Antwort voraussichtlich übermittelt werden kann.

Art. 13. Ergänzende Angaben. (1) Die Empfangsstelle sowie die gemäß Artikel 6 mit der Beantwortung beauftragte Stelle oder Person können von der Behörde, von der das Ersuchen ausgeht, die ergänzenden Angaben verlangen, die sie für die Beantwortung für erforderlich halten.

(2) Das Ersuchen um ergänzende Angaben ist von der Empfangsstelle auf dem Wege zu übermitteln, den Artikel 9 für die Übermittlung der Antwort vorsieht.

Art. 14. Sprachen. (1) Das Auskunftsersuchen und seine Anlagen müssen in der Sprache oder in einer der Amtssprachen des ersuchten Staates abgefasst oder von einer Übersetzung in diese Sprache begleitet sein. Die Antwort wird in der Sprache des ersuchten Staates abgefasst.

(2) Zwei oder mehr Vertragsparteien können jedoch vereinbaren, untereinander von den Bestimmungen des vorstehenden Absatzes abzuweichen.

Art. 15. Kosten. (1) Mit Ausnahme der in Artikel 6 Abs. 3 angeführten Kosten, die der ersuchende Staat zu zahlen hat, dürfen für die Antwort Gebühren oder Auslagen irgendwelcher Art nicht erhoben werden.

(2) Zwei oder mehr Vertragsparteien können jedoch vereinbaren, untereinander von den Bestimmungen des vorstehenden Absatzes abzuweichen.

Art. 16. Bundesstaaten. In Bundesstaaten können die Aufgaben der Empfangsstelle, mit Ausnahme der in Artikel 2 Abs. 1 Buchstabe a vorgesehenen, aus Gründen des Verfassungsrechts anderen staatlichen Stellen übertragen werden.

Art. 17–21. *(nicht abgedruckt)*

200a. Gesetz zur Ausführung des Europäischen Übereinkommens betreffend Auskünfte über ausländisches Recht und seines Zusatzprotokolls (Auslands-Rechtsauskunftsgesetz – AuRAG)

Vom 5. Juli 1974[1] (BGBl. I, S. 1433)

I. Ausgehende Ersuchen

§ 1. [Einholung der Auskunft] Hat ein Gericht in einem anhängigen Verfahren ausländisches Recht einer der Vertragsparteien anzuwenden, so kann es eine Auskunft nach den Vorschriften des Übereinkommens vom 7. Juni 1968 (BGBl. 1974 II, S. 937) einholen. Das Gericht kann die Abfassung des Ersuchens auch den Parteien oder Beteiligten überlassen; in diesem Fall ist dem Auskunftsersuchen des Gerichts die gerichtliche Genehmigung des Ersuchens beizufügen. Das Auskunftsersuchen ist von dem Gericht der Übermittlungsstelle vorzulegen.

§ 2. [Mitteilung über Kosten] Eine Mitteilung des anderen Vertragsstaats, dass für die Erledigung des Ersuchens mit Kosten zu rechnen ist (Artikel 6 Abs. 3 des Übereinkommens), leitet die Übermittlungsstelle dem ersuchenden Gericht zu. Das Gericht teilt der Übermittlungsstelle mit, ob das Ersuchen aufrechterhalten wird.

§ 3. [Kostenerstattung] Werden für die Erledigung eines Auskunftsersuchens von einem anderen Vertragsstaat Kosten erhoben, sind die Kosten nach Eingang der Antwort von der Übermittlungsstelle dem anderen Ver-

---

[1] Geändert durch ZustG v. 21.1.1987 zum Zusatzprotokoll zum Europäischen Übk betreffend Auskünfte über ausländisches Recht v. 15.3.1978 (siehe dazu Anm. 3 zu Nr. *200*).

tragsstaat zu erstatten. Das ersuchende Gericht übermittelt den Kostenbetrag der Übermittlungsstelle.

§ 4. [Unzulässige Vernehmung] Die Vernehmung einer Person, die ein Auskunftsersuchen in einem anderen Vertragsstaat bearbeitet hat, ist zum Zwecke der Erläuterung oder Ergänzung der Antwort unzulässig.

II. Eingehende Ersuchen

§ 5. [Weiterleitung von Auskunftsersuchen] Bezieht sich ein Auskunftsersuchen auf Landesrecht, leitet es die Empfangsstelle an die von der Regierung des Landes bestimmte Stelle zur Beantwortung weiter. Bezieht sich ein Auskunftsersuchen auf Bundesrecht und auf Landesrecht, soll es die Empfangsstelle an die von der Regierung des Landes bestimmte Stelle zur einheitlichen Beantwortung weiterleiten. Gilt Landesrecht in mehreren Ländern gleichlautend, so kann die Beantwortung der Stelle eines der Länder übertragen werden.

§ 6. [Weiterleitung von Auskunftsersuchen an rechtskundige Personen] (1) Die Empfangsstelle kann ein Auskunftsersuchen an einen bei einem deutschen Gericht zugelassenen Rechtsanwalt, einen Notar, einen beamteten Professor der Rechte oder einen Richter mit deren Zustimmung zur schriftlichen Beantwortung weiterleiten (Artikel 6 Abs. 2 des Übereinkommens). Einem Richter darf die Beantwortung des Auskunftsersuchens nur übertragen werden, wenn auch seine oberste Dienstbehörde zustimmt.

(2) Auf das Verhältnis der nach Absatz 1 bestellten Person zur Empfangsstelle finden die Vorschriften der §§ 407, 408, 409, 411 Abs. 1, 2 und des § 412 Abs. 1 der Zivilprozessordnung entsprechende Anwendung. Die nach Absatz 1 bestellte Person ist wie ein Sachverständiger nach dem Gesetz über die Entschädigung von Zeugen und Sachverständigen zu entschädigen. In den Fällen der §§ 409, 411 Abs. 2 der Zivilprozessordnung und des § 16 des Gesetzes über die Entschädigung von Zeugen und Sachverständigen ist das Amtsgericht am Sitz der Empfangsstelle zuständig.

§ 7. [Entschädigung] Wird die Auskunft von einer privaten Stelle oder rechtskundigen Person erteilt (Artikel 6 Abs. 2 des Übereinkommens, § 6), obliegt die Entschädigung dieser Stelle oder Person der Empfangsstelle. Die Empfangsstelle nimmt die Zahlungen des ersuchenden Staates entgegen. Die Kostenrechnung ist der Empfangsstelle mit der Auskunft zu übersenden.

§ 8. [Befugnisse der Empfangsstelle] Leitet die Empfangsstelle ein Ersuchen an eine von der Landesregierung bestimmte Stelle weiter, so nimmt diese die Aufgaben und Befugnisse der Empfangsstelle nach den §§ 6, 7 Satz 1, 3 wahr. In den Fällen des § 6 Abs. 2 Satz 3 ist das Amtsgericht am Sitz der von der Landesregierung bestimmten Stelle zuständig. Die von der Landesregierung bestimmte Stelle übermittelt die Antwort der Empfangsstelle. Hatte die von der Landesregierung bestimmte Stelle die Beantwortung übertragen (Artikel 6 des Übereinkommens, § 6), übermittelt die Empfangsstelle die Zahlungen des ersuchenden Staates dieser Stelle.

III. Sonstige Bestimmungen

§ 9.[2] [Aufgaben des Bundesministers der Justiz – Ermächtigung]
(1) Die Aufgaben der Empfangsstelle im Sinne des Artikels 2 Abs. 1 des Übereinkommens nimmt der Bundesminister der Justiz und für Verbraucherschutz wahr.

(2) Die Aufgaben der Übermittlungsstelle im Sinne des Artikels 2 Abs. 2 des Übereinkommens nimmt für Ersuchen, die vom Bundesverfassungsgericht oder von Bundesgerichten ausgehen, das Bundesministerium der Justiz und für Verbraucherschutz wahr. Im Übrigen nehmen die von den Landesregierungen bestimmten Stellen diese Aufgaben wahr. In jedem Land kann nur eine Übermittlungsstelle eingerichtet werden.

(3) Das Bundesministerium der Justiz und für Verbraucherschutz wird ermächtigt, durch Rechtsverordnung, die der Zustimmung des Bundesrates bedarf, eine andere Empfangsstelle zu bestimmen, wenn dies aus Gründen der Verwaltungsvereinfachung oder zur leichteren Ausführung des Übereinkommens notwendig erscheint. Er wird ferner ermächtigt, durch Rechtsverordnung, die nicht der Zustimmung des Bundesrates bedarf, aus den in Satz 1 genannten Gründen eine andere Übermittlungsstelle für Ersuchen zu bestimmen, die vom Bundesverfassungsgericht oder von Bundesgerichten ausgehen.

(4) Die Landesregierungen können die Befugnisse nach § 5 Satz 2, § 8 Satz 1 und 3 sowie § 9 Abs. 2 Satz 2 auf die Landesjustizverwaltungen übertragen.

§§ 10–11. *(nicht abgedruckt)*

---

[2] Abs. 4 angefügt durch Gesetz v. 10.12.2008 (BGBl. I, S. 2399) mit Wirkung v. 16.12. 2008. Abs. 1–3 geändert durch VO v. 31.8.2015 (BGBl. I, S. 1474) mit Wirkung v. 8.9.2015.

II. Bilaterale Staatsverträge

201. Vertrag zwischen der Bundesrepublik Deutschland und dem Königreich Marokko über die Rechtshilfe und Rechtsauskunft in Zivil- und Handelssachen

Vom 29. Oktober 1985[1] (BGBl. 1988 II, S. 1055)

Titel I.[2] Rechtshilfe in Zivil- und Handelssachen

Titel II. Rechtsauskunft

Kapitel I. Austausch von Auskünften über die beiderseitigen Rechtsvorschriften

Art. 18. Das Justizministerium der Bundesrepublik Deutschland und das Justizministerium des Königreichs Marokko übermitteln sich auf Ersuchen gegenseitig Auskünfte über ihre Gesetze und Gerichtsentscheidungen in einer bestimmten Frage sowie jegliche sonstigen Rechtsauskünfte in Zivil- und Handelssachen.

Kapitel II. Austausch von Auskünften im Rahmen gerichtlicher Verfahren

Art. 19. Die Gerichte der beiden Staaten können von den zuständigen Behörden des anderen Staates Auskünfte über dessen Zivil- und Handelsrecht, dessen Verfahrensrecht auf diesen Gebieten und über die Gerichtsverfassung nach den folgenden Bestimmungen einholen.

Art. 20. Die Auskunftsersuchen und die hierauf erteilten Antworten werden über das Justizministerium der Bundesrepublik Deutschland und das Justizministerium des Königreichs Marokko übermittelt.

Art. 21. Das Auskunftsersuchen muss von einem Gericht ausgehen, wenn es nicht vom Gericht selbst abgefasst ist. In einem solchen Fall muss es vom Gericht genehmigt sein; das Ersuchen ist mit dem gerichtlichen Genehmigungsvermerk zu versehen.

Art. 22. (1) Im Auskunftsersuchen sind das Gericht, von dem das Ersuchen ausgeht, und die Art der Rechtssache zu bezeichnen. Die Punkte, zu denen

[1] Der Vertrag ist am 23.6.1994 in Kraft getreten (Bek. v. 24.6.1994, BGBl. II, S. 1192).
[2] Titel I und III sind abgedruckt unter Nr. *230*.

Auskunft über das Recht des ersuchten Staates gewünscht wird, sind möglichst genau anzugeben.

(2) Das Ersuchen hat eine Darstellung des Sachverhalts mit den Angaben zu enthalten, die zum Verständnis des Ersuchens und zu seiner richtigen und genauen Beantwortung erforderlich sind. Schriftstücke können in Abschrift beigefügt werden, wenn dies zum besseren Verständnis des Ersuchens notwendig ist.

(3) Zur Ergänzung kann im Ersuchen Auskunft auch zu Punkten erbeten werden, die andere als die in Artikel 19 aufgeführten Rechtsgebiete betreffen, sofern diese Punkte mit denen in Zusammenhang stehen, auf die sich das Ersuchen in erster Linie bezieht.

(4) Der ersuchte Staat kann ergänzende Angaben zum Ersuchen verlangen, sofern er solche für die Beantwortung für erforderlich hält.

Art. 23. Zweck der Antwort ist es, das Gericht, von dem das Ersuchen ausgeht, in objektiver Weise über das Recht des ersuchten Staates zu unterrichten. Der Antwort sollen, je nach den Umständen des Falles, Texte der einschlägigen innerstaatlichen Bestimmungen sowie Gerichtsentscheidungen beigefügt werden. Ferner sind, soweit dies zur gehörigen Unterrichtung des ersuchenden Gerichts für erforderlich gehalten wird, ergänzende Unterlagen wie Auszüge aus dem Schrifttum und aus den Gesetzesmaterialien mitzuübersenden. Erforderlichenfalls können der Antwort erläuternde Bemerkungen beigefügt werden.

Art. 24. Die in der Antwort enthaltenen Auskünfte binden das Gericht, von dem das Ersuchen ausgeht, nicht.

Art. 25. Ein Auskunftsersuchen ist so schnell wie möglich zu beantworten. Nimmt die Beantwortung längere Zeit in Anspruch, so hat der ersuchte Staat dies dem Justizministerium des ersuchenden Staates mitzuteilen und dabei nach Möglichkeit den Zeitpunkt anzugeben, zu dem die Antwort voraussichtlich übermittelt werden kann.

Art. 26. Für die Antwort werden Gebühren oder Auslagen irgendwelcher Art nicht erhoben.

III. Innerstaatliches Recht

202. Zivilprozessordnung

idF vom 5. Dezember 2005 (BGBl. I, S. 3202)

§ 293. Fremdes Recht; Gewohnheitsrecht; Statuten. Das in einem anderen Staat geltende Recht, die Gewohnheitsrechte und Statuten bedürfen des Beweises nur insofern, als sie dem Gericht unbekannt sind. Bei

Ermittlung dieser Rechtsnormen ist das Gericht auf die von den Parteien beigebrachten Nachweise nicht beschränkt; es ist befugt, auch andere Erkenntnisquellen zu benutzen und zum Zwecke einer solchen Benutzung das Erforderliche anzuordnen.

§ 545.[1] **Revisionsgründe.** (1) Die Revision kann nur darauf gestützt werden, dass die Entscheidung auf einer Verletzung des Rechts beruht.

(2) *(nicht abgedruckt)*

§ 560. Nicht revisible Gesetze. Die Entscheidung des Berufungsgerichts über das Bestehen und den Inhalt von Gesetzen, auf deren Verletzung die Revision nach § 545 nicht gestützt werden kann, ist für die auf die Revision ergehende Entscheidung maßgebend.

203. Beurkundungsgesetz

Vom 28. August 1969 (BGBl. I, S. 1513)

§ 17. (1)–(2) *(nicht abgedruckt)*

(3) Kommt ausländisches Recht zur Anwendung oder bestehen darüber Zweifel, so soll der Notar die Beteiligten darauf hinweisen und dies in der Niederschrift vermerken. Zur Belehrung über den Inhalt ausländischer Rechtsordnungen ist er nicht verpflichtet.

---

[1] Abs. 1 neu gefasst durch FGG-Reformgesetz v. 17.12.2008 (BGBl. I, S. 2586) mit Wirkung v. 1.9.2009.

E. Rechtsschutz und Rechtshilfe

I. Multilaterale Staatsverträge[1, 2]

1. Haager Zivilprozessübereinkommen

---

[1] Das Haager Übk. über den internationalen Zugang zur Rechtspflege v. 25.10.1980 ist von der *Bundesrepublik Deutschland* zwar gezeichnet, aber bisher nicht ratifiziert worden. Es ist am 1.5.1988 für *Frankreich, Schweden* und *Spanien* in Kraft getreten.

Es gilt ferner für *Albanien* (seit 1.1.2008), *Belarus* (seit 1.3.1998), *Bosnien und Herzegowina* (seit 6.3.1992), *Brasilien* (seit 1.2.2012), *Bulgarien* (seit 1.2.2000), *Costa Rica* (seit 1.6.2016), *Estland* (seit 1.5.1996), *Finnland* (seit 1.9.1988), *Kasachstan* (seit 1.4.2015), *Kroatien* (seit 8.10.1991), *Lettland* (seit 1.3.2000), *Litauen* (seit 1.11.2000), *Luxemburg* (seit 1.5.2003), *Malta* (seit 1.5.2011), *Montenegro* (seit 3.6.2006), die *Niederlande* (seit 1.6.1992), *Nordmazedonien* (seit 17.11.1991), *Polen* (seit 1.11.1992), *Rumänien* (seit 1.11.2003), die *Schweiz* (seit 1.1.1995), *Serbien* (seit 27.4.1992), die *Slowakei* (seit 1.6.2003), *Slowenien* (seit 25.6.1991), die *Tschechische Republik* (seit 1.7.2001) und *Zypern* (seit 1.10.2000). Für die vormalige *SFR Jugoslawien* galt das Übk. seit 1.10.1988.

Text (englisch/französisch): https://www.hcch.net/de/instruments/conventions (Nr. 29).

[2] Das Straßburger Europäische Übk. über die Übermittlung von Anträgen auf Verfahrenshilfe v. 27.1.1977 ist von der *Bundesrepublik Deutschland* zwar am 7.12.1999 gezeichnet, aber bisher nicht ratifiziert worden. Es ist am 28.2.1977 für *Griechenland, Luxemburg* und *Schweden* in Kraft getreten.

Es gilt ferner für *Albanien* (seit 18.6.2001), *Aserbaidschan* (seit 29.4.2000), *Belgien* (seit 11.6.1978), *Bosnien und Herzegowina* (seit 31.5.2009), *Bulgarien* (seit 1.7.1996), *Dänemark* (seit 12.11.1979), *Estland* (seit 17.1.1999), *Finnland* (seit 27.7.1980), *Frankreich* (seit 22.1.1980), *Georgien* (seit 18.8.2006), *Irland* (seit 16.12.1988), *Italien* (seit 7.7.1983), *Lettland* (seit 1.7.2001), *Litauen* (seit 17.11.1996), *Montenegro* (seit 6.6.2006), die *Niederlande* (seit 13.4.1992), *Nordmazedonien* (seit 16.2.2003), *Norwegen* (seit 25.7.1977), *Österreich* (seit 16.3.1982), *Polen* (seit 19.4.1997), *Portugal* (seit 17.7.1986), *Rumänien* (seit 16.3.2006), die *Schweiz* (seit 2.1.1995), *Serbien* (seit 10.3.2005), *Spanien* (seit 30.12.1985), die *Tschechische Republik* (seit 9.10.2000), die *Türkei* (seit 23.4.1983), die *Ukraine* (seit 13.10.2017), das *Vereinigte Königreich* (seit 18.2.1978) und *Zypern* (seit 13.3.2014).

Text (englisch/französisch mit deutscher Übersetzung): https://www.coe.int/de/web/conventions (Nr. 92).

Siehe zu diesem Übk. auch das Moskauer Zusatzprotokoll v. 4.10.2001. Das Protokoll ist am 1.9.2002 für *Estland* und *Schweden* in Kraft getreten und gilt inzwischen ferner für *Albanien* (seit 1.3.2003), *Dänemark* (seit 1.11.2002), *Finnland* (seit 1.11.2004), *Lettland* (seit 1.4.2003), *Litauen* (seit 1.9.2004), die *Tschechische Republik* (seit 1.9.2005), die *Türkei* (seit 1.7.2005) und *Zypern* (seit 1.6.2014).

Text (englisch/französisch): https://www.coe.int/de/web/conventions (Nr. 179).

210. Haager Übereinkommen über den Zivilprozess

Vom 1. März 1954[1, 2, 3, 4, 5] (BGBl. 1958 II, S. 577)

---

[1] Das Übk. ist für die *Bundesrepublik Deutschland* am 1.1.1960 im Verhältnis zu *Belgien, Dänemark, Finnland, Frankreich, Italien, Luxemburg,* den *Niederlanden, Norwegen, Österreich, Schweden* und der *Schweiz* in Kraft getreten (Bek. v. 2.12.1959, BGBl. II, S. 1388).

Es gilt heute ferner für *Ägypten* (seit 16.11.1981, BGBl. II, S. 1028), *Albanien* (seit 13.12.2010, BGBl. 2011 II, S. 128), *Argentinien* (seit 9.7.1988, BGBl. II, S. 939), *Armenien* (seit 29.1.1997, BGBl. II, S. 554), *Belarus* (seit 27.8.1991, BGBl. 1994 II, S. 83), *Bosnien und Herzegowina* (seit 6.3.1992, BGBl. 1994 II, S. 83), *Island* (seit 31.7.2009, BGBl. 2010 II, S. 7), *Israel* (seit 19.8.1968, BGBl. II S. 809), *Japan* (seit 26.7.1970, BGBl. II, S. 751), *Kasachstan* (seit 14.10.2015, BGBl. II, S. 1182), *Kirgisistan* (seit 14.8.1997, BGBl. II, S. 1521), *Kroatien* (seit 8.10.1991, BGBl. 1993 II, S. 1936), *Lettland* (seit 12.9.1993, BGBl. II, S. 1936), den *Libanon* (seit 7.1.1975, BGBl. II, S. 42), *Litauen* (seit 17.7.2003, BGBl. II, S. 1542), *Marokko* (seit 14.9.1972, BGBl. II, S. 1472), *Moldau (Republik)* (seit 3.11.1993, BGBl. 1994 II, S. 83), die *Mongolei* (seit 14.11.2014, BGBl. II, S. 893), *Montenegro* (seit 3.6.2006, BGBl. 2007 II, S. 835), *Nordmazedonien* (seit 17.9.1991, BGBl. 1996 II, S. 1222), *Polen* (seit 13.3.1963, BGBl. II, S. 1466), *Portugal* (seit 31.8.1967, BGBl. II, S. 2299), *Rumänien* (seit 29.1.1972, BGBl. II, S. 78), die *Russische Föderation* (seit 24.12.1991, BGBl. 1992 II, S. 1016), *Serbien* (seit 27.4.1992, BGBl. 2002 II, S. 323; BGBl. 2007 II, S. 835), *Slowenien* (seit 25.6.1991, BGBl. 1993 II, S. 934), *Spanien* (seit 19.11.1961, BGBl. II, S. 1660), *Suriname* (seit 7.9.1977, BGBl. II, S. 641), die *Slowakei* und die *Tschechische Republik* (jeweils seit 1.1.1993, BGBl. II, S. 1936), die *Türkei* (seit 11.7.1973, BGBl. II, S. 1415), die *Ukraine* (seit 24.8.1991, BGBl. 2000 II, S. 18), *Ungarn* (seit 18.2.1966, BGBl. II, S. 84), *Usbekistan* (seit 2.12.1996, BGBl. II, S. 2757), die *Vatikanstadt* (seit 17.5.1967, BGBl. II, S. 1536) und *Zypern* (seit 1.3.2001, BGBl. II, S. 499).

Das Übk. galt außerdem für die SFR *Jugoslawien* (seit 11.12.1962, BGBl. 1963 II, S. 1328), die ehemalige *Sowjetunion* (seit 26.7.1967, BGBl. II, S. 2046) und die ehemalige *Tschechoslowakei* (seit 11.8.1966, BGBl. II, S. 767).

[2] Das Übk. gilt auch nach dem Übergang der Souveränitätsrechte für *Macau* von *Portugal* auf *China* mit Wirkung v. 20.12.1999 im Verhältnis zur chinesischen Sonderverwaltungsregion *Macau* fort (BGBl. 2003 II, S. 789, 797).

Frankreich hat das Übk.am 23.7.1960 auf die Inseln *Saint-Pierre und Miquelon, Neukaledonien* und *Französisch Polynesien* sowie mit Wirkung v. 17.7.1961 auf *Guadeloupe, Martinique, Guyana* und *Réunion* erstreckt.

Die *Niederlande* haben das Übk. mit Wirkung v. 1.1.1986 auf *Aruba* und mit Wirkung v. 10.10.2010 auf *Bonaire, Sint Eustatius, Saba, Curaçao* und *Sint Maarten* erstreckt.

[3] Die *Bundesrepublik Deutschland* hat zur Geltung des Übk. in der *Autonomen Republik Krim* und der *Stadt Sewastopol* erklärt, dass sie die rechtswidrige Annexion dieser Gebiete durch die *Russische Föderation* nicht anerkennt und das Übk. daher aus deutscher Sicht für die *Autonome Republik Krim* und die *Stadt Sewastopol* als Teil des Hoheitsgebiets der *Ukraine* fortgilt (BGBl. 2018 II, S. 325). Eine entsprechende Erklärung haben auch *Finnland, Lettland, Litauen, Österreich, Polen, Portugal, Rumänien* und die *Ukraine* abgegeben.

[4] Das Übk. ersetzt nach seinem Art. 29 im Verhältnis der Vertragsstaaten zueinander das Haager Abk. über den Zivilprozess v. 17.7.1905 (RGBl. 1909, S. 409). Das Haager Abk. v. 1905 gilt daher heute nur noch im Verhältnis zu *Estland* (seit 22.1.1930, RGBl. II, S. 1). Vgl. zu diesem Abk. das deutsche AusfG v. 5.4.1909 (RGBl. S. 430).

[5] Siehe zu dem Übk. auch das deutsche AusfG v. 18.12.1958 (Nr. *210a*), sowie die Zusatzvereinbarungen zur weiteren Vereinfachung des Rechtsverkehrs mit *Belgien, Dänemark, Frankreich* (Nr. *227*), *Luxemburg,* den *Niederlanden, Norwegen, Österreich, Polen, Schweden,* der

(Übersetzung)[6]

I. Zustellung gerichtlicher und außergerichtlicher Schriftstücke[7]

Art. 1. (1) In Zivil- oder Handelssachen wird die Zustellung von Schriftstücken, die für eine im Ausland befindliche Person bestimmt sind, innerhalb der Vertragsstaaten auf einen Antrag bewirkt, der von dem Konsul des ersuchenden Staates an die von dem ersuchten Staat zu bezeichnende Behörde gerichtet wird. Der Antrag, in dem die Behörde, von der das übermittelte Schriftstück ausgeht, die Namen und die Stellung der Parteien, die Anschrift des Empfängers sowie die Art des zustellenden Schriftstücks anzugeben sind, muss in der Sprache der ersuchten Behörde abgefasst sein. Diese Behörde hat dem Konsul die Urkunde zu übersenden, welche die Zustellung nachweist oder den Grund angibt, aus dem die Zustellung nicht hat bewirkt werden können.

(2) Schwierigkeiten, die aus Anlass des Antrags des Konsuls entstehen, werden auf diplomatischem Wege geregelt.

(3) Jeder Vertragsstaat kann in einer an die anderen Vertragsstaaten gerichteten Mitteilung verlangen, dass der Antrag, eine Zustellung in seinem Hoheitsgebiet zu bewirken, mit den in Absatz 1 bezeichneten Angaben auf diplomatischem Wege an ihn gerichtet werde.[8]

(4) Die vorstehenden Bestimmungen hindern nicht, dass zwei Vertragsstaaten vereinbaren, den unmittelbaren Verkehr zwischen ihren Behörden zuzulassen.[9]

Art. 2. Die Zustellung wird durch die Behörde bewirkt, die nach den Rechtsvorschriften des ersuchten Staates zuständig ist. Diese Behörde kann sich, abgesehen von den in Artikel 3 vorgesehenen Fällen, darauf beschränken, die Zustellung durch einfache Übergabe des Schriftstücks an den Empfänger zu bewirken, wenn er zur Annahme bereit ist.

Schweiz und der *Tschechischen Republik;* zu letzteren näher Anm. 1 und 2 vor Nr. *227*. Vgl. auch den *deutsch-marokkanischen* Rechtshilfevertrag v. 29.10.1985 (Nr. *230*).

[6] Authentisch ist allein der französische Text: https://www.hcch.net/de/instruments/conventions (Nr. 2).

[7] Der I. Titel wird im Verhältnis zu den Vertragsstaaten des Haager Übk. über die Zustellung gerichtlicher und außergerichtlicher Schriftstücke im Ausland in Zivil- und Handelssachen v. 15.11.1965 (Nr. *211*) durch die Vorschriften des Übk. v. 1965 ersetzt. Die Art. 1 bis 7 gelten daher nur noch im Verhältnis zu *Kirgisistan,* dem *Libanon, Suriname, Usbekistan* und der *Vatikanstadt.*

[8] Ein Verlangen nach Art. 1 Abs. 3 hat von den in Anm. 7 genannten Vertragsstaaten nur die *Vatikanstadt* gestellt.

[9] Eine Vereinbarung nach Art. 1 Abs. 4 hat *Deutschland* mit keinem der in Anm. 7 genannten Vertragsstaaten getroffen.

Art. 3. (1) Dem Antrag ist das zuzustellende Schriftstück in zwei Stücken beizufügen.

(2) Ist das zuzustellende Schriftstück in der Sprache der ersuchten Behörde oder in der zwischen den beiden beteiligten Staaten vereinbarten Sprache abgefasst oder ist es von einer Übersetzung in eine dieser Sprachen begleitet, so lässt die ersuchte Behörde, falls in dem Antrag ein dahingehender Wunsch ausgesprochen ist, das Schriftstück in der durch ihre innerstaatlichen Rechtsvorschriften für die Bewirkung gleichartiger Zustellungen vorgeschriebenen Form oder in einer besonderen Form, sofern diese ihren Rechtsvorschriften nicht zuwiderläuft, zustellen. Ist ein solcher Wunsch nicht ausgesprochen, so wird die ersuchte Behörde zunächst versuchen, das Schriftstück nach Artikel 2 durch einfache Übergabe zuzustellen.[10]

(3) Vorbehaltlich anderweitiger Vereinbarung ist die in Absatz 2 vorgesehene Übersetzung von dem diplomatischen oder konsularischen Vertreter des ersuchenden Staates oder von einem beeidigten Übersetzer des ersuchten Staates zu beglaubigen.

Art. 4. Eine in den Artikeln 1, 2 und 3 vorgesehene Zustellung kann nur abgelehnt werden, wenn der Staat, in dessen Hoheitsgebiet sie bewirkt werden soll, sie für geeignet hält, seine Hoheitsrechte oder seine Sicherheit zu gefährden.

Art. 5. (1) Zum Nachweis der Zustellung dient entweder ein mit Datum versehenes und beglaubigtes Empfangsbekenntnis des Empfängers oder ein Zeugnis der Behörde des ersuchten Staates, aus dem sich die Tatsache, die Form und die Zeit der Zustellung ergibt.

(2) Das Empfangsbekenntnis oder das Zeugnis ist auf eines der beiden Stücke des zuzustellenden Schriftstücks zu setzen oder damit zu verbinden.

Art. 6. (1) Die vorstehenden Artikel schließen es nicht aus:

1. dass Schriftstücke den im Ausland befindlichen Beteiligten unmittelbar durch die Post übersandt werden dürfen;
2. dass die Beteiligten Zustellungen unmittelbar durch die zuständigen Gerichtsbeamten oder andere zuständige Beamte des Bestimmungslandes bewirken lassen dürfen;
3. dass jeder Staat Zustellungen an die im Ausland befindlichen Personen unmittelbar durch seine diplomatischen oder konsularischen Vertreter bewirken lassen darf.

(2) Eine solche Befugnis besteht jedoch in jedem Falle nur dann, wenn sie durch Abkommen zwischen den beteiligten Staaten eingeräumt wird oder wenn beim Fehlen solcher Abkommen der Staat, in dessen Hoheits-

---

[10] Eine Sprachenvereinbarung nach Art. 3 Abs. 2 hat *Deutschland* mit keinem der in Anm. 7 genannten Vertragsstaaten getroffen.

gebiet die Zustellung zu bewirken ist, ihr nicht widerspricht.[11] Dieser Staat kann jedoch einer Zustellung gemäß Absatz 1 Nr. 3 nicht widersprechen, wenn das Schriftstück einem Angehörigen des ersuchenden Staates ohne Anwendung von Zwang zugestellt werden soll.[12]

Art. 7. (1) Für Zustellungen dürfen Gebühren oder Auslagen irgendwelcher Art nicht erhoben werden.

(2) Der ersuchte Staat ist jedoch vorbehaltlich anderweitiger Vereinbarung[13] berechtigt, von dem ersuchenden Staat die Erstattung der Auslagen zu verlangen, die in den Fällen des Artikels 3 dadurch entstanden sind, dass bei der Zustellung ein Gerichtsbeamter mitgewirkt hat oder dass bei ihr eine besondere Form angewendet worden ist.

II. Rechtshilfeersuchen[14]

Art. 8. In Zivil- oder Handelssachen kann das Gericht eines Vertragsstaates gemäß seinen innerstaatlichen Rechtsvorschriften die zuständige Behörde eines anderen Vertragsstaates ersuchen, eine Beweisaufnahme oder eine andere gerichtliche Handlung innerhalb ihrer Zuständigkeit vorzunehmen.

Art. 9. (1) Die Rechtshilfeersuchen werden durch den Konsul des ersuchenden Staates der Behörde übermittelt, die von dem ersuchten Staat bezeichnet wird. Diese Behörde hat dem Konsul die Urkunde zu übersenden, aus der sich die Erledigung des Ersuchens oder der Grund ergibt, aus dem das Ersuchen nicht hat erledigt werden können.

(2) Schwierigkeiten, die aus Anlass der Übermittlung des Ersuchens entstehen, werden auf diplomatischem Weg geregelt.

(3) Jeder Vertragsstaat kann in einer an die anderen Vertragsstaaten gerichteten Mitteilung verlangen, dass die in seinem Hoheitsgebiet zu erledigenden Rechtshilfeersuchen ihm auf diplomatischem Wege übermittelt werden.[15]

---

[11] Einspruch gegen die Zustellung nach Art. 6 Abs. 1 hat keiner der in Anm. 7 genannten Vertragsstaaten erhoben.

[12] Ein Abkommen nach Art. 6 Abs. 2 hat *Deutschland* mit keinem der in Anm. 7 genannten Vertragsstaaten geschlossen.

[13] Anderweitige Vereinbarungen iS von Art. 7 Abs. 2 hat *Deutschland* mit keinem der in Anm. 7 genannten Vertragsstaaten getroffen.

[14] Der II. Titel wird im Verhältnis zu den Vertragsstaaten des Haager Übk. über die Beweisaufnahme im Ausland in Zivil- und Handelssachen v. 18.3.1970 (Nr. *212*) durch die Vorschriften des Übk. v. 1970 ersetzt. Die Art. 8 bis 16 gelten daher nur noch im Verhältnis zu *Ägypten, Belgien, Japan, Kirgisistan, Libanon,* der *Republik Moldau, Österreich, Suriname, Usbekistan* und der *Vatikanstadt.* Zwischen der *Bundesrepublik Deutschland* und *Belgien* sowie *Österreich* wird der II. Titel des Übk. seit dem 1.1.2004 durch die Verordnung (EG) Nr. 1206/2001 über die Zusammenarbeit der Gerichte der Mitgliedstaaten auf dem Gebiet der Beweisaufnahme in Zivil- und Handelssachen v. 28.5.2001 (EuBVO; Nr. *225*) verdrängt, vgl. Art. 21 EuBVO.

[15] Ein Verlangen nach Art. 9 Abs. 3 haben folgende der in Anm. 14 genannten Vertragsstaaten gestellt: *Japan* und die *Vatikanstadt.*

(4) Die vorstehenden Bestimmungen hindern nicht, dass zwei Vertragsstaaten vereinbaren, für die Übermittlung von Rechtshilfeersuchen den unmittelbaren Verkehr zwischen ihren Behörden zuzulassen.[16]

Art. 10. Vorbehaltlich anderweitiger Vereinbarung muss das Rechtshilfeersuchen in der Sprache der ersuchten Behörde oder in der zwischen den beiden beteiligten Staaten vereinbarten Sprache abgefasst oder aber von einer Übersetzung in eine dieser Sprachen begleitet sein, die durch einen diplomatischen oder konsularischen Vertreter des ersuchenden Staates oder einen beeidigten Übersetzer des ersuchten Staates beglaubigt ist.[17]

Art. 11. (1) Das Gericht, an welches das Ersuchen gerichtet wird, ist verpflichtet, ihm zu entsprechen und dabei dieselben Zwangsmittel anzuwenden wie bei der Erledigung eines Ersuchens der Behörden des ersuchten Staates oder eines zum gleichen Zweck gestellten Antrags einer beteiligten Partei. Diese Zwangsmittel brauchen nicht angewendet zu werden, wenn es sich um das persönliche Erscheinen der Parteien des Rechtsstreits handelt.

(2) Die ersuchende Behörde ist auf ihr Verlangen von der Zeit und dem Ort der auf das Ersuchen vorzunehmenden Handlung zu benachrichtigen, damit die beteiligte Partei ihr beizuwohnen in der Lage ist.

(3) Die Erledigung des Rechtshilfeersuchens kann nur abgelehnt werden:

1. wenn die Echtheit des Ersuchens nicht feststeht;
2. wenn die Erledigung des Ersuchens in dem ersuchten Staat nicht in den Bereich der Gerichtsgewalt fällt;
3. wenn der Staat, in dessen Hoheitsgebiet das Ersuchen durchgeführt werden soll, die Erledigung für geeignet hält, seine Hoheitsrechte oder seine Sicherheit zu gefährden.

Art. 12. Ist die ersuchte Behörde nicht zuständig, so ist das Ersuchen von Amts wegen an das zuständige Gericht desselben Staates nach dessen Rechtsvorschriften abzugeben.

Art. 13. In allen Fällen, in denen das Ersuchen von der ersuchten Behörde nicht erledigt wird, hat diese die ersuchende Behörde hiervon unverzüglich zu benachrichtigen, und zwar im Falle des Artikels 11 unter Angabe der Gründe, aus denen die Erledigung des Ersuchens abgelehnt worden ist, und im Falle des Artikels 12 unter Bezeichnung der Behörde, an die das Ersuchen abgegeben wird.

---

[16] Der unmittelbare Behördenverkehr iS von Art. 9 Abs. 4 ist mit folgenden der in Anm. 14 genannten Vertragsstaaten vereinbart worden: *Belgien* und *Österreich.*

[17] Eine anderweitige Vereinbarung nach Art. 10 besteht im Verhältnis zu den in Anm. 14 genannten Vertragsstaaten nur mit *Belgien:*

Art. 14. (1) Das Gericht hat bei der Erledigung eines Ersuchens in den Formen zu verfahren, die nach seinen Rechtsvorschriften anzuwenden sind.

(2) Jedoch ist dem Antrag der ersuchenden Behörde, nach einer besonderen Form zu verfahren, zu entsprechen, sofern diese Form den Rechtsvorschriften des ersuchten Staates nicht zuwiderläuft.

Art. 15. Die vorstehenden Artikel schließen es nicht aus, dass jeder Staat Ersuchen unmittelbar durch seine diplomatischen oder konsularischen Vertreter erledigen lassen darf, wenn Abkommen zwischen den beteiligten Staaten dies zulassen oder wenn der Staat, in dessen Hoheitsgebiet das Ersuchen erledigt werden soll, dem nicht widerspricht.[18]

Art. 16. (1) Für die Erledigung von Ersuchen dürfen Gebühren oder Auslagen irgendwelcher Art nicht erhoben werden.

(2) Der ersuchte Staat ist jedoch vorbehaltlich anderweitiger Vereinbarung berechtigt, von dem ersuchenden Staat die Erstattung der an Zeugen oder Sachverständige gezahlten Entschädigungen sowie der Auslagen zu verlangen, die dadurch entstanden sind, dass wegen Nichterscheinens von Zeugen die Mitwirkung eines Gerichtsbeamten erforderlich war oder dass nach Artikel 14 Absatz 2 verfahren worden ist.[19]

III. Sicherheitsleistung für die Prozesskosten

Art. 17. (1) Den Angehörigen eines der Vertragsstaaten, die in einem dieser Staaten ihren Wohnsitz haben und vor den Gerichten eines anderen dieser Staaten als Kläger oder Intervenienten auftreten, darf wegen ihrer Eigenschaft als Ausländer oder wegen Fehlens eines inländischen Wohnsitzes oder Aufenthalts eine Sicherheitsleistung oder Hinterlegung, unter welcher Bezeichnung es auch sei, nicht auferlegt werden.

(2) Das gleiche gilt für Vorschüsse, die zur Deckung der Gerichtskosten von den Klägern oder Intervenienten einzufordern wären.

(3) Die Abkommen, durch die Vertragsstaaten für ihre Angehörigen ohne Rücksicht auf den Wohnsitz Befreiung von der Sicherheitsleistung für die Prozesskosten oder von der Zahlung von Vorschüssen zur Deckung der Gerichtskosten vereinbart haben, sind weiter anzuwenden.[20]

Art. 18. (1) War der Kläger oder Intervenient von der Sicherheitsleistung, der Hinterlegung oder der Vorschusspflicht aufgrund des Artikels 17 Ab-

---

[18] Ein Abkommen iS von Art. 15 hat *Deutschland* mit folgenden der in Anm. 14 genannten Vertragsstaaten geschlossen: *Belgien* und *Österreich*. Einen Widerspruch nach Art. 15 haben folgende der in Anm. 14 genannten Vertragsstaaten erklärt: die *Vatikanstadt* sowie mit Einschränkungen *Japan*.

[19] Anderweitige Vereinbarungen iS von Art. 16 bestehen mit folgenden der in Anm. 14 genannten Vertragsstaaten: *Belgien* und *Österreich*.

[20] Vgl. Art. 14 des deutsch-marokkanischen Rechtshilfevertrages v. 29.10.1985 (Nr. *230*).

satz 1 und 2 oder der im Staate der Klageerhebung geltenden Rechtsvorschriften befreit, so wird eine Entscheidung über die Kosten des Prozesses, die in einem Vertragsstaat gegen ihn ergangen ist, gemäß einem auf diplomatischem Wege zu stellenden Antrag in jedem anderen Vertragsstaat durch die zuständige Behörde kostenfrei für vollstreckbar erklärt.

(2) Das gleiche gilt für gerichtliche Entscheidungen, durch die der Betrag der Kosten des Prozesses später festgesetzt wird.

(3) Die vorstehenden Bestimmungen hindern nicht, dass zwei Vertragsstaaten vereinbaren, die beteiligte Partei selbst dürfe den Antrag auf Vollstreckbarerklärung unmittelbar stellen.[21]

Art. 19. (1) Die Kostenentscheidungen werden ohne Anhörung der Parteien gemäß den Rechtsvorschriften des Landes, in dem die Vollstreckung betrieben werden soll, unbeschadet eines späteren Rekurses der verurteilten Partei für vollstreckbar erklärt.

(2) Die für die Entscheidung über den Antrag auf Vollstreckbarerklärung zuständige Behörde hat ihre Prüfung darauf zu beschränken:

1. ob die Ausfertigung der Kostenentscheidung nach den Rechtsvorschriften des Landes, in dem sie ergangen ist, die für ihre Beweiskraft erforderlichen Voraussetzungen erfüllt;
2. ob die Entscheidung nach diesen Rechtsvorschriften die Rechtskraft erlangt hat;
3. ob der entscheidende Teil der Entscheidung in der Sprache der ersuchten Behörde oder in der zwischen den beiden beteiligten Staaten vereinbarten Sprache abgefasst oder aber von einer Übersetzung in eine dieser Sprachen begleitet ist, die vorbehaltlich anderweitiger Vereinbarung durch einen diplomatischen oder konsularischen Vertreter des ersuchenden Staates oder einen beeidigten Übersetzer des ersuchten Staates beglaubigt ist.[22]

(3) Den Erfordernissen des Absatzes 2 Nr. 1 und 2 wird genügt, entweder durch eine Erklärung der zuständigen Behörde des ersuchenden Staates, dass die Entscheidung die Rechtskraft erlangt hat, oder durch die Vorlegung ordnungsmäßig beglaubigter Urkunden, aus denen sich ergibt, dass die Entscheidung die Rechtskraft erlangt hat. Die Zuständigkeit dieser Behörde ist vorbehaltlich anderweitiger Vereinbarung durch den höchsten Justizver-

---

[21] Vereinbarungen iS des Art. 18 Abs. 3 hat *Deutschland* mit folgenden Vertragsstaaten getroffen: *Belgien, Frankreich* (Nr. *227*), *Marokko* (Nr. *230*), den *Niederlanden, Norwegen, Österreich, Polen,* der *Schweiz* und der *Tschechischen Republik.* Im Verhältnis zu *Italien* siehe Art. 15 des Anerkennungs- und Vollstreckungsabk. v. 9.3.1936 (RGBl. 1937 II, S. 145).

[22] Eine Sprachenvereinbarung iS von Art. 19 Abs. 2 Nr. 3 hat *Deutschland* lediglich mit *Luxemburg, Marokko* (Nr. *230*), *Polen* und der *Tschechischen Republik* getroffen. Im Verhältnis zu *Polen* reicht die Übersetzung von einem vereidigten oder amtlich zugelassenen Übersetzer des Staates aus, in dem die für vollstreckbar zu erklärende Entscheidung ergangen ist.

waltungsbeamten des ersuchenden Staates zu bescheinigen. Die Erklärung und die Bescheinigung, die vorstehend erwähnt sind, müssen gemäß Absatz 2 Nr. 3 abgefasst oder übersetzt sein.[23]

(4) Die für die Entscheidung über den Antrag auf Vollstreckbarerklärung zuständige Behörde hat, sofern die Partei dies gleichzeitig beantragt, den Betrag der in Absatz 2 Nr. 3 erwähnten Kosten der Bescheinigung, der Übersetzung und der Beglaubigung bei der Vollstreckbarerklärung zu berücksichtigen. Diese Kosten gelten als Kosten des Prozesses.

IV. Armenrecht

Art. 20. (1) In Zivil- und Handelssachen werden die Angehörigen eines jeden Vertragsstaates in allen anderen Vertragsstaaten ebenso wie die eigenen Staatsangehörigen zum Armenrecht nach den Rechtsvorschriften des Staates zugelassen, in dem das Armenrecht nachgesucht wird.

(2) In den Staaten, in denen das Armenrecht auch in verwaltungsgerichtlichen Verfahren besteht, ist Absatz 1 auch auf die Angelegenheiten anzuwenden, die vor die hierfür zuständigen Gerichte gebracht werden.

Art. 21. (1) In allen Fällen muss die Bescheinigung oder die Erklärung über das Unvermögen von den Behörden des gewöhnlichen Aufenthaltsortes des Ausländers oder beim Fehlen eines solchen von den Behörden seines derzeitigen Aufenthaltsortes ausgestellt oder entgegengenommen sein. Gehören diese Behörden keinem Vertragsstaat an und werden von ihnen solche Bescheinigungen oder Erklärungen nicht ausgestellt oder entgegengenommen, so genügt es, dass die Bescheinigung oder Erklärung durch einen diplomatischen oder konsularischen Vertreter des Landes, dem der Ausländer angehört, ausgestellt oder entgegengenommen wird.

(2) Hält der Antragsteller sich nicht in dem Land auf, in dem das Armenrecht nachgesucht wird, so ist die Bescheinigung oder die Erklärung über das Unvermögen von einem diplomatischen oder konsularischen Vertreter des Landes, in dem sie vorgelegt werden soll, kostenfrei zu beglaubigen.

Art. 22. (1) Die Behörde, die zuständig ist, die Bescheinigung oder die Erklärung über das Unvermögen auszustellen oder entgegenzunehmen, kann bei den Behörden der anderen Vertragsstaaten Auskünfte über die Vermögenslage des Antragstellers einholen.

(2) Die Behörde, die über den Antrag auf Bewilligung des Armenrechts zu entscheiden hat, ist in den Grenzen ihrer Amtsbefugnisse berechtigt, die

[23] Art. 19 Abs. 3 wird im Verhältnis zu den Vertragsstaaten des Haager Übk. zur Befreiung ausländischer öffentlicher Urkunden von der Legalisation v. 5.10.1961 (Nr. *250*) durch dessen Art. 8 modifiziert. Auf die Bescheinigung des höchsten Justizverwaltungsbeamten des ersuchenden Staates wird auf Grund der Zusatzvereinbarungen mit *Belgien, Frankreich* (Nr. *227*), *Marokko* (Nr. *230*), den *Niederlanden, Norwegen, Österreich, Polen,* der *Schweiz* und der *Tschechischen Republik* verzichtet.

ihr vorgelegten Bescheinigungen, Erklärungen und Auskünfte nachzuprüfen und sich zu ihrer ausreichenden Unterrichtung ergänzende Aufschlüsse geben zu lassen.

Art. 23. (1) Befindet sich der Bedürftige in einem anderen Land als demjenigen, in dem das Armenrecht nachgesucht werden soll, so kann sein Antrag auf Bewilligung des Armenrechts zusammen mit den Bescheinigungen oder Erklärungen über das Unvermögen und gegebenenfalls mit weiteren für die Behandlung des Antrags sachdienlichen Unterlagen durch den Konsul seines Landes der Behörde, die über den Antrag zu entscheiden hat, oder der Behörde, die von dem Staat bezeichnet ist, in dem der Antrag behandelt werden soll, übermittelt werden.

(2) Die Bestimmungen, die in Artikel 9 Absatz 2, 3 und 4 und in den Artikeln 10 und 12 für Rechtshilfeersuchen vorgesehen sind, gelten für die Übermittlung von Anträgen auf Bewilligung des Armenrechts und ihrer Anlagen entsprechend.

Art. 24.[24] (1) Ist einem Angehörigen eines Vertragsstaates für ein Verfahren das Armenrecht bewilligt worden, so hat der ersuchende Staat für Zustellungen jeglicher Art, die sich auf dieses Verfahren beziehen und die in einem anderen Vertragsstaat zu bewirken sind, dem ersuchten Staat Kosten nicht zu erstatten.

(2) Das gleiche gilt für Rechtshilfeersuchen, mit Ausnahme der Entschädigungen, die an Sachverständige gezahlt sind.

V. Kostenfreie Ausstellung von Personenstandsurkunden

Art. 25. Die bedürftigen Angehörigen eines Vertragsstaates können sich unter den gleichen Voraussetzungen wie die eigenen Staatsangehörigen Personenstandsurkunden kostenfrei erteilen lassen. Die zu ihrer Eheschließung erforderlichen Urkunden sind von den diplomatischen oder konsularischen Vertretern der Vertragsstaaten gebührenfrei zu legalisieren.

VI. Personalhaft

Art. 26.[25] In Zivil- oder Handelssachen darf die Personalhaft als Mittel der Zwangsvollstreckung oder auch nur als Sicherungsmaßnahme gegen die einem Vertragsstaat angehörenden Ausländer nur in den Fällen angewendet werden, in denen sie auch gegen eigene Staatsangehörige anwendbar sein

---

[24] Zur Fortgeltung des Art. 24 im Verhältnis zu den Vertragsstaaten der neuen Haager Zivilprozessübk. siehe Art. 23 des Haager Zustellungsübk. v. 15.11.1965 (Nr. *211*) und Art. 30 des Haager Beweisaufnahmeübk. v. 18.3.1970 (Nr. *212*).

[25] Zu Art. 26 vertritt *Argentinien* die Auffassung, dass das Institut der Personalhaft in Zivil- und Handelssachen beim gegenwärtigen Stand des Völkerrechts im Widerspruch zu dem von den Kulturvölkern anerkannten allgemeinen Grundsätzen steht (BGBl. 1988 II, S. 939).

würde. Ein Grund, aus dem ein im Inland wohnhafter eigener Staatsangehöriger die Aufhebung der Personalhaft beantragen kann, berechtigt auch den Angehörigen eines Vertragsstaates zu einem solchen Antrag, selbst wenn der Grund im Ausland eingetreten ist.

VII. Schlussbestimmungen

Art. 27–33. *(nicht abgedruckt)*

Art. 29. Dieses Übereinkommen tritt im Verhältnis zwischen den Staaten, die es ratifiziert haben, an die Stelle des am 17. Juli 1905 in Den Haag unterzeichneten Übereinkommens über den Zivilprozess.

Art. 30–31. *(nicht abgedruckt)*

Art. 32.[26] (1) Jeder Vertragsstaat kann sich bei der Unterzeichnung oder Ratifizierung dieses Übereinkommens oder bei seinem Beitritt zu diesem Übereinkommen das Recht vorbehalten, die Anwendung des Artikels 17 auf die Angehörigen der Vertragsstaaten zu beschränken, die in seinem Hoheitsgebiet ihren gewöhnlichen Aufenthalt haben.

(2) Ein Staat, der von der in Absatz 1 vorgesehenen Möglichkeit Gebrauch gemacht hat, kann die Anwendung des Artikels 17 durch die anderen Vertragsstaaten nur zugunsten derjenigen seiner Staatsangehörigen beanspruchen, die ihren gewöhnlichen Aufenthalt im Gebiet des Vertragsstaates haben, vor dessen Gerichten sie als Kläger oder Intervenienten auftreten.

Art. 33. *(nicht abgedruckt)*

210a. Gesetz zur Ausführung des Haager Übereinkommens vom 1. März 1954 über den Zivilprozess

Vom 18. Dezember 1958 (BGBl. I, S. 939, ber. BGBl. III, Nr. 319-9)

Zustellungsanträge und Rechtshilfeersuchen
(Artikel 1 bis 16 des Übereinkommens)

§ 1. [Zuständigkeit für die Entgegennahme] Für die Entgegennahme von Zustellungsanträgen (Artikel 1 Abs. 1 des Übereinkommens) oder von Rechtshilfeersuchen (Artikel 8, Artikel 9 Abs. 1), die von einem ausländischen Konsul innerhalb der Bundesrepublik Deutschland übermittelt werden, ist der Präsident des Landgerichts zuständig, in dessen Bezirk die Zustellung bewirkt oder das Rechtshilfeersuchen erledigt werden soll. An die

---

[26] Einen Vorbehalt nach Art. 32 Abs. 1 hat bisher nur *Zypern* erklärt (BGBl. 2002 II, S. 323).

Stelle des Präsidenten des Landgerichts tritt der Präsident des Amtsgerichts, wenn der Zustellungsantrag oder das Rechtshilfeersuchen in dem Bezirk des Amtsgerichts erledigt werden soll, das seiner Dienstaufsicht untersteht.

§ 2. [Zuständigkeit für die Erledigung] (1) Für die Erledigung von Zustellungsanträgen oder von Rechtshilfeersuchen ist das Amtsgericht zuständig, in dessen Bezirk die Amtshandlung vorzunehmen ist.

(2) Die Zustellung wird durch die Geschäftsstelle des Amtsgerichts bewirkt. Diese hat auch den Zustellungsnachweis (Artikel 1 Abs. 1, Artikel 5 des Übereinkommens) zu erteilen.

§ 3.[1] *(weggefallen)*

Vollstreckbarerklärung von Kostenentscheidungen
(Artikel 18 und 19 des Übereinkommens)

§ 4. [Beschluss] (1) Kostenentscheidungen, die gegen einen Kläger ergangen sind (Artikel 18 des Übereinkommens), werden ohne mündliche Verhandlung durch Beschluss des Amtsgerichts für vollstreckbar erklärt.

(2) Örtlich zuständig ist das Amtsgericht, bei dem der Kostenschuldner seinen allgemeinen Gerichtsstand hat, und beim Fehlen eines solchen das Amtsgericht, in dessen Bezirk sich Vermögen des Kostenschuldners befindet oder die Zwangsvollstreckung durchgeführt werden soll.

§ 5. [Zustellung des Beschlusses] (1) Ist der Antrag, die Kostenentscheidung für vollstreckbar zu erklären, auf diplomatischem Wege gestellt (Artikel 18 Abs. 1 und 2 des Übereinkommens), so hat das Amtsgericht eine von Amts wegen zu erteilende Ausfertigung seines Beschlusses der Landesjustizverwaltung einzureichen. Die Ausfertigung ist, falls dem Antrag stattgegeben wird, mit der Vollstreckungsklausel zu versehen. Dem Kostenschuldner wird der Beschluss nur auf Betreiben des Kostengläubigers zugestellt.

(2) Hat der Kostengläubiger selbst den Antrag auf Vollstreckbarerklärung bei dem Amtsgericht unmittelbar gestellt (Artikel 18 Abs. 3), so ist der Beschluss diesem und dem Kostenschuldner von Amts wegen zuzustellen.

§ 6.[2] **[Beschwerde]** (1) Gegen den Beschluss, durch den die Kostenentscheidung für vollstreckbar erklärt wird, steht dem Kostenschuldner die Beschwerde nach den §§ 567 bis 577 der Zivilprozessordnung zu.

(2) Der Beschluss, durch den der Antrag auf Vollstreckbarerklärung abgelehnt wird, unterliegt der Beschwerde nach §§ 567 bis 577 der Zivilprozessordnung. Die Beschwerde steht, sofern der Antrag auf diplomatischem Wege gestellt ist, dem Staatsanwalt zu. Hat der Kostengläubiger selbst den

---

[1] § 3 aufgehoben durch Art. 9 Nr. 2 des Gesetzes v. 27.6.2000 (BGBl. I, S. 897) mit Wirkung v. 30.6.2000.

[2] § 6 geändert durch Art. 21 Nr. 1 ZPO-RG v. 27.7.2001 (BGBl. I, S. 1887).

Antrag bei dem Amtsgericht unmittelbar gestellt, so ist er berechtigt, die Beschwerde einzulegen.

§ 7. [Zwangsvollstreckung] Aus der für vollstreckbar erklärten Kostenentscheidung findet die Zwangsvollstreckung nach der Zivilprozessordnung statt; § 798 der Zivilprozessordnung ist entsprechend anzuwenden.

§ 8.[3] [Festsetzung der Gerichtskosten] (1) Sollen von einem Kläger, gegen den eine Kostenentscheidung ergangen ist (Artikel 18 des Übereinkommens), in einem Vertragsstaat Gerichtskosten eingezogen werden, so ist deren Betrag für ein Verfahren der Vollstreckbarerklärung (Artikel 18 Abs. 2) von dem Gericht der Instanz ohne mündliche Verhandlung durch Beschluss festzusetzen. Die Entscheidung ergeht auf Antrag der für die Beitreibung der Gerichtskosten zuständigen Behörde.

(2) Der Beschluss, durch den der Betrag der Gerichtskosten festgesetzt wird, unterliegt der Beschwerde nach § 567 bis 577 der Zivilprozessordnung. Die sofortige Beschwerde kann durch Erklärung zu Protokoll der Geschäftsstelle oder schriftlich ohne Mitwirkung eines Rechtsanwalts eingelegt werden.

Armenrecht
(Artikel 20 bis 24 des Übereinkommens)

§ 9. [Entgegennahme von Anträgen] Für die Entgegennahme von Anträgen auf Bewilligung des Armenrechts, die von einem ausländischen Konsul innerhalb der Bundesrepublik Deutschland übermittelt werden (Artikel 23 Abs. 1 des Übereinkommens), ist der Präsident des Landgerichts oder des Amtsgerichts zuständig. § 1 ist entsprechend anzuwenden.

§ 10. [Einreichung des Antrags] (1) Ein Angehöriger eines Vertragsstaates, der im Ausland das Armenrecht für eine Klage vor einem Gericht eines anderen Vertragsstaates auf dem in Artikel 23 des Übereinkommens vorgesehenen Weg nachsuchen will, kann seinen Antrag auf Bewilligung des Armenrechts zusammen mit den erforderlichen Unterlagen bei dem Amtsgericht einreichen, in dessen Bezirk er seinen gewöhnlichen Aufenthalt hat. Er kann das Gesuch bei diesem Gericht auch zu Protokoll der Geschäftsstelle erklären.

(2) Für die Übermittlung eines Antrags auf Bewilligung des Armenrechts durch den diplomatischen oder konsularischen Vertreter der Bundesrepublik Deutschland werden Gebühren und Auslagen nicht erhoben.

Schlussbestimmungen

§§ 11–13. *(nicht abgedruckt)*

---

[3] § 8 Abs. 2 geändert durch Art. 7 Abs. 14 des Gesetzes v. 17.12.1990 (BGBl. I, S. 2847) und neu gefasst durch Art. 21 Nr. 2 ZPO-RG v. 27.7.2001 (BGBl. I, S. 1887).

211. Haager Übereinkommen über die Zustellung gerichtlicher und außergerichtlicher Schriftstücke im Ausland in Zivil- oder Handelssachen

Vom 15. November 1965[1, 2, 3, 4, 5, 6, 7]
(BGBl. 1977 II, S. 1453)

---

[1] Das Übk. ist für die *Bundesrepublik Deutschland* am 26.6.1979 im Verhältnis zu *Ägypten, Barbados, Belgien, Botsuana, Dänemark, Finnland, Frankreich, Israel, Japan, Luxemburg, Malawi,* den *Niederlanden, Norwegen, Portugal, Schweden,* der *Türkei,* dem *Vereinigten Königreich* und den *Vereinigten Staaten* in Kraft getreten (Bek. v. 21.6.1979, BGBl. II S. 779, und v. 23.6.1980, BGBl. II, S. 907).

Es gilt heute ferner für *Albanien* (seit 1.7.2007, BGBl. 2008 II, S. 166), *Andorra* (seit 1.12.2017, BGBl. 2018 II, S. 168), *Antigua und Barbuda* (seit 1.11.1981, BGBl. 1987 II, S. 614), *Argentinien* (seit 1.12.2001, BGBl. 2002 II, S. 2436), *Armenien* (seit 1.2.2013, BGBl. II, S. 407), *Australien* (seit 1.11.2010, BGBl. 2011 II, S. 832), *Bahamas* und *Belarus* (jeweils seit 1.2.1998, BGBl. II, S. 288), *Belize* (seit 1.5.2010, BGBl. 2011 II, S. 832), *Bosnien und Herzegowina* (seit 1.2.2009, BGBl. II, S. 1293), *Brasilien* (seit 1.6.2019, BGBl. II, S. 738), *Bulgarien* (seit 1.8.2000, BGBl. 2001 II, S. 270), *China* (seit 1.1.1992, BGBl. II, S. 146), *Costa Rica* (seit 1.10.2016, BGBl. 2017 II, S. 58), *Estland* (seit 1.10.1996, BGBl. II, S. 2758), *Georgien* (seit 19.3.2022, BGBl. II, S. 215), *Griechenland* (seit 18.9.1983, BGBl. II, S. 575), *Indien* (seit 1.8.2007, BGBl. 2008 II, S. 166), *Irland* (seit 4.6.1994, BGBl. 1996 II, S. 2758), *Island* (seit 1.7.2009, BGBl. II S. 1293), *Italien* (seit 24.1.1982, BGBl. II, S. 522), *Kanada* (seit 1.5.1989, BGBl. II, S. 807), *Kasachstan* (seit 1.6.2016, BGBl. II, S. 1012), *Kolumbien* (seit 1.11.2013, BGBl. II, S. 1580), *Korea/Republik* (seit 1.8.2000, BGBl. 2001 II, S. 270), *Kroatien* (seit 1.11.2006, BGBl. 2007 II, S. 618), *Kuwait* (seit 1.12.2002, BGBl. 2003 II, S. 205), *Lettland* (seit 15.10.1995, BGBl. II, S. 1065), *Litauen* (seit 1.6.2001, BGBl. 2002 II, S. 2436), *Malta* (seit 17.7.2018, BGBl. 2020 II, S. 459), *Marokko* (seit 1.11.2011, BGBl. 2012 II, S. 190), die *Marshallinseln* (seit 1.2.2021, BGBl. II, S. 319), *Mexiko* (seit 1.6.2000, BGBl. 2001 II, S. 270), *Moldau/Republik* (seit 1.2.2013, BGBl. II, S. 407), *Monaco* (seit 1.11.2007, BGBl. 2008 II, S. 166), *Montenegro* (seit 1.9.2012, BGBl. II, S. 1042), *Nicaragua* (seit 1.2.2020, BGBl. II, S. 459), *Nordmazedonien* (seit 1.9.2009, BGBl. II S. 1293), *Österreich* (seit 12.9.2020, BGBl. II, S. 319), *Pakistan* (seit 1.8.1989, BGBl. 1990 II, S. 1650), die *Philippinen* (seit 1.10.2020, BGBl. II, S. 319), *Polen* (seit 1.9.1996, BGBl. II, S. 2531), *Rumänien* (seit 1.4.2004, BGBl. II, S. 644), die *Russische Föderation* (seit 1.12.2001, BGBl. 2002 II, S. 2436), *San Marino* (seit 1.11.2002, BGBl. 2003 II, S. 205), die *Schweiz* (seit 1.1.1995, BGBl. II, S. 755), *Serbien* (seit 1.2.2011 (BGBl. II, S. 832), die *Seychellen* (seit 1.7.1981, BGBl. II, S. 1029), die *Slowakei* (seit 1.1.1993, BGBl. II, S. 2164), *Slowenien* (seit 1.6.2001, BGBl. 2002 II, S. 2436), *Spanien* (seit 3.8.1987, BGBl. II, S. 613), *Sri Lanka* (seit 1.6.2001, BGBl. 2002 II, S. 2436), *St. Vincent und die Grenadinen* (seit dem 27.10.1979, BGBl. 2006 II, 896), die *Tschechische Republik* (seit 1.1.1993, BGBl. II, S. 2164), *Tunesien* (seit 1.2.2018, BGBl. II, S. 168), die *Ukraine* (seit 1.12.2001, BGBl. 2002 II, S. 2436), *Ungarn* (seit 1.4.2005, BGBl. II S. 591), *Venezuela* (seit 1.7.1994, BGBl. 1995 II, S. 755), *Vietnam* (seit 1.10.2016, BGBl. II, S. 1302) und *Zypern* (seit 1.6.1983, BGBl. 1984 II, S. 506).
Für die ehemalige *Tschechoslowakei* galt das Übk. seit 1.6.1982 (BGBl. II, S. 722).

[2] *Australien* hat das Übk. mit Wirkung v. 1.11.2010 auf verschiedene Inseln erstreckt (BGBl. 2011 II, S. 832). Die *Vereinigten Staaten* haben das Übk. mit Wirkung v. 30.5.1994 auf die *Nördlichen Marianen* erstreckt (BGBl. 1995 II, S. 757) und haben am 17.7.2003 (BGBl. 2004 II, S. 644) Änderungen des Verfahrens bei der Gewährung von Rechtshilfe nach diesem Übk. bekanntgegeben.

[3] Das Übk. gilt auch nach dem Übergang der Souveränitätsrechte für *Hongkong* und *Macau* vom *Vereinigten Königreich* bzw. *Portugal* auf *China* mit Wirkung v. 1.7.1997 bzw.

(Übersetzung)[8]

Art. 1. [Anwendungsbereich] (1) Dieses Übereinkommen ist in Zivil- oder Handelssachen in allen Fällen anzuwenden, in denen ein gerichtliches oder außergerichtliches Schriftstück zum Zweck der Zustellung in das Ausland zu übermitteln ist.

(2) Das Übereinkommen gilt nicht, wenn die Anschrift des Empfängers des Schriftstücks unbekannt ist.

Kapitel I. Gerichtliche Schriftstücke

Art. 2. [Bestimmung einer Zentralen Behörde] (1) Jeder Vertragsstaat bestimmt eine Zentrale Behörde, die nach den Artikeln 3 bis 6 Anträge auf

---

20.12.1999 im Verhältnis zu den chinesischen Sonderverwaltungsregionen *Hongkong* und *Macau* fort (BGBl. 2003 II, S. 583, 586 und S. 789, 794).

[4] Zur Geltung des Übk. in der *Autonomen Republik Krim* und der *Stadt Sewastopol* vgl. die Anm. 3 zu Nr. *210,* die hier entsprechend gilt (BGBl. 2018 II, S. 354) und für dieses Übk. auch von *Estland* (BGBl. 2021 II, S. 598) abgegeben wurde.

[5] Das Übk. tritt nach seinem Art. 22 im Verhältnis zu *Ägypten, Argentinien, Armenien, Belarus, Belgien, Bosnien* und *Herzegowina, Dänemark, Finnland, Frankreich, Israel, Italien, Japan, Kroatien, Lettland, Luxemburg, Marokko,* der *Republik Moldau, Montenegro,* den *Niederlanden, Nordmazedonien, Norwegen, Österreich, Polen, Portugal, Rumänien,* der *Russischen Föderation, Schweden,* der *Schweiz, Serbien,* der *Slowakei, Slowenien, Spanien,* der *Tschechischen Republik,* der *Türkei,* der *Ukraine, Ungarn* und *Zypern* an die Stelle der Art. 1–7 des Haager Übk. über den Zivilprozess v. 1.3.1954 (Nr. *210*).

[6] Zwischen der *Bundesrepublik Deutschland* und *Belgien, Finnland, Frankreich, Griechenland, Irland, Italien, Luxemburg,* den *Niederlanden, Portugal, Schweden, Spanien* und dem *Vereinigten Königreich* wird das Übk. seit dem 1.1.2004 durch die Verordnung (EG) Nr. 1348/2000 über die Zustellung gerichtlicher und außergerichtlicher Schriftstücke in Zivil- oder Handelssachen v. 29.5.2000 verdrängt, vgl. Art. 20 Abs. 1 EuZVO. Gleiches gilt im Verhältnis zu *Estland, Lettland, Litauen, Polen,* der *Slowakei, Slowenien,* der *Tschechischen Republik* und *Zypern* seit dem 1.5.2004, im Verhältnis zu *Ungarn* seit dem 1.4.2005, im Verhältnis zu *Bulgarien* und *Rumänien* seit dem 1.1.2007 und im Verhältnis zu *Österreich* seit dem Statt der Verordnung (EG) Nr. 1348/2000 gilt seit dem 13.11.2008 die Verordnung (EG) Nr. 1393/2007 v. 13.11.2007 (Nr. *224*). Diese hat seit diesem Tag im Verhältnis zu den zuvor genannten Mitgliedstaaten der Verordnung (EG) Nr. 1348/2000 sowie ferner im Verhältnis zu *Malta* (seit 1.10.2011), *Kroatien* (seit 1.7.2013) und *Österreich* (seit 12.9.2020) Vorrang vor dem Übk. Der Inhalt der Verordnung hat auch im Verhältnis zu *Dänemark* Vorrang vor dem Übk., vgl. Anm. 16 zu Nr. *224.* Im Verhältnis zum *Vereinigten Königreich* galt dieser Vorrang nur bis zum 31.12.2020, vgl. Anm. 2 zum EUV (Nr. *0–1*) und Anm. 2 zur EuZVO (Nr. *224*).

[7] Siehe zu dem Übk. das deutsche AusfG v. 22.12.1977 (Nr. *212a*), die Zusatzvereinbarung zur weiteren Erleichterung des Rechtsverkehrs mit der *Tschechischen Republik,* die Zusatzvereinbarungen zum Haager Übk. über den Zivilprozess v. 1.3.1954 (Nr. *210*) mit *Belgien, Frankreich* (Nr. *227*), *den Niederlanden, Norwegen, Österreich* und *Polen,* sowie die Zusatzvereinbarungen zum Haager Übk. über den Zivilprozess v. 17.7.1905 mit *Dänemark, Luxemburg, Schweden* und der *Schweiz,* die mangels abweichender Vereinbarung gem. Art. 24 auch auf das vorliegende Übk. anzuwenden sind; zu diesen Zusatzvereinbarungen näher Anm. 1 und 3 vor Nr. *227.*

[8] Authentisch sind gleichberechtigt der englische und der französische Text: https://www.hcch.net/de/instruments/conventions (Nr. 14).

Zustellung von Schriftstücken aus einem anderen Vertragsstaat entgegenzunehmen und das Erforderliche zu veranlassen hat.

(2) Jeder Staat richtet die Zentrale Behörde nach Maßgabe seines Rechts ein.

Art. 3. [Antrag] (1) Die nach dem Recht des Ursprungsstaats zuständige Behörde oder der nach diesem Recht zuständige Justizbeamte richtet an die Zentrale Behörde des ersuchten Staates einen Antrag, der dem diesem Übereinkommen als Anlage beigefügten Muster entspricht, ohne dass die Schriftstücke der Legalisation oder einer anderen entsprechenden Förmlichkeit bedürfen.

(2) Dem Antrag ist das gerichtliche Schriftstück oder eine Abschrift davon beizufügen. Antrag und Schriftstück sind in zwei Stücken zu übermitteln.

Art. 4. [Einwände gegen den Antrag] Ist die Zentrale Behörde der Ansicht, dass der Antrag nicht dem Übereinkommen entspricht, so unterrichtet sie unverzüglich die ersuchende Stelle und führt dabei die Einwände gegen den Antrag einzeln an.

Art. 5.[9] Form der Zustellung] (1) Die Zustellung des Schriftstücks wird von der Zentralen Behörde des ersuchten Staates bewirkt oder veranlasst, und zwar

a) entweder in einer der Formen, die das Recht des ersuchten Staates für die Zustellung der in seinem Hoheitsgebiet ausgestellten Schriftstücke an dort befindliche Personen vorschreibt,

b) der in einer besonderen von der ersuchenden Stelle gewünschten Form, es sei denn, dass diese Form mit dem Recht des ersuchten Staates unvereinbar ist.

(2) Von dem Fall des Absatzes 1 Buchstabe b abgesehen, darf die Zustellung stets durch einfache Übergabe des Schriftstücks an den Empfänger bewirkt werden, wenn er zur Annahme bereit ist.

---

[9] Gem. Art. 5 Abs. 3 des Übk. verlangen *Antigua und Barbuda, Australien, Botsuana, Indien,* die *Marshallinseln,* die *Philippinen, St. Vincent und die Grenadinen* und das *Vereinigte Königreich* eine englische, *Brasilien* eine portugiesische, *Bulgarien* eine bulgarische, *Georgien* eine georgische, *Griechenland* eine griechische, *Kroatien* eine kroatische, *Lettland* eine lettische, die *Republik Moldau* eine moldawische, *Nordmazedonien* eine mazedonische, *die Russische Föderation* eine russische, *San Marino* eine italienische, *Schweden* eine schwedische, *Serbien* eine serbische, *Argentinien, Mexiko* und *Venezuela* eine spanische, *Ungarn* eine ungarische, *Vietnam* eine vietnamesische und *Deutschland* sowie *Österreich* eine deutsche Übersetzung des zuzustellenden Schriftstücks (§ 3 AusfG v. 22.12.1977, Nr. *212a*).

Zu den Übersetzungserfordernissen der einzelnen *kanadischen* Provinzen siehe die Bek. v. 24.8.1989 (BGBl. II, S. 807) unter 2.4. Die *Schweiz* verlangt eine deutsche, französische oder italienische Übersetzung, je nachdem, in welchem Kanton das Schriftstück zuzustellen ist.

(3) Ist das Schriftstück nach Absatz 1 zuzustellen, so kann die Zentrale Behörde verlangen, dass das Schriftstück in der Amtssprache oder einer der Amtssprachen des ersuchten Staates abgefasst oder in diese übersetzt ist.

(4) Der Teil des Antrags, der entsprechend dem diesem Übereinkommen als Anlage beigefügten Muster den wesentlichen Inhalt des Schriftstücks wiedergibt, ist dem Empfänger auszuhändigen.

Art. 6. [Zustellungszeugnis] (1) Die Zentrale Behörde des ersuchten Staates oder jede von diesem hierzu bestimmte Behörde stellt ein Zustellungszeugnis aus, das dem diesem Übereinkommen als Anlage beigefügten Muster entspricht.

(2) Das Zeugnis enthält die Angaben über die Erledigung des Antrags; in ihm sind Form, Ort und Zeit der Erledigung sowie die Person anzugeben, der das Schriftstück übergeben worden ist. Gegebenenfalls sind die Umstände anzuführen, welche die Erledigung verhindert haben.

(3) Die ersuchende Stelle kann verlangen, dass ein nicht durch die Zentrale Behörde oder durch eine gerichtliche Behörde ausgestelltes Zeugnis mit einem Sichtvermerk einer dieser Behörden versehen wird.

(4) Das Zeugnis wird der ersuchenden Stelle unmittelbar zugesandt.

Art. 7. [Zugelassene Sprachen] (1) Die in dem diesem Übereinkommen beigefügten Muster vorgedruckten Teile müssen in englischer oder französischer Sprache abgefasst sein. Sie können außerdem in der Amtssprache oder einer der Amtssprachen des Ursprungsstaats abgefasst sein.

(2) Die Eintragungen können in der Sprache des ersuchten Staates oder in englischer oder französischer Sprache gemacht werden.

Art. 8.[10] [Unmittelbare Zustellung durch diplomatische oder konsularische Vertreter] (1) Jedem Vertragsstaat steht es frei, Personen, die sich im Ausland befinden, gerichtliche Schriftstücke unmittelbar durch seine diplomatischen oder konsularischen Vertreter ohne Anwendung von Zwang zustellen zu lassen.

(2) Jeder Staat kann erklären, dass er einer solchen Zustellung in seinem Hoheitsgebiet widerspricht, außer wenn das Schriftstück einem Angehörigen des Ursprungsstaats zuzustellen ist.

[10] Den Widerspruch nach Art. 8 Abs. 2 des Übk. haben außer *Deutschland* (§ 6 AusfG v. 22.12.1977, Nr. *212a*) *Ägypten, Andorra, Belgien, Brasilien, Bulgarien, China, Frankreich, Georgien, Griechenland, Indien, Japan,* die *Republik Korea, Kroatien, Kuwait, Lettland, Litauen, Luxemburg, Malta,* die *Marshallinseln, Mexiko,* die *Republik Moldau, Monaco, Montenegro, Nicaragua, Nordmazedonien, Norwegen, Österreich, Pakistan, die Philippinen, Polen, Portugal, Rumänien,* die *Russische Föderation, San Marino,* die *Schweiz, Serbien,* die *Slowakei, Sri Lanka,* die *Tschechische Republik, Tunesien,* die *Türkei,* die *Ukraine, Ungarn, Venezuela* und *Vietnam* erklärt. Die *Russische Föderation* wünscht ausdrücklich eine Zustellung auf diplomatischem Weg.

Art. 9. [Benutzung des konsularischen oder diplomatischen Wegs]
(1) Jedem Vertragsstaat steht es ferner frei, den konsularischen Weg zu benutzen, um gerichtliche Schriftstücke zum Zweck der Zustellung den Behörden eines anderen Vertragsstaats, die dieser hierfür bestimmt hat, zu übermitteln.

(2) Wenn außergewöhnliche Umstände dies erfordern, kann jeder Vertragsstaat zu demselben Zweck den diplomatischen Weg benutzen.

Art. 10.[11] **[Vereinfachte Zustellungen]** Dieses Übereinkommen schließt, sofern der Bestimmungsstaat keinen Widerspruch erklärt, nicht aus,

a) dass gerichtliche Schriftstücke im Ausland befindlichen Personen unmittelbar durch die Post übersandt werden dürfen,

b) dass Justizbeamte, andere Beamte oder sonst zuständige Personen des Ursprungsstaats Zustellungen unmittelbar durch Justizbeamte, andere Beamte oder sonst zuständige Personen des Bestimmungsstaats bewirken lassen dürfen,

c) dass jeder an einem gerichtlichen Verfahren Beteiligte Zustellungen gerichtlicher Schriftstücke unmittelbar durch Justizbeamte, andere Beamte oder sonst zuständige Personen des Bestimmungsstaats bewirken lassen darf.

Art. 11.[12] **[Andere Übermittlungswege]** Dieses Übereinkommen schließt nicht aus, dass Vertragsstaaten vereinbaren, zum Zweck der Zustellung gerichtlicher Schriftstücke andere als die in den vorstehenden Artikeln vorgesehenen Übermittlungswege zuzulassen, insbesondere den unmittelbaren Verkehr zwischen ihren Behörden.

---

[11] Den Widerspruch gegen eine Zustellung nach Art. 10 des Übk. haben außer *Deutschland* (§ 6 AusfG v. 22.12.1977, Nr. *212a*) *Ägypten, Argentinien, Brasilien, Bulgarien, China, Griechenland, Indien, Japan,* die *Republik Korea, Kroatien, Kuwait, Litauen, Malta, Mexiko,* die *Republik Moldau Montenegro, Nicaragua, Nordmazedonien, Norwegen, Österreich, Polen,* die *Russische Föderation, San Marino,* die *Schweiz,* die *Slowakei, Sri Lanka,* die *Tschechische Republik,* die *Türkei,* die *Ukraine* und *Ungarn* erklärt. Beschränkt auf die in Art. 10 lit. b und lit. c) genannten Verfahren haben den Widerspruch ferner *Antigua und Barbuda, Botsuana, Dänemark, Finnland, Georgien, Irland, Island, Israel, Lettland, Schweden, St. Vincent und die Grenadinen, das Vereinigte Königreich* und *Vietnam* erklärt. Die *Philippinen* und *Serbien* haben nur den Verfahren nach Art. 10 lit. a und lit. c, *Japan,* die *Marshallinseln, Monaco* und *Venezuela* haben nur der Übersendung von Schriftstücken durch die Post nach Art. 10 lit. a, *Estland* nur der Zustellung nach Art. 10 lit. c widersprochen. Der von *Irland* erklärte Widerspruch schließt nicht aus, dass in einem anderen Vertragsstaat an einem gerichtlichen Verfahren Beteiligte (einschließlich ihrer Anwälte) Zustellungen in *Irland* unmittelbar durch einen in *Irland* zugelassenen Rechtsanwalt bewirken lassen. *Australien* verlangt bei einer nach dem Recht des Ursprungsstaates zulässigen Zustellung durch die Post eine Übersendung per Einschreiben.

[12] Siehe hierzu die oben in Anm. 6 erwähnten Zusatzvereinbarungen zur weiteren Vereinfachung des Rechtsverkehrs.

Art. 12.[13] **[Gebühren und Auslagen]** (1) Für Zustellungen gerichtlicher Schriftstücke aus einem Vertragsstaat darf die Zahlung oder Erstattung von Gebühren und Auslagen für die Tätigkeit des ersuchten Staates nicht verlangt werden.

(2) Die ersuchende Stelle hat jedoch die Auslagen zu zahlen oder zu erstatten, die dadurch entstehen,

a) dass bei der Zustellung ein Justizbeamter oder eine nach dem Recht des Bestimmungsstaats zuständige Person mitwirkt,

b) dass eine besondere Form der Zustellung angewendet wird.

Art. 13. [Ablehnung der Erledigung] (1) Die Erledigung eines Zustellungsantrags nach diesem Übereinkommen kann nur abgelehnt werden, wenn der ersuchte Staat sie für geeignet hält, seine Hoheitsrechte oder seine Sicherheit zu gefährden.

(2) Die Erledigung darf nicht allein aus dem Grund abgelehnt werden, dass der ersuchte Staat nach seinem Recht die ausschließliche Zuständigkeit seiner Gerichte für die Sache in Anspruch nimmt oder ein Verfahren nicht kennt, das dem entspricht, für das der Antrag gestellt wird.

(3) Über die Ablehnung unterrichtet die Zentrale Behörde unverzüglich die ersuchende Stelle unter Angabe der Gründe.

Art. 14. [Beilegung von Schwierigkeiten] Schwierigkeiten, die aus Anlass der Übermittlung gerichtlicher Schriftstücke zum Zweck der Zustellung entstehen, werden auf diplomatischem Weg beigelegt.

Art. 15.[14, 15] **[Aussetzung des Verfahrens bei Nichteinlassung des Beklagten]** (1) War zur Einleitung eines gerichtlichen Verfahrens eine Ladung oder ein entsprechendes Schriftstück nach diesem Übereinkom-

---

[13] *Mexiko* hat zu Art. 12 Abs. 2 erklärt, dass die Kosten vom Antragsteller zu tragen sind. Die *Russische Föderation* wendet das Übk. nicht gegenüber Vertragsstaaten an, die unter Verletzung von Art. 12 Gebühren oder Auslagen verlangen.

[14] Eine Erklärung gem. Art. 15 Abs. 2 des Übk. haben *Deutschland* (BGBl. 1993 II, S. 703), sowie *Andorra, Antigua und Barbuda, Argentinien, Australien, Belgien, Botsuana, Bulgarien, China, Dänemark, Estland, Frankreich, Georgien, Griechenland, Indien, Irland, Island, Japan, Kanada,* die *Republik Korea, Kroatien, Kuwait, Lettland, Litauen, Luxemburg,* die *Marshallinseln, Mexiko,* die *Republik Moldau, Monaco, Montenegro, Nicaragua,* die *Niederlande, Nordmazedonien Norwegen, Österreich, Pakistan, Portugal, San Marino, Serbien,* die *Slowakei, Spanien, Sri Lanka, St. Vincent und die Grenadinen,* die *Tschechische Republik, Tunesien,* die *Türkei,* die *Ukraine, Ungarn, Venezuela, Vietnam,* das *Vereinigte Königreich,* die *Vereinigten Staaten* und *Zypern* abgegeben.

[15] Art. 15 tritt nach Maßgabe von Art. 28 Abs. 4 der Verordnung (EU) Nr. 1215/2012 v. 12.12.2012 (Brüssel Ia-VO; Nr. *160*), Art. 11 Abs. 3 der Verordnung (EG) Nr. 4/2009 v. 18.12.2008 (EuUntVO; Nr. *161*), Art. 19 Abs. 3 der Verordnung (EU) 2019/1111 v. 25.6.2019 (Brüssel IIb-VO; Nr. *162*), Art. 16 Abs. 3 der Verordnung (EU) Nr. 650/2012 (EuErbVO; Nr. *61*) und Art. 16 Abs. 3 der Verordnungen (EU) 2016/1103 und 2016/1104 (EuGüVO/EuPartVO, Nr. *33, 39*) an die Stelle der korrespondierenden Vorschriften dieser Verordnungen.

men zum Zweck der Zustellung in das Ausland zu übermitteln und hat sich der Beklagte nicht auf das Verfahren eingelassen, so hat der Richter das Verfahren auszusetzen, bis festgestellt ist,

a) dass das Schriftstück in einer der Formen zugestellt worden ist, die das Recht des ersuchten Staates für die Zustellung der in seinem Hoheitsgebiet ausgestellten Schriftstücke an dort befindliche Personen vorschreibt, oder

b) dass das Schriftstück entweder dem Beklagten selbst oder aber in seiner Wohnung nach einem anderen in diesem Übereinkommen vorgesehenen Verfahren übergeben worden ist und dass in jedem dieser Fälle das Schriftstück so rechtzeitig zugestellt oder übergeben worden ist, dass der Beklagte sich hätte verteidigen können.

(2) Jedem Vertragsstaat steht es frei zu erklären, dass seine Richter ungeachtet des Absatzes 1 den Rechtsstreit entscheiden können, auch wenn ein Zeugnis über die Zustellung oder die Übergabe nicht eingegangen ist, vorausgesetzt,

a) dass das Schriftstück nach einem in diesem Übereinkommen vorgesehenen Verfahren übermittelt worden ist,

b) dass seit der Absendung des Schriftstücks eine Frist verstrichen ist, die der Richter nach den Umständen des Falles als angemessen erachtet und die mindestens sechs Monate betragen muss, und

c) dass trotz aller zumutbaren Schritte bei den zuständigen Behörden des ersuchten Staates ein Zeugnis nicht zu erlangen war.

(3) Dieser Artikel hindert nicht, dass der Richter in dringenden Fällen vorläufige Maßnahmen einschließlich solcher, die auf eine Sicherung gerichtet sind, anordnet.

Art. 16. [Wiedereinsetzung in den vorigen Stand] (1) War zur Einleitung eines gerichtlichen Verfahrens eine Ladung oder ein entsprechendes Schriftstück nach diesem Übereinkommen zum Zweck der Zustellung in das Ausland zu übermitteln und ist eine Entscheidung gegen den Beklagten ergangen, der sich nicht auf das Verfahren eingelassen hat, so kann ihm der Richter in Bezug auf Rechtsmittelfristen die Wiedereinsetzung in den vorigen Stand bewilligen, vorausgesetzt,

a) dass der Beklagte ohne sein Verschulden nicht so rechtzeitig Kenntnis von dem Schriftstück erlangt hat, dass er sich hätte verteidigen können, und nicht so rechtzeitig Kenntnis von der Entscheidung, dass er sie hätte anfechten können, und

b) dass die Verteidigung des Beklagten nicht von vornherein aussichtslos scheint.

(2) Der Antrag auf Wiedereinsetzung in den vorigen Stand ist nur zulässig, wenn der Beklagte ihn innerhalb einer angemessenen Frist stellt, nachdem er von der Entscheidung Kenntnis erlangt hat.

(3) Jedem Vertragsstaat steht es frei zu erklären, dass dieser Antrag nach Ablauf einer in der Erklärung festgelegten Frist unzulässig ist, vorausgesetzt, dass diese Frist nicht weniger als ein Jahr beträgt, vom Erlass der Entscheidung an gerechnet.[16]

(4) Dieser Artikel ist nicht auf Entscheidungen anzuwenden, die den Personenstand betreffen.

Kapitel II. Außergerichtliche Schriftstücke

Art. 17. [Übermittlung] Außergerichtliche Schriftstücke, die von Behörden und Justizbeamten eines Vertragsstaats stammen, können zum Zweck der Zustellung in einem anderen Vertragsstaat nach den in diesem Übereinkommen vorgesehenen Verfahren und Bedingungen übermittelt werden.

Kapitel III. Allgemeine Bestimmungen

Art. 18. [Bestimmung weiterer Behörden] (1) Jeder Vertragsstaat kann außer der Zentralen Behörde weitere Behörden bestimmen, deren Zuständigkeit er festlegt.

(2) Die ersuchende Stelle hat jedoch stets das Recht, sich unmittelbar an die Zentrale Behörde zu wenden.

(3) Bundesstaaten steht es frei, mehrere Zentrale Behörden zu bestimmen.

Art. 19. [Andere Zustellungsverfahren nach nationalem Recht] Dieses Übereinkommen schließt nicht aus, dass das innerstaatliche Recht eines Vertragsstaats außer den in den vorstehenden Artikeln vorgesehenen auch andere Verfahren zulässt, nach denen Schriftstücke aus dem Ausland zum Zweck der Zustellung in seinem Hoheitsgebiet übermittelt werden können.

Art. 20. [Zulässige Abweichungen] Dieses Übereinkommen schließt nicht aus, dass Vertragsstaaten vereinbaren, von folgenden Bestimmungen abzuweichen:

a) Artikel 3 Absatz 2 in Bezug auf das Erfordernis, die Schriftstücke in zwei Stücken zu übermitteln,

---

[16] Eine Erklärung gem. Art. 16 Abs. 3 des Übk. haben *Deutschland* (BGBl. 1993 II, S. 703), sowie *Andorra, Argentinien, Australien, Belgien, Bulgarien, China, Dänemark, Estland, Frankreich, Georgien, Indien, Island, Israel, Kanada, Kasachstan, Kroatien, Kuwait, Litauen, Luxemburg,* die *Marshallinseln, Mexiko,* die *Republik Moldau, Monaco,* Montenegro, Nicaragua, die *Niederlande, Nordmazedonien Norwegen, Österreich, Pakistan, Portugal, Rumänien, Serbien, Spanien, Tunesien,* die *Türkei,* die *Ukraine, Ungarn, Venezuela,* das *Vereinigte Königreich* (nur hinsichtlich *Schottland*), die *Vereinigten Staaten* und *Zypern* abgegeben.

b) Artikel 5 Absatz 3 und Artikel 7 in Bezug auf die Verwendung von Sprachen,

c) Artikel 5 Absatz 4,

d) Artikel 12 Absatz 2.

Art. 21. *(nicht abgedruckt)*

Art. 22.[17] **[Ersetzung früherer Haager Übereinkommen]** Dieses Übereinkommen tritt zwischen den Staaten, die es ratifiziert haben, an die Stelle der Artikel 1 bis 7 des am 17. Juli 1905 in Den Haag unterzeichneten Abkommens über den Zivilprozess und des am 1. März 1954 in Den Haag unterzeichneten Übereinkommens über den Zivilprozess, soweit diese Staaten Vertragsparteien jenes Abkommens oder jenes Übereinkommens sind.

Art. 23. [Fortgeltung der früheren Haager Übereinkommen bzgl. der Kostenerstattung] (1) Dieses Übereinkommen berührt weder die Anwendung des Artikels 23 des am 17. Juli 1905 in Den Haag unterzeichneten Abkommens über den Zivilprozess noch die Anwendung des Artikels 24 des am 1. März 1954 in Den Haag unterzeichneten Übereinkommens über den Zivilprozess.

(2) Diese Artikel sind jedoch nur anwendbar, wenn die in diesen Übereinkünften vorgesehenen Übermittlungswege benutzt werden.

Art. 24.[18] **[Fortgeltung von Zusatzvereinbarungen zu den früheren Haager Übereinkommen]** Zusatzvereinbarungen zu dem Abkommen von 1905 und dem Übereinkommen von 1954, die Vertragsstaaten geschlossen haben, sind auch auf das vorliegende Übereinkommen anzuwenden, es sei denn, dass die beteiligten Staaten etwas anderes vereinbaren.

Art. 25.[19] **[Verhältnis zu anderen Übereinkommen]** Unbeschadet der Artikel 22 und 24 berührt dieses Übereinkommen nicht die Übereinkommen, denen die Vertragsstaaten angehören oder angehören werden und die Bestimmungen über Rechtsgebiete enthalten, die durch dieses Übereinkommen geregelt sind.

---

[17] Siehe zu Art. 22 oben Anm. 5.

[18] Zu den hiervon betroffenen Zusatzvereinbarungen siehe oben Anm. 6.

[19] Unberührt bleiben nach Art. 25 des Übk. die Vorschriften folgender bilateraler Staatsverträge:
- Deutsch-britisches Abk. über den Rechtsverkehr v. 20.3.1928 (Nr. *228*): Art. 2–7
- Deutsch-griechisches Abk. über die gegenseitige Rechtshilfe in Angelegenheiten des bürgerlichen und Handelsrechts v. 11.5.1938 (RGBl. 1939 II, S. 848): Art. 1–6
- Deutsch-marokkanischer Vertrag über die Rechtshilfe und Rechtsauskunft in Zivil- und Handelssachen v. 29.10.1985 (Nr. *230*): Art. 3–10
- Deutsch-türkisches Abk. über den Rechtsverkehr in Zivil- und Handelssachen v. 28.5.1929 (RGBl. 1930 II, S. 7): Art. 9–11, 14–17.

Art. 26–31. *(nicht abgedruckt)*

212. Haager Übereinkommen über die Beweisaufnahme im Ausland in Zivil- oder Handelssachen

Vom 18. März 1970[1, 2, 3, 4, 5] (BGBl. 1977 II, S. 1472)

---

[1] Das Übk. ist für die *Bundesrepublik Deutschland* am 26.6.1979 im Verhältnis zu *Dänemark, Finnland, Frankreich, Luxemburg, Norwegen, Portugal, Schweden,* der *Tschechoslowakei,* dem *Vereinigten Königreich* und den *Vereinigten Staaten* in Kraft getreten (Bek. v. 21.6.1979, BGBl. II, S. 780 und v. 5.9.1980, BGBl. II, S. 1290).

Es gilt heute ferner im Verhältnis zu *Albanien* (seit 14.7.2014, BGBl. II, S. 438), *Andorra* (seit 10.3.2018, BGBl. II, S. 73) *Argentinien* (seit 21.6.1988, BGBl. II, S. 823), *Armenien* (seit 3.4.2015, BGBl. II, S. 302), *Australien* (seit 3.7.1993, BGBl. II, S. 2398), *Barbados* (seit 5.4.1982, BGBl. II, S. 539), *Belarus* (seit 7.4.2002, BGBl. 2002 II, S. 1161), *Bosnien und Herzegowina* (seit 19.1.2010, BGBl. II, S. 91), *Brasilien* (seit 14.9.2014, BGBl. II, S. 720), *Bulgarien* (seit 30.4.2001, BGBl. II, S. 1004), *China* (seit 6.7.1998, BGBl. II, S. 1729), *Costa Rica* (seit 8.5.2017, BGBl. II, S. 556), *Estland* (seit 31.8.1996, BGBl. II, S. 2494), *Georgien* (seit 19.3.2022, BGBl. II, S. 213), *Griechenland* (seit 19.3.2005, BGBl. II, S. 603), *Indien* (seit 20.10.2007, BGBl. 2008 II, S. 216), *Island* (seit 19.1.2010, BGBl. II, S. 91), *Israel* (seit 17.9.1979, BGBl. 1980 II, S. 1290), *Italien* (seit 21.8.1982, BGBl. II, S. 998), *Kasachstan* (seit 22.10.2017, BGBl. II, S. 1309), *Kolumbien* (seit 9.8.2013, BGBl. II, S. 1275), der *Republik Korea* (seit 20.4.2010, BGBl. II, S. 830), *Kroatien* (seit 26.2.2012, BGBl. II, S. 229), *Kuwait* (seit 3.8.2009, BGBl. 2010 II, S. 8), *Lettland* (seit 17.11.1995, BGBl. 1996 II, S. 16), *Liechtenstein* (seit 19.1.2010, BGBl. II, S. 91), *Litauen* (seit 11.9.2001, BGBl. 2002 II, S. 153), *Mexiko* (seit 23.3.1990, BGBl. II, S. 298), *Monaco* (seit 12.8.1986, BGBl. II, S. 1135), *Montenegro* (seit 9.8.2013, BGBl. II, S. 1275), *Nicaragua* (seit 13.8.2019, BGBl. II, S. 740), den *Niederlanden* (seit 7.6.1981, BGBl. II, S. 573), *Nordmazedonien* (seit 10.10.2009, BGBl. 2010 II, S. 8), *Polen* (seit 14.9.1996, BGBl. II, S. 2494), *Rumänien* (seit 13.8.2004, BGBl. 2005 II, S. 1277), der *Schweiz* (seit 1.1.1995, BGBl. II, S. 532), *Serbien* (seit 26.2.2012, BGBl. II, S. 22), den *Seychellen* (seit 22.4.2007, BGBl. 2008 II, S. 216), *Singapur* (seit 13.9.1981, BGBl. II, S. 962), der *Slowakei* (seit 1.1.1993, BGBl. II, S. 2398), *Slowenien* (seit 11.9.2001, BGBl. 2002 II, S. 153), *Spanien* (seit 21.7.1987, BGBl. II, S. 615), *Sri Lanka* (seit 11.9.2001, BGBl. 2002 II, S. 153), *Südafrika* (seit 6.9.1997, BGBl. II, S. 2225), der *Tschechischen Republik* (seit 1.1.1993, BGBl. II, S. 2398), der *Türkei* (seit 12.10.2004, BGBl. 2005 II, S. 329), der *Ukraine* (seit 13.11.2001, BGBl. 2002 II, S. 1161), *Ungarn* (seit 12.2.2005, BGBl. II, S. 329), *Venezuela* (seit 21.10.1994, BGBl. II, S. 3647) und *Zypern* (seit 27.6.1983, BGBl. II, S. 567).

Das Übk. ist ferner für *Malta* (am 25.6.2011), *Marokko* (am 23.5.2011), die *Russische Föderation* (am 30.6.2001) und *Vietnam* (am 3.5.2020) in Kraft getreten; es gilt allerdings für diese Staaten noch nicht im Verhältnis zur *Bundesrepublik Deutschland.* Das Übk. gilt auch nach dem Übergang der Souveränitätsrechte für *Hongkong* und *Macau* vom *Vereinigten Königreich* bzw. *Portugal* auf *China* mit Wirkung v. 1.7.1997 bzw. 20.12.1999 im Verhältnis zu den chinesischen Sonderverwaltungsregionen *Hongkong* und *Macau* fort (BGBl. 2003 II, S. 583, 590 und S. 789, 798).

[2] Zur Geltung des Übk. in der *Autonomen Republik Krim* und der *Stadt Sewastopol* vgl. die Anm. 3 zu Nr. 210, die hier entsprechend gilt (BGBl. 2018 II, S. 342) und für dieses Übk. auch von *Estland* (BGBl. 2021 II, S. 598) abgegeben wurde.

[3] Das Übk. tritt nach seinem Art. 29 im Verhältnis zu *Albanien, Argentinien, Armenien, Bosnien und Herzegowina, Dänemark, Finnland, Frankreich, Israel, Italien, Kroatien, Lettland, Luxemburg, Marokko, Montenegro,* den *Niederlanden, Norwegen, Polen, Portugal, Schweden,* der *Schweiz, Serbien,* der *Slowakei, Slowenien, Spanien,* der *Tschechischen Republik,* der *Ukraine* und *Zypern* an die Stelle der Art. 8 bis 16 des Haager Übereinkommens über den Zivilprozess v. 1.3.1954 (Nr. *210*).

(Übersetzung)[6]

Kapitel I. Rechtshilfeersuchen

Art. 1. [Inhalt des Ersuchens] (1) In Zivil- oder Handelssachen kann die gerichtliche Behörde eines Vertragsstaats nach seinen innerstaatlichen Rechtsvorschriften die zuständige Behörde eines anderen Vertragsstaats ersuchen, eine Beweisaufnahme oder eine andere gerichtliche Handlung vorzunehmen.

(2) Um die Aufnahme von Beweisen, die nicht zur Verwendung in einem bereits anhängigen oder künftigen gerichtlichen Verfahren bestimmt sind, darf nicht ersucht werden.

(3) Der Ausdruck „andere gerichtliche Handlung" umfasst weder die Zustellung gerichtlicher Schriftstücke noch Maßnahmen der Sicherung oder der Vollstreckung.

Art. 2. [Bestimmung einer Zentralen Behörde] (1) Jeder Vertragsstaat bestimmt eine Zentrale Behörde, die von einer gerichtlichen Behörde eines anderen Vertragsstaats ausgehende Rechtshilfeersuchen entgegennimmt und sie der zuständigen Behörde zur Erledigung zuleitet. Jeder Staat richtet die Zentrale Behörde nach Maßgabe seines Rechts ein.

(2) Rechtshilfeersuchen werden der Zentralen Behörde des ersuchten Staates ohne Beteiligung einer weiteren Behörde dieses Staates übermittelt.

Art. 3. [Notwendige Angaben des Ersuchens] (1) Ein Rechtshilfeersuchen enthält folgende Angaben:

a) die ersuchende und, soweit bekannt, die ersuchte Behörde;

---

[4] Im Verhältnis zwischen *Deutschland* und *Finnland, Frankreich, Italien, Luxemburg,* den *Niederlanden, Portugal, Schweden, Spanien* und dem *Vereinigten Königreich* wird das Übk. seit dem 1.1.2004 durch die EG-Verordnung Nr. 1206/2001 über die Zusammenarbeit zwischen den Gerichten der Mitgliedstaaten auf dem Gebiet der Beweisaufnahme in Zivil- oder Handelssachen v. 28.5.2001 (EuBVO, Nr. *225*) verdrängt, vgl. Art. 21 EuBVO. Gleiches gilt im Verhältnis zu *Estland, Lettland, Litauen, Polen,* der *Slowakei, Slowenien,* der *Tschechischen Republik* und Zypern (seit 1.5.2004), *Ungarn* (seit 12.2.2005), *Griechenland* (seit 19.3.2005), *Bulgarien* und *Rumänien* (jeweils seit 1.1.2007) und *Kroatien* (seit 1.7.2013). Im Verhältnis zum *Vereinigten Königreich* galt dieser Vorrang nur bis zum 31.12.2020, vgl. Anm. 2 zum EUV (Nr. *0–1*) und Anm. 2 zur EuBVO (Nr. *225*).

[5] Siehe zu dem Übk. das deutsche AusfG v. 22.12.1977 (Nr. *212a*), die Zusatzvereinbarung zur weiteren Vereinfachung des Rechtsverkehrs mit der *Tschechischen Republik,* die Zusatzvereinbarungen zum Haager Übk. über den Zivilprozess v. 1.3.1954 (Nr. *210*) mit *Frankreich* (Nr. *227*), den *Niederlanden, Norwegen* und *Polen* sowie die Zusatzvereinbarungen zum Haager Übk. über den Zivilprozess v. 17.7.1905 mit *Dänemark, Luxemburg, Schweden* und der *Schweiz,* die mangels abweichender Vereinbarung gem. Art. 31 auch auf das vorliegende Übk. anzuwenden sind; dazu näher Anm. 1 und 4 vor Nr. *227*.

[6] Authentisch sind gleichberechtigt der englische und der französische Text: https://www.hcch.net/de/instruments/conventions (Nr. 20).

b) den Namen und die Anschrift der Parteien und gegebenenfalls ihrer Vertreter;

c) die Art und den Gegenstand der Rechtssache sowie eine gedrängte Darstellung des Sachverhalts;

d) die Beweisaufnahme oder die andere gerichtliche Handlung, die vorgenommen werden soll.

(2) Das Rechtshilfeersuchen enthält außerdem je nach Sachlage

e) den Namen und die Anschrift der zu vernehmenden Personen;

f) die Fragen, welche an die zu vernehmenden Personen gerichtet werden sollen, oder die Tatsachen, über die sie vernommen werden sollen;

g) die Urkunden oder die anderen Gegenstände, die geprüft werden sollen;

h) den Antrag, die Vernehmung unter Eid oder Bekräftigung durchzuführen, und gegebenenfalls die dabei zu verwendende Formel;

i) den Antrag, eine besondere Form nach Artikel 9 einzuhalten.

(3) In das Rechtshilfeersuchen werden gegebenenfalls auch die für die Anwendung des Artikels 11 erforderlichen Erläuterungen aufgenommen.

(4) Eine Legalisation oder eine ähnliche Förmlichkeit darf nicht verlangt werden.

Art. 4.[7] **[Sprache des Ersuchens]** (1) Das Rechtshilfeersuchen muss in der Sprache der ersuchten Behörde abgefasst oder von einer Übersetzung in diese Sprache begleitet sein.

(2) Jeder Vertragsstaat muss jedoch, sofern er nicht den Vorbehalt nach Artikel 33 gemacht hat, ein Rechtshilfeersuchen entgegennehmen, das in französischer oder englischer Sprache abgefasst oder von einer Übersetzung in eine dieser Sprachen begleitet ist.

(3) Ein Vertragsstaat mit mehreren Amtssprachen, der aus Gründen seines innerstaatlichen Rechts Rechtshilfeersuchen nicht für sein gesamtes Hoheitsgebiet in einer dieser Sprachen entgegennehmen kann, muss durch eine Erklärung die Sprache bekanntgeben, in der ein Rechtshilfeersuchen abgefasst oder in die es übersetzt sein muss, je nachdem, in welchem Teil seines Hoheitsgebiets es erledigt werden soll. Wird dieser Erklärung ohne

---

[7] Einen Vorbehalt nach Art. 33 in Bezug auf Art. 4 Abs. 2 des Übk. haben außer *Deutschland* (§ 9 AusfG v. 22.12.1977, Nr. *212a*) *Albanien, Argentinien, Armenien, Australien, Brasilien, China, Georgien, Griechenland, Indien, Island, Kroatien, Liechtenstein, Mazedonien, Mexiko, Polen, Portugal,* die *Schweiz, Serbien, Venezuela* und *Vietnam* erklärt. *Dänemark, Finnland, Indien, Kasachstan,* die *Republik Korea, Malta, Montenegro, Norwegen, Singapur, Sri Lanka, Südafrika,* die *Türkei,* die *Ukraine,* das *Vereinigte Königreich* und *Zypern* haben den Vorbehalt nur in Bezug auf Rechtshilfeersuchen erklärt, die in französischer Sprache abgefasst sind. *Andorra, Frankreich* und *Monaco* haben den Vorbehalt nur in Bezug auf Rechtshilfeersuchen erklärt, die in englischer Sprache abgefasst sind. Gem. Art. 4 Abs. 4 des Übk. haben *Luxemburg* und die *Niederlande* erklärt, dass auch in deutscher Sprache abgefasste Rechtshilfeersuchen angenommen werden. In der *Schweiz* gilt dies für den deutschsprachigen Landesteil. *Litauen* hat erklärt, dass auch in russischer Sprache abgefasste Rechtshilfeersuchen angenommen werden.

hinreichenden Grund nicht entsprochen, so hat der ersuchende Staat die Kosten einer Übersetzung in die geforderte Sprache zu tragen.

(4) Neben den in den Absätzen 1 bis 3 vorgesehenen Sprachen kann jeder Vertragsstaat durch eine Erklärung eine oder mehrere weitere Sprachen bekanntgeben, in denen ein Rechtshilfeersuchen seiner Zentralen Behörde übermittelt werden kann.

(5) Die einem Rechtshilfeersuchen beigefügte Übersetzung muss von einem diplomatischen oder konsularischen Vertreter, von einem beeidigten Übersetzer oder von einer anderen hierzu befugten Person in einem der beiden Staaten beglaubigt sein.

Art. 5. [Einwände gegen das Ersuchen] Ist die Zentrale Behörde der Ansicht, dass das Ersuchen nicht dem Übereinkommen entspricht, so unterrichtet sie unverzüglich die Behörde des ersuchenden Staates, die ihr das Rechtshilfeersuchen übermittelt hat, und führt dabei die Einwände gegen das Ersuchen einzeln an.

Art. 6. [Weiterleitung des Ersuchens bei Unzuständigkeit] Ist die ersuchte Behörde nicht zuständig, so wird das Rechtshilfeersuchen von Amts wegen unverzüglich an die nach den Rechtsvorschriften ihres Staates zuständige Behörde weitergeleitet.

Art. 7. [Benachrichtigung der ersuchenden Behörde] Die ersuchende Behörde wird auf ihr Verlangen von dem Zeitpunkt und dem Ort der vorzunehmenden Handlung benachrichtigt, damit die beteiligten Parteien und gegebenenfalls ihre Vertreter anwesend sein können. Diese Mitteilung wird auf Verlangen der ersuchenden Behörde den Parteien oder ihren Vertretern unmittelbar übersandt.

Art. 8.[8] [Anwesenheit von Mitgliedern der ersuchenden gerichtlichen Behörde] Jeder Vertragsstaat kann erklären, dass Mitglieder der ersuchenden gerichtlichen Behörde eines anderen Vertragsstaats bei der Erledigung eines Rechtshilfeersuchens anwesend sein können. Hierfür kann die vorherige Genehmigung durch die vom erklärenden Staat bestimmte zuständige Behörde verlangt werden.

Art. 9. [Auf die Erledigung des Ersuchens anwendbares Recht]
(1) Die gerichtliche Behörde verfährt bei der Erledigung eines Rechtshilfeersuchens nach den Formen, die ihr Recht vorsieht.

---

[8] Erklärungen nach Art. 8 Satz 1 des Übk. haben außer *Deutschland* (§ 10 AusfG v. 22.12.1977, Nr. *212a*) *Brasilien, Frankreich, Georgien, Israel, Luxemburg, Schweden,* das *Vereinigte Königreich,* die *Ukraine* und *Zypern* abgegeben. Nur unter dem Vorbehalt einer Genehmigung nach Art. 8 Satz 2 des Übk. haben die Erklärung ferner Andorra, *Armenien, Australien, Dänemark, Estland, Finnland, Griechenland, Indien, Island, Italien,* die *Republik Korea, Kroatien, Lettland, Liechtenstein, Litauen,* die *Niederlande, Nordmazedonien* die *Schweiz, Serbien, Spanien, Sri Lanka, Südafrika* und die *Vereinigten Staaten* abgegeben.

(2) Jedoch wird dem Antrag der ersuchenden Behörde, nach einer besonderen Form zu verfahren, entsprochen, es sei denn, dass diese Form mit dem Recht des ersuchten Staates unvereinbar oder ihre Einhaltung nach der gerichtlichen Übung im ersuchten Staat oder wegen tatsächlicher Schwierigkeiten unmöglich ist.

(3) Das Rechtshilfeersuchen muss rasch erledigt werden.

Art. 10. [Anwendung geeigneter Zwangsmaßnahmen] Bei der Erledigung des Rechtshilfeersuchens wendet die ersuchte Behörde geeignete Zwangsmaßnahmen in den Fällen und in dem Umfang an, wie sie das Recht des ersuchten Staates für die Erledigung eines Ersuchens inländischer Behörden oder eines zum gleichen Zweck gestellten Antrags einer beteiligten Partei vorsieht.

Art. 11.[9] [Aussageverweigerung/Aussageverbot] (1) Ein Rechtshilfeersuchen wird nicht erledigt, soweit die Person, die es betrifft, sich auf ein Recht zur Aussageverweigerung oder auf ein Aussageverbot beruft,

a) das nach dem Recht des ersuchten Staates vorgesehen ist oder

b) das nach dem Recht des ersuchenden Staates vorgesehen und im Rechtshilfeersuchen bezeichnet oder erforderlichenfalls auf Verlangen der ersuchten Behörde von der ersuchenden Behörde bestätigt worden ist.

(2) Jeder Vertragsstaat kann erklären, dass er außerdem Aussageverweigerungsrechte und Aussageverbote, die nach dem Recht anderer Staaten als des ersuchenden oder des ersuchten Staates bestehen, insoweit anerkennt, als dies in der Erklärung angegeben ist.

Art. 12. [Ablehnungsgründe] (1) Die Erledigung eines Rechtshilfeersuchens kann nur insoweit abgelehnt werden, als

a) die Erledigung des Ersuchens im ersuchten Staat nicht in den Bereich der Gerichtsgewalt fällt oder

b) der ersuchte Staat die Erledigung für geeignet hält, seine Hoheitsrechte oder seine Sicherheit zu gefährden.

(2) Die Erledigung darf nicht allein aus dem Grund abgelehnt werden, dass der ersuchte Staat nach seinem Recht die ausschließliche Zuständigkeit seiner Gerichte für die Sache in Anspruch nimmt oder ein Verfahren nicht kennt, das dem entspricht, für welches das Ersuchen gestellt wird.

Art. 13. [Verfahren nach Erledigung/Nichterledigung des Ersuchens] (1) Die ersuchte Behörde leitet die Schriftstücke, aus denen sich die Erledigung eines Rechtshilfeersuchens ergibt, der ersuchenden Behörde auf

---

[9] Nach Art. 11 Abs. 2 erkennen *Estland* und *Liechtenstein* das Recht einer Person an, sich an der Beweisaufnahme oder an der Erledigung der Maßnahme zu beteiligen, falls sie dazu nach dem Recht ihres Heimatstaates berechtigt oder verpflichtet ist.

demselben Weg zu, den diese für die Übermittlung des Ersuchens benutzt hat.

(2) Wird das Rechtshilfeersuchen ganz oder teilweise nicht erledigt, so wird dies der ersuchenden Behörde unverzüglich auf demselben Weg unter Angabe der Gründe für die Nichterledigung mitgeteilt.

Art. 14. [Gebühren und Auslagen] (1) Für die Erledigung eines Rechtshilfeersuchens darf die Erstattung von Gebühren und Auslagen irgendwelcher Art nicht verlangt werden.

(2) Der ersuchte Staat ist jedoch berechtigt, vom ersuchenden Staat die Erstattung der an Sachverständige und Dolmetscher gezahlten Entschädigungen sowie der Auslagen zu verlangen, die dadurch entstanden sind, dass auf Antrag des ersuchenden Staates nach Artikel 9 Absatz 2 eine besondere Form eingehalten worden ist.

(3) Eine ersuchte Behörde, nach deren Recht die Parteien für die Aufnahme der Beweise zu sorgen haben und die das Rechtshilfeersuchen nicht selbst erledigen kann, darf eine hierzu geeignete Person mit der Erledigung beauftragen, nachdem sie das Einverständnis der ersuchenden Behörde eingeholt hat. Bei der Einholung dieses Einverständnisses gibt die ersuchte Behörde den ungefähren Betrag der Kosten an, die durch diese Art der Erledigung entstehen würden. Durch ihr Einverständnis verpflichtet sich die ersuchende Behörde, die entstehenden Kosten zu erstatten. Fehlt das Einverständnis, so ist die ersuchende Behörde zur Erstattung der Kosten nicht verpflichtet.

Kapitel II.[10] Beweisaufnahme durch diplomatische oder konsularische Vertreter und durch Beauftragte

Art. 15.[11] [Angehörige des eigenen Staates] (1) In Zivil- oder Handelssachen kann ein diplomatischer oder konsularischer Vertreter eines Vertragsstaats im Hoheitsgebiet eines anderen Vertragsstaats und in dem Bezirk, in dem er sein Amt ausübt, ohne Anwendung von Zwang Beweis für ein Verfahren aufnehmen, das vor einem Gericht eines von ihm vertretenen Staates anhängig ist, wenn nur Angehörige desselben Staates betroffen sind.

(2) Jeder Vertragsstaat kann erklären, dass in dieser Art Beweis erst nach Vorliegen einer Genehmigung aufgenommen werden darf, welche die

---

[10] Von der in Art. 33 vorgesehenen Möglichkeit, das gesamte Kapitel II auszuschließen, haben bisher nur *Argentinien, Brasilien, Singapur, Sri Lanka* und *Vietnam* Gebrauch gemacht. Eingeschränkt haben diesen Vorbehalt *China* (nur Art. 16–22), *Georgien* (nur Art. 16–19, 21), die *Republik Korea* (nur Art. 16 und 17), *Kroatien* und *Montenegro* (nur Art. 16 und 18), *Polen* (nur Art. 16–22), *Südafrika* (nur Art. 15 und 16), die *Ukraine* (nur Art. 16–19) und *Venezuela* (nur Art. 17) erklärt.

[11] Einer vorherigen Genehmigung durch die Zentrale Behörde bedarf die Beweisaufnahme gem. Art. 15 des Übk. in Andorra, *Australien, Dänemark, Island, Kasachstan, Liechtenstein, Norwegen, Portugal, Schweden* und der *Schweiz.*

durch den erklärenden Staat bestimmte zuständige Behörde auf einen von dem Vertreter oder in seinem Namen gestellten Antrag erteilt.

Art. 16.[12] **[Angehörige des Empfangsstaats oder eines Drittstaats]**

(1) Ein diplomatischer oder konsularischer Vertreter eines Vertragsstaats kann außerdem im Hoheitsgebiet eines anderen Vertragsstaats und in dem Bezirk, in dem er sein Amt ausübt, ohne Anwendung von Zwang Beweis für ein Verfahren aufnehmen, das vor einem Gericht eines von ihm vertretenen Staates anhängig ist, sofern Angehörige des Empfangsstaats oder eines dritten Staates betroffen sind,

a) wenn eine durch den Empfangsstaat bestimmte zuständige Behörde ihre Genehmigung allgemein oder für den Einzelfall erteilt hat und

b) wenn der Vertreter die Auflagen erfüllt, welche die zuständige Behörde in der Genehmigung festgesetzt hat.

(2) Jeder Vertragsstaat kann erklären, dass Beweis nach dieser Bestimmung ohne seine vorherige Genehmigung aufgenommen werden darf.

Art. 17.[13] **[Beweisaufnahme durch Beauftragte]** (1) In Zivil- oder Handelssachen kann jede Person, die zu diesem Zweck ordnungsgemäß zum Beauftragten bestellt worden ist, im Hoheitsgebiet eines Vertragsstaats ohne Anwendung von Zwang Beweis für ein Verfahren aufnehmen, das vor einem Gericht eines anderen Vertragsstaats anhängig ist,

a) wenn eine von dem Staat, in dem Beweis aufgenommen werden soll, bestimmte zuständige Behörde ihre Genehmigung allgemein oder für den Einzelfall erteilt hat und

b) wenn die Person die Auflagen erfüllt, welche die zuständige Behörde in der Genehmigung festgesetzt hat.

(2) Jeder Vertragsstaat kann erklären, dass Beweis nach dieser Bestimmung ohne seine vorherige Genehmigung aufgenommen werden darf.

---

[12] Einer vorherigen Genehmigung durch die Zentrale Behörde bedarf die Beweisaufnahme gem. Art. 16 Abs. 1 des Übk. in *Andorra, Armenien, Australien, Dänemark, Frankreich, Indien, Israel, Kroatien, Liechtenstein, Litauen, Monaco, Norwegen,* der *Schweiz, Serbien,* der *Türkei,* dem *Vereinigten Königreich* sowie – beschränkt auf Angehörige dritter Staaten und Staatenlose – in der *Bundesrepublik Deutschland* (§ 11 AusfG v. 22.12.1977, Nr. *212a*). Eine Erklärung gem. Art. 16 Abs. 2 des Übk. haben *Finnland, Kasachstan,* die *Niederlande, Spanien* und die *Vereinigten Staaten* abgegeben. Unter dem Vorbehalt der Gegenseitigkeit entfällt das Genehmigungserfordernis nach Art. 16 Abs. 1 ferner in der *Slowakei,* der *Tschechischen Republik* und im *Vereinigten Königreich.* Unzulässig ist die Beweisaufnahme gem. Art. 16 des Übk. in *Portugal.*

[13] Einer vorherigen Genehmigung bedarf die Beweisaufnahme gem. Art. 17 Abs. 1 des Übk. in *Deutschland* (§ 12 AusfG v. 22.12.1977, Nr. *212a*) sowie in *Andorra, Armenien, Frankreich, Indien, Liechtenstein, Litauen, Luxemburg, Mexiko, Monaco,* den *Niederlanden, Norwegen, Schweden,* der *Schweiz, Serbien, Südafrika,* der *Türkei* und dem *Vereinigten Königreich.* Eine Erklärung nach Art. 17 Abs. 2 des Übk. haben *Finnland, Kasachstan, Spanien* und die *Vereinigten Staaten* abgegeben. Unter dem Vorbehalt der Gegenseitigkeit entfällt das Genehmigungserfordernis ferner im *Vereinigten Königreich.* Unzulässig ist die Beweisaufnahme gem. Art. 17 des Übk. in *Dänemark* und *Portugal.*

Art. 18.[14] **[Unterstützung der Beweisaufnahme durch Zwangsmaßnahmen]** (1) Jeder Vertragsstaat kann erklären, dass ein diplomatischer oder konsularischer Vertreter oder ein Beauftragter, der befugt ist, nach Artikel 15, 16 oder 17 Beweis aufzunehmen, sich an eine von diesem Staat bestimmte zuständige Behörde wenden kann, um die für diese Beweisaufnahme erforderliche Unterstützung durch Zwangsmaßnahmen zu erhalten. In seiner Erklärung kann der Staat die Auflagen festlegen, die er für zweckmäßig hält.

(2) Gibt die zuständige Behörde dem Antrag statt, so wendet sie die in ihrem Recht vorgesehenen geeigneten Zwangsmaßnahmen an.

Art. 19. [Auflagen; Teilnahme eines Behördenvertreters] Die zuständige Behörde kann, wenn sie die Genehmigung nach Artikel 15, 16 oder 17 erteilt oder dem Antrag nach Artikel 18 stattgibt, von ihr für zweckmäßig erachtete Auflagen festsetzen, insbesondere hinsichtlich Zeit und Ort der Beweisaufnahme. Sie kann auch verlangen, dass sie rechtzeitig vorher von Zeitpunkt und Ort benachrichtigt wird; in diesem Fall ist ein Vertreter der Behörde zur Teilnahme an der Beweisaufnahme befugt.

Art. 20. [Beiziehung eines Rechtsberaters] Personen, die eine in diesem Kapitel vorgesehene Beweisaufnahme betrifft, können einen Rechtsberater beiziehen.

Art. 21. [Umfang der Beweisaufnahme] Ist ein diplomatischer oder konsularischer Vertreter oder ein Beauftragter nach Artikel 15, 16 oder 17 befugt, Beweis aufzunehmen,

a) so kann er alle Beweise aufnehmen, soweit dies nicht mit dem Recht des Staates, in dem Beweis aufgenommen werden soll, unvereinbar ist oder der nach den angeführten Artikeln erteilten Genehmigung widerspricht, und unter denselben Bedingungen auch einen Eid abnehmen oder eine Bekräftigung entgegennehmen;

b) so ist jede Ladung zum Erscheinen oder zur Mitwirkung an einer Beweisaufnahme in der Sprache des Ortes der Beweisaufnahme abzufassen oder eine Übersetzung in diese Sprache beizufügen, es sei denn, dass die durch die Beweisaufnahme betroffene Person dem Staat angehört, in dem das Verfahren anhängig ist;

c) so ist in der Ladung anzugeben, dass die Person einen Rechtsberater beiziehen kann, sowie in einem Staat, der nicht die Erklärung nach Artikel 18 abgegeben hat, dass sie nicht verpflichtet ist, zu erscheinen oder sonst an der Beweisaufnahme mitzuwirken;

---

[14] Eine Erklärung nach Art. 18 des Übk. haben *Armenien, Griechenland, Indien, Italien, Kasachstan, Kroatien, Serbien,* die *Slowakei, Südafrika,* die *Tschechische Republik,* das *Vereinigte Königreich,* die *Vereinigten Staaten* und *Zypern* abgegeben. *Liechtenstein* und *Mexiko* haben erklärt, dass sie keine Unterstützung durch Zwangsmaßnahmen leisten.

d) so können die Beweise in einer der Formen aufgenommen werden, die das Recht des Gerichts vorsieht, vor dem das Verfahren anhängig ist, es sei denn, dass das Recht des Staates, in dem Beweis aufgenommen wird, diese Form verbietet;

e) so kann sich die von der Beweisaufnahme betroffene Person auf die in Artikel 11 vorgesehenen Rechte zur Aussageverweigerung oder Aussageverbote berufen.

Art. 22. [Zulässigkeit eines späteren Rechtshilfeersuchens mit demselben Gegenstand] Dass ein Beweis wegen der Weigerung einer Person, mitzuwirken, nicht nach diesem Kapitel aufgenommen werden konnte, schließt ein späteres Rechtshilfeersuchen nach Kapitel I mit demselben Gegenstand nicht aus.

Kapitel III. Allgemeine Bestimmungen

Art. 23.[15] **[*Pre-trial-discovery*]** Jeder Vertragsstaat kann bei der Unterzeichnung, bei der Ratifikation oder beim Beitritt erklären, dass er Rechtshilfeersuchen nicht erledigt, die ein Verfahren zum Gegenstand haben, das in den Ländern des „Common Law" unter der Bezeichnung „*pre-trial discovery of documents*" bekannt ist.

Art. 24. [Bestimmung weiterer Behörden] (1) Jeder Vertragsstaat kann außer der Zentralen Behörde weitere Behörden bestimmen, deren Zuständigkeit er festlegt. Rechtshilfeersuchen können jedoch stets der Zentralen Behörde übermittelt werden.

(2) Bundesstaaten steht es frei, mehrere Zentrale Behörden zu bestimmen.

Art. 25. [Mehrrechtsstaaten] Jeder Vertragsstaat, in dem mehrere Rechtssysteme bestehen, kann bestimmen, dass die Behörden eines dieser Systeme

---

[15] Eine Erklärung nach Art. 23 des Übk. haben *Albanien, Andorra, Argentinien, Armenien, Australien, Brasilien, China, Dänemark, Frankreich, Griechenland, Indien, Island, Italien, Kasachstan,* die *Republik Korea, Kroatien, Liechtenstein, Litauen, Luxemburg, Monaco, Montenegro,* die *Niederlande, Nordmazedonien, Norwegen, Polen, Portugal, Schweden,* die *Schweiz,* die *Seychellen, Singapur, Spanien, Sri Lanka, Südafrika,* die *Türkei,* die *Ukraine,* das *Vereinigte Königreich, Zypern* und – mit Einschränkungen –*Deutschland* (§ 14 AusfG v. 22.12.1977, Nr. *212a*), sowie *Finnland, Mexiko* und *Vietnam* abgegeben. *Frankreich* hat die Erklärung dahin eingeschränkt, dass sie keine Anwendung findet, wenn „die angeforderten Urkunden in dem Rechtshilfeersuchen erschöpfend aufgezählt sind und mit dem Streitgegenstand in unmittelbarem und klarem Zusammenhang stehen" (BGBl. 1987 II, S. 307). Vorbehalte mit weitgehenden Einschränkungen zu Art. 23 haben auch die *Schweiz* (BGBl. 1995 II, S. 533) und *Venezuela* (BGBl. 1994 II, S. 3647) erklärt. Demgegenüber erledigt *Estland* Rechtshilfeersuchen nach Art. 23 unter bestimmten – in BGBl. 1996 II, S. 2494 f. näher bezeichneten – Voraussetzungen. Zur Auslegung des Begriffs „*pre-trial discovery of documents*" in *Dänemark, Norwegen* und *Schweden* siehe auch die Bek. v. 12.11.1980 (BGBl. II, S. 1440).

für die Erledigung von Rechtshilfeersuchen nach diesem Übereinkommen ausschließlich zuständig sind.

Art. 26. [Kostenerstattung] (1) Jeder Vertragsstaat kann, wenn sein Verfassungsrecht dies gebietet, vom ersuchenden Staat die Erstattung der Kosten verlangen, die bei der Erledigung eines Rechtshilfeersuchens durch die Zustellung der Ladung, die Entschädigung der vernommenen Person und die Anfertigung eines Protokolls über die Beweisaufnahme entstehen.

(2) Hat ein Staat von den Bestimmungen des Absatzes 1 Gebrauch gemacht, so kann jeder andere Vertragsstaat von diesem Staat die Erstattung der entsprechenden Kosten verlangen.

Art. 27.[16] **[Verfahren der Beweisaufnahme nach innerstaatlichem Recht]** Dieses Übereinkommen hindert einen Vertragsstaat nicht,

a) zu erklären, dass Rechtshilfeersuchen seinen gerichtlichen Behörden auch auf anderen als den in Artikel 2 vorgesehenen Wegen übermittelt werden können;

b) nach seinem innerstaatlichen Recht oder seiner innerstaatlichen Übung zuzulassen, dass Handlungen, auf die dieses Übereinkommen anwendbar ist, unter weniger einschränkenden Bedingungen vorgenommen werden;

c) nach seinem innerstaatlichen Recht oder seiner innerstaatlichen Übung andere als die in diesem Übereinkommen vorgesehenen Verfahren der Beweisaufnahme zuzulassen.

Art. 28. [Zulässige Abweichungen] Dieses Übereinkommen schließt nicht aus, dass Vertragsstaaten vereinbaren, von folgenden Bestimmungen abzuweichen:

a) Artikel 2 in Bezug auf den Übermittlungsweg für Rechtshilfeersuchen;

b) Artikel 4 in Bezug auf die Verwendung von Sprachen;

c) Artikel 8 in Bezug auf die Anwesenheit von Mitgliedern der gerichtlichen Behörde bei der Erledigung von Rechtshilfeersuchen;

d) Artikel 11 in Bezug auf die Aussageverweigerungsrechte und Aussageverbote;

e) Artikel 13 in Bezug auf die Übermittlung von Erledigungsstücken;

f) Artikel 14 in Bezug auf die Regelung der Kosten;

g) den Bestimmungen des Kapitels II.

---

[16] Gem. Art. 27 lit. a hat *Dänemark* erklärt, dass Rechtshilfeersuchen von konsularischen Vertretern ausländischer Staaten wie bisher auch unmittelbar an das zuständige dänische Gericht übermittelt werden können. Auch in *Mexiko* können Rechtshilfeersuchen nicht nur über die zentrale Behörde, sondern auch auf diplomatischem oder konsularischem oder auf gerichtlichem Weg (unmittelbar von Gericht zu Gericht) übermittelt werden, sofern im letzteren Fall die Erfordernisse der Legalisation der Unterschrift erfüllt werden. *Kasachstan* lässt die Verfahren nach lit b und lit. c zu.

Art. 29.[17] **[Ersetzung der früheren Haager Übereinkommen]** Dieses Übereinkommen tritt zwischen den Staaten, die es ratifiziert haben, an die Stelle der Artikel 8 bis 16 des am 17. Juli 1905 in Den Haag unterzeichneten Abkommens über den Zivilprozess und des am 1. März 1954 in Den Haag unterzeichneten Übereinkommens über den Zivilprozess, soweit diese Staaten Vertragsparteien jenes Abkommens oder jenes Übereinkommens sind.

Art. 30. [Fortgeltung der früheren Haager Übereinkommen bzgl. der Kostenerstattung] Dieses Übereinkommen berührt weder die Anwendung des Artikels 23 des Abkommens von 1905 noch die Anwendung des Artikels 24 des Übereinkommens von 1954.

Art. 31.[18] **[Fortgeltung von Zusatzvereinbarungen zu den früheren Haager Übereinkommen]** Zusatzvereinbarungen zu dem Abkommen von 1905 und dem Übereinkommen von 1954, die Vertragsstaaten geschlossen haben, sind auch auf das vorliegende Übereinkommen anzuwenden, es sei denn, dass die beteiligten Staaten etwas anderes vereinbaren.

Art. 32.[19] **[Verhältnis zu anderen Übereinkommen]** Unbeschadet der Artikel 29 und 31 berührt dieses Übereinkommen nicht die Übereinkommen, denen die Vertragsstaaten angehören oder angehören werden und die Bestimmungen über Rechtsgebiete enthalten, die durch dieses Übereinkommen geregelt sind.

Art. 33.[20] **[Zulässige Vorbehalte]** (1) Jeder Staat kann bei der Unterzeichnung, bei der Ratifikation oder beim Beitritt die Anwendung des Artikels 4 Absatz 2 sowie des Kapitels II ganz oder teilweise ausschließen. Ein anderer Vorbehalt ist nicht zulässig.

(2) Jeder Vertragsstaat kann einen Vorbehalt, den er gemacht hat, jederzeit zurücknehmen; der Vorbehalt wird am sechzigsten Tag nach der Notifikation der Rücknahme unwirksam.

(3) Hat ein Staat einen Vorbehalt gemacht, so kann jeder andere Staat, der davon berührt wird, die gleiche Regelung gegenüber dem Staat anwenden, der den Vorbehalt gemacht hat.

Art. 34–42. *(nicht abgedruckt)*

---

[17] Siehe zu Art. 29 oben Anm. 3.

[18] Zu den hiervon betroffenen Zusatzvereinbarungen siehe oben Anm. 5.

[19] Unberührt bleiben nach Art. 32 die Vorschriften in Art. 8–14 des *deutsch-britischen* Abk. über den Rechtsverkehr v. 20.3.1928 (Nr. *228*).

[20] Zu den nach Art. 33 erklärten Vorbehalten siehe oben Anm. 7 und 10–14.

212a. Gesetz zur Ausführung des Haager Übereinkommens vom 15. November 1965 über die Zustellung gerichtlicher und außergerichtlicher Schriftstücke im Ausland in Zivil- oder Handelssachen und des Haager Übereinkommens vom 18. März 1970 über die Beweisaufnahme im Ausland in Zivil- oder Handelssachen

Vom 22. Dezember 1977 (BGBl. I, S. 3105)

Erster Teil. Vorschriften zur Ausführung des Haager Übereinkommens vom 15. November 1965 über die Zustellung gerichtlicher und außergerichtlicher Schriftstücke im Ausland in Zivil- oder Handelssachen

§ 1.[1] **[Zentrale Behörde]** (1) Die Aufgaben der Zentralen Behörde (Artikel 2, 18 Abs. 3 des Übereinkommens) nehmen die von den Landesregierungen bestimmten Stellen wahr. Jedes Land kann nur eine Zentrale Behörde einrichten. Die Landesregierungen können die Befugnis nach Satz 1 auf die Landesjustizverwaltungen übertragen.

(2) Die Aufgaben der Zentralen Behörde nimmt für den Bund das Bundesamt für Justiz wahr. Es unterstützt bei Bedarf die zuständigen Behörden der Länder.

§ 2. [Entgegennahme von Zustellungsanträgen] Für die Entgegennahme von Zustellungsanträgen, die von einem ausländischen Konsul innerhalb der Bundesrepublik Deutschland übermittelt werden (Artikel 9 Abs. 1 des Übereinkommens), sind die Zentrale Behörde des Landes, in dem die Zustellung bewirkt werden soll, und die Stellen zuständig, die gemäß § 1 des Gesetzes zur Ausführung des Haager Übereinkommens vom 1. März 1954 über den Zivilprozess vom 18. Dezember 1958 (BGBl. I S. 939)[2] zur Entgegennahme von Anträgen des Konsuls eines ausländischen Staates zuständig sind.

§ 3. [Deutsche Sprache] Eine förmliche Zustellung (Artikel 5 Abs. 1 des Übereinkommens) ist nur zulässig, wenn das zuzustellende Schriftstück in deutscher Sprache abgefasst oder in diese Sprache übersetzt ist.

§ 4. [Zustellung durch die Post bzw. das Amtsgericht] (1) Die Zentrale Behörde ist befugt, Zustellungsanträge unmittelbar durch die Post erledigen zu lassen, wenn die Voraussetzungen für eine Zustellung gemäß Artikel 5 Abs. 1 Buchstabe a des Übereinkommens erfüllt sind. In diesem Fall händigt die Zentrale Behörde das zu übergebende Schriftstück der Post

---

[1] § 1 Satz 3 angefügt durch Gesetz v. 10.12.2008 (BGBl. I, S. 2399) mit Wirkung v. 16.12. 2008. Abs. 2 angefügt durch Gesetz v. 24.6.2022 (BGBl. I, S. 959) mit Wirkung v. 1.7.2022.

[2] Abgedruckt unter Nr. *210a*.

zur Zustellung aus. Die Vorschriften der Zivilprozessordnung über die Zustellung von Amts wegen gelten entsprechend.

(2) Im Übrigen ist für die Erledigung von Zustellungsanträgen das Amtsgericht zuständig, in dessen Bezirk die Zustellung vorzunehmen ist. Die Zustellung wird durch die Geschäftsstelle des Amtsgerichts bewirkt.

§ 5. [Zustellungszeugnis] Das Zustellungszeugnis (Artikel 6 Abs. 1, 2 des Übereinkommens) erteilt im Fall des § 4 Abs. 1 die Zentrale Behörde, im Übrigen die Geschäftsstelle des Amtsgerichts.

§ 6. [Zustellung durch diplomatische oder konsularische Vertreter] Eine Zustellung durch diplomatische oder konsularische Vertreter (Artikel 8 des Übereinkommens) ist nur zulässig, wenn das Schriftstück einem Angehörigen des Absendestaates zuzustellen ist. Eine Zustellung nach Artikel 10 des Übereinkommens findet nicht statt.

Zweiter Teil. Vorschriften zur Ausführung des Haager Übereinkommens vom 18. März 1970 über die Beweisaufnahme im Ausland in Zivil- oder Handelssachen

§ 7.[3] [Zentrale Behörde] (1) Die Aufgaben der Zentralen Behörde (Artikel 2, 24 Abs. 2 des Übereinkommens) nehmen die von den Landesregierungen bestimmten Stellen wahr. Jedes Land kann nur eine Zentrale Behörde einrichten. Die Landesregierungen können die Befugnis nach Satz 1 auf die Landesjustizverwaltungen übertragen.

(2) Die Aufgaben der Zentralen Behörde nimmt für den Bund das Bundesamt für Justiz wahr. Es unterstützt bei Bedarf die zuständigen Behörden der Länder.

§ 8.[4] [Erledigung von Rechtshilfeersuchen] Für die Erledigung von Rechtshilfeersuchen ist das Amtsgericht zuständig, in dessen Bezirk die Amtshandlung vorzunehmen ist. Die Landesregierungen werden ermächtigt, diese Zuständigkeit durch Rechtsverordnung einem anderen Amtsgericht des Oberlandesgerichtsbezirks oder, wenn in einem Land mehrere Oberlandesgerichte errichtet sind, einem Amtsgerichtsbezirk für die Bezirke aller oder mehrerer Oberlandesgerichte zuzuweisen. Die Zuweisung kann auch nur für einzelne Arten der Beweisaufnahme erfolgen. Die Landesregierungen können diese Ermächtigung durch Rechtsverordnung auf die Landesjustizverwaltungen übertragen.

§ 9. [Deutsche Sprache] Rechtshilfeersuchen, die durch das Amtsgericht zu erledigen sind (Kapitel I des Übereinkommens), müssen in deutscher

---

[3] § 7 Satz 3 angefügt durch Gesetz v. 10.12.2008 (BGBl. I, S. 2399) mit Wirkung v. 16.12. 2008. Abs. 2 angefügt durch Gesetz v. 24.6.2022 (BGBl. I, S. 959) mit Wirkung v. 1.7.2022.

[4] § 8 Sätze 2–4 angefügt durch Gesetz v. 11.6.2017 (BGBl. I, S. 1607) mit Wirkung v. 17.6.2017.

Sprache abgefasst oder von einer Übersetzung in diese Sprache begleitet sein (Artikel 4 Abs. 1, 5 des Übereinkommens).

§ 10. [Anwesenheit von Mitgliedern des ersuchenden Gerichts] Mitglieder des ersuchenden ausländischen Gerichts können bei der Erledigung eines Rechtshilfeersuchens durch das Amtsgericht anwesend sein, wenn die Zentrale Behörde dies genehmigt hat.

§ 11. [Beweisaufnahme durch diplomatische oder konsularische Vertreter] Eine Beweisaufnahme durch diplomatische oder konsularische Vertreter ist unzulässig, wenn sie deutsche Staatsangehörige betrifft. Betrifft sie Angehörige eines dritten Staates oder Staatenlose, so ist sie nur zulässig, wenn die Zentrale Behörde sie genehmigt hat (Artikel 16 Abs. 1 des Übereinkommens). Eine Genehmigung ist nicht erforderlich, wenn der Angehörige eines dritten Staates zugleich die Staatsangehörigkeit des Staates des ersuchenden Gerichts besitzt.

§ 12. [Beweisaufnahme durch Beauftragten des ersuchenden Gerichts] (1) Ein Beauftragter des ersuchenden Gerichts (Artikel 17 des Übereinkommens) darf eine Beweisaufnahme nur durchführen, wenn die Zentrale Behörde sie genehmigt hat. Die Genehmigung kann mit Auflagen verbunden werden.

(2) Das Gericht, das für die Erledigung eines Rechtshilfeersuchens in derselben Angelegenheit nach § 8 zuständig wäre, ist befugt, die Vorbereitung und die Durchführung der Beweisaufnahme zu überwachen. Ein Mitglied dieses Gerichts kann an der Beweisaufnahme teilnehmen (Artikel 19 Satz 2 des Übereinkommens).

§ 13. [Erteilung der Genehmigungen] Für die Erteilung der Genehmigung nach den §§ 10, 11, und 12 (Artikel 19 des Übereinkommens) ist die Zentrale Behörde des Landes zuständig, in dem die Beweisaufnahme durchgeführt werden soll.

§ 14.[5] [Verfahren nach Art. 23 des Übereinkommens] (1) Rechtshilfeersuchen, die ein Verfahren nach Artikel 23 des Übereinkommens zum Gegenstand haben, werden nur erledigt, wenn

1. die vorzulegenden Dokumente im Einzelnen genau bezeichnet sind,
2. die vorzulegenden Dokumente für das jeweilige Verfahren und dessen Auslegung von unmittelbarer und eindeutig zu erkennender Bedeutung sind,
3. die vorzulegenden Dokumente sich im Besitz einer an dem Verfahren beteiligten Partei befinden,
4. das Herausgabeverlangen nicht gegen wesentliche Grundsätze des deutschen Rechts verstößt und,

[5] § 14 neu gefasst durch Gesetz v. 24.6.2022 (BGBl. I S. 959) mit Wirkung v. 1.7.2022.

5. soweit personenbezogene Daten in den vorzulegenden Dokumenten enthalten sind, die Voraussetzungen für die Übermittlung in ein Drittland nach Kapitel V der Verordnung (EU) 2016/679 des Europäischen Parlaments und des Rates vom 27. April 2016 zum Schutz natürlicher Personen bei der Verarbeitung personenbezogener Daten, zum freien Datenverkehr und zur Aufhebung der Richtlinie 95/46/EG (Datenschutz-Grundverordnung) (ABl. L 119 vom 4.5.2016, S. 1; L 314 vom 22.11.2016, S. 72; L 127 vom 23.5.2018, S. 2; L 74 vom 4.3.2021, S. 35) erfüllt sind.

Dritter Teil. Sonstige Bestimmungen

§§ 15–17. *(nicht abgedruckt)*

2. Sonstige allgemeine Rechtsschutzübereinkommen

213. Genfer UN-Abkommen über die Rechtsstellung der Flüchtlinge

Vom 28. Juli 1951[1, 2] (BGBl. 1953 II, S. 560)

(Übersetzung)[3]

Art. 16.[4] Zugang zu den Gerichten. (1) Jeder Flüchtling[5] hat in dem Gebiet der vertragsschließenden Staaten freien und ungehinderten Zugang zu den Gerichten.

(2) In dem vertragsschließenden Staat, in dem ein Flüchtling seinen gewöhnlichen Aufenthalt hat, genießt er hinsichtlich des Zugangs zu den Gerichten, einschließlich des Armenrechts und der Befreiung von der Sicherheitsleistung für Prozesskosten, dieselbe Behandlung wie ein eigener Staatsangehöriger.

(3) In den vertragsschließenden Staaten, in denen ein Flüchtling nicht seinen gewöhnlichen Aufenthalt hat, genießt er hinsichtlich der in Ziff. 2

---

[1] Das Abk. ist für die *Bundesrepublik Deutschland* am 22.4.1954 in Kraft getreten (Bek. v. 25.5.1954, BGBl. II, S. 619). Einen Überblick über die weiteren Vertragsstaaten des Abk. gibt die Länderübersicht im Registerteil. Vgl. auch Anm. 1 zu Nr. *10*.

[2] Siehe auch das Baseler CIEC-Übk. über die internationale Zusammenarbeit auf dem Gebiet der Verwaltungshilfe für Flüchtlinge v. 3.9.1985. Die *Bundesrepublik Deutschland* ist diesem Übk. bisher nicht beigetreten. Es ist am 1.3.1987 für *Frankreich* und die *Niederlande* in Kraft getreten und gilt inzwischen ferner für *Belgien* (seit 1.6.1986), *Griechenland* (seit 1.9.2014), *Italien* (seit 1.10.1989), *Österreich* und *Spanien* (seit 1.8.1987). Text (französisch) mit deutscher Übersetzung: http://ciec1.org (Nr. 22) sowie im öst. BGBl. 1987, S. 2063.

[3] Authentisch sind gleichberechtigt der englische und der französische Text: https://treaties.un.org (Kap. V Nr. 2).

[4] Einen Vorbehalt zu Art. 16 des Übk. haben *China* und *Uganda* erklärt. In *China* wird Abs. 3, in *Uganda* werden Abs. 2 und 3 nicht angewandt.

[5] Zum Begriff des Flüchtlings siehe Art. 1 des Übk. (Nr. *10*).

erwähnten Angelegenheiten dieselbe Behandlung wie ein Staatsangehöriger des Landes, in dem er seinen gewöhnlichen Aufenthalt hat.

214. New Yorker UN-Übereinkommen über die Rechtsstellung der Staatenlosen

Vom 28. September 1954[1] (BGBl. 1976 II, S. 474)

(Übersetzung)[2]

Art. 16. Zugang zu den Gerichten. (1) Ein Staatenloser[3] hat im Hoheitsgebiet aller Vertragsstaaten freien und ungehinderten Zugang zu den Gerichten.

(2) Ein Staatenloser erfährt in dem Vertragsstaat, in dem er seinen gewöhnlichen Aufenthalt hat, die gleiche Behandlung wie dessen Staatsangehörige hinsichtlich des Zugangs zu den Gerichten, einschließlich des Armenrechts und der Befreiung von der Sicherheitsleistung für Prozesskosten.

(3) Ein Staatenloser erfährt in den Vertragsstaaten, in denen er nicht seinen gewöhnlichen Aufenthalt hat, hinsichtlich der in Abs. 2 genannten Angelegenheiten die gleiche Behandlung wie die Staatsangehörigen des Landes, in dem er seinen gewöhnlichen Aufenthalt hat.

215. Pariser Europäisches Niederlassungsabkommen

Vom 13. Dezember 1955[1, 2] (BGBl. 1959 II, S. 998)

(Übersetzung)[3]

Art. 1–6. *(nicht abgedruckt)*

---

[1] Das Übk. ist für die *Bundesrepublik Deutschland* am 24.1.1977 in Kraft getreten (Bek. v. 10.2.1977, BGBl. II, S. 235). Einen Überblick über die weiteren Vertragsstaaten des Übk. gibt die Länderübersicht im Registerteil. Vgl. auch Anm. 1 zu Nr. *12*.

[2] Authentisch sind gleichberechtigt der englische, französische und spanische Text: https://treaties.un.org (Kap. V Nr. 5).

[3] Zum Begriff des Staatenlosen siehe Art. 1 des Übk. (Nr. *12*).

[1] Das Übk. ist für die *Bundesrepublik Deutschland* am 23.2.1965 im Verhältnis zu *Belgien, Dänemark, Italien* und *Norwegen* in Kraft getreten (Bek. v. 30.7.1965, BGBl. II, S. 1099). Es gilt heute ferner für *Griechenland* (seit 28.11.1974, BGBl. 1975 II, S. 1090), *Irland* (seit 1.9.1966, BGBl. II, S. 1519), *Luxemburg* (seit 6.3.1969, BGBl. II, S. 1725), die *Niederlande* (seit 21.5.1969, BGBl. II, S. 1988), *Schweden* (seit 1.7.1971, BGBl. 1972 II, S. 38), die *Türkei* (seit 20.3.1990, BGBl. 1991 II, S. 397) und das *Vereinigte Königreich* (seit 14.10.1969, BGBl. 1970 II, S. 843).

[2] Siehe auch das Straßburger Europäische Übk. über die Niederlassung von Gesellschaften v. 20.1.1966. Das Übk. ist von *Belgien*, der *Bundesrepublik Deutschland* und *Italien* gezeichnet, aber bisher nur von *Luxemburg* ratifiziert worden; es ist noch nicht in Kraft getreten. Text (englisch/französisch mit deutscher Übersetzung): https://www.coe.int/de/web/conventions (Nr. 57).

[3] Authentisch sind gleichberechtigt der englische und der französische Text: https://www.coe.int/de/web/conventions (Nr. 19).

Art. 7. Die Staatsangehörigen eines Vertragsstaates genießen im Gebiet der anderen Vertragsstaaten unter den gleichen Voraussetzungen wie deren eigene Staatsangehörige uneingeschränkten gesetzlichen oder gerichtlichen Schutz ihrer Person, ihres Vermögens, ihrer Rechte und Interessen. Sie haben daher in gleicher Weise wie die eigenen Staatsangehörigen das Recht auf Inanspruchnahme der zuständigen Gerichts- und Verwaltungsbehörden und auf Beistandsleistung durch jede Person ihrer Wahl, die nach den Gesetzen des Landes hierzu befugt ist.

Art. 8.[4] (1) Die Staatsangehörigen eines Vertragsstaates haben im Gebiet der anderen Vertragsstaaten unter den gleichen Voraussetzungen wie deren eigene Staatsangehörige Anspruch auf Bewilligung des Armenrechts.

(2) Bedürftige Staatsangehörige eines Vertragsstaates haben im Gebiet der anderen Vertragsstaaten unter den gleichen Voraussetzungen wie deren eigene bedürftige Staatsangehörige Anspruch auf kostenlose Ausstellung von Personenstandsurkunden.

Art. 9.[5] (1) Staatsangehörigen eines Vertragsstaates, die ihren Wohnsitz oder gewöhnlichen Aufenthalt im Gebiet eines der anderen Vertragsstaaten haben und die vor den Gerichten eines der Vertragsstaaten als Kläger oder sonstige Verfahrensbeteiligte auftreten, darf keine Sicherheitsleistung oder Hinterlegung, wie auch immer sie bezeichnet sein mag, deshalb auferlegt werden, weil sie Ausländer sind oder keinen Wohnsitz oder Aufenthalt im Inlande haben.

(2) Das gleiche gilt für von Klägern oder sonstigen Verfahrensbeteiligten etwa zu zahlende Gerichtskostenvorschüsse.

(3) Kostenentscheidungen gegen einen Kläger oder sonstigen Verfahrensbeteiligten werden auf Antrag, der auf diplomatischem Wege zu stellen ist, im Gebiet jedes anderen Vertragsstaates von der zuständigen Behörde kostenlos für vollstreckbar erklärt, wenn der Kläger oder sonstige Verfahrensbeteiligte von Sicherheitsleistung, Hinterlegung oder Zahlung der Kosten entweder nach den Bestimmungen der vorstehenden Absätze oder nach den innerstaatlichen Rechtsvorschriften des Landes, in dem die Klage erhoben wurde, befreit ist.

Art. 10–24. *(nicht abgedruckt)*

---

[4] Nach Abschnitt IV des Protokolls zu dem Übk. berühren die Art. 8 und 9 nicht Verpflichtungen, die sich aus dem Haager Übk. über den Zivilprozess v. 1.3.1954 (Nr. *210*) ergeben.

[5] Die amtliche deutsche Übersetzung des Art. 9 Abs. 1 ist unzutreffend. Die korrekte Übertragung der verbindlichen englischen/französischen Originalfassung lautet: „Staatsangehörige eines der Vertragsstaaten, die ihren Wohnsitz oder gewöhnlichen Aufenthalt im Gebiet *eines der Vertragsstaaten* haben und die vor den Gerichten *eines der anderen Vertragsstaaten* als Kläger oder sonstige Verfahrensbeteiligte auftreten, …" (vgl. OLG Koblenz IPRax 1992, 42).

Art. 25. Die Bestimmungen dieses Abkommens berühren nicht die Bestimmungen der bereits in Kraft befindlichen oder später in Kraft tretenden innerstaatlichen Gesetze, zweiseitige oder mehrseitige Verträge, Abkommen oder Vereinbarungen, durch die Staatsangehörigen eines anderen Vertragsstaates oder mehrerer anderer Vertragsstaaten eine günstigere Behandlung gewährt wird.

Art. 26.[6] (1) Jedes Mitglied des Europarates kann bei Unterzeichnung dieses Abkommens oder bei Hinterlegung seiner Ratifikationsurkunde Vorbehalte zu einer bestimmten Vorschrift des Abkommens machen, soweit ein in seinem Gebiet zu dieser Zeit geltendes Gesetz mit dieser Vorschrift nicht übereinstimmt. Vorbehalte allgemeiner Art sind nach diesem Artikel nicht zulässig.

(2)–(3) *(nicht abgedruckt)*

Art. 27. Ein Vertragsstaat, der nach Artikel 26 einen Vorbehalt zu einer bestimmten Vorschrift dieses Abkommens gemacht hat, kann ihre Anwendung durch einen anderen Vertragsstaat nur insoweit verlangen, als er selbst die Vorschrift angenommen hat.

Art. 28–29. *(nicht abgedruckt)*

Art. 30.[7] (1) Staatsangehörige im Sinne dieses Abkommens sind alle natürlichen Personen, die die Staatsangehörigkeit eines der Vertragsstaaten besitzen.

(2) Keiner der Vertragsstaaten ist verpflichtet, die Vergünstigungen dieses Abkommens denjenigen Staatsangehörigen eines anderen Vertragsstaates zu gewähren, die ihren gewöhnlichen Aufenthalt in einem Gebiet haben, das nicht zum Mutterland dieses Vertragsstaates gehört und auf das dieses Abkommen keine Anwendung findet.

Art. 31–34. *(nicht abgedruckt)*

---

[6] Zu den in Art. 7–9 des Übk. enthaltenen Rechtsschutzvorschriften haben bisher nur *Irland* und das *Vereinigte Königreich* Vorbehalte erklärt. *Irland* hat die in Art. 9 Abs. 1 und 2 enthaltenen Verpflichtungen überhaupt nicht, das *Vereinigte Königreich* hinsichtlich solcher Verfahrensbeteiligter nicht übernommen, die ihren Wohnsitz oder Aufenthalt außerhalb des *Vereinigten Königreichs* haben. Beide Staaten haben ferner die Verpflichtung zur Anerkennung von Kostenentscheidungen nach Art. 9 Abs. 3 des Übk. nicht übernommen.

[7] Gem. Abschnitt VIII des Protokolls zu dem Übk. bestimmt sich der gewöhnliche Aufenthalt nach dem Recht des Landes, dessen Staatsangehörigkeit der Betreffende besitzt.

3. Unterhaltssachen

220. New Yorker UN-Übereinkommen über die Geltendmachung von Unterhaltsansprüchen im Ausland

Vom 20. Juni 1956[1, 2, 3] (BGBl. 1959 II, S. 150)

(Übersetzung)[4]

Art. 1. Gegenstand des Übereinkommens. (1) Dieses Übereinkommen hat den Zweck, die Geltendmachung eines Unterhaltsanspruches zu erleichtern, den eine Person (im folgenden als Berechtigter bezeichnet), die sich im Hoheitsgebiet einer Vertragspartei befindet, gegen eine andere Person (im folgenden als Verpflichteter bezeichnet), die der Gerichtsbarkeit einer anderen Vertragspartei untersteht, erheben zu können glaubt. Dieser Zweck wird mit Hilfe von Stellen verwirklicht, die im Folgenden als Übermittlungs- und Empfangsstellen bezeichnet werden.

(2) Die in diesem Übereinkommen vorgesehenen Möglichkeiten des Rechtsschutzes treten zu den Möglichkeiten, die nach nationalem oder internationalem Recht bestehen, hinzu; sie treten nicht an deren Stelle.

Art. 2.[5] Bestimmung der Stellen. (1) Jede Vertragspartei bestimmt in dem Zeitpunkt, an dem sie ihre Ratifikations- oder Beitrittsurkunde hin-

---

[1] Das Übk. ist für die *Bundesrepublik Deutschland* am 19.8.1959 im Verhältnis zu *China (Taiwan), Dänemark, Guatemala, Haiti, Israel, Italien, Jugoslawien* (SFR), *Marokko, Norwegen, Pakistan, Schweden, Sri Lanka,* der *Tschechoslowakei* und *Ungarn* in Kraft getreten (Bek. v. 20.11.1959, BGBl. II S. 1377). Es gilt heute für 64 weitere Staaten; siehe hierzu den Fundstellennachweis B zum BGBl. 2021 II, S. 527und die Länderübersicht im Registerteil. Zum Unterhalt von Minderjährigen siehe auch die Erklärung *Kolumbiens* v. 11.11.2004 (BGBl. II, S. 1786).

[2] Das Übk. wird im Verhältnis der EU-Mitgliedstaaten zueinander durch Art. 49 ff. der Verordnung (EG) Nr. 4/2009 v. 18.12.2008 (EuUntVO; Nr. *161*) und seit Inkrafttreten des Haager Übk. über die internationale Geltendmachung der Unterhaltsansprüche von Kindern und anderen Familienangehörigen v. 23.11.2007 (Nr. *183*) im Verhältnis der Vertragsstaaten zueinander durch dieses neue Haager Übk. ersetzt, soweit sich die Anwendungsbereiche beider Rechtsinstrumente decken, vgl. Art. 69 Abs. 2 EuUntVO und Art. 49 HUÜ 2007. Damit gilt das New Yorker Übk. derzeit nur noch im Verhältnis zu *Algerien, Argentinien, Barbados, Burkina Faso, Chile, China (Taiwan), Ecuador, Guatemala, Haiti,* dem *Heiligen Stuhl, Israel, Kap Verde, Kirgisistan, Kolumbien, Liberia, Marokko, Mexiko,* der *Republik Moldau, Monaco, Niger, Nordmazedonien, Pakistan,* den *Philippinen,* der *Schweiz,* den *Seychellen, Sri Lanka, Suriname, Tunesien, Uruguay* und der *Zentralafrikanischen Republik.*

[3] §§ 2–4 des deutschen AusfG zu diesem Übk. (BGBl. III Nr. 319-10) sind durch Art. 19 AUG v. 23.5.2011 (BGBl. I, S. 898) mit Wirkung v. 18.6.2011 aufgehoben worden. Für die Durchführung des Übk. gilt seither das AUG (vgl. § 1 Abs 1 Nr. 2 lit. c AUG, Nr. *161a*).

[4] Authentisch sind der chinesische, englische, französische, russische und spanische Text: https://treaties.un.org (Kap. XX Nr. 1).

[5] Die Aufgaben der Empfangs- und Übermittlungsstelle iSv. Art. 2 Abs. 1 und 2 des Übk. nimmt in *Deutschland* das Bundesamt für Justiz wahr (§ 4 Abs. 1 AUG, Nr. *161a*).

terlegt, eine oder mehrere Gerichts- oder Verwaltungsbehörden, die in ihrem Hoheitsgebiet als Übermittlungsstellen tätig werden.

(2) Jede Vertragspartei bestimmt in dem Zeitpunkt, an dem sie ihre Ratifikations- oder Beitrittsurkunde hinterlegt, eine öffentliche oder private Stelle, die in ihrem Hoheitsgebiet als Empfangsstelle tätig wird.

(3) Jede Vertragspartei unterrichtet den Generalsekretär der Vereinten Nationen unverzüglich über die Bestimmungen, die sie gemäß den Absätzen 1 und 2 getroffen hat, und über die Änderungen, die nachträglich in dieser Hinsicht eintreten.

(4) Die Übermittlungs- und Empfangsstellen dürfen mit den Übermittlungs- und Empfangsstellen anderer Vertragsparteien unmittelbar verkehren.

Art. 3. Einreichung von Gesuchen bei der Übermittlungsstelle.

(1) Befindet sich ein Berechtigter in dem Hoheitsgebiet einer Vertragspartei (im folgenden als Staat des Berechtigten bezeichnet) und untersteht der Verpflichtete der Gerichtsbarkeit einer anderen Vertragspartei (im folgenden als Staat des Verpflichteten bezeichnet), so kann der Berechtigte bei einer Übermittlungsstelle des Staates, in dem er sich befindet, ein Gesuch einreichen, mit dem er den Anspruch auf Gewährung des Unterhalts gegen den Verpflichteten geltend macht.

(2) Jede Vertragspartei teilt dem Generalsekretär mit, welche Beweise nach dem Recht des Staates der Empfangsstelle für den Nachweis von Unterhaltsansprüchen in der Regel erforderlich sind, wie diese Beweise beigebracht und welche anderen Erfordernisse nach diesem Recht erfüllt werden müssen.

(3) Dem Gesuch sind alle erheblichen Urkunden beizufügen einschließlich einer etwa erforderlichen Vollmacht, welche die Empfangsstelle ermächtigt, in Vertretung des Berechtigten tätig zu werden oder eine andere Person hierfür zu bestellen. Ferner ist ein Lichtbild des Berechtigten und, falls verfügbar, auch ein Lichtbild des Verpflichteten beizufügen.

(4) Die Übermittlungsstelle übernimmt alle geeigneten Schritte, um sicherzustellen, dass die Erfordernisse des in dem Staate der Empfangsstelle geltenden Rechts erfüllt werden; das Gesuch muss unter Berücksichtigung dieses Rechts mindestens folgendes enthalten:

a) den Namen und die Vornamen, die Anschrift, das Geburtsdatum, die Staatsangehörigkeit und den Beruf oder die Beschäftigung des Berechtigten sowie gegebenenfalls den Namen und die Anschrift seines gesetzlichen Vertreters;

b) den Namen und die Vornamen des Verpflichteten; ferner, soweit der Berechtigte hiervon Kenntnis hat, die Anschriften des Verpflichteten in den letzten fünf Jahren, sein Geburtsdatum, seine Staatsangehörigkeit und seinen Beruf oder seine Beschäftigung;

c) nähere Angaben über die Gründe, auf die der Anspruch gestützt wird, und über Art und Höhe des geforderten Unterhalts und sonstige erhebliche Angaben, wie zum Beispiel über die finanziellen und familiären Verhältnisse des Berechtigten und des Verpflichteten.

Art. 4. Übersendung der Vorgänge. (1) Die Übermittlungsstelle übersendet die Vorgänge der Empfangsstelle des Staates des Verpflichteten, es sei denn, dass sie zu der Überzeugung gelangt, das Gesuch sei mutwillig gestellt.

(2) Bevor die Übermittlungsstelle die Vorgänge übersendet, überzeugt sie sich davon, dass die Schriftstücke in der Form dem Recht des Staates des Berechtigten entsprechen.

(3) Die Übermittlungsstelle kann für die Empfangsstelle eine Äußerung darüber beifügen, ob sie den Anspruch sachlich für begründet hält; sie kann auch empfehlen, dem Berechtigten das Armenrecht und die Befreiung von Kosten zu gewähren.

Art. 5. Übersendung von Urteilen und anderen gerichtlichen Titeln. (1) Die Übermittlungsstelle übersendet gemäß Artikel 4 auf Antrag des Berechtigten endgültige oder vorläufige Entscheidungen und andere gerichtliche Titel, die der Berechtigte bei einem zuständigen Gericht einer Vertragspartei wegen der Leistung von Unterhalt erwirkt hat, und, falls notwendig und möglich, die Akten des Verfahrens, in dem die Entscheidung ergangen ist.

(2) Die in Absatz 1 erwähnten Entscheidungen und gerichtlichen Titel können anstelle oder in Ergänzung der in Artikel 3 genannten Urkunden übersandt werden.

(3) Die in Artikel 6 vorgesehenen Verfahren können entsprechend dem Recht des Staates des Verpflichteten entweder Verfahren zum Zweck der Vollstreckbarerklärung (Exequatur oder Registrierung) oder eine Klage umfassen, die auf einen gemäß Absatz 1 übersandten Titel gestützt wird.

Art. 6. Aufgaben der Empfangsstelle. (1) Die Empfangsstelle unternimmt im Rahmen der ihr von dem Berechtigten erteilten Ermächtigung und in seiner Vertretung alle geeigneten Schritte, um die Leistung von Unterhalt herbeizuführen; dazu gehört insbesondere eine Regelung des Anspruchs im Wege des Vergleichs und, falls erforderlich, die Erhebung und Verfolgung einer Unterhaltsklage sowie die Vollstreckung einer Entscheidung oder eines anderen gerichtlichen Titels auf Zahlung von Unterhalt.

(2) Die Empfangsstelle unterrichtet laufend die Übermittlungsstelle. Kann sie nicht tätig werden, so teilt sie der Übermittlungsstelle die Gründe hierfür mit und sendet die Vorgänge zurück.

(3) Ungeachtet der Vorschriften dieses Übereinkommens ist bei der Entscheidung aller Fragen, die sich bei einer Klage oder in einem Verfahren wegen Gewährung von Unterhalt ergeben, das Recht des Staates des Verpflichteten, einschließlich des internationalen Privatrechts dieses Staates, anzuwenden.

Art. 7. Rechtshilfeersuchen. Kann nach dem Recht der beiden in Betracht kommenden Vertragsparteien um Rechtshilfe ersucht werden, so gilt folgendes:

a) Ein Gericht, bei dem eine Unterhaltsklage anhängig ist, kann Ersuchen um Erhebung weiterer Beweise, sei es durch Urkunden oder durch andere Beweismittel, entweder an das zuständige Gericht der anderen Vertragspartei oder an jede andere Behörde oder Stelle richten, welche die andere Vertragspartei, in deren Hoheitsgebiet das Ersuchen erledigt werden soll, bestimmt hat.

b) Um den Parteien die Anwesenheit oder Vertretung in dem Beweistermin zu ermöglichen, teilt die ersuchte Behörde der beteiligten Empfangs- und Übermittlungsstelle sowie dem Verpflichteten den Zeitpunkt und den Ort der Durchführung des Rechtshilfeersuchens mit.

c) Rechtshilfeersuchen werden mit möglichster Beschleunigung erledigt; ist ein Ersuchen nicht innerhalb von vier Monaten nach Eingang bei der ersuchten Behörde erledigt, so werden der ersuchenden Behörde die Gründe für die Nichterledigung oder Verzögerung mitgeteilt.

d) Für die Erledigung von Rechtshilfeersuchen werden Gebühren oder Kosten irgendwelcher Art nicht erstattet.

e) Die Erledigung eines Rechtshilfeersuchens darf nur abgelehnt werden:

   1. wenn die Echtheit des Ersuchens nicht feststeht;

   2. wenn die Vertragspartei, in deren Hoheitsgebiet das Ersuchen erledigt werden soll, dessen Ausführung für geeignet hält, ihre Hoheitsrechte oder ihre Sicherheit zu gefährden.

Art. 8. Änderung von Entscheidungen. Dieses Übereinkommen gilt auch für Gesuche, mit denen eine Änderung von Unterhaltsentscheidungen begehrt wird.

Art. 9. Befreiungen und Erleichterungen. (1) In Verfahren, die aufgrund dieses Übereinkommens durchgeführt werden, genießen die Berechtigten die gleiche Behandlung und dieselben Befreiungen von der Zahlung von Gebühren und Auslagen wie die Bewohner oder Staatsangehörigen des Staates, in dem das Verfahren anhängig ist.

(2) Die Berechtigten sind nicht verpflichtet, wegen ihrer Eigenschaft als Ausländer oder wegen Fehlens eines inländischen Aufenthalts als Sicherheit für die Prozesskosten oder andere Zwecke eine Garantieerklärung beizubringen oder Zahlungen oder Hinterlegungen vorzunehmen.

(3) Die Übermittlungs- und Empfangsstellen erheben für ihre Tätigkeit, die sie aufgrund dieses Übereinkommens leisten, keine Gebühren.

Art. 10. Überweisung von Geldbeträgen. Bestehen nach dem Recht einer Vertragspartei Beschränkungen für die Überweisung von Geldbeträgen in das Ausland, so gewährt diese Vertragspartei der Überweisung von

Geldbeträgen, die zur Erfüllung von Unterhaltsansprüchen oder zur Deckung von Ausgaben für Verfahren nach diesem Übereinkommen bestimmt sind, den größtmöglichen Vorrang.

Art. 11–21. *(nicht abgedruckt)*

4. Sorgerechtssachen

222. Haager Übereinkommen über die zivilrechtlichen Aspekte internationaler Kindesentführung

Vom 25. Oktober 1980[1, 2, 3, 4, 5, 6, 7, 8, 9] (BGBl. 1990 II, S. 207)

---

[1] Das Übk. ist für die *Bundesrepublik Deutschland* am 1.12.1990 im Verhältnis zu *Australien, Belize, Frankreich, Kanada* (vgl. dazu Anm. 19 zu Art. 40), *Luxemburg,* den *Niederlanden* (vgl. dazu Anm. 19 zu Art. 40), *Norwegen, Österreich, Portugal, Schweden,* der *Schweiz, Spanien, Ungarn,* dem *Vereinigten Königreich* und den *Vereinigten Staaten* in Kraft getreten (Bek. v. 11.12.1990, BGBl. 1991 II, S. 329).

Es gilt heute ferner im Verhältnis zu *Albanien* (seit 1.10.2007, BGBl. 2008 II, 56), *Andorra* (seit 1.9.2011, BGBl. II, S. 1178), *Argentinien* (seit 1.6.1991, BGBl. II, S. 911), *Armenien* (seit 1.10.2009, BGBl. 2010 II, S. 101), den *Bahamas* (seit 1.5.1994, BGBl. II S. 1432), *Belarus* (seit 1.2.1999, BGBl. II, S. 355), *Belgien* (seit 1.5.1999, BGBl. II, S. 434), *Bosnien und Herzegowina* (seit 6.3.1992, BGBl. 1994 II, S. 1432), *Brasilien* (seit 1.5.2002, BGBl. II, S. 1903), *Bulgarien* (seit 1.10.2004, BGBl. 2008 II, S. 56), *Burkina Faso* (seit 1.1.1993, BGBl. II, S. 748), *Chile* (seit 1.6.1995, BGBl. II, S. 485), *Costa Rica* (seit 1.2.2007, BGBl. 2008 II, S. 56), *Dänemark* (seit 1.7.1991, BGBl. II, S. 911; erstreckt auf *Grönland* seit 1.7.2016, BGBl. II, S, 695), der *Dominikanischen Republik* (seit 1.4.2008, BGBl. II, S. 274), *Ecuador* (seit 1.9.1992, BGBl. 1993 II, S. 748), *El Salvador* (seit 1.11.2002, BGBl. II, S. 2859), *Estland* (seit 1.12.2001, BGBl. 2002 II, S. 156), *Fidschi* (seit 1.4.2008, BGBl. II, S. 274), *Finnland* (seit 1.8.1994, BGBl. II, S. 1432), *Georgien* (seit 1.3.1998, BGBl. II, S. 1636), *Griechenland* (seit 1.6.1993, BGBl. II, S. 1192), *Guatemala* (seit 1.1.2003, BGBl. 2002 II, S. 2859), *Honduras* (seit 1.8.1994, BGBl. II, S. 1432), *Irland* (seit 1.10.1991, BGBl. 1992 II, S. 185), *Island* (seit 1.4.1997, BGBl. II, S. 798), *Israel* (seit 1.12.1991, BGBl. 1992 II, S. 185), *Italien* (seit 1.5.1995, BGBl. II, S. 485), *Japan* (seit 1.4.2014, BGBl. II S. 255), *Kasachstan* (seit 1.5.2017, BGBl. II, S. 449), *Kolumbien* (seit 1.11.1996, BGBl. II S. 2756), *Korea/Republik* (seit 1.5.2017, BGBl. II, S. 449), *Kroatien* (seit 1.12.1991, BGBl. 1994 II, S. 1432), *Lettland* (seit 1.11.2002, BGBl. II, S. 2859), *Litauen* (seit 1.12.2004, BGBl. 2008 II, S. 56), *Malta* (seit 1.11.2002, BGBl. II, S. 2859), *Marokko* (seit 1.10.2010, BGBl. II, 1075), *Mauritius* (seit 1.12.1993, BGBl. 1994 II, S. 1432), *Mexiko* (seit 1.2.1992, BGBl. II, S. 19), *Moldau/Republik* (seit 1.5.2000, BGBl. II, S. 1566), *Monaco* (seit 1.7.1993, BGBl. 1994 II, S. 1432), *Montenegro* (seit 3.6.2006, BGBl. 2008 II, S. 56), *Neuseeland* (seit 1.2.1992, BGBl. II, S. 19), *Nicaragua* (seit 1.9.2007, BGBl. 2008 II, S. 56), *Nordmazedonien* (seit 20.9.1993, BGBl. 2008 II, S. 56), *Panama* (seit 1.6.1995, BGBl. II S. 485), *Paraguay* (seit 1.12.2001, BGBl. 2002 II, S. 156), *Peru* (seit 1.9.2007, BGBl. 2008 II, S. 56), *Polen* (seit 1.2.1993, BGBl. 1994 II, S. 1432), *Rumänien* (seit 1.7.1993, BGBl. II, S. 1192), der *Russischen Föderation* (seit 1.4.2016, BGBl. II, S. 235), *San Marino* (seit 1.9.2007, BGBl. 2008 II, S. 56), *Serbien* (seit 27.4.1992, BGBl. 2002 II, S. 156; BGBl. 2008 II, S. 56), den *Seychellen* (seit 1.4.2009, BGBl. II, S. 500), *Simbabwe* (seit 1.2.1997, BGBl. II, S. 798), *Singapur* (seit 1.6.2011, BGBl. II, S. 607), der *Slowakei* (seit 1.2.2001, BGBl. II, S. 861), *Slowenien* (jeweils seit 1.6.1995, BGBl. II, S. 485), *Sri Lanka* (seit 1.1.2003, BGBl. II, S. 31), *St. Kitts und Nevis* (seit 1.5.1995, BGBl. II, S. 485), *Südafrika* (seit 1.2.1998, BGBl. II, S. 317), *Thailand* (seit 1.6.2007, BGBl. 2008 II, S. 56),

(Übersetzung)[10]

Trinidad und Tobago (seit 1.9.2007, BGBl. 2008 II, S. 56), der *Tschechischen Republik* (seit 1.3.1998, BGBl. II, S. 434), der *Türkei* (seit 1.8.2000, BGBl. 2001 II, S. 165), *Turkmenistan* (seit 1.8.1998, BGBl. II, S. 1636), der *Ukraine* (seit 1.1.2008, BGBl. II, S. 56), *Uruguay* (seit 1.10.2001, BGBl. II, S. 1071), *Usbekistan* (seit 1.10.2009, BGBl. 2010 II, S. 6), *Venezuela* (seit 1.1.1997, BGBl. II, S. 330) und *Zypern* (seit 1.5.1995, BGBl. II, S. 485). Es galt für das ehemalige *Jugoslawien* seit 1.12.1991 (BGBl. 1993 II, S. 2169).

[2] Das Übk. ist ferner für folgende Staaten in Kraft getreten: *Barbados* (am 1.10.2019), *Bolivien* (am 1.10.2016); *Gabun* (am 1.3.2011), *Guinea* (am 1.2.2012), *Guyana* (am 1.5.2019), *Irak* (am 1.6.2014), *Jamaika* (am 1.5.2017), *Kuba* (am 1.12.2018), *Lesotho* (am 1.9.2012), *Pakistan* (am 1.3.2017), die *Philippinen* (am 1.6.2016), *Sambia* (am 1.11.2014) und *Tunesien* (am 1.10.2017). Es gilt allerdings für diese Staaten noch nicht im Verhältnis zur *Bundesrepublik Deutschland*.

[3] Zur Geltung des Übk. in der *Autonomen Republik Krim* und der *Stadt Sewastopol* vgl. die Anm. 3 zu Nr. 210, die hier entsprechend gilt (BGBl. 2018 II, S. 344) und für dieses Übk. auch von *Estland* (BGBl. 2021 II, S 598) abgegeben wurde. Vgl. zur räumlichen Geltung des Übk. auch Anm. 26 und 27 zu Art. 39 und 40.

[4] Siehe zur Ausführung des Übk. in *Deutschland* das Internationale Familienrechtsverfahrensgesetz v. 26.1.2005 (Nr. *162a*), das mit Wirkung v. 1.3.2005 an die Stelle des SorgeRÜbkAG v. 5.4.1990 (BGBl. I, S. 701) getreten ist.

[5] Das Übk. wird im sachlichen Anwendungsbereich der EG-Verordnung Nr. 2201/2003 über die Zuständigkeit und die Anerkennung und Vollstreckung von Entscheidungen in Ehesachen und in Verfahren betreffend die elterliche Verantwortung v. 27.11.2003 (Brüssel IIa-VO, Nr. *162*) im Verhältnis der Mitgliedstaaten durch diese EG-Verordnung ergänzt; vgl. Art. 60 Brüssel IIa-VO. Das Recht der internationalen Kindesentführung fällt seit dem Inkrafttreten dieser Verordnung am 1.3.2005 in die ausschließliche Außenkompetenz der EU. Da diese selbst dem Übk. nicht beitreten kann, entscheiden zwar die Mitgliedstaaten über die Erteilung der Zustimmung zum Beitritt neuer Vertragsstaaten; sie bedürfen hierzu jedoch jeweils eines entsprechenden Ratsbeschlusses.

[6] Das Übk. wird ab dem 1.8.2022 im sachlichen Anwendungsbereich der Verordnung (EU) 2019/1111 des Rates über die Zuständigkeit, die Anerkennung und Vollstreckung von Entscheidungen in Ehesachen und in Verfahren betreffend die elterliche Verantwortung und über internationale Kindesentführungen v. 25.6.2019 (Brüssel IIb-VO, Nr. *162*) im Verhältnis der Mitgliedstaaten zueinander durch diese Verordnung ergänzt, vgl. Art. 96 Brüssel IIb-VO. Siehe insbesondere Art. 22–29, 42–50 Brüssel IIb-VO.

[7] Das Übk. geht im Rahmen seines sachlichen Anwendungsbereichs gem. Art. 34 im Verhältnis der Vertragsstaaten zueinander dem Haager Übk. über den Schutz von Minderjährigen v. 5.10.1961 (MSA, Nr. *52*) vor. Es ist jedoch gem. Art. 50 des Haager Übk. über den Schutz von Kindern v. 19.10.1996 (KSÜ, Nr. *53*) neben diesem Übk. weiter anzuwenden.

[8] Siehe auch das Luxemburger Europäische Übk. über die Anerkennung und Vollstreckung von Entscheidungen über das Sorgerecht für Kinder und die Wiederherstellung des Sorgerechts v. 20.5.1980 (Nr. *184*). Zum Verhältnis dieses Übk. zu dem hier abgedruckten Haager Kindesentführungsübk. v. 25.10.1980 vgl. § 37 IntFamRVG v. 26.1.2005 (Nr. *162a*).

[9] Siehe auch das Haager Europäische Übk. über die Rückführung Minderjähriger v. 28.5.1970. Das Übk. ist zwar von der *Bundesrepublik Deutschland* gezeichnet, bisher aber nicht ratifiziert worden. Es ist am 28.7.2015 für *Italien, Malta* und die *Türkei* in Kraft getreten. Text (englisch/französisch mit deutscher Übersetzung): https://www.coe.int/de/web/conventions (Nr. 71).

[10] Authentisch sind gleichberechtigt der englische und der französische Text: https://www.hcch.net/de/instruments/conventions (Nr. *28*).

Kapitel I. Anwendungsbereich des Übereinkommens

Art. 1. [Ziel des Übereinkommens] Ziel dieses Übereinkommens ist es,

a) die sofortige Rückgabe widerrechtlich in einen Vertragsstaat verbrachter oder dort zurückgehaltener Kinder sicherzustellen, und

b) zu gewährleisten, dass das in einem Vertragsstaat bestehende Sorgerecht und Recht zum persönlichen Umgang in den anderen Vertragsstaaten tatsächlich beachtet wird.

Art. 2. [Maßnahmen der Vertragsstaaten zur Verwirklichung des Übereinkommens] Die Vertragsstaaten treffen alle geeigneten Maßnahmen, um in ihrem Hoheitsgebiet die Ziele des Übereinkommens zu verwirklichen. Zu diesem Zweck wenden sie ihre schnellstmöglichen Verfahren an.

Art. 3. [Widerrechtlichkeit des Verbringens oder Zurückhaltens]

(1) Das Verbringen oder Zurückhalten eines Kindes gilt als widerrechtlich, wenn

a) dadurch das Sorgerecht verletzt wird, das einer Person, Behörde oder sonstigen Stelle allein oder gemeinsam nach dem Recht des Staates zusteht, in dem das Kind unmittelbar vor dem Verbringen oder Zurückhalten seinen gewöhnlichen Aufenthalt hatte, und

b) dieses Recht im Zeitpunkt des Verbringens oder Zurückhaltens allein oder gemeinsam tatsächlich ausgeübt wurde oder ausgeübt worden wäre, falls das Verbringen oder Zurückhalten nicht stattgefunden hätte.

(2) Das unter Buchstabe a genannte Sorgerecht kann insbesondere kraft Gesetzes, aufgrund einer gerichtlichen oder behördlichen Entscheidung oder aufgrund einer nach dem Recht des betreffenden Staates wirksamen Vereinbarung bestehen.

Art. 4. [Persönlicher Anwendungsbereich] Das Übereinkommen wird auf jedes Kind angewendet, das unmittelbar vor einer Verletzung des Sorgerechts oder des Rechts zum persönlichen Umgang seinen gewöhnlichen Aufenthalt in einem Vertragsstaat hatte. Das Übereinkommen wird nicht mehr angewendet, sobald das Kind das 16. Lebensjahr vollendet hat.

Art. 5. [Begriff des Sorge- und Umgangsrechts] Im Sinn dieses Übereinkommens umfasst

a) das „Sorgerecht" die Sorge für die Person des Kindes und insbesondere das Recht, den Aufenthalt des Kindes zu bestimmen;

b) das „Recht zum persönlichen Umgang" das Recht, das Kind für eine begrenzte Zeit an einen anderen Ort als seinen gewöhnlichen Aufenthaltsort zu bringen.

Kapitel II. Zentrale Behörden

Art. 6.[11] **[Bestimmung einer zentralen Behörde]** (1) Jeder Vertragsstaat bestimmt eine zentrale Behörde, welche die ihr durch dieses Übereinkommen übertragenen Aufgaben wahrnimmt.

(2) Einem Bundesstaat, einem Staat mit mehreren Rechtssystemen oder einem Staat, der aus autonomen Gebietskörperschaften besteht, steht es frei, mehrere zentrale Behörden zu bestimmen und deren räumliche Zuständigkeit festzulegen. Macht ein Staat von dieser Möglichkeit Gebrauch, so bestimmt er die zentrale Behörde, an welche die Anträge zur Übermittlung an die zuständige zentrale Behörde in diesem Staat gerichtet werden können.

Art. 7.[12] **[Aufgaben der zentralen Behörde]** (1) Die zentralen Behörden arbeiten zusammen und fördern die Zusammenarbeit der zuständigen Behörden ihrer Staaten, um die sofortige Rückgabe von Kindern sicherzustellen und auch die anderen Ziele dieses Übereinkommens zu verwirklichen.

(2) Insbesondere treffen sie unmittelbar oder mit Hilfe anderer alle geeigneten Maßnahmen, um

a) den Aufenthaltsort eines widerrechtlich verbrachten oder zurückgehaltenen Kindes ausfindig zu machen;

b) weitere Gefahren von dem Kind oder Nachteile von den betroffenen Parteien abzuwenden, indem sie vorsorgliche Maßnahmen treffen oder veranlassen;

c) die freiwillige Rückgabe des Kindes sicherzustellen oder eine gütliche Regelung der Angelegenheit herbeizuführen;

d) soweit zweckdienlich Auskünfte über die soziale Lage des Kindes auszutauschen;

e) im Zusammenhang mit der Anwendung des Übereinkommens allgemeine Auskünfte über das Recht ihrer Staaten zu erteilen;

f) ein gerichtliches oder behördliches Verfahren einzuleiten oder die Einleitung eines solchen Verfahrens zu erleichtern, um die Rückgabe des Kindes zu erwirken sowie gegebenenfalls die Durchführung oder die wirksame Ausübung des Rechts zum persönlichen Umgang zu gewährleisten;

g) soweit erforderlich die Bewilligung von Prozesskosten- und Beratungshilfe, einschließlich der Beiordnung eines Rechtsanwalts, zu veranlassen oder zu erleichtern;

---

[11] In *Deutschland* nimmt das Bundesamt für Justiz die Aufgaben der zentralen Behörde wahr, vgl. § 3 Abs. 1 Nr. 3 IntFamRVG v. 26.1.2005 (Nr. *162a*).

[12] Zu den Aufgaben der zentralen Behörde in *Deutschland* vgl. ergänzend §§ 6–7 IntFamRVG v. 26.1.2005 (Nr. *162a*).

h) durch etwa notwendige und geeignete behördliche Vorkehrungen die sichere Rückgabe des Kindes zu gewährleisten;

i) einander über die Wirkungsweise des Übereinkommens zu unterrichten und Hindernisse, die seiner Anwendung entgegenstehen, soweit wie möglich auszuräumen.

Kapitel III. Rückgabe von Kindern[13, 14]

Art. 8. [Antrag auf Rückgabe eines Kindes] (1) Macht eine Person, Behörde oder sonstige Stelle geltend, ein Kind sei unter Verletzung des Sorgerechts verbracht oder zurückgehalten worden, so kann sie sich entweder an die für den gewöhnlichen Aufenthalt des Kindes zuständige zentrale Behörde oder an die zentrale Behörde eines anderen Vertragsstaats wenden, um mit deren Unterstützung die Rückgabe des Kindes sicherzustellen.

(2) Der Antrag muss enthalten

a) Angaben über die Identität des Antragstellers, des Kindes und der Person, die das Kind angeblich verbracht oder zurückgehalten hat;

b) das Geburtsdatum des Kindes, soweit es festgestellt werden kann;

c) die Gründe, die der Antragsteller für seinen Anspruch auf Rückgabe des Kindes geltend macht;

d) alle verfügbaren Angaben über den Aufenthaltsort des Kindes und die Identität der Person, bei der sich das Kind vermutlich befindet.

Der Antrag kann wie folgt ergänzt oder es können ihm folgende Anlagen beigefügt werden:

e) eine beglaubigte Ausfertigung einer für die Sache erheblichen Entscheidung oder Vereinbarung;

f) eine Bescheinigung oder eidesstattliche Erklärung (Affidavit) über die einschlägigen Rechtsvorschriften des betreffenden Staates; sie muss von der zentralen Behörde oder einer sonstigen zuständigen Behörde des Staates, in dem sich das Kind gewöhnlich aufhält, oder von einer dazu befugten Person ausgehen;

g) jedes sonstige für die Sache erhebliche Schriftstück.

Art. 9. [Weitergabe des Antrags] Hat die zentrale Behörde, bei der ein Antrag nach Artikel 8 eingeht, Grund zu der Annahme, dass sich das Kind in einem anderen Vertragsstaat befindet, so übermittelt sie den Antrag unmittelbar und unverzüglich der zentralen Behörde dieses Staates; sie un-

---

[13] Im Verhältnis der Mitgliedstaaten der EU zueinander werden die Art. 8–20 des Übk. durch Art. 22–29 Brüssel IIb-VO v. 25.6.2019 (Nr. *162*) ergänzt und modifiziert.

[14] Zum örtlich zuständigen Gericht für Maßnahmen nach Kapitel III in *Deutschland* vgl. §§ 11, 12 IntFamRVG v. 26.1.2005 (Nr. *162a*); ergänzende deutsche Verfahrensvorschriften enthalten die §§ 38 ff. IntFamRVG.

terrichtet davon die ersuchende zentrale Behörde oder gegebenenfalls den Antragsteller.

Art. 10. [Bewirkung der freiwillige Rückgabe] Die zentrale Behörde des Staates, in dem sich das Kind befindet, trifft oder veranlasst alle geeigneten Maßnahmen, um die freiwillige Rückgabe des Kindes zu bewirken.

Art. 11. [Verfahrensbeschleunigung] (1) In Verfahren auf Rückgabe von Kindern haben die Gerichte oder Verwaltungsbehörden eines jeden Vertragsstaats mit der gebotenen Eile zu handeln.

(2) Hat das Gericht oder die Verwaltungsbehörde, die mit der Sache befasst sind, nicht innerhalb von sechs Wochen nach Eingang des Antrags eine Entscheidung getroffen, so kann der Antragsteller oder die zentrale Behörde des ersuchten Staates von sich aus oder auf Begehren der zentralen Behörde des ersuchenden Staates eine Darstellung der Gründe für die Verzögerung verlangen. Hat die zentrale Behörde des ersuchten Staates die Antwort erhalten, so übermittelt sie diese der zentralen Behörde des ersuchenden Staates oder gegebenenfalls dem Antragsteller.

Art. 12. [Anordnung der Rückgabe] (1) Ist ein Kind im Sinn des Artikels 3 widerrechtlich verbracht oder zurückgehalten worden und ist bei Eingang des Antrags bei dem Gericht oder der Verwaltungsbehörde des Vertragsstaats, in dem sich das Kind befindet, eine Frist von weniger als einem Jahr seit dem Verbringen oder Zurückhalten verstrichen, so ordnet das zuständige Gericht oder die zuständige Verwaltungsbehörde die sofortige Rückgabe des Kindes an.

(2) Ist der Antrag erst nach Ablauf der in Absatz 1 bezeichneten Jahresfrist eingegangen, so ordnet das Gericht oder die Verwaltungsbehörde die Rückgabe des Kindes ebenfalls an, sofern nicht erwiesen ist, dass das Kind sich in seine neue Umgebung eingelebt hat.

(3) Hat das Gericht oder die Verwaltungsbehörde des ersuchten Staates Grund zu der Annahme, dass das Kind in einen anderen Staat verbracht worden ist, so kann das Verfahren ausgesetzt oder der Antrag auf Rückgabe des Kindes abgelehnt werden.

Art. 13.[15] [Gründe für die Ablehnung der Rückgabe] (1) Ungeachtet des Artikels 12 ist das Gericht oder die Verwaltungsbehörde des ersuchten Staates nicht verpflichtet, die Rückgabe des Kindes anzuordnen, wenn die Person, Behörde oder sonstige Stelle, die sich der Rückgabe des Kindes widersetzt, nachweist,

a) dass die Person, Behörde oder sonstige Stelle, der die Sorge für die Person des Kindes zustand, das Sorgerecht zur Zeit des Verbringens oder

[15] Zur Einschränkung von Art. 13 des Übk. im Verhältnis zwischen den Mitgliedstaaten der EU vgl. Art. 27 und 29 Brüssel IIb-VO v. 25.6.2019 (Nr. *162*).

Zurückhaltens tatsächlich nicht ausgeübt, dem Verbringen oder Zurückhalten zugestimmt oder dieses nachträglich genehmigt hat, oder

b) dass die Rückgabe mit der schwerwiegenden Gefahr eines körperlichen oder seelischen Schadens für das Kind verbunden ist oder das Kind auf andere Weise in eine unzumutbare Lage bringt.

(2) Das Gericht oder die Verwaltungsbehörde kann es ferner ablehnen, die Rückgabe des Kindes anzuordnen, wenn festgestellt wird, dass sich das Kind der Rückgabe widersetzt und dass es ein Alter und eine Reife erreicht hat, angesichts deren es angebracht erscheint, seine Meinung zu berücksichtigen.

(3) Bei Würdigung der in diesem Artikel genannten Umstände hat das Gericht oder die Verwaltungsbehörde die Auskünfte über die soziale Lage des Kindes zu berücksichtigen, die von der zentralen Behörde oder einer anderen zuständigen Behörde des Staates des gewöhnlichen Aufenthalts des Kindes erteilt worden sind.

Art. 14. [Berücksichtigung des Rechts im Staat des gewöhnlichen Aufenthalts des Kindes] Haben die Gerichte oder Verwaltungsbehörden des ersuchten Staates festzustellen, ob ein widerrechtliches Verbringen oder Zurückhalten im Sinn des Artikels 3 vorliegt, so können sie das im Staat des gewöhnlichen Aufenthalts des Kindes geltende Recht und die gerichtlichen oder behördlichen Entscheidungen, gleichviel ob sie dort förmlich anerkannt sind oder nicht, unmittelbar berücksichtigen; dabei brauchen sie die besonderen Verfahren zum Nachweis dieses Rechts oder zur Anerkennung ausländischer Entscheidungen, die sonst einzuhalten wären, nicht zu beachten.

Art. 15.[16] **[Bescheinigung über die Widerrechtlichkeit]** Bevor die Gerichte oder Verwaltungsbehörden eines Vertragsstaats die Rückgabe des Kindes anordnen, können sie vom Antragsteller die Vorlage einer Entscheidung oder sonstigen Bescheinigung der Behörden des Staates des gewöhnlichen Aufenthalts des Kindes verlangen, aus der hervorgeht, dass das Verbringen oder Zurückhalten widerrechtlich im Sinn des Artikels 3 war, sofern in dem betreffenden Staat eine derartige Entscheidung oder Bescheinigung erwirkt werden kann. Die zentralen Behörden der Vertragsstaaten haben den Antragsteller beim Erwirken einer derartigen Entscheidung oder Bescheinigung soweit wie möglich zu unterstützen.

Art. 16. [Verbot einer Sachentscheidung über das Sorgerecht im Verbringungsstaat] Ist den Gerichten oder Verwaltungsbehörden des Vertragsstaats, in den das Kind verbracht oder in dem es zurückgehalten wurde, das widerrechtliche Verbringen oder Zurückhalten des Kindes im Sinn des

[16] Zur Zuständigkeit für die Entscheidung über Anträge nach Art. 15 des Übk. in *Deutschland* vgl. § 41 IntFamRVG v. 26.1.2005 (Nr. *162a*).

Artikels 3 mitgeteilt worden, so dürfen sie eine Sachentscheidung über das Sorgerecht erst treffen, wenn entschieden ist, dass das Kind aufgrund dieses Übereinkommens nicht zurückzugeben ist, oder sofern innerhalb angemessener Frist nach der Mitteilung kein Antrag nach dem Übereinkommen gestellt wird.

Art. 17. [Sorgerechtsentscheidung im ersuchten Staat] Der Umstand, dass eine Entscheidung über das Sorgerecht im ersuchten Staat ergangen oder dort anerkennbar ist, stellt für sich genommen keinen Grund dar, die Rückgabe eines Kindes nach Maßgabe dieses Übereinkommens abzulehnen; die Gerichte oder Verwaltungsbehörden des ersuchten Staates können jedoch bei der Anwendung des Übereinkommens die Entscheidungsgründe berücksichtigen.

Art. 18. [Rückgabeanordnung außerhalb des HKÜ] Die Gerichte oder Verwaltungsbehörden werden durch die Bestimmungen dieses Kapitels nicht daran gehindert, jederzeit die Rückgabe des Kindes anzuordnen.

Art. 19. [Reichweite der Rückgabeentscheidung] Eine aufgrund dieses Übereinkommens getroffene Entscheidung über die Rückgabe des Kindes ist nicht als Entscheidung über das Sorgerecht anzusehen.

Art. 20. [Verstoß gegen Menschenrechte und Grundfreiheiten] Die Rückgabe des Kindes nach Artikel 12 kann abgelehnt werden, wenn sie nach den im ersuchten Staat geltenden Grundwerten über den Schutz der Menschenrechte und Grundfreiheiten unzulässig ist.

Kapitel IV. Recht zum persönlichen Umgang

Art. 21. [Zuständigkeit und Aufgaben der zentralen Behörden]

(1) Der Antrag auf Durchführung oder wirksame Ausübung des Rechts zum persönlichen Umgang kann in derselben Weise an die zentrale Behörde eines Vertragsstaats gerichtet werden wie ein Antrag auf Rückgabe des Kindes.

(2) Die zentralen Behörden haben aufgrund der in Artikel 7 genannten Verpflichtung zur Zusammenarbeit die ungestörte Ausübung des Rechts zum persönlichen Umgang sowie die Erfüllung aller Bedingungen zu fördern, denen die Ausübung dieses Rechts unterliegt. Die zentralen Behörden unternehmen Schritte, um soweit wie möglich alle Hindernisse auszuräumen, die der Ausübung dieses Rechts entgegenstehen.

(3) Die zentralen Behörden können unmittelbar oder mit Hilfe anderer die Einleitung eines Verfahrens vorbereiten oder unterstützen mit dem Ziel, das Recht zum persönlichen Umgang durchzuführen oder zu schützen und zu gewährleisten, dass die Bedingungen, von denen die Ausübung dieses Rechts abhängen kann, beachtet werden.

Kapitel V. Allgemeine Bestimmungen

Art. 22. [Sicherheitsleistung für Verfahrenskosten] In gerichtlichen oder behördlichen Verfahren, die unter dieses Übereinkommen fallen, darf für die Zahlung von Kosten und Auslagen eine Sicherheitsleistung oder Hinterlegung gleich welcher Bezeichnung nicht auferlegt werden.

Art. 23. [Verzicht auf Legalisation] Im Rahmen dieses Übereinkommens darf keine Legalisation oder ähnliche Förmlichkeit verlangt werden.

Art. 24.[17] **[Spracherfordernisse]** (1) Anträge, Mitteilungen oder sonstige Schriftstücke werden der zentralen Behörde des ersuchten Staates in der Originalsprache zugesandt; sie müssen von einer Übersetzung in die Amtssprache oder eine der Amtssprachen des ersuchten Staates oder, wenn eine solche Übersetzung nur schwer erhältlich ist, von einer Übersetzung ins Französische oder Englische begleitet sein.

(2) Ein Vertragsstaat kann jedoch einen Vorbehalt nach Artikel 42 anbringen und darin gegen die Verwendung des Französischen oder Englischen, jedoch nicht beider Sprachen, in den seiner zentralen Behörde übersandten Anträgen, Mitteilungen oder sonstigen Schriftstücken Einspruch erheben.[18]

Art. 25. [Verfahrenskosten und Beratungshilfe] Angehörigen eines Vertragsstaats und Personen, die ihren gewöhnlichen Aufenthalt in einem solchen Staat haben, wird in allen mit der Anwendung dieses Übereinkommens zusammenhängenden Angelegenheiten Prozesskosten- und Beratungshilfe in jedem anderen Vertragsstaat zu denselben Bedingungen bewilligt wie Angehörigen des betreffenden Staates, die dort ihren gewöhnlichen Aufenthalt haben.

---

[17] Vgl. dazu in *Deutschland* § 4 Abs. 2 IntFamRVG v. 26.1.2005 (Nr. *162a*).

[18] Einen Vorbehalt nach Art. 24 Abs. 2 gegen die Verwendung der französischen Sprache haben *Armenien, Belize, Brasilien, Dänemark, Estland, Finnland, Griechenland, Guatemala, Island, Japan, die Republik Korea, Lettland, Litauen, Neuseeland, Norwegen, Panama, Singapur, Sri Lanka, Südafrika, Thailand* und die *Vereinigten Staaten* erklärt; diese Staaten leisten nur Anträgen Folge, die entweder in der eigenen Amtssprache oder in englischer Sprache abgefasst oder von einer englischen Übersetzung begleitet sind. Einen Vorbehalt nach Art. 24 Abs. 2 gegen die Verwendung der englischen Sprache *haben Andorra und Frankreich* erklärt; diese Staaten leisten nur solchen Anträgen Folge, die in französischer Sprache abgefasst sind oder von einer französischen Übersetzung begleitet sind. *Brasilien* fordert eine Übersetzung ins Portugiesische; dem hat *Finnland* widersprochen (BGBl. II, S. 1903/1904). *El Salvador* und *Venezuela* fordern eine amtliche Übersetzung ins Spanische, dem hat *Finnland* ebenfalls widersprochen. *Andorra* fordert eine Übersetzung ins Katalanische und nur hilfsweise ins Französische. Vgl. zum *deutschen* Recht §§ 4, 5 IntFamRVG v. 26.1.2005 (Nr. *162a*).

Art. 26.[19] **[Kostentragung]** (1) Jede zentrale Behörde trägt ihre eigenen Kosten, die bei der Anwendung dieses Übereinkommens entstehen.

(2) Für die nach diesem Übereinkommen gestellten Anträge erheben die zentralen Behörden und andere Behörden der Vertragsstaaten keine Gebühren. Insbesondere dürfen sie vom Antragsteller weder die Bezahlung von Verfahrenskosten noch der Kosten verlangen, die gegebenenfalls durch die Beiordnung eines Rechtsanwalts entstehen. Sie können jedoch die Erstattung der Auslagen verlangen, die durch die Rückgabe des Kindes entstanden sind oder entstehen.

(3) Ein Vertragsstaat kann jedoch einen Vorbehalt nach Artikel 42 anbringen und darin erklären, dass er nur insoweit gebunden ist, die sich aus der Beiordnung eines Rechtsanwalts oder aus einem Gerichtsverfahren ergebenden Kosten im Sinn des Absatzes 2 zu übernehmen, als diese Kosten durch sein System der Prozesskosten- und Beratungshilfe gedeckt sind.

(4) Wenn die Gerichte oder Verwaltungsbehörden aufgrund dieses Übereinkommens die Rückgabe des Kindes anordnen oder Anordnungen über das Recht zum persönlichen Umgang treffen, können sie, soweit angezeigt, der Person, die das Kind verbracht oder zurückgehalten oder die die Ausübung des Rechts zum persönlichen Umgang vereitelt hat, die Erstattung der dem Antragsteller selbst oder für seine Rechnung entstandenen notwendigen Kosten auferlegen; dazu gehören insbesondere die Reisekosten, alle Kosten oder Auslagen für das Auffinden des Kindes, Kosten der Rechtsvertretung des Antragstellers und Kosten für die Rückgabe des Kindes.

Art. 27. [Offenkundig unbegründeter Antrag] Ist offenkundig, dass die Voraussetzungen dieses Übereinkommens nicht erfüllt sind oder dass der Antrag sonstwie unbegründet ist, so ist eine zentrale Behörde nicht verpflichtet, den Antrag anzunehmen. In diesem Fall teilt die zentrale Behörde dem Antragsteller oder gegebenenfalls der zentralen Behörde, die ihr den Antrag übermittelt hat, umgehend ihre Gründe mit.

Art. 28. [Vollmacht] Eine zentrale Behörde kann verlangen, dass dem Antrag eine schriftliche Vollmacht beigefügt wird, durch die sie ermächtigt

---

[19] Einen Vorbehalt nach Art. 26 Abs. 3 haben *Deutschland* sowie *Albanien, Andorra, Armenien, Belarus, Belize, Bulgarien, Dänemark, El Salvador, Estland, Finnland, Frankreich, Griechenland, Guatemala, Honduras, Island, Israel, Japan, Kanada* (für alle Provinzen mit Ausnahme von *Manitoba*), *Kasachstan*, die *Republik Korea, Litauen, Luxemburg, Mauritius*, die *Republik Moldau, Monaco, Neuseeland*, die *Niederlande, Norwegen, Panama, Polen, die Russische Föderation, San Marino, Schweden, Simbabwe*, Singapur, die *Slowakei, Sri Lanka, St. Kitts und Nevis, Südafrika*, die *Tschechische Republik*, die *Türkei, Usbekistan, Venezuela*, das *Vereinigte Königreich* und die *Vereinigten Staaten* erklärt. Danach werden Kosten, die sich aus der Beiordnung eines Rechtsanwalts oder aus einem Gerichtsverfahren ergeben, nur insoweit getragen, als sie durch die Prozesskosten- und Beratungshilfesysteme der betreffenden Staaten bzw. Provinzen gedeckt sind. Dem weitergehenden Vorbehalt der *Türkei* hat *Finnland* widersprochen (BGBl. 2002 II, S. 1905). Vgl. zum deutschen Recht die abweichende Regelung in § 43 IntFamRVG v. 26.1.2005 (Nr. *162a*).

wird, für den Antragsteller tätig zu werden oder einen Vertreter zu bestellen, der für ihn tätig wird.

Art. 29. [Unmittelbare Antragstellung in anderen Vertragsstaaten] Dieses Übereinkommen hindert Personen, Behörden oder sonstige Stellen, die eine Verletzung des Sorgerechts oder des Rechts zum persönlichen Umgang im Sinn des Artikels 3 oder 21 geltend machen, nicht daran, sich unmittelbar an die Gerichte oder Verwaltungsbehörden eines Vertragsstaats zu wenden, gleichviel ob dies in Anwendung des Übereinkommens oder unabhängig davon erfolgt.

Art. 30. [Verpflichtung zur Annahme von Schriftstücken] Jeder Antrag, der nach diesem Übereinkommen an die zentralen Behörden oder unmittelbar an die Gerichte oder Verwaltungsbehörden eines Vertragsstaats gerichtet wird, sowie alle dem Antrag beigefügten oder von einer zentralen Behörde beschafften Schriftstücke und sonstigen Mitteilungen sind von den Gerichten oder Verwaltungsbehörden der Vertragsstaaten ohne weiteres entgegenzunehmen.

Art. 31. [Verweisung bei räumlicher Rechtsspaltung] Bestehen in einem Staat auf dem Gebiet des Sorgerechts für Kinder zwei oder mehr Rechtssysteme, die in verschiedenen Gebietseinheiten gelten, so ist

a) eine Verweisung auf den gewöhnlichen Aufenthalt in diesem Staat als Verweisung auf den gewöhnlichen Aufenthalt in einer Gebietseinheit dieses Staates zu verstehen;
b) eine Verweisung auf das Recht des Staates des gewöhnlichen Aufenthalts als Verweisung auf das Recht der Gebietseinheit dieses Staates zu verstehen, in der das Kind seinen gewöhnlichen Aufenthalt hat.

Art. 32. [Personale Rechtsspaltung] Bestehen in einem Staat auf dem Gebiet des Sorgerechts für Kinder zwei oder mehr Rechtssysteme, die für verschiedene Personenkreise gelten, so ist eine Verweisung auf das Recht dieses Staates als Verweisung auf das Rechtssystem zu verstehen, das sich aus der Rechtsordnung dieses Staates ergibt.

Art. 33. [Innerstaatliche Kollisionen] Ein Staat, in dem verschiedene Gebietseinheiten ihre eigenen Rechtsvorschriften auf dem Gebiet des Sorgerechts für Kinder haben, ist nicht verpflichtet, dieses Übereinkommen anzuwenden, wenn ein Staat mit einheitlichen Rechtssystemen dazu nicht verpflichtet wäre.

Art. 34. [Verhältnis zu anderen Staatsverträgen] Dieses Übereinkommen geht im Rahmen seines sachlichen Anwendungsbereichs dem Übereinkommen vom 5. Oktober 1961 über die Zuständigkeit der Behörden und das anzuwendende Recht auf dem Gebiet des Schutzes von Minderjährigen[20] vor, soweit die Staaten Vertragsparteien beider Übereinkommen sind. Im Übrigen beschränkt dieses Übereinkommen weder die Anwendung anderer internationaler Übereinkünfte, die zwischen dem Ursprungsstaat und dem ersuchten Staat in Kraft sind, noch die Anwendung des nichtvertraglichen Rechts des ersuchten Staates, wenn dadurch die Rückgabe eines widerrechtlich verbrachten oder zurückgehaltenen Kindes erwirkt oder die Durchführung des Rechts zum persönlichen Umgang bezweckt werden soll.

Art. 35. [Zeitlicher Anwendungsbereich] (1) Dieses Übereinkommen findet zwischen den Vertragsstaaten nur auf ein widerrechtliches Verbringen oder Zurückhalten Anwendung, das sich nach seinem Inkrafttreten in diesen Staaten ereignet hat.

(2) Ist eine Erklärung nach Artikel 39 oder 40 abgegeben worden, so ist die in Absatz 1 des vorliegenden Artikels enthaltene Verweisung auf einen Vertragsstaat als Verweisung auf die Gebietseinheit oder die Gebietseinheiten zu verstehen, auf die das Übereinkommen angewendet wird.

Art. 36. [Sondervereinbarungen zwischen Vertragsstaaten] Dieses Übereinkommen hindert zwei oder mehr Vertragsstaaten nicht daran, Einschränkungen, denen die Rückgabe eines Kindes unterliegen kann, dadurch zu begrenzen, dass sie untereinander vereinbaren, von solchen Bestimmungen des Übereinkommens abzuweichen, die eine derartige Einschränkung darstellen könnten.

Kapitel VI. Schlussbestimmungen

Art. 37–38. *(nicht abgedruckt)*

Art. 39.[21] **[Erstreckung auf Hoheitsgebiete]** (1) Jeder Staat kann bei der Unterzeichnung, der Ratifikation, der Annahme, der Genehmigung

---

[20] Abgedruckt unter Nr. *52.*

[21] Gemäß Art. 39 Abs. 1 hat *Frankreich* erklärt, dass das Übk. auf die Gesamtheit des Hoheitsgebiets der Französischen Republik angewendet wird.

Dänemark hat das Übk. mit Wirkung v. 1.7.2016 auf *Grönland* erstreckt (BGBl. II, S. 695). Das *Vereinigte Königreich* hat das Übk. auf *Bermuda* (seit 1.3.1999, BGBl. II, S. 355), die *Falklandinseln* (seit 1.6.1998, BGBl. II, S. 1630), *Hongkong* (seit 1.9.1997, BGBl. 1998 II, S. 317), die *Isle of Man* (seit 1.9.1991, BGBl. II, S. 1027), die *Kaimaninseln* (seit 1.8.1998) und *Montserrat* (seit 1.2.1999, jeweils BGBl. II, S. 291), *Jersey* (seit 1.3.2006, BGBl. II, S. 239) und *Anguilla* (seit 13.6.2007, BGBl. II, S. 57) erstreckt. *Argentinien* hat eine Gegenerklärung zur Erstreckung des Übk. durch das *Vereinigte Königreich* auf die *Falklandinseln* abgegeben (BGBl. 1999 II, S. 355).

Das Übk. gilt auch nach dem Übergang der Souveränitätsrechte für *Hongkong* und *Macau* vom *Vereinigten Königreich* bzw. *Portugal* auf *China* mit Wirkung v. 1.7.1997 bzw. 20.12.1999 im Verhältnis zu den chinesischen Sonderverwaltungsregionen *Hongkong* und *Macau* fort (BGBl. 2003 II, S. 583, 590 und S. 789, 797).

oder dem Beitritt erklären, dass sich das Übereinkommen auf alle oder auf einzelne der Hoheitsgebiete erstreckt, deren internationale Beziehungen er wahrnimmt. Eine solche Erklärung wird wirksam, sobald das Übereinkommen für den betreffenden Staat in Kraft tritt.

(2) Eine solche Erklärung sowie jede spätere Erstreckung wird dem Ministerium für Auswärtige Angelegenheiten des Königreichs der Niederlande notifiziert.

Art. 40.[22] **[Erstreckung bei räumlicher Rechtsspaltung]** (1) Ein Vertragsstaat, der aus zwei oder mehr Gebietseinheiten besteht, in denen für die in diesem Übereinkommen behandelten Angelegenheiten unterschiedliche Rechtssysteme gelten, kann bei der Unterzeichnung, der Ratifikation, der Annahme, der Genehmigung oder dem Beitritt erklären, dass das Übereinkommen auf alle seine Gebietseinheiten oder nur auf eine oder mehrere davon erstreckt wird; er kann diese Erklärung durch Abgabe einer neuen Erklärung jederzeit ändern.

(2) Jede derartige Erklärung wird dem Ministerium für Auswärtige Angelegenheiten des Königreichs der Niederlande unter ausdrücklicher Bezeichnung der Gebietseinheiten notifiziert, auf die das Übereinkommen angewendet wird.

Art. 41. *(nicht abgedruckt)*

Art. 42.[23] **[Vorbehalte]** (1) Jeder Staat kann spätestens bei der Ratifikation, der Annahme, der Genehmigung oder dem Beitritt oder bei Abgabe einer Erklärung nach Artikel 39 oder 40 einen der in Artikel 24 und Artikel 26 Absatz 3 vorgesehenen Vorbehalte oder beide anbringen. Weitere Vorbehalte sind nicht zulässig.

(2) Jeder Staat kann einen von ihm angebrachten Vorbehalt jederzeit zurücknehmen. Die Rücknahme wird dem Ministerium für Auswärtige Angelegenheiten des Königreichs der Niederlande notifiziert.

(3) Die Wirkung des Vorbehalts endet am ersten Tag des dritten Kalendermonats nach der in Abs. 2 genannten Notifikation.

Art. 43–45. *(nicht abgedruckt)*

---

[22] Gemäß Art. 40 hat *Kanada* die Erstreckung des Übk. auf sämtliche Provinzen erklärt, vgl. Bek. v. 11.12.1990 (BGBl. 1991 II, S. 329, 331 ff. und 2001 II, S. 861). Danach gilt das Übk. für *British Columbia, Manitoba, New Brunswick* und *Ontario* seit 1.12.1983, für *Nova Scotia* seit 1.5.1984, für *Newfoundland and Labrador* seit 1.10.1084, für *Québec* seit 1.1.1985, für das *Yukon Territory* seit 1.2.1985, für *Prince Edward Island* seit 1.5.1986, für *Saskatchewan* seit 1.11.1986, für *Alberta* seit 1.2.1987, für die *Northwest Territories* seit 1.4.1988 und für *Nunavut* seit 1.1.2001.

Die *Niederlande* haben erklärt, dass das Übk. nach der verfassungsrechtlichen Neuordnung des Staates mit Wirkung v. 10.10.2010 auch auf den karibischen Teil des Königreichs Anwendung findet.

[23] Zu den nach Art. 42 erklärten Vorbehalten siehe die Anm. 18 und 19.

5. Adoptionssachen

223. Haager Übereinkommen über den Schutz von Kindern und die Zusammenarbeit auf dem Gebiet der internationalen Adoption

Vom 29. Mai 1993[1, 2] (BGBl. 2001 II, S. 1035)

---

[1] Das Übk. ist für die *Bundesrepublik Deutschland* am 1.3.2002 im Verhältnis zu *Albanien, Andorra, Australien, Brasilien, Burkina Faso, Burundi, Chile, Costa Rica, Dänemark, Ecuador, El Salvador, Finnland, Frankreich, Georgien, Island, Israel, Italien, Kanada, Kolumbien, Litauen, Mauritius, Mexiko,* der *Republik Moldau, Monaco,* der *Mongolei, Neuseeland,* der *Niederlande, Norwegen, Österreich, Panama, Paraguay, Peru,* den *Philippinen, Polen, Rumänien, Schweden,* der *Slowakei, Spanien, Sri Lanka,* der *Tschechischen Republik, Venezuela* und *Zypern* in Kraft getreten (BGBl. 2002 II, S. 2872).

Es gilt heute ferner im Verhältnis zu *Armenien* (seit 29.1.2009, BGBl. II, S. 395), *Aserbaidschan* (seit 1.10.2004, BGBl. 2005 II, S. 572), *Belarus* (seit 1.11.2003, BGBl. 2004 II, S. 122), *Belgien* (seit 1.9.2005) und *Belize* (seit 1.4.2006, jeweils BGBl. 2008 II, S. 86), *Benin* (seit 1.10.2018, BGBl. II, S. 324), *Bolivien* (seit 1.7.2002) und *Bulgarien* (seit 1.9.2002, jeweils BGBl. II, S. 2872), *China* (seit 1.1.2006, BGBl. 2008 II, 86), *Cotes d'Ivoire* (seit 1.10.2015, BGBl. 2016 II, S. 1007), *Dänemark/Grönland* (seit 1.5.2010, BGBl. II, S. 810), der *Dominikanischen Republik* (seit 1.8.2008, BGBl. 2009 II, S. 395), *Estland* (seit 1.6.2002, BGBl. 2005 II, S. 572), *Fidschi* (seit 1.8.2012, BGBl. 2013 II, S. 159), *Ghana* (seit 1.1.2017, BGBl. II, S. 557), *Griechenland* (seit 1.1.2010, BGBl. II, S. 810), *Guyana* (seit 1.6.2019, BGBl. II, S. 795), *Haiti* (seit 1.4.2014, BGBl. II, S. 103), *Honduras* (seit 1.7.2019, BGBl. II, S. 795), *Indien* (seit 1.10.2003, BGBl. 2004 II, S. 122), *Irland* (seit 1.11.2010, BGBl. 2011 II, S. 722), *Kap Verde* (seit 1.1.2010, BGBl. II, S. 810), *Kasachstan* (seit 1.11.2010, BGBl. 2011 II, S. 722), *Kenia* und *Kuba* (jeweils seit 1.6.2007, BGBl. 2008 II, S. 949), *Kirgisistan* (seit 1.11.2016, BGBl. 2017 II, S. 557), *Kongo (Republik)* (seit 1.4.2020, BGBl. II, S. 769), *Kroatien* (seit 1.4.2014, BGBl. II, S. 527), *Lettland* (seit 1.12.2002, BGBl. II, S. 2872), *Liechtenstein* (seit 1.5.2009, BGBl. 2010 II, S. 810), *Luxemburg* (seit 1.11.2002, BGBl. II, S. 2872), *Madagaskar* (seit 1.9.2004, BGBl. 2008 II, S. 949), *Mali* (seit 11.2.2008, BGBl. II, S. 949), *Malta* (seit 1.2.2005, BGBl. II, S. 701), *Montenegro* (seit 1.7.2012, BGBl. II, S. 1360), *Namibia* (seit 1.1.2016, BGBl. II, S. 1007), *Niederlande, karibischer Teil* (seit 1.2.2011, BGBl. 2012 II, S. 130), *Nordmazedonien* (seit 1.4.2009, BGBl. 2010 II, S. 810), *Portugal* (seit 1.7.2004, BGBl. II, S. 1131), *Sambia* (seit 1.10.2015, BGBl. 2016 II, S. 1007), *San Marino* (seit 1.2.2005, BGBl. II, S. 791), der *Schweiz* (seit 1.1.2003, BGBl. II, S. 260), *Senegal* (seit 1.12.2011, BGBl. II, S. 583), *Serbien* (seit 1.4.2014, BGBl. II, S. 527), den *Seychellen* (seit 1.10.2008, BGBl. 2009 II, S. 395), *Slowenien* (seit 1.5.2002, BGBl. II, S. 2872), *St. Kitts und Nevis* (seit 1.2.2021, BGBl. II, S. 926), *Südafrika* (seit 1.12.2003, BGBl. 2004 II, S. 660), *Swasiland* (seit 1.7.2013, BGBl. II, S. 1529), *Thailand* (seit 1.8.2004, BGBl. 2005 II, S. 572), *Togo* (seit 1.2.2010, BGBl. 2011 II, S. 722), der *Türkei* (seit 1.9.2004, BGBl. 2005 II, S. 572), *Ungarn* (seit 1.8.2005, BGBl. 2008 II, S. 86), *Uruguay* (seit 1.4.2004, BGBl. 2008 II, S. 949), dem *Vereinigten Königreich* (seit 1.6.2003, BGBl. II, S. 1544), den *Vereinigten Staaten* (seit 1.4.2008, BGBl. II, S. 949) und *Vietnam* (seit 1.2.2012, BGBl. II, S. 130). Vgl. auch die Anm. 15 zu Art. 45.

Die *Bundesrepublik Deutschland* hat gegen den Beitritt von *Guatemala* (am 1.3.2003), *Guinea* (am 1.6.2004) und *Kambodscha* (am 1.8.2007) nach Art. 44 Abs. 3 des Übk. Einspruch eingelegt; das Übk. gilt daher aus deutscher Sicht im Verhältnis zu diesen Staaten nicht (vgl. Bek. v. 7.4.2005, BGBl. II, S. 572, 574; v. 13.12.2007, BGBl. II, S. 86, 96; v. 8.8.2008, BGBl. II, S. 949, 954. Gleiches gilt für den Beitritt von *Ruanda* (am 1.7.2012; vgl. Bek. v. 25.10.2012, BGBl. II, S. 1360), *Lesotho* (am 1.12.2012, vgl. Bek. v. 27.3.2013, BGBl. II, S. 526) und *Niger* (am 1.9.2021, BGBl. II, S. 926; vgl. Bek. v. 23.2.1922, BGBl. II, S. 203).

(Übersetzung)[3]

Kapitel I. Anwendungsbereich des Übereinkommens

Art. 1. [Ziel dieses Übereinkommens] Ziel dieses Übereinkommens ist es,

a) Schutzvorschriften einzuführen, damit internationale Adoptionen zum Wohl des Kindes und unter Wahrung seiner völkerrechtlich anerkannten Grundrechte stattfinden;
b) ein System der Zusammenarbeit unter den Vertragsstaaten einzurichten, um die Einhaltung dieser Schutzvorschriften sicherzustellen und dadurch die Entführung und den Verkauf von Kindern sowie den Handel mit Kindern zu verhindern;
c) in den Vertragsstaaten die Anerkennung der gemäß dem Übereinkommen zustande gekommenen Adoptionen zu sichern.

Art. 2.[4] [Anwendungsbereich] (1) Das Übereinkommen ist anzuwenden, wenn ein Kind mit gewöhnlichem Aufenthalt in einem Vertragsstaat („Heimatstaat") in einen anderen Vertragsstaat („Aufnahmestaat") gebracht worden ist, wird oder werden soll, entweder nach seiner Adoption im Heimatstaat durch Ehegatten oder eine Person mit gewöhnlichem Aufenthalt im Aufnahmestaat oder im Hinblick auf eine solche Adoption im Aufnahme- oder Heimatstaat.

(2) Das Übereinkommen betrifft nur Adoptionen, die ein dauerhaftes Eltern-Kind-Verhältnis begründen.

Art. 3. [Altersgrenze] Das Übereinkommen ist nicht mehr anzuwenden, wenn die in Artikel 17 Buchstabe c vorgesehenen Zustimmungen nicht erteilt wurden, bevor das Kind das achtzehnte Lebensjahr vollendet hat.

Kapitel II. Voraussetzungen internationaler Adoptionen

Art. 4. [Von den Heimatbehörden festzustellende Voraussetzungen] Eine Adoption nach dem Übereinkommen kann nur durchgeführt werden, wenn die zuständigen Behörden des Heimatstaats

a) festgestellt haben, dass das Kind adoptiert werden kann;

---

[2] Vgl. zu dem Übk. auch das deutsche AusfG. v. 5.11.2001 (Nr. *223a*).

[3] Authentisch sind gleichberechtigt der englische und der französische Text: https://www.hcch.net/de/instruments/conventions (Nr. 33).

[4] *Bulgarien* und *El Salvador* haben zu Art. 2 erklärt, dass die Adoption eines Kindes mit gewöhnlichem Aufenthalt im Hoheitsgebiet dieser Staaten nach dem innerstaatlichen Recht des Staates zustande kommt, dessen Angehöriger das Kind ist.

b) nach gebührender Prüfung der Unterbringungsmöglichkeiten für das Kind im Heimatstaat entschieden haben, dass eine internationale Adoption dem Wohl des Kindes dient;

c) sich vergewissert haben,

   1. dass die Personen, Institutionen und Behörden, deren Zustimmung zur Adoption notwendig ist, soweit erforderlich beraten und gebührend über die Wirkungen ihrer Zustimmung unterrichtet worden sind, insbesondere darüber, ob die Adoption dazu führen wird, dass das Rechtsverhältnis zwischen dem Kind und seiner Herkunftsfamilie erlischt oder weiterbesteht;

   2. dass diese Personen, Institutionen und Behörden ihre Zustimmung unbeeinflusst in der gesetzlich vorgeschriebenen Form erteilt haben und diese Zustimmung schriftlich gegeben oder bestätigt worden ist;

   3. dass die Zustimmungen nicht durch irgendeine Zahlung oder andere Gegenleistung herbeigeführt worden sind und nicht widerrufen wurden und

   4. dass die Zustimmung der Mutter, sofern erforderlich, erst nach der Geburt des Kindes erteilt worden ist, und

d) sich unter Berücksichtigung des Alters und der Reife des Kindes vergewissert haben,

   1. dass das Kind beraten und gebührend über die Wirkungen der Adoption und seiner Zustimmung zur Adoption, soweit diese Zustimmung notwendig ist, unterrichtet worden ist;

   2. dass die Wünsche und Meinungen des Kindes berücksichtigt worden sind;

   3. dass das Kind seine Zustimmung zur Adoption, soweit diese Zustimmung notwendig ist, unbeeinflusst in der gesetzlich vorgeschriebenen Form erteilt hat und diese Zustimmung schriftlich gegeben oder bestätigt worden ist und

   4. dass diese Zustimmung nicht durch irgendeine Zahlung oder andere Gegenleistung herbeigeführt worden ist.

Art. 5. [Von den Aufnahmebehörden festzustellende Voraussetzungen] Eine Adoption nach dem Übereinkommen kann nur durchgeführt werden, wenn die zuständigen Behörden des Aufnahmestaats

a) entschieden haben, dass die künftigen Adoptiveltern für eine Adoption in Betracht kommen und dazu geeignet sind,

b) sich vergewissert haben, dass die künftigen Adoptiveltern soweit erforderlich beraten worden sind, und

c) entschieden haben, dass dem Kind die Einreise in diesen Staat und der ständige Aufenthalt dort bewilligt worden sind oder werden.

Kapitel III. Zentrale Behörden und zugelassene Organisationen

Art. 6. [Bestimmung von Zentralen Behörden] (1) Jeder Vertragsstaat bestimmt eine Zentrale Behörde, welche die ihr durch dieses Übereinkommen übertragenen Aufgaben wahrnimmt.[5]

(2) Einem Bundesstaat, einem Staat mit mehreren Rechtssystemen oder einem Staat, der aus autonomen Gebietseinheiten besteht, steht es frei, mehrere Zentrale Behörden zu bestimmen und deren räumliche und persönliche Zuständigkeit festzulegen. Macht ein Staat von dieser Möglichkeit Gebrauch, so bestimmt er die Zentrale Behörde, an welche Mitteilungen und Übermittlungen an die zuständige Zentrale Behörde in diesem Staat gerichtet werden können.[6]

Art. 7. [Aufgaben der Zentralen Behörden] (1) Die Zentralen Behörden arbeiten zusammen und fördern die Zusammenarbeit der zuständigen Behörden ihrer Staaten, um Kinder zu schützen und die anderen Ziele des Übereinkommens zu verwirklichen.

(2) Sie treffen unmittelbar alle geeigneten Maßnahmen, um

a) Auskünfte über das Recht ihrer Staaten auf dem Gebiet der Adoption zu erteilen und andere allgemeine Informationen, wie beispielsweise statistische Daten und Musterformblätter, zu übermitteln;
b) einander über die Wirkungsweise des Übereinkommens zu unterrichten und Hindernisse, die seiner Anwendung entgegenstehen, soweit wie möglich auszuräumen.

Art. 8. [Vermeidung unzulässiger Praktiken] Die Zentralen Behörden treffen unmittelbar oder mit Hilfe staatlicher Stellen alle geeigneten Maßnahmen, um unstatthafte Vermögens- oder sonstige Vorteile im Zusammenhang mit einer Adoption auszuschließen und alle den Zielen des Übereinkommens zuwiderlaufenden Praktiken zu verhindern.

Art. 9. [Informationsaustausch] Die Zentralen Behörden treffen unmittelbar oder mit Hilfe staatlicher Stellen oder anderer in ihrem Staat ordnungsgemäß zugelassener Organisationen alle geeigneten Maßnahmen, um insbesondere

a) Auskünfte über die Lage des Kindes und der künftigen Adoptiveltern einzuholen, aufzubewahren und auszutauschen, soweit dies für das Zustandekommen der Adoption erforderlich ist;

---

[5] Die *Bundesrepublik Deutschland* hat das Bundesamt für Justiz als Zentrale Behörde bestimmt, vgl. § 1 Abs. 1 AdÜbAG v. 5.11.2001 (Nr. *223a*).

[6] Von der Möglichkeit nach Art. 6 Abs. 2 haben *Deutschland, Kanada, Mexiko,* die *Schweiz, Spanien* und das *Vereinigte Königreich* Gebrauch gemacht.

b) das Adoptionsverfahren zu erleichtern, zu überwachen und zu beschleunigen.

Art. 10. [Zulassung] Die Zulassung erhalten und behalten nur Organisationen, die darlegen, dass sie fähig sind, die ihnen übertragenen Aufgaben ordnungsgemäß auszuführen.

Art. 11. [Anforderungen an zugelassene Organisationen] Eine zugelassene Organisation muss

a) unter Einhaltung der von den zuständigen Behörden des Zulassungsstaats festgelegten Voraussetzungen und Beschränkungen ausschließlich gemeinnützige Zwecke verfolgen;
b) von Personen geleitet und verwaltet werden, die nach ihren ethischen Grundsätzen und durch Ausbildung oder Erfahrung für die Arbeit auf dem Gebiet der internationalen Adoption qualifiziert sind, und
c) in Bezug auf ihre Zusammensetzung, Arbeitsweise und Finanzlage der Aufsicht durch die zuständigen Behörden des Zulassungsstaats unterliegen.

Art. 12. [Tätigkeit in einem anderen Vertragsstaat] Eine in einem Vertragsstaat zugelassene Organisation kann in einem anderen Vertragsstaat nur tätig werden, wenn die zuständigen Behörden beider Staaten dies genehmigt haben.

Art. 13. [Mitteilung an die Haager Konferenz für IPR] Jeder Vertragsstaat teilt die Bestimmung der Zentralen Behörden und gegebenenfalls den Umfang ihrer Aufgaben sowie die Namen und Anschriften der zugelassenen Organisationen dem Ständigen Büro der Haager Konferenz für Internationales Privatrecht mit.

Kapitel IV. Verfahrensrechtliche Voraussetzungen der internationalen Adoption

Art. 14. [Antragstellung bei der Zentrale Behörde im Aufnahmestaat] Personen mit gewöhnlichem Aufenthalt in einem Vertragsstaat, die ein Kind mit gewöhnlichem Aufenthalt in einem anderen Vertragsstaat adoptieren möchten, haben sich an die Zentrale Behörde im Staat ihres gewöhnlichen Aufenthalts zu wenden.

Art. 15.[7] [Bericht der Zentralen Behörde des Aufnahmestaates]

(1) Hat sich die Zentrale Behörde des Aufnahmestaats davon überzeugt, dass die Antragsteller für eine Adoption in Betracht kommen und dazu

---

[7] Vgl. zum Verfahren der deutschen Behörden nach Art. 15 ergänzend § 51 IntFamRVG v. 26.1.2005 (Nr. *162a*).

geeignet sind, so verfasst sie einen Bericht, der Angaben zur Person der Antragsteller und über ihre rechtliche Fähigkeit und ihre Eignung zur Adoption, ihre persönlichen und familiären Umstände, ihre Krankheitsgeschichte, ihr soziales Umfeld, die Beweggründe für die Adoption, ihre Fähigkeit zur Übernahme der mit einer internationalen Adoption verbundenen Aufgaben sowie die Eigenschaften der Kinder enthält, für die zu sorgen sie geeignet wären.

(2) Sie übermittelt den Bericht der Zentralen Behörde des Heimatstaats.

Art. 16. [Bericht und Entscheidung der Zentralen Behörde des Heimatstaates] (1) Hat sich die Zentrale Behörde des Heimatstaats davon überzeugt, dass das Kind adoptiert werden kann, so

a) verfasst sie einen Bericht, der Angaben zur Person des Kindes und darüber, dass es adoptiert werden kann, über sein soziales Umfeld, seine persönliche und familiäre Entwicklung, seine Krankheitsgeschichte einschließlich derjenigen seiner Familie sowie besondere Bedürfnisse des Kindes enthält;

b) trägt sie der Erziehung des Kindes sowie seiner ethnischen, religiösen und kulturellen Herkunft gebührend Rechnung;

c) vergewissert sie sich, dass die Zustimmungen nach Artikel 4 vorliegen, und

d) entscheidet sie, insbesondere aufgrund der Berichte über das Kind und die künftigen Adoptiveltern, ob die in Aussicht genommene Unterbringung dem Wohl des Kindes dient.

(2) Sie übermittelt der Zentralen Behörde des Aufnahmestaats ihren Bericht über das Kind, den Nachweis über das Vorliegen der notwendigen Zustimmungen sowie die Gründe für ihre Entscheidung über die Unterbringung, wobei sie dafür sorgt, dass die Identität der Mutter und des Vaters nicht preisgegeben wird, wenn diese im Heimatstaat nicht offengelegt werden darf.

Art. 17.[8] [Entscheidung über die Zusammenführung] Eine Entscheidung, ein Kind künftigen Adoptiveltern anzuvertrauen, kann im Heimatstaat nur getroffen werden, wenn

a) die Zentrale Behörde dieses Staates sich vergewissert hat, dass die künftigen Adoptiveltern einverstanden sind;

b) die Zentrale Behörde des Aufnahmestaats diese Entscheidung gebilligt hat, sofern das Recht dieses Staates oder die Zentrale Behörde des Heimatstaats dies verlangt;

c) die Zentralen Behörden beider Staaten der Fortsetzung des Adoptionsverfahrens zugestimmt haben und

---

[8] Vgl. die Anm. 13 zu Art. 28.

d) nach Artikel 5 entschieden wurde, dass die künftigen Adoptiveltern für eine Adoption in Betracht kommen und dazu geeignet sind und dem Kind die Einreise in den Aufnahmestaat und der ständige Aufenthalt dort bewilligt worden sind oder werden.

Art. 18. [Bewilligung der Aus- und Einreise des Kindes] Die Zentralen Behörden beider Staaten treffen alle erforderlichen Maßnahmen, um die Bewilligung der Ausreise des Kindes aus dem Heimatstaat sowie der Einreise in den Aufnahmestaat und des ständigen Aufenthalts dort zu erwirken.

Art. 19. [Verbringung des Kindes in den Aufnahmestaat] (1) Das Kind kann nur in den Aufnahmestaat gebracht werden, wenn die Voraussetzungen des Artikels 17 erfüllt sind.

(2) Die Zentralen Behörden beider Staaten sorgen dafür, dass das Kind sicher und unter angemessenen Umständen in den Aufnahmestaat gebracht wird und dass die Adoptiveltern oder die künftigen Adoptiveltern das Kind wenn möglich begleiten.

(3) Wird das Kind nicht in den Aufnahmestaat gebracht, so werden die in den Artikeln 15 und 16 vorgesehenen Berichte an die absendenden Behörden zurückgesandt.

Art. 20. [Informationsaustausch] Die Zentralen Behörden halten einander über das Adoptionsverfahren und die zu seiner Beendigung getroffenen Maßnahmen sowie über den Verlauf der Probezeit, falls eine solche verlangt wird, auf dem Laufenden.

Art. 21.[9] **[Schutzmaßnahmen im Aufnahmestaat]** (1) Soll die Adoption erst durchgeführt werden, nachdem das Kind in den Aufnahmestaat gebracht worden ist, und dient es nach Auffassung der Zentralen Behörde dieses Staates nicht mehr dem Wohl des Kindes, wenn es in der Aufnahmefamilie bleibt, so trifft diese Zentrale Behörde die zum Schutz des Kindes erforderlichen Maßnahmen, indem sie insbesondere

a) veranlasst, dass das Kind aus der Aufnahmefamilie entfernt und vorläufig betreut wird;

b) in Absprache mit der Zentralen Behörde des Heimatstaats unverzüglich die Unterbringung des Kindes in einer neuen Familie mit dem Ziel der Adoption veranlasst oder, falls dies nicht angebracht ist, für eine andere dauerhafte Betreuung sorgt; eine Adoption kann erst durchgeführt werden, wenn die Zentrale Behörde des Heimatstaats gebührend über die neuen Adoptiveltern unterrichtet worden ist;

c) als letzte Möglichkeit die Rückkehr des Kindes veranlasst, wenn sein Wohl dies erfordert.

---

[9] Vgl. die Anm. 13 zu Art. 28.

(2) Unter Berücksichtigung insbesondere des Alters und der Reife des Kindes ist es zu den nach diesem Artikel zu treffenden Maßnahmen zu befragen und gegebenenfalls seine Zustimmung dazu einzuholen.

Art. 22. [Delegation von Aufgaben der Zentralen Behörde] (1) Die Aufgaben einer Zentralen Behörde nach diesem Kapitel können von staatlichen Stellen oder nach Kapitel III zugelassenen Organisationen wahrgenommen werden, soweit das Recht des Staates der Zentralen Behörde dies zulässt.

(2) Ein Vertragsstaat kann gegenüber dem Verwahrer des Übereinkommens erklären, dass die Aufgaben der Zentralen Behörde nach den Artikeln 15 bis 21 in diesem Staat in dem nach seinem Recht zulässigen Umfang und unter Aufsicht seiner zuständigen Behörden auch von Organisationen oder Personen wahrgenommen werden können, welche

a) die von diesem Staat verlangten Voraussetzungen der Integrität, fachlichen Kompetenz, Erfahrung und Verantwortlichkeit erfüllen und

b) nach ihren ethnischen Grundsätzen und durch Ausbildung oder Erfahrung für die Arbeit auf dem Gebiet der internationalen Adoption qualifiziert sind.[10]

(3) Ein Vertragsstaat, der die in Absatz 2 vorgesehene Erklärung abgibt, teilt dem Ständigen Büro der Haager Konferenz für Internationales Privatrecht regelmäßig die Namen und Anschriften dieser Organisationen und Personen mit.

(4) Ein Vertragsstaat kann gegenüber dem Verwahrer des Übereinkommens erklären, dass Adoptionen von Kindern, die ihren gewöhnlichen Aufenthalt in seinem Hoheitsgebiet haben, nur durchgeführt werden können, wenn die Aufgaben der Zentralen Behörden in Übereinstimmung mit Absatz 1 wahrgenommen werden.[11]

(5) Ungeachtet jeder nach Absatz 2 abgegebenen Erklärung werden die in den Artikeln 15 und 16 vorgesehenen Berichte in jedem Fall unter der Verantwortung der Zentralen Behörde oder anderer Behörden oder Organisationen in Übereinstimmung mit Absatz 1 verfasst.

---

[10] Erklärungen nach Art. 22 Abs. 2 haben die *Volksrepublik China* (bez. der Sonderverwaltungsgebiete *Hongkong* und *Macau*), *Italien, Kanada* (für die Provinzen *New Brunswick, Prince Edward Island, Northwest Territories, Nova Scotia, Nunavut, Ontario, Saskatchewan* und *Yukon Territory*), *Kolumbien, Mexiko* und die *Vereinigten Staaten* abgegeben. *Venezuela* hat eine Delegation der Funktionen der Zentralen Behörde auf andere Behörden ausdrücklich ausgeschlossen.

[11] Erklärungen nach Art. 22 Abs. 4 haben die *Bundesrepublik Deutschland* sowie *Andorra, Armenien, Aserbaidschan, Australien, Belarus, Belgien, Brasilien, Bulgarien, China* (für die Sonderverwaltungsgebiete *Hongkong* und *Macau*), *Dänemark, El Salvador, Frankreich, Griechenland, Kanada* (für die Provinzen *British Columbia* und *Québec*), *Kolumbien, Kroatien, Liechtenstein, Luxemburg, Norwegen, Österreich, Panama, Polen, Portugal, Schweden,* die *Schweiz, Spanien* und *Ungarn* abgegeben.

Kapitel V. Anerkennung und Wirkungen der Adoption

Art. 23. [Anerkennung] (1) Eine Adoption wird in den anderen Vertragsstaaten kraft Gesetzes anerkannt, wenn die zuständige Behörde des Staates, in dem sie durchgeführt worden ist, bescheinigt, dass sie gemäß dem Übereinkommen zustande gekommen ist. Die Bescheinigung gibt an, wann und von wem die Zustimmungen nach Artikel 17 Buchstabe c erteilt worden sind.

(2) *(nicht abgedruckt)*

Art. 24. [*Ordre public*-Verstoß] Die Anerkennung einer Adoption kann in einem Vertragsstaat nur versagt werden, wenn die Adoption seiner öffentlichen Ordnung offensichtlich widerspricht, wobei das Wohl des Kindes zu berücksichtigen ist.

Art. 25. [Nichtanerkennung von nach Art. 39 Abs. 2 zustande gekommenen Adoptionen] Jeder Vertragsstaat kann gegenüber dem Verwahrer des Übereinkommens erklären, dass er nicht verpflichtet ist, auf grund des Übereinkommens Adoptionen anzuerkennen, die in Übereinstimmung mit einer nach Artikel 39 Absatz 2 geschlossenen Vereinbarung zustande gekommen sind.[12]

Art. 26. [Wirkungen der Anerkennung] (1) Die Anerkennung einer Adoption umfasst die Anerkennung

a) des Eltern-Kind-Verhältnisses zwischen dem Kind und seinen Adoptiveltern;
b) der elterlichen Verantwortlichkeit der Adoptiveltern für das Kind;
c) der Beendigung des früheren Rechtsverhältnisses zwischen dem Kind und seiner Mutter und seinem Vater, wenn die Adoption dies in dem Vertragsstaat bewirkt, in dem sie durchgeführt worden ist.

(2) Bewirkt die Adoption die Beendigung des früheren Eltern-Kind-Verhältnisses, so genießt das Kind im Aufnahmestaat und in jedem anderen Vertragsstaat, in dem die Adoption anerkannt wird, Rechte entsprechend denen, die sich aus Adoptionen mit dieser Wirkung in jedem dieser Staaten ergeben.

(3) Die Absätze 1 und 2 lassen die Anwendung für das Kind günstigerer Bestimmungen unberührt, die in einem Vertragsstaat gelten, der die Adoption anerkennt.

---

[12] Eine Erklärung nach Art. 25 haben *Armenien, Aserbaidschan, Australien, Bulgarien, China* (für das Sonderverwaltungsgebiet *Hongkong*), *Dänemark, Frankreich, Griechenland, Kanada* (für die Provinz *Québec*), *Kroatien, Liechtenstein, Luxemburg, Montenegro, Namibia, Panama,* die *Schweiz, Venezuela* und das *Vereinigte Königreich* abgegeben. *Italien* erkennt solche Adoptionen nur unter der Voraussetzung der Gegenseitigkeit an.

Art. 27. [Umwandlung von Heimatstaatadoptionen] (1) Bewirkt eine im Heimatstaat durchgeführte Adoption nicht die Beendigung des früheren Eltern-Kind-Verhältnisses, so kann sie im Aufnahmestaat, der die Adoption nach dem Übereinkommen anerkennt, in eine Adoption mit einer derartigen Wirkung umgewandelt werden, wenn

a) das Recht des Aufnahmestaats dies gestattet und

b) die in Artikel 4 Buchstaben c und d vorgesehenen Zustimmungen zum Zweck einer solchen Adoption erteilt worden sind oder werden.

(2) Artikel 23 ist auf die Umwandlungsentscheidung anzuwenden.

Kapitel VI. Allgemeine Bestimmungen

Art. 28.[13] **[Zwingende Vorschriften des Heimatstaats]** Das Übereinkommen steht Rechtsvorschriften des Heimatstaats nicht entgegen, nach denen die Adoption eines Kindes mit gewöhnlichem Aufenthalt in diesem Staat auch dort durchgeführt werden muss oder nach denen es untersagt ist, vor einer Adoption das Kind in einer Familie im Aufnahmestaat unterzubringen oder es in diesen Staat zu bringen.

Art. 29. [Kontaktverbot] Zwischen den künftigen Adoptiveltern und den Eltern des Kindes oder jeder anderen Person, welche die Sorge für das Kind hat, darf kein Kontakt stattfinden, solange die Erfordernisse des Artikels 4 Buchstaben a bis c und des Artikels 5 Buchstabe a nicht erfüllt sind, es sei denn, die Adoption findet innerhalb einer Familie statt oder der Kontakt entspreche den von der zuständigen Behörde des Heimatstaats aufgestellten Bedingungen.

Art. 30. [Angaben zur Herkunft des Kindes] (1) Die zuständigen Behörden eines Vertragsstaats sorgen dafür, dass die ihnen vorliegenden Angaben über die Herkunft des Kindes, insbesondere über die Identität seiner Eltern, sowie über die Krankheitsgeschichte des Kindes und seiner Familie aufbewahrt werden.

(2) Sie gewährleisten, dass das Kind oder sein Vertreter unter angemessener Anleitung Zugang zu diesen Angaben hat, soweit das Recht des betreffenden Staates dies zulässt.

Art. 31. [Verwendung personenbezogener Daten] Unbeschadet des Artikels 30 werden die aufgrund des Übereinkommens gesammelten oder übermittelten personenbezogenen Daten, insbesondere die in den Arti-

[13] Zu Art. 17, 21 und 28 haben *Aserbaidschan, Bulgarien, El Salvador, Kolumbien, Kroatien* und *Mexiko* erklärt, dass Kinder nur dann das Hoheitsgebiet des jeweiligen Staates verlassen dürfen, wenn sie vorher durch rechtskräftigen Gerichtsbeschluss der innerstaatlichen Gerichte adoptiert worden sind.

keln 15 und 16 bezeichneten, nur für die Zwecke verwendet, für die sie gesammelt oder übermittelt worden sind.

Art. 32. [Unstatthafte Vermögensvorteile im Zusammenhang mit der Adoption] (1) Niemand darf aus einer Tätigkeit im Zusammenhang mit einer internationalen Adoption unstatthafte Vermögens- oder sonstige Vorteile erlangen.

(2) Nur Kosten und Auslagen, einschließlich angemessener Honorare an der Adoption beteiligter Personen, dürfen in Rechnung gestellt und gezahlt werden.

(3) Die Leiter, Verwaltungsmitglieder und Angestellten von Organisationen, die an einer Adoption beteiligt sind, dürfen keine im Verhältnis zu den geleisteten Diensten unangemessen hohe Vergütung erhalten.

Art. 33. [Missachtung von Bestimmungen des Übereinkommens] Eine zuständige Behörde, die feststellt, dass eine der Bestimmungen des Übereinkommens nicht beachtet worden ist oder missachtet zu werden droht, unterrichtet sofort die Zentrale Behörde ihres Staates. Diese Zentrale Behörde ist dafür verantwortlich, dass geeignete Maßnahmen getroffen werden.

Art. 34.[14] **[Übersetzungen]** Wenn die zuständige Behörde des Bestimmungsstaats eines Schriftstücks darum ersucht, ist eine beglaubigte Übersetzung beizubringen. Sofern nichts anderes bestimmt ist, werden die Kosten der Übersetzung von den künftigen Adoptiveltern getragen.

Art. 35. [Beschleunigungsgebot] Die zuständigen Behörden der Vertragsstaaten handeln in Adoptionsverfahren mit der gebotenen Eile.

Art. 36. [Territoriale Rechtsspaltung] Bestehen in einem Staat auf dem Gebiet der Adoption zwei oder mehr Rechtssysteme, die in verschiedenen Gebietseinheiten gelten, so ist

a) eine Verweisung auf den gewöhnlichen Aufenthalt in diesem Staat als Verweisung auf den gewöhnlichen Aufenthalt in einer Gebietseinheit dieses Staates zu verstehen;

b) eine Verweisung auf das Recht dieses Staates als Verweisung auf das in der betreffenden Gebietseinheit geltende Recht zu verstehen;

c) eine Verweisung auf die zuständigen Behörden oder die staatlichen Stellen dieses Staates als Verweisung auf solche zu verstehen, die befugt sind, in der betreffenden Gebietseinheit zu handeln;

---

[14] Erklärungen zu Art. 34 haben *Andorra, Bulgarien, El Salvador, Kroatien, Mexiko* und *Montenegro* abgegeben. Diese Staaten verlangen eine beglaubigte Übersetzung in ihre eigene Amtssprache. *Andorra* verlangt eine Abfassung/Übersetzung in katalanischer, spanischer, französischer oder englischer Sprache.

d) eine Verweisung auf die zugelassenen Organisationen dieses Staates als Verweisung auf die in der betreffenden Gebietseinheit zugelassenen Organisationen zu verstehen.

Art. 37. [Personale Rechtsspaltung] Bestehen in einem Staat auf dem Gebiet der Adoption zwei oder mehr Rechtssysteme, die für verschiedene Personengruppen gelten, so ist eine Verweisung auf das Recht dieses Staates als Verweisung auf das Rechtssystem zu verstehen, das sich aus dem Recht dieses Staates ergibt.

Art. 38. [Nichtanwendung auf innerstaatliche Kollisionen] Ein Staat, in dem verschiedene Gebietseinheiten ihre eigenen Rechtsvorschriften auf dem Gebiet der Adoption haben, ist nicht verpflichtet, das Übereinkommen anzuwenden, wenn ein Staat mit einheitlichem Rechtssystem dazu nicht verpflichtet wäre.

Art. 39. [Verhältnis zu anderen internationalen Übereinkommen]
(1) Das Übereinkommen lässt internationale Übereinkünfte unberührt, denen Vertragsstaaten als Vertragsparteien angehören und die Bestimmungen über die in dem Übereinkommen geregelten Angelegenheiten enthalten, sofern die durch eine solche Übereinkunft gebundenen Staaten keine gegenteilige Erklärung abgeben.

(2) Jeder Vertragsstaat kann mit einem oder mehreren anderen Vertragsstaaten Vereinbarungen zur erleichterten Anwendung des Übereinkommens in ihren gegenseitigen Beziehungen schließen. Diese Vereinbarungen können nur von den Bestimmungen der Artikel 14 bis 16 und 18 bis 21 abweichen. Die Staaten, die eine solche Vereinbarung geschlossen haben, übermitteln dem Verwahrer des Übereinkommens eine Abschrift.[15]

Art. 40. [Vorbehalte] Vorbehalte zu dem Übereinkommen sind nicht zulässig.

Art. 41. [Zeitlicher Geltungsbereich] Das Übereinkommen ist in jedem Fall anzuwenden, in dem ein Antrag nach Artikel 14 eingegangen ist, nachdem das Übereinkommen im Aufnahmestaat und im Heimatstaat in Kraft getreten ist.

Art. 42. [Spezialkommission] Der Generalsekretär der Haager Konferenz für Internationales Privatrecht beruft in regelmäßigen Abständen eine Spezialkommission zur Prüfung der praktischen Durchführung des Übereinkommens ein.

---

[15] Vereinbarungen nach Art. 39 Abs. 2 sind bisher nicht abgeschlossen worden. Vgl. dazu auch die Vorbehaltsmöglichkeit nach Art. 25.

Kapitel VII. Schlussbestimmungen

Art. 43–44. *(nicht abgedruckt)*

Art. 45.[16] **[Geltung in Mehrrechtsstaaten]** (1) Ein Staat, der aus zwei oder mehr Gebietseinheiten besteht, in denen für die in dem Übereinkommen behandelten Angelegenheiten unterschiedliche Rechtssysteme gelten, kann bei der Unterzeichnung, der Ratifikation, der Annahme, der Genehmigung oder dem Beitritt erklären, dass das Übereinkommen auf alle seine Gebietseinheiten oder nur auf eine oder mehrere davon erstreckt wird; er kann diese Erklärung durch Abgabe einer neuen Erklärung jederzeit ändern.

(2) Jede derartige Erklärung wird dem Verwahrer unter ausdrücklicher Bezeichnung der Gebietseinheiten notifiziert, auf die das Übereinkommen angewendet wird.

(3) Gibt ein Staat keine Erklärung nach diesem Artikel ab, so ist das Übereinkommen auf sein gesamtes Hoheitsgebiet anzuwenden.

Art. 46–48. *(nicht abgedruckt)*

---

[16] *Australien* hat anlässlich des Beitritts erklärt, dass das Übk. auf alle Gebietseinheiten erstreckt wird.

China hat das Übk. mit Wirkung v. 1.1.2006 auf die Sonderverwaltungsregionen *Hongkong* und *Macau* erstreckt (BGBl. 2008 II, S. 86).

Dänemark hat das Übk. mit Wirkung v. 1.4.2007 auf die *Färöer-Inseln* und mit Wirkung v. 1.5.2010 auf *Grönland* erstreckt (BGBl. 2010 II, S. 812).

Frankreich hat erklärt, dass das Übk. auf das gesamte französische Hoheitsgebiet mit Ausnahme der Übersee-Territorien anzuwenden ist.

Kanada hat erklärt, dass das Übk. auf die Provinzen *Alberta, British Columbia, Manitoba, New Brunswick, Newfoundland and Labrador, North West Territories, Nova Scotia, Nunavut, Ontario, Prince Edward Island, Saskatchewan* und *Yukon* Anwendung findet; mit Wirkung v. 1.2.2006 wurde das Übk. von *Kanada* auch auf die Provinz *Québec* erstreckt (BGBl. 2008 II, S. 86).

Die *Niederlande* haben das Übk. mit Wirkung v. 1.2.2011 auf den karibischen Teil der *Niederlande* erstreckt (BGBl. 2012 II, S. 130).

Das *Vereinigte Königreich* hat die Geltung des Übk. auf *England, Wales, Schottland* und *Nordirland* beschränkt.

223a. Gesetz zur Ausführung des Haager Übereinkommens vom 29. Mai 1993 über den Schutz von Kindern und die Zusammenarbeit auf dem Gebiet der internationalen Adoption (Adoptionsübereinkommens-Ausführungsgesetz – AdÜbAG)

Vom 5. November 2001[1] (BGBl. I, S. 2950)

Abschnitt 1. Begriffsbestimmungen, Zuständigkeiten und Verfahren

§ 1.[2] Begriffsbestimmungen. (1) Zentrale Behörden im Sinne des Artikels 6 des Haager Übereinkommens vom 29. Mai 1993 über den Schutz von Kindern und die Zusammenarbeit auf dem Gebiet der internationalen Adoption (BGBl. 2001 II S. 1034)[3] (Übereinkommen) sind das Bundesamt für Justiz als Bundeszentralstelle für Auslandsadoption (Bundeszentralstelle) und die zentralen Adoptionsstellen der Landesjugendämter (zentrale Adoptionsstellen).

(2) Zugelassene Organisationen im Sinne der Artikel 9 und 22 Absatz 1 des Übereinkommens sind die anerkannten Auslandsvermittlungsstellen, soweit sie zur internationalen Adoptionsvermittlung im Verhältnis zu Vertragsstaaten des Übereinkommens zugelassen sind (§ 2a Absatz 4 Nummer 2, § 4 Abs. 2 des Adoptionsvermittlungsgesetzes).

(3) Im Sinne dieses Gesetzes

1. sind Auslandsvermittlungsstellen die zentralen Adoptionsstellen und die in Absatz 2 genannten Adoptionsvermittlungsstellen;
2. ist zentrale Behörde des Heimatstaates (Artikel 2 Absatz 1 des Übereinkommens) die Stelle, die nach dem Recht dieses Staates die jeweils in Betracht kommende Aufgabe einer zentralen Behörde wahrnimmt.

§ 2.[4] Sachliche Zuständigkeiten. (1) Die in § 1 Absatz 2 genannten Adoptionsvermittlungsstellen nehmen unbeschadet des Absatzes 3 Satz 1 für die von ihnen betreuten Vermittlungsfälle die Aufgaben nach den Artikeln 9 und 14 bis 21 des Übereinkommens wahr, die anerkannten Auslandsvermittlungsstellen jedoch nur hinsichtlich der Vermittlung eines Kin-

---

[1] Das Gesetz ist am 1.1.2002 in Kraft getreten.

[2] § 1 Abs. 1 geändert durch Art. 4 Abs. 17 des Gesetzes v. 17.12.2006 (BGBl. I, S. 3171) mit Wirkung v. 1.1.2007. Abs. 2 aufgehoben, bisheriger Abs. 3 wird Abs. 2 und geändert, bisheriger Abs. 4 wird Abs. 3 und Nr. 1, 2 geändert durch Gesetz v. 12.2.2021 (BGBl. I, S. 226) mit Wirkung v 1.4.2021.

[3] Abgedruckt unter Nr. *223*.

[4] § 2 Abs. 1, Abs. 2 Satz 1 und Abs. 3 Satz 2 geändert durch G v. 12.2.2021 (BGBl. I, S. 226) mit Wirkung v. 1.4.2021.

des mit gewöhnlichem Aufenthalt im Ausland an Adoptionsbewerber mit gewöhnlichem Aufenthalt im Inland.

(2) Die Bundeszentralstelle nimmt die Aufgaben gemäß Artikel 6 Absatz 2 Satz 2 des Übereinkommens sowie gemäß § 4 Absatz 6 und § 9 dieses Gesetzes wahr und koordiniert die Erfüllung der Aufgaben nach den Artikeln 7 und 9 des Übereinkommens mit den Auslandsvermittlungsstellen. Die Erfüllung der Aufgaben nach Artikel 8 des Übereinkommens koordiniert sie mit den zentralen Adoptionsstellen. Soweit die Aufgaben nach dem Übereinkommen nicht nach Satz 1 der Bundeszentralstelle zugewiesen sind oder nach Absatz 1 oder Absatz 3 Satz 1 von Jugendämtern, anerkannten Auslandsvermittlungsstellen oder sonstigen zuständigen Stellen wahrgenommen werden, nehmen die zentralen Adoptionsstellen diese Aufgaben wahr.

(3) In Bezug auf die in den Artikeln 8 und 21 des Übereinkommens vorgesehenen Maßnahmen bleiben die allgemeinen gerichtlichen und behördlichen Zuständigkeiten unberührt. In den Fällen des Artikels 21 Absatz 1 des Übereinkommens obliegt jedoch die Verständigung mit der zentralen Behörde des Heimatstaates den nach den Absätzen 1 oder 2 zuständigen Stellen.

§ 3.[5] **Verfahren.** (1) Die Bundeszentralstelle und die Auslandsvermittlungsstellen können unmittelbar mit allen zuständigen Stellen im Inland und im Ausland verkehren. Auf ihre Tätigkeit finden die Vorschriften des Adoptionsvermittlungsgesetzes Anwendung. Die §§ 9c und 9e des Adoptionsvermittlungsgesetzes gelten auch für die von der zentralen Behörde eines anderen Vertragsstaates des Übereinkommens übermittelten personenbezogenen Daten und Unterlagen. Für die zentralen Adoptionsstellen und die Jugendämter gilt ergänzend das Zehnte Buch Sozialgesetzbuch, soweit nicht bereits § 9e des Adoptionsvermittlungsgesetzes auf diese Bestimmungen verweist.

(2) Das Verfahren der Bundeszentralstelle gilt unbeschadet des Absatzes 1 Satz 2 und 3 als Justizverwaltungsverfahren. In Verfahren nach § 4 Abs. 6 oder § 9 kann dem Antragsteller aufgegeben werden, geeignete Nachweise oder beglaubigte Übersetzungen beizubringen. Die Bundeszentralstelle kann erforderliche Übersetzungen selbst in Auftrag geben; die Höhe der Vergütung für die Übersetzungen richtet sich nach dem Justizvergütungs- und -entschädigungsgesetz.

---

[5] § 3 Abs. 3 geändert durch Art. 4 Abs. 38 KostRModG v. 5.5.2004 (BGBl. I, S. 718) mit Wirkung v. 1.7.2004; Abs. 1 Sätze 3 und 4 geändert durch Gesetz v. 12.2.2021 (BGBl. I, S. 226) mit Wirkung v. 1.4.2021.

Abschnitt 2. Internationale Adoptionsvermittlung im Verhältnis zu anderen Vertragsstaaten

§ 4.[6] **Adoptionsbewerbung.** (1) Adoptionsbewerber mit gewöhnlichem Aufenthalt im Inland richten ihre Bewerbung entweder an die zentrale Adoptionsstelle oder an eine der anerkannten Auslandsvermittlungsstellen im Sinne des § 1 Absatz 2.

(2) Den Adoptionsbewerbern obliegt es,

1. anzugeben, aus welchem Heimatstaat sie ein Kind annehmen möchten,
2. an den Voraussetzungen für die Vorlage der Berichte nach § 7b Absatz 2 Satz 1und § 7c Absatz 2 Satz 2 des Adoptionsvermittlungsgesetzes mitzuwirken und
3. zu versichern, dass eine weitere Bewerbung um die Vermittlung eines Kindes aus dem Ausland nicht anhängig ist.

(3) Die Auslandsvermittlungsstelle berät die Adoptionsbewerber. Sie teilt den Adoptionsbewerbern rechtzeitig vor der ersten Übermittlung personenbezogener Daten an den Heimatstaat mit, inwieweit nach ihrem Kenntnisstand in dem Heimatstaat der Schutz des Adoptionsgeheimnisses und anderer personenbezogener Daten sowie die Haftung für eine unzulässige oder unrichtige Verarbeitung personenbezogener Daten gewährleistet sind, und weist die Adoptionsbewerber auf insoweit bestehende Gefahren hin.

(4) Die Auslandsvermittlungsstelle kann eigene Ermittlungen anstellen und nach Beteiligung der für den gewöhnlichen Aufenthaltsort der Adoptionsbewerber zuständigen örtlichen Vermittlungsstelle (§ 9b des Adoptionsvermittlungsgesetzes) sowie unter Einhaltung der in den §§ 7b und 7c des Adoptionsvermittlungsgesetzes geregelten Verfahrensvorschriften den in § 7c Absatz 3 des Adoptionsvermittlungsgesetzes genannten Bericht selbst erstellen.

(5) Hat sich die Auslandsvermittlungsstelle von der Eignung der Adoptionsbewerber überzeugt, so leitet sie die erforderlichen Bewerbungsunterlagen einschließlich eines Berichts nach Artikel 15 des Übereinkommens der zentralen Behörde des Heimatstaates zu. Die Übermittlung bedarf der Einwilligung der Adoptionsbewerber.

(6) Auf Antrag der Adoptionsbewerber wirkt die Bundeszentralstelle bei der Übermittlung nach Absatz 5 und bei der Übermittlung sonstiger die Bewerbung betreffender Mitteilungen an die zentrale Behörde des Heimatstaates mit. Sie soll ihre Mitwirkung versagen, wenn die beantragte Übermittlung nach Form oder Inhalt den Bestimmungen des Übereinkommens oder des Heimatstaates erkennbar nicht genügt.

---

[6] § 4 Abs. 1 und Abs. 2 Nr. 2 geändert, Abs. 4 neu gefasst durch Gesetz v. 12.2.2021 (BGBl. I, S. 226) mit Wirkung v. 1.4.2021.

§ 5. Aufnahme eines Kindes. (1) Der Vermittlungsvorschlag der zentralen Behörde des Heimatstaates bedarf der Billigung durch die Auslandsvermittlungsstelle. Diese hat insbesondere zu prüfen, ob

1. die Annahme dem Wohl des Kindes dient und
2. a) mit der Begründung eines Annahmeverhältnisses im Inland zu rechnen ist oder,
   b) sofern die Annahme im Ausland vollzogen werden soll, diese nicht zu einem Ergebnis führt, das unter Berücksichtigung des Kindeswohls mit wesentlichen Grundsätzen des deutschen Rechts offensichtlich unvereinbar, insbesondere mit den Grundrechten unvereinbar ist.

Die Auslandsvermittlungsstelle kann vor oder nach Eingang eines Vermittlungsvorschlags einen Meinungsaustausch mit der zentralen Behörde des Heimatstaates aufnehmen. Ein Meinungsaustausch sowie die Billigung oder Ablehnung eines Vermittlungsvorschlags sind mit den jeweils dafür maßgeblichen fachlichen Erwägungen aktenkundig zu machen.

(2) Hat die Auslandsvermittlungsstelle den Vermittlungsvorschlag nach Absatz 1 gebilligt, so setzt sie die Adoptionsbewerber über den Inhalt der ihr aus dem Heimatstaat übermittelten personenbezogenen Daten und Unterlagen über das vorgeschlagene Kind in Kenntnis und berät sie über dessen Annahme. Identität und Aufenthaltsort des Kindes, seiner Eltern und sonstiger Sorgeinhaber soll sie vor Erteilung der Zustimmungen nach Artikel 17 Buchstabe c des Übereinkommens nur offenbaren, soweit die zentrale Behörde des Heimatstaates zustimmt.

(3) Hat die Beratung nach Absatz 2 stattgefunden, so fordert die Auslandsvermittlungsstelle die Adoptionsbewerber auf, innerhalb einer von ihr zu bestimmenden Frist eine Erklärung nach § 7 Abs. 1 abzugeben. Ist die Abgabe dieser Erklärung nachgewiesen, so kann die Auslandsvermittlungsstelle Erklärungen nach Artikel 17 Buchstabe b und c des Übereinkommens abgeben.

(4) Die Auslandsvermittlungsstelle soll sich über die Prüfung und Beratung nach Absatz 1 und 2 Satz 1 mit der für den gewöhnlichen Aufenthaltsort der Adoptionsbewerber zuständigen örtlichen Adoptionsvermittlungsstelle ins Benehmen setzen. Sie unterrichtet diese über die Abgabe der Erklärungen gemäß Absatz 3 Satz 2.

§ 6.[7] Einreise und Aufenthalt. (1) Zum Zwecke der Herstellung und Wahrung einer familiären Lebensgemeinschaft zwischen den Adoptionsbewerbern und dem aufzunehmenden Kind finden auf dessen Einreise und Aufenthalt die Vorschriften des Aufenthaltsgesetzes über den Kindernachzug vor dem Vollzug der Annahme entsprechende Anwendung, sobald

---

[7] § 6 Abs. 1 und 3 geändert durch Art. 11 Nr. 13 des Gesetzes v. 30.7.2004 (BGBl. I, S. 1950) mit Wirkung v. 1.1.2005.

1. die Auslandsvermittlungsstelle den Vermittlungsvorschlag der zentralen Behörde des Heimatstaates nach § 5 Abs. 1 Satz 1 gebilligt hat und
2. die Adoptionsbewerber sich gemäß § 7 Abs. 1 mit dem Vermittlungsvorschlag einverstanden erklärt haben.

(2) Auf Ersuchen der Auslandsvermittlungsstelle stimmt die Ausländerbehörde der Erteilung eines erforderlichen Sichtvermerks vorab zu, sofern die Voraussetzungen des Absatzes 1 erfüllt sind und ausländerrechtliche Vorschriften nicht entgegenstehen. Der Sichtvermerk wird dem Kind von Amts wegen erteilt, wenn die Auslandsvermittlungsstelle darum ersucht und ausländerrechtliche Vorschriften nicht entgegenstehen.

(3) Entfällt der in Absatz 1 genannte Aufenthaltszweck, so wird die dem Kind erteilte Aufenthaltserlaubnis als eigenständiges Aufenthaltsrecht befristet verlängert, solange nicht die Voraussetzungen für die Erteilung einer Niederlassungserlaubnis vorliegen oder die zuständige Stelle nach Artikel 21 Abs. 1 Buchstabe c des Übereinkommens die Rückkehr des Kindes in seinen Heimatstaat veranlasst.

§ 7. Bereiterklärung zur Adoption; Verantwortlichkeiten für ein Adoptivpflegekind. (1) Die Erklärung der Adoptionsbewerber, dass diese bereit sind, das ihnen vorgeschlagene Kind anzunehmen, ist gegenüber dem Jugendamt abzugeben, in dessen Bereich ein Adoptionsbewerber zur Zeit der Aufforderung nach § 5 Abs. 3 Satz 1 mit Hauptwohnsitz gemeldet ist. Die Erklärung bedarf der öffentlichen Beurkundung. Das Jugendamt übersendet der Auslandsvermittlungsstelle eine beglaubigte Abschrift.

(2) Auf Grund der Erklärung nach Absatz 1 sind die Adoptionsbewerber gesamtschuldnerisch verpflichtet, öffentliche Mittel zu erstatten, die vom Zeitpunkt der Einreise des Kindes an für die Dauer von sechs Jahren für den Lebensunterhalt des Kindes aufgewandt werden. Die zu erstattenden Kosten umfassen sämtliche öffentlichen Mittel für den Lebensunterhalt einschließlich der Unterbringung, der Ausbildung, der Versorgung im Krankheits- und Pflegefall, auch soweit die Aufwendungen auf einem gesetzlichen Anspruch des Kindes beruhen. Sie umfassen jedoch nicht solche Mittel, die

1. aufgewandt wurden, während sich das Kind rechtmäßig in der Obhut der Adoptionsbewerber befand, und
2. auch dann aufzuwenden gewesen wären, wenn zu diesem Zeitpunkt ein Annahmeverhältnis zwischen den Adoptionsbewerbern und dem Kind bestanden hätte.

Die Verpflichtung endet, wenn das Kind angenommen wird.

(3) Der Erstattungsanspruch steht der öffentlichen Stelle zu, die die Mittel aufgewandt hat. Erlangt das Jugendamt von der Aufwendung öffentlicher Mittel nach Absatz 2 Kenntnis, so unterrichtet es die in Satz 1 genannte Stelle über den Erstattungsanspruch und erteilt ihr alle für dessen Geltendmachung und Durchsetzung erforderlichen Auskünfte.

(4) Das Jugendamt, auch soweit es als Vormund oder Pfleger des Kindes handelt, ein anderer für das Kind bestellter Vormund oder Pfleger sowie die Adoptionsvermittlungsstelle, die Aufgaben der Adoptionsbegleitung nach § 9 des Adoptionsvermittlungsgesetzes wahrnimmt, unterrichten die Auslandsvermittlungsstelle über die Entwicklung des aufgenommenen Kindes, soweit die Auslandsvermittlungsstelle diese Angaben zur Erfüllung ihrer Aufgaben nach den Artikeln 9, 20 und 21 des Übereinkommens benötigt. Bis eine Annahme als Kind ausgesprochen ist, haben das Jugendamt, die Ausländerbehörde, das Vormundschafts- und das Familiengericht die Auslandsvermittlungsstelle außer bei Gefahr im Verzug an allen das aufgenommene Kind betreffenden Verfahren zu beteiligen; eine wegen Gefahr im Verzug unterbliebene Beteiligung ist unverzüglich nachzuholen.

Abschnitt 3. Bescheinigungen über das Zustandekommen oder die Umwandlung eines Annahmeverhältnisses

§ 8. Bescheinigungen über eine im Inland vollzogene Annahme oder Umwandlung eines Annahmeverhältnisses. Hat eine zentrale Adoptionsstelle die Zustimmung gemäß Artikel 17 Buchstabe c des Übereinkommens erteilt, so stellt diese auf Antrag desjenigen, der ein rechtliches Interesse hat, die Bescheinigung gemäß Artikel 23 oder Artikel 27 Abs. 2 des Übereinkommens aus. Hat ein Jugendamt oder eine anerkannte Auslandsvermittlungsstelle die Zustimmung erteilt, so ist die zentrale Adoptionsstelle zuständig, zu deren Bereich das Jugendamt gehört oder in deren Bereich die anerkannte Auslandsvermittlungsstelle ihren Sitz hat.

§ 9. Überprüfung ausländischer Bescheinigungen über den Vollzug einer Annahme oder die Umwandlung eines Annahmeverhältnisses. Auf Antrag desjenigen, der ein rechtliches Interesse hat, prüft und bestätigt die Bundeszentralstelle die Echtheit einer Bescheinigung über die in einem anderen Vertragsstaat vollzogene Annahme oder Umwandlung eines Annahmeverhältnisses, die Übereinstimmung ihres Inhalts mit Artikel 23 oder Artikel 27 Abs. 2 des Übereinkommens sowie die Zuständigkeit der erteilenden Stelle. Die Bestätigung erbringt Beweis für die in Satz 1 genannten Umstände; der Nachweis ihrer Unrichtigkeit ist zulässig.

Abschnitt 4. Zeitlicher Anwendungsbereich

§ 10. Anwendung des Abschnitts 2. (1) Die Bestimmungen des Abschnitts 2 sind im Verhältnis zu einem anderen Vertragsstaat des Übereinkommens anzuwenden, wenn das Übereinkommen im Verhältnis zwischen der Bundesrepublik Deutschland und diesem Vertragsstaat in Kraft ist und wenn die Bewerbung nach § 4 Abs. 1 der Auslandsvermittlungsstelle nach dem Zeitpunkt des Inkrafttretens zugegangen ist.

(2) Die Bundeszentralstelle kann mit der zentralen Behörde des Heimatstaates die Anwendung der Bestimmungen des Übereinkommens auch auf solche Bewerbungen vereinbaren, die der Auslandsvermittlungsstelle vor dem in Absatz 1 genannten Zeitpunkt zugegangen sind. Die Vereinbarung kann zeitlich oder sachlich beschränkt werden. Auf einen Vermittlungsfall, der einer Vereinbarung nach den Sätzen 1 und 2 unterfällt, sind die Bestimmungen des Abschnitts 2 anzuwenden.

§ 11. Anwendung des Abschnitts 3. (1) Eine Bescheinigung nach § 8 wird ausgestellt, sofern die Annahme nach dem in § 10 Abs. 1 genannten Zeitpunkt und auf Grund der in Artikel 17 Buchstabe c des Übereinkommens vorgesehenen Zustimmungen vollzogen worden ist.

(2) Eine Bestätigung nach § 9 wird erteilt, sofern das Übereinkommen im Verhältnis zwischen der Bundesrepublik Deutschland und dem Staat, dessen zuständige Stelle die zur Bestätigung vorgelegte Bescheinigung ausgestellt hat, in Kraft ist.

II. EU-Recht

224. Verordnung (EU) 2020/1784 des Europäischen Parlaments und des Rates über die Zustellung gerichtlicher und außergerichtlicher Schriftstücke in Zivil- oder Handelssachen in den Mitgliedstaaten (Zustellung von Schriftstücken)

(Neufassung)

vom 25. November 2020[1, 2, 3, 4] (ABl. L 405, S. 40)

DAS EUROPÄISCHE PARLAMENT UND DER RAT DER EUROPÄISCHEN UNION –

---

[1] Die Verordnung gilt nach ihrem Art. 37 Abs. 1 S. 2 für die Mitgliedstaaten der EU – mit Ausnahme *Dänemarks* (vgl. Erwägungsgrund (48), aber auch die dortige Anm. 18) – seit dem 1.7.2022. Für das *Vereinigte Königreich* hat die Verordnung – entgegen Erwägungsgrund (47) – nach dem Brexit keine Geltung mehr erlangt. Zur obligatorischen Geltung des dezentralen IT-Systems erst ab 1.5.2025 vgl. die Anm. 22 zu Art. 5.

[2] Die Verordnung tritt nach ihrem Art. 36 Abs. 1 mit Wirkung v. 1.7.2022 an die Stelle der Verordnung (EG) Nr. 1393/2007 des Europäischen Parlaments und des Rates v. 13.11.2007 über die Zustellung gerichtlicher und außergerichtlicher Schriftstücke in Zivil- oder Handelssachen in den Mitgliedstaaten (Zustellung von Schriftstücken) und zur Aufhebung der Verordnung (EG) Nr. 1348/2000 des Rates (ABl. L 324 v. 10.12.2007, S. 79; Voraufl. Nr. *224*). Eine Entsprechungstabelle zu beiden Verordnungen findet sich im Anhang III zur Neufassung dieser Verordnung. Zu den Gründen für die Reform vgl. Erwägungsgrund (3).

[3] Zum Verhältnis der Verordnung zum Haager Zustellungsübereinkommen v. 15.11.1965 siehe Anm. 44 zu Art. 29.

[4] Zur Durchführung der Verordnung in *Deutschland* siehe §§ 1067–1071 ZPO (Nr. *224a*).

gestützt auf den Vertrag über die Arbeitsweise der Europäischen Union, insbesondere auf Artikel 81 Absatz 2,

auf Vorschlag der Europäischen Kommission,

nach Zuleitung des Entwurfs des Gesetzgebungsakts an die nationalen Parlamente,

nach Stellungnahme des Europäischen Wirtschafts- und Sozialausschusses,[5]

nach Anhörung des Ausschusses der Regionen,

gemäß dem ordentlichen Gesetzgebungsverfahren,[6]

in Erwägung nachstehender Gründe:

(1) Die Verordnung (EG) Nr. 1393/2007 des Europäischen Parlaments und des Rates[7] ist bereits früher geändert worden. Da weitere erhebliche Änderungen vorgenommen werden müssen, sollte die Verordnung im Interesse der Klarheit neu gefasst werden.

(2) Die Union hat sich zum Ziel gesetzt, die Union als einen Raum der Freiheit, der Sicherheit und des Rechts, in dem die Freizügigkeit gewährleistet ist, zu erhalten und weiterzuentwickeln. Um diesen Raum aufzubauen, erlässt die Union unter anderem im Bereich der justiziellen Zusammenarbeit in Zivilsachen die für das reibungslose Funktionieren des Binnenmarkts erforderlichen Maßnahmen.

(3) Für das reibungslose Funktionieren des Binnenmarkts und die Entwicklung eines Rechtsraums in Zivilsachen in der Union muss die Übermittlung und Zustellung gerichtlicher und außergerichtlicher Schriftstücke zwischen den Mitgliedstaaten in Zivil- oder Handelssachen weiter verbessert und beschleunigt und zugleich ein hohes Maß an Sicherheit und Schutz bei der Übermittlung solcher Schriftstücke – unter Wahrung des Schutzes der Rechte der Empfänger sowie des Schutzes der Privatsphäre und der personenbezogenen Daten – sichergestellt werden. Diese Verordnung verfolgt das Ziel, die Effizienz und Schnelligkeit von Gerichtsverfahren durch ihre Vereinfachung und Straffung im Bereich der Zustellung gerichtlicher und außergerichtlicher Schriftstücke in der Union zu verbessern, und gleichzeitig dazu beizutragen, Verzögerungen und Kosten für natürliche Personen und Unternehmen zu verringern. Durch die Schaffung größerer Rechtssicherheit und die Vereinfachung, Straffung und Digitalisierung der Verfahren werden natürliche Personen und Unternehmen dazu

---

[5] ABl. C 62 v. 15.2.2019, S. 56.

[6] Standpunkt des Europäischen Parlaments v. 13.2.2019 (noch nicht im Amtsblatt veröffentlicht) und Standpunkt des Rates in erster Lesung v. 4.11.2020 (noch nicht im Amtsblatt veröffentlicht). Standpunkt des Europäischen Parlaments v. 23.11.2020 (noch nicht im Amtsblatt veröffentlicht).

[7] Verordnung (EG) Nr. 1393/2007 des Europäischen Parlaments und des Rates v. 13.11.2007 über die Zustellung gerichtlicher und außergerichtlicher Schriftstücke in Zivil- oder Handelssachen in den Mitgliedstaaten (Zustellung von Schriftstücken) und zur Aufhebung der Verordnung (EG) Nr. 1348/2000 des Rates (ABl. L 324 v. 10.12.2007, S. 79; Voraufl. Nr. *224*).

ermutigt, sich am grenzüberschreitenden Geschäftsverkehr zu beteiligen, wodurch der Handel innerhalb der Union angekurbelt und somit das Funktionieren des Binnenmarkts verbessert wird.

(4) Mit dieser Verordnung werden Regeln über die Zustellung gerichtlicher und außergerichtlicher Schriftstücke in den Mitgliedstaaten in Zivil- oder Handelssachen festgelegt. Sie sollte nicht für die Zustellung gerichtlicher und außergerichtlicher Schriftstücke in anderen Angelegenheiten wie Steuer- und Zollsachen sowie verwaltungsrechtlichen Angelegenheiten gelten.

(5) Bei der grenzüberschreitenden Zustellung sollte es sich um die Zustellung von einem Mitgliedstaat in einen anderen Mitgliedstaat handeln.

(6) Diese Verordnung sollte nicht für die Zustellung von Schriftstücken an einen Bevollmächtigten einer Partei im Forummitgliedstaat gelten, sondern – unabhängig von der Zustellung an den Bevollmächtigten der Partei – für die Zustellung aller Schriftstücke an eine Partei im Ausland, falls diese Zustellung nach dem Recht des Forummitgliedstaats vorgeschrieben ist.

(7) Wenn ein Empfänger keine bekannte Zustelladresse im Forummitgliedstaat, aber eine oder mehrere bekannte Zustelladresse in einem oder mehreren anderen Mitgliedstaaten hat, so sollte das Schriftstück dem betreffenden anderen Mitgliedstaat zwecks Zustellung gemäß dieser Verordnung übermittelt werden. Diese Situation sollte nicht als eine inländische Zustellung im Forummitgliedstaat ausgelegt werden. Insbesondere sollte die Zustellung des Schriftstücks an den Empfänger nicht durch eine Methode der fiktiven Zustellung – wie beispielsweise eine Zustellung durch Anschlag an der Gerichtstafel oder durch Aufbewahrung des Schriftstücks im Gerichtsakt – erfolgen.

(8) Für die Zwecke dieser Verordnung sollte der Begriff „außergerichtliche Schriftstücke" so verstanden werden, dass er von einer Behörde oder einer Amtsperson erstellte oder beglaubigte Schriftstücke umfasst sowie andere Schriftstücke, deren förmliche Übermittlung an einen in einem anderen Mitgliedstaat ansässigen Empfänger zur Geltendmachung, zum Beweis oder zur Wahrung eines Rechts oder Anspruchs in Zivil- oder Handelssachen erforderlich ist. Der Begriff „außergerichtliche Schriftstücke" sollte nicht so verstanden werden, dass er Schriftstücke umfasst, die von Verwaltungsbehörden für die Zwecke von Verwaltungsverfahren ausgestellt werden.

(9) Die Wirksamkeit und Schnelligkeit der gerichtlichen Verfahren in Zivilsachen setzt voraus, dass die Übermittlung gerichtlicher und außergerichtlicher Schriftstücke unmittelbar und auf schnellstmöglichem Wege zwischen den von den Mitgliedstaaten benannten örtlichen Stellen erfolgt. Die Mitgliedstaaten sollten separate Übermittlungs- oder Empfangsstellen oder eine einzige oder mehrere Stellen, die beide Funktionen zugleich wahrnehmen, für einen Zeitraum von fünf Jahren benennen können. Es sollte jedoch möglich sein, diese Benennung alle fünf Jahre zu erneuern.

(10) Um die schnelle Übermittlung von Schriftstücken zwischen den Mitgliedstaaten zum Zwecke der Zustellung sicherzustellen, sollten alle

geeigneten modernen Kommunikationstechnologien genutzt werden, vorausgesetzt, bestimmte Anforderungen an die Integrität und Originaltreue des empfangenen Schriftstücks sind erfüllt. Daher sollten in der Regel jede Kommunikation und jeder Austausch von Schriftstücken zwischen den von den Mitgliedstaaten benannten Stellen über ein sicheres und zuverlässiges dezentrales IT-System erfolgen, das nationale IT-Systeme umfasst, die vernetzt und technisch interoperabel sind, wie beispielsweise – unbeschadet der weiteren technologischen Entwicklung – auf e-CODEX beruhend. Dementsprechend sollte ein dezentrales IT-System für den Datenaustausch nach dieser Verordnung eingerichtet werden. Der dezentrale Charakter dieses IT-Systems würde den Datenaustausch ausschließlich zwischen einem Mitgliedstaat und einem anderen ermöglichen, ohne dass eines der Organe der Union an diesem Austausch beteiligt ist.

(11) Unbeschadet eines möglichen künftigen technologischen Fortschritts sollten das sichere dezentrale IT-System und seine Bestandteile nicht zwingend als qualifizierter Dienst für die Zustellung elektronischer Einschreiben im Sinne der Verordnung (EU) Nr. 910/2014 des Europäischen Parlaments und des Rates[8] aufgefasst werden.

(12) Die Kommission sollte für die Schaffung, Wartung und Pflege sowie künftige Weiterentwicklung einer Referenzimplementierungssoftware verantwortlich sein, die Mitgliedstaaten anstelle eines nationalen IT-Systems nutzen können sollten, gemäß den Grundsätzen des Datenschutzes durch Technikgestaltung und durch datenschutzfreundliche Voreinstellungen. Die Kommission sollte die Referenzimplementierungssoftware gemäß den Datenschutzanforderungen und -grundsätzen der Verordnungen (EU) 2018/1725[9] und (EU) 2016/679[10] des Europäischen Parlaments und des Rates – insbesondere den Grundsätzen des Datenschutzes durch Technikgestaltung und durch datenschutzfreundliche Voreinstellungen – konzipieren, entwickeln und warten. Die Referenzimplementierungssoftware sollte außerdem geeignete technische Maßnahmen enthalten und die organisatorischen Maßnahmen ermöglichen, die dafür erforderlich sind, ein Maß an Sicherheit und Interoperabilität zu gewährleisten, das für den Informationsaustausch im Bereich der Zustellung von Schriftstücken geeignet ist.

---

[8] Verordnung (EU) Nr. 910/2014 des Europäischen Parlaments und des Rates v. 23.7.2014 über elektronische Identifizierung und Vertrauensdienste für elektronische Transaktionen im Binnenmarkt und zur Aufhebung der Richtlinie 1999/93/EG (ABl. L 257 v. 28.8.2014, S. 73).

[9] Verordnung (EU) 2018/1725 des Europäischen Parlaments und des Rates v. 23.10.2018 zum Schutz natürlicher Personen bei der Verarbeitung personenbezogener Daten durch die Organe, Einrichtungen und sonstigen Stellen der Union, zum freien Datenverkehr und zur Aufhebung der Verordnung (EG) Nr. 45/2001 und des Beschlusses Nr. 1247/2002/EG (ABl. L 295 v. 21.11.2018, S. 39).

[10] Verordnung (EU) 2016/679 des Europäischen Parlaments und des Rates v. 27.4.2016 zum Schutz natürlicher Personen bei der Verarbeitung personenbezogener Daten, zum freien Datenverkehr und zur Aufhebung der Richtlinie 95/46/EG (Datenschutz-Grundverordnung) (ABl. L 119 v. 4.5.2016, S. 1).

(13) Für die Komponenten des dezentralen IT-Systems, für welche die Union zuständig ist, sollte die Verwaltungsstelle über ausreichende Ressourcen verfügen, um das ordnungsgemäße Funktionieren dieses Systems zu gewährleisten.

(14) Die nach nationalem Recht zuständige Behörde oder zuständigen Behörden sollte bzw. sollten als Verantwortliche im Sinne der Verordnung (EU) 2016/679 für die Verarbeitung personenbezogener Daten, die sie nach der vorliegenden Verordnung zur Übermittlung von Schriftstücken zwischen Mitgliedstaaten durchführt bzw. durchführen, zuständig sein.

(15) Die Übermittlung über das dezentrale IT-System könnte aufgrund einer Störung des Systems unmöglich werden. Auch aufgrund außergewöhnlicher Umstände könnten andere Kommunikationsmittel besser geeignet sein, etwa dann, wenn die Digitalisierung einer umfangreichen Dokumentation einen unverhältnismäßigen Verwaltungsaufwand für die Übermittlungsstelle darstellen würde oder wenn zur Beurteilung der Echtheit eines Schriftstücks das Original in Papierform benötigt wird. Wenn das dezentrale IT-System nicht verwendet wird, sollte die Übermittlung mit dem am besten geeigneten alternativen Mittel durchgeführt werden. Dieses alternative Mittel sollte unter anderem dazu führen, dass die Übermittlung so rasch wie möglich und auf sichere Weise durch andere sichere elektronische Mittel oder durch Postdienste durchgeführt wird.

(16) Damit die elektronische grenzüberschreitende Übermittlung von Schriftstücken über das dezentrale IT-System häufiger genutzt wird, sollte solchen Schriftstücken die Rechtswirkung und die Zulässigkeit als Beweismittel in Gerichtsverfahren nicht allein deshalb abgesprochen werden, weil sie in elektronischer Form vorliegen. Jedoch sollte dieser Grundsatz die Beurteilung der Rechtswirkung solcher Schriftstücke oder ihrer Zulässigkeit als Beweismittel nach nationalem Recht nicht berühren. Zudem sollte er nationales Recht über die Umwandlung von Schriftstücken unberührt lassen.

(17) Um die Übermittlung und Zustellung von Schriftstücken zwischen den Mitgliedstaaten zu erleichtern, sollten die in Anhang I enthaltenen Formblätter verwendet werden. Dem zu übermittelnden Schriftstück sollte ein Antrag beigefügt werden, der unter Verwendung des Formblattes A in Anhang I erstellt wird. Das Formblatt sollte in der Amtssprache des Empfangsmitgliedstaats ausgefüllt werden oder, wenn es in diesem Mitgliedstaat mehrere Amtssprachen gibt, der Amtssprache oder einer der Amtssprachen des Ortes, an dem die Zustellung erfolgen soll, oder in einer sonstigen Sprache, die der Empfangsmitgliedstaat zugelassen hat. Jeder Mitgliedstaat sollte die Amtssprache oder die Amtssprachen der Union angeben, die er außer seiner eigenen Amtssprache oder seinen eigenen Amtssprachen akzeptiert.

(18) Der Übermittlungsstelle sollte automatisch über das dezentrale IT-System oder auf andere Weise sobald wie möglich, auf jeden Fall aber innerhalb von sieben Tagen nach Eingang des Schriftstücks, eine Empfangs-

bestätigung unter Verwendung des Formblatts D in Anhang I übermittelt werden.

(19) Wenn die Übermittlungsstelle eine Bescheinigung über die Nichtzustellung von Schriftstücken erhält, ist es für sie wichtig zu erfahren, ob die Behörden des Empfangsmitgliedstaats Anfragen an Wohnsitzregister oder andere Datenbanken – falls es solche Register oder Datenbanken gibt – gerichtet haben, um eine neue Anschrift des Empfängers des Schriftstücks zu ermitteln. Daher sollten die Mitgliedstaaten der Kommission mitteilen, ob ihre Behörden derartige Anfragen auf eigene Initiative stellen, wenn die im Zustellungsantrag angegebene Anschrift nicht richtig ist. Allerdings sollte diese Verordnung die Behörden der Mitgliedstaaten nicht dazu verpflichten, derartige Anfragen zu stellen.

(20) Kann ein Zustellungsantrag aufgrund der übermittelten Angaben oder Schriftstücke nicht erledigt werden, fällt er nicht in den Anwendungsbereich dieser Verordnung, ist die Zustellung wegen Nichtbeachtung der erforderlichen Formvorschriften nicht möglich oder wurde er an eine örtlich nicht zuständige Empfangsstelle gesandt, so sollte die Empfangsstelle die in dieser Verordnung vorgesehenen Schritte ohne eine Verzögerung unternehmen, die unter Berücksichtigung der besonderen Umstände – einschließlich der der Empfangsstelle zur Verfügung stehenden Kommunikationsmittel – ungerechtfertigt, unangemessen und unnötig ist.

(21) Auf eine schnelle Übermittlung muss auch eine schnelle Zustellung des Schriftstücks in den Tagen nach seinem Eingang folgen. Die Zustellung von Schriftstücken sollte so bald wie möglich, in jedem Fall aber innerhalb eines Monats nach ihrem Eingang bei der Empfangsstelle erfolgen.

(22) Die Empfangsstelle sollte auch in den Fällen, in denen es – etwa, weil der Beklagte urlaubsbedingt nicht zu Hause war oder sich aus dienstlichen Gründen nicht an seinem Arbeitsplatz aufhielt – nicht möglich war, die Zustellung des Schriftstücks innerhalb eines Monats nach Eingang des Schriftstücks zu bewirken, weiterhin alle für die Zustellung des Schriftstücks erforderlichen Schritte unternehmen. Um jedoch eine unbefristete Verpflichtung der Empfangsstelle, Schritte zur Zustellung des Schriftstücks zu unternehmen, zu vermeiden, sollte die Übermittlungsstelle die Möglichkeit haben, unter Verwendung von Formblatt A in Anhang I eine Frist festzulegen, nach deren Ablauf die Zustellung nicht mehr erforderlich ist.

(23) Um die Wirksamkeit dieser Verordnung zu gewährleisten, sollten die Umstände, unter denen es möglich ist, die Annahme des zuzustellenden Schriftstücks zu verweigern, auf Ausnahmefälle beschränkt werden.

(24) In allen Fällen, in denen das zuzustellende Schriftstück nicht in der Amtssprache oder einer der Amtssprachen des Zustellungsorts abgefasst ist, sollte die Empfangsstelle den Zustellungsempfänger schriftlich unter Verwendung des Formblatts L in Anhang I darüber belehren, dass er die Annahme des zuzustellenden Schriftstücks verweigern kann, wenn es weder in einer Sprache, die er versteht, noch in der Amtssprache oder einer der Amtssprachen des

Zustellungsorts abgefasst ist. Diese Regel sollte auch für später erfolgende Zustellungen gelten, wenn der Empfänger das Verweigerungsrecht ausgeübt hat. Dieses Verweigerungsrecht sollte auch im Falle der Zustellung durch diplomatische Vertreter oder konsularische Bedienstete, der Zustellung durch Postdienste, der elektronischen Zustellung und der unmittelbaren Zustellung gelten. Die Zustellung eines Schriftstücks, dessen Annahme verweigert wurde, sollte dadurch geheilt werden können, dass dem Empfänger eine Übersetzung des zurückgewiesenen Schriftstücks zugestellt wird.

(25) Wird dem zuzustellenden Schriftstück eine Übersetzung beigefügt, so sollte sie beglaubigt sein oder auf andere Weise nach dem Recht des Ursprungsmitgliedstaats als für das Verfahren geeignet befunden werden. Die Übersetzung sollte dem Mitgliedstaat, in dem die Zustellung erfolgen soll, zur Verfügung gestellt werden. Die Übersetzung von Schriftstücken in eine andere Sprache zum Zwecke der Gewährleistung der Einhaltung dieser Verordnung berührt nicht die Möglichkeit für den Empfänger, die Richtigkeit der Übersetzung nach dem Recht des Forummitgliedstaats, anzufechten.

(26) Wenn der Empfänger die Annahme des Schriftstücks verweigert hat und das in dem Verfahren angerufene Gericht oder die mit dem Verfahren befasste Behörde nach Überprüfung entscheidet, dass die Verweigerung nicht gerechtfertigt war, sollte dieses Gericht oder diese Behörde eine geeignete Form der Unterrichtung des Empfängers über diese Entscheidung gemäß dem nationalen Recht prüfen. Für die Zwecke der Überprüfung, ob die Verweigerung gerechtfertigt war, sollte das Gericht oder die Behörde alle in der Akte enthaltenen relevanten Informationen berücksichtigen, um die Sprachkenntnisse des Empfängers zu ermitteln. Bei der Bewertung der Sprachkenntnisse des Empfängers könnte das Gericht oder die Behörde gegebenenfalls Tatsachen berücksichtigen wie zum Beispiel, ob der Empfänger Schriftstücke in der betreffenden Sprache verfasst hat, ob besondere Sprachkenntnisse für den Beruf des Empfängers erforderlich sind, ob der Empfänger Staatsangehöriger des Forummitgliedstaats ist oder ob der Empfänger früher über einen längeren Zeitraum seinen Wohnsitz in diesem Mitgliedstaat hatte.

(27) Aufgrund der verfahrensrechtlichen Unterschiede zwischen den Mitgliedstaaten bestimmt sich der maßgebliche Zustellungszeitpunkt in den einzelnen Mitgliedstaaten nach unterschiedlichen Kriterien. Unter diesen Umständen und in Anbetracht der möglicherweise daraus entstehenden Schwierigkeiten sollte diese Verordnung eine Regelung vorsehen, nach der sich der Zustellungszeitpunkt nach dem Recht des Empfangsmitgliedstaats bestimmt. Muss jedoch nach dem Recht eines Mitgliedstaats ein Schriftstück innerhalb einer bestimmten Frist zugestellt werden, so sollte im Verhältnis zum Antragsteller als Tag der Zustellung der Tag gelten, der sich aus dem Recht dieses Mitgliedstaats ergibt. Diese Regelung des doppelten Datums besteht nur in einer begrenzten Zahl von Mitgliedstaaten. Wenn Mitgliedstaaten diese Regelung anwenden, sollten sie diese Information der

Kommission mitteilen, die diese Information über das durch die Verordnung 2001/470/EG des Rates[11] gegründete Europäische Justizielle Netz für Zivil- und Handelssachen und über das Europäische Justizportal in elektronischer Form zugänglich machen sollte.

(28) Um den Zugang zum Recht zu erleichtern, sollten die Mitgliedstaaten eine einheitliche Festgebühr für die Inanspruchnahme einer Amtsperson oder einer anderen nach dem Recht des Empfangsmitgliedstaats zuständigen Person festlegen. Diese Gebühr sollte den Grundsätzen der Verhältnismäßigkeit und der Nichtdiskriminierung entsprechen. Das Erfordernis einer einheitlichen Festgebühr sollte nicht die Möglichkeit ausschließen, dass die Mitgliedstaaten unterschiedliche Festgebühren für unterschiedliche Arten der Zustellung festlegen, sofern sie diese Grundsätze beachten.

(29) Es sollte jedem Mitgliedstaat freistehen, Personen, die in einem anderen Mitgliedstaat ansässig sind, Schriftstücke durch Postdienste unmittelbar per Einschreiben mit Rückschein oder gleichwertigem Beleg zustellen zu lassen. Für die Zustellung von Schriftstücken in verschiedenen Formen von Briefen, einschließlich Briefkonvoluten, sollte es möglich sein, private oder öffentliche Postdienste zu nutzen.

(30) Nach der ständigen Rechtsprechung des Gerichtshofs der Europäischen Union[12] gilt die unmittelbare Zustellung durch einen Postdienst im Sinne dieser Verordnung sogar dann als rechtsgültig bewirkt, wenn das Schriftstück zwar nicht dem Empfänger persönlich ausgehändigt, aber an der Privatanschrift des Empfängers an einen Erwachsenen übergeben wurde, der in demselben Haushalt wie der Empfänger lebt oder dort vom Empfänger beschäftigt wird und der das Schriftstück annehmen kann und dazu bereit ist, es sei denn, dass nach dem Recht des Forummitgliedstaats nur die persönliche Aushändigung des Schriftstücks an den Empfänger zulässig ist.

(31) Effiziente, zügige grenzüberschreitende Gerichtsverfahren erfordern schnelle und sichere direkte Kanäle für die Zustellung von Schriftstücken an Personen in anderen Mitgliedstaaten. Folglich sollte es möglich sein, einem Empfänger, der eine bekannte Zustelladresse in einem anderen Mitgliedstaat hat, Schriftstücke unmittelbar elektronisch zuzustellen. Die Voraussetzungen für diese Art der unmittelbaren elektronischen Zustellung sollten gewährleisten, dass die elektronische Zustellung nur mit elektronischen Mitteln erfolgt, die nach dem Recht des Forummitgliedstaats für die inländische Zustellung von Schriftstücken verwendet werden dürfen, und dass geeignete Garantien für den Schutz der Interessen des Empfängers einschließlich hoher technischer Standards und die Anforderung der ausdrücklichen Zustimmung des Empfängers bestehen.

---

[11] Entscheidung 2001/470/EG des Rates v. 28.5.2001 über die Einrichtung eines Europäischen justiziellen Netzes für Zivil- und Handelssachen (ABl. L 174 v. 27.6.2001, S. 25).

[12] Urteil des Gerichtshofs v. 2.3.2017, Rs. C-354/15 – Andrew Marcus Henderson ./. Novo Banco SA, ECLI:EU:C:2017:157.

(32) Die elektronische Zustellung an den Empfänger durch einen qualifizierten Zustelldienst für die Zustellung elektronischer Einschreiben im Sinne der Verordnung (EU) Nr. 910/2014 sollte möglich sein, wenn der Empfänger vorher ausdrücklich der Verwendung elektronischer Mittel für die Zustellung von Schriftstücken in Gerichtsverfahren zugestimmt hat. In solchen Fällen könnte die ausdrückliche Zustimmung für bestimmte Verfahren oder ganz allgemein für die elektronische Zustellung von Schriftstücken in Gerichtsverfahren durch diese Zustellungsarten erteilt werden. Diese Zustimmung könnte auch dann erteilt werden, wenn nach dem Recht des Forummitgliedstaats Verfahrensschriftstücke mithilfe eines elektronischen Systems zugestellt werden können und der Empfänger der Verwendung dieses Systems im Zusammenhang mit der Zustellung von Schriftstücken zugestimmt hat, bevor ihm mithilfe des betreffenden Systems Schriftstücke zugestellt werden.

(33) Eine elektronische Zustellung ohne Verwendung eines qualifizierten Zustelldienstes für die Zustellung elektronischer Einschreiben im Sinne der Verordnung (EU) Nr. 910/2014 an den Empfänger könnte erfolgen, wenn der Empfänger dem in dem Verfahren angerufenen Gericht oder der mit dem Verfahren befassten Behörde oder der in dem betreffenden Verfahren für die Zustellung zuständigen Partei seine vorherige ausdrückliche Zustimmung zur Verwendung von E-Mails an eine bestimmte E-Mail-Adresse für solche Verfahrens erteilt hat, sofern eine Bestätigung des Empfangs des Schriftstücks durch den Empfänger eingeht. Der Empfänger sollte den Empfang des Schriftstücks bestätigen, indem er eine Empfangsbestätigung unterzeichnet und zurückschickt oder indem er eine E-Mail von der von ihm für die Zustellung angegebenen E-Mail-Adresse zurückschickt. Die Empfangsbestätigung könnte auch elektronisch unterzeichnet werden. Um die Sicherheit der Übermittlung zu gewährleisten, könnten Mitgliedstaaten zusätzliche Bedingungen mitteilen, unter denen sie die elektronische Zustellung per E-Mail zulassen, wenn nach ihrem Recht für die Zustellung per E-Mail strengere Bedingungen gelten oder wenn ihr Recht eine solche Zustellung per E-Mail nicht zulässt. Diese Bedingungen können Aspekte wie die Identifizierung des Absenders und des Empfängers, die Unversehrtheit der übermittelten Schriftstücke und den Schutz der Übermittlung vor äußeren Eingriffen betreffen.

(34) Jeder an bestimmten gerichtlichen Verfahren Beteiligte sollte die Möglichkeit haben, Schriftstücke unmittelbar durch Amtspersonen, Beamte oder sonstige zuständige Personen des Mitgliedstaats, in dem um Zustellung ersucht wird, zustellen zu lassen, wenn eine solche unmittelbare Zustellung nach dem Recht dieses Mitgliedstaats zulässig ist.

(35) Wenn das nationale Recht und diese Verordnung dem Gericht erlauben, den Rechtsstreit auch dann zu entscheiden, wenn keine Bescheinigung über die Zustellung oder die Aushändigung bzw. Abgabe des verfahrenseinleitenden Schriftstücks oder des ihm gleichwertigen Schriftstücks eingegangen ist, so sollten alle angemessenen Schritte bei den zuständigen Behörden oder Stellen des Empfangsmitgliedstaats unternommen werden,

um die Bescheinigung zu erlangen, bevor eine Gerichtsentscheidung im Einklang auch mit anderen Erfordernissen zum Schutz der Interessen des Beklagten ergeht. Sofern nicht mit dem nationalen Recht unvereinbar, sollten alle angemessenen Schritte unternommen werden, um den Beklagten über alle verfügbaren Kommunikationskanäle – einschließlich der modernen Kommunikationstechnologie –, für die dem angerufenen Gericht eine Anschrift oder ein Konto bekannt ist, davon in Kenntnis zu setzen, dass ein Gerichtsverfahren gegen ihn eingeleitet wurde.

(36) Die Kommission sollte ein Handbuch mit Informationen zur ordnungsgemäßen Anwendung dieser Verordnung erstellen. Das Handbuch sollte über das Europäische Justizielle Netz für die Zusammenarbeit in Zivil- und Handelssachen zugänglich gemacht werden. Die Kommission und die Mitgliedstaaten sollten ihr Möglichstes tun, um sicherzustellen, dass die in dem Handbuch enthaltenen Informationen aktuell und vollständig sind, insbesondere die Kontaktinformationen zu den Empfangs- und den Übermittlungsstellen.

(37) Die Berechnung der in dieser Verordnung vorgesehenen Fristen und Termine sollte nach Maßgabe der Verordnung (EWG, Euratom) Nr. 1182/71 des Rates[13] erfolgen.

(38) Um die in Anhang I dieser Verordnung enthaltenen Formblätter zu aktualisieren oder technische Anpassungen an diesen Formblättern vorzunehmen, sollte der Kommission die Befugnis übertragen werden, nach Artikel 290 des Vertrags über die Arbeitsweise der Europäischen Union Rechtsakte zur Änderung des genannten Anhangs zu erlassen. Es ist von besonderer Bedeutung, dass die Kommission im Zuge ihrer Vorbereitungsarbeit angemessene Konsultationen, auch auf der Ebene von Sachverständigen, durchführt, die mit den Grundsätzen in Einklang stehen, die in der Interinstitutionellen Vereinbarung vom 13.April 2016 über bessere Rechtsetzung[14] niedergelegt wurden. Um insbesondere für eine gleichberechtigte Beteiligung an der Vorbereitung delegierter Rechtsakte zu sorgen, erhalten das Europäische Parlament und der Rat alle Dokumente zur gleichen Zeit wie die Sachverständigen der Mitgliedstaaten, und ihre Sachverständigen haben systematisch Zugang zu den Sitzungen der Sachverständigengruppen der Kommission, die mit der Vorbereitung der delegierten Rechtsakte befasst sind.

(39) Zur Gewährleistung einheitlicher Bedingungen für die Durchführung dieser Verordnung sollten der Kommission Durchführungsbefugnisse übertragen werden. Diese Befugnisse sollten im Einklang mit der Verordnung (EU) Nr. 182/2011 des Europäischen Parlaments und des Rates[15] ausgeübt werden.

---

[13] Verordnung (EWG, Euratom) Nr. 1182/71 des Rates v. 3.6.1971 zur Festlegung der Regeln für die Fristen, Daten und Termine (ABl. L 124 v. 8.6.1971, S. 1).

[14] ABl. L 123 v. 12.5.2016, S. 1.

[15] Verordnung (EU) Nr. 182/2011 des Europäischen Parlaments und des Rates v. 16.2.2011 zur Festlegung der allgemeinen Regeln und Grundsätze, nach denen die Mitgliedstaaten die Wahrnehmung der Durchführungsbefugnisse durch die Kommission kontrollieren (ABl. L 55 v. 28.2.2011, S. 13).

(40) Diese Verordnung sollte Vorrang vor den Bestimmungen bilateraler oder multilateraler Übereinkünfte oder Vereinbarungen mit einem dieser Verordnung gleichen Anwendungsbereich haben, die Mitgliedstaaten geschlossen haben, insbesondere dem Haager Übereinkommen vom 15. November 1965 über die Zustellung gerichtlicher und außergerichtlicher Schriftstücke im Ausland in Zivil- oder Handelssachen. Diese Verordnung hindert die Mitgliedstaaten nicht daran, Übereinkünfte oder Vereinbarungen zur Beschleunigung oder Vereinfachung der Übermittlung von Schriftstücken beizubehalten oder zu schließen, sofern diese Übereinkünfte oder Vereinbarungen mit dieser Verordnung vereinbar sind.

(41) Die Grundrechte und Grundfreiheiten aller beteiligten Personen sollten gemäß dem Unionsrecht uneingeschränkt gewahrt und geachtet werden, insbesondere das Recht auf gleichberechtigten Zugang zur Justiz, das Recht auf Nichtdiskriminierung und das Recht auf Schutz personenbezogener Daten und der Privatsphäre.

(42) Die nach dieser Verordnung übermittelten Daten sollten angemessen geschützt werden. Dieser Schutz wird durch die Verordnung (EU) 2016/679 und die Richtlinie 2002/58/EG des Europäischen Parlaments und des Rates[16] geregelt. Personenbezogene Daten, die für die Bearbeitung eines bestimmten Falls nicht relevant sind, sollten unverzüglich gelöscht werden.

(43) Nach den Nummern 22 und 23 der Interinstitutionellen Vereinbarung vom 13. April 2016 über bessere Rechtsetzung sollte die Kommission diese Verordnung auf der Grundlage der Informationen bewerten, die im Rahmen spezifischer Monitoring-Regelungen eingeholt werden, um die tatsächlichen Auswirkungen dieser Verordnung zu bewerten und zu prüfen, ob weitere Maßnahmen notwendig sind. Erfassen die Mitgliedstaaten Daten zur Zustellung von Schriftstücken nach dieser Verordnung, insbesondere zur Zahl der übermittelten und erhaltenen Ersuchen, zur Zahl der Fälle, in denen die Übermittlung auf anderem Wege als über das dezentrale IT-System erfolgt ist, zur Zahl der erhaltenen Bescheinigungen über die Nichtzustellung von Schriftstücken und zur Zahl der Fälle, in denen Übermittlungsstellen die Annahme von Schriftstücken aus sprachlichen Gründen verweigert wurde, so sollten sie diese Daten für die Zwecke der Überwachung der Kommission bereitstellen. Die von der Kommission als Back-End-System entwickelte Referenzimplementierungssoftware sollte die für die Zwecke der Überwachung erforderlichen Daten durch entsprechende Programmierung erfassen, und diese Daten sollten der Kommission übermittelt werden. Wenn sich die Mitgliedstaaten für die Nutzung eines nationalen IT-Systems anstelle der durch die Kommission entwickelten

---

[16] Richtlinie 2002/58/EG des Europäischen Parlaments und des Rates v. 12.7.2002 über die Verarbeitung personenbezogener Daten und den Schutz der Privatsphäre im Bereich der Telekommunikation (Datenschutzrichtlinie für elektronische Kommunikation) (ABl. L 201 v. 31.7.2002, S. 37).

Referenzimplementierungssoftware entscheiden, so kann dieses System so ausgerüstet sein, dass es diese Daten durch entsprechende Programmierung erfasst; in diesem Fall sollten die Daten der Kommission übermittelt werden.

(44) Da die Ziele dieser Verordnung aufgrund der Unterschiede zwischen den nationalen Vorschriften über die gerichtliche Zuständigkeit und die Anerkennung und Vollstreckung von Entscheidungen von den Mitgliedstaaten nicht ausreichend verwirklicht werden können, sondern vielmehr wegen der unmittelbaren Geltung und Verbindlichkeit dieser Verordnung auf Unionsebene besser zu verwirklichen sind, kann die Union im Einklang mit dem in Artikel 5 des Vertrags über die Europäische Union verankerten Subsidiaritätsprinzip tätig werden. Entsprechend dem in demselben Artikel genannten Grundsatz der Verhältnismäßigkeit geht diese Verordnung nicht über das für die Verwirklichung dieser Ziele erforderliche Maß hinaus.

(45) Der Europäische Datenschutzbeauftragte wurde nach Artikel 42 Absatz 1 der Verordnung (EU) 2018/1725 konsultiert und hat am 13. September 2019 eine Stellungnahme abgegeben.[17]

(46) Im Interesse einer besseren Übersicht und Verständlichkeit sollte die Verordnung (EG) Nr. 1393/2007 aufgehoben und durch die vorliegende Verordnung ersetzt werden.

(47) Nach Artikel 3 und Artikel 4a Absatz 1 des dem Vertrag über die Europäische Union und dem Vertrag über die Arbeitsweise der Europäischen Union beigefügten Protokolls Nr. 21 über die Position des Vereinigten Königreichs und Irlands hinsichtlich des Raums der Freiheit, der Sicherheit und des Rechts haben das Vereinigte Königreich und Irland mitgeteilt, dass sie sich an der Annahme und Anwendung dieser Verordnung beteiligen möchten.

(48) Nach den Artikeln 1 und 2 des dem Vertrag über die Europäische Union und dem Vertrag über die Arbeitsweise der Europäischen Union beigefügten Protokolls Nr. 22 über die Position Dänemarks beteiligt sich Dänemark nicht an der Annahme dieser Verordnung und ist weder durch diese Verordnung gebunden noch zu ihrer Anwendung verpflichtet[18] –

HABEN FOLGENDE VERORDNUNG ERLASSEN:

---

[17] ABl. C 370 v. 31.10.2019, S. 24.

[18] Vgl. aber das Brüsseler Übk. zwischen der *Europäischen Gemeinschaft* und dem *Königreich Dänemark* über die Zustellung gerichtlicher und außergerichtlicher Schriftstücke in Zivil- oder Handelssachen v. 19.10.2005 (ABl. L 300, S. 55), das am 1.7.2007 in Kraft getreten ist (ABl. L 94, S. 70). Mit diesem Übk. hatte *Dänemark* den Inhalt der Verordnung (EG) Nr. 1393/2007 mit Wirkung v. 13.11.2008 umgesetzt (vgl. dazu die Mitteilung der EU-Kommission, ABl. 2008 L 331, S. 21). Zu Art. 5 Abs. 2 dieses Übk. siehe den Beschluss des Rates 2009/943/EG v. 16.12.2009 (ABl. L 331, S. 26).

Das Übk. ist aufgrund der Mitteilung *Dänemarks* v. 22.12.2020 (ABl. L 19 v. 21.1.2021, S. 1) dahin geändert worden, dass die Verordnung (EU) 2020/1784 als Teil des Übereinkommens v. 19.10.2005 ab dem 1.7.2022 auch im Verhältnis zu Dänemark gilt.

Kapitel I. Allgemeine Bestimmungen

Art. 1.[19] **Anwendungsbereich.** (1) Diese Verordnung gilt für die grenzüberschreitende Zustellung gerichtlicher und außergerichtlicher Schriftstücke in Zivil- oder Handelssachen. Sie gilt insbesondere nicht für Steuer- und Zollsachen, verwaltungsrechtliche Angelegenheiten sowie die Haftung eines Mitgliedstaats für Handlungen oder Unterlassungen im Rahmen der Ausübung hoheitlicher Rechte *(„acta iure imperii")*.

(2) Mit Ausnahme des Artikels 7 gilt diese Verordnung nicht, wenn die Anschrift des Empfängers eines Schriftstücks unbekannt ist.

(3) Diese Verordnung gilt nicht für die Zustellung eines Schriftstücks in dem Forummitgliedstaat an einen Bevollmächtigten der Person, an die zugestellt werden soll, unabhängig davon, wo diese Person ihren Wohnsitz hat.

Art. 2. Begriffsbestimmungen. Für die Zwecke dieser Verordnung gelten folgende Begriffsbestimmungen:

1. „Forummitgliedstaat" bezeichnet den Mitgliedstaat, in dem das Gerichtsverfahren anhängig ist;
2. „Dezentrales IT-System" bezeichnet ein Netzwerk nationaler IT-Systeme und interoperabler Zugangspunkte, die unter der jeweiligen Verantwortung und Verwaltung eines jeden Mitgliedstaats betrieben werden, das den sicheren und zuverlässigen grenzüberschreitenden Informationsaustausch zwischen den nationalen IT-Systemen ermöglicht.

Art. 3.[20] **Übermittlungs- und Empfangsstellen.** (1) Jeder Mitgliedstaat benennt die Amtspersonen, Behörden oder sonstigen Personen, die für die Übermittlung gerichtlicher und außergerichtlicher Schriftstücke, die in einem anderen Mitgliedstaat zuzustellen sind, zuständig sind (im Folgenden „Übermittlungsstellen").

(2) Jeder Mitgliedstaat benennt die Amtspersonen, Behörden oder sonstigen Personen, die für die Entgegennahme gerichtlicher und außergerichtlicher Schriftstücke aus einem anderen Mitgliedstaat zuständig sind (im Folgenden „Empfangsstellen").

(3) Die Mitgliedstaaten können entweder separate Übermittlungs- und Empfangsstellen oder eine einzige oder mehrere Stellen benennen, die beide Funktionen zugleich wahrnehmen. Bundesstaatlich organisierte Mitgliedstaaten, Mitgliedstaaten mit mehreren Rechtssystemen und Mitgliedstaaten mit autonomen Gebietskörperschaften können mehrere derartige Stellen benennen. Diese Benennung ist für einen Zeitraum von fünf Jah-

---

[19] Vgl. Erwägungsgründe (4)–(7).

[20] Vgl. Erwägungsgrund (9). Zur Zuständigkeit als Übermittlungs- und Empfangsstellen iSv. Art. 3 der Verordnung in *Deutschland* siehe § 1069 1 Abs. und 2 ZPO (Nr. *224a*).

ren gültig und kann um weitere Perioden von fünf Jahren verlängert werden.

(4) Jeder Mitgliedstaat teilt der Kommission folgende Angaben mit:

a) die Namen und Anschriften der Empfangsstellen nach den Absätzen 2 und 3,

b) den Bereich, für den diese Empfangsstellen örtlich zuständig sind,

c) die den Empfangsstellen im Anwendungsbereich des Artikels 5 Absatz 4 zur Verfügung stehenden Mittel für den Empfang von Schriftstücken und

d) die Sprachen, in denen die Formblätter in Anhang I ausgefüllt werden dürfen.

Die Mitgliedstaaten teilen der Kommission jede Änderung der in Unterabsatz 1 genannten Angaben mit.

Art. 4.[21] **Zentralstelle.** Jeder Mitgliedstaat benennt eine Zentralstelle, die dafür verantwortlich ist,

a) den Übermittlungsstellen Auskünfte zu erteilen;

b) nach Lösungswegen zu suchen, wenn bei der Übermittlung von Schriftstücken zum Zwecke der Zustellung Schwierigkeiten auftreten;

c) in Ausnahmefällen auf Ersuchen einer Übermittlungsstelle einen Zustellungsantrag an die zuständige Empfangsstelle weiterzuleiten.

Bundesstaatlich organisierte Mitgliedstaaten, Mitgliedstaaten mit mehreren Rechtssystemen und Mitgliedstaaten mit autonomen Gebietskörperschaften können mehrere Zentralstellen benennen.

Art. 5.[22] **Von den Übermittlungs- und Empfangsstellen sowie den Zentralstellen zu verwendende Kommunikationsmittel.** (1) Zuzustellende Schriftstücke, Ersuchen, Bestätigungen, Empfangsbestätigungen, Bescheinigungen und Mitteilungen, die unter Verwendung der Formblätter in Anhang I erstellt wurden, werden zwischen den Übermittlungs- und Empfangsstellen, zwischen diesen Stellen und den Zentralstellen oder zwischen den Zentralstellen der verschiedenen Mitgliedstaaten über ein sicheres und zuverlässiges dezentrales IT-System übermittelt. Dieses dezentrale IT-System beruht auf einer interoperablen Lösung wie beispielsweise e-CODEX.

(2) Für die zuzustellenden Schriftstücke, Ersuchen, Bestätigungen, Empfangsbestätigungen, Bescheinigungen und Mitteilungen, die über das de-

---

[21] Zur Bestimmung der deutschen Zentralstelle nach Art. 4 der Verordnung siehe § 1069 Abs. 4 ZPO (Nr. *224a*).

[22] Vgl. Erwägungsgründe (10)–(15). Das dezentrale IT-System als obligatorisches Kommunikationsmittel, das für die Übermittlung und den Eingang von Anträgen, Formularen und sonstigen Mitteilungen zu verwenden ist, gilt gem. Art. 37 Abs. 2 erst ab dem 1. Mai 2025 (erster Tag des Monats, der auf den Zeitraum von drei Jahren nach Inkrafttreten des in Art. 25 genannten Durchführungsrechtsaktsfolgt).

zentrale IT-System übermittelt werden, gilt der mit der Verordnung (EU) Nr. 910/2014 geschaffene allgemeine Rechtsrahmen für die Verwendung von qualifizierten Vertrauensdiensten.

(3) Erfordern oder enthalten die in Absatz 1 dieses Artikels genannten zuzustellenden Schriftstücke, Ersuchen, Bestätigungen, Empfangsbestätigungen, Bescheinigungen und sonstigen Mitteilungen ein Siegel oder eine eigenhändige Unterschrift, so können stattdessen qualifizierte elektronische Siegel oder qualifizierte elektronische Signaturen im Sinne der Verordnung (EU) Nr. 910/2014 verwendet werden.

(4) Ist die Übermittlung nach Absatz 1 aufgrund einer Störung des dezentralen IT-Systems oder außergewöhnlicher Umstände nicht möglich, so wird die Übermittlung mit dem schnellsten und am besten geeigneten alternativen Mittel durchgeführt, wobei den Erfordernissen der Zuverlässigkeit und Sicherheit Rechnung zu tragen ist.

Art. 6.[23] **Rechtswirkung elektronischer Schriftstücke.** Den über das dezentrale IT-System übermittelten Schriftstücken darf die Rechtswirkung oder die Zulässigkeit als Beweismittel im Gerichtsverfahren nicht allein deshalb abgesprochen werden, weil sie in elektronischer Form vorliegen.

Art. 7. Unterstützung bei der Ermittlung von Anschriften. (1) Ist die Anschrift der Person, der das gerichtliche oder außergerichtliche Schriftstück in einem anderen Mitgliedstaat zuzustellen ist, nicht bekannt, so leistet der andere Mitgliedstaat bei der Ermittlung der Anschrift in mindestens einer der folgenden Weisen Unterstützung:

a) Angabe benannter Behörden, an welche die Übermittlungsstellen Anfragen um die Ermittlung der Anschrift des Empfängers des Schriftstücks richten;

b) Erlaubnis für Personen aus anderen Mitgliedstaaten, Auskunftsanfragen zu Anschriften von Empfängern, auch auf elektronischem Wege, mittels eines auf dem Europäischen Justizportal verfügbaren Standardformulars, direkt an Wohnsitzregister oder andere öffentlich zugängliche Datenbanken zu richten; oder

c) Bereitstellung ausführlicher Informationen im Europäischen Justizportal darüber, wie Anschriften von Empfängern ermittelt werden können.

(2) Jeder Mitgliedstaat teilt der Kommission folgende Angaben mit, damit diese im Europäischen Justizportal zugänglich gemacht werden:

a) die Mittel, mit denen der Mitgliedstaat in seinem Hoheitsgebiet nach Absatz 1 Unterstützung leistet;

b) gegebenenfalls Name und Kontaktdaten der in Absatz 1 Buchstaben a und b genannten Behörden;

---

[23] Vgl. Erwägungsgrund (16).

c) die Angabe, ob die Behörden des Empfangsmitgliedstaats auf eigene Initiative Auskunftsersuchen an Wohnsitzregister oder andere Datenbanken für Informationen über Anschriften richten, wenn die im Zustellungsantrag angegebene Anschrift nicht richtig ist.

Die Mitgliedstaaten teilen der Kommission jede Änderung der in Unterabsatz 1 genannten Angaben mit.

Kapitel II. Gerichtliche Schriftstücke

Abschnitt 1. Übermittlung und Zustellung von gerichtlichen Schriftstücken

Art. 8.[24] **Übermittlung von Schriftstücken.** (1) Gerichtliche Schriftstücke werden zwischen den Übermittlungs- und Empfangsstellen unmittelbar und so schnell wie möglich übermittelt.

(2) Dem zu übermittelnden Schriftstück ist ein Antrag beizufügen, der unter Verwendung des Formblattes A in Anhang I erstellt wird. Das Formblatt ist in der Amtssprache des Empfangsmitgliedstaats oder, wenn es in diesem Mitgliedstaat mehrere Amtssprachen gibt, in der Amtssprache oder einer der Amtssprachen des Ortes, an dem die Zustellung erfolgen soll, oder in einer sonstigen Sprache, die der Empfangsmitgliedstaat zugelassen hat, auszufüllen.

Jeder Mitgliedstaat teilt der Kommission jede andere Amtssprache der Union als seine eigene mit, in der das Formblatt ausgefüllt werden kann.

(3) Schriftstücke, die gemäß dieser Verordnung übermittelt werden, bedürfen weder der Beglaubigung noch einer anderen gleichwertigen Formalität.

(4) Beantragt die Übermittlungsstelle die Rücksendung einer Kopie eines nach Artikel 5 Absatz 4 in Papierform übermittelten Schriftstücks zusammen mit der in Artikel 14 genannten Bescheinigung, so übermittelt sie das betreffende Schriftstück in zweifacher Ausfertigung.

Art. 9. Übersetzung von Schriftstücken. (1) Die Übermittlungsstelle, welcher der Antragsteller das Schriftstück zum Zweck der Übermittlung übergibt, setzt den Antragsteller davon in Kenntnis, dass der Empfänger die Annahme des Schriftstücks verweigern darf, wenn es nicht in einer der in Artikel 12 Absatz 1 bestimmten Sprachen abgefasst ist.

(2) Der Antragsteller trägt etwaige vor der Übermittlung des Schriftstücks anfallende Übersetzungskosten unbeschadet etwaiger späterer Kostenentscheidungen des zuständigen Gerichts oder der zuständigen Behörde.

---

[24] Vgl. Erwägungsgrund (17). In *Deutschland* müssen Zustellungsanträge in deutscher oder in englischer Sprache abgefasst oder von einer Übersetzung in eine dieser beiden Sprachen begleitet sein, vgl. § 1070 ZPO (Nr. *224a*).

Art. 10.[25] **Entgegennahme der Schriftstücke durch die Empfangsstelle.** (1) Nach Erhalt eines Schriftstücks übermittelt die Empfangsstelle der Übermittlungsstelle automatisch und so bald wie möglich eine Empfangsbestätigung über das dezentralisierte IT-System oder, wenn die Empfangsbestätigung mit anderen Mitteln übersendet wird, so bald wie möglich, auf jeden Fall aber innerhalb von sieben Tagen nach Erhalt des Schriftstücks,[26] unter Verwendung des Formblatts D in Anhang I.

(2) Kann der Zustellungsantrag aufgrund der übermittelten Angaben oder Schriftstücke nicht erledigt werden, so nimmt die Empfangsstelle unter Verwendung des Formblatts E in Anhang I ohne unangemessene Verzögerung Verbindung zur Übermittlungsstelle auf, um die fehlenden Angaben oder Schriftstücke zu erlangen.

(3) Fällt der Zustellungsantrag offenkundig nicht in den Anwendungsbereich dieser Verordnung oder ist die Zustellung wegen Nichtbeachtung der erforderlichen Formvorschriften nicht möglich, so sind der Zustellungsantrag und die übermittelten Schriftstücke nach Erhalt unter Verwendung des Formblatts F in Anhang I mit einer Benachrichtigung über die Rücksendung ohne unangemessene Verzögerung an die Übermittlungsstelle zurückzusenden.

(4) Erhält eine Empfangsstelle ein Schriftstück zur Zustellung, für dessen Zustellung sie örtlich nicht zuständig ist, so leitet sie dieses Schriftstück zusammen mit dem Zustellungsantrag ohne unangemessene Verzögerung an die örtlich zuständige Empfangsstelle im Empfangsmitgliedstaat weiter, sofern der Antrag den Anforderungen des Artikels 8 Absatz 2 entspricht. Die Empfangsstelle setzt gleichzeitig die Übermittlungsstelle unter Verwendung des Formblatts G in Anhang I davon in Kenntnis. Nachdem die örtlich zuständige Empfangsstelle im Empfangsmitgliedstaat das Schriftstück und den Zustellungsantrag erhalten hat, übermittelt diese Empfangsstelle der Übermittlungsstelle so bald wie möglich, auf jeden Fall aber innerhalb von sieben Tagen nach Erhalt, eine Empfangsbestätigung unter Verwendung des Formblatts H in Anhang I.

Art. 11.[27] **Zustellung von Schriftstücken.** (1) Die Zustellung des Schriftstücks wird von der Empfangsstelle bewirkt oder veranlasst, entweder nach dem Recht des Empfangsmitgliedstaats oder in einem von der Übermittlungsstelle gewünschten besonderen Verfahren, sofern dieses Verfahren mit dem Recht des Empfangsmitgliedstaats vereinbar ist.

(2) Die Empfangsstelle unternimmt alle erforderlichen Schritte, um die Zustellung des Schriftstücks so rasch wie möglich, in jedem Fall jedoch

---

[25] Vgl. Erwägungsgründe (18)–(20). Zur zeitlichen Geltung von Art. 10 vgl. die Anm. 22 zu Art. 5, die hier entsprechend gilt.

[26] Bzgl. der Fristberechnung vgl. Erwägungsgrund (37).

[27] Vgl. Erwägungsgründe (21)–(22).

binnen eines Monats[28] nach seinem Eingang auszuführen. Konnte die Zustellung nicht binnen eines Monats nach Eingang des Schriftstücks vorgenommen werden, verfährt die Empfangsstelle wie folgt:

a) Sie unterrichtet die Übermittlungsstelle unverzüglich unter Verwendung des Formblatts K in Anhang I davon oder, sofern die Übermittlungsstelle unter Verwendung des Formblatts I in Anhang I um Informationen ersucht hat, unter Verwendung des Formblatts J in Anhang I, und

b) sie unternimmt weiterhin alle für die Zustellung des Schriftstücks erforderlichen Schritte, falls die Zustellung innerhalb einer angemessenen Frist möglich erscheint, es sei denn, die Übermittlungsstelle gibt an, dass die Zustellung nicht mehr erforderlich ist.

Art. 12.[29] Verweigerung der Annahme eines Schriftstücks. (1) Der Empfänger darf die Annahme des zuzustellenden Schriftstücks verweigern, wenn das Schriftstück nicht in einer der folgenden Sprachen abgefasst oder keine Übersetzung in eine der folgenden Sprachen beigefügt ist:

a) einer Sprache, die der Empfänger versteht, oder

b) der Amtssprache des Empfangsmitgliedstaats oder, wenn es im Empfangsmitgliedstaat mehrere Amtssprachen gibt, der Amtssprache oder einer der Amtssprachen des Ortes, an dem die Zustellung erfolgen soll.

(2) Die Empfangsstelle informiert den Empfänger über sein Recht nach Absatz 1, wenn das Schriftstück nicht in einer der in Absatz 1 Buchstabe b genannten Sprachen abgefasst oder keine Übersetzung in eine dieser Sprachen beigefügt ist, indem sie dem zuzustellenden Schriftstück das Formblatt L in Anhang I in den folgenden Sprachen beifügt:

a) in der Amtssprache oder in einer der Amtssprachen des Ursprungsmitgliedstaats und

b) in einer Sprache nach Absatz 1 Buchstabe b.

Gibt es Anzeichen dafür, dass der Empfänger eine Amtssprache eines anderen Mitgliedstaats versteht, so ist auch das in dieser Sprache abgefasste Formblatt L in Anhang I beizufügen.

Übersetzt ein Mitgliedstaat Formblatt L in Anhang I in eine Sprache eines Drittstaats, so stellt er die Übersetzung der Kommission zur Verfügung, damit sie über das Europäische Justizportal zugänglich gemacht wird.

(3) Der Empfänger kann die Annahme eines Schriftstücks entweder bei der Zustellung oder durch eine schriftliche Erklärung der Annahmeverweigerung innerhalb von zwei Wochen[30] ab dem Zeitpunkt der Zustellung verweigern. Zu diesem Zweck kann der Empfänger entweder das Formblatt L in Anhang I oder eine schriftliche Erklärung an die Empfangsstelle[31]

---

[28] Bzgl. der Fristberechnung vgl. Erwägungsgrund (37).
[29] Vgl. Erwägungsgründe (23)–(26).
[30] Bzgl. der Fristberechnung vgl. Erwägungsgrund (37).
[31] Berichtigt gem. ABl. L 173/133 v. 30.6.2022.

mit der Angabe zurücksenden, dass er die Annahme des Schriftstücks aufgrund der Sprache, in der es zugestellt wurde, verweigert.

(4) Wird der Empfangsstelle mitgeteilt, dass der Empfänger die Annahme des Schriftstücks nach den Absätzen 1, 2 und 3 verweigert, so setzt sie die Übermittlungsstelle unter Verwendung der Bescheinigung über die Zustellung bzw. Nichtzustellung, unter Verwendung von Formblatt K in Anhang I, unverzüglich davon in Kenntnis und sendet den Antrag und – falls verfügbar – jedes Schriftstück, um dessen Übersetzung ersucht wird, zurück.

(5) Die Zustellung eines Schriftstücks, dessen Annahme verweigert wurde, kann dadurch geheilt werden, dass dem Empfänger nach Maßgabe dieser Verordnung das Schriftstück zusammen mit einer Übersetzung in einer der in Absatz 1 vorgesehenen Sprachen zugestellt wird. In diesem Fall ist der Tag der Zustellung des Schriftstücks der Tag, an dem die Zustellung des Schriftstücks zusammen mit der Übersetzung nach dem Recht des Empfangsmitgliedstaats bewirkt wird. Muss jedoch nach dem Recht eines Mitgliedstaats ein Schriftstück innerhalb einer bestimmten Frist zugestellt werden, so ist im Verhältnis zum Antragsteller als Tag der Zustellung der nach Artikel 13 Absatz 2 ermittelte Tag maßgebend, an dem das ursprüngliche Schriftstück zugestellt worden ist.

(6) Die Absätze 1 bis 5 gelten auch für die anderen Arten der Übermittlung und Zustellung gerichtlicher Schriftstücke nach Abschnitt 2.

(7) Für die Zwecke der Absätze 1 und 2 gilt Folgendes: Erfolgt die Zustellung nach Artikel 17 durch diplomatische Vertreter oder konsularische Bedienstete und nach Artikel 18, 19 oder 20 durch eine Behörde oder Person, so setzen diese Vertreter oder Bediensteten beziehungsweise die Behörde oder Person den Empfänger davon in Kenntnis, dass er die Annahme des Schriftstücks verweigern darf und dass diesen Vertretern oder Bediensteten beziehungsweise dieser Behörde oder Person eine entweder unter Verwendung des Formblatts L in Anhang I oder freihändig erstellte schriftliche Verweigerungserklärung zu übermitteln ist.

Art. 13.[32] **Tag der Zustellung.** (1) Unbeschadet des Artikels 12 Absatz 5 ist für das Datum der nach Artikel 11 erfolgten Zustellung eines Schriftstücks das Datum maßgeblich, an dem das Schriftstück nach dem Recht des Empfangsmitgliedstaats zugestellt worden ist.

(2) Erfordert jedoch das Recht eines Mitgliedstaats die Zustellung eines Schriftstücks innerhalb einer bestimmten Frist, so ist im Verhältnis zum Antragsteller als Datum der Zustellung das Datum maßgeblich, das sich aus dem Recht dieses Mitgliedstaats ergibt.

(3) Dieser Artikel gilt auch für die anderen Arten der Übermittlung und Zustellung gerichtlicher Schriftstücke nach Abschnitt 2.

---

[32] Vgl. Erwägungsgrund (27).

Art. 14. Bescheinigung über die Zustellung und Kopie des zugestellten Schriftstücks. (1) Nach Erledigung der für die Zustellung des Schriftstücks vorzunehmenden Schritte, stellt die Empfangsstelle unter Verwendung von Formblatt K in Anhang I eine Bescheinigung über die Erledigung dieser Schritte aus und sendet sie der Übermittlungsstelle; im Falle des Artikels 8 Absatz 4 wird der Bescheinigung eine Kopie des zugestellten Schriftstücks beigefügt.

(2) Die in Absatz 1 genannte Bescheinigung ist in der Amtssprache oder in einer der Amtssprachen des Ursprungsmitgliedstaats oder in einer sonstigen Sprache auszustellen, die der Ursprungsmitgliedstaat zugelassen hat. Jeder Mitgliedstaat gibt die Amtssprache(n) der Union außer seiner oder seinen eigenen Amtssprache(n) an, in denen das Formblatt K in Anhang I ausgefüllt werden kann.[33]

Art. 15.[34] **Kosten der Zustellung.** (1) Die Zustellung gerichtlicher Schriftstücke aus einem Mitgliedstaat begründet keine Verpflichtung zur Zahlung oder Erstattung von Gebühren und Auslagen für die Tätigkeit des Empfangsmitgliedstaats.

(2) Abweichend von Absatz 1 zahlt oder erstattet der Antragsteller die Kosten

a) der Mitwirkung einer Amtsperson oder einer anderen nach dem Recht des Empfangsmitgliedstaats zuständigen Person bei der Zustellung;

b) für ein besonderes Verfahren der Zustellung.

Die Mitgliedstaaten legen eine einheitliche Festgebühr für die Mitwirkung einer Amtsperson oder einer anderen nach dem Recht des Empfangsmitgliedstaats zuständigen Person fest. Diese Gebühr entspricht den Grundsätzen der Verhältnismäßigkeit und der Nichtdiskriminierung. Die Mitgliedstaaten teilen der Kommission diese Festgebühren mit.

Abschnitt 2. Andere Arten der Übermittlung und Zustellung gerichtlicher Schriftstücke

Art. 16. Übermittlung auf diplomatischem oder konsularischem Weg. In Ausnahmefällen kann jeder Mitgliedstaat den Empfangsstellen oder den Zentralstellen eines anderen Mitgliedstaats gerichtliche Schriftstücke zum Zwecke der Zustellung auf diplomatischem oder konsularischem Weg übermitteln.

Art. 17. Zustellung von Schriftstücken durch diplomatische Vertreter oder konsularische Bedienstete. (1) Jeder Mitgliedstaat kann Personen, die ihren Wohnsitz in einem anderen Mitgliedstaat haben, gerichtliche

---

[33] Vgl. Erwägungsgrund (17).
[34] Vgl. Erwägungsgrund (28).

Schriftstücke unmittelbar durch seine diplomatischen Vertreter oder konsularischen Bediensteten ohne Anwendung von Zwangsmitteln zustellen lassen.

(2) Ein Mitgliedstaat kann der Kommission mitteilen, dass er die Zustellung gerichtlicher Schriftstücke nach Absatz 1 in seinem Hoheitsgebiet nicht zulässt, außer wenn die zuzustellenden Schriftstücke Staatsangehörigen des Übermittlungsmitgliedstaats zuzustellen sind.[35]

Art. 18.[36] **Zustellung durch Postdienste.** Gerichtliche Schriftstücke können Personen mit Aufenthalt in einem anderen Mitgliedstaat unmittelbar durch Postdienste per Einschreiben mit Empfangsbestätigung oder mittels eines gleichwertigen Nachweises zugestellt werden.

Art. 19.[37] **Elektronische Zustellung.** (1) Gerichtliche Schriftstücke können einer Person, die eine bekannte Zustelladresse in einem anderen Mitgliedstaat hat, unmittelbar durch elektronische Mittel zugestellt werden, die nach dem Recht des Forummitgliedstaats für die inländische Zustellung von Schriftstücken vorgesehen sind, vorausgesetzt

a) die Schriftstücke werden mittels eines qualifizierten Dienstes für die Zustellung elektronischer Einschreiben im Sinne der Verordnung (EU) Nr. 910/2014 versandt und empfangen und der Empfänger hat vorher ausdrücklich der Verwendung elektronischer Mittel für die Zustellung von Schriftstücken in gerichtlichen Verfahren zugestimmt oder

b) der Empfänger hat dem angerufenen Gericht oder der mit dem Verfahren befassten Behörde oder der in dem betreffenden Verfahren für die Zustellung von Schriftstücken zuständigen Partei seine vorherige ausdrückliche Zustimmung zur Verwendung von E-Mails an eine bestimmte E-Mail-Adresse für die Zustellung von Schriftstücken im Rahmen des betreffenden Verfahrens erteilt und der Empfänger bestätigt die Zustellung des Schriftstücks mit einer Empfangsbestätigung, die das Empfangsdatum enthält.

(2) Um die Sicherheit der Übermittlung zu gewährleisten, kann jeder Mitgliedstaat die zusätzlichen Bedingungen festlegen und der Kommission mitteilen, unter denen er die elektronische Zustellung nach Absatz 1 Buchstabe b zulässt, wenn nach seinem Recht strengere Bedingungen dafür gelten oder die elektronische Zustellung per E-Mail nicht zugelassen ist.

Art. 20.[38] **Unmittelbare Zustellung.** (1) Jeder an bestimmten Gerichtsverfahren Beteiligte kann gerichtliche Schriftstücke unmittelbar durch

---

[35] Von der Möglichkeit nach Art. 17 Abs. 2 der Verordnung hat *Deutschland* Gebrauch gemacht, vgl. § 1067 Abs. 2 ZPO (Nr. *224a*).

[36] Vgl. Erwägungsgründe (29)–(30).

[37] Vgl. Erwägungsgründe (31)–(33); im deutschen Recht siehe ergänzend § 1068 ZPO (Nr. *224a*).

[38] Vgl. Erwägungsgrund (34).

Amtspersonen, Beamte oder sonstige zuständige Personen des Mitgliedstaats, in dem Zustellung beantragt wird, zustellen lassen, sofern eine solche unmittelbare Zustellung nach dem Recht dieses Mitgliedstaats zulässig ist.

(2) Ein Mitgliedstaat, der die unmittelbare Zustellung zulässt, informiert die Kommission darüber, welche Berufsgruppen oder qualifizierten Personen in ihrem Hoheitsgebiet die unmittelbare Zustellung von Schriftstücken vornehmen dürfen. Die Kommission macht diese Informationen im Europäischen Justizportal zugänglich.

Kapitel III.[39] Außergerichtliche Schriftstücke

Art. 21. Übermittlung und Zustellung außergerichtlicher Schriftstücke. Außergerichtliche Schriftstücke können in einen anderen Mitgliedstaat nach Maßgabe dieser Verordnung übermittelt und dort zugestellt werden.

Kapitel IV. Schlussbestimmungen

Art. 22.[40] Nichteinlassung des Beklagten. (1) War ein verfahrenseinleitendes Schriftstück oder ein diesem gleichwertiges Schriftstück nach dieser Verordnung zum Zwecke der Zustellung in einen anderen Mitgliedstaat zu übermitteln und hat sich der Beklagte nicht auf das Verfahren eingelassen, so ergeht kein Urteil, bis festgestellt ist, dass das Schriftstück so rechtzeitig zugestellt oder übergegeben worden ist, dass der Beklagte genügend Zeit hatte, um sich verteidigen zu können, und dass

a) das Schriftstück in einer Weise zugestellt worden ist, die das Recht des Empfangsmitgliedstaats für die Zustellung von Schriftstücken in einem innerstaatlichen Rechtsstreit an dort befindliche Personen vorschreibt, oder

b) das Schriftstück tatsächlich entweder dem Beklagten persönlich ausgehändigt oder nach einem anderen in dieser Verordnung vorgesehenen Verfahren in der Wohnung des Beklagten abgegeben worden ist.

(2) Jeder Mitgliedstaat kann der Kommission mitteilen, dass ein Gericht ungeachtet des Absatzes 1 den Rechtsstreit entscheiden kann, auch wenn keine Bescheinigung über die Zustellung oder die Aushändigung bzw. Abgabe des verfahrenseinleitenden Schriftstücks oder ein diesem gleichwerti-

---

[39] Zum Begriff der „außergerichtlichen Schriftstücke" vgl. Erwägungsgrund (8).

[40] Vgl. Erwägungsgrund (35). Siehe dazu auch Art. 28 Abs. 3 der Verordnung (EU) Nr. 1215/2012 v. 12.12.2012 (Brüssel Ia-VO, Nr. *160*), Art. 11 der Verordnung (EG) Nr. 4/2009 v. 18.12.2008 (EuUntVO, Nr. *161*), Art. 19 der Verordnung (EU) 2019/1111 v. 25.6.2019 (Brüssel IIb-VO, Nr. *162*), Art. 16 der Verordnung (EU) Nr. 650/12 v. 4.7.2012 (EuErbVO, Nr. *61*) und Art. 16 der Verordnungen (EU) 2016/1103 und 2016/1104 v. 24.6.2016 (EuGüVO/EuPartVO, Nr. *33* und *39*).

ges Schriftstück eingegangen ist, sofern alle folgenden Voraussetzungen erfüllt sind:

a) Das Schriftstück ist nach einem in dieser Verordnung vorgesehenen Verfahren übermittelt worden;

b) seit der Absendung des Schriftstücks ist eine Frist verstrichen, die das Gericht im Einzelfall als angemessen erachtet, mindestens jedoch eine Frist von sechs Monaten;

c) es wurde keine Bescheinigung irgendeiner Art erlangt, obwohl alle zumutbaren Schritte zu ihrer Erlangung durch die zuständigen Behörden oder Stellen des Empfangsmitgliedstaats unternommen wurden.

Diese Informationen werden im Europäischen Justizportal zugänglich gemacht.

(3) Ungeachtet der Absätze 1 und 2 können Gerichte in begründeten dringenden Fällen einstweilige Maßnahmen oder Sicherungsmaßnahmen anordnen.

(4) War ein verfahrenseinleitendes Schriftstück oder ein diesem gleichwertiges Schriftstück nach dieser Verordnung zum Zweck der Zustellung in einen anderen Mitgliedstaat zu übermitteln, und ist eine Entscheidung gegen einen Beklagten ergangen, der sich nicht auf das Verfahren eingelassen hat, so kann das Gericht dem Beklagten unter Außerachtlassung des Ablaufs der Frist für die Einlegung von Rechtsmitteln die Wiedereinsetzung in den vorigen Stand gewähren, sofern die beiden folgenden Voraussetzungen erfüllt sind:

a) Der Beklagte hat ohne sein Verschulden nicht so rechtzeitig Kenntnis von dem Schriftstück erlangt, dass er sich hätte verteidigen können, oder nicht so rechtzeitig Kenntnis von der Entscheidung erlangt, dass er ein Rechtsmittel hätte einlegen können, und

b) die Verteidigung des Beklagten scheint nicht von vornherein in der Sache aussichtslos.

Ein Antrag auf Wiedereinsetzung in den vorigen Stand kann nur innerhalb einer angemessenen Frist, nachdem der Beklagte von der Entscheidung Kenntnis erhalten hat, gestellt werden.

Jeder Mitgliedstaat kann der Kommission mitteilen, dass ein Antrag auf Wiedereinsetzung in den vorigen Stand nach Ablauf einer durch den Mitgliedstaat in seiner Mitteilung bestimmten Frist unzulässig ist. Diese Frist muss mindestens ein Jahr ab dem Datum der Entscheidung betragen. Diese Informationen werden über das Europäische Justizportal zugänglich gemacht.

(5) Absatz 4 gilt nicht für Entscheidungen, die den Personenstand oder die Rechtsfähigkeit von Personen betreffen.

Art. 23. Änderung des Anhangs I. Der Kommission wird die Befugnis übertragen, nach Artikel 24 delegierte Rechtsakte zur Änderung des Anhangs I zu erlassen, um die darin vorgesehenen Formblätter zu aktualisieren oder technische Anpassungen an diesen Formblättern vorzunehmen.

Art. 24.[41] **Ausübung der Befugnisübertragung.** (1) Die Befugnis zum Erlass delegierter Rechtsakte wird der Kommission unter den in diesem Artikel festgelegten Bedingungen übertragen.

(2) Die Befugnis zum Erlass delegierter Rechtsakte gemäß Artikel 23 wird der Kommission für einen Zeitraum von fünf Jahren ab dem 22. Dezember 2020 übertragen. Die Kommission erstellt spätestens neun Monate vor Ablauf des Zeitraums von fünf Jahren einen Bericht über die Befugnisübertragung. Die Befugnisübertragung verlängert sich stillschweigend um Zeiträume gleicher Länge, es sei denn, das Europäische Parlament oder der Rat widersprechen einer solchen Verlängerung spätestens drei Monate vor Ablauf des jeweiligen Zeitraums.

(3) Die Befugnisübertragung gemäß Artikel 23 kann vom Europäischen Parlament oder vom Rat jederzeit widerrufen werden. Der Beschluss über den Widerruf beendet die Übertragung der in dem Beschluss angegebenen Befugnis. Er wird am Tag nach seiner Veröffentlichung im Amtsblatt der Europäischen Union oder zu einem im Beschluss über den Widerruf angegebenen späteren Zeitpunkt wirksam. Die Gültigkeit von delegierten Rechtsakten, die bereits in Kraft sind, wird von dem Beschluss über den Widerruf nicht berührt.

(4) Vor dem Erlass eines delegierten Rechtsakts konsultiert die Kommission die von den einzelnen Mitgliedstaaten benannten Sachverständigen, im Einklang mit den in der Interinstitutionellen Vereinbarung vom 13. April 2016 über bessere Rechtsetzung enthaltenen Grundsätzen.

(5) Sobald die Kommission einen delegierten Rechtsakt erlässt, übermittelt sie ihn gleichzeitig dem Europäischen Parlament und dem Rat.

(6) Ein delegierter Rechtsakt, der gemäß Artikel 23 erlassen wurde, tritt nur in Kraft, wenn weder das Europäische Parlament noch der Rat innerhalb einer Frist von zwei Monaten nach Übermittlung dieses Rechtsakts an das Europäische Parlament und den Rat Einwände erhoben haben oder wenn vor Ablauf dieser Frist sowohl das Europäische Parlament als auch der Rat beide der Kommission mitgeteilt haben, dass sie keine Einwände erheben werden. Auf Initiative des Europäischen Parlaments oder des Rates wird diese Frist um zwei Monate verlängert.

Art. 25.[42] **Erlass von Durchführungsrechtsakten durch die Kommission.** (1) Die Kommission erlässt Durchführungsrechtsakte zur Einrichtung des dezentralen IT-Systems, durch die sie Folgendes festlegt:

a) die technischen Spezifikationen zur Festlegung der Methoden zur elektronischen Kommunikation für die Zwecke des dezentralen IT-Systems;

---

[41] Vgl. Erwägungsgrund (38).
[42] Vgl. Erwägungsgrund (39).

b) die technischen Spezifikationen für Kommunikationsprotokolle;

c) die Informationssicherheitsziele und entsprechenden technischen Maßnahmen zur Gewährleistung von Mindeststandards für die Informationssicherheit bei der Verarbeitung und Übermittlung von Informationen im dezentralen IT-System;

d) die Mindestverfügbarkeitsziele und mögliche damit verbundene technische Anforderungen an die Leistungen des dezentralen IT-Systems;

e) die Einsetzung eines aus Vertretern der Mitgliedstaaten bestehenden Lenkungsausschusses, um zur Verwirklichung der Ziele dieser Verordnung den Betrieb sowie die Wartung und Pflege des dezentralen IT-Systems sicherzustellen.

(2) Die Durchführungsrechtsakte nach Absatz 1 des vorliegenden Artikels werden spätestens am 23. März 2022 gemäß dem in Artikel 26 Absatz 2 genannten Prüfverfahren erlassen.

Art. 26. Ausschussverfahren. (1) Die Kommission wird von einem Ausschuss unterstützt. Dieser Ausschuss ist ein Ausschuss im Sinne der Verordnung (EU) Nr. 182/2011.

(2) Wird auf diesen Absatz Bezug genommen, so gilt Artikel 5 der Verordnung (EU) Nr. 182/2011.

Art. 27.[43] Referenzimplementierungssoftware. (1) Die Kommission ist verantwortlich für die Schaffung, Wartung und Pflege sowie künftige Weiterentwicklung einer Referenzimplementierungssoftware, für deren Einsatz sich die Mitgliedstaaten als ihr Back-End-System anstelle eines nationalen IT-Systems entscheiden können. Die Schaffung, Wartung und Pflege sowie künftige Weiterentwicklung der Referenzimplementierungssoftware werden aus dem Gesamthaushalt der Union finanziert.

(2) Die Kommission übernimmt die Bereitstellung, Wartung und Pflege sowie kostenlose Implementierung der Softwarekomponenten, die den Zugangspunkten zugrunde liegen.

Art. 28. Kosten des dezentralen IT-Systems. (1) Jeder Mitgliedstaat trägt die Kosten für Installation, Betrieb sowie Wartung und Pflege seiner Zugangspunkte, über welche die nationalen IT-Systeme im Rahmen des dezentralen IT-Systems vernetzt sind.

(2) Jeder Mitgliedstaat trägt die Kosten für die Einrichtung und Anpassung seiner nationalen IT-Systeme zur Herstellung der Interoperabilität mit den Zugangspunkten sowie die Kosten für Verwaltung, Betrieb und Instandhaltung dieser Systeme.

---

[43] Vgl. Erwägungsgrund (12).

(3) Die Absätze 1 und 2 lassen die Möglichkeit der Mitgliedstaaten unberührt, Finanzhilfen zur Unterstützung der in diesen Absätzen genannten Tätigkeiten im Rahmen der Finanzierungsprogramme der Union zu beantragen.

Art. 29.[44] **Verhältnis zu Übereinkünften oder Vereinbarungen zwischen Mitgliedstaaten.** (1) Diese Verordnung hat in ihrem Anwendungsbereich Vorrang vor anderen Bestimmungen in den von Mitgliedstaaten geschlossenen bilateralen oder multilateralen Übereinkünften oder Vereinbarungen, insbesondere dem Haager Übereinkommen vom 15. November 1965 über die Zustellung gerichtlicher und außergerichtlicher Schriftstücke im Ausland in Zivil- oder Handelssachen,[45] und zwar im Verhältnis der Mitgliedstaaten, die Vertragsparteien dieser Übereinkünfte sind.

(2) Diese Verordnung hindert Mitgliedstaaten nicht daran, Übereinkünfte oder Vereinbarungen zur Beschleunigung oder weiteren Vereinfachung der Übermittlung von Schriftstücken beizubehalten oder zu schließen, sofern diese Übereinkünfte oder Vereinbarungen mit der vorliegenden Verordnung vereinbar sind.[46]

(3) Die Mitgliedstaaten übermitteln der Kommission:

a) eine Abschrift der zwischen den Mitgliedstaaten geschlossenen Übereinkünfte oder Vereinbarungen nach Absatz 2 sowie die Entwürfe von ihnen geplanter Übereinkünfte oder Vereinbarungen und

b) jede Kündigung oder Änderung dieser Übereinkünfte oder Vereinbarungen.

Art. 30. Prozesskostenhilfe. Die vorliegende Verordnung berührt nicht Artikel 24 des Haager Übereinkommens vom 1. März 1954 über den Zivilprozess[47] und Artikel 13 des Abkommens über die Erleichterung des internationalen Zugangs zu den Gerichten vom 25. Oktober 1980[48] im Verhältnis zwischen den Mitgliedstaaten, die Vertragspartei dieser Übereinkünfte sind.

Art. 31. Schutz übermittelter Informationen. (1) Die nach dieser Verordnung durchgeführte Verarbeitung personenbezogener Daten, einschließlich des Austausches oder der Übermittlung personenbezogener Daten durch die zuständigen Behörden, erfolgt gemäß der Verordnung (EU) 2016/679.[49]

---

[44] Vgl. Erwägungsgrund (40).

[45] Abgedruckt unter Nr. *211.*

[46] Zu den von *Deutschland* abgeschlossenen Zusatzvereinbarungen, die im Rahmen dieser Verordnung weiter gelten, siehe Anm. 3 vor Nr. *227.*

[47] Abgedruckt unter Nr. *210.*

[48] Vgl. Anm. 1 vor Nr. *210.*

[49] Vgl. oben Anm. 10.

Der Austausch oder die Übermittlung von Informationen durch die zuständigen Stellen auf Ebene der Union erfolgt gemäß der Verordnung (EU) 2018/1725.[50]

Personenbezogene Daten, die für die Bearbeitung eines einzelnen Falls nicht relevant sind, werden sofort gelöscht.

(2) Die nach nationalem Recht zuständige Behörde oder zuständigen Behörden gilt bzw. gelten für die Verarbeitung personenbezogener Daten im Rahmen der vorliegenden Verordnung als Verantwortliche im Sinne der Verordnung (EU) 2016/679.

(3) Unbeschadet der Absätze 1 und 2 darf die Empfangsstelle die nach dieser Verordnung übermittelten Informationen nur zu dem Zweck verwenden, zu dem sie übermittelt wurden.

(4) Die Empfangsstellen stellen die Vertraulichkeit derartiger Informationen nach Maßgabe ihres nationalen Rechts sicher.

(5) Die Absätze 3 und 4 berühren nicht das Auskunftsrecht von Betroffenen über die Verwendung der nach dieser Verordnung übermittelten Informationen, das ihnen nach dem nationalen Recht zusteht.

(6) Die Richtlinie 2002/58/EG[51] bleibt von dieser Verordnung unberührt.

Art. 32.[52] **Achtung der Grundrechte nach dem Unionsrecht.** Die Grundrechte und Grundfreiheiten aller beteiligten Personen, insbesondere das Recht auf gleichberechtigten Zugang zur Justiz, das Recht auf Nichtdiskriminierung und das Recht auf Schutz personenbezogener Daten und der Privatsphäre, sind nach Maßgabe des Unionsrechts uneingeschränkt zu wahren und zu achten.

Art. 33.[53] **Mitteilung, Veröffentlichung und Handbuch.** (1) Die Mitgliedstaaten teilen der Kommission die Angaben nach den Artikeln 3, 7, 12, 14, 17, 19, 20 und 22 mit.

Die Mitgliedstaaten teilen der Kommission mit, ob ihr nationales Recht die Zustellung eines Schriftstücks nach Artikel 12 Absatz 5 und Artikel 13 Absatz 2 innerhalb einer bestimmten Frist erfordert.

(2) Sind Mitgliedstaaten in der Lage, den Betrieb des dezentralen IT-Systems früher als in dieser Verordnung vorgeschrieben aufzunehmen, so können sie das der Kommission mitteilen. Die Kommission stellt diese In-

---

[50] Vgl. oben Anm. 9.

[51] Vgl. oben Anm. 16.

[52] Vgl. Erwägungsgrund (41).

[53] Die der Kommission mitgeteilten Informationen zu den einzelnen Mitgliedstaaten sind abrufbar im Europäischen Gerichtsatlas für Zivilsachen (Homepage des Europäischen Justizportals: https://e-justice.europa.eu/371/DE/service_of_documents_official_transmission_of_legal_documents).

formationen auf elektronischem Wege zur Verfügung, insbesondere im Europäischen Justizportal.

(3) Die Kommission veröffentlicht die nach Absatz 1 mitgeteilten Angaben im Amtsblatt der Europäischen Union, mit Ausnahme der Anschriften und sonstigen Kontaktdaten der Stellen und der Zentralstellen und deren örtlichen Zuständigkeitsbereiche.

(4) Die Kommission erstellt und aktualisiert regelmäßig ein Handbuch, das die Angaben nach Absatz 1 enthält. Sie stellt das Handbuch in elektronischer Form bereit, insbesondere über das Europäische Justizielle Netz für Zivil- und Handelssachen und über das Europäische Justizportal.

Art. 34.[54] **Monitoring.** (1) Die Kommission erstellt bis zum 2. Juli 2023 ein ausführliches Programm für das Monitoring der Leistungen, der Ergebnisse und der Wirkung dieser Verordnung.

(2) In dem Monitoring-Programm wird festgelegt, welche Maßnahmen die Kommission und die Mitgliedstaaten zum Monitoring der Leistungen, der Ergebnisse und der Wirkung dieser Verordnung zu treffen haben. Darin wird festgelegt, wann die in Absatz 3 genannten Daten erstmals zu erfassen sind – spätestens bis zum 2. Juli 2026 – und in welchen weiteren Zeitabständen diese Daten zu erfassen sind.

(3) Die Mitgliedstaaten übermitteln der Kommission je nach Verfügbarkeit folgende für die Zwecke des Monitorings erforderliche Daten:

a) die Anzahl der nach Artikel 8 übermittelten Ersuchen um Zustellung von Schriftstücken;

b) die Anzahl der nach Artikel 11 ausgeführten Ersuchen um Zustellung von Schriftstücken;

c) die Anzahl der Fälle, in denen das Ersuchen um Zustellung von Schriftstücken mit anderen Mitteln als dem dezentralen IT-System nach Artikel 5 Absatz 4 übermittelt wurde;

d) die Anzahl der eingegangenen Bescheinigungen über die Nichtzustellung von Schriftstücken;

e) die Anzahl der Fälle, in denen die Annahme von Schriftstücken, die bei den Übermittlungsstellen eingegangen sind, aus sprachlichen Gründen verweigert wurde.

(4) Die Referenzimplementierungssoftware und – soweit es dafür ausgerüstet ist – das nationale Back-End-System erfassen die in Absatz 3 Buchstaben a, b und d genannten Daten durch entsprechende Programmierung und übermitteln sie regelmäßig der Kommission.

Art. 35. Bewertung. (1) Spätestens fünf Jahre nach Geltungsbeginn des Artikels 5 gemäß Artikel 37 Absatz 2 führt die Kommission eine Bewer-

[54] Vgl. Erwägungsgrund (43).

tung dieser Verordnung durch und legt dem Europäischen Parlament, dem Rat und dem Europäischen Wirtschafts- und Sozialausschuss einen Bericht mit ihren wichtigsten Ergebnissen – gegebenenfalls zusammen mit einem Legislativvorschlag – vor.

(2) Die Mitgliedstaaten übermitteln der Kommission die Angaben, die für die Ausarbeitung des in Absatz 1 genannten Berichts erforderlich sind.

Art. 36.[55] **Aufhebung.** (1) Die Verordnung (EG) Nr. 1393/2007 wird mit dem Tag des Beginns der Geltung der vorliegenden Verordnung aufgehoben, mit Ausnahme der Artikel 4 und 6 der Verordnung (EG) Nr. 1393/2007, die mit dem Tag des Geltungsbeginns der Artikel 5, 8 und 10 nach Artikel 37 Absatz 2 der vorliegenden Verordnung aufgehoben werden.

(2) Bezugnahmen auf die aufgehobene Verordnung gelten als Bezugnahmen auf die vorliegende Verordnung und sind nach Maßgabe der Entsprechungstabelle in Anhang III zu lesen.

Art. 37. Inkrafttreten und Geltung. (1) Diese Verordnung tritt am zwanzigsten Tag nach ihrer Veröffentlichung im Amtsblatt der Europäischen Union in Kraft.

Sie gilt ab dem 1. Juli 2022.

(2) Artikel 5, 8 und 10 gelten ab dem ersten Tag des Monats, der auf den Zeitraum von drei Jahren nach dem Tag des Inkrafttretens der in Artikel 25 genannten Durchführungsrechtsakte folgt.

Diese Verordnung ist in allen ihren Teilen verbindlich und gilt gemäß den Verträgen unmittelbar in den Mitgliedstaaten.

Anhang I

Formblätter A–L[56]

(nicht abgedruckt)

Anhang II und III

(nicht abgedruckt)

---

[55] Vgl. Erwägungsgrund (46).

[56] Abgedruckt im ABl. 2022 L 405, S. 58–75. Online abrufbar im Europäischen Justizportal: https://e-justice.europa.eu/39151/DE/serving_documents_recast_forms.

224a. Zivilprozessordnung

idF vom 9. Dezember 2005 (BGBl. I, S. 3202)

Buch 11.[1] Justizielle Zusammenarbeit in der Europäischen Union

Abschnitt 1.[2] Zustellung nach der Verordnung (EU) 2020/1784[3]

Titel 1. Erkenntnisverfahren

§ 1067.[4] Zustellung durch Auslandsvertretungen. (1) Eine Zustellung nach Artikel 17 der Verordnung (EU) 2020/1784 durch die zuständige deutsche Auslandsvertretung soll nur im begründeten Ausnahmefall erfolgen. Eine Zustellung nach Satz 1 an einen Adressaten, der nicht deutscher Staatsangehöriger ist, ist nur zulässig, sofern der Mitgliedstaat, in dem die Zustellung erfolgen soll, dies nicht durch eine Erklärung nach Artikel 33 Absatz 1 Satz 1 der Verordnung (EU) 2020/1784 ausgeschlossen hat.

(2) Eine Zustellung nach Artikel 17 der Verordnung (EU) 2020/1784, die in der Bundesrepublik Deutschland bewirkt werden soll, ist nur zulässig, wenn der Adressat des zuzustellenden Schriftstücks Staatsangehöriger des Übermittlungsstaats ist.

§ 1068.[5] Elektronische Zustellung. An Adressaten in der Bundesrepublik Deutschland dürfen gerichtliche elektronische Schriftstücke nur nach Artikel 19 Absatz 1 Buchstabe a der Verordnung (EU) 2020/1784 elektronisch zugestellt werden.

§ 1069.[6] Zuständigkeiten nach der Verordnung (EU) 2020/1784; Verordnungsermächtigungen. (1) Für Zustellungen im Ausland sind als

---

[1] Die Vorschriften des 11. Buches der ZPO finden gem. § 13a ArbGG auch in Verfahren vor den Arbeitsgerichten Anwendung.

[2] Abschnitt 1 geändert durch Gesetz v. 30.10.2008 (BGBl. I, S. 2122) mit Wirkung v. 13.11.2008 und erneut geändert durch Gesetz v. 24.6.2022 (BGBl. I, S. 959) mit Wirkung v. 1.7.2022.

[3] Abgedruckt unter Nr. *224*.

[4] § 1067 geändert mit Wirkung v. 10.1.2015 durch Gesetz v. 8.7.2014 (BGBl. I, S. 890). Abs. 1 eingefügt durch Gesetz v. 11.6.2017 (BGBl. I, S. 1607) mit Wirkung v. 17.6.2017. Abs. 1 neu gefasst und Abs. 2 geändert durch Gesetz v. 24.6.2022 (BGBl. I, S. 959) mit Wirkung v. 1.7.2022.

[5] § 1068 neu gefasst durch Gesetz v. v. 24.6.2022 (BGBl. I, S. 959) mit Wirkung v. 1.7.2022.

[6] Überschrift zu § 1069 und Abs. 2 Satz 1 geändert durch Gesetz v. 11.6.2017 (BGBl. I, S. 1607) mit Wirkung v. 17.6.2017. Überschrift sowie Abs. 1–3 erneut geändert sowie Abs. 4 eingefügt durch Gesetz v. v. 24.6.2022 (BGBl. I, S. 959) mit Wirkung v. 1.7.2022.

deutsche Übermittlungsstelle im Sinne von Artikel 3 Abs. 1 der Verordnung (EU) 2020/1784 zuständig:

1. für gerichtliche Schriftstücke das die Zustellung betreibende Gericht und
2. für außergerichtliche Schriftstücke dasjenige Amtsgericht, in dessen Bezirk die Person, welche die Zustellung betreibt, ihren Wohnsitz oder gewöhnlichen Aufenthalt hat; bei notariellen Urkunden auch dasjenige Amtsgericht, in dessen Bezirk der beurkundende Notar seinen Amtssitz hat; bei juristischen Personen tritt an die Stelle des Wohnsitzes oder des gewöhnlichen Aufenthalts der Sitz; die Landesregierungen können die Aufgaben der Übermittlungsstelle einem Amtsgericht für die Bezirke mehrerer Amtsgerichte durch Rechtsverordnung zuweisen.

(2) Für Zustellungen in der Bundesrepublik Deutschland ist als deutsche Empfangsstelle im Sinne von Artikel 3 Abs. 2 der Verordnung (EU) 2020/1784 die Geschäftsstelle desjenigen Amtsgerichts zuständig, in dessen Bezirk das Schriftstück zugestellt werden soll. Die Landesregierungen können die Aufgaben der Empfangsstelle einem Amtsgericht für die Bezirke mehrerer Amtsgerichte durch Rechtsverordnung zuweisen.

(3) Die Landesregierungen bestimmen durch Rechtsverordnung die Stelle, die in dem jeweiligen Land als deutsche Zentralstelle nach Artikel 4 der Verordnung (EU) 2020/1784 zuständig ist. Die Aufgaben der Zentralstelle können in jedem Land nur einer Stelle zugewiesen werden.

(4) Zentralstelle des Bundes nach Artikel 4 der Verordnung (EU) 2020/1784 ist das Bundesamt für Justiz. Es unterstützt bei Bedarf die zuständigen Behörden der Länder.

(5) Die Landesregierungen können die Befugnis zum Erlass einer Rechtsverordnung nach Absatz 1 Nr. 2, Absatz 2 Satz 2 und Absatz 3 Satz 1 einer obersten Landesbehörde übertragen.

§ 1070.[7] **Sprache eingehender Anträge, Bescheinigungen und Mitteilungen.** Aus dem Ausland eingehende Zustellungsanträge, Bescheinigungen über die Zustellung sowie sonstige Mitteilungen nach der Verordnung (EU) 2020/1784 müssen in deutscher oder in englischer Sprache abgefasst oder von einer Übersetzung in die deutsche oder englische Sprache begleitet sein.

§ 1071.[8] **Zustellung nach dem Abkommen zwischen der Europäischen Gemeinschaft und dem Königreich Dänemark vom 19. Oktober 2005 über die Zustellung gerichtlicher und außerge-**

---

[7] § 1070 eingefügt durch Gesetz v. v. 24.6.2022 (BGBl. I, S. 959) mit Wirkung v. 1.7.2022.

[8] § 1071 geändert durch Gesetz v. v. 24.6.2022 (BGBl. I, S. 959) mit Wirkung v. 1.7.2022. Zur Geltung der Verordnung (EU) 2020/1784 im Verhältnis zu Dänemark vgl. die Anm. 18 zu Nr. *224*.

richtlicher Schriftstücke in Zivil- oder Handelssachen. Wenn die Verordnung (EU) 2020/1784 im Verhältnis zu Dänemark auf Grund des Artikels 2 Absatz 1 des Abkommens zwischen der Europäischen Gemeinschaft und dem Königreich Dänemark vom 19. Oktober 2005 über die Zustellung gerichtlicher und außergerichtlicher Schriftstücke in Zivil- oder Handelssachen[9] anwendbar ist, gelten die Vorschriften der §§ 1067 bis 1070 entsprechend.

225. Verordnung (EU) 2020/1783 des Europäischen Parlaments und des Rates über die Zusammenarbeit zwischen den Gerichten der Mitgliedstaaten auf dem Gebiet der Beweisaufnahme in Zivil- oder Handelssachen

(Neufassung)

vom 25. November 2020[1,2,3,4] (ABl. L 405, S. 41)

DAS EUROPÄISCHE PARLAMENT UND DER RAT DER EUROPÄISCHEN UNION –

gestützt auf den Vertrag über die Arbeitsweise der Europäischen Union, insbesondere auf Artikel 81 Absatz 2,

auf Vorschlag der Europäischen Kommission,

nach Zuleitung des Entwurfs des Gesetzgebungsakts an die nationalen Parlamente,

nach Stellungnahme des Europäischen Wirtschafts- und Sozialausschusses,[5]

nach Anhörung des Ausschusses der Regionen,

gemäß dem ordentlichen Gesetzgebungsverfahren,[6]

in Erwägung nachstehender Gründe:

---

[9] Vgl. ErwG (48) zur EuZVO 2020 (Nr. *224*) mit der dortigen Anm. 18.

[1] Die Verordnung gilt nach ihrem Art. 35 Abs. 1 S. 2 für die Mitgliedstaaten der EU – mit Ausnahme *Dänemarks* (vgl. Erwägungsgrund (28)) – seit dem 1.7.2022. Für das *Vereinigte Königreich* hat die Verordnung nach dem Brexit keine Geltung mehr erlangt.

[2] Die Verordnung tritt nach ihrem Art. 34 Abs. 1 mit Wirkung v. 1.7.2022 an die Stelle der Verordnung (EG) Nr. 1206/2001 des Rates v. 28.5.2001 über die Zusammenarbeit zwischen den Gerichten der Mitgliedstaaten auf dem Gebiet der Beweisaufnahme in Zivil- oder Handelssachen (ABl. L 174 v. 27.6.2001, S. 1; Voraufl. Nr. *225*). Eine Entsprechungstabelle zu beiden Verordnungen findet sich im Anhang III zur Neufassung dieser Verordnung. Zu den Gründen für die Reform vgl. Erwägungsgrund (3).

[3] Zum Verhältnis der Verordnung zum Haager Beweisübereinkommen v. 18.3.1970 (Nr. *212*) siehe Anm. 35 zu Art. 29.

[4] Zur Durchführung der Verordnung in *Deutschland* siehe §§ 1072–1075 ZPO (Nr. *225a*).

[5] ABl. C 62 v. 15.2.2019, S. 56.

[6] Standpunkt des Europäischen Parlaments v. 13.2.2019 (noch nicht im Amtsblatt veröffentlicht) und Standpunkt des Rates in erster Lesung v. 4.11.2020 (noch nicht im Amtsblatt veröffentlicht), Standpunkt des Europäischen Parlaments v. 23.11.2020 (noch nicht im Amtsblatt veröffentlicht).

(1) Die Verordnung (EG) Nr. 1206/2001 des Rates[7] ist bereits früher geändert worden. Da weitere erhebliche Änderungen vorgenommen werden müssen, sollte die Verordnung im Interesse der Klarheit neu gefasst werden.

(2) Die Union hat sich zum Ziel gesetzt, die Union als einen Raum der Freiheit, der Sicherheit und des Rechts, in dem die Freizügigkeit gewährleistet ist, zu erhalten und weiterzuentwickeln. Um diesen Raum aufzubauen, erlässt die Union unter anderem im Bereich der justiziellen Zusammenarbeit in Zivilsachen die für das reibungslose Funktionieren des Binnenmarkts erforderlichen Maßnahmen.

(3) Für das reibungslose Funktionieren des Binnenmarkts und die Entwicklung eines Rechtsraums in Zivilsachen in der Union muss die Zusammenarbeit zwischen den Gerichten der verschiedenen Mitgliedstaaten im Bereich der Beweisaufnahme weiter verbessert und beschleunigt werden. Diese Verordnung verfolgt das Ziel, die Effizienz und Schnelligkeit von Gerichtsverfahren durch Vereinfachung und Optimierung der Abläufe bei der grenzüberschreitenden Zusammenarbeit im Rahmen der Beweisaufnahme zu verbessern, und gleichzeitig dazu beizutragen, Verzögerungen und Kosten für natürliche Personen und Unternehmen zu verringern. Durch die Schaffung größerer Rechtssicherheit und die Vereinfachung, Straffung und Digitalisierung der Verfahren werden natürliche Personen und Unternehmen dazu ermutigt, sich am grenzüberschreitenden Geschäftsverkehr zu beteiligen, wodurch der Handel innerhalb der Union angekurbelt und somit das Funktionieren des Binnenmarkts verbessert wird.

(4) Mit dieser Verordnung werden Regeln über die Zusammenarbeit zwischen den Gerichten der verschiedenen Mitgliedstaaten bei der grenzüberschreitenden Beweisaufnahme in Zivil- oder Handelssachen festgelegt.

(5) Für die Zwecke dieser Verordnung sollte der Begriff „Gericht" auch Behörden einschließen, die gerichtliche Funktionen ausüben oder in Ausübung einer Befugnisübertragung durch ein Gericht oder unter der Aufsicht eines Gerichts handeln und nach nationalem Recht zur Beweisaufnahme für die Zwecke von Gerichtsverfahren in Zivil- oder Handelssachen befugt sind. Das schließt insbesondere Behörden ein, die in Anwendung anderer Rechtsakte der Union, beispielsweise der Verordnung (EU) 2019/1111 des Rates[8] und der Verordnungen (EU) Nr. 1215/2012[9] und (EU)

---

[7] Verordnung (EG) Nr. 1206/2001 des Rates v. 28.5.2001 über die Zusammenarbeit zwischen den Gerichten der Mitgliedstaaten auf dem Gebiet der Beweisaufnahme in Zivil- oder Handelssachen (ABl. L 174 v. 27.6.2001, S. 1).

[8] Verordnung (EU) 2019/1111 des Rates v. 25.6.2019 über die Zuständigkeit, die Anerkennung und Vollstreckung von Entscheidungen in Ehesachen und in Verfahren betreffend die elterliche Verantwortung und über internationale Kindesentführungen (Brüssel IIb-VO, Nr. *162*).

[9] Verordnung (EU) Nr. 1215/2012 des Europäischen Parlaments und des Rates v. 12.12.2012 über die gerichtliche Zuständigkeit und die Anerkennung und Vollstreckung von Entscheidungen in Zivil- und Handelssachen (Brüssel Ia-VO, Nr. *160*).

Nr. 650/2012[10] des Europäischen Parlaments und des Rates, als Gerichte gelten.

(6) Damit ein Höchstmaß an Klarheit und Rechtssicherheit gewährleistet ist, sollten die Ersuchen um Beweisaufnahme unter Verwendung eines Formblatts übermittelt werden, das in der Sprache des Mitgliedstaats des ersuchten Gerichts oder in einer anderen von diesem Mitgliedstaat anerkannten Sprache auszufüllen ist. Aus denselben Gründen empfiehlt es sich, auch für die weitere Kommunikation zwischen den betreffenden Gerichten soweit wie möglich Formblätter zu verwenden.

(7) Um eine schnelle Übermittlung von Ersuchen und Mitteilungen zwischen den Mitgliedstaaten zu Beweisaufnahmezwecken sicherzustellen, sollten alle geeigneten modernen Kommunikationstechnologien genutzt werden. Daher sollten in der Regel jede Kommunikation und jeder Austausch von Schriftstücken über ein sicheres und zuverlässiges dezentrales IT-System erfolgen, das nationale IT-Systeme umfasst, die vernetzt und technisch interoperabel sind, wie beispielsweise – unbeschadet der weiteren technologischen Entwicklung – auf e-CODEX beruhend. Dementsprechend sollte ein dezentrales IT-System für den Datenaustausch nach dieser Verordnung eingerichtet werden. Der dezentrale Charakter dieses IT-Systems würde den Datenaustausch ausschließlich zwischen einem Mitgliedstaat und einem anderen ermöglichen, ohne dass eines der Organe der Union an diesem Austausch beteiligt ist.

(8) Unbeschadet eines möglichen künftigen technologischen Fortschritts sollten das sichere dezentrale IT-System und seine Bestandteile nicht zwingend als qualifizierter Dienst für die Zustellung elektronischer Einschreiben im Sinne der Verordnung (EU) Nr. 910/2014 des Europäischen Parlaments und des Rates[11] aufgefasst werden.

(9) Die Kommission sollte für die Schaffung, Wartung und Pflege sowie künftige Weiterentwicklung einer Referenzimplementierungssoftware verantwortlich sein, die Mitgliedstaaten anstelle eines nationalen IT-Systems nutzen können sollten, gemäß den Grundsätzen des Datenschutzes durch Technikgestaltung und durch datenschutzfreundliche Voreinstellungen. Die Kommission sollte die Referenzimplementierungssoftware gemäß den Datenschutzanforderungen und -grundsätzen der Verordnungen (EU) 2018/

---

[10] Verordnung (EU) Nr. 650/2012 des Europäischen Parlaments und des Rates v. 4.7.2012 über die Zuständigkeit, das anzuwendende Recht, die Anerkennung und Vollstreckung von Entscheidungen und die Annahme und Vollstreckung öffentlicher Urkunden in Erbsachen sowie zur Einführung eines Europäischen Nachlasszeugnisses (EuErbVO, Nr. *61*).

[11] Verordnung (EU) Nr. 910/2014 des Europäischen Parlaments und des Rates v. 23.7.2014 über elektronische Identifizierung und Vertrauensdienste für elektronische Transaktionen im Binnenmarkt und zur Aufhebung der Richtlinie 1999/93/EG (ABl. L 257 v. 28.8.2014, S. 73).

1725[12] und (EU) 2016/679[13] des Europäischen Parlaments und des Rates – insbesondere den Grundsätzen des Datenschutzes durch Technikgestaltung und durch datenschutzfreundliche Voreinstellungen – konzipieren, entwickeln und warten. Die Referenzimplementierungssoftware sollte außerdem geeignete technische Maßnahmen enthalten und die organisatorischen Maßnahmen ermöglichen, die dafür erforderlich sind, ein Maß an Sicherheit und Interoperabilität zu gewährleisten, das für den Informationsaustausch im Bereich der Beweisaufnahme geeignet ist.

(10) Für die Komponenten des dezentralen IT-Systems, für welche die Union zuständig ist, sollte die Verwaltungsstelle über ausreichende Ressourcen verfügen, um das ordnungsgemäße Funktionieren dieses Systems zu gewährleisten.

(11) Die nach nationalem Recht zuständige Behörde oder zuständigen Behörden sollte bzw. sollten als Verantwortliche im Sinne der Verordnung (EU) 2016/679 für die Verarbeitung personenbezogener Daten, die sie nach der vorliegenden Verordnung zur Übermittlung von Ersuchen und sonstigen Mitteilungen zwischen Mitgliedstaaten durchführt bzw. durchführen, zuständig sein.

(12) Die Übermittlung über das dezentrale IT-System könnte aufgrund einer Störung des Systems oder der Beschaffenheit des Beweismittels, beispielsweise bei DNA- oder Blutproben, unmöglich werden. Auch aufgrund außergewöhnlicher Umstände könnten andere Kommunikationsmittel besser geeignet sein, etwa dann, wenn die Digitalisierung einer umfangreichen Dokumentation einen unverhältnismäßigen Verwaltungsaufwand für die zuständigen Behörden darstellen würde oder wenn zur Beurteilung der Echtheit eines Schriftstücks das Original in Papierform benötigt wird. Wenn das dezentrale IT-System nicht verwendet wird, sollte die Übermittlung mit dem am besten geeigneten alternativen Mittel durchgeführt werden. Dieses alternative Mittel sollte unter anderem dazu führen, dass die Übermittlung so rasch wie möglich und auf sichere Weise durch andere sichere elektronische Mittel oder durch Postdienste durchgeführt wird.

(13) Damit die elektronische grenzüberschreitende Übermittlung von Schriftstücken über das dezentrale IT-System häufiger genutzt wird, sollte solchen Schriftstücken die Rechtswirkung und die Zulässigkeit als Beweismittel in Gerichtsverfahren nicht allein deshalb abgesprochen werden, weil sie in elektronischer Form vorliegen. Jedoch sollte dieser Grundsatz

---

[12] Verordnung (EU) 2018/1725 des Europäischen Parlaments und des Rates v. 23.10.2018 zum Schutz natürlicher Personen bei der Verarbeitung personenbezogener Daten durch die Organe, Einrichtungen und sonstigen Stellen der Union, zum freien Datenverkehr und zur Aufhebung der Verordnung (EG) Nr. 45/2001 und des Beschlusses Nr. 1247/2002/EG (ABl. L 295 v. 21.11.2018, S. 39).

[13] Verordnung (EU) 2016/679 des Europäischen Parlaments und des Rates vom 27. April 2016 zum Schutz natürlicher Personen bei der Verarbeitung personenbezogener Daten, zum freien Datenverkehr und zur Aufhebung der Richtlinie 95/46/EG (Datenschutz-Grundverordnung) (ABl. L 119 v. 4.5.2016, S. 1).

die Beurteilung der Rechtswirkung solcher Schriftstücke oder ihrer Zulässigkeit als Beweismittel nach nationalem Recht nicht berühren. Zudem sollte er nationales Recht über die Umwandlung von Schriftstücken unberührt lassen.

(14) Diese Verordnung sollte die Möglichkeit unberührt lassen, dass Behörden Informationen im Rahmen von Systemen austauschen, die in anderen Rechtsakten der Union wie der Verordnung (EU) 2019/1111 oder der Verordnung (EG) Nr. 4/2009 des Rates[14] festgelegt sind, selbst wenn diese Informationen Beweiskraft haben, sodass die Wahl der am besten geeigneten Methode der ersuchenden Behörde überlassen bleibt.

(15) Ersuchen um Beweisaufnahme sollten rasch erledigt werden. Kann ein Ersuchen innerhalb von 90 Tagen nach Eingang beim ersuchten Gericht nicht erledigt werden, so sollte das ersuchte Gericht das ersuchende Gericht hiervon unter Angabe der Gründe, die einer zügigen Erledigung des Ersuchens entgegenstehen, in Kenntnis setzen.

(16) Um die Wirksamkeit dieser Verordnung zu gewährleisten, sollten die Umstände, unter denen es möglich ist, die Erledigung eines Ersuchens um Beweisaufnahme abzulehnen, auf eng begrenzte Ausnahmefälle beschränkt werden.

(17) Das ersuchte Gericht sollte das Ersuchen um Beweisaufnahme nach Maßgabe seines nationalen Rechts erledigen.

(18) Die Parteien und gegebenenfalls ihre Vertreter sollten bei der Beweisaufnahme zugegen sein können, wenn das im Recht des Mitgliedstaats des ersuchenden Gerichts vorgesehen ist, damit sie die Verhandlungen wie im Falle einer Beweisaufnahme im Mitgliedstaat des ersuchenden Gerichts verfolgen können. Sie sollten auch das Recht haben, die Beteiligung an der Beweisaufnahme zu beantragen, damit sie an der Beweisaufnahme aktiver mitwirken können. Die Bedingungen jedoch, unter denen sie teilnehmen dürfen, sollten vom ersuchten Gericht nach Maßgabe seines nationalen Rechts festgelegt werden.

(19) Die Beauftragten des ersuchenden Gerichts sollten bei der Beweisaufnahme zugegen sein können, wenn das mit dem Recht des Mitgliedstaats des ersuchenden Gerichts vereinbar ist, um die Beweise besser würdigen zu können. Sie sollten ebenfalls das Recht haben, die Beteiligung an der Beweisaufnahme zu beantragen – wobei die vom ersuchten Gericht nach Maßgabe seines nationalen Rechts festgelegten Bedingungen zu beachten sind –, damit sie an der Beweisaufnahme aktiver mitwirken können.

(20) Damit die Beweisaufnahme erleichtert wird, sollte es einem Gericht eines Mitgliedstaats möglich sein, nach seinem nationalen Recht in einem anderen Mitgliedstaat unmittelbar Beweise zu erheben, sofern dieser dem

[14] Verordnung (EG) Nr. 4/2009 des Rates v. 18.12.2008 über die Zuständigkeit, das anwendbare Recht, die Anerkennung und Vollstreckung von Entscheidungen und die Zusammenarbeit in Unterhaltssachen (EuUntVO, Nr. *161*).

Antrag auf unmittelbare Beweisaufnahme zustimmt, wobei die von der Zentralstelle oder der zuständigen Behörde des ersuchten Mitgliedstaats festgelegten Bedingungen zu beachten sind.

(21) Das Potenzial moderner Kommunikationstechnologien, beispielsweise Videokonferenzen, die ein wichtiges Mittel zur Vereinfachung und Beschleunigung der Beweisaufnahme darstellen, wird derzeit nicht voll ausgeschöpft. Wenn Beweise erhoben werden sollen, indem eine Person mit Aufenthalt in einem anderen Mitgliedstaat, z. B. als Zeuge, Partei oder Sachverständiger, vernommen wird, sollte das ersuchende Gericht diese Beweisaufnahme unmittelbar per Videokonferenz oder mittels einer anderen Fernkommunikationstechnologie durchführen, sofern das Gericht über diese Möglichkeit verfügt und sofern das Gericht den Einsatz dieser Technologie aufgrund der besonderen Umstände des Falls für den fairen Ablauf des Verfahrens als angemessen ansieht. Auch die Vernehmung eines Kindes könnte gemäß der Verordnung (EU) 2019/1111 per Videokonferenz erfolgen. Falls allerdings die Zentralstelle oder die zuständige Behörde des ersuchten Mitgliedstaats bestimmte Bedingungen für erforderlich hält, sollte die unmittelbare Beweisaufnahme nach diesen Bedingungen gemäß dem Recht des ersuchten Mitgliedstaats erfolgen. Die Zentralstelle oder die zuständige Behörde des ersuchten Mitgliedstaats sollte die unmittelbare Beweisaufnahme ganz oder teilweise verweigern können, wenn diese unmittelbare Beweisaufnahme den Grundprinzipien der Rechtsordnung dieses Mitgliedstaats zuwiderlaufen würde.

(22) Wird beabsichtigt, Beweise zu erheben, indem eine Person per Videokonferenz oder mittels einer anderen Fernkommunikationstechnologie vernommen wird, so sollte das ersuchende Gericht auf dessen Antrag hin bei der Suche nach einem Dolmetscher – einschließlich eines beeideten Dolmetschers, wenn das ausdrücklich beantragt wird – unterstützt werden.

(23) Das für das Verfahren zuständige Gericht sollte die Parteien und ihre Rechtsvertreter anleiten, wie bei der Vorlage von Schriftstücken oder anderen Materialien bei Vernehmungen per Videokonferenz oder mittels einer anderen Fernkommunikationstechnologie vorzugehen ist.

(24) Um die Beweisaufnahme durch Bedienstete diplomatischer oder konsularischer Vertretungen zu erleichtern, sollten diese Personen im Hoheitsgebiet eines anderen Mitgliedstaats und innerhalb ihres Akkreditierungsbereichs im Rahmen eines bei den Gerichten des von ihnen vertretenen Mitgliedstaats anhängigen Verfahrens ohne vorheriges Ersuchen eine Beweisaufnahme in Form einer Vernehmung ohne Zwangsmaßnahmen von Staatsangehörigen des von ihnen vertretenen Mitgliedstaats durchführen. Allerdings sollte es im Ermessen der Mitgliedstaaten liegen, darüber zu entscheiden, ob die Bediensteten ihrer diplomatischen oder konsularischen Vertretungen bei der Ausübung ihres Amtes zur Beweisaufnahme befugt sind.

(25) Die Beweisaufnahme durch Bedienstete diplomatischer oder konsularischer Vertretungen sollte in den Räumlichkeiten der diplomatischen

oder konsularischen Vertretung durchgeführt werden, sofern keine besonderen Umstände vorliegen. Solche Umstände können darin bestehen, dass die zu vernehmende Person aufgrund einer schweren Erkrankung nicht in der Lage ist, diese Räumlichkeiten aufzusuchen.

(26) Für die Erledigung eines Ersuchens um Beweisaufnahme gemäß dieser Verordnung sollte keine Erstattung von Gebühren oder Auslagen verlangt werden dürfen. Falls jedoch das ersuchte Gericht die Erstattung verlangt, sollten die Aufwendungen für Sachverständige und Dolmetscher sowie die durch die Durchführung gemäß einem besonderen Verfahren nach nationalem Recht oder durch die Verwendung von Fernkommunikationstechnologien entstehenden Auslagen nicht von jenem Gericht getragen werden. In einem solchen Fall sollte das ersuchende Gericht die erforderlichen Maßnahmen ergreifen, um die unverzügliche Erstattung sicherzustellen. Wird die Stellungnahme eines Sachverständigen verlangt, so sollte das ersuchte Gericht in der Lage sein, vor der Erledigung des Ersuchens das ersuchende Gericht um eine angemessene Kaution oder einen angemessenen Vorschuss für die Sachverständigenkosten bitten.

(27) Um die in Anhang I dieser Verordnung enthaltenen Formblätter zu aktualisieren oder technische Anpassungen an diesen Formblättern vorzunehmen, sollte der Kommission die Befugnis übertragen werden, nach Artikel 290 des Vertrags über die Arbeitsweise der Europäischen Union Rechtsakte zur Änderung des genannten Anhangs zu erlassen. Es ist von besonderer Bedeutung, dass die Kommission im Zuge ihrer Vorbereitungsarbeit angemessene Konsultationen, auch auf der Ebene von Sachverständigen, durchführt, die mit den Grundsätzen in Einklang stehen, die in der Interinstitutionellen Vereinbarung vom 13. April 2016 über bessere Rechtsetzung[15] niedergelegt wurden. Um insbesondere für eine gleichberechtigte Beteiligung an der Vorbereitung delegierter Rechtsakte zu sorgen, erhalten das Europäische Parlament und der Rat alle Dokumente zur gleichen Zeit wie die Sachverständigen der Mitgliedstaaten, und ihre Sachverständigen haben systematisch Zugang zu den Sitzungen der Sachverständigengruppen der Kommission, die mit der Vorbereitung der delegierten Rechtsakte befasst sind.

(28) Zur Gewährleistung einheitlicher Bedingungen für die Durchführung dieser Verordnung sollten der Kommission Durchführungsbefugnisse übertragen werden. Diese Befugnisse sollten im Einklang mit der Verordnung (EU) Nr. 182/2011 des Europäischen Parlaments und des Rates[16] ausgeübt werden.

(29) Diese Verordnung sollte Vorrang vor den Bestimmungen bilateraler oder multilateraler Übereinkünfte oder Vereinbarungen mit einem dieser

---

[15] ABl. L 123 v. 12.5.2016, S. 1.

[16] Verordnung (EU) Nr. 182/2011 des Europäischen Parlaments und des Rates v. 16.2.2011 zur Festlegung der allgemeinen Regeln und Grundsätze, nach denen die Mitgliedstaaten die Wahrnehmung der Durchführungsbefugnisse durch die Kommission kontrollieren (ABl. L 55 v. 28.2.2011, S. 13).

Verordnung gleichen Anwendungsbereich haben, die Mitgliedstaaten geschlossen haben. Diese Verordnung hindert die Mitgliedstaaten nicht daran, Übereinkünfte oder Vereinbarungen zur weiteren Vereinfachung der Zusammenarbeit auf dem Gebiet der Beweisaufnahme beizubehalten oder zu schließen, sofern diese Übereinkünfte oder Vereinbarungen mit dieser Verordnung vereinbar sind.

(30) Es ist von wesentlicher Bedeutung, dass wirksame Mittel zur Erlangung, Sicherung und Vorlage von Beweisen zur Verfügung stehen und dass die Verteidigungsrechte respektiert und vertrauliche Informationen geschützt werden. In diesem Zusammenhang ist es wichtig, den Einsatz moderner Technologie zu fördern.

(31) Bei den Verfahren zur Aufnahme, Sicherung und Vorlage von Beweisen sollte gewährleistet werden, dass Verfahrensrechte, die Privatsphäre sowie die Integrität und die Vertraulichkeit personenbezogener Daten gemäß dem Unionsrecht und dem nationalen Recht gewahrt werden.

(32) Es ist wichtig, sicherzustellen, dass diese Verordnung unter Einhaltung des Datenschutzrechts der Union angewandt wird und dass die Anwendung dieser Verordnung mit dem in der Charta der Grundrechte der Europäischen Union verankerten Schutz der Privatsphäre im Einklang steht. Ferner muss sichergestellt werden, dass die Verarbeitung personenbezogener Daten natürlicher Personen im Rahmen dieser Verordnung gemäß der Verordnung (EU) 2016/679, der Richtlinie 2002/58/EG des Europäischen Parlaments und des Rates[17] sowie der Verordnung (EU) 2018/1725 erfolgt. Personenbezogene Daten sollten nur für die im Rahmen der vorliegenden Verordnung festgelegten besonderen Zwecke verarbeitet werden.

(33) Nach den Nummern 22 und 23 der Interinstitutionellen Vereinbarung vom 13. April 2016 über bessere Rechtsetzung sollte die Kommission diese Verordnung auf der Grundlage der Informationen bewerten, die im Rahmen spezifischer Monitoring-Regelungen eingeholt werden, um die tatsächlichen Auswirkungen dieser Verordnung zu bewerten und zu prüfen, ob weitere Maßnahmen notwendig sind. Erfassen Mitgliedstaaten Daten zur Zahl der übermittelten und erledigten Ersuchen und zur Zahl der Fälle, in denen die Übermittlung auf anderem Wege als über das dezentrale IT-System erfolgt ist, so sollten sie diese Daten für die Zwecke der Überwachung der Kommission bereitstellen. Die von der Kommission als Back-End-System entwickelte Referenzimplementierungssoftware sollte die für die Zwecke der Überwachung erforderlichen Daten durch entsprechende Programmierung erfassen, und diese Daten sollten der Kommission übermittelt werden. Wenn sich die Mitgliedstaaten für die Nutzung eines nationalen IT-Systems anstelle der durch die Kommission entwickelten Refe-

[17] Richtlinie 2002/58/EG des Europäischen Parlaments und des Rates v. 12.7.2002 über die Verarbeitung personenbezogener Daten und den Schutz der Privatsphäre in der elektronischen Kommunikation (Datenschutzrichtlinie für elektronische Kommunikation) (ABl. L 201 v. 31.7.2002, S. 37).

renzimplementierungssoftware entscheiden, so kann dieses System so ausgerüstet sein, dass es diese Daten durch entsprechende Programmierung erfasst; in diesem Fall sollten die Daten der Kommission übermittelt werden.

(34) Da die Ziele dieser Verordnung von den Mitgliedstaaten nicht ausreichend verwirklicht werden können, sondern vielmehr aufgrund der Schaffung eines vereinfachten rechtlichen Rahmens, der die direkte, effiziente und schnelle Übermittlung von Ersuchen und Mitteilungen im Zusammenhang mit der Beweisaufnahme sicherstellt, auf Unionsebene besser zu verwirklichen sind, kann die Union im Einklang mit dem in Artikel 5 des Vertrags über die Europäische Union verankerten Subsidiaritätsprinzip tätig werden. Entsprechend dem in demselben Artikel genannten Grundsatz der Verhältnismäßigkeit geht diese Verordnung nicht über das für die Verwirklichung dieser Ziele erforderliche Maß hinaus.

(35) Der Europäische Datenschutzbeauftragte wurde nach Artikel 42 Absatz 1 der Verordnung (EU) 2018/1725 konsultiert und hat am 13. September 2019 eine Stellungnahme abgegeben.[18]

(36) Im Interesse einer besseren Übersicht und Verständlichkeit sollte die Verordnung (EG) Nr. 1206/2001 aufgehoben und durch die vorliegende Verordnung ersetzt werden.

(37) Nach Artikel 3 und Artikel 4a Absatz 1 des dem Vertrag über die Europäische Union und dem Vertrag über die Arbeitsweise der Europäischen Union beigefügten Protokolls Nr. 21 über die Position des Vereinigten Königreichs und Irlands hinsichtlich des Raums der Freiheit, der Sicherheit und des Rechts hat Irland mitgeteilt, dass es sich an der Annahme und Anwendung dieser Verordnung beteiligen möchte.

(38) Nach den Artikeln 1 und 2 des dem Vertrag über die Europäische Union und dem Vertrag über die Arbeitsweise der Europäischen Union beigefügten Protokolls Nr. 22 über die Position Dänemarks beteiligt sich Dänemark nicht an der Annahme dieser Verordnung und ist weder durch diese Verordnung gebunden noch zu ihrer Anwendung verpflichtet –

HABEN FOLGENDE VERORDNUNG ERLASSEN:

Kapitel I. Allgemeine Bestimmungen

Art. 1. Anwendungsbereich. (1) Diese Verordnung gilt in Zivil- oder Handelssachen, in denen das Gericht eines Mitgliedstaats nach seinem innerstaatlichen Recht

a) das zuständige Gericht eines anderen Mitgliedstaats um Beweisaufnahme ersucht oder

---

[18] ABl. C 370 v. 31.10.2019, S. 24.

b) darum ersucht, in einem anderen Mitgliedstaat unmittelbar Beweis erheben zu dürfen.

(2) Um Beweisaufnahme darf nicht ersucht werden, wenn die Beweise nicht zur Verwendung in einem bereits eingeleiteten oder einem gerichtlichen Verfahren bestimmt sind, dessen Eröffnung geprüft wird.

Art. 2.[19] **Begriffsbestimmungen.** Für die Zwecke dieser Verordnung gelten folgende Begriffsbestimmungen:

1. „Gericht" bezeichnet Gerichte und andere Behörden der Mitgliedstaaten, die der Kommission nach Artikel 31 Absatz 3 mitgeteilt wurden, gerichtliche Funktionen ausüben, in Ausübung einer Befugnisübertragung durch eine Justizbehörde oder unter Aufsicht einer Justizbehörde handeln und nach nationalem Recht zur Beweisaufnahme für die Zwecke von Gerichtsverfahren in Zivil- oder Handelssachen befugt sind.
2. „Dezentrales IT-System" bezeichnet ein Netzwerk nationaler IT-Systeme und interoperabler Zugangspunkte, die unter der jeweiligen Verantwortung und Verwaltung eines jeden Mitgliedstaats betrieben werden, das den sicheren und zuverlässigen grenzüberschreitenden Informationsaustausch zwischen den nationalen IT-Systemen ermöglicht.

Art. 3.[20] **Unmittelbarer Geschäftsverkehr zwischen Gerichten.**

(1) Ersuchen nach Artikel 1 Absatz 1 Buchstabe a sind von dem Gericht, bei dem das Verfahren eingeleitet wurde oder eröffnet werden soll (im Folgenden „ersuchendes Gericht"), unmittelbar dem zuständigen Gericht eines anderen Mitgliedstaats (im Folgenden „ersuchtes Gericht") zur Beweisaufnahme zu übersenden.

(2) Jeder Mitgliedstaat erstellt eine Liste der Gerichte, die für Beweisaufnahmen nach dieser Verordnung zuständig sind. In der Liste ist auch der örtliche Zuständigkeitsbereich und gegebenenfalls die besondere fachliche Zuständigkeit dieser Gerichte anzugeben.

Art. 4.[21] **Zentralstelle.** (1) Jeder Mitgliedstaat benennt eine Zentralstelle, die dafür verantwortlich ist,

a) den Gerichten Auskünfte zu erteilen;

b) nach Lösungswegen zu suchen, wenn bei einem Ersuchen Schwierigkeiten auftreten;

c) in Ausnahmefällen auf Ersuchen eines ersuchenden Gerichts ein Ersuchen an das zuständige Gericht weiterzuleiten.

---

[19] Zum Begriff „Gericht" in Ziff. 1 vgl. Erwägungsgrund (5).

[20] Zum „ersuchten Gericht" in *Deutschland* siehe § 1074 Abs. 1 und 2 ZPO (Nr. *225a*). Zu den für die Durchführung der Beweisaufnahme in anderen Mitgliedstaaten zuständigen Gerichten vgl. die Anm. 40 zu Art. 31.

[21] Zur Bestimmung der Zentralstelle in *Deutschland* siehe § 1074 Abs. 3 und 4 ZPO (Nr. *225a*).

(2) Bundesstaatlich organisierten Mitgliedstaaten, Mitgliedstaaten mit mehreren Rechtssystemen und Mitgliedstaaten mit autonomen Gebietskörperschaften steht es frei, mehrere Zentralstellen zu bestimmen.

(3) Jeder Mitgliedstaat benennt ferner die in Absatz 1 dieses Artikels genannte Zentralstelle oder eine oder mehrere zuständige Behörden als verantwortlich für Entscheidungen über Ersuchen nach Artikel 19.

Kapitel II. Übermittlung und Erledigung der Ersuchen

Abschnitt 1.[22] Übermittlung von Ersuchen

Art. 5. Form und Inhalt von Ersuchen. (1) Ersuchen werden unter Verwendung des Formblattes A oder gegebenenfalls des Formblattes L in Anhang I gestellt. Jedes Ersuchen enthält folgende Angaben:

a) das ersuchende und gegebenenfalls das ersuchte Gericht;

b) Namen und Anschriften der Parteien und gegebenenfalls ihrer Vertreter;

c) die Art und den Gegenstand der Rechtssache sowie eine kurze Darstellung des Sachverhalts;

d) die Beschreibung der ersuchten Beweisaufnahme;

e) bei einem Ersuchen um Vernehmung einer Person:
   - Name und Anschrift der zu vernehmenden Person;
   - die Fragen, welche an die zu vernehmende Person gerichtet werden sollen, oder den Sachverhalt, über den diese Person vernommen werden soll;
   - gegebenenfalls einen Hinweis auf ein nach dem Recht des Mitgliedstaats des ersuchenden Gerichts bestehendes Zeugnisverweigerungsrecht;
   - Gegebenenfalls den Antrag, die Vernehmung unter Eid oder eidesstattlicher Versicherung durchzuführen, und gegebenenfalls die dabei zu verwendende Formel;
   - gegebenenfalls alle anderen Informationen, die das ersuchende Gericht für erforderlich hält;

f) bei einem Ersuchen um eine sonstige, nicht unter Buchstabe e genannte Beweisaufnahme die Urkunden oder anderen Gegenstände, die geprüft werden sollen;

g) gegebenenfalls Anträge nach Artikel 12 Absätze 3 oder 4 oder nach den Artikeln 13 oder 14 und für deren Ausführung erforderliche Erläuterungen.

(2) Die Ersuchen sowie alle beigefügten Unterlagen bedürfen weder der Beglaubigung noch einer anderen gleichwertigen Formalität.

---

[22] Vgl. Erwägungsgrund (6).

(3) Schriftstücke, deren Beifügung das ersuchende Gericht für die Erledigung des Ersuchens für notwendig hält, sind mit einer Übersetzung der Schriftstücke in die Sprache zu versehen, in der das Ersuchen abgefasst wurde.

Art. 6. Sprachen. Ersuchen und die aufgrund dieser Verordnung gemachten Mitteilungen sind in der Amtssprache des ersuchten Mitgliedstaats oder, wenn es in diesem Mitgliedstaat mehrere Amtssprachen gibt, in der Amtssprache oder einer der Amtssprachen des Ortes, an dem die beantragte Beweisaufnahme durchgeführt werden soll, oder in einer anderen Sprache, die dieser Mitgliedstaat zugelassen hat, abzufassen.

Jeder Mitgliedstaat teilt der Kommission jede Amtssprache der Union mit, die er außer seiner eigenen für das Ausfüllen der Formblätter in Anhang I zulässt.

Art. 7.[23] Übermittlung von Ersuchen und sonstigen Mitteilungen.
(1) Ersuchen und Mitteilungen nach dieser Verordnung werden über ein sicheres und zuverlässiges dezentrales IT-System unter angemessener Achtung der Grundrechte und Grundfreiheiten übermittelt. Dieses dezentrale IT-System beruht auf einer interoperablen Lösung wie beispielsweise e-CODEX.

(2) Für Ersuchen und Mitteilungen, die über das dezentrale IT-System übermittelt werden, gilt der mit der Verordnung (EU) Nr. 910/2014 geschaffene allgemeine Rechtsrahmen für die Verwendung von qualifizierten Vertrauensdiensten.

(3) Erfordern oder enthalten die in Absatz 1 dieses Artikels genannten Ersuchen und Mitteilungen ein Siegel oder eine eigenhändige Unterschrift, so können stattdessen qualifizierte elektronische Siegel oder qualifizierte elektronische Signaturen im Sinne der Verordnung (EU) Nr. 910/2014 verwendet werden.

(4) Ist die Übermittlung nach Absatz 1 aufgrund einer Störung des dezentralen IT-Systems, der Beschaffenheit des Beweismittels oder außergewöhnlicher Umstände nicht möglich, so wird die Übermittlung mit dem schnellsten und am besten geeigneten alternativen Mittel durchgeführt, wobei dem Erfordernis der Zuverlässigkeit und Sicherheit Rechnung zu tragen ist.

Art. 8.[24] Rechtswirkung elektronischer Schriftstücke. Den über das dezentrale IT-System übermittelten Schriftstücken darf die Rechtswirkung oder die Zulässigkeit als Beweismittel im Gerichtsverfahren nicht allein deshalb abgesprochen werden, weil sie in elektronischer Form vorliegen.

---

[23] Vgl. Erwägungsgründe (7)–(12). Zu der auf den 1.5.2025 hinausgeschobenen Geltung des dezentralen IT-Systems gem. Art. 7 vgl. Art. 37 Abs. 3.

[24] Vgl. Erwägungsgründe (13)–(14).

Abschnitt 2. Entgegennahme von Ersuchen

Art. 9.[25] **Entgegennahme von Ersuchen.** (1) Das ersuchte zuständige Gericht übersendet dem ersuchenden Gericht innerhalb von sieben Tagen nach Eingang des Ersuchens eine Empfangsbestätigung unter Verwendung des Formblatts B in Anhang I. Entspricht das Ersuchen nicht den Anforderungen der Artikel 6 und 7, so bringt das ersuchte Gericht einen entsprechenden Vermerk in der Empfangsbestätigung an.

(2) Fällt die Erledigung eines unter Verwendung des Formblatts A in Anhang I gestellten Ersuchens, das die Anforderungen des Artikels 6 erfüllt, nicht in die Zuständigkeit des ersuchten Gerichts, so leitet dieses das Ersuchen an das zuständige Gericht seines Mitgliedstaats weiter und unterrichtet das ersuchende Gericht unter Verwendung des Formblatts C in Anhang I hiervon.

Art. 10. Unvollständige Ersuchen. (1) Kann ein Ersuchen nicht erledigt werden, weil es nicht alle erforderlichen Angaben gemäß Artikel 5 enthält, so setzt das ersuchte Gericht unverzüglich, spätestens aber innerhalb von 30 Tagen nach Eingang des Ersuchens das ersuchende Gericht unter Verwendung des Formblatts D in Anhang I davon in Kenntnis und ersucht das ersuchende Gericht, die fehlenden Angaben, die in möglichst genauer Weise zu bezeichnen sind, zu übermitteln.

(2) Kann ein Ersuchen nicht erledigt werden, weil eine Kaution oder ein Vorschuss nach Artikel 22 Absatz 3 erforderlich ist, so teilt das ersuchte Gericht dem ersuchenden Gericht das unverzüglich, spätestens 30 Tage nach Eingang des Ersuchens unter Verwendung des Formblatts D in Anhang I mit; es teilt dem ersuchenden Gericht ferner mit, wie die Kaution oder der Vorschuss zu leisten ist. Das ersuchte Gericht bestätigt den Eingang der Kaution oder des Vorschusses unverzüglich, spätestens innerhalb von 10 Tagen nach Erhalt der Kaution oder des Vorschusses unter Verwendung des Formblatts E in Anhang I.

Art. 11. Vervollständigung des Ersuchens. (1) Hat das ersuchte Gericht gemäß Artikel 9 Absatz 1 auf der Empfangsbestätigung vermerkt, dass das Ersuchen die Anforderungen der Artikel 6 und 7 nicht erfüllt, oder hat es das ersuchende Gericht gemäß Artikel 10 davon unterrichtet, dass das Ersuchen nicht erledigt werden kann, weil es nicht alle erforderlichen Angaben nach Artikel 5 enthält, so beginnt die Frist nach Artikel 12 erst mit dem Eingang des ordnungsgemäß ausgefüllten Ersuchens beim ersuchten Gericht zu laufen.

(2) Sofern das ersuchte Gericht nach Artikel 22 Absatz 3 um eine Kaution oder einen Vorschuss gebeten hat, beginnt die Frist nach Artikel 12 erst

---

[25] Vgl. Erwägungsgrund (15).

mit der Hinterlegung der Kaution oder dem Eingang des Vorschusses zu laufen.

Abschnitt 3. Beweisaufnahme durch das ersuchte Gericht

Art. 12.[26] **Allgemeine Bestimmungen über die Erledigung eines Ersuchens.** (1) Das ersuchte Gericht erledigt das Ersuchen unverzüglich, spätestens aber innerhalb von 90 Tagen nach Eingang des Ersuchens.

(2) Das ersuchte Gericht erledigt das Ersuchen nach Maßgabe seines nationalen Rechts.

(3) Das ersuchende Gericht kann unter Verwendung des Formblatts A in Anhang I beantragen, dass das Ersuchen nach einer besonderen Form erledigt wird, die sein nationales Recht vorsieht. Das ersuchte Gericht erledigt das Ersuchen gemäß dem besonderen Verfahren, es sei denn, dass das mit seinem nationalen Recht unvereinbar wäre oder dem ersuchten Gericht wegen erheblicher tatsächlicher Schwierigkeiten unmöglich ist. Entspricht das ersuchte Gericht aus einem der genannten Gründe nicht dem Ersuchen nach Erledigung in einer besonderen Form, so unterrichtet es das ersuchende Gericht unter Verwendung des Formblatts H in Anhang I hiervon.

(4) Das ersuchende Gericht kann das ersuchte Gericht bitten, die Beweisaufnahme unter Verwendung einer besonderen Kommunikationstechnologie, insbesondere im Wege der Videokonferenz oder Telekonferenz, durchzuführen.

Das ersuchte Gericht verwendet die in Unterabsatz 1 näher bezeichnete Kommunikationstechnologie, es sei denn, dass das mit seinem nationalen Recht unvereinbar wäre oder dass es dem ersuchten Gericht wegen erheblicher tatsächlicher Schwierigkeiten unmöglich ist.

Verwendet das ersuchte Gericht aus einem der genannten Gründe die besondere Kommunikationstechnologie nicht, so unterrichtet es das ersuchende Gericht unter Verwendung des Formblatts H in Anhang I hiervon.

Hat das ersuchende oder das ersuchte Gericht keinen Zugang zu der in Unterabsatz 1 genannten Kommunikationstechnologie, so können die Gerichte diese Kommunikationstechnologie im gegenseitigen Einvernehmen zur Verfügung stellen.

Art. 13.[27] **Beweisaufnahme in Anwesenheit und unter Beteiligung der Parteien.** (1) Sofern im Recht des Mitgliedstaats des ersuchenden Gerichts vorgesehen, haben die Parteien und gegebenenfalls ihre Vertreter

---

[26] Vgl. Erwägungsgründe (15)–(17).
[27] Vgl. Erwägungsgrund (18).

das Recht, bei der Beweisaufnahme durch das ersuchte Gericht zugegen zu sein.

(2) In seinem Ersuchen teilt das ersuchende Gericht unter Verwendung des Formblatts A in Anhang I dem ersuchten Gericht mit, dass die Parteien und gegebenenfalls ihre Vertreter zugegen sein werden und dass gegebenenfalls ihre Beteiligung bei der Beweisaufnahme beantragt wird. Diese Mitteilung kann auch zu jedem anderen geeigneten Zeitpunkt erfolgen.

(3) Wird die Beteiligung der Parteien und gegebenenfalls ihrer Vertreter an der Beweisaufnahme beantragt, so legt das ersuchte Gericht die Bedingungen für ihre Teilnahme nach Artikel 12 fest.

(4) Das ersuchte Gericht teilt den Parteien und gegebenenfalls ihren Vertretern unter Verwendung des Formblatts I in Anhang I Ort und Zeitpunkt der Beweisaufnahme und gegebenenfalls die Bedingungen mit, unter denen sie an der Beweisaufnahme teilnehmen können.

(5) Die Absätze 1 bis 4 lassen die Möglichkeit des ersuchten Gerichts unberührt, die Parteien und gegebenenfalls ihre Vertreter aufzufordern, bei der Beweisaufnahme zugegen zu sein oder sich daran zu beteiligen, wenn das Recht des Mitgliedstaats des ersuchten Gerichts das vorsieht.

Art. 14.[28] **Beweisaufnahme in Anwesenheit und unter Beteiligung von Beauftragten des ersuchenden Gerichts.** (1) Sofern mit dem Recht des Mitgliedstaats des ersuchenden Gerichts vereinbar, haben die Beauftragten des ersuchenden Gerichts das Recht, bei der Beweisaufnahme durch das ersuchte Gericht zugegen zu sein.

(2) Im Sinne dieses Artikels umfasst der Begriff „Beauftragte" Gerichtsangehörige, die vom ersuchenden Gericht nach Maßgabe seines nationalen Rechts bestimmt werden. Das ersuchende Gericht kann nach Maßgabe seines nationalen Rechts auch jede andere Person wie etwa einen Sachverständigen bestimmen.

(3) In seinem Ersuchen teilt das ersuchende Gericht unter Verwendung des Formblatts A in Anhang I dem ersuchten Gericht mit, dass seine Beauftragten zugegen sein werden und gegebenenfalls, dass ihre Beteiligung an der Beweisaufnahme beantragt wird. Diese Mitteilung kann auch zu jedem anderen geeigneten Zeitpunkt erfolgen.

(4) Wird die Beteiligung der Beauftragten des ersuchenden Gerichts an der Beweisaufnahme beantragt, so legt das ersuchte Gericht nach Artikel 12 die Bedingungen für ihre Teilnahme fest.

(5) Das ersuchte Gericht teilt dem ersuchenden Gericht unter Verwendung des Formblatts I in Anhang I Ort und Zeitpunkt der Beweisaufnahme

---

[28] Vgl. Erwägungsgrund (19).

und gegebenenfalls die Bedingungen mit, unter denen seine Beauftragten an der Beweisaufnahme teilnehmen können.

Art. 15. Zwangsmaßnahmen. Soweit erforderlich, wendet das ersuchte Gericht bei der Erledigung des Ersuchens geeignete Zwangsmaßnahmen in den Fällen und in dem Umfang an, wie sie das Recht des Mitgliedstaats des ersuchten Gerichts für die Erledigung eines zum gleichen Zweck gestellten Ersuchens inländischer Behörden oder der beteiligten Parteien vorsieht.

Art. 16.[29] **Ablehnung der Erledigung.** (1) Ein Ersuchen um Vernehmung einer Person wird nicht erledigt, wenn sich die betreffende Person auf ein Recht zur Aussageverweigerung beruft oder wenn ein Aussageverbot besteht,

a) das nach dem Recht des Mitgliedstaats des ersuchten Gerichts vorgesehen ist oder
b) das nach dem Recht des Mitgliedstaats des ersuchenden Gerichts vorgesehen und im Ersuchen bezeichnet oder erforderlichenfalls auf Verlangen des ersuchten Gerichts von dem ersuchenden Gericht bestätigt worden ist.

(2) Die Erledigung eines Ersuchens kann außer aus den in Absatz 1 genannten Gründen nur abgelehnt werden, wenn einer oder mehrere der folgenden Gründe vorliegen:

a) das Ersuchen fällt nicht in den Anwendungsbereich dieser Verordnung;
b) die Erledigung des Ersuchens fällt nach dem Recht des Mitgliedstaats des ersuchten Gerichts nicht in den Bereich der Gerichtsbarkeit;
c) das ersuchende Gericht kommt der Aufforderung des ersuchten Gerichts zur Ergänzung des Ersuchens um Beweisaufnahme gemäß Artikel 10 nicht innerhalb von 30 Tagen, nachdem das ersuchte Gericht das ersuchende Gericht um Ergänzung des Ersuchens gebeten hat, nach; oder
d) eine Kaution oder ein Vorschuss, die/der gemäß Artikel 22 Absatz 3 verlangt wurde, wird nicht innerhalb von 60 Tagen nach dem entsprechenden Verlangen des ersuchten Gerichts hinterlegt bzw. einbezahlt.

(3) Ein ersuchtes Gericht darf die Erledigung nicht allein aus dem Grund ablehnen, dass nach seinem nationalen Recht die ausschließliche Zuständigkeit für die Sache bei einem anderen Gericht dieses Mitgliedstaats liegt oder das Recht dieses Mitgliedstaats ein Verfahren für diese Streitsache nicht kennt.

(4) Wird die Erledigung des Ersuchens aus einem der in Absatz 2 genannten Gründe abgelehnt, so setzt das ersuchte Gericht unter Verwendung

[29] Vgl. Erwägungsgrund (16).

des Formblatts K in Anhang I das ersuchende Gericht innerhalb von 60 Tagen nach Eingang des Ersuchens bei dem ersuchten Gericht davon in Kenntnis.

Art. 17. Mitteilung über Verzögerungen. Ist das ersuchte Gericht nicht in der Lage, das Ersuchen innerhalb von 90 Tagen nach Eingang des Ersuchens zu erledigen, so setzt es das ersuchende Gericht unter Verwendung des Formblatts J in Anhang I hiervon in Kenntnis. Dabei gibt es die Gründe für die Verzögerung sowie den Zeitraum, den es nach seiner Einschätzung für die Erledigung des Ersuchens voraussichtlich benötigen wird, an.

Art. 18. Verfahren nach Erledigung des Ersuchens. Das ersuchte Gericht übermittelt dem ersuchenden Gericht unverzüglich die Schriftstücke, die die Erledigung des Ersuchens bestätigen, und sendet gegebenenfalls die Schriftstücke, die ihm von dem ersuchenden Gericht zugegangen sind, zurück. Diesen Schriftstücken ist eine Erledigungsbestätigung unter Verwendung des Formblatts K in Anhang I beizufügen.

Abschnitt. 4.[30] Unmittelbare Beweisaufnahme durch das ersuchende Gericht und Beweisaufnahme durch Bedienstete diplomatischer oder konsularischer Vertretungen

Art. 19. Unmittelbare Beweisaufnahme durch das ersuchende Gericht. (1) Beantragt ein Gericht eine unmittelbare Beweisaufnahme in einem anderen Mitgliedstaat, so richtet es an die Zentralstelle oder die zuständige Behörde dieses Mitgliedstaats unter Verwendung des Formblatts L in Anhang I ein entsprechendes Ersuchen.

(2) Die unmittelbare Beweisaufnahme ist nur statthaft, wenn sie freiwillig und ohne Einsatz von Zwangsmaßnahmen durchgeführt werden kann.

Macht die unmittelbare Beweisaufnahme die Vernehmung einer Person erforderlich, so teilt das ersuchende Gericht dieser Person mit, dass die Beweisaufnahme freiwillig erfolgt.

(3) Die unmittelbare Beweisaufnahme wird von einem Gerichtsangehörigen oder von einer anderen Person wie etwa einem Sachverständigen durchgeführt, der/die nach dem Recht des Mitgliedstaats des ersuchenden Gerichts bestimmt wird.

(4) Innerhalb von 30 Tagen nach Eingang des Ersuchens um unmittelbare Beweisaufnahme teilt die Zentralstelle oder die zuständige Behörde des ersuchten Mitgliedstaats dem ersuchenden Gericht unter Verwendung des Formblatts M in Anhang I mit, ob dem Ersuchen stattgegeben wurde und setzt, soweit erforderlich, das ersuchende Gericht davon in Kenntnis, unter

---

[30] Vgl. Erwägungsgrund (20). Dazu in *Deutschland* ergänzend §§ 1072–1074 ZPO (Nr. *225a*).

welchen Bedingungen die unmittelbare Beweisaufnahme nach Maßgabe des Rechts ihres Mitgliedstaats durchzuführen ist.

Die Zentralstelle oder die zuständige Behörde kann insbesondere ein Gericht ihres Mitgliedstaats bestimmen, das an der unmittelbaren Beweisaufnahme teilnimmt, um sicherzustellen, dass dieser Artikel ordnungsgemäß angewandt wird und die Bedingungen, unter denen die unmittelbare Beweisaufnahme durchzuführen ist, eingehalten werden.

(5) Wurde dem ersuchenden Gericht nicht innerhalb von 30 Tagen nach Bestätigung des Eingangs des Ersuchens um unmittelbare Beweisaufnahme mitgeteilt, ob dem Ersuchen stattgegeben wird, so kann es an die Zentralstelle oder zuständige Behörde des ersuchten Mitgliedstaats eine Erinnerung senden. Erhält das ersuchende Gericht innerhalb von 15 Tagen nach Bestätigung des Eingangs dieser Erinnerung keine Antwort, so wird davon ausgegangen, dass dem Ersuchen um unmittelbare Beweisaufnahme stattgegeben wurde. Wenn jedoch aufgrund außergewöhnlicher Umstände die Zentralstelle oder die zuständige Behörde daran gehindert war, auch innerhalb der auf die Erinnerung folgenden Frist auf das Ersuchen zu reagieren, können ausnahmsweise noch nach Ablauf dieser Frist jederzeit bis zum Zeitpunkt der tatsächlichen unmittelbaren Beweisaufnahme Gründe für die Ablehnung der unmittelbaren Beweisaufnahme geltend gemacht werden.

(6) Die Zentralstelle oder die zuständige Behörde des ersuchten Mitgliedstaats kann ein Gericht ihres Mitgliedstaats beauftragen, praktische Unterstützung bei der unmittelbaren Beweisaufnahme zu leisten.

(7) Die Zentralstelle oder die zuständige Stelle des ersuchten Mitgliedstaats kann das Ersuchen um unmittelbare Beweisaufnahme nur ablehnen, wenn

a) es nicht in den Anwendungsbereich dieser Verordnung fällt,
b) es nicht alle nach Artikel 5 erforderlichen Angaben enthält oder
c) die beantragte unmittelbare Beweisaufnahme wesentlichen Rechtsgrundsätzen ihres Mitgliedstaats zuwiderläuft.

(8) Unbeschadet der nach Absatz 4 festgelegten Bedingungen nimmt das ersuchende Gericht die unmittelbare Beweisaufnahme nach Maßgabe des Rechts seines Mitgliedstaats vor.

Art. 20.[31] Unmittelbare Beweisaufnahme per Videokonferenz oder mittels anderer Fernkommunikationstechnologie. (1) Wird beabsichtigt, Beweise zu erheben, indem eine Person mit Aufenthalt in einem anderen Mitgliedstaat vernommen wird, und ersucht das Gericht um Zustimmung zur unmittelbaren Beweisaufnahme nach Artikel 19, so führt dieses Gericht die Beweisaufnahme per Videokonferenz oder mittels einer anderen Fernkommunikationstechnologie durch, sofern das Gericht über eine solche Technologie verfügt und es den Einsatz einer solchen Technologie aufgrund der besonderen Umstände des Falls für angemessen hält.

---

[31] Vgl. Erwägungsgründe (21)–(23).

(2) Ein Ersuchen um unmittelbare Beweisaufnahme per Videokonferenz oder mittels einer anderen Fernkommunikationstechnologie wird unter Verwendung des Formblatts N in Anhang I gestellt. Das ersuchende Gericht und die Zentralstelle oder die zuständige Behörde des ersuchten Mitgliedstaats oder das mit der praktischen Unterstützung bei der unmittelbaren Beweisaufnahme beauftragte Gericht vereinbaren die praktischen Modalitäten der Vernehmung.

Auf Antrag wird das ersuchende Gericht erforderlichenfalls bei der Suche nach einem Dolmetscher unterstützt.

Art. 21.[32] **Beweisaufnahme durch Bedienstete diplomatischer oder konsularischer Vertretungen.** Die Mitgliedstaaten können in ihren nationalen Rechtsvorschriften die Möglichkeit für ihre Gerichte vorsehen, die Bediensteten ihrer diplomatischen oder konsularischen Vertretungen im Hoheitsgebiet eines anderen Mitgliedstaats und innerhalb ihres Akkreditierungsbereichs aufzufordern, im Rahmen eines bei den Gerichten des von ihnen vertretenen Mitgliedstaats anhängigen Verfahrens – sofern keine besonderen Umstände vorliegen – ohne vorheriges Ersuchen in den Räumlichkeiten der diplomatischen oder konsularischen Vertretung eine Beweisaufnahme in Form einer Vernehmung von Staatsangehörigen des von ihnen vertretenen Mitgliedstaats auf freiwilliger Basis und ohne den Einsatz von Zwangsmaßnahmen durchzuführen. Der aufgeforderte Bedienstete der diplomatischen oder konsularischen Vertretung erledigt das Ersuchen nach Maßgabe des Rechts seines Mitgliedstaats.

Abschnitt 5.[33] Kosten

Art. 22. Kosten. (1) Die Erledigung eines Ersuchens um Beweisaufnahme nach Artikel 12 begründet keinen Anspruch auf Erstattung von Gebühren oder Auslagen.

(2) Abweichend von Absatz 1 kann das ersuchte Gericht die Erstattung von Gebühren oder Auslagen verlangen. Falls das ersuchte Gericht das verlangt, stellt das ersuchende Gericht unverzüglich die Erstattung folgender Beträge sicher:

– der Aufwendungen für Sachverständige und Dolmetscher und
– der Kosten, die durch die Anwendung von Artikel 12 Absätze 3 und 4 entstanden sind.

Die Verpflichtung der Parteien, solche Aufwendungen und Auslagen zu tragen, unterliegt dem Recht des Mitgliedstaats des ersuchenden Gerichts.

(3) Wird die Stellungnahme eines Sachverständigen verlangt, so kann das ersuchte Gericht vor der Erledigung des Ersuchens um Beweisaufnahme

---

[32] Vgl. Erwägungsgründe (24)–(25).
[33] Vgl. Erwägungsgrund (26).

das ersuchende Gericht um eine angemessene Kaution oder einen angemessenen Vorschuss für die voraussichtlichen Kosten für die Stellungnahme des Sachverständigen bitten. In allen übrigen Fällen darf die Erledigung eines Ersuchens um Beweisaufnahme nicht von einer Kaution oder einem Vorschuss abhängig gemacht werden.

Die Kaution oder der Vorschuss wird von den Parteien hinterlegt bzw. einbezahlt, falls das im Recht des Mitgliedstaats des ersuchenden Gerichts vorgesehen ist.

Kapitel III. Schlussbestimmungen

Art. 23. Handbuch und Änderung des Anhangs I. (1) Die Kommission erstellt und aktualisiert regelmäßig gemäß Artikel 29 Absatz 3 ein Handbuch, das die von den Mitgliedstaaten nach Artikel 31 mitgeteilten Angaben sowie die geltenden Übereinkünfte oder Vereinbarungen enthält. Sie stellt das Handbuch in elektronischer Form bereit, insbesondere über das Europäische Justizielle Netz für Zivil- und Handelssachen und über das Europäische Justizportal.

(2) Der Kommission wird die Befugnis übertragen, nach Artikel 24 delegierte Rechtsakte zur Änderung des Anhangs I zu erlassen, um die darin vorgesehenen Formblätter zu aktualisieren oder technische Anpassungen an diesen Formblättern vorzunehmen.

Art. 24.[34] **Ausübung der Befugnisübertragung.** (1) Die Befugnis zum Erlass delegierter Rechtsakte wird der Kommission unter den in diesem Artikel festgelegten Bedingungen übertragen.

(2) Die Befugnis zum Erlass delegierter Rechtsakte gemäß Artikel 23 Absatz 2 wird der Kommission für einen Zeitraum von fünf Jahren ab dem 22. Dezember 2020 übertragen. Die Kommission erstellt spätestens neun Monate vor Ablauf des Zeitraums von fünf Jahren einen Bericht über die Befugnisübertragung. Die Befugnisübertragung verlängert sich stillschweigend um Zeiträume gleicher Länge, es sei denn, das Europäische Parlament oder der Rat widersprechen einer solchen Verlängerung spätestens drei Monate vor Ablauf des jeweiligen Zeitraums.

(3) Die Befugnisübertragung gemäß Artikel 23 Absatz 2 kann vom Europäischen Parlament oder vom Rat jederzeit widerrufen werden. Der Beschluss über den Widerruf beendet die Übertragung der in dem Beschluss angegebenen Befugnis. Er wird am Tag nach seiner Veröffentlichung im Amtsblatt der Europäischen Union oder zu einem im Beschluss über den Widerruf angegebenen späteren Zeitpunkt wirksam. Die Gültigkeit von delegierten Rechtsakten, die bereits in Kraft sind, wird von dem Beschluss über den Widerruf nicht berührt.

---

[34] Vgl. Erwägungsgründe (27)–(28).

(4) Vor dem Erlass eines delegierten Rechtsakts konsultiert die Kommission die von den einzelnen Mitgliedstaaten benannten Sachverständigen, im Einklang mit den in der Interinstitutionellen Vereinbarung vom 13. April 2016 über bessere Rechtsetzung enthaltenen Grundsätzen.

(5) Sobald die Kommission einen delegierten Rechtsakt erlässt, übermittelt sie ihn gleichzeitig dem Europäischen Parlament und dem Rat.

(6) Ein delegierter Rechtsakt, der gemäß Artikel 23 Absatz 2 erlassen wurde, tritt nur in Kraft, wenn weder das Europäische Parlament noch der Rat innerhalb einer Frist von zwei Monaten nach Übermittlung dieses Rechtsakts an das Europäische Parlament und den Rat Einwände erhoben haben oder wenn vor Ablauf dieser Frist sowohl das Europäische Parlament als auch der Rat beide der Kommission mitgeteilt haben, dass sie keine Einwände erheben werden. Auf Initiative des Europäischen Parlaments oder des Rates wird diese Frist um zwei Monate verlängert.

Art. 25. Erlass von Durchführungsrechtsakten durch die Kommission. (1) Die Kommission erlässt Durchführungsrechtsakte zur Einrichtung des dezentralen IT-Systems, durch die sie Folgendes festlegt:

a) die technische Spezifikation zur Festlegung der Methoden zur elektronischen Kommunikation für die Zwecke des dezentralen IT-Systems;
b) die technischen Spezifikationen für Kommunikationsprotokolle;
c) die Informationssicherheitsziele und entsprechenden technischen Maßnahmen zur Gewährleistung von Mindeststandards für die Informationssicherheit bei der Verarbeitung und Übermittlung von Informationen im dezentralen IT-System;
d) die Mindestverfügbarkeitsziele und mögliche damit verbundene technische Anforderungen an die Leistungen des dezentralen IT-Systems;
e) die Einsetzung eines aus Vertretern der Mitgliedstaaten bestehenden Lenkungsausschusses, um zur Verwirklichung der Ziele dieser Verordnung den Betrieb sowie die Wartung und Pflege des dezentralen IT-Systems sicherzustellen.

(2) Die Durchführungsrechtsakte nach Absatz 1 des vorliegenden Artikels werden spätestens am 23. März 2022 gemäß dem in Artikel 26 Absatz 2 genannten Prüfverfahren erlassen.

Art. 26. Ausschussverfahren. (1) Die Kommission wird von einem Ausschuss unterstützt. Dieser Ausschuss ist ein Ausschuss im Sinne der Verordnung (EU) Nr. 182/2011.

(2) Wird auf diesen Absatz Bezug genommen, so gilt Artikel 5 der Verordnung (EU) Nr. 182/2011.

Art. 27. Referenzimplementierungssoftware. (1) Die Kommission ist verantwortlich für die Schaffung, Wartung und Pflege sowie künftige Weiterentwicklung einer Referenzimplementierungssoftware, für deren Einsatz sich die Mitgliedstaaten als ihr Back-End-System anstelle eines nationalen IT-Systems entscheiden können. Die Schaffung, Wartung und Pflege sowie künftige Weiterentwicklung der Referenzimplementierungssoftware werden aus dem Gesamthaushalt der Union finanziert.

(2) Die Kommission übernimmt die Bereitstellung, Wartung und Pflege sowie kostenlose Implementierung der Softwarekomponenten, die den Zugangspunkten zugrunde liegen.

Art. 28. Kosten des dezentralen IT-Systems. (1) Jeder Mitgliedstaat trägt die Kosten für Installation, Betrieb sowie Wartung und Pflege seiner Zugangspunkte, über welche die nationalen IT-Systeme im Rahmen des dezentralen IT-Systems vernetzt sind.

(2) Jeder Mitgliedstaat trägt die Kosten für die Einrichtung und Anpassung seiner nationalen IT-Systeme zur Herstellung der Interoperabilität mit den Zugangspunkten sowie die Kosten für Verwaltung, Betrieb und Instandhaltung dieser Systeme.

(3) Die Absätze 1 und 2 lassen die Möglichkeit der Mitgliedstaaten unberührt, Finanzhilfen zur Unterstützung der in diesen Absätzen genannten Tätigkeiten im Rahmen der Finanzierungsprogramme der Union zu beantragen.

Art. 29.[35] Verhältnis zu Übereinkünften oder Vereinbarungen zwischen Mitgliedstaaten. (1) Diese Verordnung hat in ihrem Anwendungsbereich und in den Beziehungen zwischen den Mitgliedstaaten, die Vertragsparteien einschlägiger, von den Mitgliedstaaten geschlossener bilateraler oder multilateraler Übereinkünfte oder Vereinbarungen sind, insbesondere des Haager Übereinkommens vom 1. März 1954[36] über den Zivilprozess und des Haager Übereinkommens vom 18. März 1970 über die Beweisaufnahme im Ausland in Zivil- oder Handelssachen,[37] Vorrang vor anderen Bestimmungen der genannten Übereinkünfte oder Vereinbarungen.

(2) Diese Verordnung hindert Mitgliedstaaten nicht daran, Übereinkünfte oder Vereinbarungen zur weiteren Vereinfachung der Beweisaufnahme beizubehalten oder zu schließen, sofern diese Übereinkünfte oder Vereinbarungen mit der vorliegenden Verordnung vereinbar sind.[38]

---

[35] Vgl. Erwägungsgrund (29).

[36] Abgedruckt unter Nr. *210.*

[37] Abgedruckt unter Nr. *212.* Der Vorrang der Verordnung vor dem HBÜ besteht im Verhältnis zu allen Mitgliedstaaten mit Ausnahme von *Dänemark.* Im Verhältnis zu *Malta* gilt nur die Verordnung.

Im Verhältnis zu *Malta* und *Zypern* hat die Verordnung auch Vorrang vor dem deutsch-britischen Abk. über den Rechtsverkehr v. 20.3.1928 (Nr. *228*).

[38] Zu den von *Deutschland* geschlossenen Zusatzvereinbarungen, die im Rahmen dieser Verordnung weiter gelten, siehe Anm. 1 und 4 vor Nr. *227.*

(3) Die Mitgliedstaaten übermitteln der Kommission:

a) eine Abschrift der zwischen den Mitgliedstaaten geschlossenen Übereinkünfte oder Vereinbarungen nach Absatz 2 sowie die Entwürfe von ihnen geplanter Übereinkünfte oder Vereinbarungen und

b) jede Kündigung oder Änderung dieser Übereinkünfte oder Vereinbarungen.

Art. 30.[39] **Schutz übermittelter Informationen.** (1) Die nach dieser Verordnung durchgeführte Verarbeitung personenbezogener Daten, einschließlich des Austausches oder der Übermittlung personenbezogener Daten durch die zuständigen Behörden, erfolgt gemäß der Verordnung (EU) 2016/679.

Der Austausch oder die Übermittlung von Informationen durch die zuständigen Stellen auf Ebene der Union erfolgt gemäß der Verordnung (EU) 2018/1725.

Personenbezogene Daten, die für die Bearbeitung eines einzelnen Falls nicht relevant sind, werden sofort gelöscht.

(2) Die nach nationalem Recht zuständige Behörde oder zuständigen Behörden gilt bzw. gelten für die Verarbeitung personenbezogener Daten im Rahmen der vorliegenden Verordnung als Verantwortliche im Sinne der Verordnung (EU) 2016/679.

(3) Unbeschadet der Absätze 1 und 2 darf das ersuchte Gericht die nach dieser Verordnung übermittelten Informationen nur zu dem Zweck verwenden, zu dem sie übermittelt wurden.

(4) Ersuchte Gerichte stellen die Vertraulichkeit derartiger Informationen nach Maßgabe ihres nationalen Rechts sicher.

(5) Die Absätze 3 und 4 berühren nicht das Auskunftsrecht von Betroffenen über die Verwendung der nach dieser Verordnung übermittelten Informationen, das ihnen nach dem nationalen Recht zusteht.

(6) Die Richtlinie 2002/58/EG bleibt von dieser Verordnung unberührt.

Art. 31.[40] **Mitteilungen.** (1) Die Mitgliedstaaten teilen der Kommission Folgendes mit:

a) die Liste nach Artikel 3 Absatz 2 sowie eine Angabe des örtlichen und gegebenenfalls fachlichen Zuständigkeitsbereichs der Gerichte;

b) die Namen und Anschriften der gemäß Artikel 4 Absatz 3 benannten Zentralstellen und zuständigen Behörden unter Angabe ihres örtlichen Zuständigkeitsbereichs;

---

[39] Vgl. Erwägungsgründe (31)–(32).

[40] Informationen zu den einzelnen Mitgliedstaaten sind abrufbar im Europäischen Gerichtsatlas für Zivilsachen (Homepage des Europäischen Justizportals: https://e-justice.europa.eu/374/DE/taking_evidence).

c) die technischen Mittel, über welche die in der nach Artikel 3 Absatz 2 erstellten Liste aufgeführten Gerichte für die Entgegennahme von Ersuchen verfügen;

d) die Sprachen, die nach Artikel 6 für Ersuchen zugelassen sind.

(2) Die Mitgliedstaaten teilen der Kommission alle späteren Änderungen der in Absatz 1 angeführten Angaben mit.

(3) Jeder Mitgliedstaat teilt der Kommission die Angaben zu den anderen Behörden mit, die zur Beweisaufnahme für die Zwecke von Gerichtsverfahren in Zivil- oder Handelssachen befugt sind. Die Mitgliedstaaten teilen der Kommission alle späteren Änderungen dieser Angaben mit.[41]

(4) Sind Mitgliedstaaten in der Lage, den Betrieb des dezentralen IT-Systems früher als in dieser Verordnung vorgeschrieben aufzunehmen, so können sie das der Kommission mitteilen. Die Kommission stellt diese Informationen auf elektronischem Wege zur Verfügung, insbesondere im Europäischen Justizportal.

Art. 32. Monitoring. (1) Die Kommission erstellt bis zum 2. Juli 2023 ein ausführliches Programm für das Monitoring der Leistungen, der Ergebnisse und der Wirkung dieser Verordnung.

(2) In dem Monitoring-Programm wird festgelegt, welche Maßnahmen die Kommission und die Mitgliedstaaten zum Monitoring der Leistungen, der Ergebnisse und der Wirkung dieser Verordnung zu treffen haben. Ferner wird darin festgelegt, wann die in Absatz 3 genannten Daten erstmals zu erfassen sind – spätestens bis zum 2. Juli 2026 – und in welchen weiteren Zeitabständen diese Daten zu erfassen sind.

(3) Die Mitgliedstaaten übermitteln der Kommission je nach Verfügbarkeit folgende für die Zwecke des Monitorings erforderliche Daten:

a) die Anzahl der nach Artikel 7 Absatz 1 bzw. nach Artikel 19 Absatz 1 jeweils übermittelten Ersuchen um Beweisaufnahme;

b) die Anzahl der nach Artikel 12 bzw. nach Artikel 19 Absatz 8 jeweils erledigten Ersuchen um Beweisaufnahme;

c) die Anzahl der Fälle, in denen das Ersuchen um Beweisaufnahme mit anderen Mitteln als dem dezentralen IT-System nach Artikel 7 Absatz 4 übermittelt wurde.

(4) Die Referenzimplementierungssoftware und – soweit es dafür ausgerüstet ist – das nationale Back-End-System erfassen die in Absatz 3 Buchstaben a und b genannten Daten durch entsprechende Programmierung und übermitteln sie regelmäßig der Kommission.

---

[41] Art. 31 Abs. 3 gilt gem. Art. 35 Abs. 2 bereits seit dem 23.3.2022.

Art. 33.[42] **Bewertung.** (1) Spätestens fünf Jahre nach Geltungsbeginn des Artikels 7 gemäß Artikel 35 Absatz 3 führt die Kommission eine Bewertung dieser Verordnung durch und legt dem Europäischen Parlament, dem Rat und dem Europäischen Wirtschafts- und Sozialausschuss einen Bericht mit ihren wichtigsten Ergebnissen – gegebenenfalls zusammen mit einem Legislativvorschlag – vor.

(2) Die Mitgliedstaaten übermitteln der Kommission die Angaben, die für die Ausarbeitung des in Absatz 1 genannten Berichts erforderlich sind.

Art. 34. Aufhebung. (1) Die Verordnung (EG) Nr. 1206/2001 wird mit dem Tag des Beginns der Geltung der vorliegenden Verordnung aufgehoben, mit Ausnahme des Artikels 6 der Verordnung (EG) Nr. 1206/2001, der mit dem Tag des Geltungsbeginns des Artikels 7 nach Artikel 35 Absatz 3 der vorliegenden Verordnung aufgehoben wird.

(2) Bezugnahmen auf die aufgehobene Verordnung gelten als Bezugnahmen auf die vorliegende Verordnung und sind nach Maßgabe der Entsprechungstabelle in Anhang III zu lesen.

Artikel 35. Inkrafttreten und Geltung. (1) Diese Verordnung tritt am zwanzigsten Tag nach ihrer Veröffentlichung im Amtsblatt der Europäischen Union in Kraft.

Sie gilt ab dem 1. Juli 2022.

(2) Artikel 31 Absatz 3 gilt ab dem 23. März 2022.

(3) Artikel 7 gilt ab dem ersten Tag des Monats, der auf den Zeitraum von drei Jahren nach dem Tag des Inkrafttretens der in Artikel 25 genannten Durchführungsrechtsakte folgt.

Diese Verordnung ist in allen ihren Teilen verbindlich und gilt gemäß den Verträgen unmittelbar in den Mitgliedstaaten.

Anhang I

Formblätter A–N[43]

(nicht abgedruckt)

Anhänge II–III

(nicht abgedruckt)

---

[42] Vgl. Erwägungsgrund (33).

[43] Die Formblätter A–N sind abgedruckt im ABl. 2020 L 405, S. 41. Sie sind online abrufbar im Europäischen Justizportal: https://e-justice.europa.eu/39152/DE/taking_of_evidence_recast_forms.

225a. Zivilprozessordnung

idF vom 5. Dezember 2005 (BGBl. I, S. 3202)

Buch 11.[1] Justizielle Zusammenarbeit in der Europäischen Union

Abschnitt 2.[2] Beweisaufnahme nach der Verordnung (EU) 2020/1783[3]

§ 1072.[4] Beweisaufnahme in den Mitgliedstaaten der Europäischen Union. Soll die Beweisaufnahme nach der Verordnung (EU) 2020/1783 erfolgen, so kann das deutsche Gericht

1. nach den Artikeln 12 bis 18 der Verordnung (EU) 2020/1783 das zuständige Gericht eines anderen Mitgliedstaats um Aufnahme des Beweises ersuchen,
2. unter den Voraussetzungen der Artikel 19 und 20 der Verordnung (EU) 2020/1783 eine unmittelbare Beweisaufnahme in einem anderen Mitgliedstaat beantragen oder
3. unter den Voraussetzungen des Artikels 21 der Verordnung (EU) 2020/1783 und nur in einem begründeten Ausnahmefall einen deutschen Konsularbeamten um Vernehmung eines deutschen Staatsangehörigen in einem anderen Mitgliedstaat ersuchen.

§ 1073.[5] Teilnahmerechte. (1) Das ersuchende deutsche Gericht oder ein von diesem beauftragtes Mitglied darf im Geltungsbereich der Verordnung (EU) 2020/1783 bei der Erledigung des Ersuchens auf Beweisaufnahme durch das ersuchte ausländische Gericht oder durch den deutschen Konsularbeamten anwesend und beteiligt sein. Parteien, deren Vertreter sowie Sachverständige können sich hierbei in dem Umfang beteiligen, in dem sie in dem betreffenden Verfahren an einer inländischen Beweisaufnahme beteiligt werden dürfen.

(2) Eine unmittelbare Beweisaufnahme im Ausland nach Artikel 19 Absatz 3 der Verordnung (EU) 2020/1783 dürfen Mitglieder des Gerichts sowie von diesem beauftragte Sachverständige durchführen.

---

[1] Die Vorschriften des 11. Buches der ZPO finden gemäß § 13a ArbGG auch in Verfahren vor den Arbeitsgerichten Anwendung.

[2] Der 2. Abschnitt gilt seit dem 1.1.2004.

[3] Abgedruckt unter Nr. *225*.

[4] § 1072 geändert durch Gesetz v. 8.7.2014 (BGBl. I, S. 890) mit Wirkung v. 10.1.2015 und durch Gesetz v. 24.6.2022 (BGBl. I, S. 959) mit Wirkung v. 1.7.2022.

[5] § 1073 geändert durch Gesetz v. 24.6.2022 (BGBl. I, S. 959) mit Wirkung v. 1.7. 2022.

§ 1074.[6] **Zuständigkeiten nach der Verordnung (EU) 2020/183; Verordnungsermächtigung.** (1) Für Beweisaufnahmen in der Bundesrepublik Deutschland ist als ersuchtes Gericht im Sinne von Artikel 3 Absatz 1 der Verordnung (EU) 2020/1783 dasjenige Amtsgericht zuständig, in dessen Bezirk die Verfahrenshandlung durchgeführt werden soll.

(2) Die Landesregierungen können die Aufgaben des ersuchten Gerichts einem Amtsgericht für die Bezirke mehrerer Amtsgerichte durch Rechtsverordnung zuweisen.

(3) Die Landesregierungen bestimmen durch Rechtsverordnung die Stelle, die in dem jeweiligen Land

1. als deutsche Zentralstelle nach Artikel 4 der Verordnung (EU) 2020/1783 zuständig ist,
2. als zuständige Stelle über Ersuchen um unmittelbare Beweisaufnahme nach Artikel 19 Absatz 1 der Verordnung (EU) 2020/1783 entscheidet.

Die Aufgaben nach den Nummern 1 und 2 können in jedem Land nur jeweils einer Stelle zugewiesen werden.

(4) Zentralstelle des Bundes nach Artikel 4 der Verordnung (EU) 2020/1783 ist das Bundesamt für Justiz. Es unterstützt bei Bedarf die zuständigen Behörden der Länder.

(5) Die Landesregierungen können die Befugnis zum Erlass einer Rechtsverordnung nach den Absätzen 2 und 3 Satz 1 einer obersten Landesbehörde übertragen.

§ 1075.[7] **Sprache eingehender Ersuchen.** Aus dem Ausland eingehende Ersuchen auf Beweisaufnahme sowie Mitteilungen nach der Verordnung (EU) 2020/1783 müssen in deutscher Sprache abgefasst oder von einer Übersetzung in die deutsche Sprache begleitet sein.

---

[6] § 1074 geändert durch Gesetz v. 24.6.2022 (BGBl. I, S. 959) mit Wirkung v. 1.7. 2022.

[7] § 1075 geändert durch Gesetz v. 24.6.2022 (BGBl. I, S. 959) mit Wirkung v. 1.7. 2022.

226. Richtlinie 2003/8/EG des Rates zur Verbesserung des Zugangs zum Recht bei Streitsachen mit grenzüberschreitendem Bezug durch Festlegung gemeinsamer Mindestvorschriften für die Prozesskostenhilfe in derartigen Streitsachen

Vom 27. Januar 2003[1, 2] (ABl. L 26, S. 41)

DER RAT DER EUROPÄISCHEN UNION –

gestützt auf den Vertrag zur Gründung der Europäischen Gemeinschaft, insbesondere auf Artikel 61 Buchstabe c und Artikel 67, auf Vorschlag der Kommission,[3]

nach Stellungnahme des Europäischen Parlaments,[4]

nach Stellungnahme des Wirtschafts- und Sozialausschusses,[5]

in Erwägung nachstehender Gründe:

(1) Die Europäische Union hat sich zum Ziel gesetzt, einen Raum der Freiheit, der Sicherheit und des Rechts, in dem der freie Personenverkehr gewährleistet ist, zu erhalten und weiterzuentwickeln. Zum schrittweisen Aufbau dieses Raums erlässt die Gemeinschaft unter anderem im Bereich der justiziellen Zusammenarbeit in Zivilsachen mit grenzüberschreitendem Bezug die für das reibungslose Funktionieren des Binnenmarkts erforderlichen Maßnahmen.

(2) Gemäß Artikel 65 Buchstabe c des Vertrags schließen diese Maßnahmen die Beseitigung der Hindernisse für eine reibungslose Abwicklung von Zivilverfahren ein, erforderlichenfalls durch Förderung der Vereinbarkeit der in den Mitgliedstaaten geltenden zivilrechtlichen Verfahrensvorschriften.

(3) Der Europäische Rat hat auf seiner Tagung in Tampere vom 15. und 16. Oktober 1999 den Rat ersucht, Mindeststandards zur Gewährleistung eines angemessenen Niveaus der Prozesskostenhilfe bei grenzüberschreitenden Rechtssachen in allen Ländern der Union zu verabschieden.

(4) Alle Mitgliedstaaten sind Vertragsparteien der Europäischen Konvention zum Schutze der Menschenrechte und Grundfreiheiten vom 4. No-

---

[1] Die Richtlinie ist am 31.1.2003 für die Mitgliedstaaten – mit Ausnahme *Dänemarks* (Erwägungsgrund (34)) – in Kraft getreten. In der *Bundesrepublik Deutschland* ist sie durch §§ 1076–1078 ZPO (Nr. *226a*) umgesetzt worden.

[2] Im Verhältnis zum *Vereinigten Königreich* gilt die Richtlinie nach Ablauf der in Art. 126, 127 des Brexit-Abk v. 24.1.2020 (Nr. *0–3*) vereinbarten Übergangsfrist am 31.12.2020 nicht mehr. Zu den Auswirkungen des Brexit auf die Geltung der Richtlinie im Verhältnis zum *Vereinigten Königreich* siehe Anm. 2 zum EU-Vertrag (Nr. *0–1*) und Art. 69 lit. a Brexit-Abk. v. 24.1.2020 (Nr. *0–3*).

[3] ABl. 2002 C 103 E, S. 368.

[4] Stellungnahme v. 25.9.2002 (noch nicht im Amtsblatt veröffentlicht).

[5] ABl. 2002 C 221, S. 64.

vember 1950. Die vorliegende Richtlinie kommt unter Einhaltung dieser Konvention zur Anwendung, insbesondere unter Wahrung des Grundsatzes der Gleichheit beider Streitparteien.

(5) Diese Richtlinie zielt darauf ab, die Anwendung der Prozesskostenhilfe in Streitsachen mit grenzüberschreitendem Bezug für Personen zu fördern, die nicht über ausreichende Mittel verfügen, soweit diese Hilfe erforderlich ist, um den Zugang zu den Gerichten wirksam zu gewährleisten. Das allgemein anerkannte Recht auf Zugang zu den Gerichten wird auch in Artikel 47 der Charta der Grundrechte der Europäischen Union bestätigt.

(6) Unzureichende Mittel einer Partei, die als Klägerin oder Beklagte an einer Streitsache beteiligt ist, dürfen den effektiven Zugang zum Recht ebenso wenig behindern wie Schwierigkeiten aufgrund des grenzüberschreitenden Bezugs einer Streitsache.

(7) Da die Ziele der beabsichtigten Maßnahme auf Ebene der Mitgliedstaaten nicht ausreichend erreicht werden können und daher besser auf Gemeinschaftsebene zu erreichen sind, kann die Gemeinschaft im Einklang mit dem in Artikel 5 des Vertrags niedergelegten Subsidiaritätsprinzip tätig werden. Entsprechend dem in demselben Artikel genannten Verhältnismäßigkeitsprinzip geht diese Richtlinie nicht über das für die Erreichung dieser Ziele erforderliche Maß hinaus.

(8) Diese Richtlinie soll vor allem eine angemessene Prozesskostenhilfe in Streitsachen mit grenzüberschreitendem Bezug gewährleisten, indem gemeinsame Mindestvorschriften für die Prozesskostenhilfe in solchen Streitsachen festgelegt werden. Eine Richtlinie des Rates ist hierfür das geeignetste Rechtsinstrument.

(9) Diese Richtlinie findet in zivil- und handelsrechtlichen Streitsachen mit grenzüberschreitendem Bezug Anwendung.

(10) Jede Person, die an einer unter diese Richtlinie fallenden zivil- oder handelsrechtlichen Streitsache beteiligt ist, muss in der Lage sein, ihre Rechte geltend zu machen, auch wenn sie aufgrund ihrer persönlichen finanziellen Situation die Prozesskosten nicht tragen kann. Die Prozesskostenhilfe gilt als angemessen, wenn sie dem Empfänger einen effektiven Zugang zum Recht unter den in dieser Richtlinie vorgesehenen Voraussetzungen ermöglicht.

(11) Die Prozesskostenhilfe sollte die vorprozessuale Rechtsberatung zur außergerichtlichen Streitbeilegung, den Rechtsbeistand bei Anrufung eines Gerichts und die rechtliche Vertretung vor Gericht sowie eine Unterstützung oder Befreiung von den Prozesskosten umfassen.

(12) Es bleibt dem Recht des Mitgliedstaats des Gerichtstands oder des Vollstreckungsmitgliedstaats überlassen, ob die Prozesskosten auch die dem Empfänger der Prozesskostenhilfe auferlegten Kosten der Gegenpartei einschließen können.

(13) Unabhängig von ihrem Wohnsitz oder ihrem gewöhnlichen Aufenthalt im Hoheitsgebiet eines Mitgliedstaats müssen alle Unionsbürger Prozesskostenhilfe bei Streitsachen mit grenzüberschreitendem Bezug in Anspruch nehmen können, wenn sie die in dieser Richtlinie genannten Voraussetzungen erfüllen. Gleiches gilt für die Angehörigen von Drittstaaten, die ihren rechtmäßigen gewöhnlichen Aufenthalt in einem Mitgliedstaat haben.

(14) Es sollte den Mitgliedstaaten überlassen bleiben, Schwellenwerte festzulegen, bei deren Überschreiten von einer Person unter den in dieser Richtlinie festgelegten Bedingungen anzunehmen ist, dass sie die Kosten des Verfahrens tragen kann. Derartige Schwellenwerte sind anhand verschiedener objektiver Faktoren wie Einkommen, Vermögen oder familiäre Situation festzulegen.

(15) Das Ziel dieser Richtlinie könnte jedoch nicht erreicht werden, wenn die Personen, die Prozesskostenhilfe beantragen, nicht die Möglichkeit erhielten, nachzuweisen, dass sie nicht für die Prozesskosten aufkommen können, obwohl ihr Vermögen den vom Mitgliedstaat des Gerichtsstands festgelegten Schwellenwert überschreitet. Bei der Bewertung, ob Prozesskostenhilfe auf dieser Grundlage zu gewähren ist, können die Behörden im Mitgliedstaat des Gerichtsstands Informationen darüber berücksichtigen, dass der Antragsteller in dem Mitgliedstaat, in dem er seinen Wohnsitz oder seinen gewöhnlichen Aufenthalt hat, die finanziellen Kriterien für die Gewährung der Hilfe erfüllt.

(16) Die Möglichkeit, im konkreten Fall auf andere Regelungen zurückzugreifen, die einen effektiven Zugang zum Recht gewährleisten, stellt keine Form der Prozesskostenhilfe dar. Sie kann jedoch die Annahme rechtfertigen, dass die betreffende Person trotz ungünstiger finanzieller Verhältnisse die Prozesskosten tragen kann.

(17) Die Mitgliedstaaten sollten die Möglichkeit haben, Anträge auf Prozesskostenhilfe für offensichtlich unbegründete Verfahren, oder aus Gründen, die mit dem Wesen, insbesondere den Erfolgsaussichten der Sache zusammenhängen, abzulehnen, sofern Rechtsberatung vor Prozessbeginn angeboten wird und der Zugang zum Recht gewährleistet ist. Bei ihrer Entscheidung über das Wesen und insbesondere die Erfolgsaussichten eines Antrags können die Mitgliedstaaten Anträge auf Prozesskostenhilfe ablehnen, wenn der Antragsteller eine Rufschädigung geltend macht, jedoch keinen materiellen oder finanziellen Schaden erlitten hat, oder wenn der Antrag einen Rechtsanspruch betrifft, der in unmittelbarem Zusammenhang mit dem Geschäft oder der selbstständigen Erwerbstätigkeit des Antragstellers entstanden ist.

(18) Die Komplexität und die Unterschiede der Gerichtssysteme der Mitgliedstaaten sowie die durch den grenzüberschreitenden Charakter von Streitsachen bedingten Kosten dürfen den Zugang zum Recht nicht behindern. Die Prozesskostenhilfe sollte daher die unmittelbar mit dem

grenzüberschreitenden Charakter einer Streitsache verbundenen Kosten decken.

(19) Bei der Prüfung der Frage, ob die persönliche Anwesenheit vor Gericht erforderlich ist, sollten die Gerichte eines Mitgliedstaats in vollem Umfang die Möglichkeiten berücksichtigen, die sich aus der Verordnung (EG) Nr. 1206/2001 des Rates vom 28. Mai 2001 über die Zusammenarbeit zwischen den Gerichten der Mitgliedstaaten auf dem Gebiet der Beweisaufnahme in Zivil- oder Handelssachen[6] ergeben.

(20) Wird Prozesskostenhilfe gewährt, so muss sie sich auf das gesamte Verfahren erstrecken, einschließlich der Kosten für die Vollstreckung eines Urteils; dem Empfänger sollte die Prozesskostenhilfe weiter gewährt werden, wenn ein Rechtsbehelf entweder gegen ihn oder von ihm eingelegt wird, sofern die Voraussetzungen im Hinblick auf die finanziellen Verhältnisse und den Inhalt der Streitsache weiterhin erfüllt sind.

(21) Die Prozesskostenhilfe ist gleichermaßen für herkömmliche Gerichtsverfahren und außergerichtliche Verfahren wie die Schlichtung zu gewähren, wenn ihre Anwendung gesetzlich vorgeschrieben ist oder vom Gericht angeordnet wird.

(22) Die Prozesskostenhilfe sollte unter den in dieser Richtlinie festgelegten Voraussetzungen auch für die Vollstreckung öffentlicher Urkunden in einem anderen Mitgliedstaat gewährt werden.

(23) Da die Prozesskostenhilfe vom Mitgliedstaat des Gerichtsstands oder vom Vollstreckungsmitgliedstaat gewährt wird, mit Ausnahme der vorprozessualen Rechtsberatung, wenn die Person, die Prozesskostenhilfe beantragt, ihren Wohnsitz oder gewöhnlichen Aufenthalt nicht im Mitgliedstaat des Gerichtsstands hat, muss dieser Mitgliedstaat sein eigenes Recht unter Wahrung der in dieser Richtlinie festgeschriebenen Grundsätze anwenden.

(24) Die Prozesskostenhilfe sollte von der zuständigen Behörde des Mitgliedstaats des Gerichtsstands bzw. des Vollstreckungsmitgliedstaats gewährt oder verweigert werden. Dies gilt sowohl für die Verhandlung der Sache als auch für die Entscheidung über die Zuständigkeit.

(25) Die justizielle Zusammenarbeit in Zivilsachen sollte zwischen den Mitgliedstaaten so geregelt werden, dass die Information der Öffentlichkeit und der Fachkreise gefördert und die Übermittlung der Anträge auf Prozesskostenhilfe von einem Mitgliedstaat in einen anderen erleichtert und beschleunigt wird.

(26) Die in dieser Richtlinie vorgesehenen Verfahren der Notifizierung und Übermittlung orientieren sich unmittelbar an denen des am 27. Januar 1977 in Straßburg unterzeichneten Europäischen Übereinkommens über die Übermittlung von Anträgen auf Bewilligung der Prozesskostenhilfe, im Folgenden „Übereinkommen von 1977“[7] genannt. Für die Übermittlung

[6] Abgedruckt unter Nr. *225*.
[7] Vgl. zu diesem Übk. die Anm. 2 vor Nr. *210*.

der Anträge auf Prozesskostenhilfe wird eine Frist gesetzt, die im Übereinkommen von 1977 nicht vorgesehen ist. Die Festsetzung einer relativ kurzen Frist trägt zu einer geordneten Rechtspflege bei.

(27) Die nach dieser Verordnung übermittelten Daten sollten geschützt werden. Da die Richtlinie 95/46/EG des Europäischen Parlaments und des Rates vom 24. Oktober 1995 zum Schutz natürlicher Personen bei der Verarbeitung personenbezogener Daten und zum freien Datenverkehr[8] und die Richtlinie 97/66/EG des Europäischen Parlaments und des Rates vom 15. Dezember 1997 über die Verarbeitung personenbezogener Daten und den Schutz der Privatsphäre im Bereich der Telekommunikation[9] Anwendung finden, sind spezielle Bestimmungen zum Datenschutz in der vorliegenden Richtlinie nicht erforderlich.

(28) Die Einführung eines Standardformulars für Anträge auf Prozesskostenhilfe und für die Übermittlung der Anträge auf Prozesskostenhilfe bei Streitsachen mit grenzüberschreitendem Bezug wird die Verfahren vereinfachen und beschleunigen.

(29) Darüber hinaus sollten diese Antragsformulare sowie nationale Antragsformulare auf europäischer Ebene über das Informationssystem des gemäß der Entscheidung 2001/470/EG[10] eingerichteten Europäischen justiziellen Netzes zur Verfügung gestellt werden.

(30) Die zur Durchführung dieser Richtlinie erforderlichen Maßnahmen sollten gemäß dem Beschluss 1999/468/EG des Rates vom 28. Juni 1999 zur Festlegung der Modalitäten für die Ausübung der der Kommission übertragenen Durchführungsbefugnisse[11] erlassen werden.

(31) Die Festlegung von Mindestnormen für Streitsachen mit grenzüberschreitendem Bezug hindert die Mitgliedstaaten nicht daran, günstigere Bestimmungen für Personen, die Prozesskostenhilfe beantragen und erhalten, vorzusehen.

(32) Das Übereinkommen von 1977 und das 2001 in Moskau unterzeichnete Zusatzprotokoll zum Europäischen Übereinkommen über die Übermittlung von Anträgen auf Bewilligung der Prozesskostenhilfe bleiben auf die Beziehungen zwischen den Mitgliedstaaten und Drittstaaten, die Vertragsparteien des Übereinkommens von 1977 oder des Protokolls sind, anwendbar. In den Beziehungen zwischen den Mitgliedstaaten hingegen hat diese Richtlinie Vorrang vor den Bestimmungen des Übereinkommens von 1977 und des Protokolls.

(33) Das Vereinigte Königreich und Irland haben gemäß Artikel 3 des Protokolls über die Position des Vereinigten Königreichs und Irlands im Anhang zum Vertrag über die Europäische Union und im Anhang zum Vertrag zur Gründung der Europäischen Gemeinschaft mitgeteilt, dass sie

---

[8] ABl. 1995 L 281, S. 31.
[9] ABl. 1997 L 24, S. 1.
[10] ABl. L 174, S. 25.
[11] ABl. L 184, S. 23.

sich an der Annahme und Anwendung dieser Richtlinie beteiligen möchten.

(34) Nach den Artikeln 1 und 2 des Protokolls über die Position Dänemarks, das dem Vertrag über die Europäische Union und dem Vertrag zur Gründung der Europäischen Gemeinschaft beigefügt ist, beteiligt sich Dänemark nicht an der Annahme dieser Richtlinie, die für Dänemark demnach nicht bindend oder anwendbar ist –

HAT FOLGENDE RICHTLINIE ERLASSEN:

Kapitel I. Anwendungsbereich und Begriffsbestimmungen

Art. 1.[12] **Ziele und Anwendungsbereich.** (1) Ziel dieser Richtlinie ist die Verbesserung des Zugangs zum Recht bei Streitsachen mit grenzüberschreitendem Bezug durch Festlegung gemeinsamer Mindestvorschriften für die Prozesskostenhilfe in derartigen Streitsachen.

(2) Diese Richtlinie gilt für Streitsachen mit grenzüberschreitendem Bezug in Zivil- und Handelssachen, ohne dass es auf die Art der Gerichtsbarkeit ankommt. Sie erfasst insbesondere keine Steuer- und Zollsachen und keine verwaltungsrechtlichen Angelegenheiten.

(3) Im Sinne dieser Richtlinie bezeichnet der Ausdruck „Mitgliedstaat" alle Mitgliedstaaten mit Ausnahme Dänemarks.[13]

Art. 2. Grenzüberschreitende Streitsachen. (1) Eine grenzüberschreitende Streitigkeit im Sinne dieser Richtlinie liegt vor, wenn die im Rahmen dieser Richtlinie Prozesskostenhilfe beantragende Partei ihren Wohnsitz oder gewöhnlichen Aufenthalt in einem anderen Mitgliedstaat als dem Mitgliedstaat des Gerichtsstands oder dem Vollstreckungsmitgliedstaat hat.

(2) Der Wohnsitzmitgliedstaat einer Prozesspartei wird gemäß Artikel 59 der Verordnung (EG) Nr. 44/2001 des Rates vom 22. Dezember 2000 über die gerichtliche Zuständigkeit und die Anerkennung und Vollstreckung von Entscheidungen in Zivil- und Handelssachen[14] bestimmt.

(3) Der maßgebliche Augenblick zur Feststellung, ob eine Streitsache mit grenzüberschreitendem Bezug vorliegt, ist der Zeitpunkt, zu dem der Antrag gemäß dieser Richtlinie eingereicht wird.

Kapitel II. Anspruch auf Prozesskostenhilfe

Art. 3.[15] **Anspruch auf Prozesskostenhilfe.** (1) An einer Streitsache im Sinne dieser Richtlinie beteiligte natürliche Personen haben Anspruch auf

---

[12] Vgl. Erwägungsgründe (5)–(9).

[13] Vgl. Erwägungsgrund (34).

[14] Die Verweisung ist seit dem 10.1.2015 auf Art. 62 der Verordnung (EU) Nr. 1215/2012 v. 12.12.2012 (Nr. *160*) gerichtet, vgl. Art. 80 S. 2 dieser Verordnung.

[15] Vgl. Erwägungsgründe (10)–(12).

eine angemessene Prozesskostenhilfe, damit ihr effektiver Zugang zum Recht nach Maßgabe dieser Richtlinie gewährleistet ist.

(2) Die Prozesskostenhilfe gilt als angemessen, wenn sie Folgendes sicherstellt:

a) eine vorprozessuale Rechtsberatung im Hinblick auf eine außergerichtliche Streitbeilegung;

b) den Rechtsbeistand und die rechtliche Vertretung vor Gericht sowie eine Befreiung von den Gerichtskosten oder eine Unterstützung bei den Gerichtskosten des Empfängers, einschließlich der in Artikel 7 genannten Kosten und der Kosten für Personen, die vom Gericht mit der Wahrnehmung von Aufgaben während des Prozesses beauftragt werden.

In Mitgliedstaaten, in denen die unterliegende Partei die Kosten der Gegenpartei übernehmen muss, umfasst die Prozesskostenhilfe im Falle einer Prozessniederlage des Empfängers auch die Kosten der Gegenpartei, sofern sie diese Kosten umfasst hätte, wenn der Empfänger seinen Wohnsitz oder gewöhnlichen Aufenthalt im Mitgliedstaat des Gerichtsstands gehabt hätte.

(3) Die Mitgliedstaaten sind nicht verpflichtet, einen Rechtsbeistand oder eine rechtliche Vertretung vor Gericht bei Verfahren vorzusehen, die speziell darauf ausgerichtet sind, den Prozessparteien zu ermöglichen, sich selbst zu vertreten; dies gilt nicht, wenn das Gericht oder eine andere zuständige Behörde etwas anderes zur Gewährleistung der Gleichheit der Parteien oder in Anbetracht der Komplexität der Sache beschließt.

(4) Die Mitgliedstaaten können verlangen, dass sich die Empfänger der Prozesskostenhilfe angemessen an den Prozesskosten beteiligen, wobei die Voraussetzungen nach Artikel 5 zu berücksichtigen sind.

(5) Die Mitgliedstaaten können vorsehen, dass die zuständige Behörde die Prozesskostenhilfe von den Empfängern ganz oder teilweise zurückverlangen kann, wenn sich ihre finanziellen Verhältnisse wesentlich verbessert haben, oder wenn die Entscheidung zur Gewährung der Prozesskostenhilfe aufgrund falscher Angaben des Empfängers getroffen wurde.

Art. 4.[16] **Diskriminierungsverbot.** Die Mitgliedstaaten gewähren Unionsbürgern und Drittstaatsangehörigen, die sich rechtmäßig in einem Mitgliedstaat aufhalten, die Prozesskostenhilfe ohne jede Diskriminierung.

Kapitel III. Voraussetzungen und Umfang der Prozesskostenhilfe

Art. 5.[17] **Voraussetzungen für die finanziellen Verhältnisse.** (1) Die Mitgliedstaaten gewähren den in Artikel 3 Absatz 1 genannten Personen, die aufgrund ihrer persönlichen wirtschaftlichen Lage teilweise oder voll-

[16] Vgl. Erwägungsgrund (13).

[17] Vgl. Erwägungsgründe (14)–(16).

ständig außerstande sind, die Prozesskosten nach Artikel 3 Absatz 2 zu tragen, Prozesskostenhilfe zur Gewährleistung ihres effektiven Zugangs zum Recht.

(2) Die wirtschaftliche Lage einer Person wird von der zuständigen Behörde des Mitgliedstaats des Gerichtsstands unter Berücksichtigung verschiedener objektiver Faktoren wie des Einkommens, des Vermögens oder der familiären Situation einschließlich einer Beurteilung der wirtschaftlichen Ressourcen von Personen, die vom Antragsteller finanziell abhängig sind, bewertet.

(3) Die Mitgliedstaaten können Schwellenwerte festsetzen, bei deren Überschreiten davon ausgegangen wird, dass der Antragsteller die Prozesskosten nach Artikel 3 Absatz 2 teilweise oder vollständig tragen kann. Diese Schwellenwerte werden nach den in Absatz 2 des vorliegenden Artikels genannten Kriterien festgelegt.

(4) Die gemäß Absatz 3 des vorliegenden Artikels festgelegten Schwellenwerte dürfen nicht verhindern, dass Antragstellern, die die Schwellenwerte überschreiten, Prozesskostenhilfe gewährt wird, wenn sie den Nachweis erbringen, dass sie wegen der unterschiedlich hohen Lebenshaltungskosten im Mitgliedstaat ihres Wohnsitzes oder gewöhnlichen Aufenthalts und im Mitgliedstaat des Gerichtsstands die Prozesskosten nach Artikel 3 Absatz 2 nicht tragen können.

(5) Prozesskostenhilfe muss nicht gewährt werden, wenn die Antragsteller im konkreten Fall effektiven Zugang zu anderen Regelungen haben, die die Prozesskosten gemäß Artikel 3 Absatz 2 decken.

Art. 6.[18] **Voraussetzungen für den Inhalt der Streitsache.** (1) Die Mitgliedstaaten können vorsehen, dass Anträge auf Prozesskostenhilfe für offensichtlich unbegründete Verfahren von den zuständigen Behörden abgelehnt werden können.

(2) Wird vorprozessuale Rechtsberatung angeboten, so kann die Gewährung weiterer Prozesskostenhilfe aus Gründen, die mit dem Wesen, insbesondere den Erfolgsaussichten der Sache zusammenhängen, abgelehnt oder eingestellt werden, sofern der Zugang zum Recht gewährleistet ist.

(3) Bei der Entscheidung über das Wesen, insbesondere die Erfolgsaussichten, eines Antrags berücksichtigen die Mitgliedstaaten unbeschadet des Artikels 5 die Bedeutung der betreffenden Rechtssache für den Antragsteller, wobei sie jedoch auch der Art der Rechtssache Rechnung tragen können, wenn der Antragsteller eine Rufschädigung geltend macht, jedoch keinen materiellen oder finanziellen Schaden erlitten hat, oder wenn der Antrag einen Rechtsanspruch betrifft, der in unmittelbarem Zusammenhang mit dem Geschäft oder der selbstständigen Erwerbstätigkeit des Antragstellers entstanden ist.

---

[18] Vgl. Erwägungsgrund (17).

Art. 7.[19] **Durch den grenzüberschreitenden Charakter der Streitsache bedingte Kosten.** Die im Mitgliedstaat des Gerichtsstands gewährte Prozesskostenhilfe umfasst folgende unmittelbar mit dem grenzüberschreitenden Charakter der Streitsache verbundenen Kosten:

a) Dolmetschleistungen;

b) Übersetzung der vom Gericht oder von der zuständigen Behörde verlangten und vom Empfänger vorgelegter Schriftstücke, die für die Entscheidung des Rechtsstreits erforderlich sind; und

c) Reisekosten, die vom Antragsteller zu tragen sind, wenn das Gesetz oder das Gericht dieses Mitgliedstaats die Anwesenheit der mit der Darlegung des Falls des Antragstellers befassten Personen bei Gericht verlangen und das Gericht entscheidet, dass die betreffenden Personen nicht auf andere Weise zur Zufriedenheit des Gerichts gehört werden können.

Art. 8. Vom Mitgliedstaat des Wohnsitzes oder des gewöhnlichen Aufenthalts zu übernehmende Kosten. Der Mitgliedstaat, in dem die Person, die Prozesskostenhilfe beantragt hat, ihren Wohnsitz oder gewöhnlichen Aufenthalt hat, gewährt die erforderliche Prozesskostenhilfe gemäß Artikel 3 Absatz 2 zur Deckung:

a) der Kosten für die Unterstützung durch einen örtlichen Rechtsanwalt oder eine andere gesetzlich zur Rechtsberatung ermächtigte Person in diesem Mitgliedstaat, bis der Antrag auf Prozesskostenhilfe gemäß dieser Richtlinie im Mitgliedstaat des Gerichtsstands eingegangen ist;

b) der Kosten für die Übersetzung des Antrags und der erforderlichen Anlagen, wenn der Antrag auf Prozesskostenhilfe bei den Behörden dieses Mitgliedstaats eingereicht wird.

Art. 9.[20] **Weitergewährung der Prozesskostenhilfe.** (1) Die Prozesskostenhilfe wird den Empfängern in vollem Umfang oder teilweise weitergewährt, um die Kosten für die Vollstreckung eines Urteils im Mitgliedstaat des Gerichtsstands zu decken.

(2) Ein Empfänger, dem im Mitgliedstaat des Gerichtsstands Prozesskostenhilfe gewährt wurde, erhält Prozesskostenhilfe gemäß dem Recht des Mitgliedstaats, in dem die Anerkennung oder Vollstreckung beantragt wird.

(3) Vorbehaltlich der Artikel 5 und 6 wird Prozesskostenhilfe weiter gewährt, wenn ein Rechtsbehelf gegen den oder vom Empfänger eingelegt wird.

(4) Die Mitgliedstaaten können in jeder Phase des Verfahrens auf der Grundlage der Artikel 3 Absätze 3 und 5, Artikel 5 und Artikel 6 eine neuerliche Prüfung des Antrags auf Prozesskostenhilfe vorsehen; dies gilt auch für Verfahren nach den Absätzen 1 bis 3 des vorliegenden Artikels.

---

[19] Vgl. Erwägungsgründe (18)–(19).

[20] Vgl. Erwägungsgrund (20).

Art. 10.[21] **Außergerichtliche Verfahren.** Die Prozesskostenhilfe ist unter den in dieser Richtlinie festgelegten Voraussetzungen auf außergerichtliche Verfahren auszudehnen, wenn die Parteien gesetzlich verpflichtet sind, diese anzuwenden, oder den Streitparteien vom Gericht aufgetragen wird, diese in Anspruch zu nehmen.

Art. 11.[22] **Öffentliche Urkunden.** Für die Vollstreckung öffentlicher Urkunden in einem anderen Mitgliedstaat wird unter den in dieser Richtlinie festgelegten Voraussetzungen Prozesskostenhilfe gewährt.

Kapitel IV. Verfahren

Art. 12.[23] **Für die Gewährung der Prozesskostenhilfe zuständige Behörde.** Unbeschadet des Artikels 8 wird die Prozesskostenhilfe von der zuständigen Behörde des Mitgliedstaats des Gerichtsstands gewährt oder verweigert.

Art. 13.[24] **Einreichung und Übermittlung der Anträge auf Prozesskostenhilfe.** (1) Anträge auf Prozesskostenhilfe können eingereicht werden: entweder

a) bei der zuständigen Behörde des Mitgliedstaats, in dem der Antragsteller seinen Wohnsitz oder seinen gewöhnlichen Aufenthalt hat (Übermittlungsbehörde), oder

b) bei der zuständigen Behörde des Mitgliedstaats des Gerichtsstands oder des Vollstreckungsmitgliedstaats (Empfangsbehörde).

(2) Anträge auf Prozesskostenhilfe sind auszufüllen und die beigefügten Anlagen zu übersetzen

a) in der bzw. die Amtssprache oder einer bzw. eine der Amtssprachen des Mitgliedstaats der zuständigen Empfangsbehörde, die zugleich einer der Amtssprachen der Europäischen Gemeinschaft entspricht; oder

b) in einer anderen bzw. eine andere Sprache, mit deren Verwendung sich dieser Mitgliedstaat gemäß Artikel 14 Absatz 3 einverstanden erklärt hat.

(3) Die zuständigen Übermittlungsbehörden können entscheiden, die Übermittlung eines Antrags abzulehnen, wenn dieser offensichtlich

a) unbegründet ist oder

b) nicht in den Anwendungsbereich dieser Richtlinie fällt.

Artikel 15 Absätze 2 und 3 findet auf solche Entscheidungen Anwendung.

(4) Die zuständige Übermittlungsbehörde unterstützt den Antragsteller, indem sie dafür Sorge trägt, dass dem Antrag alle Anlagen beigefügt werden,

---

[21] Vgl. Erwägungsgrund (21).
[22] Vgl. Erwägungsgrund (22).
[23] Vgl. Erwägungsgründe (23) und (24).
[24] Vgl. Erwägungsgründe (26) und (27).

die ihres Wissens zur Entscheidung über den Antrag erforderlich sind. Ferner unterstützt sie den Antragsteller gemäß Artikel 8 Buchstabe b bei der Beschaffung der erforderlichen Übersetzung der Anlagen.

Die zuständige Übermittlungsbehörde leitet der zuständigen Empfangsbehörde in dem anderen Mitgliedstaat den Antrag innerhalb von 15 Tagen nach Erhalt des in einer der Amtssprachen gemäß Absatz 2 ordnungsgemäß ausgefüllten Antrags und der beigefügten, erforderlichenfalls in eine dieser Amtssprachen übersetzten Anlagen zu.

(5) Die nach Maßgabe dieser Richtlinie übermittelten Schriftstücke sind von der Legalisation und gleichwertigen Formalitäten befreit.

(6) Für die nach Absatz 4 erbrachten Leistungen dürfen die Mitgliedstaaten kein Entgelt verlangen. Die Mitgliedstaaten, in denen die Person, die Prozesskostenhilfe beantragt hat, ihren Wohnsitz oder gewöhnlichen Aufenthalt hat, können festlegen, dass der Antragsteller die von der zuständigen Übermittlungsbehörde übernommenen Übersetzungskosten zurückzahlen muss, wenn der Antrag auf Prozesskostenhilfe von der zuständigen Behörde abgelehnt wird.

Art. 14.[25] **Zuständige Behörden und Sprachen.** (1) Die Mitgliedstaaten bezeichnen die für die Übermittlung des Antrags („Übermittlungsbehörden") bzw. den Empfang des Antrags („Empfangsbehörden") zuständige Behörde oder Behörden.

(2) Jeder Mitgliedstaat übermittelt der Kommission folgende Angaben:

- Name und Anschrift der zuständigen Empfangsbehörden oder Übermittlungsbehörden nach Absatz 1;
- räumlicher Zuständigkeitsbereich dieser Behörden;
- verfügbare Kommunikationsmittel dieser Behörden zum Empfang der Anträge; und
- Sprachen, in denen der Antrag ausgefüllt werden kann.

(3) Die Mitgliedstaaten teilen der Kommission mit, welche Amtssprache(n) der Europäischen Gemeinschaft außer ihrer bzw. ihren eigenen Amtssprache(n) beim Ausfüllen der gemäß dieser Richtlinie eingehenden Anträge auf Prozesskostenhilfe für die zuständige Empfangsbehörde akzeptabel ist bzw. sind.

(4) Die Mitgliedstaaten übermitteln der Kommission die Angaben gemäß den Absätzen 2 und 3 vor dem 30. November 2004. Jede Änderung dieser Angaben wird der Kommission spätestens zwei Monate, bevor die Änderung in dem betreffenden Mitgliedstaat wirksam wird, mitgeteilt.

(5) Die Angaben gemäß den Absätzen 2 und 3 werden im Amtsblatt der Europäischen Gemeinschaften veröffentlicht.

---

[25] Die Informationen zu den einzelnen Mitgliedstaaten sind abrufbar im Europäischen Gerichtsatlas für Zivilsachen (Homepage des Europäischen Justizportals: https://e-justice.europa.eu/390/DE/legal_aid).

Art. 15. Bearbeitung der Anträge. (1) Die für die Entscheidung über die Anträge auf Prozesskostenhilfe zuständigen einzelstaatlichen Behörden tragen dafür Sorge, dass der Antragsteller in vollem Umfang über die Bearbeitung des Antrags unterrichtet wird.

(2) Die vollständige oder teilweise Ablehnung der Anträge ist zu begründen.

(3) Die Mitgliedstaaten sehen einen Rechtsbehelf gegen Entscheidungen vor, mit denen Anträge auf Prozesskostenhilfe abgelehnt werden. Die Mitgliedstaaten können Fälle ausnehmen, bei denen ein Antrag auf Prozesskostenhilfe entweder von einem Berufungsgericht oder von einem Gericht abgelehnt wird, gegen dessen Entscheidung in der Hauptsache nach nationalem Recht kein Rechtsbehelf möglich ist.

(4) Ist ein Rechtsbehelf gegen eine Entscheidung über die Ablehnung oder Einstellung der Prozesskostenhilfe aufgrund von Artikel 6 verwaltungsrechtlicher Art, so unterliegt er in allen Fällen der gerichtlichen Überprüfung.

Art. 16.[26] **Standardformular.** (1) Zur Erleichterung der Übermittlung der Anträge wird nach dem in Artikel 17 Absatz 2 genannten Verfahren ein Standardformular für Anträge auf Prozesskostenhilfe und für die Übermittlung dieser Anträge erstellt.

(2) Das Standardformular für die Übermittlung von Anträgen auf Prozesskostenhilfe wird spätestens am 30. Mai 2003 erstellt.[27] Das Standardformular für Anträge auf Prozesskostenhilfe wird spätestens am 30. November 2004 erstellt.[28]

Kapitel V. Schlussbestimmungen

Art. 17.[29] **Ausschuss.** (1) Die Kommission wird von einem Ausschuss unterstützt.

(2) Wird auf diesen Absatz Bezug genommen, so gelten die Artikel 3 und 7 des Beschlusses 1999/468/EG.

(3) Der Ausschuss gibt sich eine Geschäftsordnung.

---

[26] Vgl. Erwägungsgrund (28).

[27] Das Standardformular für die Übermittlung von Anträgen auf Prozesskostenhilfe nach Art. 16 Abs. 2 S. 1 der Richtlinie wurde durch Beschluss der Kommission v. 26.8.2005 (ABl. L 225, S. 23 ff.) erstellt. Es ist abrufbar im Europäischen Justizportal Formulare für den Antrag auf Prozesskostenhilfe in einem anderen Mitgliedstaat und für dessen Übermittlung sind online abrufbar im Europäischen Justizportal: https://e-justice.europa.eu/157/DE/legal_aid_forms?clang=de.

[28] Das Standardformular für Anträge auf Prozesskostenhilfe nach Art. 16 Abs. 2 S. 2 der Richtlinie wurde durch Entscheidung Nr. 2004/844 der Kommission v. 9.11.2004 (ABl. L 365, S. 27) erstellt. Es ist ebenfalls abrufbar im Europäischen Justizportal, vgl. Anm. 27.

[29] Vgl. Erwägungsgrund (30).

Art. 18.[30] **Information.** Die zuständigen einzelstaatlichen Behörden arbeiten zusammen, um die Information der Öffentlichkeit und der Fachkreise über die verschiedenen Systeme der Prozesskostenhilfe, insbesondere über das gemäß der Entscheidung 2001/470/EG eingerichtete Europäische Justizielle Netz, zu gewährleisten.

Art. 19.[31] **Günstigere Bestimmungen.** Diese Richtlinie hindert die Mitgliedstaaten nicht daran, günstigere Bestimmungen für Antragsteller und Empfänger von Prozesskostenhilfe vorzusehen.

Art. 20.[32] **Verhältnis zu anderen Übereinkünften.** Diese Richtlinie hat zwischen den Mitgliedstaaten in ihrem Anwendungsbereich Vorrang vor der Bestimmungen, die in den von den Mitgliedstaaten geschlossenen bilateralen und multilateralen Übereinkünften enthalten sind, einschließlich

a) des am 27. Januar 1977 in Straßburg unterzeichneten Europäischen Übereinkommens über die Übermittlung von Anträgen auf Bewilligung der Prozesskostenhilfe, geändert durch das 2001 in Moskau unterzeichnete Zusatzprotokoll zum Europäischen Übereinkommen über die Übermittlung von Anträgen auf Bewilligung der Prozesskostenhilfe;[33]

b) des Haager Abkommens von 25. Oktober 1980 über die Erleichterung des internationalen Zugangs zu den Gerichten.[34]

Art. 21. Umsetzung in innerstaatliches Recht. (1) Die Mitgliedstaaten setzen die Rechts- und Verwaltungsvorschriften in Kraft, die erforderlich sind, um dieser Richtlinie spätestens am 30. November 2004 nachzukommen; dies gilt jedoch nicht für Artikel 3 Absatz 2 Buchstabe a, dessen Umsetzung in nationales Recht spätestens am 30. Mai 2006 erfolgt. Sie setzen die Kommission unverzüglich davon in Kenntnis.

Wenn die Mitgliedstaaten diese Vorschriften erlassen, nehmen sie in den Vorschriften selbst oder durch einen Hinweis bei der amtlichen Veröffentlichung auf diese Richtlinie Bezug. Die Mitgliedstaaten regeln die Einzelheiten der Bezugnahme.

(2) Die Mitgliedstaaten teilen der Kommission den Wortlaut der wichtigsten innerstaatlichen Rechtsvorschriften mit, die sie auf dem unter diese Richtlinie fallenden Gebiet erlassen.

Art. 22. Inkrafttreten. Diese Richtlinie tritt am Tag ihrer Veröffentlichung im Amtsblatt der Europäischen Gemeinschaften in Kraft.

---

[30] Vgl. Erwägungsgrund (25).
[31] Vgl. Erwägungsgrund (31).
[32] Vgl. Erwägungsgrund (32).
[33] Vgl. zum Straßburger Übk. v. 27.1.1977 die Anm. 2 vor Nr. *210.*
[34] Vgl. zum Haager Übk. v. 25.10.1980 die Anm. 1 vor Nr. *210.*

Art. 23. Adressaten. Diese Richtlinie ist gemäß dem Vertrag zur Gründung der Europäischen Gemeinschaft an die Mitgliedstaaten gerichtet.

226a. Zivilprozessordnung

idF vom 5. Dezember 2005 (BGBl. I, S. 3202)

Buch 11.[1] Justizielle Zusammenarbeit in der Europäischen Union

Abschnitt 3.[2] Prozesskostenhilfe nach der Richtlinie 2003/8/EG[3]

§ 1076. Anwendbare Vorschriften. Für die grenzüberschreitende Prozesskostenhilfe innerhalb der Europäischen Union nach der Richtlinie 2003/8/EG des Rates vom 27. Januar 2003 zur Verbesserung des Zugangs zum Recht bei Streitsachen mit grenzüberschreitendem Bezug durch Festlegung gemeinsamer Mindestvorschriften für die Prozesskostenhilfe in derartigen Streitsachen (ABl. EG Nr. L 26 S. 41, ABl. EU Nr. L 32 S. 15) gelten die §§ 114 bis 127a, soweit nachfolgend nichts Abweichendes bestimmt ist.

§ 1077.[4] Ausgehende Ersuchen. (1) Für die Entgegennahme und Übermittlung von Anträgen natürlicher Personen auf grenzüberschreitende Prozesskostenhilfe ist das Amtsgericht zuständig, in dessen Bezirk der Antragsteller seinen Wohnsitz oder gewöhnlichen Aufenthalt hat (Übermittlungsstelle). Die Landesregierungen können die Aufgaben der Übermittlungsstelle einem Amtsgericht für die Bezirke mehrerer Amtsgerichte durch Rechtsverordnung zuweisen. Sie können die Ermächtigung durch Rechtsverordnung auf die Landesjustizverwaltungen übertragen. § 21 Satz 1 des Auslandsunterhaltsgesetzes bleibt unberührt.

(2) Das Bundesministerium der Justiz und für Verbraucherschutz wird ermächtigt, durch Rechtsverordnung mit Zustimmung des Bundesrates die in Artikel 16 Abs. 1 der Richtlinie 2003/8/EG vorgesehenen Standardformulare für Anträge auf grenzüberschreitende Prozesskostenhilfe und für deren Übermittlung einzuführen. Soweit Standardformulare für Anträge auf grenzüberschreitende Prozesskostenhilfe und für deren Übermittlung ein-

---

[1] Die Vorschriften des 11. Buches der ZPO finden gemäß § 13a ArbGG auch in Verfahren vor den Arbeitsgerichten Anwendung.

[2] Der Abschnitt 3 gilt seit dem 21.12.2004 (Gesetz v. 15.12.2004, BGBl. I, S. 3392).

[3] Abgedruckt unter Nr. *226*.

[4] § 1077 Abs. 1 Satz 4 angefügt durch Gesetz v. 23.5.2011 (BGBl. I, S. 898) mit Wirkung v. 18.6.2011; Abs. 2 Satz 1 geändert durch VO v. 31.8.2015 (BGBl. I, S. 1474) mit Wirkung v. 8.9.2015.

geführt sind, müssen sich der Antragsteller und die Übermittlungsstelle ihrer bedienen.

(3) Die Übermittlungsstelle kann die Übermittlung durch Beschluss vollständig oder teilweise ablehnen, wenn der Antrag offensichtlich unbegründet ist oder offensichtlich nicht in den Anwendungsbereich der Richtlinie 2003/8/EG fällt. Sie kann von Amts wegen Übersetzungen von dem Antrag beigefügten fremdsprachigen Anlagen fertigen, soweit dies zur Vorbereitung einer Entscheidung nach Satz 1 erforderlich ist. Gegen die ablehnende Entscheidung findet die sofortige Beschwerde nach Maßgabe des § 127 Abs. 2 Satz 2 und 3 statt.

(4) Die Übermittlungsstelle fertigt von Amts wegen Übersetzungen der Eintragungen im Standardformular für Anträge auf Prozesskostenhilfe sowie der beizufügenden Anlagen

a) in eine der Amtssprachen des Mitgliedstaats der zuständigen Empfangsstelle, die zugleich einer der Amtssprachen der Europäischen Union entspricht, oder

b) in eine andere von diesem Mitgliedstaat zugelassene Sprache.

(5) Die Übermittlungsstelle übersendet den Antrag und die beizufügenden Anlagen ohne Legalisation oder gleichwertige Förmlichkeiten an die zuständige Empfangsstelle des Mitgliedstaats des Gerichtsstands oder des Vollstreckungsmitgliedstaats. Die Übermittlung erfolgt innerhalb von 14 Tagen nach Vorliegen der gemäß Absatz 4 zu fertigenden Übersetzungen.

(6) Hat die zuständige Stelle des anderen Mitgliedstaats das Ersuchen um Prozesskostenhilfe auf Grund der persönlichen und wirtschaftlichen Verhältnisse des Antragstellers abgelehnt oder eine Ablehnung angekündigt, so stellt die Übermittlungsstelle auf Antrag eine Bescheinigung der Bedürftigkeit aus, wenn der Antragsteller in einem entsprechenden deutschen Verfahren nach § 115 Abs. 1 und 2 als bedürftig anzusehen wäre. Absatz 4 Satz 1 gilt für die Übersetzung der Bescheinigung entsprechend. Die Übermittlungsstelle übersendet der Empfangsstelle des anderen Mitgliedstaats die Bescheinigung der Bedürftigkeit zwecks Ergänzung des ursprünglichen Ersuchens um grenzüberschreitende Prozesskostenhilfe.

§ 1078. Eingehende Ersuchen. (1) Für eingehende Ersuchen um grenzüberschreitende Prozesskostenhilfe ist das Prozessgericht oder das Vollstreckungsgericht zuständig. Die Anträge müssen in deutscher Sprache ausgefüllt und die Anlagen von einer Übersetzung in die deutsche Sprache begleitet sein. Eine Legalisation oder gleichwertige Förmlichkeiten dürfen nicht verlangt werden.

(2) Das Gericht entscheidet über das Ersuchen nach Maßgabe der §§ 114 bis 116. Es übersendet der übermittelnden Stelle eine Abschrift seiner Entscheidung.

(3) Der Antragsteller erhält auch dann grenzüberschreitende Prozesskostenhilfe, wenn er nachweist, dass er wegen unterschiedlich hoher Lebenshaltungskosten im Mitgliedstaat seines Wohnsitzes oder gewöhnlichen Aufenthalts einerseits und im Geltungsbereich dieses Gesetzes andererseits die Kosten der Prozessführung nicht, nur zum Teil oder nur in Raten aufbringen kann.

(4) Wurde grenzüberschreitende Prozesskostenhilfe bewilligt, so gilt für jeden weiteren Rechtszug, der von dem Antragsteller oder dem Gegner eingeleitet wird, ein neuerliches Ersuchen um grenzüberschreitende Prozesskostenhilfe als gestellt. Das Gericht hat dahin zu wirken, dass der Antragsteller die Voraussetzungen für die Bewilligung der grenzüberschreitenden Prozesskostenhilfe für den jeweiligen Rechtszug darlegt.

226b. Gesetz über Rechtsberatung und Vertretung für Bürger mit geringem Einkommen (Beratungshilfegesetz – BerHG)

Vom 18. Juni 1980[1] (BGBl. I, S. 689)

§ 10[2] [Streitsachen mit grenzüberschreitendem Bezug nach der Richtlinie 2003/8/EG]. (1) Bei Streitsachen mit grenzüberschreitendem Bezug nach der Richtlinie 2003/8/EG des Rates vom 27. Januar 2003 zur Verbesserung des Zugangs zum Recht bei Streitsachen mit grenzüberschreitendem Bezug durch Festlegung gemeinsamer Mindestvorschriften für die Prozesskostenhilfe in derartigen Streitsachen (ABl. EG Nr. L 26 S. 41, ABl. EU Nr. L 32 S. 15)[3] wird Beratungshilfe gewährt

1. für die vorprozessuale Rechtsberatung im Hinblick auf eine außergerichtliche Streitbeilegung,
2. für die Unterstützung bei einem Antrag nach § 1077 der Zivilprozessordnung, bis das Ersuchen im Mitgliedstaat des Gerichtsstands eingegangen ist.

(2) § 2 Abs. 3 findet keine Anwendung.

(3) Für die Übermittlung von Anträgen auf grenzüberschreitende Beratungshilfe gilt § 1077 der Zivilprozessordnung entsprechend.

(4) Für eingehende Ersuchen um grenzüberschreitende Beratungshilfe ist das in § 4 Abs. 1 Satz 2 bezeichnete Amtsgericht zuständig. § 1078

---

[1] Titel geändert durch Gesetz v. 15.12.2004 (BGBl. I, S. 3392) mit Wirkung v. 21.12.2004.

[2] § 10 neu gefasst durch Gesetz v. 15.12.2004 (BGBl. I, S. 3392) mit Wirkung v. 21.12.2004.

[3] Abgedruckt unter Nr. *226.*

Abs. 1 Satz 2, Abs. 2 Satz 2 und Abs. 3 der Zivilprozessordnung gilt entsprechend.

III. Bilaterale Staatsverträge

1. Zusatzvereinbarungen zur weiteren Vereinfachung des Rechtsverkehrs nach den Haager Zivilprozessübereinkommen[1, 2, 3]

---

[1] Außer der hier abgedruckten Vereinbarung mit *Frankreich* bestehen weitere Zusatzvereinbarungen zwischen der *Bundesrepublik Deutschland* und folgenden Staaten:

- *Belgien* (Vereinbarung v. 25.4.1959, BGBl. II, S. 1525; in Kraft seit 1.1.1960 gem. Bek. v. 23.12.1959, BGBl. II, S. 1524).
- *Dänemark* (Vereinbarungen v. 1.6.1910, RGBl. S. 873, geändert durch Notenwechsel v. 6.1.1932, RGBl. II, S. 20 und v. 1.6.1914, RGBl. S. 206; beide wieder anwendbar mit Wirkung v. 1.9.1952 gem. Bek. v. 30.6.1953, BGBl. II, S. 186).
- *Luxemburg* (Vereinbarung v. 1.8.1909, RGBl. S. 910; in Kraft seit 1.9.1909 gem. Bek. v. 16.8.1909, RGBl. S. 907, 910).
- *Niederlande* (Vertrag v. 30.8.1962, BGBl. 1964 II, S. 469; in Kraft seit 3.5.1964 gem. Bek. v. 20.4.1964, BGBl. II, S. 468).
- *Norwegen* (Vereinbarung v. 17.6.1977, BGBl. 1979 II, S. 1292; in Kraft seit 1.1.1980 gem. Bek. v. 23.11.1979, BGBl. II, S. 1292).
- *Österreich* (Vereinbarung v. 6.6.1959, BGBl. II, S. 1523; in Kraft seit 1.1.1960 gem. Bek. v. 18.12.1959, BGBl. II, S. 1523).
- *Polen* (Vereinbarung v. 14.12.1992, BGBl. 1994 II, S. 362; in Kraft seit 1.12.1993 gem. Bek. v. 21.2.1994, BGBl. II, S. 361).
- *Schweden* (Vereinbarung v. 1.2.1910, RGBl. S. 456; in Kraft seit 1.3.1910 gem. Bek. v. 9.2.1910, RGBl. S. 455).
- *Schweiz* (Vereinbarung v. 30.4.1910, RGBl. S. 674), in Kraft seit 1.6.1910 gem. Bek. v. 7.5.1910, RGBl. S. 674, und Abkommen v. 24.12.1929, RGBl. 1930 II, S. 1, in Kraft seit 1.1.1930 gem. Bek. v. 31.12.1929, RGBl. 1930 II, S. 1).
- *Tschechische Republik* (Vereinbarung v. 2.2.2000, BGBl. 2001 II, S. 1211; in Kraft seit 1.4.2002 gem. Bek. v. 10.4.2002, BGBl. II, S. 1158.

[2] Die zu den Haager Zivilprozessübereinkommen von 1905 und 1954 abgeschlossenen Zusatzvereinbarungen mit *Belgien, Dänemark, Frankreich, Luxemburg,* den *Niederlanden, Norwegen, Österreich, Polen, Schweden* und der *Schweiz* sind nach Art. 24 des Haager Übk. über die Zustellung im Ausland v. 15.11.1965 (Nr. *211*) auch im Rahmen dieses Übk. weiter anzuwenden. Die Zusatzvereinbarungen mit *Belgien, Frankreich, Luxemburg,* den *Niederlanden, Österreich, Polen, Schweden* und der *Tschechischen Republik* sind nach Art. 20 Abs. 2 der Verordnung (EG) Nr. 1393/2007 v. 13.11.2007 (EuZVO; Nr. *224*) auch im Rahmen dieser Verordnung anzuwenden.

[3] Die zu den Haager Zivilprozessübereinkommen von 1905 und 1954 abgeschlossenen Zusatzvereinbarungen mit *Dänemark, Frankreich Luxemburg,* den *Niederlanden, Norwegen, Polen, Schweden* und der *Schweiz* sind nach Art. 31 des Haager Übk. über die Beweisaufnahme im Ausland v. 18.3.1970 (Nr. *212*) auch im Rahmen dieses Übk. weiter anzuwenden. Die Zusatzvereinbarungen mit *Belgien, Frankreich, Luxemburg,* den *Niederlanden, Österreich, Polen, Schweden* und der *Tschechischen Republik* sind nach Art. 21 Abs. 2 der Verordnung (EG) Nr. 1206/2001 v. 28.5.2001 (EuBVO; Nr. *225*) auch im Rahmen dieser Verordnung weiter anzuwenden.

227. Vereinbarung zwischen der Regierung der Bundesrepublik Deutschland und der Regierung der Französischen Republik zur weiteren Vereinfachung des Rechtsverkehrs nach dem Haager Übereinkommen vom 1. März 1954 über den Zivilprozess

Vom 6. Mai 1961[1] (BGBl. II, S. 1041)

Zustellung gerichtlicher und außergerichtlicher Schriftstücke[2]

Art. 1. (1) Gerichtliche und außergerichtliche Schriftstücke, die von einem der beiden Staaten ausgehen, werden im unmittelbaren Verkehr übersandt, und zwar,

1. wenn sie für Personen in der Bundesrepublik Deutschland bestimmt sind, von den *Procureurs de la République* (Staatsanwaltschaften) an den Präsidenten des Landgerichts oder Amtsgerichts, in dessen Bezirk sich der Empfänger aufhält;
2. wenn die Zustellung an Personen in Frankreich bewirkt werden soll, von den zuständigen deutschen Justizbehörden an den *Procureur de la République près le Tribunal de grande instance* (Staatsanwaltschaft bei dem Gericht erster Instanz), in dessen Zuständigkeitsbereich sich der Empfänger aufhält.

(2) Die genannten Behörden bedienen sich für die Zustellungsanträge nach Artikel 1 Absatz 1 des Haager Übereinkommens und bei dem weiteren Schriftwechsel ihrer Landessprache.

Art. 2. Ist die Behörde, der das Schriftstück übersandt worden ist, nicht zuständig, so gibt sie es von Amts wegen an die zuständige Behörde ab und benachrichtigt hiervon unverzüglich die ersuchende Behörde.

Art. 3. (1) Hat die ersuchende Behörde nicht, wie in Artikel 3 Absatz 2 des Haager Übereinkommens vorgesehen, den Wunsch ausgesprochen, das Schriftstück in der Form zuzustellen, die nach den innerstaatlichen Rechtsvorschriften der ersuchten Behörde für die Bewirkung gleichartiger Zustellungen vorgeschrieben ist, und kann eine Zustellung nicht durch einfache Übergabe nach Artikel 2 des Haager Übereinkommens bewirkt werden, so sendet die ersuchte Behörde das Schriftstück unverzüglich der ersuchenden Behörde zurück und teilt ihr die Gründe mit, aus denen die einfache Übergabe nicht möglich war.

---

[1] Die Vereinbarung ist am 1.7.1961 in Kraft getreten (Bek. v. 25.7.1961, BGBl. II, S. 1040).

[2] Die Art. 1–3 der Vereinbarung sind nach Art. 24 des Haager Übk. über die Zustellung im Ausland v. 15.11.1965 (Nr. *211*) auch im Rahmen dieses Übk. weiter anzuwenden. Sie sind auch im Rahmen der EuZVO Nr. 1393/2007 v. 13.11.2007 (Nr. *224*) weiter anzuwenden, soweit sie mit ihr vereinbar sind, vgl. Art. 20 Abs. 2 EuZVO.

(2) Hat die ersuchende Behörde ihrem Antrag, ein Schriftstück in der Form, die nach den innerstaatlichen Rechtsvorschriften der ersuchten Behörde für die Bewirkung gleichartiger Zustellungen vorgeschrieben ist, oder in einer besonderen Form zuzustellen, eine Übersetzung des Schriftstücks nicht beigefügt, so wird diese von der ersuchten Behörde beschafft. Die Kosten der Übersetzung werden der ersuchten Behörde erstattet.

(3) Die in Artikel 3 Absatz 2 des Haager Übereinkommens vorgesehene Übersetzung ist von einem vereidigten Übersetzer des ersuchenden oder des ersuchten Staates zu beglaubigen.

Rechtshilfeersuchen[3]

Art. 4. Die Rechtshilfeersuchen werden in beiden Staaten von den Gerichten erledigt. Sie werden im unmittelbaren Verkehr übersandt, und zwar

- in der Bundesrepublik Deutschland an den Präsidenten des Landgerichts oder Amtsgerichts,
- in der Französischen Republik an den *Procureur de la République près le Tribunal de grande instance* (Staatsanwaltschaft bei dem Gericht erster Instanz),

in dessen Zuständigkeitsbereich das Rechtshilfeersuchen erledigt werden soll.

Art. 5. Dem Rechtshilfeersuchen ist eine Übersetzung in die Sprache der ersuchten Behörde beizufügen, die von einem vereidigten Übersetzer des ersuchenden oder des ersuchten Staates beglaubigt worden ist.

Art. 6. Auslagen, die bei der Erledigung von Rechtshilfeersuchen entstanden sind, werden nicht erstattet, mit Ausnahme der an Sachverständige gezahlten Entschädigungen, die von dem ersuchenden Staat zu erstatten sind.

Art. 7. (1) Die vorstehenden Bestimmungen schließen es nicht aus, dass die beiden Staaten Rechtshilfeersuchen, aufgrund deren eigene Staatsangehörige vernommen oder zur Vorlegung von Urkunden angehalten werden sollen, von ihren diplomatischen oder konsularischen Vertretern unmittelbar und ohne Anwendung von Zwang ausführen lassen. Die Staatsangehörigkeit der Person, auf die sich das Ersuchen bezieht, wird nach dem Recht des Staates beurteilt, in dem das Rechtshilfeersuchen ausgeführt werden soll.

(2) In der Ladung ist ausdrücklich darauf hinzuweisen, dass bei der Ausführung des Rechtshilfeersuchens kein Zwang angewendet wird.

---

[3] Die Art. 4–7 der Vereinbarung sind nach Art. 31 des Haager Übk. über die Beweisaufnahme im Ausland v. 18.3.1970 (Nr. *212*) auch im Rahmen dieses Übk. weiter anzuwenden. Sie sind auch im Rahmen der Verordnung (EG) Nr. 1206/2001 v. 28.5.2001 (EuBVO; Nr. *225*) weiter anzuwenden, soweit sie mit ihr vereinbar sind, vgl. Art. 21 Abs. 2 EuBVO.

Sicherheitsleistung für die Prozesskosten

Art. 8. Für die juristischen Personen, die in einem der beiden Staaten nach dem Recht dieses Staates errichtet worden sind, gelten in dem anderen Staat die Artikel 17, 18 und 19 des Haager Übereinkommens.

Art. 9. (1) Der Antrag, eine Entscheidung über die Prozesskosten nach den Artikeln 18 und 19 des Haager Übereinkommens für vollstreckbar zu erklären, kann von dem Berechtigten selbst bei dem zuständigen Gericht unmittelbar gestellt werden.

(2) Das gleiche gilt für gerichtliche Entscheidungen, durch die der Betrag der Kosten des Prozesses später festgesetzt wird.

Art. 10. (1) Den Erfordernissen des Artikels 19 Absatz 2 Nummer 2 und Absatz 3 des Haager Übereinkommens wird auf folgende Weise genügt:

1. den französischen Entscheidungen werden beigefügt:
   a) eine Urkunde, aus der hervorgeht, dass die Entscheidung der Partei zugestellt worden ist, gegen welche die Zwangsvollstreckung betrieben werden soll;
   b) eine Bescheinigung darüber, dass die Entscheidung nicht durch Einspruch *(opposition)* oder Berufung *(appel)* angefochten worden ist und dass die Fristen für den Einspruch und die Berufung abgelaufen sind;

   die Urkunde und die Bescheinigung bilden die Erklärung, dass die Entscheidung die Rechtskraft erlangt hat;
2. den deutschen Entscheidungen wird ein von dem zuständigen Gericht ausgestelltes Zeugnis der Rechtskraft beigefügt.

(2) Zum Nachweis der Zuständigkeit der Behörden, welche die in Absatz 1 Nummer 1 Buchstaben a und b und Nummer 2 vorgesehenen Urkunden ausstellen, bedarf es keiner Bescheinigung der vorgesetzten Behörde.

Art. 11. Die in Artikel 19 Absatz 2 Nummer 3 des Haager Übereinkommens vorgesehene Übersetzung kann auch von einem vereidigten Übersetzer des Staates beglaubigt werden, in dem die für vollstreckbar zu erklärende Entscheidung ergangen ist.

Armenrecht

Art. 12. Anträge auf Bewilligung des Armenrechts, die gemäß Artikel 23 des Haager Übereinkommens gestellt werden, können auch im unmittelbaren Verkehr der beiderseitigen Behörden übersandt werden. Artikel 1 Absatz 1 und Artikel 2 gelten entsprechend.

Art. 13. Die Urkunden, die einem Antrag auf Bewilligung des Armenrechts beigefügt werden, können in der Sprache der ersuchenden Behörde abgefasst werden; etwa entstehende Übersetzungskosten werden nicht erstattet.

Art. 14. Die zuständigen Behörden des Staates, in dem das Armenrecht beantragt wird, können sich wegen einer Auskunft über die Einkommens- und Vermögensverhältnisse des Antragstellers unmittelbar an die zuständigen Behörden des anderen Staates wenden.

Schlussbestimmungen

Art. 15–18. *(nicht abgedruckt)*

2. Selbständige Rechtshilfeabkommen[1,2]

228. Deutsch-britisches Abkommen über den Rechtsverkehr

Vom 20. März 1928[1,2,3] (RGBl. II, S. 623)

---

[1] Außer den hier abgedruckten Abkommen mit dem *Vereinigten Königreich,* den *Vereinigten Staaten* und *Marokko* bestehen weitere bilaterale Rechtshilfeabkommen zwischen der *Bundesrepublik Deutschland* und folgenden Staaten:

- *Griechenland* (Abkommen v. 11.5.1938, RGBl. 1939 II, S. 848; für das *Deutsche Reich* in Kraft seit 17.7.1938 gem. Bek. v. 28.6.1939, RGBl. II, S. 848; nach dem 2. Weltkrieg wieder anwendbar mit Wirkung v. 1.2.1952 gem. Bek. v. 26.6.1952, BGBl. II, S. 634; siehe dazu die deutsche AusfVO v. 31.5.1939, RGBl. II, S. 847). *Griechenland* ist außerdem Vertragsstaat der Haager Übk. über die Zustellung im Ausland v. 15.11.1965 (Nr. *211*) und über die Beweisaufnahme im Ausland v. 15.3.1970 (Nr. *212*) sowie des Europäischen Niederlassungsabk. v. 13.12.1955 (Nr. *215*).
- *Tunesien* (Abkommen v. 19.7.1966 [Art. 1–26], BGBl. 1969 II, S. 890; in Kraft seit 13.3.1970 gem. Bek. v. 2.3.1970, BGBl. II, S. 125; siehe dazu das deutsche AusfG v. 29.4.1969, BGBl. I, S. 333 und 1970 I, S. 307). *Tunesien* ist außerdem Vertragsstaat des Haager Übk. über die Zustellung im Ausland v. 15.11.1965 (Nr. *211*).
- *Türkei* (Abkommen v. 28.5.1929, RGBl. 1930 II, S. 7; für das *Deutsche Reich* in Kraft seit 18.11.1931 gem. Bek. v. 20.8.1931, RGBl. II, S. 608; nach dem 2. Weltkrieg wieder anwendbar mit Wirkung v. 1.3.1952 gem. Bek. v. 29.5.1952, BGBl. II, S. 608; siehe dazu die deutsche Ausf-VO v. 26.8.1931, RGBl. II, S. 537). Die *Türkei* ist außerdem Vertragsstaat der Haager Übk. über den Zivilprozess v. 1.3.1954 (Nr. *210*), über die Zustellung im Ausland v. 15.11.1965 (Nr. *211*) und über die Beweisaufnahme im Ausland v. 15.3.1970 (Nr. *212*).

[2] Im Verhältnis zu *Liechtenstein* gilt die Vereinbarung über den unmittelbaren Geschäftsverkehr in Zivil- und Strafsachen zwischen den Justizbehörden der *Bundesrepublik Deutschland* und des *Fürstentums Liechtenstein* v. 17.2./29.5.1958, die am 22.5.1958 in Kraft getreten ist (Bek. v. 25.31959, BAnz. Nr. 73/59).

[1] Das Abk. ist gemäß Bek. v. 4.3.1929 (RGBl. II, S. 133) am 16.3.1929 im Verhältnis zu *England* und *Wales* in Kraft getreten. Es wurde nach dem 2. Weltkrieg im Verhältnis zum gesamten *Vereinigten Königreich Großbritannien und Nordirland* mit Wirkung v. 1.1.1953 wieder in Kraft gesetzt (Bek. v. 13.3.1953, BGBl. II S. 116).

[2] Das Abk. ist ferner mit folgenden Staaten, die früher ihre internationalen Beziehungen noch nicht selbst wahrnehmen konnten, als selbständige Rechtsquelle in Geltung: *Australien* (Bek. v. 6.6.1955, BGBl. II, S. 699; v. 24.10.1955, BGBl. II, S. 918; v. 24.7.1956,

I. Vorbemerkung

Art. 1. Dieses Abkommen findet nur auf Zivil- und Handelssachen einschließlich nichtstreitiger Sachen Anwendung.

II. Zustellung gerichtlicher und außergerichtlicher Schriftstücke[4]

Art. 2. Wenn gerichtliche oder außergerichtliche Schriftstücke, die in dem Gebiet eines der vertragschließenden Teile ausgestellt sind, auf das dieses Abkommen Anwendung findet, Personen, Gesellschaften oder Körperschaften in dem Gebiete des anderen Teiles zugestellt werden sollen, auf das dieses Abkommen Anwendung findet, so können sie, unbeschadet der Bestimmungen der nachstehenden Artikel 6 und 7, dem Empfänger auf einem der in den Artikeln 3 und 5 vorgesehenen Wege zugestellt werden.

Art. 3. Der Zustellungsantrag wird übermittelt:

a) in Deutschland durch einen britischen konsularischen Beamten an den Präsidenten des deutschen Landgerichts,

in England durch einen deutschen diplomatischen oder konsularischen Beamten an den Senior Master des Höchsten Gerichtshofs in England.

BGBl. II, S. 890 und v. 18.7.1957, BGBl. II, S. 744); *Bahamas* (Bek. v. 15.6.1978, BGBl. II, S. 915); *Barbados* (Bek. v. 14.5.1971, BGBl. II, S. 467); *Dominica* (Bek. v. 13.1.1986, BGBl. II S. 416); *Fidschi* (Bek. v. 7.8.1972, BGBl. II S. 904); *Gambia* (Bek. v. 27.10.1969, BGBl. II S. 2177); *Grenada* (Bek. v. 12.3.1975, BGBl. II, S. 366); *Jamaika* (Bek. v. 18.8.1966, BGBl. II, S. 835); *Kanada* (Bek. v. 14.12.1953, BGBl. 1954 II, S. 15); *Lesotho* (Bek. v. 26.6.1974, BGBl. II, S. 987); *Malawi* (Bek. v. 18.5.1967, BGBl. II, S. 1748); *Malaysia* (Bek. v. 29.4.1976, BGBl. II, S. 576); *Malta* (Bek. v. 6.2.1968, BGBl. II, S. 95); *Mauritius* (Bek. v. 15.6.1972, BGBl. II, S. 695); *Nauru* (Bek. v. 22.7.1982, BGBl. II, S. 750); *Neuseeland* (Bek. v. 13.3.1953, BGBl. II, S. 118); *Nigeria* (Bek. v. 30.1.1967, BGBl. II, S. 827); *Salomonen* (Bek. v. 23.9.1980, BGBl. II, S. 1346); *Santa Lucia* (Bek. v. 1.12.1983, BGBl. II, S. 798); *Seychellen* (Bek. v. 5.12.1977, BGBl. II, S. 1271); *Sierra Leone* (Bek. v. 23.9.1967, BGBl. II, S. 2366); *Singapur* (Bek. v. 29.4.1976, BGBl. II, S. 576); *St. Vincent und den Grenadinen* (Bek. v. 18.8.1987, BGBl. II, S. 523); *Swasiland* (Bek. v. 30.3.1971, BGBl. II, S. 224); *Trinidad und Tobago* (Bek. v. 25.11.1966, BGBl. II, S. 1564) und *Zypern* (Bek. v. 23.4.1975, BGBl. II, S. 1129). Das Abk. wird ferner, ohne dass nach Erlangung der Unabhängigkeit eine offizielle Verlautbarung erfolgt wäre, weiter angewandt im Verhältnis zu *Guyana, Kenia* und *Tansania* (Bek. v. 13.4.1960, BGBl. II S. 1518) sowie im Verhältnis zu *Sambia* (Bek. v. 30.7.1957, BGBl. II, S. 1276).

[3] Siehe zu dem Abk. die deutsche AusfVO v. 5.3.1929 (RGBl. II, S. 135).

[4] Die Vorschriften des II. Abschnitts (Art. 2–7) gelten im Verhältnis zu *Australien, Bahamas, Barbados, Kanada, Malawi, Malta,* den *Seychellen, St. Vincent und den Grenadinen,* dem *Vereinigten Königreich* und *Zypern* neben dem Haager Übk. über die Zustellung im Ausland v. 15.11.1965 (Nr. *211*); siehe hierzu Art. 25 des Haager Übk.

Im Verhältnis zu *Malta* und *Zypern* hat die Verordnung (EG) Nr. 1393/2007 (EuZVO, Nr. *224*) allerdings Vorrang vor dem Abk., vgl. Art. 20 Abs. 1 EuZVO; im Verhältnis zum *Vereinigten Königreich* galt dieser Vorrang nur bis zum 30.12.2020.

b) Das Übermittlungsschreiben, das den Namen der Behörde, von der das übermittelte Schriftstück ausgeht, die Namen und Bezeichnungen der Parteien, die Anschrift des Empfängers und die Art des in Frage stehenden Schriftstücks angibt, ist in der Sprache des ersuchten Landes abzufassen. Wenn in einem besonderen Falle die ersuchte gerichtliche Behörde gegenüber dem diplomatischen oder konsularischen Beamten, der den Antrag übermittelt hat, einen dahingehenden Wunsch äußert, wird dieser Beamte eine Übersetzung des zuzustellenden Schriftstücks zur Verfügung stellen.

c) Die Zustellung ist durch die zuständige Behörde des ersuchten Landes zu bewirken. Mit Ausnahme des in Abs. d dieses Artikels vorgesehenen Falles kann die Behörde ihre Tätigkeit darauf beschränken, die Zustellung durch Übergabe des Schriftstücks an den Empfänger zu bewirken, sofern er zur Annahme bereit ist.

d) Ist das zuzustellende Schriftstück in der Sprache des ersuchten Landes abgefasst oder ist es von einer Übersetzung in diese Sprache begleitet, so lässt die ersuchte Behörde, falls in dem Antrag ein dahingehender Wunsch ausgesprochen ist, das Schriftstück in der durch die innere Gesetzgebung für die Bewirkung gleichartiger Zustellungen vorgeschriebenen Form oder in einer besonderen Form zustellen, sofern diese ihrer Gesetzgebung nicht zuwiderläuft.

e) Die in diesem Artikel vorgesehene Übersetzung ist von dem diplomatischen oder konsularischen Beamten des ersuchenden Teiles oder durch einen beamteten oder beeidigten Dolmetscher eines der beiden Länder zu beglaubigen.

f) Die Ausführung des Zustellungsantrags kann nur abgelehnt werden, wenn der vertragschließende Teil, in dessen Gebiet sie erfolgen soll, sie für geeignet hält, seine Hoheitsrechte oder seine Sicherheit zu gefährden.

g) Die Behörde, die den Zustellungsantrag empfängt, hat dem diplomatischen oder konsularischen Beamten, der ihn übermittelt hat, die Urkunde zu übersenden, durch die die Zustellung nachgewiesen wird oder aus der sich der die Zustellung hindernde Umstand ergibt. Der Nachweis der Zustellung wird durch ein Zeugnis der Behörde des ersuchten Landes erbracht, aus dem sich die Tatsache, die Art und Weise und der Zeitpunkt der Zustellung ergibt. Ist ein zuzustellendes Schriftstück in zwei gleichen Stücken übermittelt worden, so ist das Zustellungszeugnis auf eines der beiden Stücke zu setzen oder damit zu verbinden.

Art. 4. Für Zustellungen sind Gebühren irgendwelcher Art von dem einen vertragschließenden Teil an den anderen nicht zu entrichten.

Jedoch muss der ersuchende Teil in den im Artikel 3 vorgesehenen Fällen dem ersuchten Teil alle Kosten und Auslagen erstatten, die nach Maßgabe des örtlichen Rechtes an die mit der Ausführung der Zustellung betrauten

Personen zu zahlen sind, sowie alle Kosten und Auslagen, die dadurch erwachsen, dass die Zustellung in einer besonderen Form bewirkt wird. Diese Kosten und Auslagen sollen die gleichen sein, wie sie bei den Gerichten des ersuchten Teiles in solchen Fällen üblich sind. Die Erstattung dieser Kosten und Auslagen wird durch die gerichtliche Behörde, die die Zustellung bewirkt hat, von dem ersuchenden diplomatischen oder konsularischen Beamten bei der Übermittlung des im Artikel 3 Abs. g vorgesehenen Zeugnisses erfordert.

Art. 5. Das zuzustellende Schriftstück kann dem Empfänger, sofern er nicht ein Angehöriger des vertragschließenden Teiles ist, in dessen Gebiet die Zustellung erfolgen soll, auch ohne Mitwirkung der Behörden dieses Landes zugestellt werden:

a) durch einen diplomatischen oder konsularischen Beamten des Teiles, in dessen Gebiet das Schriftstück ausgestellt ist, oder

b) durch einen Vertreter, der von einem Gericht des Landes, in dem das Schriftstück ausgestellt ist, oder von der Partei, auf deren Antrag das Schriftstück ausgestellt ist, allgemein oder für einen besonderen Fall bestellt ist, mit der Maßgabe, dass die Wirksamkeit einer durch einen solchen Vertreter bewirkten Zustellung von den Gerichten des Landes, wo die Zustellung so bewirkt wird, nach dem Rechte dieses Landes zu beurteilen ist.

Art. 6. Schriftstücke können auch durch die Post übermittelt werden in Fällen, wo diese Art der Übermittlung nach dem Rechte des Landes gestattet ist, in welchem das Schriftstück ausgestellt ist.

Art. 7. Die Bestimmungen der Artikel 2, 3, 4, 5 und 6 stehen dem nicht entgegen, dass die beteiligten Personen die Zustellung unmittelbar durch die zuständigen Beamten des Landes bewirken, in dem das Schriftstück zugestellt werden soll.

III. Beweisaufnahme[5]

Art. 8. Wenn ein Gericht in dem Gebiet eines der vertragschließenden Teile, auf das das Abkommen Anwendung findet, eine Beweisaufnahme im Gebiete des anderen Teiles anordnet, auf das das Abkommen Anwendung

---

[5] Die Vorschriften des III. Abschnitts (Art. 8–13) gelten im Verhältnis zu *Australien, Barbados,* den *Seychellen, Singapur,* dem *Vereinigten Königreich* und *Zypern* neben dem Haager Übk. über die Beweisaufnahme im Ausland v. 18.3.1970 (Nr. *212*); siehe Art. 32 des Haager Übk.

Im Verhältnis zu *Malta* und *Zypern* hat die Verordnung (EG) Nr. 1206/2001 v. 28.5.2001 (EuBVO, Nr. *225*) allerdings Vorrang vor dem Abk., vgl. Art. 21 Abs. 1 EuBVO; im Verhältnis zum *Vereinigten Königreich* galt dieser Vorrang nur bis zum 30.12.2020.

findet, so kann diese auf einem der in den Artikeln 9, 11 und 12 vorgesehenen Wege bewirkt werden.

Art. 9. Das Gericht kann sich entsprechend den Vorschriften seiner

a) Gesetzgebung mittels eines Rechtshilfeersuchens an die zuständige Behörde des anderen vertragschließenden Teiles mit dem Ersuchen wenden, den Beweis innerhalb seines Geschäftsbereiches zu erheben.

b) Das Rechtshilfeersuchen soll in der Sprache der ersuchten Behörde abgefasst oder von einer Übersetzung in diese Sprache begleitet sein, die von einem diplomatischen oder konsularischen Beamten des ersuchenden Teiles oder von einem beamteten oder beeidigten Dolmetscher eines der beiden Länder beglaubigt ist.

c) Das Rechtshilfeersuchen ist zu übermitteln:

in Deutschland durch einen britischen konsularischen Beamten an den Präsidenten des deutschen Landgerichts;

in England durch einen deutschen diplomatischen oder konsularischen Beamten an den Senior Master des Höchsten Gerichtshofs in England.

d) Der Gerichtsbehörde, an die das Rechtshilfeersuchen gerichtet ist, obliegt es, ihm unter Anwendung derselben Zwangsmaßnahmen zu entsprechen wie bei Ausführung eines Ersuchens oder einer Anordnung der Behörden ihres eigenen Landes.

e) Der diplomatische oder konsularische Beamte des ersuchenden Teiles ist auf seinen Wunsch von dem Zeitpunkt und dem Orte der Verhandlung zu benachrichtigen, damit die beteiligten Parteien ihr beiwohnen oder sich vertreten lassen können.

f) Die Erledigung des Rechtshilfeersuchens kann nur abgelehnt werden:

1. wenn die Echtheit des Rechtshilfeersuchens nicht feststeht;
2. wenn in dem Lande, wo der Beweis erhoben werden soll, die Ausführung des in Frage stehenden Rechtshilfeersuchens nicht in den Bereich der Gerichtsgewalt fällt;
3. wenn der ersuchte Teil sie für geeignet hält, seine Hoheitsrechte oder seine Sicherheit zu gefährden.

g) Im Falle der Unzuständigkeit der ersuchten Behörde ist das Rechtshilfeersuchen, ohne dass es eines weiteren Ersuchens bedarf, an die zuständige Behörde desselben Landes nach den von dessen Gesetzgebung aufgestellten Regeln abzugeben.

h) In allen Fällen, wo das Rechtshilfeersuchen von der ersuchten Behörde nicht erledigt wird, hat diese den diplomatischen oder konsularischen Beamten, der das Ersuchen übermittelt hat, unverzüglich zu benachrichtigen und dabei die Gründe anzugeben, aus denen die Erledigung des Rechtshilfeersuchens abgelehnt ist, oder die Behörde zu bezeichnen, an die das Ersuchen abgegeben ist.

i) Die Behörde, die das Rechtshilfeersuchen erledigt, hat in Ansehung des zu beobachtenden Verfahrens das Recht ihres eigenen Landes anzuwenden.

Jedoch ist einem Antrag der ersuchenden Behörde auf Anwendung eines besonderen Verfahrens zu entsprechen, sofern dieses Verfahren der Gesetzgebung des ersuchten Landes nicht zuwiderläuft.

Art. 10. Für die Erledigung von Rechtshilfeersuchen sind Gebühren irgendwelcher Art von dem einen vertragschließenden Teil an den anderen nicht zu entrichten.

Jedoch hat der ersuchende Teil dem anderen vertragschließenden Teil alle Kosten und Auslagen zu erstatten, die an Zeugen, Sachverständige, Dolmetscher oder Übersetzer zu zahlen sind, sowie die Kosten der Vorführung von Zeugen, die nicht freiwillig erschienen sind, und die Kosten und Auslagen, die an Personen zu zahlen sind, die die zuständige Gerichtsbehörde, soweit ihr Landesrecht dies zulässt, mit einer Tätigkeit beauftragt hat, und alle Kosten und Auslagen, die durch ein beantragtes und angewandtes besonderes Verfahren erwachsen sind.

Die Erstattung dieser Kosten und Auslagen kann durch die ersuchte Gerichtsbehörde von dem ersuchenden diplomatischen oder konsularischen Beamten bei Übermittlung der Urkunden, aus denen sich die Ausführung des Rechtshilfeersuchens ergibt, gefordert werden. Diese Kosten und Auslagen sollen die gleichen sein, wie sie bei den Gerichten dieses vertragschließenden Teiles in solchen Fällen üblich sind.

Art. 11.

a) Die Beweisaufnahme kann auch ohne Mitwirkung der Behörden des Landes, wo sie stattfinden soll, durch einen diplomatischen oder konsularischen Beamten des vertragschließenden Teiles vorgenommen werden, vor dessen Gerichten die Beweisaufnahme Verwendung finden soll, mit der Maßgabe, dass dieser Artikel auf Beweisaufnahmen bezüglich Angehöriger des vertragschließenden Teiles, auf dessen Gebiet sie stattfinden sollen, erst dann anwendbar ist, wenn die Deutsche Regierung zu irgendeinem Zeitpunkt durch eine förmliche Mitteilung ihres Botschafters in London bekanntgibt, dass sie mit einer derartigen Anwendung dieses Artikels einverstanden ist; in diesem Falle wird dieser Artikel von dem Zeitpunkt der förmlichen Mitteilung an auf derartige Angehörige anwendbar sein, wenn sie einer derartigen Beweisaufnahme zustimmen.

b) Der diplomatische oder konsularische Beamte, der mit der Beweisaufnahme beauftragt ist, kann bestimmte Personen ersuchen, als Zeugen zu erscheinen oder Urkunden vorzulegen, und ist befugt, einen Eid abzunehmen, jedoch hat er keine Zwangsgewalt.

c) Die Beweisaufnahme kann nach Maßgabe des in den Gesetzen des Landes vorgesehenen Verfahrens vorgenommen werden, in dem sie Verwendung finden soll, und die Parteien haben das Recht, zu erscheinen oder sich durch Anwälte dieses Landes oder durch jede andere Person vertreten zu lassen, die befugt ist, vor den Gerichten eines der beiden Länder zu erscheinen.

Art. 12.

a) Das zuständige Gericht des ersuchten Teiles kann auch ersucht werden, die Beweisaufnahme von einem diplomatischen oder konsularischen Beamten des ersuchenden Teiles vornehmen zu lassen.

Sofern es sich um Angehörige des ersuchenden Teiles handelt, hat das ersuchte Gericht die erforderlichen Maßnahmen zu treffen, um sicherzustellen, dass die Zeugen oder die sonstigen zu vernehmenden Personen erscheinen und ihre Aussagen machen, und dass die Urkunden vorgelegt werden, wobei es, falls erforderlich, von seiner Zwangsgewalt Gebrauch macht.

b) Der von dem zuständigen Gericht bestellte Beamte ist befugt, einen Eid abzunehmen. Die Beweisaufnahme findet nach Maßgabe der Gesetzgebung des Landes statt, wo sie verwendet werden soll, und die Parteien haben das Recht, in Person zugegen zu sein oder sich durch Anwälte dieses Landes oder durch jede andere Person vertreten zu lassen, die befugt ist, vor den Gerichten eines der beiden Länder aufzutreten.

Art. 13. Die Tatsache, dass ein Versuch, Beweis auf dem im Artikel 11 vorgesehenen Wege zu erheben, infolge der Weigerung eines Zeugen, zu erscheinen oder Zeugnis abzulegen oder Urkunden vorzulegen, fehlgeschlagen ist, schließt ein späteres Ersuchen nach Maßgabe der Artikel 9 oder 12 nicht aus.

Art. 14.[6] Die Angehörigen des einen vertragschließenden Teiles sollen in dem Gebiete des andern Teiles, auf das das Abkommen Anwendung findet, völlig gleiche Behandlung hinsichtlich des Armenrechts und der Schuldhaft genießen und sollen, sofern sie in dem genannten Gebiet ihren Wohnsitz haben, nicht verpflichtet sein, Sicherheit für Kosten irgendwelcher Art in denjenigen Fällen zu leisten, wo ein Angehöriger des anderen vertragschließenden Teiles davon befreit ist.

IV. Allgemeine Bestimmungen

Art. 15–18. *(nicht abgedruckt)*

---

[6] Im Verh ltnis zwischen *Deutschland* und dem *Vereinigten Königreich* wird die Regelung in Art. 14 ergänzt durch Art. 7–9 des Pariser Europäischen Niederlassungsabk. v. 13.12.1955 (Nr. *215*).

229. Freundschafts-, Handels- und Schifffahrtsvertrag zwischen der Bundesrepublik Deutschland und den Vereinigten Staaten von Amerika

Vom 29. Oktober 1954[1,2] (BGBl. 1956 II, S. 488)

Art. VI. (1) Den Staatsangehörigen und Gesellschaften des einen Vertragsteils wird im Gebiet des anderen Vertragsteils hinsichtlich des Zutritts zu den Gerichten und Verwaltungsgerichten sowie Amtsstellen aller Instanzen für die Verfolgung wie auch für die Verteidigung ihrer Rechte Inländerbehandlung gewährt. Es besteht Einvernehmen darüber, dass Gesellschaften des einen Vertragsteils, die sich nicht im Gebiet des anderen Vertragsteils betätigen, dort diesen Zutritt haben, ohne dass eine Registrierung oder Niederlassung erforderlich ist.

(2) …

Protokoll

Bei der Unterzeichnung des Freundschafts-, Handels- und Schifffahrtsvertrags zwischen der Bundesrepublik Deutschland und den Vereinigten Staaten von Amerika haben die unterzeichneten, mit ordnungsgemäßen Vollmachten ausgestatteten Bevollmächtigten außerdem die folgenden Bestimmungen vereinbart, die als integrierender Bestandteil des vorgenannten Vertrags betrachtet werden sollen:

1.–5. *(nicht abgedruckt)*

6. Mit Bezug auf Artikel VI Absatz 1 darf Staatsangehörigen und Gesellschaften des einen Vertragsteils in der Eigenschaft als Kläger oder Intervenienten vor den Gerichten des anderen Vertragsteils eine Sicherheitsleistung für die Prozesskosten in denjenigen Fällen nicht auferlegt

---

[1] Der Vertrag ist am 14.7.1956 in Kraft getreten (Bek. v. 28.6.1956, BGBl. II, S. 763).

[2] Die Gewährung von Inländerbehandlung hinsichtlich des Zugangs zu den Gerichten ist ferner in zahlreichen weiteren bilateralen Freundschafts- und Niederlassungsabkommen der *Bundesrepublik Deutschland* vorgesehen, so z. B. im

- Niederlassungs- und Schifffahrtsvertrag mit *Frankreich* v. 27.10.1956 (BGBl. 1957 II, S. 1662) in Art. VIII;
- Niederlassungs- und Schifffahrtsvertrag mit *Griechenland* v. 18.3.1960 (BGBl. 1962 II, S. 1506) in Art. 6;
- Niederlassungsabk. mit *Iran* v. 17.2.1929 in Art. 8 Abs. 1 (abgedruckt unter Nr. *22*);
- Freundschafts-, Handels- und Schifffahrtsvertrag mit *Italien* v. 21.11.1957 (BGBl. 1959 II, S. 950) in Art. 7;
- Handels- und Schifffahrtsvertrag mit *Japan* v. 20.7.1927 (RGBl. II, S. 1088) in Art. 1 Nr. 8;
- Niederlassungsvertrag mit *Spanien* v. 23.4.1970 (BGBl. 1972 II, S. 1042) in Art. 7;
- Niederlassungsabk. mit der *Türkei* v. 12.1.1927 (RGBl. II, S. 76) in Art. 13.

Die Inländerbehandlung bezieht sich allerdings nach den meisten der genannten Verträge *nicht* auf die Fragen der Sicherheitsleistung für Prozesskosten und des Armenrechts, die besonderen Übereinkünften vorbehalten bleiben.

werden, in denen ein Staatsangehöriger oder eine Gesellschaft des anderen Vertragsteils davon befreit ist; die Befreiung tritt jedoch nur ein,

a) wenn der Staatsangehörige oder die Gesellschaft den ständigen Aufenthalt bzw. die Niederlassung (Haupt- oder Zweigniederlassung) im Bezirk des Gerichts hat, vor dem das Verfahren anhängig ist, oder

b) wenn der Staatsangehörige oder die Gesellschaft in diesem Bezirk ausreichendes Immobiliarvermögen zur Deckung der Kosten besitzt.

7. Mit Bezug auf Artikel VI Absatz 1 genießen die Staatsangehörigen eines Vertragsteils in dem Gebiet des anderen Vertragsteils Inländerbehandlung

a) bezüglich der Durchführung von Klagesachen *in forma pauperis* vor den Bundesgerichten der Vereinigten Staaten von Amerika und

b) bezüglich des Armenrechts bei der Durchführung von Klagesachen vor den Gerichten der Bundesrepublik Deutschland, sofern es sich um Rechtsgegenstände handelt, die in den Vereinigten Staaten von Amerika unter die Bundesgerichtsbarkeit fallen oder vor Bundesgerichten verhandelt werden würden.

8.–24. *(nicht abgedruckt)*

230. Vertrag zwischen der Bundesrepublik Deutschland und dem Königreich Marokko über die Rechtshilfe und Rechtsauskunft in Zivil- und Handelssachen

Vom 29. Oktober 1985[1] (BGBl. 1988 II, S. 1055)

Titel I. Rechtshilfe in Zivil- und Handelssachen

Kapitel I. Allgemeine Vorschriften

Art. 1. (1) Jeder der beiden Staaten gewährt den Angehörigen des anderen Staates Rechtsschutz in Bezug auf ihre persönlichen oder vermögensrechtlichen Rechte und Interessen unter denselben Bedingungen wie den eigenen Staatsangehörigen.

(2) Er gewährt ihnen unter denselben Bedingungen und in derselben Weise wie den eigenen Staatsangehörigen den freien Zutritt zu seinen Gerichten, damit sie ihre Rechte sowie ihre persönlichen und vermögensrechtlichen Interessen geltend machen können.

Art. 2. Die Bestimmungen dieses Vertrags, welche die Angehörigen eines der beiden Staaten betreffen, gelten auch für juristische Personen, Gesellschaften oder Vereinigungen, die nach dem Recht eines der beiden Staaten errichtet worden sind und ihren Sitz im Hoheitsgebiet dieses Staates haben.

---

[1] Der Vertrag ist am 23.6.1994 in Kraft getreten (Bek. v. 24.6.1994, BGBl. II, S. 1192).

Kapitel II. Zustellung gerichtlicher und außergerichtlicher Schriftstücke

Art. 3. (1) Gerichtliche und außergerichtliche Schriftstücke in Zivil- und Handelssachen, die von einem der beiden Staaten ausgehen, werden im unmittelbaren Verkehr übersandt, und zwar,

a) wenn sie für Personen in der Bundesrepublik Deutschland bestimmt sind, vom Justizministerium des Königreichs Marokko (Abteilung Zivilsachen) an das Justizministerium des betreffenden Landes der Bundesrepublik Deutschland;

b) wenn sie für Personen im Königreich Marokko bestimmt sind, von der zuständigen Landesjustizverwaltung an das Justizministerium des Königreichs Marokko (Abteilung Zivilsachen).

(2) Der Zustellungsantrag hat zu bezeichnen

a) das Gericht oder die Behörde, von dem oder von der er ausgeht,

b) die genaue Bezeichnung und die Stellung der Parteien,

c) die genaue Anschrift des Empfängers,

d) die Art der zuzustellenden Schriftstücke,

e) Termin oder Ort der Ladung, die im Schriftstück vermerkten Fristen, das Gericht, das die Entscheidung erlassen hat, sowie gegebenenfalls alle anderen zweckdienlichen Angaben.

Art. 4. (1) Dem Antrag ist das zuzustellende Schriftstück in zwei Stücken beizufügen.

(2) Die Zustellung wird durch die Behörde bewirkt, die nach den Rechtsvorschriften des ersuchten Staates zuständig ist.

(3) Die durch diese Behörde zu bewirkende Zustellung kann sich, abgesehen von den in Artikel 5 aufgeführten Fällen, auf die einfache Übergabe der Schriftstücke an den Empfänger beschränken, wenn er zur Annahme bereit ist.

Art. 5. Falls in dem Antrag ein dahingehender Wunsch ausgesprochen wird, bewirkt die ersuchte Behörde die Zustellung des Schriftstücks in der durch ihre innerstaatlichen Rechtsvorschriften für die Bewirkung gleichartiger Zustellungen vorgeschriebenen Form oder in einer besonderen Form, sofern diese ihren Rechtsvorschriften nicht zuwiderläuft.

Art. 6. (1) Zum Nachweis der Zustellung dient entweder ein mit Datum versehenes und beglaubigtes Empfangsbekenntnis des Empfängers oder ein Zeugnis des ersuchten Staates, aus dem sich die Tatsache, die Form und die Zeit der Zustellung ergeben.

(2) Das Empfangsbekenntnis oder das Zeugnis ist auf eine der beiden Ausfertigungen des zuzustellenden Schriftstücks zu setzen oder damit zu

verbinden; sie werden nach Maßgabe des Artikels 3 dem Justizministerium des ersuchenden Staates übersandt.

Art. 7. Ungeachtet der vorstehenden Artikel kann jeder Staat Zustellungen an eigene Staatsangehörige, die sich im Hoheitsgebiet des anderen Staates befinden, unmittelbar durch seine diplomatischen oder konsularischen Vertreter bewirken lassen.

Art. 8. (1) Die Zustellung in einer der in Artikel 5 vorgesehenen Formen kann auch hilfsweise für den Fall beantragt werden, dass die einfache Übergabe nicht möglich ist, weil der Empfänger zur Annahme des Schriftstücks nicht bereit ist.

(2) Hat der ersuchende Staat nicht, wie in Artikel 5 vorgesehen, den Wunsch ausgesprochen, das Schriftstück in den in jenem Artikel vorgesehenen Formen zuzustellen, und kann eine Zustellung nicht durch einfache Übergabe nach Artikel 4 bewirkt werden, so sendet der ersuchte Staat das Schriftstück unverzüglich an den ersuchenden Staat zurück und teilt diesem die Gründe mit, aus denen die einfache Übergabe nicht möglich war.

Art. 9. (1) Ist zur Einleitung eines gerichtlichen Verfahrens des Zivil- oder Handelsrechts in dem einen Staat eine Klage, eine Vorladung oder ein anderes Schriftstück dem Beklagten in dem anderen Staat zuzustellen, so darf das Gericht, wenn sich der Beklagte auf das Verfahren nicht einlässt, keine Entscheidung erlassen, bevor nicht festgestellt ist, dass das Schriftstück dem Beklagten auf einem der in diesem Vertrag vorgesehenen Wege zugestellt worden ist.

(2) Die Zustellung muss so rechtzeitig erfolgt sein, dass der Beklagte in der Lage war, sich zu verteidigen.

(3) Sind jedoch seit der Übermittlung eines Zustellungsantrags an die Empfangsstelle des ersuchten Staates sechs Monate vergangen, so darf das Gericht, auch wenn die Voraussetzungen des Absatzes 1 nicht erfüllt sind, eine Entscheidung erlassen, sofern festgestellt wird, dass im ersuchenden Staat alle Maßnahmen getroffen worden sind, damit das Ersuchen hätte erledigt werden können.

(4) Die Bestimmungen dieses Artikels stehen dem Erlass einstweiliger Maßnahmen einschließlich solcher, die auf eine Sicherstellung gerichtet sind, nicht entgegen.

Art. 10. Die beiden Staaten verzichten gegenseitig auf die Erstattung von Auslagen, die in den Fällen des Artikels 5 dadurch entstanden sind, dass bei der Zustellung ein Justizbeamter mitgewirkt hat oder dass bei ihr eine besondere Form beachtet worden ist.

Kapitel III. Rechtshilfeersuchen

Art. 11. Für die Erledigung von Rechtshilfeersuchen in Zivil- und Handelssachen gelten die Bestimmungen des Artikels 3 Absatz 1.

Art. 12. (1) Jeder der beiden Staaten kann Rechtshilfeersuchen auch von seinen diplomatischen oder konsularischen Vertretern unmittelbar und ohne Anwendung von Zwang ausführen lassen, wenn die Personen, die vernommen oder zur Vorlage von Urkunden angehalten werden sollen, nur die Staatsangehörigkeit des ersuchenden Staates besitzen.

(2) Die Staatsangehörigkeit der Person, auf die sich das Ersuchen bezieht, wird nach dem Recht des Staates beurteilt, in dem das Rechtshilfeersuchen ausgeführt werden soll.

(3) In einer Ladung oder Aufforderung zur Vorlage von Urkunden ist ausdrücklich darauf hinzuweisen, dass bei der Ausführung des Rechtshilfeersuchens kein Zwang angewendet wird.

Art. 13. Für die Erledigung von Rechtshilfeersuchen dürfen Auslagen irgendwelcher Art, ausgenommen Sachverständigenhonorare, nicht zur Erstattung angefordert werden. Der ersuchte Staat hat jedoch die ihm entstandenen Auslagen der Empfangsstelle des ersuchenden Staates mitzuteilen.

Kapitel IV. Sicherheitsleistung für die Prozesskosten

Art. 14. Die Staatsangehörigen eines der beiden Staaten, die vor den Gerichten in Zivil- und Handelssachen des anderen Staates als Kläger oder Intervenienten auftreten, sind von der Sicherheitsleistung für die Prozesskosten auch dann befreit, wenn sie ihren Wohnsitz oder gewöhnlichen Aufenthalt nicht in einem der beiden Staaten haben.

Kapitel V. Vollstreckbarerklärung

Art. 15. Der Antrag, eine Entscheidung über die Prozesskosten nach den Artikeln 18 und 19 des Haager Übereinkommens für vollstreckbar zu erklären, kann von dem Kostengläubiger auch unmittelbar bei dem zuständigen Gericht gestellt werden.

Art. 16. (1) Um den Erfordernissen des Artikels 19 Abs. 2 Nr. 2 und Abs. 3 des Haager Übereinkommens zu genügen, werden den marokkanischen Entscheidungen beigefügt:

a) eine Urkunde, aus der hervorgeht, dass die Entscheidung der Partei zugestellt worden ist, gegen die die Vollstreckung betrieben wird,

b) eine Bescheinigung darüber, dass gegen die Entscheidung weder Einspruch noch Berufung noch Kassationsbeschwerde eingelegt worden ist und dass die Einspruchs-, Berufungs- und Kassationsbeschwerdefristen abgelaufen sind; die Urkunde und die Bescheinigung bilden die Erklärung, dass die Entscheidung Rechtskraft erlangt hat;

wird den deutschen Entscheidungen beigefügt:

eine von dem zuständigen Gericht ausgestellte Bescheinigung der Rechtskraft.

(2) Die Zuständigkeit der Behörden, welche die oben aufgeführten Urkunden ausgestellt haben, bedarf nicht der Bestätigung durch eine höhere Behörde.

Kapitel VI. Prozesskostenhilfe

Art. 17. (1) Die Angehörigen jedes der beiden Staaten kommen im Hoheitsgebiet des anderen Staates wie dessen Staatsangehörige in den Genuss von Prozesskostenhilfe, sofern sie sich dem Recht des Staates unterwerfen, in dem um Prozesskostenhilfe gebeten wird.

(2) Der Antrag auf Bewilligung von Prozesskostenhilfe kann auch im unmittelbaren Verkehr nach Maßgabe des Artikels 3 Abs. 1 übersandt werden.

(3) Die zuständigen Behörden des Staates, in dem Prozesskostenhilfe beantragt wird, können sich, sofern eine ergänzende Auskunft über die Einkommens- und Vermögensverhältnisse des Antragstellers erforderlich ist, nach Maßgabe des Artikels 28 unmittelbar an die zuständigen Behörden des anderen Staates wenden.

Titel II.[2] Rechtsauskunft

Titel III. Gemeinsame Vorschriften

Kapitel I. Befreiung von der Legalisation

Art. 27. (1) Die Ersuchen und die ihnen beigefügten Schriftstücke bedürfen keiner Legalisation oder ähnlichen Förmlichkeiten.

(2) Besteht ernsthafter Zweifel an der Echtheit einer Urkunde, so wird durch Vermittlung der Justizministerien eine Überprüfung vorgenommen.

Kapitel II. Sprache und Übersetzung

Art. 28. (1) Die Justizministerien können in ihrer Landessprache korrespondieren.

---

[2] Titel II (Art. 18–26) ist abgedruckt unter Nr. *201.*

(2) Sofern ein deutsches Justizministerium Absender ist, ist eine Übersetzung nach dessen Wahl in französischer oder arabischer Sprache beizufügen.

(3) Sofern das marokkanische Justizministerium Absender ist, ist eine Übersetzung nach dessen Wahl in französischer oder deutscher Sprache beizufügen.

Art. 29. (1) Zuzustellende Schriftstücke, Rechtshilfeersuchen, Prozesskostenentscheidungen und Kostenfestsetzungen sowie Prozesskostenhilfeanträge und die ihnen beigefügten Ersuchen um die erforderlichen Auskünfte und deren Anlagen können in der Sprache des ersuchenden Staates abgefasst sein.

(2) Die Erledigungsstücke können in der Sprache des ersuchten Staates abgefasst sein.

(3) Sind Vorgänge, die in den anderen Staat übermittelt werden sollen, nicht in dessen Landessprache abgefasst, so gilt Artikel 28 Abs. 2 und 3 entsprechend; ausgenommen von dieser Regelung sind die Erledigungsstücke.

Art. 30. (1) Übersetzungen sind von einem diplomatischen oder konsularischen Vertreter des ersuchenden Staates oder einem beeidigten Übersetzer des ersuchenden Staates zu beglaubigen.

(2) Die Übersetzung der Korrespondenz nach Artikel 28 bedarf keiner Beglaubigung.

(3) Übersetzungskosten werden nicht erstattet.

Kapitel III. Weiterleitung und Adressatenermittlung

Art. 31. (1) Ist eine Behörde für ein an sie gerichtetes Begehren nicht zuständig, so gibt sie dieses von Amts wegen an die zuständige Behörde ab und unterrichtet hiervon unverzüglich die ersuchende Behörde. Die Unterrichtung erfolgt auf dem für das Begehren vorgesehenen Übermittlungsweg.

(2) Ist die Anschrift des Empfängers eines Schriftstücks oder die Anschrift der Person, um deren Vernehmung ersucht wird, unvollständig oder ungenau, so bemüht sich die ersuchte Behörde, das an sie gerichtete Ersuchen soweit wie möglich zu erledigen. Zu diesem Zweck kann sie den ersuchenden Staat bitten, ihr alle ergänzenden Auskünfte zur Identifizierung des Empfängers oder der betroffenen Person zu übermitteln. Die Bitte erfolgt auf dem für die begehrte Maßnahme oder Handlung vorgesehenen Übermittlungsweg.

Kapitel IV. Öffentliche Ordnung

Art. 32. Der ersuchte Staat kann es ablehnen, nach diesem Vertrag tätig zu werden, wenn er die begehrte Maßnahme für geeignet hält, seine Hoheitsrechte oder seine Sicherheit zu gefährden.

Titel IV. Schlussbestimmungen

Art. 33–36. *(nicht abgedruckt)*

IV. Innerstaatliches Recht

231. Zivilprozessordnung

idF vom 12. Dezember 2005[1] (BGBl. I, S. 3202)

a) Ausländersicherheit

§ 110. Prozesskostensicherheit. (1) Kläger, die ihren gewöhnlichen Aufenthalt nicht in einem Mitgliedstaat der Europäischen Union oder einem Vertragsstaat des Abkommens über den Europäischen Wirtschaftsraum haben, leisten auf Verlangen des Beklagten wegen der Prozesskosten Sicherheit.

(2) Diese Verpflichtung tritt nicht ein:

1. wenn aufgrund völkerrechtlicher Verträge keine Sicherheit verlangt werden kann;
2. wenn die Entscheidung über die Erstattung der Prozesskosten an den Beklagten aufgrund völkerrechtlicher Verträge vollstreckt würde;
3. wenn der Kläger im Inland ein zur Deckung der Prozesskosten hinreichendes Grundvermögen oder dinglich gesicherte Forderungen besitzt;
4. bei Widerklagen;
5. bei Klagen, die aufgrund einer öffentlichen Aufforderung erhoben werden.

---

[1] Die Benachteiligung von Ausländern bezüglich der Gewährung von Armenrecht (Prozesskostenhilfe) wurde durch das Gesetz über die Prozesskostenhilfe v. 13.6.1980 (BGBl. I, S. 677) beseitigt; das in § 114 Abs. 2 ZPO aF enthaltene Gegenseitigkeitserfordernis wurde ersatzlos gestrichen.

b) Zustellung im Ausland

§ 183.[2] **Zustellung im Ausland.** (1) Für die Durchführung

1. der Verordnung (EU) 2020/1784 des Europäischen Parlaments und des Rates vom 25. November 2020 über die Zustellung gerichtlicher und außergerichtlicher Schriftstücke in Zivil- oder Handelssachen in den Mitgliedstaaten („Zustellung von Schriftstücken") (ABl. L 405 vom 2.12.2020, S. 40)[3] in ihrer jeweils geltenden Fassung sowie
2. des Abkommens zwischen der Europäischen Gemeinschaft und dem Königreich Dänemark vom 19. Oktober 2005 über die Zustellung gerichtlicher und außergerichtlicher Schriftstücke in Zivil- oder Handelssachen (ABl. L 300 vom 17.11.2005, S. 55; L 120 vom 5.5.2006, S. 23), das durch die Mitteilung Dänemarks vom 22. Dezember 2020 (ABl. L 19 vom 21.1.2021, S. 1) geändert worden ist,

gelten § 1067 Absatz 1, § 1069 Absatz 1 sowie die §§ 1070 und 1071.[4] Soweit nicht für die Zustellung im Ausland die vorgenannten Regelungen maßgeblich sind, gelten für die Zustellung im Ausland die nachfolgenden Absätze 2 bis 6.

(2) Eine Zustellung im Ausland ist nach den völkerrechtlichen Vereinbarungen vorzunehmen, die im Verhältnis zu dem jeweiligen Staat gelten. Wenn Schriftstücke aufgrund solcher Vereinbarungen unmittelbar durch die Post zugestellt werden dürfen, dann soll dies durch Einschreiben mit Rückschein oder mittels eines gleichwertigen Nachweises bewirkt werden, anderenfalls soll die Zustellung auf Ersuchen des Vorsitzenden des Prozessgerichts unmittelbar durch die Behörden des ausländischen Staates erfolgen. Eine Zustellung durch die zuständige deutsche Auslandsvertretung soll nur in den Fällen des Absatzes 4 erfolgen.

(3) Bestehen keine völkerrechtlichen Vereinbarungen zur Zustellung, so erfolgt die Zustellung vorbehaltlich des Absatzes 4 auf Ersuchen des Vorsitzenden des Prozessgerichts durch die Behörden des ausländischen Staates.

(4) Folgende Zustellungen in den Fällen der Abätze 2 und 3 erfolgen auf Ersuchen des Vorsitzenden des Prozessgerichts durch die zuständige deutsche Auslandsvertretung:

---

[2] §§ 183 neu gefasst durch Gesetz v. 30.10.2008 (BGBl. I, S. 2122) mit Wirkung v. 13.11.2008. Abs. 5 Satz 1 geändert durch Gesetz v. 8.7.2014 (BGBl. I, S. 890) mit Wirkung v. 10.1.2015; Abs. 1 eingefügt, bisheriger Abs. 1 wird Abs. 2, bisheriger Abs. 2 wird Abs. 3 und Satz 1 geändert, bisherige Abs. 3 und 4 werden Abs. 4 und 5 und neu gefasst, bisheriger Abs. 5 aufgehoben durch Gesetz v. 11.6.2017 (BGBl. I, S. 1607) mit Wirkung v. 17.6.2017. Abs. 2 Satz 2 neu gefasst, Abs. 5 Satz 1 geändert durch Gesetz v. 5.10.2021 (BGBl. I, S. 4607) mit Wirkung v. 1.1.2022. Abs. 1, 3, 4 und 5 Satz 2 neu gefasst, Abs. 2 geändert und Abs. 6 angefügt durch Gesetz v. 24.6.2022 (BGBl. I, S. 959) mit Wirkung v. 1.7.2022.

[3] Abgedruckt unter Nr. *224*.

[4] Abgedruckt unter Nr. *224a*.

1. Zustellungen, deren Erledigung durch die Behörden des ausländischen Staates nicht oder nicht innerhalb einer angemessenen Zeit zu erwarten ist oder für die ein sonstiger begründeter Ausnahmefall vorliegt.
2. Zustellungen an ausländische Staaten sowie
3. Zustellungen an entsandte Beschäftige einer deutschen Auslandsvertretung und die in ihrer Privatwohnung lebenden Personen.

(5) Zum Nachweis der Zustellung nach Absatz 2 Satz 2 erster Halbsatz genügt der Rückschein oder ein gleichwertiger Nachweis. Im Übrigen wird die Zustellung durch das Zeugnis der ersuchten Behörde nachgewiesen.

(6) Soweit völkerrechtliche Vereinbarungen eine Zustellung außergerichtlicher Schriftstücke ermöglichen, ist für die Übermittlung solcher Schriftstücke in das Ausland das Amtsgericht zuständig, in dessen Bezirk die Person, die die Zustellung betreibt, ihren Wohnsitz oder gewöhnlichen Aufenthalt hat. Bei notariellen Urkunden ist auch das Amtsgericht zuständig, in dessen Bezirk der beurkundende Notar seinen Amtssitz hat. Bei juristischen Personen tritt an die Stelle des Wohnsitzes oder des gewöhnlichen Aufenthalts der Sitz der juristischen Person.

§ 184.[5] **Zustellungsbevollmächtigter; Zustellung durch Aufgabe zur Post.** (1) Das Gericht kann bei der Zustellung nach § 183 Absatz 2 bis 5 anordnen, dass die Partei innerhalb einer angemessenen Frist einen Zustellungsbevollmächtigten benennt, der im Inland wohnt oder dort einen Geschäftsraum hat, falls sie nicht einen Prozessbevollmächtigten bestellt hat. Wird kein Zustellungsbevollmächtigter benannt, so können spätere Zustellungen bis zur nachträglichen Benennung dadurch bewirkt werden, dass das Schriftstück unter der Anschrift der Partei zur Post gegeben wird.

(2) Das Schriftstück gilt zwei Wochen nach Aufgabe zur Post als zugestellt. Das Gericht kann eine längere Frist bestimmen. In der Anordnung nach Absatz 1 ist auf diese Rechtsfolgen hinzuweisen. Zum Nachweis der Zustellung ist in den Akten zu vermerken, zu welcher Zeit und unter welcher Anschrift das Schriftstück zur Post gegeben wurde.

c) Beweisaufnahme im Ausland

§ 363.[6] **Beweisaufnahme im Ausland.** (1) Für die Durchführung der Verordnung (EU) 2020/1783 des Europäischen Parlaments und des Rates vom 25. November 2020 über die Zusammenarbeit zwischen den Gerichten der Mitgliedstaaten auf dem Gebiet der Beweisaufnahme in Zivil- oder

[5] § 184 Abs. 1 neu gefasst durch Gesetz v. 30.10.2008 (BGBl. I, S. 2122) mit Wirkung v. 13.11.2008; Abs. 1 Satz 1 geändert durch Gesetz v. 11.6.2017 (BGBl. I, S. 1607) mit Wirkung v. 17.6.2017.

[6] § 363 Abs. 3 Satz 1 geändert durch Gesetz v.8.7.2014 (BGBl. I, S. 890) mit Wirkung v. 10.1.2015; Abs. 2 geändert durch Gesetz v. 11.6.2017 (BGBl. I, S. 1607) mit Wirkung v. 17.6.2017. Abs. 1 bis 3 neu gefasst durch Gesetz v. 24.6.2022 (BGBl. I, S. 959) mit Wirkung v. 1.7.2022.

Handelssachen (Beweisaufnahme) (ABl. L 405 vom 2.12.2020, S. 1)[7] in ihrer jeweils geltenden Fassung gelten die §§ 1072 und 1073.[8] Soweit die Verordnung (EU) 2020/1783 für die Beweisaufnahme im Ausland nicht maßgeblich ist, gelten hierfür die Absätze 2 und 3.

(2) Die Beweisaufnahme im Ausland ist nach denjenigen völkerrechtlichen Vereinbarungen vorzunehmen, die im Verhältnis zu dem jeweiligen Staat gelten. Das Ersuchen zur Durchführung der Beweisaufnahme im Ausland ist von dem Vorsitzenden des Prozessgerichts zu stellen. Sieht eine völkerrechtliche Vereinbarung mehrere Wege zur Aufnahme von Beweisen vor, soll die Beweisaufnahme nur dann durch einen deutschen Konsularbeamten erfolgen, wenn ihre Erledigung durch die Behörden des ausländischen Staates nicht oder nicht innerhalb einer angemessenen Zeit zu erwarten, ist oder ein sonstiger begründeter Ausnahmefall vorliegt.

(3) Bestehen keine völkerrechtlichen Vereinbarungen zur Beweisaufnahme im Ausland, ersucht der Vorsitzende des Prozessgerichts die Behörden des ausländischen Staates um Aufnahme des Beweises. Ist eine Beweisaufnahme durch diese nicht oder nicht innerhalb einer angemessenen Zeit zu erwarten oder liegt sonst ein begründeter Ausnahmefall vor, so kann der Vorsitzende des Prozessgerichts deutsche Konsularbeamte um Aufnahme des Beweises ersuchen.

§ 364. Parteimitwirkung bei Beweisaufnahme im Ausland. (1) Wird eine ausländische Behörde ersucht, den Beweis aufzunehmen, so kann das Gericht anordnen, dass der Beweisführer das Ersuchungsschreiben zu besorgen und die Erledigung des Ersuchens zu betreiben habe.

(2) Das Gericht kann sich auf die Anordnung beschränken, dass der Beweisführer eine den Gesetzen des fremden Staates entsprechende öffentliche Urkunde über die Beweisaufnahme beizubringen habe.

(3) In beiden Fällen ist in dem Beweisbeschluss eine Frist zu bestimmen, binnen der von dem Beweisführer die Urkunde auf der Geschäftsstelle niederzulegen ist. Nach fruchtlosem Ablauf dieser Frist kann die Urkunde nur benutzt werden, wenn dadurch das Verfahren nicht verzögert wird.

(4) Der Beweisführer hat den Gegner, wenn möglich, von dem Ort und der Zeit der Beweisaufnahme so zeitig in Kenntnis zu setzen, dass dieser seine Rechte in geeigneter Weise wahrzunehmen vermag. Ist die Benachrichtigung unterblieben, so hat das Gericht zu ermessen, ob und inwieweit der Beweisführer zur Benutzung der Beweisverhandlung berechtigt ist.

§ 369. Ausländische Beweisaufnahme. Entspricht die von einer ausländischen Behörde vorgenommene Beweisaufnahme den für das Prozessgericht geltenden Gesetzen, so kann daraus, dass sie nach den ausländischen Gesetzen mangelhaft ist, kein Einwand entnommen werden.

---

[7] Abgedruckt unter Nr. *225*.
[8] Abgedruckt unter Nr. *225a*.

232. Gesetz über die Rechtsstellung heimatloser Ausländer im Bundesgebiet

Vom 25. April 1951 (BGBl. 1951 I, S. 269)

§ 11. Gleichstellung im Gerichtsverfahren. Im Verfahren vor allen deutschen Gerichten sind heimatlose Ausländer[1] den deutschen Staatsangehörigen gleichgestellt. Sie genießen unter den gleichen Bedingungen wie deutsche Staatsangehörige die Prozesskostenhilfe[2] und sind von den besonderen Pflichten der Angehörigen fremder Staaten und der Staatenlosen zur Sicherheitsleistung befreit.

233. Konsulargesetz

Vom 11. September 1974 (BGBl. I, S. 2317)

§ 15. Vernehmungen und Anhörungen. (1) Die Konsularbeamten sind berufen, auf Ersuchen deutscher Gerichte und Behörden Vernehmungen durchzuführen.

(2) Ersuchen um Vernehmungen, durch die eine richterliche Vernehmung ersetzt werden soll, können nur von einem Gericht oder von einer Behörde, die um richterliche Vernehmungen im Inland ersuchen kann, gestellt werden. Wird um eidliche Vernehmung ersucht, so ist der Konsularbeamte zur Abnahme des Eides befugt.

(3) Die für die jeweilige Vernehmung geltenden deutschen verfahrensrechtlichen Vorschriften sind sinngemäß anzuwenden. Dolmetscher brauchen nicht vereidigt zu werden. Das Protokoll kann auch von dem vernehmenden Konsularbeamten geführt werden. Zwangsmittel darf der Konsularbeamte nicht anwenden.

(4) Die Vernehmungen und die Vereidigungen und die über sie aufgenommenen Niederschriften stehen Vernehmungen und Vereidigungen sowie den darüber aufgenommenen Niederschriften inländischer Gerichte und Behörden gleich.

(5) Die Vorschriften für Vernehmungen gelten für Anhörungen entsprechend.

§ 16. Zustellungen. Die Konsularbeamten sind berufen, auf Ersuchen deutscher Gerichte und Behörden Personen, die sich in ihrem Konsularbezirk aufhalten, Schriftstücke jeder Art zuzustellen. Über die erfolgte Zustellung ist ein schriftliches Zeugnis auszustellen und der ersuchenden Stelle zu übersenden.

---

[1] Zum Begriff des „heimatlosen Ausländers" siehe § 1 des Gesetzes (Nr. *15*).
[2] § 11 S. 2 geändert durch ProzesskostenhilfeG v. 13.6.1980 (BGBl. I, S. 677).

234. Gesetz über die Vermittlung und Begleitung der Adoption und über das Verbot der Vermittlung von Ersatzmüttern (Adoptionsvermittlungsgesetz – AdVermiG)

idF vom 21. Juni 2021[1] (BGBl. I, S. 2010)

Erster Abschnitt. Adoptionsvermittlung und Begleitung

§§ 1–2. *(nicht abgedruckt)*

§ 2a. Internationales Adoptionsverfahren; Vermittlungsgebot.

(1) Ein internationales Adoptionsverfahren ist ein Adoptionsverfahren, bei dem ein Kind mit gewöhnlichem Aufenthalt im Ausland ins Inland gebracht worden ist, gebracht wird oder gebracht werden soll, entweder nach seiner Adoption im Heimatstaat durch Annehmende mit gewöhnlichem Aufenthalt im Inland oder im Hinblick auf eine Adoption im Inland oder im Heimatstaat. Satz 1 gilt auch, wenn die Annehmenden ihren gewöhnlichen Aufenthalt im Inland haben und das Kind innerhalb von zwei Jahren vor Stellung des Antrags auf Adoption im Inland oder im Heimatstaat ins Inland gebracht worden ist. Die Sätze 1 und 2 gelten entsprechend, wenn ein Kind mit gewöhnlichem Aufenthalt im Inland durch Annehmende mit gewöhnlichem Aufenthalt im Ausland ins Ausland gebracht worden ist, gebracht wird oder gebracht werden soll.

(2) In den Fällen des Absatzes 1 Satz 1 und 2 hat eine Vermittlung durch die Adoptionsvermittlungsstelle gemäß Absatz 4 stattzufinden, in den Fällen des Absatzes 1 Satz 3 durch die Adoptionsvermittlungsstelle gemäß Absatz 4 Nummer 1.

(3) Im Anwendungsbereich des Haager Übereinkommens vom 29. Mai 1993 über den Schutz von Kindern und die Zusammenarbeit auf dem Gebiet der internationalen Adoption (BGBl. 2001 II S. 1034) (Adoptionsübereinkommen)[2] gelten ergänzend die Bestimmungen des Adoptionsübereinkommens-Ausführungsgesetzes vom 5. November 2001 (BGBl. I S. 2950)[3] in der jeweils geltenden Fassung.

(4) Zur internationalen Adoptionsvermittlung sind befugt:

1. die zentrale Adoptionsstelle des Landesjugendamtes;
2. eine anerkannte Auslandsvermittlungsstelle nach § 4 Absatz 2 im Rahmen der ihr erteilten Zulassung.

(5) Zur Koordination der internationalen Adoptionsvermittlung arbeiten die in Absatz 4 genannten Stellen mit dem Bundesamt für Justiz als Bun-

---

[1] Das Gesetz gilt in dieser Fassung seit dem 1.4.2021.
[2] Abgedruckt unter Nr. *223*.
[3] Abgedruckt unter Nr. *223a*.

deszentralstelle für Auslandsadoption (Bundeszentralstelle) zusammen. Die Bundeszentralstelle kann hierzu mit allen zuständigen Stellen im In- und Ausland unmittelbar verkehren.

(6) Die in Absatz 4 genannten Stellen haben der Bundeszentralstelle

1. zu jedem Vermittlungsfall im Sinne des Absatzes 1 von der ersten Beteiligung einer ausländischen Stelle an die jeweils verfügbaren personenbezogenen Daten (Name, Geschlecht, Geburtsdatum, Geburtsort, Staatsangehörigkeit, Familienstand und Wohnsitz oder gewöhnlicher Aufenthalt) des Kindes, seiner Eltern und der Adoptionsbewerber sowie zum Stand des Vermittlungsverfahrens zu übermitteln,
2. jährlich zusammenfassend über Umfang, Verlauf und Ergebnisse ihrer Arbeit auf dem Gebiet der internationalen Adoptionsvermittlung zu berichten und
3. auf deren Ersuchen über einzelne Vermittlungsfälle im Sinne des Absatzes 1 Auskunft zu geben, soweit dies zur Erfüllung der Aufgaben nach Absatz 5 und nach § 2 Absatz 2 Satz 1 des Adoptionsübereinkommens-Ausführungsgesetzes vom 5. November 2001 (BGBl. I S. 2950) in der jeweils geltenden Fassung erforderlich ist.

Die Übermittlungspflicht nach Satz 1 Nummer 1 beschränkt sich auf eine Übermittlung über den Abschluss des Vermittlungsverfahrens, sofern dieses nicht das Verhältnis zu anderen Vertragsstaaten des Adoptionsübereinkommens betrifft.

(7) Die Bundeszentralstelle speichert die nach Absatz 6 Satz 1 Nummer 1 übermittelten Daten in einem zentralen Dateisystem. Die Übermittlung der Daten ist zu protokollieren. 3Die Daten zu einem einzelnen Vermittlungsfall sind 100 Jahre, gerechnet vom Geburtsdatum des vermittelten Kindes an, aufzubewahren und anschließend zu löschen.

§ 2b. Unbegleitete Auslandsadoption. Ein internationales Adoptionsverfahren ist untersagt, wenn es ohne die Vermittlung durch eine Adoptionsvermittlungsstelle (§ 2a Absatz 4) durchgeführt werden soll.

§ 2c. Grundsätze der internationalen Adoptionsvermittlung. (1) Bei der internationalen Adoptionsvermittlung (§ 2a Absatz 1 Satz 1 und 2 und Absatz 2) hat die Adoptionsvermittlungsstelle (§ 9b und § 2 Absatz 3) die allgemeine Eignung der Adoptionsbewerber nach den §§ 7 und 7b und die Adoptionsvermittlungsstelle (§ 2a Absatz 4) die länderspezifische Eignung der Adoptionsbewerber nach § 7c zu prüfen.

(2) Die Adoptionsvermittlungsstelle (§ 2a Absatz 4) hat sich zu vergewissern, dass im Heimatstaat des Kindes eine für die Adoptionsvermittlung zuständige und zur Zusammenarbeit bereite Fachstelle (Fachstelle des Heimatstaats) besteht und die Adoption gesetzlich zugelassen ist.

(3) Die Adoptionsvermittlungsstelle (§ 2a Absatz 4) hat sich bei der Prüfung des Kindervorschlags der Fachstelle des Heimatstaats zu vergewissern, dass

1. die Adoption dem Kindeswohl dient,
2. das Kind adoptiert werden kann und dass keine Anhaltspunkte dafür vorliegen, dass eine geeignete Unterbringung des Kindes im Heimatstaat nach Prüfung durch die Fachstelle des Heimatstaats möglich ist,
3. die Eltern oder andere Personen, Behörden und Institutionen, deren Zustimmung zur Adoption erforderlich ist, über die Wirkungen der Adoption aufgeklärt wurden und freiwillig und in der gesetzlich vorgeschriebenen Form der Adoption des Kindes zugestimmt haben und die Eltern ihre Zustimmung nicht widerrufen haben,
4. unter Berücksichtigung des Alters und der Reife des Kindes das Kind über die Wirkungen der Adoption aufgeklärt wurde, seine Wünsche berücksichtigt wurden und das Kind freiwillig und in der gesetzlich vorgeschriebenen Form der Adoption zugestimmt hat und
5. keine Anhaltspunkte dafür vorliegen, dass die Zustimmung zur Adoption weder der Eltern noch des Kindes durch eine Geldzahlung oder eine andere Gegenleistung herbeigeführt wurde.

Die Adoptionsvermittlungsstelle hat den Kindervorschlag der Fachstelle des Heimatstaats daraufhin zu prüfen, ob die Adoptionsbewerber geeignet sind, für das Kind zu sorgen. In den Fällen des § 2a Absatz 1 Satz 3 gilt Absatz 3 Satz 1 und 2 entsprechend. Das Ergebnis der Prüfung nach den Sätzen 1 und 2 ist zu den Akten zu nehmen.

(4) Die Adoptionsvermittlungsstelle (§ 2a Absatz 4) kann den Vermittlungsvorschlag der Fachstelle des Heimatstaats nur billigen, wenn das Ergebnis der Eignungsprüfung, der länderspezifischen Eignungsprüfung sowie der Prüfung nach Absatz 3 Satz 4 positiv festgestellt ist.

(5) Hat die Adoptionsvermittlungsstelle (§ 2a Absatz 4) den Vermittlungsvorschlag der Fachstelle des Heimatstaats gebilligt, so eröffnet sie den Adoptionsbewerbern den Vermittlungsvorschlag und berät sie über dessen Annahme. Nehmen die Adoptionsbewerber den Vermittlungsvorschlag an, so gibt die Adoptionsvermittlungsstelle eine Erklärung ab, dass sie der Fortsetzung des Adoptionsverfahrens zustimmt.

(6) Die Adoptionsvermittlungsstelle (§ 2a Absatz 4 Nummer 2) leitet die Erklärung nach Absatz 5 Satz 2 an die zentralen Adoptionsstellen des Landesjugendamtes nach § 11 Absatz 2 weiter. Die Adoptionsvermittlungsstelle (§ 2a Absatz 4) leitet die Erklärung nach Absatz 5 Satz 2 an die Fachstelle des Heimatstaats weiter.

§ 2d. Bescheinigung über ein internationales Vermittlungsverfahren. (1) In einem internationalen Adoptionsverfahren hat die Adoptionsvermittlungsstelle (§ 2a Absatz 4), die die internationale Adoption vermittelt hat, den Annehmenden eine Bescheinigung darüber auszustellen, dass eine Vermittlung nach § 2a Absatz 2 stattgefunden hat, wenn

1. die Erklärung nach § 2c Absatz 5 Satz 2 vorliegt und an die Fachstelle des Heimatstaats weitergeleitet worden ist und
2. die Annehmenden einen Antrag auf Anerkennung nach § 1 Absatz 2 des Adoptionswirkungsgesetzes gestellt haben.

(2) Die Bescheinigung hat das Datum der Erklärung nach § 2c Absatz 5 Satz 2 und Angaben zur Einhaltung der Grundsätze des § 2c Absatz 1 bis 3 zu beinhalten. Die Bescheinigung ist zur Vorlage an deutsche Behörden bestimmt, die die Wirksamkeit einer Auslandsadoption vor der Entscheidung über deren Anerkennung im Inland gemäß § 7 des Adoptionswirkungsgesetzes zu beurteilen haben.

(3) Die Geltungsdauer der Bescheinigung beträgt zwei Jahre. Sie ist auf Antrag der Annehmenden um ein Jahr zu verlängern. Die Geltung der Bescheinigung erlischt, wenn eine Entscheidung über die Anerkennung der Auslandsadoption ergangen ist.

§§ 3–13. *(nicht abgedruckt)*

Zweiter Abschnitt. Ersatzmutterschaft

§§ 13a–13d. *(nicht abgedruckt)*

Dritter Abschnitt. Straf- und Bußgeldvorschriften

§§ 14, 14b. *(nicht abgedruckt)*

Vierter Abschnitt. Übergangsvorschriften

§§ 15, 16. *(nicht abgedruckt)*

F. Schiedsgerichtsbarkeit und Mediation

I. Multilaterale Staatsverträge[1, 2, 3, 4, 5]

---

[1] Das Genfer Protokoll über die Schiedsklauseln im Handelsverkehr v. 24.9.1923 (RGBl. 1925 II, S. 47) ist gemäß Bek. v. 7.2.1925 (RGBl. II, S. 47) für das *Deutsche Reich* am 27.12.1924 in Kraft getreten. Wegen Art.VII Abs. 2 des UN-Übk. v. 10.6.1958 über die Anerkennung und Vollstreckung ausländischer Schiedssprüche (Nr. *240*) gilt dieses Protokoll seit dem Beitritt des *Irak* zum UN-Übk. im Verhältnis zu keinem seiner Vertragsstaaten mehr. Auf einen Abdruck des Textes wird daher verzichtet.

[2] Das Genfer Abk. zur Vollstreckung ausländischer Schiedssprüche v. 26.9.1927 (RGBl. 1930 II, S. 1068) ist gemäß Bek. v. 5.11.1930 (RGBl. II, S. 1269) für das *Deutsche Reich* am 1.12.1930 in Kraft getreten. Wegen Art.VII Abs. 2 des UN-Übk. v. 10.6.1958 über die Anerkennung und Vollstreckung ausländischer Schiedssprüche (Nr. *240*) gilt dieses Abk. derzeit nur noch im Verhältnis zu *Anguilla* (als Teil des *Vereinigten Königreichs;* vgl. BGBl. 1986 II, S. 633). Auf einen Abdruck des Textes wird daher verzichtet.

[3] Eine eingehende Regelung des Schiedsverfahrens und der Anerkennung ausländischer Schiedsspruche enthält auch das Washingtoner Übk. zur Beilegung von Investitionsstreitigkeiten zwischen Staaten und Angehörigen anderer Staaten v. 18.3.1965 (BGBl. 1969 II, S. 369) in Art. 36–63. Das Übk. ist für die *Bundesrepublik Deutschland* am 18.5.1969 in Kraft getreten (Bek. v. 30.5.1969, BGBl. II S. 1191). Siehe den Überblick über die mehr als 140 weiteren Vertragsstaaten am 31.12.2021 im Fundstellennachweis B zum BGBl. 2021 II, S. 678.

[4] Das Straßburger Europäische Übk. zur Einführung eines Einheitlichen Gesetzes über die Schiedsgerichtsbarkeit v. 20.1.1966 ist bisher nur von *Belgien* ratifiziert und von *Österreich* gezeichnet worden; es ist noch nicht in Kraft getreten. Text (englisch/französisch mit deutscher Übersetzung): https://www.coe.int/de/web/conventions (Nr. 56).

[5] Am 20.12.2018 wurde in Singapur das UN-Übk. über internationale Vergleichsvereinbarungen aufgrund von Mediation *(„United Nations Convention on International Settlement Agreements Resulting from Mediation")* abgeschlossen. Das Übk. wurde inzwischen von 55 Staaten gezeichnet. Es ist am 12.9.2020 für *Fidschi, Katar und Singapur* in Kraft getreten.

Das Übk. gilt inzwischen ferner für *Belarus* (seit 15.1.2021), *Ecuador* (seit 9.3.2021), *Georgien* (seit 29.6.2021), *Honduras* (seit 2.3.2022) und *Saudi Arabien* (seit 5.11.2020). Text: https://treaties.un.org (Kap. XXII Nr. 4).

240. New Yorker UN-Übereinkommen über die Anerkennung und Vollstreckung ausländischer Schiedssprüche

Vom 10. Juni 1958[1, 2, 3] (BGBl. 1961 II, S. 122)

---

[1] Das Übk. ist für die *Bundesrepublik Deutschland* am 28.9.1961 im Verhältnis zu *Ägypten, Bulgarien, Frankreich, Indien, Israel, Japan, Kambodscha, Marokko, Norwegen, Österreich, Polen,* der ehemaligen *Sowjetunion (Belarus, Ukraine), Syrien, Thailand* und der ehemaligen *Tschechoslowakei* in Kraft getreten (Bek. v. 23.3.1962, BGBl. II, S. 102).

Es gilt heute ferner für *Afghanistan* (seit 28.2.2005, BGBl. II, S. 97), *Albanien* (seit 25.9.2001, BGBl. II, S. 790), *Algerien* (seit 8.5.1989, BGBl. II, S. 639), *Andorra* (seit 17.9.2015, BGBl. II, S. 1011), *Angola* (seit 4.6.2017, BGBl. II, S. 456), *Antigua und Barbuda* (seit 3.5.1989, BGBl. II, S. 639), *Argentinien* (seit 12.6.1989, BGBl. 1990 II, S. 851), *Armenien* (seit 29.3.1998, BGBl. II, S. 879), *Aserbaidschan* (seit 29.5.2000, BGBl. II, S. 743), *Äthiopien* (seit 22.11. 2020, BGBl. 2021 II, S. 312), *Australien* (seit 24.6.1975, BGBl. II, S. 842), *Bahamas* (seit 20.3. 2007, BGBl. II S. 342), *Bahrain* (seit 5.7.1988, BGBl. II S. 954), *Bangladesch* (seit 4.8.1992, BGBl. 1993 II, S. 123), *Barbados* (seit 14.6.1993, BGBl. II, S. 1239), *Belgien* (seit 16.11.1975, BGBl. II, S. 1782), *Belize* (seit 15.3.2021), *Benin* (seit 14.8.1974, BGBl. II, S. 1046), *Bhutan* (seit 24.12.2014, BGBl. II, S. 998), *Bolivien* (seit 27.6.1995, BGBl. II, S. 667), *Bosnien und Herzegowina* (seit 6.3.1992, BGBl. 1995 II, S. 274), *Botsuana* (seit 19.3.1972, BGBl. II, S. 292), *Brasilien* (seit 5.9.2002, BGBl. II, S. 1752), *Brunei Darussalam* (seit 23.10.1996, BGBl. II, S. 2794), *Burkina Faso* (seit 21.6.1987, BGBl. II, S. 612), *Burundi* (seit 21.9.2014, BGBl. II, S. 506), *Chile* (seit 3.12.1975, BGBl. II, S. 1782), *China* (seit 22.4.1987, BGBl. II, S. 346), die *Cookinseln* (seit 12.4.2009 (BGBl. 2010 II, S. 791), *Costa Rica* (seit 24.1.1988, BGBl. II, S. 204), *Côte d'Ivoire* (seit 2.5.1991, BGBl. II, S. 686), *Dänemark* (seit 22.3.1973, BGBl. II, S. 551), *Dominica* (seit 26.1.1989, BGBl. II, S. 292), die *Dominikanische Republik* (seit 10.7.2002, BGBl. II, S. 1752), *Dschibuti* (seit 27.6.1977, BGBl. 1985 II, S. 50), *Ecuador* (seit 3.4.1962, BGBl. 1963 II, S. 40), *El Salvador* (seit 27.5.1998, BGBl. II, S. 1629), *Estland* (seit 28.11.1993, BGBl. 1994 II, S. 2428), *Fidschi* (seit 26.12.2010, BGBl. 2011 II, S. 692), *Finnland* (seit 19.4.1962, BGBl. II, S. 2170), *Gabun* (seit 15.3.2007, BGBl. II, S. 342), *Georgien* (seit 31.8.1994, BGBl. II, S. 3650), *Ghana* (seit 8.7.1968, BGBl. II S. 776), *Griechenland* (seit 14.10.1962, BGBl. 1963 II, S. 40), *Guatemala* (seit 19.6.1984, BGBl. II S. 660), *Guinea* (seit 23.4.1991, BGBl. II, S. 686), *Guyana* (seit 24.12.2014, BGBl. II, S. 998), *Haiti* (seit 4.3.1984, BGBl. II, S. 191), den *Heiligen Stuhl* (seit 12.8.1975, BGBl. II, S. 928), *Honduras* (seit 1.1.2001, BGBl. II, S. 166), *Indonesien* (seit 5.1.1982, BGBl. II, S. 205), *Iran* (seit 13.1.2002, BGBl. II, S. 157), *Irak* (seit 9.2.2022, BGBl. II, S. 57), *Irland* (seit 10.8.1981, BGBl. II, S. 576), *Island* (seit 24.4.2002, BGBl. II, S. 1752), *Italien* (seit 1.5.1969, BGBl. II, S. 1019), *Jamaika* (seit 8.10.2002, BGBl. II, S. 2498), *Jordanien* (seit 13.2.1980, BGBl. II, S. 52), *Kamerun* (seit 19.5.1988, BGBl. II, S. 954), *Kanada* (seit 10.8.1986, BGBl. II, S. 949), *Kap Verde* (seit 20.6.2018, BGBl. II, S. 150), *Kasachstan* (seit 18.2.1996, BGBl. II, S. 365), *Katar* (seit 30.3.2003, BGBl. II, S. 121), *Kenia* (seit 11.5.1989, BGBl. II, S. 639), *Kirgisistan* (seit 18.3.1997, BGBl. II, S. 895), *Kolumbien* (seit 24.12.1979, BGBl. II, S. 1206), die *Komoren* (seit 27.7.2015, BGBl. II, S. 809), *Korea, Republik* (seit 9.5.1973, BGBl. II, S. 972), *Kroatien* (seit 8.10.1991, BGBl. 1994 II, S. 2428), *Kuba* (seit 30.3.1975, BGBl. II, S. 842), *Kongo, Demokratische Republik* (seit 3.2.2015, BGBl. 2014 II, S. 1119), *Kuwait* (seit 27.7.1978, BGBl. II, S. 1212), *Laos* (seit 15.9.1998, BGBl. II, S. 2630), *Lesotho* (seit 11.9.1989, BGBl. 990 II, S. 851), *Lettland* (seit 13.7.1992, BGBl. 1993 II, S. 123), *Libanon* (seit 9.11.1998, BGBl. II, S. 2949), *Liberia* (seit 15.12.2005, BGBl. 2006 II, S. 151), *Liechtenstein* (seit 5.10.2011, BGBl. II, S. 1242), *Litauen* (seit 12.6.1995, BGBl. II, S. 667), *Luxemburg* (seit 8.12.1983, BGBl. II, S. 732), *Madagaskar* (seit 14.10.1962, BGBl. 1963 II, S. 40), *Malaysia* (seit 3.2.1986, BGBl. II, S. 542), *Malediven* (seit 10.10.2019, BGBl. II, 1060), *Mali* (seit 7.12.1994, BGBl. 1995 II, S. 427), *Malta* (seit 20.9.2000, BGBl. II, S. 1490), *Marshallinseln* (seit 21.3.2007, BGBl. II, S. 342), *Mauretanien* (seit 30.4.1997, BGBl. II, S. 1152), *Mauritius* (seit 17.9.1996, BGBl. II, S. 2653), *Mexiko* (seit 13.7.1971, BGBl. II, S. 968), *Moldau, Republik* (seit 17.12.1998,

(Übersetzung)[4]

BGBl. 1999 II, S. 124), *Monaco* (seit 31.8.1982, BGBl. II, S. 1055), die *Mongolei* (seit 22.1.1995, BGBl. II, S. 427), *Montenegro* (seit 3.6.2006, BGBl. 2007 II, S. 342), *Mosambik* (seit 9.9.1998, BGBl. II, S. 2630), *Myanmar* (seit 15.7.2013, BGBl. II, S. 614), *Nepal* (seit 2.6.1998, BGBl. II, S. 1629), *Neuseeland* (seit 6.4.1983, BGBl. II, S. 320), *Nicaragua* (seit 23.12.2003, BGBl. II, S. 1730), *Niederlande* (seit 23.7.1964, BGBl. II, S. 1232), *Niger* (seit 12.1.1965, BGBl. II, S. 143), *Nigeria* (seit 15.6.1970, BGBl. II, S. 291), *Nordmazedonien* (seit 17.9.1991, BGBl. 1994 II, S. 3650), *Oman* (seit 26.5.1999, BGBl. II, S. 699), *Pakistan* (seit 12.10.2005, BGBl. 2006 II, S. 151), *Palau* (seit 29.6.2020, BGBl. II, S. 341), *Panama* (seit 8.1.1985, BGBl. II S. 50), *Papua-Neuguinea* (seit 15.10.2019, BGBl. II, S. 799), *Paraguay* (seit 6.1.1998, BGBl. II, S. 113), *Peru* (seit 5.10.1988, BGBl. II S. 954), *Philippinen* (seit 4.10.1967, BGBl. 1968 II, S. 8), *Portugal* (seit 16.1.1995, BGBl. II, S. 427), *Ruanda* (seit 29.1.2009, BGBl. 2010 II, S. 791), *Rumänien* (seit 12.12.1961, BGBl. 1962 II, S. 102), die *Russische Föderation* (seit 24.12.1991, BGBl. 1992 II, S. 1016), *Sambia* (seit 12.6.2002, BGBl. II, S. 1752), *San Marino* (seit 15.8.1979, BGBl. II, S. 751), *Sao Tomé und Príncipe* (seit 18.2.2013, BGBl. 2012 II, S. 1567), *Saudi-Arabien* (seit 18.7.1994, BGBl. II, S. 2428), *Schweden* (seit 27.4.1972, BGBl. II, S. 580), die *Schweiz* (seit 30.8.1965, BGBl. II S. 1436), *Senegal* (seit 15.1.1995, BGBl. II S. 427), *Serbien* (seit 27.4.1992, BGBl. 2001 II, S. 597), die *Seychellen* (seit 3.5.2020, BGBl. II, S. 155), *Sierra Leone* (seit 26.1.2021, BGBl. II, S. 312), *Simbabwe* (seit 28.12.1994, BGBl. 1995 II, S. 427), *Singapur* (seit 19.11.1986, BGBl. 1987 II, S. 177), die *Slowakei* (seit 1.1.1993, BGBl. 1995 II, S. 274), *Slowenien* (seit 25.6.1991, BGBl. 1993 II, S. 123), *Spanien* (seit 10.8.1977, BGBl. II S. 630), *Sri Lanka* (seit 8.7.1962, BGBl. II, S. 2170), *St. Vincent* und die *Grenadinen* (seit 11.12.2000, BGBl. II, S. 1490), *Südafrika* (seit 1.8.1976, BGBl. II, S. 1216), *Sudan* (seit 24.6.2018, BGBl. II, S. 200), *Tadschikistan* (seit 12.11.2012, BGBl. II, S. 1029), *Tansania* (seit 11.1.1965, BGBl. II, S. 143), *Tonga* (seit 10.9.2020, BGBl. II, S. 527), *Trinidad und Tobago* (seit 15.5.1966, BGBl. II, S. 597), die *Tschechische Republik* (seit 1.1.1993, BGBl. 1995 II, S. 274), *Tunesien* (seit 15.10.1967, BGBl. 1968 II, S. 8), die *Türkei* (seit 30.9.1992, BGBl. 1993 II, S. 123), *Turkmenistan* (seit 2.8.2022, BGBl. II, S. 312), *Uganda* (seit 12.5.1992, BGBl. 1993 II, S. 123), *Ungarn* (seit 3.6.1962, BGBl. II, S. 2170), *Uruguay* (seit 28.6.1983, BGBl. II, S. 462), *Usbekistan* (seit 7.5.1996, BGBl. II, S. 966), *Venezuela* (seit 9.5.1995, BGBl. 2002 II, S. 157), die *Vereinigten Arabischen Emirate* (seit 19.11.2006, BGBl. 2007 II, S. 342), das *Vereinigte Königreich* (seit 23.12.1975, BGBl. II, S. 1782), die *Vereinigten Staaten* (seit 29.12.1970, BGBl. 1971 II, S. 15), *Vietnam* (seit 11.12.1995, BGBl. 1996 II, S. 222), die *Zentralafrikanische Republik* (seit 13.1.1963, BGBl. II, S. 154) und *Zypern* (seit 29.3.1981, BGBl. II, S. 157).

Das *Vereinigte Königreich* hat das Übk. mit Wirkung v. 28.8.2002 auf *Jersey* (BGBl. II, S. 2498) und mit Wirkung v. 25.5.2014 auf die *Britischen Jungferninseln* erstreckt (BGBl. II, S. 277). Das Übk. gilt auch nach dem Übergang der Souveränitätsrechte für *Hongkong* vom *Vereinigten Königreich* auf *China* mit Wirkung v. 1.7.1997 im Verhältnis zur chinesischen Sonderverwaltungsregion *Hongkong* fort (Bek. v. 31.3.2003, BGBl. II S. 583, 586). *China* hat das Übk. auf die Sonderverwaltungsregion *Macau* erstreckt (BGBl. 2006 II, S. 151). Für die ehemalige *Deutsche Demokratische Republik* war das Übk. am 21.5.1975 in Kraft getreten (Bek. v. 8.7.1975, BGBl. II, S. 1132). Für die *SFR Jugoslawien* galt es seit dem 27.5.1982 (BGBl. II, S. 949). Vgl. auch Anm. 10 zu Art. X.

[2] *Äthiopien, Malawi, Malta* und *Sierra Leone* wenden das Übk. nur auf Schiedsvereinbarungen an, die nach dem jeweiligen Beitritt zum Übk. geschlossen wurden. *Äthiopien, Belize, Bosnien und Herzegowina, Irak, Malawi, die Republik Moldau, Sierra Leone* und *Turkmenistan* erkennen nach dem Übk. nur Schiedssprüche an, die nach dem jeweiligen Beitritt zum Übk. erlassen wurden.

[3] Das Übk. tritt gemäß seinem Art. VII Abs. 2 im Verhältnis der Vertragsstaaten zueinander an die Stelle des Genfer Protokolls über Schiedsklauseln im Handelsverkehr v. 24.9.1923 und des Genfer Abk. zur Vollstreckung ausländischer Schiedssprüche v. 29.7.1927.

[4] Authentisch sind gleichberechtigt der chinesische, englische, französische, russische und spanische Text: https://treaties.un.org (Kap. XXII Nr. 1).

Art. I. (1) Dieses Übereinkommen ist auf die Anerkennung und Vollstreckung von Schiedssprüchen anzuwenden, die in Rechtsstreitigkeiten zwischen natürlichen oder juristischen Personen in dem Hoheitsgebiet eines anderen Staates als desjenigen ergangen sind, in dem die Anerkennung und Vollstreckung nachgesucht wird. Es ist auch auf solche Schiedssprüche anzuwenden, die in dem Staat, in dem ihre Anerkennung und Vollstreckung nachgesucht wird, nicht als inländische anzusehen sind.[5]

(2) Unter „Schiedssprüchen" sind nicht nur Schiedssprüche von Schiedsrichtern, die für eine bestimmte Sache bestellt worden sind, sondern auch solche eines ständigen Schiedsgerichtes, dem sich die Parteien unterworfen haben, zu verstehen.

(3) Jeder Staat, der dieses Übereinkommen unterzeichnet oder ratifiziert, ihm beitritt oder dessen Ausdehnung gemäß Artikel X. notifiziert, kann gleichzeitig auf der Grundlage der Gegenseitigkeit erklären, dass er das Übereinkommen nur auf die Anerkennung und Vollstreckung solcher Schiedssprüche anwenden werde, die in dem Hoheitsgebiet eines anderen Vertragsstaates ergangen sind.[6] Er kann auch erklären, dass er das Übereinkommen nur auf Streitigkeiten aus solchen Rechtsverhältnissen, sei es vertraglicher oder nicht vertraglicher Art, anwenden werde, die

---

[5] Art. 2 Abs. 1 des deutschen ZustG v. 15.3.1961 (BGBl. II, S. 121) zu Art. I Abs. 1 des Übk. ist gem. Art. 2 § 2 SchiedsVfG v. 22.12.1997 (BGBl. I, S. 3324) mit Wirkung v. 1.1.1998 aufgehoben worden.

[6] Den (Territorial-)Vorbehalt nach Art. I Abs. 3 S. 1 haben folgende Vertragsstaaten erklärt: *Afghanistan, Algerien, Antigua* und *Barbuda, Argentinien, Armenien, Äthiopien, Bahrain, Barbados, Belgien, Bhutan, Bosnien und Herzegowina, Botsuana, Brunei Darussalam, China, Dänemark, Dschibuti, Ecuador, Frankreich, Griechenland, Guatemala,* der *Heilige Stuhl, Honduras, Indien, Indonesien, Iran, Irland, Jamaika, Japan, Kenia, die Republik Korea, Kroatien, Kuwait, Libanon, Liechtenstein, Luxemburg, Madagaskar, Malawi, Malaysia, Malta, Marokko,* die *Republik Moldau, Monaco,* die *Mongolei, Montenegro, Mosambik, Nepal, Neuseeland, die Niederlande, Nigeria, Nordmazedonien, Norwegen, Pakistan, Palau,* die *Philippinen, Polen, Saudi-Arabien, Serbien,* die *Seychellen, Sierra Leone, Singapur, Slowenien, St. Vincent und die Grenadinen, Tadschikistan, Tansania, Trinidad und Tobago,* die *Türkei, Tunesien, Turkmenistan, Uganda, Ungarn, Venezuela, Vietnam,* das *Vereinigte Königreich,* die *Vereinigten Staaten,* die *Zentralafrikanische Republik* und *Zypern.*

Die *Bundesrepublik Deutschland* hat den beim Beitritt erklärten Territorialitätsvorbehalt durch Mitteilung an den Generalsekretär der UNO v. 31.8.1998 zurückgenommen (BGBl. 1999 I, S. 7). *Österreich* hat den Vorbehalt mit Wirkung v. 25.2.1988 (BGBl. II, S. 954), *Kanada* (nur bez. der Provinz *Saskatchewan*) mit Wirkung v. 25.11.1988 (BGBl. 1989 II, S. 292), die *Schweiz* mit Wirkung v. 23.4.1993 (BGBl. II, S. 1940) und *Mauritius* mit Wirkung v. 24.5.2013 (BGBl. 2014 II, S. 137) zurückgenommen.

Nur im Falle der vereinbarten bzw. verbürgten Gegenseitigkeit werden Schiedssprüche, die in einem Nichtvertragsstaat ergangen sind, nach Maßgabe des Übk. in *Bulgarien, Kuba, Rumänien,* der *Russischen Föderation und Vietnam* anerkannt und vollstreckt. Einen derart eingeschränkten Territorialvorbehalt hatten auch die ehemalige *Tschechoslowakei* und die ehemalige *Sowjetunion* erklärt. Nach Auflösung dieser beiden Staaten gilt er für die *Slowakei* und die *Tschechische Republik,* sowie für *Belarus, Litauen,* die *Russische Föderation* und die *Ukraine* fort; er gilt hingegen nicht mehr für *Estland, Georgien, Kasachstan, Kirgisistan, Lettland* und *Usbekistan.*

nach seinem innerstaatlichen Recht als Handelssachen angesehen werden.[7]

Art. II. (1) Jeder Vertragsstaat erkennt eine schriftliche Vereinbarung an, durch die sich die Parteien verpflichten, alle oder einzelne Streitigkeiten, die zwischen ihnen aus einem bestimmten Rechtsverhältnis, sei es vertraglicher oder nichtvertraglicher Art, bereits entstanden sind oder etwa künftig entstehen, einem schiedsrichterlichen Verfahren zu unterwerfen, sofern der Gegenstand des Streites auf schiedsrichterlichem Wege geregelt werden kann.

(2) Unter einer „schriftlichen Vereinbarung" ist eine Schiedsklausel in einem Vertrag oder eine Schiedsabrede zu verstehen, sofern der Vertrag oder die Schiedsabrede von den Parteien unterzeichnet oder in Briefen oder Telegrammen enthalten ist, die sie gewechselt haben.

(3) Wird ein Gericht eines Vertragsstaates wegen eines Streitgegenstandes angerufen, hinsichtlich dessen die Parteien eine Vereinbarung im Sinne dieses Artikels getroffen haben, so hat das Gericht auf Antrag einer der Parteien sie auf das schiedsrichterliche Verfahren zu verweisen, sofern es nicht feststellt, dass die Vereinbarung hinfällig, unwirksam oder nicht erfüllbar ist.

Art. III. Jeder Vertragsstaat erkennt Schiedssprüche als wirksam an und lässt sie nach den Verfahrensvorschriften des Hoheitsgebietes, in dem der Schiedsspruch geltend gemacht wird, zur Vollstreckung zu, sofern die in den folgenden Artikeln festgelegten Voraussetzungen gegeben sind. Die Anerkennung oder Vollstreckung von Schiedssprüchen, auf die dieses Übereinkommen anzuwenden ist, darf weder wesentlich strengeren Verfahrensvorschriften noch wesentlich höheren Kosten unterliegen als die Anerkennung oder Vollstreckung inländischer Schiedssprüche.

Art. IV. (1) Zur Anerkennung und Vollstreckung, die im vorangehenden Artikel erwähnt wird, ist erforderlich, dass die Partei, welche die Anerkennung und Vollstreckung nachsucht, zugleich mit ihrem Antrag vorlegt:

a) die gehörig legalisierte (beglaubigte) Urschrift des Schiedsspruches oder eine Abschrift, deren Übereinstimmung mit einer solchen Urschrift ordnungsgemäß beglaubigt ist;

---

[7] Den (Handelssachen-)Vorbehalt nach Art. I Abs. 3 S. 2 haben folgende Vertragsstaaten erklärt: *Afghanistan, Algerien, Antigua* und *Barbuda, Argentinien, Armenien, Äthiopien, Bahrain, Barbados, Bhutan, Bosnien und Herzegowina, Botsuana, Burundi, China, Dänemark, Dschibuti, Ecuador, Griechenland, Guatemala,* der *Heilige Stuhl, Honduras, Indien, Indonesien, Iran, Jamaika, Kanada* (bez. aller Provinzen mit Ausnahme von *Québec*), die Republik *Korea, Kroatien, Kuba, Madagaskar, Malawi, Malaysia, Monaco,* die *Mongolei, Montenegro, Nepal, Nigeria, Nordmazedonien, Palau,* die *Philippinen, Polen, Rumänien, Serbien,* die *Seychellen, Sierra Leone, Slowenien, St. Vincent und die Grenadinen, Tonga, Trinidad und Tobago,* die *Türkei, Tunesien, Turkmenistan, Ungarn, Venezuela,* die *Vereinigten Staaten, Vietnam,* die *Zentralafrikanische Republik* und *Zypern. Norwegen* wendet das Übk. nicht auf Streitigkeiten an, in denen Liegenschaften in *Norwegen* oder Rechte an solchen Gegenstand des Verfahrens sind. *Tadschikistan* wendet das Übk. überhaupt nicht auf Streitigkeiten über unbewegliche Sachen an.

b) die Urschrift der Vereinbarung im Sinne des Artikels II. oder eine Abschrift, deren Übereinstimmung mit einer solchen Urschrift ordnungsgemäß beglaubigt ist.

(2) Ist der Schiedsspruch oder die Vereinbarung nicht in einer amtlichen Sprache des Landes abgefasst, in dem der Schiedsspruch geltend gemacht wird, so hat die Partei, die seine Anerkennung und Vollstreckung nachsucht, eine Übersetzung der erwähnten Urkunden in diese Sprache beizubringen. Die Übersetzung muss von einem amtlichen oder beeidigten Übersetzer oder von einem diplomatischen oder konsularischen Vertreter beglaubigt sein.

Art. V.[8] (1) Die Anerkennung und Vollstreckung des Schiedsspruches darf auf Antrag der Partei, gegen die er geltend gemacht wird, nur versagt werden, wenn diese Partei der zuständigen Behörde des Landes, in dem die Anerkennung und Vollstreckung nachgesucht wird, den Beweis erbringt,

a) dass die Parteien, die eine Vereinbarung im Sinne des Artikels II. geschlossen haben, nach dem Recht, das für sie persönlich maßgebend ist, in irgendeiner Hinsicht hierzu nicht fähig waren, oder dass die Vereinbarung nach dem Recht, dem die Parteien sie unterstellt haben, oder, falls die Parteien hierüber nichts bestimmt haben, nach dem Recht des Landes, in dem der Schiedsspruch ergangen ist, ungültig ist, oder

b) dass die Partei, gegen die der Schiedsspruch geltend gemacht wird, von der Bestellung des Schiedsrichters oder von dem schiedsrichterlichen Verfahren nicht gehörig in Kenntnis gesetzt worden ist oder dass sie aus einem anderen Grund ihre Angriffs- oder Verteidigungsmittel nicht hat geltend machen können, oder

c) dass der Schiedsspruch eine Streitigkeit betrifft, die in der Schiedsabrede nicht erwähnt ist oder nicht unter die Bestimmungen der Schiedsklausel fällt, oder dass er Entscheidungen enthält, welche die Grenzen der Schiedsabrede oder der Schiedsklausel überschreiten; kann jedoch der Teil des Schiedsspruches, der sich auf Streitpunkte bezieht, die dem schiedsrichterlichen Verfahren unterworfen waren, von dem Teil, der Streitpunkte betrifft, die ihm nicht unterworfen waren, getrennt werden, so kann der erstgenannte Teil des Schiedsspruches anerkannt und vollstreckt werden, oder

d) dass die Bildung des Schiedsgerichtes oder das schiedsrichterliche Verfahren der Vereinbarung der Parteien oder, mangels einer solchen Vereinbarung, dem Recht des Landes, in dem das schiedsrichterliche Verfahren stattfand, nicht entsprochen hat, oder

e) dass der Schiedsspruch für die Parteien noch nicht verbindlich geworden ist oder dass er von einer zuständigen Behörde des Landes, in dem oder

---

[8] Art. 2 Abs. 2 des deutschen ZustG v. 15.3.1961 (BGBl. II, S. 121) zu Art. V des Übk. ist gem. Art. 2 § 2 SchiedsVfG v. 22.12.1997 (BGBl. I, S. 3224) mit Wirkung v. 1.1.1998 aufgehoben worden.

nach dessen Recht er ergangen ist, aufgehoben oder in seinen Wirkungen einstweilen gehemmt worden ist.[9]

(2) Die Anerkennung und Vollstreckung eines Schiedsspruches darf auch versagt werden, wenn die zuständige Behörde des Landes, in dem die Anerkennung und Vollstreckung nachgesucht wird, feststellt,

a) dass der Gegenstand des Streites nach dem Recht dieses Landes nicht auf schiedsrichterlichem Wege geregelt werden kann, oder

b) dass die Anerkennung oder Vollstreckung des Schiedsspruches der öffentlichen Ordnung dieses Landes widersprechen würde.

Art. VI. Ist bei der Behörde, die im Sinne des Artikels V Absatz 1 Buchstabe e zuständig ist, ein Antrag gestellt worden, den Schiedsspruch aufzuheben oder ihn in seinen Wirkungen einstweilen zu hemmen, so kann die Behörde, vor welcher der Schiedsspruch geltend gemacht wird, sofern sie es für angebracht hält, die Entscheidung über den Antrag, die Vollstreckung zuzulassen, aussetzen; sie kann aber auch auf Antrag der Partei, welche die Vollstreckung des Schiedsspruches begehrt, der anderen Partei auferlegen, angemessene Sicherheit zu leisten.

Art. VII. (1) Die Bestimmungen dieses Übereinkommens lassen die Gültigkeit mehrseitiger oder zweiseitiger Verträge, welche die Vertragsstaaten über die Anerkennung und Vollstreckung von Schiedssprüchen geschlossen haben, unberührt und nehmen keiner beteiligten Partei das Recht, sich auf einen Schiedsspruch nach Maßgabe des innerstaatlichen Rechts oder der Verträge des Landes, in dem er geltend gemacht wird, zu berufen.

(2) Das Genfer Protokoll über die Schiedsklauseln von 1923 und das Genfer Abkommen zur Vollstreckung ausländischer Schiedssprüche von 1927 treten zwischen den Vertragsstaaten in dem Zeitpunkt und in dem Ausmaß außer Kraft, in dem dieses Übereinkommen für sie verbindlich wird.[10]

Art. VIII.–IX. *(nicht abgedruckt)*

Art. X.[11] (1) Jeder Staat kann bei der Unterzeichnung, bei der Ratifizierung oder beim Beitritt erklären, dass dieses Übereinkommen auf alle oder

---

[9] Beachte hierzu Art. IX Abs. 2 des Genfer Europäischen Übk. über die internationale Handelsschiedsgerichtsbarkeit v. 21.4.1961 (Nr. *241*).

[10] Vgl. Anm. 1 und 2 vor Nr. *240*.

[11] Eine Ausdehnung des Übk. auf weitere Gebiete gemäß Art. X haben folgende Staaten notifiziert:
- *Australien* auf alle Gebiete, deren internationale Beziehungen wahrgenommen werden, mit Ausnahme von *Papua-Neuguinea;*
- *Dänemark* auf die *Faröer-Inseln* und *Grönland;*
- *Frankreich* auf alle Territorien der Französischen Republik;
- die *Niederlande* auf die *Niederländischen Antillen* und *Suriname;*

auf einzelne der Gebiete ausgedehnt werde, deren internationale Beziehungen er wahrnimmt. Eine solche Erklärung wird wirksam, sobald das Übereinkommen für den Staat, der sie abgegeben hat, in Kraft tritt.

(2) Später kann dieses Übereinkommen auf solche Gebiete durch eine an den Generalsekretär der Vereinten Nationen gerichtete Notifikation ausgedehnt werden; die Ausdehnung wird am neunzigsten Tage, nachdem die Notifikation dem Generalsekretär der Vereinten Nationen zugegangen ist, oder, sofern dieses Übereinkommen für den in Betracht kommenden Staat später in Kraft tritt, erst in diesem Zeitpunkt wirksam.

(3) Hinsichtlich der Gebiete, auf welche dieses Übereinkommen bei der Unterzeichnung, bei der Ratifizierung oder beim Beitritt nicht ausgedehnt worden ist, wird jeder in Betracht kommende Staat die Möglichkeit erwägen, die erforderlichen Maßnahmen zu treffen, um das Übereinkommen auf sie auszudehnen, und zwar mit Zustimmung der Regierungen dieser Gebiete, falls eine solche aus verfassungsrechtlichen Gründen notwendig sein sollte.

Art. XI. Für einen Bundesstaat oder einen Staat, der kein Einheitsstaat ist, gelten die folgenden Bestimmungen:

a) hinsichtlich der Artikel dieses Übereinkommens, die sich auf Gegenstände der Gesetzgebungsbefugnis des Bundes beziehen, sind die Verpflichtungen der Bundesregierung die gleichen wie diejenigen der Vertragsstaaten, die keine Bundesstaaten sind;

b) hinsichtlich solcher Artikel dieses Übereinkommens, die sich auf Gegenstände der Gesetzgebungsbefugnis der Gliedstaaten oder Provinzen beziehen, die nach der verfassungsrechtlichen Ordnung des Bundes nicht gehalten sind, Maßnahmen im Wege der Gesetzgebung zu treffen, ist die Bundesregierung verpflichtet, die in Betracht kommenden Artikel den zuständigen Behörden der Gliedstaaten oder Provinzen sobald wie möglich befürwortend zur Kenntnis zu bringen;

c) ein Bundesstaat, der Vertragspartei dieses Übereinkommens ist, übermittelt auf das ihm von dem Generalsekretär der Vereinten Nationen zugeleitete Ersuchen eines anderen Vertragsstaates eine Darstellung des geltenden Rechts und der Übung innerhalb des Bundes und seiner Gliedstaaten oder Provinzen hinsichtlich einzelner Bestimmungen dieses Übereinkommens, aus der insbesondere hervorgeht, inwieweit diese Bestimmungen durch Maßnahmen im Wege der Gesetzgebung oder andere Maßnahmen wirksam geworden sind.

Art. XII–XIII. *(nicht abgedruckt)*

– das *Vereinigte Königreich* auf *Bailiwick of Jersey, Belize, Bermuda,* die *British Virgin Islands,* die *Cayman Islands, Gibraltar, Guernsey, Hongkong* und die *Isle of Man,*
– die *Vereinigten Staaten* auf alle Gebiete, deren internationale Beziehungen wahrgenommen werden.

Art. XIV. Ein Vertragsstaat darf sich gegenüber einem anderen Vertragsstaat nur insoweit auf dieses Übereinkommen berufen, als er selbst verpflichtet ist, es anzuwenden.

Art. XV–XVI. *(nicht abgedruckt)*

241. Genfer Europäisches Übereinkommen über die internationale Handelsschiedsgerichtsbarkeit

Vom 21. April 1961[1, 2, 3] (BGBl. 1964 II, S. 426)

(Übersetzung)[4]

Art. I. Anwendungsbereich des Übereinkommens. (1) Dieses Übereinkommen ist anzuwenden:

a) auf Schiedsvereinbarungen, die zum Zwecke der Regelung von bereits entstandenen oder künftig entstehenden Streitigkeiten aus internationalen Handelsgeschäften zwischen natürlichen oder juristischen Personen geschlossen werden, sofern diese bei Abschluss der Vereinbarung ihren gewöhnlichen Aufenthalt oder ihren Sitz in verschiedenen Vertragsstaaten haben;

b) auf schiedsrichterliche Verfahren und auf Schiedssprüche, die sich auf die in Absatz 1 Buchstabe a bezeichneten Vereinbarungen gründen.

---

[1] Das Übk. ist für die *Bundesrepublik Deutschland* am 25.1.1965 im Verhältnis zu *Bulgarien, Jugoslawien (SFR), Österreich, Polen, Rumänien,* der ehemaligen *Sowjetunion (Belarus, Ukraine),* der ehemaligen *Tschechoslowakei* und *Ungarn* in Kraft getreten (Bek. v. 21.1.1965, BGBl. II, S. 107).

Es gilt heute ferner für *Albanien* (seit 25.9.2001, BGBl. II, S. 864), *Aserbaidschan* (seit 17.4.2005, BGBl. II, S. 559), *Belgien* (seit 7.1.1976, BGBl. II, S. 138), *Bosnien und Herzegowina* (seit 6.3.1992, BGBl. 1994 II, S. 978), *Burkina Faso* (seit 26.4.1965, BGBl. II, S. 1598), *Dänemark* (seit 22.3.1973, BGBl. II, S. 160), *Frankreich* (seit 16.3.1967, BGBl. II, S. 1194), *Italien* (seit 1.11.1970, BGBl. 1971 II, S. 230), *Kasachstan* (seit 18.2.1996, BGBl. II, S. 1197), *Kroatien* (seit 8.10.1991, BGBl. 1994 II, S. 978), *Kuba* (seit 30.11.1965, BGBl. 1967 II, S. 2156), *Lettland* (seit 18.6.2003, BGBl. II, S. 505), *Luxemburg* (seit 24.6.1982, BGBl. II, S. 671), *Moldau, Republik* (seit 3.6.1998, BGBl. II, S. 1175), *Montenegro* (seit 3.6.2006, BGBl. 2007 II, S. 833), *Nordmazedonien* (seit 17.9.1991, BGBl. 1994 II, S. 3691), die *Russische Föderation* (seit 24.12.1991, BGBl. 1992 II, S. 1016), *Serbien* (seit 27.4.1992, BGBl. 2001 II, S. 864), die *Slowakei* (seit 1.1.1993, BGBl. 1994 II, S. 978), *Slowenien* (seit 25.6.1991, BGBl. 1993 II, S. 196), *Spanien* (seit 10.8.1975, BGBl. II, S. 929), die *Tschechische Republik* (seit 1.1.1993, BGBl. 1994 II, S. 978) und die *Türkei* (seit 23.4.1992, BGBl. 1993 II, S. 14). Für die ehemalige *Deutsche Demokratische Republik* war das Übk. am 21.5.1975 in Kraft getreten (Bek. v. 8.7.1975, BGBl. II, S. 1133).

[2] Zum Verhältnis dieses Übk. zum New Yorker UN-Übk. über die Anerkennung und Vollstreckung ausländischer Schiedssprüche v. 10.6.1958 (Nr. *240*) siehe Art. IX Abs. 2.

[3] Siehe auch die Pariser Vereinbarung v. 17.12.1962 über die Anwendung dieses Übk. (Nr. *242*).

[4] Authentisch sind gleichberechtigt der englische, französische und russische Text: https://treaties.un.org (Kap. XXII Nr. 2).

(2) Im Sinne dieses Übereinkommens bedeutet

a) „Schiedsvereinbarung“ eine Schiedsklausel in einem Vertrag oder eine Schiedsabrede, sofern der Vertrag oder die Schiedsabrede von den Parteien unterzeichnet oder in Briefen, Telegrammen oder Fernschreiben, die sie gewechselt haben, enthalten ist und, im Verhältnis zwischen Staaten, die in ihrem Recht für Schiedsvereinbarungen nicht die Schriftform fordern, jede Vereinbarung, die in den nach diesen Rechtsordnungen zulässigen Formen geschlossen ist;

b) „Regelung durch ein Schiedsgericht“ die Regelung von Streitigkeiten nicht nur durch Schiedsrichter, die für eine bestimmte Sache bestellt werden (*ad hoc*-Schiedsgericht), sondern auch durch ein ständiges Schiedsgericht;

c) „Sitz“ den Ort, an dem sich die Niederlassung befindet, welche die Schiedsvereinbarung geschlossen hat.

Art. II. Schiedsfähigkeit der juristischen Personen des öffentlichen Rechts. (1) In den Fällen des Artikels I Abs. 1 haben die juristischen Personen, die nach dem für sie maßgebenden Recht „juristische Personen des öffentlichen Rechts“ sind, die Fähigkeit, wirksam Schiedsvereinbarungen zu schließen.

(2) Jeder Staat kann bei der Unterzeichnung oder Ratifizierung des Übereinkommens oder beim Beitritt erklären, dass er diese Fähigkeit in dem Ausmaße beschränkt, das in seiner Erklärung bestimmt ist.[5]

Art. III. Fähigkeit der Ausländer zum Schiedsrichteramt. Ausländer können in schiedsrichterlichen Verfahren, auf die dieses Übereinkommen anzuwenden ist, zu Schiedsrichtern bestellt werden.

Art. IV. Gestaltung des schiedsrichterlichen Verfahrens. (1) Den Parteien einer Schiedsvereinbarung steht es frei zu bestimmen,

a) dass ihre Streitigkeiten einem ständigen Schiedsgericht unterworfen werden; in diesem Fall wird das Verfahren nach der Schiedsgerichtsordnung des bezeichneten Schiedsgerichts durchgeführt; oder

b) dass ihre Streitigkeiten einem ad hoc-Schiedsgericht unterworfen werden; in diesem Fall können die Parteien insbesondere

   1. die Schiedsrichter bestellen oder im Einzelnen bestimmen, wie die Schiedsrichter bei Entstehen einer Streitigkeit bestellt werden;
   2. den Ort bestimmen, an dem das schiedsrichterliche Verfahren durchgeführt werden soll;
   3. die von den Schiedsrichtern einzuhaltenden Verfahrensregeln festlegen.

---

[5] Eine Erklärung nach Art. II Abs. 2 hat bisher nur *Belgien* abgegeben. Danach darf in *Belgien* nur der Staat Schiedsvereinbarungen iS von Art. I Abs. 1 abschließen.

(2) Haben die Parteien vereinbart, die Regelung ihrer Streitigkeiten einem ad hoc-Schiedsgericht zu unterwerfen, und hat eine der Parteien innerhalb von 30 Tagen, nachdem der Antrag, mit dem das Schiedsgericht angerufen wird, dem Beklagten zugestellt worden ist, ihren Schiedsrichter nicht bestellt, so wird dieser Schiedsrichter, sofern nichts anderes vereinbart ist, auf Antrag der anderen Partei von dem Präsidenten der zuständigen Handelskammer des Staates bestellt, in dem die säumige Partei bei Stellung des Antrags, mit dem das Schiedsgericht angerufen wird, ihren gewöhnlichen Aufenthalt oder ihren Sitz hat. Dieser Absatz gilt auch für die Ersetzung von Schiedsrichtern, die von einer Partei oder von dem Präsidenten der oben bezeichneten Handelskammer bestellt worden sind.

(3) Haben die Parteien vereinbart, die Regelung ihrer Streitigkeiten einem ad hoc-Schiedsgericht, das aus einem Schiedsrichter oder aus mehreren Schiedsrichtern besteht, zu unterwerfen, und enthält die Schiedsvereinbarung keine Angaben über die Maßnahmen der in Absatz 1 bezeichneten Art, die zur Gestaltung des schiedsrichterlichen Verfahrens erforderlich sind, so werden diese Maßnahmen, wenn die Parteien sich hierüber nicht einigen und wenn nicht ein Fall des Absatzes 2 vorliegt, von dem Schiedsrichter oder von den Schiedsrichtern getroffen, die bereits bestellt sind. Kommt zwischen den Parteien über die Bestellung des Einzelschiedsrichters oder zwischen den Schiedsrichtern über die zu treffenden Maßnahmen eine Einigung nicht zustande, so kann der Kläger, wenn die Parteien den Ort bestimmt haben, an dem das schiedsrichterliche Verfahren durchgeführt werden soll, sich zu dem Zweck, dass diese Maßnahmen getroffen werden, nach seiner Wahl entweder an den Präsidenten der zuständigen Handelskammer des Staates, in dem der von den Parteien bestimmte Ort liegt, oder an den Präsidenten der zuständigen Handelskammer des Staates wenden, in dem der Beklagte bei Stellung des Antrags, mit dem das Schiedsgericht angerufen wird, seinen gewöhnlichen Aufenthalt oder seinen Sitz hat; haben die Parteien den Ort, an dem das schiedsrichterliche Verfahren durchgeführt werden soll, nicht bestimmt, so kann sich der Kläger nach seiner Wahl entweder an den Präsidenten der zuständigen Handelskammer des Staates, in dem der Beklagte bei Stellung des Antrags, mit dem das Schiedsgericht angerufen wird, seinen gewöhnlichen Aufenthalt oder seinen Sitz hat, oder an das Besondere Komitee wenden, dessen Zusammensetzung und dessen Verfahren in der Anlage zu diesem Übereinkommen geregelt sind. Übt der Kläger die ihm in diesem Absatz eingeräumten Rechte nicht aus, so können sie von dem Beklagten oder von den Schiedsrichtern ausgeübt werden.

(4) Der Präsident oder das Besondere Komitee kann, je nach den Umständen des ihm vorgelegten Falles, folgende Maßnahmen treffen:

a) den Einzelschiedsrichter, den Obmann des Schiedsgerichts, den Oberschiedsrichter oder den dritten Schiedsrichter bestellen;

b) einen oder mehrere Schiedsrichter ersetzen, die nach einem anderen als dem in Absatz 2 vorgesehenen Verfahren bestellt worden sind;

c) den Ort bestimmen, an dem das schiedsrichterliche Verfahren durchgeführt werden soll, jedoch können die Schiedsrichter einen anderen Ort wählen;

d) unmittelbar oder durch Verweisung auf die Schiedsgerichtsordnung eines ständigen Schiedsgerichts die von den Schiedsrichtern einzuhaltenden Verfahrensregeln festlegen, wenn nicht mangels einer Vereinbarung der Parteien über das Verfahren die Schiedsrichter dieses selbst festgelegt haben.

(5) Haben die Parteien vereinbart, die Regelung ihrer Streitigkeiten einem ständigen Schiedsgericht zu unterwerfen, ohne dass sie das ständige Schiedsgericht bestimmt haben, und einigen sie sich nicht über die Bestimmung des Schiedsgerichts, so kann der Kläger diese Bestimmung gemäß dem in Absatz 3 vorgesehenen Verfahren beantragen.

(6) Enthält die Schiedsvereinbarung keine Angaben über die Art des Schiedsgerichts (ständiges Schiedsgericht oder ad hoc-Schiedsgericht), dem die Parteien ihre Streitigkeit zu unterwerfen beabsichtigt haben, und einigen sich die Parteien nicht über diese Frage, so kann der Kläger von dem in Absatz 3 vorgesehenen Verfahren Gebrauch machen. Der Präsident der zuständigen Handelskammer oder das Besondere Komitee kann die Parteien entweder an ein ständiges Schiedsgericht verweisen oder sie auffordern, ihre Schiedsrichter innerhalb einer von ihm festgesetzten Frist zu bestellen und sich innerhalb derselben Frist über die Maßnahmen zu einigen, die zur Durchführung des schiedsrichterlichen Verfahrens erforderlich sind. In diesem letzten Falle sind die Absätze 2, 3 und 4 anzuwenden.

(7) Ist ein Antrag der in den Absätzen 2, 3, 4, 5 und 6 vorgesehenen Art von dem Präsidenten der in diesen Absätzen bezeichneten Handelskammer innerhalb von 60 Tagen nach Eingang des Antrags nicht erledigt worden, so kann sich der Antragsteller an das Besondere Komitee wenden, damit dieses die Aufgaben übernimmt, die nicht erfüllt worden sind.

Art. V. Einrede der Unzuständigkeit des Schiedsgerichts. (1) Will eine Partei die Einrede der Unzuständigkeit des Schiedsgerichts erheben, so hat sie die Einrede, wenn diese damit begründet wird, die Schiedsvereinbarung bestehe nicht, sei nichtig oder sei hinfällig geworden, in dem schiedsrichterlichen Verfahren spätestens gleichzeitig mit ihrer Einlassung zur Hauptsache vorzubringen; wird die Einrede damit begründet, der Streitpunkt überschreite die Befugnisse des Schiedsgerichts, so hat die Partei die Einrede vorzubringen, sobald der Streitpunkt, der die Befugnisse des Schiedsgerichts überschreiten soll, in dem schiedsrichterlichen Verfahren zur Erörterung kommt. Wird eine Einrede von den Parteien verspätet erhoben, so hat das Schiedsgericht die Einrede dennoch zuzulassen, wenn die Verspätung auf einem von dem Schiedsgericht für gerechtfertigt erachteten Grund beruht.

(2) Werden die in Absatz 1 bezeichneten Einreden der Unzuständigkeit nicht in den dort bestimmten zeitlichen Grenzen erhoben, so können sie,

sofern es sich um Einreden handelt, die zu erheben den Parteien nach dem von dem Schiedsgericht anzuwendenden Recht überlassen ist, im weiteren Verlauf des schiedsrichterlichen Verfahrens nicht mehr erhoben werden; sie können auch später vor einem staatlichen Gericht in einem Verfahren in der Hauptsache oder über die Vollstreckung des Schiedsspruches nicht mehr geltend gemacht werden, sofern es sich um Einreden handelt, die zu erheben den Parteien nach dem Recht überlassen ist, welches das mit der Hauptsache oder mit der Vollstreckung des Schiedsspruches befasste staatliche Gericht nach seinen Kollisionsnormen anzuwenden hat. Das staatliche Gericht kann jedoch die Entscheidung, mit der das Schiedsgericht die Verspätung der Einrede festgestellt hat, überprüfen.

(3) Vorbehaltlich einer dem staatlichen Gericht nach seinem Recht zustehenden späteren Überprüfung kann das Schiedsgericht, dessen Zuständigkeit bestritten wird, das Verfahren fortsetzen; es ist befugt, über seine eigene Zuständigkeit und über das Bestehen oder die Gültigkeit der Schiedsvereinbarung oder des Vertrages, in dem diese Vereinbarung enthalten ist, zu entscheiden.

Art. VI. Zuständigkeit der staatlichen Gerichte. (1) Der Beklagte kann die Einrede der Unzuständigkeit, die damit begründet wird, es liege eine Schiedsvereinbarung vor, in einem Verfahren vor einem staatlichen Gericht, das eine Partei der Schiedsvereinbarung angerufen hat, nur vor oder gleichzeitig mit seiner Einlassung zur Hauptsache erheben, je nachdem, ob die Einrede der Unzuständigkeit nach dem Recht des angerufenen staatlichen Gerichts verfahrensrechtlicher oder materiell-rechtlicher Natur ist; andernfalls ist die Einrede ausgeschlossen.

(2) Hat ein Gericht eines Vertragsstaates über das Bestehen oder die Gültigkeit einer Schiedsvereinbarung zu entscheiden, so hat es dabei die Fähigkeit der Parteien nach dem Recht, das für sie persönlich maßgebend ist, und sonstige Fragen wie folgt zu beurteilen:

a) nach dem Recht, dem die Parteien die Schiedsvereinbarung unterstellt haben;

b) falls die Parteien hierüber nichts bestimmt haben, nach dem Recht des Staates, in dem der Schiedsspruch ergehen soll;

c) falls die Parteien nichts darüber bestimmt haben, welchem Recht die Schiedsvereinbarung unterstellt wird, und falls im Zeitpunkt, in dem das staatliche Gericht mit der Frage befasst wird, nicht vorausgesehen werden kann, in welchem Staat der Schiedsspruch ergehen wird, nach dem Recht, welches das angerufene Gericht nach seinen Kollisionsnormen anzuwenden hat.

Das angerufene Gericht kann einer Schiedsvereinbarung die Anerkennung versagen, wenn die Streitigkeit nach seinem Recht der Regelung durch ein Schiedsgericht nicht unterworfen werden kann.

(3) Ist ein schiedsrichterliches Verfahren vor der Anrufung eines staatlichen Gerichts eingeleitet worden, so hat das Gericht eines Vertragsstaates, das später mit einer Klage wegen derselben Streitigkeit zwischen denselben Parteien oder mit einer Klage auf Feststellung, dass die Schiedsvereinbarung nicht bestehe, nichtig oder hinfällig geworden sei, befasst wird, die Entscheidung über die Zuständigkeit des Schiedsgerichts auszusetzen, bis der Schiedsspruch ergangen ist, es sei denn, dass ein wichtiger Grund dem entgegensteht.

(4) Wird bei einem staatlichen Gericht ein Antrag gestellt, einstweilige Maßnahmen, einschließlich solcher, die auf eine Sicherung gerichtet sind, anzuordnen, so gilt dies weder als unvereinbar mit der Schiedsvereinbarung noch als Unterwerfung der Hauptsache unter die staatliche Gerichtsbarkeit.

Art. VII. Anwendbares Recht. (1) Den Parteien steht es frei, das Recht zu vereinbaren, welches das Schiedsgericht in der Hauptsache anzuwenden hat. Haben die Parteien das anzuwendende Recht nicht bestimmt, so hat das Schiedsgericht das Recht anzuwenden, auf das die Kollisionsnormen hinweisen, von denen auszugehen das Schiedsgericht jeweils für richtig erachtet. In beiden Fällen hat das Schiedsgericht die Bestimmungen des Vertrages und die Handelsbräuche zu berücksichtigen.

(2) Das Schiedsgericht entscheidet nach Billigkeit, wenn dies dem Willen der Parteien entspricht und wenn das für das schiedsrichterliche Verfahren maßgebende Recht es gestattet.

Art. VIII. Begründung des Schiedsspruches. Es wird vermutet, dass die Parteien davon ausgegangen sind, der Schiedsspruch werde begründet werden, es sei denn,

a) dass die Parteien ausdrücklich erklärt haben, der Schiedsspruch bedürfe keiner Begründung, oder

b) dass sie sich einem schiedsrichterlichen Verfahrensrecht unterworfen haben, nach welchem es nicht üblich ist, Schiedssprüche zu begründen, sofern nicht in diesem Fall von den Parteien oder von einer Partei vor Schluss der mündlichen Verhandlung oder, wenn eine mündliche Verhandlung nicht stattgefunden hat, vor der schriftlichen Abfassung des Schiedsspruches eine Begründung ausdrücklich verlangt worden ist.

Art. IX. Aufhebung des Schiedsspruches. (1) Ist ein unter dieses Übereinkommen fallender Schiedsspruch in einem Vertragsstaat aufgehoben worden, so bildet dies in einem anderen Vertragsstaat nur dann einen Grund für die Versagung der Anerkennung oder der Vollstreckung, wenn die Aufhebung in dem Staat, in dem oder nach dessen Recht der Schiedsspruch ergangen ist, ausgesprochen worden ist, und wenn sie auf einem der folgenden Gründe beruht:

a) die Parteien, die eine Schiedsvereinbarung geschlossen haben, waren nach dem Recht, das für sie persönlich maßgebend ist, in irgendeiner Hinsicht hierzu nicht fähig, oder die Vereinbarung ist nach dem Recht, dem die Parteien sie unterworfen haben, oder, falls die Parteien hierüber nichts bestimmt haben, nach dem Recht des Staates, in dem der Schiedsspruch ergangen ist, ungültig; oder

b) die Partei, welche die Aufhebung des Schiedsspruchs begehrt, ist von der Bestellung des Schiedsrichters oder von dem schiedsrichterlichen Verfahren nicht gehörig in Kenntnis gesetzt worden, oder sie hat aus einem anderen Grund ihre Angriffs- oder Verteidigungsmittel nicht geltend machen können; oder

c) der Schiedsspruch betrifft eine Streitigkeit, die in der Schiedsabrede nicht erwähnt ist oder nicht unter die Bestimmungen der Schiedsklausel fällt, oder er enthält Entscheidungen, welche die Grenzen der Schiedsabrede oder der Schiedsklausel überschreiten; kann jedoch der Teil des Schiedsspruches, der sich auf Streitpunkte bezieht, die dem schiedsrichterlichen Verfahren unterworfen waren, von dem Teil, der Streitpunkte betrifft, die ihm nicht unterworfen waren, getrennt werden, so muss der erstgenannte Teil des Schiedsspruches nicht aufgehoben werden; oder

d) die Bildung des Schiedsgerichts oder das schiedsrichterliche Verfahren hat der Vereinbarung der Parteien oder, mangels einer solchen Vereinbarung, den Bestimmungen des Artikels IV. nicht entsprochen.

(2) Im Verhältnis zwischen Vertragsstaaten, die auch Vertragsparteien des New Yorker Übereinkommens vom 10. Juni 1958 über die Anerkennung und Vollstreckung ausländischer Schiedssprüche[6] sind, hat Absatz 1 die Wirkung, die Anwendung des Artikels V. Abs. 1 Buchstabe e des New Yorker Übereinkommens auf die Aufhebungsgründe zu beschränken, die in Absatz 1 dieses Artikels aufgezählt sind.

Art. X. Schlussbestimmungen. (1)–(6) *(nicht abgedruckt)*

(7) Die Bestimmungen dieses Übereinkommens lassen die Gültigkeit mehrseitiger oder zweiseitiger Verträge, welche die Vertragsstaaten auf dem Gebiete der Schiedsgerichtsbarkeit geschlossen haben oder noch schließen werden, unberührt.

(8)–(12) *(nicht abgedruckt)*

---

[6] Abgedruckt unter Nr. *240*.

242. Pariser Vereinbarung über die Anwendung des Europäischen Übereinkommens über die internationale Handelsschiedsgerichtsbarkeit

Vom 17. Dezember 1962[1] (BGBl. 1964 II, S. 449)

(Übersetzung)[2]

Art. 1. Für die Beziehungen zwischen natürlichen und juristischen Personen, die ihren gewöhnlichen Aufenthalt oder ihren Sitz in den Vertragsstaaten dieser Vereinbarung haben, werden die Absätze 2 bis 7 des Artikels IV. des Europäischen Übereinkommens über die internationale Handelsschiedsgerichtsbarkeit, das am 21. April 1961 in Genf zur Unterzeichnung aufgelegt worden ist, durch die folgende Vorschrift ersetzt: „Enthält die Schiedsvereinbarung keine Angaben über die Gesamtheit oder einen Teil der in Artikel IV. Abs. 1 des Europäischen Übereinkommens über die internationale Handelsschiedsgerichtsbarkeit bezeichneten Maßnahmen, so werden die bei der Bildung oder der Tätigkeit des Schiedsgerichts etwa entstehenden Schwierigkeiten auf Antrag einer Partei durch das zuständige staatliche Gericht behoben."

Art. 2–6. *(nicht abgedruckt)*

II. EU-Recht

243. Richtlinie 2008/52/EG des Europäischen Parlaments und des Rates über bestimmte Aspekte der Mediation in Zivil- und Handelssachen

Vom 21. Mai 2008[1, 2] (ABl. L 136, S. 3)

DAS EUROPÄISCHE PARLAMENT UND DER RAT DER EUROPÄISCHEN UNION –

---

[1] Die Vereinbarung ist für die *Bundesrepublik Deutschland* am 25.1.1965 im Verhältnis zu *Österreich* in Kraft getreten (Bek. v. 15.3.1965, BGBl. II, S. 271). Sie gilt heute ferner für *Belgien* (seit 7.1.1976, BGBl. II, S. 139), *Dänemark* (seit 22.3.1973, BGBl. II, S. 171), *Frankreich* (seit 16.3.1967, BGBl. II, S. 2329), *Italien* (seit 9.6.1976, BGBl. II, S. 1016), *Luxemburg* (seit 24.6.1982, BGBl. II, S. 671) und die *Republik Moldau* (seit 3.6.1998, BGBl. II, S. 1175).

[2] Authentisch sind gleichberechtigt der englische und der französische Text.

[1] Die Richtlinie ist für die Mitgliedstaaten – mit Ausnahme *Dänemarks* (Erwägungsgrund (30)) – am 13.6.2008 in Kraft getreten. In der *Bundesrepublik Deutschland* ist sie durch das MediationsG v. 21.7.2012 (BGBl. I, S. 1577) mit Wirkung v. 26.7.2012 umgesetzt worden.

[2] Im Verhältnis zum *Vereinigten Königreich* gilt die Richtlinie nach Ablauf der in Art. 126, 127 des Brexit-Abk v. 24.1.2020 (Nr. *0–3*) vereinbarten Übergangsfrist am 31.12.2020 nicht mehr. Zu den Auswirkungen des Brexit auf die Geltung der Richtlinie im Verhältnis zum *Vereinigten Königreich* siehe Anm. 2 zum EU-Vertrag (Nr. *0–1*) und Art. 69 lit. b Brexit-Abk.

gestützt auf den Vertrag zur Gründung der Europäischen Gemeinschaft, insbesondere auf Artikel 61 Buchstabe c und Artikel 67 Absatz 5 zweiter Gedankenstrich,

auf Vorschlag der Kommission,

nach Stellungnahme des Europäischen Wirtschafts- und Sozialausschusses,[3]

gemäß dem Verfahren des Artikels 251 des Vertrags,[4]

in Erwägung nachstehender Gründe:

(1) Die Gemeinschaft hat sich zum Ziel gesetzt, einen Raum der Freiheit, der Sicherheit und des Rechts, in dem der freie Personenverkehr gewährleistet ist, zu erhalten und weiterzuentwickeln. Hierzu muss die Gemeinschaft unter anderem im Bereich der justiziellen Zusammenarbeit in Zivilsachen die für das reibungslose Funktionieren des Binnenmarkts erforderlichen Maßnahmen erlassen.

(2) Das Prinzip des Zugangs zum Recht ist von grundlegender Bedeutung; im Hinblick auf die Erleichterung eines besseren Zugangs zum Recht hat der Europäische Rat die Mitgliedstaaten auf seiner Tagung in Tampere am 15. und 16. Oktober 1999 aufgefordert, alternative außergerichtliche Verfahren zu schaffen.

(3) Im Mai 2000 nahm der Rat Schlussfolgerungen über alternative Streitbeilegungsverfahren im Zivil- und Handelsrecht an, in denen er festhielt, dass die Aufstellung grundlegender Prinzipien in diesem Bereich einen wesentlichen Schritt darstellt, der die Entwicklung und angemessene Anwendung außergerichtlicher Streitbeilegungsverfahren in Zivil- und Handelssachen und somit einen einfacheren und verbesserten Zugang zum Recht ermöglichen soll.

(4) Im April 2002 legte die Kommission ein Grünbuch über alternative Verfahren zur Streitbeilegung im Zivil- und Handelsrecht vor, in dem die bestehende Situation im Bereich der alternativen Verfahren der Streitbeilegung in der Europäischen Union darlegt wird und mit dem umfassende Konsultationen mit den Mitgliedstaaten und interessierten Parteien über mögliche Maßnahmen zur Förderung der Nutzung der Mediation eingeleitet werden.

(5) Das Ziel der Sicherstellung eines besseren Zugangs zum Recht als Teil der Strategie der Europäischen Union zur Schaffung eines Raums der Freiheit, der Sicherheit und des Rechts sollte den Zugang sowohl zu gerichtlichen als auch zu außergerichtlichen Verfahren der Streitbeilegung umfassen. Diese Richtlinie sollte insbesondere in Bezug auf die Verfüg-

---

[3] ABl. C 286 v. 17.11.2005, S. 1

[4] Stellungnahme des Europäischen Parlaments vom 29.3.2007 (ABl. C 27 E v. 31.1. 2008, S. 129), Gemeinsamer Standpunkt des Rates v. 28.2.2008 (noch nicht im Amtsblatt veröffentlicht) und Standpunkt des Europäischen Parlaments vom 23.4.2008 (noch nicht im Amtsblatt veröffentlicht).

barkeit von Mediationsdiensten zum reibungslosen Funktionieren des Binnenmarkts beitragen.

(6) Die Mediation kann durch auf die Bedürfnisse der Parteien zugeschnittene Verfahren eine kostengünstige und rasche außergerichtliche Streitbeilegung in Zivil- und Handelssachen bieten. Vereinbarungen, die im Mediationsverfahren erzielt wurden, werden eher freiwillig eingehalten und wahren eher eine wohlwollende und zukunftsfähige Beziehung zwischen den Parteien. Diese Vorteile werden in Fällen mit grenzüberschreitenden Elementen noch deutlicher.

(7) Um die Nutzung der Mediation weiter zu fördern und sicherzustellen, dass die Parteien, die die Mediation in Anspruch nehmen, sich auf einen vorhersehbaren rechtlichen Rahmen verlassen können, ist es erforderlich, Rahmenregeln einzuführen, in denen insbesondere die wesentlichen Aspekte des Zivilprozessrechts behandelt werden.

(8) Die Bestimmungen dieser Richtlinie sollten nur für die Mediation bei grenzüberschreitenden Streitigkeiten gelten; den Mitgliedstaaten sollte es jedoch freistehen, diese Bestimmungen auch auf interne Mediationsverfahren anzuwenden.

(9) Diese Richtlinie sollte dem Einsatz moderner Kommunikationstechnologien im Mediationsverfahren in keiner Weise entgegenstehen.

(10) Diese Richtlinie sollte für Verfahren gelten, bei denen zwei oder mehr Parteien einer grenzüberschreitenden Streitigkeit mit Hilfe eines Mediators auf freiwilliger Basis selbst versuchen, eine gütliche Einigung über die Beilegung ihrer Streitigkeit zu erzielen. Sie sollte für Zivil- und Handelssachen gelten. Sie sollte jedoch nicht für Rechte und Pflichten gelten, über die die Parteien nach dem einschlägigen anwendbaren Recht nicht selbst verfügen können. Derartige Rechte und Pflichten finden sich besonders häufig im Familienrecht und im Arbeitsrecht.

(11) Diese Richtlinie sollte weder für vorvertragliche Verhandlungen gelten noch für schiedsrichterliche Verfahren, wie beispielsweise bestimmte gerichtliche Schlichtungsverfahren, Verbraucherbeschwerdeverfahren, Schiedsverfahren oder Schiedsgutachten, noch für Verfahren, die von Personen oder Stellen abgewickelt werden, die eine förmliche Empfehlung zur Streitbeilegung abgeben, unabhängig davon, ob diese rechtlich verbindlich ist oder nicht.

(12) Diese Richtlinie sollte für Fälle gelten, in denen ein Gericht die Parteien auf die Mediation verweist oder in denen nach nationalem Recht die Mediation vorgeschrieben ist. Ferner sollte diese Richtlinie dort, wo nach nationalem Recht ein Richter als Mediator tätig werden kann, auch für die Mediation durch einen Richter gelten, der nicht für ein Gerichtsverfahren in der oder den Streitsachen zuständig ist. Diese Richtlinie sollte sich jedoch nicht auf Bemühungen zur Streitbelegung durch das angerufene Gericht oder den angerufenen Richter im Rahmen des Gerichtsver-

fahrens über die betreffende Streitsache oder auf Fälle erstrecken, in denen das befasste Gericht oder der befasste Richter eine sachkundige Person zur Unterstützung oder Beratung heranzieht.

(13) Die in dieser Richtlinie vorgesehene Mediation sollte ein auf Freiwilligkeit beruhendes Verfahren in dem Sinne sein, dass die Parteien selbst für das Verfahren verantwortlich sind und es nach ihrer eigenen Vorstellung organisieren und jederzeit beenden können. Nach nationalem Recht sollte es den Gerichten jedoch möglich sein, Fristen für ein Mediationsverfahren zu setzen. Außerdem sollten die Gerichte die Parteien auf die Möglichkeit der Mediation hinweisen können, wann immer dies zweckmäßig ist.

(14) Diese Richtlinie sollte nationale Rechtsvorschriften, nach denen die Inanspruchnahme der Mediation verpflichtend oder mit Anreizen oder Sanktionen verbunden ist, unberührt lassen, sofern diese Rechtsvorschriften die Parteien nicht daran hindern, ihr Recht auf Zugang zum Gerichtssystem wahrzunehmen. Ebenso sollte diese Richtlinie bestehende, auf Selbstverantwortlichkeit der Parteien beruhende Mediationssysteme unberührt lassen, insoweit sie Aspekte betreffen, die nicht unter diese Richtlinie fallen.

(15) Im Interesse der Rechtssicherheit sollte in dieser Richtlinie angegeben werden, welcher Zeitpunkt für die Feststellung maßgeblich ist, ob eine Streitigkeit, die die Parteien durch Mediation beizulegen versuchen, eine grenzüberschreitende Streitigkeit ist. Wurde keine schriftliche Vereinbarung getroffen, so sollte davon ausgegangen werden, dass die Parteien zu dem Zeitpunkt einer Inanspruchnahme der Mediation zustimmen, zu dem sie spezifische Schritte unternehmen, um das Mediationsverfahren einzuleiten.

(16) Um das nötige gegenseitige Vertrauen in Bezug auf die Vertraulichkeit, die Wirkung auf Verjährungsfristen sowie die Anerkennung und Vollstreckung von im Mediationsverfahren erzielten Vereinbarungen sicherzustellen, sollten die Mitgliedstaaten die Aus- und Fortbildung von Mediatoren und die Einrichtung wirksamer Mechanismen zur Qualitätskontrolle in Bezug auf die Erbringung von Mediationsdiensten mit allen ihnen geeignet erscheinenden Mitteln fördern.

(17) Die Mitgliedstaaten sollten derartige Mechanismen festlegen, die auch den Rückgriff auf marktgestützte Lösungen einschließen können, aber sie sollten nicht verpflichtet sein, diesbezüglich Finanzmittel bereitzustellen. Die Mechanismen sollten darauf abzielen, die Flexibilität des Mediationsverfahrens und die Autonomie der Parteien zu wahren und sicherzustellen, dass die Mediation auf wirksame, unparteiische und sachkundige Weise durchgeführt wird. Die Mediatoren sollten auf den Europäischen Verhaltenskodex für Mediatoren hingewiesen werden, der im Internet auch der breiten Öffentlichkeit zur Verfügung gestellt werden sollte.

(18) Im Bereich des Verbraucherschutzes hat die Kommission eine förmliche Empfehlung[5] mit Mindestqualitätskriterien angenommen, die an der einvernehmlichen Beilegung von Verbraucherstreitigkeiten beteiligte außergerichtliche Einrichtungen ihren Nutzern bieten sollten. Alle Mediatoren oder Organisationen, die in den Anwendungsbereich dieser Empfehlung fallen, sollten angehalten werden, die Grundsätze der Empfehlung zu beachten. Um die Verbreitung von Informationen über diese Einrichtungen zu erleichtern, sollte die Kommission eine Datenbank über außergerichtliche Verfahren einrichten, die nach Ansicht der Mitgliedstaaten die Grundsätze der genannten Empfehlung erfüllen.

(19) Die Mediation sollte nicht als geringerwertige Alternative zu Gerichtsverfahren in dem Sinne betrachtet werden, dass die Einhaltung von im Mediationsverfahren erzielten Vereinbarungen vom guten Willen der Parteien abhinge. Die Mitgliedstaaten sollten daher sicherstellen, dass die Parteien einer im Mediationsverfahren erzielten schriftlichen Vereinbarung veranlassen können, dass der Inhalt der Vereinbarung vollstreckbar gemacht wird. Ein Mitgliedstaat sollte es nur dann ablehnen können, eine Vereinbarung vollstreckbar zu machen, wenn deren Inhalt seinem Recht, einschließlich seines internationalen Privatrechts, zuwiderläuft oder die Vollstreckbarkeit des Inhalts der spezifischen Vereinbarung in seinem Recht nicht vorgesehen ist. Dies könnte der Fall sein, wenn die in der Vereinbarung bezeichnete Verpflichtung ihrem Wesen nach nicht vollstreckungsfähig ist.

(20) Der Inhalt einer im Mediationsverfahren erzielten Vereinbarung, die in einem Mitgliedstaat vollstreckbar gemacht wurde, sollte gemäß dem anwendbaren Gemeinschaftsrecht oder nationalen Recht in den anderen Mitgliedstaaten anerkannt und für vollstreckbar erklärt werden. Dies könnte beispielsweise auf der Grundlage der Verordnung (EG) Nr. 44/2001 des Rates vom 22. Dezember 2000 über die gerichtliche Zuständigkeit und die Anerkennung und Vollstreckung von Entscheidungen in Zivil- und Handelssachen[6] oder der Verordnung (EG) Nr. 2201/2003 des Rates vom 27. November 2003 über die Zuständigkeit und die Anerkennung und Vollstreckung von Entscheidungen in Ehesachen und in Verfahren betreffend die elterliche Verantwortung[7] erfolgen.

(21) In der Verordnung (EG) Nr. 2201/2003 ist ausdrücklich vorgesehen, dass Vereinbarungen zwischen den Parteien in dem Mitgliedstaat, in dem sie geschlossen wurden, vollstreckbar sein müssen, wenn sie in einem anderen Mitgliedstaat vollstreckbar sein sollen. In Fällen, in denen der Inhalt einer im Mediationsverfahren erzielten Vereinbarung über eine familienrechtliche

---

[5] Empfehlung 2001/310/EG der Kommission v. 4.4.2001 über die Grundsätze für an der einvernehmlichen Beilegung von Verbraucherrechtsstreitigkeiten beteiligte außergerichtliche Einrichtungen (ABl. L 109 v. 19.4.2001, S. 56).

[6] ABl. L 12 v. 16.1.2001, S. 1. Die Verordnung ist inzwischen ersetzt worden durch die Verordnung (EU) Nr. 1215/2012 v. 12.12.2012 (Brüssel Ia-VO, Nr. *160*).

[7] Die Verordnung ist inzwischen ersetzt worden durch die Verordnung (EU) 2019/1111 v. 25.6.2019 (Brüssel IIb-VO, Nr. *162*).

Streitigkeit in dem Mitgliedstaat, in dem die Vereinbarung geschlossen und ihre Vollstreckbarkeit beantragt wurde, nicht vollstreckbar ist, sollte diese Richtlinie die Parteien daher nicht dazu veranlassen, das Recht dieses Mitgliedstaats zu umgehen, indem sie ihre Vereinbarung in einem anderen Mitgliedstaat vollstreckbar machen lassen.

(22) Die Vorschriften der Mitgliedstaaten für die Vollstreckung von im Mediationsverfahren erzielten Vereinbarungen sollten von dieser Richtlinie unberührt bleiben.

(23) Die Vertraulichkeit des Mediationsverfahrens ist wichtig und daher sollte in dieser Richtlinie ein Mindestmaß an Kompatibilität der zivilrechtlichen Verfahrensvorschriften hinsichtlich der Wahrung der Vertraulichkeit der Mediation in nachfolgenden zivil- und handelsrechtlichen Gerichts- oder Schiedsverfahren vorgesehen werden.

(24) Um die Parteien dazu anzuregen, die Mediation in Anspruch zu nehmen, sollten die Mitgliedstaaten gewährleisten, dass ihre Regeln über Verjährungsfristen die Parteien bei einem Scheitern der Mediation nicht daran hindern, ein Gericht oder ein Schiedsgericht anzurufen. Die Mitgliedstaaten sollten dies sicherstellen, auch wenn mit dieser Richtlinie die nationalen Regeln über Verjährungsfristen nicht harmonisiert werden. Die Bestimmungen über Verjährungsfristen in von den Mitgliedstaaten umgesetzten internationalen Übereinkünften, z. B. im Bereich des Verkehrsrechts, sollten von dieser Richtlinie nicht berührt werden.

(25) Die Mitgliedstaaten sollten darauf hinwirken, dass der breiten Öffentlichkeit Informationen darüber zur Verfügung gestellt werden, wie mit Mediatoren und Organisationen, die Mediationsdienste erbringen, Kontakt aufgenommen werden kann. Sie sollten ferner die Angehörigen der Rechtsberufe dazu anregen, ihre Mandanten über die Möglichkeit der Mediation zu unterrichten.

(26) Nach Nummer 34 der Interinstitutionellen Vereinbarung über bessere Rechtsetzung[8] werden die Mitgliedstaaten angehalten, für ihre eigenen Zwecke und im Interesse der Gemeinschaft eigene Tabellen aufzustellen, aus denen im Rahmen des Möglichen die Entsprechungen zwischen dieser Richtlinie und den Umsetzungsmaßnahmen zu entnehmen sind, und diese zu veröffentlichen.

(27) Diese Richtlinie soll der Förderung der Grundrechte dienen und berücksichtigt die Grundsätze, die insbesondere mit der Charta der Grundrechte der Europäischen Union anerkannt wurden.

(28) Da das Ziel dieser Richtlinie auf Ebene der Mitgliedstaaten nicht ausreichend verwirklicht werden kann und daher wegen des Umfangs oder der Wirkungen der Maßnahme besser auf Gemeinschaftsebene zu verwirklichen ist, kann die Gemeinschaft im Einklang mit dem in Artikel 5 des Vertrags niedergelegten Subsidiaritätsprinzip tätig werden. Entsprechend

[8] ABl. C 321 v. 31.12.2003, S. 1.

dem in demselben Artikel niedergelegten Grundsatz der Verhältnismäßigkeit geht diese Richtlinie nicht über das für die Erreichung dieses Ziels erforderliche Maß hinaus.

(29) Gemäß Artikel 3 des dem Vertrag über die Europäische Union und dem Vertrag zur Gründung der Europäischen Gemeinschaft beigefügten Protokolls über die Position des Vereinigten Königreichs und Irlands haben das Vereinigte Königreich und Irland mitgeteilt, dass sie sich an der Annahme und Anwendung dieser Richtlinie beteiligen möchten.

(30) Gemäß den Artikeln 1 und 2 des dem Vertrag über die Europäische Union und dem Vertrag zur Gründung der Europäischen Gemeinschaft beigefügten Protokolls über die Position Dänemarks beteiligt sich Dänemark nicht an der Annahme dieser Richtlinie, die für Dänemark nicht bindend oder anwendbar ist –

HABEN FOLGENDE RICHTLINIE ERLASSEN:

Art. 1. Ziel und Anwendungsbereich. (1) Ziel dieser Richtlinie ist es, den Zugang zur alternativen Streitbeilegung zu erleichtern und die gütliche Beilegung von Streitigkeiten zu fördern, indem zur Nutzung der Mediation angehalten und für ein ausgewogenes Verhältnis zwischen Mediation und Gerichtsverfahren gesorgt wird.

(2) Diese Richtlinie gilt bei grenzüberschreitenden Streitigkeiten für Zivil- und Handelssachen, nicht jedoch für Rechte und Pflichten, über die die Parteien nach dem einschlägigen anwendbaren Recht nicht verfügen können. Sie gilt insbesondere nicht für Steuer- und Zollsachen sowie verwaltungsrechtliche Angelegenheiten oder die Haftung des Staates für Handlungen oder Unterlassungen im Rahmen der Ausübung hoheitlicher Rechte *(„acta iure imperii")*.

(3) In dieser Richtlinie bezeichnet der Ausdruck „Mitgliedstaat" die Mitgliedstaaten mit Ausnahme Dänemarks.

Art. 2. Grenzüberschreitende Streitigkeiten. (1) Eine grenzüberschreitende Streitigkeit im Sinne dieser Richtlinie liegt vor, wenn mindestens eine der Parteien zu dem Zeitpunkt, zu dem

a) die Parteien vereinbaren, die Mediation zu nutzen, nachdem die Streitigkeit entstanden ist,

b) die Mediation von einem Gericht angeordnet wird,

c) nach nationalem Recht eine Pflicht zur Nutzung der Mediation entsteht, oder

d) eine Aufforderung an die Parteien im Sinne des Artikels 5 ergeht,

ihren Wohnsitz oder gewöhnlichen Aufenthalt in einem anderen Mitgliedstaat als dem einer der anderen Parteien hat.

(2) Ungeachtet des Absatzes 1 ist eine grenzüberschreitende Streitigkeit im Sinne der Artikel 7 und 8 auch eine Streitigkeit, bei der nach einer Me-

diation zwischen den Parteien ein Gerichts- oder ein Schiedsverfahren in einem anderen Mitgliedstaat als demjenigen eingeleitet wird, in dem die Parteien zu dem in Absatz 1 Buchstaben a, b oder c genannten Zeitpunkt ihren Wohnsitz oder gewöhnlichen Aufenthalt hatten.

(3) Der Wohnsitz im Sinne der Absätze 1 und 2 bestimmt sich nach den Artikeln 59 und 60 der Verordnung (EG) Nr. 44/2001.[9]

Art. 3. Begriffsbestimmungen. Im Sinne dieser Richtlinie bezeichnet der Ausdruck

a) „Mediation" ein strukturiertes Verfahren unabhängig von seiner Bezeichnung, in dem zwei oder mehr Streitparteien mit Hilfe eines Mediators auf freiwilliger Basis selbst versuchen, eine Vereinbarung über die Beilegung ihrer Streitigkeiten zu erzielen. Dieses Verfahren kann von den Parteien eingeleitet oder von einem Gericht vorgeschlagen oder angeordnet werden oder nach dem Recht eines Mitgliedstaats vorgeschrieben sein.

   Es schließt die Mediation durch einen Richter ein, der nicht für ein Gerichtsverfahren in der betreffenden Streitsache zuständig ist. Nicht eingeschlossen sind Bemühungen zur Streitbeilegung des angerufenen Gerichts oder Richters während des Gerichtsverfahrens über die betreffende Streitsache;

b) „Mediator" eine dritte Person, die ersucht wird, eine Mediation auf wirksame, unparteiische und sachkundige Weise durchzuführen, unabhängig von ihrer Bezeichnung oder ihrem Beruf in dem betreffenden Mitgliedstaat und der Art und Weise, in der sie für die Durchführung der Mediation benannt oder mit dieser betraut wurde.

Art. 4.[10] Sicherstellung der Qualität der Mediation. (1) Die Mitgliedstaaten fördern mit allen ihnen geeignet erscheinenden Mitteln die Entwicklung und Einhaltung von freiwilligen Verhaltenskodizes durch Mediatoren und Organisationen, die Mediationsdienste erbringen, sowie andere wirksame Verfahren zur Qualitätskontrolle für die Erbringung von Mediationsdiensten.

(2) Die Mitgliedstaaten fördern die Aus- und Fortbildung von Mediatoren, um sicherzustellen, dass die Mediation für die Parteien wirksam, unparteiisch und sachkundig durchgeführt wird.

Art. 5.[11] Inanspruchnahme der Mediation. (1) Ein Gericht, das mit einer Klage befasst wird, kann gegebenenfalls und unter Berücksichtigung aller Umstände des Falles die Parteien auffordern, die Mediation zur Streitbeilegung in Anspruch zu nehmen. Das Gericht kann die Parteien auch

---

[9] Die Verweisung ist inzwischen auf Art. 62, 63 der Verordnung (EU) Nr. 1215/2012 v. 12.12.2012 (Brüssel Ia-VO, Nr. *160*) gerichtet, vgl. Art. 80 S. 2 Brüssel Ia-VO.

[10] Vgl. Erwägungsgrund (16).

[11] Vgl. Erwägungsgrund (14).

auffordern, an einer Informationsveranstaltung über die Nutzung der Mediation teilzunehmen, wenn solche Veranstaltungen durchgeführt werden und leicht zugänglich sind.

(2) Diese Richtlinie lässt nationale Rechtsvorschriften unberührt, nach denen die Inanspruchnahme der Mediation vor oder nach Einleitung eines Gerichtsverfahrens verpflichtend oder mit Anreizen oder Sanktionen verbunden ist, sofern diese Rechtsvorschriften die Parteien nicht daran hindern, ihr Recht auf Zugang zum Gerichtssystem wahrzunehmen.

Art. 6.[12] **Vollstreckbarkeit einer im Mediationsverfahren erzielten Vereinbarung.** (1) Die Mitgliedstaaten stellen sicher, dass von den Parteien – oder von einer Partei mit ausdrücklicher Zustimmung der anderen – beantragt werden kann, dass der Inhalt einer im Mediationsverfahren erzielten schriftlichen Vereinbarung vollstreckbar gemacht wird. Der Inhalt einer solchen Vereinbarung wird vollstreckbar gemacht, es sei denn, in dem betreffenden Fall steht der Inhalt der Vereinbarung dem Recht des Mitgliedstaats, in dem der Antrag gestellt wurde, entgegen oder das Recht dieses Mitgliedstaats sieht die Vollstreckbarkeit des Inhalts nicht vor.

(2) Der Inhalt der Vereinbarung kann von einem Gericht oder einer anderen zuständigen öffentlichen Stelle durch ein Urteil oder eine Entscheidung oder in einer öffentlichen Urkunde nach dem Recht des Mitgliedstaats, in dem der Antrag gestellt wurde, vollstreckbar gemacht werden.

(3) Die Mitgliedstaaten teilen der Kommission mit, welche Gerichte oder sonstigen öffentlichen Stellen zuständig sind, einen Antrag nach den Absätzen 1 und 2 entgegenzunehmen.[13]

(4) Die Vorschriften für die Anerkennung und Vollstreckung einer nach Absatz 1 vollstreckbar gemachten Vereinbarung in einem anderen Mitgliedstaat werden durch diesen Artikel nicht berührt.

Art. 7.[14] **Vertraulichkeit der Mediation.** (1) Da die Mediation in einer Weise erfolgen soll, die die Vertraulichkeit wahrt, gewährleisten die Mitgliedstaaten, sofern die Parteien nichts anderes vereinbaren, dass weder Mediatoren noch in die Durchführung des Mediationsverfahrens eingebundene Personen gezwungen sind, in Gerichts- oder Schiedsverfahren in Zivil- und Handelssachen Aussagen zu Informationen zu machen, die sich aus einem Mediationsverfahren oder im Zusammenhang mit einem solchen ergeben, es sei denn,

a) dies ist aus vorrangigen Gründen der öffentlichen Ordnung *(ordre public)* des betreffenden Mitgliedstaats geboten, um insbesondere den Schutz des Kindeswohls zu gewährleisten oder eine Beeinträchtigung der physischen oder psychischen Integrität einer Person abzuwenden, oder

---

[12] Vgl. Erwägungsgrund (20).
[13] Vgl. dazu die Anm. 17 zu Art. 10.
[14] Vgl. Erwägungsgrund (23).

b) die Offenlegung des Inhalts der im Mediationsverfahren erzielten Vereinbarung ist zur Umsetzung oder Vollstreckung dieser Vereinbarung erforderlich.

(2) Absatz 1 steht dem Erlass strengerer Maßnahmen durch die Mitgliedstaaten zum Schutz der Vertraulichkeit der Mediation nicht entgegen.

Art. 8.[15] Auswirkung der Mediation auf Verjährungsfristen. (1) Die Mitgliedstaaten stellen sicher, dass die Parteien, die eine Streitigkeit im Wege der Mediation beizulegen versucht haben, im Anschluss daran nicht durch das Ablaufen der Verjährungsfristen während des Mediationsverfahrens daran gehindert werden, ein Gerichts- oder Schiedsverfahren hinsichtlich derselben Streitigkeit einzuleiten.

(2) Bestimmungen über Verjährungsfristen in internationalen Übereinkommen, denen Mitgliedstaaten angehören, bleiben von Absatz 1 unberührt.

Art. 9.[16] Information der breiten Öffentlichkeit. Die Mitgliedstaaten fördern mit allen ihnen geeignet erscheinenden Mitteln, insbesondere über das Internet, die Bereitstellung von Informationen für die breite Öffentlichkeit darüber, wie mit Mediatoren und Organisationen, die Mediationsdienste erbringen, Kontakt aufgenommen werden kann.

Art. 10.[17] Informationen über zuständige Gerichte und öffentliche Stellen. Die Kommission macht die Angaben über die zuständigen Gerichte und öffentlichen Stellen, die ihr die Mitgliedstaaten gemäß Artikel 6 Absatz 3 mitteilen, mit allen geeigneten Mitteln öffentlich zugänglich.

Art. 11. Überprüfung. Die Kommission legt dem Europäischen Parlament, dem Rat und dem Europäischen Wirtschafts- und Sozialausschuss bis zum 21. Mai 2016 einen Bericht über die Anwendung dieser Richtlinie vor. In dem Bericht wird auf die Entwicklung der Mediation in der gesamten Europäischen Union sowie auf die Auswirkungen dieser Richtlinie in den Mitgliedstaaten eingegangen. Dem Bericht sind, soweit erforderlich, Vorschläge zur Anpassung dieser Richtlinie beizufügen.

Art. 12. Umsetzung. (1) Die Mitgliedstaaten setzen vor dem 21. Mai 2011 die Rechts- und Verwaltungsvorschriften in Kraft, die erforderlich sind, um dieser Richtlinie nachzukommen; hiervon ausgenommen ist Artikel 10, dem spätestens bis zum 21. November 2010 nachzukommen ist. Sie setzen die Kommission unverzüglich davon in Kenntnis.

---

[15] Vgl. Erwägungsgrund (24).

[16] Vgl. Erwägungsgrund (25).

[17] Die Informationen sind im Internet abrufbar im Europäischen Gerichtsatlas für Zivilsachen (Homepage des Europäischen Justizportals: https://e-justice.europa.eu/357/DE/mediation).

Wenn die Mitgliedstaaten diese Vorschriften erlassen, nehmen sie in den entsprechenden Vorschriften selbst oder durch einen Hinweis bei der amtlichen Veröffentlichung auf diese Richtlinie Bezug. Die Mitgliedstaaten regeln die Einzelheiten der Bezugnahme.

(2) Die Mitgliedstaaten teilen der Kommission den Wortlaut der wichtigsten nationalen Rechtsvorschriften mit, die sie auf dem unter diese Richtlinie fallenden Gebiet erlassen.

Art. 13. Inkrafttreten. Diese Richtlinie tritt am zwanzigsten Tag nach ihrer Veröffentlichung im Amtsblatt der Europäischen Union in Kraft.

Art. 14. Adressaten. Diese Richtlinie ist an die Mitgliedstaaten gerichtet.

III. Bilaterale Staatsverträge[1,2,3]

244. Freundschafts-, Handels- und Schifffahrtsvertrag zwischen der Bundesrepublik Deutschland und den Vereinigten Staaten von Amerika

Vom 29. Oktober 1954[1] (BGBl. 1956 II, S. 488)

---

[1] Besondere Bestimmungen über die Anerkennung und Vollstreckung ausländischer Schiedssprüche enthalten ferner die bilateralen Anerkennungs- und Vollstreckungsabkommen der Bundesrepublik Deutschland mit

- *Belgien* v. 30.6.1958 (BGBl. 1959 II, S. 766) in Art. 13, 16 und 17;
- *Griechenland* v. 4.11.1961 (BGBl. 1963 II, S. 110) in Art. 14;
- *Israel* v. 20.7.1977 (Nr. *189*) in Art. 25, Abs. 2;
- *Italien* v. 9.3.1936 (RGBl. 1937 II, S. 145) in Art. 8;
- den *Niederlanden* v. 30.8.1962 (BGBl. 1965 II, S. 27) in Art. 17;
- *Norwegen* v. 17.6.1977 (BGBl. 1981 II, S. 342) in Art. 19;
- *Österreich* v. 6.6.1959 (BGBl. 1960 II, S. 1246) in Art. 12 und 15;
- der *Schweiz* v. 2.11.1929 (Nr. *190*) in Art. 9;
- *Tunesien* v. 19.7.1966 (BGBl. 1969 II, S. 890) in Art. 47–53.

[2] Zum Verhältnis der bilateralen zu den multilateralen Übk. auf dem Gebiet der internationalen Schiedsgerichtsbarkeit siehe Art. 7 Abs. 1 des New Yorker UN-Übk. v. 10.6. 1958 (Nr. *240*) und Art. 10 Abs. 7 des Genfer Europäischen Übk. v. 21.4.1961 (Nr. *241*).

[3] Das *deutsch-sowjetische* Abk. über Allgemeine Fragen des Handels und der Seeschifffahrt v. 25.4.1958 (BGBl. 1959 II, S. 222), das in seinem Art. 8 auch Fragen der internationalen Schiedsgerichtsbarkeit geregelt hatte, galt zwar auch nach der Auflösung der *Sowjetunion* im Verhältnis zu verschiedenen Nachfolgestaaten zunächst weiter. Es ist jedoch auch im Verhältnis zu diesen Staaten inzwischen außer Kraft getreten, und zwar für *Armenien* am 31.7.2003 (BGBl. 2005 II, S. 81), für *Aserbaidschan* am 26.11.2003 (BGBl. 2005 II, S. 1125), für *Belarus* am 4.7.2003 (BGBl. 2005 II, S. 85), für *Georgien* am 30.7.2003 (BGBl. 2005 II, S. 560), für *Kasachstan* am 10.10.2003 (BGBl. 2005 II, S. 82), für die *Republik Moldau* am 18.10.2003 (BGBl. 2005 II, S. 82), für die *Russische Föderation* am 20.12.2000 (BGBl. 2002 II, S. 40), für *Tadschikistan* am 4.7.2003 (BGBl. 2005 II, S. 83), für *Turkmenistan* am 25.7.2003 (BGBl. 2005 II, S. 83), für *Usbekistan* am 4.7.2003 (BGBl. 2005 II, S. 84) und für die *Ukraine* am 23.9.2003 (BGBl. 2005 II, S. 84).

[1] Der Vertrag ist am 14.7.1956 in Kraft getreten (Bek. v. 28.6.1956, BGBl. II, S. 763).

Art. VI. (1) …

(2) Verträgen zwischen Staatsangehörigen oder Gesellschaften des einen Vertragsteils und Staatsangehörigen oder Gesellschaften des anderen Vertragsteils, welche die Entscheidung von Streitigkeiten durch Schiedsrichter vorsehen, darf die Anerkennung in dem Gebiet eines jeden der Vertragsteile nicht lediglich deshalb versagt werden, weil sich der für die Durchführung des Schiedsgerichtsverfahrens bestimmte Ort außerhalb seines Gebiets befindet oder weil ein Schiedsrichter oder mehrere Schiedsrichter nicht seine Staatsangehörigen sind. In einem Verfahren zur Vollstreckbarerklärung, das vor den zuständigen Gerichten eines Vertragsteils anhängig gemacht wird, soll ein ordnungsmäßig aufgrund solcher Verträge ergangener und nach den Gesetzen des Orts, an dem er gefällt wurde, endgültiger und vollstreckbarer Schiedsspruch als bindend angesehen werden. Das Gericht muss ihn für vollstreckbar erklären, außer wenn die Anerkennung des Schiedsspruchs gegen die guten Sitten oder die öffentliche Ordnung verstoßen würde. Ist der Schiedsspruch für vollstreckbar erklärt, so steht er hinsichtlich der Wirkungen und der Vollstreckung einem inländischen Schiedsspruch gleich. Es besteht jedoch Einverständnis, dass ein außerhalb der Vereinigten Staaten von Amerika ergangener Schiedsspruch vor den Gerichten eines Staates der Vereinigten Staaten von Amerika nur im gleichen Maße Anerkennung genießt wie Schiedssprüche, die in einem anderen Staat der Vereinigten Staaten von Amerika erlassen worden sind.

IV. Innerstaatliches Recht

245. Zivilprozessordnung

idF vom 5. Dezember 2005 (BGBl. I, S. 3202)

10. Buch.[1] Schiedsrichterliches Verfahren

---

[1] Das Zehnte Buch wurde durch das Gesetz zur Neuregelung des Schiedsverfahrensrechts v. 22.12.1997 (BGBl. I S. 3224) neu gefasst. Das Gesetz ist nach seinem Art. 5 am 1.1.1998 in Kraft getreten. Es enthält in Art. 4 folgende Übergangsregelung:

Art. 4. Übergangsvorschriften

§ 1. Schiedsverfahren. *(1) Die Wirksamkeit von Schiedsvereinbarungen, die vor dem Inkrafttreten dieses Gesetzes geschlossen worden sind, beurteilt sich nach dem bisher geltenden Recht*

(2) Für schiedsrichterliche Verfahren, die bei Inkrafttreten dieses Gesetzes begonnen, aber noch nicht beendet sind, ist das bisherige Recht mit der Maßgabe anzuwenden, dass an die Stelle des schiedsrichterlichen Vergleichs der Schiedsspruch mit vereinbartem Wortlaut tritt. Die Parteien können jedoch die Anwendung des neuen Rechts vereinbaren.

(3) Für gerichtliche Verfahren, die bei Inkrafttreten dieses Gesetzes anhängig sind, ist das bisher geltende Recht weiter anzuwenden.

(4) Aus für vollstreckbar erklärten schiedsrichterlichen Vergleichen, die vor dem Inkrafttreten dieses Gesetzes geschlossen worden sind, findet die Zwangsvollstreckung statt, sofern die Entscheidung über die Vollstreckbarkeit rechtskräftig oder für vorläufig vollstreckbar erklärt worden ist.

1. Abschnitt. Allgemeine Vorschriften

§ 1025. Anwendungsbereich. (1) Die Vorschriften dieses Buches sind anzuwenden, wenn der Ort des schiedsrichterlichen Verfahrens im Sinne des § 1043 Abs. 1 in Deutschland liegt.

(2) Die Bestimmungen der §§ 1032, 1033 und 1050 sind auch dann anzuwenden, wenn der Ort des schiedsrichterlichen Verfahrens im Ausland liegt oder noch nicht bestimmt ist.

(3) Solange der Ort des schiedsrichterlichen Verfahrens noch nicht bestimmt ist, sind die deutschen Gerichte für die Ausübung der in den §§ 1034, 1035, 1037 und 1038 bezeichneten gerichtlichen Aufgaben[2] zuständig, wenn der Beklagte oder der Kläger seinen Sitz oder seinen gewöhnlichen Aufenthalt in Deutschland hat.

(4) Für die Anerkennung und Vollstreckung gelten die §§ 1061 bis 1065.

§§ 1026–1028. *(nicht abgedruckt)*

2. Abschnitt. Schiedsvereinbarung

§ 1029. Begriffsbestimmung. (1) Schiedsvereinbarung ist eine Vereinbarung der Parteien, alle oder einzelne Streitigkeiten, die zwischen ihnen in Bezug auf ein bestimmtes Rechtsverhältnis vertraglicher oder nichtvertraglicher Art entstanden sind oder künftig entstehen, der Entscheidung durch ein Schiedsgericht zu unterwerfen.

(2) Eine Schiedsvereinbarung kann in Form einer selbständigen Vereinbarung (Schiedsabrede) oder in Form einer Klausel in einem Vertrag (Schiedsklausel) geschlossen werden.

§ 1030. Schiedsfähigkeit. (1) Jeder vermögensrechtliche Anspruch kann Gegenstand einer Schiedsvereinbarung sein. Eine Schiedsvereinbarung über nichtvermögensrechtliche Ansprüche hat insoweit rechtliche Wirkung, als die Parteien berechtigt sind, über den Gegenstand des Streites einen Vergleich zu schließen.

(2) Eine Schiedsvereinbarung über Rechtsstreitigkeiten, die den Bestand eines Mietverhältnisses über Wohnraum im Inland betreffen, ist unwirksam. Dies gilt nicht, soweit es sich um Wohnraum der in § 549 Abs. 2 Nr. 1 bis 3 des Bürgerlichen Gesetzbuchs bestimmten Art handelt.

(3) Gesetzliche Vorschriften außerhalb dieses Buches, nach denen Streitigkeiten einem schiedsrichterlichen Verfahren nicht oder nur unter bestimmten Voraussetzungen unterworfen werden dürfen, bleiben unberührt.

---

[2] Die in den §§ 1034 ff. bezeichneten Aufgaben betreffen die Bildung des Schiedsgerichts und die Ablehnung von Schiedsrichtern.

§ 1031.[3] **Form der Schiedsvereinbarung.** (1) Die Schiedsvereinbarung muss entweder in einem von den Parteien unterzeichneten Dokument oder in zwischen ihnen gewechselten Schreiben, Fernkopien, Telegrammen oder anderen Formen der Nachrichtenübermittlung, die einen Nachweis der Vereinbarung sicherstellen, enthalten sein.

(2) Die Form des Absatzes 1 gilt auch dann als erfüllt, wenn die Schiedsvereinbarung in einem von der einen Partei der anderen Partei oder von einem Dritten beiden Parteien übermittelten Dokument enthalten ist und der Inhalt des Dokuments im Fall eines nicht rechtzeitig erfolgten Widerspruchs nach der Verkehrssitte als Vertragsinhalt angesehen wird.

(3) Nimmt ein den Formerfordernissen des Absatzes 1 oder 2 entsprechender Vertrag auf ein Dokument Bezug, das eine Schiedsklausel enthält, so begründet dies eine Schiedsvereinbarung, wenn die Bezugnahme dergestalt ist, dass sie diese Klausel zu einem Bestandteil des Vertrages macht.

(4) *(aufgehoben)*

(5) Schiedsvereinbarungen, an denen ein Verbraucher beteiligt ist, müssen in einer von den Parteien eigenhändig unterzeichneten Urkunde enthalten sein. Die schriftliche Form nach Satz 1 kann durch die elektronische Form nach § 126a des Bürgerlichen Gesetzbuchs ersetzt werden. Andere Vereinbarungen als solche, die sich auf das schiedsrichterliche Verfahren beziehen, darf die Urkunde oder das elektronische Dokument nicht enthalten; dies gilt nicht bei notarieller Beurkundung.

(6) Der Mangel der Form wird durch die Einlassung auf die schiedsgerichtliche Verhandlung zur Hauptsache geheilt.

§ 1032. Schiedsvereinbarung und Klage vor Gericht. (1) Wird vor einem Gericht Klage in einer Angelegenheit erhoben, die Gegenstand einer Schiedsvereinbarung ist, so hat das Gericht die Klage als unzulässig abzuweisen, sofern der Beklagte dies vor Beginn der mündlichen Verhandlung zur Hauptsache rügt, es sei denn, das Gericht stellt fest, dass die Schiedsvereinbarung nichtig, unwirksam oder undurchführbar ist.

(2) Bei Gericht kann bis zur Bildung des Schiedsgerichts Antrag auf Feststellung der Zulässigkeit oder Unzulässigkeit eines schiedsrichterlichen Verfahrens gestellt werden.

(3) Ist ein Verfahren im Sinne des Absatzes 1 oder 2 anhängig, kann ein schiedsrichterliches Verfahren gleichwohl eingeleitet oder fortgesetzt werden und ein Schiedsspruch ergehen.

§ 1033. Schiedsvereinbarung und einstweilige gerichtliche Maßnahmen. Eine Schiedsvereinbarung schließt nicht aus, dass ein Gericht vor oder nach Beginn des schiedsrichterlichen Verfahrens auf Antrag einer Par-

[3] § 1031 Abs. 4 aufgehoben durch Gesetz v. 20.4.2013 (BGBl. I, S. 831) mit Wirkung v. 25.4.2013.

tei eine vorläufige oder sichernde Maßnahme in Bezug auf den Streitgegenstand des schiedsrichterlichen Verfahrens anordnet.

3. Abschnitt. Bildung des Schiedsgerichts

§§ 1034–1036. *(nicht abgedruckt)*

4. Abschnitt. Zuständigkeit des Schiedsgerichts

§ 1040. Befugnis des Schiedsgerichts zur Entscheidung über die eigene Zuständigkeit. (1) Das Schiedsgericht kann über die eigene Zuständigkeit und im Zusammenhang hiermit über das Bestehen oder die Gültigkeit der Schiedsvereinbarung entscheiden. Hierbei ist eine Schiedsklausel als eine von den übrigen Vertragsbestimmungen unabhängige Vereinbarung zu behandeln.

§ 1040 (2)–**§ 1041.** *(nicht abgedruckt)*

5. Abschnitt. Durchführung des schiedsrichterlichen Verfahrens

§ 1042. Allgemeine Verfahrensregeln. (1) Die Parteien sind gleich zu behandeln. Jeder Partei ist rechtliches Gehör zu gewähren.

(2) Rechtsanwälte dürfen als Bevollmächtigte nicht ausgeschlossen werden.

(3) Im Übrigen können die Parteien vorbehaltlich der zwingenden Vorschriften dieses Buches das Verfahren selbst oder durch Bezugnahme auf eine schiedsrichterliche Verfahrensordnung regeln.

(4) Soweit eine Vereinbarung der Parteien nicht vorliegt und dieses Buch keine Regelung enthält, werden die Verfahrensregeln vom Schiedsgericht nach freiem Ermessen bestimmt. Das Schiedsgericht ist berechtigt, über die Zulässigkeit einer Beweiserhebung zu entscheiden, diese durchzuführen und das Ergebnis frei zu würdigen.

§ 1043. Ort des schiedsrichterlichen Verfahrens. (1) Die Parteien können eine Vereinbarung über den Ort des schiedsrichterlichen Verfahrens treffen. Fehlt eine solche Vereinbarung, so wird der Ort des schiedsrichterlichen Verfahrens vom Schiedsgericht bestimmt. Dabei sind die Umstände des Falles einschließlich der Eignung des Ortes für die Parteien zu berücksichtigen.

§ 1043 (2)–**§ 1050.** *(nicht abgedruckt)*

6. Abschnitt. Schiedsspruch und Beendigung des Verfahrens

§ 1051. Anwendbares Recht. (1) Das Schiedsgericht hat die Streitigkeit in Übereinstimmung mit den Rechtsvorschriften zu entscheiden, die von den Parteien als auf den Inhalt des Rechtsstreits anwendbar bezeichnet worden sind. Die Bezeichnung des Rechts oder der Rechtsordnung eines bestimmten Staates ist, sofern die Parteien nicht ausdrücklich etwas anderes vereinbart haben, als unmittelbare Verweisung auf die Sachvorschriften dieses Staates und nicht auf sein Kollisionsrecht zu verstehen.

(2) Haben die Parteien die anzuwendenden Rechtsvorschriften nicht bestimmt, so hat das Schiedsgericht das Recht des Staates anzuwenden, mit dem der Gegenstand des Verfahrens die engsten Verbindungen aufweist.

(3) Das Schiedsgericht hat nur dann nach Billigkeit zu entscheiden, wenn die Parteien es ausdrücklich dazu ermächtigt haben. Die Ermächtigung kann bis zur Entscheidung des Schiedsgerichts erteilt werden.

(4) In allen Fällen hat das Schiedsgericht in Übereinstimmung mit den Bestimmungen des Vertrages zu entscheiden und dabei bestehende Handelsbräuche zu berücksichtigen.

§§ 1052–1058. *(nicht abgedruckt)*

7. Abschnitt. Rechtsbehelf gegen den Schiedsspruch

§ 1059. Aufhebungsantrag. (1) Gegen einen Schiedsspruch kann nur der Antrag auf gerichtliche Aufhebung nach den Absätzen 2 und 3 gestellt werden.

(2) Ein Schiedsspruch kann nur aufgehoben werden,

1. wenn der Antragsteller begründet geltend macht, dass
   a) eine der Parteien, die eine Schiedsvereinbarung nach den §§ 1029, 1031 geschlossen haben, nach dem Recht, das für sie persönlich maßgebend ist, hierzu nicht fähig war, oder dass die Schiedsvereinbarung nach dem Recht, dem die Parteien sie unterstellt haben oder, falls die Parteien hierüber nichts bestimmt haben, nach deutschem Recht ungültig ist oder
   b) er von der Bestellung eines Schiedsrichters oder von dem schiedsrichterlichen Verfahren nicht gehörig in Kenntnis gesetzt worden ist oder dass er aus einem anderen Grund seine Angriffs- oder Verteidigungsmittel nicht hat geltend machen können oder
   c) der Schiedsspruch eine Streitigkeit betrifft, die in der Schiedsabrede nicht erwähnt ist oder nicht unter die Bestimmungen der Schiedsklausel fällt, oder dass er Entscheidungen enthält, welche die Grenzen der Schiedsvereinbarung überschreiten; kann jedoch der Teil des

Schiedsspruchs, der sich auf Streitpunkte bezieht, die dem schiedsrichterlichen Verfahren unterworfen waren, von dem Teil, der Streitpunkte betrifft, die ihm nicht unterworfen waren, getrennt werden, so kann nur der letztgenannte Teil des Schiedsspruchs aufgehoben werden; oder

d) die Bildung des Schiedsgerichts oder das schiedsrichterliche Verfahren einer Bestimmung dieses Buches oder einer zulässigen Vereinbarung der Parteien nicht entsprochen hat und anzunehmen ist, dass sich dies auf den Schiedsspruch ausgewirkt hat; oder

2. wenn das Gericht feststellt, dass

a) der Gegenstand des Streites nach deutschem Recht nicht schiedsfähig ist[4] oder

b) die Anerkennung oder Vollstreckung des Schiedsspruchs zu einem Ergebnis führt, das der öffentlichen Ordnung *(ordre public)* widerspricht.

(3)–(5) *(nicht abgedruckt)*

8. Abschnitt. Voraussetzungen der Anerkennung und Vollstreckung von Schiedssprüchen

§ 1060. *(nicht abgedruckt)*

§ 1061. Ausländische Schiedssprüche. (1) Die Anerkennung und Vollstreckung ausländischer Schiedssprüche richtet sich nach dem Übereinkommen vom 10. Juni 1958 über die Anerkennung und Vollstreckung ausländischer Schiedssprüche (BGBl. 1961 II S. 121).[5] Die Vorschriften in anderen Staatsverträgen über die Anerkennung und Vollstreckung von Schiedssprüchen bleiben unberührt.

(2) Ist die Vollstreckbarerklärung abzulehnen, stellt das Gericht fest, dass der Schiedsspruch im Inland nicht anzuerkennen ist.

(3) Wird der Schiedsspruch, nachdem er für vollstreckbar erklärt worden ist, im Ausland aufgehoben, so kann die Aufhebung der Vollstreckbarerklärung beantragt werden.

9. Abschnitt. Gerichtliches Verfahren

§§ 1062–1063. *(nicht abgedruckt)*

§ 1064. Besonderheiten bei der Vollstreckbarerklärung von Schiedssprüchen. (1) Mit dem Antrag auf Vollstreckbarerklärung eines Schieds-

---

[4] Vgl. § 1030 ZPO.

[5] Abgedruckt unter Nr. *240*.

spruchs ist der Schiedsspruch oder eine beglaubigte Abschrift des Schiedsspruchs vorzulegen. Die Beglaubigung kann auch von dem für das gerichtliche Verfahren bevollmächtigten Rechtsanwalt vorgenommen werden.

(2) Der Beschluss, durch den ein Schiedsspruch für vollstreckbar erklärt wird, ist für vorläufig vollstreckbar zu erklären.

(3) Auf ausländische Schiedssprüche sind die Absätze 1 und 2 anzuwenden, soweit Staatsverträge nicht ein anderes bestimmen.[6]

---

[6] Vgl. dazu Art. IV des New Yorker UN-Übk. über die Anerkennung und Vollstreckung ausländischer Schiedssprüche v. 10.6.1958 (Nr. *240*).

G. Beglaubigung und Legalisation von Urkunden

I. Multilaterale Staatsverträge

250. Haager Übereinkommen zur Befreiung ausländischer öffentlicher Urkunden von der Legalisation

Vom 5. Oktober 1961[1, 2, 3, 4] (BGBl. 1965 II, S. 876)

---

[1] Das Übk. ist für die *Bundesrepublik Deutschland* am 13.2.1966 im Verhältnis zu *Frankreich, Jugoslawien (SFR),* den *Niederlanden* und dem *Vereinigten Königreich* in Kraft getreten (Bek. v. 12.2.1966, BGBl. II, S. 106).

Es gilt heute ferner im Verhältnis zu *Albanien* (seit 9.12.2016, BGBl. 2017 II, S. 160), *Andorra* (seit 31.12.1996, BGBl. II, S. 2802), *Antigua und Barbuda* (seit 1.11.1981, BGBl. 1986 II, S. 542), *Argentinien* (seit 18.2.1988, BGBl. II, S. 235), *Armenien* (seit 14.8.1994, BGBl. II, S. 2532), *Australien* (seit 16.3.1995, BGBl. II, S. 222), *Bahamas* (seit 10.7.1973, BGBl. 1977 II, S. 20), *Bahrain* (seit 31.12.2013, BGBl. II, S. 1593), *Barbados* (seit 30.11.1966, BGBl. 1996 II, S. 934), *Belarus* (seit 31.5.1992, BGBl. 1993 II, S. 1005), *Belgien* (seit 9.2.1976, BGBl. II, S. 199), *Belize* (seit 11.4.1993, BGBl. II, S. 1005), *Bolivien* (seit 7.5.2018, BGBl. II, S. 102), *Bosnien und Herzegowina* (seit 6.3.1992, BGBl. 1994 II, S. 82), *Botsuana* (seit 30.9.1966, BGBl. 1970 II, S. 121), *Brasilien* (seit 14.8.2016, BGBl. II, S. 1008), *Brunei Darussalam* (seit 3.12.1987, BGBl. 1988 II, S. 154), *Bulgarien* (seit 29.4.2001, BGBl. II, S. 801), *Burundi* (seit 10.6.2014, BGBl. 2015 II, S. 151), *Chile* (seit 30.8.2016, BGBl. II, S. 1008), die *Cook-Inseln* (seit 30.4.2005, BGBl. II, S. 752), *Costa Rica* (seit 14.12.2011, BGBl. 2012 II, S. 79), *Dänemark* (unter Ausschluss der territorialen Anwendung auf *Grönland* und die *Färöer-Inseln;* seit 29.12.2006, BGBl. 2008 II, S. 224), *Dominica* (seit 3.11.1978, BGBl. 2003 II, S. 734), *Ecuador* (seit 2.4.2005, BGBl. II, S. 752), *El Salvador* (seit 31.5.1996, BGBl. II, S. 934), *Estland* (seit 30.9.2001, BGBl. 2002 II, S. 626), *Fidschi* (seit 10.10.1970, BGBl. 1971 II, S. 1016), *Finnland* (seit 26.8.1985, BGBl. II, S. 1006), *Georgien* (seit 3.2.2010, BGBl. II, S. 809), *Grenada* (seit 7.4.2002, BGBl. II, S. 1685), *Griechenland* (seit 18.5.1985, BGBl. II, S. 1108), *Guatemala* (seit 18.9.2017, BGBl. II, S. 1309), *Guyana* (seit 18.4.2019, BGBl. II, S. 141), *Honduras* (seit 30.9.2004, BGBl. 2005 II, S. 64), *Indonesien* (seit 4.6.2022, BGBl. II, S. 284), *Irland* (seit 9.3.1999, BGBl. II, S. 142), *Island* (seit 27.11.2004, BGBl. 2005 II, S. 64), *Israel* (seit 14.8.1978, BGBl. II, S. 1198), *Italien* (seit 11.2.1978, BGBl. II, S. 153), *Jamaika* (seit 3.7.2021, BGBl. II, S. 238), *Japan* (seit 27.7.1970, BGBl. II, S. 752), *Kap Verde* (seit 13.2.2010, BGBl. II, S. 93), *Kasachstan* (seit 30.1.2001, BGBl. II, S. 298), *Kirgisistan* (seit 15.11.2010, BGBl. 2012 II, S. 79), *Kolumbien* (seit 30.1.2001, BGBl. II, S. 298), *Korea, Republik* (seit 14.7.2007, BGBl. 2008 II, S. 224), *Kosovo* (seit 6.11.2015, BGBl. 2016 II, 1008), *Kroatien* (seit 8.10.1991, BGBl. 1994 II, S. 82), *Lesotho* (seit 4.10.1966, BGBl. 1972 II, S. 1466), *Lettland* (seit 30.1.1996, BGBl. II, S. 223), *Liechtenstein* (seit 17.9.1972, BGBl. II, S. 1466), *Litauen* (seit 19.7.1997, BGBl. II, S. 1400), *Luxemburg* (seit 3.6.1979, BGBl. II, S. 684), *Malawi* (seit 1.12.1967, BGBl. 1968 II, S. 76), *Malta* (seit 2.3.1968, BGBl. II, S. 131), den *Marshallinseln* (seit 14.8.1992, BGBl. II, S. 948), *Mauritius* (seit 12.3.1968, BGBl. 1970 II, S. 121), *Mexiko* (seit 14.8.1995, BGBl. II, S. 694), *Monaco* (seit 31.12.2002, BGBl. 2003 II, S. 63), *Montenegro* (seit 3.6.2006, BGBl. 2008 II, S. 224), *Namibia* (seit 30.1.2001, BGBl. II, S. 298), *Neuseeland* (seit 22.11.2001, BGBl. 2002 II, S. 626), *Nicaragua* (seit 14.5.2013, BGBl. II, S. 528), *Niue* (seit 2.3.1999, BGBl. II, S. 142), *Nordmazedonien* (seit 17.9.1991, BGBl. 1994 II, S. 1191), *Norwegen* (seit 29.7.1983, BGBl. II, S. 478), *Oman* (seit 30.1.2012, BGBl. II, S. 273), *Österreich* (seit

(Übersetzung)[5]

13.1.1968, BGBl. II, S. 76), *Palau* (seit 23.6.2020, BGBl. II, S. 770), *Panama* (seit 4.8.1991, BGBl. II, S. 998), Paraguay (seit 6.1.2022, BGBl. II. S. 246)., *Peru* (seit 1.1.2014, BGBl. II, S. 137), *Polen* (seit 14.8.2005, BGBl. 2006 II, S. 132), *Portugal* (seit 4.2.1969, BGBl. II, S. 120), *Rumänien* (seit 16.3.2001, BGBl. II, S. 801), die *Russische Föderation* (seit 31.5.1992, BGBl. II, S. 948), *Samoa* (seit 13.9.1999, BGBl. II, S. 794), *San Marino* (seit 13.2.1995, BGBl. II, S. 222), *São Tomé und Príncipe* (seit 13.9.2008, BGBl. 2009 II, S. 596), *Schweden* (seit 1.5.1999, BGBl. II, S. 420), der *Schweiz* (seit 11.3.1973, BGBl. II, S. 176), *Serbien* (seit 27.4.1992, BGBl. 2002 II, S. 626), den *Seychellen* (seit 31.3.1979, BGBl. II, S. 417), *Singapur* (seit 16.9.2021, BGBl. II, S. 238), der *Slowakei* (seit 18.2.2002, BGBl. 2002 II, S. 626), *Slowenien* (seit 25.6.1991, BGBl. 1993 II, S. 1005), *Spanien* (seit 25.9.1978, BGBl. II, S. 1330), *St. Kitts und Nevis* (seit 14.12.1994, BGBl. II, S. 3765), *St. Lucia* (seit 31.7.2002, BGBl. II, S. 2503), *St. Vincent und den Grenadinen* (seit 27.10.1979, BGBl. 2003 II, S. 698), *Südafrika* (seit 30.4.1995, BGBl. II, S. 326), *Suriname* (seit 25.11.1975, BGBl. 1977 II, S. 593), *Swasiland* (seit 6.9.1968, BGBl. 1979 II, S. 417), *Tonga* (seit 4.6.1970, BGBl. 1972 II, S. 254), *Trinidad und Tobago* (seit 14.7.2000, BGBl. II, S. 1362), der *Tschechischen Republik* (seit 16.3.1999, BGBl. II, S. 142), der *Türkei* (seit 29.9.1985, BGBl. II, S. 1108), *Ukraine* (seit 22.7.2010, BGBl. II, S. 1195), *Ungarn* (seit 18.1.1973, BGBl. II, S. 65), *Uruguay* (seit 14.10.2012, BGBl. II, S. 1029), *Usbekistan* (seit 25.7.2011, BGBl. 2012 II, S. 273), *Vanuatu* (seit 30.7.1980, BGBl. 2009 II, S. 596), *Venezuela* (seit 16.3.1999, BGBl. II, S. 142), den *Vereinigten Staaten* (seit 15.10.1981, BGBl. II, S. 903) und *Zypern* (seit 30.4.1973, BGBl. II, S. 391).

Das Übk. gilt auch nach dem Übergang der Souveränitätsrechte für *Hongkong* und *Macau* vom *Vereinigten Königreich* bzw. *Portugal* auf *China* mit Wirkung vom 1.7.1997 bzw. 20.12.1999 im Verhältnis zu den chinesischen Sonderverwaltungsregionen *Hongkong* und *Macau* fort (BGBl. 2003 II, S. 583, 590 und S. 789, 797). *Dänemark* hat das Übk. durch Erklärung v. 15.10.2021 auf die Faröer-Inseln, nicht aber auf Grönland erstreckt.

[2] Zur Geltung des Übk. in der *Autonomen Republik Krim* und der *Stadt Sewastopol* vgl. die Anm. 3 zu Nr. *210*, die hier entsprechend gilt (BGBl. 2018 II, S. 354) und für dieses Übk. auch von *Estland* (BGBl. 2021 II, S. 598) abgegeben wurde.

[3] Gegen das Inkrafttreten des Übk. für folgende Staaten hat die *Bundesrepublik Deutschland* Einspruch eingelegt, so dass das Übk. aus deutscher Sicht im Verhältnis zu diesen Staaten nicht gilt:

Aserbaidschan (in Kraft am 2.3.2005; Einspruch v. 27.12.2004, BGBl. 2008 II, 224),
Burundi (in Kraft am 13.2.2015; Einspruch v. 21.12.2014, BGBl. 2015 II, 151),
Dominikanische Republik (in Kraft am 30.8.2009; Einspruch v. 30.8.2009, BGBl. 2010 II, 93),
Indien (in Kraft am 14.7.2005; Einspruch v. 21.4.2005, BGBl. 2008 II, 224),
Kirgisistan (in Kraft am 31.7.2011; Einspruch v. 20.5.2011, BGBl. 2012 II, 79),
Kosovo (in Kraft am 14.7.2016; Einspruch v. 12.5.2016, BGBl. II, 1008),
Liberia (in Kraft am 8.2.1996; Einspruch v. 6.12.1995, BGBl. 2008 II, 224),
Marokko (in Kraft am 14.8.2016; Einspruch v. 14.6.2016, BGBl. II, 1008),
Moldau, Republik (in Kraft am 16.3.2007; Einspruch v. 5.1.2007, BGBl. 2008 II, 224),
Mongolei (in Kraft am 31.12.2009; Einspruch v. 22.10.2009, BGBl. 2010 II, 93),
Philippinen (in Kraft am 14.5.2019; Einspruch v. 12.9.2018, BGBl. 2019 II, 141),
Tadschikistan (in Kraft am 31.10.2015; Einspruch v. 26.8.2015, BGBl. II, 1219),
Tunesien (in Kraft am 30.3.2018; Einspruch v. 1.12.2017, BGBl. 2018 II, 31) und
Usbekistan (in Kraft am 15.4.2012; Einspruch v. 1.2.2012, BGBl. II, 273).

[4] Zum Vorrang der Verordnung (EU) 2016/1191 v. 6.7.2016 vor diesem Übk. im Verhältnis der EU-Mitgliedstaaten zueinander siehe Art. 19 Abs. 2 EuUrkVO (Nr. *253*).

[5] Authentisch ist allein der französische Text: https://www.hcch.net/de/instruments/conventions (Nr. 12).

Art. 1. [Anwendungsbereich] (1) Dieses Übereinkommen ist auf öffentliche Urkunden anzuwenden, die in dem Hoheitsgebiet eines Vertragsstaates errichtet worden sind und die in dem Hoheitsgebiet eines anderen Vertragsstaates vorgelegt werden sollen.

(2) Als öffentliche Urkunden im Sinne dieses Übereinkommens werden angesehen:

a) Urkunden eines staatlichen Gerichts oder einer Amtsperson als Organ der Rechtspflege, einschließlich der Urkunden, die von der Staatsanwaltschaft oder einem Vertreter des öffentlichen Interesses, von einem Urkundsbeamten der Geschäftsstelle oder von einem Gerichtsvollzieher ausgestellt sind;

b) Urkunden der Verwaltungsbehörden;

c) notarielle Urkunden;

d) amtliche Bescheinigungen, die auf Privaturkunden angebracht sind, wie z.B. Vermerke über die Registrierung, Sichtvermerke zur Feststellung eines bestimmten Zeitpunktes und Beglaubigungen von Unterschriften.

(3) Dieses Übereinkommen ist jedoch nicht anzuwenden

a) auf Urkunden, die von diplomatischen oder konsularischen Vertretern errichtet sind;

b) auf Urkunden der Verwaltungsbehörden, die sich unmittelbar auf den Handelsverkehr oder auf das Zollverfahren beziehen.

Art. 2. [Befreiung von Legalisation] Jeder Vertragsstaat befreit die Urkunden, auf die dieses Übereinkommen anzuwenden ist und die in seinem Hoheitsgebiet vorgelegt werden sollen, von der Legalisation. Unter Legalisation im Sinne dieses Übereinkommens ist nur die Förmlichkeit zu verstehen, durch welche die diplomatischen oder konsularischen Vertreter des Landes, in dessen Hoheitsgebiet die Urkunde vorgelegt werden soll, die Echtheit der Unterschrift, die Eigenschaft, in welcher der Unterzeichner der Urkunde gehandelt hat, und gegebenenfalls die Echtheit des Siegels oder Stempels, mit dem die Urkunde versehen ist, bestätigen.

Art. 3.[6] **[Apostille]** (1) Zur Bestätigung der Echtheit der Unterschrift, der Eigenschaft, in welcher der Unterzeichner der Urkunde gehandelt hat, und gegebenenfalls der Echtheit des Siegels oder Stempels, mit dem die Urkunde versehen ist, darf als Förmlichkeit nur verlangt werden, dass die in Arti-

---

[6] Siehe hierzu Art. 2 Abs. 1 des deutschen ZustG v. 21.6.1965 (BGBl. II, S. 875):

Art. 2. *(1) Die Bundesregierung und die Landesregierungen oder von diesen ermächtigte oberste Bundes- oder Landesbehörden bestimmen in ihrem jeweiligen Geschäftsbereich die Behörden, die für die Ausstellung der Apostille zuständig sind (Artikel 3, 6 und 7 des Übereinkommens). Als zuständige Behörde kann auch der Präsident eines Gerichts bestimmt werden.*

Vgl. ferner die 2. VO über die Ausstellung der Apostille nach Art. 3 des Haager Übk. v. 5.10.1961 zur Befreiung ausländischer öffentlicher Urkunden von der Legalisation v. 27.6.1970 (BGBl. I, S. 905).

kel 4 vorgesehene Apostille angebracht wird, welche die zuständige Behörde des Staates ausstellt, in dem die Urkunde errichtet worden ist.

(2) Die in Absatz 1 erwähnte Förmlichkeit darf jedoch nicht verlangt werden, wenn Gesetze oder andere Rechtsvorschriften des Staates, in dem die Urkunde vorgelegt wird, oder dort bestehende Gebräuche oder wenn Vereinbarungen zwischen zwei oder mehreren Vertragsstaaten sie entbehrlich machen, sie vereinfachen oder die Urkunde von der Legalisation befreien.[7]

Art. 4. [Form und Sprache der Apostille] (1) Die in Artikel 3 Absatz 1 vorgesehene Apostille wird auf der Urkunde selbst oder auf einem mit ihr verbundenen Blatt angebracht; sie muss dem Muster entsprechen, das diesem Übereinkommen als Anlage beigefügt ist.

(2) Die Apostille kann jedoch in der Amtssprache der Behörde, die sie ausstellt, abgefasst werden. Die gedruckten Teile des Musters können auch in einer zweiten Sprache wiedergegeben werden. Die Überschrift „Apostille (Convention de La Haye du 5 octobre 1961)" muss in französischer Sprache abgefasst sein.

Art. 5. [Antragsberechtigung; Wirkung der Apostille] (1) Die Apostille wird auf Antrag des Unterzeichners oder eines Inhabers der Urkunde ausgestellt.

(2) Ist die Apostille ordnungsgemäß ausgefüllt, so wird durch sie die Echtheit der Unterschrift, die Eigenschaft, in welcher der Unterzeichner der Urkunde gehandelt hat, und gegebenenfalls die Echtheit des Siegels oder Stempels, mit dem die Urkunde versehen ist, nachgewiesen.

(3) Die Unterschrift und das Siegel oder der Stempel auf der Apostille bedürfen keiner Bestätigung.

Art. 6. [Bestimmung der zuständigen Behörden] (1) Jeder Vertragsstaat bestimmt die Behörden, die zuständig sind, die Apostille nach Artikel 3 Absatz 1 auszustellen.

(2) Er notifiziert diese Bestimmung dem Ministerium für Auswärtige Angelegenheiten der Niederlande bei der Hinterlegung der Ratifikations- oder der Beitrittsurkunde oder bei der Erklärung über die Ausdehnung des Übereinkommens. Er notifiziert ihm auch jede Änderung, die in der Bestimmung dieser Behörden eintritt.

Art. 7. [Eintragung in Register] (1) Jede nach Artikel 6 bestimmte Behörde hat ein Register oder ein Verzeichnis in einer anderen Form zu führen, in das die Ausstellung der Apostillen eingetragen wird; dabei sind zu vermerken:

---

[7] Vereinbarungen iS von Art. 3 Abs. 2, die auch die in Art. 3 Abs. 1 vorgeschriebene Apostille entbehrlich machen, bestehen mit *Belgien, Frankreich, Italien, Österreich* und der *Schweiz;* siehe dazu näher unter II.

a) die Geschäftsnummer und der Tag der Ausstellung der Apostille,

b) der Name des Unterzeichners der öffentlichen Urkunde und die Eigenschaft, in der er gehandelt hat, oder bei Urkunden ohne Unterschrift die Behörde, die das Siegel oder den Stempel beigefügt hat.

(2) Auf Antrag eines Beteiligten hat die Behörde, welche die Apostille ausgestellt hat, festzustellen, ob die Angaben, die in der Apostille enthalten sind, mit denen des Registers oder des Verzeichnisses übereinstimmen.

Art. 8. [Verhältnis zu anderen Übereinkommen] Besteht zwischen zwei oder mehreren Vertragsstaaten ein Vertrag, ein Übereinkommen oder eine Vereinbarung des Inhalts, dass die Bestätigung der Unterschrift, des Siegels oder des Stempels gewissen Förmlichkeiten unterworfen ist, so greift dieses Übereinkommen nur ändernd ein, wenn jene Förmlichkeiten strenger sind als die in den Artikeln 3 und 4 vorgesehenen.

Art. 9. [Maßnahmen der Vertragsstaaten] Jeder Vertragsstaat trifft die notwendigen Maßnahmen, um zu vermeiden, dass seine diplomatischen oder konsularischen Vertreter die Legalisation in Fällen vornehmen, in denen dieses Übereinkommen von der Legalisation befreit.

Art. 10–15. *(nicht abgedruckt)*

251. Londoner Europäisches Übereinkommen zur Befreiung der von diplomatischen oder konsularischen Vertretern errichteten Urkunden von der Legalisation

Vom 7. Juni 1968[1, 2] (BGBl. 1971 II, S. 86)

(Übersetzung)[3]

---

[1] Das Übk. ist für die *Bundesrepublik Deutschland* am 19.9.1971 im Verhältnis zu *Frankreich,* den *Niederlanden,* der *Schweiz,* dem *Vereinigten Königreich* und *Zypern* in Kraft getreten (Bek. v. 27.7.1971, BGBl. II, S. 1023).

Es gilt heute ferner für *Belgien* (seit 15.6.2016, BGBl. II, S. 514), *Estland* (seit 17.6.2011, BGBl. II, S. 503), *Griechenland* (seit 23.5.1979, BGBl. II, S. 338), *Irland* (seit 9.3.1999, BGBl. II, S. 762), *Italien* (seit 19.1.1972, BGBl. 1971 II, S. 1313), *Liechtenstein* (seit 7.2.1973, BGBl. II, S. 1248), *Luxemburg* (seit 30.6.1979, BGBl. II, S. 938), *Malta* (seit 15.6.2018, BGBl. II, SS. 160), der *Republik Moldau* (seit 31.8.2002, BGBl. II, S. 1872), *Norwegen* (seit 20.9.1981, BGBl. II, S. 561), *Österreich* (seit 10.7.1973, BGBl. II, S. 746), *Polen* (seit 12.4.1995, BGBl. II, S. 251), *Portugal* (seit 14.3.1983, BGBl. II, S. 116), *Rumänien* (seit 3.4.2012, BGBl. II, S. 114), der *Russischen Föderation* (seit 9.3.2021, BGBl. II, S. 131), *Schweden* (seit 28.12.1973, BGBl. II, S. 1676), *Spanien* (seit 11.9.1982, BGBl. II, S. 639), die *Tschechische Republik* (seit 25.9.1998, BGBl. II, S. 2373) und die *Türkei* (seit 23.9.1987, BGBl. II, S. 427).

[2] Zum Vorrang der Verordnung (EU) 2016/1191 v. 6.7.2016 vor diesem Übk. im Verhältnis der EU-Mitgliedstaaten zueinander siehe Art. 19 Abs. 2 EuUrkVO (Nr. *253*).

[3] Authentisch sind gleichberechtigt der englische und der französische Text: https://www.coe.int/de/web/conventions (Nr. 63).

Art. 1. Unter Legalisation im Sinne dieses Übereinkommens ist nur die Förmlichkeit zu verstehen, die dazu bestimmt ist, die Echtheit der Unterschrift auf einer Urkunde, die Eigenschaft, in welcher der Unterzeichner der Urkunde gehandelt hat, und gegebenenfalls die Echtheit des Siegels oder Stempels, mit dem die Urkunde versehen ist, zu bestätigen.

Art. 2. (1) Dieses Übereinkommen ist auf Urkunden anzuwenden, die von den diplomatischen oder konsularischen Vertretern einer Vertragspartei in ihrer amtlichen Eigenschaft und in Wahrnehmung ihrer Aufgaben in dem Hoheitsgebiet irgendeines Staates errichtet worden sind und die vorgelegt werden sollen:

a) in dem Hoheitsgebiet einer anderen Vertragspartei oder

b) vor diplomatischen oder konsularischen Vertretern einer anderen Vertragspartei, die ihre Aufgaben in dem Hoheitsgebiet eines Staates wahrnehmen, der nicht Vertragspartei dieses Übereinkommens ist.

(2) Dieses Übereinkommen ist auch auf amtliche Bescheinigungen, wie z. B. Vermerke über die Registrierung, Sichtvermerke zur Feststellung eines bestimmten Zeitpunktes und Beglaubigungen von Unterschriften, anzuwenden, die von den diplomatischen oder konsularischen Vertretern auf anderen als den in Absatz 1 genannten Urkunden angebracht sind.

Art. 3. Jede Vertragspartei befreit die Urkunden, auf die dieses Übereinkommen anzuwenden ist, von der Legalisation.

Art. 4. (1) Jede Vertragspartei trifft die notwendigen Maßnahmen, um zu vermeiden, dass ihre Behörden die Legalisation in Fällen vornehmen, in denen dieses Übereinkommen von der Legalisation befreit.

(2) Jede Vertragspartei stellt, soweit erforderlich, die Prüfung der Echtheit der Urkunden sicher, auf die dieses Übereinkommen anzuwenden ist. Für diese Prüfung werden Gebühren oder Auslagen irgendwelcher Art nicht erhoben; sie wird so schnell wie möglich vorgenommen.

Art. 5. Dieses Übereinkommen geht im Verhältnis zwischen den Vertragsparteien den Bestimmungen von Verträgen, Übereinkommen oder Vereinbarungen vor, welche die Echtheit der Unterschrift diplomatischer oder konsularischer Vertreter, die Eigenschaft, in welcher der Unterzeichner einer Urkunde gehandelt hat, und gegebenenfalls die Echtheit des Siegels oder Stempels, mit dem die Urkunde versehen ist, der Legalisation unterwerfen oder unterwerfen werden.

Art. 6–10. *(nicht abgedruckt)*

252. Wiener CIEC-Übereinkommen über die Ausstellung mehrsprachiger Auszüge aus Personenstandsbüchern/Zivilstandsregistern

Vom 8. September 1976[1, 2, 3, 4, 5, 6] (BGBl. 1997 II, S. 774)

---

[1] Das Übk. ist für die *Bundesrepublik Deutschland* am 18.7.1997 im Verhältnis zu *Belgien, Bosnien und Herzegowina, Frankreich, Italien, Kroatien, Luxemburg,* den *Niederlanden, Nordmazedonien, Österreich, Portugal,* der *Schweiz, Serbien, Slowenien, Spanien* und der *Türkei* in Kraft getreten (BGBl. 1998 II, S. 966).

Es gilt inzwischen ferner für *Bulgarien* (seit 18.12.2013, BGBl. 2014 II, S. 125), *Estland* (seit 24.12.2011, BGBl. 2012 II, S. 196), *Kap Verde* (seit 17.10.2015, BGBl. II, S. 1568), *Litauen* (seit 29.1.2010, BGBl. II, S. 204), die *Republik Moldau* (seit 15.5.2008, BGBl. 2011 II, S. 689), *Montenegro* (seit 3.6.2006, BGBl. 2007 II, S. 1975), *Polen* (seit 1.11.2003, BGBl. II, S. 2171) und *Rumänien* (seit 5.6.2013, BGBl. II, S. 1195). Für das ehemalige *Jugoslawien* galt das Übk. seit dem 20.7.1990 (BGBl. 2002 II, S. 1207).

[2] Zum Vorrang der Verordnung (EU) 2016/1191 v. 6.7.2016 vor diesem Übk. und den nachfolgend in Anm. 3–6 genannten weiteren CIEC-Übk. im Verhältnis der EU-Mitgliedstaaten zueinander siehe Art. 19 Abs. 2 EuUrkVO (Nr. *253*).

[3] Das Pariser CIEC-Übk. über die Erteilung gewisser für das Ausland bestimmter Auszüge aus den Personenstandsbüchern v. 27.9.1956 wird heute im Verhältnis der Vertragsstaaten des hier abgedruckten Übk. v. 8.9.1976 gemäß dessen Art. 14 durch das neue Abk. ersetzt. Das Übk. war für die *Bundesrepublik Deutschland* am 23.12.1961 im Verhältnis zu *Frankreich, Luxemburg,* den *Niederlanden,* der *Schweiz* und der *Türkei* in Kraft getreten (Bek. v. 8.1.1962, BGBl. II S. 42). Es galt ferner im Verhältnis zu *Belgien, Bosnien und Herzegowina, Italien, Kroatien, Montenegro, Nordmazedonien, Österreich, Portugal, Serbien* und *Slowenien.* Text (französisch): http://ciec1.org (Nr. 1); deutsche Übersetzung im BGBl. 1961 II, S. 1056.

[4] Das neue CIEC-Übk. über die Ausstellung mehrsprachiger und codierter Auszüge und Bescheinigungen aus Personenstandsregistern v. 14.3.2014 soll nach seinem Art. 17 Abs. 1 im Verhältnis der Vertragsstaaten zueinander das hier abgedruckte Übk. v. 8.9.1976 ersetzen. Die *Bundesrepublik Deutschland* hat dem neuen Übk. zwar mit Gesetz v. 17.7.2017 (BGBl. II, S. 938) bereits zugestimmt. Es ist ferner auch von *Belgien* ratifiziert sowie von *Frankreich,* der *Schweiz* und *Spanien* gezeichnet worden, jedoch noch nicht in Kraft getreten. Text (französisch): http://ciec1.org (Nr. 34); deutsche Übersetzung im BGBl. 2017 II, S. 939.

[5] Vorschriften über die Befreiung vom Erfordernis der Legalisation auf dem Gebiet des Personenstandswesens enthalten ferner folgende mehrseitige Staatsverträge:

- Luxemburger CIEC-Übereinkommen über die kostenlose Erteilung von Personenstandsurkunden und den Verzicht auf ihre Legalisation v. 26.9.1957. Dieses Übk. ist für die *Bundesrepublik Deutschland* am 24.12.1961 im Verhältnis zu *Frankreich, Luxemburg,* den *Niederlanden* und der *Schweiz* in Kraft getreten (Bek. v. 8.1.1962, BGBl. II S. 43). Es gilt heute ferner für *Belgien* (seit 12.6.1966, BGBl. II, S. 613), *Italien* (seit 7.12.1968, BGBl. 1969 II, S. 107), *Österreich* (seit 1.10.1965, BGBl. II, S. 1953), *Portugal* (seit 27.2.1982, BGBl. II, S. 550) und die *Türkei* (seit 14.3.1963, BGBl. II, S. 314). Text (französisch): http://ciec1.org (Nr. 2); deutsche Übersetzung im BGBl. 1961 II, S. 1067.
- Römisches CIEC-Übk. über die Erweiterung der Zuständigkeit der Behörden, vor denen nichteheliche Kinder anerkannt werden können, v. 14.9.1961 (Nr. *50*) in Art. 5.
- Münchener CIEC-Übk. über die Ausstellung von Ehefähigkeitszeugnissen v. 5.9.1980 (Nr. *32*) in Art. 10.

[6] Das Athener CIEC-Übk. über die Befreiung bestimmter Urkunden von der Legalisation v. 15.9.1977 ist von der *Bundesrepublik Deutschland* zwar gezeichnet, aber bisher nicht ratifiziert worden. Es ist am 1.5.1981 für die *Niederlande* und *Spanien* in Kraft getreten. Es gilt heute ferner für *Frankreich* (seit 1.8.1982), *Griechenland* (seit 1.6.2014), *Italien* (seit

(Übersetzung)[7]

Art. 1. Auszüge aus Personenstandsbüchern, in denen die Geburt, die Eheschließung oder der Tod beurkundet ist, sind, wenn ein Beteiligter es verlangt oder ihre Verwendung eine Übersetzung erfordert, gemäß den diesem Übereinkommen beigefügten Formblättern A, B und C auszustellen.

Diese Auszüge dürfen in jedem Vertragsstaat nur für solche Personen ausgestellt werden, die berechtigt sind, wortgetreue Abschriften zu erlangen.

Art. 2. Die Auszüge sind aufgrund der ursprünglichen Einträge und späteren Vermerke in den Personenstandsbüchern auszustellen.

Art. 3–5. *(nicht abgedruckt)*

Art. 6. Auf der Vorderseite jedes Formblatts ist der unveränderliche Wortlaut der Auszüge, mit Ausnahme der in Artikel 5 für das Datum vorgesehenen Zeichen, in mindestens zwei Sprachen zu drucken, von denen eine die Amtssprache oder eine der Amtssprachen des Staates, in dem der Auszug ausgestellt wird, und die andere die französische Sprache ist.

Die Bedeutung der Zeichen ist dort mindestens in der Amtssprache oder in einer der Amtssprachen jedes Staates anzugeben, der zur Zeit der Unterzeichnung dieses Übereinkommens Mitglied der Internationalen Kommission für das Zivilstandswesen oder durch das Übereinkommen von Paris vom 27. September 1956 über die Erteilung gewisser für das Ausland bestimmter Auszüge aus Personenstandsbüchern gebunden ist, sowie in englischer Sprache.

Die Rückseite jedes Formblatts muss enthalten

- die Bezugnahme auf das Übereinkommen in den in Absatz 2 angegebenen Sprachen,
- Übersetzung des unveränderlichen Wortlauts der Auszüge in den in Absatz 2 angegebenen Sprachen, soweit diese nicht bereits auf der Vorderseite verwendet sind,
- eine Zusammenfassung des Inhalts der Artikel 3, 4, 5 und 7 mindestens in der Sprache der Behörde, die den Auszug ausstellt.

Jeder Staat, der diesem Übereinkommen beitritt, teilt dem Schweizerischen Bundesrat bei der Hinterlegung seiner Beitrittsurkunde die Übersetzung des unveränderlichen Wortlauts der Auszüge und der Bedeutung der Zeichen in seiner Amtssprache oder seinen Amtssprachen mit.

1.3.1982), *Luxemburg* (seit 1.11.1981), *Österreich* (seit 1.7.1982), *Portugal* (seit 1.2.1985) und die *Türkei* (seit 1.8.1987). Text (französisch): http://ciec1.org (Nr. 17); nicht amtliche deutsche Übersetzung: https://www.personenstandsrecht.de (Nr. 17).

[7] Authentisch ist allein der französische Text: http://ciec1.org (Nr. 16).

Der Schweizerische Bundesrat übermittelt diese Übersetzung den Vertragsstaaten und dem Generalsekretär der Internationalen Kommission für das Zivilstandswesen.

Jeder Vertragsstaat kann diese Übersetzung in die von seinen Behörden auszustellenden Auszüge aufnehmen.

Art. 7. Ermöglicht der Eintrag im Personenstandsbuch nicht, ein Feld oder einen Teil eines Feldes auszufüllen, so ist dieser Teil des Feldes durch Striche unbenutzbar zu machen.

Art. 8. Die Auszüge sind mit dem Datum ihrer Ausstellung sowie mit der Unterschrift und dem Dienstsiegel der ausstellenden Behörde zu versehen. Sie haben die gleiche Kraft wie die nach den innerstaatlichen Rechtsvorschriften des betreffenden Staates ausgestellten Auszüge.

Sie sind ohne Legalisation, Beglaubigung oder gleichwertige Förmlichkeit im Hoheitsgebiet jedes durch dieses Übereinkommen gebundenen Staates anzunehmen.

Art. 9. Vorbehaltlich internationaler Übereinkünfte über die kostenlose Ausstellung von Abschriften oder Auszügen aus Personenstandsbüchern dürfen für Auszüge, die nach diesem Übereinkommen ausgestellt werden, keine höheren Gebühren erhoben werden als für die nach dem innerstaatlichen Recht des betreffenden Staates ausgestellten Auszüge.

Art. 10. Dieses Übereinkommen schließt die Erlangung wortgetreuer Abschriften aus Personenstandsbüchern nach den innerstaatlichen Rechtsvorschriften des Staates nicht aus, in dem der Eintrag vorgenommen oder überschrieben worden ist.

Art. 11. Jeder Vertragsstaat kann bei der Unterzeichnung der in Artikel 13 vorgesehenen Notifikation oder dem Beitritt erklären, dass er sich das Recht vorbehält, dieses Übereinkommen auf Auszüge aus Geburtseinträgen für adoptierte Kinder nicht anzuwenden.

Art. 12–13. *(nicht abgedruckt)*

Art. 14. Das am 27. September 1956 in Paris unterzeichnete Übereinkommen über die Erteilung gewisser für das Ausland bestimmter Auszüge aus Personenstandsbüchern[7] ist zwischen den Staaten nicht mehr anzuwenden, für die das vorliegende Übereinkommen in Kraft getreten ist.

II. EU-Recht

253. Verordnung (EU) 2016/1191 des Europäischen Parlaments und des Rates zur Förderung der Freizügigkeit von Bürgern durch die Vereinfachung der Anforderungen an die Vorlage bestimmter öffentlicher Urkunden innerhalb der Europäischen Union und zur Änderung der Verordnung (EU) Nr. 1024/2012

Vom 6. Juli 2016[1, 2, 3] (ABl. L 200, S. 1)

DAS EUROPÄISCHE PARLAMENT UND DER RAT DER EUROPÄISCHEN UNION –

gestützt auf den Vertrag über die Arbeitsweise der Europäischen Union, insbesondere auf Artikel 21 Absatz 2,[4]

auf Vorschlag der Europäischen Kommission,

nach Zuleitung des Entwurfs des Gesetzgebungsakts an die nationalen Parlamente,

nach Stellungnahme des Europäischen Wirtschafts- und Sozialausschusses,[5]

gemäß dem ordentlichen Gesetzgebungsverfahren,[6]

in Erwägung nachstehender Gründe:

(1) Die Union hat sich zum Ziel gesetzt, einen Raum der Freiheit, der Sicherheit und des Rechts ohne Binnengrenzen, in dem der freie Personenverkehr gewährleistet ist, zu erhalten und weiterzuentwickeln. Um den freien Verkehr von öffentlichen Urkunden innerhalb der Union zu gewährleisten und dadurch die Freizügigkeit der Unionsbürger zu fördern, sollte die Union konkrete Maßnahmen beschließen, die eine Vereinfachung der bestehenden Verwaltungsanforderungen an die in einem Mitgliedstaat erfolgende Vorlage bestimmter öffentlicher Urkunden, die von den Behörden eines anderen Mitgliedstaats ausgestellt worden sind, bewirken.

---

[1] Die Verordnung gilt gem. ihrem Art. 27 Abs. 2 in allen Mitgliedstaaten ab dem 16.2.2019.

[2] Im Verhältnis zum *Vereinigten Königreich* gilt die Verordnung nach Ablauf der in Art. 126, 127 des Brexit-Abk v. 24.1.2020 (Nr. *0–3*) vereinbarten Übergangsfrist am 31.12.2020 nicht mehr. Zu den Auswirkungen des Brexit auf die Geltung der Verordnung im Verhältnis zum *Vereinigten Königreich* siehe Anm. 2 zum EU-Vertrag (Nr. *0–1*).

[3] Zur Durchführung der Verordnung in *Deutschland* siehe §§ 1118–1120 ZPO (Nr. *253a*).

[4] Abgedruckt unter Nr. *0–2*.

[5] ABl. C 327 v. 12.11.2013, S. 52.

[6] Standpunkt des Europäischen Parlaments v. 4.2.2014 (noch nicht im Amtsblatt veröffentlicht) und Standpunkt des Rates in erster Lesung v. 10.3.2016 (noch nicht im Amtsblatt veröffentlicht). Standpunkt des Europäischen Parlaments v. 10.5.2016.

(2) Alle Mitgliedstaaten sind Vertragsparteien des Haager Übereinkommens vom 5. Oktober 1961 zur Befreiung ausländischer öffentlicher Urkunden von der Legalisation (im Folgenden „Apostilleübereinkommen")[7], mit dem ein System für den vereinfachten Verkehr öffentlicher Urkunden, die von den Vertragsstaaten des Übereinkommens ausgestellt wurden, eingeführt wurde.

(3) Gemäß dem Grundsatz des gegenseitigen Vertrauens und in dem Bestreben, den freien Personenverkehr innerhalb der Union zu fördern, sollte diese Verordnung eine Regelung zur weiteren Vereinfachung der Verwaltungsformalitäten für den Verkehr bestimmter öffentlicher Urkunden und beglaubigter Kopien dieser Urkunden vorsehen, wenn diese öffentlichen Urkunden und beglaubigten Kopien davon von einer Behörde eines Mitgliedstaats zur Vorlage in einem anderen Mitgliedstaat ausgestellt wurden.

(4) Die in dieser Verordnung vorgesehene Regelung sollte Personen nicht daran hindern, weiterhin andere zwischen den Mitgliedstaaten geltende Systeme der Befreiung öffentlicher Urkunden von der Legalisation oder einer ähnlichen Förmlichkeit zu nutzen, wenn sie das wünschen. Diese Verordnung sollte insbesondere als eigenständiges und autonomes Instrument gegenüber dem Apostilleübereinkommen betrachtet werden.

(5) Das Nebeneinanderbestehen der in dieser Verordnung vorgesehenen Regelung und anderen zwischen den Mitgliedstaaten geltenden Regelungen sollte gewahrt bleiben. Was das Apostilleübereinkommen anbelangt, so sollte es für die Behörden der Mitgliedstaaten zwar nicht möglich sein, eine Apostille zu verlangen, wenn eine Person ihnen eine in einem anderen Mitgliedstaat ausgestellte öffentliche Urkunde, die unter diese Verordnung fällt, vorlegt, doch sollte diese Verordnung die Mitgliedstaaten nicht daran hindern, eine Apostille anzubringen, wenn sich eine Person dafür entscheidet, das zu beantragen. Zudem sollte diese Verordnung Personen nicht daran hindern, weiterhin in einem Mitgliedstaat eine in einem anderen Mitgliedstaat angebrachte Apostille zu verwenden. Dementsprechend könnte das Apostilleübereinkommen auf Antrag einer Person in den Beziehungen zwischen den Mitgliedstaaten nach wie vor herangezogen werden. Beantragt eine Person die Anbringung einer Apostille auf einer öffentlichen Urkunde, die unter diese Verordnung fällt, so sollten die nationalen Ausstellungsbehörden diese Person mithilfe geeigneter Mittel darüber unterrichten, dass nach der in dieser Verordnung vorgesehenen Regelung eine Apostille nicht länger erforderlich ist, wenn diese Person die Urkunde in einem anderen Mitgliedstaat vorzulegen beabsichtigt. Auf jeden Fall sollten die Mitgliedstaaten diese Information mit allen angemessenen Mitteln zugänglich machen.

(6) Diese Verordnung sollte öffentliche Urkunden erfassen, die von den Behörden eines Mitgliedstaats nach Maßgabe dessen nationalen Rechts

[7] Abgedruckt unter Nr. *250.*

ausgestellt wurden und die in erster Linie zur Feststellung der folgenden Sachverhalte ausgestellt wurden: Geburt, die Tatsache, dass eine Person am Leben ist, Tod, Name, Eheschließung (einschließlich Ehefähigkeit und Familienstand), Scheidung, Trennung ohne Auflösung des Ehebands oder Ungültigerklärung der Ehe, eingetragene Partnerschaft (einschließlich der Fähigkeit, eine eingetragene Partnerschaft einzugehen, und Status der eingetragenen Partnerschaft), Auflösung einer eingetragenen Partnerschaft, Trennung ohne Auflösung der Partnerschaft oder Ungültigerklärung der eingetragenen Partnerschaft, Abstammung, Adoption, Wohnsitz und/oder Ort des gewöhnlichen Aufenthalts oder Staatsangehörigkeit. Diese Verordnung sollte auch öffentliche Urkunden erfassen, die für eine Person von dem Mitgliedstaat, dessen Staatsangehörigkeit diese Person besitzt, ausgestellt wurden, um die Vorstrafenfreiheit dieser Person zu bescheinigen. Darüber hinaus sollte diese Verordnung öffentliche Urkunden erfassen, deren Vorlage von Unionsbürgern verlangt werden kann, die ihren gewöhnlichen Aufenthalt in einem Mitgliedstaat haben, dessen Staatsangehörigkeit sie nicht besitzen, wenn sie gemäß dem einschlägigen Unionsrecht ihr aktives oder passives Wahlrecht bei den Wahlen zum Europäischen Parlament oder bei den Kommunalwahlen in dem Mitgliedstaat, in dem sie ihren gewöhnlichen Aufenthalt haben, ausüben möchten.

(7) Durch diese Verordnung sollten die Mitgliedstaaten nicht dazu verpflichtet werden, öffentliche Urkunden auszustellen, die in ihrem nationalen Recht nicht vorgesehen sind.

(8) Diese Verordnung sollte auch für beglaubigte Kopien öffentlicher Urkunden gelten, die von einer zuständigen Behörde des Mitgliedstaats, in dem die öffentliche Urkunde im Original ausgestellt wurde, erstellt werden. Sie sollte jedoch nicht die Kopien beglaubigter Kopien erfassen.

(9) Diese Verordnung sollte auch die elektronischen Fassungen öffentlicher Urkunden und für den elektronischen Austausch geeignete mehrsprachige Formulare erfassen. Jeder Mitgliedstaat sollte jedoch nach Maßgabe seines nationalen Rechts entscheiden, ob und unter welchen Voraussetzungen öffentliche Urkunden und mehrsprachige Formulare in elektronischem Format vorgelegt werden dürfen.

(10) Diese Verordnung sollte weder für Reisepässe noch für Personalausweise gelten, die in einem Mitgliedstaat ausgestellt wurden, da solche Dokumente bei der Vorlage in einem anderen Mitgliedstaat nicht der Pflicht zur Legalisation oder einer anderen Förmlichkeit unterliegen.

(11) Diese Verordnung und insbesondere der darin vorgesehene Mechanismus für die Verwaltungszusammenarbeit sollten nicht für Personenstandsurkunden gelten, die auf der Grundlage der einschlägigen Übereinkommen der Internationalen Kommission für das Zivilstandswesen („CIEC") ausgestellt wurden.

(12) Öffentliche Urkunden über eine Namensänderung sollten auch als öffentliche Urkunden angesehen werden, die in erster Linie dazu bestimmt sind, den Namen einer Person festzustellen.

(13) Der Begriff „Familienstand" sollte so ausgelegt werden, dass er den Status einer Person als verheiratet, getrennt lebend oder unverheiratet bezeichnet, wozu auch der Status ledig, geschieden oder verwitwet gehört.

(14) Der Begriff „Abstammung" sollte so auslegt werden, dass er die rechtliche Beziehung zwischen einem Kind und seinen Eltern bezeichnet.

(15) Für die Zwecke dieser Verordnung sollten die Begriffe „Wohnsitz", „Ort des gewöhnlichen Aufenthalts" und „Staatsangehörigkeit" entsprechend dem nationalen Recht ausgelegt werden.

(16) Der Begriff „Strafregister" sollte als Bezugnahme auf das nationale Register oder die nationalen Register, in das bzw. die Verurteilungen nach Maßgabe des nationalen Rechts eingetragen werden, verstanden werden. „Verurteilung" sollte als Bezugnahme auf jede rechtskräftige Entscheidung eines Strafgerichts gegen eine natürliche Person im Zusammenhang mit einer Straftat, soweit diese Entscheidungen in das Strafregister des Urteilsmitgliedstaats eingetragen werden, verstanden werden.

(17) Die Unionsbürger sollten von den vereinfachten Anforderungen an die in einem Mitgliedstaat erfolgende Vorlage von öffentlichen Urkunden, die in einem anderen Mitgliedstaat ausgestellt wurden, einen spürbaren Nutzen haben. Von Privatpersonen ausgestellte Urkunden sollten aufgrund ihrer unterschiedlichen Rechtsnatur vom Anwendungsbereich dieser Verordnung ausgenommen werden. Entsprechend sollten auch von den Behörden von Drittländern ausgestellte öffentliche Urkunden nicht in den Anwendungsbereich dieser Verordnung fallen; das gilt auch, wenn sie bereits von den Behörden eines Mitgliedstaats als echt akzeptiert wurden. Der Ausschluss der von den Behörden eines Drittlands ausgestellten öffentlichen Urkunden sollte sich auch auf die von den Behörden eines Mitgliedstaats erstellten beglaubigten Kopien der von den Behörden eines Drittlands ausgestellten öffentlichen Urkunden erstrecken.

(18) Diese Verordnung bezweckt keine Änderung des materiellen Rechts der Mitgliedstaaten in Bezug auf Geburt, die Feststellung der Tatsache, dass eine Person am Leben ist, Tod, Name, Eheschließung (einschließlich Ehefähigkeit und Familienstand), Scheidung, Trennung ohne Auflösung des Ehebands oder Ungültigerklärung der Ehe, eingetragene Partnerschaft (einschließlich der Fähigkeit, eine eingetragene Partnerschaft einzugehen, und Status der eingetragenen Partnerschaft), Auflösung einer eingetragenen Partnerschaft, Trennung ohne Auflösung der eingetragenen Partnerschaft oder Ungültigerklärung der eingetragenen Partnerschaft, Abstammung, Adoption, Wohnsitz und/oder Ort des gewöhnlichen Aufenthalts, Staatsangehörigkeit, Vorstrafenfreiheit oder die öffentlichen Urkunden, deren Vorlage ein Mitgliedstaat von einer Person verlangen kann, die ihr aktives oder passives Wahlrecht bei den Wahlen zum Europäischen Parlament oder bei den Kommunalwahlen ausüben möchte und die die Staatsangehörigkeit dieses Mitgliedstaats besitzt. Ferner sollte diese Verordnung die in einem Mitgliedstaat erfolgende Anerkennung der rechtlichen Wirkung des Inhalts

einer von einem anderen Mitgliedstaat ausgestellten öffentlichen Urkunde nicht berühren.

(19) Um die Freizügigkeit der Unionsbürger zu fördern, sollten die unter diese Verordnung fallenden öffentlichen Urkunden und beglaubigten Kopien dieser Urkunden von jeder Form der Legalisation oder ähnlichen Förmlichkeit befreit werden.

(20) Sonstige Förmlichkeiten, insbesondere das Erfordernis, in jedem Fall beglaubigte Kopien und Übersetzungen öffentlicher Urkunden vorzulegen, sollten ebenfalls vereinfacht werden, um den Verkehr öffentlicher Urkunden zwischen den Mitgliedstaaten weiter zu erleichtern.

(21) Zur Überwindung von Sprachbarrieren und somit zur weiteren Erleichterung des Verkehrs öffentlicher Urkunden zwischen den Mitgliedstaaten sollten mehrsprachige Formulare in allen Amtssprachen der Organe der Union für öffentliche Urkunden über Geburt, über die Tatsache, dass eine Person am Leben ist, über Tod, Eheschließung, (einschließlich Ehefähigkeit und Familienstand), über eingetragene Partnerschaft (einschließlich der Fähigkeit, eine eingetragene Partnerschaft einzugehen, und Status der eingetragenen Partnerschaft), über Wohnsitz und/oder Ort des gewöhnlichen Aufenthalts sowie Vorstrafenfreiheit eingeführt werden.

(22) Einziger Zweck der mehrsprachigen Formulare sollte es sein, die Übersetzung der öffentlichen Urkunden, der die Formulare beigefügt sind, zu erleichtern. Daher sollten solche Formulare nicht als eigenständige Dokumente zwischen den Mitgliedstaaten in Umlauf kommen. Sie sollten weder dem gleichen Zweck dienen noch die gleichen Ziele verfolgen wie Auszüge aus oder wörtliche Abschriften von Personenstandsregistern, mehrsprachige Auszüge aus Personenstandsregistern, mehrsprachige und verschlüsselte Auszüge aus Personenstandsregistern oder mehrsprachige und verschlüsselte Personenstandsbescheinigungen, wie sie im CIEC-Übereinkommen Nr. 2 über die kostenlose Erteilung von Personenstandsurkunden und den Verzicht auf ihre Legalisation, im CIEC-Übereinkommen Nr. 16 über die Ausstellung mehrsprachiger Auszüge aus Personenstandsregistern und im CIEC-Übereinkommen Nr. 34 über die Ausstellung mehrsprachiger und verschlüsselter Auszüge aus Personenstandsregistern und mehrsprachiger und verschlüsselter Personenstandsbescheinigungen vorgesehen sind.[8]

(23) Die mit dieser Verordnung erstellten mehrsprachigen Formulare sollten den Inhalt der öffentlichen Urkunden, denen sie beigefügt werden, widerspiegeln und somit eine Übersetzung dieser öffentlichen Urkunden nach Möglichkeit überflüssig machen. Allerdings lässt sich das Ziel, eine Übersetzung überflüssig zu machen, bei einer Reihe öffentlicher Dokumente, deren Inhalt möglicherweise nicht angemessen in einem mehrsprachigen Formular wiedergegeben werden kann – wie etwa bestimmte Kategorien von gerichtlichen Entscheidungen –, nach vernünftigem Ermessen

---

[8] Vgl. zu den genannten CIEC-Übereinkommen Nr. *252* mit Anm. 1–3.

nicht erreichen. Die Mitgliedstaaten sollten der Kommission die öffentlichen Urkunden, denen mehrsprachige Formulare als geeignete Übersetzungshilfe beigefügt werden können, mitteilen. Die Mitgliedstaaten sollten bestrebt sein, einer möglichst großen Zahl öffentlicher Urkunden, die in den Anwendungsbereich dieser Verordnung fallen, ein mehrsprachiges Formular beizufügen.

(24) Von einer Person, die eine öffentliche Urkunde vorlegt, der ein mehrsprachiges Formular beigefügt wurde, sollte nicht verlangt werden, eine Übersetzung dieser öffentlichen Urkunde vorzulegen. Jedoch sollte die Behörde, der die öffentliche Urkunde vorgelegt wird, letztlich darüber entscheiden, ob die in dem mehrsprachigen Formular enthaltenen Informationen für die Zwecke der Bearbeitung dieser öffentlichen Urkunde ausreichend sind.

(25) Die Behörde, der eine öffentliche Urkunde vorgelegt wird, kann ausnahmsweise verlangen, dass die Person, die diese mit einem mehrsprachigen Formular versehene Urkunde vorlegt – sofern das für die Bearbeitung dieser öffentlichen Urkunde erforderlich ist –, auch eine Übersetzung oder eine Transliteration des Inhalts des mehrsprachigen Formulars in die Amtssprache ihres Mitgliedstaats oder, falls dieser Mitgliedstaat über mehrere Amtssprachen verfügt, in die Amtssprache oder eine der Amtssprachen, die am Ort der Vorlage der öffentlichen Urkunde verwendet wird, vorzulegen, wenn es sich bei dieser Sprache um eine der Amtssprachen der Organe der Union handelt.

(26) Die mehrsprachigen Formulare sollten den Personen, die Anspruch auf Ausstellung der öffentlichen Urkunden – denen die mehrsprachigen Formulare beizufügen sind – haben, auf deren Antrag hin ausgestellt werden. Mehrsprachige Formulare sollten in den Mitgliedstaaten, in denen sie vorgelegt werden, keine Rechtswirkungen im Sinne einer Anerkennung ihres Inhalts entfalten.

(27) Beim Erstellen eines mehrsprachigen Formulars, das einer bestimmten öffentlichen Urkunde beizufügen ist, sollte die dieses Formular ausstellende Behörde in der Lage sein, auf dem mehrsprachigen Musterformular nur die länderspezifischen Feldüberschriften auszuwählen, die für die betreffende öffentliche Urkunde von Belang sind, damit gewährleistet ist, dass das mehrsprachige Formular nur die Informationen enthält, die auch in der öffentlichen Urkunde, der es beigefügt werden soll, enthalten sind.

(28) Es sollte möglich sein, die elektronische Fassung eines mehrsprachigen Formulars aus dem Europäischen Justizportal an anderer Stelle, die auf nationaler Ebene zugänglich ist, zu integrieren und sie von dort aus zu verwenden.

(29) Die Mitgliedstaaten sollten die Möglichkeit haben, elektronische Fassungen mehrsprachiger Formulare unter Verwendung einer anderen als der vom Europäischen Justizportal verwendeten Technologie zu erstellen, sofern die mehrsprachigen Formulare, die von den diese andere Technolo-

gie verwendenden Mitgliedstaaten ausgestellt werden, die nach dieser Verordnung erforderlichen Informationen enthalten.

(30) Es sollten geeignete Vorsichtsmaßnahmen getroffen werden, um Urkundenbetrug und der Fälschung öffentlicher Urkunden und beglaubigter Kopien dieser Urkunden, die sich zwischen den Mitgliedstaaten im Verkehr befinden, vorzubeugen.

(31) Um einen raschen und sicheren grenzüberschreitenden Informationsaustausch zu gewährleisten und die Amtshilfe zu erleichtern, sollte diese Verordnung einen wirksamen Mechanismus für die Verwaltungszusammenarbeit zwischen den von den Mitgliedstaaten benannten Behörden vorsehen. Der Einsatz dieses Mechanismus für die Verwaltungszusammenarbeit sollte das gegenseitige Vertrauen zwischen den Mitgliedstaaten im Binnenmarkt stärken und auf der Grundlage des mit der Verordnung (EU) Nr. 1024/2012 des Europäischen Parlaments und des Rates[9] errichteten Binnenmarkt-Informationssystems („IMI") erfolgen.

(32) Daher sollte die Verordnung (EU) Nr. 1024/2012 dahin gehend geändert werden, dass einige Bestimmungen der vorliegenden Verordnung der im Anhang der Verordnung (EU) Nr. 1024/2012 enthaltenen Liste der Bestimmungen über die Verwaltungszusammenarbeit, die in Rechtsakten der Union enthalten sind und mithilfe des IMI umgesetzt werden, hinzugefügt werden.

(33) Um ein hohes Maß an Sicherheit und Datenschutz im Rahmen der Anwendung dieser Verordnung zu gewährleisten und um Betrug vorzubeugen, sollte die Kommission sicherstellen, dass das IMI die Sicherheit der öffentlichen Urkunden gewährleistet und ein sicheres Mittel der elektronischen Übermittlung dieser Urkunden bietet. Die Kommission sollte im IMI eine Funktion bereitstellen, die die über das System ausgetauschten Informationen bestätigt, wenn diese aus dem System exportiert werden. Ferner sollten die Behörden der Mitgliedstaaten, die Informationen über öffentliche Urkunden austauschen, die erforderlichen Maßnahmen treffen, um sicherzustellen, dass nach Maßgabe der Verordnung (EU) Nr. 1024/2012 die über das IMI ausgetauschten öffentlichen Urkunden und personenbezogenen Daten für Zwecke erfasst, verarbeitet und genutzt werden, die mit den Zwecken, für die sie ursprünglich vorgelegt wurden, im Einklang stehen. In der Verordnung (EU) Nr. 1024/2012 sind die Bestimmungen vorgesehen, die erforderlich sind, um den Schutz der personenbezogenen Daten und ein hohes Maß an Sicherheit und Vertraulichkeit des Informationsaustauschs im IMI zu gewährleisten; ferner sind dort die entsprechenden Zuständigkeiten der Kommission festgelegt. Zudem bestimmt die Verordnung (EU) Nr. 1024/2012, dass die IMI-Akteure personenbezo-

[9] Verordnung (EU) Nr. 1024/2012 des Europäischen Parlaments und des Rates v. 25.10.2012 über die Verwaltungszusammenarbeit mit Hilfe des Binnenmarkt-Informationssystems und zur Aufhebung der Entscheidung 2008/49/EG der Kommission („IMI-Verordnung") (ABl. L 316 v. 14.11.2012, S. 1).

gene Daten nur für die Zwecke, die in den dem Austausch zugrunde liegenden Rechtsakten der Union festgelegt sind, und für die Zwecke, für die sie ursprünglich vorgelegt wurden, austauschen und verarbeiten dürfen.

(34) Die Richtlinie 95/46/EG des Europäischen Parlaments und des Rates[10] wird die Verarbeitung personenbezogener Daten regeln, die im Verhältnis zur Anwendung der vorliegenden Verordnung in den Mitgliedstaaten unter der Aufsicht der von ihnen benannten unabhängigen zuständigen Behörden erfolgt. Jeder Informationsaustausch und jede Übermittlung von Informationen und Dokumenten durch die Behörden der Mitgliedstaaten sollte gemäß der Richtlinie 95/46/EG erfolgen. Außerdem sollte der besondere Zweck eines solchen Informations- und Dokumentenaustauschs darin bestehen, dass diese Behörden die Echtheit öffentlicher Urkunden über das IMI überprüfen und eine solche Überprüfung sollte nur im Rahmen der ihnen jeweils übertragenen Befugnisse erfolgen. Die Mitgliedstaaten sollten dadurch nicht daran gehindert werden, ihre Rechts- und Verwaltungsvorschriften über den Zugang der Öffentlichkeit zu amtlichen Dokumenten anzuwenden.

(35) Die Behörden der Mitgliedstaaten sollten einander gegenseitigen Beistand leisten, um die Anwendung dieser Verordnung, insbesondere hinsichtlich der Anwendung des Mechanismus für die Verwaltungszusammenarbeit zwischen den von den Mitgliedstaaten benannten Behörden in den Fällen zu erleichtern, in denen die Behörden eines Mitgliedstaats, in dem eine öffentliche Urkunde oder eine beglaubigte Kopie dieser Urkunde vorgelegt wird, berechtigte Zweifel an der Echtheit der öffentlichen Urkunde oder der Kopie dieser Urkunde hegen.

(36) Wenn die Behörden eines Mitgliedstaats, in dem eine öffentliche Urkunde oder eine beglaubigte Kopie dieser Urkunde vorgelegt wird, berechtigte Zweifel an der Echtheit dieser Dokumente hegen, sollten sie die Möglichkeit haben, die im Datenspeicher des IMI verfügbaren Dokumentenmuster zu prüfen und, falls dann immer noch Zweifel bestehen, über das IMI ein Auskunftsersuchen an die zuständigen Behörden des Mitgliedstaats, in dem diese Dokumente ausgestellt wurden, zu richten, indem sie entweder das Ersuchen unmittelbar der Behörde übermitteln, die die öffentliche Urkunde ausgestellt oder die beglaubigte Kopie erstellt hat, oder indem sie mit der zentralen Behörde des betreffenden Mitgliedstaats Kontakt aufnehmen. Die ersuchten Behörden sollten auf diese Ersuchen innerhalb kürzester Frist antworten, auf jeden Fall jedoch innerhalb einer Frist von maximal fünf bzw. – wenn das Ersuchen von einer Zentralbehörde bearbeitet wird – zehn Arbeitstagen. Die Frist von zehn Arbeitstagen kann insbesondere in den Fällen zum Tragen kommen, in denen die ersuchten Behörden noch nicht im IMI registriert sind. Wenn diese Fristen nicht

[10] Richtlinie 95/46/EG des Europäischen Parlaments und des Rates v. 24.10.1995 zum Schutz natürlicher Personen bei der Verarbeitung personenbezogener Daten und zum freien Datenverkehr (ABl. L 281 v. 23.11.1995, S. 31).

einzuhalten sind, sollte zwischen der ersuchten und der ersuchenden Behörde eine Fristverlängerung vereinbart werden.

(37) Für die Berechnung der in dieser Verordnung vorgesehenen Fristen und Termine sollte die Verordnung (EWG, Euratom) Nr. 1182/71 des Rates[11] Anwendung finden.

(38) In außergewöhnlichen Fällen kann es sein, dass die Behörden der Mitgliedstaaten nicht in der Lage sind, die Echtheit einer öffentlichen Urkunde zu prüfen. Das sollte nur dann der Fall sein, wenn aufgrund von Gegebenheiten wie beispielsweise der physischen Zerstörung oder dem Verlust von Kopien nationaler Urkunden, etwa durch Zerstörung der Archive eines bestimmten Standesamts oder Gerichts oder bei Fehlen eines Registers, diese Überprüfung nicht möglich ist. Daher sollte eine Antwortfunktion im IMI zur Verfügung stehen, die dieser Möglichkeit Rechnung trägt.

(39) Wird in der Antwort der ersuchten Behörde die Echtheit der öffentlichen Urkunde oder der beglaubigten Kopie dieser Urkunde nicht bestätigt oder geht keine Antwort von der ersuchten Behörde ein, sollte die ersuchende Behörde nicht verpflichtet sein, die betreffende öffentliche Urkunde oder beglaubigten Kopie zu bearbeiten. Ferner sollte es in diesen Fällen der ersuchenden Behörde oder der Person, die die öffentliche Urkunde oder beglaubigte Kopie vorgelegt hat, freistehen, alle verfügbaren Mittel zur Prüfung oder zum Nachweis der Echtheit der öffentlichen Urkunde oder der beglaubigten Kopie dieser Urkunde zu nutzen. Zur Gewährleistung der Wirksamkeit dieser Verordnung sollten die Situationen, in denen keine Antwort über das IMI eingeht, eine Ausnahme bleiben.

(40) Erforderlichenfalls können der IMI-Koordinator oder die jeweiligen Zentralbehörden bei der Suche nach einer Lösung für die Probleme, mit denen die Behörden der Mitgliedstaaten möglicherweise bei der Nutzung des IMI konfrontiert sind, Hilfe leisten; das gilt auch für die Fälle, in denen keine Antwort auf ein Auskunftsersuchen eingeht oder keine Vereinbarung über die Verlängerung der Beantwortungsfrist erzielt werden kann.

(41) Die Behörden der Mitgliedstaaten sollten auf vorhandene IMI-Funktionen zurückgreifen können, darunter ein mehrsprachiges Kommunikationssystem sowie vorübersetzte Standardfragen und -antworten, sowie auf einen Speicher mit Mustern öffentlicher Urkunden, die im Binnenmarkt verwendet werden.

(42) Die Zentralbehörden der Mitgliedstaaten sollten bei Auskunftsersuchen Hilfestellung leisten und insbesondere die Ersuchen entgegennehmen, übermitteln und erforderlichenfalls beantworten und sämtliche benötigten Auskünfte in Bezug auf die Ersuchen erteilen, insbesondere in den Fällen, in denen weder die ersuchende noch die ersuchte Behörde im IMI registriert sind.

---

[11] Verordnung (EWG, Euratom) Nr. 1182/71 des Rates v. 3.6.1971 zur Festlegung der Regeln für die Fristen, Daten und Termine (ABl. L 124 v. 8.6.1971, S. 1).

(43) Für die Zwecke dieser Verordnung sollten die Zentralbehörden der Mitgliedstaaten über das IMI miteinander kommunizieren und ihre Funktionen wahrnehmen. Kommunikationen zwischen den Behörden desselben Mitgliedstaats sollten nach den nationalen Verfahren geregelt werden.

(44) Das Verhältnis zwischen dieser Verordnung und bestehendem Unionsrecht sollte geklärt werden. In diesem Zusammenhang sollte diese Verordnung die Anwendung von Unionsrecht, das Vorschriften zur Legalisation oder zu einer ähnlichen Förmlichkeit oder zu sonstigen Förmlichkeiten enthält – wie etwa die Verordnung (EG) Nr. 2201/2003 des Rates[12] –, unberührt lassen. Diese Verordnung sollte auch die Anwendung von Unionsrecht auf dem Gebiet der elektronischen Signaturen und elektronischen Identifizierung unberührt lassen. Widersprechen Bestimmungen dieser Richtlinie einer Bestimmung eines anderen Unionsrechtsakts, der spezifische Aspekte der Vereinfachung der Anforderungen an die Vorlage von öffentlichen Urkunden regelt und die diese Anforderungen noch weiter vereinfacht, wie etwa die Richtlinie 2005/36/EG des Europäischen Parlaments und des Rates[13], die Richtlinie 2006/123/EG des Europäischen Parlaments und des Rates[14] und die Verordnung (EG) Nr. 987/2009 des Europäischen Parlaments und des Rates[15], so sollte die Bestimmung des Unionsrechtsakts, der eine weitergehende Vereinfachung vorschreibt, Vorrang haben.

(45) Ferner sollte diese Verordnung dem Rückgriff auf andere durch Unionsrecht etablierte Formen der Verwaltungszusammenarbeit, die den Informationsaustausch zwischen den Mitgliedstaaten auf bestimmten Gebieten ermöglichen, wie in der Richtlinie 93/109/EG des Rates[16] oder der Verordnung (EG) Nr. 987/2009 vorgesehen, nicht entgegenstehen. Die vorliegende Verordnung sollte ergänzend zu solchen speziellen Regelungen angewandt werden.

(46) Zur Sicherstellung der Kohärenz mit ihren allgemeinen Zielen sollte diese Verordnung in den Beziehungen zwischen zwei oder mehr Mitgliedstaaten in Bezug auf die Sachverhalte, für die sie gilt, und in dem darin

---

[12] Verordnung (EG) Nr. 2201/2003 des Rates v. 27.11.2003 (Brüssel IIa-VO, ABl L 338, S. 1). Die seit dem 1.8.2022 geltende Verordnung (EU) 2019/1111 v. 25.6.2019 (Brüssel IIb-VO, Nr. *162*) enthält keine dem Art. 52 Brüssel IIa-VO entsprechende Vorschrift über die Legalisation von Urkunden mehr.

[13] Richtlinie 2005/36/EG des Europäischen Parlaments und des Rates v. 7.9.2005 über die Anerkennung von Berufsqualifikationen (ABl. L 255 v. 30.9.2005, S. 22).

[14] Richtlinie 2006/123/EG des Europäischen Parlaments und des Rates v. 12.12.2006 über Dienstleistungen im Binnenmarkt (ABl. L 376 v. 27.12.2006, S. 36).

[15] Verordnung EG) Nr. 987/2009 des Europäischen Parlaments und des Rates v. 16.9.2009 zur Festlegung der Modalitäten für die Durchführung der Verordnung (EG) Nr. 883/2004 über die Koordinierung der Systeme der sozialen Sicherheit (ABl. L 284 v. 30.10.2009, S. 1).

[16] Richtlinie 93/109/EG des Rates v. 6.12.1993 über die Einzelheiten der Ausübung des aktiven und passiven Wahlrechts bei den Wahlen zum Europäischen Parlament für Unionsbürger mit Wohnsitz in einem Mitgliedstaat, dessen Staatsangehörigkeit sie nicht besitzen (ABl. L 329 v. 30.12.1993, S. 34).

festgelegten Umfang Vorrang vor bilateralen oder multilateralen Übereinkünften oder Vereinbarungen haben, deren Vertragsparteien die Mitgliedstaaten sind und die Sachverhalte betreffen, die in dieser Verordnung geregelt sind.

(47) Ferner sollten die Mitgliedstaaten in Bereichen, die nicht in den Anwendungsbereich dieser Verordnung fallen wie formelle Beweiskraft öffentlicher Urkunden, mehrsprachige Formulare mit Rechtswirkung, Befreiung von der Legalisation derartiger Formulare und Befreiung von der Legalisation öffentlicher Urkunden in anderen als den von dieser Verordnung erfassten Bereichen, zwischen zweien oder mehreren von ihnen bestehende Vereinbarungen beibehalten oder entsprechende neue Vereinbarungen schließen können. Die Mitgliedstaaten sollten auch bestehende Vereinbarungen beibehalten oder entsprechende neue Vereinbarungen schließen können, um den unter diese Verordnung fallenden Verkehr öffentlicher Urkunden zwischen den Mitgliedstaaten weiter zu vereinfachen.

(48) Öffentliche Urkunden, die von Behörden von Drittländern ausgestellt werden, fallen nicht in den Anwendungsbereich dieser Verordnung. Ferner berühren Übereinkünfte und Vereinbarungen über die Legalisation oder ähnliche Förmlichkeiten in Bezug auf von Behörden der Mitgliedstaaten oder von Behörden von Drittländern ausgestellte öffentliche Urkunden zu den in dieser Verordnung geregelten Bereichen, die in den Beziehungen zwischen den Mitgliedstaaten und den betreffenden Drittländern verwendet werden sollen, möglicherweise nicht die Anwendung dieser Verordnung. Daher sollten die Mitgliedstaaten durch diese Verordnung nicht daran gehindert werden, bilaterale oder multilaterale internationale Übereinkünfte mit Drittländern über die Legalisation oder ähnliche Förmlichkeiten in Bezug auf öffentliche Urkunden, die in dieser Verordnung geregelten Bereichen unterfallen, von Behörden der Mitgliedstaaten oder von Behörden von Drittstaaten ausgestellt werden und in den Beziehungen zwischen den Mitgliedstaaten und den betroffenen Drittländern verwendet werden sollen, zu schließen. Die Mitgliedstaaten sollten ferner – insoweit ein oder mehrere Mitgliedstaaten Vertragspartei solcher Übereinkünfte oder Vereinbarungen sind oder möglicherweise beschließen, ihnen als Vertragspartei beizutreten – nicht daran gehindert werden, über die Annahme des Beitritts neuer Vertragsparteien zu entscheiden, was insbesondere für das Recht nach Artikel 12 Absatz 2 des Apostilleübereinkommens[17] gilt, Einspruch gegen neue Beitritte zu erheben und zu notifizieren, und auch nicht daran, Anträge und Änderungen in Bezug auf das Europäische Übereinkommen von 1968 zur Befreiung der von diplomatischen oder konsularischen Vertretern errichteten Urkunden von der Legalisation[18] einzureichen oder Entscheidungen über den Beitritt neuer Vertragsparteien zu treffen.

---

[17] Abgedruckt unter Nr. *250.*

[18] Abgedruckt unter Nr. *251.*

(49) Da die mehrsprachigen Formulare nach dieser Verordnung keine Rechtswirkung haben und sich nicht mit den in den CIEC-Übereinkommen Nr. 16, Nr. 33 und Nr. 34 vorgesehenen mehrsprachigen Formularen oder mit den im CIEC-Übereinkommen Nr. 27 vorgesehenen Lebensbescheinigungen überschneiden, sollte diese Verordnung die Anwendung dieser Übereinkommen in den Beziehungen zwischen Mitgliedstaaten oder zwischen Mitgliedstaaten und Drittländern nicht berühren.

(50) Es sollte ein Ad-hoc-Ausschuss aus Vertretern der Kommission und der Mitgliedstaaten unter dem Vorsitz eines Vertreters der Kommission eingesetzt werden mit dem Ziel, alle Maßnahmen zu ergreifen, die die Anwendung dieser Verordnung erleichtern, vor allem durch den Austausch bewährter Verfahren im Zusammenhang mit der Anwendung der Verordnung zwischen Mitgliedstaaten, mit der Vorbeugung gegen Betrug unter Verwendung öffentlicher Urkunden sowie beglaubigter Kopien und beglaubigter Übersetzungen dieser Urkunden, mit der Verwendung elektronischer Versionen öffentlicher Urkunden und im Zusammenhang mit der Verwendung mehrsprachiger Formulare und entdeckter gefälschter Dokumente.

(51) Um die Anwendung dieser Verordnung zu erleichtern, sollten die Mitgliedstaaten – zur Unterrichtung der Öffentlichkeit mit allen geeigneten Mitteln und insbesondere über das Europäische Justizportal – der Kommission über das IMI die Kontaktangaben ihrer Zentralbehörden, die Muster der am meisten verwendeten öffentlichen Urkunden nach ihrem jeweiligen nationalen Recht, oder, falls für eine Urkunde kein solches Muster existiert, Informationen über die spezifischen Merkmale dieser Urkunde mitteilen.

(52) Die Mitgliedstaaten sollten ferner über das IMI anonymisierte Fassungen entdeckter gefälschter Dokumente, die als nützliche und typische Beispiele für die Entdeckung möglicher Fälschungen dienen könnten, übermitteln. Die Übermittlung derartiger gefälschter Dokumente sollte auf gefälschte Dokumente beschränkt sein, deren Weitergabe nach nationalem Recht zulässig ist, und sollte die Vorschriften der Mitgliedstaaten über die Weitergabe von im Lauf von Strafverfahren zusammengetragenem Beweismaterial nicht berühren. Die von den Mitgliedstaaten übermittelten Informationen über gefälschte Dokumente sollten nicht der Öffentlichkeit bekannt gegeben werden.

(53) Um die Anwendung dieser Verordnung zu erleichtern, sollten die Mitgliedstaaten – zur Unterrichtung der Öffentlichkeit über das Europäische Justizportal – der Kommission Folgendes mitteilen: die Sprache(n), in der/denen sie die Vorlage der von den Behörden eines anderen Mitgliedstaats ausgestellten öffentlichen Urkunden akzeptieren; eine informatorische Liste der unter diese Verordnung fallenden öffentlichen Urkunden; die Liste der öffentlichen Urkunden, denen mehrsprachige Formulare als geeignete Übersetzungshilfe beigefügt werden können; die Liste der Personen, die nach nationalem Recht die Qualifikation zur Anfertigung beglau-

bigter Übersetzungen besitzen, sofern eine solche Liste vorhanden ist; eine informatorische Liste der Arten von Behörden, die nach nationalem Recht befugt sind, beglaubigte Kopien auszustellen; Informationen zu den Mitteln, mit denen beglaubigte Übersetzungen und beglaubigte Kopien identifiziert werden können; und Informationen über die besonderen Merkmale beglaubigter Kopien.

(54) Die Informationen über die Muster der am häufigsten verwendeten öffentlichen Urkunden oder über die besonderen Merkmale dieser Urkunden oder der beglaubigten Kopien davon sollten nur soweit der Öffentlichkeit zugänglich gemacht werden, als diese Informationen nach dem Recht des Mitgliedstaats, dessen Behörden die öffentliche Urkunde ausgestellt oder die beglaubigte Kopie erstellt haben, bereits öffentlich zugänglich sind. Zu diesem Zweck sollten die Mitgliedstaaten der Kommission mitteilen, welche Urkunden nach ihrem nationalen Recht öffentlich zugänglich sind. Jedoch sollten für die Zwecke dieser Verordnung die Informationen über besondere Merkmale einer öffentlichen Urkunde oder einer beglaubigten Kopie davon, die der Kommission von den Mitgliedstaaten mitgeteilt werden sollten, keine Information über diejenigen besonderen Sicherheitsmerkmale einschließen, die nach dem Recht des Mitgliedstaats, dessen Behörden die öffentliche Urkunde ausgestellt oder die beglaubigte Kopie erstellt haben, nicht öffentlich zugänglich ist.

(55) Der Umstand, dass ein Mitgliedstaat der Kommission die Sprache(n) mitgeteilt hat, die er außer seiner eigenen Sprache für die Vorlage der von den Behörden eines anderen Mitgliedstaats ausgestellten öffentlichen Urkunden akzeptiert, sollte seine Behörden nicht daran hindern, weitere Sprachen zu akzeptieren, wenn ihnen eine von den Behörden eines anderen Mitgliedsstaats ausgestellten öffentlichen Urkunde vorgelegt wird, sofern das dem nationalen Recht entspricht oder von dem betreffenden Mitgliedstaat gestattet wird.

(56) Diese Verordnung wahrt die durch die Charta der Grundrechte der Europäischen Union anerkannten Grundrechte und Grundsätze, insbesondere das Recht auf Achtung des Privat- und Familienlebens, das Recht auf den Schutz personenbezogener Daten, das Recht, eine Ehe einzugehen und eine Familie zu gründen, und das Recht auf Freizügigkeit und Aufenthaltsfreiheit. Diese Verordnung sollte nach diesen Rechten und Grundsätzen angewendet werden.

(57) Da die Ziele dieser Verordnung, nämlich die Freizügigkeit der Unionsbürger dadurch zu fördern, dass der freie Umlauf bestimmter öffentlicher Urkunden in der Union erleichtert wird, von den Mitgliedstaaten nicht ausreichend verwirklicht werden können, sondern vielmehr wegen ihres Umfangs und ihrer Wirkungen auf Unionsebene besser zu verwirklichen sind, kann die Union gemäß dem in Artikel 5 des Vertrags über die Europäische Union verankerten Subsidiaritätsprinzip tätig werden. Entsprechend dem in demselben Artikel genannten Grundsatz der Verhältnismä-

ßigkeit geht diese Verordnung nicht über das für die Verwirklichung dieser Ziele erforderliche Maß hinaus –

HABEN FOLGENDE VERORDNUNG ERLASSEN:

Kapitel I. Gegenstand, Anwendungsbereich und Begriffsbestimmungen

Art. 1.[19] **Gegenstand.** (1) Diese Verordnung sieht bei bestimmten, von den Behörden eines Mitgliedstaats ausgestellten öffentlichen Urkunden, die den Behörden eines anderen Mitgliedstaats vorgelegt werden müssen, ein System zu Folgendem vor:

a) zur Befreiung von der Legalisation oder einer ähnlichen Förmlichkeit und

b) zur Vereinfachung sonstiger Förmlichkeiten.

Unbeschadet des Unterabsatzes 1 hindert diese Verordnung Personen nicht daran, andere in einem Mitgliedstaat gültige Systeme der Legalisation oder einer ähnlichen Förmlichkeit zu nutzen.

(2) Mit dieser Verordnung werden auch mehrsprachige Formulare eingeführt, die öffentlichen Urkunden über Geburt, über die Tatsache, dass eine Person am Leben ist, über Tod, Eheschließung (einschließlich Ehefähigkeit und Familienstand), eingetragene Partnerschaft (einschließlich der Fähigkeit, eine eingetragene Partnerschaft einzugehen, und Status der eingetragenen Partnerschaft), Wohnsitz und/oder Ort des gewöhnlichen Aufenthalts sowie Vorstrafenfreiheit als Übersetzungshilfe beigefügt werden.

Art. 2.[20] **Anwendungsbereich.** (1) Diese Verordnung gilt für öffentliche Urkunden, die von den Behörden eines Mitgliedstaats gemäß dessen nationalem Recht ausgestellt werden, den Behörden eines anderen Mitgliedstaats vorgelegt werden müssen und in erster Linie dazu dienen, einen oder mehrere der folgenden Sachverhalte zu belegen:

a) Geburt;

b) die Tatsache, dass eine Person am Leben ist;

c) Tod;

d) Namen;

e) Eheschließung, einschließlich Ehefähigkeit und Familienstand;

f) Ehescheidung, Trennung ohne Auflösung des Ehebandes oder Ungültigerklärung einer Ehe;

g) eingetragene Partnerschaft, einschließlich der Fähigkeit, eine eingetragene Partnerschaft einzugehen, und Status der eingetragenen Partnerschaft;

---

[19] Vgl. Erwägungsgründe (3)–(5).

[20] Vgl. Erwägungsgründe (6)–(16).

h) Auflösung einer eingetragenen Partnerschaft, Trennung ohne Auflösung der eingetragenen Partnerschaft oder Ungültigerklärung der eingetragenen Partnerschaft;

i) Abstammung;

j) Adoption;

k) Wohnsitz und/oder Aufenthaltsort;

l) Staatsangehörigkeit;

m) Vorstrafenfreiheit, sofern öffentliche Urkunden darüber für einen Unionsbürger von den Behörden des Mitgliedstaats, dessen Staatsangehörigkeit dieser Bürger besitzt, ausgestellt werden.

(2) Diese Verordnung gilt auch für öffentliche Urkunden, deren Vorlage von Unionsbürgern verlangt werden kann, die ihren gewöhnlichen Aufenthalt in einem Mitgliedstaat haben, dessen Staatsangehörigkeit sie nicht besitzen, wenn diese Bürger ihr aktives oder passives Wahlrecht bei den Wahlen zum Europäischen Parlament oder bei Kommunalwahlen in dem Mitgliedstaat, in dem sie ihren gewöhnlichen Aufenthalt haben, unter den Bedingungen der Richtlinie 93/109/EG bzw. der Richtlinie 94/80/EG des Rates[21] ausüben möchten.

(3) Diese Verordnung gilt nicht für

a) von den Behörden eines Drittstaats ausgestellte öffentliche Urkunden oder

b) von den Behörden eines Mitgliedstaats angefertigte beglaubigte Kopien der unter a) genannten Urkunden.

(4) Diese Verordnung gilt nicht für die in einem Mitgliedstaat vorgenommene Anerkennung rechtlicher Wirkungen des Inhalts öffentlicher Urkunden, die von den Behörden eines anderen Mitgliedstaats ausgestellt wurden.

Art. 3.[22] **Begriffsbestimmungen.** Für die Zwecke dieser Verordnung bezeichnet der Ausdruck

1. „öffentliche Urkunden“:

   a) Urkunden einer Behörde oder einer Amtsperson als Organ der Rechtspflege eines Mitgliedstaats, einschließlich der Urkunden, die von der Staatsanwaltschaft, von einem Urkundsbeamten der Geschäftsstelle oder von einem Gerichtsvollzieher ausgestellt sind;

   b) Urkunden der Verwaltungsbehörden;

   c) notarielle Urkunden;

---

[21] Richtlinie 94/80/EG des Rates vom 19. Dezember 1994 über die Einzelheiten der Ausübung des aktiven und passiven Wahlrechts bei den Kommunalwahlen für Unionsbürger mit Wohnsitz in einem Mitgliedstaat, dessen Staatsangehörigkeit sie nicht besitzen (ABl. L 368 v. 31.12.1994, S. 38).

[22] Vgl. Erwägungsgründe (17) und (18).

d) amtliche Bescheinigungen, die auf Privaturkunden angebracht sind, wie z. B. amtliche Vermerke über die Registrierung eines Dokuments, Sichtvermerke zur Feststellung seines Bestehens zu einem bestimmten Zeitpunkt sowie amtliche und notarielle Beglaubigungen von Unterschriften;

e) Urkunden, die von den diplomatischen oder konsularischen Vertretern eines Mitgliedstaats, die im Hoheitsgebiet irgendeines Staates tätig sind, in ihrer amtlichen Funktion errichtet worden sind, sofern diese Urkunden im Hoheitsgebiet eines anderen Mitgliedstaats oder den im Hoheitsgebiet eines Drittstaats tätigen diplomatischen oder konsularischen Vertretern eines anderen Mitgliedstaats vorzulegen sind;

2. „Behörde" eine Behörde eines Mitgliedstaats oder eine Stelle, die in amtlicher Funktion handelt und nach nationalem Recht zur Ausstellung oder Entgegennahme einer unter den Anwendungsbereich dieser Verordnung fallenden öffentlichen Urkunde oder einer beglaubigten Kopie hiervon ermächtigt ist;

3. „Legalisation" eine Förmlichkeit, durch die die Echtheit der Unterschrift eines Amtsträgers, die Funktion, in welcher die die Urkunde unterzeichnende Person gehandelt hat, und gegebenenfalls die Echtheit des Siegels oder Stempels, mit dem die Urkunde versehen ist, bestätigt wird;

4. „ähnliche Förmlichkeit" die Anbringung des im Apostilleübereinkommen vorgesehenen Echtheitszeichens;

5. „sonstige Förmlichkeiten" das Erfordernis, beglaubigte Kopien und Übersetzungen öffentlicher Urkunden vorzulegen;

6. „Zentralbehörde" die Behörde oder Behörden, die die Mitgliedstaaten gemäß Artikel 15 dazu bestimmt haben, die im Zuge der Anwendung dieser Verordnung anfallenden Aufgaben zu erfüllen;

7. „beglaubigte Kopie" eine Kopie des Originals einer öffentlichen Urkunde, die von einer nach nationalem Recht hierzu ermächtigten Stelle des Mitgliedstaats, der die öffentliche Urkunde ursprünglich ausgestellt hat, unterzeichnet und als genaue und vollständige Wiedergabe der öffentlichen Urkunde attestiert wird.

Kapitel II. Befreiung von der Legalisation und ähnlichen Förmlichkeiten sowie Vereinfachung von sonstigen Förmlichkeiten bei beglaubigten Kopien

Art. 4. [23] **Befreiung von der Legalisation und einer ähnlichen Förmlichkeit.** Die unter diese Verordnung fallenden öffentlichen Urkunden und ihre beglaubigten Kopien sind von jeder Art der Legalisation und ähnlichen Förmlichkeit befreit.

---

[23] Vgl. Erwägungsgrund (19).

Art. 5.[24] Vereinfachung sonstiger Förmlichkeiten bei beglaubigten Kopien. (1) Verlangt ein Mitgliedstaat die Vorlage des Originals einer von den Behörden eines anderen Mitgliedstaats ausgestellten öffentlichen Urkunde, so dürfen die Behörden des Mitgliedstaats, in dem die öffentliche Urkunde vorgelegt wird, nicht zusätzlich die Vorlage einer beglaubigten Kopie hiervon verlangen.

(2) Darf in einem Mitgliedstaat eine beglaubigte Kopie einer öffentlichen Urkunde vorgelegt werden, so nehmen die Behörden dieses Mitgliedstaats eine in einem anderen Mitgliedstaat angefertigte beglaubigte Kopie an.

Kapitel III.[24] Vereinfachung sonstiger Förmlichkeiten bei Übersetzungen und mehrsprachige Formulare

Art. 6.[25] Vereinfachung sonstiger Förmlichkeiten bei Übersetzungen. (1) Eine Übersetzung darf nicht verlangt werden, wenn

a) die öffentliche Urkunde in der Amtssprache des Mitgliedstaats, in dem sie vorgelegt wird, oder, falls es in dem betreffenden Mitgliedstaat mehrere Amtssprachen gibt, in der Amtssprache oder einer der Amtssprachen des Ortes, an dem sie vorgelegt wird, oder in einer beliebigen anderen Sprache, die der Mitgliedstaat ausdrücklich akzeptiert hat, abgefasst ist oder

b) der öffentlichen Urkunde über Geburt, über die Tatsache, dass eine Person am Leben ist, über Tod, Eheschließung (einschließlich Ehefähigkeit und Familienstand), eingetragene Partnerschaft (einschließlich der Fähigkeit, eine eingetragene Partnerschaft einzugehen, und Status der eingetragenen Partnerschaft), Wohnsitz und/oder Ort des gewöhnlichen Aufenthalts sowie Vorstrafenfreiheit gemäß den Vorgaben dieser Verordnung ein mehrsprachiges Formular beigefügt ist, sofern die Behörde, bei der die öffentliche Urkunde vorgelegt wird, der Auffassung ist, dass die Angaben in diesem mehrsprachigen Formular für die Bearbeitung der öffentlichen Urkunde ausreichen.

(2) Eine beglaubigte Übersetzung, die von einer Person angefertigt wurde, die nach dem Recht eines Mitgliedstaats dazu qualifiziert ist, wird in allen Mitgliedstaaten angenommen.

Art. 7.[26] Mehrsprachige Formulare. (1) Den von den Mitgliedstaaten gemäß Artikel 24 Absatz 1 Buchstabe c übermittelten öffentlichen Urkunden über Geburt, über die Tatsache, dass eine Person am Leben ist, über

---

[24] Vgl. Erwägungsgrund (20).

[25] Vgl. Erwägungsgrund (20).

[26] Die mehrsprachigen Formulare sind online abrufbar im Europäischen Justizportal: https://e-justice.europa.eu/35981/DE/public_documents_forms?clang. Vgl. dazu Erwägungsgründe (21)–(29).

Tod, Eheschließung (einschließlich Ehefähigkeit und Familienstand), eingetragene Partnerschaft (einschließlich der Fähigkeit, eine eingetragene Partnerschaft einzugehen, und Status der eingetragenen Partnerschaft), Wohnsitz und/oder Ort des gewöhnlichen Aufenthalts sowie Vorstrafenfreiheit wird auf Wunsch der Person, die zur Entgegennahme der öffentlichen Urkunde befugt ist, ein mehrsprachiges Formular gemäß dieser Verordnung beigefügt.

(2) Die in Absatz 1 genannten mehrsprachigen Formulare werden von einer Behörde ausgestellt und tragen das Ausstellungsdatum sowie die Unterschrift und gegebenenfalls das Siegel oder den Stempel der Ausstellungsbehörde.

Art. 8. Verwendung mehrsprachiger Formulare. (1) Die in Artikel 7 Absatz 1 genannten mehrsprachigen Formulare werden den dort genannten öffentlichen Urkunden beigefügt, werden als Übersetzungshilfe verwendet und entfalten keine eigenständige Rechtswirkung.

(2) Die mehrsprachigen Formulare stellen keine

a) Auszüge aus Personenstandsregistern;

b) wörtlichen Kopien von Personenstandsurkunden;

c) mehrsprachigen Auszüge aus Personenstandsregistern;

d) mehrsprachigen und verschlüsselten Auszüge aus Personenstandsregistern oder

e) mehrsprachigen und verschlüsselten Personenstandsbescheinigungen dar.

(3) Die mehrsprachigen Formulare dürfen nur in einem anderen Mitgliedstaat als dem Ausstellungsmitgliedstaat verwendet werden.

Art. 9. Inhalt mehrsprachiger Formulare. (1) Jedes mehrsprachige Formular enthält einen standardisierten Teil mit den folgenden Angaben:

a) Titel des mehrsprachigen Formulars;

b) Rechtsgrundlage für die Ausstellung des mehrsprachigen Formulars;

c) eine Bezugnahme auf den Mitgliedstaat, in dem das mehrsprachige Formular ausgestellt wurde;

d) ein Feld „Wichtiger Hinweis";

e) ein Feld „Hinweis für die Ausstellungsbehörde";

f) eine Reihe von Standard-Feldüberschriften und ihre Kennnummern; und

g) ein „Unterschriftenfeld".

(2) Die standardisierten Teile, die in die mehrsprachigen Formulare über Geburt, über die Tatsache, dass eine Person am Leben ist, über Tod, Eheschließung, einschließlich Ehefähigkeit und Familienstand, eingetragene Partnerschaft, einschließlich der Fähigkeit, eine eingetragene Partnerschaft einzugehen, und Status der eingetragenen Partnerschaft, Wohnsitz und/oder

Ort des gewöhnlichen Aufenthalts sowie Vorstrafenfreiheit aufzunehmen sind, sowie mehrsprachige Glossare für die Standard-Feldüberschriften sind jeweils in den Anhängen I bis XI wiedergegeben.

(3) Jedes mehrsprachige Formular enthält außerdem gegebenenfalls einen nicht standardisierten Teil mit länderspezifischen Feldüberschriften, der den Inhalt der öffentlichen Urkunde, der das mehrsprachige Formular beigefügt wird, widerspiegeln soll, und die Kennnummern dieser Feldüberschriften.

(4) Die Mitgliedstaaten übermitteln der Kommission gemäß Artikel 24 Absatz 2 die in Absatz 3 des vorliegenden Artikels genannten länderspezifischen Feldüberschriften.

(5) Jedes mehrsprachige Formular enthält außerdem ein mehrsprachiges Glossar der Standard-Feldüberschriften und der länderspezifischen Feldüberschriften in allen Amtssprachen der Organe der Union.

Art. 10. Sprachen für das Ausstellen mehrsprachiger Formulare.

(1) Die mehrsprachigen Formulare werden von der Ausstellungsbehörde in der Amtssprache des Mitgliedstaats der Ausstellungsbehörde oder, falls es in dem betreffenden Mitgliedstaat mehrere Amtssprachen gibt, in der Amtssprache oder einer der Amtssprachen des Ortes, an dem es ausgestellt wird, ausgefüllt.

(2) Die Standard- und die länderspezifischen Feldüberschriften in mehrsprachigen Formularen werden in den beiden folgenden Sprachen vorgenommen:

a) der Amtssprache des Mitgliedstaats, in dem das mehrsprachige Formular ausgestellt wird, oder, falls es in dem betreffenden Mitgliedstaat mehrere Amtssprachen gibt, in der Amtssprache oder einer der Amtssprachen des Ortes, an dem das mehrsprachige Formular ausgestellt wird, wobei diese Sprache auch eine der Amtssprachen der Organe der Union ist, und

b) der Amtssprache des Mitgliedstaats, in dem die öffentliche Urkunde, der das mehrsprachige Formular beigefügt wird, vorzulegen ist, oder, falls es in dem betreffenden Mitgliedstaat mehrere Amtssprachen gibt, in der Amtssprache oder einer der Amtssprachen des Ortes, an dem die öffentliche Urkunde, der das mehrsprachige Formular beigefügt wird, vorzulegen ist, vorausgesetzt, diese Sprache ist auch eine der Amtssprachen der Organe der Union.

(3) Die Standard- und die länderspezifischen Feldüberschriften in den beiden in Absatz 2 des vorliegenden Artikels genannten Sprachen und das in Artikel 9 Absatz 5 genannte mehrsprachige Glossar werden in einem einzigen mehrsprachigen Formular vorgelegt.

Art. 11. Gebühr für die Erlangung eines mehrsprachigen Formulars. Zur weiteren Erleichterung des freien Verkehrs öffentlicher Urkunden innerhalb der Union sorgen die Mitgliedstaaten dafür, dass die Gebühr für die Erlangung eines mehrsprachigen Formulars die Herstellungskosten des mehrsprachigen Formulars oder der öffentlichen Urkunde, der es beigefügt ist, je nachdem welche niedriger sind, nicht übersteigt.

Art. 12. Elektronische Fassungen der mehrsprachigen Formulare. Das Europäische Justizportal enthält für jeden Mitgliedstaat Muster von mehrsprachigen Formularen über Geburt, über die Tatsache, dass eine Person am Leben ist, über Tod, Eheschließung (einschließlich Ehefähigkeit und Familienstand), und gegebenenfalls eingetragene Partnerschaft (einschließlich der Fähigkeit, eine eingetragene Partnerschaft einzugehen, und Status der eingetragenen Partnerschaft), Wohnsitz und/oder Ort des gewöhnlichen Aufenthalts sowie Vorstrafenfreiheit, die nach Maßgabe dieser Verordnung in allen Amtssprachen der Organe der Union erstellt werden und Folgendes enthalten:

a) die in den Anhängen I bis XI wiedergegebenen standardisierten Teile; und

b) die der Kommission gemäß Artikel 24 Absatz 2 von den Mitgliedstaaten übermittelten länderspezifischen Feldüberschriften.

Kapitel IV.[27] Auskunftsersuchen und Verwaltungszusammenarbeit

Art. 13. Binnenmarkt-Informationssystem. Für die Zwecke der Artikel 14 und 16 sowie des Artikels 22 Absätze 1 und 2 der vorliegenden Verordnung wird das mit der Verordnung (EU) Nr. 1024/2012 eingerichtete Binnenmarkt-Informationssystem („IMI“) genutzt.

Art. 14. Auskunftsersuchen bei berechtigten Zweifeln. (1) Haben die Behörden eines Mitgliedstaats, in dem eine öffentliche Urkunde oder eine beglaubigte Kopie davon vorgelegt wird, berechtigte Zweifel an der Echtheit dieser öffentlichen Urkunde oder der beglaubigten Kopie davon, so ergreifen sie folgende Maßnahmen, um diese Zweifel auszuräumen:

a) Überprüfung der in Artikel 22 genannten verfügbaren Muster der Urkunden im Datenspeicher des IMI;

b) sofern weiter Zweifel bestehen, Stellung eines Auskunftsersuchens über das IMI

   i) an die Behörde, die die öffentliche Urkunde ausgestellt hat, oder gegebenenfalls an die Behörde, die die beglaubigte Kopie davon angefertigt hat, oder an beide, oder

   ii) an die zuständige Zentralbehörde.

(2) Berechtigte Zweifel an der Echtheit einer öffentlichen Urkunde oder der beglaubigten Kopie davon nach Absatz 1 können sich insbesondere beziehen auf

[27] Vgl. Erwägungsgründe (31)–(43).

a) die Echtheit der Unterschrift;

b) die Eigenschaft, in der die die Urkunde unterzeichnende Person gehandelt hat;

c) die Echtheit des Siegels oder Stempels;

d) eine mögliche Fälschung oder Verfälschung der Urkunde.

(3) Auskunftsersuchen nach diesem Artikel sind zu begründen.

(4) Den Auskunftsersuchen nach diesem Artikel ist eine Kopie der betreffenden öffentlichen Urkunde oder der beglaubigten Kopie hiervon beizufügen, die über das IMI elektronisch übermittelt wurde. Diese Auskunftsersuchen und die dazugehörigen Antworten sind von allen Steuern, Abgaben und Gebühren befreit.

(5) Die Behörden antworten auf ein Auskunftsersuchen nach diesem Artikel innerhalb kürzester Frist, auf jeden Fall jedoch innerhalb einer Frist von maximal fünf Arbeitstagen bzw. von zehn Arbeitstagen, wenn das Ersuchen von einer Zentralbehörde bearbeitet wird.

Kann die Frist gemäß Unterabsatz 1 in Ausnahmefällen nicht eingehalten werden, so einigen sich die ersuchte Behörde und die ersuchende Behörde auf eine Verlängerung der Frist.

(6) Wird die Echtheit der öffentlichen Urkunde oder ihrer beglaubigten Kopie nicht bestätigt, so ist die ersuchende Behörde nicht verpflichtet, sie zu bearbeiten.

Art. 15. Benennung der Zentralbehörden. (1) Für die Zwecke dieser Verordnung benennt jeder Mitgliedstaat mindestens eine Zentralbehörde.

(2) Hat ein Mitgliedstaat mehrere Zentralbehörden benannt, so bestimmt er diejenige Zentralbehörde, die als Anlaufstelle für Mitteilungen zur Weiterleitung an die zuständige Behörde in diesem Mitgliedstaat fungiert.

Art. 16. Aufgaben der Zentralbehörden. Zentralbehörden leisten Amtshilfe bei Auskunftsersuchen nach Artikel 14 und sind insbesondere zuständig für

a) die Übermittlung, die Entgegennahme und erforderlichenfalls die Beantwortung der Ersuchen; und

b) die Erteilung der für die Ersuchen erforderlichen Auskünfte.

Kapitel 5.[28] Verhältnis zu anderen Vorschriften des Unionsrechts und zu sonstigen Rechtsinstrumenten

Art. 17. Verhältnis zu anderen Vorschriften des Unionsrechts.
(1) Diese Verordnung lässt die Anwendung anderer Vorschriften des Unionsrechts über Legalisation, eine ähnliche Förmlichkeit oder sonstige Förmlichkeiten unberührt und ergänzt vielmehr diese Vorschriften.

---

[28] Vgl. Erwägungsgründe (44)–(49).

(2) Diese Verordnung lässt die Anwendung von Unionsrecht über elektronische Signaturen und die elektronische Identifizierung unberührt.

(3) Diese Verordnung lässt den Gebrauch anderer durch Unionsrecht etablierter Formen der Verwaltungszusammenarbeit, die einen Informationsaustausch zwischen den Mitgliedstaaten auf bestimmten Gebieten ermöglichen, unberührt.

Art. 18. Änderung der Verordnung (EU) Nr. 1024/2012. Im Anhang der Verordnung (EU) Nr. 1024/2012 wird die folgende Nummer angefügt:

„9. Verordnung (EU) 2016/1191 des Europäischen Parlaments und des Rates vom 6. Juli 2016 zur Förderung der Freizügigkeit von Bürgern durch die Vereinfachung der Anforderungen an die Vorlage bestimmter öffentlicher Urkunden innerhalb der Europäischen Union und zur Änderung der Verordnung (EU) Nr. 1024/2012: Artikel 14 und 16 sowie Artikel 22 Absätze 1 und 2.

Art. 19. Verhältnis zu internationalen Übereinkommen, Übereinkünften und Vereinbarungen. (1) Diese Verordnung lässt die Anwendung internationaler Übereinkünfte unberührt, von denen ein oder mehrere Mitgliedstaaten zum Zeitpunkt der Annahme dieser Verordnung Vertragsparteien sind, und die Bereiche betreffen, die in dieser Verordnung geregelt sind.

(2) Ungeachtet des Absatzes 1 hat diese Verordnung hinsichtlich der Angelegenheiten, für die sie gilt, und in dem darin vorgesehenen Maße Vorrang vor anderen Bestimmungen in von den Mitgliedstaaten geschlossenen bilateralen oder multilateralen Übereinkünften oder Vereinbarungen in den Beziehungen zwischen den ihnen als Vertragspartei angehörenden Mitgliedstaaten.

(3) Dieser Artikel lässt Artikel 1 Absatz 1 Unterabsatz 2 unberührt.

(4) Diese Verordnung hindert die Mitgliedstaaten nicht an der Aushandlung, dem Abschluss, dem Beitritt zu, der Änderung oder der Anwendung internationaler Übereinkünfte und Vereinbarungen mit Drittstaaten über die Legalisation oder eine ähnliche Förmlichkeit für öffentliche Urkunden, die unter diese Verordnung fallende Bereiche berühren und von den Behörden von Mitgliedstaaten oder von Drittstaaten ausgestellt werden, um in den Beziehungen zwischen den Mitgliedstaaten und den Drittstaaten verwendet zu werden. Diese Verordnung hindert die Mitgliedstaaten nicht daran, über das Einverständnis zum Beitritt neuer Vertragsparteien zu diesen Übereinkünften und Vereinbarungen zu beschließen, deren Vertragspartei einer oder mehrere der Mitgliedstaaten sind oder zu werden beabsichtigen.

Kapitel V.[29] Allgemeine und Schlussbestimmungen

Art. 20. Zweckbindung. (1) Der Austausch und die Übermittlung von Informationen und Urkunden durch die Mitgliedstaaten nach Maßgabe dieser Verordnung dient ausschließlich dem Zweck der Überprüfung der Echtheit öffentlicher Urkunden durch die zuständigen Behörden mittels des IMI.

(2) Diese Verordnung steht der Anwendung der Rechts- und Verwaltungsvorschriften der Mitgliedstaaten über den Zugang der Öffentlichkeit zu öffentlichen Urkunden nicht entgegen.

Art. 21. Informationen über den Inhalt dieser Verordnung. Die Kommission und die Mitgliedstaaten stellen mithilfe geeigneter Mittel, einschließlich des Europäischen Justizportals und der Websites der Behörden der Mitgliedstaaten, Informationen über den Inhalt dieser Verordnung zur Verfügung.

Art. 22. Angaben zu den Zentralbehörden und Kontaktangaben. (1) Die Mitgliedstaaten nutzen das IMI, um bis zum 16. August 2018 Folgendes mitzuteilen:

a) die gemäß Artikel 15 Absatz 1 benannten Zentralbehörde(n), zusammen mit deren Kontaktangaben, und gegebenenfalls die gemäß Artikel 15 Absatz 2 benannte Behörde;

b) die Muster der am meisten verwendeten öffentlichen Urkunden nach ihrem jeweiligen nationalen Recht, oder, wenn kein Muster besteht, Angaben zu den besonderen Merkmalen der betreffenden Urkunde und

c) anonymisierte Fassungen gefälschter Urkunden, die entdeckt worden sind.

(2) Die Mitgliedstaaten nutzen das IMI, um alle späteren Änderungen der in Absatz 1 genannten Information mitzuteilen.

(3) Die Kommission macht in geeigneter Weise öffentlich zugänglich:

a) die in Absatz 1 Buchstabe a genannten Informationen;

b) die in Absatz 1 Buchstabe b genannten Informationen, die nach den Rechtsvorschriften des Mitgliedstaats, dessen Behörden die öffentliche Urkunde ausgestellt haben, öffentlich zugänglich sind.

Art. 23. Austausch bewährter Verfahren. (1) Es wird ein Ad-hoc-Ausschuss aus Vertretern der Kommission und der Mitgliedstaaten, in dem ein Vertreter der Kommission den Vorsitz führt, eingesetzt.

(2) Der in Absatz 1 genannte Ad-hoc-Ausschuss trifft alle zur Erleichterung der Anwendung dieser Verordnung erforderlichen Maßnahmen,

---

[29] Vgl. Erwägungsgründe (50)–(57).

insbesondere durch die Vereinfachung des Austauschs und der regelmäßigen Aktualisierung bewährter Verfahren für Folgendes:

a) Anwendung dieser Verordnung zwischen den Mitgliedstaaten;

b) Unterbindung von Betrug im Zusammenhang mit öffentlichen Urkunden sowie beglaubigten Kopien und beglaubigten Übersetzungen;

c) Rückgriff auf elektronische Fassungen öffentlicher Urkunden;

d) Verwendung mehrsprachiger Formulare;

e) entdeckte gefälschte Dokumente.

Art. 24.[30] **Von den Mitgliedstaaten zu übermittelnde Informationen.** (1) Die Mitgliedstaaten teilen der Kommission bis spätestens 16. August 2018 Folgendes mit:

a) die Sprachen, die sie für die Vorlage öffentlicher Urkunden bei ihren Behörden nach Artikel 6 Absatz 1 Buchstabe a zulassen werden;

b) eine informatorische Liste der öffentlichen Urkunden, die in den Anwendungsbereich dieser Verordnung fallen;

c) die Liste der öffentlichen Urkunden, denen mehrsprachige Formulare als geeignete Übersetzungshilfe beigefügt werden können;

d) die Listen der Personen, die nach nationalem Recht die Qualifikation zur Anfertigung beglaubigter Übersetzungen besitzen, sofern solche Listen vorhanden sind;

e) eine informatorische Liste der Arten von Behörden, die nach nationalem Recht befugt sind, beglaubigte Kopien auszustellen;

f) Informationen zu den Mitteln, mit denen beglaubigte Übersetzungen und beglaubigte Kopien identifiziert werden können; und

g) Informationen über die besonderen Merkmale beglaubigter Kopien.

(2) Jeder Mitgliedstaat teilt der Kommission bis spätestens 16. Februar 2017 in seiner Amtssprache oder seinen Amtssprachen, soweit es sich hierbei auch um Amtssprachen der Organe der Union handelt, die länderspezifischen Feldüberschriften mit, die in die mehrsprachigen Formulare über Geburt, über die Tatsache, dass eine Person am Leben ist, über Tod, Eheschließung (einschließlich Ehefähigkeit und Familienstand) und gegebenenfalls eingetragene Partnerschaft (einschließlich der Fähigkeit, eine eingetragene Partnerschaft einzugehen, und Status der eingetragenen Partnerschaft), Wohnsitz und/oder Ort des gewöhnlichen Aufenthalts sowie Vorstrafenfreiheit aufzunehmen sind.

(3) Die Kommission veröffentlicht bis zum 16. Februar 2018 die Listen länderspezifischer Feldüberschriften, die sie gemäß Absatz 2 erhalten hat, im

[30] Die der Kommission von den einzelnen Mitgliedstaaten zu übermittelnden Informationen sind abrufbar im Europäischen Gerichtsatlas für Zivilsachen (Homepage des Europäischen Justizportals: https://e-justice.europa.eu/561/DE/public_documents).

Amtsblatt der Europäischen Union sowie auf dem Europäischen Justizportal in allen Amtssprachen der Organe der Union.

(4) Die Mitgliedstaaten teilen der Kommission alle späteren Änderungen der in den Absätzen 1 und 2 genannten Informationen mit.

(5) Die Kommission macht folgende Informationen über das Europäische Justizportal öffentlich zugänglich:

a) die in Absatz 1 Buchstaben a bis f genannten Informationen und

b) die in Absatz 1 Buchstabe g genannten Informationen, die nach dem Recht des Mitgliedstaats, dessen Behörden die beglaubigte Kopie angefertigt haben, öffentlich zugänglich sind.

Art. 25. Änderung länderspezifischer Feldüberschriften in den mehrsprachigen Formularen. (1) Die Mitgliedstaaten teilen der Kommission alle Änderungen der in Artikel 24 Absatz 2 genannten länderspezifischen Feldüberschriften mit.

(2) Die Kommission veröffentlicht die in Absatz 1 genannten Änderungen länderspezifischer Feldüberschriften im Amtsblatt der Europäischen Union.

(3) Die Kommission macht die in Absatz 1 genannten Änderungen länderspezifischer Feldüberschriften über das Europäische Justizportal öffentlich zugänglich und ändert die Muster der mehrsprachigen Formulare für jeden Mitgliedstaat entsprechend.

Art. 26. Überprüfung. (1) Bis zum 16. Februar 2024 und danach mindestens alle drei Jahre legt die Kommission dem Europäischen Parlament, dem Rat und dem Europäischen Wirtschafts- und Sozialausschuss einen Bericht über die Anwendung dieser Verordnung vor, in dem unter anderem auch etwaige praktische Erfahrungen von Belang für die Zusammenarbeit zwischen den Zentralbehörden ausgewertet werden. Des Weiteren wird in dem Bericht geprüft, ob Folgendes angemessen ist:

a) die Ausweitung des Anwendungsbereichs dieser Verordnung auf öffentliche Urkunden zu anderen als den in Artikel 2 und in Absatz 2 Buchstabe a des vorliegenden Artikels genannten Bereichen;

b) im Falle einer Ausweitung des Anwendungsbereichs nach Buchstabe a des vorliegenden Absatzes die Einführung mehrsprachiger Formulare für öffentliche Urkunden zu den unter Buchstabe a genannten Bereichen, auf die der Anwendungsbereich dieser Verordnung ausgeweitet werden kann; und

c) die Nutzung elektronischer Systeme für die Direktübermittlung öffentlicher Urkunden und den Informationsaustausch zwischen den Behörden der Mitgliedstaaten, um Betrug in den unter diese Verordnung fallenden Bereichen unter allen Umständen auszuschließen.

(2) Bis zum 16. Februar 2021 legt die Kommission dem Europäischen Parlament, dem Rat und dem Europäischen Wirtschafts- und Sozialaus-

schuss einen Bewertungsbericht vor, in dem geprüft wird, ob Folgendes angemessen ist:

a) die Ausweitung des Anwendungsbereichs dieser Verordnung auf
   i) öffentliche Urkunden über die Rechtsform und die Vertretung einer Gesellschaft oder eines sonstigen Unternehmens;
   ii) Diplome, Prüfungszeugnisse und sonstige Nachweise einer formellen Qualifikation und
   iii) öffentliche Urkunden zur Bescheinigung einer amtlich anerkannten Behinderung;

b) die Einführung mehrsprachiger Formulare für
   i) öffentliche Urkunden im Sinne des Artikels 2 Absatz 1, für die in dieser Verordnung keine mehrsprachigen Formulare festgelegt sind; und
   ii) öffentliche Urkunden zu den unter Buchstabe a genannten Bereichen, auf die der Anwendungsbereich dieser Verordnung ausgeweitet werden kann;

c) die Nutzung elektronischer Systeme für die Direktübermittlung öffentlicher Urkunden und den Informationsaustausch zwischen den Behörden der Mitgliedstaaten, um Betrug in den unter diese Verordnung fallenden Bereichen unter allen Umständen auszuschließen.

(3) Den in den Absätzen 1 und 2 genannten Berichten sind gegebenenfalls Vorschläge zur Anpassung beizufügen, insbesondere zur Ausweitung des Anwendungsbereichs dieser Verordnung auf öffentliche Urkunden zu neuen Bereichen nach Absatz 1 Buchstabe a und Absatz 2 Buchstabe a, zur Einführung neuer mehrsprachiger Formulare nach Absatz 1 Buchstabe b und Absatz 2 Buchstabe b und zur Nutzung elektronischer Systeme für die Direktübermittlung öffentlicher Urkunden und den Informationsaustausch zwischen den Behörden der Mitgliedstaaten nach Absatz 1 Buchstabe c und Absatz 2 Buchstabe c.

Art. 27. Inkrafttreten. (1) Diese Verordnung tritt am zwanzigsten Tag nach ihrer Veröffentlichung im Amtsblatt der Europäischen Union in Kraft.

(2) Sie gilt ab dem 16. Februar 2019, mit Ausnahme von

a) Artikel 24 Absatz 2, der ab dem 16. Februar 2017 gilt; und

b) Artikel 12 und Artikel 24 Absatz 3, die ab dem 16. Februar 2018 gelten;

c) Artikel 22 und Artikel 24 Absatz 1, die ab dem 16. August 2018 gelten.

Diese Verordnung ist in allen ihren Teilen verbindlich und gilt unmittelbar in jedem Mitgliedstaat.

Anhänge I–XI[31]

(nicht abgedruckt)

[31] Die Anhänge sind abrufbar im Europäischen Justizportal: https://e-justice.europa.eu/35981/DE/public_documents_forms?clang=de.

253a. Zivilprozessordnung

Abschnitt 8.[1] Beweis der Echtheit ausländischer öffentlicher Urkunden nach der Verordnung (EU) 2016/1191

§ 1118. Zentralbehörde. Das Bundesamt für Justiz ist Zentralbehörde nach Artikel 15 Absatz 1 der Verordnung (EU) 2016/1191 des Europäischen Parlaments und des Rates vom 6. Juli 2016 zur Förderung der Freizügigkeit von Bürgern durch die Vereinfachung der Anforderungen an die Vorlage bestimmter öffentlicher Urkunden innerhalb der Europäischen Union und zur Änderung der Verordnung (EU) Nr. 1024/2012 (ABl. L 200 vom 26.7.2016, S. 1).[2] Die Verfahren nach diesem Gesetz vor dem Bundesamt für Justiz sind Justizverwaltungsverfahren. Informationen nach Artikel 22 Absatz 2 der Verordnung werden durch das Bundesamt für Justiz mitgeteilt.

§ 1119. Verwaltungszusammenarbeit. (1) Soweit bei der Überprüfung der Echtheit einer öffentlichen Urkunde oder einer beglaubigten Kopie eine Nachfrage bei der ausstellenden deutschen Behörde erforderlich ist, kann sich das Bundesamt unmittelbar an diese Behörde wenden. Dazu nutzt es das Binnenmarkt-Informationssystem unter Beachtung bereits vorhandener Verfahrensstrukturen. Diese Behörden sind im Rahmen ihrer Zuständigkeit neben dem Bundesamt für Justiz auch zuständig für die Beantwortung von Auskunftsersuchen der Mitgliedstaaten der Europäischen Union.

(2) Über Änderungen bei den gemäß Artikel 22 Absatz 1 Buchstabe b der Verordnung einzustellenden Urkunden unterrichtet das Bundesministerium des Innern, für Bau und Heimat das Bundesamt für Justiz, soweit diese in seine Zuständigkeit fallen.

§ 1120. Mehrsprachige Formulare. Mehrsprachige Formulare gemäß Artikel 7 der Verordnung (EU) 2016/1191 werden durch die Behörden ausgestellt, die für die Erteilung der Urkunden zuständig sind. Das Bundesamt für Justiz ist für das Ausstellen der Formulare zuständig, soweit Urkunden des Geschäftsbereichs des Bundesministeriums der Justiz und für Verbraucherschutz oder gerichtliche Urkunden betroffen sind.

---

[1] Abschnitt 8 (§§ 1118–1120) angefügt durch Gesetz v. 31.1.2019 (BGBl. I, S. 54) mit Wirkung v. 16.2.2019.

[2] Abgedruckt unter Nr. *253.*

III. Bilaterale Staatsverträge[1, 2]

254. Abkommen zwischen der Bundesrepublik Deutschland und der Französischen Republik über die Befreiung öffentlicher Urkunden von der Legalisation

Vom 13. September 1971[3] (BGBl. 1974 II, S. 1075)

Art. 1. Öffentliche Urkunden, die in einem der beiden Staaten errichtet und mit amtlichem Siegel oder Stempel versehen sind, bedürfen zum Gebrauch in dem anderen Staat keiner Legalisation, Apostille, Beglaubigung oder ähnlichen Förmlichkeit.

Art. 2. Als öffentliche Urkunden sind für die Anwendung dieses Abkommens anzusehen:

---

[1] Außer dem hier abgedruckten Abk. mit *Frankreich* bestehen bilaterale Verträge über die Befreiung öffentlicher Urkunden von der Legalisation zwischen der *Bundesrepublik Deutschland* und folgenden Staaten:

- *Belgien* (Abkommen v. 13.5.1975, BGBl. 1980 II, S. 815; in Kraft seit 1.5.1981 gem. Bek. v. 9.3.1981, BGBl. II, S. 142).
- *Dänemark* (Abkommen v. 17.6.1936, RGBl. II, S. 213; wieder anwendbar mit Wirkung v. 1.9.1952 gem. Bek. v. 30.6.1953, BGBl. II, S. 186).
- *Griechenland* (Art. 24 des Rechtshilfeabk. v. 11.5.1938, RGBl. 1939 II, S. 848; wieder anwendbar mit Wirkung v. 1.2.1952 gem. Bek. v. 26.6.1952, BGBl. II, S. 634).
- *Italien* (Vertrag v. 7.6.1969, BGBl. 1974 II, S. 1071; in Kraft seit 5.5.1975 gem. Bek. v. 22.4.1975, BGBl. II S. 660).
- *Österreich* (Vertrag v. 21.6.1923, RGBl. 1924 II, S. 61; wieder anwendbar mit Wirkung v. 1.1.1952 gem. Bek. v. 13.3.1952, BGBl. II S. 436).
- *Schweiz* (Vertrag v. 14.2.1907, RGBl. S. 411; in Kraft seit 16.8.1907 gem. Bek. v. 19.7.1907, RGBl. S. 415).

Die vorgenannten bilateralen Abkommen werden, soweit sie mit EU-Mitgliedstaaten geschlossen wurden, nach Maßgabe von Art. 19 Abs. 2 EuUrkVO (Nr. *253*) durch diese Verordnung in deren sachlichem Anwendungsbereich verdrängt.

[2] Auf dem Gebiet des Personenstandswesens ist die Befreiung ausländischer Urkunden von der Legalisation in bilateralen Staatsverträgen zwischen der *Bundesrepublik Deutschland* und folgenden Staaten geregelt:

- *Luxemburg* (Abkommen v. 3.6.1982, BGBl. 1983 II, S. 699; in Kraft seit 1.4.1984 gem. Bek. v. 7.2.1984, BGBl. II, S. 188).
- *Österreich* (Vertrag v. 18.11.1980, BGBl. 1981 II, S. 1051; in Kraft seit 1.5.1982 gem. Bek. v. 18.2.1982, BGBl. II, S. 207).
- *Schweiz* (Abkommen v. 4.11.1985, BGBl. 1988 II, S. 127; in Kraft seit 1.7.1988 (gem. Bek. v. 24.4.1988, BGBl. II, S. 467).

Die vorgenannten bilateralen Abkommen werden, soweit sie mit EU-Mitgliedstaaten geschlossen wurden, nach Maßgabe von Art. 19 Abs. 2 EuUrkVO (Nr. *253*) durch diese Verordnung in deren sachlichem Anwendungsbereich verdrängt.

[3] Das Abk. ist am 1.4.1975 in Kraft getreten (Bek. v. 6.3.1975, BGBl. II, S. 353). Es wird nach Maßgabe von Art. 19 Abs. 2 EuUrkVO (Nr. *253*) durch diese Verordnung in deren sachlichem Anwendungsbereich verdrängt.

1. Urkunden eines Gerichts oder einer Staatsanwaltschaft bei einem Gericht sowie eines deutschen Vertreters des öffentlichen Interesses, Urkunden eines Urkundsbeamten der Geschäftsstelle sowie eines deutschen Rechtspflegers, Urkunden eines Gerichtsvollziehers;
2. Urkunden einer Verwaltungsbehörde;
3. Urkunden eines Notars;
4. Scheck- oder Wechselproteste, auch wenn sie in der Bundesrepublik Deutschland von einem Postbediensteten aufgenommen worden sind.

Art. 3. (1) Als öffentliche Urkunden sind für die Anwendung dieses Abkommens auch Urkunden anzusehen, die in einem der beiden Staaten eine Person, Stelle oder Behörde errichtet hat, die nach dem Recht dieses Staates zur Ausstellung öffentlicher Urkunden in Fällen der Art befugt ist, zu denen die vorgelegte Urkunde gehört.

(2) Diese Bestimmung ist auch dann anzuwenden, wenn derartige Urkunden nicht mit amtlichem Siegel oder Stempel versehen sind.

Art. 4. Amtliche Bescheinigungen, die auf Privaturkunden angebracht sind, wie zum Beispiel Vermerke über die Registrierung, Sichtvermerke zur Feststellung eines bestimmten Zeitpunktes, Beglaubigungen von Unterschriften sowie Beglaubigungen von Abschriften sind, je nach der Eigenschaft der Person, Stelle oder Behörde, welche die Bescheinigung oder Beglaubigung erteilt hat, entweder gemäß Artikel 2 oder gemäß Artikel 3 als öffentliche Urkunden anzusehen.

Art. 5. (1) Unter Legalisation im Sinne dieses Abkommens ist die Förmlichkeit zu verstehen, durch welche die diplomatischen oder konsularischen Vertreter des Staates, in dessen Hoheitsgebiet die Urkunde vorgelegt werden soll, die Echtheit der Unterschrift, die Eigenschaft, in welcher der Unterzeichner der Urkunde gehandelt hat, und gegebenenfalls die Echtheit des Siegels oder Stempels, mit dem die Urkunde versehen ist, bestätigen.

(2) Als Apostille wird die Förmlichkeit bezeichnet, die in den Artikeln 3, 4 und 5 des Haager Übereinkommens vom 5. Oktober 1961 zur Befreiung ausländischer öffentlicher Urkunden von der Legalisation[4] vorgesehen ist.

Art. 6. (1) Wird eine öffentliche Urkunde im Sinne des Artikels 2, 3 oder 4 in einem der beiden Staaten vorgelegt und ergeben sich ernsthafte Zweifel an der Echtheit der Unterschrift, an der Eigenschaft, in welcher der Unterzeichner der Urkunde gehandelt hat, und gegebenenfalls an der Echtheit des Siegels oder des Stempels, mit dem die Urkunde versehen ist, so kann ein Ersuchen um Nachprüfung unmittelbar gerichtet werden

in der Bundesrepublik Deutschland

---

[4] Abgedruckt unter Nr. *250.*

an das Bundesverwaltungsamt in Köln,
in der Französischen Republik
an das Ministerium der Justiz.

(2) Diese Behörden übermitteln die von der zuständigen Person, Stelle oder Behörde abgegebene Äußerung.

Art. 7. (1) Wird eine Urkunde im Sinne des Artikels 3 und gegebenenfalls im Sinne des Artikels 4 in einem der beiden Staaten vorgelegt und ergeben sich ernsthafte Zweifel über ihre Eigenschaft als öffentliche Urkunde, so kann ein Ersuchen um Auskunft unmittelbar an die in Artikel 6 angeführten Behörden gerichtet werden, um festzustellen, ob die Person, Stelle oder Behörde, welche die Urkunde errichtet hat, nach innerstaatlichem Recht zur Ausstellung öffentlicher Urkunden in Fällen der Art befugt ist, zu denen die vorgelegte Urkunde gehört.

(2) Das Bundesverwaltungsamt in der Bundesrepublik Deutschland und das Ministerium der Justiz in der Französischen Republik übermitteln die von der zuständigen Behörde abgegebene Äußerung.

Art. 8. (1) Dem Ersuchen um Nachprüfung nach Artikel 6 und dem Ersuchen um Auskunft nach Artikel 7 ist möglichst die Urkunde im Original oder in Ablichtung beizufügen.

(2) Das Ersuchen und seine Anlagen müssen in der Sprache des ersuchten Staates abgefasst oder von einer Übersetzung in diese Sprache begleitet sein.

(3) Für die Erledigung der Ersuchen werden Gebühren oder Auslagen nicht erhoben.

Art. 9. (1) Übersetzungen von öffentlichen oder privaten Urkunden oder von Schriftstücken aller Art, die in einem der beiden Staaten verwendet werden sollen, können in jedem der beiden Staaten von einem vereidigten Übersetzer beglaubigt werden.

(2) Derartige beglaubigte Übersetzungen, die mit dem Siegel oder Stempel des Übersetzers versehen sind, können verwendet werden, ohne dass eine Legalisation, Apostille, Beglaubigung oder ähnliche Förmlichkeit verlangt werden darf.

Art. 10. Jeder der beiden Staaten trifft die notwendigen Maßnahmen, um zu vermeiden, dass seine Behörden öffentliche Urkunden mit der Legalisation, Apostille, Beglaubigung oder einer ähnlichen Förmlichkeit versehen, wenn die Urkunden hiervon aufgrund dieses Abkommens befreit sind.

Art. 11. (1) Dieses Abkommen lässt andere mehr- oder zweiseitige Übereinkünfte unberührt, welche die Staaten geschlossen haben oder schließen werden und die für besondere Sachgebiete die gleichen Gegenstände regeln.

(2) Dieses Abkommen geht in den Beziehungen zwischen den beiden Staaten dem Haager Übereinkommen vom 5. Oktober 1961 zur Befreiung ausländischer öffentlicher Urkunden von der Legalisation *vor.*

Art. 12–13. *(nicht abgedruckt)*

IV. Innerstaatliches Recht

255. Zivilprozessordnung

idF vom 5. Dezember 2005 (BGBl. I, S. 3202)

§ 438. Echtheit ausländischer öffentlicher Urkunden. (1) Ob eine Urkunde, die als von einer ausländischen Behörde oder von einer mit öffentlichem Glauben versehenen Person des Auslandes errichtet sich darstellt, ohne näheren Nachweis als echt anzusehen sei, hat das Gericht nach den Umständen des Falles zu ermessen.

(2) Zum Beweise der Echtheit einer solchen Urkunde genügt die Legalisation durch einen Konsul oder Gesandten des Bundes.

256. Gesetz über die Konsularbeamten, ihre Aufgaben und Befugnisse (Konsulargesetz)

Vom 11. September 1974[1] (BGBl. I, S. 2317)

§ 10.[2] Beurkundungen im Allgemeinen. (1) Die Konsularbeamten sind befugt, über Tatsachen und Vorgänge, die sie in Ausübung ihres Amts wahrgenommen haben, Niederschriften oder Vermerke aufzunehmen, insbesondere

1. vor ihnen abgegebene Willenserklärungen und Versicherungen an Eides statt zu beurkunden,
2. Unterschriften, Handzeichen sowie Abschriften zu beglaubigen oder sonstige einfache Zeugnisse (z. B. Lebensbescheinigungen) auszustellen.

(2) Die von einem Konsularbeamten aufgenommenen Urkunden stehen den von einem inländischen Notar aufgenommenen gleich.

(3) Für das Verfahren bei der Beurkundung gelten die Vorschriften des Beurkundungsgesetzes vom 28. August 1969 (BGBl. I S. 1513) mit folgenden Abweichungen:

---

[1] § 8 ist unter Nr. *24,* §§ 9 und 11 sind unter Nr. *65,* §§ 15 und 16 unter Nr. *233* abgedruckt.

[2] § 10 Abs. 1 Nr. 1 geändert durch Gesetz v. 19.2.2007 (BGBl. I, S. 122) mit Wirkung v. 1.1.2009.

1. Urkunden können auf Verlangen auch in einer anderen als der deutschen Sprache errichtet werden.
2. Dolmetscher brauchen nicht vereidigt zu werden.
3. Die Abschrift einer nicht beglaubigten Abschrift soll nicht beglaubigt werden.
4. Die Urschrift einer Niederschrift soll den Beteiligten ausgehändigt werden, wenn nicht einer von ihnen amtliche Verwahrung verlangt. In diesem Fall soll die Urschrift dem Amtsgericht Schöneberg in Berlin zur amtlichen Verwahrung übersandt werden. Hat sich einer der Beteiligten der Zwangsvollstreckung unterworfen, so soll die Urschrift der Niederschrift dem Gläubiger ausgehändigt werden, wenn die Beteiligten keine anderweitige Bestimmung getroffen haben und auch keiner von ihnen amtliche Verwahrung verlangt hat.
5. Solange die Urschrift nicht ausgehändigt oder an das Amtsgericht abgesandt ist, sind die Konsularbeamten befugt, Ausfertigungen zu erteilen. Vollstreckbare Ausfertigungen können nur von dem Amtsgericht erteilt werden, das die Urschrift verwahrt.

§ 12.[3] Entgegennahme von Erklärungen. Die Konsularbeamten sind befugt,

1. Auflassungen entgegenzunehmen,
2. Versicherungen an Eides statt abzunehmen, die zur Erlangung eines Erbscheins, eines Europäischen Nachlasszeugnisses, eines Testamentsvollstreckerzeugnisses oder eines Zeugnisses über die Fortsetzung der Gütergemeinschaft abgegeben werden,
3. einem Deutschen auf dessen Antrag den Eid abzunehmen, wenn der Eid nach dem Recht eines ausländischen Staates oder nach den Bestimmungen einer ausländischen Behörde oder sonst zur Wahrnehmung von Rechten im Ausland erforderlich ist.

§ 13. Legalisation ausländischer öffentlicher Urkunden. (1) Die Konsularbeamten sind befugt, die in ihrem Amtsbezirk ausgestellten öffentlichen Urkunden zu legalisieren.

(2) Die Legalisation bestätigt die Echtheit der Unterschrift, die Eigenschaft, in welcher der Unterzeichner der Urkunde gehandelt hat, und gegebenenfalls die Echtheit des Siegels, mit dem die Urkunde versehen ist (Legalisation im engeren Sinn).

(3) Die Legalisation wird durch einen auf die Urkunde zu setzenden Vermerk vollzogen. Der Vermerk soll den Namen und die Amts- oder Dienstbezeichnung des Unterzeichners der Urkunde enthalten. Er soll den

---

[3] § 12 Nr. 2 geändert durch Gesetz v. 19.2.2007 (BGBl. I, S. 122) mit Wirkung v. 1.1.2009; Nr. 2 geändert durch Gesetz v. 29.6.2015 (BGBl. I, S. 1042) mit Wirkung v. 17.8.2015.

Ort und den Tag seiner Ausstellung angeben und ist mit Unterschrift und Präge- oder Farbdrucksiegel zu versehen.

(4) Auf Antrag kann, sofern über die Rechtslage kein Zweifel besteht, in dem Vermerk auch bestätigt werden, dass der Aussteller zur Aufnahme der Urkunde zuständig war und dass die Urkunde in der den Gesetzen des Ausstellungsorts entsprechenden Form auf genommen worden ist (Legalisation im weiteren Sinn).

(5) Urkunden, die gemäß zwei- oder mehrseitiger völkerrechtlicher Übereinkunft von der Legalisation befreit sind, sollen nicht legalisiert werden.

§ 14. Bestätigung der Echtheit inländischer öffentlicher Urkunden.

(1) Die Konsularbeamten sind befugt, zur Verwendung in ihrem Konsularbezirk die Echtheit im Inland ausgestellter öffentlicher Urkunden zu bestätigen.

(2) Die Bestätigung soll nur erteilt werden, wenn der Konsularbeamte keine Zweifel an der Echtheit hat. Von der Echtheit kann er in der Regel ausgehen, wenn die Urkunde ihm von der Stelle, die sie aufgenommen hat, zugeleitet worden ist.

H. Insolvenzrecht[1]

I. EU-Recht

260. Verordnung (EU) Nr. 848/2015 des Europäischen Parlaments und des Rates über Insolvenzverfahren

Vom 20. Mai 2015[1, 2, 3, 4] (ABl. L 141, S. 19)

DAS EUROPÄISCHE PARLAMENT UND DER RAT DER EUROPÄISCHEN UNION –

gestützt auf den Vertrag über die Arbeitsweise der Europäischen Union, insbesondere auf Artikel 81,[5]

auf Vorschlag der Europäischen Kommission,

nach Zuleitung des Entwurfs des Gesetzgebungsakts an die nationalen Parlamente,

nach Stellungnahme des Europäischen Wirtschafts- und Sozialausschusses,[6]

gemäß dem ordentlichen Gesetzgebungsverfahren,[7]

in Erwägung nachstehender Gründe:

---

[1] Das Istanbuler Europäische Übk. über gewisse internationale Aspekte des Konkurses v. 5.6.1990 ist von der *Bundesrepublik Deutschland* sowie von *Belgien, Frankreich, Griechenland, Italien, Luxemburg* und der *Türkei* gezeichnet, aber bisher nur von *Zypern* ratifiziert worden; es ist noch nicht in Kraft getreten. Text (englisch/französisch mit deutscher Übersetzung): https://www.coe.int/de/web/conventions (Nr. 136).

[1] Die Verordnung gilt für die Mitgliedstaaten der EU – mit Ausnahme *Dänemarks* (Erwägungsgrund (88)) – seit dem 26.6.2017 und löst für alle ab diesem Tag eröffneten Insolvenzverfahren die Verordnung (EG) Nr. 246/2000 (ABl. L 160, S. 1) ab. Die EuInsVO 2000 war für die Mitgliedstaaten der EU – mit Ausnahme *Dänemarks* – am 31.5.2002 in Kraft getreten. Für *Estland, Lettland, Litauen, Malta, Polen,* die *Slowakei, Slowenien,* die *Tschechische Republik, Ungarn* und *Zypern* galt sie seit dem 1.5.2004, für *Bulgarien* und *Rumänien* seit dem 1.1.2007 und für *Kroatien* seit dem 1.7.2013.

[2] Im Verhältnis zum *Vereinigten Königreich* gilt die Verordnung nach Ablauf der in Art. 126, 127 des Brexit-Abk v. 24.1.2020 (Nr. *0–3*) vereinbarten Übergangsfrist am 31.12.2020 nicht mehr. Zu den Auswirkungen des Brexit auf die Geltung der Verordnung im Verhältnis zum *Vereinigten Königreich* siehe Anm. 2 zum EU-Vertrag (Nr. *0–1*) und Art. 67 Abs. 3 lit. c Brexit-Abk.

[3] Vgl. dazu auch die ergänzenden Richtlinien 2001/17/EG über die Sanierung und Liquidation von Versicherungsunternehmen v. 19.3.2001 (ABl. L 110, S. 28) und 2001/24/EG über die Sanierung und Liquidation von Kreditinstituten v. 4.4.2001 (ABl. L 125, S. 15).

[4] Vgl. zur EuInsVO 2015 auch die deutschen Ausführungsbestimmungen in Art. 102c EGInsO v. 5.10.1994 idF v. 15.6.2017 (Nr. *260a*).

[5] Abgedruckt unter Nr. *0–2*.

[6] ABl. C 271 v. 19.9.2013, S. 55.

[7] Standpunkt des Europäischen Parlaments vom 5. Februar 2014 (noch nicht im Amtsblatt veröffentlicht) und Standpunkt des Rates in erster Lesung v. 12.3.2015 (noch nicht im Amtsblatt veröffentlicht). Standpunkt des Europäischen Parlaments v. 20.5.2015 (noch nicht im Amtsblatt veröffentlicht).

(1) Die Kommission hat am 12. Dezember 2012 einen Bericht über die Anwendung der Verordnung (EG) Nr. 1346/2000 des Rates[8] angenommen. Dem Bericht zufolge funktioniert die Verordnung im Allgemeinen gut, doch sollte die Anwendung einiger Vorschriften verbessert werden, um grenzüberschreitende Insolvenzverfahren noch effizienter abwickeln zu können. Da die Verordnung mehrfach geändert wurde und weitere Änderungen erfolgen sollen, sollte aus Gründen der Klarheit eine Neufassung vorgenommen werden.

(2) Die Union hat sich die Schaffung eines Raums der Freiheit, der Sicherheit und des Rechts zum Ziel gesetzt.

(3) Für ein reibungsloses Funktionieren des Binnenmarktes sind effiziente und wirksame grenzüberschreitende Insolvenzverfahren erforderlich. Die Annahme dieser Verordnung ist zur Verwirklichung dieses Ziels erforderlich, das in den Bereich der justiziellen Zusammenarbeit in Zivilsachen im Sinne des Artikels 81 des Vertrags[9] fällt.

(4) Die Geschäftstätigkeit von Unternehmen greift mehr und mehr über die einzelstaatlichen Grenzen hinaus und unterliegt damit in zunehmendem Maß den Vorschriften des Unionsrechts. Die Insolvenz solcher Unternehmen hat auch nachteilige Auswirkungen auf das ordnungsgemäße Funktionieren des Binnenmarktes, und es bedarf eines Unionsrechtsakts, der eine Koordinierung der Maßnahmen in Bezug auf das Vermögen eines zahlungsunfähigen Schuldners vorschreibt.

(5) Im Interesse eines ordnungsgemäßen Funktionierens des Binnenmarkts muss verhindert werden, dass es für Beteiligte vorteilhafter ist, Vermögensgegenstände oder Gerichtsverfahren von einem Mitgliedstaat in einen anderen zu verlagern, um auf diese Weise eine günstigere Rechtsstellung zum Nachteil der Gesamtheit der Gläubiger zu erlangen (im Folgenden *„Forum Shopping"*).

(6) Diese Verordnung sollte Vorschriften enthalten, die die Zuständigkeit für die Eröffnung von Insolvenzverfahren und für Klagen regeln, die sich direkt aus diesen Insolvenzverfahren ableiten und eng damit verknüpft sind. Darüber hinaus sollte diese Verordnung Vorschriften für die Anerkennung und Vollstreckung von in solchen Verfahren ergangenen Entscheidungen sowie Vorschriften über das auf Insolvenzverfahren anwendbare Recht enthalten. Sie sollte auch die Koordinierung von Insolvenzverfahren regeln, die sich gegen denselben Schuldner oder gegen mehrere Mitglieder derselben Unternehmensgruppe richten.

(7) Konkurse, Vergleiche und ähnliche Verfahren sowie damit zusammenhängende Klagen sind vom Anwendungsbereich der Verordnung (EU)

---

[8] Verordnung (EG) Nr. 1346/2000 des Rates über Insolvenzverfahren v. 29.5.2000 (ABl. L 160, S. 1).

[9] Abgedruckt unter Nr. *0–2*.

Nr. 1215/2012 des Europäischen Parlaments und des Rates[10] ausgenommen. Diese Verfahren sollten unter die vorliegende Verordnung fallen. Die vorliegende Verordnung ist so auszulegen, dass Rechtslücken zwischen den beiden vorgenannten Rechtsinstrumenten so weit wie möglich vermieden werden. Allerdings sollte der alleinige Umstand, dass ein nationales Verfahren nicht in Anhang A dieser Verordnung aufgeführt ist, nicht bedeuten, dass es unter die Verordnung (EU) Nr. 1215/2012 fällt.

(8) Zur Verwirklichung des Ziels einer Verbesserung der Effizienz und Wirksamkeit der Insolvenzverfahren mit grenzüberschreitender Wirkung ist es notwendig und angemessen, die Bestimmungen über den Gerichtsstand, die Anerkennung und das anwendbare Recht in diesem Bereich in einer Maßnahme der Union zu bündeln, die in den Mitgliedstaaten verbindlich ist und unmittelbar gilt.

(9) Diese Verordnung sollte für alle Insolvenzverfahren gelten, die die in ihr festgelegten Voraussetzungen erfüllen, unabhängig davon, ob es sich beim Schuldner um eine natürliche oder juristische Person, einen Kaufmann oder eine Privatperson handelt. Diese Insolvenzverfahren sind erschöpfend in Anhang A aufgeführt. Bezüglich der in Anhang A aufgeführten nationalen Verfahren sollte diese Verordnung Anwendung finden, ohne dass die Gerichte eines anderen Mitgliedstaats die Erfüllung der Anwendungsvoraussetzungen dieser Verordnung nachprüfen. Nationale Insolvenzverfahren, die nicht in Anhang A aufgeführt sind, sollten nicht in den Anwendungsbereich dieser Verordnung fallen.

(10) In den Anwendungsbereich dieser Verordnung sollten Verfahren einbezogen werden, die die Rettung wirtschaftlich bestandsfähiger Unternehmen, die sich jedoch in finanziellen Schwierigkeiten befinden, begünstigen und Unternehmern eine zweite Chance bieten. Einbezogen werden sollten vor allem Verfahren, die auf eine Sanierung des Schuldners in einer Situation gerichtet sind, in der lediglich die Wahrscheinlichkeit einer Insolvenz besteht, und Verfahren, bei denen der Schuldner ganz oder teilweise die Kontrolle über seine Vermögenswerte und Geschäfte behält. Der Anwendungsbereich sollte sich auch auf Verfahren erstrecken, die eine Schuldbefreiung oder eine Schuldenanpassung in Bezug auf Verbraucher und Selbständige zum Ziel haben, indem z. B. der vom Schuldner zu zahlende Betrag verringert oder die dem Schuldner gewährte Zahlungsfrist verlängert wird. Da in solchen Verfahren nicht unbedingt ein Verwalter bestellt werden muss, sollten sie unter diese Verordnung fallen, wenn sie der Kontrolle oder Aufsicht eines Gerichts unterliegen. In diesem Zusammenhang sollte der Ausdruck „Kontrolle“ auch Sachverhalte einschließen, in denen ein Gericht nur aufgrund des Rechtsbehelfs eines Gläubigers oder anderer Verfahrensbeteiligter tätig wird.

---

[10] Verordnung (EU) Nr. 1215/2012 über die gerichtliche Zuständigkeit und die Anerkennung und Vollstreckung von Entscheidungen in Zivil- und Handelssachen v. 12.12. 2012 (Brüssel Ia-VO; Nr. *160*).

(11) Diese Verordnung sollte auch für Verfahren gelten, die einen vorläufigen Aufschub von Vollstreckungsmaßnahmen einzelner Gläubiger gewähren, wenn derartige Maßnahmen die Verhandlungen beeinträchtigen und die Aussichten auf eine Sanierung des Unternehmens des Schuldners mindern könnten. Diese Verfahren sollten sich nicht nachteilig auf die Gesamtheit der Gläubiger auswirken und sollten, wenn keine Einigung über einen Sanierungsplan erzielt werden kann, anderen Verfahren, die unter diese Verordnung fallen, vorgeschaltet sein.

(12) Diese Verordnung sollte für Verfahren gelten, deren Eröffnung öffentlich bekanntzugeben ist, damit Gläubiger Kenntnis von dem Verfahren erlangen und ihre Forderungen anmelden können, und dadurch der kollektive Charakter des Verfahrens sichergestellt wird, und damit den Gläubigern Gelegenheit gegeben wird, die Zuständigkeit des Gerichts überprüfen zu lassen, das das Verfahren eröffnet hat.

(13) Dementsprechend sollten vertraulich geführte Insolvenzverfahren vom Anwendungsbereich dieser Verordnung ausgenommen werden. Solche Verfahren mögen zwar in manchen Mitgliedstaaten von großer Bedeutung sein, es ist jedoch aufgrund ihrer Vertraulichkeit unmöglich, dass ein Gläubiger oder Gericht in einem anderen Mitgliedstaat Kenntnis von der Eröffnung eines solchen Verfahrens erlangt, so dass es schwierig ist, ihren Wirkungen unionsweit Anerkennung zu verschaffen.

(14) Ein Gesamtverfahren, das unter diese Verordnung fällt, sollte alle oder einen wesentlichen Teil der Gläubiger des Schuldners einschließen, auf die die gesamten oder ein erheblicher Anteil der ausstehenden Verbindlichkeiten des Schuldners entfallen, vorausgesetzt, dass die Forderungen der Gläubiger, die nicht an einem solchen Verfahren beteiligt sind, davon unberührt bleiben. Verfahren, die nur die finanziellen Gläubiger des Schuldners betreffen, sollten auch unter diese Verordnung fallen. Ein Verfahren, das nicht alle Gläubiger eines Schuldners einschließt, sollte ein Verfahren sein, dessen Ziel die Rettung des Schuldners ist. Ein Verfahren, das zur endgültigen Einstellung der Unternehmenstätigkeit des Schuldners oder zur Verwertung seines Vermögens führt, sollte alle Gläubiger des Schuldners einschließen. Einige Insolvenzverfahren für natürliche Personen schließen bestimmte Arten von Forderungen, wie etwa Unterhaltsforderungen, von der Möglichkeit einer Schuldenbefreiung aus, was aber nicht bedeuten sollte, dass diese Verfahren keine Gesamtverfahren sind.

(15) Diese Verordnung sollte auch für Verfahren gelten, die nach dem Recht einiger Mitgliedstaaten für eine bestimmte Zeit vorläufig oder einstweilig eröffnet und durchgeführt werden können, bevor ein Gericht durch eine Entscheidung die Fortführung des Verfahrens als nicht vorläufiges Verfahren bestätigt. Auch wenn diese Verfahren als „vorläufig" bezeichnet werden, sollten sie alle anderen Anforderungen dieser Verordnung erfüllen.

(16) Diese Verordnung sollte für Verfahren gelten, die sich auf gesetzliche Regelungen zur Insolvenz stützen. Allerdings sollten Verfahren, die sich auf

allgemeines Gesellschaftsrecht stützen, das nicht ausschließlich auf Insolvenzfälle ausgerichtet ist, nicht als Verfahren gelten, die sich auf gesetzliche Regelungen zur Insolvenz stützen. Ebenso sollten Verfahren zur Schuldenanpassung nicht bestimmte Verfahren umfassen, in denen es um den Erlass von Schulden einer natürlichen Person mit sehr geringem Einkommen und Vermögen geht, sofern derartige Verfahren nie eine Zahlung an Gläubiger vorsehen.

(17) Der Anwendungsbereich dieser Verordnung sollte sich auf Verfahren erstrecken, die eingeleitet werden, wenn sich ein Schuldner in nicht finanziellen Schwierigkeiten befindet, sofern diese Schwierigkeiten mit der tatsächlichen und erheblichen Gefahr verbunden sind, dass der Schuldner gegenwärtig oder in Zukunft seine Verbindlichkeiten bei Fälligkeit nicht begleichen kann. Der maßgebliche Zeitraum zur Feststellung einer solchen Gefahr kann mehrere Monate oder auch länger betragen, um Fällen Rechnung zu tragen, in denen sich der Schuldner in nicht finanziellen Schwierigkeiten befindet, die die Fortführung seines Unternehmens und mittelfristig seine Liquidität gefährden. Dies kann beispielsweise der Fall sein, wenn der Schuldner einen Auftrag verloren hat, der für ihn von entscheidender Bedeutung war.

(18) Die Vorschriften über die Rückforderung staatlicher Beihilfen von insolventen Unternehmen, wie sie nach der Rechtsprechung des Gerichtshofs der Europäischen Union ausgelegt worden sind, sollten von dieser Verordnung unberührt bleiben.

(19) Insolvenzverfahren über das Vermögen von Versicherungsunternehmen, Kreditinstituten, Wertpapierfirmen und anderen Firmen, Einrichtungen oder Unternehmen, die unter die Richtlinie 2001/24/EG des Europäischen Parlaments und des Rates[11] fallen, und Organismen für gemeinsame Anlagen sollten vom Anwendungsbereich dieser Verordnung ausgenommen werden, da für sie besondere Vorschriften gelten und die nationalen Aufsichtsbehörden weitreichende Eingriffsbefugnisse haben.

(20) Insolvenzverfahren sind nicht zwingend mit dem Eingreifen einer Justizbehörde verbunden. Der Ausdruck „Gericht" in dieser Verordnung sollte daher in einigen Bestimmungen weit ausgelegt werden und Personen oder Stellen umfassen, die nach einzelstaatlichem Recht befugt sind, Insolvenzverfahren zu eröffnen. Damit diese Verordnung Anwendung findet, muss es sich um ein Verfahren (mit den entsprechenden gesetzlich festgelegten Handlungen und Formalitäten) handeln, das nicht nur im Einklang mit dieser Verordnung steht, sondern auch in dem Mitgliedstaat der Eröffnung des Insolvenzverfahrens offiziell anerkannt und rechtsgültig ist.

(21) Verwalter sind in dieser Verordnung definiert und in Anhang B aufgeführt. Verwalter, die ohne Beteiligung eines Justizorgans bestellt werden, sollten nach nationalem Recht einer angemessenen Regulierung unterlie-

---

[11] Richtlinie 2001/24/EG des Europäischen Parlaments und des Rates v. 4.4.2001 über die Sanierung und Liquidation von Kreditinstituten (ABl. L 125 v. 5.5.2001, S. 15).

gen und für die Wahrnehmung von Aufgaben in Insolvenzverfahren zugelassen sein. Der nationale Regelungsrahmen sollte angemessene Vorschriften über den Umgang mit potenziellen Interessenkonflikten umfassen.

(22) Diese Verordnung erkennt die Tatsache an, dass aufgrund der großen Unterschiede im materiellen Recht ein einziges Insolvenzverfahren mit universaler Geltung für die Union nicht realisierbar ist. Die ausnahmslose Anwendung des Rechts des Staates der Verfahrenseröffnung würde vor diesem Hintergrund häufig zu Schwierigkeiten führen. Dies gilt etwa für die in den Mitgliedstaaten sehr unterschiedlich ausgeprägten nationalen Regelungen zu den Sicherungsrechten. Aber auch die Vorrechte einzelner Gläubiger im Insolvenzverfahren sind teilweise vollkommen anders ausgestaltet. Bei der nächsten Überprüfung dieser Verordnung wird es erforderlich sein, weitere Maßnahmen zu ermitteln, um die Vorrechte der Arbeitnehmer auf europäischer Ebene zu verbessern. Diese Verordnung sollte solchen unterschiedlichen nationalen Rechten auf zweierlei Weise Rechnung tragen. Zum einen sollten Sonderanknüpfungen für besonders bedeutsame Rechte und Rechtsverhältnisse vorgesehen werden (z. B. dingliche Rechte und Arbeitsverträge). Zum anderen sollten neben einem Hauptinsolvenzverfahren mit universaler Geltung auch innerstaatliche Verfahren zugelassen werden, die lediglich das im Eröffnungsstaat befindliche Vermögen erfassen.

(23) Diese Verordnung gestattet die Eröffnung des Hauptinsolvenzverfahrens in dem Mitgliedstaat, in dem der Schuldner den Mittelpunkt seiner hauptsächlichen Interessen hat. Dieses Verfahren hat universale Geltung sowie das Ziel, das gesamte Vermögen des Schuldners zu erfassen. Zum Schutz der unterschiedlichen Interessen gestattet diese Verordnung die Eröffnung von Sekundärinsolvenzverfahren parallel zum Hauptinsolvenzverfahren. Ein Sekundärinsolvenzverfahren kann in dem Mitgliedstaat eröffnet werden, in dem der Schuldner eine Niederlassung hat. Seine Wirkungen sind auf das in dem betreffenden Mitgliedstaat belegene Vermögen des Schuldners beschränkt. Zwingende Vorschriften für die Koordinierung mit dem Hauptinsolvenzverfahren tragen dem Gebot der Einheitlichkeit in der Union Rechnung.

(24) Wird über das Vermögen einer juristischen Person oder einer Gesellschaft ein Hauptinsolvenzverfahren in einem anderen Mitgliedstaat als dem, in dem sie ihren Sitz hat, eröffnet, so sollte die Möglichkeit bestehen, im Einklang mit der Rechtsprechung des Gerichtshofs der Europäischen Union ein Sekundärinsolvenzverfahren in dem Mitgliedstaat zu eröffnen, in dem sie ihren Sitz hat, sofern der Schuldner einer wirtschaftlichen Aktivität nachgeht, die den Einsatz von Personal und Vermögenswerten in diesem Mitgliedstaat voraussetzt.

(25) Diese Verordnung gilt nur für Verfahren in Bezug auf einen Schuldner, der Mittelpunkt seiner hauptsächlichen Interessen in der Union hat.

(26) Die Zuständigkeitsvorschriften dieser Verordnung legen nur die internationale Zuständigkeit fest, das heißt, sie geben den Mitgliedstaat an,

dessen Gerichte Insolvenzverfahren eröffnen dürfen. Die innerstaatliche Zuständigkeit des betreffenden Mitgliedstaats sollte nach dem nationalen Recht des betreffenden Staates bestimmt werden.

(27) Vor Eröffnung des Insolvenzverfahrens sollte das zuständige Gericht von Amts wegen prüfen, ob sich der Mittelpunkt der hauptsächlichen Interessen des Schuldners oder der Niederlassung des Schuldners tatsächlich in seinem Zuständigkeitsbereich befindet.

(28) Bei der Beantwortung der Frage, ob der Mittelpunkt der hauptsächlichen Interessen des Schuldners für Dritte feststellbar ist, sollte besonders berücksichtigt werden, welchen Ort die Gläubiger als denjenigen wahrnehmen, an dem der Schuldner der Verwaltung seiner Interessen nachgeht. Hierfür kann es erforderlich sein, die Gläubiger im Fall einer Verlegung des Mittelpunkts der hauptsächlichen Interessen zeitnah über den neuen Ort zu unterrichten, an dem der Schuldner seine Tätigkeiten ausübt, z. B. durch Hervorhebung der Adressänderung in der Geschäftskorrespondenz, oder indem der neue Ort in einer anderen geeigneten Weise veröffentlicht wird.

(29) Diese Verordnung sollte eine Reihe von Schutzvorkehrungen enthalten, um betrügerisches oder missbräuchliches Forum Shopping zu verhindern.

(30) Folglich sollten die Annahmen, dass der Sitz, die Hauptniederlassung und der gewöhnliche Aufenthalt jeweils der Mittelpunkt des hauptsächlichen Interesses sind, widerlegbar sein, und das jeweilige Gericht eines Mitgliedstaats sollte sorgfältig prüfen, ob sich der Mittelpunkt der hauptsächlichen Interessen des Schuldners tatsächlich in diesem Mitgliedstaat befindet. Bei einer Gesellschaft sollte diese Vermutung widerlegt werden können, wenn sich die Hauptverwaltung der Gesellschaft in einem anderen Mitgliedstaat befindet als in dem Mitgliedstaat, in dem sich der Sitz der Gesellschaft befindet, und wenn eine Gesamtbetrachtung aller relevanten Faktoren die von Dritten überprüfbare Feststellung zulässt, dass sich der tatsächliche Mittelpunkt der Verwaltung und der Kontrolle der Gesellschaft sowie der Verwaltung ihrer Interessen in diesem anderen Mitgliedstaat befindet. Bei einer natürlichen Person, die keine selbständige gewerbliche oder freiberufliche Tätigkeit ausübt, sollte diese Vermutung widerlegt werden können, wenn sich z. B. der Großteil des Vermögens des Schuldners außerhalb des Mitgliedstaats des gewöhnlichen Aufenthalts des Schuldners befindet oder wenn festgestellt werden kann, dass der Hauptgrund für einen Umzug darin bestand, einen Insolvenzantrag im neuen Gerichtsstand zu stellen, und die Interessen der Gläubiger, die vor dem Umzug eine Rechtsbeziehung mit dem Schuldner eingegangen sind, durch einen solchen Insolvenzantrag wesentlich beeinträchtigt würden.

(31) Im Rahmen desselben Ziels der Verhinderung von betrügerischem oder missbräuchlichem Forum Shopping sollte die Vermutung, dass der Mittelpunkt der hauptsächlichen Interessen der Sitz, die Hauptniederlassung der natürlichen Person bzw. der gewöhnliche Aufenthalt der natürlichen Person ist, nicht gelten, wenn – im Falle einer Gesellschaft, einer juris-

tischen Person oder einer natürlichen Person, die eine selbständige gewerbliche oder freiberufliche Tätigkeit ausübt, – der Schuldner seinen Sitz oder seine Hauptniederlassung in einem Zeitraum von drei Monaten vor dem Antrag auf Eröffnung des Insolvenzverfahrens in einen anderen Mitgliedstaat verlegt hat, oder – im Falle einer natürlichen Person, die keine selbständige gewerbliche oder freiberufliche Tätigkeit ausübt – wenn der Schuldner seinen gewöhnlichen Aufenthalt in einem Zeitraum von sechs Monaten vor dem Antrag auf Eröffnung des Insolvenzverfahrens in einen anderen Mitgliedstaat verlegt hat.

(32) Das Gericht sollte in allen Fällen, in denen die Umstände des Falls Anlass zu Zweifeln an seiner Zuständigkeit geben, den Schuldner auffordern, zusätzliche Nachweise für seine Behauptung vorzulegen, und, wenn das für das Insolvenzverfahren geltende Recht dies erlaubt, den Gläubigern des Schuldners Gelegenheit geben, sich zur Frage der Zuständigkeit zu äußern.

(33) Stellt das mit dem Antrag auf Eröffnung eines Insolvenzverfahrens befasste Gericht fest, dass der Mittelpunkt der hauptsächlichen Interessen nicht in seinem Hoheitsgebiet liegt, so sollte es das Hauptinsolvenzverfahren nicht eröffnen.

(34) Allen Gläubigern des Schuldners sollte darüber hinaus ein wirksamer Rechtsbehelf gegen die Entscheidung, ein Insolvenzverfahren zu eröffnen, zustehen. Die Folgen einer Anfechtung der Entscheidung, ein Insolvenzverfahren zu eröffnen, sollten dem nationalen Recht unterliegen.

(35) Die Gerichte des Mitgliedstaats, in dessen Hoheitsgebiet das Insolvenzverfahren eröffnet wurde, sollten auch für Klagen zuständig sein, die sich direkt aus dem Insolvenzverfahren ableiten und eng damit verknüpft sind. Zu solchen Klagen sollten unter anderem Anfechtungsklagen gegen Beklagte in anderen Mitgliedstaaten und Klagen in Bezug auf Verpflichtungen gehören, die sich im Verlauf des Insolvenzverfahrens ergeben, wie z. B. zu Vorschüssen für Verfahrenskosten. Im Gegensatz dazu leiten sich Klagen wegen der Erfüllung von Verpflichtungen aus einem Vertrag, der vom Schuldner vor der Eröffnung des Verfahrens abgeschlossen wurde, nicht unmittelbar aus dem Verfahren ab. Steht eine solche Klage im Zusammenhang mit einer anderen zivil- oder handelsrechtlichen Klage, so sollte der Verwalter beide Klagen vor die Gerichte am Wohnsitz des Beklagten bringen können, wenn er sich von einer Erhebung der Klagen an diesem Gerichtsstand einen Effizienzgewinn verspricht. Dies kann beispielsweise dann der Fall sein, wenn der Verwalter eine insolvenzrechtliche Haftungsklage gegen einen Geschäftsführer mit einer gesellschaftsrechtlichen oder deliktsrechtlichen Klage verbinden will.

(36) Das für die Eröffnung des Hauptinsolvenzverfahrens zuständige Gericht sollte zur Anordnung einstweiliger Maßnahmen und von Sicherungsmaßnahmen ab dem Zeitpunkt des Antrags auf Verfahrenseröffnung befugt sein. Sicherungsmaßnahmen sowohl vor als auch nach Beginn des Insolvenzverfahrens sind zur Gewährleistung der Wirksamkeit des Insol-

venzverfahrens von großer Bedeutung. Diese Verordnung sollte hierfür verschiedene Möglichkeiten vorsehen. Zum einen sollte das für das Hauptinsolvenzverfahren zuständige Gericht einstweilige Maßnahmen und Sicherungsmaßnahmen auch über Vermögensgegenstände anordnen können, die sich im Hoheitsgebiet anderer Mitgliedstaaten befinden. Zum anderen sollte ein vor Eröffnung des Hauptinsolvenzverfahrens bestellter vorläufiger Verwalter in den Mitgliedstaaten, in denen sich eine Niederlassung des Schuldners befindet, die nach dem Recht dieser Mitgliedstaaten möglichen Sicherungsmaßnahmen beantragen können.

(37) Das Recht, vor der Eröffnung des Hauptinsolvenzverfahrens die Eröffnung eines Insolvenzverfahrens in dem Mitgliedstaat, in dem der Schuldner eine Niederlassung hat, zu beantragen, sollte nur lokalen Gläubigern und Behörden zustehen beziehungsweise auf Fälle beschränkt sein, in denen das Recht des Mitgliedstaats, in dem der Schuldner den Mittelpunkt seiner hauptsächlichen Interessen hat, die Eröffnung eines Hauptinsolvenzverfahrens nicht zulässt. Der Grund für diese Beschränkung ist, dass die Fälle, in denen die Eröffnung eines Partikularverfahrens vor dem Hauptinsolvenzverfahren beantragt wird, auf das unumgängliche Maß beschränkt werden sollen.

(38) Das Recht, nach der Eröffnung des Hauptinsolvenzverfahrens die Eröffnung eines Insolvenzverfahrens in dem Mitgliedstaat, in dem der Schuldner eine Niederlassung hat, zu beantragen, wird durch diese Verordnung nicht beschränkt. Der Verwalter des Hauptinsolvenzverfahrens oder jede andere, nach dem Recht des betreffenden Mitgliedstaats dazu befugte Person sollte die Eröffnung eines Sekundärverfahrens beantragen können.

(39) Diese Verordnung sollte Vorschriften für die Bestimmung der Belegenheit der Vermögenswerte des Schuldners vorsehen, und diese Vorschriften sollten bei der Feststellung, welche Vermögenswerte zur Masse des Haupt- oder des Sekundärinsolvenzverfahrens gehören, und auf Situationen, in denen die dinglichen Rechte Dritter betroffen sind, Anwendung finden. Insbesondere sollte in dieser Verordnung bestimmt werden, dass Europäische Patente mit einheitlicher Wirkung, eine Gemeinschaftsmarke oder jedes andere ähnliche Recht, wie gemeinschaftliche Sortenschutzrechte oder das Gemeinschaftsgeschmacksmuster, nur in das Hauptinsolvenzverfahren mit einbezogen werden dürfen.

(40) Ein Sekundärinsolvenzverfahren kann neben dem Schutz der inländischen Interessen auch anderen Zwecken dienen. Dies kann der Fall sein, wenn die Insolvenzmasse des Schuldners zu verschachtelt ist, um als Ganzes verwaltet zu werden, oder weil die Unterschiede in den betroffenen Rechtssystemen so groß sind, dass sich Schwierigkeiten ergeben können, wenn das Recht des Staates der Verfahrenseröffnung seine Wirkung in den anderen Staaten, in denen Vermögensgegenstände belegen sind, entfaltet. Aus diesem Grund kann der Verwalter des Hauptinsolvenzverfahrens die Eröffnung eines Sekundärinsolvenzverfahrens beantragen, wenn dies für die effiziente Verwaltung der Masse erforderlich ist.

(41) Sekundärinsolvenzverfahren können eine effiziente Verwaltung der Insolvenzmasse auch behindern. Daher sind in dieser Verordnung zwei spezifische Situationen vorgesehen, in denen das mit einem Antrag auf Eröffnung eines Sekundärinsolvenzverfahrens befasste Gericht auf Antrag des Verwalters des Hauptinsolvenzverfahrens die Eröffnung eines solchen Verfahrens aufschieben oder ablehnen können sollte.

(42) Erstens erhält der Verwalter des Hauptinsolvenzverfahrens im Rahmen dieser Verordnung die Möglichkeit, den lokalen Gläubigern die Zusicherung zu geben, dass sie so behandelt werden, als wäre das Sekundärinsolvenzverfahren eröffnet worden. Bei dieser Zusicherung ist eine Reihe von in dieser Verordnung festgelegten Voraussetzungen zu erfüllen, insbesondere muss sie von einer qualifizierten Mehrheit der lokalen Gläubiger gebilligt werden. Wurde eine solche Zusicherung gegeben, so sollte das mit einem Antrag auf Eröffnung eines Sekundärinsolvenzverfahrens befasste Gericht den Antrag ablehnen können, wenn es der Überzeugung ist, dass diese Zusicherung die allgemeinen Interessen der lokalen Gläubiger angemessen schützt. Das Gericht sollte bei der Beurteilung dieser Interessen die Tatsache berücksichtigen, dass die Zusicherung von einer qualifizierten Mehrheit der lokalen Gläubiger gebilligt worden ist.

(43) Für die Zwecke der Abgabe einer Zusicherung an die lokalen Gläubiger sollten die in dem Mitgliedstaat, in dem der Schuldner eine Niederlassung hat, belegenen Vermögenswerte und Rechte eine Teilmasse der Insolvenzmasse bilden, und der Verwalter des Hauptinsolvenzverfahrens sollte bei ihrer Verteilung bzw. der Verteilung des aus ihrer Verwertung erzielten Erlöses die Vorzugsrechte wahren, die Gläubiger bei Eröffnung eines Sekundärinsolvenzverfahrens in diesem Mitgliedstaat hätten.

(44) Für die Billigung der Zusicherung sollte, soweit angemessen, das nationale Recht Anwendung finden. Insbesondere sollten Forderungen der Gläubiger für die Zwecke der Abstimmung über die Zusicherung als festgestellt gelten, wenn die Abstimmungsregeln für die Annahme eines Sanierungsplans nach nationalem Recht die vorherige Feststellung dieser Forderungen vorschreiben. Gibt es nach nationalem Recht unterschiedliche Verfahren für die Annahme von Sanierungsplänen, so sollten die Mitgliedstaaten das spezifische Verfahren benennen, das in diesem Zusammenhang maßgeblich sein sollte.

(45) Zweitens sollte in dieser Verordnung die Möglichkeit vorgesehen werden, dass das Gericht die Eröffnung des Sekundärinsolvenzverfahrens vorläufig aussetzt, wenn im Hauptinsolvenzverfahren eine vorläufige Aussetzung von Einzelvollstreckungsverfahren gewährt wurde, um die Wirksamkeit der im Hauptinsolvenzverfahren gewährten Aussetzung zu wahren. Das Gericht sollte die vorläufige Aussetzung gewähren können, wenn es der Überzeugung ist, dass geeignete Maßnahmen zum Schutz der Interessen der lokalen Gläubiger bestehen. In diesem Fall sollten alle Gläubiger, die von dem Ergebnis der Verhandlungen über einen Sanierungsplan be-

troffen sein könnten, über diese Verhandlungen informiert werden und daran teilnehmen dürfen.

(46) Im Interesse eines wirksamen Schutzes lokaler Interessen sollte es dem Verwalter im Hauptinsolvenzverfahren nicht möglich sein, das in dem Mitgliedstaat der Niederlassung befindliche Vermögen missbräuchlich zu verwerten oder missbräuchlich an einen anderen Ort zu bringen, insbesondere wenn dies in der Absicht geschieht, die wirksame Befriedigung dieser Interessen für den Fall, dass im Anschluss ein Sekundärinsolvenzverfahren eröffnet wird, zu vereiteln.

(47) Diese Verordnung sollte die Gerichte der Mitgliedstaaten, in denen Sekundärinsolvenzverfahren eröffnet worden sind, nicht daran hindern, gegen Mitglieder der Geschäftsleitung des Schuldners Sanktionen wegen etwaiger Pflichtverletzung zu verhängen, sofern diese Gerichte nach nationalem Recht für diese Streitigkeiten zuständig sind.

(48) Hauptinsolvenzverfahren und Sekundärinsolvenzverfahren können zur wirksamen Verwaltung der Insolvenzmasse oder der effizienten Verwertung des Gesamtvermögens beitragen, wenn die an allen parallelen Verfahren beteiligten Akteure ordnungsgemäß zusammenarbeiten. Ordnungsgemäße Zusammenarbeit setzt voraus, dass die verschiedenen beteiligten Verwalter und Gerichte eng zusammenarbeiten, insbesondere indem sie einander wechselseitig ausreichend informieren. Um die dominierende Rolle des Hauptinsolvenzverfahrens sicherzustellen, sollten dem Verwalter dieses Verfahrens mehrere Einwirkungsmöglichkeiten auf gleichzeitig anhängige Sekundärinsolvenzverfahren gegeben werden. Der Verwalter sollte insbesondere einen Sanierungsplan oder Vergleich vorschlagen oder die Aussetzung der Verwertung der Masse im Sekundärinsolvenzverfahren beantragen können. Bei ihrer Zusammenarbeit sollten Verwalter und Gerichte die bewährten Praktiken für grenzüberschreitende Insolvenzfälle berücksichtigen, wie sie in den Kommunikations- und Kooperationsgrundsätzen und -leitlinien, die von europäischen und internationalen Organisationen auf dem Gebiet des Insolvenzrechts ausgearbeitet worden sind, niedergelegt sind, insbesondere den einschlägigen Leitlinien der Kommission der Vereinten Nationen für internationales Handelsrecht (UNCITRAL).

(49) Zum Zwecke dieser Zusammenarbeit sollten Verwalter und Gerichte Vereinbarungen schließen und Verständigungen herbeiführen können, die der Erleichterung der grenzüberschreitenden Zusammenarbeit zwischen mehreren Insolvenzverfahren in verschiedenen Mitgliedstaaten über das Vermögen desselben Schuldners oder von Mitgliedern derselben Unternehmensgruppe dienen, sofern dies mit den für die jeweiligen Verfahren geltenden Vorschriften vereinbar ist. Diese Vereinbarungen und Verständigungen können in der Form – sie können schriftlich oder mündlich sein – und im Umfang – von allgemein bis spezifisch – variieren und von verschiedenen Parteien geschlossen werden. In einfachen allgemeinen Vereinbarungen kann die Notwendigkeit einer engen Zusammenarbeit der Parteien hervorgehoben werden, ohne dass dabei auf konkrete Punkte

eingegangen wird, während in spezifischen Vereinbarungen ein Rahmen von Grundsätzen für die Verwaltung mehrerer Insolvenzverfahren festgelegt werden und von den beteiligten Gerichten gebilligt werden kann, sofern die nationalen Rechtsvorschriften dies erfordern. In ihnen kann zum Ausdruck gebracht werden, dass Einvernehmen unter den Parteien besteht, bestimmte Schritte zu unternehmen oder Maßnahmen zu treffen oder davon abzusehen.

(50) In ähnlicher Weise können Gerichte verschiedener Mitgliedstaaten durch die Koordinierung der Bestellung von Verwaltern zusammenarbeiten. In diesem Zusammenhang können sie dieselbe Person zum Verwalter für mehrere Insolvenzverfahren über das Vermögen desselben Schuldners oder verschiedener Mitglieder einer Unternehmensgruppe bestellen, vorausgesetzt, dies ist mit den für die jeweiligen Verfahren geltenden Vorschriften – insbesondere mit etwaigen Anforderungen an die Qualifikation und Zulassung von Verwaltern – vereinbar.

(51) Diese Verordnung sollte gewährleisten, dass Insolvenzverfahren über das Vermögen verschiedener Gesellschaften, die einer Unternehmensgruppe angehören, effizient geführt werden.

(52) Wurden über das Vermögen mehrerer Gesellschaften derselben Unternehmensgruppe Insolvenzverfahren eröffnet, so sollten die an diesen Verfahren beteiligten Akteure ordnungsgemäß zusammenarbeiten. Die verschiedenen beteiligten Verwalter und Gerichte sollten deshalb in ähnlicher Weise wie die Verwalter und Gerichte in denselben Schuldner betreffenden Haupt- und Sekundärinsolvenzverfahren verpflichtet sein, miteinander zu kommunizieren und zusammenzuarbeiten. Die Zusammenarbeit der Verwalter sollte nicht den Interessen der Gläubiger in den jeweiligen Verfahren zuwiderlaufen, und das Ziel dieser Zusammenarbeit sollte sein, eine Lösung zu finden, durch die Synergien innerhalb der Gruppe ausgeschöpft werden.

(53) Durch die Einführung von Vorschriften über die Insolvenzverfahren von Unternehmensgruppen sollte ein Gericht nicht in seiner Möglichkeit eingeschränkt werden, Insolvenzverfahren über das Vermögen mehrerer Gesellschaften, die derselben Unternehmensgruppe angehören, nur an einem Gerichtsstand zu eröffnen, wenn es feststellt, dass der Mittelpunkt der hauptsächlichen Interessen dieser Gesellschaften in einem einzigen Mitgliedstaat liegt. In diesen Fällen sollte das Gericht für alle Verfahren gegebenenfalls dieselbe Person als Verwalter bestellen können, sofern dies mit den dafür geltenden Vorschriften vereinbar ist.

(54) Um die Koordinierung der Insolvenzverfahren über das Vermögen von Mitgliedern einer Unternehmensgruppe weiter zu verbessern und eine koordinierte Sanierung der Gruppe zu ermöglichen, sollten mit dieser Verordnung Verfahrensvorschriften für die Koordinierung der Insolvenzverfahren gegen Mitglieder einer Unternehmensgruppe eingeführt werden. Bei einer derartigen Koordinierung sollte angestrebt werden, dass die Effizienz der Koordinierung gewährleistet wird, wobei gleichzeitig die eigene Rechtspersönlichkeit jedes einzelnen Gruppenmitglieds zu achten ist.

(55) Ein Verwalter, der in einem Insolvenzverfahren über das Vermögen eines Mitglieds einer Unternehmensgruppe bestellt worden ist, sollte die Eröffnung eines Gruppen-Koordinationsverfahrens beantragen können. Allerdings sollte dieser Verwalter vor der Einreichung eines solchen Antrags die erforderliche Genehmigung einholen, sofern das für das Insolvenzverfahren geltende Recht dies vorschreibt. Im Antrag sollten Angaben zu den wesentlichen Elementen der Koordinierung erfolgen, insbesondere eine Darlegung des Koordinationsplans, ein Vorschlag für die als Koordinator zu bestellende Person und eine Übersicht der geschätzten Kosten für die Koordinierung.

(56) Um die Freiwilligkeit des Gruppen-Koordinationsverfahrens sicherzustellen, sollten die beteiligten Verwalter innerhalb einer festgelegten Frist Widerspruch gegen ihre Teilnahme am Verfahren einlegen können. Damit die beteiligten Verwalter eine fundierte Entscheidung über ihre Teilnahme am Gruppen-Koordinationsverfahren treffen können, sollten sie in einer frühen Phase über die wesentlichen Elemente der Koordinierung unterrichtet werden. Allerdings sollten Verwalter, die einer Einbeziehung in ein Gruppen-Koordinationsverfahren ursprünglich widersprochen haben, eine Beteiligung nachträglich beantragen können. In einem solchen Fall sollte der Koordinator über die Zulässigkeit des Antrags befinden. Alle Verwalter einschließlich des antragstellenden Verwalters sollten über die Entscheidung des Koordinators in Kenntnis gesetzt werden und die Gelegenheit haben, diese Entscheidung bei dem Gericht anzufechten, von dem das Gruppen-Koordinationsverfahren eröffnet wurde.

(57) Gruppen-Koordinationsverfahren sollten stets zum Ziel haben, dass die wirksame Verwaltung in den Insolvenzverfahren über das Vermögen der Gruppenmitglieder erleichtert wird, und sie sollten sich allgemein positiv für die Gläubiger auswirken. Mit dieser Verordnung sollte daher sichergestellt werden, dass das Gericht, bei dem ein Antrag auf ein Gruppen-Koordinationsverfahren gestellt wurde, diese Kriterien vor der Eröffnung des Gruppen-Koordinationsverfahrens prüft.

(58) Die Kosten des Gruppen-Koordinationsverfahrens sollten dessen Vorteile nicht überwiegen. Daher muss sichergestellt werden, dass die Kosten der Koordinierung und der von jedem Gruppenmitglied zu tragende Anteil an diesen Kosten angemessen, verhältnismäßig und vertretbar sind und im Einklang mit den nationalen Rechtsvorschriften des Mitgliedstaats, in dem das Gruppen-Koordinationsverfahren eröffnet wurde, festzulegen sind. Die beteiligten Verwalter sollten auch die Möglichkeit haben, diese Kosten ab einer frühen Phase des Verfahrens zu kontrollieren. Wenn es die nationalen Rechtsvorschriften erfordern, kann die Kontrolle der Kosten ab einer frühen Phase des Verfahrens damit verbunden sein, dass der Verwalter die Genehmigung eines Gerichts oder eines Gläubigerausschusses einholt.

(59) Wenn nach Überlegung des Koordinators die Wahrnehmung seiner Aufgaben zu einer – im Vergleich zu der eingangs vorgenommenen Kostenschätzung – erheblichen Kostensteigerung führen wird, und auf jeden

Fall, wenn die Kosten 10% der geschätzten Kosten übersteigen, sollte der Koordinator von dem Gericht, das das Gruppen-Koordinationsverfahren eröffnet hat, die Genehmigung zur Überschreitung dieser Kosten einholen. Bevor das Gericht, das das Gruppen-Koordinationsverfahren eröffnet hat, seine Entscheidung trifft, sollte es den beteiligten Verwaltern Gelegenheit geben, gehört zu werden und dem Gericht ihre Bemerkungen dazu darzulegen, ob der Antrag des Koordinators angebracht ist.

(60) Diese Verordnung sollte für Mitglieder einer Unternehmensgruppe, die nicht in ein Gruppen-Koordinationsverfahren einbezogen sind, auch einen alternativen Mechanismus vorsehen, um eine koordinierte Sanierung der Gruppe zu erreichen. Ein in einem Verfahren, das über das Vermögen eines Mitglieds einer Unternehmensgruppe anhängig ist, bestellter Verwalter sollte die Aussetzung jeder Maßnahme im Zusammenhang mit der Verwertung der Masse in Verfahren über das Vermögen anderer Mitglieder der Unternehmensgruppe, die nicht in ein Gruppen-Koordinationsverfahren einbezogen sind, beantragen können. Es sollte nur möglich sein, eine solche Aussetzung zu beantragen, wenn ein Sanierungsplan für die betroffenen Mitglieder der Gruppe vorgelegt wird, der den Gläubigern des Verfahrens, für das die Aussetzung beantragt wird, zugutekommt und die Aussetzung notwendig ist, um die ordnungsgemäße Durchführung des Plans sicherzustellen.

(61) Diese Verordnung sollte die Mitgliedstaaten nicht daran hindern, nationale Bestimmungen zu erlassen, mit denen die Bestimmungen dieser Verordnung über die Zusammenarbeit, Kommunikation und Koordinierung im Zusammenhang mit Insolvenzverfahren über das Vermögen von Mitgliedern einer Unternehmensgruppe ergänzt würden, vorausgesetzt, der Geltungsbereich der nationalen Vorschriften beschränkt sich auf die nationale Rechtsordnung und ihre Anwendung beeinträchtigt nicht die Wirksamkeit der in dieser Verordnung enthaltenen Vorschriften.

(62) Die Vorschriften dieser Verordnung über die Zusammenarbeit, Kommunikation und Koordinierung im Rahmen von Insolvenzverfahren über das Vermögen von Mitgliedern einer Unternehmensgruppe sollten nur insoweit Anwendung finden, als Verfahren über das Vermögen verschiedener Mitglieder derselben Unternehmensgruppe in mehr als einem Mitgliedstaat eröffnet worden sind.

(63) Jeder Gläubiger, der seinen gewöhnlichen Aufenthalt, Wohnsitz oder Sitz in der Union hat, sollte das Recht haben, seine Forderungen in jedem in der Union anhängigen Insolvenzverfahren über das Vermögen des Schuldners anzumelden. Dies sollte auch für Steuerbehörden und Sozialversicherungsträger gelten. Diese Verordnung sollte den Verwalter nicht daran hindern, Forderungen im Namen bestimmter Gläubigergruppen – z. B. der Arbeitnehmer – anzumelden, sofern dies im nationalen Recht vorgesehen ist. Im Interesse der Gläubigergleichbehandlung sollte jedoch die Verteilung des Erlöses koordiniert werden. Jeder Gläubiger sollte zwar behalten dürfen, was er im Rahmen eines Insolvenzverfahrens erhalten hat, sollte

aber an der Verteilung der Masse in einem anderen Verfahren erst dann teilnehmen können, wenn die Gläubiger gleichen Rangs die gleiche Quote auf ihre Forderungen erlangt haben.

(64) Es ist von grundlegender Bedeutung, dass Gläubiger, die ihren gewöhnlichen Aufenthalt, Wohnsitz oder Sitz in der Union haben, über die Eröffnung von Insolvenzverfahren über das Vermögen ihres Schuldners informiert werden. Um eine rasche Übermittlung der Informationen an die Gläubiger sicherzustellen, sollte die Verordnung (EG) Nr. 1393/2007 des Europäischen Parlaments und des Rates[12] keine Anwendung finden, wenn in der vorliegenden Verordnung auf die Pflicht zur Information der Gläubiger verwiesen wird. Gläubigern sollte die Anmeldung ihrer Forderungen in Verfahren, die in einem anderen Mitgliedstaat eröffnet werden, durch die Bereitstellung von Standardformularen in allen Amtssprachen der Organe der Union erleichtert werden. Die Folgen des unvollständigen Ausfüllens des Standardformulars sollten durch das nationale Recht geregelt werden.

(65) In dieser Verordnung sollte die unmittelbare Anerkennung von Entscheidungen zur Eröffnung, Abwicklung und Beendigung der in ihren Geltungsbereich fallenden Insolvenzverfahren sowie von Entscheidungen, die in unmittelbarem Zusammenhang mit diesen Insolvenzverfahren ergehen, vorgesehen werden. Die automatische Anerkennung sollte somit zur Folge haben, dass die Wirkungen, die das Recht des Mitgliedstaats der Verfahrenseröffnung dem Verfahren beilegt, auf alle übrigen Mitgliedstaaten ausgedehnt werden. Die Anerkennung der Entscheidungen der Gerichte der Mitgliedstaaten sollte sich auf den Grundsatz des gegenseitigen Vertrauens stützen. Die Gründe für eine Nichtanerkennung sollten daher auf das unbedingt notwendige Maß beschränkt sein. Nach diesem Grundsatz sollte auch der Konflikt gelöst werden, wenn sich die Gerichte zweier Mitgliedstaaten für zuständig halten, ein Hauptinsolvenzverfahren zu eröffnen. Die Entscheidung des zuerst eröffnenden Gerichts sollte in den anderen Mitgliedstaaten anerkannt werden; diese Mitgliedstaaten sollten die Entscheidung dieses Gerichts keiner Überprüfung unterziehen dürfen.

(66) Diese Verordnung sollte für den Insolvenzbereich einheitliche Kollisionsnormen formulieren, die die nationalen Vorschriften des internationalen Privatrechts ersetzen. Soweit nichts anderes bestimmt ist, sollte das Recht des Staates der Verfahrenseröffnung *(lex concursus)* Anwendung finden. Diese Kollisionsnorm sollte für Hauptinsolvenzverfahren und Partikularverfahren gleichermaßen gelten. Die *lex concursus* regelt sowohl die verfahrensrechtlichen als auch die materiellen Wirkungen des Insolvenzverfahrens auf die davon betroffenen Personen und Rechtsverhältnisse. Nach ihr be-

[12] Verordnung (EG) Nr. 1393/2007 über die Zustellung gerichtlicher und außergerichtlicher Schriftstücke in Zivil- oder Handelssachen in den Mitgliedstaaten (Zustellung von Schriftstücken) und zur Aufhebung der Verordnung (EG) Nr. 1348/2000 des Rates v. 13.11.2007 (EuZVO, Nr. *224*).

stimmen sich alle Voraussetzungen für die Eröffnung, Abwicklung und Beendigung des Insolvenzverfahrens.

(67) Die automatische Anerkennung eines Insolvenzverfahrens, auf das regelmäßig das Recht des Staats der Verfahrenseröffnung Anwendung findet, kann mit den Vorschriften anderer Mitgliedstaaten für die Vornahme von Rechtshandlungen kollidieren. Um in den anderen Mitgliedstaaten als dem Staat der Verfahrenseröffnung Vertrauensschutz und Rechtssicherheit zu gewährleisten, sollte eine Reihe von Ausnahmen von der allgemeinen Vorschrift vorgesehen werden.

(68) Ein besonderes Bedürfnis für eine vom Recht des Eröffnungsstaats abweichende Sonderanknüpfung besteht bei dinglichen Rechten, da solche Rechte für die Gewährung von Krediten von erheblicher Bedeutung sind. Die Begründung, Gültigkeit und Tragweite von dinglichen Rechten sollten sich deshalb regelmäßig nach dem Recht des Belegenheitsorts bestimmen und von der Eröffnung des Insolvenzverfahrens nicht berührt werden. Der Inhaber des dinglichen Rechts sollte somit sein Recht zur Aus- bzw. Absonderung an dem Sicherungsgegenstand weiter geltend machen können. Falls an Vermögensgegenständen in einem Mitgliedstaat dingliche Rechte nach dem Recht des Belegenheitsstaats bestehen, das Hauptinsolvenzverfahren aber in einem anderen Mitgliedstaat stattfindet, sollte der Verwalter des Hauptinsolvenzverfahrens die Eröffnung eines Sekundärinsolvenzverfahrens in dem Zuständigkeitsgebiet, in dem die dinglichen Rechte bestehen, beantragen können, sofern der Schuldner dort eine Niederlassung hat. Wird kein Sekundärinsolvenzverfahren eröffnet, so sollte ein etwaiger überschießender Erlös aus der Veräußerung der Vermögensgegenstände, an denen dingliche Rechte bestanden, an den Verwalter des Hauptinsolvenzverfahrens abzuführen sein.

(69) Diese Verordnung enthält mehrere Bestimmungen, wonach ein Gericht die Aussetzung der Eröffnung eines Verfahrens oder die Aussetzung von Vollstreckungsverfahren anordnen kann. Eine solche Aussetzung sollte die dinglichen Rechte von Gläubigern oder Dritten unberührt lassen.

(70) Ist nach dem Recht des Staats der Verfahrenseröffnung eine Aufrechnung von Forderungen nicht zulässig, so sollte ein Gläubiger gleichwohl zur Aufrechnung berechtigt sein, wenn diese nach dem für die Forderung des insolventen Schuldners maßgeblichen Recht möglich ist. Auf diese Weise würde die Aufrechnung eine Art Garantiefunktion aufgrund von Rechtsvorschriften erhalten, auf die sich der betreffende Gläubiger zum Zeitpunkt der Entstehung der Forderung verlassen kann.

(71) Ein besonderes Schutzbedürfnis besteht auch bei Zahlungssystemen und Finanzmärkten, etwa im Zusammenhang mit den in diesen Systemen anzutreffenden Glattstellungsverträgen und Nettingvereinbarungen sowie der Veräußerung von Wertpapieren und den zur Absicherung dieser Transaktionen gestellten Sicherheiten, wie dies insbesondere in der Richtlinie

98/26/EG des Europäischen Parlaments und des Rates[13] geregelt ist. Für diese Transaktionen sollte deshalb allein das Recht maßgebend sein, das auf das betreffende System bzw. den betreffenden Markt anwendbar ist. Dieses Recht soll verhindern, dass im Fall der Insolvenz eines Geschäftspartners die in Zahlungs- oder Aufrechnungssystemen und auf den geregelten Finanzmärkten der Mitgliedstaaten vorgesehenen Mechanismen zur Zahlung und Abwicklung von Transaktionen geändert werden können. Die Richtlinie 98/26/EG enthält Sondervorschriften, die den in dieser Verordnung festgelegten allgemeinen Regelungen vorgehen sollten.

(72) Zum Schutz der Arbeitnehmer und der Arbeitsverhältnisse sollten die Wirkungen der Insolvenzverfahren auf die Fortsetzung oder Beendigung von Arbeitsverhältnissen sowie auf die Rechte und Pflichten aller an einem solchen Arbeitsverhältnis beteiligten Parteien durch das gemäß den allgemeinen Kollisionsnormen für den jeweiligen Arbeitsvertrag maßgebliche Recht bestimmt werden. Zudem sollte in Fällen, in denen zur Beendigung von Arbeitsverträgen die Zustimmung eines Gerichts oder einer Verwaltungsbehörde erforderlich ist, die Zuständigkeit zur Erteilung dieser Zustimmung bei dem Mitgliedstaat verbleiben, in dem sich eine Niederlassung des Schuldners befindet, selbst wenn in diesem Mitgliedstaat kein Insolvenzverfahren eröffnet wurde. Für sonstige insolvenzrechtliche Fragen, wie etwa, ob die Forderungen der Arbeitnehmer durch ein Vorrecht geschützt sind und welchen Rang dieses Vorrecht gegebenenfalls erhalten soll, sollte das Recht des Mitgliedstaats maßgeblich sein, in dem das Insolvenzverfahren (Haupt- oder Sekundärverfahren) eröffnet wurde, es sei denn, im Einklang mit dieser Verordnung wurde eine Zusicherung gegeben, um ein Sekundärinsolvenzverfahren zu vermeiden.

(73) Auf die Wirkungen des Insolvenzverfahrens auf ein anhängiges Gerichts- oder Schiedsverfahren über einen Vermögenswert oder ein Recht, der bzw. das Teil der Insolvenzmasse ist, sollte das Recht des Mitgliedstaats Anwendung finden, in dem das Gerichtsverfahren anhängig ist oder die Schiedsgerichtsbarkeit ihren Sitz hat. Diese Bestimmung sollte allerdings die nationalen Vorschriften über die Anerkennung und Vollstreckung von Schiedssprüchen nicht berühren.

(74) Um den verfahrensrechtlichen Besonderheiten der Rechtssysteme einiger Mitgliedstaaten Rechnung zu tragen, sollten bestimmte Vorschriften dieser Verordnung die erforderliche Flexibilität aufweisen. Dementsprechend sollten Bezugnahmen in dieser Verordnung auf Mitteilungen eines Justizorgans eines Mitgliedstaats, sofern es die Verfahrensvorschriften eines Mitgliedstaats erforderlich machen, eine Anordnung dieses Justizorgans umfassen, die Mitteilung vorzunehmen.

---

[13] Richtlinie 98/26/EG des Europäischen Parlaments und des Rates v. 19.5.1998 über die Wirksamkeit von Abrechnungen in Zahlungs- sowie Wertpapierliefer- und -abrechnungssystemen (ABl. L 166 v. 11.6.1998, S. 45).

(75) Im Interesse des Geschäftsverkehrs sollte der wesentliche Inhalt der Entscheidung über die Verfahrenseröffnung auf Antrag des Verwalters in einem anderen Mitgliedstaat als in dem, in dem das Gericht diese Entscheidung erlassen hat, bekanntgemacht werden. Befindet sich in dem betreffenden Mitgliedstaat eine Niederlassung, sollte die Bekanntmachung obligatorisch sein. In keinem dieser Fälle sollte die Bekanntmachung jedoch Voraussetzung für die Anerkennung des ausländischen Verfahrens sein.

(76) Um eine bessere Information der betroffenen Gläubiger und Gerichte zu gewährleisten und die Eröffnung von Parallelverfahren zu verhindern, sollten die Mitgliedstaaten verpflichtet werden, relevante Informationen in grenzüberschreitenden Insolvenzfällen in einem öffentlich zugänglichen elektronischen Register bekanntzumachen. Um Gläubigern und Gerichten in anderen Mitgliedstaaten den Zugriff auf diese Informationen zu erleichtern, sollte diese Verordnung die Vernetzung solcher Insolvenzregister über das Europäische Justizportal vorsehen. Den Mitgliedstaaten sollte freistehen, relevante Informationen in verschiedenen Registern bekanntzumachen, und es sollte möglich sein, mehr als ein Register je Mitgliedstaat zu vernetzen.

(77) In dieser Verordnung sollte der Mindestumfang der Informationen, die in den Insolvenzregistern bekanntzumachen sind, festgelegt werden. Die Mitgliedstaaten sollten zusätzliche Informationen aufnehmen dürfen. Ist der Schuldner eine natürliche Person, so sollte in den Insolvenzregistern nur dann eine Registrierungsnummer angegeben werden, wenn der Schuldner eine selbständige gewerbliche oder freiberufliche Tätigkeit ausübt. Diese Registrierungsnummer sollte gegebenenfalls als die einheitliche Registrierungsnummer seiner selbständigen oder freiberuflichen Tätigkeit im Handelsregister zu verstehen sein.

(78) Informationen über bestimmte Aspekte des Insolvenzverfahrens, wie z. B. die Fristen für die Anmeldung von Forderungen oder die Anfechtung von Entscheidungen, sind für die Gläubiger von grundlegender Bedeutung. Diese Verordnung sollte allerdings die Mitgliedstaaten nicht dazu verpflichten, diese Fristen im Einzelfall zu berechnen. Die Mitgliedstaaten sollten ihren Pflichten nachkommen können, indem sie Hyperlinks zum Europäischen Justizportal einfügen, über das selbsterklärende Angaben zu den Kriterien zur Berechnung dieser Fristen verfügbar zu machen sind.

(79) Damit ausreichender Schutz der Informationen über natürliche Personen, die keine selbständige gewerbliche oder freiberufliche Tätigkeit ausüben, gewährleistet ist, sollte es den Mitgliedstaaten möglich sein, den Zugang zu diesen Informationen von zusätzlichen Suchkriterien wie der persönlichen Kennnummer des Schuldners, seiner Anschrift, seinem Geburtsdatum oder dem Bezirk des zuständigen Gerichts abhängig zu machen oder den Zugang an die Voraussetzung eines Antrags an die zuständige Behörde oder der Feststellung eines rechtmäßigen Interesses zu knüpfen.

(80) Den Mitgliedstaaten sollte es auch möglich sein, Informationen über natürliche Personen, die keine selbständige gewerbliche oder freiberufliche

Tätigkeit ausüben, nicht in ihre Insolvenzregister aufzunehmen. In solchen Fällen sollten die Mitgliedstaaten sicherstellen, dass die einschlägigen Informationen durch individuelle Mitteilung an die Gläubiger übermittelt werden und die Forderungen von Gläubigern, die die Informationen nicht erhalten haben, durch die Verfahren nicht berührt werden.

(81) Es kann der Fall eintreten, dass einige der betroffenen Personen keine Kenntnis von der Eröffnung des Insolvenzverfahrens haben und gutgläubig im Widerspruch zu der neuen Sachlage handeln. Zum Schutz solcher Personen, die in Unkenntnis der ausländischen Verfahrenseröffnung eine Zahlung an den Schuldner statt an den ausländischen Verwalter leisten, sollte eine schuldbefreiende Wirkung der Leistung bzw. Zahlung vorgesehen werden.

(82) Zur Gewährleistung einheitlicher Bedingungen für die Durchführung dieser Verordnung sollten der Kommission Durchführungsbefugnisse übertragen werden. Diese Befugnisse sollten im Einklang mit der Verordnung (EU) Nr. 182/2011 des Europäischen Parlaments und des Rates[14] ausgeübt werden.

(83) Diese Verordnung steht im Einklang mit den Grundrechten und Grundsätzen, die mit der Charta der Grundrechte der Europäischen Union anerkannt wurden. Die Verordnung zielt insbesondere darauf ab, die Anwendung der Artikel 8, 17 und 47 der Charta zu fördern, die den Schutz der personenbezogenen Daten, das Recht auf Eigentum und das Recht auf einen wirksamen Rechtsbehelf und ein faires Verfahren betreffen.

(84) Die Richtlinie 95/46/EG des Europäischen Rates[15] und die Verordnung (EG) Nr. 45/2001 des Europäischen Parlaments und des Rates[16] regeln die Verarbeitung personenbezogener Daten im Rahmen dieser Verordnung.

(85) Diese Verordnung lässt die Verordnung (EWG, Euratom) Nr. 1182/71 des Rates[17] unberührt.

(86) Da das Ziel dieser Verordnung von den Mitgliedstaaten nicht ausreichend verwirklicht werden kann, sondern vielmehr aufgrund der Schaffung eines rechtlichen Rahmens für die geordnete Abwicklung von grenzüberschreitenden Insolvenzverfahren auf Unionsebene besser zu verwirklichen ist, kann die Union im Einklang mit dem in Artikel 5 des Vertrags über die

---

[14] Verordnung (EU) Nr. 182/2011 zur Festlegung der allgemeinen Regeln und Grundsätze, nach denen die Mitgliedstaaten die Wahrnehmung der Durchführungsbefugnisse durch die Kommission kontrollieren, v. 16.2.2011 (ABl. L 55 v. 28.2.2011, S. 13).

[15] Richtlinie 95/46/EG zum Schutz natürlicher Personen bei der Verarbeitung personenbezogener Daten und zum freien Datenverkehr v. 24.10.1995 (ABl. L 281 v. 23.11.1995, S. 31).

[16] Verordnung (EG) Nr. 45/2001 zum Schutz natürlicher Personen bei der Verarbeitung personenbezogener Daten durch die Organe und Einrichtungen der Gemeinschaft und zum freien Datenverkehr v. 18.12.2000 (ABl. L 8 v. 12.1.2001, S. 1).

[17] Verordnung (EWG, Euratom) Nr. 1182/71 zur Festlegung der Regeln für die Fristen, Daten und Termine v. 3.6.1971 (ABl. L 124 v. 8.6.1971, S. 1).

Europäische Union verankerten Subsidiaritätsprinzip tätig werden. Entsprechend dem in demselben Artikel genannten Grundsatz der Verhältnismäßigkeit geht diese Verordnung nicht über das zur Verwirklichung dieses Ziels erforderliche Maß hinaus.

(87) Gemäß Artikel 3 und Artikel 4a Absatz 1 des dem Vertrag über die Europäische Union und dem Vertrag über die Arbeitsweise der Europäischen Union beigefügten Protokolls Nr. 21 über die Position des Vereinigten Königreichs und Irlands hinsichtlich des Raums der Freiheit, der Sicherheit und des Rechts haben diese Mitgliedstaaten mitgeteilt, dass sie sich an der Annahme und Anwendung der vorliegenden Verordnung beteiligen möchten.

(88) Gemäß den Artikeln 1 und 2 des dem Vertrag über die Europäische Union und dem Vertrag über die Arbeitsweise der Europäischen Union beigefügten Protokolls Nr. 22 über die Position Dänemarks beteiligt sich Dänemark nicht an der Annahme dieser Verordnung und ist weder durch diese Verordnung gebunden noch zu ihrer Anwendung verpflichtet.

(89) Der Europäische Datenschutzbeauftragte wurde angehört und hat seine Stellungnahme am 27. März 2013 abgegeben[18] –

HABEN FOLGENDE VERORDNUNG ERLASSEN:

Kapitel I. Allgemeine Bestimmungen

Art. 1.[19] **Anwendungsbereich.** (1) Diese Verordnung gilt für öffentliche Gesamtverfahren[20] einschließlich vorläufiger Verfahren, die auf der Grundlage gesetzlicher Regelungen zur Insolvenz stattfinden und in denen zu Zwecken der Rettung, Schuldenanpassung, Reorganisation oder Liquidation

a) dem Schuldner die Verfügungsgewalt über sein Vermögen ganz oder teilweise entzogen und ein Verwalter bestellt wird,

b) das Vermögen und die Geschäfte des Schuldners der Kontrolle oder Aufsicht durch ein Gericht unterstellt werden oder

c) die vorübergehende Aussetzung von Einzelvollstreckungsverfahren von einem Gericht oder kraft Gesetzes gewährt wird, um Verhandlungen zwischen dem Schuldner und seinen Gläubigern zu ermöglichen, sofern das Verfahren, in dem die Aussetzung gewährt wird, geeignete Maßnahmen zum Schutz der Gesamtheit der Gläubiger vorsieht und in dem Fall, dass keine Einigung erzielt wird, einem der in den Buchstaben a oder b genannten Verfahren vorgeschaltet ist.

Kann ein in diesem Absatz genanntes Verfahren in Situationen eingeleitet werden, in denen lediglich die Wahrscheinlichkeit einer Insolvenz besteht,

---

[18] ABl. C 358 v. 7.12.2013, S. 15.

[19] Vgl. Erwägungsgründe (7)–(19).

[20] Zum Begriff vgl. Art. 2 Nr. 1.

ist der Zweck des Verfahrens die Vermeidung der Insolvenz des Schuldners oder der Einstellung seiner Geschäftstätigkeit.

Die Verfahren, auf die in diesem Absatz Bezug genommen wird, sind in Anhang A aufgeführt.

(2) Diese Verordnung gilt nicht für Verfahren nach Absatz 1 in Bezug auf

a) Versicherungsunternehmen,

b) Kreditinstitute,

c) Wertpapierfirmen und andere Firmen, Einrichtungen und Unternehmen, soweit sie unter die Richtlinie 2001/24/EG[21] fallen, oder

d) Organismen für gemeinsame Anlagen.[22]

Art. 2. Begriffsbestimmungen. Für die Zwecke dieser Verordnung bezeichnet der Ausdruck

1. „Gesamtverfahren" ein Verfahren, an dem alle oder ein wesentlicher Teil der Gläubiger des Schuldners beteiligt sind, vorausgesetzt, dass im letzteren Fall das Verfahren nicht die Forderungen der Gläubiger berührt, die nicht daran beteiligt sind,[23]
2. „Organismen für gemeinsame Anlagen" Organismen für gemeinsame Anlagen in Wertpapieren (OGAW) im Sinne der Richtlinie 2009/65/EG des Europäischen Parlaments und des Rates[24] und alternative Investmentfonds (AIF) im Sinne der Richtlinie 2011/61/EU des Europäischen Parlaments und des Rates;[25]
3. „Schuldner in Eigenverwaltung" einen Schuldner, über dessen Vermögen ein Insolvenzverfahren eröffnet wurde, das nicht zwingend mit der Bestellung eines Verwalters oder der vollständigen Übertragung der Rechte und Pflichten zur Verwaltung des Vermögens des Schuldners auf einen Verwalter verbunden ist, und bei dem der Schuldner daher ganz oder zumindest teilweise die Kontrolle über sein Vermögen und seine Geschäfte behält;
4. „Insolvenzverfahren" ein in Anhang A aufgeführtes Verfahren;
5. „Verwalter" jede Person oder Stelle, deren Aufgabe es ist, auch vorläufig
   i) die in Insolvenzverfahren angemeldeten Forderungen zu prüfen und zuzulassen;

---

[21] Vgl. Anm. 11.

[22] Zum Begriff vgl. Art. 2 Nr. 2.

[23] Vgl. Erwägungsgrund (14).

[24] Richtlinie 2009/65/EG zur Koordinierung der Rechts- und Verwaltungsvorschriften betreffend bestimmte Organismen für gemeinsame Anlagen in Wertpapieren (OGAW) v. 13.6.2009 (ABl. L 302 v. 17.11.2009, S. 32).

[25] Richtlinie 2011/61/EU über die Verwalter alternativer Investmentfonds und zur Änderung der Richtlinien 2003/41/EG und 2009/65/EG und der Verordnungen (EG) Nr. 1060/2009 und (EU) Nr. 1095/2010 v. 8.6.2011 (ABl. L 174 v. 1.7.2011, S. 1).

ii) die Gesamtinteressen der Gläubiger zu vertreten;

iii) die Insolvenzmasse entweder vollständig oder teilweise zu verwalten;

iv) die Insolvenzmasse im Sinne der Ziffer iii zu verwerten oder

v) die Geschäftstätigkeit des Schuldners zu überwachen.[26]

Die in Unterabsatz 1 genannten Personen und Stellen sind in Anhang B aufgeführt;

6. „Gericht"

 i) in Artikel 1 Absatz 1 Buchstaben b und c, Artikel 4 Absatz 2, Artikel 5, Artikel 6, Artikel 21 Absatz 3, Artikel 24 Absatz 2 Buchstabe j, Artikel 36, Artikel 39 und Artikel 61bis Artikel 77 das Justizorgan eines Mitgliedstaats;

 ii) in allen anderen Artikeln das Justizorgan oder jede sonstige zuständige Stelle eines Mitgliedstaats, die befugt ist, ein Insolvenzverfahren zu eröffnen, die Eröffnung eines solchen Verfahrens zu bestätigen oder im Rahmen dieses Verfahrens Entscheidungen zu treffen;[27]

7. „Entscheidung zur Eröffnung eines Insolvenzverfahrens"

 i) die Entscheidung eines Gerichts zur Eröffnung eines Insolvenzverfahrens oder zur Bestätigung der Eröffnung eines solchen Verfahrens und

 ii) die Entscheidung eines Gerichts zur Bestellung eines Verwalters;

8. „Zeitpunkt der Verfahrenseröffnung" den Zeitpunkt, zu dem die Entscheidung zur Eröffnung des Insolvenzverfahrens wirksam wird, unabhängig davon, ob die Entscheidung endgültig ist oder nicht;

9. „Mitgliedstaat, in dem sich ein Vermögensgegenstand befindet", im Fall von

 i) Namensaktien, soweit sie nicht von Ziffer ii erfasst sind, den Mitgliedstaat, in dessen Hoheitsgebiet die Gesellschaft, die die Aktien ausgegeben hat, ihren Sitz hat;

 ii) Finanzinstrumenten, bei denen die Rechtsinhaberschaft durch Eintrag in ein Register oder Buchung auf ein Konto, das von einem oder für einen Intermediär geführt wird, nachgewiesen wird („im Effektengiro übertragbare Wertpapiere"), den Mitgliedstaat, in dem das betreffende Register oder Konto geführt wird;

 iii) Guthaben auf Konten bei einem Kreditinstitut den Mitgliedstaat, der in der internationalen Kontonummer (IBAN) angegeben ist, oder im Fall von Guthaben auf Konten bei einem Kreditinstitut ohne IBAN den Mitgliedstaat, in dem das Kreditinstitut, bei dem das Konto geführt wird, seine Hauptverwaltung hat, oder, sofern das Konto bei einer Zweigniederlassung, Agentur oder sonstigen Niederlassung geführt wird, den Mitgliedstaat, in dem sich die

---

[26] Vgl. Erwägungsgrund (21).
[27] Vgl. Erwägungsgrund (20).

Zweigniederlassung, Agentur oder sonstige Niederlassung befindet;

iv) Gegenständen oder Rechten, bei denen das Eigentum oder die Rechtsinhaberschaft in anderen als den unter Ziffer i genannten öffentlichen Registern eingetragen ist, den Mitgliedstaat, unter dessen Aufsicht das Register geführt wird;

v) Europäischen Patenten den Mitgliedstaat, für den das Europäische Patent erteilt wurde;

vi) Urheberrechten und verwandten Schutzrechten den Mitgliedstaat, in dessen Hoheitsgebiet der Eigentümer solcher Rechte seinen gewöhnlichen Aufenthalt oder Sitz hat;

vii) anderen als den unter den Ziffern i bis iv genannten körperlichen Gegenständen den Mitgliedstaat, in dessen Hoheitsgebiet sich der Gegenstand befindet;

viii) anderen Forderungen gegen Dritte als solchen, die sich auf Vermögenswerte gemäß Ziffer iii beziehen, den Mitgliedstaat, in dessen Hoheitsgebiet der zur Leistung verpflichtete Dritte den Mittelpunkt seiner hauptsächlichen Interessen im Sinne des Artikels 3 Absatz 1 hat;

10. „Niederlassung" jeden Tätigkeitsort, an dem der Schuldner einer wirtschaftlichen Aktivität von nicht vorübergehender Art nachgeht oder in den drei Monaten vor dem Antrag auf Eröffnung des Hauptinsolvenzverfahrens nachgegangen ist, die den Einsatz von Personal und Vermögenswerten voraussetzt;

11. „lokaler Gläubiger" den Gläubiger, dessen Forderungen gegen den Schuldner aus oder in Zusammenhang mit dem Betrieb einer Niederlassung in einem anderen Mitgliedstaat als dem Mitgliedstaat entstanden sind, in dem sich der Mittelpunkt der hauptsächlichen Interessen des Schuldners befindet;

12. „ausländischer Gläubiger" den Gläubiger, der seinen gewöhnlichen Aufenthalt, Wohnsitz oder Sitz in einem anderen Mitgliedstaat als dem Mitgliedstaat der Verfahrenseröffnung hat, einschließlich der Steuerbehörden und der Sozialversicherungsträger der Mitgliedstaaten;

13. „Unternehmensgruppe" ein Mutterunternehmen und alle seine Tochterunternehmen;

14. „Mutterunternehmen" ein Unternehmen, das ein oder mehrere Tochterunternehmen entweder unmittelbar oder mittelbar kontrolliert. Ein Unternehmen, das einen konsolidierten Abschluss gemäß der Richtlinie 2013/34/EU des Europäischen Parlaments und des Rates[28] erstellt, wird als Mutterunternehmen angesehen.

---

[28] Richtlinie 2013/34/EU über den Jahresabschluss, den konsolidierten Abschluss und damit verbundene Berichte von Unternehmen bestimmter Rechtsformen und zur Änderung der Richtlinie 2006/43/EG des Europäischen Parlaments und des Rates und zur

Art. 3.[29] **Internationale Zuständigkeit.** (1) Für die Eröffnung des Insolvenzverfahrens sind die Gerichte des Mitgliedstaats zuständig, in dessen Hoheitsgebiet der Schuldner den Mittelpunkt seiner hauptsächlichen Interessen hat (im Folgenden „Hauptinsolvenzverfahren"). Mittelpunkt der hauptsächlichen Interessen ist der Ort, an dem der Schuldner gewöhnlich der Verwaltung seiner Interessen nachgeht und der für Dritte feststellbar ist.

Bei Gesellschaften oder juristischen Personen wird bis zum Beweis des Gegenteils vermutet, dass der Mittelpunkt ihrer hauptsächlichen Interessen der Ort ihres Sitzes ist. Diese Annahme gilt nur, wenn der Sitz nicht in einem Zeitraum von drei Monaten vor dem Antrag auf Eröffnung des Insolvenzverfahrens in einen anderen Mitgliedstaat verlegt wurde.

Bei einer natürlichen Person, die eine selbständige gewerbliche oder freiberufliche Tätigkeit ausübt, wird bis zum Beweis des Gegenteils vermutet, dass der Mittelpunkt ihrer hauptsächlichen Interessen ihre Hauptniederlassung ist. Diese Annahme gilt nur, wenn die Hauptniederlassung der natürlichen Person nicht in einem Zeitraum von drei Monaten vor dem Antrag auf Eröffnung des Insolvenzverfahrens in einen anderen Mitgliedstaat verlegt wurde.

Bei allen anderen natürlichen Personen wird bis zum Beweis des Gegenteils vermutet, dass der Mittelpunkt ihrer hauptsächlichen Interessen der Ort ihres gewöhnlichen Aufenthalts ist. Diese Annahme gilt nur, wenn der gewöhnliche Aufenthalt nicht in einem Zeitraum von sechs Monaten vor dem Antrag auf Eröffnung des Insolvenzverfahrens in einen anderen Mitgliedstaat verlegt wurde.

(2) Hat der Schuldner den Mittelpunkt seiner hauptsächlichen Interessen im Hoheitsgebiet eines Mitgliedstaats, so sind die Gerichte eines anderen Mitgliedstaats nur dann zur Eröffnung eines Insolvenzverfahrens befugt, wenn der Schuldner eine Niederlassung im Hoheitsgebiet dieses anderen Mitgliedstaats hat. Die Wirkungen dieses Verfahrens sind auf das im Hoheitsgebiet dieses letzteren Mitgliedstaats befindliche Vermögen des Schuldners beschränkt.

(3) Wird ein Insolvenzverfahren nach Absatz 1 eröffnet, so ist jedes zu einem späteren Zeitpunkt nach Absatz 2 eröffnete Insolvenzverfahren ein Sekundärinsolvenzverfahren.

(4) Vor der Eröffnung eines Insolvenzverfahrens nach Absatz 1 kann ein Partikularverfahren nach Absatz 2 nur eröffnet werden, falls:

a) die Eröffnung eines Insolvenzverfahrens nach Absatz 1 angesichts der Bedingungen, die das Recht des Mitgliedstaats vorschreibt, in dessen

---

Aufhebung der Richtlinien 78/660/EWG und 83/349/EWG des Rates v. 26.6.2013 (ABl. L 182 v. 29.6.2013, S. 19).

[29] Vgl. Erwägungsgründe (22)–(33). Ergänzende Bestimmungen zur örtlichen Zuständigkeit und zur Vermeidung von Kompetenzkonflikten enthält für *Deutschland* Art. 102c §§ 1–5 EGInsO.

Hoheitsgebiet der Schuldner den Mittelpunkt seiner hauptsächlichen Interessen hat, nicht möglich ist oder

b) die Eröffnung des Partikularverfahrens von

i) einem Gläubiger beantragt wird, dessen Forderung sich aus dem Betrieb einer Niederlassung ergibt oder damit im Zusammenhang steht, die sich im Hoheitsgebiet des Mitgliedstaats befindet, in dem die Eröffnung des Partikularverfahrens beantragt wird, oder

ii) einer Behörde beantragt wird, die nach dem Recht des Mitgliedstaats, in dessen Hoheitsgebiet sich die Niederlassung befindet, das Recht hat, die Eröffnung von Insolvenzverfahren zu beantragen.

Nach der Eröffnung des Hauptinsolvenzverfahrens wird das Partikularverfahren zum Sekundärinsolvenzverfahren.

Art. 4.[30] **Prüfung der Zuständigkeit.** (1) Das mit einem Antrag auf Eröffnung eines Insolvenzverfahrens befasste Gericht prüft von Amts wegen, ob es nach Artikel 3 zuständig ist. In der Entscheidung zur Eröffnung des Insolvenzverfahrens sind die Gründe anzugeben, auf denen die Zuständigkeit des Gerichts beruht sowie insbesondere, ob die Zuständigkeit auf Artikel 3 Absatz 1 oder Absatz 2 gestützt ist.

(2) Unbeschadet des Absatzes 1 können die Mitgliedstaaten in Insolvenzverfahren, die gemäß den nationalen Rechtsvorschriften ohne gerichtliche Entscheidung eröffnet werden, den in einem solchen Verfahren bestellten Verwalter damit betrauen, zu prüfen, ob der Mitgliedstaat, in dem der Antrag auf Eröffnung des Verfahrens anhängig ist, gemäß Artikel 3 zuständig ist. Ist dies der Fall, führt der Verwalter in der Entscheidung zur Verfahrenseröffnung die Gründe auf, auf welchen die Zuständigkeit beruht sowie insbesondere, ob die Zuständigkeit auf Artikel 3 Absatz 1 oder Absatz 2 gestützt ist.

Art. 5.[31] **Gerichtliche Nachprüfung der Entscheidung zur Eröffnung des Hauptinsolvenzverfahrens.** (1) Der Schuldner oder jeder Gläubiger kann die Entscheidung zur Eröffnung des Hauptinsolvenzverfahrens vor Gericht aus Gründen der internationalen Zuständigkeit anfechten.

(2) Die Entscheidung zur Eröffnung des Hauptinsolvenzverfahrens kann von anderen als den in Absatz 1 genannten Verfahrensbeteiligten oder aus anderen Gründen als einer mangelnden internationalen Zuständigkeit angefochten werden, wenn dies nach nationalem Recht vorgesehen ist.

Art. 6.[32] **Zuständigkeit für Klagen, die unmittelbar aus dem Insolvenzverfahren hervorgehen und in engem Zusammenhang damit**

---

[30] Vgl. Erwägungsgrund (27).

[31] Vgl. Erwägungsgrund (34).

[32] Vgl. Erwägungsgrund (35). Ergänzende Bestimmungen zur örtlichen Zuständigkeit für Annexklagen enthält für *Deutschland* Art. 102c § 6 EGInsO.

stehen. (1) Die Gerichte des Mitgliedstaats, in dessen Hoheitsgebiet das Insolvenzverfahren nach Artikel 3 eröffnet worden ist, sind zuständig für alle Klagen, die unmittelbar aus dem Insolvenzverfahren hervorgehen und in engem Zusammenhang damit stehen, wie beispielsweise Anfechtungsklagen.

(2) Steht eine Klage nach Absatz 1 im Zusammenhang mit einer anderen zivil- oder handelsrechtlichen Klage gegen denselben Beklagten, so kann der Verwalter beide Klagen bei den Gerichten in dem Mitgliedstaat, in dessen Hoheitsgebiet der Beklagte seinen Wohnsitz hat, oder – bei einer Klage gegen mehrere Beklagte – bei den Gerichten in dem Mitgliedstaat, in dessen Hoheitsgebiet einer der Beklagten seinen Wohnsitz hat, erheben, vorausgesetzt, die betreffenden Gerichte sind nach der Verordnung (EU) Nr. 1215/2012 zuständig.[33]

Unterabsatz 1 gilt auch für den Schuldner in Eigenverwaltung, sofern der Schuldner in Eigenverwaltung nach nationalem Recht Klage für die Insolvenzmasse erheben kann.

(3) Klagen gelten für die Zwecke des Absatzes 2 als miteinander im Zusammenhang stehend, wenn zwischen ihnen eine so enge Beziehung gegeben ist, dass eine gemeinsame Verhandlung und Entscheidung zweckmäßig ist, um die Gefahr zu vermeiden, dass in getrennten Verfahren miteinander unvereinbare Entscheidungen ergehen.

Art. 7.[34] **Anwendbares Recht.** (1) Soweit diese Verordnung nichts anderes bestimmt, gilt für das Insolvenzverfahren und seine Wirkungen das Insolvenzrecht des Mitgliedstaats, in dessen Hoheitsgebiet das Verfahren eröffnet wird (im Folgenden „Staat der Verfahrenseröffnung“).

(2) Das Recht des Staates der Verfahrenseröffnung regelt, unter welchen Voraussetzungen das Insolvenzverfahren eröffnet wird und wie es durchzuführen und zu beenden ist. Es regelt insbesondere:

a) bei welcher Art von Schuldnern ein Insolvenzverfahren zulässig ist;

b) welche Vermögenswerte zur Insolvenzmasse gehören und wie die nach der Verfahrenseröffnung vom Schuldner erworbenen Vermögenswerte zu behandeln sind;

c) die jeweiligen Befugnisse des Schuldners und des Verwalters;

d) die Voraussetzungen für die Wirksamkeit einer Aufrechnung;

e) wie sich das Insolvenzverfahren auf laufende Verträge des Schuldners auswirkt;

f) wie sich die Eröffnung eines Insolvenzverfahrens auf Rechtsverfolgungsmaßnahmen einzelner Gläubiger auswirkt; ausgenommen sind die Wirkungen auf anhängige Rechtsstreitigkeiten;

---

[33] Zur Zuständigkeit nach der Brüssel Ia-VO (Nr. *160*) vgl. deren Kapitel II.

[34] Vgl. Erwägungsgründe (22) und (66) ff.

g) welche Forderungen als Insolvenzforderungen anzumelden sind und wie Forderungen zu behandeln sind, die nach der Eröffnung des Insolvenzverfahrens entstehen;

h) die Anmeldung, die Prüfung und die Feststellung der Forderungen;

i) die Verteilung des Erlöses aus der Verwertung des Vermögens, den Rang der Forderungen und die Rechte der Gläubiger, die nach der Eröffnung des Insolvenzverfahrens aufgrund eines dinglichen Rechts oder infolge einer Aufrechnung teilweise befriedigt wurden;

j) die Voraussetzungen und die Wirkungen der Beendigung des Insolvenzverfahrens, insbesondere durch Vergleich;

k) die Rechte der Gläubiger nach der Beendigung des Insolvenzverfahrens;

l) wer die Kosten des Insolvenzverfahrens einschließlich der Auslagen zu tragen hat;

m) welche Rechtshandlungen nichtig, anfechtbar oder relativ unwirksam sind, weil sie die Gesamtheit der Gläubiger benachteiligen.

Art. 8. [35] **Dingliche Rechte Dritter.** (1) Das dingliche Recht eines Gläubigers oder eines Dritten an körperlichen oder unkörperlichen, beweglichen oder unbeweglichen Gegenständen des Schuldners – sowohl an bestimmten Gegenständen als auch an einer Mehrheit von nicht bestimmten Gegenständen mit wechselnder Zusammensetzung –, die sich zum Zeitpunkt der Eröffnung des Insolvenzverfahrens im Hoheitsgebiet eines anderen Mitgliedstaats befinden, wird von der Eröffnung des Verfahrens nicht berührt.

(2) Rechte im Sinne von Absatz 1 sind insbesondere

a) das Recht, den Gegenstand zu verwerten oder verwerten zu lassen und aus dem Erlös oder den Nutzungen dieses Gegenstands befriedigt zu werden, insbesondere aufgrund eines Pfandrechts oder einer Hypothek;

b) das ausschließliche Recht, eine Forderung einzuziehen, insbesondere aufgrund eines Pfandrechts an einer Forderung oder aufgrund einer Sicherheitsabtretung dieser Forderung;

c) das Recht, die Herausgabe von Gegenständen von jedermann zu verlangen, der diese gegen den Willen des Berechtigten besitzt oder nutzt;

d) das dingliche Recht, die Früchte eines Gegenstands zu ziehen.

(3) Das in einem öffentlichen Register eingetragene und gegen jedermann wirksame Recht, ein dingliches Recht im Sinne von Absatz 1 zu erlangen, wird einem dinglichen Recht gleichgestellt.

(4) Absatz 1 steht der Nichtigkeit, Anfechtbarkeit oder relativen Unwirksamkeit einer Rechtshandlung nach Artikel 7 Absatz 2 Buchstabe m nicht entgegen.

---

[35] Vgl. Erwägungsgründe (39), (67)–(69).

Art. 9.[36] **Aufrechnung.** (1) Die Befugnis eines Gläubigers, mit seiner Forderung gegen eine Forderung eines Schuldners aufzurechnen, wird von der Eröffnung des Insolvenzverfahrens nicht berührt, wenn diese Aufrechnung nach dem für die Forderung des insolventen Schuldners maßgeblichen Recht zulässig ist.

(2) Absatz 1 steht der Nichtigkeit, Anfechtbarkeit oder relativen Unwirksamkeit einer Rechtshandlung nach Artikel 7 Absatz 2 Buchstabe m nicht entgegen.

Art. 10. Eigentumsvorbehalt. (1) Die Eröffnung eines Insolvenzverfahrens gegen den Käufer einer Sache lässt die Rechte der Verkäufer aus einem Eigentumsvorbehalt unberührt, wenn sich diese Sache zum Zeitpunkt der Eröffnung des Verfahrens im Hoheitsgebiet eines anderen Mitgliedstaats als dem der Verfahrenseröffnung befindet.

(2) Die Eröffnung eines Insolvenzverfahrens gegen den Verkäufer einer Sache nach deren Lieferung rechtfertigt nicht die Auflösung oder Beendigung des Kaufvertrags und steht dem Eigentumserwerb des Käufers nicht entgegen, wenn sich diese Sache zum Zeitpunkt der Verfahrenseröffnung im Hoheitsgebiet eines anderen Mitgliedstaats als dem der Verfahrenseröffnung befindet.

(3) Die Absätze 1 und 2 stehen der Nichtigkeit, Anfechtbarkeit oder relativen Unwirksamkeit einer Rechtshandlung nach Artikel 7 Absatz 2 Buchstabe m nicht entgegen.

Art. 11. Vertrag über einen unbeweglichen Gegenstand. (1) Für die Wirkungen des Insolvenzverfahrens auf einen Vertrag, der zum Erwerb oder zur Nutzung eines unbeweglichen Gegenstands berechtigt, ist ausschließlich das Recht des Mitgliedstaats maßgebend, in dessen Hoheitsgebiet sich dieser Gegenstand befindet.

(2) Die Zuständigkeit für die Zustimmung zu einer Beendigung oder Änderung von Verträgen nach diesem Artikel liegt bei dem Gericht, das das Hauptinsolvenzverfahren eröffnet hat, wenn

a) ein derartiger Vertrag nach den für diese Verträge geltenden Rechtsvorschriften des Mitgliedstaats nur mit Zustimmung des Gerichts der Verfahrenseröffnung beendet oder geändert werden kann und

b) in dem betreffenden Mitgliedstaat kein Insolvenzverfahren eröffnet worden ist.

Art. 12.[37] **Zahlungssysteme und Finanzmärkte.** (1) Unbeschadet des Artikels 8 ist für die Wirkungen des Insolvenzverfahrens auf die Rechte und Pflichten der Mitglieder eines Zahlungs- oder Abwicklungssystems

---

[36] Vgl. Erwägungsgrund (70).
[37] Vgl. Erwägungsgrund (71).

oder eines Finanzmarktes ausschließlich das Recht des Mitgliedstaats maßgebend, das für das betreffende System oder den betreffenden Markt gilt.

(2) Absatz 1 steht einer Nichtigkeit, Anfechtbarkeit oder relativen Unwirksamkeit der Zahlungen oder Transaktionen gemäß den für das betreffende Zahlungssystem oder den betreffenden Finanzmarkt geltenden Rechtsvorschriften nicht entgegen.

Art. 13.[38] **Arbeitsvertrag.** (1) Für die Wirkungen des Insolvenzverfahrens auf einen Arbeitsvertrag und auf das Arbeitsverhältnis gilt ausschließlich das Recht des Mitgliedstaats, das auf den Arbeitsvertrag anzuwenden ist.

(2) Die Zuständigkeit für die Zustimmung zu einer Beendigung oder Änderung von Verträgen nach diesem Artikel verbleibt bei den Gerichten des Mitgliedstaats, in dem ein Sekundärinsolvenzverfahren eröffnet werden kann, auch wenn in dem betreffenden Mitgliedstaat kein Insolvenzverfahren eröffnet worden ist.

Unterabsatz 1 gilt auch für eine Behörde, die nach nationalem Recht für die Zustimmung zu einer Beendigung oder Änderung von Verträgen nach diesem Artikel zuständig ist.

Art. 14. Wirkung auf eintragungspflichtige Rechte. Für die Wirkungen des Insolvenzverfahrens auf Rechte des Schuldners an einem unbeweglichen Gegenstand, einem Schiff oder einem Luftfahrzeug, die der Eintragung in ein öffentliches Register unterliegen, ist das Recht des Mitgliedstaats maßgebend, unter dessen Aufsicht das Register geführt wird.

Art. 15. Europäische Patente mit einheitlicher Wirkung und Gemeinschaftsmarken. Für die Zwecke dieser Verordnung kann ein Europäisches Patent mit einheitlicher Wirkung, eine Gemeinschaftsmarke oder jedes andere durch Unionsrecht begründete ähnliche Recht nur in ein Verfahren nach Artikel 3 Absatz 1 mit einbezogen werden.

Art. 16. Benachteiligende Handlungen. Artikel 7 Absatz 2 Buchstabe m findet keine Anwendung, wenn die Person, die durch eine die Gesamtheit der Gläubiger benachteiligende Handlung begünstigt wurde, nachweist, dass

a) für diese Handlung das Recht eines anderen Mitgliedstaats als des Staates der Verfahrenseröffnung maßgeblich ist und

b) diese Handlung im vorliegenden Fall in keiner Weise nach dem Recht dieses Mitgliedstaats angreifbar ist.

Art. 17. Schutz des Dritterwerbers. Verfügt der Schuldner durch eine nach Eröffnung des Insolvenzverfahrens vorgenommene Handlung gegen Entgelt über

---

[38] Vgl. Erwägungsgrund (72); dazu auch Art. 8 Rom I-VO (Nr. *80*).

a) einen unbeweglichen Gegenstand,

b) ein Schiff oder ein Luftfahrzeug, das der Eintragung in ein öffentliches Register unterliegt, oder

c) Wertpapiere, deren Eintragung in ein gesetzlich vorgeschriebenes Register Voraussetzung für ihre Existenz ist,

so richtet sich die Wirksamkeit dieser Rechtshandlung nach dem Recht des Staats, in dessen Hoheitsgebiet sich dieser unbewegliche Gegenstand befindet oder unter dessen Aufsicht das Register geführt wird.

Art. 18. [39] **Wirkungen des Insolvenzverfahrens auf anhängige Rechtstreitigkeiten und Schiedsverfahren.** Für die Wirkungen des Insolvenzverfahrens auf einen anhängigen Rechtsstreit oder ein anhängiges Schiedsverfahren über einen Gegenstand oder ein Recht, der bzw. das Teil der Insolvenzmasse ist, gilt ausschließlich das Recht des Mitgliedstaats, in dem der Rechtsstreit anhängig oder in dem das Schiedsgericht belegen ist.

Kapitel II.[40] Anerkennung der Insolvenzverfahren

Art. 19. Grundsatz. (1) Die Eröffnung eines Insolvenzverfahrens durch ein nach Artikel 3 zuständiges Gericht eines Mitgliedstaats wird in allen übrigen Mitgliedstaaten anerkannt, sobald die Entscheidung im Staat der Verfahrenseröffnung wirksam ist.

Die Regel nach Unterabsatz 1 gilt auch, wenn in den übrigen Mitgliedstaaten über das Vermögen des Schuldners wegen seiner Eigenschaft ein Insolvenzverfahren nicht eröffnet werden könnte.

(2) Die Anerkennung eines Verfahrens nach Artikel 3 Absatz 1 steht der Eröffnung eines Verfahrens nach Artikel 3 Absatz 2 durch ein Gericht eines anderen Mitgliedstaats nicht entgegen. In diesem Fall ist das Verfahren nach Artikel 3 Absatz 2 ein Sekundärinsolvenzverfahren im Sinne von Kapitel III.

Art. 20. Wirkungen der Anerkennung. (1) Die Eröffnung eines Insolvenzverfahrens nach Artikel 3 Absatz 1 entfaltet in jedem anderen Mitgliedstaat, ohne dass es hierfür irgendwelcher Förmlichkeiten bedürfte, die Wirkungen, die das Recht des Staates der Verfahrenseröffnung dem Verfahren beilegt, sofern diese Verordnung nichts anderes bestimmt und solange in diesem anderen Mitgliedstaat kein Verfahren nach Artikel 3 Absatz 2 eröffnet ist.

(2) Die Wirkungen eines Verfahrens nach Artikel 3 Absatz 2 dürfen in den anderen Mitgliedstaaten nicht in Frage gestellt werden. Jegliche Beschränkung der Rechte der Gläubiger, insbesondere eine Stundung oder

---

[39] Vgl. Erwägungsgrund (73).

[40] Vgl. Erwägungsgrund (65).

eine Schuldbefreiung infolge des Verfahrens, wirkt hinsichtlich des im Hoheitsgebiet eines anderen Mitgliedstaats befindlichen Vermögens nur gegenüber den Gläubigern, die ihre Zustimmung hierzu erteilt haben.

Art. 21. Befugnisse des Verwalters. (1) Der Verwalter, der durch ein nach Artikel 3 Absatz 1 zuständiges Gericht bestellt worden ist, darf im Gebiet eines anderen Mitgliedstaats alle Befugnisse ausüben, die ihm nach dem Recht des Staates der Verfahrenseröffnung zustehen, solange in dem anderen Staat nicht ein weiteres Insolvenzverfahren eröffnet ist oder eine gegenteilige Sicherungsmaßnahme auf einen Antrag auf Eröffnung eines Insolvenzverfahrens hin ergriffen worden ist. Er darf insbesondere vorbehaltlich der Artikel 8 und 10 die zur Masse gehörenden Gegenstände aus dem Hoheitsgebiet des Mitgliedstaats entfernen, in dem diese sich befinden.

(2) Der Verwalter, der durch ein nach Artikel 3 Absatz 2 zuständiges Gericht bestellt worden ist, darf in jedem anderen Mitgliedstaat gerichtlich und außergerichtlich geltend machen, dass ein beweglicher Gegenstand nach der Eröffnung des Insolvenzverfahrens aus dem Hoheitsgebiet des Staates der Verfahrenseröffnung in das Hoheitsgebiet dieses anderen Mitgliedstaats verbracht worden ist. Des Weiteren kann der Verwalter eine den Interessen der Gläubiger dienende Anfechtungsklage erheben.

(3) Bei der Ausübung seiner Befugnisse hat der Verwalter das Recht des Mitgliedstaats, in dessen Hoheitsgebiet er handeln will, zu beachten, insbesondere hinsichtlich der Art und Weise der Verwertung eines Gegenstands der Masse. Diese Befugnisse dürfen nicht die Anwendung von Zwangsmitteln ohne Anordnung durch ein Gerichts dieses Mitgliedstaats oder das Recht umfassen, Rechtsstreitigkeiten oder andere Auseinandersetzungen zu entscheiden.

Art. 22. Nachweis der Verwalterbestellung. Die Bestellung zum Verwalter wird durch eine beglaubigte Abschrift der Entscheidung, durch die er bestellt worden ist, oder durch eine andere von dem zuständigen Gericht ausgestellte Bescheinigung nachgewiesen.

Es kann eine Übersetzung in die Amtssprache oder eine der Amtssprachen des Mitgliedstaats, in dessen Hoheitsgebiet er handeln will, verlangt werden. Eine Legalisation oder eine entsprechende andere Förmlichkeit wird nicht verlangt.

Art. 23. Herausgabepflicht und Anrechnung. (1) Ein Gläubiger, der nach der Eröffnung eines Insolvenzverfahrens nach Artikel 3 Absatz 1 auf irgendeine Weise, insbesondere durch Zwangsvollstreckung, vollständig oder teilweise aus einem Gegenstand der Masse befriedigt wird, der im Hoheitsgebiet eines anderen Mitgliedstaat belegen ist, hat vorbehaltlich der Artikel 8 und 10 das Erlangte an den Verwalter herauszugeben.

(2) Zur Wahrung der Gleichbehandlung der Gläubiger nimmt ein Gläubiger, der in einem Insolvenzverfahren eine Quote auf seine Forderung

erlangt hat, an der Verteilung im Rahmen eines anderen Verfahrens erst dann teil, wenn die Gläubiger gleichen Ranges oder gleicher Gruppenzugehörigkeit in diesem anderen Verfahren die gleiche Quote erlangt haben.

Art. 24.[41] **Einrichtung von Insolvenzregistern.** (1) Die Mitgliedstaaten errichten und unterhalten in ihrem Hoheitsgebiet ein oder mehrere Register, um Informationen über Insolvenzerfahren bekanntzumachen (im Folgenden „Insolvenzregister"). Diese Informationen werden so bald als möglich nach Eröffnung eines solchen Verfahrens bekanntgemacht.

(2) Die Informationen nach Absatz 1 sind gemäß den Voraussetzungen nach Artikel 27 öffentlich bekanntzumachen und umfassen die folgenden Informationen (im Folgenden „Pflichtinformationen"):

a) Datum der Eröffnung des Insolvenzverfahrens;

b) Gericht, das das Insolvenzverfahren eröffnet hat, und – soweit vorhanden – Aktenzeichen;

c) Art des eröffneten Insolvenzverfahrens nach Anhang A und gegebenenfalls Unterart des nach nationalem Recht eröffneten Verfahrens;

d) Angaben dazu, ob die Zuständigkeit für die Eröffnung des Verfahrens auf Artikel 3 Absatz 1, 2 oder 4 beruht;

e) Name, Registernummer, Sitz oder, sofern davon abweichend, Postanschrift des Schuldners, wenn es sich um eine Gesellschaft oder eine juristische Person handelt;

f) Name, gegebenenfalls Registernummer sowie Postanschrift des Schuldners oder, falls die Anschrift geschützt ist, Geburtsort und Geburtsdatum des Schuldners, wenn er eine natürliche Person ist, unabhängig davon, ob er eine selbständige gewerbliche oder freiberufliche Tätigkeit ausübt;

g) gegebenenfalls Name, Postanschrift oder E-Mail-Adresse des für das Verfahren bestellten Verwalters;

h) gegebenenfalls die Frist für die Anmeldung der Forderungen bzw. einen Verweis auf die Kriterien für die Berechnung dieser Frist;

i) gegebenenfalls das Datum der Beendigung des Hauptinsolvenzverfahrens;

j) das Gericht, das gemäß Artikel 5 für eine Anfechtung der Entscheidung zur Eröffnung des Insolvenzverfahrens zuständig ist und gegebenenfalls die Frist für die Anfechtung bzw. einen Verweis auf die Kriterien für die Berechnung dieser Frist.

(3) Absatz 2 hindert die Mitgliedstaaten nicht, Dokumente oder zusätzliche Informationen, beispielsweise denn Ausschluss von einer Tätigkeit als Geschäftsleiter im Zusammenhang mit der Insolvenz, in ihre nationalen Insolvenzregister aufzunehmen.

---

[41] Vgl. Erwägungsgründe (76)–(80). Art. 24 Abs. 1 gilt erst seit dem 26.6.2018, Art. 92 S. 2 lit. b.

(4) Die Mitgliedstaaten sind nicht verpflichtet, die in Absatz 1 dieses Artikels genannten Informationen über natürliche Personen, die keine selbständige gewerbliche oder freiberufliche Tätigkeit ausüben, in die Insolvenzregister aufzunehmen oder diese Informationen über das System der Vernetzung dieser Register öffentlich zugänglich zu machen, sofern bekannte ausländische Gläubiger gemäß Artikel 54 über die in Absatz 2 Buchstabe j dieses Artikels genannten Elemente informiert werden.

Macht ein Mitgliedstaat von der in Unterabsatz 1 genannten Möglichkeit Gebrauch, so berührt das Insolvenzverfahren nicht die Forderungen der ausländischen Gläubiger, die die Informationen gemäß Unterabsatz 1 nicht erhalten haben.

(5) Die Bekanntmachung von Informationen in den Registern gemäß dieser Verordnung hat keine anderen Rechtswirkungen als die, die nach nationalem Recht und in Artikel 55 Absatz 6 festgelegt sind.

Art. 25.[42] **Vernetzung von Insolvenzregistern.** (1) Die Kommission richtet im Wege von Durchführungsrechtsakten ein dezentrales System zur Vernetzung der Insolvenzregister ein. Dieses System besteht aus den Insolvenzregistern und dem Europäischen Justizportal, das für die Öffentlichkeit als zentraler elektronischer Zugangspunkt zu Informationen im System dient. Das System bietet für die Abfrage der Pflichtinformationen und alle anderen Dokumente oder Informationen in den Insolvenzregistern, die von den Mitgliedstaaten über das Europäische Justizportal verfügbar gemacht werden, einen Suchdienst in allen Amtssprachen der Organe der Union.

(2) Die Kommission legt im Wege von Durchführungsrechtsakten gemäß dem Verfahren nach Artikel 87 bis zum 26. Juni 2019 Folgendes fest:

a) die technischen Spezifikationen für die elektronische Kommunikation und den elektronischen Informationsaustausch auf der Grundlage der festgelegten Schnittstellenspezifikation für das System zur Vernetzung der Insolvenzregister;
b) die technischen Maßnahmen, durch die die IT-Mindestsicherheitsstandards für die Übermittlung und Verbreitung von Informationen innerhalb des Systems zur Vernetzung der Insolvenzregister gewährleistet werden;
c) die Mindestkriterien für den vom Europäischen Justizportal bereitgestellten Suchdienst anhand der Informationen nach Artikel 24;
d) die Mindestkriterien für die Anzeige der Suchergebnisse in Bezug auf die Informationen nach Artikel 24;
e) die Mittel und technischen Voraussetzungen für die Verfügbarkeit der durch das System der Vernetzung von Insolvenzregistern angebotenen Dienste und

[42] Art. 25 gilt erst seit dem 26.6.2019, Art. 92 S. 2 lit. c.

f) ein Glossar mit einer allgemeinen Erläuterung der in Anhang A aufgeführten nationalen Insolvenzverfahren.

Art. 26. Kosten für die Einrichtung und Vernetzung der Insolvenzregister. (1) Die Einrichtung, Unterhaltung und Weiterentwicklung des Systems zur Vernetzung der Insolvenzregister wird aus dem Gesamthaushalt der Union finanziert.

(2) Jeder Mitgliedstaat trägt die Kosten für die Einrichtung und Anpassung seiner nationalen Insolvenzregister für deren Interoperabilität mit dem Europäischen Justizportal sowie die Kosten für die Verwaltung, den Betrieb und die Pflege dieser Register. Davon unberührt bleibt die Möglichkeit, Zuschüsse zur Unterstützung dieser Vorhaben im Rahmen der Finanzierungsprogramme der Union zu beantragen.

Art. 27. Voraussetzungen für den Zugang zu Informationen über das System der Vernetzung. (1) Die Mitgliedstaaten stellen sicher, dass die Pflichtinformationen nach Artikel 24 Absatz 2 Buchstaben a bis j über das System der Vernetzung von Insolvenzregistern gebührenfrei zur Verfügung stehen.

(2) Diese Verordnung hindert die Mitgliedstaaten nicht, für den Zugang zu den Dokumenten oder zusätzlichen Informationen nach Artikel 24 Absatz 3 über das System der Vernetzung von Insolvenzregister eine angemessene Gebühr zu erheben.

(3) Die Mitgliedstaaten können den Zugang zu Pflichtinformationen bezüglich natürlicher Personen, die keine selbständige gewerbliche oder freiberufliche Tätigkeit ausüben sowie bezüglich natürlicher Personen, die eine selbständige gewerbliche oder freiberufliche Tätigkeit ausüben, sofern sich das Insolvenzverfahren nicht auf diese Tätigkeit bezieht, von zusätzlichen, über die Mindestkriterien nach Artikel 25 Absatz 2 Buchstabe c hinausgehenden Suchkriterien in Bezug auf den Schuldner abhängig machen.

(4) Die Mitgliedstaaten können ferner verlangen, dass der Zugang zu den Informationen nach Absatz 3 von einem Antrag an die zuständige Behörde abhängig zu machen ist. Die Mitgliedstaaten können den Zugang von der Prüfung des berechtigten Interesses am Zugang zu diesen Daten anhängig machen. Der anfragenden Person muss es möglich sein, die Auskunftsanfrage in elektronischer Form anhand eines Standardformulars über das Europäische Justizportal zu übermitteln. Ist ein berechtigtes Interesse erforderlich, so ist es zulässig, dass die anfragende Person die Rechtmäßigkeit ihres Antrags anhand von Kopien einschlägiger Dokumente in elektronischer Form belegt. Die anfragende Person erhält innerhalb von drei Arbeitstagen eine Antwort von der zuständigen Behörde.

Die anfragende Person ist weder verpflichtet, Übersetzungen der Dokumente, die die Berechtigung ihrer Anfrage belegen, zur Verfügung zu stellen, noch dazu, die bei der Behörde möglicherweise aufgrund der Übersetzungen anfallenden Kosten zu tragen.

Art. 28.[43] **Öffentliche Bekanntmachung in einem anderen Mitgliedstaat.** (1) Der Verwalter oder der Schuldner in Eigenverwaltung hat zu beantragen, dass eine Bekanntmachung der Entscheidung zur Eröffnung des Insolvenzverfahrens und gegebenenfalls der Entscheidung zur Bestellung des Verwalters in jedem anderen Mitgliedstaat, in dem sich eine Niederlassung des Schuldners befindet, nach den in diesem Mitgliedstaat vorgesehenen Verfahren veröffentlicht wird. In der Bekanntmachung ist gegebenenfalls anzugeben, wer als Verwalter bestellt wurde und ob sich die Zuständigkeit aus Artikel 3 Absatz 1 oder Absatz 2 ergibt.

(2) Der Verwalter oder der Schuldner in Eigenverwaltung kann beantragen, dass die Bekanntmachung nach Absatz 1 in jedem anderen Mitgliedstaat, in dem er dies für notwendig hält, nach dem in diesem Mitgliedstaat vorgesehenen Verfahren der Bekanntmachung veröffentlicht wird.

Art. 29.[44] **Eintragung in öffentliche Register eines anderen Mitgliedstaats.** (1) Ist es in einem Mitgliedstaat, in dem sich eine Niederlassung des Schuldners befindet und diese Niederlassung in einem öffentlichen Register dieses Mitgliedstaats eingetragen ist oder in dem unbewegliches Vermögen des Schuldners belegen ist, gesetzlich vorgeschrieben, dass die Informationen nach Artikel 28 über die Eröffnung eines Insolvenzverfahrens im Grundbuch, Handelsregister oder einem sonstigen öffentlichen Register einzutragen sind, stellt der Verwalter oder der Schuldner in Eigenverwaltung die Eintragung im Register durch alle dazu erforderlichen Maßnahmen sicher.

(2) Der Verwalter oder der Schuldner in Eigenverwaltung kann diese Eintragung in jedem anderen Mitgliedstaat beantragen, sofern das Recht des Mitgliedstaats, in dem das Register geführt wird, eine solche Eintragung zulässt.

Art. 30. Kosten. Die Kosten der öffentlichen Bekanntmachung nach Artikel 28 und der Eintragung nach Artikel 29 gelten als Kosten und Aufwendungen des Verfahrens.

Art. 31.[45] **Leistung an den Schuldner.** (1) Wer in einem Mitgliedstaat an einen Schuldner leistet, über dessen Vermögen in einem anderen Mitgliedstaat ein Insolvenzverfahren eröffnet worden ist, obwohl er an den Verwalter des Insolvenzverfahrens hätte leisten müssen, wird befreit, wenn ihm die Eröffnung des Verfahrens nicht bekannt war.

---

[43] Vgl. Erwägungsgrund (75). Ergänzende Bestimmungen zur örtlichen Zuständigkeit für die öffentliche Bekanntmachung nach Art. 28 enthält für die *Bundesrepublik Deutschland* Art. 102c §§ 7 und 9 EGInsO (Nr. *260a*).

[44] Ergänzende Bestimmungen zur örtlichen Zuständigkeit für die Eintragung nach Art. 29 enthält für *Deutschland* Art. 102c §§ 8, 9 EGInsO (Nr. *260a*).

[45] Vgl. Erwägungsgrund (81).

(2) Erfolgt die Leistung vor der öffentlichen Bekanntmachung nach Artikel 28, so wird bis zum Beweis des Gegenteils vermutet, dass dem Leistenden die Eröffnung nicht bekannt war. Erfolgt die Leistung nach der Bekanntmachung gemäß Artikel 28, so wird bis zum Beweis des Gegenteils vermutet, dass dem Leistenden die Eröffnung bekannt war.

Art. 32.[46] **Anerkennung und Vollstreckbarkeit sonstiger Entscheidungen.** (1) Die zur Durchführung und Beendigung eines Insolvenzverfahrens ergangenen Entscheidungen eines Gerichts, dessen Eröffnungsentscheidung nach Artikel 19 anerkannt wird, sowie ein von diesem Gericht bestätigter Vergleich werden ebenfalls ohne weitere Förmlichkeiten anerkannt. Diese Entscheidungen werden nach den Artikeln 39 bis 44 und 47 bis 57 der Verordnung (EU) Nr. 1215/2012 vollstreckt.

Unterabsatz 1 gilt auch für Entscheidungen, die unmittelbar aufgrund des Insolvenzverfahrens ergehen und in engem Zusammenhang damit stehen, auch wenn diese Entscheidungen von einem anderen Gericht erlassen werden.

Unterabsatz 1 gilt auch für Entscheidungen über Sicherungsmaßnahmen, die nach dem Antrag auf Eröffnung eines Insolvenzverfahrens oder in Verbindung damit getroffen werden.

(2) Die Anerkennung und Vollstreckung anderer als der in Absatz 1 dieses Artikels genannten Entscheidungen unterliegen der Verordnung (EU) Nr. 1215/2012, sofern jene Verordnung anwendbar ist.

Art. 33. Öffentliche Ordnung. Jeder Mitgliedstaat kann sich weigern, ein in einem anderen Mitgliedstaat eröffnetes Insolvenzverfahren anzuerkennen oder eine in einem solchen Verfahren ergangene Entscheidung zu vollstrecken, soweit diese Anerkennung oder Vollstreckung zu einem Ergebnis führt, das offensichtlich mit seiner öffentlichen Ordnung, insbesondere mit den Grundprinzipien oder den verfassungsmäßig garantierten Rechten und Freiheiten des Einzelnen, unvereinbar ist.

Kapitel III.[47] Sekundärinsolvenzverfahren

Art. 34. Verfahrenseröffnung. Ist durch ein Gericht eines Mitgliedstaats ein Hauptinsolvenzverfahren eröffnet worden, das in einem anderen Mitgliedstaat anerkannt worden ist, kann ein nach Artikel 3 Absatz 2 zuständiges Gericht dieses anderen Mitgliedstaats nach Maßgabe der Vorschriften dieses Kapitels ein Sekundärinsolvenzverfahren eröffnen. War es für das Hauptinsolvenzverfahren erforderlich, dass der Schuldner insolvent ist, so wird die Insolvenz des Schuldners in dem Mitgliedstaat, in dem ein Sekun-

[46] Ergänzende Bestimmungen zur Vollstreckung von Entscheidungen nach Art. 32 enthält für *Deutschland* Art. 102c § 10 EGInsO (Nr. *260a*).

[47] Vgl. Erwägungsgründe (22)–(24), (37)–(40).

därinsolvenzverfahren eröffnet werden kann, nicht erneut geprüft. Die Wirkungen des Sekundärinsolvenzverfahrens sind auf das Vermögen des Schuldners beschränkt, das im Hoheitsgebiet des Mitgliedstaats belegen ist, in dem dieses Verfahren eröffnet wurde.

Art. 35. Anwendbares Recht. Soweit diese Verordnung nichts anderes bestimmt, finden auf das Sekundärinsolvenzverfahren die Rechtsvorschriften des Mitgliedstaats Anwendung, in dessen Hoheitsgebiet das Sekundärinsolvenzverfahren eröffnet worden ist.

Art. 36.[48] **Recht, zur Vermeidung eines Sekundärinsolvenzverfahrens eine Zusicherung zu geben.** (1) Um die Eröffnung eines Sekundärinsolvenzverfahrens zu vermeiden, kann der Verwalter des Hauptinsolvenzverfahrens in Bezug auf das Vermögen, das in dem Mitgliedstaat, in dem ein Sekundärinsolvenzverfahren eröffnet werden könnte, belegen ist, eine einseitige Zusicherung (im Folgenden „Zusicherung") des Inhalts geben, dass er bei der Verteilung dieses Vermögens oder des bei seiner Verwertung erzielten Erlöses die Verteilungs- und Vorzugsrechte nach nationalem Recht wahrt, die Gläubiger hätten, wenn ein Sekundärinsolvenzverfahren in diesem Mitgliedstaat eröffnet worden wäre. Die Zusicherung nennt die ihr zugrunde liegenden tatsächlichen Annahmen, insbesondere in Bezug auf den Wert der in dem betreffenden Mitgliedstaat belegenen Gegenstände der Masse und die Möglichkeiten ihrer Verwertung.

(2) Wurde eine Zusicherung im Einklang mit diesem Artikel gegeben, so gilt für die Verteilung des Erlöses aus der Verwertung von Gegenständen der Masse nach Absatz 1, für den Rang der Forderungen und für die Rechte der Gläubiger in Bezug auf Gegenstände der Masse nach Absatz 1 das Recht des Mitgliedstaats, in dem das Sekundärinsolvenzverfahren hätte eröffnet werden können. Maßgebender Zeitpunkt für die Feststellung, welche Gegenstände nach Absatz 1 betroffen sind, ist der Zeitpunkt der Abgabe der Zusicherung.

(3) Die Zusicherung erfolgt in der Amtssprache oder einer der Amtssprachen des Mitgliedstaats, in dem ein Sekundärinsolvenzverfahren hätte eröffnet werden können, oder – falls es in dem betreffenden Mitgliedstaat mehrere Amtssprachen gibt – in der Amtssprache oder einer Amtssprache des Ortes, an dem das Sekundärinsolvenzverfahren hätte eröffnet werden können.

(4) Die Zusicherung erfolgt in schriftlicher Form. Sie unterliegt den gegebenenfalls im Staat der Eröffnung des Hauptinsolvenzverfahrens geltenden Formerfordernissen und Zustimmungserfordernissen hinsichtlich der Verteilung.

---

[48] Vgl. Erwägungsgründe (42)–(44). Ergänzende Bestimmungen zur Zusicherung nach Art. 36 enthält für *Deutschland* Art. 102c §§ 11–14, 17–19 und § 21 EGInsO (Nr. *260a*).

(5) Die Zusicherung muss von den bekannten lokalen Gläubigern gebilligt werden. Die Regeln über die qualifizierte Mehrheit und über die Abstimmung, die für die Annahme von Sanierungsplänen gemäß dem Recht des Mitgliedstaats, in dem ein Sekundärinsolvenzverfahren hätte eröffnet werden können, gelten, gelten auch für die Billigung der Zusicherung. Die Gläubiger können über Fernkommunikationsmittel an der Abstimmung teilzunehmen, sofern das nationale Recht dies gestattet. Der Verwalter unterrichtet die bekannten lokalen Gläubiger über die Zusicherung, die Regeln und Verfahren für deren Billigung sowie die Billigung oder deren Ablehnung.

(6) Eine gemäß diesem Artikel gegebene und gebilligte Zusicherung ist für die Insolvenzmasse verbindlich. Wird ein Sekundärinsolvenzverfahren gemäß den Artikeln 37 und 38 eröffnet, so gibt der Verwalter des Hauptinsolvenzverfahrens Gegenstände der Masse, die er nach Abgabe der Zusicherung aus dem Hoheitsgebiet dieses Mitgliedstaats entfernt hat, oder – falls diese bereits verwertet wurden – ihren Erlös an den Verwalter des Sekundärinsolvenzverfahrens heraus.

(7) Hat der Verwalter eine Zusicherung gegeben, so benachrichtigt er die lokalen Gläubiger, bevor er Massegegenstände und Erlöse im Sinne des Absatzes 1 verteilt, über die beabsichtigte Verteilung. Entspricht diese Benachrichtigung nicht dem Inhalt der Zusicherung oder dem geltendem Recht, so kann jeder lokale Gläubiger diese Verteilung vor einem Gericht des Mitgliedstaats anfechten, in dem das Hauptinsolvenzverfahren eröffnet wurde, um eine Verteilung gemäß dem Inhalt der Zusicherung und dem geltendem Recht zu erreichen. In diesen Fällen findet keine Verteilung statt, bis das Gericht über die Anfechtung entschieden hat.

(8) Lokale Gläubiger können die Gerichte des Mitgliedstaats, in dem das Hauptinsolvenzverfahren eröffnet wurde, anrufen, um den Verwalter des Hauptinsolvenzverfahrens zu verpflichten, die Einhaltung des Inhalts der Zusicherung durch alle geeigneten Maßnahmen nach dem Recht des Staats, in dem das Hauptinsolvenzverfahren eröffnet wurde, sicherzustellen.

(9) Lokale Gläubiger können auch die Gerichte des Mitgliedstaats, in dem ein Sekundärinsolvenzverfahren eröffnet worden wäre, anrufen, damit das Gericht einstweilige Maßnahmen oder Sicherungsmaßnahmen trifft, um die Einhaltung des Inhalts der Zusicherung durch den Verwalter sicherzustellen.

(10) Der Verwalter haftet gegenüber den lokalen Gläubigern für jeden Schaden infolge der Nichterfüllung seiner Pflichten und Auflagen im Sinne dieses Artikels.

(11) Für die Zwecke dieses Artikels gilt eine Behörde, die in dem Mitgliedstaat, in dem ein Sekundärinsolvenzverfahren hätte eröffnet werden können, eingerichtet ist und die nach der Richtlinie 2008/94/EG des Europäischen Parlaments und des Rates[49] verpflichtet ist, die Befriedigung

[49] Richtlinie 2008/94/EG über den Schutz der Arbeitnehmer bei Zahlungsunfähigkeit des Arbeitgebers v. 22.10.2008 (ABl. L 283 v. 28.10.2008, S. 36).

nicht erfüllter Ansprüche von Arbeitnehmern aus Arbeitsverträgen oder Arbeitsverhältnissen zu garantieren, als lokaler Gläubiger, sofern dies im nationalen Recht geregelt ist.

Art. 37. Recht auf Beantragung eines Sekundärinsolvenzverfahrens. (1) Die Eröffnung eines Sekundärinsolvenzverfahrens kann beantragt werden von

a) dem Verwalter des Hauptinsolvenzverfahrens,

b) jeder anderen Person oder Behörde, die nach dem Recht des Mitgliedstaats, in dessen Hoheitsgebiet die Eröffnung des Sekundärinsolvenzverfahrens beantragt wird, dazu befugt ist.

(2) Ist eine Zusicherung im Einklang mit Artikel 36 bindend geworden, so ist der Antrag auf Eröffnung eines Sekundärinsolvenzverfahrens innerhalb von 30 Tagen nach Erhalt der Mitteilung über die Billigung der Zusicherung zu stellen.

Art. 38.[50] **Entscheidung zur Eröffnung eines Sekundärinsolvenzverfahrens.** (1) Das mit einem Antrag auf Eröffnung eines Sekundärinsolvenzverfahrens befasste Gericht unterrichtet den Verwalter oder den Schuldner in Eigenverwaltung des Hauptinsolvenzverfahrens umgehend davon und gibt ihm Gelegenheit, sich zu dem Antrag zu äußern.

(2) Hat der Verwalter des Hauptinsolvenzverfahrens eine Zusicherung gemäß Artikel 36 gegeben, so eröffnet das in Absatz 1 dieses Artikels genannte Gericht auf Antrag des Verwalters kein Sekundärinsolvenzverfahren, wenn es der Überzeugung ist, dass die Zusicherung die allgemeinen Interessen der lokalen Gläubiger angemessen schützt.

(3) Wurde eine vorübergehende Aussetzung eines Einzelvollstreckungsverfahrens gewährt, um Verhandlungen zwischen dem Schuldner und seinen Gläubigern zu ermöglichen, so kann das Gericht auf Antrag des Verwalters oder des Schuldners in Eigenverwaltung die Eröffnung eines Sekundärinsolvenzverfahrens für einen Zeitraum von höchstens drei Monaten aussetzen, wenn geeignete Maßnahmen zum Schutz des Interesses der lokalen Gläubiger bestehen.

Das in Absatz 1 genannte Gericht kann Sicherungsmaßnahmen zum Schutz des Interesses der lokalen Gläubiger anordnen, indem es dem Verwalter oder Schuldner in Eigenverwaltung untersagt, Gegenstände der Masse, die in dem Mitgliedstaat belegen sind, in dem sich seine Niederlassung befindet, zu entfernen oder zu veräußern, es sei denn, dies erfolgt im Rahmen des gewöhnlichen Geschäftsbetriebs. Das Gericht kann ferner andere Maßnahmen zum Schutz des Interesses der lokalen Gläubiger während einer Aussetzung anordnen, es sei denn, dies ist mit den nationalen Vorschriften über Zivilverfahren unvereinbar.

---

[50] Ergänzende Bestimmungen zu den Rechtsbehelfen gegen die Eröffnungsentscheidung nach Art. 38 enthält für *Deutschland* Art. 102c § 20 EGInsO (Nr. *260a*).

Die Aussetzung der Eröffnung eines Sekundärinsolvenzverfahrens wird vom Gericht von Amts wegen oder auf Antrag eines Gläubigers widerrufen, wenn während der Aussetzung im Zuge der Verhandlungen gemäß Unterabsatz 1 eine Vereinbarung geschlossen wurde.

Die Aussetzung kann vom Gericht von Amts wegen oder auf Antrag eines Gläubigers widerrufen werden, wenn die Fortdauer der Aussetzung für die Rechte des Gläubigers nachteilig ist, insbesondere wenn die Verhandlungen zum Erliegen gekommen sind oder wenn offensichtlich geworden ist, dass sie wahrscheinlich nicht abgeschlossen werden, oder wenn der Verwalter oder der Schuldner in Eigenverwaltung gegen das Verbot der Veräußerung von Gegenständen der Masse oder ihres Entfernens aus dem Hoheitsgebiet des Mitgliedstaats, in dem sich seine Niederlassung befindet, verstoßen hat.

(4) Auf Antrag des Verwalters des Hauptinsolvenzverfahrens kann das Gericht nach Absatz 1 abweichend von der ursprünglich beantragten Art des Insolvenzverfahrens ein anderes in Anhang A aufgeführtes Insolvenzverfahren eröffnen, sofern die Voraussetzungen für die Eröffnung dieses anderen Verfahrens nach nationalem Recht erfüllt sind und dieses Verfahren im Hinblick auf die Interessen der lokalen Gläubiger und die Kohärenz zwischen Haupt- und Sekundärinsolvenzverfahren am geeignetsten ist. Artikel 34 Satz 2 findet Anwendung.

Art. 39.[51] **Gerichtliche Nachprüfung der Entscheidung zur Eröffnung des Sekundärinsolvenzverfahrens.** Der Verwalter des Hauptinsolvenzverfahrens kann die Entscheidung zur Eröffnung eines Sekundärinsolvenzverfahrens bei dem Gericht des Mitgliedstaats, in dem das Sekundärinsolvenzverfahren eröffnet wurde, mit der Begründung anfechten, dass das Gericht den Voraussetzungen und Anforderungen des Artikels 38 nicht entsprochen hat.

Art. 40. Kostenvorschuss. Verlangt das Recht des Mitgliedstaats, in dem ein Sekundärinsolvenzverfahren beantragt wird, dass die Kosten des Verfahrens einschließlich der Auslagen ganz oder teilweise durch die Masse gedeckt sind, so kann das Gericht, bei dem ein solcher Antrag gestellt wird, vom Antragsteller einen Kostenvorschuss oder eine angemessene Sicherheitsleistung verlangen.

Art. 41.[52] **Zusammenarbeit und Kommunikation der Verwalter.**

(1) Der Verwalter des Hauptinsolvenzverfahrens und der oder die in Sekundärinsolvenzverfahren über das Vermögen desselben Schuldners bestellten Verwalter arbeiten soweit zusammen, wie eine solche Zusammenarbeit mit den für das jeweilige Verfahren geltenden Vorschriften vereinbar ist. Die

---

[51] Ergänzende Bestimmungen zur gerichtlichen Nachprüfung nach Art. 39 enthält für *Deutschland* Art. 102c § 20 EGInsO (Nr. *260a*).

[52] Vgl. Erwägungsgründe (48)–(50).

Zusammenarbeit kann in beliebiger Form, einschließlich durch den Abschluss von Vereinbarungen oder Verständigungen, erfolgen.

(2) Bei der Durchführung der Zusammenarbeit nach Absatz 1 obliegt es den Verwaltern,

a) einander so bald wie möglich alle Informationen mitzuteilen, die für das jeweilige andere Verfahren von Bedeutung sein können, insbesondere den Stand der Anmeldung und Prüfung der Forderungen sowie alle Maßnahmen zur Rettung oder Sanierung des Schuldners oder zur Beendigung des Insolvenzverfahrens, vorausgesetzt, es bestehen geeignete Vorkehrungen zum Schutz vertraulicher Informationen;

b) die Möglichkeit einer Sanierung des Schuldners zu prüfen und, falls eine solche Möglichkeit besteht, die Ausarbeitung und Umsetzung eines Sanierungsplans zu koordinieren;

c) die Verwertung oder Verwendung der Insolvenzmasse und die Verwaltung der Geschäfte des Schuldners zu koordinieren; der Verwalter eines Sekundärinsolvenzverfahrens gibt dem Verwalter des Hauptinsolvenzverfahrens frühzeitig Gelegenheit, Vorschläge für die Verwertung oder Verwendung der Masse des Sekundärinsolvenzverfahrens zu unterbreiten.

(3) Die Absätze 1 und 2 gelten sinngemäß für Fälle, in denen der Schuldner im Haupt- oder Sekundärinsolvenzverfahren oder in einem der Partikularverfahren über das Vermögen desselben Schuldners, das zur gleichen Zeit eröffnet ist, die Verfügungsgewalt über sein Vermögen behält.

Art. 42.[53] Zusammenarbeit und Kommunikation der Gerichte.

(1) Um die Koordinierung von Hauptinsolvenzverfahren, Partikularverfahren und Sekundärinsolvenzverfahren über das Vermögen desselben Schuldners zu erleichtern, arbeitet ein Gericht, das mit einem Antrag auf Eröffnung eines Insolvenzverfahrens befasst ist oder das ein solches Verfahren eröffnet hat, mit jedem anderen Gericht, das mit einem Antrag auf Eröffnung eines Insolvenzverfahrens befasst ist oder das ein solches Verfahren eröffnet hat, zusammen, soweit diese Zusammenarbeit mit den für jedes dieser Verfahren geltenden Vorschriften vereinbar ist. Die Gerichte können hierzu bei Bedarf eine unabhängige Person oder Stelle bestellen bzw. bestimmen, die auf ihre Weisungen hin tätig wird, sofern dies mit den für sie geltenden Vorschriften vereinbar ist.

(2) Bei der Durchführung der Zusammenarbeit nach Absatz 1 können die Gerichte oder eine von ihnen bestellte bzw. bestimmte und in ihrem Auftrag tätige Person oder Stelle im Sinne des Absatzes 1 direkt miteinander kommunizieren oder einander direkt um Informationen und Unterstützung ersuchen, vorausgesetzt, bei dieser Kommunikation werden die Verfahrensrechte der Verfahrensbeteiligten sowie die Vertraulichkeit der Informationen gewahrt.

---

[53] Vgl. Erwägungsgründe (48)–(50).

(3) Die Zusammenarbeit im Sinne des Absatzes 1 kann auf jedem von dem Gericht als geeignet erachteten Weg erfolgen. Sie kann sich insbesondere beziehen auf

a) die Koordinierung bei der Bestellung von Verwaltern,

b) die Mitteilung von Informationen auf jedem von dem betreffenden Gericht als geeignet erachteten Weg,

c) die Koordinierung der Verwaltung und Überwachung des Vermögens und der Geschäfte des Schuldners,

d) die Koordinierung der Verhandlungen,

e) soweit erforderlich die Koordinierung der Zustimmung zu einer Verständigung der Verwalter.

Art. 43.[54] Zusammenarbeit und Kommunikation zwischen Verwaltern und Gerichten. (1) Um die Koordinierung von Hauptinsolvenzverfahren, Partikularverfahren und Sekundärinsolvenzverfahren über das Vermögen desselben Schuldners zu erleichtern,

a) arbeitet der Verwalter des Hauptinsolvenzverfahrens mit jedem Gericht, das mit einem Antrag auf Eröffnung eines Sekundärinsolvenzverfahrens befasst ist oder das ein solches Verfahren eröffnet hat, zusammen und kommuniziert mit diesem,

b) arbeitet der Verwalter eines Partikularverfahrens oder Sekundärinsolvenzverfahrens mit dem Gericht, das mit einem Antrag auf Eröffnung des Hauptinsolvenzverfahrens befasst ist oder das ein solches Verfahren eröffnet hat, zusammen und kommuniziert mit diesem, und

c) arbeitet der Verwalter eines Partikularverfahrens oder Sekundärinsolvenzverfahrens mit dem Gericht, das mit einem Antrag auf Eröffnung eines anderen Partikularverfahrens oder Sekundärinsolvenzverfahrens befasst ist oder das ein solches Verfahren eröffnet hat, zusammen und kommuniziert mit diesem,

soweit diese Zusammenarbeit und Kommunikation mit den für die einzelnen Verfahren geltenden Vorschriften vereinbar sind und keine Interessenkonflikte nach sich ziehen.

(2) Die Zusammenarbeit im Sinne des Absatzes 1 kann auf jedem geeigneten Weg, wie etwa in Artikel 42 Absatz 3 bestimmt, erfolgen.

Art. 44. Kosten der Zusammenarbeit und Kommunikation. Die Anforderungen nach Artikel 42 und 43 dürfen nicht zur Folge haben, dass Gerichte einander die Kosten der Zusammenarbeit und Kommunikation in Rechnung stellen.

---

[54] Vgl. Erwägungsgründe (48)–(50).

Art. 45. Ausübung von Gläubigerrechten. (1) Jeder Gläubiger kann seine Forderung im Hauptinsolvenzverfahren und in jedem Sekundärinsolvenzverfahren anmelden.

(2) Die Verwalter des Hauptinsolvenzverfahrens und der Sekundärinsolvenzverfahren melden in den anderen Verfahren die Forderungen an, die in dem Verfahren, für das sie bestellt sind, bereits angemeldet worden sind, soweit dies für die Gläubiger des letztgenannten Verfahrens zweckmäßig ist und vorbehaltlich des Rechts dieser Gläubiger, eine solche Anmeldung abzulehnen oder die Anmeldung ihrer Ansprüche zurückzunehmen, sofern das anwendbare Recht dies vorsieht.

(3) Der Verwalter eines Haupt- oder eines Sekundärinsolvenzverfahrens ist berechtigt, wie ein Gläubiger an einem anderen Insolvenzverfahren mitzuwirken, insbesondere indem er an einer Gläubigerversammlung teilnimmt.

Art. 46.[55] Aussetzung der Verwertung der Masse. (1) Das Gericht, welches das Sekundärinsolvenzverfahren eröffnet hat, setzt auf Antrag des Verwalters des Hauptinsolvenzverfahrens die Verwertung der Masse ganz oder teilweise aus. In diesem Fall kann das Gericht jedoch vom Verwalter des Hauptinsolvenzverfahrens verlangen, alle angemessenen Maßnahmen zum Schutz der Interessen der Gläubiger des Sekundärinsolvenzverfahrens sowie einzelner Gruppen von Gläubigern zu ergreifen. Der Antrag des Verwalters des Hauptinsolvenzverfahrens kann nur abgelehnt werden, wenn die Aussetzung offensichtlich für die Gläubiger des Hauptinsolvenzverfahrens nicht von Interesse ist. Die Aussetzung der Verwertung der Masse kann für höchstens drei Monate angeordnet werden. Sie kann für jeweils denselben Zeitraum verlängert oder erneuert werden.

(2) Das Gericht nach Absatz 1 hebt die Aussetzung der Verwertung der Masse in folgenden Fällen auf:

a) auf Antrag des Verwalters des Hauptinsolvenzverfahrens,

b) von Amts wegen, auf Antrag eines Gläubigers oder auf Antrag des Verwalters des Sekundärinsolvenzverfahrens, wenn sich herausstellt, dass diese Maßnahme insbesondere nicht mehr mit dem Interesse der Gläubiger des Haupt- oder des Sekundärinsolvenzverfahrens zu rechtfertigen ist.

Art. 47. Recht des Verwalters, Sanierungspläne vorzuschlagen. (1) Kann nach dem Recht des Mitgliedstaats, in dem das Sekundärinsolvenzverfahren eröffnet worden ist, ein solches Verfahren ohne Liquidation durch einen Sanierungsplan, einen Vergleich oder eine andere vergleichbare Maßnahme beendet werden, so hat der Verwalter des Hauptinsolvenzverfahrens das Recht, eine solche Maßnahme im Einklang mit dem Verfahren des betreffenden Mitgliedstaats vorzuschlagen.

---

[55] Ergänzende Bestimmungen zur Aussetzung der Verwertung nach Art. 46 enthält für *Deutschland* Art. 102c § 16 EGInsO (Nr. *260a*).

(2) Jede Beschränkung der Rechte der Gläubiger, wie zum Beispiel eine Stundung oder eine Schuldbefreiung, die sich aus einer im Sekundärinsolvenzverfahren vorgeschlagenen Maßnahme im Sinne des Absatzes 1 ergibt, darf ohne Zustimmung aller von ihr betroffenen Gläubiger keine Auswirkungen auf das nicht von diesem Verfahren erfasste Vermögen des Schuldners haben.

Art. 48. Auswirkungen der Beendigung eines Insolvenzverfahrens.

(1) Unbeschadet des Artikels 49 steht die Beendigung eines Insolvenzverfahrens der Fortführung eines zu diesem Zeitpunkt noch anhängigen anderen Insolvenzverfahrens über das Vermögen desselben Schuldners nicht entgegen.

(2) Hätte ein Insolvenzverfahren über das Vermögen einer juristischen Person oder einer Gesellschaft in dem Mitgliedstaat, in dem diese Person oder Gesellschaft ihren Sitz hat, deren Auflösung zur Folge, so besteht die betreffende juristische Person oder Gesellschaft so lange fort, bis jedes andere Insolvenzverfahren über das Vermögen desselben Schuldners beendet ist oder von dem Verwalter in diesem bzw. den Verwaltern in diesen anderen Verfahren der Auflösung zugestimmt wurde.

Art. 49. Überschuss im Sekundärinsolvenzverfahren. Können bei der Verwertung der Masse des Sekundärinsolvenzverfahrens alle in diesem Verfahren festgestellten Forderungen befriedigt werden, so übergibt der in diesem Verfahren bestellte Verwalter den verbleibenden Überschuss unverzüglich dem Verwalter des Hauptinsolvenzverfahrens.

Art. 50. Nachträgliche Eröffnung des Hauptinsolvenzverfahrens. Wird ein Verfahren nach Artikel 3 Absatz 1 eröffnet, nachdem in einem anderen Mitgliedstaat ein Verfahren nach Artikel 3 Absatz 2 eröffnet worden ist, so gelten die Artikel 41, 45, 46, 47 und 49 für das zuerst eröffnete Insolvenzverfahren, soweit dies nach dem Stand dieses Verfahrens möglich ist.

Art. 51. Umwandlung von Sekundärinsolvenzverfahren. (1) Auf Antrag des Verwalters des Hauptinsolvenzverfahrens kann das Gericht eines Mitgliedstaats, bei dem ein Sekundärinsolvenzverfahren eröffnet worden ist, die Umwandlung des Sekundärinsolvenzverfahrens in ein anderes der in Anhang A aufgeführten Insolvenzverfahren anordnen, sofern die Voraussetzungen nach nationalem Recht für die Eröffnung dieses anderen Verfahrens erfüllt sind und dieses Verfahren im Hinblick auf die Interessen der lokalen Gläubiger und die Kohärenz zwischen Haupt- und Sekundärinsolvenzverfahren am geeignetsten ist.

(2) Bei der Prüfung des Antrags nach Absatz 1 kann das Gericht Informationen von den Verwaltern beider Verfahren anfordern.

Art. 52. Sicherungsmaßnahmen. Bestellt das nach Artikel 3 Absatz 1 zuständige Gericht eines Mitgliedstaats zur Sicherung des Schuldnervermögens einen vorläufigen Verwalter, so ist dieser berechtigt, zur Sicherung und Erhaltung des Schuldnervermögens, das sich in einem anderen Mitgliedstaat befindet, jede Maßnahme zu beantragen, die nach dem Recht dieses Mitgliedstaats für die Zeit zwischen dem Antrag auf Eröffnung eines Insolvenzverfahrens und dessen Eröffnung vorgesehen ist.

Kapitel IV. Unterrichtung der Gläubiger und Anmeldung ihrer Forderungen

Art. 53.[56] **Recht auf Forderungsanmeldung.** Jeder ausländische Gläubiger kann sich zur Anmeldung seiner Forderungen in dem Insolvenzverfahren aller Kommunikationsmittel bedienen, die nach dem Recht des Staats der Verfahrenseröffnung zulässig sind. Allein für die Anmeldung einer Forderung ist die Vertretung durch einen Rechtsanwalt oder sonstigen Rechtsbeistand nicht zwingend.

Art. 54.[57] **Pflicht zur Unterrichtung der Gläubiger.** (1) Sobald in einem Mitgliedstaat ein Insolvenzverfahren eröffnet wird, unterrichtet das zuständige Gericht dieses Staates oder der von diesem Gericht bestellte Verwalter unverzüglich alle bekannten ausländischen Gläubiger.

(2) Die Unterrichtung nach Absatz 1 erfolgt durch individuelle Übersendung eines Vermerks und gibt insbesondere an, welche Fristen einzuhalten sind, welches die Versäumnisfolgen sind, welche Stelle für die Entgegennahme der Anmeldungen zuständig ist und welche weiteren Maßnahmen vorgeschrieben sind. In dem Vermerk ist auch anzugeben, ob die bevorrechtigten oder dinglich gesicherten Gläubiger ihre Forderungen anmelden müssen. Dem Vermerk ist des Weiteren eine Kopie des Standardformulars für die Anmeldung von Forderungen gemäß Artikel 55 beizufügen oder es ist anzugeben, wo dieses Formular erhältlich ist.

(3) Die Unterrichtung nach den Absätzen 1 und 2 dieses Artikels erfolgt mithilfe eines Standardmitteilungsformulars, das gemäß Artikel 88 festgelegt wird. Das Formular wird im Europäischen Justizportal veröffentlicht und trägt die Überschrift „Mitteilung über ein Insolvenzverfahren" in sämtlichen Amtssprachen der Organe der Union. Es wird in der Amtssprache des Staates der Verfahrenseröffnung oder – falls es in dem betreffenden Mitgliedstaat mehrere Amtssprachen gibt – in der Amtssprache oder einer der Amtssprachen des Ortes, an dem das Insolvenzverfahren eröffnet wurde, oder in einer anderen Sprache übermittelt, die dieser Staat gemäß Artikel 55 Absatz 5 zugelassen hat, wenn anzunehmen ist, dass diese Sprache für ausländische Gläubiger leichter zu verstehen ist.

(4) Bei Insolvenzverfahren bezüglich einer natürlichen Person, die keine selbständige gewerbliche oder freiberufliche Tätigkeit ausübt, ist die Ver-

[56] Vgl. Erwägungsgrund (63).
[57] Vgl. Erwägungsgrund (64).

wendung des in diesem Artikel genannten Standardformulars nicht vorgeschrieben, sofern die Gläubiger nicht verpflichtet sind, ihre Forderungen anzumelden, damit diese im Verfahren berücksichtigt werden.

Art. 55. Verfahren für die Forderungsanmeldung. (1) Ausländische Gläubiger können ihre Forderungen mithilfe des Standardformulars anmelden, das gemäß Artikel 88 festgelegt wird. Das Formular trägt die Überschrift „Forderungsanmeldung" in sämtlichen Amtssprachen der Organe der Union.

(2) Das Standardformular für die Forderungsanmeldung nach Absatz 1 enthält die folgenden Angaben:

a) Name, Postanschrift, E-Mail-Adresse sofern vorhanden, persönliche Kennnummer sofern vorhanden sowie Bankverbindung des ausländischen Gläubigers nach Absatz 1,

b) Forderungsbetrag unter Angabe der Hauptforderung und gegebenenfalls der Zinsen sowie Entstehungszeitpunkt der Forderung und – sofern davon abweichend – Fälligkeitsdatum,

c) umfasst die Forderung auch Zinsen, den Zinssatz unter Angabe, ob es sich um einen gesetzlichen oder vertraglich vereinbarten Zinssatz handelt, sowie den Zeitraum, für den die Zinsen gefordert werden, und den Betrag der kapitalisierten Zinsen,

d) falls Kosten für die Geltendmachung der Forderung vor Eröffnung des Verfahrens gefordert werden, Betrag und Aufschlüsselung dieser Kosten,

e) Art der Forderung,

f) ob ein Status als bevorrechtigter Gläubiger beansprucht wird und die Grundlage für einen solchen Anspruch,

g) ob für die Forderung eine dingliche Sicherheit oder ein Eigentumsvorbehalt geltend gemacht wird und wenn ja, welche Vermögenswerte Gegenstand der Sicherheit sind, Zeitpunkt der Überlassung der Sicherheit und Registernummer, wenn die Sicherheit in ein Register eingetragen wurde, und

h) ob eine Aufrechnung beansprucht wird und wenn ja, die Beträge der zum Zeitpunkt der Eröffnung des Insolvenzverfahrens bestehenden gegenseitigen Forderungen, den Zeitpunkt ihres Entstehens und den geforderten Saldo nach Aufrechnung.

Der Forderungsanmeldung sind etwaige Belege in Kopie beizufügen.

(3) Das Standardformular für die Forderungsanmeldung enthält den Hinweis, dass die Bankverbindung und die persönliche Kennnummer des Gläubigers nach Absatz 2 Buchstabe a nicht zwingend anzugeben sind.

(4) Meldet ein Gläubiger seine Forderung auf anderem Wege als mithilfe des in Absatz 1 genannten Standardformulars an, so muss seine Anmeldung die in Absatz 2 genannten Angaben enthalten.

(5) Forderungen können in einer Amtssprache der Organe der Union angemeldet werden. Das Gericht, der Verwalter oder der Schuldner in Eigenverwaltung können vom Gläubiger eine Übersetzung in die Amtssprache des Staats der Verfahrenseröffnung oder – falls es in dem betreffenden Mitgliedstaat mehrere Amtssprachen gibt – in die Amtssprache oder in eine der Amtssprachen des Ortes, an dem das Insolvenzverfahren eröffnet wurde, oder in eine andere Sprache, die dieser Mitgliedstaat zugelassen hat, verlangen. Jeder Mitgliedstaat gibt an, ob er neben seiner oder seinen eigenen Amtssprachen andere Amtssprachen der Organe der Union für eine Forderungsanmeldung zulässt.

(6) Forderungen sind innerhalb der im Recht des Staats der Verfahrenseröffnung festgelegten Frist anzumelden. Bei ausländischen Gläubigern beträgt diese Frist mindestens 30 Tage nach Bekanntmachung der Eröffnung des Insolvenzverfahrens im Insolvenzregister des Staats der Verfahrenseröffnung. Stützt sich ein Mitgliedstaat auf Artikel 24 Absatz 4, so beträgt diese Frist mindestens 30 Tage ab Unterrichtung eines Gläubigers gemäß Artikel 54.

(7) Hat das Gericht, der Verwalter oder der Schuldner in Eigenverwaltung Zweifel an einer nach Maßgabe dieses Artikels angemeldeten Forderung, so gibt er dem Gläubiger Gelegenheit, zusätzliche Belege für das Bestehen und die Höhe der Forderung vorzulegen.

Kapitel V.[58] Insolvenzverfahren über das Vermögen von Mitgliedern einer Unternehmensgruppe

Abschnitt. 1.[59] Zusammenarbeit und Kommunikation

Art. 56. Zusammenarbeit und Kommunikation der Verwalter.
(1) Bei Insolvenzverfahren über das Vermögen von zwei oder mehr Mitgliedern derselben Unternehmensgruppe arbeiten die Verwalter dieser Verfahren zusammen, soweit diese Zusammenarbeit die wirksame Abwicklung der Verfahren erleichtern kann, mit den für die einzelnen Verfahren geltenden Vorschriften vereinbar ist und keine Interessenkonflikte nach sich zieht. Diese Zusammenarbeit kann in beliebiger Form, einschließlich durch den Abschluss von Vereinbarungen oder Verständigungen, erfolgen.

(2) Bei der Durchführung der Zusammenarbeit nach Absatz 1 obliegt es den Verwaltern,

a) einander so bald wie möglich alle Informationen mitzuteilen, die für das jeweilige andere Verfahren von Bedeutung sein können, vorausgesetzt, es bestehen geeignete Vorkehrungen zum Schutz vertraulicher Informationen;

[58] Ergänzende Bestimmungen zum Gruppeninsolvenzverfahren nach Art. 56 ff. enthält für *Deutschland* Art. 102c §§ 22–26 EGInsO (Nr. *260a*).

[59] Vgl. Erwägungsgründe (51)–(54).

b) zu prüfen, ob Möglichkeiten einer Koordinierung der Verwaltung und Überwachung der Geschäfte der Gruppenmitglieder, über deren Vermögen ein Insolvenzverfahren eröffnet wurde, bestehen; falls eine solche Möglichkeit besteht, koordinieren sie die Verwaltung und Überwachung dieser Geschäfte;

c) zu prüfen, ob Möglichkeiten einer Sanierung von Gruppenmitgliedern, über deren Vermögen ein Insolvenzverfahren eröffnet wurde, bestehen und, falls eine solche Möglichkeit besteht, sich über den Vorschlag für einen koordinierten Sanierungsplan und dazu, wie er ausgehandelt werden soll, abzustimmen.

Für die Zwecke der Buchstaben b und c können alle oder einige der in Absatz 1 genannten Verwalter vereinbaren, einem Verwalter aus ihrer Mitte zusätzliche Befugnisse zu übertragen, wenn eine solche Vereinbarung nach den für die jeweiligen Verfahren geltenden Vorschriften zulässig ist. Sie können ferner vereinbaren, bestimmte Aufgaben unter sich aufzuteilen, wenn eine solche Aufteilung nach den für die jeweiligen Verfahren geltenden Vorschriften zulässig ist.

Art. 57. Zusammenarbeit und Kommunikation der Gerichte.
(1) Bei Insolvenzverfahren über das Vermögen von zwei oder mehr Mitgliedern derselben Unternehmensgruppe arbeitet ein Gericht, das ein solches Verfahren eröffnet hat, mit Gerichten, die mit einem Antrag auf Eröffnung eines Insolvenzverfahrens über das Vermögen eines anderen Mitglieds derselben Unternehmensgruppe befasst sind oder die ein solches Verfahren eröffnet haben, zusammen, soweit diese Zusammenarbeit eine wirksame Verfahrensführung erleichtern kann, mit den für die einzelnen Verfahren geltenden Vorschriften vereinbar ist und keine Interessenkonflikte nach sich zieht. Die Gerichte können hierzu bei Bedarf eine unabhängige Person oder Stelle bestellen bzw. bestimmen, die auf ihre Weisungen hin tätig wird, sofern dies mit den für sie geltenden Vorschriften vereinbar ist.

(2) Bei der Durchführung der Zusammenarbeit nach Absatz 1 können die Gerichte oder eine von ihnen bestellte bzw. bestimmte und in ihrem Auftrag tätige Person oder Stelle im Sinne des Absatzes 1 direkt miteinander kommunizieren oder einander direkt um Informationen und Unterstützung ersuchen, vorausgesetzt, bei dieser Kommunikation werden die Verfahrensrechte der Verfahrensbeteiligten sowie die Vertraulichkeit der Informationen gewahrt.

(3) Die Zusammenarbeit im Sinne des Absatzes 1 kann auf jedem von dem Gericht als geeignet erachteten Weg erfolgen. Sie kann insbesondere Folgendes betreffen:

a) die Koordinierung bei der Bestellung von Verwaltern,

b) die Mitteilung von Informationen auf jedem von dem betreffenden Gericht als geeignet erachteten Weg,

c) die Koordinierung der Verwaltung und Überwachung der Insolvenzmasse und Geschäfte der Mitglieder der Unternehmensgruppe,
d) die Koordinierung der Verhandlungen,
e) soweit erforderlich die Koordinierung der Zustimmung zu einer Verständigung der Verwalter.

Art. 58. Zusammenarbeit und Kommunikation zwischen Verwaltern und Gerichten. Ein Verwalter, der in einem Insolvenzverfahren über das Vermögen eines Mitglieds einer Unternehmensgruppe bestellt worden ist,

a) arbeitet mit jedem Gericht, das mit einem Antrag auf Eröffnung eines Insolvenzverfahrens über das Vermögen eines anderen Mitglieds derselben Unternehmensgruppe befasst ist oder das ein solches Verfahren eröffnet hat, zusammen und kommuniziert mit diesem und
b) kann dieses Gericht um Informationen zum Verfahren über das Vermögen des anderen Mitgliedes der Unternehmensgruppe oder um Unterstützung in dem Verfahren, für das er bestellt worden ist, ersuchen,

soweit eine solche Zusammenarbeit und Kommunikation die wirkungsvolle Verfahrensführung erleichtern können, keine Interessenkonflikte nach sich ziehen und mit den für die Verfahren geltenden Vorschriften vereinbar sind.

Art. 59. Kosten der Zusammenarbeit und Kommunikation bei Verfahren über das Vermögen von Mitgliedern einer Unternehmensgruppe. Die Kosten der Zusammenarbeit und Kommunikation nach den Artikeln 56 bis 60, die einem Verwalter oder einem Gericht entstehen, gelten als Kosten und Auslagen des Verfahrens, in dem sie angefallen sind.

Art. 60. Rechte des Verwalters bei Verfahren über das Vermögen von Mitgliedern einer Unternehmensgruppe. (1) Der Verwalter eines über das Vermögen eines Mitglieds einer Unternehmensgruppe eröffneten Insolvenzverfahrens kann, soweit dies eine effektive Verfahrensführung erleichtern kann,

a) in jedem über das Vermögen eines anderen Mitglieds derselben Unternehmensgruppe eröffneten Verfahren gehört werden,
b) eine Aussetzung jeder Maßnahme im Zusammenhang mit der Verwertung der Masse in jedem Verfahren über das Vermögen eines anderen Mitglieds derselben Unternehmensgruppe beantragen, sofern
   i) für alle oder einige Mitglieder der Unternehmensgruppe, über deren Vermögen ein Insolvenzverfahren eröffnet worden ist, ein Sanierungsplan gemäß Artikel 56 Absatz 2 Buchstabe c vorgeschlagen wurde und hinreichende Aussicht auf Erfolg hat;
   ii) die Aussetzung notwendig ist, um die ordnungsgemäße Durchführung des Sanierungsplans sicherzustellen;

iii) der Sanierungsplan den Gläubigern des Verfahrens, für das die Aussetzung beantragt wird, zugutekäme und

iv) weder das Insolvenzverfahren, für das der Verwalter gemäß Absatz 1 bestellt wurde, noch das Verfahren, für das die Aussetzung beantragt wird, einer Koordinierung gemäß Abschnitt 2 dieses Kapitels unterliegt;

c) die Eröffnung eines Gruppen-Koordinationsverfahrens gemäß Artikel 61 beantragen.

(2) Das Gericht, das das Verfahren nach Absatz 1 Buchstabe b eröffnet hat, setzt alle Maßnahmen im Zusammenhang mit der Verwertung der Masse in dem Verfahren ganz oder teilweise aus, wenn es sich überzeugt hat, dass die Voraussetzungen nach Absatz 1 Buchstabe b erfüllt sind.

Vor Anordnung der Aussetzung hört das Gericht den Verwalter des Insolvenzverfahrens, für das die Aussetzung beantragt wird. Die Aussetzung kann für jeden Zeitraum bis zu drei Monaten angeordnet werden, den das Gericht für angemessen hält und der mit den für das Verfahren geltenden Vorschriften vereinbar ist.

Das Gericht, das die Aussetzung anordnet, kann verlangen, dass der Verwalter nach Absatz 1 alle geeigneten Maßnahmen nach nationalem Recht zum Schutz der Interessen der Gläubiger des Verfahrens ergreift.

Das Gericht kann die Dauer der Aussetzung um einen weiteren Zeitraum oder mehrere weitere Zeiträume verlängern, die es für angemessen hält und die mit den für das Verfahren geltenden Vorschriften vereinbar sind, sofern die in Absatz 1 Buchstabe b Ziffern ii bis iv genannten Voraussetzungen weiterhin erfüllt sind und die Gesamtdauer der Aussetzung (die anfängliche Dauer zuzüglich aller Verlängerungen) sechs Monate nicht überschreitet.

Abschnitt 2.[60] Koordinierung

Unterabschnitt 1. Verfahren

Art. 61. Antrag auf Eröffnung eines Gruppen-Koordinationsverfahrens. (1) Ein Gruppen-Koordinationsverfahren kann von einem Verwalter, der in einem Insolvenzverfahren über das Vermögen eines Mitglieds der Gruppe bestellt worden ist, bei jedem Gericht, das für das Insolvenzverfahren eines Mitglieds der Gruppe zuständig ist, beantragt werden.

(2) Der Antrag nach Absatz 1 erfolgt gemäß dem für das Verfahren, in dem der Verwalter bestellt wurde, geltenden Recht.

(3) Dem Antrag nach Absatz 1 ist Folgendes beizufügen:

a) ein Vorschlag bezüglich der Person, die zum Gruppenkoordinator (im Folgenden: „Koordinator") ernannt werden soll, Angaben zu ihrer Eig-

[60] Vgl. Erwägungsgründe (55)–(62).

nung nach Artikel 71, Angaben zu ihren Qualifikationen und ihre schriftliche Zustimmung zur Tätigkeit als Koordinator;

b) eine Darlegung der vorgeschlagenen Gruppen-Koordination, insbesondere der Gründe, weshalb die Voraussetzungen nach Artikel 63 Absatz 1 erfüllt sind;

c) eine Liste der für die Mitglieder der Gruppe bestellten Verwalter und gegebenenfalls die Gerichte und zuständigen Behörden, die in den Insolvenzverfahren über das Vermögen der Mitglieder der Gruppe betroffen sind;

d) eine Darstellung der geschätzten Kosten der vorgeschlagenen Gruppen-Koordination und eine Schätzung des von jedem Mitglied der Gruppe zu tragenden Anteils dieser Kosten.

Art. 62. Prioritätsregel. Unbeschadet des Artikels 66 gilt Folgendes: Wird die Eröffnung eines Gruppen-Koordinationsverfahrens bei Gerichten verschiedener Mitgliedstaaten beantragt, so erklären sich die später angerufenen Gerichte zugunsten des zuerst angerufenen Gerichts für unzuständig.

Art. 63. Mitteilung durch das befasste Gericht. (1) Das mit einem Antrag auf Eröffnung eines Gruppen-Koordinationsverfahrens befasste Gericht unterrichtet so bald als möglich die für die Mitglieder der Gruppe bestellten Verwalter, die im Antrag gemäß Artikel 61 Absatz 3 Buchstabe c angegeben sind, über den Antrag auf Eröffnung eines Gruppen-Koordinationsverfahrens und den vorgeschlagenen Koordinator, wenn es davon überzeugt ist, dass

a) die Eröffnung eines solchen Verfahrens die effektive Führung der Insolvenzverfahren über das Vermögen der verschiedenen Mitglieder der Gruppe erleichtern kann,

b) nicht zu erwarten ist, dass ein Gläubiger eines Mitglieds der Gruppe, das voraussichtlich am Verfahren teilnehmen wird, durch die Einbeziehung dieses Mitglieds in das Verfahren finanziell benachteiligt wird, und

c) der vorgeschlagene Koordinator die Anforderungen gemäß Artikel 71 erfüllt.

(2) In der Mitteilung nach Absatz 1 dieses Artikels sind die in Artikel 61 Absatz 3 Buchstaben a bis d genannten Bestandteile des Antrags aufzulisten.

(3) Die Mitteilung nach Absatz 1 ist eingeschrieben mit Rückschein aufzugeben.

(4) Das befasste Gericht gibt den beteiligten Verwaltern die Gelegenheit, sich zu äußern.

Art. 64. Einwände von Verwaltern. (1) Ein für ein Mitglied einer Gruppe bestellter Verwalter kann Einwände erheben gegen

a) die Einbeziehung des Insolvenzverfahrens, für das er bestellt wurde, in ein Gruppen-Koordinationsverfahren oder

b) die als Koordinator vorgeschlagene Person.

(2) Einwände nach Absatz 1 dieses Artikels sind innerhalb von 30 Tagen nach Eingang der Mitteilung über den Antrag auf Eröffnung eines Gruppen-Koordinationsverfahrens durch den Verwalter gemäß Absatz 1 dieses Artikels bei dem Gericht nach Artikel 63 zu erheben.

Der Einwand kann mittels des nach Artikel 88 eingeführten Standardformulars erhoben werden.

(3) Vor der Entscheidung über eine Teilnahme bzw. Nichtteilnahme an der Koordination gemäß Absatz 1 Buchstabe a hat ein Verwalter die Genehmigungen, die gegebenenfalls nach dem Recht des Staats der Verfahrenseröffnung, für das er bestellt wurde, erforderlich sind, zu erwirken.

Art. 65. Folgen eines Einwands gegen die Einbeziehung in ein Gruppen-Koordinationsverfahren. (1) Hat ein Verwalter gegen die Einbeziehung des Verfahrens, für das er bestellt wurde, in ein Gruppen-Koordinationsverfahren Einwand erhoben, so wird dieses Verfahren nicht in das Gruppen-Koordinationsverfahren einbezogen.

(2) Die Befugnisse des Gerichts gemäß Artikel 68 oder des Koordinators, die sich aus diesem Verfahren ergeben, haben keine Wirkung hinsichtlich des betreffenden Mitglieds und ziehen keine Kosten für dieses Mitglied nach sich.

Art. 66. Wahl des Gerichts für ein Gruppen-Koordinationsverfahren. (1) Sind sich mindestens zwei Drittel aller Verwalter, die für Insolvenzverfahren über das Vermögen der Mitglieder der Gruppe bestellt wurden, darüber einig, dass ein zuständiges Gericht eines anderen Mitgliedstaats am besten für die Eröffnung eines Gruppen-Koordinationsverfahrens geeignet ist, so ist dieses Gericht ausschließlich zuständig.

(2) Die Wahl des Gerichts erfolgt als gemeinsame Vereinbarung in Schriftform oder wird schriftlich festgehalten. Sie kann bis zum Zeitpunkt der Eröffnung des Gruppen-Koordinationsverfahrens gemäß Artikel 68 erfolgen.

(3) Jedes andere als das gemäß Absatz 1 befasste Gericht erklärt sich zugunsten dieses Gerichts für unzuständig.

(4) Der Antrag auf Eröffnung eines Gruppen-Koordinationsverfahrens wird bei dem vereinbarten Gericht gemäß Artikel 61 eingereicht.

Art. 67. Folgen von Einwänden gegen den vorgeschlagenen Koordinator. Werden gegen die als Koordinator vorgeschlagene Person Einwände von einem Verwalter vorgebracht, der nicht gleichzeitig Einwände gegen die Einbeziehung des Mitglieds, für das er bestellt wurde, in das Gruppen-Koordinationsverfahren erhebt, kann das Gericht davon absehen, diese Person zu bestellen und den Einwände erhebenden Verwalter auffordern, einen den Anforderungen nach Artikel 61 Absatz 3 entsprechenden neuen Antrag einzureichen.

Art. 68. Entscheidung zur Eröffnung eines Gruppen-Koordinationsverfahrens. (1) Nach Ablauf der in Artikel 64 Absatz 2 genannten Frist kann das Gericht ein Gruppen-Koordinationsverfahren eröffnen, sofern es davon überzeugt ist, dass die Voraussetzungen nach Artikel 63 Absatz 1 erfüllt sind. In diesem Fall hat das Gericht:

a) einen Koordinator zu bestellen,

b) über den Entwurf der Koordination zu entscheiden und

c) über die Kostenschätzung und den Anteil, der von den Mitgliedern der Gruppe zu tragen ist, zu entscheiden.

(2) Die Entscheidung zur Eröffnung eines Gruppen-Koordinationsverfahrens wird den beteiligten Verwaltern und dem Koordinator mitgeteilt.

Art. 69. Nachträgliches Opt-in durch Verwalter. (1) Im Einklang mit dem dafür geltenden nationalen Recht kann jeder Verwalter im Anschluss an die Entscheidung des Gerichts nach Artikel 68 die Einbeziehung des Verfahrens, für das er bestellt wurde, beantragen, wenn

a) ein Einwand gegen die Einbeziehung des Insolvenzverfahrens in das Gruppen-Koordinationsverfahren erhoben wurde oder

b) ein Insolvenzverfahren über das Vermögen eines Mitglieds der Gruppe eröffnet wurde, nachdem das Gericht ein Gruppen-Koordinationsverfahren eröffnet hat.

(2) Unbeschadet des Absatzes 4 kann der Koordinator einem solchen Antrag nach Anhörung der beteiligten Verwalter entsprechen, wenn

a) er davon überzeugt ist, dass unter Berücksichtigung des Stands, den das Gruppen-Koordinationsverfahren zum Zeitpunkt des Antrags erreicht hat, die Voraussetzungen gemäß Artikel 63 Absatz 1 Buchstaben a und b erfüllt sind, oder

b) alle beteiligten Verwalter gemäß den Bestimmungen ihres nationalen Rechts zustimmen.

(3) Der Koordinator unterrichtet das Gericht und die am Verfahren teilnehmenden Verwalter über seine Entscheidung gemäß Absatz 2 und über die Gründe, auf denen sie beruht.

(4) Jeder beteiligte Verwalter und jeder Verwalter, dessen Antrag auf Einbeziehung in das Gruppen-Koordinationsverfahren abgelehnt wurde, kann die in Absatz 2 genannte Entscheidung gemäß dem Verfahren anfechten, das nach dem Recht des Mitgliedstaats, in dem das Gruppen-Koordinationsverfahren eröffnet wurde, bestimmt ist.

Art. 70. Empfehlungen und Gruppen-Koordinationsplan. (1) Bei der Durchführung ihrer Insolvenzverfahren berücksichtigen die Verwalter die Empfehlungen des Koordinators und den Inhalt des in Artikel 72 Absatz 1 genannten Gruppen-Koordinationsplans.

(2) Ein Verwalter ist nicht verpflichtet, den Empfehlungen des Koordinators oder dem Gruppen-Koordinationsplan ganz oder teilweise Folge zu leisten.

Folgt er den Empfehlungen des Koordinators oder dem Gruppen-Koordinationsplan nicht, so informiert er die Personen oder Stellen, denen er nach seinem nationalen Recht Bericht erstatten muss, und den Koordinator über die Gründe dafür.

Unterabschnitt 2. Allgemeine Vorschriften

Art. 71. Der Koordinator. (1) Der Koordinator muss eine Person sein, die nach dem Recht eines Mitgliedstaats geeignet ist, als Verwalter tätig zu werden.

(2) Der Koordinator darf keiner der Verwalter sein, die für ein Mitglied der Gruppe bestellt sind, und es darf kein Interessenkonflikt hinsichtlich der Mitglieder der Gruppe, ihrer Gläubiger und der für die Mitglieder der Gruppe bestellten Verwalter vorliegen.

Art. 72. Aufgaben und Rechte des Koordinators. (1) Der Koordinator

a) legt Empfehlungen für die koordinierte Durchführung der Insolvenzverfahren fest und stellt diese dar,

b) schlägt einen Gruppen-Koordinationsplan vor, der einen umfassenden Katalog geeigneter Maßnahmen für einen integrierten Ansatz zur Bewältigung der Insolvenz der Gruppenmitglieder festlegt, beschreibt und empfiehlt. Der Plan kann insbesondere Vorschläge enthalten zu

   i) den Maßnahmen, die zur Wiederherstellung der wirtschaftlichen Leistungsfähigkeit und der Solvenz der Gruppe oder einzelner Mitglieder zu ergreifen sind,

   ii) der Beilegung gruppeninterner Streitigkeiten in Bezug auf gruppeninterne Transaktionen und Anfechtungsklagen,

   iii) Vereinbarungen zwischen den Verwaltern der insolventen Gruppenmitglieder.

(2) Der Koordinator hat zudem das Recht

a) in jedem Insolvenzverfahren über das Vermögen eines Mitglieds der Unternehmensgruppe gehört zu werden und daran mitzuwirken, insbesondere durch Teilnahme an der Gläubigerversammlung,

b) bei allen Streitigkeiten zwischen zwei oder mehr Verwaltern von Gruppenmitgliedern zu vermitteln,

c) seinen Gruppen-Koordinationsplan den Personen oder Stellen vorzulegen und zu erläutern, denen er aufgrund der nationalen Rechtsvorschriften seines Landes Bericht erstatten muss,

d) von jedem Verwalter Informationen in Bezug auf jedes Gruppenmitglied anzufordern, wenn diese Informationen bei der Festlegung und Darstellung von Strategien und Maßnahmen zur Koordinierung der Verfahren von Nutzen sind oder sein könnten, und

e) eine Aussetzung von Verfahren über das Vermögen jedes Mitglieds der Gruppe für bis zu sechs Monate zu beantragen, sofern die Aussetzung notwendig ist, um die ordnungsgemäße Durchführung des Plans sicherzustellen, und den Gläubigern des Verfahrens, für das die Aussetzung beantragt wird, zugutekäme, oder die Aufhebung jeder bestehenden Aussetzung zu beantragen. Ein derartiger Antrag ist bei dem Gericht zu stellen, das das Verfahren eröffnet hat, für das die Aussetzung beantragt wird.

(3) Der in Absatz 1 Buchstabe b genannte Plan darf keine Empfehlungen zur Konsolidierung von Verfahren oder Insolvenzmassen umfassen.

(4) Die in diesem Artikel festgelegten Aufgaben und Rechte des Koordinators erstrecken sich nicht auf Mitglieder der Gruppe, die nicht am Gruppen-Koordinationsverfahren beteiligt sind.

(5) Der Koordinator übt seine Pflichten unparteiisch und mit der gebotenen Sorgfalt aus.

(6) Wenn nach Ansicht des Koordinators die Wahrnehmung seiner Aufgaben zu einer – im Vergleich zu der in Artikel 61 Absatz 3 Buchstabe d genannten Kostenschätzung – erheblichen Kostensteigerung führen wird, und auf jeden Fall, wenn die Kosten die geschätzten Kosten um 10% übersteigen, hat der Koordinator

a) unverzüglich die beteiligten Verwalter zu informieren und

b) die vorherige Zustimmung des Gerichts einzuholen, das das Gruppen-Koordinationsverfahren eröffnet hat.

Art. 73. Sprachen. (1) Der Koordinator kommuniziert mit dem Verwalter eines beteiligten Gruppenmitglieds in der mit dem Verwalter vereinbarten Sprache oder bei Fehlen einer entsprechenden Vereinbarung in der Amtssprache oder in einer der Amtssprachen der Organe der Union und des Gerichts, das das Verfahren für dieses Gruppenmitglied eröffnet hat.

(2) Der Koordinator kommuniziert mit einem Gericht in der Amtssprache, die dieses Gericht verwendet.

Art. 74. Zusammenarbeit zwischen den Verwaltern und dem Koordinator. (1) Die für die Mitglieder der Gruppe bestellten Verwalter und der Koordinator arbeiten soweit zusammen, wie diese Zusammenarbeit mit den für das betreffende Verfahren geltenden Vorschriften vereinbar ist.

(2) Insbesondere übermitteln die Verwalter jede Information, die für den Koordinator zur Wahrnehmung seiner Aufgaben von Belang ist.

Art. 75. Abberufung des Koordinators. Das Gericht ruft den Koordinator von Amts wegen oder auf Antrag des Verwalters eines beteiligten Gruppenmitglieds ab, wenn der Koordinator

a) zum Schaden der Gläubiger eines beteiligten Gruppenmitglieds handelt oder

b) nicht seinen Verpflichtungen nach diesem Kapitel nachkommt.

Art. 76. Schuldner in Eigenverwaltung. Die gemäß diesem Kapitel für den Verwalter geltenden Bestimmungen gelten soweit einschlägig entsprechend für den Schuldner in Eigenverwaltung.

Art. 77. Kosten und Kostenaufteilung. (1) Die Vergütung des Koordinators muss angemessen und verhältnismäßig zu den wahrgenommenen Aufgaben sein sowie angemessene Aufwendungen berücksichtigen.

(2) Nach Erfüllung seiner Aufgaben legt der Koordinator die Endabrechnung der Kosten mit dem von jedem Mitglied zu tragenden Anteil vor und übermittelt diese Abrechnung jedem beteiligten Verwalter und dem Gericht, das das Koordinationsverfahren eröffnet hat.

(3) Legt keiner der Verwalter innerhalb von 30 Tagen nach Eingang der in Absatz 2 genannten Abrechnung Widerspruch ein, gelten die Kosten und der von jedem Mitglied zu tragende Anteil als gebilligt. Die Abrechnung wird dem Gericht, das das Koordinationsverfahren eröffnet hat, zur Bestätigung vorgelegt.

(4) Im Falle eines Widerspruchs entscheidet das Gericht, das das Gruppen-Koordinationsverfahren eröffnet hat, auf Antrag des Koordinators oder eines beteiligten Verwalters über die Kosten und den von jedem Mitglied zu tragenden Anteil im Einklang mit den Kriterien gemäß Absatz 1 dieses Artikels und unter Berücksichtigung der Kostenschätzung gemäß Artikel 68 Absatz 1 und gegebenenfalls Artikel 72 Absatz 6.

(5) Jeder beteiligte Verwalter kann die in Absatz 4 genannte Entscheidung gemäß dem Verfahren anfechten, das nach dem Recht des Mitgliedstaats, in dem das Gruppen-Koordinationsverfahren eröffnet wurde, vorgesehen ist.

Kapitel V. Datenschutz

Art. 78. Datenschutz. (1) Sofern keine Verarbeitungsvorgänge im Sinne des Artikels 3 Absatz 2 der Richtlinie 95/46/EG[61] betroffen sind, finden die nationalen Vorschriften zur Umsetzung der Richtlinie 95/46/EG auf die nach Maßgabe dieser Verordnung in den Mitgliedstaaten durchgeführte Verarbeitung personenbezogener Daten Anwendung.

---

[61] Vgl. Anm. 15.

(2) Die Verordnung (EG) Nr. 45/2001[62] gilt für die Verarbeitung personenbezogener Daten, die von der Kommission nach Maßgabe der vorliegenden Verordnung durchgeführt wird.

Art. 79. Aufgaben der Mitgliedstaaten hinsichtlich der Verarbeitung personenbezogener Daten in nationalen Insolvenzregistern.

(1) Jeder Mitgliedstaat teilt der Kommission im Hinblick auf seine Bekanntmachung im Europäischen Justizportal den Namen der natürlichen oder juristischen Person, Behörde, Einrichtung oder jeder anderen Stelle mit, die nach den nationalen Rechtsvorschriften für die Ausübung der Aufgaben eines für die Verarbeitung Verantwortlichen gemäß Artikel 2 Buchstabe d der Richtlinie 95/46/EG benannt worden ist.

(2) Die Mitgliedstaaten stellen sicher, dass die technischen Maßnahmen zur Gewährleistung der Sicherheit der in ihren nationalen Insolvenzregistern nach Artikel 24 verarbeiteten personenbezogenen Daten durchgeführt werden.

(3) Es obliegt den Mitgliedstaaten, zu überprüfen, dass der gemäß Artikel 2 Buchstabe d der Richtlinie 95/46/EG benannte für die Verarbeitung Verantwortliche die Einhaltung der Grundsätze in Bezug auf die Qualität der Daten, insbesondere die Richtigkeit und die Aktualisierung der in nationalen Insolvenzregistern gespeicherten Daten sicherstellt.

(4) Es obliegt den Mitgliedstaaten gemäß der Richtlinie 95/46/EG, Daten zu erheben und in nationalen Datenbanken zu speichern und zu entscheiden, diese Daten im vernetzten Register, das über das Europäische Justizportal eingesehen werden kann, zugänglich zu machen.

(5) Als Teil der Information, die betroffene Personen erhalten, um ihre Rechte und insbesondere das Recht auf Löschung von Daten wahrnehmen zu können, teilen die Mitgliedstaaten betroffenen Personen mit, für welchen Zeitraum ihre in Insolvenzregistern gespeicherten personenbezogenen Daten zugänglich sind.

Art. 80. Aufgaben der Kommission im Zusammenhang mit der Verarbeitung personenbezogener Daten. (1) Die Kommission nimmt die Aufgaben des für die Verarbeitung Verantwortlichen gemäß Artikel 2 Buchstabe d der Verordnung (EG) Nr. 45/2001 im Einklang mit den diesbezüglich in diesem Artikel festgelegten Aufgaben wahr.

(2) Die Kommission legt die notwendigen Grundsätze fest und wendet die notwendigen technischen Lösungen an, um ihre Aufgaben im Aufgabenbereich des für die Verarbeitung Verantwortlichen zu erfüllen.

(3) Die Kommission setzt die technischen Maßnahmen um, die erforderlich sind, um die Sicherheit der personenbezogenen Daten bei der Übermittlung, insbesondere die Vertraulichkeit und Unversehrtheit bei der Übermittlung zum und vom Europäischen Justizportal, zu gewährleisten.

---

[62] Vgl. Anm. 16.

(4) Die Aufgaben der Mitgliedstaaten und anderer Stellen in Bezug auf den Inhalt und den Betrieb der von ihnen geführten, vernetzten nationalen Datenbanken bleiben von den Verpflichtungen der Kommission unberührt.

Art. 81. Informationspflichten. Unbeschadet der anderen den betroffenen Personen nach Artikel 11 und 12 der Verordnung (EG) Nr. 45/2001 zu erteilenden Informationen informiert die Kommission die betroffenen Personen durch Bekanntmachung im Europäischen Justizportal über ihre Rolle bei der Datenverarbeitung und die Zwecke dieser Datenverarbeitung.

Art. 82. Speicherung personenbezogener Daten. Für Informationen aus vernetzten nationalen Datenbanken gilt, dass keine personenbezogenen Daten von betroffenen Personen im Europäischen Justizportal gespeichert werden. Sämtliche derartige Daten werden in den von den Mitgliedstaaten oder anderen Stellen betriebenen nationalen Datenbanken gespeichert.

Art. 83. Zugang zu personenbezogenen Daten über das Europäische Justizportal. Die in den nationalen Insolvenzregistern nach Artikel 24 gespeicherten personenbezogenen Daten sind solange über das Europäische Justizportal zugänglich, wie sie nach nationalem Recht zugänglich bleiben.

Kapitel VI. Übergangs- und Schlussbestimmungen

Art. 84. Zeitlicher Anwendungsbereich. (1) Diese Verordnung ist nur auf solche Insolvenzverfahren anzuwenden, die ab[63] dem 26. Juni 2017 eröffnet worden sind. Für Rechtshandlungen des Schuldners vor diesem Datum gilt weiterhin das Recht, das für diese Rechtshandlungen anwendbar war, als sie vorgenommen wurden.

(2) Unbeschadet des Artikels 91 der vorliegenden Verordnung gilt die Verordnung (EG) Nr. 1346/2000 weiterhin für Verfahren, die in den Geltungsbereich jener Verordnung fallen und vor dem 26. Juni 2017 eröffnet wurden.

Art. 85. Verhältnis zu Übereinkünften. (1) Diese Verordnung ersetzt in ihrem sachlichen Anwendungsbereich hinsichtlich der Beziehungen der Mitgliedstaaten untereinander die zwischen zwei oder mehreren Mitgliedstaaten geschlossenen Übereinkünfte, insbesondere

(Auszug)

a)–c) ....

---

[63] Berichtigt gem. ABl. L 349 v. 21.12.2016, S. 6.

d) den am 25. Mai 1979 in Wien unterzeichneten deutsch-österreichischen Vertrag auf dem Gebiet des Konkurs- und Vergleichs-(Ausgleichs-)rechts;[64]

e)–g) ....

h) den am 30. August 1962 in Den Haag unterzeichneten deutsch-niederländischen Vertrag über die gegenseitige Anerkennung und Vollstreckung gerichtlicher Entscheidungen und anderer Schuldtitel in Zivil- und Handelssachen;[65]

i)–j) ....

k) das am 5. Juni 1990 in Istanbul unterzeichnete Europäische Übereinkommen über bestimmte internationale Aspekte des Konkurses;[66]

l)–ad) ....

......

(2) Die in Absatz 1 aufgeführten Übereinkünfte behalten ihre Wirksamkeit hinsichtlich der Verfahren, die vor Inkrafttreten der Verordnung (EG) Nr. 1346/2000 eröffnet worden sind.

(3) Diese Verordnung gilt nicht

a) in einem Mitgliedstaat, soweit es in Konkurssachen mit den Verpflichtungen aus einer Übereinkunft unvereinbar ist, die dieser Mitgliedstaat mit einem oder mehreren Drittstaaten vor Inkrafttreten der Verordnung (EG) Nr. 1346/2000 geschlossen hat;

b) im Vereinigten Königreich Großbritannien und Nordirland, soweit es in Konkurssachen mit den Verpflichtungen aus Vereinbarungen, die im Rahmen des Commonwealth geschlossen wurden und die zum Zeitpunkt des Inkrafttretens der Verordnung (EG) Nr. 1346/2000 wirksam sind, unvereinbar ist.

Art. 86. Informationen zum Insolvenzrecht der Mitgliedstaaten und der Union. (1) Die Mitgliedstaaten übermitteln im Rahmen des durch die Entscheidung 2001/470/EG des Rates[67] geschaffenen Europäischen Justiziellen Netzes für Zivil- und Handelssachen eine kurze Beschreibung ihres nationalen Rechts und ihrer Verfahren zum Insolvenzrecht, insbesondere zu den in Artikel 7 Absatz 2 aufgeführten Aspekten, damit die betreffenden Informationen der Öffentlichkeit zur Verfügung gestellt werden können.

(2) Die in Absatz 1 genannten Informationen werden von den Mitgliedstaaten regelmäßig aktualisiert.

---

[64] Vgl. Anm. 2 vor Nr. *261.*

[65] Vgl. Anm. 1 vor Nr. *190.*

[66] Vgl. Anm. 1 vor Nr. *260.*

[67] Entscheidung 2001/470/EG über die Einrichtung eines Europäischen Justiziellen Netzes für Zivil- und Handelssachen v. 28.5.2001 (ABl. L 174 v. 27.6.2001, S. 25).

(3) Die Kommission macht Informationen bezüglich dieser Verordnung öffentlich verfügbar.

Art. 87. Einrichtung der Vernetzung der Register. Die Kommission erlässt Durchführungsrechtsakte zur Einrichtung der Vernetzung der Insolvenzregister gemäß Artikel 25. Diese Durchführungsrechtsakte werden gemäß dem in Artikel 89 Absatz 3 genannten Prüfverfahren erlassen.

Art. 88. Erstellung und spätere Änderung von Standardformularen. Die Kommission erlässt Durchführungsrechtsakte zur Erstellung und soweit erforderlich Änderung der in Artikel 27 Absatz 4, Artikel 54, Artikel 55 und Artikel 64 Absatz 2 genannten Formulare. Diese Durchführungsrechtsakte werden gemäß dem in Artikel 89 Absatz 2 genannten Beratungsverfahren erlassen.

Art. 89. Ausschussverfahren. (1) Die Kommission wird von einem Ausschuss unterstützt. Dieser Ausschuss ist ein Ausschuss im Sinne der Verordnung (EU) Nr. 182/2011.

(2) Wird auf diesen Absatz Bezug genommen, so gilt Artikel 4 der Verordnung (EU) Nr. 182/2011.

(3) Wird auf diesen Absatz Bezug genommen, so gilt Artikel 5 der Verordnung (EU) Nr. 182/2011.

Art. 90. Überprüfungsklausel. (1) Die Kommission legt dem Europäischen Parlament, dem Rat und dem Europäischen Wirtschafts- und Sozialausschuss spätestens bis zum 27. Juni 2027 und danach alle fünf Jahre einen Bericht über die Anwendung dieser Verordnung vor. Der Bericht enthält gegebenenfalls einen Vorschlag zur Anpassung dieser Verordnung.

(2) Die Kommission legt dem Europäischen Parlament, dem Rat und dem Europäischen Wirtschafts- und Sozialausschuss spätestens bis zum 27. Juni 2022 einen Bericht über die Anwendung des Gruppen-Koordinationsverfahrens vor. Der Bericht enthält gegebenenfalls einen Vorschlag zur Anpassung dieser Verordnung.

(3) Die Kommission übermittelt dem Europäischen Parlament, dem Rat und dem Europäischen Wirtschafts- und Sozialausschuss spätestens bis zum 1. Januar 2016 eine Studie zu den grenzüberschreitenden Aspekten der Haftung von Geschäftsleitern und ihres Ausschlusses von einer Tätigkeit.

(4) Die Kommission übermittelt dem Europäischen Parlament, dem Rat und dem Europäischen Wirtschafts- und Sozialausschuss spätestens bis zum 27. Juni 2020 eine Studie zur Frage der Wahl des Gerichtsstands in missbräuchlicher Absicht.

Art. 91. Aufhebung. Die Verordnung (EG) Nr. 1346/2000 wird aufgehoben.

Verweisungen auf die aufgehobene Verordnung gelten als Verweisungen auf die vorliegende Verordnung und sind nach der Entsprechungstabelle in Anhang D dieser Verordnung zu lesen.

Art. 92. Inkrafttreten. Diese Verordnung tritt am zwanzigsten Tag nach ihrer Veröffentlichung im Amtsblatt der Europäischen Union in Kraft.

Sie gilt ab dem 26. Juni 2017 mit Ausnahme von

a) Artikel 86, der ab dem 26. Juni 2016 gilt,

b) Artikel 24 Absatz 1, der ab dem 26. Juni 2018 gilt und

c) Artikel 25, der ab dem 26. Juni 2019 gilt.

Diese Verordnung ist in allen ihren Teilen verbindlich und gilt gemäß den Verträgen unmittelbar in den Mitgliedstaaten.

Anhang A[68]
Insolvenzverfahren nach Artikel 2 Nummer 4

(Auszug)

DEUTSCHLAND
- Das Konkursverfahren,
- das gerichtliche Vergleichsverfahren,
- das Gesamtvollstreckungsverfahren,
- das Insolvenzverfahren,

ÖSTERREICH
- Das Konkursverfahren (Insolvenzverfahren),
- das Sanierungsverfahren ohne Eigenverwaltung (Insolvenzverfahren),
- das Sanierungsverfahren mit Eigenverwaltung (Insol*venzverfahren*),
- das Schuldenregulierungsverfahren,
- das Abschöpfungsverfahren,
- das Ausgleichsverfahren,

Anhang B[69]
Verwalter nach Artikel 2 Nummer 5

(Auszug)

DEUTSCHLAND
- Konkursverwalter,
- Vergleichsverwalter,
- Sachwalter (nach der Vergleichsordnung),
- Verwalter,
- Insolvenzverwalter,

---

[68] Die Anhänge A und B gelten idF der Verordnung (EU) 2017/353 des Rates und des Europäischen Parlaments v. 15.2.2017 (ABl. L 57, S. 19).

[69] Vgl. die vorige Anm.

– Sachwalter (nach der Insolvenzordnung),
– Treuhänder,
– Vorläufiger Insolvenzverwalter,
– Vorläufiger Sachwalter,

ÖSTERREICH
– Masseverwalter,
– Sanierungsverwalter,
– Ausgleichsverwalter,
– Besonderer Verwalter,
– Einstweiliger Verwalter,
– Sachwalter,
– Treuhänder,
– Insolvenzgericht,
– Konkursgericht,

Anhang C
Aufgehobene Verordnung mit Liste ihrer nachfolgenden Änderungen

(nicht abgedruckt)

Anhang D
Entsprechungstabelle

(nicht abgedruckt)

260a. Einführungsgesetz zur Insolvenzordnung

Vom 5. Oktober 1994 (BGBl. I, S. 2911)

Dritter Teil Internationales Insolvenzrecht. Übergangs- und Schlussvorschriften

Art. 102.[1] **Durchführung der Verordnung (EG) Nr. 1346/2000 über Insolvenzverfahren.** *(nicht abgedruckt)*

Art. 102a. [2] **Insolvenzverwalter aus anderen Mitgliedstaaten der Europäischen Union.** Angehörige eines anderen Mitgliedstaates der Europäischen Union oder Vertragsstaates des Abkommens über den Europäischen Wirtschaftsraum und Personen, die in einem dieser Staaten ihre be-

[1] Art. 102 dient der Durchführung der EuInsVO 2000, die nur für vor dem 25.6.2017 eröffnete Insolvenzverfahren gilt. Auf einen Abdruck der Vorschrift wird daher verzichtet; vgl. dazu die 18 Auflage unter Nr. *260b.*

[2] Art. 102a eingefügt durch Gesetz v. 22.12.2010 (BGBl. I, S. 2248) mit Wirkung v. 28.12.2010.

rufliche Niederlassung haben, können das Verfahren zur Aufnahme in eine von dem Insolvenzgericht geführte Vorauswahlliste für Insolvenzverwalter über eine einheitliche Stelle nach den Vorschriften des Verwaltungsverfahrensgesetzes abwickeln. Über Anträge auf Aufnahme in eine Vorauswahlliste ist in diesen Fällen innerhalb einer Frist von drei Monaten zu entscheiden. § 42a Absatz 2 Satz 2 bis 4 des Verwaltungsverfahrensgesetzes gilt entsprechend.

Art. 102b. *(nicht abgedruckt)*

Art. 102c.[3, 4] **Durchführung der Verordnung (EU) 2015/848 über Insolvenzverfahren**

Teil 1. Allgemeine Bestimmungen

§ 1. Örtliche Zuständigkeit; Verordnungsermächtigung. (1) Kommt in einem Insolvenzverfahren den deutschen Gerichten nach Artikel 3 Absatz 1 der Verordnung (EU) 2015/848 des Europäischen Parlaments und des Rates vom 20. Mai 2015 über Insolvenzverfahren (ABl. L 141 vom 5.6.2015, S. 19; L 349 vom 21.12.2016, S. 6), die zuletzt durch die Verordnung (EU) 2017/353 (ABl. L 57 vom 3.3.2017, S. 19) geändert worden ist, die internationale Zuständigkeit zu, ohne dass nach § 3 der Insolvenzordnung ein Gerichtsstand begründet wäre, so ist das Insolvenzgericht ausschließlich örtlich zuständig, in dessen Bezirk der Schuldner den Mittelpunkt seiner hauptsächlichen Interessen hat.

(2) Besteht eine Zuständigkeit der deutschen Gerichte nach Artikel 3 Absatz 2 der Verordnung (EU) 2015/848, so ist das Insolvenzgericht ausschließlich örtlich zuständig, in dessen Bezirk die Niederlassung des Schuldners liegt. § 3 Absatz 2 der Insolvenzordnung gilt entsprechend.

(3) Unbeschadet der Zuständigkeiten nach diesem Artikel ist für Entscheidungen oder sonstige Maßnahmen nach der Verordnung (EU) 2015/848 jedes Insolvenzgericht örtlich zuständig, in dessen Bezirk sich Vermögen des Schuldners befindet. Zur sachdienlichen Förderung oder schnelleren Erledigung von Verfahren nach der Verordnung (EU) 2015/848 werden die Landesregierungen ermächtigt, diese Verfahren durch Rechtsverordnung für die Bezirke mehrerer Insolvenzgerichte einem von diesen zuzuweisen. Die Landesregierungen können die Ermächtigung auf die Landesjustizverwaltungen übertragen.

---

[3] Art. 102c (§§ 1–21, 23–26) eingefügt durch Gesetz v. 5.6.2017 (BGBl. I, S. 1476) mit Wirkung v. 26.6.2017.

[4] Dieses Gesetz dient auch der Umsetzung der Richtlinie 2001/17/EG des Europäischen Parlaments und des Rates v. 19.3.2001 über die Sanierung und Liquidation von Versicherungsunternehmen (ABl. L 110, S. 28) und der Richtlinie 2001/24/EG des Europäischen Parlaments und des Rates v. 4.4.2001 über die Sanierung und Liquidation von Kreditinstituten (ABl. L 125. S. 15).

§ 2. Vermeidung von Kompetenzkonflikten. (1) Hat das Gericht eines anderen Mitgliedstaats der Europäischen Union ein Hauptinsolvenzverfahren eröffnet, so ist, solange dieses Insolvenzverfahren anhängig ist, ein bei einem deutschen Insolvenzgericht gestellter Antrag auf Eröffnung eines solchen Verfahrens über das zur Insolvenzmasse gehörende Vermögen unzulässig. Ein entgegen Satz 1 eröffnetes Verfahren ist nach Maßgabe der Artikel 34 bis 52 der Verordnung (EU) 2015/848 als Sekundärinsolvenzverfahren fortzuführen, wenn eine Zuständigkeit der deutschen Gerichte nach Artikel 3 Absatz 2 der Verordnung (EU) 2015/848 besteht; liegen die Voraussetzungen für eine Fortführung nicht vor, ist es einzustellen.

(2) Hat das Gericht eines Mitgliedstaats der Europäischen Union die Eröffnung des Insolvenzverfahrens abgelehnt, weil nach Artikel 3 Absatz 1 der Verordnung (EU) 2015/848 die deutschen Gerichte zuständig seien, so darf ein deutsches Insolvenzgericht die Eröffnung des Insolvenzverfahrens nicht mit der Begründung ablehnen, dass die Gerichte des anderen Mitgliedstaats zuständig seien.

§ 3. Einstellung des Insolvenzverfahrens zugunsten eines anderen Mitgliedstaats. (1) Vor der Einstellung eines bereits eröffneten Insolvenzverfahrens nach § 2 Absatz 1 Satz 2 soll das Insolvenzgericht den Insolvenzverwalter, den Gläubigerausschuss, wenn ein solcher bestellt ist, und den Schuldner hören. Wird das Insolvenzverfahren eingestellt, so ist jeder Insolvenzgläubiger beschwerdebefugt.

(2) Wirkungen des Insolvenzverfahrens, die vor dessen Einstellung bereits eingetreten und nicht auf die Dauer dieses Verfahrens beschränkt sind, bleiben auch dann bestehen, wenn sie Wirkungen eines in einem anderen Mitgliedstaat der Europäischen Union eröffneten Insolvenzverfahrens widersprechen, die sich nach der Verordnung (EU) 2015/848 auf die Bundesrepublik Deutschland erstrecken. Dies gilt auch für Rechtshandlungen, die während des eingestellten Verfahrens vom Insolvenzverwalter oder ihm gegenüber in Ausübung seines Amtes vorgenommen worden sind.

(3) Vor der Einstellung nach § 2 Absatz 1 Satz 2 hat das Insolvenzgericht das Gericht des anderen Mitgliedstaats der Europäischen Union, bei dem das Verfahren anhängig ist, und den Insolvenzverwalter, der in dem anderen Mitgliedstaat bestellt wurde, über die bevorstehende Einstellung zu unterrichten. Dabei soll angegeben werden, wie die Eröffnung des einzustellenden Verfahrens bekannt gemacht wurde, in welchen öffentlichen Büchern und Registern die Eröffnung eingetragen wurde und wer Insolvenzverwalter ist. In dem Einstellungsbeschluss ist das Gericht des anderen Mitgliedstaats zu bezeichnen, zu dessen Gunsten das Verfahren eingestellt wird. Diesem Gericht ist eine Ausfertigung des Einstellungsbeschlusses zu übersenden. § 215 Absatz 2 der Insolvenzordnung ist nicht anzuwenden.

§ 4.[5] Rechtsmittel nach Artikel 5 der Verordnung (EU) 2015/848. Unbeschadet des § 21 Absatz 1 Satz 2 und des § 34 der Insolvenzordnung steht dem Schuldner und jedem Gläubiger gegen die Entscheidung über die Eröffnung des Hauptinsolvenzverfahrens nach Artikel 3 Absatz 1 der Verordnung (EU) 2015/848 die sofortige Beschwerde zu, wenn nach Artikel 5 Absatz 1 der Verordnung (EU) 2015/848 das Fehlen der internationalen Zuständigkeit für die Eröffnung eines Hauptinsolvenzverfahrens gerügt werden soll. Die §§ 574 bis 577 der Zivilprozessordnung gelten entsprechend, wobei die Entscheidung über die Beschwerde gemäß § 6 Absatz 3 der Insolvenzordnung erst mit Rechtskraft wirksam wird.

§ 5. Zusätzliche Angaben im Eröffnungsantrag des Schuldners. Bestehen Anhaltspunkte dafür, dass auch die internationale Zuständigkeit eines anderen Mitgliedstaats der Europäischen Union für die Eröffnung eines Hauptinsolvenzverfahrens nach Artikel 3 Absatz 1 der Verordnung (EU) 2015/848 begründet sein könnte, so soll der Eröffnungsantrag des Schuldners auch folgende Angaben enthalten:

1. seit wann der Sitz, die Hauptniederlassung oder der gewöhnliche Aufenthalt an dem im Antrag genannten Ort besteht,
2. Tatsachen, aus denen sich ergibt, dass der Schuldner gewöhnlich der Verwaltung seiner Interessen in der Bundesrepublik Deutschland nachgeht,
3. in welchen anderen Mitgliedstaaten sich Gläubiger oder wesentliche Teile des Vermögens befinden oder wesentliche Teile der Tätigkeit ausgeübt werden und
4. ob bereits in einem anderen Mitgliedstaat ein Eröffnungsantrag gestellt oder ein Hauptinsolvenzverfahren eröffnet wurde.

Satz 1 findet keine Anwendung auf die im Verbraucherinsolvenzverfahren nach § 305 Absatz 1 der Insolvenzordnung zu stellenden Anträge.

§ 6. Örtliche Zuständigkeit für Annexklagen. (1) Kommt den deutschen Gerichten infolge der Eröffnung eines Insolvenzverfahrens die Zuständigkeit für Klagen nach Artikel 6 Absatz 1 der Verordnung (EU) 2015/848 zu, ohne dass sich aus anderen Vorschriften eine örtliche Zuständigkeit ergibt, so wird der Gerichtsstand durch den Sitz des Insolvenzgerichts bestimmt.

(2) Für Klagen nach Artikel 6 Absatz 1 der Verordnung (EU) 2015/848, die nach Artikel 6 Absatz 2 der Verordnung in Zusammenhang mit einer anderen zivil- oder handelsrechtlichen Klage gegen denselben Beklagten stehen, ist auch das Gericht örtlich zuständig, das für die andere zivil- oder handelsrechtliche Klage zuständig ist.

---

[5] § 4 Satz 2 neu gefasst durch Gesetz v. 22.12.2020 (BGBl. I, S. 3256) mit Wirkung v. 1.1.2021.

§ 7. Öffentliche Bekanntmachung. (1) Der Antrag auf öffentliche Bekanntmachung nach Artikel 28 Absatz 1 der Verordnung (EU) 2015/848 ist an das nach § 1 Absatz 2 zuständige Gericht zu richten.

(2) Der Antrag auf öffentliche Bekanntmachung nach Artikel 28 Absatz 2 der Verordnung (EU) 2015/848 ist an das Insolvenzgericht zu richten, in dessen Bezirk sich der wesentliche Teil des Vermögens des Schuldners befindet. Hat der Schuldner in der Bundesrepublik Deutschland kein Vermögen, so kann der Antrag bei jedem Insolvenzgericht gestellt werden.

(3) Das Gericht kann eine Übersetzung des Antrags verlangen, die von einer hierzu in einem der Mitgliedstaaten der Europäischen Union befugten Person zu beglaubigen ist. § 9 Absatz 1 und 2 und § 30 Absatz 1 der Insolvenzordnung gelten entsprechend. Ist die Eröffnung des Insolvenzverfahrens bekannt gemacht worden, so ist dessen Beendigung in gleicher Weise von Amts wegen bekannt zu machen.

(4) Geht der Antrag nach Absatz 1 bei einem unzuständigen Gericht ein, so leitet dieses den Antrag unverzüglich an das zuständige Gericht weiter und unterrichtet den Antragsteller hierüber.

§ 8. Eintragung in öffentliche Bücher und Register. (1) Der Antrag auf Eintragung nach Artikel 29 Absatz 1 der Verordnung (EU) 2015/848 ist an das nach § 1 Absatz 2 zuständige Gericht zu richten. Er soll mit dem Antrag nach Artikel 28 Absatz 1 der Verordnung (EU) 2015/848 verbunden werden. Das Gericht ersucht die registerführende Stelle um Eintragung. § 32 Absatz 2 Satz 2 der Insolvenzordnung findet keine Anwendung.

(2) Der Antrag auf Eintragung nach Artikel 29 Absatz 2 der Verordnung (EU) 2015/848 ist an das nach § 7 Absatz 2 zuständige Gericht zu richten. Er soll mit dem Antrag nach Artikel 28 Absatz 2 der Verordnung (EU) 2015/848 verbunden werden.

(3) Die Form und der Inhalt der Eintragung richten sich nach deutschem Recht. Kennt das Recht des Mitgliedstaats der Europäischen Union, in dem das Insolvenzverfahren eröffnet worden ist, Eintragungen, die dem deutschen Recht unbekannt sind, so hat das Insolvenzgericht eine Eintragung zu wählen, die der des Mitgliedstaats der Verfahrenseröffnung am nächsten kommt.

(4) § 7 Absatz 4 gilt entsprechend.

§ 9.[6] Rechtsmittel gegen eine Entscheidung nach § 7 oder § 8. Gegen die Entscheidung des Insolvenzgerichts nach § 7 oder § 8 findet die sofortige Beschwerde statt. Die §§ 574 bis 577 der Zivilprozessordnung gelten entsprechend, wobei die Entscheidung über die Beschwerde gemäß § 6 Absatz 3 der Insolvenzordnung erst mit Rechtskraft wirksam wird.

---

[6] § 9 Satz 2 neu gefasst durch Gesetz v. 22.12.2020 (BGBl. I, S. 3256) mit Wirkung v. 1.1.2021.

§ 10. Vollstreckung aus der Eröffnungsentscheidung. Ist der Verwalter eines Hauptinsolvenzverfahrens nach dem Recht des Mitgliedstaats der Europäischen Union, in dem das Insolvenzverfahren eröffnet worden ist, befugt, auf Grund der Entscheidung über die Verfahrenseröffnung die Herausgabe der Sachen, die sich im Gewahrsam des Schuldners befinden, im Wege der Zwangsvollstreckung durchzusetzen, so gilt für die Vollstreckung in der Bundesrepublik Deutschland Artikel 32 Absatz 1 Unterabsatz 1 der Verordnung (EU) 2015/848. Für die Verwertung von Gegenständen der Insolvenzmasse im Wege der Zwangsvollstreckung gilt Satz 1 entsprechend.

Teil 2. Sekundärinsolvenzverfahren

Abschnitt 1. Hauptinsolvenzverfahren in der Bundesrepublik Deutschland

§ 11. Voraussetzungen für die Abgabe der Zusicherung. (1) Soll in einem in der Bundesrepublik Deutschland anhängigen Insolvenzverfahren eine Zusicherung nach Artikel 36 der Verordnung (EU) 2015/848 abgegeben werden, hat der Insolvenzverwalter zuvor die Zustimmung des Gläubigerausschusses oder des vorläufigen Gläubigerausschusses nach § 21 Absatz 2 Satz 1 Nummer 1a der Insolvenzordnung einzuholen, sofern ein solcher bestellt ist.

(2) Hat das Insolvenzgericht die Eigenverwaltung angeordnet, gilt Absatz 1 entsprechend.

§ 12. Öffentliche Bekanntmachung der Zusicherung. Der Insolvenzverwalter hat die öffentliche Bekanntmachung der Zusicherung sowie den Termin und das Verfahren zu deren Billigung zu veranlassen. Den bekannten lokalen Gläubigern ist die Zusicherung durch den Insolvenzverwalter besonders zuzustellen; § 8 Absatz 3 Satz 2 und 3 der Insolvenzordnung gilt entsprechend.

§ 13. Benachrichtigung über die beabsichtigte Verteilung. Für die Benachrichtigung nach Artikel 36 Absatz 7 Satz 1 der Verordnung (EU) 2015/848 gilt § 12 Satz 2 entsprechend.

§ 14. Haftung des Insolvenzverwalters bei einer Zusicherung. Für die Haftung des Insolvenzverwalters nach Artikel 36 Absatz 10 der Verordnung (EU) 2015/848 in einem in der Bundesrepublik Deutschland anhängigen Insolvenzverfahren gilt § 92 der Insolvenzordnung entsprechend.

Abschnitt 2. Hauptinsolvenzverfahren in einem anderen Mitgliedstaat der Europäischen Union

§ 15. Insolvenzplan. Sieht ein Insolvenzplan in einem in der Bundesrepublik Deutschland eröffneten Sekundärinsolvenzverfahren eine Stundung, einen Erlass oder sonstige Einschränkungen der Rechte der Gläubiger vor, so darf er vom Insolvenzgericht nur bestätigt werden, wenn alle betroffenen Gläubiger dem Insolvenzplan zugestimmt haben. Satz 1 gilt nicht für Planregelungen, mit denen in Absonderungsrechte eingegriffen wird.

§ 16. Aussetzung der Verwertung. Wird auf Antrag des Verwalters des Hauptinsolvenzverfahrens nach Artikel 46 der Verordnung (EU) 2015/848 in einem in der Bundesrepublik Deutschland eröffneten Sekundärinsolvenzverfahren die Verwertung eines Gegenstandes ausgesetzt, an dem ein Absonderungsrecht besteht, so sind dem Gläubiger laufend die geschuldeten Zinsen aus der Insolvenzmasse zu zahlen.

§ 17. Abstimmung über die Zusicherung. (1) Der Verwalter des Hauptinsolvenzverfahrens führt die Abstimmung über die Zusicherung nach Artikel 36 der Verordnung (EU) 2015/848 durch. Die §§ 222, 243, 244 Absatz 1 und 2 sowie die §§ 245 und 246 der Insolvenzordnung gelten entsprechend.

(2) Im Rahmen der Unterrichtung nach Artikel 36 Absatz 5 Satz 4 der Verordnung (EU) 2015/848 informiert der Verwalter des Hauptinsolvenzverfahrens die lokalen Gläubiger, welche Fernkommunikationsmittel bei der Abstimmung zulässig sind und welche Gruppen für die Abstimmung gebildet wurden. Er hat ferner darauf hinzuweisen, dass diese Gläubiger bei der Anmeldung ihrer Forderungen Urkunden beifügen sollen, aus denen sich ergibt, dass sie lokale Gläubiger im Sinne von Artikel 2 Nummer 11 der Verordnung (EU) 2015/848 sind.

§ 18. Stimmrecht bei der Abstimmung über die Zusicherung.

(1) Der Inhaber einer zur Teilnahme an der Abstimmung über die Zusicherung angemeldeten Forderung gilt vorbehaltlich des Satzes 2 auch dann als stimmberechtigt, wenn der Verwalter des Hauptinsolvenzverfahrens oder ein anderer lokaler Gläubiger bestreitet, dass die Forderung besteht oder dass es sich um die Forderung eines lokalen Gläubigers handelt. Hängt das Abstimmungsergebnis von Stimmen ab, die auf bestrittene Forderungen entfallen, kann der Verwalter oder der bestreitende lokale Gläubiger bei dem nach § 1 Absatz 2 zuständigen Gericht eine Entscheidung über das Stimmrecht erwirken, das durch die bestrittenen Forderungen oder eines Teils davon gewährt wird; § 77 Absatz 2 Satz 2 der Insolvenzordnung gilt entsprechend. Die Sätze 1 und 2 gelten auch für aufschiebend bedingte Forderungen. § 237 Absatz 1 Satz 2 der Insolvenzordnung gilt entsprechend.

(2) Im Rahmen des Verfahrens über eine Zusicherung gilt die Bundesagentur für Arbeit als lokaler Gläubiger nach Artikel 36 Absatz 11 der Verordnung (EU) 2015/848.

§ 19. Unterrichtung über das Ergebnis der Abstimmung. Für die Unterrichtung nach Artikel 36 Absatz 5 Satz 4 der Verordnung (EU) 2015/848 gilt § 12 Satz 2 entsprechend.

§ 20.[7] Rechtsbehelfe gegen Entscheidungen über die Eröffnung eines Sekundärinsolvenzverfahrens. (1) Wird unter Hinweis auf die Zusicherung die Eröffnung eines Sekundärinsolvenzverfahrens nach Artikel 38 Absatz 2 der Verordnung (EU) 2015/848 abgelehnt, so steht dem Antragsteller die sofortige Beschwerde zu. Die §§ 574 bis 577 der Zivilprozessordnung gelten entsprechend, wobei die Entscheidung über die Beschwerde gemäß § 6 Absatz 3 der Insolvenzordnung erst mit Rechtskraft wirksam wird.

(2) Wird in der Bundesrepublik Deutschland ein Sekundärinsolvenzverfahren eröffnet, ist der Rechtsbehelf nach Artikel 39 der Verordnung (EU) 2015/848 als sofortige Beschwerde zu behandeln. Die §§ 574 bis 577 der Zivilprozessordnung gelten entsprechend.

Abschnitt 3. Maßnahmen zur Einhaltung einer Zusicherung

§ 21. Rechtsbehelfe und Anträge nach Artikel 36 der Verordnung (EU) 2015/848. (1) Für Entscheidungen über Anträge nach Artikel 36 Absatz 7 Satz 2 oder Absatz 8 der Verordnung (EU) 2015/848 ist das Insolvenzgericht ausschließlich örtlich zuständig, bei dem das Hauptinsolvenzverfahren anhängig ist. Der Antrag nach Artikel 36 Absatz 7 Satz 2 der Verordnung (EU) 2015/848 muss binnen einer Notfrist von zwei Wochen bei dem Insolvenzgericht gestellt werden. Die Notfrist beginnt mit der Zustellung der Benachrichtigung über die beabsichtigte Verteilung.

(2) Für die Entscheidung über Anträge nach Artikel 36 Absatz 9 der Verordnung (EU) 2015/848 ist das Gericht nach § 1 Absatz 2 zuständig.

(3) Unbeschadet des § 58 Absatz 2 Satz 3 der Insolvenzordnung entscheidet das Gericht durch unanfechtbaren Beschluss.

Teil 3. Insolvenzverfahren über das Vermögen von Mitgliedern einer Unternehmensgruppe

§ 22.[8] Eingeschränkte Anwendbarkeit des § 56b und der §§ 269a bis 269i der Insolvenzordnung. (1) Gehören Unternehmen einer Unternehmensgruppe im Sinne von § 3e der Insolvenzordnung auch einer Unternehmensgruppe im Sinne von Artikel 2 Nummer 13 der Verordnung (EU) 2015/848 an,

1. findet § 269a der Insolvenzordnung keine Anwendung, soweit Artikel 56 der Verordnung (EU) 2015/848 anzuwenden ist,
2. finden § 56b Absatz 1 und § 269b der Insolvenzordnung keine Anwendung, soweit Artikel 57 der Verordnung (EU) 2015/848 anzuwenden ist.

---

[7] § 20 Abs. 1 Satz 2 neu gefasst durch Gesetz v. 22.12.2020 (BGBl. I, S. 3256) mit Wirkung v. 1.1.2021.

[8] § 22 eingefügt durch Gesetz v. 5.6.2017 (BGBl. I S. 1476) mit Wirkung v. 21.4.2018.

(2) Gehören Unternehmen einer Unternehmensgruppe im Sinne von § 3e der Insolvenzordnung auch einer Unternehmensgruppe im Sinne von Artikel 2 Nummer 13 der Verordnung (EU) 2015/848 an, ist die Einleitung eines Koordinationsverfahrens nach den §§ 269d bis 269i der Insolvenzordnung ausgeschlossen, wenn die Durchführung des Koordinationsverfahrens die Wirksamkeit eines Gruppen-Koordinationsverfahrens nach den Artikeln 61 bis 77 der Verordnung (EU) 2015/848 beeinträchtigen würde.

§ 23. Beteiligung der Gläubiger. (1) Beabsichtigt der Verwalter, die Einleitung eines Gruppen-Koordinationsverfahrens nach Artikel 61 Absatz 1 der Verordnung (EU) 2015/848 zu beantragen und ist die Durchführung eines solchen Verfahrens von besonderer Bedeutung für das Insolvenzverfahren, hat er die Zustimmung nach den §§ 160 und 161 der Insolvenzordnung einzuholen. Dem Gläubigerausschuss sind die in Artikel 61 Absatz 3 der Verordnung (EU) 2015/848 genannten Unterlagen vorzulegen.

(2) Absatz 1 gilt entsprechend

1. für die Erklärung eines Einwands nach Artikel 64 Absatz 1 Buchstabe a der Verordnung (EU) 2015/848 gegen die Einbeziehung des Verfahrens in das Gruppen-Koordinationsverfahren,
2. für den Antrag auf Einbeziehung des Verfahrens in ein bereits eröffnetes Gruppen-Koordinationsverfahren nach Artikel 69 Absatz 1 der Verordnung (EU) 2015/848 sowie
3. für die Zustimmungserklärung zu einem entsprechenden Antrag eines Verwalters, der in einem Verfahren über das Vermögen eines anderen gruppenangehörigen Unternehmens bestellt wurde (Artikel 69 Absatz 2 Buchstabe b der Verordnung (EU) 2015/848).

§ 24. Aussetzung der Verwertung. § 16 gilt entsprechend bei der Aussetzung

1. der Verwertung auf Antrag des Verwalters eines anderen gruppenangehörigen Unternehmens nach Artikel 60 Absatz 1 Buchstabe b der Verordnung (EU) 2015/848 und
2. des Verfahrens auf Antrag des Koordinators nach Artikel 72 Absatz 2 Buchstabe e der Verordnung (EU) 2015/848.

§ 25. Rechtsbehelf gegen die Entscheidung nach Artikel 69 Absatz 2 der Verordnung (EU) 2015/848. Gegen die Entscheidung des Koordinators nach Artikel 69 Absatz 2 der Verordnung (EU) 2015/848 ist die Erinnerung statthaft. § 573 der Zivilprozessordnung gilt entsprechend.

§ 26.[9] **Rechtsmittel gegen die Kostenentscheidung nach Artikel 77 Absatz 4 der Verordnung (EU) 2015/848.** Gegen die Entscheidung

---

[9] § 26 Satz 2 neu gefasst durch Gesetz v. 22.12.2020 (BGBl. I, S. 3256) mit Wirkung v. 1.1.2021.

über die Kosten des Gruppen-Koordinationsverfahrens nach Artikel 77 Absatz 4 der Verordnung (EU) 2015/848 ist die sofortige Beschwerde statthaft. Die §§ 574 bis 577 der Zivilprozessordnung gelten entsprechend, wobei die Entscheidung über die Beschwerde gemäß § 6 Absatz 3 der Insolvenzordnung erst mit Rechtskraft wirksam wird.

II. Bilaterale Staatsverträge[1, 2]

III. Innerstaatliches Recht

261. Insolvenzordnung

Vom 5. Oktober 1994 (BGBl. I S. 2866)

Elfter Teil.[1] Internationales Insolvenzrecht

Erster Abschnitt. Allgemeine Vorschriften

§ 335. Grundsatz. Das Insolvenzverfahren und seine Wirkungen unterliegen, soweit nichts anderes bestimmt ist, dem Recht des Staats, in dem das Verfahren eröffnet worden ist.

§ 336. Vertrag über einen unbeweglichen Gegenstand. Die Wirkungen des Insolvenzverfahrens auf einen Vertrag, der ein dingliches Recht an einem unbeweglichen Gegenstand oder ein Recht zur Nutzung eines unbeweglichen Gegenstandes betrifft, unterliegen dem Recht des Staats, in dem der Gegenstand belegen ist. Bei einem im Schiffsregister, Schiffsbauregister oder Register für Pfandrechte an Luftfahrzeugen eingetragenen Gegenstand ist das Recht des Staats maßgebend, unter dessen Aufsicht das Register geführt wird.

---

[1] Zwischen dem Königreich *Bayern* und mehreren Kantonen der *Schweiz* wurde am 11.5./ 27.6.1834 eine Übereinkunft über die Erweiterung der gegenseitigen Anerkennung von Konkursen geschlossen (RegBl. für das Königreich Bayern v. 19.7.1834, S. 930). Diese Übereinkunft wird als fortgeltend erachtet (vgl. OLG München 11.8.1981, KTS 1982, 313, 315 f.).

[2] Der *deutsch-österreichische* Vertrag auf dem Gebiet des Konkurs- und Vergleichs-(Ausgleichs-)rechts v. 25.5.1979 (BGBl. 1985 II, S. 411) ist bereits mit Inkrafttreten der EuInsVO Nr. 1346/2000 v. 29.5.2000 nach Maßgabe von deren Art. 44 ersetzt worden. Auf einen Abdruck wird daher verzichtet.

[1] Elfter Teil (§§ 335–358) eingefügt durch Gesetz zur Neuregelung des internationalen Insolvenzrechts v. 14.3.2003 (BGBl. I, S. 345) mit Wirkung v. 20.3.2003.

§ 337.[2] **Arbeitsverhältnis.** Die Wirkungen des Insolvenzverfahrens auf ein Arbeitsverhältnis unterliegen dem Recht, das nach der Verordnung (EG) Nr. 593/2008 des Europäischen Parlaments und des Rates vom 17. Juni 2008 über das auf vertragliche Schuldverhältnisse anzuwendende Recht (Rom I) (ABl. L 177 vom 4.7.2008, S. 6) für das Arbeitsverhältnis maßgebend ist.

§ 338. Aufrechnung. Das Recht eines Insolvenzgläubigers zur Aufrechnung wird von der Eröffnung des Insolvenzverfahrens nicht berührt, wenn er nach dem für die Forderung des Schuldners maßgebenden Recht zur Zeit der Eröffnung des Insolvenzverfahrens zur Aufrechnung berechtigt ist.

§ 339. Insolvenzanfechtung. Eine Rechtshandlung kann angefochten werden, wenn die Voraussetzungen der Insolvenzanfechtung nach dem Recht des Staats der Verfahrenseröffnung erfüllt sind, es sei denn, der Anfechtungsgegner weist nach, dass für die Rechtshandlung das Recht eines anderen Staats maßgebend und die Rechtshandlung nach diesem Recht in keiner Weise angreifbar ist.

§ 340.[3] **Organisierte Märkte. Pensionsgeschäfte.** (1) Die Wirkungen des Insolvenzverfahrens auf die Rechte und Pflichten der Teilnehmer an einem organisierten Markt nach § 2 Abs. 11 des Wertpapierhandelsgesetzes unterliegen dem Recht des Staats, das für diesen Markt gilt.

(2) Die Wirkungen des Insolvenzverfahrens auf Pensionsgeschäfte im Sinne des § 340b des Handelsgesetzbuchs sowie auf Schuldumwandlungsverträge und Aufrechnungsvereinbarungen unterliegen dem Recht des Staats, das für diese Verträge maßgebend ist.

(3) Für die Teilnehmer an einem System im Sinne von § 1 Abs. 16 des Kreditwesengesetzes gilt Absatz 1 entsprechend.

§ 341. Ausübung von Gläubigerrechten. (1) Jeder Gläubiger kann seine Forderungen im Hauptinsolvenzverfahren und in jedem Sekundärinsolvenzverfahren anmelden.

(2) Der Insolvenzverwalter ist berechtigt, eine in dem Verfahren, für das er bestellt ist, angemeldete Forderung in einem anderen Insolvenzverfahren über das Vermögen des Schuldners anzumelden. Das Recht des Gläubigers, die Anmeldung abzulehnen oder zurückzunehmen, bleibt unberührt.

(3) Der Verwalter gilt als bevollmächtigt, das Stimmrecht aus einer Forderung, die in dem Verfahren, für das er bestellt ist, angemeldet worden ist, in

---

[2] § 337 geändert durch Gesetz v. 7.12.2011 (BGBl. I, S. 2582) mit Wirkung v. 1.3.2012; die Rom I-VO ist abgedruckt unter Nr. *80*.

[3] § 340 Abs. 3 geändert durch Gesetz v. 5.4.2004 (BGBl. I, S. 502) mit Wirkung v. 9.4.2004; Abs. 1 geändert durch Gesetz v. 23.6.2017 (BGBl. I, S. 1693) mit Wirkung v. 3.1.2018.

einem anderen Insolvenzverfahren über das Vermögen des Schuldners auszuüben, sofern der Gläubiger keine anderweitige Bestimmung trifft.

§ 342. Herausgabepflicht. Anrechnung. (1) Erlangt ein Insolvenzgläubiger durch Zwangsvollstreckung, durch eine Leistung des Schuldners oder in sonstiger Weise etwas auf Kosten der Insolvenzmasse aus dem Vermögen, das nicht im Staat der Verfahrenseröffnung belegen ist, so hat er das Erlangte dem Insolvenzverwalter herauszugeben. Die Vorschriften über die Rechtsfolgen einer ungerechtfertigten Bereicherung gelten entsprechend.

(2) Der Insolvenzgläubiger darf behalten, was er in einem Insolvenzverfahren erlangt hat, das in einem anderen Staat eröffnet worden ist. Er wird jedoch bei den Verteilungen erst berücksichtigt, wenn die übrigen Gläubiger mit ihm gleichgestellt sind.

(3) Der Insolvenzgläubiger hat auf Verlangen des Insolvenzverwalters Auskunft über das Erlangte zu geben.

Zweiter Abschnitt. Ausländisches Insolvenzverfahren

§ 343. Anerkennung. (1) Die Eröffnung eines ausländischen Insolvenzverfahrens wird anerkannt. Dies gilt nicht,

1. wenn die Gerichte des Staats der Verfahrenseröffnung nach deutschem Recht nicht zuständig sind;
2. soweit die Anerkennung zu einem Ergebnis führt, das mit wesentlichen Grundsätzen des deutschen Rechts offensichtlich unvereinbar ist, insbesondere soweit sie mit den Grundrechten unvereinbar ist.

(2) Absatz 1 gilt entsprechend für Sicherungsmaßnahmen, die nach dem Antrag auf Eröffnung des Insolvenzverfahrens getroffen werden, sowie für Entscheidungen, die zur Durchführung oder Beendigung des anerkannten Insolvenzverfahrens ergangen sind.

§ 344. Sicherungsmaßnahmen. (1) Wurde im Ausland vor Eröffnung eines Hauptinsolvenzverfahrens ein vorläufiger Verwalter bestellt, so kann auf seinen Antrag das zuständige Insolvenzgericht die Maßnahmen nach § 21 anordnen, die zur Sicherung des von einem inländischen Sekundärinsolvenzverfahren erfassten Vermögens erforderlich erscheinen.

(2) Gegen den Beschluss steht auch dem vorläufigen Verwalter die sofortige Beschwerde zu.

§ 345.[4] Öffentliche Bekanntmachung. (1) Sind die Voraussetzungen für die Anerkennung der Verfahrenseröffnung gegeben, so hat das Insolvenzge-

[4] Verweisung in § 345 Abs. 1 geändert durch das Gesetz v. 13.4.2007 (BGBl. I, S. 509); Abs. 2 Satz 2 geändert durch Gesetz v. 23.10.2008 (BGBl. I, S. 2026) mit Wirkung v. 1.11.2008; Abs. 1 Satz 2 geändert durch Gesetz v. 15.7.2013 (BGBl. I, S. 2379) mit Wirkung v. 1.7.2014.

richt auf Antrag des ausländischen Insolvenzverwalters den wesentlichen Inhalt der Entscheidung über die Verfahrenseröffnung und der Entscheidung über die Bestellung des Insolvenzverwalters im Inland bekannt zu machen. § 9 Abs. 1 und 2 und § 30 Abs. 1 gelten entsprechend. Ist die Eröffnung des Insolvenzverfahrens bekannt gemacht worden, so ist die Beendigung in gleicher Weise bekannt zu machen.

(2) Hat der Schuldner im Inland eine Niederlassung, so erfolgt die öffentliche Bekanntmachung von Amts wegen. Der Insolvenzverwalter oder ein ständiger Vertreter nach § 13e Abs. 2 Satz 5 Nr. 3 des Handelsgesetzbuchs unterrichtet das nach § 348 Abs. 1 zuständige Insolvenzgericht.

(3) Der Antrag ist nur zulässig, wenn glaubhaft gemacht wird, dass die tatsächlichen Voraussetzungen für die Anerkennung der Verfahrenseröffnung vorliegen. Dem Verwalter ist eine Ausfertigung des Beschlusses, durch den die Bekanntmachung angeordnet wird, zu erteilen. Gegen die Entscheidung des Insolvenzgerichts, mit der die öffentliche Bekanntmachung abgelehnt wird, steht dem ausländischen Verwalter die sofortige Beschwerde zu.

§ 346. Grundbuch. (1) Wird durch die Verfahrenseröffnung oder durch Anordnung von Sicherungsmaßnahmen nach § 343 Abs. 2 oder § 344 Abs. 1 die Verfügungsbefugnis des Schuldners eingeschränkt, so hat das Insolvenzgericht auf Antrag des ausländischen Insolvenzverwalters das Grundbuchamt zu ersuchen, die Eröffnung des Insolvenzverfahrens und die Art der Einschränkung der Verfügungsbefugnis des Schuldners in das Grundbuch einzutragen:

1. bei Grundstücken, als deren Eigentümer der Schuldner eingetragen ist;
2. bei den für den Schuldner eingetragenen Rechten an Grundstücken und an eingetragenen Rechten, wenn nach der Art des Rechts und den Umständen zu befürchten ist, dass ohne die Eintragung die Insolvenzgläubiger benachteiligt würden.

(2) Der Antrag nach Absatz 1 ist nur zulässig, wenn glaubhaft gemacht wird, dass die tatsächlichen Voraussetzungen für die Anerkennung der Verfahrenseröffnung vorliegen. Gegen die Entscheidung des Insolvenzgerichts steht dem ausländischen Verwalter die sofortige Beschwerde zu. Für die Löschung der Eintragung gilt § 32 Abs. 3 Satz 1 entsprechend.

(3) Für die Eintragung der Verfahrenseröffnung in das Schiffsregister, das Schiffsbauregister und das Register für Pfandrechte an Luftfahrzeugen gelten die Absätze 1 und 2 entsprechend.

§ 347. Nachweis der Verwalterbestellung. Unterrichtung des Gerichts. (1) Der ausländische Insolvenzverwalter weist seine Bestellung durch eine beglaubigte Abschrift der Entscheidung, durch die er bestellt worden ist, oder durch eine andere von der zuständigen Stelle ausgestellte Bescheinigung nach. Das Insolvenzgericht kann eine Übersetzung verlangen, die von einer hierzu im Staat der Verfahrenseröffnung befugten Person zu beglaubigen ist.

(2) Der ausländische Insolvenzverwalter, der einen Antrag nach den §§ 344 bis 346 gestellt hat, unterrichtet das Insolvenzgericht über alle wesentlichen Änderungen in dem ausländischen Verfahren und über alle ihm bekannten weiteren ausländischen Insolvenzverfahren über das Vermögen des Schuldners.

§ 348.[5] **Zuständiges Insolvenzgericht.** Zusammenarbeit der Insolvenzgerichte. (1) Für die Entscheidungen nach den §§ 344 bis 346 ist ausschließlich das Insolvenzgericht zuständig, in dessen Bezirk die Niederlassung oder, wenn eine Niederlassung fehlt, Vermögen des Schuldners belegen ist. § 3 Abs. 3 gilt entsprechend.

(2) Sind die Voraussetzungen für die Anerkennung eines ausländischen Insolvenzverfahrens gegeben oder soll geklärt werden, ob die Voraussetzungen vorliegen, so kann das Insolvenzgericht mit dem ausländischen Insolvenzgericht zusammenarbeiten, insbesondere Informationen weitergeben, die für das ausländische Verfahren von Bedeutung sind.

(3) Die Landesregierungen werden ermächtigt, zur sachdienlichen Förderung oder schnelleren Erledigung der Verfahren durch Rechtsverordnung die Entscheidungen nach den §§ 344 bis 346 für die Bezirke mehrerer Insolvenzgerichte einem von diesen zuzuweisen. Die Landesregierungen können die Ermächtigungen auf die Landesjustizverwaltungen übertragen.

(4) Die Länder können vereinbaren, dass die Entscheidungen nach den §§ 344 bis 346 für mehrere Länder den Gerichten eines Landes zugewiesen werden. Geht ein Antrag nach den §§ 344 bis 346 bei einem unzuständigen Gericht ein, so leitet dieses den Antrag unverzüglich an das zuständige Gericht weiter und unterrichtet hierüber den Antragsteller.

§ 349. Verfügungen über unbewegliche Gegenstände. (1) Hat der Schuldner über einen Gegenstand der Insolvenzmasse, der im Inland im Grundbuch, Schiffsregister, Schiffsbauregister oder Register für Pfandrechte an Luftfahrzeugen eingetragen ist, oder über ein Recht an einem solchen Gegenstand verfügt, so sind die §§ 878, 892, 893 des Bürgerlichen Gesetzbuchs, § 3 Abs. 3, §§ 16, 17 des Gesetzes über Rechte an eingetragenen Schiffen und Schiffsbauwerken und § 5 Abs. 3, §§ 16, 17 des Gesetzes über Rechte an Luftfahrzeugen anzuwenden.

(2) Ist zur Sicherung eines Anspruchs im Inland eine Vormerkung im Grundbuch, Schiffsregister, Schiffsbauregister oder Register für Pfandrechte an Luftfahrzeugen eingetragen, so bleibt § 106 unberührt.

---

[5] Überschrift neu gefasst; Abs. 2 eingefügt; bisherige Abs. 2 und 3 werden Abs. 3 und 4 durch Gesetz v. 7.12.2011 (BGBl. I, S. 2582) mit Wirkung v. 1.3.2012. Abs. 1 Satz 2 geändert durch Gesetz v. 22.12.2020 (BGBl. I, S. 3256) mit Wirkung v. 1.1.2021.

§ 350. Leistung an den Schuldner. Ist im Inland zur Erfüllung einer Verbindlichkeit an den Schuldner geleistet worden, obwohl die Verbindlichkeit zur Insolvenzmasse des ausländischen Insolvenzverfahrens zu erfüllen war, so wird der Leistende befreit, wenn er zur Zeit der Leistung die Eröffnung des Verfahrens nicht kannte. Hat er vor der öffentlichen Bekanntmachung nach § 345 geleistet, so wird vermutet, dass er die Eröffnung nicht kannte.

§ 351. Dingliche Rechte. (1) Das Recht eines Dritten an einem Gegenstand der Insolvenzmasse, der zur Zeit der Eröffnung des ausländischen Insolvenzverfahrens im Inland belegen war, und das nach inländischem Recht einen Anspruch auf Aussonderung oder auf abgesonderte Befriedigung gewährt, wird von der Eröffnung des ausländischen Insolvenzverfahrens nicht berührt.

(2) Die Wirkungen des ausländischen Insolvenzverfahrens auf Rechte des Schuldners an unbeweglichen Gegenständen, die im Inland belegen sind, bestimmen sich, unbeschadet des § 336 Satz 2, nach deutschem Recht.

§ 352. Unterbrechung und Aufnahme eines Rechtsstreits. (1) Durch die Eröffnung des ausländischen Insolvenzverfahrens wird ein Rechtsstreit unterbrochen, der zur Zeit der Eröffnung anhängig ist und die Insolvenzmasse betrifft. Die Unterbrechung dauert an, bis der Rechtsstreit von einer Person aufgenommen wird, die nach dem Recht des Staats der Verfahrenseröffnung zur Fortführung des Rechtsstreits berechtigt ist, oder bis das Insolvenzverfahren beendet ist.

(2) Absatz 1 gilt entsprechend, wenn die Verwaltungs- und Verfügungsbefugnis über das Vermögen des Schuldners durch die Anordnung von Sicherungsmaßnahmen nach § 343 Abs. 2 auf einen vorläufigen Insolvenzverwalter übergeht.

§ 353. Vollstreckbarkeit ausländischer Entscheidungen. (1) Aus einer Entscheidung, die in dem ausländischen Insolvenzverfahren ergeht, findet die Zwangsvollstreckung nur statt, wenn ihre Zulässigkeit durch ein Vollstreckungsurteil ausgesprochen ist. § 722 Abs. 2 und § 723 Abs. 1 der Zivilprozessordnung gelten entsprechend.

(2) Für die in § 343 Abs. 2 genannten Sicherungsmaßnahmen gilt Absatz 1 entsprechend.

Dritter Abschnitt. Partikularverfahren über das Inlandsvermögen

§ 354.[6] Voraussetzungen des Partikularverfahrens. (1) Ist die Zuständigkeit eines deutschen Gerichts zur Eröffnung eines Insolvenzverfahrens

---

[6] § 354 Abs. 3 Satz 2 geändert durch Gesetz v. 22.12.2020 (BGBl. I, S. 3256) mit Wirkung v. 1.1.2021.

über das gesamte Vermögen des Schuldners nicht gegeben, hat der Schuldner jedoch im Inland eine Niederlassung oder sonstiges Vermögen, so ist auf Antrag eines Gläubigers ein besonderes Insolvenzverfahren über das inländische Vermögen des Schuldners (Partikularverfahren) zulässig.

(2) Hat der Schuldner im Inland keine Niederlassung, so ist der Antrag eines Gläubigers auf Eröffnung eines Partikularverfahrens nur zulässig, wenn dieser ein besonderes Interesse an der Eröffnung des Verfahrens hat, insbesondere, wenn er in einem ausländischen Verfahren voraussichtlich erheblich schlechter stehen wird als in einem inländischen Verfahren. Das besondere Interesse ist vom Antragsteller glaubhaft zu machen.

(3) Für das Verfahren ist ausschließlich das Insolvenzgericht zuständig, in dessen Bezirk die Niederlassung oder, wenn eine Niederlassung fehlt, Vermögen des Schuldners belegen ist. § 3 Abs. 3 gilt entsprechend.

§ 355. Restschuldbefreiung. Insolvenzplan. (1) Im Partikularverfahren sind die Vorschriften über die Restschuldbefreiung nicht anzuwenden.

(2) Ein Insolvenzplan, in dem eine Stundung, ein Erlass oder sonstige Einschränkungen der Rechte der Gläubiger vorgesehen sind, kann in diesem Verfahren nur bestätigt werden, wenn alle betroffenen Gläubiger dem Plan zugestimmt haben.

§ 356. Sekundärinsolvenzverfahren. (1) Die Anerkennung eines ausländischen Hauptinsolvenzverfahrens schließt ein Sekundärinsolvenzverfahren über das inländische Vermögen nicht aus. Für das Sekundärinsolvenzverfahren gelten ergänzend die §§ 357 und 358.

(2) Zum Antrag auf Eröffnung des Sekundärinsolvenzverfahrens ist auch der ausländische Insolvenzverwalter berechtigt.

(3) Das Verfahren wird eröffnet, ohne dass ein Eröffnungsgrund festgestellt werden muss.

§ 357. Zusammenarbeit der Insolvenzverwalter. (1) Der Insolvenzverwalter hat dem ausländischen Verwalter unverzüglich alle Umstände mitzuteilen, die für die Durchführung des ausländischen Verfahrens Bedeutung haben können. Er hat dem ausländischen Verwalter Gelegenheit zu geben, Vorschläge für die Verwertung oder sonstige Verwendung des inländischen Vermögens zu unterbreiten.

(2) Der ausländische Verwalter ist berechtigt, an den Gläubigerversammlungen teilzunehmen.

(3) Ein Insolvenzplan ist dem ausländischen Verwalter zur Stellungnahme zuzuleiten. Der ausländische Verwalter ist berechtigt, selbst einen Plan vorzulegen. § 218 Abs. 1 Satz 2 und 3 gilt entsprechend.

§ 358. Überschuss bei der Schlussverteilung. Können bei der Schlussverteilung im Sekundärinsolvenzverfahren alle Forderungen in voller Höhe berichtigt werden, so hat der Insolvenzverwalter einen verbleibenden Überschuss dem ausländischen Verwalter des Hauptinsolvenzverfahrens herauszugeben.

262. Gesetz über die Anfechtung von Rechtshandlungen eines Schuldners außerhalb des Insolvenzverfahrens

Vom 5. Oktober 1994 (BGBl. I, S. 2911)

§ 19. Internationales Anfechtungsrecht. Bei Sachverhalten mit Auslandsberührung ist für die Anfechtbarkeit einer Rechtshandlung das Recht maßgeblich, dem die Wirkungen der Rechtshandlung unterliegen.

4. Teil: Staatsangehörigkeitsrecht

A. Staatsverträge[1, 2]

270. New Yorker UN-Übereinkommen über die Staatsangehörigkeit verheirateter Frauen

Vom 20. Februar 1957[1*] (BGBl. 1973 II, S. 1250)

(Übersetzung)[2]

Art. 1. Jeder Vertragsstaat erkennt an, dass weder die Schließung noch die Auflösung einer Ehe zwischen einem seiner Angehörigen und einem Ausländer noch der Staatsangehörigkeitswechsel des Ehemannes während des Fortbestandes der Ehe die Staatsangehörigkeit der Ehefrau ohne weiteres berührt.

Art. 2. Jeder Vertragsstaat erkennt an, dass weder der freiwillige Erwerb der Staatsangehörigkeit eines anderen Staates durch einen seiner Angehörigen noch der Verzicht auf die Staatsangehörigkeit durch einen seiner Angehörigen die Ehefrau dieses Angehörigen daran hindert, ihre Staatsangehörigkeit beizubehalten.

Art. 3. (1) Jeder Vertragsstaat erkennt an, dass die ausländische Ehefrau eines seiner Angehörigen auf eigenen Wunsch die Staatsangehörigkeit des Ehemannes im Weg einer vereinfachten Einbürgerung erwerben kann; die Verleihung dieser Staatsangehörigkeit kann aus Gründen der staatlichen Sicherheit oder des öffentlichen Interesses eingeschränkt werden.

---

[1] Vgl. auch das Pariser CIEC-Übk. Nr. 13 betreffend den Austausch von Informationen über den Staatsangehörigkeitserwerb v. 10.9.1964. Die *Bundesrepublik Deutschland* hat dieses Übk. nicht gezeichnet. Es ist am 30.9.1965 für *Österreich* und *Luxemburg* in Kraft getreten und gilt heute ferner für *Belgien* (seit 8.3.1975), *Griechenland* (seit 31.7.1977), *Italien* (seit 6,8,1972), die *Niederlande* (seit 17.6.1967), *Portugal* (seit 14.11.1980) und die *Türkei* (seit 19.4.1970). Text (französisch): http://www.ciecl.org (Nr. 8).

[2] Vgl. auch das Lissaboner CIEC-Übk. über die Ausstellung eines Staatsangehörigkeitsausweises v. 14.9.1999. Das Übk. ist zwar von der *Bundesrepublik Deutschland* sowie von *Griechenland, Italien* und *Portugal* gezeichnet worden. Es ist jedoch am 2.12.2010 bisher nur für *Spanien* und die *Türkei* in Kraft getreten. Text (französisch): http://www.ciecl.org (Nr. 28).

[1*] Das Übk. ist gemäß Bek. v. 24.7.1974 (BGBl. II, S. 1304) für die *Bundesrepublik Deutschland* am 8.5.1974 in Kraft getreten. Für die ehemalige *Deutsche Demokratische Republik* war es bereits am 27.3.1974 in Kraft getreten. Es gilt derzeit im Verhältnis zu 72 weiteren Staaten; siehe hierzu den Fundstellennachweis B zum BGBl. 2021 II, S. 535 sowie die Länderübersicht im Registerteil.

[2] Authentisch sind gleichberechtigt der chinesische, englische, französische, russische und spanische Text: https://treaties.un.org (Kap. XVI Nr. 2).

(2) Jeder Vertragsstaat erkennt an, dass dieses Übereinkommen nicht so auszulegen ist, als beeinträchtige es eine Rechtsnorm oder Gerichtspraxis, nach der es der ausländischen Ehefrau eines seiner Angehörigen freisteht, auf Antrag die Staatsangehörigkeit des Ehemannes von Rechts wegen zu erwerben.

Art. 4–12. *(nicht abgedruckt)*

271. New Yorker UN-Übereinkommen zur Verminderung der Staatenlosigkeit

Vom 30. August 1961[1, 2] (BGBl. 1977 II, S. 598)

---

[1] Das Übk. ist für die *Bundesrepublik Deutschland* am 29.11.1977 im Verhältnis zu *Australien, Dänemark, Irland, Norwegen, Österreich, Schweden* und dem *Vereinigten Königreich* in Kraft getreten (Bek. v. 26.10.1977, BGBl. II, S. 1217).

Es gilt heute ferner im Verhältnis zu *Albanien* (seit 7.10.2003, BGBl. II, S. 1135), *Angola* (seit 5.1.2020, BGBl. 2019 II, S. 1059), *Argentinien* (seit 11.2.2015, BGBl. II, S. 148), *Armenien* (seit 16.8.1994, BGBl. II, S. 2534), *Aserbaidschan* (seit 14.11.1996, BGBl. II, S. 2795), *Belgien* (seit 29.9.2014, BGBl. II, S. 513), *Belize* (seit 12.11.2015, BGBl. II, S. 1170), *Benin* (seit 7.3.2012, BGBl. II, S. 140), *Bolivien* (seit 4.1.1984, BGBl. 1983 II, S. 837), *Bosnien und Herzegowina* (seit 13.3.1997, BGBl. II, S. 899), *Brasilien* (seit 23.1.2008, BGBl. II, S. 1411), *Bulgarien* (seit 20.6.2012, BGBl. II, S. 471), *Burkina Faso* (seit 1.11.2017, BGBl. II, S. 1230), *Chile* (seit 10.6.2018, BGBl. II, S. 162), *Costa Rica* (seit 31.1.1978, BGBl. II, S. 221), *Cote d'Ivoire* (seit 3.10.2013, BGBl. 2017 II, S. 1319), *Ecuador* (seit 24.9.2012, BGBl. 2017 II, S. 1319), *Finnland* (seit 5.11.2008, BGBl. II, S. 1411), *Gambia* und *Georgien* (jeweils seit 29.9.2014, BGBl. II S. 513), *Guatemala* (seit 17.10.2001, BGBl. II, S. 1222), *Guinea* (seit 15.10.2014, BGBl. II, S. 735), *Guinea-Bissau* (seit 18.12.2016, BGBl. II, S. 1159), *Haiti* (seit 26.12.2018, BGBl. II, S. 774), *Honduras* (seit 18.3.2013, BGBl. II, S. 165), *Island* (seit 26.4.2021, BGBl. II, S. 237), *Italien* (seit 29.2.2016, BGBl. II, S. 37), *Jamaika* (seit 9.4.2013, BGBl. II, S. 165), *Kanada* (seit 15.10.1978, BGBl. II, S. 1220), *Kiribati* (seit 12.7.1979, BGBl. 1984 II, S. 208), *Kolumbien* (seit 13.11.2014, BGBl. II, S. 735), *Kroatien* (seit 21.12.2011, BGBl. II, S. 1241), *Lesotho* (seit 23.12.2004, BGBl. II, S. 1629), *Lettland* (seit 13.7.1992, BGBl. II, S. 1119), *Liberia* (seit 21.12.2004, BGBl. II, S. 1629), *Libyen* (seit 14.8.1989, BGBl. 1990 II, S. 1404), *Liechtenstein* (seit 24.12.2009, BGBl. 2010 II, S. 205), *Litauen* (seit 20.10.2013, BGBl. II, S. 1275), *Luxemburg* (seit 20.12.2017, BGBl. II, S. 1319), *Mali* (seit 25.8.2016, BGBl. II, S. 990), der *Republik Moldau* (seit 18.7.2012, BGBl. II, S. 736), *Montenegro* (seit 5.3.2014, BGBl. II, S. 88), *Mosambik* (seit 30.12.2014, BGBl. II, S. 1277), *Neuseeland* (seit 19.12.2006, BGBl. 2007 II, S. 742), *Nicaragua* (seit 27.10.2013, BGBl. II, S. 1275), den *Niederlanden* (seit 11.8.1985, BGBl. II, S. 979), *Niger* (seit 15.9.1985, BGBl. II, S. 1133), *Nigeria* (seit 19.12.2011, BGBl. II, S. 1241), *Nordmazedonien* (seit 2.4.2020, BGBl. II, 116), *Panama* (seit 31.8.2011, BGBl. II, S. 817), *Paraguay* (seit 6.6.2012, BGBl. 2017 II, S. 1319), *Peru* (seit 18.3.2015, BGBl. II, S. 148), *Portugal* (seit 30.12.2012, BGBl. II, S. 1559), *Ruanda* (seit 2.1.2007, BGBl. II, S. 742), *Rumänien* (seit 27.4.2007, BGBl. II, S. 742), *Senegal* (seit 20.12.2005, BGBl. 2006 II, S. 49), *Serbien* (seit 6.3.2012, BGBl. II, S. 140), *Sierra Leone* (seit 7.8.2016, BGBl. II, S. 693), der *Slowakei* (seit 2.7.2000, BGBl. II, S. 1054), *Spanien* (seit 24.12.2018, BGBl. II, S. 447), *Swasiland* (seit 14.2.2000, BGBl. II, S. 171), *Togo* (seit 12.10.2021, BGBl. II, S. 1029), *Tschad* (seit 10.10.1999, BGBl. II, S. 962), der *Tschechischen Republik* (seit 19.3.2002, BGBl. 2002 II, S. 273), *Tunesien* (seit 10.8.2000, BGBl. 2001 II, S. 82), *Turkmenistan* (seit 27.11.2012, BGBl. II, S. 1041), der *Ukraine* (seit 23.6.2013, BGBl. II, S. 527), *Ungarn* (seit 10.9.2009, BGBl. 2010 II, S. 205) und *Uruguay* (seit 20.12.2001, BGBl. 2002 II, S. 273). Siehe zu diesem Übk. auch das deutsche AusfG v. 29.6.1977 (Nr. *277*).

(Übersetzung)[3]

Art. 1. (1) Jeder Vertragsstaat verleiht einer in seinem Hoheitsgebiet geborenen Person, die sonst staatenlos wäre, seine Staatsangehörigkeit. Die Staatsangehörigkeit wird verliehen

a) bei der Geburt kraft Gesetzes oder

b) aufgrund eines von dem Betreffenden oder in seinem Namen in der vom innerstaatlichen Recht vorgeschriebenen Weise bei der zuständigen Behörde gestellten Antrags. Vorbehaltlich des Absatzes 2 darf der Antrag nicht abgelehnt werden.

Ein Vertragsstaat, dessen Recht die Verleihung seiner Staatsangehörigkeit nach Buchstabe b vorsieht, kann seine Staatsangehörigkeit auch kraft Gesetzes in dem Alter und unter den Voraussetzungen verleihen, die das innerstaatliche Recht vorschreibt.

(2) Jeder Vertragsstaat kann die Verleihung seiner Staatsangehörigkeit nach Absatz 1 Buchstabe b von einer oder mehreren der folgenden Voraussetzungen abhängig machen:

a) Der Antrag muss innerhalb einer vom Vertragsstaat festgesetzten Frist gestellt werden, die spätestens mit dem vollendeten 18. Lebensjahr beginnt und frühestens mit dem vollendeten 21. Lebensjahr endet, wobei jedoch der Betreffende über mindestens ein Jahr verfügen muss, um den Antrag selbst zu stellen, ohne hierzu einer rechtlichen Genehmigung zu bedürfen;

b) der Betreffende muss während einer vom Vertragsstaat festgesetzten Zeitdauer, welche die fünf der Antragstellung unmittelbar vorangehenden Jahre und insgesamt zehn Jahre nicht übersteigen darf, seinen dauernden Aufenthalt im Hoheitsgebiet dieses Staates gehabt haben;

c) der Betreffende darf weder einer Straftat gegen die nationale Sicherheit für schuldig befunden noch wegen einer kriminellen Straftat zu einer Freiheitsstrafe von fünf Jahren oder mehr verurteilt worden sein;

d) der Betreffende ist immer staatenlos gewesen.

(3) Ungeachtet der Absätze 1 Buchstabe b und 2 erwirbt ein im Hoheitsgebiet eines Vertragsstaats geborenes eheliches Kind, dessen Mutter die

---

[2] Siehe ferner das CIEC-Übk. zur Verringerung der Staatenlosigkeit v. 13.9.1973 (Nr. *274*) sowie das Straßburger Europäische Übk. zur Vermeidung der Staatenlosigkeit im Zusammenhang mit Staatennachfolge v. 19.5.2006. Die *Bundesrepublik Deutschland* hat das letztgenannte Übk. zwar am 16.12.2009 gezeichnet, aber bisher nicht ratifiziert. Es ist am 1.5.2009 für die *Republik Moldau, Norwegen* und *Ungarn* in Kraft getreten und gilt inzwischen ferner für *Armenien* (seit 1.1.2011), *Luxemburg* (seit 1.2.2018), *Montenegro* (seit 1.8.2010), die *Niederlande* (seit 1.10.2011) und *Österreich* (seit 1.1.2011).

Text (englisch/französisch): https://www.coe.int./de/web/conventions (SEV-Nr. 200).

[3] Authentisch sind gleichberechtigt der chinesische, englische, französische, russische und spanische Text: https://treaties.un.org (Kap.V Nr. 4).

Staatsangehörigkeit dieses Staates besitzt, durch die Geburt diese Staatsangehörigkeit, wenn es sonst staatenlos wäre.

(4) Jeder Vertragsstaat verleiht einer Person, die sonst staatenlos wäre und die Staatsangehörigkeit des Vertragsstaats, in dessen Hoheitsgebiet sie geboren ist, nicht erwerben kann, weil sie die Altersgrenze für die Antragstellung überschritten hat oder die erforderlichen Aufenthaltsvoraussetzungen nicht erfüllt, seine Staatsangehörigkeit, wenn ein Elternteil zur Zeit der Geburt des Betreffenden die Staatsangehörigkeit des erstgenannten Vertragsstaats besaß. Haben die Eltern zum Zeitpunkt der Geburt des Betreffenden nicht die gleiche Staatsangehörigkeit besessen, so wird die Frage, ob das Kind der Staatsangehörigkeit des Vaters oder der Mutter folgt, nach dem innerstaatlichen Recht des Vertragsstaats beurteilt, dessen Staatsangehörigkeit angestrebt wird. Ist zum Erwerb der Staatsangehörigkeit ein Antrag erforderlich, so ist er von dem Antragsteller oder in seinem Namen in der vom innerstaatlichen Recht vorgeschriebenen Weise bei der zuständigen Behörde zu stellen. Vorbehaltlich des Absatzes 5 darf der Antrag nicht abgelehnt werden.

(5) Der Vertragsstaat kann die Verleihung seiner Staatsangehörigkeit nach Absatz 4 von einer oder mehreren der folgenden Voraussetzungen abhängig machen:

a) Der Antrag muss gestellt werden, bevor der Antragsteller ein vom Vertragsstaat festgesetztes Lebensalter erreicht hat, das nicht unter dem 23. Lebensjahr liegen darf;

b) der Betreffende muss während einer vom Vertragsstaat auf höchstens drei Jahre festgesetzten Zeitdauer unmittelbar vor der Antragstellung seinen dauernden Aufenthalt im Hoheitsgebiet dieses Staates gehabt haben;

c) der Betreffende ist immer staatenlos gewesen.

Art. 2. Bis zum Beweis des Gegenteils gilt ein im Hoheitsgebiet eines Vertragsstaats aufgefundenes Findelkind als in diesem Hoheitsgebiet geboren und von Eltern abstammend, welche die Staatsangehörigkeit dieses Staates besitzen.

Art. 3. Zur Festsetzung der Pflichten der Vertragsstaaten nach diesem Übereinkommen gilt die Geburt auf einem Schiff oder in einem Luftfahrzeug als im Hoheitsgebiet des Staates eingetreten, dessen Flagge das Schiff führt oder in dem das Luftfahrzeug registriert ist.

Art. 4. (1) Jeder Vertragsstaat verleiht einer nicht im Hoheitsgebiet eines Vertragsstaats geborenen Person, die sonst staatenlos wäre, seine Staatsangehörigkeit, wenn ein Elternteil zur Zeit der Geburt des Betreffenden die Staatsangehörigkeit dieses Staates besaß. Haben die Eltern zum Zeitpunkt der Geburt des Betreffenden nicht die gleiche Staatsangehörigkeit besessen, so wird die Frage, ob das Kind der Staatsangehörigkeit des Vaters oder der Mutter folgt, nach dem innerstaatlichen Recht des Vertragsstaats beurteilt, dessen Staatsangehörigkeit angestrebt wird. Die Staatsangehörigkeit nach diesem Absatz wird verliehen

a) bei der Geburt kraft Gesetzes oder

b) aufgrund eines von dem Betreffenden oder in seinem Namen in der vom innerstaatlichen Recht vorgeschriebenen Weise bei der zuständigen Behörde gestellten Antrags. Vorbehaltlich des Absatzes 2 darf der Antrag nicht abgelehnt werden.

(2) Jeder Vertragsstaat kann die Verleihung seiner Staatsangehörigkeit nach Absatz 1 von einer oder mehreren der folgenden Voraussetzungen abhängig machen:

a) Der Antrag muss gestellt werden, bevor der Antragsteller ein vom Vertragsstaat festgesetztes Lebensalter erreicht hat, das nicht unter dem 23. Lebensjahr liegen darf;

b) der Betreffende muss während einer vom Vertragsstaat auf höchstens drei Jahre festgesetzten Zeitdauer unmittelbar vor der Antragstellung seinen dauernden Aufenthalt im Hoheitsgebiet dieses Staates gehabt haben;

c) der Betreffende darf nicht einer Zuwiderhandlung gegen die nationale Sicherheit für schuldig befunden worden sein;

d) der Betreffende ist immer staatenlos gewesen.

Art. 5. (1) Hat nach dem Recht eines Vertragsstaats eine Änderung des Personenstands, wie Eheschließung, Auflösung der Ehe, Legitimation, Anerkennung oder Annahme als Kind, den Verlust der Staatsangehörigkeit zur Folge, so ist der Verlust vom Besitz oder Erwerb einer anderen Staatsangehörigkeit abhängig.

(2) Verliert nach dem Recht eines Vertragsstaats ein nichteheliches Kind aufgrund einer Anerkennung der Abstammung die Staatsangehörigkeit dieses Staates, so ist ihm Gelegenheit zu geben, sie durch schriftlichen Antrag bei der zuständigen Behörde wieder zu erwerben; die für den Antrag geltenden Erfordernisse dürfen nicht strenger sein als die in Artikel 1 Absatz 2 festgesetzten.

Art. 6. Erstreckt sich nach dem Recht eines Vertragsstaats der Verlust oder Entzug der Staatsangehörigkeit einer Person auf den Ehegatten oder die Kinder, so ist für diese der Verlust vom Besitz oder Erwerb einer anderen Staatsangehörigkeit abhängig.

Art. 7. (1)

a) Lässt das Recht eines Vertragsstaats den Verzicht auf die Staatsangehörigkeit zu, so hat der Verzicht den Verlust der Staatsangehörigkeit nur dann zur Folge, wenn der Betreffende eine andere Staatsangehörigkeit besitzt oder erwirbt.

b) Buchstabe a ist nicht anzuwenden, wenn seine Anwendung mit den in den Artikeln 13 und 14 der am 10. Dezember 1948 von der Generalversammlung der Vereinten Nationen angenommenen Allgemeinen Erklärung der Menschenrechte enthaltenen Grundsätze unvereinbar wäre.

(2) Ein Staatsangehöriger eines Vertragsstaats, der in einem ausländischen Staat die Einbürgerung anstrebt, verliert seine Staatsangehörigkeit nur dann, wenn er die ausländische Staatsangehörigkeit erwirbt oder die Zusicherung des ausländischen Staates für die Verleihung der Staatsangehörigkeit erhalten hat.

(3) Vorbehaltlich der Absätze 4 und 5 verliert ein Staatsangehöriger eines Vertragsstaats weder wegen Verlassens des Landes, Auslandsaufenthalts oder Verletzung einer Meldepflicht noch aus einem ähnlichen Grund seine Staatsangehörigkeit, wenn er dadurch staatenlos wird.

(4) Eine eingebürgerte Person kann aufgrund eines Auslandsaufenthalts nach einer im Recht des Vertragsstaats festgesetzten Dauer, die nicht weniger als sieben aufeinanderfolgende Jahre betragen darf, ihre Staatsangehörigkeit verlieren, wenn sie es unterlässt, der zuständigen Behörde ihre Absicht mitzuteilen, sich ihre Staatsangehörigkeit zu erhalten.

(5) Für Staatsangehörige eines Vertragsstaats, die außerhalb seines Hoheitsgebiets geboren sind, kann das Recht dieses Staates die Erhaltung der Staatsangehörigkeit über den Ablauf eines Jahres nach Erreichung der Volljährigkeit hinaus davon abhängig machen, dass sie sich zu diesem Zeitpunkt in seinem Hoheitsgebiet aufhalten oder bei der zuständigen Behörde registriert sind.

(6) Mit Ausnahme der in diesem Artikel vorgesehenen Fälle verliert niemand die Staatsangehörigkeit eines Vertragsstaats, wenn er dadurch staatenlos würde, selbst wenn dieser Verlust durch keine andere Bestimmung dieses Übereinkommens ausdrücklich verboten ist.

Art. 8. (1) Ein Vertragsstaat darf keiner Person seine Staatsangehörigkeit entziehen, wenn sie dadurch staatenlos wird.

(2) Ungeachtet des Absatzes 1 kann einer Person die Staatsangehörigkeit eines Vertragsstaats entzogen werden

a) in Fällen, in denen es nach Artikel 7 Absätze 4 und 5 zulässig ist, dass eine Person ihre Staatsangehörigkeit verliert;

b) wenn die Staatsangehörigkeit durch falsche Angaben oder betrügerische Handlungen erworben worden ist.

(3) Ungeachtet des Absatzes 1 kann sich jeder Vertragsstaat die Möglichkeit erhalten, einer Person die Staatsangehörigkeit zu entziehen, wenn er bei der Unterzeichnung, der Ratifikation oder dem Beitritt erklärt, dass er davon aus einem oder mehreren der folgenden Gründe, die sein innerstaatliches Recht zu diesem Zeitpunkt vorsieht, Gebrauch macht:

a) wenn die Person im Widerspruch zu ihrer Treuepflicht gegenüber dem Vertragsstaat

i) unter Missachtung eines ausdrücklichen Verbots des Vertragsstaats einem anderen Staat Dienste geleistet oder weiterhin geleistet hat oder von einem anderen Staat Vergütungen bezogen oder weiterhin bezogen hat oder

ii) ein den Lebensinteressen des Staates in schwerwiegender Weise abträgliches Verhalten an den Tag gelegt hat;

b) wenn die Person einen Treueeid oder eine förmliche Treueerklärung gegenüber einem anderen Staat abgegeben oder in eindeutiger Weise ihre Entschlossenheit bekundet hat, dem Vertragsstaat die Treue aufzukündigen.[4]

(4) Jeder Vertragsstaat übt die ihm nach den Absätzen 2 und 3 eingeräumte Befugnis, einer Person seine Staatsangehörigkeit zu entziehen, nur in Übereinstimmung mit einer gesetzlichen Regelung aus, die dem Betreffenden das Recht auf umfassenden Rechtsschutz durch ein Gericht oder eine andere unabhängige Stelle gewährt.

Art. 9. Ein Vertragsstaat darf keiner Person oder Personengruppe aus rassischen, ethnischen, religiösen oder politischen Gründen ihre Staatsangehörigkeit entziehen.

Art. 10. (1) In alle zwischen Vertragsstaaten geschlossenen Verträge über Gebietsabtretung sind Bestimmungen aufzunehmen, die sicherstellen, dass infolge der Abtretung niemand staatenlos wird. Jeder Vertragsstaat wird sich nach Kräften dafür einsetzen, dass auch in alle derartigen von ihm mit einem Staat, der nicht Vertragspartei dieses Übereinkommens ist, geschlossenen Verträge solche Bestimmungen aufgenommen werden.

(2) In Ermangelung solcher Bestimmungen verleiht ein Vertragsstaat, an den Hoheitsgebiet abgetreten wird oder der auf andere Weise Hoheitsgebiet erwirbt, seine Staatsangehörigkeit den Personen, die andernfalls infolge der Abtretung oder des Erwerbs staatenlos würden.

Art. 11. Die Vertragsstaaten werden sich dafür einsetzen, dass so bald wie möglich nach Hinterlegung der sechsten Ratifikations- oder Beitrittsurkunde im Rahmen der Vereinten Nationen eine Stelle errichtet wird, an die sich Personen, die sich auf dieses Übereinkommen berufen, mit der Bitte um Prüfung ihres Anspruchs und um Unterstützung bei seiner Durchsetzung gegenüber der zuständigen Behörde wenden können.

Art. 12. (1) Hinsichtlich eines Vertragsstaates, der seine Staatsangehörigkeit nicht nach Artikel 1 Absatz 1 oder Artikel 4 bei der Geburt kraft Gesetzes verleiht, gilt Artikel 1 Absatz 1 bzw. Artikel 4 sowohl für Personen, die vor dem Inkrafttreten dieses Übereinkommens geboren sind, als auch für solche, die danach geboren werden.

---

[4] Anwendungsvorbehalte nach Art. 8 Abs. 3 haben bisher *Brasilien, Irland, Kiribati, Österreich, Tunesien* und das *Vereinigte Königreich* erklärt.

(2) Artikel 1 Absatz 4 gilt sowohl für Personen, die vor dem Inkrafttreten dieses Übereinkommens geboren sind, als auch für solche, die danach geboren werden.

(3) Artikel 2 gilt nur für die nach Inkrafttreten dieses Übereinkommens für einen Vertragsstaat in dessen Hoheitsgebiet aufgefundenen Findelkinder.

Art. 13. Dieses Übereinkommen steht der Anwendung von für die Verminderung der Staatenlosigkeit günstigeren Bestimmungen nicht entgegen, die etwa im gegenwärtig oder künftig geltenden Recht eines Vertragsstaats oder in einem anderen gegenwärtig oder künftig geltenden Übereinkommen, Vertrag oder Abkommen zwischen zwei oder mehr Vertragsstaaten enthalten sind.

Art. 14–21. *(nicht abgedruckt)*

273. Straßburger Europäisches Übereinkommen über die Staatsangehörigkeit

Vom 6. November 1997[1, 2] (BGBl. 2004 II, S. 579)

(Übersetzung)[3]

Präambel

Die Mitgliedstaaten des Europarats und die anderen Staaten, die dieses Übereinkommen unterzeichnen,

---

[1] Das Übk. ist für die *Bundesrepublik Deutschland* am 1.9.2005 im Verhältnis zu *Alba-nien, Dänemark, Island,* der *Republik Moldau,* den *Niederlanden, Nordmazedonien, Österreich, Portugal* (jeweils BGBl. 2006 II, S. 1351), *Rumänien* (BGBl. 2009 II, S. 297), *Schweden,* der *Slowakei,* der *Tschechischen Republik* und *Ungarn* in Kraft getreten (jeweils BGBl. 2006 II, S. 1351).

Es gilt heute ferner für *Bosnien und Herzegowina* (seit 1.2.2009, BGBl. II, S. 297), *Bulgarien* (seit 1.6.2006, BGBl. II, S. 1351), *Finnland* (seit 1.12.2008, BGBl. 2009 II, S. 297), *Luxemburg* (seit 1.1.2018, BGBl. 2017 II, S. 1317), *Montenegro* (seit 1.10.2010, BGBl. II, S. 1423), *Norwegen* (seit 1.10.2009, BGBl. 2010 II, S. 1423) und die *Ukraine* (seit 1.4.2007, BGBl. 2008 II, S. 205).

[2] Das Straßburger Europäische Übereinkommen über die Verringerung der Mehrstaatigkeit und über die Wehrpflicht der Mehrstaater vom 6.5.1963 (BGBl. 1969 II, S. 1954) ist von der *Bundesrepublik Deutschland* am 21.12.2001 mit Wirkung v. 22.12.2002 gekündigt worden (BGBl. 2002 II, S. 171). Auf einen Abdruck des Übk. wird daher verzichtet.

Das Übk. war für die *Bundesrepublik Deutschland* am 18.12.1969 im Verhältnis zu *Frankreich, Italien* und *Schweden* in Kraft getreten (Bek. v. 5.12.1969, BGBl. II, S. 2232). Es galt zuletzt ferner im Verhältnis zu *Norwegen* (seit 27.12.1969, BGBl. 1970 II, S. 888), dem *Vereinigten Königreich* (seit 8.8.1971, BGBl. II, S. 1120), *Luxemburg* (seit 12.11.1971, BGBl. 1972 II, S. 332), *Dänemark* (seit 17.12.1972, BGBl. 1973 II, S. 83), *Irland* (seit 17.4.1973, BGBl. II, S. 714), *Österreich* (seit 1.9.1975, BGBl. II, S. 1497), den *Niederlanden* (seit 10.6.1985, BGBl. II, S. 786), *Spanien* (seit 17.8.1987, BGBl. II, S. 767) und *Belgien* (seit.7. 191991, BGBl. II, S. 870). *Schweden* hatte das Übk. am 28.6.2001 mit Wirkung v. 29.6.2002 gekündigt (BGBl. 2001 II, S. 907); es ist aber für *Schweden* am 30.6.2002 erneut in Kraft getreten (BGBl. II, S. 2536).

[3] Authentisch sind gleichberechtigt der englische und der französische Text: https://www.coe.int/de/web/conventions (Nr. 166).

in der Erwägung, dass es das Ziel des Europarats ist, eine engere Verbindung zwischen seinen Mitgliedern herbeizuführen;

in Anbetracht der zahlreichen völkerrechtlichen Übereinkünfte, die sich auf die Staatsangehörigkeit, die Mehrstaatigkeit und die Staatenlosigkeit beziehen;

in der Erkenntnis, dass bei Staatsangehörigkeitsangelegenheiten die rechtmäßigen Interessen sowohl der Staaten als auch der Einzelpersonen berücksichtigt werden sollten;

in dem Wunsch, die fortschreitende Entwicklung von Rechtsgrundsätzen für die Staatsangehörigkeit sowie ihre Aufnahme in das innerstaatliche Recht zu fördern, und in dem Wunsch, Fälle von Staatenlosigkeit soweit wie möglich zu vermeiden;

in dem Wunsch, bei Staatsangehörigkeitsangelegenheiten eine Diskriminierung zu vermeiden;

im Bewusstsein des in Artikel 8 der Konvention zum Schutze der Menschenrechte und Grundfreiheiten enthaltenen Rechts auf die Achtung des Familienlebens;

in Anbetracht der unterschiedlichen Haltung der Staaten zur Frage der Mehrstaatigkeit und in der Erkenntnis, dass es jedem Staat freisteht, zu entscheiden, welche Folgen er in seinem innerstaatlichen Recht an die Tatsache knüpft, dass ein Staatsangehöriger eine andere Staatsangehörigkeit erwirbt oder besitzt;

im Einvernehmen darüber, dass es wünschenswert ist, angemessene Lösungen für die Folgen der Mehrstaatigkeit und insbesondere bezüglich der Rechte und Pflichten von Mehrstaatern zu finden;

in der Erwägung, dass es wünschenswert ist, dass von Personen, welche die Staatsangehörigkeit von zwei oder mehr Vertragsstaaten besitzen, die Erfüllung der Wehrpflicht nur gegenüber einem dieser Staaten verlangt wird;

in Anbetracht der Notwendigkeit, die internationale Zusammenarbeit zwischen den für Staatsangehörigkeitsangelegenheiten zuständigen staatlichen Behörden zu fördern,

sind wie folgt übereingekommen:

Kapitel I. Allgemeines

Art. 1. Gegenstand des Übereinkommens. Dieses Übereinkommen legt Grundsätze und Vorschriften betreffend die Staatsangehörigkeit natürlicher Personen sowie Vorschriften zur Regelung der Wehrpflicht in Fällen der Mehrstaatigkeit fest, nach denen sich das innerstaatliche Recht der Vertragsstaaten zu richten hat.

Art. 2. Begriffsbestimmungen. Für die Zwecke dieses Übereinkommens:

a) bedeutet „Staatsangehörigkeit" das rechtliche Band zwischen einer Person und einem Staat und weist nicht auf die Volkszugehörigkeit einer Person hin;

b) bedeutet „Mehrstaatigkeit" den gleichzeitigen Besitz von zwei oder mehr Staatsangehörigkeiten durch eine Person;

c) bedeutet „Kind" jede Person unter 18 Jahren, soweit die Volljährigkeit nach dem für das Kind geltenden Recht nicht zu einem früheren Zeitpunkt eintritt;

d) bedeutet „innerstaatliches Recht" alle Arten von Bestimmungen des nationalen Rechtssystems, einschließlich der Verfassung, der Gesetze, Verordnungen und Dekrete, des Fallrechts, der gewohnheitsrechtlichen Regeln und Praxis sowie der Vorschriften, die aus bindenden völkerrechtlichen Übereinkünften abgeleitet werden.

Kapitel II. Allgemeine Grundsätze zur Staatsangehörigkeit

Art. 3. Zuständigkeit des Staates. (1) Jeder Staat bestimmt nach seinem eigenen Recht, wer seine Staatsangehörigen sind.

(2) Dieses Recht ist von den anderen Staaten anzuerkennen, soweit es mit anwendbaren internationalen Übereinkommen, dem Völkergewohnheitsrecht und den mit Bezug auf die Staatsangehörigkeit allgemein anerkannten Rechtsgrundsätzen in Einklang steht.

Art. 4. Grundsätze. Die Staatsangehörigkeitsvorschriften jedes Vertragsstaats müssen auf folgenden Grundsätzen beruhen:

a) Jeder hat das Recht auf eine Staatsangehörigkeit;

b) Staatenlosigkeit ist zu vermeiden;

c) niemandem darf die Staatsangehörigkeit willkürlich entzogen werden;

d) weder die Schließung noch die Auflösung einer Ehe zwischen einem Staatsangehörigen eines Vertragsstaats und einem Ausländer noch die Änderung der Staatsangehörigkeit eines Ehegatten während der Ehe berührt ohne weiteres die Staatsangehörigkeit des anderen Ehegatten.

Art. 5. Nichtdiskriminierung. (1) Die Staatsangehörigkeitsvorschriften eines Vertragsstaats dürfen keine Unterscheidungen enthalten oder Praktiken umfassen, die eine Diskriminierung aufgrund des Geschlechts, der Religion, der Rasse, der Hautfarbe, der nationalen Herkunft oder der Volkszugehörigkeit darstellen.

(2) Jeder Vertragsstaat lässt sich vom Grundsatz der Nichtdiskriminierung unter seinen Staatsangehörigen leiten, gleichviel ob es sich bei diesen um Staatsangehörige durch Geburt handelt oder ob sie die Staatsangehörigkeit später erworben haben.

Kapitel III. Vorschriften über die Staatsangehörigkeit

Art. 6.[4] **Erwerb der Staatsangehörigkeit.** (1) Jeder Vertragsstaat sieht in seinem innerstaatlichen Recht vor, dass seine Staatsangehörigkeit kraft Gesetzes durch folgende Personen erworben wird:

a) Kinder, wenn ein Elternteil zur Zeit der Geburt dieser Kinder die Staatsangehörigkeit dieses Vertragsstaats besitzt, vorbehaltlich etwaiger Ausnahmen, die sein innerstaatliches Recht für im Ausland geborene Kinder vorsieht. Bei Kindern, für welche die Vaterschaft durch Anerkennung, gerichtliche Entscheidung oder ähnliche Verfahren festgestellt wird, kann jeder Vertragsstaat vorsehen, dass das Kind die Staatsangehörigkeit entsprechend dem durch das innerstaatliche Recht festgelegten Verfahren erwirbt;

b) in seinem Hoheitsgebiet aufgefundene Findelkinder, wenn diese sonst staatenlos wären.

(2) Jeder Vertragsstaat sieht in seinem innerstaatlichen Recht vor, dass seine Staatsangehörigkeit durch in seinem Hoheitsgebiet geborene Kinder erworben wird, die bei der Geburt keine andere Staatsangehörigkeit erwerben. Die Staatsangehörigkeit wird verliehen:

a) bei der Geburt kraft Gesetzes oder

b) staatenlos gebliebenen Kindern später, wenn von dem betreffenden Kind oder in seinem Namen in der durch das innerstaatliche Recht des Vertragsstaats vorgeschriebenen Weise ein Antrag bei der zuständigen Behörde gestellt wird. Dieser Antrag kann von einem rechtmäßigen und gewöhnlichen Aufenthalt von höchstens fünf Jahren unmittelbar vor der Antragstellung abhängig gemacht werden.

(3) Jeder Vertragsstaat sieht in seinem innerstaatlichen Recht die Möglichkeit der Einbürgerung von Personen vor, die sich rechtmäßig und gewöhnlich in seinem Hoheitsgebiet aufhalten. Bei der Festlegung der Einbürgerungsbedingungen darf ein Vertragsstaat keine Aufenthaltsdauer von mehr als zehn Jahren vor der Antragstellung vorsehen.

(4) Jeder Vertragsstaat erleichtert in seinem innerstaatlichen Recht folgenden Personen den Erwerb seiner Staatsangehörigkeit:

a) Ehegatten von Staatsangehörigen;

b) Kindern eines Staatsangehörigen, die unter die Ausnahmen des Absatzes 1 Buchstabe a fallen;

c) Kindern, wenn ein Elternteil seine Staatsangehörigkeit erwirbt oder erworben hat;

d) Kindern, die von einem seiner Staatsangehörigen adoptiert wurden;

e) Personen, die in seinem Hoheitsgebiet geboren sind und sich dort rechtmäßig und gewöhnlich aufhalten;

---

[4] Vorbehalte zu Art. 6 haben die Republik *Moldau, Österreich* und *Rumänien* erklärt.

f) Personen, die sich seit einem durch das innerstaatliche Recht des betroffenen Vertragsstaats festgelegten Zeitpunkt vor Vollendung des 18. Lebensjahrs rechtmäßig und gewöhnlich in seinem Hoheitsgebiet aufhalten;

g) Staatenlosen und anerkannten Flüchtlingen, die sich rechtmäßig und gewöhnlich in seinem Hoheitsgebiet aufhalten.

Art. 7.[5] **Verlust der Staatsangehörigkeit kraft Gesetzes oder auf Veranlassung eines Vertragsstaats.** (1) Ein Vertragsstaat darf in seinem innerstaatlichen Recht nicht den Verlust der Staatsangehörigkeit kraft Gesetzes oder auf seine Veranlassung vorsehen, außer in folgenden Fällen:

a) freiwilliger Erwerb einer anderen Staatsangehörigkeit;

b) Erwerb der Staatsangehörigkeit des Vertragsstaats durch arglistiges Verhalten, falsche Angaben oder die Verschleierung einer erheblichen Tatsache, die dem Antragsteller zuzurechnen sind;

c) freiwilliger Dienst in ausländischen Streitkräften;

d) Verhalten, das den wesentlichen Interessen des Vertragsstaats in schwerwiegender Weise abträglich ist;

e) Fehlen einer echten Bindung zwischen dem Vertragsstaat und einem Staatsangehörigen mit gewöhnlichem Aufenthalt im Ausland;

f) Feststellung während der Minderjährigkeit eines Kindes, dass die durch innerstaatliches Recht bestimmten Voraussetzungen, die zum Erwerb der Staatsangehörigkeit des Vertragsstaats kraft Gesetzes geführt haben, nicht mehr erfüllt sind;

g) Adoption eines Kindes, wenn dieses die ausländische Staatsangehörigkeit eines oder beider adoptierenden Elternteile erwirbt oder besitzt.

(2) Ein Vertragsstaat kann – außer in den Fällen des Absatzes 1 Buchstaben c und d – den Verlust seiner Staatsangehörigkeit für Kinder vorsehen, deren Eltern diese Staatsangehörigkeit verlieren. Kinder verlieren jedoch diese Staatsangehörigkeit nicht, wenn einer ihrer Elternteile sie beibehält.

(3) Ein Vertragsstaat darf – außer in den in Absatz 1 Buchstabe b genannten Fällen – in seinem innerstaatlichen Recht den Verlust der Staatsangehörigkeit nach den Absätzen 1 und 2 nicht vorsehen, wenn der Betreffende dadurch staatenlos würde.

Art. 8.[6] **Verlust der Staatsangehörigkeit auf Veranlassung der Person.** (1) Jeder Vertragsstaat gestattet die Aufgabe seiner Staatsangehörigkeit, sofern die Betreffenden dadurch nicht staatenlos werden.

(2) Ein Vertragsstaat kann in seinem innerstaatlichen Recht jedoch vorsehen, dass die Aufgabe nur von Staatsangehörigen bewirkt werden kann, die ihren gewöhnlichen Aufenthalt im Ausland haben.

---

[5] Vorbehalte zu Art. 7 haben *Deutschland,* die *Republik Moldau,* die *Niederlande* und *Österreich* erklärt. Eine Erklärung zu Art. 7 Abs. 2 hat die *Niederlande* abgegeben.

[6] Vorbehalte zu Art. 8 haben *Deutschland, Österreich, Rumänien* und die *Ukraine* erklärt.

Art. 9. Wiedererwerb der Staatsangehörigkeit. Jeder Vertragsstaat erleichtert in den in seinem innerstaatlichen Recht vorgesehenen Fällen und unter den dort festgelegten Bedingungen den Wiedererwerb seiner Staatsangehörigkeit durch ehemalige Staatsangehörige, die sich rechtmäßig und gewöhnlich in seinem Hoheitsgebiet aufhalten.

Kapitel IV. Verfahren in Bezug auf die Staatsangehörigkeit

Art. 10.[7] **Bearbeitung der Anträge.** Jeder Vertragsstaat stellt sicher, dass Anträge auf Erwerb, Beibehaltung, Verlust, Wiedererwerb oder Bestätigung der Staatsangehörigkeit in angemessener Zeit bearbeitet werden.

Art. 11.[8] **Entscheidungen.** Jeder Vertragsstaat stellt sicher, dass Entscheidungen über den Erwerb, die Beibehaltung, den Verlust, den Wiedererwerb oder die Bestätigung der Staatsangehörigkeit eine schriftliche Begründung enthalten.

Art. 12.[9] **Recht auf eine Überprüfung.** Jeder Vertragsstaat stellt sicher, dass Entscheidungen über den Erwerb, die Beibehaltung, den Verlust, den Wiedererwerb oder die Bestätigung seiner Staatsangehörigkeit in Übereinstimmung mit seinem innerstaatlichen Recht einer Überprüfung durch die Verwaltung oder die Gerichte unterzogen werden können.

Art. 13. Gebühren. (1) Jeder Vertragsstaat stellt sicher, dass die Gebühren für den Erwerb, die Beibehaltung, den Verlust, den Wiedererwerb oder die Bestätigung seiner Staatsangehörigkeit angemessen sind.

(2) Jeder Vertragsstaat stellt sicher, dass die Gebühren für eine Überprüfung der Entscheidungen durch die Verwaltung oder die Gerichte kein Hindernis für die Antragsteller darstellen.

Kapitel V. Mehrstaatigkeit

Art. 14. Fälle von Mehrstaatigkeit kraft Gesetzes. (1) Ein Vertragsstaat gestattet:

a) Kindern, die bei der Geburt ohne weiteres verschiedene Staatsangehörigkeiten erworben haben, die Beibehaltung dieser Staatsangehörigkeiten;

b) seinen Staatsangehörigen den Besitz einer weiteren Staatsangehörigkeit, wenn diese durch Eheschließung ohne weiteres erworben wird.

(2) Die Beibehaltung der Staatsangehörigkeit nach Absatz 1 gilt vorbehaltlich der einschlägigen Bestimmungen des Artikels 7.

---

[7] Erklärungen zu Art. 10 hat *Deutschland* abgegeben.

[8] Einen Vorbehalt zu Art. 11 haben *Bulgarien* und *Ungarn* erklärt.

[9] Einen Vorbehalt zu Art. 12 haben *Bulgarien, Dänemark* und *Ungarn* erklärt.

Art. 15. Andere mögliche Fälle von Mehrstaatigkeit. Dieses Übereinkommen beschränkt nicht das Recht eines Vertragsstaats, in seinem innerstaatlichen Recht zu bestimmen:

a) ob seine Staatsangehörigen, welche die Staatsangehörigkeit eines anderen Staates erwerben oder besitzen, seine Staatsangehörigkeit behalten oder verlieren;

b) ob der Erwerb oder die Beibehaltung seiner Staatsangehörigkeit von der Aufgabe oder dem Verlust einer anderen Staatsangehörigkeit abhängt.

Art. 16.[10] **Beibehaltung der bisherigen Staatsangehörigkeit.** Ein Vertragsstaat darf den Erwerb oder die Beibehaltung seiner Staatsangehörigkeit nicht von der Aufgabe oder dem Verlust einer anderen Staatsangehörigkeit abhängig machen, wenn die Aufgabe oder der Verlust unmöglich oder unzumutbar ist.

Art. 17.[11] **Rechte und Pflichten im Zusammenhang mit Mehrstaatigkeit.** Die Staatsangehörigen eines Vertragsstaats, die eine weitere Staatsangehörigkeit besitzen, haben im Hoheitsgebiet des Vertragsstaats, in dem sie ansässig sind, dieselben Rechte und Pflichten wie andere Staatsangehörige dieses Vertragsstaats. Dieses Kapitel berührt nicht:

a) die Regeln des Völkerrechts über den diplomatischen oder konsularischen Schutz durch einen Vertragsstaat für einen seiner Staatsangehörigen, der gleichzeitig eine weitere Staatsangehörigkeit besitzt;

b) in Fällen von Mehrstaatigkeit die Anwendung der Regeln des internationalen Privatrechts jedes Vertragsstaats.

Kapitel VI. Staatennachfolge und Staatsangehörigkeit

Art. 18. Grundsätze. (1) In Staatsangehörigkeitsangelegenheiten in Fällen einer Staatennachfolge beachtet jeder betroffene Vertragsstaat, insbesondere um Staatenlosigkeit zu vermeiden, die Grundsätze der Rechtsstaatlichkeit, die Vorschriften im Bereich der Menschenrechte und die in den Artikeln 4 und 5 sowie in Absatz 2 dieses Artikels enthaltenen Grundsätze.

(2) Bei der Entscheidung über die Verleihung oder Beibehaltung der Staatsangehörigkeit in Fällen der Staatennachfolge berücksichtigt jeder betroffene Vertragsstaat insbesondere:

a) die echte und tatsächliche Bindung des Betroffenen an den Staat;

b) den gewöhnlichen Aufenthalt des Betroffenen zur Zeit der Staatennachfolge;

c) den Willen des Betroffenen;

d) die territoriale Herkunft des Betroffenen.

---

[10] Einen Vorbehalt zu Art. 16 haben *Bulgarien* und *Montenegro* erklärt.

[11] Einen Vorbehalt zu Art. 17 haben *Bulgarien* und *Rumänien* erklärt.

(3) In den Fällen, in denen der Erwerb der Staatsangehörigkeit vom Verlust einer ausländischen Staatsangehörigkeit abhängt, ist Artikel 16 anzuwenden.

Art. 19. Regelung durch völkerrechtliche Vereinbarung. In Fällen einer Staatennachfolge bemühen sich die betroffenen Vertragsstaaten, Fragen der Staatsangehörigkeit untereinander und gegebenenfalls auch im Verhältnis zu anderen betroffenen Staaten durch Vereinbarung zu regeln. Derartige Vereinbarungen haben die in diesem Kapitel enthaltenen oder erwähnten Grundsätze und Vorschriften zu beachten.

Art. 20. Grundsätze für Personen, die keine Staatsangehörigen sind. (1) Jeder Vertragsstaat beachtet die folgenden Grundsätze:

a) Staatsangehörige eines Vorgängerstaats, die ihren gewöhnlichen Aufenthalt in dem Gebiet haben, über das die Souveränität auf einen Nachfolgestaat übergeht, und die dessen Staatsangehörigkeit nicht erworben haben, haben das Recht, in diesem Staat zu bleiben;

b) die unter Buchstabe a genannten Personen genießen hinsichtlich sozialer und wirtschaftlicher Rechte Gleichbehandlung mit Staatsangehörigen des Nachfolgestaats.

(2) Jeder Vertragsstaat kann die in Absatz 1 erwähnten Personen von der Beschäftigung im öffentlichen Dienst, welche die Ausübung hoheitlicher Befugnisse beinhaltet, ausschließen.

Kapitel VII.[12] Wehrpflicht von Mehrstaatern

Art. 21, 22. *(nicht abgedruckt)*

Kapitel VIII. Zusammenarbeit zwischen den Vertragsstaaten

Art. 23. Zusammenarbeit zwischen den Vertragsstaaten. (1) Um die Zusammenarbeit zwischen den Vertragsstaaten zu erleichtern:

a) übermitteln ihre zuständigen Behörden dem Generalsekretär des Europarats Angaben über ihr innerstaatliches Staatsangehörigkeitsrecht, einschließlich der Fälle von Staatenlosigkeit und Mehrstaatigkeit, sowie über die Entwicklungen hinsichtlich der Anwendung des Übereinkommens;

b) übermitteln ihre zuständigen Behörden einander auf Ersuchen Angaben über ihr innerstaatliches Staatsangehörigkeitsrecht sowie über die Entwicklungen hinsichtlich der Anwendung des Übereinkommens.

---

[12] Vgl. zu Kapitel VII die Vorbehaltsmöglichkeit gem. Art. 25. Von ihr haben *Nordmazedonien* und die *Ukraine* Gebrauch gemacht.

(2) Die Vertragsstaaten arbeiten untereinander und mit den anderen Mitgliedstaaten des Europarats im Rahmen des entsprechenden zwischenstaatlichen Gremiums des Europarats zusammen, um alle einschlägigen Probleme zu behandeln und die fortschreitende Entwicklung der Rechtsgrundsätze und -praxis hinsichtlich der Staatsangehörigkeit und damit zusammenhängender Angelegenheiten zu fördern.

Art. 24. Informationsaustausch. Jeder Vertragsstaat kann jederzeit erklären, dass er einen anderen Vertragsstaat, der dieselbe Erklärung abgegeben hat, vorbehaltlich anwendbarer Datenschutzgesetze vom freiwilligen Erwerb seiner Staatsangehörigkeit durch Staatsangehörige des anderen Vertragsstaats unterrichten wird. Diese Erklärung kann die Bedingungen enthalten, unter denen der Vertragsstaat diese Informationen liefern wird. Die Erklärung kann jederzeit zurückgenommen werden.

Kapitel IX. Anwendung des Übereinkommens

Art. 25. Erklärungen zur Anwendung des Übereinkommens. (1) Jeder Staat kann bei der Unterzeichnung oder bei der Hinterlegung seiner Ratifikations-, Annahme-, Genehmigungs- oder Beitrittsurkunde erklären, dass er Kapitel VII von der Anwendung des Übereinkommens ausschließt.

(2) Kapitel VII gilt nur im Verhältnis zwischen den Vertragsstaaten, für die es in Kraft ist.

(3) Jeder Vertragsstaat kann dem Generalsekretär des Europarats jederzeit danach notifizieren, dass er Kapitel VII, das er bei der Unterzeichnung oder in seiner Ratifikations-, Annahme-, Genehmigungs- oder Beitrittsurkunde ausgeschlossen hatte, anwenden wird. Diese Notifikation wird mit ihrem Eingang wirksam.

Art. 26. Auswirkungen des Übereinkommens. (1) Dieses Übereinkommen lässt bereits in Kraft befindliche oder möglicherweise in Kraft tretende Bestimmungen des innerstaatlichen Rechts und bindender völkerrechtlicher Übereinkünfte unberührt, die den einzelnen im Bereich der Staatsangehörigkeit günstigere Rechte gewähren oder gewähren würden.

(2) Dieses Übereinkommen berührt nicht die Anwendung:

a) des Übereinkommens von 1963 über die Verringerung der Mehrstaatigkeit und über die Wehrpflicht von Mehrstaatern sowie seiner Protokolle,[13]

b) anderer bindender völkerrechtlicher Übereinkünfte, soweit sie mit diesem Übereinkommen vereinbar sind, im Verhältnis zwischen den durch diese Übereinkünfte gebundenen Vertragsstaaten.

---

[13] Vgl. dazu oben Anm. 2.

Art. 27–28. *(nicht abgedruckt)*

Art. 29. Vorbehalte. (1) Vorbehalte zu den Kapiteln I, II und VI sind nicht zulässig. Jeder Staat kann bei der Unterzeichnung oder bei der Hinterlegung seiner Ratifikations-, Annahme-, Genehmigungs- oder Beitrittsurkunde einen oder mehrere Vorbehalte zu den anderen Bestimmungen dieses Übereinkommens anbringen, solange sie mit Ziel und Zweck des Übereinkommens vereinbar sind.

(2) Jeder Staat, der einen oder mehrere Vorbehalte anbringt, notifiziert dem Generalsekretär des Europarats den einschlägigen Inhalt seines innerstaatlichen Rechts oder andere einschlägige Angaben.

(3) Ein Staat, der einen oder mehrere Vorbehalte nach Absatz 1 angebracht hat, prüft ihre vollständige oder teilweise Rücknahme, sobald die Umstände dies zulassen. Die Rücknahme erfolgt durch eine an den Generalsekretär des Europarats gerichtete Notifikation und wird mit dem Eingang der Notifikation beim Generalsekretär wirksam.

(4) Jeder Staat, der die Anwendung dieses Übereinkommens auf ein Hoheitsgebiet erstreckt, das in der in Artikel 30 Absatz 2 genannten Erklärung erwähnt ist, kann in Bezug auf das betreffende Hoheitsgebiet einen oder mehrere Vorbehalte nach den Absätzen 1 bis 3 anbringen.

(5) Ein Vertragsstaat, der Vorbehalte zu einer Bestimmung des Kapitels VII angebracht hat, kann von einem anderen Staat die Anwendung dieser Bestimmung nur insoweit verlangen, als er selbst sie angenommen hat.

Art. 30–32. *(nicht abgedruckt)*

274. Berner CIEC-Übereinkommen zur Verringerung der Fälle von Staatenlosigkeit

Vom 13. September 1973[1] (BGBl. 1977 II, S. 613)

(Übersetzung)[2]

Art. 1. (1) Das Kind, dessen Mutter die Staatsangehörigkeit eines Vertragsstaats besitzt, erwirbt durch Geburt die Staatsangehörigkeit der Mutter, wenn es sonst staatenlos wäre.

(2) Wird jedoch hinsichtlich der Staatsangehörigkeit die mütterliche Abstammung erst an dem Tag wirksam, an dem sie festgestellt ist, so erwirbt das minderjährige Kind an diesem Tag die Staatsangehörigkeit der Mutter.

---

[1] Das Übk. ist für die *Bundesrepublik Deutschland* am 24.9.1977 im Verhältnis zu *Griechenland* und der *Türkei* in Kraft getreten (Bek. v. 27.10.1977, BGBl. II S. 1219).

Es gilt heute ferner im Verhältnis zu *Luxemburg* (seit 10.8.1978, BGBl. II, S. 1215) und der *Schweiz* (seit 18.6.1992, BGBl. 1994 II, S. 1190). Die *Niederlande,* für die das Übk. seit 19.5.1985 galt (BGBl. II, S. 803), haben dieses mit Wirkung v. 13.9.2001 gekündigt (BGBl. II, S. 1220).

[2] Authentisch ist allein der französische Text: http://www.ciecl.org (Nr. 13).

Art. 2. Für die Anwendung des Artikels 1 gilt die Annahme, dass ein Kind, dessen Vater die Rechtsstellung als Flüchtling hat, nicht die Staatsangehörigkeit des Vaters besitzt.

Art. 3. Die Artikel 1 und 2 finden in jedem Vertragsstaat auf Kinder Anwendung, die nach Inkrafttreten des Übereinkommens für diesen Staat geboren werden oder die zu diesem Zeitpunkt noch minderjährig sind.

Art. 4.[3] (1) Bei der Unterzeichnung, bei der in Artikel 6 vorgesehenen Notifikation oder beim Beitritt kann jeder Vertragsstaat erklären, dass er sich das Recht vorbehält,

a) die Anwendung der Artikel 1 bis 3 auf Kinder zu beschränken, die im Hoheitsgebiet eines Vertragsstaats geboren sind;

b) Artikel 2 nicht anzuwenden;

c) Artikel 2 nur anzuwenden, wenn der Vater in seinem Hoheitsgebiet als Flüchtling anerkannt ist.

(2) Vorbehalte nach Absatz 1 können jederzeit durch einfache Notifikation an den Schweizerischen Bundesrat ganz oder teilweise widerrufen werden.

(3) Der Schweizerische Bundesrat setzt die Vertragsstaaten und den Generalsekretär der Internationalen Kommission für das Zivilstandswesen von jedem in Anwendung dieses Artikels angebrachten oder widerrufenen Vorbehalt in Kenntnis.

Art. 5. Das Übereinkommen steht der Anwendung internationaler Übereinkünfte oder innerstaatlicher Rechtsvorschriften nicht entgegen, die für den Erwerb der Staatsangehörigkeit der Mutter durch das Kind günstiger sind.

Art. 6–10. *(nicht abgedruckt)*

---

[3] *Deutschland, Griechenland und Luxemburg* haben den Vorbehalt nach Art. 4 Abs. 1 lit. b) erklärt und wenden Art. 2 des Übk. nicht an. Darüber hinaus sind keine Vorbehalte erklärt worden. *Deutschland* hat ferner erklärt, dass es das Übk. auf alle Kinder anwenden wird, deren Mütter Deutsche iS des Grundgesetzes sind (vgl. dazu Art. 116 GG, Nr. *13*).

B. Innerstaatliches Recht

275. Staatsangehörigkeitsgesetz[1]

Vom 22. Juli 1913[2] (RGBl. I, S. 583)

§ 1.[3, 4] **[„Deutscher"]** Deutscher im Sinne dieses Gesetzes ist, wer die deutsche Staatsangehörigkeit besitzt.

§ 2.[5] *(aufgehoben)*

§ 3.[6] **[Erwerb der Staatsangehörigkeit]** (1) Die Staatsangehörigkeit wird erworben

1. durch Geburt (§ 4),
2. durch Erklärung nach § 5,[7]
3. durch Annahme als Kind (§ 6),[8]
4. durch Ausstellung der Bescheinigung nach § 15 Abs. 1 oder 2 des Bundesvertriebenengesetzes (§ 7),[9]
5. durch Einbürgerung (§§ 8 bis 16, 40b und 40c).[10, 11]

(2) Die Staatsangehörigkeit erwirbt auch, wer seit zwölf Jahren von deutschen Stellen als deutscher Staatsangehöriger behandelt worden ist und dies nicht zu vertreten hat. Als deutscher Staatsangehöriger wird insbesondere

---

[1] Gesetzesüberschrift neu gefasst durch StAG-ReformG v. 15.7.1999 (BGBl. I, S. 1618) mit Wirkung v. 1.1.2000.

[2] Der Wortlaut des StaatsangehörigkeitsG v. 22.7.1913 wird hier wiedergegeben idF der Nr. 102-1 des BGBl. III einschließlich aller späteren Änderungen.

[3] § 1 neu gefasst durch AufenthaltsG v. 30.7.2004 (BGBl. I, S. 1950) mit Wirkung v. 1.1.2005.

[4] Zum Begriff „Deutscher" siehe Art. 116 GG (Nr. *13*).

[5] § 2 aufgehoben durch Gesetz vom 19.8.2007 (BGBl. I, S. 1970) mit Wirkung v. 28.8.2007.

[6] Bisheriger Wortlaut von § 3 wird Abs. 1 und Abs. 2 angefügt durch Gesetz v. 19.8.2007 (BGBl. I, S. 1970) mit Wirkung v. 28.8.2007. Abs. 1 neu gefasst durch Gesetz v. 12.8.2021 (BGBl. I, S. 3538) mit Wirkung v. 20.8.2021.

[7] § 3 Nr. 2 geändert durch Art. 2 Nr. 1 KindRG v. 16.12.1997 (BGBl. I, S. 2942) mit Wirkung v. 1.7.1998.

[8] § 3 Nr. 3 aufgehoben durch Gesetz v. 8.9.1969 (BGBl. I, S. 1581); neu eingefügt durch AdoptionsG v. 2.7.1976 (BGBl. I S. 1749).

[9] § 3 Nr. 4 neu gefasst und Nr. 4a eingefügt durch StAG-ReformG v. 15.7.1999 (BGBl. I, S. 1618) mit Wirkung v. 1.8.1999.

[10] § 3 Nr. 5 geändert durch StAG-ReformG v. 15.7.1999 (BGBl. I, S. 1618) mit Wirkung v. 1.1.2000; erneut geändert durch AufenthaltsG v. 30.7.2004 (BGBl. I S. 1950) mit Wirkung v. 1.1.2005.

[11] Siehe auch Art. 16 und 116 GG (Nr. *13*) sowie das Zweite Gesetz zur Regelung von Fragen der Staatsangehörigkeit v. 17.5.1956 (BGBl. III, 102-6).

behandelt, wem ein Staatsangehörigkeitsausweis, Reisepass oder Personalausweis ausgestellt wurde. Der Erwerb der Staatsangehörigkeit wirkt auf den Zeitpunkt zurück, zu dem bei Behandlung als Staatsangehöriger der Erwerb der Staatsangehörigkeit angenommen wurde. Er erstreckt sich auf Abkömmlinge, die seither ihre Staatsangehörigkeit von dem nach Satz 1 Begünstigten ableiten.

§ 4.[12] **[Erwerb durch Geburt]** (1) Durch die Geburt erwirbt ein Kind die deutsche Staatsangehörigkeit, wenn ein Elternteil die deutsche Staatsangehörigkeit besitzt. Ist bei der Geburt des Kindes nur der Vater deutscher Staatsangehöriger und ist zur Begründung der Abstammung nach den deutschen Gesetzen die Anerkennung oder Feststellung der Vaterschaft erforderlich, so bedarf es zur Geltendmachung des Erwerbs einer nach den deutschen Gesetzen wirksamen Anerkennung oder Feststellung der Vaterschaft; die Anerkennungserklärung muss abgegeben oder das Feststellungsverfahren muss eingeleitet sein, bevor das Kind das 23. Lebensjahr vollendet hat.

(2) Ein Kind, das im Inland aufgefunden wird (Findelkind), gilt bis zum Beweis des Gegenteils als Kind eines Deutschen. Satz 1 ist auf ein vertraulich geborenes Kind nach § 25 Absatz 1 des Schwangerschaftskonfliktgesetzes entsprechend anzuwenden.

(3) Durch die Geburt im Inland erwirbt ein Kind ausländischer Eltern die deutsche Staatsangehörigkeit, wenn ein Elternteil

1. seit acht Jahren rechtmäßig seinen gewöhnlichen Aufenthalt im Inland hat und
2. ein unbefristetes Aufenthaltsrecht oder als Staatsangehöriger der Schweiz oder dessen Familienangehöriger eine Aufenthaltserlaubnis auf Grund des Abkommens vom 21. Juni 1999 zwischen der Europäischen Gemeinschaft und ihren Mitgliedstaaten einerseits und der Schweizerischen Eidgenossenschaft andererseits über die Freizügigkeit (BGBl. 2001 II S. 810) besitzt.

Der Erwerb der deutschen Staatsangehörigkeit wird in dem Geburtenregister, in dem die Geburt des Kindes beurkundet ist, eingetragen. Das Bun-

[12] § 4 Abs. 1 neu gefasst durch Gesetz v. 30.6.1993 (BGBl. I, S. 1062); Abs. 1 S. 2 neu gefasst durch Art. 2 Nr. 2 KindRG v. 16.12.1997 (BGBl. I, S. 2942) mit Wirkung v. 1.7.1998; Abs. 3 und 4 angefügt mit Wirkung v. 1.1.2000, Abs. 3 S. 3 mit Wirkung v. 24.7.1999 durch Gesetz v. 15.7.1999 (BGBl. I, S. 1618); Abs. 2 sowie Abs. 3 S. 1 Nr. 2 neu gefasst durch AufenthaltsG v. 30.7.2004 (BGBl. I, S. 1950) mit Wirkung v. 1.1.2005 und erneut durch Gesetz v. 19.8.2007 (BGBl. I, S. 1970); Abs. 3 Satz 1 Nr. 2 neu gef. mWv 18.3.2005 durch G v. 14.3.2005 (BGBl. I S. 721); Abs. 3 Satz 2 neu gefasst durch Gesetz v. 19.2.2007 (BGBl. I, S. 122) mit Wirkung v. 1.1.2009; Abs. 3 S. 2 neu gefasst durch PStRG v. 19.2.2007 (BGBl. I, 122) mit Wirkung v. 1.1.2009; Abs. 4 Satz 2 geändert durch Gesetz v. 8.12.2010 (BGBl. I, S. 1864) mit Wirkung v. 15.12.2010. Abs. 2 Satz 2 angefügt durch Gesetz v. 28.8.2013 (BGBl. I, S. 3458) mit Wirkung v. 1.5.2014. Abs. 3 Satz 3 geändert durch VO v. 19.6.2020 (BGBl. I, S. 1328) mit Wirkung v. 27.6.2020; Abs. 4 Satz 4 und Abs. 5 angefügt durch Gesetz v. 12.8.2021 (BGBl. I, S. 3538) mit Wirkung v. 20.8.2021.

desministerium des Innern, für Bau und Heimat wird ermächtigt, mit Zustimmung des Bundesrates durch Rechtsverordnung Vorschriften über das Verfahren zur Eintragung des Erwerbs der Staatsangehörigkeit nach Satz 1 zu erlassen.

(4) Die deutsche Staatsangehörigkeit wird nicht nach Absatz 1 erworben bei Geburt im Ausland, wenn der deutsche Elternteil nach dem 31. Dezember 1999 im Ausland geboren wurde und dort seinen gewöhnlichen Aufenthalt hat, es sei denn, das Kind würde sonst staatenlos. Die Rechtsfolge nach Satz 1 tritt nicht ein, wenn innerhalb eines Jahres nach der Geburt des Kindes ein Antrag nach § 36 des Personenstandsgesetzes auf Beurkundung der Geburt im Geburtenregister gestellt wird; zur Fristwahrung genügt es auch, wenn der Antrag in dieser Frist bei der zuständigen Auslandsvertretung eingeht. Sind beide Elternteile deutsche Staatsangehörige, so tritt die Rechtsfolge des Satzes 1 nur ein, wenn beide die dort genannten Voraussetzungen erfüllen. Für den Anspruch nach Artikel 116 Absatz 2 des Grundgesetzes und nach § 15 ist die Rechtsfolge nach Satz 1 unbeachtlich.

(5) Absatz 4 Satz 1 gilt nicht

1. für Abkömmlinge eines deutschen Staatsangehörigen, der die deutsche Staatsangehörigkeit nach Artikel 116 Absatz 2 des Grundgesetzes oder nach § 15 erworben hat, und
2. für Abkömmlinge eines deutschen Staatsangehörigen, wenn dieser ohne den Erwerb der deutschen Staatsangehörigkeit einen Anspruch nach Artikel 116 Absatz 2 des Grundgesetzes oder nach § 15 gehabt hätte.

§ 5. [Erklärungsrecht des Kindes]. (1) Durch die Erklärung, deutsche Staatsangehörige werden zu wollen, erwerben die nach dem Inkrafttreten des Grundgesetzes geborenen

1. Kinder eines deutschen Elternteils, die durch Geburt nicht die deutsche Staatsangehörigkeit erworben haben,
2. Kinder einer Mutter, die vor der Kindesgeburt durch Eheschließung mit einem Ausländer die deutsche Staatsangehörigkeit verloren hat,
3. Kinder, die ihre durch Geburt erworbene deutsche Staatsangehörigkeit durch eine von einem Ausländer bewirkte und nach den deutschen Gesetzen wirksame Legitimation verloren haben, und
4. Abkömmlinge der Kinder nach Nummer 1 bis 3

die deutsche Staatsangehörigkeit, wenn sie handlungsfähig nach § 37 Absatz 1 Satz 1 oder gesetzlich vertreten sind, es sei denn, dass sie wegen einer oder mehrerer vorsätzlicher Straftaten rechtskräftig zu einer Freiheits- oder Jugendstrafe von zwei Jahren oder mehr verurteilt worden sind oder bei der letzten rechtskräftigen Verurteilung Sicherungsverwahrung angeordnet worden ist oder ein Ausschlussgrund nach § 11 vorliegt. § 4 Absatz 1 Satz 2, § 12a Absatz 2 bis 4 und § 37 Absatz 2 gelten entsprechend. Das Erklärungsrecht nach Satz 1 besteht auch, wenn unter denselben Voraussetzungen die Rechtsstellung nach Artikel 116 Absatz 1 des Grundgesetzes nicht erworben worden oder verloren gegangen ist.

(2) Erklärungsberechtigt nach Absatz 1 ist nicht, wer die deutsche Staatsangehörigkeit

1. nach seiner Geburt oder nach deren Verlust auf Grund einer nach den deutschen Gesetzen wirksamen Legitimation durch einen Ausländer besessen, aber wieder aufgegeben oder verloren oder ausgeschlagen hat oder nach deren Aufgabe, Verlust oder Ausschlagung als dessen Abkömmling geboren oder als Kind angenommen worden ist, oder
2. nach § 4 Absatz 4 Satz 2 in Verbindung mit Absatz 1 erwerben konnte, aber nicht erworben hat oder noch erwerben kann.

(3) Das Erklärungsrecht nach Absatz 1 kann nur innerhalb von zehn Jahren nach Inkrafttreten dieses Gesetzes ausgeübt werden.

(4) Über den Erwerb der deutschen Staatsangehörigkeit durch Erklärung wird eine Urkunde ausgestellt.

§ 6.[13] **[Annahme als Kind]** Mit der nach den deutschen Gesetzen wirksamen Annahme als Kind durch einen Deutschen erwirbt das Kind, das im Zeitpunkt des Annahmeantrags das achtzehnte Lebensjahr noch nicht vollendet hat, die Staatsangehörigkeit. Der Erwerb der Staatsangehörigkeit erstreckt sich auf die Abkömmlinge des Kindes. Beruht die Annahme als Kind auf einer ausländischen Entscheidung, setzt der Erwerb der deutschen Staatsangehörigkeit voraus, dass das Eltern-Kind-Verhältnis des Kindes zu seinen bisherigen Eltern durch die Annahme erloschen ist und das Annahmeverhältnis einem nach den deutschen Sachvorschriften begründeten Annahmeverhältnis gleichsteht. Liegen die Voraussetzungen des Satzes 3 nicht vor und wird eine Umwandlung des Annahmeverhältnisses nach § 3 des Adoptionswirkungsgesetzes ausgesprochen, gilt Satz 1 entsprechend.

§ 7.[14] **[Spätaussiedler]** Spätaussiedler und die in den Aufnahmebescheid einbezogenen Familienangehörigen erwerben mit der Ausstellung der Bescheinigung nach § 15 Abs. 1 oder Abs. 2 des Bundesvertriebenengesetzes die deutsche Staatsangehörigkeit.

§ 8.[15] **[Einbürgerung eines Ausländers]** (1) Ein Ausländer, der rechtmäßig seinen gewöhnlichen Aufenthalt im Inland hat, kann[16] auf seinen

---

[13] § 6 aufgehoben durch Gesetz v. 8.9.1969 (BGBl. I, S. 1581); neu eingefügt durch AdoptionsG v. 2.7.1976 (BGBl. I, S. 1749); S. 1 geändert durch IPR-G v. 25.7.1986 (BGBl. I, S. 1142). Sätze 3 und 4 angefügt durch Gesetz v. 12.8.2021 (BGBl. I, S. 3538) mit Wirkung v. 20.8.2021.

[14] § 7 neu gefasst durch Gesetz v. 19.8.2007 (BGBl. I, S. 1970) mit Wirkung v. 28.8.2007.

[15] § 8 neu gefasst durch AufenthaltsG v. 30.7.2004 (BGBl. I, S. 1950) mit Wirkung v. 1.1.2005; Abs. 1 S. 2 neu gefasst durch Gesetz v. 14.3.2005 (BGBl. I, S. 721) mit Wirkung v. 18.3.2005; Abs. 1 Satz 1 Nr. 2 neu gefasst, Satz 2 aufgehoben und Verweisung in Abs. 2

Antrag eingebürgert werden, wenn seine Identität und Staatsangehörigkeit geklärt sind und er

1. handlungsfähig nach § 37 Absatz 1 Satz 1 oder gesetzlich vertreten ist,
2. weder wegen einer rechtswidrigen Tat zu einer Strafe verurteilt noch gegen ihn auf Grund seiner Schuldunfähigkeit eine Maßregel der Besserung und Sicherung angeordnet worden ist,
3. eine eigene Wohnung oder ein Unterkommen gefunden hat,
4. sich und seine Angehörigen zu ernähren imstande ist und

seine Einordnung in die deutschen Lebensverhältnisse gewährleistet ist.

(2) Von den Voraussetzungen des Absatzes 1 Satz 1 Nummer 2 und 4 kann aus Gründen des öffentlichen Interesses oder zur Vermeidung einer besonderen Härte abgesehen werden.

§ 9.[17] **[Einbürgerung von Ehegatten oder Lebenspartnern Deutscher]** (1) Ehegatten oder eingetragene Lebenspartner Deutscher sollen unter den Voraussetzungen des § 10 Absatz 1 eingebürgert werden, wenn sie seit drei Jahren ihren rechtmäßigen gewöhnlichen Aufenthalt im Inland haben und die Ehe oder eingetragene Lebenspartnerschaft seit zwei Jahren besteht. Die Aufenthaltsdauer nach Satz 1 kann aus Gründen des öffentlichen Interesses verkürzt werden, wenn die Ehe oder eingetragene Lebenspartnerschaft seit drei Jahren besteht. Minderjährige Kinder von Ehegatten oder eingetragenen Lebenspartnern Deutscher können unter den Voraussetzungen des § 10 Absatz 1 mit eingebürgert werden, auch wenn sie sich noch nicht seit drei Jahren rechtmäßig im Inland aufhalten. § 10 Absatz 3a, 4, 5 und 6 gilt entsprechend.

(2) Die Regelung des Absatzes 1 gilt auch, wenn die Einbürgerung bis zum Ablauf eines Jahres nach dem Tod des deutschen Ehegatten oder eingetragenen Lebenspartners oder nach der Rechtskraft des die Ehe oder

---

geändert durch Gesetz v. 19.8.2007 (BGBl. I, S. 1970) mit Wirkung v. 28.8.2007. Abs. 1 Nr. 1 geändert durch Gesetz v. 28.10.2015 (BGBl. I, S. 1802) mit Wirkung v. 1.11.2015. Abs. 1 einl. Satzteil, Nr. 3 und 4 geändert, abschl. Satzteil angefügt durch Gesetz v. 4.8.2019 (BGBl. I, S. 1124) mit Wirkung v. 9.8.2019; Abs. 2 geändert durch Gesetz v. 12.8.2021 (BGBl. I, S. 3538) mit Wirkung v. 20.8.2021.

[16] Nach § 1 des RuStAGÄndG v. 15.5.1935 (RGBl. I, S. 593) entscheiden die Einbürgerungsbehörden über die Verleihung der deutschen Staatsangehörigkeit nach pflichtgemäßem Ermessen. Ein Anspruch auf Einbürgerung besteht grundsätzlich nicht. Ausnahmen von diesem Grundsatz finden sich, abgesehen von §§ 9, 10 dieses Gesetzes, in Art. 116 Abs. 2 GG (Nr. *13*), in dem UN-Übk. zur Verminderung der Staatenlosigkeit v. 30.8.1961 (Nr. *271*) und dem deutschen AusfG zu diesem Übk. (Nr. *277*). Hat ein staatenloser Wehrpflichtiger seinen Grundwehrdienst abgeleistet, so hat er einen Anspruch auf Einbürgerung, wenn er seinen dauernden Aufenthalt im Inland hat (§ 2 Abs. 2 S. 2 WehrpflichtG idF der Bek. v. 13.6.1986, BGBl. I, S. 879). Nach § 1 Abs. 1 der VO zur Regelung von Staatsangehörigkeitsfragen v. 20.1.1942 (RGBl. I, S. 40) kann ein Ausländer auch ohne Begründung einer Niederlassung im Inland eingebürgert werden.

[17] § 9 neu gefasst durch Gesetz v. 12.8.2021 (BGBl. I, S. 3538) mit Wirkung v. 20.8. 2021.

eingetragene Lebenspartnerschaft beendenden Beschlusses beantragt wird und der Antragsteller als sorgeberechtigter Elternteil mit einem minderjährigen Kind aus der Ehe oder eingetragenen Lebenspartnerschaft in einer familiären Gemeinschaft lebt, das bereits die deutsche Staatsangehörigkeit besitzt.

§ 10.[18] **[Voraussetzungen für die Einbürgerung]** (1) Ein Ausländer, der seit acht Jahren rechtmäßig seinen gewöhnlichen Aufenthalt im Inland hat und handlungsfähig nach § 37 Absatz 1 Satz 1 oder gesetzlich vertreten ist, ist auf Antrag einzubürgern, wenn seine Identität und Staatsangehörigkeit geklärt sind und er

1. sich zur freiheitlichen demokratischen Grundordnung des Grundgesetzes für die Bundesrepublik Deutschland bekennt und erklärt, dass er keine Bestrebungen verfolgt oder unterstützt oder verfolgt oder unterstützt hat, die
   a) gegen die freiheitliche demokratische Grundordnung, den Bestand oder die Sicherheit des Bundes oder eines Landes gerichtet sind oder
   b) eine ungesetzliche Beeinträchtigung der Amtsführung der Verfassungsorgane des Bundes oder eines Landes oder ihrer Mitglieder zum Ziele haben oder
   c) durch Anwendung von Gewalt oder darauf gerichtete Vorbereitungshandlungen auswärtige Belange der Bundesrepublik Deutschland gefährden,

   oder glaubhaft macht, dass er sich von der früheren Verfolgung oder Unterstützung derartiger Bestrebungen abgewandt hat,
2. ein unbefristetes Aufenthaltsrecht oder als Staatsangehöriger der Schweiz oder dessen Familienangehöriger eine Aufenthaltserlaubnis auf Grund des Abkommens vom 21. Juni 1999 zwischen der Europäischen Gemeinschaft und ihren Mitgliedstaaten einerseits und der Schweizerischen Eidgenossenschaft andererseits über die Freizügigkeit, eine Blaue Karte EU oder eine Aufenthaltserlaubnis für andere als die in den §§ 16a, 16b, 16d, 16e, 16f, 17, 18d, 18f, 19, 19b, 19e, 20, 22, 23 Absatz 1, den §§ 23a,

[18] § 10 neu gefasst durch AufenthaltsG v. 30.7.2004 (BGBl. I, S. 1950) mit Wirkung v. 1.1.2005; Abs. 1 Satz 1 Nr. 2 neu gefasst durch Gesetz v. 14.3.2005 (BGBl. I, S. 721) mit Wirkung v. 18.3.2005; Abs. 1 und Abs. 3 neu gefasst, Abs. 4 bis 7 angefügt mit Wirkung v. 28.8.2007, Abs. 1 Nr. 7 und Abs. 5 eingefügt mit Wirkung v. 1.9.2008 durch Gesetz v. 19.8.2007 (BGBl. I, S. 1970); Abs. 1 Satz 2 Nr. 2 geändert durch Gesetz v. 1.6.2012 (BGBl. I, S. 1224) mit Wirkung v. 1.8.2012. Abs. 1 Satz 1 Nr. 2 geändert durch Gesetz v. 27.7.2015 (BGBl. I, S. 1386) mit Wirkung v. 1.8.2015; Abs. 1 Satz 1 und Satz 2 geändert durch Gesetz v. 28.10.2015 (BGBl. I, S. 1802) mit Wirkung v. 1.11.2015. Abs. 1 Satz 1 einl. Satzteil, Nr. 6 und 7 geändert, abschl. Satzteil angefügt durch Gesetz v. 4.8.2019 (BGBl. I, S. 1124) mit Wirkung v. 9.8.2019. Abs. 7 geändert durch VO v. 19.6.2020 (BGBl. I, S. 1328) mit Wirkung v. 27.6.2020; Abs. 1 Satz 1 Nr. 2 und Abs. 2 geändert, Abs. 3 Satz 2 neu gefasst, Abs. 3a eingefügt., Abs. 4 Satz 1 geändert durch G v. 12.8.2021 (BGBl. I, S. 3538) mit Wirkung v. 20.8.2021.

24, 25 Absatz 3 bis 55 des Aufenthaltsgesetzes aufgeführten Aufenthaltszwecke besitzt,

3. den Lebensunterhalt für sich und seine unterhaltsberechtigten Familienangehörigen ohne Inanspruchnahme von Leistungen nach dem Zweiten oder Zwölften Buch Sozialgesetzbuch bestreiten kann oder deren Inanspruchnahme nicht zu vertreten hat,
4. seine bisherige Staatsangehörigkeit aufgibt oder verliert,
5. weder wegen einer rechtswidrigen Tat zu einer Strafe verurteilt noch gegen ihn auf Grund seiner Schuldunfähigkeit eine Maßregel der Besserung und Sicherung angeordnet worden ist,
6. über ausreichende Kenntnisse der deutschen Sprache verfügt,
7. über Kenntnisse der Rechts- und Gesellschaftsordnung und der Lebensverhältnisse in Deutschland verfügt und

seine Einordnung in die deutschen Lebensverhältnisse gewährleistet, insbesondere er nicht gleichzeitig mit mehreren Ehegatten verheiratet ist.

Die Voraussetzungen nach Satz 1 Nr. 1 und 7 müssen Ausländer nicht erfüllen, die nicht handlungsfähig nach § 37 Absatz 1 Satz 1 sind.

(2) Der Ehegatte oder eingetragene Lebenspartner und die minderjährigen Kinder des Ausländers können nach Maßgabe des Absatzes 1 mit eingebürgert werden, auch wenn sie sich noch nicht seit acht Jahren rechtmäßig im Inland aufhalten.

(3) Weist ein Ausländer durch die Bescheinigung des Bundesamtes für Migration und Flüchtlinge die erfolgreiche Teilnahme an einem Integrationskurs nach, wird die Frist nach Absatz 1 auf sieben Jahre verkürzt. Bei Vorliegen besonderer Integrationsleistungen, insbesondere beim Nachweis von Sprachkenntnissen, die die Voraussetzungen des Absatzes 1 Satz 1 Nummer 6 übersteigen, von besonders guten schulischen, berufsqualifizierenden oder beruflichen Leistungen oder von bürgerschaftlichem Engagement, kann sie auf sechs Jahre verkürzt werden.

(3a) Lässt das Recht des ausländischen Staates das Ausscheiden aus dessen Staatsangehörigkeit erst nach der Einbürgerung oder nach dem Erreichen eines bestimmten Lebensalters zu, wird die Einbürgerung abweichend von Absatz 1 Satz 1 Nummer 4 unter vorübergehender Hinnahme von Mehrstaatigkeit vorgenommen und mit einer Auflage versehen, in der der Ausländer verpflichtet wird, die zum Ausscheiden aus der ausländischen Staatsangehörigkeit erforderlichen Handlungen unverzüglich nach der Einbürgerung oder nach Erreichen des maßgeblichen Lebensalters vorzunehmen. Die Auflage ist aufzuheben, wenn nach der Einbürgerung ein Grund nach § 12 für die dauernde Hinnahme von Mehrstaatigkeit entstanden ist.

(4) Die Voraussetzungen des Absatzes 1 Satz 1 Nr. 6 liegen vor, wenn der Ausländer die Anforderungen einer Sprachprüfung der Stufe B 1 des Gemeinsamen Europäischen Referenzrahmens für Sprachen erfüllt. Bei einem minderjährigen Kind, das im Zeitpunkt der Einbürgerung das 16. Lebens-

jahr noch nicht vollendet hat, sind die Voraussetzungen des Absatzes 1 Satz 1 Nr. 6 bei einer altersgemäßen Sprachentwicklung erfüllt.

(5) Die Voraussetzungen des Absatzes 1 Satz 1 Nr. 7 sind in der Regel durch einen erfolgreichen Einbürgerungstest nachgewiesen. Zur Vorbereitung darauf werden Einbürgerungskurse angeboten; die Teilnahme daran ist nicht verpflichtend.

(6) Von den Voraussetzungen des Absatzes 1 Satz 1 Nr. 6 und 7 wird abgesehen, wenn der Ausländer sie wegen einer körperlichen, geistigen oder seelischen Krankheit oder Behinderung oder altersbedingt nicht erfüllen kann.

(7) Das Bundesministerium des Innern, für Bau und Heimat wird ermächtigt, die Prüfungs- und Nachweismodalitäten des Einbürgerungstests sowie die Grundstruktur und die Lerninhalte des Einbürgerungskurses nach Absatz 5 auf der Basis der Themen des Orientierungskurses nach § 43 Abs. 3 Satz 1 des Aufenthaltsgesetzes durch Rechtsverordnung, die nicht der Zustimmung des Bundesrates bedarf, zu regeln.

§ 11.[19] **[Ausschluss der Einbürgerung]** Die Einbürgerung ist ausgeschlossen, wenn

1. tatsächliche Anhaltspunkte die Annahme rechtfertigen, dass der Ausländer Bestrebungen verfolgt oder unterstützt oder verfolgt oder unterstützt hat, die gegen die freiheitliche demokratische Grundordnung, den Bestand oder die Sicherheit des Bundes oder eines Landes gerichtet sind oder eine ungesetzliche Beeinträchtigung der Amtsführung der Verfassungsorgane des Bundes oder eines Landes oder ihrer Mitglieder zum Ziele haben oder die durch Anwendung von Gewalt oder darauf gerichtete Vorbereitungshandlungen auswärtige Belange der Bundesrepublik Deutschland gefährden, es sei denn, der Ausländer macht glaubhaft, dass er sich von der früheren Verfolgung oder Unterstützung derartiger Bestrebungen abgewandt hat, oder

2. nach § 54 Absatz 1 Nummer 2 oder 4 des Aufenthaltsgesetzes ein besonders schwerwiegendes Ausweisungsinteresse vorliegt.

Satz 1 Nr. 2 gilt entsprechend für Ausländer im Sinne des § 1 Abs. 2 des Aufenthaltsgesetzes und auch für Staatsangehörige der Schweiz und deren Familienangehörige, die eine Aufenthaltserlaubnis auf Grund des Abkommens vom 21. Juni 1999 zwischen der Europäischen Gemeinschaft und ihren Mitgliedstaaten einerseits und der Schweizerischen Eidgenossenschaft andererseits über die Freizügigkeit besitzen.

---

[19] § 11 eingefügt durch AufenthaltsG v. 30.7.2004 (BGBl. I S. 1950) mit Wirkung v. 1.1.2005 und neu gefasst durch Gesetz v. 19.8.2007 (BGBl. I S. 1970) mit Wirkung v. 28.8.2007. Satz 1 Nr. 2 neu gefasst durch Gesetz v. 27.7.2015 (BGBl. I, S. 1386) mit Wirkung v. 1.8.2015.

§ 12.[20] **[Ausnahmen von § 10 Abs. 1 Satz 1 Nr. 4]** (1) Von der Voraussetzung des § 10 Abs. 1 Satz 1 Nr. 4 wird abgesehen, wenn der Ausländer seine bisherige Staatsangehörigkeit nicht oder nur unter besonders schwierigen Bedingungen aufgeben kann. Das ist anzunehmen, wenn

1. das Recht des ausländischen Staates das Ausscheiden aus dessen Staatsangehörigkeit nicht vorsieht,
2. der ausländische Staat die Entlassung regelmäßig verweigert,
3. der ausländische Staat die Entlassung aus der Staatsangehörigkeit aus Gründen versagt hat, die der Ausländer nicht zu vertreten hat, oder von unzumutbaren Bedingungen abhängig macht oder über den vollständigen und formgerechten Entlassungsantrag nicht in angemessener Zeit entschieden hat,
4. der Einbürgerung älterer Personen ausschließlich das Hindernis eintretender Mehrstaatigkeit entgegensteht, die Entlassung auf unverhältnismäßige Schwierigkeiten stößt und die Versagung der Einbürgerung eine besondere Härte darstellen würde,
5. dem Ausländer bei Aufgabe der ausländischen Staatsangehörigkeit erhebliche Nachteile insbesondere wirtschaftlicher oder vermögensrechtlicher Art entstehen würden, die über den Verlust der staatsbürgerlichen Rechte hinausgehen, oder
6. der Ausländer einen Reiseausweis nach Artikel 28 des Abkommens vom 28. Juli 1951 über die Rechtsstellung der Flüchtlinge (BGBl. 1953 II S. 559) besitzt.

(2) Von der Voraussetzung des § 10 Abs. 1 Satz 1 Nr. 4 wird ferner abgesehen, wenn der Ausländer die Staatsangehörigkeit eines anderen Mitgliedstaates der Europäischen Union oder der Schweiz besitzt.

(3) Weitere Ausnahmen von der Voraussetzung des § 10 Abs. 1 Satz 1 Nr. 4 können nach Maßgabe völkerrechtlicher Verträge vorgesehen werden.

§ 12a.[21] **[Berücksichtigung von Straftaten]** (1) Bei der Einbürgerung bleiben außer Betracht

1. die Verhängung von Erziehungsmaßregeln oder Zuchtmitteln nach dem Jugendgerichtsgesetz,
2. Verurteilungen zu Geldstrafe bis zu 90 Tagessätzen und
3. Verurteilungen zu Freiheitsstrafe bis zu drei Monaten, die zur Bewährung ausgesetzt und nach Ablauf der Bewährungszeit erlassen worden sind.

---

[20] § 12 eingefügt durch AufenthaltsG v. 30.7.2004 (BGBl. I, S. 1950) mit Wirkung v. 1.1.2005; Abs. 1 Satz 2 Nr. 2 und 6 und Abs. 2 geändert, Abs. 3 aufgehoben, bisheriger Abs. 4 wird Abs. 3 durch Gesetz v. 19.8.2007 (BGBl. I, S. 1970) mit Wirkung v. 28.8.2007.

[21] § 12a eingefügt durch AufenthaltsG v. 30.7.2004 (BGBl. I, S. 1950) mit Wirkung v. 1.1.2005, Abs. 1 neu gefasst durch Gesetz v. 19.8.2007 (BGBl. I, S. 1970) mit Wirkung v. 28.8.2007. Abs. 1 Satz 2 eingefügt, bish. Sätze 2–4 werden Sätze 3–5 und neuer Satz 4 geändert durch G v. 12.8.2021 (BGBl. I, S. 3538) mit Wirkung v. 20.8.2021.

Satz 1 findet keine Anwendung, wenn der Ausländer wegen einer rechtswidrigen antisemitischen, rassistischen, fremdenfeindlichen oder sonstigen menschenverachtenden Tat im Sinne von § 46 Absatz 2 Satz 2 des Strafgesetzbuches zu einer Freiheits-, Geld- oder Jugendstrafe verurteilt und ein solcher Beweggrund im Rahmen des Urteils festgestellt worden ist. Bei mehreren Verurteilungen zu Geld- oder Freiheitsstrafen im Sinne des Satzes 1 Nr. 2 und 3 sind diese zusammenzuzählen, es sei denn, es wird eine niedrigere Gesamtstrafe gebildet; treffen Geld- und Freiheitsstrafe zusammen, entspricht ein Tagessatz einem Tag Freiheitsstrafe. Übersteigt die Strafe oder die Summe der Strafen geringfügig den Rahmen nach den Sätzen 1 und 3, so wird im Einzelfall entschieden, ob diese außer Betracht bleiben kann. Ist eine Maßregel der Besserung und Sicherung nach § 61 Nr. 5 oder 6 des Strafgesetzbuches angeordnet worden, so wird im Einzelfall entschieden, ob die Maßregel der Besserung und Sicherung außer Betracht bleiben kann.

(2) Ausländische Verurteilungen zu Strafen sind zu berücksichtigen, wenn die Tat im Inland als strafbar anzusehen ist, die Verurteilung in einem rechtsstaatlichen Verfahren ausgesprochen worden ist und das Strafmaß verhältnismäßig ist. Eine solche Verurteilung kann nicht mehr berücksichtigt werden, wenn sie nach dem Bundeszentralregistergesetz zu tilgen wäre. Absatz 1 gilt entsprechend.

(3) Wird gegen einen Ausländer, der die Einbürgerung beantragt hat, wegen des Verdachts einer Straftat ermittelt, ist die Entscheidung über die Einbürgerung bis zum Abschluss des Verfahrens, im Falle der Verurteilung bis zum Eintritt der Rechtskraft des Urteils auszusetzen. Das Gleiche gilt, wenn die Verhängung der Jugendstrafe nach § 27 des Jugendgerichtsgesetzes ausgesetzt ist.

(4) Im Ausland erfolgte Verurteilungen und im Ausland anhängige Ermittlungs- und Strafverfahren sind im Einbürgerungsantrag aufzuführen.

§ 12b.[22] **[Unterbrechung des Aufenthalts]** (1) Der gewöhnliche Aufenthalt im Inland wird durch Aufenthalte bis zu sechs Monaten im Ausland nicht unterbrochen. Bei längeren Auslandsaufenthalten besteht er fort, wenn der Ausländer innerhalb der von der Ausländerbehörde bestimmten Frist wieder eingereist ist. Gleiches gilt, wenn die Frist lediglich wegen Erfüllung der gesetzlichen Wehrpflicht im Herkunftsstaat überschritten wird und der Ausländer innerhalb von drei Monaten nach der Entlassung aus dem Wehr- oder Ersatzdienst wieder einreist. Anstelle von Satz 1 bis 3 gilt für Staatsangehörige eines anderen Mitgliedstaates der Europäischen Union, für Staatsangehörige der EWR-Staaten, für ihre jeweiligen Familienangehörigen und für die ihnen jeweils nahestehenden Personen mit ei-

[22] § 12b eingefügt durch AufenthaltsG v. 30.7.2004 (BGBl. I, S. 1950) mit Wirkung v. 1.1.2005. Abs. 1 Satz 4 angefügt, Abs. 2 geändert, Abs. 3 Satz 2 angefügt durch Gesetz v. 12.8.2021 (BGBl. I, S. 3538) mit Wirkung v. 20.8.2021.

nem Aufenthaltsrecht nach § 3a des Freizügigkeitsgesetzes/EU sowie für Personen, die ein unionsrechtliches Aufenthaltsrecht nach § 12a des Freizügigkeitsgesetzes/EU besitzen, und Personen mit einem in § 16 des Freizügigkeitsgesetzes/EU bezeichneten Aufenthaltsrecht, § 4a Absatz 6 des Freizügigkeitsgesetzes/EU entsprechend.

(2) Hat der Ausländer sich länger als sechs Monate im Ausland aufgehalten und liegt keine der Voraussetzungen des Absatzes 1 Satz 2 bis 4 vor, kann die frühere Aufenthaltszeit im Inland bis zu fünf Jahren auf die für die Einbürgerung erforderliche Aufenthaltsdauer angerechnet werden.

(3) Unterbrechungen der Rechtmäßigkeit des Aufenthalts bleiben außer Betracht, wenn sie darauf beruhen, dass der Ausländer nicht rechtzeitig die erstmals erforderliche Erteilung oder die Verlängerung des Aufenthaltstitels beantragt hat. Für Unterbrechungen der Rechtmäßigkeit des Aufenthalts aus anderen Gründen gilt Absatz 2 entsprechend.

§ 13.[23] **[Einbürgerung eines ehemaligen Deutschen]** Ein ehemaliger Deutscher und seine minderjährigen Kinder, die ihren gewöhnlichen Aufenthalt im Ausland haben, können auf Antrag eingebürgert werden, wenn sie die Voraussetzungen des § 8 Abs. 1 Nr. 1 und 2 erfüllen.

§ 14.[24] **[Einbürgerung eines nicht im Inland niedergelassenen Ausländers]** Ein Ausländer, der seinen gewöhnlichen Aufenthalt im Ausland hat, kann unter den Voraussetzungen des § 8 eingebürgert werden, wenn Bindungen an Deutschland bestehen, die eine Einbürgerung rechtfertigen. Ist der Ausländer Ehegatte oder eingetragener Lebenspartner eines Deutschen, kann er nach Satz 1 auch eingebürgert werden, wenn der Auslandsaufenthalt eines der Ehegatten oder eingetragenen Lebenspartner im öffentlichen Interesse liegt.

§ 15.[25] **[Einbürgerungsanspruch für von nationalsozialistischen Verfolgungsmaßnahmen betroffene Personen und deren Abkömmlinge]** Personen, die im Zusammenhang mit Verfolgungsmaßnahmen aus den in Artikel 116 Absatz 2 Satz 1 des Grundgesetzes aufgeführten Gründen in der Zeit vom 30. Januar 1933 bis zum 8. Mai 1945

1. die deutsche Staatsangehörigkeit vor dem 26. Februar 1955 aufgegeben oder verloren haben,
2. von einem gesetzlichen Erwerb der deutschen Staatsangehörigkeit durch Eheschließung, Legitimation oder Sammeleinbürgerung deutscher Volkszugehöriger ausgeschlossen waren,

---

[23] § 13 neu gefasst durch Gesetz v. 19.8.2007 (BGBl. I, S. 1970) mit Wirkung v. 28.8.2007; geändert. durch Gesetz v. 4.8.2019 (BGBl. I, S. 1124) mit Wirkung v. 9.8.2019.

[24] § 14 neu gefasst durch Gesetz v. 12.8.2021 (BGBl. I, S. 3538) mit Wirkung v. 20.8.2021.

[25] § 15 eingefügt durch Gesetz v. 12.8.2021 (BGBl. I, S. 3538) mit Wirkung v. 20.8.2021.

3. nach Antragstellung nicht eingebürgert worden sind oder allgemein von einer Einbürgerung, die bei einer Antragstellung sonst möglich gewesen wäre, ausgeschlossen waren oder
4. ihren gewöhnlichen Aufenthalt in Deutschland, wenn dieser bereits vor dem 30. Januar 1933 oder als Kind auch nach diesem Zeitpunkt begründet worden war, aufgegeben oder verloren haben,

und ihre Abkömmlinge sind auf Antrag einzubürgern, wenn sie handlungsfähig nach § 37 Absatz 1 Satz 1 oder gesetzlich vertreten sind, es sei denn, dass sie wegen einer oder mehrerer vorsätzlicher Straftaten rechtskräftig zu einer Freiheits- oder Jugendstrafe von zwei Jahren oder mehr verurteilt worden sind oder bei der letzten rechtskräftigen Verurteilung Sicherungsverwahrung angeordnet worden ist; § 12a Absatz 1 findet keine Anwendung. Einbürgerungsberechtigt nach Satz 1 ist nicht, wer nach dem 8. Mai 1945 die deutsche Staatsangehörigkeit bereits erworben, aber wieder aufgegeben oder verloren hat, oder nach deren Aufgabe oder Verlust als dessen Abkömmling geboren oder als Kind angenommen worden ist. Dem Einbürgerungsanspruch steht der Verlust der nach dem 8. Mai 1945 erworbenen deutschen Staatsangehörigkeit nicht entgegen, wenn dieser durch die Eheschließung mit einem Ausländer oder eine nach den deutschen Gesetzen wirksame Legitimation durch einen Ausländer eingetreten ist.

§ 16.[26] **[Einbürgerungsurkunde]** Die Einbürgerung wird wirksam mit der Aushändigung der von der zuständigen Verwaltungsbehörde ausgefertigten Einbürgerungsurkunde. Vor der Aushändigung ist folgendes feierliches Bekenntnis abzugeben: „Ich erkläre feierlich, dass ich das Grundgesetz und die Gesetze der Bundesrepublik Deutschland achten und alles unterlassen werde, was ihr schaden könnte.“; § 10 Abs. 1 Satz 2 gilt entsprechend.

§ 17. [Verlust der Staatsangehörigkeit] (1) Die Staatsangehörigkeit geht verloren

1. durch Entlassung (§§ 18 bis 24),
2. durch den Erwerb einer ausländischen Staatsangehörigkeit (§ 25),
3. durch Verzicht (§ 26),[27]
4. durch Annahme als Kind durch einen Ausländer (§ 27),[28]
5. durch Eintritt in die Streitkräfte oder einen vergleichbaren bewaffneten Verband eines ausländischen Staates oder durch konkrete Beteiligung an Kampfhandlungen einer terroristischen Vereinigung im Ausland (§ 28),[29]

---

[26] § 16 neu gefasst durch Gesetz v. 19.8.2007 (BGBl. I, S. 1970) mit Wirkung v. 28.8.2007.

[27] § 17 Abs. 1 Nr. 3 eingefügt durch RuStAGÄndG v. 20.12.1974 (Nr. *276*).

[28] § 17 Abs. 1 Nr. 4 eingefügt durch AdoptionsG v. 2.7.1976 (BGBl. I, S. 1749).

[29] § 17 Abs. 1 Nr. 5 aufgehoben durch RuStAGÄndG v. 20.12.1974 (Nr. *276*); neu angefügt durch StAG-ReformG v. 15.7.1999 (BGBl. I, S. 1618) mit Wirkung v. 1.1.2000; neu gefasst. durch Gesetz v. 4.8.2019 (BGBl. I, S. 1124) mit Wirkung v. 9.8.2019.

6. durch Erklärung (§ 29)[30] oder
7. durch Rücknahme eines rechtswidrigen Verwaltungsaktes (§ 35).[31]

(2) Der Verlust nach Absatz 1 Nr. 7 berührt nicht die kraft Gesetzes erworbene deutsche Staatsangehörigkeit Dritter, sofern diese das fünfte Lebensjahr vollendet haben.

(3) Absatz 2 gilt entsprechend bei Entscheidungen nach anderen Gesetzen, die den rückwirkenden Verlust der deutschen Staatsangehörigkeit Dritter zur Folge hätten, insbesondere bei der Rücknahme der Niederlassungserlaubnis nach § 51 Abs. 1 Nr. 3 des Aufenthaltsgesetzes, bei der Rücknahme einer Bescheinigung nach § 15 des Bundesvertriebenengesetzes und bei der Feststellung des Nichtbestehens der Vaterschaft nach § 1599 des Bürgerlichen Gesetzbuches. Satz 1 findet keine Anwendung bei Anfechtung der Vaterschaft nach § 1600 Abs. 1 Nr. 5 und Abs. 3 des Bürgerlichen Gesetzbuches.[32]

§ 18.[33] **[Entlassung aus der Staatsangehörigkeit]** Ein Deutscher wird auf seinen Antrag aus der deutschen Staatsangehörigkeit entlassen, wenn er den Erwerb einer ausländischen Staatsangehörigkeit beantragt und ihm die zuständige Stelle die Verleihung zugesichert hat.

§ 19.[34] **[Entlassung eines unter elterlicher Sorge oder Vormundschaft Stehenden]** (1) Die Entlassung einer Person, die unter elterlicher Sorge oder unter Vormundschaft steht, kann nur von dem gesetzlichen Vertreter und nur mit Genehmigung des deutschen Familiengerichts beantragt werden.

(2) Die Genehmigung des Familiengerichts ist nicht erforderlich, wenn der Vater oder die Mutter die Entlassung für sich und zugleich kraft elterlicher Sorge für ein Kind beantragt und dem Antragsteller die Sorge für die Person dieses Kindes zusteht.

§§ 20, 21.[35] *(aufgehoben)*

---

[30] § 17 Abs. 1 Nr. 6 angefügt mit Wirkung v. 1.1.2000 durch StAG-ReformG v. 15.7.1999 (BGBl. I, S. 1618). § 17 Nr. 7 eingefügt durch Gesetz v. 5.2.2009 (BGBl. I, S. 158) mit Wirkung v. 12.2.2009.

[31] § 17 Abs. 1 Nr. 7 eingefügt durch Gesetz v. 5.2.2009 (BGBl. I, S. 158) mit Wirkung v. 12.2.2009.

[32] § 17 Abs. 2 und Abs. 3 eingefügt durch StAG-ÄnderungsG v. 5.2.2009 (BGBl. I, S. 158) mit Wirkung v. 12.2.2009.

[33] § 18 eingefügt durch Gesetz zur Verminderung der Staatenlosigkeit v. 29.6.1977 (Nr. *277*); geändert durch Gesetz v. 12.8.2021 (BGBl. I S. 3538) mit Wirkung v. 20.8.2021.

[34] § 19 Abs. 1 und 2 geändert durch SorgerechtsG v. 18.7.1979 (BGBl. I, S. 1061); Abs. 1 S. 2 geändert durch Gesetz v. 18.6.1997 (BGBl. I, S. 1430); Abs. 2 S. 2 aufgehoben durch Gesetz v. 4.12.1997 (BGBl. I, S. 2846) mit Wirkung v. 1.7.1998; Abs. 1 Satz 1 und Abs. 2 geändert und Abs. 1 Satz 2 aufgehoben durch FGG-Reformgesetz v. 17.12.2008 (BGBl. I, S. 2586) mit Wirkung v. 1.9.2009.

[35] §§ 20 und 21 aufgehoben durch § 1 VO v. 5.2.1934 (RGBl. I, S. 85).

§ 22.[36] **[Versagung der Entlassung]** Die Entlassung darf nicht erteilt werden

1. Beamten, Richtern, Soldaten der Bundeswehr und sonstigen Personen, die in einem öffentlich-rechtlichen Dienst- oder Amtsverhältnis stehen, solange ihr Dienst- oder Amtsverhältnis nicht beendet ist, mit Ausnahme der ehrenamtlich tätigen Personen,
2. Wehrpflichtigen, solange nicht das Bundesministerium der Verteidigung oder die von ihm bezeichnete Stelle erklärt hat, dass gegen die Entlassung Bedenken nicht bestehen.

§ 23.[37] **[Entlassungsurkunde]** Die Entlassung wird wirksam mit der Aushändigung der von der zuständigen Verwaltungsbehörde ausgefertigten Entlassungsurkunde.

§ 24.[38] **[Beibehaltung der deutschen Staatsangehörigkeit]** Die Entlassung gilt als nicht erfolgt, wenn der Entlassene die ihm zugesicherte ausländische Staatsangehörigkeit nicht innerhalb eines Jahres nach der Aushändigung der Entlassungsurkunde erworben hat.

§ 25.[39, 40] **[Erwerb ausländischer Staatsangehörigkeit]** (1) Ein Deutscher verliert seine Staatsangehörigkeit mit dem Erwerb einer ausländischen Staatsangehörigkeit, wenn dieser Erwerb auf seinen Antrag oder auf den Antrag des gesetzlichen Vertreters erfolgt, der Vertretene jedoch nur, wenn die Voraussetzungen vorliegen, unter denen nach § 19 die Entlassung beantragt werden könnte. Der Verlust nach Satz 1 tritt nicht ein, wenn ein Deutscher die Staatsangehörigkeit eines anderen Mitgliedstaates der Europäischen Union, der Schweiz oder eines Staates erwirbt, mit dem die Bundesrepublik Deutschland einen völkerrechtlichen Vertrag nach § 12 Abs. 3 abgeschlossen hat.

(2) Die Staatsangehörigkeit verliert nicht, wer vor dem Erwerb der ausländischen Staatsangehörigkeit auf seinen Antrag die schriftliche Genehmi-

---

[36] § 22 neu gefasst durch Gesetz v. 30.8.1960 (BGBl. I, S. 721); Abs. 2 aufgehoben durch Gesetz v. 30.6.1993 (BGBl. I, S. 1062); bisheriger Abs. 1 wird alleiniger Wortlaut durch Gesetz zur Verminderung der Staatenlosigkeit v. 29.6.1977 (Nr. *277*); Abs. 1 Nr. 2 geändert durch Gesetz v. 30.6.1993 (BGBl. I, S. 1062).

[37] § 23 neu gefasst durch Gesetz v. 19.8.2007 (BGBl. I, S. 1970) mit Wirkung v. 28.8.2007.

[38] § 24 neu gefasst durch Gesetz zur Verminderung der Staatenlosigkeit v. 29.6.1977 (Nr. *277*).

[39] § 25 Abs. 1 geändert, Abs. 2 S. 3 und 4 angefügt durch StAG-ReformG v. 15.7.1999 (BGBl. I, S. 1618) mit Wirkung v. 1.1.2000; Abs. 2 S. 1 geändert, S. 2 neu gefasst, Abs. 3 aufgehoben durch AufenthaltsG v. 30.7.2004 (BGBl. I, S. 1950) mit Wirkung v. 1.1.2005, Abs. 1 neu gefasst durch Gesetz v. 19.8.2007 (BGBl. I, S. 1970) mit Wirkung v. 28.8.2007.

[40] Siehe hierzu den RdErl. des BMI v. 9.11.1950 betr. die Staatsangehörigkeit der Saarländer (GMBl. S. 143) und das RdSchr. des BMI v. 16.5.1950 betr. die Genehmigung zur Beibehaltung der deutschen Staatsangehörigkeit (GMBl. S. 57).

gung der zuständigen Behörde zur Beibehaltung seiner Staatsangehörigkeit erhalten hat. Hat ein Antragsteller seinen gewöhnlichen Aufenthalt im Ausland, ist die deutsche Auslandsvertretung zu hören. Bei der Entscheidung über einen Antrag nach Satz 1 sind die öffentlichen und privaten Belange abzuwägen. Bei einem Antragsteller, der seinen gewöhnlichen Aufenthalt im Ausland hat, ist insbesondere zu berücksichtigen, ob er fortbestehende Bindungen an Deutschland glaubhaft machen kann.

§ 26.[41] **[Verzicht auf Staatsangehörigkeit]** (1) Ein Deutscher kann auf seine Staatsangehörigkeit verzichten, wenn er mehrere Staatsangehörigkeiten besitzt. Der Verzicht ist schriftlich zu erklären.

(2) Die Verzichtserklärung bedarf der Genehmigung der nach § 23 für die Ausfertigung der Entlassungsurkunde zuständigen Behörde. Die Genehmigung ist zu versagen, wenn eine Entlassung nach § 22 nicht erteilt werden dürfte; dies gilt jedoch nicht, wenn der Verzichtende

1. seit mindestens zehn Jahren seinen dauernden Aufenthalt im Ausland hat oder
2. als Wehrpflichtiger im Sinne des § 22 Nr. 2 in einem der Staaten, deren Staatsangehörigkeit er besitzt, Wehrdienst geleistet hat.

(3) Der Verlust der Staatsangehörigkeit tritt ein mit der Aushändigung der von der Genehmigungsbehörde ausgefertigten Verzichtsurkunde.

(4) Für Minderjährige gilt § 19 entsprechend.

§ 27.[42] **[Annahme als Kind durch einen Ausländer]** Ein minderjähriger Deutscher verliert mit der nach den deutschen Gesetzen wirksamen Annahme als Kind durch einen Ausländer die deutsche Staatsangehörigkeit, wenn er dadurch die Staatsangehörigkeit des Annehmenden erwirbt. Der Verlust erstreckt sich auf seine Abkömmlinge, wenn auch der Erwerb der Staatsangehörigkeit durch den Angenommenen nach Satz 1 sich auf seine Abkömmlinge erstreckt. Der Verlust nach Satz 1 oder Satz 2 tritt nicht ein, wenn der Angenommene oder seine Abkömmlinge mit einem deutschen Elternteil verwandt bleiben oder ihren gewöhnlichen Aufenthalt im Inland haben. § 25 Absatz 1 Satz 2 gilt entsprechend.

§ 28.[43] **[Verlust der Staatsangehörigkeit bei Wehrdienst in fremden Streitkräften]** (1) Ein Deutscher, der

---

[41] § 26 eingefügt durch RuStAGÄndG v. 20.12.1974 (Nr. *276*), Abs. 2 Eingangssatz und Verweisung in Nr. 2 geändert durch Gesetz v. 19.8.2007 (BGBl. I, S. 1970) mit Wirkung v. 28.8.2007.

[42] § 27 eingefügt durch AdoptionsG v. 2.7.1976 (BGBl. I, S. 1749) und neu gefasst durch Gesetz v. 19.8.2007 (BGBl. I, S. 1970) mit Wirkung v. 28.8.2007. Sätze 1 und 3 geändert, Satz 4 angefügt durch Gesetz v. 12.8.2021 (BGBl. I, S. 3538) mit Wirkung v. 20.8.2021.

[43] § 28 neu gefasst durch StAG-ReformG v. 15.7.1999 (BGBl. I, S. 1618) mit Wirkung v. 1.1.2000; S. 1 geändert durch AufenthaltsG v. 30.7.2004 (BGBl. I, S. 1950) mit Wirkung

1. auf Grund freiwilliger Verpflichtung ohne eine Zustimmung des Bundesministeriums der Verteidigung oder der von ihm bezeichneten Stelle in die Streitkräfte oder einen vergleichbaren bewaffneten Verband eines ausländischen Staates, dessen Staatsangehörigkeit er besitzt, eintritt oder
2. sich an Kampfhandlungen einer terroristischen Vereinigung im Ausland konkret beteiligt,

verliert die deutsche Staatsangehörigkeit, es sei denn, er würde sonst staatenlos.

(2) Der Verlust nach Absatz 1 tritt nicht ein,

1. wenn der Deutsche noch minderjährig ist oder,
2. im Falle des Absatzes 1 Nummer 1, wenn der Deutsche auf Grund eines zwischenstaatlichen Vertrages zum Eintritt in die Streitkräfte oder in den bewaffneten Verband berechtigt ist.

(3) Der Verlust ist im Falle des Absatzes 1 Nummer 2 nach § 30 Abs. 1 Satz 3 von Amts wegen festzustellen. Die Feststellung trifft bei gewöhnlichem Aufenthalt des Betroffenen im Inland die oberste Landesbehörde oder die von ihr nach Landesrecht bestimmte Behörde. Befindet sich der Betroffene noch im Ausland, findet gegen die Verlustfeststellung kein Widerspruch statt; die Klage hat keine aufschiebende Wirkung.

§ 29.[44] **[Wahl zwischen deutscher und ausländischer Staatsangehörigkeit bei Volljährigkeit].** (1) Optionspflichtig ist, wer

1. die deutsche Staatsangehörigkeit nach § 4 Absatz 3 oder § 40b erworben hat,
2. nicht nach Absatz 1a im Inland aufgewachsen ist,
3. eine andere ausländische Staatsangehörigkeit als die eines anderen Mitgliedstaates der Europäischen Union oder der Schweiz besitzt und
4. innerhalb eines Jahres nach Vollendung seines 21. Lebensjahres einen Hinweis nach Absatz 5 Satz 5 über seine Erklärungspflicht erhalten hat.

Der Optionspflichtige hat nach Vollendung des 21. Lebensjahres zu erklären, ob er die deutsche oder die ausländische Staatsangehörigkeit behalten will. Die Erklärung bedarf der Schriftform.

(1a) Ein Deutscher nach Absatz 1 ist im Inland aufgewachsen, wenn er bis zur Vollendung seines 21. Lebensjahres

1. sich acht Jahre gewöhnlich im Inland aufgehalten hat,
2. sechs Jahre im Inland eine Schule besucht hat oder

---

v. 1.1.2005. § 28 erneut neu gefasst durch Gesetz v. 4.5.2019 (BGBl. I, S. 1124) mit Wirkung v. 9.8.2019.

[44] § 29 neu gefasst durch Gesetz v. 13.11.2014 (BGBl. I, S. 1714) mit Wirkung v. 20.12.2014. Abs. 6 Satz 2 geändert durch VO v. 19.6.2020 (BGBl. I, S. 1328) mit Wirkung v. 27.6.2020.

3. über einen im Inland erworbenen Schulabschluss oder eine im Inland abgeschlossene Berufsausbildung verfügt.

Als im Inland aufgewachsen nach Satz 1 gilt auch, wer im Einzelfall einen vergleichbar engen Bezug zu Deutschland hat und für den die Optionspflicht nach den Umständen des Falles eine besondere Härte bedeuten würde.

(2) Erklärt der Deutsche nach Absatz 1, dass er die ausländische Staatsangehörigkeit behalten will, so geht die deutsche Staatsangehörigkeit mit dem Zugang der Erklärung bei der zuständigen Behörde verloren.

(3) Will der Deutsche nach Absatz 1 die deutsche Staatsangehörigkeit behalten, so ist er verpflichtet, die Aufgabe oder den Verlust der ausländischen Staatsangehörigkeit nachzuweisen. Tritt dieser Verlust nicht bis zwei Jahre nach Zustellung des Hinweises auf die Erklärungspflicht nach Absatz 5 ein, so geht die deutsche Staatsangehörigkeit verloren, es sei denn, dass dem Deutschen nach Absatz 1 vorher die schriftliche Genehmigung der zuständigen Behörde zur Beibehaltung der deutschen Staatsangehörigkeit (Beibehaltungsgenehmigung) erteilt wurde. Ein Antrag auf Erteilung der Beibehaltungsgenehmigung kann, auch vorsorglich, nur bis ein Jahr nach Zustellung des Hinweises auf die Erklärungspflicht nach Absatz 5 gestellt werden (Ausschlussfrist). Der Verlust der deutschen Staatsangehörigkeit tritt erst ein, wenn der Antrag bestandskräftig abgelehnt wird. Einstweiliger Rechtsschutz nach § 123 der Verwaltungsgerichtsordnung bleibt unberührt.

(4) Die Beibehaltungsgenehmigung nach Absatz 3 ist zu erteilen, wenn die Aufgabe oder der Verlust der ausländischen Staatsangehörigkeit nicht möglich oder nicht zumutbar ist oder bei einer Einbürgerung nach Maßgabe von § 12 Mehrstaatigkeit hinzunehmen wäre.

(5) Auf Antrag eines Deutschen, der die Staatsangehörigkeit nach § 4 Absatz 3 oder § 40b erworben hat, stellt die zuständige Behörde bei Vorliegen der Voraussetzungen den Fortbestand der deutschen Staatsangehörigkeit nach Absatz 6 fest. Ist eine solche Feststellung nicht bis zur Vollendung seines 21. Lebensjahres erfolgt, prüft die zuständige Behörde anhand der Meldedaten, ob die Voraussetzungen nach Absatz 1a Satz 1 Nummer 1 vorliegen. Ist dies danach nicht feststellbar, weist sie den Betroffenen auf die Möglichkeit hin, die Erfüllung der Voraussetzungen des Absatzes 1a nachzuweisen. Wird ein solcher Nachweis erbracht, stellt die zuständige Behörde den Fortbestand der deutschen Staatsangehörigkeit nach Absatz 6 fest. Liegt kein Nachweis vor, hat sie den Betroffenen auf seine Verpflichtungen und die nach den Absätzen 2 bis 4 möglichen Rechtsfolgen hinzuweisen. Der Hinweis ist zuzustellen. Die Vorschriften des Verwaltungszustellungsgesetzes finden Anwendung.

(6) Der Fortbestand oder Verlust der deutschen Staatsangehörigkeit nach dieser Vorschrift wird von Amts wegen festgestellt. Das Bundesministerium des Innern, für Bau und Heimatkann durch Rechtsverordnung mit Zu-

stimmung des Bundesrates Vorschriften über das Verfahren zur Feststellung des Fortbestands oder Verlusts der deutschen Staatsangehörigkeit erlassen.

§ 30.[45] **[Feststellung der Staatsangehörigkeit]** (1) Das Bestehen oder Nichtbestehen der deutschen Staatsangehörigkeit wird bei Glaubhaftmachung eines berechtigten Interesses auf Antrag von der Staatsangehörigkeitsbehörde festgestellt. Die Feststellung ist in allen Angelegenheiten verbindlich, für die das Bestehen oder Nichtbestehen der deutschen Staatsangehörigkeit rechtserheblich ist. Bei Vorliegen eines öffentlichen Interesses kann die Feststellung auch von Amts wegen erfolgen.

(2) Für die Feststellung des Bestehens der deutschen Staatsangehörigkeit ist es erforderlich, aber auch ausreichend, wenn durch Urkunden, Auszüge aus den Melderegistern oder andere schriftliche Beweismittel mit hinreichender Wahrscheinlichkeit nachgewiesen ist, dass die deutsche Staatsangehörigkeit erworben worden und danach nicht wieder verloren gegangen ist. § 3 Abs. 2 bleibt unberührt.

(3) Wird das Bestehen der deutschen Staatsangehörigkeit auf Antrag festgestellt, stellt die Staatsangehörigkeitsbehörde einen Staatsangehörigkeitsausweis aus. Auf Antrag stellt die Staatsangehörigkeitsbehörde eine Bescheinigung über das Nichtbestehen der deutschen Staatsangehörigkeit aus.

§§ 31–34. *(nicht abgedruckt)*

§ 35.[46] **Rücknahme einer rechtswidrigen Einbürgerung]** (1) Eine rechtswidrige Einbürgerung oder eine rechtswidrige Genehmigung zur Beibehaltung der deutschen Staatsangehörigkeit kann nur zurückgenommen werden, wenn der Verwaltungsakt durch arglistige Täuschung, Drohung oder Bestechung oder durch vorsätzlich unrichtige oder unvollständige Angaben, die wesentlich für seinen Erlass gewesen sind, erwirkt worden ist.

(2) Dieser Rücknahme steht in der Regel nicht entgegen, dass der Betroffene dadurch staatenlos wird.

(3) Die Rücknahme darf nur bis zum Ablauf von zehn Jahren nach der Bekanntgabe der Einbürgerung oder Beibehaltungsgenehmigung erfolgen.

(4) Die Rücknahme erfolgt mit Wirkung für die Vergangenheit.

(5) Hat die Rücknahme Auswirkungen auf die Rechtmäßigkeit von Verwaltungsakten nach diesem Gesetz gegenüber Dritten, so ist für jede betroffene Person eine selbständige Ermessensentscheidung zu treffen. Dabei ist insbesondere eine Beteiligung des Dritten an der arglistigen Täuschung, Drohung oder Bestechung oder an den vorsätzlich unrichtigen

---

[45] § 30 neu gefasst durch Gesetz v. 19.8.2007 (BGBl. I, S. 1970) mit Wirkung v. 28.8.2007. Abs. 1 Satz 1 geändert durch Gesetz v. 12.8.2021 (BGBl. I, S. 3538) mit Wirkung v. 20.8.2021.

[46] § 35 neu eingefügt durch Gesetz v. 5.2.2009 (BGBl. I, S. 158) mit Wirkung v. 12.2. 2009; Abs. 3 geändert. durch Gesetz v. 4.8.2019 (BGBl. I, S. 1124) mit Wirkung v 9.8.2019.

oder unvollständigen Angaben gegen seine schutzwürdigen Belange, insbesondere auch unter Beachtung des Kindeswohls, abzuwägen.

§ 36. *(nicht abgedruckt)*

§ 37.[47] **[Ermittlung der Einbürgerungsvoraussetzungen]** (1) Fähig zur Vornahme von Verfahrenshandlungen nach diesem Gesetz ist, wer das 16. Lebensjahr vollendet hat, sofern er nicht nach Maßgabe des Bürgerlichen Gesetzbuchs geschäftsunfähig oder im Falle seiner Volljährigkeit in dieser Angelegenheit zu betreuen und einem Einwilligungsvorbehalt zu unterstellen wäre. § 80 Abs. 3 und § 82 des Aufenthaltsgesetzes gelten entsprechend.

(2) Die Einbürgerungsbehörden übermitteln den Verfassungsschutzbehörden zur Ermittlung von Ausschlussgründen nach § 11 die bei ihnen gespeicherten personenbezogenen Daten der Antragsteller, die das 16. Lebensjahr vollendet haben. Die Verfassungsschutzbehörden unterrichten die anfragende Stelle unverzüglich nach Maßgabe der insoweit bestehenden besonderen gesetzlichen Verarbeitungsregelungen.

§§ 38, 38a. *(nicht abgedruckt)*

§ 39.[48] **[Verordnungsermächtigung].** Das Bundesministerium des Innern, für Bau und Heimat wird ermächtigt, durch Rechtsverordnung mit Zustimmung des Bundesrates Regelungen zu erlassen über die formalen Anforderungen an die Einbürgerungs-, Entlassungs- und Verzichtsurkunden, die Urkunde über den Erwerb der deutschen Staatsangehörigkeit durch Erklärung, dem Staatsangehörigkeitsausweis sowie der Beibehaltungsgenehmigung nach § 25 Absatz 2 und deren Gültigkeitsdauer.

§ 40.[49] *(aufgehoben)*

§ 40a.[50] *(aufgehoben)*

§ 40b.[51] **[Einbürgerung ausländischer Kinder]** Ein Ausländer, der am 1. Januar 2000 rechtmäßig seinen gewöhnlichen Aufenthalt im Inland und

---

[47] § 37 neu gefasst durch Gesetz v. 30.7.2004 (BGBl. I, S. 1950) mit Wirkung v. 1.1.2005; Abs. 2 Satz 1 geändert durch Gesetz v. 19.8.2007 (BGBl. I, S. 1970) mit Wirkung v. 28.8.2007; Abs. 1 neu gefasst durch Gesetz v. 28.10.2015 (BGBl. I, S. 1802) mit Wirkung v. 1.11.2015; Abs. 2 Satz 2 geändert durch Gesetz v. 20.11.2019 (BGBl. I S. 1626) mit Wirkung v. 26.11.2019.

[48] § 39 eingefügt durch Gesetz v. 12.8.2021 (BGBl. I, S. 3538) mit Wirkung v. 20.8. 2021.

[49] § 40 aufgehoben durch AufenthaltsG v. 30.7.2004 (BGBl. I, S. 1950) mit Wirkung v. 1.1.2005.

[50] § 40a aufgehoben durch Gesetz v. 12.8.2021 (BGBl. I, S. 3538) mit Wirkung v. 20.8. 2021.

[51] § 40b eingefügt durch StAG-ReformG v. 15.7.1999 (BGBl. I, S. 1618) mit Wirkung v. 1.1.2000.

das zehnte Lebensjahr noch nicht vollendet hat, ist auf Antrag einzubürgern, wenn bei seiner Geburt die Voraussetzungen des § 4 Abs. 3 Satz 1 vorgelegen haben und weiter vorliegen. Der Antrag kann bis zum 31. Dezember 2000 gestellt werden.

§§ 40c–42. *(nicht abgedruckt)*

276. Gesetz zur Verminderung der Staatenlosigkeit

Vom 29. Juni 1977 (BGBl. I, S. 1101)

Art. 1. (1) Das Übereinkommen vom 30. August 1961 zur Verminderung der Staatenlosigkeit (BGBl. 1977 II, S. 597)[1] wird angewandt

1. zur Beseitigung von Staatenlosigkeit auf Personen, die staatenlos nach Artikel 1 Abs. 1 des Übereinkommens vom 28. September 1954 über die Rechtsstellung der Staatenlosen (BGBl. 1976 II, S. 473)[2] sind;
2. zur Verhinderung von Staatenlosigkeit oder Erhaltung der Staatsangehörigkeit auf Deutsche nach Artikel 116 Abs. 1 des Grundgesetzes.[3]

(2) Die Verleihung der Staatsangehörigkeit zur Beseitigung von Staatenlosigkeit erfolgt durch Einbürgerung.

Art. 2. Ein seit der Geburt Staatenloser ist auf seinen Antrag einzubürgern, wenn er

1. im Geltungsbereich dieses Gesetzes oder an Bord eines Schiffes, das berechtigt ist, die Bundesflagge der Bundesrepublik Deutschland zu führen, oder in einem Luftfahrzeug, das das Staatszugehörigkeitszeichen der Bundesrepublik Deutschland führt, geboren ist,
2. seit fünf Jahren rechtmäßig seinen dauernden Aufenthalt im Geltungsbereich dieses Gesetzes hat und
3. den Antrag vor der Vollendung des einundzwanzigsten Lebensjahres stellt, es sei denn, dass er rechtskräftig zu einer Freiheits- oder Jugendstrafe von fünf Jahren oder mehr verurteilt worden ist. Für das Verfahren bei der Einbürgerung einschließlich der Bestimmung der örtlichen Zuständigkeit gelten die Vorschriften des Staatsangehörigkeitsrechts.[4]

Art. 3–6.[5] *(nicht abgedruckt)*

---

[1] Abgedruckt unter Nr. *271*.

[2] Abgedruckt unter Nr. *12*.

[3] Abgedruckt unter Nr. *13*.

[4] Art. 2 S. 2 geändert durch StAG-ReformG v. 15.7.1999 (BGBl. I, S. 1618). Vgl. dazu die Anm. 19 zu Nr. *275*.

[5] Art. 3–5 betreffen Änderungen des StaatsangehörigkeitsG v. 22.7.1913, die unter Nr. *275* bereits berücksichtigt worden sind.

Register

A.
Chronologisches Verzeichnis der Staatsverträge, EU-Verordnungen/Richtlinien und deutschen Gesetze

I. Abgedruckte Texte

(Die Ziffern bezeichnen die Textnummer)

1. Multilaterale Staatsverträge

vor 1945

nach 1945

1960

1970

1980

2. Bilaterale Staatsverträge

vor 1945

nach 1945

1960

1970

1980

3. Sekundäres EU-Recht

1990

2000

2010

4. Deutsche Gesetze

vor 1945

nach 1945

1960

1970

1980

1990

2000

2010

II. Nicht abgedruckte Texte

(Die erste Ziffer bezeichnet die Textnummer, die zweite Ziffer die Anmerkung, in der auf den Staatsvertrag hingewiesen ist)

1. Multilaterale Staatsverträge

vor 1945

nach 1945

1960

1970

1980

1990

2010

2. Bilaterale Staatsverträge

vor 1945

nach 1945

1960

1970

1980

1990

2000

2010

B. Länderübersicht

(Die Ziffern bezeichnen die Textnummer der in dieser Sammlung abgedruckten Staatsverträge und EU-Verordnungen, die im Verhältnis zwischen der Bundesrepublik Deutschland und dem jeweiligen Land gelten und nicht durch vorrangiges EU-Recht oder andere Staatsverträge verdrängt werden)

C. Sachverzeichnis

(Die fetten Ziffern bezeichnen die Textnummer der in dieser Sammlung abgedruckten Staatsverträge, EU-Verordnungen, EU-Richtlinien und Gesetze, die mageren Ziffern die jeweiligen Artikel bzw. Paragraphen).